ACCESO GRATIS *a la Lectura en la Nube*
+ Formularios online

Para visualizar el libro electrónico en la nube de lectura envíe junto a su nombre y apellidos una fotografía del código de barras situado en la contraportada del libro y otra del ticket de compra a la dirección:

ebooktirant@tirant.com

En un máximo de 72 horas laborables le enviaremos el código de acceso con sus instrucciones.

FORMULARIOS CONCURSALES Y DE LA INSOLVENCIA

EL CONCURSO DE ACREEDORES

Formularios y documentos adaptados a la práctica diaria de los administradores concursales y profesionales de la insolvencia

Procedimiento de selección de originales, ver página web:
www.tirant.net/index.php/editorial/procedimiento-de-seleccion-de-originales

FORMULARIOS CONCURSALES Y DE LA INSOLVENCIA

EL CONCURSO DE ACREEDORES

Formularios y documentos adaptados a la práctica diaria de los administradores concursales y profesionales de la insolvencia

2ª Edición

EDUARDO AZNAR GINER

Abogado. Administrador Concursal. Director de AZNAR & MONDEJAR ABOGADOS. Socio de AZPAL ADMINISTRADORES CONCURSALES

tirant lo blanch

Valencia, 2025

En caso de erratas y actualizaciones, la Editorial Tirant lo Blanch publicará la pertinente corrección en la página web www.tirant.com.

© TIRANT LO BLANCH
EDITA: TIRANT LO BLANCH
C/ Artes Gráficas, 14 - 46010 - Valencia
TELFS.: 96/361 00 48 - 50
FAX: 96/369 41 51
Email:tlb@tirant.com
www.tirant.com
Librería virtual: www.tirant.es
DEPÓSITO LEGAL: V-❦❦❦-2025
ISBN: 978-84-1095-348-2

Si tiene alguna queja o sugerencia, envíenos un mail a: *atencioncliente@tirant.com*. En caso de no ser atendida su sugerencia, por favor, lea en *www.tirant.net/index.php/empresa/politicas-de-empresa* nuestro procedimiento de quejas.

Responsabilidad Social Corporativa: http://www.tirant.net/Docs/RSCTirant.pdf

ÍNDICE

3. LA ADMINISTRACIÓN CONCURSAL

4. EFECTOS DE LA DECLARACIÓN DEL CONCURSO

5. INFORME DE LA ADMINISTRACIÓN CONCURSAL Y DE LA DETERMINACIÓN DE LAS MASAS ACTIVAS Y PASIVAS DEL CONCURSO

6. CONVENIO Y LIQUIDACIÓN

7. CALIFICACIÓN DEL CONCURSO

8. LA CONCLUSIÓN Y REAPERTURA DEL CONCURSO

9. RENDICIÓN DE CUENTAS

10. EXONERACIÓN DE PASIVO INSATISFECHO

11. NORMAS PROCESALES Y VARIOS

I. PRESENTACIÓN

Con la aprobación de la Ley 26/2022, de 5 de septiembre, de Reforma del texto refundido de la Ley Concursal, surge una nueva y paradigmática forma de tratar la insolvencia, tendente a optimizar los procedimientos de tratamiento de la insolvencia, permitiendo la pronta entrada en los mismos, especialmente, en el ámbito preconcursal, del deudor insolvente o, incluso, probablemente insolvente, y a agilizar el desarrollo de los procedimientos concursales, y eliminar la excesiva duración de los concursos, habitualmente condenados de inicio a la liquidación.

En esta línea, tras la referida reforma concursal, la solución a la insolvencia se articula a través del procedimiento concursal, el tradicional concurso de acreedores, regulado en el libro primero del texto refundido de la Ley Concursal (TRLC), la solución preconcursal, que pivota sobre los planes de reestructuración y se rige por el libro segundo del TRLC, y, finalmente, un procedimiento especial para tratar la insolvencia de las microempresas, previsto en el libro III TRLC.

Este libro, que constituye el tomo I de una obra de formularios concursales y de la insolvencia, tiene por objeto el procedimiento concursal, el llamado concurso de acreedores. Posteriormente, en el tomo II, trataré los instrumentos preconcursales y el procedimiento especial de microempresas.

La pretensión de esta obra es eminentemente práctica: aportar un buen número de formularios y documentos de uso habitual en el procedimiento concursal, en el concurso de acreedores, cuyo destinatarios son todos aquellos que intervienen en el mismo, jueces, letrados de la administración de justicia, abogados, procuradores, o notarios. Y obviamente y en especial, la administración concursal. Y no sólo los habituales escritos de la concursada o acreedores, o las resoluciones judiciales, sino también otros extraños al Juzgado pero de uso habitual y que se ven afectados por las normas del procedimiento concursal como escrituras notariales, actas de juntas de socios, poderes etc. Incluido aquellos que surgen en el día a día de una empresa que se halla en situación de concurso de acreedores. Tanto aquellos formularios mas sencillos y habituales como aquellos mas complejos, con la finalidad de dar respuestas tanto a aquellos expertos en la materia como quien se inicia en el ámbito de la insolvencia.

II. PRESENTACIÓN Y DEDICATORIA DE LA SEGUNDA EDICIÓN

No parece preciso que me extienda nuevamente sobre la pretensión y objetivos perseguidos por este libro. En esta segunda edición, una vez ya se ha implantado y asentado la profunda y paradigmática reforma introducida en el texto refundido de la Ley Concursal por la Ley 16/2022, se han revisado y adaptado los formularios, especialmente, a las ultimas reformas, y se ha ampliado el número de ellos, y con ello, los supuestos tratados en el libro. Como siempre, los presentes, formularios que deben ser tomados como una herramienta de trabajo y reflexión, de carácter orientativo y no definitivo, en la práctica concursal.

Espero que el presente libro sea útil y del agrado del lector y que aporte luz a todos los profesionales del difícil, bonito y complicado mundo de la insolvencia.

Inicialmente, esta edición venía dedicada a mi querido amigo Manolo Espinosa Méndez, hombre recto, honesto y cabal, más conocido como el Maradona de los vinos, como muestra de nuestra innegociable y perpetua amistad.

Sin embargo, tras los terribles acontecimientos y pesares que hemos y estamos pasando en Valencia y su área metropolitana, que nos han sobrecogido a todos, y nunca olvidaremos, nunca, este libro también va dedicado a todos aquellos que han resultado lastimados y perjudicados, y han sufrido pérdidas, humanas o económicas, como consecuencia de esta horrenda DANA.

Desde aquí mostramos nuestras condolencias y apoyo a todas esas personas, familias y empresas que están sufriendo, y, sin condiciones, nos unimos a su dolor.

En Valencia a 30 de noviembre de 2024.

Eduardo Aznar Giner

III. FORMULARIOS

1. LA DECLARACIÓN DEL CONCURSO

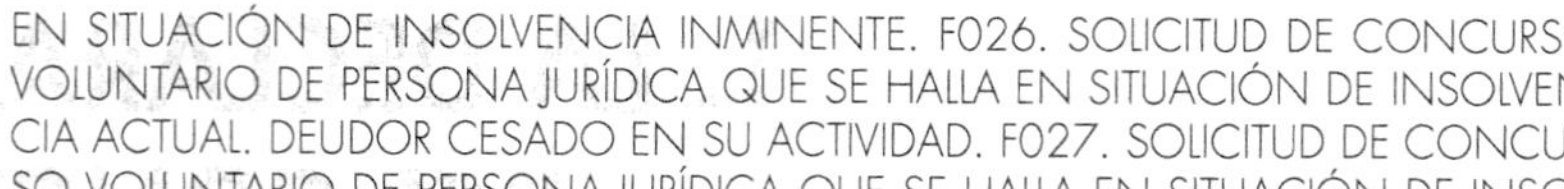

EN SITUACIÓN DE INSOLVENCIA INMINENTE. F026. SOLICITUD DE CONCURSO VOLUNTARIO DE PERSONA JURÍDICA QUE SE HALLA EN SITUACIÓN DE INSOLVENCIA ACTUAL. DEUDOR CESADO EN SU ACTIVIDAD. F027. SOLICITUD DE CONCURSO VOLUNTARIO DE PERSONA JURÍDICA QUE SE HALLA EN SITUACIÓN DE INSOLVENCIA ACTUAL. OFERTA VINCULANTE DE COMPRA DE UNIDAD PRODUCTIVA. F028. SOLICITUD DE CONCURSO VOLUNTARIO DE PERSONA JURÍDICA CON OFERTA DE UNIDAD PRODUCTIVA. PREPACK. F029. SOLICITUD DE CONCURSO VOLUNTARIO DE PERSONA JURÍDICA CON OFERTA DE UNIDAD PRODUCTIVA. PREPACK (II). F030. SOLICITUD DE CONCURSO VOLUNTARIO DE PERSONA JURÍDICA QUE SE HALLA EN SITUACIÓN DE INSOLVENCIA ACTUAL. PROPUESTA DE CONVENIO. F031. SOLICITUD DE CONCURSO VOLUNTARIO DE PERSONA JURÍDICA QUE SE HALLA EN SITUACIÓN DE INSOLVENCIA ACTUAL. PROPUESTA DE CONVENIO DE ASUNCIÓN. F032. SOLICITUD DE CONCURSO VOLUNTARIO DE PERSONA JURÍDICA QUE SE HALLA EN SITUACIÓN DE INSOLVENCIA INMINENTE. PETICIÓN LIQUIDACIÓN. DEUDOR CESADO EN SU ACTIVIDAD. F033. SOLICITUD DE CONCURSO VOLUNTARIO DE PERSONA JURÍDICA QUE SE HALLA EN SITUACIÓN DE INSOLVENCIA INMINENTE. OFERTA VINCULANTE COMPRA DE UNIDAD PRODUCTIVA. F034. SOLICITUD DE CONCURSO VOLUNTARIO DE PERSONA JURÍDICA QUE SE HALLA EN SITUACIÓN DE INSOLVENCIA INMINENTE. PROPUESTA DE CONVENIO. F035. SOLICITUD DE CONCURSO VOLUNTARIO DE PERSONA JURÍDICA QUE SE HALLA EN SITUACIÓN DE INSOLVENCIA INMINENTE. PROPUESTA DE CONVENIO DE ASUNCIÓN. F036. SOLICITUD DE CONCURSO VOLUNTARIO DE PERSONA NATURAL NO EMPRESARIO. MODELO GENERAL. F037. SOLICITUD DE CONCURSO VOLUNTARIO DE PERSONA NATURAL NO EMPRESARIO. INSOLVENCIA ACTUAL. NOTIFICACIÓN AL CÓNYUGE O PAREJA. PETICIÓN DE ALIMENTOS. F038. SOLICITUD DE CONCURSO VOLUNTARIO DE PERSONA NATURAL NO EMPRESARIO. INSOLVENCIA INMINENTE. NOTIFICACIÓN AL CÓNYUGE O PAREJA. PETICIÓN DE ALIMENTOS. F039. SOLICITUD DE CONCURSO VOLUNTARIO DE PERSONA NATURAL EMPRESARIO. MODELO GENERAL. F040. SOLICITUD DE CONCURSO VOLUNTARIO DE PERSONA NATURAL EMPRESARIO. INSOLVENCIA ACTUAL. NOTIFICACIÓN AL CÓNYUGE O PAREJA. PETICIÓN DE ALIMENTOS. F041. SOLICITUD DE CONCURSO VOLUNTARIO DE PERSONA NATURAL EMPRESARIO. INSOLVENCIA INMINENTE. NOTIFICACIÓN AL CÓNYUGE O PAREJA. PETICIÓN DE ALIMENTOS. F042. SOLICITUD DE CONCURSO VOLUNTARIO FORMULADO POR CÓNYUGES NO COMERCIANTES. F043. SOLICITUD DE CONCURSO VOLUNTARIO FORMULADO POR PAREJA NO COMERCIANTE. F044. SOLICITUD DE CONCURSO DE CÓNYUGES CON PETICIÓN DE ACUMULACIÓN A LA SOCIEDAD DE LA QUE SON SOCIOS Y FIADORES. F045. SOLICITUD DE CONCURSO VOLUNTARIO CONJUNTO DE SOCIEDADES QUE FORMAN PARTE DE UN GRUPO DE SOCIEDADES Y QUE SE HALLAN EN SITUACIÓN DE INSOLVENCIA ACTUAL. F046. SOLICITUD DE CONCURSO VOLUNTARIO CONJUNTO DE SOCIEDADES QUE FORMAN PARTE DE UN GRUPO DE SOCIEDADES POR SITUACIÓN DE INSOLVENCIA INMINENTE. F047. SOLICITUD DE CONCURSO VOLUNTARIO DE PERSONA JURÍDICA QUE SE HALLA EN SITUACIÓN DE INSOLVENCIA ACTUAL. CON COMUNICACIÓN DE APERTURA DE NEGOCIACIONES AL JUZGADO REFERIDA EN EL ART. 585 TRLC. F048. SOLICITUD DE CONCURSO DE PERSONA JURÍDICA QUE YA SE ENCUENTRA EN LIQUIDACIÓN. F049. SOLICITUD DE CONCURSO DE PERSONA JURÍDICA. CONCURSO SIN MASA. F050. SOLICITUD DE CONCURSO DE PERSONA JURÍDICA QUE SE HALLA EN LIQUIDACIÓN. CONCURSO SIN MASA. F051. SOLICITUD DE CONCURSO DE PERSONA NATURAL SIN MASA. F052. MEMORIA EXPRESIVA DE LA HISTORIA ECONÓMICA Y JURÍDICA DEL DEUDOR. ART. 7.1° TRLC. PERSONA JURÍDICA. SOCIEDAD INMOBILIARIA. F053. MEMORIA EXPRESIVA DE LA HISTORIA ECONÓMICA Y JURÍDICA DEL DEUDOR. ART. 7.1°. PERSONA JURÍDICA. SOCIEDAD TENEDORA DE ACCIONES Y PARTICIPACIONES QUE AFIANZA A SUS PARTICIPADAS.

F054. MEMORIA EXPRESIVA DE LA HISTORIA ECONÓMICA Y JURÍDICA DEL DEUDOR. ART. 7.1 TRLC. SOCIEDAD ARRENDADORA DE INMUEBLES Y AVALISTA. F055. MEMORIA EXPRESIVA DE LA HISTORIA ECONÓMICA Y JURÍDICA DEL DEUDOR. ART. 7.1° TRLC. PERSONA JURÍDICA. SOCIEDAD QUE EJERCE ACTIVIDAD INDUSTRIAL O FABRIL. F056. MEMORIA EXPRESIVA DE LA HISTORIA ECONÓMICA Y JURÍDICA DEL DEUDOR. ART. 7.1° TRLC. PERSONA JURÍDICA. SOCIEDAD QUE CARECE DE VIABILIDAD. F057. MEMORIA EXPRESIVA DE LA HISTORIA ECONÓMICA Y JURÍDICA DEL DEUDOR. ART. 7.1° TRLC. PERSONA NATURAL COMERCIANTE. F058. MEMORIA EXPRESIVA DE LA HISTORIA ECONÓMICA Y JURÍDICA DE LOS DEUDORES. ART. 7.1° TRLC. PERSONA NATURAL NO COMERCIANTE. F059. MEMORIA EXPRESIVA DE LA HISTORIA ECONÓMICA Y JURÍDICA DEL DEUDOR. ART. 7.1°. SOCIEDAD EN LIQUIDACIÓN Y SIN ACTIVIDAD. F060. MEMORIA EXPRESIVA DE LA HISTORIA ECONÓMICA Y JURÍDICA DEL DEUDOR. ART. 7.1°TRLC. SOCIEDAD EN LIQUIDACIÓN Y SIN ACTIVIDAD. CONCURSO SIN MASA. F061. MEMORIA DE LOS CAMBIOS SIGNIFICATIVOS OPERADOS EN EL PATRIMONIO CON POSTERIORIDAD A LAS ÚLTIMAS CUENTAS ANUALES. F062. MEMORIA DE LAS OPERACIONES QUE EXCEDEN DEL GIRO O TRAFICO ORDINARIO DEL DEUDOR. F063. MEMORIA EXPRESIVA DE LAS OPERACIONES REALIZADAS CON SOCIEDADES DEL GRUPO DEL QUE FORMA PARTE EL DEUDOR. F064. INVENTARIO DE BIENES Y DERECHOS. SOCIEDAD INMOBILIARIA. F065. INVENTARIO BIENES Y DERECHOS. CONCURSADA QUE EJERCE ACTIVIDAD INDUSTRIAL. F066. RELACIÓN DE ACREEDORES. F067. PLANTILLA DE TRABAJADORES E IDENTIDAD DEL ÓRGANO DE REPRESENTACIÓN DE LOS MISMOS. F068. RELACIÓN DE PLEITOS CONTRA LA CONCURSADA. F069. PROVIDENCIA REQUIRIENDO LA SUBSANACIÓN DE DEFECTOS EXISTENTES EN LA SOLICITUD DE CONCURSO. F070. PROVIDENCIA REQUIRIENDO LA SUBSANACIÓN DE DEFECTOS EXISTENTES EN LA SOLICITUD DE CONCURSO. EXTENSO. F071. ESCRITO DEL DEUDOR CONCURSADO SUBSANANDO DEFECTOS EXISTENTES EN LA SOLICITUD DE CONCURSO VOLUNTARIO. F072. ESCRITO DEL CONCURSADO SUBSANANDO DEFECTOS DE LA SOLICITUD DE CONCURSO: APORTACIÓN PODER Y DE MODELO OFICIAL DE SOLICITUD CONCURSAL. F073. PROVIDENCIA REQUIRIENDO LA ACREDITACIÓN DE LA EXISTENCIA DE PRESUPUESTOS DEL ART. 585 TRLC ANTES DE ADMITIR EL CONCURSO VOLUNTARIO. F074. ESCRITO DEL DEUDOR CONCURSADO ACREDITANDO PRESUPUESTOS ART. 585 TRLC. F075. ESCRITO DEL DEUDOR SUBSANADO DEFECTOS DE VALORACIÓN DE BIENES Y DERECHOS Y EXISTENCIA AVALES. F076. ESCRITO DEL DEUDOR EVACUANDO REQUERIMIENTO DEL JUZGADO RELATIVO A LA EXISTENCIA DE REQUERIMIENTOS DE PAGO DE AVALES. F077. ESCRITO DEL DEUDOR EVACUANDO REQUERIMIENTO DEL JUZGADO RELATIVO A LA EXISTENCIA BIENES DEL DEUDOR INSCRIBIBLES EN REGISTROS PÚBLICOS. F078. ESCRITO DEL DEUDOR EVACUANDO REQUERIMIENTO DEL JUZGADO RELATIVO A INFORME SUCINTO DE ACTIVO, PASIVO Y TESORERÍA DE LA DEUDORA Y APORTADO UN DOCUMENTO POR ERROR NO ACOMPAÑADO A LA SOLICITUD DE CONCURSO. F079. ESCRITO DEL DEUDOR EVACUANDO REQUERIMIENTO DEL JUZGADO RELATIVO A SUBSANACIÓN Y PETICIÓN DE DETERMINADAS INFORMACIÓN CON CARÁCTER PREVIO A LA ADMISIÓN DEL CONCURSO. F080. ESCRITO DE LA CONCURSADA JUSTIFICANDO LA EXISTENCIA DE ACTIVO Y TESORERÍA PARA ADMISIÓN DEL CONCURSO. F081. AUTO ADMITIENDO LA SOLICITUD DE CONCURSO VOLUNTARIO DE PERSONA JURÍDICA. F082. AUTO ADMITIENDO LA SOLICITUD DE CONCURSO VOLUNTARIO DE PERSONA JURÍDICA Y DESIGNACIÓN DE AUXILIAR DELEGADO. F083. AUTO ADMITIENDO LA SOLICITUD DE CONCURSO VOLUNTARIO DE PERSONA JURÍDICA CON PUBLICIDAD ADICIONAL EN PERIÓDICOS Y WEB COLEGIO PROCURADORES. F084. AUTO ADMITIENDO LA SOLICITUD DE CONCURSO VOLUNTARIO DE PERSONA JURÍDICA. Y ADMINISTRADOR PERSONA JURÍDICA PROFESIONAL. F085. AUTO ADMITIENDO LA SOLICITUD DE CONCURSO VOLUNTARIO CONJUNTO DE VARIAS SOCIEDADES. F086. AUTO DE CONCURSO

VOLUNTARIO DE PERSONA JURÍDICA CON OFERTA VINCULANTE DE COMPRA DE UNIDAD PRODUCTIVA. F087. AUTO DE CONCURSO VOLUNTARIO DE PERSONA JURÍDICA CON OFERTA VINCULANTE DE COMPRA DE UNIDAD PRODUCTIVA. F088. AUTO DE CONCURSO VOLUNTARIO DE PERSONA JURÍDICA CON OFERTA DE UNIDAD PRODUCTIVA. PREPACK. F089. AUTO DE CONCURSO VOLUNTARIO DE PERSONA JURÍDICA CON OFERTA DE UNIDAD PRODUCTIVA. PREPACK. F090. AUTO DE CONCURSO VOLUNTARIO DE PERSONA JURÍDICA CON PROPUESTA DE CONVENIO. F091. SOLICITUD DE CONCURSO VOLUNTARIO DE PERSONA JURÍDICA CON PETICIÓN DE APERTURA DE LIQUIDACIÓN. F092. AUTO ADMITIENDO LA SOLICITUD DE CONCURSO VOLUNTARIO DE PERSONA NATURAL NO COMERCIANTE. F093. AUTO ADMITIENDO LA SOLICITUD DE CONCURSO VOLUNTARIO DE PERSONA NATURAL COMERCIANTE CASADO. F094. AUTO ADMITIENDO LA SOLICITUD DE CONCURSO VOLUNTARIO DE PERSONA JURÍDICA PREVIA COMUNICACIÓN DE APERTURA DE NEGOCIACIONES DEL ART. 585 TRLC. F095. AUTO DECLARANDO CONCURSO SIN MASA. PERSONA JURÍDICA. F096. AUTO DECLARANDO CONCURSO SIN MASA. PERSONA NATURAL. F097. AUTO INADMITIENDO LA SOLICITUD DE CONCURSO VOLUNTARIO POR NO HABER SUBSANADO DEFECTO APRECIADO POR EL JUEZ DEL CONCURSO. F098. AUTO INADMITIENDO LA SOLICITUD DE CONCURSO VOLUNTARIO AL EXISTIR UN SOLO ACREEDOR. F099. AUTO DESESTIMANDO LA SOLICITUD DE CONCURSO VOLUNTARIO AL NO QUEDAR ACREDITADA LA INSOLVENCIA DEL DEUDOR. 1.3. CONCURSO NECESARIO. F100. SOLICITUD DE CONCURSO NECESARIO FUNDADA EN UNA DECLARACIÓN JUDICIAL FIRME DE INSOLVENCIA DEL DEUDOR. F101. SOLICITUD DE CONCURSO NECESARIO FUNDADA EN UNA DECLARACIÓN ADMINISTRATIVA FIRME DE INSOLVENCIA DEL DEUDOR. F102. SOLICITUD DE CONCURSO NECESARIO FUNDADA EN TÍTULO POR EL QUE SE HAYA DESPACHADO MANDAMIENTO DE EJECUCIÓN SIN QUE DEL EMBARGO HUBIERAN RESULTADO BIENES LIBRES CONOCIDOS BASTANTES PARA EL PAGO. F103. SOLICITUD DE CONCURSO NECESARIO FUNDADA EN LA EXISTENCIA DE EMBARGOS POR EJECUCIONES EN CURSO QUE AFECTEN DE UNA MANERA GENERAL AL PATRIMONIO DEL DEUDOR. F104. SOLICITUD DE CONCURSO NECESARIO FUNDADA EN EL SOBRESEIMIENTO GENERALIZADO EN EL PAGO CORRIENTE DE LAS OBLIGACIONES DEL DEUDOR. INSTADA POR SOCIO PERSONALMENTE RESPONSABLE DE LAS DEUDAS DE LA SOCIEDAD. F105. SOLICITUD DE CONCURSO NECESARIO FUNDADA EN EL SOBRESEIMIENTO GENERALIZADO EN EL PAGO CORRIENTE DE LAS OBLIGACIONES. INSTADA POR ACREEDOR. F106. SOLICITUD DE CONCURSO NECESARIO FUNDADA EN EL SOBRESEIMIENTO GENERALIZADO DE OBLIGACIONES TRIBUTARIAS, SEGURIDAD SOCIAL Y SALARIOS. F107. SOLICITUD DE CONCURSO NECESARIO FUNDADA EN ALZAMIENTO O LIQUIDACIÓN RUINOSA DE BIENES POR EL DEUDOR. SOLICITUD DE MEDIDAS CAUTELARES. F108. SOLICITUD DE CONCURSO NECESARIO CONJUNTO EX ART. 39 TRLC POR CONFUSIÓN DE PATRIMONIOS. F109. SOLICITUD DE CONCURSO NECESARIO CONJUNTO EX ART. 39 TRLC. GRUPO DE SOCIEDADES. F110. SOLICITUD DE CONCURSO NECESARIO CONJUNTO EX ART. 39 TRLC. CÓNYUGES. F111. SOLICITUD DE CONCURSO NECESARIO CONJUNTO EX ART. 40 TRLC. PAREJA DE HECHO. F112. SOLICITUD DE CONCURSO NECESARIO DE HERENCIA NO ACEPTADA PURA Y SIMPLEMENTE. F113. SOLICITUD DE CONCURSO NECESARIO FUNDADA EN TÍTULO POR EL QUE SE HAYA DESPACHADO EJECUCIÓN SIN QUE DEL EMBARGO RESULTEN BIENES LIBRES BASTANTES PARA EL PAGO Y, EN CUALQUIER CASO, EN UN SOBRESEIMIENTO GENERALIZADO EN EL PAGO CORRIENTE DE LAS OBLIGACIONES. F114. ESCRITO DEL INSTANTE DEL CONCURSO NECESARIO APORTANDO TASA JUDICIAL. F115. DILIGENCIA DE ORDENACIÓN TENIENDO POR APORTADA TASA JUDICIAL. F116. DILIGENCIA DE ORDENACIÓN DEL LETRADO DE LA ADMINISTRACIÓN DE JUSTICIA EN ORDEN A LA ADMISIÓN A TRAMITE O DECLARACIÓN DE CONCURSO. F117. AUTO ADMITIENDO LA

SOLICITUD DE CONCURSO NECESARIO EX ART. 14.2.1° TRLC. F118. AUTO DESESTIMANDO LA SOLICITUD DE CONCURSO NECESARIO FORMULADA AL AMPARO ART. 14.2.1° TRLC. F119. AUTO DESESTIMANDO LA SOLICITUD DE CONCURSO NECESARIO FORMULADA AL AMPARO ART. 14.2.1° TRLC Y ORDENANDO SU TRAMITACIÓN CONFORME EL ART. 14.2.2° TRLC. F120. AUTO ADMITIENDO A TRÁMITE LA SOLICITUD DE CONCURSO NECESARIO. F121. AUTO NO ADMITIENDO A TRAMITE SOLICITUD DE CONCURSO NECESARIO A RESULTAS DE LO ESTABLECIDO EN EL ART. 610 TRLC. F122. PROVIDENCIA NO ADMISIÓN A TRAMITE DE SOLICITUD DE CONCURSO NECESARIO EN VIRTUD DEL ART. 610 TRLC. F123. AUTO MANDANDO NO PROVEER LA SOLICITUD DE CONCURSO NECESARIO A RESULTAS DE LO ESTABLECIDO EN EL ART. 611 TRLC. F124. PROVIDENCIA NO ADMISIÓN A TRAMITE DE SOLICITUD DE CONCURSO NECESARIO EN VIRTUD DEL ART. 611 TRLC. F125. AUTO PROVEYENDO Y ADMITIENDO A TRAMITE LA SOLICITUD DE CONCURSO NECESARIO AL NO HABER PRESENTADO EL DEUDOR CONCURSO VOLUNTARIO TRAS COMUNICACIÓN ART. 585 TRLC. F126. AUTO INADMITIENDO A TRÁMITE LA SOLICITUD DE CONCURSO NECESARIO. F127. RECURSO DE REPOSICIÓN CONTRA AUTO DE ADMISIÓN A TRAMITE DE CONCURSO NECESARIO. F128. ESCRITO DEL DEUDOR ALLANÁNDOSE A LA SOLICITUD DE CONCURSO NECESARIO. F129. AUTO ESTIMANDO LA SOLICITUD DE DECLARACIÓN DE CONCURSO NECESARIO COMO CONSECUENCIA DE ALLANAMIENTO DEL DEUDOR. F130. AUTO ESTIMANDO LA SOLICITUD DE DECLARACIÓN DE CONCURSO NECESARIO COMO CONSECUENCIA DE FALTA DE OPOSICIÓN DEL DEUDOR. F131. ESCRITO DE OPOSICIÓN A LA SOLICITUD DE CONCURSO NECESARIO BASADA EN LA INEXISTENCIA DE INSOLVENCIA. F132. ESCRITO DE OPOSICIÓN A LA SOLICITUD DE CONCURSO NECESARIO BASADA EN LA INEXISTENCIA DEL HECHO EN QUE SE FUNDA LA SOLICITUD Y, ADEMÁS, POR NO CONCURRIR INSOLVENCIA. F133. ESCRITO DE OPOSICIÓN A SOLICITUD DE CONCURSO NECESARIO. MODELO EXTENSO. F134. ESCRITO DEL DEUDOR CONSIGNANDO EL IMPORTE DEL CRÉDITO QUE TITULARIZA EL INSTANTE DEL CONCURSO NECESARIO. F135. ESCRITO DEL DEUDOR CONSIGNANDO EL IMPORTE DEL CRÉDITO QUE TITULARIZA EL INSTANTE DEL CONCURSO NECESARIO Y OTROS ACREEDORES PERSONADOS EN EL PROCESO. F136. ESCRITO DEL ACREEDOR INSTANTE DEL CONCURSO NECESARIO RATIFICANDO SU SOLICITUD PESE A LA CONSIGNACIÓN DE SU CRÉDITO. F137. AUTO DECLARANDO EL CONCURSO NECESARIO TRAS VISTA. F138. AUTO ADMITIENDO LA SOLICITUD DE CONCURSO NECESARIO AL QUE SE ACUMULA LA SOLICITUD DE CONCURSO VOLUNTARIO DEL DEUDOR. CONSERVACIÓN POR EL DEUDOR DE LAS FACULTADES DE DISPOSICIÓN Y ADMINISTRACIÓN DE LA MASA ACTIVA. F139. AUTO DESESTIMANDO LA SOLICITUD DE CONCURSO NECESARIO POR INCOMPARECENCIA A LA VISTA DEL ACREEDOR. F140. AUTO DESESTIMANDO LA SOLICITUD DE CONCURSO NECESARIO POR FALTA DE RATIFICACIÓN DE LA SOLICITUD POR EL ACREEDOR. F141. AUTO DESESTIMANDO LA SOLICITUD DE CONCURSO NECESARIO TRAS VISTA. 1.4. CUESTIÓN DE COMPETENCIA TERRITORIAL POR DECLINATORIA. F142. CUESTIÓN DE COMPETENCIA POR DECLINATORIA INSTADA POR EL DEUDOR. F143. CUESTIÓN DE COMPETENCIA POR DECLINATORIA FORMULADA POR LEGITIMADO PARA INSTAR EL CONCURSO. F144. CUESTIÓN DE COMPETENCIA POR DECLINATORIA FORMULADA POR LEGITIMADO PARA INSTAR EL CONCURSO. CONCURSO CONJUNTO DE VARIAS SOCIEDADES QUE INTEGRAN GRUPO DE SOCIEDADES PERO EN EL QUE LAS CONCURSADAS NO SON LA DOMINANTE. F145. CUESTIÓN DE COMPETENCIA POR DECLINATORIA INSTADA POR LEGITIMADO PARA INSTAR EL CONCURSO. CONCURSO DE GRUPO DE SOCIEDADES CON CONCURSADA SOCIEDAD DOMINANTE. F146. AUTO ESTIMATORIO DE LA CUESTIÓN DE COMPETENCIA POR DECLINATORIA. F147. AUTO DESESTIMATORIO DE LA CUESTIÓN DE COMPETENCIA POR DECLINATORIA. 1.5. PUBLICIDAD CONCURSO Y LLAMAMIENTO DE LOS ACREEDORES.

1.5.1. PERSONA JURÍDICA. F148. EDICTO PARA DAR PUBLICIDAD A LA DECLARACIÓN DE CONCURSO VOLUNTARIO CON INTERVENCIÓN DE FACULTADES Y LLAMAMIENTO DE ACREEDORES. F149. EDICTO PARA DAR PUBLICIDAD A LA DECLARACIÓN DE CONCURSO VOLUNTARIO CON SUSPENSIÓN DE FACULTADES Y LLAMAMIENTO DE ACREEDORES. F150. EDICTO PARA DAR PUBLICIDAD A LA DECLARACIÓN DE CONCURSO NECESARIO CON SUSPENSIÓN DE FACULTADES Y LLAMAMIENTO ACREEDORES. F151. EDICTO DE LA DECLARACIÓN DE CONCURSO A INSERTAR EN EL BOLETÍN OFICIAL DEL ESTADO PARA PUBLICIDAD DEL CONCURSO Y EL LLAMAMIENTO DE LOS ACREEDORES A EFECTOS QUE COMUNIQUEN SUS CRÉDITOS A LA ADMINISTRACIÓN CONCURSAL. CONCURSO VOLUNTARIO CON INTERVENCIÓN DE FACULTADES. F152. EDICTO DE LA DECLARACIÓN DEL CONCURSO A INSERTAR EN EL BOLETÍN OFICIAL DEL ESTADO PARA PUBLICIDAD DEL CONCURSO Y EL LLAMAMIENTO DE LOS ACREEDORES A EFECTOS QUE COMUNIQUEN SUS CRÉDITOS A LA ADMINISTRACIÓN CONCURSAL. CONCURSO VOLUNTARIO CON SUSPENSIÓN DE FACULTADES. F153. EDICTO DE LA DECLARACIÓN DEL CONCURSO A INSERTAR EN EL BOLETÍN OFICIAL DEL ESTADO PARA PUBLICIDAD DEL CONCURSO Y LLAMAMIENTO DE LOS ACREEDORES A EFECTOS QUE COMUNIQUEN SUS CRÉDITOS A LA ADMINISTRACIÓN CONCURSAL. CONCURSO NECESARIO CON SUSPENSIÓN DE FACULTADES. F154. EDICTO DE LA DECLARACIÓN DEL CONCURSO A INSERTAR EN EL BOLETÍN OFICIAL DEL ESTADO PARA PUBLICIDAD DEL CONCURSO Y EL LLAMAMIENTO DE LOS ACREEDORES A EFECTOS QUE COMUNIQUEN SUS CRÉDITOS A LA ADMINISTRACIÓN CONCURSAL. CONCURSO NECESARIO CON INTERVENCIÓN DE FACULTADES. F155. EDICTO PARA DAR PUBLICIDAD A LA DECLARACIÓN DE CONCURSO VOLUNTARIO CON INTERVENCIÓN DE FACULTADES Y LLAMAMIENTO DE ACREEDORES. F156. EDICTO PARA DAR PUBLICIDAD A LA DECLARACIÓN DE CONCURSO VOLUNTARIO CON SUSPENSIÓN DE FACULTADES Y LLAMAMIENTO DE ACREEDORES. F157. EDICTO PARA DAR PUBLICIDAD A LA DECLARACIÓN DE CONCURSO NECESARIO CON SUSPENSIÓN DE FACULTADES Y LLAMAMIENTO ACREEDORES. F158. EDICTO DE LA DECLARACIÓN DE CONCURSO A INSERTAR EN EL BOLETÍN OFICIAL DEL ESTADO PARA PUBLICIDAD DEL CONCURSO Y EL LLAMAMIENTO DE LOS ACREEDORES A EFECTOS QUE COMUNIQUEN SUS CRÉDITOS A LA ADMINISTRACIÓN CONCURSAL. CONCURSO VOLUNTARIO CON INTERVENCIÓN DE FACULTADES. F159. EDICTO DE LA DECLARACIÓN DEL CONCURSO A INSERTAR EN EL BOLETÍN OFICIAL DEL ESTADO PARA PUBLICIDAD DEL CONCURSO Y EL LLAMAMIENTO DE LOS ACREEDORES A EFECTOS QUE COMUNIQUEN SUS CRÉDITOS A LA ADMINISTRACIÓN CONCURSAL. CONCURSO VOLUNTARIO CON SUSPENSIÓN DE FACULTADES. F160. EDICTO DE LA DECLARACIÓN DEL CONCURSO A INSERTAR EN EL BOLETÍN OFICIAL DEL ESTADO PARA PUBLICIDAD DEL CONCURSO Y LLAMAMIENTO DE LOS ACREEDORES A EFECTOS QUE COMUNIQUEN SUS CRÉDITOS A LA ADMINISTRACIÓN CONCURSAL. CONCURSO NECESARIO CON SUSPENSIÓN DE FACULTADES. F161. EDICTO DE LA DECLARACIÓN DEL CONCURSO A INSERTAR EN EL BOLETÍN OFICIAL DEL ESTADO PARA PUBLICIDAD DEL CONCURSO Y EL LLAMAMIENTO DE LOS ACREEDORES A EFECTOS QUE COMUNIQUEN SUS CRÉDITOS A LA ADMINISTRACIÓN CONCURSAL. CONCURSO NECESARIO CON INTERVENCIÓN DE FACULTADES. F162. EDICTO PARA DAR PUBLICIDAD COMPLEMENTARIA A LA DECLARACIÓN DE CONCURSO VOLUNTARIO CON INTERVENCIÓN DE FACULTADES. F163. EDICTO PARA DAR PUBLICIDAD COMPLEMENTARIA A LA DECLARACIÓN DE CONCURSO VOLUNTARIO CON SUSPENSIÓN DE FACULTADES. F164. EDICTO PARA DAR PUBLICIDAD COMPLEMENTARIA A LA DECLARACIÓN DE CONCURSO NECESARIO CON SUSPENSIÓN DE FACULTADES. 1.6. COMUNICACIÓN A ACREEDORES Y COMUNICACIÓN DE CRÉDITOS. F165. ESCRITO DE LA ADMINISTRACIÓN CONCURSAL DIRIGIDO A LOS ACREEDORES DE LA CONCURSADA CONFORME AL ART. 28.1.5° TRLC INFORMANDO DE LA DECLARACIÓN DE CONCURSO

Y DEL DEBER DE COMUNICAR SUS CRÉDITOS PROC. F166. ESCRITO DE LA ADMINISTRACIÓN CONCURSAL DIRIGIDO A LOS ACREEDORES DE LA CONCURSADA CONFORME AL ART. 28.1.5° TRLC INFORMANDO DE LA DECLARACIÓN DE CONCURSO Y DEL DEBER DE COMUNICAR SUS CRÉDITOS (II). F167. COMUNICACIÓN REMITIDA POR LA ADMINISTRACIÓN CONCURSAL A LA AGENCIA DE ADMINISTRACIÓN TRIBUTARIA INFORMANDO DE LA DECLARACIÓN DE CONCURSO. F168. COMUNICACIÓN REMITIDA POR LA ADMINISTRACIÓN CONCURSAL A LA TESORERÍA GENERAL DE LA SEGURIDAD SOCIAL INFORMANDO DE LA DECLARACIÓN DE CONCURSO. F169. COMUNICACIÓN REMITIDA POR LA ADMINISTRACIÓN CONCURSAL A LA REPRESENTACIÓN DE LOS TRABAJADORES INFORMANDO DE LA DECLARACIÓN DE CONCURSO. F170. ESCRITO DE ACREEDOR COMUNICANDO A LA ADMINISTRACIÓN CONCURSAL EL CRÉDITO QUE OSTENTA CONTRA LA CONCURSADA. F171. DILIGENCIA DE ORDENACIÓN RECHAZANDO INSINUACIÓN DE CRÉDITO. 1.7. ACUMULACIÓN DE CONCURSOS. F172. ACUMULACIÓN DE CONCURSOS DE SOCIEDADES QUE FORMAN PARTE DE UN GRUPO DE SOCIEDADES INSTADA POR LA ADMINISTRACIÓN CONCURSAL. F173. ACUMULACIÓN DE CONCURSOS DE SOCIEDADES QUE FORMAN PARTE DE UN GRUPO DE SOCIEDADES INSTADA POR UNA DE LAS CONCURSADAS. F174. ACUMULACIÓN DE CONCURSOS DE SOCIEDADES QUE FORMAN PARTE DE UN GRUPO DE SOCIEDADES INSTADA POR UN ACREEDOR. F175. SOLICITUD DE ACUMULACIÓN DE CONCURSOS. GRUPO SOCIEDADES. JUZGADOS DISTINTOS. CONFORMIDAD DE TODAS LAS PARTES. F176. ACUMULACIÓN DE CONCURSOS DE DEUDORES CON EL PATRIMONIO CONFUNDIDO INSTADA POR LA ADMINISTRACIÓN CONCURSAL. F177. ACUMULACIÓN DE CONCURSOS DE INTEGRANTES DE UNA ENTIDAD SIN PERSONALIDAD JURÍDICA. F178. ACUMULACIÓN DE CONCURSOS DE CÓNYUGES. SOLICITUD FORMULADA POR AMBAS ADMINISTRACIONES CONCURSALES. F179. ACUMULACIÓN DE CONCURSOS DE PAREJA DE HECHO. SOLICITUD FORMULADA POR AMBAS ADMINISTRACIONES CONCURSALES. F180. ESCRITO DE ALEGACIONES SOBRE SOLICITUD DE ACUMULACIÓN DE CONCURSO. F181. AUTO ESTIMATORIO DE LA SOLICITUD DE ACUMULACIÓN DE CONCURSOS DE SOCIEDADES QUE FORMAN PARTE DEL MISMO GRUPO DE SOCIEDADES. F182. AUTO ESTIMATORIO DE LA SOLICITUD DE ACUMULACIÓN DE CONCURSOS DE INTEGRANTES DE UNA ENTIDAD SIN PERSONALIDAD JURÍDICA QUE RESPONDEN PERSONALMENTE DE LAS DEUDAS CONTRAÍDAS POR ÉSTA. F183. AUTO ESTIMATORIO DE LA SOLICITUD DE ACUMULACIÓN DE CONCURSOS DE LOS CÓNYUGES. F184. AUTO DESESTIMATORIO DE LA SOLICITUD DE ACUMULACIÓN DE CONCURSOS DE SOCIEDADES QUE FORMAN PARTE DEL MISMO GRUPO DE SOCIEDADES. F185. AUTO DESESTIMATORIO DE LA SOLICITUD DE ACUMULACIÓN DE CONCURSOS DE INTEGRANTES DE UNA ENTIDAD SIN PERSONALIDAD JURÍDICA QUE RESPONDEN PERSONALMENTE DE LAS DEUDAS CONTRAÍDAS POR ÉSTA. F186. AUTO DESESTIMATORIO DE LA SOLICITUD DE ACUMULACIÓN DE CONCURSOS DE AMBOS CÓNYUGES. F187. PROVIDENCIA REMITIENDO LOS AUTOS A EFECTOS DE ACUMULACIÓN INTERESADA. F188. AUTO ACORDANDO LA REMISIÓN DE ACTUACIONES PARA ACUMULACIÓN DE CONCURSOS A INSTANCIA DE LA ADMINISTRACIÓN CONCURSAL. F189. AUTO ACORDANDO LA REMISIÓN DE ACTUACIONES PARA ACUMULACIÓN DE CONCURSOS A INSTANCIA DE JUEZ REQUIRENTE. F190. AUTO ACORDANDO LA ACUMULACIÓN DE CONCURSO SEGUIDO ANTE OTRO JUZGADO. 1.8. PERSONACIÓN EN EL CONCURSO. F191. ESCRITO DE ACREEDOR PERSONÁNDOSE EN EL CONCURSO. F192. ESCRITO DE LA AGENCIA ESTATAL DE ADMINISTRACIÓN TRIBUTARIA PERSONÁNDOSE EN EL CONCURSO. F193. ESCRITO DE LA SEGURIDAD SOCIAL PERSONÁNDOSE EN EL CONCURSO. F194. ESCRITO DE SINDICATO PERSONÁNDOSE EN EL CONCURSO. F195. ESCRITO DE LA REPRESENTACIÓN LEGAL DE LOS TRABAJADORES DE CONCURSADA PERSONÁNDOSE EN EL CONCURSO. F196. DILIGEN-

CIA DE ORDENACIÓN TENIENDO POR PERSONADOS A ACREEDOR, SEGURIDAD SOCIAL, AGENCIA TRIBUTARIA, FOGASA, SINDICATO Y REPRESENTACIÓN DE LOS TRABAJADORES. 1.9. TRAMITACIÓN PUBLICIDAD DEL CONCURSO. F197. OFICIO PARA DAR PUBLICIDAD A EDICTO DECLARACIÓN CONCURSO. F198. ESCRITO DE LA CONCURSADA INSTANDO LA SUBSANACIÓN DE MANDAMIENTO ENTREGADO PARA PUBLICIDAD CONCURSO. F199. DILIGENCIA DE ORDENACIÓN SUBSANANDO MANDAMIENTO DEFECTUOSO. F200. ESCRITO DE LA CONCURSADA ACOMPAÑANDO DILIGENCIADOS LOS MANDAMIENTOS, OFICIOS Y EDICTOS PARA PUBLICIDAD CONCURSO. F201. DILIGENCIA DE ORDENACIÓN TENIENDO POR DILIGENCIADOS LOS MANDAMIENTOS, OFICIOS Y EDICTOS PARA PUBLICIDAD CONCURSO.

1.1. EXPERTO PARA RECABAR OFERTA DE ADQUISICIÓN DE UNIDAD PRODUCTIVA. PREPACK

NOTA: En este epígrafe recojo los formularios relativos al nombramiento de un experto para recabar ofertas de adquisición de la unidad productiva, salvo aquellos relativos a la solicitud de concurso tras la fase de obtención de la misma y la declaración de concurso, cuyos formularios se pueden consultar más adelante, en el correspondiente apartado de este capítulo sobre la declaración del concurso.

F001. ACTA JUNTA GENERAL UNIVERSAL ACORDANDO LA SOLICITUD DE NOMBRAMIENTO DE EXPERTO PARA RECABAR OFERTAS DE ADQUISICIÓN DE UNIDAD PRODUCTIVA. PREPACK

Normativa de aplicación: *Arts. 224 Ter y ss. Real Decreto Legislativo 1/2020, de 5 de mayo, por el que se aprueba el texto refundido de la Ley Concursal. Arts. 159 y ss. Real Decreto Legislativo 1/2010, de 2 de julio, por el que se aprueba el texto refundido de la Ley de Sociedades de Capital.*

Que hoy día........... de........... de..........., a las........... horas, y en el domicilio social, sito en la localidad de..........., calle........... s/n, se celebra JUNTA GENERAL EXTRAORDINARIA de accionistas de la sociedad........... S.A.

Se encuentran presentes, en el referido lugar, y, por lo tanto, concurren la totalidad de socios de la compañía, decidiendo y dando su conformidad los asistentes a constituirse, con el carácter de universal, en Junta General Extraordinaria de accionistas de la compañía, para deliberar y, en su caso, adoptar acuerdos con relación al siguiente orden del día: 1. Estado de la situación Económico-financiera de la sociedad. Solicitud de designación de experto para recabar ofertas de adquisición de la unidad productiva ....

En señal de conformidad firman seguidamente todos los asistentes...........

Igualmente asiste el administrador único de la compañía Don...........

Mesa de la Junta General. Son presidente y secretario de la presente Junta General, Don........... y Don..........., respectivamente. Ello de conformidad con lo establecido en el art. 191 TRLSC, art........... de los Estatutos Sociales y ser los citados señores los accionistas designados por los concurrentes al comienzo de la reunión.

Abierta la sesión por el Sr. Presidente, sin que nadie se oponga a la válida constitución y celebración de la presente Junta General, se entra en el debate y deliberación de los diversos puntos del orden del día que ningún o de los presentes haga uso de su derecho a que conste en el acta el contenido de su intervención.

Proposición de adopción de acuerdos: Se propone por el Sr. Presidente la adopción de los siguientes acuerdos:

PRIMERO.– Solicitar el nombramiento de experto para recabar ofertas para la adquisición de la unidad productiva ...., ante el Juzgado de lo Mercantil de............ que por turno corresponda y a la vista de la situación de insolvencia probable/actual/inminente en que se halla la sociedad. Ello a los efectos de lo dispuesto en los arts. 224 Ter y ss. TRLC, y sin perjuicio del más absoluto respeto y salvaguarda de las competencias que la Ley reconoce al órgano de administración social respecto a este nombramiento y, en su caso, a la decisión de la solicitud de concurso.

ALTERNATIVA: PRIMERO.– Solicitar el nombramiento de experto para recabar ofertas para la adquisición de la unidad productiva ......, ante el Juzgado de lo Mercantil de............ que por turno corresponda, y a la vista de la situación de insolvencia probable/actual/inminente en que se halla la sociedad. Ello en los siguientes términos: .... Todo lo expuesto a los efectos de los dispuesto en los arts. 224 Ter y ss TRLC, y sin perjuicio del más absoluto respeto y salvaguarda de las competencias que la Ley reconoce al órgano de administración social respecto a este nombramiento y, en su caso, a la decisión de la solicitud de concurso.

Previa la oportuna votación, la citada propuesta de acuerdos sociales es aprobada por UNANIMIDAD, con el voto favorable de todos los asistentes.

Y no habiendo más asuntos que tratar, se procede a la redacción de la presente acta que es aprobada de forma unánime por los asistentes, y finaliza la presente Junta General Extraordinaria, levantándose la reunión en............, a las............ horas del día............ de............ de............

F002. ACTA DEL CONSEJO DE ADMINISTRACIÓN ACORDANDO SOLICITUD DE NOMBRAMIENTO DE EXPERTO PARA RECABAR OFERTAS DE ADQUISICIÓN DE UNIDAD PRODUCTIVA. PREPACK

Normativa de aplicación: *Arts. 224 ter y ss. Real Decreto Legislativo 1/2020, de 5 de mayo, por el que se aprueba el texto refundido de la Ley Concursal. Arts. 242 y ss. Real Decreto Legislativo 1/2010, de 2 de julio, por el que se aprueba el texto refundido de la Ley de Sociedades de Capital.*

En............, siendo las............ horas del día............ de............ de............, y en el domicilio social, sito en............, calle............ núm. ...., se celebra reunión del Consejo de Administración de la sociedad............ S.L.

La presente reunión del Consejo de Administración fue convocada en fecha............ de............ de............ mediante telegrama remitido a los Sres. Consejeros en legal forma y plazo con el siguiente tenor literal "Por el presente, se le convoca a la reunión del Consejo de Administración a celebrar, en el domicilio social, el próximo día........... de........... de..........., a las........... horas, para deliberar y, en su caso, adoptar acuerdos con relación al siguiente orden del día: 1. Estado de la situación Económico-financiera de la sociedad. Solicitud de designación de experto para recabar ofertas de adquisición de la unidad productiva ....".

Asisten a la presente reunión, personalmente, la totalidad de los miembros del consejo de administración de la sociedad, esto es:

Presidente: Don........... Secretario: Don........... Vocal: Doña........... Vocal: Doña........... Vocal: Doña...........

Actúan como Presidente y Secretario de la presente reunión del Consejo de Administración, Don........... y Don..........., respectivamente.

El Sr. presidente declara válidamente constituida la presente reunión del Consejo de Administración y se entra en el debate de los distintos puntos del orden del día. Previa deliberación y sin que ninguno de los asistentes haga uso del derecho de que conste en el acta el contenido de su intervención, se adoptan los siguientes acuerdos por UNANIMIDAD que son proclamados por el Sr. Presidente:

PRIMERO.– Solicitar el nombramiento de experto para recabar ofertas para la adquisición de la unidad productiva ......, ante el Juzgado de lo Mercantil de........... que por turno corresponda, y a la vista de la situación de insolvencia probable/actual/inminente en que se halla la sociedad. Ello a los efectos de los dispuesto en los arts. 224 Ter y ss TRLC, y facultando a los consejeros delegados solidarios para que cualquiera de ellos, indistintamente, puedan llevar a cabo cuantos trámites y actuaciones fueran precisas a tal fin, suscribiendo también cuantos documentos públicos y privados fueran necesarios al efecto para formalizar la citada solicitud designatoria, incluyendo el otorgamiento de poder procesal a favor de los procuradores y abogados que tengan por conveniente.

ALTERNATIVA: PRIMERO.– Solicitar el nombramiento de experto para recabar ofertas para la adquisición de la unidad productiva ...., ante el Juzgado de lo Mercantil de........... que por turno corresponda, y a la vista de la situación de insolvencia probable/actual/inminente en que se halla la sociedad. Ello en los siguientes términos: .... Todo lo expuesto a los efectos de los dispuesto en los arts. 224 Ter y ss TRLC, y facultando a los consejeros delegados solidarios para que cualquiera de ellos, indistintamente, puedan llevar a cabo cuantos trámites y actuaciones fueran precisas a tal fin, suscribiendo también cuantos documentos públicos y privados fueran necesarios al efecto para formalizar la citada solicitud designatoria, incluyendo el otorgamiento de poder procesal a favor de los procuradores y abogados que tengan por conveniente.

Y para que así conste se extiende la presente acta, que, leída, es aprobada por todos los consejeros por unanimidad, en...........

F003. SOLICITUD DE EXPERTO PARA RECABAR UNA OFERTA DE UNIDAD PRODUCTIVA. PREPACK

Normativa de aplicación: *Arts. 224 Ter y ss. Real Decreto Legislativo 1/2020, de 5 de mayo, por el que se aprueba el texto refundido de la Ley Concursal*

AL JUZGADO DE LO MERCANTIL DE ...... QUE POR TURNO CORRESPONDA

..............., Procurador de los Tribunales y de ...., según se acredita con el poder especial que se acompaña y bajo la dirección letrada de Don ......, abogado del Ilustre Colegio de Abogados de ... con número ..., ante el Juzgado comparezco, y como mejor proceda en Derecho, respetuosamente, DIGO:

Que mediante el presente escrito, y de conformidad con lo dispuesto en el artículo 224 ter TRLC, venimos a interesar el nombramiento de experto para recabar ofertas de compra de la unidad productiva de la mercantil ...

Que dicha petición se funda en las siguientes:

PRIMERO. DATOS IDENTIFICATIVOS

Que mi principal, la mercantil ...... tiene por objeto social la .... actividad económica que lleva desarrollando desde sus inicios.

La compañía se constituyó ...., y se encuentra inscrita en el Registro Mercantil de

......, Hoja ... Tomo ... Folio ..., encontrándose provista de CIF ... EUID: ...... La compañía esta administrada por su administrador único ...

El capital social es de ...... (...... €).

El domicilio social de la compañía se encuentra en ...... de ......, lugar en el que también ejerce su actividad.

SEGUNDO. SITUACIÓN DE INSOLVENCIA INMINENTE

Se trata de una compañía que ha venido desarrollando su actividad de forma satisfactoria, si bien la situación de crisis económica general y el incremento del precio de las materias primas de un 35%, unido al aumento desmesurado del precio de la electricidad, subida de los costes salariales así como de los costes financieros y la imposibilidad de repercutir al cliente final dichos costes, ha contraído significativamente los márgenes, haciendo muy difícil obtener rentabilidad.

Lo anterior, unido a la política restrictiva crediticia de las entidades financieras, ha supuesto que la tesorería queda muy mermada. A mayor abundamiento la diferencia del ciclo de cobros y pagos nos hace alumbrar un escenario en el que no podrán atenderse a corto plazo las obligaciones de pago con diversos acreedores y proveedores.

TERCERO. DE LA VIABILIDAD DE LA ACTIVIDAD

A pesar de la delicada situación en la que se encuentra nuestra representada, lo bien cierto es que la actividad que se viene desarrollando puede mantenerse, e incluso incrementarse obteniendo resultados positivos. Para ello sería necesario un cambio de rumbo en la gestión empresarial, con un nuevo equipo de dirección, y la adopción de medidas encaminadas a la contención del gasto e incremento de los ingresos.

No obstante, lo expuesto, el sobreendeudamiento existente, hace inviable la adopción de estas medidas por parte los actuales socios de la compañía, siendo la única posibilidad de mantener la actividad la transmisión de la unidad productiva.

CUARTO. DE LA UNIDAD PRODUCTIVA

La sociedad cuenta en la actualidad con un conjunto de recursos intangibles, humanos y materiales que forman un negocio susceptible de funcionar de forma autónoma.

El valor de esta unidad productiva es muy superior al que existiría en un escenario liquidativo, por lo que consideramos, en consonancia con lo expresado en el apartado anterior, que procede su enajenación, razón por la que acudimos al Juzgado, al objeto que al amparo de lo dispuesto en el artículo 224 ter TRLC, interesando el nombramiento de experto para recabar ofertas de adquisición de la unidad productiva.

En este sentido, y con el fin que pueda ser designado por parte del Juzgado el experto para recabar ofertas, se exponen los datos fundamentales de la unidad productiva:

(i) Actividad fundamental: La compañía viene desarrollando desde sus inicios la ....

(ii) Perímetro de la unidad productiva: Se acompaña como Anexo I, relación de elementos que integran la unidad productiva.

(iii) Valoración: Aun cuándo resulta apresurado establecer una posible valoración de la unidad productiva, se acompaña como Anexo II valoración razonada de la unidad productiva.

(iv) Número de trabajadores: En la actualidad se encuentran afectos a la unidad productiva un total de 78 trabajadores.

(v) Magnitudes económicas: Se acompaña como Anexo III, los principales datos económicos de la sociedad durante los últimos 2 años, indicando el volumen de facturación, resultado del ejercicio y el activo y pasivo.

A estos hechos le son de aplicación los siguientes,

FUNDAMENTOS DE DERECHO

I. COMPETENCIA

El artículo 224 ter del TRLC, regula la solicitud de nombramiento de experto para recabar ofertas de adquisición, estableciendo la solicitud se formulará ante el juzgado que resultara competente para la declaración de concurso.

A su vez, la LOPJ y los artículos 44, 45, 52 a 55 del TRLC 1/20 atribuyen el conocimiento del concurso a los juzgados de lo mercantil. Corresponde la competencia internacional y territorial para declarar y tramitar el concurso a los juzgados de lo mercantil de esa Provincia, por tratarse del territorio en que radica el centro de los intereses principales de mi representada.

II. LEGITIMACIÓN

Ostenta la legitimación, mi mandante como interesado en el nombramiento de experto para recabar ofertas de adquisición de la unidad productiva.

III. PROCEDIMIENTO

Es de aplicación lo dispuesto en la subsección 4ª de la sección 2ª del capítulo III del TRLC. De conformidad con el artículo 224 quater, el nombramiento del experto podrá recaer en persona natural o jurídica que reúna las condiciones para ser nombrado experto en reestructuraciones o administrador concursal.

Igualmente, en la resolución, el juez establecerá la duración del encargo y fijará al experto la retribución que considere procedente atendiendo el valor de la unidad o unidades productivas.

Por último, y de conformidad con el apartado 2 del artículo 224 ter del TRLC, interesa que la resolución por la que se acuerde el nombramiento del experto se mantenga reservada.

En virtud de lo expuesto

SUPLICO AL JUZGADO, que tenga por presentado este escrito, junto con la documentación que se acompaña, se digne a admitirlo, me tenga por parte y comparecido en nombre y representación de mi mandante, y acuerde dictar resolución por la que:

(i) Proceda al nombramiento de experto que recabe ofertas de terceros para la adquisición de la unidad productiva de ......

(ii) Proceda a fijar la retribución que deberá percibir el experto.

(iii) Proceda a declarar el carácter reservado de la resolución por la que se nombre al experto.

OTROSÍ DIGO. Que al amparo de lo previsto en el artículo 231 de la Ley de Enjuiciamiento Civil, así como de lo previsto en el artículo 11 del TRLC, solicito al Juzgado que cuide de que puedan ser subsanados los defectos en los que pueda incurrir esta parte.

SOLICITO AL JUZGADO, que tenga por efectuada la anterior manifestación a los efectos legales oportunos.

...... a ... de ... de 2023.

F004. ESCRITO SOLICITANDO EXPERTO PARA RECABAR OFERTAS DE ADQUISICIÓN DE UNIDAD PRODUCTIVA. PREPACK

Normativa de aplicación: *Arts. 224 Ter y ss. Real Decreto Legislativo 1/2020, de 5 de mayo, por el que se aprueba el texto refundido de la Ley Concursal*

AL JUZGADO DE LO MERCANTIL DE ....

.... Procuradora de los Tribunales y de .... S.L, representación que acredito con la copia de escritura de poder que acompaño a este escrito, ante el Juzgado comparezco y como mejor proceda en derecho DIGO:

Que por medio del presente escrito, y en la representación que ostento, solicito la designación de experto para recabar ofertas de adquisición de unidad productiva. Y a tal efecto se efectúan las siguientes:

ALEGACIONES

PRIMERO.– Mi mandante se encuentra en situación de insolvencia actual (o inminente) (o probable) y es titular de la siguiente unidad productiva: .... (PERÍMETRO DE LA UNIDAD PRODUCTIVA)

Dicha unidad productiva ha cesado (no ha cesado) en su actividad.

El valor de la citada unidad productiva es de ....euros.

Lo anterior se acredita con los DOCUMENTOS que se acompañan como de número ...., consistentes en ....

SEGUNDO.– Esta parte pretende y solicita de este Juzgado, que es el competente para la declaración de concurso de mi mandante, que al amparo de los arts. 224 ter y ss. TRLC, designe un experto que recabe ofertas para la adquisición de la referida unidad productiva, con pago al contado y en los términos de los referidos preceptos legales.

TERCERO.– Las ofertas a recabar deberán cumplir lo dispuesto en los arts. 224 septies y concordantes TRLC, y en especial, la obligación de continuar (o reiniciar) la actividad con la unidad productiva en cuestión por un mínimo de dos años.

En su virtud

SUPLICO AL JUZGADO que tenga por presentado este escrito, se sirva admitirlo, y tener por solicitado, al amparo de los dispuesto en los arts. 22 ter y ss. TRLC, el nombramiento de experto para recabar ofertas de adquisición de la unidad productiva arriba reseñada, y previos los oportunos trámites legales, se sirva dictar resolución acordando tal nombramiento y fijando, entre otros extremos, la duración del encargo y la retribución procedente a percibir por el experto, así cuanto demás proceda en derecho.

En ...., a ...., de ...., de ....

F005. ESCRITO SOLICITANDO EXPERTO PARA RECABAR OFERTAS DE ADQUISICIÓN DE UNIDAD PRODUCTIVA CON PROPUESTA DE PROFESIONAL PARA SU DESIGNACIÓN DE EXPERTO. PREPACK

Normativa de aplicación: *Arts. 224 Ter y ss. Real Decreto Legislativo 1/2020, de 5 de mayo, por el que se aprueba el texto refundido de la Ley Concursal*

AL JUZGADO DE LO MERCANTIL DE ....

.... Procuradora de los Tribunales y de .... S.L, representación que acredito con la copia de escritura de poder que acompaño a este escrito, ante el Juzgado comparezco y como mejor proceda en derecho DIGO:

Que por medio del presente escrito, y en la representación que ostento, solicito la designación de experto para recabar ofertas de adquisición de unidad productiva. Y a tal efecto se efectúan las siguientes:

ALEGACIONES

PRIMERO.– Mi mandante se encuentra en situación de insolvencia actual (o inminente) (o probable) y es titular de la siguiente unidad productiva: .... (PERÍMETRO DE LA UNIDAD PRODUCTIVA)

Dicha unidad productiva ha cesado (no ha cesado) en su actividad.

El valor de la citada unidad productiva es de ....euros.

Lo anterior se acredita con los DOCUMENTOS que se acompañan como número ...., consistentes en ....

SEGUNDO.– Esta parte pretende y solicita de este Juzgado, que es el competente para la declaración de concurso de mi mandante, que al amparo de los arts. 224 ter y ss. TRLC, designe un experto que recabe ofertas para la adquisición de la referida unidad productiva, con pago al contado y en los términos de los referidos preceptos legales.

TERCERO.– Las ofertas a recabar deberán cumplir lo dispuesto en los arts. 224 septies y concordantes TRLC, y en especial, la obligación de continuar (o reiniciar) la actividad con la unidad productiva en cuestión por un mínimo de dos años.

CUARTO.– A tal efecto designatorio:

a) Se propone como experto para su designación por este Juzgado, a Don ...., abogado, con domicilio en ......, calle ......, y DNI/MIF ...... Se hace constar que el profesional propuesto reúne los requisitos peticionados para ejercer el citado cargo expertual, pues reúne las condiciones para ser nombrado administrador concursal o experto en reestructuraciones, tal y como se acredita con el currículum que se acompaña como DOCUMENTO ......

b) Esta parte y Don ..... han pactado los siguientes honorarios para retribuir el encargo: .... Ello atendiendo al valor de la unidad productiva ....

c) Esta parte entiende que la duración del encargo debe ser de ... meses, prorrogables previa autorización de este Juzgado por otros .... meses adicionales a los primeros.

d) En señal de conformidad y aceptación de lo expuesto en este apartado, Don ..... firma el presente escrito.

Todo ello se propone sin perjuicio de lo que pueda acordar este Juzgado al que respetuosamente nos dirijimos.

En su virtud

SUPLICO AL JUZGADO que tenga por presentado este escrito, se sirva admitirlo, y tener por solicitado, al amparo de los dispuesto en los arts. 22 ter y ss. TRLC, el nombramiento de experto para recabar ofertas de adquisición de la unidad productiva arriba reseñada, y previos los oportunos trámites legales, se sirva dictar resolución acordando tal nombramiento en la persona de Don ..... y con la duración del encargo y la retribución procedente a percibir por el experto reseñada en el cuerpo de este escrito, o, en su defecto, en la persona y condiciones del encargo que tenga por conveniente, así cuanto demás proceda en derecho.

En ...., a ...., de ...., de ....

F006. AUTO DESIGNANDO EXPERTO PARA RECABAR OFERTAS DE COMPRA DE UNIDAD PRODUCTIVA. PREPACK (I)

Normativa de aplicación: *Arts. 224 Ter y ss. Real Decreto Legislativo 1/2020, de 5 de mayo, por el que se aprueba el texto refundido de la Ley Concursal*

En la ciudad de........... a........... de........... de...........

ANTECEDENTES DE HECHO

PRIMERO.– Por la procuradora de los tribunales, en representación de ...., y al amparo de lo dispuesto en los arts. 224 ter y ss. TRLC, solicitó el nombramiento de experto independiente para recabar ofertas de adquisición de unidad productiva.

De la solicitud formulada por........... S.L. extractamos lo siguiente:...........

SEGUNDO.– En la tramitación de los presentes se han respetado las prescripciones legales.

FUNDAMENTOS DE DERECHO

PRIMERO.– Que este Juez es competente para conocer de la presente solicitud al ser éste Juzgado de lo Mercantil de........... el competente para conocer de la declaración de concurso de ...., al hallarse el centro de intereses principales de dicha compañía en .... (arts. 44, 45 y 224 ter TRLC).

SEGUNDO.– Que la solicitud y la documentación aportada por........... S.L. junto a la misma cumple con lo establecido en el TRLC, especialmente, lo establecido en los arts. 224 ter, y ss, TRLC.

TERCERO.– A la vista del art. 224 Ter, en caso de probabilidad de insolvencia, de insolvencia inminente o de insolvencia actual, el deudor, sea persona natural o jurídica, cualquiera que sea la actividad a la que se dedique, podrá solicitar del juzgado competente para la declaración de concurso el nombramiento de un experto que recabe ofertas de terceros para la adquisición, con pago al contado, de una o de varias unidades productivas de que sea titular el solicitante, aunque hubieran cesado en la actividad.

Conforme al art. 224 quater 1 TRLC, el nombramiento del experto podrá recaer en persona natural o jurídica que reúna las condiciones para ser nombrado experto en reestructuraciones o administrador concursal. La aceptación del nombramiento es voluntaria.

Además, en la resolución el juez establecerá la duración del encargo y fijará al experto la retribución que considere procedente atendiendo el valor de la unidad o unidades productivas. El derecho apercibir la retribución podrá estar total o parcialmente en función del resultado. La resolución por la que se acuerde el nombramiento del experto se mantendrá reservada. (art. 224 quarter 2 TRLC).

CUARTO.– Que de la documentación aportada resulta la situación de insolvencia actual/inminente/probabilidad de insolvencia de........... S.L.

También resulta la titularidad por la citada compañía de la siguiente unidad productiva:

....

Y su valor: .... euros.

QUINTO.– A la vista de todo ello, procede designar experto para recabar ofertas de compra de la unidad productiva a Don........... Don........... (ABOGADO), mayor de edad, de nacionalidad española, con domicilio en ...., calle .... y DNI/NIF

.... Núm. .... ICAV, quien reúne las condiciones para ser nombrado administrador concursal a la vista que ...., siendo la aceptación del cargo voluntaria para el nominado.

Las ofertas a recabar deberán reunir los requisitos de los arts. 224 ter, ss. y concordantes del TRLC. En especial, art. 224 septies TRLC, que quien realice la oferta no podrá actuar por cuenta del propio deudor que en la oferta, el oferente deberá asumir la obligación de continuar o de reiniciar la actividad con la unidad o unidades productivas a las que se refiera la oferta por un mínimo de dos años. El incumplimiento de este compromiso dará lugar a que cualquier afectado pueda reclamar al adquirente la indemnización de los daños y perjuicios causados.

SEXTO.– El encargo conferido al experto nombrado tendrá una retribución (fija/mensual) de .... euros, fijándose su retribución, atendiendo al valor de la unidad productiva, en la suma, impuestos excluidos, de .... euros (o en la suma, impuestos excluidos, resultante de aplicar el .... por ciento sobre el valor de la unidad productiva anteriormente reseñado) (o en la suma fija de .... euros, cantidad esta que, en el supuesto que se transmita la unidad productiva con la intervención del experto nominado, se incrementará adicionándole la resultante de aplicar .... por ciento sobre el exceso del precio obtenido en la enajenación respecto al valor de la unidad productiva anteriormente reseñado).

SÉPTIMO.– Todo lo cual no exime al deudor del deber de solicitar la declaración de concurso dentro de los dos meses siguientes a la fecha en que hubiera conocido o debido conocer el estado de insolvencia actual (art. 224 quinquies TRLC)

Si con posterioridad a este nombramiento, se declarase el concurso de acreedores de .... S.L será competente para la declaración de concurso este Juzgado al haber nombrado al referido experto (art. 224 sixties 1 TRLC). Además, en la declaración del concurso, este juez podrá revocar o ratificar el nombramiento del experto, y si lo ratificase, tendrá la condición de administrador concursal (art. 224 sixties 2 TRLC). Finalmente, en caso de posterior concurso, la retribución que no hubiera percibido el experto tendrá la consideración de crédito contra la masa (art. 224 sixties 3 TRLC).

Procede dotar de carácter reservado a la presente resolución. Visto lo expuesto y demás normativa de aplicación

DISPONGO

PRIMERO.– Se estima la solicitud formulada por la sociedad........... S.L., y en su nombre y representación, el procurador de los Tribunales Don........... y se designa experto para recabar ofertas de compra de la unidad productiva reseñada en el fundamento de derecho cuarto de este auto, a Don........... Don........... (ABOGADO), mayor de edad, de nacionalidad española, con domicilio en ...., calle .... y DNI/NIF

.... Núm. .... ICAV, quien reúne las condiciones para ser nombrado administrador concursal

Hágase saber al designado, que las ofertas a recabar deberán reunir los requisitos de los arts. 224 ter, ss. y concordantes del TRLC. En especial, que quien realice la oferta no podrá actuar por cuenta del propio deudor y que en la oferta, el oferente deberá asumir la obligación de continuar o de reiniciar la actividad con la unidad o unidades productivas a las que se refiera la oferta por un mínimo de dos años. El incumplimiento de este compromiso dará lugar a que cualquier afectado pueda reclamar al adquirente la indemnización de los daños y perjuicios causados.

Notifíquese a .... su nombramiento a efectos de su aceptación y juramento, haciéndosele saber que en este caso, la aceptación por su parte del mismo es voluntaria.

Aceptado el cargo por el experto, désele traslado a éste de la información y antecedentes acompañados por .... S.L a su solicitud, sin perjuicio de recabar de dicha compañía cuanta información precise para buen fin del encargo localizador de ofertas que le es conferido.

SEGUNDO.– Fijar la duración del encargo encomendado al experto aquí nombrado en el plazo de ....

TERCERO.– Fijar la retribución del experto designado en suma, impuestos excluidos, de .... euros (o en la suma, impuestos excluidos, resultante de aplicar el .... por ciento sobre el valor de la unidad productiva anteriormente reseñado) (o en la suma fija de .... euros, cantidad esta que, en el supuesto que se transmita la unidad productiva con la intervención del experto nominado, se incrementará adicionándole la resultante de aplicar .... por ciento sobre el exceso del precio obtenido en la enajenación respecto al valor de la unidad productiva anteriormente reseñado).

Dese carácter reservado a la presente resolución.

Notifíquese por el Letrado de la Administración de Justicia el presente auto a ....

S.L a través de su representación procesal.

Contra el presente auto no cabe recurso alguno.

Todo lo cual pronuncia, manda y firma el Ilmo. Sr. ...., Magistrado Juez del Juzgado de lo Mercantil núm. .... de...........

F007. AUTO DE DESIGNACIÓN DE EXPERTO PARA RECABAR OFERTAS DE ADQUISICIÓN DE LA UNIDAD PRODUCTIVA. PREPACK (II)

Normativa de aplicación: *Arts. 224 Ter y ss. Real Decreto Legislativo 1/2020, de 5 de mayo, por el que se aprueba el texto refundido de la Ley Concursal*

JUZGADO DE LO MERCANTIL Nº ... DE ...

N.I.G.:.........

Procedimiento: ...-/... Deudor: ... Procurador: ...

A U T O MAGISTRADO-JUEZ QUE LA DICTA: Ilmo/a Sr/a ...

Lugar: ... Fecha: ...

ANTECEDENTES DE HECHO

ÚNICO. Mediante escrito fechado el pasado día..., la procuradora Doña ..., en nombre y representación de la mercantil ..., comunicó la situación de insolvencia probable/inminente/actual de su representada, para posteriormente interesar el nombramiento de experto para recabar ofertas de adquisición de la unidad productiva.

FUNDAMENTOS DE DERECHO

PRIMERO. El Real Decreto Legislativo 1/2020, de 5 de mayo, por el que se aprueba el texto refundido de la Ley Concursal, prevé de forma expresa el nombramiento de un experto para recabar ofertas de adquisición de la unidad productiva. Concretamente en la subsección 4ª de la sección 2ª del capítulo III del Libro I, se regula el procedimiento para su nombramiento bajo los preceptos 224 ter y siguientes.

SEGUNDO. La petición deducida, cumple con los requisitos del artículo 224 ter TRLC expresando la mercantil ...... su situación de insolvencia inminente/actual/probabilidad de insolvencia, así como la solicitud expresa de nombramiento de experto. Igualmente se dirige ante el órgano competente para la declaración del concurso de acreedores.

TERCERO. El artículo 224 quater TRLC establece:." El nombramiento del experto podrá recaer en persona natural o jurídica que reúna las condiciones para ser nombrado experto en reestructuraciones o administrador concursal. La aceptación del nombramiento es voluntaria. 2. En la resolución el juez establecerá la duración del encargo y fijará al experto la retribución que considere procedente atendiendo el valor de la unidad o unidades productivas. El derecho a percibir la retribución podrá estar total o parcialmente en función del resultado. La resolución por la que se acuerde el nombramiento del experto se mantendrá reservada."

Visto lo expuesto,

PARTE DISPOSITIVA

1. Se tiene por personado y por parte a la mercantil ...... y en su representación a la Procuradora ..., en virtud del poder especial que se aporta, con quien se entenderán las sucesivas diligencias en la forma prevenida por la Ley, y por solicitado EL NOMBRAMIENTO DE EXPERTO PARA RECABAR OFERTAS DE ADQUISICIÓN DE LA UNIDAD PRODUCTIVA.

2. Se nombra como experto a Don ...., con domicilio en ......, a quien se notificará por conducto urgente dicha designación a fin de que sin dilación comparezca en este Juzgado para aceptar y jurar el cargo, a los cuales se les entregará, una vez aceptado y jurado el cargo.

3. Dado que la solicitante manifiesta su situación de insolvencia inminente, la duración de cargo, no podrá exceder de TRES MESES

4. Teniendo en cuenta el valor de la unidad productiva señalado por la solicitante, se fija como retribución para el Experto independiente la cantidad de ...... euros.

5. Dese carácter reservado a esta resolución.

MODO DE IMPUGNACIÓN: Contra esta resolución no cabe interponer recurso.

Así por este Auto, lo pronuncia, manda y firma el Itmo. Sr. D. .... Magistrado Juez de este Juzgado; doy fe.

F008. ESCRITO DEL EXPERTO ACEPTANDO/NO ACEPTANDO EL NOMBRAMIENTO

Normativa de aplicación: *Arts. 224 Ter y ss. Real Decreto Legislativo 1/2020, de 5 de mayo, por el que se aprueba el texto refundido de la Ley Concursal*

AL JUZGADO DE LO MERCANTIL NÚM........DE ....

Don ...., mayor de edad, de nacionalidad española, abogado (ICAV .....), con domicilio en ...., calle ...., y DNI/NIF ..... ante el Juzgado comparezco en el expediente .... y como mejor proceda en derecho DIGO:

PRIMERO.– Que ha sido notificado a esta parte el auto de fecha ...., por el que se me designa como experto para recabar ofertas de adquisición de la unidad productiva ...... Ello en los términos del citado auto que se da aquí por íntegramente reproducido en aras a una mayor brevedad.

SEGUNDO.– Que se me ha requerido por este Juzgado a efectos que acepte el referido nombramiento.

TERCERO.– Que por medio de este escrito, y a los efectos de lo dispuesto en el art. 224 Quater 1 TRLC, esta parte ACEPTA el referido cargo, manifestando que no incurre en causa de incapacidad, incompatibilidad o prohibición, ni conoce la concurrencia de otra causa de recusación, y jura desempeñarlo de modo fiel y legal, y al respecto:.

A) Designa como lugar o despacho donde ejercerá el cargo en el siguiente: ....

B) Manifiesta igualmente que podrán practicarle las notificaciones y demás actos de comunicación en el siguiente correo electrónico: ....@.............

ALTERNATIVA: TERCERO.– Dado que la aceptación del referido cargo es voluntaria para el nominado, de conformidad y a los efectos de lo establecido en el art. 224 quater TRLC, esta parte expresamente NO ACEPTA el referido nombramiento (o NO ACEPTA el referido nombramiento a la vista que ....).

En su virtud

SUPLICO AL JUZGADO que tenga por presentado este escrito, se sirva admitirlo, y por ACEPTADO/NO ACEPTADO el nombramiento de experto para recabar ofertas de adquisición de la unidad productiva ...., que se reseña en el cuerpo de este escrito.

En ...., a ...., de ...., de ....

F009. ACTA DE ACEPTACIÓN DEL CARGO POR EL EXPERTO PARA RECABAR OFERTAS DE COMPRA DE UNIDAD PRODUCTIVA. PREPACK

Normativa de aplicación: *Arts. 224 Ter y ss. Real Decreto Legislativo 1/2020, de 5 de mayo, por el que se aprueba el texto refundido de la Ley Concursal*

JUZGADO DE LO MERCANTIL Nº ... DE ...

N.I.G.:.........

Procedimiento: ...-/...

ACTA DE ACEPTACIÓN Y JURAMENTO DE EXPERTO PARA RECABAR OFERTAS DE COMPRA DE UNIDAD PRODUCTIVA

En ...... a .... de dos mil ......

Ante el Ilmo/a. Sr./a. Magistrado/a-Juez de este Juzgado, asistido de mí el Secretario, comparece:

D./Dña. ...., con domicilio en ......, con D.N.I. Nº ......, teléfono ...... y mail ......@......., quien acepta el cargo de EXPERTO PARA RECABAR OFERTAS DE COMPRA DE UNIDAD PRODUCTIVA en el procedimiento de referencia, y ello de conformidad con el art. 224 quater TRLC.

Y manifiesta:

Que no afectándole causa de incapacidad, incompatibilidad o prohibición, ni conociendo la concurrencia de otra causa de recusación, ACEPTA el cargo para el que ha sido designado, y jura desempeñarlo de modo fiel y legal, ajustando su actuando a las prescripciones del Real Decreto Legislativo 1/2020 de 5 de mayo. Que designa como lugar o despacho donde ejercerá el cargo en el territorio de la demarcación de este Juzgado en ....

Manifiesta igualmente que podrán practicarle las notificaciones y demás actos de comunicación en el correo electrónico arriba indicado a los efectos oportunos.

Por S.Sª se instruye al compareciente del contenido y alcance del cargo para el que ha sido designado, de lo que éste queda enterado.

Con todo lo cual, se da por terminada la presente, firmando el compareciente después de su S.Sª y conmigo, que doy fe.

F010. INFORME DEL EXPERTO SOBRE LAS ACTUACIONES LLEVADAS A CABO PARA RECABAR OFERTAS POR UNIDAD PRODUCTIVA. PREPACK

Normativa de aplicación: *Arts. 224 Ter y ss. Real Decreto Legislativo 1/2020, de 5 de mayo, por el que se aprueba el texto refundido de la Ley Concursal*

AL JUZGADO DE LO MERCANTIL DE ......

Don........., mayor de edad, con DNI nº ......, en su calidad de experto para recabar ofertas de compra de unidad productiva de la mercantil...... ante el Juzgado comparezco en los autos ......, y como mejor proceda en Derecho, respetuosamente, DIGO:

Que junto al presente escrito, se acompaña informe de las operaciones realizadas en relación a la venta de la unidad productiva de la mercantil ...

En su virtud,

SUPLICA AL JUZGADO, que teniendo por presentado en tiempo y forma el presente escrito, sea aceptado y por formulado informe de actuaciones en el procedimiento nº .../...

Es Justicia que pido en ...... a ... de ...... de ......

INFORME

A. ANTECEDENTES

Mediante Auto de fecha ... de ... de ..., el juzgado de lo mercantil nº ... de ..., acordó:

Que el pasado día ... de ... de ..., el juzgado al que tenemos el honor de dirigirnos dictó Auto por el que acordó el nombramiento de experto para recabar ofertas de adquisición. Concretamente en la parte dispositiva se estableció:

"1. Se tiene por personado y por parte a la mercantil ...... y en su representación a la Procuradora ..., en virtud del poder especial que se aporta, con quien se entenderán las sucesivas diligencias en la forma prevenida por la Ley, y por solicitado EL NOMBRAMIENTO DE EXPERTO PARA RECABAR OFERTAS DE ADQUISICIÓN DE LA UNIDAD PRODUCTIVA.

2. Se nombra como experto a Don ...., con domicilio en ......, a quien se notificará por conducto urgente dicha designación a fin de que sin dilación comparezca en este Juzgado para aceptar y jurar el cargo, a los cuales se les entregará, una vez aceptado y jurado el cargo.

3. Dado que la solicitante manifiesta su situación de insolvencia inminente, la duración de cargo, no podrá exceder de TRES MESES ..."

Con fecha ... de ... de ..., se procedió a aceptar el cargo, extendiendo el juzgado la correspondiente acta de juramento.

B. CONFIGURACIÓN DE LA UNIDAD PRODUCTIVA

Durante el primer mes, se procedió junto a la empresa a determinar exactamente el perímetro de la unidad productiva.

En cuanto a la masa activa, se realizaron las siguientes comprobaciones:

- Se obtuvieron notas simples del Registro de la propiedad correspondientes a los inmuebles que titula la sociedad.
- Se obtuvieron notas simples del Registro de bienes muebles, al objeto de determinar la titularidad de determinada maquinaria, y las cargas que pesan sobre ellas.
- Se solicitó informe de la Dirección General de Tráfico, referidos a los vehículos de la sociedad.
- Junto a la auditor de la sociedad, se realizó un exhaustivo inventario de las existencias de la compañía.
- Se verificaron las inversiones financieras de la compañía, con el correspondiente contraste con la entidades depositarias.

Respecto a la masa pasiva, se realizaron las siguientes comprobaciones:

- Se obtuvo certificado de la Agencia estatal de la Administración Tributaria, al objeto de determinar la deuda existente con la Hacienda Pública.
- Igualmente, se solicitó de la Tesorería General de la Seguridad Social, certificado de deuda.
- Nos pusimos en contacto con las distintas entidades financieras que detentan algún tipo de garantía sobre los bienes inmuebles propiedad de la sociedad, a fin de conciliar el saldo contable.
- En el mismo sentido, se analizaron los diversos activos adquiridos mediante leasing, conciliando los saldos con las distintas financieras.

En cuanto a la plantilla de trabajadores:

- Se mantuvieron diversas reuniones con el comité de empresa, exponiendo la situación en la que se encontraba la compañía, así como el procedimiento de venta de la UPA.
- Se solicitó del comité una relación detallada de los puestos de trabajo, con categorías, antigüedad y retribución.
- Igualmente se comprobó la posible existencia de atrasos u otras deudas salariales.
- Se obtuvo de la TGSS, informe de vida laboral de la compañía.

C. VALORACIÓN DE LA UNIDAD PRODUCTIVA

Se solicitó al departamento financiero y jurídico de la compañía los parámetros empleados para obtener el valor de la unidad productiva.

Consideramos que el valor asignado por la empresa es ajustado, habiendo realizados estudios alternativos, obteniendo el mismo valor que el asignado por la compañía.

D. ELABORACIÓN DE PRESENTACIÓN DE LA UNIDAD PRODUCTIVA

Junto a la empresa, elaboramos un expediente en donde constaba toda la documentación de interés referida a la unidad productiva. Este expediente tenía por objeto, su posterior entrega a los posibles interesados.

E. REDACCIÓN DE DOCUMENTO DE CONFIDENCIALIDAD

Dado que los interesados en la adquisición de la unidad productiva, solicitaron documentación referida a la compañía se redactó un documento de confidencialidad, que ha sido firmado por todos los interesados.

F. REUNIONES CON INTERESADOS

Se han mantenido diversas reuniones con interesados en la adquisición de la unidad productiva, explicando tanto cuestiones referidas a la situación económica de la compañía, perímetro de la Unidad productiva, y cuestiones económicas, como cuestiones referidas al proceso de venta de la unidad productiva.

G. RECEPCIÓN DE OFERTAS

Se han recibido un total de ... ofertas de compra de unidad productiva. De estas, tan solo ... cumplen con todos los requisitos exigidos en el Texto Refundido de la Ley Concursal. De esta forma las ofertas que han sido desechadas carecían de algunas de estas circunstancias:

(i) Acreditación de la solvencia económica y medios materiales.

(ii) Obligación del mantenimiento de la actividad por un periodo mínimo de dos años.

(iii) Asunción de las condiciones laborales de la plantilla.

H. EMISIÓN DE INFORME

Finalmente, se ha emitido un informe en el que mostramos nuestra opinión sobre la oferta de compra de unidad productiva más beneficiosa para la masa. Dicho informe ha sido entregado a la representación de la empresa, a fin que sea acompañada junto a la solicitud de concurso.

Y para que conste, emito el presente en ... a ... de ... de...

F011. ACUERDO DE CONFIDENCIALIDAD Y NO DIVULGACIÓN DE INFORMACIÓN. PREPACK

Normativa de aplicación: *Arts. 224 Ter y ss. Real Decreto Legislativo 1/2020, de 5 de mayo, por el que se aprueba el texto refundido de la Ley Concursal*

En ..., a ... de ... de 20...

COMPARECEN

Don ...., mayor de edad, con DNI nº y domicilio en .... Don ...., mayor de edad, con DNI nº y domicilio en .... Don ...., mayor de edad, con DNI nº y domicilio en ....

INTERVIENEN

El Sr... en nombre y representación de la mercantil denominada ..., domiciliada en

..., y con C.I.F. número ... Constituida bajo la denominación de "... por tiempo indefinido en escritura autorizada por la Notario de ..., el día ... de ... de ..., bajo el número ... de orden de protocolo; inscrita en el Registro Mercantil de ..., sección ..., Hoja ...

Constituye su objeto social principal, ...

Sus facultades para este acto resultan de su condición de Administrador Solidario de la mercantil, cargo para el cual fue designado por acuerdo de la Junta General Extraordinaria de Socios de la compañía celebrada el día ... de ... de ..., cuyos acuerdos fueron elevados a público en escritura autorizada por el Notario de ..., Doña ... el día ... de ... de ..., la cual causó la inscripción ...en la hoja abierta a nombre de la sociedad en el Registro Mercantil.

El Sr... en nombre y representación de la mercantil denominada ..., domiciliada en

..., y con C.I.F. número ...Constituida bajo la denominación de "... por tiempo indefinido en escritura autorizada por la Notario de ..., el día ... de ... de ..., bajo el número ... de orden de protocolo; inscrita en el Registro Mercantil de ..., sección ..., Hoja ...

Constituye su objeto social principal, ...

Sus facultades para este acto resultan de su condición de Administrador Solidario de la mercantil, cargo para el cual fue designado por acuerdo de la Junta General Extraordinaria de Socios de la compañía celebrada el día ... de ... de ..., cuyos acuerdos fueron elevados a público en escritura autorizada por el Notario de ..., Doña ... el día ... de ... de ..., la cual causó la inscripción ...en la hoja abierta a nombre de la sociedad en el Registro Mercantil.

El Sr… en su calidad de experto para recabar ofertas de adquisición de la unidad productiva de la mercantil …, según auto dictado por el juzgado de lo mercantil nº … de …

ESTIPULACIONES

PRIMERA. La mercantil … se encuentra en un proceso de recepción de ofertas, a fin de transmitir su unidad productiva. De esta forma, y mediante resolución del Juzgado de lo Mercantil nº … de … se acordó el nombramiento de Don … como experto para recabar ofertas de adquisición de la unidad productiva.

SEGUNDA. Por otra parte, la mercantil … está interesa en la adquisición de la unidad productiva de ……, siendo necesario para poder formular una oferta de compra, acceder a determinada documentación de …

A tal fin, la mercantil … reconoce haber recibido la siguiente documentación correspondiente a la unidad productiva:

(i) Libro diario y mayor de la compañía de los ejercicios … y …

(ii) Balance de sumas y saldos a nivel 3 y máximo desglose de los ejercicios … y …

(iii) Balance de situación y pérdidas y ganancias de los ejercicios … y …

(iv) Copia de contratos de arrendamiento.

(v) Relación completa de la plantilla, incluyendo antigüedad, salario diario, puesto de trabajo y datos personales.

(vi) Modelos TC2 y TC1 de la TGSS.

(vii) Justificación documental de la titularidad de determinadas marcas.

(viii) Escrituras de adquisición de los inmuebles y notas simples del registro de la propiedad.

(ix) Cuentas anuales e informe de gestión de los ejercicios … y …

(x) Informe de auditoría de los ejercicios … y …

(xi) Tasación correspondiente a la maquinaria que titula la compañía.

(xii) Certificado de deuda emitido por la TGSS.

TERCERA. La mercantil … únicamente utilizará la información facilitada para el fin mencionado en la Estipulación anterior, comprometiéndose a mantener la más estricta confidencialidad respecto de dicha información, advirtiendo de dicho deber de confidencialidad y secreto a sus empleados, asociados y a cualquier persona que, por su relación con la empresa, deba tener acceso a dicha información para el correcto cumplimiento de las obligaciones de la empresa para con …

CUARTA. … o las personas mencionadas en el párrafo anterior no podrán reproducir, modificar, hacer pública o divulgar a terceros la información objeto del presente Acuerdo sin previa autorización escrita y expresa de …

QUINTA. De igual forma, ... adoptará respecto de la información objeto de este Acuerdo las mismas medidas de seguridad que adoptaría normalmente respecto a la información confidencial de su propia Empresa, evitando en la medida de lo posible su pérdida, robo o sustracción.

SEXTA. Sin perjuicio de lo estipulado en el presente Acuerdo, ambas partes aceptan que la obligación de confidencialidad no se aplicará en los siguientes casos:

a) Cuando la información se encontrará en el dominio público en el momento de su suministro a ... o, una vez suministrada la información, ésta acceda al dominio público sin infracción de ninguna de las Estipulaciones del presente Acuerdo.

b) Cuando la información ya estuviera en el conocimiento de ... con anterioridad a la firma del presente Acuerdo y sin obligación de guardar confidencialidad.

c) Cuando la legislación vigente o un mandato judicial exija su divulgación. En ese caso, ... notificará al ... tal eventualidad y hará todo lo posible por garantizar que se dé un tratamiento confidencial a la información.

d) En caso de que ... pueda probar que la información fue desarrollada o recibida legítimamente de terceros, de forma totalmente independiente a su relación con ...

SÉPTIMA. Los derechos de propiedad intelectual de la información objeto de este Acuerdo pertenecen a ... y el hecho de revelarla a ... para el fin mencionado en la Estipulación Primera no cambiará tal situación.

En caso de que la información resulte revelada o divulgada o utilizada por ...... de cualquier forma distinta al objeto de este Acuerdo, ya sea de forma dolosa o por mera negligencia, habrá de indemnizar a ... los daños y perjuicios ocasionados, sin perjuicio de las acciones civiles o penales que puedan corresponder a este último.

OCTAVA. El presente Acuerdo entrará en vigor en el momento de la firma del mismo por ambas partes, extendiéndose su vigencia hasta un plazo de 10 años, salvo que ... resultara adjudicataria de la unidad productiva, en cuyo caso decaerá esta obligación.

NOVENA. En caso de cualquier conflicto o discrepancia que pueda surgir en relación con la interpretación y/o cumplimiento del presente Acuerdo, las partes se someten expresamente a los Juzgados y Tribunales de ..., con renuncia a su fuero propio, aplicándose la legislación española vigente.

Y en señal de expresa conformidad y aceptación de los términos recogidos en el presente Acuerdo, lo firman las partes por duplicado ejemplar y a un solo efecto en el lugar y fecha al comienzo indicados.

F012. SOLICITUD POR PARTE DEL DEUDOR DE PRORROGA PARA EL DESEMPEÑO DEL CARGO POR EL EXPERTO. PREPACK

Normativa de aplicación: *Arts. 224 Ter y ss. Real Decreto Legislativo 1/2020, de 5 de mayo, por el que se aprueba el texto refundido de la Ley Concursal*

AL JUZGADO DE LO MERCANTIL DE ......

..............., Procurador de los Tribunales y de ...., y bajo la dirección letrada de Don ......, abogado del Ilustre Colegio de Abogados de ... con número ..., ante el Juzgado comparezco en los autos ......, y como mejor proceda en Derecho, respetuosamente, DIGO:

PRIMERO. Que el pasado día ... de ... de ..., el juzgado al que tenemos el honor de dirigirnos dictó Auto por el que acordó el nombramiento de experto para recabar ofertas de adquisición. Concretamente en la parte dispositiva se estableció:

"1. Se tiene por personado y por parte a la mercantil ...... y en su representación a la Procuradora ..., en virtud del poder especial que se aporta, con quien se entenderán las sucesivas diligencias en la forma prevenida por la Ley, y por solicitado EL NOMBRAMIENTO DE EXPERTO PARA RECABAR OFERTAS DE ADQUISICIÓN DE LA UNIDAD PRODUCTIVA.

2. Se nombra como experto a Don ...., con domicilio en ......, a quien se notificará por conducto urgente dicha designación a fin de que sin dilación comparezca en este Juzgado para aceptar y jurar el cargo, a los cuales se les entregará, una vez aceptado y jurado el cargo.

3. Dado que la solicitante manifiesta su situación de insolvencia inminente, la duración de cargo, no podrá exceder de TRES MESES ..."

SEGUNDO. Que han transcurrido dos meses y quince días, desde el dictado del auto, habiéndose manifestado interesados en la adquisición de la unidad productiva, 3 sociedades. No obstante aún no se ha formulado la correspondiente oferta vinculante, por lo que entendemos que debe acordarse una prórroga por dos meses más.

TERCERO. Que la petición interesada tiene su apoyo en la aplicación analógica de lo dispuesto en los Arts. 224 quinquies, 607, 683.3 y 690 TRLC.

CUARTO. Que junto a la presente petición se acompaña como Anexo I, informe razonado y justificativo emitido por Don ...., experto nombrado por el juzgado, que entiende que procede la concesión de una prórroga ante la inminencia de la presentación de alguna oferta de compra de unidad productiva vinculante.

En su virtud,

SUPLICO AL JUZGADO, que teniendo por presentado en tiempo y forma el presente escrito, sea aceptado y a la vista de las alegaciones formuladas, acuerde prorrogar el plazo de nombramiento del experto para la recepción de ofertas de compra de unidad productiva, por un plazo adicional de DOS MESES.

Es justicia que pido en ... a ... de ... de ...

F013. OFERTA DE COMPRA DE UNIDAD PRODUCTIVA RECABADA POR EL EXPERTO DESIGNADO AL EFECTO POR EL JUZGADO. PREPACK

Normativa de aplicación: *Arts. 224 Ter y ss. Real Decreto Legislativo 1/2020, de 5 de mayo, por el que se aprueba el texto refundido de la Ley Concursal*

A LA ATENCIÓN DE DON .... EXPERTO DESIGNADO PARA RECEPCIÓN DE OFERTAS DE LA UNIDAD PRODUCTIVA DE ...

En ... a ... de .... de ......

Por medio de la presente, en nombre de la mercantil ...... (el "Oferente"), les remitimos la presente carta de oferta vinculante (la "Oferta") para la adquisición de la unidad productiva......(las "Unidad Productiva") de la mercantil ......(la "Sociedad") en los términos y sujeto a las condiciones que se exponen a continuación para que esta Oferta pueda ser unida a la solicitud de concurso de acreedores de la Sociedad de conformidad con lo dispuesto en los arts. 224 ter. del Real Decreto Legislativo 1/2020, de 5 de mayo, por el que se aprueba el texto refundido de la Ley Concursal (el "TRLC"), al entender que éste es el proceso más beneficioso para los intereses de la Sociedad, del Oferente y del concurso de acreedores.

En este sentido, de conformidad con el art. 224 septies del TRLC, el Oferente asume la obligación de continuar la actividad de la Sociedad con estas Unidades Productivas por un mínimo de dos años.

1. ENTIDAD OFERENTE

...... es una sociedad de nacionalidad española con domicilio en ... y con NIF número B-...... Constituida por tiempo indefinido en virtud de escritura autorizada por la Notario de ..., Doña ...... el día ... de ... de 20... con el número... de protocolo consta inscrita en el Registro Mercantil de ... al tomo ..., folio ..., hoja ...

El objeto social de ... comprende, entre otros, el......

... es un holding de empresas creado por ... en el año... con el objetivo de desarrollar su actividad empresarial en todos los ámbitos que rodean al sector.... o.

Como puede apreciarse el capital social asciende a ... millones de euros contando con un total de ... empleados.

Hasta la fecha el Oferente ha resaltado por su crecimiento y éxito en el sector ..., habiendo obtenido durante los últimos años un crecimiento exponencial y un beneficio parejo al incremento de sus ventas.

Se acompaña cuadro en donde constan las principales magnitudes económicas:

Ejercicio 2022 Ejercicio 2021 Ejercicio 2020

Ventas ... ...

Beneficios ... .

Número de trabajadores ... ...

A efectos probatorios se acompaña como Anexo I, presentación de la oferente.

2. OBJETO DE LA OFERTA

2.1. Bienes y derechos

En esencia, los bienes y derechos sobre los que se formula oferta son los identificados por la propia compañía y por el experto en la documentación facilitada a esta compañía.

En esencia los activos sobre los que se formula oferta se recogen en el Anexo II que se acompaña a la presente oferta.

...

2.2. Contratos objeto de la Oferta

a) Los siguientes contratos de arrendamiento relativos a las Unidades Productivas:

a. Contrato de arrendamiento de local de negocio con opción a compra suscrito por la Sociedad con la mercantil ... en fecha ...de ...de ... en relación con la nave industrial sita en ...

b. Contrato de arrendamiento para uso distinto de vivienda suscrito por la Sociedad con D. ...... en fecha ... en relación con la nave industrial sita en ...

b) Los contratos de suministro (luz, gas, agua y teléfono) relativos a los inmuebles objeto de arrendamiento de conformidad con el apartado anterior.

c) Contratos de mantenimiento del activo mobiliario e inmobiliario objeto de la Oferta (impresoras, seguridad, sistema contraincendio, limpieza, reciclaje, mantenimiento de robótica y compresores y control de plagas.).

d) Contratos de leasing y renting suscritos actualmente por la Sociedad en relación con los vehículos.

e) Contrato de agencia suscrito con ...... en fecha ... de ... de 20...

No obstante lo anterior, el Oferente se reserva el derecho a revisar cualquier otro contrato cuya subrogación pueda resultar necesaria o conveniente para el ejercicio de la actividad por parte de las Unidades Productivas objeto de la presente Oferta.

Asimismo, la subrogación en los contratos de arrendamiento, suministro, mantenimiento, leasing, renting o agencia no implicará la asunción de las deudas previas a la adquisición de Unidades Productivas objeto de la presente Oferta.

2.3. Licencias o autorizaciones objeto de la Oferta

Todas las licencias, permisos y autorizaciones titularidad de la Sociedad para el desarrollo de la actividad en relación con las Unidades Productivas.

3. INCIDENCIA DE LA OFERTA SOBRE LOS TRABAJADORES

El Oferente asumiría los ... trabajadores identificados en el Anexo 3 (los "Empleados"), manteniendo las condiciones laborales que los Empleados tienen en la actualidad y subrogándose el Oferente en sus contratos.

Por tanto, la incidencia de la oferta sobre los trabajadores es positiva, por cuanto contribuye al mantenimiento de su empleo.

No obstante lo anterior, de conformidad con lo dispuesto en el art. 224 TRLC, la Oferta no contempla la subrogación en los créditos laborales y de seguridad social correspondientes a los Empleados en la parte de la cuantía de los salarios o indemnizaciones pendientes de pago anteriores a la adquisición de las Unidades Productivas que sea asumida por el Fondo de Garantía Salarial de conformidad con el texto refundido de la Ley del Estatuto de los Trabajadores, aprobado por el Real Decreto Legislativo 2/2015, de 23 de octubre.

En cualquier caso, la Oferta también excluye la asunción de cualquier crédito laboral y de seguridad social de otros trabajadores de la Sociedad distintos de los Empleados.

4. PRECIO. INTERÉS ECONÓMICO

A la hora de valorar la presente oferta, se debe tener en cuenta no solamente el precio ofertado, sino que también se ha de atender al verdadero interés económico:

a) Pago de ...... euros a la masa, que se verificaran de forma coetánea al otorgamiento de la escritura pública de venta de la unidad productiva.

b) Pago de ....€ que irán íntegramente destinados al pago del privilegio especial que grava los inmuebles propiedad de la sociedad.

c) Asunción de la plantilla de trabajadores, que supondrá una ahorro para la masa (en el caso de tener que extinguir los contratos de trabajo) de dos millones trescientos mil euros.

d) Asunción de la deuda que ostenta la sociedad frente a la TGSS por importe de ...... euros.

e) Inversión que se realizará en el inmovilizado material e inmaterial de la sociedad para, no solo adaptar las instalaciones a la nueva realidad económica, sino también para adaptarla a la nueva estrategia de producción y ventas. Se acompaña plan de vialidad de la compañía y plan de inversiones como Anexo IV, que cifra las inversiones en ...... millones y medio de euros.

Por tanto podemos fijar el interés económico en ...... EUROS (......... euros)

5. OTROS TÉRMINOS

5.1. Cesión

La presente Oferta se presenta como la mejor alternativa en cuanto a su objeto para el concurso de acreedores y para la Sociedad puesto que evidentemente ofrece ventajas sustanciales al permitir el mantenimiento del empleo e incrementar las ventas dado el extenso conocimiento del Oferente en el sector y, en concreto, en las áreas geográficas en cuestión.

Sin duda, la integración de la Unidad Productiva en el Grupo ......, con las sinergias que se deriven de esta integración, junto con la dedicación en exclusiva de un equipo profesional con experiencia en estas áreas de negocio y geográficas contribuirán a maximizar el negocio de la Sociedad en la región, poniendo siempre al cliente en el centro de la actividad en cuanto a servicio, atención y condiciones comerciales.

5.2. Cesión

El Oferente se reserva el derecho a ceder libremente su posición en la presente Oferta, ya sea total o parcialmente, a cualquier sociedad de su grupo empresarial o participada, directa o indirectamente, por ella o de nueva creación.

5.3. Vigencia de la Oferta

La Oferta será válida hasta ...., siempre que no se produzca ningún cambio sustancial adverso que modifique el objeto de ésta.

Transcurrido este plazo de duración sin que haya tenido lugar la aceptación de la Oferta, quedará sin efecto automáticamente, sin necesidad de comunicación o declaración alguna por parte del Oferente, salvo que éste decida prorrogar el plazo por el tiempo que estime oportuno, a la vista de las circunstancias.

5.4. Otras cuestiones

1. Ejecución de la Oferta. Una vez cumplidas las condiciones, y autorizada la transmisión por el Juzgado de lo Mercantil competente, deberá otorgarse la correspondiente escritura pública de compraventa de la Unidad Productiva, en la Notaría que disponga la Administración Concursal.

2. Gastos. Los gastos e impuestos que se originen con ocasión de la ejecución y formalización de la escritura serán satisfechos por el Oferente, salvo la plusvalía.

3. Baja. Aquellos elementos o servicios que deban ser dados de baja o modificados lo serán por cuenta y cargo del Oferente.

4. Confidencialidad. Se asume el compromiso de no divulgar ni transmitir a terceros, excepto por imperativo legal y, en particular, por expreso requerimiento del Juzgado de lo Mercantil en sede del procedimiento concursal de las concursadas, la existencia de la presente Oferta ni de cualquiera de sus estipulaciones, ni la de cualquier información confidencial sobre a la que se haya tenido o puedan tener acceso en el marco del desarrollo de la presente Oferta. En este sentido, será de aplicación el contenido del documento de confidencialidad otorgado en su día

5. Venta unitaria / oferta indivisible. Los activos y pasivos pertenecientes a la Unidad Productiva integran un todo a efectos de su venta en globo. La Oferta es conjunta, global e indivisible, por lo que se encuentra condicionada a que se adjudiquen todos los bienes y derechos descritos en la presente Oferta.

Alternativamente a la asignación en unidad del Perímetro de la Oferta, si concurriera una oferta de un tercer oferente por una unidad productiva o activo/sociedad determinada que mejorase al concurso, el oferente estaría dispuesto a estudiar su exclusión en beneficio del concurso siempre que no afecte a la viabilidad del plan de negocio del perímetro de la presente Oferta

6. Mantenimiento de la actividad en el periodo interino. Las sociedad … deberán mantener la actividad de la Unidad Productiva en condiciones normales hasta que se produzca la toma de posesión por parte del Oferente. A estos efectos, los administradores de las sociedades y la Administración Concursal deberán adoptar las medidas legales oportunas a fin de atender aquellos créditos contra la masa necesarios para el mantenimiento de la actividad ordinaria, en aras a garantizar la óptima transmisión de la Unidad Productiva.

7. Transmisión libre de cargas o sin subsistencia de las garantías. Los bienes y derechos que integran la Unidad Productiva deberán transmitirse libres (i) de todo tipo de garantía personal, incluyendo sin carácter limitativo fianzas o avales; y (ii) de todo tipo de garantía real, carga, gravamen, afección u obligación propter rem.

8. Resolución judicial. La resolución judicial firme por la que se ordene la transmisión de la Unidad Productiva contenga los siguientes pronunciamientos:

a. que los elementos patrimoniales de la unidad productiva autónoma por la que se presenta la oferta constituyen una unidad productiva autónoma en los términos establecidos en el TRLC y que la adquisición de la unidad productiva constituye una adquisición de unidad productiva autónoma conforme a la normativa del TRLC.

b. que la transmisión de los elementos que constituyen la Unidad Productiva tendrá lugar libre de cualquier carga o gravamen de cualquier índole y/o de derechos de terceros y que, por tanto, se procede al levantamiento de éstos pudieran existir sobre la Unidad Productiva y/o los activos y pasivos objeto de la Oferta.

c. deberá declarar que como consecuencia de la trasmisión de la Unidad Productiva se produce sucesión de empresa única y exclusivamente con respecto a los empleados incluidos expresamente en el Perímetro de la Oferta y sus contratos laborales.

d. deberá declarar que, de conformidad con el art. 42 de la Ley General Tributaria, el Oferente no asume ni responde de las deudas tributarias de las sociedades transmitentes de la Unidad Productiva ni del grupo fiscal al que hubieran pertenecido;

e. deberá declarar que el Oferente, como adquirente de la Unidad Productiva, no asume ni responde de ninguna deuda ni obligación contractual, extracontractual o legal, concursal o contra la masa, ni judicial ni extrajudicial, que recaiga sobre la Unidad Productiva, salvo por los pasivos asumidos en esta Oferta;

f. deberá acordar la cancelación de todas las cargas anteriores al concurso constituidas a favor de créditos concursales sobre bienes o derechos integrantes de la Unidad Productiva.

9. Concesiones administrativas. Los necesarios consentimientos y otros procedimientos que en su caso sean necesarios para la transmisión de las concesiones administrativas identificadas en el apartado "2. Inmovilizado Intangible" deberán ser obtenidos con carácter previo al otorgamiento de la escritura pública de transmisión de la unidad productiva.

10. Se deja expresa constancia que las condiciones previamente referidas están puestas a favor del Oferente por lo que éste podrá, en cualquier momento, renunciar a cualquiera de ellas. Caso de que no renunciase total o parcialmente, deberán darse todas y cada una de ellas.

11. Ley aplicable. Esta Oferta se rige por el derecho común.

Quedando a la espera de sus noticias y a su disposición para aclarar o precisar cualquiera de los términos anteriores, aprovechamos la ocasión para saludarles atentamente.

F014. INFORME FAVORABLE DEL EXPERTO SOBRE LA OFERTA RECABADA POR LA UNIDAD PRODUCTIVA. PREPACK

Normativa de aplicación: *Arts. 224 Ter y ss. Real Decreto Legislativo 1/2020, de 5 de mayo, por el que se aprueba el texto refundido de la Ley Concursal*

INFORME QUE EMITE DON ...... EN RELACIÓN A LA OFERTA DE COMPRA DE LA UNIDAD PRODUCTIVA DE LA MERCANTIL ...... FORMULADA POR ....

CAPÍTULO I ANTECEDENTES

PRIMERO. DEL NOMBRAMIENTO COMO EXPERTO PARA RECABAR OFERTAS DE ADQUISICIÓN DE LA UNIDAD PRODUCTIVA

Con fecha ... de ... de ..., el Juzgado al que tenemos el honor de dirigirnos dictó Auto por el que, entre otras cuestiones, acordó:

"1. Se tiene por personado y por parte a la mercantil ...... y en su representación a la Procuradora ..., en virtud del poder especial que se aporta, con quien se entenderán las sucesivas diligencias en la forma prevenida por la Ley, y por solicitado EL NOMBRAMIENTO DE EXPERTO PARA RECABAR OFERTAS DE ADQUISICIÓN DE LA UNIDAD PRODUCTIVA.

2. Se nombra como experto a Don ...., con domicilio en ......, a quien se notificará por conducto urgente dicha designación a fin de que sin dilación comparezca en este Juzgado para aceptar y jurar el cargo, a los cuales se les entregará, una vez aceptado y jurado el cargo."

SEGUNDO. DE LA ACEPTACIÓN DEL CARGO

Quien suscribe fue notificado telefónicamente de su nombramiento como experto, compareciendo ante el juzgado de lo mercantil nº ... de ...... el día ... de ... de ..., procediendo a aceptar el cargo.

TERCERO. DEL PLAZO PARA EVACUAR EL PRESENTE INFORME

En el auto de nombramiento de experto, el juzgado estableció un plazo máximo de tres meses para recabar ofertas de compra, si bien mediante resolución de fecha ... De ..., dictado por este mismo juzgado se amplió el plazo por dos meses más.

El presente informe se emite dentro del plazo concedido por el juzgado. De esta forma han transcurrido tres meses y veinte días desde la aceptación del informe.

CUARTO. DESTINO DEL INFORME

El informe que emitimos, tiene por única finalidad la de ser acompañado junto a la solicitud de concurso voluntario de la mercantil... De esta forma, la única publicidad que podrá darse al informe será la que acuerde el juzgado de lo mercantil.

CAPÍTULO II ENCUADRAMIENTO PROCESAL

QUINTO. REGULACIÓN NORMATIVA

El artículo 224 ter y siguientes del TRLC regula la figura del "pre pack concursal". Ciertamente, la regulación es parca y especialmente la referida a las funciones del experto. En cuanto a las funciones a desarrollar, tan solo se hace referencia en el artículo 224 ter indicando "que recabe ofertas de terceros para la adquisición, con pago al contado, de una o de varias unidades productivas de que sea titular el solicitante, aunque hubieran cesado en la actividad."

En ningún caso, se establece obligación algún de emisión de un informe favorable o no las ofertas de compra de la unidad productiva. No obstante, consideramos necesario la emisión de este informe. Así para el caso, que este experto fuera posteriormente nombrado administrador concursal, obligatoriamente debería emitir un informe por aplicación analógica del 224 bis. Para el caso, que no fuera confirmado este experto, debería nombrarse a un tercero como administrador concursal, por lo que entendemos que el informe ilustrará de alguna forma al administrador concursal para la emisión de su propio informe.

CAPÍTULO III DE LA CONFIGURACIÓN DEL PERÍMETRO. DE LOS MÉTODOS PARA LA DETERMINACIÓN DEL VALOR DE LA UNIDAD PRODUCTIVA

SEXTO. DEL PERÍMETRO DE LA UNIDAD PRODUCTIVA

Una vez aceptado el cargo, este experto procedió junto a la empresa a determinar cual es el perímetro de la unidad productiva.

El Real Decreto Legislativo 1/2020, de 5 de mayo, Texto Refundido de la Ley Concursal (TRLC), en su artículo 200 establece el concepto de Unidad Productiva cuando determina:

"Artículo 200 Unidades productivas

1. Si en la masa activa existieran uno o varios establecimientos, explotaciones o cualesquiera otras unidades productivas de bienes o de servicios, se describirán como anejo del inventario, con expresión de los bienes y derechos de la masa activa que las integren.

2. Se considera unidad productiva el conjunto de medios organizados para el ejercicio de una actividad económica esencial o accesoria."

Asimismo, el artículo 214 del TRLC establece los bienes y derechos incluidos en las unidades productivas:

"Artículo 214 Bienes y derechos incluidos en establecimientos o unidades productivas

1. En todo caso, si los bienes y derechos de la masa activa afectos a créditos con privilegio especial estuviesen incluidos en los establecimientos, explotaciones o cualesquiera otras unidades productivas que se enajenen en conjunto se aplicarán las siguientes reglas:

1.ª Si se transmitiesen sin subsistencia de la garantía, corresponderá a los acreedores privilegiados la parte proporcional del precio obtenido equivalente al valor que el bien o derecho sobre el que se ha constituido la garantía suponga respecto al valor global de la unidad productiva transmitida.

Si el precio a percibir no alcanzase el valor de la garantía será necesaria la conformidad a la transmisión por los acreedores con privilegio especial que tengan derecho de ejecución separada, siempre que representen, al menos, el setenta y cinco por ciento de la clase del pasivo privilegiado especial, afectado por la transmisión. La parte del crédito garantizado que no quedase satisfecha será reconocida en el concurso con la clasificación que corresponda.

Si el precio a percibir fuese igual o superior al valor de la garantía, no será preciso el consentimiento de los acreedores privilegiados afectados.

2.ª Si se transmitiesen con subsistencia de la garantía, subrogándose el adquirente en la obligación de pago a cargo de la masa activa, no será necesario el consentimiento del acreedor privilegiado, quedando el crédito excluido de la masa pasiva. El juez velará por que el adquirente tenga la solvencia económica y los medios necesarios para asumir la obligación que se transmite.

3.ª Cuando se trate de créditos tributarios y de seguridad social, no tendrá lugar la subrogación del adquirente a pesar de que subsista la garantía."

En este sentido relacionamos aquellos bines y derechos que consideramos que deben incluirse dentro de la Unidad Productiva, siguiendo la estructura del Plan General Contable:

20. INMOVILIZACIONES INTANGIBLES

202. Concesiones administrativas

203. Propiedad industrial

206. Aplicaciones informáticas

21. INMOVILIZACIONES MATERIALES

211. Construcciones

212. Instalaciones técnicas

213. Maquinaria

214. Utillaje

216. Mobiliario

217. Equipos para procesos de información

218. Elementos de transporte

219. Otro inmovilizado material

30. EXISTENCIAS

300. Materia Prima

305. Producto terminado.

Considera este experto, que deben quedar expresamente excluidos, tanto las inversiones financieras, los créditos, clientes y tesorería.

SÉPTIMO. DE LOS MÉTODOS PARA DETERMINAR EL VALOR DE LA UNIDAD PRODUCTIVA

A la hora de determinar el método de valoración, esta parte ha considerado la guía de buenas prácticas para la venta de unidades productivas formulada por el Colegio de Abogados de Madrid junto al colegio de economistas y jueces de lo mercantil de Madrid.

En estas normas se establecen dos métodos de determinación de valor:

– Valoración por actualización de flujos de tesorería.

En este método, el valor de la UP depende únicamente de su capacidad para generar rentas futuras y el modelo valorativo debe basarse en el descuento de tales rentas al momento en el que se desea valorar.

El modelo valorativo propuesto determina el valor de la UP mediante la estimación de la capacidad de la UP de generar flujos de tesorería futuros, descontando tales flujos al momento en el que se desea la valoración.

Para el cálculo de los flujos de tesorería generados por la UP, las normas proponen el siguiente esquema:

BENEFICIO OPERATIVO ANTES DE IMPUESTOS

+

AMORTIZACIONES

-

IMPUESTO SOBRE SOCIEDADES OPERATIVO

-

INVERSIONES REALIZADAS

+/-

VARIACIÓN DEL FONDO DE MANIOBRA

= FLUJOS TESORERÍA

– Valor del coste corregido y del fondo de comercio. En este método se consideran:

· Por un lado, los elementos (de activo y pasivo) que integran la UP de forma individualizada, ya sean tangibles o intangibles, asignando a cada uno de ellos un valor contable corregido (igual al valor de mercado o de realización).

Por otro lado, aquellos elementos intangibles que no figuran en los estados contables y que son los que posibilitarán que la UP sea rentable (concesiones administrativas, knowhow, marcas, clientela, I + D, etc y que configuran el fondo de comercio. Para determinar el valor del fondo de comercio de la UP habrá que considerar los flujos de tesorería.

OCTAVO. VALORACIÓN POR ACTUALIZACIÓN DE FLUJOS DE TESORERÍA.

Hemos procedido a analizar las cuentas de la compañía de los últimos 5 años, arrojando los siguientes resultados:

....

RESULTADOS DE EXPLOTACIÓN

RESULTADO ANTES DE IMPUESTOS

Impuesto sobre sociedades - -

RESULTADO DEL EJERCICIO

A la vista de lo expuesto, en el caso que aplicáramos el método de flujos, el valor de la compañía sería nulo.

NOVENO. VALORACIÓN APLICANDO CRITERIOS PURAMENTE PATRIMONIALES

Ante la nula valoración que se obtendría con el método expuesto anteriormente, nos vemos obligados a acudir a una valoración de cada uno de los elementos que componen la masa activa. A tal fin se partirá del valor neto contable, procediendo a aplicar las correcciones al alza o a la baja.

A continuación vamos a exponer el valor de cada uno de los elementos integrantes de la masa activa:

......

....

Como corolario a todo lo expuesto podemos fijar como valor de los bienes y derechos integrantes en el perímetro de la unidad productiva en DOS MILLONES OCHOCIENTOS MIL euros.

CAPÍTULO IV DE LA VALORACIÓN DE LA OFERTA VINCULANTE DE COMPRA DE LA UNIDAD PRODUCTIVA PRESENTADA POR ......

DÉCIMO. DE LA VALORACIÓN

En los próximos apartados analizaremos la oferta presentada por la mercantil ... De esta forma, transcribiremos en primer lugar la oferta, para posteriormente ir analizando el cumplimiento de cada uno de los requisitos contemplados en el artículo 218 y 224 bis, mostrando nuestra opinión en relación con éstos.

DECIMOPRIMERO. DE LA OFERTA PRESENTADA

A continuación, transcribimos la oferta vinculante acompañada junto a la solicitud de concurso como Anexo VIII:

DECIMOSEGUNDO. IDENTIFICACIÓN DEL OFERENTE Y LA INFORMACIÓN SOBRE SU SOLVENCIA ECONÓMICA Y SOBRE LOS MEDIOS HUMANOS Y TÉCNICOS A SU DISPOSICIÓN.

En la oferta se expone que la empresa fue constituida en …, teniendo la misma actividad que la concursada. Igualmente se afirma que los socios de la oferente tienen experiencia en el sector desde el año 1980.

Manifiesta igualmente que detenta un patrimonio social superior a los 12 millones de euros, acreditando tal situación con el balance que acompaña.

Con independencia de lo manifestado, esta AC ha obtenido información de terceros (búsqueda en internet y en Registro Mercantil de la Provincia de …), en donde constan las siguientes magnitudes económicas:

…

No puede orillarse que la oferta de compra denota un conocimiento profundo sobre el sector y especialmente sobre la situación de la concursada. De esta forma, expone cuales son las circunstancias que han llevado a la concursada a la situación actual y cuales son las medidas que deberían implementarse para convertir la empresa viable.

Igualmente, establece unos objetivos claros en la nueva singladura de la compañía, y nuevas estrategias que permitirían incrementar la facturación y tornar los resultados en números positivos.

También acompaña unas proyecciones económicas que permitirían a la nueva sociedad alcanzar un nivel de facturación superior a los 30 millones de euros, con un beneficio neto superior a los 3 millones de euros

Por último, debemos destacar que se prevé una inversión superior a los cuatro millones de euros en los próximos 3 años, reinvirtiendo parte de los flujos de tesorería generados por la actividad.

Las circunstancias expuestas, permiten afirmar que el objetivo fundamental de la transmisión de la unidad productiva, que no es otro que el mantenimiento de la actividad se cumpliría.

DECIMOTERCERO. DETERMINACIÓN PRECISA DE LOS BIENES, DERECHOS, CONTRATOS Y LICENCIAS O AUTORIZACIONES INCLUIDOS EN LA OFERTA

El oferente determina cual es el perímetro de la unidad productiva identificando los bienes y derechos incluidos en ella, que coinciden en esencia con los determinados por esta administración concursal.

Igualmente, declara conocer el estado de conservación y funcionamiento de la maquinaria, instalaciones y otros elementos integrados en la unidad productiva, renunciando a cualquier reclamación por mal funcionamiento o vicios ocultos.

DECIMOCUARTO. PRECIO OFRECIDO, LAS MODALIDADES DE PAGO Y LAS GARANTÍAS APORTADAS.

El precio ofertado por la unidad productiva asciende a DOS MILLONES TRESCIENTOS MIL EUROS (2.300.0000 euros), desglosándolo de la siguiente forma:

• Pago de 500.000 euros a la masa, que se verificaran de forma coetánea al otorgamiento de la escritura pública de venta de la unidad productiva.

• Pago de 1.800.000€ que irán íntegramente destinados al pago del privilegio especial que grava los inmuebles propiedad de la sociedad.

Además de lo expuesto, asume expresamente la deuda existe frente a la TGSS por importe de 730.000 euros, asumiendo igualmente la totalidad de la plantilla.

Consideramos que la oferta cumple con lo dispuesto en el artículo 224 ter al contemplarse el pago al contado. En cualquier caso, el precio ofertado puede considerarse como razonable. De esta forma, no solo supera al valor calculado por el experto, sino que la alternativa a la venta de la unidad productiva, sería la liquidación, en la que difícilmente podrá obtenerse un numerario similar al ofertado.

DECIMOQUINTO. INCIDENCIA DE LA OFERTA SOBRE LOS TRABAJADORES.

El ofertante plantea la subrogación en todos los contratos de trabajo con los que actualmente cuenta la empresa, asumiendo las mismas condiciones laborales y económicas que éstos ostentan en la actualidad.

A continuación se expone la relación de trabajadores y su retribución actual:

...

DECIMOSEXTO. INCIDENCIA EN LA MASA ACTIVA Y MASA PASIVA.

En el caso que finalmente se procediera a la enajenación de la unidad productiva se producirían los siguientes efectos:

Masa Activa: Se produciría una transmisión en globo de la totalidad del activo no corriente, así como de las existencias. Quedaría en beneficio de la concursada, tanto el saldo con clientes y otros deudores, así como la tesorería de la compañía.

Ya hemos tenido ocasión de apuntar anteriormente que en el caso de no proceder a la venta de la UPA, la liquidación se torna como un escenario deficitario para los intereses de la masa. De esta forma la liquidación de los elementos de forma individual supondría, sin duda, la obtención de unos ingresos muy inferiores.

Masa pasiva: La transmisión de la unidad productiva supondrá la asunción por parte del adquirente de las deudas que la empresa ostentara frente a los trabajadores, así como frente a la TGSS y el privilegio especial.

En cuanto a la situación en la que quedarían los acreedores de la compañía, consideramos que con la cantidad obtenida de la venta de la unidad productiva podrían satisfacerse los créditos contra la masa, los privilegiados y parte de los ordinarios.

DECIMOSÉPTIMO. TRABAJADORES

En la propia oferta de compra se acompaña la carta de aceptación de los trabajadores.

Nos hemos entrevistado con los trabajadores quienes han mostrado predisposición para la venta de la unidad productiva. De esta forma la plantilla de los trabajadores manifiesta el conocimiento del ofertante, de su plan de viabilidad y de su interés en que se proceda a la venta de la UPA a favor de ....

DECIMOCTAVO. CONCLUSIONES

Tras lo expuesto, este EXPERTO debe emitir INFORME FAVORABLE, a la oferta de compra de la Unidad Productiva, en los términos contenidos en el presente escrito.

En ... a ... de ...... de ...

1.2. CONCURSO VOLUNTARIO

NOTA: Conforme al art. 6.2 texto refundido Ley Concursal la solicitud de concurso voluntario se presentara en modelo oficial que tiene que aprobarse por el Ministerio de Justicia. Aprobado el referido modelo oficial, debe usarse este imperativamente a la hora de solicitar el concurso voluntario, y sin perjuicio de, pese a no ser preciso, acompañar eventualmente el formulario como un documento adicional en la solicitud en modelo oficial.

F015. ACTA JUNTA GENERAL CONVOCADA ACORDANDO SOLICITUD DE CONCURSO DE ACREEDORES

Normativa de aplicación: *Arts. 1 y ss. Real Decreto Legislativo 1/2020, de 5 de mayo, por el que se aprueba el texto refundido de la Ley Concursal. Arts. 159 y ss. Real Decreto Legislativo 1/2010, de 2 de julio, por el que se aprueba el texto refundido de la Ley de Sociedades de Capital.*

Que hoy día........... de........... de..........., a las........... horas, y en el domicilio social, sito en la localidad de..........., calle........... s/n, se celebra JUNTA GENERAL EXTRAORDINARIA de accionistas de la sociedad........... S.A.

La convocatoria de la presente Junta General Extraordinaria de accionistas, ha sido acordada por el administrador único, Don...........

Forma de la convocatoria: La convocatoria de la presente Junta General ha sido objeto de la oportuna publicidad, de conformidad con lo establecido en el art. 173.1 TRLSC, mediante anuncio publicado en el Boletín Oficial del Registro Mercantil, del día........... de........... de........... (núm. ....), y en el diario..........., en su edición del día........... de........... de..........., al carecer la sociedad de página web.

El tenor literal de la convocatoria se transcribe a continuación: "Por medio del presente se convoca a los señores accionistas a la celebración de Junta General Extraordinaria de la sociedad........... S.A., que se celebrará, en primera convocatoria el día........... de........... de..........., a las........... horas, y en segunda convocatoria el día........... del mismo mes y año, a la misma hora, en ambos casos, en..........., a efectos de deliberar y, en su caso, adoptar acuerdos con relación al siguiente orden del día: 1. Estado de la situación financiera de la sociedad. Solicitud de concurso voluntario de acreedores. En..........., hoy día........... de........... de........... el administrador único de........... S.A. Don...........".

Lista de asistentes: Asisten a la presente Junta General Extraordinaria, personalmente o representados, los siguientes accionistas:

I.– Accionistas presentes:

Don..........., titular de........... acciones nominativas, núm. .... a..........., incluidos, con un valor nominal cada una de ellas de...........euros (en su conjunto........... euros), que suponen el........... por ciento del capital social.

Don..........., titular de........... acciones nominativas, núm. .... a..........., incluidos, con un valor nominal cada una de ellas de...........euros (en su conjunto........... euros), que suponen el........... por ciento del capital social.

Doña..........., titular de........... acciones nominativas, núm. .... a..........., incluidos, con un valor nominal cada una de ellas de...........euros (en su conjunto...........euros), que suponen el........... por ciento del capital social.

Por lo tanto, asisten de forma personal........... accionistas, titulares, en conjunto, de........... acciones que suponen el........... por ciento del capital social.

II.– Accionistas representados:

Don..........., titular de........... acciones nominativas, núm. .... a..........., incluidos, con un valor nominal cada una de ellas de...........euros (en su conjunto........... euros), que suponen el........... por ciento del capital social. Asiste el expresado accionista representado por Doña...........

Don..........., titular de........... acciones nominativas, núm. .... a..........., incluidos, con un valor nominal cada una de ellas de...........euros (en su conjunto........... euros), que suponen el........... por ciento del capital social. Asiste el expresado accionista representado por Doña...........

Doña..........., titular de........... acciones nominativas, núm. .... a..........., incluidos, con un valor nominal cada una de ellas de...........euros (en su conjunto...........euros), que suponen el........... por ciento del capital social. Asiste la expresada accionista por Doña...........

Asiste representados, ... accionistas, que titularizan........... acciones que suponen el........... por ciento del capital social suscrito.

En conjunto, asisten, personalmente o representados, ... accionistas, titulares de........... acciones que suponen el........... por ciento del capital social suscrito.

Otros asistentes; Igualmente asiste el administrador único de la compañía Don...........

Mesa de la Junta General. Son presidente y secretario de la presente Junta General, Don........... y Don..........., respectivamente. Ello de conformidad con lo establecido en el art. 191 TRLSC, el art........... de los Estatutos Sociales y ser los citados señores los accionistas designados por los concurrentes al comienzo de la reunión.

Abierta la sesión por el Sr. Presidente, sin que nadie se oponga a la válida constitución y celebración de la presente Junta General, se entra en el debate y deliberación de los diversos puntos del orden del día que ninguno de los presentes haga uso de su derecho a que conste en el acta el contenido de su intervención.

Proposición de adopción de acuerdos: Se propone por el Sr. presidente la adopción de los siguientes acuerdos:

PRIMERO.– Solicitar la declaración de concurso voluntario de acreedores ante el Juzgado de lo Mercantil de........... que por turno corresponda, a la vista de la situación de insolvencia actual/inminente en que se halla la sociedad. Ello sin perjuicio del más absoluto respeto y salvaguarda de las competencias que la Ley reconoce al órgano de administración social respecto a la decisión de la solicitud de concurso.

ALTERNATIVA: PRIMERO.– Solicitar la declaración de concurso voluntario de acreedores ante el Juzgado de lo Mercantil de........... que por turno corresponda, a la vista de la situación de insolvencia actual/inminente en que se halla la sociedad y al tener encomendada tal competencia esta Junta General conforme a lo establecido en los arts. .... de los Estatutos Sociales de la compañía.

Y no habiendo más asuntos que tratar, se procede a la redacción de la presente acta que es aprobada de forma unánime por los asistentes, y finaliza la presente Junta General Extraordinaria, levantándose la reunión en..........., a las........... horas del día........... de........... de...........

F016. ACTA JUNTA GENERAL UNIVERSAL ACORDANDO LA SOLICITUD DE CONCURSO

Normativa de aplicación: *Arts. 1 y ss. Real Decreto Legislativo 1/2020, de 5 de mayo, por el que se aprueba el texto refundido de la Ley Concursal. Arts. 159 y ss. Real Decreto Legislativo 1/2010, de 2 de julio, por el que se aprueba el texto refundido de la Ley de Sociedades de Capital.*

Que hoy día........... de........... de..........., a las........... horas, y en el domicilio social, sito en la localidad de..........., calle........... s/n, se celebra JUNTA GENERAL EXTRAORDINARIA de accionistas de la sociedad........... S.A.

Se encuentran presentes, en el referido lugar, y, por lo tanto, concurren la totalidad de socios de la compañía, decidiendo y dando su conformidad los asistentes a constituirse, con el carácter de universal, en Junta General Extraordinaria de accionistas de la compañía, para deliberar y, en su caso, adoptar acuerdos con relación al siguiente orden del día: 1. Estado de la situación financiera de la sociedad. Solicitud de concurso voluntario de acreedores.

En señal de conformidad firman seguidamente todos los asistentes...........

Igualmente asiste el administrador único de la compañía Don...........

Mesa de la Junta General. Son presidente y secretario de la presente Junta General, Don........... y Don..........., respectivamente. Ello de conformidad con lo establecido en el art. 191 TRLSC, art........... de los Estatutos Sociales y ser los citados señores los accionistas designados por los concurrentes al comienzo de la reunión.

Abierta la sesión por el Sr. Presidente, sin que nadie se oponga a la válida constitución y celebración de la presente Junta General, se entra en el debate y deliberación de los diversos puntos del orden del día que ninguno de los presentes haga uso de su derecho a que conste en el acta el contenido de su intervención.

Proposición de adopción de acuerdos: Se propone por el Sr. Presidente la adopción de los siguientes acuerdos:

PRIMERO.– Solicitar la declaración de concurso voluntario de acreedores ante el Juzgado de lo Mercantil de........... que por turno corresponda a la vista de la situación de insolvencia actual/inminente en que se halla la sociedad. Ello sin perjuicio del más absoluto respeto y salvaguarda de las competencias que la Ley reconoce al órgano de administración social respecto a la decisión de la solicitud de concurso.

ALTERNATIVA: PRIMERO.– Solicitar la declaración de concurso voluntario de acreedores ante el Juzgado de lo Mercantil de........... que por turno corresponda, a la vista de la situación de insolvencia actual/inminente en que se halla la sociedad y al tener encomendada tal competencia esta Junta General conforme a lo establecido en los arts. .... de los Estatutos Sociales de la compañía.

Previa la oportuna votación, la citada propuesta de acuerdos sociales es aprobada por UNANIMIDAD, con el voto favorable de todos los asistentes.

Y no habiendo más asuntos que tratar, se procede a la redacción de la presente acta que es aprobada de forma unánime por los asistentes, y finaliza la presente Junta General Extraordinaria, levantándose la reunión en..........., a las........... horas del día........... de........... de...........

F017 ACTA DEL CONSEJO DE ADMINISTRACIÓN ACORDANDO SOLICITUD DE CONCURSO DE ACREEDORES

Normativa de aplicación: *Arts. 1 y ss. Real Decreto Legislativo 1/2020, de 5 de mayo, por el que se aprueba el texto refundido de la Ley Concursal. Arts. 242 y ss. Real Decreto Legislativo 1/2010, de 2 de julio, por el que se aprueba el texto refundido de la Ley de Sociedades de Capital.*

En..........., siendo las........... horas del día........... de........... de.........., y en el domicilio social, sito en..........., calle........... núm. ...., se celebra reunión del Consejo de Administración de la sociedad........... S.L.

La presente reunión del Consejo de Administración fue convocada en fecha........... de........... de........... mediante telegrama remitido a los Sres. Consejeros en legal forma y plazo con el siguiente tenor literal "Por el presente, se le convoca a la reunión del Consejo de Administración a celebrar, en el domicilio social, el próximo día........... de........... de..........., a las........... horas, para deliberar y, en su caso, adoptar acuerdos con relación al siguiente orden del día: 1.– Solicitar la declaración de concurso voluntario de acreedores ante el Juzgado de lo Mercantil de la ciudad de........... que por turno corresponda, realizando cuantos trámites sean precisos para ello".

Asisten a la presente reunión, personalmente, la totalidad de los miembros del consejo de administración de la sociedad, esto es:

Presidente: Don...........

Secretario: Don...........

Vocal: Doña...........

Vocal: Doña...........

Vocal: Doña...........

Actúan como Presidente y Secretario de la presente reunión del Consejo de Administración, Don........... y Don..........., respectivamente.

El Sr. presidente declara válidamente constituida la presente reunión del Consejo de Administración y se entra en el debate de los distintos puntos del orden del día. Previa deliberación y sin que ninguno de los asistentes hagan uso del derecho de que conste en el acta el contenido de su intervención, se adoptan los siguientes acuerdos por UNANIMIDAD que son proclamados por el Sr. Presidente:

PRIMERO.– Solicitar la declaración de concurso voluntario de acreedores de la compañía, ante el Juzgado de lo Mercantil de........... que por turno corresponda, facultando a los consejeros delegados solidarios para que cualquiera de ellos, indistintamente, puedan llevar a cabo cuantos trámites y actuaciones fueran precisas a tal fin, suscribiendo también cuantos documentos públicos y privados fueran necesarios al efecto para la presentación del citado concurso, incluyendo el otorgamiento de poder procesal con la facultad especial para la presentación del concurso de acreedores en los términos del artículo 6.2 TRLC, a favor de los procuradores y abogados que tengan por conveniente.

Y para que así conste se extiende la presente acta, que, leída, es aprobada por todos los consejeros por unanimidad, en........... hoy día de........... de...........

F018. ACTA DEL CONSEJO DE ADMINISTRACIÓN ACORDANDO CONCURSO DE UNA SOCIEDAD QUE SE HALLA INCURSA EN CAUSA DE DISOLUCIÓN

Normativa de aplicación: *Arts. 1 y ss. Real Decreto Legislativo 1/2020, de 5 de mayo, por el que se aprueba el texto refundido de la Ley Concursal. Arts. 242 y ss. y 365 y ss Real Decreto Legislativo 1/2010, de 2 de julio, por el que se aprueba el texto refundido de la Ley de Sociedades de Capital.*

En..........., siendo las........... horas del día........... de........... de..........., y en el domicilio social, sito en..........., calle..........., núm. ...., se celebra reunión del Consejo de Administración de la sociedad........... S.L.

La presente reunión del Consejo de Administración fue convocada en fecha........... de........... de........... mediante telegrama remitido a los Sres. Consejeros en legal forma y plazo con el siguiente tenor literal "Por el presente, se le convoca a la reunión del Consejo de Administración a celebrar, en el domicilio social, el próximo día........... de........... de..........., a las........... horas, para deliberar y, en su caso, adoptar acuerdos con relación al siguiente orden del día: 1.– Situación de la compañía incursa en causa de disolución del art..... LSC. Solicitud de declaración de concurso voluntario de acreedores ante el Juzgado de lo Mercantil de la ciudad de........... que por turno corresponda, realizando cuantos trámites sean precisos para ello".

Asisten a la presente reunión, personalmente, la totalidad de los miembros del consejo de administración de la sociedad, esto es:

Presidente: Don........... Secretario: Don........... Vocal: Doña........... Vocal: Doña........... Vocal: Doña...........

Actúan como Presidente y Secretario de la presente reunión del Consejo de Administración, Don........... y Don..........., respectivamente.

El Sr. presidente declara válidamente constituida la presente reunión del Consejo de Administración y se entra en el debate de los distintos puntos del orden del día. Previa deliberación y sin que ninguno de los asistentes hagan uso del derecho de que conste en el acta el contenido de su intervención, se adoptan los siguientes acuerdos por UNANIMIDAD que son proclamados por el Sr. Presidente:

PRIMERO.– Hallándose la compañía incursa en la causa de disolución reseñada en el art. .... LSC y resultando la misma, además, actualmente insolvente, solicitar su declaración en concurso voluntario de acreedores, ante el Juzgado de lo Mercantil de........... que por turno corresponda, facultando a los consejeros delegados solidarios para que cualquiera de ellos, indistintamente, puedan llevar a cabo cuantos trámites y actuaciones fueran precisas a tal fin, suscribiendo también cuantos documentos públicos y privados fueran necesarios al efecto para la presentación del citado concurso, incluyendo el otorgamiento de poder procesal con la facultad especial para la presentación del concurso ce acreedores en los términos del artículo 6.2 TRLC, a favor de los procuradores y abogados que tengan por conveniente.

Y para que así conste se extiende la presente acta, que, leída, es aprobada por todos los consejeros por unanimidad, en........... hoy día de........... de...........

F019. CERTIFICADO DEL ACUERDO ADOPTADO POR EL CONSEJO DE ADMINISTRACIÓN SOBRE SOLICITUD DE CONCURSO DE ACREEDORES

Normativa de aplicación: *Arts. 1 y ss. Real Decreto Legislativo 1/2020, de 5 de mayo, por el que se aprueba el texto refundido de la Ley Concursal. Arts. 242 y ss. Real Decreto Legislativo 1/2010, de 2 de julio, por el que se aprueba el texto refundido de la Ley de Sociedades de Capital.*

.... Secretario del Consejo de Administración de la sociedad........... S.L. domiciliada en..........., calle........... núm. ...., e inscrita en el Registro Mercantil de la provincia de..........., al tomo..........., folio..........., hoja..........., y CIF...........

CERTIFICO: Que según resulta del libro de actas de la sociedad, en la reunión del Consejo de Administración de..........., S.L. reunida en el domicilio social, sito en..........., el día........... de........... de..........., encontrándose presentes la totalidad de los consejeros, esto es, ..., Don..........., Don..........., Don........... y Doña........... y figurando en el acta el nombre y la firma de los asistentes, actuando como presidente de la misma Don........... y como secretario, ... y aceptaron celebrar dicha reunión del Consejo de Administración con el fin de deliberar y, en su caso, adoptar acuerdos sobre: 1.– Solicitud por la sociedad de la declaración de concurso voluntario de acreedores ante el Juzgado de lo Mercantil de la ciudad de........... que por turno corresponda, realizando cuantos trámites sean precisos para ello, se adoptaron por UNANIMIDAD los siguientes ACUERDOS que fueron proclamados por el Sr. Presidente:

PRIMERO.– Solicitar la declaración de concurso voluntario de acreedores de la compañía, ante el Juzgado de lo Mercantil de........... que por turno corresponda, facultando a los consejeros delegados solidarios para que cualquiera de ellos, indistintamente, puedan llevar a cabo cuantos trámites y actuaciones fueran precisas a tal fin, suscribiendo también cuantos documentos públicos y privados fueran necesarios al efecto para la presentación del citado concurso, incluyendo el otorgamiento de poder procesal con la facultad especial para la presentación del concurso de acreedores en los términos del artículo 6.2 TRLC, a favor de los procuradores y abogados que tengan por conveniente.

Y para que conste libro la presente certificación, con el Visto Bueno del Presidente, haciendo constar que el acta de la reunión en que se adoptaron los acuerdos que se certifican, fue aprobada por unanimidad al final de la misma, en..........., a...........

V. B. PRESIDENTE SECRETARIO

F020. CERTIFICACIÓN DEL CONSEJO DE ADMINISTRACIÓN SOBRE SOLICITUD DE CONCURSO POR SOCIEDAD QUE SE HALLA INCURSA EN CAUSA DE DISOLUCIÓN

Normativa de aplicación: *Arts. 1 y ss. Real Decreto Legislativo 1/2020, de 5 de mayo, por el que se aprueba el texto refundido de la Ley Concursal. Arts. 242 y ss y 365 y ss Real Decreto Legislativo 1/2010, de 2 de julio, por el que se aprueba el texto refundido de la Ley de Sociedades de Capital.*

.... Secretario del Consejo de Administración de la sociedad........... S.L domiciliada en..........., calle........... núm..........., e inscrita en el Registro Mercantil de la provincia de..........., al tomo..........., folio..........., hoja..........., y CIF...........

CERTIFICO: Que según resulta del libro de actas de la sociedad, en la reunión del Consejo de Administración de..........., S.L. reunida en el domicilio social, sito en..........., el día........... de........... de..........., encontrándose presentes la totalidad de los consejeros, esto es, ..., Don..........., Don..........., Don........... y Doña........... y figurando en el acta el nombre y la firma de los asistentes, actuando como presidente de la misma Don........... y como secretario, ... y aceptaron celebrar dicha reunión del Consejo de Administración con el fin de deliberar y, en su caso, adoptar acuerdos sobre: 1.– Situación de la compañía incursa en causa de disolución del art..... LSC. Solicitud de declaración de concurso voluntario de acreedores ante el Juzgado de lo Mercantil de la ciudad de........... que por turno corresponda, realizando cuantos trámites sean precisos para ello, se adoptaron por UNANIMIDAD los siguientes ACUERDOS que fueron proclamados por el Sr. Presidente:

PRIMERO.– Hallándose la compañía incursa en la causa de disolución reseñada en el art. .... LSC y resultando la misma, además, actualmente insolvente, solicitar su declaración en concurso voluntario de acreedores, ante el Juzgado de lo Mercantil de........... que por turno corresponda, facultando a los consejeros delegados solidarios para que cualquiera de ellos, indistintamente, puedan llevar a cabo cuantos trámites y actuaciones fueran precisas a tal fin, suscribiendo también cuantos documentos públicos y privados fueran necesarios al efecto para la presentación del citado concurso, incluyendo el otorgamiento de poder procesal con la facultad especial para la presentación del concurso de acreedores en los términos del artículo 6.2 TRLC, a favor de los procuradores y abogados que tengan por conveniente.

Y para que conste libro la presente certificación, con el Visto Bueno del Presidente, haciendo constar que el acta de la reunión en que se adoptaron los acuerdos que se certifican, fue aprobada por unanimidad al final de la misma, en..........., a...........

V. B. PRESIDENTE SECRETARIO

F021. CERTIFICADO DEL ACUERDO ADOPTADO POR LA JUNTA GENERAL SOBRE SOLICITUD DE CONCURSO DE ACREEDORES

Normativa de aplicación: *Arts. 1 y ss. Real Decreto Legislativo 1/2020, de 5 de mayo, por el que se aprueba el texto refundido de la Ley Concursal. Arts. 159 y ss. Real Decreto Legislativo 1/2010, de 2 de julio, por el que se aprueba el texto refundido de la Ley de Sociedades de Capital.*

.... Secretario del Consejo de Administración de la sociedad........... S.L. domiciliada en..........., calle........... núm. ...., e inscrita en el Registro Mercantil de la provincia de..........., al tomo..........., folio..........., hoja..........., y CIF...........

CERTIFICO: Que según resulta del libro de actas de la sociedad, en la reunión de la Junta General Extraordinaria de........... S.L. celebrada en el domicilio social, sito en..........., el día........... de........... de..........., encontrándose presentes la totalidad de los socios, esto es, ..., Don..........., Don..........., Don........... y Doña........... y figurando en el acta el nombre y la firma de los asistentes, actuando como presidente de la misma Don........... y como secretario, ... y aceptaron celebrar dicha reunión de la Junta General con el fin de deliberar y, en su caso, adoptar acuerdos sobre: 1. Estado de la situación financiera de la sociedad. Solicitud de concurso voluntario de acreedores, se adoptaron por UNANIMIDAD los siguientes ACUERDOS que fueron proclamados por el Sr. Presidente:

PRIMERO.– Solicitar la declaración de concurso voluntario de acreedores ante el Juzgado de lo Mercantil de........... que por turno corresponda a la vista de la situación de insolvencia actual/inminente en que se halla la sociedad. Ello sin perjuicio del más absoluto respeto y salvaguarda de las competencias que la Ley reconoce al órgano de administración social respecto a la decisión de la solicitud de concurso.

ALTERNATIVA: PRIMERO.– Solicitar la declaración de concurso voluntario de acreedores ante el Juzgado de lo Mercantil de........... que por turno corresponda, a la vista de la situación de insolvencia actual/inminente en que se halla la sociedad y al tener encomendada tal competencia esta Junta General conforme a lo establecido en los arts. .... de los Estatutos Sociales de la compañía.

Y para que conste libro la presente certificación, con el Visto Bueno del presidente, haciendo constar que el acta de la reunión en que se adoptaron los acuerdos que se certifican, fue aprobada por unanimidad al final de la misma, en..........., a...........

V. B. PRESIDENTE SECRETARIO

F022. CLÁUSULA DE PODER ESPECIAL CONFERIDO A PROCURADOR EN ORDEN A LA SOLICITUD DE CONCURSO DE ACREEDORES

Normativa de aplicación: *Arts. 1 y ss. Real Decreto Legislativo 1/2020, de 5 de mayo, por el que se aprueba el texto refundido de la Ley Concursal.*

"Instar y solicitar ante el Juzgado de lo Mercantil de la ciudad de........... que por turno corresponda, la declaración de concurso voluntario de la sociedad........... S.A., realizando cuantos trámites fueren precisos a tal fin, especialmente, presentando ante el citado órgano jurisdiccional la oportuna solicitud y los documentos legalmente exigidos al efecto, pudiendo, además, en el seno del correspondiente procedimiento concursal, presentar y oponerse a solicitudes y alegaciones, instar y oponerse a incidentes, impugnar actos administrativos, formular y oponerse a recursos, así como seguir e intervenir en todos aquellos actos, comparecencias y trámites recogidos en el Real Decreto Legislativo 1/2020, de 5 de mayo, por el que se aprueba el texto refundido de la ley Concursal. El presente apoderamiento se confiere a los efectos y con el alcance previsto en el art. 6.2 del antes citado TRLC.

F023. MODELO GENERAL DE SOLICITUD DE CONCURSO VOLUNTARIO DE PERSONA JURÍDICA

Normativa de aplicación: *Arts. 1 y ss. Real Decreto Legislativo 1/2020, de 5 de mayo, por el que se aprueba el texto refundido de la Ley Concursal.*

AL JUZGADO DE LO MERCANTIL DE ....

..........., Procurador de los Tribunales (núm. .... de colegiado) y de la compañía .... S.A., con domicilio en ...., calle .... núm. .... y CIF ...., cuya representación acredito mediante la escritura original de poder de representación (especial para instar el presente concurso) que se acompaña a este escrito, (en su caso, mediante poder especial para presentar concurso conferido apud acta por comparecencia personal ante el letrado de la administración de justicia de la oficina judicial de ....) (en su caso, poder especial para presentar concurso conferido mediante comparecencia electrónica a que se refiere el art. 6.2 TRLC), ante este Juzgado comparezco bajo la dirección letrada de Don ...., abogado del Ilustre Colegio de Valencia (núm. .... de colegiado), y como mejor proceda en Derecho DIGO:

Que por medio del presente escrito y en la representación que ostento, formulo SOLICITUD DE CONCURSO VOLUNTARIO de la compañía .... S.A. por hallarse la misma en situación de insolvencia ACTUAL/INMINENTE, solicitud que se funda en los HECHOS y FUNDAMENTOS DE DERECHO que a continuación se exponen.

HECHOS

PRIMERO.– Mi principal, la sociedad .... S.A., se constituyó el .... de .... de ...., mediante escritura otorgada ante el notario de ...., Don .... (número de su protocolo ....).

Datos de Inscripción Registral: La sociedad está inscrita en el Registro Mercantil de la provincia de .... al tomo ...., General .... de la sección .... del Libro de sociedades, Folio ...., hoja ....

Su objeto social consiste en ....

El domicilio social de la compañía se halla en ...., calle ...., lugar en que se halla el centro de los intereses principales de la deudora.

Datos fiscales: La sociedad se halla dada de alta en el Impuesto sobre Actividades Económicas desde el .... de .... de ...., en el epígrafe .... Igualmente, el día .... de .... de ...., presentó la correspondiente declaración censal de alta e inicio de actividades, siéndole asignado el siguiente Código de Identificación Fiscal (CIF): ....

Órgano de Administración: Desde su constitución, el órgano de administración de la compañía se halla conformado por un administrador único, ejerciendo en la actualidad tal cargo, Don ...., quien, por un plazo de .... años, fue designado al efecto por acuerdo de la Junta General Extraordinaria de la compañía celebrada el día .... de .... de ...., elevado a público mediante escritura autorizada por el notario de ...., Don ...., el día de .... de ....

No existen otros administradores de la sociedad, de hecho o de derecho, distintos del mencionado Sr. .... Durante los dos años anteriores a la solicitud de concurso, el citado Don .... ha sido la única persona que ha ostentado y/o desempeñado la administración de la sociedad.

La sociedad nunca ha contado con Director General.

ALTERNATIVA: Don .... desempeña la dirección general de la compañía desde .... de .... de..........., en virtud de contrato de fecha ....

Acreditando lo anterior, se acompañan como DOCUMENTOS .... la escritura de constitución de la Sociedad, certificación literal del Registro Mercantil de la provincia de .... correspondiente a la deudora; declaración censal de alta e inicio de actividades, declaración de alta en el Impuesto de Actividades Económicas, tarjeta CIF y ....

SEGUNDO.– La presente solicitud de concurso voluntario debe de ser acogida por el Juzgador al darse el presupuesto objetivo de insolvencia ACTUAL en que se halla .... S.A. desde el día ...., fecha ésta desde la cual, mi mandante no puede cumplir regularmente sus obligaciones exigibles.

ALTERNATIVA: La presente solicitud de concurso voluntario debe de ser estimada por el Juzgador al darse el presupuesto objetivo de insolvencia, que es INMINENTE. Concretamente, a partir del día ...., esto es, dentro de los tres meses a que se refiere el art. 2.3 TRLC, mi mandante no podrá cumplir regular y puntualmente sus obligaciones, toda vez que...........

Lo anterior resulta de la documentación que, de conformidad con lo establecido en los arts. 7 y 8 TRLC, se acompaña a esta solicitud, así como del informe pericial emitido el pasado día .... de .... de ...., por Don ...., economista del Ilustre Colegio de ...., (núm. Col. ....), y que se acompaña como DOCUMENTO .... De dicha documentación se desprende que mi mandante carece en la actualidad (en su caso, carecerá inminentemente) de liquidez suficiente para atender las deudas exigibles contraídas con sus acreedores, si bien, mediante la aplicación del correspondiente plan de viabilidad se pretende hacer frente a las mismas. También resulta de ....

En este sentido, y con relación a los efectos del concurso sobre las facultades de la administración y disposición del deudor respecto de la masa activa, esta parte considera que no existe circunstancia alguna que aconseje el cierre de sus oficinas y establecimientos, así como el cese de la actividad, bastando la mera intervención de las facultades patrimoniales del deudor.

Así resulta de la documentación acompañada a este escrito, del hecho de la empresa no ha desaparecido y continúa su actividad mercantil, así como ....

TERCERO.– Dando cumplimiento a lo previsto en el art. 6.2 TRLC, se acompañan a esta solicitud poder especial para solicitar el concurso, otorgado el día........... de........... de..........., ante Don..........., notario del Ilustre Colegio de..........., con residencia en........... (núm. .... de su protocolo). (DOCUMENTO...........).

ALTERNATIVA: Dando cumplimiento a lo previsto en el art. 6.2 TRLC, se acompañan a esta solicitud poder especial para solicitar el concurso otorgado el día ....por comparecencia personal ante el letrado de la administración de justicia de la oficina judicial de .... (DOCUMENTO ....).

ALTERNATIVA: Dando cumplimiento a lo previsto en el art. 6.2 TRLC, se acompañan a esta solicitud poder especial para solicitar el concurso conferido el día .... mediante comparecencia electrónica a que se refiere el art. 6.2 TRLC. (DOCUMENTO...........)

CUARTO.– Conforme exige el art. 7 TRLC, se acompañan a esta solicitud los siguientes documentos generales, señalados como DOCUMENTOS ....:

I.– Memoria expresiva de la historia económica y jurídica del deudor; de la actividad o actividades a las que se viene dedicando durante los tres últimos años y de los establecimientos, oficinas y explotaciones de las que resulta titular, y de las causas del estado de insolvencia en que se encuentra.

Expresamente se manifiesta que en la referida memoria consta la identidad de los socios de los que tiene constancia; la identidad de los administradores sociales (en su caso, y de los directores generales) (en su caso, y del auditor de cuentas. También que NO (SI) tiene admitidos valores admitidos a cotización en un centro de negociación.

Se hace constar que mi mandante NO forma parte de un grupo de sociedades.

ALTERNATIVA: Se hace constar que mi mandante SI forma parte de un grupo de sociedades, integrado por las siguientes compañías: ....

Se hace constar que la sociedad dominante del referido grupo es la sociedad ....

II.– Inventario de los bienes y derechos que integran el patrimonio de mi mandante, expresivo de su naturaleza, características, lugar en que se encuentran y, respecto de aquellos inscritos en un registro público, los datos de identificación registral de cada uno de los bienes y derechos relacionados.

También resulta del referido inventario el valor de adquisición, las correcciones valorativas procedentes y la estimación del valor de mercado a la fecha de la solicitud, de los referidos bienes y derechos, con indicación de los gravámenes, trabas y cargas que les afectan, a favor de acreedor o de tercero, con expresión de su naturaleza y, en su caso, los datos de identificación registral.

III.– Relación de acreedores con expresión de la identidad, el domicilio y la dirección electrónica, si la tuviere, de cada uno de ellos, así como de la cuantía y el vencimiento de los respectivos créditos y las garantías personales o reales constituidas.

(En su caso) Respecto de aquellos acreedores que han reclamado judicialmente el pago de su respectivo crédito se identifica en la citada relación el procedimiento correspondiente, con indicación del estado de las actuaciones.

IV.– (En su caso) Siendo mi mandante empleador, se hace constar que el número de trabajadores asciende a ...., haciéndose constar que el/los centro/s de trabajo al que están afectos los mismos es/son ....

Se hace constar que NO existe órgano de representación de los trabajadores.

ALTERNATIVA: Se ha constar que si existe órgano de representación de los trabajadores de .... S.A, siendo la identidad y el correo electrónico de cada uno de sus integrantes, el siguiente: ....

QUINTO.– De conformidad con lo previsto en el art. 8 TRLC y estando obligada la compañía .... S.A. a la llevanza de contabilidad, se acompaña igualmente a esta solicitud la documentación que a continuación se reseña:

I.– Cuentas anuales (balance, pérdidas y ganancias y memoria), informe de gestión e informe de auditoría de los últimos tres ejercicios sociales finalizados a fecha de la solicitud de concurso, esto es, los cerrados a fecha ...., ... y .... (DOCUMENTOS...........)

II.– Memoria de los cambios significativos operados en el patrimonio de mi mandante con posterioridad a las últimas cuentas anuales formuladas, aprobadas y depositadas en el Registro Mercantil, las correspondientes al ejercicio,

III.– Memoria de las operaciones realizadas con posterioridad a las últimas cuentas anuales formuladas, aprobadas y depositadas en el Registro Mercantil y que por su naturaleza, objeto o cuantía excedan del giro o tráfico ordinario del deudor. (DOCUMENTO...........).

IV.– (Si fuera menester) Estados financieros elaborados con posterioridad a las últimas cuentas anuales presentadas (las correspondientes al ejercicio), remitidos (o comunicados) a ...., autoridad supervisora del .... (DOCUMENTOS...........)

V.– (Si fuera menester). Dado que mi principal forma parte del grupo de sociedades..........., en el que la aquí deudora, es la sociedad dominante, y las compañías..........., son las sociedades dominadas, se acompañan las cuentas anuales y el informe de gestión consolidados correspondientes a los tres últimos ejercicios sociales finalizados a fecha de la presente solicitud y el informe de auditoría emitido con relación a tales cuentas anuales. También una memoria de las operaciones realizadas con otras sociedades del grupo durante ese mismo periodo y hasta la solicitud de concurso.

SEXTO.– (Si fuera menester). Se hace constar que con fecha .... de .... de ...., y hallándose esta parte en estado de insolvencia ACTUAL/INMINENTE, y en negociaciones con diversos acreedores para alcanzar un plan de reestructuración, puso tal hecho en conocimiento de este Juzgado de lo Mercantil núm. .... de ...., de conformidad y a los efectos establecidos en los arts. 585 y ss. TRLC. Copia de la citada comunicación, presentada el ...., se acompaña como DOCUMENTO ....

Mediante Decreto del Letrado de la Administración de Justicia del Juzgado de lo Mercantil .... de ...., de fecha .... y recaído en el expediente núm. .... de autos, se tuvo por presentada la referida comunicación.

La citada resolución, que se acompaña como DOCUMENTO ...., fue publicada en el Registro Público Concursal, tal y como se acredita con el DOCUMENTO ....

Toda vez que han transcurrido tres meses desde la comunicación a este Juzgado por parte del deudor, no habiendo sido posible alcanzar el referido plan de reestructuración, y hallándose mi mandante en situación de insolvencia actual, esta parte solicita la declaración de concurso dentro del mes siguiente conforme exige el art. 611 TRLC.

SÉPTIMO.– (Si fuera menester) Que al amparo del art. 337 TRLC, no pidiéndose en el presente escrito la liquidación de la deudora, y dándose los requisitos de forma y plazo previstos en la Ley, se presenta propuesta de convenio, que se acompaña a este escrito como DOCUMENTO...........

La propuesta reseñada NO ha sido objeto de adhesiones (en su caso, es objeto de las siguientes adhesiones:...........).

O (Si fuera menester, en lugar de lo anterior, y eliminado la referencia a la conservación de facultades por el deudor y la continuidad o viabilidad de la deudora). Que al ser de interés de mi mandante, en este acto se solicita se acuerde por este Juzgado la liquidación de...........S.A.

OCTAVO.– (Si fuera menester)., Se hace constar que no se acompaña el documento ...., toda vez que ....

Igualmente, aun cuando se acompaña el documento ...., en el mismo falta el dato de ...., toda vez que ....

A los relatados hechos aduzco los siguientes

FUNDAMENTOS DE DERECHO

I.– De conformidad con lo previsto en el art. 44, 45, y 49 TRLC (en su caso, 44, 45, 49 y 610 TRLC), resulta competente para conocer de esta solicitud de concurso este Juzgado al que respetuosamente me dirijo Juzgado

II.– Mi mandante, en su condición de deudor, está legitimado para solicitar su declaración de concurso al amparo de lo dispuesto en el art. 3.1 TRLC.

III.– Se dan en este caso los presupuestos subjetivo y objetivo requeridos para la declaración del concurso. En el primer caso, a la vista de la condición de mi mandante de deudor persona jurídica, vid. art. 1.1 TRLC, que no le resulta de aplicación lo dispuesto en el Libro III TRLC (art. 1.2 TRLC), ni tampoco se trata de una entidad a la que se refiere el art. 1.3 TRLC. En el segundo, a la vista de la situación actual/inminente de insolvencia de mi mandante (art. 2.3 TRLC).

IV.– Art. 5.1 TRLC al establecer que el deudor deberá solicitar la declaración de concurso dentro de los dos meses siguientes a la fecha en que hubiera conocido o debido conocer el estado de insolvencia actual.

ALTERNATIVA: Art. 5.1 TRLC al establecer que el deudor deberá solicitar la declaración de concurso dentro de los dos meses siguientes a la fecha en que hubiera conocido o debido conocer el estado de insolvencia actual.

No obstante, lo anterior es matizado en el art. 610 apartados 1 y 2, TRLC, según el cual, las solicitudes de concurso presentadas después de la comunicación por otros legitimados distintos del deudor se repartirán al juzgado que hubiera tenido por efectuada la comunicación, pero no se admitirán a trámite mientras no transcurra el plazo de tres meses a contar desde la fecha de esa comunicación. Las presentadas antes de la comunicación aún no admitidas a trámite quedarán en suspenso. Lo aquí previsto se extenderá durante la prórroga de los efectos de la comunicación.

Y continua el art. 610.3 TRLC, indicando que las solicitudes suspendidas y las que se presenten con posterioridad a la expiración de los plazos anteriores solo se proveerán transcurrido un mes sin que el deudor hubiera solicitado la declaración de concurso, sin perjuicio de la adopción por el juez de las medidas cautelares que estime oportunas. Si el deudor solicita la declaración de concurso dentro de ese mes, esta se tramitará en primer lugar. Declarado el concurso a instancia del deudor, las solicitudes que se hubieran presentado antes y las que se presenten después de la del deudor se unirán a los autos, teniendo por comparecidos a los solicitantes.

Y finaliza el art. 611, apartados 1 y 2, TRLC, en el sentido que transcurridos tres meses desde la comunicación, el deudor que no haya alcanzado un plan de reestructuración deberá solicitar la declaración de concurso dentro del mes siguiente, salvo que no se encontrara en estado de insolvencia actual. En caso de prórroga de los efectos de la comunicación, aquí señalado se aplicará a partir de la fecha en que finalice esa prórroga.

V.– (En su caso) sobre la proposición de convenio vid. los arts. 337 y ss. LC.

VI.– (En su caso). Arts. 406, ss. y concordantes TRLC sobre la liquidación de mi principal.

VI.– Los efectos del concurso serán los previstos en los arts. 105 y ss. TRLC.

En virtud de lo expuesto,

SUPLICO AL JUZGADO que tenga por presentado este escrito, junto a los documentos a él unidos y sus copias, se sirva admitirlo y tener por promovido en nombre y representación de mi mandante, ... S.A., SOLICITUD DE CONCURSO VOLUNTARIO, se sirva admitirla y previos los oportunos trámites legales, se sirva dictar auto por el que, estimando íntegramente la presente solicitud:

PRIMERO.– Se declare el concurso de la sociedad .... S.A., con el carácter de voluntario.

SEGUNDO.– Se acuerde la sustanciación del correspondiente procedimiento, con la formación de las secciones correspondientes.

TERCERO.– Se designe la administración concursal del concurso de acreedores aquí instado.

CUARTO.– Se acuerde el régimen de mera intervención de las facultades patrimoniales del deudor.

QUINTO.– (Si fuere menester eliminado la referencia del punto cuarto precedente) Se tenga por solicitada la liquidación de mi mandante, acordando cuanto proceda en derecho en orden a aperturar la citada liquidación y tramitar la misma.

(O si fuera menester y en lugar de lo anterior) Se tenga por presentada propuesta de convenio, acordando cuando proceda en derecho en orden a la citada propuesta y su tramitación.

SEXTO.– Se acuerde cuanto demás sea procedente en derecho para la sustanciación del procedimiento hasta su conclusión.

Es Justicia que pido en .... a .... de .... de dos mil ....

OTROSÍ DIGO: Que de conformidad y a los efectos de lo dispuesto en el art. 224 bis TRLC, junto a la presente solicitud de concurso se acompaña por esta parte como DOCUMENTO .... una propuesta escrita vinculante para la adquisición de la/s siguiente/s unidad/es productiva/s titularidad de mi principal, que resulta de interés y conformidad de esta parte. Tal/es unidad/es productiva/s son: ....

En su virtud,

SUPLICO AL JUZGADO que tenga por presentado este escrito, se sirva admitirlo, y tener por hechas las anteriores manifestaciones a los efectos legales oportunos, suplicando se tramite la citada oferta vinculante para la compra de la/s referida/s unida/es productiva/s conforme establece el art. 224 bis TRLC y demás normativa de aplicación, acordando cuanto proceda en derecho al efecto.

Lo que se suplica en el lugar y fecha reseñados "ut supra".

OTROSÍ DIGO Que procede dar a la declaración de concurso la oportuna publicidad, incluida la registral, en los términos y con el alcance establecidos en los arts. 35 a 37 TRLC y sin perjuicio de cualesquiera otra publicidad complementaria que, en medios oficiales o privados, estime oportuna este Juzgado al que nos dirigimos.

En su virtud,

SUPLICO AL JUZGADO que tenga por hechas las anteriores manifestaciones a los efectos oportunos, se sirva admitirlas y acordar en el auto declarando el concurso voluntario de mi principal, las inscripciones y publicaciones previstas en el art. 35 a 37 TRLC, y, previos los oportunos trámites legales, se sirva llevar a cabo tales inscripciones y publicaciones, por medios electrónicos o telemáticos y, si esto no fuera posible, librando los oportunos mandamientos y oficios que serán confiados al Procurador que esto suscribe para su oportuno curso y gestión.

Lo que se suplica en el lugar y fecha reseñados "ut supra".

OTROSÍ DIGO: Que en el auto en que se acuerde la declaración de concurso de mi principal y entre otros pronunciamientos, procede el llamamiento de los acreedores para que pongan en conocimiento de la administración concursal la existencia de sus créditos, en el plazo de un mes a contar desde el día siguiente a la publicación de la declaración del concurso en el BOE.

En su virtud,

SUPLICO AL JUZGADO que tenga por hechas las anteriores manifestaciones a los efectos oportunos, se sirva admitirlas y acordar en el auto declarando el concurso voluntario de mi principal, el llamamiento de los acreedores a los efectos antes reseñados.

Lo que se suplica en el lugar y fecha reseñados "ut supra".

OTROSÍ DIGO Que a la vista del art. 33 TRLC, en su día y previa admisión de la presente solicitud, procede la notificación por medios electrónicos del auto de declaración del concurso, a la Agencia Estatal de la Administración Tributaria y a la Tesorería General de la Seguridad Social.

En su virtud,

SUPLICO AL JUZGADO que tenga por hechas las anteriores manifestaciones a los efectos oportunos, se sirva admitirlas y acordar la referida notificación y cuanto demás proceda en derecho al respecto.

Lo que se suplica en el lugar y fecha reseñados "ut supra".

(SI fuera menester) OTROSÍ DIGO Que conforme requiere el art. 28.4 TRLC, en su día y previa admisión de la presente solicitud, procede la notificación del auto de declaración del concurso, a la representación legal de los trabajadores de .... S.A.

En su virtud,

SUPLICO AL JUZGADO que tenga por hechas las anteriores manifestaciones a los efectos oportunos, se sirva admitirlas y acordar la referida notificación y cuanto demás proceda en derecho al respecto.

Lo que se suplica en el lugar y fecha reseñados "ut supra".

F024. SOLICITUD DE CONCURSO DE ACREEDORES DE PERSONA JURÍDICA QUE SE HALLA EN SITUACIÓN DE INSOLVENCIA ACTUAL

Normativa de aplicación: *Arts. 1 y ss. Real Decreto Legislativo 1/2020, de 5 de mayo, por el que se aprueba el texto refundido de la Ley Concursal.*

AL JUZGADO DE LO MERCANTIL DE...........

..........., Procurador de los Tribunales (núm. .... de colegiado) y de la compañía........... S.A., con domicilio en..........., calle........... núm........... y CIF..........., cuya representación acredito mediante la escritura original de poder de representación (especial para instar el presente concurso) que se acompaña a este escrito, ante este Juzgado comparezco bajo la dirección letrada de Don..........., abogado del Ilustre Colegio de........... (núm. .... de colegiado), y como mejor proceda en Derecho DIGO:

Que por medio del presente escrito y en la representación que ostento, formulo SOLICITUD DE CONCURSO VOLUNTARIO de la compañía........... S.A. por hallarse actualmente la misma en situación de insolvencia, solicitud que se funda en los HECHOS y FUNDAMENTOS DE DERECHO que a continuación se exponen.

HECHOS

PRIMERO.– Mi principal, la sociedad........... S.A., se constituyó el........... de........... de..........., mediante escritura otorgada ante el notario de..........., Don........... (número de su protocolo...........).

Datos de Inscripción Registral: La sociedad está inscrita en el Registro Mercantil de la provincia de........... al tomo..........., General........... de la sección........... del Libro de sociedades, Folio..........., hoja...........

Su objeto social consiste en...........

El domicilio social de la compañía se halla en..........., calle..........., lugar en que se halla el centro de los intereses principales de la deudora.

Datos fiscales: La sociedad se halla dada de alta en el Impuesto sobre Actividades Económicas desde el........... de........... de..........., en el epígrafe........... Igualmente, el día........... de........... de..........., presentó la correspondiente declaración censal de alta e inicio de actividades, siéndole asignado el siguiente Código de Identificación Fiscal (CIF):...........

Órgano de Administración: Desde su constitución, el órgano de administración de la compañía se halla conformado por un administrador único, ejerciendo en la actualidad tal cargo, Don..........., quien, por un plazo de........... años, fue designado al efecto por acuerdo de la Junta General Extraordinaria de la compañía celebrada el día...........

de........... de..........., elevado a público mediante escritura autorizada por el notario de..........., Don..........., el día de........... de...........

No existen otros administradores de la sociedad, de hecho o de derecho, distintos del mencionado Sr........... Durante los dos años anteriores a la solicitud de concurso, el citado Don........... ha sido la única persona que ha ostentado y/o desempeñado la administración de la sociedad.

Nunca han existido directores generales en la sociedad.

ALTERNATIVA: Don .... desempaña la dirección general de la compañía desde .... de .... de..........., en virtud de contrato de fecha ....

Acreditando lo anterior, se acompañan como DOCUMENTOS........... la escritura de constitución de la Sociedad, certificación literal del Registro Mercantil de la provincia de........... correspondiente a la deudora; declaración censal de alta e inicio de actividades, declaración de alta en el Impuesto de Actividades Económicas y tarjeta CIF.

SEGUNDO.– La presente solicitud de concurso voluntario debe de ser acogida por el Juzgador al darse el presupuesto objetivo de insolvencia en que se halla........... S.A. desde el día..........., fecha ésta desde la cual mi mandante no puede cumplir regularmente sus obligaciones exigibles.

Lo anterior resulta de la documentación que, de conformidad con lo establecido en los arts. 7 y 8 TRLC, se acompaña a esta solicitud, así como del informe pericial emitido el pasado día........... de........... de..........., por Don..........., economista del Ilustre Colegio de..........., (núm. Col...........), y que se acompaña como DOCUMENTO........... De dicha documentación se desprende que mi mandante carece en la actualidad de liquidez suficiente para atender las deudas exigibles contraídas con sus acreedores, si bien, mediante la aplicación del correspondiente plan de viabilidad se pretende hacer frente a las mismas. También resulta de...........

En este sentido, y con relación a los efectos del concurso sobre las facultades de la administración y disposición del concursado respecto de la masa activa, esta parte considera que no existe circunstancia alguna que aconseje el cierre de sus oficinas y establecimientos, así como el cese de la actividad, bastando la mera intervención de las facultades patrimoniales del concursado.

Así resulta de la documentación acompañada a este escrito, del hecho de la empresa no ha desaparecido y continúa su actividad mercantil, así como...........

TERCERO.– Dando cumplimiento a lo previsto en el art. 6.2 TRLC, se acompañan a esta solicitud poder especial para solicitar el concurso, otorgado el día........... de........... de..........., ante Don..........., notario del Ilustre Colegio de..........., con residencia en........... (núm. .... de su protocolo). (DOCUMENTO...........).

CUARTO.– Igualmente, tal y como requiere el art. 7 TRLC, se acompañan los siguientes documentos generales como DOCUMENTOS .... a ....:

I.– Memoria expresiva de la historia económica y jurídica del deudor; de la actividad o actividades a las que se viene dedicando durante los tres últimos años y de los establecimientos, oficinas y explotaciones de las que resulta titular, y de las causas del estado de insolvencia en que se encuentra.

Expresamente se manifiesta que en la referida memoria consta la identidad de los socios de los que tiene constancia; la identidad de los administradores sociales (en su caso, y de los directores generales) (en su caso, y del auditor de cuentas. También que NO (SI) tiene admitidos valores admitidos a cotización en un centro de negociación.

Se hace constar que mi mandante NO forma parte de un grupo de sociedades.

ALTERNATIVA: Se hace constar que mi mandante SI forma parte de un grupo de sociedades, integrado por las siguientes compañías: ....

Se hace constar que la sociedad dominante del referido grupo es la sociedad ....

II.– Inventario de los bienes y derechos que integran el patrimonio de mi mandante, expresivo de su naturaleza, características, lugar en que se encuentran y, respecto de aquellos inscritos en un registro público, los datos de identificación registral de cada uno de los bienes y derechos relacionados.

También resulta del referido inventario el valor de adquisición, las correcciones valorativas procedentes y la estimación del valor de mercado a la fecha de la solicitud, de los referidos bienes y derechos, con indicación de los gravámenes, trabas y cargas que les afectan, a favor de acreedor o de tercero, con expresión de su naturaleza y, en su caso, los datos de identificación registral.

III.– Relación de acreedores con expresión de la identidad, el domicilio y la dirección electrónica, si la tuviere, de cada uno de ellos, así como de la cuantía y el vencimiento de los respectivos créditos y las garantías personales o reales constituidas.

(En su caso) Respecto de aquellos acreedores que han reclamado judicialmente el pago de su respectivo crédito se identifica en la citada relación el procedimiento correspondiente, con indicación del estado de las actuaciones.

IV.– (En su caso) Siendo mi mandante empleador, se hace constar que el número de trabajadores asciende a ...., haciéndose constar que el/los centro/s de trabajo al que están afectos los mismos es/son ....

Se hace constar que NO existe órgano de representación de los trabajadores.

ALTERNATIVA: Se ha constar que si existe órgano de representación de los trabajadores de ...., siendo la identidad y el correo electrónico de cada uno de sus integrantes, el siguiente: ....

QUINTO.– De conformidad con lo previsto en el art. 8 TRLC y estando obligada la compañía........... S.A. a la llevanza de contabilidad, se acompaña igualmente a esta solicitud los documentos contables y complementarios que a continuación se reseñan:

I.– Cuentas anuales (balance, pérdidas y ganancias y memoria), informe de gestión e informe de auditoría de los últimos tres ejercicios sociales finalizados a fecha de la solicitud de concurso, esto es, los cerrados a fecha ...., ... y .... (DOCUMENTOS...........)

II.– Memoria de los cambios significativos operados en el patrimonio de mi mandante con posterioridad a las últimas cuentas anuales formuladas, aprobadas y depositadas en el Registro Mercantil, las correspondientes al ejercicio ....,

III.– Memoria de las operaciones realizadas con posterioridad a las últimas cuentas anuales formuladas, aprobadas y depositadas en el Registro Mercantil y que por su naturaleza, objeto o cuantía excedan del giro o tráfico ordinario del deudor. (DOCUMENTO...........).

IV.– (Si fuera menester) Estados financieros elaborados con posterioridad a las últimas cuentas anuales presentadas (las correspondientes al ejercicio ....), remitidos (o comunicados) a ...., autoridad supervisora del .... (DOCUMENTOS...........)

V.– (Si fuera menester). Dado que mi principal forma parte del grupo de sociedades ...., en el que la aquí deudora, es la sociedad dominante, y las compañías .... y ...., son las sociedades dominadas, se acompañan las cuentas anuales y el informe de gestión consolidados correspondientes a los tres últimos ejercicios sociales finalizados a fecha de la presente solicitud y el informe de auditoría emitido con relación a tales cuentas anuales. También una memoria de las operaciones realizadas con otras sociedades del grupo durante ese mismo periodo y hasta la solicitud de concurso.

SEXTO.– (Si fuera menester) Que al amparo del art. 337 TRLC, no pidiéndose en el presente escrito la liquidación de la deudora, y dándose los requisitos de forma y plazo previstos en la Ley, se presenta propuesta de convenio, que se acompaña a este escrito como DOCUMENTO...........

La propuesta reseñada NO ha sido objeto de adhesiones (en su caso, es objeto de las siguientes adhesiones: ....).

O (Si fuera menester, en lugar de lo anterior, y eliminado la referencia a la conservación de facultades por el deudor y la continuidad o viabilidad de la deudora). Que al ser de interés de mi mandante, en este acto se solicita se acuerde por este Juzgado la liquidación de........... S.A.

SÉPTIMO.– (Si fuera menester). Se hace constar que no se acompaña el DOCUMENTO........... previsto en el número..........., del art. 7 TRLC toda vez que...........

Igualmente, aun cuando se acompaña el DOCUMENTO..........., recogido en el número..........., del art. 8 TRLC, en el mismo falta el dato de..........., toda vez que...........

A los relatados hechos aduzco los siguientes

FUNDAMENTOS DE DERECHO

I.– De conformidad con lo previsto en el art. 44 TRLC, son competentes para conocer de esta solicitud de concurso los Juzgados de lo Mercantil.

Desde un punto de vista territorial, y conforme al art. 45 TRLC, son competentes los *Juzgados de lo Mercantil de*..........., al ser éste el lugar donde la compañía........... S.A. tiene su centro de intereses principales.

II.– Esta solicitud de concurso se sustanciara por los trámites establecidos en el art. 10, ss. y concordantes TRLC.

III.– Mi mandante, en su condición de deudor, está legitimado para solicitar su declaración de concurso al amparo de lo dispuesto en el art. 3.1 TRLC.

IV.– Se dan en este caso los presupuestos subjetivo y objetivo requeridos para la declaración del concurso. En el primer caso, a la vista de la condición de mi mandante de deudor persona jurídica, vid. art. 1.1 TRLC. En el segundo, a la vista de la situación actual de insolvencia de mi mandante.

V.– Los efectos del concurso serán los previstos en los arts. 105 y ss. TRLC.

VI.– (En su caso) sobre la proposición de convenio vid. los arts. 337 y ss. LC.

VII.– (En su caso). Arts. 406, ss. y concordantes sobre la liquidación de mi principal.

En virtud de lo expuesto,

SUPLICO AL JUZGADO que tenga por presentado este escrito, junto a los documentos a él unidos y sus copias, se sirva admitirlo y tener por promovido en nombre y representación de mi mandante, ... S.A., SOLICITUD DE CONCURSO VOLUNTARIO, se sirva admitirla y previos los oportunos trámites legales, se sirva admitirla y dictar auto por el que, estimando íntegramente la presente solicitud:

PRIMERO.– Se declare el concurso de la sociedad........... S.A., con indicación de su carácter voluntario.

SEGUNDO.– Se acuerde la sustanciación del correspondiente procedimiento, con la formación de las secciones correspondientes.

TERCERO.– Se designe la administración concursal del concurso.

CUARTO.– Se acuerde el régimen de mera intervención de las facultades patrimoniales del concursado.

QUINTO.– (Si fuere menester eliminado la referencia del punto cuarto precedente) Se tenga por solicitada la liquidación de mi mandante, acordando cuanto proceda en derecho en orden a aperturar la citada liquidación y tramitar la misma.

(O si fuera menester y en lugar de lo anterior) Se tenga por presentada propuesta de convenio, acordando cuando proceda en derecho en orden a la citada propuesta y tramitación la misma.

SEXTO.– Se acuerde cuanto demás sea procedente en derecho para la sustanciación del procedimiento hasta su conclusión.

Es Justicia que pido en........... a........... de........... de dos mil...........

OTROSÍ DIGO Que procede dar a la declaración de concurso la oportuna publicidad, incluida la registral, en los términos y con el alcance establecidos en los arts. 35 a 37 TRLC y sin perjuicio de cualesquiera otra publicidad complementaria que, en medios oficiales o privados, estime oportuna este Juzgado al que nos dirigimos.

SUPLICO AL JUZGADO que tenga por hechas las anteriores manifestaciones a los efectos oportunos, se sirva admitirlas y acordar en el auto declarando el concurso voluntario de

mi principal, las inscripciones y publicaciones previstas en el art. 35 a 37 TRLC, y, previos los oportunos trámites legales, se sirva llevar a cabo tales inscripciones y publicaciones, por medios electrónicos o telemáticos y, si esto no fuera posible, librando los oportunos mandamientos y oficios que serán confiados al Procurador que esto suscribe para su oportuno curso y gestión.

Lo que se suplica en el lugar y fecha reseñados "ut supra".

OTROSÍ DIGO: Que en el auto en que se acuerde la declaración de concurso de mi principal y entre otros pronunciamientos, procede el llamamiento de los acreedores para que pongan en conocimiento de la administración concursal la existencia de sus créditos, en el plazo de un mes a contar desde el día siguiente a la publicación de la declaración del concurso en el BOE.

En su virtud,

SUPLICO AL JUZGADO que tenga por hechas las anteriores manifestaciones a los efectos oportunos, se sirva admitirlas y acordar en el auto declarando el concurso voluntario de mi principal, el llamamiento de los acreedores a los efectos antes reseñados.

Lo que se suplica en el lugar y fecha reseñados "ut supra".

OTROSÍ DIGO Que a la vista del art. 33 TRLC, en su día y previa admisión de la presente solicitud, procede la notificación por medios electrónicos del auto de declaración del concurso, a la Agencia Estatal de la Administración Tributaria y a la tesorería General de la Seguridad Social.

En su virtud,

SUPLICO AL JUZGADO que tenga por hechas las anteriores manifestaciones a los efectos oportunos, se sirva admitirlas y acordar la referida notificación y cuanto demás proceda en derecho al respecto.

Lo que se suplica en el lugar y fecha reseñados "ut supra".

(SI fuera menester) OTROSÍ DIGO Que conforme requiere el art. 28.4 TRLC, en su día y previa admisión de la presente solicitud, procede la notificación del auto de declaración del concurso, a la representación legal de los trabajadores de .... S.A.

En su virtud,

SUPLICO AL JUZGADO que tenga por hechas las anteriores manifestaciones a los efectos oportunos, se sirva admitirlas y acordar la referida notificación y cuanto demás proceda en derecho al respecto.

Lo que se suplica en el lugar y fecha reseñados "ut supra".

F025. SOLICITUD DE CONCURSO DE ACREEDORES DE PERSONA JURÍDICA QUE SE HALLA EN SITUACIÓN DE INSOLVENCIA INMINENTE

Normativa de aplicación: *Arts. 1 y ss. Real Decreto Legislativo 1/2020, de 5 de mayo, por el que se aprueba el texto refundido de la Ley Concursal.*

AL JUZGADO DE LO MERCANTIL DE...........

..........., Procurador de los Tribunales (núm. .... de colegiado) y de la compañía........... S.A., con domicilio en..........., calle........... núm........... y CIF..........., cuya representación acredito mediante la escritura original de poder de representación (especial para instar el presente concurso) que se acompaña a este escrito, ante este Juzgado comparezco bajo la dirección letrada de Don..........., abogado del Ilustre Colegio de........... (núm. .... de colegiado), y como mejor proceda en Derecho DIGO:

Que por medio del presente escrito y en la representación que ostento, formulo SOLICITUD DE CONCURSO VOLUNTARIO de la compañía........... S.A. por hallarse actualmente la misma en situación de insolvencia, solicitud que se funda en los HECHOS y FUNDAMENTOS DE DERECHO que a continuación se exponen.

HECHOS

PRIMERO.– Mi principal, la sociedad........... S.A., se constituyó el........... de...........de..........., mediante escritura otorgada ante el notario de..........., Don........... (número de su protocolo...........).

Datos de Inscripción Registral: La sociedad está inscrita en el Registro Mercantil de la provincia de........... al tomo..........., General...........de la sección........... del Libro de sociedades, Folio..........., hoja...........

Su objeto social consiste en...........

El domicilio social de la compañía se halla en..........., calle..........., lugar en que se halla el centro de los intereses principales de la deudora.

Datos fiscales: La sociedad se halla dada de alta en el Impuesto sobre Actividades Económicas desde el........... de........... de..........., en el epígrafe........... Igualmente, el día........... de........... de..........., presentó la correspondiente declaración censal de alta e inicio de actividades, siéndole asignado el siguiente Código de Identificación Fiscal (CIF):...........

Órgano de Administración: Desde su constitución, el órgano de administración de la compañía se halla conformado por un administrador único, ejerciendo en la actualidad tal cargo, Don..........., quien, por un plazo de........... años, fue designado al efecto por acuerdo de la Junta General Extraordinaria de la compañía celebrada el día...........

de........... de..........., elevado a público mediante escritura autorizada por el notario de..........., Don..........., el día de........... de...........

No existen otros administradores de la sociedad, de hecho o de derecho, distintos del mencionado Sr........... Durante los dos años anteriores a la solicitud de concurso, el citado Don........... ha sido la única persona que ha ostentado y/o desempeñado la administración de la sociedad.

Nunca han existido directores generales en la sociedad.

ALTERNATIVA: Don .... desempaña la dirección general de la compañía desde .... de .... de..........., en virtud de contrato de fecha ....

Acreditando lo anterior, se acompañan como DOCUMENTOS........... la escritura de constitución de la Sociedad, certificación literal del Registro Mercantil de la provincia de........... correspondiente a la deudora; declaración censal de alta e inicio de actividades, declaración de alta en el Impuesto de Actividades Económicas y tarjeta CIF.

SEGUNDO.– La presente solicitud de concurso voluntario debe de ser acogida por el Juzgador al darse el presupuesto objetivo de insolvencia INMINENTE en que se halla........... S.A. a partir del ...., esto es, dentro de los tres meses a que se refiere el art. 2.3 TRLC, fecha ésta desde la cual mi mandante no podrá cumplir regularmente sus obligaciones exigibles.

Lo anterior resulta de la documentación que, de conformidad con lo establecido en los arts. 7 y 8 TRLC, se acompaña a esta solicitud, así como del informe pericial emitido el pasado día........... de........... de..........., por Don..........., economista del Ilustre Colegio de..........., (núm. Col...........), y que se acompaña como DOCUMENTO........... De dicha documentación se desprende que a partir de ...., mi mandante carecerá de liquidez suficiente para atender las deudas exigibles contraídas con sus acreedores, si bien, mediante la aplicación del correspondiente plan de viabilidad se pretende hacer frente a las mismas. También resulta de...........

En este sentido, y con relación a los efectos del concurso sobre las facultades de la administración y disposición del concursado respecto de la masa activa, esta parte considera que no existe circunstancia alguna que aconseje el cierre de sus oficinas y establecimientos, así como el cese de la actividad, bastando la mera intervención de las facultades patrimoniales del concursado.

Así resulta de la documentación acompañada a este escrito, del hecho de la empresa no ha desaparecido y continúa su actividad mercantil, así como...........

TERCERO.– Dando cumplimiento a lo previsto en el art. 6.2 TRLC, se acompañan a esta solicitud poder especial para solicitar el concurso, otorgado el día........... de........... de..........., ante Don..........., notario del Ilustre Colegio de..........., con residencia en........... (núm. .... de su protocolo). (DOCUMENTO...........).

CUARTO.– Igualmente, tal y como requiere el art. 7 TRLC, se acompañan los siguientes documentos generales como DOCUMENTOS .... a ....:

1.– Memoria expresiva de la historia económica y jurídica del deudor; de la actividad o actividades a las que se viene dedicando durante los tres últimos años y de los establecimientos, oficinas y explotaciones de las que resulta titular, y de las causas del estado de insolvencia en que se encuentra.

Expresamente se manifiesta que en la referida memoria consta la identidad de los socios de los que tiene constancia; la identidad de los administradores sociales (en su caso, y de los directores generales) (en su caso, y del auditor de cuentas. También que NO (SI) tiene admitidos valores admitidos a cotización en un centro de negociación.

Se hace constar que mi mandante NO forma parte de un grupo de sociedades.

ALTERNATIVA: Se hace constar que mi mandante SI forma parte de un grupo de sociedades, integrado por las siguientes compañías: ....

Se hace constar que la sociedad dominante del referido grupo es la sociedad ....

II.– Inventario de los bienes y derechos que integran el patrimonio de mi mandante, expresivo de su naturaleza, características, lugar en que se encuentran y, respecto de aquellos inscritos en un registro público, los datos de identificación registral de cada uno de los bienes y derechos relacionados.

También resulta del referido inventario el valor de adquisición, las correcciones valorativas procedentes y la estimación del valor de mercado a la fecha de la solicitud, de los referidos bienes y derechos, con indicación de los gravámenes, trabas y cargas que les afectan, a favor de acreedor o de tercero, con expresión de su naturaleza y, en su caso, los datos de identificación registral.

III.– Relación de acreedores con expresión de la identidad, el domicilio y la dirección electrónica, si la tuviere, de cada uno de ellos, así como de la cuantía y el vencimiento de los respectivos créditos y las garantías personales o reales constituidas.

(En su caso) Respecto de aquellos acreedores que han reclamado judicialmente el pago de su respectivo crédito se identifica en la citada relación el procedimiento correspondiente, con indicación del estado de las actuaciones.

IV.– (En su caso) Siendo mi mandante empleador, se hace constar que el número de trabajadores asciende a ...., haciéndose constar que el/los centro/s de trabajo al que están afectos los mismos es/son ....

Se hace constar que NO existe órgano de representación de los trabajadores.

ALTERNATIVA: Se ha constar que si existe órgano de representación de los trabajadores de .... S.A, siendo la identidad y el correo electrónico de cada uno de sus integrantes, el siguiente: ....

QUINTO.– De conformidad con lo previsto en el art. 8 TRLC y estando obligada la compañía........... S.A. a la llevanza de contabilidad, se acompaña igualmente a esta solicitud los documentos contables y complementarios que a continuación se reseñan:

I.– Cuentas anuales (balance, pérdidas y ganancias y memoria), informe de gestión e informe de auditoría de los últimos tres ejercicios sociales finalizados a fecha de la solicitud de concurso, esto es, los cerrados a fecha ...., ... y .... (DOCUMENTOS...........)

II.– Memoria de los cambios significativos operados en el patrimonio de mi mandante con posterioridad a las últimas cuentas anuales formuladas, aprobadas y depositadas en el Registro Mercantil, las correspondientes al ejercicio ....,

III.– Memoria de las operaciones realizadas con posterioridad a las últimas cuentas anuales formuladas, aprobadas y depositadas en el Registro Mercantil y que por su naturaleza, objeto o cuantía excedan del giro o tráfico ordinario del deudor. (DOCUMENTO..........).

IV.– (Si fuera menester) Estados financieros elaborados con posterioridad a las últimas cuentas anuales presentadas (las correspondientes al ejercicio ....), remitidos (o comunicados) a ...., autoridad supervisora del .... (DOCUMENTOS..........)

V.– (Si fuera menester). Dado que mi principal forma parte del grupo de sociedades ...., en el que la aquí deudora, es la sociedad dominante, y las compañías .... y ...., son las sociedades dominadas, se acompañan las cuentas anuales y el informe de gestión consolidados correspondientes a los tres últimos ejercicios sociales finalizados a fecha de la presente solicitud y el informe de auditoría emitido con relación a tales cuentas anuales. También una memoria de las operaciones realizadas con otras sociedades del grupo durante ese mismo periodo y hasta la solicitud de concurso.

SEXTO.– (Si fuera menester) Que al amparo del art. 337 TRLC, no pidiéndose en el presente escrito la liquidación de la deudora, y dándose los requisitos de forma y plazo previstos en la Ley, se presenta propuesta de convenio, que se acompaña a este escrito como DOCUMENTO..........

La propuesta reseñada NO ha sido objeto de adhesiones (en su caso, es objeto de las siguientes adhesiones: ....).

O (Si fuera menester, en lugar de lo anterior, y eliminado la referencia a la conservación de facultades por el deudor y la continuidad o viabilidad de la deudora). Que al ser de interés de mi mandante, en este acto se solicita se acuerde por este Juzgado la liquidación de.......... S.A.

SÉPTIMO.– (Si fuera menester). Se hace constar que no se acompaña el DOCUMENTO.......... previsto en el número.........., del art. 7 TRLC toda vez que..........

Igualmente, aun cuando se acompaña el DOCUMENTO.........., recogido en el número.........., del art. 8 TRLC, en el mismo falta el dato de.........., toda vez que..........

A los relatados hechos aduzco los siguientes

FUNDAMENTOS DE DERECHO

I.– De conformidad con lo previsto en el art. 44 TRLC, son competentes para conocer de esta solicitud de concurso los Juzgados de lo Mercantil.

Desde un punto de vista territorial, y conforme al art. 45 TRLC, son competentes los *Juzgados de lo Mercantil de*.........., al ser éste el lugar donde la compañía.......... S.A. tiene su centro de intereses principales.

II.– Esta solicitud de concurso se sustanciara por los trámites establecidos en el art. 10, ss. y concordantes TRLC.

III.– Mi mandante, en su condición de deudor, está legitimado para solicitar su declaración de concurso al amparo de lo dispuesto en el art. 3.1 TRLC.

IV.– Se dan en este caso los presupuestos subjetivo y objetivo requeridos para la declaración del concurso. En el primer caso, a la vista de la condición de mi mandante de deudor persona jurídica, vid. art. 1.1 TRLC. En el segundo, a la vista de la situación de insolvencia inminente de mi mandante.

V.– Los efectos del concurso serán los previstos en los arts. 105 y ss. TRLC.

VI.– (En su caso) sobre la proposición de convenio vid. los arts. 337 y ss. LC.

VII.– (En su caso). Arts. 406, ss. y concordantes sobre la liquidación de mi principal.

En virtud de lo expuesto,

SUPLICO AL JUZGADO que tenga por presentado este escrito, junto a los documentos a él unidos y sus copias, se sirva admitirlo y tener por promovido en nombre y representación de mi mandante, ... S.A., SOLICITUD DE CONCURSO VOLUNTARIO, se sirva admitirla y previos los oportunos trámites legales, se sirva admitirla y dictar auto por el que, estimando íntegramente la presente solicitud:

PRIMERO.– Se declare el concurso de la sociedad........... S.A., con indicación de su carácter voluntario.

SEGUNDO.– Se acuerde la sustanciación del correspondiente procedimiento, con la formación de las secciones correspondientes.

TERCERO.– Se designe la administración concursal del concurso.

CUARTO.– Se acuerde el régimen de mera intervención de las facultades patrimoniales del concursado.

QUINTO.– (Si fuere menester eliminado la referencia del punto cuarto precedente) Se tenga por solicitada la liquidación de mi mandante, acordando cuanto proceda en derecho en orden a aperturar la citada liquidación y tramitar la misma.

(O si fuera menester y en lugar de lo anterior) Se tenga por presentada propuesta de convenio, acordando cuando proceda en derecho en orden a la citada propuesta y tramitación la misma.

SEXTO.– Se acuerde cuanto demás sea procedente en derecho para la sustanciación del procedimiento hasta su conclusión.

Es Justicia que pido en........... a........... de........... de dos mil...........

OTROSÍ DIGO Que procede dar a la declaración de concurso la oportuna publicidad, incluida la registral, en los términos y con el alcance establecidos en los arts. 35 a 37 TRLC y sin perjuicio de cualesquiera otra publicidad complementaria que, en medios oficiales o privados, estime oportuna este Juzgado al que nos dirigimos.

SUPLICO AL JUZGADO que tenga por hechas las anteriores manifestaciones a los efectos oportunos, se sirva admitirlas y acordar en el auto declarando el concurso voluntario de

mi principal, las inscripciones y publicaciones previstas en el art. 35 a 37 TRLC, y, previos los oportunos trámites legales, se sirva llevar a cabo tales inscripciones y publicaciones, por medios electrónicos o telemáticos y, si esto no fuera posible, librando los oportunos mandamientos y oficios que serán confiados al Procurador que esto suscribe para su oportuno curso y gestión.

Lo que se suplica en el lugar y fecha reseñados "ut supra".

OTROSÍ DIGO: Que en el auto en que se acuerde la declaración de concurso de mi principal y entre otros pronunciamientos, procede el llamamiento de los acreedores para que pongan en conocimiento de la administración concursal la existencia de sus créditos, en el plazo de un mes a contar desde el día siguiente a la publicación de la declaración del concurso en el BOE.

En su virtud,

SUPLICO AL JUZGADO que tenga por hechas las anteriores manifestaciones a los efectos oportunos, se sirva admitirlas y acordar en el auto declarando el concurso voluntario de mi principal, el llamamiento de los acreedores a los efectos antes reseñados.

Lo que se suplica en el lugar y fecha reseñados "ut supra".

OTROSÍ DIGO Que a la vista del art. 33 TRLC, en su día y previa admisión de la presente solicitud, procede la notificación por medios electrónicos del auto de declaración del concurso, a la Agencia Estatal de la Administración Tributaria y a la tesorería General de la Seguridad Social.

En su virtud,

SUPLICO AL JUZGADO que tenga por hechas las anteriores manifestaciones a los efectos oportunos, se sirva admitirlas y acordar la referida notificación y cuanto demás proceda en derecho al respecto.

Lo que se suplica en el lugar y fecha reseñados "ut supra".

(SI fuera menester) OTROSÍ DIGO Que conforme requiere el art. 28.4 TRLC, en su día y previa admisión de la presente solicitud, procede la notificación del auto de declaración del concurso, a la representación legal de los trabajadores de .... S.A.

En su virtud,

SUPLICO AL JUZGADO que tenga por hechas las anteriores manifestaciones a los efectos oportunos, se sirva admitirlas y acordar la referida notificación y cuanto demás proceda en derecho al respecto.

Lo que se suplica en el lugar y fecha reseñados "ut supra".

F026. SOLICITUD DE CONCURSO VOLUNTARIO DE PERSONA JURÍDICA QUE SE HALLA EN SITUACIÓN DE INSOLVENCIA ACTUAL. DEUDOR CESADO EN SU ACTIVIDAD

Normativa de aplicación: *Arts. 1 y ss. Real Decreto Legislativo 1/2020, de 5 de mayo, por el que se aprueba el texto refundido de la Ley Concursal.*

AL JUZGADO DE LO MERCANTIL DE...........

..........., Procurador de los Tribunales (núm. .... de colegiado) y de la compañía........... S.A., con domicilio en..........., calle........... núm. .... y CIF..........., cuya representación acredito mediante la escritura original de poder de representación (especial para instar el presente concurso) que se acompaña a este escrito, ante este Juzgado comparezco bajo la dirección letrada de Don..........., abogado del Ilustre Colegio de........... (núm. .... de colegiado), y como mejor proceda en Derecho DIGO:

Que por medio del presente escrito y en la representación que ostento, formulo SOLICITUD DE CONCURSO VOLUNTARIO de la compañía........... S.A. por hallarse actualmente la misma en situación de insolvencia, solicitud que se funda en los HECHOS y FUNDAMENTOS DE DERECHO que a continuación se exponen.

HECHOS

PRIMERO.– Mi principal, la sociedad........... S.A., se constituyó el........... de........... de..........., mediante escritura otorgada ante el notario de..........., Don........... (número de su protocolo...........).

Datos de Inscripción Registral: La sociedad está inscrita en el Registro Mercantil de la provincia de........... al tomo..........., General........... de la sección........... del Libro de sociedades, Folio..........., hoja...........

Su objeto social consiste en...........

El domicilio social de la compañía se halla en..........., calle..........., lugar en que se halla el centro de los intereses principales de la deudora.

Datos fiscales: La sociedad se halla dada de alta en el Impuesto sobre Actividades Económicas desde el........... de........... de..........., en el epígrafe........... Igualmente, el día........... de........... de..........., presentó la correspondiente declaración censal de alta e inicio de actividades, siéndole asignado el siguiente Código de Identificación Fiscal (CIF):...........

Órgano de Administración: Desde su constitución, el órgano de administración de la compañía se halla conformado por un administrador único, ejerciendo en la actualidad tal cargo, Don..........., quien, por un plazo de........... años, fue designado al efecto por acuerdo de la Junta General Extraordinaria de la compañía celebrada el día...........

de........... de..........., elevado a público mediante escritura autorizada por el notario de..........., Don..........., el día de........... de...........

No existen otros administradores de la sociedad, de hecho o de derecho, distintos del mencionado Sr. .... Durante los dos años anteriores a la solicitud de concurso, el citado Don........... ha sido la única persona que ha ostentado y/o desempeñado la administración de la sociedad.

Nunca han existido directores generales en la concursada.

ALTERNATIVA: Don .... desempaña la dirección general de la compañía desde .... de .... de..........., en virtud de contrato de fecha ....

Acreditando lo anterior, se acompañan como DOCUMENTOS........... la escritura de constitución de la Sociedad, certificación literal del Registro Mercantil de la provincia de........... correspondiente a la deudora; declaración censal de alta e inicio de actividades, declaración de alta en el Impuesto de Actividades Económicas y tarjeta CIF.

SEGUNDO.– La presente solicitud de concurso voluntario debe de ser acogida por el Juzgador al darse el presupuesto objetivo de insolvencia actual en que se halla........... S.A. desde el día..........., fecha ésta desde la cual, mi mandante no puede cumplir regularmente sus obligaciones exigibles.

Lo anterior resulta de la documentación que, de conformidad con lo establecido en los arts. 7 y 8 TRLC, se acompaña a esta solicitud, así como del informe pericial emitido el pasado día........... de........... de..........., por Don..........., economista del Ilustre Colegio de..........., (núm. Col...........), y que se acompaña como DOCUMENTO........... De dicha documentación se desprende que mi mandante carece en la actualidad de liquidez suficiente para atender las deudas exigibles contraídas con sus acreedores. También resulta de...........

TERCERO.– Dando cumplimiento a lo previsto en el art. 6.2 TRLC, se acompañan a esta solicitud poder especial para solicitar el concurso, otorgado el día........... de........... de..........., ante Don..........., notario del Ilustre Colegio de..........., con residencia en........... (núm. .... de su protocolo). (DOCUMENTO...........).

CUARTO.– Igualmente, tal y como requiere el art. 7 TRLC, se acompañan los siguientes documentos generales como DOCUMENTOS .... a ....:

I.– Memoria expresiva de la historia económica y jurídica del deudor; de la actividad o actividades a las que se viene dedicando durante los tres últimos años y de los establecimientos, oficinas y explotaciones de las que resulta titular, y de las causas del estado de insolvencia en que se encuentra.

Expresamente se manifiesta que en la referida memoria consta la identidad de los socios de los que tiene constancia; la identidad de los administradores sociales (en su caso, y de los directores generales) (en su caso, y del auditor de cuentas. También que NO (SI) tiene admitidos valores admitidos a cotización en un centro de negociación.

Se hace constar que mi mandante NO forma parte de un grupo de sociedades.

ALTERNATIVA: Se hace constar que mi mandante SI forma parte de un grupo de sociedades, integrado por las siguientes compañías: ....

Se hace constar que la sociedad dominante del referido grupo es la sociedad ....

II.– Inventario de los bienes y derechos que integran el patrimonio de mi mandante, expresivo de su naturaleza, características, lugar en que se encuentran y, respecto de aquellos inscritos en un registro público, los datos de identificación registral de cada uno de los bienes y derechos relacionados.

También resulta del referido inventario el valor de adquisición, las correcciones valorativas procedentes y la estimación del valor de mercado a la fecha de la solicitud, de los referidos bienes y derechos, con indicación de los gravámenes, trabas y cargas que les afectan, a favor de acreedor o de tercero, con expresión de su naturaleza y, en su caso, los datos de identificación registral.

III.– Relación de acreedores con expresión de la identidad, el domicilio y la dirección electrónica, si la tuviere, de cada uno de ellos, así como de la cuantía y el vencimiento de los respectivos créditos y las garantías personales o reales constituidas.

(En su caso) Respecto de aquellos acreedores que han reclamado judicialmente el pago de su respectivo crédito se identifica en la citada relación el procedimiento correspondiente, con indicación del estado de las actuaciones.

IV.– (En su caso) Siendo mi mandante empleador, se hace constar que el número de trabajadores asciende a ...., haciéndose constar que el/los centro/s de trabajo al que están afectos los mismos es/son ....

Se hace constar que NO existe órgano de representación de los trabajadores.

ALTERNATIVA: Se ha constar que si existe órgano de representación de los trabajadores de .... S.A, siendo la identidad y el correo electrónico de cada uno de sus integrantes, el siguiente: ....

QUINTO.– De conformidad con lo previsto en el art. 8 TRLC y estando obligada la compañía............ S.A. a la llevanza de contabilidad, se acompaña igualmente a esta solicitud los documentos contables y complementarios que a continuación se reseñan:

I.– Cuentas anuales (balance, pérdidas y ganancias y memoria), informe de gestión e informe de auditoría de los últimos tres ejercicios sociales finalizados a fecha de la solicitud de concurso, esto es, los cerrados a fecha ...., ... y .... (DOCUMENTOS............)

II.– Memoria de los cambios significativos operados en el patrimonio de mi mandante con posterioridad a las últimas cuentas anuales formuladas, aprobadas y depositadas en el Registro Mercantil, las correspondientes al ejercicio ....,

III.– Memoria de las operaciones realizadas con posterioridad a las últimas cuentas anuales formuladas, aprobadas y depositadas en el Registro Mercantil y que por su naturaleza, objeto o cuantía excedan del giro o tráfico ordinario del deudor. (DOCUMENTO............).

IV.– (Si fuera menester) Estados financieros elaborados con posterioridad a las últimas cuentas anuales presentadas (las correspondientes al ejercicio ....), remitidos (o comunicados) a ...., autoridad supervisora del .... (DOCUMENTOS...........)

V.– (Si fuera menester). Dado que mi principal forma parte del grupo de sociedades ...., en el que la aquí deudora, es la sociedad dominante, y las compañías .... y ...., son las sociedades dominadas, se acompañan las cuentas anuales y el informe de gestión consolidados correspondientes a los tres últimos ejercicios sociales finalizados a fecha de la presente solicitud y el informe de auditoría emitido con relación a tales cuentas anuales. También una memoria de las operaciones realizadas con otras sociedades del grupo durante ese mismo periodo y hasta la solicitud de concurso.

SEXTO.– Toda vez que mi mandante ha cesado completamente en su actividad, resulta de interés de mi mandante, y en este acto así se solicita, se acuerde por este Juzgado la liquidación de........... S.A.

SÉPTIMO.– (Si fuera menester). Se hace constar que no se acompaña el DOCUMENTO........... previsto en el número..........., del art. 7 TRLC toda vez que...........

Igualmente, aun cuando se acompaña el DOCUMENTO..........., recogido en el número..........., del art. 8 TRLC, en el mismo falta el dato de..........., toda vez que...........

A los relatados hechos aduzco los siguientes

FUNDAMENTOS DE DERECHO

I.– De conformidad con lo previsto en el art. 44 TRLC, son competentes para conocer de esta solicitud de concurso los Juzgados de lo Mercantil.

Desde un punto de vista territorial, y conforme al art. 45 TRLC, son competentes los Juzgados de lo Mercantil de..........., al ser éste el lugar donde la compañía........... S.A. tiene su centro de intereses principales.

II.– Esta solicitud de concurso se sustanciara por los trámites establecidos en el art. 10, ss. y concordantes TRLC.

III.– Mi mandante, en su condición de deudor, está legitimado para solicitar su declaración de concurso al amparo de lo dispuesto en el art. 3.1 LC.

IV.– Se dan en este caso los presupuestos subjetivo y objetivo requeridos para la declaración del concurso. En el primer caso, a la vista de la condición de mi mandante de deudor persona jurídica, vid. art. 1.1 TRLC. En el segundo, a la vista de la situación actual de insolvencia de mi mandante.

VI.– Los efectos del concurso serán los previstos en los arts. 105 y ss. TRLC.

VI.– Sobre la liquidación concursal, vid arts. 406 y ss. TRLC.

En virtud de lo expuesto,

SUPLICO AL JUZGADO que tenga por presentado este escrito, junto a los documentos a él unidos y sus copias, se sirva admitirlo y tener por promovido en nombre y representación de mi mandante, ... S.A., SOLICITUD DE CONCURSO VOLUNTARIO, se sirva admitirla y previos los oportunos trámites legales, se sirva dictar auto por el que, estimando íntegramente la presente solicitud:

PRIMERO.– Se declare el concurso de la sociedad............ S.A., con el carácter de voluntario.

SEGUNDO.– Se acuerde la sustanciación del correspondiente procedimiento, con la formación de las secciones correspondientes.

TERCERO.– Se designe a la administración concursal.

CUARTO.– Se tenga por solicitada la liquidación de mi mandante, acordando cuanto proceda en derecho en orden a aperturar la citada liquidación y tramitar la misma.

QUINTO.– Se acuerde cuanto demás sea procedente en derecho para la sustanciación del procedimiento hasta su conclusión.

Es Justicia que pido en............ a............ de............ de dos mil............

OTROSÍ DIGO Que procede dar a la declaración de concurso la oportuna publicidad, incluida la registral, en los términos y con el alcance establecidos en los arts. 35 a 37 TRLC y sin perjuicio de cualesquiera otra publicidad complementaria que, en medios oficiales o privados, estime oportuna este Juzgado al que nos dirigimos.

SUPLICO AL JUZGADO que tenga por hechas las anteriores manifestaciones a los efectos oportunos, se sirva admitirlas y acordar en el auto declarando el concurso voluntario de mi principal, las inscripciones y publicaciones previstas en el art. 35 a 37 TRLC, y, previos los oportunos trámites legales, se sirva llevar a cabo tales inscripciones y publicaciones, por medios electrónicos o telemáticos y, si esto no fuera posible, librando los oportunos mandamientos y oficios que serán confiados al Procurador que esto suscribe para su oportuno curso y gestión.

Lo que se suplica en el lugar y fecha reseñados "ut supra".

OTROSÍ DIGO: Que en el auto en que se acuerde la declaración de concurso de mi principal y entre otros pronunciamientos, procede el llamamiento de los acreedores para que pongan en conocimiento de la administración concursal la existencia de sus créditos, en el plazo de un mes a contar desde el día siguiente a la publicación de la declaración del concurso en el BOE.

En su virtud,

SUPLICO AL JUZGADO que tenga por hechas las anteriores manifestaciones a los efectos oportunos, se sirva admitirlas y acordar en el auto declarando el concurso voluntario de mi principal, el llamamiento de los acreedores a los efectos antes reseñados.

Lo que se suplica en el lugar y fecha reseñados "ut supra".

OTROSÍ DIGO Que a la vista del art. 33 TRLC, en su día y previa admisión de la presente solicitud, procede la notificación por medios electrónicos del auto de declaración del concurso, a la Agencia Estatal de la Administración Tributaria y a la tesorería General de la Seguridad Social.

En su virtud,

SUPLICO AL JUZGADO que tenga por hechas las anteriores manifestaciones a los efectos oportunos, se sirva admitirlas y acordar la referida notificación y cuanto demás proceda en derecho al respecto.

Lo que se suplica en el lugar y fecha reseñados "ut supra".

(SI fuera menester) OTROSÍ DIGO Que conforme requiere el art. 28.4 TRLC, en su día y previa admisión de la presente solicitud, procede la notificación del auto de declaración del concurso, a la representación legal de los trabajadores de .... S.A.

En su virtud,

SUPLICO AL JUZGADO que tenga por hechas las anteriores manifestaciones a los efectos oportunos, se sirva admitirlas y acordar la referida notificación y cuanto demás proceda en derecho al respecto.

Lo que se suplica en el lugar y fecha reseñados "ut supra".

F027. SOLICITUD DE CONCURSO VOLUNTARIO DE PERSONA JURÍDICA QUE SE HALLA EN SITUACIÓN DE INSOLVENCIA ACTUAL. OFERTA VINCULANTE DE COMPRA DE UNIDAD PRODUCTIVA

Normativa de aplicación: *Arts. 1 y ss.; 224 bis Real Decreto Legislativo 1/2020, de 5 de mayo, por el que se aprueba el texto refundido de la Ley Concursal.*

AL JUZGADO DE LO MERCANTIL DE............

............, Procurador de los Tribunales (núm. .... de colegiado) y de la compañía............ S.A., con domicilio en............, calle............ núm. .... y CIF............, cuya representación acredito mediante la escritura original de poder de representación (especial para instar el presente concurso) que se acompaña a este escrito, ante este Juzgado comparezco bajo la dirección letrada de Don............, abogado del Ilustre Colegio de............ (núm. .... de colegiado), y como mejor proceda en Derecho DIGO:

Que por medio del presente escrito y en la representación que ostento, formulo SOLICITUD DE CONCURSO VOLUNTARIO de la compañía............ S.A. por hallarse actualmente la misma en situación de insolvencia, solicitud que se funda en los HECHOS y FUNDAMENTOS DE DERECHO que a continuación se exponen.

HECHOS

PRIMERO.– Mi principal, la sociedad........... S.A., se constituyó el.......... de........... de..........., mediante escritura otorgada ante el notario de........... Don........... (número de su protocolo...........).

Datos de Inscripción Registral: La sociedad está inscrita en el Registro Mercantil de la provincia de........... al tomo..........., General........... de la sección........... del Libro de sociedades, Folio..........., hoja..........

Su objeto social consiste en...........

El domicilio social de la compañía se halla en..........., calle..........., lugar en que se halla el centro de los intereses principales de la deudora.

Datos fiscales: La sociedad se halla dada de alta en el Impuesto sobre Actividades Económicas desde el........... de........... de..........., en el epígrafe........... Igualmente, el día........... de........... de..........., presentó la correspondiente declaración censal de alta e inicio de actividades, siéndole asignado el siguiente Código de Identificación Fiscal (CIF):...........

Órgano de Administración: Desde su constitución, el órgano de administración de la compañía se halla conformado por un administrador único, ejerciendo en la actualidad tal cargo, Don..........., quien, por un plazo de........... años, fue designado al efecto por acuerdo de la Junta General Extraordinaria de la compañía celebrada el día........... de........... de..........., elevado a público mediante escritura autorizada por el notario de..........., Don..........., el día de........... de...........

No existen otros administradores de la sociedad, de hecho o de derecho, distintos del mencionado Sr. .... Durante los dos años anteriores a la solicitud de concurso, el citado Don........... ha sido la única persona que ha ostentado y/o desempeñado la administración de la sociedad.

La sociedad nunca ha tenido directores generales.

Acreditando lo anterior, se acompañan como DOCUMENTOS........... la escritura de constitución de la Sociedad, certificación literal del Registro Mercantil de la provincia de........... correspondiente a la deudora; declaración censal de alta e inicio de actividades, declaración de alta en el Impuesto de Actividades Económicas y tarjeta CIF.

SEGUNDO.– La presente solicitud de concurso voluntario debe de ser acogida por el Juzgador al darse el presupuesto objetivo de insolvencia en que se halla........... S.A. desde el día..........., fecha ésta desde la cual, mi mandante no puede cumplir regularmente sus obligaciones exigibles.

Lo anterior resulta de la documentación que, de conformidad con lo establecido en los arts. 7 y 8 TRLC, se acompaña a esta solicitud, así como del informe pericial emitido el pasado día........... de........... de..........., por Don..........., economista del Ilustre Colegio de..........., (núm. Col...........), y que se acompaña como DOCUMENTO........... De dicha documentación se desprende que mi mandante carece en la actualidad de liquidez suficiente para atender las deudas exigibles contraídas con sus acreedores. También resulta de...........

TERCERO.– Dando cumplimiento a lo previsto en el art. 6.2 TRLC, se acompañan a esta solicitud poder especial para solicitar el concurso, otorgado el día........... de........... de..........., ante Don..........., notario del Ilustre Colegio de..........., con residencia en........... (núm. .... de su protocolo). (DOCUMENTO...........).

CUARTO.– Igualmente, tal y como requiere el art. 7 TRLC, se acompañan los siguientes documentos generales como DOCUMENTOS .... a ....:

I.– Memoria expresiva de la historia económica y jurídica del deudor; de la actividad o actividades a las que se viene dedicando durante los tres últimos años y de los establecimientos, oficinas y explotaciones de las que resulta titular, y de las causas del estado de insolvencia en que se encuentra.

Expresamente se manifiesta que en la referida memoria consta la identidad de los socios de los que tiene constancia; la identidad de los administradores sociales (en su caso, y de los directores generales) (en su caso, y del auditor de cuentas. También que NO (SI) tiene admitidos valores admitidos a cotización en un centro de negociación.

Se hace constar que mi mandante NO forma parte de un grupo de sociedades.

ALTERNATIVA: Se hace constar que mi mandante SI forma parte de un grupo de sociedades, integrado por las siguientes compañías: ....

Se hace constar que la sociedad dominante del referido grupo es la sociedad ....

II.– Inventario de los bienes y derechos que integran el patrimonio de mi mandante, expresivo de su naturaleza, características, lugar en que se encuentran y, respecto de aquellos inscritos en un registro público, los datos de identificación registral de cada uno de los bienes y derechos relacionados.

También resulta del referido inventario el valor de adquisición, las correcciones valorativas procedentes y la estimación del valor de mercado a la fecha de la solicitud, de los referidos bienes y derechos, con indicación de los gravámenes, trabas y cargas que les afectan, a favor de acreedor o de tercero, con expresión de su naturaleza y, en su caso, los datos de identificación registral.

III.– Relación de acreedores con expresión de la identidad, el domicilio y la dirección electrónica, si la tuviere, de cada uno de ellos, así como de la cuantía y el vencimiento de los respectivos créditos y las garantías personales o reales constituidas.

(En su caso) Respecto de aquellos acreedores que han reclamado judicialmente el pago de su respectivo crédito se identifica en la citada relación el procedimiento correspondiente, con indicación del estado de las actuaciones.

IV.– (En su caso) Siendo mi mandante empleador, se hace constar que el número de trabajadores asciende a ...., haciéndose constar que el/los centro/s de trabajo al que están afectos los mismos es/son ....

Se hace constar que NO existe órgano de representación de los trabajadores.

ALTERNATIVA: Se ha constar que si existe órgano de representación de los trabajadores de .... S.A, siendo la identidad y el correo electrónico de cada uno de sus integrantes, el siguiente: ....

QUINTO.– De conformidad con lo previsto en el art. 8 TRLC y estando obligada la compañía........... S.A. a la llevanza de contabilidad, se acompaña igualmente a esta solicitud los documentos contables y complementarios que a continuación se reseñan:

I.– Cuentas anuales (balance, pérdidas y ganancias y memoria), informe de gestión e informe de auditoría de los últimos tres ejercicios sociales finalizados a fecha de la solicitud de concurso, esto es, los cerrados a fecha ...., ... y .... (DOCUMENTOS...........)

II.– Memoria de los cambios significativos operados en el patrimonio de mi mandante con posterioridad a las últimas cuentas anuales formuladas, aprobadas y depositadas en el Registro Mercantil, las correspondientes al ejercicio ....,

III.– Memoria de las operaciones realizadas con posterioridad a las últimas cuentas anuales formuladas, aprobadas y depositadas en el Registro Mercantil y que por su naturaleza, objeto o cuantía excedan del giro o tráfico ordinario del deudor. (DOCUMENTO...........).

IV.– (Si fuera menester) Estados financieros elaborados con posterioridad a las últimas cuentas anuales presentadas (las correspondientes al ejercicio ....), remitidos (o comunicados) a ...., autoridad supervisora del .... (DOCUMENTOS...........)

V.– (Si fuera menester). Dado que mi principal forma parte del grupo de sociedades ...., en el que la aquí deudora, es la sociedad dominante, y las compañías .... y ...., son las sociedades dominadas, se acompañan las cuentas anuales y el informe de gestión consolidados correspondientes a los tres últimos ejercicios sociales finalizados a fecha de la presente solicitud y el informe de auditoría emitido con relación a tales cuentas anuales. También una memoria de las operaciones realizadas con otras sociedades del grupo durante ese mismo periodo y hasta la solicitud de concurso.

SEXTO.– (Si fuera menester) Que al amparo del art. 337 TRLC, no pidiéndose en el presente escrito la liquidación de la deudora, y dándose los requisitos de forma y plazo previstos en la Ley, se presenta propuesta de convenio, que se acompaña a este escrito como DOCUMENTO...........

La propuesta reseñada NO ha sido objeto de adhesiones (en su caso, es objeto de las siguientes adhesiones: ....).

O (Si fuera menester, en lugar de lo anterior, y eliminado la referencia a la conservación de facultades por el deudor y la continuidad o viabilidad de la deudora). Que al ser de interés de mi mandante, en este acto se solicita se acuerde por este Juzgado la liquidación de........... S.A.

SÉPTIMO.– (Si fuera menester). Se hace constar que no se acompaña el DOCUMENTO........... previsto en el número..........., del art. 7 TRLC toda vez que...........

Igualmente, aun cuando se acompaña el DOCUMENTO..........., recogido en el número..........., del art. 8 TRLC, en el mismo falta el dato de..........., toda vez que...........

A los relatados hechos aduzco los siguientes

FUNDAMENTOS DE DERECHO

I.– De conformidad con lo previsto en el art. 44 TRLC, son competentes para conocer de esta solicitud de concurso los Juzgados de lo Mercantil.

Desde un punto de vista territorial, y conforme al art. 45 TRLC, son competentes los Juzgados de lo Mercantil de..........., al ser éste el lugar donde la compañía........... S.A. tiene su centro de intereses principales.

II.– Mi mandante, en su condición de deudor, está legitimado para solicitar su declaración de concurso al amparo de lo dispuesto en el art. 3.1 TRLC.

IV.– Se dan en este caso los presupuestos subjetivo y objetivo requeridos para la declaración del concurso. En el primer caso, a la vista de la condición de mi mandante de deudor persona jurídica, vid. art. 1.1 TRLC. En el segundo, a la vista de la situación actual de insolvencia de mi mandante.

V.– Los efectos del concurso serán los previstos en los arts. 105 y ss. TRLC.

VI.– (En su caso) sobre la proposición de convenio vid. los arts. 337 y ss. LC.

VII.– (En su caso). Arts. 406, ss. y concordantes sobre la liquidación de mi principal.

En virtud de lo expuesto,

SUPLICO AL JUZGADO que tenga por presentado este escrito, junto a los documentos a él unidos y sus copias, se sirva admitirlo y tener por promovido en nombre y representación de mi mandante, ... S.A., SOLICITUD DE CONCURSO VOLUNTARIO, se sirva admitirla y previos los oportunos trámites legales, se sirva admitirla y dictar auto por el que, estimando íntegramente la presente solicitud:

PRIMERO.– Se declare el concurso de la sociedad........... S.A., con indicación de su carácter voluntario.

SEGUNDO.– Se acuerde la sustanciación del correspondiente procedimiento, con la formación de las secciones correspondientes.

TERCERO.– Se designe la administración concursal del concurso.

CUARTO.– Se acuerde el régimen de mera intervención de las facultades patrimoniales del concursado.

QUINTO.– (Si fuere menester eliminado la referencia del punto cuarto precedente) Se tenga por solicitada la liquidación de mi mandante, acordando cuanto proceda en derecho en orden a aperturar la citada liquidación y tramitar la misma.

(O si fuera menester y en lugar de lo anterior) Se tenga por presentada propuesta de convenio, acordando cuando proceda en derecho en orden a la citada propuesta y tramitación la misma.

SEXTO.– Se acuerde cuanto demás sea procedente en derecho para la sustanciación del procedimiento hasta su conclusión.

Es Justicia que pido en........... a........... de........... de dos mil...........

OTROSÍ DIGO: Que de conformidad y a los efectos de lo dispuesto en el art. 224 bis TRLC, junto a la presente solicitud de concurso se acompaña por esta parte como DOCUMENTO .... una propuesta escrita vinculante para la adquisición de la/s siguiente/s unidad/es productiva/s titularidad de mi principal, que resulta de interés y conformidad de esta parte. Tal/es unidad/es productiva/s son: ....

En su virtud,

SUPLICO AL JUZGADO que tenga por presentado este escrito, se sirva admitirlo, y tener por hechas las anteriores manifestaciones a los efectos legales oportunos, suplicando se tramite la citada oferta vinculante para la compra de la/s referida/s unida/es productiva/s conforme establece el art. 224 bis TRLC y demás normativa de aplicación, acordando cuanto proceda en derecho al efecto.

Lo que se suplica en el lugar y fecha reseñados "ut supra".

OTROSÍ DIGO Que procede dar a la declaración de concurso la oportuna publicidad, incluida la registral, en los términos y con el alcance establecidos en los arts. 35 a 37 TRLC y sin perjuicio de cualesquiera otra publicidad complementaria que, en medios oficiales o privados, estime oportuna este Juzgado al que nos dirigimos.

SUPLICO AL JUZGADO que tenga por hechas las anteriores manifestaciones a los efectos oportunos, se sirva admitirlas y acordar en el auto declarando el concurso voluntario de mi principal, las inscripciones y publicaciones previstas en el art. 35 a 37 TRLC, y, previos los oportunos trámites legales, se sirva llevar a cabo tales inscripciones y publicaciones, por medios electrónicos o telemáticos y, si esto no fuera posible, librando los oportunos mandamientos y oficios que serán confiados al Procurador que esto suscribe para su oportuno curso y gestión.

Lo que se suplica en el lugar y fecha reseñados "ut supra".

OTROSÍ DIGO: Que en el auto en que se acuerde la declaración de concurso de mi principal y entre otros pronunciamientos, procede el llamamiento de los acreedores para que pongan en conocimiento de la administración concursal la existencia de sus créditos, en el plazo de un mes a contar desde el día siguiente a la publicación de la declaración del concurso en el BOE.

En su virtud,

SUPLICO AL JUZGADO que tenga por hechas las anteriores manifestaciones a los efectos oportunos, se sirva admitirlas y acordar en el auto declarando el concurso voluntario de mi principal, el llamamiento de los acreedores a los efectos antes reseñados.

Lo que se suplica en el lugar y fecha reseñados "ut supra".

OTROSÍ DIGO Que a la vista del art. 33 TRLC, en su día y previa admisión de la presente solicitud, procede la notificación por medios electrónicos del auto de declaración del concurso, a la Agencia Estatal de la Administración Tributaria y a la tesorería General de la Seguridad Social.

En su virtud,

SUPLICO AL JUZGADO que tenga por hechas las anteriores manifestaciones a los efectos oportunos, se sirva admitirlas y acordar la referida notificación y cuanto demás proceda en derecho al respecto.

Lo que se suplica en el lugar y fecha reseñados "ut supra".

(SI fuera menester) OTROSÍ DIGO Que conforme requiere el art. 28.4 TRLC, en su día y previa admisión de la presente solicitud, procede la notificación del auto de declaración del concurso, a la representación legal de los trabajadores de .... S.A.

En su virtud,

SUPLICO AL JUZGADO que tenga por hechas las anteriores manifestaciones a los efectos oportunos, se sirva admitirlas y acordar la referida notificación y cuanto demás proceda en derecho al respecto.

Lo que se suplica en el lugar y fecha reseñados "ut supra".

F028. SOLICITUD DE CONCURSO VOLUNTARIO DE PERSONA JURÍDICA CON OFERTA DE UNIDAD PRODUCTIVA. PREPACK

Normativa de aplicación: *Arts. 1 y ss.; 224 bis, 224 ter y ss. Real Decreto Legislativo 1/2020, de 5 de mayo, por el que se aprueba el texto refundido de la Ley Concursal.*

AL JUZGADO DE LO MERCANTIL DE...........

..........., Procurador de los Tribunales (núm. .... de colegiado) y de la compañía........... S.A., con domicilio en..........., calle........... núm. .... y CIF..........., cuya representación acredito mediante la escritura original de poder de representación (especial para instar el presente concurso) que se acompaña a este escrito, ante este Juzgado comparezco bajo la dirección letrada de Don..........., abogado del Ilustre Colegio de........... (núm. .... de colegiado), y como mejor proceda en Derecho DIGO:

Que por medio del presente escrito y en la representación que ostento, formulo SOLICITUD DE CONCURSO VOLUNTARIO de la compañía........... S.A. por hallarse actualmente la misma en situación de insolvencia actual, solicitud que se funda en los HECHOS y FUNDAMENTOS DE DERECHO que a continuación se exponen.

HECHOS

PRIMERO.– Mi principal, la sociedad........... S.A., se constituyó el........... de........... de..........., mediante escritura otorgada ante el notario de..........., Don........... (número de su protocolo...........).

Datos de Inscripción Registral: La sociedad está inscrita en el Registro Mercantil de la provincia de........... al tomo..........., General........... de la sección........... del Libro de sociedades, Folio..........., hoja...........

Su objeto social consiste en...........

El domicilio social de la compañía se halla en..........., calle..........., lugar en que se halla el centro de los intereses principales de la deudora.

Datos fiscales: La sociedad se halla dada de alta en el Impuesto sobre Actividades Económicas desde el........... de........... de..........., en el epígrafe........... Igualmente, el día........... de........... de..........., presentó la correspondiente declaración censal de alta e inicio de actividades, siéndole asignado el siguiente Código de Identificación Fiscal (CIF):...........

Órgano de Administración: Desde su constitución, el órgano de administración de la compañía se halla conformado por un administrador único, ejerciendo en la actualidad tal cargo, Don..........., quien, por un plazo de........... años, fue designado al efecto por acuerdo de la Junta General Extraordinaria de la compañía celebrada el día........... de........... de..........., elevado a público mediante escritura autorizada por el notario de..........., Don..........., el día de........... de...........

No existen otros administradores de la sociedad, de hecho o de derecho, distintos del mencionado Sr. .... Durante los dos años anteriores a la solicitud de concurso, el citado Don........... ha sido la única persona que ha ostentado y/o desempeñado la administración de la sociedad.

La sociedad nunca ha tenido directores generales.

Acreditando lo anterior, se acompañan como DOCUMENTOS........... la escritura de constitución de la Sociedad, certificación literal del Registro Mercantil de la provincia de........... correspondiente a la deudora; declaración censal de alta e inicio de actividades, declaración de alta en el Impuesto de Actividades Económicas y tarjeta CIF.

SEGUNDO.– La presente solicitud de concurso voluntario debe de ser acogida por el Juzgador al darse el presupuesto objetivo de insolvencia en que se halla........... S.A. desde el día..........., fecha ésta desde la cual, mi mandante no puede cumplir regularmente sus obligaciones exigibles.

Lo anterior resulta de la documentación que, de conformidad con lo establecido en los arts. 7 y 8 TRLC, se acompaña a esta solicitud, así como del informe pericial emitido el pasado día........... de........... de..........., por Don..........., economista del Ilustre Colegio de..........., (núm. Col...........), y que se acompaña como DOCUMENTO........... De dicha documentación se desprende que mi mandante carece en la actualidad de liquidez suficiente para atender las deudas exigibles contraídas con sus acreedores. También resulta de...........

TERCERO.– Dando cumplimiento a lo previsto en el art. 6.2 TRLC, se acompañan a esta solicitud poder especial para solicitar el concurso, otorgado el día........... de........... de..........., ante Don..........., notario del Ilustre Colegio de..........., con residencia en........... (núm. .... de su protocolo). (DOCUMENTO...........).

CUARTO.– Igualmente, tal y como requiere el art. 7 TRLC, se acompañan los siguientes documentos generales como DOCUMENTOS .... a ....:

I.– Memoria expresiva de la historia económica y jurídica del deudor; de la actividad o actividades a las que se viene dedicando durante los tres últimos años y de los establecimientos, oficinas y explotaciones de las que resulta titular, y de las causas del estado de insolvencia en que se encuentra.

Expresamente se manifiesta que en la referida memoria consta la identidad de los socios de los que tiene constancia; la identidad de los administradores sociales (en su caso, y de los directores generales) (en su caso, y del auditor de cuentas. También que NO (SI) tiene admitidos valores admitidos a cotización en un centro de negociación.

Se hace constar que mi mandante NO forma parte de un grupo de sociedades.

ALTERNATIVA: Se hace constar que mi mandante SI forma parte de un grupo de sociedades, integrado por las siguientes compañías: ....

Se hace constar que la sociedad dominante del referido grupo es la sociedad ....

II.– Inventario de los bienes y derechos que integran el patrimonio de mi mandante, expresivo de su naturaleza, características, lugar en que se encuentran y, respecto de aquellos inscritos en un registro público, los datos de identificación registral de cada uno de los bienes y derechos relacionados.

También resulta del referido inventario el valor de adquisición, las correcciones valorativas procedentes y la estimación del valor de mercado a la fecha de la solicitud, de los referidos bienes y derechos, con indicación de los gravámenes, trabas y cargas que les afectan, a favor de acreedor o de tercero, con expresión de su naturaleza y, en su caso, los datos de identificación registral.

III.– Relación de acreedores con expresión de la identidad, el domicilio y la dirección electrónica, si la tuviere, de cada uno de ellos, así como de la cuantía y el vencimiento de los respectivos créditos y las garantías personales o reales constituidas.

(En su caso) Respecto de aquellos acreedores que han reclamado judicialmente el pago de su respectivo crédito se identifica en la citada relación el procedimiento correspondiente, con indicación del estado de las actuaciones.

IV.– (En su caso) Siendo mi mandante empleador, se hace constar que el número de trabajadores asciende a ...., haciéndose constar que el/los centro/s de trabajo al que están afectos los mismos es/son ....

Se hace constar que NO existe órgano de representación de los trabajadores.

ALTERNATIVA: Se ha constar que si existe órgano de representación de los trabajadores de .... S.A, siendo la identidad y el correo electrónico de cada uno de sus integrantes, el siguiente: ....

QUINTO.– De conformidad con lo previsto en el art. 8 TRLC y estando obligada la compañía........... S.A. a la llevanza de contabilidad, se acompaña igualmente a esta solicitud los documentos contables y complementarios que a continuación se reseñan:

I.– Cuentas anuales (balance, pérdidas y ganancias y memoria), informe de gestión e informe de auditoría de los últimos tres ejercicios sociales finalizados a fecha de la solicitud de concurso, esto es, los cerrados a fecha ...., ... y .... (DOCUMENTOS...........)

II.– Memoria de los cambios significativos operados en el patrimonio de mi mandante con posterioridad a las últimas cuentas anuales formuladas, aprobadas y depositadas en el Registro Mercantil, las correspondientes al ejercicio ....,

III.– Memoria de las operaciones realizadas con posterioridad a las últimas cuentas anuales formuladas, aprobadas y depositadas en el Registro Mercantil y que por su naturaleza, objeto o cuantía excedan del giro o tráfico ordinario del deudor. (DOCUMENTO...........).

IV.– (Si fuera menester) Estados financieros elaborados con posterioridad a las últimas cuentas anuales presentadas (las correspondientes al ejercicio ....), remitidos (o comunicados) a ...., autoridad supervisora del .... (DOCUMENTOS...........)

V.– (Si fuera menester). Dado que mi principal forma parte del grupo de sociedades ...., en el que la aquí deudora, es la sociedad dominante, y las compañías .... y ...., son las sociedades dominadas, se acompañan las cuentas anuales y el informe de gestión consolidados correspondientes a los tres últimos ejercicios sociales finalizados a fecha de la presente solicitud y el informe de auditoría emitido con relación a tales cuentas anuales. También una memoria de las operaciones realizadas con otras sociedades del grupo durante ese mismo periodo y hasta la solicitud de concurso.

SEXTO.– (Si fuera menester) Que al amparo del art. 337 TRLC, no pidiéndose en el presente escrito la liquidación de la deudora, y dándose los requisitos de forma y plazo previstos en la Ley, se presenta propuesta de convenio, que se acompaña a este escrito como DOCUMENTO...........

La propuesta reseñada NO ha sido objeto de adhesiones (en su caso, es objeto de las siguientes adhesiones: ....).

O (Si fuera menester, en lugar de lo anterior, y eliminado la referencia a la conservación de facultades por el deudor y la continuidad o viabilidad de la deudora). Que al ser de interés de mi mandante, en este acto se solicita se acuerde por este Juzgado la liquidación de........... S.A.

SÉPTIMO.– (Si fuera menester). Se hace constar que no se acompaña el DOCUMENTO........... previsto en el número..........., del art. 7 TRLC toda vez que...........

Igualmente, aun cuando se acompaña el DOCUMENTO..........., recogido en el número..........., del art. 8 TRLC, en el mismo falta el dato de..........., toda vez que...........

A los relatados hechos aduzco los siguientes

FUNDAMENTOS DE DERECHO

I.– De conformidad con lo previsto en el art. 44 TRLC, son competentes para conocer de esta solicitud de concurso los Juzgados de lo Mercantil.

Desde un punto de vista territorial, y conforme a los arts. 45 y 224 sixties TRLC, son competentes los Juzgados de lo Mercantil de..........., al ser éste el Juzgado que designó al experto para recabar ofertas de unidad productiva que se reseña en otrosí de esta demanda, que a su vez es el competente para conocer del concurso de mi mandante.

II.– Mi mandante, en su condición de deudor, está legitimado para solicitar su declaración de concurso al amparo de lo dispuesto en el art. 3.1 TRLC.

IV.– Se dan en este caso los presupuestos subjetivo y objetivo requeridos para la declaración del concurso. En el primer caso, a la vista de la condición de mi mandante de deudor persona jurídica, vid. art. 1.1 TRLC. En el segundo, a la vista de la situación actual de insolvencia de mi mandante.

V.– Los efectos del concurso serán los previstos en los arts. 105 y ss. TRLC.

VI.– (En su caso) sobre la proposición de convenio vid. los arts. 337 y ss. LC.

VII.– (En su caso). Arts. 406, ss. y concordantes sobre la liquidación de mi principal.

En virtud de lo expuesto,

SUPLICO AL JUZGADO que tenga por presentado este escrito, junto a los documentos a él unidos y sus copias, se sirva admitirlo y tener por promovido en nombre y representación de mi mandante, ... S.A., SOLICITUD DE CONCURSO VOLUNTARIO, se sirva admitirla y previos los oportunos trámites legales, se sirva admitirla y dictar auto por el que, estimando íntegramente la presente solicitud:

PRIMERO.– Se declare el concurso de la sociedad........... S.A., con indicación de su carácter voluntario.

SEGUNDO.– Se acuerde la sustanciación del correspondiente procedimiento, con la formación de las secciones correspondientes.

TERCERO.– Se designe la administración concursal del concurso.

CUARTO.– Se acuerde el régimen de mera intervención de las facultades patrimoniales del concursado.

QUINTO.– (Si fuere menester eliminado la referencia del punto cuarto precedente) Se tenga por solicitada la liquidación de mi mandante, acordando cuanto proceda en derecho en orden a aperturar la citada liquidación y tramitar la misma.

(O si fuera menester y en lugar de lo anterior) Se tenga por presentada propuesta de convenio, acordando cuando proceda en derecho en orden a la citada propuesta y tramitación la misma.

SEXTO.– Se acuerde cuanto demás sea procedente en derecho para la sustanciación del procedimiento hasta su conclusión.

Es Justicia que pido en........... a........... de........... de dos mil...........

OTROSÍ DIGO: Que de conformidad y a los efectos de lo dispuesto en los arts. 224 bis, 224 ter y ss. TRLC, junto a la presente solicitud de concurso se acompaña por esta parte como DOCUMENTO .... una propuesta escrita vinculante para la adquisición de la/s siguiente/s unidad/es productiva/s titularidad de mi principal, que resulta de interés y conformidad de esta parte. Tal/es unidad/es productiva/s, son: ....

Con relación a la misma indicar que esta parte solicito en fecha .... y al amparo de lo dispuesto en el artículo 224 ter y ss. TRLC, elnombramiento de experto independiente para recabar ofertas de adquisición de las referida/s unidad/es productivas, siendo designado por este Juzgado para tal cargo, mediante auto de fecha ...., y por un plazo de .... meses, Don ...., quien acepto el cargo en fecha ...., habiéndose recibido solo la oferta anteriormente señalada y que se acompaña a este escrito. Esta oferta cumple los presupuestos del art. 224 septies TRLC, en especial, la obligación de continuar (o de reiniciar) la actividad con la unida/es a las que se refiere la oferta por un mínimo de dos años. Y ha sido informado favorablemente por el Experto (DOCUMENTO.....)

Con relación a lo señalado en el párrafo precedente:

a) La retribución fijada por el Juez para el señor .... y por tal tarea, ascendió a la suma de .... euros, de la que ha percibido la suma de .... euros, por lo que la restante cantidad de .... euros debería tener la consideración de crédito contra la masa en el posterior concurso.

b) En la declaración de concurso su señoría puede revocar o ratificar el nombramiento de Don ...., ratificación que esta parte solicita, por lo que el Sr..........., si el Juzgador atiende el ruego de esta parte, tendrá la consideración de administrador concursal en el concurso de mi mandante.

c) Que pese al citado nombramiento, el presente concurso se insta dentro del plazo de dos meses desde que conoció la situación de insolvencia actual.

En su virtud,

SUPLICO AL JUZGADO que tenga por presentado este escrito, se sirva admitirlo, y tener por hechas las anteriores manifestaciones a los efectos legales oportunos, suplicando se tramite la citada oferta vinculante para la compra de la/s referida/s unida/es productiva/s conforme establece los arts. 224 bis y 224 Ter TRLC y demás normativa de aplicación, acordando cuanto proceda en derecho al efecto, y la autorización de tal venta.

Lo que se suplica en el lugar y fecha reseñados "ut supra".

OTROSÍ DIGO Que procede dar a la declaración de concurso la oportuna publicidad, incluida la registral, en los términos y con el alcance establecidos en los arts. 35 a 37 TRLC y sin perjuicio de cualesquiera otra publicidad complementaria que, en medios oficiales o privados, estime oportuna este Juzgado al que nos dirigimos.

SUPLICO AL JUZGADO que tenga por hechas las anteriores manifestaciones a los efectos oportunos, se sirva admitirlas y acordar en el auto declarando el concurso voluntario de mi principal, las inscripciones y publicaciones previstas en el art. 35 a 37 TRLC, y, previos los oportunos trámites legales, se sirva llevar a cabo tales inscripciones y publicaciones, por medios electrónicos o telemáticos y, si esto no fuera posible, librando los oportunos mandamientos y oficios que serán confiados al Procurador que esto suscribe para su oportuno curso y gestión.

Lo que se suplica en el lugar y fecha reseñados "ut supra".

OTROSÍ DIGO: Que en el auto en que se acuerde la declaración de concurso de mi principal y entre otros pronunciamientos, procede el llamamiento de los acreedores para que pongan en conocimiento de la administración concursal la existencia de sus créditos, en el plazo de un mes a contar desde el día siguiente a la publicación de la declaración del concurso en el BOE.

En su virtud,

SUPLICO AL JUZGADO que tenga por hechas las anteriores manifestaciones a los efectos oportunos, se sirva admitirlas y acordar en el auto declarando el concurso voluntario de mi principal, el llamamiento de los acreedores a los efectos antes reseñados.

Lo que se suplica en el lugar y fecha reseñados "ut supra".

OTROSÍ DIGO Que a la vista del art. 33 TRLC, en su día y previa admisión de la presente solicitud, procede la notificación por medios electrónicos del auto de declaración del concurso, a la Agencia Estatal de la Administración Tributaria y a la tesorería General de la Seguridad Social.

En su virtud,

SUPLICO AL JUZGADO que tenga por hechas las anteriores manifestaciones a los efectos oportunos, se sirva admitirlas y acordar la referida notificación y cuanto demás proceda en derecho al respecto.

Lo que se suplica en el lugar y fecha reseñados "ut supra".

(SI fuera menester) OTROSÍ DIGO Que conforme requiere el art. 28.4 TRLC, en su día y previa admisión de la presente solicitud, procede la notificación del auto de declaración del concurso, a la representación legal de los trabajadores de .... S.A.

En su virtud,

SUPLICO AL JUZGADO que tenga por hechas las anteriores manifestaciones a los efectos oportunos, se sirva admitirlas y acordar la referida notificación y cuanto demás proceda en derecho al respecto.

Lo que se suplica en el lugar y fecha reseñados "ut supra".

F029. SOLICITUD DE CONCURSO VOLUNTARIO DE PERSONA JURÍDICA CON OFERTA DE UNIDAD PRODUCTIVA. PREPACK (II)

Antecedente: Procedimiento nº .../...

AL JUZGADO DE LO MERCANTIL Nº ... DE ......

..............., Procurador de los Tribunales y de ...., según se acredita con el poder especial que se acompaña y bajo la dirección letrada de Don ......, abogado del Ilustre Colegio de Abogados de ... con número ..., ante el Juzgado comparezco, y como mejor proceda en Derecho, respetuosamente, DIGO:

Que mediante el presente escrito, se interesa la DECLARACIÓN DE CONCURSO VOLUNTARIO de mi representada dado su estado de insolvencia actual y consiguiente imposibilidad de cumplir regularmente con sus obligaciones exigibles, motivo por el que en beneficio de sus acreedores y en el suyo propio, y al amparo de lo previsto en los artículos 1, 2, 3,5 y 6 y concordantes del Real Decreto Legislativo 1/2020, de 5 de mayo, por el que se aprueba el Texto Refundido de la Ley Concursal, se presenta la citada solicitud sobre la base de lo que a continuación se expone.

Que dicha petición se funda en las siguientes:

PRIMERO. DE LA ENTIDAD DEUDORA. ANTECEDENTES

Mi representada, la mercantil ..., fue constituida bajo la forma social de sociedad anónima mediante escritura autorizada ante la Notario de ... Doña ..., el día ... de ... de ... bajo su número de protocolo.

De conformidad con el artículo ... de los estatutos sociales el objeto social es el siguiente: ....

En la escritura fundacional, se fijó el domicilio social en ......, Calle ...

El capital social se fijó en ... euros, representado por ... acciones al portador, de ... de valor nominal cada una, numeradas correlativamente del uno al ..., ambos inclusive, todas ellas completamente desembolsadas en metálico por los socios fundadores.

El órgano de administración es el de administrador único, recayendo el cargo en la persona de Don ......, quien aceptó el cargo, siendo su duración indefinida.

La escritura de constitución fue inscrita en el Registro Mercantil de ..., al Tomo ..., folio ..., del Libro de Sociedades, hoja número ... Inscripción ...

Por acuerdo adoptado en Junta General Extraordinaria el ... de ... de ... se acordó elevar el capital social en ..., ascendiendo por tanto el nuevo capital social a ..., con ... acciones al portador, números 1 a ... Este acuerdo fue elevado a público en escritura otorgada ante la Notario de ... Doña ..., el día ... de ... de ... bajo su número de protocolo, y procediendo a la inscripción de la ampliación de capital en el Registro Mercantil de ..., al Tomo ..., folio ..., del Libro de Sociedades, hoja número ... Inscripción ...

Mediante acuerdo de Junta General de fecha ... de ... de ..., la sociedad se transformó en SOCIEDAD DE RESPONSABILIDAD LIMITADA. Este acuerdo fue elevado a público mediante escritura otorgada ante la Notario de ... Doña ..., el día ... de ... de ... bajo su número de protocolo ... Posteriormente fue inscrito en el Registro Mercantil de ..., al Tomo

..., folio ..., del Libro de Sociedades, hoja número ... Inscripción ...

SEGUNDO. SITUACIÓN DE INSOLVENCIA

La sociedad se encuentra en estado de insolvencia actual, de manera que no pueden cumplir regularmente con sus obligaciones exigibles.

Como causas originadoras de la situación en la que se encuentra la sociedad podemos enumerar las siguientes:

– Situación de crisis económica generalizada tanto a nivel nacional como europeo.

– El incremento del precio de las materias primas de un 35%.

– Aumento desmesurado del precio de la energía.

– Incremento de mas un 13% en los costes salariales.

– Subida del los tipos de interés.

Las circunstancias expuestas, no han podido ser paliadas con incremento en la facturación de la compañía, no pudiendo repercutir a los clientes el incremento de los gastos.

Lo anterior, unido a la política restrictiva crediticia de las entidades financieras, ha supuesto que la tesorería queda muy mermada, no pudiendo atenderse las obligaciones de pago con diversos acreedores y proveedores.

TERCERO. DE LA UNIDAD PRODUCTIVA

En el mes de ... y siendo consciente de la situación económica en la que se encontraba la compañía, se interesó el nombramiento de experto para recabar ofertas de compra de la unidad productiva.

De esta forma, con fecha ... de ... de ..., el Juzgado al que tenemos el honor de dirigirnos dictó Auto por el que, entre otras cuestiones, acordó:

"1. Se tiene por personado y por parte a la mercantil ...... y en su representación a la Procuradora ..., en virtud del poder especial que se aporta, con quien se entenderán las sucesivas diligencias en la forma prevenida por la Ley, y por solicitado EL NOMBRAMIENTO DE EXPERTO PARA RECABAR OFERTAS DE ADQUISICIÓN DE LA UNIDAD PRODUCTIVA.

2. Se nombra como experto a Don ...., con domicilio en ......, a quien se notificará por conducto urgente dicha designación a fin de que sin dilación comparezca en este Juzgado para aceptar y jurar el cargo, a los cuales se les entregará, una vez aceptado y jurado el cargo."

Una vez aceptado el cargo por parte del experto, la sociedad puso a disposición de éste toda la información necesaria para poder configurar la unidad productiva y proceder *a su valoración.*

Se han recibido diversas ofertas, considerando el Sr... que la más beneficiosa es la postulada por la mercantil ......, habiendo procedido a emitir informe favorable, que se acompaña junto a la presente solicitud.

CUARTO. RELACIÓN DE DOCUMENTOS Y MEDIOS APORTADOS

De conformidad con lo establecido en el artículo 6 y 7 del TRLC 1/20 se acompañan al presente escrito los siguientes documentos:

DOCUMENTO NÚMERO 1: Nota Informativa del Registro Mercantil de la Provincia de Valencia.

DOCUMENTO NÚMERO 2: Se acompaña una MEMORIA expresiva de la historia jurídica y económica de mí representada.

Detalle de su evolución histórica y su actividad durante los últimos dos ejercicios, así como toda la documentación al respecto.

DOCUMENTOS NÚMERO 3A, 3B, 3C y 3D: INVENTARIO DE BIENES Y DERECHOS, con expresión de su naturaleza.

DOCUMENTOS NÚMERO 4A, 4B y 4C: RELACIÓN ACREEDORES, con identificación de los mismos, cuantificación y correo electrónico.

DOCUMENTO NÚMERO 5 AL 7: CUENTAS ANUALES de los últimos tres ejercicios DOCUMENTO NÚMERO 8: memoria de los cambios significativos operados en el patrimonio con posterioridad a las últimas cuentas anuales formuladas, aprobadas y depositadas.

DOCUMENTO Nº 9: memoria de las operaciones realizadas con posterioridad a las últimas cuentas anuales formuladas, aprobadas y depositadas que, por su objeto, naturaleza o cuantía hubieran excedido del giro o tráfico ordinario del deudor.

DOCUMENTO Nº 10: Oferta vinculante de adquisición e unidad productiva formulada por la mercantil ...

DOCUMENTO Nº 11: Informe de evaluación positivo emitido por el experto designado por el Juzgado, Don ......

A estos hechos le son de aplicación los siguientes,

FUNDAMENTOS DE DERECHO

I. COMPETENCIA

El artículo 86 ter de la LOPJ y los artículos 44, 45, 52 a 55 del TRLC 1/20 atribuyen el conocimiento del concurso a los juzgados de lo mercantil. Corresponde la competencia internacional y territorial para declarar y tramitar el concurso a los juzgados de lo mercantil de esa Provincia, con arreglo al artículo 10.1 de la LC//56 TRLC 1/20, por tratarse del territorio en que radica el centro de los intereses principales de mi representada.

Se dirige a este Juzgado mercantil la solicitud de concurso, en tanto en cuanto es el que designó al experto para recibir ofertas de compra de unidad productiva, todo ello de conformidad con lo dispuesto en el artículo 224 sexies.

II. LEGITIMACIÓN

Es de aplicación el artículo 3.1 del TRLC 1/20 que atribuye legitimación para solicitar el concurso al propio deudor.

III. CONCURRENCIA DEL PRESUPUESTO OBJETIVO

Procede la declaración de insolvencia del deudor común, encontrándose en estado de insolvencia el deudor que prevea que no podrá cumplir regular y puntualmente sus obligaciones, conforme a lo establecido en el artículo 2.3 del TRLC 1/20 en relación con el art. 6 TRLC 1/20.

Es de aplicación el artículo 10 del TRLC 1/20, de manera que cuando la solicitud sea presentada por el deudor, el Juez dictará Auto por el que declare el concurso si de la documentación aportada, apreciada en su conjunto, resulta la existencia de alguno de los hechos previstos en el apartado 4 del artículo 2, u otros que acrediten la inminencia de la insolvencia alegada por el deudor.

De conformidad con lo dispuesto en el artículo 224 quinquies se ha solicitado la declaración del concurso en el plazo de dos meses desde que se tuvo conocimiento de la situación de insolvencia actual.

IV. OFERTA DE COMPRA DE UNIDAD PRODUCTIVA

Se acompaña a la presente solicitud, oferta de compra de unidad productiva formulada por la mercantil ..., así como informe favorable emitido por el experto designado por el juzgado, con el fin que sea autorizada la venta de la unidad productiva.

En virtud de lo expuesto

SOLICITO AL JUZGADO, que tenga por presentado este escrito, junto con la documentación que se acompaña, se digne a admitirlo, me tenga por parte y comparecido en nombre y representación de mi mandante, y tenga por formulado la SOLICITUD DE LA DECLARACIÓN de CONCURSO DE ACREEDORES de la sociedad: ......, procediendo a dictar conforme establecen los artículos 28, siguientes y concordantes del vigente legislación concursal, auto de declaración de concurso en el que se acuerde:

– El carácter voluntario de la declaración de concurso de mis representados.

– El nombramiento de un administrador concursal.

– Ordene el llamamiento a los acreedores para que pongan en conocimiento del administrador concursal la existencia de sus créditos en el plazo legalmente previsto.

– Acordar que la administración de la sociedad permanezca en el ejercicio de las facultades de administración y de disposición sobre su patrimonio bajo la mera intervención del administrador concursal, conforme establece el artículo 57 y el artículo 59.1 del TRLC.

– Tener por aportada oferta de compra de unidad productiva, junto al informe favorable emitido por el experto, a fin que sea autorizada

– Acordar que se inscriban en el Registro Mercantil, el Registro Público Concursal, y en cuantos demás Registros Públicos que proceda; así como a las administraciones públicas que procedan la declaración del concurso de acreedores con lo acordado respecto de las facultades de administración y disposición de las concursadas y el nombre de los administradores y resto de circunstancias prevenidas en los artículos 33, 35 y siguientes del TRLC.

– Y cuantas otras medidas y efectos sean inherentes a la declaración del concurso y el Juzgado estime pertinente.

Es Justicia que pido en ...... a ... de ... de...

PRIMER OTROSÍ DIGO. Que los despachos acordados para la publicación y anotación del presente procedimiento se entreguen a la procuradora que suscribe el presente escrito para su curso y gestión.

SOLICITO AL JUZGADO que acuerde conforme se solicita en el anterior OTROSÍ. Es Justicia que reitero en ...... a ... de ... de...

SEGUNDO OTROSÍ DIGO. Que al amparo de lo previsto en el artículo 231 de la Ley de Enjuiciamiento Civil, así como de lo previsto en el artículo 11 del TRLC, solicito al Juzgado que cuide de que puedan ser subsanados los defectos en los que pueda incurrir esta parte.

SOLICITO AL JUZGADO, que tenga por efectuada la anterior manifestación a los efectos legales oportunos.

Es Justicia que reitero en ...... a ... de ... de...

F030. SOLICITUD DE CONCURSO VOLUNTARIO DE PERSONA JURÍDICA QUE SE HALLA EN SITUACIÓN DE INSOLVENCIA ACTUAL. PROPUESTA DE CONVENIO

Normativa de aplicación: *Arts. 1 y ss. Real Decreto Legislativo 1/2020, de 5 de mayo, por el que se aprueba el texto refundido de la Ley Concursal.*

AL JUZGADO DE LO MERCANTIL DE...........

..........., Procurador de los Tribunales (núm. .... de colegiado) y de la compañía........... S.A., con domicilio en..........., calle........... núm. .... y CIF..........., cuya representación acredito mediante la escritura original de poder de representación (especial para instar el presente concurso) que se acompaña a este escrito, ante este Juzgado comparezco bajo la dirección letrada de Don..........., abogado del Ilustre Colegio de........... (núm. .... de colegiado), y como mejor proceda en Derecho DIGO:

Que por medio del presente escrito y en la representación que ostento, formulo SOLICITUD DE CONCURSO VOLUNTARIO de la compañía........... S.A. por hallarse actualmente la misma en situación de insolvencia, solicitud que se funda en los HECHOS y FUNDAMENTOS DE DERECHO que a continuación se exponen.

HECHOS

PRIMERO.– Mi principal, la sociedad........... S.A., se constituyó el........... de........... de..........., mediante escritura otorgada ante el notario de..........., Don........... (número de su protocolo...........).

Datos de Inscripción Registral: La sociedad está inscrita en el Registro Mercantil de la provincia de........... al tomo..........., General........... de la sección........... del Libro de sociedades, Folio..........., hoja...........

Su objeto social consiste en...........

El domicilio social de la compañía se halla en..........., calle..........., lugar en que se halla el centro de los intereses principales de la deudora.

Datos fiscales: La sociedad se halla dada de alta en el Impuesto sobre Actividades Económicas desde el........... de........... de..........., en el epígrafe........... Igualmente, el día........... de........... de..........., presentó la correspondiente declaración censal de alta e inicio de actividades, siéndole asignado el siguiente Código de Identificación Fiscal (CIF):...........

Órgano de Administración: Desde su constitución, el órgano de administración de la compañía se halla conformado por un administrador único, ejerciendo en la actualidad tal cargo, Don..........., quien, por un plazo de........... años, fue designado al efecto por acuerdo de la Junta General Extraordinaria de la compañía celebrada el día........... de........... de..........., elevado a público mediante escritura autorizada por el notario de..........., Don..........., el día de........... de...........

No existen otros administradores de la sociedad, de hecho o de derecho, distintos del mencionado Sr. .... Durante los dos años anteriores a la solicitud de concurso, el citado Don........... ha sido la única persona que ha ostentado y/o desempeñado la administración de la sociedad.

La sociedad nunca ha tenido directores generales.

ALTERNATIVA: Don .... desempaña la dirección general de la compañía desde .... de .... de..........., en virtud de contrato de fecha ....

Acreditando lo anterior, se acompañan como DOCUMENTOS........... la escritura de constitución de la Sociedad, certificación literal del Registro Mercantil de la provincia de........... correspondiente a la deudora; declaración censal de alta e inicio de actividades, declaración de alta en el Impuesto de Actividades Económicas y tarjeta CIF.

SEGUNDO.– La presente solicitud de concurso voluntario debe de ser acogida por el Juzgador al darse el presupuesto objetivo de insolvencia en que se halla........... S.A.

desde el día..........., fecha ésta desde la cual, mi mandante no puede cumplir regularmente sus obligaciones exigibles.

Lo anterior resulta de la documentación que, de conformidad con lo establecido en los arts. 7 y 8 TRLC, se acompaña a esta solicitud, así como del informe pericial emitido el pasado día........... de........... de..........., por Don..........., economista del Ilustre Colegio de..........., (núm. Col...........), y que se acompaña como DOCUMENTO........... De dicha documentación se desprende que mi mandante carece en la actualidad de liquidez suficiente para atender las deudas exigibles contraídas con sus acreedores. También resulta de...........

TERCERO.– En este sentido, y con relación a los efectos del concurso sobre las facultades de la administración y disposición del deudor respecto de la masa activa, esta parte considera que no existe circunstancia alguna que aconseje el cierre de sus oficinas y establecimientos, así como el cese de la actividad, bastando la mera intervención de las facultades patrimoniales del concursado.

Así resulta de la documentación acompañada a este escrito, del hecho de la empresa no ha desaparecido y continúa su actividad mercantil, así como...........

CUARTO.– Igualmente, tal y como requiere el art. 7 TRLC, se acompañan los siguientes documentos generales como DOCUMENTOS .... a ....

I.– Memoria expresiva de la historia económica y jurídica del deudor; de la actividad o actividades a las que se viene dedicando durante los tres últimos años y de los establecimientos, oficinas y explotaciones de las que resulta titular, y de las causas del estado de insolvencia en que se encuentra.

Expresamente se manifiesta que en la referida memoria consta la identidad de los socios de los que tiene constancia; la identidad de los administradores sociales (en su caso, y de los directores generales) (en su caso, y del auditor de cuentas. También que NO (SI) tiene admitidos valores admitidos a cotización en un centro de negociación.

Se hace constar que mi mandante NO forma parte de un grupo de sociedades.

ALTERNATIVA: Se hace constar que mi mandante SI forma parte de un grupo de sociedades, integrado por las siguientes compañías: ....

Se hace constar que la sociedad dominante del referido grupo es la sociedad ....

II.– Inventario de los bienes y derechos que integran el patrimonio de mi mandante, expresivo de su naturaleza, características, lugar en que se encuentran y, respecto de aquellos inscritos en un registro público, los datos de identificación registral de cada uno de los bienes y derechos relacionados.

También resulta del referido inventario el valor de adquisición, las correcciones valorativas procedentes y la estimación del valor de mercado a la fecha de la solicitud, de los referidos bienes y derechos, con indicación de los gravámenes, trabas y cargas que les afectan, a favor de acreedor o de tercero, con expresión de su naturaleza y, en su caso, los datos de identificación registral.

III.– Relación de acreedores con expresión de la identidad, el domicilio y la dirección electrónica, si la tuviere, de cada uno de ellos, así como de la cuantía y el vencimiento de los respectivos créditos y las garantías personales o reales constituidas.

(En su caso) Respecto de aquellos acreedores que han reclamado judicialmente el pago de su respectivo crédito se identifica en la citada relación el procedimiento correspondiente, con indicación del estado de las actuaciones.

IV.– (En su caso) Siendo mi mandante empleador, se hace constar que el número de trabajadores asciende a ...., haciéndose constar que el/los centro/s de trabajo al que están afectos los mismos es/son ....

Se hace constar que NO existe órgano de representación de los trabajadores.

ALTERNATIVA: Se ha constar que si existe órgano de representación de los trabajadores de .... S.A, siendo la identidad y el correo electrónico de cada uno de sus integrantes, el siguiente: ....

QUINTO.– De conformidad con lo previsto en el art. 8 TRLC y estando obligada la compañía........... S.A. a la llevanza de contabilidad, se acompaña igualmente a esta solicitud los documentos contables y complementarios que a continuación se reseñan:

I.– Cuentas anuales (balance, pérdidas y ganancias y memoria), informe de gestión e informe de auditoría de los últimos tres ejercicios sociales finalizados a fecha de la solicitud de concurso, esto es, los cerrados a fecha ...., ... y .... (DOCUMENTOS...........)

II.– Memoria de los cambios significativos operados en el patrimonio de mi mandante con posterioridad a las últimas cuentas anuales formuladas, aprobadas y depositadas en el Registro Mercantil, las correspondientes al ejercicio ....,

III.– Memoria de las operaciones realizadas con posterioridad a las últimas cuentas anuales formuladas, aprobadas y depositadas en el Registro Mercantil y que por su naturaleza, objeto o cuantía excedan del giro o tráfico ordinario del deudor. (DOCUMENTO...........).

IV.– (Si fuera menester) Estados financieros elaborados con posterioridad a las últimas cuentas anuales presentadas (las correspondientes al ejercicio ....), remitidos (o comunicados) a ...., autoridad supervisora del .... (DOCUMENTOS...........)

V.– (Si fuera menester). Dado que mi principal forma parte del grupo de sociedades ...., en el que la aquí deudora, es la sociedad dominante, y las compañías .... y ...., son las sociedades dominadas, se acompañan las cuentas anuales y el informe de gestión consolidados correspondientes a los tres últimos ejercicios sociales finalizados a fecha de la presente solicitud y el informe de auditoría emitido con relación a tales cuentas anuales. También una memoria de las operaciones realizadas con otras sociedades del grupo durante ese mismo periodo y hasta la solicitud de concurso.

SEXTO.– Que al amparo del art. 337 TRLC, no pidiéndose en el presente escrito la liquidación de la deudora, y dándose los requisitos de forma y plazo previstos en la Ley, se presenta propuesta de convenio, que se acompaña a este escrito como DOCUMENTO...........

La propuesta reseñada NO ha sido objeto de adhesiones (en su caso, es objeto de las siguientes adhesiones: ....).

SÉPTIMO.– (Si fuera menester). Se hace constar que no se acompaña el DOCUMENTO........... previsto en el número..........., del art. 7 TRLC toda vez que...........

Igualmente, aun cuando se acompaña el DOCUMENTO..........., recogido en el número..........., del art. 8 TRLC, en el mismo falta el dato de..........., toda vez que...........

A los relatados hechos aduzco los siguientes

FUNDAMENTOS DE DERECHO

I.– De conformidad con lo previsto en el art. 44 TRLC, son competentes para conocer de esta solicitud de concurso los Juzgados de lo Mercantil.

Desde un punto de vista territorial, y conforme al art. 45 TRLC, son competentes los Juzgados de lo Mercantil de..........., al ser éste el lugar donde la compañía........... S.A. tiene su centro de intereses principales.

II.– Mi mandante, en su condición de deudor, está legitimado para solicitar su declaración de concurso al amparo de lo dispuesto en el art. 3.1 TRLC.

III.– Se dan en este caso los presupuestos subjetivo y objetivo requeridos para la declaración del concurso. En el primer caso, a la vista de la condición de mi mandante de deudor persona jurídica, vid. art. 1.1 TRLC. En el segundo, a la vista de la situación actual de insolvencia de mi mandante.

IV.– Los efectos del concurso serán los previstos en los arts. 105 y ss. TRLC.

V.– Sobre la proposición de convenio art. 307 y ss. TRLC

En virtud de lo expuesto,

SUPLICO AL JUZGADO que tenga por presentado este escrito, junto a los documentos a él unidos y sus copias, se sirva admitirlo y tener por promovido en nombre y representación de mi mandante, ... S.A., SOLICITUD DE CONCURSO VOLUNTARIO, se sirva admitirla y previos los oportunos trámites legales, se sirva dictar auto por el que, estimando íntegramente la presente solicitud:

PRIMERO.– Se declare el concurso de la sociedad........... S.A., con el carácter de voluntario.

SEGUNDO.– Se acuerde la sustanciación del correspondiente procedimiento.

TERCERO.– Se designe a la administración concursal.

CUARTO.– Se acuerde el régimen de mera intervención de las facultades patrimoniales del concursado sobre la masa activa.

QUINTO.– Se tenga por presentada propuesta de convenio, acordando cuando proceda en derecho en orden a la citada propuesta y tramitación de la misma.

SEXTO.– Se acuerde cuanto demás sea procedente en derecho para la sustanciación del procedimiento hasta su conclusión.

Es Justicia que pido en........... a........... de........... de dos mil...........

OTROSÍ DIGO Que procede dar a la declaración de concurso la oportuna publicidad, incluida la registral, en los términos y con el alcance establecidos en los arts. 35 a 37 TRLC y sin perjuicio de cualesquiera otra publicidad complementaria que, en medios oficiales o privados, estime oportuna este Juzgado al que nos dirigimos.

SUPLICO AL JUZGADO que tenga por hechas las anteriores manifestaciones a los efectos oportunos, se sirva admitirlas y acordar en el auto declarando el concurso voluntario de mi principal, las inscripciones y publicaciones previstas en el art. 35 a 37 TRLC, y, previos los oportunos trámites legales, se sirva llevar a cabo tales inscripciones y publicaciones, por medios electrónicos o telemáticos y, si esto no fuera posible, librando los oportunos mandamientos y oficios que serán confiados al Procurador que esto suscribe para su oportuno curso y gestión.

Lo que se suplica en el lugar y fecha reseñados "ut supra".

OTROSÍ DIGO: Que en el auto en que se acuerde la declaración de concurso de mi principal y entre otros pronunciamientos, procede el llamamiento de los acreedores para que pongan en conocimiento de la administración concursal la existencia de sus créditos, en el plazo de un mes a contar desde el día siguiente a la publicación de la declaración del concurso en el BOE.

En su virtud,

SUPLICO AL JUZGADO que tenga por hechas las anteriores manifestaciones a los efectos oportunos, se sirva admitirlas y acordar en el auto declarando el concurso voluntario de mi principal, el llamamiento de los acreedores a los efectos antes reseñados.

Lo que se suplica en el lugar y fecha reseñados "ut supra".

OTROSÍ DIGO Que a la vista del art. 33 TRLC, en su día y previa admisión de la presente solicitud, procede la notificación por medios electrónicos del auto de declaración del concurso, a la Agencia Estatal de la Administración Tributaria y a la tesorería General de la Seguridad Social.

En su virtud,

SUPLICO AL JUZGADO que tenga por hechas las anteriores manifestaciones a los efectos oportunos, se sirva admitirlas y acordar la referida notificación y cuanto demás proceda en derecho al respecto.

Lo que se suplica en el lugar y fecha reseñados "ut supra".

(SI fuera menester) OTROSÍ DIGO Que conforme requiere el art. 28.4 TRLC, en su día y previa admisión de la presente solicitud, procede la notificación del auto de declaración del concurso, a la representación legal de los trabajadores de .... S.A.

En su virtud,

SUPLICO AL JUZGADO que tenga por hechas las anteriores manifestaciones a los efectos oportunos, se sirva admitirlas y acordar la referida notificación y cuanto demás proceda en derecho al respecto.

Lo que se suplica en el lugar y fecha reseñados "ut supra".

F031. SOLICITUD DE CONCURSO VOLUNTARIO DE PERSONA JURÍDICA QUE SE HALLA EN SITUACIÓN DE INSOLVENCIA ACTUAL. PROPUESTA DE CONVENIO DE ASUNCIÓN

Normativa de aplicación: *Arts. 1 y ss. Real Decreto Legislativo 1/2020, de 5 de mayo, por el que se aprueba el texto refundido de la Ley Concursal.*

AL JUZGADO DE LO MERCANTIL DE...........

..........., Procurador de los Tribunales (núm. .... de colegiado) y de la compañía........... S.A., con domicilio en..........., calle........... núm. .... y CIF..........., cuya representación acredito mediante la escritura original de poder de representación (especial para instar el presente concurso) que se acompaña a este escrito, ante este Juzgado comparezco bajo la dirección letrada de Don..........., abogado del Ilustre Colegio de........... (núm. .... de colegiado), y como mejor proceda en Derecho DIGO:

Que por medio del presente escrito y en la representación que ostento, formulo SOLICITUD DE CONCURSO VOLUNTARIO de la compañía........... S.A. por hallarse actualmente la misma en situación de insolvencia, solicitud que se funda en los HECHOS y FUNDAMENTOS DE DERECHO que a continuación se exponen.

HECHOS

PRIMERO.– Mi principal, la sociedad........... S.A., se constituyó el........... de........... de..........., mediante escritura otorgada ante el notario de..........., Don........... (número de su protocolo...........).

Datos de Inscripción Registral: La sociedad está inscrita en el Registro Mercantil de la provincia de........... al tomo..........., General........... de la sección........... del Libro de sociedades, Folio..........., hoja...........

Su objeto social consiste en...........

El domicilio social de la compañía se halla en..........., calle..........., lugar en que se halla el centro de los intereses principales de la deudora.

Datos fiscales: La sociedad se halla dada de alta en el Impuesto sobre Actividades Económicas desde el............ de............ de............, en el epígrafe............ Igualmente, el día............ de............ de............, presentó la correspondiente declaración censal de alta e inicio de actividades, siéndole asignado el siguiente Código de Identificación Fiscal (CIF):............

Órgano de Administración: Desde su constitución, el órgano de administración de la compañía se halla conformado por un administrador único, ejerciendo en la actualidad tal cargo, Don............, quien, por un plazo de............ años, fue designado al efecto por acuerdo de la Junta General Extraordinaria de la compañía celebrada el día............ de............ de............, elevado a público mediante escritura autorizada por el notario de............, Don............, el día de............ de............

No existen otros administradores de la sociedad, de hecho o de derecho, distintos del mencionado Sr. .... Durante los dos años anteriores a la solicitud de concurso, el citado Don............ ha sido la única persona que ha ostentado y/o desempeñado la administración de la sociedad.

La sociedad nunca ha tenido directores generales.

ALTERNATIVA: Don .... desempaña la dirección general de la compañía desde .... de .... de............, en virtud de contrato de fecha ....

Acreditando lo anterior, se acompañan como DOCUMENTOS............ la escritura de constitución de la Sociedad, certificación literal del Registro Mercantil de la provincia de............ correspondiente a la deudora; declaración censal de alta e inicio de actividades, declaración de alta en el Impuesto de Actividades Económicas y tarjeta CIF.

SEGUNDO.– La presente solicitud de concurso voluntario debe de ser acogida por el Juzgador al darse el presupuesto objetivo de insolvencia en que se halla............ S.A. desde el día............, fecha ésta desde la cual, mi mandante no puede cumplir regularmente sus obligaciones exigibles.

Lo anterior resulta de la documentación que, de conformidad con lo establecido en los arts. 7 y 8 TRLC, se acompaña a esta solicitud, así como del informe pericial emitido el pasado día............ de............ de............, por Don............, economista del Ilustre Colegio de............, (núm. Col............), y que se acompaña como DOCUMENTO............ De dicha documentación se desprende que mi mandante carece en la actualidad de liquidez suficiente para atender las deudas exigibles contraídas con sus acreedores. También resulta de............

TERCERO.– En este sentido, y con relación a los efectos del concurso sobre las facultades de la administración y disposición del deudor respecto de la masa activa, esta parte considera que no existe circunstancia alguna que aconseje el cierre de sus oficinas y establecimientos, así como el cese de la actividad, bastando la mera intervención de las facultades patrimoniales del concursado.

Así resulta de la documentación acompañada a este escrito, del hecho de la empresa no ha desaparecido y continúa su actividad mercantil, así como............

CUARTO.– Igualmente, tal y como requiere el art. 7 TRLC, se acompañan los siguientes documentos generales como DOCUMENTOS .... a ....:

I.– Memoria expresiva de la historia económica y jurídica del deudor; de la actividad o actividades a las que se viene dedicando durante los tres últimos años y de los establecimientos, oficinas y explotaciones de las que resulta titular, y de las causas del estado de insolvencia en que se encuentra.

Expresamente se manifiesta que en la referida memoria consta la identidad de los socios de los que tiene constancia; la identidad de los administradores sociales (en su caso, y de los directores generales) (en su caso, y del auditor de cuentas. También que NO (SI) tiene admitidos valores admitidos a cotización en un centro de negociación.

Se hace constar que mi mandante NO forma parte de un grupo de sociedades.

ALTERNATIVA: Se hace constar que mi mandante SI forma parte de un grupo de sociedades, integrado por las siguientes compañías: ....

Se hace constar que la sociedad dominante del referido grupo es la sociedad ....

II.– Inventario de los bienes y derechos que integran el patrimonio de mi mandante, expresivo de su naturaleza, características, lugar en que se encuentran y, respecto de aquellos inscritos en un registro público, los datos de identificación registral de cada uno de los bienes y derechos relacionados.

También resulta del referido inventario el valor de adquisición, las correcciones valorativas procedentes y la estimación del valor de mercado a la fecha de la solicitud, de los referidos bienes y derechos, con indicación de los gravámenes, trabas y cargas que les afectan, a favor de acreedor o de tercero, con expresión de su naturaleza y, en su caso, los datos de identificación registral.

III.– Relación de acreedores con expresión de la identidad, el domicilio y la dirección electrónica, si la tuviere, de cada uno de ellos, así como de la cuantía y el vencimiento de los respectivos créditos y las garantías personales o reales constituidas.

(En su caso) Respecto de aquellos acreedores que han reclamado judicialmente el pago de su respectivo crédito se identifica en la citada relación el procedimiento correspondiente, con indicación del estado de las actuaciones.

IV.– (En su caso) Siendo mi mandante empleador, se hace constar que el número de trabajadores asciende a ...., haciéndose constar que el/los centro/s de trabajo al que están afectos los mismos es/son ....

Se hace constar que NO existe órgano de representación de los trabajadores.

ALTERNATIVA: Se ha constar que si existe órgano de representación de los trabajadores de .... S.A, siendo la identidad y el correo electrónico de cada uno de sus integrantes, el siguiente: ....

QUINTO.– De conformidad con lo previsto en el art. 8 TRLC y estando obligada la compañía............ S.A. a la llevanza de contabilidad, se acompaña igualmente a esta solicitud los documentos contables y complementarios que a continuación se reseñan:

I.– Cuentas anuales (balance, pérdidas y ganancias y memoria), informe de gestión e informe de auditoría de los últimos tres ejercicios sociales finalizados a fecha de la solicitud de concurso, esto es, los cerrados a fecha ...., ... y .... (DOCUMENTOS...........)

II.– Memoria de los cambios significativos operados en el patrimonio de mi mandante con posterioridad a las últimas cuentas anuales formuladas, aprobadas y depositadas en el Registro Mercantil, las correspondientes al ejercicio ....,

III.– Memoria de las operaciones realizadas con posterioridad a las últimas cuentas anuales formuladas, aprobadas y depositadas en el Registro Mercantil y que por su naturaleza, objeto o cuantía excedan del giro o tráfico ordinario del deudor. (DOCUMENTO...........).

IV.– (Si fuera menester) Estados financieros elaborados con posterioridad a las últimas cuentas anuales presentadas (las correspondientes al ejercicio ....), remitidos (o comunicados) a ...., autoridad supervisora del .... (DOCUMENTOS...........)

V.– (Si fuera menester). Dado que mi principal forma parte del grupo de sociedades ...., en el que la aquí deudora, es la sociedad dominante, y las compañías .... y ...., son las sociedades dominadas, se acompañan las cuentas anuales y el informe de gestión consolidados correspondientes a los tres últimos ejercicios sociales finalizados a fecha de la presente solicitud y el informe de auditoría emitido con relación a tales cuentas anuales. También una memoria de las operaciones realizadas con otras sociedades del grupo durante ese mismo periodo y hasta la solicitud de concurso.

SEXTO.– Que al amparo del art. 337 TRLC, no pidiéndose en el presente escrito la liquidación de la deudora, y dándose los requisitos de forma y plazo previstos en la Ley, se presenta propuesta de convenio, que se acompaña a este escrito como DOCUMENTO...........

La propuesta reseñada NO ha sido objeto de adhesiones (en su caso, es objeto de las siguientes adhesiones: ....).

La citada propuesta consiste en la adquisición por ...., del conjunto de bienes y derechos de la masa activa afectos a la actividad profesional o empresarial del concursado, con asunción por el adquirente del compromiso de continuidad de esa actividad durante el tiempo mínimo de .... y de la obligación de pago de todos los créditos concursales (en su caso, de la obligación de pago de los siguientes créditos concursales ....) (en su caso, de la obligación de pago de todos los créditos concursales en la siguiente proporción ....). Ello en los siguientes términos: ....

ALTERNATIVA: La citada propuesta consiste en la adquisición por ...., de la/s unidad/es productiva/s que a continuación se reseña/n, con asunción por el adquirente del compromiso de continuidad de esa actividad durante el tiempo mínimo de .... y de la obligación de pago de todos los créditos concursales (en su caso, de la obligación de pago de los siguientes créditos concursales ....) (en su caso, de la obligación de pago de todos los créditos concursales en la siguiente proporción ....). Ello en los siguientes términos: ....

SÉPTIMO.– (Si fuera menester). Se hace constar que no se acompaña el DOCUMENTO........... previsto en el número..........., del art. 7 TRLC toda vez que...........

Igualmente, aun cuando se acompaña el DOCUMENTO..........., recogido en el número..........., del art. 8 TRLC, en el mismo falta el dato de..........., toda vez que...........

A los relatados hechos aduzco los siguientes

FUNDAMENTOS DE DERECHO

I.– De conformidad con lo previsto en el art. 44 TRLC, son competentes para conocer de esta solicitud de concurso los Juzgados de lo Mercantil.

Desde un punto de vista territorial, y conforme al art. 45 TRLC, son competentes los Juzgados de lo Mercantil de..........., al ser éste el lugar donde la compañía........... S.A. tiene su centro de intereses principales.

II.– Mi mandante, en su condición de deudor, está legitimado para solicitar su declaración de concurso al amparo de lo dispuesto en el art. 3.1 TRLC.

III.– Se dan en este caso los presupuestos subjetivo y objetivo requeridos para la declaración del concurso. En el primer caso, a la vista de la condición de mi mandante de deudor persona jurídica, vid. art. 1.1 TRLC. En el segundo, a la vista de la situación actual de insolvencia de mi mandante.

IV.– Los efectos del concurso serán los previstos en los arts. 105 y ss. TRLC.

V.– Sobre la proposición de convenio art. 337 y ss. TRLC. Y sobre la propuesta de convenio con asunción, vid. art. 324 TRLC.

En virtud de lo expuesto,

SUPLICO AL JUZGADO que tenga por presentado este escrito, junto a los documentos a él unidos y sus copias, se sirva admitirlo y tener por promovido en nombre y representación de mi mandante, ... S.A., SOLICITUD DE CONCURSO VOLUNTARIO, se sirva admitirla y previos los oportunos trámites legales, se sirva dictar auto por el que, estimando íntegramente la presente solicitud:

PRIMERO.– Se declare el concurso de la sociedad........... S.A., con el carácter de voluntario.

SEGUNDO.– Se acuerde la sustanciación del correspondiente procedimiento.

TERCERO.– Se designe a la administración concursal.

CUARTO.– Se acuerde el régimen de mera intervención de las facultades patrimoniales del concursado sobre la masa activa.

QUINTO.– Se tenga por presentada propuesta de convenio, acordando cuando proceda en derecho en orden a la citada propuesta y tramitación de la misma.

SEXTO.– Se acuerde cuanto demás sea procedente en derecho para la sustanciación del procedimiento hasta su conclusión.

Es Justicia que pido en........... a........... de........... de dos mil...........

OTROSÍ DIGO Que procede dar a la declaración de concurso la oportuna publicidad, incluida la registral, en los términos y con el alcance establecidos en los arts. 35 a 37 TRLC y sin perjuicio de cualesquiera otra publicidad complementaria que, en medios oficiales o privados, estime oportuna este Juzgado al que nos dirigimos.

SUPLICO AL JUZGADO que tenga por hechas las anteriores manifestaciones a los efectos oportunos, se sirva admitirlas y acordar en el auto declarando el concurso voluntario de mi principal, las inscripciones y publicaciones previstas en el art. 35 a 37 TRLC, y, previos los oportunos trámites legales, se sirva llevar a cabo tales inscripciones y publicaciones, por medios electrónicos o telemáticos y, si esto no fuera posible, librando los oportunos mandamientos y oficios que serán confiados al Procurador que esto suscribe para su oportuno curso y gestión.

Lo que se suplica en el lugar y fecha reseñados "ut supra".

OTROSÍ DIGO: Que en el auto en que se acuerde la declaración de concurso de mi principal y entre otros pronunciamientos, procede el llamamiento de los acreedores para que pongan en conocimiento de la administración concursal la existencia de sus créditos, en el plazo de un mes a contar desde el día siguiente a la publicación de la declaración del concurso en el BOE.

En su virtud,

SUPLICO AL JUZGADO que tenga por hechas las anteriores manifestaciones a los efectos oportunos, se sirva admitirlas y acordar en el auto declarando el concurso voluntario de mi principal, el llamamiento de los acreedores a los efectos antes reseñados.

Lo que se suplica en el lugar y fecha reseñados "ut supra".

OTROSÍ DIGO Que a la vista del art. 33 TRLC, en su día y previa admisión de la presente solicitud, procede la notificación por medios electrónicos del auto de declaración del concurso, a la Agencia Estatal de la Administración Tributaria y a la tesorería General de la Seguridad Social.

En su virtud,

SUPLICO AL JUZGADO que tenga por hechas las anteriores manifestaciones a los efectos oportunos, se sirva admitirlas y acordar la referida notificación y cuanto demás proceda en derecho al respecto.

Lo que se suplica en el lugar y fecha reseñados "ut supra".

(SI fuera menester) OTROSÍ DIGO Que conforme requiere el art. 28.4 TRLC, en su día y previa admisión de la presente solicitud, procede la notificación del auto de declaración del concurso, a la representación legal de los trabajadores de .... S.A.

En su virtud,

SUPLICO AL JUZGADO que tenga por hechas las anteriores manifestaciones a los efectos oportunos, se sirva admitirlas y acordar la referida notificación y cuanto demás *proceda en derecho al respecto.*

Lo que se suplica en el lugar y fecha reseñados "ut supra".

F032. SOLICITUD DE CONCURSO VOLUNTARIO DE PERSONA JURÍDICA QUE SE HALLA EN SITUACIÓN DE INSOLVENCIA INMINENTE. PETICIÓN LIQUIDACIÓN. DEUDOR CESADO EN SU ACTIVIDAD

Normativa de aplicación: *Arts. 1 y ss. Real Decreto Legislativo 1/2020, de 5 de mayo, por el que se aprueba el texto refundido de la Ley Concursal.*

AL JUZGADO DE LO MERCANTIL DE...........

..........., Procurador de los Tribunales (núm. .... de colegiado) y de la compañía........... S.A., con domicilio en..........., calle........... núm. .... y CIF..........., cuya representación acredito mediante la escritura original de poder de representación (especial para instar el presente concurso) que se acompaña a este escrito, ante este Juzgado comparezco bajo la dirección letrada de Don..........., abogado del Ilustre Colegio de........... (núm. .... de colegiado), y como mejor proceda en Derecho DIGO:

Que por medio del presente escrito y en la representación que ostento, formulo SOLICITUD DE CONCURSO VOLUNTARIO de la compañía........... S.A. por hallarse la misma en situación de insolvencia inminente, solicitud que se funda en los HECHOS y FUNDAMENTOS DE DERECHO que a continuación se exponen.

HECHOS

PRIMERO.– Mi principal, la sociedad........... S.A., se constituyó el........... de........... de..........., mediante escritura otorgada ante el notario de..........., Don........... (número de su protocolo...........).

Datos de Inscripción Registral: La sociedad está inscrita en el Registro Mercantil de la provincia de........... al tomo..........., General........... de la sección........... del Libro de sociedades, Folio..........., hoja...........

Su objeto social consiste en...........

El domicilio social de la compañía se halla en..........., calle..........., lugar en que se halla el centro de los intereses principales de la deudora.

Datos fiscales: La sociedad se halla dada de alta en el Impuesto sobre Actividades Económicas desde el........... de........... de..........., en el epígrafe........... Igualmente, el día........... de........... de..........., presentó la correspondiente declaración censal de alta e inicio de actividades, siéndole asignado el siguiente Código de Identificación Fiscal (CIF):...........

Órgano de Administración: Desde su constitución, el órgano de administración de la compañía se halla conformado por un administrador único, ejerciendo en la actualidad tal cargo, Don..........., quien, por un plazo de........... años, fue designado al efecto por acuerdo de la Junta General Extraordinaria de la compañía celebrada el día........... de........... de..........., elevado a público mediante escritura autorizada por el notario de..........., Don..........., el día de........... de...........

No existen otros administradores de la sociedad, de hecho o de derecho, distintos del mencionado Sr. .... Durante los dos años anteriores a la solicitud de concurso, el citado Don........... ha sido la única persona que ha ostentado y/o desempeñado la administración de la sociedad.

Nunca han existido directores generales en la concursada.

ALTERNATIVA: Don .... desempaña la dirección general de la compañía desde .... de .... de..........., en virtud de contrato de fecha ....

Acreditando lo anterior, se acompañan como DOCUMENTOS........... la escritura de constitución de la Sociedad, certificación literal del Registro Mercantil de la provincia de........... correspondiente a la deudora; declaración censal de alta e inicio de actividades, declaración de alta en el Impuesto de Actividades Económicas y tarjeta CIF.

SEGUNDO.– La presente solicitud de concurso voluntario debe de ser acogida por el Juzgador al darse el presupuesto objetivo de insolvencia INMINENTE en que se halla........... S.A. a partir del ...., esto es, dentro de los tres meses a que se refiere el art. 2.3 TRLC, fecha ésta desde la cual mi mandante no podrá cumplir regularmente sus obligaciones exigibles.

Lo anterior resulta de la documentación que, de conformidad con lo establecido en los arts. 7 y 8 TRLC, se acompaña a esta solicitud, así como del informe pericial emitido el pasado día........... de........... de..........., por Don..........., economista del Ilustre Colegio de..........., (núm. Col...........), y que se acompaña como DOCUMENTO........... De dicha documentación se desprende que a partir de ...., mi mandante carecerá de liquidez suficiente para atender las deudas exigibles contraídas con sus acreedores, si bien, mediante la aplicación del correspondiente plan de viabilidad se pretende hacer frente a las mismas. También resulta de...........

TERCERO.– Dando cumplimiento a lo previsto en el art. 6.2 TRLC, se acompañan a esta solicitud poder especial para solicitar el concurso, otorgado el día........... de........... de..........., ante Don..........., notario del Ilustre Colegio de..........., con residencia en........... (núm. .... de su protocolo). (DOCUMENTO...........).

CUARTO.– Igualmente, tal y como requiere el art. 7 TRLC, se acompañan los siguientes documentos generales como DOCUMENTOS .... a ....:

I.– Memoria expresiva de la historia económica y jurídica del deudor; de la actividad o actividades a las que se viene dedicando durante los tres últimos años y de los establecimientos, oficinas y explotaciones de las que resulta titular, y de las causas del estado de insolvencia en que se encuentra.

Expresamente se manifiesta que en la referida memoria consta la identidad de los socios de los que tiene constancia; la identidad de los administradores sociales (en su caso, y de los directores generales) (en su caso, y del auditor de cuentas. También que NO (SI) tiene admitidos valores admitidos a cotización en un centro de negociación.

Se hace constar que mi mandante NO forma parte de un grupo de sociedades.

ALTERNATIVA: Se hace constar que mi mandante SI forma parte de un grupo de sociedades, integrado por las siguientes compañías: ....

Se hace constar que la sociedad dominante del referido grupo es la sociedad ....

II.– Inventario de los bienes y derechos que integran el patrimonio de mi mandante, expresivo de su naturaleza, características, lugar en que se encuentran y, respecto de aquellos inscritos en un registro público, los datos de identificación registral de cada uno de los bienes y derechos relacionados.

También resulta del referido inventario el valor de adquisición, las correcciones valorativas procedentes y la estimación del valor de mercado a la fecha de la solicitud, de los referidos bienes y derechos, con indicación de los gravámenes, trabas y cargas que les afectan, a favor de acreedor o de tercero, con expresión de su naturaleza y, en su caso, los datos de identificación registral.

III.– Relación de acreedores con expresión de la identidad, el domicilio y la dirección electrónica, si la tuviere, de cada uno de ellos, así como de la cuantía y el vencimiento de los respectivos créditos y las garantías personales o reales constituidas.

(En su caso) Respecto de aquellos acreedores que han reclamado judicialmente el pago de su respectivo crédito se identifica en la citada relación el procedimiento correspondiente, con indicación del estado de las actuaciones.

IV.– (En su caso) Siendo mi mandante empleador, se hace constar que el número de trabajadores asciende a ...., haciéndose constar que el/los centro/s de trabajo al que están afectos los mismos es/son ....

Se hace constar que NO existe órgano de representación de los trabajadores.

ALTERNATIVA: Se ha constar que si existe órgano de representación de los trabajadores de .... S.A, siendo la identidad y el correo electrónico de cada uno de sus integrantes, el siguiente: ....

QUINTO.– De conformidad con lo previsto en el art. 8 TRLC y estando obligada la compañía........... S.A. a la llevanza de contabilidad, se acompaña igualmente a esta solicitud los documentos contables y complementarios que a continuación se reseñan:

I.– Cuentas anuales (balance, pérdidas y ganancias y memoria), informe de gestión e informe de auditoría de los últimos tres ejercicios sociales finalizados a fecha de la solicitud de concurso, esto es, los cerrados a fecha ...., ... y .... (DOCUMENTOS...........)

II.– Memoria de los cambios significativos operados en el patrimonio de mi mandante con posterioridad a las últimas cuentas anuales formuladas, aprobadas y depositadas en el Registro Mercantil, las correspondientes al ejercicio ....,

III.– Memoria de las operaciones realizadas con posterioridad a las últimas cuentas anuales formuladas, aprobadas y depositadas en el Registro Mercantil y que por su naturaleza, objeto o cuantía excedan del giro o tráfico ordinario del deudor. (DOCUMENTO............).

IV.– (Si fuera menester) Estados financieros elaborados con posterioridad a las últimas cuentas anuales presentadas (las correspondientes al ejercicio ....), remitidos (o comunicados) a ...., autoridad supervisora del .... (DOCUMENTOS............)

V.– (Si fuera menester). Dado que mi principal forma parte del grupo de sociedades ...., en el que la aquí deudora, es la sociedad dominante, y las compañías .... y ...., son las sociedades dominadas, se acompañan las cuentas anuales y el informe de gestión consolidados correspondientes a los tres últimos ejercicios sociales finalizados a fecha de la presente solicitud y el informe de auditoría emitido con relación a tales cuentas anuales. También una memoria de las operaciones realizadas con otras sociedades del grupo durante ese mismo periodo y hasta la solicitud de concurso.

SEXTO.– Toda vez que mi mandante ha cesado completamente en su actividad, resulta de interés de mi mandante, y en este acto así se solicita, se acuerde por este Juzgado la liquidación de............ S.A.

SÉPTIMO.– (Si fuera menester). Se hace constar que no se acompaña el DOCUMENTO............ previsto en el número............, del art. 7 TRLC toda vez que............

Igualmente, aun cuando se acompaña el DOCUMENTO............, recogido en el número............, del art. 8 TRLC, en el mismo falta el dato de............, toda vez que............

A los relatados hechos aduzco los siguientes

FUNDAMENTOS DE DERECHO

I.– De conformidad con lo previsto en el art. 44 TRLC, son competentes para conocer de esta solicitud de concurso los Juzgados de lo Mercantil.

Desde un punto de vista territorial, y conforme al art. 45 TRLC, son competentes los Juzgados de lo Mercantil de............, al ser éste el lugar donde la compañía............ S.A. tiene su centro de intereses principales.

II.– Esta solicitud de concurso se sustanciara por los trámites establecidos en el art. 10, ss. y concordantes TRLC.

III.– Mi mandante, en su condición de deudor, está legitimado para solicitar su declaración de concurso al amparo de lo dispuesto en el art. 3.1 LC.

IV.– Se dan en este caso los presupuestos subjetivo y objetivo requeridos para la declaración del concurso. En el primer caso, a la vista de la condición de mi mandante de deudor persona jurídica, vid. art. 1.1 TRLC. En el segundo, a la vista de la situación de insolvencia inminente de mi mandante.

VI.– Los efectos del concurso serán los previstos en los arts. 105 y ss. TRLC.

VI.– Sobre la liquidación concursal, vid arts. 406 y ss. TRLC.

En virtud de lo expuesto,

SUPLICO AL JUZGADO que tenga por presentado este escrito, junto a los documentos a él unidos y sus copias, se sirva admitirlo y tener por promovido en nombre y representación de mi mandante, ... S.A., SOLICITUD DE CONCURSO VOLUNTARIO, se sirva admitirla y previos los oportunos trámites legales, se sirva dictar auto por el que, estimando íntegramente la presente solicitud:

PRIMERO.– Se declare el concurso de la sociedad........... S.A., con el carácter de voluntario.

SEGUNDO.– Se acuerde la sustanciación del correspondiente procedimiento, con la formación de las secciones correspondientes.

TERCERO.– Se designe a la administración concursal.

CUARTO.– Se tenga por solicitada la liquidación de mi mandante, acordando cuanto proceda en derecho en orden a aperturar la citada liquidación y tramitar la misma.

QUINTO.– Se acuerde cuanto demás sea procedente en derecho para la sustanciación del procedimiento hasta su conclusión.

Es Justicia que pido en........... a........... de........... de dos mil...........

OTROSÍ DIGO Que procede dar a la declaración de concurso la oportuna publicidad, incluida la registral, en los términos y con el alcance establecidos en los arts. 35 a 37 TRLC y sin perjuicio de cualesquiera otra publicidad complementaria que, en medios oficiales o privados, estime oportuna este Juzgado al que nos dirigimos.

SUPLICO AL JUZGADO que tenga por hechas las anteriores manifestaciones a los efectos oportunos, se sirva admitirlas y acordar en el auto declarando el concurso voluntario de mi principal, las inscripciones y publicaciones previstas en el art. 35 a 37 TRLC, y, previos los oportunos trámites legales, se sirva llevar a cabo tales inscripciones y publicaciones, por medios electrónicos o telemáticos y, si esto no fuera posible, librando los oportunos mandamientos y oficios que serán confiados al Procurador que esto suscribe para su oportuno curso y gestión.

Lo que se suplica en el lugar y fecha reseñados "ut supra".

OTROSÍ DIGO: Que en el auto en que se acuerde la declaración de concurso de mi principal y entre otros pronunciamientos, procede el llamamiento de los acreedores para que pongan en conocimiento de la administración concursal la existencia de sus créditos, en el plazo de un mes a contar desde el día siguiente a la publicación de la declaración del concurso en el BOE.

En su virtud,

SUPLICO AL JUZGADO que tenga por hechas las anteriores manifestaciones a los efectos oportunos, se sirva admitirlas y acordar en el auto declarando el concurso voluntario de mi principal, el llamamiento de los acreedores a los efectos antes reseñados.

Lo que se suplica en el lugar y fecha reseñados "ut supra".

OTROSÍ DIGO Que a la vista del art. 33 TRLC, en su día y previa admisión de la presente solicitud, procede la notificación por medios electrónicos del auto de declaración del concurso, a la Agencia Estatal de la Administración Tributaria y a la tesorería General de la Seguridad Social.

En su virtud,

SUPLICO AL JUZGADO que tenga por hechas las anteriores manifestaciones a los efectos oportunos, se sirva admitirlas y acordar la referida notificación y cuanto demás proceda en derecho al respecto.

Lo que se suplica en el lugar y fecha reseñados "ut supra".

(SI fuera menester) OTROSÍ DIGO Que conforme requiere el art. 28.4 TRLC, en su día y previa admisión de la presente solicitud, procede la notificación del auto de declaración del concurso, a la representación legal de los trabajadores de .... S.A.

En su virtud,

SUPLICO AL JUZGADO que tenga por hechas las anteriores manifestaciones a los efectos oportunos, se sirva admitirlas y acordar la referida notificación y cuanto demás proceda en derecho al respecto.

Lo que se suplica en el lugar y fecha reseñados "ut supra".

F033. SOLICITUD DE CONCURSO VOLUNTARIO DE PERSONA JURÍDICA QUE SE HALLA EN SITUACIÓN DE INSOLVENCIA INMINENTE. OFERTA VINCULANTE COMPRA DE UNIDAD PRODUCTIVA

Normativa de aplicación: *Arts. 1 y ss.; art. 224 bis Real Decreto Legislativo 1/2020, de 5 de mayo, por el que se aprueba el texto refundido de la Ley Concursal.*

AL JUZGADO DE LO MERCANTIL DE...........

..........., Procurador de los Tribunales (núm. .... de colegiado) y de la compañía........... S.A., con domicilio en..........., calle........... núm. .... y CIF..........., cuya representación acredito mediante la escritura original de poder de representación (especial para instar el presente concurso) que se acompaña a este escrito, ante este Juzgado comparezco bajo la dirección letrada de Don..........., abogado del Ilustre Colegio de........... (núm. .... de colegiado), y como mejor proceda en Derecho DIGO:

Que por medio del presente escrito y en la representación que ostento, formulo SOLICITUD DE CONCURSO VOLUNTARIO de la compañía........... S.A. por hallarse la misma en situación de insolvencia inminente, solicitud que se funda en los HECHOS y FUNDAMENTOS DE DERECHO que a continuación se exponen.

HECHOS

PRIMERO.– Mi principal, la sociedad........... S.A., se constituyó el........... de........... de..........., mediante escritura otorgada ante el notario de..........., Don........... (número de su protocolo...........).

Datos de Inscripción Registral: La sociedad está inscrita en el Registro Mercantil de la provincia de........... al tomo..........., General........... de la sección........... del Libro de sociedades, Folio..........., hoja...........

Su objeto social consiste en...........

El domicilio social de la compañía se halla en..........., calle..........., lugar en que se halla el centro de los intereses principales de la deudora.

Datos fiscales: La sociedad se halla dada de alta en el Impuesto sobre Actividades Económicas desde el........... de........... de..........., en el epígrafe........... Igualmente, el día........... de........... de..........., presentó la correspondiente declaración censal de alta e inicio de actividades, siéndole asignado el siguiente Código de Identificación Fiscal (CIF):...........

Órgano de Administración: Desde su constitución, el órgano de administración de la compañía se halla conformado por un administrador único, ejerciendo en la actualidad tal cargo, Don..........., quien, por un plazo de........... años, fue designado al efecto por acuerdo de la Junta General Extraordinaria de la compañía celebrada el día........... de........... de..........., elevado a público mediante escritura autorizada por el notario de..........., Don..........., el día de........... de...........

No existen otros administradores de la sociedad, de hecho o de derecho, distintos del mencionado Sr. .... Durante los dos años anteriores a la solicitud de concurso, el citado Don........... ha sido la única persona que ha ostentado y/o desempeñado la administración de la sociedad.

La sociedad nunca ha tenido directores generales.

Acreditando lo anterior, se acompañan como DOCUMENTOS........... la escritura de constitución de la Sociedad, certificación literal del Registro Mercantil de la provincia de........... correspondiente a la deudora; declaración censal de alta e inicio de actividades, declaración de alta en el Impuesto de Actividades Económicas y tarjeta CIF.

SEGUNDO La presente solicitud de concurso voluntario debe de ser acogida por el Juzgador al darse el presupuesto objetivo de insolvencia INMINENTE en que se halla........... S.A. a partir del ...., esto es, dentro de los tres meses a que se refiere el art. 2.3 TRLC, fecha ésta desde la cual mi mandante no podrá cumplir regularmente sus obligaciones exigibles.

Lo anterior resulta de la documentación que, de conformidad con lo establecido en los arts. 7 y 8 TRLC, se acompaña a esta solicitud, así como del informe pericial emitido el pasado día........... de........... de..........., por Don..........., economista del Ilustre Colegio de..........., (núm. Col...........), y que se acompaña como DOCUMENTO........... De dicha documentación se desprende que a partir de ...., mi mandante carecerá de liquidez suficiente para atender las deudas exigibles contraídas con sus acreedores, si bien, mediante la aplicación del correspondiente plan de viabilidad se pretende hacer frente a las mismas. También resulta de...........

TERCERO.– Dando cumplimiento a lo previsto en el art. 6.2 TRLC, se acompañan a esta solicitud poder especial para solicitar el concurso, otorgado el día........... de........... de..........., ante Don..........., notario del Ilustre Colegio de..........., con residencia en........... (núm. .... de su protocolo). (DOCUMENTO...........).

CUARTO.– Igualmente, tal y como requiere el art. 7 TRLC, se acompañan los siguientes documentos generales como DOCUMENTOS .... a ....:

I.– Memoria expresiva de la historia económica y jurídica del deudor; de la actividad o actividades a las que se viene dedicando durante los tres últimos años y de los establecimientos, oficinas y explotaciones de las que resulta titular, y de las causas del estado de insolvencia en que se encuentra.

Expresamente se manifiesta que en la referida memoria consta la identidad de los socios de los que tiene constancia; la identidad de los administradores sociales (en su caso, y de los directores generales) (en su caso, y del auditor de cuentas. También que NO (SI) tiene admitidos valores admitidos a cotización en un centro de negociación.

Se hace constar que mi mandante NO forma parte de un grupo de sociedades.

ALTERNATIVA: Se hace constar que mi mandante SI forma parte de un grupo de sociedades, integrado por las siguientes compañías: ....

Se hace constar que la sociedad dominante del referido grupo es la sociedad ....

II.– Inventario de los bienes y derechos que integran el patrimonio de mi mandante, expresivo de su naturaleza, características, lugar en que se encuentran y, respecto de aquellos inscritos en un registro público, los datos de identificación registral de cada uno de los bienes y derechos relacionados.

También resulta del referido inventario el valor de adquisición, las correcciones valorativas procedentes y la estimación del valor de mercado a la fecha de la solicitud, de los referidos bienes y derechos, con indicación de los gravámenes, trabas y cargas que les afectan, a favor de acreedor o de tercero, con expresión de su naturaleza y, en su caso, los datos de identificación registral.

III.– Relación de acreedores con expresión de la identidad, el domicilio y la dirección electrónica, si la tuviere, de cada uno de ellos, así como de la cuantía y el vencimiento de los respectivos créditos y las garantías personales o reales constituidas.

(En su caso) Respecto de aquellos acreedores que han reclamado judicialmente el pago de su respectivo crédito se identifica en la citada relación el procedimiento correspondiente, con indicación del estado de las actuaciones.

IV.– (En su caso) Siendo mi mandante empleador, se hace constar que el número de trabajadores asciende a ...., haciéndose constar que el/los centro/s de trabajo al que están afectos los mismos es/son ....

Se hace constar que NO existe órgano de representación de los trabajadores.

ALTERNATIVA: Se ha constar que si existe órgano de representación de los trabajadores de .... S.A, siendo la identidad y el correo electrónico de cada uno de sus integrantes, el siguiente: ....

QUINTO.– De conformidad con lo previsto en el art. 8 TRLC y estando obligada la compañía........... S.A. a la llevanza de contabilidad, se acompaña igualmente a esta solicitud los documentos contables y complementarios que a continuación se reseñan:

I.– Cuentas anuales (balance, pérdidas y ganancias y memoria), informe de gestión e informe de auditoría de los últimos tres ejercicios sociales finalizados a fecha de la solicitud de concurso, esto es, los cerrados a fecha ...., ... y .... (DOCUMENTOS...........)

II.– Memoria de los cambios significativos operados en el patrimonio de mi mandante con posterioridad a las últimas cuentas anuales formuladas, aprobadas y depositadas en el Registro Mercantil, las correspondientes al ejercicio ....,

III.– Memoria de las operaciones realizadas con posterioridad a las últimas cuentas anuales formuladas, aprobadas y depositadas en el Registro Mercantil y que por su naturaleza, objeto o cuantía excedan del giro o tráfico ordinario del deudor. (DOCUMENTO...........).

IV.– (Si fuera menester) Estados financieros elaborados con posterioridad a las últimas cuentas anuales presentadas (las correspondientes al ejercicio ....), remitidos (o comunicados) a ...., autoridad supervisora del .... (DOCUMENTOS...........)

V.– (Si fuera menester). Dado que mi principal forma parte del grupo de sociedades ...., en el que la aquí deudora, es la sociedad dominante, y las compañías .... y ...., son las sociedades dominadas, se acompañan las cuentas anuales y el informe de gestión consolidados correspondientes a los tres últimos ejercicios sociales finalizados a fecha de la presente solicitud y el informe de auditoría emitido con relación a tales cuentas anuales. También una memoria de las operaciones realizadas con otras sociedades del grupo durante ese mismo periodo y hasta la solicitud de concurso.

SEXTO.– (Si fuera menester) Que al amparo del art. 337 TRLC, no pidiéndose en el presente escrito la liquidación de la deudora, y dándose los requisitos de forma y plazo previstos en la Ley, se presenta propuesta de convenio, que se acompaña a este escrito como DOCUMENTO...........

La propuesta reseñada NO ha sido objeto de adhesiones (en su caso, es objeto de las siguientes adhesiones: ....).

O (Si fuera menester, en lugar de lo anterior, y eliminado la referencia a la conservación de facultades por el deudor y la continuidad o viabilidad de la deudora). Que al ser de interés de mi mandante, en este acto se solicita se acuerde por este Juzgado la liquidación de........... S.A.

SÉPTIMO.– (Si fuera menester). Se hace constar que no se acompaña el DOCUMENTO........... previsto en el número..........., del art. 7 TRLC toda vez que...........

Igualmente, aun cuando se acompaña el DOCUMENTO..........., recogido en el número..........., del art. 8 TRLC, en el mismo falta el dato de..........., toda vez que...........

A los relatados hechos aduzco los siguientes

FUNDAMENTOS DE DERECHO

I.– De conformidad con lo previsto en el art. 44 TRLC, son competentes para conocer de esta solicitud de concurso los Juzgados de lo Mercantil.

Desde un punto de vista territorial, y conforme al art. 45 TRLC, son competentes los Juzgados de lo Mercantil de..........., al ser éste el lugar donde la compañía........... S.A. tiene su centro de intereses principales.

II.– Mi mandante, en su condición de deudor, está legitimado para solicitar su declaración de concurso al amparo de lo dispuesto en el art. 3.1 TRLC.

IV.– Se dan en este caso los presupuestos subjetivo y objetivo requeridos para la declaración del concurso. En el primer caso, a la vista de la condición de mi mandante de deudor persona jurídica, vid. art. 1.1 TRLC. En el segundo, a la vista de la situación de insolvencia inminente de mi mandante.

V.– Los efectos del concurso serán los previstos en los arts. 105 y ss. TRLC.

VI.– (En su caso) sobre la proposición de convenio vid. los arts. 337 y ss. LC.

VII.– (En su caso). Arts. 406, ss. y concordantes sobre la liquidación de mi principal.

En virtud de lo expuesto,

SUPLICO AL JUZGADO que tenga por presentado este escrito, junto a los documentos a él unidos y sus copias, se sirva admitirlo y tener por promovido en nombre y representación de mi mandante, ... S.A., SOLICITUD DE CONCURSO VOLUNTARIO, se sirva admitirla y previos los oportunos trámites legales, se sirva admitirla y dictar auto por el que, estimando íntegramente la presente solicitud:

PRIMERO.– Se declare el concurso de la sociedad........... S.A., con indicación de su carácter voluntario.

SEGUNDO.– Se acuerde la sustanciación del correspondiente procedimiento, con la formación de las secciones correspondientes.

TERCERO.– Se designe la administración concursal del concurso.

CUARTO.– Se acuerde el régimen de mera intervención de las facultades patrimoniales del concursado.

QUINTO.– (Si fuere menester eliminado la referencia del punto cuarto precedente) Se tenga por solicitada la liquidación de mi mandante, acordando cuanto proceda en derecho en orden a aperturar la citada liquidación y tramitar la misma.

(O si fuera menester y en lugar de lo anterior) Se tenga por presentada propuesta de convenio, acordando cuando proceda en derecho en orden a la citada propuesta y tramitación la misma.

SEXTO.– Se acuerde cuanto demás sea procedente en derecho para la sustanciación del procedimiento hasta su conclusión.

Es Justicia que pido en........... a........... de........... de dos mil...........

OTROSÍ DIGO: Que de conformidad y a los efectos de lo dispuesto en el art. 224 bis TRLC, junto a la presente solicitud de concurso se acompaña por esta parte como DOCUMENTO .... una propuesta escrita vinculante para la adquisición de la/s siguiente/s unidad/es productiva/s titularidad de mi principal, que resulta de interés y conformidad de esta parte. Tal/es unidad/es productiva/s son: ....

En su virtud,

SUPLICO AL JUZGADO que tenga por presentado este escrito, se sirva admitirlo, y tener por hechas las anteriores manifestaciones a los efectos legales oportunos, suplicando se tramite la citada oferta vinculante para la compra de la/s referida/s unida/es productiva/s conforme establece el art. 224 bis TRLC y demás normativa de aplicación, acordando cuanto proceda en derecho al efecto.

Lo que se suplica en el lugar y fecha reseñados "ut supra".

OTROSÍ DIGO Que procede dar a la declaración de concurso la oportuna publicidad, incluida la registral, en los términos y con el alcance establecidos en los arts. 35 a 37 TRLC y sin perjuicio de cualesquiera otra publicidad complementaria que, en medios oficiales o privados, estime oportuna este Juzgado al que nos dirigimos.

SUPLICO AL JUZGADO que tenga por hechas las anteriores manifestaciones a los efectos oportunos, se sirva admitirlas y acordar en el auto declarando el concurso voluntario de mi principal, las inscripciones y publicaciones previstas en el art. 35 a 37 TRLC, y, previos los oportunos trámites legales, se sirva llevar a cabo tales inscripciones y publicaciones, por medios electrónicos o telemáticos y, si esto no fuera posible, librando los oportunos mandamientos y oficios que serán confiados al Procurador que esto suscribe para su oportuno curso y gestión.

Lo que se suplica en el lugar y fecha reseñados "ut supra".

OTROSÍ DIGO: Que en el auto en que se acuerde la declaración de concurso de mi principal y entre otros pronunciamientos, procede el llamamiento de los acreedores para que pongan en conocimiento de la administración concursal la existencia de sus créditos, en el plazo de un mes a contar desde el día siguiente a la publicación de la declaración del concurso en el BOE.

En su virtud,

SUPLICO AL JUZGADO que tenga por hechas las anteriores manifestaciones a los efectos oportunos, se sirva admitirlas y acordar en el auto declarando el concurso voluntario de mi principal, el llamamiento de los acreedores a los efectos antes reseñados.

Lo que se suplica en el lugar y fecha reseñados "ut supra".

OTROSÍ DIGO Que a la vista del art. 33 TRLC, en su día y previa admisión de la presente solicitud, procede la notificación por medios electrónicos del auto de declaración del concurso, a la Agencia Estatal de la Administración Tributaria y a la tesorería General de la Seguridad Social.

En su virtud,

SUPLICO AL JUZGADO que tenga por hechas las anteriores manifestaciones a los efectos oportunos, se sirva admitirlas y acordar la referida notificación y cuanto demás proceda en derecho al respecto.

Lo que se suplica en el lugar y fecha reseñados "ut supra".

(SI fuera menester) OTROSÍ DIGO Que conforme requiere el art. 28.4 TRLC, en su día y previa admisión de la presente solicitud, procede la notificación del auto de declaración del concurso, a la representación legal de los trabajadores de .... S.A.

En su virtud,

SUPLICO AL JUZGADO que tenga por hechas las anteriores manifestaciones a los efectos oportunos, se sirva admitirlas y acordar la referida notificación y cuanto demás proceda en derecho al respecto.

Lo que se suplica en el lugar y fecha reseñados "ut supra".

F034. SOLICITUD DE CONCURSO VOLUNTARIO DE PERSONA JURÍDICA QUE SE HALLA EN SITUACIÓN DE INSOLVENCIA INMINENTE. PROPUESTA DE CONVENIO

Normativa de aplicación: *Arts. 1 y ss. Real Decreto Legislativo 1/2020, de 5 de mayo, por el que se aprueba el texto refundido de la Ley Concursal.*

AL JUZGADO DE LO MERCANTIL DE...........

..........., Procurador de los Tribunales (núm. .... de colegiado) y de la compañía........... S.A., con domicilio en..........., calle........... núm. .... y CIF..........., cuya representación acredito mediante la escritura original de poder de representación (especial para instar el presente concurso) que se acompaña a este escrito, ante este Juzgado comparezco bajo la dirección letrada de Don..........., abogado del Ilustre Colegio de........... (núm. .... de colegiado), y como mejor proceda en Derecho DIGO:

Que por medio del presente escrito y en la representación que ostento, formulo SOLICITUD DE CONCURSO VOLUNTARIO de la compañía........... S.A. por hallarse la misma en situación de insolvencia INMINENTE, solicitud que se funda en los HECHOS y FUNDAMENTOS DE DERECHO que a continuación se exponen.

HECHOS

PRIMERO.– Mi principal, la sociedad........... S.A., se constituyó el........... de........... de..........., mediante escritura otorgada ante el notario de..........., Don........... (número de su protocolo...........).

Datos de Inscripción Registral: La sociedad está inscrita en el Registro Mercantil de la provincia de........... al tomo..........., General........... de la sección........... del Libro de sociedades, Folio..........., hoja...........

Su objeto social consiste en...........

El domicilio social de la compañía se halla en..........., calle..........., lugar en que se halla el centro de los intereses principales de la deudora.

Datos fiscales: La sociedad se halla dada de alta en el Impuesto sobre Actividades Económicas desde el........... de........... de..........., en el epígrafe........... Igualmente, el día........... de........... de..........., presentó la correspondiente declaración censal de alta e inicio de actividades, siéndole asignado el siguiente Código de Identificación Fiscal (CIF):...........

Órgano de Administración: Desde su constitución, el órgano de administración de la compañía se halla conformado por un administrador único, ejerciendo en la actualidad tal cargo, Don..........., quien, por un plazo de........... años, fue designado al efecto por acuerdo de la Junta General Extraordinaria de la compañía celebrada el día........... de........... de..........., elevado a público mediante escritura autorizada por el notario de..........., Don..........., el día de........... de...........

No existen otros administradores de la sociedad, de hecho o de derecho, distintos del mencionado Sr. .... Durante los dos años anteriores a la solicitud de concurso, el citado Don........... ha sido la única persona que ha ostentado y/o desempeñado la administración de la sociedad.

La sociedad nunca ha tenido directores generales.

ALTERNATIVA: Don .... desempaña la dirección general de la compañía desde .... de .... de..........., en virtud de contrato de fecha ....

Acreditando lo anterior, se acompañan como DOCUMENTOS........... la escritura de constitución de la Sociedad, certificación literal del Registro Mercantil de la provincia de........... correspondiente a la deudora; declaración censal de alta e inicio de actividades, declaración de alta en el Impuesto de Actividades Económicas y tarjeta CIF.

SEGUNDO.– La presente solicitud de concurso voluntario debe de ser acogida por el Juzgador al darse el presupuesto objetivo de insolvencia INMINENTE en que se halla........... S.A. a partir del ...., esto es, dentro de los tres meses a que se refiere el art. 2.3 TRLC, fecha ésta desde la cual mi mandante no podrá cumplir regularmente sus obligaciones exigibles.

Lo anterior resulta de la documentación que, de conformidad con lo establecido en los arts. 7 y 8 TRLC, se acompaña a esta solicitud, así como del informe pericial emitido el pasado día........... de........... de..........., por Don..........., economista del

Ilustre Colegio de..........., (núm. Col...........), y que se acompaña como DOCUMENTO........... De dicha documentación se desprende que a partir de ...., mi mandante carecerá de liquidez suficiente para atender las deudas exigibles contraídas con sus acreedores, si bien, mediante la aplicación del correspondiente plan de viabilidad se pretende hacer frente a las mismas. También resulta de...........

TERCERO.– En este sentido, y con relación a los efectos del concurso sobre las facultades de la administración y disposición del deudor respecto de la masa activa, esta parte considera que no existe circunstancia alguna que aconseje el cierre de sus oficinas y establecimientos, así como el cese de la actividad, bastando la mera intervención de las facultades patrimoniales del concursado.

Así resulta de la documentación acompañada a este escrito, del hecho de la empresa no ha desaparecido y continúa su actividad mercantil, así como...........

CUARTO.– Igualmente, tal y como requiere el art. 7 TRLC, se acompañan los siguientes documentos generales como DOCUMENTOS .... a ....:

I.– Memoria expresiva de la historia económica y jurídica del deudor; de la actividad o actividades a las que se viene dedicando durante los tres últimos años y de los establecimientos, oficinas y explotaciones de las que resulta titular, y de las causas del estado de insolvencia en que se encuentra.

Expresamente se manifiesta que en la referida memoria consta la identidad de los socios de los que tiene constancia; la identidad de los administradores sociales (en su caso, y de los directores generales) (en su caso, y del auditor de cuentas. También que NO (SI) tiene admitidos valores admitidos a cotización en un centro de negociación.

Se hace constar que mi mandante NO forma parte de un grupo de sociedades.

ALTERNATIVA: Se hace constar que mi mandante SI forma parte de un grupo de sociedades, integrado por las siguientes compañías: ....

Se hace constar que la sociedad dominante del referido grupo es la sociedad ....

II.– Inventario de los bienes y derechos que integran el patrimonio de mi mandante, expresivo de su naturaleza, características, lugar en que se encuentran y, respecto de aquellos inscritos en un registro público, los datos de identificación registral de cada uno de los bienes y derechos relacionados.

También resulta del referido inventario el valor de adquisición, las correcciones valorativas procedentes y la estimación del valor de mercado a la fecha de la solicitud, de los referidos bienes y derechos, con indicación de los gravámenes, trabas y cargas que les afectan, a favor de acreedor o de tercero, con expresión de su naturaleza y, en su caso, los datos de identificación registral.

III.– Relación de acreedores con expresión de la identidad, el domicilio y la dirección electrónica, si la tuviere, de cada uno de ellos, así como de la cuantía y el vencimiento de los respectivos créditos y las garantías personales o reales constituidas.

(En su caso) Respecto de aquellos acreedores que han reclamado judicialmente el pago de su respectivo crédito se identifica en la citada relación el procedimiento correspondiente, con indicación del estado de las actuaciones.

IV.– (En su caso) Siendo mi mandante empleador, se hace constar que el número de trabajadores asciende a ...., haciéndose constar que el/los centro/s de trabajo al que están afectos los mismos es/son ....

Se hace constar que NO existe órgano de representación de los trabajadores.

ALTERNATIVA: Se ha constar que si existe órgano de representación de los trabajadores de .... S.A, siendo la identidad y el correo electrónico de cada uno de sus integrantes, el siguiente: ....

QUINTO.– De conformidad con lo previsto en el art. 8 TRLC y estando obligada la compañía........... S.A. a la llevanza de contabilidad, se acompaña igualmente a esta solicitud los documentos contables y complementarios que a continuación se reseñan:

I.– Cuentas anuales (balance, pérdidas y ganancias y memoria), informe de gestión e informe de auditoría de los últimos tres ejercicios sociales finalizados a fecha de la solicitud de concurso, esto es, los cerrados a fecha ...., ... y........... (DOCUMENTOS...........)

II.– Memoria de los cambios significativos operados en el patrimonio de mi mandante con posterioridad a las últimas cuentas anuales formuladas, aprobadas y depositadas en el Registro Mercantil, las correspondientes al ejercicio ....,

III.– Memoria de las operaciones realizadas con posterioridad a las últimas cuentas anuales formuladas, aprobadas y depositadas en el Registro Mercantil y que por su naturaleza, objeto o cuantía excedan del giro o tráfico ordinario del deudor. (DOCUMENTO...........).

IV.– (Si fuera menester) Estados financieros elaborados con posterioridad a las últimas cuentas anuales presentadas (las correspondientes al ejercicio ....), remitidos (o comunicados) a ...., autoridad supervisora del .... (DOCUMENTOS...........)

V.– (Si fuera menester). Dado que mi principal forma parte del grupo de sociedades ...., en el que la aquí deudora, es la sociedad dominante, y las compañías .... y ...., son las sociedades dominadas, se acompañan las cuentas anuales y el informe de gestión consolidados correspondientes a los tres últimos ejercicios sociales finalizados a fecha de la presente solicitud y el informe de auditoría emitido con relación a tales cuentas anuales. También una memoria de las operaciones realizadas con otras sociedades del grupo durante ese mismo periodo y hasta la solicitud de concurso.

SEXTO.– Que al amparo del art. 337 TRLC, no pidiéndose en el presente escrito la liquidación de la deudora, y dándose los requisitos de forma y plazo previstos en la Ley, se presenta propuesta de convenio, que se acompaña a este escrito como DOCUMENTO...........

La propuesta reseñada NO ha sido objeto de adhesiones (en su caso, es objeto de las siguientes adhesiones: ....).

SÉPTIMO.– (Si fuera menester). Se hace constar que no se acompaña el DOCUMENTO........... previsto en el número..........., del art. 7 TRLC toda vez que...........

Igualmente, aun cuando se acompaña el DOCUMENTO..........., recogido en el número..........., del art. 8 TRLC, en el mismo falta el dato de..........., toda vez que...........

A los relatados hechos aduzco los siguientes

FUNDAMENTOS DE DERECHO

I.– De conformidad con lo previsto en el art. 44 TRLC, son competentes para conocer de esta solicitud de concurso los Juzgados de lo Mercantil.

Desde un punto de vista territorial, y conforme al art. 45 TRLC, son competentes los Juzgados de lo Mercantil de..........., al ser éste el lugar donde la compañía........... S.A. tiene su centro de intereses principales.

II.– Mi mandante, en su condición de deudor, está legitimado para solicitar su declaración de concurso al amparo de lo dispuesto en el art. 3.1 TRLC.

III.– Se dan en este caso los presupuestos subjetivo y objetivo requeridos para la declaración del concurso. En el primer caso, a la vista de la condición de mi mandante de deudor persona jurídica, vid. art. 1.1 TRLC. En el segundo, a la vista de la INMINENTE situación de insolvencia de mi mandante.

IV.– Los efectos del concurso serán los previstos en los arts. 105 y ss. TRLC.

V.– Sobre la proposición de convenio art. 337 y ss. TRLC

En virtud de lo expuesto,

SUPLICO AL JUZGADO que tenga por presentado este escrito, junto a los documentos a él unidos y sus copias, se sirva admitirlo y tener por promovido en nombre y representación de mi mandante, ... S.A., SOLICITUD DE CONCURSO VOLUNTARIO, se sirva admitirla y previos los oportunos trámites legales, se sirva dictar auto por el que, estimando íntegramente la presente solicitud:

PRIMERO.– Se declare el concurso de la sociedad........... S.A., con el carácter de voluntario.

SEGUNDO.– Se acuerde la sustanciación del correspondiente procedimiento.

TERCERO.– Se designe a la administración concursal.

CUARTO.– Se acuerde el régimen de mera intervención de las facultades patrimoniales del concursado sobre la masa activa.

QUINTO.– Se tenga por presentada propuesta de convenio, acordando cuando proceda en derecho en orden a la citada propuesta y tramitación de la misma.

SEXTO.– Se acuerde cuanto demás sea procedente en derecho para la sustanciación del procedimiento hasta su conclusión.

Es Justicia que pido en........... a........... de........... de dos mil...........

OTROSÍ DIGO Que procede dar a la declaración de concurso la oportuna publicidad, incluida la registral, en los términos y con el alcance establecidos en los arts. 35 a 37 TRLC y sin perjuicio de cualesquiera otra publicidad complementaria que, en medios oficiales o privados, estime oportuna este Juzgado al que nos dirigimos.

SUPLICO AL JUZGADO que tenga por hechas las anteriores manifestaciones a los efectos oportunos, se sirva admitirlas y acordar en el auto declarando el concurso voluntario de mi principal, las inscripciones y publicaciones previstas en el art. 35 a 37 TRLC, y, previos los oportunos trámites legales, se sirva llevar a cabo tales inscripciones y publicaciones, por medios electrónicos o telemáticos y, si esto no fuera posible, librando los oportunos mandamientos y oficios que serán confiados al Procurador que esto suscribe para su oportuno curso y gestión.

Lo que se suplica en el lugar y fecha reseñados "ut supra".

OTROSÍ DIGO: Que en el auto en que se acuerde la declaración de concurso de mi principal y entre otros pronunciamientos, procede el llamamiento de los acreedores para que pongan en conocimiento de la administración concursal la existencia de sus créditos, en el plazo de un mes a contar desde el día siguiente a la publicación de la declaración del concurso en el BOE.

En su virtud,

SUPLICO AL JUZGADO que tenga por hechas las anteriores manifestaciones a los efectos oportunos, se sirva admitirlas y acordar en el auto declarando el concurso voluntario de mi principal, el llamamiento de los acreedores a los efectos antes reseñados.

Lo que se suplica en el lugar y fecha reseñados "ut supra".

OTROSÍ DIGO Que a la vista del art. 33 TRLC, en su día y previa admisión de la presente solicitud, procede la notificación por medios electrónicos del auto de declaración del concurso, a la Agencia Estatal de la Administración Tributaria y a la tesorería General de la Seguridad Social.

En su virtud,

SUPLICO AL JUZGADO que tenga por hechas las anteriores manifestaciones a los efectos oportunos, se sirva admitirlas y acordar la referida notificación y cuanto demás proceda en derecho al respecto.

Lo que se suplica en el lugar y fecha reseñados "ut supra".

(SI fuera menester) OTROSÍ DIGO Que conforme requiere el art. 28.4 TRLC, en su día y previa admisión de la presente solicitud, procede la notificación del auto de declaración del concurso, a la representación legal de los trabajadores de .... S.A.

En su virtud,

SUPLICO AL JUZGADO que tenga por hechas las anteriores manifestaciones a los efectos oportunos, se sirva admitirlas y acordar la referida notificación y cuanto demás proceda en derecho al respecto.

Lo que se suplica en el lugar y fecha reseñados "ut supra".

F035. SOLICITUD DE CONCURSO VOLUNTARIO DE PERSONA JURÍDICA QUE SE HALLA EN SITUACIÓN DE INSOLVENCIA INMINENTE. PROPUESTA DE CONVENIO DE ASUNCIÓN

Normativa de aplicación: *Arts. 1 y ss. Real Decreto Legislativo 1/2020, de 5 de mayo, por el que se aprueba el texto refundido de la Ley Concursal.*

AL JUZGADO DE LO MERCANTIL DE...........

..........., Procurador de los Tribunales (núm. .... de colegiado) y de la compañía........... S.A., con domicilio en..........., calle........... núm. .... y CIF..........., cuya representación acredito mediante la escritura original de poder de representación (especial para instar el presente concurso) que se acompaña a este escrito, ante este Juzgado comparezco bajo la dirección letrada de Don..........., abogado del Ilustre Colegio de........... (núm. .... de colegiado), y como mejor proceda en Derecho DIGO:

Que por medio del presente escrito y en la representación que ostento, formulo SOLICITUD DE CONCURSO VOLUNTARIO de la compañía........... S.A. por hallarse actualmente en situación de insolvencia inminente, solicitud que se funda en los HECHOS y FUNDAMENTOS DE DERECHO que a continuación se exponen.

HECHOS

PRIMERO.– Mi principal, la sociedad........... S.A., se constituyó el........... de........... de..........., mediante escritura otorgada ante el notario de..........., Don........... (número de su protocolo...........).

Datos de Inscripción Registral: La sociedad está inscrita en el Registro Mercantil de la provincia de........... al tomo..........., General........... de la sección........... del Libro de sociedades, Folio..........., hoja...........

Su objeto social consiste en...........

El domicilio social de la compañía se halla en..........., calle..........., lugar en que se halla el centro de los intereses principales de la deudora.

Datos fiscales: La sociedad se halla dada de alta en el Impuesto sobre Actividades Económicas desde el........... de........... de..........., en el epígrafe........... Igualmente, el día........... de........... de..........., presentó la correspondiente declaración censal de alta e inicio de actividades, siéndole asignado el siguiente Código de Identificación Fiscal (CIF):...........

Órgano de Administración: Desde su constitución, el órgano de administración de la compañía se halla conformado por un administrador único, ejerciendo en la actualidad tal cargo, Don..........., quien, por un plazo de........... años, fue designado al efecto por acuerdo de la Junta General Extraordinaria de la compañía celebrada el día...........

de........... de..........., elevado a público mediante escritura autorizada por el notario de..........., Don..........., el día de........... de...........

No existen otros administradores de la sociedad, de hecho o de derecho, distintos del mencionado Sr. .... Durante los dos años anteriores a la solicitud de concurso, el citado Don........... ha sido la única persona que ha ostentado y/o desempeñado la administración de la sociedad.

La sociedad nunca ha tenido directores generales.

ALTERNATIVA: Don .... desempaña la dirección general de la compañía desde .... de .... de..........., en virtud de contrato de fecha ....

Acreditando lo anterior, se acompañan como DOCUMENTOS........... la escritura de constitución de la Sociedad, certificación literal del Registro Mercantil de la provincia de........... correspondiente a la deudora; declaración censal de alta e inicio de actividades, declaración de alta en el Impuesto de Actividades Económicas y tarjeta CIF.

SEGUNDO.– La presente solicitud de concurso voluntario debe de ser acogida por el Juzgador al darse el presupuesto objetivo de insolvencia INMINENTE en que se halla........... S.A. a partir del ...., esto es, dentro de los tres meses a que se refiere el art. 2.3 TRLC, fecha ésta desde la cual mi mandante no podrá cumplir regularmente sus obligaciones exigibles.

Lo anterior resulta de la documentación que, de conformidad con lo establecido en los arts. 7 y 8 TRLC, se acompaña a esta solicitud, así como del informe pericial emitido el pasado día........... de........... de..........., por Don..........., economista del Ilustre Colegio de..........., (núm. Col...........), y que se acompaña como DOCUMENTO........... De dicha documentación se desprende que a partir de ...., mi mandante carecerá de liquidez suficiente para atender las deudas exigibles contraídas con sus acreedores, si bien, mediante la aplicación del correspondiente plan de viabilidad se pretende hacer frente a las mismas. También resulta de...........

TERCERO.– En este sentido, y con relación a los efectos del concurso sobre las facultades de la administración y disposición del deudor respecto de la masa activa, esta parte considera que no existe circunstancia alguna que aconseje el cierre de sus oficinas y establecimientos, así como el cese de la actividad, bastando la mera intervención de las facultades patrimoniales del concursado.

Así resulta de la documentación acompañada a este escrito, del hecho de la empresa no ha desaparecido y continúa su actividad mercantil, así como...........

CUARTO.– Igualmente, tal y como requiere el art. 7 TRLC, se acompañan los siguientes documentos generales como DOCUMENTOS .... a ....:

I.– Memoria expresiva de la historia económica y jurídica del deudor; de la actividad o actividades a las que se viene dedicando durante los tres últimos años y de los establecimientos, oficinas y explotaciones de las que resulta titular, y de las causas del estado de insolvencia en que se encuentra.

Expresamente se manifiesta que en la referida memoria consta la identidad de los socios de los que tiene constancia; la identidad de los administradores sociales (en su caso y de los directores generales) (en su caso, y del auditor de cuentas. También que NO (SI) tiene admitidos valores admitidos a cotización en un centro de negociación.

Se hace constar que mi mandante NO forma parte de un grupo de sociedades.

ALTERNATIVA: Se hace constar que mi mandante SI forma parte de un grupo de sociedades, integrado por las siguientes compañías: ....

Se hace constar que la sociedad dominante del referido grupo es la sociedad ....

II.– Inventario de los bienes y derechos que integran el patrimonio de mi mandante, expresivo de su naturaleza, características, lugar en que se encuentran y, respecto de aquellos inscritos en un registro público, los datos de identificación registral de cada uno de los bienes y derechos relacionados.

También resulta del referido inventario el valor de adquisición, las correcciones valorativas procedentes y la estimación del valor de mercado a la fecha de la solicitud, de los referidos bienes y derechos, con indicación de los gravámenes, trabas y cargas que les afectan, a favor de acreedor o de tercero, con expresión de su naturaleza y, en su caso, los datos de identificación registral.

III.– Relación de acreedores con expresión de la identidad, el domicilio y la dirección electrónica, si la tuviere, de cada uno de ellos, así como de la cuantía y el vencimiento de los respectivos créditos y las garantías personales o reales constituidas.

(En su caso) Respecto de aquellos acreedores que han reclamado judicialmente el pago de su respectivo crédito se identifica en la citada relación el procedimiento correspondiente, con indicación del estado de las actuaciones.

IV.– (En su caso) Siendo mi mandante empleador, se hace constar que el número de trabajadores asciende a ...., haciéndose constar que el/los centro/s de trabajo al que están afectos los mismos es/son ....

Se hace constar que NO existe órgano de representación de los trabajadores.

ALTERNATIVA: Se ha constar que si existe órgano de representación de los trabajadores de .... S.A, siendo la identidad y el correo electrónico de cada uno de sus integrantes, el siguiente: ....

QUINTO.– De conformidad con lo previsto en el art. 8 TRLC y estando obligada la compañía........... S.A. a la llevanza de contabilidad, se acompaña igualmente a esta solicitud los documentos contables y complementarios que a continuación se reseñan:

I.– Cuentas anuales (balance, pérdidas y ganancias y memoria), informe de gestión e informe de auditoría de los últimos tres ejercicios sociales finalizados a fecha de la solicitud de concurso, esto es, los cerrados a fecha ...., ... y .... (DOCUMENTOS...........)

II.– Memoria de los cambios significativos operados en el patrimonio de mi mandante con posterioridad a las últimas cuentas anuales formuladas, aprobadas y depositadas en el Registro Mercantil, las correspondientes al ejercicio ....,

III.– Memoria de las operaciones realizadas con posterioridad a las últimas cuentas anuales formuladas, aprobadas y depositadas en el Registro Mercantil y que por su naturaleza, objeto o cuantía excedan del giro o tráfico ordinario del deudor. (DOCUMENTO............).

IV.– (Si fuera menester) Estados financieros elaborados con posterioridad a las últimas cuentas anuales presentadas (las correspondientes al ejercicio ....), remitidos (o comunicados) a ...., autoridad supervisora del .... (DOCUMENTOS............)

V.– (Si fuera menester). Dado que mi principal forma parte del grupo de sociedades ...., en el que la aquí deudora, es la sociedad dominante, y las compañías .... y ...., son las sociedades dominadas, se acompañan las cuentas anuales y el informe de gestión consolidados correspondientes a los tres últimos ejercicios sociales finalizados a fecha de la presente solicitud y el informe de auditoría emitido con relación a tales cuentas anuales. También una memoria de las operaciones realizadas con otras sociedades del grupo durante ese mismo periodo y hasta la solicitud de concurso.

SEXTO.– Que al amparo del art. 337 TRLC, no pidiéndose en el presente escrito la liquidación de la deudora, y dándose los requisitos de forma y plazo previstos en la Ley, se presenta propuesta de convenio, que se acompaña a este escrito como DOCUMENTO............

La propuesta reseñada NO ha sido objeto de adhesiones (en su caso, es objeto de las siguientes adhesiones: ....).

La citada propuesta consiste en la adquisición por ...., del conjunto de bienes y derechos de la masa activa afectos a la actividad profesional o empresarial del concursado, con asunción por el adquirente del compromiso de continuidad de esa actividad durante el tiempo mínimo de .... y de la obligación de pago de todos los créditos concursales (en su caso, de la obligación de pago de los siguientes créditos concursales ....) (en su caso, de la obligación de pago de todos los créditos concursales en la siguiente proporción ....). Ello en los siguientes términos: ....

ALTERNATIVA: La citada propuesta consiste en la adquisición por ...., de la/s unidad/es productiva/s que a continuación se reseña, con asunción por el adquirente del compromiso de continuidad de esa actividad durante el tiempo mínimo de .... y de la obligación de pago de todos los créditos concursales (en su caso, de la obligación de pago de los siguientes créditos concursales ....) (en su caso, de la obligación de pago de todos los créditos concursales en la siguiente proporción............). Ello en los siguientes términos:............

SÉPTIMO.– (Si fuera menester). Se hace constar que no se acompaña el DOCUMENTO............ previsto en el número............, del art. 7 TRLC toda vez que............

Igualmente, aun cuando se acompaña el DOCUMENTO............, recogido en el número............, del art. 8 TRLC, en el mismo falta el dato de............, toda vez que............

A los relatados hechos aduzco los siguientes

FUNDAMENTOS DE DERECHO

I.– De conformidad con lo previsto en el art. 44 TRLC, son competentes para conocer de esta solicitud de concurso los Juzgados de lo Mercantil.

Desde un punto de vista territorial, y conforme al art. 45 TRLC, son competentes los Juzgados de lo Mercantil de..........., al ser éste el lugar donde la compañía........... S.A. tiene su centro de intereses principales.

II.– Mi mandante, en su condición de deudor, está legitimado para solicitar su declaración de concurso al amparo de lo dispuesto en el art. 3.1 TRLC.

III.– Se dan en este caso los presupuestos subjetivo y objetivo requeridos para la declaración del concurso. En el primer caso, a la vista de la condición de mi mandante de deudor persona jurídica, vid. art. 1.1 TRLC. En el segundo, a la vista de la situación de insolvencia inminente de mi mandante.

IV.– Los efectos del concurso serán los previstos en los arts. 105 y ss. TRLC.

V.– Sobre la proposición de convenio art. 337 y ss. TRLC. Y sobre la propuesta de convenio con asunción, vid. art. 324 TRLC.

En virtud de lo expuesto,

SUPLICO AL JUZGADO que tenga por presentado este escrito, junto a los documentos a él unidos y sus copias, se sirva admitirlo y tener por promovido en nombre y representación de mi mandante, ... S.A., SOLICITUD DE CONCURSO VOLUNTARIO, se sirva admitirla y previos los oportunos trámites legales, se sirva dictar auto por el que, estimando íntegramente la presente solicitud:

PRIMERO.– Se declare el concurso de la sociedad........... S.A., con el carácter de voluntario.

SEGUNDO.– Se acuerde la sustanciación del correspondiente procedimiento.

TERCERO.– Se designe a la administración concursal.

CUARTO.– Se acuerde el régimen de mera intervención de las facultades patrimoniales del concursado sobre la masa activa.

QUINTO.– Se tenga por presentada propuesta de convenio, acordando cuando proceda en derecho en orden a la citada propuesta y tramitación de la misma.

SEXTO.– Se acuerde cuanto demás sea procedente en derecho para la sustanciación del procedimiento hasta su conclusión.

Es Justicia que pido en........... a........... de........... de dos mil...........

OTROSÍ DIGO Que procede dar a la declaración de concurso la oportuna publicidad, incluida la registral, en los términos y con el alcance establecidos en los arts. 35 a 37 TRLC y sin perjuicio de cualesquiera otra publicidad complementaria que, en medios oficiales o privados, estime oportuna este Juzgado al que nos dirigimos.

SUPLICO AL JUZGADO que tenga por hechas las anteriores manifestaciones a los efectos oportunos, se sirva admitirlas y acordar en el auto declarando el concurso voluntario de

mi principal, las inscripciones y publicaciones previstas en el art. 35 a 37 TRLC, y, previos los oportunos trámites legales, se sirva llevar a cabo tales inscripciones y publicaciones, por medios electrónicos o telemáticos y, si esto no fuera posible, librando los oportunos mandamientos y oficios que serán confiados al Procurador que esto suscribe para su oportuno curso y gestión.

Lo que se suplica en el lugar y fecha reseñados "ut supra".

OTROSÍ DIGO: Que en el auto en que se acuerde la declaración de concurso de mi principal y entre otros pronunciamientos, procede el llamamiento de los acreedores para que pongan en conocimiento de la administración concursal la existencia de sus créditos, en el plazo de un mes a contar desde el día siguiente a la publicación de la declaración del concurso en el BOE.

En su virtud,

SUPLICO AL JUZGADO que tenga por hechas las anteriores manifestaciones a los efectos oportunos, se sirva admitirlas y acordar en el auto declarando el concurso voluntario de mi principal, el llamamiento de los acreedores a los efectos antes reseñados.

Lo que se suplica en el lugar y fecha reseñados "ut supra".

OTROSÍ DIGO Que a la vista del art. 33 TRLC, en su día y previa admisión de la presente solicitud, procede la notificación por medios electrónicos del auto de declaración del concurso, a la Agencia Estatal de la Administración Tributaria y a la tesorería General de la Seguridad Social.

En su virtud,

SUPLICO AL JUZGADO que tenga por hechas las anteriores manifestaciones a los efectos oportunos, se sirva admitirlas y acordar la referida notificación y cuanto demás proceda en derecho al respecto.

Lo que se suplica en el lugar y fecha reseñados "ut supra".

(SI fuera menester) OTROSÍ DIGO Que conforme requiere el art. 28.4 TRLC, en su día y previa admisión de la presente solicitud, procede la notificación del auto de declaración del concurso, a la representación legal de los trabajadores de .... S.A.

En su virtud,

SUPLICO AL JUZGADO que tenga por hechas las anteriores manifestaciones a los efectos oportunos, se sirva admitirlas y acordar la referida notificación y cuanto demás proceda en derecho al respecto.

Lo que se suplica en el lugar y fecha reseñados "ut supra".

F036. SOLICITUD DE CONCURSO VOLUNTARIO DE PERSONA NATURAL NO EMPRESARIO. MODELO GENERAL

Normativa de aplicación: *Arts. 1 y ss. Real Decreto Legislativo 1/2020, de 5 de mayo, por el que se aprueba el texto refundido de la Ley Concursal.*

AL JUZGADO DE LO MERCANTIL DE ....

..........., Procurador de los Tribunales (núm. .... de colegiado) y de Don ...., con domicilio en ...., calle .... núm. .... y DNI/NIF ...., cuya representación acredito mediante la escritura original de poder de representación (especial para instar el presente concurso) que se acompaña a este escrito, (en su caso, mediante poder especial para presentar concurso conferido apud acta por comparecencia personal ante el letrado de la administración de justicia de la oficina judicial de ....) (en su caso, mediante poder especial para presentar concurso conferido mediante comparecencia electrónica a que se refiere el art. 6.2 TRLC), ante este Juzgado comparezco bajo la dirección letrada de Don ...., abogado del Ilustre Colegio de Valencia (núm. .... de colegiado), y como mejor proceda en Derecho DIGO:

Que por medio del presente escrito y en la representación que ostento, formulo SOLICITUD DE CONCURSO VOLUNTARIO de Don .... por hallarse en situación de insolvencia ACTUAL/INMINENTE, solicitud que se funda en los HECHOS y FUNDAMENTOS DE DERECHO que a continuación se exponen.

HECHOS

PRIMERO.– Mi principal, Don..........., nació el día........... de........... de..........., en la ciudad de........... Esto es, en la actualidad tiene...........años de edad. Es vecino de..........., teniendo fijando su domicilio en la calle..........., núm. .... de dicha localidad. Dotado de DNI/NIF núm. ....

Don........... es empleado de banca, prestando sus servicios como administrativo para la entidad ...., ello desde ...., en virtud de contrato laboral de fecha ....

Don........... es soltero y carece de hijos (en su caso, tiene un hijo llamado ...., de años de edad ....).

ALTERNATIVA: Don .... está casado con Doña..........., mayor de edad, de nacionalidad española, nacida el día........... de........... de........... en la ciudad de...........y DNI..........., bajo el régimen de absoluta separación de bienes. Ello en virtud de escritura de capitulaciones otorgada ante el Notario de..........., Don..........., el día........... de........... de........... Los Sres. .... tienen un hijo, Don..........., que es mayor de edad y que convive con sus padres.

ALTERNATIVA: Don ....tiene pareja en la persona de Doña ...., mayor de edad, de nacionalidad española, nacida el día........... de........... de..........., vecina de ...., con domicilio en la ciudad de........... La referida pareja de hecho consta inscrita en ....

Acreditando lo anterior, (SEGÚN PROCEDA) se acompañan como DOCUMENTOS..........., testimonio del DNI, del libro de familia de mi mandante, certificado del Registro Civil de..........., certificado de empadronamiento emitido en fecha........... por el Ayuntamiento de..........., declaraciones fiscales, certificado de la inscripción de la pareja de hecho en ...., y ....

SEGUNDO.– La presente solicitud de concurso voluntario debe de ser acogida por el Juzgador al darse el presupuesto objetivo de insolvencia ACTUAL en que se halla .... desde el día ...., fecha ésta desde la cual, mi mandante no puede cumplir regularmente sus obligaciones exigibles.

ALTERNATIVA: La presente solicitud de concurso voluntario debe de ser estimada por el Juzgador al darse el presupuesto objetivo de insolvencia, que es INMINENTE. Concretamente, a partir del día ...., esto es, dentro de los tres meses a que se refiere el art. 2.3 TRLC, mi mandante no podrá cumplir regular y puntualmente sus obligaciones, toda vez que...........

Lo anterior resulta de la documentación que se acompaña a esta solicitud, así como del informe pericial emitido el pasado día........... de .... de..........., por Don ...., economista del Ilustre Colegio de ...., (núm. Col. ....), y que se acompaña como DOCUMENTO .... De dicha documentación se desprende que mi mandante carece en la actualidad (en su caso, carecerá inminentemente) de liquidez suficiente para atender las deudas exigibles contraídas con sus acreedores.

TERCERO.– Dando cumplimiento a lo previsto en el art. 6.2 TRLC, se acompañan a esta solicitud poder especial para solicitar el concurso, otorgado el día........... de........... de..........., ante Don..........., notario del Ilustre Colegio de..........., con residencia en........... (núm. .... de su protocolo). (DOCUMENTO...........).

ALTERNATIVA: Dando cumplimiento a lo previsto en el art. 6.2 TRLC, se acompañan a esta solicitud poder especial para solicitar el concurso otorgado el día ....por comparecencia personal ante el letrado de la administración de justicia de la oficina judicial de .... (DOCUMENTO ....).

ALTERNATIVA: Dando cumplimiento a lo previsto en el art. 6.2 TRLC, se acompañan a esta solicitud poder especial para solicitar el concurso conferido el día .... mediante comparecencia electrónica a que se refiere el art. 6.2 TRLC. (DOCUMENTO...........)

CUARTO.– Conforme exige el art. 7 TRLC, se acompañan a esta solicitud los siguientes documentos generales, señalados como DOCUMENTOS ....:

I.– Memoria expresiva de la historia económica y jurídica del deudor; de la actividad o actividades a las que se viene dedicando durante los tres últimos años y de los establecimientos, oficinas y explotaciones de las que resulta titular, y de las causas del estado de insolvencia en que se encuentra.

(Si fuera menester). Expresamente se manifiesta que en la referida memoria consta la identidad del cónyuge de mi mandante, la fecha del matrimonio, el régimen económico por el que se rige el matrimonio, (y, en su caso, la fecha de las capitulaciones matrimoniales otorgadas en su día por los Sres. ....).

ALTERNATIVA: (Si fuera menester). Expresamente se manifiesta que en la referida memoria consta la identidad de la pareja de mi mandante, Doña ...., y la fecha de inscripción de la pareja en el Registro de ....

II.– Inventario de los bienes y derechos que integran el patrimonio de mi mandante, expresivo de su naturaleza, características, lugar en que se encuentran y, respecto de aquellos inscritos en un registro público, los datos de identificación registral de cada uno de los bienes y derechos relacionados.

También resulta del referido inventario el valor de adquisición, las correcciones valorativas procedentes y la estimación del valor de mercado a la fecha de la solicitud, de los referidos bienes y derechos, con indicación de los gravámenes, trabas y cargas que les afectan, a favor de acreedor o de tercero, con expresión de su naturaleza y, en su caso, los datos de identificación registral.

III.– Relación de acreedores con expresión de la identidad, el domicilio y la dirección electrónica, si la tuviere, de cada uno de ellos, así como de la cuantía y el vencimiento de los respectivos créditos y las garantías personales o reales constituidas.

(En su caso) Respecto de aquellos acreedores que han reclamado judicialmente el pago de su respectivo crédito se identifica en la citada relación el procedimiento correspondiente, con indicación del estado de las actuaciones.

QUINTO.– Se hace constar que mi mandante no esta obligado a la llevanza de contabilidad.

SEXTO.– (Si fuera menester). A la vista que mi poderdante se halla casado con Doña........... la presente solicitud y el auto de declaración del concurso debe ser notificada al cónyuge del deudor.

ALTERNATIVA: (si fuera menester). A la vista que mi poderdante tiene pareja inscrita en ...., Doña ...., el auto de declaración del concurso y esta solicitud, debe ser notificada a la referida pareja de mi mandante.

SÉPTIMO.– (Si fuera menester) Que al amparo del art. 337 TRLC, no pidiéndose en el presente escrito la liquidación de la deudora, y dándose los requisitos de forma y plazo previstos en la Ley, se presenta propuesta de convenio, que se acompaña a este escrito como DOCUMENTO...........

La propuesta reseñada NO ha sido objeto de adhesiones (en su caso, es objeto de las siguientes adhesiones: ....).

O (Si fuera menester, en lugar de lo anterior). Que al ser de interés de mi mandante, en este acto se solicita se acuerde por este Juzgado la apertura de la liquidación referida.

OCTAVO.– (Si fuera menester)., Se hace constar que no se acompaña el documento ...., toda vez que ....

Igualmente, aun cuando se acompaña el documento ...., en el mismo falta el dato de ...., toda vez que ....

A los relatados hechos aduzco los siguientes

FUNDAMENTOS DE DERECHO

I.– De conformidad con lo previsto en el art. 44, 45, y 49 TRLC, resulta competente para conocer de esta solicitud de concurso este Juzgado al que respetuosamente me dirijo Juzgado.

II.– Mi mandante, en su condición de deudor, está legitimado para solicitar su declaración de concurso al amparo de lo dispuesto en el art. 3.1 TRLC.

III.– Se dan en este caso los presupuestos subjetivo y objetivo requeridos para la declaración del concurso. En el primer caso, a la vista de la condición de mi mandante de deudor persona natural (art. 1.1 TRLC), que no le resulta de aplicación lo dispuesto en el Libro III TRLC (art. 1.2 TRLC). En el segundo a la vista de la situación de insolvencia actual/inminente en que se halla.

IV.– La necesaria notificación de la presente solicitud al cónyuge (en su caso, pareja) del deudor ex art. 33.2 TRLC.

V.– (En su caso) sobre la proposición de convenio vid. los arts. 337 y ss. LC.

VI.– (En su caso). Arts. 406, ss. y concordantes TRLC sobre la liquidación de mi principal.

VII.– Los efectos del concurso serán los previstos en los arts. 105 y ss. TRLC.

En virtud de lo expuesto,

SUPLICO AL JUZGADO que tenga por presentado este escrito, junto a los documentos a él unidos y sus copias, se sirva admitirlo y tener por promovido en nombre y representación de mi mandante, Don..........., SOLICITUD DE CONCURSO VOLUNTARIO, se sirva admitirla y previos los oportunos trámites legales, se sirva dictar auto por el que, estimando íntegramente la presente solicitud:

PRIMERO.– Se declare el concurso de Don ...., con el carácter de voluntario.

SEGUNDO.– Se acuerde la sustanciación del correspondiente procedimiento, con la formación de las secciones correspondientes.

TERCERO.– Se designe la administración concursal del concurso de acreedores aquí instado.

CUARTO.– Se acuerde el régimen de mera intervención de las facultades patrimoniales del deudor.

QUINTO.– (Si fuere menester eliminado la referencia del punto cuarto precedente) Se tenga por solicitada la liquidación de mi mandante, acordando cuanto proceda en derecho en orden a aperturar la citada liquidación y tramitar la misma.

(O si fuera menester y en lugar de lo anterior) Se tenga por presentada propuesta de convenio, acordando cuando proceda en derecho en orden a la citada propuesta y su tramitación.

SEXTO.– Se acuerde notificar la presente solicitud, a Doña..........., cónyuge (en su caso, pareja) del deudor, vecina de..........., con domicilio en..........., calle........... número...........y DNI/NIF...........y, en cualquier caso, el auto de declaración del concurso.

SÉPTIMO.– Se acuerde cuanto demás sea procedente en derecho para la sustanciación del procedimiento hasta su conclusión.

Es Justicia que pido en .... a .... de .... de dos mil ....

OTROSÍ DIGO Que procede dar a la declaración de concurso la oportuna publicidad, incluida la registral, en los términos y con el alcance establecidos en los arts. 35 a 37 TRLC y sin perjuicio de cualesquiera otra publicidad complementaria que, en medios oficiales o privados, estime oportuna este Juzgado al que nos dirigimos.

En su virtud,

SUPLICO AL JUZGADO que tenga por hechas las anteriores manifestaciones a los efectos oportunos, se sirva admitirlas y acordar en el auto declarando el concurso voluntario de mi principal, las inscripciones y publicaciones previstas en el art. 35 a 37 TRLC, y, previos los oportunos trámites legales, se sirva llevar a cabo tales inscripciones y publicaciones, por medios electrónicos o telemáticos y, si esto no fuera posible, librando los oportunos mandamientos y oficios que serán confiados al Procurador que esto suscribe para su oportuno curso y gestión.

Lo que se suplica en el lugar y fecha reseñados "ut supra".

OTROSÍ DIGO: Que en el auto en que se acuerde la declaración de concurso de mi principal y entre otros pronunciamientos, procede el llamamiento de los acreedores para que pongan en conocimiento de la administración concursal la existencia de sus créditos, en el plazo de un mes a contar desde el día siguiente a la publicación de la declaración del concurso en el BOE.

En su virtud,

SUPLICO AL JUZGADO que tenga por hechas las anteriores manifestaciones a los efectos oportunos, se sirva admitirlas y acordar en el auto declarando el concurso voluntario de mi principal, el llamamiento de los acreedores a los efectos antes reseñados.

Lo que se suplica en el lugar y fecha reseñados "ut supra".

OTROSÍ DIGO Que a la vista del art. 33 TRLC, en su día y previa admisión de la presente solicitud, procede la notificación por medios electrónicos del auto de declaración del concurso, a la Agencia Estatal de la Administración Tributaria y a la Tesorería General de la Seguridad Social.

En su virtud,

SUPLICO AL JUZGADO que tenga por hechas las anteriores manifestaciones a los efectos oportunos, se sirva admitirlas y acordar la referida notificación y cuanto demás proceda en derecho al respecto.

Lo que se suplica en el lugar y fecha reseñados "ut supra".

F037. SOLICITUD DE CONCURSO VOLUNTARIO DE PERSONA NATURAL NO EMPRESARIO. INSOLVENCIA ACTUAL. NOTIFICACIÓN AL CÓNYUGE O PAREJA. PETICIÓN DE ALIMENTOS

Normativa de aplicación: *Arts. 1 y ss. Real Decreto Legislativo 1/2020, de 5 de mayo, por el que se aprueba el texto refundido de la Ley Concursal.*

AL JUZGADO DE LO MERCANTIL DE ....

..........., Procurador de los Tribunales (núm. .... de colegiado) y de Don ...., con domicilio en ...., calle .... núm. .... y DNI/NIF ...., cuya representación acredito mediante la escritura original de poder de representación (especial para instar el presente concurso) que se acompaña a este escrito, ante este Juzgado comparezco bajo la dirección letrada de Don ...., abogado del Ilustre Colegio de Valencia (núm. .... de colegiado), y como mejor proceda en Derecho DIGO:

Que por medio del presente escrito y en la representación que ostento, formulo SOLICITUD DE CONCURSO VOLUNTARIO de Don .... por hallarse en situación de insolvencia ACTUAL, solicitud que se funda en los HECHOS y FUNDAMENTOS DE DERECHO que a continuación se exponen.

HECHOS

PRIMERO.– Mi principal, Don..........., nació el día........... de........... de..........., en la ciudad de........... Esto es, en la actualidad tiene...........años de edad. Es vecino de..........., teniendo fijando su domicilio en la calle..........., núm. .... de dicha localidad. Dotado de DNI/NIF núm. ....

Don........... es empleado de banca, prestando sus servicios como administrativo para la entidad ...., ello desde ...., en virtud de contrato laboral de fecha ....

Don........... es soltero y carece de hijos (en su caso, tiene un hijo llamado ...., de años de edad ....).

ALTERNATIVA: Don .... está casado con Doña..........., mayor de edad, de nacionalidad española, nacida el día........... de........... de........... en la ciudad de...........y DNI..........., bajo el régimen de absoluta separación de bienes. Ello en virtud de escritura de capitulaciones otorgada ante el Notario de..........., Don..........., el día........... de........... de........... Los Sres. .... tienen un hijo, Don..........., que es mayor de edad y que convive con sus padres.

ALTERNATIVA: Don ....tiene pareja en la persona de Doña ...., mayor de edad, de nacionalidad española, nacida el día........... de........... de..........., vecina de ...., con domicilio en la ciudad de........... La referida pareja de hecho consta inscrita en ....

Acreditando lo anterior, (SEGÚN PROCEDA) se acompañan como DOCUMENTOS..........., testimonio del DNI, del libro de familia de mi mandante, certificado del Registro Civil de..........., certificado de empadronamiento emitido en fecha........... por el Ayuntamiento de..........., declaraciones fiscales, certificado de la inscripción de la pareja de hecho en ...., y ....

SEGUNDO.– La presente solicitud de concurso voluntario debe de ser acogida por el Juzgador al darse el presupuesto objetivo de insolvencia ACTUAL en que se halla ...., desde el día ...., no pudiendo desde tal fecha cumplir regularmente sus obligaciones exigibles.

Lo anterior resulta de la documentación que se acompaña a esta solicitud, así como del informe pericial emitido el pasado día .... de .... de ...., por Don ...., economista del Ilustre Colegio de ...., (núm. Col. ....), y que se acompaña como DOCUMENTO .... De dicha documentación se desprende que mi mandante carece en la actualidad de liquidez suficiente para atender las deudas exigibles contraídas con sus acreedores.

TERCERO.– Dando cumplimiento a lo previsto en el art. 6.2 TRLC, se acompañan a esta solicitud poder especial para solicitar el concurso, otorgado el día........... de........... de..........., ante Don..........., notario del Ilustre Colegio de..........., con residencia en........... (núm. .... de su protocolo). (DOCUMENTO...........).

CUARTO.– Conforme exige el art. 7 TRLC, se acompañan a esta solicitud los siguientes documentos generales, señalados como DOCUMENTOS ....:

I.– Memoria expresiva de la historia económica y jurídica del deudor; de la actividad o actividades a las que se viene dedicando durante los tres últimos años y de los establecimientos, oficinas y explotaciones de las que resulta titular, y de las causas del estado de insolvencia en que se encuentra.

(Si fuera menester). Expresamente se manifiesta que en la referida memoria consta la identidad del cónyuge de mi mandante, la fecha del matrimonio, el régimen económico por el que se rige el matrimonio, (y, en su caso, la fecha de las capitulaciones matrimoniales otorgadas en su día por los Sres. ....).

ALTERNATIVA: (Si fuera menester). Expresamente se manifiesta que en la referida memoria consta la identidad de la pareja de mi mandante, Doña ...., y la fecha de inscripción de la pareja en el Registro de ....

II.– Inventario de los bienes y derechos que integran el patrimonio de mi mandante, expresivo de su naturaleza, características, lugar en que se encuentran y, respecto de aquellos inscritos en un registro público, los datos de identificación registral de cada uno de los bienes y derechos relacionados.

También resulta del referido inventario el valor de adquisición, las correcciones valorativas procedentes y la estimación del valor de mercado a la fecha de la solicitud, de los referidos bienes y derechos, con indicación de los gravámenes, trabas y cargas que les afectan, a favor de acreedor o de tercero, con expresión de su naturaleza y, en su caso, los datos de identificación registral.

III.– Relación de acreedores con expresión de la identidad, el domicilio y la dirección electrónica, si la tuviere, de cada uno de ellos, así como de la cuantía y el vencimiento de los respectivos créditos y las garantías personales o reales constituidas.

(En su caso) Respecto de aquellos acreedores que han reclamado judicialmente el pago de su respectivo crédito se identifica en la citada relación el procedimiento correspondiente, con indicación del estado de las actuaciones.

QUINTO.– Se hace constar que mi mandante no se halla obligado a la llevanza de contabilidad.

SEXTO.– (Si fuera menester). A la vista que mi poderdante se halla casado con Doña........... la presente solicitud y el auto de declaración del concurso debe ser notificada al cónyuge del deudor.

ALTERNATIVA: (si fuera menester). A la vista que mi poderdante tiene pareja de hecho inscrita en ...., Doña ...., el auto de declaración del concurso y esta solicitud, debe ser notificada a la referida pareja de mi mandante.

SÉPTIMO.– (Si fuera menester) Que al amparo del art. 337 TRLC, no pidiéndose en el presente escrito la liquidación de la deudora, y dándose los requisitos de forma y plazo previstos en la Ley, se presenta propuesta de convenio, que se acompaña a este escrito como DOCUMENTO...........

La propuesta reseñada NO ha sido objeto de adhesiones (en su caso, es objeto de las siguientes adhesiones: ....).

O (Si fuera menester, en lugar de lo anterior). Que al ser de interés de mi mandante, en este acto se solicita se acuerde por este Juzgado la apertura de la liquidación referida.

OCTAVO.– (Si fuera menester)., Se hace constar que no se acompaña el documento ...., toda vez que ....

Igualmente, aun cuando se acompaña el documento ...., en el mismo falta el dato de ...., toda vez que ....

A los relatados hechos aduzco los siguientes

FUNDAMENTOS DE DERECHO

I.– De conformidad con lo previsto en el art. 44, 45, y 49 TRLC, resulta competente para conocer de esta solicitud de concurso este Juzgado al que respetuosamente me dirijo Juzgado.

II.– Mi mandante, en su condición de deudor, está legitimado para solicitar su declaración de concurso al amparo de lo dispuesto en el art. 3.1 TRLC.

III.– Se dan en este caso los presupuestos subjetivo y objetivo requeridos para la declaración del concurso. En el primer caso, a la vista de la condición de mi mandante de deudor persona natural (art. 1.1 TRLC), que no le resulta de aplicación lo dispuesto en el Libro III TRLC (art. 1.2 TRLC). Y lo segundo a la vista de la situación de insolvencia actual en que se halla.

IV.– La necesaria notificación de la presente solicitud al cónyuge (en su caso, pareja) del deudor ex art. 33.2 TRLC.

V.– (En su caso) sobre la proposición de convenio vid. los arts. 337 y ss. LC.

VI.– (En su caso). Arts. 406, ss. y concordantes TRLC sobre la liquidación de mi principal.

VII.– Los efectos del concurso serán los previstos en los arts. 105 y ss. TRLC.

En virtud de lo expuesto,

SUPLICO AL JUZGADO que tenga por presentado este escrito, junto a los documentos a él unidos y sus copias, se sirva admitirlo y tener por promovido en nombre y representación de mi mandante, Don............, SOLICITUD DE CONCURSO VOLUNTARIO, se sirva admitirla y previos los oportunos trámites legales, se sirva dictar auto por el que, estimando íntegramente la presente solicitud:

PRIMERO.– Se declare el concurso de Don ...., con el carácter de voluntario.

SEGUNDO.– Se acuerde la sustanciación del correspondiente procedimiento, con la formación de las secciones correspondientes.

TERCERO.– Se designe la administración concursal del concurso de acreedores aquí instado.

CUARTO.– Se acuerde el régimen de mera intervención de las facultades patrimoniales del deudor.

QUINTO.– (Si fuere menester eliminado la referencia del punto cuarto precedente) Se tenga por solicitada la liquidación de mi mandante, acordando cuanto proceda en derecho en orden a aperturar la citada liquidación y tramitar la misma.

(O si fuera menester y en lugar de lo anterior) Se tenga por presentada propuesta de convenio, acordando cuando proceda en derecho en orden a la citada propuesta y su tramitación.

SEXTO.– Se acuerde notificar la presente solicitud, a Doña............, cónyuge (en su caso, pareja) del deudor, vecina de............, con domicilio en............, calle............

número...........y DNI/NIF...........y, en cualquier caso, el auto de declaración del concurso.

SÉPTIMO.– Se acuerde cuanto demás sea procedente en derecho para la sustanciación del procedimiento hasta su conclusión.

Es Justicia que pido en .... a .... de .... de dos mil ....

OTROSÍ DIGO Que a la vista de la delicadísima situación económica y financiera que atraviesa mi principal, procede la percepción de alimentos con cargo a la masa activa. Esta parte entiende que dichos alimentos deberían serles prestados a mi principal, con periodicidad mensual, y en cuantía de...........euros.

En su virtud

SUPLICO AL JUZGADO que tenga por efectuadas las anteriores manifestaciones y previos los oportunos trámites, se sirva acordar en el sentido anteriormente expuesto.

Lo que se suplica en el lugar y fecha reseñados "ut supra".

OTROSÍ DIGO Que procede dar a la declaración de concurso la oportuna publicidad, incluida la registral, en los términos y con el alcance establecidos en los arts. 35 a 37 TRLC y sin perjuicio de cualesquiera otra publicidad complementaria que, en medios oficiales o privados, estime oportuna este Juzgado al que nos dirigimos.

En su virtud,

SUPLICO AL JUZGADO que tenga por hechas las anteriores manifestaciones a los efectos oportunos, se sirva admitirlas y acordar en el auto declarando el concurso voluntario de mi principal, las inscripciones y publicaciones previstas en el art. 35 a 37 TRLC, y, previos los oportunos trámites legales, se sirva llevar a cabo tales inscripciones y publicaciones, por medios electrónicos o telemáticos y, si esto no fuera posible, librando los oportunos mandamientos y oficios que serán confiados al Procurador que esto suscribe para su oportuno curso y gestión.

Lo que se suplica en el lugar y fecha reseñados "ut supra".

OTROSÍ DIGO: Que en el auto en que se acuerde la declaración de concurso de mi principal y entre otros pronunciamientos, procede el llamamiento de los acreedores para que pongan en conocimiento de la administración concursal la existencia de sus créditos, en el plazo de un mes a contar desde el día siguiente a la publicación de la declaración del concurso en el BOE.

En su virtud,

SUPLICO AL JUZGADO que tenga por hechas las anteriores manifestaciones a los efectos oportunos, se sirva admitirlas y acordar en el auto declarando el concurso voluntario de mi principal, el llamamiento de los acreedores a los efectos antes reseñados.

Lo que se suplica en el lugar y fecha reseñados "ut supra".

OTROSÍ DIGO Que a la vista del art. 33 TRLC, en su día y previa admisión de la presente solicitud, procede la notificación por medios electrónicos del auto de declaración del concurso, a la Agencia Estatal de la Administración Tributaria y a la Tesorería General de la Seguridad Social.

En su virtud,

SUPLICO AL JUZGADO que tenga por hechas las anteriores manifestaciones a los efectos oportunos, se sirva admitirlas y acordar la referida notificación y cuanto demás proceda en derecho al respecto.

Lo que se suplica en el lugar y fecha reseñados "ut supra".

F038. SOLICITUD DE CONCURSO VOLUNTARIO DE PERSONA NATURAL NO EMPRESARIO. INSOLVENCIA INMINENTE. NOTIFICACIÓN AL CÓNYUGE O PAREJA. PETICIÓN DE ALIMENTOS

Normativa de aplicación: *Arts. 1 y ss. Real Decreto Legislativo 1/2020, de 5 de mayo, por el que se aprueba el texto refundido de la Ley Concursal.*

AL JUZGADO DE LO MERCANTIL DE ....

............, Procurador de los Tribunales (núm. .... de colegiado) y de Don ...., con domicilio en ...., calle .... núm. .... y DNI/NIF ...., cuya representación acredito mediante la escritura original de poder de representación (especial para instar el presente concurso) que se acompaña a este escrito, ante este Juzgado comparezco bajo la dirección letrada de Don ...., abogado del Ilustre Colegio de Valencia (núm. .... de colegiado), y como mejor proceda en Derecho DIGO:

Que por medio del presente escrito y en la representación que ostento, formulo SOLICITUD DE CONCURSO VOLUNTARIO de Don .... por hallarse en situación de insolvencia INMINENTE, solicitud que se funda en los HECHOS y FUNDAMENTOS DE DERECHO que a continuación se exponen.

HECHOS

PRIMERO.– Mi principal, Don............, nació el día............ de............ de............, en la ciudad de............ Esto es, en la actualidad tiene............años de edad. Es vecino de............, teniendo fijando su domicilio en la calle............, núm. .... de dicha localidad. Dotado de DNI/NIF núm. ....

Don............ es empleado de banca, prestando sus servicios como administrativo para la entidad ...., ello desde ...., en virtud de contrato laboral de fecha ....

Don............es soltero y carece de hijos (en su caso, tiene un hijo llamado ...., de años de edad ....).

ALTERNATIVA: Don .... está casado con Doña..........., mayor de edad, de nacionalidad española, nacida el día........... de........... de........... en la ciudad de...........y DNI..........., bajo el régimen de absoluta separación de bienes. Ello en virtud de escritura de capitulaciones otorgada ante el Notario de..........., Don..........., el día........... de........... de........... Los Sres. ....tienen un hijo, Don..........., que es mayor de edad y que convive con sus padres.

ALTERNATIVA: Don ....tiene pareja en la persona de Doña ...., mayor de edad, de nacionalidad española, nacida el día........... de........... de..........., vecina de ...., con domicilio en la ciudad de........... La referida pareja de hecho consta inscrita en ....

Acreditando lo anterior, (SEGÚN PROCEDA) se acompañan como DOCUMENTOS..........., testimonio del DNI, del libro de familia de mi mandante, certificado del Registro Civil de..........., certificado de empadronamiento emitido en fecha........... por el Ayuntamiento de..........., y declaraciones fiscales, certificado de la inscripción de la pareja de hecho en ...., y ....

SEGUNDO.– La presente solicitud de concurso voluntario debe de ser acogida por el Juzgador al darse el presupuesto objetivo de insolvencia INMINENTE, pues llegado el próximo día .... mi mandante no podrá cumplir regularmente sus obligaciones exigibles.

Lo anterior resulta de la documentación que se acompaña a esta solicitud, así como del informe pericial emitido el pasado día .... de .... de ...., por Don ...., economista del Ilustre Colegio de ...., (núm. Col. ....), y que se acompaña como DOCUMENTO .... De dicha documentación se desprende que mi mandante carecerá a partir del día .... de liquidez suficiente para atender las deudas exigibles contraídas con sus acreedores.

TERCERO.– Dando cumplimiento a lo previsto en el art. 6.2 TRLC, se acompañan a esta solicitud poder especial para solicitar el concurso, otorgado el día........... de........... de..........., ante Don..........., notario del Ilustre Colegio de..........., con residencia en........... (núm. .... de su protocolo). (DOCUMENTO...........).

CUARTO.– Conforme exige el art. 7 TRLC, se acompañan a esta solicitud los siguientes documentos generales, señalados como DOCUMENTOS ....:

I.– Memoria expresiva de la historia económica y jurídica del deudor; de la actividad o actividades a las que se viene dedicando durante los tres últimos años y de los establecimientos, oficinas y explotaciones de las que resulta titular, y de las causas del estado de insolvencia en que se encuentra.

(Si fuera menester). Expresamente se manifiesta que en la referida memoria consta la identidad del cónyuge de mi mandante, la fecha del matrimonio, el régimen económico por el que se rige el matrimonio, (y, en su caso, la fecha de las capitulaciones matrimoniales otorgadas en su día por los Sres. ....).

ALTERNATIVA: (Si fuera menester). Expresamente se manifiesta que en la referida memoria consta la identidad de la pareja de mi mandante, Doña ...., y la fecha de inscripción de la pareja en el Registro de ....

II.– Inventario de los bienes y derechos que integran el patrimonio de mi mandante, expresivo de su naturaleza, características, lugar en que se encuentran y, respecto de aquellos inscritos en un registro público, los datos de identificación registral de cada uno de los bienes y derechos relacionados.

También resulta del referido inventario el valor de adquisición, las correcciones valorativas procedentes y la estimación del valor de mercado a la fecha de la solicitud, de los referidos bienes y derechos, con indicación de los gravámenes, trabas y cargas que les afectan, a favor de acreedor o de tercero, con expresión de su naturaleza y, en su caso, los datos de identificación registral.

III.– Relación de acreedores con expresión de la identidad, el domicilio y la dirección electrónica, si la tuviere, de cada uno de ellos, así como de la cuantía y el vencimiento de los respectivos créditos y las garantías personales o reales constituidas.

(En su caso) Respecto de aquellos acreedores que han reclamado judicialmente el pago de su respectivo crédito se identifica en la citada relación el procedimiento correspondiente, con indicación del estado de las actuaciones.

QUINTO.– A la vista lo previsto en el art. 8 TRLC, se hace constar que mi principal no esta obligado a la llevanza de contabilidad.:

SEXTO.– (Si fuera menester). A la vista que mi poderdante se halla casado con Doña........... la presente solicitud y el auto de declaración del concurso debe ser notificada al cónyuge del deudor.

ALTERNATIVA: (si fuera menester). A la vista que mi poderdante tiene pareja de hecho inscrita en ...., Doña ...., el auto de declaración del concurso y esta solicitud, debe ser notificada a la referida pareja de mi mandante.

SÉPTIMO.– (Si fuera menester) Que al amparo del art. 337 TRLC, no pidiéndose en el presente escrito la liquidación de la deudora, y dándose los requisitos de forma y plazo previstos en la Ley, se presenta propuesta de convenio, que se acompaña a este escrito como DOCUMENTO...........

La propuesta reseñada NO ha sido objeto de adhesiones (en su caso, es objeto de las siguientes adhesiones: ....).

O (Si fuera menester, en lugar de lo anterior). Que al ser de interés de mi mandante, en este acto se solicita se acuerde por este Juzgado la apertura de la liquidación referida.

OCTAVO.– (Si fuera menester)., Se hace constar que no se acompaña el documento ...., toda vez que ....

Igualmente, aun cuando se acompaña el documento ...., en el mismo falta el dato de ...., toda vez que ....

A los relatados hechos aduzco los siguientes

FUNDAMENTOS DE DERECHO

I.– De conformidad con lo previsto en el art. 44, 45, y 49 TRLC, resulta competente para conocer de esta solicitud de concurso este Juzgado al que respetuosamente me dirijo Juzgado.

II.– Mi mandante, en su condición de deudor, está legitimado para solicitar su declaración de concurso al amparo de lo dispuesto en el art. 3.1 TRLC.

III.– Se dan en este caso los presupuestos subjetivo y objetivo requeridos para la declaración del concurso. En el primer caso, a la vista de la condición de mi mandante de deudor persona natural (art. 1.1 TRLC), que no le resulta de aplicación lo dispuesto en el Libro III TRLC (art. 1.2 TRLC). Lo segundo ala vista de la situación de insolvencia inminente en que se halla.

IV.– La necesaria notificación de la presente solicitud al cónyuge (en su caso, pareja) del deudor ex art. 33.2 TRLC.

V.– (En su caso) sobre la proposición de convenio vid. los arts. 337 y ss. LC.

VI.– (En su caso). Arts. 406, ss. y concordantes TRLC sobre la liquidación de mi principal.

VII.– Los efectos del concurso serán los previstos en los arts. 105 y ss. TRLC.

En virtud de lo expuesto,

SUPLICO AL JUZGADO que tenga por presentado este escrito, junto a los documentos a él unidos y sus copias, se sirva admitirlo y tener por promovido en nombre y representación de mi mandante, Don..........., SOLICITUD DE CONCURSO VOLUNTARIO, se sirva admitirla y previos los oportunos trámites legales, se sirva dictar auto por el que, estimando íntegramente la presente solicitud:

PRIMERO.– Se declare el concurso de Don ...., con el carácter de voluntario.

SEGUNDO.– Se acuerde la sustanciación del correspondiente procedimiento, con la formación de las secciones correspondientes.

TERCERO.– Se designe la administración concursal del concurso de acreedores aquí instado.

CUARTO.– Se acuerde el régimen de mera intervención de las facultades patrimoniales del deudor.

QUINTO.– (Si fuere menester eliminado la referencia del punto cuarto precedente) Se tenga por solicitada la liquidación de mi mandante, acordando cuanto proceda en derecho en orden a apertutar la citada liquidación y tramitar la misma.

(O si fuera menester y en lugar de lo anterior) Se tenga por presentada propuesta de convenio, acordando cuando proceda en derecho en orden a la citada propuesta y su tramitación.

SEXTO.– Se acuerde notificar la presente solicitud, a Doña..........., cónyuge (en su caso, pareja) del deudor, vecina de..........., con domicilio en..........., calle...........

número...........y DNI/NIF...........y, en cualquier caso, el auto de declaración del concurso.

SÉPTIMO.– Se acuerde cuanto demás sea procedente en derecho para la sustanciación del procedimiento hasta su conclusión.

Es Justicia que pido en .... a .... de .... de dos mil ....

OTROSÍ DIGO Que a la vista de la delicadísima situación económica y financiera que atraviesa mi principal, procede la percepción de alimentos con cargo a la masa activa. Esta parte entiende que dichos alimentos deberían serles prestados a mi principal, con periodicidad mensual, y en cuantía de...........euros.

En su virtud

SUPLICO AL JUZGADO que tenga por efectuadas las anteriores manifestaciones y previos los oportunos trámites, se sirva acordar en el sentido anteriormente expuesto.

Lo que se suplica en el lugar y fecha reseñados "ut supra".

OTROSÍ DIGO Que procede dar a la declaración de concurso la oportuna publicidad, incluida la registral, en los términos y con el alcance establecidos en los arts. 35 a 37 TRLC y sin perjuicio de cualesquiera otra publicidad complementaria que, en medios oficiales o privados, estime oportuna este Juzgado al que nos dirigimos.

En su virtud,

SUPLICO AL JUZGADO que tenga por hechas las anteriores manifestaciones a los efectos oportunos, se sirva admitirlas y acordar en el auto declarando el concurso voluntario de mi principal, las inscripciones y publicaciones previstas en el art. 35 a 37 TRLC, y, previos los oportunos trámites legales, se sirva llevar a cabo tales inscripciones y publicaciones, por medios electrónicos o telemáticos y, si esto no fuera posible, librando los oportunos mandamientos y oficios que serán confiados al Procurador que esto suscribe para su oportuno curso y gestión.

Lo que se suplica en el lugar y fecha reseñados "ut supra".

OTROSÍ DIGO: Que en el auto en que se acuerde la declaración de concurso de mi principal y entre otros pronunciamientos, procede el llamamiento de los acreedores para que pongan en conocimiento de la administración concursal la existencia de sus créditos, en el plazo de un mes a contar desde el día siguiente a la publicación de la declaración del concurso en el BOE.

En su virtud,

SUPLICO AL JUZGADO que tenga por hechas las anteriores manifestaciones a los efectos oportunos, se sirva admitirlas y acordar en el auto declarando el concurso voluntario de mi principal, el llamamiento de los acreedores a los efectos antes reseñados.

Lo que se suplica en el lugar y fecha reseñados "ut supra".

OTROSÍ DIGO Que a la vista del art. 33 TRLC, en su día y previa admisión de la presente solicitud, procede la notificación por medios electrónicos del auto de declaración del concurso, a la Agencia Estatal de la Administración Tributaria y a la Tesorería General de la Seguridad Social.

En su virtud,

SUPLICO AL JUZGADO que tenga por hechas las anteriores manifestaciones a los efectos oportunos, se sirva admitirlas y acordar la referida notificación y cuanto demás proceda en derecho al respecto.

Lo que se suplica en el lugar y fecha reseñados "ut supra".

F039. SOLICITUD DE CONCURSO VOLUNTARIO DE PERSONA NATURAL EMPRESARIO. MODELO GENERAL

Normativa de aplicación: *Arts. 1 y ss. Real Decreto Legislativo 1/2020, de 5 de mayo, por el que se aprueba el texto refundido de la Ley Concursal.*

AL JUZGADO DE LO MERCANTIL DE ....

..........., Procurador de los Tribunales (núm. .... de colegiado) y de Don ...., con domicilio en ...., calle .... núm. .... y DNI/NIF ...., cuya representación acredito mediante la escritura original de poder de representación (especial para instar el presente concurso) que se acompaña a este escrito, (en su caso, mediante poder especial para presentar concurso conferido apud acta por comparecencia personal ante el letrado de la administración de justicia de la oficina judicial de ....) (en su caso, mediante poder especial para presentar concurso conferido mediante comparecencia electrónica a que se refiere el art. 6.2 TRLC), ante este Juzgado comparezco bajo la dirección letrada de Don ...., abogado del Ilustre Colegio de Valencia (núm. .... de colegiado), y como mejor proceda en Derecho DIGO:

Que por medio del presente escrito y en la representación que ostento, formulo SOLICITUD DE CONCURSO VOLUNTARIO de Don .... por hallarse en situación de insolvencia ACTUAL/INMINENTE, solicitud que se funda en los HECHOS y FUNDAMENTOS DE DERECHO que a continuación se exponen.

HECHOS

PRIMERO.– Mi principal, Don..........., nació el día........... de........... de..........., en la ciudad de........... Esto es, en la actualidad tiene...........años de edad. Es vecino de..........., teniendo fijando su domicilio en la calle..........., núm. .... de dicha localidad. Dotado de DNI/NIF núm. ....

Don........... es empresario individual del sector de..........., y explota en la actualidad un negocio de ...., denominado "...........", que se halla en ...., calle ....

Don........... es soltero y carece de hijos (en su caso, tiene un hijo llamado ...., de años de edad ....).

ALTERNATIVA: Don .... está casado con Doña..........., mayor de edad, de nacionalidad española, nacida el día........... de........... de........... en la ciudad de...........y DNI..........., bajo el régimen de absoluta separación de bienes. Ello en virtud de escritura de capitulaciones otorgada ante el Notario de..........., Don..........., el día........... de........... de........... Los Sres. .... tienen un hijo, Don..........., que es mayor de edad y que convive con sus padres.

ALTERNATIVA: Don ....tiene pareja en la persona de Doña ...., mayor de edad, de nacionalidad española, nacida el día........... de........... de..........., vecina de ...., con domicilio en la ciudad de........... La referida pareja de hecho consta inscrita en ....

Acreditando lo anterior, (SEGÚN PROCEDA) se acompañan como DOCUMENTOS..........., testimonio del DNI, del libro de familia de mi mandante, certificado del Registro Civil de..........., certificado de empadronamiento emitido en fecha........... por el Ayuntamiento de..........., alta en Hacienda y declaraciones fiscales, certificado de la inscripción de la pareja de hecho en ...., y ....

SEGUNDO.– La presente solicitud de concurso voluntario debe de ser acogida por el Juzgador al darse el presupuesto objetivo de insolvencia ACTUAL en que se halla .... S.A. desde el día ...., fecha ésta desde la cual, mi mandante no puede cumplir regularmente sus obligaciones exigibles.

ALTERNATIVA: La presente solicitud de concurso voluntario debe de ser estimada por el Juzgador al darse el presupuesto objetivo de insolvencia, que es INMINENTE. Concretamente, a partir del día ...., esto es, dentro de los tres meses a que se refiere el art. 2.3 TRLC, mi mandante no podrá cumplir regular y puntualmente sus obligaciones, toda vez que...........

Lo anterior resulta de la documentación que se acompaña a esta solicitud, así como del informe pericial emitido el pasado día .... de .... de ...., por Don ...., economista del Ilustre Colegio de ...., (núm. Col. ....), y que se acompaña como DOCUMENTO .... De dicha documentación se desprende que mi mandante carece en la actualidad (en su caso, carecerá inminentemente) de liquidez suficiente para atender las deudas exigibles contraídas con sus acreedores.

TERCERO.– Dando cumplimiento a lo previsto en el art. 6.2 TRLC, se acompañan a esta solicitud poder especial para solicitar el concurso, otorgado el día........... de........... de..........., ante Don..........., notario del Ilustre Colegio de..........., con residencia en........... (núm. .... de su protocolo). (DOCUMENTO...........).

ALTERNATIVA: Dando cumplimiento a lo previsto en el art. 6.2 TRLC, se acompañan a *esta solicitud* poder especial para solicitar el concurso otorgado el día ....por comparecencia personal ante el letrado de la administración de justicia de la oficina judicial de .... (DOCUMENTO ....).

ALTERNATIVA: Dando cumplimiento a lo previsto en el art. 6.2 TRLC, se acompañan a esta solicitud poder especial para solicitar el concurso conferido el día .... mediante comparecencia electrónica a que se refiere el art. 6.2 TRLC. (DOCUMENTO...........)

CUARTO.– Conforme exige el art. 7 TRLC, se acompañan a esta solicitud los siguientes documentos generales, señalados como DOCUMENTOS ....:

I.– Memoria expresiva de la historia económica y jurídica del deudor; de la actividad o actividades a las que se viene dedicando durante los tres últimos años y de los establecimientos, oficinas y explotaciones de las que resulta titular, y de las causas del estado de insolvencia en que se encuentra.

(Si fuera menester). Expresamente se manifiesta que en la referida memoria consta la identidad del cónyuge de mi mandante, la fecha del matrimonio, el régimen económico por el que se rige el matrimonio, (y, en su caso, la fecha de las capitulaciones matrimoniales otorgadas en su día por los Sres. ....).

ALTERNATIVA: (Si fuera menester). Expresamente se manifiesta que en la referida memoria consta la identidad de la pareja de mi mandante, Doña ...., y la fecha de inscripción de la pareja en el Registro de ....

II.– Inventario de los bienes y derechos que integran el patrimonio de mi mandante, expresivo de su naturaleza, características, lugar en que se encuentran y, respecto de aquellos inscritos en un registro público, los datos de identificación registral de cada uno de los bienes y derechos relacionados.

También resulta del referido inventario el valor de adquisición, las correcciones valorativas procedentes y la estimación del valor de mercado a la fecha de la solicitud, de los referidos bienes y derechos, con indicación de los gravámenes, trabas y cargas que les afectan, a favor de acreedor o de tercero, con expresión de su naturaleza y, en su caso, los datos de identificación registral.

III.– Relación de acreedores con expresión de la identidad, el domicilio y la dirección electrónica, si la tuviere, de cada uno de ellos, así como de la cuantía y el vencimiento de los respectivos créditos y las garantías personales o reales constituidas.

(En su caso) Respecto de aquellos acreedores que han reclamado judicialmente el pago de su respectivo crédito se identifica en la citada relación el procedimiento correspondiente, con indicación del estado de las actuaciones.

IV.– (En su caso) Siendo mi mandante empleador, se hace constar que el número de trabajadores asciende a ...., haciéndose constar que el/los centro/s de trabajo al que están afectos los mismos es/son ....

Se hace constar que NO existe órgano de representación de los trabajadores.

ALTERNATIVA: Se ha constar que si existe órgano de representación de los trabajadores de Don ...., siendo la identidad y el correo electrónico de cada uno de sus integrantes, el siguiente: ....

QUINTO.– (Si fuere menester). De conformidad con lo previsto en el art. 8 TRLC y estando obligado mi principal a la llevanza de contabilidad, se acompaña igualmente a esta solicitud la documentación que a continuación se reseña:

I.– Cuentas anuales de los últimos tres ejercicios sociales finalizados a fecha de la solicitud de concurso, esto es, los cerrados a fecha ...., ... y .... (DOCUMENTOS...........).

II.– Memoria de los cambios significativos operados en el patrimonio de mi mandante con posterioridad a las últimas cuentas anuales formuladas, aprobadas y depositadas en el Registro Mercantil, las correspondientes al ejercicio........... (DOCUMENTOS...........).

III.– Memoria de las operaciones realizadas con posterioridad a las últimas cuentas anuales formuladas, aprobadas y depositadas en el Registro Mercantil y que por su naturaleza, objeto o cuantía excedan del giro o tráfico ordinario del deudor. (DOCUMENTO...........).

SEXTO.– (Si fuera menester). A la vista que mi poderdante se halla casado con Doña........... la presente solicitud y el auto de declaración del concurso debe ser notificada al cónyuge del deudor.

ALTERNATIVA: (si fuera menester). A la vista que mi poderdante tiene pareja de hecho inscrita en ...., Doña ...., el auto de declaración del concurso y esta solicitud, debe ser notificada a la referida pareja de mi mandante.

SÉPTIMO.– (Si fuera menester) Que al amparo del art. 337 TRLC, no pidiéndose en el presente escrito la liquidación de la deudora, y dándose los requisitos de forma y plazo previstos en la Ley, se presenta propuesta de convenio, que se acompaña a este escrito como DOCUMENTO...........

La propuesta reseñada NO ha sido objeto de adhesiones (en su caso, es objeto de las siguientes adhesiones: ....).

O (Si fuera menester, en lugar de lo anterior). Que al ser de interés de mi mandante, en este acto se solicita se acuerde por este Juzgado la apertura de la liquidación referida.

OCTAVO.– (Si fuera menester)., Se hace constar que no se acompaña el documento ...., toda vez que ....

Igualmente, aun cuando se acompaña el documento ...., en el mismo falta el dato de ...., toda vez que ....

A los relatados hechos aduzco los siguientes

FUNDAMENTOS DE DERECHO

I.– De conformidad con lo previsto en el art. 44, 45, y 49 TRLC, resulta competente para conocer de esta solicitud de concurso este Juzgado al que respetuosamente me dirijo Juzgado.

II.– Mi mandante, en su condición de deudor, está legitimado para solicitar su declaración de concurso al amparo de lo dispuesto en el art. 3.1 TRLC.

III.– Se dan en este caso los presupuestos subjetivo y objetivo requeridos para la declaración del concurso. En el primer caso, a la vista de la condición de mi mandante de deudor persona natural (art. 1.1 TRLC), que no le resulta de aplicación lo dispuesto en el Libro III TRLC (art. 1.2 TRLC).

IV.– La necesaria notificación de la presente solicitud al cónyuge (en su caso, pareja) del deudor ex art. 33.2 TRLC.

V.– (En su caso) sobre la proposición de convenio vid. los arts. 337 y ss. TRLC.

VI.– (En su caso). Arts. 406, ss. y concordantes TRLC sobre la liquidación de mi principal.

VII.– Los efectos del concurso serán los previstos en los arts. 105 y ss. TRLC.

En virtud de lo expuesto,

SUPLICO AL JUZGADO que tenga por presentado este escrito, junto a los documentos a él unidos y sus copias, se sirva admitirlo y tener por promovido en nombre y representación de mi mandante, Don..........., SOLICITUD DE CONCURSO VOLUNTARIO, se sirva admitirla y previos los oportunos trámites legales, se sirva dictar auto por el que, estimando íntegramente la presente solicitud:

PRIMERO.– Se declare el concurso de Don ...., con el carácter de voluntario.

SEGUNDO.– Se acuerde la sustanciación del correspondiente procedimiento, con la formación de las secciones correspondientes.

TERCERO.– Se designe la administración concursal del concurso de acreedores aquí instado.

CUARTO.– Se acuerde el régimen de mera intervención de las facultades patrimoniales del deudor.

QUINTO.– (Si fuere menester eliminado la referencia del punto cuarto precedente) Se tenga por solicitada la liquidación de mi mandante, acordando cuanto proceda en derecho en orden a aperturar la citada liquidación y tramitar la misma.

(O si fuera menester y en lugar de lo anterior) Se tenga por presentada propuesta de convenio, acordando cuando proceda en derecho en orden a la citada propuesta y su tramitación.

SEXTO.– Se acuerde notificar la presente solicitud, a Doña..........., cónyuge (en su caso, pareja) del deudor, vecina de..........., con domicilio en..........., calle........... número...........y DNI/NIF...........y, en cualquier caso, el auto de declaración del concurso.

SÉPTIMO.– Se acuerde cuanto demás sea procedente en derecho para la sustanciación del procedimiento hasta su conclusión.

Es Justicia que pido en .... a .... de .... de dos mil ....

OTROSÍ DIGO: Que de conformidad y a los efectos de lo dispuesto en el art. 224 bis TRLC, junto a la presente solicitud de concurso se acompaña por esta parte como DOCUMENTO .... una propuesta escrita vinculante para la adquisición de la/s siguiente/s unidad/es productiva/s titularidad de mi principal, que resulta de interés y conformidad de esta parte. Tal/es unidad/es productiva/s son: ....

En su virtud,

SUPLICO AL JUZGADO que tenga por presentado este escrito, se sirva admitirlo, y tener por hechas las anteriores manifestaciones a los efectos legales oportunos, suplicando se tramite la citada oferta vinculante para la compra de la/s referida/s unida/es productiva/s conforme establece el art. 224 bis TRLC y demás normativa de aplicación, acordando cuanto proceda en derecho al efecto.

Lo que se suplica en el lugar y fecha reseñados "ut supra".

OTROSÍ DIGO Que procede dar a la declaración de concurso la oportuna publicidad, incluida la registral, en los términos y con el alcance establecidos en los arts. 35 a 37 TRLC y sin perjuicio de cualesquiera otra publicidad complementaria que, en medios oficiales o privados, estime oportuna este Juzgado al que nos dirigimos.

En su virtud,

SUPLICO AL JUZGADO que tenga por hechas las anteriores manifestaciones a los efectos oportunos, se sirva admitirlas y acordar en el auto declarando el concurso voluntario de mi principal, las inscripciones y publicaciones previstas en el art. 35 a 37 TRLC, y, previos los oportunos trámites legales, se sirva llevar a cabo tales inscripciones y publicaciones, por medios electrónicos o telemáticos y, si esto no fuera posible, librando los oportunos mandamientos y oficios que serán confiados al Procurador que esto suscribe para su oportuno curso y gestión.

Lo que se suplica en el lugar y fecha reseñados "ut supra".

OTROSÍ DIGO: Que en el auto en que se acuerde la declaración de concurso de mi principal y entre otros pronunciamientos, procede el llamamiento de los acreedores para que pongan en conocimiento de la administración concursal la existencia de sus créditos, en el plazo de un mes a contar desde el día siguiente a la publicación de la declaración del concurso en el BOE.

En su virtud,

SUPLICO AL JUZGADO que tenga por hechas las anteriores manifestaciones a los efectos oportunos, se sirva admitirlas y acordar en el auto declarando el concurso voluntario de mi principal, el llamamiento de los acreedores a los efectos antes reseñados.

Lo que se suplica en el lugar y fecha reseñados "ut supra".

OTROSÍ DIGO Que a la vista del art. 33 TRLC, en su día y previa admisión de la presente solicitud, procede la notificación por medios electrónicos del auto de declaración del concurso, a la Agencia Estatal de la Administración Tributaria y a la Tesorería General de la Seguridad Social.

En su virtud,

SUPLICO AL JUZGADO que tenga por hechas las anteriores manifestaciones a los efectos oportunos, se sirva admitirlas y acordar la referida notificación y cuanto demás proceda en derecho al respecto.

Lo que se suplica en el lugar y fecha reseñados "ut supra".

(SI fuera menester) OTROSÍ DIGO Que conforme requiere el art. 28.4 TRLC, en su día y previa admisión de la presente solicitud, procede la notificación del auto de declaración del concurso, a la representación legal de los trabajadores de .... S.A.

En su virtud,

SUPLICO AL JUZGADO que tenga por hechas las anteriores manifestaciones a los efectos oportunos, se sirva admitirlas y acordar la referida notificación y cuanto demás proceda en derecho al respecto.

Lo que se suplica en el lugar y fecha reseñados "ut supra".

F040. SOLICITUD DE CONCURSO VOLUNTARIO DE PERSONA NATURAL EMPRESARIO. INSOLVENCIA ACTUAL. NOTIFICACIÓN AL CÓNYUGE O PAREJA. PETICIÓN DE ALIMENTOS

Normativa de aplicación: *Arts. 1 y ss. Real Decreto Legislativo 1/2020, de 5 de mayo, por el que se aprueba el texto refundido de la Ley Concursal.*

AL JUZGADO DE LO MERCANTIL DE ....

..........., Procurador de los Tribunales (núm. .... de colegiado) y de Don ...., con domicilio en ...., calle .... núm. .... y DNI/NIF ...., cuya representación acredito mediante la escritura original de poder de representación (especial para instar el presente concurso) que se acompaña a este escrito, ante este Juzgado comparezco bajo la dirección letrada de Don ...., abogado del Ilustre Colegio de Valencia (núm. .... de colegiado), y como mejor proceda en Derecho DIGO:

Que por medio del presente escrito y en la representación que ostento, formulo SOLICITUD DE CONCURSO VOLUNTARIO de Don .... por hallarse en situación de insolvencia ACTUAL, solicitud que se funda en los HECHOS y FUNDAMENTOS DE DERECHO que a continuación se exponen.

HECHOS

PRIMERO.– Mi principal, Don..........., nació el día........... de........... de..........., en la ciudad de........... Esto es, en la actualidad tiene........... años de edad. Es vecino de..........., teniendo fijando su domicilio en la calle..........., núm. .... de dicha localidad. Dotado de DNI/NIF núm. ....

Don........... es empresario individual del sector de..........., y explota en la actualidad un negocio de ...., denominado "...........", que se halla en ...., calle ....

Don........... es soltero y carece de hijos (en su caso, tiene un hijo llamado ...., de años de edad ....).

ALTERNATIVA: Don .... está casado con Doña..........., mayor de edad, de nacionalidad española, nacida el día........... de........... de........... en la ciudad de...........y DNI..........., bajo el régimen de absoluta separación de bienes. Ello en virtud de escritura de capitulaciones otorgada ante el Notario de..........., Don..........., el día........... de........... de........... Los Sres. .... tienen un hijo, Don..........., que es mayor de edad y que convive con sus padres.

ALTERNATIVA: Don ....tiene pareja en la persona de Doña ...., mayor de edad, de nacionalidad española, nacida el día........... de........... de..........., vecina de ...., con domicilio en la ciudad de........... La referida pareja de hecho consta inscrita en ....

Acreditando lo anterior, (SEGÚN PROCEDA) se acompañan como DOCUMENTOS..........., testimonio del DNI, del libro de familia de mi mandante, certificado del Registro Civil de..........., certificado de empadronamiento emitido en fecha........... por el Ayuntamiento de..........., alta en Hacienda y declaraciones fiscales, certificado de la inscripción de la pareja de hecho en ...., y ....

SEGUNDO.– La presente solicitud de concurso voluntario debe de ser acogida por el Juzgador al darse el presupuesto objetivo de insolvencia ACTUAL en que se halla .... S.A. desde el día ...., fecha ésta desde la cual, mi mandante no puede cumplir regularmente sus obligaciones exigibles.

Lo anterior resulta de la documentación que se acompaña a esta solicitud, así como del informe pericial emitido el pasado día .... de .... de ...., por Don ...., economista del Ilustre Colegio de ...., (núm. Col. ....), y que se acompaña como DOCUMENTO .... De dicha documentación se desprende que mi mandante carece en la actualidad de liquidez suficiente para atender las deudas exigibles contraídas con sus acreedores.

TERCERO.– Dando cumplimiento a lo previsto en el art. 6.2 TRLC, se acompañan a esta solicitud poder especial para solicitar el concurso, otorgado el día........... de........... de..........., ante Don..........., notario del Ilustre Colegio de..........., con residencia en........... (núm. .... de su protocolo). (DOCUMENTO...........).

CUARTO.– Conforme exige el art. 7 TRLC, se acompañan a esta solicitud los siguientes documentos generales, señalados como DOCUMENTOS ....:

I.– Memoria expresiva de la historia económica y jurídica del deudor; de la actividad o actividades a las que se viene dedicando durante los tres últimos años y de los establecimientos, oficinas y explotaciones de las que resulta titular, y de las causas del estado de insolvencia en que se encuentra.

(Si fuera menester). Expresamente se manifiesta que en la referida memoria consta la identidad del cónyuge de mi mandante, la fecha del matrimonio, el régimen económico por el que se rige el matrimonio, (y, en su caso, la fecha de las capitulaciones matrimoniales otorgadas en su día por los Sres. ....).

ALTERNATIVA: (Si fuera menester). Expresamente se manifiesta que en la referida memoria consta la identidad de la pareja de mi mandante, Doña ...., y la fecha de inscripción de la pareja en el Registro de ....

II.– Inventario de los bienes y derechos que integran el patrimonio de mi mandante, expresivo de su naturaleza, características, lugar en que se encuentran y, respecto de aquellos inscritos en un registro público, los datos de identificación registral de cada uno de los bienes y derechos relacionados.

También resulta del referido inventario el valor de adquisición, las correcciones valorativas procedentes y la estimación del valor de mercado a la fecha de la solicitud, de los referidos bienes y derechos, con indicación de los gravámenes, trabas y cargas que les afectan, a favor de acreedor o de tercero, con expresión de su naturaleza y, en su caso, los datos de identificación registral.

III.– Relación de acreedores con expresión de la identidad, el domicilio y la dirección electrónica, si la tuviere, de cada uno de ellos, así como de la cuantía y el vencimiento de los respectivos créditos y las garantías personales o reales constituidas.

(En su caso) Respecto de aquellos acreedores que han reclamado judicialmente el pago de su respectivo crédito se identifica en la citada relación el procedimiento correspondiente, con indicación del estado de las actuaciones.

IV.– (En su caso) Siendo mi mandante empleador, se hace constar que el número de trabajadores asciende a ...., haciéndose constar que el/los centro/s de trabajo al que están afectos los mismos es/son ....

Se hace constar que NO existe órgano de representación de los trabajadores.

ALTERNATIVA: Se ha constar que si existe órgano de representación de los trabajadores de .... S.A, siendo la identidad y el correo electrónico de cada uno de sus integrantes, el siguiente: ....

QUINTO.– (Si fuere menester). De conformidad con lo previsto en el art. 8 TRLC y estando obligado mi principal a la llevanza de contabilidad, se acompaña igualmente a esta solicitud la documentación que a continuación se reseña:

I.– Cuentas anuales de los últimos tres ejercicios sociales finalizados a fecha de la solicitud de concurso, esto es, los cerrados a fecha ...., ... y .... (DOCUMENTOS...........).

II.– Memoria de los cambios significativos operados en el patrimonio de mi mandante con posterioridad a las últimas cuentas anuales formuladas, aprobadas y depositadas en el Registro Mercantil, las correspondientes al ejercicio........... (DOCUMENTOS...........).

III.– Memoria de las operaciones realizadas con posterioridad a las últimas cuentas anuales formuladas, aprobadas y depositadas en el Registro Mercantil y que por su naturaleza, objeto o cuantía excedan del giro o tráfico ordinario del deudor. (DOCUMENTO............).

SEXTO.– (Si fuera menester). A la vista que mi poderdante se halla casado con Doña............ la presente solicitud y el auto de declaración del concurso debe ser notificada al cónyuge del deudor.

ALTERNATIVA: (si fuera menester). A la vista que mi poderdante tiene pareja de hecho inscrita en ...., Doña ...., el auto de declaración del concurso y esta solicitud, debe ser notificada a la referida pareja de mi mandante.

SÉPTIMO.– (Si fuera menester) Que al amparo del art. 337 TRLC, no pidiéndose en el presente escrito la liquidación de la deudora, y dándose los requisitos de forma y plazo previstos en la Ley, se presenta propuesta de convenio, que se acompaña a este escrito como DOCUMENTO............

La propuesta reseñada NO ha sido objeto de adhesiones (en su caso, es objeto de las siguientes adhesiones: ....).

O (Si fuera menester, en lugar de lo anterior). Que al ser de interés de mi mandante, en este acto se solicita se acuerde por este Juzgado la apertura de la liquidación referida.

OCTAVO.– (Si fuera menester)., Se hace constar que no se acompaña el documento ...., toda vez que ....

Igualmente, aun cuando se acompaña el documento ...., en el mismo falta el dato de ...., toda vez que ....

NOVENO.– Que aunque el art. 6.2 TRLC establece que la solicitud de concurso se presentara mediante impreso oficial, lo cierto es que, a fecha de hoy, todavía no ha sido aprobado por el Ministerio de Justicia el oportuno modelo de solicitud de declaración de concurso voluntario, por lo que esta parte se ve compelida a presentar esta solicitud en los presentes términos.

A los relatados hechos aduzco los siguientes

FUNDAMENTOS DE DERECHO

I.– De conformidad con lo previsto en el art. 44, 45, y 49 TRLC, resulta competente para conocer de esta solicitud de concurso este Juzgado al que respetuosamente me dirijo Juzgado.

II.– Mi mandante, en su condición de deudor, está legitimado para solicitar su declaración de concurso al amparo de lo dispuesto en el art. 3.1 TRLC.

III.– Se dan en este caso los presupuestos subjetivo y objetivo requeridos para la declaración del concurso. En el primer caso, a la vista de la condición de mi mandante de deudor persona natural (art. 1.1 TRLC), que no le resulta de aplicación lo dispuesto en el Libro III TRLC (art. 1.2 TRLC).

IV.– La necesaria notificación de la presente solicitud al cónyuge (en su caso, pareja del deudor ex art. 33.2 TRLC.

V.– (En su caso) sobre la proposición de convenio vid. los arts. 337 y ss. TRLC.

VI.– (En su caso). Arts. 406, ss. y concordantes TRLC sobre la liquidación de mi principal.

VII.– Los efectos del concurso serán los previstos en los arts. 105 y ss. TRLC.

En virtud de lo expuesto,

SUPLICO AL JUZGADO que tenga por presentado este escrito, junto a los documentos a él unidos y sus copias, se sirva admitirlo y tener por promovido en nombre y representación de mi mandante, Don…………, SOLICITUD DE CONCURSO VOLUNTARIO, se sirva admitirla y previos los oportunos trámites legales, se sirva dictar auto por el que, estimando íntegramente la presente solicitud:

PRIMERO.– Se declare el concurso de Don …………, con el carácter de voluntario.

SEGUNDO.– Se acuerde la sustanciación del correspondiente procedimiento, con la formación de las secciones correspondientes.

TERCERO.– Se designe la administración concursal del concurso de acreedores aquí instado.

CUARTO.– Se acuerde el régimen de mera intervención de las facultades patrimoniales del deudor.

QUINTO.– (Si fuere menester eliminado la referencia del punto cuarto precedente) Se tenga por solicitada la liquidación de mi mandante, acordando cuanto proceda en derecho en orden a aperturar la citada liquidación y tramitar la misma.

(O si fuera menester y en lugar de lo anterior) Se tenga por presentada propuesta de convenio, acordando cuando proceda en derecho en orden a la citada propuesta y su tramitación.

SEXTO.– Se acuerde notificar la presente solicitud, a Doña…………, cónyuge (en su caso, pareja) del deudor, vecina de…………, con domicilio en…………, calle………… número…………y DNI/NIF…………y, en cualquier caso, el auto de declaración del concurso.

SÉPTIMO.– Se acuerde cuanto demás sea procedente en derecho para la sustanciación del procedimiento hasta su conclusión.

Es Justicia que pido en ………… a ………… de …………de dos mil …………

OTROSÍ DIGO Que a la vista de la delicadísima situación económica y financiera que atraviesa mi principal, procede la percepción de alimentos con cargo a la masa activa. Esta parte entiende que dichos alimentos deberían serles prestados a mi principal, con periodicidad mensual, y en cuantía de…………euros.

En su virtud

SUPLICO AL JUZGADO que tenga por efectuadas las anteriores manifestaciones y previos los oportunos trámites, se sirva acordar en el sentido anteriormente expuesto.

Lo que se suplica en el lugar y fecha reseñados "ut supra".

OTROSÍ DIGO Que procede dar a la declaración de concurso la oportuna publicidad, incluida la registral, en los términos y con el alcance establecidos en los arts. 35 a 37 TRLC y sin perjuicio de cualesquiera otra publicidad complementaria que, en medios oficiales o privados, estime oportuna este Juzgado al que nos dirigimos.

En su virtud,

SUPLICO AL JUZGADO que tenga por hechas las anteriores manifestaciones a los efectos oportunos, se sirva admitirlas y acordar en el auto declarando el concurso voluntario de mi principal, las inscripciones y publicaciones previstas en el art. 35 a 37 TRLC, y, previos los oportunos trámites legales, se sirva llevar a cabo tales inscripciones y publicaciones, por medios electrónicos o telemáticos y, si esto no fuera posible, librando los oportunos mandamientos y oficios que serán confiados al Procurador que esto suscribe para su oportuno curso y gestión.

Lo que se suplica en el lugar y fecha reseñados "ut supra".

OTROSÍ DIGO: Que en el auto en que se acuerde la declaración de concurso de mi principal y entre otros pronunciamientos, procede el llamamiento de los acreedores para que pongan en conocimiento de la administración concursal la existencia de sus créditos, en el plazo de un mes a contar desde el día siguiente a la publicación de la declaración del concurso en el BOE.

En su virtud,

SUPLICO AL JUZGADO que tenga por hechas las anteriores manifestaciones a los efectos oportunos, se sirva admitirlas y acordar en el auto declarando el concurso voluntario de mi principal, el llamamiento de los acreedores a los efectos antes reseñados.

Lo que se suplica en el lugar y fecha reseñados "ut supra".

OTROSÍ DIGO Que a la vista del art. 33 TRLC, en su día y previa admisión de la presente solicitud, procede la notificación por medios electrónicos del auto de declaración del concurso, a la Agencia Estatal de la Administración Tributaria y a la Tesorería General de la Seguridad Social.

En su virtud,

SUPLICO AL JUZGADO que tenga por hechas las anteriores manifestaciones a los efectos oportunos, se sirva admitirlas y acordar la referida notificación y cuanto demás proceda en derecho al respecto.

Lo que se suplica en el lugar y fecha reseñados "ut supra".

(SI fuera menester) OTROSÍ DIGO Que conforme requiere el art. 28.4 TRLC, en su día y previa admisión de la presente solicitud, procede la notificación del auto de declaración del concurso, a la representación legal de los trabajadores de .... S.A.

En su virtud,

SUPLICO AL JUZGADO que tenga por hechas las anteriores manifestaciones a los efectos oportunos, se sirva admitirlas y acordar la referida notificación y cuanto demás proceda en derecho al respecto.

Lo que se suplica en el lugar y fecha reseñados "ut supra".

F041. SOLICITUD DE CONCURSO VOLUNTARIO DE PERSONA NATURAL EMPRESARIO. INSOLVENCIA INMINENTE. NOTIFICACIÓN AL CÓNYUGE O PAREJA. PETICIÓN DE ALIMENTOS

Normativa de aplicación: *Arts. 1 y ss. Real Decreto Legislativo 1/2020, de 5 de mayo, por el que se aprueba el texto refundido de la Ley Concursal.*

AL JUZGADO DE LO MERCANTIL DE ....

............, Procurador de los Tribunales (núm. .... de colegiado) y de Don ...., con domicilio en ...., calle .... núm. .... y DNI/NIF ...., cuya representación acredito mediante la escritura original de poder de representación (especial para instar el presente concurso) que se acompaña a este escrito, ante este Juzgado comparezco bajo la dirección letrada de Don ...., abogado del Ilustre Colegio de Valencia (núm. .... de colegiado), y como mejor proceda en Derecho DIGO:

Que por medio del presente escrito y en la representación que ostento, formulo SOLICITUD DE CONCURSO VOLUNTARIO de Don .... por hallarse en situación de insolvencia INMINENTE, solicitud que se funda en los HECHOS y FUNDAMENTOS DE DERECHO que a continuación se exponen.

HECHOS

PRIMERO.– Mi principal, Don............, nació el día............ de............ de............, en la ciudad de............ Esto es, en la actualidad tiene............años de edad. Es vecino de............, teniendo fijando su domicilio en la calle............, núm. .... de dicha localidad. Dotado de DNI/NIF núm. ....

Don............ es empresario individual del sector de............, y explota en la actualidad un negocio de ...., denominado "............", que se halla en ...., calle ....

Don............ es soltero y carece de hijos (en su caso, tiene un hijo llamado ...., de años de edad ....).

ALTERNATIVA: Don .... está casado con Doña............, mayor de edad, de nacionalidad española, nacida el día............ de............ de............ en la ciudad de............y DNI............, bajo el régimen de absoluta separación de bienes. Ello en virtud de escritura de capitulaciones otorgada ante el Notario de............, Don............, el día........... de........... de........... Los Sres. .... tienen un hijo, Don..........., que es mayor de edad y que convive con sus padres.

ALTERNATIVA: Don ....tiene pareja en la persona de Doña ...., mayor de edad, de nacionalidad española, nacida el día........... de........... de..........., vecina de ...., con domicilio en la ciudad de........... La referida pareja de hecho consta inscrita en ....

Acreditando lo anterior, (SEGÚN PROCEDA) se acompañan como DOCUMENTOS..........., testimonio del DNI, del libro de familia de mi mandante, certificado del Registro Civil de..........., certificado de empadronamiento emitido en fecha........... por el Ayuntamiento de..........., alta en Hacienda y declaraciones fiscales, certificado de la inscripción de la pareja de hecho en ...., y ....

SEGUNDO.– La presente solicitud de concurso voluntario debe de ser acogida por el Juzgador al darse el presupuesto objetivo de insolvencia INMINENTE, pues llegado el próximo día .... mi mandante no podrá cumplir regularmente sus obligaciones exigibles.

Lo anterior resulta de la documentación que se acompaña a esta solicitud, así como del informe pericial emitido el pasado día .... de .... de ...., por Don ...., economista del Ilustre Colegio de ...., (núm. Col. ....), y que se acompaña como DOCUMENTO .... De dicha documentación se desprende que mi mandante carecerá a partir del día .... de liquidez suficiente para atender las deudas exigibles contraídas con sus acreedores.

TERCERO.– Dando cumplimiento a lo previsto en el art. 6.2 TRLC, se acompañan a esta solicitud poder especial para solicitar el concurso, otorgado el día........... de........... de..........., ante Don..........., notario del Ilustre Colegio de..........., con residencia en........... (núm. .... de su protocolo). (DOCUMENTO...........).

CUARTO.– Conforme exige el art. 7 TRLC, se acompañan a esta solicitud los siguientes documentos generales, señalados como DOCUMENTOS ....:

I.– Memoria expresiva de la historia económica y jurídica del deudor; de la actividad o actividades a las que se viene dedicando durante los tres últimos años y de los establecimientos, oficinas y explotaciones de las que resulta titular, y de las causas del estado de insolvencia en que se encuentra.

(Si fuera menester). Expresamente se manifiesta que en la referida memoria consta la identidad del cónyuge de mi mandante, la fecha del matrimonio, el régimen económico por el que se rige el matrimonio, (y, en su caso, la fecha de las capitulaciones matrimoniales otorgadas en su día por los Sres. ....).

ALTERNATIVA: (Si fuera menester). Expresamente se manifiesta que en la referida memoria consta la identidad de la pareja de mi mandante, Doña ...., y la fecha de inscripción de la pareja en el Registro de ....

II.– Inventario de los bienes y derechos que integran el patrimonio de mi mandante, expresivo de su naturaleza, características, lugar en que se encuentran y, respecto de aquellos inscritos en un registro público, los datos de identificación registral de cada uno de los bienes y derechos relacionados.

También resulta del referido inventario el valor de adquisición, las correcciones valorativas procedentes y la estimación del valor de mercado a la fecha de la solicitud, de los referidos bienes y derechos, con indicación de los gravámenes, trabas y cargas que les afectan, a favor de acreedor o de tercero, con expresión de su naturaleza y, en su caso, los datos de identificación registral.

III.– Relación de acreedores con expresión de la identidad, el domicilio y la dirección electrónica, si la tuviere, de cada uno de ellos, así como de la cuantía y el vencimiento de los respectivos créditos y las garantías personales o reales constituidas.

(En su caso) Respecto de aquellos acreedores que han reclamado judicialmente el pago de su respectivo crédito se identifica en la citada relación el procedimiento correspondiente, con indicación del estado de las actuaciones.

IV.– (En su caso) Siendo mi mandante empleador, se hace constar que el número de trabajadores asciende a ...., haciéndose constar que el/los centro/s de trabajo al que están afectos los mismos es/son ....

Se hace constar que NO existe órgano de representación de los trabajadores.

ALTERNATIVA: Se ha constar que si existe órgano de representación de los trabajadores de .... S.A, siendo la identidad y el correo electrónico de cada uno de sus integrantes, el siguiente: ....

QUINTO.– (Si fuere menester). De conformidad con lo previsto en el art. 8 TRLC y estando obligado mi principal a la llevanza de contabilidad, se acompaña igualmente a esta solicitud la documentación que a continuación se reseña:

I.– Cuentas anuales de los últimos tres ejercicios sociales finalizados a fecha de la solicitud de concurso, esto es, los cerrados a fecha ...., ... y .... (DOCUMENTOS...........).

II.– Memoria de los cambios significativos operados en el patrimonio de mi mandante con posterioridad a las últimas cuentas anuales formuladas, aprobadas y depositadas en el Registro Mercantil, las correspondientes al ejercicio........... (DOCUMENTOS...........).

III.– Memoria de las operaciones realizadas con posterioridad a las últimas cuentas anuales formuladas, aprobadas y depositadas en el Registro Mercantil y que por su naturaleza, objeto o cuantía excedan del giro o tráfico ordinario del deudor. (DOCUMENTO...........).

SEXTO.– (Si fuera menester). A la vista que mi poderdante se halla casado con Doña........... la presente solicitud y el auto de declaración del concurso debe ser notificada al cónyuge del deudor.

ALTERNATIVA: (si fuera menester). A la vista que mi poderdante tiene pareja de hecho inscrita en ...., Doña ...., el auto de declaración del concurso y esta solicitud, debe ser notificada a la referida pareja de mi mandante.

SÉPTIMO.– (Si fuera menester) Que al amparo del art. 337 TRLC, no pidiéndose en el presente escrito la liquidación de la deudora, y dándose los requisitos de forma y plazo previstos en la Ley, se presenta propuesta de convenio, que se acompaña a este escrito como DOCUMENTO...........

La propuesta reseñada NO ha sido objeto de adhesiones (en su caso, es objeto de las siguientes adhesiones: ....).

O (Si fuera menester, en lugar de lo anterior). Que al ser de interés de mi mandante, en este acto se solicita se acuerde por este Juzgado la apertura de la liquidación referida.

OCTAVO.– (Si fuera menester)., Se hace constar que no se acompaña el documento ...., toda vez que ....

Igualmente, aun cuando se acompaña el documento ...., en el mismo falta el dato de ...., toda vez que ....

NOVENO.– Que aunque el art. 6.2 TRLC establece que la solicitud de concurso se presentara mediante impreso oficial, lo cierto es que, a fecha de hoy, todavía no ha sido aprobado por el Ministerio de Justicia el oportuno modelo de solicitud de declaración de concurso voluntario, por lo que esta parte se ve compelida a presentar esta solicitud en los presentes términos.

A los relatados hechos aduzco los siguientes

FUNDAMENTOS DE DERECHO

I.– De conformidad con lo previsto en el art. 44, 45, y 49 TRLC, resulta competente para conocer de esta solicitud de concurso este Juzgado al que respetuosamente me dirijo Juzgado.

II.– Mi mandante, en su condición de deudor, está legitimado para solicitar su declaración de concurso al amparo de lo dispuesto en el art. 3.1 TRLC.

III.– Se dan en este caso los presupuestos subjetivo y objetivo requeridos para la declaración del concurso. En el primer caso, a la vista de la condición de mi mandante de deudor persona natural (art. 1.1 TRLC), que no le resulta de aplicación lo dispuesto en el Libro III TRLC (art. 1.2 TRLC).

IV.– La necesaria notificación de la presente solicitud al cónyuge (en su caso, pareja del deudor ex art. 33.2 TRLC.

V.– (En su caso) sobre la proposición de convenio vid. los arts. 337 y ss. TRLC.

VI.– (En su caso). Arts. 406, ss. y concordantes TRLC sobre la liquidación de mi principal.

VII.– Los efectos del concurso serán los previstos en los arts. 105 y ss. TRLC.

En virtud de lo expuesto,

SUPLICO AL JUZGADO que tenga por presentado este escrito, junto a los documentos *a él unidos* y sus copias, se sirva admitirlo y tener por promovido en nombre y representación de mi mandante, Don..........., SOLICITUD DE CONCURSO VOLUNTARIO, se sirva admitirla y previos los oportunos trámites legales, se sirva dictar auto por el que, estimando íntegramente la presente solicitud:

PRIMERO.– Se declare el concurso de Don ...., con el carácter de voluntario.

SEGUNDO.– Se acuerde la sustanciación del correspondiente procedimiento, con la formación de las secciones correspondientes.

TERCERO.– Se designe la administración concursal del concurso de acreedores aquí instado.

CUARTO.– Se acuerde el régimen de mera intervención de las facultades patrimoniales del deudor.

QUINTO.– (Si fuere menester eliminado la referencia del punto cuarto precedente) Se tenga por solicitada la liquidación de mi mandante, acordando cuanto proceda en derecho en orden a aperturar la citada liquidación y tramitar la misma.

(O si fuera menester y en lugar de lo anterior) Se tenga por presentada propuesta de convenio, acordando cuando proceda en derecho en orden a la citada propuesta y su tramitación.

SEXTO.– Se acuerde notificar la presente solicitud, a Doña..........., cónyuge (en su caso, pareja) del deudor, vecina de..........., con domicilio en..........., calle........... número...........y DNI/NIF...........y, en cualquier caso, el auto de declaración del concurso.

SÉPTIMO.– Se acuerde cuanto demás sea procedente en derecho para la sustanciación del procedimiento hasta su conclusión.

Es Justicia que pido en .... a .... de .... de dos mil ....

OTROSÍ DIGO Que a la vista de la delicadísima situación económica y financiera que atraviesa mi principal, procede la percepción de alimentos con cargo a la masa activa. Esta parte entiende que dichos alimentos deberían serles prestados a mi principal, con periodicidad mensual, y en cuantía de...........euros.

En su virtud

SUPLICO AL JUZGADO que tenga por efectuadas las anteriores manifestaciones y previos los oportunos trámites, se sirva acordar en el sentido anteriormente expuesto.

Lo que se suplica en el lugar y fecha reseñados "ut supra".

OTROSÍ DIGO Que procede dar a la declaración de concurso la oportuna publicidad, incluida la registral, en los términos y con el alcance establecidos en los arts. 35 a 37 TRLC y sin perjuicio de cualesquiera otra publicidad complementaria que, en medios oficiales o privados, estime oportuna este Juzgado al que nos dirigimos.

En su virtud,

SUPLICO AL JUZGADO que tenga por hechas las anteriores manifestaciones a los efectos oportunos, se sirva admitirlas y acordar en el auto declarando el concurso voluntario de mi principal, las inscripciones y publicaciones previstas en el art. 35 a 37 TRLC, y, previos los oportunos trámites legales, se sirva llevar a cabo tales inscripciones y publicaciones, por medios electrónicos o telemáticos y, si esto no fuera posible, librando los oportunos mandamientos y oficios que serán confiados al Procurador que esto suscribe para su oportuno curso y gestión.

Lo que se suplica en el lugar y fecha reseñados "ut supra".

OTROSÍ DIGO: Que en el auto en que se acuerde la declaración de concurso de mi principal y entre otros pronunciamientos, procede el llamamiento de los acreedores para que pongan en conocimiento de la administración concursal la existencia de sus créditos, en el plazo de un mes a contar desde el día siguiente a la publicación de la declaración del concurso en el BOE.

En su virtud,

SUPLICO AL JUZGADO que tenga por hechas las anteriores manifestaciones a los efectos oportunos, se sirva admitirlas y acordar en el auto declarando el concurso voluntario de mi principal, el llamamiento de los acreedores a los efectos antes reseñados.

Lo que se suplica en el lugar y fecha reseñados "ut supra".

OTROSÍ DIGO Que a la vista del art. 33 TRLC, en su día y previa admisión de la presente solicitud, procede la notificación por medios electrónicos del auto de declaración del concurso, a la Agencia Estatal de la Administración Tributaria y a la Tesorería General de la Seguridad Social.

En su virtud,

SUPLICO AL JUZGADO que tenga por hechas las anteriores manifestaciones a los efectos oportunos, se sirva admitirlas y acordar la referida notificación y cuanto demás proceda en derecho al respecto.

Lo que se suplica en el lugar y fecha reseñados "ut supra".

(SI fuera menester) OTROSÍ DIGO Que conforme requiere el art. 28.4 TRLC, en su día y previa admisión de la presente solicitud, procede la notificación del auto de declaración del concurso, a la representación legal de los trabajadores de .... S.A.

En su virtud,

SUPLICO AL JUZGADO que tenga por hechas las anteriores manifestaciones a los efectos oportunos, se sirva admitirlas y acordar la referida notificación y cuanto demás proceda en derecho al respecto.

Lo que se suplica en el lugar y fecha reseñados "ut supra".

F042. SOLICITUD DE CONCURSO VOLUNTARIO FORMULADO POR CÓNYUGES NO COMERCIANTES

Normativa de aplicación: *Arts. 1 y ss. Real Decreto Legislativo 1/2020, de 5 de mayo, por el que se aprueba el texto refundido de la Ley Concursal.*

AL JUZGADO DE LO MERCANTIL QUE POR TURNO CORRESPONDA

…………, Procuradora de los Tribunales incorporada al Ilustre Colegio de………… bajo el núm. ………… de colegiado, y de los cónyuges Don………… y Doña…………, con domicilio fijado en la ciudad de…………, calle………… núm. ………… y DNI………… respectivamente, cuya representación acredito mediante el poder de representación (especial para instar el presente concurso) que se acompaña a este escrito, comparezco ante este Juzgado bajo la dirección del letrado del Ilustre Colegio de…………, Doña………… (número………… de colegiación) y como mejor proceda en Derecho DIGO:

Que en la representación que se ostenta y acredita, se formula SOLICITUD DE CONCURSO VOLUNTARIO de Don………… y Doña………… por hallarse actualmente en situación de insolvencia, solicitud que se funda en los HECHOS y FUNDAMENTOS DE DERECHO que a continuación se exponen.

HECHOS

PRIMERO.– Don…………, nació el día………… de………… de…………, en la ciudad de………… Esto es, en la actualidad tiene………… años de edad. Es vecino de…………, teniendo fijando su domicilio en la calle…………, núm. ………… de dicha localidad. Dotado de DNI núm. …………

La profesión de Don………… es la de…………, prestando sus servicios, en la actualidad y desde…………, a la entidad…………

Don………… está casado bajo el régimen de absoluta separación de bienes con Doña…………, mayor de edad, de nacionalidad española, ama de casa y sin profesión alguna, nacida el día………… de………… de…………, esto es, de………… años de edad, de la misma vecindad y domicilio que su marido, Don………… y DNI/NIF………… Ello en virtud de escritura de capitulaciones otorgada ante el Notario de Don…………, el día………… de………… de…………

Los Sres. ………… tienen un hijo: Don…………, que es mayor de edad y que convive con sus padres.

Acreditando lo anterior, se acompañan como DOCUMENTOS………… testimonio del DNI, del libro de familia de mis mandantes, certificados del Registro Civil de…………, certificados de empadronamiento emitido en fecha………… por el Ayuntamiento de…………, e informe de vida laboral de mis principales.

SEGUNDO.– La presente solicitud de concurso voluntario debe de ser acogida por el Juzgador al darse el presupuesto objetivo de insolvencia en que se hallan Don............ y Doña............ desde el día............, fecha ésta desde la cual, mis mandantes no pueden cumplir regularmente sus obligaciones exigibles.

Lo anterior resulta de la documentación que se acompaña a esta solicitud, así como del informe pericial emitido el pasado día............ de............ de............, por Don............, economista del Ilustre Colegio de............, (núm. Col............), y que se acompaña como DOCUMENTO............ De todo ello, se desprende que mis mandantes carecen en la actualidad de liquidez suficiente para atender las deudas exigibles contraídas con sus acreedores. También resulta de............

TERCERO.– Dando cumplimiento a lo previsto en el art. 6.2 TRLC, se acompañan a esta solicitud poder especial otorgado por cada uno de mis mandantes para solicitar el concurso, otorgado el día............ de............ de............, ante Don............, notario del Ilustre Colegio de............, con residencia en............ (núm. .... de su protocolo). (DOCUMENTO............).

CUARTO.– Conforme exige el art. 7 TRLC, se acompañan a esta solicitud los siguientes documentos generales, de cada uno de mis mandantes, señalados como DOCUMENTOS ....:

I.– Memoria expresiva de la historia económica y jurídica del deudor; de la actividad o actividades a las que se viene dedicando durante los tres últimos años y de los establecimientos, oficinas y explotaciones de las que resulta titular, y de las causas del estado de insolvencia en que se encuentra. Y las reseñas a que se refiere el art. 7.1ª, segundo párrafo, TRLC.

II.– Inventario de los bienes y derechos que integran el patrimonio de mis mandantes, expresivo de su naturaleza, características, lugar en que se encuentran y, respecto de aquellos inscritos en un registro público, los datos de identificación registral de cada uno de los bienes y derechos relacionados.

También resulta del referido inventario el valor de adquisición, las correcciones valorativas procedentes y la estimación del valor de mercado a la fecha de la solicitud, de los referidos bienes y derechos, con indicación de los gravámenes, trabas y cargas que les afectan, a favor de acreedor o de tercero, con expresión de su naturaleza y, en su caso, los datos de identificación registral.

III.– Relación de acreedores con expresión de la identidad, el domicilio y la dirección electrónica, si la tuviere, de cada uno de ellos, así como de la cuantía y el vencimiento de los respectivos créditos y las garantías personales o reales constituidas.

(En su caso) Respecto de aquellos acreedores que han reclamado judicialmente el pago de su respectivo crédito se identifica en la citada relación el procedimiento correspondiente, con indicación del estado de las actuaciones.

QUINTO.– Se hace constar que mis principales son personas naturales que no están obligados a la llevanza de la contabilidad.

SEXTO.– Con relación a los efectos del concurso sobre las facultades de la administración y disposición del concursado respecto de la masa activa, se considera que basta la mera intervención de las facultades patrimoniales del concursado. Especialmente, se estima que no cabe adoptar medida alguna sobre los derechos y libertades fundamentales del deudor en materia de correspondencia, residencia y libre circulación, incluida, las reseñadas en el artículo 1° de la Ley Orgánica 8/2003, de 9 de julio, para la reforma concursal.

Igualmente se hace constar que, a la vista de la delicadísima situación económica y financiera que atraviesan mis principales, procede la percepción de alimentos con cargo a la masa activa. Esta parte entiende que dichos alimentos deberían serles prestados a mis principales, con periodicidad mensual, y en cuantía de...........euros.

SÉPTIMO.– (Si fuera menester) Que al amparo del art. 337 TRLC, no pidiéndose en el presente escrito la liquidación de los deudores, y dándose los requisitos de forma y plazo previstos en la Ley, se presenta propuesta de convenio, que se acompaña a este escrito como DOCUMENTO...........

La propuesta reseñada NO ha sido objeto de adhesiones (en su caso, es objeto de las siguientes adhesiones: ....).

O (Si fuera menester, en lugar de lo anterior). Que al ser de interés de mis mandantes, en este acto se solicita se acuerde por este Juzgado la apertura de la liquidación referida.

OCTAVO.– (Si fuera menester). Se hace constar que no se acompaña el DOCUMENTO........... previsto en el número..........., del art. 7 TRLC toda vez que...........

Igualmente, aun cuando se acompaña el DOCUMENTO..........., recogido en el número..........., del art. 7 TRLC, en el mismo falta el dato de..........., toda vez que...........

A los relatados hechos aduzco los siguientes

FUNDAMENTOS DE DERECHO

I.– Conforme a los arts. 44, 45, y 46.1 TRLC, son competentes los Juzgados de lo Mercantil de..........., al ser éste el lugar donde Don..........., deudor con mayor pasivo, tiene su centro de intereses principales.

II.– Mis mandantes, en su condición de deudor, están legitimados para solicitar su declaración de concurso al amparo de lo dispuesto en el art. 3.1 TRLC.

Procede la declaración conjunta del concurso de mis mandantes, al tratarse de cónyuges (art. 38 TRLC), debiendo tramitarse sus concursos de forma coordinada y sin consolidación de masas.

III.– Se dan en este caso los presupuestos subjetivo y objetivo requeridos para la declaración del concurso. En el primer caso, a la vista de la condición de mis mandantes de deudores personas naturales, vid. art. 1.1 TRLC. En el segundo, a la vista de la situación actual de insolvencia de mis mandantes.

IV.– Los efectos del concurso serán los previstos en los arts. 105 y ss. TRLC.

V.– (En su caso) sobre la proposición de convenio vid. los arts. 337 y ss. TRLC.

VI.– (En su caso). Arts. 406, ss. y concordantes TRLC sobre la liquidación de mis principales.

En virtud de lo expuesto,

SUPLICO AL JUZGADO que tenga por presentado este escrito, junto a los documentos a él unidos y sus copias, se sirva admitir todo ello y tenga por promovida en nombre y representación de mis mandantes, Don........... y Doña........... SOLICITUD DE CONCURSO VOLUNTARIO y previo cumplimiento de los correspondientes trámites legales, se solicita se dicte auto por el que, estimando íntegramente la presente solicitud:

PRIMERO.– Se declare el concurso voluntario de Don........... y Doña...........

SEGUNDO.– Se acuerde la sustanciación del correspondiente procedimiento, con la formación de las secciones correspondientes, en cuanto concursos independientes que se tramitarán coordinadamente.

TERCERO.– Se designe la administración concursal del concurso de acreedores aquí instado.

CUARTO.– Se acuerde el régimen de mera intervención de las facultades patrimoniales de los deudores.

QUINTO.– (Si fuere menester eliminado la referencia del punto cuarto precedente) Se tenga por solicitada la liquidación de mi mandante, acordando cuanto proceda en derecho en orden a aperturar la citada liquidación y tramitar la misma.

(O si fuera menester y en lugar de lo anterior) Se tenga por presentada propuesta de convenio, acordando cuando proceda en derecho en orden a la citada propuesta y su tramitación.

SEXTO.– Se acuerde cuanto demás sea procedente en derecho para la sustanciación de los correspondientes procedimientos hasta su conclusión.

Es Justicia que pido en........... a........... de........... de dos mil...........

OTROSÍ DIGO (En su caso) Que a la vista de la delicadísima situación económica y financiera que atraviesan mis principales, procede la percepción de alimentos con cargo a la masa activa. Esta parte entiende que dichos alimentos deberían serles prestados a mis mandantes, con periodicidad mensual, y en cuantía de...........euros.

En su virtud

SUPLICO AL JUZGADO que tenga por efectuadas las anteriores manifestaciones y previos los oportunos trámites, se sirva acordar en el sentido anteriormente expuesto.

Lo que se suplica en el lugar y fecha reseñados "ut supra".

OTROSÍ DIGO Que procede dar a la declaración de concurso la oportuna publicidad, incluida la registral, en los términos y con el alcance establecidos en los arts. 35 a 37 TRLC y sin perjuicio de cualesquiera otra publicidad complementaria que, en medios oficiales o privados, estime oportuna este Juzgado al que nos dirigimos.

En su virtud,

SUPLICO AL JUZGADO que tenga por hechas las anteriores manifestaciones a los efectos oportunos, se sirva admitirlas y acordar en el auto declarando el concurso voluntario de mi principal, las inscripciones y publicaciones previstas en el art. 35 a 37 TRLC, y, previos los oportunos trámites legales, se sirva llevar a cabo tales inscripciones y publicaciones, por medios electrónicos o telemáticos y, si esto no fuera posible, librando los oportunos mandamientos y oficios que serán confiados al Procurador que esto suscribe para su oportuno curso y gestión.

Lo que se suplica en el lugar y fecha reseñados "ut supra".

OTROSÍ DIGO: Que en el auto en que se acuerde la declaración de concurso de mi principal y entre otros pronunciamientos, procede el llamamiento de los acreedores para que pongan en conocimiento de la administración concursal la existencia de sus créditos, en el plazo de un mes a contar desde el día siguiente a la publicación de la declaración del concurso en el BOE.

En su virtud,

SUPLICO AL JUZGADO que tenga por hechas las anteriores manifestaciones a los efectos oportunos, se sirva admitirlas y acordar en el auto declarando el concurso voluntario de mi principal, el llamamiento de los acreedores a los efectos antes reseñados.

Lo que se suplica en el lugar y fecha reseñados "ut supra".

OTROSÍ DIGO Que a la vista del art. 33 TRLC, en su día y previa admisión de la presente solicitud, procede la notificación por medios electrónicos del auto de declaración del concurso, a la Agencia Estatal de la Administración Tributaria y a la Tesorería General de la Seguridad Social.

En su virtud,

SUPLICO AL JUZGADO que tenga por hechas las anteriores manifestaciones a los efectos oportunos, se sirva admitirlas y acordar la referida notificación y cuanto demás proceda en derecho al respecto.

Lo que se suplica en el lugar y fecha reseñados "ut supra".

F043. SOLICITUD DE CONCURSO VOLUNTARIO FORMULADO POR PAREJA NO COMERCIANTE

Normativa de aplicación: *Arts. 1 y ss. Real Decreto Legislativo 1/2020, de 5 de mayo, por el que se aprueba el texto refundido de la Ley Concursal.*

AL JUZGADO DE LO MERCANTIL DE........... QUE POR TURNO CORRESPONDA

..........., Procuradora de los Tribunales incorporada al Ilustre Colegio de........... bajo el núm. .... de colegiado, y de Don........... y Doña..........., con domicilio fijado en la ciudad de..........., calle........... núm. .... y DNI........... respectivamente, cuya representación acredito mediante el poder de representación (especial para instar el presente concurso) que se acompaña a este escrito, comparezco ante este Juzgado bajo la dirección del letrado del Ilustre Colegio de..........., Doña........... (número........... de colegiación) y como mejor proceda en Derecho DIGO:

Que en la representación que se ostenta y acredita, se formula SOLICITUD DE CONCURSO VOLUNTARIO de Don........... y Doña........... por hallarse actualmente en situación de insolvencia, solicitud que se funda en los HECHOS y FUNDAMENTOS DE DERECHO que a continuación se exponen.

HECHOS

PRIMERO.– Don..........., nació el día........... de........... de..........., en la ciudad de........... Esto es, en la actualidad tiene........... años de edad. Es vecino de..........., teniendo fijando su domicilio en la calle..........., núm. .... de dicha localidad. Dotado de DNI núm. ....

La profesión de Don........... es la de..........., prestando sus servicios, en la actualidad y desde..........., a la entidad...........

Don........... es pareja de hecho de Doña..........., mayor de edad, ama de casa y sin profesión alguna, de nacionalidad española, nacida el día........... de........... de..........., esto es, de........... años de edad, de la misma vecindad y domicilio que su pareja Don........... y DNI/NIF...........

Los Sres. .... tienen un hijo: Don..........., que es mayor de edad y que convive con sus padres.

Mis mandantes, como se acaba de señalar, son pareja, inscrita en el Registro de........... desde hace más de........... años, conviviendo ininterrumpidamente desde tal fecha. Tienen un hijo en común. Su patrimonio es común, habiéndose incluso así pactado mediante la escritura otorgada ante Don..........., notario de..........., el día..........., regulatoria del patrimonio de la pareja que conforman mis mandante. Además........... Por lo tanto, no cabe la más mínima duda sobre la inequívoca voluntad de mis mandantes, como pareja, de formar un patrimonio común.

Acreditando lo anterior, se acompañan como DOCUMENTOS........... testimonio del DNI, del libro de familia de mis mandantes, certificados del Registro Civil de..........., certificados de empadronamiento emitido en fecha........... por el Ayuntamiento de..........., certificado del registro de hecho de........... e informe de vida laboral de mis principales. También la citada escritura de fecha..........., y...........

SEGUNDO.– La presente solicitud de concurso voluntario debe de ser acogida por el Juzgador al darse el presupuesto objetivo de insolvencia en que se hallan Don........... y

Doña........... desde el día..........., fecha ésta desde la cual, mis mandantes no pueden cumplir regularmente sus obligaciones exigibles.

Lo anterior resulta de la documentación que se acompaña a esta solicitud, así como del informe pericial emitido el pasado día........... de........... de..........., por Don..........., economista del Ilustre Colegio de..........., (núm. Col...........), y que se acompaña como DOCUMENTO........... De todo ello, se desprende que mis mandantes carecen en la actualidad de liquidez suficiente para atender las deudas exigibles contraídas con sus acreedores. También resulta de...........

TERCERO.– Dando cumplimiento a lo previsto en el art. 6.2 TRLC, se acompañan a esta solicitud poder especial otorgado por cada uno de mis mandantes para solicitar el concurso, otorgado el día........... de........... de..........., ante Don..........., notario del Ilustre Colegio de..........., con residencia en........... (núm. .... de su protocolo). (DOCUMENTO...........).

CUARTO.– Conforme exige el art. 7 TRLC, se acompañan a esta solicitud los siguientes documentos generales, de cada uno de mis mandantes, señalados como DOCUMENTOS ....:

I.– Memoria expresiva de la historia económica y jurídica del deudor; de la actividad o actividades a las que se viene dedicando durante los tres últimos años y de los establecimientos, oficinas y explotaciones de las que resulta titular, y de las causas del estado de insolvencia en que se encuentra. Y las reseñas a que se refiere el art. 7.1°, segundo párrafo, TRLC.

II.– Inventario de los bienes y derechos que integran el patrimonio de mis mandantes, expresivo de su naturaleza, características, lugar en que se encuentran y, respecto de aquellos inscritos en un registro público, los datos de identificación registral de cada uno de los bienes y derechos relacionados.

También resulta del referido inventario el valor de adquisición, las correcciones valorativas procedentes y la estimación del valor de mercado a la fecha de la solicitud, de los referidos bienes y derechos, con indicación de los gravámenes, trabas y cargas que les afectan, a favor de acreedor o de tercero, con expresión de su naturaleza y, en su caso, los datos de identificación registral.

III.– Relación de acreedores con expresión de la identidad, el domicilio y la dirección electrónica, si la tuviere, de cada uno de ellos, así como de la cuantía y el vencimiento de los respectivos créditos y las garantías personales o reales constituidas.

(En su caso) Respecto de aquellos acreedores que han reclamado judicialmente el pago de su respectivo crédito se identifica en la citada relación el procedimiento correspondiente, con indicación del estado de las actuaciones.

QUINTO.– Se hace constar que mis principales son personas naturales que no están obligados a la llevanza de la contabilidad.

SEXTO.– Con relación a los efectos del concurso sobre las facultades de la administración y disposición del concursado respecto de la masa activa, se considera que basta la mera intervención de las facultades patrimoniales del concursado. Especialmente, se estima que no cabe adoptar medida alguna sobre los derechos y libertades fundamentales del deudor en materia de correspondencia, residencia y libre circulación, incluida, las reseñadas en el artículo 1° de la Ley Orgánica 8/2003, de 9 de julio, para la reforma concursal.

Igualmente se hace constar que, a la vista de la delicadísima situación económica y financiera que atraviesan mis principales, procede la percepción de alimentos con cargo a la masa activa. Esta parte entiende que dichos alimentos deberían serles prestados a mis principales, con periodicidad mensual, y en cuantía de...........euros.

SÉPTIMO.– (Si fuera menester) Que al amparo del art. 337 TRLC, no pidiéndose en el presente escrito la liquidación de los deudores, y dándose los requisitos de forma y plazo previstos en la Ley, se presenta propuesta de convenio, que se acompaña a este escrito como DOCUMENTO...........

La propuesta reseñada NO ha sido objeto de adhesiones (en su caso, es objeto de las siguientes adhesiones: ....).

O (Si fuera menester, en lugar de lo anterior). Que al ser de interés de mis mandantes, en este acto se solicita se acuerde por este Juzgado la apertura de la liquidación referida.

OCTAVO.– (Si fuera menester). Se hace constar que no se acompaña el DOCUMENTO........... previsto en el número..........., del art. 7 TRLC toda vez que...........

Igualmente, aun cuando se acompaña el DOCUMENTO..........., recogido en el número..........., del art. 7 TRLC, en el mismo falta el dato de..........., toda vez que...........

A los relatados hechos aduzco los siguientes

FUNDAMENTOS DE DERECHO

I.– Conforme a los arts. 44, 45, y 46.1 TRLC, son competentes los Juzgados de lo Mercantil de..........., al ser éste el lugar donde Don..........., deudor con mayor pasivo, tiene su centro de intereses principales.

II.– Mis mandantes, en su condición de deudor, están legitimados para solicitar su declaración de concurso al amparo de lo dispuesto en el art. 3.1 TRLC.

Procede la declaración conjunta del concurso de mis mandantes, al tratarse de pareja (art. 40 TRLC), debiendo tramitarse sus concursos de forma coordinada y sin consolidación de masas.

III.– Se dan en este caso los presupuestos subjetivo y objetivo requeridos para la declaración del concurso. En el primer caso, a la vista de la condición de mis mandantes de deudores personas naturales, vid. art. 1.1 TRLC. En el segundo, a la vista de la situación actual de insolvencia de mis mandantes.

IV.– Los efectos del concurso serán los previstos en los arts. 105 y ss. TRLC.

V.– (En su caso) sobre la proposición de convenio vid. los arts. 337 y ss. TRLC.

VI.– (En su caso). Arts. 406, ss. y concordantes TRLC sobre la liquidación de mis principales.

En virtud de lo expuesto,

SUPLICO AL JUZGADO que tenga por presentado este escrito, junto a los documentos a él unidos y sus copias, se sirva admitir todo ello y tenga por promovida en nombre y representación de mis mandantes, Don........... y Doña........... SOLICITUD DE CONCURSO VOLUNTARIO y previo cumplimiento de los correspondientes trámites legales, se solicita se dicte auto por el que, estimando íntegramente la presente solicitud:

PRIMERO.– Se declare el concurso voluntario de Don........... y Doña...........

SEGUNDO.– Se acuerde la sustanciación del correspondiente procedimiento, con la formación de las secciones correspondientes, en cuanto concursos independientes que se tramitarán coordinadamente.

TERCERO.– Se designe la administración concursal del concurso de acreedores aquí instado.

CUARTO.– Se acuerde el régimen de mera intervención de las facultades patrimoniales de los deudores.

QUINTO.– (Si fuere menester eliminado la referencia del punto cuarto precedente) Se tenga por solicitada la liquidación de mi mandante, acordando cuanto proceda en derecho en orden a aperturar la citada liquidación y tramitar la misma.

(O si fuera menester y en lugar de lo anterior) Se tenga por presentada propuesta de convenio, acordando cuando proceda en derecho en orden a la citada propuesta y su tramitación.

SEXTO.– Se acuerde cuanto demás sea procedente en derecho para la sustanciación de los correspondientes procedimientos hasta su conclusión.

Es Justicia que pido en........... a........... de........... de dos mil...........

OTROSÍ DIGO (En su caso) Que a la vista de la delicadísima situación económica y financiera que atraviesan mis principales, procede la percepción de alimentos con cargo a la masa activa. Esta parte entiende que dichos alimentos deberían serles prestados a mis mandantes, con periodicidad mensual, y en cuantía de...........euros.

En su virtud

SUPLICO AL JUZGADO que tenga por efectuadas las anteriores manifestaciones y previos los oportunos trámites, se sirva acordar en el sentido anteriormente expuesto.

Lo que se suplica en el lugar y fecha reseñados "ut supra".

OTROSÍ DIGO Que procede dar a la declaración de concurso la oportuna publicidad, incluida la registral, en los términos y con el alcance establecidos en los arts. 35 a 37 TRLC y sin perjuicio de cualesquiera otra publicidad complementaria que, en medios oficiales o privados, estime oportuna este Juzgado al que nos dirigimos.

En su virtud,

SUPLICO AL JUZGADO que tenga por hechas las anteriores manifestaciones a los efectos oportunos, se sirva admitirlas y acordar en el auto declarando el concurso voluntario de mi principal, las inscripciones y publicaciones previstas en el art. 35 a 37 TRLC, y, previos los oportunos trámites legales, se sirva llevar a cabo tales inscripciones y publicaciones, por medios electrónicos o telemáticos y, si esto no fuera posible, librando los oportunos mandamientos y oficios que serán confiados al Procurador que esto suscribe para su oportuno curso y gestión.

Lo que se suplica en el lugar y fecha reseñados "ut supra".

OTROSÍ DIGO: Que en el auto en que se acuerde la declaración de concurso de mi principal y entre otros pronunciamientos, procede el llamamiento de los acreedores para que pongan en conocimiento de la administración concursal la existencia de sus créditos, en el plazo de un mes a contar desde el día siguiente a la publicación de la declaración del concurso en el BOE.

En su virtud,

SUPLICO AL JUZGADO que tenga por hechas las anteriores manifestaciones a los efectos oportunos, se sirva admitirlas y acordar en el auto declarando el concurso voluntario de mi principal, el llamamiento de los acreedores a los efectos antes reseñados.

Lo que se suplica en el lugar y fecha reseñados "ut supra".

OTROSÍ DIGO Que a la vista del art. 33 TRLC, en su día y previa admisión de la presente solicitud, procede la notificación por medios electrónicos del auto de declaración del concurso, a la Agencia Estatal de la Administración Tributaria y a la Tesorería General de la Seguridad Social.

En su virtud,

SUPLICO AL JUZGADO que tenga por hechas las anteriores manifestaciones a los efectos oportunos, se sirva admitirlas y acordar la referida notificación y cuanto demás proceda en derecho al respecto.

Lo que se suplica en el lugar y fecha reseñados "ut supra".

F044. SOLICITUD DE CONCURSO DE CÓNYUGES CON PETICIÓN DE ACUMULACIÓN A LA SOCIEDAD DE LA QUE SON SOCIOS Y FIADORES

Normativa de aplicación: *Arts. 1 y ss. Real Decreto Legislativo 1/2020, de 5 de mayo, por el que se aprueba el texto refundido de la Ley Concursal.*

AL JUZGADO DE LO MERCANTIL Nº ..... DE ....

Doña ...., Procuradora de los Tribunales (nº ....del ICPV), actuando en nombre y representación de don .... y doña ...., representación que me será otorgada apud acta por los mismos de acuerdo con lo dispuesto en el artículo 281.3 de la L.O.P.J., ante este Juzgado comparezco bajo la dirección letrada de Don ...., abogado del Ilustre Colegio de Valencia (nº ....de Colegiado) y como mejor proceda en Derecho DIGO:

Que en la mencionada representación que ostento y por medio del presente escrito, en tiempo y forma, formulo de conformidad con lo dispuesto en la Ley 16/2022, de 5 de Septiembre, por el que se reforma el Texto Refundido de la Ley Concursal (en lo sucesivo TRLC) SOLICITUD DE CONCURSO VOLUNTARIO DE ACREEDORES por concurrir en mis representados estado de insolvencia actual, al no poder cumplir regularmente con las obligaciones que le son y serán exigidas derivadas de su condición de avalistas en operaciones bancarias titularidad de la mercantil ...., S.L., para que se declare a mis representados en situación legal de concurso voluntario de acreedores; solicitud que hago en interés propio y de todos sus acreedores, al tiempo que en cumplimiento del deber previsto en el artículo 5 del TRLC, solicitud que se funda en los hechos y fundamentos de derecho que a continuación se exponen.

HECHOS

PRIMERO.– Declaración conjunta de los concursos de las personas físicas. Acumulación.

Que, en la indicada representación, y, de conformidad con lo dispuesto en el artículo 38 de la Ley 16/2022 de 5 de septiembre por la que se reforma el Texto Refundido de la Ley Concursal (TRLC), vengo a solicitar la DECLARACIÓN CONJUNTA DE CONCURSO VOLUNTARIO de los deudores

1.– DON............, con N.I.F. ...., casado con doña ...., y, actualmente en régimen de separación de bienes según consta en escritura de capitulaciones matrimoniales otorgada en fecha ...., la cual se acompaña como DOCUMENTO nº 1.

2.– DOÑA ...., con N.I.F. ...., casada en régimen de separación de bienes con don .... según consta en escritura de capitulaciones matrimoniales otorgada en fecha ....

Se solicita la declaración conjunta de conformidad con el artículo 38 del TRLC, "Aquellos deudores que sean cónyuges, socios o administradores total o parcialmente responsables de las deudas de una persona jurídica y las sociedades pertenecientes al mismo grupo podrán solicitar la declaración judicial conjunta de los respectivos concursos."

SEGUNDO.– PRESUPUESTO SUBJETIVO: condición de los deudores personas físicas

Sin perjuicio de las circunstancias identificativas y descriptivas que, de mis representados y de su actividad, se exponen completa y detalladamente en la MEMORIA que se acompaña a la presente solicitud como DOCUMENTO nº 2, en cumplimiento de lo prevenido en el artículo 7. 1º del TRLC, y a las cuales expresamente nos remitimos, entendemos conveniente adelantar someramente ciertos datos significativos sobre mis mandantes.

DON ...., con N.I.F. ...., nacido el .... Natural de .... Estado civil: casado, actualmente en régimen de separación de bienes.

DOÑA ...., con N.I.F. ...., nacida el .... Natural de .... Estado civil: casada en régimen de separación de bienes.

El domicilio está situado en ...., calle ....

Por los motivos que en la MEMORIA se explicitan sucede que, de manera actual, don .... y doña ...., se encuentran en situación de no poder cumplir regularmente sus obligaciones exigibles, con motivo de la condición de avalistas de la mercantil ...., S.L. la cual, se encuentra declarada en concurso voluntario mediante auto de fecha .... dictado por el Juzgado de lo Mercantil nº ... de ...., bajo el nº ...., habiéndose aperturado la fase de liquidación mediante auto de fecha .... tras no haberse aprobado con sus acreedores el convenio planteado.

Además, hay que indicar que, cabe la posibilidad de que con la extinción de la sociedad dejen de percibir los ingresos remuneratorios que reciben por su condición de trabajadores en esta sociedad, en caso de que en dicho procedimiento concursal no pudiera enajenarse la unidad productiva existente.

Se puede afirmar que don .... y doña ...., son sujeto de Derecho que se encuentran dentro del ámbito de aplicación subjetiva del artículo 1.1 del TRLC al tratarse de personas físicas en las que concurre la condición de deudoras, de suerte que son susceptibles de ser declaradas en concurso.

TERCERO.– Configuración PRESUPUESTO OBJETIVO. La insolvencia actual de don .... y doña ....

Por diversas causas de las que se informan en la MEMORIA, don .... y doña ...., se han visto inmersos en una situación de falta de liquidez que les imposibilita cumplir regular y puntualmente con las obligaciones que le son exigibles. Así pues, concurre en ellos el presupuesto objetivo requerido por el artículo 2 del TRLC, para la declaración judicial de concurso de acreedores, la insolvencia actual, puesto que, como se ha dicho, no pueden cumplir regularmente con sus obligaciones exigibles. Dicha afirmación no es gratuita y de la valoración en conjunto de la documentación que se acompaña a la presente solicitud, por expresa disposición del artículo 7 del TRLC, puede apreciarse el estado de insolvencia actual.

De la documentación que se aporta junto a la presente solicitud, se desprende la imposibilidad de cumplir con las obligaciones exigibles de no cambiar las actuales circunstancias mediante la declaración de mis representados en concurso de acreedores.

CUARTO.– Legitimación activa para la solicitud de concurso y cumplimiento del deber de solicitar el concurso art. 5.2. TRLC

La decisión sobre la solicitud del presente concurso ha sido adoptada por mis representados de manera voluntaria, siendo competentes para ello por razón del artículo 3. 1° del TRLC.

Además, los instantes, conforme a lo ordenado en los artículos 6.2 y 510 del TRLC, actúan representadas por Procurador con Poder especial (que será otorgado) a que se refiere el artículo 6.2 del TRLC.

CUARTO.– Declaración conjunta de los concursos de las personas físicas.

Que, en la indicada representación, y, de conformidad con lo dispuesto en el artículo 38 de la Ley 16/2022 de 5 de septiembre por la que se reforma el Texto Refundido de la Ley Concursal (TRLC), vengo a solicitar la DECLARACIÓN CONJUNTA DE CONCURSO VOLUNTARIO de los deudores.

QUINTO.– Acumulación al concurso de la mercantil ...., S.L.

Tal y como se ha indicado, la mercantil ...., S.L., ha sido declarada en fecha 3 de marzo de 2022, en situación legal de concurso voluntario de acreedores ante el Juzgado de lo Mercantil nº ...de ....., tramitándose bajo el nº ..., habiéndose aperturado la fase de liquidación mediante auto de fecha ....

Debido a lo dispuesto en el artículo 38 del TRLC se solicita que la declaración de concurso de mis mandantes se acumule a la declaración de concurso de la mercantil ...., S.L., toda vez que un porcentaje muy relevante del pasivo de los mismos deriva de su condición de fiadores de las operaciones suscritas por la mercantil como administrador único y socio (don ....) de la misma y doña .... como esposa de este.

Dicha acumulación se cree aconsejable para que se lleve a cabo un tratamiento conjunto en el marco de los respectivos concursos de acreedores en garantía de la mejor de las soluciones para el conjunto de la masa pasiva.

SEXTO.– Magnitudes de los inventarios de bienes y derechos y de los listados de acreedores de las compañías deudoras

Los valores que se desprenden a la fecha de preparación de la solicitud de concurso de los Inventarios de Bienes y Derechos (a sus valores reales estimados de mercado), y de las obligaciones exigibles contenidas en la Lista de Acreedores de los deudores solicitantes del concurso, son los siguientes:

DEUDORES INVENTARIO DE BIENES Y DERECHOS LISTA DE ACREEDORES

Don .... € .... €

Doña ....€ .... €

SEXTO.– PRESUPUESTO FORMAL. Documentos que se adjuntan a la presente solicitud

En cumplimiento de lo preceptuado en los artículos 6.2, 7 y 8 del TRLC, se acompañan al presente escrito los siguientes documentos:

1º.– Escritura de capitulaciones matrimoniales otorgada en fecha ...., y que se acompaña como DOCUMENTO Nº 1.

2º.– Memoria expresiva de la historia económica y jurídica de mis poderdantes, de la actividad a la que se han dedicado durante los últimos tres años, y de las causas del estado en que se encuentran.

Se adjunta la indicada memoria como DOCUMENTO Nº 2

3º.– Se acompaña como DOCUMENTO Nº 3 y DOCUMENTO Nº 4, inventario de bienes y derechos, con expresión de su naturaleza, lugar en que se encuentran, datos identificativos de los mismos, con expresión de sus valores de adquisición, correcciones valorativas y estimación de su valor de mercado actual. Se indica igualmente los gravámenes, trabas y cargas que les afectan, con expresión de su naturaleza y datos identificativos de cada uno de los deudores respectivamente, esto es de don .... y de doña ....

5

4º.– Como DOCUMENTO Nº 5 y DOCUMENTO Nº 6, relación de los acreedores, por orden alfabético, con expresión de la identidad de cada uno de ellos, el domicilio y la dirección electrónica, si la tuviere, así como de la cuantía y vencimiento de los respectivos créditos y las garantías personales o reales constituidas. Asimismo, se indican los acreedores que constan han reclamado judicialmente el pago de su crédito, identificando el procedimiento y el estado de las actuaciones de cada uno de los deudores.

Se ha de manifestar que:

1º.– No se acompañan cuentas anuales ni memoria de cambios operados en el patrimonio con posterioridad a las últimas cuentas anuales formuladas y depositadas ni cuentas anuales e informe de gestión consolidados e informe de auditoría correspondientes a los tres últimos ejercicios sociales ni estados financieros intermedios, dado que mis mandantes no tienen la obligación legal de llevar contabilidad.

A los anteriores hechos resultan de aplicación los siguientes,

FUNDAMENTOS DE DERECHO:

I.– De la Jurisdicción y competencia:

Deberán conocer de los concursos los Tribunales Mercantiles, tal y como establecen los artículos 86.ter. de la Ley Orgánica del Poder Judicial y artículos 44 y 52 del TRLC. Asimismo, resultan territorialmente competentes los Juzgados de lo Mercantil de esta provincia por ser el lugar donde radica el domicilio de mis representados, a tenor de lo establecido en el artículo 47 del TRLC.

II.– De la legitimación:

Corresponde la legitimación para solicitar la declaración de concurso, al propio deudor, tal y como prevé el artículo 3.1 del TRLC, siendo competente para decidir sobre su solicitud.

III.– De los presupuestos objetivos:

Tal y como establece el artículo 2 del TRLC, procede la declaración de concurso en caso de insolvencia actual del deudor común, encontrándose en insolvencia actual el que resulta incapaz de cumplir regularmente sus obligaciones.

Asimismo, dispone el artículo 10 del TRLC de mismo cuerpo legal, que en el mismo día o, si no fuera posible, en el siguiente hábil al del reparto, el juez competente examinará la solicitud de concurso presentada por el deudor.

Asimismo, dispone el artículo 14 de mismo cuerpo legal, que el Juez dictará auto declarando el concurso, cuando de la documentación presentada por el deudor con la solicitud, se aprecie en su conjunto la existencia de alguno de los hechos previstos en el artículo 2 de la misma norma, u otros que acrediten la insolvencia alegada por el deudor.

IV.– De los efectos del concurso y los pronunciamientos consiguientes a su declaración:

Resultan de aplicación las normas contenidas en el Título I del TRLC cuanto, a los efectos de la declaración de concurso, y en cuanto a los pronunciamientos consiguientes a la declaración judicial, deberá estarse a lo previsto en el artículo 28 del mismo cuerpo legal.

En su virtud,

SUPLICO AL JUZGADO que, teniendo por recibida la presente solicitud, junto con sus documentos y copias de todo ello, se digne admitirla y por formulada la solicitud de declaración judicial de concurso voluntario de los deudores instantes, y a la vista de la documentación acompañada en la que se acredita el estado de insolvencia actual de mis representados, don .... y doña ...., dicte auto declarando el concurso voluntario de los mismos y además los siguientes pronunciamientos:

1°.– El régimen de intervención de las facultades patrimoniales de don .... y doña ...., con nombramiento y expresión de las facultades de la administración concursal.

2°.– El llamamiento a los acreedores para que pongan en conocimiento de la administración concursal la existencia de sus créditos en el plazo legalmente establecido.

3°.– La publicidad que haya que darse a la declaración de concurso con arreglo a lo dispuesto en el artículo 35 del TRLC.

4°.– La formación de las secciones segunda, tercera y cuarta del concurso, que resulten procedentes.

5°.– Se expida y entreguen a esta Procuradora solicitante los mandamientos oportunos para la práctica de los correspondientes asientos en el Registro Civil de esta provincia de .... y en los demás registros públicos en que se hallan inscritos los bienes y derechos de mi representada, según el inventario de éstos, acompañado a la presente solicitud.

PRIMERO OTROSÍ DIGO: que, salvo error u omisión por esta parte, y con objeto de facilitar la tarea al Juzgado, los Registros Públicos en los que deberán practicarse los asientos registrales previstos en los artículos 36 y 37 del TRLC, son los siguientes:

REGISTROS CIVILES

- Registro Civil de Valencia: ....
- Registro Civil de Catarroja (Valencia): Doña ....

REGISTROS DE LA PROPIEDAD

- Registro de la Propiedad de ......:

– Finca registral n° ....

– Finca registral n° ...

- Registro de la Propiedad de ..... n°...:

– Finca registral nº ....

– Finca registral nº ....

– Finca registral nº .....

• Registro de la Propiedad de ..... nº ...:

– Finca registral nº ....

SEGUNDO OTROSÍ DIGO: Debido a lo dispuesto en el artículo 38 del TRLC se solicita que la declaración de concurso de mis mandantes se acumule a la declaración de concurso de la mercantil ...., S.L., toda vez que un porcentaje muy relevante del pasivo de éstos tiene su origen en la condición de fiadores de las operaciones suscritas por la mercantil.

TERCERO OTROSÍ DIGO: que expresamente se refiere que mis representados cuentan con recursos económicos bastantes para atender los gastos derivados del presente procedimiento concursal, lo cual se manifiesta a los efectos oportunos,

Y SUPLICO AL JUZGADO, que tenga por realizada la anterior manifestación a los efectos legales oportunos.

CUARTO OTROSÍ DIGO, que a los efectos de lo establecido por el artículo 231 de la L.E.C. en relación con el artículo 11 del TRLC, se manifiesta la voluntad expresa de esta parte de subsanar los errores y omisiones en que pudiera haber incurrido en la presente solicitud.

Y SUPLICO AL JUZGADO, tenga por realizada la anterior manifestación a los efectos legales oportunos.

En ...., a ...de .... de ...

F045. SOLICITUD DE CONCURSO VOLUNTARIO CONJUNTO DE SOCIEDADES QUE FORMAN PARTE DE UN GRUPO DE SOCIEDADES Y QUE SE HALLAN EN SITUACIÓN DE INSOLVENCIA ACTUAL

Normativa de aplicación: *Arts. 1 y ss. Real Decreto Legislativo 1/2020, de 5 de mayo, por el que se aprueba el texto refundido de la Ley Concursal.*

AL JUZGADO DE LO MERCANTIL DE...........

..........., Procurador de los Tribunales (núm. .... de colegiado) y de las compañías........... S.A., ... S.L., y........... S.L., con domicilio todas ellas en..........., calle........... núm. .... y CIF..........., ... y..........., sociedades que todas ellas configuran grupo de sociedades, cuya representación acredito mediante la escritura original de poder de representación (especial para instar el presente concurso) *de cada una de ellas*, que se acompañan a este escrito, ante este Juzgado comparezco bajo la dirección letrada de Don..........., abogado del Ilustre Colegio de........... (núm. .... de colegiado), y como mejor proceda en Derecho DIGO:

Que por medio del presente escrito y en la representación que ostento, formulo SOLICITUD DE CONCURSO VOLUNTARIO CONJUNTO de las expresadas compañías........... S.A., ... S.L. y........... S.L., que forman parte del mismo grupo de sociedades, por hallarse actualmente las mismas en situación de insolvencia, solicitud que se funda en los HECHOS y FUNDAMENTOS DE DERECHO que a continuación se exponen.

HECHOS

PRIMERO.– Mis poderdantes, son las citadas compañías........... S.A........... S.L. y........... S.L., que como más adelante se dirá, constituyen un grupo de sociedades.

A) La sociedad........... S.A.

Mi principal, la sociedad........... S.A., se constituyó el........... de........... de..........., mediante escritura otorgada ante el notario de..........., Don........... (número de su protocolo...........).

Datos de Inscripción Registral: La sociedad está inscrita en el Registro Mercantil de la provincia de........... al tomo..........., General........... de la sección........... del Libro de sociedades, Folio..........., hoja...........

Domicilio social: El domicilio social de la compañía se halla en..........., calle........... En dicho lugar se halla el centro de intereses principales de la deudora.

Objeto social: consiste en...........

Datos fiscales: La sociedad se halla dada de alta en el Impuesto sobre Actividades Económicas desde el........... de........... de..........., en el epígrafe........... Igualmente, el día........... de........... de..........., presentó la correspondiente declaración censal de alta e inicio de actividades, siéndole asignado el siguiente Código de Identificación Fiscal (CIF):...........

Órgano de Administración: Desde su constitución, el órgano de administración de la compañía se halla conformado por un administrador único, ejerciendo en la actualidad tal cargo, Don..........., quien, por un plazo de........... años, fue designado al efecto por acuerdo de la Junta General Extraordinaria de la compañía celebrada el día........... de........... de..........., elevado a público mediante escritura autorizada por el notario de..........., Don..........., el día de........... de...........

No existen otros administradores, de hecho o de derecho, ni directores generales de la sociedad distintos del mencionado Sr. .... Durante los dos años anteriores a la solicitud de concurso, el citado Don........... ha sido la única persona que ha ostentado y/o desempeñado la administración de la sociedad.

B) La sociedad........... S.L.

La compañía........... S.L., se constituyó el........... de........... de..........., mediante escritura otorgada ante el notario de..........., Don........... (número de su protocolo...........).

Datos de Inscripción Registral: La sociedad está inscrita en el Registro Mercantil de la provincia de........... al tomo..........., General........... de la sección........... del Libro de sociedades, Folio..........., hoja...........

Domicilio social: El domicilio social de la compañía también se halla en..........., calle........... En dicho lugar se halla el centro de intereses principales de la deudora.

Su objeto social consiste en...........

Datos fiscales: La sociedad se halla dada de alta en el Impuesto sobre Actividades Económicas desde el........... de........... de..........., en el epígrafe........... Igualmente, el día........... de........... de..........., presentó la correspondiente declaración censal de alta e inicio de actividades, siéndole asignado el siguiente Código de Identificación Fiscal (CIF):...........

Órgano de Administración: Desde su constitución, el órgano de administración de la compañía se halla conformado por un administrador único, ejerciendo en la actualidad tal cargo, el antes citado Don..........., quien, por tiempo indefinido fue designado al efecto por acuerdo de la Junta General de la compañía celebrada el día........... de........... de..........., elevado a público mediante escritura autorizada por el notario de..........., Don..........., el día de........... de...........

No existen otros administradores, de hecho o de derecho, ni directores generales de la sociedad distintos del mencionado Sr. .... Durante los dos años anteriores a la solicitud de concurso, el citado Don........... ha sido la única persona que ha ostentado y/o desempeñado la administración de la sociedad.

C) La sociedad........... S.L.

La compañía........... S.L., se constituyó el........... de........... de..........., mediante escritura otorgada ante el notario de..........., Don........... (número de su protocolo...........).

Datos de Inscripción Registral: La sociedad está inscrita en el Registro Mercantil de la provincia de........... al tomo..........., General........... de la sección........... del Libro de sociedades, Folio..........., hoja...........

Domicilio social: El domicilio social de la compañía se halla en..........., calle........... En dicho lugar se halla el centro de intereses principales de la deudora.

Su objeto social consiste en...........

Datos fiscales: La sociedad se halla dada de alta en el Impuesto sobre Actividades Económicas desde el........... de........... de..........., en el epígrafe........... Igualmente, el día........... de........... de..........., presentó la correspondiente declaración censal de alta e inicio de actividades, siéndole asignado el siguiente Código de Identificación Fiscal (CIF):...........

Órgano de Administración: Desde su constitución, el órgano de administración de la compañía se halla conformado por un administrador único, ejerciendo en la actualidad tal cargo, Don..........., quien, por tiempo indefinido fue designado al efecto por acuerdo de la Junta General de la compañía celebrada el día........... de........... de..........., elevado a público mediante escritura autorizada por el notario de..........., Don..........., el día de........... de...........

No existen otros administradores, de hecho o de derecho, ni Directores Generales de la sociedad distintos del mencionado Sr. .... Durante los dos años anteriores a la solicitud de concurso, el citado Don........... ha sido la única persona que ha ostentado y/o desempeñado la administración de la sociedad.

Acreditando lo anterior, se acompañan como DOCUMENTOS........... las escrituras de constitución de la las expresadas mercantiles, certificación literal del Registro Mercantil de la provincia de........... correspondiente a cada una de las precitadas sociedades; declaración censal de alta e inicio de actividades, declaración de alta en el Impuesto de Actividades Económicas y tarjeta CIF de las compañías en cuestión.

SEGUNDO.– La presente solicitud de concurso voluntario debe de ser acogida por el Juzgador al darse el presupuesto objetivo de insolvencia en que se hallan........... S.A., ... S.L. y........... S.L. desde el día..........., fecha ésta desde la cual, mis mandantes no pueden cumplir regularmente sus obligaciones exigibles.

Lo anterior resulta de la documentación que, de conformidad con lo establecido los arts. 7 y 8 TRLC, se acompaña a esta solicitud, así como del informe pericial emitido el pasado día........... de........... de..........., por Don..........., economista del Ilustre Colegio de..........., (núm. Col...........), y que se acompaña como DOCUMENTO........... De todo ello se desprende que mis mandantes carecen en la actualidad de liquidez suficiente para atender las deudas exigibles contraídas con sus acreedores, si bien, mediante la aplicación del correspondiente plan de viabilidad se pretende hacer frente a las mismas. También resulta de...........

En este sentido, con relación a los efectos del concurso sobre las facultades de la administración y disposición del concursado respecto de la masa activa, se estima que no existe circunstancia alguna que aconsejen el cierre de sus oficinas y establecimientos, así como el cese de la actividad, bastando la mera intervención de las facultades patrimoniales del concursado.

Así resulta de la documentación acompañada a este escrito, del hecho de que las empresas no han desaparecido y continúan su actividad mercantil, así como...........

TERCERO.– Como se dijo arriba, las sociedades........... S.A., ... S.L. y........... S.L. constituyen un grupo de sociedades.

Pese a que la LC no contemplaba que inicialmente se plantease el concurso voluntario de un grupo de empresas, la jurisprudencia y doctrina venían aceptando la posibilidad de presentar concurso voluntario conjunto por varias sociedades, siempre que conformen un grupo de empresas y concurran los presupuestos que recoge el artículo 42 del C.Com. Tras la reforma de la Ley Concursal llevada a cabo por la Ley 38/2011, de 10 de octubre, de reforma de la Ley 22/2003, de 9 de julio, Concursal, tal posibilidad fue expresamente reconocida por el legislador, pues el art. 25.1 LC era claro al señalar que podrán solicitar la declaración judicial conjunta de concurso aquellos deudores que forman parte del mismo grupo de sociedades, señalando la Disposición Adicional 6ª LC que a efectos de lo dispuesto en la LC, se entenderá por grupo de sociedades lo reseñado en el art. 42.1 C.Com.

En la actualidad, el art. 38 TRLC establece que, entre otros, las sociedades pertenecientes al mismo grupo podrán solicitar la declaración judicial conjunta de los respectivos concursos. Y la DA 1º TRLC, señala que a los efectos del referido TRLC se entenderá por grupo de sociedades el definido en el artículo 42.1 C.Com.

En este caso, es evidente que tres entidades solicitantes del presente concurso forman parte del mismo grupo de sociedades pues no sólo........... S.L., es el socio mayoritario (99% del capital social) de, ... S.A........... S.L. y........... S.L., sino que, además, son regidas por un administrador único, cargo que recae en la misma persona, Don..........., a su vez, socio mayoritario de........... S.L. y tienen el mismo domicilio social, sito en..........., calle..........., núm. .... Además, ...

Todo ello sin perjuicio que los concursos de mis mandantes, pese a ser declarados conjuntamente, se tramiten de forma coordinada, sin consolidación de masas.

CUARTO.– Dando cumplimiento a lo previsto en el art. 6.2 TRLC, se acompañan a esta solicitud poder especial para solicitar el concurso, otorgado el día........... de........... de..........., ante Don..........., notario del Ilustre Colegio de..........., con residencia en........... (núm. .... de su protocolo). (DOCUMENTOS...........).

QUINTO.– Igualmente, tal y como requiere el art. 7 TRLC, se acompañan de cada uno de mis mandantes los siguientes documentos generales:

I.– Memoria expresiva de la historia económica y jurídica del deudor; de la actividad o actividades a las que se viene dedicando durante los tres últimos años y de los establecimientos, oficinas y explotaciones de las que resulta titular, y de las causas del estado de insolvencia en que se encuentra.

Expresamente se manifiesta que en la referida memoria consta la identidad de los socios de los que tiene constancia; la identidad de los administradores sociales (en su caso, y de los directores generales) (en su caso, y del auditor de cuentas. También que NO (SI) tiene admitidos valores admitidos a cotización en un centro de negociación.

Como se dijo antes, se hace constar que mi mandante SI forma parte de un grupo de sociedades, integrado por las siguientes compañías: ....

También que la sociedad dominante del referido grupo es la sociedad ....

II.– Inventario de los bienes y derechos que integran el patrimonio de mi mandante, expresivo de su naturaleza, características, lugar en que se encuentran y, respecto de aquellos inscritos en un registro público, los datos de identificación registral de cada uno de los bienes y derechos relacionados.

También resulta del referido inventario el valor de adquisición, las correcciones valorativas procedentes y la estimación del valor de mercado a la fecha de la solicitud, de los referidos bienes y derechos, con indicación de los gravámenes, trabas y cargas que les afectan, a favor de acreedor o de tercero, con expresión de su naturaleza y, en su caso, los datos de identificación registral.

III.– Relación de acreedores con expresión de la identidad, el domicilio y la dirección electrónica, si la tuviere, de cada uno de ellos, así como de la cuantía y el vencimiento de los respectivos créditos y las garantías personales o reales constituidas.

(En su caso) Respecto de aquellos acreedores que han reclamado judicialmente el pago de su respectivo crédito se identifica en la citada relación el procedimiento correspondiente, con indicación del estado de las actuaciones.

IV.– (En su caso) Siendo mis mandantes empleadores, se hace constar que el número de trabajadores asciende a ...., haciéndose constar que el/los centro/s de trabajo al que están afectos los mismos es/son .... Todo ello con el siguiente desglose por cada una de las sociedades objeto de esta solicitud:...........

Se hace constar que NO existe órgano de representación de los trabajadores.

ALTERNATIVA: Se ha constar que si existe órgano de representación de los trabajadores de ...., siendo la identidad y el correo electrónico de cada uno de sus integrantes, el siguiente: ....

SEXTO.– De conformidad con lo previsto en el art. 8 TRLC y estando obligada las compañías........... a la llevanza de contabilidad, se acompaña igualmente a esta solicitud los documentos contables y complementarios de cada uno de mis mandantes que a continuación se reseñan:

I.– Cuentas anuales (balance, pérdidas y ganancias y memoria), informe de gestión e informe de auditoría de los últimos tres ejercicios sociales finalizados a fecha de la solicitud de concurso, esto es, los cerrados a fecha ...., ... y .... (DOCUMENTOS...........)

II.– Memoria de los cambios significativos operados en el patrimonio de mi mandante con posterioridad a las últimas cuentas anuales formuladas, aprobadas y depositadas en el Registro Mercantil, las correspondientes al ejercicio ....,

III.– Memoria de las operaciones realizadas con posterioridad a las últimas cuentas anuales formuladas, aprobadas y depositadas en el Registro Mercantil y que por su naturaleza, objeto o cuantía excedan del giro o tráfico ordinario del deudor. (DOCUMENTO...........).

IV.– (Si fuera menester) Estados financieros elaborados con posterioridad a las últimas cuentas anuales presentadas (las correspondientes al ejercicio ....), remitidos (o comunicados) a ...., autoridad supervisora del .... (DOCUMENTOS...........)

V.– Dado que mi principal forma parte del grupo de sociedades ...., en el que la aquí deudora, es la sociedad dominante, y las compañías .... y ...., son las sociedades dominadas, se acompañan las cuentas anuales y el informe de gestión consolidados correspondientes a los tres últimos ejercicios sociales finalizados a fecha de la presente solicitud y el informe de auditoría emitido con relación a tales cuentas anuales. También una memoria de las operaciones realizadas con otras sociedades del grupo durante ese mismo periodo y hasta la solicitud de concurso.

SÉPTIMO.– (Si fuera menester) Que al amparo del art. 337 TRLC, no pidiéndose en el presente escrito la liquidación de las deudoras, que no se hallan en ninguna de las prohibiciones recogidas en el TRLC, y dándose los requisitos de forma y plazo previstos en la Ley, se presenta propuesta de convenio de cada una de las sociedades, que se acompañan a este escrito como DOCUMENTO...........

O (Si fuera menester corrigiendo lo relativo a la viabilidad y continuación de la empresa y la intervención de facultades). Que es de interés de mis mandantes proceder a su liquidación, lo que expresamente aquí se solicita.

OCTAVO.– (Si fuera menester). Se hace constar que no se acompaña el DOCUMENTO........... previsto en el número..........., del art. 7 TRLC toda vez que...........

Igualmente, aun cuando se acompaña el DOCUMENTO..........., recogido en el número..........., del art. 8 TRLC, en el mismo falta el dato de..........., toda vez que...........

A los relatados hechos aduzco los siguientes

FUNDAMENTOS DE DERECHO

I.– De conformidad con lo previsto en el art. 44 TRLC, son competentes para conocer de esta solicitud de concurso los Juzgados de lo Mercantil.

Desde un punto de vista territorial, y conforme al art. 46.1 TRLC, son competentes los Juzgados de lo Mercantil de..........., al ser éste el lugar donde la sociedad........... S.A., sociedad dominante en el referido grupo de sociedades, tiene su centro de intereses principales.

II.– Esta solicitud de concurso se sustanciara por los trámites establecidos en el art. 10, ss. y concordantes TRLC y, especialmente, por lo dispuesto en los arts. 38 y 42 TRLC para la declaración conjunta de concursos y tramitación coordinada de los mismos.

III.– Mis mandantes, en su condición de deudor, están legitimados para solicitar su declaración de concurso al amparo de lo dispuesto en el art. 3.1 TRLC.

IV.– Se dan en este caso los presupuestos subjetivo y objetivo requeridos para la declaración del concurso. En el primer caso, a la vista de la condición de mis mandantes de deudor persona jurídica, vid. art. 1.1 TRLC. En el segundo, a la vista de la insolvencia actual de mis mandantes.

V.– Los efectos del concurso serán los previstos en los arts. 105 y ss. TRLC.

VI.– (En su caso) sobre la proposición de convenio vid. los arts. 337 y ss. TRLC.

VII.– Arts. 406 y ss. TRLC sobre apertura de la liquidación concursal.

En virtud de lo expuesto,

SUPLICO AL JUZGADO que tenga por presentado este escrito, junto a los documentos a él unidos y sus copias, se sirva admitirlos y tener por promovido en nombre y representación de mis mandantes, ... S.A........... S.L. y........... S.L., SOLICITUD DE CONCURSO VOLUNTARIO CONJUNTO de las tres sociedades citadas, se sirva admitirla y previos los oportunos trámites legales, se sirva dictar auto por el que, estimando íntegramente la presente solicitud:

PRIMERO.– Se declare el concurso voluntario conjunto de........... S.A., ... S.L. y........... S.L., que conforman grupo de sociedades.

SEGUNDO.– Se acuerde la sustanciación del correspondiente procedimiento, con la formación de las secciones correspondientes.

TERCERO.– Se designe la administración concursal.

CUARTO.– Se acuerde el régimen de mera intervención de las facultades patrimoniales del deudor.

QUINTO.– (Si fuere menester) se tenga por solicitada la liquidación de mis mandantes.

(Si fuera menester y en lugar de lo anterior). Se tenga por presentada propuesta de convenio.

SEXTO.– Se acuerde cuanto proceda demás sea procedente en derecho para la sustanciación del procedimiento hasta su conclusión.

Es Justicia que pido en........... a........... de........... de dos mil...........

OTROSÍ DIGO Que procede dar a la declaración de concurso la oportuna publicidad, incluida la registral, en los términos y con el alcance establecidos en los arts. 35 a 37 TRLC y sin perjuicio de cualesquiera otra publicidad complementaria que, en medios oficiales o privados, estime oportuna este Juzgado al que nos dirigimos.

En su virtud,

SUPLICO AL JUZGADO que tenga por hechas las anteriores manifestaciones a los efectos oportunos, se sirva admitirlas y acordar en el auto declarando el concurso voluntario de mi principal, las inscripciones y publicaciones previstas en el art. 35 a 37 TRLC, y, previos los oportunos trámites legales, se sirva llevar a cabo tales inscripciones y publicaciones, por medios electrónicos o telemáticos y, si esto no fuera posible, librando los oportunos mandamientos y oficios que serán confiados al Procurador que esto suscribe para su oportuno curso y gestión.

Lo que se suplica en el lugar y fecha reseñados "ut supra".

OTROSÍ DIGO: Que en el auto en que se acuerde la declaración de concurso de mi principal y entre otros pronunciamientos, procede el llamamiento de los acreedores para que pongan en conocimiento de la administración concursal la existencia de sus créditos, en el plazo de un mes a contar desde el día siguiente a la publicación de la declaración del concurso en el BOE.

En su virtud,

SUPLICO AL JUZGADO que tenga por hechas las anteriores manifestaciones a los efectos oportunos, se sirva admitirlas y acordar en el auto declarando el concurso voluntario de mi principal, el llamamiento de los acreedores a los efectos antes reseñados.

Lo que se suplica en el lugar y fecha reseñados "ut supra".

OTROSÍ DIGO Que a la vista del art. 33 TRLC, en su día y previa admisión de la presente solicitud, procede la notificación por medios electrónicos del auto de declaración del concurso, a la Agencia Estatal de la Administración Tributaria y a la Tesorería General de la Seguridad Social.

En su virtud,

SUPLICO AL JUZGADO que tenga por hechas las anteriores manifestaciones a los efectos oportunos, se sirva admitirlas y acordar la referida notificación y cuanto demás proceda en derecho al respecto.

Lo que se suplica en el lugar y fecha reseñados "ut supra".

(SI fuera menester) OTROSÍ DIGO Que conforme requiere el art. 28.4 TRLC, en su día y previa admisión de la presente solicitud, procede la notificación del auto de declaración del concurso, a la representación legal de los trabajadores de cada uno de mis mandantes.

En su virtud,

SUPLICO AL JUZGADO que tenga por hechas las anteriores manifestaciones a los efectos oportunos, se sirva admitirlas y acordar la referida notificación y cuanto demás proceda en derecho al respecto.

Lo que se suplica en el lugar y fecha reseñados "ut supra".

F046. SOLICITUD DE CONCURSO VOLUNTARIO CONJUNTO DE SOCIEDADES QUE FORMAN PARTE DE UN GRUPO DE SOCIEDADES POR SITUACIÓN DE INSOLVENCIA INMINENTE

Normativa de aplicación: *Arts. 1 y ss. Real Decreto Legislativo 1/2020, de 5 de mayo, por el que se aprueba el texto refundido de la Ley Concursal.*

AL JUZGADO DE LO MERCANTIL DE...........

..........., Procurador de los Tribunales (núm. .... de colegiado) y de las compañías........... S.A., ... S.L., y........... S.L., con domicilio todas ellas en..........., calle........... núm. .... y CIF..........., ... y..........., sociedades que todas ellas configuran grupo de sociedades, cuya representación acredito mediante la escritura original de poder de representación (especial para instar el presente concurso), de cada una de ellas, que se acompañan a este escrito, ante este Juzgado comparezco bajo la dirección letrada de Don..........., abogado del Ilustre Colegio de........... (núm. .... de colegiado), y como mejor proceda en Derecho DIGO:

Que por medio del presente escrito y en la representación que ostento, formulo SOLICITUD DE CONCURSO VOLUNTARIO CONJUNTO de las expresadas compañías...........

S.A., ... S.L. y........... S.L., por situación de insolvencia inminente, solicitud que se funda en los HECHOS y FUNDAMENTOS DE DERECHO que a continuación se exponen.

HECHOS

PRIMERO.– Mis poderdantes, son las citadas compañías........... S.A........... S.L. y........... S.L., que como más adelante se dirá, constituyen un grupo de empresas.

A) La sociedad........... S.A.

Mi principal, la sociedad........... S.A., se constituyó el........... de........... de..........., mediante escritura otorgada ante el notario de..........., Don........... (número de su protocolo...........).

Datos de Inscripción Registral: La sociedad está inscrita en el Registro Mercantil de la provincia de........... al tomo..........., General........... de la sección...........del Libro de sociedades, Folio..........., hoja...........

Domicilio social: El domicilio social de la compañía se halla en..........., calle..........., siendo su objeto social........... En dicho lugar se halla el centro de intereses principales de la deudora.

Datos fiscales: La sociedad se halla dada de alta en el Impuesto sobre Actividades Económicas desde el........... de........... de..........., en el epígrafe........... Igualmente, el día........... de........... de..........., presentó la correspondiente declaración censal de alta e inicio de actividades, siéndole asignado el siguiente Código de Identificación Fiscal (CIF):...........

Órgano de Administración: Desde su constitución, el órgano de administración de la compañía se halla conformado por un administrador único, ejerciendo en la actualidad tal cargo, Don..........., quien, por un plazo de........... años, fue designados al efecto por acuerdo de la Junta General Extraordinaria de la compañía celebrada el día........... de........... de..........., elevado a público mediante escritura autorizada por el notario de..........., Don..........., el día de........... de...........

No existen otros administradores, de hecho o de derecho, ni apoderados generales de la sociedad distintos del mencionado Sr. .... Durante los dos años anteriores a la solicitud de concurso, el citado Don........... ha sido la única persona que ha ostentado y/o desempeñado la administración de la sociedad. Tampoco apoderados generales.

B) La sociedad........... S.L.

La compañía........... S.L., se constituyó el........... de........... de..........., mediante escritura otorgada ante el notario de..........., Don........... (número de su protocolo...........).

Datos de Inscripción Registral: La sociedad está inscrita en el Registro Mercantil de la provincia de........... al tomo..........., General........... de la sección........... del Libro de sociedades, Folio..........., hoja...........

Domicilio social: El domicilio social de la compañía también se halla en..........., calle..........., siendo su objeto social........... En dicho lugar se halla el centro de intereses principales de la deudora.

Datos fiscales: La sociedad se halla dada de alta en el Impuesto sobre Actividades Económicas desde el........... de........... de..........., en el epígrafe........... Igualmente, el día........... de........... de..........., presentó la correspondiente declaración censal de alta e inicio de actividades, siéndole asignado el siguiente Código de Identificación Fiscal (CIF):...........

Órgano de Administración: Desde su constitución, el órgano de administración de la compañía se halla conformado por un administrador único, ejerciendo en la actualidad tal cargo, el antes citado Don..........., quien, por tiempo indefinido fue designado al efecto por acuerdo de la Junta General de la compañía celebrada el día........... de........... de..........., elevado a público mediante escritura autorizada por el notario de..........., Don..........., el día de........... de...........

No existen otros administradores, de hecho o de derecho, ni apoderados generales de la sociedad distintos del mencionado Sr. .... Durante los dos años anteriores a la solicitud de concurso, el citado Don........... ha sido la única persona que ha ostentado y/o desempeñado la administración de la sociedad. Tampoco apoderados generales.

C) La sociedad........... S.L.

La compañía........... S.L., se constituyó el........... de........... de..........., mediante escritura otorgada ante el notario de..........., Don........... (número de su protocolo...........).

Datos de Inscripción Registral: La sociedad está inscrita en el Registro Mercantil de la provincia de........... al tomo..........., General........... de la sección........... del Libro de sociedades, Folio..........., hoja...........

Domicilio social: El domicilio social de la compañía se halla en..........., calle..........., siendo su objeto social........... En dicho lugar se halla el centro de intereses principales de la deudora.

Datos fiscales: La sociedad se halla dada de alta en el Impuesto sobre Actividades Económicas desde el........... de........... de..........., en el epígrafe........... Igualmente, el día........... de........... de..........., presentó la correspondiente declaración censal de alta e inicio de actividades, siéndole asignado el siguiente Código de Identificación Fiscal (CIF):...........

Órgano de Administración: Desde su constitución, el órgano de administración de la compañía se halla conformado por un administrador único, ejerciendo en la actualidad tal cargo, Don..........., quien, por tiempo indefinido fue designado al efecto por acuerdo de la Junta General de la compañía celebrada el día........... de........... de..........., elevado a público mediante escritura autorizada por el notario de..........., Don..........., el día de........... de...........

No existen otros administradores, de hecho o de derecho, ni directores generales de la sociedad distintos del mencionado Sr. .... Durante los dos años anteriores a la solicitud de concurso, el citado Don........... ha sido la única persona que ha ostentado y/o desempeñado la administración de la sociedad. Tampoco apoderados generales.

Acreditando lo anterior, se acompañan como DOCUMENTOS........... las escrituras de constitución de la las expresadas mercantiles, certificación literal del Registro Mercantil de la provincia de........... correspondiente a cada una de las precitadas sociedades; declaración censal de alta e inicio de actividades, declaración de alta en el Impuesto de Actividades Económicas y tarjeta CIF de las compañías en cuestión.

SEGUNDO.– La presente solicitud de concurso voluntario debe de ser acogida por el Juzgador al darse el presupuesto objetivo de insolvencia inminente en que se hallan mis mandantes, quienes llegado el día .... no podrán cumplir regularmente sus obligaciones exigibles.

Lo anterior resulta de la documentación que se acompaña a esta solicitud, así como del informe pericial emitido el pasado día........... de........... de..........., por Don..........., economista del Ilustre Colegio de..........., (núm. Col...........), y que se acompaña como DOCUMENTO........... De todo ello, se desprende que mis mandantes, a partir del día ...., carecerán de liquidez suficiente para atender las deudas exigibles contraídas con sus acreedores. También resulta de...........

TERCERO.– Como se dijo arriba, las sociedades........... S.A., ... S.L. y........... S.L. constituyen un grupo de sociedades.

Pese a que la LC no contemplaba que inicialmente se plantease el concurso voluntario de un grupo de empresas, la jurisprudencia y doctrina venían aceptando la posibilidad de presentar concurso voluntario conjunto por varias sociedades, siempre que conformen un grupo de empresas y concurran los presupuestos que recoge el artículo 42 del C.Com. Tras la reforma de la Ley Concursal llevada a cabo por la Ley 38/2011, de 10 de octubre, de reforma de la Ley 22/2003, de 9 de julio, Concursal, tal posibilidad fue expresamente reconocida por el legislador, pues el art. 25.1 LC era claro al señalar que podrán solicitar la declaración judicial conjunta de concurso aquellos deudores que forman parte del mismo grupo de sociedades, señalando la Disposición Adicional 6ª LC que a efectos de lo dispuesto en la LC, se entenderá por grupo de sociedades lo reseñado en el art. 42.1 C.Com.

En la actualidad, el art. 38 TRLC establece que, entre otros, las sociedades pertenecientes al mismo grupo podrán solicitar la declaración judicial conjunta de los respectivos concursos. Y la DA 1ª TRLC, señala que a los efectos del referido TRLC se entenderá por grupo de sociedades el definido en el artículo 42.1 C.Com.

En este caso, es evidente que tres entidades solicitantes del presente concurso forman parte del mismo grupo de sociedades pues no sólo........... S.L., es el socio mayoritario (99% del capital social) de, ... S.A........... S.L. y........... S.L., sino que, además, son regidas por un administrador único, cargo que recae en la misma persona, Don..........., a su vez, socio mayoritario de........... S.L. y tienen el mismo domicilio social, sito en..........., calle..........., núm. .... Además, ...

Todo ello sin perjuicio que los concursos de mis mandantes, pese a ser declarados conjuntamente, se tramiten de forma coordinada, sin consolidación de masas.

CUARTO.– Dando cumplimiento a lo previsto en el art. 6.2 TRLC, se acompañan a esta solicitud poder especial para solicitar el concurso, otorgado el día........... de........... de..........., ante Don..........., notario del Ilustre Colegio de..........., con residencia en........... (núm. .... de su protocolo). (DOCUMENTO...........).

QUINTO.– Igualmente, tal y como requiere el art. 7 TRLC, se acompañan de cada uno de mis mandantes los siguientes documentos generales:

I.– Memoria expresiva de la historia económica y jurídica del deudor; de la actividad o actividades a las que se viene dedicando durante los tres últimos años y de los establecimientos, oficinas y explotaciones de las que resulta titular, y de las causas del estado de insolvencia en que se encuentra.

Expresamente se manifiesta que en la referida memoria consta la identidad de los socios de los que tiene constancia; la identidad de los administradores sociales (en su caso, y de los directores generales) (en su caso, y del auditor de cuentas. También que NO (SI) tiene admitidos valores admitidos a cotización en un centro de negociación.

Como se dijo antes, se hace constar que mi mandante SI forma parte de un grupo de sociedades, integrado por las siguientes compañías: ....

También que la sociedad dominante del referido grupo es la sociedad ....

II.– Inventario de los bienes y derechos que integran el patrimonio de mi mandante, expresivo de su naturaleza, características, lugar en que se encuentran y, respecto de aquellos inscritos en un registro público, los datos de identificación registral de cada uno de los bienes y derechos relacionados.

También resulta del referido inventario el valor de adquisición, las correcciones valorativas procedentes y la estimación del valor de mercado a la fecha de la solicitud, de los referidos bienes y derechos, con indicación de los gravámenes, trabas y cargas que les afectan, a favor de acreedor o de tercero, con expresión de su naturaleza y, en su caso, los datos de identificación registral.

III.– Relación de acreedores con expresión de la identidad, el domicilio y la dirección electrónica, si la tuviere, de cada uno de ellos, así como de la cuantía y el vencimiento de los respectivos créditos y las garantías personales o reales constituidas.

(En su caso) Respecto de aquellos acreedores que han reclamado judicialmente el pago de su respectivo crédito se identifica en la citada relación el procedimiento correspondiente, con indicación del estado de las actuaciones.

IV.– (En su caso) Siendo mis mandantes empleadores, se hace constar que el número de trabajadores asciende a ...., haciéndose constar que el/los centro/s de trabajo al que están afectos los mismos es/son .... Todo ello con el siguiente desglose por cada una de las sociedades objeto de esta solicitud:...........

Se hace constar que NO existe órgano de representación de los trabajadores.

ALTERNATIVA: Se ha constar que si existe órgano de representación de los trabajadores de ...., siendo la identidad y el correo electrónico de cada uno de sus integrantes, el siguiente: ....

SEXTO.– De conformidad con lo previsto en el art. 8 TRLC y estando obligada las compañías........... a la llevanza de contabilidad, se acompaña igualmente a esta solicitud los documentos contables y complementarios de cada uno de mis mandantes que a continuación se reseñan:

I.– Cuentas anuales (balance, pérdidas y ganancias y memoria), informe de gestión e informe de auditoría de los últimos tres ejercicios sociales finalizados a fecha de la solicitud de concurso, esto es, los cerrados a fecha ...., ... y .... (DOCUMENTOS...........)

II.– Memoria de los cambios significativos operados en el patrimonio de mi mandante con posterioridad a las últimas cuentas anuales formuladas, aprobadas y depositadas en el Registro Mercantil, las correspondientes al ejercicio ....,

III.– Memoria de las operaciones realizadas con posterioridad a las últimas cuentas anuales formuladas, aprobadas y depositadas en el Registro Mercantil y que por su naturaleza, objeto o cuantía excedan del giro o tráfico ordinario del deudor. (DOCUMENTO...........).

IV.– (Si fuera menester) Estados financieros elaborados con posterioridad a las últimas cuentas anuales presentadas (las correspondientes al ejercicio ....), remitidos (o comunicados) a ...., autoridad supervisora del .... (DOCUMENTOS...........)

V.– Dado que mi principal forma parte del grupo de sociedades ...., en el que la aquí deudora, es la sociedad dominante, y las compañías .... y ...., son las sociedades dominadas, se acompañan las cuentas anuales y el informe de gestión consolidados correspondientes a los tres últimos ejercicios sociales finalizados a fecha de la presente solicitud y el informe de auditoría emitido con relación a tales cuentas anuales. También una memoria de las operaciones realizadas con otras sociedades del grupo durante ese mismo periodo y hasta la solicitud de concurso.

SÉPTIMO.– (Si fuera menester) Que al amparo del art. 337 TRLC, no pidiéndose en el presente escrito la liquidación de las deudoras, que no se hallan en ninguna de las prohibiciones recogidas en el TRLC, y dándose los requisitos de forma y plazo previstos en la Ley, se presenta propuesta de convenio de cada una de las sociedades, que se acompañan a este escrito como DOCUMENTO...........

O (Si fuera menester corrigiendo lo relativo a la viabilidad y continuación de la empresa y la intervención de facultades). Que es de interés de mis mandantes proceder a su liquidación, lo que expresamente aquí se solicita.

OCTAVO.– (Si fuera menester). Se hace constar que no se acompaña el DOCUMENTO........... previsto en el número..........., del art. 7 TRLC toda vez que...........

Igualmente, aun cuando se acompaña el DOCUMENTO..........., recogido en el número..........., del art. 8 TRLC, en el mismo falta el dato de..........., toda vez que...........

A los relatados hechos aduzco los siguientes

FUNDAMENTOS DE DERECHO

I.– De conformidad con lo previsto en el art. 44 TRLC, son competentes para conocer de esta solicitud de concurso los Juzgados de lo Mercantil.

Desde un punto de vista territorial, y conforme al art. 46.1 TRLC, son competentes los Juzgados de lo Mercantil de..........., al ser éste el lugar donde la sociedad........... S.A., sociedad dominante en el referido grupo de sociedades, tiene su centro de intereses principales.

II.– Esta solicitud de concurso se sustanciara por los trámites establecidos en el art. 10, ss. y concordantes TRLC y, especialmente, por lo dispuesto en los arts. 38 y 42 TRLC para la declaración conjunta de concursos y tramitación coordinada de los mismos.

III.– Mis mandantes, en su condición de deudor, están legitimados para solicitar su declaración de concurso al amparo de lo dispuesto en el art. 3.1 TRLC.

IV.– Se dan en este caso los presupuestos subjetivo y objetivo requeridos para la declaración del concurso. En el primer caso, a la vista de la condición de mis mandantes de deudor persona jurídica, vid. art. 1.1 TRLC. En el segundo, a la vista de la insolvencia inminente de mis mandantes.

V.– Los efectos del concurso serán los previstos en los arts. 105 y ss. TRLC.

VI.– (En su caso) sobre la proposición de convenio vid. los arts. 337 y ss. TRLC.

VII.– Arts. 406 y ss. TRLC sobre apertura de la liquidación concursal.

En virtud de lo expuesto,

SUPLICO AL JUZGADO que tenga por presentado este escrito, junto a los documentos a él unidos y sus copias, se sirva admitirlos y tener por promovido en nombre y representación de mis mandantes, ... S.A........... S.L. y........... S.L., SOLICITUD DE CONCURSO VOLUNTARIO CONJUNTO de las tres sociedades citadas, se sirva admitirla y previos los oportunos trámites legales, se sirva dictar auto por el que, estimando íntegramente la presente solicitud:

PRIMERO.– Se declare el concurso voluntario conjunto de........... S.A., ... S.L. y........... S.L., que conforman grupo de sociedades.

SEGUNDO.– Se acuerde la sustanciación del correspondiente procedimiento, con la formación de las secciones correspondientes.

TERCERO.– Se designe la administración concursal.

CUARTO.– Se acuerde el régimen de mera intervención de las facultades patrimoniales del deudor.

QUINTO.– (Si fuere menester) se tenga por solicitada la liquidación de mis mandantes.

(Si fuera menester y en lugar de lo anterior). Se tenga por presentada propuesta de convenio.

SEXTO.– Se acuerde cuanto proceda demás sea procedente en derecho para la sustanciación del procedimiento hasta su conclusión.

Es Justicia que pido en........... a........... de........... de dos mil...........

OTROSÍ DIGO Que procede dar a la declaración de concurso la oportuna publicidad, incluida la registral, en los términos y con el alcance establecidos en los arts. 35 a 37 TRLC y sin perjuicio de cualesquiera otra publicidad complementaria que, en medios oficiales o privados, estime oportuna este Juzgado al que nos dirigimos.

En su virtud,

SUPLICO AL JUZGADO que tenga por hechas las anteriores manifestaciones a los efectos oportunos, se sirva admitirlas y acordar en el auto declarando el concurso voluntario de mi principal, las inscripciones y publicaciones previstas en el art. 35 a 37 TRLC, y, previos los oportunos trámites legales, se sirva llevar a cabo tales inscripciones y publicaciones, por medios electrónicos o telemáticos y, si esto no fuera posible, librando los oportunos mandamientos y oficios que serán confiados al Procurador que esto suscribe para su oportuno curso y gestión.

Lo que se suplica en el lugar y fecha reseñados "ut supra".

OTROSÍ DIGO: Que en el auto en que se acuerde la declaración de concurso de mi principal y entre otros pronunciamientos, procede el llamamiento de los acreedores para que pongan en conocimiento de la administración concursal la existencia de sus créditos, en el plazo de un mes a contar desde el día siguiente a la publicación de la declaración del concurso en el BOE.

En su virtud,

SUPLICO AL JUZGADO que tenga por hechas las anteriores manifestaciones a los efectos oportunos, se sirva admitirlas y acordar en el auto declarando el concurso voluntario de mi principal, el llamamiento de los acreedores a los efectos antes reseñados.

Lo que se suplica en el lugar y fecha reseñados "ut supra".

OTROSÍ DIGO Que a la vista del art. 33 TRLC, en su día y previa admisión de la presente solicitud, procede la notificación por medios electrónicos del auto de declaración del concurso, a la Agencia Estatal de la Administración Tributaria y a la Tesorería General de la Seguridad Social.

En su virtud,

SUPLICO AL JUZGADO que tenga por hechas las anteriores manifestaciones a los efectos oportunos, se sirva admitirlas y acordar la referida notificación y cuanto demás proceda en derecho al respecto.

Lo que se suplica en el lugar y fecha reseñados "ut supra".

(SI fuera menester) OTROSÍ DIGO Que conforme requiere el art. 28.4 TRLC, en su día y previa admisión de la presente solicitud, procede la notificación del auto de declaración del concurso, a la representación legal de los trabajadores de mis mandantes.

En su virtud,

SUPLICO AL JUZGADO que tenga por hechas las anteriores manifestaciones a los efectos oportunos, se sirva admitirlas y acordar la referida notificación y cuanto demás proceda en derecho al respecto.

Lo que se suplica en el lugar y fecha reseñados "ut supra".

F047. SOLICITUD DE CONCURSO VOLUNTARIO DE PERSONA JURÍDICA QUE SE HALLA EN SITUACIÓN DE INSOLVENCIA ACTUAL. CON COMUNICACIÓN DE APERTURA DE NEGOCIACIONES AL JUZGADO REFERIDA EN EL ART. 585 TRLC

Normativa de aplicación: *Arts. 1 y ss. Real Decreto Legislativo 1/2020, de 5 de mayo, por el que se aprueba el texto refundido de la Ley Concursal.*

AL JUZGADO DE LO MERCANTIL DE...........

..........., Procurador de los Tribunales (núm. .... de colegiado) y de la compañía .... S.A., con domicilio en ...., calle .... núm. .... y CIF ...., cuya representación acredito mediante la escritura original de poder de representación (especial para instar el presente concurso) que se acompaña a este escrito, ante este Juzgado comparezco bajo la dirección letrada de Don..........., abogado del Ilustre Colegio de .... (núm. .... de colegiado), y como mejor proceda en Derecho DIGO:

Que por medio del presente escrito y en la representación que ostento, formulo SOLICITUD DE CONCURSO VOLUNTARIO de la compañía .... S.A. por hallarse actualmente la misma en situación de insolvencia, solicitud que se funda en los HECHOS y FUNDAMENTOS DE DERECHO que a continuación se exponen.

HECHOS

PRIMERO.– Mi principal, la sociedad .... S.A., se constituyó el .... de .... de ...., mediante escritura otorgada ante el notario de ...., Don........... (número de su protocolo ....).

Datos de Inscripción Registral: La sociedad está inscrita en el Registro Mercantil de la provincia de .... al tomo ...., General .... de la sección .... del Libro de sociedades, Folio ...., hoja ....

Su objeto social consiste en ....

El domicilio social de la compañía se halla en ...., calle ...., lugar en que *se halla el centro de los intereses* principales de la deudora.

Datos fiscales: La sociedad se halla dada de alta en el Impuesto sobre Actividades Económicas desde el .... de .... de ...., en el epígrafe .... Igualmente, el día .... de .... de ...., presentó la correspondiente declaración censal de alta e inicio de actividades, siéndole asignado el siguiente Código de Identificación Fiscal (CIF): ....

Órgano de Administración: Desde su constitución, el órgano de administración de la compañía se halla conformado por un administrador único, ejerciendo en la actualidad tal cargo, Don..........., quien, por un plazo de .... años, fue designado al efecto por acuerdo de la Junta General Extraordinaria de la compañía celebrada el día .... de .... de ...., elevado a público mediante escritura autorizada por el notario de ...., Don..........., el día de .... de ....

No existen otros administradores de la sociedad, de hecho o de derecho, distintos del mencionado Sr. .... Durante los dos años anteriores a la solicitud de concurso, el citado Don........... ha sido la única persona que ha ostentado y/o desempeñado la administración de la sociedad.

La sociedad nunca ha contado con Director General.

Acreditando lo anterior, se acompañan como DOCUMENTOS........... la escritura de constitución de la Sociedad, certificación literal del Registro Mercantil de la provincia de .... correspondiente a la deudora; declaración censal de alta e inicio de actividades, declaración de alta en el Impuesto de Actividades Económicas y tarjeta CIF.

SEGUNDO.– La presente solicitud de concurso voluntario debe de ser acogida por el Juzgador al darse el presupuesto objetivo de insolvencia en que se halla .... S.A. desde el día ...., fecha ésta desde la cual, mi mandante no puede cumplir regularmente sus obligaciones exigibles.

Lo anterior resulta de la documentación que, de conformidad con lo establecido en los arts. 7 y 8 TRLC, se acompaña a esta solicitud, así como del informe pericial emitido el pasado día .... de .... de ...., por Don..........., economista del Ilustre Colegio de ...., (núm. Col. ....), y que se acompaña como DOCUMENTO........... De dicha documentación se desprende que mi mandante carece en la actualidad de liquidez suficiente para atender las deudas exigibles contraídas con sus acreedores, si bien, mediante la aplicación del correspondiente plan de viabilidad se pretende hacer frente a las mismas. También resulta de ....

En este sentido, y con relación a los efectos del concurso sobre las facultades de la administración y disposición del concursado respecto de la masa activa, esta parte considera que no existe circunstancia alguna que aconseje el cierre de sus oficinas y establecimientos, así como el cese de la actividad, bastando la mera intervención de las facultades patrimoniales del concursado.

Así resulta de la documentación acompañada a este escrito, del hecho de la empresa no ha desaparecido y continúa su actividad mercantil, así como ....

TERCERO.– Conforme exige el art. 6.2 TRLC, se acompaña a esta solicitud poder especial para solicitar el concurso, otorgado el día .... de .... de ...., ante Don..........., notario del Ilustre Colegio de ...., con residencia en .... (núm. .... de su protocolo). (DOCUMENTO...........).

CUARTO.– Dando cumplimiento a lo dispuesto en el art. 7 TRLC, se acompañan los siguientes documentos generales:

I.– Memoria expresiva de la historia económica y jurídica del deudor; de la actividad o actividades a las que se viene dedicando durante los tres últimos años y de los establecimientos, oficinas y explotaciones de las que resulta titular, y de las causas del estado de insolvencia en que se encuentra.

Expresamente se manifiesta que en la referida memoria consta la identidad de los socios de los que tiene constancia; la identidad de los administradores sociales (en su caso, y de los directores generales) (en su caso, y del auditor de cuentas. También que NO (SI) tiene admitidos valores admitidos a cotización en un centro de negociación.

Se hace constar que mi mandante NO forma parte de un grupo de sociedades.

ALTERNATIVA: Se hace constar que mi mandante SI forma parte de un grupo de sociedades, integrado por las siguientes compañías: ....

Se hace constar que la sociedad dominante del referido grupo es la sociedad ....

II.– Inventario de los bienes y derechos que integran el patrimonio de mi mandante, expresivo de su naturaleza, características, lugar en que se encuentran y, respecto de aquellos inscritos en un registro público, los datos de identificación registral de cada uno de los bienes y derechos relacionados.

También resulta del referido inventario el valor de adquisición, las correcciones valorativas procedentes y la estimación del valor de mercado a la fecha de la solicitud, de los referidos bienes y derechos, con indicación de los gravámenes, trabas y cargas que les afectan, a favor de acreedor o de tercero, con expresión de su naturaleza y, en su caso, los datos de identificación registral.

III.– Relación de acreedores con expresión de la identidad, el domicilio y la dirección electrónica, si la tuviere, de cada uno de ellos, así como de la cuantía y el vencimiento de los respectivos créditos y las garantías personales o reales constituidas.

(En su caso) Respecto de aquellos acreedores que han reclamado judicialmente el pago de su respectivo crédito se identifica en la citada relación el procedimiento correspondiente, con indicación del estado de las actuaciones.

IV.– (En su caso) Siendo mi mandante empleador, se hace constar que el número de trabajadores asciende a ...., haciéndose constar que el/los centro/s de trabajo al que están afectos los mismos es/son ....

Se hace constar que NO existe órgano de representación de los trabajadores.

ALTERNATIVA: Se ha constar que si existe órgano de representación de los trabajadores de .... S.A, siendo la identidad y el correo electrónico de cada uno de sus integrantes, el siguiente: ....

QUINTO.– De conformidad con lo previsto en el art. 8 TRLC y estando obligada la compañía........... S.A. a la llevanza de contabilidad, se acompaña igualmente a esta solicitud los documentos contables y complementarios que a continuación se reseñan:

I.– Cuentas anuales (balance, pérdidas y ganancias y memoria), informe de gestión e informe de auditoría de los últimos tres ejercicios sociales finalizados a fecha de la solicitud de concurso, esto es, los cerrados a fecha ...., ... y .... (DOCUMENTOS...........)

II.– Memoria de los cambios significativos operados en el patrimonio de mi mandante con posterioridad a las últimas cuentas anuales formuladas, aprobadas y depositadas en el Registro Mercantil, las correspondientes al ejercicio ....,

III.– Memoria de las operaciones realizadas con posterioridad a las últimas cuentas anuales formuladas, aprobadas y depositadas en el Registro Mercantil y que por su naturaleza, objeto o cuantía excedan del giro o tráfico ordinario del deudor. (DOCUMENTO...........).

IV.– (Si fuera menester) Estados financieros elaborados con posterioridad a las últimas cuentas anuales presentadas (las correspondientes al ejercicio ....), remitidos (o comunicados) a ...., autoridad supervisora del .... (DOCUMENTOS...........)

V.– (Si fuera menester). Dado que mi principal forma parte del grupo de sociedades ...., en el que la aquí deudora, es la sociedad dominante, y las compañías .... y ...., son las sociedades dominadas, se acompañan las cuentas anuales y el informe de gestión consolidados correspondientes a los tres últimos ejercicios sociales finalizados a fecha de la presente solicitud y el informe de auditoría emitido con relación a tales cuentas anuales. También una memoria de las operaciones realizadas con otras sociedades del grupo durante ese mismo periodo y hasta la solicitud de concurso.

SEXTO.– (Si fuera menester) Que al amparo del art. 337 TRLC, no pidiéndose en el presente escrito la liquidación de la deudora, que no se halla en ninguna de las prohibiciones recogidas en el TRLC, y dándose los requisitos de forma y plazo previstos en la Ley, se presenta propuesta de convenio, que se acompaña a este escrito como DOCUMENTO...........

SÉPTIMO.– Se hace constar que, con fecha .... de .... de ...., y hallándose esta parte en estado de insolvencia actual (o insolvencia inminente) o (probabilidad de insolvencia) y en negociaciones con diversos acreedores para alcanzar un plan de reestructuración, puso tal hecho en conocimiento de este Juzgado de lo Mercantil de .... a los efectos de lo dispuesto en el art. 585 y ss. TRLC. Copia de la citada comunicación, presentada el ...., se acompaña como DOCUMENTO...........

Mediante Decreto del Letrado de la Administración de Justicia del Juzgado de lo Mercantil .... de ...., de fecha .... y recaído en el expediente núm. .... de autos, se tuvo por presentada la referida comunicación. La citada resolución, que se acompaña como DOCUMENTO..........., fue publicada en el Registro Público Concursal, tal y como se acredita con el DOCUMENTO...........

Toda vez que han transcurrido tres meses desde la comunicación a este Juzgado por parte del deudor y no habiéndose alcanzado el citado plan de reestructuración, esta parte, que se halla en situación de insolvencia actual, solicita la declaración de concurso dentro del mes siguiente conforme exigen los arts. 610 y 611 TRLC.

OCTAVO.– (Si fuera menester)., Se hace constar que no se acompaña el DOCUMENTO..........., toda vez que ....

Igualmente, aun cuando se acompaña el DOCUMENTO..........., en el mismo falta el dato de ...., toda vez que ....

A los relatados hechos aduzco los siguientes

FUNDAMENTOS DE DERECHO

I.– De conformidad con lo previsto en los arts. 44, 56, 610 y 611 TRLC, son competentes para conocer de esta solicitud de concurso los Juzgados de lo Mercantil de ...., al ser éste el lugar donde la compañía .... S.A. tiene su centro de intereses principales y ser este Juzgado el que ha conocido de la referida comunicación de apertura de negociaciones a que se refiere el art. 585 TRLC.

II.– Mi mandante, en su condición de deudor, está legitimado para solicitar su declaración de concurso al amparo de lo dispuesto en el art. 3.1 TRLC.

III.– Se dan en este caso los presupuestos subjetivo y objetivo requeridos para la declaración del concurso. En el primer caso, a la vista de la condición de mi mandante de deudor persona jurídica, vid. art. 1.1 TRLC. En el segundo, a la vista de la situación actual de insolvencia de mi mandante.

IV.– Art. 5.1 TRLC al establecer que el deudor deberá solicitar la declaración de concurso dentro de los dos meses siguientes a la fecha en que hubiera conocido o debido conocer el estado de insolvencia actual.

No obstante, lo anterior es matizado en el art. 610.1 TRLC, según el cual, Las solicitudes de concurso presentadas después de la comunicación por otros legitimados distintos del deudor se repartirán al juzgado que hubiera tenido por efectuada la comunicación, pero no se admitirán a trámite mientras no transcurra el plazo de tres meses a contar desde la fecha de esa comunicación. Las presentadas antes de la comunicación aún no admitidas a trámite quedarán en suspenso.

Continua el art. 610 TRLC, esta vez en su apartado 2, señalando que lo previsto en el apartado anterior se extenderá durante la prórroga de los efectos de la comunicación.

Finalmente, art. 610.3 TRLC, las solicitudes suspendidas y las que se presenten con posterioridad a la expiración de los plazos anteriores solo se proveerán transcurrido un mes sin que el deudor hubiera solicitado la declaración de concurso, sin perjuicio de la adopción por el juez de las medidas cautelares que estime oportunas. Si el deudor solicita la declaración de concurso dentro de ese mes, esta se tramitará en primer lugar. Declarado el concurso a instancia del deudor, las solicitudes que se hubieran presentado antes y las que se presenten después de la del deudor se unirán a los autos, teniendo por comparecidos a los solicitantes.

Por otro lado, art. 611 TRLC, transcurridos tres meses desde la comunicación, el deudor que no haya alcanzado un plan de reestructuración deberá solicitar la declaración de concurso dentro del mes siguiente, salvo que no se encontrara en estado de insolvencia actual (art. 611.1 TRLC). En caso de prórroga de los efectos de la comunicación, lo dispuesto en el apartado anterior se aplicará a partir de la fecha en que finalice esa prórroga (art. 611.2 TRLC).

V.– Los efectos del concurso serán los previstos en los arts. 105 y ss. TRLC.

VI.– (En su caso) sobre la proposición de convenio vid. los arts. 337 y ss. TRLC.

En virtud de lo expuesto,

SUPLICO AL JUZGADO que tenga por presentado este escrito, junto a los documentos a él unidos y sus copias, se sirva admitirlo y tener por promovido en nombre y representación de mi mandante, ... S.A., SOLICITUD DE CONCURSO VOLUNTARIO, se sirva admitirla y previos los oportunos trámites legales, se sirva dictar auto por el que, estimando íntegramente la presente solicitud:

PRIMERO.– Se declare el concurso de la sociedad .... S.A., con el carácter de voluntario.

SEGUNDO.– Se acuerde la sustanciación del correspondiente procedimiento, con la formación de las secciones correspondientes.

TERCERO.– Se designe la administración concursal del concurso de acreedores aquí instado.

CUARTO.– Se acuerde el régimen de mera intervención de las facultades patrimoniales del concursado.

QUINTO.– (Si fuere menester) Se tenga por presentada la propuesta de convenio acompañada a este escrito.

SEXTO.– Se acuerde cuanto demás sea procedente en derecho para la sustanciación del procedimiento hasta su conclusión.

Es Justicia que pido en .... a .... de .... de dos mil ....

OTROSÍ DIGO Que procede dar a la declaración de concurso la oportuna publicidad, incluida la registral, en los términos y con el alcance establecidos en los arts. 35 a 37 TRLC y sin perjuicio de cualesquiera otra publicidad complementaria que, en medios oficiales o privados, estime oportuna este Juzgado al que nos dirigimos.

En su virtud,

SUPLICO AL JUZGADO que tenga por hechas las anteriores manifestaciones a los efectos oportunos, se sirva admitirlas y acordar en el auto declarando el concurso voluntario de mi principal, las inscripciones y publicaciones previstas en el art. 35 a 37 TRLC, y, previos los oportunos trámites legales, se sirva llevar a cabo tales inscripciones y publicaciones, por medios electrónicos o telemáticos y, si esto no fuera posible, librando los oportunos mandamientos y oficios que serán confiados al Procurador que esto suscribe para su oportuno curso y gestión.

Lo que se suplica en el lugar y fecha reseñados "ut supra".

OTROSÍ DIGO: Que en el auto en que se acuerde la declaración de concurso de mi principal y entre otros pronunciamientos, procede el llamamiento de los acreedores para que pongan en conocimiento de la administración concursal la existencia de sus créditos, en el plazo de un mes a contar desde el día siguiente a la publicación de la declaración del concurso en el BOE.

En su virtud,

SUPLICO AL JUZGADO que tenga por hechas las anteriores manifestaciones a los efectos oportunos, se sirva admitirlas y acordar en el auto declarando el concurso voluntario de mi principal, el llamamiento de los acreedores a los efectos antes reseñados.

Lo que se suplica en el lugar y fecha reseñados "ut supra".

OTROSÍ DIGO Que a la vista del art. 33 TRLC, en su día y previa admisión de la presente solicitud, procede la notificación por medios electrónicos del auto de declaración del concurso, a la Agencia Estatal de la Administración Tributaria y a la Tesorería General de la Seguridad Social.

En su virtud,

SUPLICO AL JUZGADO que tenga por hechas las anteriores manifestaciones a los efectos oportunos, se sirva admitirlas y acordar la referida notificación y cuanto demás proceda en derecho al respecto.

Lo que se suplica en el lugar y fecha reseñados "ut supra".

(SI fuera menester) OTROSÍ DIGO Que conforme requiere el art. 28.4 TRLC, en su día y previa admisión de la presente solicitud, procede la notificación del auto de declaración del concurso, a la representación legal de los trabajadores de mis mandantes.

En su virtud,

SUPLICO AL JUZGADO que tenga por hechas las anteriores manifestaciones a los efectos oportunos, se sirva admitirlas y acordar la referida notificación y cuanto demás proceda en derecho al respecto.

Lo que se suplica en el lugar y fecha reseñados "ut supra".

F048. SOLICITUD DE CONCURSO DE PERSONA JURÍDICA QUE YA SE ENCUENTRA EN LIQUIDACIÓN

Normativa de aplicación: *Arts. 1 y ss. Real Decreto Legislativo 1/2020, de 5 de mayo, por el que se aprueba el texto refundido de la Ley Concursal.*

AL JUZGADO DE LO MERCANTIL DE...........

..........., Procurador de los Tribunales (núm. .... de colegiado) y de la compañía........... S.L. en liquidación, con domicilio en..........., calle........... núm. .... y CIF..........., cuya representación acredito mediante la escritura original de poder de representación (especial para instar el presente concurso) que se acompaña a este escrito, ante este Juzgado comparezco bajo la dirección letrada de Don..........., abogado del Ilustre Colegio de........... (núm. .... de colegiado), y como mejor proceda en Derecho DIGO:

Que por medio del presente escrito y en la representación que ostento, formulo SOLICITUD DE CONCURSO VOLUNTARIO de la compañía........... S.L. en liquidación. por hallarse actualmente la misma en situación de insolvencia, solicitud que se funda en los hechos y fundamentos de derecho que a continuación se exponen.

HECHOS

PRIMERO.– Mi principal, la sociedad........... S.L., se constituyó el........... de........... de..........., mediante escritura otorgada ante el notario de..........., Don........... (número de su protocolo...........).

Datos de Inscripción Registral: La sociedad está inscrita en el Registro Mercantil de la provincia de........... al tomo..........., General........... de la sección........... del Libro de sociedades, Folio..........., hoja...........

Su objeto social consiste en...........

El domicilio social de la compañía se halla en..........., calle..........., lugar en que se halla el centro de los intereses principales de la deudora.

Datos fiscales: La sociedad se halla dada de alta en el Impuesto sobre Actividades Económicas desde el........... de........... de..........., en el epígrafe........... Igualmente, el día........... de........... de..........., presentó la correspondiente declaración censal de alta e inicio de actividades, siéndole asignado el siguiente Código de Identificación Fiscal (CIF):...........

Disolución y liquidación de la sociedad: La Junta General Extraordinaria de........... S.L., en su reunión de fecha..........., acordó la disolución de la citada sociedad y la apertura del periodo de liquidación, siendo designado liquidador único, Don...........

Órgano de Administración: Desde su constitución, el órgano de administración de la compañía se halla conformado por un administrador único habiendo ocupado tal cargo Don..........., hasta el día..........., en que Don........... fue designado, como se dijo arriba, liquidador único de la compañía.

No existen otros administradores o liquidadores de la sociedad, de hecho o de derecho, distintos del mencionado Sr. .... Durante los dos años anteriores a la solicitud de concurso, el citado Don........... ha sido la única persona que ha ostentado y/o desempeñado la administración o el cargo de liquidador de la sociedad. La sociedad nunca ha tenido directores generales.

Acreditando lo anterior, se acompañan como DOCUMENTOS........... la escritura de constitución de la Sociedad, certificación literal del Registro Mercantil de la provincia de........... correspondiente a la deudora; declaración censal de alta e inicio de actividades, declaración de alta en el Impuesto de Actividades Económicas y tarjeta CIF.

SEGUNDO.– La presente solicitud de concurso voluntario debe de ser acogida por el Juzgador al darse el presupuesto objetivo de insolvencia en que se halla........... S.L. desde el día..........., fecha ésta desde la cual, mi mandante no puede cumplir regularmente sus obligaciones exigibles.

Lo anterior resulta de la documentación que, de conformidad con lo establecido en el art. 7 y 8 TRLC, se acompaña a esta solicitud, así como del informe pericial emitido el pasado día........... de........... de..........., por Don..........., economista del Ilustre Colegio de..........., (núm. Col...........), y que se acompaña como DOCUMENTO...........

De dicha documentación se desprende que mi mandante carece en la actualidad de liquidez suficiente para atender las deudas exigibles contraídas con sus acreedores. También resulta de...........

TERCERO.– Conforme exige el art. 6.2 TRLC, se acompaña a esta solicitud poder especial para solicitar el concurso, otorgado el día .... de .... de ...., ante Don..........., notario del Ilustre Colegio de ...., con residencia en .... (núm. .... de su protocolo). (DOCUMENTO...........).

CUARTO.– Dando cumplimiento a lo reseñado en el art. 7 TRLC se acompañan los siguientes documentos generales:

I.– Memoria expresiva de la historia económica y jurídica del deudor; de la actividad o actividades a las que se viene dedicando durante los tres últimos años y de los establecimientos, oficinas y explotaciones de las que resulta titular, y de las causas del estado de insolvencia en que se encuentra.

Expresamente se manifiesta que en la referida memoria consta la identidad de los socios de los que tiene constancia; la identidad de los administradores sociales (en su caso, y de los directores generales) (en su caso, y del auditor de cuentas. También que NO (SI) tiene admitidos valores admitidos a cotización en un centro de negociación.

Se hace constar que mi mandante NO forma parte de un grupo de sociedades.

ALTERNATIVA: Se hace constar que mi mandante SI forma parte de un grupo de sociedades, integrado por las siguientes compañías: ....

Se hace constar que la sociedad dominante del referido grupo es la sociedad ....

II.– Inventario de los bienes y derechos que integran el patrimonio de mi mandante, expresivo de su naturaleza, características, lugar en que se encuentran y, respecto de aquellos inscritos en un registro público, los datos de identificación registral de cada uno de los bienes y derechos relacionados.

También resulta del referido inventario el valor de adquisición, las correcciones valorativas procedentes y la estimación del valor de mercado a la fecha de la solicitud, de los referidos bienes y derechos, con indicación de los gravámenes, trabas y cargas que les afectan, a favor de acreedor o de tercero, con expresión de su naturaleza y, en su caso, los datos de identificación registral.

III.– Relación de acreedores con expresión de la identidad, el domicilio y la dirección electrónica, si la tuviere, de cada uno de ellos, así como de la cuantía y el vencimiento de los respectivos créditos y las garantías personales o reales constituidas.

(En su caso) Respecto de aquellos acreedores que han reclamado judicialmente el pago de su respectivo crédito se identifica en la citada relación el procedimiento correspondiente, con indicación del estado de las actuaciones.

IV.– (En su caso) Siendo mi mandante empleador, se hace constar que el número de trabajadores asciende a …………, haciéndose constar que el/los centro/s de trabajo al que están afectos los mismos es/son …………

Se hace constar que NO existe órgano de representación de los trabajadores.

ALTERNATIVA: Se ha constar que si existe órgano de representación de los trabajadores de …………, siendo la identidad y el correo electrónico de cada uno de sus integrantes, el siguiente: …………

QUINTO.– De conformidad con lo previsto en el art. 8 TRLC y estando obligada la compañía………… a la llevanza de contabilidad, se acompaña igualmente a esta solicitud los documentos contables y complementarios que a continuación se reseñan:

I.– Cuentas anuales (balance, pérdidas y ganancias y memoria), informe de gestión e informe de auditoría de los últimos tres ejercicios sociales finalizados a fecha de la solicitud de concurso, esto es, los cerrados a fecha …………, ………… y ………… (DOCUMENTOS…………)

II.– Memoria de los cambios significativos operados en el patrimonio de mi mandante con posterioridad a las últimas cuentas anuales formuladas, aprobadas y depositadas en el Registro Mercantil, las correspondientes al ejercicio …………,

III.– Memoria de las operaciones realizadas con posterioridad a las últimas cuentas anuales formuladas, aprobadas y depositadas en el Registro Mercantil y que por su naturaleza, objeto o cuantía excedan del giro o tráfico ordinario del deudor. (DOCUMENTO…………).

IV.– (Si fuera menester) Estados financieros elaborados con posterioridad a las últimas cuentas anuales presentadas (las correspondientes al ejercicio …………), remitidos (o comunicados) a …………, autoridad supervisora del ………… (DOCUMENTOS…………)

V.– (Si fuera menester). Dado que mi principal forma parte del grupo de sociedades …………, en el que la aquí deudora, es la sociedad dominante, y las compañías ………… y …………, son las sociedades dominadas, se acompañan las cuentas anuales y el informe de gestión consolidados correspondientes a los tres últimos ejercicios sociales finalizados a fecha de la presente solicitud y el informe de auditoría emitido con relación a tales cuentas anuales. También una memoria de las operaciones realizadas con otras sociedades del grupo durante ese mismo periodo y hasta la solicitud de concurso.

SEXTO.– Que dado que la Junta General Extraordinaria de........... S.L., en su reunión de fecha..........., acordó la disolución de la citada sociedad y la apertura del periodo de liquidación, procede vehiculizar la misma a través del presente procedimiento concursal, aperturándose en el mismo la fase de liquidación.

SÉPTIMO.– (Si fuera menester). se hace constar que no se acompaña el DOCUMENTO........... previsto en el número..........., del art. 7 TRLC toda vez que...........

Igualmente, aun cuando se acompaña el DOCUMENTO..........., recogido en el número...........°, del art. 8 TRLC, en el mismo falta el dato de..........., toda vez que...........

A los relatados hechos aduzco los siguientes

FUNDAMENTOS DE DERECHO

I.– De conformidad con lo previsto en los arts. 44 y 45 TRLC, son competentes para conocer de esta solicitud de concurso los Juzgados de lo Mercantil de ...., al ser éste el lugar donde la compañía........... S.A. tiene su centro de intereses principales.

II.– Esta solicitud de concurso se sustanciara por los trámites establecidos en el art. 10, ss. y concordantes TRLC.

III.– Mi mandante, en su condición de deudor, está legitimado para solicitar su declaración de concurso al amparo de lo dispuesto en el art. 3.1 TRLC.

IV.– Se dan en este caso los presupuestos subjetivo y objetivo requeridos para la declaración del concurso. En el primer caso, a la vista de la condición de mi mandante de deudor persona jurídica, vid. art. 1.1 TRLC. En el segundo, a la vista de la situación actual de insolvencia de mi mandante.

V.– Los efectos del concurso serán los previstos en los arts. 105 y ss. TRLC.

VI.– Sobre la liquidación concursal, arts. 406 y ss. TRLC.

En virtud de lo expuesto,

SUPLICO AL JUZGADO que tenga por presentado este escrito, junto a los documentos a él unidos y sus copias, se sirva admitirlo y tener por promovido en nombre y representación de mi mandante, ... S.L., SOLICITUD DE CONCURSO VOLUNTARIO, se sirva admitirla y previos los oportunos trámites legales, se sirva dictar auto por el que, estimando íntegramente la presente solicitud:

PRIMERO.– Se declare el concurso de la sociedad........... S.L., con el carácter de voluntario.

SEGUNDO.– Se acuerde la sustanciación del correspondiente procedimiento, con la formación de las secciones correspondientes.

TERCERO.– Se acuerde de inmediato la apertura de la fase de liquidación.

CUARTO.– Se designe a la administración concursal.

QUINTO.– Se acuerde cuanto demás sea procedente en derecho para la sustanciación del procedimiento hasta su conclusión.

Es Justicia que pido en............ a............ de............ de dos mil............

OTROSÍ DIGO Que procede dar a la declaración de concurso la oportuna publicidad, incluida la registral, en los términos y con el alcance establecidos en los arts. 35 a 37 TRLC y sin perjuicio de cualesquiera otra publicidad complementaria que, en medios oficiales o privados, estime oportuna este Juzgado al que nos dirigimos.

En su virtud,

SUPLICO AL JUZGADO que tenga por hechas las anteriores manifestaciones a los efectos oportunos, se sirva admitirlas y acordar en el auto declarando el concurso voluntario de mi principal, las inscripciones y publicaciones previstas en el art. 35 a 37 TRLC, y, previos los oportunos trámites legales, se sirva llevar a cabo tales inscripciones y publicaciones, por medios electrónicos o telemáticos y, si esto no fuera posible, librando los oportunos mandamientos y oficios que serán confiados al Procurador que esto suscribe para su oportuno curso y gestión.

Lo que se suplica en el lugar y fecha reseñados "ut supra".

OTROSÍ DIGO: Que en el auto en que se acuerde la declaración de concurso de mi principal y entre otros pronunciamientos, procede el llamamiento de los acreedores para que pongan en conocimiento de la administración concursal la existencia de sus créditos, en el plazo de un mes a contar desde el día siguiente a la publicación de la declaración del concurso en el BOE.

En su virtud,

SUPLICO AL JUZGADO que tenga por hechas las anteriores manifestaciones a los efectos oportunos, se sirva admitirlas y acordar en el auto declarando el concurso voluntario de mi principal, el llamamiento de los acreedores a los efectos antes reseñados.

Lo que se suplica en el lugar y fecha reseñados "ut supra".

OTROSÍ DIGO Que a la vista del art. 33 TRLC, en su día y previa admisión de la presente solicitud, procede la notificación por medios electrónicos del auto de declaración del concurso, a la Agencia Estatal de la Administración Tributaria y a la Tesorería General de la Seguridad Social.

En su virtud,

SUPLICO AL JUZGADO que tenga por hechas las anteriores manifestaciones a los efectos oportunos, se sirva admitirlas y acordar la referida notificación y cuanto demás proceda en derecho al respecto.

Lo que se suplica en el lugar y fecha reseñados "ut supra".

(SI fuera menester) OTROSÍ DIGO Que conforme requiere el art. 28.4 TRLC, en su día y previa admisión de la presente solicitud, procede la notificación del auto de declaración del concurso, a la representación legal de los trabajadores de mis mandantes.

En su virtud,

SUPLICO AL JUZGADO que tenga por hechas las anteriores manifestaciones a los efectos oportunos, se sirva admitirlas y acordar la referida notificación y cuanto demás proceda en derecho al respecto.

Lo que se suplica en el lugar y fecha reseñados "ut supra".

F049. SOLICITUD DE CONCURSO DE PERSONA JURÍDICA. CONCURSO SIN MASA

Normativa de aplicación: *Arts. 1 y ss. Real Decreto Legislativo 1/2020, de 5 de mayo, por el que se aprueba el texto refundido de la Ley Concursal.*

AL JUZGADO DE LO MERCANTIL DE........... QUE POR TURNO CORRESPONDA

.... Procurador de los Tribunales y de la mercantil........... S.L., con domicilio social en..........., Avinguda..........., número..........., CP...........; y con CIF........... cuya representación acredito mediante copia de la escritura de poder de representación (especial para instar el presente concurso), que se acompaña a este escrito, ante este Juzgado comparezco bajo la dirección letrada de Don..........., abogado del Ilustre Colegio de........... (núm. .... de colegiado), y como mejor proceda en Derecho DIGO:

Que por medio del presente escrito y en la representación que ostento, formulo SOLICITUD DE CONCURSO VOLUNTARIO de la mercantil........... S.L., por hallarse actualmente la misma en situación de insolvencia, solicitud que se funda en los hechos y fundamentos de derecho que a continuación se exponen.

HECHOS

PRIMERO.– Que mi principal, la sociedad........... S.L., se constituyó bajo la forma de sociedad anónima, con la denominación "...........", mediante escritura autorizada el día........... por el notario de........... Don..........., número de protocolo...........; transformada en Sociedad Limitada, mediante escritura autorizada el........... por el Notario de........... Don..........., número de protocolo...........

CIF...........

Su objeto social consiste en...........

El domicilio social de la compañía se halla en..........., Avenida..........., número..........., CP..........., lugar en que se halla el centro de los intereses principales de la deudora.

Órgano de administración:

Desde..........., el órgano de administración estaba conformado por un administrador único, desempeñando tal cargo, Doña..........., en virtud de acuerdos adoptados por unanimidad, en Junta General Extraordinaria y Universal celebrada el día........... en el domicilio social, elevados a públicos mediante escritura autorizada el........... por el Notario de Onteniente Don..........., número de protocolo...........

Mediante acuerdos de la Junta General Extraordinaria y Universal celebrada el día........... en el domicilio social, elevados a públicos mediante escritura, autorizada el..........., por el Notario de..........., Don..........., número de protocolo..........., se acordó el cese de Doña........... como administradora única y el nombramiento de Don........... para ejercer tal cargo.

No existe otro administrador de la sociedad, de hecho o de derecho, distinto del citado Don...........

Así pues, durante los dos años anteriores a la solicitud del concurso, los citados DOÑA........... y Don..........., han sido las únicas personas que han ostentado y/o desempeñado el cargo de administrador Único de la sociedad.

La sociedad nunca ha tenido Director General.

SEGUNDO.– La presente solicitud de concurso voluntario debe de ser acogida por el Juzgador al darse el presupuesto objetivo de insolvencia en que se halla la mercantil........... S.L., sociedad que no puede cumplir regularmente sus obligaciones exigibles. Así resulta de los documentos que, en virtud de lo establecido en el TRLC, se acompañan a la presente solicitud y que, apreciados en su conjunto, se desprende que mi mandante carece en la actualidad de liquidez suficiente para atender las deudas exigibles contraídas con sus acreedores.

TERCERO.– Pese a no exigirlo el vigente TRLC, adjunto se acompaña certificación literal del Registro Mercantil de la provincia de..........., correspondiente a mi mandante, expresiva de su vida jurídica, y cuyo contenido se da aquí por íntegramente reproducida en aras a una mayor brevedad. DOCUMENTO ....

CUARTO.– Conforme exige el art. 6.2 TRLC, se acompaña a esta solicitud poder especial para solicitar el concurso, otorgado el día .... de .... de ...., ante Don..........., notario del Ilustre Colegio de ...., con residencia en .... (núm. .... de su protocolo). (DOCUMENTO...........).

QUINTO.– Dando cumplimiento a lo establecido en el art. 7 TRLC, se acompañan los siguientes documentos generales:

I.– Memoria expresiva de la historia económica y jurídica del deudor; de la actividad o actividades a las que se viene dedicando durante los tres últimos años y de los establecimientos, oficinas y explotaciones de las que resulta titular, y de las causas del estado de insolvencia en que se encuentra.

Expresamente se manifiesta que en la referida memoria consta la identidad de los socios de los que tiene constancia; la identidad de los administradores sociales (en su caso, y de los directores generales) (en su caso, y del auditor de cuentas. También que NO (SI) tiene admitidos valores admitidos a cotización en un centro de negociación.

Se hace constar que mi mandante NO forma parte de un grupo de sociedades.

ALTERNATIVA: Se hace constar que mi mandante SI forma parte de un grupo de sociedades, integrado por las siguientes compañías: ....

Se hace constar que la sociedad dominante del referido grupo es la sociedad ....

II.– Inventario de los bienes y derechos que integran el patrimonio de mi mandante, expresivo de su naturaleza, características, lugar en que se encuentran y, respecto de aquellos inscritos en un registro público, los datos de identificación registral de cada uno de los bienes y derechos relacionados.

También resulta del referido inventario el valor de adquisición, las correcciones valorativas procedentes y la estimación del valor de mercado a la fecha de la solicitud, de los referidos bienes y derechos, con indicación de los gravámenes, trabas y cargas que les afectan, a favor de acreedor o de tercero, con expresión de su naturaleza y, en su caso, los datos de identificación registral.

III.– Relación de acreedores con expresión de la identidad, el domicilio y la dirección electrónica, si la tuviere, de cada uno de ellos, así como de la cuantía y el vencimiento de los respectivos créditos y las garantías personales o reales constituidas.

(En su caso) Respecto de aquellos acreedores que han reclamado judicialmente el pago de su respectivo crédito se identifica en la citada relación el procedimiento correspondiente, con indicación del estado de las actuaciones.

IV.– (En su caso) Siendo mi mandante empleador, se hace constar que el número de trabajadores asciende a ...., haciéndose constar que el/los centro/s de trabajo al que están afectos los mismos es/son ....

Se hace constar que NO existe órgano de representación de los trabajadores.

ALTERNATIVA: Se ha constar que si existe órgano de representación de los trabajadores de .... S.A, siendo la identidad y el correo electrónico de cada uno de sus integrantes, el siguiente: ....

SEXTO.– De conformidad con lo previsto en el art. 8 TRLC y estando obligada la compañía........... S.A. a la llevanza de contabilidad, se acompaña igualmente a esta solicitud los documentos contables y complementarios que a continuación se reseñan:

I.– Cuentas anuales (balance, pérdidas y ganancias y memoria), informe de gestión e informe de auditoría de los últimos tres ejercicios sociales finalizados a fecha de la solicitud de concurso, esto es, los cerrados a fecha ...., ... y .... (DOCUMENTOS...........)

II.– Memoria de los cambios significativos operados en el patrimonio de mi mandante con posterioridad a las últimas cuentas anuales formuladas, aprobadas y depositadas en el Registro Mercantil, las correspondientes al ejercicio ....,

III.– Memoria de las operaciones realizadas con posterioridad a las últimas cuentas anuales formuladas, aprobadas y depositadas en el Registro Mercantil y que por su naturaleza, objeto o cuantía excedan del giro o tráfico ordinario del deudor. (DOCUMENTO...........).

IV.– (Si fuera menester) Estados financieros elaborados con posterioridad a las últimas cuentas anuales presentadas (las correspondientes al ejercicio ....), remitidos (o comunicados) a ...., autoridad supervisora del ....(DOCUMENTOS..........)

V.– (Si fuera menester). Dado que mi principal forma parte del grupo de sociedades ...., en el que la aquí deudora, es la sociedad dominante, y las compañías .... y ...., son las sociedades dominadas, se acompañan las cuentas anuales y el informe de gestión consolidados correspondientes a los tres últimos ejercicios sociales finalizados a fecha de la presente solicitud y el informe de auditoría emitido con relación a tales cuentas anuales. También una memoria de las operaciones realizadas con otras sociedades del grupo durante ese mismo periodo y hasta la solicitud de concurso.

SÉPTIMO.– Que a la vista de la situación de la empresa se desprende lo siguiente:

1.– Que el concurso carece de bien o derecho alguno (en su caso, Que el concursado carece de bienes y derechos legalmente embargables) (en su caso, Que el coste de realización de los bienes y derechos del concursado resulta manifiestamente desproporcionado respecto al previsible valor venal) (en su caso, Que los bienes y derechos del concursado libres de cargas resultan de valor inferior al previsible coste del procedimiento) (en su caso, Que los gravámenes y las cargas existentes sobre los bienes y derechos del concursado lo son por importe superior al valor de mercado de esos bienes y derechos).

2.– (En su caso), Que carece de trabajadores y de actividad desde el año..........., no habiendo realizado ningún acto de disposición desde dicha fecha.

3.– Que no existen indicios de que el deudor hubiera realizado actos perjudiciales para la masa activa que sean rescindibles conforme a lo establecido en esta ley. Tampoco para el ejercicio de la acción social de responsabilidad contra los administradores o liquidadores, de derecho o de hecho, de la persona jurídica concursada, o contra la persona natural designada por la persona jurídica administradora para el ejercicio permanente de las funciones propias del cargo de administrador persona jurídica y contra la persona, cualquiera que sea su denominación, que tenga atribuidas facultades de más alta dirección de la sociedad cuando no exista delegación permanente de facultades del consejo en uno o varios consejeros delegados. Finalmente, no existen indicios de que el concurso de mi mandante pudiera ser calificado de culpable.

Así pues y en base a lo anterior entendemos que procede por este Juzgado, si así lo tuviera por conveniente, que se acuerde la declaración del concurso sin masa ex arts. 37 bis y ss. TRLC.

A los relatados hechos aduzco los siguientes

FUNDAMENTOS DE DERECHO

I.– De conformidad con lo previsto en los arts. 44 y 45 TRLC, son competentes para conocer de esta solicitud de concurso los Juzgados de lo Mercantil de ...., al ser éste el lugar donde mi mandante tiene su centro de intereses principales.

II.– Esta solicitud de concurso, si así lo estima este Juzgado, se sustanciara por los trámites establecidos en el art. 37 bis, ss. y concordantes TRLC.

III.– Mi mandante, en su condición de deudor, está legitimada para solicitar su declaración de concurso al amparo de lo dispuesto en el art. 3.1 TRLC.

IV.– Se dan en este caso los presupuestos subjetivo y objetivo requeridos para la declaración del concurso. En el primer caso, a la vista de la condición de mi mandante de deudor persona jurídica, vid art. 1.1 TRLC. En el segundo, a la vista de la insolvencia actual de mi mandante.

V.– Sobre el concurso sin masa vid arts. 37 bis, ss. y concordantes TRLC.

En virtud de lo expuesto,

SUPLICO AL JUZGADO que tenga por presentado este escrito, junto a los documentos a él unidos y sus copias, se sirva admitirlos y tener por promovido en nombre y representación de mi mandante, ………… S.L., se sirva admitirla y previos los oportunos trámites legales, se sirva dictar auto por el que, estimando íntegramente la presente solicitud:

I.– Se declare el concurso de acreedores de mi mandante, con expresión del pasivo que resulte de la documentación, sin más pronunciamientos, ordenando la remisión telemática al "Boletín Oficial del Estado" para su publicación en el suplemento del tablón edictal judicial único y la publicación en el Registro público concursal con llamamiento al acreedor o a los acreedores que representen, al menos, el cinco por ciento del pasivo a fin de que, en el plazo de quince días a contar del siguiente a la publicación del edicto, puedan solicitar el nombramiento de un administrador concursal para que presente informe razonado y documentado sobre los extremos reseñados en el art. 37 Ter TRLC, y tras ello, y a la vista del resultado se acuerde cuanto proceda en orden a la tramitación y conclusión del concurso.

II.– Para el caso en que por este Juzgado se entienda que no procede la declaración de concurso sin masa:

PRIMERO.– Se declare el concurso voluntario la sociedad………… S.L.,

SEGUNDO.– Se acuerde la sustanciación del correspondiente procedimiento, con la formación de las secciones correspondientes.

TERCERO.– Se designe a la Administración Concursal.

CUARTO.– Se acuerde el régimen de intervención de facultades.

QUINTO.– Se acuerde cuanto demás sea procedente en derecho para la sustanciación del procedimiento hasta su conclusión.

Es Justicia que suplico en …………, a ………… de ………… de …………

OTROSÍ DIGO Que para el supuesto II anterior, procede dar a la declaración de concurso la oportuna publicidad, incluida la registral, en los términos y con el alcance establecidos en los arts. 35 a 37 TRLC y sin perjuicio de cualesquiera otra publicidad complementaria que, en medios oficiales o privados, estime oportuna este Juzgado al que nos dirigimos.

En su virtud,

SUPLICO AL JUZGADO que tenga por hechas las anteriores manifestaciones a los efectos oportunos, se sirva admitirlas y acordar en el auto declarando el concurso voluntario de

mi principal, las inscripciones y publicaciones previstas en el art. 35 a 37 TRLC, y, previos los oportunos trámites legales, se sirva llevar a cabo tales inscripciones y publicaciones, por medios electrónicos o telemáticos y, si esto no fuera posible, librando los oportunos mandamientos y oficios que serán confiados al Procurador que esto suscribe para su oportuno curso y gestión.

Lo que se suplica en el lugar y fecha reseñados "ut supra".

OTROSÍ DIGO: Que para el supuesto II anterior, en el auto en que se acuerde la declaración de concurso de mi principal y entre otros pronunciamientos, procede el llamamiento de los acreedores para que pongan en conocimiento de la administración concursal la existencia de sus créditos, en el plazo de un mes a contar desde el día siguiente a la publicación de la declaración del concurso en el BOE.

En su virtud,

SUPLICO AL JUZGADO que tenga por hechas las anteriores manifestaciones a los efectos oportunos, se sirva admitirlas y acordar en el auto declarando el concurso voluntario de mi principal, el llamamiento de los acreedores a los efectos antes reseñados.

Lo que se suplica en el lugar y fecha reseñados "ut supra".

OTROSÍ DIGO Que para el supuesto II anterior y a la vista del art. 33 TRLC, en su día y previa admisión de la presente solicitud, procede la notificación por medios electrónicos del auto de declaración del concurso, a la Agencia Estatal de la Administración Tributaria y a la Tesorería General de la Seguridad Social.

En su virtud,

SUPLICO AL JUZGADO que tenga por hechas las anteriores manifestaciones a los efectos oportunos, se sirva admitirlas y acordar la referida notificación y cuanto demás proceda en derecho al respecto.

Lo que se suplica en el lugar y fecha reseñados "ut supra".

(SI fuera menester) OTROSÍ DIGO: Que para el supuesto II anterior y conforme requiere el art. 28.4 TRLC, en su día y previa admisión de la presente solicitud, procede la notificación del auto de declaración del concurso, a la representación legal de los trabajadores de mis mandantes.

En su virtud,

SUPLICO AL JUZGADO que tenga por hechas las anteriores manifestaciones a los efectos oportunos, se sirva admitirlas y acordar la referida notificación y cuanto demás proceda en derecho al respecto.

Lo que se suplica en el lugar y fecha reseñados "ut supra".

Ldo........... Prdora...........

ICAV...........

F050. SOLICITUD DE CONCURSO DE PERSONA JURÍDICA QUE SE HALLA EN LIQUIDACIÓN. CONCURSO SIN MASA

Normativa de aplicación: *Arts. 1 y ss. Real Decreto Legislativo 1/2020, de 5 de mayo, por el que se aprueba el texto refundido de la Ley Concursal.*

AL JUZGADO DE LO MERCANTIL DE........... QUE POR TURNO CORRESPONDA

.... Procurador de los Tribunales y de la mercantil........... S.L., EN LIQUIDACIÓN, con domicilio social en..........., Avinguda..........., número..........., CP...........; y con CIF........... cuya representación acredito mediante copia de la escritura de poder de representación (especial para instar el presente concurso), que se acompaña a este escrito, ante este Juzgado comparezco bajo la dirección letrada de Don..........., abogado del Ilustre Colegio de........... (núm. .... de colegiado), y como mejor proceda en Derecho DIGO:

Que por medio del presente escrito y en la representación que ostento, formulo SOLICITUD DE CONCURSO VOLUNTARIO de la mercantil........... S.L., EN LIQUIDACIÓN, por hallarse actualmente la misma en situación de insolvencia, solicitud que se funda en los hechos y fundamentos de derecho que a continuación se exponen.

HECHOS

PRIMERO.– Que mi principal, la sociedad........... S.L., EN LIQUIDACIÓN, se constituyó bajo la forma de sociedad anónima, con la denominación "...........", mediante escritura autorizada el día........... por el notario de........... Don..........., número de protocolo...........; transformada en Sociedad Limitada, mediante escritura autorizada el........... por el Notario de........... Don..........., número de protocolo...........; disuelta en virtud de escritura de disolución y nombramiento de liquidador único, autorizada el..........., por el Notario de..........., Don..........., número de protocolo, ...; e inscrita en el Registro Mercantil de..........., al Tomo..........., Libro..........., folio..........., sección..........., hoja..........., inscripción........... CIF...........

Su objeto social consiste en...........

El domicilio social de la compañía se halla en..........., Avenida..........., número..........., CP..........., lugar en que se halla el centro de los intereses principales de la deudora.

Órgano de administración y liquidador único:

En el momento en que mi mandante la sociedad........... S.L., EN LIQUIDACIÓN, fue disuelta (mediante acuerdos adoptados por unanimidad, en Junta General Extraordinaria y Universal celebrada el día...........), el órgano de administración estaba conformado por un administrador único, desempeñando tal cargo, ..., en virtud de acuerdos adoptados por unanimidad, en Junta General Extraordinaria y Universal celebrada el día........... en el domicilio social, elevados a públicos mediante escritura autorizada el........... por el Notario de..........., Don..........., número de protocolo...........

Mi principal, la sociedad........... S.L., EN LIQUIDACIÓN, fue disuelta, en virtud de acuerdos adoptados por unanimidad, en Junta General Extraordinaria y Universal celebrada el día........... en el domicilio social, elevados a públicos mediante escritura de disolución y nombramiento de liquidador único, autorizada el..........., por el Notario de..........., Don..........., número de protocolo...........

En los citados acuerdos adoptados en Junta General Extraordinaria y Universal celebrada el día........... por la que fue disuelta la sociedad, se nombró como liquidadora única a DOÑA..........., cesando previamente de su cargo de administradora única.

Posteriormente y en virtud de escritura autorizada el........... por el Notario de........... Don..........., número de protocolo..........., la citada DOÑA..........., renunció a su cargo de Liquidadora Única de la sociedad.

Posteriormente y en virtud de acuerdos adoptados por unanimidad, en Junta General Extraordinaria y Universal celebrada el día........... en el domicilio social, elevados a públicos mediante escritura autorizada el día........... por el Notario de..........., Don..........., protocolo..........., fue nombrado por tiempo indefinido, Liquidador Único de la sociedad Don...........

No existe otro liquidador de la sociedad, de hecho o de derecho, distinto del citado Don...........

Así pues, durante los dos años anteriores a la solicitud del concurso, los citados DOÑA........... y Don..........., han sido las únicas personas que han ostentado y/o desempeñado el cargo de Liquidador Único de la sociedad.

Mi mandante nunca ha contado con la figura de un Director General.

SEGUNDO.– La presente solicitud de concurso voluntario debe de ser acogida por el Juzgador al darse el presupuesto objetivo de insolvencia en que se halla la mercantil........... S.L., EN LIQUIDACIÓN, sociedad que no puede cumplir regularmente sus obligaciones exigibles. Así resulta de los documentos que, en virtud de lo establecido en el TRLC, se acompañan a la presente solicitud y que, apreciados en su conjunto, se desprende que mi mandante carece en la actualidad de liquidez suficiente para atender las deudas exigibles contraídas con sus acreedores.

TERCERO.– Pese a no exigirlo el vigente TRLC, adjunto se acompaña certificación literal del Registro Mercantil de la provincia de..........., correspondiente a mi mandante, expresiva de su vida jurídica, y cuyo contenido se da aquí por íntegramente reproducida en aras a una mayor brevedad. DOCUMENTO UNO.

CUARTO.– Conforme exige el art. 6.2 TRLC, se acompaña a esta solicitud poder especial para solicitar el concurso, otorgado el día .... de .... de ...., ante Don..........., notario del Ilustre Colegio de ...., con residencia en .... (núm. .... de su protocolo). (DOCUMENTO...........).

QUINTO.– Dando cumplimiento a lo establecido en el art. 7 TRLC, se acompañan los siguientes documentos generales:

I.– Memoria expresiva de la historia económica y jurídica del deudor; de la actividad o actividades a las que se viene dedicando durante los tres últimos años y de los establecimientos, oficinas y explotaciones de las que resulta titular, y de las causas del estado de insolvencia en que se encuentra.

Expresamente se manifiesta que en la referida memoria consta la identidad de los socios de los que tiene constancia; la identidad de los administradores sociales (en su caso, y de los directores generales) (en su caso, y del auditor de cuentas. También que NO (SI) tiene admitidos valores admitidos a cotización en un centro de negociación.

Se hace constar que mi mandante NO forma parte de un grupo de sociedades.

ALTERNATIVA: Se hace constar que mi mandante SI forma parte de un grupo de sociedades, integrado por las siguientes compañías: ....

Se hace constar que la sociedad dominante del referido grupo es la sociedad ....

II.– Inventario de los bienes y derechos que integran el patrimonio de mi mandante, expresivo de su naturaleza, características, lugar en que se encuentran y, respecto de aquellos inscritos en un registro público, los datos de identificación registral de cada uno de los bienes y derechos relacionados.

También resulta del referido inventario el valor de adquisición, las correcciones valorativas procedentes y la estimación del valor de mercado a la fecha de la solicitud, de los referidos bienes y derechos, con indicación de los gravámenes, trabas y cargas que les afectan, a favor de acreedor o de tercero, con expresión de su naturaleza y, en su caso, los datos de identificación registral.

III.– Relación de acreedores con expresión de la identidad, el domicilio y la dirección electrónica, si la tuviere, de cada uno de ellos, así como de la cuantía y el vencimiento de los respectivos créditos y las garantías personales o reales constituidas.

(En su caso) Respecto de aquellos acreedores que han reclamado judicialmente el pago de su respectivo crédito se identifica en la citada relación el procedimiento correspondiente, con indicación del estado de las actuaciones.

IV.– (En su caso) Siendo mi mandante empleador, se hace constar que el número de trabajadores asciende a ...., haciéndose constar que el/los centro/s de trabajo al que están afectos los mismos es/son ....

Se hace constar que NO existe órgano de representación de los trabajadores.

ALTERNATIVA: Se ha constar que si existe órgano de representación de los trabajadores de ...., siendo la identidad y el correo electrónico de cada uno de sus integrantes, el siguiente: ....

SEXTO.– De conformidad con lo previsto en el art. 8 TRLC y estando obligada la compañía........... a la llevanza de contabilidad, se acompaña igualmente a esta solicitud los documentos contables y complementarios que a continuación se reseñan:

I.– Cuentas anuales (balance, pérdidas y ganancias y memoria), informe de gestión e informe de auditoría de los últimos tres ejercicios sociales finalizados a fecha de la solicitud de concurso, esto es, los cerrados a fecha ...., ... y .... (DOCUMENTOS...........)

II.– Memoria de los cambios significativos operados en el patrimonio de mi mandante con posterioridad a las últimas cuentas anuales formuladas, aprobadas y depositadas en el Registro Mercantil, las correspondientes al ejercicio ....,

III.– Memoria de las operaciones realizadas con posterioridad a las últimas cuentas anuales formuladas, aprobadas y depositadas en el Registro Mercantil y que por su naturaleza, objeto o cuantía excedan del giro o tráfico ordinario del deudor. (DOCUMENTO...........).

IV.– (Si fuera menester) Estados financieros elaborados con posterioridad a las últimas cuentas anuales presentadas (las correspondientes al ejercicio ....), remitidos (o comunicados) a ...., autoridad supervisora del .... (DOCUMENTOS...........)

V.– (Si fuera menester). Dado que mi principal forma parte del grupo de sociedades ...., en el que la aquí deudora, es la sociedad dominante, y las compañías .... y ...., son las sociedades dominadas, se acompañan las cuentas anuales y el informe de gestión consolidados correspondientes a los tres últimos ejercicios sociales finalizados a fecha de la presente solicitud y el informe de auditoría emitido con relación a tales cuentas anuales. También una memoria de las operaciones realizadas con otras sociedades del grupo durante ese mismo periodo y hasta la solicitud de concurso.

SÉPTIMO.– Que a la vista de la situación de la empresa y de la documentación aportada junto a esta solicitud, se desprende lo siguiente:

1.– Que el concurso carece de bien o derecho alguno (en su caso, Que el concursado carece de bienes y derechos legalmente embargables) (en su caso, Que el coste de realización de los bienes y derechos del concursado resulta manifiestamente desproporcionado respecto al previsible valor venal) (en su caso, Que los bienes y derechos del concursado libres de cargas resultan de valor inferior al previsible coste del procedimiento) (en su caso, Que los gravámenes y las cargas existentes sobre los bienes y derechos del concursado lo son por importe superior al valor de mercado de esos bienes y derechos).

2.– (En su caso), Que carece de trabajadores y de actividad desde el año..........., no habiendo realizado ningún acto de disposición desde dicha fecha.

3.– Que no existen indicios de que el deudor hubiera realizado actos perjudiciales para la masa activa que sean rescindibles conforme a lo establecido en esta ley. Tampoco para el ejercicio de la acción social de responsabilidad contra los administradores o liquidadores, de derecho o de hecho, de la persona jurídica concursada, o contra la persona natural designada por la persona jurídica administradora para el ejercicio permanente de las funciones propias del cargo de administrador persona jurídica y contra la persona. cualquiera que sea su denominación, que tenga atribuidas facultades de más alta dirección de la sociedad cuando no exista delegación permanente de facultades del consejo en uno o varios consejeros delegados. Finalmente, no existen indicios de que el concurso de mi mandante pudiera ser calificado de culpable.

Así pues y en base a lo anterior entendemos que procede por este Juzgado, si así lo tuviera por conveniente, que se acuerde la declaración del concurso sin masa ex arts. 37 bis y ss. TRLC.

A los relatados hechos aduzco los siguientes

FUNDAMENTOS DE DERECHO

I.– De conformidad con lo previsto en los arts. 44 y 45 TRLC, son competentes para conocer de esta solicitud de concurso los Juzgados de lo Mercantil de ...., al ser éste el lugar donde mi mandante tiene su centro de intereses principales.

II.– Esta solicitud de concurso, si así lo estima este Juzgado, se sustanciara por los trámites establecidos en el art. 37 bis, ss. y concordantes TRLC.

III.– Mi mandante, en su condición de deudor, está legitimada para solicitar su declaración de concurso al amparo de lo dispuesto en el art. 3.1 TRLC.

IV.– Se dan en este caso los presupuestos subjetivo y objetivo requeridos para la declaración del concurso. En el primer caso, a la vista de la condición de mi mandante de deudor persona jurídica, vid art. 1.1 TRLC. En el segundo, a la vista de la insolvencia actual de mi mandante.

V.– Sobre el concurso sin masa vid arts. 37 bis, ss. y concordantes TRLC. TRLC.

En virtud de lo expuesto,

SUPLICO AL JUZGADO que tenga por presentado este escrito, junto a los documentos a él unidos y sus copias, se sirva admitirlos y tener por promovido en nombre y representación de mi mandante, ... S.L., se sirva admitirla y previos los oportunos trámites legales, se sirva dictar auto por el que, estimando íntegramente la presente solicitud:

I.– Se declare el concurso de acreedores de mi mandante, con expresión del pasivo que resulte de la documentación, sin más pronunciamientos, ordenando la remisión telemática al "Boletín Oficial del Estado" para su publicación en el suplemento del tablón edictal judicial único y la publicación en el Registro público concursal con llamamiento al acreedor o a los acreedores que representen, al menos, el cinco por ciento del pasivo a fin de que, en el plazo de quince días a contar del siguiente a la publicación del edicto, puedan solicitar el nombramiento de un administrador concursal para que presente informe razonado y documentado sobre los extremos reseñados en el art. 37 Ter TRLC, y tras ello, y a la vista del resultado se acuerde cuanto proceda en orden a la tramitación y conclusión del concurso.

II.– Para el caso en que por este Juzgado se entienda que no procede la declaración de concurso sin masa:

PRIMERO.– Se declare el concurso voluntario de la sociedad........... S.L.

SEGUNDO.– Se acuerde la sustanciación del correspondiente procedimiento, con la formación de las secciones correspondientes.

TERCERO.– Se designe a la Administración Concursal.

CUARTO.– Se acuerde la apertura de la fase de liquidación.

QUINTO.– Se acuerde cuanto demás sea procedente en derecho para la sustanciación del procedimiento hasta su conclusión.

Es Justicia que suplico en ...., a .... de .... de ....

OTROSÍ DIGO Que para el supuesto II anterior, procede dar a la declaración de concurso la oportuna publicidad, incluida la registral, en los términos y con el alcance establecidos en los arts. 35 a 37 TRLC y sin perjuicio de cualesquiera otra publicidad complementaria que, en medios oficiales o privados, estime oportuna este Juzgado al que nos dirigimos.

En su virtud,

SUPLICO AL JUZGADO que tenga por hechas las anteriores manifestaciones a los efectos oportunos, se sirva admitirlas y acordar en el auto declarando el concurso voluntario de mi principal, las inscripciones y publicaciones previstas en el art. 35 a 37 TRLC, y, previos los oportunos trámites legales, se sirva llevar a cabo tales inscripciones y publicaciones, por medios electrónicos o telemáticos y, si esto no fuera posible, librando los oportunos mandamientos y oficios que serán confiados al Procurador que esto suscribe para su oportuno curso y gestión.

Lo que se suplica en el lugar y fecha reseñados "ut supra".

OTROSÍ DIGO: Que para el supuesto II anterior, en el auto en que se acuerde la declaración de concurso de mi principal y entre otros pronunciamientos, procede el llamamiento de los acreedores para que pongan en conocimiento de la administración concursal la existencia de sus créditos, en el plazo de un mes a contar desde el día siguiente a la publicación de la declaración del concurso en el BOE.

En su virtud,

SUPLICO AL JUZGADO que tenga por hechas las anteriores manifestaciones a los efectos oportunos, se sirva admitirlas y acordar en el auto declarando el concurso voluntario de mi principal, el llamamiento de los acreedores a los efectos antes reseñados.

Lo que se suplica en el lugar y fecha reseñados "ut supra".

OTROSÍ DIGO Que para el supuesto II anterior y a la vista del art. 33 TRLC, en su día y previa admisión de la presente solicitud, procede la notificación por medios electrónicos del auto de declaración del concurso, a la Agencia Estatal de la Administración Tributaria y a la Tesorería General de la Seguridad Social.

En su virtud,

SUPLICO AL JUZGADO que tenga por hechas las anteriores manifestaciones a los efectos oportunos, se sirva admitirlas y acordar la referida notificación y cuanto demás proceda en derecho al respecto.

Lo que se suplica en el lugar y fecha reseñados "ut supra".

(SI fuera menester) OTROSÍ DIGO: Que para el supuesto II anterior y conforme requiere el art. 28.4 TRLC, en su día y previa admisión de la presente solicitud, procede la notificación del auto de declaración del concurso, a la representación legal de los trabajadores de mis mandantes.

En su virtud,

SUPLICO AL JUZGADO que tenga por hechas las anteriores manifestaciones a los efectos oportunos, se sirva admitirlas y acordar la referida notificación y cuanto demás proceda en derecho al respecto.

Lo que se suplica en el lugar y fecha reseñados "ut supra".

Ldo............ Prdora............

ICAV............

F051. SOLICITUD DE CONCURSO DE PERSONA NATURAL SIN MASA

Normativa de aplicación: *Arts. 1 y ss. Real Decreto Legislativo 1/2020, de 5 de mayo, por el que se aprueba el texto refundido de la Ley Concursal.*

AL JUZGADO DE LO MERCANTIL DE ....

............, Procurador de los Tribunales (núm. .... de colegiado) y de Don ...., con domicilio en ...., calle .... núm. .... y DNI/NIF ...., cuya representación acredito mediante la escritura original de poder de representación (especial para instar el presente concurso) que se acompaña a este escrito, ante este Juzgado comparezco bajo la dirección letrada de Don ...., abogado del Ilustre Colegio de Valencia (núm. .... de colegiado), y como mejor proceda en Derecho DIGO:

Que por medio del presente escrito y en la representación que ostento, formulo SOLICITUD DE CONCURSO VOLUNTARIO de Don .... por hallarse en situación de insolvencia INMINENTE, solicitud que se funda en los HECHOS y FUNDAMENTOS DE DERECHO que a continuación se exponen.

HECHOS

PRIMERO.– Mi principal, Don............, nació el día............ de............ de............, en la ciudad de............ Esto es, en la actualidad tiene............años de edad. Es vecino de............, teniendo fijando su domicilio en la calle............, núm. .... de dicha localidad. Dotado de DNI/NIF núm. ....

Don............ es empleado de banca, prestando sus servicios como administrativo para la entidad ...., ello desde ...., en virtud de contrato laboral de fecha ....

Don........... es soltero y carece de hijos (en su caso, tiene un hijo llamado ...., de años de edad ....).

ALTERNATIVA: Don .... está casado con Doña..........., mayor de edad, de nacionalidad española, nacida el día........... de........... de........... en la ciudad de...........y DNI..........., bajo el régimen de absoluta separación de bienes. Ello en virtud de escritura de capitulaciones otorgada ante el Notario de..........., Don..........., el día........... de........... de........... Los Sres. .... tienen un hijo, Don..........., que es mayor de edad y que convive con sus padres.

ALTERNATIVA: Don ....tiene pareja en la persona de Doña ...., mayor de edad, de nacionalidad española, nacida el día........... de........... de..........., vecina de ...., con domicilio en la ciudad de........... La referida pareja de hecho consta inscrita en ....

Acreditando lo anterior, (SEGÚN PROCEDA) se acompañan como DOCUMENTOS..........., testimonio del DNI, del libro de familia de mi mandante, certificado del Registro Civil de..........., certificado de empadronamiento emitido en fecha........... por el Ayuntamiento de..........., y declaraciones fiscales, certificado de la inscripción de la pareja de hecho en ...., y

SEGUNDO.– La presente solicitud de concurso voluntario debe de ser acogida por el Juzgador al darse el presupuesto objetivo de insolvencia INMINENTE, pues llegado el próximo día .... mi mandante no podrá cumplir regularmente sus obligaciones exigibles.

Lo anterior resulta de la documentación que se acompaña a esta solicitud, así como del informe pericial emitido el pasado día .... de .... de ...., por Don ...., economista del Ilustre Colegio de ...., (núm. Col. ....), y que se acompaña como DOCUMENTO .... De dicha documentación se desprende que mi mandante carecerá a partir del día .... de liquidez suficiente para atender las deudas exigibles contraídas con sus acreedores.

TERCERO.– Dando cumplimiento a lo previsto en el art. 6.2 TRLC, se acompañan a esta solicitud poder especial para solicitar el concurso, otorgado el día........... de........... de..........., ante Don..........., notario del Ilustre Colegio de..........., con residencia en........... (núm. .... de su protocolo). (DOCUMENTO...........).

CUARTO.– Conforme exige el art. 7 TRLC, se acompañan a esta solicitud los siguientes documentos generales, señalados como DOCUMENTOS ....:

I.– Memoria expresiva de la historia económica y jurídica del deudor; de la actividad o actividades a las que se viene dedicando durante los tres últimos años y de los establecimientos, oficinas y explotaciones de las que resulta titular, y de las causas del estado de insolvencia en que se encuentra.

(Si fuera menester). Expresamente se manifiesta que en la referida memoria consta la identidad del cónyuge de mi mandante, la fecha del matrimonio, el régimen económico por el que se rige el matrimonio, (y, en su caso, la fecha de las capitulaciones matrimoniales otorgadas en su día por los Sres. ....).

ALTERNATIVA: (Si fuera menester). Expresamente se manifiesta que en la referida memoria consta la identidad de la pareja de mi mandante, Doña ...., y la fecha de inscripción de la pareja en el Registro de ....

II.– Inventario de los bienes y derechos que integran el patrimonio de mi mandante, expresivo de su naturaleza, características, lugar en que se encuentran y, respecto de aquellos inscritos en un registro público, los datos de identificación registral de cada uno de los bienes y derechos relacionados.

También resulta del referido inventario el valor de adquisición, las correcciones valorativas procedentes y la estimación del valor de mercado a la fecha de la solicitud, de los referidos bienes y derechos, con indicación de los gravámenes, trabas y cargas que les afectan, a favor de acreedor o de tercero, con expresión de su naturaleza y, en su caso, los datos de identificación registral.

III.– Relación de acreedores con expresión de la identidad, el domicilio y la dirección electrónica, si la tuviere, de cada uno de ellos, así como de la cuantía y el vencimiento de los respectivos créditos y las garantías personales o reales constituidas.

(En su caso) Respecto de aquellos acreedores que han reclamado judicialmente el pago de su respectivo crédito se identifica en la citada relación el procedimiento correspondiente, con indicación del estado de las actuaciones.

QUINTO.– A la vista lo previsto en el art. 8 TRLC, se hace constar que mi principal no esta obligado a la llevanza de contabilidad.

SEXTO.– (Si fuera menester). A la vista que mi poderdante se halla casado con Doña........... la presente solicitud y el auto de declaración del concurso debe ser notificada al cónyuge del deudor.

ALTERNATIVA: (si fuera menester). A la vista que mi poderdante tiene pareja de hecho inscrita en ...., Doña ...., el auto de declaración del concurso y esta solicitud, debe ser notificada a la referida pareja de mi mandante.

SÉPTIMO.– Que se hace constar lo siguiente:

1.– Que el concursado carece de bien o derecho alguno (en su caso, Que el concursado carece de bienes y derechos legalmente embargables) (en su caso, Que el coste de realización de los bienes y derechos del concursado resulta manifiestamente desproporcionado respecto al previsible valor venal) (en su caso, Que los bienes y derechos del concursado libres de cargas resultan de valor inferior al previsible coste del procedimiento) (en su caso, Que los gravámenes y las cargas existentes sobre los bienes y derechos del concursado lo son por importe superior al valor de mercado de esos bienes y derechos).

2.– Que carece de trabajadores, no ha ejercido actividad empresarial o profesional alguna, y que no ha realizado ningún acto de disposición desde ....

3.– Que no existen indicios de que el deudor hubiera realizado actos perjudiciales para la masa activa que sean rescindibles conforme a lo establecido en el TRLC. Finalmente, no existen indicios de que el concurso de mi mandante pudiera ser calificado de culpable.

NOVENO.– (Si fuera menester)., Se hace constar que no se acompaña el documento ...., toda vez que ....

Igualmente, aun cuando se acompaña el documento ...., en el mismo falta el dato de ...., toda vez que ....

A los relatados hechos aduzco los siguientes

FUNDAMENTOS DE DERECHO

I.– De conformidad con lo previsto en el art. 44, 45, y 49 TRLC, resulta competente para conocer de esta solicitud de concurso este Juzgado al que respetuosamente me dirijo Juzgado.

II.– Mi mandante, en su condición de deudor, está legitimado para solicitar su declaración de concurso al amparo de lo dispuesto en el art. 3.1 TRLC.

III.– Se dan en este caso los presupuestos subjetivo y objetivo requeridos para la declaración del concurso. En el primer caso, a la vista de la condición de mi mandante de deudor persona natural (art. 1.1 TRLC), que no le resulta de aplicación lo dispuesto en el Libro III TRLC (art. 1.2 TRLC). Lo segundo ala vista de la situación de insolvencia inminente en que se halla.

IV.– La necesaria notificación de la presente solicitud al cónyuge (en su caso, pareja) del deudor ex art. 33.2 TRLC.

V.– Los efectos del concurso serán los previstos en los arts. 105 y ss. TRLC.

VI.– Sobre el concurso sin masa vid arts. 37 bis, ss. y concordantes TRLC.

En virtud de lo expuesto,

SUPLICO AL JUZGADO que tenga por presentado este escrito, junto a los documentos a él unidos y sus copias, se sirva admitirlos y tener por promovido en nombre y representación de mi mandante, ..., se sirva admitirla y previos los oportunos trámites legales, se sirva dictar auto por el que, estimando íntegramente la presente solicitud:

I.– Se declare el concurso de acreedores de mi mandante, con expresión del pasivo que resulte de la documentación, sin más pronunciamientos, ordenando la remisión telemática al "Boletín Oficial del Estado" para su publicación en el suplemento del tablón edictal judicial único y la publicación en el Registro público concursal con llamamiento al acreedor o a los acreedores que representen, al menos, el cinco por ciento del pasivo a fin de que, en el plazo de quince días a contar del siguiente a la publicación del edicto, puedan solicitar el nombramiento de un administrador concursal para que presente informe razonado y documentado sobre los extremos reseñados en el art. 37 Ter TRLC, y tras ello, y a la vista del resultado se acuerde cuanto proceda en orden a la tramitación y conclusión del concurso.

II.– Para el caso en que por este Juzgado se entienda que no procede la declaración de concurso sin masa:

PRIMERO.– Se declare el concurso voluntario...........

SEGUNDO.– Se acuerde la sustanciación del correspondiente procedimiento, con la formación de las secciones correspondientes.

TERCERO.– Se designe a la Administración Concursal.

CUARTO.– Se acuerde el régimen de intervención de facultades.

QUINTO.– Se acuerde cuanto demás sea procedente en derecho para la sustanciación del procedimiento hasta su conclusión.

Es Justicia que suplico en ...., a .... de .... de ....

OTROSÍ DIGO Que para el supuesto II anterior, procede dar a la declaración de concurso la oportuna publicidad, incluida la registral, en los términos y con el alcance establecidos en los arts. 35 a 37 TRLC y sin perjuicio de cualesquiera otra publicidad complementaria que, en medios oficiales o privados, estime oportuna este Juzgado al que nos dirigimos.

En su virtud,

SUPLICO AL JUZGADO que tenga por hechas las anteriores manifestaciones a los efectos oportunos, se sirva admitirlas y acordar en el auto declarando el concurso voluntario de mi principal, las inscripciones y publicaciones previstas en el art. 35 a 37 TRLC, y, previos los oportunos trámites legales, se sirva llevar a cabo tales inscripciones y publicaciones, por medios electrónicos o telemáticos y, si esto no fuera posible, librando los oportunos mandamientos y oficios que serán confiados al Procurador que esto suscribe para su oportuno curso y gestión.

Lo que se suplica en el lugar y fecha reseñados "ut supra".

OTROSÍ DIGO: Que para el supuesto II anterior, en el auto en que se acuerde la declaración de concurso de mi principal y entre otros pronunciamientos, procede el llamamiento de los acreedores para que pongan en conocimiento de la administración concursal la existencia de sus créditos, en el plazo de un mes a contar desde el día siguiente a la publicación de la declaración del concurso en el BOE.

En su virtud,

SUPLICO AL JUZGADO que tenga por hechas las anteriores manifestaciones a los efectos oportunos, se sirva admitirlas y acordar en el auto declarando el concurso voluntario de mi principal, el llamamiento de los acreedores a los efectos antes reseñados.

Lo que se suplica en el lugar y fecha reseñados "ut supra".

OTROSÍ DIGO Que para el supuesto II anterior y a la vista del art. 33 TRLC, en su día y previa admisión de la presente solicitud, procede la notificación por medios electrónicos del auto de declaración del concurso, a la Agencia Estatal de la Administración Tributaria y a la Tesorería General de la Seguridad Social.

En su virtud,

SUPLICO AL JUZGADO que tenga por hechas las anteriores manifestaciones a los efectos oportunos, se sirva admitirlas y acordar la referida notificación y cuanto demás proceda en derecho al respecto.

Lo que se suplica en el lugar y fecha reseñados "ut supra".

F052. MEMORIA EXPRESIVA DE LA HISTORIA ECONÓMICA Y JURÍDICA DEL DEUDOR. ART. 7.1° TRLC. PERSONA JURÍDICA. SOCIEDAD INMOBILIARIA

Normativa de aplicación: *Art. 7 Real Decreto Legislativo 1/2020, de 5 de mayo, por el que se aprueba el texto refundido de la Ley Concursal.*

I. HISTORIA ECONÓMICA

.... S.L. es una sociedad constituida el........... de........... de........... por los hoy actuales socios, Don..........., Don........... y Don........... La sociedad nace de la inquietud de tres empresarios del sector de la automoción con anteriores experiencias en el sector de la promoción inmobiliaria, que se plantean la necesidad de diversificar sus negocios.

La empresa inicia la actividad con la adquisición de un suelo para uso residencial en la ciudad de........... sobre el que se construyeron a lo largo de los primeros años de vida de la empresa........... viviendas aproximadamente.

Como premisa básica se apostó por la diversificación en las inversiones y proyectos a desarrollar. Fruto de esta política ha sido la combinación de operaciones inmobiliarias que han abordado las distintas áreas que engloban este sector.

1) Se han desarrollado distintos complejos residenciales: "Promoción en........... con........... viviendas", "Promoción complejo........... en la ciudad de........... con........... viviendas" "Promoción........... con........... viviendas en...........", "Promoción........... con........... viviendas en la ciudad de...........", "Promoción........... con........... viviendas en la ciudad de...........", "Promoción........... con........... viviendas en la ciudad de...........", "Promoción........... con........... viviendas en la ciudad de...........".

2) Se han promocionado distintos complejos comerciales: "Conjunto comercial........... en la ciudad de...........", "Edificio comercial........... en la ciudad de...........", "Conjunto comercial........... en la ciudad de...........", "Conjunto comercial........... en la ciudad de...........", "Edificio comercial........... en la ciudad de...........". De ellos parte se han ido vendiendo y el resto se han quedado en el activo generando renta en unos casos y en otros engrosando lo que es el patrimonio de la empresa.

3) Se ha adquirido suelo con calificación urbana residencial con el objeto de seguir promocionando viviendas.

4) Se ha adquirido suelo con calificación urbana comercial con el objeto de ampliar la línea de negocio de construcción y comercialización de locales comerciales.

5) Se ha comprado suelo con calificación de urbanizable a los efectos de tener reserva de suelo, de cara a su posterior desarrollo.

6) Se ha comprado suelo rústico con vistas a futuras expansiones de los planes generales de las ciudades siempre situados estratégicamente.

Todo este plan de inversiones se ha llevado a cabo en un entorno de crédito fácil con unos tipos de interés baratos y un mercado inmobiliario con crecimientos elevados en cuanto a ventas y precios.

Resultado de la política seguida es la situación actual en la que nos encontramos, la cual se caracteriza por:

1.– Un valor en inmuebles muy importante que excede con mucho el importe de la deuda actual. En particular nos encontramos con unas existencias de viviendas y locales comerciales muy importantes que nos están lastrando por el endeudamiento que nos obligan a mantener. No obstante, la diversificación en la tipología de inmuebles que poseemos nos permite ver con optimismo la materialización de los mismos en dinero de cara a hacer frente a nuestros acreedores.

2.– Unos proyectos de desarrollo de suelo y nuevas edificaciones que por el momento debemos ralentizar hasta que la situación del mercado financiero e inmobiliario recuperen un cierto grado de normalidad.

3.– Un elevado endeudamiento. Este presenta la particularidad de tener un vencimiento a corto plazo. En concreto en el ejercicio........... vencen........... millones de euros.

Todo lo anterior dentro de un entorno muy complejo caracterizado por dos circunstancias:

a) Una crisis financiera sin precedentes en donde los bancos no financian a los compradores de inmuebles, (esto dificulta la venta de activos) y además a los promotores se les exige la devolución de los créditos y préstamos. Todo esto nos lleva a una situación kafkiana pues si no financian a nuestros compradores como va a ser posible llevar a cabo ventas y por ende devolverles el dinero.

b) Una crisis del sector inmobiliario el cual contagiado por el ambiente de no haber dinero, hace que la gente tenga la percepción de que mañana todo será más barato.

La empresa en los tres últimos ejercicios se ha caracterizado por:

El ejercicio........... se caracterizó por una importante inversión en suelo urbanizable en........... y suelo rustico en........... al albor de la revisión del Plan General de........... El inicio de las obras de las........... viviendas de la promoción "..........." y la continuación de la obra de las........... viviendas de las promociones "..........." y "...........", todas ellas en........... También se inició la obra del comercial de...........

El........... se materializó la compra de la finca sita en........... que supuso una inversión importante. No hubo más inversiones en el ejercicio. Se continuó la ejecución de las obras anteriores.

En el........... solo se llevó a cabo la compraventa de un suelo urbano, elevando a público el contrato privado firmado en el ejercicio........... Se finalizaron todas las obras en marcha en la ciudad de........... Se inició la promoción de........... viviendas en..........., en........... y en..........., que en la actualidad están en construcción.

En cuanto a las ventas hay que decir que el ejercicio........... fue positivo en la venta de locales comerciales pero ya mostraba un cierto agotamiento en lo que respecta a la venta de viviendas.

Cuadro de ventas...........

Cuadro de compras...........

II. HISTORIA JURÍDICA

La sociedad........... S.L. se constituye en el año..........., mediante escritura otorgada el día de........... de........... ante el notario de........... Don........... Adaptados sus estatutos sociales a la vigente Ley de Sociedades de Responsabilidad Limitada en virtud de escritura autorizada el........... de........... de........... por el notario de..........., Don...........

La sociedad se halla inscrita en el Registro Mercantil de la provincia de........... al tomo........... de la sección..........., libro..........., hoja........... CIF...........

El domicilio social de........... S.L., se halla en la localidad de..........., Avenida........... núm. ...., lugar en el que se halla su centro de intereses principal.

Su objeto social en el acto fundacional, quedó fijado en "la promoción, compraventa por cuenta propia, parcelación y urbanización de terrenos, construcción compraventa por cuenta propia, arrendamiento y explotación por cualquier forma de todo género de edificios —excluyendo el arrendamiento financiero o leasing— bien el bloques completos o locales separados, pudiendo contratar con terceros cualquiera de los sistemas de construcción por contrata o administración. Las actividades integrantes del objeto social podrán ser desarrolladas, total o parcialmente, de modo indirecto, mediante la titularidad de acciones o participaciones en sociedades con objeto idéntico o análogo".

En el año........... y con ocasión de la adaptación de los estatutos sociales de..........., S.L. a la derogada Ley de Sociedades de Responsabilidad Limitada, se modificó quedando fijado en "la promoción, compraventa por cuenta propia, parcelación y urbanización de terrenos, construcción compraventa por cuenta propia, arrendamiento y explotación por cualquier forma de todo género de edificios —excluyendo el arrendamiento financiero o leasing— bien en bloques completos o locales separados, pudiendo contratar con terceros cualquiera de los sistemas de construcción por contrata o administración".

Su capital social inicialmente quedó fijado en la suma de........... pesetas dividido y representado por........... participaciones sociales de........... pesetas. Redenominado al euro mediante escritura autorizada el........... de........... de........... por el notario de........... D..........., quedando fijado el capital social en la suma de...........euros, dividido en........... participaciones sociales de...........euros.

Socios. Son socios de la compañía:

A) Don..........., mayor de edad, soltero, vecino de..........., con domicilio en la calle..........., núm. .... y DNI/NIF........... Titular de........... participaciones sociales, núm. .... a..........., por un valor nominal de...........euros, que suponen el...........% del capital social.

B) Don..........., mayor de edad, viudo, vecino de..........., con domicilio en la calle..........., núm. .... y DNI/NIF........... Titular de........... participaciones sociales, núm. .... a..........., por un valor nominal de...........euros, que suponen el...........% del capital social.

C) Y Doña..........., mayor de edad, divorciada, vecino de..........., con domicilio en la calle..........., núm. .... y DNI/NIF........... Titular de........... participaciones sociales, núm. .... a..........., por un valor nominal de...........euros, que suponen el...........% del capital social.

Administradores: Desde el año........... hasta la actualidad, son administradores solidarios de la compañía, Don........... y Doña........... Ello en virtud de acuerdo de la Junta General de la sociedad, elevado a público en virtud de escritura autorizada el........... de........... de........... por el Notario de........... Don...........

La sociedad nunca ha contado con Director General.

Auditor de cuentas para los ejercicios........... a........... (ambos inclusive) Don..........., mayor de edad, de nacionalidad española, vecino de..........., calle........... núm. .... DNI/NIF........... Suplente:........... S.L., con domicilio en..........., calle........... núm. .... y CIF........... Fueron reelegidos para el ejercicio........... y...........

La sociedad no tiene admitidos valores a cotización en un centro de negociación. Tampoco forma parte de un grupo de sociedades.

III. ACTIVIDAD O ACTIVIDADES DURANTE LOS TRES ÚLTIMOS AÑOS

Desde su constitución la actividad de la empresa ha sido la promoción, compraventa por cuenta propia, parcelación y urbanización de terrenos, construcción compraventa por cuenta propia, arrendamiento y explotación por cualquier forma de todo género de edificios —excluyendo el arrendamiento financiero o leasing— bien en bloques completos o locales separados, pudiendo contratar con terceros cualquiera de los sistemas de construcción por contrata o administración.

IV. ESTABLECIMIENTOS, OFICINAS Y EXPLOTACIONES

.... S.L. es arrendataria del local sito en..........., calle..........., lugar que constituye su domicilio social y donde ha ejercido de modo habitual su negocio.

V. CAUSAS DEL ESTADO EN QUE SE ENCUENTRA EL DEUDOR

Tal como se ha indicado en la historia económica la causa fundamental que ha llevado a la mercantil........... S.L. a la situación en la que se encuentra actualmente, pueden ser resumidos en los siguientes puntos:

- Importante crisis que está afectando principalmente el sector inmobiliario.
- *Dificultad para* obtener financiación por parte de las entidades financieras.

• Disminución de las ventas de pisos, lo que está provocando un aumento en el stock de viviendas, y en consecuencia una ralentización en la construcción de las mismas.

• Paralización de tramitaciones urbanísticas de terrenos de la sociedad, así como ausencia de potenciales compradores de suelo desarrollado o a desarrollar.

VI.– OTRA INFORMACIÓN

I.– (Si fuera menester y se mantuviese la viabilidad de la empresa).

Nos encontramos con unos activos que considerando las duras circunstancias del mercado pueden tener un valor mínimo de...........euros frente a un endeudamiento total de...........euros.

Claramente se ve como el valor del activo supera ampliamente el importe de las deudas.

La situación financiera de la empresa a fecha de hoy presenta un pasivo bancario de........... millones de euros, de los cuales vencen en este año........... la cantidad de........... millones de euros.

Por la viabilidad del proyecto, básicamente necesitamos tiempo. El tiempo se necesita para tres cosas:

a) Proceder a la venta del stock en viviendas en la ciudad de........... que a fecha de hoy, según valoración a........... millones de euros. Esta valoración lleva implícito un descuento muy importante de cara a hacer atractiva la compra a inversores.

b) Proceder a la venta del stock en locales comerciales arrendados y libres de arrendamiento en........... que a fecha de hoy asciende según valoración de cuadro de bienes a...........millones de euros.

c) Terminar las obras de........... viviendas en el Grao de........... y........... Esto nos podría reportar un ingreso neto después de gastos de unos........... millones de euros.

d) Se regularice la situación del Plan General de........... y podamos vender las viviendas que disponemos en esa ciudad y que hemos valorado por su coste en........... millones de euros pero que una vez regularizado podría multiplicarse el valor por tres hasta alcanzar los........... millones de euros.

e) Realizar la venta de algún suelo comercial o residencial del que disponemos que nos permita aliviar el endeudamiento al objeto de llevar a un nivel inferior que nos permita mejorar nuestra maniobrabilidad y posibilitar la viabilidad de la empresa.

f) Ejecutar la urbanización del solar en primera línea de la playa de........... y ejecutar el proyecto de........... viviendas previsto en el mismo.

g) Terminar de urbanizar el suelo de........... para obtener el suelo residencial de cara a poder edificar en el futuro.

h) Completar el complejo comercial de........... y proceder a su venta parcial, explotándose por la compañía el resto.

i) Esperar la aprobación del Plan General de........... Con ello y manteniendo el criterio del avance del Plan General, el suelo que tenemos se clasificaría como urbanizable y podríamos iniciar su desarrollo urbanístico al ser suelo destinado a primera vivienda con lo que diversificaríamos nuestros activos.

j) Vender el suelo de........... que tiene un valor de tasación de...........euros.

¿Cómo ganar tiempo? Refinanciando toda la deuda a cinco años con tres de carencia en los intereses.

¿De dónde pagamos? El dinero para el pago de la deuda saldrá de la venta de las existencias de viviendas y locales comerciales y apoyado por la desinversión de aquellos activos que sean más líquidos y que no mermen la viabilidad futura de la empresa.

La idea básica es maximizar la venta de las existencias de modo que además de reducir el saldo de la deuda bancaria asociada a ellas, nos permita generar un remanente que pueda financiar la finalización de los proyectos en marcha y generar un fondo capaz de garantizar los intereses de la deuda bancaria, de modo que los bancos esperen al ver que sin menoscabar el patrimonio de la empresa generamos fondos que cubran los costes financieros. A la vez, la venta de activos que lleven asociados préstamos con garantía hipotecaria permitirá ir reduciendo el saldo de la deuda con bancos. Y a su vez la carga financiera.

II.– (Si fuera menester).– Se hace constar que, con fecha........... de........... de..........., y hallándose el deudor en negociaciones con sus acreedores para alcanzar un plan de reestructuración, puso tal hecho en conocimiento del Juzgado de lo Mercantil de........... Ello de conformidad y a los efectos previstos en los arts. 585 y ss. TRLC.

Mediante Decreto de fecha........... y en el procedimiento..........., por el Letrado de la Administración de Justicia del Juzgado de lo Mercantil núm. .... de..........., se tuvo por presentada la referida comunicación, y que, en fecha ...., fue objeto de publicidad en el Registro Público Concursal

Toda vez que han transcurrido tres meses desde la comunicación al juzgado, sin que se alcanzara el referido plan de reestructuración, esta parte, que se halla en insolvencia actual, solicita la declaración de concurso dentro del mes siguiente a que se refiere el art. 611 TRLC.

III.– (si fuera menester). Que la concursada y las entidades acreedoras........... alcanzaron un plan de reestructuración en los siguientes términos:...........

Dicho plan de reestructuración fue objeto de homologación judicial ex arts. 635 y ss. TRLC, mediante auto de fecha........... del Juzgado de lo Mercantil núm. ...., de...........

En........... a........... de........... de...........

F053. MEMORIA EXPRESIVA DE LA HISTORIA ECONÓMICA Y JURÍDICA DEL DEUDOR. ART. 7.1°. PERSONA JURÍDICA. SOCIEDAD TENEDORA DE ACCIONES Y PARTICIPACIONES QUE AFIANZA A SUS PARTICIPADAS

Normativa de aplicación: *Art. 7 Real Decreto Legislativo 1/2020, de 5 de mayo, por el que se aprueba el texto refundido de la Ley Concursal.*

1. HISTORIA ECONÓMICA

.........., S.L. se constituyó el........... en........... ante el notario Don..........., en escritura con número de protocolo..........., por tiempo indefinido, y tiene su domicilio social en..........., calle...........

Su objeto social en el acto fundacional, quedó fijado en "..........."

En su origen........... S.L. fue constituida por los hermanos..........., cuestión relevante, pues a partir de este momento es cuando se establecen dos ramas que se agrupan bajo el nombre de una misma familia, la FAMILIA........... El motivo o razones de dicha constitución era la necesidad de explotar unas galerías comerciales en..........., denominadas........... Ambos hermanos........... constituyen dicha sociedad al 50%, mediante la aportación de un capital de...........euros al cambio de la moneda hoy vigente. Estas galerías están en funcionamiento unos años y cuando finaliza el contrato de arrendamiento la mercantil queda sin actividad.

En el año........... fallece en accidente de tráfico el socio........... y según el Cuaderno de Participación de Herencia de fecha........... su esposa e hijos se adjudica su 50% del Capital Social (........... participaciones), de la siguiente forma: la viuda........... recibe........... participaciones y el usufructo de las restantes........... y los........... hijos, ..., ..., y........... la nuda propiedad de las 80 participaciones en partes iguales.

La sociedad permaneció con dicha composición societaria y sin actividad hasta el..........., fecha en que se adaptaron sus estatutos a la Ley 2/1995 en escritura autorizada el........... por el notario de..........., Don........... con número de protocolo..........., y donde su modificó su objeto social con el fin de poder funcionar como sociedad patrimonial, tenedora de participaciones en sociedades mercantiles.

El objeto social de la entidad a partir de ese momento es, pues, ...

A partir de dicha fecha se inicia una reestructuración mercantil de las empresas de la familia..........., comenzando con la compra de la sociedad........... S.L., en el año........... y continuando con el Aumento de Capital de..........., S.L., el........... de........... de..........., aportándose el resto de las sociedades del grupo:........... S.L., ..., S.L., ..., S.L. e..........., S.A.

El........... se adquirieron........... acciones de........... S.A. mercantil que ostenta la concesión y explotación..........., donde se expande la explotación..........., fuera del ámbito de...........

En el año........... se procede a la venta de 1 participación de........... S.L. propiedad de........... S.L., a..........., S.L. y 1 participación de........... S.L. propiedad de..........., S.L. a........... S.L., para romper la unipersonalidad de las dos mercantiles.

El día........... de........... de........... se firma por parte de todos los socios un Protocolo Familiar donde se acuerda la forma de gestionar, administrar, transmitir, etc., la sociedad, obligando nuevamente a reestructurar la mercantil.

El........... de........... de........... se firma la escritura que adaptará a........... S.L., a lo acordado........... en el Protocolo, aprobado por la familia. Entre otras cosas se modificará el Órgano de Administración convirtiéndolo en un Consejo e imponiendo un sistema de rotación de cargos para que todos los socios puedan pasar por la gestión de la sociedad. Además se modifica el Capital Social creando dos series de participaciones distintas adjudicándose cada una de ella a una rama de la familia y se condicionan las transmisiones de las participaciones para preservar el equilibrio político dentro de la empresa, entre las ya citadas dos ramas de la Familia...........

Aunque entre las actividades empresariales de........... S.L. en su momento figura la adquisición en el año........... de........... participaciones sociales de........... S.L. sociedad que pretendía, junto a otros empresarios de..........., crear una línea aérea enfocada al mercado........... tipo..........., la podemos catalogar como esporádica, y pronto quedó descartada ante las dificultades de llevar a cabo este proyecto, habiendo sido ya disuelta y liquidada.

Realmente en cuanto a las actividades económicas en sí de la sociedad, cuyo único sentido es la de ejercer de sociedad patrimonial de la Familia..........., familia que diversifica los negocios en 3 ramas claramente diferenciadas, a través de su participación en el capital de sociedades mercantiles.:...........

Quedándonos con la tercera actividad, la promoción Inmobiliaria, que es la que ha abocado a la sociedad........... S.L. a la situación de dificultad en la que se ve envuelta. Diversas participaciones, a través de sociedades del Grupo, en promociones que se desarrollan durante el periodo de explosión urbanística del país, aunque realizadas en compañía de entidades de reconocida solvencia y prestigio como es el GRUPO..........., son las que han provocado esta situación. En concreto se producen actividades de promoción urbanística en una sociedad participada indirectamente a través de sociedades del Grupo, denominada........... S.L., donde la sociedad..........., S.L. avala de forma solidaria junto a........... S.A. (GRUPO...........) a dicha sociedad frente a diversas entidades bancarias.

A causa de la rotura de la burbuja inmobiliaria la sociedad..........., participada indirectamente por........... S.L., ve como quedan paralizadas las diversas operaciones a realizar, no pudiendo hacer frente al pago del préstamo contraído con la entidad bancaria........... Es por ello que dicha entidad bancaria........... presentó ante el Juzgado de 1ª Instancia nº........... de........... demanda de ejecución de títulos no judiciales tramitándose bajo el nº de Autos........... contra el deudor principal y los avalistas solidarios, entre los que se encuentra........... S.L. en reclamación de...........euros de principal adeudado. Contra el Auto de fecha........... la mercantil..........., S.L. presentó demanda de oposición. En fecha........... el Juzgado dictó Auto de ejecución de título no judicial en el que se desestima dicha demanda de oposición y se declara la procedencia de la ejecución. Por decreto de fecha........... se declaran embargadas las........... participaciones sociales pertenecientes a........... S.L. respecto de la mercantil..........., S.L.

Ante esta situación sobrevenida la mercantil........... S.L. presentó el........... de........... de..........., la comunicación del artículo 585 TRLC, iniciándose las negociaciones oportunas para intentar alcanzar un plan de reestructuración. Transcurridas dichas negociaciones sin alcanzar ningún tipo de acuerdo, halándose en insolvencia actual y ante los previsibles requerimientos del resto de entidades bancarias en las que la sociedad........... S.L. también figura como avalista, y a cuyos requerimientos a esta sociedad le va a ser imposible hacer frente, no queda otro camino más que presentar el concurso de acreedores.

Por otro lado debemos indicar que la sociedad........... S.L., de la que..........., S.L., a través de una sociedad del grupo tiene el...........% de su capital social, presentó el pasado........... de........... de........... la comunicación del artículo 585 TRLC, estando previsto que en los próximos días presente el concurso de acreedores, en su condición de deudor principal.

En resumen, la sociedad patrimonial..........., S.L. y, por tanto, el resto de sociedades integradas en ella no tienen ningún tipo de problema económico por el ejercicio de su propia actividad en sí misma, más que los provocados por el requerimiento, en su condición de avalista solidario del contrato de préstamo al que hemos hecho referencia anteriormente, cuyo titular es la mercantil..........., S.L.

Seguidamente se indican los resultados obtenidos por la sociedad........... S.L. desde el ejercicio...........:

	....	....	....	....	....
Rdo. ejercicio	....	....	....	....	....

Hay que señalar que el Resultado del ejercicio........... presenta unas pérdidas elevadas ya que recoge unas provisiones por deterioro de unas participaciones y créditos a largo plazo de una de las empresas participadas, dado que presentaba un Patrimonio Neto negativo, por lo que se procedió a dotar los mismos en su totalidad aplicando el criterio de prudencia. Asimismo se dieron de baja unas participaciones en una empresa y unos créditos concedidos a la misma, ante el proceso de liquidación de dicha mercantil.

No obstante señalar que la sociedad, como consecuencia de su actividad dispone de un Patrimonio Neto positivo. A continuación en el cuadro que exponemos, se indica el Patrimonio Neto de la misma desde el ejercicio........... hasta el..........., el cual asciende a dicha fecha a la cantidad de...........euros.

	....	....	....	....	....
Patrimonio neto	....	....	....	....	....

No obstante, el riesgo por la contingencia de las garantías que la entidad está avalando solidariamente junto con la entidad........... S.A. (GRUPO...........) a...........,

S.L., dado que como se ha indicado anteriormente la entidad financiera........... ha iniciado ante el Juzgado procedimiento de ejecución de títulos no judiciales, entre otros, contra........... S.L., en su condición de fiador solidario, unido a que además se prevé que la entidad........... S.L. va a presentar en breve concurso de acreedores, condiciona en gran medida el mantenimiento del Patrimonio Neto de la compañía.

En resumen, la sociedad "........... S.L." tiene en la actualidad una situación delicada debido al alto importe de las garantías prestadas solidariamente, pudiendo afectar gravemente a la liquidez de la firma.

Por todo ello, y en evitación de que se vaya produciendo un endeudamiento progresivo de la empresa, se acuerda plantear el concurso voluntario de la sociedad.

2. HISTORIA JURÍDICA

- La sociedad........... S.L., se constituyó el........... de........... de..........., mediante escritura otorgada en........... ante el Notario Don........... (número de su protocolo...........). Adaptados sus Estatutos a la Ley 2/1995 en escritura autorizada el........... de........... de........... por el Notario de........... Don........... (número de su protocolo...........).
- La sociedad está inscrita en el Registro Mercantil de..........., al Tomo..........., Folio..........., sección..........., Hoja..........., inscripción 1°. CIF...........
- El domicilio social de la compañía se halla en........... calle..........., lugar en el que se halla su centro de intereses principal.
- Su objeto social en el acto fundacional, quedó fijado en...........
- Posteriormente en la escritura autorizada el........... de........... de........... por el Notario de........... Don........... (número de su protocolo...........), mediante la cual, la sociedad adaptó sus Estatutos a la Ley 2/1995, se cambio el objeto social quedando fijado en el siguiente:...........
- Capital social:

CONSTITUCIÓN

Su capital social quedó fijado inicialmente en la suma de........... pesetas dividido en........... participaciones sociales de........... pesetas de valor nominal cada una de ellas.

AUMENTO DE CAPITAL SOCIAL

En virtud de acuerdos adoptados por unanimidad en la Junta General y Universal de socios celebrada en el domicilio social el día..........., elevados a público mediante escritura autorizada el........... por el notario de........... Don........... número........... de protocolo, las participaciones sociales pasaron a tener un valor nominal de........... pesetas cada una de ellas y por tanto el capital social pasó a estar representado por........... participaciones sociales de........... pesetas cada una de ellas, numeradas correlativamente del........... al..........., ambos inclusive. En los mismos acuerdos fue ampliado el capital social en la cantidad de........... pesetas equivalente a...........euros, mediante la emisión de........... participaciones sociales de........... pesetas, equivalente a...........euros, cada una de ellas de valor nominal; quedando fijado el capital social tras la ampliación y previa la redenominación al euro del mismo, en la suma de........... euros, dividido en........... participaciones sociales de...........euros de valor nominal cada una de ellas, numeradas correlativamente del número........... al..........., ambos inclusive.

REDUCCIÓN DE CAPITAL SOCIAL

En virtud de acuerdos adoptados por unanimidad en la Junta General y Universal de socios celebrada en el domicilio social el día........... elevados a público mediante escritura autorizada el........... por el notario de..........., Don........... número........... de protocolo, se acordó las dos reducciones del capital social siguientes: 1) reducir el capital social en la cuantía de...........euros por el procedimiento de amortización de........... participaciones sociales, siendo las participaciones sociales a amortizar las números..........., todos inclusive; y 2) reducir el capital social en la suma de........... euros por el procedimiento de disminuir el valor nominal de las........... participaciones sociales en que se divide el capital social en la cuantía de...........euros por participación, las cuales pasarán a tener un valor nominal de...........euros cada una de ellas. El capital social tras la reducción y la reasignación de las participaciones sociales para conservar la numeración correlativa, queda fijado en la suma de...........euros (........... euros), dividido en........... PARTICIPACIONES SOCIALES........... de...........euros de valor nominal cada una de ellas, numeradas correlativamente del número........... al..........., ambos inclusive.

- Socios. Son socios de la compañía:

1. Don..........., mayor de edad, vecino de..........., calle..........., con DNI/NIF..........., titular de........... participaciones sociales, de la número........... a la..........., ambas inclusive, que representa el........... por ciento del capital social.

2. Don..........., mayor de edad, vecino de..........., calle..........., con DNI/NIF..........., titular de........... participaciones sociales, de la número........... a la..........., ambas inclusive, que representa el........... por ciento del capital social.

3. Don..........., mayor de edad, vecino de..........., calle..........., con DNI/NIF..........., titular de........... participaciones sociales, de la número........... a la..........., ambas inclusive, que representa el........... por ciento del capital social.

4. Don..........., mayor de edad, vecino de..........., calle..........., con DNI/NIF..........., titular de........... participaciones sociales, de la número........... a la..........., ambas inclusive, que representa el........... por ciento del capital social.

- Administradores y poderes:

Órgano de Administración: El órgano de administración de la compañía se halla conformado por un consejo de administración cuyos miembros, en la actualidad son: Don..........., Don..........., Don..........., Doña........... y Doña..........., que fueron reelegidos en sus cargos, por tiempo indefinido por acuerdos adoptados por unanimidad en Junta General y Universal de socios celebrada en el domicilio social el........... de........... de..........., elevado a público en escritura autorizada el........... por el Notario de..........., Don..........., número de protocolo..........., subsanada por otra escritura autorizada el........... de........... de........... por el citado Notario, número de protocolo...........

Son Consejeros Delegados solidarios de la compañía: Don..........., Don........... y Don..........., designados para sus cargos por tiempo indefinido en acuerdo adoptado por unanimidad en la reunión del consejo de administración de fecha..........., elevado a público en escritura autorizada el........... por el Notario de..........., Don..........., número de protocolo..........., subsanada por otra escritura autorizada el........... por el citado Notario, número de protocolo...........

No existen otros administradores, de hecho o de derecho, de la sociedad distintos de los mencionados, Don..........., Don..........., Don..........., Doña........... y Doña...........

Durante los dos años anteriores a la solicitud de concurso, los citados Don..........., Don..........., Don..........., Doña........... y Doña........... han sido las únicas personas que han ostentado y/o desempeñado la administración de la sociedad.

- Auditor de cuentas: La sociedad no está obligada a auditar las cuentas anuales de conformidad con lo dispuesto en los artículos 263 y siguientes de la Ley de Sociedades de Capital y por lo tanto no tiene nombrado ningún auditor de cuentas.
- Grupo de Sociedades: la sociedad forma parte de un Grupo de Sociedades, de las que a continuación se detallan aquellas en las que se tiene una participación directa igual o superior al 50%:

  1. ...., S.L. .... por ciento
  2. ...., S.A. .... por ciento
  3. ...., S.L. .... por ciento
  4. ...., S.L. .... por ciento
  5. ...., S.L. .... por ciento
  6. ...., S.A. .... por ciento
  7. ...., S.L. .... por ciento
  8. ...., S.L. .... por ciento
  9. ...., S.L. .... por ciento

- La sociedad no tiene admitidos valores a cotización en un centro de negociación.

3. ACTIVIDAD O ACTIVIDADES DURANTE LOS TRES ÚLTIMOS AÑOS

La actividad principal de la empresa durante los tres últimos años ha sido la de actuar como sociedad Holding tenedora de participaciones en el capital de otras sociedades mercantiles.

Dicha actividad se encuentra reflejada dentro de su objeto social "..........."

4. ESTABLECIMIENTOS, OFICINAS Y EXPLOTACIONES

El domicilio social se encuentra en..........., calle..........., número..........., piso..........., donde están centradas sus oficinas, y lugar donde ha ejercido de modo habitual su negocio y donde se encuentra en régimen de arrendamiento.

5. CAUSAS DEL ESTADO EN QUE SE ENCUENTRA EL DEUDOR

Las causas que han llevado a la mercantil "........... S.L." a la situación en la que se encuentra actualmente, pueden ser resumidas en los siguientes puntos:

- La entidad........... S.L. ha prestado un aval solidario, junto con la entidad..........., S.A. entre otras, la cual a su vez pertenece al GRUPO..........., a la mercantil..........., S.L., empresa dedicada al sector inmobiliario, de la que........... S.L. posee indirectamente el...........%. En su condición de avalista solidario, ..., S.L. ha sido demandada por el total de la deuda avalada, al no haber atendido la misma el deudor principal.
- Imposibilidad por parte, tanto de la entidad avalada..........., S.L. como de..........., S.L., para alcanzar un plan de reestructuración de los contemplados en los arts. 614 y ss. TRLC con las entidades bancarias al amparo de la presentación de la comunicación del artículo 585 TRLC.

El problema que pudiera derivarse de la atención de las garantías solidarias por parte de..........., S.L., en su condición de fiador solidario, podría agravar la insolvencia de la entidad, por lo que lo que la empresa se ve obligada a solicitar el concurso de acreedores.

En..........., a........... de........... de...........

F054. MEMORIA EXPRESIVA DE LA HISTORIA ECONÓMICA Y JURÍDICA DEL DEUDOR. ART. 7.1 TRLC. SOCIEDAD ARRENDADORA DE INMUEBLES Y AVALISTA

Normativa de aplicación: *Art. 7 Real Decreto Legislativo 1/2020, de 5 de mayo, por el que se aprueba el texto refundido de la Ley Concursal.*

MEMORIA EXPRESIVA DE LA HISTORIA JURÍDICA Y ECONÓMICA

A) HISTORIA JURÍDICA

a) La sociedad ...., S.L., se constituyó, mediante escritura autorizada el .... por el Notario de Valencia Don ...., número ..... de su protocolo, bajo la denominación de .... SL.

Mediante escritura de fecha .... se otorgó ante el notario de Valencia don ...., bajo el número de su protocolo ...., escritura de elevación a público de los acuerdos sociales tomados en Junta General Extraordinario celebrada el ...., por el que se acuerda la modificación de denominación social y modificación del artículo correspondiente de sus estatutos, pasando a denominarse ...., S.L.

b) La sociedad está inscrita en el Registro Mercantil de ...., al tomo ...., libro ......, folio ...., hoja ...., inscripción ...ª.

CIF ....

c) El domicilio social de la compañía en el acto fundacional quedó fijado en ....

Posteriormente, el administrador único Don ...., en virtud de lo dispuesto en el artículo 285 del Texto Refundido de la Ley de Sociedades de Capital compareció el día ...., ante el Notario de ...., Don .... para otorgar el traslado del domicilio social de la compañía a la calle .... de ...., CP .... Dicho otorgamiento fue elevado a público mediante escritura autorizada el .... por el citado Notario de ...., Don ...., número .... de protocolo.

El citado domicilio actual en ...., calle ...., es el lugar en que se halla el centro de los intereses principales de la sociedad.

d) Su objeto social en el acto fundacional, quedó fijado en:

"La compra-venta y el arrendamiento —no financiero— de todo tipo de bienes inmuebles, tanto rústicos como urbanos; la construcción, rehabilitación, reforma y realización de todo tipo de obras, sobre construcciones ya existentes o nuevas. Quedan excluidos del objeto social aquellas actividades que precisen por Ley de requisitos no cumplidos por la sociedad ni por estos Estatutos. Las actividades integrantes del objeto social se realizarán por medio de los correspondientes profesionales cuando así sea preciso. Las actividades integrantes del objeto social podrán ser desarrolladas, total o parcialmente, de modo indirecto, mediante la titularidad de acciones o participaciones en sociedades con objeto idéntico o análogo. El código CNAE correspondiente a la actividad principal del presente objeto social es el 6820. Toda actividad de las indicadas, que sea propia de las Sociedades Profesionales, se llevará a cabo como sociedad de intermediación."

e) Capital social: su capital social quedó fijado inicialmente en la escritura fundacional en la suma de .... EUROS (.......... euros), dividido en .... participaciones sociales de ... euros de valor nominal cada una de ellas, numeradas correlativamente del .... al .... ambos inclusive, acumulables e indivisibles y totalmente suscrito y desembolsado.

Posteriormente, se aumentó el capital social en .... (........... euros), emitiendo para ello .... nuevas participaciones sociales de ... euros de valor nominal cada una de ellas, numeradas correlativamente del número ..... a ...., ambas inclusive, siendo dicha ampliación totalmente suscrita y desembolsada, todo ello en virtud de acuerdos adoptados por unanimidad en la Junta General Universal de socios celebrada en el domicilio social el ...., elevados a público mediante en escritura autorizada el ...., por el notario de ...., Don ...., número de protocolo ....

Posteriormente se redujo el capital social en la cuantía de .... euros en virtud de las decisiones adoptadas el ...., por el socio único constituido en Junta General Extraordinaria en el domicilio social, siendo dichas decisiones elevadas a público por escritura autorizada el .... por el Notario de ......, Don ...., número .... de protocolo.

Tras la citada reducción, el capital social ha quedado fijado en .... EUROS (.......... euros), y está representado por .... participaciones sociales de .... EURO (..... EURO) de valor nominal cada una de ellas, numeradas correlativamente del ... al ...., ambos inclusive, íntegramente asumidas y desembolsadas.

Mediante escritura de fecha .... se otorgó ante el notario de ...., don ...., bajo el número de su protocolo ....., escritura declaración de cese de unipersonalidad.

f) Socios:

Con fecha........ se otorgó ante el notario de .... don ...., escritura de compraventa de participaciones sociales, por el que don ....transmitía una participación social, la número ....., de un valor nominal de .... euros a don ...., quedando la composición societaria como sigue:

– Don ...., con DNI/NIF ...., titular de .... participaciones sociales, las nº .... al ...., ambas inclusive, de un valor nominal cada una de ellas de ...... €.

– Don ...., con DNI/NIF ...., titular de ..... participación social, la nº ...., de un valor nominal de .... €.

g) Administradores, auditores de cuentas y poderes:

El órgano de administración de la compañía se halla conformado por un administrador único, ejerciendo en la actualidad tal cargo, DON .... que fue nombrado por plazo indefinido en la Junta General celebrada en el domicilio social el ...., elevada a público en mediante escritura otorgada en la misma fecha en ...., ante el Notario Don ...., número .... de protocolo.

No existen otros administradores de la sociedad, de hecho, o de derecho, distintos del citado DON ....

Durante los dos años anteriores a la solicitud del concurso, el citado DON ...., ha sido la única persona que ha ostentado y/o desempeñado la administración de la sociedad.

Poderes. Existe un poder que es el siguiente:

– Poder conferido a favor de DON ...., en virtud escritura otorgada el .... en ...., ante el notario Don ...., número ...... de protocolo, que motivó la inscripción ..... en el Registro Mercantil.

Auditores de cuentas

-Auditores de cuentas. La sociedad no está obligada a auditar las cuentas anuales de conformidad con lo dispuesto en los artículos 263 y siguientes de la Ley de Sociedades de Capital y por lo tanto no tiene nombrado ningún auditor de cuentas.

i)Grupo de Sociedades: la sociedad forma no forma parte de un grupo de empresas a que hace referencia el artículo 42 del Código de Comercio.

j) La sociedad no tiene admitidos valores a cotización en mercado secundario oficial.

B) ACTIVIDAD O ACTIVIDADES DURANTE LOS TRES ÚLTIMOS AÑOS.

La sociedad .... SL se ha dedicado principalmente al arrendamiento de inmuebles.

C) ESTABLECIMIENTOS, OFICINAS Y EXPLOTACIONES.

El domicilio social se encuentra en ...., calle ...., donde están ubicadas sus oficinas, y el lugar donde ejerce de modo habitual su negocio.

D) HISTORIA ECONÓMICA

a) Bases de presentación

El análisis económico se ha elaborado, a partir de la documentación de la empresa de los ejercicios 2019, 2020 y 2021, así como los datos provisionales del cierre del ejercicio 2022. Con el análisis podemos ver la evolución de las principales magnitudes de la empresa hasta llegar a la situación actual.

b) Evolución de la sociedad en los últimos ejercicios

La sociedad ...., S.L. (antes ...., S.L.) se constituyó el ...., siendo su actividad principal el arrendamiento de inmuebles, y ha venido ejerciendo su actividad en ...., calle ...., nº ...., constituyendo su domicilio social.

La sociedad ha centrado su actividad en el arrendamiento de la nave de su propiedad sita en ...., Avenida ...., actualmente se encuentra arrendada a la sociedad ...., S.L., constituyendo las rentas obtenidas sus ingresos de actividad.

La evolución de la empresa ha sido favorable, ello a pesar de la crisis del Covid-19, si bien, a partir del ejercicio 2020 los resultados se han ido reduciendo, pasando a ser negativos en el ejercicio .... No obstante, a pesar de ello, el patrimonio neto A 31/12/......... sigue siendo positivo, ascendiendo a la cantidad de .... €. ...., S.L., tiene patrimonio suficiente para atender las necesidades de su actividad.

No obstante, la misma ha prestado aval a la mercantil ...., S.L. ante diversas entidades financieras. Actualmente la sociedad ...., S.L. se encuentra en estado de concurso voluntario de acreedores, y de la solicitud presentada se deduce una deuda con las entidades financieras a las que ha prestado aval ...., S.L. por importe de ....

€, y, ante posibles ejecuciones que puedan comprometer su patrimonio, se presenta ante este juzgado de lo mercantil la solicitud de declaración de concurso.

E) CAUSAS DEL ESTADO EN QUE SE ENCUENTRA

Las causas que han llevado a la mercantil ...., S.L. a la situación en que se encuentra actualmente, pueden ser resumidas en los siguientes puntos:

• Elevada cuantía de los avales prestados a ...., S.L., los cuales, como consecuencia de la entrada en concurso de la citada mercantil, pueden ser exigibles a la mercantil ...., S.L., viéndose comprometido su patrimonio ante posibles ejecuciones.

Estos hechos van a llevar a la empresa a no poder cumplir con normalidad sus obligaciones corrientes por falta de tesorería.

F055. MEMORIA EXPRESIVA DE LA HISTORIA ECONÓMICA Y JURÍDICA DEL DEUDOR. ART. 7.1° TRLC. PERSONA JURÍDICA. SOCIEDAD QUE EJERCE ACTIVIDAD INDUSTRIAL O FABRIL

Normativa de aplicación: *Art. 7 Real Decreto Legislativo 1/2020, de 5 de mayo, por el que se aprueba el texto refundido de la Ley Concursal.*

1. HISTORIA ECONÓMICA

..........., S.L. es una sociedad que fue constituida el........... bajo la denominación de "...........S.A.", posteriormente en fecha........... se modificó la denominación social por la de "........... S.A", y finalmente el........... se realizó su transformación en Sociedad de Responsabilidad Limitada, quedando desde entonces con su actual denominación.

La sociedad nace de la inquietud de Don..........., empresario del sector textil, el cual posteriormente el..........., vendió su empresa de.......................... Ltd., con el fin de establecer su negocio en España.

En sus inicios la sociedad tenía como principal cliente a la mercantil..........., pero con el paso de los años la cartera de clientes se ha ido diversificando, contando con la actualidad con numerosísimos clientes, tanto a nivel nacional como internacional.

Como premisa básica se apostó por la modernización tecnológica, especialización y diseño de producto. Fruto de esta política ha sido la combinación de líneas de negocio que han abordado las distintas áreas que engloban este sector.

Textiles de usos técnicos

La empresa optó por la especialización y diversificación de sus productos textiles, y una orientación hacia los textiles de uso técnico, de hecho aproximadamente un...........% de la producción corresponde a tejidos ignífugos.

La apuesta de la empresa por los textiles técnicos ha incrementado las posibilidades de éxito de la estrategia de diversificación, ya que se ha reorientado parte de los procesos hacia la producción de textiles de mayor valor añadido. No obstante, estos textiles han exigido una mayor especialización, y un mayor esfuerzo inversor, especialmente en diseño. La actualización en las innovaciones textiles se ha convertido en un factor competitivo básico de la industria textil, debido al desarme arancelario y a la internacionalización del comercio, haciendo al textil técnico un producto menos vulnerable a la competencia de países en vías de desarrollo.

Textiles para ropa de hogar y de decoración

Con el fin de entrar en nuevos mercados, e incorporación de nuevos sistemas de ventas, se adquirió el..........., el...........% de la empresa "..........., S.L.", empresa dedicada a la comercialización de textiles para el hogar, con una red de más de........... clientes en toda España (en su gran mayoría tiendas de venta al por menor), la cual se encontraba en suspensión de pagos.

Con esta compra y con la apertura de nuevas líneas comerciales de textil, ... ha conseguido incrementar su posición dentro del mercado nacional.

A través de esta acción se consiguió reforzar la venta en el mercado nacional; lo que conllevó la incorporación de un nuevo sistema de ventas, denominado..........., indispensable para la venta a este tipo de clientes.

Todas estas acciones han requerido un considerable esfuerzo financiero, ya que se ha ampliado y reforzado la estructura comercial, dotando a la empresa de una fuerza de venta sólida y eficiente. Además la empresa ha creado una nueva marca denominada "..........." y una extensa gama de nuevas colecciones con las que poder sustentar esa labor comercial.

Textiles para uso industrial en el sector de la hostelería y del sector sanitario

Debido a las elevadas exigencias de calidad en los tejidos, con respecto a la resistencia, la atracción, el desgarro, encogimiento, regularidad de color, etc., nuestro control de calidad es especialmente estricto para asegurarnos que cumplimos las características especificadas en el pliego de condiciones de los concursos y licitaciones públicas. Es por ello, que hemos sido adjudicatarios de muchos de ellos.

Toda esta inversión se ha llevado a cabo en un entorno de crédito fácil materializado sobre todo en líneas de crédito, y de descuento de papel con entidades financieras.

Resultado de la política seguida, es la situación actual en la que nos encontramos, la cual se caracteriza por:

1. Un elevado número de existencias, que con el paso del tiempo van perdiendo su valor de venta, debido por una parte, a su obsolescencia como consecuencia de las innovaciones —tanto tecnológicas como de diseño— que se van produciendo en el sector textil, y por otra parte, a la gran competitividad como consecuencia de la entrada en el mercado de productos asiáticos, los cuales compiten con los nuestros tanto en precio, como en diseño.

2. Una importante inversión en gastos de diseño e imagen de los productos, que por el momento debemos ralentizar hasta que la situación del mercado económico-financiero recupere un cierto grado de normalidad.
3. Un elevado endeudamiento. Debido a la cancelación repentina por parte de las entidades financieras de las líneas de crédito que teníamos.

Todo lo anteriormente expuesto se ha dado dentro de un entorno muy complejo caracterizado por las siguientes circunstancias:

Una crisis económica-financiera mundial sin precedentes, en donde las entidades financieras nos han reducido las líneas de crédito manteniendo las mismas garantías, o incluso pidiendo más. Todo esto nos lleva a una situación extrema, pues si no nos aperturan vías para poder financiar a la empresa, no se puede atender al pago de los proveedores, y por tanto, estos no suministran materia prima, y no se puede vender a clientes.

Una pérdida de confianza generalizada en el sector textil, tanto por parte de entidades financieras como de empresas aseguradoras.

Una importante crisis dentro del sector textil como consecuencia de la aparición de nuevos competidores procedentes de mercados asiáticos, con los cuales es difícil competir vía precios, que ha provocado en algunos casos el traslado de los procesos fabriles de algunas empresas a estos países con el fin de abaratar costes.

La empresa en los tres últimos ejercicios se ha caracterizado por:

El ejercicio........... se caracterizó por la inversión en la adquisición del 100% de la empresa..........., S.L.

En el ejercicio........... se llevó a cabo el proyecto de expansión, se incremento la mejora del servicio a los clientes, la especialización, el acceso a los nuevos mercados de textiles técnicos, el refuerzo y ampliación de la fuerza de ventas derivados de la expansión comercial, la preparación y ampliación de nuevas colecciones, y la creación y puesta en el mercado de la nueva marca...........

El ejercicio........... ha sido muy difícil para la sociedad, ya que las ventas han caído un...........% respecto a las del ejercicio anterior. Se ha producido un descenso en el volumen de ventas de textiles para uso industrial, principalmente por parte de los organismos de las Comunidades Autónomas, al haberse visto reducido sus presupuestos.

También en este ejercicio se han visto incrementados los gastos de personal, los gastos de explotación y los gastos financieros han sido muy elevados. Esto unido al descenso de ventas provocó que el ejercicio........... se cerrara con unas pérdidas de...........–euros. A pesar de ello, la empresa a finales del ejercicio........... presentaba unos Fondos Propios positivos, los cuales ascendían a la cantidad de...........–euros.

Durante lo que ha transcurrido del ejercicio........... todos estos hechos, no han hecho más que agravarse, resultando una situación insostenible. Al descenso en ventas, y el aumento de los gastos en relación con los ingresos obtenidos, se une el cierre de las líneas de descuento por parte de las entidades financieras, causando un gran problema para la sociedad, ya que no se ha podido hacer frente a los pagos de nuestros proveedores, y nos han dejado de servir materia prima si no se paga por anticipado.

Actualmente la sociedad..........., S.L. soporta una importante carga financiera, situación que se ve agravada por la disminución en su volumen de ventas y el elevado importe de gastos de actividad que soporta.

Por todo ello, y en evitación de que se vaya produciendo un endeudamiento progresivo de la empresa, se acuerda plantear la solicitud de concurso la sociedad.

2. HISTORIA JURÍDICA

La sociedad "..........., S.A." se constituye por tiempo indefinido mediante escritura de fecha..........., otorgada ante el notario de..........., D..........., con número de protocolo .... Iniciando sus operaciones ese mismo día

La sociedad se halla inscrita en el Registro Mercantil de la provincia de........... al tomo..........., libro..........., folio..........., sección..........., hoja..........., inscripción...........ª CIF...........

El objeto social es la fabricación de productos textiles de todas clases, su preparación y acabado. Y la comercialización en intermediación de productos textiles en general. El domicilio social se fija en...........

Su capital social se fija en........... PESETAS dividido y representado por........... acciones, de........... ptas. de valor nominal cada una de ellas, que quedan repartidas del siguiente modo: D........... titula........... acciones, y D........... titula........... acciones. El capital social se desembolsa en un...........%, el plazo para desembolsar los dividendos pasivos finalizará el...........

La sociedad esta regida por un administrador único, D..........., por un plazo de........... años.

El........... se otorgó escritura de aumento del capital social, ante notario de........... D..........., número de protocolo........... Se aumenta el capital en........... PESETAS repartido en........... acciones de........... ptas. de valor nominal cada una de ellas. Es la mercantil........... quien suscribe la totalidad de las nuevas acciones. De este modo el capital social queda fijado en........... PESETAS.

Mediante escritura de fecha........... otorgada ante notario de........... D..........., número de protocolo..........., se complementa la escritura anterior subsanando el error acerca del domicilio social que se fija en...........

El........... de........... de........... se otorgó escritura ante notario de........... Dª..........., número de protocolo..........., en la que se recoge la redenominación a euros del capital social que queda fijado, tras el ajuste, en...........euros, representados por........... acciones de valor nominal...........€.

El........... de........... de........... se otorgó escritura ante notario de........... Dª..........., número de protocolo..........., en la que D........... transmite 1 acción a D........... por...........€. Por lo tanto en la escritura otorgada ante mismo notario y misma fecha, con número de protocolo..........., se recoge la declaración de cese de unipersonalidad de la mercantil.

El........... de........... de........... se otorgó escritura ante notario de........... Dª..........., número de protocolo..........., en la que se recoge la transformación de la sociedad en limitada, en la que se cesa al administrador único y se cambia el órgano de administración por un Consejo de Administración formado por:

– Presidente: D...........,

– Vicepresidente: Dª...........,

– Secretario y consejero delegado: D........... y

– Vocal: Dª...........

El........... de........... de........... se otorgó escritura ante notario de........... D..........., número de protocolo..........., en la que se recoge el aumento de capital social por compensación de créditos a...........euros con la emisión de........... nuevas participaciones que suscribe íntegramente D...........

El........... de........... de........... se otorgó escritura ante notario de........... Dª..........., número de protocolo..........., en la que se recoge el aumento de capital por compensación de créditos a...........euros........... mediante la creación de........... participaciones de...........€ de valor nominal, suscritas íntegramente por D...........

El........... de........... de........... se otorgó escritura de cese y nombramiento del Administrador único ante notario de........... D..........., número de protocolo........... En ella se recoge el cese del consejo de administración y el nombramiento como administrador único por tiempo indefinido de D...........

No existen otros administradores, de hecho o derecho, distintos de los anteriores. La sociedad no ha contado nunca con director general, ni viene obligada a auditar sus cuentas. Tampoco tiene valores admitidos a cotización en un centro de negociación. Su socio único es ...., titular de las .... participaciones sociales en que se divide el capital social de ....

3. ACTIVIDAD O ACTIVIDADES DURANTE LOS TRES ÚLTIMOS AÑOS

Desde su constitución la actividad de la empresa ha sido la fabricación y comercialización de productos textiles.

4. ESTABLECIMIENTOS, OFICINAS Y EXPLOTACIONES

"........... S.L." está establecida en la localidad de..........., C/ .... lugar que constituye su domicilio social y donde ha ejercido de modo habitual su negocio, y en el que se encuentra en régimen de arrendamiento a la sociedad ...., en virtud de contrato de fecha ....

5. CAUSAS DEL ESTADO EN QUE SE ENCUENTRA EL DEUDOR

Tal como se ha indicado en la historia económica la causa fundamental que ha llevado a la mercantil..........., S.L. a la situación en la que se encuentra actualmente, pueden ser resumidos en los siguientes puntos:

Descenso en el volumen de ventas, debido a la crisis que está sufriendo el sector textil, como consecuencia por una parte, de la aparición en el mercado de nuevos competidores provenientes del mercado asiático, con mano de obra más barata, y con los que no es posible competir vía precios; y por otra parte a la crisis económica que se está produciendo.

Imposibilidad de repercutir el incremento de costes en los precios, debido a la competitividad en el sector.

Disminución de las ventas de tejidos para uso industrial por la paralización de concursos y licitaciones públicas al haberse visto reducidos los presupuestos de los organismos públicos.

Dificultad para obtener financiación por parte de las entidades financieras.

Elevados costes financieros que merman la capacidad de la empresa.

Esta falta de liquidez ha llevado a la empresa a empezar a no poder cumplir con normalidad con sus obligaciones corrientes por falta de tesorería.

Para revertir la anterior situación, nos encontramos con unos activos que considerando las duras circunstancias del mercado pueden tener un valor mínimo de...........euros frente a un endeudamiento total de...........euros.

La propuesta para la viabilidad de........... S.L. pasa por tomar las siguientes medidas:

Reducir los gastos con el fin de adaptarlos a las necesidades productivas.

Renegociar la deuda con entidades financieras obteniendo periodos de carencia en cuanto a los intereses.

Obtener fondos necesarios para mejorar el fondo de maniobra.

En..........., a........... de........... de...........

F056. MEMORIA EXPRESIVA DE LA HISTORIA ECONÓMICA Y JURÍDICA DEL DEUDOR. ART. 7.1° TRLC. PERSONA JURÍDICA. SOCIEDAD QUE CARECE DE VIABILIDAD

Normativa de aplicación: *Art. 7 Real Decreto Legislativo 1/2020, de 5 de mayo, por el que se aprueba el texto refundido de la Ley Concursal.*

I. HISTORIA ECONÓMICA

La sociedad .... S.L., se constituyó, mediante escritura autorizada el .... por el Notario de .... Don..........., número. de su protocolo.

La Sociedad tiene por objeto la fabricación, comercialización, importación y exportación de toda clase de productos textiles, desarrollando su actividad en la comercialización de ropa de hogar como son colchas bouti, fundas nórdicas, sábanas, toallas, cojines, rellenos, bajeras y protectores con un estilo propio y marcas de reconocido prestigio.

..........., S.L. se ha dedicado a la fabricación y venta de productos de marcas tan conocidas como ...., ofertando un producto de calidad a unos precios ajustados y asequibles para el consumidor final con un elevado componente de diseño, calidad en el producto y diferenciación.

La empresa, desde su creación, optó por la distribución de sus productos a través del canal de distribución masiva en centros comerciales así como a través de comercios minoristas de proximidad.

La tendencia negativa en la cifra de negocio tiene su origen, en gran medida, en una devolución de mercaderías y cancelación parcial de un gran pedido realizado por un centro comercial cliente de la empresa

Esto hizo que se pasará de tener beneficios antes de impuestos, a una situación de perdidas antes de impuestos.

Para hacer frente a la situación planteada la dirección de .... acometió una estricta política de control de sus costes de estructura reduciendo sus gastos de explotación

En cuanto a sus gastos de personal, la empresa realizó un ajuste de plantilla que le permitió reducir en el año .... sus costes salariales.

Debido a la cancelación del citado pedido, la empresa se ha visto en la circunstancia de tener en sus almacenes un gran stock de producto fabricado en exclusiva para su principal cliente, de escasas referencias en cuanto a dibujos, y concentrado en dos de las marcas que ...., ha estado distribuyendo.

Ello viene agravado también debido a la circunstancia de que el producto que la empresa comercializa tiene una importante estacionalidad, concentrando sus ventas en los últimos meses del ejercicio y los primeros del año siguiente. Ello obliga a contar con la mercancía a entregar en dicha campaña en los almacenes de la empresa como máximo a principios del mes de septiembre para poder hacer la entrega de los primeros pedidos de la nueva colección en esas fechas y posibilitar que los clientes puedan realizar repeticiones sobre las mismas.

Como consecuencia de lo anterior se han producido problemas de aprovisionamiento de las nuevas colecciones y el hecho de que la empresa se ha visto en la necesidad de poner en el mercado un gran volumen de existencias por debajo de su coste de producción.

II. HISTORIA JURÍDICA

a) La sociedad .... S.L., se constituyó, mediante escritura autorizada el .... por el Notario de .... Don..........., número .... de su protocolo.

b) La sociedad está inscrita en el Registro Mercantil de Valencia, al tomo ...., libro ...., folio ...., sección ...., hoja ....

CIF ....

c) El domicilio social de la compañía en el acto fundacional quedó fijado en ...., Avenida ...., número ...., CP ....

Posteriormente, se trasladó el domicilio social a ...., Avenida ...., CP ...., en virtud de acuerdos adoptados por unanimidad en la Junta General Ordinaria y Universal de socios celebrada en el domicilio social el ...., elevados a público mediante en escritura autorizada el ...., por el notario de ...., Don..........., número de protocolo ....

El citado domicilio actual en ...., Avenida ...., número ...., es el lugar en que se halla el centro de los intereses principales de la sociedad.

d) Su objeto social en el acto fundacional, quedó fijado en "...........".

e) Capital social: Su capital social quedó fijado inicialmente en la escritura fundacional en la suma de ....euros (...........euros), dividido en .... participaciones sociales de .... euro de valor nominal cada una de ellas, numeradas correlativamente del .... al .... ambos inclusive.

Posteriormente, se aumentó el capital social en ....euros (...........euros), emitiendo para ella .... nuevas participaciones sociales de .... euro de valor nominal cada una de ellas, numeradas correlativas del número .... a ...., ambas inclusive, todo ello en virtud de acuerdos adoptados por unanimidad en la Junta General Ordinaria y Universal de socios celebrada en el domicilio social el ...., elevados a público mediante en escritura autorizada el ...., por el notario de ...., Don..........., número de protocolo ....

Tras el citado aumento, el capital social quedó fijado en la suma ....euros (...........), dividido en .... participaciones sociales, de .... euro de valor nominal cada una de ellas, numeradas correlativamente del .... al .... ambos inclusive

f) Socios. Son socios de la compañía:

1. La sociedad .... S.L., con CIF ...., titular de .... participaciones sociales; del número .... al número ...., del número .... al número ...., todos inclusive, que representan el .... por ciento del capital social.

2. DOÑA .... con DNI/NIF .... titular de .... participaciones sociales; del número .... al número .... ambos inclusive, que representan el .... por ciento del capital social.

g) Administradores, liquidadores y poderes:

El órgano de administración de la compañía se halla conformado por un administrador único, ejerciendo en la actualidad tal cargo, DOÑA .... que fue nombrada, por plazo indefinido, por acuerdo adoptado por unanimidad en Junta General Extraordinaria y Universal de socios, celebrada en el domicilio social el ...., elevado a público en mediante escritura otorgada el ...., en Onteniente, ante el Notario Don..........., número .... de protocolo.

No existen otros administradores de la sociedad, de hecho o de derecho, distintos de la citada DOÑA ....

Durante los dos años anteriores a la solicitud del concurso, la citada DOÑA ...., ha sido la única persona que ha ostentado y/o desempeñado la administración de la sociedad.

Poderes. No hay poderes vigentes en la actualidad.

Director General: la sociedad nunca ha tenido director general.

h) Auditor de cuentas: La sociedad no está obligada a auditar las cuentas anuales de conformidad con lo dispuesto en los artículos 263 y siguientes de la Ley de Sociedades de Capital y por lo tanto no tiene nombrado ningún auditor de cuentas.

i) Grupo de Sociedades: la sociedad sí forma parte de un grupo de empresas a que hace referencia el artículo 42 del Código de Comercio y DA 1ª TRLC con la sociedad .... S.L., siendo esta última sociedad titular del .... por ciento del capital social de .... S.L y la sociedad dominante.

j) La sociedad no tiene admitidos valores a cotización en un centro de negociación.

III. ACTIVIDAD O ACTIVIDADES DURANTE LOS TRES ÚLTIMOS AÑOS

Como ya se ha dejado dicho la sociedad .... S.L., se viene dedicándose desde su constitución hasta la actualidad, la fabricación, comercialización, importación y exportación de toda clase de productos textiles, desarrollando su actividad en la comercialización de ropa de hogar como son colchas bouti, fundas nórdicas, sábanas, toallas, cojines, rellenos, bajeras y protectores con un estilo propio y marcas de reconocido prestigio.

IV. ESTABLECIMIENTOS, OFICINAS Y EXPLOTACIONES

El domicilio social se encuentra ...., Avenida ...., número..........., donde están ubicadas sus oficinas, y lugar donde ha ejercido de modo habitual su negocio.

V. CAUSAS DEL ESTADO EN QUE SE ENCUENTRA LA SOCIEDAD

Como ya se ha dejado dicho son causas del estado en que se encuentra las siguientes:

– Una devolución de mercaderías y cancelación parcial de un gran pedido realizado por un centro comercial cliente de la empresa

– Debido a la cancelación del citado se ha producido un gran stock de producto fabricado en exclusiva para su principal cliente, de escasas referencias en cuanto a dibujos, y concentrado en dos de las marcas que .... distribuye.

– La estacionalidad del producto que la sociedad comercializa, concentrando sus ventas en los últimos meses del ejercicio y los primeros del año siguiente. Ello obliga a contar con la mercancía a entregar en dicha campaña en los almacenes de la empresa como máximo a principios del mes de septiembre para poder hacer la entrega de los primeros pedidos de la nueva colección en esas fechas y posibilitar que los clientes puedan realizar repeticiones sobre las mismas.

– Como consecuencia de lo anterior se han producido problemas de aprovisionamiento de las nuevas colecciones y el hecho de que la empresa se ha visto en la necesidad de poner en el mercado un gran volumen de existencias por debajo de su coste de producción.

Dada la situación de las ventas, la sociedad en estos momentos, no puede presentar un convenio para el pago de sus deudas con una propuesta de viabilidad, siendo en la actualidad bastante pesimista, en cuanto a la viabilidad futura de la empresa. Actualmente la sociedad no puede afirmar su viabilidad, siendo la liquidación concursal el escenario más posible.

En..........., a........... de........... de...........

F057. MEMORIA EXPRESIVA DE LA HISTORIA ECONÓMICA Y JURÍDICA DEL DEUDOR. ART. 7.1° TRLC. PERSONA NATURAL COMERCIANTE

Normativa de aplicación: *Art. 7 Real Decreto Legislativo 1/2020, de 5 de mayo, por el que se aprueba el texto refundido de la Ley Concursal.*

1. HISTORIA ECONÓMICA

Don........... es un promotor inmobiliario que inicia sus actividades el año........... Tras una incipiente carrera en el sector de la de la automoción, se introduce en el sector inmobiliario al plantearse la necesidad de diversificar sus negocios.

Don........... inicia la actividad con la adquisición de un suelo para uso residencial en la ciudad de........... sobre el que se construyeron a lo largo de los primeros años de vida de la empresa........... viviendas aproximadamente.

Como premisa básica se apostó por la diversificación en las inversiones y proyectos a desarrollar. Fruto de esta política ha sido la combinación de operaciones inmobiliarias que han abordado las distintas áreas que engloban este sector.

1) Se han desarrollado distintos complejos residenciales: "Promoción en........... con........... viviendas", "Promoción complejo........... en la ciudad de........... con........... viviendas" "Promoción........... con........... viviendas en...........", "Promoción........... con........... viviendas en la ciudad de...........", "Promoción........... con........... viviendas en la ciudad de...........", "Promoción........... con........... viviendas en la ciudad de...........", "Promoción........... con........... viviendas en la ciudad de...........".
2) Se han promocionado distintos complejos comerciales: "Conjunto comercial........... en la ciudad de...........", "Edificio comercial........... en la ciudad de...........", "Conjunto comercial........... en la ciudad de...........", "Conjunto comercial........... en la ciudad de...........", "Edificio comercial........... en la ciudad de...........". De ellos parte se han ido vendiendo y el resto se han quedado en el activo generando renta en unos casos y en otros engrosando lo que es el patrimonio de la empresa.
3) Se ha adquirido suelo con calificación urbana residencial con el objeto de seguir promocionando viviendas.
4) Se ha adquirido suelo con calificación urbana comercial con el objeto de ampliar la línea de negocio de construcción y comercialización de locales comerciales.
5) Se ha comprado suelo con calificación de urbanizable a los efectos de tener reserva de suelo, de cara a su posterior desarrollo.
6) Se ha comprado suelo rústico con vistas a futuras expansiones de los planes generales de las ciudades siempre situados estratégicamente.

Todo este plan de inversiones se ha llevado a cabo en un entorno de crédito fácil con unos tipos de interés baratos y un mercado inmobiliario con crecimientos elevados en cuanto a ventas y precios.

Resultado de la política seguida es la situación actual en la que nos encontramos, la cual se caracteriza por:

1. Un valor en inmuebles muy importante que excede con mucho el importe de la deuda actual. En particular nos encontramos con unas existencias de viviendas y locales comerciales muy importantes que nos están lastrando por el endeudamiento que nos obligan a mantener. No obstante, la diversificación en la tipología de inmuebles que poseemos nos permite ver con optimismo la materialización de los mismos en dinero de cara a hacer frente a nuestros acreedores.
2. Unos proyectos de desarrollo de suelo y nuevas edificaciones que por el momento debemos ralentizar hasta que la situación del mercado financiero e inmobiliario recuperen un cierto grado de normalidad.
3. Un elevado endeudamiento. Este presenta la particularidad de tener un vencimiento a corto plazo. En concreto en el ejercicio........... vencen........... millones de euros.

Todo lo anterior dentro de un entorno muy complejo caracterizado por dos circunstancias:

a) Una crisis financiera sin precedentes en donde los bancos no financian a los compradores de inmuebles, (esto dificulta la venta de activos) y además a los promotores se les exige la devolución de los créditos y préstamos. Todo esto nos lleva a una situación kafkiana pues si no financian a nuestros compradores como va a ser posible llevar a cabo ventas y por ende devolverles el dinero.

b) Una crisis del sector inmobiliario el cual contagiado por el ambiente de no haber dinero, hace que la gente tenga la percepción de que mañana todo será más barato.

La actividad de Don........... en los tres últimos ejercicios se ha caracterizado por:

El ejercicio........... se caracterizó por una importante inversión en suelo urbanizable en........... y suelo rustico en........... al albor de la revisión del Plan General de........... El inicio de las obras de las........... viviendas de la promoción "..........." y la continuación de la obra de las........... viviendas de las promociones "..........." y "...........", todas ellas en........... También se inició la obra del comercial de...........

El........... se materializó la compra de la finca sita en........... que supuso una inversión importante. No hubo más inversiones en el ejercicio. Se continuó la ejecución de las obras anteriores.

En el ejercicio........... solo se llevó a cabo la compraventa de un suelo urbano, elevando a público el contrato privado firmado en el ejercicio........... Se finalizaron todas las obras en marcha en la ciudad de........... Se inició la promoción de........... viviendas en..........., en........... y en..........., que en la actualidad están en construcción.

En cuanto a las ventas hay que decir que el ejercicio........... fue positivo en la venta de locales comerciales pero ya mostraba un agotamiento en lo que respecta a la venta de viviendas.

Cuadro de ventas...........

Cuadro de compras...........

2. HISTORIA JURÍDICA

Don..........., nace el día........... de........... de..........., en........... En fecha........... de........... de........... contrajo matrimonio, bajo el régimen legal de absoluta separación de bienes, en virtud de capitulaciones matrimoniales otorgada el día de........... de........... ante el notario de..........., Don........... Su domicilio conyugal se halla en..........., calle........... núm. .... Carecen de hijos.

La oficina de Don........... se halla en la localidad de..........., Avenida........... núm. ....

3. ACTIVIDAD O ACTIVIDADES DURANTE LOS TRES ÚLTIMOS AÑOS

Desde........... la actividad de Don........... ha sido, exclusivamente, la promoción, compraventa por cuenta propia, parcelación y urbanización de terrenos, construcción compraventa por cuenta propia, arrendamiento y explotación por cualquier forma de todo género de edificios —excluyendo el arrendamiento financiero o leasing— bien en bloques completos o locales separados, pudiendo contratar con terceros cualquiera de los sistemas de construcción por contrata o administración.

4. ESTABLECIMIENTOS, OFICINAS Y EXPLOTACIONES

Don…………tiene una única oficina, sita en…………, calle…………, lugar que constituye su domicilio social y donde ha ejercido de modo habitual su negocio.

5. CAUSAS DEL ESTADO EN QUE SE ENCUENTRA EL DEUDOR

Tal como se ha indicado en la historia económica, la causa fundamental que ha llevado a Don………… a la situación en la que se encuentra actualmente, pueden ser resumidos en los siguientes puntos:

- Importante crisis que está afectando principalmente el sector inmobiliario.
- Dificultad para obtener financiación por parte de las entidades financieras.
- Disminución de las ventas de pisos, lo que está provocando un aumento en el stock de viviendas, y en consecuencia una ralentización en la construcción de las mismas.
- Paralización de tramitaciones urbanísticas de terrenos de la sociedad, así como ausencia de potenciales compradores de suelo desarrollado o a desarrollar.

Nos encontramos con unos activos que considerando las duras circunstancias del mercado, pueden tener un valor mínimo de…………euros frente a un endeudamiento total de…………euros.

Claramente se ve como el valor del activo supera ampliamente el importe de las deudas.

La situación financiera de la empresa a fecha de hoy presenta un pasivo bancario de………… millones de euros, de los cuales vencen en este año………… la cantidad de………… millones de euros.

Por la viabilidad del proyecto, básicamente necesitamos tiempo. El tiempo se necesita para:

a) Proceder a la venta del stock en viviendas en la ciudad de………… que a fecha de hoy, según valoración a………… millones de euros. Esta valoración lleva implícito un descuento muy importante de cara a hacer atractiva la compra a inversores.

b) Proceder a la venta del stock en locales comerciales arrendados y libres de arrendamiento en………… que a fecha de hoy asciende según valoración de cuadro de bienes a………… millones de euros.

c) Terminar las obras de........... viviendas en el Grao de........... y........... Esto nos podría reportar un ingreso neto después de gastos de unos........... millones de euros.

d) Se regularice la situación del Plan General de........... y podamos vender las viviendas que disponemos en esa ciudad y que hemos valorado por su coste en........... millones de euros, pero que una vez regularizado podría multiplicarse el valor por tres hasta alcanzar los........... millones de euros.

e) Realizar la venta de algún suelo comercial o residencial del que disponemos que nos permita aliviar el endeudamiento al objeto de llevar a un nivel inferior que nos permita mejorar nuestra maniobrabilidad y posibilitar la viabilidad de la empresa.

f) Ejecutar la urbanización del solar en primera línea de la playa de........... y ejecutar el proyecto de........... viviendas previsto en el mismo.

g) Terminar de urbanizar el suelo de..........., para obtener el suelo residencial de cara a poder edificar en el futuro.

h) Completar el complejo comercial de........... y proceder a su venta parcial, explotándose por la compañía el resto.

i) Esperar la aprobación del Plan General de........... Con ello y manteniendo el criterio del avance del Plan General, el suelo que tenemos se clasificaría como urbanizable y podríamos iniciar su desarrollo urbanístico al ser suelo destinado a primera vivienda con lo que diversificaríamos nuestros activos.

j) Vender el suelo de..........., que tiene un valor de tasación de...........euros.

¿Cómo ganar tiempo? Refinanciando toda la deuda a cinco años con tres de carencia en los intereses.

¿De dónde pagamos? El dinero para el pago de la deuda saldrá de la venta de las existencias de viviendas y locales comerciales y apoyado por la desinversión de aquellos activos que sean más líquidos y que no mermen la viabilidad futura de la empresa.

La idea básica es maximizar la venta de las existencias de modo que además de reducir el saldo de la deuda bancaria asociada a ellas, nos permita generar un remanente que pueda financiar la finalización de los proyectos en marcha y generar un fondo capaz de garantizar los intereses de la deuda bancaria, de modo que los bancos esperen al ver que sin menoscabar el patrimonio de la empresa generamos fondos que cubran los costes financieros. A la vez, la venta de activos que lleven asociados préstamos con garantía hipotecaria permitirá ir reduciendo el saldo de la deuda con bancos. Y a su vez la carga financiera.

6. IDENTIDAD DEL CÓNYUGE Y RÉGIMEN ECONÓMICO DEL MATRIMONIO

De conformidad con lo establecido en el art. 7.1° TRLC, se hace constar que Don........... se haya casado con Doña..........., mayor de edad, de nacionalidad *española, vecina de*..........., con domicilio en........... y DNI/NIF........... El régimen económico del matrimonio es el de absoluta separación de bienes, según resulta de la escritura de capitulaciones matrimoniales otorgada el día........... de........... de..........., ante el notario de..........., Don........... e inscrita en........... Los Sres. .... contrajeron matrimonio el día...........

En..........., a........... de........... de...........

F058. MEMORIA EXPRESIVA DE LA HISTORIA ECONÓMICA Y JURÍDICA DE LOS DEUDORES. ART. 7.1° TRLC. PERSONA NATURAL NO COMERCIANTE

Normativa de aplicación: *Art. 7 Real Decreto Legislativo 1/2020, de 5 de mayo, por el que se aprueba el texto refundido de la Ley Concursal.*

1. HISTORIA ECONÓMICA

Don........... emprende su actividad profesional en fechas tempranas, enfocándose en el mundo de la electricidad, como empleado por cuenta ajena para varias empresas y entidades.

Desde...........hasta el año ...., Don........... trabajó en la entidad .... donde ocupaba el puesto de........... con una retribución anual de ....euros. Pese a que dichos años fueron tiempos de bonanza, Don........... acometió diversas inversiones inmobiliarias (concretamente ....) y llevó un elevado tren de vida toda vez que .... Dado que su sueldo, como acabamos de ver, era netamente insuficiente para soportar tal nivel de gastos, el aquí concursado tuvo que recurrir a financiación bancaria y a un sobreendeudamiento personal.

La crisis económica y financiera actual provocó que la entidad........... se viera obligada a la presentación de solicitud de concurso voluntario de acreedores, tramitado ante el Juzgado de lo Mercantil núm. .... de .... bajo el número de autos........... habiendo sido aperturada la fase de liquidación mediante auto de fecha...........

La situación concursal de la entidad provoco la pérdida inmediata del empleo del Sr. ...., y desde esa fecha, ..., ha carecido de trabajo pese los reiterados intentos. Ello salvo algún empleo ocasional y esporádico en .... Esta situación de practico desempleo la soporta Don........... con un fuerte endeudamiento que le ahoga tanto financiera como, lo mas grave, personal y humanamente.

Todo lo anterior dentro de un entorno muy complejo caracterizado por dos circunstancias:

a) Una fuerte crisis en los sectores en los que mis representados prestaba sus servicios. y afectando de manera directa y fulminante a la empresa en que en los últimos años se encontraban desempeñando sus funciones el deudor, ... S.L.

b) Una crisis financiera sin precedentes en donde los bancos no sólo no financian o refinancian a sus deudores, sino que endurecen los cargos y comisiones bancarias, negando prórrogas en plazos de pagos. Este bloqueo financiero tiene una gran repercusión en los profesionales o PYMES en cuanto que el acceso a créditos o microcréditos por parte de estos para emprender sus proyectos comerciales o mercantiles es inviable. Y ese "cierre del grifo financiero" le impide reestructurar sus deudas haciendo viable por el deudor el cumplimiento de sus obligaciones.

2. HISTORIA JURÍDICA

Don............, nace el día............, en............ (Valencia), contrayendo matrimonio el............ con DOÑA............ con DNI............, bajo el régimen legal de............, en virtud de capitulaciones matrimoniales otorgada el día............, ante el notario de............, Don............, debidamente inscrita............

Su domicilio conyugal se halla en............ (Valencia), calle............

El matrimonio tiene en la actualidad............ hijos comunes:............, de años los primeros, y............ meses de vida el último de ellos. Evidentemente los............ menores se encuentran a cargo de sus padres y conviven con ellos.

3. ACTIVIDAD O ACTIVIDADES DURANTE LOS TRES ÚLTIMOS AÑOS

Tal y como hemos adelantado, Don............, desde el año............, ha desarrollado su actividad profesional de manera prácticamente exclusiva en la empresa............, hasta el momento en el que la entidad, como también hemos adelantado, entró en situación de concurso de acreedores.

La situación económica actual, de todos conocidos, de ausencia de negocio (y más en un sector como el de proyectos de instalaciones eléctricas enfocadas a promociones inmobiliarias, tanto de viviendas como de naves industriales), aumento extremo de impagos, bloqueo de financiación o refinanciación bancaria para apertura de mercados o de actividades, etc............ provocó la situación de insolvencia de la entidad a la que el deudor había dedicado su empeño económico y profesional.

Esta situación concursal, provocó la pérdida del trabajo en............, y está en la actualidad en situación de desempleo, pese a los innumerables intentos de búsqueda de empleo, situación que por desgracia es habitual hoy en día.

4. ESTABLECIMIENTOS, OFICINAS Y EXPLOTACIONES

Don............ no tienen en la actualidad oficina alguna ya que, como hemos indicado, carece de empleo.

5. CAUSAS DEL ESTADO EN QUE SE ENCUENTRA EL DEUDOR

Tal como se ha indicado en la historia económica, la causa fundamental que ha llevado a D........... a la situación en la que se encuentran actualmente, pueden ser resumidos en los siguientes puntos:

- Importante crisis que está afectando a sectores importantes, impidiendo una salida profesional del deudor en sus ámbito laboral como electricista.
- Dificultad para obtener financiación por parte de las entidades financieras, no solo para la concesión de créditos o moratorias en los pagos de los préstamos concedidos, sino en la negativa absoluta a refinanciación de los mismos.

Mediante la presentación de la presente solicitud de concurso voluntario, lo que se pretende es la obtención de acuerdo o convenio con los acreedores existentes para que, a la vista de una mejora en la perspectiva laboral del Sr..........., su ilusión por el trabajo, pudiera con estos acuerdos, establecer un calendario de pagos que puedan ajustarse a la situación actual.

6. IDENTIDAD DEL CÓNYUGE Y RÉGIMEN ECONÓMICO DEL MATRIMONIO

De conformidad con lo establecido en el art. 7.1° TRLC, se hace constar que Don........... se haya casado con Doña..........., mayor de edad, de nacionalidad española, vecina de..........., con domicilio en........... y DNI/NIF........... El régimen económico del matrimonio es el de absoluta separación de bienes, según resulta de la escritura de capitulaciones matrimoniales otorgada el día........... de........... de..........., ante el notario de..........., Don........... e inscrita en........... Los Sres. .... contrajeron matrimonio el día...........

En..........., a........... de........... de...........

F059. MEMORIA EXPRESIVA DE LA HISTORIA ECONÓMICA Y JURÍDICA DEL DEUDOR. ART. 7.1°. SOCIEDAD EN LIQUIDACIÓN Y SIN ACTIVIDAD

Normativa de aplicación: *Art. 7 Real Decreto Legislativo 1/2020, de 5 de mayo, por el que se aprueba el texto refundido de la Ley Concursal.*

I. HISTORIA ECONÓMICA

La sociedad........... S.L., EN LIQUIDACIÓN, se constituyó bajo la forma de sociedad anónima, con la denominación "..........., Sociedad Anónima", mediante escritura autorizada el día........... de........... de........... por el notario de........... Don..........., número de protocolo..........., siendo posteriormente transformada en Sociedad Limitada, mediante escritura autorizada el........... de........... de........... por el Notario de...........Don..........., número de protocolo...........

Desde su constitución como sociedad anónima y después una vez transformada en sociedad limitada, el objeto social quedó fijado (sin modificación posterior) en...........

La empresa, desde su constitución desarrolló su actividad de manera solvente y con los resultados económico-financieros propios de una sociedad de reducida dimensión.

No obstante, dicha situación comenzó a empeorar debido a la crisis del textil que se dio en España y otros países, debido a la irrupción en el mercado de países como China e India (con los que es difícil competir, ya que entre otros factores cuentan con una mano de obra más barata y una legislación especial); y también debido a una caída ininterrumpida desde el año........... del consumo y de la facturación en el mercado textil.

Dicha situación (que se vio agravada también por la posterior crisis financiera del año...........) supuso para la empresa un decrecimiento en el volumen de ventas y operar en unas condiciones del mercado (unos márgenes muy bajos; una competencia dentro del sector con unos costes de producción mínimos; y un reducido volumen de ventas) que hizo que la empresa llegará a una situación en la que era prácticamente imposible continuar con su actividad.

Esta situación de colapso debido a causas ajenas de la empresa, hizo que la sociedad dejara, en la práctica, de tener actividad en el..........., siendo las ventas del año........... simbólicas. La empresa no ha hecho, desde tal fecha, ningún acto de disposición sobre su patrimonio.

La empresa debido a todas las dificultades referidas fue reestructurando la plantilla, hasta una situación insostenible de tener que dar de baja a su último trabajador el........... de........... de..........., presentado en dicha fecha el modelo 036 de baja de actividad económica.

La sociedad........... S.L., fue disuelta, en virtud de acuerdos adoptados por unanimidad, en Junta General Extraordinaria y Universal celebrada el día........... de........... de........... en el domicilio social, elevados a públicos mediante escritura de disolución y nombramiento de liquidador único, autorizada el........... de........... de..........., por el Notario de Onteniente, Don..........., número de protocolo, ...

En los citados acuerdos adoptados en Junta General Extraordinaria y Universal celebrada el día........... de........... de........... de........... por la que fue disuelta la sociedad, se nombró como liquidadora única a..........., cesando previamente de su cargo de administrador única.

II. HISTORIA JURÍDICA

a) La sociedad........... S.L., EN LIQUIDACIÓN, se constituyó bajo la forma de sociedad anónima, con la denominación "..........., Sociedad Anónima", mediante escritura autorizada el día........... por el notario de........... Don..........., número de protocolo...........; transformada en Sociedad Limitada, mediante escritura autorizada el........... por el Notario de........... Don..........., número de protocolo...........; disuelta en virtud de escritura de disolución y nombramiento de liquidador único, autorizada el..........., por el Notario de..........., Don..........., número de protocolo, ...

b) La sociedad está inscrita en el Registro Mercantil de..........., al Tomo..........., Libro, ..., folio..........., sección..........., hoja..........., inscripción...........

CIF...........

c) El domicilio social de la compañía en el acto fundacional quedó fijado en..........., C/..........., s/n.

Posteriormente, se modificó el domicilio social quedando fijado en el actual:..........., Avinguda..........., número..........., ello debido al proceso efectuado en su día, en la ciudad de........... de nueva rotulación y numeración de los Polígonos Industriales, según consta en escritura autorizada el........... de........... de..........., por el notario de..........., Don..........., número de protocolo...........

El citado domicilio actual en..........., Avinguda..........., número..........., es el lugar en que se halla el centro de los intereses principales de la sociedad.

d) Su objeto social en el acto fundacional, quedó fijado en...........

e) Capital social: Su capital social quedó fijado inicialmente en la escritura fundacional en la suma de........... pesetas, dividido en........... acciones nominativas, de........... pesetas de valor nominal cada una de ellas, numeradas correlativamente del........... al........... ambos inclusive.

Posteriormente y una vez transformada en sociedad de responsabilidad limitada mediante escritura autorizada el........... de........... de........... por el Notario de........... Don..........., número........... de protocolo y habiendo sido adaptados sus estatutos a la Ley 2/1995 de 23 de marzo, mediante escritura autorizada el........... por el Notario de........... Don..........., número de protocolo..........., el capital social quedo fijado en la suma de........... pesetas, dividido en........... participaciones sociales, de........... pesetas de valor nominal cada una de ellas, numeradas correlativamente del........... al........... ambos inclusive.

Redenominado al euro mediante escritura autorizada el..........., por el notario de..........., Don..........., número de protocolo..........., y tras la consiguiente operación de redondeo del valor de las participaciones sociales y la consiguiente reducción de capital social en la suma de...........euros, el capital social queda fijado en la suma de...........euros, dividido en........... participaciones sociales de...........euros de valor nominal cada una de ellas, numeradas correlativamente del........... al..........., ambos inclusive.

f) Socios. Son socios de la compañía:

1. Don........... con DNI/NIF........... titular de........... acciones; del número 1 al número..........., y del número........... al número..........., ambos inclusive, que representan el........... por ciento del capital social.

2. Don........... con DNI/NIF........... titular de........... acciones; del número........... al número..........., y del número........... al número..........., ambos inclusive, que representan el........... por ciento del capital social.
3. Don........... con DNI/NIF........... titular de........... acciones; del número........... al número..........., que representan el........... por ciento del capital social.

g) Administradores, liquidadores y poderes:

En el momento en que la sociedad........... S.L., EN LIQUIDACIÓN, fue disuelta (mediante acuerdos adoptados por unanimidad, en Junta General Extraordinaria y Universal celebrada el día...........), el órgano de administración estaba conformado por un administrador único, desempeñando tal cargo DOÑA..........., en virtud de acuerdos adoptados por unanimidad, en Junta General Extraordinaria y Universal celebrada el día........... en el domicilio social, elevados a públicos mediante escritura autorizada el........... por el Notario de........... Don..........., número de protocolo...........

La sociedad........... S.L., EN LIQUIDACIÓN, fue disuelta, en virtud de acuerdos adoptados por unanimidad, en Junta General Extraordinaria y Universal celebrada el día........... en el domicilio social, elevados a públicos mediante escritura de disolución y nombramiento de liquidador único, autorizada el..........., por el Notario de..........., Don..........., número de protocolo, ...

En los citados acuerdos adoptados en Junta General Extraordinaria y Universal celebrada el día........... por la que fue disuelta la sociedad, se nombró como liquidadora única a DOÑA..........., cesando previamente de su cargo de administrador única.

Posteriormente y en virtud de escritura autorizada el........... por el Notario de Onteniente Don..........., número de protocolo..........., la citada DOÑA..........., renunció a su cargo de Liquidadora Única de la sociedad.

Posteriormente y en virtud de acuerdos adoptados por unanimidad, en Junta General Extraordinaria y Universal celebrada el día........... en el domicilio social, elevados a públicos mediante escritura autorizada el día........... por el Notario de..........., Don..........., protocolo..........., fue nombrado por tiempo indefinido, Liquidador Único de la sociedad Don...........

No existe otro liquidador de la sociedad, de hecho o de derecho, distinto del citado Don...........

Así pues, durante los dos años anteriores a la solicitud del concurso, los citados DOÑA........... y Don..........., han sido las únicas personas que han ostentado y/o desempeñado el cargo de Liquidador Único de la sociedad.

Poderes. Existe un poder que es el siguiente:

– Poder conferido a favor de Don..........., en virtud escritura otorgada el........... en..........., ante el notario Don..........., número........... de protocolo, que motivó la inscripción........... en el Registro Mercantil.

La sociedad nunca ha contado con Director General.

h) Auditor de cuentas: La sociedad no está obligada a auditar las cuentas anuales de conformidad con lo dispuesto en los artículos 263 y siguientes de la Ley de Sociedades de Capital y por lo tanto no tiene nombrado ningún auditor de cuentas.

i) Grupo de Sociedades: la sociedad no forma parte de un grupo de empresas a que hace referencia el artículo 42 del Código de Comercio.

j) La sociedad no tiene admitidos valores a cotización en centro de negociación.

III. ACTIVIDAD O ACTIVIDADES DURANTE LOS TRES ÚLTIMOS AÑOS

Como ya se ha dejado dicho empresa........... S.L., fue disuelta (y por consiguiente se aperturó el periodo de liquidación), en virtud de acuerdos adoptados por unanimidad, en Junta General Extraordinaria y Universal celebrada el día........... en el domicilio social, elevados a públicos mediante escritura de disolución y nombramiento de liquidador único, autorizada el..........., por el Notario de..........., Don..........., número de protocolo, ...

Por lo tanto, la empresa no ha tenido ninguna actividad constitutiva de su objeto socicl en los últimos tres años, estando en situación de liquidación la sociedad desde...........

IV. ESTABLECIMIENTOS, OFICINAS Y EXPLOTACIONES

El domicilio social se encuentra..........., Avinguda..........., número..........., donde están ubicadas sus oficinas, y lugar donde ha ejercido de modo habitual su negocic, hasta que dejo de ejercer su actividad.

V. CAUSAS DEL ESTADO EN QUE SE ENCUENTRA LA SOCIEDAD

La sociedad..........., S.L. se ha dedicado hasta su disolución y cese de actividades, a la actividad comercial...........

Como ya se ha dejado dicho son causas del estado en que se encuentra y que llevó a la empresa a su disolución las siguientes:

- La crisis del sector........... que se dio en España y otros países, debido a la irrupción en el mercado de países como China e India (con los que es difícil competir, ya que entre otros factores cuentan con una mano de obra más barata y una legislación especial); y también debido a una caída ininterrumpida desde el año........... del consumo y de la facturación en el mercado textil.
- La crisis financiera del año........... que ha impedido a la empresa (al igual que muchas otras) obtener liquidez mediante la financiación de entidades de créditos ya sea por la vía de prestamos, pólizas de crédito etc).
- Un decrecimiento en el volumen de ventas y el hecho operar en unas condiciones del mercado que abocó a la empresa a la imposibilidad de continuar su actividad

(caída de márgenes; bajada de precios debido a una competencia dentro del sector con unos costes de producción mínimos; y un reducido volumen de ventas).

- Por último también y debido a lo anterior, la imposibilidad de obtener por parte de la sociedad, de ayudas o subvenciones de entidades públicas.

Dado que la citada Junta General Extraordinaria y Universal de la mercantil............ S.L., EN LIQUIDACIÓN celebrada el día............, acordó la disolución de la citada sociedad y por consiguiente la apertura del período de liquidación, procede vehicular la misma a través de un procedimiento concursal, aperturándose en el mismo la fase de liquidación. Se hace constar que la empresa carece de actividad desde hace............ años

En............, a............ de............ de............

F060. MEMORIA EXPRESIVA DE LA HISTORIA ECONÓMICA Y JURÍDICA DEL DEUDOR. ART. 7.1°TRLC. SOCIEDAD EN LIQUIDACIÓN Y SIN ACTIVIDAD. CONCURSO SIN MASA

Normativa de aplicación: *Art. 7 Real Decreto Legislativo 1/2020, de 5 de mayo, por el que se aprueba el texto refundido de la Ley Concursal.*

I. HISTORIA ECONÓMICA

La sociedad............ S.L., EN LIQUIDACIÓN, se constituyó bajo la forma de sociedad anónima, con la denominación "............, Sociedad Anónima", mediante escritura autorizada el día............ de............ de............ por el notario de............ Don............, número de protocolo............, siendo posteriormente transformada en Sociedad Limitada, mediante escritura autorizada el............ de............ de............ por el Notario de............Don............, número de protocolo............

Desde su constitución como sociedad anónima y después una vez transformada en sociedad limitada, el objeto social quedó fijado (sin modificación posterior) en............

La empresa, desde su constitución desarrolló su actividad de manera solvente y con los resultados económico-financieros propios de una sociedad de reducida dimensión.

No obstante, dicha situación comenzó a empeorar debido a la crisis del textil que se dio en España y otros países, debido a la irrupción en el mercado de países como China e India (con los que es difícil competir, ya que entre otros factores cuentan con una mano de obra más barata y una legislación especial); y también debido a una caída ininterrumpida desde el año............ del consumo y de la facturación en el mercado textil.

Dicha situación (que se vio agravada también por la posterior crisis financiera del año............) supuso para la empresa un decrecimiento en el volumen de ventas y operar en unas condiciones del mercado (unos márgenes muy bajos; una competencia dentro del sector con unos costes de producción mínimos; y un reducido volumen de ventas) que hizo que la empresa llegará a una situación en la que era prácticamente imposible continuar con su actividad.

Esta situación de colapso debido a causas ajenas de la empresa, hizo que la sociedad dejara, en la práctica, de tener actividad en el..........., siendo las ventas del año........... simbólicas. La empresa no ha hecho, desde tal fecha, ningún acto de disposición sobre su patrimonio.

La empresa debido a todas las dificultades referidas fue restructurando la plantilla, hasta una situación insostenible de tener que dar de baja a su último trabajador el........... de........... de..........., presentado en dicha fecha el modelo 036 de baja de actividad económica.

La sociedad........... S.L., fue disuelta, en virtud de acuerdos adoptados por unanimidad, en Junta General Extraordinaria y Universal celebrada el día........... de........... de........... en el domicilio social, elevados a públicos mediante escritura de disolución y nombramiento de liquidador único, autorizada el........... de........... de..........., por el Notario de Onteniente, Don..........., número de protocolo, ...

En los citados acuerdos adoptados en Junta General Extraordinaria y Universal celebrada el día..........., ... de..........., de., ... de..........., ... por la que fue disuelta la sociedad, se nombró como liquidadora única a..........., cesando previamente de su cargo de administrador única.

Desde........... la sociedad

II. HISTORIA JURÍDICA

a) La sociedad........... S.L., EN LIQUIDACIÓN, se constituyó bajo la forma de sociedad anónima, con la denominación "..........., Sociedad Anónima", mediante escritura autorizada el día........... por el notario de........... Don..........., número de protocolo...........; transformada en Sociedad Limitada, mediante escritura autorizada el........... por el Notario de........... Don..........., número de protocolo...........; adaptados sus estatutos a la Ley 2/1995 de 23 de marzo, mediante escritura autorizada el........... por el Notario de........... Don..........., número de protocolo...........; disuelta en virtud de escritura de disolución y nombramiento de liquidador único, autorizada el..........., por el Notario de..........., Don..........., número de protocolo, ...

b) La sociedad está inscrita en el Registro Mercantil de..........., al Tomo..........., Libro, ..., folio..........., sección..........., hoja..........., inscripción...........

CIF...........

c) El domicilio social de la compañía en el acto fundacional quedó fijado en..........., C/..........., s/n.

Posteriormente, se modificó el domicilio social quedando fijado en el actual:..........., Avinguda..........., número..........., ello debido al proceso efectuado en su día, en la ciudad de........... de nueva rotulación y numeración de los Polígonos Industriales, según consta en escritura autorizada el........... de........... de..........., por el notario de..........., Don..........., número de protocolo...........

El citado domicilio actual en..........., Avinguda..........., número..........., es el lugar en que se halla el centro de los intereses principales de la sociedad.

d) Su objeto social en el acto fundacional, quedó fijado en...........

e) Capital social: Su capital social quedó fijado inicialmente en la escritura fundacional en la suma de........... pesetas, dividido en........... acciones nominativas, de........... pesetas de valor nominal cada una de ellas, numeradas correlativamente del........... al........... ambos inclusive.

Posteriormente y una vez transformada en sociedad de responsabilidad limitada mediante escritura autorizada el........... de........... de........... por el Notario de........... Don..........., número........... de protocolo y habiendo sido adaptados sus estatutos a la Ley 2/1995 de 23 de marzo, mediante escritura autorizada el........... por el Notario de........... Don..........., número de protocolo..........., el capital social quedo fijado en la suma de........... pesetas, dividido en........... participaciones sociales, de........... pesetas de valor nominal cada una de ellas, numeradas correlativamente del........... al........... ambos inclusive.

Redenominado al euro mediante escritura autorizada el..........., por el notario de..........., Don..........., número de protocolo..........., y tras la consiguiente operación de redondeo del valor de las participaciones sociales y la consiguiente reducción de capital social en la suma de...........euros, el capital social queda fijado en la suma de...........euros, dividido en........... participaciones sociales de...........euros de valor nominal cada una de ellas, numeradas correlativamente del........... al..........., ambos inclusive.

f) Socios. Son socios de la compañía:

1. Don........... con DNI/NIF........... titular de........... acciones; del número 1 al número..........., y del número........... al número..........., ambos inclusive, que representan el........... por ciento del capital social.
2. Don........... con DNI/NIF........... titular de........... acciones; del número........... al número..........., y del número........... al número..........., ambos inclusive, que representan el........... por ciento del capital social.
3. Don........... con DNI/NIF........... titular de........... acciones; del número........... al número..........., que representan el........... por ciento del capital social.

g) Administradores, liquidadores y poderes:

En el momento en que la sociedad........... S.L., EN LIQUIDACIÓN, fue disuelta (mediante acuerdos adoptados por unanimidad, en Junta General Extraordinaria y Universal celebrada el día...........), el órgano de administración estaba conformado por un administrador único, desempeñando tal cargo DOÑA..........., en virtud de acuer*dos adoptados por unanimidad*, en Junta General Extraordinaria y Universal celebrada el día........... en el domicilio social, elevados a públicos mediante escritura autorizada el........... por el Notario de........... Don..........., número de protocolo...........

La sociedad........... S.L., EN LIQUIDACIÓN, fue disuelta, en virtud de acuerdos adoptados por unanimidad, en Junta General Extraordinaria y Universal celebrada el día........... en el domicilio social, elevados a públicos mediante escritura de disolución y nombramiento de liquidador único, autorizada el..........., por el Notario de..........., Don..........., número de protocolo, ...

En los citados acuerdos adoptados en Junta General Extraordinaria y Universal celebrada el día........... por la que fue disuelta la sociedad, se nombró como liquidadora única a DOÑA..........., cesando previamente de su cargo de administrador única.

Posteriormente y en virtud de escritura autorizada el........... por el Notario de Onteniente Don..........., número de protocolo..........., la citada DOÑA..........., renunció a su cargo de Liquidadora Única de la sociedad.

Posteriormente y en virtud de acuerdos adoptados por unanimidad, en Junta General Extraordinaria y Universal celebrada el día........... en el domicilio social, elevados a públicos mediante escritura autorizada el día........... por el Notario de..........., Don..........., protocolo..........., fue nombrado por tiempo indefinido, Liquidador Único de la sociedad Don...........

No existe otro liquidador de la sociedad, de hecho o de derecho, distinto del citado Don...........

Así pues, durante los dos años anteriores a la solicitud del concurso, los citados DOÑA........... y Don..........., han sido las únicas personas que han ostentado y/o desempeñado el cargo de Liquidador Único de la sociedad.

Poderes. Existe un poder que es el siguiente:

– Poder conferido a favor de Don..........., en virtud escritura otorgada el........... en..........., ante el notario Don..........., número........... de protocolo, que motivó la inscripción........... en el Registro Mercantil.

La sociedad nunca ha contado con Director General.

h) Auditor de cuentas: La sociedad no está obligada a auditar las cuentas anuales de conformidad con lo dispuesto en los artículos 263 y siguientes de la Ley de Sociedades de Capital y por lo tanto no tiene nombrado ningún auditor de cuentas.

ii) Grupo de Sociedades: la sociedad no forma parte de un grupo de empresas a que hace referencia el artículo 42 del Código de Comercio.

j) La sociedad no tiene admitidos valores a cotización en mercado secundario oficial.

III. ACTIVIDAD O ACTIVIDADES DURANTE LOS TRES ÚLTIMOS AÑOS

Como ya se ha dejado dicho empresa........... S.L., fue disuelta (y por consiguiente se aperturó el periodo de liquidación), en virtud de acuerdos adoptados por unanimidad, en Junta General Extraordinaria y Universal celebrada el día........... en el domicilio social, elevados a públicos mediante escritura de disolución y nombramiento de liquidador único, autorizada el..........., por el Notario de..........., Don..........., número de protocolo, ...

Por lo tanto, la empresa no ha tenido ninguna actividad constitutiva de su objeto social en los últimos tres años, estando en situación de liquidación la sociedad desde...........

IV. ESTABLECIMIENTOS, OFICINAS Y EXPLOTACIONES

El domicilio social se encuentra..........., Avinguda..........., número..........., donde están ubicadas sus oficinas, y lugar donde ha ejercido de modo habitual su negocio, hasta que dejo de ejercer su actividad.

V. CAUSAS DEL ESTADO EN QUE SE ENCUENTRA LA SOCIEDAD

La sociedad..........., S.L. se ha dedicado hasta su disolución y cese de actividades, a la actividad comercial...........

Como ya se ha dejado dicho son causas del estado en que se encuentra y que llevó a la empresa a su disolución las siguientes:

- La crisis del sector........... que se dio en España y otros países, debido a la irrupción en el mercado de países como China e India (con los que es difícil competir, ya que entre otros factores cuentan con una mano de obra más barata y una legislación especial); y también debido a una caída ininterrumpida desde el año........... del consumo y de la facturación en el mercado textil.
- La crisis financiera del año........... que ha impedido a la empresa (al igual que muchas otras) obtener liquidez mediante la financiación de entidades de créditos ya sea por la vía de prestamos, pólizas de crédito etc)
- Un decrecimiento en el volumen de ventas y el hecho operar en unas condiciones del mercado que abocó a la empresa a la imposibilidad de continuar su actividad (caída de márgenes; bajada de precios debido a una competencia dentro del sector con unos costes de producción mínimos; y un reducido volumen de ventas).
- Por último también y debido a lo anterior, la imposibilidad de obtener por parte de la sociedad, de ayudas o subvenciones de entidades públicas.

VII. OTRA INFORMACIÓN.

Dado que la citada Junta General Extraordinaria y Universal de la mercantil........... S.L., EN LIQUIDACIÓN celebrada el día..........., acordó la disolución de la citada sociedad y por consiguiente la apertura del período de liquidación, solamente procede vehicular la misma a través de un procedimiento concursal, aperturándose en el mismo la fase de liquidación. Se hace constar que la empresa carece de actividad desde hace........... años.

Además, se hace constar:

1.– Que el concursado carece de bien o derecho alguno (en su caso, Que el concursado carece de bienes y derechos legalmente embargables) (en su caso, Que el coste de realización de los bienes y derechos del concursado resulta manifiestamente desproporcionado respecto al previsible valor venal) (en su caso, Que los bienes y derechos del concursado libres de cargas resultan de valor inferior al previsible coste del procedimiento) (en su caso, Que los gravámenes y las cargas existentes sobre los bienes y derechos del concursado lo son por importe superior al valor de mercado de esos bienes y derechos).

2.– (En su caso), Que carece de trabajadores y de actividad desde el año..........., no habiendo realizado ningún acto de disposición desde dicha fecha.

3.– Que no existen indicios de que el deudor hubiera realizado actos perjudiciales para la masa activa que sean rescindibles conforme a lo establecido en esta ley. Tampoco para el ejercicio de la acción social de responsabilidad contra los administradores o liquidadores, de derecho o de hecho, de la persona jurídica concursada, o contra la persona natural designada por la persona jurídica administradora para el ejercicio permanente de las funciones propias del cargo de administrador persona jurídica y contra la persona, cualquiera que sea su denominación, que tenga atribuidas facultades de más alta dirección de la sociedad cuando no exista delegación permanente de facultades del consejo en uno o varios consejeros delegados. Finalmente, no existen indicios de que el concurso de mi mandante pudiera ser calificado de culpable.

Así pues y en base a lo anterior entendemos que procede por este Juzgado, si así lo tuviera por conveniente, que se acuerde la declaración del concurso sin masa ex arts. 37 bis y ss. TRLC.

En..........., a........... de........... de...........

F061. MEMORIA DE LOS CAMBIOS SIGNIFICATIVOS OPERADOS EN EL PATRIMONIO CON POSTERIORIDAD A LAS ÚLTIMAS CUENTAS ANUALES

Normativa de aplicación: *Art. 8 Real Decreto Legislativo 1/2020, de 5 de mayo, por el que se aprueba el texto refundido de la Ley Concursal.*

Dando cumplimiento a lo dispuesto en el art. 8.1.2° TRLC, se formula la presente memoria expresiva de los cambios significativos operados en el patrimonio de la deudora, ... S.L. con posterioridad a las últimas cuentas anuales formuladas, aprobadas y depositadas.

I.– Las últimas cuentas anuales de la deudora, ... S.L., formuladas, aprobadas y depositadas son las correspondientes al ejercicio...........

II.– Que el giro o tráfico del deudor, consiste en...........

III.– Que los cambios significativos operados en el patrimonio de la deudora, con posterioridad a la formulación, aprobación y depósito de las citadas cuentas anuales son los siguientes:

A) En fecha........... de........... de..........., y en virtud de escritura pública otorgada ante el notario Don..........., el día de........... de..........., la sociedad transmitió a la compañía........... S.A., el terreno sito en..........., por un importe de...........euros.

B) La sociedad adquirió en fecha........... de........... de........... y por un importe de...........euros, un edificio en el que se hallan, desde........... de........... de..........., las oficinas centrales...........

C) Que la concursada y las entidades acreedoras........... alcanzaron un plan de reestructuración en los siguientes términos:........... y que fue objeto de homologación judicial ex arts. 635 y ss. TRLC mediante auto de fecha........... del Juzgado de lo Mercantil núm. ...., de...........

En..........., a........... de........... de...........

F062. MEMORIA DE LAS OPERACIONES QUE EXCEDEN DEL GIRO O TRAFICO ORDINARIO DEL DEUDOR

Normativa de aplicación: *Art. 8 Real Decreto Legislativo 1/2020, de 5 de mayo, por el que se aprueba el texto refundido de la Ley Concursal.*

Dando cumplimiento a lo dispuesto en el art. 8.1.3° TRLC, se formula la presente memoria expresiva de operaciones realizadas por .... y que por su naturaleza, objeto o cuantía exceden del giro o tráfico ordinario del deudor.

I.– Las últimas cuentas anuales de la deudora, ... S.L., formuladas, aprobadas y depositadas son las correspondientes al ejercicio...........

II.– Que el giro o tráfico ordinario del deudor, consiste en...........

IV.– Que las operaciones que, por su naturaleza, objeto o cuantía excedan del giro o tráfico ordinario del deudor realizadas con posterioridad a las referidas cuentas anuales son las siguientes:

A) La compra del edificio ...., que ha supuesto una inversión de...........euros.

B) La compra de las acciones de la sociedad........... S.A., que desarrolla la actividad de..........., por un precio de...........euros.

ALTERNATIVA: Que no se han realizado operaciones que, por su naturaleza, objeto o cuantía excedan del giro o tráfico ordinario del deudor con posterioridad a las referidas cuentas anuales.

En..........., a........... de........... de...........

F063. MEMORIA EXPRESIVA DE LAS OPERACIONES REALIZADAS CON SOCIEDADES DEL GRUPO DEL QUE FORMA PARTE EL DEUDOR

Normativa de aplicación: *Art. 8 Real Decreto Legislativo 1/2020, de 5 de mayo, por el que se aprueba el texto refundido de la Ley Concursal.*

Dando cumplimiento a lo dispuesto en el art. 8.2 TRLC, se formula la presente memoria expresiva de las operaciones realizadas con otras sociedades del grupo durante los tres últimos ejercicios sociales finalizados a la fecha de solicitud de concurso y hasta tal solicitud.

I.– Que el grupo de sociedades lo componen:

A) Sociedad dominante: La sociedad........... S.A., con domicilio en..........., calle..........., núm. .... e inscrita en el Registro Mercantil de..........., al tomo........... CIF...........

B) Sociedades dominadas: La sociedad........... S.L., con domicilio en..........., calle..........., núm. .... e inscrita en el Registro Mercantil de..........., al tomo........... CIF...........; la sociedad........... S.L., con domicilio en..........., calle..........., núm. .... e inscrita en el Registro Mercantil de..........., al tomo........... CIF........... y la aquí concursada........... S.L., con domicilio en..........., calle..........., núm. .... e inscrita en el Registro Mercantil de..........., al tomo........... CIF...........

II.– Que las operaciones realizadas por........... S.L. con otras sociedades del grupo los tres últimos ejercicios sociales finalizados a la fecha de solicitud de concurso, estén o no aprobadas dichas cuentas anuales, y hasta tal solicitud, son las siguientes:

A) En fecha........... de........... de..........., y en virtud de escritura pública otorgada ante el notario Don..........., el día de........... de..........., la sociedad transmitió a la compañía........... S.A., sociedad dominante del grupo, el terreno sito en..........., por un importe de...........euros.

B) La sociedad adquirió en fecha........... de........... de........... y por un importe de...........euros, un edificio en el que se hallan, desde........... de........... de..........., las oficinas centrales........... El vendedor era la sociedad igualmente dominada, ... S.L.

C) La sociedad deudora presto a la sociedad dominante del grupo la suma de........... euros, a título de préstamo con un vencimiento el........... de........... de........... y un interés de........... anual. Ello en virtud de contrato de fecha de........... de........... de...........

En..........., a........... de........... de...........

F064. INVENTARIO DE BIENES Y DERECHOS. SOCIEDAD INMOBILIARIA

Normativa de aplicación: *Art. 7 Real Decreto Legislativo 1/2020, de 5 de mayo, por el que se aprueba el texto refundido de la Ley Concursal.*

INVENTARIO DE BIENES Y DERECHOS DE..........., S.L. AL DÍA....../....../......

Nº Ref.	DETALLE			DATOS IDENTIFICATIVOS REGISTRO			SE UBICA EN		VALOR DE ADQUISICIÓN/ CORRECCIONES VALORATIVAS		VALOR DE MERCADO	GRAVÁMENES, TRABAS, CARGOS POR LOS CONCEPTOS DE (IDENTIFICACIÓN)
SUPERFICIE M²				TÍTULO								
	DESCRIPCIÓN	SUELO	CONSTRUCCIÓN	ESCRITURA DE	NOTARIO-PLAZA	FECHA ESCRITURA	REGISTRO DE LA PROPIEDAD DE	FINCA NÚMERO				
1	EDIFICIO COMERCIAL compuesto de una nave industrial distribuida en semisótano y primera planta, otra nave industrial y casa de dos plantas sito en una parcela con espacio descubierto destinado a aparcamiento	...	...	COMPRAVENTA	..., ciudad de...	.../.../...	...	... y...	Carretera de... nº..., esquina calle... en...	...€	...€	ARRENDADO a..., S.A., contrato de fecha de... de... de duración... años.
2	SOLAR EDIFICABLE del Polígono... calificada como... correspondiente en reparcelación del Sector...t"	...		EXTINCIÓN DE CONDOMINIO Y ADJUDICACIONES	..., ciudad de...	.../.../...	...	...	Polígono "...", calle..., núm. ..., de... (...)	...€	...€	CARGAS REPARCELACIÓN del sector... "...t" por el importe de la cuenta de liquidación provisional que asciende a...€//HIPOTECA a favor del BANCO... constituida en escritura de fecha/.../..., autorizada por el Notario de... D..., con vencimiento el día...: para responder de...€ de principal...€ de intereses ordinarios, ...€ de intereses de demora y...€ para costas

Nº Ref.	DETALLE			DATOS IDENTIFICATIVOS REGISTRO			SE UBICA EN		VALOR DE ADQUISICIÓN/ CORRECCIONES VALORATIVAS		VALOR DE MERCADO	GRAVÁMENES, TRABAS, CARGOS POR LOS CONCEPTOS DE (IDENTIFICACIÓN)
	SUPERFICIE M²			TÍTULO								
	DESCRIPCIÓN	SUELO	CONSTRUCCIÓN	ESCRITURA DE	NOTARIO-PLAZA	FECHA ESCRITURA	REGISTRO DE LA PROPIEDAD DE	FINCA NÚMERO				
3	SOLAR EDIFICABLE del Polígono "..." calificada como... correspondiente en reparcelación del Sector...t"	...		EXTINCIÓN DE CONDOMINIO Y ADJUDICACIONES	..., ciudad de...	.../.../...	...	...	Polígono "...", calle..., núm. ..., de... (...)	...€	...€	CARGAS REPARCELACIÓN del sector... "...t" por el importe de la cuenta de liquidación provisional que asciende a...€//HIPOTECA a favor del BANCO... constituida en escritura de fecha/.../..., autorizada por el Notario de... D..., con vencimiento el día...: para responder de...€ de principal...€ de intereses ordinarios, ...€ de intereses de demora y...€ para costas ordinarios, ...€ de intereses de demora y...€ para costas

F065. INVENTARIO BIENES Y DERECHOS. CONCURSADA QUE EJERCE ACTIVIDAD INDUSTRIAL

Normativa de aplicación: Art. 7 Real Decreto Legislativo 1/2020, de 5 de mayo, por el que se aprueba el texto refundido de la Ley Concursal.

Descripción	Valor actual
Inmovilizado material	....
Existencias	....
Clientes........... Deudores	....
Inversiones financieras a corto plazo	....
Tesorería	....
TOTAL INVENTARIO BIENES Y DERECHOS	....

INMOVILIZADO MATERIAL						
Descripción	Localización	Cargas, DERECHOS, GRAVAMENES, TRABAS	V. Adquisición	A. Acum.	CORRECCIONES VALORATIVAS	V. MERCADO
Instalación Cabina de pintura	...	Libre de cargas	...	...	...	...
Cabina de pintura VT-200-A	...	Libre de cargas	...	...	...	...
Instalación eléctrica	...	Libre de cargas	...	...	...	...
Puerta cabina pintura	...	Libre de cargas	...	...	...	...
Cabina de pintura stma seco	...	Libre de cargas	...	...	...	...
Cabina Secado	...	Libre de cargas	...	...	...	...
Inst.cabina sist. Seco (IMPFE)	...	Libre de cargas	...	...	...	...
Cabina presurizada 2011	...	Libre de cargas	...	...	...	...
Utillaje antiguo	...	Libre de cargas	...	...	...	...
Compresor rotativo de tornillo	...	Libre de cargas	...	...	...	...
Regenerador de disolventes	...	Libre de cargas	...	...	...	...
Mesa aspiradora Alfaro Vicente 1	...	Libre de cargas	...	...	...	...
Mesa aspiradora Alfaro Vicente 2	...	Libre de cargas	...	...	...	...
Calderín Cabina Cecilio	...	Libre de cargas	...	...	...	...
Comercial Fra. 410001187	...	Libre de cargas	...	...	...	...
Copiadora EB-15	...	Libre de cargas	...	...	...	...
Lijadora Volplato	...	Libre de cargas	...	...	...	...
TOTAL INMOVILIZADO MATERIAL			...	...	...	...

EXISTENCIAS				
Modelo	Artículo	Unidades/cargas, derechos gravámenes/trabas/	V. adquisición/V. Contable/correcciones valorativas	V. MERCADO
...	ESCABEL	...	...	...
...	BANQUETA	...	...	...
...	SILLÓN CON BOTONES	...	...	...
...	SILLÓN	...	...	...
...	SILLÓN OREJERO	...	...	...
...	SILLÓN CON RUEDAS	...	...	...
...	SILLÓN	...	...	...
...	SOFÁ 2P	...	...	...
...	SILLÓN	...	...	...
...	SILLÓN	...	...	...
TOTAL EXISTENCIAS			...	

CLIENTES/DEUDORES				
Denominación	Cargas/Derechos/trabas/gravamenes/Notas	Deuda	Dotación/corrección valorativa	valor mercado
..., S.L.	Libre de cargas	...	...	...
..., S.L.	Libre de cargas	...	...	...
...	Libre de cargas	...	...	...
..., S.L.	Libre de cargas	...	...	...
..., S.L.	Libre de cargas	...	...	...
..., S.L.	Libre de cargas	...	...	...
..., S.L.	Libre de cargas	...	...	...
MR...	Libre de cargas	...	...	...
...–DUDOSO COBRO	Libre de cargas	...	...	...
..., S.L.–CONCURSO	Libre de cargas	...	...	...
TOTAL CLIENTES		...	...	...

INVERSIONES FINANCIERAS A CORTO PLAZO					
Descripción	Cargas/ DERECHOS/ GRAVAMENES/ TRABAS/NOTAS	V. Adquisición	Deterioro	CORRECION VALAROTIVA	V. MERCADO
Participaciones...	Libre de cargas	...	...	...	...
PARTICIPACIÓN...	Libre de cargas	...	...	...	...
APORTACIÓN OBLIGATORIA SOCIO C. RURAL	Libre de cargas	...	...	...	...
TOTAL INVERSIONES FINANCIERAS A CORTO PLAZO		...	...	...	...

TESORERÍA		
Descripción	Cargas/derechos/gravámenes/trabas/notas	Saldo
CAJA...	Libre de cargas	...
BANCO...	Libre de cargas	...
BANCO...	Libre de cargas	...
BANCO...	Libre de cargas	...
BANCO...	Libre de cargas	...
BANCO...	Libre de cargas	...
BANCO...	Libre de cargas	...
TOTAL TESORERÍA		...

F066. RELACIÓN DE ACREEDORES

Normativa de aplicación: *Art. 7 Real Decreto Legislativo 1/2020, de 5 de mayo, por el que se aprueba el texto refundido de la Ley Concursal.*

RELACIÓN DE ACREEDORES DE LA COMPAÑÍA............ S.L. al............/............/............

Nº ORDEN	ACREEDOR	DOMICILIO Y DIRECCIÓN ELECTRÓNICA	IMPORTE/VENCIMIENTO/GARANTÍA/RECLAMACIÓN JUDICIAL
1	..., S.L.	C/..., núm. ... de... CIF:... ...@...com	.../... de... de.../sin garantía/no reclamado judicialmente/
TOTAL...			

Nº ORDEN	ACREEDOR	DOMICILIO Y DIRECCIÓN ELECTRÓNICA	IMPORTE/VENCIMIENTO/GARANTÍA/RECLAMACIÓN JUDICIAL
2	…, S.A.	AVDA…, núm. … de… CIF:… …@…com	…/… de… de…/sin garantía/no reclamado judicialmente.
3	…, S.L.	AVDA…, núm. … de… CIF:… …@…com	…/… de… de…/sin garantía/no reclamado judicialmente
TOTAL…			

Nº ORDEN	ACREEDOR	DOMICILIO Y DIRECCIÓN ELECTRÓNICA	IMPORTE/VENCIMIENTO/GARANTÍA/RECLAMACIÓN JUDICIAL
4	…, S.A.	C/…, núm. … de… CIF:… …@…com	…/… de… de…/sin garantía/si reclamado judicialmente. Juzgado 1ª Instancia de…, autos…/… Actualmente en fase…
TOTAL…			

Nº ORDEN	ACREEDOR	DOMICILIO Y DIRECCIÓN ELECTRÓNICA	IMPORTE/VENCIMIENTO/GARANTÍA/RECLAMACIÓN JUDICIAL
5	…, S.L.	C/…, núm. … de… CIF:… …@…com	…/… de… de…/sin garantía/no reclamado judicialmente
TOTAL…			

Nº ORDEN	ACREEDOR	DOMICILIO Y DIRECCIÓN ELECTRÓNICA	IMPORTE/VENCIMIENTO/GARANTÍA/RECLAMACIÓN JUDICIAL
6	…, S.L.	C/…, núm. … de… CIF:… …@…com	…/… de… de…/sin garantía/no reclamado judicialmente.
7	…, S.L.	C/…, núm. … de… CIF:… …@…com	…/… de… de…/sin garantía/no reclamado judicialmente.
8	Don…	C/…, núm. … de… CIF:… …@…com	…/… de… de…/sin garantía/no reclamado judicialmente.
TOTAL…			

Nº ORDEN	ACREEDOR	DOMICILIO Y DIRECCIÓN ELECTRÓNICA	IMPORTE/VENCIMIENTO/GARANTÍA/RECLAMACIÓN JUDICIAL
9	AEAT Hacienda IVA	C/…, núm. … de… CIF:… …@…com	…/… de… de…/sin garantía/no reclamado judicialmente.
10	AEAT Hacienda Retenciones	C/…, núm. … de… CIF:… …@…com	…/… de… de…/sin garantía/no reclamado judicialmente.
TOTAL…			

Nº ORDEN	ACREEDOR	DOMICILIO Y DIRECCIÓN ELECTRÓNICA	IMPORTE/VENCIMIENTO/GARANTÍA/RECLAMACIÓN JUDICIAL
11	CAJA...	C/..., núm. ... de... CIF:... ...@...com	.../... de... de.../hipoteca.../no reclamado judicialmente.
12	BANCO..., S.A.	PLAZA..., núm. ... de... CIF... ...@...com	.../... de... de.../hipoteca.../no reclamado judicialmente.
13	BANCO..., S.A.	PASEO DE..., núm. ..., de... CIF... ...@...com	.../... de... de.../hipoteca.../no reclamado judicialmente.
14	CAJA...	C/..., núm. ... de... CIF:... ...@...com	.../... de... de.../hipoteca.../no reclamado judicialmente.
Nº ORDEN	ACREEDOR	DOMICILIO Y DIRECCIÓN ELECTRÓNICA	IMPORTE/VENCIMIENTO/GARANTÍA/RECLAMACIÓN JUDICIAL
15	CAJA...	C/..., núm. ... de... CIF:... ...@...com	.../... de... de.../hipoteca.../no reclamado judicialmente.
16	BANCO..., S.A.	C/..., núm. ... de... CIF:... ...@...com	.../... de... de.../sin garantía/no reclamado judicialmente.
17	CAJA...	PLAZA..., núm. ... de... CIF... ...@...com	.../... de... de.../sin garantía/no reclamado judicialmente.
TOTAL...			

TOTAL...........

F067. PLANTILLA DE TRABAJADORES E IDENTIDAD DEL ÓRGANO DE REPRESENTACIÓN DE LOS MISMOS

Normativa de aplicación: *Art. 7 Real Decreto Legislativo 1/2020, de 5 de mayo, por el que se aprueba el texto refundido de la Ley Concursal.*

Nombre, dirección, telf. y DNI trabajador/correo electrónico	Categoría	Antigüedad	Salario/deuda actual con el trabajador	Centro de trabajo

ÓRGANO DE REPRESENTACIÓN DE LOS TRABAJADORES DE........... S.L. (CON IDENTIDAD DE SUS MIEMBROS Y EXPRESIÓN DEL CORREO ELECTRÓNICO DE CADA UNO ELLOS)

F068. RELACIÓN DE PLEITOS CONTRA LA CONCURSADA

Normativa de aplicación: *Art. 7 Real Decreto Legislativo 1/2020, de 5 de mayo, por el que se aprueba el texto refundido de la Ley Concursal.*

RELACIÓN DE PROCEDIMIENTOS JUDICIALES

A continuación, se relacionan los procedimientos judiciales en curso contra la sociedad que a fecha de hoy constan a la sociedad, sin perjuicio de que pudiera existir alguno que todavía no haya sido notificado.

NO consta la existencia de procedimientos judiciales en curso contra la sociedad ...., S.L.

ALTERNATIVA: SI consta la existencia de procedimientos judiciales en curso contra la sociedad ...., S.L:

A) Juicio ordinario en reclamación de .... euros, seguido ante el Juzgado de Primera instancia núm. ... de .... por la compañía .... Estado del procedimiento: admitida la demanda a trámite en fecha.., y notificada a la sociedad, fue objeto de contestación por esta en fecha ....., estando pendiente que se fije la oportuna audiencia previa.

B) ....

En ......, hoy dia ... de .... de ....

F069. PROVIDENCIA REQUIRIENDO LA SUBSANACIÓN DE DEFECTOS EXISTENTES EN LA SOLICITUD DE CONCURSO

Normativa de aplicación: *Art. 7 Real Decreto Legislativo 1/2020, de 5 de mayo, por el que se aprueba el texto refundido de la Ley Concursal.*

Providencia del Magistrado Juez...........

En..........., a........... de........... de...........

Que en fecha........... de........... de..........., por la procuradora de los Tribunales, Doña..........., se ha presentado escrito en nombre y representación de la sociedad........... S.L., solicitando la declaración de concurso voluntario de dicha compañía.

Que se tiene por personado a la sociedad........... S.L., y en su nombre y representación a la procuradora de los Tribunales Doña........... en virtud del poder especial adjuntado por dicha compañía a la solicitud origen de este procedimiento, procuradora con la que se entenderán y seguirán las sucesivas diligencias y comunicaciones, y se tiene por solicitada la declaración de concurso voluntario de la compañía........... S.L.

Que con carácter previo a provisionar la solicitud de concurso voluntaria, admitiendo o inadmitiendo la misma, y considerando que no sólo en la solicitud formulada existen los siguientes defectos materiales y procesales:..........., sino que la documentación aportada es insuficiente toda vez que..........., se requiere a la actora, conforme a lo dispuesto en el art. 11.1 TRLC y por un único plazo de TRES (3) días a efecto que subsane los citados defectos y aporte, dentro de dicho plazo, la siguiente documentación:...........

Contra la presente resolución cabe recurso de reposición a interponer en el plazo de cinco días a contar desde su notificación.

De conformidad con lo establecido en la Disposición Adicional 15ª LOPJ, la interposición de recurso contra resoluciones judiciales no podrá ser admitida a trámite sin la acreditación del depósito previsto en la citada Ley a efectos de recurrir, debiendo presentarse copia o resguardo de tal depósito en las cuenta de consignaciones de este Juzgado.

Lo que acuerda, manda y firma su señoría Don..........., Magistrado Juez del Juzgado de lo Mercantil núm. .... de..........., en el lugar y fecha señaladas "ut supra".

F070. PROVIDENCIA REQUIRIENDO LA SUBSANACIÓN DE DEFECTOS EXISTENTES EN LA SOLICITUD DE CONCURSO. EXTENSO

Normativa de aplicación: *Arts. 1 y ss. Real Decreto Legislativo 1/2020, de 5 de mayo, por el que se aprueba el texto refundido de la Ley Concursal.*

Providencia del Magistrado Juez...........

En..........., a........... de........... de...........

Que en fecha........... de........... de..........., por la procuradora de los Tribunales, Doña..........., se ha presentado escrito en nombre y representación de la sociedad........... S.L., solicitando la declaración de concurso voluntario de dicha compañía.

Que se tiene por personado a la sociedad........... S.L., y en su nombre y representación a la procuradora de los Tribunales Doña........... en virtud del poder especial adjuntado por dicha compañía a la solicitud origen de este procedimiento, procuradora con la que se entenderán y seguirán las sucesivas diligencias y comunicaciones, y se tiene por solicitada la declaración de concurso voluntario de la compañía........... S.L.

Que con carácter previo a provisionar la solicitud de concurso voluntaria, admitiendo o inadmitiendo la misma, se requiere a la actora, conforme a lo dispuesto en el art. 11.1 TRLC y por un único plazo de TRES (3) días a efecto que:

A) Aporte listado de procedimientos judiciales y/o administrativos en los que intervenga la concursada, con expresión de su estado de tramitación.

B) Indique las cantidades percibidas por el procurador y letrado de la concursada con ocasión del presente concurso, con expresión del concepto/conceptos de pago. En el supuesto de que no se hubiera percibido cantidad alguna, provisión de fondos para los citados profesionales.

C) Aporte contratos de arrendamiento (locales, laeasing, renting etc) y cualesquiera otro con obligaciones reciprocas pendientes de vencimiento, con expresión detallada de su contenido (vencimiento, objeto, destino, renta, deuda etc).

D) Acredite la existencia de negociaciones llevadas por el deudor con sus acreedores a efectos de alcanzar un plan de reestructuración, negociaciones cuya apertura, a efectos de lo dispuesto en el art. 585 y ss. TRLC, anunció a este Juzgado mediante comunicación de fecha..........., de la que se dejo constancia mediante decreto del Sr. Letrado de la Administración de justicia de fecha...........

E) Completar el listado de trabajadores aportado junto a la solicitud, con la indicación de la deuda pendiente con cada trabajador, el número de filiación a la Seguridad Social de cada uno de ellos, teléfono, y cuenta bancaria en la que, en su caso, se efectuaba el abono de los salarios.

Contra la presente resolución cabe recurso de reposición a interponer en el plazo de cinco días a contar desde su notificación.

De conformidad con lo establecido en la Disposición Adicional 15° LOPJ, la interposición de recurso contra resoluciones judiciales, no podrá ser admitida a trámite sin la acreditación del depósito previsto en la citada Ley a efectos de recurrir, debiendo presentarse copia o resguardo de tal depósito en las cuenta de consignaciones de este Juzgado.

Lo que acuerda, manda y firma su señoría Don..........., Magistrado Juez del Juzgado de lo Mercantil núm. .... de..........., en el lugar y fecha señaladas "ut supra".

F071. ESCRITO DEL DEUDOR CONCURSADO SUBSANANDO DEFECTOS EXISTENTES EN LA SOLICITUD DE CONCURSO VOLUNTARIO

Normativa de aplicación: *Arts. 1 y ss. Real Decreto Legislativo 1/2020, de 5 de mayo, por el que se aprueba el texto refundido de la Ley Concursal.*

AL JUZGADO DE LO MERCANTIL NÚM. .... DE...........

..........., Procurador de los Tribunales (núm. .... de colegiado) y de la compañía........... S.A., cuya representación tengo acreditada en el concurso voluntario ordinario, núm. .... de autos, ante este Juzgado comparezco en el citado procedimiento concursal bajo la dirección letrada de Don..........., abogado del Ilustre Colegio de........... (núm. .... de colegiado), y como mejor proceda en Derecho DIGO:

I.– Que mediante providencia de fecha........... de..........., se requirió a esta parte, conforme a lo dispuesto en el art. 11.1 TRLC y por un plazo único de TRES (3) días, para que subsanara los defectos existentes en nuestra solicitud de concurso voluntario, consistentes en..........., y se completase la documentación aportada a la citada solicitud al considerar la misma insuficiente.

II.– Que por medio del presente escrito, se subsanan los referidos defectos y se acompañan los siguientes documentos...........

En su virtud,

SUPLICO AL JUZGADO que tenga por presentado este escrito, junto a los documentos a él acompañados y copia de todo ello, se sirva admitirlo y tener por subsanados los defectos señalados en la providencia de fecha de........... de........... dictada en las presentes actuaciones.

Es Justicia que se SUPLICA, en..........., a de........... de...........

F072. ESCRITO DEL CONCURSADO SUBSANANDO DEFECTOS DE LA SOLICITUD DE CONCURSO: APORTACIÓN PODER Y DE MODELO OFICIAL DE SOLICITUD CONCURSAL

Normativa de aplicación: *Arts. 1 y ss.; art. 585 Real Decreto Legislativo 1/2020, de 5 de mayo, por el que se aprueba el texto refundido de la Ley Concursal.*

AL JUZGADO DE LO MERCANTIL Nº ..... DE ......

Concurso ....

Autos ....

Doña ...., Procuradora de los Tribunales (nº ..... del ICPV), actuando en nombre y representación de ....S.L, ante este Juzgado comparezco en los autos ..... bajo la dirección letrada de ...., abogado del Ilustre Colegio de Valencia y como mejor proceda en Derecho DIGO:

Que mediante diligencia de ordenación de fecha ... de ... de ......, notificada a esta parte el ... de ..... del mismo año, se requiere para que, con carácter previo a admitir la solicitud de concurso presentada, se aporte:

1.– Poder especial de representación procesal para la solicitud de concurso.

Se aporta como DOCUMENTO Nº 1 el poder indicado.

2.– Modelo oficial debidamente cumplimentado con todos los datos.

Se aporta como DOCUMENTO Nº 2 el modelo oficial cumplimentado.

En su virtud,

SUPLICO AL JUZGADO que, teniendo por recibida el presente escrito junto con sus documentos, se digne admitirlo y a la vista de la documentación acompañada se tenga por cumplido el requerimiento efectuado mediante providencia de fecha .... y, tras los trámites oportunos, se dicte auto declarando el concurso voluntario de .......S.L.

En ......, a ... de ...... de ....

F073. PROVIDENCIA REQUIRIENDO LA ACREDITACIÓN DE LA EXISTENCIA DE PRESUPUESTOS DEL ART. 585 TRLC ANTES DE ADMITIR EL CONCURSO VOLUNTARIO

Normativa de aplicación: *Arts. 1 y ss.; art. 585 Real Decreto Legislativo 1/2020, de 5 de mayo, por el que se aprueba el texto refundido de la Ley Concursal.*

Providencia del Magistrado Juez...........

En..........., a............ de........... de...........

Que en fecha........... de........... de..........., por la procuradora de los Tribunales, Doña..........., se ha presentado escrito en nombre y representación de la sociedad........... S.L., solicitando la declaración de concurso voluntario de dicha compañía.

Que se tiene por personado a la sociedad..........S.L., y en su nombre y representación a la procuradora de los Tribunales Doña........... en virtud del poder especial adjuntado por dicha compañía a la solicitud origen de este procedimiento, procuradora con la que se entenderán y seguirán las sucesivas diligencias y comunicaciones, y se tiene por solicitada la declaración de concurso voluntario de la compañía.......... S.L.

Que con carácter previo a provisionar la solicitud de concurso voluntario, y considerando que es insuficiente la documentación aportada junto a la misma, se requiere a la actora, de conformidad con lo establecido en el art. 11.1 TRLC y por un plazo único de TRES (3) días, a efecto que acredite la existencia de negociaciones llevadas por el deudor con sus acreedores a efectos de alcanzar un plan de reestructuración, negociaciones cuya apertura, a efectos de lo dispuesto en el art. 585, ss. y concordantes TRLC, anunció a este Juzgado mediante comunicación de fecha..........., de la que se dejo constancia mediante decreto del Sr. Letrado de la Administración de Justicia de fecha...........

Contra la presente resolución cabe recurso de reposición a interponer en el plazo de cinco días a contar desde su notificación.

De conformidad con lo establecido en la Disposición Adicional 15ª LOPJ, la interposición de recurso contra resoluciones judiciales, no podrá ser admitida a trámite sin la acreditación del depósito previsto en la citada Ley a efectos de recurrir, debiendo presentarse copia o resguardo de tal depósito en las cuenta de consignaciones de este Juzgado.

Lo que acuerda, manda y firma su señoría Don..........., Magistrado Juez del Juzgado de lo Mercantil núm. .... de..........., en el lugar y fecha señaladas "ut supra".

F074. ESCRITO DEL DEUDOR CONCURSADO ACREDITANDO PRESUPUESTOS ART. 585 TRLC

Normativa de aplicación: *Arts. 1 y ss.; art. 585 Real Decreto Legislativo 1/2020, de 5 de mayo, por el que se aprueba el texto refundido de la Ley Concursal.*

AL JUZGADO DE LO MERCANTIL NÚM. .... DE...........

..........., Procurador de los Tribunales (núm. .... de colegiado) y de la compañía........... S.A., cuya representación tengo acreditada en el concurso voluntario ordinario, núm. .... de autos, ante este Juzgado comparezco en el citado procedimiento concursal bajo la dirección letrada de Don..........., abogado del Ilustre Colegio de........... (núm. .... de colegiado), y como mejor proceda en Derecho DIGO:

I.– Que en fecha de........... de..........., se recayó providencia en las presentes actuaciones en la que, literalmente, se indicaba que "...........con carácter previo a provisionar la solicitud de concurso voluntario, y considerando que es insuficiente la documentación aportada junto a la misma, se requiere a la actora, de conformidad con lo establecido en el art. 11.1 TRLC y por un plazo único de TRES (3) días, a efecto que acredite la existencia de negociaciones llevadas por el deudor con sus acreedores a efectos de alcanzar un plan de reestructuración, negociaciones cuya apertura, a efectos de lo dispuesto en los arts. 585, ss. y concordantes TRLC, anunció a este Juzgado mediante *comunicación de fecha*..........., que se tuvo por presentada mediante decreto del Sr. Letrado de la Administración de Justicia de fecha...........".

II.– Que evacuando el citado trámite esta parte acompaña bosquejo documental de la negociación mantenida con los acreedores, a efectos de negociar el referido plan de reestructuración. Concretamente:

I. Documento de Correos del que resulta relación de cartas remitidas a los acreedores. (DOCUMENTO...........)

II. Muestra de cartas con acuse de recibo dirigidas a acreedores (DOCUMENTO...........).

III. Muestra de respuestas de acreedores a la anterior carta (DOCUMENTOS...........).

IV. Muestra de carta dirigida por correo electrónico a los acreedores con las líneas del Plan de Reestructuración pendiente de formalizar ante fedatario público de........... (DOCUMENTOS...........) y las respuestas y consideraciones de los acreedores a la misma (DOCUMENTOS...........).

V. Actas de las reuniones entre mi mandante y los acreedores (DOCUMENTOS ....).

VI. Borrador de propuesta de formación de clases (DOCUMENTOS ....)

VI. Propuesta fallida de plan de reestructuración instrumentalizada el día........... ante el notario de Don........... (DOCUMENTO...........).

VII. (En su caso). Borrador de plan de reestructuración recibido de los acreedores (DOCUMENTOS ....)

En su virtud,

SUPLICO AL JUZGADO que tenga por presentado este escrito, junto a los documentos a él acompañados y copia de todo ello, se sirva admitirlo y tener por evacuado el trámite conferido en la providencia de fecha de........... de........... solicitando que se dicte auto de conformidad con el suplico de nuestra solicitud de concurso voluntario de........... S.A.

Es Justicia que se SUPLICA, en..........., a de........... de...........

F075. ESCRITO DEL DEUDOR SUBSANADO DEFECTOS DE VALORACIÓN DE BIENES Y DERECHOS Y EXISTENCIA AVALES

Normativa de aplicación: *Arts. 1 y ss. Real Decreto Legislativo 1/2020, de 5 de mayo, por el que se aprueba el texto refundido de la Ley Concursal.*

AL JUZGADO DE LO MERCANTIL NÚMERO........... DE...........

..........., Procuradora de los Tribunales, en nombre y representación de la mercantil..........., S.L., cuyo concurso ha sido turnado con el número de autos........... ante este Juzgado comparece y EXPONE:

Que me ha sido notificada Providencia de fecha........... en la que se me emplaza por TRES (3) días para que subsane los defectos que afectan a la valoración de mercado de los bienes y valores contables, y respecto de los avales prestados por la concursada que se relacionaron en la solicitud del concurso.

Por medio del presente escrito aportamos como Documento número uno, Resumen del Inventario de bienes y derechos a fecha........... que recoge las modificaciones habidas como consecuencia de la modificación en la valoración de los bienes del Inmovilizado, y como Documento número dos la relación de avales y demás riesgo indirecto con las aclaraciones solicitadas para que reemplacen ambos documentos a los que constan en la solicitud.

Manifestamos mediante el presente que quedamos a la entera disposición del Juzgador, para subsanar cualquier defecto que pudiera adolecer la solicitud del concurso de la mercantil..........., S.L., a los efectos de lo dispuesto en el artículo 231 de la LEC y 11.1 TRLC.

En su virtud,

SUPLICO AL JUZGADO, que tenga por presentado el presente escrito, con sus copias, y En virtud de lo expuesto en el mismo tenga por evacuado el trámite conferido a ésta parte a los efectos legales oportunos.

Es Justicia que suplico en ...., a .... de .... de ....

F076. ESCRITO DEL DEUDOR EVACUANDO REQUERIMIENTO DEL JUZGADO RELATIVO A LA EXISTENCIA DE REQUERIMIENTOS DE PAGO DE AVALES

Normativa de aplicación: *Arts. 1 y ss. Real Decreto Legislativo 1/2020, de 5 de mayo, por el que se aprueba el texto refundido de la Ley Concursal.*

AL JUZGADO DE LO MERCANTIL NÚMERO........... DE...........

..........., Procuradora de los Tribunales, en nombre y representación de la mercantil..........., S.L., cuyo concurso ha sido turnado con el número de autos........... ante este Juzgado comparezco y DIGO:

Que me ha sido notificada Providencia en la que se me emplaza por dos (2) días para que se aporten los requerimientos de pago que se hayan podido dirigir respecto de los avales prestados por la concursada que se relacionaron en la solicitud del concurso.

Por medio del presente escrito aportamos como Documento número uno, requerimiento del Banco........... de fecha........... y como Documento número dos requerimiento del Banco........... de fecha..........., ambos derivados de la condición de la concursada de fiadora de la sociedad..........., S.L., no habiéndose formulado reclamación judicial alguna.

Manifestamos mediante el presente que quedamos a la entera disposición del Juzgador, para subsanar cualquier defecto que pudiera adolecer la solicitud del concurso de la mercantil..........., S.L., a los efectos de lo dispuesto en el artículo 231 de la LEC y 11.1 TRLC.

En su virtud,

SUPLICO AL JUZGADO, que tenga por presentado el presente escrito, con sus copias, y En virtud de lo expuesto en el mismo tenga por evacuado el trámite conferido a ésta parte a los efectos legales oportunos.

Es justicia que pido en..........., a........... de........... de...........

F077. ESCRITO DEL DEUDOR EVACUANDO REQUERIMIENTO DEL JUZGADO RELATIVO A LA EXISTENCIA BIENES DEL DEUDOR INSCRIBIBLES EN REGISTROS PÚBLICOS

Normativa de aplicación: *Arts. 1 y ss. Real Decreto Legislativo 1/2020, de 5 de mayo, por el que se aprueba el texto refundido de la Ley Concursal.*

AL JUZGADO DE LO MERCANTIL NÚMERO........... DE...........

..........., Procuradora de los Tribunales en nombre y representación de la mercantil..........., S.L., cuyo concurso ha sido turnado con el número de autos........... ante este Juzgado comparezco y como mejor proceda en derecho DIGO:

ÚNICO.– Que la mercantil..........., S.L. es titular de un inmueble sito en..........., calle........... Inscrito en el Registro de la propiedad de..........., al folio..........., tomo..........., finca........... Fue adquirido por la sociedad mediante escritura de compraventa de fecha..........., otorgada ante el Notario de..........., Don........... Salvo afecciones fiscales, se halla libre de cargas y gravámenes.

ALTERNATIVA: Que la mercantil..........., S.L. no es propietario, ni titular de ningún Bien Mueble o Inmueble, ni derechos inscritos en Registro Público alguno.

En su virtud,

SUPLICO AL JUZGADO, que tenga por presentado el presente escrito, con sus copias, y En virtud de lo expuesto en el mismo tenga por hechas las manifestaciones anteriormente reseñadas y por evacuado el trámite conferido a ésta parte a los efectos legales oportunos.

Es justicia que se suplica en..........., a........... de........... de...........

F078. ESCRITO DEL DEUDOR EVACUANDO REQUERIMIENTO DEL JUZGADO RELATIVO A INFORME SUCINTO DE ACTIVO, PASIVO Y TESORERÍA DE LA DEUDORA Y APORTADO UN DOCUMENTO POR ERROR NO ACOMPAÑADO A LA SOLICITUD DE CONCURSO

Normativa de aplicación: *Arts. 1 y ss. Real Decreto Legislativo 1/2020, de 5 de mayo, por el que se aprueba el texto refundido de la Ley Concursal.*

AL JUZGADO DE LO MERCANTIL NÚMERO........... DE...........

..........., Procuradora de los Tribunales y de la mercantil........... S.L., cuya representación tengo acreditada en el procedimiento de concurso ordinario, número de autos..........., ante este Juzgado comparezco y como mejor proceda en Derecho, DIGO:

PRIMERO.– Que por providencia de fecha........... dictada por este Juzgado, al que respetuosamente nos dirigimos, se requirió a esta parte, para que en el plazo de TRES (3) días, subsane los siguientes defectos u omisiones: una relación por escrito sucinta, con independencia de los datos aportados junto con la demanda y la memoria donde consten los siguientes extremos: Activo de........... S.L. = cifra en euros; Pasivo de........... S.L. = cifra en euros; y Tesorería de........... S.L. = cifra en euros.

SEGUNDO.– Que por el presente escrito, esta parte da cumplimiento al citado requerimiento, haciendo constar lo siguiente:

- Que el pasivo de........... S.L. asciende a un importe de...........euros.
- Que el valor del activo de........... S.L. asciende al importe de...........euros, existiendo un activo libre de cargas y gravámenes de........... S.L. por un importe de...........euros.
- Que existe un superávit de...........euros.
- Que la tesorería de........... S.L. asciende a un importe de...........euros.

TERCERO.– Que por un simple error involuntario, pese a reseñarse en la demanda de concurso, no se acompañó a la misma el documento número diez, el cual se aporta en este momento, adjuntándose al presente escrito.

En virtud de lo expuesto,

SUPLICO AL JUZGADO que tenga por presentado este escrito junto con el documento adjunto, se sirva admitirlos y tener por hechas las manifestaciones anteriormente reseñadas en el cuerpo de este escrito y por subsanado el defecto u omisión referido en el mismo.

Es justicia, que se SUPLICA, en..........., a........... de........... de...........

F079. ESCRITO DEL DEUDOR EVACUANDO REQUERIMIENTO DEL JUZGADO RELATIVO A SUBSANACIÓN Y PETICIÓN DE DETERMINADAS INFORMACIÓN CON CARÁCTER PREVIO A LA ADMISIÓN DEL CONCURSO

Normativa de aplicación: *Arts. 1 y ss. Real Decreto Legislativo 1/2020, de 5 de mayo, por el que se aprueba el texto refundido de la Ley Concursal.*

Procedimiento: CONCURSO ORDINARIO núm. ....

Deudor:........... S.L.

AL JUZGADO DE LO MERCANTIL NÚMERO........... DE...........

.... Procuradora de los Tribunales y de la mercantil........... S.L., comparezco ante este Juzgado bajo la dirección letrada de Don........... (ICAV...........), en los autos de Procedimiento de Concurso Ordinario..........., y como mejor proceda en Derecho, DIGO:

I.– Que el pasado día..........., se ha notificado a mi mandante........... S.L., providencia de fecha........... dictada por este Juzgado, al que respetuosamente me dirijo, por la que previamente a dar trámite a la solicitud de concurso presentada el........... por........... S.L. "se requiere a la parte solicitante para que en el plazo de TRES (3) días subsane los siguientes defectos, bajo apercibimiento de que no cumplimentarlo se acordará su inadmisión", requiriéndose en concreto para que se conteste en relación con los 7 apartados que figuran en la citada providencia.

II.– Que por el presente escrito esta parte da cumplimiento dentro de plazo al requerimiento efectuado por la citada providencia de fecha........... en los siguientes términos:

1°.– Sólo nos consta el siguiente procedimiento:

Procedimiento: Ejecución de Títulos no Judiciales instado por...........

Juzgado: Primera Instancia n°........... de...........

Autos:...........

Situación actual: Se ha dictado Auto n°........... de fecha........... por el que se estima parcialmente la oposición a la ejecución formulada por la parte ejecutada........... S.L. frente a la parte ejecutante BANCO........... S.A., y se acuerda:

1. Modificar la cuantía del Auto de fecha........... por la de...........€.

2. Se declara nula y se tiene por no puesta la cláusula/apartado contractual del título ejecutivo referente a los intereses de demora del...........% anual pactados de modo que no ha lugar a su devengo ni tampoco a recalcular su importe, debiendo aplicarse como interés de demora el más beneficioso ala parte ejecutada (el interés remuneratorio pactado del 5% o en su caso el resultante de sumar 2 puntos al interés legal), debiendo aportar la parte ejecutante nueva liquidación de saldo, a cuyos efectos se la requiere.

Por providencia de fecha........... se da traslado del escrito de..........., S.A. y habiendo renunciado la ejecutante a los intereses de demora, se continúa la ejecución por importe de...........€.

Tras la comunicación prevista en el art. 583 y ss. TRLC, la ejecución ha quedado suspendida en virtud de lo que establecen los arts. 588 y ss. TRLC. En este sentido se ha dictado por el Juzgado de Primera Instancia nº........... de..........., Decreto de fecha........... por el que se declara la suspensión de la ejecución.

2º.– Que tanto la procuradora como el letrado que esto suscriben no han percibido cantidad alguna en concepto de provisión de fondos u honorarios del presente concurso de acreedores. Sin perjuicio de ello, y tal y como requiere este Juzgado, se indica que la provisión de fondos solicitada por la Procuradora Doña........... asciende a........... euros y la del Letrado Don........... importa la cantidad de...........euros.

3º.– La sociedad no presenta contratos de arrendamiento, arrendamiento financiero, renting u otro contrato con obligaciones recíprocas en estos momentos. No obstante, en su activo figura un local sito en..........., arrendado a la compañía........... S.L., abonando la arrendataria en la actualidad una renta mensual de...........euros (IVA no incluido) y estando al corriente en los pago

4º.– Que la sociedad..........., S.L. no posee mobiliario, útiles, herramientas ni vehículos. Tampoco aplicaciones informáticas ni patentes, marcas, licencia y similares.

Respecto de los terrenos y construcciones, la sociedad posee un local en........... siendo sus datos registrales: Finca nº........... del Registro de la Propiedad nº........... de..........., Tomo..........., Libro........... de la Sección ....ª, Folio., que se encuentra libre de gravámenes, trabas y cargas.

Se aporta como DOCUMENTO Nº..........., inventario de bienes y derechos en el que constan los datos que se indican en este punto y el resto de bienes y derechos de la concursada.

5º.– Que el origen de la comunicación prevista en el art. 585 y ss. TRLC, tal y como viene recogido en la solicitud de declaración de concurso formulado por esta parte, es junto a otros avales prestados por la solicitantes, el procedimiento de ejecución instado por la entidad crediticia..........., en ejecución de aval en su día prestado por mi mandante a favor de........... por importe de...........euros.

Las negociaciones tendentes a alcanzar un pacto de reestructuracion se ha realizado en el seno del mencionado procedimiento judicial y en reuniones tales como las de fecha..........., todo lo cual se acredita con los DOCUMENTOS que se acompañan numerados del........... al..........., ambos inclusive.

La cantidad inicialmente reclamada en el citado procedimiento ascendía a..........., quedando reducida a...........euros. Dicha demora en la fijación objeto de reclamación, finalmente resuelta por el Juzgado conocedor de la referida ejecución (vid. punto 1º de este escrito), ha dificultado o restado posibilidades a la obtención del acuerdo de refinanciación dentro del plazo legalmente establecido.

El plan de reestructuración estaba basado, entre otros aspectos, en una quita de la deuda, y la venta de las participaciones sociales de........... S.L., propiedad de la concursada. A tal efecto, se comunico a los socios de........... S.L. su voluntad de vender tales participaciones sociales, sin que se haya podido concretar la enajenación por falta de acuerdo entre las partes en el precio y forma de pago.

Finalmente, la ejecución de un segundo aval por el citado banco, hizo inviable cualquier posibilidad de acuerdo.

Expresamente se hace constar a solicitud del Juzgado:

A.– Que el estado de las negociaciones fue comunicado a los trabajadores mediante escritos de fecha..........., que se acompañan al presente como DOCUMENTOS........... a...........

B.– Que durante el periodo de negociación, 1) no se ha realizado ningún acto de disposición sobre bienes y derechos por cuantía superior al 5% del valor del activo presentado junto a la solicitud de concurso y 2) no se ha producido ninguna condonación de deuda u otorgamiento de garantías sobre deudas que supongan, por si, un 5% del pasivo, durante el periodo de negociación.

6º.– Que los trabajadores de alta de la compañía son los que se relacionan en el DOCUMENTO..........., con reseña de las cantidades adeudadas a cada uno de ellos.

7º.– Que........... S.L. ocupa el edificio sito en..........., calle..........., en virtud de contrato de arrendamiento de fecha...........

En su virtud,

SUPLICO AL JUZGADO, que tenga por presentado este escrito, junto al documento adjunto y sus copias, se sirva admitir todo ello, tenga por cumplimentado el requerimiento efectuado en el citada providencia de fecha..........., tenga por subsanados los defectos detectados a que se refiere la citada providencia, y acuerde dar trámite a la solicitud de concurso presentada por..........., el pasado día........... de........... de...........

Es JUSTICIA que se suplica en..........., a...........

F080. ESCRITO DE LA CONCURSADA JUSTIFICANDO LA EXISTENCIA DE ACTIVO Y TESORERÍA PARA ADMISIÓN DEL CONCURSO

Normativa de aplicación: *Arts. 1 y ss. Real Decreto Legislativo 1/2020, de 5 de mayo, por el que se aprueba el texto refundido de la Ley Concursal.*

AL JUZGADO DE LO MERCANTIL Nº........... DE...........

..........., Procurador de los Tribunales y de la entidad........... S.L., según consta acreditado en el Procedimiento Concursal........... de los seguidos en este Juzgado, ante el mismo comparezco y, como mejor proceda en Derecho, DIGO:

PRIMERO.– Que por providencia de fecha........... dictada por este Juzgado al que respetuosamente nos dirigimos, se requirió a esta parte, para que en el plazo de TRES (3) días, subsane los siguientes defectos u omisiones: justificar la suficiencia de bienes bastantes y tesorería.

SEGUNDO.– Si bien es cierto que, pese a que el total activo superaba los........... millones de euros, de la documentación acompañada al escrito de solicitud no se desprendía claramente la suficiencia del patrimonio de mi mandante, a los efectos que nos ocupan, esta parte pone en conocimiento de este Juzgado un hecho relevante, producido con posterioridad a la presentación de la solicitud, de indudable trascendencia para el presente procedimiento.

Así, se ha dado la circunstancia de que, ante el cierre de la mayoría de las empresas del sector, mi mandante se ha quedado prácticamente sola en el mercado, de forma que, ante el gran volumen de pedidos, la falta de liquidez que de forma puntual había padecido ha sido subsanada, teniendo ya disponibilidad de tesorería y pudiendo vislumbrarse con claridad la continuidad y proyección de futuro de la empresa.

TERCERO.– A estos efectos se acompaña, como DOCUMENTO..........., el gráfico demostrativo de la evolución ascendente de la cartera de pedidos de mi mandante desde la fecha de presentación del escrito de solicitud hasta el momento actual; y como DOCUMENTO nº..........., el listado de pedidos recibidos en el periodo comprendido entre el........... de........... de........... y el........... de........... de..........., claramente ilustrativo del volumen de actividad de la empresa en los términos indicados, a consecuencia de encontrarse mi mandante prácticamente sola en el mercado ante el cierre de la mayoría de empresas del sector, resultando que el total importe neto de los pedidos pendientes de salir calculado a fecha........... de........... de........... prácticamente iguala el total importe neto facturado durante el ejercicio...........:

- Total importe neto facturado en el ejercicio........... (calculado a fecha........... de........... de...........) ...., ...euros
- Total importe neto pedidos pendientes de salir (calculado a fecha........... de........... de...........) ...., ...euros

CUARTO.– Por último, se acompañan también al presente escrito como DOCUMENTOS........... los acuerdos de suministro alcanzados con........... y..........., respectivamente, suficientemente ilustrativos también de la continuidad y firme proyección de la empresa en el futuro.

QUINTO.– Asimismo, a los efectos que nos ocupan, por su trascendencia para valorar el volumen de negocios de la empresa y el estado de su tesorería, se acompañan al presente:

- Como DOCUMENTO..........., la relación de transferencias recibidas por mi mandante en el periodo comprendido entre el........... de........... de........... y el........... de........... de..........., por un importe total de...........euros.
- Como DOCUMENTO..........., la relación de giros y pagarés en cartera, pendientes de cobro, a fecha........... de........... de..........., por un importe total de...........euros.

– Como DOCUMENTO..........., la certificación expedida por el BANCO........... en fecha..........., acreditativa del saldo real de mi mandante a dicha fecha en la cuenta de su titularidad, por un importe de...........euros.

SEXTO.– En consecuencia, de la documentación que se viene de acompañar, cabe concluir que la suficiencia de activo se encuentra plenamente acreditada, presentándose con absoluta nitidez la continuidad de la empresa, dada la evolución positiva de la misma y su proyección de futuro.

CUADRO RESUMEN REALIZABLE Y DISPONIBLE

Transferencias recibidas en el periodo comprendido entre el... y el...	...euros
Giros y pagarés en cartera, pendientes de cobro a fecha...	...euros
Saldo en el BANCO... a fecha...	...euros
TOTAL ACTIVO REALIZABLE Y DISPONIBLE	...euros

En virtud de lo expuesto,

SUPLICO AL JUZGADO que tenga por presentado este escrito junto con el documento adjunto, se sirva admitirlos y tener por hechas las manifestaciones anteriormente reseñadas en el cuerpo de este escrito y por subsanado el defecto u omisión referido en el mismo.

Es justicia, que se SUPLICA, en..........., a........... de........... de...........

F081. AUTO ADMITIENDO LA SOLICITUD DE CONCURSO VOLUNTARIO DE PERSONA JURÍDICA

Normativa de aplicación: *Arts. 1 y ss. Real Decreto Legislativo 1/2020, de 5 de mayo, por el que se aprueba el texto refundido de la Ley Concursal.*

En la ciudad de........... a........... de........... de...........

ANTECEDENTES DE HECHO

PRIMERO.– Que en fecha........... de........... de........... por el Procurador de los Tribunales, Don..........., y en representación de la compañía........... S.L., se presentó solicitud de concurso voluntario de acreedores de dicha compañía, en base a los HECHOS y FUNDAMENTOS DE DERECHO reseñados en la meritada solicitud y los documentos acompañados a la misma.

De la solicitud formulada por........... S.L. extractamos lo siguiente:...........

SEGUNDO.– En la tramitación de los presentes se han respetado las prescripciones legales.

FUNDAMENTOS DE DERECHO

PRIMERO.– Que este Juez es competente para conocer de la presente solicitud al ser éste Juzgado de lo Mercantil de........... el correspondiente al lugar donde se halla el centro de los intereses principales de........... S.L. (arts. 44 y 45 TRLC).

SEGUNDO.– Que la solicitud y la documentación aportada por........... S.L. junto a la misma cumple con lo establecido en el TRLC, especialmente, lo establecido en el art. 6, 7 y 8 TRLC.

TERCERO.– Que de la documentación aportada resulta la situación de insolvencia actual de........... S.L. (art. 2.3 TRLC), al no poder cumplir regularmente sus obligaciones, habiéndose justificado el endeudamiento y la insolvencia actual de dicha compañía. También el presupuesto subjetivo del concurso, al ser........... S.L. un deudor persona jurídica (art. 1.1 TRLC), al que no es de aplicación el procedimiento especial de micro empresas regulado en el Libro III TRLC (art. 1.2 TRLC), ni se trata de una entidad que integra la organización territorial del Estado (art. 1.3 TRLC).

CUARTO.– Que a la vista de lo dispuesto en el art. 29.1 TRLC el presente concurso tiene la consideración de voluntario.

QUINTO.– Que procede nombrar a la administración concursal, que estará integrada por un único miembro, recayendo el nombramiento en Don........... (ABOGADO), mayor de edad, de nacionalidad española, con domicilio en ...., calle .... y DNI/NIF .... Núm. .... ICAV.

ALTERNATIVA I (cuando entre en vigor el art. 62 TRLC):

Que conforme a lo dispuesto en el art. 62.1 TRLC procede nombrar a la administración concursal. No concurriendo ninguna de las excepciones previstas legalmente, procede estar al listado del Registro Público Concursal y al turno correlativo contemplado en dicho art. 62.1 TRLC, en función de la clase de concurso, en este caso, ..., recayendo el nombramiento en Don........... (ABOGADO), mayor de edad, de nacionalidad española, con domicilio en ...., calle .... y DNI/NIF .... núm. .... ICAV, dirección electrónica ...., quien ha hecho constar estar en condiciones para actuar en el ámbito territorial de este Juzgado.

ALTERNATIVA II (cuando entre en vigor el art. 62 TRLC):

Que conforme a lo dispuesto en el art. 62 TRLC procede nombrar a la administración concursal. De conformidad con lo establecido en este ultimo precepto, habría que estar al listado del Registro Público Concursal y al turno correlativo contemplado en dicho art. 62.1 TRLC. No obstante, dado que nos encontramos ante un concurso de mayor complejidad, entiendo más oportuno designar a un administrador concursal alternativo al que resulta del citado turno a la vista que .... Por ello, previa consulta del referido Registro, queda designado administrador concursal Don........... (ABOGADO), mayor de edad, de nacionalidad española, con domicilio en ...., calle ....y DNI/NIF........... núm. .... ICAV, dirección electrónica ...., que se halla inscrita en dicho Registro Publico concursal y habilitado para ejercer las funciones propias del cargo en dichos concursos. Justifico su nombramiento en ....

ALTERNATIVA III (cuando entre en vigor el art. 62 TRLC):

Que conforme a lo dispuesto en el art. 62.1 TRLC procede nombrar a la administración concursal y, procede estar al listado del Registro Público Concursal y al turno correlativo contemplado en dicho art. 62.1 TRLC, en función de la clase de concurso, en este caso, ... No obstante, dado que nos hallamos ante un concurso con elementos transfronterizos, y a la vista del art. 62.3 TRLC, el nombramiento deberá recaer en persona que, además, acredite en el momento de su aceptación el conocimiento suficiente de la lengua del país o países relacionados con esos elementos o, al menos, el conocimiento suficiente de la lengua inglesa. Alternativamente, podrá acreditar que cuenta con personas trabajadoras o ha contratado a un traductor jurado con dichos conocimientos. Por ello, recae el nombramiento en Don........... (ABOGADO), mayor de edad, de nacionalidad española, con domicilio en ...., calle .... y DNI/NIF .... núm. .... ICAV, dirección electrónica ...., quien ha hecho constar estar en condiciones para actuar en el ámbito territorial de este Juzgado y que, en cualquier caso, y al tiempo de aceptar el cargo deberá acreditar los anteriores extremos idiomáticos.

El administrador concursal nombrado deberá aceptar el cargo, por lo que urgentemente y por el medio más rápido se le notificará su nombramiento a efectos de su aceptación y juramento. Igualmente deberá acreditar ante este Juzgado que tiene suscrito un seguro de responsabilidad civil o garantía equivalente proporcional a la naturaleza y alcance del riesgo cubierto por el nombramiento aquí verificado a su favor.

SEXTO.– Que dado que nos hallamos ante un concurso voluntario, el concursado conservará las facultades de administración y disposición sobre la masa activa, pero el ejercicio de estas facultades estará sometido a la intervención de la administración concursal, que podrá autorizar o denegar la autorización según tenga por conveniente.

SÉPTIMO.– Que dando cumplimiento a lo preceptuado por el art. 35 TRLC procede dar, con la mayor urgencia, la oportuna publicidad a la declaración del concurso, mediante publicación del presente auto en los términos y con el contenido establecido en el art. 35 TRLC.

Igualmente procede dar publicidad registral a la declaración del presente concurso en los términos y con el alcance establecido en el art. 36 y 37 TRLC, así como insertar el presente auto en el Registro público Concursal y comunicar al Fondo de Garantía salarial la incoación de presente expediente (art. 33 ET). Finalmente, debe comunicarse la existencia del presente procedimiento al Registro Mercantil de la provincia de .... a los efectos de lo dispuesto en el TRLC así como en el RD 685/2005, de 9 de junio y la Orden 3473/2005, de 8 de noviembre. También procede la notificación de este auto a la Agencia Estatal de Administración Tributaria y a la Tesorería General de la Seguridad Social (art. 33 TRLC). Y dado que el concursado es empleador el presentes auto de declaración de concurso debe notificarse a la representación legal de los trabajadores.

El traslado de los oficios con los edictos correspondientes se realizará por vía electrónica o telemática a los organismos y Registros correspondientes.

ALTERNATIVA: Que no siendo posible el traslado de los oficios con los edictos correspondientes se realizará por vía telemática a los organismos y Registros correspondientes, deben expedirse los oportunos mandamientos y oficios con los edictos, que serán entregados y confiados al procurador de la solicitante del concurso a efectos de darles el oportuno curso, gestión y diligenciamiento en los términos de los citados arts. 35 a 37 TRLC.

Visto lo expuesto y demás normativa de aplicación

DISPONGO

PRIMERO.– Se tiene por personado a la sociedad........... S.L., y en su nombre y representación el procurador de los Tribunales Don........... en virtud del poder especial adjuntado por dicha compañía a la solicitud origen de este procedimiento, procurador con el que se entenderán y seguirán las sucesivas diligencias y comunicaciones, y se tiene por solicitada la declaración de concurso voluntario de la compañía........... S.L., solicitud que se admite a trámite.

SEGUNDO.– Se declara la situación de concurso de........... S.L., que a la vista del contenido del art. 29 TRLC tendrá la consideración de voluntario.

Se hace constar que el deudor no ha presentado propuesta de convenio, ni ha solicitado la liquidación de la masa activa. Tampoco ha presentado una oferta vinculante de adquisición de unidad o unidades productivas.

TERCERO.– Se designa como integrante de la administración concursal a Don........... (ABOGADO), mayor de edad, de nacionalidad española, con domicilio en..........., calle........... y DNI/NIF........... ICAV.

El administrador concursal nombrado deberá aceptar el cargo, por lo que urgentemente y por el medio más rápido se le notificará su nombramiento a efectos de su aceptación y juramento. Igualmente deberá acreditar ante este Juzgado que tiene suscrito un seguro de responsabilidad civil o garantía equivalente proporcional a la naturaleza y alcance del riesgo cubierto por el nombramiento aquí verificado a su favor. (En su caso y en el supuesto de entrada en vigor art. 62 TRLC). Y a la vista que nos hallamos ante un concurso con elementos transfronterizos, deberá acreditar en el momento de su aceptación del cargo, el conocimiento suficiente de la lengua del país o países relacionados con esos elementos o, al menos, el conocimiento suficiente de la lengua inglesa. Alternativamente, podrá acreditar que cuenta con personas trabajadoras o ha contratado a un traductor jurado con dichos conocimientos.

La administración concursal designada, queda autorizada de conformidad y a los efectos del art. 4 h) del RD-Ley 3/2013, a fin de ejercitar las acciones que considere oportunas en interés de la masa, bajo su responsabilidad y ante cualquier jurisdicción.

CUARTO.– Decretar la conservación por el deudor de las facultades de administración y disposición sobre la masa activa, quedando sometido el ejercicio de éstas a la intervención de los administradores concursales, mediante su autorización o conformidad.

QUINTO.– Hacer el llamamiento a los acreedores de........... S.L. para que pongan en conocimiento de la administración concursal la existencia de sus créditos, en el plazo de un mes a contar desde el día siguiente a la publicación de este auto en el Boletín Oficial del Estado (BOE) a que se refiere el art. 35 TRLC.

La Administración Concursal, sin demora, realizará una comunicación individualizada, a cada uno de los acreedores cuya identidad y domicilio consten en la documentación obrante en los presentes autos, informándoles de la declaración del presente concurso y del deber de comunicar sus créditos en la forma establecida en el artículo 255 y ss. TRLC, debiendo efectuarse tal comunicación por medios telemáticos, informáticos o electrónicos cuando conste la dirección electrónica del acreedor.

Igualmente dirigirá la comunicación por medios electrónicos a la Agencia Estatal de la Administración Tributaria y la Tesorería General de la Seguridad Social a través de los medios habilitadas por estas en sus respectivas sedes electrónicas y con independencia que conste o no su condición de acreedores de la concursada. También se comunicará a la representación de los trabajadores, haciéndoles saber su derecho a personarse en el procedimiento como parte y librándose el oportuno edicto al efecto.

SEXTO.– Proceder a dar la debida publicidad a la declaración del concurso, mediante la publicación del oportuno anuncio del presente auto de declaración del concurso que se publicará, con la mayor urgencia y de forma gratuita, en el Boletín Oficial del Estado.

A tal efecto, el mismo día de la aceptación del cargo por el administrador concursal, el letrado de la Administración de Justicia remitirá por medios electrónicos al "Boletín Oficial del Estado", para su publicación en el suplemento del tablón judicial edictal único, y al Registro público concursal el edicto relativo a la declaración de concurso, redactado en el modelo oficial para que sea publicado con la mayor urgencia. La publicación del edicto tendrá carácter gratuito. El edicto tendrá el contenido del art. 35.1, segundo párrafo, TRLC.

Líbrense al efecto el oportuno oficio con el edicto que será remitido por vía electrónica al citado Boletín Oficial del Estado.

ALTERNATIVA: Líbrese el oportuno oficio con el edicto a remitir al Boletín Oficial del Estado. No obstante, de manera excepcional y no siendo posible su traslado por vía electrónica, entréguese el citado oficio al procurador de la concursada para el oportuno diligenciamiento y gestión en los términos del art. 35 TRLC.

SÉPTIMO.– Inscribir en el Registro Mercantil de la provincia de........... la existencia del presente procedimiento y los acuerdos adoptados en el presente auto, especialmente, la intervención de las facultades de administración y disposición del concursado adoptada en la presente resolución, y el nombramiento de la Administración concursal.

Igualmente, practíquese anotación preventiva en los Registros de la Propiedad de........... y..........., concretamente en el folio correspondiente a los bienes de la concursada que a continuación se relacionan, relativa a la declaración del presente concurso voluntario, con indicación de la fecha, y los acuerdos adoptados en la presente resolución, especialmente, la intervención de las facultades de administración y disposición del concursado adoptada en la presente resolución, así como el nombramiento de la administración concursal...........

Los citados bienes son los siguientes (con expresión del Registro de la Propiedad en el que se halla inscrito y los datos registrales de cada bien):............

Líbrense al efecto los oportunos oficios con los edictos que serán remitidos por vía electrónica o telemática desde el Juzgado a los citados Registros Públicos.

ALTERNATIVA: Líbrense los oportunos edictos con los mandamientos precisos para prácticas las citadas inscripciones y anotaciones que serán confiados al procurador para el oportuno diligenciamiento y gestión en los términos del art. 36 y 37 TRLC, al no ser posible el traslado por vía electrónica o telemática previsto en dicho precepto concursal.

OCTAVO.– Insertar en el Registro Público Concursal el presente auto de declaración de concurso, así como comunicar al Fondo de Garantía Salarial la iniciación del presente procedimiento concursal, dirigiéndole al efecto el oportuno oficio. También al citado Registro Mercantil de la provincia de........... a los efectos de lo dispuesto en el RD 685/2005, de 9 de junio y la Orden 3473/2005, de 8 de noviembre). Tales comunicaciones las llevara a cabo de oficio el Juzgado mediante remisión de oficio y testimonio de la presente resolución por vía electrónica o telemática.

NOVENO.– Como consecuencia de la admisión de la solicitud de declaración de concurso voluntario formulada por........... S.L., fórmense las secciones primera, segunda, tercera y cuarta del concurso.

Notifíquese por el Letrado de la Administración de Justicia la presente resolución al concursado a través de su representación procesal.

Contra el presente auto no cabe recurso alguno.

Todo lo cual pronuncia, manda y firma el Ilmo. Sr. ...., Magistrado Juez del Juzgado de lo Mercantil núm. .... de...........

F082. AUTO ADMITIENDO LA SOLICITUD DE CONCURSO VOLUNTARIO DE PERSONA JURÍDICA Y DESIGNACIÓN DE AUXILIAR DELEGADO

Normativa de aplicación: *Arts. 1 y ss. Real Decreto Legislativo 1/2020, de 5 de mayo, por el que se aprueba el texto refundido de la Ley Concursal.*

En la ciudad de........... a........... de........... de...........

ANTECEDENTES DE HECHO

PRIMERO.– Que en fecha........... de........... de........... por el Procurador de los Tribunales, Don..........., y en representación de la compañía........... S.L., se presentó solicitud de concurso voluntario de acreedores de dicha compañía, en base a los HECHOS y FUNDAMENTOS DE DERECHO reseñados en la meritada solicitud y los documentos acompañados a la misma.

De la solicitud formulada por........... S.L. extracto lo siguiente:...........

SEGUNDO.– En la tramitación de los presentes se han respetado las prescripciones legales.

FUNDAMENTOS DE DERECHO

PRIMERO.– Que este Juez es competente para conocer de la presente solicitud al ser éste Juzgado de lo Mercantil de........... el correspondiente al lugar donde se halla el centro de los intereses principales de........... S.L. (arts. 44 y 45 y TRLC).

SEGUNDO.– Que la solicitud y la documentación aportada por........... S.L. junto a la misma cumple con lo establecido en el TRLC, especialmente, lo establecido en los arts. 6 a 8 TRLC.

TERCERO.– Que de la documentación aportada resulta la situación de insolvencia actual de........... S.L. (art. 2.3 TRLC), al no poder cumplir regularmente sus obligaciones, habiéndose justificado el endeudamiento y la insolvencia actual de dicha compañía. También el presupuesto subjetivo del concurso, al ser........... S.L. un deudor persona jurídica (art. 1.1 TRLC), al que no es de aplicación el procedimiento especial de micro empresas regulado en el Libro III TRLC (art. 1.2 TRLC), ni se trata de una entidad que integra la organización territorial del Estado (art. 1.3 TRLC).

CUARTO.– Que a la vista de lo dispuesto en el art. 29.1 TRLC el presente concurso tiene la consideración de voluntario.

QUINTO.– Que procede nombrar a la administración concursal, que estará integrada por un único miembro, recayendo el nombramiento en Don........... (ABOGADO), mayor de edad, de nacionalidad española, con domicilio en ...., calle ....y DNI/NIF .... Núm. .... ICAV.

ALTERNATIVA I (cuando entre en vigor el art. 62 TRLC):

Que conforme a lo dispuesto en el art. 62.1 TRLC procede nombrar a la administración concursal. No concurriendo ninguna de las excepciones previstas legalmente, procede estar al listado del Registro Público Concursal y al turno correlativo contemplado en dicho art. 62.1 TRLC, en función de la clase de concurso, en este caso, ..., recayendo el nombramiento en Don........... (ABOGADO), mayor de edad, de nacionalidad española, con domicilio en ...., calle ....y DNI/NIF .... núm. .... ICAV, dirección electrónica ...., quien ha hecho constar estar en condiciones para actuar en el ámbito territorial de este Juzgado.

ALTERNATIVA II (cuando entre en vigor el art. 62 TRLC):

Que conforme a lo dispuesto en el art. 62 TRLC procede nombrar a la administración concursal. De conformidad con lo establecido en este ultimo precepto, habría que estar al listado del Registro Público Concursal y al turno correlativo contemplado en dicho art. 62.1 TRLC. No obstante, dado que nos encontramos ante un concurso de mayor complejidad, entiendo más oportuno designar a un administrador concursal alternativo al que resulta del citado turno a la vista que .... Por ello, previa consulta del referido Registro, queda designado administrador concursal Don........... (ABOGADO), mayor de edad, de nacionalidad española, con domicilio en ...., calle .... y DNI/NIF .... núm. .... ICAV, dirección electrónica ...., que se halla inscrita en dicho Registro Publico concursal y habilitado para ejercer las funciones propias del cargo en dichos concursos. Justifico su nombramiento en ....

ALTERNATIVA III (cuando entre en vigor el art. 62 TRLC):

Que conforme a lo dispuesto en el art. 62.1 TRLC procede nombrar a la administración concursal y, procede estar al listado del Registro Público Concursal y al turno correlativo contemplado en dicho art. 62.1 TRLC, en función de la clase de concurso, en este caso, ... No obstante, dado que nos hallamos ante un concurso con elementos transfronterizos, y a la vista del art. 62.3 TRLC, el nombramiento deberá recaer en persona que, además, acredite en el momento de su aceptación el conocimiento suficiente de la lengua del país o países relacionados con esos elementos o, al menos, el conocimiento suficiente de la lengua inglesa. Alternativamente, podrá acreditar que cuenta con personas trabajadoras o ha contratado a un traductor jurado con dichos conocimientos. Por ello, recae el nombramiento en Don........... (ABOGADO), mayor de edad, de nacionalidad española, con domicilio en ...., calle .... y DNI/NIF .... núm. .... ICAV, dirección electrónica ...., quien ha hecho constar estar en condiciones para actuar en el ámbito territorial de este Juzgado y que, en cualquier caso, y al tiempo de aceptar el cargo deberá acreditar los anteriores extremos idiomáticos.

El administrador concursal nombrado deberá aceptar el cargo, por lo que urgentemente y por el medio más rápido se le notificará su nombramiento a efectos de su aceptación y juramento. Igualmente deberá acreditar ante este Juzgado que tiene suscrito un seguro de responsabilidad civil o garantía equivalente proporcional a la naturaleza y alcance del riesgo cubierto por el nombramiento aquí verificado a su favor.

SEXTO.– Que conforme establece el art. 75 TRLC, cuando la complejidad del concurso así lo exija, la administración concursal podrá solicitar del juez el nombramiento de uno o varios auxiliares delegados, con especificación de las funciones a delegar, que pueden incluir las relativas a la continuación de la totalidad o parte de la actividad del deudor.

En el presente supuesto, procede la designación de auxiliar del concurso por que la complejidad, y también, el interés del concurso así lo exigen a la vista que .... Incluso, aún cuando atendiendo a una interpretación rigorista y absolutamente formal tal facultad parece que solo radique en la Administración Concursal.

En este caso, considera este Juzgado que Don........... es persona idónea a los efectos de la delegación de facultades pretendida, pues junto a su condición de letrado del

Ilustre Colegio de........... y el contenido eminentemente jurídico de la función a delegar, reúne los condiciones legales a efectos de ser nombrado administrador concursal, habiendo manifestado en su día su disponibilidad para el desempeño de tal cargo al citado Ilustre Colegio de Abogados de...........

La función objeto de delegación será la de...........

SÉPTIMO.– Que dado que nos hallamos ante un concurso voluntario, el concursado conservará las facultades de administración y disposición sobre la masa activa, pero el ejercicio de estas facultades estará sometido a la intervención de la administración concursal, que podrá autorizar o denegar la autorización según tenga por conveniente.

OCTAVO.– Que dando cumplimiento a lo preceptuado por el art. 35 TRLC procede dar, con la mayor urgencia, la oportuna publicidad a la declaración del concurso, mediante publicación del presente auto en los términos y con el contenido establecido en el art. 35 TRLC.

También procede la notificación de este auto a la Agencia Estatal de Administración Tributaria y a la Tesorería General de la Seguridad Social (art. 33 TRLC). Y dado que el concursado es empleador el presentes auto de declaración de concurso debe notificarse a la representación legal de los trabajadores.

El traslado de los oficios con los edictos correspondientes se realizará por vía electrónica o telemática a los organismos y Registros correspondientes.

ALTERNATIVA: Que no siendo posible el traslado de los oficios con los edictos correspondientes se realizará por vía telemática a los organismos y Registros correspondientes, deben expedirse los oportunos mandamientos y oficios con los edictos, que serán entregados y confiados al procurador de la solicitante del concurso a efectos de darles el oportuno curso, gestión y diligenciamiento en los términos de los citados arts. 35 a 37 TRLC.

Visto lo expuesto y demás normativa de aplicación

DISPONGO

PRIMERO.– Se tiene por personado a la sociedad........... S.L., y en su nombre y representación el procurador de los Tribunales Don........... en virtud del poder especial adjuntado por dicha compañía a la solicitud origen de este procedimiento, procurador con el que se entenderán y seguirán las sucesivas diligencias y comunicaciones, y se tiene por solicitada la declaración de concurso voluntario de la compañía........... S.L., solicitud que se admite a trámite.

SEGUNDO.– Se declara la situación de concurso de........... S.L., que a la vista del contenido del art. 29 TRLC tendrá la consideración de voluntario.

Se hace constar que el deudor no ha presentado propuesta de convenio, ni ha solicitado la liquidación de la masa activa. Tampoco ha presentado una oferta vinculante de adquisición de unidad o unidades productivas.

TERCERO.– Se designa como integrante de la administración concursal al auditor de cuentas Don........... mayor de edad, de nacionalidad española, con domicilio en..........., calle........... y DNI/NIF........... ROAC...........

El administrador concursal nombrado deberá aceptar el cargo, por lo que urgentemente y por el medio más rápido se les notificará su nombramiento a efectos de su aceptación y juramento. Igualmente deberá acreditar ante este Juzgado que tiene suscrito un seguro de responsabilidad civil o garantía equivalente proporcional a la naturaleza y alcance del riesgo cubierto por el nombramiento aquí verificado a su favor. (En su caso y en el supuesto de entrada en vigor art. 62 TRLC). Y a la vista que nos hallamos ante un concurso con elementos transfronterizos, deberá acreditar en el momento de su aceptación del cargo, el conocimiento suficiente de la lengua del país o países relacionados con esos elementos o, al menos, el conocimiento suficiente de la lengua inglesa. Alternativamente, podrá acreditar que cuenta con personas trabajadoras o ha contratado a un traductor jurado con dichos conocimientos.

La administración concursal designada, queda autorizada de conformidad y a los efectos del art. 4 h) del RD-Ley 3/2013, a fin de ejercitar las acciones que considere oportunas en interés de la masa, bajo su responsabilidad y ante cualquier jurisdicción.

CUARTO.– Nombrar a Don..........., mayor de edad, de nacionalidad española, abogado del Ilustre Colegio de........... (núm. .... de incorporación), vecino de..........., calle..........., núm. ...., auxiliar en quien delegar las facultades que a continuación se exponen, fijando la retribución del auxiliar nombrado en la suma de...........euros, que será a cargo de la administración concursal en los términos del art. 78 TRLC, que debe aceptar el cargo, previa notificación del nombramiento en legal forma y los trámites legalmente requeridos.

Las facultades objeto de delegación son las siguientes:...........

QUINTO.– Decretar la conservación por el deudor de las facultades de administración y disposición sobre la masa activa, quedando sometido el ejercicio de éstas a la intervención de los administradores concursales, mediante su autorización o conformidad, y librándose el oportuno edicto al efecto.

SEXTO.– Proceder a dar la debida publicidad a la declaración del concurso, mediante la publicación del oportuno anuncio del presente auto de declaración del concurso que se publicará, con la mayor urgencia y de forma gratuita, en el Boletín Oficial del Estado.

A tal efecto, el mismo día de la aceptación del cargo por el administrador concursal, el letrado de la Administración de Justicia remitirá por medios electrónicos al "Boletín Oficial del Estado", para su publicación en el suplemento del tablón judicial edictal único, y al Registro público concursal el edicto relativo a la declaración de concurso, redactado en el modelo oficial para que sea publicado con la mayor urgencia. La publicación del edicto tendrá carácter gratuito. El edicto tendrá el contenido del art. 35.1, segundo párrafo, TRLC.

Líbrense al efecto el oportuno oficio con el edicto que será remitido por vía electrónica al citado Boletín Oficial del Estado.

ALTERNATIVA: Líbrese el oportuno oficio con el edicto a remitir al Boletín Oficial del Estado. No obstante, de manera excepcional y no siendo posible su traslado por vía electrónica, entréguese el citado oficio al procurador de la concursada para el oportuno diligenciamiento y gestión en los términos del art. 35 TRLC.

SÉPTIMO.– Inscribir en el Registro Mercantil de la provincia de........... la existencia del presente procedimiento y los acuerdos adoptados en el presente auto, especialmente, la intervención de las facultades de administración y disposición del concursado adoptada en la presente resolución, y el nombramiento de la Administración concursal.

Igualmente, practíquese anotación preventiva en los Registros de la Propiedad de........... y..........., concretamente en el folio correspondiente a los bienes de la concursada que a continuación se relacionan, relativa a la declaración del presente concurso voluntario, con indicación de la fecha, y los acuerdos adoptados en la presente resolución, especialmente, la intervención de las facultades de administración y disposición del concursado adoptada en la presente resolución, así como el nombramiento de la administración concursal...........

Los citados bienes son los siguientes (con expresión del Registro de la Propiedad en el que se halla inscrito y los datos registrales de cada bien):...........

Líbrense al efecto los oportunos oficios con los edictos que serán remitidos por vía electrónica o telemática desde el Juzgado a los citados Registros Públicos.

ALTERNATIVA: Líbrense los oportunos edictos con los mandamientos precisos para prácticas las citadas inscripciones y anotaciones que serán confiados al procurador para el oportuno diligenciamiento y gestión en los términos del art. 36 y 37 TRLC, al no ser posible el traslado por vía electrónica o telemática previsto en dicho precepto concursal.

OCTAVO.– Insertar en el Registro Público Concursal el presente auto de declaración de concurso, así como comunicar al Fondo de Garantía Salarial la iniciación del presente procedimiento concursal, dirigiéndole al efecto el oportuno oficio. También al citado Registro Mercantil de la provincia de........... a los efectos de lo dispuesto en el RD 685/2005, de 9 de junio y la Orden 3473/2005, de 8 de noviembre). Notifíquese además este auto a la AEAT y a la Tesorería General de la Seguridad Social. Tales comunicaciones las llevara a cabo de oficio el Juzgado mediante remisión de oficio y testimonio de la presente resolución por vía electrónica o telemática. Notifíquese esta resolución a la representación legal de los trabajadores.

NOVENO.– Como consecuencia de la admisión de la solicitud de declaración de concurso voluntario formulada por........... S.L., fórmense las secciones primera, segunda, tercera y cuarta del concurso.

Notifíquese por el Letrado de la Administración de Justicia la presente resolución al concursado a través de su representación procesal.

Contra el presente auto no cabe recurso alguno.

Todo lo cual pronuncia, manda y firma el Ilmo. Sr. ...., Magistrado Juez del Juzgado de lo Mercantil núm. .... de...........

F083. AUTO ADMITIENDO LA SOLICITUD DE CONCURSO VOLUNTARIO DE PERSONA JURÍDICA CON PUBLICIDAD ADICIONAL EN PERIÓDICOS Y WEB COLEGIO PROCURADORES

Normativa de aplicación: *Arts. 1 y ss. Real Decreto Legislativo 1/2020, de 5 de mayo, por el que se aprueba el texto refundido de la Ley Concursal.*

En la ciudad de........... a........... de........... de...........

ANTECEDENTES DE HECHO

PRIMERO.– Que en fecha........... de........... de........... por el Procurador de los Tribunales, Don..........., y en representación de la compañía........... S.L., se presentó solicitud de concurso voluntario de acreedores de dicha compañía, en base a los HECHOS y FUNDAMENTOS DE DERECHO reseñados en la meritada solicitud y los documentos acompañados a la misma.

De la solicitud formulada por........... S.L. extracto lo siguiente:...........

SEGUNDO.– En la tramitación de los presentes se han respetado las prescripciones legales.

FUNDAMENTOS DE DERECHO

PRIMERO.– Que este Juez es competente para conocer de la presente solicitud al ser éste Juzgado de lo Mercantil de........... el correspondiente al lugar donde se halla el centro de los intereses principales de........... S.L. (arts. 44 y 45 TRLC).

SEGUNDO.– Que la solicitud y la documentación aportada por........... S.L. junto a la misma cumple con lo establecido en el TRLC, especialmente, lo establecido en el art. 6 a 8 TRLC.

TERCERO.– Que de la documentación aportada resulta la situación de insolvencia actual de........... S.L. (art. 2.3 TRLC), al no poder cumplir regularmente sus obligaciones, habiéndose justificado el endeudamiento y la insolvencia actual de dicha compañía. También el presupuesto subjetivo del concurso, al ser........... S.L. un deudor persona jurídica (art. 1.1 TRLC), al que no es de aplicación el procedimiento especial de micro empresas regulado en el Libro III TRLC (art. 1.2 TRLC), ni se trata de una entidad que integra la organización territorial del Estado (art. 1.3 TRLC).

CUARTO.– Que a la vista de lo dispuesto en el art. 29.1 TRLC el presente concurso tiene la consideración de voluntario.

QUINTO.– Que procede nombrar a la administración concursal, que estará integrada *por un único miembro*, recayendo el nombramiento en Don........... (ABOGADO), mayor de edad, de nacionalidad española, con domicilio en ...., calle .... y DNI/NIF .... Núm. .... ICAV

ALTERNATIVA I (cuando entre en vigor el art. 62 TRLC):

Que conforme a lo dispuesto en el art. 62.1 TRLC procede nombrar a la administración concursal. No concurriendo ninguna de las excepciones previstas legalmente, procede estar al listado del Registro Público Concursal y al turno correlativo contemplado en dicho art. 62.1 TRLC, en función de la clase de concurso, en este caso, ..., recayendo el nombramiento en Don........... (ABOGADO), mayor de edad, de nacionalidad española, con domicilio en ...., calle .... y DNI/NIF .... núm. .... ICAV, quien ha hecho constar estar en condiciones para actuar en el ámbito territorial de este Juzgado.

ALTERNATIVA II (cuando entre en vigor el art. 62 TRLC):

Que conforme a lo dispuesto en el art. 62 TRLC procede nombrar a la administración concursal. De conformidad con lo establecido en este ultimo precepto, habría que estar al listado del Registro Público Concursal y al turno correlativo contemplado en dicho art. 62.1 TRLC. No obstante, dado que nos encontramos ante un concurso de mayor complejidad, entiendo más oportuno designar a un administrador concursal alternativo al que resulta del citado turno a la vista que .... Por ello, previa consulta del referido Registro, queda designado administrador concursal Don........... (ABOGADO), mayor de edad, de nacionalidad española, con domicilio en ...., calle .... y DNI/NIF .... núm. .... ICAV, que se halla inscrita en dicho Registro Publico concursal y habilitado para ejercer las funciones propias del cargo en dichos concursos. Justifico su nombramiento en ....

ALTERNATIVA III (cuando entre en vigor el art. 62 TRLC):

Que conforme a lo dispuesto en el art. 62.1 TRLC procede nombrar a la administración concursal y, procede estar al listado del Registro Público Concursal y al turno correlativo contemplado en dicho art. 62.1 TRLC, en función de la clase de concurso, en este caso, ... No obstante, dado que nos hallamos ante un concurso con elementos transfronterizos, y a la vista del art. 62.3 TRLC, el nombramiento deberá recaer en persona que, además, acredite en el momento de su aceptación el conocimiento suficiente de la lengua del país o países relacionados con esos elementos o, al menos, el conocimiento suficiente de la lengua inglesa. Alternativamente, podrá acreditar que cuenta con personas trabajadoras o ha contratado a un traductor jurado con dichos conocimientos. Por ello, recae el nombramiento en Don........... (ABOGADO), mayor de edad, de nacionalidad española, con domicilio en ...., calle .... y DNI/NIF .... núm. .... ICAV, quien ha hecho constar estar en condiciones para actuar en el ámbito territorial de este Juzgado y que, en cualquier caso, y al tiempo de aceptar el cargo deberá acreditar los anteriores extremos idiomáticos.

El administrador concursal nombrado deberá aceptar el cargo, por lo que urgentemente y por el medio más rápido se le notificará su nombramiento a efectos de su aceptación y juramento. Igualmente deberá acreditar ante este Juzgado que tiene suscrito un seguro de responsabilidad civil o garantía equivalente proporcional a la naturaleza y alcance del riesgo cubierto por el nombramiento aquí verificado a su favor.

SEXTO.– Que dado que nos hallamos ante un concurso voluntario y no se constata a la vista de la documentación aportada hecho alguno que aconseje la suspensión de las facultades del concursado de administración y disposición de la masa activa, procede la conservación de tales facultades por el concursado, quedando sometido el ejercicio de éstas a la intervención de la administración concursal (art. 106 TRLC).

SÉPTIMO.– Que dando cumplimiento a lo preceptuado por el art. 35 TRLC procede dar, con la mayor urgencia, la oportuna publicidad a la declaración del concurso, mediante publicación del presente auto en los términos y con el contenido establecido en el citado artículo. También, al amparo del art. 35.2 TRLC y dadas las circunstancias del presente concurso, especialmente, el gran número de acreedores residentes en..........., este Juzgado entiende necesaria que se publique el oportuno anuncio en uno de los diarios de mayor difusión en........... y en...........

Igualmente procede dar publicidad registral a la declaración del presente concurso en los términos y con el alcance establecido en el art. 36 y 37 TRLC, así como comunicar al Fondo de Garantía salarial la incoación de presente expediente (art. 33 ET). También insertarse el presente auto en el Registro Público Concursal. Finalmente, debe comunicarse la existencia del presente procedimiento al Registro Mercantil de la provincia de........... a los efectos de lo dispuesto en la LC así como en el RD 685/2005, de 9 de junio y la Orden 3473/2005, de 8 de noviembre. También procede la notificación de este auto a la Agencia Estatal de Administración Tributaria y a la Tesorería General de la Seguridad Social (art. 33 TRLC). Y dado que el concursado es empleador el presente auto de declaración de concurso debe notificarse a la representación legal de los trabajadores.

El traslado de los oficios con los edictos correspondientes se realizará por vía electrónica o telemática a los organismos y Registros correspondientes.

ALTERNATIVA: Que pese a establecer los arts. 35 a 37 TRLC que el traslado de los oficios con los edictos correspondientes se realizará por vía telemática a los organismos y Registros correspondientes, no siendo posible lo anterior deben expedirse los oportunos mandamientos y oficios con los edictos, que serán entregados y confiados al procurador de la concursada a efectos de darles el oportuno curso, gestión y diligenciamiento en los términos de los citados arts. 35 a 37 TRLC.

Visto lo expuesto y demás normativa de aplicación.

DISPONGO

PRIMERO.– Se tiene por personado a la sociedad........... S.L., y en su nombre y representación el procurador de los Tribunales Don........... en virtud del poder especial adjuntado por dicha compañía a la solicitud origen de este procedimiento, procurador con el que se entenderán y seguirán las sucesivas diligencias y comunicaciones, y se tiene por solicitada la declaración de concurso voluntario de la compañía........... S.L., solicitud que se admite a trámite.

SEGUNDO.– Se declara la situación de concurso de........... S.L., que a la vista del contenido del art. 29 TRLC tendrá la consideración de voluntario.

Se hace constar que el deudor no ha presentado propuesta de convenio, ni ha solicitado la liquidación de la masa activa. Tampoco ha presentado una oferta vinculante de adquisición de unidad o unidades productivas.

TERCERO.– Se designa como integrante de la administración concursal a Don..........., abogado del Ilustre Colegio de Abogados de Valencia (núm. colegiado........... ICAV), mayor de edad, de nacionalidad española, con domicilio en..........., calle........... y DNI/NIF...........

El administrador concursal nombrado deberá aceptar el cargo, por lo que urgentemente y por el medio más rápido se le notificará su nombramiento a efectos de su aceptación y juramento. Igualmente deberá acreditar ante este Juzgado que tiene suscrito un seguro de responsabilidad civil o garantía equivalente proporcional a la naturaleza y alcance del riesgo cubierto por el nombramiento aquí verificado a su favor. (En su caso y en el supuesto de entrada en vigor art. 62 TRLC). Y a la vista que nos hallamos ante un concurso con elementos transfronterizos, deberá acreditar en el momento de su aceptación del cargo, el conocimiento suficiente de la lengua del país o países relacionados con esos elementos o, al menos, el conocimiento suficiente de la lengua inglesa. Alternativamente, podrá acreditar que cuenta con personas trabajadoras o ha contratado a un traductor jurado con dichos conocimientos.

La administración concursal designada, queda autorizada de conformidad y a los efectos del art. 4 h) del RD-Ley 3/2013, a fin de ejercitar las acciones que considere oportunas en interés de la masa, bajo su responsabilidad y ante cualquier jurisdicción.

CUARTO.– Decretar la conservación por el deudor de las facultades de administración y disposición sobre la masa activa, quedando sometido el ejercicio de éstas a la intervención de la administración concursal.

QUINTO.– Hacer el llamamiento a los acreedores de........... S.L. para que pongan en conocimiento de la administración concursal la existencia de sus créditos, en el plazo de un mes a contar desde el día siguiente a la publicación del presente auto en el Boletín Oficial del Estado (BOE) a que se refiere el art. 35 TRLC.

La Administración Concursal, sin demora, realizará una comunicación individualizada, a cada uno de los acreedores cuya identidad y domicilio consten en la documentación obrante en los presentes autos, informándoles de la declaración del presente concurso y del deber de comunicar sus créditos en la forma establecida en el artículo 255 y ss. TRLC, debiendo efectuarse tal comunicación por medios telemáticos, informáticos o electrónicos cuando conste la dirección electrónica del acreedor.

Igualmente dirigirá la comunicación por medios electrónicos a la Agencia Estatal de la Administración Tributaria y la Tesorería General de la Seguridad Social a través de los medios habilitados por estas en sus respectivas sedes electrónicas y con independencia que conste o no su condición de acreedores de la concursada. También se comunicará a la representación de los trabajadores, haciéndoles saber su derecho a personarse en el procedimiento como parte.

SEXTO.– Proceder a dar la debida publicidad a la declaración del concurso, mediante la publicación del oportuno anuncio del presente auto de declaración del concurso que se publicará, con la mayor urgencia y de forma gratuita, en el Boletín Oficial del Estado.

A tal efecto, el mismo día de la aceptación del cargo por el administrador concursal, el letrado de la Administración de Justicia remitirá por medios electrónicos al "Boletín Oficial del Estado", para su publicación en el suplemento del tablón judicial edictal único, y al Registro público concursal el edicto relativo a la declaración de concurso, redactado en el modelo oficial para que sea publicado con la mayor urgencia. La publicación del edicto tendrá carácter gratuito. El edicto tendrá el contenido del art. 35.1, segundo párrafo, TRLC.

Líbrense al efecto el oportuno oficio con el edicto que será remitido por vía electrónica al citado Boletín Oficial del Estado.

ALTERNATIVA: Líbrese el oportuno oficio con el edicto a remitir al Boletín Oficial del Estado. No obstante, de manera excepcional y no siendo posible su traslado por vía electrónica, entréguese el citado oficio al procurador de la concursada para el oportuno diligenciamiento y gestión en los términos del art. 35 TRLC.

También, a la vista de las circunstancias reseñadas en el fundamento de derecho séptimo del presente auto, anúnciese la declaración del concurso en los diarios "..........." y en "...........".

Líbrense también al efecto los oportunos oficios con el edicto que será remitido por vía electrónica o telemática al citado Boletín Oficial del Estado y diarios........... y...........

ALTERNATIVA: Líbrense los oportunos oficios con el edicto a remitir al Boletín Oficial del Estado y a los diarios........... y........... No obstante, de manera excepcional y no siendo posible su traslado por vía electrónica o telemática, entréguense los citados oficios al procurador de la concursada para el oportuno diligenciamiento y gestión en los términos del art. 35 TRLC.

E igualmente, al amparo de lo dispuesto en el art. 35.2 TRLC, dar publicidad al presente concurso en la pagina web del Ilustre Colegio de Procuradores de........... Líbrese a tal efecto el oportuno edicto.

SÉPTIMO.– Inscribir en el Registro Mercantil de la provincia de........... la existencia del presente procedimiento y los acuerdos adoptados en el presente auto, especialmente, la intervención de las facultades de administración y disposición del concursado adoptada en la presente resolución, y el nombramiento de la Administración concursal.

Igualmente, practíquese anotación preventiva en los Registros de la Propiedad de........... y..........., concretamente en el folio correspondiente a los bienes de la concursada que a continuación se relacionan, relativa a la declaración del presente concurso voluntario, con indicación de la fecha, y los acuerdos adoptados en la presente resolución, especialmente, la intervención de las facultades de administración y disposición del concursado adoptada en la presente resolución, así como el nombramiento de la administración concursal.

Los citados bienes son los siguientes (con expresión del Registro de la Propiedad en el que se halla inscrito y los datos registrales de cada bien):............

Líbrense al efecto los oportunos oficios con los edictos que serán remitidos por vía electrónica o telemática desde el Juzgado a los citados Registros Públicos.

ALTERNATIVA: Líbrense los oportunos edictos con los mandamientos precisos para prácticas las citadas inscripciones y anotaciones que serán confiados al procurador para el oportuno diligenciamiento y gestión en los términos del art. 36 y 37 TRLC, al no ser posible el traslado por vía electrónica o telemática previsto en dicho precepto concursal.

OCTAVO.– Insertar en el Registro Público Concursal el presente auto de declaración de concurso, así como comunicar al Fondo de Garantía Salarial la iniciación del presente procedimiento concursal, dirigiéndole al efecto el oportuno oficio. También al citado Registro Mercantil de la provincia de........... a los efectos de lo dispuesto en el RD 685/2005, de 9 de junio y la Orden 3473/2005, de 8 de noviembre). Tales comunicaciones las llevara a cabo de oficio el Juzgado mediante remisión de oficio y testimonio de la presente resolución por vía electrónica o telemática.

NOVENO.– Como consecuencia de la admisión de la solicitud de declaración de concurso voluntario formulada por........... S.L., fórmense las secciones primera, segunda, tercera y cuarta del concurso.

Notifíquese por el Letrado de la Administración de Justicia la presente resolución al concursado a través de su representación procesal.

Contra el presente auto no cabe recurso alguno.

Todo lo cual pronuncia, manda y firma el Ilmo. Sr. ...., Magistrado Juez del Juzgado de lo Mercantil núm. .... de...........

F084. AUTO ADMITIENDO LA SOLICITUD DE CONCURSO VOLUNTARIO DE PERSONA JURÍDICA. Y ADMINISTRADOR PERSONA JURÍDICA PROFESIONAL

Normativa de aplicación: *Arts. 1 y ss. Real Decreto Legislativo 1/2020, de 5 de mayo, por el que se aprueba el texto refundido de la Ley Concursal.*

En la ciudad de........... a........... de........... de...........

ANTECEDENTES DE HECHO

PRIMERO.– Que en fecha........... de........... de........... por el Procurador de los Tribunales, Don..........., y en representación de........... S.L., se presentó solicitud de concurso voluntario de acreedores de dicha persona, en base a los HECHOS y FUNDA-

MENTOS DE DERECHO reseñados en la meritada solicitud y los documentos acompañados a la misma.

SEGUNDO.– De la solicitud formulada por........... S.L. extracto lo siguiente:...........

TERCERO.– Que mediante providencia de fecha........... de........... de........... se solicitó de la instante del presente concurso, subsanara en el único plazo de tres días el defecto apreciado en su solicitud consistente en:..........., lo que llevó a cabo correctamente el día........... de........... de...........

CUARTO.– En la tramitación de los presentes se han respetado las prescripciones legales.

FUNDAMENTOS DE DERECHO

PRIMERO.– Que este Juez es competente desde un punto de vista territorial para conocer de la presente solicitud al ser éste Juzgado de lo Mercantil de........... el correspondiente al lugar donde se halla el centro de intereses principales de........... (arts. 44 y 45 TRLC).

SEGUNDO.– Que la solicitud y la documentación aportada por........... junto a la citada solicitud cumple con lo establecido en el TRLC, especialmente, lo establecido en los arts. 6 a 8 TRLC.

TERCERO.– Que........... reúne los requisitos de capacidad procesal, postulación, así como de legitimación al ser........... un deudor persona jurídica (art. 1.1 TRLC), al que no es de aplicación el procedimiento especial de micro empresas regulado en el Libro III TRLC (art. 1.2 TRLC), ni se trata de una entidad que integra la organización territorial del Estado (art. 1.3 TRLC).

CUARTO.– Que de la documentación aportada resulta la situación de insolvencia actual/inminente de........... (art. 2 TRLC), al no poder cumplir regularmente sus obligaciones desde el día........... de........... de........... (o a partir del día de........... de...........), habiéndose justificado el endeudamiento y la insolvencia actual/inminente de...........

QUINTO.– Que a la vista de lo dispuesto en el art. 29.1 TRLC el presente concurso tiene la consideración de voluntario.

SÉPTIMO.– Que procede nombrar a la administración concursal, que estará integrada por un único miembro, recayendo el nombramiento en ....SLP, de nacionalidad española, con domicilio en ...., calle .... y CIF ....

ALTERNATIVA I (cuando entre en vigor el art. 62 TRLC):

Que conforme a lo dispuesto en el art. 62.1 TRLC procede nombrar a la administración concursal. No concurriendo ninguna de las excepciones previstas legalmente, procede estar al listado del Registro Público Concursal y al turno correlativo contemplado en dicho art. 62.1 TRLC, en función de la clase de concurso, en este caso, ..., recayendo *el nombramiento en* ....SLP, de nacionalidad española, con domicilio en ...., calle .... y CIF ...., quien ha hecho constar estar en condiciones para actuar en el ámbito territorial de este Juzgado.

ALTERNATIVA II (cuando entre en vigor el art. 62 TRLC):

Que conforme a lo dispuesto en el art. 62 TRLC procede nombrar a la administración concursal. De conformidad con lo establecido en este ultimo precepto, habría que estar al listado del Registro Público Concursal y al turno correlativo contemplado en dicho art. 62.1 TRLC. No obstante, dado que nos encontramos ante un concurso de mayor complejidad, entiendo más oportuno designar a un administrador concursal alternativo al que resulta del citado turno a la vista que .... Por ello, previa consulta del referido Registro, queda designado administrador concursal ....SLP, de nacionalidad española, con domicilio en ...., calle .... y CIF ...., que se halla inscrita en dicho Registro Publico concursal y habilitado para ejercer las funciones propias del cargo en dichos concursos. Justifico su nombramiento en ....

ALTERNATIVA III (cuando entre en vigor el art. 62 TRLC):

Que conforme a lo dispuesto en el art. 62.1 TRLC procede nombrar a la administración concursal y, procede estar al listado del Registro Público Concursal y al turno correlativo contemplado en dicho art. 62.1 TRLC, en función de la clase de concurso, en este caso, ... No obstante, dado que nos hallamos ante un concurso con elementos transfronterizos, y a la vista del art. 62.3 TRLC, el nombramiento deberá recaer en persona que, además, acredite en el momento de su aceptación el conocimiento suficiente de la lengua del país o países relacionados con esos elementos o, al menos, el conocimiento suficiente de la lengua inglesa. Alternativamente, podrá acreditar que cuenta con personas trabajadoras o ha contratado a un traductor jurado con dichos conocimientos. Por ello, recae el nombramiento en ....SLP, de nacionalidad española, con domicilio en ...., calle .... y CIF ...., quien ha hecho constar estar en condiciones para actuar en el ámbito territorial de este Juzgado y que, en cualquier caso, y al tiempo de aceptar el cargo deberá acreditar los anteriores extremos idiomáticos.

El administrador concursal nombrado deberá aceptar el cargo, por lo que urgentemente y por el medio más rápido se le notificará su nombramiento a efectos de su aceptación y juramento. Igualmente deberá acreditar ante este Juzgado que tiene suscrito un seguro de responsabilidad civil o garantía equivalente proporcional a la naturaleza y alcance del riesgo cubierto por el nombramiento aquí verificado favor y dar cumplimiento a lo dispuesto en el TRLC para las personas jurídicas designadas administradores concursales.

OCTAVO.– Que dado que nos hallamos ante un concurso voluntario y no se constata a la vista de la documentación aportada hecho alguno que aconseje la suspensión de las facultades del concursado de administración y disposición de la masa activa, procede la conservación de tales facultades por el concursado, quedando sometido el ejercicio de éstas a la intervención de la administración concursal (art. 106.1 TRLC).

NOVENO.– Que dando cumplimiento a lo preceptuado por el art. 35 TRLC procede dar, con la mayor urgencia, la oportuna publicidad a la declaración del concurso, mediante publicación del presente auto en los términos y con el contenido establecido en el art. 35 TRLC.

Igualmente procede dar publicidad registral a la declaración del presente concurso en los términos y con el alcance establecido en los arts. 36 y 37 TRLC, así como comunicar al Fondo de Garantía salarial la incoación de presente expediente (art. 33 ET). También insertarse el presente auto en el Registro Público Concursal. Finalmente, debe comunicarse la existencia del presente procedimiento al Registro Mercantil de la provincia de........... a los efectos de lo dispuesto en la LC así como en el RD 685/2005, de 9 de junio y la Orden 3473/2005, de 8 de noviembre. También procede la notificación de este auto a la Agencia Estatal de Administración Tributaria y a la Tesorería General de la Seguridad Social (art. 33 TRLC). Y dado que el concursado es empleador el presente auto de declaración de concurso debe notificarse a la representación legal de los trabajadores.

El traslado de los oficios con los edictos correspondientes se realizará por vía electrónica o telemática a los organismos y Registros correspondientes.

ALTERNATIVA: Que pese a establecer los arts. 35 a 37 TRLC que el traslado de los oficios con los edictos correspondientes se realizará por vía electrónica o telemática a los organismos y Registros correspondientes, no siendo posible lo anterior deben expedirse los oportunos mandamientos y oficios con los edictos, que serán entregados y confiados al procurador de la concursada a efectos de darles el oportuno curso, gestión y diligenciamiento en los términos de los citados arts. 35 a 37 TRLC, y demás normativa aplicable.

Visto lo expuesto y demás normativa de aplicación

DISPONGO

1.– Se declara la situación de concurso de acreedores de..........., que tendrá la consideración de voluntario.

Se hace constar que el deudor no ha presentado propuesta de convenio, ni ha solicitado la liquidación de la masa activa. Tampoco ha presentado una oferta vinculante de adquisición de unidad o unidades productivas.

2.– Se designa como único integrante de la administración concursal a la sociedad........... S.LP, con domicilio en..........., calle..........., núm. .... y CIF........... mayor de edad, de nacionalidad española, con domicilio en..........., calle........... y DNI/NIF........... ICAV...........

El administrador concursal nombrado deberá aceptar el cargo, por lo que urgentemente y por el medio más rápido se le notificará su nombramiento a efectos de su aceptación y juramento. Asimismo, la sociedad designada deberá dar cumplimiento a lo dispuesto en el TRLC para las personas jurídicas designadas administradoras concursales, en especial, lo dispuesto en el art. 63 TRLC. También la relativa al seguro de responsabilidad civil exigido por la normativa Concursal.

(En su caso y en el supuesto de entrada en vigor art. 62 TRLC). Y a la vista que nos hallamos ante un concurso con elementos transfronterizos, deberá acreditar en el momento de su aceptación del cargo, el conocimiento suficiente de la lengua del país o países relacionados con esos elementos o, al menos, el conocimiento suficiente de la lengua inglesa. Alternativamente, podrá acreditar que cuenta con personas trabajadoras o ha contratado a un traductor jurado con dichos conocimientos.

La administración concursal designada, queda autorizada de conformidad y a los efectos del art. 4 h) del RD-Ley 3/2013, a fin de ejercitar las acciones que considere oportunas en interés de la masa, bajo su responsabilidad y ante cualquier jurisdicción.

3.– Decretar la conservación por el deudor de las facultades de administración y disposición de la masa activa, quedando sometido el ejercicio de éstas a la intervención de la administración concursal.

4.– Hacer el llamamiento a los acreedores de........... S.L. para que pongan en conocimiento de la administración concursal la existencia de sus créditos, en el plazo de un mes a contar desde el día siguiente a publicación del presente auto en el Boletín Oficial del Estado (BOE) a que se refiere el art. 35 TRLC.

La Administración Concursal, sin demora, realizará una comunicación individualizada, a cada uno de los acreedores cuya identidad y domicilio consten en la documentación obrante en los presentes autos, informándoles de la declaración del presente concurso y del deber de comunicar sus créditos en la forma establecida en el artículo 255 y ss. TRLC, debiendo efectuarse tal comunicación por medios telemáticos, informáticos o electrónicos cuando conste la dirección electrónica del acreedor.

Igualmente dirigirá la comunicación por medios electrónicos a la Agencia Estatal de la Administración Tributaria y la Tesorería General de la Seguridad Social a través de los medios habilitadas por estas en sus respectivas sedes electrónicas y con independencia que conste o no su condición de acreedores de la concursada. También se comunicará a la representación de los trabajadores, haciéndoles saber su derecho a personarse en el procedimiento como parte.

5.– Proceder a dar la debida publicidad a la declaración del concurso, mediante la publicación del anuncio del presente auto de declaración del concurso que se publicará, con la mayor urgencia y de forma gratuita, en el Boletín Oficial del Estado. A tal efecto, el mismo día de la aceptación del cargo por el administrador concursal, el letrado de la Administración de Justicia remitirá por medios electrónicos al "Boletín Oficial del Estado", para su publicación en el suplemento del tablón judicial edictal único, y al Registro público concursal el edicto relativo a la declaración de concurso, redactado en el modelo oficial para que sea publicado con la mayor urgencia. La publicación del edicto tendrá carácter gratuito. El edicto tendrá el contenido del art. 35.1, segundo párrafo, TRLC.

Líbrense al efecto el oportuno oficio con el edicto que será remitido por vía electrónica al citado Boletín Oficial del Estado.

ALTERNATIVA: Líbrese el oportuno oficio con el edicto a remitir al Boletín Oficial del Estado. No obstante, de manera excepcional y no siendo posible su traslado por vía

electrónica, entréguese el citado oficio al procurador de la concursada para el oportuno diligenciamiento y gestión en los términos del art. 35 TRLC.

6.– Inscribir en el Registro Mercantil de la provincia de........... la existencia del presente procedimiento y los acuerdos adoptados en el presente auto, especialmente, la intervención de las facultades de administración y disposición del concursado adoptada en la presente resolución, y el nombramiento de los administradores concursales.

Igualmente, practíquese anotación preventiva en los Registros de la Propiedad de........... y..........., concretamente en el folio correspondiente a los bienes de la concursada que a continuación se relacionan, relativa a la declaración del presente concurso voluntario, con indicación de la fecha, y los acuerdos adoptados en la presente resolución, especialmente, la intervención de las facultades de administración y disposición del concursado adoptada en la presente resolución, así como el nombramiento de la administración concursal...........

Los citados bienes son los siguientes (con expresión del Registro de la Propiedad en el que se halla inscrito y los datos registrales de cada bien):...........

Líbrense al efecto los oportunos oficios con los edictos que serán remitidos por vía electrónica o telemática desde el Juzgado a los citados Registros Públicos.

ALTERNATIVA: Líbrense los oportunos edictos con los mandamientos precisos para prácticas las citadas inscripciones y anotaciones que serán confiados al procurador para el oportuno diligenciamiento y gestión en los términos del art. 36 y 37 TRLC, al no ser posible el traslado por vía electrónica o telemática previsto en dicho precepto concursal.

7.– Insertar en el Registro Público Concursal el presente auto de declaración de concurso, así como comunicar al Fondo de Garantía Salarial la iniciación del presente procedimiento concursal, dirigiéndole al efecto el oportuno oficio. También al citado Registro Mercantil de la provincia de........... a los efectos de lo dispuesto en el RD 685/2005, de 9 de junio y la Orden 3473/2005, de 8 de noviembre). Tales comunicaciones las llevara a cabo de oficio el Juzgado mediante remisión de oficio y testimonio de la presente resolución por vía electrónica o telemática.

8.– Como consecuencia de la admisión de la solicitud de declaración de concurso voluntario formulada por........... S.L., fórmense las secciones primera, segunda, tercera y cuarta del concurso.

Notifíquese por el Letrado de la Administración de Justicia la presente resolución al concursado a través de su representación procesal.

Contra el presente auto no cabe recurso alguno.

Todo lo cual pronuncia, manda y firma el Ilmo. Sr. ...., Magistrado Juez del Juzgado de lo Mercantil núm. .... de...........

F085. AUTO ADMITIENDO LA SOLICITUD DE CONCURSO VOLUNTARIO CONJUNTO DE VARIAS SOCIEDADES

Normativa de aplicación: *Arts. 1 y ss. Real Decreto Legislativo 1/2020, de 5 de mayo, por el que se aprueba el texto refundido de la Ley Concursal.*

En la ciudad de........... a........... de........... de...........

ANTECEDENTES DE HECHO

PRIMERO.– Que en fecha........... de........... de........... por el Procurador de los Tribunales, Don..........., y en representación de las compañías........... S.L., ... S.L. y........... S.L., se presentó solicitud de concurso voluntario de acreedores de dicha compañía, en base a los HECHOS y FUNDAMENTOS DE DERECHO reseñados en la meritada solicitud y los documentos acompañados a la misma.

De la solicitud formulada por........... S.L., ... S.L y........... S.L. extracto lo siguiente:...........

SEGUNDO.– En la tramitación de los presentes se han respetado las prescripciones legales.

FUNDAMENTOS DE DERECHO

PRIMERO.– Que este Juez es competente para conocer de la presente solicitud al ser éste Juzgado de lo Mercantil de........... el correspondiente al lugar donde se halla el centro de intereses principales de........... S.A., ... S.L. y........... S.L. (arts. 44, 45 y 46.1 TRLC). En especial, el de la sociedad dominante del grupo que conforman las concursadas.

SEGUNDO.– Que la solicitud y la documentación aportada junto a la misma por las citadas compañías cumple con lo establecido en el TRLC, especialmente, lo establecido en los arts. 6 a 8 TRLC.

TERCERO.– Que pese a que la LC no contemplaba que inicialmente se plantee el concurso voluntario de un grupo de sociedades, la jurisprudencia y doctrina venían aceptando la posibilidad de presentar concurso voluntario conjunto por varias sociedades, siempre que conformen un grupo de empresas y concurran los presupuestos que recoge el artículo 42 del C.Com.

Tras la reforma de la Ley Concursal llevada a cabo por la Ley 38/2011, de 10 de octubre, de reforma de la Ley 22/2003, de 9 de julio, Concursal, tal posibilidad fue expresamente reconocida por el legislador, pues el art. 25.1 LC era claro al señalar que podrán solicitar la declaración judicial conjunta de concurso aquellos deudores que forman parte del mismo grupo de sociedades, señalando la Disposición Adicional 6ª LC que a efectos de lo dispuesto en la LC, se entenderá por grupo de sociedades lo dispuesto en el art. 42.1 C.Com.

En la actualidad, señala el art. 38 TRLC que las sociedades pertenecientes al mismo grupo podrán solicitar la declaración judicial conjunta de los respectivos concursos. Y la DA 1ª TRLC indica que a los efectos del TRLC se entenderá por grupo de sociedades el definido en el artículo 42.1 del C.Com.

En este caso, y tal y como se desprende de la solicitud de concurso y la documentación a la misma acompañada, es dable considerar que las tres entidades solicitantes del presente concurso forman parte del mismo grupo de sociedades pues........... S.A., es la socia mayoritaria (99% del capital social), de las compañías........... S.L. y........... S.L.; todas ellas son regidas por un administrador único, cargo que recae en la misma persona, el socio mayoritario Don........... Así mismo las concursadas tienen el mismo domicilio social, sito en..........., calle..........., núm. ...., y........... de........... S.A.

Todo ello sin perjuicio que los concursos aquí declarados conjuntamente, se tramiten de forma coordinada, sin consolidación de masas (art. 42 TRLC).

CUARTO.– Que de la documentación aportada resulta la situación de insolvencia actual/inminente de........... S.A., ... S.L. y........... S.L. (art. 2 TRLC), al no poder cumplir regularmente sus obligaciones desde........... de........... de........... (o a partir de........... de........... de...........), habiéndose justificado el endeudamiento y la insolvencia actual/inminente de dichas compañías. También el presupuesto subjetivo del concurso, al ser las citadas sociedades deudores persona jurídica (art. 1.1 TRLC).

QUINTO.– Que a la vista de lo dispuesto en el art. 29.1 TRLC el presente concurso tiene la consideración de voluntario.

SEXTO.– Que procede nombrar a la administración concursal, que, al no concurrir ninguna de la excepciones previstas legalmente, estará integrada por un único miembro, recayendo el nombramiento en la sociedad........... S.L.P, persona jurídica que engloba abogados en ejercicio y economistas, titulados mercantiles y auditores de cuentas, y que garantiza la debida independencia y dedicación en el desarrollo de las funciones de administración concursal, quien deberá dar cumplimiento, en el momento procesal oportuno, a lo dispuesto en el art. 63 TRLC.

ALTERNATIVA I (cuando entre en vigor el art. 62 TRLC):

Que conforme a lo dispuesto en el art. 62.1 TRLC procede nombrar a la administración concursal. No concurriendo ninguna de las excepciones previstas legalmente, procede estar al listado del Registro Público Concursal y al turno correlativo contemplado en dicho art. 62.1 TRLC, en función de la clase de concurso, en este caso, ..., recayendo el nombramiento en ....SLP, de nacionalidad española, con domicilio en ...., calle .... y CIF ...., quien ha hecho constar estar en condiciones para actuar en el ámbito territorial de este Juzgado.

ALTERNATIVA II (cuando entre en vigor el art. 62 TRLC):

Que conforme a lo dispuesto en el art. 62 TRLC procede nombrar a la administración concursal. De conformidad con lo establecido en este ultimo precepto, habría que estar al listado del Registro Público Concursal y al turno correlativo contemplado en dicho art. 62.1 TRLC. No obstante, dado que nos encontramos ante un concurso de mayor complejidad, entiendo más oportuno designar a un administrador concursal alternativo al que resulta del citado turno a la vista que .... Por ello, previa consulta del referido Registro, queda designado administrador concursal ....SLP, de nacionalidad española, con domicilio en ...., calle .... y CIF ...., que se halla inscrita en dicho Registro Publico concursal y habilitado para ejercer las funciones propias del cargo en dichos concursos. Justifico su nombramiento en ....

ALTERNATIVA III (cuando entre en vigor el art. 62 TRLC):

Que conforme a lo dispuesto en el art. 62.1 TRLC procede nombrar a la administración concursal y, procede estar al listado del Registro Público Concursal y al turno correlativo contemplado en dicho art. 62.1 TRLC, en función de la clase de concurso, en este caso; .... No obstante, dado que nos hallamos ante un concurso con elementos transfronterizos, y a la vista del art. 62.3 TRLC, el nombramiento deberá recaer en persona que, además, acredite en el momento de su aceptación el conocimiento suficiente de la lengua del país o países relacionados con esos elementos o, al menos, el conocimiento suficiente de la lengua inglesa. Alternativamente, podrá acreditar que cuenta con personas trabajadoras o ha contratado a un traductor jurado con dichos conocimientos. Por ello, recae el nombramiento en ....SLP, de nacionalidad española, con domicilio en ...., calle .... y CIF ...., quien ha hecho constar estar en condiciones para actuar en el ámbito territorial de este Juzgado y que, en cualquier caso, y al tiempo de aceptar el cargo deberá acreditar los anteriores extremos idiomáticos.

El administrador concursal nombrado deberá aceptar el cargo, por lo que urgentemente y por el medio más rápido se le notificará su nombramiento a efectos de su aceptación y juramento. Igualmente deberá acreditar ante este Juzgado que tiene suscrito un seguro de responsabilidad civil o garantía equivalente proporcional a la naturaleza y alcance del riesgo cubierto por el nombramiento aquí verificado favor y dar cumplimiento a lo dispuesto en el TRLC para las personas jurídicas designadas administradores concursales.

SÉPTIMO.– Que dado que nos hallamos ante un concurso voluntario y no se constata a la vista de la documentación aportada hecho alguno que aconseje la suspensión de las facultades del concursado de administración y disposición de la masa activa, procede la conservación de tales facultades por los concursados, quedando sometido el ejercicio de éstas a la intervención de los administradores concursales (art. 106 TRLC).

OCTAVO.– Que dando cumplimiento a lo preceptuado por el art. 35 TRLC procede dar, con la mayor urgencia, la oportuna publicidad a la declaración del concurso, mediante publicación del presente auto de declaración de concurso en los términos y con el contenido establecido en el art. 35 TRLC.

Igualmente procede dar publicidad registral a la declaración del presente concurso en los términos y con el alcance establecido en los arts. 36 y 37 TRLC, así como insertar el presente auto en el Registro Público Concursal y comunicar al Fondo de Garantía salarial la incoación de presente expediente (art. 33 ET). Finalmente, debe comunicarse la existencia del presente procedimiento al Registro Mercantil de la provincia de........... a los efectos de lo dispuesto en el TRLC así como en el RD 685/2005, de 9 de junio y la Orden

3473/2005, de 8 de noviembre. También procede la notificación de este auto a la Agencia Estatal de Administración Tributaria y a la Tesorería General de la Seguridad Social (art. 33 TRLC). Y dado que el concursado es empleador el presente auto de declaración de concurso debe notificarse a la representación legal de los trabajadores.

El traslado de los oficios con los edictos correspondientes se realizará por vía electrónica o telemática a los organismos y Registros correspondientes.

ALTERNATIVA: Que pese a establecer los arts. 35 a 37 TRLC que el traslado de los oficios con los edictos correspondientes se realizará por vía electrónica o telemática a los organismos y Registros correspondientes, no siendo posible lo anterior deben expedirse los oportunos mandamientos y oficios con los edictos, que serán entregados y confiados al procurador de la concursada a efectos de darles el oportuno curso, gestión y diligenciamiento en los términos de los citados arts. 35 a 37 TRLC.

Visto lo expuesto y demás normativa de aplicación

DISPONGO

PRIMERO.– Se tiene por personado a las sociedades........... S.A., ... S.L. y........... S.L., y en su nombre y representación, el procurador de los Tribunales Don........... en virtud del poder especial adjuntado por dichas compañías a la solicitud origen de este procedimiento, procurador con el que se entenderán y seguirán las sucesivas diligencias y comunicaciones. Se tiene por solicitada la declaración de concurso voluntario conjunto de la compañía........... S.L., ... S.L. y........... S.L., solicitud que se admite a trámite.

SEGUNDO.– Se declara conjuntamente la situación de concurso de acreedores de........... S.A., ... S.L. y........... S.L., que tendrán la consideración de voluntario a la vista de lo dispuesto en el art. 29 TRLC.

Ello sin perjuicio que los concursos aquí declarados conjuntamente se tramiten de forma coordinada, sin consolidación de masas.

Se hace constar que el deudor no ha presentado propuesta de convenio, ni ha solicitado la liquidación de la masa activa. Tampoco ha presentado una oferta vinculante de adquisición de unidad o unidades productivas.

TERCERO.– Se designa como único integrante de la administración concursal a la sociedad........... S.LP, con domicilio en..........., calle..........., núm. .... y CIF........... mayor de edad, de nacionalidad española, con domicilio en..........., calle........... y DNI/NIF........... ICAV...........

El administrador concursal nombrado deberá aceptar el cargo, por lo que urgentemente y por el medio más rápido se le notificará su nombramiento a efectos de su aceptación y juramento. Asimismo, la sociedad designada deberá dar cumplimiento a lo dispuesto en el TRLC para las personas jurídicas designadas administradoras concursales, en especial, lo dispuesto en el art. 63 TRLC.

(En su caso y en el supuesto de entrada en vigor art. 62 TRLC). Y a la vista que nos hallamos ante un concurso con elementos transfronterizos, deberá acreditar en el momento de su aceptación del cargo, el conocimiento suficiente de la lengua del país o países relacionados con esos elementos o, al menos, el conocimiento suficiente de la lengua inglesa. Alternativamente, podrá acreditar que cuenta con personas trabajadoras o ha contratado a un traductor jurado con dichos conocimientos.

La administración concursal designada, queda autorizada de conformidad y a los efectos del art. 4 h) del RD-Ley 3/2013, a fin de ejercitar las acciones que considere oportunas en interés de la masa, bajo su responsabilidad y ante cualquier jurisdicción.

CUARTO.– Decretar la conservación por los deudores de las facultades de administración y disposición de la masa activa, quedando sometido el ejercicio de éstas a la intervención de la administración concursal.

QUINTO.– Hacer el llamamiento a los acreedores de............ S.L. para que pongan en conocimiento de la administración concursal la existencia de sus créditos, en el plazo de un mes a contar desde el día siguiente a la publicación del presente auto en el Boletín Oficial del Estado (BOE) a que se refiere el art. 35 TRLC.

La Administración Concursal, sin demora, realizará una comunicación individualizada, a cada uno de los acreedores cuya identidad y domicilio consten en la documentación obrante en los presentes autos, informándoles de la declaración del presente concurso y del deber de comunicar sus créditos en la forma establecida en el artículo 255 TRLC, debiendo efectuarse tal comunicación por medios telemáticos, informáticos o electrónicos cuando conste la dirección electrónica del acreedor.

Igualmente dirigirá la comunicación por medios electrónicos a la Agencia Estatal de la Administración Tributaria y la Tesorería General de la Seguridad Social a través de los medios habilitadas por estas en sus respectivas sedes electrónicas y con independencia que conste o no su condición de acreedores de la concursada. También se comunicará a la representación de los trabajadores, haciéndoles saber su derecho a personarse en el procedimiento como parte.

SEXTO.– Proceder a dar la debida publicidad a la declaración del concurso, mediante la publicación del presente auto de declaración del concurso que se publicará, con la mayor urgencia y de forma gratuita, en el Boletín Oficial del Estado.

A tal efecto, el mismo día de la aceptación del cargo por el administrador concursal, el letrado de la Administración de Justicia remitirá por medios electrónicos al "Boletín Oficial del Estado", para su publicación en el suplemento del tablón judicial edictal único, y al Registro público concursal el edicto relativo a la declaración de concurso, redactado en el modelo oficial para que sea publicado con la mayor urgencia. La publicación del edicto tendrá carácter gratuito. El edicto tendrá el contenido del art. 35.1, segundo párrafo, TRLC.

Líbrense al efecto el oportuno oficio con el edicto que será remitido por vía electrónica al citado Boletín Oficial del Estado.

ALTERNATIVA: Líbrese el oportuno oficio con el edicto a remitir al Boletín Oficial del Estado. No obstante, de manera excepcional y no siendo posible su traslado por vía

electrónica, entréguese el citado oficio al procurador de la concursada para el oportuno diligenciamiento y gestión en los términos del art. 35 TRLC.

SÉPTIMO.– Inscribir en el Registro Mercantil de la provincia de........... la existencia del presente procedimiento y los acuerdos adoptados en el presente auto, especialmente, la intervención de las facultades de administración y disposición del concursado adoptada en la presente resolución, y el nombramiento de los administradores concursales.

Igualmente, practíquese anotación preventiva en los Registros de la Propiedad de........... y..........., concretamente en el folio correspondiente a los bienes de la concursada que a continuación se relacionan, relativa a la declaración del presente concurso voluntario, con indicación de la fecha, y los acuerdos adoptados en la presente resolución, especialmente, la intervención de las facultades de administración y disposición del concursado adoptada en la presente resolución, así como el nombramiento de la administración concursal...........

Los citados bienes son los siguientes (con expresión del Registro de la Propiedad en el que se halla inscrito y los datos registrales de cada bien):...........

Líbrense al efecto los oportunos oficios con los edictos que serán remitidos por vía electrónica o telemática desde el Juzgado a los citados Registros Públicos.

ALTERNATIVA: Líbrense los oportunos edictos con los mandamientos precisos para prácticas las citadas inscripciones y anotaciones que serán confiados al procurador para el oportuno diligenciamiento y gestión en los términos del art. 36 y 37 TRLC, al no ser posible el traslado por vía electrónica o telemática previsto en dicho precepto concursal.

OCTAVO.– Insertar en el Registro Público Concursal el presente auto de declaración de concurso, así como comunicar al Fondo de Garantía Salarial la iniciación del presente procedimiento concursal, dirigiéndole al efecto el oportuno oficio. También al citado Registro Mercantil de la provincia de........... a los efectos de lo dispuesto en el RD 685/2005, de 9 de junio y la Orden 3473/2005, de 8 de noviembre). Tales comunicaciones las llevara a cabo de oficio el Juzgado mediante remisión de oficio y testimonio de la presente resolución por vía electrónica o telemática.

NOVENO.– Como consecuencia de la admisión de la solicitud de declaración de concurso voluntario formulada por........... S.L., fórmense las secciones primera, segunda, tercera y cuarta del concurso.

Notifíquese por el Sr. Letrado de la Administración de Justicia la presente resolución al concursado a través de su representación procesal.

Contra el presente auto no cabe recurso alguno.

Todo lo cual pronuncia, manda y firma el Ilmo. Sr. ...., Magistrado Juez del Juzgado de lo Mercantil núm. .... de...........

F086. AUTO DE CONCURSO VOLUNTARIO DE PERSONA JURÍDICA CON OFERTA VINCULANTE DE COMPRA DE UNIDAD PRODUCTIVA

Normativa de aplicación: *Arts. 1 y ss.; arts. 224 bis y concordantes Real Decreto Legislativo 1/2020, de 5 de mayo, por el que se aprueba el texto refundido de la Ley Concursal.*

En la ciudad de........... a........... de........... de...........

ANTECEDENTES DE HECHO

PRIMERO.– Que en fecha........... de........... de........... por el Procurador de los Tribunales, Don..........., y en representación de la compañía........... S.L., se presentó solicitud de concurso voluntario de acreedores de dicha compañía, en base a los HECHOS y FUNDAMENTOS DE DERECHO reseñados en la meritada solicitud y los documentos acompañados a la misma.

De la solicitud formulada por........... S.L. extractamos lo siguiente:...........

SEGUNDO.– En la tramitación de los presentes se han respetado las prescripciones legales.

FUNDAMENTOS DE DERECHO

PRIMERO.– Que este Juez es competente para conocer de la presente solicitud al ser éste Juzgado de lo Mercantil de........... el correspondiente al lugar donde se halla el centro de los intereses principales de........... S.L. (arts. 44 y 45 TRLC).

SEGUNDO.– Que la solicitud y la documentación aportada por........... S.L. junto a la misma cumple con lo establecido en el TRLC, especialmente, lo establecido en el art. 6, 7 y 8 TRLC.

TERCERO.– Que de la documentación aportada resulta la situación de insolvencia actual de........... S.L. (art. 2.3 TRLC), al no poder cumplir regularmente sus obligaciones, habiéndose justificado el endeudamiento y la insolvencia actual de dicha compañía. También el presupuesto subjetivo del concurso, al ser........... S.L. un deudor persona jurídica (art. 1.1 TRLC), al que no es de aplicación el procedimiento especial de micro empresas regulado en el Libro III TRLC (art. 1.2 TRLC), ni se trata de una entidad que integra la organización territorial del Estado (art. 1.3 TRLC).

CUARTO.– Que a la vista de lo dispuesto en el art. 29.1 TRLC el presente concurso tiene la consideración de voluntario.

QUINTO.– Que procede nombrar a la administración concursal, que estará integrada por un único miembro, recayendo el nombramiento en Don........... (ABOGADO), mayor de edad, de nacionalidad española, con domicilio en ...., calle .... y DNI/NIF .... Núm. .... ICAV.

ALTERNATIVA I (cuando entre en vigor el art. 62 TRLC):

Que conforme a lo dispuesto en el art. 62.1 TRLC procede nombrar a la administración concursal. No concurriendo ninguna de las excepciones previstas legalmente, procede estar al listado del Registro Público Concursal y al turno correlativo contemplado en dicho art. 62.1 TRLC, en función de la clase de concurso, en este caso, ..., recayendo el nombramiento en Don........... (ABOGADO), mayor de edad, de nacionalidad española, con domicilio en ...., calle .... y DNI/NIF .... núm. .... ICAV, dirección electrónica ...., quien ha hecho constar estar en condiciones para actuar en el ámbito territorial de este Juzgado.

ALTERNATIVA II (cuando entre en vigor el art. 62 TRLC):

Que conforme a lo dispuesto en el art. 62 TRLC procede nombrar a la administración concursal. De conformidad con lo establecido en este ultimo precepto, habría que estar al listado del Registro Público Concursal y al turno correlativo contemplado en dicho art. 62.1 TRLC. No obstante, dado que nos encontramos ante un concurso de mayor complejidad, entiendo más oportuno designar a un administrador concursal alternativo al que resulta del citado turno a la vista que .... Por ello, previa consulta del referido Registro, queda designado administrador concursal Don........... (ABOGADO), mayor de edad, de nacionalidad española, con domicilio en ...., calle .... y DNI/NIF .... núm. .... ICAV, dirección electrónica ...., que se halla inscrita en dicho Registro Publico concursal y habilitado para ejercer las funciones propias del cargo en dichos concursos. Justifico su nombramiento en ....

ALTERNATIVA III (cuando entre en vigor el art. 62 TRLC):

Que conforme a lo dispuesto en el art. 62.1 TRLC procede nombrar a la administración concursal y, procede estar al listado del Registro Público Concursal y al turno correlativo contemplado en dicho art. 62.1 TRLC, en función de la clase de concurso, en este caso, ... No obstante, dado que nos hallamos ante un concurso con elementos transfronterizos, y a la vista del art. 62.3 TRLC, el nombramiento deberá recaer en persona que, además, acredite en el momento de su aceptación el conocimiento suficiente de la lengua del país o países relacionados con esos elementos o, al menos, el conocimiento suficiente de la lengua inglesa. Alternativamente, podrá acreditar que cuenta con personas trabajadoras o ha contratado a un traductor jurado con dichos conocimientos. Por ello, recae el nombramiento en Don........... (ABOGADO), mayor de edad, de nacionalidad española, con domicilio en ...., calle .... y DNI/NIF .... núm. .... ICAV, dirección electrónica ...., quien ha hecho constar estar en condiciones para actuar en el ámbito territorial de este Juzgado y que, en cualquier caso, y al tiempo de aceptar el cargo deberá acreditar los anteriores extremos idiomáticos.

El administrador concursal nombrado deberá aceptar el cargo, por lo que urgentemente y por el medio más rápido se le notificará su nombramiento a efectos de su aceptación y juramento. Igualmente deberá acreditar ante este Juzgado que tiene suscrito un seguro de responsabilidad civil o garantía equivalente proporcional a la naturaleza y alcance del riesgo cubierto por el nombramiento aquí verificado a su favor.

SEXTO.– Que dado que nos hallamos ante un concurso voluntario, el concursado conservará las facultades de administración y disposición sobre la masa activa, pero el ejercicio de estas facultades estará sometido a la intervención de la administración concursal, que podrá autorizar o denegar la autorización según tenga por conveniente...........

SÉPTIMO.– Que junto a la solicitud de concurso, la actora ha acompañado presentado propuesta de escrita vinculante de la compañía .... S.L para la adquisición de determinada/s unidad/es productivas de la concursada, en los siguientes términos:

Que cumpliendo la citada propuesta lo dispuesto en el art. 224 bis y concordantes del TRLC, en especial lo mandatado en su apartado 1, procede conceder en este auto un plazo de quince días para que los acreedores que se personen puedan formular a la propuesta las observaciones que tengan por conveniente y para que cualquier interesado pueda presentar propuesta vinculante alternativa, requiriéndose a la Administración Concursal designada para que, dentro de ese plazo, emita informe de evaluación de las ofertas presentada. También a los representantes de los trabajadores. Y tras ello se acordara lo procedente.

OCTAVO.– Que dando cumplimiento a lo preceptuado por el art. 35 TRLC procede dar, con la mayor urgencia, la oportuna publicidad a la declaración del concurso, mediante publicación del presente auto en los términos y con el contenido establecido en el art. 35 TRLC.

Igualmente procede dar publicidad registral a la declaración del presente concurso en los términos y con el alcance establecido en el art. 36 y 37 TRLC, así como insertar el presente auto en el Registro público Concursal y comunicar al Fondo de Garantía salarial la incoación de presente expediente (art. 33 ET). Finalmente, debe comunicarse la existencia del presente procedimiento al Registro Mercantil de la provincia de .... a los efectos de lo dispuesto en el TRLC así como en el RD 685/2005, de 9 de junio y la Orden 3473/2005, de 8 de noviembre. También procede la notificación de este auto a la Agencia Estatal de Administración Tributaria y a la Tesorería General de la Seguridad Social (art. 33 TRLC). Y dado que el concursado es empleador el presentes auto de declaración de concurso debe notificarse a la representación legal de los trabajadores.

El traslado de los oficios con los edictos correspondientes se realizará por vía electrónica o telemática a los organismos y Registros correspondientes.

ALTERNATIVA: Que no siendo posible el traslado de los oficios con los edictos correspondientes se realizará por vía telemática a los organismos y Registros correspondientes, deben expedirse los oportunos mandamientos y oficios con los edictos, que serán entregados y confiados al procurador de la solicitante del concurso a efectos de darles el oportuno curso, gestión y diligenciamiento en los términos de los citados arts. 35 a 37 TRLC.

Visto lo expuesto y demás normativa de aplicación

DISPONGO

PRIMERO.– Se tiene por personado a la sociedad........... S.L., y en su nombre y representación el procurador de los Tribunales Don........... en virtud del poder especial adjuntado por dicha compañía a la solicitud origen de este procedimiento, procurador con el que se entenderán y seguirán las sucesivas diligencias y comunicaciones, y se tiene por solicitada la declaración de concurso voluntario de la compañía........... S.L., solicitud que se admite a trámite.

SEGUNDO.– Se declara la situación de concurso de........... S.L., que a la vista del contenido del art. 29 TRLC tendrá la consideración de voluntario.

Se hace constar que el deudor no ha presentado propuesta de convenio, ni ha solicitado la liquidación de la masa activa. Pero si ha presentado una oferta vinculante de adquisición de unidad o unidades productivas.

TERCERO.– Se designa como integrante de la administración concursal a Don........... (ABOGADO), mayor de edad, de nacionalidad española, con domicilio en..........., calle........... y DNI/NIF........... ICAV.

El administrador concursal nombrado deberá aceptar el cargo, por lo que urgentemente y por el medio más rápido se le notificará su nombramiento a efectos de su aceptación y juramento. Igualmente deberá acreditar ante este Juzgado que tiene suscrito un seguro de responsabilidad civil o garantía equivalente proporcional a la naturaleza y alcance del riesgo cubierto por el nombramiento aquí verificado a su favor. (En su caso y en el supuesto de entrada en vigor art. 62 TRLC). Y a la vista que nos hallamos ante un concurso con elementos transfronterizos, deberá acreditar en el momento de su aceptación del cargo, el conocimiento suficiente de la lengua del país o países relacionados con esos elementos o, al menos, el conocimiento suficiente de la lengua inglesa. Alternativamente, podrá acreditar que cuenta con personas trabajadoras o ha contratado a un traductor jurado con dichos conocimientos.

La administración concursal designada, queda autorizada de conformidad y a los efectos del art. 4 h) del RD-Ley 3/2013, a fin de ejercitar las acciones que considere oportunas en interés de la masa, bajo su responsabilidad y ante cualquier jurisdicción.

CUARTO.– Decretar la conservación por el deudor de las facultades de administración y disposición sobre la masa activa, quedando sometido el ejercicio de éstas a la intervención de los administradores concursales, mediante su autorización o conformidad.

QUINTO.– Que con relación a la propuesta escrita vinculante de la compañía .... S.L para la adquisición de determinada/s unidad/es productivas de la concursada, que la actora ha acompañado a su solicitud, y cumpliendo la misma lo dispuesto en el art. 224 bis y concordantes del TRLC, en especial lo mandatado en su apartado 1, concédase un plazo de quince días para que los acreedores que se personen en las presentes actuaciones, formulen las observaciones que tengan por conveniente respecto de la citada propuesta, y para que cualquier interesado pueda presentar propuesta vinculante alternativa.

Requiérase a la Administración Concursal designada para que, dentro de ese plazo de quince días, emita oportuno informe de evaluación de la propuesta presentada.

Dese audiencia a los representantes de los trabajadores a los efectos del art. 220 TRLC.

Y tras todo ello acuérdese en su momento lo procedente.

SEXTO.– Hacer el llamamiento a los acreedores de............ S.L. para que pongan en conocimiento de la administración concursal la existencia de sus créditos, en el plazo de un mes a contar desde el día siguiente a la publicación de este auto en el Boletín Oficial del Estado (BOE) a que se refiere el art. 35 TRLC.

La Administración Concursal, sin demora, realizará una comunicación individualizada, a cada uno de los acreedores cuya identidad y domicilio consten en la documentación obrante en los presentes autos, informándoles de la declaración del presente concurso y del deber de comunicar sus créditos en la forma establecida en el artículo 255 y ss. TRLC, debiendo efectuarse tal comunicación por medios telemáticos, informáticos o electrónicos cuando conste la dirección electrónica del acreedor.

Igualmente dirigirá la comunicación por medios electrónicos a la Agencia Estatal de la Administración Tributaria y la Tesorería General de la Seguridad Social a través de los medios habilitadas por estas en sus respectivas sedes electrónicas y con independencia que conste o no su condición de acreedores de la concursada. También se comunicará a la representación de los trabajadores, haciéndoles saber su derecho a personarse en el procedimiento como parte y librándose el oportuno edicto al efecto.

SÉPTIMO.– Proceder a dar la debida publicidad a la declaración del concurso, mediante la publicación del oportuno anuncio del presente auto de declaración del concurso que se publicará, con la mayor urgencia y de forma gratuita, en el Boletín Oficial del Estado.

A tal efecto, el mismo día de la aceptación del cargo por el administrador concursal, el letrado de la Administración de Justicia remitirá por medios electrónicos al "Boletín Oficial del Estado", para su publicación en el suplemento del tablón judicial edictal único, y al Registro público concursal el edicto relativo a la declaración de concurso, redactado en el modelo oficial para que sea publicado con la mayor urgencia. La publicación del edicto tendrá carácter gratuito. El edicto tendrá el contenido del art. 35.1, segundo párrafo, TRLC.

Líbrense al efecto el oportuno oficio con el edicto que será remitido por vía electrónica al citado Boletín Oficial del Estado.

ALTERNATIVA: Líbrese el oportuno oficio con el edicto a remitir al Boletín Oficial del Estado. No obstante, de manera excepcional y no siendo posible su traslado por vía electrónica, entréguese el citado oficio al procurador de la concursada para el oportuno diligenciamiento y gestión en los términos del art. 35 TRLC.

OCTAVO.– Inscribir en el Registro Mercantil de la provincia de........... la existencia del presente procedimiento y los acuerdos adoptados en el presente auto, especialmente, la intervención de las facultades de administración y disposición del concursado adoptada en la presente resolución, y el nombramiento de la Administración concursal.

Igualmente, practíquese anotación preventiva en los Registros de la Propiedad de........... y..........., concretamente en el folio correspondiente a los bienes de la concursada que a continuación se relacionan, relativa a la declaración del presente concurso voluntario, con indicación de la fecha, y los acuerdos adoptados en la presente resolución, especialmente, la intervención de las facultades de administración y disposición del concursado adoptada en la presente resolución, así como el nombramiento de la administración concursal...........

Los citados bienes son los siguientes (con expresión del Registro de la Propiedad en el que se halla inscrito y los datos registrales de cada bien):...........

Líbrense al efecto los oportunos oficios con los edictos que serán remitidos por vía electrónica o telemática desde el Juzgado a los citados Registros Públicos.

ALTERNATIVA: Líbrense los oportunos edictos con los mandamientos precisos para prácticas las citadas inscripciones y anotaciones que serán confiados al procurador para el oportuno diligenciamiento y gestión en los términos del art. 36 y 37 TRLC, al no ser posible el traslado por vía electrónica o telemática previsto en dicho precepto concursal.

NOVENO.– Insertar en el Registro Público Concursal el presente auto de declaración de concurso, así como comunicar al Fondo de Garantía Salarial la iniciación del presente procedimiento concursal, dirigiéndole al efecto el oportuno oficio. También al citado Registro Mercantil de la provincia de........... a los efectos de lo dispuesto en el RD 685/2005, de 9 de junio y la Orden 3473/2005, de 8 de noviembre). Tales comunicaciones las llevara a cabo de oficio el Juzgado mediante remisión de oficio y testimonio de la presente resolución por vía electrónica o telemática.

DÉCIMO.– Como consecuencia de la admisión de la solicitud de declaración de concurso voluntario formulada por........... S.L., fórmense las secciones primera, segunda, tercera y cuarta del concurso.

Notifíquese por el Letrado de la Administración de Justicia la presente resolución al concursado a través de su representación procesal.

Contra el presente auto no cabe recurso alguno.

Todo lo cual pronuncia, manda y firma el Ilmo. Sr. ...., Magistrado Juez del Juzgado de lo Mercantil núm. .... de...........

F087. AUTO DE CONCURSO VOLUNTARIO DE PERSONA JURÍDICA CON OFERTA VINCULANTE DE COMPRA DE UNIDAD PRODUCTIVA (I)

Normativa de aplicación: *Arts. 1 y ss.; arts. 224 bis y concordantes Real Decreto Legislativo 1/2020, de 5 de mayo, por el que se aprueba el texto refundido de la Ley Concursal.*

En la ciudad de........... a........... de........... de...........

ANTECEDENTES DE HECHO

PRIMERO.– Que en fecha........... de........... de........... por el Procurador de los Tribunales, Don..........., y en representación de la compañía........... S.L., se presentó solicitud de concurso voluntario de acreedores de dicha compañía, en base a los HECHOS y FUNDAMENTOS DE DERECHO reseñados en la meritada solicitud y los documentos acompañados a la misma, a los que nos remitimos en aras a una mayor brevedad.

De la solicitud formulada por........... S.L. extractamos lo siguiente:...........

SEGUNDO.– En la tramitación de los presentes se han respetado las prescripciones legales.

FUNDAMENTOS DE DERECHO

PRIMERO.– Que este Juez es competente para conocer de la presente solicitud al ser éste Juzgado de lo Mercantil de........... el correspondiente al lugar donde se halla el centro de los intereses principales de........... S.L. (arts. 44 y 45 TRLC).

SEGUNDO.– Que la solicitud y la documentación aportada por........... S.L. junto a la misma cumple con lo establecido en el TRLC, especialmente, lo establecido en el art. 6, 7 y 8 TRLC.

TERCERO.– Que de la documentación aportada resulta la situación de insolvencia de........... S.L. (art. 2.3 TRLC), al no poder cumplir regularmente sus obligaciones partir del ...., habiéndose justificado el endeudamiento y la insolvencia inminente de dicha compañía.

Así mismo, se ha justificado igualmente el presupuesto subjetivo del concurso, al ser........... S.L. un deudor persona jurídica (art. 1.1 TRLC), al que no es de aplicación el procedimiento especial de micro empresas regulado en el Libro III TRLC (art. 1.2 TRLC), ni se trata de una entidad que integra la organización territorial del Estado (art. 1.3 TRLC).

CUARTO.– Que a la vista de lo dispuesto en el art. 29.1 TRLC el presente concurso tiene la consideración de voluntario.

QUINTO.– Que procede nombrar a la administración concursal, que estará integrada por un único miembro, recayendo el nombramiento en Don........... (ABOGADO), mayor de edad, de nacionalidad española, con domicilio en ...., calle .... y DNI/NIF .... Núm. .... ICAV.

El administrador concursal nombrado deberá aceptar el cargo, por lo que urgentemente y por el medio más rápido se le notificará su nombramiento a efectos de su aceptación y juramento. Igualmente deberá acreditar ante este Juzgado que tiene suscrito un seguro de responsabilidad civil o garantía equivalente proporcional a la naturaleza y alcance del riesgo cubierto por el nombramiento aquí verificado a su favor.

SEXTO.– Que dado que nos hallamos ante un concurso voluntario, el concursado conservará las facultades de administración y disposición sobre la masa activa, pero el ejercicio de estas facultades estará sometido a la intervención de la administración concursal, que podrá autorizar o denegar la autorización según tenga por conveniente.

SÉPTIMO.– Que junto a la solicitud de concurso, la actora ha acompañado presentado propuesta de escrita vinculante de la compañía .... S.L para la adquisición de determinada/s unidad/es productivas de la concursada, en los siguientes términos:

Que cumpliendo la citada propuesta lo dispuesto en el art. 224 bis y concordantes del TRLC, en especial lo mandatado en su apartado 1, procede conceder en este auto un plazo de quince días para que los acreedores que se personen puedan formular a la propuesta las observaciones que tengan por conveniente y para que cualquier interesado pueda presentar propuesta vinculante alternativa, requiriéndose a la Administración Concursal designada para que, dentro de ese plazo, emita informe de evaluación de las ofertas presentada. Dese traslado a la representación laboral de los trabajadores Y tras ello se acordara lo procedente.

OCTAVO.– Que dando cumplimiento a lo preceptuado por el art. 35 TRLC procede dar, con la mayor urgencia, la oportuna publicidad a la declaración del concurso, mediante publicación del presente auto en los términos y con el contenido establecido en el art. 35 TRLC.

Igualmente procede dar publicidad registral a la declaración del presente concurso en los términos y con el alcance establecido en el art. 36 y 37 TRLC, así como insertar el presente auto en el Registro público Concursal y comunicar al Fondo de Garantía salarial la incoación de presente expediente (art. 33 ET). Finalmente, debe comunicarse la existencia del presente procedimiento al Registro Mercantil de la provincia de .... a los efectos de lo dispuesto en el TRLC así como en el RD 685/2005, de 9 de junio y la Orden 3473/2005, de 8 de noviembre. También procede la notificación de este auto a la Agencia Estatal de Administración Tributaria y a la Tesorería General de la Seguridad Social (art. 33 TRLC). Y dado que el concursado es empleador el presentes auto de declaración de concurso debe notificarse a la representación legal de los trabajadores.

El traslado de los oficios con los edictos correspondientes se realizará por vía electrónica o telemática a los organismos y Registros correspondientes.

ALTERNATIVA: Que no siendo posible el traslado de los oficios con los edictos correspondientes se realizará por vía telemática a los organismos y Registros correspondientes, deben expedirse los oportunos mandamientos y oficios con los edictos, que serán entregados y confiados al procurador de la solicitante del concurso a efectos de darles el oportuno curso, gestión y diligenciamiento en los términos de los citados arts. 35 a 37 TRLC.

Visto lo expuesto y demás normativa de aplicación

DISPONGO

PRIMERO.– Se tiene por personado a la sociedad........... S.L., y en su nombre y representación el procurador de los Tribunales Don........... en virtud del poder especial *adjuntado por dicha compañía* a la solicitud origen de este procedimiento, procurador con el que se entenderán y seguirán las sucesivas diligencias y comunicaciones, y se tiene por solicitada la declaración de concurso voluntario de la compañía........... S.L., solicitud que se admite a trámite.

SEGUNDO.– Se declara la situación de concurso de........... S.L., que a la vista del contenido del art. 29 TRLC tendrá la consideración de voluntario.

Se hace constar que el deudor no ha presentado propuesta de convenio, ni ha solicitado la liquidación de la masa activa. Pero si ha presentado una oferta vinculante de adquisición de unidad o unidades productivas.

TERCERO.– Se designa como integrante de la administración concursal a Don........... (ABOGADO), mayor de edad, de nacionalidad española, con domicilio en..........., calle........... y DNI/NIF........... ICAV.

El administrador concursal nombrado deberá aceptar el cargo, por lo que urgentemente y por el medio más rápido se le notificará su nombramiento a efectos de su aceptación y juramento. Igualmente deberá acreditar ante este Juzgado que tiene suscrito un seguro de responsabilidad civil o garantía equivalente proporcional a la naturaleza y alcance del riesgo cubierto por el nombramiento aquí verificado a su favor. (En su caso y en el supuesto de entrada en vigor art. 62 TRLC). Y a la vista que nos hallamos ante un concurso con elementos transfronterizos, deberá acreditar en el momento de su aceptación del cargo, el conocimiento suficiente de la lengua del país o países relacionados con esos elementos o, al menos, el conocimiento suficiente de la lengua inglesa. Alternativamente, podrá acreditar que cuenta con personas trabajadoras o ha contratado a un traductor jurado con dichos conocimientos.

La administración concursal designada, queda autorizada de conformidad y a los efectos del art. 4 h) del RD-Ley 3/2013, a fin de ejercitar las acciones que considere oportunas en interés de la masa, bajo su responsabilidad y ante cualquier jurisdicción.

CUARTO.– Decretar la conservación por el deudor de las facultades de administración y disposición sobre la masa activa, quedando sometido el ejercicio de éstas a la intervención de los administradores concursales, mediante su autorización o conformidad.

QUINTO.– Que con relación a la propuesta escrita vinculante de la compañía .... S.L para la adquisición de determinada/s unidad/es productivas de la concursada, que la actora ha acompañado a su solicitud, y cumpliendo la misma lo dispuesto en el art. 224 bis y concordantes del TRLC, en especial lo mandatado en su apartado 1, concédase un plazo de quince días para que los acreedores que se personen en las presentes actuaciones, formulen las observaciones que tengan por conveniente respecto de la citada propuesta, y para que cualquier interesado pueda presentar propuesta vinculante alternativa. Requiérase a la Administración Concursal designada para que, dentro de ese plazo de quince días, emita oportuno informe de evaluación de la propuesta presentada. Procede dar traslado a los representantes de los trabajadores ex. art. 220 TRLC. Y tras ello acuérdese en su momento lo procedente.

SEXTO.– Hacer el llamamiento a los acreedores de........... S.L. para que pongan en conocimiento de la administración concursal la existencia de sus créditos, en el plazo de un mes a contar desde el día siguiente a la publicación de este auto en el Boletín Oficial del Estado (BOE) a que se refiere el art. 35 TRLC.

La Administración Concursal, sin demora, realizará una comunicación individualizada, a cada uno de los acreedores cuya identidad y domicilio consten en la documentación obrante en los presentes autos, informándoles de la declaración del presente concurso y del deber de comunicar sus créditos en la forma establecida en el artículo 255 y ss. TRLC, debiendo efectuarse tal comunicación por medios telemáticos, informáticos o electrónicos cuando conste la dirección electrónica del acreedor.

Igualmente dirigirá la comunicación por medios electrónicos a la Agencia Estatal de la Administración Tributaria y la Tesorería General de la Seguridad Social a través de los medios habilitadas por estas en sus respectivas sedes electrónicas y con independencia que conste o no su condición de acreedores de la concursada. También se comunicará a la representación de los trabajadores, haciéndoles saber su derecho a personarse en el procedimiento como parte y librándose el oportuno edicto al efecto.

SÉPTIMO.– Proceder a dar la debida publicidad a la declaración del concurso, mediante la publicación del oportuno anuncio del presente auto de declaración del concurso que se publicará, con la mayor urgencia y de forma gratuita, en el Boletín Oficial del Estado.

A tal efecto, el mismo día de la aceptación del cargo por el administrador concursal, el letrado de la Administración de Justicia remitirá por medios electrónicos al "Boletín Oficial del Estado", para su publicación en el suplemento del tablón judicial edictal único, y al Registro público concursal el edicto relativo a la declaración de concurso, redactado en el modelo oficial para que sea publicado con la mayor urgencia. La publicación del edicto tendrá carácter gratuito. El edicto tendrá el contenido del art. 35.1, segundo párrafo, TRLC.

Líbrense al efecto el oportuno oficio con el edicto que será remitido por vía electrónica al citado Boletín Oficial del Estado.

OCTAVO.– Inscribir en el Registro Mercantil de la provincia de........... la existencia del presente procedimiento y los acuerdos adoptados en el presente auto, especialmente, la intervención de las facultades de administración y disposición del concursado adoptada en la presente resolución, y el nombramiento de la Administración concursal.

Igualmente, practíquese anotación preventiva en los Registros de la Propiedad de........... y..........., concretamente en el folio correspondiente a los bienes de la concursada que a continuación se relacionan, relativa a la declaración del presente concurso voluntario, con indicación de la fecha, y los acuerdos adoptados en la presente resolución, especialmente, la intervención de las facultades de administración y disposición del concursado adoptada en la presente resolución, así como el nombramiento de la administración concursal...........

Los citados bienes son los siguientes (con expresión del Registro de la Propiedad en el que se halla inscrito y los datos registrales de cada bien):...........

Líbrense al efecto los oportunos oficios con los edictos que serán remitidos por vía electrónica o telemática desde el Juzgado a los citados Registros Públicos.

NOVENO.– Insertar en el Registro Público Concursal el presente auto de declaración de concurso, así como comunicar al Fondo de Garantía Salarial la iniciación del presente procedimiento concursal, dirigiéndole al efecto el oportuno oficio. También al citado Registro Mercantil de la provincia de........... a los efectos de lo dispuesto en el RD 685/2005, de 9 de junio y la Orden 3473/2005, de 8 de noviembre). Tales comunicaciones las llevara a cabo de oficio el Juzgado mediante remisión de oficio y testimonio de la presente resolución por vía electrónica o telemática.

DÉCIMO.– Como consecuencia de la admisión de la solicitud de declaración de concurso voluntario formulada por........... S.L., fórmense las secciones primera, segunda, tercera y cuarta del concurso.

Notifíquese por el Letrado de la Administración de Justicia la presente resolución al concursado a través de su representación procesal.

Contra el presente auto no cabe recurso alguno.

Todo lo cual pronuncia, manda y firma el Ilmo. Sr. ...., Magistrado Juez del Juzgado de lo Mercantil núm. .... de...........

F088. AUTO DE CONCURSO VOLUNTARIO DE PERSONA JURÍDICA CON OFERTA DE UNIDAD PRODUCTIVA. PREPACK

Normativa de aplicación: *Arts. 1 y ss.; arts. 224 bis y concordantes Real Decreto Legislativo 1/2020, de 5 de mayo, por el que se aprueba el texto refundido de la Ley Concursal.*

En la ciudad de........... a........... de........... de...........

ANTECEDENTES DE HECHO

PRIMERO.– en fecha .... y al amparo de lo dispuesto en los arts. 224 ter y ss. TRLC el nombramiento de experto independiente para recabar ofertas de adquisición de las referida/s unidad/es productivas.

SEGUNDO.– Que mediante auto de fecha .... Fue designado por este Juzgado, por un plazo de .... meses, a Don ...., quien acepto el cargo en fecha ....

TERCERO.– Que en fecha........... de........... de........... por el Procurador de los Tribunales, Don..........., y en representación de la compañía........... S.L., se presentó solicitud de concurso voluntario de acreedores de dicha compañía, en base a los HECHOS y FUNDAMENTOS DE DERECHO reseñados en la meritada solicitud y los documentos acompañados a la misma.

De la solicitud formulada por........... S.L. extractamos lo siguiente:...........

A dicha solicitud se acompaña oferta de adquisición de determinada unidad productiva, que fue recabada por Don ...., y que se acompaña a la solicitud de concurso a que se refiere el antecedente de hecho

CUARTO.– En la tramitación de los presentes se han respetado las prescripciones legales.

FUNDAMENTOS DE DERECHO

PRIMERO.– Que este Juez es competente para conocer de la presente solicitud al ser éste Juzgado de lo Mercantil de........... al ser quien designo al experto para recabar ofertas de adquisición de unidad productiva reseñado en los antecedentes de esta resolución (arts. 44, 45 y 224 sexies 1 TRLC).

SEGUNDO.– Que la solicitud y la documentación aportada por........... S.L. junto a la misma cumple con lo establecido en el TRLC, especialmente, lo establecido en el art. 6, 7 y 8 TRLC.

TERCERO.– Que de la documentación aportada resulta la situación de insolvencia actual de........... S.L. (art. 2.3 TRLC), al no poder cumplir regularmente sus obligaciones, habiéndose justificado el endeudamiento y la insolvencia actual de dicha compañía. También el presupuesto subjetivo del concurso, al ser........... S.L. un deudor persona jurídica (art. 1.1 TRLC), al que no es de aplicación el procedimiento especial de micro empresas regulado en el Libro III TRLC (art. 1.2 TRLC), ni se trata de una entidad que integra la organización territorial del Estado (art. 1.3 TRLC).

CUARTO.– Que a la vista de lo dispuesto en el art. 29.1 TRLC el presente concurso tiene la consideración de voluntario.

QUINTO.– Que procede nombrar a la administración concursal. Según establece el apartado 2, del art. 224 sexties TRLC, habiéndose nombrado experto a que se refiere el art. 224 ter TRLC, lo que acontece en el presente caso, en la declaración del concurso, el juez podrá revocar o ratificar el nombramiento del experto. Si lo ratificara tendrá este la condición de administrador concursal.

A la vista que ...., este Juzgado entiende preciso ratificar el citado nombramiento de Don........... (ABOGADO), mayor de edad, de nacionalidad española, con domicilio en ...., calle .... y DNI/NIF .... Núm. .... ICAV, quien como consecuencia de ello, pasa ostentar y queda nombrado administrador concursal en el presnete concurso voluntario de ....

ALTERNATIVA: A la vista que ...., este Juzgado entiende preciso revocar el citado nombramiento de Don........... y designar administración concursal, recayendo el nombramiento en Don........... (ABOGADO), mayor de edad, de nacionalidad española, con domicilio en ...., calle .... y DNI/NIF .... Núm. .... ICAV.

ALTERNATIVA I (cuando entre en vigor el art. 62 TRLC):

Que conforme a lo dispuesto en el art. 62.1 TRLC procede nombrar a la administración concursal. No concurriendo ninguna de las excepciones previstas legalmente, procede estar al listado del Registro Público Concursal y al turno correlativo contemplado en dicho art. 62.1 TRLC, en función de la clase de concurso, en este caso, ..., recayendo el nombramiento en Don........... (ABOGADO), mayor de edad, de nacionalidad española, con domicilio en ...., calle .... y DNI/NIF .... núm. .... ICAV, dirección electrónica ...., quien ha hecho constar estar en condiciones para actuar en el ámbito territorial de este Juzgado.

ALTERNATIVA II (cuando entre en vigor el art. 62 TRLC):

Que conforme a lo dispuesto en el art. 62 TRLC procede nombrar a la administración concursal. De conformidad con lo establecido en este ultimo precepto, habría que estar al listado del Registro Público Concursal y al turno correlativo contemplado en dicho art. 62.1 TRLC. No obstante, dado que nos encontramos ante un concurso de mayor complejidad, entiendo más oportuno designar a un administrador concursal alternativo al que resulta del citado turno a la vista que .... Por ello, previa consulta del referido Registro, queda designado administrador concursal Don........... (ABOGADO), mayor de edad, de nacionalidad española, con domicilio en ...., calle .... y DNI/NIF........... núm. .... ICAV, dirección electrónica ...., que se halla inscrita en dicho Registro Publico concursal y habilitado para ejercer las funciones propias del cargo en dichos concursos. Justifico su nombramiento en ....

ALTERNATIVA III (cuando entre en vigor el art. 62 TRLC):

Que conforme a lo dispuesto en el art. 62.1 TRLC procede nombrar a la administración concursal y, procede estar al listado del Registro Público Concursal y al turno correlativo contemplado en dicho art. 62.1 TRLC, en función de la clase de concurso, en este caso, ... No obstante, dado que nos hallamos ante un concurso con elementos transfronterizos, y a la vista del art. 62.3 TRLC, el nombramiento deberá recaer en persona que, además, acredite en el momento de su aceptación el conocimiento suficiente de la lengua del país o países relacionados con esos elementos o, al menos, el conocimiento suficiente de la lengua inglesa. Alternativamente, podrá acreditar que cuenta con personas trabajadoras o ha contratado a un traductor jurado con dichos conocimientos. Por ello, recae el nombramiento en Don........... (ABOGADO), mayor de edad, de nacionalidad española, con domicilio en ...., calle .... y DNI/NIF .... núm. .... ICAV, dirección electrónica ...., quien ha hecho constar estar en condiciones para actuar en el ámbito territorial de este Juzgado y que, en cualquier caso, y al tiempo de aceptar el cargo deberá acreditar los anteriores extremos idiomáticos.

El administrador concursal nombrado deberá aceptar el cargo, por lo que urgentemente y por el medio más rápido se le notificará su nombramiento a efectos de su aceptación y juramento. Igualmente deberá acreditar ante este Juzgado que tiene suscrito un seguro de responsabilidad civil o garantía equivalente proporcional a la naturaleza y alcance del riesgo cubierto por el nombramiento aquí verificado a su favor.

SEXTO.– Que dado que nos hallamos ante un concurso voluntario, el concursado conservará las facultades de administración y disposición sobre la masa activa, pero el ejercicio de estas facultades estará sometido a la intervención de la administración concursal, que podrá autorizar o denegar la autorización según tenga por conveniente.

SÉPTIMO.– Que junto a la solicitud de concurso, la actora ha acompañado presentado propuesta de escrita vinculante de la compañía .... S.L para la adquisición de determinada/s unidad/es productivas de la concursada, en los siguientes términos: ....

Que cumpliendo la citada propuesta lo dispuesto en el art. 224 bis, 224 ter ss. y concordantes del TRLC, en especial lo mandatado en su apartado 1, procede conceder en este auto un plazo de quince días para que los acreedores que se personen puedan formular a la propuesta las observaciones que tengan por conveniente y para que cualquier interesado pueda presentar propuesta vinculante alternativa, requiriéndose a la Administración Concursal designada para que, dentro de ese plazo, emita informe de evaluación de las ofertas presentada. Procede dar traslado a los representantes legales de los trabajadores ex art. 220 TRLC. Tras ello se acordara lo procedente.

OCTAVO.– Que dando cumplimiento a lo preceptuado por el art. 35 TRLC procede dar, con la mayor urgencia, la oportuna publicidad a la declaración del concurso, mediante publicación del presente auto en los términos y con el contenido establecido en el art. 35 TRLC.

Igualmente procede dar publicidad registral a la declaración del presente concurso en los términos y con el alcance establecido en el art. 36 y 37 TRLC, así como insertar el presente auto en el Registro público Concursal y comunicar al Fondo de Garantía salarial la incoación de presente expediente (art. 33 ET). Finalmente, debe comunicarse la existencia del presente procedimiento al Registro Mercantil de la provincia de .... a los efectos de lo dispuesto en el TRLC así como en el RD 685/2005, de 9 de junio y la Orden 3473/2005, de 8 de noviembre. También procede la notificación de este auto a la Agencia Estatal de Administración Tributaria y a la Tesorería General de la Seguridad Social (art. 33 TRLC). Y dado que el concursado es empleador el presentes auto de declaración de concurso debe notificarse a la representación legal de los trabajadores.

El traslado de los oficios con los edictos correspondientes se realizará por vía electrónica o telemática a los organismos y Registros correspondientes.

ALTERNATIVA: Que no siendo posible el traslado de los oficios con los edictos correspondientes se realizará por vía telemática a los organismos y Registros correspondientes, deben expedirse los oportunos mandamientos y oficios con los edictos, que serán entregados y confiados al procurador de la solicitante del concurso a efectos de darles el oportuno curso, gestión y diligenciamiento en los términos de los citados arts. 35 a 37 TRLC.

Visto lo expuesto y demás normativa de aplicación

DISPONGO

PRIMERO.– Se tiene por personado a la sociedad........... S.L., y en su nombre y representación el procurador de los Tribunales Don........... en virtud del poder especial adjuntado por dicha compañía a la solicitud origen de este procedimiento, procurador con el que se entenderán y seguirán las sucesivas diligencias y comunicaciones, y se tiene por solicitada la declaración de concurso voluntario de la compañía........... S.L., solicitud que se admite a trámite.

SEGUNDO.– Se declara la situación de concurso de........... S.L., que a la vista del contenido del art. 29 TRLC tendrá la consideración de voluntario.

Se hace constar que el deudor no ha presentado propuesta de convenio, ni ha solicitado la liquidación de la masa activa. Pero si ha presentado una oferta vinculante de adquisición de unidad o unidades productivas.

TERCERO.– Se ratifica el citado nombramiento de Don........... (ABOGADO), mayor de edad, de nacionalidad española, con domicilio en ...., calle .... y DNI/NIF .... Núm. .... ICAV, como experto a que se refiere el art. 224 ter TRLC, y que tuvo lugar mediante auto de este Juzgado de fecha ...., quien, tras ello, pasa ostentar y queda nombrado administrador concursal en el presente concurso voluntario de ....

ALTERNATIVA: Se revoca el nombramiento de Don........... como experto a que se refiere el art. 224 ter TRLC, y que tuvo lugar mediante auto de fecha .... y designar administración concursal, que estará integrada por un único miembro, recayendo el nombramiento en Don........... (ABOGADO), mayor de edad, de nacionalidad española, con domicilio en ...., calle .... y DNI/NIF .... Núm. .... ICAV.

El administrador concursal nombrado deberá aceptar el cargo, por lo que urgentemente y por el medio más rápido se le notificará su nombramiento a efectos de su aceptación y juramento. Igualmente deberá acreditar ante este Juzgado que tiene suscrito un seguro de responsabilidad civil o garantía equivalente proporcional a la naturaleza y alcance del riesgo cubierto por el nombramiento aquí verificado a su favor. (En su caso y en el supuesto de entrada en vigor art. 62 TRLC). Y a la vista que nos hallamos ante un concurso con elementos transfronterizos, deberá acreditar en el momento de su aceptación del cargo, el conocimiento suficiente de la lengua del país o países relacionados con esos elementos o, al menos, el conocimiento suficiente de la lengua inglesa. Alternativamente, podrá acreditar que cuenta con personas trabajadoras o ha contratado a un traductor jurado con dichos conocimientos.

La administración concursal designada, queda autorizada de conformidad y a los efectos del art. 4 h) del RD-Ley 3/2013, a fin de ejercitar las acciones que considere oportunas en interés de la masa, bajo su responsabilidad y ante cualquier jurisdicción.

CUARTO.– Decretar la conservación por el deudor de las facultades de administración y disposición sobre la masa activa, quedando sometido el ejercicio de éstas a la intervención de los administradores concursales, mediante su autorización o conformidad.

QUINTO.– Que con relación a la propuesta escrita vinculante de la compañía .... S.L para la adquisición de determinada/s unidad/es productivas de la concursada, que la actora ha acompañado a su solicitud, y cumpliendo la misma lo dispuesto en el art. 224 bis y concordantes del TRLC, en especial lo mandatado en su apartado 1, concédase un plazo de quince días para que los acreedores que se personen en las presentes actuaciones, formulen las observaciones que tengan por conveniente respecto de la citada propuesta, y para que cualquier interesado pueda presentar propuesta vinculante alternativa. Requiérase a la Administración Concursal designada para que, dentro de ese plazo de quince días, emita oportuno informe de evaluación de la propuesta presentada.

Dese traslado a la representación legal de los trabajadores a los efectos del artículo 220 TRLC. Y tras ello acuérdese en su momento lo procedente.

SEXTO.– Hacer el llamamiento a los acreedores de........... S.L. para que pongan en conocimiento de la administración concursal la existencia de sus créditos, en el plazo de un mes a contar desde el día siguiente a la publicación de este auto en el Boletín Oficial del Estado (BOE) a que se refiere el art. 35 TRLC.

La Administración Concursal, sin demora, realizará una comunicación individualizada, a cada uno de los acreedores cuya identidad y domicilio consten en la documentación obrante en los presentes autos, informándoles de la declaración del presente concurso y del deber de comunicar sus créditos en la forma establecida en el artículo 255 y ss. TRLC, debiendo efectuarse tal comunicación por medios telemáticos, informáticos o electrónicos cuando conste la dirección electrónica del acreedor.

Igualmente dirigirá la comunicación por medios electrónicos a la Agencia Estatal de la Administración Tributaria y la Tesorería General de la Seguridad Social a través de los medios habilitadas por estas en sus respectivas sedes electrónicas y con independencia que conste o no su condición de acreedores de la concursada. También se comunicará a la representación de los trabajadores, haciéndoles saber su derecho a personarse en el procedimiento como parte y librándose el oportuno edicto al efecto.

SÉPTIMO.– Proceder a dar la debida publicidad a la declaración del concurso, mediante la publicación del oportuno anuncio del presente auto de declaración del concurso que se publicará, con la mayor urgencia y de forma gratuita, en el Boletín Oficial del Estado.

A tal efecto, el mismo día de la aceptación del cargo por el administrador concursal, el letrado de la Administración de Justicia remitirá por medios electrónicos al "Boletín Oficial del Estado", para su publicación en el suplemento del tablón judicial edictal único, y al Registro público concursal el edicto relativo a la declaración de concurso, redactado en el modelo oficial para que sea publicado con la mayor urgencia. La publicación del edicto tendrá carácter gratuito. El edicto tendrá el contenido del art. 35.1, segundo párrafo, TRLC.

Líbrense al efecto el oportuno oficio con el edicto que será remitido por vía electrónica al citado Boletín Oficial del Estado.

ALTERNATIVA: Líbrese el oportuno oficio con el edicto a remitir al Boletín Oficial del Estado. No obstante, de manera excepcional y no siendo posible su traslado por vía electrónica, entréguese el citado oficio al procurador de la concursada para el oportuno diligenciamiento y gestión en los términos del art. 35 TRLC.

OCTAVO.– Inscribir en el Registro Mercantil de la provincia de........... la existencia del presente procedimiento y los acuerdos adoptados en el presente auto, especialmente, la intervención de las facultades de administración y disposición del concursado adoptada en la presente resolución, y el nombramiento de la Administración concursal.

Igualmente, practíquese anotación preventiva en los Registros de la Propiedad de........... y..........., concretamente en el folio correspondiente a los bienes de la concursada que a continuación se relacionan, relativa a la declaración del presente concurso voluntario, con indicación de la fecha, y los acuerdos adoptados en la presente resolución, especialmente, la intervención de las facultades de administración y disposición del concursado adoptada en la presente resolución, así como el nombramiento de la administración concursal...........

Los citados bienes son los siguientes (con expresión del Registro de la Propiedad en el que se halla inscrito y los datos registrales de cada bien):...........

Líbrense al efecto los oportunos oficios con los edictos que serán remitidos por vía electrónica o telemática desde el Juzgado a los citados Registros Públicos.

ALTERNATIVA: Líbrense los oportunos edictos con los mandamientos precisos para prácticas las citadas inscripciones y anotaciones que serán confiados al procurador para el oportuno diligenciamiento y gestión en los términos del art. 36 y 37 TRLC, al no ser posible el traslado por vía electrónica o telemática previsto en dicho precepto concursal.

NOVENO.– Insertar en el Registro Público Concursal el presente auto de declaración de concurso, así como comunicar al Fondo de Garantía Salarial la iniciación del presente procedimiento concursal, dirigiéndole al efecto el oportuno oficio. También al citado Registro Mercantil de la provincia de........... a los efectos de lo dispuesto en el RD 685/2005, de 9 de junio y la Orden 3473/2005, de 8 de noviembre). Tales comunicaciones las llevara a cabo de oficio el Juzgado mediante remisión de oficio y testimonio de la presente resolución por vía electrónica o telemática.

DÉCIMO.– Como consecuencia de la admisión de la solicitud de declaración de concurso voluntario formulada por........... S.L., fórmense las secciones primera, segunda, tercera y cuarta del concurso.

Notifíquese por el Letrado de la Administración de Justicia la presente resolución al concursado a través de su representación procesal.

Contra el presente auto no cabe recurso alguno.

Todo lo cual pronuncia, manda y firma el Ilmo. Sr. ...., Magistrado Juez del Juzgado de lo Mercantil núm. .... de...........

F089. AUTO DE CONCURSO VOLUNTARIO DE PERSONA JURÍDICA CON OFERTA DE UNIDAD PRODUCTIVA. PREPACK

Normativa de aplicación: *Arts. 1 y ss. Real Decreto Legislativo 1/2020, de 5 de mayo, por el que se aprueba el texto refundido de la Ley Concursal.*

JUZGADO DE LO MERCANTIL Nº ... DE ... N.I.G.:.........

Procedimiento: ...-/... Deudor: ... Procurador: ...

Lugar: ... Fecha: ...

AUTO

MAGISTRADO-JUEZ QUE LA DICTA: Ilmo/a Sr/a ...

ANTECEDENTES DE HECHO

PRIMERO. Mediante escrito fechado el pasado día..., la procuradora Doña ..., en nombre y representación de la mercantil ..., comunicó la situación de insolvencia actual de su representada, interesando la declaración de concurso.

SEGUNDO. En la solicitud de concurso se expresan los datos de identificación de la deudora, ... SL, con domicilio en ...., CIF ...... e inscrita en el Registro Mercantil de ......, siendo su objeto social ...

FUNDAMENTOS DE DERECHO

PRIMERO. Este Juzgado, resulta competente para conocer el presente concurso, de conformidad con lo dispuesto en el artículo 224.1 sexies del TRLC, al haber sido este juzgado quien designó el experto para recabar ofertas de unidad productiva al que alude el 224 ter.

SEGUNDO. Con arreglo a lo dispuesto en los artículos 1 y 2 TRLC, procede la declaración de concurso respecto de cualquier deudor, sea persona física o jurídica, que se encuentre en estado de insolvencia, por no poder cumplir regularmente sus obligaciones exigibles, debiendo justificar su endeudamiento y si su estado de insolvencia resulta ser actual o inminente.

Por su parte, el artículo 10 TRLC establece que cuando la solicitud hubiere sido presentada por el deudor, el juez dictará auto que declare el concurso si de la documentación aportada, apreciada en su conjunto, resulta la existencia de alguno de los hechos previstos en el apartado 4 del artículo 2, u otros que acrediten la insolvencia alegada por el deudor.

TERCERO. Al amparo de lo dispuesto en el artículo 10 del Texto Refundido de la Ley Concursal, el Juez examinará la solicitud del concurso y, si la estimare completa, proveerá conforme al mismo, y habiendo sido presentada la solicitud por el deudor procede conforme al referido precepto dictar auto declarando el concurso de acreedores dado que, de la documentación aportada, apreciada en su conjunto, resulta la existencia de hechos acreditativos de la insolvencia alegada por el deudor.

CUARTO. El concurso ha de ser declarado voluntario, al haberlo solicitado el propio deudor, de conformidad a lo previsto en el artículo 29 TRLC y al no constar ningún dato referido a su calificación como necesario.

QUINTO. Declarado el concurso a solicitud del deudor, corresponde, según lo establecido en los artículos 30 y 31.1 del TRLC, ordenar la formación de la Sección Primera que se encabezará con la solicitud y todos los documentos que la acompañaren. Asimismo, con arreglo al apartado 1 y concordantes del citado art. 31 del TRLC, procede abrir las

Secciones 2ª, 3ª y 4ª cada una de las cuales se encabezará por el auto o, en su caso, la sentencia que hubiera ordenado su formación.

SEXTO. El concurso ha de considerarse VOLUNTARIO por haber sido instado por el propio deudor (artículo 28.1.1° en relación con el artículo 29.1 del TRLC). El deudor conservará las facultades de administración y disposición sobre su patrimonio, quedando sometido el ejercicio de éstas a la intervención de la administración concursal, mediante su autorización o conformidad.

SÉPTIMO. La administración del concurso estará integrada por un único miembro que podrá ser persona natural o jurídica, conforme al artículo 57 del TRLC.

El nombramiento de la Administración Concursal deberá recaer en profesional que reúna las condiciones previstas en los artículos 60, 61, 62 del TRLC, pudiendo ser nombrada una persona jurídica en la que se integre, al menos, un abogado en ejercicio y un economista, titulado mercantil o auditor de cuentas, y que garantice la debida independencia y dedicación en el desarrollo de las funciones de la administración concursal, de conformidad con el artículo 27 de la Ley Concursal derogado por el Real Decreto Legislativo 1/2020, de 5 de mayo, que no obstante permanece en vigor hasta que se apruebe el reglamento a que se refiere la disposición transitoria segunda de la Ley 17/2014, de 30 de septiembre Ref. BOE-A-2014-9896, en la redacción anterior a la entrada en vigor de dicha Ley 17/2014, según establece la disposición transitoria única. 1 del citado Real Decreto Legislativo.

No obstante, el artículo 224 sexies TRLC, en su apartado 2 establece que "en la declaración del concurso, el juez podrá revocar o ratificar el nombramiento del experto. Si lo ratificara tendrá este la condición de administrador concursal." Considera este juzgador, que procede la ratificación del nombramiento del experto, y máxime a la vista del satisfactorio trabajo realizado que ha permitido la obtención de varias ofertas de compra de unidad productiva.

Procede, conforme dispone el art. 66, 67, 68 y 69 TRLC, comunicar el nombramiento de administrador concursal que viene designado en la parte dispositiva de la presente resolución por el medio más rápido. Dentro de los cinco días siguientes al de recibo de la comunicación, deberá comparecer ante el juzgado y aceptar el cargo.

En el momento de la aceptación del cargo, deberá facilitar al juzgado las direcciones postal y electrónica en las que efectuar la comunicación de créditos, así como cualquier otra notificación. La dirección electrónica que señale deberá cumplir las condiciones técnicas de seguridad de las comunicaciones electrónicas en lo relativo a la constancia de la transmisión y recepción, de sus fechas y del contenido íntegro de las comunicaciones. La dirección postal y la dirección electrónica señaladas a efectos de comunicaciones serán únicas, cualquiera que sea el número de administradores concursales.

En el caso de que concurra en el administrador concursal nombrado alguna causa de recusación, estará obligado a manifestarla en ese momento.

En el mismo momento de aceptación del cargo, el Letrado de la Administración de Justicia expedirá y entregará al nombrado documento acreditativo de su condición de administrador concursal.

La credencial deberá ser devuelta al juzgado en el momento en el que por cualquier causa se produzca el cese del administrador concursal.

Si el administrador concursal designado no compareciese, no tuviera suscrito un seguro de responsabilidad civil o garantía equivalente suficiente o no aceptase el cargo, se procederá de inmediato a un nuevo nombramiento.

OCTAVO. El deudor acompaña como documento nº ... oferta de compra de unidad productiva formulada por la mercantil ..., así como documento nº ... informe de evaluación emitido por el experto nombrado por este juzgado Don ......, solicitando autorización para la enajenación de la unidad productiva.

En cuanto al procedimiento de enajenación de la unidad productiva, este juzgado se encuentra con la diatriba de aplicar el procedimiento contemplado en el artículo 224 bis del TRLC o por el contrario canalizar la venta por la vía del 518 TRLC. Ciertamente, el 224 bis se refiere a la solicitud de concurso solicitada con el deudor con venta de unidad productiva, sin distinguir según la misma se haya obtenido con la intervención y asistencia de un experto o no, pero consideramos que nos encontramos ante un supuesto diametralmente opuesto al de la venta de la unidad productiva mediante el denominado "pre-pack" y regulado en el artículo 224 ter y siguientes. De esta forma no puede aplicarse el mismo régimen procedimental a los supuestos en los que la oferta de compra se ha obtenido por el deudor, sin la supervisión de un tercero que haya garantizado la transparencia y publicidad del proceso, mientras que en el supuesto contemplado en el 224 ter, el juzgado designa a un experto independiente que aplica estos principios de independencia, transparencia y publicidad.

Procede pues, tramitar la autorización de venta de la unidad productiva en base al artículo 518, concediendo un plazo común de diez días a los acreedores, especialmente los privilegiados, y a la representación de los trabajadores, al objeto que manifiesten lo que a su derecho convenga.

NOVENO. La declaración de concurso conlleva, conforme a la ley concursal, una serie de efectos automáticos respecto de los acreedores regulados en los artículos 136 y siguientes del TRLC.

De conformidad con todo ello procederá remitir notificación a los diferentes Juzgados y Tribunales (Civiles, Contencioso-administrativos y Sociales) a los efectos de hacerles saber la declaración de concurso, lo que se hará a través del Decanato de los Juzgados de Valencia.

DÉCIMO. Procede igualmente hacer los legales apercibimientos al concursado de conformidad a lo previsto en la Ley Concursal específicamente en cuanto al ejercicio de sus facultades.

DÉCIMO PRIMERO. De conformidad con lo establecido en los artículos 28.1.4° y 255 del TRLC, dentro del plazo de un mes a contar desde el día siguiente a la publicación de la declaración en el BOE, los acreedores del concursado comunicarán a la administración concursal la existencia de sus créditos en la forma, circunstancias y con la documentación señalada en los artículos 256 y 257 del TRLC.

DÉCIMO SEGUNDO. Al amparo de lo dispuesto en el artículo 32 TRLC el presente auto producirá sus efectos de inmediato, abrirá la fase común de tramitación del concurso y será ejecutivo aunque no sea firme.

PARTE DISPOSITIVA

1. DECLARACIÓN. Se declara en CONCURSO DE ACREEDORES, de carácter VOLUNTARIO, a la entidad ......, con CIF ..., y domicilio social en ..., Calle ...... Inscrita en el Registro Mercantil de ... en el tomo ..., libro ... de la sección general del libro de sociedades, hoja nº ...

2. FACULTADES PATRIMONIALES DEL DEUDOR Y DE SUS ÓRGANOS DE ADMINISTRACIÓN. El concursado conservará las facultades de administración y disposición sobre su patrimonio, quedando sometido el ejercicio de éstas a la intervención de la administración concursal, mediante su autorización o conformidad.

3. NOMBRAMIENTO DE LA ADMINISTRACIÓN CONCURSAL. Se nombra administración concursal, con las facultades deducidas del pronunciamiento anterior, a ... con domicilio en calle ...., correo electrónico ......y teléfono ...

Notifíquesele dicha designación a fin de que en los cinco días siguientes a partir de su notificación comparezca en este Juzgado, para aceptar el cargo y acreditar los requisitos establecidos legalmente. Una vez verificado, deberá proceder sin demora a realizar una comunicación individualizada a todos los acreedores cuya identidad conste en el concurso, a la AEAT y a la TGSS, en su caso, en la forma y a los efectos previstos legalmente, realizando dicha comunicación igualmente a la representación de los trabajadores.

Asimismo, deberá facilitar, en caso de no constar ya en las actuaciones, las direcciones postal y electrónica en las que efectuar la comunicación de créditos, así como cualquier otra notificación. En cuanto a la dirección electrónica, la misma deberá reunir las condiciones de seguridad en las comunicaciones electrónicas en lo relativo a la transmisión y recepción, de sus fechas y del contenido íntegro de las comunicaciones.

Por otra parte, se le requiere para en el acto de aceptación de su cargo, acredite la vigencia del contrato de seguro o una garantía equivalente en los términos del art. 6 del Real Decreto 1333/12, de 21 de septiembre. En concreto, mediante exhibición del original de la póliza y del recibo de la prima correspondiente al período del seguro en curso, o del certificado de cobertura expedido por la entidad aseguradora. A los efectos de cumplir con lo dispuesto en el mencionado artículo deberá aportar, asimismo, copia de los citados documentos originales para testimoniarlas y unirlas a las actuaciones de la sección 2ª.

De conformidad con el art. 7 del mencionado Real Decreto, deberá acreditar las sucesivas renovaciones del seguro en idéntica forma. Se le hace saber que la infracción del deber de acreditar la renovación del seguro será causa justa de separación del cargo.

Se autoriza expresamente a la administración concursal para acceder a las instalaciones y documentos del concursado, en la medida en la que lo consideren necesario para el ejercicio de sus funciones y se advierte al deudor sobre su deber de colaboración con la administración concursal, obligación que se extiende a sus administradores, apoderados y representantes de hecho o de derecho, así como a quienes lo hayan sido durante los dos años anteriores a la declaración del concurso.

4. Se tienen por presentada OFERTA VINCULANTE DE ADQUISICIÓN DE LA UNIDAD PRODUCTIVA realizada por la mercantil ... Igualmente se tiene por emitido informe favorable de venta de la unidad productiva por parte del experto Don ......

Se concede un plazo de 10 días hábiles para que los acreedores, especialmente los que ostenten privilegio especial y a los representantes de los trabajadores, puedan formular a la propuesta las observaciones que tengan por conveniente.

A tal fin, se requiere a la administración concursal, a fin de que de forma inmediata a la aceptación del cargo, de traslado de la oferta de compra de unidad productiva y al preceptivo informe a los titulares del privilegio especial y a los trabajadores. Igualmente, se requiere a la administración concursal, para que de traslado a los correos electrónicos de los acreedores que constan en la solicitud e concurso, de la oferta e informe.

5. INFORME DE LA ADMINISTRACIÓN CONCURSAL. La administración concursal cuenta con un plazo de DOS MESES desde su aceptación para la presentación del informe provisional previsto en el art. 290 TRLC. En caso de solapamiento de plazos, estese a lo dispuesto en el art. 291 TRLC.

6. PUBLICIDAD GENERAL. Anúnciese la declaración de concurso en el Boletín Oficial del Estado, con carácter gratuito, mediante extracto y en los términos del artículo 35.1 TRLC. Publíquese en el Registro Público Concursal.

7. LLAMAMIENTO DE LOS ACREEDORES. Se llama a los acreedores de la persona concursada para que pongan en conocimiento de la administración concursal, en la forma establecida en el artículo 255 a 258 TRLC, los créditos que tengan contra el deudor. La existencia de los créditos deberá comunicarse en el plazo de UN MES a contar desde el día siguiente a la publicación en el Boletín Oficial del Estado de la declaración de concurso, conforme a lo dispuesto en los artículos 28.1.4°, 35.1° y 255 TRLC. La comunicación se formulará por escrito firmado, y podrá dirigirse a la dirección electrónica o postal facilitada por la administración concursal. No producirá efectos la comunicación de créditos realizada directamente al Juzgado. La eventual personación de un acreedor o de cualquier otro legitimado en el procedimiento requiere el cumplimiento de los requisitos establecidos al efecto por el artículo 509 a 514 TRLC.

8. LLAMAMIENTO DE LOS ACREEDORES en los términos del art. 447 TRLC, para que en el plazo de un mes puedan remitir por correo electrónico a la administración concursal cuanto consideren relevante para fundar la calificación del concurso como culpable, acompañando, en su caso, los documentos que consideren oportunos.

9. PUBLICIDAD REGISTRAL. Líbrese mandamiento al Registro Mercantil para inscribir la presente declaración de concurso en el folio registral de la concursada.

Expídase mandamientos a los siguientes Registros a fin de que se verifiquen las oportunas anotaciones registrales de la pendencia de este procedimiento y los acuerdos adoptados por esta resolución, en las siguientes fincas:......

10. COMUNICACIÓN A JUZGADOS Y TRIBUNALES. Comuníquese la declaración de concurso al Decanato para su traslado a los Juzgados de Primera Instancia y de lo Social de Valencia.

Requiérase al concursado, mediante la notificación de esta resolución, para que ponga este auto en conocimiento de los Juzgados que ya conocen de procesos contra la concursada o su administrador la declaración de concurso a los efectos que en cada caso procedan.

11. OTRAS NOTIFICACIONES. De conformidad con el art. 33 TRLC, el Letrado de la Administración de Justicia de este Juzgado notificará el auto a las partes que hubiesen comparecido.

El auto se notificará por medios electrónicos a la AEAT y a la TGSS. Igualmente se comunicará a la representación de los trabajadores, si la hubiere, haciéndoles saber de su derecho a personarse en el procedimiento como parte, así como al FOGASA.

12. EFECTOS PROCESALES DE LA DECLARACIÓN DEL CONCURSO. La presente declaración de concurso voluntario conlleva la apertura de la fase común del concurso, produce efectos inmediatos y será ejecutiva, aunque no sea firme.

Dentro de la sección primera se ordena la apertura de un cuaderno específico en el que se recogerán e indexarán las resoluciones de mayor trascendencia para el procedimiento concursal, a los efectos facilitar su localización en las distintas secciones e incidentes. De igual modo, dentro de cada sección se formará un libro específico en el que se incluirán las correspondientes notificaciones a las partes personadas, los comprobantes de la publicidad que deba realizarse de cada resolución y otras incidencias de carácter instrumental que pudieran producirse en la tramitación de cada sección.

13. APERTURA DE SECCIONES 2ª, 3ª Y 4ª. Se ordena la formación de la sección de la administración concursal, la de determinación de la masa activa y determinación de la masa pasiva. Estas secciones se encabezarán con testimonio del auto de declaración del concurso.

MODO DE IMPUGNACIÓN: A los efectos del artículo 208.4 de la Ley de Enjuiciamiento Civil, en relación con lo dispuesto al efecto en el TRLC, se hace constar que contra el pronunciamiento de este Auto sobre declaración de concurso cabrá, en todo caso, recurso de reposición, a interponer ante este Juzgado, por escrito, en el plazo de CINCO DÍAS. La admisión del recurso exigirá la previa realización de los depósitos exigidos por la Disposición Adicional Decimoquinta de la Ley Orgánica 6/1985, de 1 de julio, del Poder Judicial, según redacción dada por Ley Orgánica 1/2009, de 3 de noviembre. La desestimación de los recursos determinará la condena en costas del recurrente.

Así por este Auto, lo pronuncia, manda y firma el Itmo. Sr. D. .... Magistrado Juez de este Juzgado; doy fe.

F090. AUTO DE CONCURSO VOLUNTARIO DE PERSONA JURÍDICA CON PROPUESTA DE CONVENIO

Normativa de aplicación: *Arts. 1 y ss. Real Decreto Legislativo 1/2020, de 5 de mayo, por el que se aprueba el texto refundido de la Ley Concursal.*

En la ciudad de........... a........... de........... de...........

ANTECEDENTES DE HECHO

PRIMERO.– Que en fecha........... de........... de........... por el Procurador de los Tribunales, Don..........., y en representación de la compañía........... S.L., se presentó solicitud de concurso voluntario de acreedores de dicha compañía, en base a los HECHOS y FUNDAMENTOS DE DERECHO reseñados en la meritada solicitud y los documentos acompañados a la misma.

De la solicitud formulada por........... S.L. extractamos lo siguiente:...........

SEGUNDO.– En la tramitación de los presentes se han respetado las prescripciones legales.

FUNDAMENTOS DE DERECHO

PRIMERO.– Que este Juez es competente para conocer de la presente solicitud al ser éste Juzgado de lo Mercantil de........... el correspondiente al lugar donde se halla el centro de los intereses principales de........... S.L. (arts. 44 y 45 TRLC).

SEGUNDO.– Que la solicitud y la documentación aportada por........... S.L. junto a la misma cumple con lo establecido en el TRLC, especialmente, lo establecido en el art. 6, 7 y 8 TRLC.

TERCERO.– Que de la documentación aportada resulta la situación de insolvencia actual de........... S.L. (art. 2.3 TRLC), al no poder cumplir regularmente sus obligaciones, habiéndose justificado el endeudamiento y la insolvencia actual de dicha compañía. También el presupuesto subjetivo del concurso, al ser........... S.L. un deudor persona jurídica (art. 1.1 TRLC), al que no es de aplicación el procedimiento especial de micro empresas regulado en el Libro III TRLC (art. 1.2 TRLC), ni se trata de una entidad que integra la organización territorial del Estado (art. 1.3 TRLC).

CUARTO.– Que a la vista de lo dispuesto en el art. 29.1 TRLC el presente concurso tiene la consideración de voluntario.

QUINTO.– Que procede nombrar a la administración concursal, que estará integrada por un único miembro, recayendo el nombramiento en Don........... (ABOGADO), mayor de edad, de nacionalidad española, con domicilio en ...., calle .... y DNI/NIF .... Núm. .... ICAV.

ALTERNATIVA I (cuando entre en vigor el art. 62 TRLC):

Que conforme a lo dispuesto en el art. 62.1 TRLC procede nombrar a la administración concursal. No concurriendo ninguna de las excepciones previstas legalmente, procede estar al listado del Registro Público Concursal y al turno correlativo contemplado en dicho art. 62.1 TRLC, en función de la clase de concurso, en este caso, ..., recayendo el nombramiento en Don........... (ABOGADO), mayor de edad, de nacionalidad española, con domicilio en ...., calle .... y DNI/NIF .... núm. .... ICAV, dirección electrónica ...., quien ha hecho constar estar en condiciones para actuar en el ámbito territorial de este Juzgado.

ALTERNATIVA II (cuando entre en vigor el art. 62 TRLC):

Que conforme a lo dispuesto en el art. 62 TRLC procede nombrar a la administración concursal. De conformidad con lo establecido en este ultimo precepto, habría que estar al listado del Registro Público Concursal y al turno correlativo contemplado en dicho art. 62.1 TRLC. No obstante, dado que nos encontramos ante un concurso de mayor complejidad, entiendo más oportuno designar a un administrador concursal alternativo al que resulta del citado turno a la vista que .... Por ello, previa consulta del referido Registro, queda designado administrador concursal Don........... (ABOGADO), mayor de edad, de nacionalidad española, con domicilio en ...., calle .... y DNI/NIF .... núm. .... ICAV, dirección electrónica ...., que se halla inscrita en dicho Registro Publico concursal y habilitado para ejercer las funciones propias del cargo en dichos concursos. Justifico su nombramiento en ....

ALTERNATIVA III (cuando entre en vigor el art. 62 TRLC):

Que conforme a lo dispuesto en el art. 62.1 TRLC procede nombrar a la administración concursal y, procede estar al listado del Registro Público Concursal y al turno correlativo contemplado en dicho art. 62.1 TRLC, en función de la clase de concurso, en este caso, ... No obstante, dado que nos hallamos ante un concurso con elementos transfronterizos, y a la vista del art. 62.3 TRLC, el nombramiento deberá recaer en persona que, además, acredite en el momento de su aceptación el conocimiento suficiente de la lengua del país o países relacionados con esos elementos o, al menos, el conocimiento suficiente de la lengua inglesa. Alternativamente, podrá acreditar que cuenta con personas trabajadoras o ha contratado a un traductor jurado con dichos conocimientos. Por ello, recae el nombramiento en Don........... (ABOGADO), mayor de edad, de nacionalidad española, con domicilio en ...., calle .... y DNI/NIF .... núm. .... ICAV, dirección electrónica ...., quien ha hecho constar estar en condiciones para actuar en el ámbito territorial de este Juzgado y que, en cualquier caso, y al tiempo de aceptar el cargo deberá acreditar los anteriores extremos idiomáticos.

El administrador concursal nombrado deberá aceptar el cargo, por lo que urgentemente y por el medio más rápido se le notificará su nombramiento a efectos de su aceptación y juramento. Igualmente deberá acreditar ante este Juzgado que tiene suscrito un seguro de responsabilidad civil o garantía equivalente proporcional a la naturaleza y alcance del riesgo cubierto por el nombramiento aquí verificado a su favor.

SEXTO.– Que dado que nos hallamos ante un concurso voluntario, el concursado conservará las facultades de administración y disposición sobre la masa activa, pero el ejercicio de estas facultades estará sometido a la intervención de la administración concursal, que podrá autorizar o denegar la autorización según tenga por conveniente.

SÉPTIMO.– Que junto a la solicitud de concurso, la actora ha acompañado propuesta de convenio al amparo de lo dispuesto en el art. 337 TRLC, y en los siguientes términos: …………

Procede que por el Letrado de la Administración de Justicia se de traslado de la propuesta presentada a las partes personadas (art. 337.1 TRLC), con la excepción de aquellos acreedores que adheridos a la misma (art. 337.2 TRLC). Y dado que la misma no presenta defecto alguno, procede su admisión a tramite y su traslado a la administración concursal para que en el plazo improrrogable de diez días, presente evaluación de la propuesta (arts. 343, 344 y 347 TRLC), haciéndose saber que la propuesta de convenio no podrá modificarse ni revocarse una vez ha sido admitida a trámite, pero el concursado podrá dejarla sin efecto en cualquier momento mediante la solicitud de la liquidación de la masa activa.

OCTAVO.– Que dando cumplimiento a lo preceptuado por el art. 35 TRLC procede dar, con la mayor urgencia, la oportuna publicidad a la declaración del concurso, mediante publicación del presente auto en los términos y con el contenido establecido en el art. 35 TRLC.

Igualmente procede dar publicidad registral a la declaración del presente concurso en los términos y con el alcance establecido en el art. 36 y 37 TRLC, así como insertar el presente auto en el Registro público Concursal y comunicar al Fondo de Garantía salarial la incoación de presente expediente (art. 33 ET). Finalmente, debe comunicarse la existencia del presente procedimiento al Registro Mercantil de la provincia de ………… a los efectos de lo dispuesto en el TRLC así como en el RD 685/2005, de 9 de junio y la Orden 3473/2005, de 8 de noviembre. También procede la notificación de este auto a la Agencia Estatal de Administración Tributaria y a la Tesorería General de la Seguridad Social (art. 33 TRLC). Y dado que el concursado es empleador el presentes auto de declaración de concurso debe notificarse a la representación legal de los trabajadores.

El traslado de los oficios con los edictos correspondientes se realizará por vía electrónica o telemática a los organismos y Registros correspondientes.

ALTERNATIVA: Que no siendo posible el traslado de los oficios con los edictos correspondientes se realizará por vía telemática a los organismos y Registros correspondientes, deben expedirse los oportunos mandamientos y oficios con los edictos, que serán entregados y confiados al procurador de la solicitante del concurso a efectos de darles el oportuno curso, gestión y diligenciamiento en los términos de los citados arts. 35 a 37 TRLC.

Visto lo expuesto y demás normativa de aplicación

DISPONGO

PRIMERO.– Se tiene por personado a la sociedad........... S.L., y en su nombre y representación el procurador de los Tribunales Don........... en virtud del poder especial adjuntado por dicha compañía a la solicitud origen de este procedimiento, procurador con el que se entenderán y seguirán las sucesivas diligencias y comunicaciones, y se tiene por solicitada la declaración de concurso voluntario de la compañía........... S.L., solicitud que se admite a trámite.

SEGUNDO.– Se declara la situación de concurso de........... S.L., que a la vista del contenido del art. 29 TRLC tendrá la consideración de voluntario.

Se hace constar que el deudor no ha solicitado la liquidación de la masa activa, ni ha presentado una oferta vinculante de adquisición de unidad o unidades productivas. Pero si que ha presentado una propuesta de convenio.

TERCERO.– Se designa como integrante de la administración concursal a Don........... (ABOGADO), mayor de edad, de nacionalidad española, con domicilio en..........., calle........... y DNI/NIF........... ICAV.

El administrador concursal nombrado deberá aceptar el cargo, por lo que urgentemente y por el medio más rápido se le notificará su nombramiento a efectos de su aceptación y juramento. Igualmente deberá acreditar ante este Juzgado que tiene suscrito un seguro de responsabilidad civil o garantía equivalente proporcional a la naturaleza y alcance del riesgo cubierto por el nombramiento aquí verificado a su favor. (En su caso y en el supuesto de entrada en vigor art. 62 TRLC). Y a la vista que nos hallamos ante un concurso con elementos transfronterizos, deberá acreditar en el momento de su aceptación del cargo, el conocimiento suficiente de la lengua del país o países relacionados con esos elementos o, al menos, el conocimiento suficiente de la lengua inglesa. Alternativamente, podrá acreditar que cuenta con personas trabajadoras o ha contratado a un traductor jurado con dichos conocimientos.

La administración concursal designada, queda autorizada de conformidad y a los efectos del art. 4 h) del RD-Ley 3/2013, a fin de ejercitar las acciones que considere oportunas en interés de la masa, bajo su responsabilidad y ante cualquier jurisdicción.

CUARTO.– Decretar la conservación por el deudor de las facultades de administración y disposición sobre la masa activa, quedando sometido el ejercicio de éstas a la intervención de los administradores concursales, mediante su autorización o conformidad.

QUINTO.– Que habiendo acompañado la concursada junto a su solicitud una t propuesta de convenio al amparo de lo dispuesto en el art. 337 TRLC, dese traslado de la misma por el Letrado de la Administración de Justicia a las partes personadas, con la excepción de aquellos acreedores adheridos a la propuesta). Y dado que no presenta defecto alguno, procédase a su admisión a tramite y dese traslado a la administración concursal para que en el plazo improrrogable de diez días, presente evaluación de la propuesta, haciéndose saber que la propuesta de convenio no podrá modificarse ni revocarse una vez ha sido admitida a trámite en el presente auto, aunque el concursado podrá dejarla sin efecto en cualquier momento mediante la solicitud de la liquidación de la masa activa.

SEXTO.– Hacer el llamamiento a los acreedores de........... S.L. para que pongan en conocimiento de la administración concursal la existencia de sus créditos, en el plazo de un mes a contar desde el día siguiente a la publicación de este auto en el Boletín Oficial del Estado (BOE) a que se refiere el art. 35 TRLC.

La Administración Concursal, sin demora, realizará una comunicación individualizada, a cada uno de los acreedores cuya identidad y domicilio consten en la documentación obrante en los presentes autos, informándoles de la declaración del presente concurso y del deber de comunicar sus créditos en la forma establecida en el artículo 255 y ss. TRLC, debiendo efectuarse tal comunicación por medios telemáticos, informáticos o electrónicos cuando conste la dirección electrónica del acreedor.

Igualmente dirigirá la comunicación por medios electrónicos a la Agencia Estatal de la Administración Tributaria y la Tesorería General de la Seguridad Social a través de los medios habilitadas por estas en sus respectivas sedes electrónicas y con independencia que conste o no su condición de acreedores de la concursada. También se comunicará a la representación de los trabajadores, haciéndoles saber su derecho a personarse en el procedimiento como parte y librándose el oportuno edicto al efecto.

SÉPTIMO.– Proceder a dar la debida publicidad a la declaración del concurso, mediante la publicación del oportuno anuncio del presente auto de declaración del concurso que se publicará, con la mayor urgencia y de forma gratuita, en el Boletín Oficial del Estado.

A tal efecto, el mismo día de la aceptación del cargo por el administrador concursal, el letrado de la Administración de Justicia remitirá por medios electrónicos al "Boletín Oficial del Estado", para su publicación en el suplemento del tablón judicial edictal único, y al Registro público concursal el edicto relativo a la declaración de concurso, redactado en el modelo oficial para que sea publicado con la mayor urgencia. La publicación del edicto tendrá carácter gratuito. El edicto tendrá el contenido del art. 35.1, segundo párrafo, TRLC.

Líbrense al efecto el oportuno oficio con el edicto que será remitido por vía electrónica al citado Boletín Oficial del Estado.

ALTERNATIVA: Líbrese el oportuno oficio con el edicto a remitir al Boletín Oficial del Estado. No obstante, de manera excepcional y no siendo posible su traslado por vía electrónica, entréguese el citado oficio al procurador de la concursada para el oportuno diligenciamiento y gestión en los términos del art. 35 TRLC.

OCTAVO.– Inscribir en el Registro Mercantil de la provincia de........... la existencia del presente procedimiento y los acuerdos adoptados en el presente auto, especialmente, la intervención de las facultades de administración y disposición del concursado adoptada en la presente resolución, y el nombramiento de la Administración concursal.

Igualmente, practíquese anotación preventiva en los Registros de la Propiedad de........... y..........., concretamente en el folio correspondiente a los bienes de la concursada que a continuación se relacionan, relativa a la declaración del presente concurso voluntario, con indicación de la fecha, y los acuerdos adoptados en la presente resolución, especialmente, la intervención de las facultades de administración y disposición del concursado adoptada en la presente resolución, así como el nombramiento de la administración concursal...........

Los citados bienes son los siguientes (con expresión del Registro de la Propiedad en el que se halla inscrito y los datos registrales de cada bien):...........

Líbrense al efecto los oportunos oficios con los edictos que serán remitidos por vía electrónica o telemática desde el Juzgado a los citados Registros Públicos.

ALTERNATIVA: Líbrense los oportunos edictos con los mandamientos precisos para prácticas las citadas inscripciones y anotaciones que serán confiados al procurador para el oportuno diligenciamiento y gestión en los términos del art. 36 y 37 TRLC, al no ser posible el traslado por vía electrónica o telemática previsto en dicho precepto concursal.

NOVENO.– Insertar en el Registro Público Concursal el presente auto de declaración de concurso, así como comunicar al Fondo de Garantía Salarial la iniciación del presente procedimiento concursal, dirigiéndole al efecto el oportuno oficio. También al citado Registro Mercantil de la provincia de........... a los efectos de lo dispuesto en el RD 685/2005, de 9 de junio y la Orden 3473/2005, de 8 de noviembre). Tales comunicaciones las llevara a cabo de oficio el Juzgado mediante remisión de oficio y testimonio de la presente resolución por vía electrónica o telemática.

DÉCIMO.– Como consecuencia de la admisión de la solicitud de declaración de concurso voluntario formulada por........... S.L., fórmense las secciones primera, segunda, tercera, cuarta y quinta del concurso.

Notifíquese por el Letrado de la Administración de Justicia la presente resolución al concursado a través de su representación procesal.

Contra el presente auto no cabe recurso alguno, a excepción del pronunciamiento sobre la admisión a tramite de la propuesta de convenio, respecto del que se podrá interponer recurso de reposición en el plazo de cinco días desde la notificación del presente auto.

Todo lo cual pronuncia, manda y firma el Ilmo. Sr. ...., Magistrado Juez del Juzgado de lo Mercantil núm. .... de...........

F091. SOLICITUD DE CONCURSO VOLUNTARIO DE PERSONA JURÍDICA CON PETICIÓN DE APERTURA DE LIQUIDACIÓN

Normativa de aplicación: *Arts. 1 y ss.; arts. 406 y ss. Real Decreto Legislativo 1/2020, de 5 de mayo, por el que se aprueba el texto refundido de la Ley Concursal.*

En la ciudad de........... a........... de........... de...........

ANTECEDENTES DE HECHO

PRIMERO.– Que en fecha........... de........... de........... por el Procurador de los Tribunales, Don..........., y en representación de la compañía........... S.L., se presentó solicitud de concurso voluntario de acreedores de dicha compañía, en base a los HECHOS y FUNDAMENTOS DE DERECHO reseñados en la meritada solicitud y los documentos acompañados a la misma.

De la solicitud formulada por........... S.L. extractamos lo siguiente:...........

SEGUNDO.– En la tramitación de los presentes se han respetado las prescripciones legales.

FUNDAMENTOS DE DERECHO

PRIMERO.– Que este Juez es competente para conocer de la presente solicitud al ser éste Juzgado de lo Mercantil de........... el correspondiente al lugar donde se halla el centro de los intereses principales de........... S.L. (arts. 44 y 45 TRLC).

SEGUNDO.– Que la solicitud y la documentación aportada por........... S.L. junto a la misma cumple con lo establecido en el TRLC, especialmente, lo establecido en el art. 6, 7 y 8 TRLC.

TERCERO.– Que de la documentación aportada resulta la situación de insolvencia actual de........... S.L. (art. 2.3 TRLC), al no poder cumplir regularmente sus obligaciones, habiéndose justificado el endeudamiento y la insolvencia actual de dicha compañía. También el presupuesto subjetivo del concurso, al ser........... S.L. un deudor persona jurídica (art. 1.1 TRLC), al que no es de aplicación el procedimiento especial de micro empresas regulado en el Libro III TRLC (art. 1.2 TRLC), ni se trata de una entidad que integra la organización territorial del Estado (art. 1.3 TRLC).

CUARTO.– Que a la vista de lo dispuesto en el art. 29.1 TRLC el presente concurso tiene la consideración de voluntario.

QUINTO.– Que procede nombrar a la administración concursal, que estará integrada por un único miembro, recayendo el nombramiento en Don........... (ABOGADO), mayor de edad, de nacionalidad española, con domicilio en ...., calle .... y DNI/NIF .... Núm. .... ICAV.

ALTERNATIVA I (cuando entre en vigor el art. 62 TRLC):

Que conforme a lo dispuesto en el art. 62.1 TRLC procede nombrar a la administración concursal. No concurriendo ninguna de las excepciones previstas legalmente, procede estar al listado del Registro Público Concursal y al turno correlativo contemplado en dicho art. 62.1 TRLC, en función de la clase de concurso, en este caso, ..., recayendo el nombramiento en Don........... (ABOGADO), mayor de edad, de nacionalidad española, con domicilio en ...., calle .... y DNI/NIF .... núm. .... ICAV, dirección electrónica ...., quien ha hecho constar estar en condiciones para actuar *en el ámbito territorial* de este Juzgado.

ALTERNATIVA II (cuando entre en vigor el art. 62 TRLC):

Que conforme a lo dispuesto en el art. 62 TRLC procede nombrar a la administración concursal. De conformidad con lo establecido en este ultimo precepto, habría que estar al listado del Registro Público Concursal y al turno correlativo contemplado en dicho art. 62.1 TRLC. No obstante, dado que nos encontramos ante un concurso de mayor complejidad, entiendo más oportuno designar a un administrador concursal alternativo al que resulta del citado turno a la vista que .... Por ello, previa consulta del referido Registro, queda designado administrador concursal Don........... (ABOGADO), mayor de edad, de nacionalidad española, con domicilio en ...., calle .... y DNI/NIF .... núm. .... ICAV, dirección electrónica ...., que se halla inscrita en dicho Registro Publico concursal y habilitado para ejercer las funciones propias del cargo en dichos concursos. Justifico su nombramiento en ....

ALTERNATIVA III (cuando entre en vigor el art. 62 TRLC):

Que conforme a lo dispuesto en el art. 62.1 TRLC procede nombrar a la administración concursal y, procede estar al listado del Registro Público Concursal y al turno correlativo contemplado en dicho art. 62.1 TRLC, en función de la clase de concurso, en este caso, ... No obstante, dado que nos hallamos ante un concurso con elementos transfronterizos, y a la vista del art. 62.3 TRLC, el nombramiento deberá recaer en persona que, además, acredite en el momento de su aceptación el conocimiento suficiente de la lengua del país o países relacionados con esos elementos o, al menos, el conocimiento suficiente de la lengua inglesa. Alternativamente, podrá acreditar que cuenta con personas trabajadoras o ha contratado a un traductor jurado con dichos conocimientos. Por ello, recae el nombramiento en Don........... (ABOGADO), mayor de edad, de nacionalidad española, con domicilio en ...., calle .... y DNI/NIF .... núm. .... ICAV, dirección electrónica ...., quien ha hecho constar estar en condiciones para actuar en el ámbito territorial de este Juzgado y que, en cualquier caso, y al tiempo de aceptar el cargo deberá acreditar los anteriores extremos idiomáticos.

El administrador concursal nombrado deberá aceptar el cargo, por lo que urgentemente y por el medio más rápido se le notificará su nombramiento a efectos de su aceptación y juramento. Igualmente deberá acreditar ante este Juzgado que tiene suscrito un seguro de responsabilidad civil o garantía equivalente proporcional a la naturaleza y alcance del riesgo cubierto por el nombramiento aquí verificado a su favor.

SEXTO.– Que habiéndose solicitado por la actora la apertura de liquidación al amparo de lo dispuesto en el art. 406 TRLC, en su momento, mediante auto y en el plazo de diez días dentro de los diez días siguientes a la solicitud dictaré la apertura de la liquidación.

SÉPTIMO.– Que aunque nos hallamos ante un concurso voluntario, dado que el deudor ha solicitado la liquidación de la masa activa, entiendo mas conveniente decretar la suspensión de las facultades de administración y disposición sobre la masa activa, y la sustitución en su ejercicio de la administración concursal, en lugar de la concursada.

OCTAVO.– Que dando cumplimiento a lo preceptuado por el art. 35 TRLC procede dar, con la mayor urgencia, la oportuna publicidad a la declaración del concurso, mediante publicación del presente auto en los términos y con el contenido establecido en el art. 35 TRLC.

Igualmente procede dar publicidad registral a la declaración del presente concurso en los términos y con el alcance establecido en el art. 36 y 37 TRLC, así como insertar el presente auto en el Registro público Concursal y comunicar al Fondo de Garantía salarial la incoación de presente expediente (art. 33 ET). Finalmente, debe comunicarse la existencia del presente procedimiento al Registro Mercantil de la provincia de .... a los efectos de lo dispuesto en el TRLC así como en el RD 685/2005, de 9 de junio y la Orden 3473/2005, de 8 de noviembre. También procede la notificación de este auto a la Agencia Estatal de Administración Tributaria y a la Tesorería General de la Seguridad Social (art. 33 TRLC). Y dado que el concursado es empleador el presentes auto de declaración de concurso debe notificarse a la representación legal de los trabajadores.

El traslado de los oficios con los edictos correspondientes se realizará por vía electrónica o telemática a los organismos y Registros correspondientes.

ALTERNATIVA: Que no siendo posible el traslado de los oficios con los edictos correspondientes se realizará por vía telemática a los organismos y Registros correspondientes, deben expedirse los oportunos mandamientos y oficios con los edictos, que serán entregados y confiados al procurador de la solicitante del concurso a efectos de darles el oportuno curso, gestión y diligenciamiento en los términos de los citados arts. 35 a 37 TRLC.

Visto lo expuesto y demás normativa de aplicación

DISPONGO

PRIMERO.– Se tiene por personado a la sociedad........... S.L., y en su nombre y representación el procurador de los Tribunales Don........... en virtud del poder especial adjuntado por dicha compañía a la solicitud origen de este procedimiento, procurador con el que se entenderán y seguirán las sucesivas diligencias y comunicaciones, y se tiene por solicitada la declaración de concurso voluntario de la compañía........... S.L., solicitud que se admite a trámite.

SEGUNDO.– Se declara la situación de concurso de........... S.L., que a la vista del contenido del art. 29 TRLC tendrá la consideración de voluntario.

Se hace constar que el deudor no ha presentado una oferta vinculante de adquisición de unidad o unidades productivas, ni ha presentado una propuesta de convenio. Pero si ha solicitado la liquidación de la masa activa del concurso.

TERCERO.– Se designa como integrante de la administración concursal a Don........... (ABOGADO), mayor de edad, de nacionalidad española, con domicilio en..........., calle........... y DNI/NIF........... ICAV.

El administrador concursal nombrado deberá aceptar el cargo, por lo que urgentemente y por el medio más rápido se le notificará su nombramiento a efectos de su aceptación y juramento. Igualmente deberá acreditar ante este Juzgado que tiene suscrito un seguro de responsabilidad civil o garantía equivalente proporcional a la naturaleza y alcance del riesgo cubierto por el nombramiento aquí verificado a su favor. (En su caso y en el supuesto de entrada en vigor art. 62 TRLC). Y a la vista que nos hallamos ante un concurso con elementos transfronterizos, deberá acreditar en el momento de su aceptación del cargo, el conocimiento suficiente de la lengua del país o países relacionados con esos elementos o, al menos, el conocimiento suficiente de la lengua inglesa. Alternativamente, podrá acreditar que cuenta con personas trabajadoras o ha contratado a un traductor jurado con dichos conocimientos.

La administración concursal designada, queda autorizada de conformidad y a los efectos del art. 4 h) del RD-Ley 3/2013, a fin de ejercitar las acciones que considere oportunas en interés de la masa, bajo su responsabilidad y ante cualquier jurisdicción.

CUARTO.– Que habiéndose solicitado por la actora la apertura de liquidación al amparo de lo dispuesto en el art. 406 TRLC, en su momento, mediante auto y en el plazo de diez días siguientes a la solicitud dictaré la apertura de la liquidación de la masa activa.

QUINTO.– Decretar la suspensión de las facultades de administración y disposición sobre la masa activa, quedando sustituido en tal ejercicio la concursada por la administración concursal.

SEXTO.– Hacer el llamamiento a los acreedores de............ S.L. para que pongan en conocimiento de la administración concursal la existencia de sus créditos, en el plazo de un mes a contar desde el día siguiente a la publicación de este auto en el Boletín Oficial del Estado (BOE) a que se refiere el art. 35 TRLC.

La Administración Concursal, sin demora, realizará una comunicación individualizada, a cada uno de los acreedores cuya identidad y domicilio consten en la documentación obrante en los presentes autos, informándoles de la declaración del presente concurso y del deber de comunicar sus créditos en la forma establecida en el artículo 255 y ss. TRLC, debiendo efectuarse tal comunicación por medios telemáticos, informáticos o electrónicos cuando conste la dirección electrónica del acreedor.

Igualmente dirigirá la comunicación por medios electrónicos a la Agencia Estatal de la Administración Tributaria y la Tesorería General de la Seguridad Social a través de los medios habilitadas por estas en sus respectivas sedes electrónicas y con independencia que conste o no su condición de acreedores de la concursada. También se comunicará a la representación de los trabajadores, haciéndoles saber su derecho a personarse en el procedimiento como parte y librándose el oportuno edicto al efecto.

SÉPTIMO.– Proceder a dar la debida publicidad a la declaración del concurso, mediante la publicación del oportuno anuncio del presente auto de declaración del concurso que se publicará, con la mayor urgencia y de forma gratuita, en el Boletín Oficial del Estado.

A tal efecto, el mismo día de la aceptación del cargo por el administrador concursal, el letrado de la Administración de Justicia remitirá por medios electrónicos al "Boletín Oficial del Estado", para su publicación en el suplemento del tablón judicial edictal único, y al Registro público concursal el edicto relativo a la declaración de concurso, redactado en el modelo oficial para que sea publicado con la mayor urgencia. La publicación del edicto tendrá carácter gratuito. El edicto tendrá el contenido del art. 35.1, segundo párrafo, TRLC.

Líbrense al efecto el oportuno oficio con el edicto que será remitido por vía electrónica al citado Boletín Oficial del Estado.

ALTERNATIVA: Líbrese el oportuno oficio con el edicto a remitir al Boletín Oficial del Estado. No obstante, de manera excepcional y no siendo posible su traslado por vía electrónica, entréguese el citado oficio al procurador de la concursada para el oportuno diligenciamiento y gestión en los términos del art. 35 TRLC.

OCTAVO.– Inscribir en el Registro Mercantil de la provincia de........... la existencia del presente procedimiento y los acuerdos adoptados en el presente auto, especialmente, la intervención de las facultades de administración y disposición del concursado adoptada en la presente resolución, y el nombramiento de la Administración concursal.

Igualmente, practíquese anotación preventiva en los Registros de la Propiedad de........... y..........., concretamente en el folio correspondiente a los bienes de la concursada que a continuación se relacionan, relativa a la declaración del presente concurso voluntario, con indicación de la fecha, y los acuerdos adoptados en la presente resolución, especialmente, la intervención de las facultades de administración y disposición del concursado adoptada en la presente resolución, así como el nombramiento de la administración concursal...........

Los citados bienes son los siguientes (con expresión del Registro de la Propiedad en el que se halla inscrito y los datos registrales de cada bien):...........

Líbrense al efecto los oportunos oficios con los edictos que serán remitidos por vía electrónica o telemática desde el Juzgado a los citados Registros Públicos.

ALTERNATIVA: Líbrense los oportunos edictos con los mandamientos precisos para prácticas las citadas inscripciones y anotaciones que serán confiados al procurador para el oportuno diligenciamiento y gestión en los términos del art. 36 y 37 TRLC, al no ser posible el traslado por vía electrónica o telemática previsto en dicho precepto concursal.

NOVENO.– Insertar en el Registro Público Concursal el presente auto de declaración de concurso, así como comunicar al Fondo de Garantía Salarial la iniciación del presente procedimiento concursal, dirigiéndole al efecto el oportuno oficio. También al citado Registro Mercantil de la provincia de........... a los efectos de lo dispuesto en el RD 685/2005, de 9 de junio y la Orden 3473/2005, de 8 de noviembre). Tales comunicaciones las llevara a cabo de oficio el Juzgado mediante remisión de oficio y testimonio de la presente resolución por vía electrónica o telemática.

DÉCIMO.– Como consecuencia de la admisión de la solicitud de declaración de concurso voluntario formulada por........... S.L., fórmense las secciones primera, segunda, tercera, y cuarta del concurso.

Notifíquese por el Letrado de la Administración de Justicia la presente resolución al concursado a través de su representación procesal.

Contra el presente auto no cabe recurso alguno, a excepción del pronunciamiento sobre la admisión a tramite de la propuesta de convenio, respecto del que se podrá interponer recurso de reposición en el plazo de cinco días desde la notificación del presente auto.

Todo lo cual pronuncia, manda y firma el Ilmo. Sr. ...., Magistrado Juez del Juzgado de lo Mercantil núm. .... de...........

F092. AUTO ADMITIENDO LA SOLICITUD DE CONCURSO VOLUNTARIO DE PERSONA NATURAL NO COMERCIANTE

Normativa de aplicación: *Arts. 1 y ss. Real Decreto Legislativo 1/2020, de 5 de mayo, por el que se aprueba el texto refundido de la Ley Concursal.*

En la ciudad de........... a........... de........... de...........

ANTECEDENTES DE HECHO

PRIMERO.– Que en fecha........... de........... de........... por el Procurador de los Tribunales, Don..........., y en representación de Don........... se presentó solicitud de concurso voluntario de acreedores de dicha persona, en base a los HECHOS y FUNDAMENTOS DE DERECHO reseñados en la meritada solicitud y los documentos acompañados a la misma.

SEGUNDO.– De la solicitud formulada por Don........... extractamos lo siguiente:...........

TERCERO.– Que mediante providencia de fecha........... de........... de........... se solicitó de la instante del presente concurso, subsanara en el plazo de 3 días el defecto apreciado en su solicitud consistente en:..........., lo que llevó a cabo correctamente el día........... de........... de...........

CUARTO.– En la tramitación de los presentes se han respetado las prescripciones legales.

FUNDAMENTOS DE DERECHO

PRIMERO.– Que este Juez es competente desde un punto de vista territorial para conocer de la presente solicitud al ser éste Juzgado lo Mercantil de........... el correspondiente al lugar donde se halla el centro de intereses principales de Don........... (arts. 44 y 45 TRLC).

SEGUNDO.– Que la solicitud y la documentación aportada por Don........... junto a la citada solicitud cumple con lo establecido en el TRLC, especialmente, lo establecido en el art. 6 y ss. TRLC.

TERCERO.– Que Don........... reúne los requisitos de capacidad procesal, postulación, así como de legitimación al ser Don........... un deudor persona natural (arts. 1.1, 3.1 y 510 TRLC).

CUARTO.– Que de la documentación aportada resulta la situación de insolvencia actual/inminente de Don........... (art. 2 TRLC), al no poder cumplir regularmente sus obligaciones desde el día........... de........... de........... (o a partir del día de........... de...........), habiéndose justificado el endeudamiento y la insolvencia actual/inminente de Don...........

QUINTO.– Que a la vista de lo dispuesto en el art. 29.1 TRLC el presente concurso tiene la consideración de voluntario.

SÉPTIMO.– Que procede nombrar a la administración concursal, que estará integrada por un único miembro, recayendo el nombramiento en Don........... (ABOGADO), mayor de edad, de nacionalidad española, con domicilio en ...., calle .... y DNI/NIF .... Núm. .... ICAV.

ALTERNATIVA I (cuando entre en vigor el art. 62 TRLC):

Que conforme a lo dispuesto en el art. 62.1 TRLC procede nombrar a la administración concursal. No concurriendo ninguna de las excepciones previstas legalmente, procede estar al listado del Registro Público Concursal y al turno correlativo contemplado en dicho art. 62.1 TRLC, en función de la clase de concurso, en este caso, ..., recayendo el nombramiento en Don........... (ABOGADO), mayor de edad, de nacionalidad española, con domicilio en ...., calle .... y DNI/NIF .... núm. .... ICAV, dirección electrónica ...., quien ha hecho constar estar en condiciones para actuar en el ámbito territorial de este Juzgado.

ALTERNATIVA II (cuando entre en vigor el art. 62 TRLC):

Que conforme a lo dispuesto en el art. 62 TRLC procede nombrar a la administración concursal. De conformidad con lo establecido en este ultimo precepto, habría que estar al listado del Registro Público Concursal y al turno correlativo contemplado en dicho art. 62.1 TRLC. No obstante, dado que nos encontramos ante un concurso de mayor complejidad, entiendo más oportuno designar a un administrador concursal alternativo al que resulta del citado turno a la vista que .... Por ello, previa consulta del referido Registro, queda designado administrador concursal Don........... (ABOGADO), mayor de edad, de nacionalidad española, con domicilio en ...., calle .... y DNI/NIF .... núm. .... ICAV, dirección electrónica ...., que se halla inscrita en dicho Registro Publico concursal y habilitado para ejercer las funciones propias del cargo en dichos concursos. Justifico su nombramiento en ....

ALTERNATIVA III (cuando entre en vigor el art. 62 TRLC):

Que conforme a lo dispuesto en el art. 62.1 TRLC procede nombrar a la administración concursal y, procede estar al listado del Registro Público Concursal y al turno correlativo contemplado en dicho art. 62.1 TRLC, en función de la clase de concurso, en este caso, ... No obstante, dado que nos hallamos ante un concurso con elementos transfronterizos, y a la vista del art. 62.3 TRLC, el nombramiento deberá recaer en persona que, además, acredite en el momento de su aceptación el conocimiento suficiente de la lengua del país o países relacionados con esos elementos o, al menos, el conocimiento suficiente de la lengua inglesa. Alternativamente, podrá acreditar que cuenta con personas trabajadoras o ha contratado a un traductor jurado con dichos conocimientos. Por ello, recae el nombramiento en Don........... (ABOGADO), mayor de edad, de nacionalidad española, con domicilio en ...., calle .... y DNI/NIF .... núm. .... ICAV, dirección electrónica ...., quien ha hecho constar estar en condiciones para actuar en el ámbito territorial de este Juzgado y que, en cualquier caso, y al tiempo de aceptar el cargo deberá acreditar los anteriores extremos idiomáticos.

El administrador concursal nombrado deberá aceptar el cargo, por lo que urgentemente y por el medio más rápido se le notificará su nombramiento a efectos de su aceptación y juramento. Igualmente deberá acreditar ante este Juzgado que tiene suscrito un seguro de responsabilidad civil o garantía equivalente proporcional a la naturaleza y alcance del riesgo cubierto por el nombramiento aquí verificado a su favor.

OCTAVO.– Que dado que nos hallamos ante un concurso voluntario y no se constata a la vista de la documentación aportada hecho alguno que aconseje la suspensión de las facultades del concursado de administración y disposición de la masa activa, la procede la conservación de tales facultades por el concursado, quedando sometido el ejercicio de éstas a la intervención de los administradores concursales (art. 106 TRLC).

NOVENO.– A tal efecto, el mismo día de la aceptación del cargo por el administrador concursal, el letrado de la Administración de Justicia remitirá por medios electrónicos al "Boletín Oficial del Estado", para su publicación en el suplemento del tablón judicial edictal único, y al Registro público concursal el edicto relativo a la declaración de concurso, redactado en el modelo oficial para que sea publicado con la mayor urgencia. La publicación del edicto tendrá carácter gratuito. El edicto tendrá el contenido del art. 35.1, segundo párrafo, TRLC.

Líbrense al efecto el oportuno oficio con el edicto que será remitido por vía electrónica al citado Boletín Oficial del Estado.

ALTERNATIVA: Líbrese el oportuno oficio con el edicto a remitir al Boletín Oficial del Estado. No obstante, de manera excepcional y no siendo posible su traslado por vía electrónica, entréguese el citado oficio al procurador de la concursada para el oportuno diligenciamiento y gestión en los términos del art. 35 TRLC.

Igualmente procede dar publicidad registral a la declaración del presente concurso en los términos y con el alcance establecido en el art. 36 y 37 TRLC, así como insertar el presente auto en el Registro público Concursal y comunicar al Fondo de Garantía salarial la incoación de presente expediente (art. 33 ET). Finalmente, debe comunicarse la existencia del presente procedimiento al Registro Mercantil de la provincia de .... a los efectos de lo dispuesto en el TRLC así como en el RD 685/2005, de 9 de junio y la Orden 3473/2005, de 8 de noviembre. También procede la notificación de este auto a la Agencia Estatal de Administración Tributaria y a la Tesorería General de la Seguridad Social (art. 33 TRLC).

El traslado de los oficios con los edictos correspondientes se realizará por vía electrónica o telemática a los organismos y Registros correspondientes.

ALTERNATIVA: Que no siendo posible el traslado de los oficios con los edictos correspondientes se realizará por vía telemática a los organismos y Registros correspondientes, deben expedirse los oportunos mandamientos y oficios con los edictos, que serán entregados y confiados al procurador de la solicitante del concurso a efectos de darles el oportuno curso, gestión y diligenciamiento en los términos de los citados arts. 35 a 37 TRLC.

Visto lo expuesto y demás normativa de aplicación

DISPONGO

1.– Se declara la situación de concurso voluntario de Don...........

Se hace constar que el deudor no ha presentado una oferta vinculante de adquisición de unidad o unidades productivas, dado que no es empresario o profesional, ni ha presentado una propuesta de convenio. Tampoco la liquidación de la masa activa del concurso.

2.– Se designa como único integrante de la administración concursal a Don .... mayor de edad, de nacionalidad española, con domicilio en..........., calle........... y DNI/NIF........... ICAV...........

El administrador concursal nombrado deberá aceptar el cargo, por lo que urgentemente y por el medio más rápido, se le notificará su nombramiento a efectos de su aceptación y juramento.

(En su caso y en el supuesto de entrada en vigor art. 62 TRLC.) Y a la vista que nos hallamos ante un concurso con elementos transfronterizos, deberá acreditar en el momento de su aceptación del cargo, el conocimiento suficiente de la lengua del país o países relacionados con esos elementos o, al menos, el conocimiento suficiente de la lengua inglesa. Alternativamente, podrá acreditar que cuenta con personas trabajadoras o ha contratado a un traductor jurado con dichos conocimientos.

La administración concursal designada, queda autorizada de conformidad y a los efectos del art. 4 h) del RD-Ley 3/2013, a fin de ejercitar las acciones que considere oportunas en interés de la masa, bajo su responsabilidad y ante cualquier jurisdicción.

3.– Decretar la conservación por los deudores de las facultades de administración y disposición sobre la masa activa, quedando sometido el ejercicio de éstas a la intervención de los administradores concursales.

4.– Hacer el llamamiento a los acreedores de........... S.L. para que pongan en conocimiento de la administración concursal la existencia de sus créditos, en el plazo de un mes a contar desde el día siguiente a la publicación del presente auto en el Boletín Oficial del Estado (BOE) a que se refiere el art. 35 TRLC.

La Administración Concursal, sin demora, realizará una comunicación individualizada, a cada uno de los acreedores cuya identidad y domicilio consten en la documentación obrante en los presentes autos, informándoles de la declaración del presente concurso y del deber de comunicar sus créditos en la forma establecida en el artículo 255 TRLC, debiendo efectuarse tal comunicación por medios telemáticos, informáticos o electrónicos cuando conste la dirección electrónica del acreedor.

Igualmente dirigirá la comunicación por medios electrónicos a la Agencia Estatal de la Administración Tributaria y la Tesorería General de la Seguridad Social a través de los medios habilitadas por estas en sus respectivas sedes electrónicas y con independencia que conste o no su condición de acreedores de la concursada. También se comunicará a la representación de los trabajadores, haciéndoles saber su derecho a personarse en el procedimiento como parte.

5.– Proceder a dar la debida publicidad a la declaración del concurso, mediante la publicación del presente auto de declaración del concurso que se publicará, con la mayor urgencia y de forma gratuita, en el Boletín Oficial del Estado.

A tal efecto, el mismo día de la aceptación del cargo por el administrador concursal, el letrado de la Administración de Justicia remitirá por medios electrónicos al "Boletín Oficial del Estado", para su publicación en el suplemento del tablón judicial edictal único, y al Registro público concursal el edicto relativo a la declaración de concurso, redactado en el modelo oficial para que sea publicado con la mayor urgencia. La publicación del edicto tendrá carácter gratuito. El edicto tendrá el contenido del art. 35.1, segundo párrafo, TRLC.

Líbrense al efecto el oportuno oficio con el edicto que será remitido por vía electrónica al citado Boletín Oficial del Estado.

ALTERNATIVA: Líbrese el oportuno oficio con el edicto a remitir al Boletín Oficial del Estado. No obstante, de manera excepcional y no siendo posible su traslado por vía electrónica, entréguese el citado oficio al procurador de la concursada para el oportuno diligenciamiento y gestión en los términos del art. 35 TRLC.

6.– Inscribir en el Registro Civil de........... la existencia del presente procedimiento y los acuerdos adoptados en el presente auto, especialmente, la intervención de las facultades de administración y disposición del concursado adoptada en la presente resolución, y el nombramiento de los administradores concursales.

Igualmente, practíquese anotación preventiva en los Registros de la Propiedad de........... y..........., concretamente en el folio correspondiente a los bienes de la concursada que a continuación se relacionan, relativa a la declaración del presente concurso voluntario, con indicación de la fecha, y los acuerdos adoptados en la presente resolución, especialmente, la intervención de las facultades de administración y disposición del concursado adoptada en la presente resolución, así como el nombramiento de la administración concursal...........

Los citados bienes son los siguientes (con expresión del Registro de la Propiedad en el que se halla inscrito y los datos registrales de cada bien):...........

Líbrense al efecto los oportunos oficios con los edictos que serán remitidos por vía electrónica o telemática desde el Juzgado a los citados Registros Públicos.

ALTERNATIVA: Líbrense los oportunos edictos con los mandamientos precisos para prácticas las citadas inscripciones y anotaciones que serán confiados al procurador para el oportuno diligenciamiento y gestión en los términos del art. 36 y 37 TRLC, al no ser posible el traslado por vía electrónica o telemática previsto en dichos preceptos concursales.

7.– Insertar en el Registro Público Concursal el presente auto de declaración de concurso, así como comunicar al Fondo de Garantía Salarial la iniciación del presente procedimiento concursal, dirigiéndole al efecto el oportuno oficio. También al citado Registro Mercantil de la provincia de............ a los efectos de lo dispuesto en el RD 685/2005, de 9 de junio y la Orden 3473/2005, de 8 de noviembre). Tales comunicaciones las llevara a cabo de oficio el Juzgado mediante remisión de oficio y testimonio de la presente resolución por vía telemática.

8.– Como consecuencia de la admisión de la solicitud de declaración de concurso voluntario formulada por............ S.L., fórmense las secciones primera, segunda, tercera y cuarta del concurso.

Notifíquese por el Sr. Letrado de la Administración de Justicia la presente resolución al concursado a través de su representación procesal.

Contra el presente auto no cabe recurso alguno.

Todo lo cual pronuncia, manda y firma el Ilmo. Sr. ...., Magistrado Juez del Juzgado de lo Mercantil núm. .... de............

F093. AUTO ADMITIENDO LA SOLICITUD DE CONCURSO VOLUNTARIO DE PERSONA NATURAL COMERCIANTE CASADO

Normativa de aplicación: *Arts. 1 y ss. Real Decreto Legislativo 1/2020, de 5 de mayo, por el que se aprueba el texto refundido de la Ley Concursal.*

En la ciudad de............ a............ de............ de............

ANTECEDENTES DE HECHO

PRIMERO.– Que en fecha............ de............ de............ por el Procurador de los Tribunales, Don............, y en representación de Don............, se presentó solicitud de concurso voluntario de acreedores de dicha persona, en base a los HECHOS y FUNDAMENTOS DE DERECHO reseñados en la meritada solicitud y los documentos acompañados a la misma.

SEGUNDO.– De la solicitud formulada por Don............ extracto lo siguiente:............

TERCERO.– Que mediante providencia de fecha........... de........... de........... se solicitó de la instante del presente concurso, subsanara en el plazo de tres días el defecto apreciado en su solicitud consistente en:..........., lo que llevó a cabo correctamente el día........... de........... de...........

CUARTO.– En la tramitación de los presentes se han respetado las prescripciones legales.

FUNDAMENTOS DE DERECHO

PRIMERO.– Que este Juez es competente desde un punto de vista territorial para conocer de la presente solicitud al ser éste Juzgado de lo Mercantil de........... el correspondiente al lugar donde se halla el centro de intereses principales de Don........... (art. 44 y 45 TRLC).

SEGUNDO.– Que la solicitud y la documentación aportada por Don........... junto a la citada solicitud cumple con lo establecido en el TRLC, especialmente, lo establecido en el art. 6 y ss. TRLC.

TERCERO.– Que Don........... reúne los requisitos de capacidad procesal, postulación, así como de legitimación al ser Don........... un deudor persona natural (art. 1.1, 3 y 510 TRLC).

CUARTO.– Que de la documentación aportada resulta la situación de insolvencia actual/inminente de Don........... (art. 2 TRLC), al no poder cumplir regularmente sus obligaciones desde el día........... de........... de........... (o a partir del día de........... de...........), habiéndose justificado el endeudamiento y la insolvencia actual/inminente de Don...........

QUINTO.– Que a la vista de lo dispuesto en el art. 29.1 TRLC el presente concurso tiene la consideración de voluntario.

SEXTO.– Que procede nombrar a la administración concursal, que estará integrada por un único miembro, recayendo el nombramiento en Don........... (ABOGADO), mayor de edad, de nacionalidad española, con domicilio en ...., calle .... y DNI/NIF .... Núm. .... ICAV.

ALTERNATIVA I (cuando entre en vigor el art. 62 TRLC):

Que conforme a lo dispuesto en el art. 62.1 TRLC procede nombrar a la administración concursal. No concurriendo ninguna de las excepciones previstas legalmente, procede estar al listado del Registro Público Concursal y al turno correlativo contemplado en dicho art. 62.1 TRLC, en función de la clase de concurso, en este caso, ..., recayendo el nombramiento en Don........... (ABOGADO), mayor de edad, de nacionalidad española, con domicilio en ...., calle .... y DNI/NIF .... núm. .... ICAV, dirección electrónica ...., quien ha hecho constar estar en condiciones para actuar en el ámbito territorial de este Juzgado.

ALTERNATIVA II (cuando entre en vigor el art. 62 TRLC):

Que conforme a lo dispuesto en el art. 62 TRLC procede nombrar a la administración concursal. De conformidad con lo establecido en este ultimo precepto, habría que estar al listado del Registro Público Concursal y al turno correlativo contemplado en dicho art. 62.1 TRLC. No obstante, dado que nos encontramos ante un concurso de mayor complejidad, entiendo más oportuno designar a un administrador concursal alternativo al que resulta del citado turno a la vista que .... Por ello, previa consulta del referido Registro, queda designado administrador concursal Don........... (ABOGADO), mayor de edad, de nacionalidad española, con domicilio en ...., calle .... y DNI/NIF .... núm. .... ICAV, dirección electrónica ...., que se halla inscrita en dicho Registro Publico concursal y habilitado para ejercer las funciones propias del cargo en dichos concursos. Justifico su nombramiento en ....

ALTERNATIVA III (cuando entre en vigor el art. 62 TRLC):

Que conforme a lo dispuesto en el art. 62.1 TRLC procede nombrar a la administración concursal y, procede estar al listado del Registro Público Concursal y al turno correlativo contemplado en dicho art. 62.1 TRLC, en función de la clase de concurso, en este caso, ... No obstante, dado que nos hallamos ante un concurso con elementos transfronterizos, y a la vista del art. 62.3 TRLC, el nombramiento deberá recaer en persona que, además, acredite en el momento de su aceptación el conocimiento suficiente de la lengua del país o países relacionados con esos elementos o, al menos, el conocimiento suficiente de la lengua inglesa. Alternativamente, podrá acreditar que cuenta con personas trabajadoras o ha contratado a un traductor jurado con dichos conocimientos. Por ello, recae el nombramiento en Don........... (ABOGADO), mayor de edad, de nacionalidad española, con domicilio en ...., calle .... y DNI/NIF .... núm. .... ICAV, dirección electrónica ...., quien ha hecho constar estar en condiciones para actuar en el ámbito territorial de este Juzgado y que, en cualquier caso, y al tiempo de aceptar el cargo deberá acreditar los anteriores extremos idiomáticos.

El administrador concursal nombrado deberá aceptar el cargo, por lo que urgentemente y por el medio más rápido se le notificará su nombramiento a efectos de su aceptación y juramento. Igualmente deberá acreditar ante este Juzgado que tiene suscrito un seguro de responsabilidad civil o garantía equivalente proporcional a la naturaleza y alcance del riesgo cubierto por el nombramiento aquí verificado a su favor.

SÉPTIMO.– Que dado que nos hallamos ante un concurso voluntario y no se constata a la vista de la documentación aportada hecho alguno que aconseje la suspensión de las facultades del concursado de administración y disposición de la masa activa, procede la conservación de tales facultades por el concursado, quedando sometido el ejercicio de éstas a la intervención de la administración concursal (art. 106 TRLC).

SÉPTIMO.– Que dando cumplimiento a lo preceptuado por el art. 35 TRLC procede dar, con la mayor urgencia, la oportuna publicidad a la declaración del concurso, mediante publicación del presente auto en los términos y con el contenido establecido en el art. 35 TRLC.

Igualmente procede dar publicidad registral a la declaración del presente concurso en *los términos y con el alcance* establecido en los arts. 36 y 37 TRLC, así como comunicar el mismo al Juzgado Decano de..........., a la Agencia Estatal de Administración Tributaria y a la Tesorería de la Seguridad Social. También insertar este auto en el Registro Público Concursal.

El traslado de los oficios con los edictos correspondientes se realizará por vía telemática a los organismos y Registros correspondientes.

ALTERNATIVA: Que pese a establecer los arts. 36 y 37 TRLC que el traslado de los oficios con los edictos correspondientes se realizará por vía telemática a los organismos y Registros correspondientes, no siendo posible lo anterior deben expedirse los oportunos mandamientos y oficios con los edictos, que serán entregados y confiados al procurador de la concursada a efectos de darles el oportuno curso, gestión y diligenciamiento en los términos de los citados arts. 36 y 37 TRLC y demás normativa aplicable.

OCTAVO.– A la vista que Don........... se halla casado con Doña........... bajo el régimen de gananciales, el presente auto debe ser notificado al cónyuge del deudor (art. 33.2 TRLC.

Visto lo expuesto y demás normativa de aplicación

DISPONGO

PRIMERO.– Se declara la situación de concurso voluntario de...........

Se hace constar que el deudor no ha presentado una oferta vinculante de adquisición de unidad o unidades productivas, ni ha presentado una propuesta de convenio. Tampoco la liquidación de la masa activa del concurso.

SEGUNDO.– Se designa como integrante de la administración concursal al abogado, Don..........., mayor de edad, de nacionalidad española, con domicilio en..........., calle........... y DNI/NIF...........

El administrador concursal nombrado deberá aceptar el cargo, por lo que urgentemente y por el medio más rápido se les notificará su nombramiento a efectos de su aceptación y juramento. Igualmente deberá acreditar ante este Juzgado que tiene suscrito un seguro de responsabilidad civil o garantía equivalente proporcional a la naturaleza y alcance del riesgo cubierto por el nombramiento aquí verificado a su favor.

(En su caso y en el supuesto de entrada en vigor art. 62 TRLC.) Y a la vista que nos hallamos ante un concurso con elementos transfronterizos, deberá acreditar en el momento de su aceptación del cargo, el conocimiento suficiente de la lengua del país o países relacionados con esos elementos o, al menos, el conocimiento suficiente de la lengua inglesa. Alternativamente, podrá acreditar que cuenta con personas trabajadoras o ha contratado a un traductor jurado con dichos conocimientos.

La administración concursal designada, queda autorizada de conformidad y a los efectos del art. 4 h) del RD-Ley 3/2013, a fin de ejercitar las acciones que considere oportunas en interes de la masa, bajo su responsabilidad y ante cualquier jurisdicción.

TERCERO.– Decretar la conservación por el deudor de las facultades de administración y disposición sobre la masa activa, quedando sometido el ejercicio de éstas, mediante su autorización o conformidad.

CUARTO.– Hacer el llamamiento a los acreedores de Don........... para que pongan en conocimiento de la administración concursal la existencia de sus créditos, en el plazo de UN MES a contar desde el día siguiente a la publicación del presente auto en el Boletín Oficial del Estado (BOE) a que se refiere el art. 35 TRLC.

La Administración Concursal, sin demora, realizará una comunicación individualizada, a cada uno de los acreedores cuya identidad y domicilio consten en el concurso, informándoles de la declaración de éste y del deber de comunicar sus créditos en la forma establecida en el artículo 255 y ss. TRLC, debiendo efectuarse tal comunicación por medios telemáticos, informáticos o electrónicos cuando conste la dirección electrónica del acreedor

Igualmente dirigirá la comunicación por medios electrónicos a la Agencia Estatal de la Administración Tributaria y la Tesorería General de la Seguridad Social a través de los medios habilitadas por estas en sus respectivas sedes electrónicas y con independencia que conste o no su condición de acreedores de la concursada. También a la representación de los trabajadores, haciéndoles sabes su derecho a personarse en el procedimiento como parte.

QUINTO.– Proceder a dar la debida publicidad a la declaración del concurso, mediante la publicación del anuncio del presente auto de declaración del concurso que se publicará, con la mayor urgencia y de forma gratuita, en el Boletín Oficial del Estado.

A tal efecto, el mismo día de la aceptación del cargo por el administrador concursal, el letrado de la Administración de Justicia remitirá por medios electrónicos al "Boletín Oficial del Estado", para su publicación en el suplemento del tablón judicial edictal único, y al Registro público concursal el edicto relativo a la declaración de concurso, redactado en el modelo oficial para que sea publicado con la mayor urgencia. La publicación del edicto tendrá carácter gratuito. El edicto tendrá el contenido del art. 35.1, segundo párrafo, TRLC.

Líbrense al efecto el oportuno oficio con el edicto que será remitido por vía electrónica al citado Boletín Oficial del Estado.

ALTERNATIVA: Líbrese el oportuno oficio con el edicto a remitir al Boletín Oficial del Estado. No obstante, de manera excepcional y no siendo posible su traslado por vía electrónica, entréguese el citado oficio al procurador de la concursada para el oportuno diligenciamiento y gestión en los términos del art. 35 TRLC.

SEXTO.– Inscribir en el Registro Civil de........... la existencia del presente procedimiento y los acuerdos adoptados en el presente auto, especialmente, la intervención de las facultades de administración y disposición del concursado adoptada en la presente resolución acordada, y el nombramiento de la administración concursal.

Igualmente, practíquese anotación preventiva en los Registros de la Propiedad de........... y..........., concretamente en el folio correspondiente a los bienes de la concursada que a continuación se relacionan, relativa a la existencia del presente concurso voluntario y los acuerdos adoptados en la presente resolución, especialmente, la intervención de las facultades de administración y disposición del concursado adoptada en la presente *resolución acordada*, y el nombramiento de la administración concursal.

Los citados bienes son los siguientes (con expresión del Registro de la Propiedad en el que se halla inscrito y los datos registrales de cada bien):............

Líbrense al efecto los oportunos oficios con los edictos que serán remitidos por vía electrónica o telemática a los citados Registros Públicos.

ALTERNATIVA: Líbrense los oportunos edictos con los mandamientos precisos para prácticas las citadas inscripciones y anotaciones que serán confiados al procurador de la concursada para el oportuno diligenciamiento y gestión en los términos del art. 36 y 37 TRLC, al no ser posible el traslado por vía electrónica o telemática previsto en dichos preceptos concursales.

SÉPTIMO.– Insertar en el Registro Público Concursal el presente auto de declaración de concurso así como comunicar la existencia del presente procedimiento concursal y el contenido del presente auto al Juzgado Decano de............, a la Agencia Estatal de Administración Tributaria, al Fondo de Garantía Salarial y a la Tesorería General de la Seguridad Social. Tales comunicaciones las llevara a cabo de oficio el Juzgado mediante remisión de oficio y testimonio de la presente resolución que se trasladarán por vía telemática. En su caso, notificase el presente a la representación legal de los trabajadores de Don ...., librándose al efecto el oportuno edicto.

OCTAVO.– Como consecuencia de la admisión de la solicitud de declaración de concurso voluntario formulada por Don............, fórmense las secciones primera, segunda, tercera y cuarta del concurso.

NOVENO.– Notificar la existencia del presente procedimiento y del contenido de los acuerdos adoptados en este auto a Doña............, cónyuge del deudor, vecina de............, con domicilio en............, calle............ número............, y DNI/ NIF............

Notifíquese por el Letrado de la Administración de Justicia la presente resolución al concursado a través de su representación procesal.

Contra el presente auto no cabe recurso alguno.

Todo lo cual pronuncia, manda y firma el Ilmo. Sr. ...., Magistrado Juez del Juzgado de lo Mercantil núm. .... de............

F094. AUTO ADMITIENDO LA SOLICITUD DE CONCURSO VOLUNTARIO DE PERSONA JURÍDICA PREVIA COMUNICACIÓN DE APERTURA DE NEGOCIACIONES DEL ART. 585 TRLC

Normativa de aplicación: *Arts. 1 y ss.; art. 585 Real Decreto Legislativo 1/2020, de 5 de mayo, por el que se aprueba el texto refundido de la Ley Concursal.*

En la ciudad de .... a .... de .... de ....

ANTECEDENTES DE HECHO

PRIMERO.– Que en fecha .... de .... de .... por el Procurador de los Tribunales, Don..........., y en representación de la compañía .... S.L., se presentó solicitud de concurso necesario de acreedores de la sociedad .... S.L., en base a los HECHOS y FUNDAMENTOS DE DERECHO reseñados en la meritada solicitud y los documentos acompañados a la misma.

SEGUNDO.– Que previamente, mediante escrito de fecha ...., por la procuradora .... y en representación de la sociedad .... S.L., comunicó a este Juzgado la situación de insolvencia actual en que se hallaba y que había iniciado negociaciones para obtener un plan de reestructuración. Ello a los efectos y con el alcance establecido en los arts. 585, ss. y concordantes TRLC.

TERCERO.– Que a fecha de presentación de la solicitud de concurso necesario no había transcurrido el plazo de tres meses a que se refiere el art. 610 TRLC para que tras la comunicación reseñada en el antecedente segundo de este auto, ... S.L. presentara, en su caso, solicitud de concurso voluntario en el mes siguiente. Por tal motivo, mediante auto de fecha .... y de conformidad con lo establecido en el art. 610.1 TRLC, se acordó no admitir a tramite la citada solicitud de concurso necesario.

CUARTO.– Que en fecha .... de .... de .... (esto es, dentro del plazo el plazo de un mes establecido en el art. 610 y 611 TRLC), por el Procurador de los Tribunales, Don..........., y en representación de la compañía .... S.L., se presentó solicitud de concurso voluntario de acreedores de dicha compañía, en base a los HECHOS y FUNDAMENTOS DE DERECHO reseñados en la meritada solicitud y los documentos acompañados a la misma.

De la solicitud formulada por .... S.L. extracto lo siguiente: ....

QUINTO.– En la tramitación de los presentes se han respetado las prescripciones legales.

FUNDAMENTOS DE DERECHO

PRIMERO.– Que este Juez es competente para conocer de la presente solicitud al ser éste Juzgado de lo Mercantil de .... el correspondiente al lugar donde se halla el centro de los intereses principales de .... S.L. (arts. 44, 45 y 610 TRLC).

SEGUNDO.– Que la solicitud y la documentación aportada por .... S.L. junto a la misma cumple con lo establecido en la Ley, especialmente, lo establecido en el art. 6 y ss. TRLC.

TERCERO.– Que de la documentación aportada resulta la situación de insolvencia actual de .... S.L. (art. 2 TRLC), al no poder cumplir regularmente sus obligaciones, habiéndose justificado el endeudamiento y la insolvencia actual de dicha compañía. También el presupuesto subjetivo del concurso, al ser .... S.L. un deudor persona jurídica (art. 1 TRLC).

CUARTO.– Que a la vista de lo dispuesto en el art. 610 y 29.1 TRLC el presente concurso tiene la consideración de voluntario.

QUINTO.– Que procede nombrar a la administración concursal, que estará integrada por un único miembro, recayendo el nombramiento en Don………… (ABOGADO), mayor de edad, de nacionalidad española, con domicilio en …………, calle ………… y DNI/NIF ………… Núm. ………… ICAV.

ALTERNATIVA I (cuando entre en vigor el art. 62 TRLC):

Que conforme a lo dispuesto en el art. 62.1 TRLC procede nombrar a la administración concursal. No concurriendo ninguna de las excepciones previstas legalmente, procede estar al listado del Registro Público Concursal y al turno correlativo contemplado en dicho art. 62.1 TRLC, en función de la clase de concurso, en este caso, …………, recayendo el nombramiento en Don………… (ABOGADO), mayor de edad, de nacionalidad española, con domicilio en …………, calle ………… y DNI/NIF ………… núm. ………… ICAV, dirección electrónica …………, quien ha hecho constar estar en condiciones para actuar en el ámbito territorial de este Juzgado.

ALTERNATIVA II (cuando entre en vigor el art. 62 TRLC):

Que conforme a lo dispuesto en el art. 62 TRLC procede nombrar a la administración concursal. De conformidad con lo establecido en este ultimo precepto, habría que estar al listado del Registro Público Concursal y al turno correlativo contemplado en dicho art. 62.1 TRLC. No obstante, dado que nos encontramos ante un concurso de mayor complejidad, entiendo más oportuno designar a un administrador concursal alternativo al que resulta del citado turno a la vista que ………… Por ello, previa consulta del referido Registro, queda designado administrador concursal Don………… (ABOGADO), mayor de edad, de nacionalidad española, con domicilio en …………, calle ………… y DNI/NIF ………… núm. ………… ICAV, dirección electrónica …………, que se halla inscrita en dicho Registro Publico concursal y habilitado para ejercer las funciones propias del cargo en dichos concursos. Justifico su nombramiento en …………

ALTERNATIVA III (cuando entre en vigor el art. 62 TRLC):

Que conforme a lo dispuesto en el art. 62.1 TRLC procede nombrar a la administración concursal y, procede estar al listado del Registro Público Concursal y al turno correlativo contemplado en dicho art. 62.1 TRLC, en función de la clase de concurso, en este caso, ………… No obstante, dado que nos hallamos ante un concurso con elementos transfronterizos, y a la vista del art. 62.3 TRLC, el nombramiento deberá recaer en persona que, además, acredite en el momento de su aceptación el conocimiento suficiente de la lengua del país o países relacionados con esos elementos o, al menos, el conocimiento suficiente de la lengua inglesa. Alternativamente, podrá acreditar que cuenta con personas trabajadoras o ha contratado a un traductor jurado con dichos conocimientos. Por ello, recae el nombramiento en Don………… (ABOGADO), mayor de edad, de nacionalidad española, con domicilio en …………, calle ………… y DNI/NIF ………… núm. ………… ICAV, dirección electrónica …………, quien ha hecho constar estar en condiciones para actuar en el ámbito territorial de este Juzgado y que, en cualquier caso, y al tiempo de aceptar el cargo deberá acreditar los anteriores extremos idiomáticos.

El administrador concursal nombrado deberá aceptar el cargo, por lo que urgentemente y por el medio más rápido se le notificará su nombramiento a efectos de su aceptación y juramento. Igualmente deberá acreditar ante este Juzgado que tiene suscrito un seguro de responsabilidad civil o garantía equivalente proporcional a la naturaleza y alcance del riesgo cubierto por el nombramiento aquí verificado a su favor.

SEXTO.– Que dado que nos hallamos ante un concurso voluntario y no se constata a la vista de la documentación aportada hecho alguno que aconseje la suspensión de las facultades del concursado de administración y disposición de la masa activa, procede la conservación de tales facultades por el concursado, quedando sometido el ejercicio de éstas a la intervención de la administración concursal (art. 106 TRLC).

SÉPTIMO.– Que dando cumplimiento a lo preceptuado por el art. 35 TRLC procede dar, con la mayor urgencia, la oportuna publicidad a la declaración del concurso, mediante publicación del presente auto en los términos y con el contenido establecido en el art. 35 TRLC.

Igualmente procede dar publicidad registral a la declaración del presente concurso en los términos y con el alcance establecido en los arts. 36 y 37 TRLC, así como comunicar el mismo al Juzgado Decano de............, a la Agencia Estatal de Administración Tributaria y a la Tesorería de la Seguridad Social. También insertar este auto en el Registro Público Concursal.

El traslado de los oficios con los edictos correspondientes se realizará por vía telemática a los organismos y Registros correspondientes.

ALTERNATIVA: Que pese a establecer los arts. 35 a 37 TRLC que el traslado de los oficios con los edictos correspondientes se realizará por vía telemática a los organismos y Registros correspondientes, no siendo posible lo anterior deben expedirse los oportunos mandamientos y oficios con los edictos, que serán entregados y confiados al procurador de la concursada a efectos de darles el oportuno curso, gestión y diligenciamiento en los términos de los citados arts. 35 a 37 TRLC y demás normativa aplicable.

Visto lo expuesto y demás normativa de aplicación

DISPONGO

PRIMERO.– Que estimando la solicitud formulada por la procuradora de los Tribunales ...., en nombre y representación de .... S.A., se declara la situación de concurso de acreedores de la predicha mercantil, ... S.A., con domicilio en ...., calle ...., núm. .... y CIF .... Inscrita en el Registro Mercantil de la provincia de ...., al tomo ...., libro ...., de la sección ...., hoja ....

El referido concurso de acreedores, tiene el carácter de voluntario.

Se designa como integrante de la administración concursal al abogado, Don............, mayor de edad, de nacionalidad española, con domicilio en............, calle............ y DNI/NIF............

El administrador concursal nombrado deberá aceptar el cargo, por lo que urgentemente y por el medio más rápido se les notificará su nombramiento a efectos de su aceptación y juramento. Igualmente deberá acreditar ante este Juzgado que tiene suscrito un seguro de responsabilidad civil o garantía equivalente proporcional a la naturaleza y alcance del riesgo cubierto por el nombramiento aquí verificado a su favor.

(En su caso y en el supuesto de entrada en vigor art. 62 TRLC.) Y a la vista que nos hallamos ante un concurso con elementos transfronterizos, deberá acreditar en el momento de su aceptación del cargo, el conocimiento suficiente de la lengua del país o países relacionados con esos elementos o, al menos, el conocimiento suficiente de la lengua inglesa. Alternativamente, podrá acreditar que cuenta con personas trabajadoras o ha contratado a un traductor jurado con dichos conocimientos.

La administración concursal designada, queda autorizada de conformidad y a los efectos del art. 4 h) del RD-Ley 3/2013, a fin de ejercitar las acciones que considere oportunas en interes de la masa, bajo su responsabilidad y ante cualquier jurisdicción.

TERCERO.– Decretar la conservación por el deudor de las facultades de administración y disposición sobre la masa activa, quedando sometido el ejercicio de éstas, mediante su autorización o conformidad.

CUARTO.– Hacer el llamamiento a los acreedores de Don........... para que pongan en conocimiento de la administración concursal la existencia de sus créditos, en el plazo de UN MES a contar desde el día siguiente a la publicación del presente auto en el Boletín Oficial del Estado (BOE) a que se refiere el art. 35 TRLC.

La Administración Concursal, sin demora, realizará una comunicación individualizada, a cada uno de los acreedores cuya identidad y domicilio consten en el concurso, informándoles de la declaración de éste y del deber de comunicar sus créditos en la forma establecida en el artículo 255 y ss. TRLC, debiendo efectuarse tal comunicación por medios telemáticos, informáticos o electrónicos cuando conste la dirección electrónica del acreedor

Igualmente dirigirá la comunicación por medios electrónicos a la Agencia Estatal de la Administración Tributaria y la Tesorería General de la Seguridad Social a través de los medios habilitadas por estas en sus respectivas sedes electrónicas y con independencia que conste o no su condición de acreedores de la concursada. También a la representación de los trabajadores, haciéndoles sabes su derecho a personarse en el procedimiento como parte.

QUINTO.– Proceder a dar la debida publicidad a la declaración del concurso, mediante la publicación del anuncio del presente auto de declaración del concurso que se publicará, con la mayor urgencia y de forma gratuita, en el Boletín Oficial del Estado.

A tal efecto, el mismo día de la aceptación del cargo por el administrador concursal, el letrado de la Administración de Justicia remitirá por medios electrónicos al "Boletín Oficial del Estado", para su publicación en el suplemento del tablón judicial edictal único, y al Registro público concursal el edicto relativo a la declaración de concurso, redactado en el modelo oficial para que sea publicado con la mayor urgencia. La publicación del edicto tendrá carácter gratuito. El edicto tendrá el contenido del art. 35.1, segundo párrafo, TRLC.

Líbrense al efecto el oportuno oficio con el edicto que será remitido por vía electrónica al citado Boletín Oficial del Estado.

ALTERNATIVA: Líbrese el oportuno oficio con el edicto a remitir al Boletín Oficial del Estado. No obstante, de manera excepcional y no siendo posible su traslado por vía electrónica, entréguese el citado oficio al procurador de la concursada para el oportuno diligenciamiento y gestión en los términos del art. 35 TRLC.

SEXTO.– Inscribir en el Registro Mercantil de........... la existencia del presente procedimiento y los acuerdos adoptados en el presente auto, especialmente, la intervención de las facultades de administración y disposición del concursado adoptada en la presente resolución acordada, y el nombramiento de la administración concursal.

Igualmente, practíquese anotación preventiva en los Registros de la Propiedad de........... y..........., concretamente en el folio correspondiente a los bienes de la concursada que a continuación se relacionan, relativa a la existencia del presente concurso voluntario y los acuerdos adoptados en la presente resolución, especialmente, la intervención de las facultades de administración y disposición del concursado adoptada en la presente resolución acordada, y el nombramiento de la administración concursal.

Los citados bienes son los siguientes (con expresión del Registro de la Propiedad en el que se halla inscrito y los datos registrales de cada bien):...........

Líbrense al efecto los oportunos oficios con los edictos que serán remitidos por vía electrónica o telemática a los citados Registros Públicos.

ALTERNATIVA: Líbrense los oportunos edictos con los mandamientos precisos para prácticas las citadas inscripciones y anotaciones que serán confiados al procurador de la concursada para el oportuno diligenciamiento y gestión en los términos del art. 36 y 37 TRLC, al no ser posible el traslado por vía electrónica o telemática previsto en dichos preceptos concursales.

SÉPTIMO.– Insertar en el Registro Público Concursal el presente auto de declaración de concurso así como comunicar la existencia del presente procedimiento concursal y el contenido del presente auto al Juzgado Decano de..........., a la Agencia Estatal de Administración Tributaria, al Fondo de Garantía Salarial y a la Tesorería General de la Seguridad Social. Tales comunicaciones las llevara a cabo de oficio el Juzgado mediante remisión de oficio y testimonio de la presente resolución que se trasladarán por vía telemática. En su caso, notificase el presente a la representación legal de los trabajadores de ...., librándose al efecto el oportuno edicto.

OCTAVO.– Como consecuencia de la admisión de la solicitud de declaración de concurso voluntario formulada por ...., fórmense las secciones primera, segunda, tercera y cuarta del concurso.

Notifíquese por el Letrado de la Administración de Justicia la resolución al deudor concursado, a través de su representación procesal.

Contra el presente auto no cabe recurso alguno.

Todo lo cual pronuncia, manda y firma el Ilmo. Sr. ...., Magistrado Juez del Juzgado de lo Mercantil núm. .... de ....

F095. AUTO DECLARANDO CONCURSO SIN MASA. PERSONA JURÍDICA

Normativa de aplicación: *Arts. 1 y ss.; arts. 37 bis y ss. Real Decreto Legislativo 1/2020, de 5 de mayo, por el que se aprueba el texto refundido de la Ley Concursal.*

En la ciudad de........... a........... de........... de...........

ANTECEDENTES DE HECHO

PRIMERO.– Que en fecha........... de........... de........... por el Procurador de los Tribunales, Don..........., y en representación de la compañía........... S.L., se presentó solicitud de concurso voluntario de acreedores de la sociedad........... S.L., en base a los HECHOS y FUNDAMENTOS DE DERECHO reseñados en la meritada solicitud y los documentos acompañados a la misma.

De la solicitud formulada por........... S.L. extracto lo siguiente:...........

SEGUNDO.– En la tramitación de los presentes se han respetado las prescripciones legales.

FUNDAMENTOS DE DERECHO

PRIMERO.– Que este Juez es competente para conocer de la presente solicitud al ser éste Juzgado de lo Mercantil de........... el correspondiente al lugar donde se halla el centro de los intereses principales de........... S.L. (arts. 44 y 45 TRLC).

SEGUNDO.– Que la solicitud y la documentación aportada por........... S.L. junto a la misma cumple con lo establecido en el TRLC, especialmente, lo establecido en el art. 6 y ss. TRLC.

TERCERO.– Que de la documentación aportada resulta la situación de insolvencia actual de........... S.L. (art. 2 TRLC), al no poder cumplir regularmente sus obligaciones, habiéndose justificado el endeudamiento y la insolvencia actual de dicha compañía. También el presupuesto subjetivo del concurso, al ser........... S.L. un deudor persona jurídica (art. 1.1 TRLC).

CUARTO.– Que a la vista de lo dispuesto en el art. 29.1 TRLC el presente concurso tiene la consideración de voluntario.

QUINTO.– Que de una lectura de la documentación acompañada a la referida demanda, en especial, el inventario de bienes y derechos de la deudora, se aprecia por este Juzgador que nos hallamos ante un concurso sin masa, cuya declaración se regula en los arts. 37 bis y ss. TRLC, toda vez que: (según proceda) a) el concursado carece de bienes y derechos que sean legalmente embargables a la vista que ....;.b) el coste de realización de los bienes y derechos del concursado resulta manifiestamente desproporcionado respecto al previsible valor venal pues ....; c) los bienes y derechos del concursado libres de cargas resultan de valor inferior al previsible coste del procedimiento dado que ....; d) los gravámenes y las cargas existentes sobre los bienes y derechos del concursado lo son por importe superior al valor de mercado de esos bienes y derechos, tal y como resulta de ....

SEXTO.– Que el pasivo de la concursada resultante de la documentación acompañada la solicitud de concurso, asciende a la suma de .... euros.

SÉPTIMO.– En el supuesto que concurra un concurso sin masa, el art. 37 ter TRLC, compele a este Juzgador en orden al mero dictado de auto declarando el concurso de acreedores, con expresión del pasivo que resulte de la documentación, sin más pronunciamientos, y a ordenar la remisión telemática de tal auto al "Boletín Oficial del Estado" para su publicación en el suplemento del tablón edictal judicial único y su publicación en el Registro público concursal. Todo ello con llamamiento al acreedor o a los acreedores que representen, al menos, el cinco por ciento del pasivo a fin de que, en el plazo de quince días a contar del siguiente a la publicación del edicto, puedan solicitar el nombramiento de un administrador concursal para que presente informe razonado y documentado sobre los siguientes extremos:

1.° Si existen indicios suficientes de que el deudor hubiera realizado actos perjudiciales para la masa activa que sean rescindibles conforme a lo establecido en el TRLC.

2.° Si existen indicios suficientes para el ejercicio de la acción social de responsabilidad contra los administradores o liquidadores, de derecho o de hecho, de la persona jurídica concursada, o contra la persona natural designada por la persona jurídica administradora para el ejercicio permanente de las funciones propias del cargo de administrador persona jurídica y contra la persona, cualquiera que sea su denominación, que tenga atribuidas facultades de más alta dirección de la sociedad cuando no exista delegación permanente de facultades del consejo en uno o varios consejeros delegados.

3.° Si existen indicios suficientes de que el concurso pudiera ser calificado de culpable.

El auto de declaración de concurso, en caso de que el deudor fuera empleador, se notificará a la representación legal de las personas trabajadoras (art. 37 ter 3 TRLC).

OCTAVO.– En el caso que dentro del referido plazo de quince días, el acreedor o acreedores que representen, al menos, el cinco por ciento del pasivo, formulen solicitud de nombramiento de administrador concursal para que emita el informe a que se refiere el artículo anterior, mediante auto, procederé al referido nombramiento para que, en el plazo de un mes a contar desde la aceptación, emita el informe solicitado, auto éste en el que fijaré la retribución del administrador por la emisión del informe encomendado, cuya satisfacción corresponderá al acreedor o acreedores que lo hubieran solicitado, quedando obligado el deudor a facilitar de inmediato al administrador concursal toda la información que le fuere requerida por éste para la elaboración del citado informe (art. 37 quarter TRLC).

Si el informe tuviera el alcance previsto en el art. 37 quinquies TRLC, dictaré el auto complementario a que se refiere el citado precepto concursal, en los términos de dicho precepto.

Visto lo expuesto y demás normativa de aplicación

DISPONGO

PRIMERO.– Se tiene por personado a la sociedad........... S.L., y en su nombre y representación el procurador de los Tribunales Don........... en virtud del poder especial adjuntado por dicha compañía a la solicitud origen de este procedimiento, procurador con el que se entenderán y seguirán las sucesivas diligencias y comunicaciones, y se tiene por solicitada la declaración de concurso voluntario de la compañía........... S.L., solicitud que se admite a trámite.

SEGUNDO.– Que hallándonos ante un concurso sin masa de los previstos en el art. 37 bis TRLC, se declara la situación de concurso de........... S.L., que a la vista del contenido del art. 29 TRLC tendrá la consideración de voluntario, sin efectuar más pronunciamientos que la mención a que el pasivo del deudor resultante de la documentación acompañada a la solicitud de concurso asciende a la suma de .... Euros.

Ordeno la remisión telemática del presente auto al "Boletín Oficial del Estado" para su publicación en el suplemento del tablón edictal judicial único, y procédase a su publicación en el Registro público concursal de esta resolución, con la consignación del importe del referido pasivo y que asciende a la suma de .... euros, y con el llamamiento al acreedor o a los acreedores que representen, al menos, el cinco por ciento del pasivo a fin de que, en el plazo de quince días a contar del siguiente a la publicación del edicto, puedan solicitar el nombramiento de un administrador concursal para que presente informe razonado y documentado sobre los siguientes extremos:

1.° Si existen indicios suficientes de que el deudor hubiera realizado actos perjudiciales para la masa activa que sean rescindibles conforme a lo establecido en esta ley.

2.° Si existen indicios suficientes para el ejercicio de la acción social de responsabilidad contra los administradores o liquidadores, de derecho o de hecho, de la persona jurídica concursada, o contra la persona natural designada por la persona jurídica administradora para el ejercicio permanente de las funciones propias del cargo de administrador persona jurídica y contra la persona, cualquiera que sea su denominación, que tenga atribuidas facultades de más alta dirección de la sociedad cuando no exista delegación permanente de facultades del consejo en uno o varios consejeros delegados.

3.° Si existen indicios suficientes de que el concurso pudiera ser calificado de culpable.

Notifíquese igualmente el auto de declaración de concurso a la representación legal de las personas trabajadoras (art. 37 Ter 3 TRLC).

Líbrense al efecto los oportunos oficios con los edictos que serán remitidos por vía telemática desde el Juzgado.

ALTERNATIVA: Líbrense los oportunos edictos con los mandamientos precisos para prácticas las citadas inscripciones y anotaciones que serán confiados al procurador para el oportuno diligenciamiento y gestión, al no ser posible el traslado por vía telemática previsto en dicho precepto concursal.

Notifíquese esta resolución al Fondo de Garantía Salarial ex art. 33 ET. También al Registro Mercantil de la provincia de........... a los efectos de lo dispuesto en el art. 37 TRLC y RD 685/2005, de 9 de junio y la Orden 3473/2005, de 8 de noviembre. Y a los Juzgados Decanos de .... También a la Agencia de la Administración Tributaria y a la Tesorería General de la Seguridad Social. Tales comunicaciones las llevara a cabo el Juzgado mediante remisión de oficio y testimonio de la presente resolución por vía electrónica o telemática.

Notifíquese por el Letrado de la Administración de Justicia la presente resolución al concursado a través de su representación procesal.

Contra el presente auto cabe recurso de reposición de............, que podría interponerse en el plazo de cinco días a constar desde la notificación de esta resolución, previa constitución del deposito a que se refiere la DA 15ª LOPJ.

Todo lo cual pronuncia, manda y firma el Ilmo. Sr. ...., Magistrado Juez del Juzgado de lo Mercantil núm. .... de............

F096. AUTO DECLARANDO CONCURSO SIN MASA. PERSONA NATURAL

Normativa de aplicación: *Arts. 1 y ss.; arts. 37 bis y ss. Real Decreto Legislativo 1/2020, de 5 de mayo, por el que se aprueba el texto refundido de la Ley Concursal.*

En la ciudad de............ a............ de............ de............

ANTECEDENTES DE HECHO

PRIMERO.– Que en fecha............ de............ de............ por el Procurador de los Tribunales, Don............, y en representación de Don............, se presentó solicitud de concurso voluntario de acreedores de Don ...., en base a los HECHOS y FUNDAMENTOS DE DERECHO reseñados en la meritada solicitud y los documentos acompañados a la misma.

De la solicitud formulada por............ S.L. extracto lo siguiente:............

SEGUNDO.– En la tramitación de los presentes se han respetado las prescripciones legales.

FUNDAMENTOS DE DERECHO

PRIMERO.– Que este Juez es competente para conocer de la presente solicitud al ser éste Juzgado de lo Mercantil de............ el correspondiente al lugar donde se halla el centro de los intereses principales de............ S.L. (arts. 44 y 45 TRLC).

SEGUNDO.– Que la solicitud y la documentación aportada por............ junto a la misma cumple con lo establecido en el TRLC, especialmente, lo establecido en el art. 6 y ss. TRLC.

TERCERO.– Que de la documentación aportada resulta la situación de insolvencia actual de........... S.L. (art. 2 TRLC), al no poder cumplir regularmente sus obligaciones, habiéndose justificado el endeudamiento y la insolvencia actual de dicha compañía. También el presupuesto subjetivo del concurso, al ser........... S.L. un deudor persona natural empresario (no empresario) (art. 1.1 TRLC), al que no le es de aplicación el procedimiento especial de microempresas del libro III TRLC.

CUARTO.– Que a la vista de lo dispuesto en el art. 29.1 TRLC el presente concurso tiene la consideración de voluntario.

QUINTO.– Que de una lectura de la documentación acompañada a la referida demanda, en especial, el inventario de bienes y derechos de la deudora, se aprecia por este Juzgador que nos hallamos ante un concurso sin masa, cuya declaración se regula en los arts. 37 bis y ss. TRLC, toda vez que: (según proceda) a) el concursado carece de bienes y derechos que sean legalmente embargables a la vista que ....;.b) el coste de realización de los bienes y derechos del concursado resulta manifiestamente desproporcionado respecto al previsible valor venal pues ....; c) los bienes y derechos del concursado libres de cargas resultan de valor inferior al previsible coste del procedimiento dado que ....; d) los gravámenes y las cargas existentes sobre los bienes y derechos del concursado lo son por importe superior al valor de mercado de esos bienes y derechos, tal y como resulta de ....

SEXTO.– Que el pasivo de la concursada resultante de la documentación acompañada la solicitud de concurso, asciende a la suma de .... euros.

SÉPTIMO.– En el supuesto que concurra un concurso sin masa, el art. 37 ter TRLC, compele a este Juzgador en orden al mero dictado de auto declarando el concurso de acreedores, con expresión del pasivo que resulte de la documentación, sin más pronunciamientos, y a ordenar la remisión telemática de tal auto al "Boletín Oficial del Estado" para su publicación en el suplemento del tablón edictal judicial único y su publicación en el Registro público concursal. Todo ello con llamamiento al acreedor o a los acreedores que representen, al menos, el cinco por ciento del pasivo a fin de que, en el plazo de quince días a contar del siguiente a la publicación del edicto, puedan solicitar el nombramiento de un administrador concursal para que presente informe razonado y documentado sobre los siguientes extremos:

1.° Si existen indicios suficientes de que el deudor hubiera realizado actos perjudiciales para la masa activa que sean rescindibles conforme a lo establecido en el TRLC.

2.° Si existen indicios suficientes para el ejercicio de la acción social de responsabilidad contra los administradores o liquidadores, de derecho o de hecho, de la persona jurídica concursada, o contra la persona natural designada por la persona jurídica administradora para el ejercicio permanente de las funciones propias del cargo de administrador persona jurídica y contra la persona, cualquiera que sea su denominación, que tenga atribuidas facultades de más alta dirección de la sociedad cuando no exista delegación permanente de facultades del consejo en uno o varios consejeros delegados.

3.° Si existen indicios suficientes de que el concurso pudiera ser calificado de culpable.

En el caso de que, dentro de plazo, ningún legitimado hubiera formulado esa solicitud, el deudor I podrá presentar solicitud de exoneración del pasivo insatisfecho (art. 37 ter 2 TRLC).

(En su caso) El auto de declaración de concurso, en caso de que el deudor fuera empleador, se notificará a la representación legal de las personas trabajadoras (art. 37 ter 3 TRLC).

OCTAVO.– En el caso que dentro del referido plazo de quince días, el acreedor o acreedores que representen, al menos, el cinco por ciento del pasivo, formulen solicitud de nombramiento de administrador concursal para que emita el informe a que se refiere el artículo anterior, mediante auto, procederé al referido nombramiento para que, en el plazo de un mes a contar desde la aceptación, emita el informe solicitado, auto éste en el que fijaré la retribución del administrador por la emisión del informe encomendado, cuya satisfacción corresponderá al acreedor o acreedores que lo hubieran solicitado, quedando obligado el deudor a facilitar de inmediato al administrador concursal toda la información que le fuere requerida por éste para la elaboración del citado informe (art. 37 quarter TRLC).

Si el informe tuviera el alcance previsto en el art. 37 quinquies TRLC, dictaré el auto complementario a que se refiere el citado precepto concursal, en los términos de dicho precepto.

Visto lo expuesto y demás normativa de aplicación

DISPONGO

PRIMERO.– Se tiene por personado a la Don ...., y en su nombre y representación el procurador de los Tribunales Don........... en virtud del poder especial adjuntado por dicho señor a la solicitud origen de este procedimiento, procurador con el que se entenderán y seguirán las sucesivas diligencias y comunicaciones, y se tiene por solicitada la declaración de concurso voluntario de ...., solicitud que se admite a trámite.

SEGUNDO.– Que hallándonos ante un concurso sin masa de los previstos en el art. 37 bis TRLC, se declara la situación de concurso de Don ...., que a la vista del contenido del art. 29 TRLC tendrá la consideración de voluntario, sin efectuar más pronunciamientos que la mención a que el pasivo del deudor resultante de la documentación acompañada a la solicitud de concurso asciende a la suma de .... Euros.

Ordeno la remisión telemática del presente auto al "Boletín Oficial del Estado" para su publicación en el suplemento del tablón edictal judicial único, y procédase a su publicación en el Registro público concursal de esta resolución, con la consignación del importe del referido pasivo y que asciende a la suma de .... euros, y con el llamamiento al acreedor o a los acreedores que representen, al menos, el cinco por ciento del pasivo a fin de que, en el plazo de quince días a contar del siguiente a la publicación del edicto, puedan solicitar el nombramiento de un administrador concursal para que presente informe razonado y documentado sobrelos extremos a que se refiere el art. 37 Ter 1 TRLC.

(En su caso). Notifíquese igualmente el auto de declaración de concurso a la representación legal de las personas trabajadoras (art. 37 Ter 3 TRLC).

Líbrense al efecto los oportunos oficios con los edictos que serán remitidos por vía telemática desde el Juzgado.

ALTERNATIVA: Líbrense los oportunos edictos con los mandamientos precisos para prácticas las citadas inscripciones y anotaciones que serán confiados al procurador para el oportuno diligenciamiento y gestión, al no ser posible el traslado por vía telemática previsto en dicho precepto concursal.

Notifíquese esta resolución al Fondo de Garantía Salarial ex art. 33 ET. También al Registro Civil de........... a los efectos de lo dispuesto en el art. 36 TRLC. Y a los Juzgados Decanos de .... También a la Agencia de la Administración Tributaria y a la Tesorería General de la Seguridad Social.

(En su caso). Por ultimo, notifíquese este auto al cónyuge/pareja de Don ...., la señora Doña ...., con domicilio en ...., calle .... y DNI/NIF ....

Tales comunicaciones las llevara a cabo el Juzgado mediante remisión de oficio y testimonio de la presente resolución por vía electrónica o telemática.

Notifíquese por el Letrado de la Administración de Justicia la presente resolución al concursado a través de su representación procesal.

Contra el presente auto cabe recurso de reposición de........... que podría interponerse en el plazo de cinco días a constar desde la notificación de esta resolución, previa constitución del deposito a que se refiere la DA 15ª LOPJ.

Todo lo cual pronuncia, manda y firma el Ilmo. Sr. ...., Magistrado Juez del Juzgado de lo Mercantil núm. .... de...........

F097. AUTO INADMITIENDO LA SOLICITUD DE CONCURSO VOLUNTARIO POR NO HABER SUBSANADO DEFECTO APRECIADO POR EL JUEZ DEL CONCURSO

Normativa de aplicación: *Arts. 1 y ss. Real Decreto Legislativo 1/2020, de 5 de mayo, por el que se aprueba el texto refundido de la Ley Concursal.*

En la ciudad de........... a........... de........... de...........

ANTECEDENTES DE HECHO

PRIMERO.– Que en fecha........... de........... de........... por el Procurador de los Tribunales, Don..........., y en representación de la compañía........... S.L., se presentó solicitud de concurso voluntario de acreedores de dicha compañía, en base a los HECHOS y FUNDAMENTOS DE DERECHO reseñados en la meritada solicitud y los documentos acompañados a la misma.

SEGUNDO.– De la solicitud formulada por........... S.L. extractamos lo siguiente:...........

TERCERO.– Que mediante providencia de fecha........... de........... de........... se solicitó de la instante del presente concurso, subsanara en el único plazo de 5 días el defecto apreciado en su solicitud consistente en:..........., habiendo transcurrido el citado plazo, sin que........... S.L. haya subsanado el mismo.

FUNDAMENTOS DE DERECHO

PRIMERO.– Que este Juez es competente desde un punto de vista territorial para conocer de la presente solicitud al ser éste Juzgado de lo Mercantil de........... el correspondiente al lugar donde se halla el centro de intereses principales de........... S.L. (Arts. 44 y 45 TRLC).

SEGUNDO.– Que........... S.L. reúne los requisitos de capacidad procesal, postulación, así como de legitimación al ser........... S.L. un deudor persona jurídica (art. 1.1, 3 y 510 TRLC).

TERCERO.– Que la solicitud de concurso voluntario formulada por........... S.L. presentaba determinados defectos, pues...........

Mediante providencia de fecha de........... de..........., este Juzgado requirió a la actora a efectos que subsanara el mismo en un único plazo de tres días. Dicho plazo transcurrió sin que la actora subsanara el referido defecto.

Por tal motivo y conforme establece el art. 11.2, TRLC, procede inadmitir la solicitud de concurso voluntario formulada por........... S.L.

Visto lo expuesto y demás normativa de aplicación

DISPONGO

Inadmitir la solicitud de concurso voluntario presentada por la Procuradora de los Tribunales Doña........... en nombre y representación de la sociedad........... S.L., al no haber subsanado el defecto que presentaba la citada solicitud, pese al plazo conferido al efecto mediante providencia de este Juzgado de fecha de........... de...........

Firme que sea la presente resolución, procédase al archivo de las actuaciones en unión de testimonio del presente auto y con devolución de los originales a la actora, previo su desglose. Llévese el original de este auto al libro de autos definitivos. Y dense de baja las presentes actuaciones en los libros de este Juzgado.

Notifíquese la presente resolución al concursado a través de su representación procesal, haciéndole saber que contra la misma y de conformidad con lo dispuesto en el art. 12 TRLC, recurso de reposición en el plazo de cinco días a contar desde que se notifique a la actora la presente resolución.

De conformidad con lo establecido en la Disposición Adicional 15ª LOPJ (según la redacción dada por la LO 1/09), la interposición de recurso contra resoluciones judiciales no podrá ser admitida a trámite sin la acreditación del depósito previsto en la citada Ley a efectos de recurrir, debiendo presentarse copia o resguardo de tal depósito en la cuenta de consignaciones de este Juzgado.

Todo lo cual pronuncia, manda y firma el Ilmo. Sr. ...., Magistrado Juez del Juzgado de lo Mercantil núm........... de..........

F098. AUTO INADMITIENDO LA SOLICITUD DE CONCURSO VOLUNTARIO AL EXISTIR UN SOLO ACREEDOR

Normativa de aplicación: *Arts. 1 y ss. Real Decreto Legislativo 1/2020, de 5 de mayo, por el que se aprueba el texto refundido de la Ley Concursal.*

En la ciudad de........... a........... de........... de...........

ANTECEDENTES DE HECHO

PRIMERO.– Que en fecha........... de........... de........... por el Procurador de los Tribunales, Doña..........., y en representación de la compañía........... S.L, se presentó solicitud de concurso voluntario de acreedores de dicha compañía, en base a los HECHOS y FUNDAMENTOS DE DERECHO reseñados en la meritada solicitud y los documentos acompañados a la misma.

SEGUNDO.– De la solicitud formulada por........... S.L. extractamos lo siguiente:...........

TERCERO.– Que mediante providencia de fecha........... de........... de........... se solicitó del instante del presente concurso, que subsanara, en el único plazo de tres días, el defecto consistente en..........., lo que llevó a cabo el día........... de........... de........... en los términos obrantes en las presentes actuaciones.

FUNDAMENTOS DE DERECHO

PRIMERO.– Que este Juez es competente desde un punto de vista territorial para conocer de la presente solicitud al ser éste Juzgado de lo Mercantil de........... el correspondiente al lugar donde se halla el centro de intereses principales de........... S.L. (Arts. 44 y 45 TRLC).

SEGUNDO.– Que........... S.L. reúne los requisitos de capacidad procesal, postulación, así como de legitimación al ser........... S.L. un deudor persona jurídica (art. 1.1, 3 y 510 TRLC).

TERCERO.– Que de la solicitud y la documentación aportada por........... S.L., resulta la existencia de un solo acreedor de la compañía........... S.L., instante de la solicitud de concurso voluntario objeto de estas actuaciones. Este acreedor es ....

CUARTO.– Por ello, procede no admitir la solicitud de concurso voluntario de........... S.L., pues la existencia de más de un acreedor es presupuesto del concurso. Vid. Autos del Juzgado de lo Mercantil núm. 1 de Bilbao, de fecha 3 de diciembre de 2004, del Juzgado de lo Mercantil núm. 1 de Valencia, de fecha 12 de noviembre de 2004 o de la Audiencia Provincial de Vizcaya de fecha 5 de mayo de 2006.

Visto lo expuesto y demás normativa de aplicación

DISPONGO

Inadmitir la solicitud de concurso voluntario presentada por la Procuradora de los Tribunales Doña........... en nombre y representación de la sociedad........... S.L., al existir únicamente un acreedor de la sociedad instante de este concurso voluntario por este auto inadmitido.

Firme que sea la presente resolución, procédase al archivo de las actuaciones en unión de testimonio del presente auto y con devolución de los originales a la actora, previo su desglose. Llévese el original de este auto al libro de autos definitivos. Y dense de baja las presentes actuaciones en los libros de este Juzgado.

Notifíquese la presente resolución al concursado a través de su representación procesal, haciéndole saber que contra la misma y de conformidad con lo dispuesto en el art. 12 TRLC, sólo cabe recurso de reposición en el plazo de cinco días a contar desde que se notifique a la actora la presente resolución.

De conformidad con lo establecido en la Disposición Adicional 15° LOPJ (según la redacción dada por la LO 1/09), la interposición de recurso contra resoluciones judiciales, no podrá ser admitida a trámite sin la acreditación del depósito previsto en la citada Ley a efectos de recurrir, debiendo presentarse copia o resguardo de tal depósito en las cuenta de consignaciones de este Juzgado.

Todo lo cual pronuncia, manda y firma el Ilmo. Sr. ...., Magistrado Juez del Juzgado de lo Mercantil núm. .... de...........

F099. AUTO DESESTIMANDO LA SOLICITUD DE CONCURSO VOLUNTARIO AL NO QUEDAR ACREDITADA LA INSOLVENCIA DEL DEUDOR

Normativa de aplicación: *Arts. 1 y ss. Real Decreto Legislativo 1/2020, de 5 de mayo, por el que se aprueba el texto refundido de la Ley Concursal.*

En la ciudad de........... a........... de........... de...........

ANTECEDENTES DE HECHO

PRIMERO.– Que en fecha........... de........... de........... por el Procurador de los Tribunales, Doña..........., y en representación de la compañía........... S.L., se presentó solicitud de concurso voluntario de acreedores de dicha compañía, en base a los HECHOS y FUNDAMENTOS DE DERECHO reseñados en la meritada solicitud y los documentos acompañados a la misma.

SEGUNDO.– De la solicitud formulada por........... S.L. extractamos lo siguiente:...........

TERCERO.– Que mediante providencia de fecha........... de........... de........... se solicitó de la instante del presente concurso, que complementará en el único plazo de 5 días la acreditación de la insolvencia alegada, lo que llevó a cabo el día........... de........... de........... en los términos obrantes en las presentes actuaciones.

FUNDAMENTOS DE DERECHO

PRIMERO.– Que este Juez es competente desde un punto de vista territorial para conocer de la presente solicitud al ser éste Juzgado de lo Mercantil de........... el correspondiente al lugar donde se halla el centro de intereses principales de........... S.L. (arts. 44 y 45 TRLC).

SEGUNDO.– Que........... S.L. reúne los requisitos de capacidad procesal, postulación, así como de legitimación al ser........... S.L. un deudor persona jurídica (art. 1.1, 3 y 510 TRLC).

TERCERO.– Que de la solicitud y la documentación aportada por........... S.L., junto al complemento de documentación e información aportada a requerimiento de este Juzgado, no resulta acreditado el estado de insolvencia actual/inminente reseñada en el escrito de solicitud de concurso voluntario instado por........... S.L., debiendo recordar que conforme al art. 2 TRLC corresponde al deudor justificar su endeudamiento y su estado de insolvencia.

En efecto. De la citada documentación consta que, en la actualidad, la sociedad cuenta con tesorería suficiente para atender sus compromisos de pago presentes y futuros. Por otro lado, las deudas pendientes de pago tienen un vencimiento el día........... de........... de........... Además, ...

CUARTO.– Por todo ello, procede desestimar la solicitud de concurso voluntario de........... S.L.

Visto lo expuesto y demás normativa de aplicación

DISPONGO

Desestimar la solicitud de concurso voluntario presentada por la Procuradora de los Tribunales Doña........... en nombre y representación de la sociedad........... S.L., al no quedar acreditado el estado de insolvencia actual/inminente de........... S.L.

Firme que sea la presente resolución, procédase al archivo de las actuaciones en unión de testimonio del presente auto y con devolución de los originales a la actora, previo su desglose. Llévese el original de este auto al libro de autos definitivos. Y dense de baja las presentes actuaciones en los libros de este Juzgado.

Notifíquese la presente resolución al concursado a través de su representación procesal, haciéndole saber que contra la misma y de conformidad con lo dispuesto en el art. 12 TRLC, sólo cabe recurso de reposición en el plazo de cinco días a contar desde que se notifique a la actora la presente resolución.

De conformidad con lo establecido en la Disposición Adicional 15ª LOPJ, la interposición de recurso contra resoluciones judiciales, no podrá ser admitida a trámite sin la acreditación del depósito previsto en la citada Ley a efectos de recurrir, debiendo presentarse copia o resguardo de tal depósito en las cuenta de consignaciones de este Juzgado.

Todo lo cual pronuncia, manda y firma el Ilmo. Sr. ...., Magistrado Juez del Juzgado de lo Mercantil núm. .... de...........

1.3. CONCURSO NECESARIO

F100. SOLICITUD DE CONCURSO NECESARIO FUNDADA EN UNA DECLARACIÓN JUDICIAL FIRME DE INSOLVENCIA DEL DEUDOR

Normativa de aplicación: *Arts. 13 y ss. Real Decreto Legislativo 1/2020, de 5 de mayo, por el que se aprueba el texto refundido de la Ley Concursal.*

AL JUZGADO DE LO MERCANTIL DE...........

..........., Procurador de los Tribunales (núm. .... de colegiado) y de la compañía .... S.L., con domicilio en ...., calle ...., núm. .... y CIF ...., cuya representación acredito mediante la escritura original de poder de representación que se acompaña a este escrito, ante este Juzgado comparezco bajo la dirección letrada de Don..........., abogado del Ilustre Colegio de .... (núm. .... de colegiado), y como mejor proceda en Derecho DIGO:

Que por medio del presente escrito y en la representación que ostento formulo SOLICITUD DE CONCURSO NECESARIO de la compañía .... S.L., con domicilio en ...., calle ...., núm. .... y CIF ...., solicitud que se funda en los HECHOS y FUNDAMENTOS DE DERECHO que a continuación se exponen.

HECHOS

PRIMERO.– DE LA SOCIEDAD CUYO CONCURSO NECESARIO AQUÍ SE INSTA.

La sociedad .... S.L., se constituyó el .... de .... de .... mediante escritura otorgada ante el notario de ...., Don........... (número de su protocolo ....).

Datos de Inscripción Registral: La sociedad está inscrita en el Registro Mercantil de la provincia de .... al tomo ...., General .... de la sección .... del Libro de sociedades, Folio ...., hoja ....

Domicilio social: El domicilio social de la compañía se halla en ...., calle ...., siendo su objeto social ....

En dicho lugar se halla el centro de intereses principales de la aquí deudora.

Órgano de Administración: Desde su constitución, el órgano de administración de la compañía se halla conformado por un administrador único, ejerciendo en la actualidad y por tiempo indefinido tal cargo, Don..........., quien fue designado al efecto por acuerdo de la Junta General de la compañía celebrada el día .... de .... de ...., elevado a público mediante escritura autorizada por el notario de ...., Don..........., el día de .... de ....

Se desconoce si existen otros administradores, de hecho o de derecho, de la sociedad distintos del mencionado Sr. .... Según resulta del Registro Mercantil de la provincia de ...., durante los dos años anteriores a la solicitud de concurso, el citado Don........... ha sido la única persona que ha ostentado y/o desempeñado la administración de la sociedad.

Acreditando lo anterior, se acompaña como DOCUMENTO........... certificación literal del Registro Mercantil de la provincia de .... correspondiente a la precitada sociedad.

SEGUNDO.– FUNDAMENTO DE LA PRESENTE SOLICITUD.

La presente solicitud se funda en la existencia de una previa declaración judicial firme de insolvencia (art. 2.4.1° TRLC).

TERCERO.– DE LA DEUDA CONTRAÍDA POR .... S.L. CON MI MANDANTE.

Que mi mandante, es una sociedad que, desde hace más de treinta años, se dedica a la actividad de .... Como consecuencia del suministro de determinadas partidas de ...., la sociedad .... S.L. contrajo con mi poderdante una deuda por importe total y conjunto (IVA incluido) de ....euros, con el siguiente desglose:

A) El .... día de .... de ...., le vendió .... del citado producto, por un precio total de ....euros (IVA incluido).

B) El .... día de .... de ...., le vendió .... del citado producto, por un precio total de ....euros (IVA incluido).

C) Y el .... día de .... de ...., le vendió .... del citado producto, por un precio total de ....euros (IVA incluido).

La entrega del producto adquirido por .... S.L., debía realizarse en su domicilio, sito en ...., calle ...., núm. ...., antes del día .... de .... de .... El precio de compraventa y sus impuestos, debían ser pagados por la compradora, en el plazo de cuarenta y cinco (45) días desde la entrega del producto, mediante transferencia a la cuenta bancaria de la que es titular mi mandante en el banco ...., cuenta número ....

Acreditando lo anterior, se acompañan como DOCUMENTOS ...., los pedidos formulados por la demandada .... S.L.; faxes de fecha .... de .... de ...., ... de .... de ...., ... de .... de y .... de .... de ...., remitidos por mi mandante a .... S.L., aceptando los citados pedidos; y las facturas emitidas como consecuencia de las citadas compraventas.

Cumpliendo lo pactado, mi mandante entregó a .... S.L. el referido producto adquirido por esta última, en las instalaciones arriba reseñadas y dentro del plazo pactado, concretamente, el día .... de .... de ...., en el supuesto de la letra A; el día .... de .... de ...., en el supuesto de la letra B; y el día .... de .... de ...., en el supuesto de la letra C.

Acreditando lo anterior, se acompañan como DOCUMENTOS ...., certificado de la empresa de transportes ...., que realizó el transporte y entrega de los productos a .... S.L., del que resultan las anteriores circunstancias, así como los albaranes de entrega del citado producto en el domicilio de la demandada, ... S.L. Como puede leerse en los citados albaranes, el receptor de la mercancía, expresamente y de su puño y letra, hace constar que recibe el producto en perfectas condiciones, y a plena conformidad y satisfacción suya.

Pese a que mi mandante había cumplido con su obligación de entrega, venció el plazo fijado por las partes para el pago del precio del producto transmitido por mi mandante a .... S.L., sin que tal pago se verificase.

Por lo tanto, la deuda contraída por .... S.L. con .... S.A. es una deuda vencida, líquida y exigible.

CUARTO.– DE LA EXISTENCIA DE UNA DECLARACIÓN DE INSOLVENCIA DEL DEUDOR.

En efecto, tal y como resulta de la certificación del Registro Mercantil de la provincia de ...., que se acompaña a este escrito como DOCUMENTO..........., por el Letrado de la Administración de Justicia se dictó en el procedimiento núm. .... de autos, en su día seguido ante el Juzgado de lo Social núm. .... de ...., declaración de insolvencia del deudor, la cual como resulta igualmente del referido registro publico, ha devenido firme.

QUINTO.– La presente solicitud de concurso necesario debe de ser estimada por el Juzgador al darse el presupuesto objetivo de insolvencia y

A) Quedar fundada la misma, como se dijo, en una declaración judicial firme de insolvencia del deudor.

B) Ostentar mi mandante, la condición de acreedor titular de un crédito, a fecha de hoy, por importe de ....euros, cuyo origen, importe y demás circunstancias reseñadas en el art. 13.1 TRLC resultan de los anteriores hechos.

A los relatados hechos aduzco los siguientes

FUNDAMENTOS DE DERECHO

I. De conformidad con lo previsto en el art. 44 TRLC, son competentes para conocer de esta solicitud de concurso los Juzgados de lo Mercantil.

Desde un punto de vista territorial, y conforme al art. 45 TRLC, son competentes los Juzgados de lo Mercantil de ....

II. Esta solicitud de concurso se sustanciara por los trámites establecidos en el art. 14.2.1° y concordantes TRLC.

III. Mi mandante, en su condición de acreedor, está legitimado para solicitar la declaración de concurso necesario de .... S.L. al amparo de lo dispuesto en el art. 3.1 TRLC.

IV. Se dan en este caso los presupuestos subjetivo y objetivo requeridos para la declaración del concurso. En el primer caso, a la vista de la condición de mandante de deudor persona jurídica como señala el art. 1.1 TRLC. En el segundo, a la vista de la situación de insolvencia de .... S.L. fundada en una previa declaración judicial firme de insolvencia (art. 2.4.1° TRLC).

V. Los efectos del concurso serán los previstos en los arts. 106 y ss. TRLC.

En virtud de lo expuesto,

SUPLICO AL JUZGADO que tenga por presentado este escrito, junto a los documentos a él unidos y sus copias, se sirva admitirlo y tener por promovido en nombre y representación de mi mandante, ... S.A., SOLICITUD DE CONCURSO NECESARIO de la sociedad .... S.L., y de conformidad con lo establecido en el art. 14.2.1° TRLC, dicte auto por el que:

PRIMERO.– Se declare el concurso necesario de la sociedad .... S.L.

SEGUNDO.– Se acuerde la sustanciación del correspondiente procedimiento, con la formación de las secciones correspondientes.

TERCERO.– Se designen la oportuna administración concursal.

CUARTO.– Se acuerde la suspensión del ejercicio por el deudor de las facultades de administración de la masa activa, siendo sustituido por la administración concursal.

QUINTO.– Se requiera al deudor para que presente, en el plazo de diez días desde la notificación del auto, los documentos enumerados en el art. 7 y 8 TRLC.

SEXTO.– Se imponga las costas a .... S.L., que tendrán la consideración de crédito contra la masa.

SÉPTIMO.– Se acuerde cuanto proceda demás sea procedente en derecho para la sustanciación del procedimiento hasta su conclusión.

Es Justicia que suplico en ...., a .... de .... de ....

OTROSÍ DIGO Que procede dar a la declaración de concurso la oportuna publicidad, incluida la registral, en los términos y con el alcance establecidos en los arts. 35 a 37 TRLC y sin perjuicio de cualquiera otra publicidad complementaria que, en medios oficiales o privados, estime oportuna este Juzgado al que nos dirigimos.

En su virtud,

SUPLICO AL JUZGADO que tenga por hechas las anteriores manifestaciones a los efectos oportunos, se sirva admitirlas y acordar en el auto declarando el concurso las publicaciones, inscripciones y anotaciones previstas en el arts. 35 a 37 TRLC, y, previos los oportunos trámites legales, se sirva llevar a cabo las mismas, por medios electrónicos o telemáticos y, si esto no fuera posible, librando los oportunos mandamientos y oficios que serán confiados al Procurador que esto suscribe para su oportuno curso y gestión.

Lo que se suplica en el lugar y fecha reseñados "ut supra".

OTROSÍ DIGO: Que en el auto en que se acuerde la declaración de concurso y entre otros pronunciamientos, procede el llamamiento de los acreedores para que pongan en conocimiento de la administración concursal la existencia de sus créditos, en el plazo legal a contar desde el día siguiente a la publicación del auto declarando el concurso en el BOE.

En su virtud,

SUPLICO AL JUZGADO que tenga por hechas las anteriores manifestaciones a los efectos oportunos, se sirva admitirlas y acordar en el auto declarando el concurso, el llamamiento de los acreedores a los efectos antes reseñados.

Lo que se suplica en el lugar y fecha reseñados "ut supra".

F101. SOLICITUD DE CONCURSO NECESARIO FUNDADA EN UNA DECLARACIÓN ADMINISTRATIVA FIRME DE INSOLVENCIA DEL DEUDOR

Normativa de aplicación: *Arts. 13 y ss. Real Decreto Legislativo 1/2020, de 5 de mayo, por el que se aprueba el texto refundido de la Ley Concursal.*

AL JUZGADO DE LO MERCANTIL DE...........

..........., Procurador de los Tribunales (núm. .... de colegiado) y de la compañía .... S.L., con domicilio en ...., calle ...., núm. .... y CIF ...., cuya representación acredito mediante la escritura original de poder de representación que se acompaña a este escrito, ante este Juzgado comparezco bajo la dirección letrada de Don..........., abogado del Ilustre Colegio de .... (núm. .... de colegiado), y como mejor proceda en Derecho DIGO:

Que por medio del presente escrito y en la representación que ostento formulo SOLICITUD DE CONCURSO NECESARIO de la compañía .... S.L., con domicilio en ...., calle ...., núm. .... y CIF ...., solicitud que se funda en los HECHOS y FUNDAMENTOS DE DERECHO que a continuación se exponen.

HECHOS

PRIMERO.– DE LA SOCIEDAD CUYO CONCURSO NECESARIO AQUÍ SE INSTA.

La sociedad .... S.L., se constituyó el .... de........... de........... mediante escritura otorgada ante el notario de ...., Don........... (número de su protocolo ....).

Datos de Inscripción Registral: La sociedad está inscrita en el Registro Mercantil de la provincia de .... al tomo ...., General .... de la sección .... del Libro de sociedades, Folio ...., hoja ....

Domicilio social: El domicilio social de la compañía se halla en ...., calle ...., siendo su objeto social ....

En dicho lugar se halla el centro de intereses principales de la aquí deudora.

Órgano de Administración: Desde su constitución, el órgano de administración de la compañía se halla conformado por un administrador único, ejerciendo en la actualidad y por tiempo indefinido tal cargo, Don..........., quien fue designado al efecto por acuerdo de la Junta General de la compañía celebrada el día .... de .... de ...., elevado a público mediante escritura autorizada por el notario de ...., Don..........., el día de .... de ....

Se desconoce si existen otros administradores, de hecho o de derecho, de la sociedad distintos del mencionado Sr. .... Según resulta del Registro Mercantil de la provincia de ...., durante los dos años anteriores a la solicitud de concurso, el citado Don........... ha sido la única persona que ha ostentado y/o desempeñado la administración de la sociedad.

Acreditando lo anterior, se acompaña como DOCUMENTO........... certificación literal del Registro Mercantil de la provincia de .... correspondiente a la precitada sociedad.

SEGUNDO.– FUNDAMENTO DE LA PRESENTE SOLICITUD.

La presente solicitud se funda en la existencia de una previa declaración administrativa firme de insolvencia (art. 2.4.1° TRLC).

TERCERO.– DE LA DEUDA CONTRAÍDA POR .... S.L. CON MI MANDANTE.

Que mi mandante, es una sociedad que, desde hace más de treinta años, se dedica a la actividad de .... Como consecuencia del suministro de determinadas partidas de ...., la sociedad .... S.L. contrajo con mi poderdante una deuda por importe total y conjunto (IVA incluido) de ....euros, con el siguiente desglose:

A) El .... día de .... de ...., le vendió .... del citado producto, por un precio total de ....euros (IVA incluido).

B) El .... día de .... de ...., le vendió .... del citado producto, por un precio total de ....euros (IVA incluido).

C) Y el .... día de .... de ...., le vendió .... del citado producto, por un precio total de ....euros (IVA incluido).

La entrega del producto adquirido por .... S.L., debía realizarse en su domicilio, sito en ...., calle ...., núm. ...., antes del día .... de .... de .... El precio de compraventa y sus impuestos, debían ser pagados por la compradora, en el plazo de cuarenta y cinco (45) días desde la entrega del producto, mediante transferencia a la cuenta bancaria de la que es titular mi mandante en el banco ...., cuenta número ....

Acreditando lo anterior, se acompañan como DOCUMENTOS ...., los pedidos formulados por la demandada .... S.L.; faxes de fecha .... de .... de ...., ... de .... de ...., ... de .... de y .... de .... de ...., remitidos por mi mandante a .... S.L., aceptando los citados pedidos; y las facturas emitidas como consecuencia de las citadas compraventas.

Cumpliendo lo pactado, mi mandante entregó a .... S.L. el referido producto adquirido por esta última, en las instalaciones arriba reseñadas y dentro del plazo pactado, concretamente, el día .... de .... de ...., en el supuesto de la letra A; el día .... de .... de ...., en el supuesto de la letra B; y el día .... de .... de ...., en el supuesto de la letra C.

Acreditando lo anterior, se acompañan como DOCUMENTOS ...., certificado de la empresa de transportes ...., que realizó el transporte y entrega de los productos a .... S.L., del que resultan las anteriores circunstancias, así como los albaranes de entrega del citado producto en el domicilio de la demandada, ... S.L. Como puede leerse en los citados albaranes, el receptor de la mercancía, expresamente y de su puño y letra, hace constar que recibe el producto en perfectas condiciones, y a plena conformidad y satisfacción suya.

Pese a que mi mandante había cumplido con su obligación de entrega, venció el plazo fijado por las partes para el pago del precio del producto transmitido por mi mandante a .... S.L., sin que tal pago se verificase.

Por lo tanto, la deuda contraída por .... S.L. con .... S.A. es una deuda vencida, líquida y exigible.

CUARTO.– DE LA EXISTENCIA DE UNA DECLARACIÓN DE INSOLVENCIA DEL DEUDOR.

En efecto, tal y como resulta de la certificación del Registro Mercantil de la provincia de ...., que se acompaña a este escrito como DOCUMENTO..........., por la Agencia Tributaria declaró fallido el cobro de determinadas deudas contraídas por .... S.L. frente a la Hacienda Publica, dictándose la oportuna declaración de insolvencia, que ha devenido firme.

QUINTO– La presente solicitud de concurso necesario debe de ser estimada por el Juzgador al darse el presupuesto objetivo de insolvencia y

A) Quedar fundada la misma, como se dijo, en una declaración administrativa firme de insolvencia del deudor.

B) Ostentar mi mandante, la condición de acreedor titular de un crédito, a fecha de hoy, por importe de ....euros, cuyo origen, importe y demás circunstancias reseñadas en el art. 13.1 TRLC resultan de los anteriores hechos.

A los relatados hechos aduzco los siguientes

FUNDAMENTOS DE DERECHO

I. De conformidad con lo previsto en el art. 44 TRLC, son competentes para conocer de esta solicitud de concurso los Juzgados de lo Mercantil.

Desde un punto de vista territorial, y conforme al art. 45 TRLC, son competentes los Juzgados de lo Mercantil de ....

II. Esta solicitud de concurso se sustanciara por los trámites establecidos en el art. 14.2.1° y concordantes TRLC.

III. Mi mandante, en su condición de acreedor, está legitimado para solicitar la declaración de concurso necesario de .... S.L. al amparo de lo dispuesto en el art. 3.1 TRLC.

IV. Se dan en este caso los presupuestos subjetivo y objetivo requeridos para la declaración del concurso. En el primer caso, a la vista de la condición de mandante de deudor persona jurídica como señala el art. 1.1 TRLC. En el segundo, a la vista de la situación de insolvencia de .... S.L. fundada previa declaración administrativa firme de insolvencia (art. 2.4.1° TRLC).

V. Los efectos del concurso serán los previstos en los arts. 106 y ss. TRLC.

En virtud de lo expuesto,

SUPLICO AL JUZGADO que tenga por presentado este escrito, junto a los documentos a él unidos y sus copias, se sirva admitirlo y tener por promovido en nombre y representación de mi mandante, ... S.A., SOLICITUD DE CONCURSO NECESARIO de la sociedad .... S.L., y de conformidad con lo establecido en el art. 14.2.1° TRLC, dicte auto por el que:

PRIMERO.– Se declare el concurso necesario de la sociedad .... S.L.

SEGUNDO.– Se acuerde la sustanciación del correspondiente procedimiento, con la formación de las secciones correspondientes.

TERCERO.– Se designen la oportuna administración concursal.

CUARTO.– Se acuerde la suspensión del ejercicio por el deudor de las facultades de administración de la masa activa, siendo sustituido por la administración concursal.

QUINTO.– Se requiera al deudor para que presente, en el plazo de diez días desde la notificación del auto, los documentos enumerados en el art. 7 y 8 TRLC.

SEXTO.– Se imponga las costas a .... S.L., que tendrán la consideración de crédito contra la masa.

SÉPTIMO.– Se acuerde cuanto proceda demás sea procedente en derecho para la sustanciación del procedimiento hasta su conclusión.

Es Justicia que suplico en ...., a .... de .... de ....

OTROSÍ DIGO Que procede dar a la declaración de concurso la oportuna publicidad, incluida la registral, en los términos y con el alcance establecidos en los arts. 35 a 36 TRLC y sin perjuicio de cualquiera otra publicidad complementaria que, en medios oficiales o privados, estime oportuna este Juzgado al que nos dirigimos.

En su virtud,

SUPLICO AL JUZGADO que tenga por hechas las anteriores manifestaciones a los efectos oportunos, se sirva admitirlas y acordar en el auto declarando el concurso las publicaciones, inscripciones y anotaciones previstas en los arts. 35 a 37 TRLC, y, previos los oportunos trámites legales, se sirva llevar a cabo las mismas, por medios electrónicos o telemáticos y, si esto no fuera posible, librando los oportunos mandamientos y oficios que serán confiados al Procurador que esto suscribe para su oportuno curso y gestión.

Lo que se suplica en el lugar y fecha reseñados "ut supra".

OTROSÍ DIGO: Que en el auto en que se acuerde la declaración de concurso y entre otros pronunciamientos, procede el llamamiento de los acreedores para que pongan en conocimiento de la administración concursal la existencia de sus créditos, en el plazo legal a contar desde el día siguiente a la publicación del auto declarando el concurso en el BOE.

En su virtud,

SUPLICO AL JUZGADO que tenga por hechas las anteriores manifestaciones a los efectos oportunos, se sirva admitirlas y acordar en el auto declarando el concurso, el llamamiento de los acreedores a los efectos antes reseñados.

Lo que se suplica en el lugar y fecha reseñados "ut supra".

F102. SOLICITUD DE CONCURSO NECESARIO FUNDADA EN TÍTULO POR EL QUE SE HAYA DESPACHADO MANDAMIENTO DE EJECUCIÓN SIN QUE DEL EMBARGO HUBIERAN RESULTADO BIENES LIBRES CONOCIDOS BASTANTES PARA EL PAGO

Normativa de aplicación: *Arts. 13 y ss. Real Decreto Legislativo 1/2020, de 5 de mayo, por el que se aprueba el texto refundido de la Ley Concursal.*

AL JUZGADO DE LO MERCANTIL...........

..........., Procurador de los Tribunales (núm. .... de colegiado) y de la compañía .... S.L., con domicilio en ...., calle ...., núm. .... y CIF ...., cuya representación acredito mediante la escritura original de poder de representación que se acompaña a este escrito, ante este Juzgado comparezco bajo la dirección letrada de Don..........., abogado del Ilustre Colegio de .... (núm. .... de colegiado), y como mejor proceda en Derecho DIGO:

Que por medio del presente escrito y en la representación que ostento formulo SOLICITUD DE CONCURSO NECESARIO de la compañía .... S.L., con domicilio en ...., calle ...., núm. .... y CIF ...., solicitud que se funda en los HECHOS y FUNDAMENTOS DE DERECHO que a continuación se exponen.

HECHOS

PRIMERO.– DE LA SOCIEDAD CUYO CONCURSO NECESARIO AQUÍ SE INSTA.

La sociedad .... S.L., se constituyó el .... de .... de .... mediante escritura otorgada ante el notario de ...., Don........... (número de su protocolo ....).

Datos de Inscripción Registral: La sociedad está inscrita en el Registro Mercantil de la provincia de .... al tomo ...., General .... de la sección .... del Libro de sociedades, Folio ...., hoja ....

El domicilio social de la compañía se halla en ...., calle .... En dicho lugar se halla el centro de intereses principales de la deudora.

El objeto social de .... S.L., consiste en ....

Órgano de Administración: Desde su constitución, el órgano de administración de la compañía se halla conformado por un administrador único, ejerciendo en la actualidad y por tiempo indefinido tal cargo, Don..........., quien fue designado al efecto por acuerdo de la Junta General de la compañía celebrada el día .... de .... de ...., elevado a público mediante escritura autorizada por el notario de ...., Don..........., el día de .... de ....

Se desconoce si existen otros administradores, de hecho o de derecho, de la sociedad distintos del mencionado Sr. .... Según resulta del Registro Mercantil de la provincia de ...., durante los dos años anteriores a la solicitud de concurso, el citado Don........... ha sido la única persona que ha ostentado y/o desempeñado la administración de la sociedad.

Acreditando lo anterior, se acompaña como DOCUMENTO........... certificación literal del Registro Mercantil de la provincia de .... correspondiente a la precitada sociedad.

SEGUNDO.– EL TÍTULO EN QUE SE FUNDA LA PRESENTE SOLICITUD.

De conformidad con lo establecido en el art. 13.1 TRLC, se hace constar que la presente solicitud se funda en título por el que se ha despachado mandamiento de ejecución sin que del embargo resulten bienes libres conocidos bastantes para el pago (art. 2.4.2° TRLC). Concretamente, la sentencia dictada por el Juzgado de Primera Instancia núm. ...., de ...., en fecha .... y en el procedimiento ordinario núm. ...., seguido contra el demandado a instancias de mi poderdante.

TERCERO.– DE LA DEUDA CONTRAÍDA POR .... S.L. CON MI MANDANTE.

Mi mandante, es una sociedad que, desde hace más de treinta años, se dedica a la actividad de .... Como consecuencia del suministro de determinadas partidas de ...., la sociedad .... S.L. contrajo con mi poderdante una deuda por importe total y conjunto (IVA incluido) de ....euros, con el siguiente desglose:

A) El .... día de .... de ...., le vendió .... del citado producto, por un precio total de ....euros (IVA incluido).

B) El .... día de .... de ...., le vendió .... del citado producto, por un precio total de ....euros (IVA incluido).

C) Y el .... día de .... de ...., le vendió .... del citado producto, por un precio total de ....euros (IVA incluido).

La entrega del producto adquirido por .... S.L., debía realizarse en su domicilio, sito en ...., calle ...., núm. ...., antes del día .... de .... de .... El precio de compraventa y sus impuestos, debían ser pagados por la compradora, en el plazo de cuarenta y cinco (45) días desde la entrega del producto, mediante transferencia a la cuenta bancaria de la que es titular mi mandante en el banco ...., cuenta número ....

Acreditando lo anterior, se acompañan como DOCUMENTOS ...., los pedidos formulados por la demandada .... S.L.; faxes de fecha .... de .... de ...., ... de .... de ...., ... de .... de y .... de .... de ...., remitidos por mi mandante a .... S.L., aceptando los citados pedidos; y las facturas emitidas como consecuencia de las citadas ventas.

Cumpliendo lo pactado, mi mandante entregó a .... S.L. el referido producto adquirido por esta última, en las instalaciones arriba reseñadas y dentro del plazo pactado, concretamente, el día .... de .... de ...., en el supuesto de la letra A; el día .... de .... de ...., en el supuesto de la letra B; y el día .... de .... de ...., en el supuesto de la letra C.

Acreditando lo anterior, se acompañan como DOCUMENTOS ...., certificado de la empresa de transportes ...., que realizó el transporte y entrega de los productos a .... S.L., del que resultan las anteriores circunstancias, así como los albaranes de entrega del citado producto en el domicilio de la demandada, ... S.L. Como puede leerse en los citados albaranes, el receptor de la mercancía, expresamente y de su puño y letra, hace constar que recibe el producto en perfectas condiciones, y a plena conformidad y satisfacción suya.

Pese a que mi mandante había cumplido con su obligación de entrega, venció el plazo fijado por las partes para el pago del precio del producto transmitido por mi mandante a .... S.L., sin que tal pago se verificase.

Por lo tanto, la deuda contraída por .... S.L. con .... S.A. es una deuda vencida, líquida y exigible.

CUARTO.– DE LA RECLAMACIÓN JUDICIAL DE LA DEUDA CONTRAÍDA POR PARTE DE .... S.L. CON MI MANDANTE.

Como consecuencia de la situación creada, mi mandante instó judicialmente el pago de la citada deuda. De este modo, y ante el Juzgado de Primera Instancia núm. .... de .... se siguió el correspondiente juicio ordinario bajo el número de autos .... Sustanciado el citado procedimiento por todos sus trámites, en fecha .... de .... de ...., recayó sentencia por la que se condenaba a la sociedad .... S.L. a pagar a mi mandante la suma de ....euros, más sus correspondientes intereses legales. Igualmente, le fueron impuestas las costas procesales a la demandada. Dicha sentencia, que no fue recurrida por .... S.L. por lo que la misma devino firme, constituye, como se dijo arriba, el título en que esta parte funda la presente solicitud de concurso necesario.

Acreditando lo anterior se acompañan como DOCUMENTOS .... testimonio de la sentencia dictada por el Juzgado de Primera Instancia núm. .... de ...., en los citados autos ...., así como la providencia de fecha .... de .... de ...., dictada en las citadas actuaciones judiciales, de la que resulta la firmeza de la citada sentencia.

QUINTO.– DE LA EJECUCIÓN SEGUIDA CONTRA .... S.L.

En fecha .... de .... de ...., mi mandante instó la ejecución de la sentencia reseñada en el hecho precedente, ejecución que se sustancia ante el juzgado de Primera Instancia núm. .... de ...., autos .... En el citado procedimiento, y previa admisión de la demanda ejecutiva, se dictó auto de fecha .... de .... de ...., por el que se despachó ejecución contra .... S.L. ordenándose el embargo de bienes de la citada sociedad hasta cubrir ....euros de principal, ...euros de interés y costas.

Cursados lo oportunos mandamientos a los Registros de la Propiedad de .... y ...., donde constan inscritos determinados inmuebles propiedad de la citada sociedad, resultan que los mismos están hipotecados en garantía de un préstamo concedido a .... S.L. en fecha de .... de .... Concretamente, las citadas fincas responden ante el Banco .... de ....euros de principal más la suma de .... euros para intereses y costas. Igual sucede con los vehículos propiedad de .... S.L., que se hallan sujetos a reserva de dominio en tanto en cuanto no se abone el precio de los mismos. Y los saldos y depósitos existentes en las entidades de crédito a las que se dirigieron el oportuno mandamiento judicial, asciende a la irrisoria suma de ....euros, que ya está embargada por la Hacienda Pública.

Por lo tanto, es claro que, del citado embargo, no resultan bienes libres conocidos bastantes para el pago de la deuda contraída con mi mandante.

Acreditando lo anterior, se acompaña como DOCUMENTOS .... testimonio de la citada demanda ejecutiva, el auto admitiéndola y ordenando el embargo de bienes de .... S.L., la diligencia de embargo, los mandamientos dirigidos a bancos, entidades, y Registros, las contestaciones a los mismos, así como certificaciones del Registro de la propiedad de .... y ...., Jefatura de Trafico de .... y del Registro de Bienes muebles.

SEXTO.– La presente solicitud de concurso necesario debe de ser estimada por el Juzgador al darse el presupuesto objetivo de insolvencia y:

A) Quedar fundada la misma en título por el que se haya despachado mandamiento de ejecución sin que del embargo resulten bienes libres conocidos bastantes para el pago.

B) Ostentar mi mandante, la condición de acreedor titular de un crédito, a fecha de hoy, por importe de ....euros, cuyo origen, importe y demás circunstancias reseñadas por el art. 13.1 TRLC constan en los anteriores hechos.

A los relatados hechos aduzco los siguientes

FUNDAMENTOS DE DERECHO

I. De conformidad con lo previsto en el art. 44 TRLC, son competentes para conocer de esta solicitud de concurso los Juzgados de lo Mercantil.

Desde un punto de vista territorial, y conforme al art. 45 TRLC, son competentes los Juzgados de lo Mercantil de ....

II. Esta solicitud de concurso se sustanciara por los trámites establecidos en el art. 14.2.1° y concordantes TRLC.

III. Mi mandante, en su condición de acreedor, está legitimado para solicitar la declaración de concurso necesario de .... S.L. al amparo de lo dispuesto en el art. 3.1 TRLC.

IV. Se dan en este caso los presupuestos subjetivo y objetivo requeridos para la declaración del concurso. En el primer caso, a la vista de la condición de .... S.L. de deudor persona jurídica como señala el art. 1.1 TRLC. En el segundo, a la vista de la situación de insolvencia de .... S.L. fundada en título por el cual se ha despachado mandamiento de ejecución o apremio sin que del embargo resulten bienes libres conocidos bastantes para el pago (art. 2.4.2° TRLC).

V. Los efectos del concurso serán los previstos en los arts. 106 y ss. TRLC.

En virtud de lo expuesto,

SUPLICO AL JUZGADO que tenga por presentado este escrito, junto a los documentos a él unidos y sus copias, se sirva admitirlo y tener por promovido en nombre y representación de mi mandante, ... S.A., SOLICITUD DE CONCURSO NECESARIO de la sociedad .... S.L., y de conformidad con lo establecido en el art. 14.2.1° TRLC, dicte auto por el que:

PRIMERO.– Se declare el concurso necesario de la sociedad .... S.L.

SEGUNDO.– Se acuerde la sustanciación del correspondiente procedimiento, con la formación de las secciones correspondientes.

TERCERO.– Se designen la oportuna administración concursal.

CUARTO.– Se acuerde la suspensión del ejercicio por el deudor de las facultades de administración sobre la masa activa, siendo sustituido por la administración concursal.

QUINTO.– Se requiera al deudor para que presente, en el plazo de diez días desde la notificación del auto, los documentos enumerados en el art. 7 y 8 TRLC.

SEXTO.– Se imponga las costas a .... S.L., que tendrán la consideración de crédito contra la masa.

SÉPTIMO.– Se acuerde cuanto proceda demás sea procedente en derecho para la sustanciación del procedimiento hasta su conclusión.

Es Justicia que suplico en ...., a .... de .... de ....

OTROSÍ DIGO Que procede dar a la declaración de concurso la oportuna publicidad, incluida la registral, en los términos y con el alcance establecidos en los arts. 35 a 37 TRLC y sin perjuicio de cualesquiera otra publicidad complementaria que, en medios oficiales o privados, estime oportuna este Juzgado al que nos dirigimos.

En su virtud,

SUPLICO AL JUZGADO que tenga por hechas las anteriores manifestaciones a los efectos oportunos, se sirva admitirlas y acordar en el los arts. 35 a 37 TRLC, y, previos los oportunos trámites legales, se sirva llevar a cabo las mismas, por medios electrónicos o telemáticos y, si esto no fuera posible, librando los oportunos mandamientos y oficios que serán confiados al Procurador que esto suscribe para su oportuno curso y gestión.

Lo que se suplica en el lugar y fecha reseñados "ut supra".

OTROSÍ DIGO: Que en el auto en que se acuerde la declaración de concurso y entre otros pronunciamientos, procede el llamamiento de los acreedores para que pongan en conocimiento de la administración concursal la existencia de sus créditos, en el plazo legalmente establecido a contar desde el día siguiente a la publicación del auto declarando el concurso en el BOE.

En su virtud,

SUPLICO AL JUZGADO que tenga por hechas las anteriores manifestaciones a los efectos oportunos, se sirva admitirlas y acordar en el auto declarando el concurso, el llamamiento de los acreedores a los efectos antes reseñados.

Lo que se suplica en el lugar y fecha reseñados "ut supra".

F103. SOLICITUD DE CONCURSO NECESARIO FUNDADA EN LA EXISTENCIA DE EMBARGOS POR EJECUCIONES EN CURSO QUE AFECTEN DE UNA MANERA GENERAL AL PATRIMONIO DEL DEUDOR

Normativa de aplicación: *Arts. 13 y ss. Real Decreto Legislativo 1/2020, de 5 de mayo, por el que se aprueba el texto refundido de la Ley Concursal.*

AL JUZGADO DE LO MERCANTIL DE...........

..........., Procurador de los Tribunales (núm. .... de colegiado) y de la compañía .... S.L., con domicilio en ...., calle ...., núm. .... y CIF ...., cuya representación acredito mediante la escritura original de poder de representación (que se acompaña a este escrito), ante este Juzgado comparezco bajo la dirección letrada de Don..........., abogado del Ilustre Colegio de .... (núm. .... de colegiado), y como mejor proceda en Derecho DIGO:

Que por medio del presente escrito y en la representación que ostento formulo SOLICITUD DE CONCURSO NECESARIO de la compañía .... S.L., con domicilio en

..........., calle ...., núm. .... y CIF ...., solicitud que se funda en los HECHOS y FUNDAMENTOS DE DERECHO que a continuación se exponen.

HECHOS

PRIMERO.– DE LA SOCIEDAD CUYO CONCURSO NECESARIO AQUÍ SE INSTA.

La sociedad .... S.L., se constituyó el .... de .... de .... mediante escritura otorgada ante el notario de ...., Don........... (número de su protocolo ....).

Datos de Inscripción Registral: La sociedad está inscrita en el Registro Mercantil de la provincia de .... al tomo ...., General .... de la sección .... del Libro de sociedades, Folio ...., hoja ....

Domicilio social: El domicilio social de la compañía se halla en ...., calle ...., siendo su objeto social ....

En dicho lugar se halla el centro de intereses principales de la aquí deudora.

Órgano de Administración: Desde su constitución, el órgano de administración de la compañía se halla conformado por un administrador único, ejerciendo en la actualidad y por tiempo indefinido tal cargo, Don..........., quien fue designado al efecto por acuerdo de la Junta General de la compañía celebrada el día .... de .... de ...., elevado a público mediante escritura autorizada por el notario de ...., Don..........., el día de .... de ....

Se desconoce si existen otros administradores, de hecho o de derecho, de la sociedad distintos del mencionado Sr. .... Según resulta del Registro Mercantil de la provincia de ...., durante los dos años anteriores a la solicitud de concurso, el citado Don........... ha sido la única persona que ha ostentado y/o desempeñado la administración de la sociedad.

Acreditando lo anterior, se acompaña como DOCUMENTO........... certificación literal del Registro Mercantil de la provincia de .... correspondiente a la precitada sociedad.

SEGUNDO.– DEL HECHO EN QUE SE FUNDA LA PRESENTE SOLICITUD.

De conformidad con lo establecido en el art. 13.1 TRLC, se hace constar que la presente solicitud se funda en la existencia de embargos por ejecuciones en curso que afectan de manera general al patrimonio del deudor (art. 2.4.3° TRLC).

TERCERO.– DE LA DEUDA CONTRAÍDA POR .... S.L. CON MI MANDANTE.

Que mi mandante, es una sociedad que, desde hace más de treinta años, se dedica a la actividad de .... Como consecuencia del suministro de determinadas partidas de ...., la sociedad .... S.L. contrajo con mi poderdante una deuda por importe total y conjunto (IVA incluido) de ....euros, con el siguiente desglose:

A) El .... día de .... de ...., le vendió .... del citado producto, por un precio total de ....euros (IVA incluido).

B) El .... día de .... de ...., le vendió .... del citado producto, por un precio total de ....euros (IVA incluido).

C) Y el .... día de .... de ...., le vendió .... del citado producto, por un precio total de ....euros (IVA incluido).

La entrega del producto adquirido por .... S.L., debía realizarse en su domicilio, sito en ...., calle ...., núm. ...., antes del día .... de .... de .... El precio de compraventa y sus impuestos, debían ser pagados por la compradora, en el plazo de cuarenta y cinco (45) días desde la entrega del producto, mediante transferencia a la cuenta bancaria de la que es titular mi mandante en el banco ...., cuenta número ....

Acreditando lo anterior, se acompañan como DOCUMENTOS ...., los pedidos formulados por la demandada .... S.L.; faxes de fecha .... de .... de ...., ... de .... de ...., ... de .... de y .... de .... de ...., remitidos por mi mandante a .... S.L., aceptando los citados pedidos; y las facturas emitidas como consecuencia de las citadas compraventas.

Cumpliendo lo pactado, mi mandante entregó a .... S.L. el referido producto adquirido por esta última, en las instalaciones arriba reseñadas y dentro del plazo pactado, concretamente, el día .... de .... de ...., en el supuesto de la letra A; el día .... de .... de ...., en el supuesto de la letra B; y el día .... de .... de ...., en el supuesto de la letra C.

Acreditando lo anterior, se acompañan como DOCUMENTOS ...., certificado de la empresa de transportes ...., que realizó el transporte y entrega de los productos a .... S.L., del que resultan las anteriores circunstancias, así como los albaranes de entrega del citado producto en el domicilio de la demandada, ... S.L. Como puede leerse en los citados albaranes, el receptor de la mercancía, expresamente y de su puño y letra, hace constar que recibe el producto en perfectas condiciones, y a plena conformidad y satisfacción suya.

Pese a que mi mandante había cumplido con su obligación de entrega, venció el plazo fijado por las partes para el pago del precio del producto transmitido por mi mandante a .... S.L., sin que tal pago se verificase.

Por lo tanto, la deuda contraída por .... S.L. con .... S.A. es una deuda vencida, líquida y exigible.

CUARTO.– DE LA RECLAMACIÓN JUDICIAL DE LA DEUDA CONTRAÍDA POR PARTE DE .... S.L. CON MI MANDANTE.

Como consecuencia de la situación creada, mi mandante decidió instar judicialmente el pago de la citada deuda.

Previo a ello, y tras diversas averiguaciones, mi principal contrastó:

A) Que la sociedad .... S.L. es dueña de los siguientes bienes: ....

B) Que todos y cada uno de los bienes reseñados han sido embargados por diversos acreedores de .... S.L. Dichos embargos han recaído en los procedimientos de ejecución que a continuación se reseñan, actualmente en curso, indicando el bien embargado y el acreedor instante de la ejecución: ....

Se acompañan como DOCUMENTOS .... certificaciones del Registro de la propiedad de .... y ...., Jefatura de Trafico de .... y ....

Las citadas ejecuciones se hallan en curso como resulta de ....

QUINTO.– La presente solicitud de concurso necesario debe de ser estimada por el Juzgador al darse el presupuesto objetivo de insolvencia y

A) Quedar fundada la misma, como se dijo, en la existencia de embargos por ejecuciones en curso que afectan de una manera general al patrimonio del deudor.

B) Ostentar mi mandante, la condición de acreedor titular de un crédito, a fecha de hoy, por importe de ....euros, cuyo origen, importe y demás circunstancias reseñadas en el art. 13.1 TRLC resultan de los anteriores hechos.

A los relatados hechos aduzco los siguientes

FUNDAMENTOS DE DERECHO

I. De conformidad con lo previsto en el art. 44 TRLC, son competentes para conocer de esta solicitud de concurso los Juzgados de lo Mercantil.

Desde un punto de vista territorial, y conforme al art. 45 TRLC, son competentes los Juzgados de lo Mercantil de ....

II. Esta solicitud de concurso se sustanciara por los trámites establecidos en el art. 14.2.1° y concordantes TRLC.

III. Mi mandante, en su condición de acreedor, está legitimado para solicitar la declaración de concurso necesario de .... S.L. al amparo de lo dispuesto en el art. 3.1 TRLC.

IV. Se dan en este caso los presupuestos subjetivo y objetivo requeridos para la declaración del concurso. En el primer caso, a la vista de la condición de mandante de deudor persona jurídica como señala el art. 1.1 TRLC. En el segundo, a la vista de la situación de insolvencia de .... S.L. fundada en la existencia de ejecuciones en curso que afecten de una manera general al patrimonio del deudor (art. 2.4.3° TRLC).

V. Los efectos del concurso serán los previstos en los arts. 106 y ss. TRLC.

En virtud de lo expuesto,

SUPLICO AL JUZGADO que tenga por presentado este escrito, junto a los documentos a él unidos y sus copias, se sirva admitirlo y tener por promovido en nombre y representación de mi mandante, ... S.A., SOLICITUD DE CONCURSO NECESARIO de la sociedad .... S.L., y de conformidad con lo establecido en el art. 14.2.1° TRLC, dicte auto por el que:

PRIMERO.– Se declare el concurso necesario de la sociedad .... S.L.

SEGUNDO.– Se acuerde la sustanciación del correspondiente procedimiento, con la formación de las secciones correspondientes.

TERCERO.– Se la designe la oportuna administración concursal.

CUARTO.– Se acuerde la suspensión del ejercicio por el deudor de las facultades de administración sobre la masa activa, siendo sustituido por la administración concursal.

QUINTO.– Se requiera al deudor para que presente, en el plazo de diez días desde la notificación del auto, los documentos enumerados en el art. 7 y 8 TRLC.

SEXTO.– Se imponga las costas a .... S.L., que tendrán la consideración de crédito contra la masa.

SÉPTIMO.– Se acuerde cuanto proceda demás sea procedente en derecho para la sustanciación del procedimiento hasta su conclusión.

Es Justicia que suplico en ...., a .... de .... de ....

OTROSÍ DIGO Que procede dar a la declaración de concurso la oportuna publicidad, incluida la registral, en los términos y con el alcance establecidos en los arts. 35 a 37 TRLC y sin perjuicio de cualesquiera otra publicidad complementaria que, en medios oficiales o privados, estime oportuna este Juzgado al que nos dirigimos.

En su virtud,

SUPLICO AL JUZGADO que tenga por hechas las anteriores manifestaciones a los efectos oportunos, se sirva admitirlas y acordar en el auto declarando el concurso las publicaciones, inscripciones y anotaciones previstas en el art. 35 a 37 TRLC, y, previos los oportunos trámites legales, se sirva llevar a cabo las mismas, por medios telemáticos y, si esto no fuera posible, librando los oportunos mandamientos y oficios que serán confiados al Procurador que esto suscribe para su oportuno curso y gestión.

Lo que se suplica en el lugar y fecha reseñados "ut supra".

OTROSÍ DIGO: Que en el auto en que se acuerde la declaración de concurso y entre otros pronunciamientos, procede el llamamiento de los acreedores para que pongan en conocimiento de la administración concursal la existencia de sus créditos, en el plazo legal a contar desde el día siguiente a la publicación del auto declarando el concurso en el BOE.

En su virtud,

SUPLICO AL JUZGADO que tenga por hechas las anteriores manifestaciones a los efectos oportunos, se sirva admitirlas y acordar en el auto declarando el concurso, el llamamiento de los acreedores a los efectos antes reseñados.

Lo que se suplica en el lugar y fecha reseñados "ut supra".

F104. SOLICITUD DE CONCURSO NECESARIO FUNDADA EN EL SOBRESEIMIENTO GENERALIZADO EN EL PAGO CORRIENTE DE LAS OBLIGACIONES DEL DEUDOR. INSTADA POR SOCIO PERSONALMENTE RESPONSABLE DE LAS DEUDAS DE LA SOCIEDAD

Normativa de aplicación: *Arts. 13 y ss. Real Decreto Legislativo 1/2020, de 5 de mayo, por el que se aprueba el texto refundido de la Ley Concursal.*

AL JUZGADO DE LO MERCANTIL DE...........

..........., Procurador de los Tribunales (núm. .... de colegiado) y de Don..........., con domicilio en ...., calle ...., núm. .... y DNI/CIF ...., cuya representación acredito mediante la escritura original de poder de representación que se acompaña a este escrito, ante este Juzgado comparezco bajo la dirección letrada de Don..........., abogado del Ilustre Colegio de .... (núm. .... de colegiado), y como mejor proceda en Derecho DIGO:

Que por medio del presente escrito y en la representación que ostento formulo SOLICITUD DE CONCURSO NECESARIO de la compañía .... S.C., con domicilio en ...., calle ...., núm. .... y CIF ...., solicitud que se funda en los HECHOS y FUNDAMENTOS DE DERECHO que a continuación se exponen.

HECHOS

PRIMERO.– DE LA SOCIEDAD CUYO CONCURSO NECESARIO AQUÍ SE INSTA.

La sociedad .... S.C, se constituyó el .... de .... de .... mediante escritura otorgada ante el notario de ...., Don........... (número de su protocolo ....).

Datos de Inscripción Registral: La sociedad está inscrita en el Registro Mercantil de la provincia de .... al tomo ...., General .... de la sección ...., Folio ...., hoja ....

Domicilio social: El domicilio social de la compañía se halla en ...., calle ...., siendo su objeto social .... En dicho lugar se halla el centro de intereses principales de la aquí deudora.

Acreditando lo anterior, se acompaña como DOCUMENTO........... certificación literal del Registro Mercantil de la provincia de .... correspondiente a la precitada sociedad.

SEGUNDO.– DEL HECHO EN QUE SE FUNDA LA PRESENTE SOLICITUD.

De conformidad con lo establecido en el art. 13.1 TRLC, se hace constar que la presente solicitud se funda en el sobreseimiento generalizado en el pago corriente de las obligaciones del deudor aquí demandado (art. 2.4.4º TRLC).

TERCERO.– DE LA CONDICIÓN DE MI PRINCIPAL, SOCIO DE .... S.C.

Como puede observarse en la escritura de constitución de .... S.C y de los DOCUMENTOS que se acompañan dotados de número ...., mi principal es socio de la citada sociedad.

En tal condición, mi principal, junto al resto de socios, es personalmente responsable de las deudas de .... S.C.

CUARTO.– DE LA SITUACIÓN ECONÓMICA DE .... S.C.

Desde hace un tiempo, la sociedad .... SC está pasando una grave crisis económica y financiera como consecuencia de la total ausencia de ventas, así como por las dificultades para competir con las importaciones masivas de bienes del mismo género que los que comercializa .... SC, desde países como .... y ...., a un precio mucho más bajo que los de los fabricantes nacionales.

Ante esta situación, el pasado día .... de .... de ...., el gerente de la empresa, Don..........., reunió a todos los socios y, tras informarnos de la situación reseñada en el párrafo precedente, nos comunicó que:

A) No se han atendido los recibos de la luz, agua y teléfono desde hace más de .... meses.

B) Se adeuda a los trabajadores de la empresa las mensualidades de .... a .... (ambos inclusive).

C) El alquiler de la oficina está sin pagar desde el pasado mes de .... Esto es, se adeudan las rentas correspondientes a los meses de .... a .... (ambos inclusive). También han dejado de atenderse desde hace .... meses las facturas de proveedores.

D) Tampoco se han atendido los últimos .... recibos del leasing con que se adquirió y financió la maquinaria y vehículos de la empresa.

E) Finalmente, están sin atender tanto las obligaciones tributarias como las cuotas de seguridad social de .... SC exigibles durante los últimos seis meses. Concretamente, ...

Acreditando lo anterior los anterior, se acompañan como DOCUMENTOS ...., el informe emitido y firmado por el gerente de la empresa, al que se adjunta certificados de Hacienda y Seguridad Social, así como de la compañía de leasing. También, diversas cartas de trabajadores, la propietaria de las oficinas y varios proveedores dirigidas a mi mandante en las que se le informa de los impagos arriba reseñados.

QUINTO.– La presente solicitud de concurso necesario debe de ser estimada por el Juzgador al darse el presupuesto objetivo de insolvencia y quedar fundada la misma en el sobreseimiento generalizado en el pago corriente de las obligaciones del deudor.

SEXTO.– Que tal y como ordena el art. 13.3 TRLC, esta parte manifiesta los medios de prueba de los que pretende valerse a efectos de acreditar los hechos en que se funda la presente solicitud:

I. Interrogatorio del deudor.

II. Testifical, consistente en que se examine a los siguientes testigos: ....

III. Documental: Para que se tengan por incorporados a las presentes actuaciones los documentos acompañados al presente escrito de solicitud de concurso necesario.

IV. Más documental: ....

A los relatados hechos aduzco los siguientes

FUNDAMENTOS DE DERECHO

I. De conformidad con lo previsto en el art. 44 TRLC, son competentes para conocer de esta solicitud de concurso los Juzgados de lo Mercantil.

Desde un punto de vista territorial, y conforme al art. 45 TRLC, son competentes los Juzgados de lo Mercantil de ....

II. Esta solicitud de concurso se sustanciará por los trámites establecidos en el art. 14.2.2°, ss. y concordantes TRLC.

III. Mi mandante, en su condición de socio personalmente responsable de las deudas de .... S.C está legitimado activamente al amparo de lo dispuesto en el art. 3.3 TRLC.

IV. Se dan en este caso los presupuestos subjetivo y objetivo requeridos para la declaración del concurso. En el primer caso, a la vista de la condición de .... S.C de deudor persona jurídica como señala el art. 1.1 TRLC. En el segundo, a la vista de la situación de insolvencia de .... S.C fundada en el sobreseimiento generalizado en el pago corriente de las obligaciones del deudor (art. 2.4.4° TRLC).

V. Los efectos del concurso serán los previstos en los arts. 106 y ss. TRLC.

En virtud de lo expuesto,

SUPLICO AL JUZGADO que tenga por presentado este escrito, junto a los documentos a él unidos y sus copias, se sirva admitirlo y tener por promovido en nombre y representación de mi mandante, Don..........., SOLICITUD DE CONCURSO NECESARIO de la sociedad .... S.C, se sirva dictar auto admitiéndola a trámite y ordenando el emplazamiento del deudor .... S.C conforme a lo previsto en el art. 16 TRLC con traslado de la solicitud para que comparezca en el plazo de cinco días, dentro de los cuales se le pondrán de manifiesto los autos y podrá formular oposición a la solicitud, proponiendo los medios de prueba de los que intente valerse, así como ordenando la formación de la sección primera conforme a lo dispuesto en el art. 14.3 TRLC, y previos los oportunos trámites legales, incluida, en su caso, la admisión y practica de las pruebas solicitadas por esta parte y la celebración de la oportuna vista, dicte auto por la que, estimando la presente solicitud:

PRIMERO.– Se declare el concurso necesario de la sociedad .... S.C.

SEGUNDO.– Se acuerde la sustanciación del correspondiente procedimiento, con la formación de las secciones correspondientes.

TERCERO.– Se designe la correspondiente administración concursal.

CUARTO.– Se acuerde la suspensión del ejercicio por el deudor de las facultades de administración sobre la masa activa, siendo sustituido por la administración concursal.

QUINTO.– Se requiera al deudor para que presente, en el plazo de diez días desde la notificación del auto, los documentos enumerados en el art. 7 y 8 TRLC.

SEXTO.– Se imponga las costas a .... S.C, que tendrán la consideración de crédito contra la masa.

SÉPTIMO.– Se acuerde cuanto proceda demás sea procedente en derecho para la sustanciación del procedimiento hasta su conclusión.

Es Justicia que suplico en ...., a .... de .... de ....

OTROSÍ DIGO Que procede dar a la declaración de concurso la oportuna publicidad, incluida la registral, en los términos y con el alcance establecidos en los arts. 35 a 37 TRLC y sin perjuicio de cualesquiera otra publicidad complementaria que, en medios oficiales o privados, estime oportuna este Juzgado al que nos dirigimos.

En su virtud,

SUPLICO AL JUZGADO que tenga por hechas las anteriores manifestaciones a los efectos oportunos, se sirva admitirlas y acordar en el auto declarando el concurso las publicaciones, inscripciones y anotaciones previstas en los arts. 35 a 37 TRLC, y, previos los oportunos trámites legales, se sirva llevar a cabo las mismas, por medios electrónicos o telemáticos y, si esto no fuera posible, librando los oportunos mandamientos y oficios que serán confiados al Procurador que esto suscribe para su oportuno curso y gestión.

Lo que se suplica en el lugar y fecha reseñados "ut supra".

OTROSÍ DIGO: Que en el auto en que se acuerde la declaración de concurso y entre otros pronunciamientos, procede el llamamiento de los acreedores para que pongan en conocimiento de la administración concursal la existencia de sus créditos, en el plazo legal a contar desde el día siguiente a la publicación del auto declarando el concurso en el BOE.

En su virtud,

SUPLICO AL JUZGADO que tenga por hechas las anteriores manifestaciones a los efectos oportunos, se sirva admitirlas y acordar en el auto declarando el concurso, el llamamiento de los acreedores a los efectos antes reseñados.

Lo que se suplica en el lugar y fecha reseñados "ut supra".

F105. SOLICITUD DE CONCURSO NECESARIO FUNDADA EN EL SOBRESEIMIENTO GENERALIZADO EN EL PAGO CORRIENTE DE LAS OBLIGACIONES. INSTADA POR ACREEDOR

Normativa de aplicación: *Arts. 13 y ss. Real Decreto Legislativo 1/2020, de 5 de mayo, por el que se aprueba el texto refundido de la Ley Concursal.*

AL JUZGADO DE LO MERCANTIL DE...........

..........., Procurador de los Tribunales en nombre y representación de la mercantil "..........., S.L.", domiciliada en ...., en la calle ...., número ...., con CIF..........., según acredito mediante la escritura original de poder de representación que se acompaña a este escrito (Documento nº ....) y que solicito que, una vez testimoniada en autos, me sea devuelta por precisarla para otros usos, ante este Juzgado comparezco bajo la dirección técnica de D........... y D..........., abogados del Iltre. Colegio de ...., número de colegiado .... y .... respectivamente, con despacho profesional en ...., y como mejor proceda en Derecho DIGO:

Que por medio del presente escrito y en la representación que ostento formulo SOLICITUD DE CONCURSO NECESARIO de la compañía "..........., S.L." con CIF .... y con domicilio en ...., solicitud que se funda en los hechos y fundamentos de derecho que a continuación se exponen.

HECHOS DE LA DEMANDA

PRIMERO.– DE LA SOCIEDAD CUYO CONCURSO NECESARIO AQUÍ SE INSTA.

La sociedad ...., S.L., se constituyó el .... de .... de .... mediante escritura otorgada ante el Notario de ...., Don........... (número de su protocolo ....).

Datos de Inscripción Registral: La sociedad está inscrita en el Registro Mercantil de la provincia de ...., en la hoja ...., tomo ...., folio ....

Domicilio social: El domicilio social de la compañía se halla en ...., por cambio de domicilio social, publicado en el Borme ...., de fecha ....

Objeto social: ....

Órgano de Administración de la compañía: se hallaba conformado por un administrador único, designado por tiempo indefinido, en la persona de Don..........., quien fue designado al efecto por acuerdo de la Junta Universal de la compañía celebrada en el domicilio social el día cuatro de julio de dos mil ocho.

Según resulta del Registro Mercantil de la provincia de .... durante los dos años anteriores a la solicitud de concurso, el citado Don........... ha sido la única persona que ha ostentado y/o desempeñado la administración de la sociedad.

En la actualidad Don........... aparece como LIQUIDADOR ÚNICO de la citada mercantil. Con fecha de publicación en el BORME de ....

Cuentas Anuales: Que la referida sociedad viene incumpliendo de manera reiterada sus obligaciones contables y no depositó en tiempo y forma las cuentas anuales correspondientes a los ejercicios .... y .... incumpliendo, de esta forma, con sus obligaciones contables de llevanza de los libros y registro de cuentas anuales. Siendo que, con fecha ...., presentó tardíamente en el Registro depósito de cuentas y disolución de la sociedad.

Vigencia: La sociedad se encuentra actualmente en disolución y liquidación por acuerdo fechado .... e inscrito en el Registro el .... (Inscripción ....°, en la hoja ...., folio ....).

Acreditando lo anterior se acompaña, como Documento n° ...., certificación literal y nota simple del Registro Mercantil de la provincia de .... correspondientes a la precitada sociedad.

SEGUNDO.– DEL HECHO EN QUE SE FUNDA LA PRESENTE SOLICITUD.

De conformidad con lo establecido en el artículo 13.1 TRLC, se hace constar que la presente solicitud se funda en el sobreseimiento generalizado en el pago corriente de las obligaciones del deudor aquí demandado, la mercantil ...., S.L. (art. 2.4.4° TRLC).

TERCERO.– DE LA DEUDA CONTRAÍDA POR ...., S.L., CON MI MANDANTE.

Que, con motivo de las relaciones comerciales mantenidas con la mercantil demandada, "..........., S.L.", adeuda a mi mandante, "..........., S.L.", la suma de .... euros con el siguiente desglose:

...........euros por .... pagarés que resultaron impagados a su vencimiento, en fecha ...., los cuales fueron entregados a mi mandante por la mercantil "..........., S.L.", para satisfacer el pago del precio de compraventa de las fincas registrales números .... y ....

Adjunto se acompaña, como Documento n° ...., copia de la escritura de compraventa donde figuran recogidos los referidos títulos (dejando designados los archivos del Notario de ...., D..........., con número de protocolo ...., a los efectos probatorios oportunos).

...........euros .... por .... pagaré que resultó también impagado a su vencimiento, en fecha ...., y que fue entregado a mi mandante por la mercantil "..........., S.L.", en el marco de la operativa comercial anterior.

Adjunto se acompaña, como Documento n° ...., copia de referida la factura y pagare.

...........euros correspondiente a parte del precio de venta estipulado en escritura pública de compraventa a favor de "..........., S.L.", de fecha ...., otorgada por el Notario de ...., Don..........., para el cual se libraron .... pagarés con vencimiento .... que resultaron impagados.

Adjunto se acompaña, como Documento n° ...., requerimiento de pago, como Documento n° ...., copia de la escritura de compraventa de los locales donde figuran recogidos los referidos títulos (dejando designados los archivos del Notario de ...., Don..........., a los efectos probatorios oportunos), y como, Documento n° ...., copia de los títulos que resultaron impagados (dejando designados los archivos de la entidad bancaria a los efectos probatorios oportunos sobre el impago de los referidos títulos).

...........euros correspondiente a la totalidad de las cuotas pagadas por mi mandante en el préstamo hipotecario del BANCO ...., en el que tenía que haberse subrogado la mercantil "..........., S.L", y en el que no se ha subrogado, y de las cuales hay sentencia firme en reclamación de parte de las mismas por importe de ....euros del juzgado de 1° Instancia n° .... de .... (Juicio Ordinario n° ....).

Adjunto se acompaña, como Documento n° 8, varios recibos de pagos del referido préstamo (dejando designados los archivos de la entidad bancaria a los efectos probatorios oportunos).

A todo ello hay que señalar que mi mandante inició, en el año ...., dos procedimientos judiciales contra la mercantil "..........., S.L.", en reclamación de las indicadas cantidades adeudadas, cuyas resoluciones ya son firmes:

JUICIO CAMBIARIO, AUTOS ...., SEGUIDO ANTE EL JUZGADO DE PRIMERA INSTANCIA N° .... DE ....

Una vez llegado el vencimiento de los .... pagarés que fueron librados para el pago de las fincas registrales números .... y ...., mi poderdante los presentó al cobro resultando impagados, en su totalidad, por lo que se procedió a reclamar judicialmente su cumplimiento, en reclamación que fue sustanciada como Juicio Cambiario n° .... ante el Juzgado de Primera Instancia n° .... de ...., por importe de ....euros más interés y costas, acordando el inmediato embargo preventivo de todos los bienes de la demandada, la mercantil "..........., S.L.".

Adjunto se acompaña, como Documento n° ...., copia de la referida demanda y, como Documento n° ...., copia del escrito de oposición presentado por los demandados contra la demanda cambiaria y como Documento n° .... auto decretando el embargo preventivo de los bienes inmuebles designados en la demanda y los correspondientes mandamientos de embargo preventivo.

Que celebrada la vista, se dictó sentencia estimatoria condenando a la entidad deudora a satisfacer a mi mandante la suma reclamada, ...euros, más los intereses legales y las costas derivadas del procedimiento. Dicha sentencia devino firme al no ser recurrida por la contraparte.

Adjunto se acompaña, como Documento n° ...., copia testimoniada de la referida sentencia dejando designados los archivos del Juzgado de Primera Instancia n° .... de .... (Juicio cambiario n° ....).

Que a pesar del embargo preventivo nada ha podido cobrarse del demandado dado su situación de insolvencia generalizada tal y como a continuación expondremos.

JUICIO ORDINARIO, AUTOS ...., SEGUIDO ANTE EL JUZGADO DE PRIMERA INSTANCIA N° .... DE ....

En reclamación de cantidad por importe de ....euros por las cuotas vencidas y no pagadas del préstamo hipotecario del BANCO .... y del que todavía no se ha subrogado la mercantil "..........., S.L."

Adjunto se acompaña, como Documento n° ...., copia de la referida sentencia dejando designados los archivos del Juzgado de Primera Instancia n° .... de .... (Juicio Ordinario n° ....).

CUARTO.– OTRAS DEUDAS IMPAGADAS POR LA MERCANTIL "...........", A OTROS TANTOS ACREEDORES EN EL AÑO ....

Que la mercantil demandada no solo incumplió sus obligaciones de pago para con mi mandante sino que dejó de pagar de una manera generalizada todas sus obligaciones de pago, ya desde el año ...., lo que es un hecho cierto que, no solo queda acreditado por medio de los hechos recogidos en los expositivos anteriores, sino también por los que a continuación se relacionan.

Otras deudas impagadas, ya en el año ...., por "..........., S.L.":

1. CON LA MERCANTIL "..........., S.A."

Con fecha ...., la mercantil demandada "..........., S.L.", libró a favor de la compañía "..........., S.A.", un pagaré, por importe de ....euros, con fecha de vencimiento el ....

Que llegado su vencimiento el mismo resultó impagado por la demandada dando lugar a la presentación, por parte de la mercantil ...., S.A.", de una demanda cambiaria que se tramitó, como Juicio Cambiario nº ...., ante el juzgado de Primera Instancia nº .... de ....

Con fecha ...., por el juzgado de Primera Instancia nº .... de ...., se dictó auto despachando ejecución por la referida cantidad.

Adjunto se acompaña, como Documento nº ...., copia testimoniada de la referida resolución designados los archivos del Juzgado de Primera Instancia nº .... de .... (Juicio Ordinario nº ....).

2. CON LA MERCANTIL "..........., S.L."

Con fecha ...., la mercantil demandada "........... S.L.", libró a favor de la compañía "..........., S.L.", un pagaré, por importe de ....euros, con fecha de vencimiento el ....

Que llegado su vencimiento el mismo resultó impagado por la demandada dando lugar a la presentación, por parte de la mercantil "..........., S.L.", de una demanda cambiaria que se tramitó, como Juicio Cambiario nº ...., ante el juzgado de Primera Instancia nº .... de ....

Con fecha ...., por el juzgado de Primera Instancia nº .... de ...., se dictó auto despachando ejecución por la referida cantidad.

Adjunto se acompaña, como Documento nº ...., copia de la referida resolución designados los archivos del Juzgado de Primera Instancia nº .... de .... (Juicio Ordinario nº ....).

3. CON ENTIDADES BANCARIAS POR IMPORTE TOTAL DE ....EUROS Y CON HACIENDA Y ADMINISTRACIONES LOCALES.

Que la mercantil demandada, "..........., S.L.", había dejado de pagar ya, en el ese mismo período de tiempo a todos sus acreedores, como eran las diferentes entidades de crédito por los préstamos hipotecarios que gravaban sus inmuebles (como único activo de la sociedad) así como a Hacienda y Seguridad Social.

Así, del informe financiero elaborado por la empresa ...., el ...., y que adjunto se acompaña a la demanda como Documento nº ...., resultaban los siguientes impagos por parte de ...., S.L.

A) CON BANCOS:

* CON EL BANCO ....: PRÉSTAMO HIPOTECARIO POR IMPORTE TOTAL DE ....euros QUE GRAVA LAS FINCAS REGISTRALES NÚMEROS .... y .... (local de aparcamientos situado en las plantas primera y segunda del sótano del CENTRO COMERCIAL .... y los derechos derivados de la concesión administrativa del subsuelo).

  IMPORTE IMPAGADO: ....€. FECHA DE IMPAGO: ....

* CON OTROS BANCOS: PRÉSTAMOS HIPOTECARIOS POR IMPORTE TOTAL DE ....euros.

  IMPORTE IMPAGADO ....€. FECHA DE IMPAGO: ....

  El total de impagos con los bancos ascendía a la suma de ....euros.

B) CON HACIENDA Y SEGURIDAD SOCIAL:

* CON HACIENDA: Existe 1 reclamación administrativa con Hacienda. EMBARGO DE FECHA .... DE AEAT SERVICIO DE GESTIÓN ECONÓMICA.

* CON OTROS ORGANISMOS: Existen .... reclamaciones administrativas con otros Organismos. EMBARGOS DE LA DIPUTACIÓN PROVINCIAL DE ....de fecha .... respectivamente.

QUINTO.– DEL SOBRESEIMIENTO GENERALIZADO EN EL PAGO DE LA TOTALIDAD DE OBLIGACIONES POR PARTE DE .... S.L.

Que, en la actualidad, y tras intentar cobrar sin éxito las cantidades adeudadas en el procedimiento cambiario nº ...., seguido ante el Juzgado de Primera Instancia nº .... de ...., resulta que la sociedad "..........., S.L." ha dejado de pagar definitivamente a todos sus acreedores tal y como se pone de manifiesto por los siguientes hechos:

INFORME DE SOLVENCIA de la mercantil ...., de fecha ...., donde consta que la mercantil ...., S.L., ha dejado de pagar A TODOS SUS ACREEDORES, lo cuales ya han iniciado acciones legales contra .... S.L.

Así consta en dicho informe

> "Para el ....% de los créditos impagados, que suponen el ....% del importe, ya se han iniciado acciones legales encaminadas a conseguir su recuperación.
>
> Ha incumplido en sus obligaciones contractuales con entidades financieras y empresas de diversa naturaleza. Señalar que el ....% del saldo impagado corresponde a contratos con el sistema financiero.
>
> El ....% de los incumplimientos de obligación de pago tienen una antigüedad mayor a 3 meses alcanzando los incumplimientos de obligación de pago,

respecto del total de la deuda impagada, con una antigüedad mayor a 6 meses el ....%.

Detalle de impagos: Situación Judicial ....

Adjunto se acompaña, como Documento nº ...., el referido informe."

En relación con los aparcamientos del CENTRO COMERCIAL DE ...., fincas registrales .... y ...., grabados por la demandada con una hipoteca a favor del BANCO ...., dicho préstamo hipotecario ha resultado impagado iniciándose por el banco procedimiento de ejecución hipotecaria nº .... ante el juzgado de 1ª instancia nº .... de .... resultando la adjudicación de las referidas fincas a la entidad bancaria ....

Así consta en la diligencia de cancelación de los embargos letra A de las fincas .... y .... llevada a cabo por el Juzgado de 1ª Instancia .... de .... en el juicio cambiario .... seguido por mi mandante contra la mercantil ...., S.L., y que acompañamos como Documento nº ....

Dicha ejecución hipotecaria consta igualmente en las notas registrales actualizadas de las fincas registrales .... y ...., que adjunto se acompañan como Documento nº ....

Y lo mismo sucede con el resto de los bienes inmuebles, propiedad de la demandada, en concreto, los locales del referido CENTRO COMERCIAL que estaban hipotecados por el BANCO .... y que se encuentran, actualmente, en procedimiento de ejecución hipotecario por falta de pago seguido ante el Juzgado de 1ª instancia nº .... de .... con el número .... (dejando designados los archivos del Juzgado de .... a los efectos probatorios oportunos).

Adjunto se acompaña, como Documento nº ...., en prueba de lo anterior notas simples registrales del Registro de la Propiedad de .... correspondientes a las fincas nº ....

Igualmente el resto de inmuebles que aparecen identificados en los Registros de .... y .... como el .... y los .... y que se encontraban hipotecados por el BANCO .... y el .... por CAJA .... han resultado también impagados.

En efecto, respecto de la fincas nº .... y .... hipotecadas por la .... se ha iniciado el procedimiento de venta extrajudicial del bien hipotecado derivado del vencimiento anticipado de la obligación garantizada motivado por el impago de los vencimientos hipotecarios por ...., S.L., tal y como consta acreditado por la comunicación de cargas efectuadas en el juicio cambiario .... seguido por mi mandante contra la mercantil ...., S.L., y que acompañamos como Documento nº .... (Dejamos designados los archivos del juzgado de 1ª Instancia .... de .... a los efectos probatorios oportunos).

Igualmente se acompañan, como Documento nº ...., las notas registrales de las referidas fincas embargadas también por el AYUNTAMIENTO DE .... y por la mercantil ...., S.L., por el impago de sus créditos.

A todo lo anterior hay que sumar que, por acuerdo fechado ...., que se inscribió en el Registro de la Propiedad el .... (Inscripción ....ª, en la hoja ...., folio ....) se ha instado la disolución y liquidación de la mercantil ...., S.L., tal y como consta en el Documento nº .... que se acompaña a esta demanda.

Y respecto de saldos y cuentas corrientes de la referida mercantil nos encontramos con que la mercantil demandada carece actualmente de saldos y depósitos en entidades de crédito con los que hacer frente al pago de lo reclamado extremo que se acredita con los mandamientos judiciales remitidos por el Juzgado de Primera Instancia nº .... de ...., en el Juicio Cambiario nº ...., que fueron remitidos a las entidades bancarias con las que trabajaba la demandada: ...., y que resultaron con saldo cero.

Y lo mismo sucedió con el oficio frente a la Administración Tributaria que resultó negativo.

En prueba de lo anterior adjunto se acompañan, como Documento nº ...., copia de los referidos oficios del Juzgado de Primera Instancia nº .... de .... (Juicio cambiario nº ....) que dejamos designados.

SEXTO.– DE LA SITUACIÓN DE INSOLVENCIA EN QUE SE ENCUENTRA LA DEMANDADA.

La presente solicitud de concurso necesario debe de ser estimada por el Juzgador al darse el presupuesto objetivo de insolvencia y quedar fundada la misma en el sobreseimiento generalizado en el pago corriente de las obligaciones.

A los relatados hechos aduzco los siguientes,

FUNDAMENTOS DE DERECHO

I. De conformidad con lo previsto en el art. 44 TRLC, son competentes para conocer de esta solicitud de concurso los Juzgados de lo Mercantil.

Desde un punto de vista territorial, y conforme al art. 45 TRLC, son competentes los Juzgados de lo Mercantil de ...., al ser éste el lugar donde la compañía ...., S.L., tiene su centro de intereses principales.

II. Esta solicitud de concurso se sustanciara por los trámites establecidos en el art. 14.2.2º y ss. y concordantes TRLC.

III. Mi mandante, en su condición de acreedor, está legitimado para solicitar la declaración de concurso necesario de ...., S.L., al amparo de lo dispuesto en el art. 3.1 TRLC.

IV. Se da en este caso el presupuesto subjetivo requerido para la declaración del concurso, a la vista de la condición del demandado mandante de deudor persona jurídica como señala el art. 1.1 TRLC. También se da el presupuesto objetivo de la insolvencia, y quedar fundada la presente demanda en el sobreseimiento general en el pago corriente de las obligaciones del deudor (art. 2.4.4º TRLC).

V. Los efectos del concurso serán los previstos en los arts. 106 y ss. TRLC.

VI. Sobre la cuantía del procedimiento ésta es indeterminada toda vez que, en el momento de solicitud de declaración de concurso, se desconoce la cuantía tanto del activo como del pasivo.

VII. El sobreseimiento generalizado en el pago corriente de las obligaciones del deudor.

La presente solicitud de concurso necesario se funda en el sobreseimiento generalizado en el pago corriente de las obligaciones del deudor aquí demandado.

Estamos ante el supuesto que el deudor deje de pagar lo que debe, pues como recuerda el profesor ROJO "sobreseer el pago de las obligaciones exigibles significa dejar de pagarlas". Pero, como con acierto indica HERNÁNDEZ MARTÍ, no sólo desde una simple perspectiva de "falta de pago", sino entendiéndola como una imposibilidad de pago

Es indiferente la causa por la que se produce el sobreseimiento. Lo preciso es que sea significativo y general, esto es, definitivo, completo e irreversible como es el caso presente.

En efecto, el acreedor ha desatendido todos sus pagos y por ello nos encontramos ante un sobreseimiento total en el sentido que recoge la jurisprudencia.

Así, la Audiencia Provincial de Barcelona, auto de fecha 19 de junio de 2011, (CENDOJ 08019370152011200095) nos dice:

> "...........2. El sobreseimiento en el pago de las obligaciones debe ser generalizado, esto es, lo que no equivale a esporádico, simple o aislado, sino definitivo, general y completo, como de forma reiterada hemos venido sosteniendo (entre otras, puede verse nuestro auto de 29 de junio de 2009 —ROJ: AAP B 6505/2009—). La recurrente pretende haber acreditado ese indicio de insolvencia a través de los tres datos concretos que indicó en la solicitud: (i) el impago de su propio crédito, de 27.767, 93 euros; (ii) la existencia de dos créditos impagos publicados en el RAI por otros 17.652,86 euros; y (iii) el resultado negativo en 19.160 euros del ejercicio 2009. Debemos compartir la apreciación del juzgado mercantil y considerar que esos datos no son suficientemente indicativos del sobreseimiento general en los pagos. El último de ellos puede indicar la mala situación por la que pasaba el patrimonio social, si bien ello no necesariamente implica un sobreseimiento general en los pagos o insolvencia. Y el hecho de que haya dejado de pagar tres créditos, dos de los cuales se encuentran anotados en el RAI, tampoco lo podemos considerar un dato indicativo del sobreseimiento general en los pagos, pues no es muestra de que se haya cesado de forma general y definitiva en los pagos sino exclusivamente de tres impagos puntuales...........".

Y el auto de la Audiencia Provincial de Las Palmas de Gran Canaria, de fecha 20 de junio de 2011 (CENDOJ 35016370042011200105):

> "...........TERCERO.– En el caso concreto que nos ocupa la entidad actora fundamentó su petición de concurso en la causa del artículo 2.4 de la Ley concursal relativa al sobreseimiento general en el papo corriente de las obligaciones, limitándose a aludir en la demanda sin acreditación alguna que a parte de su deuda, *que nunca ha sido reclamada judicialmente*, la entidad deudora tiene deudas con la Seguridad Social o con sus propios trabajadores, hecho este último que de ser

cierto era de fácil acreditación aportando los boletines oficiales donde constara la deuda para con la Seguridad Social, compartiendo esta Sala la motivación que realiza el Juez *aquo* que la no presentación de cuentas anuales por la entidad deudora durante determinados ejercicios fiscales no acredita tampoco el sobreseimiento general en los pagos. Todo lo expuesto determina que no existe documental alguna que revele un sobreseimiento general en los pagos, sino tan solo y a lo sumo, que la entidad solicitante es titular de un crédito cuyo pago no ha sido atendido, protestándose las cambiales sin haberse intentado seguir un procedimiento de ejecución singular que le permita a la actora perseguir la totalidad del patrimonio de la entidad deudora y en su caso, constatar, tras la diligencia de embargo, que su deudor carece de bienes libres bastantes para el pago...........".

En cualquier caso, a la hora de determinar si un deudor ha sobreseído de forma generalizada el pago corriente de sus obligaciones habrá que atender al caso concreto y, en especial, a las circunstancias del deudor: su actividad empresarial, su ciclo económico, volumen de operaciones, número de acreedores, los vencimientos de su deuda, su patrimonio y capacidad para hacer frente a tal deuda, y, fundamentalmente, la diferencia entre la total deuda impagada y la vencida, hechas las exclusiones anteriormente mencionadas.

Así lo dice el auto del Juzgado de lo Mercantil núm. 2 de Madrid, de fecha 5 de mayo de 2009 y el auto de la Audiencia Provincial de Barcelona de fecha 19 de junio de 2009 o el auto del Juzgado de lo Mercantil núm. 2 de Madrid de 4 de septiembre de 2006 (*Tol 1051532*):

"...........CUARTO.– Sobreseimiento de pagos de carácter general.– Es definida legalmente esta circunstancia del siguiente modo: «...........El sobreseimiento general en el pago corriente de las obligaciones del deudor...........». Una característica tradicionalmente exigida para la apreciación de ésta circunstancia, a la que resulta extrapolable la doctrina y jurisprudencia concursal anterior a la ley actualmente en vigor, consiste en el carácter «definitivo e irreversible» de la cesación en los pagos (GARRIGES, «Curso de Derecho Mercantil», Tomo II, Madrid 1983, pág. 430, y STS de 29-12-1927, 12-03-86, 17-03-88, 7-10-89 entre otras), y, por otro lado, como señala PULGAR EZQUERRA (obra citada, pág. 132, citando a RAMÍREZ, «La quiebra. Derecho concursal español» Tomo I, Barcelona 1998, pág. 606), «es necesario el carácter exigible de los créditos en cuyo pago se sobresee, no pudiendo por tanto hablarse de sobreseimiento a los efectos de la solicitud de declaración del concurso cuando se trate de obligaciones naturales o litigiosas...........». A partir de dichas reflexiones, cabe efectuar en relación con la solicitud objeto de estudio las siguientes consideraciones: 1.– La parte más voluminosa de los créditos cuya existencia se invoca en la solicitud inicial no presenta, cuando menos en este momento, viso alguno de exigibilidad. Nos referimos a los créditos que MADRID TOTAL adquirió por cesión por importes de 231.280,50? y 32.418,59? (Docs. 3 y 4 de la solicitud). Debe indicarse respecto de los mismos que lo único que obra en escritura pública es el negocio jurídico de cesión por cuya virtud MADRID TOTAL los adquirió, pero no los propios créditos cedidos, lo cuales aparecen documentados en simples facturas, en su mayor parte emitidas por SAROT ASESORES, S.L., sociedad administrada por el otrora esposo de la Sra.

DE LAS CUEVAS, facturas respecto de las cuales las ahora presuntas concursadas niegan rotundamente haber recibido o contratado en alguna ocasión los servicios facturados y, por tanto, la realidad del hipotético crédito que documentan, sin que la simple incorporación de tales documentos privados a un instrumento público les pueda otorgar una fehaciencia que no tuvieran ya por sí mismos. En efecto, la expedición y entrega de una factura no indica otra cosa, en principio, que el cumplimiento por parte del empresario que la emite del deber impuesto por los Arts. 1 y 2 del Real Decreto 2402/1985, de 18 de diciembre (por el que se regula el deber de expedir y entregar Factura que incumbe a los empresarios y profesionales), en razón a «...........Las operaciones que realicen...........» sujetas al IVA y/o al IRPF, pero en modo alguno puede considerarse como una prueba de que tales operaciones sustanciales hayan sido «...........efectivamente realizadas...........» por el solo hecho de que las facturas hayan sido expedidas. En esta materia se invoca en ocasiones la improbabilidad de que alguien emita facturas u otros documentos de trascendencia tributaria si ese acto no estuviera respaldado en la realidad jurídica por la existencia de una fuente obligacional y de un devengo efectivo, y ello en razón a la carga fiscal que su emisor se ve —por ese solo hecho— obligado a soportar, pero es precisamente esa pretensión de otorgar a las facturas valor probatorio la que se inserta en un argumento de tipo circular que priva de consistencia a la propia consideración de tipo fiscal de la que parte, porque, si se atribuyera a la simple emisión de una factura eficacia probatoria, dejaría de resultar antieconómica su elaboración falaz o ficticia precisamente porque la consiguiente carga fiscal quedaría plenamente absorbida por la ventaja inherente a la posibilidad de hacer efectivo un crédito inexistente. Pues bien, constando únicamente la existencia de una demanda relativa al segundo de los créditos comentados (y ninguna en relación con el primero, el de mayor magnitud), y, negándose rotundamente por las demandadas la existencia de la deuda, resulta imposible que su negativa al pago pueda contribuir, ni siquiera en una mínima medida, a configurar una hipótesis de sobreseimiento general, y es que, en efecto, la negativa de una persona al cumplimiento de una reclamación cualquiera que otra persona pueda formularle no constituye conducta de significación unívoca ni necesariamente denotativa de morosidad, pudiendo, con iguales o mayores probabilidades de acierto, revelar la existencia de profundas discrepancias entre los contendientes en torno a la existencia, certeza y exigibilidad del derecho de crédito que se reclama.

3.– En relación con el tercero de los créditos adquiridos por MADRID TOTAL (Docs. 5, 6 y 7), se trata de diversas cesiones realizadas en su favor por el BANCO DE SABADELL por un importe total relativamente discreto (21.071,87) que al parecer obran en instrumento público. Ahora bien, tales créditos derivan de préstamos efectuados por dicha entidad en favor de una mercantil denominada ART DENTIST, S.L., figurando en todos ellos GRAMEO, S.A. y Doña María Consuelo (siempre en unión del en otro tiempo esposo de ésta, Don Luis Ángel) como fiadores solidarios. Pues bien, no se trata de cuestionar aquí —tampoco cabría hacerlo— el gravoso régimen que impone la solidaridad regulada en los Arts. 1140 y ss. del Código Civil, pero lo que sí incumbe a éste juzgador es valorar la naturaleza de la conducta —asépticamente consistente en un puro impago— para ponderar hasta qué punto la misma es o no capaz de denotar la existencia del sobreseimiento general. En tal sentido, no figurando en dichos instrumentos las ahora presuntas concursadas como prestatarias de las sumas correspondientes sino como cofiadoras, no cabe atribuir esa significación al puro dato negativo consistente en la falta de pago de la deuda cuando no consta, al menos hasta el momento en que se formula la solicitud de concurso, que alguien les haya hecho saber en algún momento el hecho de que la prestataria había dejado de satisfacer las obligaciones contraídas ni, por tanto, que hubieran adquirido alguna noticia de que su responsabilidad solidaria había llegado ya a resultar operativa.

4.– En relación con los créditos que ostentan nominalmente frente a Doña María Consuelo tanto la mercantil SAROT ASESORES, S.L. como su administrador Don Luis Ángel en virtud de sentencia de 23 de marzo de 2005 del Juzgado de 1° Instancia n° 15 (26.100? y 6.000?, respectivamente), en modo alguno cabe atribuir a su impago la significación de una cesación propia de la figura del sobreseimiento cuando la referida deudora ostenta frente a tales acreedores créditos compensables cuyo importe total es casi 20 veces superior al de los créditos ahora mencionados. Y, en realidad, esta misma reflexión cabe efectuarla respecto de los dos créditos que SAROT ASESORES, S.L. y su administrador Don Luis Ángel ostentan frente a GRAMEO, S.A. por importe de 25.031,18? cada uno, toda vez que, más allá de los coyunturales obstáculos que para la operatividad de la compensación pueda representar el hecho de que sea GRAMEO, S.A. —y no Doña María Consuelo— quien figure formalmente como su deudor, lo cierto es que en el ámbito de una situación de «confusión patrimonial» como la que ambas partes admiten concurrente, se trataría de obstáculos en modo alguno insalvables ya que, en efecto, ostentando la Sra. María Consuelo el 100% del capital de GRAMEO, S.A., bastaría una simple cesión por parte de aquélla a ésta de la parte necesaria del crédito que a su vez ostenta frente a SAROT ASESORES, S.L. y a Don Luis Ángel para que el problema quedase por completo disipado. Y es que, aún cuando no es misión de éste juzgador entrar a valorar la subsistencia o extinción de los créditos referenciados, sí le incumbe, en cambio, valorar el grado aparente de apoyatura jurídica con el que pueda contar un virtual argumento extintivo como único medio de interpretar, en relación con la pertinencia de la declaración de concurso que se postula, el alcance y significación de una conducta que en su apariencia externa no se caracteriza por otra cosa que por el dato puramente negativo que consiste en abstenerse una persona de llevar a cabo un determinado pago. 3.– A la vista de las precedente consideraciones, la simple falta de pago a la entidad SALAS Y MALAVER SOCIEDAD ESPAÑOLA DE AUDITORIA (en la que también se encuentra integrado, por cierto, el anterior marido de la Sra. María Consuelo) de una deuda de 25.031,18?, deuda reconocida en una sentencia condenatoria que hasta fechas bien recientes (31-05-06) no ha sido objeto de despacho de ejecución, y, por otro lado, el descubierto con la AEAT respecto de una cantidad cuyo importe es bastante inferior —como veremos— al que se invoca en la solicitud, no constituyen circunstancias de suficiente entidad como para, atendiendo a elementales reglas de la lógica, poder configurar una hipótesis de sobreseimiento general. Especialmente si se tiene en cuenta que, pese a las complejas y alambicadas relaciones recíprocas concurrentes entre acreedores y deudores, el conjunto patrimonial María Consuelo es más que suficiente para liquidarlas en su totalidad...........".

También es de citar el auto del Juzgado de lo Mercantil núm. 5 de Madrid, de fecha 11 de enero de 2007 (*Tol 1051539*):

"...........En la solicitud se invoca como manifestación externa de la insolvencia el sobreseimiento general en el pago corriente de las obligaciones del deudor tipificado en el punto 1° del artículo 2.4 de la Ley Concursal. Ya se ha señalado que no se considera necesario que el crédito del acreedor instante tenga, necesariamente, que estar vencido pero sí que se haya producido ese sobreseimiento general en el pago que ha de referirse a obligaciones vencidas y exigibles. Aun cuando no es pacífica la cuestión, se plantea si el sobreseimiento en el pago ha de referirse a obligaciones dinerarias o puede consistir en el impago de cualquier clase de obligaciones vencidas y exigibles. Siendo el pago sinónimo de cumplimiento de las obligaciones en tanto que el artículo 1.156 del Código Civil así lo asimila, señalando el artículo 1.157 que no se entenderá pagada la deuda sino cuando completamente se hubiese entregado la cosa o hecho la prestación en que la obligación consista, no cabe limitar el sobreseimiento en el pago corriente de las obligaciones a aquellas que consistan en una prestación dineraria pues no se establece dicha limitación en el artículo 2.4 de la Ley Concursal ni cabe deducirlo de ningún otro precepto. Precisado lo anterior, desde el momento en que la deudora decide suspender su actividad el día 15 de diciembre pasado (documento n° 3 de la solicitud) se produce el sobreseimiento general en el pago corriente de las obligaciones del deudor consistentes en su obligación de transportar a los viajeros, admitiendo el representante legal la suspensión de la actividad en sus alegaciones iniciales, seguida de la suspensión de las autorizaciones administrativas de Organización de Gestión de Mantenimiento de Aeronavegabilidad (CAMO) y del Certificado de Operador Aéreo (AOC) por resolución del Director General de Aviación Civil de 15 de diciembre de 200, con efecto desde su notificación, que tuvo lugar el día 16 de diciembre, como consta en la copia de la resolución acompañada al escrito de oposición, concretamente a las 2 horas, según afirmó el representante legal de la compañía en el acto de la vista (1h 14? 36?? y ss. de la grabación). Como es notorio ese incumplimiento se produce de una manera general, afectando, en principio a todos los viajeros desde la suspensión de la actividad, sin que impida apreciar la concurrencia del hecho externo la circunstancia de que con posterioridad al día 15 se hayan podido atender determinadas obligaciones dinerarias, pues el sobreseimiento no requiere que sea total y absoluto sino generalizado. Tampoco prevé la ley un período mínimo durante el que debe producirse la situación de sobreseimiento ni puede conocer el acreedor que insta el concurso y tampoco el deudor o este órgano judicial si era o no definitivo, pero desde luego, no se trata de un incumplimiento puntual o aislado, afectando a la esencia misma de la actividad que constituye el negocio del deudor, el transporte aéreo de la totalidad de sus clientes. Si se considera que la suspensión de la actividad genera la obligación dineraria de compensación por cancelación y el reembolso, tampoco ha dado cumplimiento el deudor a esa obligación respecto de ninguno de sus acreedores, tal y como admitió el representante legal de la sociedad en el acto de la vista (1h 15 26 y ss. de la grabación), salvo, precisamente, la consignación efectuada en este procedimiento a disposición de los instantes. Además, resulta indiferente la causa del sobreseimiento y por tanto si ésta se encuentra en la decisión de la sociedad de suspender su actividad o en la suspensión de las autorizaciones administrativas, que según la deudora es lo que motivó su decisión ante la inminencia de su notificación y que ya impedía reiniciar la actividad si así lo hubiera considerado oportuno la sociedad. Por último, la ejecución subsidiaria acordada por la Dirección General de Aviación Civil en resolución también de 15 de diciembre de 2006, cuya copia se acompaña como documento nº 3 por la propia deudora en el escrito de oposición, no es obstáculo para apreciar el sobreseimiento general sino que lo confirma pues se adopta «Ante el incumplimiento por AIR MADRID de sus obligaciones respecto de los pasajeros afectados por la suspensión de sus operaciones», ejecución subsidiaria que como consta en la resolución sólo se prolongó hasta el día 21 de diciembre, sujeta a disponibilidad y conforme a determinados criterios de preferencia, primando los viajes de retorno o situaciones de urgencia o necesidad............".

Y el auto de la Audiencia Provincial de Alicante de fecha 24 de noviembre de 2011 (CENDOJ 03014370082011200212):

"...........TERCERO.– Así las cosas, hemos de partir de que la solicitud de declaración de concurso se basaba en la concurrencia del hecho indiciario de la insolvencia previsto en el artículo 2.4.1° de la Ley Concursal, esto es, el sobreseimiento general en el pago corriente de sus obligaciones. De la prueba practicada llegamos a la conclusión de que concurre este hecho revelador de la insolvencia del deudor: En primer lugar, el deudor reconoce que, como máximo, adeuda al acreedor instante la suma de 86.313,92.– euros. En segundo lugar, en el informe aportado como documento número 20 de la solicitud consta que en el RAI constan siete impagados por un importe conjunto de 58.024,43.– euros. En tercer lugar, en el informe aportado como documento número 22, de fecha posterior y, aportado por el instante en el acto de la vista, consta que en el RAI se ha elevado el número de impagados a 15 y la suma adeudada se eleva a 135.005,62.– euros. En cuarto lugar, pudo el deudor haber probado la inexactitud de los datos suministrador por el RAI de conformidad con el principio de facilidad y de accesibilidad a la fuente de la prueba (artículo 217.7 de la Ley de Enjuiciamiento Civil) y, sin embargo, no ha practicado ninguna prueba dirigida a ese fin. En quinto lugar, en las cuentas anuales del ejercicio 2009 consta que el pasivo corriente (463.794,04.– euros) es superior al activo corriente (335.871,56.– euros), lo que le pone en una situación de dificultad para poder atender puntualmente las deudas de próximo vencimiento. En sexto lugar, el deudor ha sufrido unas pérdidas en el ejercicio 2009 que se elevan a 74.289,08.– euros. Todas las circunstancias que se acaban de reseñar permiten concluir que concurre en nuestro caso la situación de sobreseimiento generalizado en el cumplimiento de las obligaciones por parte del deudor, por lo que procede desestimar el recurso y confirmar la resolución impugnada............".

O el Auto del Juzgado de lo Mercantil núm. 2 de Madrid, de fecha 18 de marzo de 2008 (*Tol 1281409*):

"............En primer lugar el sobreseimiento general en el pago corriente de las obligaciones del deudor. Una característica tradicionalmente exigida para la apreciación de ésta circunstancia, a la que resulta extrapolable la doctrina y jurisprudencia concursal anterior a la ley actualmente en vigor, consiste en el carácter «definitivo e irreversible» de la cesación en los pagos (GARRIGES, «Curso de Derecho Mercantil», Tomo II, Madrid 1983, 7-10-89 entre otras), y, por otro lado, como señala PULGAR EZQUERRA (obra citada, pág. 132, citando a RAMÍREZ, «La quiebra. Derecho Concursal español» Tomo I, Barcelona 1998, pág. 606), «es necesario el carácter exigible de los créditos en cuyo pago se sobresee, no pudiendo por tanto hablarse de sobreseimiento a los efectos de la solicitud de declaración del concurso cuando se trate de obligaciones naturales o litigiosas». A partir de dichas reflexiones, cabe efectuar en relación con la solicitud objeto de estudio que tampoco se aprecia la concurrencia de este requisito, ya que, constando únicamente la existencia de una reclamación extrajudicial y «amistosa» según la dicción literal de la solicitud es manifiesto que no se deduce ni se ha acreditado un sobreseimiento general de pagos, sin que pueda acreditarse como tal, informaciones aparecidas en la prensa y configurar así una hipótesis de sobreseimiento general............".

Y el auto de la Audiencia Provincial de Zaragoza, de fecha 17 de septiembre de mayo de 2007 (*Tol 1239003*):

"............Por lo que se refiere al sobreseimiento en el pago (art. 2.4.1° LC), el juez de primer grado parte de que tal circunstancia ha de revestir las notas de generalidad e irreversibilidad, y referirse a obligaciones exigibles, de tal forma que no pueden ser tenidas en cuenta obligaciones litigiosas o naturales, para concluir que no concurre las nota de generalidad, dado el importe de los débitos pendientes en relación con el volumen económico de las operaciones de la deudora, ni es definitivo pues consta no tiene deudas pendientes de las contempladas en el art. 2.4.4° LCA, está llevando a cabo pagos, y continúa su actividad empresarial con obtención importantes créditos a su favor............ Y en lo que comprende al sobreseimiento en el pago de obligaciones, lo primero es señalar que en la insolvencia actual en que se basa la petición de quiebra necesaria no pueden ser tenidas en consideración más deudas que las exigibles, como con toda claridad señala el art. 2.2 LC, por lo que carece de toda relevancia la mención de los aplazamientos que el deudor ha convenido con alguno de sus acreedores. Por otro lado, no compartimos la tesis del recurrente de que en contra de lo que sucedía en la legislación anterior, la nueva LC no exige para que el concurso necesario pueda ser declarado que el sobreseimiento en los pagos sea definitivo, total y completo, pues en contra de tal opinión se han venido pronunciado la generalidad de las resoluciones judiciales, cual ocurre con las SAP Barcelona de 20 y 24-3-2006 que se inclinan por mantener la vigencia de la jurisprudencia anterior............".

Finalmente, reseñamos el auto del Juzgado de lo Mercantil núm. 5 de Barcelona de fecha 21 de febrero de 2011 (*Tol 2138217*), en el que se establecen criterios a la hora de acreditar el sobreseimiento general de pagos que nos ocupa:

"............Un análisis más detallado exige la alegación de cesación de pagos o «sobreseimiento general en el pago corriente de las obligaciones del deudor» (art. 2.4-1° LC), cuya prueba incumbe al solicitante a la vista de la oposición formulada de COPERFIL que niega la concurrencia de tal hecho revelador de su insolvencia. Como se han encargado de clarificar los tribunales, el sobreseimiento en el pago de las obligaciones del deudor debe ser actual y generalizado, lo que no equivale a esporádico, simple o aislado, sino a definitivo, general y completo, debiendo implicar, exteriorizar, una imposibilidad absoluta de pagar (auto de la AP Barcelona S. 15 de 27 de enero de 2009, 24 de marzo de 2006, AP Madrid, S. 28 de 17 de abril de 2008). Las circunstancias puestas de manifiesto en el procedimiento permiten concluir que en el caso de autos la empresa COPERFIL incurre en un sobreseimiento general en los pagos de sus obligaciones. En efecto, no se ha puesto en duda la existencia de numerosos procedimientos judiciales seguidos contra el deudor en reclamación de pago de sus deudas y que la entidad HUNE ha relacionado en su solicitud hasta casi un número de cien, muchos de ellos en trámite de ejecución judicial. Tampoco es discutido que los BOP de Sevilla y Cantabria desde julio de 2010 publicitan deudas pendientes con la TGSS. Por otra parte, si bien es cierto que el oficio evacuado por CRÉDITO Y CAUCIÓN muestra que una gran parte de los créditos que figuran están pagados o hay un «acuerdo pago con quita resto» concurren otros indicios que contrarrestan la inicial impresión de dicha información y que aventuran en algo la magnitud del cesamiento de pagos. Por ejemplo, son casi 5.000 incidencias que figuran en el RAI por importe superior a los 56 millones de euros; por oficio cumplimentado por ASNEF se acreditan incidencias de impago por importe superior a los 12 millones de euros y por exhorto judicial al efecto, se recibió información del Juzgado de 1ª Instancia nº 54 de Barcelona poniendo de manifiesto que la mercantil PROLOGIS SPAIN XX1 S.L. consignó hasta constatar quién tendría mejor derecho la suma de 2.792.870,69 euros que adeudaba a COPERFIL al concurrir una pluralidad de acreedores alegando tener derecho de cobro sobre dicha cantidad. Tales indicios que aparecen confirmados por el análisis de la contabilidad del deudor y de la que luego se hará referencia no son enervados por las alegaciones de COPERFIL en su oposición a la solicitud efectuada por sus acreedores. Así, el interrogatorio de su legal representante desvirtúa completamente el alegato de que «la empresa está en la actualidad reduciendo la deuda y que acreditará que su situación de iliquidez ha quedado superada». En efecto, la aseveración de que hay una negociación con las entidades bancarias para una refinanciación y que a su conclusión se habrá obtenido los recursos necesarios para atender los vencimientos actuales y dar «una solución definitiva» a las deudas generadas en ejercicios anteriores aparece completamente desmentida por el propio legal representante. Éste tras reconocer deudas a los proveedores por importe superior a los 80 millones de euros y que a día de hoy no podrán pagar sin una refinanciación de la deuda, adeudar créditos públicos y al menos un mes de salario a sus trabajadores, manifestó que las negociaciones con la Banca para obtener aquella financiación necesaria para superar tan dramática situación están paralizadas, sin respuesta a sus peticiones. De hecho, declaró que su actividad (de la que debe obtener los necesarios ingresos para hacer frente a sus obligaciones) se ha «reducido de una forma drástica», circunstancia apreciada por el perito judicial que con el análisis de la contabilidad e información proporcionada por COPERFIL concluyó que la actividad de COPERFIL en el periodo comprendido entre el 1 de enero y el 30 de noviembre de 2010 se ha reducido en un dramático 94% respecto del ejercicio 2009. Con todo, el art. 18 LC permite oponer, a pesar de que concurra el hecho revelador de la insolvencia, que la deudora es solvente y «en este último caso, incumbirá al deudor la prueba de su solvencia y, si estuviera obligado legalmente a llevar contabilidad, esta prueba habrá de basarse en la que llevara conforme a derecho» (art. 18.2 I LC). Ninguna actividad probatoria desarrolló al respecto la entidad COPERFIL que se limitó aportar sus cuentas anuales del ejercicio 2009 y los estados contables a 30 de noviembre de 2010. En cualquier caso, las conclusiones del informe pericial, corroboradas por el perito en el acto de la vista, son demoledoras. No sólo se ha constatado que la actividad de COPERFIL en el periodo comprendido entre el 1 de enero y el 30 de noviembre de 2010 se ha reducido en un 94% respecto el ejercicio 2009 sino también que, en consonancia con lo anterior, la cifra de negocio de la compañía entre el 1 de enero y el 30 de noviembre de 2010 ha sido de 6 millones de euros, cuando en el 2009 era de poco más de 104 millones y en el 2008 era de 210 millones de euros. Es un descenso vertiginoso que determina a juicio del perito y de este juzgador que no se estén generando los recursos necesarios para permitir un equilibrio patrimonial a corto plazo. Desde otra perspectiva, sin considerar las limitaciones al alcance e incertidumbres manifestadas por el auditor en su informe, las cuentas revelan actualmente un fondo de maniobra negativo y que el patrimonio neto tanto a 31 de diciembre de 2009 como a 30 de noviembre de 2010 es negativo (-42,9 millones), estando incursa en causa legal de disolución. Con estos antecedentes, no hay otra conclusión que la vertida por el perito en la vista de que en la actualidad la entidad COPERFIL no es viable, no es solvente y es imposible que haga frente a sus obligaciones al no contar con los recursos necesarios para ello............".

En virtud de lo expuesto,

SUPLICO AL JUZGADO que tenga por presentado este escrito, junto a los documentos a él unidos y sus copias, se sirva admitirlo y tener por promovido en nombre y representación de mi mandante, ..., S.L., SOLICITUD DE CONCURSO NECESARIO de la sociedad ...., S.L., se dicte auto admitiéndola a trámite y ordenando el emplazamiento del deudor conforme a lo previsto en el artículo 16 TRLC con traslado de la solicitud para que comparezca en el plazo de cinco días, dentro de los cuales se le pondrán de manifiesto los autos y podrá formular oposición a la solicitud, proponiendo los medios de prueba de los que intente valerse, así como ordenando la formación de la sección primera conforme a lo dispuesto en el art. 14.3 TRLC y previos los oportunos trámites legales, incluida, en su caso, la admisión y practica de las pruebas solicitadas por esta parte y la celebración de la oportuna vista, dicte auto por el que, estimando la presente solicitud:

PRIMERO.– Se declare el concurso necesario de la sociedad ...., S.L.

SEGUNDO.– Se acuerde la sustanciación del correspondiente procedimiento, con la formación de las secciones correspondientes.

TERCERO.– Se designen los administradores del concurso.

CUARTO.– Se acuerde la suspensión del ejercicio por el deudor de las facultades de administración sobre su masa activa, siendo sustituido por la administración concursal.

QUINTO.– Se requiera al deudor para que presente, en el plazo de diez días desde la notificación del auto, los documentos enumerados en los arts. 7 y 8 TRLC.

SEXTO.– Se imponga las costas a ...., S.L., que tendrán la consideración de crédito contra la masa.

SÉPTIMO.– Se acuerde cuanto proceda demás sea procedente en derecho para la sustanciación del procedimiento hasta su conclusión.

Es Justicia que suplico en ...., a .... de .... de ....

PRIMER OTROSÍ DIGO: Que tal como ordena el artículo 13.3 TRLC, esta parte manifiesta los medios de prueba de los que pretende valerse a efectos de acreditar los hechos en que se funda la presente solicitud:

1. Interrogatorio del deudor.

2. Documental: Para que se tengan por incorporados a las presentes actuaciones los documentos acompañados al presente escrito de solicitud de concurso necesario.

3. Más documental: ....

4. Pericial: ....

En su virtud,

SUPLICO AL JUZGADO: Que tenga por hechas las anteriores manifestaciones a los efectos oportunos, se sirva admitirlas y tener por manifestadas las medidas de prueba de las que pretende valerse esta parte acordando, en el momento procesal oportuno, cuanto proceda en orden a su admisión y práctica.

Lo que se suplica en el lugar y fecha reseñados "ut supra".

SEGUNDO OTROSÍ DIGO: Que procede dar a la declaración de concurso la oportuna publicidad, incluida la registral, en los términos y con el alcance establecido en los arts. 35 a 37 TRLC y sin perjuicio de cualesquiera otra publicidad complementaria que, en medios oficiales o privados, estime oportuna este Juzgado al que nos dirigimos.

En su virtud,

SUPLICO AL JUZGADO que tenga por hechas las anteriores manifestaciones a los efectos oportunos, se sirva admitirlas y acordar en el auto declarando el concurso las publicaciones, inscripciones y anotaciones previstas en el art. 35 a 37 TRLC, y, previos los oportunos trámites legales, se sirva llevar a cabo las mismas, por medios electrónicos o telemáticos y, si esto no fuera posible, librando los oportunos mandamientos y oficios que serán confiados al Procurador que esto suscribe para su oportuno curso y gestión.

Lo que se suplica en el lugar y fecha reseñados "ut supra".

TERCER OTROSÍ DIGO: Que en el auto en que se acuerde la declaración de concurso y entre otros pronunciamientos, procede el llamamiento de los acreedores para que pongan en conocimiento de la administración concursal la existencia de sus créditos, en el plazo legal a contar desde el día siguiente a la publicación del auto declarando el concurso en el BOE.

En su virtud,

SUPLICO AL JUZGADO que tenga por hechas las anteriores manifestaciones a los efectos oportunos, se sirva admitirlas y acordar en el auto declarando el concurso, el llamamiento de los acreedores a los efectos antes reseñados.

Lo que se suplica en el lugar y fecha reseñados "ut supra".

CUARTO OTROSÍ DIGO: que en virtud de lo dispuesto en el artículo 231 de la Ley de Enjuiciamiento Civil, esta parte manifiesta expresamente su voluntad de cumplir todos los requisitos exigidos en la misma, ofreciendo la subsanación de cualquier defecto en que se hubiera podido incurrir, tan pronto como sea requerida para ello por el Juzgado al que tenemos el honor de dirigirnos.

En su virtud,

SUPLICO AL JUZGADO: que tenga por hechas las anteriores manifestaciones a los efectos oportunos.

QUINTO OTROSÍ DIGO: que, en virtud de lo dispuesto en la Ley, esta parte acompaña como Documento nº .... el impreso justificativo del pago de la Tasa Judicial.

En su virtud,

SUPLICO AL JUZGADO: que tenga por hechas las anteriores manifestaciones a los efectos oportunos.

Lo que se suplica en el lugar y fecha reseñados "ut supra".

SEXTO OTROSÍ DIGO: que la cuantía del procedimiento es indeterminada toda vez que, en el momento de solicitud de declaración de concurso, se desconoce la cuantía tanto del activo como del pasivo.

En su virtud,

SUPLICO AL JUZGADO: que tenga por hechas las anteriores manifestaciones a los efectos oportunos.

Lo que se suplica en el lugar y fecha reseñados "ut supra".

F106. SOLICITUD DE CONCURSO NECESARIO FUNDADA EN EL SOBRESEIMIENTO GENERALIZADO DE OBLIGACIONES TRIBUTARIAS, SEGURIDAD SOCIAL Y SALARIOS

Normativa de aplicación: *Arts. 13 y ss. Real Decreto Legislativo 1/2020, de 5 de mayo, por el que se aprueba el texto refundido de la Ley Concursal.*

AL JUZGADO DE LO MERCANTIL DE...........

..........., Procurador de los Tribunales (núm. .... de colegiado) y de Don..........., con domicilio en ...., calle ...., núm. .... y DNI/CIF ...., cuya representación acredito mediante la escritura original de poder de representación que se acompaña a este escrito, ante este Juzgado comparezco bajo la dirección letrada de Don..........., abogado del Ilustre Colegio de .... (núm. .... de colegiado), y como mejor proceda en Derecho DIGO:

Que por medio del presente escrito y en la representación que ostento formulo SOLICITUD DE CONCURSO NECESARIO de la compañía .... S.C, con domicilio en ...., calle ...., núm. .... y CIF ...., solicitud que se funda en los HECHOS y FUNDAMENTOS DE DERECHO que a continuación se exponen.

HECHOS

PRIMERO.– DE LA SOCIEDAD CUYO CONCURSO NECESARIO AQUÍ SE INSTA.

La sociedad .... S.C, se constituyó el .... de .... de .... mediante escritura otorgada ante el notario de ...., Don........... (número de su protocolo ....).

Datos de Inscripción Registral: La sociedad está inscrita en el Registro Mercantil de la provincia de .... al tomo ...., General .... de la sección ...., Folio ...., hoja ....

Domicilio social: El domicilio social de la compañía se halla en ...., calle ...., siendo su objeto social .... En dicho lugar se halla el centro de intereses principales de la aquí deudora.

Acreditando lo anterior, se acompaña como DOCUMENTO........... certificación literal del Registro Mercantil de la provincia de .... correspondiente a la precitada sociedad.

SEGUNDO.– DEL HECHO EN QUE SE FUNDA LA PRESENTE SOLICITUD.

De conformidad con lo establecido en el art. 13.1TRLC, se hace constar que la presente solicitud se funda en el sobreseimiento generalizado en el pago de las obligaciones tributarias exigibles durante los tres meses anteriores a la solicitud de concurso; el de las cuotas de Seguridad Social y demás conceptos de recaudación conjunta durante el mismo periodo; o el de salarios e indemnizaciones a los trabajadores y demás retribuciones derivadas de las relaciones de trabajo correspondientes a las tres últimas mensualidades (art. 2.4.5° TRLC).

TERCERO.– DE LA CONDICIÓN MI PRINCIPAL, DE SOCIO DE .... S.C.

Como puede observarse en la escritura de constitución de .... S.C, mi principal es socio de la citada sociedad.

En tal condición, mi principal, junto al resto de socios, es personalmente responsable de las deudas de .... S.C.

CUARTO.– DE LA SITUACIÓN ECONÓMICA DE .... S.C.

Desde hace un tiempo, la sociedad .... SC está pasando una grave crisis económica y financiera como consecuencia de la total ausencia de ventas, así como, por las importaciones masivas desde países como .... y ...., de bienes del mismo género que los que comercializa .... SC.

Ante esta situación, el pasado día .... de .... de ...., el gerente de la empresa, Don..........., reunió a todos los socios y, tras informarnos de la situación reseñada en el párrafo precedente, nos comunicó que:

A) Se adeuda a los trabajadores de la empresa los salarios y demás retribuciones correspondientes a los meses de .... a .... (ambos inclusive).

B) Que están sin atender tanto las obligaciones tributarias como las cuotas de seguridad social de .... SC exigibles durante los últimos seis meses. Concretamente, ...

Acreditando lo anterior los anterior, se acompañan como DOCUMENTOS ...., el informe emitido y firmado por el gerente de la empresa, al que se adjunta certificados Seguridad Social y de la Agencia Tributaria. También, diversas cartas de trabajadores, dirigidas a mi mandante en las que se le informa de los impagos arriba reseñados.

QUINTO.– La presente solicitud de concurso necesario debe de ser estimada por el Juzgador al darse el presupuesto objetivo de insolvencia y quedar fundada la misma en el sobreseimiento generalizado en el pago de las obligaciones tributarias exigibles durante los tres meses anteriores a la solicitud de concurso; el de las cuotas de Seguridad Social y demás conceptos de recaudación conjunta durante el mismo periodo; o el de salarios e indemnizaciones a los trabajadores y demás retribuciones derivadas de las relaciones de trabajo correspondientes a las tres últimas mensualidades.

SEXTO.– Que tal y como ordena el art. 13.3 TRLC, esta parte manifiesta los medios de prueba de los que pretende valerse a efectos de acreditar los hechos en que se funda la presente solicitud:

I. Interrogatorio del deudor.

II. Testifical, consistente en que se examine a los siguientes testigos: ....

III. Documental: Para que se tengan por incorporados a las presentes actuaciones los documentos acompañados al presente escrito de solicitud de concurso necesario.

IV. Más documental: ....

A los relatados hechos aduzco los siguientes

FUNDAMENTOS DE DERECHO

I. De conformidad con lo previsto en el art. 44 TRLC, son competentes para conocer de esta solicitud de concurso los Juzgados de lo Mercantil.

Desde un punto de vista territorial, y conforme al art. 45 TRLC, son competentes los Juzgados de lo Mercantil de ....

II. Esta solicitud de concurso se sustanciara por los trámites establecidos en el art. 14.2.2º, ss. y concordantes TRLC.

III. Mi mandante, en su condición de socio personalmente responsable de las deudas de .... SC, está legitimado activamente para instar el concurso necesario de .... S.L. al amparo de lo dispuesto en el art. 3.3 TRLC.

IV. Se dan en este caso los presupuestos subjetivo y objetivo requeridos para la declaración del concurso. En el primer caso, a la vista de la condición de .... SC de deudor persona jurídica como señala el art. 1.1 TRLC. En el segundo, a la vista de la situación de insolvencia de .... SC fundada en el sobreseimiento generalizado en el pago de las obligaciones tributarias exigibles durante los tres meses anteriores a la solicitud de concurso; el de las cuotas de Seguridad Social y demás conceptos de recaudación conjunta durante el mismo periodo; o el de salarios e indemnizaciones a los trabajadores y demás retribuciones derivadas de las relaciones de trabajo correspondientes a las tres últimas mensualidades (art. 2.4.5º TRLC).

V. Los efectos del concurso serán los previstos en los arts. 106 y ss. TRLC.

En virtud de lo expuesto,

SUPLICO AL JUZGADO que tenga por presentado este escrito, junto a los documentos a él unidos y sus copias, se sirva admitirlo y tener por promovido en nombre y representación de mi mandante, Don........... SC, SOLICITUD DE CONCURSO NECESARIO de la sociedad .... SC, se dictar auto admitiéndola a trámite y ordenando el emplazamiento del deudor .... SC conforme a lo previsto en el art. 16 TRLC con traslado de la solicitud para que comparezca en el plazo de cinco días, dentro de los cuales se le pondrán de manifiesto los autos y podrá formular oposición a la solicitud, proponiendo los medios de prueba de los que intente valerse, así como ordenando la formación de la sección primera conforme a lo dispuesto en el art. 14.3 TRLC, y previos los oportunos trámites legales, incluida, en su caso, la admisión y practica de las pruebas solicitadas por esta parte y la celebración de la oportuna vista, dicte auto por el que, estimando la presente solicitud:

PRIMERO.– Se declare el concurso necesario de la sociedad .... SC.

SEGUNDO.– Se acuerde la sustanciación del correspondiente procedimiento, con la formación de las secciones correspondientes.

TERCERO.– Se designe la correspondiente administración concursal.

CUARTO.– Se acuerde la suspensión del ejercicio por el deudor de las facultades de administración sobre la masa activa, siendo sustituido por la administración concursal.

QUINTO.– Se requiera al deudor para que presente, en el plazo de diez días desde la notificación del auto, los documentos enumerados en el art. 7 y 8 TRLC.

SEXTO.– Se imponga las costas a .... SC, que tendrán la consideración de crédito contra la masa.

SÉPTIMO.– Se acuerde cuanto proceda demás sea procedente en derecho para la sustanciación del procedimiento hasta su conclusión.

Es Justicia que suplico en ...., a .... de .... de ....

OTROSÍ DIGO Que procede dar a la declaración de concurso la oportuna publicidad, incluida la registral, en los términos y con el alcance establecidos en los arts. 35 a 37 TRLC y sin perjuicio de cualesquiera otra publicidad complementaria que, en medios oficiales o privados, estime oportuna este Juzgado al que nos dirigimos.

En su virtud,

SUPLICO AL JUZGADO que tenga por hechas las anteriores manifestaciones a los efectos oportunos, se sirva admitirlas y acordar en el auto declarando el concurso las publicaciones, inscripciones y anotaciones previstas en el art. 35 a 37 TRLC, y, previos los oportunos trámites legales, se sirva llevar a cabo las mismas, por medios electrónicos o telemáticos y, si esto no fuera posible, librando los oportunos mandamientos y oficios que serán confiados al Procurador que esto suscribe para su oportuno curso y gestión.

Lo que se suplica en el lugar y fecha reseñados "ut supra".

OTROSÍ DIGO: Que en el auto en que se acuerde la declaración de concurso y entre otros pronunciamientos, procede el llamamiento de los acreedores para que pongan en conocimiento de la administración concursal la existencia de sus créditos, en el plazo legal a contar desde el día siguiente a la publicación del auto declarando el concurso en el BOE.

En su virtud,

SUPLICO AL JUZGADO que tenga por hechas las anteriores manifestaciones a los efectos oportunos, se sirva admitirlas y acordar en el auto declarando el concurso, el llamamiento de los acreedores a los efectos antes reseñados.

Lo que se suplica en el lugar y fecha reseñados "ut supra".

F107. SOLICITUD DE CONCURSO NECESARIO FUNDADA EN ALZAMIENTO O LIQUIDACIÓN RUINOSA DE BIENES POR EL DEUDOR. SOLICITUD DE MEDIDAS CAUTELARES

Normativa de aplicación: *Arts. 13 y ss. Real Decreto Legislativo 1/2020, de 5 de mayo, por el que se aprueba el texto refundido de la Ley Concursal.*

AL JUZGADO DE LO MERCANTIL DE..........

.... S.L., con domicilio en ...., calle ...., núm. .... y CIF ...., cuya representación acredito mediante la escritura original de poder de representación que se acompaña a este escrito, ante este Juzgado comparezco bajo la dirección letrada de Don..........., abogado del Ilustre Colegio de .... (núm. .... de colegiado), y como mejor proceda en Derecho DIGO:

Que por medio del presente escrito y en la representación que ostento formulo SOLICITUD DE CONCURSO NECESARIO de la compañía .... S.L. solicitud que se funda en los HECHOS y FUNDAMENTOS DE DERECHO que a continuación se exponen.

HECHOS

PRIMERO.– DE LA SOCIEDAD CUYO CONCURSO NECESARIO AQUÍ SE INSTA.

La sociedad .... S.L., se constituyó el .... de .... de .... mediante escritura otorgada ante el notario de ...., Don........... (número de su protocolo ....). Sus Estatutos Sociales, fueron adaptados a la derogada Ley de Sociedades de Responsabilidad Limitada por acuerdo de la Junta General celebrada el día .... de .... de ...., elevado a público mediante escritura autorizada por el meritado notario el día de .... de ....

Datos de Inscripción Registral: La sociedad está inscrita en el Registro Mercantil de la provincia de .... al tomo ...., General .... de la sección .... del Libro de sociedades, Folio ...., hoja ....

Domicilio social: El domicilio social de la compañía se halla en ...., calle ...., siendo su objeto social ....

En dicho lugar se halla el centro de intereses principales de la aquí deudora.

Órgano de Administración: Desde su constitución, el órgano de administración de la compañía se halla conformado por un administrador único, ejerciendo en la actualidad y por tiempo indefinido tal cargo, Don..........., quien fue designado al efecto por acuerdo de la Junta General de la compañía celebrada el día .... de .... de ...., elevado a público mediante escritura autorizada por el notario de ...., Don..........., el día de .... de ....

Se desconoce si existen otros administradores, de hecho o de derecho, de la sociedad distintos del mencionado Sr. .... Según resulta del Registro Mercantil de la provincia de ...., durante los dos años anteriores a la solicitud de concurso, el citado Don........... ha sido la única persona que ha ostentado y/o desempeñado la administración de la sociedad.

Acreditando lo anterior, se acompaña como DOCUMENTO........... certificación literal del Registro Mercantil de la provincia de .... correspondiente a la precitada sociedad.

SEGUNDO.– DEL HECHO EN QUE SE FUNDA LA PRESENTE SOLICITUD.

De conformidad con lo establecido en el art. 13.1 TRLC, se hace constar que la presente solicitud se funda en el alzamiento o liquidación apresurada o ruinosa de sus bienes por el deudor aquí demandado (art. 2.4.6° TRLC).

TERCERO.– DE LA DEUDA CONTRAÍDA POR .... S.L. CON MI MANDANTE.

Que mi mandante, el día .... de .... de .... y ante el notario de ...., Don..........., transmitió a .... S.L., por título de compraventa, el siguiente inmueble: ....

La escritura se otorgó el día .... de .... de ...., ante el notario de .... Don........... (núm. .... de su protocolo). El precio de la compraventa se fijó en la suma de ....euros, impuestos excluidos. De tal precio, la suma de ....euros fue pagada simultáneamente al otorgamiento de la escritura de compraventa. La restante suma de ....euros debía ser abonada, en efectivo metálico o cheque bancario, no más tarde del día .... de .... de ....

Pues bien, transcurrido el plazo antes reseñado, ... S.L. no sólo no pagó la parte de precio que estaba pendiente de ello, sino que tampoco ha atendió los requerimientos dirigidos por mi principal al efecto.

Esto es, mi mandante ha cumplido con su obligación de entrega del inmueble, venció el plazo fijado por las partes para el pago de la parte del precio que restaba pendiente, sin que el mismo se verificase. Por lo tanto, la deuda contraída por .... S.L. con .... S.A. es una deuda vencida, líquida y exigible.

Acreditando lo anterior se acompaña como DOCUMENTO........... copia autorizada de la citada escritura de compraventa, certificación literal del Registro de la Propiedad de .... relativa al inmueble en cuestión y sendos burofaxes, el primero de ellos, de fecha .... de .... de .... y, el segundo, de fecha .... de .... de ...., por el que mi principal reclamaba a .... S.L. el pago de lo por ésta última adeudado.

CUARTO.– DE LA RECLAMACIÓN JUDICIAL DE LA DEUDA CONTRAÍDA POR PARTE DE .... S.L. CON MI MANDANTE.

Como consecuencia de la situación creada, mi mandante decidió instar judicialmente el pago de la citada deuda y efectúo una averiguación de bienes y derechos de la deudora. Tal encargo se realizó a la sociedad .... S.A., quien evacuó su informe que se acompaña como DOCUMENTO........... De dicho informe resulta que la sociedad .... S.L. era dueña de los siguientes bienes: ....

Esto es, ... solares, ... fincas rusticas, ... viviendas y .... plazas de garaje ....

Pues bien. Recién presentada la demanda reclamando el impago de la deuda arriba reseñada y en el plazo escaso de quince días desde que se hizo la citada averiguación de bienes, ... S.L. ha transmitido la práctica totalidad de sus bienes a terceros. Todos salvo ....

Junto al citado informe, igualmente se acompaña como DOCUMENTOS .... certificaciones del Registro de la propiedad de .... y ....

QUINTO.– La presente solicitud de concurso necesario debe de ser estimada por el Juzgador al darse el presupuesto objetivo de insolvencia y

A) Quedar fundada la presente solicitud en el alzamiento o la liquidación apresurada o ruinosa de sus bienes por el deudor.

B) Ostentar mi mandante, la condición de acreedor titular de un crédito, a fecha de hoy, por importe de ....euros, cuyo origen, importe y demás circunstancias reseñadas en el art. 13.1 TRLC resultan de los anteriores hechos.

SEXTO.– MEDIOS DE PRUEBA

Que tal y como ordena el art. 13.3 TRLC, esta parte manifiesta los medios de prueba de los que pretende valerse a efectos de acreditar los hechos en que se funda la presente solicitud:

I. Interrogatorio del deudor.

II. Testifical, consistente en que se examine a los siguientes testigos: ....

III. Documental: Para que se tengan por incorporados a las presentes actuaciones los documentos acompañados al presente escrito de solicitud de concurso necesario.

IV. Más documental: ....

V. Pericial: Para que se tenga por presentado el informe pericial acompañado a este escrito como DOCUMENTO..........., que será ratificado en sede judicial por el Perito Don...........

A los relatados hechos aduzco los siguientes

FUNDAMENTOS DE DERECHO

I. De conformidad con lo previsto en el art. 44 TRLC, son competentes para conocer de esta solicitud de concurso los Juzgados de lo Mercantil.

Desde un punto de vista territorial, y conforme al art. 45 TRLC, son competentes los Juzgados de lo Mercantil de ....

II. Esta solicitud de concurso se sustanciara por los trámites establecidos en el art. 14.2.2º, ss. y concordantes TRLC.

III. Mi mandante, en su condición de acreedor, está legitimado para solicitar la declaración de concurso necesario de .... S.L. al amparo de lo dispuesto en el art. 3.1 TRLC.

IV. Se dan en este caso los presupuestos subjetivo y objetivo requeridos para la declaración del concurso. En el primer caso, a la vista de la condición de mandante de deudor persona jurídica como señala el art. 1.1 TRLC. En el segundo, a la vista de la situación de insolvencia de .... S.L. fundada en el alzamiento o la liquidación apresurada o ruinosa de sus bienes por el deudor (art. 2.4.6º TRLC).

V. Los efectos del concurso serán los previstos en los arts. 106 y ss. TRLC.

En virtud de lo expuesto,

SUPLICO AL JUZGADO que tenga por presentado este escrito, junto a los documentos a él unidos y sus copias, se sirva admitirlo y tener por promovido en nombre y representación de mi mandante, ... S.A., SOLICITUD DE CONCURSO NECESARIO de la sociedad .... S.L., se dictar auto admitiéndola a trámite y ordenando el emplazamiento del deudor .... S.L. conforme a lo previsto en el art. 16 TRLC con traslado de la solicitud para que comparezca en el plazo de cinco días, dentro de los cuales se le pondrán de manifiesto los autos y podrá formular oposición a la solicitud, proponiendo los medios de prueba de los que intente valerse, así como ordenando la formación de la sección primera conforme a lo dispuesto en el art. 14.3 TRLC, y previos los oportunos trámites legales, incluida, en su caso, la admisión y practica de las pruebas solicitadas por esta parte y la celebración de la oportuna vista, dicte auto por el que, estimando la presente solicitud:

PRIMERO.– Se declare el concurso necesario de la sociedad .... S.L.

SEGUNDO.– Se acuerde la sustanciación del correspondiente procedimiento, con la formación de las secciones correspondientes.

TERCERO.– Se designe la correspondiente administración concursal.

CUARTO.– Se acuerde la suspensión del ejercicio por el deudor de las facultades de administración sobre la masa activa, siendo sustituido por la administración concursal.

QUINTO.– Se requiera al deudor para que presente, en el plazo de diez días desde la notificación del auto, los documentos enumerados en los arts. 7 y 8 TRLC.

SEXTO.– Se imponga las costas a .... S.L., que tendrán la consideración de crédito contra la masa.

SÉPTIMO.– Se acuerde cuanto proceda demás sea procedente en derecho para la sustanciación del procedimiento hasta su conclusión.

Es Justicia que suplico en ...., a .... de .... de ....

OTROSÍ DIGO: Que al amparo de lo dispuesto en el art. 18 TRLC, esta parte solicita la adopción de la medida cautelar consistente en la anotación preventiva de la presente solicitud en el Registro de la Propiedad de ...., y concretamente, en las hojas registrales correspondientes a las fincas .... propiedad de .... S.L., con anterioridad a la declaración de concurso, solicitud que se fundamenta en los siguientes términos:

I. A petición de legitimado para instar el concurso necesario, el Juez puede acordar las medidas cautelares que considere necesarias para asegurar la integridad del patrimonio del deudor de conformidad con lo previsto en la LEC.

II. Esta parte está legitimada para solicitar la cita anotación, en nuestra condición de acreedor de .... S.L., y por tanto, legitimado para instar el concurso necesario de dicha sociedad (art. 18.1 TRLC).

III. La anotación preventiva aquí solicitada, en cuanto tiene por objeto bienes susceptibles de inscripción en Registro Público, resulta de los arts. 727 LEC, 42 LH y 139 RH.

IV. La medida cautelar debe adoptarse so pena de que desaparezca el patrimonio de la deudora que aun no ha sido liquidado apresuradamente por ésta, toda vez que ....

Tras lo dicho y a la vista de la documentación que acompañamos a nuestra solicitud, es claro que existe un juicio provisional e indiciario favorable al fundamento de nuestra pretensión cautelar, sin que sea necesario ni procedente entrar al fondo del asunto.

V. A la vista de la situación en que se halla .... S.L., y lo reseñado en el párrafo precedente, la medida cautelar solicitada debe adoptarse in audita pars.

VI. Conforme al art. 18.2 TRLC el Juez podrá solicitar del instante de la medida cautelar que preste fianza para responder de los eventuales daños y perjuicios que las medidas cautelares pudieran producir al deudor si la solicitud de declaración de concurso resultara finalmente desestimada. Entendemos que no procede la prestación de fianza alguna a la vista de las circunstancias y la ausencia de daño que le produciría la adopción de la medida cautelar que nos ocupa. No obstante, queda esta parte a disposición de este Juzgado a efectos de prestar la garantía que, en su caso, tenga a bien fijar y que entendemos no debería exceder de ....euros.

En su virtud,

SUPLICO AL JUZGADO que tenga por hechas las anteriores manifestaciones, se sirva admitirlas y tener por formulada solicitud de adopción de medida cautelar antes de la declaración del concurso consistente en la anotación preventiva de la presente solicitud de concurso necesario de .... S.L. en el Registro de la Propiedad de ...., concretamente, en las hojas registrales de las fincas .... propiedad de .... S.L., y previos los oportunos trámites y sin audiencia a .... S.L., dicte auto acordando tal medida cautelar y cuanto demás proceda en derecho.

Es Justicia que se suplica nuevamente en el lugar y fecha señalados "ut supra".

OTROSÍ DIGO Que procede dar a la declaración de concurso la oportuna publicidad, incluida la registral, en los términos y con el alcance establecidos en los arts. 35 a 37 TRLC y sin perjuicio de cualesquiera otra publicidad complementaria que, en medios oficiales o privados, estime oportuna este Juzgado al que nos dirigimos.

En su virtud,

SUPLICO AL JUZGADO que tenga por hechas las anteriores manifestaciones a los efectos oportunos, se sirva admitirlas y acordar en el auto declarando el concurso las publicaciones, inscripciones y anotaciones previstas en los arts. 35 a 37 TRLC, y, previos los oportunos trámites legales, se sirva llevar a cabo las mismas, por medios electrónicos o telemáticos y, si esto no fuera posible, librando los oportunos mandamientos y oficios que serán confiados al Procurador que esto suscribe para su oportuno curso y gestión.

Lo que se suplica en el lugar y fecha reseñados "ut supra".

OTROSÍ DIGO: Que en el auto en que se acuerde la declaración de concurso y entre otros pronunciamientos, procede el llamamiento de los acreedores para que pongan en conocimiento de la administración concursal la existencia de sus créditos, en el plazo legal a contar desde el día siguiente a la publicación del auto declarando el concurso en el BOE.

En su virtud,

SUPLICO AL JUZGADO que tenga por hechas las anteriores manifestaciones a los efectos oportunos, se sirva admitirlas y acordar en el auto declarando el concurso, el llamamiento de los acreedores a los efectos antes reseñados.

Lo que se suplica en el lugar y fecha reseñados "ut supra".

F108. SOLICITUD DE CONCURSO NECESARIO CONJUNTO EX ART. 39 TRLC POR CONFUSIÓN DE PATRIMONIOS

Normativa de aplicación: *Arts. 13 y ss. Real Decreto Legislativo 1/2020, de 5 de mayo, por el que se aprueba el texto refundido de la Ley Concursal.*

AL JUZGADO DE LO MERCANTIL DE...........

..........., Procurador de los Tribunales (núm. .... de colegiado) y de la compañía .... S.L., con domicilio en ...., calle ...., núm. .... y CIF ...., cuya representación acredito mediante la escritura original de poder de representación que se acompaña a este escrito, ante este Juzgado comparezco bajo la dirección letrada de Don..........., abogado del Ilustre Colegio de .... (núm. .... de colegiado), y como mejor proceda en Derecho DIGO:

Que por medio del presente escrito y en la representación que ostento formulo SOLICITUD DE CONCURSO NECESARIO de las compañías .... S.L., y .... S.A. con domicilio en ...., calle ...., núm. .... y CIF .... y ...., respectivamente, solicitud que se funda en los HECHOS y FUNDAMENTOS DE DERECHO que a continuación se exponen.

HECHOS

PRIMERO.– DE LAS SOCIEDADES CUYO CONCURSO NECESARIO AQUÍ SE INSTA.

A) La sociedad .... S.L.

La sociedad .... S.L., se constituyó el .... de .... de .... mediante escritura otorgada ante el notario de ...., Don........... (número de su protocolo ....).

Datos de Inscripción Registral: La sociedad está inscrita en el Registro Mercantil de la provincia de .... al tomo ...., General .... de la sección .... del Libro de sociedades, Folio ...., hoja ....

El domicilio social de la compañía se halla en ...., calle .... En dicho lugar se halla el centro de intereses principales de la deudora.

El objeto social de .... S.L., consiste en ....

Órgano de Administración: Desde su constitución, el órgano de administración de la compañía se halla conformado por un administrador único, ejerciendo en la actualidad y por tiempo indefinido tal cargo, Don..........., quien fue designado al efecto por acuerdo de la Junta General de la compañía celebrada el día .... de .... de ...., elevado a público mediante escritura autorizada por el notario de ...., Don..........., el día de .... de ....

Se desconoce si existen otros administradores, de hecho o de derecho, de la sociedad distintos del mencionado Sr. .... Según resulta del Registro Mercantil de la provincia de ...., durante los dos años anteriores a la solicitud de concurso, el citado Don........... ha sido la única persona que ha ostentado y/o desempeñado la administración de la sociedad.

B) La sociedad .... S.A.

La sociedad .... S.A., se constituyó el .... de .... de .... mediante escritura otorgada ante el notario de ...., Don........... (número de su protocolo ....).

Datos de Inscripción Registral: La sociedad está inscrita en el Registro Mercantil de la provincia de .... al tomo ...., General .... de la sección .... del Libro de sociedades, Folio ...., hoja ....

El domicilio social de la compañía se halla en ...., calle .... En dicho lugar se halla el centro de intereses principales de la deudora.

El objeto social de .... S.L., consiste en ....

Órgano de Administración: Desde su constitución, el órgano de administración de la compañía se halla conformado por un administrador único, ejerciendo en la actualidad y por plazo de .... años tal cargo, Don..........., quien fue designado al efecto por acuerdo de la Junta General de la compañía celebrada el día .... de .... de ...., elevado a público mediante escritura autorizada por el notario de ...., Don..........., el día de .... de ....

Se desconoce si existen otros administradores, de hecho o de derecho, de la sociedad distintos del mencionado Sr. .... Según resulta del Registro Mercantil de la provincia de ...., durante los dos años anteriores a la solicitud de concurso, el citado Don........... ha sido la única persona que ha ostentado y/o desempeñado la administración de la sociedad.

Acreditando lo anterior, se acompaña como DOCUMENTOS .... sendas certificaciones literales del Registro Mercantil de la provincia de .... correspondientes a las precitadas sociedades.

SEGUNDO.– EL HECHO EN QUE SE FUNDA LA PRESENTE SOLICITUD.

De conformidad con lo establecido en el art. 13.1 TRLC, se hace constar que la presente solicitud se funda en el sobreseimiento generalizado en el pago corriente de las obligaciones de los deudores aquí demandados (art. 2.4.4° TRLC).

TERCERO.– DE LA DEUDA CONTRAÍDA POR .... S.L. y .... S.A. CON MI MANDANTE.

I. Mi mandante, es una sociedad que, desde hace más de treinta años, se dedica a la actividad de ....Como consecuencia del suministro de determinadas partidas de ...., la sociedad .... S.L. contrajo con mi poderdante una deuda por importe total y conjunto (IVA incluido) de ....euros, con el siguiente desglose:

A) El .... día de .... de ...., le vendió .... del citado producto, por un precio total de ....euros (IVA incluido).

B) El .... día de .... de ...., le vendió .... del citado producto, por un precio total de ....euros (IVA incluido).

C) Y el .... día de .... de ...., le vendió .... del citado producto, por un precio total de ....euros (IVA incluido).

La entrega del producto adquirido por .... S.L., debía realizarse en su domicilio, sito en ...., calle ...., núm. ...., antes del día .... de .... de .... El precio de compraventa y sus impuestos, debían ser pagados por la compradora, en el plazo de cuarenta y cinco (45) días desde la entrega del producto, mediante transferencia a la cuenta bancaria de la que es titular mi mandante en el banco ...., cuenta número ....

Acreditando lo anterior, se acompañan como DOCUMENTOS ...., los pedidos formulados por la demandada .... S.L.; faxes de fecha .... de .... de ...., de .... de ...., de .... de y .... de .... de ...., remitidos por mi mandante a .... S.L., aceptando los citados pedidos; y las facturas emitidas como consecuencia de las citadas ventas.

Cumpliendo lo pactado, mi mandante entregó a .... S.L. el referido producto adquirido por esta última, en las instalaciones arriba reseñadas y dentro del plazo pactado, concretamente, el día .... de .... de ...., en el supuesto de la letra A; el día .... de .... de ...., en el supuesto de la letra B; y el día .... de .... de ...., en el supuesto de la letra C.

Acreditando lo anterior, se acompañan como DOCUMENTOS ...., certificado de la empresa de transportes ...., que realizó el transporte y entrega de los productos a .... S.L., del que resultan las anteriores circunstancias, así como los albaranes de entrega del citado producto en el domicilio de la demandada, ... S.L. Como puede leerse en los citados albaranes, el receptor de la mercancía, expresamente y de su puño y letra, hace constar que recibe el producto en perfectas condiciones, y a plena conformidad y satisfacción suya.

Pese a que mi mandante había cumplido con su obligación de entrega, venció el plazo fijado por las partes para el pago del precio del producto transmitido por mi mandante a .... S.L., sin que tal pago se verificase a salvo de la suma de ....euros que le fue abonada por la sociedad .... S.A.

Por lo tanto, la deuda contraída por .... S.L. con mi mandante es una deuda vencida, líquida y exigible.

II. Por otro lado, la sociedad .... S.A. adeuda a mi principal la suma de ....euros en concepto de préstamo formalizado en escritura otorgada ante el notario de Don..........., el día .... Las condiciones de dicho préstamo eran las siguientes:

Principal: ....

Interés: ....

Vencimiento: ....

Llegado el vencimiento del citado préstamo, el mismo fue impagado por .... S.A. que adeuda a mi poderdante la suma de ....euros, en concepto de principal, y ....euros en concepto de .... intereses. En total, la suma de ....euros, deuda esta vencida, líquida y exigible.

CUARTO.– DE LA SITUACIÓN DE LAS SOCIEDADES .... S.A. y .... S.L.

Ante esta situación, y tras diversas averiguaciones, esta parte ha tenido conocimiento, tal y como se acredita con los DOCUMENTOS ....:

A) Que las citadas sociedades no han atendido los recibos de la luz, agua y teléfono desde hace más de .... meses.

B) Se adeuda a los trabajadores de la empresa las mensualidades de .... a .... (ambos inclusive), hallándose los mismos en situación de huelga.

C) El alquiler de la oficina está sin pagar desde el pasado mes de .... Esto es, se adeudan las rentas correspondientes a los meses de .... a ....(ambos inclusive). También han dejado de atenderse desde hace .... meses las facturas de proveedores.

D) Tampoco se han atendido los últimos .... recibos del leasing con que se adquirió y financió la maquinaria y vehículos de la empresa.

E) Existen .... incidencias de embargos y ejecuciones en el RAI y en ....

F) Se siguen contra las demandadas los siguientes procedimientos: ....

QUINTO.– DE LA VINCULACIÓN Y CONFUSIÓN DE PATRIMONIOS DE LAS SOCIEDADES .... S.L. y .... S.A.

A la vista de todo lo anterior, mi mandante efectúo diversas averiguaciones de lo que resulta lo siguiente:

A) El objeto de las compañías ...........S.A. y........... S.L. es idéntico, esto es, la actividad de ....

B) También es idéntico el domicilio social, sito en ....

C) Ambas compañías se constituyeron el mismo día.

D) Tienen los mismos socios y administradores sociales.

E) Las sociedades .... S.A. y .... S.L. se identifican en el mercado con la marca .... (vid. DOCUMENTOS ....). Como se acredita con el certificado de la Oficina Española de Patentes y Marcas que se acompaña como DOCUMENTO..........., tal marca consta registrada a favor de Don..........., bajo el número .... y para la clase ....

F) Que varias de las comunicaciones recibidas por mi mandante en contestación a los faxes por él dirigidos a .... S.L., reclamando la deuda origen de esta demanda (concretamente los DOCUMENTOS ....), vienen impresos en papel de carta con el encabezamiento de .... S.A. (y no de .... S.L.) y firmados en representación de .... S.A., por una Srta. llamada ...., quien se anunció como "Departamento de Administración" de dicha sociedad anónima.

La Sra. .... es la persona que, en representación de .... S.L. (esta vez como "departamento de compras"), recibió el producto vendido por mi principal a .... S.L. Nos remitimos a los albaranes de entregas que se acompañan como DOCUMENTOS ....

El pago parcial de la deuda contraída por .... S.L. con mi mandante, no lo llevó a cabo la deudora, sino la sociedad .... S.A.

G) El género propiedad de .... S.L. es vendido por .... S.A. (Vid. DOCUMENTOS ....).

H) La sociedad .... S.L. carece de actividad. No ha efectuado venta alguna en los últimos .... años. Tan sólo presenta compras y deudas con terceros por importe de ....euros. No tiene trabajadores.

I) La sociedad .... S.A. si tiene actividad, siendo su cifra de negocios de .... Tiene .... empleados.

J) No es posible discernir entre el patrimonio de una u otra sociedad toda vez que ....

Acreditando lo anterior, se acompaña como DOCUMENTOS ...., certificación del Registro Mercantil de la provincia de .... relativa a las cuentas anuales de los ejercicios .... de las sociedades .... S.A. y .... S.L; informe económico financiero formulado por el auditor de cuentas ....; informe pericial de valoración formulado por .... e informe realizado por los detectives ....

SEXTO.– La presente solicitud de concurso necesario conjunto de .... S.A. y .... S.L. debe de ser estimada por el Juzgador al darse el presupuesto objetivo de insolvencia y quedar fundada la misma en el sobreseimiento generalizado en el pago corriente de las obligaciones del deudor.

Por otro lado, procede solicitar el concurso conjunto de .... S.A. y .... S.L., al ser deudores ambos de mi principal, y existir entre ellos confusión de sus patrimonios (art. 39 TRLC).

A los relatados hechos aduzco los siguientes

FUNDAMENTOS DE DERECHO

I. De conformidad con lo previsto en el art. 44 TRLC, son competentes para conocer de esta solicitud de concurso los Juzgados de lo Mercantil.

Desde un punto de vista territorial, y conforme al art. 46.1 TRLC, son competentes los Juzgados de lo Mercantil de ....

II. Esta solicitud de concurso se sustanciará por los trámites establecidos en el art. 14.2.2º, ss. y concordantes TRLC.

III. Mi mandante, en su condición de acreedor, está legitimado para solicitar la declaración de concurso necesario de .... S.A. y .... S.L. al amparo de lo dispuesto en el art. 39 TRLC.

IV. Se dan en este caso los presupuestos subjetivo y objetivo requeridos para la declaración del concurso. En el primer caso, a la vista de la condición de .... S.A. y .... S.L. de deudor persona jurídica como señala el art. 1.1 TRLC. También se da el presupuesto objetivo de la insolvencia, y quedar fundada la presente demanda en el sobreseimiento generalizado en el pago corriente de las obligaciones del deudor (art. 2.4.4º TRLC).

Procede la declaración conjunta del concurso de .... S.L. y .... S.A. a la vista de lo dispuesto en el art. 39 TRLC, su condición de deudores de mi mandante y la existencia de confusión entre el patrimonio de las demandadas.

Ambos concursos cuya declaración conjunta aquí se insta se tramitarán de forma coordinada, sin consolidación de masas. Ello sin perjuicio de la eventual consolidación masas de concurso declarados conjuntamente, si así lo acuerda, excepcionalmente, el Juez, de oficio o a instancia de cualquier interesado, cuando concurre confusión de patrimonios y no es posible deslindar la titularidad de activos y pasivos sin incurrir en demora en la tramitación del concurso o en un gasto injustificado.

V. Los efectos del concurso serán los previstos en los arts. 106 y ss. TRLC.

En virtud de lo expuesto,

SUPLICO AL JUZGADO que tenga por presentado este escrito, junto a los documentos a él unidos y sus copias, se sirva admitirlo y tener por promovido en nombre y representación de mi mandante, ...S.A., SOLICITUD DE CONCURSO NECESARIO CONJUNTO de las sociedades .... S.A. y .... S.L., y se sirva dictar auto admitiéndola a trámite y ordenando el emplazamiento de los deudores .... S.A. y .... S.L. conforme a lo previsto en el art. 16 TRLC con traslado de la solicitud para que comparezca en el plazo de cinco días, dentro de los cuales se le pondrán de manifiesto los autos y podrá formular oposición a la solicitud, proponiendo los medios de prueba de los que intente valerse, así como ordenando la formación de la sección primera conforme a lo dispuesto en el art. 14.3 TRLC, y previos los oportunos trámites legales, incluida, en su caso, la admisión y practica de las pruebas solicitadas por esta parte y la celebración de la oportuna vista, dicte auto por el que, estimando la presente solicitud:

PRIMERO.– Se declare conjuntamente el concurso necesario de las sociedades .... S.L. y .... S.A.

SEGUNDO.– Se acuerde la sustanciación del correspondiente procedimiento, con la formación de las secciones correspondientes.

TERCERO.– Se designe la correspondiente administración concursal.

CUARTO.– Se acuerde el régimen de suspensión de las facultades patrimoniales de los deudores.

QUINTO.– Se requiera a los deudores para que presenten, en el plazo de diez días desde la notificación del auto, los documentos enumerados en el art. 7 y 8 TRLC

SEXTO.– Se imponga las costas a .... S.L. y .... S.A., que tendrán la consideración de crédito contra la masa.

SÉPTIMO.– Se acuerde cuanto proceda demás sea procedente en derecho para la sustanciación del procedimiento hasta su conclusión.

Es Justicia que suplico en ...., a .... de .... de ....

OTROSÍ DIGO Tal y como ordena el art. 13.3 TRLC, esta parte manifiesta los medios de prueba de los que pretende valerse a efectos de acreditar los hechos en que se funda la presente solicitud:

I. Interrogatorio de los deudores.

II. Testifical, consistente en que se examine a los siguientes testigos: ....

III. Documental: Para que se tengan por incorporados a las presentes actuaciones los documentos acompañados al presente escrito de solicitud de concurso necesario.

IV. Más documental: ....

V. Pericial: ....

En su virtud,

SUPLICO AL JUZGADO que tenga por hechas las anteriores manifestaciones a los efectos oportunos, se sirva admitirlas y tener por manifestados los medios de prueba de los que pretende valerse esta parte, acordando en el momento procesal oportuno cuanto proceda en orden a su admisión y practica.

Lo que se suplica en el lugar y fecha reseñados "ut supra".

OTROSÍ DIGO Que procede dar a la declaración de concurso la oportuna publicidad, incluida la registral, en los términos y con el alcance establecidos en los arts. 35 a 37 TRLC y sin perjuicio de cualesquiera otra publicidad complementaria que, en medios oficiales o privados, estime oportuna este Juzgado al que nos dirigimos.

En su virtud,

SUPLICO AL JUZGADO que tenga por hechas las anteriores manifestaciones a los efectos oportunos, se sirva admitirlas y acordar en el auto declarando el concurso las publicaciones, inscripciones y anotaciones previstas en el art. 35 a 37 TRLC, y, previos los oportunos trámites legales, se sirva llevar a cabo las mismas, por medios telemáticos y, si esto no fuera posible, librando los oportunos mandamientos y oficios que serán confiados al Procurador que esto suscribe para su oportuno curso y gestión.

Lo que se suplica en el lugar y fecha reseñados "ut supra".

OTROSÍ DIGO: Que en el auto en que se acuerde la declaración de concurso y entre otros pronunciamientos, procede el llamamiento de los acreedores para que pongan en conocimiento de la administración concursal la existencia de sus créditos, en el plazo legalmente establecido a contar desde el día siguiente a la publicación del extracto del auto declarando el concurso en el BOE.

En su virtud,

SUPLICO AL JUZGADO que tenga por hechas las anteriores manifestaciones a los efectos oportunos, se sirva admitirlas y acordar en el auto declarando el concurso, el llamamiento de los acreedores a los efectos antes reseñados.

Lo que se suplica en el lugar y fecha reseñados "ut supra".

F109. SOLICITUD DE CONCURSO NECESARIO CONJUNTO EX ART. 39 TRLC. GRUPO DE SOCIEDADES

Normativa de aplicación: *Arts. 13 y ss.; art. 39 Real Decreto Legislativo 1/2020, de 5 de mayo, por el que se aprueba el texto refundido de la Ley Concursal.*

AL JUZGADO DE LO MERCANTIL DE...........

..........., Procurador de los Tribunales (núm. .... de colegiado) y de la compañía .... S.L., con domicilio en ...., calle ...., núm. .... y CIF ...., cuya representación acredito mediante la escritura original de poder de representación que se acompaña a este escrito, ante este Juzgado comparezco bajo la dirección letrada de Don..........., abogado del Ilustre Colegio de .... (núm. .... de colegiado), y como mejor proceda en Derecho DIGO:

Que por medio del presente escrito y en la representación que ostento formulo SOLICITUD DE CONCURSO NECESARIO de las compañías .... SLU, y .... SAU con domicilio en ...., calle ...., núm. .... y CIF .... y ...., respectivamente, solicitud que se funda en los HECHOS y FUNDAMENTOS DE DERECHO que a continuación se exponen.

HECHOS

PRIMERO.– DE LAS SOCIEDADES CUYO CONCURSO NECESARIO AQUÍ SE INSTA.

A) La sociedad .... SLU.

La sociedad .... SLU, se constituyó el .... de .... de .... mediante escritura otorgada ante el notario de ...., Don........... (número de su protocolo ....).

Datos de Inscripción Registral: La sociedad está inscrita en el Registro Mercantil de la provincia de .... al tomo ...., General .... de la sección .... del Libro de sociedades, Folio ...., hoja ....

El domicilio social de la compañía se halla en ...., calle .... En dicho lugar se halla el centro de intereses principales de la deudora.

El objeto social de .... SLU, consiste en ....

El socio único de .... SLU es la compañía .... S.A.

Órgano de Administración: Desde su constitución, el órgano de administración de la compañía se halla conformado por un administrador único, ejerciendo en la actualidad y por tiempo indefinido tal cargo, Don..........., quien fue designado al efecto por acuerdo de la Junta General de la compañía celebrada el día .... de .... de ...., elevado a público mediante escritura autorizada por el notario de ...., Don..........., el día de .... de ....

El Sr. .... es accionista mayoritario (99%) de .... S.A., que como se expuso anteriormente, es el socio único de .... SLU.

Se desconoce si existen otros administradores, de hecho o de derecho, de la sociedad distintos del mencionado Sr. .... Según resulta del Registro Mercantil de la provincia de ...., durante los dos años anteriores a la solicitud de concurso, el citado Don........... ha sido la única persona que ha ostentado y/o desempeñado la administración de la sociedad.

B) La sociedad .... SAU.

La sociedad .... SAU, se constituyó el .... de .... de .... mediante escritura otorgada ante el notario de ...., Don........... (número de su protocolo ....).

Datos de Inscripción Registral: La sociedad está inscrita en el Registro Mercantil de la provincia de .... al tomo ...., General .... de la sección .... del Libro de sociedades, Folio ...., hoja ....

El domicilio social de la compañía se halla en ...., calle .... En dicho lugar se halla el centro de intereses principales de la deudora.

El objeto social de .... SAU, consiste en ....

Al igual que sucede con la sociedad .... SLU, el socio único de .... SAU también es la compañía .... S.A.

Órgano de Administración: Desde su constitución, el órgano de administración de la compañía se halla conformado por un administrador único, ejerciendo en la actualidad y por plazo de .... años tal cargo, el antes reseñado Don..........., quien fue designado al efecto por acuerdo de la Junta General de la compañía celebrada el día .... de .... de ...., elevado a público mediante escritura autorizada por el notario de ...., Don..........., el día de .... de .... Como se dijo anteriormente, el Sr. .... es accionista mayoritario (99%) de .... S.A., que como se expuso anteriormente, es el socio único de .... SLU y .... SAU.

Se desconoce si existen otros administradores, de hecho o de derecho, de la sociedad distintos del mencionado Sr. .... Según resulta del Registro Mercantil de la provincia de ...., durante los dos años anteriores a la solicitud de concurso, el citado Don........... ha sido la única persona que ha ostentado y/o desempeñado la administración de la sociedad.

Acreditando lo anterior, se acompaña como DOCUMENTOS .... sendas certificaciones literales del Registro Mercantil de la provincia de .... correspondientes a las precitadas sociedades.

SEGUNDO.– EL HECHO EN QUE SE FUNDA LA PRESENTE SOLICITUD.

De conformidad con lo establecido en el art. 13.1 TRLC, se hace constar que la presente solicitud se funda en el sobreseimiento generalizado en el pago corriente de las obligaciones de los deudores aquí demandados (art. 2.4.4° TRLC).

TERCERO.– DE LA DEUDA CONTRAÍDA POR .... SLU y .... SAU CON MI MANDANTE.

I. Mi mandante, es una sociedad que, desde hace más de treinta años, se dedica a la actividad de .... Como consecuencia del suministro de determinadas partidas de ...., la sociedad .... SLU contrajo con mi poderdante una deuda por importe total y conjunto (IVA incluido) de ....euros, con el siguiente desglose:

A) El .... día de .... de ...., le vendió .... del citado producto, por un precio total de ....euros (IVA incluido).

B) El .... día de .... de ...., le vendió .... del citado producto, por un precio total de ....euros (IVA incluido).

C) Y el .... día de .... de ...., le vendió .... del citado producto, por un precio total de ....euros (IVA incluido).

La entrega del producto adquirido por .... SLU, debía realizarse en su domicilio, sito en ...., calle ...., núm. ...., antes del día .... de .... de .... El precio de compraventa y sus impuestos, debían ser pagados por la compradora, en el plazo de cuarenta y cinco (45) días desde la entrega del producto, mediante transferencia a la cuenta bancaria de la que es titular mi mandante en el banco ...., cuenta número ....

Acreditando lo anterior, se acompañan como DOCUMENTOS ...., los pedidos formulados por la demandada .... SLU; faxes de fecha .... de .... de ...., ... de .... de ...., ... de .... de y .... de .... de ...., remitidos por mi mandante a .... SLU, aceptando los citados pedidos; y las facturas emitidas como consecuencia de las citadas ventas.

Cumpliendo lo pactado, mi mandante entregó a .... SLU el referido producto adquirido por esta última, en las instalaciones arriba reseñadas y dentro del plazo pactado, concretamente, el día .... de .... de ...., en el supuesto de la letra A; el día .... de .... de ...., en el supuesto de la letra B; y el día .... de .... de ...., en el supuesto de la letra C.

Acreditando lo anterior, se acompañan como DOCUMENTOS ...., certificado de la empresa de transportes ...., que realizó el transporte y entrega de los productos a .... SLU, del que resultan las anteriores circunstancias, así como los albaranes de entrega del citado producto en el domicilio de la demandada, ... SLU. Como puede leerse en los citados albaranes, el receptor de la mercancía, expresamente y de su puño y letra, hace constar que recibe el producto en perfectas condiciones, y a plena conformidad y satisfacción suya.

Pese a que mi mandante había cumplido con su obligación de entrega, venció el plazo fijado por las partes para el pago del precio del producto transmitido por mi mandante a .... SLU, sin que tal pago se verificase.

Por lo tanto, la deuda contraída por .... SLU con mi mandante es una deuda vencida, líquida y exigible.

II. Por otro lado, la sociedad .... SAU adeuda a mi principal la suma de ....euros en concepto de préstamo formalizado en escritura otorgada ante el notario de Don..........., el día .... Las condiciones de dicho préstamo eran las siguientes:

Principal: ....

Interés: ....

Vencimiento: ....

Llegado el vencimiento del citado préstamo, el mismo fue impagado por .... SAU que adeuda a mi poderdante la suma de ....euros, en concepto de principal, y ....euros en concepto de .... intereses. En total, la suma de ....euros, deuda esta vencida, líquida y exigible.

Así se acredita con los DOCUMENTOS ....

CUARTO.– DE LA SITUACIÓN DE LAS SOCIEDADES .... SAU y .... SLU.

Ante esta situación, y tras diversas averiguaciones, esta parte ha tenido conocimiento, tal y como se acredita con los DOCUMENTOS ....:

A) Que las citadas sociedades no han atendido los recibos de la luz, agua y teléfono desde hace más de .... meses.

B) Se adeuda a los trabajadores de la empresa las mensualidades de .... a .... (ambos inclusive), hallándose los mismos en situación de huelga.

C) El alquiler de la oficina está sin pagar desde el pasado mes de .... Esto es, se adeudan las rentas correspondientes a los meses de .... a .... (ambos inclusive). También han dejado de atenderse desde hace .... meses las facturas de proveedores.

D) Tampoco se han atendido los últimos .... recibos del leasing con que se adquirió y financió la maquinaria y vehículos de las empresas.

E) Existen .... incidencias de embargos y ejecuciones en el RAI y en ....

F) Se siguen contra las demandadas los siguientes procedimientos: ....

QUINTO.– DE LA EXISTENCIA DE GRUPO DE SOCIEDADES.

Una lectura del hecho primero de esta demanda basta para percatarse que las sociedades .... SLU y .... SAU forman parte de un mismo grupo de sociedades en los términos del art. 42 C.Com, al que se remite la Disposición adicional primera TRLC. En efecto:

Ambas sociedades tienen el mismo domicilio social.

El socio único es común a ambas: la sociedad .... S.A.

Ambas sociedades tienen el mismo administrador único: Don..........., que a su vez es socio mayoritario (99%) y administrador único de .... S.A., que es el único socio de las demandadas.

....

Por tal motivo, procede solicitar el concurso conjunto necesario de .... SAU y .... SLU, al ser deudores ambos de mi principal, y formar parte del mismo grupo de sociedades.

SEXTO.– La presente solicitud de concurso necesario conjunto de .... SAU y .... SLU debe de ser estimada por el Juzgador al darse el presupuesto objetivo de insolvencia y quedar fundada la misma en el sobreseimiento generalizado en el pago corriente de las obligaciones del deudor.

A los relatados hechos aduzco los siguientes

FUNDAMENTOS DE DERECHO

I. De conformidad con lo previsto en el art. 44 TRLC, son competentes para conocer de esta solicitud de concurso los Juzgados de lo Mercantil.

Desde un punto de vista territorial, y conforme al art. 46.1 TRLC, son competentes los Juzgados de lo Mercantil de ....

II. Esta solicitud de concurso se sustanciara por los trámites establecidos en el art. 14.2.2°, ss. y concordantes TRLC.

III. Mi mandante, en su condición de acreedor, está legitimado para solicitar la declaración de concurso necesario de .... SAU y .... SLU al amparo de lo dispuesto en el art. 39 TRLC.

IV. Se dan en este caso los presupuestos subjetivo y objetivo requeridos para la declaración del concurso. En el primer caso, a la vista de la condición de .... SAU y .... SLU de deudor persona jurídica como señala el art. 1.1 TRLC. También se da el presupuesto objetivo de la insolvencia, y quedar fundada la presente demanda en el sobreseimiento generalizado en el pago corriente de las obligaciones del deudor (art. 2.4.4° TRLC).

Procede la declaración conjunta del concurso de .... SLU y .... SAU a la vista de lo dispuesto en el art. 39 TRLC, su condición de deudores de mi mandante y formar parte aquellos del mismo grupo de sociedades. El concurso se tramitará de forma coordinada y sin consolidación de masas. (art. 42 TRLC).

V. Los efectos del concurso serán los previstos en los arts. 106 y ss. TRLC.

En virtud de lo expuesto,

SUPLICO AL JUZGADO que tenga por presentado este escrito, junto a los documentos a él unidos y sus copias, se sirva admitirlo y tener por promovido en nombre y representación de mi mandante, ... S.A., SOLICITUD DE CONCURSO NECESARIO CONJUNTO de las sociedades .... SAU y .... SLU, y se sirva dictar auto admitiéndola a trámite y ordenando el emplazamiento de los deudores .... SAU y .... SLU conforme a lo previsto en el art. 16 TRLC con traslado de la solicitud para que comparezca en el plazo de cinco días, dentro de los cuales se le pondrán de manifiesto los autos y podrá formular oposición a la solicitud, proponiendo los medios de prueba de los que intente valerse, así como ordenando la formación de la sección primera conforme a lo dispuesto en el art. 14.3 TRLC, y previos los oportunos trámites legales, incluida, en su caso, la admisión y practica de las pruebas solicitadas por esta parte y la celebración de la oportuna vista, dicte auto por el que, estimando la presente solicitud:

PRIMERO.– Se declare conjuntamente el concurso necesario de las sociedades .... SLU y .... SAU.

SEGUNDO.– Se acuerde la sustanciación del correspondiente procedimiento, con la formación de las secciones correspondientes.

TERCERO.– Se designe la correspondiente administración concursal.

CUARTO.– Se acuerde el régimen de suspensión de las facultades patrimoniales de los deudores.

QUINTO.– Se requiera a los deudores para que presenten, en el plazo de diez días desde la notificación del auto, los documentos enumerados en el art. 7 y 8 TRLC

SEXTO.– Se imponga las costas a .... SAU y .... S.L., que tendrán la consideración de crédito contra la masa.

SÉPTIMO.– Se acuerde cuanto proceda demás sea procedente en derecho para la sustanciación del procedimiento hasta su conclusión.

Es Justicia que suplico en ...., a .... de .... de ....

OTROSÍ DIGO Tal y como ordena el art. 13.3 TRLC, esta parte manifiesta los medios de prueba de los que pretende valerse a efectos de acreditar los hechos en que se funda la presente solicitud:

I. Interrogatorio de los deudores.

II. Testifical, consistente en que se examine a los siguientes testigos: ....

III. Documental: Para que se tengan por incorporados a las presentes actuaciones los documentos acompañados al presente escrito de solicitud de concurso necesario.

IV. Más documental: ....

V. Pericial: ....

En su virtud,

SUPLICO AL JUZGADO que tenga por hechas las anteriores manifestaciones a los efectos oportunos, se sirva admitirlas y tener por manifestados los medios de prueba de los que pretende valerse esta partes, acordando en el momento procesal oportuno cuanto proceda en orden a su admisión y practica.

Lo que se suplica en el lugar y fecha reseñados "ut supra".

OTROSÍ DIGO Que procede dar a la declaración de concurso la oportuna publicidad, incluida la registral, en los términos y con el alcance establecidos en los arts. 35 a 37 TRLC y sin perjuicio de cualesquiera otra publicidad complementaria que, en medios oficiales o privados, estime oportuna este Juzgado al que nos dirigimos.

En su virtud,

SUPLICO AL JUZGADO que tenga por hechas las anteriores manifestaciones a los efectos oportunos, se sirva admitirlas y acordar en el auto declarando el concurso las publicaciones, inscripciones y anotaciones previstas en el art. 35 a 37 TRLC, y, previos los oportunos trámites legales, se sirva llevar a cabo las mismas, por medios electrónicos o telemáticos y, si esto no fuera posible, librando los oportunos mandamientos y oficios que serán confiados al Procurador que esto suscribe para su oportuno curso y gestión.

Lo que se suplica en el lugar y fecha reseñados "ut supra".

OTROSÍ DIGO: Que en el auto en que se acuerde la declaración de concurso y entre otros pronunciamientos, procede el llamamiento de los acreedores para que pongan en conocimiento de la administración concursal la existencia de sus créditos, en el plazo legalmente establecido a contar desde el día siguiente a la publicación del auto declarando el concurso en el BOE.

En su virtud,

SUPLICO AL JUZGADO que tenga por hechas las anteriores manifestaciones a los efectos oportunos, se sirva admitirlas y acordar en el auto declarando el concurso, el llamamiento de los acreedores a los efectos antes reseñados.

Lo que se suplica en el lugar y fecha reseñados "ut supra".

F110. SOLICITUD DE CONCURSO NECESARIO CONJUNTO EX ART. 39 TRLC. CÓNYUGES

***Normativa de aplicación:** Arts. 13 y ss.; art. 39 Real Decreto Legislativo 1/2020, de 5 de mayo, por el que se aprueba el texto refundido de la Ley Concursal.*

AL JUZGADO DE LO MERCANTIL DE...........

..........., Procurador de los Tribunales (núm. .... de colegiado) y de la compañía .... S.L., con domicilio en ...., calle ...., núm. .... y CIF

..........., cuya representación acredito mediante la escritura original de poder de representación que se acompaña a este escrito, ante este Juzgado comparezco bajo la dirección letrada de Don..........., abogado del Ilustre Colegio de .... (núm. .... de colegiado), y como mejor proceda en Derecho DIGO:

Que por medio del presente escrito y en la representación que ostento formulo SOLICITUD DE CONCURSO NECESARIO CONJUNTO de Don........... y Doña .... con domicilio ambos en ...., calle ...., núm. .... y DNI/NIF .... y ...., respectivamente, solicitud que se funda en los HECHOS y FUNDAMENTOS DE DERECHO que a continuación se exponen.

HECHOS

PRIMERO.– DE LAS PERSONAS CUYO CONCURSO NECESARIO AQUÍ SE INSTA.

Don..........., nació el día .... de .... de ...., en la ciudad de .... Esto es, en la actualidad tiene .... años. Es vecino de ...., teniendo fijado su domicilio en la calle ...., núm. .... de dicha localidad. Dotado de DNI/NIF núm. ....

Don........... está casado bajo el régimen de gananciales con Doña ...., mayor de edad, de nacionalidad española, ... de profesión en la actualidad, nacida el día de .... de .... en ...., con idéntico domicilio que el de Don........... y DNI/NIF .... Los Sres. .... no tienen hijos.

Don........... como empresario individual, ejerce la actividad de comercio de ...., hallándose su domicilio empresarial en ...., calle .... En dicho lugar se halla el centro de intereses principales. Está inscrito en el Registro Mercantil de la provincia de .... al tomo ...., General .... de la sección ...., Folio ...., hoja ....

Acreditando lo anterior, se acompañan como DOCUMENTOS .... certificado del Registro Civil de ...., certificado de empadronamiento emitido en fecha .... por el Ayuntamiento de ...., certificación literal del Registro Mercantil de la provincia de .... correspondiente a Don..........., informe ....

SEGUNDO.– EL HECHO EN QUE SE FUNDA LA PRESENTE SOLICITUD.

De conformidad con lo establecido en el art. 13.1 TRLC, se hace constar que la presente solicitud se funda en el sobreseimiento generalizado en el pago corriente de las obligaciones de los deudores aquí demandados (art. 2.4.4° TRLC).

TERCERO.– DE LA DEUDA CONTRAÍDA POR Don........... y DOÑA .... CON MI MANDANTE.

I. Mi mandante, es una sociedad que desde hace más de treinta años, se dedica a la actividad de .... Como consecuencia del suministro de determinadas partidas de ...., Don........... contrajo con mi poderdante una deuda por importe total y conjunto (IVA incluido) de ....euros, con el siguiente desglose:

A) El .... día de .... de ...., le vendió .... del citado producto, por un precio total de ....euros (IVA incluido).

B) El .... día de .... de ...., le vendió .... del citado producto, por un precio total de ....euros (IVA incluido).

C) Y el .... día de .... de ...., le vendió .... del citado producto, por un precio total de ....euros (IVA incluido).

La entrega del producto adquirido por Don..........., debía realizarse en su domicilio, sito en ...., calle ...., núm. ...., antes del día .... de .... de .... El precio de compraventa y sus impuestos debían ser pagados por la compradora, en el plazo de cuarenta y cinco (45) días desde la entrega del producto, mediante transferencia a la cuenta bancaria de la que es titular mi mandante en el banco ...., cuenta número ....

Acreditando lo anterior, se acompañan como DOCUMENTOS ...., los pedidos formulados por el demandado Don...........; faxes de fecha .... de .... de ...., ... de .... de ...., ... de .... de y .... de .... de ...., remitidos por mi mandante a ...., aceptando los citados pedidos; y las facturas emitidas como consecuencia de las citadas ventas.

Cumpliendo lo pactado, mi mandante entregó a Don........... el referido producto adquirido por esta última, en las instalaciones arriba reseñadas y dentro del plazo pactado, concretamente, el día ....de ....de ...., en el supuesto de la letra A; el día .... de .... de ...., en el supuesto de la letra B; y el día .... de .... de ...., en el supuesto de la letra C.

Acreditando lo anterior, se acompañan como DOCUMENTOS..........., certificado de la empresa de transportes ...., que realizó el transporte y entrega de los productos a Don........... del que resultan las anteriores circunstancias, así como los albaranes de entrega del citado producto en el domicilio de la parte demandada, Don........... Como puede leerse en los citados albaranes, el receptor de la mercancía, expresamente y de su puño y letra, hace constar que recibe el producto en perfectas condiciones, y a plena conformidad y satisfacción suya.

Pese a que mi mandante había cumplido con su obligación de entrega, venció el plazo fijado por las partes para el pago del precio del producto transmitido por mi mandante a Don..........., sin que tal pago se verificase.

Por lo tanto, la deuda contraída por Don........... con mi mandante es una deuda vencida, líquida y exigible.

II. Por otro lado, Doña .... adeuda a mi principal la suma de ....euros en concepto de préstamo formalizado en escritura otorgada ante el notario de Don..........., el día .... Las condiciones de dicho préstamo eran las siguientes:

Principal: ....

Interés: ....

Vencimiento: ....

Llegado el vencimiento del citado préstamo, el mismo fue impagado por Doña .... que adeuda a mi poderdante la suma de ....euros, en concepto de principal, y ....euros en concepto de .... intereses. En total, la suma de .... euros, deuda esta vencida, líquida y exigible.

Así se acredita con los DOCUMENTOS ....

CUARTO.– DE LA SITUACIÓN DE Don........... Y DOÑA ....

Ante esta situación, y tras diversas averiguaciones, esta parte ha tenido conocimiento, tal y como se acredita con los DOCUMENTOS ....:

A) Que el citado matrimonio no ha atendido los recibos de la luz, agua y teléfono desde hace más de .... meses.

B) Se adeuda a los trabajadores de la empresa de Don........... las mensualidades de .... a .... (ambos inclusive), hallándose los mismos en situación de huelga.

C) El alquiler de la oficina de Don........... está sin pagar desde el pasado mes de .... Esto es, se adeudan las rentas correspondientes a los meses de .... a .... (ambos inclusive). También han dejado de atenderse desde hace .... meses las facturas de proveedores.

D) Tampoco se han atendido los últimos .... recibos del leasing con que se adquirió y financió la maquinaria y vehículos de la empresa.

E) Existen .... incidencias de embargos y ejecuciones en el RAI y en ...., tanto de Don..........., como de Doña .... Concretamente: ....

F) Por Doña .... y Don........... se ha dejado de atender el préstamo hipotecario que grava el inmueble que constituye la vivienda habitual de la pareja.

G) Se siguen contra los demandados los siguientes procedimientos: ....

QUINTO.– La presente solicitud de concurso necesario conjunto de Don........... y Doña .... debe de ser estimada por el Juzgador al darse el presupuesto objetivo de insolvencia y quedar fundada la misma en el sobreseimiento generalizado en el pago corriente de las obligaciones del deudor.

Por otro lado, procede solicitar el concurso conjunto necesario de Don........... y Doña ...., dada su condición de deudores de mi principal, y ser cónyuges.

A los relatados hechos aduzco los siguientes

FUNDAMENTOS DE DERECHO

I. De conformidad con lo previsto en el art. 44 TRLC, son competentes para conocer de esta solicitud de concurso los Juzgados de lo Mercantil.

Desde un punto de vista territorial, y conforme al art. 46.1 TRLC, son competentes los Juzgados de lo Mercantil de ....

II. Esta solicitud de concurso se sustanciará por los trámites establecidos en el art. 15, ss. y concordantes TRLC.

III. Mi mandante, en su condición de acreedor, está legitimado para solicitar la declaración de concurso necesario de Don........... y Doña .... al amparo de lo dispuesto en el art. 25.2 TRLC.

IV. Se dan en este caso los presupuestos subjetivo y objetivo requeridos para la declaración del concurso. En el primer caso, a la vista de la condición de Don........... y Doña .... de deudor persona natural como señala el art. 1.1 TRLC. También se da el presupuesto objetivo de la insolvencia, y quedar fundada la presente demanda en el sobreseimiento generalizado en el pago corriente de las obligaciones del deudor (art. 2.4.4° TRLC).

Procede la declaración conjunta del concurso de Don........... y Doña .... a la vista de lo dispuesto en el art. 39 TRLC, su condición de deudores de mi mandante y ser cónyuges. El concurso se tramitará de forma coordinada y sin consolidación de masas. (art. 42 TRLC).

V. Los efectos del concurso serán los previstos en los arts. 106 y ss. TRLC.

En virtud de lo expuesto,

SUPLICO AL JUZGADO que tenga por presentado este escrito, junto a los documentos a él unidos y sus copias, se sirva admitirlo y tener por promovido en nombre y representación de mi mandante, ... S.A., SOLICITUD DE CONCURSO NECESARIO CONJUNTO de los cónyuges Don........... y Doña ...., y se sirva dictar auto admitiéndola a trámite y ordenando el emplazamiento de los deudores Don........... y Doña .... conforme a lo previsto en el art. 16 TRLC con traslado de la solicitud para que comparezca en el plazo de cinco días, dentro de los cuales se le pondrán de manifiesto los autos y podrá formular oposición a la solicitud, proponiendo los medios de prueba de los que intente valerse, así como ordenando la formación de la sección primera conforme a lo dispuesto en el art. 14.3 TRLC, y previos los oportunos trámites legales, incluida, en su caso, la admisión y practica de las pruebas solicitadas por esta parte y la celebración de la oportuna vista, dicte auto por el que, estimando la presente solicitud:

PRIMERO.– Se declare conjuntamente el concurso necesario de Don........... y Doña ....

SEGUNDO.– Se acuerde la sustanciación del correspondiente procedimiento, con la formación de las secciones correspondientes.

TERCERO.– Se designe la correspondiente administración concursal.

CUARTO.– Se acuerde el régimen de suspensión de las facultades patrimoniales de los deudores.

QUINTO.– Se requiera a los deudores para que presenten, en el plazo de diez días desde la notificación del auto, los documentos enumerados en el art. 7 y 8 TRLC

SEXTO.– Se imponga las costas a Don........... y Doña ...., que tendrán la consideración de crédito contra la masa.

SÉPTIMO.– Se acuerde cuanto proceda demás sea procedente en derecho para la sustanciación del procedimiento hasta su conclusión.

Es Justicia que suplico en ...., a .... de .... de ....

OTROSÍ DIGO Tal y como ordena el art. 13.3 TRLC, esta parte manifiesta los medios de prueba de los que pretende valerse a efectos de acreditar los hechos en que se funda la presente solicitud:

I. Interrogatorio de los deudores.

II. Testifical, consistente en que se examine a los siguientes testigos: ....

III. Documental: Para que se tengan por incorporados a las presentes actuaciones los documentos acompañados al presente escrito de solicitud de concurso necesario.

IV. Más documental: ....

V. Pericial: ....

En su virtud,

SUPLICO AL JUZGADO que tenga por hechas las anteriores manifestaciones a los efectos oportunos, se sirva admitirlas y tener por manifestados los medios de prueba de los que pretende valerse esta parte, acordando en el momento procesal oportuno cuanto proceda en orden a su admisión y practica.

Lo que se suplica en el lugar y fecha reseñados "ut supra".

OTROSÍ DIGO Que procede dar a la declaración de concurso la oportuna publicidad, incluida la registral, en los términos y con el alcance establecidos en los arts. 35 a 37 TRLC y sin perjuicio de cualesquiera otra publicidad complementaria que, en medios oficiales o privados, estime oportuna este Juzgado al que nos dirigimos.

En su virtud,

SUPLICO AL JUZGADO que tenga por hechas las anteriores manifestaciones a los efectos oportunos, se sirva admitirlas y acordar en el auto declarando el concurso las publicaciones, inscripciones y anotaciones previstas en los arts. 35 a 37 TRLC, y, previos los oportunos trámites legales, se sirva llevar a cabo las mismas, por medios electrónicos o telemáticos y, si esto no fuera posible, librando los oportunos mandamientos y oficios que serán confiados al Procurador que esto suscribe para su oportuno curso y gestión.

Lo que se suplica en el lugar y fecha reseñados "ut supra".

OTROSÍ DIGO: Que en el auto en que se acuerde la declaración de concurso y entre otros pronunciamientos, procede el llamamiento de los acreedores para que pongan en conocimiento de la administración concursal la existencia de sus créditos, en el plazo legalmente establecido a contar desde el día siguiente a la publicación del auto declarando el concurso en el BOE.

En su virtud,

SUPLICO AL JUZGADO que tenga por hechas las anteriores manifestaciones a los efectos oportunos, se sirva admitirlas y acordar en el auto declarando el concurso, el llamamiento de los acreedores a los efectos antes reseñados.

Lo que se suplica en el lugar y fecha reseñados "ut supra".

F111. SOLICITUD DE CONCURSO NECESARIO CONJUNTO EX ART. 40 TRLC. PAREJA DE HECHO

Normativa de aplicación: *Arts. 13 y ss.; art. 40 Real Decreto Legislativo 1/2020, de 5 de mayo, por el que se aprueba el texto refundido de la Ley Concursal.*

AL JUZGADO DE LO MERCANTIL DE...........

..........., Procurador de los Tribunales (núm. .... de colegiado) y de .... S.L., con domicilio en ...., calle ...., núm. .... y CIF ...., cuya representación acredito mediante la escritura original de poder de representación que se acompaña a este escrito, ante este Juzgado comparezco bajo la dirección letrada de Don..........., abogado del Ilustre Colegio de .... (núm. .... de colegiado), y como mejor proceda en Derecho DIGO:

Que por medio del presente escrito y en la representación que ostento formulo SOLICITUD DE CONCURSO NECESARIO CONJUNTO de Don........... y Doña .... con domicilio ambos en ...., calle ...., núm. .... y DNI/NIF........... y ...., respectivamente, solicitud que se funda en los HECHOS y FUNDAMENTOS DE DERECHO que a continuación se exponen.

HECHOS

PRIMERO.– DE LAS PERSONAS CUYO CONCURSO NECESARIO AQUÍ SE INSTA.

Don..........., nació el día .... de .... de ...., en la ciudad de .... Esto es, en la actualidad tiene .... años. Es vecino de ...., teniendo fijado su domicilio en la calle ...., núm. .... de dicha localidad. Dotado de DNI/NIF núm. ....

Don........... es pareja de hecho de Doña ...., mayor de edad, de nacionalidad española, ... de profesión en la actualidad, nacida el día de .... de .... en ...., con idéntico domicilio que el de Don........... y DNI/NIF .... Los Sres. .... no tienen hijos.

Don..........., como empresario individual, ejerce la actividad de comercio de ...., hallándose su domicilio empresarial en ...., calle .... En dicho lugar se halla el centro de intereses principales. Está inscrito en el Registro Mercantil de la provincia de .... al tomo ...., General .... de la sección ...., Folio ...., hoja ....

Los Sres. ...., como se acaba de señalar, son pareja de hecho inscrita en el Registro de Uniones de hecho de .... desde hace más de .... años, conviviendo ininterrumpidamente desde tal fecha. Y no cabe la más mínima duda de su inequívoca voluntad, como pareja de hecho, de formar un patrimonio común pues así resulta de ....

Acreditando lo anterior, se acompañan como DOCUMENTOS ....

SEGUNDO.– EL HECHO EN QUE SE FUNDA LA PRESENTE SOLICITUD.

De conformidad con lo establecido en el art. 13.1 TRLC, se hace constar que la presente solicitud se funda en el sobreseimiento generalizado en el pago corriente de las obligaciones de los deudores aquí demandados (art. 2.4.4° TRLC).

TERCERO.– DE LA DEUDA CONTRAÍDA POR Don........... y DOÑA .... CON MI MANDANTE.

I. Mi mandante, es una sociedad que, desde hace más de treinta años, se dedica a la actividad de .... Como consecuencia del suministro de determinadas partidas de ...., Don........... contrajo con mi poderdante una deuda por importe total y conjunto (IVA incluido) de ....euros, con el siguiente desglose:

A) El .... día de .... de ...., le vendió .... del citado producto, por un precio total de ....euros (IVA incluido).

B) El .... día de .... de ...., le vendió .... del citado producto, por un precio total de ....euros (IVA incluido).

C) Y el .... día de .... de ...., le vendió .... del citado producto, por un precio total de ....euros (IVA incluido).

La entrega del producto adquirido por Don..........., debía realizarse en su domicilio, sito en ...., calle ...., núm. ...., antes del día .... de .... de .... El precio de compraventa y sus impuestos, debían ser pagados por la compradora, en el plazo de cuarenta y cinco (45) días desde la entrega del producto, mediante transferencia a la cuenta bancaria de la que es titular mi mandante en el banco ...., cuenta número ....

Acreditando lo anterior, se acompañan como DOCUMENTOS ...., los pedidos formulados por Don...........; faxes de fecha .... de .... de ...., ... de .... de ...., ... de .... de y .... de .... de ...., remitidos por mi mandante a ...., aceptando los citados pedidos; y las facturas emitidas como consecuencia de las citadas ventas.

Cumpliendo lo pactado, mi mandante entregó a Don........... el referido producto adquirido por esta última, en las instalaciones arriba reseñadas y dentro del plazo pactado, concretamente, el día .... de .... de ...., en el supuesto de la letra A; el día .... de .... de ...., en el supuesto de la letra B; y el día .... de .... de ...., en el supuesto de la letra C.

Acreditando lo anterior, se acompañan como DOCUMENTOS ...., certificado de la empresa de transportes ...., que realizó el transporte y entrega de los productos a Don........... del que resultan las anteriores circunstancias, así como los albaranes de entrega del citado producto en el domicilio de la demandada, Don........... Como puede leerse en los citados albaranes, el receptor de la mercancía, expresamente y de su puño y letra, hace constar que recibe el producto en perfectas condiciones, y a plena conformidad y satisfacción suya.

Pese a que mi mandante había cumplido con su obligación de entrega, venció el plazo fijado por las partes para el pago del precio del producto transmitido por mi mandante a Don..........., sin que tal pago se verificase.

Por lo tanto, la deuda contraída por .... con mi mandante es una deuda vencida, líquida y exigible.

II. Por otro lado, Doña .... adeuda a mi principal la suma de ....euros en concepto de préstamo formalizado en escritura otorgada ante el notario de Don..........., el día .... Las condiciones de dicho préstamo eran las siguientes:

Principal: ....

Interés: ....

Vencimiento: ....

Llegado el vencimiento del citado préstamo, el mismo fue impagado por Doña .... que adeuda a mi poderdante la suma de ....euros, en concepto de principal, y ....euros en concepto de .... intereses. En total, la suma de .... euros, deuda esta vencida, líquida y exigible.

Así se acredita con los DOCUMENTOS ....

CUARTO.– DE LA SITUACIÓN ECONÓMICA DE Don........... Y DOÑA ....

Ante esta situación, y tras diversas averiguaciones, esta parte ha tenido conocimiento, tal y como se acredita con los DOCUMENTOS ....:

A) Que la citada pareja no ha atendido los recibos de la luz, agua y teléfono desde hace más de .... meses.

B) Se adeuda a los trabajadores de la empresa de Don........... las mensualidades de .... a .... (ambos inclusive), hallándose los mismos en situación de huelga.

C) El alquiler de la oficina de Don........... está sin pagar desde el pasado mes de .... Esto es, se adeudan las rentas correspondientes a los meses de .... a .... (ambos inclusive). También han dejado de atenderse desde hace .... meses las facturas de proveedores.

D) Tampoco se han atendido los últimos .... recibos del leasing con que se adquirió y financió la maquinaria y vehículos de la empresa.

E) Existen .... incidencias de embargos y ejecuciones en el RAI y en ...., tanto de Don..........., como de Doña .... Concretamente: ....

F) Por Doña .... y Don........... se ha dejado de atender el préstamo hipotecario que grava el inmueble que constituye la vivienda habitual de la pareja.

G) Se siguen contra los demandados los siguientes procedimientos: ....

QUINTO.– La presente solicitud de concurso necesario conjunto de Don........... y Doña .... debe de ser estimada por el Juzgador al darse el presupuesto objetivo de insolvencia y quedar fundada la misma en el sobreseimiento generalizado en el pago corriente de las obligaciones del deudor.

Por otro lado, procede solicitar el concurso conjunto necesario de Don........... y Doña ...., dada su condición de deudores de mi principal, y ser pareja de hecho, apreciándose la existencia de pactos tácitos de los que deriva la inequívoca voluntad de los convivientes de formar un patrimonio común.

A los relatados hechos aduzco los siguientes

FUNDAMENTOS DE DERECHO

I. De conformidad con lo previsto en el art. 44 TRLC, son competentes para conocer de esta solicitud de concurso los Juzgados de lo Mercantil.

Desde un punto de vista territorial, y conforme al art. 46.1 TRLC, son competentes los Juzgados de lo Mercantil de ....

II. Esta solicitud de concurso se sustanciara por los trámites establecidos en el art. 14.2.2° TRLC, ss. y concordantes TRLC.

III. Mi mandante, en su condición de acreedor, está legitimado para solicitar la declaración de concurso necesario de Don........... y Doña .... al amparo de lo dispuesto en el art. 40 TRLC.

IV. Se dan en este caso los presupuestos subjetivo y objetivo requeridos para la declaración del concurso. En el primer caso, a la vista de la condición de Don........... y Doña .... de deudor persona natural como señala el art. 1.1 TRLC. También se da el presupuesto objetivo de la insolvencia, y quedar fundada la presente demanda en el sobreseimiento generalizado en el pago corriente de las obligaciones del deudor (art. 2.4.4°TRLC).

Procede la declaración conjunta del concurso de Don........... y Doña .... a la vista de lo dispuesto en el art. 40 TRLC, su condición de deudores de mi mandante y ser pareja de hecho inscrita con una inequívoca voluntad de formar un patrimonio común.

V. Los efectos del concurso serán los previstos en los arts. 106 y ss. TRLC.

En virtud de lo expuesto,

SUPLICO AL JUZGADO que tenga por presentado este escrito, junto a los documentos a él unidos y sus copias, se sirva admitirlo y tener por promovido en nombre y representación de mi mandante, ... S.A., SOLICITUD DE CONCURSO NECESARIO CONJUNTO de Don........... y Doña ...., y se sirva dictar auto admitiéndola a trámite y ordenando el emplazamiento de los citados deudores conforme a lo previsto en el art. 16 TRLC con traslado de la solicitud para que comparezca en el plazo de cinco días, dentro de los cuales se le pondrán de manifiesto los autos y podrá formular oposición a la solicitud, proponiendo los medios de prueba de los que intente valerse, así como ordenando la formación de la sección primera conforme a lo dispuesto en el art. 14.3 TRLC, y previos los oportunos trámites legales, incluida, en su caso, la admisión y practica de las pruebas solicitadas por esta parte y la celebración de la oportuna vista, dicte auto por el que, estimando la presente solicitud:

PRIMERO.– Se declare conjuntamente el concurso necesario de Don........... y Doña ....

SEGUNDO.– Se acuerde la sustanciación del correspondiente procedimiento, con la formación de las secciones correspondientes.

TERCERO.– Se designe la correspondiente administración concursal.

CUARTO.– Se acuerde el régimen de suspensión de las facultades patrimoniales de los deudores.

QUINTO.– Se requiera a los deudores para que presenten, en el plazo de diez días desde la notificación del auto, los documentos enumerados en los arts. 7 y 8 TRLC

SEXTO.– Se imponga las costas a Don........... y Doña ...., que tendrán la consideración de crédito contra la masa.

SÉPTIMO.– Se acuerde cuanto proceda demás sea procedente en derecho para la sustanciación del procedimiento hasta su conclusión.

Es Justicia que suplico en ...., a .... de .... de ....

OTROSÍ DIGO Tal y como ordena el art. 13.3 TRLC, esta parte manifiesta los medios de prueba de los que pretende valerse a efectos de acreditar los hechos en que se funda la presente solicitud:

I. Interrogatorio de los deudores.

II. Testifical, consistente en que se examine a los siguientes testigos: ....

III. Documental: Para que se tengan por incorporados a las presentes actuaciones los documentos acompañados al presente escrito de solicitud de concurso necesario.

IV. Más documental: ....

V. Pericial: ....

En su virtud,

SUPLICO AL JUZGADO que tenga por hechas las anteriores manifestaciones a los efectos oportunos, se sirva admitirlas y tener por manifestados los medios de prueba de los que pretende valerse esta parte, acordando en el momento procesal oportuno cuanto proceda en orden a su admisión y practica.

Lo que se suplica en el lugar y fecha reseñados "ut supra".

OTROSÍ DIGO Que procede dar a la declaración de concurso la oportuna publicidad, incluida la registral, en los términos y con el alcance establecidos en los arts. 35 a 37 TRLC y sin perjuicio de cualesquiera otra publicidad complementaria que, en medios oficiales o privados, estime oportuna este Juzgado al que nos dirigimos.

En su virtud,

SUPLICO AL JUZGADO que tenga por hechas las anteriores manifestaciones a los efectos oportunos, se sirva admitirlas y acordar en el auto declarando el concurso las publicaciones, inscripciones y anotaciones previstas en los arts. 35 a 37 TRLC, y, previos los oportunos trámites legales, se sirva llevar a cabo las mismas, por medios electrónicos o telemáticos y, si esto no fuera posible, librando los oportunos mandamientos y oficios que serán confiados al Procurador que esto suscribe para su oportuno curso y gestión.

Lo que se suplica en el lugar y fecha reseñados "ut supra".

OTROSÍ DIGO: Que en el auto en que se acuerde la declaración de concurso y entre otros pronunciamientos, procede el llamamiento de los acreedores para que pongan en conocimiento de la administración concursal la existencia de sus créditos, en el plazo legalmente establecido a contar desde el día siguiente a la publicación del auto declarando el concurso en el BOE.

En su virtud,

SUPLICO AL JUZGADO que tenga por hechas las anteriores manifestaciones a los efectos oportunos, se sirva admitirlas y acordar en el auto declarando el concurso, el llamamiento de los acreedores a los efectos antes reseñados.

Lo que se suplica en el lugar y fecha reseñados "ut supra".

F112. SOLICITUD DE CONCURSO NECESARIO DE HERENCIA NO ACEPTADA PURA Y SIMPLEMENTE

Normativa de aplicación: *Arts. 13 y ss. Real Decreto Legislativo 1/2020, de 5 de mayo, por el que se aprueba el texto refundido de la Ley Concursal.*

AL JUZGADO DE LO MERCANTIL DE...........

..........., Procurador de los Tribunales (núm. .... de colegiado) y de .... S.L., con domicilio en ...., calle ...., núm. .... y CIF ...., cuya representación acredito mediante la escritura original de poder de representación que se acompaña a este escrito, ante este Juzgado comparezco bajo la dirección letrada de Don..........., abogado del Ilustre Colegio de .... (núm. .... de colegiado), y como mejor proceda en Derecho DIGO:

Que por medio del presente escrito y en la representación que ostento formulo SOLICITUD DE CONCURSO NECESARIO de la herencia de Don..........., solicitud que se funda en los HECHOS y FUNDAMENTOS DE DERECHO que a continuación se exponen.

HECHOS

PRIMERO.– DE LA DEUDA CONTRAÍDA EN SU DÍA POR EL DIFUNTO DON .... CON MI MANDANTE.

Mi mandante, es una sociedad que, desde hace más de treinta años, se dedica a la actividad de .... Como consecuencia del suministro de determinadas partidas de

..........., Don........... contrajo con mi poderdante una deuda por importe total y conjunto (IVA incluido) de ....euros, con el siguiente desglose:

A) El .... día de .... de ...., le vendió .... del citado producto, por un precio total de ....euros (IVA incluido).

B) El .... día de .... de ...., le vendió .... del citado producto, por un precio total de ....euros (IVA incluido).

C) Y el .... día de .... de ...., le vendió .... del citado producto, por un precio total de ....euros (IVA incluido).

La entrega del producto adquirido por Don..........., debía realizarse en su domicilio, sito en ...., calle ...., núm. ...., antes del día .... de .... de .... El precio de compraventa y sus impuestos, debían ser pagados por la compradora, en el plazo de cuarenta y cinco (45) días desde la entrega del producto, mediante transferencia a la cuenta bancaria de la que es titular mi mandante en el banco ...., cuenta número ....

Acreditando lo anterior, se acompañan como DOCUMENTOS ...., los pedidos formulados por el finado Don...........; faxes de fecha .... de .... de ...., ... de .... de ...., ... de .... de y .... de .... de ...., remitidos por mi mandante a ...., aceptando los citados pedidos; y las facturas emitidas como consecuencia de las citadas ventas.

Cumpliendo lo pactado, mi mandante entregó a Don........... el referido producto adquirido por esta última, en las instalaciones arriba reseñadas y dentro del plazo pactado, concretamente, el día .... de .... de ...., en el supuesto de la letra A; el día .... de .... de ...., en el supuesto de la letra B; y el día .... de .... de ...., en el supuesto de la letra C.

Acreditando lo anterior, se acompañan como DOCUMENTOS ...., certificado de la empresa de transportes ...., que realizó el transporte y entrega de los productos a Don........... del que resultan las anteriores circunstancias, así como los albaranes de entrega del citado producto en el domicilio de la demandada, Don........... Como puede leerse en los citados albaranes, el receptor de la mercancía, expresamente y de su puño y letra, hace constar que recibe el producto en perfectas condiciones, y a plena conformidad y satisfacción suya.

Pese a que mi mandante había cumplido con su obligación de entrega, venció el plazo fijado por las partes para el pago del precio del producto transmitido por mi mandante a Don..........., sin que tal pago se verificase.

Por lo tanto, la deuda contraída por .... con mi mandante es una deuda vencida, líquida y exigible.

SEGUNDO.– DE LA HERENCIA CUYO CONCURSO NECESARIO AQUÍ SE INSTA.

Don..........., falleció el día .... de .... de ...., en la ciudad de .... Esto es, a los .... años.

Al tiempo del citado fallecimiento era vecino de ...., y tenía su domicilio en la calle ...., núm. .... de dicha localidad. Dotado de DNI/NIF núm. ....

Según resulta del Registro Civil, sus herederos son sus hijos .... y ...., con domicilio en .... y ...., y DNI/NIF ...., a quienes mi mandante, mediante acta notarial de fecha ...., otorgada ante el Notario de ...., reclamo el pago de la citada deuda.

Dicho requerimiento no fue atendido por los Sres. ...., quienes no contestaron el requerimiento, sin que conste acto alguno, expreso o tácito, de aceptación de la herencia pura y simplemente por sus herederos.

ALTERNATIVA: Por los requeridos, se manifestó que mediante escritura notarial de fecha ...., y de manera expresa, repudiaron (o aceptaron a beneficio de inventario) la herencia de su difunto padre.

Acreditando lo anterior, se acompañan como DOCUMENTOS .... la oportuna certificación del Registro Civil de ...., así como el acta notarial arriba referenciada y ....

TERCERO.– EL HECHO EN QUE SE FUNDA LA PRESENTE SOLICITUD.

De conformidad con lo establecido en el art. 13.1 TRLC, se hace constar que la presente solicitud se funda en el sobreseimiento generalizado en el pago corriente de las obligaciones (art. 2.4.4° TRLC).

CUARTO.– DE LA SITUACIÓN ECONÓMICA DE Don........... AL TIEMPO DE SU FALLECIMIENTO.

Ante esta situación, y tras diversas averiguaciones, esta parte ha tenido conocimiento, tal y como se acredita con los DOCUMENTOS ...., que al tiempo de fallecimiento de Don...........:

A) Dejo impagados los recibos de la luz, agua y teléfono de su vivienda correspondientes a los últimos .... meses.

B) Adeudaba a los trabajadores de la empresa de Don........... las mensualidades de .... a .... (ambos inclusive), hallándose los mismos en situación de huelga en el momento en que falleció el Sr. ....

C) El alquiler de la oficina de Don........... estaba sin pagar desde el mes de .... Esto es, se adeudaban las rentas correspondientes a los meses de .... a .... (ambos inclusive). También habían dejado de atenderse desde hacía .... meses las facturas de proveedores.

D) Existían .... incidencias de embargos y ejecuciones en el RAI y en .... Concretamente: ....

F) Por Don........... se había dejado de atender el préstamo hipotecario que grava el inmueble que constituía su vivienda habitual.

G) Se seguían contra el finado los siguientes procedimientos: ....

QUINTO.– La presente solicitud de concurso necesario conjunto de la herencia de Don………… debe de ser estimada por el Juzgador al darse el presupuesto objetivo de insolvencia y quedar fundada la misma en el sobreseimiento generalizado en el pago corriente de las obligaciones del deudor.

A los relatados hechos aduzco los siguientes

FUNDAMENTOS DE DERECHO

I. De conformidad con lo previsto en el art. 44 TRLC, son competentes para conocer de esta solicitud de concurso los Juzgados de lo Mercantil.

Desde un punto de vista territorial, y conforme al art. 45 TRLC, son competentes los Juzgados de lo Mercantil de …………

II. Esta solicitud de concurso se sustanciara por los trámites establecidos en el art. 14.2.2º, ss. y concordantes TRLC.

III. Mi mandante, en su condición de acreedor, está legitimado para solicitar la declaración de concurso necesario de la herencia de Don………… al amparo de lo dispuesto en el art. 568.1 TRLC.

IV. Se dan en este caso los presupuestos subjetivo y objetivo requeridos para la declaración del concurso. En el primer caso, a la vista que la herencia de Don………… no ha sido aceptada pura y simplemente. También se da el presupuesto objetivo de la insolvencia, y quedar fundada la presente demanda en el sobreseimiento generalizado en el pago corriente de las obligaciones del deudor (art. 2.4.4º TRLC).

V. El concurso de la herencia yacente tendrá consideración de necesario cuando la primera de las solicitudes la presente el acreedor (art. 569.1 TRLC).

En virtud de lo expuesto,

SUPLICO AL JUZGADO que tenga por presentado este escrito, junto a los documentos a él unidos y sus copias, se sirva admitirlo y tener por promovido en nombre y representación de mi mandante, ………… S.A., SOLICITUD DE CONCURSO NECESARIO de la herencia de Don………… y previos los oportunos trámites, dicte auto por el que, estimando la presente solicitud:

PRIMERO.– Se declare el concurso de la herencia de Don…………

SEGUNDO.– Se acuerde la sustanciación del correspondiente procedimiento, con la formación de las secciones correspondientes.

TERCERO.– Se designe la correspondiente administración concursal.

CUARTO.– Se acuerde el llamamiento de los herederos de Don………… a los efectos del art. 1005 CC y cuanto demás sea procedente en derecho para la sustanciación del procedimiento hasta su conclusión.

Es Justicia que suplico en …………, a ………… de ………… de …………

OTROSÍ DIGO Tal y como ordena el art. 13.1 TRLC, esta parte manifiesta los medios de prueba de los que pretende valerse a efectos de acreditar los hechos en que se funda la presente solicitud:

I. Interrogatorio de los deudores.

II. Testifical, consistente en que se examine a los siguientes testigos: ....

III. Documental: Para que se tengan por incorporados a las presentes actuaciones los documentos acompañados al presente escrito de solicitud de concurso necesario.

IV. Más documental: ....

V. Pericial: ....

En su virtud,

SUPLICO AL JUZGADO que tenga por hechas las anteriores manifestaciones a los efectos oportunos, se sirva admitirlas y tener por manifestados los medios de prueba de los que pretende valerse esta parte, acordando en el momento procesal oportuno cuanto proceda en orden a su admisión y practica.

Lo que se suplica en el lugar y fecha reseñados "ut supra".

OTROSÍ DIGO Que procede dar a la declaración de concurso la oportuna publicidad, incluida la registral, en los términos y con el alcance establecidos en los arts. 35 a 37 TRLC y sin perjuicio de cualesquiera otra publicidad complementaria que, en medios oficiales o privados, estime oportuna este Juzgado al que nos dirigimos.

En su virtud,

SUPLICO AL JUZGADO que tenga por hechas las anteriores manifestaciones a los efectos oportunos, se sirva admitirlas y acordar en el auto declarando el concurso las publicaciones, inscripciones y anotaciones previstas en los arts. 35 a 37 TRLC, y, previos los oportunos trámites legales, se sirva llevar a cabo las mismas, por medios telemáticos y, si esto no fuera posible, librando los oportunos mandamientos y oficios que serán confiados al Procurador que esto suscribe para su oportuno curso y gestión.

Lo que se suplica en el lugar y fecha reseñados "ut supra".

OTROSÍ DIGO: Que en el auto en que se acuerde la declaración de concurso y entre otros pronunciamientos, procede el llamamiento de los acreedores para que pongan en conocimiento de la administración concursal la existencia de sus créditos, en el plazo legalmente establecido a contar desde el día siguiente a la publicación del auto declarando el concurso en el BOE.

En su virtud,

SUPLICO AL JUZGADO que tenga por hechas las anteriores manifestaciones a los efectos oportunos, se sirva admitirlas y acordar en el auto declarando el concurso, el llamamiento de los acreedores a los efectos antes reseñados.

Lo que se suplica en el lugar y fecha reseñados "ut supra".

F113. SOLICITUD DE CONCURSO NECESARIO FUNDADA EN TÍTULO POR EL QUE SE HAYA DESPACHADO EJECUCIÓN SIN QUE DEL EMBARGO RESULTEN BIENES LIBRES BASTANTES PARA EL PAGO Y, EN CUALQUIER CASO, EN UN SOBRESEIMIENTO GENERALIZADO EN EL PAGO CORRIENTE DE LAS OBLIGACIONES

Normativa de aplicación: *Arts. 13 y ss. Real Decreto Legislativo 1/2020, de 5 de mayo, por el que se aprueba el texto refundido de la Ley Concursal.*

AL JUZGADO DE LO MERCANTIL DE...........

..........., Procurador de los Tribunales (núm. .... de colegiado) y de la compañía .... S.L., con domicilio en ...., calle ...., núm. .... y CIF. CIF ...., cuya representación acredito mediante la escritura original de poder de representación que se acompaña a este escrito, ante este Juzgado comparezco bajo la dirección letrada de Don..........., abogado del Ilustre Colegio de .... (núm. .... de colegiado), y como mejor proceda en Derecho DIGO:

Que por medio del presente escrito y en la representación que ostento formulo SOLICITUD DE CONCURSO NECESARIO de la compañía .... S.L., con domicilio en ...., calle ...., núm. ....y CIF..........., solicitud que se funda en los HECHOS y FUNDAMENTOS DE DERECHO que a continuación se exponen.

HECHOS

PRIMERO.– DE LA SOCIEDAD CUYO CONCURSO NECESARIO AQUÍ SE INSTA.

La sociedad .... S.L., se constituyó el .... de .... de .... mediante escritura otorgada ante el notario de ...., Don........... (número de su protocolo ....).

Datos de Inscripción Registral: La sociedad está inscrita en el Registro Mercantil de la provincia de .... al tomo ...., General .... de la sección .... del Libro de sociedades, Folio ...., hoja ....

El domicilio social de la compañía se halla en ...., calle .... En dicho lugar se halla el centro de intereses principales de la deudora.

El objeto social de .... S.L., consiste en ....

Órgano de Administración: Desde su constitución, el órgano de administración de la compañía se halla conformado por un administrador único, ejerciendo en la actualidad y por tiempo indefinido tal cargo, Don..........., quien fue designado al efecto por acuerdo de la Junta General de la compañía celebrada el día .... de .... de ...., elevado a público mediante escritura autorizada por el notario de ...., Don..........., el día de .... de ....

Se desconoce si existen otros administradores, de hecho, o de derecho, de la sociedad distintos del mencionado Sr. .... Según resulta del Registro Mercantil de la provincia de ...., durante los dos años anteriores a la solicitud de concurso, el citado Don........... ha sido la única persona que ha ostentado y/o desempeñado la administración de la sociedad.

Acreditando lo anterior, se acompaña como DOCUMENTO........... certificación literal del Registro Mercantil de la provincia de .... correspondiente a la precitada sociedad.

SEGUNDO.– EL HECHO Y TÍTULO EN QUE SE FUNDA LA PRESENTE SOLICITUD.

La presente solicitud de concurso necesario se funda en la existencia de un título por el cual se ha despachado mandamiento de ejecución sin que del embargo hubieran resultado bienes libres conocidos bastantes para el pago (art. 2.4.2° TRLC). Concretamente, la sentencia dictada por el Juzgado de Primera Instancia núm. ...., de ...., en fecha .... y en el procedimiento ordinario núm. ...., seguido contra el demandado a instancias de mi poderdante.

En cualquier caso, también se fundamenta la presente solicitud en un sobreseimiento generalizado en el pago corriente de las obligaciones.

TERCERO.– DE LA DEUDA CONTRAÍDA POR .... S.L. CON MI MANDANTE.

Mi mandante, es una sociedad que, desde hace más de treinta años, se dedica a la actividad de .... Como consecuencia del suministro de determinadas partidas de ...., la sociedad .... S.L. contrajo con mi poderdante una deuda por importe total y conjunto (IVA incluido) de ....euros, con el siguiente desglose:

A) El .... día de .... de ...., le vendió .... del citado producto, por un precio total de ....euros (IVA incluido).

B) El .... día de .... de ...., le vendió .... del citado producto, por un precio total de ....euros (IVA incluido).

C) Y el .... día de .... de ...., le vendió .... del citado producto, por un precio total de ....euros (IVA incluido).

La entrega del producto adquirido por .... S.L., debía realizarse en su domicilio, sito en ...., calle ...., núm. ...., antes del día .... de .... de .... El precio de compraventa y sus impuestos debían ser pagados por la compradora, en el plazo de cuarenta y cinco (45) días desde la entrega del producto, mediante transferencia a la cuenta bancaria de la que es titular mi mandante en el banco ...., cuenta número ....

Acreditando lo anterior, se acompañan como DOCUMENTOS ...., los pedidos formulados por la demandada .... S.L.; faxes de fecha .... de .... de ...., ... de .... de ...., ... de .... de y .... de .... de ...., remitidos por mi mandante a .... S.L., aceptando los citados pedidos; y las facturas emitidas como consecuencia de las citadas ventas.

Cumpliendo lo pactado, mi mandante entregó a .... S.L. el referido producto adquirido por esta última, en las instalaciones arriba reseñadas y dentro del plazo pactado, concretamente, el día .... de .... de ...., en el supuesto de la letra A; el día .... de .... de ...., en el supuesto de la letra B; y el día .... de .... de ...., en el supuesto de la letra C.

Acreditando lo anterior, se acompañan como DOCUMENTOS ...., certificado de la empresa de transportes ...., que realizó el transporte y entrega de los productos a .... S.L., del que resultan las anteriores circunstancias, así como los albaranes de entrega del citado producto en el domicilio de la demandada, ... S.L. Como puede leerse en los citados albaranes, el receptor de la mercancía, expresamente y de su puño y letra, hace constar que recibe el producto en perfectas condiciones, y a plena conformidad y satisfacción suya.

Pese a que mi mandante había cumplido con su obligación de entrega, venció el plazo fijado por las partes para el pago del precio del producto transmitido por mi mandante a .... S.L., sin que tal pago se verificase.

Por lo tanto, la deuda contraída por .... S.L. con .... S.A. es una deuda vencida, líquida y exigible.

CUARTO.– DE LA RECLAMACIÓN JUDICIAL DE LA DEUDA CONTRAÍDA POR PARTE DE .... S.L. CON MI MANDANTE.

Como consecuencia de la situación creada, mi mandante instó judicialmente el pago de la citada deuda. De este modo, y ante el Juzgado de Primera Instancia núm. .... de .... se siguió el correspondiente juicio ordinario bajo el número de autos .... Sustanciado el citado procedimiento por todos sus trámites, en fecha .... de .... de ...., recayó sentencia por la que se condenaba a la sociedad .... S.L. a pagar a mi mandante la suma de ....euros, más sus correspondientes intereses legales. Igualmente, le fueron impuestas las costas procesales a la demandada. Dicha sentencia, que no fue recurrida por .... S.L. por lo que la misma devino firme, constituye, como se dijo arriba, el título en que esta parte funda la presente solicitud de concurso necesario.

Acreditando lo anterior se acompañan como DOCUMENTOS .... testimonio de la sentencia dictada por el Juzgado de Primera Instancia núm. .... de ...., en los citados autos ...., así como la providencia de fecha .... de .... de ...., dictada en las citadas actuaciones judiciales, de la que resulta la firmeza de la citada sentencia.

QUINTO.– DE LA EJECUCIÓN SEGUIDA CONTRA .... S.L.

En fecha .... de .... de ...., mi mandante instó la ejecución de la sentencia reseñada en el hecho precedente, ejecución que se sustancia ante el juzgado de Primera Instancia núm. .... de ...., autos .... En el citado procedimiento, y previa admisión de la demanda ejecutiva, se dictó auto de fecha .... de .... de ...., por el que se despachó ejecución contra .... S.L. ordenándose el embargo de bienes de la citada sociedad hasta cubrir ....euros de principal, ...euros de interés y costas.

Cursados lo oportunos mandamientos a los Registros de la Propiedad de .... y ...., el mismo fue infructuoso toda vez que .... Lo mismo sucedió con los requerimientos remitidos a las entidades de crédito, igualmente resultaron infructuosos toda pues ....

Por lo tanto, es claro que del citado embargo no resultan bienes libres conocidos bastantes para el pago de la deuda contraída con mi mandante.

Acreditando lo anterior, se acompaña como DOCUMENTOS .... testimonio de la citada demanda ejecutiva, el auto admitiéndola y ordenando el embargo de bienes de .... S.L., la diligencia de embargo, los mandamientos dirigidos a bancos, entidades, y Registros, las contestaciones a los mismos, así como certificaciones del Registro de la propiedad de .... y ...., Jefatura de Trafico de .... y del Registro de Bienes muebles.

SEXTO.– DEL SOBRESEIMIENTO GENERALIZADO POR .... S.L. DEL PAGO CORRIENTE DE SUS OBLIGACIONES.

Junto a lo anterior, mi mandate ha tenido conocimiento que el deudor este sobreseyendo de manera generalizada el pago corriente de sus obligaciones. Así:

De tal forma:

A) Que la citada sociedad no ha atendido los recibos de la luz, agua y teléfono desde hace más de .... meses.

B) Se adeuda a los trabajadores de la empresa las mensualidades de .... a .... (ambos inclusive), hallándose los mismos en situación de huelga.

C) El alquiler de la oficina está sin pagar desde el pasado mes de .... Esto es, se adeudan las rentas correspondientes a los meses de .... a .... (ambos inclusive). También han dejado de atenderse desde hace .... meses las facturas de proveedores.

D) Tampoco se han atendido los últimos .... recibos del leasing con que se adquirió y financió la maquinaria y vehículos de las empresas.

E) Existen .... incidencias de embargos y ejecuciones en el RAI y en ....

F) Se siguen contra las demandadas los siguientes procedimientos: ....

Todo lo cual se acredita con los DOCUMENTOS .... A ....

SÉPTIMO.– La presente solicitud de concurso necesario debe de ser estimada por el Juzgador al darse el presupuesto objetivo de insolvencia y:

A) Quedar fundada en título por el que se haya despachado mandamiento de ejecución o apremio sin que del embargo resulten bienes libres conocidos bastantes para el pago (art. 2.4.2° TRLC), y en cualquier caso, en el sobreseimiento generalizado en el pago corriente de las obligaciones (art. 2.4.4° TRLC).

B) Ostentar mi mandante, la condición de acreedor titular de un crédito, a fecha de hoy, por importe de ....euros, cuyo origen, importe y demás circunstancias reseñadas *por el art. 13.1 TRLC* constan en los anteriores hechos.

A los relatados hechos aduzco los siguientes

FUNDAMENTOS DE DERECHO

I. De conformidad con lo previsto en el art. 44 TRLC, son competentes para conocer de esta solicitud de concurso los Juzgados de lo Mercantil.

Desde un punto de vista territorial, y conforme al art. 45 TRLC, son competentes los Juzgados de lo Mercantil de ....

II. Esta solicitud de concurso se sustanciará por los trámites establecidos en el art. 14, ss. y concordantes TRLC.

III. Mi mandante, en su condición de acreedor, está legitimado para solicitar la declaración de concurso necesario de .... S.L. al amparo de lo dispuesto en el art. 3.1 TRLC.

IV. Se dan en este caso los presupuestos subjetivo y objetivo requeridos para la declaración del concurso. En el primer caso, a la vista de la condición de .... S.L. de deudor persona jurídica como señala el art. 1.1 TRLC. En el segundo, a la vista de la situación de insolvencia de .... S.L. fundada en título por el cual se ha despachado mandamiento de ejecución o apremio sin que del embargo hubieren resultado bienes libres conocidos bastantes para el pago (art. 2.4.2° TRLC) y, en cualquier caso, en el sobreseimiento generalizado en el pago corriente de las obligaciones (art. 2.4.4° TRLC).

V. Los efectos del concurso serán los previstos en los arts. 106 y ss. TRLC.

En virtud de lo expuesto,

SUPLICO AL JUZGADO que tenga por presentado este escrito, junto a los documentos a él unidos y sus copias, se sirva admitirlo y tener por promovido en nombre y representación de mi mandante, ... S.A., SOLICITUD DE CONCURSO NECESARIO de la sociedad .... S.L., y

I. De conformidad con lo dispuesto en el art. 14.2.1° TRLC, dictar auto por el que, estimando la presente solicitud:

PRIMERO.– Se declare el concurso necesario de la sociedad .... S.L.

SEGUNDO.– Se acuerde la sustanciación del correspondiente procedimiento, con la formación de las secciones correspondientes.

TERCERO.– Se designe la correspondiente la administración concursal.

CUARTO.– Se acuerde el régimen de suspensión de las facultades patrimoniales del deudor.

QUINTO.– Se requiera al deudor para que presente, en el plazo de diez días desde la notificación del auto, los documentos enumerados en el art. 7 y 8 TRLC

SEXTO.– Se imponga las costas a .... S.L., que tendrán la consideración de crédito contra la masa.

SÉPTIMO.– Se acuerde cuanto proceda demás sea procedente en derecho para la sustanciación del procedimiento hasta su conclusión.

II. En el supuesto que no se estimase la pretensión formulada en el número I precedente por entender que la presente solicitud no debe ser sustanciada por el cauce previsto en el art. 14.2.1° TRLC al no concurrir el hecho del art. 2.4.2° TRLC antes reseñado en la fundamentación fáctica de este escrito, se sirva dictar auto admitiéndola a trámite y ordenando el emplazamiento del deudor .... S.L. conforme a lo previsto en el art. 16 TRLC con traslado de la solicitud para que comparezca en el plazo de cinco días, dentro de los cuales se le pondrán de manifiesto los autos y podrá formular oposición a la solicitud, proponiendo los medios de prueba de los que intente valerse, así como ordenando la formación de la sección primera conforme a lo dispuesto en el art. 14.3 TRLC, y previos los oportunos trámites legales, incluida, en su caso, la admisión y practica de las pruebas solicitadas por esta parte y la celebración de la oportuna vista, dicte auto por el que, estimando la presente solicitud:

PRIMERO.– Se declare el concurso necesario de la sociedad .... S.L.

SEGUNDO.– Se acuerde la sustanciación del correspondiente procedimiento, con la formación de las secciones correspondientes.

TERCERO.– Se designe la correspondiente la administración concursal.

CUARTO.– Se acuerde el régimen de suspensión de las facultades patrimoniales del deudor.

QUINTO.– Se requiera al deudor para que presente, en el plazo de diez días desde la notificación del auto, los documentos enumerados en el art. 7 y 8 TRLC

SEXTO.– Se imponga las costas a .... S.L., que tendrán la consideración de crédito contra la masa.

SÉPTIMO.– Se acuerde cuanto proceda demás sea procedente en derecho para la sustanciación del procedimiento hasta su conclusión.

Es Justicia que suplico en ...., a .... de .... de ....

OTROSÍ DIGO Para el supuesto que no se acuerde el concurso necesario del deudor ex art. 14.2.1° TRLC y tal y como ordena el art. 13.3 TRLC, esta parte manifiesta los medios de prueba de los que pretende valerse a efectos de acreditar los hechos en que se funda la presente solicitud:

I. Interrogatorio del deudor.

II. Testifical, consistente en que se examine a los siguientes testigos: ....

III. Documental: Para que se tengan por incorporados a las presentes actuaciones los documentos acompañados al presente escrito de solicitud de concurso necesario.

IV. Más documental: ....

En su virtud,

SUPLICO AL JUZGADO que tenga por hechas las anteriores manifestaciones a los efectos oportunos, se sirva admitirlas y tener por manifestados los medios de prueba de los que pretende valerse esta parte, acordando en el momento procesal oportuno cuanto proceda en orden a su admisión y practica.

Lo que se suplica en el lugar y fecha reseñados "ut supra".

OTROSÍ DIGO Que procede dar a la declaración de concurso la oportuna publicidad, incluida la registral, en los términos y con el alcance establecidos en los arts. 35 a 37 TRLC y sin perjuicio de cualesquiera otra publicidad complementaria que, en medios oficiales o privados, estime oportuna este Juzgado al que nos dirigimos.

En su virtud,

SUPLICO AL JUZGADO que tenga por hechas las anteriores manifestaciones a los efectos oportunos, se sirva admitirlas y acordar en el auto declarando el concurso las publicaciones, inscripciones y anotaciones previstas en el art. 35 a 37 TRLC, y, previos los oportunos trámites legales, se sirva llevar a cabo las mismas, por medios telemáticos y, si esto no fuera posible, librando los oportunos mandamientos y oficios que serán confiados al Procurador que esto suscribe para su oportuno curso y gestión.

Lo que se suplica en el lugar y fecha reseñados "ut supra".

OTROSÍ DIGO: Que en el auto en que se acuerde la declaración de concurso y entre otros pronunciamientos, procede el llamamiento de los acreedores para que pongan en conocimiento de la administración concursal la existencia de sus créditos, en el plazo legalmente establecido a contar desde el día siguiente a la publicación del auto declarando el concurso en el BOE.

En su virtud,

SUPLICO AL JUZGADO que tenga por hechas las anteriores manifestaciones a los efectos oportunos, se sirva admitirlas y acordar en el auto declarando el concurso, el llamamiento de los acreedores a los efectos antes reseñados.

Lo que se suplica en el lugar y fecha reseñados "ut supra".

F114. ESCRITO DEL INSTANTE DEL CONCURSO NECESARIO APORTANDO TASA JUDICIAL

Normativa de aplicación: *Arts. 13 y ss. Real Decreto Legislativo 1/2020, de 5 de mayo, por el que se aprueba el texto refundido de la Ley Concursal.*

AL JUZGADO DE LO MERCANTIL DE...........

..........., Procurador de los Tribunales (núm. .... de colegiado) y de la compañía .... S.L., con domicilio en ...., calle ...., núm. .... y CIF ...., cuya representación tengo acreditada en los autos ...., ante este Juzgado comparezco en el citado procedimiento bajo la dirección letrada de Don..........., abogado del Ilustre Colegio de .... (núm. .... de colegiado), y como mejor proceda en Derecho DIGO:

Que por medio del presente escrito y evacuando el requerimiento cursado a esta parte mediante diligencia de ordenación de fecha ...., esta parte acompaña debidamente tramitado el modelo correspondiente a la tasa por el ejercicio de la potestad jurisdiccional.

En su virtud

SUPLICO AL JUZGADO que tenga por presentado este escrito, se sirva admitirlo y tener por evacuado el requerimiento conferido a esta parte mediante diligencia de ordenación de fecha .... y por aportado debidamente cumplimentado el modelo correspondiente a la tasa por el ejercicio de la potestad jurisdiccional, solicitándose que tras los oportunos tramites, se acuerde la admisión a trámite de la solicitud de concurso necesario de .... S.A. formulada por esta parte.

Es Justicia que suplico en ...., a .... de .... de ....

F115. DILIGENCIA DE ORDENACIÓN TENIENDO POR APORTADA TASA JUDICIAL

Diligencia de Ordenación del Sr. Letrado de la Administración de Justicia, Don...........

En ...., a .... de .... de ....

Dada cuenta, por presentado por la Procuradora Doña ...., en la representación que ostenta de la compañía .... S.L., escrito acompañando el modelo correspondiente a la tasa por el ejercicio jurisdiccional. Téngase por evacuado el requerimiento que le fue cursado al efecto en fecha ...., y queden los autos en la mesa de su señoría en orden a dictar la resolución que corresponda respecto a la admisión a tramite de la solicitud de concurso necesario de .... S.A.

Notifíquese la presente resolución a .... S.L., haciendo saber que contra la misma cabe recurso de reposición a interponer en el plazo de cinco días a contar desde la referida notificación.

De conformidad con lo establecido en la Disposición Adicional 15ª LOPJ (según la redacción dada por la LO 1/09), la interposición de recurso contra resoluciones judiciales, no podrá ser admitida a trámite sin la acreditación del depósito previsto en la citada Ley a efectos de recurrir, debiendo presentarse copia o resguardo de tal depósito en las cuenta de consignaciones de este Juzgado.

Así lo acuerda y firma el Letrado de la Administración de Justicia. Doy fe.

F116. DILIGENCIA DE ORDENACIÓN DEL LETRADO DE LA ADMINISTRACIÓN DE JUSTICIA EN ORDEN A LA ADMISIÓN A TRAMITE O DECLARACIÓN DE CONCURSO

Normativa de aplicación: *Arts. 13 y ss. Real Decreto Legislativo 1/2020, de 5 de mayo, por el que se aprueba el texto refundido de la Ley Concursal.*

Diligencia de Ordenación del Sr. Letrado de la Administración de Justicia, Don...........

En ...., a .... de .... de ....

Dada cuenta, por repartida y recibida en este oficina Judicial escrito prestando por la Procuradora Doña ...., en la representación que ostenta de la compañía .... S.L., y en solicitud de declaración de concurso necesario de la entidad .... S.L, junto a los documentos a él acompañados, que se estima completa, queden los autos en la mesa de su señoría en orden a dictar la resolución que corresponda respecto a la admisión a tramite de la referida solicitud de concurso necesario de .... S.L. (en su caso, la declaración de concurso necesario de la sociedad ....S.L).

Notifíquese la presente resolución a .... S.L., haciendo saber que contra la misma cabe recurso de reposición a interponer en el plazo de cinco días a contar desde la referida notificación.

De conformidad con lo establecido en la Disposición Adicional 15ª LOPJ (según la redacción dada por la LO 1/09), la interposición de recurso contra resoluciones judiciales, no podrá ser admitida a trámite sin la acreditación del depósito previsto en la citada Ley a efectos de recurrir, debiendo presentarse copia o resguardo de tal depósito en las cuenta de consignaciones de este Juzgado.

Así lo acuerda y firma el Letrado de la Administración de Justicia. Doy fe.

F117. AUTO ADMITIENDO LA SOLICITUD DE CONCURSO NECESARIO EX ART. 14.2.1° TRLC

Normativa de aplicación: *Art. 14.2.1° Real Decreto Legislativo 1/2020, de 5 de mayo, por el que se aprueba el texto refundido de la Ley Concursal.*

En la ciudad de .... a .... de .... de ....

ANTECEDENTES DE HECHO

PRIMERO.– Que en fecha .... de .... de .... por el Procurador de los Tribunales, Doña ...., y en representación de la compañía .... S.L., se presentó solicitud de concurso necesario de la compañía .... S.A., en base a los HECHOS y FUNDAMENTOS DE DERECHO reseñados en la meritada solicitud y los documentos acompañados a la misma,

De la citada solicitud, se transcriben los siguientes extremos: ....

SEGUNDO.– En la tramitación de los presentes se han respetado las prescripciones legales.

FUNDAMENTOS DE DERECHO

PRIMERO.– Que este Juez es competente para conocer de la presente solicitud al ser éste Juzgado de lo Mercantil de .... el correspondiente al lugar donde se halla el centro de intereses principales de .... S.A. (art. 44 y 45 TRLC)

SEGUNDO.– Que la solicitud y la documentación aportada junto a la misma por .... S.L. cumple con lo establecido en los arts. 2.4 y 13 TRLC.

TERCERO.– Que .... S.L. reúne los requisitos de capacidad procesal, postulación, así como de legitimación al ser .... S.L. acreedor de .... S.A. (art. 3.1 y 512.1 TRLC).

CUARTO.– Conforme establece el art. 14.2.1° TRLC, cuando la solicitud es presentada por un acreedor y se fundara en la existencia de una previa declaración judicial o administrativa de insolvencia del deudor siempre que sea firme; en la existencia de un título por el que se hubiera despachado mandamiento de ejecución o apremio sin que del embargo hubieran resultado bienes libres conocidos bastantes para el pago, o en la existencia de embargos por ejecuciones en curso que afecten de una manera general al patrimonio del deudor, el juez declarará el concurso de acreedores el primer día hábil siguiente.

En este caso, la solicitud de concurso necesario de .... S.A. ha sido presentada por .... S.L., acreedor del demandado y se funda en la existencia de embargos por ejecuciones en curso que afecten de una manera general al patrimonio del deudor (arts. 2.4.3° y 14.2.1° TRLC), cuya existencia, a juicio de este Juzgador, resulta debidamente acreditada toda vez que ....

Por lo tanto, sin más trámite, procede dictar auto de declaración de concurso en los términos y plazo del referido art. 14.2.1° TRLC.

QUINTO.– Que a la vista de lo dispuesto en el art. 29.1 TRLC el presente concurso tiene la consideración de necesario.

SEXTO.– Que procede nombrar a la administración concursal, que estará integrada por un único miembro, recayendo el nombramiento en Don........... (ABOGADO), mayor de edad, de nacionalidad española, con domicilio en ...., calle .... y DNI/ NIF .... Núm. .... ICAV.

ALTERNATIVA I (cuando entre en vigor el art. 62 TRLC):

Que conforme a lo dispuesto en el art. 62.1 TRLC procede nombrar a la administración concursal. No concurriendo ninguna de las excepciones previstas legalmente, procede estar al listado del Registro Público Concursal y al turno correlativo contemplado en dicho art. 62.1 TRLC, en función de la clase de concurso, en este caso, ..., recayendo el nombramiento en Don........... (ABOGADO), mayor de edad, de nacionalidad española, con domicilio en ...., calle .... y DNI/NIF .... núm. .... ICAV, dirección electrónica ...., quien ha hecho constar estar en condiciones para actuar en el ámbito territorial de este Juzgado.

ALTERNATIVA II (cuando entre en vigor el art. 62 TRLC):

Que conforme a lo dispuesto en el art. 62 TRLC procede nombrar a la administración concursal. De conformidad con lo establecido en este ultimo precepto, habría que estar al listado del Registro Público Concursal y al turno correlativo contemplado en dicho art. 62.1 TRLC. No obstante, dado que nos encontramos ante un concurso de mayor complejidad, entiendo más oportuno designar a un administrador concursal alternativo al que resulta del citado turno a la vista que .... Por ello, previa consulta del referido Registro, queda designado administrador concursal Don........... (ABOGADO), mayor de edad, de nacionalidad española, con domicilio en ...., calle .... y DNI/NIF .... núm. .... ICAV, dirección electrónica ...., que se halla inscrita en dicho Registro Publico concursal y habilitado para ejercer las funciones propias del cargo en dichos concursos. Justifico su nombramiento en ....

ALTERNATIVA III (cuando entre en vigor el art. 62 TRLC):

Que conforme a lo dispuesto en el art. 62.1 TRLC procede nombrar a la administración concursal y, procede estar al listado del Registro Público Concursal y al turno correlativo contemplado en dicho art. 62.1 TRLC, en función de la clase de concurso, en este caso, ... No obstante, dado que nos hallamos ante un concurso con elementos transfronterizos, y a la vista del art. 62.3 TRLC, el nombramiento deberá recaer en persona que, además, acredite en el momento de su aceptación el conocimiento suficiente de la lengua del país o países relacionados con esos elementos o, al menos, el conocimiento suficiente de la lengua inglesa. Alternativamente, podrá acreditar que cuenta con personas trabajadoras o ha contratado a un traductor jurado con dichos conocimientos. Por ello, recae el nombramiento en Don........... (ABOGADO), mayor de edad, de nacionalidad española, con domicilio en ...., calle .... y DNI/NIF .... núm. .... ICAV, dirección electrónica ...., quien ha hecho constar estar en condiciones para actuar en el ámbito territorial de este Juzgado y que, en cualquier caso, y al tiempo de aceptar el cargo deberá acreditar los anteriores extremos idiomáticos.

El administrador concursal nombrado deberá aceptar el cargo, por lo que urgentemente y por el medio más rápido se le notificará su nombramiento a efectos de su aceptación y juramento. Igualmente deberá acreditar ante este Juzgado que tiene suscrito un seguro de responsabilidad civil o garantía equivalente proporcional a la naturaleza y alcance del riesgo cubierto por el nombramiento aquí verificado a su favor.

SÉPTIMO.– Que dado que nos hallamos ante un concurso necesario procede la suspensión del ejercicio por el deudor de las facultades de administración y disposición y sobre la masa activa, siendo sustituido por la administración concursal. (art. 106.2 TRLC).

OCTAVO.– Que en este momento no parece oportuno adoptar medidas cautelares para asegurar la integridad, la conservación o la administración del patrimonio del concursado hasta que los administradores concursales acepten el cargo.

NOVENO.– Que igualmente, conforme establece el art. 28.2 TRLC debe requerirse al deudor para que presente, en el plazo de diez días desde la notificación del presente auto, los documentos enumerados en el art. 7 y 8 TRLC.

DÉCIMO.– Que dando cumplimiento a lo preceptuado por el art. 35 TRLC procede dar, con la mayor urgencia, la oportuna publicidad a la declaración del concurso, mediante publicación del presente auto en los términos y con el contenido establecido en el art. 35 TRLC.

Igualmente procede dar publicidad registral a la declaración del presente concurso en los términos y con el alcance establecido en los art. 35 y 37 TRLC, así como insertar el presente auto en el Registro público Concursal y comunicar al Fondo de Garantía salarial la incoación de presente expediente (art. 33 ET). Finalmente, debe comunicarse la existencia del presente procedimiento al Registro Mercantil de la provincia de .... a los efectos de lo dispuesto en el TRLC así como en el RD 685/2005, de 9 de junio y la Orden 3473/2005, de 8 de noviembre. Finalmente, procede comunicar la declaración de concurso a la Agencia Estatal de Administración Tributaria y a la Tesorería General de la Seguridad Social. (En su cao) Y a la representación legal de los trabajadores de ....

El traslado de los oficios con los edictos correspondientes se realizará por vía electrónica o telemática a los organismos, personas y Registros correspondientes.

ALTERNATIVA: Que no siendo posible el traslado de los oficios con los edictos correspondientes por vía telemática a los organismos, personas y Registros correspondientes, deben expedirse los oportunos mandamientos y oficios con los edictos, que serán entregados y confiados al procurador de la solicitante del concurso a efectos de darles el oportuno curso, gestión y diligenciamiento en los términos de los citados arts. 35 a 37 TRLC.

Visto lo expuesto y demás normativa de aplicación

DISPONGO

PRIMERO.– Que estimando la solicitud de declaración de concurso necesario de .... S.A. formulada por la compañía .... S.L., se declara la situación de concurso de acreedores de .... S.A., con domicilio en ...., calle ...., núm. .... y CIF .... Inscrita en el Registro Mercantil de la provincia de ...., al tomo ...., libro ...., de la sección ...., hoja ...., que tendrá la consideración de necesario.

SEGUNDO.– Se designa como integrante de la administración concursal a Don........... (ABOGADO), mayor de edad, de nacionalidad española, con domicilio en ...., calle .... y DNI/NIF .... ICAV.

El administrador concursal nombrado deberá aceptar el cargo, por lo que urgentemente y por el medio más rápido se les notificará su nombramiento a efectos de su aceptación y juramento. Igualmente deberá acreditar ante este Juzgado que tiene suscrito un seguro de responsabilidad civil o garantía equivalente proporcional a la naturaleza y alcance del riesgo cubierto por el nombramiento aquí verificado a su favor. (En su caso y en el supuesto de entrada en vigor art. 62 TRLC). Y a la vista que nos hallamos ante un concurso con elementos transfronterizos, deberá acreditar en el momento de su aceptación del cargo, el conocimiento suficiente de la lengua del país o países relacionados con esos elementos o, al menos, el conocimiento suficiente de la lengua inglesa. Alternativamente, podrá acreditar que cuenta con personas trabajadoras o ha contratado a un traductor jurado con dichos conocimientos.

La administración concursal designada, queda autorizada de conformidad y a los efectos del art. 4 h) del RD-Ley 3/2013, a fin de ejercitar las acciones que considere oportunas en interés de la masa, bajo su responsabilidad y ante cualquier jurisdicción.

TERCERO.– Decretar la suspensión del ejercicio por el deudor de las facultades de administración y disposición y sobre la masa activa, siendo sustituido por la administración concursal.

CUARTO.– Requerir al deudor, a través de su representación procesal, para que presente, en el plazo de diez días desde la notificación del presente auto, los documentos enumerados en el art. 7 y 8 TRLC.

QUINTO.– Hacer el llamamiento a los acreedores de .... S.L. para que pongan en conocimiento de la administración concursal la existencia de sus créditos, en el plazo de un mes a contar desde el día siguiente a la publicación del presente auto en el Boletín Oficial del Estado (BOE) a que se refiere el art. 35 TRLC.

La Administración Concursal, sin demora, realizará una comunicación individualizada, a cada uno de los acreedores cuya identidad y domicilio consten en la documentación obrante en los presentes autos, informándoles de la declaración del presente concurso y del deber de comunicar sus créditos en la forma establecida en el artículo 255 y ss. TRLC, debiendo efectuarse tal comunicación por medios telemáticos, informáticos o electrónicos cuando conste la dirección electrónica del acreedor.

Igualmente dirigirá la comunicación por medios electrónicos o telemáticos a la Agencia Estatal de la Administración Tributaria y la Tesorería General de la Seguridad Social a través de los medios habilitadas por estas en sus respectivas sedes electrónicas y con independencia que conste o no su condición de acreedores de la concursada. También se comunicará a la representación de los trabajadores, haciéndoles saber su derecho a personarse en el procedimiento como parte.

SEXTO.– Proceder a dar la debida publicidad a la declaración del concurso, mediante la publicación del oportuno del presente auto de declaración del concurso que se publicará, con la mayor urgencia y de forma gratuita, en el Boletín Oficial del Estado.

A tal efecto, el mismo día de la aceptación del cargo por el administrador concursal, el letrado de la Administración de Justicia remitirá por medios electrónicos al "Boletín Oficial del Estado", para su publicación en el suplemento del tablón judicial edictal único, y al Registro público concursal el edicto relativo a la declaración de concurso, redactado en el modelo oficial para que sea publicado con la mayor urgencia. La publicación del edicto tendrá carácter gratuito. El edicto tendrá el contenido del art. 35.1, segundo párrafo, TRLC.

Líbrense al efecto el oportuno oficio con el edicto que será remitido por vía electrónica al citado Boletín Oficial del Estado.

ALTERNATIVA: Líbrese el oportuno oficio con el edicto a remitir al Boletín Oficial del Estado. No obstante, de manera excepcional y no siendo posible su traslado por vía electrónica, entréguese el citado oficio al procurador de la concursada para el oportuno diligenciamiento y gestión en los términos del art. 35 TRLC.

SÉPTIMO.– Inscribir en el Registro Mercantil de la provincia de .... la existencia del presente procedimiento y los acuerdos adoptados en el presente auto, especialmente, la intervención de las facultades de administración y disposición del concursado adoptada en la presente resolución, y el nombramiento de los administradores concursales.

Igualmente, practíquese anotación preventiva en los Registros de la Propiedad de .... y ...., concretamente en el folio correspondiente a los bienes de la concursada que a continuación se relacionan, relativa a la declaración del presente concurso necesario, con indicación de la fecha, y los acuerdos adoptados en la presente resolución, especialmente, la suspensión de las facultades de administración y disposición del concursado adoptada en la presente resolución, así como el nombramiento de la administración concursal.

Los citados bienes son los siguientes (con expresión del Registro de la Propiedad en el que se halla inscrito y los datos registrales de cada bien): ....

Líbrense al efecto los oportunos oficios con los edictos que serán remitidos por vía electrónica o telemática desde el Juzgado a lo citados Registros Públicos.

ALTERNATIVA: Líbrense los oportunos edictos con los mandamientos precisos para practicar las citadas inscripciones y anotaciones que serán confiados al procurador para el oportuno diligenciamiento y gestión, al no ser posible el traslado por vía telemática o electrónica.

OCTAVO.– Insertar en el Registro Público Concursal el presente auto de declaración de concurso, así como comunicar al Fondo de Garantía Salarial la iniciación del presente procedimiento concursal, dirigiéndole al efecto el oportuno oficio. También al citado Registro Mercantil de la provincia de .... a los efectos de lo dispuesto en el RD 685/2005, de 9 de junio y la Orden 3473/2005, de 8 de noviembre). Y al Juzgado Decano de .... a efectos que se remita comunicación a los Juzgados de Primera Instancia y Juzgados de lo Social para que tomen conocimiento de la existencia de la presente declaración concursal y se abstengan de conocer de los procedimientos que se insten contra el deudor. También al Juzgado Decano del domicilio del deudor y a los Juzgados que conozcan y ante los que se sigan procedimientos contra la concursada y que son ....

Tales comunicaciones las llevara a cabo de oficio el Juzgado mediante remisión de oficio y testimonio de la presente resolución por vía telemática.

NOVENO.– Como consecuencia de la admisión de la solicitud de declaración de concurso necesario de .... S.A. formulada por .... S.L., fórmense las secciones primera, segunda, tercera y cuarta del concurso.

Las costas de la presente solicitud tendrán la consideración de crédito contra la masa.

Notifíquese por el Letrado de la Administración de Justicia la resolución al instante de esta solicitud, a través de su representación procesal y al deudor mediante su notificación a través del servicio común de notificaciones.

Contra el pronunciamiento del presente auto sobre la estimación de la solicitud de concurso cabe interponer, de conformidad y en los términos del art. 25.1 TRLC, recurso de apelación en el plazo de VEINTE DÍAS a contar, respecto de las partes que hubieran comparecido y la concursada, desde la notificación del auto, y, respecto de los demás legitimados, desde la publicación de la declaración de concurso en el "Boletín Oficial del Estado".

Si se recurre únicamente alguno de los demás pronunciamientos contenidos en el presente auto de declaración del concurso, podrá interponerse, igualmente de conformidad y en los términos del art. 25.3 TRLC, recurso de reposición en el plazo de CINCO DÍAS a contar, respecto de las partes que hubieran comparecido y la concursada, desde la notificación del auto, y, respecto de los demás legitimados, desde la publicación de la declaración de concurso en el "Boletín Oficial del Estado".

De conformidad con lo establecido en la Disposición Adicional 15ª LOPJ (según la redacción dada por la LO 1/09), la interposición de recurso contra resoluciones judiciales no podrá ser admitida a trámite sin la acreditación del depósito previsto en la citada Ley a efectos de recurrir, debiendo presentarse copia o resguardo de tal depósito en las cuenta de consignaciones de este Juzgado.

Todo lo cual pronuncia, manda y firma el Ilmo. Sr. ...., Magistrado Juez del Juzgado de lo Mercantil núm. .... de ....

F118. AUTO DESESTIMANDO LA SOLICITUD DE CONCURSO NECESARIO FORMULADA AL AMPARO ART. 14.2.1° TRLC

Normativa de aplicación: *Art. 14.2.1° Real Decreto Legislativo 1/2020, de 5 de mayo, por el que se aprueba el texto refundido de la Ley Concursal.*

En la ciudad de .... a .... de .... de ....

ANTECEDENTES DE HECHO

PRIMERO.– Que en fecha .... de .... de .... por el Procurador de los Tribunales, Doña ...., y en representación de la compañía .... S.L., se presentó solicitud de concurso necesario de la compañía .... S.A., en base a los HECHOS y FUNDAMENTOS DE DERECHO reseñados en la meritada solicitud y los documentos acompañados a la misma.

De la citada solicitud, se transcribe los siguientes extremos: ....

SEGUNDO.– En la tramitación de los presentes se han respetado las prescripciones legales.

FUNDAMENTOS DE DERECHO

PRIMERO.– Que este Juez es competente para conocer de la presente solicitud al ser éste Juzgado de lo Mercantil de .... el correspondiente al lugar donde se halla el centro de intereses principales de .... S.A. (art. 44 y 45 TRLC).

SEGUNDO.– Que la solicitud y la documentación aportada junto a la misma por .... S.L. cumple con lo establecido en los arts. 2.4 y 13 TRLC.

TERCERO.– Que .... S.L. reúne los requisitos de capacidad procesal, postulación, así como de legitimación al ser .... S.L. acreedor de .... S.A. (art. 3.1 y 512.1 TRLC).

CUARTO.– Conforme establece el art. 14.2.1° TRLC, cuando la solicitud hubiera sido presentada por un acreedor y se fundara en la existencia de una previa declaración judicial o administrativa de insolvencia del deudor siempre que sea firme; en la existencia de un título por el que se hubiera despachado mandamiento de ejecución o apremio sin que del embargo hubieran resultado bienes libres conocidos bastantes para el pago, o en la existencia de embargos por ejecuciones en curso que afecten de una manera general al patrimonio del deudor, el juez declarará el concurso de acreedores el primer día hábil siguiente.

En el presente caso, la solicitud de concurso necesario de .... S.A. ha sido presentada por .... S.L., acreedor del demandado y se funda en la existencia de embargos por ejecuciones en curso que afecten de una manera general al patrimonio del deudor (art. 2.4.3° y 14.2.1° TRLC), cuya existencia, a juicio de este Juzgador, no resulta debidamente acreditada, siquiera sea indiciariamente, toda vez que ....

Por lo tanto, la solicitud de declaración de concurso necesario de .... S.A., formulada por la sociedad .... S.L., debe ser desestimada.

QUINTO.– Que de conformidad con lo dispuesto en el art. 24.2 TRLC, las costas procesales deben ser impuestas a .... S.L.

Visto lo expuesto y demás normativa de aplicación

DISPONGO

Desestimar la solicitud de concurso necesario de .... S.A. presentada por la Procuradora de los Tribunales Doña .... en nombre y representación de la sociedad .... S.L., al no constar la existencia de embargos por ejecuciones en curso que afecten de una manera general al patrimonio del deudor a que se refiere el art. 2.4.3° y 14.2.1° TRLC, y en que se funda la citada solicitud. Ello con imposición de las costas procesales a .... S.L.

Firme que sea la presente resolución, procédase al archivo de las actuaciones en unión de testimonio del presente auto y con devolución de los originales a la actora, previo su desglose. Llévese el original de este auto al libro de autos definitivos. Y dense de baja las presentes actuaciones en los libros de este Juzgado.

Notifíquese la resolución a .... S.L., a través de su representación procesal, haciéndole saber que contra la misma y de conformidad con lo dispuesto en el art. 25.1 TRLC, recurso de apelación en el plazo de veinte días a contar desde que se notifique la presente resolución.

De conformidad con lo establecido en la Disposición Adicional 15ª LOPJ (según la redacción dada por la LO 1/09), la interposición de recurso contra resoluciones judiciales, no podrá ser admitida a trámite sin la acreditación del depósito previsto en la citada Ley a efectos de recurrir, debiendo presentarse copia o resguardo de tal depósito en las cuenta de consignaciones de este Juzgado.

Todo lo cual pronuncia, manda y firma el Ilmo. Sr. ...., Magistrado Juez del Juzgado de lo Mercantil núm. .... de ....

F119. AUTO DESESTIMANDO LA SOLICITUD DE CONCURSO NECESARIO FORMULADA AL AMPARO ART. 14.2.1° TRLC Y ORDENANDO SU TRAMITACIÓN CONFORME EL ART. 14.2.2° TRLC

Normativa de aplicación: *Art. 14.2.2° Real Decreto Legislativo 1/2020, de 5 de mayo, por el que se aprueba el texto refundido de la Ley Concursal.*

En la ciudad de .... a .... de .... de ....

ANTECEDENTES DE HECHO

PRIMERO.– Que en fecha .... de .... de .... por el Procurador de los Tribunales, Doña ...., y en representación de la compañía .... S.L., se presentó solicitud de concurso necesario de la compañía ...........S.A., en base a los HECHOS y FUNDAMENTOS DE DERECHO reseñados en la meritada solicitud y los documentos acompañados a la misma.

De la citada solicitud, se transcribe los siguientes extremos: ....

En concreto suplicaba la actora: ....

SEGUNDO.– En la tramitación de los presentes se han respetado las prescripciones legales.

FUNDAMENTOS DE DERECHO

PRIMERO.– Que este Juez es competente para conocer de la presente solicitud al ser éste Juzgado de lo Mercantil de .... el correspondiente al lugar donde se halla el centro de intereses principales de .... S.A. (art. 44 y 45 TRLC)

SEGUNDO.– Que la solicitud y la documentación aportada junto a la misma por .... S.L. cumple con lo establecido en los arts. 2.4 y 13 TRLC.

TERCERO.– Que .... S.L. reúne los requisitos de capacidad procesal, postulación, así como de legitimación al ser .... S.L. acreedor de .... S.A. (art. 3.1 y 512.1 TRLC).

CUARTO.– Conforme establece el art. 14.2.1° TRLC, cuando la solicitud hubiera sido presentada por un acreedor y se fundara en la existencia de una previa declaración judicial o administrativa de insolvencia del deudor siempre que sea firme; en la existencia de un título por el que se hubiera despachado mandamiento de ejecución o apremio sin que del embargo hubieran resultado bienes libres conocidos bastantes para el pago, o en la existencia de embargos por ejecuciones en curso que afecten de una manera general al patrimonio del deudor, el juez declarará el concurso de acreedores el primer día hábil siguiente.

En este caso, la solicitud de concurso necesario de .... S.A. ha sido presentada por .... S.L., acreedor del demandado y se funda en la existencia de embargos por ejecuciones en curso que afecten de una manera general al patrimonio del deudor (art. 2.4.3° y 14.2.2° TRLC), cuya existencia, a juicio de este Juzgador, no resulta debidamente acreditada, siquiera sea indiciariamente, toda vez que ....

Por lo tanto, la solicitud de declaración de concurso necesario de .... S.A., formulada al amparo del art. 14.2.1° TRLC por la sociedad .... S.L., debe ser desestimada.

QUINTO.– Que no obstante lo anterior conforme a lo establecido en el art. 14.2.2° TRLC si la solicitud de concurso presentada se fundara en alguno de los hechos externos recogidos en los ordinales 4° a 6° del art. 2.4 TRLC, el Juez el primer día hábil siguiente dictará auto admitiéndola a trámite, ordenando el emplazamiento del deudor conforme a lo previsto en el art. 16 TRLC, con traslado de la solicitud, para que comparezca en el plazo de cinco días, dentro del cual se le pondrán de manifiesto los autos y podrá formular oposición a la solicitud, proponiendo los medios de prueba de que intente valerse.

Dado que la solicitud formulada por la sociedad .... S.L. también se funda en el sobreseimiento generalizado en el pago corriente de las obligaciones del deudor (art. 2.4.4° TRLC), procede darle trámite el trámite previsto en el art. 14.2.2° TRLC.

Visto lo expuesto y demás normativa de aplicación

DISPONGO

1.– Se tiene por personado a la sociedad .... S.L., y en su nombre y representación el procurador de los Tribunales Don..........., en virtud del poder procesal de representación adjuntado por dicha compañía a la solicitud origen de este procedimiento, procurador con el que se entenderán y seguirán las sucesivas diligencias y comunicaciones, y se tiene por solicitada la declaración de concurso necesario de la compañía .... S.A., con domicilio en ...., calle ...., núm. ...., CIF .... e inscrita en el Registro Mercantil de la provincia de .... al tomo ...., folio ...., libro ...., de la sección ...., hoja ....,

2.– Se desestima la declaración del concurso necesario .... S.A. por el cauce del art. 14.2.1° TRLC, y no obstante ello, se admite a trámite la citada solicitud de declaración de concurso necesario ex art. 14.2.2° TRLC, declarándose este juzgado competente para conocer de la misma, y formándose la sección primera del concurso, ordeno el emplazamiento del deudor conforme a lo previsto en el art. 16 TRLC, con traslado de la solicitud, para que comparezca por medio de Procurador y asistido de Letrado en el plazo de cinco días, dentro del cual se pondrán de manifiesto los autos y podrá formular oposición a la solicitud, proponiendo los medios de prueba de los que intente valerse, advirtiéndole de forma expresa que en el supuesto de allanarse a la solicitud planteada por .... S.L., no comparecer en estas actuaciones o no oponerse a la misma, se estimara la solicitud de concurso necesario instada por .... S.L.

Notifíquese la presente resolución a la Agencia Estatal de Administración Tributaria; la Tesorería General de la Seguridad Social, y al Fondo de Garantía Salarial, a través de los medios habilitadas por estas en sus respectivas sedes electrónicas y con independencia que conste o no su condición de acreedores de la concursada.

Notifíquese igualmente la resolución a .... S.L. a través de su representación procesal y a la sociedad .... S.A. a través del servicio común de notificaciones.

ALTERNATIVA: Notifíquese la resolución a .... S.L. a través de su representación procesal. El emplazamiento de la deudora se realizará en el domicilio designado en la precitada solicitud y cumpliendo lo dispuesto en el art. 16 TRLC, facultando a la Procuradora Sra ...., tal y como ha solicitado la actora, para que, a su costa, lleve a cabo todos los actos de comunicación en el presente procedimiento.

La presente resolución no es firme y contra la misma cabe recurso de reposición en el plazo de cinco días a contar desde la notificación de esta.

De conformidad con lo establecido en la Disposición Adicional 15° LOPJ (según la redacción dada por la LO 1/09), la interposición de recurso contra resoluciones judiciales, no podrá ser admitida a trámite sin la acreditación del depósito previsto en la citada Ley a

efectos de recurrir, debiendo presentarse copia o resguardo de tal depósito en las cuenta de consignaciones de este Juzgado.

Todo lo cual pronuncia, manda y firma el Ilmo. Sr. ...., Magistrado Juez del Juzgado de lo Mercantil núm. .... de ....

F120. AUTO ADMITIENDO A TRÁMITE LA SOLICITUD DE CONCURSO NECESARIO

Normativa de aplicación: *Arts. 13 y ss. Real Decreto Legislativo 1/2020, de 5 de mayo, por el que se aprueba el texto refundido de la Ley Concursal.*

En la ciudad de .... a .... de .... de ....

ANTECEDENTES DE HECHO

PRIMERO.– Que en fecha .... de .... de .... por el Procurador de los Tribunales, Don..........., y en representación de la compañía .... S.L., se presentó solicitud de concurso necesario de acreedores de la sociedad .... S.A., en base a los HECHOS y FUNDAMENTOS DE DERECHO reseñados en la meritada solicitud y los documentos acompañados a la misma.

De la solicitud formulada por .... S.L. extractamos lo siguiente: ....

SEGUNDO.– En la tramitación de los presentes se han respetado las prescripciones legales.

FUNDAMENTOS DE DERECHO

PRIMERO.– Que este Juez es competente para conocer de la presente solicitud al ser éste Juzgado de lo Mercantil de .... el correspondiente al lugar donde se halla el centro de intereses principales de .... S.A. (arts. 44 y 45 TRLC).

SEGUNDO.– Que la solicitud y la documentación aportada por .... S.L., que no se funda en hecho alguno de los reseñados en los ordinales 1° a 3° del art. 2.4 TRLC, cumple con lo establecido en el citado art. 2.4 TRLC y 13 del mismo cuerpo legal.

TERCERO.– Que .... S.L. reúne los requisitos de capacidad procesal, postulación, así como de legitimación al ser .... S.L. acreedor de la compañía .... S.A., cuyo concurso necesario de acreedores solicita en estas actuaciones. (art. 3 y 512 TRLC).

CUARTO.– Que conforme a lo establecido en el art. 14.2.2° TRLC si la solicitud de concurso presentada se fundara en alguno de los hechos externos recogidos en los ordinales 4º a 6º del art. 2.4 TRLC, el Juez, el primer día hábil siguiente, dictará auto admitiéndola a trámite, ordenando el emplazamiento del deudor conforme a lo previsto en el art. 16 TRLC, con traslado de la solicitud, para que comparezca en el plazo de cinco días, dentro del cual se le pondrán de manifiesto los autos y podrá formular oposición a la solicitud, proponiendo los medios de prueba de que intente valerse.

Visto lo expuesto y demás normativa de aplicación

DISPONGO

1.– Se tiene por personado a la sociedad .... S.L., y en su nombre y representación el procurador de los Tribunales Don..........., en virtud del poder procesal de representación adjuntado por dicha compañía a la solicitud origen de este procedimiento, procurador con el que se entenderán y seguirán las sucesivas diligencias y comunicaciones, y se tiene por solicitada la declaración de concurso necesario de la compañía .... S.A., con domicilio en ...., calle ...., núm. ...., CIF .... e inscrita en el Registro Mercantil de la provincia de Valencia al tomo ...., folio ...., libro ...., de la sección ...., hoja ....

2.– Se admite a trámite la citada solicitud de declaración de concurso necesario de la compañía .... S.A., declarándose este juzgado competente para conocer de la misma, formándose la sección primera del concurso, y ordeno el emplazamiento del deudor conforme a lo previsto en el art. 16 TRLC, con traslado de la solicitud, para que comparezca por medio de Procurador y asistido de Letrado en el plazo de cinco días, dentro del cual se pondrán de manifiesto los autos y podrá formular oposición a la solicitud, proponiendo los medios de prueba de los que intente valerse, advirtiéndole de forma expresa que en el supuesto de allanarse a la solicitud planteada por .... S.L., no comparecer en estas actuaciones o no oponerse a la misma, se estimara la solicitud de concurso necesario instada por .... S.L.

Notifíquese la presente resolución a la Agencia Estatal de Administración Tributaria; la Tesorería General de la Seguridad Social, y al Fondo de Garantía Salarial, a través de los medios habilitadas por estas en sus respectivas sedes electrónicas y con independencia que conste o no su condición de acreedores de la concursada.

Notifíquese igualmente la resolución a .... S.L. a través de su representación procesal y a la sociedad .... S.A. a través del servicio común de notificaciones.

ALTERNATIVA: Notifíquese la resolución a .... S.L. a través de su representación procesal. El emplazamiento de la deudora se realizará en el domicilio designado en la precitada solicitud y cumpliendo lo dispuesto en el art. 16 TRLC, facultando a la Procuradora Sra ...., tal y como ha solicitado la actora, para que, a su costa, lleve a cabo todos los actos de comunicación en el presente procedimiento.

La presente resolución no es firme y contra la misma cabe recurso de reposición en el plazo de cinco días a contar desde la notificación de esta.

De conformidad con lo establecido en la Disposición Adicional 15ª LOPJ (según la redacción dada por la LO 1/09), la interposición de recurso contra resoluciones judiciales,

no podrá ser admitida a trámite sin la acreditación del depósito previsto en la citada Ley a efectos de recurrir, debiendo presentarse copia o resguardo de tal depósito en las cuenta de consignaciones de este Juzgado.

Todo lo cual pronuncia, manda y firma el Ilmo. Sr. ...., Magistrado Juez del Juzgado de lo Mercantil núm. .... de ....

F121. AUTO NO ADMITIENDO A TRAMITE SOLICITUD DE CONCURSO NECESARIO A RESULTAS DE LO ESTABLECIDO EN EL ART. 610 TRLC

Normativa de aplicación: *Arts. 13 y ss.; art. 610 Real Decreto Legislativo 1/2020, de 5 de mayo, por el que se aprueba el texto refundido de la Ley Concursal.*

En la ciudad de .... a .... de .... de ....

ANTECEDENTES DE HECHO

PRIMERO.– Que en fecha .... de .... de .... por el Procurador de los Tribunales, Don..........., y en representación de la compañía .... S.L., se presentó solicitud de concurso necesario de acreedores de la sociedad .... S.A., en base a los HECHOS y FUNDAMENTOS DE DERECHO reseñados en la meritada solicitud y los documentos acompañados a la misma.

De la solicitud formulada por .... S.L., que no se funda en hecho alguno de los contemplados en el art. 14.2.1° TRLC, extracto lo siguiente: ....

SEGUNDO.– Que previamente, la procuradora ...., en representación de la sociedad .... S.A., comunicó a este Juzgado la situación de insolvencia actual en que se hallaba y que había iniciado negociaciones para alcanzar un plan de reestructuración. Ello a los efectos y con el alcance establecido en los arts. 585 y ss. TRLC.

TERCERO.– Que mediante Decreto de fecha ...., por el Sr. Letrado de la Administración de Justicia, se dejo constancia de la referida comunicación presentada por .... S.A.

CUARTO.– Que a fecha de presentación de la solicitud de concurso necesario de la mercantil .... S.A. por .... S.L. no ha transcurrido el plazo de tres meses a que se refiere los arts. 610 y 611 TRLC.

QUINTO.– En la tramitación de los presentes se han respetado las prescripciones legales.

FUNDAMENTOS DE DERECHO

PRIMERO.– Que este Juez es competente para conocer de la presente solicitud al ser éste Juzgado de lo Mercantil de .... el correspondiente al lugar donde se halla el centro de intereses principales de .... S.A. (arts. 44, 45 y 610 TRLC).

SEGUNDO.– Que la solicitud y la documentación aportada por .... S.L. cumple con lo establecido en el art. 2.4 y 13 TRLC.

TERCERO.– Que .... S.L. reúne los requisitos de capacidad procesal, postulación, así como de legitimación al ser .... S.L. acreedor de la compañía .... S.A., cuyo concurso necesario de acreedores solicita en estas actuaciones. (art. 3 y 512 TRLC).

CUARTO.– Conforme a lo establecido en el art. 14.2.2° TRLC si la solicitud de concurso presentada se fundara en alguno de los hechos externos recogidos en los ordinales 4° a 6°, art. 2.4, TRLC, el Juez el primer día hábil siguiente dictará auto admitiéndola a trámite, ordenando el emplazamiento del deudor conforme a lo previsto en el art. 16 TRLC, con traslado de la solicitud, para que comparezca en el plazo de cinco días, dentro del cual se le pondrán de manifiesto los autos y podrá formular oposición a la solicitud, proponiendo los medios de prueba de que intente valerse.

Sin perjuicio de ello y conforme establece el art. 610.1 TRLC, las solicitudes de concurso presentadas después de la comunicación por otros legitimados distintos del deudor se repartirán al juzgado que hubiera tenido por efectuada la comunicación, pero no se admitirán a trámite mientras no transcurra el plazo de tres meses a contar desde la fecha de esa comunicación. Las presentadas antes de la comunicación aún no admitidas a trámite quedarán en suspenso. Lo señalado anteriormente se extenderá durante la prórroga de los efectos de la comunicación (art. 610.2 TRLC).

Por otro lado, las solicitudes suspendidas y las que se presenten con posterioridad a la expiración de los plazos anteriores solo se proveerán transcurrido un mes sin que el deudor hubiera solicitado la declaración de concurso, sin perjuicio de la adopción por el juez de las medidas cautelares que estime oportunas. Si el deudor solicita la declaración de concurso dentro de ese mes, esta se tramitará en primer lugar. Declarado el concurso a instancia del deudor, las solicitudes que se hubieran presentado antes y las que se presenten después de la del deudor se unirán a los autos, teniendo por comparecidos a los solicitantes (art. 610.3 TRLC).

Finalmente, transcurridos tres meses desde la comunicación, el deudor que no haya alcanzado un plan de reestructuración deberá solicitar la declaración de concurso dentro del mes siguiente, salvo que no se encontrara en estado de insolvencia actual (art. 611.1 TRLC). En caso de prórroga de los efectos de la comunicación, lo dispuesto anteriormente se aplicará a partir de la fecha en que finalice esa prórroga. (Si el deudor solicita la declaración de concurso dentro de ese mes, esta se tramitará en primer lugar. (art. 611.2 TRLC).

QUINTO.– En el caso presente caso, es evidente que no ha transcurrido el plazo de tres meses previsto en el art. 610 TRLC, por lo que, a la vista de lo dispuesto en el citado precepto, procede no admitir a tramite la solicitud de concurso de acreedores de .... S.A. instada por su acreedor, la compañía .... S.L, en tanto en cuanto no transcurra el referido plazo trimestral, tras lo cual, se acordara lo procedente de conformidad con los arts. 610, 611 y 14.2.2° TRLC.

Visto lo expuesto y demás normativa de aplicación:

DISPONGO

1.– Tener por personado a la sociedad........... S.L., y en su nombre y representación a la procuradora de los Tribunales Doña..........., procuradora con la que se entenderán y seguirán las sucesivas diligencias y comunicaciones, y por solicitada la declaración de concurso necesario de la compañía........... S.L, que no se funda en hecho alguno de los contemplados en el art. 14.2.1° TRLC.

2.– Con carácter previo a provisionar y, en su caso, admitir a tramite la referida solicitud de concurso necesario, y habiéndose tenido por presentada con anterioridad, concretamente, el día ...., por .... S.L la comunicación de apertura de negociaciones a que se refiere el art. 585 TRLC, y no habiendo transcurrido el plazo trimestral a que se refiere el art. 610 y 611 TRLC, estese a la espera del transcurso del referido plazo, tras lo cual, se acordará lo procedente conforme a lo establecido en los referidos arts. 610, 611 y 14.2.2° TRLC sobre la referida provisión y, en su caso, admisión a tramite de la meritada solicitud de concurso necesario de la mercantil ....

Notifíquese la resolución a .... S.L. a través de su representación procesal.

La presente resolución no es firme y contra la misma cabe recurso de reposición en el plazo de cinco días a contar desde la notificación de esta.

De conformidad con lo establecido en la Disposición Adicional 15° LOPJ (según la redacción dada por la LO 1/09), la interposición de recurso contra resoluciones judiciales, no podrá ser admitida a trámite sin la acreditación del depósito previsto en la citada Ley a efectos de recurrir, debiendo presentarse copia o resguardo de tal depósito en las cuenta de consignaciones de este Juzgado.

Todo lo cual pronuncia, manda y firma el Ilmo. Sr. ...., Magistrado Juez del Juzgado de lo Mercantil núm. .... de ....

F122. PROVIDENCIA NO ADMISIÓN A TRAMITE DE SOLICITUD DE CONCURSO NECESARIO EN VIRTUD DEL ART. 610 TRLC

Normativa de aplicación: *Arts. 13 y ss.; art. 610 Real Decreto Legislativo 1/2020, de 5 de mayo, por el que se aprueba el texto refundido de la Ley Concursal.*

Providencia del Magistrado Juez...........

En..........., a........... de........... de...........

Que en fecha........... de........... de..........., por la procuradora de los Tribunales, Doña..........., se ha presentado escrito en nombre y representación de la sociedad........... S.L., solicitando la declaración de concurso necesario de la compañía........... SL.

Que se tiene por personado a la sociedad........... S.L., y en su nombre y representación a la procuradora de los Tribunales Doña..........., procuradora con la que se entenderán y seguirán las sucesivas diligencias y comunicaciones, y se tiene por solicitada la declaración de concurso necesario de la compañía........... S.L, que no se funda en ninguno de los motivos del art. 14.1.1° TRLC.

Que con carácter previo a provisionar y, en su caso, admitir a tramite la referida solicitud de concurso necesario, y habiéndose tenido por presentada con anterioridad, concretamente, el día ...., por .... la comunicación de apertura de negociaciones a que se refiere el art. 585 TRLC, y no habiendo transcurrido el plazo trimestral a que se refiere el art. 610 y 611 TRLC, estese a la espera del transcurso del referido plazo, tras lo cual, se acordará lo procedente conforme a lo establecido en los referidos arts. 610, 611 y 14.2.2° TRLC sobre la referida provisión y, en su caso, admisión a tramite de la meritada solicitud de concurso necesario de la mercantil ....

Contra la presente resolución cabe recurso de reposición a interponer en el plazo de cinco días a contar desde su notificación.

De conformidad con lo establecido en la Disposición Adicional 15ª LOPJ, la interposición de recurso contra resoluciones judiciales no podrá ser admitida a trámite sin la acreditación del depósito previsto en la citada Ley a efectos de recurrir, debiendo presentarse copia o resguardo de tal depósito en las cuenta de consignaciones de este Juzgado.

Lo que acuerda, manda y firma su señoría Don..........., Magistrado Juez del Juzgado de lo Mercantil núm. .... de..........., en el lugar y fecha señaladas "ut supra".

F123. AUTO MANDANDO NO PROVEER LA SOLICITUD DE CONCURSO NECESARIO A RESULTAS DE LO ESTABLECIDO EN EL ART. 611 TRLC

Normativa de aplicación: *Arts. 13 y ss.; art. 611 Real Decreto Legislativo 1/2020, de 5 de mayo, por el que se aprueba el texto refundido de la Ley Concursal.*

En la ciudad de .... a .... de .... de ....

ANTECEDENTES DE HECHO

PRIMERO.– Que en fecha .... de .... de .... por el Procurador de los Tribunales, Don..........., y en representación de la compañía .... S.L., se presentó solicitud de concurso necesario de acreedores de la sociedad .... S.A., en base a los HECHOS y FUNDAMENTOS DE DERECHO reseñados en la meritada solicitud y los documentos acompañados a la misma.

De la solicitud formulada por .... S.L., que no se funda en hecho alguno de los contemplados en los ordinales 1° a 3°, del art. 2.4 TRLC, extractamos lo siguiente: ....

SEGUNDO.– Que previamente, la procuradora ...., en representación de la sociedad .... S.A., comunicó a este Juzgado que había iniciado negociaciones para obtener un plan de reestructuración. Ello a los efectos y con el alcance establecido en los arts. 585 y ss. TRLC.

TERCERO.– Que mediante Decreto de fecha ...., por el Sr. Letrado de la Administración de Justicia se dejo constancia de la referida comunicación presentada por .... S.A.

CUARTO.– Que aunque no se ha obtenido el plan de reestructuración citado, a fecha de presentación de la solicitud de concurso necesario de la mercantil .... S.A. por .... S.L. no ha transcurrido el plazo de un mes a que se refiere el 611 TRLC.

QUINTO.– En la tramitación de los presentes se han respetado las prescripciones legales.

FUNDAMENTOS DE DERECHO

PRIMERO.– Que este Juez es competente para conocer de la presente solicitud al ser éste Juzgado de lo Mercantil de .... el correspondiente al lugar donde se halla el centro de intereses principales de .... S.A. (arts. 44, 45 y 610 TRLC).

SEGUNDO.– Que la solicitud y la documentación aportada por .... S.L. cumple con lo establecido en el art. 2.4 y 13 TRLC, y no se funda en hecho alguno de los reseñados en el art. 14.2.2° TRLC.

TERCERO.– Que .... S.L. reúne los requisitos de capacidad procesal, postulación, así como de legitimación al ser .... S.L. acreedor de la compañía .... S.A., cuyo concurso necesario de acreedores solicita en estas actuaciones. (art. 3 y 512.1 TRLC).

CUARTO.– Conforme a lo establecido en el art. 14.2.2° TRLC si la solicitud de concurso presentada se fundara en alguno de los hechos externos recogidos en los ordinales 4° a 6°, art. 2.4, TRLC, el Juez el primer día hábil siguiente dictará auto admitiéndola a trámite, ordenando el emplazamiento del deudor conforme a lo previsto en el art. 16 TRLC, con traslado de la solicitud, para que comparezca en el plazo de cinco días, dentro del cual se le pondrán de manifiesto los autos y podrá formular oposición a la solicitud, proponiendo los medios de prueba de que intente valerse.

Sin perjuicio de ello y conforme establece el art. 610.1 TRLC, las solicitudes de concurso presentadas después de la comunicación por otros legitimados distintos del deudor se repartirán al juzgado que hubiera tenido por efectuada la comunicación, pero no se admitirán a trámite mientras no transcurra el plazo de tres meses a contar desde la fecha de esa comunicación. Las presentadas antes de la comunicación aún no admitidas a trámite quedarán en suspenso. Lo señalado anteriormente se extenderá durante la prórroga de los efectos de la comunicación (art. 610.2 TRLC).

Por otro lado, las solicitudes suspendidas y las que se presenten con posterioridad a la expiración de los plazos anteriores solo se proveerán transcurrido un mes sin que el deudor hubiera solicitado la declaración de concurso, sin perjuicio de la adopción por el juez de las medidas cautelares que estime oportunas. Si el deudor solicita la declaración de concurso dentro de ese mes, esta se tramitará en primer lugar. Declarado el concurso a instancia del deudor, las solicitudes que se hubieran presentado antes y las que se presenten después de la del deudor se unirán a los autos, teniendo por comparecidos a los solicitantes (art. 610.3 TRLC).

Finalmente, transcurridos tres meses desde la comunicación, el deudor que no haya alcanzado un plan de reestructuración deberá solicitar la declaración de concurso dentro del mes siguiente, salvo que no se encontrara en estado de insolvencia actual (art. 611.1 TRLC). En caso de prórroga de los efectos de la comunicación, lo dispuesto anteriormente se aplicará a partir de la fecha en que finalice esa prórroga. (Si el deudor solicita la declaración de concurso dentro de ese mes, esta se tramitará en primer lugar. (art. 611.2 TRLC).

QUINTO.– En el presente caso y de los ANTECEDENTES DE HECHO arriba reseñados, resulta que pese a que el deudor no ha alcanzado un plan de reestructuración con sus acreedores, no ha transcurrido el plazo de un mes a que se refiere el apartado 1 del art. 611 TRLC, dentro del cual el deudor que ha formulado la comunicación a que se refiere el citado artículo 585 TRLC debe solicitar la declaración de concurso si no ha obtenido un plan de reestructuración y se halle en situación de insolvencia.

Por ello, y de conformidad con lo establecido en los arts. 610 y 611 TRLC, no procede proveer, y en su caso, admitir a tramite la solicitud objeto de estas actuaciones, mientras no haya vencido el plazo de un mes previsto en el citado artículo 611 TRLC y si el deudor no hubiera presentado solicitud de concurso.

Visto lo expuesto y demás normativa de aplicación:

DISPONGO

1. Se tiene por personado a la sociedad .... S.L., y en su nombre y representación el Procurador de los Tribunales Don............, en virtud del poder procesal de representación adjuntado por dicha compañía a la solicitud origen de este procedimiento, procurador con el que se entenderán y seguirán las sucesivas diligencias y comunicaciones, y

2. Se tiene por solicitada la declaración de concurso necesario de la compañía .... S.A., con domicilio en ...., calle ...., núm. ...., CIF .... e inscrita en el Registro Mercantil de la provincia de Valencia al tomo ...., folio ...., libro ...., de la sección ...., hoja ...., solicitud que no se proveerá y, en su caso, admitirá a tramite, hasta que transcurra el plazo de un mes a que se refiere el art. 611 TRLC, tras lo cual, se acordará lo procedente conforme a lo establecido

en los referidos arts. 610, 611 y 14.2.2º TRLC sobre la referida provisión y, en su caso, admisión a tramite de la meritada solicitud de concurso necesario de la mercantil ....

Notifíquese la resolución a .... S.L. a través de su representación procesal.

La presente resolución no es firme y contra la misma cabe recurso de reposición en el plazo de cinco días a contar desde la notificación de ésta.

De conformidad con lo establecido en la Disposición Adicional 15ª LOPJ (según la redacción dada por la LO 1/09), la interposición de recurso contra resoluciones judiciales no podrá ser admitida a trámite sin la acreditación del depósito previsto en la citada Ley a efectos de recurrir, debiendo presentarse copia o resguardo de tal depósito en la cuenta de consignaciones de este Juzgado.

Todo lo cual pronuncia, manda y firma el Ilmo. Sr. ...., Magistrado Juez del Juzgado de lo Mercantil núm. .... de ....

F124. PROVIDENCIA NO ADMISIÓN A TRAMITE DE SOLICITUD DE CONCURSO NECESARIO EN VIRTUD DEL ART. 611 TRLC

Normativa de aplicación: *Arts. 13 y ss.; art. 611 Real Decreto Legislativo 1/2020, de 5 de mayo, por el que se aprueba el texto refundido de la Ley Concursal.*

Providencia del Magistrado Juez...........

En..........., a........... de........... de...........

Que en fecha........... de........... de..........., por la procuradora de los Tribunales, Doña..........., se ha presentado escrito en nombre y representación de la sociedad........... S.L., solicitando la declaración de concurso necesario de la compañía........... SL.

Que se tiene por personado a la sociedad........... S.L., y en su nombre y representación a la procuradora de los Tribunales Doña..........., procuradora con la que se entenderán y seguirán las sucesivas diligencias y comunicaciones, y se tiene por solicitada la declaración de concurso necesario de la compañía........... S.L, que no se funda en.

Que con carácter previo a provisionar y, en su caso, admitir a tramite la referida solicitud de concurso necesario, y habiéndose tenido por presentada con anterioridad, concretamente, el día ...., por .... la comunicación de apertura de negociaciones a que se refiere el art. 585 TRLC, y pese a haber transcurrido el plazo de tres meses que se refiere el art. 610 y 611 TRLC, lo cierto es que no ha transcurrido el plazo de un mes a que se refiere el art. 611 TRLC, por lo que estese a la espera del transcurso del referido plazo mensual, tras lo cual, se acordará lo procedente conforme a lo establecido en los referidos arts. 610, 611 y 14.2.2º TRLC sobre la referida provisión y, en su caso, admisión a tramite de la meritada solicitud de concurso necesario de la mercantil ....

Contra la presente resolución cabe recurso de reposición a interponer en el plazo de cinco días a contar desde su notificación.

De conformidad con lo establecido en la Disposición Adicional 15° LOPJ, la interposición de recurso contra resoluciones judiciales no podrá ser admitida a trámite sin la acreditación del depósito previsto en la citada Ley a efectos de recurrir, debiendo presentarse copia o resguardo de tal depósito en las cuenta de consignaciones de este Juzgado.

Lo que acuerda, manda y firma su señoría Don..........., Magistrado Juez del Juzgado de lo Mercantil núm. .... de..........., en el lugar y fecha señaladas "ut supra".

F125. AUTO PROVEYENDO Y ADMITIENDO A TRAMITE LA SOLICITUD DE CONCURSO NECESARIO AL NO HABER PRESENTADO EL DEUDOR CONCURSO VOLUNTARIO TRAS COMUNICACIÓN ART. 585 TRLC

Normativa de aplicación: *Arts. 13 y ss.; artl 585 Real Decreto Legislativo 1/2020, de 5 de mayo, por el que se aprueba el texto refundido de la Ley Concursal.*

En la ciudad de .... a .... de .... de ....

ANTECEDENTES DE HECHO

PRIMERO.– Que en fecha .... de .... de .... por el Procurador de los Tribunales, Don..........., y en representación de la compañía .... S.L., se presentó solicitud de concurso necesario de acreedores de la sociedad .... S.A., en base a los HECHOS y FUNDAMENTOS DE DERECHO reseñados en la meritada solicitud y los documentos acompañados a la misma.

De la solicitud formulada por .... S.L., que no se funda en hecho alguno de los reseñados en el art. 14.21° TRLC, extracto lo siguiente: ....

SEGUNDO.– Que previamente y dentro del plazo de dos meses establecido en el art. 5.1 TRLC, por la procuradora .... y en representación de la sociedad .... S.A., comunicó a este Juzgado que había iniciado negociaciones para obtener un plan de reestructuración. Ello a los efectos y con el alcance establecido en los arts. 585 y ss. TRLC.

TERCERO.– Que a fecha de presentación de la solicitud de concurso necesario no había transcurrido el plazo de un mes a que se refiere el art. 610 y 611 TRLC para que tras la comunicación reseñada en el antecedente segundo de este auto, ... S.A. presentara, en su caso, solicitud de concurso voluntario. Por tal motivo, mediante auto de fecha .... y de conformidad con lo establecido en dichos preceptos, se acordó no proveer la citada solicitud en tanto en cuanto no venciese el citado plazo y si el deudor no hubiese presentado su propio concurso dentro del mismo.

CUARTO.– Que ha transcurrido el referido plazo de un mes establecido en los arts. 610 y 611 TRLC, no consta la obtención del plan de restructuración y el deudor no ha presentado solicitud de declaración de concurso.

QUINTO.– En la tramitación de los presentes se han respetado las prescripciones legales.

FUNDAMENTOS DE DERECHO

PRIMERO.– Que este Juez es competente para conocer de la presente solicitud al ser éste Juzgado de lo Mercantil de .... el correspondiente al lugar donde se halla el centro de intereses principales de .... S.A. (arts. 44, 45 y 610 TRLC).

SEGUNDO.– Que la solicitud y la documentación aportada por .... S.L. cumple con lo establecido en el art. 2.4 y 13 TRLC y no se funda en hecho alguno de los establecidos en el art. 14.2.1° TRLC.

TERCERO.– Que .... S.L. reúne los requisitos de capacidad procesal, postulación, así como de legitimación al ser .... S.L. acreedor de la compañía .... S.A., cuyo concurso necesario de acreedores solicita en estas actuaciones. (art. 3 y 512.1 TRLC).

CUARTO.– Conforme a lo establecido en el art. 14.2.2° TRLC si la solicitud de concurso presentada se fundara en alguno de los hechos externos recogidos en los ordinales 4° a 6°, art. 2.4, TRLC, el Juez el primer día hábil siguiente dictará auto admitiéndola a trámite, ordenando el emplazamiento del deudor conforme a lo previsto en el art. 16 TRLC, con traslado de la solicitud, para que comparezca en el plazo de cinco días, dentro del cual se le pondrán de manifiesto los autos y podrá formular oposición a la solicitud, proponiendo los medios de prueba de que intente valerse.

Conforme a lo establecido en el art. 14.2.2° TRLC si la solicitud de concurso presentada se fundara en alguno de los hechos externos recogidos en los ordinales 4° a 6°, art. 2.4, TRLC, el Juez el primer día hábil siguiente dictará auto admitiéndola a trámite, ordenando el emplazamiento del deudor conforme a lo previsto en el art. 16 TRLC, con traslado de la solicitud, para que comparezca en el plazo de cinco días, dentro del cual se le pondrán de manifiesto los autos y podrá formular oposición a la solicitud, proponiendo los medios de prueba de que intente valerse.

Sin perjuicio de ello y conforme establece el art. 610.1 TRLC, las solicitudes de concurso presentadas después de la comunicación por otros legitimados distintos del deudor se repartirán al juzgado que hubiera tenido por efectuada la comunicación, pero no se admitirán a trámite mientras no transcurra el plazo de tres meses a contar desde la fecha de esa comunicación. Las presentadas antes de la comunicación aún no admitidas a trámite quedarán en suspenso. Lo señalado anteriormente se extenderá durante la prórroga de los efectos de la comunicación (art. 610.2 TRLC).

Por otro lado, las solicitudes suspendidas y las que se presenten con posterioridad a la *expiración de los plazos anteriores* solo se proveerán transcurrido un mes sin que el deudor hubiera solicitado la declaración de concurso, sin perjuicio de la adopción por el juez de las medidas cautelares que estime oportunas. Si el deudor solicita la declaración de concurso dentro de ese mes, esta se tramitará en primer lugar. Declarado el concurso a instancia del deudor, las solicitudes que se hubieran presentado antes y las que se presenten después de la del deudor se unirán a los autos, teniendo por comparecidos a los solicitantes (art. 610.3 TRLC).

Finalmente, transcurridos tres meses desde la comunicación, el deudor que no haya alcanzado un plan de reestructuración deberá solicitar la declaración de concurso dentro del mes siguiente, salvo que no se encontrara en estado de insolvencia actual (art. 611.1 TRLC). En caso de prórroga de los efectos de la comunicación, lo dispuesto anteriormente se aplicará a partir de la fecha en que finalice esa prórroga. (Si el deudor solicita la declaración de concurso dentro de ese mes, esta se tramitará en primer lugar. (art. 611.2 TRLC).

QUINTO.– Que habiendo transcurrido el plazo de un mes establecido en los arts. 610 y 611 TRLC procede proveer y admitir a tramite la citada solicitud formulada por .... S.L., pues el deudor no ha presentado solicitud de declaración de concurso.

Visto lo expuesto y demás normativa de aplicación

DISPONGO

PRIMERO.– Proveer la solicitud de concurso necesario de la compañía .... S.A. al haber transcurrido el plazo de un mes previsto en los arts. 610 y 611 TRLC sin que el deudor halla solicitado la declaración de concurso.

SEGUNDO.– Como consecuencia de lo anterior, se admite a trámite la citada solicitud de declaración de concurso necesario de la compañía .... S.A., declarándose este juzgado competente para conocer de la misma, formándose la sección primera del concurso, y ordeno el emplazamiento del deudor conforme a lo previsto en el art. 16 TRLC, con traslado de la solicitud, para que comparezca por medio de Procurador y asistido de Letrado en el plazo de cinco días, dentro del cual se pondrán de manifiesto los autos y podrá formular oposición a la solicitud, proponiendo los medios de prueba de los que intente valerse, advirtiéndole de forma expresa que en el supuesto de allanarse a la solicitud planteada por .... S.L., no comparecer en estas actuaciones o no oponerse a la misma, se estimara la solicitud de concurso necesario instada por .... S.L.

Notifíquese la presente resolución a la Agencia Estatal de Administración Tributaria; la Tesorería General de la Seguridad Social, y al Fondo de Garantía Salarial, a través de los medios habilitadas por estas en sus respectivas sedes electrónicas y con independencia que conste o no su condición de acreedores de la concursada.

Notifíquese igualmente esta resolución a .... S.L. a través de su representación procesal y a la sociedad .... S.A. a través del servicio común de notificaciones.

ALTERNATIVA: Notifíquese la resolución a .... S.L. a través de su representación procesal. El emplazamiento de la deudora se realizara en el domicilio designado en la precitada solicitud y cumpliendo lo dispuesto en el art. 16 TRLC, facultando a la Procuradora Sra ...., tal y como ha solicitado la actora, para que, a su costa, lleve a cabo todos los actos de comunicación en el presente procedimiento.

La presente resolución no es firme y contra la misma cabe recurso de reposición en el plazo de cinco días a contar desde la notificación de esta.

De conformidad con lo establecido en la Disposición Adicional 15ª LOPJ (según la redacción dada por la LO 1/09), la interposición de recurso contra resoluciones judiciales no podrá ser admitida a trámite sin la acreditación del depósito previsto en la citada Ley a efectos de recurrir, debiendo presentarse copia o resguardo de tal depósito en las cuenta de consignaciones de este Juzgado.

Todo lo cual pronuncia, manda y firma el Ilmo. Sr. ...., Magistrado Juez del Juzgado de lo Mercantil núm. .... de ....

F126. AUTO INADMITIENDO A TRÁMITE LA SOLICITUD DE CONCURSO NECESARIO

Normativa de aplicación: *Arts. 13 y ss. Real Decreto Legislativo 1/2020, de 5 de mayo, por el que se aprueba el texto refundido de la Ley Concursal.*

En la ciudad de .... a .... de .... de ....

ANTECEDENTES DE HECHO

ÚNICO.– Que en fecha .... de .... de .... por el Procurador de los Tribunales, Doña ...., y en representación de la compañía .... S.L., se presentó solicitud de concurso necesario de la compañía .... S.A., en base a los HECHOS y FUNDAMENTOS DE DERECHO reseñados en la meritada solicitud y los documentos acompañados a la misma.

De la citada solicitud extractamos lo siguiente: ....

En la tramitación de los presentes se han respetado las prescripciones legales.

FUNDAMENTOS DE DERECHO

PRIMERO.– Que este Juez es competente para conocer de la presente solicitud al ser éste Juzgado de lo Mercantil de .... el correspondiente al lugar donde se halla el centro de intereses principales de .... S.A. (art. 44 y 45 TRLC).

SEGUNDO.– Que la solicitud y la documentación aportada junto a la misma por .... S.L. y cumple con lo establecido en el art. 13 TRLC, a excepción de lo que se dirá más adelante.

TERCERO.– Que .... S.L. reúne los requisitos de capacidad procesal, postulación, así como de legitimación al ser .... S.L. acreedor de .... S.A. (art. 3.1 y 512.1 TRLC).

CUARTO.– Que a la vista de la solicitud formulada por ...., observo que esta se basa en ...., esto es, en ninguno de los supuestos contemplados en el art. 2.4 TRLC, debiéndose recordar que la solicitud de concurso formulada por acreedor, debe fundarse en alguno de los supuestos contemplados en el art. 2.4 TRLC, teniendo tal enumeración el carácter de "numerus clausus" (autos de Juzgado de lo Mercantil núm. 2 de Madrid de fecha 16 de diciembre de 2004 y 29 de noviembre de 2005).

Por todo ello, la presente solicitud debe inadmitirse a trámite.

Visto lo expuesto y demás normativa de aplicación

DISPONGO

1. Se tiene por personado a la sociedad .... S.L., y en su nombre y representación el procurador de los Tribunales Don........... en virtud del poder procesal de representación adjuntado por dicha compañía a la solicitud origen de este procedimiento, procurador con el que se entenderán y seguirán las sucesivas diligencias y comunicaciones, y se tiene por solicitada la declaración de concurso necesario de la compañía .... S.A., con domicilio en ...., calle ...., n. ...., CIF .... e inscrita en el Registro Mercantil de la provincia de Valencia al tomo ...., folio ...., libro ...., de la sección ...., hoja ....

2. Se inadmite a trámite la citada solicitud de declaración de concurso necesario de la compañía .... S.A., al no estar fundada la misma en ninguno de los supuestos recogidos en el art. 2.4 TRLC.

Firme que sea la presente resolución, procédase al archivo de las actuaciones en unión de testimonio del presente auto y con devolución de los originales a la actora, previo su desglose. Llévese el original de este auto al libro de autos definitivos. Y dense de baja las presentes actuaciones en los libros de este Juzgado.

Notifíquese la resolución a .... S.L. a través de su representación procesal.

La presente resolución no es firme y contra la misma cabe recurso de reposición en el plazo de cinco días a contar desde la notificación de esta.

De conformidad con lo establecido en la Disposición Adicional 15° LOPJ (según la redacción dada por la LO 1/09), la interposición de recurso contra resoluciones judiciales no podrá ser admitida a trámite sin la acreditación del depósito previsto en la citada Ley a efectos de recurrir, debiendo presentarse copia o resguardo de tal depósito en las cuenta de consignaciones de este Juzgado.

Todo lo cual pronuncia, manda y firma el Ilmo. Sr. ...., Magistrado Juez del Juzgado de lo Mercantil núm. .... de ....

F127. RECURSO DE REPOSICIÓN CONTRA AUTO DE ADMISIÓN A TRAMITE DE CONCURSO NECESARIO

Normativa de aplicación: *Arts. 13 y ss. Real Decreto Legislativo 1/2020, de 5 de mayo, por el que se aprueba el texto refundido de la Ley Concursal.*

JUZGADO DE LO MERCANTIL
PROCEDIMIENTO: CONCURSO

Demandante:

Procurador:

Demandado:

Procurador:

AL JUZGADO DE LO MERCANTIL

..........., Procuradora de los Tribunales, actuando en nombre y representación de ...., y según tengo acreditado en los autos de referencia, ante este juzgado comparezco y, como mejor proceda en Derecho, DIGO:

Que por medio del presente escrito vengo a interponer RECURSO DE REPOSICIÓN contra el Auto de fecha .... por el que se admite a trámite la solicitud de la declaración de concurso necesario del deudor, todo ello al amparo de lo dispuesto en el artículo 452 de la LEC y por infringir lo previsto en los arts........... TRLC con base en las siguientes,

ALEGACIONES

PRIMERO.– Que por medio del presente escrito se viene a interponer recurso de reposición contra el Auto de fecha .... por el que se admite a trámite la solicitud de la declaración de concurso necesario del deudor.

SEGUNDO.– Que, por el demandante, se presentó demanda de solicitud de declaración de concurso necesario de ....

TERCERO.– Que, ad cautelam, sin perjuicio del escrito de oposición en el que se reproduzcan y amplíen las alegaciones aquí vertidas y para el supuesto que su Señoría entienda que el trámite de oposición no es el cauce adecuado para impugnar la citada solicitud sino a través del recurso de reposición cuando se alega que no puede procederse a la declaración del concurso de acreedores por cuanto que no se da el requisito de la existencia de una pluralidad de acreedores, así como que no se ha acreditado por el instante la situación de insolvencia de mi mandante, ya que se limita a señalar una serie de indicios que supuestamente determinarían la insolvencia sin aportar una sola prueba que lo acredite, se interpone este recurso.

CUARTO.– Así las cosas, y aunque la Ley Concursal nada diga al respecto, es presupuesto del concurso de acreedores, sea voluntario o necesario, la existencia de una pluralidad de acreedores del deudor.

Tal exigencia no aparecía de forma explícita en la derogada LC, pero resultaba no sólo de la exposición de motivos de la propia LC, que establece como finalidad del concurso alcanzar un acuerdo entre el deudor y sus acreedores, sino de otros artículos de dicha norma tales como, seguimos el auto del Juzgado de lo Mercantil núm. 1 de Bilbao de fecha 5 de mayo de 2005, "...........el art. 2.1, al exigir un "deudor común" a varios acreedores, art. 3 que menciona a los acreedores en plural, el 4 que habla de "pluralidad de acreedores", el 6.2° que exige en el concurso voluntario la obligación de presentar una "relación de acreedores, por orden alfabético...........", el 15 al prevenir la sucesiva petición de concursos por acreedores del mismo deudor, 19.3 que ordena el llamamiento a otros acreedores interesados cuando el inicial no comparezca en la vista de oposición o no se ratifique en la solicitud, el 21.1.5° en el llamamiento a los "acreedores", el 49 y 76 que ordena la formación de la masa pasiva con una pluralidad de los mismos, o el 75.2.2° que hace otro tanto para la elaboración de una "lista de acreedores" por la administración concursal..........."

La pluralidad de acreedores se constituye en carácter necesario, aunque sea implícito o intrínseco, del presupuesto objetivo del concurso de acreedores, siendo elemento necesario e indispensable para su declaración, añado yo, sea con el carácter de voluntario o necesario. Por ello, entiendo que la omisión y falta de conexión en el TRLC entre concurso necesario-pluralidad de acreedores en modo alguno abona la conclusión de su inexigibilidad en tal necesario concurso.

Respecto a la citada pluralidad de acreedores, no se requiere que recaiga en ellos ninguna cualidad o condición, siendo independiente el tipo de crédito, su carácter, la eventual calificación que le correspondería en el concurso o la vinculación deudor-acreedor. Y no es preciso que concurra un solo acreedor, basta con que los acreedores restantes lo sean por una cantidad ínfima o que, a pesar de la cuantía, sean personas vinculadas al deudor.

De esta forma, si no se da tal presupuesto del concurso, la solicitud de concurso debe rechazarse. Y tal rechazo no implica que el único acreedor quede huérfano de remedio ante el impago del deudor, pues sería de aplicación el principio de responsabilidad patrimonial universal del deudor que deriva del art. 1.911 CC, no derogado por el TRLC, según el cual el deudor responde de sus obligaciones con todos sus bienes, presentes y futuros. Por lo tanto, siempre le queda el remedio de proceder a una ejecución singular de su crédito.

En esta línea, cabe recordar las palabras de la Profesora PULGAR EZQUERRA, según la cual debe propiciarse que la responsabilidad patrimonial se haga efectiva siempre que sea posible por la vía de la ejecución singular, más sencilla, menos costosa y traumática para deudor y acreedores, reservándose la ejecución colectiva concursal para aquellos supuestos en que aquélla no puede tener lugar.

En nuestro caso, la actora no ha acreditado la existencia de esa pluralidad de acreedores pues de la documentación acompañada a su solicitud, y de sus propias manifestaciones, únicamente se infiere la existencia de una acreedor, el propio instante del concurso, y por un crédito de cuantía nimia (...........euros) ....

Por lo tanto, no habiéndose acreditado la existencia de esa pluralidad de acreedores exigida legalmente, cabe desestimar la presente solicitud de concurso necesario de acreedores.

QUINTO.– Por otro lado, como es pacífico en la doctrina y jurisprudencia, es al tiempo de la solicitud de concurso necesario cuando debe concurrir el hecho externo en que se funda tal solicitud. Y no sólo debe concurrir dicho hecho revelador de la insolvencia al tiempo de solicitarse el concurso del deudor, sino que el instante del mismo, en su solicitud, debe acreditar indiciariamente tal hecho, sin que pueda diferir tal prueba aun momento posterior, so pena de que esta solicitud sea rechazada.

Esa situación de insolvencia fundada en los hechos del art. 2.4 TRLC y su acreditación al tiempo de instarse el concurso no implica en modo alguno la declaración del mismo si, con posterioridad a iniciarse el procedimiento, la sociedad resulta solvente o, deviene de la insolvencia a una situación solvente o desaparece tal hecho que sirve de fundamentación de la alegada insolvencia. Únicamente es presupuesto para su admisión a trámite. Pero no es garantía de que el Juzgador declare, posteriormente, el concurso del deudor.

Como dijimos arriba, el acreedor instante del mismo, debe reseñar y acreditar indiciariamente la existencia de tal hecho externo, sin que pueda diferir tal prueba a un momento posterior, convirtiendo el proceso concursal en una suerte de proceso "investigador" de la insolvencia del deudor. Menos aún, alterar durante tal proceso el hecho revelador fundamento de la solicitud so pena de vulnerar el derecho de defensa de aquel cuyo concurso de insta.

En nuestro caso, ...

Lo cual conlleva, como reiterada jurisprudencia mantiene, el rechazo de la solicitud instada de contrario.

En su virtud,

SUPLICO AL JUZGADO: Que teniendo por presentado este escrito, con sus copias, se sirva proceder conforme lo manifestado, dejando sin efecto el Auto de fecha .... en el que se admitía a trámite la solicitud de la declaración del concurso necesario de ...., por no ser el mismo conforme a derecho, y se rechace la citada solicitud, archivándose las presentes actuaciones.

Es justicia que pido, en ...., fecha

Fdo. Abogado Fdo. Procurador

F128. ESCRITO DEL DEUDOR ALLANÁNDOSE A LA SOLICITUD DE CONCURSO NECESARIO

Normativa de aplicación: *Arts. 13 y ss. Real Decreto Legislativo 1/2020, de 5 de mayo, por el que se aprueba el texto refundido de la Ley Concursal.*

AL JUZGADO DE LO MERCANTIL NÚM. .... DE ....

..........., Procurador de los Tribunales (núm. .... de colegiado) y de la compañía .... S.A., con domicilio en ...., calle .... núm. .... y CIF ...., cuya representación acredito mediante la escritura original de poder de representación que se acompaña a este escrito, ante este Juzgado comparezco en el procedimiento concursal .... bajo la dirección letrada de Don..........., abogado del Ilustre Colegio de .... (núm. .... de colegiado), y como mejor proceda en Derecho DIGO:

I. Que en fecha .... de .... de ...., ha sido notificado a esta parte el auto de este Juzgado al que nos dirigimos, de fecha .... de .... de ...., por el que se admite a trámite la solicitud de declaración de concurso necesario de mi mandante formulada por la sociedad .... S.L. y se nos emplaza, con traslado de la solicitud, para que comparezcamos en el plazo de cinco días a efectos de, en su caso, formular oposición a la solicitud, proponiendo los medios de prueba de los que intente valerse.

II. Que por medio del presente escrito y en la representación que ostento, comparezco en las presentes actuaciones núm. de autos .... y me ALLANO a la solicitud de declaración de concurso necesario de este parte formulado por la compañía .... S.L.

En su virtud

SUPLICO AL JUZGADO que tenga por presentado este escrito, junto a los documentos a él unidos y sus copias, se sirva por tener comparecida en las presentes actuaciones a mi principal, ... S.L., y se tenga a mi poderdante por ALLANADO a la solicitud de declaración de concurso necesario de mi principal formulada por la compañía .... S.L., acordándose cuanto proceda en derecho como consecuencia de tal allanamiento.

Lo que se SUPLICA en ...., a .... de .... de ....

F129. AUTO ESTIMANDO LA SOLICITUD DE DECLARACIÓN DE CONCURSO NECESARIO COMO CONSECUENCIA DE ALLANAMIENTO DEL DEUDOR

Normativa de aplicación: *Arts. 13 y ss. Real Decreto Legislativo 1/2020, de 5 de mayo, por el que se aprueba el texto refundido de la Ley Concursal.*

En la ciudad de .... a .... de .... de ....

ANTECEDENTES DE HECHO

PRIMERO.– Que en fecha .... de .... de .... por el Procurador de los Tribunales, Doña ...., y en representación de la compañía .... S.L., se presentó solicitud de concurso necesario de la compañía .... S.A., en base a los HECHOS y FUNDAMENTOS DE DERECHO reseñados en la meritada solicitud y los documentos acompañados a la misma.

SEGUNDO.– Que mediante auto de fecha .... de .... de ...., por este Juzgado se admitió a trámite la citada solicitud y se ordenó el emplazamiento del deudor, la compañía .... S.A., con traslado de la solicitud, para que compareciera en las presentes actuaciones en el plazo de cinco días a los efectos del art. 14.2.2° TRLC.

TERCERO.– Que en fecha .... de .... de ...., la compañía .... S.A., y en su nombre y representación el Procurador de los Tribunales Doña ...., compareció en este procedimiento concursal .... y se allanó a la solicitud de declaración de concurso formulada por .... S.A.

CUARTO.– En la tramitación de los presentes se han respetado las prescripciones legales.

FUNDAMENTOS DE DERECHO

PRIMERO.– Que este Juez es competente para conocer de la presente solicitud al ser éste Juzgado de lo Mercantil de .... el correspondiente al lugar donde se halla el centro de intereses principales de .... S.A. (arts. 44 y 45 TRLC).

SEGUNDO.– Que la solicitud y la documentación aportada junto a la misma por .... S.L. cumple con lo establecido en los arts. 2.4 y 13 TRLC.

TERCERO.– Que .... S.L. reúne los requisitos de capacidad procesal, postulación, así como de legitimación al acreedor de .... S.A. (arts. 3.1 y 512 TRLC).

CUARTO.– Que la solicitud de concurso necesario arriba reseñada no se funda en hecho alguno de los reseñados en el art. 14.2.1° TRLC, sino en la existencia de un sobreseimiento generalizado en el pago corriente de las obligaciones (art. 2.4 TRLC).

Por ello, conforme a lo establecido en el art. 14.2.2° TRLC si la solicitud de concurso presentada se fundara en alguno de los hechos externos recogidos en los ordinales 4° a 6°, art. 2.4, TRLC, el Juez el primer día hábil siguiente dictará auto admitiéndola a trámite, ordenando el emplazamiento del deudor conforme a lo previsto en el art. 16 TRLC, con traslado de la solicitud, para que comparezca en el plazo de cinco días, dentro del cual se le pondrán de manifiesto los autos y podrá formular oposición a la solicitud, proponiendo los medios de prueba de que intente valerse.

Continúa el art. 19.1 TRLC indicando que en el supuesto de admisión a trámite de la solicitud de concurso necesario, si el deudor emplazado se allanase a la pretensión del solicitante, el Juez dictará auto declarando el concurso de acreedores. Finaliza el citado art. 19 TRLC, apartado 2, señalando que el mismo efecto que el allanamiento tendrá el hecho de que, con posterioridad a la solicitud de cualquier legitimado, el deudor, antes de ser emplazado, hubiera solicitado la declaración del propio concurso o, una vez emplazado, no hubiera formulado oposición dentro de plazo.

En este sentido, y al haberse allanado .... S.A. a la solicitud de declaración de concurso necesario formulada por .... S.L., procede estimar tal solicitud sin tener que entrar a examinar el presupuesto objetivo del concurso: el estado de insolvencia de .... S.A. (arts. 18 y 22 TRLC y Auto del Juzgado de lo Mercantil núm. 1 de Bilbao, de 23 de marzo de 2005 o de la Audiencia provincial de Málaga de fecha 26 de enero de 2007), que en cualquier caso se da a la vista de la documentación aportada.

QUINTO.– Que a la vista de lo dispuesto en el art. 29.1 TRLC el presente concurso tiene la consideración de necesario.

SEXTO.– Que procede nombrar a la administración concursal, que estará integrada por un único miembro, recayendo el nombramiento en Don........... (ABOGADO), mayor de edad, de nacionalidad española, con domicilio en ...., calle .... y DNI/NIF .... Núm. .... ICAV.

ALTERNATIVA I (cuando entre en vigor el art. 62 TRLC):

Que conforme a lo dispuesto en el art. 62.1 TRLC procede nombrar a la administración concursal. No concurriendo ninguna de las excepciones previstas legalmente, procede estar al listado del Registro Público Concursal y al turno correlativo contemplado en dicho art. 62.1 TRLC, en función de la clase de concurso, en este caso, ..., recayendo el nombramiento en Don........... (ABOGADO), mayor de edad, de nacionalidad española, con domicilio en ...., calle .... y DNI/NIF .... núm. .... ICAV, dirección electrónica ...., quien ha hecho constar estar en condiciones para actuar en el ámbito territorial de este Juzgado.

ALTERNATIVA II (cuando entre en vigor el art. 62 TRLC):

Que conforme a lo dispuesto en el art. 62 TRLC procede nombrar a la administración concursal. De conformidad con lo establecido en este ultimo precepto, habría que estar al listado del Registro Público Concursal y al turno correlativo contemplado en dicho art. 62.1 TRLC. No obstante, dado que nos encontramos ante un concurso de mayor complejidad, entiendo más oportuno designar a un administrador concursal alternativo al que resulta del citado turno a la vista que .... Por ello, previa consulta del referido Registro, queda designado administrador concursal Don........... (ABOGADO), mayor de edad, de nacionalidad española, con domicilio en ...., calle .... y DNI/NIF .... núm. .... ICAV, dirección electrónica ...., que se halla inscrita en dicho Registro Publico concursal y habilitado para ejercer las funciones propias del cargo en dichos concursos. Justifico su nombramiento en ....

ALTERNATIVA III (cuando entre en vigor el art. 62 TRLC):

Que conforme a lo dispuesto en el art. 62.1 TRLC procede nombrar a la administración concursal y, procede estar al listado del Registro Público Concursal y al turno correlativo contemplado en dicho art. 62.1 TRLC, en función de la clase de concurso, en este caso,

.... No obstante, dado que nos hallamos ante un concurso con elementos transfronterizos, y a la vista del art. 62.3 TRLC, el nombramiento deberá recaer en persona que, además, acredite en el momento de su aceptación el conocimiento suficiente de la lengua del país o países relacionados con esos elementos o, al menos, el conocimiento suficiente de la lengua inglesa. Alternativamente, podrá acreditar que cuenta con personas trabajadoras o ha contratado a un traductor jurado con dichos conocimientos. Por ello, recae el nombramiento en Don........... (ABOGADO), mayor de edad, de nacionalidad española, con domicilio en ...., calle .... y DNI/NIF .... núm. .... ICAV, dirección electrónica ...., quien ha hecho constar estar en condiciones para actuar en el ámbito territorial de este Juzgado y que, en cualquier caso, y al tiempo de aceptar el cargo deberá acreditar los anteriores extremos idiomáticos.

El administrador concursal nombrado deberá aceptar el cargo, por lo que urgentemente y por el medio más rápido se le notificará su nombramiento a efectos de su aceptación y juramento. Igualmente deberá acreditar ante este Juzgado que tiene suscrito un seguro de responsabilidad civil o garantía equivalente proporcional a la naturaleza y alcance del riesgo cubierto por el nombramiento aquí verificado a su favor.

SÉPTIMO.– Que dado que nos hallamos ante un concurso necesario procede la suspensión del ejercicio por el concursado de las facultades de administración y disposición sobre la masa activa, siendo sustituido en tal ejercicio por la administración concursal (art. 106.2 TRLC).

OCTAVO.– Que en este momento parece oportuno adoptar medidas cautelares para asegurar la integridad, la conservación o la administración de la masa activa hasta que los administradores concursales acepten el cargo. Concretamente: ....

NOVENO.– Que igualmente, conforme establece el art. 28.2 TRLC debe requerirse al deudor para que presente, en el plazo de diez días desde la notificación del presente auto, los documentos enumerados en el art. 7 y 8 TRLC.

DÉCIMO.– Que dando cumplimiento a lo preceptuado por el art. 35 TRLC procede dar, con la mayor urgencia, la oportuna publicidad a la declaración del concurso, mediante publicación del presente auto en los términos y con el contenido establecido en el art. 35 TRLC.

Igualmente procede dar publicidad registral a la declaración del presente concurso en los términos y con el alcance establecido en los art. 35 y 37 TRLC, así como insertar el presente auto en el Registro público Concursal y comunicar al Fondo de Garantía salarial la incoación de presente expediente (art. 33 ET). Finalmente, debe comunicarse la existencia del presente procedimiento al Registro Mercantil de la provincia de .... a los efectos de lo dispuesto en el TRLC así como en el RD 685/2005, de 9 de junio y la Orden 3473/2005, de 8 de noviembre. Finalmente, procede comunicar la declaración de concurso a la Agencia Estatal de Administración Tributaria y a la Tesorería General de la Seguridad Social. (En su caso) Y a la representación legal de los trabajadores de ....

El traslado de los oficios con los edictos correspondientes se realizará por vía electrónica o telemática a los organismos, personas y Registros correspondientes.

ALTERNATIVA: Que no siendo posible el traslado de los oficios con los edictos correspondientes por vía telemática a los organismos, personas y Registros correspondientes, deben expedirse los oportunos mandamientos y oficios con los edictos, que serán entregados y confiados al procurador de la solicitante del concurso a efectos de darles el oportuno curso, gestión y diligenciamiento en los términos de los citados arts. 35 a 37 TRLC.

Visto lo expuesto y demás normativa de aplicación

DISPONGO

PRIMERO.– Que estimando la solicitud de declaración de concurso necesario de .... S.A. formulada por la compañía .... S.L., se declara la situación de concurso de acreedores de .... S.A., con domicilio en ...., calle ...., núm. .... y CIF .... Inscrita en el Registro Mercantil de la provincia de ...., al tomo ...., libro ...., de la sección ...., hoja ...., que tendrá la consideración de necesario.

SEGUNDO.– Se designa como integrante de la administración concursal a Don........... (ABOGADO), mayor de edad, de nacionalidad española, con domicilio en ...., calle .... y DNI/NIF .... ICAV.

El administrador concursal nombrado deberá aceptar el cargo, por lo que urgentemente y por el medio más rápido se les notificará su nombramiento a efectos de su aceptación y juramento. Igualmente deberá acreditar ante este Juzgado que tiene suscrito un seguro de responsabilidad civil o garantía equivalente proporcional a la naturaleza y alcance del riesgo cubierto por el nombramiento aquí verificado a su favor. (En su caso y en el supuesto de entrada en vigor art. 62 TRLC). Y a la vista que nos hallamos ante un concurso con elementos transfronterizos, deberá acreditar en el momento de su aceptación del cargo, el conocimiento suficiente de la lengua del país o países relacionados con esos elementos o, al menos, el conocimiento suficiente de la lengua inglesa. Alternativamente, podrá acreditar que cuenta con personas trabajadoras o ha contratado a un traductor jurado con dichos conocimientos.

La administración concursal designada, queda autorizada de conformidad y a los efectos del art. 4 h) del RD-Ley 3/2013, a fin de ejercitar las acciones que considere oportunas en interés de la masa, bajo su responsabilidad y ante cualquier jurisdicción.

TERCERO.– Decretar la suspensión del ejercicio por el deudor de las facultades de administración y disposición y sobre la masa activa, siendo sustituido por la administración concursal.

CUARTO.– Requerir al deudor, a través de su representación procesal, para que presente, en el plazo de diez días desde la notificación del presente auto, los documentos enumerados en el art. 7 y 8 TRLC.

QUINTO.– Hacer el llamamiento a los acreedores de .... S.L. para que pongan en conocimiento de la administración concursal la existencia de sus créditos, en el plazo de un mes a contar desde el día siguiente a la publicación del presente auto en el Boletín Oficial del Estado (BOE) a que se refiere el art. 35 TRLC.

La Administración Concursal, sin demora, realizará una comunicación individualizada, a cada uno de los acreedores cuya identidad y domicilio consten en la documentación obrante en los presentes autos, informándoles de la declaración del presente concurso y del deber de comunicar sus créditos en la forma establecida en el artículo 255 y ss. TRLC, debiendo efectuarse tal comunicación por medios telemáticos, informáticos o electrónicos cuando conste la dirección electrónica del acreedor.

Igualmente dirigirá la comunicación por medios electrónicos o telemáticos a la Agencia Estatal de la Administración Tributaria y la Tesorería General de la Seguridad Social a través de los medios habilitadas por estas en sus respectivas sedes electrónicas y con independencia que conste o no su condición de acreedores de la concursada. También se comunicará a la representación de los trabajadores, haciéndoles saber su derecho a personarse en el procedimiento como parte.

SEXTO.– Proceder a dar la debida publicidad a la declaración del concurso, mediante la publicación del oportuno del presente auto de declaración del concurso que se publicará, con la mayor urgencia y de forma gratuita, en el Boletín Oficial del Estado.

A tal efecto, el mismo día de la aceptación del cargo por el administrador concursal, el letrado de la Administración de Justicia remitirá por medios electrónicos al "Boletín Oficial del Estado", para su publicación en el suplemento del tablón judicial edictal único, y al Registro público concursal el edicto relativo a la declaración de concurso, redactado en el modelo oficial para que sea publicado con la mayor urgencia. La publicación del edicto tendrá carácter gratuito. El edicto tendrá el contenido del art. 35.1, segundo párrafo, TRLC.

Líbrense al efecto el oportuno oficio con el edicto que será remitido por vía electrónica al citado Boletín Oficial del Estado.

ALTERNATIVA: Líbrese el oportuno oficio con el edicto a remitir al Boletín Oficial del Estado. No obstante, de manera excepcional y no siendo posible su traslado por vía electrónica, entréguese el citado oficio al procurador de la concursada para el oportuno diligenciamiento y gestión en los términos del art. 35 TRLC.

SÉPTIMO.– Inscribir en el Registro Mercantil de la provincia de .... la existencia del presente procedimiento y los acuerdos adoptados en el presente auto, especialmente, la intervención de las facultades de administración y disposición del concursado adoptada en la presente resolución, y el nombramiento de los administradores concursales.

Igualmente, practíquese anotación preventiva en los Registros de la Propiedad de .... y ...., concretamente en el folio correspondiente a los bienes de la concursada que a continuación se relacionan, relativa a la declaración del presente concurso necesario, con indicación de la fecha, y los acuerdos adoptados en la presente resolución, especialmente, la suspensión de las facultades de administración y disposición del concursado adoptada en la presente resolución, así como el nombramiento de la administración concursal.

Los citados bienes son los siguientes (con expresión del Registro de la Propiedad en el que se halla inscrito y los datos registrales de cada bien): ....

Líbrense al efecto los oportunos oficios con los edictos que serán remitidos por vía electrónica o telemática desde el Juzgado a lo citados Registros Públicos.

ALTERNATIVA: Líbrense los oportunos edictos con los mandamientos precisos para practicar las citadas inscripciones y anotaciones que serán confiados al procurador para el oportuno diligenciamiento y gestión, al no ser posible el traslado por vía telemática o electrónica.

OCTAVO.– Insertar en el Registro Público Concursal el presente auto de declaración de concurso, así como comunicar al Fondo de Garantía Salarial la iniciación del presente procedimiento concursal, dirigiéndole al efecto el oportuno oficio. También al citado Registro Mercantil de la provincia de .... a los efectos de lo dispuesto en el RD 685/2005, de 9 de junio y la Orden 3473/2005, de 8 de noviembre). Y al Juzgado Decano de .... a efectos que se remita comunicación a los Juzgados de Primera Instancia y Juzgados de lo Social para que tomen conocimiento de la existencia de la presente declaración concursal y se abstengan de conocer de los procedimientos que se insten contra el deudor. También al Juzgado Decano del domicilio del deudor y a los Juzgados que conozcan y ante los que se sigan procedimientos contra la concursada y que son .... Tales comunicaciones las llevara a cabo de oficio el Juzgado mediante remisión de oficio y testimonio de la presente resolución por vía telemática.

NOVENO.– Como consecuencia de la admisión de la solicitud de declaración de concurso necesario de .... S.A. formulada por .... S.L., fórmense las secciones primera, segunda, tercera y cuarta del concurso.

Las costas de la presente solicitud tendrán la consideración de crédito contra la masa.

Notifíquese por el Letrado de la Administración de Justicia la resolución al instante de esta solicitud, a través de su representación procesal y al deudor mediante su notificación a través del servicio común de notificaciones.

Contra el pronunciamiento del presente auto sobre la estimación de la solicitud de concurso cabe interponer, de conformidad y en los términos del art. 25.1 TRLC, recurso de apelación en el plazo de VEINTE DÍAS a contar, respecto de las partes que hubieran comparecido y la concursada, desde la notificación del auto, y, respecto de los demás legitimados, desde la publicación de la declaración de concurso en el "Boletín Oficial del Estado".

Si se recurre únicamente alguno de los demás pronunciamientos contenidos en el presente auto de declaración del concurso, podrá interponerse, igualmente de conformidad y en los términos del art. 25.3 TRLC, recurso de reposición en el plazo de CINCO DÍAS a contar, respecto de las partes que hubieran comparecido y la concursada, desde la notificación del auto, y, respecto de los demás legitimados, desde la publicación de la declaración de concurso en el "Boletín Oficial del Estado".

De conformidad con lo establecido en la Disposición Adicional 15° LOPJ (según la redacción dada por la LO 1/09), la interposición de recurso contra resoluciones judiciales no podrá ser admitida a trámite sin la acreditación del depósito previsto en la citada Ley a

efectos de recurrir, debiendo presentarse copia o resguardo de tal depósito en las cuenta de consignaciones de este Juzgado.

Todo lo cual pronuncia, manda y firma el Ilmo. Sr. ...., Magistrado Juez del Juzgado de lo Mercantil núm. .... de ....

F130. AUTO ESTIMANDO LA SOLICITUD DE DECLARACIÓN DE CONCURSO NECESARIO COMO CONSECUENCIA DE FALTA DE OPOSICIÓN DEL DEUDOR

Normativa de aplicación: *Arts. 13 y ss. Real Decreto Legislativo 1/2020, de 5 de mayo, por el que se aprueba el texto refundido de la Ley Concursal.*

En la ciudad de .... a .... de .... de ....

ANTECEDENTES DE HECHO

PRIMERO.– Que en fecha .... de .... de .... por el Procurador de los Tribunales, Doña ...., y en representación de la compañía .... S.L., se presentó solicitud de concurso necesario de la compañía .... S.A., en base a los HECHOS y FUNDAMENTOS DE DERECHO reseñados en la meritada solicitud y los documentos acompañados a la misma.

SEGUNDO.– Que mediante auto de fecha .... de .... de ...., por este Juzgado se admitió a trámite la citada solicitud y se ordenó el emplazamiento del deudor, la compañía .... S.A., con traslado de la solicitud para que compareciera en las presentes actuaciones en el plazo de cinco días a los efectos del art. 14.2.2° TRLC.

TERCERO.– Que ha transcurrido el plazo reseñado en el antecedente de hecho precedente, sin que por la sociedad se haya comparecido en estas actuaciones y planteado oposición a la declaración de concurso formulada por .... S.A.

CUARTO.– En la tramitación de los presentes se han respetado las prescripciones legales.

FUNDAMENTOS DE DERECHO

PRIMERO.– Que este Juez es competente para conocer de la presente solicitud al ser éste Juzgado de lo Mercantil de .... el correspondiente al lugar donde se halla el centro de intereses principales de .... S.A. (art. 44 y 45 TRLC).

SEGUNDO.– Que la solicitud y la documentación aportada junto a la misma por .... S.L. cumple con lo establecido en los arts. 2.4 y 13 TRLC.

TERCERO.– Que .... S.L. reúne los requisitos de capacidad procesal, postulación, así como de legitimación al ser .... S.L. acreedor de .... S.A. (art. 3.1 y 512.1 TRLC).

CUARTO.– Que la solicitud de concurso necesario arriba reseñada no se funda en hecho alguno de los reseñados en el art. 14.2.1° TRLC, sino en la existencia de un sobreseimiento generalizado en el pago corriente de las obligaciones (art. 2.4.4° TRLC).

Por ello, conforme a lo establecido en el art. 14.2.2° TRLC si la solicitud de concurso presentada se fundara en alguno de los hechos externos recogidos en los ordinales 4° a 6°, art. 2.4, TRLC, el Juez el primer día hábil siguiente dictará auto admitiéndola a trámite, ordenando el emplazamiento del deudor conforme a lo previsto en el art. 16 TRLC, con traslado de la solicitud, para que comparezca en el plazo de cinco días, dentro del cual se le pondrán de manifiesto los autos y podrá formular oposición a la solicitud, proponiendo los medios de prueba de que intente valerse.

Continúa el art. 19.1 TRLC indicando que, en el supuesto de admisión a trámite de la solicitud de concurso necesario, si el deudor emplazado se allanase a la pretensión del solicitante, el Juez dictará auto declarando el concurso de acreedores.

Finaliza el citado art. 19 TRLC, apartado 2, señalando que el mismo efecto que el allanamiento tendrá el hecho de que, con posterioridad a la solicitud de cualquier legitimado, el deudor, antes de ser emplazado, hubiera solicitado la declaración del propio concurso o, una vez emplazado, no hubiera formulado oposición dentro de plazo.

En este sentido, y al no haberse formulado oposición por .... S.A. a la solicitud de declaración de concurso necesario formulada por .... S.L., procede estimar tal solicitud sin tener que entrar a examinar el presupuesto objetivo del concurso: el estado de insolvencia de .... S.A. (arts. 18 y 22 TRLC y Auto del Juzgado de lo Mercantil núm. 1 de Bilbao, de 23 de marzo de 2005 o de la Audiencia Provincial de Málaga de fecha 26 de enero de 2007), que en cualquier caso se da a la vista de la documentación aportada.

QUINTO.– Que a la vista de lo dispuesto en el art. 29.1 TRLC el presente concurso tiene la consideración de necesario.

SEXTO.– Que procede nombrar a la administración concursal, que estará integrada por un único miembro, recayendo el nombramiento en Don........... (ABOGADO), mayor de edad, de nacionalidad española, con domicilio en ...., calle .... y DNI/NIF .... Núm. .... ICAV.

ALTERNATIVA I (cuando entre en vigor el art. 62 TRLC):

Que conforme a lo dispuesto en el art. 62.1 TRLC procede nombrar a la administración concursal. No concurriendo ninguna de las excepciones previstas legalmente, procede estar al listado del Registro Público Concursal y al turno correlativo contemplado en dicho art. 62.1 TRLC, en función de la clase de concurso, en este caso, ..., recayendo el nombramiento en Don........... (ABOGADO), mayor de edad, de nacionalidad española, con domicilio en ...., calle .... y DNI/NIF........... núm. .... ICAV, dirección electrónica ...., quien ha hecho constar estar en condiciones para actuar en el ámbito territorial de este Juzgado.

ALTERNATIVA II (cuando entre en vigor el art. 62 TRLC):

Que conforme a lo dispuesto en el art. 62 TRLC procede nombrar a la administración concursal. De conformidad con lo establecido en este ultimo precepto, habría que estar al listado del Registro Público Concursal y al turno correlativo contemplado en dicho art. 62.1 TRLC. No obstante, dado que nos encontramos ante un concurso de mayor complejidad, entiendo más oportuno designar a un administrador concursal alternativo al que resulta del citado turno a la vista que .... Por ello, previa consulta del referido Registro, queda designado administrador concursal Don........... (ABOGADO), mayor de edad, de nacionalidad española, con domicilio en ...., calle .... y DNI/NIF .... núm. .... ICAV, dirección electrónica ...., que se halla inscrita en dicho Registro Publico concursal y habilitado para ejercer las funciones propias del cargo en dichos concursos. Justifico su nombramiento en ....

ALTERNATIVA III (cuando entre en vigor el art. 62 TRLC):

Que conforme a lo dispuesto en el art. 62.1 TRLC procede nombrar a la administración concursal y, procede estar al listado del Registro Público Concursal y al turno correlativo contemplado en dicho art. 62.1 TRLC, en función de la clase de concurso, en este caso, ... No obstante, dado que nos hallamos ante un concurso con elementos transfronterizos, y a la vista del art. 62.3 TRLC, el nombramiento deberá recaer en persona que, además, acredite en el momento de su aceptación el conocimiento suficiente de la lengua del país o países relacionados con esos elementos o, al menos, el conocimiento suficiente de la lengua inglesa. Alternativamente, podrá acreditar que cuenta con personas trabajadoras o ha contratado a un traductor jurado con dichos conocimientos. Por ello, recae el nombramiento en Don........... (ABOGADO), mayor de edad, de nacionalidad española, con domicilio en ...., calle .... y DNI/NIF .... núm. .... ICAV, dirección electrónica ...., quien ha hecho constar estar en condiciones para actuar en el ámbito territorial de este Juzgado y que, en cualquier caso, y al tiempo de aceptar el cargo deberá acreditar los anteriores extremos idiomáticos.

El administrador concursal nombrado deberá aceptar el cargo, por lo que urgentemente y por el medio más rápido se le notificará su nombramiento a efectos de su aceptación y juramento. Igualmente deberá acreditar ante este Juzgado que tiene suscrito un seguro de responsabilidad civil o garantía equivalente proporcional a la naturaleza y alcance del riesgo cubierto por el nombramiento aquí verificado a su favor.

SÉPTIMO.– Que dado que nos hallamos ante un concurso necesario procede la suspensión del ejercicio por el concursado de las facultades de administración y disposición sobre la masa activa, siendo sustituido en tal ejercicio por la administración concursal (art. 106.2 TRLC).

OCTAVO.– Que en este momento parece oportuno adoptar medidas cautelares para asegurar la integridad, la conservación o la administración de la masa activa hasta que los administradores concursales acepten el cargo. Concretamente: ....

NOVENO.– Que igualmente, conforme establece el art. 28.2 TRLC debe requerirse al deudor para que presente, en el plazo de diez días desde la notificación del presente *auto, los documentos* enumerados en el art. 7 y 8 TRLC.

DÉCIMO.– Que dando cumplimiento a lo preceptuado por el art. 35 TRLC procede dar, con la mayor urgencia, la oportuna publicidad a la declaración del concurso, mediante publicación del presente auto en los términos y con el contenido establecido en el art. 35 TRLC.

Igualmente procede dar publicidad registral a la declaración del presente concurso en los términos y con el alcance establecido en los art. 35 y 37 TRLC, así como insertar el presente auto en el Registro público Concursal y comunicar al Fondo de Garantía salarial la incoación de presente expediente (art. 33 ET). Finalmente, debe comunicarse la existencia del presente procedimiento al Registro Mercantil de la provincia de .... a los efectos de lo dispuesto en el TRLC así como en el RD 685/2005, de 9 de junio y la Orden 3473/2005, de 8 de noviembre. Finalmente, procede comunicar la declaración de concurso a la Agencia Estatal de Administración Tributaria y a la Tesorería General de la Seguridad Social. (En su caso) Y a la representación legal de los trabajadores de ....

El traslado de los oficios con los edictos correspondientes se realizará por vía electrónica o telemática a los organismos, personas y Registros correspondientes.

ALTERNATIVA: Que no siendo posible el traslado de los oficios con los edictos correspondientes por vía telemática a los organismos, personas y Registros correspondientes, deben expedirse los oportunos mandamientos y oficios con los edictos, que serán entregados y confiados al procurador de la solicitante del concurso a efectos de darles el oportuno curso, gestión y diligenciamiento en los términos de los citados arts. 35 a 37 TRLC.

Visto lo expuesto y demás normativa de aplicación

DISPONGO

PRIMERO.– Que estimando la solicitud de declaración de concurso necesario de .... S.A. formulada por la compañía .... S.L., se declara la situación de concurso de acreedores de .... S.A., con domicilio en ...., calle ...., núm. .... y CIF .... Inscrita en el Registro Mercantil de la provincia de ...., al tomo ...., libro ...., de la sección ...., hoja ...., que tendrá la consideración de necesario.

SEGUNDO.– Se designa como integrante de la administración concursal a Don........... (ABOGADO), mayor de edad, de nacionalidad española, con domicilio en ...., calle .... y DNI/NIF .... ICAV.

El administrador concursal nombrado deberá aceptar el cargo, por lo que urgentemente y por el medio más rápido se les notificará su nombramiento a efectos de su aceptación y juramento. Igualmente deberá acreditar ante este Juzgado que tiene suscrito un seguro de responsabilidad civil o garantía equivalente proporcional a la naturaleza y alcance del riesgo cubierto por el nombramiento aquí verificado a su favor. (En su caso y en el supuesto de entrada en vigor art. 62 TRLC). Y a la vista que nos hallamos ante un concurso con elementos transfronterizos, deberá acreditar en el momento de su aceptación del cargo, el conocimiento suficiente de la lengua del país o países relacionados con esos elementos o, al menos, el conocimiento suficiente de la lengua inglesa. Alternativamente, podrá acreditar que cuenta con personas trabajadoras o ha contratado a un traductor jurado con dichos conocimientos.

La administración concursal designada, queda autorizada de conformidad y a los efectos del art. 4 h) del RD-Ley 3/2013, a fin de ejercitar las acciones que considere oportunas en interés de la masa, bajo su responsabilidad y ante cualquier jurisdicción.

TERCERO.– Decretar la suspensión del ejercicio por el deudor de las facultades de administración y disposición y sobre la masa activa, siendo sustituido por la administración concursal.

CUARTO.– Requerir al deudor, a través de su representación procesal, para que presente, en el plazo de diez días desde la notificación del presente auto, los documentos enumerados en el art. 7 y 8 TRLC.

QUINTO.– Hacer el llamamiento a los acreedores de .... S.L. para que pongan en conocimiento de la administración concursal la existencia de sus créditos, en el plazo de un mes a contar desde el día siguiente a la publicación del presente auto en el Boletín Oficial del Estado (BOE) a que se refiere el art. 35 TRLC.

La Administración Concursal, sin demora, realizará una comunicación individualizada, a cada uno de los acreedores cuya identidad y domicilio consten en la documentación obrante en los presentes autos, informándoles de la declaración del presente concurso y del deber de comunicar sus créditos en la forma establecida en el artículo 255 y ss. TRLC, debiendo efectuarse tal comunicación por medios telemáticos, informáticos o electrónicos cuando conste la dirección electrónica del acreedor.

Igualmente dirigirá la comunicación por medios electrónicos o telemáticos a la Agencia Estatal de la Administración Tributaria y la Tesorería General de la Seguridad Social a través de los medios habilitadas por estas en sus respectivas sedes electrónicas y con independencia que conste o no su condición de acreedores de la concursada. También se comunicará a la representación de los trabajadores, haciéndoles saber su derecho a personarse en el procedimiento como parte.

SEXTO.– Proceder a dar la debida publicidad a la declaración del concurso, mediante la publicación del oportuno del presente auto de declaración del concurso que se publicará, con la mayor urgencia y de forma gratuita, en el Boletín Oficial del Estado.

A tal efecto, el mismo día de la aceptación del cargo por el administrador concursal, el letrado de la Administración de Justicia remitirá por medios electrónicos al "Boletín Oficial del Estado", para su publicación en el suplemento del tablón judicial edictal único, y al Registro público concursal el edicto relativo a la declaración de concurso, redactado en el modelo oficial para que sea publicado con la mayor urgencia. La publicación del edicto tendrá carácter gratuito. El edicto tendrá el contenido del art. 35.1, segundo párrafo, TRLC.

Líbrense al efecto el oportuno oficio con el edicto que será remitido por vía electrónica al citado Boletín Oficial del Estado.

ALTERNATIVA: Líbrese el oportuno oficio con el edicto a remitir al Boletín Oficial del *Estado. No obstante*, de manera excepcional y no siendo posible su traslado por vía

electrónica, entréguese el citado oficio al procurador de la concursada para el oportuno diligenciamiento y gestión en los términos del art. 35 TRLC.

SÉPTIMO.– Inscribir en el Registro Mercantil de la provincia de .... la existencia del presente procedimiento y los acuerdos adoptados en el presente auto, especialmente, la intervención de las facultades de administración y disposición del concursado adoptada en la presente resolución, y el nombramiento de los administradores concursales.

Igualmente, practíquese anotación preventiva en los Registros de la Propiedad de .... y ...., concretamente en el folio correspondiente a los bienes de la concursada que a continuación se relacionan, relativa a la declaración del presente concurso necesario, con indicación de la fecha, y los acuerdos adoptados en la presente resolución, especialmente, la suspensión de las facultades de administración y disposición del concursado adoptada en la presente resolución, así como el nombramiento de la administración concursal.

Los citados bienes son los siguientes (con expresión del Registro de la Propiedad en el que se halla inscrito y los datos registrales de cada bien): ....

Líbrense al efecto los oportunos oficios con los edictos que serán remitidos por vía electrónica o telemática desde el Juzgado a lo citados Registros Públicos.

ALTERNATIVA: Líbrense los oportunos edictos con los mandamientos precisos para practicar las citadas inscripciones y anotaciones que serán confiados al procurador para el oportuno diligenciamiento y gestión, al no ser posible el traslado por vía telemática o electrónica.

OCTAVO.– Insertar en el Registro Público Concursal el presente auto de declaración de concurso, así como comunicar al Fondo de Garantía Salarial la iniciación del presente procedimiento concursal, dirigiéndole al efecto el oportuno oficio. También al citado Registro Mercantil de la provincia de .... a los efectos de lo dispuesto en el RD 685/2005, de 9 de junio y la Orden 3473/2005, de 8 de noviembre). Y al Juzgado Decano de .... a efectos que se remita comunicación a los Juzgados de Primera Instancia y Juzgados de lo Social para que tomen conocimiento de la existencia de la presente declaración concursal y se abstengan de conocer de los procedimientos que se insten contra el deudor. También al Juzgado Decano del domicilio del deudor y a los Juzgados que conozcan y ante los que se sigan procedimientos contra la concursada y que son .... Tales comunicaciones las llevara a cabo de oficio el Juzgado mediante remisión de oficio y testimonio de la presente resolución por vía telemática.

NOVENO.– Como consecuencia de la admisión de la solicitud de declaración de concurso necesario de .... S.A. formulada por .... S.L., fórmense las secciones primera, segunda, tercera y cuarta del concurso.

Las costas de la presente solicitud tendrán la consideración de crédito contra la masa.

Notifíquese por el Letrado de la Administración de Justicia la resolución al instante de esta solicitud, a través de su representación procesal y al deudor mediante su notificación a través del servicio común de notificaciones.

Contra el pronunciamiento del presente auto sobre la estimación de la solicitud de concurso cabe interponer, de conformidad y en los términos del art. 25.1 TRLC, recurso de apelación en el plazo de VEINTE DÍAS a contar, respecto de las partes que hubieran comparecido y la concursada, desde la notificación del auto, y, respecto de los demás legitimados, desde la publicación de la declaración de concurso en el "Boletín Oficial del Estado".

Si se recurre únicamente alguno de los demás pronunciamientos contenidos en el presente auto de declaración del concurso, podrá interponerse, igualmente de conformidad y en los términos del art. 25.3 TRLC, recurso de reposición en el plazo de CINCO DÍAS a contar, respecto de las partes que hubieran comparecido y la concursada, desde la notificación del auto, y, respecto de los demás legitimados, desde la publicación de la declaración de concurso en el "Boletín Oficial del Estado".

De conformidad con lo establecido en la Disposición Adicional 15ª LOPJ (según la redacción dada por la LO 1/09), la interposición de recurso contra resoluciones judiciales no podrá ser admitida a trámite sin la acreditación del depósito previsto en la citada Ley a efectos de recurrir, debiendo presentarse copia o resguardo de tal depósito en las cuenta de consignaciones de este Juzgado.

Todo lo cual pronuncia, manda y firma el Ilmo. Sr. ...., Magistrado Juez del Juzgado de lo Mercantil núm. .... de ....

F131. ESCRITO DE OPOSICIÓN A LA SOLICITUD DE CONCURSO NECESARIO BASADA EN LA INEXISTENCIA DE INSOLVENCIA

Normativa de aplicación: *Arts. 13 y ss. Real Decreto Legislativo 1/2020, de 5 de mayo, por el que se aprueba el texto refundido de la Ley Concursal.*

AL JUZGADO DE LO MERCANTIL NÚM. .... DE ....

..........., Procurador de los Tribunales (núm. .... de colegiado) y de la compañía .... S.A., con domicilio en ...., calle .... núm. .... y CIF ...., cuya representación acredito mediante la escritura original de poder de representación que se acompaña a este escrito, ante este Juzgado comparezco en el procedimiento concursal .... bajo la dirección letrada de Don..........., abogado del Ilustre Colegio de .... (núm. .... de colegiado), y como mejor proceda en Derecho DIGO:

I.– Que en fecha .... de .... de ...., ha sido notificado a esta parte el auto de este Juzgado al que nos dirigimos de fecha .... de .... de ...., por el que se admite a trámite la solicitud de declaración de concurso necesario de mi mandante formulada por la sociedad .... S.L. y se nos emplaza, con traslado de la solicitud, para que comparezcamos en el plazo de cinco días a efectos de formular oposición a la solicitud, proponiendo los medios de prueba de los que intente valerse esta parte.

II.– Que por medio del presente escrito y en la representación que ostento, comparezco en las presentes actuaciones núm. de autos .... y formulo escrito de OPOSICIÓN a la solicitud de declaración de concurso necesario de esta parte formulado por la compañía .... S.L., que se funda en los HECHOS y FUNDAMENTOS DE DERECHO que a continuación se exponen.

HECHOS

PRIMERO.– Mi principal, la sociedad .... S.A., se constituyó el .... de .... de .... mediante escritura otorgada ante el notario de ...., Don........... (número de su protocolo ....).

La sociedad está inscrita en el Registro Mercantil de la provincia de .... al tomo ...., General .... de la sección .... del Libro de sociedades, Folio ...., hoja ....

Desde su constitución, el órgano de administración de la compañía se halla conformado por un administrador único, ejerciendo en la actualidad tal cargo, Don..........., quien, por un plazo de .... años, fue designado al efecto por acuerdo de la Junta General Extraordinaria de la compañía celebrada el día .... de .... de ...., elevado a público mediante escritura autorizada por el notario de ...., Don..........., el día de .... de ....

Acreditando lo anterior, se acompaña como DOCUMENTO........... la escritura de constitución de la Sociedad, y la certificación literal del Registro Mercantil de la provincia de .... correspondiente a la precitada sociedad.

SEGUNDO.– Que en fecha .... de .... de ...., por la compañía .... S.L. se presentó solicitud de declaración de concurso necesario de mi principal. Tal solicitud se tramita ante este Juzgado en el presente procedimiento concursal núm. de autos ....

En fecha .... por este Juzgado al que me dirijo, se dictó auto admitiendo a trámite la citada solicitud de declaración de concurso necesario de mi mandante y ordenando el emplazamiento de esta parte conforme a lo previsto en el art. 16 TRLC, con traslado de la solicitud para que, en el plazo de cinco días, compareciera mi principal en las presentes actuaciones a los efectos de lo dispuesto en el art. 14.2.2º TRLC.

Acreditando lo anterior, se acompaña como DOCUMENTO........... copia del auto reseñado en el párrafo precedente.

TERCERO.– Que es cierta la existencia de una deuda liquida, vencida y exigible que mi mandante tiene contraída con la instante de la solicitud de concurso necesario de mi principal.

También es cierto el hecho en que se fundamenta la citada solicitud, el impago de los salarios e indemnizaciones y demás relaciones de trabajo correspondiente a las tres últimas mensualidades, en los términos reseñados en la solicitud de declaración de concurso necesario de mi principal origen de estas actuaciones.

Sin embargo, pese a lo anterior, mi principal no se halla en situación de insolvencia.

CUARTO.– En efecto. Basta un examen de la contabilidad social, que reúne todos los requisitos de forma y contenido legalmente exigidos, para percatarse que .... S.A. no se halla en situación de insolvencia. Ello por los siguientes motivos: ....

Acreditando lo anterior se acompaña junto a este escrito informe pericial emitido por el auditor de cuentas Don........... (ROAC), del que resulta, a la vista de la contabilidad social, que mi principal no se halla en situación de insolvencia.

Se hace constar que esta parte, pese a no venir ya obligado a ello, comparecerá a la vista reseñada en el art. 22 TRLC con los libros contables de llevanza obligatoria

QUINTO.– Que tal y como ordena el art. 14.2.2ª TRLC, esta parte manifiesta los medios de prueba de los que pretende valerse a efectos de acreditar los hechos en que se funda la presente oposición:

I. Interrogatorio del instante de la solicitud de declaración de concurso necesario de mi mandante, la sociedad .... S.L.

II. Testifical, consistente en que se examine a los siguientes testigos: ....

III. Documental: Para que se tengan por incorporados a las presentes actuaciones los documentos acompañados al presente escrito de solicitud de concurso necesario.

IV. Más documental: ....

V. Reconocimiento de libros de contabilidad de mi mandante: ....

VI. Pericial: Para que se tenga por presentado el informe pericial acompañado a este escrito y que será objeto de ratificación por el perito Don...........

A los relatados hechos aduzco los siguientes

FUNDAMENTOS DE DERECHO

I. De conformidad con lo previsto en el art. 44 y 45 TRLC, es competente para conocer de la solicitud de concurso necesario de mi mandante y de la presente oposición el Juez al que nos dirigimos.

II. La presente oposición se interpone dentro del plazo de cinco días siguientes a aquel en que se emplazó a mi mandante en las presentes actuaciones y debe sustanciarse por los trámites establecidos en los arts. 14.2.2º ss. y concordantes TRLC.

III. Conforme establece el art. 20.1 TRLC el deudor podrá basar su oposición a la solicitud de declaración de concurso en la falta de legitimación del solicitante; en la existencia del hecho revelador del estado de insolvencia en que se fundamente la solicitud. O, en que, aun habiéndose producido ese hecho, no se encontraba en situación de insolvencia o ya no se encuentra en ese insolvente estado.

IV. Y señala el art. 20.2 TRLC que si el deudor alegase que no se encuentra en estado de insolvencia, le incumbirá la prueba de su solvencia.

V. Costas procesales.

Las costas procesales deben ser impuestas a .... S.L. conforme establece el art. 24.2 TRLC.

En su virtud

SUPLICO AL JUZGADO que tenga por presentado este escrito, junto a los documentos a él unidos y sus copias, se sirva admitirlos y tener por comparecido en las presentes actuaciones a mi principal, ... S.A., y por promovido en nombre y representación de mi mandante, OPOSICIÓN a la solicitud de declaración de concurso necesario de mi principal formulada por la compañía .... S.L., y previos los oportunos trámites legales, incluida la celebración de la vista a que se refiere el art. 22 TRLC, se sirva dictar auto por el que se acuerde desestimar la solicitud de declaración de concurso necesario de mi principal instada por la sociedad .... S.L., con expresa imposición de costas a dicha compañía.

Lo que se SUPLICA en ...., a .... de .... de ....

F132. ESCRITO DE OPOSICIÓN A LA SOLICITUD DE CONCURSO NECESARIO BASADA EN LA INEXISTENCIA DEL HECHO EN QUE SE FUNDA LA SOLICITUD Y, ADEMÁS, POR NO CONCURRIR INSOLVENCIA

Normativa de aplicación: *Arts. 13 y ss. Real Decreto Legislativo 1/2020, de 5 de mayo, por el que se aprueba el texto refundido de la Ley Concursal.*

AL JUZGADO DE LO MERCANTIL NÚM. .... DE ....

..........., Procurador de los Tribunales (núm. .... de colegiado) y de la compañía .... S.A., con domicilio en ...., calle .... núm. .... y CIF ...., cuya representación acredito mediante la escritura original de poder de representación que se acompaña a este escrito, ante este Juzgado comparezco en el procedimiento concursal .... bajo la dirección letrada de Don..........., abogado del Ilustre Colegio de .... (núm. .... de colegiado), y como mejor proceda en Derecho DIGO:

I.– Que en fecha .... de .... de ...., ha sido notificado a esta parte el auto de este Juzgado al que nos dirigimos, de fecha .... de .... de ...., por el que se admite a trámite la solicitud de declaración de concurso necesario de mi mandante formulada por la sociedad .... S.L. y se emplaza a esta parte, con traslado de la solicitud, para que comparezca en el plazo de cinco días a efectos de formular oposición a la solicitud, proponiendo los medios de prueba de los que intente valerse.

II.– Que por medio del presente escrito y en la representación que ostento, comparezco en las presentes actuaciones núm. de autos .... y formulo escrito de OPOSICIÓN a la solicitud de declaración de concurso necesario de esta parte, formulado por la compañía .... S.L. que se funda en los HECHOS y FUNDAMENTOS DE DERECHO que a continuación se exponen.

HECHOS

PRIMERO.– Mi principal, la sociedad .... S.A., se constituyó el .... de .... de .... mediante escritura otorgada ante el notario de ...., Don........... (número de su protocolo ....).

La sociedad está inscrita en el Registro Mercantil de la provincia de .... al tomo ...., General .... de la sección .... del Libro de sociedades, Folio ...., hoja ....

Desde su constitución, el órgano de administración de la compañía se halla conformado por un administrador único, ejerciendo en la actualidad tal cargo, Don..........., quien, por un plazo de .... años, fue designado al efecto por acuerdo de la Junta General Extraordinaria de la compañía celebrada el día .... de .... de ...., elevado a público mediante escritura autorizada por el notario de ...., Don..........., el día de .... de ....

Acreditando lo anterior, se acompaña como DOCUMENTO........... la escritura de constitución de la Sociedad, y certificación literal del Registro Mercantil de la provincia de .... correspondiente a la precitada sociedad.

SEGUNDO.– Que en fecha .... de .... de ...., por la compañía .... S.L. se presentó solicitud de declaración de concurso necesario de mi principal. Tal solicitud se tramita ante este Juzgado en el presente procedimiento concursal núm. de autos ....

En fecha .... por este Juzgado al que me dirijo, se dictó auto admitiendo a trámite la citada solicitud de declaración de concurso necesario de mi mandante y ordenando el emplazamiento de esta parte conforme a lo previsto en el art. 16 TRLC, con traslado de la solicitud para que, en el plazo de cinco días, compareciera mi principal en las presentes actuaciones a los efectos de lo dispuesto en el art. 14.2.2° TRLC.

Acreditando lo anterior, se acompaña como DOCUMENTO........... copia del auto reseñado en el párrafo precedente.

TERCERO.– Que es cierta la existencia de una deuda liquida, vencida y exigible que mi mandante tiene contraída con la instante de la solicitud de concurso necesario de mi principal. Sin embargo, es inexistente el hecho en que se fundamente la citada solicitud: el sobreseimiento generalizado de obligaciones de pago tributarias exigibles durante los tres *meses anteriores a la solicitud* de concurso.

CUARTO.– En efecto. En el escrito por el que .... S.L. solicita la declaración de concurso necesario de mi principal, denuncia que no se han atendido las obligaciones tributarias de pago correspondientes a los seis últimos meses. Concretamente, reseña las siguientes: ....

Pues bien. Mi mandante ha atendido todas y cada una de las citadas obligaciones de pago, en tiempo y forma, lo que se acredita acompañando a este escrito como DOCUMENTOS .... las autoliquidaciones del IVA, IS, retenciones trabajadores etc., reputadas de contrario como impagadas. En dichas autoliquidaciones, debidamente cumplimentadas, consta el ingreso de la autoliquidación mediante cargo en la cuenta corriente de mi mandante, abierta en el Banco .... a sociedad núm. .... Igualmente se acompañan como DOCUMENTOS .... certificado de la citada entidad de crédito ...., de la que resulta que las autoliquidaciones "presuntamente" impagadas fueron cargadas en la cuenta corriente arriba reseñada y certificado de la Agencia Estatal de Administración Tributaria de la que resulta que mi mandante está al corriente en el cumplimiento de sus obligaciones tributarias.

QUINTO.– Además, mi principal no se halla en situación de insolvencia.

En efecto. Basta un examen de la contabilidad social, que reúne todos los requisitos de forma y contenido legalmente exigidos, para percatarse que .... S.A. no se halla en situación de insolvencia. Ello por los siguientes motivos: ....

Acreditando lo anterior se acompaña junto a este escrito informe pericial emitido por el auditor de cuentas Don........... (ROAC), del que resulta, a la vista de la contabilidad social, que mi principal no se halla en situación de insolvencia.

Se hace constar que esta parte, aun cuando ya no viene obligado a ello, comparecerá a la vista reseñada en el art. 22 TRLC con los libros contables de llevanza obligatoria

SEXTO.– Que tal y como ordena el art. 14.2.2° TRLC esta parte manifiesta los medios de prueba de los que pretende valerse a efectos de acreditar los hechos en que se funda la presente oposición:

I. Interrogatorio del instante de la solicitud de declaración de concurso necesario de mi mandante, la sociedad .... S.L.

II. Testifical, consistente en que se examine a los siguientes testigos: ....

III. Documental: Para que se tengan por incorporados a las presentes actuaciones los documentos acompañados al presente escrito de solicitud de concurso necesario.

IV. Más documental: ....

V. Reconocimiento de libros contables de mi mandante.

VI. Pericial: ....

A los relatados hechos aduzco los siguientes

FUNDAMENTOS DE DERECHO

I. De conformidad con lo previsto en el art. 44 y 45 TRLC, es competente para conocer de la solicitud de concurso necesario de mi mandante y de la presente solicitud el Juez al que nos dirigimos.

II. La presente oposición se interpone dentro del plazo de cinco días siguientes a aquel en que se emplazó a mi mandante en las presentes actuaciones (art. 14.2.2° TRLC) y debe sustanciarse por los trámites establecidos en el citado art. 14.2.2°, ss. y concordantes TRLC.

III. Conforme establece el art. 20.1 TRLC el deudor podrá basar su oposición a la solicitud de declaración de concurso en la falta de legitimación del solicitante; en la existencia del hecho revelador del estado de insolvencia en que se fundamente la solicitud. O, en que, aun habiéndose producido ese hecho, no se encontraba en situación de insolvencia o ya no se encuentra en ese insolvente estado.

IV. Y señala el art. 20.2 TRLC que si el deudor alegase que no se encuentra en estado de insolvencia, le incumbirá la prueba de su solvencia

V. Costas procesales. Las costas procesales deben ser impuestas a .... S.L. conforme establece el art. 24.2 TRLC.

En su virtud

SUPLICO AL JUZGADO que tenga por presentado este escrito, junto a los documentos a él unidos y sus copias, se sirva admitirlos y por tener comparecida en las presentes actuaciones a mi principal, ... S.A., y por promovido en nombre y representación de mi mandante, OPOSICIÓN a la solicitud de declaración de concurso necesario de mi principal formulada por la compañía .... S.L., y previo los oportunos trámites legales, incluida la celebración de la vista a que se refiere el art. 22 TRLC, se sirva dictar auto por el que se acuerde desestimar la solicitud de declaración de concurso necesario de mi principal instada por la sociedad .... S.L., con expresa imposición de costas a dicha compañía.

Lo que se SUPLICA en ...., a .... de .... de ....

F133. ESCRITO DE OPOSICIÓN A SOLICITUD DE CONCURSO NECESARIO. MODELO EXTENSO

Normativa de aplicación: *Arts. 13 y ss. Real Decreto Legislativo 1/2020, de 5 de mayo, por el que se aprueba el texto refundido de la Ley Concursal.*

Procedimiento: Concurso ....

De: ....

Procuradora: ....

Contra: .... S.L.

Procuradora: ....

AL JUZGADO DE LO MERCANTIL NÚMERO .... DE ....

..........., Procuradora de los Tribunales y de la mercantil .... S.L. (........... desde ahora), con domicilio en .... calle .... y CIF ...., cuya representación acredito mediante la escritura de poder de representación que se acompaña a este escrito como DOCUMENTO 1, ante este Juzgado comparezco en el procedimiento concursal .... bajo la dirección letrada de Don..........., abogado del Ilustre Colegio de Valencia (ICAV ....), y como mejor proceda en Derecho DIGO:

I.– Que en fecha ...., ha sido notificado a esta parte el auto de este Juzgado al que respetuosamente nos dirigimos, de fecha ...., por el que se admite a trámite la solicitud de declaración de concurso necesario de mi mandante formulada por la sociedad .... (........... en adelante), y se emplaza a esta parte, con traslado de la solicitud, para que comparezca en el plazo de cinco días a efectos de formular oposición a la solicitud, proponiendo los medios de prueba de los que intente valerse.

II.– Que por medio del presente escrito y en la representación que ostento, comparezco en las presentes actuaciones con núm. de autos .... y formulo escrito de OPOSICIÓN a la solicitud de declaración de concurso necesario de esta parte, formulado por la compañía ...., SARL que se funda en los HECHOS y FUNDAMENTOS DE DERECHO que a continuación se exponen.

HECHOS

Esta parte rechaza expresamente todos y cada uno de los hechos, fundamentos de derecho y alegaciones vertidas de contrario en su escrito de demanda, salvo aquellos que expresamente sean admitidos expresamente por esta parte.

PRIMERO.– DE MI MANDANTE, LA SOCIEDAD .... S.L

Nada tenemos que objetar respecto a los datos consignados por la actora en su solicitud de concurso (hecho segundo) respecto a la constitución e inscripción registral de mi mandante, objeto social, capital y administrador único y resultado del ejercicio ....: unas perdidas de poco más de ....euros.

Mi mandante ha cumplido escrupulosamente con sus obligaciones de depósito de cuentas y legalización de libros, tal como queda acreditado con la información registral que se acompaña como DOCUMENTO 2.

Por el contrario, la actora obvia en su interesada relación factico societaria de ...., que mi mandante presenta un PATRIMONIO NETO de nada menos que .... MILLONES DE EUROS (...........€).

Pocas micropymes o pymes en España pueden presumir de tal fortaleza patrimonial, superior, incluso, a la deuda que la actora ostenta contra mi mandante (según dice la actora, ...euros), más si cabe teniendo en cuenta los graves efectos de la crisis económica que afectó especialmente a las empresas del sector inmobiliario.

Esto es, el patrimonio neto de mi mandante es superior en casi un millón de euros al importe que la actora indica que se le adeuda.

Por otro lado, la actora oculta también a este Juzgado, que el activo de .... S.L. asciende a ....euros (...........euros), esto es, cuatro veces más que la pretendida deuda contraída con la actora por mi mandante.

Y es cierto, como afirma la actora, que las existencias ascienden a ....euros: pero es más cierto, y de eso nada dice ...., que mi principal detenta, por ejemplo, otros ....euros en inversiones inmobiliarias o ....euros en inversiones en empresas del grupo. Repetimos, suficiente para que la actora cobre su crédito. No una vez sino dos y hasta tres veces.

Por otro lado, ..., directamente, falta a la verdad pues no es cierto que el pasivo de mi mandante, a fecha ...., ascienda a ....euros. Un examen de las referidas cuentas anuales, basta para percatarse como tal deuda asciende únicamente a la suma de ....euros.

Tampoco es cierto que mi mandante no ejerza actividad alguna. Basta ver la cuenta de perdidas y ganancias para percatarse como, durante el año ...., obtuvo unos ingresos de ....euros. Al igual que en los ejercicios anteriores. Una lectura de las cuentas anuales desde .... aportada de contrario es suficiente para darse cuenta de tal hecho. Y el hecho que no obtenga beneficio sino pérdidas, por cierto, ... eurillos pelados en ...., cifra esta irrisoria, en modo alguno constituye hecho relevador de insolvencia del art. 2.4 TRLC, ni implica que la sociedad sea insolvente.

Finalmente, y respecto a ese pretendido riesgo de despatrimonializacion y pérdida de fondos propios por parte de .... que angustiosamente y de forma reiterada arguye la actora (incluso con subrayados y negritas) en su solicitud de concurso, a la vista del volumen de las perdidas de .... (...........euros) y el patrimonio neto de la sociedad, más de ....euros, tal perdida del patrimonio neto se producirá, si se produce, dentro de más de cincuenta años. Además, la perdida del patrimonio neto o que éste devenga a cero o negativo, tampoco constituye hecho revelador alguno de insolvencia ni supone la concurrencia de esta. En su caso ello solo tendría relevancia a los efectos de una eventual disolución de la sociedad, pero a efectos de insolvencia, ninguno.

Todos estos datos resultan de las cuentas anuales de mi mandante correspondientes al ejercicio .... y anteriores, aportadas por la propia actora como documento seis a su solicitud de concurso necesario y que, por tal motivo, hace prueba en su contra.

Por cierto, como más adelante veremos, recordar que la concurrencia de los hechos reveladores de la insolvencia ex art. 2.4 TRLC, viene referida no a años anteriores sino al momento de la solicitud del concurso Y que la prueba de tales hechos y su existencia al tiempo de instar el proceso concursal necesario corresponde y es a cargo exclusivo de la parte actora, en nuestro caso, la sociedad ....

Finalmente, respecto al proceso societario de escisión que fue origen de mi mandante, únicamente manifestar que han transcurrido cinco años desde el mismo, que los acreedores pudieron oponerse en su momento y ninguno lo hizo, no habiendo sido objeto de reproche alguno y habiéndose cumplido todos los trámites y requisitos establecidos por la Ley de Modificaciones Estructurales.

SEGUNDO.– DE LA SOCIEDAD INSTANTE DEL PRESENTE CONCURSO NECESARIO.

Nada que decir respecto a los datos reseñados por la actora en el hecho uno de su demanda, salvo que ...., por muy válidamente constituida que éste, no deja de ser lo que es: un fondo buitre que compra créditos a bajo precio y que tiene su residencia en un paraíso fiscal como es........... Y para más inri, el crédito por la actora adquirido y que es origen de las presentes actuaciones, lo fue a la..........., sociedad constituida para que con fondos públicos y los impuestos de todos lo españoles, incluido mi mandante, sanear el sistema bancario español, las entidades de crédito nacionales, de las cuales mi mandante es cliente.

TERCERO.– DE LA SOLICITUD DE CONCURSO PRESENTADA POR LA COMPAÑÍA .... SARL.

Que en fecha .... por la compañía .... se presentó solicitud de declaración de concurso necesario de mi principal. Tal solicitud se tramita ante este Juzgado en el presente procedimiento concursal núm. de autos ....

En fecha .... por este Juzgado al que me dirijo, se dictó auto admitiendo a trámite la citada solicitud de declaración de concurso necesario de mi mandante y ordenando el emplazamiento de esta parte conforme a lo previsto en el art. 16 TRLC, con traslado de la solicitud para que, en el plazo de cinco días, compareciera mi principal en las presentes actuaciones a los efectos de lo dispuesto en el art. 14.2.2º TRLC.

Acreditando lo anterior, se acompaña como DOCUMENTO........... copia del auto reseñado en el párrafo precedente.

La citada solicitud se formula al amparo del artículo 14.2,2º TRLC, fundándola, en los siguientes hechos:

- El sobreseimiento generalizado en el pago corriente de las obligaciones del deudor.
- El incumplimiento generalizado de obligaciones de pago tributarias exigibles.

A la vista del art. 20.1 TRLC, el deudor podrá basar su oposición a la solicitud de declaración de concurso en la falta de legitimación del solicitante; en la existencia del hecho revelador del estado de insolvencia en que se fundamente la solicitud. O, en que, aun habiéndose producido ese hecho, no se encontraba en situación de insolvencia o ya no se encuentra en ese insolvente estado.

Pero ello no implica que nos encontramos ante una suerte de "numerus clausus" de motivos de oposición. De hecho, una lectura rápida del art. 20.1 TRLC nos puede llevar a responder en sentido afirmativo la anterior cuestión, pues parece que centra tal oposición en la inexistencia del presupuesto objetivo.

Sin embargo, la referencia que hace el citado artículo a que "el deudor podrá basar su oposición...........", de carácter potestativo, nos lleva a mantener que podrá articular otros motivos de oposición que entienda le asistan distintos de los arriba reseñados.

Por otro lado, el deudor puede oponerse a la solicitud alegando bien cualquiera de los motivos de oposición reseñados u otros que le asistan, bien alguno de ellos, o bien todos ellos de forma acumulada.

Pasamos a exponer los motivos de oposición concurrentes en las presentes actuaciones.

CUARTO.– MOTIVO DE OPOSICION: INEXISTENCIA DE PLURALIDAD DE ACREEDORES.

Aunque la vieja Ley Concursal nada decía al respecto, no cabe la menor duda que es presupuesto del concurso de acreedores, sea voluntario o necesario, la existencia de una pluralidad de acreedores del deudor.

Tal exigencia no aparecía de forma explícita en la LC, pero resultaba no sólo de la exposición de motivos de la propia LC, que establecía como finalidad del concurso alcanzar un acuerdo entre el deudor y sus acreedores, sino de otros artículos de dicha norma tales como, seguimos el auto del Juzgado de lo Mercantil núm. 1 de Bilbao de fecha 5 de mayo de 2005, "...........el art. 2.1, al exigir un "deudor común" a varios acreedores, art. 3 que menciona a los acreedores en plural, el 4 que habla de "pluralidad de acreedores", el 6.2° que exige en el concurso voluntario la obligación de presentar una "relación de acreedores, por orden alfabético...........", el 15 al prevenir la sucesiva petición de concursos por acreedores del mismo deudor, 19.3 que ordena el llamamiento a otros acreedores interesados cuando el inicial no comparezca en la vista de oposición o no se ratifique en la solicitud, el 21.1.5° en el llamamiento a los "acreedores", el 49 y 76 que ordena la formación de la masa pasiva con una pluralidad de los mismos, o el 75.2.2° que hace otro tanto para la elaboración de una "lista de acreedores" por la administración concursal...........".

La pluralidad de acreedores se constituye en carácter necesario, aunque sea implícito o intrínseco, del presupuesto objetivo del concurso de acreedores, siendo elemento necesario e indispensable para su declaración, añado yo, sea con el carácter de voluntario o necesario.

Respecto a la citada pluralidad de acreedores, no se requiere que recaiga en ellos ninguna cualidad o condición, siendo independiente el tipo de crédito, su carácter, la eventual calificación que le correspondería en el concurso o la vinculación deudor-acreedor. Y no es preciso que concurra un solo acreedor, basta con que los acreedores restantes lo sean por una cantidad ínfima o que, a pesar de la cuantía, sean personas vinculadas al deudor.

De esta forma, si no se da tal presupuesto del concurso, la solicitud de concurso debe rechazarse. Y tal rechazo no implica que el único acreedor quede huérfano de remedio ante el impago del deudor, pues sería de aplicación el principio de responsabilidad patrimonial universal del deudor que deriva del art. 1.911 CC, no derogado por el TRLC, según el cual el deudor responde de sus obligaciones con todos sus bienes, presentes y futuros. Por lo tanto, siempre le queda el remedio de proceder a una ejecución singular de su crédito.

En esta línea, cabe recodar las palabras de la Profesora PULGAR EZQUERRA, según la cual debe propiciarse que la responsabilidad patrimonial se haga efectiva siempre que sea posible por la vía de la ejecución singular, más sencilla, menos costosa y menos traumática para deudor y acreedores, reservándose la ejecución colectiva concursal para aquellos supuestos en que aquélla no puede tener lugar.

En nuestro caso, la actora no ha acreditado la existencia de esa pluralidad de acreedores pues en su solicitud alega la existencia de únicamente dos créditos: el propio, y el de la administración publica por una cuantía nimia. Por lo tanto, no habiéndose acreditado la existencia de esa pluralidad de acreedores exigida legalmente, cabe desestimar la presente solicitud de concurso necesario de acreedores.

En este sentido, se aporta como DOCUMENTO........... certificado emitido por el economista titulado ...., del que resulta, a la vista de la contabilidad social, y a fecha de solicitud de concurso, la inexistencia de una pluralidad de acreedores.

QUINTO.– MOTIVO DE OPOSICIÓN: NI CONCURREN NI SE ACREDITAN LA EXISTENCIA DE LOS HECHOS REVELADORES DE LA INSOLVENCIA DE MI MANDANTE AL TIEMPO DE LA SOLICITUD DE CONCURSO.

Como es pacífico en la doctrina y jurisprudencia, es al tiempo de la solicitud de concurso necesario cuando debe concurrir el hecho externo en que se funda tal solicitud. Y no sólo debe concurrir dicho hecho revelador de la insolvencia al tiempo de solicitarse el concurso del deudor, sino que el instante de este, en su solicitud, debe acreditar indiciariamente tal hecho, sin que pueda diferir tal prueba aun momento posterior, so pena de que esta solicitud sea rechazada.

Esa situación de insolvencia fundada en los hechos del art. 2.4 TRLC y su acreditación al tiempo de instarse el concurso no implica en modo alguno la declaración de este si, con posterioridad a iniciarse el procedimiento, la sociedad resulta solvente o, deviene de la insolvencia a una situación solvente o desaparece tal hecho que sirve de fundamentación de la alegada insolvencia. Únicamente es presupuesto para su admisión a tramite. Pero no es garantía de que el Juzgador declare, posteriormente, el concurso del deudor.

Como dijimos arriba, el acreedor instante de este, debe reseñar y acreditar indiciariamente la existencia de tal hecho externo, sin que pueda diferir tal prueba a un momento posterior, convirtiendo el proceso concursal en una suerte de proceso "investigador" de la insolvencia del deudor. Menos aún, alterar durante tal proceso el hecho revelador fundamento de la solicitud so pena de vulnerar el derecho de defensa de aquel cuyo concurso de insta.

En nuestro caso, los presuntos hechos en los que la actora funda su solicitud de concurso necesario de ...., vienen referido no al momento de tal solicitud sino a los años .... y anteriores, y, por lo tanto, carentes de acreditación alguna de su existencia al tiempo de la solicitud en el año .... Y buena prueba de ello, es la proposición de medios probatorios formalizada por la actora en su escrito de solicitud de concurso de acreedores, convertida, perdón por la licencia, en una suerte de "pim pam pum" de requerimientos a toda clase de Administraciones Publicas (Juzgados de la ciudad de .... Agencia Estatal de Administración Tributaria, Tesorería General de la Seguridad Social o Ayuntamiento de ....) para intentar acreditar, a través del proceso concursal, lo que ya debería haber acreditado al tiempo de instar el concurso necesario de ....: la concurrencia del hecho revelador de la insolvencia.

Lo cual conlleva, como reiterada jurisprudencia mantiene, el rechazo de la solicitud instada de contrario.

SEXTO.– MOTIVO DE OPOSICIÓN. CONCURRENCIA DE UN USO ABUSIVO Y TORCITERO DEL PROCEDIMIENTO CONCURSAL.

Entendemos que el deudor podrá fundar su oposición la existencia de un uso torticero del procedimiento concursal, en manifiesto abuso de derecho o fraude de ley ex arts. 6.4 y 7.2 CC (Auto de la Audiencia Provincial de La Coruña de fecha 11 de septiembre de 2008), dado que ....

SÉPTIMO.– NO CONCURRE UNO SOLO DE LOS HECHOS REVELADORES DE LA INSOLVENCIA ALEGADOS DE CONTRARIO.

En efecto:

A) En primer lugar la existencia de un sobreseimiento generalizado de mi mandante en el pago corriente de sus deudas.

Alega la actora, como primer hecho externo acreditativo de la situación de insolvencia, la existencia de un sobreseimiento general de pagos del art. 2.4.4° TRLC.

Para ello, parte de la existencia, en el año .... y no al tiempo de solicitarse el concurso, de dos únicos impagos. Uno con el Ayuntamiento de .... de ínfimo importe y otro el origen de estas actuaciones. Ni un impago más, por lo que hablar de sobreseimiento generalizado ante el presunto impago de dos créditos, uno de ellos de ínfimo importe, resulta inaceptable.

No sólo eso, sino que, además, en cuanto al impago en relación con el Ayuntamiento de ...., esta parte manifiesta que a fecha del presente escrito no existe deuda alguna con la referida Administración Local, tal como se acredita mediante el certificado expedido que se adjunta como DOCUMENTO CINCO.

Y lo sabe la actora, que tiene que recurrir, al sufrido número y a calcular unos ratios para, con la cuantía elevada de su crédito, por cierto impugnado judicialmente, intentar hacer creer que mi mandante está impagando un número significativo de créditos, lo cual es absolutamente falso, pues realmente únicamente adeuda a una persona: la actora. El resto de créditos los viene pagando mi mandante y, respecto a los créditos vinculados ni están vencidos ni le son exigidos a mi principal.

Obviamente, no cabe hablar de sobreseimiento generalizado, cuando solo está impagado el crédito de la actora y, menos aún que este sobreseimiento sea definitivo y completo. Pero es más, si el objeto de impago fueran las obligaciones de un solo acreedor o incluso de dos, aunque sean numerosas, no cabe hablar de sobreseimiento generalizado. No lo dice solo esta parte. También la doctrina y la jurisprudencia. Y ello es justo lo que sucede en las presentes actuaciones.

Y además, a los efectos de la determinación de ese sobreseimiento, no debería computarse el crédito de la aquí actora pues nos hallamos ante una obligación litigiosa, debiendo recordar que la negativa de una persona al cumplimiento de una reclamación que cualquiera que otra persona pueda formularle no constituye conducta de significación unívoca ni necesariamente denotativa de morosidad, pudiendo, con iguales o mayores probabilidades de acierto, revelar la existencia de profundas discrepancias entre los contendientes en torno a la existencia, certeza y exigibilidad del derecho de crédito que se reclama. Así lo reconoce nuestra mejor doctrina (HERNÁNDEZ MARTI) y Jurisprudencia, a título de ejemplo el auto de la Audiencia Provincial de Zaragoza, de fecha 17 de septiembre de mayo de 2007 (*Tol 1239003*):"............Por lo que se refiere al sobreseimiento en el pago (art. 2.4.1° LC), el juez de primer grado parte de que tal circunstancia ha de revestir las notas de generalidad e irreversibilidad, y referirse a obligaciones exigibles, de tal forma que no pueden ser tenidas en cuenta obligaciones litigiosas o naturales, para concluir que no concurre las nota de generalidad...........".

Por lo tanto, dado que lo realmente impagado es un único crédito de un acreedor, además litigioso, sometido a una fuerte confrontación judicial, en modo alguno cabe entender que concurre un sobreseimiento generalizado en el pago de sus obligaciones corrientes.

B) En segundo lugar, el instante basa su solicitud en el incumplimiento generalizado del pago de obligaciones tributarias exigibles.

El instante basa tal alegación aportando un informe del que se desprende la existencia de determinadas incidencias por Tributos Locales, el Ayuntamiento de .... Este informe es inaceptable a los efectos probatorios pues recordemos que el incumplimiento generalizado viene referido a los tres meses anteriores a la solicitud de concurso necesario y las "presuntas" incidencias, según se indica por la actora, son del año .... y enero de ....

Pues bien, ante tales alegaciones formuladas por el demandante, no podemos estar más que en desacuerdo, ya que .... se encuentra al pago de todas y cada una de sus obligaciones tributarias, siendo absolutamente inciertas, por tanto, las afirmaciones vertidas de contrario. Con objeto de acreditar que mi mandante se encuentra al día de sus obligaciones tributarias, se adjunta como DOCUMENTO SEIS el certificado expedido por parte de la Agencia Estatal de Administración Tributaria de fecha .... También el emitido por la Tesorería General de la Seguridad Social en la misma fecha, ..., según el cual también se halla mi mandante al corriente con tal Organismo Público (DOCUMENTO SIETE).

De este modo, entendemos que el ahora instante no acredita el extremo, ya que se limita a adjuntar un simple informe de .... en el que no consta ni los importes, ni el supuesto origen de los impagos, nada, ni que viene referido al lapso temporal de los tres meses anteriores a la solicitud de concurso, lo que demuestra, sin duda, la mala fe en su proceder, más si cabe teniendo en cuenta que esta parte sí ha acreditado suficientemente que se encuentra al día de sus obligaciones tributarias y Seguridad Social a través de los certificados que aportamos.

Por tanto, nuevamente no se sostienen las alegaciones formuladas de contrario, por lo que no se darían los requisitos necesarios para entender que .... S.L. haya incumplido de manera generalizada con el pago de sus obligaciones tributarias exigibles.

OCTAVO.– MI MANDANTE NO SE HALLA EN SITUACIÓN DE INSOLVENCIA.

Además de todo lo expuesto anteriormente, y si no fuera tenido en cuenta, mi principal no se halla en situación de insolvencia.

En efecto. Basta un examen de la contabilidad social, que reúne todos los requisitos de forma y contenido legalmente exigidos, para percatarse que .... no se halla en situación de insolvencia.

Así, y previamente a la exposición de los motivos que llevan a entender que .... no se encuentra en situación de insolvencia, es necesario recordar que insolvencia no es equivalente a un déficit patrimonial, fondos propios negativos o desbalance contable.

Además, no hay que caer en el error de considerar que la mera concurrencia de uno de los hechos contenidos en el artículo 2.4 TRLC (los cuales en este caso entendemos que no se dan) supone que la persona contra la que se insta el concurso se halla en situación de insolvencia. Tampoco que el Juez que conozca de la solicitud del concurso deba estimarla por el mero hecho de la acreditación de alguno de tales hechos externos, pues la base nuclear del concurso y su presupuesto objetivo, con independencia de su carácter voluntario o necesario, es siempre la insolvencia del concursado, lo que en este caso no se da, tal como procedemos a detallar.

Pues en nuestro caso, se acompañará en el momento procesal oportuno informe pericial emitido por el economista titulado Don............, del que resulta, a la vista de la contabilidad social, y a fecha de solicitud de concurso, mi principal no se halla en situación de insolvencia.

Se hace constar que esta parte, aunque ya no lo exija la ley, comparecerá a la vista reseñada en el art. 22 TRLC con los libros contables de llevanza obligatoria.

NOVENO.– VARIOS.

I. Por otra parte, y en relación con la necesidad de declarar el concurso de mi mandante a la mayor brevedad posible, entendemos que, al contrario de lo alegado de contrario, no sólo es que no sea necesario declarar el concurso a la mayor brevedad posible, sino que, el mismo no debería declararse por cuanto que no se dan los requisitos para ello, tal como venimos diciendo y acreditando a lo largo de este escrito, y como fundamentaremos posteriormente.

De este modo, y al contrario de lo alegado por el instante, no puede entenderse que .... carezca de bienes y recursos para atender sus obligaciones de pago.

Así mismo el ahora instante sostiene que el hecho de que mi mandante no se haya declarado en concurso voluntario, que la sociedad esté registrando pérdidas desde hace años, y que su patrimonio esté siendo embargado por las administraciones públicas supone que se esté agravando la insolvencia con la demora, así como cualquier otro acto perjudicial que pueda estar produciéndose para la masa.

Pues bien, ante estas alegaciones no podemos estar más que en desacuerdo nuevamente, ya que, en primer lugar, si mi mandante no ha declarado el concurso voluntario, es sencillamente porque no se daban, ni se dan los requisitos necesarios para ello, tal como hemos acreditado suficientemente.

Por otro lado, el ahora instante sostiene, con manifiesta mala fe, que el patrimonio de mi mandante está siendo embargado por las administraciones públicas. Es decir, parece que el instante quiere deslizar que todo el patrimonio de .... está afecto a una serie de embargos instados por parte de las administraciones públicas, ello sin aportar una sola prueba que corrobore tales alegaciones.

No sólo eso, sino que, al contrario de lo manifestado por el instante, esta parte ya ha acreditado que no existen embargos que afecten de manera generalizada al patrimonio de mi mandante, por lo que estas manifestaciones han de rechazarse de plano.

De este modo, no existe la pretendida insolvencia manifiesta en la figura de mi mandante, menos aún la despatrimonialización de la sociedad por lo que, aún en el caso de que se dieran los supuestos necesarios para la declaración del concurso, que no se dan, no existe la urgencia en la declaración del concurso que alarmantemente pretende el instante con manifiesta mala fe.

II. En relación con la necesidad de declarar la suspensión del ejercicio por el deudor de las facultades de administración y disposición sobre la masa activa, entendemos que, como no podía ser de otra forma, no es preceptiva la suspensión de las facultades.

Y ello por cuanto que, tal como se expondrá posteriormente en los fundamentos de derecho, el instrumento previsto en el TRLC que prevé la suspensión de las facultades ha de ser utilizado como un mecanismo de naturaleza excepcional, y en casos en los que de manera flagrante, el administrador de la sociedad haya actuado de manera irresponsable agravando el estado de insolvencia de la sociedad.

En este caso, queda perfectamente claro que el administrador de .... no ha actuado de manera irresponsable, es más, entendemos que hay que poner en valor su actuación a lo largo de todos estos años, ya que ha conseguido mantener a flote la sociedad de manera más que solvente a pesar de la grave crisis económica que ha sufrido este país, y más en concreto el sector inmobiliario, que supuso la desaparición del tráfico económico de la gran mayoría de empresas del sector.

Pues bien, en este caso, no puede ser utilizada la figura de la suspensión por cuanto que, como ya hemos manifestado y acreditado, el pretendido estado de insolvencia no existe. Es decir, el instante sostiene que cabe suspender las facultades debido a que el administrador habría agravado el estado de insolvencia de la sociedad, de modo que acreditada la solvencia de la sociedad su argumento carece de sentido y justificación.

Aún así, y en el hipotético caso de que el juzgador pudiera entender que sí existe el estado de insolvencia, lo que no puede aceptarse es que el mero hecho de haber impagado un préstamo con garantía hipotecaria suponga que el administrador haya actuado de manera irresponsable, y pueda entenderse que se haya podido perder la confianza en la persona que gestiona la sociedad.

Acoger tal argumentación sería poco menos que criminalizar una situación de impago de una deuda, lo que evidentemente no es posible ni en ningún caso admisible.

De este modo, entendemos que en ningún caso debe imponerse la suspensión de las facultades de administración.

III. En cuanto a la medida cautelar, en este momento no procede la adopción de la misma, de conformidad con lo dispuesto en el artículo 133 TRLC, al no haber sido declarado el concurso de acreedores.

Por otra parte, dicho artículo viene a regular tanto la legitimación activa como el momento en el que se puede declarar el embargo, en el concurso, lo que supone que, siendo de aplicación al caso dicho artículo, el demandante acreedor carecería de legitimación para instar el embargo y que, dicha medida de embargo no podrá ser adoptada, si fuera el caso, hasta la declaración del concurso

A los relatados hechos aduzco los siguientes

FUNDAMENTOS DE DERECHO

I. De conformidad con lo previsto en el art. 44 y 45 TRLC, es competente para conocer de la solicitud de concurso necesario de mi mandante y de la presente solicitud el Juez al que nos dirigimos.

II. La presente oposición se interpone dentro del plazo de cinco días siguientes a aquel en que se emplazó a mi mandante en las presentes actuaciones (art. 14.2.2° TRLC) y debe sustanciarse por los trámites establecidos en el citado art. 14.2.2° TRLC, ss. y concordantes TRLC.

III. Conforme establece el art. 20.1 TRLC el deudor podrá basar su oposición a la solicitud de declaración de concurso en la falta de legitimación del solicitante; en la existencia del hecho revelador del estado de insolvencia en que se fundamente la solicitud. O, en que, aun habiéndose producido ese hecho, no se encontraba en situación de insolvencia o ya no se encuentra en ese insolvente estado.

Y señala el art. 20.2 TRLC que, si el deudor alegase que no se encuentra en estado de insolvencia, le incumbirá la prueba de su solvencia.

IV. Sobre la posibilidad de esgrimir motivos de oposición distintos a los reseñados en el art. 20.1 TRLC, vid, a título de ejemplo, la Audiencia Provincial de La Rioja, auto de fecha 23 de octubre de 2009 o el Juzgado de lo Mercantil núm. 1 de Alicante, auto de fecha 22 de octubre de 2007 (*Tol 1298365*):

> "............Aunque el art. 18 LC no prevé entre las causas de oposición la falta de legitimación activa, es evidente que ello no impide que pueda ser invocada como excepción............".

En la doctrina, ROJO, A. y CALDERÓN, P. "Allanamiento", pág. 425 a 429. FERREIRO BAAMONDE, X. "Declaración", op. cit., pág. 83.

V. Con relación a la necesaria pluralidad de acreedores para declarar el concurso necesario del deudor, señalar el Auto del Juzgado de lo Mercantil núm. 1 de Bilbao, de fecha 11 de mayo de 2005 (*Tol 737210*):

"............SEGUNDO.– Sobre la existencia de una pluralidad de acreedores

Requerida también la parte instante para que manifieste la existencia de otros acreedores, se limita a indicar que conoce, a través de dos edictos publicados en el año 1999, que hubo dos procedimientos de ejecución contra los hoy concursados. Tales procedimientos, sin embargo, constan archivados desde hace seis años, por lo que falta el presupuesto preciso para que pueda entenderse procedente un procedimiento concursal. El concurso instado es inadmisible al faltar el requisito de pluralidad de acreedores (STS 9 de enero de 1984, RAJ 1984/342, AAP Madrid 19 de septiembre de 1993, Ar. 1993/1674, AAP Sevilla 26 de enero de 1996, Ar. AC 1996/179, SAP Barcelona de 19 de octubre de 1995, Ar. Civil 2123, SAP Sevilla de 25 de octubre de 1995, Ar. Civil 1995/1880, AAP Badajoz de 15 de noviembre de 1995, Ar. Civil 1995/2238, SAP Ávila de 11 de abril 1997, Ar. Civil 1997/708). Tras la LC queda proclamado ese principio no sólo en la Exposición de Motivos, que indica que la finalidad de todo concurso es alcanzar un acuerdo entre el deudor y sus acreedores, sino de numerosos preceptos de los que se deriva esa exigencia, como el art. 2.1, al exigir un «deudor común» a varios acreedores, art. 3 que menciona a los acreedores en plural, el 4 que habla de «pluralidad de acreedores», el 6.2º que exige en el concurso voluntario la obligación de presentar una «relación de acreedores, por orden alfabético...........», el 15 al prevenir la sucesiva petición de concursos por acreedores del mismo deudor, 19.3 que ordena el llamamiento a otros acreedores interesados cuando el inicial no comparezca en la vista de oposición o no se ratifique en la solicitud, el 21.1.5º en el llamamiento a los «acreedores», el 49 y 76 que ordena la formación de la masa pasiva con una pluralidad de los mismos, o el 75.2.2º que hace otro tanto para la elaboración de una «lista de acreedores» por la administración concursal.

En todo caso, y aún cuando no concurra este requisito, la LC no ha derogado el principio de responsabilidad patrimonial universal del deudor que deriva del art. 1.911 CCv, según el cual el deudor responde de sus obligaciones con todos su bienes, presentes y futuros, de manera que el hoy solicitante puede seguir indagando sobre eventuales nuevos elementos patrimoniales en el procedimiento de ejecución que tramita en el Juzgado de Getxo.

TERCERO.– Inutilidad de un procedimiento concursal en este caso

Con tales circunstancias lo procedente es acordar la inadmisión de la solicitud. Al respecto conviene reiterar los argumentos utilizados por este mismo Juzgado en auto de tres de diciembre de 2004, donde se indicaba que «pese a todo podría argumentarse que el sistema que estatuye la Ley Concursal no obliga al acreedor a demostrar la existencia de una pluralidad de acreedores, ya que el art. 2 sólo dispone que ha de indicarse la concurrencia del presupuesto objetivo, la insolvencia, y el art. 7 las exigencias precisas para que se pueda instar el concurso necesario, entre las que no se encuentra tal indicación. El sistema que se ha ideado en la LC para la declaración del concurso necesario en el art. 15 y 19 permitiría al deudor concurrir y oponer que no existe pluralidad de acreedores. Podría argumenta que efectivamente hay persecución de su patrimonio, pero sólo por el solicitante y no por terceros, de modo que no tendría sentido acometer el procedimiento concursal.

Tal sistema, sin embargo, se sustenta en que el deudor se oponga. Pero si no comparece, o si lo hace y no se opone, o si se allana, habría que declarar de modo forzoso el concurso, pese a que no conste la existencia de la pluralidad de acreedores que hemos visto en el anterior fundamento que es precisa para que un procedimiento de la naturaleza del concursal pueda tener sentido.

No puede depender por ello la declaración de concurso de la actividad que despliegue el deudor. El Juzgado que conocerá del concurso debe constatar, al menos de modo indiciario, la existencia de tal pluralidad.

En cuanto al acreedor, sin duda puede tratar de acreditar este extremo. Por ello el art. 7.2 de la Ley Concursal le autoriza a proponer en la solicitud de concurso necesario los medios de prueba que considere precisos para acreditar los hechos en los que la fundamenta. El incidente puede servir, en consecuencia, también para demostrar la pluralidad de acreedores precisa.

Sin embargo esa prueba planteada se supedita a la existencia de oposición (art. 18.1 LC) del deudor. Sin aquella el Juzgado está obligado a declarar el concurso, sin analizar siquiera los medios de prueba que se propusieron. Pero lo que es más importante, en este caso el solicitante manifiesta que «no le consta» si existen otros acreedores, de manera que sencillamente no se puede intentar probar lo que desconoce. La prueba tiene que servir para acreditar una afirmación, no para indagar sobre la existencia o no de un presupuesto del concurso (............).

Tampoco tiene sentido que se pretenda iniciar el procedimiento concursal para el ejercicio de algunas de las acciones de reintegración a las que se refiere la Ley Concursal en los arts. 71 y ss., puesto que idénticas posibilidades se abren al acreedor para verificarlo a través del ejercicio de las acciones prevista en el CCv para los actos realizados en fraude de acreedores (art. 1.291-3º), o por medio de las acciones revocatoria o pauliana (art. 1.111).

Estas acciones pueden ejercitarse por cualquier acreedor cuando tiene constancia de la insuficiencia del patrimonio actual de su deudor para responder de la deuda. Puede tratar en consecuencia de reintegrar al patrimonio del mismo aquellos bienes que hayan sido transmitidos en fraude de sus derechos o con una voluntad defraudatoria o de insolventarse, en vía civil o incluso, en los casos de mayor gravedad, a través de las acciones penales que regulan el alzamiento de bienes (art. 257 Código Penal, CP) o cualquiera otra de las insolvencias punibles. Por otro lado la finalidad esencial del concurso es alcanzar un acuerdo con el deudor para establecer un plan de pagos, que se facilita mediante quitas y/o esperas, de manera que si no se alcanza, se procede a la liquidación ordenada de su patrimonio. Pero esa misma finalidad, si existe un solo acreedor, puede lograrse mediante un pacto con el ejecutado, perfectamente admisible conforme al art. 1.255 del CCv, de manera que es innecesario el concurso para facilitarlo. Y si se argumenta que un solo acreedor puede tener varios créditos, que den lugar a distintos procedimientos de ejecución, que quiere ordenar en uno sólo, puede oponerse que la LEC admite la posibilidad de acumulación de ejecuciones seguidas entre un mismo acreedor y un mismos deudor (art. 555) y que, en todo caso, si es el único acreedor no habrá problema alguno para que sus distintos créditos sean satisfechos por el orden que proceda, pues ningún perjuicio puede padecer por ello, al irlos cobrando de modo sucesivo sin que terceros se interpongan.

En definitiva, es el acreedor que persigue bienes de su deudor y que constata la insuficiencia de su patrimonio quien debe alegar la existencia de otros acreedores que también lo están haciendo, para que el Juzgado pueda apreciar la concurrencia del presupuesto subjetivo del concurso que constituye la pluralidad de acreedores. Sin tal alegación, o sin la constancia a través de cualquier indicio de que hay varios, no puede ser declarado el concurso, porque el deudor sigue teniendo a su disposición el procedimiento de ejecución singular que le permite perseguir la totalidad del patrimonio del deudor y las acciones, civiles y penales, que le autorizan a tratar de reintegrar al mismo aquellos elementos patrimoniales que lo han abandonado indebidamente». Como sería absurdo y antieconómico poner en marcha el procedimiento concursal, nombrar una administración con tal fin, para que en definitiva se constate la misma situación patrimonial que la que refleja la ejecutoria que el hoy solicitante sigue contra los deudores, es decir, un acreedor y varios deudores sin patrimonio, lo procedente es inadmitir la solicitud ante la imposibilidad de que proceda frente a varios deudores solidarios si no existe confusión de patrimonios y ante la falta de pluralidad de acreedores...........".

O el Auto del Juzgado de lo Mercantil núm. 2 de Madrid, de fecha 4 de septiembre de 2006 (*Tol 1051532*):

"...........Argumentos los precedentes que en su conjunto determinan, en definitiva, el fracaso de la solicitud deducida. Pues, en efecto, es requisito conceptual inherente a toda declaración de concurso el relativo a la existencia de un número de acreedores plural y concurrente, elemento esencial sobre el que pivota toda la institución concursal y cuya ineludible exigencia se encuentra implícita en el Art. 2-1 de la Ley Concursal ("...........La declaración de concurso procederá en caso de insolvencia del deudor común..........."), y todo ello sin perjuicio, naturalmente, del derecho del acreedor solicitante a promover —y continuar en su caso hasta su culminación— el trámite ejecutivo propio de la ejecución singular. Y es que, proviniendo directa o indirectamente todas las relaciones crediticias invocadas de operaciones mercantiles desarrolladas en el pasado a través de diversas empresas por los señores Luis Ángel y María Consuelo, lo que se advierte en el caso examinado, si es que hemos de atender a criterios de tipo sustancial o material, no es tanto la presencia de un número plural y concurrente de acreedores como la existencia de un conflicto conyugal mantenido en el tiempo por aquellos y que, cuando menos en el terreno patrimonial, no ha sido satisfactoriamente resuelto. Porque, como señala PULGAR EZQUERRA (obra citada, pág. 130), "...........debe propiciarse que la responsabilidad patrimonial se haga efectiva siempre que sea posible por la vía de la ejecución singular, más sencilla, menos costosa y menos traumática para deudor y acreedores, reservándose la ejecución colectiva concursal para aquellos supuestos en que aquélla no puede tener lugar...........".

VI. Sobre la exigencia que el hecho/s revelador/es de la insolvencia fundamento de la solicitud del concurso necesario debe concurrir al tiempo de instarse tal concurso, vid. la Audiencia Provincial de Pontevedra, auto de 11 de febrero de 2008 o el Juzgado de lo Mercantil núm. 5 de Barcelona, auto de fecha 25 de junio de 2008 (*Tol 1340759*):

"...........Esa concreción de los hechos sólo puede obtenerse si se referencian a un momento temporal determinado y concreto, de modo análogo a lo que ocurren en los procesos declarativos ordinarios, de acuerdo con lo dispuesto en los arts. 411 y 413 LEC, dada la identidad de razón entre los supuestos. Por otra parte, valorar por el juez la posible evolución de los acontecimientos y de la situación económica que se produce entre la solicitud de concurso necesario y la resolución de su oposición, implicaría reconocer una potestad *ex oficium* para declarar la existencia del presupuesto objetivo del concurso, la insolvencia, más allá de los hechos concretos, determinados temporalmente, alegados por la parte solicitante, potestad que le está vedada, ya que no cabe la declaración de concurso de oficio, arts. 3.1 y 19.3 LC. Por tanto, se ha de fijar como momento relevante para el examen de la concurrencia de los requisitos para la declaración de concurso, el de la fecha de la presentación de la solicitud...........".

O el citado auto del Juzgado de lo Mercantil núm. 2 de Madrid de 4 de septiembre de 2006 (*Tol 1051532*):

"...........Y, en el caso, difícilmente podrá llegar a afirmarse tal cosa en el momento en el que se proceda al embargo de bienes (si a ello hubiere lugar, lo que se ignora al no constar si ha habido o no oposición a la ejecución ni, en su caso, el resultado de ésta) cuando, según ya se ha razonado, está acreditado que la persona contra quien se despachó la aludida ejecución por una hipotética deuda de 21.071,87? (la Sra. DE LAS CUEVAS) cuenta en su haber, cuando menos, con un patrimonio evaluable en 631.104,39. Por su parte, el despacho de ejecución llevado a cabo por el Juzgado de 1ª Instancia nº 71 es también irrelevante a estos efectos, y no solo porque el Auto correspondiente se ha dictado recientemente (31-05-06) y no permite valorar la situación de hecho existente en la fecha de presentación de la solicitud de concurso (13-09-05)...........".

VII. Sobre el hecho que el instante del mismo, en su solicitud, debe acreditar indiciariamente tal hecho, sin que pueda diferir tal prueba a un momento posterior, so pena de que esta solicitud sea rechazada, vid, los autos de la Audiencia Provincial de La Rioja de fecha 23 de octubre de 2009 y de la Audiencia Provincial de Baleares de fecha 22 de julio de 2009.

VIII. Sobre que el acreedor instante del mismo, debe reseñar y acreditar indiciariamente la existencia de tal hecho externo, sin que pueda diferir tal prueba a un momento posterior, convirtiendo el proceso concursal en una suerte de proceso "investigador" de la insolvencia del deudor, vid. Juzgado de lo Mercantil núm. 2 de Madrid, en su auto de fecha 5 de *mayo de 2009, siendo* igualmente de resaltar el auto de la Audiencia Provincial de Las

Palmas de fecha 21 de abril de 2008 y de la Audiencia Provincial de Tarragona de fecha 29 de mayo de 2008.

IX. En cuanto a la concurrencia de los elementos necesarios para fundar la insolvencia del deudor y los hechos reveladores de la insolvencia recogidos en el artículo 2.4 de la Ley Concursal entendemos que, tal como hemos adelantado anteriormente, los mismos no se dan en el supuesto de autos, por lo que en ningún caso procede la declaración del concurso necesario instado por...........

A) En primer lugar, y en relación al sobreseimiento generalizado en el pago de las obligaciones, entendemos que es necesario un breve apunte a cerca de qué debe entenderse por sobreseimiento generalizado que se recoge en el artículo 2.4 de TRLC, para así clarificar si puede ser aplicable al supuesto que nos ocupa.

Pues bien, sobreseimiento quiere decir sencillamente que el deudor deja de pagar lo que debe, pues como recuerda el Profesor Rojo "sobreseer el pago de las obligaciones significa dejar de pagarlas" pero no sólo desde el prisma de una falta de pago, sino entendiéndolo como una imposibilidad de pago.

No sólo eso, sino que es preciso que el sobreseimiento sea significativo y general, es decir, definitivo, completo e irreversible.

No constituye el sobreseimiento el hecho de que el deudor presente un déficit patrimonial, pues pese a la concurrencia de estas situaciones es factible que cuente con recursos para hacer frente a sus obligaciones.

Por otro lado, y tal como adelantábamos anteriormente, tal generalidad hay que contemplarla así mismo desde la perspectiva de una pluralidad de acreedores. Es decir, que en el caso de que el objeto del impago sea total o mayoritariamente las obligaciones de un solo acreedor, se entiende que tal circunstancia no puede dar lugar al concurso del deudor. Más aún si cabe si se corresponde con el impago de las obligaciones derivadas de una misma operación. En este sentido se pronuncia el Auto de la Audiencia Provincial de Pontevedra de fecha 11 de febrero de 2008:

Por todo ello, no es suficiente la mera referencia al sobreseimiento general o a la mera existencia de otros acreedores de la deudora, es decir, que no basta con mencionar vagamente que la deudora tiene más acreedores o señalarlos sin acreditar suficientemente la existencia de los mismos.

De este modo, el sobreseimiento no será general cuando se hayan dejado de pagar generalizadamente las obligaciones frente a un único acreedor, y sí lo será cuando exista una pluralidad de acreedores y se hayan incumplido las obligaciones frente a dicha pluralidad, por lo que no podrá tener el carácter de sobreseimiento general cuando se impaga a uno o dos acreedores. En este sentido, vid Auto de la Audiencia Provincial de Barcelona, de fecha 6 de marzo de 2008.

B) En segundo lugar, por lo que respecta al sobreseimiento generalizado del pago de obligaciones tributarias, y tal como se ha señalado y acreditado anteriormente, mi mandante se encuentra al día de tales obligaciones, por lo que las alegaciones vertidas de contrario en este punto han de ser rechazadas de plano.

En cualquier caso, creemos nuevamente que es necesario clarificar que ha de entenderse por el sobreseimiento generalizado del pago de las obligaciones tributarias exigibles.

Pues bien, el impago de tales obligaciones debe ser necesariamente generalizado, de modo que dicho impago debe afectar a la mayoría de obligaciones de la misma naturaleza, lo cual no sucede en las presentes actuaciones.

Así, el incumplimiento de las obligaciones tributarias ha de ser generalizado, lo que ocurrirá en el caso de que se hayan dejado de pagar el total de las obligaciones de esta clase, o cuanto menos, la mayor parte la mayor parte de ellas, de modo que se deberían excluirse de este presupuesto aquellos incumplimientos aislados o individualizados.

Por otro lado, se exige también que las obligaciones tributarias hayan sido incumplidas durante los tres meses anteriores a la declaración del concurso.

De este modo, como ya hemos reiterado a lo largo del presente escrito, el ahora instante se limita a aportar un informe en el que constaría que .... habría desatendido........... obligaciones tributarias, lo que implicaría que mi mandante estaría incumpliendo de manera generalizada con sus obligaciones tributarias, lo cual es totalmente incierto, tal como ha quedado acreditado con los certificados aportados por esta parte.

Es decir, tal como ha acreditado por esta parte, ... se encuentra al corriente de todas y cada una de sus obligaciones tributarias en relación con la Administración General Tributaria.

Por todo ello, en el supuesto que nos ocupa no puede entenderse en ningún caso que exista un incumplimiento generalizado del pago de las obligaciones tributarias exigibles, ya que, como se ha dicho, el impago debe afectar a la mayoría de las obligaciones, en este caso tributarias, lo que es evidente que no sucede en este caso.

Todo ello sin perjuicio de destacar nuevamente que .... está también al corriente de todas y cada una de sus obligaciones con la Seguridad social. Así ha sido acreditado por esta parte, lo que demostraría más si cabe el estado de solvencia de mi mandante.

X. Por lo que respecta a la suspensión de las facultades de administración y disposición del deudor sobre la masa activa, entendemos, tal como hemos reiterado a lo largo del presente escrito, que no procede la suspensión en este supuesto.

Ello porque el artículo 106, apartados 2 y 3 TRLC no obliga necesariamente a aplicar la suspensión de facultades del deudor en el caso de un concurso necesario.

En su virtud

SUPLICO AL JUZGADO que tenga por presentado este escrito, junto a los documentos a él unidos y sus copias, se sirva admitirlos y por tener comparecida en las presentes actuaciones a mi principal .... S.L., y por promovido en nombre y representación de mi mandante, OPOSICIÓN a la solicitud de declaración de concurso necesario de mi principal formulada por la compañía .... SARL, y previo los oportunos trámites legales, incluida la celebración de la vista a que se refiere el art. 22 TRLC, se sirva dictar auto por el que se acuerde desestimar la solicitud de declaración de concurso necesario de mi principal instada por .... SARL, con expresa imposición de costas a dicha compañía.

Lo que se SUPLICA en .... a .... de .... de ....

OTROSÍ DIGO: Que tal y como ordena el art. 14.2.2° TRLC, esta parte manifiesta los medios de prueba de los que pretende valerse a efectos de acreditar los hechos en que se funda la presente oposición:

I. Interrogatorio del instante de la solicitud de declaración de concurso necesario de mi mandante, la sociedad .... SARL.

II. Testifical, consistente en que se examine a los siguientes testigos: ....

III. Documental: Para que se tengan por incorporados a las presentes actuaciones los documentos acompañados al presente escrito de solicitud de concurso necesario.

IV. Más documental: A los efectos del art. 270.1LEC se anuncia la presentación de Tasación sobre los activos de la mercantil concursada

V. Reconocimiento de libros contables de mi mandante, a los efectos del art. 20, apartados 1 y 2 TRLC, con reserva de asistirnos de perito a tal fin.

VI. Periciales:

1. Dictamen adjunto como Doc. 4, del perito economista colegiado n° ....-........... en relación a la situación contable de la mercantil concursada, solicitando a los efectos del art. 347 LEC su ratificación y aclaración en el acto de la vista, y cuya citación para ello asumirá esta parte.

2. A los efectos del art. 337.1 de la LEC se anuncia la presentación de Dictamen de Tasación de........... sobre los activos de la mercantil concursada, cuya elaboración ha resultado imposible dentro del plazo concedido para este trámite de Oposición, comprometiéndonos en cuanto dispongamos del mismo a su debida aportación para su traslado a la contraparte. Solicitando igualmente su ratificación y aclaración en el acto de la vista, y cuya citación para ello asumirá esta parte.

En su virtud,

SUPLICO AL JUZGADO que tenga por presentado este escrito, se sirva admitirlo y tener por propuesta los medios de prueba de los que pretende valerse esta parte y, previos los oportunos trámites legales, se acuerde la practica de las mismas en el momento procesal oportuno.

Es Justicia que se SUPLICA en ...., en el lugar y fecha señalados "ut supra".

F134. ESCRITO DEL DEUDOR CONSIGNANDO EL IMPORTE DEL CRÉDITO QUE TITULARIZA EL INSTANTE DEL CONCURSO NECESARIO

Normativa de aplicación: *Arts. 13 y ss. Real Decreto Legislativo 1/2020, de 5 de mayo, por el que se aprueba el texto refundido de la Ley Concursal.*

AL JUZGADO DE LO MERCANTIL NÚM. .... DE ....

..........., Procurador de los Tribunales (núm. .... de colegiado) y de la compañía .... S.A., con domicilio en ...., calle .... núm. .... y CIF ...., cuya representación tengo acreditada en el procedimiento concursal ...., ante este Juzgado comparezco en las citadas actuaciones bajo la dirección letrada de Don..........., abogado del Ilustre Colegio de .... (núm. .... de colegiado), y como mejor proceda en Derecho DIGO:

I. Que en fecha .... de .... de ...., fue notificado a esta parte el auto de este Juzgado al que nos dirigimos, de fecha .... de .... de ...., por el que se admitía a trámite la solicitud de declaración de concurso necesario de mi mandante formulada por la sociedad .... S.L. y se nos emplazó, con traslado de la solicitud, para que compareciéramos en el plazo de cinco días a efectos de, en su caso, formular oposición a la solicitud, proponiendo los medios de prueba de los que intente valerse.

II. Que en el meritado plazo de cinco días y en legal forma, mi principal formuló oposición a la solicitud de declaración de concurso necesario de mi principal.

III. Que de conformidad y a los efectos de lo dispuesto en el art. 22.2 TRLC y estando vencido el crédito de .... S.L., instante de la solicitud origen de estos autos, esta parte ha consignado la cantidad de ....euros, importe al que asciende el citado crédito, en la cuenta de este Juzgado.

Acreditando la anterior se acompaña como DOCUMENTO........... resguardo de la consignación efectuada en la cuenta del Juzgado.

En su virtud

SUPLICO AL JUZGADO que tenga por presentado este escrito, junto a los documentos a él unidos y sus copias, se sirva admitirlos y tener por consignado a los efectos oportunos el importe del crédito que contra mi mandante ostenta la sociedad instante de la solicitud de declaración de concurso necesario de mi principal.

Lo que se SUPLICA en ...., a .... de .... de ....

F135. ESCRITO DEL DEUDOR CONSIGNANDO EL IMPORTE DEL CRÉDITO QUE TITULARIZA EL INSTANTE DEL CONCURSO NECESARIO Y OTROS ACREEDORES PERSONADOS EN EL PROCESO

Normativa de aplicación: *Arts. 13 y ss. Real Decreto Legislativo 1/2020, de 5 de mayo, por el que se aprueba el texto refundido de la Ley Concursal.*

AL JUZGADO DE LO MERCANTIL NÚM. .... DE ....

..........., Procurador de los Tribunales (núm. .... de colegiado) y de la compañía .... S.A., con domicilio en ...., calle .... núm. .... y CIF ...., cuya representación tengo acreditada en el procedimiento concursal ...., ante este Juzgado comparezco en las citadas actuaciones bajo la dirección letrada de Don..........., abogado del Ilustre Colegio de .... (núm. .... de colegiado), y como mejor proceda en Derecho DIGO:

I. Que en fecha .... de .... de ...., fue notificado a esta parte el auto de este Juzgado al que nos dirigimos, de fecha .... de .... de ...., por el que se admitía a trámite la solicitud de declaración de concurso necesario de mi mandante formulada por la sociedad .... S.L. y se nos emplazó, con traslado de la solicitud, para que compareciera en el plazo de cinco días a efectos de, en su caso, formular oposición a la solicitud, proponiendo los medios de prueba de los que intente valerse.

II. Que en el meritado plazo de cinco días y en legal forma, mi principal formuló oposición a la solicitud de declaración de concurso necesario de mi principal.

III. Que a las presentes actuaciones se han acumulado las solicitudes de declaración de concurso necesario de mi mandante formuladas por .... S.L. y ...........S.A., quienes en fecha .... de .... de .... y .... de .... de ...., se han personado en los presentes autos.

IV. Que de conformidad y a los efectos de lo dispuesto en el art. 22.2 TRLC y estando vencido tanto el crédito de .... S.L. instante de la solicitud origen de estos autos, como los que ostentan las citadas sociedades .... S.L. y .... S.A., esta parte ha consignado la cantidad de ....euros, importe al que ascienden los citados créditos, en la cuenta de este Juzgado.

Acreditando la anterior se acompaña como DOCUMENTO........... resguardo de la consignación efectuada en la cuenta del Juzgado.

En su virtud

SUPLICO AL JUZGADO que tenga por presentado este escrito, junto a los documentos a él unidos y sus copias, se sirva admitirlos y tener por consignado a los efectos oportunos el importe de los créditos que contra mi mandante ostentan la sociedad .... S.L., instante de la solicitud de declaración de concurso necesario de mi principal, así como las sociedades .... S.A. y .... S.L., personadas en las presentes actuaciones en las que se han acumulado sus solicitudes de concurso de mi poderdante.

Lo que se SUPLICA en ...., a .... de .... de ....

F136. ESCRITO DEL ACREEDOR INSTANTE DEL CONCURSO NECESARIO RATIFICANDO SU SOLICITUD PESE A LA CONSIGNACIÓN DE SU CRÉDITO

Normativa de aplicación: *Arts. 13 y ss. Real Decreto Legislativo 1/2020, de 5 de mayo, por el que se aprueba el texto refundido de la Ley Concursal.*

AL JUZGADO DE LO MERCANTIL NÚM. .... DE ....

..........., Procurador de los Tribunales (núm. .... de colegiado) y de la compañía .... S.A., con domicilio en ...., calle .... núm. .... y CIF ...., cuya representación tengo acreditada en el procedimiento concursal ...., ante este Juzgado comparezco en las citadas actuaciones bajo la dirección letrada de Don..........., abogado del Ilustre Colegio de .... (núm. .... de colegiado), y como mejor proceda en Derecho DIGO:

I. Que en fecha .... de .... de ...., fue notificado a .... S.L. el auto de este Juzgado al que nos dirigimos de fecha .... de .... de ...., por el que se admitía a trámite la solicitud de declaración de concurso necesario de tal sociedad formulada por mi mandante y se emplazó a la deudora, con traslado de la solicitud, para que compareciera en el plazo de cinco días a efectos de, en su caso, formular oposición a la solicitud, proponiendo los medios de prueba de los que intente valerse.

II. Que en el meritado plazo de cinco días y en legal forma, la sociedad .... S.A. formuló oposición a la solicitud de declaración de concurso necesario de tal sociedad formulada por esta parte.

III. Que de conformidad y a los efectos de lo dispuesto en el art. 22 TRLC y estando vencido el crédito de mi mandante, por la sociedad .... S.A. se procedió a su consignación en la cuenta de este Juzgado.

IV. Que por medio del presente escrito y pese a la anterior consignación, esta parte se ratifica en su solicitud de declaración de concurso necesario de .... S.A.

En su virtud

SUPLICO AL JUZGADO que tenga por presentado este escrito, se sirva admitirlo y tener a los efectos legales oportunos por ratificada la solicitud de declaración de concurso necesario de .... S.A., acordando cuanto proceda en derecho.

Lo que se SUPLICA en ...., a .... de .... de ....

F137. AUTO DECLARANDO EL CONCURSO NECESARIO TRAS VISTA

Normativa de aplicación: *Arts. 13 y ss. Real Decreto Legislativo 1/2020, de 5 de mayo, por el que se aprueba el texto refundido de la Ley Concursal.*

En la ciudad de .... a .... de .... de ....

ANTECEDENTES DE HECHO

PRIMERO.– Que en fecha .... de .... de .... por el Procurador de los Tribunales, Doña ...., y en representación de la compañía .... S.L., se presentó solicitud de concurso necesario de la compañía .... S.A., en base a los HECHOS y FUNDAMENTOS DE DERECHO reseñados en la meritada solicitud y los documentos acompañados a la misma, solicitud que no se fundaba en hecho alguno de los previstos en los ordinales 1° a 3° del art. 2.4 TRLC.

SEGUNDO.– Que mediante auto de fecha .... de .... de ...., por este Juzgado se admitió a trámite la citada solicitud y se ordenó el emplazamiento del deudor, la compañía .... S.A., con traslado de la solicitud, para que compareciera en las presentes actuaciones en el plazo de cinco días a los efectos del art. 14.2.2° TRLC.

TERCERO.– Que en fecha .... de .... de ...., por el Procurador de los Tribunales, Doña ...., y en representación de la compañía .... S.A., se compareció en estos autos y formuló oposición a la solicitud de declaración de concurso necesario de la citada sociedad instada por .... S.L.

CUARTO.– Que se citó a las partes a la vista prevenida en el art. 22 TRLC, previniéndolas para que comparecieran a ella con todos los medios de la prueba que pudiera practicarse en el acto.

QUINTO.– Que la expresada vista se celebró el día .... de .... de ...., compareciendo tanto la sociedad .... S.L., instante de la declaración de concurso de .... S.A. como está última sociedad.

Que estando vencido el crédito del acreedor instante de la solicitud, por .... S.L. se consignó el mismo en el acto de la vista (alternativa: se acreditó que el importe del mismo habían sido consignado con anterioridad a tal vista) (alternativa: se manifestó la causa de la falta de tal consignación).

Pese a lo anterior, el acreedor se ratifico íntegramente en su solicitud de declaración de concurso necesario de .... S.A.

En la citada vista, las partes efectuaron las alegaciones y se practicaron las pruebas que constan en las presentes actuaciones.

SEXTO.– En la tramitación de los presentes se han respetado las prescripciones legales.

FUNDAMENTOS DE DERECHO

PRIMERO.– Que este Juez es competente para conocer de la presente solicitud al ser éste Juzgado de lo Mercantil de .... el correspondiente al lugar donde se halla el centro de intereses principales de .... S.A. (art. 44 y 45 TRLC).

SEGUNDO.– Que la solicitud y la documentación aportada junto a la misma por .... S.L. cumple con lo establecido en los arts. 2.4 y 13 TRLC.

TERCERO.– Que .... S.L. reúne los requisitos de capacidad procesal, postulación, así como de legitimación al ser .... S.L. acreedor de .... S.A. (art. 3.1 y 512.1 TRLC).

CUARTO.– Que a la vista de las alegaciones formuladas por las partes y de la prueba practicada, es evidente el estado de insolvencia en que se halla la sociedad .... S.A. Ello por los siguientes motivos: ....

QUINTO.– Que a la vista de lo dispuesto en el art. 29.1 TRLC el presente concurso tiene la consideración de necesario.

SEXTO.– Que procede nombrar a la administración concursal, que estará integrada por un único miembro, recayendo el nombramiento en Don........... (ABOGADO), mayor de edad, de nacionalidad española, con domicilio en ...., calle .... y DNI/NIF .... Núm. .... ICAV.

ALTERNATIVA I (cuando entre en vigor el art. 62 TRLC):

Que conforme a lo dispuesto en el art. 62.1 TRLC procede nombrar a la administración concursal. No concurriendo ninguna de las excepciones previstas legalmente, procede estar al listado del Registro Público Concursal y al turno correlativo contemplado en dicho art. 62.1 TRLC, en función de la clase de concurso, en este caso, ..., recayendo el nombramiento en Don........... (ABOGADO), mayor de edad, de nacionalidad española, con domicilio en ...., calle .... y DNI/NIF .... núm. .... ICAV, dirección electrónica ...., quien ha hecho constar estar en condiciones para actuar en el ámbito territorial de este Juzgado.

ALTERNATIVA II (cuando entre en vigor el art. 62 TRLC):

Que conforme a lo dispuesto en el art. 62 TRLC procede nombrar a la administración concursal. De conformidad con lo establecido en este ultimo precepto, habría que estar al listado del Registro Público Concursal y al turno correlativo contemplado en dicho art. 62.1 TRLC. No obstante, dado que nos encontramos ante un concurso de mayor complejidad, entiendo más oportuno designar a un administrador concursal alternativo al que resulta del citado turno a la vista que .... Por ello, previa consulta del referido Registro, queda designado administrador concursal Don........... (ABOGADO), mayor de edad, de nacionalidad española, con domicilio en ...., calle .... y DNI/NIF .... núm. .... ICAV, dirección electrónica ...., que se halla inscrita en dicho Registro Publico concursal y habilitado para ejercer las funciones propias del cargo en dichos concursos. Justifico su nombramiento en ....

ALTERNATIVA III (cuando entre en vigor el art. 62 TRLC):

Que conforme a lo dispuesto en el art. 62.1 TRLC procede nombrar a la administración concursal y, procede estar al listado del Registro Público Concursal y al turno correlativo contemplado en dicho art. 62.1 TRLC, en función de la clase de concurso, en este caso, ... No obstante, dado que nos hallamos ante un concurso con elementos transfronterizos, y a la vista del art. 62.3 TRLC, el nombramiento deberá recaer en persona que, además, acredite en el momento de su aceptación el conocimiento suficiente de la lengua del país o países relacionados con esos elementos o, al menos, el conocimiento suficiente de la lengua inglesa. Alternativamente, podrá acreditar que cuenta con personas trabajadoras o ha contratado a un traductor jurado con dichos conocimientos. Por ello, recae el nombramiento en Don........... (ABOGADO), mayor de edad, de nacionalidad española, con domicilio en ...., calle .... y DNI/NIF .... núm. .... ICAV, dirección electrónica ...., quien ha hecho constar estar en condiciones para actuar en el ámbito territorial de este Juzgado y que, en cualquier caso, y al tiempo de aceptar el cargo deberá acreditar los anteriores extremos idiomáticos.

El administrador concursal nombrado deberá aceptar el cargo, por lo que urgentemente y por el medio más rápido se le notificará su nombramiento a efectos de su aceptación y juramento. Igualmente deberá acreditar ante este Juzgado que tiene suscrito un seguro de responsabilidad civil o garantía equivalente proporcional a la naturaleza y alcance del riesgo cubierto por el nombramiento aquí verificado a su favor.

SÉPTIMO.– Que dado que nos hallamos ante un concurso necesario procede la suspensión del ejercicio por el concursado de las facultades de administración y disposición sobre la masa activa, siendo sustituido en tal ejercicio por la administración concursal (art. 106.2 TRLC).

OCTAVO.– Que en este momento parece oportuno adoptar medidas cautelares para asegurar la integridad, la conservación o la administración de la masa activa hasta que los administradores concursales acepten el cargo. Concretamente: ....

NOVENO.– Que igualmente, conforme establece el art. 28.2 TRLC debe requerirse al deudor para que presente, en el plazo de diez días desde la notificación del presente auto, los documentos enumerados en el art. 7 y 8 TRLC.

DÉCIMO.– Que dando cumplimiento a lo preceptuado por el art. 35 TRLC procede dar, con la mayor urgencia, la oportuna publicidad a la declaración del concurso, mediante publicación del presente auto en los términos y con el contenido establecido en el art. 35 TRLC.

Igualmente procede dar publicidad registral a la declaración del presente concurso en los términos y con el alcance establecido en los art. 35 y 37 TRLC, así como insertar el presente auto en el Registro público Concursal y comunicar al Fondo de Garantía salarial la incoación de presente expediente (art. 33 ET). Finalmente, debe comunicarse la existencia del presente procedimiento al Registro Mercantil de la provincia de .... a los efectos de lo dispuesto en el TRLC así como en el RD 685/2005, de 9 de junio y la Orden 3473/2005, de 8 de noviembre. Finalmente, procede comunicar la declaración de concurso a la Agencia Estatal de Administración Tributaria y a la Tesorería General de la Seguridad Social. (En su caso) Y a la representación legal de los trabajadores de ....

El traslado de los oficios con los edictos correspondientes se realizará por vía electrónica o telemática a los organismos, personas y Registros correspondientes.

ALTERNATIVA: Que no siendo posible el traslado de los oficios con los edictos correspondientes por vía telemática a los organismos, personas y Registros correspondientes, deben expedirse los oportunos mandamientos y oficios con los edictos, que serán entregados y confiados al procurador de la solicitante del concurso a efectos de darles el oportuno curso, gestión y diligenciamiento en los términos de los citados arts. 35 a 37 TRLC.

Visto lo expuesto y demás normativa de aplicación

DISPONGO

PRIMERO.– Que estimando la solicitud de declaración de concurso necesario de .... S.A. formulada por la compañía .... S.L., se declara la situación de concurso de acreedores de .... S.A., con domicilio en ...., calle ...., núm. .... y CIF .... Inscrita en el Registro Mercantil de la provincia de ...., al tomo ...., libro ...., de la sección ...., hoja ...., que tendrá la consideración de necesario.

SEGUNDO.– Se designa como integrante de la administración concursal a Don........... (ABOGADO), mayor de edad, de nacionalidad española, con domicilio en ...., calle .... y DNI/NIF .... ICAV.

El administrador concursal nombrado deberá aceptar el cargo, por lo que urgentemente y por el medio más rápido se les notificará su nombramiento a efectos de su aceptación y juramento. Igualmente deberá acreditar ante este Juzgado que tiene suscrito un seguro de responsabilidad civil o garantía equivalente proporcional a la naturaleza y alcance del riesgo cubierto por el nombramiento aquí verificado a su favor. (En su caso y en el supuesto de entrada en vigor art. 62 TRLC). Y a la vista que nos hallamos ante un concurso con elementos transfronterizos, deberá acreditar en el momento de su aceptación del cargo, el conocimiento suficiente de la lengua del país o países relacionados con esos elementos o, al menos, el conocimiento suficiente de la lengua inglesa. Alternativamente, podrá acreditar que cuenta con personas trabajadoras o ha contratado a un traductor jurado con dichos conocimientos.

La administración concursal designada, queda autorizada de conformidad y a los efectos del art. 4 h) del RD-Ley 3/2013, a fin de ejercitar las acciones que considere oportunas en interés de la masa, bajo su responsabilidad y ante cualquier jurisdicción.

TERCERO.– Decretar la suspensión del ejercicio por el deudor de las facultades de administración y disposición y sobre la masa activa, siendo sustituido por la administración concursal.

CUARTO.– Requerir al deudor, a través de su representación procesal, para que presente, en el plazo de diez días desde la notificación del presente auto, los documentos enumerados en el art. 7 y 8 TRLC.

QUINTO.– Hacer el llamamiento a los acreedores de .... S.L. para que pongan en conocimiento de la administración concursal la existencia de sus créditos, en el plazo de un mes a contar desde el día siguiente a la publicación del presente auto en el Boletín Oficial del Estado (BOE) a que se refiere el art. 35 TRLC.

La Administración Concursal, sin demora, realizará una comunicación individualizada, a cada uno de los acreedores cuya identidad y domicilio consten en la documentación obrante en los presentes autos, informándoles de la declaración del presente concurso y del deber de comunicar sus créditos en la forma establecida en el artículo 255 y ss. TRLC, debiendo efectuarse tal comunicación por medios telemáticos, informáticos o electrónicos cuando conste la dirección electrónica del acreedor.

Igualmente dirigirá la comunicación por medios electrónicos o telemáticos a la Agencia Estatal de la Administración Tributaria y la Tesorería General de la Seguridad Social a través de los medios habilitadas por estas en sus respectivas sedes electrónicas y con independencia que conste o no su condición de acreedores de la concursada. También se comunicará a la representación de los trabajadores, haciéndoles saber su derecho a personarse en el procedimiento como parte.

SEXTO.– Proceder a dar la debida publicidad a la declaración del concurso, mediante la publicación del oportuno del presente auto de declaración del concurso que se publicará, con la mayor urgencia y de forma gratuita, en el Boletín Oficial del Estado.

A tal efecto, el mismo día de la aceptación del cargo por el administrador concursal, el letrado de la Administración de Justicia remitirá por medios electrónicos al "Boletín Oficial del Estado", para su publicación en el suplemento del tablón judicial edictal único, y al Registro público concursal el edicto relativo a la declaración de concurso, redactado en el modelo oficial para que sea publicado con la mayor urgencia. La publicación del edicto tendrá carácter gratuito. El edicto tendrá el contenido del art. 35.1, segundo párrafo, TRLC.

Líbrense al efecto el oportuno oficio con el edicto que será remitido por vía electrónica al citado Boletín Oficial del Estado.

ALTERNATIVA: Líbrese el oportuno oficio con el edicto a remitir al Boletín Oficial del Estado. No obstante, de manera excepcional y no siendo posible su traslado por vía electrónica, entréguese el citado oficio al procurador de la concursada para el oportuno diligenciamiento y gestión en los términos del art. 35 TRLC.

SÉPTIMO.– Inscribir en el Registro Mercantil de la provincia de .... la existencia del presente procedimiento y los acuerdos adoptados en el presente auto, especialmente, la intervención de las facultades de administración y disposición del concursado adoptada en la presente resolución, y el nombramiento de los administradores concursales.

Igualmente, practíquese anotación preventiva en los Registros de la Propiedad de .... y ...., concretamente en el folio correspondiente a los bienes de la concursada que a continuación se relacionan, relativa a la declaración del presente concurso necesario, con indicación de la fecha, y los acuerdos adoptados en la presente resolución, especialmente, la suspensión de las facultades de administración y disposición del concursado adoptada en la presente resolución, así como el nombramiento de la administración concursal.

Los citados bienes son los siguientes (con expresión del Registro de la Propiedad en el que se halla inscrito y los datos registrales de cada bien): ....

Líbrense al efecto los oportunos oficios con los edictos que serán remitidos por vía electrónica o telemática desde el Juzgado a lo citados Registros Públicos.

ALTERNATIVA: Líbrense los oportunos edictos con los mandamientos precisos para practicar las citadas inscripciones y anotaciones que serán confiados al procurador para el oportuno diligenciamiento y gestión, al no ser posible el traslado por vía telemática o electrónica.

OCTAVO.– Insertar en el Registro Público Concursal el presente auto de declaración de concurso, así como comunicar al Fondo de Garantía Salarial la iniciación del presente procedimiento concursal, dirigiéndole al efecto el oportuno oficio. También al citado Registro Mercantil de la provincia de .... a los efectos de lo dispuesto en el RD 685/2005, de 9 de junio y la Orden 3473/2005, de 8 de noviembre). Y al Juzgado Decano de .... a efectos que se remita comunicación a los Juzgados de Primera Instancia y Juzgados de lo Social para que tomen conocimiento de la existencia de la presente declaración concursal y se abstengan de conocer de los procedimientos que se insten contra el deudor. También al Juzgado Decano del domicilio del deudor y a los Juzgados que conozcan y ante los que se sigan procedimientos contra la concursada y que son .... Tales comunicaciones las llevara a cabo de oficio el Juzgado mediante remisión de oficio y testimonio de la presente resolución por vía telemática.

NOVENO.– Como consecuencia de la admisión de la solicitud de declaración de concurso necesario de .... S.A. formulada por .... S.L., fórmense las secciones primera, segunda, tercera y cuarta del concurso.

Las costas de la presente solicitud tendrán la consideración de crédito contra la masa.

Notifíquese por el Letrado de la Administración de Justicia la resolución al instante de esta solicitud, a través de su representación procesal y al deudor mediante su notificación a través del servicio común de notificaciones.

Contra el pronunciamiento del presente auto sobre la estimación de la solicitud de concurso cabe interponer, de conformidad y en los términos del art. 25.1 TRLC, recurso de apelación en el plazo de VEINTE DÍAS a contar, respecto de las partes que hubieran comparecido y la concursada, desde la notificación del auto, y, respecto de los demás legitimados, desde la publicación de la declaración de concurso en el "Boletín Oficial del Estado".

Si se recurre únicamente alguno de los demás pronunciamientos contenidos en el presente auto de declaración del concurso, podrá interponerse, igualmente de conformidad y en los términos del art. 25.3 TRLC, recurso de reposición en el plazo de CINCO DÍAS a contar, respecto de las partes que hubieran comparecido y la concursada, desde la notificación del auto, y, respecto de los demás legitimados, desde la publicación de la declaración de concurso en el "Boletín Oficial del Estado".

De conformidad con lo establecido en la Disposición Adicional 15ª LOPJ (según la redacción dada por la LO 1/09), la interposición de recurso contra resoluciones judiciales no podrá ser admitida a trámite sin la acreditación del depósito previsto en la citada Ley a efectos de recurrir, debiendo presentarse copia o resguardo de tal depósito en las cuenta de consignaciones de este Juzgado.

Todo lo cual pronuncia, manda y firma el Ilmo. Sr. ...., Magistrado Juez del Juzgado de lo Mercantil núm. .... de ....

F138. AUTO ADMITIENDO LA SOLICITUD DE CONCURSO NECESARIO AL QUE SE ACUMULA LA SOLICITUD DE CONCURSO VOLUNTARIO DEL DEUDOR. CONSERVACIÓN POR EL DEUDOR DE LAS FACULTADES DE DISPOSICIÓN Y ADMINISTRACIÓN DE LA MASA ACTIVA

Normativa de aplicación: *Arts. 13 y ss. Real Decreto Legislativo 1/2020, de 5 de mayo, por el que se aprueba el texto refundido de la Ley Concursal.*

En la ciudad de .... a .... de .... de ....

ANTECEDENTES DE HECHO

PRIMERO.– Que en fecha .... de .... de .... por el Procurador de los Tribunales, Doña ...., y en representación de la compañía .... S.L., se presentó solicitud de concurso necesario de la compañía .... S.A., en base a los HECHOS y FUNDAMENTOS DE DERECHO reseñados en la meritada solicitud y los documentos acompañados a la misma, de la que se extracta lo siguiente: ....

SEGUNDO.– Que mediante auto de fecha .... de .... de ...., por este Juzgado se admitió a trámite la citada solicitud.

TERCERO.– Que en el Juzgado de lo Mercantil núm. .... de esta ciudad y bajo el núm. de autos ...., se sustanciaba el concurso voluntario de .... S.A., presentado en nombre y representación de dicha compañía y mediante escrito de fecha de .... de ...., por la procuradora de los Tribunales, Doña .... De la citada solicitud se transcriben los siguientes extremos: ....

CUARTO.– Que en la tramitación de los presentes se han respetado las prescripciones legales.

FUNDAMENTOS DE DERECHO

PRIMERO.– Que este Juez es competente para conocer de la presente solicitud al ser éste Juzgado de lo Mercantil de .... el correspondiente al lugar donde se halla el centro de intereses principales de .... S.A. (art. 44 y 45 TRLC).

SEGUNDO.– Que la solicitud y la documentación aportada junto a la misma por .... S.L. cumple con lo establecido en los arts. 2.4 y 13 TRLC.

TERCERO.– Que .... S.L. reúne los requisitos de capacidad procesal, postulación, así como de legitimación al ser .... S.L. acreedor de .... S.A. (art. 3.1 y 512.1 TRLC).

CUARTO.– Que es evidente el estado de insolvencia en que se halla la sociedad .... S.A. Ello por los siguientes motivos: ....

QUINTO.– Que a la vista de lo dispuesto en el art. 29.1 TRLC el presente concurso tiene la consideración de necesario.

SEXTO.– Que establece el art. 15 TRLC, admitida a trámite la solicitud, las que se presenten con posterioridad se acumularán a la primeramente repartida y se unirán a los autos, teniendo por comparecidos a los nuevos solicitantes sin retrotraer las actuaciones.

Por ello, debe acumularse a la presente, la solicitud de concurso voluntario presentada por la deudora con posterioridad a la solicitud y admisión a trámite del concurso necesario origen de estos autos. Máxime cuando no concurre en las presentes actuaciones el supuesto comunicatorio del art. 585 TRLC.

SÉPTIMO.– Que procede nombrar a la administración concursal, que estará integrada por un único miembro, recayendo el nombramiento en Don........... (ABOGADO), mayor de edad, de nacionalidad española, con domicilio en ...., calle .... y DNI/NIF .... Núm. .... ICAV.

ALTERNATIVA I (cuando entre en vigor el art. 62 TRLC):

Que conforme a lo dispuesto en el art. 62.1 TRLC procede nombrar a la administración concursal. No concurriendo ninguna de las excepciones previstas legalmente, procede estar al listado del Registro Público Concursal y al turno correlativo contemplado en dicho art. 62.1 TRLC, en función de la clase de concurso, en este caso, ..., recayendo el nombramiento en Don........... (ABOGADO), mayor de edad, de nacionalidad española, con domicilio en ...., calle .... y DNI/NIF .... núm. .... ICAV, dirección electrónica ...., quien ha hecho constar estar en condiciones para actuar en el ámbito territorial de este Juzgado.

ALTERNATIVA II (cuando entre en vigor el art. 62 TRLC):

Que conforme a lo dispuesto en el art. 62 TRLC procede nombrar a la administración concursal. De conformidad con lo establecido en este ultimo precepto, habría que estar al listado del Registro Público Concursal y al turno correlativo contemplado en dicho art. 62.1 TRLC. No obstante, dado que nos encontramos ante un concurso de mayor complejidad, entiendo más oportuno designar a un administrador concursal alternativo al que resulta del citado turno a la vista que .... Por ello, previa consulta del referido Registro, queda designado administrador concursal Don........... (ABOGADO), mayor de edad, de nacionalidad española, con domicilio en ...., calle .... y DNI/NIF .... núm. .... ICAV, dirección electrónica ...., que se halla inscrita en dicho Registro Publico concursal y habilitado para ejercer las funciones propias del cargo en dichos concursos. Justifico su nombramiento en ....

ALTERNATIVA III (cuando entre en vigor el art. 62 TRLC):

Que conforme a lo dispuesto en el art. 62.1 TRLC procede nombrar a la administración concursal y, procede estar al listado del Registro Público Concursal y al turno correlativo contemplado en dicho art. 62.1 TRLC, en función de la clase de concurso, en este caso, ... No obstante, dado que nos hallamos ante un concurso con elementos transfronterizos, y a la vista del art. 62.3 TRLC, el nombramiento deberá recaer en persona que, además, acredite en el momento de su aceptación el conocimiento suficiente de la lengua del país o países relacionados con esos elementos o, al menos, el conocimiento suficiente de la lengua inglesa. Alternativamente, podrá acreditar que cuenta con personas trabajadoras o ha contratado a un traductor jurado con dichos conocimientos. Por ello, recae el nombramiento en Don........... (ABOGADO), mayor de edad, de nacionalidad española, con domicilio en ...., calle .... y DNI/NIF .... núm. .... ICAV, dirección electrónica ...., quien ha hecho constar estar en condiciones para actuar en el ámbito territorial de este Juzgado y que, en cualquier caso, y al tiempo de aceptar el cargo deberá acreditar los anteriores extremos idiomáticos.

El administrador concursal nombrado deberá aceptar el cargo, por lo que urgentemente y por el medio más rápido se le notificará su nombramiento a efectos de su aceptación y juramento. Igualmente deberá acreditar ante este Juzgado que tiene suscrito un seguro de responsabilidad civil o garantía equivalente proporcional a la naturaleza y alcance del riesgo cubierto por el nombramiento aquí verificado a su favor.

OCTAVO.– Que dado que nos hallamos ante un concurso necesario procedería la suspensión del ejercicio por el deudor de las facultades de administración y disposición sobre la masa activa, siendo sustituido en el ejercicio de tales facultades por la administración concursal. (art. 106.2 TRLC).

No obstante, con apoyo en lo dispuesto en el art. 106.3 TRLC, entendemos más conveniente acordar que el deudor conserve las facultades de administración y disposición sobre la masa activa, quedando sometido el ejercicio de éstas a la intervención de la administración concursal, que podrá autorizar o denegar la autorización según tenga por conveniente. Así lo exige la peculiar actividad de la concursada y el carácter cuasi personalista y necesario de Don........... en la gestión de la sociedad.

Con ello se evitan riesgos tales como .... y se obtienen las siguientes ventajas ....

NOVENO.– Que en este momento parece oportuno adoptar medidas cautelares para asegurar la integridad, la conservación o la administración de la masa activa hasta que los administradores concursales acepten el cargo. Concretamente: ....

DÉCIMO.– Que igualmente, conforme establece el art. 28.2 TRLC debe requerirse al deudor para que presente, en el plazo de diez días desde la notificación del presente auto, los documentos enumerados en el art. 7 y 8 TRLC.

UNDÉCIMO.– Que dando cumplimiento a lo preceptuado por el art. 35 TRLC procede dar, con la mayor urgencia, la oportuna publicidad a la declaración del concurso, mediante publicación del presente auto en los términos y con el contenido establecido en el art. 35 TRLC.

Igualmente procede dar publicidad registral a la declaración del presente concurso en los términos y con el alcance establecido en los art. 35 y 37 TRLC, así como insertar el presente auto en el Registro público Concursal y comunicar al Fondo de Garantía salarial la incoación de presente expediente (art. 33 ET). Finalmente, debe comunicarse la existencia del presente procedimiento al Registro Mercantil de la provincia de .... a los efectos de lo dispuesto en el TRLC así como en el RD 685/2005, de 9 de junio y la Orden 3473/2005, de 8 de noviembre. Finalmente, procede comunicar la declaración de concurso a la Agencia Estatal de Administración Tributaria y a la Tesorería General de la Seguridad Social. (En su caso) Y a la representación legal de los trabajadores de ....

El traslado de los oficios con los edictos correspondientes se realizará por vía electrónica o telemática a los organismos, personas y Registros correspondientes.

ALTERNATIVA: Que no siendo posible el traslado de los oficios con los edictos correspondientes por vía telemática a los organismos, personas y Registros correspondientes, deben expedirse los oportunos mandamientos y oficios con los edictos, que serán entregados y confiados al procurador de la solicitante del concurso a efectos de darles el oportuno curso, gestión y diligenciamiento en los términos de los citados arts. 35 a 37 TRLC.

Visto lo expuesto y demás normativa de aplicación

DISPONGO

PRIMERO.– Que estimando la solicitud de declaración de concurso necesario de .... S.A. formulada por la compañía .... S.L., se declara la situación de concurso de acreedores de .... S.A., con domicilio en ...., calle ...., núm. .... y CIF .... Inscrita en el Registro Mercantil de la provincia de ...., al tomo ...., libro ...., de la sección ...., hoja ...., que tendrá la consideración de necesario.

SEGUNDO.– Se designa como integrante de la administración concursal a Don........... (ABOGADO), mayor de edad, de nacionalidad española, con domicilio en ...., calle .... y DNI/NIF .... ICAV.

El administrador concursal nombrado deberá aceptar el cargo, por lo que urgentemente y por el medio más rápido se les notificará su nombramiento a efectos de su aceptación y juramento. Igualmente deberá acreditar ante este Juzgado que tiene suscrito un seguro de responsabilidad civil o garantía equivalente proporcional a la naturaleza y alcance del riesgo cubierto por el nombramiento aquí verificado a su favor. (En su caso y en el supuesto de entrada en vigor art. 62 TRLC). Y a la vista que nos hallamos ante un concurso con elementos transfronterizos, deberá acreditar en el momento de su aceptación del cargo, el conocimiento suficiente de la lengua del país o países relacionados con esos elementos o, al menos, el conocimiento suficiente de la lengua inglesa. Alternativamente, podrá acreditar que cuenta con personas trabajadoras o ha contratado a un traductor jurado con dichos conocimientos.

La administración concursal designada, queda autorizada de conformidad y a los efectos del art. 4 h) del RD-Ley 3/2013, a fin de ejercitar las acciones que considere oportunas en interés de la masa, bajo su responsabilidad y ante cualquier jurisdicción.

TERCERO.– Decretar la conservación por el deudor concursado de las facultades de administración y disposición sobre la masa activa, quedando sometido el ejercicio de éstas a la intervención de los administradores concursales, que podrá autorizar o denegar la autorización según tenga por conveniente.

CUARTO.– Requerir al deudor, a través de su representación procesal, para que presente, en el plazo de diez días desde la notificación del presente auto, los documentos enumerados en el art. 7 y 8 TRLC.

QUINTO.– Hacer el llamamiento a los acreedores de .... S.L. para que pongan en conocimiento de la administración concursal la existencia de sus créditos, en el plazo de un mes a contar desde el día siguiente a la publicación del presente auto en el Boletín Oficial del Estado (BOE) a que se refiere el art. 35 TRLC.

La Administración Concursal, sin demora, realizará una comunicación individualizada, a cada uno de los acreedores cuya identidad y domicilio consten en la documentación obrante en los presentes autos, informándoles de la declaración del presente concurso y del deber de comunicar sus créditos en la forma establecida en el artículo 255 y ss. TRLC, debiendo efectuarse tal comunicación por medios telemáticos, informáticos o electrónicos cuando conste la dirección electrónica del acreedor.

Igualmente dirigirá la comunicación por medios electrónicos o telemáticos a la Agencia Estatal de la Administración Tributaria y la Tesorería General de la Seguridad Social a través de los medios habilitadas por estas en sus respectivas sedes electrónicas y con independencia que conste o no su condición de acreedores de la concursada. También se comunicará a la representación de los trabajadores, haciéndoles saber su derecho a personarse en el procedimiento como parte.

SEXTO.– Proceder a dar la debida publicidad a la declaración del concurso, mediante la publicación del oportuno del presente auto de declaración del concurso que se publicará, con la mayor urgencia y de forma gratuita, en el Boletín Oficial del Estado.

A tal efecto, el mismo día de la aceptación del cargo por el administrador concursal, el letrado de la Administración de Justicia remitirá por medios electrónicos al "Boletín Oficial del Estado", para su publicación en el suplemento del tablón judicial edictal único, y al Registro público concursal el edicto relativo a la declaración de concurso, redactado en el modelo oficial para que sea publicado con la mayor urgencia. La publicación del edicto tendrá carácter gratuito. El edicto tendrá el contenido del art. 35.1, segundo párrafo, TRLC.

Líbrense al efecto el oportuno oficio con el edicto que será remitido por vía electrónica al citado Boletín Oficial del Estado.

ALTERNATIVA: Líbrese el oportuno oficio con el edicto a remitir al Boletín Oficial del Estado. No obstante, de manera excepcional y no siendo posible su traslado por vía electrónica, entréguese el citado oficio al procurador de la concursada para el oportuno diligenciamiento y gestión en los términos del art. 35 TRLC.

SÉPTIMO.– Inscribir en el Registro Mercantil de la provincia de .... la existencia del presente procedimiento y los acuerdos adoptados en el presente auto, especialmente, la intervención de las facultades de administración y disposición del concursado adoptada en la presente resolución, y el nombramiento de los administradores concursales.

Igualmente, practíquese anotación preventiva en los Registros de la Propiedad de .... y ...., concretamente en el folio correspondiente a los bienes de la concursada que a continuación se relacionan, relativa a la declaración del presente concurso necesario, con indicación de la fecha, y los acuerdos adoptados en la presente resolución, especialmente, la suspensión de las facultades de administración y disposición del concursado adoptada en la presente resolución, así como el nombramiento de la administración concursal.

Los citados bienes son los siguientes (con expresión del Registro de la Propiedad en el que se halla inscrito y los datos registrales de cada bien): ....

Líbrense al efecto los oportunos oficios con los edictos que serán remitidos por vía electrónica o telemática desde el Juzgado a lo citados Registros Públicos.

ALTERNATIVA: Líbrense los oportunos edictos con los mandamientos precisos para practicar las citadas inscripciones y anotaciones que serán confiados al procurador para el oportuno diligenciamiento y gestión, al no ser posible el traslado por vía telemática o electrónica.

OCTAVO.– Insertar en el Registro Público Concursal el presente auto de declaración de concurso, así como comunicar al Fondo de Garantía Salarial la iniciación del presente procedimiento concursal, dirigiéndole al efecto el oportuno oficio. También al citado Registro Mercantil de la provincia de .... a los efectos de lo dispuesto en el RD 685/2005, de 9 de junio y la Orden 3473/2005, de 8 de noviembre). Y al Juzgado Decano de .... a efectos que se remita comunicación a los Juzgados de Primera Instancia y Juzgados de lo Social para que tomen conocimiento de la existencia de la presente declaración concursal y se abstengan de conocer de los procedimientos que se insten contra el deudor. También al Juzgado Decano del domicilio del deudor y a los Juzgados que conozcan y ante los que se sigan procedimientos contra la concursada y que son .... Tales comunicaciones las llevara a cabo de oficio el Juzgado mediante remisión de oficio y testimonio de la presente resolución por vía telemática.

NOVENO.– Como consecuencia de la admisión de la solicitud de declaración de concurso necesario de .... S.A. formulada por .... S.L., fórmense las secciones primera, segunda, tercera y cuarta del concurso.

Las costas de la presente solicitud tendrán la consideración de crédito contra la masa.

Notifíquese por el Letrado de la Administración de Justicia la resolución al instante de esta solicitud, a través de su representación procesal y al deudor mediante su notificación a través del servicio común de notificaciones.

Contra el pronunciamiento del presente auto sobre la estimación de la solicitud de concurso cabe interponer, de conformidad y en los términos del art. 25.1 TRLC, recurso de apelación en el plazo de VEINTE DÍAS a contar, respecto de las partes que hubieran comparecido y la concursada, desde la notificación del auto, y, respecto de los demás legitimados, desde la publicación de la declaración de concurso en el "Boletín Oficial del Estado".

Si se recurre únicamente alguno de los demás pronunciamientos contenidos en el presente auto de declaración del concurso, podrá interponerse, igualmente de conformidad y en los términos del art. 25.3 TRLC, recurso de reposición en el plazo de CINCO DÍAS a contar, respecto de las partes que hubieran comparecido y la concursada, desde la notificación del auto, y, respecto de los demás legitimados, desde la publicación de la declaración de concurso en el "Boletín Oficial del Estado".

De conformidad con lo establecido en la Disposición Adicional 15ª LOPJ (según la redacción dada por la LO 1/09), la interposición de recurso contra resoluciones judiciales no podrá ser admitida a trámite sin la acreditación del depósito previsto en la citada Ley a efectos de recurrir, debiendo presentarse copia o resguardo de tal depósito en las cuenta de consignaciones de este Juzgado.

Todo lo cual pronuncia, manda y firma el Ilmo. Sr. ...., Magistrado Juez del Juzgado de lo Mercantil núm. .... de ....

F139. AUTO DESESTIMANDO LA SOLICITUD DE CONCURSO NECESARIO POR INCOMPARECENCIA A LA VISTA DEL ACREEDOR

Normativa de aplicación: *Arts. 13 y ss. Real Decreto Legislativo 1/2020, de 5 de mayo, por el que se aprueba el texto refundido de la Ley Concursal.*

En la ciudad de .... a .... de .... de ....

ANTECEDENTES DE HECHO

PRIMERO.– Que en fecha .... de .... de .... por el Procurador de los Tribunales, Doña ...., y en representación de la compañía .... S.L., se presentó solicitud de concurso necesario de la compañía .... S.A., en base a los HECHOS y FUNDAMENTOS DE DERECHO reseñados en la meritada solicitud y los documentos acompañados a la misma.

SEGUNDO.– Que mediante auto de fecha .... de .... de ...., por este Juzgado se admitió a trámite la citada solicitud y se ordenó el emplazamiento del deudor, la compañía .... S.A., con traslado de la solicitud para que compareciera en las presentes actuaciones en el plazo de cinco días a los efectos del art. 14.2.2º TRLC.

TERCERO.– Que en fecha .... de .... de ...., por el Procurador de los Tribunales, Doña ...., y en representación de la compañía .... S.A., se compareció en estos autos y formuló oposición a la solicitud de declaración de concurso necesario de la citada sociedad instada por .... S.L.

CUARTO.– Que en fecha .... de .... de .... por el Letrado de la Administración de Justicia se citó a las partes a la vista prevenida en el art. 22 TRLC, previniéndolas para que comparecieran a ella con todos los medios de la prueba que pudiera practicarse en el acto.

QUINTO.– Que la expresada vista no compareció la sociedad .... S.L., instante de la declaración de concurso de .... S.A.

SEXTO.– En la tramitación de los presentes se han respetado las prescripciones legales.

FUNDAMENTOS DE DERECHO

PRIMERO.– Que este Juez es competente para conocer de la presente solicitud al ser éste Juzgado de lo Mercantil de .... el correspondiente al lugar donde se halla el centro de intereses principales de .... S.A. (art. 44 y 45 TRLC).

SEGUNDO.– Que la solicitud y la documentación aportada junto a la misma por .... S.L. cumple con lo establecido en el art. 13.1 TRLC.

TERCERO.– Que .... S.L. reúne los requisitos de capacidad procesal, postulación, así como de legitimación al ser .... S.L. acreedor de .... S.A. (art. 3.1 y 512.1 TRLC).

CUARTO.– Que conforme establece el art. 22.3 TRLC en caso de que el solicitante no compareciera o habiéndolo hecho, no se ratificase en su solicitud y el Juez considerase que concurre presupuesto objetivo para la declaración del concurso, y de las actuaciones resulte la existencia de otros posibles acreedores, antes de dictarse el auto que resuelva sobre la solicitud, se concederá a esos un plazo de cinco días para que formulen las alegaciones que les conviniesen.

QUINTO.– Que en las presentes actuaciones y al acto de la vista, no compareció el instante de la solicitud de declaración de concurso necesario de .... S.A.

Además, no consta la existencia de otros acreedores ni considera este Juzgador que concurra el presupuesto objetivo para la declaración de concurso, pues de lo actuado no resulta la existencia de un estado de insolvencia de .... S.A.

Por lo tanto, la solicitud de declaración de concurso necesario de .... S.A., formulada por la sociedad .... S.L., debe ser desestimada.

SEXTO.– Que de conformidad con lo dispuesto en el art. 24.2 TRLC, las costas procesales deben ser impuestas a .... S.L.

Visto lo expuesto y demás normativa de aplicación:

DISPONGO

Desestimar la solicitud de concurso necesario de .... S.A. presentada por la Procuradora de los Tribunales Doña .... en nombre y representación de la sociedad .... S.L., al no haber comparecido al acto de la vista de las presentes actuaciones y no quedar acreditado el estado de insolvencia de .... S.A. Ello con imposición de las costas procesales a .... S.L.

Firme que sea la presente resolución, procédase al archivo de las actuaciones en unión de testimonio del presente auto y con devolución de los originales a la actora, previo su desglose. Llévese el original de este auto al libro de autos definitivos. Y dense de baja las presentes actuaciones en los libros de este Juzgado.

Notifíquese la resolución a las partes a través de su representación procesal, haciéndole saber que cabe contra la misma y de conformidad con lo dispuesto en el art. 25.1 TRLC, cabe interponer recurso de apelación en el plazo de veinte días a contar desde que se notifique la presente resolución.

De conformidad con lo establecido en la Disposición Adicional 15ª LOPJ (según la redacción dada por la LO 1/09), la interposición de recurso contra resoluciones judiciales no podrá ser admitida a trámite sin la acreditación del depósito previsto en la citada Ley a efectos de recurrir, debiendo presentarse copia o resguardo de tal depósito en las cuenta de consignaciones de este Juzgado.

Todo lo cual pronuncia, manda y firma el Ilmo. Sr. ...., Magistrado Juez del Juzgado de lo Mercantil núm. .... de ....

F140. AUTO DESESTIMANDO LA SOLICITUD DE CONCURSO NECESARIO POR FALTA DE RATIFICACIÓN DE LA SOLICITUD POR EL ACREEDOR

Normativa de aplicación: *Arts. 13 y ss. Real Decreto Legislativo 1/2020, de 5 de mayo, por el que se aprueba el texto refundido de la Ley Concursal.*

En la ciudad de .... a .... de .... de ....

ANTECEDENTES DE HECHO

PRIMERO.– Que en fecha .... de .... de .... por el Procurador de los Tribunales, Doña ...., y en representación de la compañía .... S.L., se presentó solicitud de concurso necesario de la compañía .... S.A., en base a

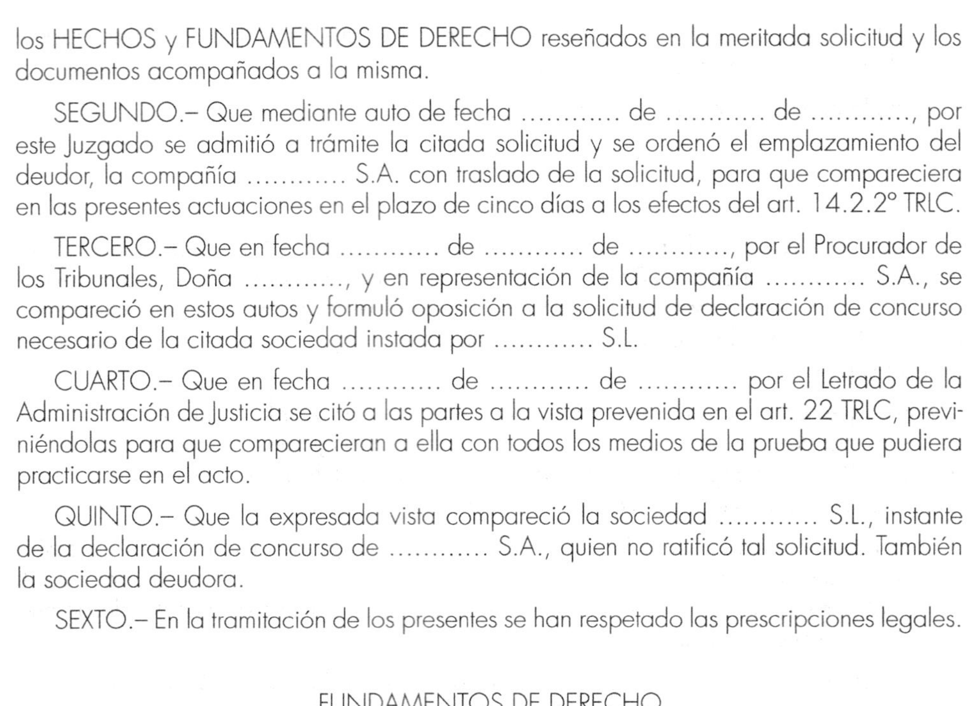

los HECHOS y FUNDAMENTOS DE DERECHO reseñados en la meritada solicitud y los documentos acompañados a la misma.

SEGUNDO.– Que mediante auto de fecha .... de .... de ...., por este Juzgado se admitió a trámite la citada solicitud y se ordenó el emplazamiento del deudor, la compañía .... S.A. con traslado de la solicitud, para que compareciera en las presentes actuaciones en el plazo de cinco días a los efectos del art. 14.2.2° TRLC.

TERCERO.– Que en fecha .... de .... de ...., por el Procurador de los Tribunales, Doña ...., y en representación de la compañía .... S.A., se compareció en estos autos y formuló oposición a la solicitud de declaración de concurso necesario de la citada sociedad instada por .... S.L.

CUARTO.– Que en fecha .... de .... de .... por el Letrado de la Administración de Justicia se citó a las partes a la vista prevenida en el art. 22 TRLC, previniéndolas para que comparecieran a ella con todos los medios de la prueba que pudiera practicarse en el acto.

QUINTO.– Que la expresada vista compareció la sociedad .... S.L., instante de la declaración de concurso de .... S.A., quien no ratificó tal solicitud. También la sociedad deudora.

SEXTO.– En la tramitación de los presentes se han respetado las prescripciones legales.

FUNDAMENTOS DE DERECHO

PRIMERO.– Que este Juez es competente para conocer de la presente solicitud al ser éste Juzgado de lo Mercantil de .... el correspondiente al lugar donde se halla el centro de intereses principales de .... S.A. (art. 44 y 45 TRLC).

SEGUNDO.– Que la solicitud y la documentación aportada junto a la misma por .... S.L. cumple con lo establecido en el art. 13 TRLC.

TERCERO.– Que .... S.L. reúne los requisitos de capacidad procesal, postulación, así como de legitimación al ser .... S.L. acreedor de .... S.A. (art. 3.1 y 512.1 TRLC)

CUARTO.– Que conforme establece el art. 22.3 TRLC en caso de que el solicitante no compareciera o habiéndolo hecho, no se ratificase en su solicitud, y el Juez considerase que concurre presupuesto objetivo para la declaración de concurso necesario, y de las actuaciones resulte la existencia de otros posibles acreedores, antes de dictar el auto que resuelva sobre la solicitud, se concederá a esos acreedores un plazo de cinco días para que formulen las alegaciones que les conviniesen.

QUINTO.– Que en las presentes actuaciones y en el acto de la vista celebrada el día .... de .... de ...., la sociedad .... S.L., instante de la solicitud de declaración de concurso necesario de .... S.A., no ratificó tal solicitud.

Además, no consta la existencia de otros acreedores ni considera este Juzgador que *concurra el presupuesto* objetivo para la declaración de concurso, pues de lo actuado no resulta la existencia de un estado de insolvencia de .... S.A.

Por lo tanto, la solicitud de declaración de concurso necesario de .... S.A., formulada por la sociedad .... S.L., debe ser desestimada.

SEXTO.– Que de conformidad con lo dispuesto en el art. 24.2 TRLC, las costas procesales deben ser impuestas a .... S.L.

Visto lo expuesto y demás normativa de aplicación

DISPONGO

Desestimar la solicitud de concurso necesario de .... S.A. presentada por la Procuradora de los Tribunales Doña .... en nombre y representación de la sociedad .... S.L., al no haber ratificado en el acto de la vista celebrado en las presentes actuaciones su solicitud y no quedar acreditado el estado de insolvencia de .... S.A. Ello con imposición de las costas procesales a .... S.L.

Firme que sea la presente resolución, procédase al archivo de las actuaciones en unión de testimonio del presente auto y con devolución de los originales a la actora, previo su desglose. Llévese el original de este auto al libro de autos definitivos. Y dense de baja las presentes actuaciones en los libros de este Juzgado.

Notifíquese la resolución a las partes haciéndoles saber que contra la misma y de conformidad con lo dispuesto en el art. 25.1 TRLC, cabe interponer recurso de apelación en el plazo de veinte días a contar desde que se notifique la presente resolución.

De conformidad con lo establecido en la Disposición Adicional 15ª LOPJ (según la redacción dada por la LO 1/09), la interposición de recurso contra resoluciones judiciales, no podrá ser admitida a trámite sin la acreditación del depósito previsto en la citada Ley a efectos de recurrir, debiendo presentarse copia o resguardo de tal depósito en las cuenta de consignaciones de este Juzgado.

Todo lo cual pronuncia, manda y firma el Ilmo. Sr. ...., Magistrado Juez del Juzgado de lo Mercantil núm. .... de ....

F141. AUTO DESESTIMANDO LA SOLICITUD DE CONCURSO NECESARIO TRAS VISTA

Normativa de aplicación: *Arts. 13 y ss. Real Decreto Legislativo 1/2020, de 5 de mayo, por el que se aprueba el texto refundido de la Ley Concursal.*

En la ciudad de .... a .... de .... de ....

ANTECEDENTES DE HECHO

PRIMERO.– Que en fecha .... de .... de .... por el Procurador de los Tribunales, Doña ...., y en representación de la compañía .... S.L., se presentó solicitud de concurso necesario de la compañía .... S.A., en base a los HECHOS y FUNDAMENTOS DE DERECHO reseñados en la meritada solicitud y los documentos acompañados a la misma.

SEGUNDO.– Que mediante auto de fecha .... de .... de ...., por este Juzgado se admitió a trámite la citada solicitud y se ordenó el emplazamiento del deudor, la compañía .... S.A., con traslado de la solicitud, para que compareciera en las presentes actuaciones en el plazo de cinco días a los efectos del art. 14.2.2° TRLC.

TERCERO.– Que en fecha .... de .... de ...., por el Procurador de los Tribunales, Doña ...., y en representación de la compañía .... S.A., se compareció en estos autos y formuló oposición a la solicitud de declaración de concurso necesario de la citada sociedad instada por .... S.L.

CUARTO.– Que en fecha .... de .... de ...., por el Letrado de la Administración de Justicia se citó a las partes a la vista regulada en el art. 22 TRLC.

QUINTO.– Que la expresada vista se celebró el día .... de .... de ...., compareciendo tanto la sociedad .... S.L., instante de la declaración de concurso de .... S.A. como está última sociedad.

Que estando vencido el crédito del acreedor instante de la solicitud, por .... S.L. se consignó el mismo en el acto de la vista (alternativa: se acreditó que el importe del mismo habían sido consignado con anterioridad a tal vista) (alternativa: se manifestó la causa legítima de la falta de tal consignación).

Pese a lo anterior, el acreedor se ratifico íntegramente en su solicitud de declaración de concurso necesario de .... S.A.

En la citada vista, las partes efectuaron las alegaciones y se practicaron las pruebas que constan en las presentes actuaciones.

SEXTO.– En la tramitación de los presentes se han respetado las prescripciones legales.

FUNDAMENTOS DE DERECHO

PRIMERO.– Que este Juez es competente para conocer de la presente solicitud al ser éste Juzgado de lo Mercantil de .... el correspondiente al lugar donde se halla el centro de intereses principales de .... S.A. (art. 44 y 45 TRLC)

SEGUNDO.– Que la solicitud y la documentación aportada junto a la misma por .... S.L. cumple con lo establecido en el art. 13 TRLC.

TERCERO.– Que .... S.L. reúne los requisitos de capacidad procesal, postulación, así como de legitimación al ser .... S.L. acreedor de .... S.A. (art. 3.1 y 512.1 TRLC).

CUARTO.– Que conforme establece el art. 24.1 TRLC una vez practicadas las pruebas declaradas pertinentes o transcurrido el plazo fijado para ello, el Juez, dentro de los tres días siguientes, dictará auto declarando el concurso o desestimando la solicitud.

QUINTO.– Que de las pruebas practicadas en las presentes actuaciones cabe tener por acreditado lo siguiente: ....

Esto es, de lo expuesto, considera este Juzgador que no concurre el presupuesto objetivo para la declaración de concurso, pues de lo actuado no resulta la existencia de un estado de insolvencia de .... S.A.

Por lo tanto, la solicitud de declaración de concurso necesario de .... S.A., formulada por la sociedad ...........S.L., debe ser desestimada.

SEXTO.– Que de conformidad con lo dispuesto en el art. 24.2 TRLC, las costas procesales deben ser impuestas a .... S.L.

Visto lo expuesto y demás normativa de aplicación

DISPONGO

Desestimar la solicitud de concurso necesario de .... S.A. presentada por la Procuradora de los Tribunales Doña .... en nombre y representación de la sociedad .... S.L., al no constar acreditado el estado de insolvencia de .... S.A. Ello con imposición de las costas procesales a .... S.L.

Firme que sea la presente resolución, procédase al archivo de las actuaciones en unión de testimonio del presente auto y con devolución de los originales a la actora, previo su desglose. Llévese el original de este auto al libro de autos definitivos. Y dense de baja las presentes actuaciones en los libros de este Juzgado.

Notifíquese la resolución a .... y a .... a través de su representación procesal, haciéndole saber que contra la misma y de conformidad con lo dispuesto en el art. 25.1 TRLC, cabe interponer recurso de apelación en el plazo de veinte días a contar desde que se notifique la presente resolución.

De conformidad con lo establecido en la Disposición Adicional 15ª LOPJ (según la redacción dada por la LO 1/09), la interposición de recurso contra resoluciones judiciales, no podrá ser admitida a trámite sin la acreditación del depósito previsto en la citada Ley a efectos de recurrir, debiendo presentarse copia o resguardo de tal depósito en las cuenta de consignaciones de este Juzgado.

Todo lo cual pronuncia, manda y firma el Ilmo. Sr. ...., Magistrado Juez del Juzgado de lo Mercantil núm. .... de ....

1.4. CUESTIÓN DE COMPETENCIA TERRITORIAL POR DECLINATORIA

F142. CUESTIÓN DE COMPETENCIA POR DECLINATORIA INSTADA POR EL DEUDOR

Normativa de aplicación: *Arts. 14 y ss. Real Decreto Legislativo 1/2020, de 5 de mayo, por el que se aprueba el texto refundido de la Ley Concursal.*

AL JUZGADO DE LO MERCANTIL NÚM. .... DE...........

..........., Procurador de los Tribunales (núm. .... de colegiado) y de la compañía........... S.A., con domicilio en..........., calle........... núm. .... y CIF..........., cuya representación acredito mediante la escritura original de poder de representación que se acompaña a este escrito, ante este Juzgado comparezco en el procedimiento concursal........... bajo la dirección letrada de Don..........., abogado del Ilustre Colegio de........... (núm. .... de colegiado), y como mejor proceda en Derecho DIGO:

I.– Que esta parte ha sido emplazada en las presentes actuaciones en la que se solicita la declaración de concurso necesario de mi poderdante.

II.– Que considerando que este Juzgado al que nos dirigimos, con el debido respeto y en estrictos términos de defensa, no es competente desde el punto de vista territorial para conocer de la citada solicitud, por medio del presente escrito formulo y planteo CUESTIÓN DE COMPETENCIA POR DECLINATORIA, solicitud que se funda en los HECHOS y FUNDAMENTOS DE DERECHO que a continuación se exponen.

HECHOS

PRIMERO.– Mi principal, la sociedad........... S.A., se constituyó el........... de........... de........... mediante escritura otorgada ante el notario de..........., Don........... (número de su protocolo...........).

La sociedad está inscrita en el Registro Mercantil de la provincia de........... al tomo..........., General........... de la sección........... del Libro de sociedades, Folio..........., hoja...........

Desde su constitución, el órgano de administración de la compañía se halla conformado por un administrador único, ejerciendo en la actualidad tal cargo, Don..........., quien, por un plazo de........... años, fue designado al efecto por acuerdo de la Junta General Extraordinaria de la compañía celebrada el día........... de........... de..........., elevado a público mediante escritura autorizada por el notario de..........., Don..........., el día de........... de...........

Acreditando lo anterior, se acompaña como DOCUMENTO……….. la escritura de constitución de la Sociedad, y certificación literal del Registro Mercantil de la provincia de……….. correspondiente a la precitada sociedad.

SEGUNDO.– Que en fecha……….. de……….. de……….., por la compañía……….. S.L. se presentó solicitud de declaración de concurso necesario de mi principal. Tal solicitud se tramita ante este Juzgado en el presente procedimiento concursal núm. de autos………..

En fecha……….. por este Juzgado al que me dirijo, se dictó auto admitiendo a trámite la citada solicitud de declaración de concurso necesario de mi mandante y ordenando el emplazamiento de esta parte conforme a lo previsto en el art. 16 TRLCLC, con traslado de la solicitud para que, en el plazo de cinco días, compareciera mi principal en las presentes actuaciones a los efectos de lo dispuesto en el art. 14.2.2º TRLC.

Acreditando lo anterior, se acompaña como DOCUMENTO……….. copia del auto reseñado en el párrafo precedente.

TERCERO.– Que esta parte entiende que este Juzgado no es competente desde el punto de vista territorial para conocer de este concurso, sino que tal competencia corresponde a los Juzgados de lo Mercantil de……….., toda vez que el centro de intereses principales de mi mandante se halla en………..

En efecto, la parte actora entiende que la competencia territorial para conocer de la presente solicitud de concurso corresponde a este Juzgado al considerar que el centro de intereses de mi mandante se halla en……….., calle……….., que es el domicilio social de……….. S.A. que figura en el Registro Mercantil.

Sin embargo, lo cierto es que mi principal no ocupa dicho inmueble desde hace más de tres años, pues el mismo, en el año……….., fue objeto de demolición, existiendo en la actualidad en dicho lugar un solar vacuo y expedito.

Acreditando lo anterior, se acompaña como DOCUMENTO……….. certificado del Ayuntamiento de……….. donde consta tal demolición y la fecha de la misma, así como acta de presencia notarial, de fecha de……….. de……….., otorgada ante el notario de……….., Don……….., comprensiva de……….. fotografías, donde se observan el estado actual de tal inmueble.

CUARTO.– Que el centro de intereses principales de mi mandante se halla en……….., calle……….. núm. ……….., local que, desde el año……….. tiene arrendado a Doña……….. y en el que mi principal ejerce de modo habitual y reconocible por terceros la administración de tales intereses.

En dicho local, único de mi principal, se hallan las oficinas y dirección de la empresa, se fabrica y comercializa……….., actividad que constituye el objeto social de la compañía, y se atienden a los clientes y proveedores, remitiendo y recibiendo pedidos de ambos. Aquí se halla el centro de trabajo de mi principal, tal y como consta en la Seguridad Social. Y también consta dicho domicilio como el de mi principal, tanto en Hacienda, como en el Ayuntamiento de……….. También en la documentación social (facturas, pedidos, contratos, papelería corporativa), la guía telefónica, correos, etc. Y es la que consta a los clientes y proveedores.

Acreditando lo anterior se acompaña como DOCUMENTOS..........., la siguiente documentación:...........

QUINTO.– Que a efectos de acreditar la competencia para conocer de este asunto de los Juzgados de lo Mercantil de..........., esta parte se sirve de:...........

A los relatados hechos aduzco los siguientes:

FUNDAMENTOS DE DERECHO

I.– De conformidad con lo previsto en el art. 51 TRLC, es competente para conocer de esta cuestión de competencia territorial por declinatoria este Juzgado que conoce de la solicitud de declaración de concurso necesario de mi mandante.

II.– La presente cuestión de competencia se interpone dentro del plazo de cinco días siguientes a aquel en que se emplazó a mi mandante en las presentes actuaciones (art. 51.1 TRLC) y debe sustanciarse por los trámites establecidos en el art. 51, ss. y concordantes TRLC.

III.– Mi mandante, en su condición de deudor, está legitimado para instar la presente cuestión de competencia territorial a la vista de lo dispuesto en el art. 51.1 TRLC.

IV.– Conforme establece el art. 45.1 TRLC, la competencia para declarar y tramitar el concurso corresponde al Juez de lo Mercantil en cuyo territorio tenga el deudor el centro de sus intereses principales, entendiéndose por el mismo el lugar donde el deudor ejerce de modo habitual y reconocible por los terceros la administración de tales intereses. Como vimos arriba, la ciudad de..........., calle........... núm. ....

Ciertamente, establece el citado art. 45.2 TRLC que en el supuesto de deudor persona jurídica se presumirá que el centro de sus intereses principales se halla en el lugar del domicilio social. Sin embargo, es sólo eso, una presunción que admite prueba en contrario. En el mismo sentido, SOTILLO MARTÍ, A. "Curso sobre la aplicación de la Ley Concursal", pág. 479 con cita de la sentencia del Tribunal Superior de Andalucía (sede Granada) de fecha 24 de julio 2006. Otras sentencias en el mismo sentido, la del Juzgado de lo Mercantil núm. 1 de Bilbao de fecha 15 de noviembre de 2004 o de la Audiencia Provincial de Las Palmas de fecha 4 de mayo de 2006.

Por ello, siendo el lugar en que se halla el centro de intereses principales de mi mandante, la ciudad de..........., corresponde declarar y tramitar el concurso de mi mandante a los JUZGADOS DE LO MERCANTIL DE...........

En su virtud

SUPLICO AL JUZGADO que tenga por presentado este escrito, junto a los documentos a él unidos y sus copias, se sirva admitirlo y tener por promovido en nombre y representación de mi mandante, CUESTIÓN DE COMPETENCIA TERRITORIAL POR DECLINATORIA en las presentes actuaciones.........../..........., y previos los oportunos trámites legales, se sirva dictar auto por el que, estimando la presente cuestión de competencia por declinatoria, se inhiba a favor de los Juzgados de lo Mercantil de........... del conocimiento de la declaración de concurso necesario de mi mandante, con emplazamiento de las partes y remisión de todo lo actuado, que será valido aun cuando se estime la presente declinatoria.

Lo que se SUPLICA en..........., a........... de........... de...........

F143. CUESTIÓN DE COMPETENCIA POR DECLINATORIA FORMULADA POR LEGITIMADO PARA INSTAR EL CONCURSO

Normativa de aplicación: *Arts. 14 y ss. Real Decreto Legislativo 1/2020, de 5 de mayo, por el que se aprueba el texto refundido de la Ley Concursal.*

AL JUZGADO DE LO MERCANTIL NÚM. .... DE...........

..........., Procurador de los Tribunales (núm. .... de colegiado) y de la compañía........... S.A., con domicilio en..........., calle........... núm. .... y CIF..........., cuya representación acredito mediante la escritura original de poder de representación que se acompaña a este escrito, ante este Juzgado comparezco en el procedimiento concursal........... bajo la dirección letrada de Don..........., abogado del Ilustre Colegio de........... (núm. .... de colegiado), y como mejor proceda en Derecho DIGO:

I.– Que esta parte ha tenido conocimiento a través de anuncio publicado en el Boletín Oficial del Estado, del día........... de........... de..........., que ante este Juzgado y en el procedimiento número de autos.........../..........., se sigue el concurso voluntario de........... S.L.

II.– Que considerando que este Juzgado al que nos dirigimos, con el debido respeto y en estrictos términos de defensa, no es competente desde el punto de vista territorial para conocer de la citada solicitud, por medio del presente escrito formulo y planteo CUESTIÓN DE COMPETENCIA POR DECLINATORIA, solicitud que se funda en los HECHOS y FUNDAMENTOS DE DERECHO que a continuación se exponen.

HECHOS

PRIMERO.– Mi principal, la sociedad........... S.A., se constituyó el........... de........... de........... mediante escritura otorgada ante el notario de..........., Don........... (número de su protocolo),

La sociedad está inscrita en el Registro Mercantil de la provincia de........... al tomo..........., General........... de la sección........... del Libro de sociedades, Folio..........., hoja...........

Acreditando lo anterior, se acompaña como DOCUMENTO........... la escritura de constitución de la Sociedad, y certificación literal del Registro Mercantil de la provincia de........... correspondiente a la precitada sociedad.

SEGUNDO.– Que mi mandante es acreedor de la compañía........... S.L.

En efecto. Mi mandante, y ante el notario de..........., Don........... transmitió a........... S.L., por título de compraventa, el siguiente inmueble:...........

La escritura se otorgó el día........... de........... de..........., ante el notario de........... Don........... (núm. .... de su protocolo). El precio de la compraventa se fijó en la suma de...........euros, impuestos excluidos. De tal precio, la suma de...........euros fue pagada simultáneamente al otorgamiento de la escritura de compraventa. La restante suma de...........euros debía ser abonada, en efectivo metálico o cheque bancario, no más tarde del día........... de........... de...........

Pues bien, transcurrido el plazo antes reseñado, ... S.L. no sólo no pagó la parte de precio que estaba pendiente de ello, sino que tampoco ha atendió los requerimientos dirigidos por mi principal al efecto.

Esto es, mi mandante ha cumplido con su obligación de entrega del inmueble, venció el plazo fijado por las partes para el pago de la parte del precio que restaba pendiente, sin que el mismo se verificase. Por lo tanto, la deuda contraída por........... S.L. con........... S.A. es una deuda vencida, líquida y exigible.

Acreditando lo anterior se acompaña como DOCUMENTO........... copia autorizada de la citada escritura de compraventa, certificación literal del Registro de la Propiedad de........... relativa al inmueble en cuestión y sendos burofaxes, el primero de ellos, de fecha........... de........... de........... y, el segundo, de fecha........... de........... de..........., por el que mi principal reclamaba a........... S.L. el pago de lo por ésta última adeudado.

TERCERO.– Que mediante auto de fecha........... de........... de..........., este Juzgado declaró el concurso voluntario de........... S.L., habiéndose publicado, de conformidad con lo establecido en el art. 35 TRLC el auto de declaración del concurso en el Boletín Oficial del Estado, del día........... de........... de...........

CUARTO.– Que esta parte entiende que este Juzgado no es competente desde el punto de vista territorial para conocer del concurso voluntario de........... S.L., sino que tal competencia corresponde a los Juzgados de lo Mercantil de..........., toda vez que el centro de intereses principales de la concursada se halla en...........

No sólo es éste el domicilio social que figura en el Registro Mercantil de la provincia de..........., sino que, en cualquier caso, es en el referido local donde, desde el año........... ejerce de modo habitual y reconocible por terceros la administración de tales intereses.

En dicho local, se hallan las oficinas y dirección de la empresa, se fabrica y comercializa..........., actividad que constituye el objeto social de la compañía, se atienden a los clientes y proveedores, remitiendo y recibiendo pedidos de ambos. Y también consta dicho domicilio como el de........... S.L. en el Ayuntamiento de..........., en la documentación social (facturas, pedidos, contratos, papelería corporativa), la guía telefónica, correos, etc. Y es la que consta a los clientes y proveedores.

Acreditando lo anterior se acompaña como DOCUMENTOS..........., la siguiente documentación:...........

QUINTO.– Que a efectos de acreditar la competencia para conocer de este asunto de los Juzgados de lo Mercantil de..........., esta parte se sirve de:...........

A los relatados hechos aduzco los siguientes:

FUNDAMENTOS DE DERECHO

I.– De conformidad con lo previsto en el art. 51 TRLC, es competente para conocer de esta cuestión de competencia territorial por declinatoria este Juzgado que conoce de la solicitud de declaración de concurso voluntario de...........

II.– La presente cuestión de competencia, a la vista del contenido del art. 51.1 TRLC, se interpone dentro del plazo de diez días a contar desde la publicación ordenada en el art. 35 TRLC y debe sustanciarse por los trámites establecidos en el art. 51, ss. y concordantes TRLC.

III.– Mi mandante, en su condición de acreedor, está legitimado para instar la presente cuestión de competencia territorial a la vista de lo dispuesto en el art. 51.1 TRLC.

IV.– Conforme establece el art. 45.1 TRLC, la competencia para declarar y tramitar el concurso corresponde al Juez de lo Mercantil en cuyo territorio tenga el deudor el centro de sus intereses principales, entendiéndose por el mismo el lugar donde el deudor ejerce de modo habitual y reconocible por los terceros la administración de tales intereses. Como vimos arriba, la ciudad de..........., calle........... núm. ....

Es más. Establece el citado art. 45.2 TRLC que en el supuesto de deudor persona jurídica se presumirá que el centro de sus intereses principales se halla en el lugar del domicilio social.

Por ello, siendo el lugar en que se halla el centro de intereses principales de mi mandante, la ciudad de..........., corresponde declarar y tramitar el concurso de mi mandante a los JUZGADOS DE LO MERCANTIL DE...........

En su virtud

SUPLICO AL JUZGADO que tenga por presentado este escrito, junto a los documentos a él unidos y sus copias, se sirva admitirlo y tener por promovido en nombre y representación de mi mandante, CUESTIÓN DE COMPETENCIA TERRITORIAL POR DECLINATORIA en las presentes actuaciones.........../..........., y previos los oportunos trámites legales, se sirva dictar auto por el que, estimando la presente cuestión de competencia por declinatoria, se inhiba a favor de los Juzgados de lo Mercantil de........... del conocimiento de la declaración de concurso de........... S.L., con emplazamiento de las partes y remisión de todo lo actuado, que será valido aun cuando se estime la presente declinatoria.

Lo que se SUPLICA en..........., a........... de........... de...........

F144. CUESTIÓN DE COMPETENCIA POR DECLINATORIA FORMULADA POR LEGITIMADO PARA INSTAR EL CONCURSO. CONCURSO CONJUNTO DE VARIAS SOCIEDADES QUE INTEGRAN GRUPO DE SOCIEDADES PERO EN EL QUE LAS CONCURSADAS NO SON LA DOMINANTE

Normativa de aplicación: *Arts. 14 y ss. Real Decreto Legislativo 1/2020, de 5 de mayo, por el que se aprueba el texto refundido de la Ley Concursal.*

AL JUZGADO DE LO MERCANTIL NÚM. .... DE...........

..........., Procurador de los Tribunales (núm. .... de colegiado) y de la compañía........... S.A., con domicilio en..........., calle........... núm. .... y CIF..........., cuya representación acredito mediante la escritura original de poder de representación que se acompaña a este escrito, ante este Juzgado comparezco en el procedimiento concursal........... bajo la dirección letrada de Don..........., abogado del Ilustre Colegio de........... (núm. .... de colegiado), y como mejor proceda en Derecho DIGO:

I.– Que esta parte ha tenido conocimiento a través de anuncio publicado en el Boletín Oficial del Estado, del día........... de........... de..........., que ante este Juzgado y en el procedimiento número de autos.........../..........., se sigue el concurso voluntario conjunto de........... S.L., ... S.L. y........... S.L.

II.– Que considerando que este Juzgado al que nos dirigimos, con el debido respeto y en estrictos términos de defensa, no es competente desde el punto de vista territorial para conocer de la citada solicitud, por medio del presente escrito formulo y planteo CUESTIÓN DE COMPETENCIA POR DECLINATORIA, solicitud que se funda en los HECHOS y FUNDAMENTOS DE DERECHO que a continuación se exponen.

HECHOS

PRIMERO.– Mi principal, la sociedad........... S.A., se constituyó el........... de........... de........... mediante escritura otorgada ante el notario de..........., Don........... (número de su protocolo...........).

La sociedad está inscrita en el Registro Mercantil de la provincia de........... al tomo..........., General........... de la sección........... del Libro de sociedades, Folio..........., hoja...........

Acreditando lo anterior, se acompaña como DOCUMENTO........... la escritura de constitución de la Sociedad, y certificación literal del Registro Mercantil de la provincia de........... correspondiente a la precitada sociedad.

SEGUNDO.– Que mi mandante es acreedor de las compañías........... S.L., ... S.L. y........... S.L.

En efecto. Mi mandante, y ante el notario de..........., Don........... transmitió a........... S.L., ... S.L. y........... S.L., por título de compraventa y en proindiviso, el siguiente inmueble:...........

La escritura de compraventa se otorgó el día........... de........... de..........., ante el notario de........... Don........... (núm. .... de su protocolo). El precio de la compraventa se fijó en la suma de...........euros, impuestos excluidos. De tal precio, la suma de...........euros fue pagada simultáneamente al otorgamiento de la escritura de compraventa por las citadas sociedades en la siguiente proporción: La sociedad........... S.L., abonó...........euros; la sociedad........... S.L., abonó...........euros y la sociedad........... S.L., abonó...........euros.

La restante suma de...........euros debía ser abonada, en efectivo metálico o cheque bancario, no más tarde del día........... de........... de..........., con el siguiente desglose: la sociedad........... S.L., debía abonar...........euros; la sociedad........... S.L., debía abonar...........euros y la sociedad........... S.L., debía abonar...........euros.

Pues bien, transcurrido el plazo antes reseñado, las citadas sociedades no sólo no pagaron la parte de precio que estaba pendiente de ello y que era a cargo de cada una de ellas, sino que tampoco han atendido los requerimientos dirigidos por mi principal al efecto.

Esto es, mi mandante ha cumplido con su obligación de entrega del inmueble y venció el plazo fijado por las partes para el pago de la parte del precio que restaba pendiente, sin que el mismo se verificase. Por lo tanto, las deudas contraídas por........... S.L., ... S.L. y........... S.L. con........... S.A. son unas deudas vencidas, líquidas y exigibles.

Acreditando lo anterior se acompaña como DOCUMENTO........... copia autorizada de la citada escritura de compraventa, certificación literal del Registro de la Propiedad de........... relativa al inmueble en cuestión y........... burofaxes, por el que mi principal reclamaba a cada una de las citadas sociedades, las cantidades adeudadas por cada una de ellas.

TERCERO.– Que mediante auto de fecha........... de........... de..........., este Juzgado declaró el concurso voluntario conjunto de........... S.L., ... S.L. y........... S.L., habiéndose publicado, de conformidad con lo establecido en el art. 35 TRLC, el auto de declaración del concurso en el Boletín Oficial del Estado, del día........... de........... de...........

Como consta en el auto de declaración de concurso, que se acompaña como DOCUMENTO..........., ninguna de las concursadas es la dominante del grupo de sociedades del que forman parte.

CUARTO.– Que esta parte entiende que este Juzgado no es competente desde el punto de vista territorial para conocer del concurso voluntario conjunto de las sociedades arriba mencionadas, sino que tal competencia corresponde a los Juzgados de lo Mercantil de..........., que es el de..........., lugar donde tiene su centro de intereses principales el deudor concursado con mayor pasivo, esto es, ... S.L.

La sociedad........... S.L. tiene su centro de intereses principales en..........., calle........... núm. .... y su pasivo asciende a...........euros. La sociedad........... S.L. tiene el mismo centro de intereses principales y su pasivo es ligeramente inferior al de........... S.L., concretamente, asciende a...........euros.

Por el contrario, la sociedad........... S.L. tiene su centro de intereses principales en..........., calle..........., núm. .... y su pasivo es superior al de........... S.L. y al de........... S.L., ascendiendo a...........euros.

El centro de intereses principales de esta última sociedad se halla en..........., calle..........., núm. .... No sólo es éste el domicilio social que figura en el Registro Mercantil de la provincia de..........., sino que, en cualquier caso, es en el referido local donde, desde el año........... ejerce de modo habitual y reconocible por terceros la administración de tales intereses.

En dicho local, se hallan las oficinas y dirección de la empresa, se fabrica y comercializa..........., actividad que constituye el objeto social de la compañía, se atienden a los clientes y proveedores, remitiendo y recibiendo pedidos de ambos. Y también consta dicho domicilio como el de........... S.L. en el Ayuntamiento de..........., en la documentación social (facturas, pedidos, contratos, papelería corporativa), la guía telefónica, correos, etc. Y es la que consta a los clientes y proveedores.

Acreditando lo anterior se acompaña como DOCUMENTOS..........., la siguiente documentación:...........

QUINTO.– Que a efectos de acreditar la competencia para conocer de este asunto de los Juzgados de lo Mercantil de..........., esta parte se sirve de:...........

A los relatados hechos aduzco los siguientes

FUNDAMENTOS DE DERECHO

I.– De conformidad con lo previsto en el art. 51 TRLC, es competente para conocer de esta cuestión de competencia territorial por declinatoria este Juzgado que conoce de la solicitud de declaración de concurso voluntario de las sociedades..........., ... y...........

II.– La presente cuestión de competencia se interpone dentro del plazo de diez días a contar desde la publicación ordenada en el art. 35 TRLC y debe sustanciarse por los trámites establecidos en el art. 51, ss. y concordantes TRLC.

III.– Mi mandante, en su condición de acreedor, está legitimado para instar la presente cuestión de competencia territorial a la vista de lo dispuesto en el art. 51.1 TRLC.

IV.– Conforme establece el art. 45.1 TRLC, la competencia para declarar y tramitar el concurso corresponde al Juez de lo Mercantil en cuyo territorio tenga el deudor el centro de sus intereses principales, entendiéndose por el mismo el lugar donde el deudor ejerce de modo habitual y reconocible por los terceros la administración de tales intereses. Como vimos arriba, la ciudad de..........., calle..........., núm. ....

Establece el art. 45.2 TRLC que en el supuesto de deudor persona jurídica se presumirá que el centro de sus intereses principales se halla en el lugar del domicilio social.

Además, el art. 46.1 TRLC es claro al señalar que será juez competente para la declaración conjunta de concurso el del lugar donde tenga el centro de sus intereses principales el deudor con mayor pasivo y, si se trata de un grupo de sociedades, el de la sociedad dominante o, en supuestos en que el concurso no se solicite respecto de esta, el de la sociedad de mayor pasivo. Si ya hubiera sido declarado el concurso de la sociedad dominante, será juez competente para la declaración del concurso de cualquiera de las sociedades del grupo aquel que esté conociendo del concurso de aquella.

En este caso, ninguna de las sociedades concursadas es dominante de grupo de sociedades.

Por ello, siendo el lugar en que se halla el centro de intereses principales de........... S.L., deudor con mayor pasivo, la ciudad de..........., corresponde declarar y tramitar el concurso voluntario conjunto de........... S.L., ... S.L. y........... S.L., a los JUZGADOS DE LO MERCANTIL DE...........

En su virtud

SUPLICO AL JUZGADO que tenga por presentado este escrito, junto a los documentos a él unidos y sus copias, se sirva admitirlo y tener por promovido en nombre y representación de mi mandante, CUESTIÓN DE COMPETENCIA TERRITORIAL POR DECLINATORIA en las presentes actuaciones.........../..........., y previos los oportunos trámites legales, se sirva dictar auto por el que, estimando la presente cuestión de competencia por declinatoria, se inhiba a favor de los Juzgados de lo Mercantil de........... del conocimiento de la declaración de concurso voluntario conjunto de las sociedades........... S.L., ... S.L y........... S.L., con emplazamiento de las partes y remisión de todo lo actuado, que será valido aun cuando se estime la presente declinatoria.

Lo que se SUPLICA en..........., a........... de........... de...........

F145. CUESTIÓN DE COMPETENCIA POR DECLINATORIA INSTADA POR LEGITIMADO PARA INSTAR EL CONCURSO. CONCURSO DE GRUPO DE SOCIEDADES CON CONCURSADA SOCIEDAD DOMINANTE

Normativa de aplicación: *Arts. 14 y ss. Real Decreto Legislativo 1/2020, de 5 de mayo, por el que se aprueba el texto refundido de la Ley Concursal.*

AL JUZGADO DE LO MERCANTIL NÚM. .... DE...........

..........., Procurador de los Tribunales (núm. .... de colegiado) y de la compañía........... S.A., con domicilio en..........., calle........... núm. .... y CIF..........., cuya representación acredito mediante la escritura original de poder de representación que se acompaña a este escrito, ante este Juzgado comparezco en el procedimiento concursal........... bajo la dirección letrada de Don..........., abogado del Ilustre Colegio de........... (núm. .... de colegiado), y como mejor proceda en Derecho DIGO:

I.– Que esta parte ha tenido conocimiento a través de anuncio publicado en el Boletín Oficial del Estado, del día........... de........... de..........., que ante este Juzgado y en el procedimiento número de autos.........../..........., se sigue el concurso voluntario del grupo de sociedades formado por........... S.L., ... S.L., ... S.L. y........... S.A.

II.– Que considerando que este Juzgado al que nos dirigimos, con el debido respeto y en estrictos términos de defensa, no es competente desde un punto de vista territorial para conocer de la citada solicitud, por medio del presente escrito formulo y planteo CUESTIÓN DE COMPETENCIA POR DECLINATORIA, solicitud que se funda en los HECHOS y FUNDAMENTOS DE DERECHO que a continuación se exponen.

HECHOS

PRIMERO.– Mi principal, la sociedad........... S.A., se constituyó el........... de........... de........... mediante escritura otorgada ante el notario de..........., Don........... (número de su protocolo...........). Sus Estatutos Sociales, fueron adaptados a la vigente Ley de Sociedades Anónimas por acuerdo de la Junta General Extraordinaria celebrada el día........... de........... de..........., elevado a público mediante escritura autorizada por el meritado notario el día de........... de...........

La sociedad está inscrita en el Registro Mercantil de la provincia de........... al tomo..........., General........... de la sección........... del Libro de sociedades, Folio..........., hoja...........

Acreditando lo anterior, se acompaña como DOCUMENTO........... la escritura de constitución de la Sociedad, la escritura de adaptación de estatutos a la vigente Ley de Sociedades Anónimas, certificación literal del Registro Mercantil de la provincia de........... correspondiente a la precitada sociedad.

SEGUNDO.– Que mi mandante es acreedor de la compañía........... S.A.

En efecto. Mi mandante, y ante el notario de..........., Don..........., transmitió a........... S.A., por título de compraventa, el siguiente inmueble:...........

La escritura se otorgó el día........... de........... de..........., ante el notario de........... Don........... (núm. .... de su protocolo). El precio de la compraventa se fijó en la suma de...........euros, impuestos excluidos. De tal precio, la suma de...........euros fue pagada simultáneamente al otorgamiento de la escritura de compraventa por........... S.A.

La restante suma de...........euros debía ser abonada, en efectivo metálico o cheque bancario, no más tarde del día........... de........... de...........

Pues bien, transcurrido el plazo antes reseñado, la citada sociedad no sólo no pagó la parte de precio que estaba pendiente de ello, sino que tampoco ha atendido los requerimientos dirigidos por mi principal al efecto.

Esto es, mi mandante ha cumplido con su obligación de entrega del inmueble y venció el plazo fijado por las partes para el pago de la parte del precio que restaba pendiente, sin que el mismo se verificase. Por lo tanto, la deuda contraída por........... S.A. con mi mandante es una deuda vencida, líquida y exigible.

Acreditando lo anterior se acompaña como DOCUMENTO........... copia autorizada de la citada escritura de compraventa, certificación literal del Registro de la Propiedad de........... relativa al inmueble en cuestión y sendos burofaxes, de fecha........... de........... de..........., por el que mi principal reclamaba a........... S.A. las cantidades adeudadas.

TERCERO.– Que mediante auto de fecha........... de........... de..........., este Juzgado declaró el concurso voluntario a las sociedades........... S.A., ... S.L., ... S.L. y........... S.L., conformando todas ellas un grupo de sociedades, siendo la dominante, ... S.A., y las dominadas las restantes sociedades, habiéndose publicado, de conformidad con lo establecido en el art. 35 TRLC el auto de declaración del concurso en el Boletín Oficial del Estado, del día........... de........... de...........

CUARTO.– Que esta parte entiende que este Juzgado no es competente desde el punto de vista territorial para conocer del concurso voluntario de las sociedades arriba mencionadas, sino que tal competencia corresponde a los Juzgados de lo Mercantil de..........., que es el de..........., lugar donde tiene su centro de intereses principales........... S.A., la sociedad dominante del grupo de sociedades conformado por dicha sociedad y........... S.L., ... S.L. y........... S.L.

El centro de intereses principales de........... S.A. se halla en..........., calle..........., núm........... No sólo es éste el domicilio social que figura en el Registro Mercantil de la provincia de..........., sino que, en cualquier caso, es en el referido local donde, desde el año........... ejerce de modo habitual y reconocible por terceros la administración de tales intereses.

En dicho local, se hallan las oficinas y dirección de dicha empresa, se fabrica y comercializa..........., actividad que constituye el objeto social de la compañía, se atienden a los clientes y proveedores, remitiendo y recibiendo pedidos de ambos. Y también consta dicho domicilio como el de........... S.A. en el Ayuntamiento de..........., en la documentación social (facturas, pedidos, contratos, papelería corporativa), la guía telefónica, correos, etc. Y es la que consta a los clientes y proveedores. Incluso dicho domicilio aparece como el del Grupo de Sociedades que conforma con las otras tres sociedades concursadas.

Acreditando lo anterior se acompaña como DOCUMENTOS..........., la siguiente documentación:...........

QUINTO.– Que a efectos de acreditar la competencia para conocer de este asunto de los Juzgados de lo Mercantil de..........., esta parte se sirve de:...........

A los relatados hechos aduzco los siguientes

FUNDAMENTOS DE DERECHO

I.– De conformidad con lo previsto en el art. 51 TRLC), es competente para conocer de esta cuestión de competencia territorial por declinatoria este Juzgado que conoce de la solicitud de declaración de concurso voluntario de las sociedades........... S.A., ... S.L., ... S.L. y........... S.L.

II.– La presente cuestión de competencia, conforme ordena el art. 51.1 TRLC, se interpone dentro del plazo de diez días a contar desde la publicación ordenada en el art. 35 TRLC y debe sustanciarse por los trámites establecidos en el art. 51, ss. y concordantes TRLC.

III.– Mi mandante, en su condición de acreedor, está legitimado para instar la presente cuestión de competencia territorial a la vista de lo dispuesto en el art. 51.1 TRLC.

IV.– Conforme establece el art. 45.1 TRLC, la competencia para declarar y tramitar el concurso corresponde al Juez de lo Mercantil en cuyo territorio tenga el deudor el centro de sus intereses principales, entendiéndose por el mismo el lugar donde el deudor ejerce de modo habitual y reconocible por los terceros la administración de tales intereses. Como vimos arriba, la ciudad de..........., calle..........., núm. .... Es más. Establece el citado art. 45.2 TRLC que en el supuesto de deudor persona jurídica se presumirá que el centro de sus intereses principales se halla en el lugar del domicilio social.

Además, el art. el art. 46.1 TRLC es claro al señalar que será juez competente para la declaración conjunta de concurso el del lugar donde tenga el centro de sus intereses principales el deudor con mayor pasivo y, si se trata de un grupo de sociedades, el de la sociedad dominante o, en supuestos en que el concurso no se solicite respecto de esta, el de la sociedad de mayor pasivo. Si ya hubiera sido declarado el concurso de la sociedad dominante, será juez competente para la declaración del concurso de cualquiera de las sociedades del grupo aquel que esté conociendo del concurso de aquella

Por ello, siendo el lugar en que se halla el centro de intereses principales de........... S.A., deudor sociedad dominante del grupo que conforma con el resto de sociedades concursadas, corresponde declarar y tramitar el concurso voluntario de........... S.A., ... S.L., ... S.L. y........... S.L., a los JUZGADOS DE LO MERCANTIL DE...........

En su virtud

SUPLICO AL JUZGADO que tenga por presentado este escrito, junto a los documentos a él unidos y sus copias, se sirva admitirlo y tener por promovido en nombre y representación de mi mandante, CUESTIÓN DE COMPETENCIA TERRITORIAL POR DECLINATORIA en las presentes actuaciones.........../..........., y previos los oportunos trámites legales, se sirva dictar auto por el que, estimando la presente cuestión de competencia por declinatoria, se inhiba a favor de los Juzgados de lo Mercantil de........... del conocimiento de *la declaración de concurso* voluntario del grupo de sociedades........... S.A., ...

S.L., ... S.L. y........... S.L., con emplazamiento de las partes y remisión de todo lo actuado, que será valido aun cuando se estime esta cuestión de competencia.

Es Justicia que se SUPLICA en..........., a........... de........... de...........

F146. AUTO ESTIMATORIO DE LA CUESTIÓN DE COMPETENCIA POR DECLINATORIA

Normativa de aplicación: *Arts. 14 y ss. Real Decreto Legislativo 1/2020, de 5 de mayo, por el que se aprueba el texto refundido de la Ley Concursal.*

En la ciudad de........... a........... de........... de...........

ANTECEDENTES DE HECHO

PRIMERO.– Que en fecha........... de........... de........... por el Procurador de los Tribunales, Doña..........., y en representación de la compañía........... S.L., se presentó solicitud de concurso necesario de la compañía........... S.A., en base a los HECHOS y FUNDAMENTOS DE DERECHO reseñados en la meritada solicitud y los documentos acompañados a la misma.

SEGUNDO.– Que mediante auto de fecha........... de........... de..........., por este Juzgado se admitió a trámite la citada solicitud y se ordenó el emplazamiento del deudor, la compañía........... S.A., con traslado de la solicitud, para que compareciera en las presentes actuaciones en el plazo de cinco días a los efectos del art. 14.2.2º TRLC.

TERCERO.– Que en fecha........... de........... de..........., por el Procurador de los Tribunales, Doña..........., y en representación de la compañía........... S.A., se planteó cuestión de competencia territorial por declinatoria al estimar que los Juzgados competentes desde el punto de vista territorial para conocer del solicitud de concurso necesario de la compañía........... S.A., son los Juzgados de lo Mercantil de........... Ello en base a los HECHOS y FUNDAMENTOS DE DERECHO reseñados en su escrito.

CUARTO.– Que mediante providencia de fecha........... de........... de........... se dio traslado de la cuestión de competencia territorial por declinatoria planteada por........... S.A. al resto de partes personadas en autos, a efectos que, en un plazo de cinco días, formularan, en su caso, alegaciones respecto a la cuestión planteada.

El citado trámite fue evacuado el día........... el día........... de........... de........... por la sociedad........... S.L., quienes manifestaron su oposición a la cuestión planteada y defendieron la competencia de este Juzgado para conocer de la solicitud de declaración de concurso necesario de........... S.A. Ello en base a las alegaciones reseñadas en cada uno de los escritos presentados por........... S.L.

FUNDAMENTOS DE DERECHO

PRIMERO.– Que este Juez es competente para conocer de la cuestión de competencia territorial por declinatoria planteada por........... S.A. (art. 51.TRLC).

SEGUNDO.– Que........... S.A. reúne los requisitos de capacidad procesal, postulación, así como de legitimación para plantear la presente cuestión de competencia territorial por competencia, dada su condición de deudor concursado (art. 51.1 y 512.1 TRLC).

TERCERO.– Que la expresada cuestión de competencia planteada por........... S.A. lo ha sido dentro del plazo de cinco días a aquel en que se le emplazó en el proceso concursal.........../........... y la solicitud reúne los requisitos legalmente establecidos.

CUARTO.– Que la cuestión de competencia planteada debe estimarse.

Conforme establece el art. 45.1 TRLC, la competencia para declarar y tramitar el concurso corresponde al Juez de lo Mercantil en cuyo territorio tenga el deudor el centro de sus intereses principales, entendiéndose por el mismo el lugar donde el deudor ejerce de modo habitual y reconocible por los terceros la administración de tales intereses.

.... S.L. entienden que la competencia territorial para conocer de la solicitud de concurso necesario de........... S.A. instada por........... S.L. corresponde a este Juzgado al considerar que el centro de intereses de la concursada se halla en..........., calle..........., que es el domicilio social de........... S.A. que figura en el Registro Mercantil y no constar acreditado la existencia de otro.

Sin embargo........... S.A. no ocupa dicho inmueble desde hace más de tres años, pues el mismo, en el año..........., fue objeto de demolición, existiendo en la actualidad en dicho lugar un solar vacuo y expedito. Así resulta de la certificación del Ayuntamiento de........... donde consta tal demolición y la fecha de la misma, así como acta de presencia notarial, de fecha de........... de..........., otorgada ante el notario de..........., Don..........., comprensiva de........... fotografías, donde se observan el estado actual de tal inmueble, documentación obrante en autos.

Lo cierto es que el centro de intereses principales de........... S.A. se halla en..........., calle........... núm. ...., local que, desde el año........... tiene arrendado a Doña........... y en el que dicha compañía ejerce de modo habitual y reconocible por terceros la administración de tales intereses.

En dicho local, se hallan las oficinas y dirección de la empresa, se fabrica y comercializa..........., actividad que constituye el objeto social de........... S.A., se atienden a los clientes y proveedores, remitiendo y recibiendo pedidos de ambos. Aquí se halla el centro de trabajo de........... S.A., tal y como consta en la Seguridad Social. Y también consta dicho domicilio como el de........... S.A., tanto en hacienda, como en el Ayuntamiento de........... También en la documentación social (facturas, pedidos, contratos, papelería corporativa), la guía telefónica, correos, etc. Y es la que consta a los clientes y proveedores.

Todo lo cual consta debidamente acreditado en autos (vid...........).

QUINTO.– Ciertamente, establece el citado art. 45.2 TRLC que en el supuesto de deudor persona jurídica se presumirá que el centro de sus intereses principales se halla en el lugar del domicilio social. Sin embargo, es sólo eso, una presunción que admite prueba en contrario.

En el mismo sentido, SOTILLO MARTÍ, A. "Curso sobre la aplicación de la Ley Concursal", pág. 479 con cita de la sentencia del Tribunal Superior de Andalucía (sede Granada) de fecha 24 de julio 2006. Otras sentencias en el mismo sentido, la del Juzgado de lo Mercantil núm. 1 de Bilbao de fecha 15 de noviembre de 2004 o de la Audiencia Provincial de Las Palmas de fecha 4 de mayo de 2006.

SEXTO.– Por ello, siendo el lugar en que se halla el centro de intereses principales de........... S.A., la ciudad de..........., corresponde declarar y tramitar el concurso de dicha sociedad a los JUZGADOS DE LO MERCANTIL DE...........

Visto lo expuesto y demás normativa de aplicación:

DISPONGO

Estimando la cuestión de competencia territorial por declinatoria planteada por la Procuradora de los Tribunales Doña..........., en nombre y representación de la compañía........... S.A., dispongo inhibirme de conocer la solicitud de declaración de concurso necesario de la compañía........... S.A. formulada por la sociedad........... S.L. a favor de los Juzgados de lo Mercantil de..........., con emplazamiento de las partes y remisión de lo actuado. De conformidad con lo dispuesto en el art. 51.3 TRLC, todo lo actuado hasta la fecha en este concurso es válido pese a la estimación de la citada cuestión de competencia y la inhibición de este Juzgado.

Notifíquese la resolución al deudor y demás partes personadas a través de su representación procesal, haciéndole saber que contra la misma cabe recurso de reposición en el plazo de cinco días a contar desde que se notifique la presente resolución.

De conformidad con lo establecido en la Disposición Adicional 15ª LOPJ (según la redacción dada por la LO 1/09), la interposición de recurso contra resoluciones judiciales no podrá ser admitida a trámite sin la acreditación del depósito previsto en la citada Ley a efectos de recurrir, debiendo presentarse copia o resguardo de tal depósito en la cuenta de consignaciones de este Juzgado.

Todo lo cual pronuncia, manda y firma el Ilmo. Sr. ...., Magistrado Juez del Juzgado de lo Mercantil núm. .... de...........

F147. AUTO DESESTIMATORIO DE LA CUESTIÓN DE COMPETENCIA POR DECLINATORIA

Normativa de aplicación: *Arts. 14 y ss. Real Decreto Legislativo 1/2020, de 5 de mayo, por el que se aprueba el texto refundido de la Ley Concursal.*

En la ciudad de........... a........... de........... de...........

ANTECEDENTES DE HECHO

PRIMERO.– Que en fecha........... de........... de........... por el Procurador de los Tribunales, Doña..........., y en representación de la compañía........... S.L., se presentó solicitud de concurso necesario de la compañía........... S.A., en base a los HECHOS y FUNDAMENTOS DE DERECHO reseñados en la meritada solicitud y los documentos acompañados a la misma.

SEGUNDO.– Que mediante auto de fecha........... de........... de..........., por este Juzgado se admitió a trámite la citada solicitud y se ordenó el emplazamiento del deudor, la compañía........... S.A., con traslado de la solicitud, para que compareciera en las presentes actuaciones en el plazo de cinco días a los efectos del art. 14.2.2° TRLC.

TERCERO.– Que en fecha........... de........... de..........., por el Procurador de los Tribunales, Doña..........., y en representación de la compañía........... S.A., se planteó cuestión de competencia territorial por declinatoria al estimar que los Juzgados competentes desde el punto de vista territorial para conocer de la solicitud de concurso necesario de la compañía........... S.A., son los Juzgados de lo Mercantil de........... Ello en base a los HECHOS y FUNDAMENTOS DE DERECHO reseñados en su escrito.

CUARTO.– Que mediante providencia de fecha........... de........... de........... se dio traslado de la cuestión de competencia territorial por declinatoria planteada por........... S.A. al resto de partes personadas en autos, a efectos que, en un plazo de cinco días, formularan, en su caso, alegaciones respecto a la cuestión planteada.

El citado trámite fue evacuado el día........... de........... de........... por la sociedad........... S.L., quienes manifestaron su oposición a la cuestión planteada y defendieron la competencia de este Juzgado para conocer de la solicitud de declaración de concurso necesario de........... S.A. Ello en base a las alegaciones reseñadas en cada uno de los escritos presentados por........... S.L.

FUNDAMENTOS DE DERECHO

PRIMERO.– Que este Juez es competente para conocer de la cuestión de competencia territorial por declinatoria planteada por........... S.A. (art. 51 TRLC).

SEGUNDO.– Que........... S.A. reúne los requisitos de capacidad procesal, postulación, así como de legitimación para plantear la presente cuestión de competencia territorial por competencia, dada su condición de deudor. (art. 51.1 y 510 TRLC).

TERCERO.– Que la expresada cuestión de competencia planteada por........... S.A. lo ha sido dentro del plazo de cinco días a aquel en que se le emplazo en el proceso concursal.........../........... y la solicitud reúne los requisitos legalmente establecidos.

CUARTO.– La cuestión de competencia planteada debe desestimarse.

Conforme establece el art. 45.1 TRLC, la competencia para declarar y tramitar el concurso corresponde al Juez de lo Mercantil en cuyo territorio tenga el deudor el centro de sus intereses principales, entendiéndose por el mismo el lugar donde el deudor ejerce de modo habitual y reconocible por los terceros la administración de tales intereses.

.... S.L. entiende que la competencia territorial para conocer de la solicitud de concurso necesario de........... S.A. instada por........... S.L. corresponde a este Juzgado al considerar que el centro de intereses de mi mandante se halla en..........., calle..........., que es el domicilio social de........... S.A. que figura en el Registro Mercantil.

Contra ello se alza........... S.A., y manifiesta que el domicilio social de la compañía ha sido trasladado a la ciudad de..........., calle........... núm. ...., en virtud de acuerdo de la Junta general de la compañía del pasado........... de........... de..........., (esto es, de hace escasamente dos meses) que fue elevado a público mediante escritura autorizada el día........... de........... de........... por el notario de........... Dicha escritura no ha sido todavía presentada en el Registro Mercantil a efectos de su inscripción.

La realidad es que el instante de la presente cuestión no ha acreditado en modo alguno que el centro de sus intereses principales se halle en el lugar arriba indicado.

Y es cierto que el art. 45.2 TRLC establece que en el supuesto de deudor persona jurídica se presumirá que el centro de sus intereses principales se halla en el lugar del domicilio social. Sin embargo, es igual de cierto que el citado precepto continúa indicando que será ineficaz el cambio de domicilio inscrito dentro en los seis meses anteriores a la solicitud de concurso, cualquiera que sea la fecha en que se hubiera acordado o decidido.

QUINTO.– Por ello, siendo el lugar en que se halla el centro de intereses principales de........... S.A., la ciudad de..........., corresponde declarar y tramitar el concurso de dicha sociedad a este Juzgado.

Visto lo expuesto y demás normativa de aplicación

DISPONGO

Desestimando la cuestión de competencia territorial por declinatoria planteada por la Procuradora de los Tribunales Doña..........., en nombre y representación de la compañía........... S.A., se declara y ratifica la competencia de este Juzgado de lo Mercantil núm. .... de............ para conocer la solicitud de declaración de concurso necesario de la compañía............ S.A. formulada por la sociedad............ S.L.

Notifíquese la resolución al deudor y demás partes personadas a través de su representación procesal, haciéndole saber que contra la misma cabe recurso de reposición en el plazo de cinco días a contar desde que se notifique la presente resolución.

De conformidad con lo establecido en la Disposición Adicional 15ª LOPJ (según la redacción dada por la LO 1/09), la interposición de recurso contra resoluciones judiciales, no podrá ser admitida a trámite sin la acreditación del depósito previsto en la citada Ley a efectos de recurrir, debiendo presentarse copia o resguardo de tal depósito en las cuenta de consignaciones de este Juzgado.

Todo lo cual pronuncia, manda y firma el Ilmo. Sr. ...., Magistrado Juez del Juzgado de lo Mercantil núm. .... de............

1.5. PUBLICIDAD CONCURSO Y LLAMAMIENTO DE LOS ACREEDORES

1.5.1. PERSONA JURÍDICA

F148. EDICTO PARA DAR PUBLICIDAD A LA DECLARACIÓN DE CONCURSO VOLUNTARIO CON INTERVENCIÓN DE FACULTADES Y LLAMAMIENTO DE ACREEDORES

Normativa de aplicación: *Arts. 35 y ss. Real Decreto Legislativo 1/2020, de 5 de mayo, por el que se aprueba el texto refundido de la Ley Concursal.*

Yo, Doña............, Letrado de la Administración de Justicia, Juzgado de lo Mercantil núm. .... de............, por medio del presente hago saber:

Que en el Juzgado de lo Mercantil núm. .... de............ y bajo el número de autos............/............, NIG............, se sigue expediente de concurso voluntario de la sociedad............ S.L. con domicilio en............, calle............, CIF............, inscrita en el Registro Mercantil de............, al tomo............, folio............, libro............, hoja............ La solicitud de concurso fue presentada el día .... y repartida al referido Juzgado de lo mercantil el día ....

En dicho procedimiento se ha dictado auto de fecha............ por el que se declaró el concurso voluntario de............ S.L., habiéndose decretado la conservación por el deudor de las facultades de administración y disposición sobre la masa activa, quedando sometido el ejercicio de éstas a la intervención de la administración concursal, que podrá autorizar o denegar la autorización según tenga por conveniente, y ha sido designado administración concursal Don............, abogado del Ilustre Colegio de............ (ICAV............), con domicilio en .... y DNI............

Sirva el presente para dar publicidad a la citada resolución, tal y como requieren los arts. 28.1.5° y 35.1 TRLC, poner en conocimiento de los acreedores de............ S.L. la declaración de concurso voluntario de dicha sociedad así como para que éstos comuniquen a la administración concursal la existencia de sus créditos en los términos del art. 255, ss, y concordantes, TRLC y dentro del plazo de UN MES a contar desde el día siguiente la publicación del auto de declaración del concurso en el Boletín Oficial del Estado.

El domicilio postal y dirección electrónica designados por la Administración Concursal para que los acreedores, a su elección, efectúen la referida comunicación de créditos y cuantas demás comunicaciones dirijan a la Administración concursal son las siguientes: Domicilio postal............ Dirección electrónica:............

De conformidad y en los términos del art. 512 TRLC los acreedores y personas interesadas que deseen comparecer en el expresado procedimiento concursal, deberán hacerlo por medio de Procurador y Abogado.

Se hace constar que la dirección electrónica del Registro Público Concursal donde se publicarán las resoluciones que traigan causa del citado concurso es la siguiente: …………

En………… a………… de………… de…………

F149. EDICTO PARA DAR PUBLICIDAD A LA DECLARACIÓN DE CONCURSO VOLUNTARIO CON SUSPENSIÓN DE FACULTADES Y LLAMAMIENTO DE ACREEDORES

Normativa de aplicación: *Arts. 35 y ss. Real Decreto Legislativo 1/2020, de 5 de mayo, por el que se aprueba el texto refundido de la Ley Concursal.*

Yo, Doña…………, Letrado de la Administración de Justicia, Juzgado de lo Mercantil núm. ………… de…………, por medio del presente hago saber:

Que en el Juzgado de lo Mercantil núm. ………… de………… y bajo el número de autos…………/…………, NIG…………, se sigue expediente de concurso voluntario de la sociedad………… S.L. con domicilio en…………, calle…………, CIF…………, inscrita en el Registro Mercantil de…………, al tomo…………, folio…………, libro…………, hoja………… La solicitud de concurso fue presentada el día ………… y repartida al referido Juzgado de lo mercantil el día …………

En dicho procedimiento se ha dictado auto de fecha………… por el que se declaró la situación de concurso voluntario de………… S.L., habiéndose decretado la suspensión del ejercicio por el deudor de las facultades de administración y disposición de la masa activa, siendo sustituido por los administradores concursales y ha sido designado administración concursal, Don…………, abogado del Ilustre Colegio de………… (ICAV…………), con domicilio en ………… y DNI…………

Sirva el presente para dar publicidad a la citada resolución, tal y como requieren los arts. 28.1.5º y 35.1 TRLC, poner en conocimiento de los acreedores de………… S.L. la declaración de concurso voluntario de dicha sociedad así como para que éstos comuniquen a la administración concursal la existencia de sus créditos en los términos de los arts. 255, ss, concordantes, TRLC y dentro del plazo de UN MES a contar desde el día siguiente a la publicación del auto de declaración del concurso en el Boletín Oficial del Estado. El domicilio postal y dirección electrónica designados por la Administración Concursal para que los acreedores, a su elección, efectúen la referida comunicación de créditos y cuantas demás comunicaciones dirijan a la Administración concursal son las siguientes: Domicilio postal………… Dirección electrónica:…………

De conformidad y en los términos del art. 512 TRLC, los acreedores y personas interesadas que deseen comparecer en el expresado procedimiento concursal, deberán hacerlo por medio de Procurador y Abogado.

Se hace constar que la dirección electrónica del Registro Público Concursal donde se publicarán las resoluciones que traigan causa del citado concurso es la siguiente: ....

En........... a........... de........... de...........

F150. EDICTO PARA DAR PUBLICIDAD A LA DECLARACIÓN DE CONCURSO NECESARIO CON SUSPENSIÓN DE FACULTADES Y LLAMAMIENTO ACREEDORES

Normativa de aplicación: *Arts. 35 y ss. Real Decreto Legislativo 1/2020, de 5 de mayo, por el que se aprueba el texto refundido de la Ley Concursal.*

Yo, Doña..........., Letrado de la Administración de Justicia, Juzgado de lo Mercantil núm. .... de..........., por medio del presente hago saber:

Que en el Juzgado de lo Mercantil núm. .... de........... y bajo el número de autos.........../..........., se sigue expediente de concurso necesario de la sociedad........... S.L. con domicilio en..........., calle..........., CIF..........., inscrita en el Registro Mercantil de..........., al tomo..........., folio..........., libro..........., hoja........... La solicitud de concurso fue presentada el día .... y repartida al referido Juzgado de lo mercantil el día ....

En dicho procedimiento se ha dictado auto de fecha........... por el que se declaró el concurso necesario de........... S.L., habiéndose decretado la suspensión del ejercicio por el deudor de las facultades de administración y disposición de la masa activa, siendo sustituido por la administración concursal en el ejercicio de estas facultades. Ha sido designado administración concursal, Don..........., abogado del Ilustre Colegio de........... (ICAV...........), con domicilio en .... y DNI...........

Sirva el presente para dar publicidad a la citada resolución, tal y como requieren los arts. 28.1.5° y 35.1 TRLC, poner en conocimiento de los acreedores de........... S.L. la declaración de concurso necesario de dicha sociedad así como para que éstos comuniquen a la administración concursal la existencia de sus créditos en los términos de los arts. 255, ss, concordantes, TRLC y dentro del plazo de UN MES a contar desde el día siguiente a la publicación del auto de declaración del concurso en el Boletín Oficial del Estado. El domicilio postal y dirección electrónica designados por la Administración Concursal para que los acreedores, a su elección, efectúen la referida comunicación de créditos y cuantas demás comunicaciones dirijan a la Administración concursal son las siguientes: Domicilio postal........... Dirección electrónica:...........

De conformidad y en los términos del art. 512 TRLC, los acreedores y personas interesadas que deseen comparecer en el expresado procedimiento concursal, deberán hacerlo por medio de Procurador y Abogado.

Se hace constar que la dirección electrónica del Registro Público Concursal donde se publicarán las resoluciones que traigan causa del citado concurso es la siguiente: ....

En........... a........... de........... de...........

F151. EDICTO DE LA DECLARACIÓN DE CONCURSO A INSERTAR EN EL BOLETÍN OFICIAL DEL ESTADO PARA PUBLICIDAD DEL CONCURSO Y EL LLAMAMIENTO DE LOS ACREEDORES A EFECTOS QUE COMUNIQUEN SUS CRÉDITOS A LA ADMINISTRACIÓN CONCURSAL. CONCURSO VOLUNTARIO CON INTERVENCIÓN DE FACULTADES

Normativa de aplicación: *Arts. 35 y ss. Real Decreto Legislativo 1/2020, de 5 de mayo, por el que se aprueba el texto refundido de la Ley Concursal.*

Edicto suscrito por Doña..........., Letrado de la Administración de Justicia, Juzgado de lo Mercantil núm. .... de..........., a efectos de dar la oportuna publicidad a la declaración del concurso de acreedores que se reseña a continuación:

CONCURSADO:........... S.L. con domicilio en..........., calle..........., y CIF...........

JUZGADO COMPETENTE: Juzgado de lo Mercantil núm. .... de...........

PROCEDIMIENTO: Concurso voluntario núm. de autos.........../........... NIG: ....

FECHA DE PRESENTACIÓN DE LA SOLICITUD: La solicitud fue presentada por .... S.L el día .... de .... de ....

FECHA DE REPARTO: La solicitud de concurso fue repartida a este Juzgado el pasado día .... de .... de ....

FECHA DECLARACIÓN CONCURSO: El concurso de acreedores fue declarado mediante auto de fecha........... de........... de...........

ADMINISTRACIÓN CONCURSAL: Don..........., abogado del Ilustre Colegio de........... (ICAV...........), con domicilio en .... y DNI/NIF...........

RÉGIMEN DE FACULTADES: Conservación por el deudor de las facultades de administración y disposición de la masa activa, quedando sometido el ejercicio de éstas a la intervención de la administración concursal, que podrá autorizar o denegar la autorización según tenga por conveniente.

COMUNICACIÓN DE CRÉDITOS Y COMUNICACIONES A LA ADMINISTRACIÓN CONCURSAL: Los acreedores de........... S.L. deben comunicar a la administración concursal la existencia de sus créditos en los términos de los arts. 255 y ss., concordantes, TRLC y dentro del plazo de UN MES a contar desde el día siguiente a la publicación del auto de declaración del concurso en el Boletín Oficial del Estado. El domicilio postal y dirección electrónica designados por la Administración Concursal para que los acreedores, a su elección, efectúen la referida comunicación de créditos y cuantas demás comunicaciones dirijan a la Administración concursal son las siguientes: Domicilio postal........... Dirección electrónica:...........

De conformidad y en los términos del art. 512 TRLC los acreedores y personas interesadas que deseen comparecer en el expresado procedimiento concursal, deberán hacerlo por medio de Procurador y Abogado.

Todo lo cual se comunica a los efectos y con el alcance previsto en el art. 28.1.5° y 35 TRLC, haciendo constar que la dirección electrónica del Registro Público Concursal donde se publicarán las resoluciones que traigan causa del citado concurso, es la siguiente:...........

En........... a........... de........... de...........

F152. EDICTO DE LA DECLARACIÓN DEL CONCURSO A INSERTAR EN EL BOLETÍN OFICIAL DEL ESTADO PARA PUBLICIDAD DEL CONCURSO Y EL LLAMAMIENTO DE LOS ACREEDORES A EFECTOS QUE COMUNIQUEN SUS CRÉDITOS A LA ADMINISTRACIÓN CONCURSAL. CONCURSO VOLUNTARIO CON SUSPENSIÓN DE FACULTADES

Normativa de aplicación: *Arts. 35 y ss. Real Decreto Legislativo 1/2020, de 5 de mayo, por el que se aprueba el texto refundido de la Ley Concursal.*

Edicto suscrito por Doña..........., Letrado de la Administración de Justicia, Juzgado de lo Mercantil núm. .... de..........., a efectos de dar la oportuna publicidad a la declaración del concurso de acreedores que se reseña a continuación:

CONCURSADO:........... S.L. con domicilio en..........., calle..........., y CIF...........

JUZGADO COMPETENTE: Juzgado de lo Mercantil núm. .... de...........

PROCEDIMIENTO: Concurso voluntario núm. de autos.........../........... N.IG: ....

FECHA DE PRESENTACIÓN DE LA SOLICITUD: La solicitud fue presentada por .... S.L el día .... de .... de ....

FECHA DE REPARTO: La solicitud de concurso fue repartida a este Juzgado el pasado día .... de .... de ....

FECHA DECLARACIÓN CONCURSO: El concurso de acreedores fue declarado mediante auto de fecha........... de........... de...........

ADMINISTRACIÓN CONCURSAL: Don..........., abogado del Ilustre Colegio de........... (ICAV...........), con domicilio en .... y DNI/NIF...........

RÉGIMEN DE FACULTADES: Suspensión del ejercicio por el deudor de las facultades de administración y disposición de la masa activa, siendo sustituido por la administración concursal en el ejercicio de estas facultades

COMUNICACIÓN DE CRÉDITOS Y COMUNICACIONES A LA ADMINISTRACIÓN CONCURSAL: Los acreedores de........... S.L. deben comunicar a la administración concursal la existencia de sus créditos en los términos de los arts. 255 y ss., concordantes, TRLC y dentro del plazo de UN MES a contar desde el día siguiente a la publicación del auto de declaración del concurso en el Boletín Oficial del Estado. El domicilio postal y dirección electrónica designados por la Administración Concursal para que los acreedores, a su elección, efectúen la referida comunicación de créditos y cuantas demás comunicaciones dirijan a la Administración concursal son las siguientes: Domicilio postal........... Dirección electrónica:...........

De conformidad y en los términos del art. 512 TRLC los acreedores y personas interesadas que deseen comparecer en el expresado procedimiento concursal, deberán hacerlo por medio de Procurador y Abogado.

Todo lo cual se comunica a los efectos y con el alcance previsto en el art. 28.1.5° y 35 TRLC, haciendo constar que la dirección electrónica del Registro Público Concursal donde se publicarán las resoluciones que traigan causa del citado concurso, es la siguiente:...........

En........... a........... de........... de...........

F153. EDICTO DE LA DECLARACIÓN DEL CONCURSO A INSERTAR EN EL BOLETÍN OFICIAL DEL ESTADO PARA PUBLICIDAD DEL CONCURSO Y LLAMAMIENTO DE LOS ACREEDORES A EFECTOS QUE COMUNIQUEN SUS CRÉDITOS A LA ADMINISTRACIÓN CONCURSAL. CONCURSO NECESARIO CON SUSPENSIÓN DE FACULTADES

Normativa de aplicación: *Arts. 35 y ss. Real Decreto Legislativo 1/2020, de 5 de mayo, por el que se aprueba el texto refundido de la Ley Concursal.*

Edicto suscrito por Doña..........., Letrado de la Administración de Justicia, Juzgado de lo Mercantil núm. .... de..........., a efectos de dar la oportuna publicidad a la declaración del concurso de acreedores que se reseña a continuación:

CONCURSADO:........... S.L. con domicilio en..........., calle..........., y CIF...........

JUZGADO COMPETENTE: Juzgado de lo Mercantil núm. .... de...........

PROCEDIMIENTO: Concurso necesario núm. de autos.........../........... NIG: ....

FECHA DE PRESENTACIÓN DE LA SOLICITUD: La solicitud fue presentada por .... S.L el día .... de .... de...........

FECHA DE REPARTO: La solicitud de concurso fue repartida a este Juzgado el pasado día .... de .... de ....

FECHA DECLARACIÓN CONCURSO: El concurso de acreedores fue declarado mediante auto de fecha........... de........... de...........

ADMINISTRACIÓN CONCURSAL: Don..........., abogado del Ilustre Colegio de........... (ICAV...........), con domicilio en ...., DNI/NIF...........

RÉGIMEN DE FACULTADES: Suspensión del ejercicio por el deudor de las facultades de administración y disposición de la masa activa, siendo sustituido por la administración concursal en el ejercicio de estas facultades

COMUNICACIÓN DE CRÉDITOS Y COMUNICACIONES A LA ADMINISTRACIÓN CONCURSAL: Los acreedores de........... S.L. deben comunicar a la administración concursal la existencia de sus créditos en los términos de los arts. 255 y ss., concordantes, TRLC y dentro del plazo de UN MES a contar desde el día siguiente a la publicación del auto de declaración del concurso en el Boletín Oficial del Estado. El domicilio postal y dirección electrónica designados por la Administración Concursal para que los acreedores, a su elección, efectúen la referida comunicación de créditos y cuantas demás comunicaciones dirijan a la Administración concursal son las siguientes: Domicilio postal........... Dirección electrónica:...........

De conformidad y en los términos del art. 512 TRLC los acreedores y personas interesadas que deseen comparecer en el expresado procedimiento concursal, deberán hacerlo por medio de Procurador y Abogado.

Todo lo cual se comunica a los efectos y con el alcance previsto en el art. 28.1.5° y 35 TRLC, haciendo constar que la dirección electrónica del Registro Público Concursal donde se publicarán las resoluciones que traigan causa del citado concurso, es la siguiente:...........

En........... a........... de........... de...........

F154. EDICTO DE LA DECLARACIÓN DEL CONCURSO A INSERTAR EN EL BOLETÍN OFICIAL DEL ESTADO PARA PUBLICIDAD DEL CONCURSO Y EL LLAMAMIENTO DE LOS ACREEDORES A EFECTOS QUE COMUNIQUEN SUS CRÉDITOS A LA ADMINISTRACIÓN CONCURSAL. CONCURSO NECESARIO CON INTERVENCIÓN DE FACULTADES

Normativa de aplicación: *Arts. 35 y ss. Real Decreto Legislativo 1/2020, de 5 de mayo, por el que se aprueba el texto refundido de la Ley Concursal.*

Edicto suscrito por Doña............, Letrado de la Administración de Justicia, Juzgado de lo Mercantil núm. .... de............, a efectos de dar la oportuna publicidad a la declaración del concurso de acreedores que se reseña a continuación:

CONCURSADO:............ S.L. con domicilio en............, calle............, y CIF............

JUZGADO COMPETENTE: Juzgado de lo Mercantil núm. .... de............

PROCEDIMIENTO: Concurso necesario núm. de autos............/............ NIG: ....

FECHA DE PRESENTACIÓN DE LA SOLICITUD: La solicitud fue presentada por .... S.L el día .... de .... de ....

FECHA DE REPARTO: La solicitud de concurso fue repartida a este Juzgado el pasado día .... de .... de ....

FECHA DECLARACIÓN CONCURSO: El concurso de acreedores fue declarado mediante auto de fecha............ de............ de............

ADMINISTRACIÓN CONCURSAL: Don............, abogado del Ilustre Colegio de............ (ICAV............), con domicilio en .... y DNI/NIF............

RÉGIMEN DE FACULTADES: Conservación por el deudor de las facultades de administración y disposición de la masa activa, quedando sometido el ejercicio de éstas a la intervención de la administración concursal, que podrá autorizar o denegar la autorización según tenga por conveniente.

COMUNICACIÓN DE CRÉDITOS Y COMUNICACIONES A LA ADMINISTRACIÓN CONCURSAL: Los acreedores de............ S.L. deben comunicar a la administración concursal la existencia de sus créditos en los términos de los arts. 255 y ss., concordantes, TRLC y dentro del plazo de UN MES a contar desde el día siguiente a la publicación del auto de declaración del concurso en el Boletín Oficial del Estado. El domicilio postal y dirección electrónica designados por la Administración Concursal para que los acreedores, a su elección, efectúen la referida comunicación de créditos y cuantas demás comunicaciones dirijan a la Administración concursal son las siguientes: Domicilio postal............ *Dirección electrónica:............*

De conformidad y en los términos del art. 512 TRLC los acreedores y personas interesadas que deseen comparecer en el expresado procedimiento concursal, deberán hacerlo por medio de Procurador y Abogado.

Todo lo cual se comunica a los efectos y con el alcance previsto en el art. 28.1.5° y 35 TRLC, haciendo constar que la dirección electrónica del Registro Público Concursal donde se publicarán las resoluciones que traigan causa del citado concurso, es la siguiente:...........

En........... a........... de........... de...........

F155. EDICTO PARA DAR PUBLICIDAD A LA DECLARACIÓN DE CONCURSO VOLUNTARIO CON INTERVENCIÓN DE FACULTADES Y LLAMAMIENTO DE ACREEDORES

Normativa de aplicación: *Arts. 35 y ss. Real Decreto Legislativo 1/2020, de 5 de mayo, por el que se aprueba el texto refundido de la Ley Concursal.*

Yo, Doña..........., Letrado de la Administración de Justicia, Juzgado de lo Mercantil núm. .... de..........., por medio del presente hago saber:

Que en el Juzgado de lo Mercantil núm. .... de........... y bajo el número de autos.........../..........., NIG..........., se sigue expediente de concurso voluntario de la sociedad........... S.L. con domicilio en..........., calle..........., CIF..........., inscrita en el Registro Mercantil de..........., al tomo..........., folio..........., libro..........., hoja........... La solicitud de concurso fue presentada el día .... y repartida al referido Juzgado de lo mercantil el día ....

En dicho procedimiento se ha dictado auto de fecha........... por el que se declaró el concurso voluntario de........... S.L., habiéndose decretado la conservación por el deudor de las facultades de administración y disposición sobre la masa activa, quedando sometido el ejercicio de éstas a la intervención de la administración concursal, que podrá autorizar o denegar la autorización según tenga por conveniente, y ha sido designado administración concursal Don..........., abogado del Ilustre Colegio de........... (ICAV...........), con domicilio en .... y DNI...........

Sirva el presente para dar publicidad a la citada resolución, tal y como requieren los arts. 28.1.5° y 35.1 TRLC, poner en conocimiento de los acreedores de........... S.L. la declaración de concurso voluntario de dicha sociedad así como para que éstos comuniquen a la administración concursal la existencia de sus créditos en los términos del art. 255, ss, y concordantes, TRLC y dentro del plazo de UN MES a contar desde el día siguiente la publicación del auto de declaración del concurso en el Boletín Oficial del Estado.

El domicilio postal y dirección electrónica designados por la Administración Concursal para que los acreedores, a su elección, efectúen la referida comunicación de créditos y cuantas demás comunicaciones dirijan a la Administración concursal son las siguientes: Domicilio postal........... Dirección electrónica:...........

De conformidad y en los términos del art. 512 TRLC los acreedores y personas interesadas que deseen comparecer en el expresado procedimiento concursal, deberán hacerlo por medio de Procurador y Abogado.

Se hace constar que la dirección electrónica del Registro Público Concursal donde se publicarán las resoluciones que traigan causa del citado concurso es la siguiente: ....

En........... a........... de........... de...........

F156. EDICTO PARA DAR PUBLICIDAD A LA DECLARACIÓN DE CONCURSO VOLUNTARIO CON SUSPENSIÓN DE FACULTADES Y LLAMAMIENTO DE ACREEDORES

Normativa de aplicación: *Arts. 35 y ss. Real Decreto Legislativo 1/2020, de 5 de mayo, por el que se aprueba el texto refundido de la Ley Concursal.*

Yo, Doña..........., Letrado de la Administración de Justicia, Juzgado de lo Mercantil núm. .... de..........., por medio del presente hago saber:

Que en el Juzgado de lo Mercantil núm. .... de........... y bajo el número de autos.........../..........., NIG..........., se sigue expediente de concurso voluntario de la sociedad........... S.L. con domicilio en..........., calle..........., CIF..........., inscrita en el Registro Mercantil de..........., al tomo..........., folio..........., libro..........., hoja........... La solicitud de concurso fue presentada el día .... y repartida al referido Juzgado de lo mercantil el día ....

En dicho procedimiento se ha dictado auto de fecha........... por el que se declaró la situación de concurso voluntario de........... S.L., habiéndose decretado la suspensión del ejercicio por el deudor de las facultades de administración y disposición de la masa activa, siendo sustituido por los administradores concursales y ha sido designado administración concursal, Don..........., abogado del Ilustre Colegio de........... (ICAV...........), con domicilio en .... y DNI...........

Sirva el presente para dar publicidad a la citada resolución, tal y como requieren los arts. 28.1.5º y 35.1 TRLC, poner en conocimiento de los acreedores de........... S.L. la declaración de concurso voluntario de dicha sociedad así como para que éstos comuniquen a la administración concursal la existencia de sus créditos en los términos de los arts. 255, ss, concordantes, TRLC y dentro del plazo de UN MES a contar desde el día siguiente a la publicación del auto de declaración del concurso en el Boletín Oficial del Estado. El domicilio postal y dirección electrónica designados por la Administración Concursal para que los acreedores, a su elección, efectúen la referida comunicación de créditos y cuantas demás comunicaciones dirijan a la Administración concursal son las siguientes: Domicilio postal........... Dirección electrónica:...........

De conformidad y en los términos del art. 512 TRLC, los acreedores y personas interesadas que deseen comparecer en el expresado procedimiento concursal, deberán hacerlo por medio de Procurador y Abogado.

Se hace constar que la dirección electrónica del Registro Público Concursal donde se publicarán las resoluciones que traigan causa del citado concurso es la siguiente: ....

En........... a........... de........... de...........

F157. EDICTO PARA DAR PUBLICIDAD A LA DECLARACIÓN DE CONCURSO NECESARIO CON SUSPENSIÓN DE FACULTADES Y LLAMAMIENTO ACREEDORES

Normativa de aplicación: *Arts. 35 y ss. Real Decreto Legislativo 1/2020, de 5 de mayo, por el que se aprueba el texto refundido de la Ley Concursal.*

Yo, Doña..........., Letrado de la Administración de Justicia, Juzgado de lo Mercantil núm. .... de..........., por medio del presente hago saber:

Que en el Juzgado de lo Mercantil núm. .... de........... y bajo el número de autos.........../..........., se sigue expediente de concurso necesario de la sociedad........... S.L. con domicilio en..........., calle..........., CIF..........., inscrita en el Registro Mercantil de..........., al tomo..........., folio..........., libro..........., hoja........... La solicitud de concurso fue presentada el día .... y repartida al referido Juzgado de lo mercantil el día ....

En dicho procedimiento se ha dictado auto de fecha........... por el que se declaró el concurso necesario de........... S.L., habiéndose decretado la suspensión del ejercicio por el deudor de las facultades de administración y disposición de la masa activa, siendo sustituido por la administración concursal en el ejercicio de estas facultades. Ha sido designado administración concursal, Don..........., abogado del Ilustre Colegio de........... (ICAV...........), con domicilio en .... y DNI...........

Sirva el presente para dar publicidad a la citada resolución, tal y como requieren los arts. 28.1.5° y 35.1 TRLC, poner en conocimiento de los acreedores de........... S.L. la declaración de concurso necesario de dicha sociedad así como para que éstos comuniquen a la administración concursal la existencia de sus créditos en los términos de los arts. 255, ss, concordantes, TRLC y dentro del plazo de UN MES a contar desde el día siguiente a la publicación del auto de declaración del concurso en el Boletín Oficial del Estado. El domicilio postal y dirección electrónica designados por la Administración Concursal para que los acreedores, a su elección, efectúen la referida comunicación de créditos y cuantas demás comunicaciones dirijan a la Administración concursal son las siguientes: Domicilio postal........... Dirección electrónica:...........

De conformidad y en los términos del art. 512 TRLC, los acreedores y personas interesadas que deseen comparecer en el expresado procedimiento concursal, deberán hacerlo por medio de Procurador y Abogado.

Se hace constar que la dirección electrónica del Registro Público Concursal donde se publicarán las resoluciones que traigan causa del citado concurso es la siguiente: ....

En........... a........... de........... de...........

F158. EDICTO DE LA DECLARACIÓN DE CONCURSO A INSERTAR EN EL BOLETÍN OFICIAL DEL ESTADO PARA PUBLICIDAD DEL CONCURSO Y EL LLAMAMIENTO DE LOS ACREEDORES A EFECTOS QUE COMUNIQUEN SUS CRÉDITOS A LA ADMINISTRACIÓN CONCURSAL. CONCURSO VOLUNTARIO CON INTERVENCIÓN DE FACULTADES

Normativa de aplicación: *Arts. 35 y ss. Real Decreto Legislativo 1/2020, de 5 de mayo, por el que se aprueba el texto refundido de la Ley Concursal.*

Edicto suscrito por Doña..........., Letrado de la Administración de Justicia, Juzgado de lo Mercantil núm. .... de..........., a efectos de dar la oportuna publicidad a la declaración del concurso de acreedores que se reseña a continuación:

CONCURSADO:........... S.L. con domicilio en..........., calle..........., y CIF...........

JUZGADO COMPETENTE: Juzgado de lo Mercantil núm. .... de...........

PROCEDIMIENTO: Concurso voluntario núm. de autos.........../........... NIG: ....

FECHA DE PRESENTACIÓN DE LA SOLICITUD: La solicitud fue presentada por .... S.L el día .... de .... de ....

FECHA DE REPARTO: La solicitud de concurso fue repartida a este Juzgado el pasado día .... de .... de ....

FECHA DECLARACIÓN CONCURSO: El concurso de acreedores fue declarado mediante auto de fecha........... de........... de...........

ADMINISTRACIÓN CONCURSAL: Don..........., abogado del Ilustre Colegio de........... (ICAV...........), con domicilio en .... y DNI/NIF...........

RÉGIMEN DE FACULTADES: Conservación por el deudor de las facultades de administración y disposición de la masa activa, quedando sometido el ejercicio de éstas a la intervención de la administración concursal, que podrá autorizar o denegar la autorización según tenga por conveniente.

COMUNICACIÓN DE CRÉDITOS Y COMUNICACIONES A LA ADMINISTRACIÓN CONCURSAL: Los acreedores de........... S.L. deben comunicar a la administración concursal la existencia de sus créditos en los términos de los arts. 255 y ss., concordantes, TRLC y dentro del plazo de UN MES a contar desde el día siguiente a la publicación del auto de declaración del concurso en el Boletín Oficial del Estado. El domicilio postal y dirección electrónica designados por la Administración Concursal para que los acreedores, a su elección, efectúen la referida comunicación de créditos y cuantas demás comunicaciones dirijan a la Administración concursal son las siguientes: Domicilio postal........... Dirección electrónica:...........

De conformidad y en los términos del art. 512 TRLC los acreedores y personas interesadas que deseen comparecer en el expresado procedimiento concursal, deberán hacerlo por medio de Procurador y Abogado.

Todo lo cual se comunica a los efectos y con el alcance previsto en el art. 28.1.5º y 35 TRLC, haciendo constar que la dirección electrónica del Registro Público Concursal donde se publicarán las resoluciones que traigan causa del citado concurso, es la siguiente:...........

En........... a........... de........... de...........

F159. EDICTO DE LA DECLARACIÓN DEL CONCURSO A INSERTAR EN EL BOLETÍN OFICIAL DEL ESTADO PARA PUBLICIDAD DEL CONCURSO Y EL LLAMAMIENTO DE LOS ACREEDORES A EFECTOS QUE COMUNIQUEN SUS CRÉDITOS A LA ADMINISTRACIÓN CONCURSAL. CONCURSO VOLUNTARIO CON SUSPENSIÓN DE FACULTADES

Normativa de aplicación: *Arts. 35 y ss. Real Decreto Legislativo 1/2020, de 5 de mayo, por el que se aprueba el texto refundido de la Ley Concursal.*

Edicto suscrito por Doña..........., Letrado de la Administración de Justicia, Juzgado de lo Mercantil núm. .... de..........., a efectos de dar la oportuna publicidad a la declaración del concurso de acreedores que se reseña a continuación:

CONCURSADO:........... S.L. con domicilio en..........., calle..........., y CIF...........

JUZGADO COMPETENTE: Juzgado de lo Mercantil núm. .... de...........

PROCEDIMIENTO: Concurso voluntario núm. de autos.........../........... N.IG: ....

FECHA DE PRESENTACIÓN DE LA SOLICITUD: La solicitud fue presentada por .... S.L el día .... de .... de ....

FECHA DE REPARTO: La solicitud de concurso fue repartida a este Juzgado el pasado día .... de .... de ....

FECHA DECLARACIÓN CONCURSO: El concurso de acreedores fue declarado mediante auto de fecha........... de........... de...........

ADMINISTRACIÓN CONCURSAL: Don..........., abogado del Ilustre Colegio de........... (ICAV...........), con domicilio en .... y DNI/NIF...........

RÉGIMEN DE FACULTADES: Suspensión del ejercicio por el deudor de las facultades de administración y disposición de la masa activa, siendo sustituido por la administración concursal en el ejercicio de estas facultades

COMUNICACIÓN DE CRÉDITOS Y COMUNICACIONES A LA ADMINISTRACIÓN CONCURSAL: Los acreedores de........... S.L. deben comunicar a la administración concursal la existencia de sus créditos en los términos de los arts. 255 y ss., concordantes, TRLC y dentro del plazo de UN MES a contar desde el día siguiente a la publicación del auto de declaración del concurso en el Boletín Oficial del Estado. El domicilio postal y dirección electrónica designados por la Administración Concursal para que los acreedores, a su elección, efectúen la referida comunicación de créditos y cuantas demás comunicaciones dirijan a la Administración concursal son las siguientes: Domicilio postal........... Dirección electrónica:...........

De conformidad y en los términos del art. 512 TRLC los acreedores y personas interesadas que deseen comparecer en el expresado procedimiento concursal, deberán hacerlo por medio de Procurador y Abogado.

Todo lo cual se comunica a los efectos y con el alcance previsto en el art. 28.1.5° y 35 TRLC, haciendo constar que la dirección electrónica del Registro Público Concursal donde se publicarán las resoluciones que traigan causa del citado concurso, es la siguiente:...........

En........... a........... de........... de...........

F160. EDICTO DE LA DECLARACIÓN DEL CONCURSO A INSERTAR EN EL BOLETÍN OFICIAL DEL ESTADO PARA PUBLICIDAD DEL CONCURSO Y LLAMAMIENTO DE LOS ACREEDORES A EFECTOS QUE COMUNIQUEN SUS CRÉDITOS A LA ADMINISTRACIÓN CONCURSAL. CONCURSO NECESARIO CON SUSPENSIÓN DE FACULTADES

Normativa de aplicación: *Arts. 35 y ss. Real Decreto Legislativo 1/2020, de 5 de mayo, por el que se aprueba el texto refundido de la Ley Concursal.*

Edicto suscrito por Doña..........., Letrado de la Administración de Justicia, Juzgado de lo Mercantil núm. .... de..........., a efectos de dar la oportuna publicidad a la declaración del concurso de acreedores que se reseña a continuación:

CONCURSADO:........... S.L. con domicilio en..........., calle..........., y CIF...........

JUZGADO COMPETENTE: Juzgado de lo Mercantil núm. .... de...........

PROCEDIMIENTO: Concurso necesario núm. de autos.........../........... NIG: ....

FECHA DE PRESENTACIÓN DE LA SOLICITUD: La solicitud fue presentada por .... S.L el día .... de .... de ....

FECHA DE REPARTO: La solicitud de concurso fue repartida a este Juzgado el pasado día .... de .... de ....

FECHA DECLARACIÓN CONCURSO: El concurso de acreedores fue declarado mediante auto de fecha........... de........... de...........

ADMINISTRACIÓN CONCURSAL: Don..........., abogado del Ilustre Colegio de........... (ICAV...........), con domicilio en ...., DNI/NIF...........

RÉGIMEN DE FACULTADES: Suspensión del ejercicio por el deudor de las facultades de administración y disposición de la masa activa, siendo sustituido por la administración concursal en el ejercicio de estas facultades

COMUNICACIÓN DE CRÉDITOS Y COMUNICACIONES A LA ADMINISTRACIÓN CONCURSAL: Los acreedores de........... S.L. deben comunicar a la administración concursal la existencia de sus créditos en los términos de los arts. 255 y ss., concordantes, TRLC y dentro del plazo de UN MES a contar desde el día siguiente a la publicación del auto de declaración del concurso en el Boletín Oficial del Estado. El domicilio postal y dirección electrónica designados por la Administración Concursal para que los acreedores, a su elección, efectúen la referida comunicación de créditos y cuantas demás comunicaciones dirijan a la Administración concursal son las siguientes: Domicilio postal........... Dirección electrónica:...........

De conformidad y en los términos del art. 512 TRLC los acreedores y personas interesadas que deseen comparecer en el expresado procedimiento concursal, deberán hacerlo por medio de Procurador y Abogado.

Todo lo cual se comunica a los efectos y con el alcance previsto en el art. 28.1.5° y 35 TRLC, haciendo constar que la dirección electrónica del Registro Público Concursal donde se publicarán las resoluciones que traigan causa del citado concurso, es la siguiente:...........

En........... a........... de........... de...........

F161. EDICTO DE LA DECLARACIÓN DEL CONCURSO A INSERTAR EN EL BOLETÍN OFICIAL DEL ESTADO PARA PUBLICIDAD DEL CONCURSO Y EL LLAMAMIENTO DE LOS ACREEDORES A EFECTOS QUE COMUNIQUEN SUS CRÉDITOS A LA ADMINISTRACIÓN CONCURSAL. CONCURSO NECESARIO CON INTERVENCIÓN DE FACULTADES

Normativa de aplicación: *Arts. 35 y ss. Real Decreto Legislativo 1/2020, de 5 de mayo, por el que se aprueba el texto refundido de la Ley Concursal.*

Edicto suscrito por Doña..........., Letrado de la Administración de Justicia, Juzgado de lo Mercantil núm. .... de..........., a efectos de dar la oportuna publicidad a la declaración del concurso de acreedores que se reseña a continuación:

CONCURSADO:........... S.L. con domicilio en..........., calle..........., y CIF...........

JUZGADO COMPETENTE: Juzgado de lo Mercantil núm. .... de...........

PROCEDIMIENTO: Concurso necesario núm. de autos.........../........... NIG: ....

FECHA DE PRESENTACIÓN DE LA SOLICITUD: La solicitud fue presentada por .... S.L el día .... de .... de ....

FECHA DE REPARTO: La solicitud de concurso fue repartida a este Juzgado el pasado día .... de .... de ....

FECHA DECLARACIÓN CONCURSO: El concurso de acreedores fue declarado mediante auto de fecha........... de........... de...........

ADMINISTRACIÓN CONCURSAL: Don..........., abogado del Ilustre Colegio de........... (ICAV...........), con domicilio en .... y DNI/NIF...........

RÉGIMEN DE FACULTADES: Conservación por el deudor de las facultades de administración y disposición de la masa activa, quedando sometido el ejercicio de éstas a la intervención de la administración concursal, que podrá autorizar o denegar la autorización según tenga por conveniente.

COMUNICACIÓN DE CRÉDITOS Y COMUNICACIONES A LA ADMINISTRACIÓN CONCURSAL: Los acreedores de........... S.L. deben comunicar a la administración concursal la existencia de sus créditos en los términos de los arts. 255 y ss., concordantes, TRLC y dentro del plazo de UN MES a contar desde el día siguiente a la publicación del auto de declaración del concurso en el Boletín Oficial del Estado. El domicilio postal y dirección electrónica designados por la Administración Concursal para que los acreedores, a su elección, efectúen la referida comunicación de créditos y cuantas demás comunicaciones dirijan a la Administración concursal son las siguientes: Domicilio postal........... Dirección electrónica:...........

De conformidad y en los términos del art. 512 TRLC los acreedores y personas interesadas que deseen comparecer en el expresado procedimiento concursal, deberán hacerlo por medio de Procurador y Abogado.

Todo lo cual se comunica a los efectos y con el alcance previsto en el art. 28.1.5° y 35 TRLC, haciendo constar que la dirección electrónica del Registro Público Concursal donde se publicarán las resoluciones que traigan causa del citado concurso, es la siguiente:...........

En........... a........... de........... de...........

F162. EDICTO PARA DAR PUBLICIDAD COMPLEMENTARIA A LA DECLARACIÓN DE CONCURSO VOLUNTARIO CON INTERVENCIÓN DE FACULTADES

Normativa de aplicación: *Arts. 35 y ss. Real Decreto Legislativo 1/2020, de 5 de mayo, por el que se aprueba el texto refundido de la Ley Concursal.*

Yo, Doña..........., Letrado de la Administración de Justicia, Juzgado de lo Mercantil núm. .... de..........., por medio del presente hago saber:

Que en el Juzgado de lo Mercantil núm. .... de........... y bajo el número de autos.........../..........., NIG..........., se sigue expediente de concurso voluntario de la sociedad........... S.L. con domicilio en..........., calle..........., CIF..........., inscrita en el Registro Mercantil de..........., al tomo..........., folio..........., libro..........., hoja........... La solicitud de concurso fue presentada el día .... y repartida al referido Juzgado de lo mercantil el día ....

En dicho procedimiento se ha dictado auto de fecha........... por el que se declaró el concurso voluntario de........... S.L., habiéndose decretado la conservación por el deudor de las facultades de administración y disposición la masa activa, quedando sometido el ejercicio de éstas a la intervención de los administradores concursales, que podrá autorizar o denegar la autorización según tenga por conveniente. y ha sido designado administración concursal Don..........., abogado del Ilustre Colegio de........... (ICAV...........), con domicilio en .... y DNI...........

Sirva el presente para dar publicidad complementaria a la citada resolución, tal y como permite el art. 35.2 TRLC, poner en conocimiento de los acreedores de........... S.L. la declaración de concurso voluntario de dicha sociedad así como hacer saber a estos, que deben comunicar a la administración concursal la existencia de sus créditos en los términos de los arts. 255, ss., y concordantes, TRLC y dentro del plazo de UN MES a contar desde el día siguente a la publicación del auto de declaración del concurso en el Boletín Oficial del Estado. El domicilio postal y dirección electrónica designados por la Administración Concursal para que los acreedores, a su elección, efectúen la referida comunicación de créditos son las siguiente y cuantas demás comunicaciones dirijan a la Administración concursal son las siguientes: Domicilio postal........... Dirección electrónica:...........

De conformidad y en los términos del art. 512 TRLC los acreedores y personas interesadas que deseen comparecer en el expresado procedimiento concursal, deberán hacerlo por medio de Procurador y Abogado.

Se hace constar que la dirección electrónica del Registro Público Concursal donde se publicarán las resoluciones que traigan causa del citado concurso es la siguiente: ....

En........... a........... de........... de...........

F163. EDICTO PARA DAR PUBLICIDAD COMPLEMENTARIA A LA DECLARACIÓN DE CONCURSO VOLUNTARIO CON SUSPENSIÓN DE FACULTADES

Normativa de aplicación: *Arts. 35 y ss. Real Decreto Legislativo 1/2020, de 5 de mayo, por el que se aprueba el texto refundido de la Ley Concursal.*

Yo, Doña..........., Letrado de la Administración de Justicia, Juzgado de lo Mercantil núm. .... de..........., por medio del presente hago saber:

Que en el Juzgado de lo Mercantil núm. .... de........... y bajo el número de autos.........../..........., NIG..........., se sigue expediente de concurso voluntario ordinario de la sociedad........... S.L. con domicilio en..........., calle..........., CIF..........., inscrita en el Registro Mercantil de..........., al tomo..........., folio..........., libro..........., hoja........... La solicitud de concurso fue presentada el día .... y repartida al referido Juzgado de lo mercantil el día ....

En dicho procedimiento se ha dictado auto de fecha........... por el que se declaró la situación de concurso voluntario de........... S.L., habiéndose decretado la suspensión del ejercicio por el deudor de las facultades de administración y disposición de la masa activa, siendo sustituido por la administración concursal en el ejercicio de estas facultades, y ha sido designado administrador concursal Don..........., abogado del Ilustre Colegio de........... (ICAV...........), con domicilio en .... y DNI...........

Sirva el presente para dar publicidad complementaria a la citada resolución, tal y como permite el art. 35.2 TRLC, poner en conocimiento de los acreedores de........... S.L. la declaración de concurso voluntario de dicha sociedad así como para hacer saber a estos, que deben comunicar a la administración concursal la existencia de sus créditos en los términos del art. 255 ss, y concordantes, TRLC y dentro del plazo de UN MES a contar *desde el día siguiente* a la publicación del auto de declaración del concurso en el Boletín

Oficial del Estado. El domicilio postal y dirección electrónica designados por la Administración Concursal para que los acreedores, a su elección, efectúen la referida comunicación de créditos y cuantas demás comunicaciones dirijan a la Administración concursal son las siguientes: Domicilio postal........... Dirección electrónica:...........

De conformidad y en los términos del art. 512 TRLC los acreedores y personas interesadas que deseen comparecer en el expresado procedimiento concursal, deberán hacerlo por medio de Procurador y Abogado.

Se hace constar que la dirección electrónica del Registro Público Concursal donde se publicarán las resoluciones que traigan causa del citado concurso es la siguiente: ....

En........... a........... de........... de...........

F164. EDICTO PARA DAR PUBLICIDAD COMPLEMENTARIA A LA DECLARACIÓN DE CONCURSO NECESARIO CON SUSPENSIÓN DE FACULTADES

Normativa de aplicación: *Arts. 35 y ss. Real Decreto Legislativo 1/2020, de 5 de mayo, por el que se aprueba el texto refundido de la Ley Concursal.*

Yo, Doña..........., Letrado de la Administración de Justicia, Juzgado de lo Mercantil núm. .... de..........., por medio del presente hago saber:

Que en el Juzgado de lo Mercantil núm. .... de........... y bajo el número de autos.........../..........., se sigue expediente de concurso necesario de la sociedad........... S.L. con domicilio en..........., calle..........., CIF..........., inscrita en el Registro Mercantil de..........., al tomo..........., folio..........., libro..........., hoja........... La solicitud de concurso fue presentada el día .... y repartida al referido Juzgado de lo mercantil el día ....

En dicho procedimiento se ha dictado auto de fecha........... por el que se declaró el concurso necesario de........... S.L., habiéndose decretado suspensión del ejercicio por el deudor de las facultades de administración y disposición de la masa activa, siendo sustituido por la administración concursal en el ejercicio de estas facultades y ha sido designado administración concursal, Don..........., abogado del Ilustre Colegio de........... (ICAV...........), con domicilio .... y DNI...........

Sirva el presente para dar publicidad complementaria a la citada resolución, tal y como permite el art. 35.2 TRLC, poner en conocimiento de los acreedores de........... S.L. la declaración de concurso voluntario de dicha sociedad así como para hacer saber a estos, que deben comunicar a la administración concursal la existencia de sus créditos en los términos del arts. 255, ss, y concordantes, TRLC y dentro del plazo de UN MES a contar desde el día siguiente a la publicación del auto de declaración del concurso en el Boletín Oficial del Estado. El domicilio postal y dirección electrónica designados por la Administración Concursal para que los acreedores, a su elección, efectúen la referida comunicación de créditos y cuantas demás comunicaciones dirijan a la Administración concursal son las siguientes: Domicilio postal............ Dirección electrónica:............

De conformidad y en los términos del art. 512 TRLC los acreedores y personas interesadas que deseen comparecer en el expresado procedimiento concursal, deberán hacerlo por medio de Procurador y Abogado.

Se hace constar que la dirección electrónica del Registro Público Concursal donde se publicarán las resoluciones que traigan causa del citado concurso es la siguiente: ....

En............ a............ de............ de............

1.6. COMUNICACIÓN A ACREEDORES Y COMUNICACIÓN DE CRÉDITOS

F165. ESCRITO DE LA ADMINISTRACIÓN CONCURSAL DIRIGIDO A LOS ACREEDORES DE LA CONCURSADA CONFORME AL ART. 28.1.5° TRLC INFORMANDO DE LA DECLARACIÓN DE CONCURSO Y DEL DEBER DE COMUNICAR SUS CRÉDITOS (I)

Normativa de aplicación: *Art. 28.1.5° Real Decreto Legislativo 1/2020, de 5 de mayo, por el que se aprueba el texto refundido de la Ley Concursal.*

Muy señores nuestros

I.– Mediante auto de fecha..........., por el Juzgado de lo Mercantil núm. .... de..........., se declaró el concurso voluntario de la compañía........... S.L., que se tramita en el procedimiento concursal núm. .... de autos. En dicho auto, igualmente, quien suscribe la presente, fui nombrado administración concursal del citado concurso.

II.– Según consta en dicho concurso, ustedes ostentan la condición de acreedor de la compañía........... S.L. Por tal motivo, mediante la presente comunicación individualizada y conforme establece el art. 252 TRLC, se les informa de la meritada declaración de concurso voluntario de la mercantil........... S.L.

III.– De igual forma, por medio de la presente y en cumplimiento de lo dispuesto en el citado art. 252.1 TRLC, se les informa de la obligación de comunicar a esta administración concursal el crédito que ostenten contra........... S.L. Dicha comunicación, a la vista de los arts. 255 y ss. TRLC, debe realizarse en la siguiente forma:

A) La comunicación se formulará por escrito firmado por el acreedor, por cualquier otro interesado en el crédito o por quien acredite la representación suficiente de ellos y debe dirigirla a esta administración concursal:

La comunicación únicamente podrá efectuarse a su elección:

a) Bien remitiendo o presentando la comunicación en el siguiente domicilio postal calle..........., núm. ...., de...........

b) Bien mediante comunicación electrónica efectuada en la siguiente dirección:..........@...........com.

El acreedor podrá elegir entre los expresados domicilio postal y dirección electrónica, que son únicos y fueron designados por la Administración Concursal y puestos en conocimiento del Juzgado que conoce del concurso por la Administración Concursal al aceptar el cargo.

B) La comunicación del crédito debe efectuarse, art. 28.1.5° TRLC, en el domicilio o dirección electrónica arriba reseñados, dentro del plazo de un mes a contar desde el día siguiente la publicación del auto de declaración de concurso en el Boletín Oficial del Estado que impone el art. 35.1 TRLC.

C) En dicha comunicación, deberá expresarse el nombre, domicilio y demás datos de identidad del acreedor, así como los relativos al crédito, su concepto, cuantía, fechas de adquisición y vencimiento, características y clasificación que se pretenda.

En el supuesto que se invoque algún privilegio especial, junto a lo anterior, debe indicarse los bienes y derechos a que afecte y, en su caso, los correspondientes datos registrales del mismo.

También deberá señalar usted en su comunicación un domicilio o una dirección electrónica para que esta Administración Concursal practique cuantas comunicaciones resulten necesarias o convenientes, produciendo plenos efectos las que se remitan al domicilio o a la dirección indicados.

D) Igualmente se acompañará copia del título o de los documentos relativos al crédito. Si se opta por la comunicación electrónica del crédito, la referida copia se acompañará en forma electrónica.

E) Salvo que los títulos o documentos figuren inscritos en un registro público, esta Administración Concursal podrá solicitar los originales o copias autorizadas de los títulos o documentos aportados, así como cualquier otra justificación que considere necesaria para el reconocimiento del crédito.

F) En caso de concursos de deudores solidarios, el acreedor o el interesado podrán comunicar la existencia de los créditos a la administración concursal de cada uno de los concursos. El escrito presentado en cada concurso expresará si se ha efectuado o se va a efectuar la comunicación en los demás, acompañándose, en su caso, copia del escrito o de los escritos presentados y de los que se hubieren recibido.

A título simplemente informativo y a efectos de facilitarles la comunicación de su crédito, acompañamos a este escrito un modelo de comunicación así como copia de los artículos del TRLC aplicables a la misma.

Atentamente

D...........

Administración concursal del concurso voluntario de........... S.L.

F166. ESCRITO DE LA ADMINISTRACIÓN CONCURSAL DIRIGIDO A LOS ACREEDORES DE LA CONCURSADA CONFORME AL ART. 28.1.5° TRLC INFORMANDO DE LA DECLARACIÓN DE CONCURSO Y DEL DEBER DE COMUNICAR SUS CRÉDITOS (II)

Normativa de aplicación: *Art. 28.1.5° Real Decreto Legislativo 1/2020, de 5 de mayo, por el que se aprueba el texto refundido de la Ley Concursal.*

ADMINISTRACIÓN CONCURSAL DE "…………"

……………………..

Av. …………………

Dirección electrónica para comunicaciones:

……………………………

En …………a……………….

Muy Sr/es. Nuestro/s:

Les informamos que la sociedad mercantil……………, S.L. con domicilio a efectos del presente procedimiento en……………………, y provista del C.I.F. ……………………ha sido declarada en concurso voluntario de acreedores mediante auto dictado por el Juzgado de lo Mercantil n.º……de ……………, en fecha……………, tramitándose bajo los autos de concurso voluntario ordinario n.º…………………

Su empresa figura en la lista de acreedores de la concursada, por lo que, conforme a lo dispuesto en los artículos 28, 252 y 255 del Texto Refundido de la Ley Concursal, la administración concursal designada pone en su conocimiento que deberá comunicar la existencia de su crédito, en el plazo máximo de 1 mes, a contar desde la publicación en el BOE, que podrá localizar a través de las páginas www.boe.es y www.publicidadconcursal.es.

Con la vigente ley concursal deberán comunicar sus créditos del siguiente modo:

1. La comunicación se formulará por escrito firmado por el acreedor, por cualquier otro interesado en el crédito o por quien acredite la representación suficiente de ellos (les acompañamos un modelo de comunicación por si es de su interés para que lo completen íntegramente y lo firmen).

2. Se dirigirá a la administración concursal. La comunicación podrá presentarse por alguno de los siguientes medios, si bien preferiblemente mediante mail:

a) En el domicilio designado de la administración concursal (ver supra encabezamiento la dirección).

b) En la dirección electrónica para comunicaciones (ver supra encabezamiento dirección electrónica) indicando en el asunto………………, S.L.

En caso de no comunicar los créditos que ostenten frente a………………, S.L. serán incluidos en el listado de acreedores por el importe que conste en la documentación de la concursada.

Sin otro particular, aprovechamos la ocasión para saludarles atentamente.

Fdo.…………………………………………

ADMINISTRACIÓN CONCURSAL

F167. COMUNICACIÓN REMITIDA POR LA ADMINISTRACIÓN CONCURSAL A LA AGENCIA DE ADMINISTRACIÓN TRIBUTARIA INFORMANDO DE LA DECLARACIÓN DE CONCURSO

Normativa de aplicación: *Arts. 253 y ss. Real Decreto Legislativo 1/2020, de 5 de mayo, por el que se aprueba el texto refundido de la Ley Concursal.*

Muy señores míos:

I.– Mediante auto de fecha..........., por el Juzgado de lo Mercantil núm. .... de..........., se declaró el concurso voluntario de la compañía........... S.L., que se tramita en el procedimiento concursal núm. .... de autos. En dicho auto, igualmente, quien suscribe la presente, fui nombrado administración concursal del citado concurso.

II.– Dando cumplimiento a lo establecido en el art. 253.1 TRLC y a los efectos legales oportunos, se le comunica la declaración del referido concurso.

III.– Se hace constar que la presente comunicación se efectúa a través de los medios habilitados en la sede electrónica de la Agencia Estatal de Administración Tributaria.

Atentamente

....

Administración concursal de .... S.L

F168. COMUNICACIÓN REMITIDA POR LA ADMINISTRACIÓN CONCURSAL A LA TESORERÍA GENERAL DE LA SEGURIDAD SOCIAL INFORMANDO DE LA DECLARACIÓN DE CONCURSO

Normativa de aplicación: *Arts. 253 y ss. Real Decreto Legislativo 1/2020, de 5 de mayo, por el que se aprueba el texto refundido de la Ley Concursal.*

Muy señores míos:

I.– Mediante auto de fecha..........., por el Juzgado de lo Mercantil núm. .... de..........., se declaró el concurso voluntario de la compañía........... S.L., que se tramita en el procedimiento concursal núm. .... de autos. En dicho auto, igualmente, quien suscribe la presente, fui nombrado administración concursal del citado concurso.

II.– Dando cumplimiento a lo establecido en el art. 253.1 TRLC y a los efectos legales oportunos, se le comunica la declaración del referido concurso.

III.– Se hace constar que la presente comunicación se efectúa a través de los medios habilitados en la sede electrónica de la Tesorería General de la Seguridad Social.

Atentamente

....

Administración concursal de .... S.L

F169. COMUNICACIÓN REMITIDA POR LA ADMINISTRACIÓN CONCURSAL A LA REPRESENTACIÓN DE LOS TRABAJADORES INFORMANDO DE LA DECLARACIÓN DE CONCURSO

Normativa de aplicación: *Arts. 254 y ss. Real Decreto Legislativo 1/2020, de 5 de mayo, por el que se aprueba el texto refundido de la Ley Concursal.*

Muy señores míos:

I.– Mediante auto de fecha..........., por el Juzgado de lo Mercantil núm. .... de..........., se declaró el concurso voluntario de la compañía........... S.L., que se tramita en el procedimiento concursal núm. .... de autos. En dicho auto, igualmente, quien suscribe la presente, fui nombrado administración concursal del citado concurso.

II.– Dando cumplimiento a lo establecido en el art. 254 TRLC, y a los efectos legales oportunos, se le comunica la declaración del referido concurso, haciéndoles saber de su derecho a personarse como parte en el reseñado procedimiento concursal.

Atentamente

....

Administración concursal de .... S.L

F170. ESCRITO DE ACREEDOR COMUNICANDO A LA ADMINISTRACIÓN CONCURSAL EL CRÉDITO QUE OSTENTA CONTRA LA CONCURSADA

Normativa de aplicación: *Arts. 255 y ss. Real Decreto Legislativo 1/2020, de 5 de mayo, por el que se aprueba el texto refundido de la Ley Concursal.*

A LA ADMINISTRACIÓN CONCURSAL DEL CONCURSO VOLUNTARIO DE LA SOCIEDAD........... SLU

Don..........., mayor de edad, de nacionalidad española, con domicilio designado a efectos de notificaciones en..........., calle........... núm. ...., pta..........., en nombre y representación, en su condición de administrador único que se acredita con la escritura que se acompaña como DOCUMENTO UNO, de la sociedad........... S.L., con domicilio en..........., calle........... núm. ...., y CIF........... EXPONGO:

Que de conformidad con lo establecido en los arts. 255 y ss., y concordantes TRLC y con relación al concurso voluntario de la sociedad........... SLU, que se tramita ante este Juzgado bajo el número de autos..........., por medio del presente escrito se notifica a la administración concursal del expresado concurso el crédito que ostenta........... S.L. contra la concursada........... SLU. A tal efecto se indica lo siguiente:

I.– Que mi mandante, la sociedad........... S.L., con domicilio en la ciudad de..........., calle..........., núm. .... y CIF..........., es acreedora de la concursada........... SLU.

II.– Que........... S.L. ostenta contra la concursada........... SLU, un crédito por importe conjunto de...........euros (...........€), con el siguiente desglose:

Factura núm. ...., de fecha........... de........... de..........., y un importe de...........euros.

Factura núm. ...., de fecha........... de........... de..........., y un importe de...........euros.

El pago de dichas facturas, se articuló mediante un pagaré de la entidad de crédito..........., núm. ...., por un importe de...........euros y un vencimiento el........... Dicho pagare, llegado su vencimiento, no fue atendido por la concursada, originando unos gastos de devolución de...........euros.

III.– Que el origen del citado crédito es suministro por........... S.L. a la concursada de........... piezas de...........

IV.– Acreditando lo anterior, se acompaña copia de los expresados documentos y títulos relativos al crédito de..........., (incluyendo pedidos de la concursada, facturas, y albaranes de entregas de la mercancía origen del crédito aquí comunicado a satisfacción de la concursada, gastos devolución efectos), así como del pagare impagado.

V.– Que entendemos que corresponde a dicho crédito la clasificación de ordinario.

VI.– Que a efectos que por esta Administración Concursal se practique cuantas comunicaciones resulten necesarias o convenientes, se designa el siguiente domicilio:........... (o la siguiente dirección electrónica...........).

Y para que así conste, especialmente a efectos de lo prevenido en los arts. 255, ss. y concordantes TRLC, se comunica lo anterior en..........., hoy día........... de........... de...........

F171. DILIGENCIA DE ORDENACIÓN RECHAZANDO INSINUACIÓN DE CRÉDITO

Normativa de aplicación: *Arts. 255 y ss. Real Decreto Legislativo 1/2020, de 5 de mayo, por el que se aprueba el texto refundido de la Ley Concursal.*

Diligencia de ordenación del Letrado de la Administración de Justicia, Don...........

En..........., a........... de........... de...........

Dada cuenta, por presentado en fecha........... escrito por la Procuradora Doña..........., en la representación que ostenta de la compañía........... S.L., insinuando el crédito que dice ostentar frente a la aquí concursada y, a la vista del contenido del art. 255 y ss. TRLC procédase a su desglose e inmediata devolución a la citada procuradora para su remisión por........... S.L., si así fuera de su interés, a la Administración Concursal en la forma y plazos ordenados en los arts. 28.1.5º y 255 TRLC

Notifíquese la presente resolución a........... S.L., y demás partes personadas, haciendo saber que contra la misma cabe recurso de revision a interponer en el plazo de cinco días a contar desde la referida notificación.

De conformidad con lo establecido en la Disposición Adicional 15ª LOPJ (según la redacción dada por la LO 1/09), la interposición de recurso contra resoluciones judiciales no podrá ser admitida a trámite sin la acreditación del depósito previsto en la citada Ley a efectos de recurrir, debiendo presentarse copia o resguardo de tal depósito en la cuenta de consignaciones de este Juzgado.

Lo acuerdo y firmo. Doy fe.

1.7. ACUMULACIÓN DE CONCURSOS

F172. ACUMULACIÓN DE CONCURSOS DE SOCIEDADES QUE FORMAN PARTE DE UN GRUPO DE SOCIEDADES INSTADA POR LA ADMINISTRACIÓN CONCURSAL

Normativa de aplicación: *Arts. 38 y ss. Real Decreto Legislativo 1/2020, de 5 de mayo, por el que se aprueba el texto refundido de la Ley Concursal.*

AL JUZGADO DE LO MERCANTIL NÚM. .... DE...........

Don..........., administrador concursal del concurso voluntario de la compañía........... S.A., que se sigue ante este Juzgado bajo el número de autos..........., bajo la dirección letrada de Don..........., abogado del Ilustre Colegio de........... (número de incorporación...........), y como mejor proceda en derecho DIGO:

PRIMERO.– Que en las presentes actuaciones núm. de autos..........., se sigue concurso voluntario de la sociedad........... S.A., concurso que fue declarado mediante auto de fecha........... de........... de...........

Dicha compañía, como sociedad dominante, forma parte de un grupo de sociedades en el que las sociedades dominadas son........... S.L., ... S.L. y........... S.L. Concretamente y como consta en este procedimiento:

A) La sociedad........... S.A. es socio único de las citadas compañías........... S.L., ... S.L. y........... S.L.

B) Igualmente, ... S.A. es administrador único de las citadas sociedades, siendo la persona designada como representante suyo para el ejercicio de las funciones propias del cargo, Don..........., que a su vez, es socio titular del 99% del capital social de........... S.A.

C) Las cuatro sociedades citadas tienen el mismo domicilio social sito en..........., calle..........., núm. ....

D) El objeto social de........... S.A. es la actividad de........... y la gestión y dirección de las sociedades participadas.

E) ....

SEGUNDO.– Que igualmente en este Juzgado se sigue el concurso voluntario conjunto de las citadas sociedades........... S.L., ... S.L. y........... S.L., habiendo sido declarado el concurso voluntario de dichas sociedades mediante auto de fecha........... de........... de........... Actualmente, el citado procedimiento se halla en fase de...........

TERCERO.– Que conforme señala el art. 41.1 TRLC, la acumulación de concursos ya declarados procederá en los casos de concursos de los cónyuges; de las parejas de hecho inscritas cuando concurran los mismos requisitos establecidos para la declaración conjunta del concurso de la pareja; de los socios, miembros, integrantes o administradores que sean personalmente responsables, total o parcialmente, de las deudas de una persona jurídica; de quienes sean miembros de una entidad sin personalidad jurídica y respondan personalmente de las deudas contraídas en nombre de esta; de las sociedades que formen parte de un mismo grupo; y de quienes tuvieren confundidos los respectivos patrimonios.

CUARTO.– Que al hilo de lo anterior, y de acuerdo con lo establecido en el art. 41.2 TRLC, cualquiera de los concursados o cualquiera de las administraciones concursales podrá solicitar al juez, mediante escrito razonado, la acumulación de los concursos conexos ya declarados. En defecto de esta solicitud, la acumulación podrá ser solicitada por cualquiera de los acreedores mediante escrito razonado.

La acumulación procederá. incluso, aunque los concursos hayan sido declarados por diferentes Juzgados (art. 41.3 TRLC)

QUINTO.– Que procede acordar la acumulación del concurso de las sociedades........... S.L., ... S.L. y........... S.L. al concurso de la sociedad........... S.A. por los siguientes motivos:...........

Por lo tanto, procede la acumulación aquí instada, correspondiendo la competencia para la tramitación de los concursos acumulados al Juez al que nos dirigimos, al ser el del concurso de la sociedad dominante.

Ello obviamente, sin perjuicio que los concursos acumulados se tramiten conjuntamente y sin consolidación de masas.

En su virtud

SUPLICO AL JUZGADO que tenga por presentado este escrito, se sirva admitirlo y por hechas las anteriores manifestaciones y, previo los oportunos trámites legales, se dicte auto por el que estimando la presente solicitud, se sirva acordar la acumulación del concurso voluntario de las sociedades........... S.L., ... S.L. y........... S.L., seguido ante este Juzgado bajo el número de autos..........., al concurso voluntario de la sociedad........... S.A., seguido en las presentes actuaciones núm. de autos...........

Es Justicia que se SUPLICA en..........., a de........... de...........

F173. ACUMULACIÓN DE CONCURSOS DE SOCIEDADES QUE FORMAN PARTE DE UN GRUPO DE SOCIEDADES INSTADA POR UNA DE LAS CONCURSADAS

Normativa de aplicación: *Arts. 38 y ss. Real Decreto Legislativo 1/2020, de 5 de mayo, por el que se aprueba el texto refundido de la Ley Concursal.*

AL JUZGADO DE LO MERCANTIL NÚM. .... DE...........

Don..........., Procurador de los Tribunales y de la sociedad........... S.A., cuya representación tengo acreditada en el concurso voluntario de la compañía........... S.A., que se sigue ante este Juzgado bajo el número de autos..........., ante este Juzgado de lo Mercantil comparezco en los citados autos bajo la dirección letrada de Don..........., abogado del Ilustre Colegio de........... (número de incorporación...........), y como mejor proceda en derecho DIGO:

PRIMERO.– Que en las presentes actuaciones núm. de autos..........., se sigue concurso voluntario de mi mandante, la sociedad........... S.A., concurso que fue declarado mediante auto de fecha........... de........... de...........

Dicha compañía, como sociedad dominante, forma parte de un grupo de sociedades en el que las sociedades dominadas son........... S.L., ... S.L. y........... S.L. Concretamente y como consta en este procedimiento:

A) La sociedad........... S.A. es socio único de las citadas compañías........... S.L., ... S.L. y........... S.L.

B) Igualmente, ... S.A. es administrador único de las citadas sociedades, siendo la persona designada como representante suyo para el ejercicio de las funciones propias del cargo, Don..........., que a su vez, es socio titular del 99% del capital social de........... S.A.

C) Las cuatro sociedades citadas tienen el mismo domicilio social sito en..........., calle..........., núm. ....

D) El objeto social de........... S.A. es la actividad de........... y la gestión y dirección de las sociedades participadas.

E) ....

SEGUNDO.– Que igualmente en el Juzgado núm. .... de........... se sigue el concurso voluntario conjunto de las citadas sociedades........... S.L., ... S.L. y........... S.L., habiendo sido declarado el concurso voluntario de dichas sociedades mediante auto de fecha........... de........... de........... Actualmente, el citado procedimiento se halla en fase de...........

TERCERO.– Que conforme señala el art. 41.1 TRLC, la acumulación de concursos ya declarados procederá en los casos de concursos de los cónyuges; de las parejas de hecho inscritas cuando concurran los mismos requisitos establecidos para la declaración conjunta del concurso de la pareja; de los socios, miembros, integrantes o administradores que sean personalmente responsables, total o parcialmente, de las deudas de una persona jurídica; de quienes sean miembros de una entidad sin personalidad jurídica y respondan personalmente de las deudas contraídas en nombre de esta; de las sociedades que formen parte de un mismo grupo; y de quienes tuvieren confundidos los respectivos patrimonios.

CUARTO.– Que al hilo de lo anterior, y de acuerdo con lo establecido en el art. 41.2 TRLC, cualquiera de los concursados o cualquiera de las administraciones concursales *podrá solicitar al juez*, mediante escrito razonado, la acumulación de los concursos conexos ya declarados. En defecto de esta solicitud, la acumulación podrá ser solicitada por cualquiera de los acreedores mediante escrito razonado.

La acumulación procederá. incluso, aunque los concursos hayan sido declarados por diferentes Juzgados (art. 41.3 TRLC)

QUINTO.– Que procede acordar la acumulación del concurso de las sociedades........... S.L., ... S.L. y........... S.L. al concurso de la sociedad........... S.A. por los siguientes motivos:...........

SEXTO.– Por lo tanto, procede la acumulación aquí instada, correspondiendo la competencia para la tramitación de los concursos acumulados al Juez al que nos dirigimos, al ser el del concurso de la sociedad dominante.

Ello obviamente, sin perjuicio que los concursos acumulados se tramiten conjuntamente y sin consolidación de masas.

En su virtud

SUPLICO AL JUZGADO que tenga por presentado este escrito, se sirva admitirlo y por hechas las anteriores manifestaciones y, previo los oportunos trámites legales, se dicte auto por el que, estimando la presente solicitud, se sirva acordar la acumulación del concurso voluntario de las sociedades........... S.L., ... S.L. y........... S.L., seguido ante este Juzgado bajo el número de autos..........., al concurso voluntario de la sociedad........... S.A., seguido en las presentes actuaciones núm. de autos...........

Es Justicia que se SUPLICA en..........., a...........de...........de...........

F174. ACUMULACIÓN DE CONCURSOS DE SOCIEDADES QUE FORMAN PARTE DE UN GRUPO DE SOCIEDADES INSTADA POR UN ACREEDOR

Normativa de aplicación: *Arts. 38 y ss. Real Decreto Legislativo 1/2020, de 5 de mayo, por el que se aprueba el texto refundido de la Ley Concursal.*

AL JUZGADO DE LO MERCANTIL NÚM. .... DE...........

Don..........., Procurador de los Tribunales y de la sociedad........... S.L., con domicilio en..........., calle..........., núm. ...., cuya representación acredito con la copia de la escritura de poder que acompaño a este escrito, comparezco en los autos de concurso voluntario..........., bajo la dirección letrada de Don..........., abogado del Ilustre Colegio de........... (número de incorporación...........), y como mejor proceda en derecho DIGO:

PRIMERO.– Que en las presentes actuaciones núm. de autos..........., se sigue concurso voluntario de la sociedad........... S.A., concurso que fue declarado mediante auto de fecha........... de........... de...........

Dicha compañía, como sociedad dominante, forma parte de un grupo de sociedades en el que las sociedades dominadas son........... S.L., ... S.L. y........... S.L. Concretamente y como consta en este procedimiento:

A) La sociedad........... S.A. es socio único de las citadas compañías........... S.L., ... S.L. y........... S.L.

B) Igualmente, ... S.A. es administrador único de las citadas sociedades, siendo la persona designada como representante suyo para el ejercicio de las funciones propias del cargo, Don..........., que a su vez, es socio titular del 99% del capital social de........... S.A.

C) Las cuatro sociedades citadas tienen el mismo domicilio social sito en..........., calle..........., núm. ....

D) El objeto social de........... S.A. es la actividad de........... y la gestión y dirección de las sociedades participadas.

E) ....

SEGUNDO.– Que mi mandante, la sociedad........... S.L., es acreedora de la concursada. Tal crédito, por importe de...........euros, consta en la lista de acreedores acompañada por la concursada y se acredita con los DOCUMENTOS........... a........... de este escrito.

TERCERO.– Que en el Juzgado núm. .... de........... se sigue el concurso voluntario conjunto de las citadas sociedades........... S.L., ... S.L y........... S.L., habiendo sido declarado el concurso voluntario de dichas sociedades mediante auto de fecha........... de........... de........... Actualmente, el citado procedimiento se halla en fase de...........

TERCERO.– Que conforme señala el art. 41.1 TRLC, la acumulación de concursos ya declarados procederá en los casos de concursos de los cónyuges; de las parejas de hecho inscritas cuando concurran los mismos requisitos establecidos para la declaración conjunta del concurso de la pareja; de los socios, miembros, integrantes o administradores que sean personalmente responsables, total o parcialmente, de las deudas de una persona jurídica; de quienes sean miembros de una entidad sin personalidad jurídica y respondan personalmente de las deudas contraídas en nombre de esta; de las sociedades que formen parte de un mismo grupo; y de quienes tuvieren confundidos los respectivos patrimonios.

CUARTO.– Que al hilo de lo anterior, y de acuerdo con lo establecido en el art. 41.2 TRLC, cualquiera de los concursados o cualquiera de las administraciones concursales podrá solicitar al juez, mediante escrito razonado, la acumulación de los concursos conexos ya declarados. En defecto de esta solicitud, la acumulación podrá ser solicitada por cualquiera de los acreedores mediante escrito razonado.

La acumulación procederá. incluso, aunque los concursos hayan sido declarados por diferentes Juzgados (art. 41.3 TRLC)

QUINTO.– Que procede acordar la acumulación del concurso de las sociedades .... S.L., ... S.L y........... S.L. al concurso de la sociedad .... S.A. por los siguientes motivos:........... ....

SEXTO.– Por lo tanto, procede la acumulación aquí instada, correspondiendo la competencia para la tramitación de los concursos acumulados al Juez al que nos dirigimos, al ser el del concurso de la sociedad dominante.

Ello obviamente, sin perjuicio que los concursos acumulados se tramiten conjuntamente y sin consolidación de masas.

En su virtud

SUPLICO AL JUZGADO que tenga por presentado este escrito, se sirva admitirlo y por hechas las anteriores manifestaciones y, previo los oportunos trámites legales, se dicte auto por el que, estimando la presente solicitud, se sirva acordar la acumulación del concurso voluntario de las sociedades........... S.L., ... S.L. y........... S.L., seguido ante este Juzgado bajo el número de autos..........., al concurso voluntario de la sociedad........... S.A., seguido en las presentes actuaciones núm. de autos...........

Es Justicia que se SUPLICA en..........., a........... de........... de...........

F175. SOLICITUD DE ACUMULACIÓN DE CONCURSOS. GRUPO SOCIEDADES. JUZGADOS DISTINTOS. CONFORMIDAD DE TODAS LAS PARTES

Normativa de aplicación: *Arts. 38 y ss. Real Decreto Legislativo 1/2020, de 5 de mayo, por el que se aprueba el texto refundido de la Ley Concursal.*

AL JUZGADO DE LO MERCANTIL Nº........... DE ....

Procedimiento: Concurso .... nº ....

..........., Procuradora de los Tribunales y de la mercantil .... S.L cuya representación consta acreditado en las presentes actuaciones; ...., Procuradora de los Tribunales y de la mercantil .... S.L, cuya representación acredito con el poder que se acompaña a este escrito, y ...., en calidad de administrador concursal de la entidad .... SL como debidamente consta acreditado en los presentes autos, ante el Juzgado todos comparecen, las dos mercantiles bajo la dirección letrada de .... (ICAV ....) y, como mejor proceda en Derecho, DIGO:

Que al amparo de lo dispuesto en el artículo 41 en relación con el 46 del Texto Refundido de la Ley Concursal, se viene a SOLICITAR LA ACUMULACIÓN AL PRESENTE PROCEDIMIENTO CONCURSAL, del procedimiento concursal de la mercantil .... SL, que en la actualidad se tramita ante el Juzgado de lo Mercantil nº........... de ...., bajo los autos de procedimiento número ...., en base a los siguientes:

ALEGACIONES

PRIMERO.– DE LA DECLARACIÓN DE CONCURSO DE .... SL

Que mediante auto de fecha ...., el juzgado al que tengo el honor de dirigirme dictó Auto de declaración de concurso de la mercantil ...., bajo autos ....

SEGUNDO.– DE LA RELACIÓN EXISTENTE ENTRE .... SL Y .... SL.

Que las sociedades indicadas son grupo a efectos mercantiles, al concurrir el supuesto establecido en el artículo 18 de la Ley de sociedades de Capital en relación con el artículo 42 del Código de Comercio y en conexión con la Disposición adicional primera TRLC, y la interpretación concursal de tales preceptos efectuadas por la Sala Primera del Tribunal Supremo, en sentencias como las de 15 de marzo de 2017 u 11 de julio de 2018, entre otras.

En este sentido concurren las siguientes circunstancias.

- Existe identidad de socios, en ambas compañías, siendo éstos ....
- Existe igualmente identidad en los administradores sociales de ambas mercantiles, siendo éstos ....
- La gestión y administración de ambas sociedades se realiza por los mismos administradores, compartiendo igualmente las sociedades domicilio social.

TERCERO.– DE LA SOLICITUD DE CONCURSO POR PARTE DE .... SL.

Mediante escrito presentado el pasado día .... de .... de ...., la sociedad ...., interesó la declaración de concurso. (se acompaña como documento nº 1 copia de la solicitud).

Que aun cuando en la propia solicitud, ya se manifestaba que el Juzgado competente para la declaración y posterior acumulación del concurso era el Juzgado de lo mercantil nº .... de los de ...., lo bien cierto es que recayó en el Jugado de lo Mercantil nº .... de los de ...., habiéndose asignado los Auto nº ....

CUARTO.– DE LA COMPETENCIA PARA LA DECLARACIÓN Y ACUMULACIÓN DEL CONCURSO DE .... SL.

Considera esta AC, que en virtud de lo dispuesto en el artículo 41 en relación con el 46 del Texto Refundido por el que se aprueba la Ley Concursal, ostenta la competencia para la declaración y posterior acumulación el Juzgado de lo Mercantil nº .... de Valencia.

De esta forma, concurren las siguientes circunstancias:

- Ambas sociedades son grupo mercantil, por lo que se cumple con la exigencia contemplada en el artículo 41 para la acumulación.
- En cuanto a la competencia para la declaración el artículo 46 del TRLC establece que será juez competente para la acumulación el juez que estuviera conociendo el concurso con mayor pasivo, y *para el caso que en una de las sociedades no se hubiera declarado el concurso, será juez competente el que el que primero hubiera conocido del concurso de cualquiera de las sociedades del grupo.*

– En cualquier caso, la sociedad con mayor pasivo de las dos se trata de la sociedad .... S.L.

QUINTO.– CONFORMIDAD.

Que las sociedades .... S.L y........... S.L muestran su conformidad y aceptación a lo aquí interesado por el referido Administrador Concursal...........

En su virtud

SUPLICO AL JUZGADO, que teniendo por presentado en tiempo y forma el presente escrito sea aceptado, y en mérito de lo expuesto acuerde la declaración y posterior acumulación al concurso........... del concurso de la mercantil .... SL, que en la actualidad se tramita ante el juzgado de lo mercantil n° .... de los ....

En ...., a ....

F176. ACUMULACIÓN DE CONCURSOS DE DEUDORES CON EL PATRIMONIO CONFUNDIDO INSTADA POR LA ADMINISTRACIÓN CONCURSAL

Normativa de aplicación: *Arts. 38 y ss. Real Decreto Legislativo 1/2020, de 5 de mayo, por el que se aprueba el texto refundido de la Ley Concursal.*

AL JUZGADO DE LO MERCANTIL NÚM. .... DE...........

Don..........., administrador concursal del concurso necesario de la compañía........... S.A., que se sigue ante este Juzgado bajo el número de autos..........., y Don..........., administrador concursal del concurso necesario de la compañía........... que se sigue ante el Juzgado núm. .... de..........., ante este Juzgado de lo Mercantil comparezco en los citados autos..........., y como mejor proceda en derecho DIGO:

PRIMERO.– Que en las presentes actuaciones núm. de autos..........., se sigue concurso necesario de la sociedad........... S.A., concurso que fue declarado mediante auto de fecha........... de........... de........... y que actualmente se halla en fase de...........

SEGUNDO.– Que igualmente en el Juzgado de lo Mercantil núm. ...., de..........., se sigue bajo el núm. .... de autos el concurso necesario de la compañía........... S.L. habiendo sido declarado el concurso de dicha sociedad mediante auto de fecha........... de........... de........... Actualmente, el citado procedimiento se halla en fase de...........

TERCERO.– Que conforme señala el art. 41.1 TRLC, la acumulación de concursos ya declarados procederá en los casos de concursos de los cónyuges; de las parejas de hecho inscritas cuando concurran los mismos requisitos establecidos para la declaración conjunta del concurso de la pareja; de los socios, miembros, integrantes o administradores que sean personalmente responsables, total o parcialmente, de las deudas de una persona jurídica; de quienes sean miembros de una entidad sin personalidad jurídica y respondan personalmente de las deudas contraídas en nombre de esta; de las sociedades que formen parte de un mismo grupo; y de quienes tuvieren confundidos los respectivos patrimonios.

CUARTO.– Que al hilo de lo anterior, y de acuerdo con lo establecido en el art. 41.2 TRLC, cualquiera de los concursados o cualquiera de las administraciones concursales podrá solicitar al juez, mediante escrito razonado, la acumulación de los concursos conexos ya declarados. En defecto de esta solicitud, la acumulación podrá ser solicitada por cualquiera de los acreedores mediante escrito razonado.

La acumulación procederá. incluso, aunque los concursos hayan sido declarados por diferentes Juzgados (art. 41.3 TRLC)

QUINTO.– Que procede acordar la acumulación del concurso de las sociedad............ S.L., al concurso de la sociedad............ S.A. dado que los patrimonios de ambas sociedades se hallan total y completamente confundidos, no pudiendo discernirse si los bienes o derechos de los citados deudores a quien pertenecen: a............ S.L. o a............ S.A. Ello por cuanto............

Por lo tanto, procede la acumulación aquí instada, correspondiendo la competencia para la tramitación de los concursos acumulados al Juez al que nos dirigimos.

SEXTO.– Que a la vista del contenido del art. 46.2 TRLC, la competencia para la tramitación de los concursos cuya acumulación aquí se insta corresponde a este Juzgado al que nos dirigimos al estar conociendo del concurso del deudor con mayor pasivo en el momento de presentación de la solicitud de concurso.

En su virtud

SUPLICO AL JUZGADO que tenga por presentado este escrito, se sirva admitirlo y por hechas las anteriores manifestaciones y, previo los oportunos trámites legales, se dicte auto por el que, estimando la presente solicitud, se sirva acordar la acumulación del concurso necesario de la sociedad............ S.L., seguido ante el Juzgado de lo Mercantil núm. .... de............ bajo el número de autos............, al concurso voluntario de la sociedad............ S.A., seguido en las presentes actuaciones núm. de autos............

Es Justicia que se SUPLICA en............, a............ de............ de............

F177. ACUMULACIÓN DE CONCURSOS DE INTEGRANTES DE UNA ENTIDAD SIN PERSONALIDAD JURÍDICA

Normativa de aplicación: *Arts. 38 y ss. Real Decreto Legislativo 1/2020, de 5 de mayo, por el que se aprueba el texto refundido de la Ley Concursal.*

AL JUZGADO DE LO MERCANTIL NÚM............ DE...........

Don..........., administrador concursal del concurso voluntario de Don..........., que se sigue ante este Juzgado bajo el número de autos..........., ante este Juzgado de lo Mercantil comparezco en los citados autos bajo la dirección letrada de Don..........., abogado del Ilustre Colegio de........... (número de incorporación...........), y como mejor proceda en derecho DIGO:

PRIMERO.– Que en las presentes actuaciones núm. de autos..........., se sigue concurso voluntario de Don..........., concurso que fue declarado mediante auto de fecha........... de........... de...........

Como resulta del presente procedimiento, Don........... es integrante la comunidad de bienes........... C.B, de la que también es miembro Doña...........

SEGUNDO.– Que igualmente en el Juzgado de lo Mercantil núm. .... de..........., bajo el número de autos..........., se sigue el concurso voluntario de la citada Doña...........

TERCERO.– Que conforme señala el art. 41.1 TRLC, la acumulación de concursos ya declarados procederá en los casos de concursos de los cónyuges; de las parejas de hecho inscritas cuando concurran los mismos requisitos establecidos para la declaración conjunta del concurso de la pareja; de los socios, miembros, integrantes o administradores que sean personalmente responsables, total o parcialmente, de las deudas de una persona jurídica; de quienes sean miembros de una entidad sin personalidad jurídica y respondan personalmente de las deudas contraídas en nombre de esta; de las sociedades que formen parte de un mismo grupo; y de quienes tuvieren confundidos los respectivos patrimonios.

CUARTO.– Que al hilo de lo anterior, y de acuerdo con lo establecido en el art. 41.2 TRLC, cualquiera de los concursados o cualquiera de las administraciones concursales podrá solicitar al juez, mediante escrito razonado, la acumulación de los concursos conexos ya declarados. En defecto de esta solicitud, la acumulación podrá ser solicitada por cualquiera de los acreedores mediante escrito razonado.

La acumulación procederá. incluso, aunque los concursos hayan sido declarados por diferentes Juzgados (art. 41.3 TRLC)

QUINTO.– Que procede acordar la acumulación del concurso de Don........... con el de Doña........... por los siguientes motivos:...........

Por lo tanto, procede la acumulación aquí instada, correspondiendo la competencia para la tramitación de los concursos acumulados al Juez al que nos dirigimos, al ser el del concurso de mayor pasivo (Art. 46.2 TRLC).

Ello obviamente, sin perjuicio que los concursos acumulados se tramiten conjuntamente y sin consolidación de masas.

En su virtud

SUPLICO AL JUZGADO que tenga por presentado este escrito, se sirva admitirlo y por hechas las anteriores manifestaciones y, previo los oportunos trámites legales, se dicte auto por el que, estimando la presente solicitud, se sirva acordar la acumulación del concurso voluntario de Don..........., seguido ante este Juzgado bajo el número de autos..........., al concurso voluntario de Doña..........., seguido en las presentes actuaciones núm. de autos...........

Es Justicia que se SUPLICA en..........., a........... de........... de...........

F178. ACUMULACIÓN DE CONCURSOS DE CÓNYUGES. SOLICITUD FORMULADA POR AMBAS ADMINISTRACIONES CONCURSALES

Normativa de aplicación: *Arts. 38 y ss. Real Decreto Legislativo 1/2020, de 5 de mayo, por el que se aprueba el texto refundido de la Ley Concursal.*

AL JUZGADO DE LO MERCANTIL NÚM. .... DE...........

Don..........., administración concursal del concurso voluntario de Don..........., que se sigue ante este Juzgado bajo el número de autos..........., y Doña..........., administración concursal del concurso voluntario de Doña..........., que se sigue ante el Juzgado de lo Mercantil núm. .... de esta ciudad bajo el número de autos..........., ante este Juzgado de comparecemos en los citados autos........... y como mejor proceda en derecho DIGO:

PRIMERO.– Que en las presentes actuaciones núm. de autos..........., se sigue concurso voluntario de Don..........., concurso que fue declarado mediante auto de fecha........... de........... de...........

Como resulta del presente procedimiento, Don........... está casado bajo el régimen de gananciales con Doña..........., mayor de edad, de profesión..........., con domicilio en..........., calle..........., núm. .... CIF...........

SEGUNDO.– Que igualmente en el Juzgado de lo Mercantil núm........... de........... y bajo el número de autos........... se sigue el concurso voluntario de la citada Doña..........., esposa como acabamos de decir de Don........... Dicho concurso fue declarado mediante auto de fecha........... de........... de........... Actualmente, el citado procedimiento se halla en fase de...........

TERCERO.– Que conforme señala el art. 41.1 TRLC, la acumulación de concursos ya declarados procederá en los casos de concursos de los cónyuges; de las parejas de hecho inscritas cuando concurran los mismos requisitos establecidos para la declaración conjunta del concurso de la pareja; de los socios, miembros, integrantes o administradores que sean personalmente responsables, total o parcialmente, de las deudas de una persona jurídica; de quienes sean miembros de una entidad sin personalidad jurídica y respondan personalmente de las deudas contraídas en nombre de esta; de las sociedades que formen parte de un mismo grupo; y de quienes tuvieren confundidos los respectivos patrimonios.

CUARTO.– Que al hilo de lo anterior, y de acuerdo con lo establecido en el art. 41.2 TRLC, cualquiera de los concursados o cualquiera de las administraciones concursales podrá solicitar al juez, mediante escrito razonado, la acumulación de los concursos conexos ya declarados. En defecto de esta solicitud, la acumulación podrá ser solicitada por cualquiera de los acreedores mediante escrito razonado.

La acumulación procederá. incluso, aunque los concursos hayan sido declarados por diferentes Juzgados (art. 41.3 TRLC)

QUINTO.– Que procede acordar la acumulación del concurso de Don........... con el de Doña........... por los siguientes motivos:...........

Por lo tanto, procede la acumulación aquí instada, correspondiendo la competencia para la tramitación de los concursos acumulados al Juez al que nos dirigimos, al ser el del concurso de mayor pasivo.

Ello obviamente, sin perjuicio que los concursos acumulados se tramiten conjuntamente y sin consolidación de masas.

En su virtud

SUPLICO AL JUZGADO que tenga por presentado este escrito, se sirva admitirlo y por hechas las anteriores manifestaciones y, previo los oportunos trámites legales, se dicte auto por el que, estimando la presente solicitud, se sirva acordar la acumulación al concurso voluntario de Don..........., seguido en los presentes autos..........., el concurso voluntario de su cónyuge Doña..........., seguido igualmente ante este Juzgado, procedimiento concursal núm. de autos...........

En..........., a........... de........... de...........

F179. ACUMULACIÓN DE CONCURSOS DE PAREJA DE HECHO. SOLICITUD FORMULADA POR AMBAS ADMINISTRACIONES CONCURSALES

Normativa de aplicación: *Arts. 38 y ss. Real Decreto Legislativo 1/2020, de 5 de mayo, por el que se aprueba el texto refundido de la Ley Concursal.*

AL JUZGADO DE LO MERCANTIL NÚM. .... DE...........

Don..........., administrador concursal del concurso voluntario de Don..........., que se sigue ante este Juzgado bajo el número de autos..........., y Doña..........., administrador concursal del concurso voluntario de Doña..........., que se sigue ante el Juzgado de Primera Instancia núm. .... de esta ciudad bajo el número de autos..........., ante este Juzgado comparecemos en los citados autos........... y como mejor proceda en derecho DIGO:

PRIMERO.– Que en las presentes actuaciones núm. de autos..........., se sigue concurso voluntario de Don..........., concurso que fue declarado mediante auto de fecha........... de........... de...........

Como resulta del presente procedimiento, Don........... es pareja de hecho de Doña..........., mayor de edad, de profesión..........., con domicilio en..........., calle..........., núm. .... CIF...........

SEGUNDO.– Que igualmente en el Juzgado de Primera Instancia núm........... de........... y bajo el número de autos........... se sigue el concurso voluntario de la citada Doña..........., pareja de hecho, como acabamos de decir de Don........... Dicho concurso fue declarado mediante auto de fecha........... de........... de........... Actualmente, el citado procedimiento se halla en fase de...........

TERCERO.– Que conforme señala el art. 41.1 TRLC, la acumulación de concursos ya declarados procederá en los casos de concursos de los cónyuges; de las parejas de hecho inscritas cuando concurran los mismos requisitos establecidos para la declaración conjunta del concurso de la pareja; de los socios, miembros, integrantes o administradores que sean personalmente responsables, total o parcialmente, de las deudas de una persona jurídica; de quienes sean miembros de una entidad sin personalidad jurídica y respondan personalmente de las deudas contraídas en nombre de esta; de las sociedades que formen parte de un mismo grupo; y de quienes tuvieren confundidos los respectivos patrimonios.

CUARTO.– Que al hilo de lo anterior, y de acuerdo con lo establecido en el art. 41.2 TRLC, cualquiera de los concursados o cualquiera de las administraciones concursales podrá solicitar al juez, mediante escrito razonado, la acumulación de los concursos conexos ya declarados. En defecto de esta solicitud, la acumulación podrá ser solicitada por cualquiera de los acreedores mediante escrito razonado.

La acumulación procederá. incluso, aunque los concursos hayan sido declarados por diferentes Juzgados (art. 41.3 TRLC)

QUINTO.– Que procede acordar la acumulación del concurso de Don........... con el de Doña........... al tratarse de una pareja de hecho inscrita en el registro de..........., y existir una voluntad inequívoca de ambos deudores y convivientes de formar un patrimonio común toda vez que...........

Por lo tanto, procede la acumulación aquí instada, correspondiendo la competencia para la tramitación de los concursos acumulados al Juez al que nos dirigimos, al ser el del concurso de mayor pasivo.

Ello obviamente, sin perjuicio que los concursos acumulados se tramiten conjuntamente y sin consolidación de masas.

En su virtud

SUPLICO AL JUZGADO que tenga por presentado este escrito, se sirva admitirlo y por hechas las anteriores manifestaciones y, previo los oportunos trámites legales, se dicte auto por el que, estimando la presente solicitud, se sirva acordar la acumulación al concurso voluntario de Don..........., seguido en los presentes autos..........., el concurso voluntario de su cónyuge Doña..........., seguido igualmente ante este Juzgado, procedimiento concursal núm. de autos...........

En..........., a........... de........... de...........

F180. ESCRITO DE ALEGACIONES SOBRE SOLICITUD DE ACUMULACIÓN DE CONCURSO

Normativa de aplicación: *Arts. 38 y ss. Real Decreto Legislativo 1/2020, de 5 de mayo, por el que se aprueba el texto refundido de la Ley Concursal.*

AL JUZGADO DE LO MERCANTIL Nº........... DE...........

Proc. Concursal Autos ....-c

..........., Procuradora de los Tribunales, en nombre y representación de ...., Administración Concursal designado en el procedimiento de Concurso Voluntario de las entidades mercantiles ...., ... y .... que con el número .... se tramita ante ese Juzgado, comparece ante el mismo y como mejor proceda en Derecho, ...:

Que mediante Auto de fecha .... se declaró el concurso voluntario de las mercantiles citadas nombrando al infrascrito como Administrador Concursal, aceptando dicho cargo el mismo día.

Que en el fundamento séptimo de dicho Auto se informa de que ha sido interesada la acumulación del presente concurso al Concurso nº .... que se tramita ante el mismo Juzgado y se concede un plazo de diez días para la emisión de informe por la Administración Concursal designada en cada procedimiento.

Que mediante el presente escrito, en el plazo conferido al efecto, al respecto de la solicitud de acumulación interesada se formula el presente:

INFORME

PRIMERO.– Sobre La Acumulación De Procedimientos

Conforme se indica en el artículo 41.2 TRLC

Cualquiera de los concursados o cualquiera de las administraciones concursales podrá solicitar al juez, mediante escrito razonado, la acumulación de los concursos conexos ya declarados. En defecto de esta solicitud, la acumulación podrá ser solicitada por cualquiera de los acreedores mediante escrito razonado.

Por otro lado, tiene la consideración de concursos conexos, entre otros, art. 38 TRLC, el de las sociedades pertenecientes al mismo grupo, quienes podrán solicitar la declaración judicial conjunta de los respectivos concursos.

Si atendemos a la normativa contable, al amparo del artículo 42 C.Com existe un grupo cuando una sociedad ostente o pueda ostentar, directa o indirectamente, el control de otra u otras. En particular, se presumirá que existe control cuando una sociedad, que se calificará como dominante, se encuentre en relación con otra sociedad, que se calificará como dependiente. Recordar conforme establece la DA 1ª TRLC, a los efectos del referido TRLC se entenderá por grupo de sociedades el definido en el artículo 42.1 C.Com, aunque el control sobre las sociedades directa o indirectamente lo ostenta una persona natural o una persona jurídica que no sea sociedad mercantil.

Las sociedades concursadas en el procedimiento ...., ... S.L. y .... S.L., y las sociedades concursadas en el procedimiento ...., ..., S.L., ... S.L. y .... S.L., forman un grupo de empresas al ostentar las dos primeras directamente el control de las tres siguientes, como puede observarse de forma gráfica en el siguiente organigrama:...........

Ante la existencia de grupo de sociedades y en virtud del artículo 41 TRLC es plausible la acumulación de concursos de estas sociedades.

SEGUNDO.– Sobre Los Efectos De La Acumulación De Procedimientos

En el artículo 42 TRLC se establecen los efectos de la acumulación de procedimientos, debiendo aplicarse a la acumulación solicitada lo indicado en citado precepto, señalando que se tramitarán de forma coordinada, sin consolidación de masas.

Esta Administración concursal entiende que debe aplicarse la tramitación coordinada de los concursos acumulados, manteniéndose la administración concursal designada en ambos procedimientos, la cual realizará las actuaciones propias de su cargo de forma coordinada. Ambos nombramientos son acordes a la legislación, no resultando en manera alguna perjudicial para los procedimientos, la existencia de dos administraciones concursales, que actúen de forma coordinada.

Y todo ello sin consolidación de masas por las razones que a continuación se exponen.

La consolidación de masas no debemos de olvidar que es una medida absolutamente excepcional, porque así lo impone el propio precepto 43 TRLC y así lo requiere la naturaleza propia del proceso concursal, para cuya aplicación no cabe acudir, como hace la Administración Concursal de .... S.L. y .... S.L. a un eventual desvalor o reproche de conductas previas del deudor, situaciones injustas para los acreedores etc, sino a la existencia de un dato objetivo: la confusión patrimonial.

Ello determina que, no deba hacerse un juicio concursal sobre, por ejemplo, el levantamiento del velo, abuso de personalidad jurídica, o eventuales actividades tales como, a título de ejemplo, cesión ilegal de mano de obra, acreedores y trabajadores sin percibir sus sueldos, cualquier otra conducta reprochable del deudor etc, a fin de dar solución a las mismas a través de la consolidación de las masas. Estas cuestiones deberán tener cobijo bajo otras normas y tratamientos, pero no en la decisión sobre la consolidación de masas, pues estén presentes o no dichos comportamientos, lo esencial es que exista una confusión patrimonial entre las masas de los concursos (Vid en este sentido, entre otros, el Auto del Juzgado de lo Mercantil núm. 8 de Madrid, de fecha 30 de enero de 2014).

No hace falta decir que la existencia de un grupo de sociedades en modo alguno presume o supone la existencia de una confusión de patrimonios. Tal confusión arraiga en la existencia de un entrelazamiento patrimonial tan intrincado que desentrañar e individualizar la titularidad de cada elemento sea imposible. Esto es, confusión de patrimonios debe identificarse con la imposibilidad de determinar con seguridad si los bienes y derechos, afectos a la responsabilidad patrimonial de un determinado deudor pertenece a este u otro de los deudores (auto del Juzgado de lo Mercantil núm. 1 de Pontevedra de fecha 24 de abril de 2007). Y tanto del activo como del pasivo, y la totalidad, pues si fuese parcial, de elementos o partidas aisladas, no provocaría tal confusión (auto del Juzgado de lo Mercantil núm. 8 de Madrid de 30 de o de la Audiencia Provincial de Palma de Mallorca de fecha 29 de mayo 2007),

II.– Aplicadas las anteriores doctrinas a los hechos que nos ocupan solo cabe afirmar la improcedencia de la consolidación de masas pues no existe confusión de patrimonios, presentando cada concursada en las demandas de concurso de acreedores, inventarios de bienes y listados de acreedores diferenciados para cada una de ellas. Cada sociedad presenta su propia contabilidad, y los activos y pasivos de cada sociedad concursada están perfectamente delimitados e individualizados y su titularidad esta igualmente delimitada e individualizada.

Prueba de ello, son los propios actos previos de la Administración Concursal de ...., S.L. y ...., S.L., que ejercita acciones rescisorias ex art. 226 y ss. TRLC, de manera prolija y contra gran número de actos jurídicos, que recaen sobre bienes y derechos cuya titularidad perfectamente identifica en su demanda. Recordar que el ejercicio de tales acciones rescisorias es absolutamente contradictorio e imposible entre deudores cuyos patrimonios se hallan confundidos, lo cual no deja de ser una absoluta contradicción en el actuar de la Administración Concursal de ...., S.L. y ...., S.L. y revelador de las verdaderas pretensiones de la misma: controlar todo el patrimonio de las concursadas aunque no se den los requisitos para ello.

Pero además, y a efectos meramente dialécticos, no basta con la existencia de confusión de patrimonios, que en nuestro caso no existe. Es necesario que sea imposible de deslindar la titularidad de activos y pasivos sin incurrir en un gasto o en una demora injustificados. A la vista de lo indicado en los párrafos anteriores, es evidente que no existe imposibilidad de deslindar la titularidad de activos y pasivos, puesto que éstos ya han sido perfectamente delimitados. Y si fuera preciso, que no lo es, la atribución de cualquier activo no requeriría una actuación tan ardua o desproporcionada que aconsejase una medida extrema y excepcional como la consolidación de masas.

En cualquier caso, como se ha indicado en el punto I anterior, ya ha sido elaborado y presentado el informe de la administración concursal, sin consolidación de masas y con inventarios de bienes y listados de acreedores definidos para cada una de las sociedades, por lo que no cabe consolidación de masa alguna.

TERCERO.– Conclusión

Esta administración concursal entiende que procede la acumulación de los procedimientos concursales .... y .... en virtud de lo establecido en el artículo 41.2 TRLC, de forma que se tramiten de forma coordinada, sin consolidación de masas, ex art. 42 TRLC, por no cumplirse los requisitos establecidos en el artículo 43 TRLC para ello.

En virtud de lo expuesto,

SOLICITA AL JUZGADO, que teniendo por presentado este escrito se digne admitirlo, unirlo al expediente de su razón y se tenga por informado al Administrador Concursal que suscribe.

En .... a ....

F181. AUTO ESTIMATORIO DE LA SOLICITUD DE ACUMULACIÓN DE CONCURSOS DE SOCIEDADES QUE FORMAN PARTE DEL MISMO GRUPO DE SOCIEDADES

Normativa de aplicación: *Arts. 38 y ss. Real Decreto Legislativo 1/2020, de 5 de mayo, por el que se aprueba el texto refundido de la Ley Concursal.*

En la ciudad de........... a........... de........... de...........

ANTECEDENTES DE HECHO

PRIMERO.– Que mediante escrito de fecha........... de........... de........... por la administración concursal de........... S.A., se solicitó de este Juzgado se sirviera acordar la acumulación del concurso voluntario de las sociedades........... S.L., ... S.L. y........... S.L., seguido ante este Juzgado bajo el número de autos..........., al concurso voluntario de la sociedad........... S.A., seguido en las presentes actuaciones núm. de autos........... Ello en los términos del citado escrito.

SEGUNDO.– Que de la citada solicitud se dio traslado a las partes personadas para que, por plazo de cinco días, alegaran respecto de la acumulación instada con el resultado obrante en autos.

FUNDAMENTOS DE DERECHO

PRIMERO.– Que este Juez es competente para conocer del presente procedimiento y de la acumulación planteada por la administración concursal (art. 41, 44, 45 y 46 TRLC).

SEGUNDO.– Que la administración concursal está legitimada para solicitar la acumulación de concursos instada (art. 41.2 TRLC).

TERCERO.– Que la expresada solicitud de acumulación de concurso reúne los requisitos de forma establecidos en el art. 41 TRLC.

CUARTO.– Cualquiera de los concursados o cualquiera de las administraciones concursales podrá solicitar al juez, mediante escrito razonado, la acumulación de los concursos conexos ya declarados. En defecto de esta solicitud, la acumulación podrá ser solicitada por cualquiera de los acreedores mediante escrito razonado. (art. 41.2 TRLC).

La acumulación procederá. incluso, aunque los concursos hayan sido declarados por diferentes Juzgados (art. 41.3 TRLC).

QUINTO.– Que del contenido de las presentes actuaciones resulta la existencia de un grupo de sociedades conformado por la sociedad........... S.A. como sociedad dominante, y las sociedades........... S.L., ... S.L. y........... S.L. como dominadas. Igualmente consta acreditado que mediante auto de fecha de........... de..........., este Juzgado declaró en el proceso concursal núm. de autos..........., el concurso voluntario de........... S.A. También que, por este Juzgado, en el procedimiento concursal núm. autos........... y mediante auto de fecha........... de........... de..........., se declaró el concurso voluntario de las citadas sociedades........... S.L., ... S.L y........... S.L.

Que, como bien entiende y razona la administración concursal, la existencia de numerosas operaciones comerciales, afianzamientos y créditos entre las citadas sociedades, el control y dirección que de las sociedades dominadas, ha llevado a cabo........... S.A. aconsejan la acumulación al presente concurso de aquel que se sigue igualmente ante este Juzgado en el procedimiento concursal núm. autos...........

Por tanto, procede la solicitud de acumulación instada. Ello obviamente, sin perjuicio que los concursos acumulados se tramiten conjuntamente y sin consolidación de masas y y sin que proceda nombrar de entre las existentes una administración concursal única.

Visto lo expuesto y demás normativa de aplicación

DISPONGO

Estimar la solicitud formulada por la administración concursal de........... S.A., y acumular al concurso voluntario de esta última sociedad, tramitado en este Juzgado en el procedimiento concursal núm. de autos..........., el concurso voluntario de las sociedades........... S.L., ... S.L. y........... S.L. que se tramita igualmente ante este Juzgado de lo Mercantil núm. .... de..........., en el procedimiento concursal núm. de autos..........., ..., concursos acumulados que se tramitarán conjuntamente y sin consolidación de masas, y sin que proceda nombrar de entre las existentes una administración concursal única.

Notifíquese la resolución al deudor y demás partes personadas a través de su representación procesal, haciéndole saber que contra la misma cabe recurso de reposición en el plazo de cinco días a contar desde que se notifique la presente resolución.

De conformidad con lo establecido en la Disposición Adicional 15ª LOPJ, la interposición de recurso contra resoluciones judiciales no podrá ser admitida a trámite sin la acreditación del depósito previsto en la citada Ley a efectos de recurrir, debiendo presentarse copia o resguardo de tal depósito en la cuenta de consignaciones de este Juzgado.

Todo lo cual pronuncia, manda y firma el Ilmo. Sr. ...., Magistrado Juez del Juzgado de lo Mercantil núm. .... de...........

F182. AUTO ESTIMATORIO DE LA SOLICITUD DE ACUMULACIÓN DE CONCURSOS DE INTEGRANTES DE UNA ENTIDAD SIN PERSONALIDAD JURÍDICA QUE RESPONDEN PERSONALMENTE DE LAS DEUDAS CONTRAÍDAS POR ÉSTA

Normativa de aplicación: *Arts. 38 y ss. Real Decreto Legislativo 1/2020, de 5 de mayo, por el que se aprueba el texto refundido de la Ley Concursal.*

En la ciudad de........... a........... de........... de...........

ANTECEDENTES DE HECHO

PRIMERO.– Que mediante escrito de fecha........... de........... de........... por la administración concursal del concurso voluntario de Don..........., se solicitó de este Juzgado se sirviera acordar la acumulación del concurso voluntario de Doña..........., seguido ante este Juzgado bajo el número de autos..........., al concurso voluntario del citado Don........... seguido en las presentes actuaciones núm. de autos........... Ello en los términos del citado escrito.

SEGUNDO.– Que de la citada solicitud se dio traslado a las partes personadas para que, por plazo de cinco días, alegaran respecto de la acumulación instada con el resultado obrante en autos.

FUNDAMENTOS DE DERECHO

PRIMERO.– Que este Juez es competente para conocer del presente procedimiento y de la acumulación planteada por la administración planteada por la administración concursal (arts. 41, 44, 45 y 46 TRLC).

SEGUNDO.– Que la administración concursal está legitimada para solicitar la acumulación de concursos instada (art. 41.2 TRLC).

TERCERO.– Que la expresada solicitud de acumulación de concursos reúne los requisitos de forma establecidos en el art. 41 TRLC.

CUARTO.– Que conforme establece el 41.1 TRLC, la acumulación de concursos ya *declarados procederá en los casos de concursos de los cónyuges;* de las parejas de hecho inscritas cuando concurran los mismos requisitos establecidos para la declaración conjunta del concurso de la pareja; de los socios, miembros, integrantes o administradores que sean personalmente responsables, total o parcialmente, de las deudas de una persona jurídica; de quienes sean miembros de una entidad sin personalidad jurídica y respondan personalmente de las deudas contraídas en nombre de esta; de las sociedades que formen parte de un mismo grupo; y de quienes tuvieren confundidos los respectivos patrimonios.

Cualquiera de los concursados o cualquiera de las administraciones concursales podrá solicitar al juez, mediante escrito razonado, la acumulación de los concursos conexos ya declarados. En defecto de esta solicitud, la acumulación podrá ser solicitada por cualquiera de los acreedores mediante escrito razonado (art. 41.2 TRLC).

La acumulación procederá. incluso, aunque los concursos hayan sido declarados por diferentes Juzgados (art. 41.3 TRLC).

QUINTO.– Que del contenido de las presentes actuaciones resulta que los citados Don........... y Doña........... son integrantes de la Comunidad de Bienes...........C.B, entidad sin personalidad jurídica propia, siendo los citados señores responsables personalmente de las deudas contraídas en el tráfico en nombre de ésta. Igualmente consta acreditado que mediante auto de fecha de........... de..........., este Juzgado declaró en el proceso concursal núm. de autos..........., el concurso voluntario de Don..........., que actualmente se halla en fase de........... También que, por este Juzgado, en el procedimiento concursal núm. autos........... y mediante auto de fecha........... de........... de..........., se declaró el concurso voluntario de Doña..........., que actualmente se halle en fase de...........

Que, como bien entiende y razona la administración concursal, la citada responsabilidad personal de ambas personas y su condición de miembros de........... CB, todo lo cual se halla en el origen de los procedimientos concursales arriba reseñados, aconsejan la acumulación al presente concurso de aquel que se sigue igualmente ante este Juzgado en el procedimiento concursal núm. autos...........

Por tanto, procede la solicitud de acumulación instada. Ello obviamente, sin perjuicio que los concursos acumulados se tramiten conjuntamente y sin consolidación de masas, y sin que proceda nombrar de entre las existentes una administración concursal única.

Visto lo expuesto y demás normativa de aplicación

DISPONGO

Estimar la solicitud formulada por la administración concursal de Don..........., y acumular al concurso voluntario de esta último, tramitado en este Juzgado en el procedimiento concursal núm. de autos..........., el concurso voluntario de Doña........... que se tramita igualmente ante este Juzgado de lo Mercantil núm. .... de..........., en el procedimiento concursal núm. de autos..........., concursos acumulados que se tramitarán conjuntamente y sin consolidación de masas, y sin que proceda nombrar de entre las existentes una administración concursal única.

Notifíquese la resolución al deudor y demás partes personadas a través de su representación procesal, haciéndole saber que contra la misma y cabe recurso de reposición en el plazo de cinco días a contar desde que se notifique la presente resolución.

De conformidad con lo establecido en la Disposición Adicional 15ª LOPJ, la interposición de recurso contra resoluciones judiciales no podrá ser admitida a trámite sin la acreditación del depósito previsto en la citada Ley a efectos de recurrir, debiendo presentarse copia o resguardo de tal depósito en la cuenta de consignaciones de este Juzgado.

Todo lo cual pronuncia, manda y firma el Ilmo. Sr. ...., Magistrado Juez del Juzgado de lo Mercantil núm. .... de............

F183. AUTO ESTIMATORIO DE LA SOLICITUD DE ACUMULACIÓN DE CONCURSOS DE LOS CÓNYUGES

Normativa de aplicación: *Arts. 38 y ss. Real Decreto Legislativo 1/2020, de 5 de mayo, por el que se aprueba el texto refundido de la Ley Concursal.*

En la ciudad de............ a............ de............ de............

ANTECEDENTES DE HECHO

PRIMERO.– Que mediante escrito de fecha............ de............ de............ por la administración concursal del concurso voluntario de Don............, se solicitó de este Juzgado se sirviera acordar la acumulación del concurso voluntario de Doña............, seguido ante este Juzgado bajo el número de autos............, al concurso voluntario del citado Don............ seguido en las presentes actuaciones núm. de autos............ Ello en los términos del citado escrito.

SEGUNDO.– Que de la citada solicitud se dio traslado a las partes personadas para que, por plazo de cinco días, alegaran respecto de la acumulación instada con el resultado obrante en autos.

FUNDAMENTOS DE DERECHO

PRIMERO.– Que este Juez es competente para conocer del presente procedimiento y de la acumulación planteada por la administración concursal de Don............ (art. 41, 44, 45 y 46 TRLC).

SEGUNDO.– Que la administración concursal está legitimada para solicitar la acumulación de concursos instada (art. 41.2 TRLC).

TERCERO.– Que la expresada solicitud de acumulación de concurso reúne los requisitos de forma establecidos en el art. 41 TRLC.

CUARTO.– Que conforme establece el 41.1 TRLC, la acumulación de concursos ya declarados procederá en los casos de concursos de los cónyuges; de las parejas de hecho inscritas cuando concurran los mismos requisitos establecidos para la declaración conjunta del concurso de la pareja; de los socios, miembros, integrantes o administradores que sean personalmente responsables, total o parcialmente, de las deudas de una persona jurídica; de quienes sean miembros de una entidad sin personalidad jurídica y respondan personalmente de las deudas contraídas en nombre de esta; de las sociedades que formen parte de un mismo grupo; y de quienes tuvieren confundidos los respectivos patrimonios.

Cualquiera de los concursados o cualquiera de las administraciones concursales podrá solicitar al juez, mediante escrito razonado, la acumulación de los concursos conexos ya declarados. En defecto de esta solicitud, la acumulación podrá ser solicitada por cualquiera de los acreedores mediante escrito razonado (art. 41.2 TRLC).

La acumulación procederá. incluso, aunque los concursos hayan sido declarados por diferentes Juzgados (art. 41.3 TRLC).

QUINTO.– Que del contenido de las presentes actuaciones resulta que los citados Don........... y Doña........... son cónyuges, habiendo contraído matrimonio el día........... de........... de........... Igualmente consta acreditado que mediante auto de fecha de........... de..........., este Juzgado declaró en el proceso concursal núm. de autos..........., el concurso voluntario de Don........... También que, por este Juzgado, en el procedimiento concursal núm. autos........... y mediante auto de fecha........... de........... de..........., se declaró el concurso voluntario de Doña...........

Que como bien entiende y razona la administración concursal, la condición de cónyuges de Don........... y Doña..........., casados bajo el régimen de gananciales así como la confusión de patrimonios de las expresadas personas, aconsejan la acumulación al presente concurso de aquel que se sigue igualmente ante este Juzgado en el procedimiento concursal núm. autos...........

Por tanto, procede la solicitud de acumulación instada. Ello obviamente, sin perjuicio que los concursos acumulados se tramiten conjuntamente y sin consolidación de masas, y sin que proceda nombrar entre las existentes una administración concursal única.

Visto lo expuesto y demás normativa de aplicación

DISPONGO

Estimar la solicitud formulada por la administración concursal de Don..........., y

1.– acumular al concurso voluntario de este último, tramitado en este Juzgado en el procedimiento concursal núm. de autos..........., el concurso voluntario de Doña........... que se tramita igualmente ante este Juzgado de lo Mercantil núm. .... de..........., en el procedimiento concursal núm. de autos..........., concursos acumulados que se tramitarán conjuntamente y sin consolidación de masas, y sin que proceda nombrar de entre las existentes una administración única.

Notifíquese la resolución al deudor y demás partes personadas a través de su representación procesal, haciéndole saber que contra la misma cabe recurso de reposición en el plazo de cinco días a contar desde que se notifique la presente resolución.

De conformidad con lo establecido en la Disposición Adicional 15ª LOPJ, la interposición de recurso contra resoluciones judiciales no podrá ser admitida a trámite sin la acreditación del depósito previsto en la citada Ley a efectos de recurrir, debiendo presentarse copia o resguardo de tal depósito en la cuenta de consignaciones de este Juzgado.

Todo lo cual pronuncia, manda y firma el Ilmo. Sr. ...., Magistrado Juez del Juzgado de Primera Instancia núm. .... de............

F184. AUTO DESESTIMATORIO DE LA SOLICITUD DE ACUMULACIÓN DE CONCURSOS DE SOCIEDADES QUE FORMAN PARTE DEL MISMO GRUPO DE SOCIEDADES

Normativa de aplicación: *Arts. 38 y ss. Real Decreto Legislativo 1/2020, de 5 de mayo, por el que se aprueba el texto refundido de la Ley Concursal.*

En la ciudad de........... a........... de........... de...........

ANTECEDENTES DE HECHO

PRIMERO.– Que mediante escrito de fecha........... de........... de........... por la administración concursal de........... S.A., se solicitó de este Juzgado se sirviera acordar la acumulación del concurso voluntario de las sociedades........... S.L., ... S.L. y............ S.L., seguido ante este Juzgado bajo el número de autos..........., al concurso voluntario de la sociedad........... S.A., seguido en las presentes actuaciones núm. de autos........... Ello en los términos del citado escrito.

SEGUNDO.– Que de la citada solicitud se dio traslado a las partes personadas para que, por plazo de cinco días, alegaran respecto de la acumulación instada con el resultado obrante en autos.

FUNDAMENTOS DE DERECHO

PRIMERO.– Que este Juez es competente para conocer del presente procedimiento y de la acumulación planteada por la administración concursal (art. 41, 44, 45 y 46 TRLC).

SEGUNDO.– Que la administración concursal está legitimada para solicitar la acumulación de concursos instada (art. 41.2 TRLC).

TERCERO.– Que la expresada solicitud de acumulación de concurso reúne los requisitos de forma establecidos en el art. 41 TRLC.

CUARTO.– Que conforme establece el 41.1 TRLC, la acumulación de concursos ya declarados procederá en los casos de concursos de los cónyuges; de las parejas de hecho inscritas cuando concurran los mismos requisitos establecidos para la declaración conjunta del concurso de la pareja; de los socios, miembros, integrantes o administradores que sean personalmente responsables, total o parcialmente, de las deudas de una persona jurídica; de quienes sean miembros de una entidad sin personalidad jurídica y respondan personalmente de las deudas contraídas en nombre de esta; de las sociedades que formen parte de un mismo grupo; y de quienes tuvieren confundidos los respectivos patrimonios.

Cualquiera de los concursados o cualquiera de las administraciones concursales podrá solicitar al juez, mediante escrito razonado, la acumulación de los concursos conexos ya declarados. En defecto de esta solicitud, la acumulación podrá ser solicitada por cualquiera de los acreedores mediante escrito razonado (art. 41.2 TRLC).

La acumulación procederá. incluso, aunque los concursos hayan sido declarados por diferentes Juzgados (art. 41.3 TRLC).

QUINTO.– Es cierto que consta acreditado que mediante auto de fecha de........... de..........., este Juzgado declaró en el proceso concursal núm. de autos..........., el concurso voluntario de........... S.A. También que por este Juzgado, en el procedimiento concursal núm. autos........... y mediante auto de fecha........... de........... de..........., se declaró el concurso voluntario de las citadas sociedades........... S.L., ... S.L. y........... S.L. Pero en modo alguno que dichas cuatro sociedades formen un grupo de sociedades.

En efecto. Pese a lo afirmado por la administración concursal de........... S.A., del contenido de las presentes actuaciones no resulta la existencia de un grupo de sociedades conformado por la sociedad........... S.A. como sociedad dominante, y las sociedades........... S.L., ... S.L. y........... S.L. como dominadas.

Además, no aparece suficientemente razonada tal solicitud, cuando no existe, o por lo menos, no se ha acreditado la existencia de operaciones entre las citadas sociedades, más bien lo contrario, a la vista que..........., ni constan operaciones comerciales, afianzamientos y créditos entre las citadas sociedades. Tampoco que el control y dirección que de las sociedades dominadas lo haya llevado a cabo........... S.A.

En cualquier caso, el estado en que se hallan ambos procedimientos concursos desaconseja tal acumulación pues...........

Visto lo expuesto y demás normativa de aplicación

DISPONGO

Desestimar la solicitud formulada por la administración concursal de........... S.A., y no acumular al concurso voluntario de esta última sociedad, tramitado en este Juzgado en el procedimiento concursal núm. de autos..........., el concurso voluntario de las sociedades........... S.L., ... S.L. y........... S.L. que se tramita igualmente ante este Juzgado de lo Mercantil núm. .... de..........., en el procedimiento concursal núm. de autos..........., continuándose la tramitación de ambos procedimiento concursales de manera independiente y diferenciada.

El presente auto no es firme y contra el mismo cabe recurso de reposición en el plazo de cinco días a contar desde que se notifique la presente resolución.

De conformidad con lo establecido en la Disposición Adicional 15° LOPJ, la interposición de recurso contra resoluciones judiciales no podrá ser admitida a trámite sin la acreditación del depósito previsto en la citada Ley a efectos de recurrir, debiendo presentarse copia o resguardo de tal depósito en las cuenta de consignaciones de este Juzgado.

Todo lo cual pronuncia, manda y firma el Ilmo. Sr. ...., Magistrado Juez del Juzgado de lo Mercantil núm. .... de...........

F185. AUTO DESESTIMATORIO DE LA SOLICITUD DE ACUMULACIÓN DE CONCURSOS DE INTEGRANTES DE UNA ENTIDAD SIN PERSONALIDAD JURÍDICA QUE RESPONDEN PERSONALMENTE DE LAS DEUDAS CONTRAÍDAS POR ÉSTA

Normativa de aplicación: *Arts. 38 y ss. Real Decreto Legislativo 1/2020, de 5 de mayo, por el que se aprueba el texto refundido de la Ley Concursal.*

En la ciudad de........... a........... de........... de...........

ANTECEDENTES DE HECHO

PRIMERO.– Que mediante escrito de fecha........... de........... de........... por la administración concursal del concurso voluntario de Don..........., se solicitó de este Juzgado se sirviera acordar la acumulación del concurso voluntario de Doña..........., seguido ante este Juzgado bajo el número de autos..........., al concurso voluntario del citado Don........... seguido en las presentes actuaciones núm. de autos........... Ello en los términos del citado escrito.

SEGUNDO.– Que de la citada solicitud se dio traslado a las partes personadas para que, por plazo de cinco días, alegaran respecto de la acumulación instada con el resultado obrante en autos.

FUNDAMENTOS DE DERECHO

PRIMERO.– Que este Juez es competente para conocer del presente procedimiento y de la acumulación planteada por la administración planteada por la administración concursal (arts. 41, 44 y 45 TRLC).

SEGUNDO.– Que la administración concursal está legitimada para solicitar la acumulación de concursos instada (art. 41.2 TRLC).

TERCERO.– Que la expresada solicitud de acumulación de concursos reúne los requisitos de forma establecidos en el art. 41 TRLC.

CUARTO.– Que conforme establece el 41.1 TRLC, la acumulación de concursos ya declarados procederá en los casos de concursos de los cónyuges; de las parejas de hecho inscritas cuando concurran los mismos requisitos establecidos para la declaración conjunta del concurso de la pareja; de los socios, miembros, integrantes o administradores que sean personalmente responsables, total o parcialmente, de las deudas de una persona jurídica; de quienes sean miembros de una entidad sin personalidad jurídica y respondan personalmente de las deudas contraídas en nombre de esta; de las sociedades que formen parte de un mismo grupo; y de quienes tuvieren confundidos los respectivos patrimonios.

Cualquiera de los concursados o cualquiera de las administraciones concursales podrá solicitar al juez, mediante escrito razonado, la acumulación de los concursos conexos ya declarados. En defecto de esta solicitud, la acumulación podrá ser solicitada por cualquiera de los acreedores mediante escrito razonado (art. 41.2 TRLC).

La acumulación procederá. incluso, aunque los concursos hayan sido declarados por diferentes Juzgados (art. 41.3 TRLC).

QUINTO.– Que ciertamente del contenido de las presentes actuaciones resulta que los citados Don........... y Doña........... son integrantes de la Comunidad de Bienes........... C.B, entidad sin personalidad jurídica propia, siendo los citados señores responsables personalmente de las deudas contraídas en el tráfico en nombre de ésta. Igualmente consta acreditado que mediante auto de fecha de........... de..........., este Juzgado declaró en el proceso concursal núm. de autos..........., el concurso voluntario de Don..........., que actualmente se halla en fase de........... También que, por este Juzgado, en el procedimiento concursal núm. autos........... y mediante auto de fecha........... de........... de..........., se declaró el concurso voluntario de Doña..........., que actualmente se halle en fase de...........

Sin embargo, no parece que la citada responsabilidad personal de ambas personas y su condición de miembros de........... CB, este en el origen de los procedimientos concursales arriba reseñados, siendo la causa de ambos totalmente distintas e independientes entre sí.

Finalmente, el estado de tramitación en que se hallan ambos procedimientos desaconseja la acumulación instada pues...........

Visto lo expuesto y demás normativa de aplicación

DISPONGO

Desestimar la solicitud formulada por la administración concursal de Don........... y acuerdo no acumular al concurso voluntario de esta último, tramitado en este Juzgado en el procedimiento concursal núm. de autos..........., el concurso voluntario de Doña........... que se tramita igualmente ante este Juzgado de lo Mercantil núm. .... de..........., en el procedimiento concursal núm. de autos continuándose la tramitación de ambos procedimiento concursales de manera independiente y diferenciada.

El presente auto no es firme y contra el mismo cabe recurso de reposición en el plazo de cinco días a contar desde que se notifique la presente resolución.

De conformidad con lo establecido en la Disposición Adicional 15ª LOPJ, la interposición de recurso contra resoluciones judiciales, no podrá ser admitida a trámite sin la acreditación del depósito previsto en la citada Ley a efectos de recurrir, debiendo presentarse copia o resguardo de tal depósito en las cuenta de consignaciones de este Juzgado.

Todo lo cual pronuncia, manda y firma el Ilmo. Sr. ...., Magistrado Juez del Juzgado de lo Mercantil núm. .... de...........

F186. AUTO DESESTIMATORIO DE LA SOLICITUD DE ACUMULACIÓN DE CONCURSOS DE AMBOS CÓNYUGES

Normativa de aplicación: *Arts. 38 y ss. Real Decreto Legislativo 1/2020, de 5 de mayo, por el que se aprueba el texto refundido de la Ley Concursal.*

En la ciudad de........... a........... de........... de...........

ANTECEDENTES DE HECHO

PRIMERO.– Que mediante escrito de fecha........... de........... de........... por la administración concursal del concurso voluntario de Don..........., se solicitó de este Juzgado se sirviera acordar la acumulación del concurso voluntario de Doña..........., seguido ante este Juzgado bajo el número de autos..........., al concurso voluntario del citado Don........... seguido en las presentes actuaciones núm. de autos........... Ello en los términos del citado escrito.

SEGUNDO.– Que de la citada solicitud se dio traslado a las partes personadas para que, por plazo de cinco días, alegaran respecto de la acumulación instada con el resultado obrante en autos.

FUNDAMENTOS DE DERECHO

PRIMERO.– Que este Juez es competente para conocer del presente procedimiento y de la acumulación planteada por la administración concursal de Don...........

SEGUNDO.– Que la administración concursal está legitimada para solicitar la acumulación de concursos instada (art. 41.2 TRLC).

TERCERO.– Que la expresada solicitud de acumulación de concurso reúne los requisitos de forma establecidos en el art. 41 TRLC.

CUARTO.– Que conforme establece el 41.1 TRLC, la acumulación de concursos ya declarados procederá en los casos de concursos de los cónyuges; de las parejas de hecho inscritas cuando concurran los mismos requisitos establecidos para la declaración conjunta del concurso de la pareja; de los socios, miembros, integrantes o administradores que sean personalmente responsables, total o parcialmente, de las deudas de una persona jurídica; de quienes sean miembros de una entidad sin personalidad jurídica y respondan personalmente de las deudas contraídas en nombre de esta; de las sociedades que formen parte de un mismo grupo; y de quienes tuvieren confundidos los respectivos patrimonios.

Cualquiera de los concursados o cualquiera de las administraciones concursales podrá solicitar al juez, mediante escrito razonado, la acumulación de los concursos conexos ya declarados. En defecto de esta solicitud, la acumulación podrá ser solicitada por cualquiera de los acreedores mediante escrito razonado (art. 41.2 TRLC).

La acumulación procederá. incluso, aunque los concursos hayan sido declarados por diferentes Juzgados (art. 41.3 TRLC).

QUINTO.– Que ciertamente del contenido de las presentes actuaciones resulta que los citados Don........... y Doña........... son cónyuges, habiendo contraído matrimonio el día........... de........... de........... Igualmente consta acreditado que mediante auto de fecha de........... de..........., este Juzgado declaró en el proceso concursal núm. de autos..........., el concurso voluntario de Don........... También que, por este Juzgado, en el procedimiento concursal núm. autos........... y mediante auto de fecha........... de........... de..........., se declaró el concurso voluntario de Doña...........

Sin embargo, entiendo que no está justificada de forma razonada la solicitud. Máxime cuando no consta la existencia de afianzamientos u otra formas de garantía, ni están casados en régimen de gananciales o se han llevado a cabo operaciones patrimoniales entre ambos esposos, que no poseen ni un solo bien o derecho (ni tampoco un acreedor) en común.

Además el estado en que se hallan ambos procesos desaconseja la acumulación instada pues...........

Visto lo expuesto y demás normativa de aplicación

DISPONGO

Desestimar la solicitud formulada por la administración concursal de Don..........., y no acumular al concurso voluntario de esta último, tramitado en este Juzgado en el procedimiento concursal núm. de autos..........., el concurso voluntario de Doña........... que se tramita igualmente ante este Juzgado de lo Mercantil núm. .... de..........., en el procedimiento concursal núm. de autos, continuándose la tramitación de ambos procedimiento concursales de manera independiente y diferenciada.

El presente auto no es firme y contra el mismo cabe recurso de reposición en el plazo de cinco días a contar desde que se notifique la presente resolución.

De conformidad con lo establecido en la Disposición Adicional 15ª LOPJ (según la redacción dada por la LO 1/09), la interposición de recurso contra resoluciones judiciales, no podrá ser admitida a trámite sin la acreditación del depósito previsto en la citada Ley a efectos de recurrir, debiendo presentarse copia o resguardo de tal depósito en las cuenta de consignaciones de este Juzgado.

Todo lo cual pronuncia, manda y firma el Ilmo. Sr. ...., Magistrado Juez del Juzgado de lo Mercantil núm. .... de...........

F187. PROVIDENCIA REMITIENDO LOS AUTOS A EFECTOS DE ACUMULACIÓN INTERESADA

Normativa de aplicación: *Arts. 38 y ss. Real Decreto Legislativo 1/2020, de 5 de mayo, por el que se aprueba el texto refundido de la Ley Concursal.*

Providencia del Magistrado-Juez, Don...........

En..........., a........... de........... de...........

Dada cuenta, habiéndose instado por la parte actora la acumulación de los presentes autos de concurso voluntario, a los seguidos ante el Juzgado de lo Mercantil núm. .... de ...., a instancias de ...., y bajo el núm. de autos ...., remítanse las presentes actuaciones al referido órgano en orden a que se pronuncie sobre la acumulación de concursos interesada, acordándola, o procediendo a la devolución de las presentes actuaciones para la continuación de su tramitación sin acumulación al procedimiento ....

Notifíquese la presente resolución a........... S.L., y demás partes personadas, haciendo saber que contra la misma cabe recurso de reposición a interponer en el plazo de cinco días a contar desde la referida notificación.

De conformidad con lo establecido en la Disposición Adicional 15ª LOPJ (según la redacción dada por la LO 1/09), la interposición de recurso contra resoluciones judiciales no podrá ser admitida a trámite sin la acreditación del depósito previsto en la citada Ley a efectos de recurrir, debiendo presentarse copia o resguardo de tal depósito en la cuenta de consignaciones de este Juzgado.

Lo acuerda y firma su Señoría. Doy fe.

F188. AUTO ACORDANDO LA REMISIÓN DE ACTUACIONES PARA ACUMULACIÓN DE CONCURSOS A INSTANCIA DE LA ADMINISTRACIÓN CONCURSAL

Normativa de aplicación: *Arts. 38 y ss. Real Decreto Legislativo 1/2020, de 5 de mayo, por el que se aprueba el texto refundido de la Ley Concursal.*

En la ciudad de........... a........... de........... de...........

ANTECEDENTES DE HECHO

PRIMERO.– Que mediante escrito de fecha........... de........... de........... por la Administración Concursal de........... S.A. se solicitó de este Juzgado se sirviera acordar la acumulación del concurso voluntario de las sociedades........... S.L, ... S.L y........... S.L., seguido ante este Juzgado bajo el número de autos..........., al concurso voluntario de la sociedad........... S.A., seguido ante el Juzgado de lo Mercantil núm. .... de ...., bajo el núm. de autos........... Ello en los términos del citado escrito.

SEGUNDO.– Que de la citada solicitud se dio traslado a las partes personadas para que, por plazo de cinco días, alegaran respecto de la acumulación instada con el resultado obrante en autos.

FUNDAMENTOS DE DERECHO

PRIMERO.– Que este Juez es competente para conocer del presente procedimiento y de la acumulación planteada por la administración concursal (art. 41, 44, 45 y 46 TRLC).

SEGUNDO.– Que la administración concursal está legitimada para solicitar la acumulación de concursos instada (art. 41.2 TRLC).

TERCERO.– Que la expresada solicitud de acumulación de concurso reúne los requisitos de forma establecidos en el art. 41 TRLC.

CUARTO.– Cualquiera de los concursados o cualquiera de las administraciones concursales podrá solicitar al juez, mediante escrito razonado, la acumulación de los concursos conexos ya declarados. En defecto de esta solicitud, la acumulación podrá ser solicitada por cualquiera de los acreedores mediante escrito razonado. (art. 41.2 TRLC).

La acumulación procederá. incluso, aunque los concursos hayan sido declarados por diferentes Juzgados (art. 41.3 TRLC).

QUINTO.– Que del contenido de las presentes actuaciones resulta la existencia de un grupo de sociedades conformado por la sociedad........... S.A. como sociedad dominante, y las sociedades........... S.L., ... S.L. y........... S.L. como dominadas. Igualmente consta acreditado que mediante auto de fecha de........... de..........., el Juzgado de lo Mercantil núm. .... de ...., declaró en el proceso concursal núm. de autos..........., el concurso voluntario de........... S.A. También que por este Juzgado, en el procedimiento concursal núm. autos........... y mediante auto de fecha........... de........... de..........., se declaró el concurso voluntario de las citadas sociedades........... S.L., ... S.L. y........... S.L.

Que, como bien entiende y razona la administración concursal, la existencia de numerosas operaciones comerciales, afianzamientos y créditos entre las citadas sociedades, el control y dirección que de las sociedades dominadas, ha llevado a cabo........... S.A. aconsejan la acumulación del concurso seguido ante ese Juzgado bajo el núm........... autos, a aquel que se sigue ante el Juzgado de lo Mercantil de ...., en el procedimiento concursal núm. autos...........

En cualquier caso, hallándonos ante un grupo de sociedades procede la aplicación del art. 46.1 TRLC y proceder a la acumulación interesada.

Ello obviamente, sin perjuicio que los concursos acumulados se tramiten conjuntamente y sin consolidación de masas y sin que proceda nombrar de entre las existentes una administración concursal única.

Visto lo expuesto y demás normativa de aplicación

DISPONGO

Estimar la solicitud formulada por la administración concursal de........... S.A., y remitir las presentes actuaciones al Juzgado de lo Mercantil núm. .... de ...., a efectos de su acumulación al procedimiento seguido ante el referido órgano judicial bajo el núm. .... de autos

Notifíquese la resolución al deudor y demás partes personadas a través de su representación procesal, a efectos de su personación ante el referido órgano judicial en el plazo de diez días, haciéndole saber que contra la misma cabe recurso de reposición en el plazo de cinco días a contar desde que se notifique la presente resolución.

De conformidad con lo establecido en la Disposición Adicional 15ª LOPJ, la interposición de recurso contra resoluciones judiciales no podrá ser admitida a trámite sin la acreditación del depósito previsto en la citada Ley a efectos de recurrir, debiendo presentarse copia o resguardo de tal depósito en la cuenta de consignaciones de este Juzgado.

Todo lo cual pronuncia, manda y firma el Ilmo. Sr. ...., Magistrado Juez del Juzgado de lo Mercantil núm. .... de ....

F189. AUTO ACORDANDO LA REMISIÓN DE ACTUACIONES PARA ACUMULACIÓN DE CONCURSOS A INSTANCIA DE JUEZ REQUIRENTE

Normativa de aplicación: *Arts. 38 y ss. Real Decreto Legislativo 1/2020, de 5 de mayo, por el que se aprueba el texto refundido de la Ley Concursal.*

En la ciudad de........... a........... de........... de...........

ANTECEDENTES DE HECHO

PRIMERO.– Que en fecha .... y por el Juzgado de lo Mercantil núm............ de ...., se ha interesado de este Juzgado la remisión de las presentes actuaciones de concurso voluntario ...., a efectos de su acumulación a las actuaciones igualmente de concurso voluntario ...., tramitadas ante el meritado órgano jurisdiccional.

SEGUNDO.– Que de la citada solicitud se dio traslado a las partes personadas para que alegaran respecto de la petición reseñada, habiéndose suplicado por la aquí actora, ..., la acumulación del presente procedimiento al antes citado nún........... seguido en el Juzgado de lo Mercantil ...., sin que nadie se haya opuesto.

FUNDAMENTOS DE DERECHO

ÚNICO.– A la vista del art. 91 LEC, y dado que ninguna de las partes personadas se ha opuesto a la acumulación, incluso la actora ha interesado la misma, este Juzgado viene compelido a abstenerse de impugnar los fundamentos del auto requiriendo la acumulación, sin que proceda negativa alguna a la acumulación.

Visto lo expuesto y demás normativa de aplicación.

DISPONGO

Estimar el requerimiento formulado el día ...., por el Juzgado de lo Mercantil núm. .... de ...., y remitir las presentes actuaciones al referido Tribunal a efectos de su acumulación al procedimiento seguido ante el Juzgado de lo Mercantil núm. .... de ...., bajo el núm. .... de autos

Notifíquese la resolución al deudor y demás partes personadas a través de su representación procesal, a efectos de su personación ante el referido órgano judicial en el plazo de diez días, haciéndole saber que contra este auto cabe recurso de reposición en el plazo de cinco días a contar desde que se notifique la presente resolución.

De conformidad con lo establecido en la Disposición Adicional 15ª LOPJ, la interposición de recurso contra resoluciones judiciales no podrá ser admitida a trámite sin la acreditación del depósito previsto en la citada Ley a efectos de recurrir, debiendo presentarse copia o resguardo de tal depósito en la cuenta de consignaciones de este Juzgado.

Todo lo cual pronuncia, manda y firma el Ilmo. Sr. ...., Magistrado Juez del Juzgado de lo

F190. AUTO ACORDANDO LA ACUMULACIÓN DE CONCURSO SEGUIDO ANTE OTRO JUZGADO

Normativa de aplicación: *Arts. 38 y ss. Real Decreto Legislativo 1/2020, de 5 de mayo, por el que se aprueba el texto refundido de la Ley Concursal.*

En la ciudad de........... a........... de........... de...........

ANTECEDENTES DE HECHO

PRIMERO.– Que mediante escrito de fecha........... de........... de........... por la administración concursal de........... S.A., se solicitó de este Juzgado se sirviera acordar la acumulación del concurso voluntario de las sociedades........... S.L., ... S.L. y........... S.L., seguido ante EL Juzgado de lo Mercantil núm. .... de .... bajo el número de autos..........., al concurso voluntario de la sociedad........... S.A., seguido en las presentes actuaciones núm. de autos........... Ello en los términos del citado escrito.

SEGUNDO.– Que de la citada solicitud se dio traslado a las partes personadas para que, por plazo de cinco días, alegaran respecto de la acumulación instada con el resultado obrante en autos.

FUNDAMENTOS DE DERECHO

PRIMERO.– Que este Juez es competente para conocer del presente procedimiento y de la acumulación planteada por la administración concursal (art. 41, 44, 45 y 46 TRLC).

SEGUNDO.– Que la administración concursal está legitimada para solicitar la acumulación de concursos instada (art. 41.2 TRLC).

TERCERO.– Que la expresada solicitud de acumulación de concurso reúne los requisitos de forma establecidos en el art. 41 TRLC.

CUARTO.– Cualquiera de los concursados o cualquiera de las administraciones concursales podrá solicitar al juez, mediante escrito razonado, la acumulación de los concursos conexos ya declarados. En defecto de esta solicitud, la acumulación podrá ser solicitada por cualquiera de los acreedores mediante escrito razonado. (art. 41.2 TRLC).

La acumulación procederá. incluso, aunque los concursos hayan sido declarados por diferentes Juzgados (art. 41.3 TRLC).

QUINTO.– Que del contenido de las presentes actuaciones resulta la existencia de un grupo de sociedades conformado por la sociedad........... S.A. como sociedad dominante, y las sociedades........... S.L., ... S.L. y........... S.L. como dominadas. Igualmente consta acreditado que mediante auto de fecha de........... de..........., este Juzgado declaró en el proceso concursal núm. de autos..........., el concurso voluntario de........... S.A. También que, por este Juzgado, en el procedimiento concursal núm. autos........... y mediante auto de fecha........... de........... de..........., se declaró el concurso voluntario de las citadas sociedades........... S.L., ... S.L. y........... S.L.

Que, como bien entiende y razona la administración concursal, la existencia de numerosas operaciones comerciales, afianzamientos y créditos entre las citadas sociedades, el control y dirección que de las sociedades dominadas, ha llevado a cabo........... S.A. aconsejan la acumulación al presente concurso de aquel que se sigue igualmente ante el Juzgado de lo Mercantil de ...., en el procedimiento concursal núm. autos...........

En cualquier caso, hallándonos ante un grupo de sociedades procede la aplicación del art. 46.1 TRLC y proceder a la acumulación interesada.

Ello obviamente, sin perjuicio que los concursos acumulados se tramiten conjuntamente y sin consolidación de masas y sin que proceda nombrar de entre las existentes una administración concursal única.

Visto lo expuesto y demás normativa de aplicación

DISPONGO

Estimar la solicitud formulada por la administración concursal de........... S.A., y acumular al concurso voluntario de esta última sociedad, tramitado en este Juzgado en el procedimiento concursal núm. de autos..........., el concurso voluntario de las sociedades........... S.L., ... S.L. y........... S.L. que se tramita ante el Juzgado de lo Mercantil núm. .... de..........., en el procedimiento concursal núm. de autos..........., ..., concursos acumulados que se tramitarán conjuntamente y sin consolidación de masas, y sin que proceda nombrar de entre las existentes una administración concursal única.

Líbrese al efecto el oficio a que se refiere el art. 89 LEC. Notifíquese la resolución al deudor y demás partes personadas a través de su representación procesal, haciéndole saber que contra la misma cabe recurso de reposición en el plazo de cinco días a contar desde que se notifique la presente resolución.

De conformidad con lo establecido en la Disposición Adicional 15° LOPJ, la interposición de recurso contra resoluciones judiciales no podrá ser admitida a trámite sin la acreditación del depósito previsto en la citada Ley a efectos de recurrir, debiendo presentarse copia o resguardo de tal depósito en la cuenta de consignaciones de este Juzgado.

Todo lo cual pronuncia, manda y firma el Ilmo. Sr. ...., Magistrado Juez del Juzgado de lo

1.8. PERSONACIÓN EN EL CONCURSO

F191. ESCRITO DE ACREEDOR/INTERESADO LEGÍTIMO PERSONÁNDOSE EN EL CONCURSO

Normativa de aplicación: *Art. 512 Real Decreto Legislativo 1/2020, de 5 de mayo, por el que se aprueba el texto refundido de la Ley Concursal.*

AL JUZGADO DE LO MERCANTIL NÚM. .... DE...........

Don..........., Procurador de los Tribunales y de........... S.L., con domicilio en..........., calle........... núm. ...., cuya representación acredito con la copia autorizada de escritura de poder que acompaño a este escrito, ante el Juzgado comparezco en el concurso voluntario de la sociedad..........., tramitado ante este Juzgado bajo el número........... y como mejor proceda en derecho DIGO:

Que por medio del presente escrito, al amparo de lo dispuesto en el art. 512.1 TRLC y en la representación que ostento, comparezco en las presentes actuaciones, solicitando se nos tenga por personados y parte en el presente procedimiento concursal ordinario de la sociedad........... SLU, que se tramita ante este Juzgado bajo el núm. de autos...........

En su virtud,

SUPLICO AL JUZGADO que tenga por presentado este escrito, junto a los documentos a él unidos y copia de todo ello, se sirva admitirlo, y tenerme, en nombre y representación de........... por personado y parte en el procedimiento concursal núm. de autos..........., acordando cuanto proceda en derecho

Es Justicia que pido en..........., hoy día........... de........... de...........

F192. ESCRITO DE LA AGENCIA ESTATAL DE ADMINISTRACIÓN TRIBUTARIA PERSONÁNDOSE EN EL CONCURSO

Normativa de aplicación: *Art. 512 Real Decreto Legislativo 1/2020, de 5 de mayo, por el que se aprueba el texto refundido de la Ley Concursal.*

AL JUZGADO DE LO MERCANTIL NÚM. .... DE...........

El Abogado del Estado, ante el Juzgado comparezco en nombre y representación de la AGENCIA ESTATAL DE ADMINISTRACIÓN TRIBUTARIA y en el concurso voluntario de la sociedad..........., tramitado ante este Juzgado bajo el número........... y como mejor proceda en derecho DIGO:

Que por medio del presente escrito y en la representación que ostento, comparezco en las presentes actuaciones, solicitando se nos tenga por personados y parte en el presente procedimiento concursal de la sociedad........... SLU, que se tramita ante este Juzgado bajo el núm. de autos...........

En su virtud,

SUPLICO AL JUZGADO que tenga por presentado este escrito, junto a los documentos a él unidos y copia de todo ello, se sirva admitirlo, y tenerme, en nombre y representación de la AGENCIA TRIBUTARIA por personado y parte en el procedimiento concursal núm. de autos..........., acordando cuanto proceda en derecho

Es Justicia que pido en..........., hoy día........... de........... de...........

F193. ESCRITO DE LA SEGURIDAD SOCIAL PERSONÁNDOSE EN EL CONCURSO

Normativa de aplicación: *Art. 512 Real Decreto Legislativo 1/2020, de 5 de mayo, por el que se aprueba el texto refundido de la Ley Concursal.*

AL JUZGADO DE LO MERCANTIL NÚM. .... DE...........

LA LETRADA DE LA SEGURIDAD SOCIAL, ante el Juzgado comparezco en nombre y representación de la TESORERÍA DE LA SEGURIDAD SOCIAL y en el concurso voluntario de la sociedad..........., tramitado ante este Juzgado bajo el número........... y como mejor proceda en derecho DIGO:

Que por medio del presente escrito y en la representación que ostento, comparezco en las presentes actuaciones, solicitando se nos tenga por personados y parte en el presente procedimiento concursal de la sociedad........... SLU, que se tramita ante este Juzgado bajo el núm. de autos...........

En su virtud,

SUPLICO AL JUZGADO que tenga por presentado este escrito, junto a los documentos a él unidos y copia de todo ello, se sirva admitirlo, y tenerme, en nombre y representación de la TESORERÍA GENERAL DE LA SEGURIDAD SOCIAL por personado y parte en el procedimiento concursal núm. de autos..........., acordando cuanto proceda en derecho.

Es Justicia que pido en..........., hoy día........... de........... de...........

F194. ESCRITO DE SINDICATO PERSONÁNDOSE EN EL CONCURSO

Normativa de aplicación: *Art. 512 Real Decreto Legislativo 1/2020, de 5 de mayo, por el que se aprueba el texto refundido de la Ley Concursal.*

AL JUZGADO DE LO MERCANTIL NÚM. .... DE...........

Don..........., Procurador de los Tribunales y del sindicato..........., con domicilio en..........., calle........... núm. ...., cuya representación acredito con la copia autorizada de escritura de poder que acompaño a este escrito, ante el Juzgado comparezco en el concurso voluntario de la sociedad..........., tramitado ante este Juzgado bajo el número........... y como mejor proceda en derecho DIGO:

Que por medio del presente escrito, y en la representación que ostento, comparezco en las presentes actuaciones, solicitando se nos tenga por personados y parte en el presente procedimiento concursal de la sociedad........... SLU, que se tramita ante este Juzgado bajo el núm. de autos...........

En su virtud,

SUPLICO AL JUZGADO que tenga por presentado este escrito, junto a los documentos a él unidos y copia de todo ello, se sirva admitirlo, y tenerme, en nombre y representación del sindicato........... por personados y parte en el procedimiento concursal núm. de autos..........., acordando cuanto proceda en derecho

Es Justicia que pido en..........., hoy día........... de........... de...........

F195. ESCRITO DE LA REPRESENTACIÓN LEGAL DE LOS TRABAJADORES DE CONCURSADA PERSONÁNDOSE EN EL CONCURSO

LA ***Normativa de aplicación:*** *Art. 512 Real Decreto Legislativo 1/2020, de 5 de mayo, por el que se aprueba el texto refundido de la Ley Concursal.*

AL JUZGADO DE LO MERCANTIL NÚM. .... DE...........

Don..........., Procurador de los Tribunales y de la representación legal de los trabajadores de........... SLU con domicilio en..........., calle........... núm. ...., cuya representación acredito con la copia autorizada de escritura de poder que acompaño a este escrito, ante el Juzgado comparezco en el concurso voluntario de la citada sociedad..........., tramitado ante este Juzgado bajo el número........... y como mejor proceda en derecho DIGO:

Que por medio del presente escrito, y en la representación que ostento, comparezco en las presentes actuaciones, solicitando se nos tenga por personados y parte en el presente procedimiento concursal de la sociedad........... SLU, que se tramita ante este Juzgado bajo el núm. de autos...........

En su virtud,

SUPLICO AL JUZGADO que tenga por presentado este escrito, junto a los documentos a él unidos y copia de todo ello, se sirva admitirlo, y tenerme, en nombre y representación de la representación legal de los trabajadores de........... SLU por personado y parte en el procedimiento concursal núm. de autos..........., acordando cuanto proceda en derecho.

Es Justicia que pido en..........., hoy día........... de........... de...........

F196. DILIGENCIA DE ORDENACIÓN TENIENDO POR PERSONADOS A ACREEDOR, SEGURIDAD SOCIAL, AGENCIA TRIBUTARIA, FOGASA, SINDICATO Y REPRESENTACIÓN DE LOS TRABAJADORES

*LA **Normativa de aplicación:** Art. 512 Real Decreto Legislativo 1/2020, de 5 de mayo, por el que se aprueba el texto refundido de la Ley Concursal.*

DILIGENCIA DE ORDENACIÓN del Letrado de la
Administración de Justicia Don...........

En........... a........... de........... de...........

Por presentados en fecha........... los siguientes escritos: por la Procuradora Doña..........., en la representación que ostenta de la compañía........... S.L., acreedor de la concursada, por el Abogado del Estado, en representación de la Agencia Estatal de Administración Tributaria (AEAT) y del Fondo de Garantía Salarial (FOGASA), por la letrada de la Seguridad Social, en representación de la Tesorería General de la Seguridad Social, por la Procuradora Doña..........., en representación del sindicato..........., y del Procurador Don..........., por la Representación de los Trabajadores de la aquí concursada, ... S.A., únanse todos ellos a los autos de su razón y, según se interesa en los mismos, ténganse a todos los antes citados por personados y parte en el presente procedimiento concursal.

Doy cuenta a su Señoría

Notifíquese la presente resolución a la concursada, administración concursal y demás partes personadas, haciendo saber que contra la misma cabe recurso de revisión a interponer en el plazo de cinco días a contar desde la referida notificación.

De conformidad con lo establecido en la Disposición Adicional 15º LOPJ (según la redacción dada por la LO 1/09), la interposición de recurso contra resoluciones judiciales no podrá ser admitida a trámite sin la acreditación del depósito previsto en la citada Ley a efectos de recurrir, debiendo presentarse copia o resguardo de tal depósito en las cuenta de consignaciones de este Juzgado.

Así lo acuerdo y firmo. Doy fe.

1.9. TRAMITACIÓN PUBLICIDAD DEL CONCURSO

F197. OFICIO PARA DAR PUBLICIDAD A EDICTO DECLARACIÓN CONCURSO

Normativa de aplicación: *Arts. 35 y ss. Real Decreto Legislativo 1/2020, de 5 de mayo, por el que se aprueba el texto refundido de la Ley Concursal.*

Juzgado de lo Mercantil núm. .... de...........

Procedimiento: concurso voluntario núm. ....

Deudor:........... S.L

Procurador: Doña...........

OFICIO

Habiéndose acordado en este sentido mediante resolución de fecha........... dictada en las actuaciones de procedimiento concurso voluntario (necesario) núm. de autos..........., le dirijo el presente oficio con el fin que proceda a insertar y dar publicidad en........... al Edicto que se acompaña al presente, y que se le remite por medios electrónicos o telemáticos (EN SU CASO, al edicto que se acompaña al presentes, haciéndose constar que no siendo posible su remisión por medios telemáticos o electrónicos, se ha facultado al Procurador de los Tribunales, Doña........... para portar el mismo y darle el oportuno curso, gestión y diligenciamiento en los términos legalmente establecidos)

En........... a........... de........... de...........

El Letrado de la Administración de Justicia. Don...........

F198. ESCRITO DE LA CONCURSADA INSTANDO LA SUBSANACIÓN DE MANDAMIENTO ENTREGADO PARA PUBLICIDAD CONCURSO

Normativa de aplicación: *Arts. 35 y ss. Real Decreto Legislativo 1/2020, de 5 de mayo, por el que se aprueba el texto refundido de la Ley Concursal.*

AL JUZGADO DE LO MERCANTIL NÚM. .... DE...........

Don..........., Procurador de los Tribunales y de........... S.L. cuya representación tengo acreditada en el concurso voluntario de..........., que se sigue ante este Juzgado bajo el número de autos..........., ante este Juzgado de lo Mercantil comparezco en los citados autos bajo la dirección letrada de Don..........., abogado del Ilustre Colegio de........... (*número de incorporación*...........), y como mejor proceda en derecho DIGO:

I.– Que en fecha..........., se me entregó mandamiento dirigido al Registro de la Propiedad núm. .... de..........., a efectos de inscribir en el mismo, entre otros extremos, la declaración de concurso de acreedores de mi mandante.

II.– Que no se ha podido practicar la referida inscripción al detectar el Sr. Registrador en el mandamiento referido el siguiente defecto:...........

III.– Que para subsanar el mismo y llevar a cabo la inscripción interesada, se solicita la emisión de la oportuna nota de adición dirigida al referida Registro en la que conste...........

En su virtud

SUPLICO AL JUZGADO que tenga por presentado este escrito, se sirva admitirlo y tener por hechas las anteriores manifestaciones a los efectos oportunos, acordándose en el sentido expuesto en el cuerpo de este escrito y cuanto demás proceda en derecho.

Es Justicia que se SUPLICA en..........., a........... de........... de...........

F199. DILIGENCIA DE ORDENACIÓN SUBSANANDO MANDAMIENTO DEFECTUOSO

Normativa de aplicación: *Arts. 35 y ss. Real Decreto Legislativo 1/2020, de 5 de mayo, por el que se aprueba el texto refundido de la Ley Concursal.*

Diligencia de Ordenación del Letrado de la Administración de Justicia Don...........

En........... a........... de........... de...........

Por presentado en fecha........... por la Procuradora Doña..........., en la representación que ostenta de la concursada........... S.L., escrito adjuntado mandamiento dirigido al Registro Mercantil de........... interesando la rectificación del mismo a efectos de su ulterior inscripción en tal Registro para la debida constancia y publicidad de la existencia del presente concurso de acreedores, únase a los autos de su razón y, según se interesa, procédase a su subsanación mediante la emisión de la oportuna nota de adición dirigida al referida Registro.

Notifíquese la presente resolución a la concursada, administración concursal y demás partes personadas, haciendo saber que contra la misma cabe recurso de revisión a interponer en el plazo de cinco días a contar desde la referida notificación.

De conformidad con lo establecido en la Disposición Adicional 15ª LOPJ (según la redacción dada por la LO 1/09), la interposición de recurso contra resoluciones judiciales no podrá ser admitida a trámite sin la acreditación del depósito previsto en la citada Ley a efectos de recurrir, debiendo presentarse copia o resguardo de tal depósito en la cuenta de consignaciones de este Juzgado.

Así lo acuerdo y firmo. Doy fe.

F200. ESCRITO DE LA CONCURSADA ACOMPAÑANDO DILIGENCIADOS LOS MANDAMIENTOS, OFICIOS Y EDICTOS PARA PUBLICIDAD CONCURSO

Normativa de aplicación: *Arts. 35 y ss. Real Decreto Legislativo 1/2020, de 5 de mayo, por el que se aprueba el texto refundido de la Ley Concursal.*

AL JUZGADO DE LO MERCANTIL NÚM. .... DE............

Don............, administrador concursal del concurso voluntario ordinario de............, que se sigue ante este Juzgado bajo el número de autos............, ante este Juzgado de lo Mercantil comparezco en los citados autos bajo la dirección letrada de Don............, abogado del Ilustre Colegio de............ (número de incorporación............), y como mejor proceda en derecho DIGO:

Que adjunto al presente acompaño debidamente diligenciados e inscritos, los edictos, oficios y mandamientos dirigidos al BOE, al Registro Público Concursal y a los Registros............ que en su día me fueron entregados para su curso y gestión, y la debida constancia y publicidad, entre otros extremos, de la existencia del presente concurso de acreedores.

En su virtud

SUPLICO AL JUZGADO que tenga por presentado este escrito, se sirva admitirlo y tener por hechas las anteriores manifestaciones a los efectos oportunos, acordándose en el sentido expuesto en el cuerpo de este escrito y cuanto demás proceda en derecho.

Es Justicia que se SUPLICA en............, a............ de............ de............

F201. DILIGENCIA DE ORDENACIÓN TENIENDO POR DILIGENCIADOS LOS MANDAMIENTOS, OFICIOS Y EDICTOS PARA PUBLICIDAD CONCURSO

Normativa de aplicación: *Arts. 35 y ss. Real Decreto Legislativo 1/2020, de 5 de mayo, por el que se aprueba el texto refundido de la Ley Concursal.*

Diligencia de Ordenación del Letrado de la Administración de Justicia Don............

En............, a............ de............ de............

Por presentado en fecha............ por la Procuradora Doña............, en la representación que ostenta de la concursada............ S.L., escrito adjuntado debidamente diligenciados e inscritos los edictos oficios y mandamientos dirigidos al BOE, al Registro

Público Concursal y a los Registros........... para la debida constancia y publicidad de la existencia del presente concurso de acreedores, únase a los autos de su razón y, téngase por evacuado el tramite conferido en su día a la citada Procuradora.

Doy cuenta a su Señoría

Notifíquese la presente resolución a la concursada, administración concursal y demás partes personadas, haciendo saber que contra la misma cabe recurso de revisión a interponer en el plazo de cinco días a contar desde la referida notificación.

De conformidad con lo establecido en la Disposición Adicional 15ª LOPJ (según la redacción dada por la LO 1/09), la interposición de recurso contra resoluciones judiciales, no podrá ser admitida a trámite sin la acreditación del depósito previsto en la citada Ley a efectos de recurrir, debiendo presentarse copia o resguardo de tal depósito en las cuenta de consignaciones de este Juzgado.

Así lo acuerdo y firmo. Doy fe.

2. DECLARACIÓN DE CONCURSO SIN MASA

SUMARIO: F202. SOLICITUD DE CONCURSO DE PERSONA JURÍDICA SIN MASA. F203. SOLICITUD DE CONCURSO PERSONA NATURAL SIN MASA. F204. AUTO DECLARANDO CONCURSO SIN MASA. PERSONA JURÍDICA. F205. AUTO DECLARANDO CONCURSO SIN MASA. PERSONA NATURAL. F206. EDICTO LLAMAMIENTO ACREEDORES PARA LA DESIGNACIÓN DE ADMINISTRACIÓN CONCURSAL A EFECTOS DEL INFORME DEL ART. 37 TER TRLC. PERSONA JURÍDICA. F207. EDICTO LLAMAMIENTO ACREEDORES PARA LA DESIGNACIÓN DE ADMINISTRACIÓN CONCURSAL A EFECTOS DEL INFORME DEL ART. 37 TER TRLC. PERSONA JURÍDICA. F208. ESCRITO DE ACREEDOR SOLICITANDO LA DESIGNACIÓN DE ADMINISTRADOR CONCURSAL A LOS EFECTOS DEL APARTADO 1 DEL ART. 37 TER TRLC. F209. AUTO DESIGNANDO AC EN CONCURSO SIN MASA. PERSONA JURÍDICA. F210. INFORME DEL ADMINISTRADOR CONCURSAL A LOS EFECTOS DEL ART. 37 TER TRLC. PERSONA JURÍDICA. (I). F211. INFORME DEL ADMINISTRADOR CONCURSAL A LOS EFECTOS DEL ART. 37 TER TRLC. PERSONA JURÍDICA. (II). F212. INFORME DEL ADMINISTRADOR CONCURSAL A LOS EFECTOS DEL ART. 37 TER TRLC. PERSONA NATURAL. F213. AUTO DE CONCLUSIÓN DE CONCURSO SIN MASA. PERSONA JURÍDICA. F214. AUTO DE CONCLUSIÓN DE CONCURSO SIN MASA. PERSONA NATURAL. F215. AUTO COMPLEMENTARIO CONCURSO SIN MASA. ART. 37 QUINQUIES TRLC. F216. AUTO DE CONCLUSIÓN DE CONCURSO SIN MASA.

F202. SOLICITUD DE CONCURSO DE PERSONA JURÍDICA SIN MASA

Normativa de aplicación: *Arts. 37 bis y ss. Real Decreto Legislativo 1/2020, de 5 de mayo, por el que se aprueba el texto refundido de la Ley Concursal.*

AL JUZGADO DE LO MERCANTIL DE........... QUE POR TURNO CORRESPONDA

.... Procurador de los Tribunales y de la mercantil........... S.L., con domicilio social en..........., Avinguda..........., número..........., CP...........; y con CIF..........., cuya representación acredito mediante copia de la escritura de poder de representación (especial para instar el presente concurso), que se acompaña a este escrito, ante este Juzgado comparezco bajo la dirección letrada de Don..........., abogado del Ilustre Colegio de........... (núm. .... de colegiado), y como mejor proceda en Derecho DIGO:

Que por medio del presente escrito y en la representación que ostento, formulo SOLICITUD DE CONCURSO VOLUNTARIO de la mercantil........... S.L., por hallarse actualmente la misma en situación de insolvencia, solicitud que se funda en los hechos y fundamentos de derecho que a continuación se exponen.

HECHOS

PRIMERO.– Que mi principal, la sociedad........... S.L., se constituyó bajo la forma de sociedad anónima, con la denominación "...........", mediante escritura autorizada el día........... por el notario de........... Don..........., número de protocolo...........; transformada en Sociedad Limitada, mediante escritura autorizada el........... por el Notario de........... Don..........., número de protocolo...........

CIF...........

Su objeto social consiste en...........

El domicilio social de la compañía se halla en..........., Avenida..........., número..........., CP..........., lugar en que se halla el centro de los intereses principales de la deudora.

Órgano de administración:

Desde..........., el órgano de administración estaba conformado por un administrador único, desempeñando tal cargo, Doña..........., en virtud de acuerdos adoptados por unanimidad, en Junta General Extraordinaria y Universal celebrada el día........... en el domicilio social, elevados a públicos mediante escritura autorizada el........... por el Notario de Onteniente Don..........., número de protocolo...........

Mediante acuerdos de la Junta General Extraordinaria y Universal celebrada el día........... en el domicilio social, elevados a públicos mediante escritura, autorizada el..........., por el Notario de..........., Don..........., número de protocolo..........., se acordó el cese de Doña........... como administradora única y el nombramiento de Don........... para ejercer tal cargo.

No existe otro administrador de la sociedad, de hecho o de derecho, distinto del citado Don...........

Así pues, durante los dos años anteriores a la solicitud del concurso, los citados DOÑA........... y Don..........., han sido las únicas personas que han ostentado y/o desempeñado el cargo de administrador Único de la sociedad.

La sociedad nunca ha tenido Director General.

SEGUNDO.– La presente solicitud de concurso voluntario debe de ser acogida por el Juzgador al darse el presupuesto objetivo de insolvencia en que se halla la mercantil........... S.L., sociedad que no puede cumplir regularmente sus obligaciones exigibles. Así resulta de los documentos que, en virtud de lo establecido en el TRLC, se acompañan a la presente solicitud y que, apreciados en su conjunto, se desprende que mi mandante carece en la actualidad de liquidez suficiente para atender las deudas exigibles contraídas con sus acreedores.

TERCERO.– Pese a no exigirlo el vigente TRLC, adjunto se acompaña certificación literal del Registro Mercantil de la provincia de..........., correspondiente a mi mandante, expresiva de su vida jurídica, y cuyo contenido se da aquí por íntegramente reproducida en aras a una mayor brevedad. DOCUMENTO ....

CUARTO.– Conforme exige el art. 6.2 TRLC, se acompaña a esta solicitud poder especial para solicitar el concurso, otorgado el día .... de .... de ...., ante Don..........., notario del Ilustre Colegio de ...., con residencia en .... (núm. .... de su protocolo). (DOCUMENTO...........).

QUINTO.– Dando cumplimiento a lo establecido en el art. 7 TRLC, se acompañan los siguientes documentos generales:

I.– Memoria expresiva de la historia económica y jurídica del deudor; de la actividad o actividades a las que se viene dedicando durante los tres últimos años y de los establecimientos, oficinas y explotaciones de las que resulta titular, y de las causas del estado de insolvencia en que se encuentra.

Expresamente se manifiesta que en la referida memoria consta la identidad de los socios de los que tiene constancia; la identidad de los administradores sociales (en su caso, y de los directores generales) (en su caso, y del auditor de cuentas. También que NO (SI) tiene admitidos valores admitidos a cotización en un centro de negociación.

Se hace constar que mi mandante NO forma parte de un grupo de sociedades.

ALTERNATIVA: Se hace constar que mi mandante SI forma parte de un grupo de sociedades, integrado por las siguientes compañías: ....

Se hace constar que la sociedad dominante del referido grupo es la sociedad ....

II.– Inventario de los bienes y derechos que integran el patrimonio de mi mandante, expresivo de su naturaleza, características, lugar en que se encuentran y, respecto de aquellos inscritos en un registro público, los datos de identificación registral de cada uno de los bienes y derechos relacionados.

También resulta del referido inventario el valor de adquisición, las correcciones valorativas procedentes y la estimación del valor de mercado a la fecha de la solicitud, de los referidos bienes y derechos, con indicación de los gravámenes, trabas y cargas que les afectan, a favor de acreedor o de tercero, con expresión de su naturaleza y, en su caso, los datos de identificación registral.

III.– Relación de acreedores con expresión de la identidad, el domicilio y la dirección electrónica, si la tuviere, de cada uno de ellos, así como de la cuantía y el vencimiento de los respectivos créditos y las garantías personales o reales constituidas.

(En su caso) Respecto de aquellos acreedores que han reclamado judicialmente el pago de su respectivo crédito se identifica en la citada relación el procedimiento correspondiente, con indicación del estado de las actuaciones.

IV.– (En su caso) Siendo mi mandante empleador, se hace constar que el número de trabajadores asciende a ...., haciéndose constar que el/los centro/s de trabajo al que están afectos los mismos es/son ....

Se hace constar que NO existe órgano de representación de los trabajadores.

ALTERNATIVA: Se ha constar que si existe órgano de representación de los trabajadores de .... S.A, siendo la identidad y el correo electrónico de cada uno de sus integrantes, el siguiente:...........

SEXTO.– De conformidad con lo previsto en el art. 8 TRLC y estando obligada la compañía........... S.A. a la llevanza de contabilidad, se acompaña igualmente a esta solicitud los documentos contables y complementarios que a continuación se reseñan:

I.– Cuentas anuales (balance, pérdidas y ganancias y memoria), informe de gestión e informe de auditoría de los últimos tres ejercicios sociales finalizados a fecha de la solicitud de concurso, esto es, los cerrados a fecha ...., ... y .... (DOCUMENTOS...........)

II.– Memoria de los cambios significativos operados en el patrimonio de mi mandante con posterioridad a las últimas cuentas anuales formuladas, aprobadas y depositadas en el Registro Mercantil, las correspondientes al ejercicio ....,

III.– Memoria de las operaciones realizadas con posterioridad a las últimas cuentas anuales formuladas, aprobadas y depositadas en el Registro Mercantil y que por su naturaleza, objeto o cuantía excedan del giro o tráfico ordinario del deudor. (DOCUMENTO...........).

IV.– (Si fuera menester) Estados financieros elaborados con posterioridad a las últimas cuentas anuales presentadas (las correspondientes al ejercicio ....), remitidos (o comunicados) a ...., autoridad supervisora del .... (DOCUMENTOS...........)

V.– (Si fuera menester). Dado que mi principal forma parte del grupo de sociedades ...., en el que la aquí deudora, es la sociedad dominante, y las compañías .... y ...., son las sociedades dominadas, se acompañan las cuentas anuales y el informe de gestión consolidados correspondientes a los tres últimos ejercicios sociales finalizados a fecha de la presente solicitud y el informe de auditoría emitido con relación a tales cuentas anuales. También una memoria de las operaciones realizadas con otras sociedades del grupo durante ese mismo periodo y hasta la solicitud de concurso.

SÉPTIMO.– Que a la vista de la situación de la empresa se desprende lo siguiente:

1.– Que el concurso carece de bien o derecho alguno (en su caso, Que el concursado carece de bienes y derechos legalmente embargables) (en su caso, Que el coste de realización de los bienes y derechos del concursado resulta manifiestamente desproporcionado respecto al previsible valor venal) (en su caso, Que los bienes y derechos del concursado libres de cargas resultan de valor inferior al previsible coste del procedimiento) (en su caso, Que los gravámenes y las cargas existentes sobre los bienes y derechos del concursado lo son por importe superior al valor de mercado de esos bienes y derechos).

2.– (En su caso), Que carece de trabajadores y de actividad desde el año..........., no habiendo realizado ningún acto de disposición desde dicha fecha.

3.– Que no existen indicios de que el deudor hubiera realizado actos perjudiciales para la masa activa que sean rescindibles conforme a lo establecido en esta ley. Tampoco para el ejercicio de la acción social de responsabilidad contra los administradores o liquidadores, de derecho o de hecho, de la persona jurídica concursada, o contra la persona natural designada por la persona jurídica administradora para el ejercicio permanente de las funciones propias del cargo de administrador persona jurídica y contra la persona, cualquiera que sea su denominación, que tenga atribuidas facultades de más alta dirección de la sociedad cuando no exista delegación permanente de facultades del consejo en uno o varios consejeros delegados. Finalmente, no existen indicios de que el concurso de mi mandante pudiera ser calificado de culpable.

Así pues y en base a lo anterior entendemos que procede por este Juzgado, si así lo tuviera por conveniente, que se acuerde la declaración del concurso sin masa ex arts. 37 bis y ss. TRLC.

A los relatados hechos aduzco los siguientes

FUNDAMENTOS DE DERECHO

I.– De conformidad con lo previsto en los arts. 44 y 45 TRLC, son competentes para conocer de esta solicitud de concurso los Juzgados de lo Mercantil de ...., al ser éste el lugar donde mi mandante tiene su centro de intereses principales.

II.– Esta solicitud de concurso, si así lo estima este Juzgado, se sustanciara por los trámites establecidos en el art. 37 bis, ss. y concordantes TRLC.

III.– Mi mandante, en su condición de deudor, está legitimada para solicitar su declaración de concurso al amparo de lo dispuesto en el art. 3.1 TRLC.

IV.– Se dan en este caso los presupuestos subjetivo y objetivo requeridos para la declaración del concurso. En el primer caso, a la vista de la condición de mi mandante de deudor persona jurídica, vid art. 1.1 TRLC. En el segundo, a la vista de la insolvencia actual de mi mandante.

V.– Sobre el concurso sin masa vid arts. 37 bis, ss. y concordantes TRLC.

En virtud de lo expuesto,

SUPLICO AL JUZGADO que tenga por presentado este escrito, junto a los documentos a él unidos y sus copias, se sirva admitirlos y tener por promovido en nombre y representación de mi mandante, ... S.L., se sirva admitirla y previos los oportunos trámites legales, se sirva dictar auto por el que, estimando íntegramente la presente solicitud:

I.– Dicte auto declarando el concurso de acreedores de mi mandante, con expresión del pasivo que resulte de la documentación, sin más pronunciamientos, ordenando la remisión telemática al "Boletín Oficial del Estado" para su publicación en el suplemento del tablón edictal judicial único y la publicación en el Registro público concursal con llamamiento al acreedor o a los acreedores que representen, al menos, el cinco por ciento del pasivo a fin de que, en el plazo de quince días a contar del siguiente a la publicación del edicto, puedan solicitar el nombramiento de un administrador concursal para que presente informe razonado y documentado sobre los extremos reseñados en el art. 37 Ter TRLC, y tras ello, y a la vista del resultado se acuerde cuanto proceda en orden a la tramitación y conclusión del concurso.

II.– Para el caso en que por este Juzgado se entienda que no procede la declaración de concurso sin masa:

PRIMERO.– Se declare el concurso voluntario la sociedad........... S.L.,

SEGUNDO.– Se acuerde la sustanciación del correspondiente procedimiento, con la formación de las secciones correspondientes.

TERCERO.– Se designe a la Administración Concursal.

CUARTO.– Se acuerde el régimen de intervención de facultades.

QUINTO.– Se acuerde cuanto demás sea procedente en derecho para la sustanciación del procedimiento hasta su conclusión.

Es Justicia que suplico en ...., a .... de .... de...........

OTROSÍ DIGO Que para el supuesto II anterior, procede dar a la declaración de concurso la oportuna publicidad, incluida la registral, en los términos y con el alcance establecidos en los arts. 35 a 37 TRLC y sin perjuicio de cualesquiera otra publicidad complementaria que, en medios oficiales o privados, estime oportuna este Juzgado al que nos dirigimos.

En su virtud,

SUPLICO AL JUZGADO que tenga por hechas las anteriores manifestaciones a los efectos oportunos, se sirva admitirlas y acordar en el auto declarando el concurso voluntario de mi principal, las inscripciones y publicaciones previstas en el art. 35 a 37 TRLC, y, previos los oportunos trámites legales, se sirva llevar a cabo tales inscripciones y publicaciones, por medios electrónicos o telemáticos y, si esto no fuera posible, librando los oportunos mandamientos y oficios que serán confiados al Procurador que esto suscribe para su oportuno curso y gestión.

Lo que se suplica en el lugar y fecha reseñados "ut supra".

OTROSÍ DIGO: Que para el supuesto II anterior, en el auto en que se acuerde la declaración de concurso de mi principal y entre otros pronunciamientos, procede el llamamiento de los acreedores para que pongan en conocimiento de la administración concursal la existencia de sus créditos, en el plazo de un mes a contar desde el día siguiente a la publicación de la declaración del concurso en el BOE.

En su virtud,

SUPLICO AL JUZGADO que tenga por hechas las anteriores manifestaciones a los efectos oportunos, se sirva admitirlas y acordar en el auto declarando el concurso voluntario de mi principal, el llamamiento de los acreedores a los efectos antes reseñados.

Lo que se suplica en el lugar y fecha reseñados "ut supra".

OTROSÍ DIGO Que para el supuesto II anterior y a la vista del art. 33 TRLC, en su día y previa admisión de la presente solicitud, procede la notificación por medios electrónicos del auto de declaración del concurso, a la Agencia Estatal de la Administración Tributaria y a la Tesorería General de la Seguridad Social.

En su virtud,

SUPLICO AL JUZGADO que tenga por hechas las anteriores manifestaciones a los efectos oportunos, se sirva admitirlas y acordar la referida notificación y cuanto demás proceda en derecho al respecto.

Lo que se suplica en el lugar y fecha reseñados "ut supra".

(SI fuera menester) OTROSÍ DIGO: Que para el supuesto II anterior y conforme requiere el art. 28.4 TRLC, en su día y previa admisión de la presente solicitud, procede la notificación del auto de declaración del concurso, a la representación legal de los trabajadores de mis mandantes.

En su virtud,

SUPLICO AL JUZGADO que tenga por hechas las anteriores manifestaciones a los efectos oportunos, se sirva admitirlas y acordar la referida notificación y cuanto demás proceda en derecho al respecto.

Lo que se suplica en el lugar y fecha reseñados "ut supra".

F203. SOLICITUD DE CONCURSO PERSONA NATURAL SIN MASA

Normativa de aplicación: *Arts. 37 bis y ss. Real Decreto Legislativo 1/2020, de 5 de mayo, por el que se aprueba el texto refundido de la Ley Concursal.*

AL JUZGADO DE LO MERCANTIL DE ....

..........., Procurador de los Tribunales (núm. .... de colegiado) y de Don ...., con domicilio en ...., calle .... núm. .... y DNI/NIF ...., cuya representación acredito mediante la escritura original de poder de representación (especial para instar el presente concurso) que se acompaña a este escrito, ante este Juzgado comparezco bajo la dirección letrada de Don ...., abogado del Ilustre Colegio de Valencia (núm. .... de colegiado), y como mejor proceda en Derecho DIGO:

Que por medio del presente escrito y en la representación que ostento, formulo SOLICITUD DE CONCURSO VOLUNTARIO de Don .... por hallarse en situación de insolvencia ACTUAL, solicitud que se funda en los HECHOS y FUNDAMENTOS DE DERECHO que a continuación se exponen.

HECHOS

PRIMERO.– Mi principal, Don..........., nació el día.......... de........... de..........., en la ciudad de........... Esto es, en la actualidad tiene..........años de edad. Es vecino de..........., teniendo fijando su domicilio en la calle..........., núm. .... de dicha localidad. Dotado de DNI/NIF núm. ....

Don........... es empleado de banca, prestando sus servicios como administrativo para la entidad ...., ello desde ...., en virtud de contrato laboral de fecha ....

Don........... es soltero y carece de hijos (en su caso, tiene un hijo llamado ...., de años de edad ....).

ALTERNATIVA: Don .... está casado con Doña..........., mayor de edad, de nacionalidad española, nacida el día........... de........... de........... en la ciudad de...........y DNI..........., bajo el régimen de absoluta separación de bienes. Ello en virtud de escritura de capitulaciones otorgada ante el Notario de..........., Don..........., el día........... de........... de........... Los Sres. .... tienen un hijo, Don..........., que es mayor de edad y que convive con sus padres.

ALTERNATIVA: Don ....tiene pareja en la persona de Doña ...., mayor de edad, de nacionalidad española, nacida el día........... de........... de..........., vecina de ...., con domicilio en la ciudad de........... La referida pareja de hecho consta inscrita en ....

Acreditando lo anterior, (SEGÚN PROCEDA) se acompañan como DOCUMENTOS..........., testimonio del DNI, del libro de familia de mi mandante, certificado del Registro Civil de..........., certificado de empadronamiento emitido en fecha........... por el Ayuntamiento de..........., declaraciones fiscales, certificado de la inscripción de la pareja de hecho en ...., y...........

SEGUNDO.– La presente solicitud de concurso voluntario debe de ser acogida por el Juzgador al darse el presupuesto objetivo de insolvencia ACTUAL en que se halla

..........., desde el día ...., no pudiendo desde tal fecha cumplir regularmente sus obligaciones exigibles.

Lo anterior resulta de la documentación que se acompaña a esta solicitud, así como del informe pericial emitido el pasado día .... de .... de ...., por Don ...., economista del Ilustre Colegio de ...., (núm. Col. ....), y que se acompaña como DOCUMENTO .... De dicha documentación se desprende que mi mandante carece en la actualidad de liquidez suficiente para atender las deudas exigibles contraídas con sus acreedores.

TERCERO.– Dando cumplimiento a lo previsto en el art. 6.2 TRLC, se acompañan a esta solicitud poder especial para solicitar el concurso, otorgado el día........... de........... de..........., ante Don..........., notario del Ilustre Colegio de..........., con residencia en........... (núm. .... de su protocolo). (DOCUMENTO...........).

CUARTO.– Conforme exige el art. 7 TRLC, se acompañan a esta solicitud los siguientes documentos generales, señalados como DOCUMENTOS ....:

I.– Memoria expresiva de la historia económica y jurídica del deudor; de la actividad o actividades a las que se viene dedicando durante los tres últimos años y de los establecimientos, oficinas y explotaciones de las que resulta titular, y de las causas del estado de insolvencia en que se encuentra.

(Si fuera menester). Expresamente se manifiesta que en la referida memoria consta la identidad del cónyuge de mi mandante, la fecha del matrimonio, el régimen económico por el que se rige el matrimonio, (y, en su caso, la fecha de las capitulaciones matrimoniales otorgadas en su día por los Sres. ....).

ALTERNATIVA: (Si fuera menester). Expresamente se manifiesta que en la referida memoria consta la identidad de la pareja de mi mandante, Doña ...., y la fecha de inscripción de la pareja en el Registro de ....

II.– Inventario de los bienes y derechos que integran el patrimonio de mi mandante, expresivo de su naturaleza, características, lugar en que se encuentran y, respecto de aquellos inscritos en un registro público, los datos de identificación registral de cada uno de los bienes y derechos relacionados.

También resulta del referido inventario el valor de adquisición, las correcciones valorativas procedentes y la estimación del valor de mercado a la fecha de la solicitud, de los referidos bienes y derechos, con indicación de los gravámenes, trabas y cargas que les afectan, a favor de acreedor o de tercero, con expresión de su naturaleza y, en su caso, los datos de identificación registral.

III.– Relación de acreedores con expresión de la identidad, el domicilio y la dirección electrónica, si la tuviere, de cada uno de ellos, así como de la cuantía y el vencimiento de los respectivos créditos y las garantías personales o reales constituidas.

(En su caso) Respecto de aquellos acreedores que han reclamado judicialmente el pago de su respectivo crédito se identifica en la citada relación el procedimiento correspondiente, con indicación del estado de las actuaciones.

QUINTO.– Se hace constar que mi mandante no se halla obligado a la llevanza de contabilidad.

SEXTO.– (Si fuera menester). A la vista que mi poderdante se halla casado con Doña........... la presente solicitud y el auto de declaración del concurso debe ser notificada al cónyuge del deudor.

ALTERNATIVA: (si fuera menester). A la vista que mi poderdante tiene pareja de hecho inscrita en ...., Doña ...., el auto de declaración del concurso y esta solicitud, debe ser notificada a la referida pareja de mi mandante.

SÉPTIMO.– Que a la vista de la situación de mi mandante se desprende lo siguiente:

1.– Que el concurso carece de bien o derecho alguno (en su caso, Que el concursado carece de bienes y derechos legalmente embargables) (en su caso, Que el coste de realización de los bienes y derechos del concursado resulta manifiestamente desproporcionado respecto al previsible valor venal) (en su caso, Que los bienes y derechos del concursado libres de cargas resultan de valor inferior al previsible coste del procedimiento) (en su caso, Que los gravámenes y las cargas existentes sobre los bienes y derechos del concursado lo son por importe superior al valor de mercado de esos bienes y derechos).

2.– (En su caso), Que carece de trabajadores y de actividad desde el año..........., no habiendo realizado ningún acto de disposición desde dicha fecha.

3.– Que no existen indicios de que el deudor hubiera realizado actos perjudiciales para la masa activa que sean rescindibles conforme a lo establecido en esta ley. Tampoco para el ejercicio de la acción social de responsabilidad contra los administradores o liquidadores, de derecho o de hecho, de la persona jurídica concursada, o contra la persona natural designada por la persona jurídica administradora para el ejercicio permanente de las funciones propias del cargo de administrador persona jurídica y contra la persona, cualquiera que sea su denominación, que tenga atribuidas facultades de más alta dirección de la sociedad cuando no exista delegación permanente de facultades del consejo en uno o varios consejeros delegados. Finalmente, no existen indicios de que el concurso de mi mandante pudiera ser calificado de culpable.

Así pues y en base a lo anterior entendemos que procede por este Juzgado, si así lo tuviera por conveniente, que se acuerde la declaración del concurso sin masa ex arts. 37 bis y ss. TRLC.

A los relatados hechos aduzco los siguientes

FUNDAMENTOS DE DERECHO

I.– De conformidad con lo previsto en el art. 44, 45, y 49 TRLC, resulta competente para conocer de esta solicitud de concurso este Juzgado al que respetuosamente me dirijo Juzgado.

II.– Mi mandante, en su condición de deudor, está legitimado para solicitar su declaración de concurso al amparo de lo dispuesto en el art. 3.1 TRLC.

III.– Se dan en este caso los presupuestos subjetivo y objetivo requeridos para la declaración del concurso. En el primer caso, a la vista de la condición de mi mandante de deudor persona natural (art. 1.1 TRLC), que no le resulta de aplicación lo dispuesto en el Libro III TRLC (art. 1.2 TRLC). Y lo segundo a la vista de la situación de insolvencia actual en que se halla.

IV.– La necesaria notificación de la presente solicitud al cónyuge (en su caso, pareja) del deudor ex art. 33.2 TRLC.

V.– Sobre el concurso sin masa vid arts. 37 bis, ss. y concordantes TRLC.

En virtud de lo expuesto,

SUPLICO AL JUZGADO que tenga por presentado este escrito, junto a los documentos a él unidos y sus copias, se sirva admitirlos y tener por promovido en nombre y representación de mi mandante, ... se sirva admitirla y previos los oportunos trámites legales, se sirva dictar auto por el que, estimando íntegramente la presente solicitud:

I.– Dicte auto declarando el concurso de acreedores de mi mandante, con expresión del pasivo que resulte de la documentación, sin más pronunciamientos, ordenando la remisión telemática al "Boletín Oficial del Estado" para su publicación en el suplemento del tablón edictal judicial único y la publicación en el Registro público concursal con llamamiento al acreedor o a los acreedores que representen, al menos, el cinco por ciento del pasivo a fin de que, en el plazo de quince días a contar del siguiente a la publicación del edicto, puedan solicitar el nombramiento de un administrador concursal para que presente informe razonado y documentado sobre los extremos reseñados en el art. 37 Ter TRLC, y tras ello, y a la vista del resultado se acuerde cuanto proceda en orden a la tramitación y conclusión del concurso.

II.– Para el caso en que por este Juzgado se entienda que no procede la declaración de concurso sin masa:

PRIMERO.– Se declare el concurso voluntario de...........

SEGUNDO.– Se acuerde la sustanciación del correspondiente procedimiento, con la formación de las secciones correspondientes.

TERCERO.– Se designe a la Administración Concursal.

CUARTO.– Se acuerde el régimen de intervención de facultades.

QUINTO.– Se acuerde la notificación de esta solicitud y, en cualquier caso, del auto de declaración del concurso al cónyuge /pareja de hecho de mi mandantes esto es, a Don..........., con domicilio en ...., y DNI/NIF ....

SEXTO.– Se acuerde cuanto demás sea procedente en derecho para la sustanciación del procedimiento hasta su conclusión.

Es Justicia que suplico en ...., a .... de .... de ....

OTROSÍ DIGO Que para el supuesto II anterior, procede dar a la declaración de concurso la oportuna publicidad, incluida la registral, en los términos y con el alcance *establecidos en los arts.* 35 a 37 TRLC y sin perjuicio de cualesquiera otra publicidad complementaria que, en medios oficiales o privados, estime oportuna este Juzgado al que nos dirigimos.

En su virtud,

SUPLICO AL JUZGADO que tenga por hechas las anteriores manifestaciones a los efectos oportunos, se sirva admitirlas y acordar en el auto declarando el concurso voluntario de mi principal, las inscripciones y publicaciones previstas en el art. 35 a 37 TRLC, y, previos los oportunos trámites legales, se sirva llevar a cabo tales inscripciones y publicaciones, por medios electrónicos o telemáticos y, si esto no fuera posible, librando los oportunos mandamientos y oficios que serán confiados al Procurador que esto suscribe para su oportuno curso y gestión.

Lo que se suplica en el lugar y fecha reseñados "ut supra".

OTROSÍ DIGO: Que para el supuesto II anterior, en el auto en que se acuerde la declaración de concurso de mi principal y entre otros pronunciamientos, procede el llamamiento de los acreedores para que pongan en conocimiento de la administración concursal la existencia de sus créditos, en el plazo de un mes a contar desde el día siguiente a la publicación de la declaración del concurso en el BOE.

En su virtud,

SUPLICO AL JUZGADO que tenga por hechas las anteriores manifestaciones a los efectos oportunos, se sirva admitirlas y acordar en el auto declarando el concurso voluntario de mi principal, el llamamiento de los acreedores a los efectos antes reseñados.

Lo que se suplica en el lugar y fecha reseñados "ut supra".

OTROSÍ DIGO Que a la vista del art. 33 TRLC, en su día y previa admisión de la presente solicitud, procede la notificación por medios electrónicos del auto de declaración del concurso, a la Agencia Estatal de la Administración Tributaria y a la Tesorería General de la Seguridad Social.

En su virtud,

SUPLICO AL JUZGADO que tenga por hechas las anteriores manifestaciones a los efectos oportunos, se sirva admitirlas y acordar la referida notificación y cuanto demás proceda en derecho al respecto.

Lo que se suplica en el lugar y fecha reseñados "ut supra".

F204. AUTO DECLARANDO CONCURSO SIN MASA. PERSONA JURÍDICA

Normativa de aplicación: *Arts. 37 bis y ss. Real Decreto Legislativo 1/2020, de 5 de mayo, por el que se aprueba el texto refundido de la Ley Concursal.*

En la ciudad de........... a........... de........... de...........

ANTECEDENTES DE HECHO

PRIMERO.– Que en fecha........... de........... de........... por el Procurador de los Tribunales, Don..........., y en representación de la compañía........... S.L., se presentó solicitud de concurso voluntario de acreedores de la sociedad........... S.L., en base a los HECHOS y FUNDAMENTOS DE DERECHO reseñados en la meritada solicitud y los documentos acompañados a la misma.

De la solicitud formulada por........... S.L. extracto lo siguiente:...........

SEGUNDO.– En la tramitación de los presentes se han respetado las prescripciones legales.

FUNDAMENTOS DE DERECHO

PRIMERO.– Que este Juez es competente para conocer de la presente solicitud al ser éste Juzgado de lo Mercantil de........... el correspondiente al lugar donde se halla el centro de los intereses principales de........... S.L. (arts. 44 y 45 TRLC).

SEGUNDO.– Que la solicitud y la documentación aportada por........... S.L. junto a la misma cumple con lo establecido en el TRLC, especialmente, lo establecido en el art. 6 y ss. TRLC.

TERCERO.– Que de la documentación aportada resulta la situación de insolvencia actual de........... S.L. (art. 2 TRLC), al no poder cumplir regularmente sus obligaciones, habiéndose justificado el endeudamiento y la insolvencia actual de dicha compañía. También el presupuesto subjetivo del concurso, al ser........... S.L. un deudor persona jurídica (art. 1.1 TRLC).

CUARTO.– Que a la vista de lo dispuesto en el art. 29.1 TRLC el presente concurso tiene la consideración de voluntario.

QUINTO.– Que de una lectura de la documentación acompañada a la referida demanda, en especial, el inventario de bienes y derechos de la deudora, se aprecia por este Juzgador que nos hallamos ante un concurso sin masa, cuya declaración se regula en los arts. 37 bis y ss. TRLC, toda vez que: (según proceda) a) el concursado carece de bienes y derechos que sean legalmente embargables a la vista que ....;.b) el coste de realización de los bienes y derechos del concursado resulta manifiestamente desproporcionado respecto al previsible valor venal pues ....; c) los bienes y derechos del concursado libres de cargas resultan de valor inferior al previsible coste del procedimiento dado que ....; d) los gravámenes y las cargas existentes sobre los bienes y derechos del concursado lo son por importe superior al valor de mercado de esos bienes y derechos, tal y como resulta de ....

SEXTO.– Que el pasivo de la concursada resultante de la documentación acompañada la solicitud de concurso, asciende a la suma de .... euros.

SÉPTIMO.– En el supuesto que concurra un concurso sin masa, el art. 37 ter TRLC, compele a este Juzgador en orden al mero dictado de auto declarando el concurso de acreedores, con expresión del pasivo que resulte de la documentación, sin más pronunciamientos, y a ordenar la remisión telemática de tal auto al "Boletín Oficial del Estado" para su publicación en el suplemento del tablón edictal judicial único y su publicación en el Registro público concursal. Todo ello con llamamiento al acreedor o a los acreedores que representen, al menos, el cinco por ciento del pasivo a fin de que, en el plazo de quince días a contar del siguiente a la publicación del edicto, puedan solicitar el nombramiento de un administrador concursal para que presente informe razonado y documentado sobre los siguientes extremos:

1.° Si existen indicios suficientes de que el deudor hubiera realizado actos perjudiciales para la masa activa que sean rescindibles conforme a lo establecido en el TRLC.

2.° Si existen indicios suficientes para el ejercicio de la acción social de responsabilidad contra los administradores o liquidadores, de derecho o de hecho, de la persona jurídica concursada, o contra la persona natural designada por la persona jurídica administradora para el ejercicio permanente de las funciones propias del cargo de administrador persona jurídica y contra la persona, cualquiera que sea su denominación, que tenga atribuidas facultades de más alta dirección de la sociedad cuando no exista delegación permanente de facultades del consejo en uno o varios consejeros delegados.

3.° Si existen indicios suficientes de que el concurso pudiera ser calificado de culpable.

El auto de declaración de concurso, en caso de que el deudor fuera empleador, se notificará a la representación legal de las personas trabajadoras (art. 37 ter 3 TRLC).

OCTAVO.– En el caso que dentro del referido plazo de quince días, el acreedor o acreedores que representen, al menos, el cinco por ciento del pasivo, formulen solicitud de nombramiento de administrador concursal para que emita el informe a que se refiere el artículo anterior, mediante auto, procederé al referido nombramiento para que, en el plazo de un mes a contar desde la aceptación, emita el informe solicitado, auto éste en el que fijaré la retribución del administrador por la emisión del informe encomendado, cuya satisfacción corresponderá al acreedor o acreedores que lo hubieran solicitado, quedando obligado el deudor a facilitar de inmediato al administrador concursal toda la información que le fuere requerida por éste para la elaboración del citado informe (art. 37 quarter TRLC).

Si el informe tuviera el alcance previsto en el art. 37 quinquies TRLC, dictaré el auto complementario a que se refiere el citado precepto concursal, en los términos de dicho precepto.

Visto lo expuesto y demás normativa de aplicación

DISPONGO

PRIMERO.– Se tiene por personado a la sociedad.......... S.L., y en su nombre y representación el procurador de los Tribunales Don........... en virtud del poder especial adjuntado por dicha compañía a la solicitud origen de este procedimiento, procurador con el que se entenderán y seguirán las sucesivas diligencias y comunicaciones, y se tiene por solicitada la declaración de concurso voluntario de la compañía........... S.L., solicitud que se admite a trámite.

SEGUNDO.– Que hallándonos ante un concurso sin masa de los previstos en el art. 37 bis TRLC, se declara la situación de concurso de........... S.L., que a la vista del contenido del art. 29 TRLC tendrá la consideración de voluntario, sin efectuar más pronunciamientos que la mención a que el pasivo del deudor resultante de la documentación acompañada a la solicitud de concurso asciende a la suma de .... Euros.

Ordeno la remisión telemática del presente auto al "Boletín Oficial del Estado" para su publicación en el suplemento del tablón edictal judicial único, y procédase a su publicación en el Registro público concursal de esta resolución, con la consignación del importe del referido pasivo y que asciende a la suma de .... euros, y con el llamamiento al acreedor o a los acreedores que representen, al menos, el cinco por ciento del pasivo a fin de que, en el plazo de quince días a contar del siguiente a la publicación del edicto, puedan solicitar el nombramiento de un administrador concursal para que presente informe razonado y documentado sobre los siguientes extremos:

> 1.º Si existen indicios suficientes de que el deudor hubiera realizado actos perjudiciales para la masa activa que sean rescindibles conforme a lo establecido en esta ley.
>
> 2.º Si existen indicios suficientes para el ejercicio de la acción social de responsabilidad contra los administradores o liquidadores, de derecho o de hecho, de la persona jurídica concursada, o contra la persona natural designada por la persona jurídica administradora para el ejercicio permanente de las funciones propias del cargo de administrador persona jurídica y contra la persona, cualquiera que sea su denominación, que tenga atribuidas facultades de más alta dirección de la sociedad cuando no exista delegación permanente de facultades del consejo en uno o varios consejeros delegados.
>
> 3.º Si existen indicios suficientes de que el concurso pudiera ser calificado de culpable.

Notifíquese igualmente el auto de declaración de concurso a la representación legal de las personas trabajadoras (art. 37 Ter 3 TRLC).

Líbrense al efecto los oportunos oficios con los edictos que serán remitidos por vía telemática desde el Juzgado.

ALTERNATIVA: Líbrense los oportunos edictos con los mandamientos precisos para prácticas las citadas inscripciones y anotaciones que serán confiados al procurador para el oportuno diligenciamiento y gestión, al no ser posible el traslado por vía telemática previsto en dicho precepto concursal.

Notifíquese esta resolución al Fondo de Garantía Salarial ex art. 33 ET. También al Registro Mercantil de la provincia de........... a los efectos de lo dispuesto en el art. 37 TRLC y RD 685/2005, de 9 de junio y la Orden 3473/2005, de 8 de noviembre. Y a los Juzgados Decanos de .... También a la Agencia de la Administración Tributaria y a la Tesorería General de la Seguridad Social. Tales comunicaciones las llevara a cabo el Juzgado mediante remisión de oficio y testimonio de la presente resolución por vía electrónica o telemática.

Notifíquese por el Letrado de la Administración de Justicia la presente resolución al concursado a través de su representación procesal.

Contra el presente auto cabe recurso de REPOSICIÓN, que podría interponerse en el plazo de CINCO días a constar desde la notificación de esta resolución, previa constitución del deposito a que se refiere la DA 15ª LOPJ.

Todo lo cual pronuncia, manda y firma el Ilmo. Sr. ...., Magistrado Juez del Juzgado de lo Mercantil núm. .... de...........

F205. AUTO DECLARANDO CONCURSO SIN MASA. PERSONA NATURAL

Normativa de aplicación: *Arts. 37 bis y ss. Real Decreto Legislativo 1/2020, de 5 de mayo, por el que se aprueba el texto refundido de la Ley Concursal.*

En la ciudad de........... a........... de........... de...........

ANTECEDENTES DE HECHO

PRIMERO.– Que en fecha........... de........... de........... por el Procurador de los Tribunales, Don..........., y en representación de Don..........., se presentó solicitud de concurso voluntario de acreedores de Don ...., en base a los HECHOS y FUNDAMENTOS DE DERECHO reseñados en la meritada solicitud y los documentos acompañados a la misma.

De la solicitud formulada por........... S.L. extracto lo siguiente:...........

SEGUNDO.– En la tramitación de los presentes se han respetado las prescripciones legales.

FUNDAMENTOS DE DERECHO

PRIMERO.– Que este Juez es competente para conocer de la presente solicitud al ser éste Juzgado de lo Mercantil de........... el correspondiente al lugar donde se halla el centro de los intereses principales de........... S.L. (arts. 44 y 45 TRLC).

SEGUNDO.– Que la solicitud y la documentación aportada por........... junto a la misma cumple con lo establecido en el TRLC, especialmente, lo establecido en el art. 6 y ss. TRLC.

TERCERO.– Que de la documentación aportada resulta la situación de insolvencia actual de........... S.L. (art. 2 TRLC), al no poder cumplir regularmente sus obligaciones, habiéndose justificado el endeudamiento y la insolvencia actual de dicha compañía. También el presupuesto subjetivo del concurso, al ser........... S.L. un deudor persona natural empresario (no empresario) (art. 1.1 TRLC).

CUARTO.– Que a la vista de lo dispuesto en el art. 29.1 TRLC el presente concurso tiene la consideración de voluntario.

QUINTO.– Que de una lectura de la documentación acompañada a la referida demanda, en especial, el inventario de bienes y derechos de la deudora, se aprecia por este Juzgador que nos hallamos ante un concurso sin masa, cuya declaración se regula en los arts. 37 bis y ss. TRLC, toda vez que: (según proceda) a) el concursado carece de bienes y derechos que sean legalmente embargables a la vista que ....;.b) el coste de realización de los bienes y derechos del concursado resulta manifiestamente desproporcionado respecto al previsible valor venal pues ....; c) los bienes y derechos del concursado libres de cargas resultan de valor inferior al previsible coste del procedimiento dado que ....; d) los gravámenes y las cargas existentes sobre los bienes y derechos del concursado lo son por importe superior al valor de mercado de esos bienes y derechos, tal y como resulta de ....

SEXTO.– Que el pasivo de la concursada resultante de la documentación acompañada la solicitud de concurso, asciende a la suma de .... euros.

SÉPTIMO.– En el supuesto que concurra un concurso sin masa, el art. 37 ter TRLC, compele a este Juzgador en orden al mero dictado de auto declarando el concurso de acreedores, con expresión del pasivo que resulte de la documentación, sin más pronunciamientos, y a ordenar la remisión telemática de tal auto al "Boletín Oficial del Estado" para su publicación en el suplemento del tablón edictal judicial único y su publicación en el Registro público concursal. Todo ello con llamamiento al acreedor o a los acreedores que representen, al menos, el cinco por ciento del pasivo a fin de que, en el plazo de quince días a contar del siguiente a la publicación del edicto, puedan solicitar el nombramiento de un administrador concursal para que presente informe razonado y documentado sobre los siguientes extremos:

1.° Si existen indicios suficientes de que el deudor hubiera realizado actos perjudiciales para la masa activa que sean rescindibles conforme a lo establecido en el TRLC.

2.° Si existen indicios suficientes para el ejercicio de la acción social de responsabilidad contra los administradores o liquidadores, de derecho o de hecho, de la persona jurídica concursada, o contra la persona natural designada por la persona jurídica administradora para el ejercicio permanente de las funciones propias del cargo de administrador persona jurídica y contra la persona, cualquiera que sea su denominación, que tenga atribuidas facultades de más alta dirección de la sociedad cuando no exista delegación permanente de facultades del consejo en uno o varios consejeros delegados.

3.º Si existen indicios suficientes de que el concurso pudiera ser calificado de culpable.

En el caso de que, dentro de plazo, ningún legitimado hubiera formulado esa solicitud, el deudor I podrá presentar solicitud de exoneración del pasivo insatisfecho (art. 37 ter 2 TRLC).

(En su caso) El auto de declaración de concurso, en caso de que el deudor fuera empleador, se notificará a la representación legal de las personas trabajadoras (art. 37 ter 3 TRLC).

OCTAVO.– En el caso que dentro del referido plazo de quince días, el acreedor o acreedores que representen, al menos, el cinco por ciento del pasivo, formulen solicitud de nombramiento de administrador concursal para que emita el informe a que se refiere el artículo anterior, mediante auto, procederé al referido nombramiento para que, en el plazo de un mes a contar desde la aceptación, emita el informe solicitado, auto éste en el que fijaré la retribución del administrador por la emisión del informe encomendado, cuya satisfacción corresponderá al acreedor o acreedores que lo hubieran solicitado, quedando obligado el deudor a facilitar de inmediato al administrador concursal toda la información que le fuere requerida por éste para la elaboración del citado informe (art. 37 quarter TRLC).

Si el informe tuviera el alcance previsto en el art. 37 quinquies TRLC, dictaré el auto complementario a que se refiere el citado precepto concursal, en los términos de dicho precepto.

Visto lo expuesto y demás normativa de aplicación

DISPONGO

PRIMERO.– Se tiene por personado a la Don ...., y en su nombre y representación el procurador de los Tribunales Don........... en virtud del poder especial adjuntado por dicho señor a la solicitud origen de este procedimiento, procurador con el que se entenderán y seguirán las sucesivas diligencias y comunicaciones, y se tiene por solicitada la declaración de concurso voluntario de ...., solicitud que se admite a trámite.

SEGUNDO.– Que hallándonos ante un concurso sin masa de los previstos en el art. 37 bis TRLC, se declara la situación de concurso de Don ...., que a la vista del contenido del art. 29 TRLC tendrá la consideración de voluntario, sin efectuar más pronunciamientos que la mención a que el pasivo del deudor resultante de la documentación acompañada a la solicitud de concurso asciende a la suma de .... Euros.

Ordeno la remisión telemática del presente auto al "Boletín Oficial del Estado" para su publicación en el suplemento del tablón edictal judicial único, y procédase a su publicación en el Registro público concursal de esta resolución, con la consignación del importe del referido pasivo y que asciende a la suma de .... euros, y con el llamamiento al acreedor o a los acreedores que representen, al menos, el cinco por ciento del pasivo a fin de que, en el plazo de quince días a contar del siguiente a la publicación del edicto, puedan solicitar el nombramiento de un administrador concursal para que presente informe razonado y documentado sobre los extremos a que se refiere el art. 37 Ter 1 TRLC.

(En su caso). Notifíquese igualmente el auto de declaración de concurso a la representación legal de las personas trabajadoras (art. 37 Ter 3 TRLC).

Líbrense al efecto los oportunos oficios con los edictos que serán remitidos por vía telemática desde el Juzgado.

ALTERNATIVA: Líbrense los oportunos edictos con los mandamientos precisos para prácticas las citadas inscripciones y anotaciones que serán confiados al procurador para el oportuno diligenciamiento y gestión, al no ser posible el traslado por vía telemática previsto en dicho precepto concursal.

Notifíquese esta resolución al Fondo de Garantía Salarial ex art. 33 ET. También al Registro Civil de........... a los efectos de lo dispuesto en el art. 36 TRLC. Y a los Juzgados Decanos de .... También a la Agencia de la Administración Tributaria y a la Tesorería General de la Seguridad Social.

(En su caso). Por ultimo, notifíquese este auto al cónyuge/pareja de Don ...., la señora Doña ...., con domicilio en ...., calle .... y DNI/NIF ....

Tales comunicaciones las llevara a cabo el Juzgado mediante remisión de oficio y testimonio de la presente resolución por vía electrónica o telemática.

Notifíquese por el Letrado de la Administración de Justicia la presente resolución al concursado a través de su representación procesal.

Contra el presente auto cabe recurso de REPOSICIÓN, que podría interponerse en el plazo de CINCO días a constar desde la notificación de esta resolución, previa constitución del deposito a que se refiere la DA 15° LOPJ.

Todo lo cual pronuncia, manda y firma el Ilmo. Sr. ...., Magistrado Juez del Juzgado de lo Mercantil núm. .... de...........

F206. EDICTO LLAMAMIENTO ACREEDORES PARA LA DESIGNACIÓN DE ADMINISTRACIÓN CONCURSAL A EFECTOS DEL INFORME DEL ART. 37 TER TRLC. PERSONA JURÍDICA

Normativa de aplicación: *Arts. 37 bis y ss. Real Decreto Legislativo 1/2020, de 5 de mayo, por el que se aprueba el texto refundido de la Ley Concursal.*

Edicto suscrito por Doña..........., Letrado de la Administración de Justicia, Juzgado de lo Mercantil núm. .... de..........., a efectos del llamamiento a los acreedores a que se refiere el apartado 1, del art. 37 Ter TRLC.

CONCURSADO:........... S.L. con domicilio en..........., calle..........., y CIF...........

JUZGADO COMPETENTE: Juzgado de lo Mercantil núm. .... de...........

PROCEDIMIENTO: Concurso voluntario núm. de autos.........../........... NIG: ....

FECHA DE PRESENTACIÓN DE LA SOLICITUD: La solicitud fue presentada por .... S.L el día .... de .... de...........

FECHA DE REPARTO: La solicitud de concurso fue repartida a este Juzgado el pasado día .... de .... de...........

FECHA DECLARACIÓN CONCURSO: El concurso de acreedores fue declarado mediante auto de fecha........... de........... de...........

PASIVO DEL CONCURSADO: El pasivo del concursado que resulta de la documentación acompañada a su solicitud asciende a la suma de .... euros.

LLAMAMIENTO ACRREDORES: Sirva el presente edicto a efecto del llamamiento a acreedor o acreedores que representen, al menos, el cinco por ciento del expresado pasivo a fin que en el plazo de quince días a contra desde el siguiente a la publicación del presente edicto, puedan solicitar, si así conviniera a su derecho e interés, puedan solicitar el nombramiento de un administrador concursal para que informe razonado y documentado sobre los extremos reseñados en el apartado 1, del art. 37 Ter TRLC.

Todo lo cual se comunica a los efectos y con el alcance previsto en el art. 37 Ter y ss. TRLC.

En........... a........... de........... de...........

F207. EDICTO LLAMAMIENTO ACREEDORES PARA LA DESIGNACIÓN DE ADMINISTRACIÓN CONCURSAL A EFECTOS DEL INFORME DEL ART. 37 TER TRLC. PERSONA NATURAL

Normativa de aplicación: *Arts. 37 bis y ss. Real Decreto Legislativo 1/2020, de 5 de mayo, por el que se aprueba el texto refundido de la Ley Concursal.*

Edicto suscrito por Doña..........., Letrado de la Administración de Justicia, Juzgado de lo Mercantil núm. .... de..........., a efectos del llamamiento a los acreedores a que se refiere el apartado 1, del art. 37 Ter TRLC.

CONCURSADO: Don..........., con domicilio en..........., calle..........., y DNI/ NIF ....

JUZGADO COMPETENTE: Juzgado de lo Mercantil núm. .... de...........

PROCEDIMIENTO: Concurso voluntario núm. de autos.........../........... NIG: ....

FECHA DE PRESENTACIÓN DE LA SOLICITUD: La solicitud fue presentada por .... el día .... de .... de ....

FECHA DE REPARTO: La solicitud de concurso fue repartida a este Juzgado el pasado día .... de .... de ....

FECHA DECLARACIÓN CONCURSO: El concurso de acreedores fue declarado mediante auto de fecha........... de........... de...........

PASIVO DEL CONCURSADO: El pasivo del concursado que resulta de la documentación acompañada a su solicitud asciende a la suma de .... euros.

LLAMAMIENTO ACRREDORES: Sirva el presente edicto a efecto del llamamiento a acreedor o acreedores que representen, al menos, el cinco por ciento del expresado pasivo a fin que en el plazo de quince días a contra desde el siguiente a la publicación del presente edicto, puedan solicitar, si así conviniera a su derecho e interés, puedan solicitar el nombramiento de un administrador concursal para que informe razonado y documentado sobre los extremos reseñados en el apartado 1, del art. 37 Ter TRLC.

Todo lo cual se comunica a los efectos y con el alcance previsto en el art. 37 Ter y ss. TRLC.

En........... a........... de........... de...........

F208. ESCRITO DE ACREEDOR SOLICITANDO LA DESIGNACIÓN DE ADMINISTRADOR CONCURSAL A LOS EFECTOS DEL APARTADO 1 DEL ART. 37 TER TRLC

Normativa de aplicación: *Arts. 37 bis y ss. Real Decreto Legislativo 1/2020, de 5 de mayo, por el que se aprueba el texto refundido de la Ley Concursal.*

..........., Procurador de los Tribunales y de........... S.L., con domicilio en..........., calle..........., núm. ...., cuya representación acredito con la copia autorizada de escritura de poder que acompaño a este escrito, bajo la dirección letrada de Don .... (ICAV ....) comparezco ante Juzgado en el concurso voluntario de la sociedad..........., que se tramita ante este Juzgado bajo el número........... y como mejor proceda en derecho DIGO:

I.– Que mediante auto de fecha .... la sociedad .... S.L, fue declarada en concurso de acreedores sin masa y en los términos del art. 37 ter TRLC,., que fue objeto de publicación en el suplemento del tablón edictal judicial único del BOE, en su edición núm............., de fecha .... y en el Registro Publico Concursal. En dicho auto se efectuaba llamamiento al acreedor o a los acreedores que representen, al menos, el cinco por ciento del pasivo a fin de que, en el plazo de quince días a contar del siguiente a la publicación del edicto, pudiesen solicitar el nombramiento de un administrador concursal para que presentase informe razonado y documentado a que se refiere el art. 37 Ter TRLC.

II.– Que mi principal es acreedor de la compañía .... S.L, titularizando un crédito por importe de .... euros, tal y como se acredita con los DOCUMENTOS que se acompañan al presente señalados de NUMEROS .... Este crédito supone mas del cinco por ciento del pasivo del citado deudor concursado.

III.– Que por medio de este escrito, y en la referida condición de acreedor, se solicita del Juzgado se nombre un administrador concursal que presente el informe a que se refiere el art. 37 TER TRLC.

En su virtud,

SUPLICO AL JUZGADO que tenga por presentado este escrito, junto a los documentos a él unidos y copia de todo ello, se sirva admitirlo, y previos los oportunos legales, se sirva dictar auto designando administrador concursal para que emita el informe a que se refiere el art. 247 TRLC.

En ...., hoy día ...., ...

F209. AUTO DESIGNANDO AC EN CONCURSO SIN MASA. PERSONA JURÍDICA

Normativa de aplicación: *Arts. 37 bis y ss. Real Decreto Legislativo 1/2020, de 5 de mayo, por el que se aprueba el texto refundido de la Ley Concursal.*

En la ciudad de........... a........... de........... de...........

ANTECEDENTES DE HECHO

PRIMERO.– Que mediante auto de fecha .... la sociedad .... S.L, fue declarada en concurso de acreedores sin masa y en los términos del art. 37 ter TRLC,., que fue objeto de publicación en el suplemento del tablón edictal judicial único del BOE, en su edición núm............, de fecha .... y en el Registro Publico Concursal. En dicho auto se efectuaba llamamiento al acreedor o a los acreedores que representen, al menos, el cinco por ciento del pasivo a fin de que, en el plazo de quince días a contar del siguiente a la publicación del edicto, pudiesen solicitar el nombramiento de un administrador concursal para que presentase informe razonado y documentado a que se refiere el art. 37 Ter TRLC.

SEGUNDO.– Que el procurador de los Tribunales ....y en nombre de la mercantil ...., se ha por medio de este escrito, y en la referida condición de acreedor, se solicitado de este Juzgado se nombre un administrador concursal que presente el informe a que se refiere el art. 37 TER TRLC.

De la solicitud formulada por........... S.L. extracto lo siguiente:...........

TERCERO.– En la tramitación de los presentes se han respetado las prescripciones legales.

FUNDAMENTOS DE DERECHO

PRIMERO.– Que conforme señala el art. 37 Ter TRLC, a parado 1, Si de la solicitud de declaración de concurso y de los documentos que la acompañen resultare que el deudor se encuentra en cualquiera de las situaciones a que se refiere el artículo 37 Bis TRLC, el juez dictará auto declarando el concurso de acreedores, con expresión del pasivo que resulte de la documentación, sin más pronunciamientos, ordenando la remisión telemática al "Boletín Oficial del Estado" para su publicación en el suplemento del tablón edictal judicial único y la publicación en el Registro público concursal con llamamiento al acreedor o a los acreedores que representen, al menos, el cinco por ciento del pasivo a fin de que, en el plazo de quince días a contar del siguiente a la publicación del edicto, puedan solicitar el nombramiento de un administrador concursal para que presente informe razonado y documentado sobre los siguientes extremos:

1.° Si existen indicios suficientes de que el deudor hubiera realizado actos perjudiciales para la masa activa que sean rescindibles conforme a lo establecido en esta ley.

2.° Si existen indicios suficientes para el ejercicio de la acción social de responsabilidad contra los administradores o liquidadores, de derecho o de hecho, de la persona jurídica concursada, o contra la persona natural designada por la persona jurídica administradora para el ejercicio permanente de las funciones propias del cargo de administrador persona jurídica y contra la persona, cualquiera que sea su denominación, que tenga atribuidas facultades de más alta dirección de la sociedad cuando no exista delegación permanente de facultades del consejo en uno o varios consejeros delegados.

3.° Si existen indicios suficientes de que el concurso pudiera ser calificado de culpable.

SEGUNDO.– En el caso de que, dentro de plazo, acreedor o acreedores que representen, al menos, el cinco por ciento del pasivo formularan solicitud de nombramiento de administrador concursal para que emita el informe a que se refiere el artículo anterior, el juez, mediante auto, procederá al nombramiento para que, en el plazo de un mes a contar desde la aceptación, emita el informe solicitado. En el mismo auto fijará la retribución del administrador por la emisión del informe encomendado, cuya satisfacción corresponderá al acreedor o acreedores que lo hubieran solicitado (37 quarter, apartado, 1 TRLC).

Por otro lado, el deudor deberá facilitar de inmediato toda la información que le sea requerida por el administrador concursal para la elaboración del informe a que se refiere el artículo 37 Ter TRLC.

TERCERO.– Que la solicitud de nombramiento de administrador concursal a efectos de los arts. 37 ter y ss. TRLC, y la emisión de nombramiento ha sido presentada en tiempo y forma, y el peticionario es acreedor de la concursada, titular de un crédito que importa mas del cinco por ciento de pasivo de la concursada. Así resulta de la lista de acreedores acompañada a la solicitud de concurso voluntario.

CUARTO.– Procede, pues nombrar el referido administrador concursal, recayendo el nombramiento en Don........... (ABOGADO), mayor de edad, de nacionalidad española, con domicilio en ...., calle .... y DNI/NIF ...., Núm. .... ICAV, quien deberá emitir en el plazo de un mes a contar desde la aceptación, el informe solicitado y al que se refiere el art. 37 Ter.1 TRLC, y que tendrá por objeto los siguientes extremos:

1.° Si existen indicios suficientes de que el deudor hubiera realizado actos perjudiciales para la masa activa que sean rescindibles conforme a lo establecido en esta ley.

2.° Si existen indicios suficientes para el ejercicio de la acción social de responsabilidad contra los administradores o liquidadores, de derecho o de hecho, de la persona jurídica concursada, o contra la persona natural designada por la persona jurídica administradora para el ejercicio permanente de las funciones propias del cargo de administrador persona jurídica y contra la persona, cualquiera que sea su denominación, que tenga atribuidas facultades de más alta dirección de la sociedad cuando no exista delegación permanente de facultades del consejo en uno o varios consejeros delegados.

3.° Si existen indicios suficientes de que el concurso pudiera ser calificado de culpable.

El deudor deberá facilitar de inmediato toda la información que le sea requerida por el administrador concursal para la elaboración del referido informe.

CUARTO.– De conformidad con lo dispuesto en el art. 37 quarter 1 TRLC, procede la fijación por este juzgado de la retribución a favor del administrador concursal por la emisión del informe.

Ante el silencio de la Ley sobre los criterios a seguir en la fijación de tal retribución, este Juzgador entiende necesario acudir a los siguientes parámetros .... Aplicando los mismos, resulta una retribución a favor del nombrado por importe de .... euros, a lo que habrá que aplicar el correspondiente IVA y retención fiscal.

Esta retribución será a cargo del acreedor instante del nombramiento.

Visto lo expuesto y demás normativa de aplicación

DISPONGO

PRIMERO.– Estimar la solicitud formulada por el Procurador de los Tribunales Don ...., en nombre y representación de ....S.L y nombrar administrador concursal a Don........... (ABOGADO), mayor de edad, de nacionalidad española, con domicilio en ...., calle .... y DNI/NIF .... Núm. .... ICAV, quien deberá emitir en las presentes actuaciones y en el plazo de un mes a contar desde la aceptación, el informe a que se refiere el art. 37 Ter.1 TRLC y que tendrá por objeto los siguientes extremos:

1.° Si existen indicios suficientes de que el deudor hubiera realizado actos perjudiciales para la masa activa que sean rescindibles conforme a lo establecido en esta ley.

2.° Si existen indicios suficientes para el ejercicio de la acción social de responsabilidad contra los administradores o liquidadores, de derecho o de hecho, de la persona jurídica concursada, o contra la persona natural designada por la persona jurídica administradora para el ejercicio permanente de las funciones propias del cargo de administrador persona jurídica y contra la persona, cualquiera que sea su denominación, que tenga atribuidas facultades de más alta dirección de la sociedad cuando no exista delegación permanente de facultades del consejo en uno o varios consejeros delegados.

3.° Si existen indicios suficientes de que el concurso pudiera ser calificado de culpable.

El administrador concursal nombrado deberá aceptar el cargo, por lo que urgentemente y por el medio más rápido se le notificará su nombramiento a efectos de su aceptación y juramento. También deberá manifestar que no incurre en supuestos de prohibición o incompatibilidad para aceptar el cargo. Igualmente deberá acreditar ante este Juzgado que tiene suscrito un seguro de responsabilidad civil o garantía equivalente proporcional a la naturaleza y alcance del riesgo cubierto por el nombramiento aquí verificado a su favor.

SEGUNDO.– Fijar la retribución del referido administrador concursal por la emisión del antes citado informe en la suma de .... euros, mas su correspondiente IVA y en su caso retención fiscal, que será a cargo del acreedor instante del nombramiento, que deberá consignar el referido importe en el plazo de cinco días en la cuenta de consignaciones de este Juzgado, apercibiéndole que si no lo hiciere, se estimara renunciado el nombramiento, procediéndose a la conclusión del concurso por insuficiencia de masa.

Notifíquese por el Letrado de la Administración de Justicia la presente resolución al concursado y a .... S.L a través de su representación procesal.

Contra el presente auto no cabe recurso.

Todo lo cual pronuncia, manda y firma el Ilmo. Sr. ...., Magistrado Juez del Juzgado de lo Mercantil núm. .... de...........

F210. INFORME DEL ADMINISTRADOR CONCURSAL A LOS EFECTOS DEL ART. 37 TER TRLC. PERSONA JURÍDICA. (I)

Normativa de aplicación: *Arts. 37 y ss. Real Decreto Legislativo 1/2020, de 5 de mayo, por el que se aprueba el texto refundido de la Ley Concursal.*

AL JUZGADO DE LO MERCANTIL NÚM.... DE.......

............, administrador concursal designado en el concurso sin masa seguido ante este juzgado bajo el numero ...., comparezco en el citado procedimiento y como mejor proceda en derecho DIGO:

I.– Que mediante auto de fecha .... la sociedad .... S.L, fue declarada en concurso de acreedores sin masa y en los términos del art. 37 ter TRLC, que fue objeto de publicación en el suplemento del tablón edictal judicial único del BOE, en su edición núm............., de fecha .... y en el Registro Público Concursal.

En dicho auto se efectuaba un llamamiento al acreedor o a los acreedores que representen, al menos, el cinco por ciento del pasivo a fin de que, en el plazo de quince días a contar del siguiente a la publicación del edicto, pudiesen solicitar el nombramiento de un administrador concursal para que presentase informe razonado y documentado a que se refiere el art. 37 Ter. 1 TRLC.

II.– Que por medio de escrito de fecha ......, el acreedor .... solicitó del Juzgado que se nombrase un administrador concursal que presente el referido informe.

III.– Que mediante auto de fecha ...., quien suscribe, ..., abogado de profesión (..... ICAV), con domicilio en ...., fue designado a efectos de emitir el referido informe.

IV.– Que por medio del presente escrito y de conformidad con lo anteriormente expuesto, esta parte evacua el cotando informe en los siguientes términos:

INFORME

I.– OBJETO DEL INFORME:

El presente INFORME, razonado y documentado, versa sobre los siguientes extremos:

A.– Si existen indicios suficientes de que el deudor, la sociedad .... S.L, ha realizado actos perjudiciales para la masa activa que sean rescindibles conforme a lo establecido en el TRLC.

B.– Si existen indicios suficientes para el ejercicio de la acción social de responsabilidad contra los administradores o liquidadores, de derecho o de hecho, de la persona jurídica concursada, o contra la persona natural designada por la persona jurídica administradora para el ejercicio permanente de las funciones propias del cargo de administrador persona jurídica y contra la persona, cualquiera que sea su denominación, que tenga atribuidas facultades de más alta dirección de la sociedad cuando no exista delegación permanente de facultades del consejo en uno o varios consejeros delegados.

C.– Si existen indicios suficientes de que el concurso pudiera ser calificado de culpable.

II.– ANTECEDENTES

En la emisión del presente informe se han tenido en cuenta los siguientes antecedentes facticos: ....

III.– DOCUMENTACIÓN Y FUENTES DE INFORMACIÓN.

A los efectos de evacuar el encargo informatorio conferido, se han tenido en cuenta los siguientes DOCUMENTOS y FUENTES DE INFORMACIÓN.

A) Libros contables de la sociedad: ....

B) Soportes de los citados libros contables:.........

C) Libros de actas y registros socios.

D) Documentación fiscal de la compañía ..... S.L.

E) Cuentas anuales depositadas en el Registro Mercantil: ....

F) Escrituras sociales y de contenido patrimonial relacionadas a continuación:........

G) Investigación registral ....

H) Otras informaciones: ....

IV.– CONCLUSIONES:

A.– Que NO existen indicios suficientes de que el deudor, la sociedad .... S.L, ha realizado actos perjudiciales para la masa activa que sean rescindibles conforme a lo establecido en el TRLC. Ello a la vista que: ....

B.– Que NO existen indicios suficientes para el ejercicio de la acción social de responsabilidad contra las personas a que se refiere el art. 37 Ter. 1.2° TRLC, toda vez que ....

C.– Que NO existen indicios suficientes de que el concurso pudiera ser calificado de culpable, a la vista que ....

ALTERNATIVA:

A.– Que SI existen indicios suficientes de que el deudor, la sociedad .... S.L, ha realizado actos perjudiciales para la masa activa que sean rescindibles conforme a lo establecido en el TRLC. Ello a la vista que: ....

B.– Que SI existen indicios suficientes para el ejercicio de la acción social de responsabilidad contra alguna de las personas a que se refiere el art. 37 Ter. 1.2° TRLC, concretamente, contra Don ...., toda vez que ....

C.– Que SI existen indicios suficientes de que el concurso pudiera ser calificado de culpable, a la vista que ....

(seleccionar lo que proceda)

Acreditando los anterior se acompaña ....

En su virtud,

SUPLICO AL JUZGADO que tenga por presentado este escrito, junto a los documentos a él unidos y copia de todo ello, se sirva admitirlo, y previos los oportunos legales, se sirva tener por formulado el informe para cuya emisión fue designada esta parte mediante auto de fecha ...., acordando cuanto demás proceda en derecho.

En ...., hoy día ...., ...

F211. INFORME DEL ADMINISTRADOR CONCURSAL A LOS EFECTOS DEL ART. 37 TER TRLC. PERSONA JURÍDICA. (II)

Normativa de aplicación: *Arts. 37 y ss. Real Decreto Legislativo 1/2020, de 5 de mayo, por el que se aprueba el texto refundido de la Ley Concursal.*

AL JUZGADO DE LO MERCANTIL Nº .... DE ....

..........., Administrador concursal designado en el procedimiento de Concurso ordinario de la entidad mercantil ...., S.L. que con el número .... se tramita ante ese Juzgado, comparece ante el mismo y como mejor proceda en Derecho, DICE:

PRIMERO.– Que mediante Auto dictado en fecha ..... de ...... de .... se nombra Administrador Concursal al infrascrito, con el objeto de elaborar en el plazo de un mes informe sobre los siguientes extremos:

1. Si existen indicios suficientes de que el deudor hubiera realizado actos perjudiciales para la masa activa que sean rescindibles conforme a lo establecido en esta ley.

2. Si existen indicios suficientes para el ejercicio de la acción social de responsabilidad contra los administradores o liquidadores, de hecho o de derecho, de la persona jurídica concursada; o contra la persona natural designada por la persona jurídica administradora para el ejercicio permanente de las funciones propias del cargo de administrador persona jurídica y contra la persona, cualquiera que sea su denominación, que tenga atribuidas facultades de más alta dirección de la sociedad cuanto no exista delegación permanente de facultades del consejo en uno o varios consejeros delegados.

3. Si existen indicios suficientes para que el concurso pudiera ser calificado de culpable.

SEGUNDO.– Que el ..... de ...... de .... se produjo la aceptación y juramento del cargo del infrascrito, iniciándose las labores oportunas para la confección del citado informe, que se acompaña al presente.

INFORME art. 37ter TRLC de la mercantil

............, S.L.

I.– ANTECEDENTES

La sociedad ...., SL fue constituida el .... de .... de .... en .... mediante escritura autorizada por el Notario don ...., bajo el número .... de su protocolo.

Su domicilio social desde el ejercicio .... se encuentra en .... calle ...., nº ....

El en artículo 2º de sus Estatutos queda fijado el objeto social:

La sociedad tendrá por objeto y finalidad lo siguiente:

a) El comercio nacional en internacional, importación, exportación y distribución de productos agrícolas y de alimentación.

b) La prestación de servicios de asesoramiento e intermediación en materia de transportes y comercio exterior.

c) El transporte terrestre de mercancía tanto por carretera como ferroviario, internacional y nacional.

d) El transporte de mercancías marítimo internacional. Y el transporte intermodal o multimodal.

e) Las actividades relacionadas con el transporte, auxiliares y complementarias, como intermediarios del transporte, Agencia de transporte y logística internacional"

El órgano de administración está constituido por un Administrador único, cargo que recae sobre ...., quien es también el socio único de la mercantil desde el ejercicio ....

Mediante escrito de fecha ...... de .... de .... por don ...., procurador de los tribunales y de la mercantil ...., SL, y bajo la dirección letrada de don ...., se solicita la declaración voluntaria de concurso de acreedores sin masa de la citada mercantil para que se acuerde su tramitación conforme a las especialidades establecidas en los artículos 37bis y ss. del TRLC.

En dicha solicitud se indica que la sociedad, ante la imposibilidad de continuar desarrollando su objeto social, ha cesado la actividad en el mes de .... de ......, adoptándose la decisión de solicitar el concurso de acreedores con fecha ....

Mediante Auto dictado el ..... de ...... de ....por el Juzgado de lo Mercantil nº ... de .... se admite a trámite la solicitud de concurso de acreedores de ...., SL, se declara que el concurso voluntario de la mercantil es un concurso sin masa y se efectúa llamamiento al acreedor o acreedores que representen el cinco por ciento del pasivo, poniéndoles en conocimiento que disponen de quince días a contar desde el siguiente a la publicación del edicto para formular solicitud de nombramiento de administrador concursal, con el fin de emitir el informe establecido en el artículo 37 ter del TRLC.

Este Auto fue publicado en el Boletín Oficial del Estado con fecha ..... de ..... de ..... y en el Registro Público Concursal con fecha ...... de .... de ....

Mediante escrito presentado en fecha ...... de .... de .... por don ....., procurador de los tribunales y de la mercantil ....., SL, y bajo la dirección letrada de don ...., se solicita que se le tenga por comparecido y parte en el procedimiento concursal, se tenga por comunicado el crédito que ostenta frente a ...., SL y se tenga por realizada la solicitud de nombramiento de un administrador concursal conforme a lo previsto en el artículo 37ter del TRLC.

Por Auto de fecha ...... de .... de ...... se nombra administrador concursal al infrascrito, fijándose su retribución, que será a cargo del acreedor que lo ha solicitado, aceptando dicho cargo en fecha ...... de ...... del mismo año.

II.– OBJETO Y ALCANCE DEL PRESENTE INFORME.

Como resulta del propio auto de este Juzgado al que respetuosamente nos dirigimos, de fecha .... de .... de ...., y del contenido del propio art. 37 ter TRLC, este informe tiene como único y exclusivo objeto:

a) Si existen indicios suficientes de que el deudor hubiera realizado actos perjudiciales para la masa activa que sean rescindibles conforme a lo establecido en esta ley.

b) Si existen indicios suficientes para el ejercicio de la acción social de responsabilidad contra los administradores o liquidadores, de hecho o de derecho, de la persona jurídica concursada; o contra la persona natural designada por la persona jurídica administradora para el ejercicio permanente de las funciones propias del cargo de administrador persona jurídica y contra la persona, cualquiera que sea su denominación, que tenga atribuidas facultades de más alta dirección de la sociedad cuanto no exista delegación permanente de facultades del consejo en uno o varios consejeros delegados.

c) Si existen indicios suficientes para que el concurso pudiera ser calificado de culpable.

Esto es, el presente informe no es el referido en los arts. 290 y ss. TRLC, ni su objeto viene conectado a la comprobación de los acreedores de la sociedad, o sus créditos, o del inventario etc. Única y exclusivamente el Administrador concursal queda compelido a informar sobre la eventual concurrencia de las circunstancias reseñadas anteriormente, cualquiera de ellas, cuya existencia supondría un incremento de las expectativas de cobro de los acreedores a través de las referidas acciones, recordémoslo, ejercitables en el seno del concurso y que justifican la tramitación del procedimiento concursal aun a riesgo de incurrir en una serie de costes adicionales, pues se entiende que ese aumento de la masa activa permitirá pagar los costes del procedimiento y siquiera sea de forma parcial, las deudas existentes.

Por otro lado, no debemos olvidar que el informe en cuestión gira en torno, no tanto a la acreditación de la existencia de las referidas acciones, sino de su examen desde una perspectiva meramente indiciaria, de la concurrencia de dichas acciones y su probable estimación, a la vista de las limitaciones temporales e informativas que impactan en la emisión del referido informe. Pero también desde la perspectiva de que caso de un exitoso ejercicio, se superasen las circunstancias definitorias del concurso sin masa a que se refieren las letras a) a d) del art. 37 bis TRLC, pues, caso contrario, resultaría absolutamente antieconómico no solo el ejercicio de las referidas acciones, sino la propia tramitación del concurso.

III.- DOCUMENTACIÓN E INFORMACIÓN EXAMINADA EN ORDEN A LA EMISIÓN DEL INFORME.

A efectos de la emisión del presente informe, se ha tenido en cuenta la documentación acompañada por ...., SL a su solicitud de concurso de acreedores.

Igualmente, previo requerimiento por esta parte a la concursada se han examinado los balances de sumas y saldos de la concursada a los ejercicios ..... y ...., y los mayores de los referidos ejercicios. Igualmente se han solicitado diversas información y documentos mediante correos cruzados entre la concursada y esta administración concursal de fecha

.... del presente año, amén de diversas llamadas telefónicas. Dichos requerimientos han sido atendidos por la concursada de manera escueta, parcial y ciertamente mejorable.

IV.– OPERACIONES Y HECHOS QUE PUEDEN TENER TRASCEDENCIA A EFECTOS DE LO DISPUESTO EN EL ART. 37 TER TRLC.

Del examen de la citada documentación e informaciones, y a efectos del presente informe cabe resaltar lo siguiente:

A.– Existencia de diversos asientos contabilizados en la cuenta de mayor "40000000000 PROVEEDORES VARIOS"

De las informaciones recibidas, estos asientos parece que suponen un saneamiento de la contabilidad, deteriorando y dando de baja en la misma determinados saldos, y ajustando la misma a la realidad, pues se arrastran saldos de operaciones ejecutadas en .... pero que continuaban en la contabilidad. Por ello, a final de ...... se eliminan los mismos a efectos de saldar las cuentas conforme a lo acontecido en .... No nos consta que la anterior justificación no responda a la realidad.

B.– Determinados pagos efectuados durante el año .... al proveedor .... S.L. Dichos pagos, están asentados en la contabilidad y cuentan con el soporte del oportuno contrato y facturas del indicado proveedor. Y no nos consta vinculación alguna entre la concursada y la citada sociedad.

V.– DE LA INEXISTENCIA DE INDICIOS DE ACCIONES A LAS QUE SE REFIERE EL ART. 37 TER TRLC.

A.– ACCIONES RESCISORIAS

El artículo 37ter.1. 1° indica que el informe debe indicar "si existen indicios suficientes de que el deudor hubiera realizado actos perjudiciales para la masa activa que sean rescindibles conforme a lo establecido en esta ley".

De conformidad con el artículo 226 del TRLC "son rescindibles los actos perjudiciales para la masa activa realizados por el deudor dentro de los dos años anteriores a la fecha de solicitud de la declaración de concurso, así como los realizados desde esa fecha a la de la declaración, aunque no hubiere existido intención fraudulenta".

Dado que la solicitud de concurso fue realizada por escrito fechado el ..... de ...... de ......, declarado el día ..... de ..... de ..... y no consta una previa presentación de la comunicación del art. 585 TRLC, los actos o negocios jurídicos del concursado que pudiesen ser objeto de rescisión serían los realizados desde el ..... de .... de ...... hasta la actualidad.

A la vista de la documentación e información solicitada, no parece que haya indicios de que las actuaciones reseñadas en los apartados A y B puedan dar lugar a acciones rescisorias, no solo por cuanto no consta la concurrencia de cualquiera de las circunstancias que dan lugar al despliegue de las presunciones de perjuicio de los arts. 227 y 228 TRLC, sino que tampoco se observan indicios de perjudicialidad de tales operaciones.

Finalmente, tampoco resultan indicios de actos o negocios jurídicos que pudiesen ser objeto de las otras acciones de reintegración a las que se refiere el art. 238 TRLC.

B.– ACCIONES DE RESPONSABILIDAD

De conformidad con el artículo 236 de la LSC "los administradores responderán frente a la sociedad, frente a los socios y frente a los acreedores sociales, del daño que causen por actos u omisiones contrarios a la ley o a los estatutos o por los realizados incumpliendo los deberes inherentes al desempeño del cargo, siempre y cuando haya intervenido dolo o culpa".

Esta acción de responsabilidad, ex artículo 238 de la LSC, "se entablará por la sociedad, previo acuerdo de la junta general, que puede ser adoptado a solicitud de cualquier socio, aunque no conste en la orden del día" o subsidiariamente los acreedores "siempre que el patrimonio social resulte insuficiente para la satisfacción de sus créditos" de conformidad con el artículo 240 de mismo texto legal.

Con la información y documentación facilitada por la sociedad no podemos afirmar la existencia de indicios respecto a actos realizados por el administrador de la sociedad pueden dar lugar a una acción social de responsabilidad. Entendemos, indiciariamente, que ninguna de las actuaciones reseñadas en el apartado IV precedente puede dar lugar al ejercicio de la acción social de responsabilidad.

C.– CALIFICACIÓN

Los artículos 441 y 442 del TRLC establecen, respectivamente, que "el concurso se calificará como fortuito o como culpable" siendo calificado como culpable "cuando en la generación o agravación del estado de insolvencia hubiera mediado dolo o culpa grave del deudor o, si los tuviere, de sus representantes legales y, en caso de persona jurídica, de sus administradores o liquidadores, de derecho o de hecho, directores generales, y de quienes, dentro de los dos años anteriores a la declaración de concurso, hubieren tenido cualquiera de estas condiciones".

Para analizar la previsible calificación del concurso hemos de ajustarnos a los extremos a que se refieren los artículos 443 y 444 del TRLC:

• El artículo 443.1° del T.R.L.C. expone que el concurso se calificará como culpable cuando: "...el deudor se hubiera alzado con la totalidad o parte de sus bienes en perjuicio de sus acreedores o se hubiera realizado cualquier acto que retrase, dificulte o impida la eficacia de un embargo en cualquier clase de ejecución iniciada o de previsible iniciación...".

De la información facilitada por la sociedad no resulta que se haya producir un alzamiento de la totalidad o de parte de sus bienes o derechos.

• El artículo 443.2° de la Ley Concursal expone que el concurso se calificará como culpable cuando: "...durante los dos años anteriores a la fecha de declaración de concurso hubieran salido fraudulentamente del patrimonio del deudor bienes o derechos...".

No resulta que se haya producido una salida fraudulenta de bienes del patrimonio del deudor o un alzamiento de la totalidad o de parte de sus bienes o derechos.

• El artículo 443.3° de la Ley Concursal expone que el concurso se calificará como culpable cuando: "antes de la fecha de la declaración de concurso el deudor hubiese realizado cualquier acto jurídico dirigido a simular una situación patrimonial ficticia".

No consta a este Administrador concursal la existencia de actos jurídicos dirigidos a simular una situación ficticia, sin perjuicio de la eventual existencia de éstos sin que hayan sido inscritos en los registros correspondientes.

- El artículo 443.4° del Texto Refundido de la Ley Concursal expone que el concurso se calificará de culpable cuando: "el deudor hubiera cometido inexactitud grave en cualquiera de los documentos acompañados a la solicitud de declaración de concurso o presentados durante la tramitación del procedimiento, o hubiera acompañado o presentado documentos falsos".

La sociedad ha presentado junto con la solicitud de concurso la documentación estipulada en el artículo 6 y ss. del TRLC, considerándose correcta y suficiente para la admisión del concurso.

- El artículo 443.5° del Texto Refundido de la Ley Concursal expone que el concurso se calificará de culpable cuando: "el deudor legalmente obligado a la llevanza de contabilidad incumpliera sustancialmente esta obligación, llevara doble contabilidad o hubiera cometido irregularidad relevante para la comprensión de su situación patrimonial o financiera".

Como ya se ha indicado en puntos anterior, en el ejercicio .... se ha producido una regularización de la contabilidad de la sociedad para ajustar la realidad contable a la realidad material, lo que podría hacernos pensar incardinable tal conducta en lo dispuesto en el art. 443.5° TRLC. Sin embargo, dado el escaso alcance de esa eventual irregularidad contable y que no impide la comprensión de la situación patrimonial y financiera de la empresa nos lleva a desechar tal opción y entender no concurrente la citada causa de culpabilidad.

- El artículo 443.6° de la Ley Concursal expone que el concurso se calificará como culpable cuando: "la apertura de la liquidación haya sido acordada de oficio por incumplimiento del convenio debido a causa imputable al concursado..."

En el presente concurso no se ha aperturado la fase de liquidación, y, de aperturarse, no sería de oficio por incumplimiento de convenio debido a causa imputable al deudor.

- El artículo 444.2° de la Ley Concursal expone que se presume la existencia de dolo o culpa grave cuando: "el deudor o, en su caso, sus representantes legales, administradores o liquidadores, hubieran incumplido el deber de colaboración con el juez del concurso y la administración concursal, no les hubieran facilitado la información necesaria o conveniente para el interés del concurso o no hubiesen asistido, por sí o por medio de apoderado, a la junta de acreedores..."

La colaboración de la sociedad ha sido muy limitada y escueta, y francamente mejorable, pero no ha provocado un incumplimiento del deber de colaboración con esta Administración Concursal.

- El artículo 444.3° del TRLC expone que se presume la existencia de dolo o culpa grave cuando "si, en alguno de los tres últimos ejercicios anteriores a la declaración del concurso, el deudor obligado legalmente a la llevanza de contabilidad no hubiera formulado las cuentas anuales, no las hubiera sometido a auditoría, debiendo hacerlo, o, una vez aprobadas, no las hubiera depositado en el Registro Mercantil o en el Registro correspondiente…"

La sociedad presentó junto con la demanda de concurso las cuentas anuales correspondientes a los tres ejercicios anteriores, esto es, ……, ……., y ………

Las cuentas anuales correspondientes a estos ejercicios han sido depositadas en el Registro Mercantil de ………, en fecha …….

VI.– CONCLUSIONES

A la vista de lo expuesto en los puntos anteriores a este informe, indiciaria y con las limitaciones expuestas en el cuerpo de este informe puede afirmarse:

a) Que NO existen indicios suficientes de que el deudor hubiera realizado actos perjudiciales para la masa activa que seán rescindibles conforme a lo establecido en esta ley.

b) Que NO existen indicios suficientes para el ejercicio de la acción social de responsabilidad contra los administradores o liquidadores, de hecho o de derecho, de la persona jurídica concursada; o contra la persona natural designada por la persona jurídica administradora para el ejercicio permanente de las funciones propias del cargo de administrador persona jurídica y contra la persona, cualquiera que sea su denominación, que tenga atribuidas facultades de más alta dirección de la sociedad cuanto no exista delegación permanente de facultades del consejo en uno o varios consejeros delegados.

c) Que NO existen indicios suficientes para que el concurso pudiera ser calificado de culpable,

d) En cualquier caso, y a efectos meramente dialécticos, si se entendiese concurrente la causa ….., que este administrador concursal entiende que no, aún en ese caso, el resultado económico de los hechos narrados anteriormente no cambiarían la situación de inexistencia de masa activa con la que hacer frente a los gastos del propio procedimiento y de los acreedores de la sociedad.

Por lo expuesto,

SUPLICO AL JUZGADO, que tenga por presentado este Informe, lo una al expediente de su razón y tenga por cumplido al infrascrito, en el plazo conferido al efecto, en lo requerido mediante Auto de fecha ….. de ….. de ……

En …., a …. de …… de ……

Fdo. …………

ADMINISTRADOR CONCURSAL

F212. INFORME DEL ADMINISTRADOR CONCURSAL A LOS EFECTOS DEL ART. 37 TER TRLC. PERSONA NATURAL

Normativa de aplicación: *Arts. 1 y ss. Real Decreto Legislativo 1/2020, de 5 de mayo, por el que se aprueba el texto refundido de la Ley Concursal.*

AL JUZGADO DE LO MERCANTIL NÚM.... DE ....

..........., administrador concursal designado en el concurso sin masa seguido ante este juzgado bajo el numero ...., comparezco en el citado procedimiento y como mejor proceda en derecho DIGO:

I.– Que mediante auto de fecha ...., Don ...., fue declarada en concurso de acreedores sin masa y en los términos del art. 37 ter TRLC, que fue objeto de publicación en el suplemento del tablón edictal judicial único del BOE, en su edición núm............., de fecha .... y en el Registro Público Concursal.

En dicho auto se efectuaba un llamamiento al acreedor o a los acreedores que representen, al menos, el cinco por ciento del pasivo a fin de que, en el plazo de quince días a contar del siguiente a la publicación del edicto, pudiesen solicitar el nombramiento de un administrador concursal para que presentase informe razonado y documentado a que se refiere el art. 37 Ter.1 TRLC.

II.– Que por medio de escrito de fecha ......, el acreedor .... S.L solicitó del Juzgado que se nombrase un administrador concursal a efectos de presentar el referido informe.

III.– Que mediante auto de fecha ...., quien suscribe, ..., abogado de profesión (..... ICAV), con domicilio en ...., fue designado a efectos de emitir el referido informe.

IV.– Que por medio del presente escrito y de conformidad con lo anteriormente expuesto, esta parte evacua el citado informe en los siguientes términos:

INFORME

I.– OBJETO DEL INFORME:

El presente INFORME, razonado y documentado, versa sobre los siguientes extremos:

A.– Si existen indicios suficientes de que el deudor, la sociedad .... S.L, ha realizado actos perjudiciales para la masa activa que sean rescindibles conforme a lo establecido en el TRLC.

B.– Si existen indicios suficientes de que el concurso pudiera ser calificado de culpable.

II.– ANTECEDENTES

En la emisión del presente informe se han tenido en cuenta los siguientes antecedentes facticos: ....

III.– DOCUMENTACIÓN Y FUENTES DE INFORMACIÓN.

A los efectos de evacuar el encargo informatorio conferido, se han tenido en cuenta los siguientes DOCUMENTOS y FUENTES DE INFORMACIÓN: ....

IV.– CONCLUSIONES:

A.– Que NO existen indicios suficientes de que el deudor, Don ...., ha realizado actos perjudiciales para la masa activa que sean rescindibles conforme a lo establecido en el TRLC. Ello a la vista que: ....

B.– Que NO existen indicios suficientes de que el concurso pudiera ser calificado de culpable, a la vista que ....

ALTERNATIVA:

A.– Que SI existen indicios suficientes de que el deudor, Don ...., ha realizado actos perjudiciales para la masa activa que sean rescindibles conforme a lo establecido en el TRLC. Ello a la vista que: ....

B.– Que SI existen indicios suficientes de que el concurso pudiera ser calificado de culpable, a la vista que ....

(seleccionar lo que proceda)

Acreditando los anterior se acompaña ....

En su virtud,

SUPLICO AL JUZGADO que tenga por presentado este escrito, junto a los documentos a él unidos y copia de todo ello, se sirva admitirlo, y previos los oportunos legales, se sirva tener por formulado el informe para cuya emisión fue designada esta parte mediante auto de fecha ...., acordando cuanto demás proceda en derecho.

En ...., hoy día ...., ...

F213. AUTO DE CONCLUSIÓN DE CONCURSO SIN MASA. PERSONA JURÍDICA

Normativa de aplicación: *Arts. 37 y ss. Real Decreto Legislativo 1/2020, de 5 de mayo, por el que se aprueba el texto refundido de la Ley Concursal.*

En la ciudad de................. a ...... de................. de...........

ANTECEDENTES DE HECHO

PRIMERO.– Que por la Procuradora de los Tribunales y actuando en representación de la compañía .... S.L, se solicitó la declaración en concurso de acreedores de la referida sociedad.

SEGUNDO.– Que mediante auto de fecha ...... la sociedad .... S.L, fue declarada en concurso de acreedores sin masa y en los términos del art. 37 ter TRLC., que fue objeto de publicación en el suplemento del tablón edictal judicial único del BOE, en su edición núm...., de fecha ..... y en el Registro Publico Concursal.

En dicho auto se efectuaba llamamiento al acreedor o a los acreedores que representen, al menos, el cinco por ciento del pasivo a fin de que, en el plazo de quince días a contar del siguiente a la publicación del edicto, pudiesen solicitar el nombramiento de un administrador concursal para que presentase informe razonado y documentado a que se refiere el art. 37 Ter TRLC.

TERCERO.– Ningún acreedor ha hecho uso de la citada facultad, habiendo transcurrido dicho plazo quincenal.

FUNDAMENTOS DE DERECHO

ÚNICO.– Ciertamente nada dicen los arts. 37 Bis y ss TRLC sobre la conclusión del concurso, una vez que ningún acreedor ha hecho uso de la facultad de peticionar la designación de administrador concursal a efectos de la emisión del informe a que se refiere el art. 37 Ter TRLC.

Sin embargo, entendemos que procede acordar, sin más trámite, la conclusión del presente concurso, siéndole de aplicación al presente supuesto el contenido del art. 465.7° TRLC, que permite tal cierre concursal, cuando "en cualquier estado del procedimiento, se compruebe la insuficiencia de la masa activa para satisfacer los créditos contra la masa, y concurran las demás condiciones establecidas en esta ley.", siéndole de aplicación lo dispuesto en los arts. 482, 483 y 485 TRLC.

En este sentido, art. 483 TRLC, en los casos de conclusión del concurso, cesarán las limitaciones sobre las facultades de administración y de disposición del concursado, salvo las que se contengan en la sentencia de calificación, y cesará la administración concursal, ordenando el juez el archivo de las actuaciones, sin más excepciones que las establecidas en esta ley.

Además, en la resolución que acuerde la conclusión del concurso por finalización de la liquidación o por insuficiencia de la masa activa del concursado persona jurídica, el juez ordenará el cierre provisional de la hoja abierta a esa persona jurídica en el registro público en el que figure inscrita. En cuanto esta resolución devenga firme, el letrado de la Administración de Justicia expedirá mandamiento conteniendo testimonio de la resolución, con expresión de la firmeza, que remitirá por medios electrónicos al registro correspondiente (art. 485.1 TRLC).

Transcurrido un año a contar desde que se hubiera ordenado por el juez el cierre de la hoja registral sin que se haya producido la reapertura del concurso, el registrador procederá a la cancelación de la inscripción de la persona jurídica, con cierre definitivo de la hoja (art. 485.2 TRLC).

Visto lo expuesto y demás normativa de aplicación

DISPONGO

Decretar la conclusión del concurso de .... S.L, con domicilio .... y CIF ...., y el archivo de las presentes actuaciones sin más trámite. Se acuerda el cese de los efectos de la declaración del concurso. También el cierre provisional de las hojas e inscripciones abiertas a .... S.L en los siguientes registros:...........

Expídase por el letrado de la Administración de Justicia mandamiento conteniendo testimonio de la resolución, con expresión de la firmeza, que remitirá por medios electrónicos al registro de ...., indicando que transcurrido un año a contar desde que se hubiera ordenado por el juez el cierre de la hoja registral sin que se haya producido la reapertura del concurso, el registrador procederá a la cancelación de la inscripción de la persona jurídica, con cierre definitivo de la hoja.

Procede dar a la oportuna publicidad y notificar esta resolución en los términos del art. 482 TRLC, expidiéndose los oportunos edictos y mandamientos. Insértese en el Registro Público Concursal. Y, mediante edicto, en el Boletín Oficial del Estado. Todo los cual se tramitará por medios telemáticos.

Notifíquese la resolución a todas las personas a quienes se hubiere comunicado el auto de declaración del concurso aquí concluido, en especial, a los juzgados a los que se ordenó la suspensión de procedimientos de ejecución contra el patrimonio de la concursada y a efectos que procedan, en su caso, a su archivo definitivo. Inscríbase en los Registros en que se inscribió el auto de declaración del concurso. Notifíquese esta resolución al deudor y demás partes personadas a través de su representación procesal. Igualmente todo ello de forma telemática.

Contra la presente resolución no cabe recurso alguno.

Todo lo cual pronuncia, manda y firma el Ilmo. Magistrado-Juez titular del Juzgado de lo Mercantil núm... de ...., Don ....

F214. AUTO DE CONCLUSIÓN DE CONCURSO SIN MASA. PERSONA NATURAL

Normativa de aplicación: *Arts. 37 y ss. Real Decreto Legislativo 1/2020, de 5 de mayo, por el que se aprueba el texto refundido de la Ley Concursal.*

En la ciudad de................. a ...... de................. de...........

ANTECEDENTES DE HECHO

PRIMERO.– Que por la Procuradora de los Tribunales y actuando en representación de Doña ......, se solicitó la declaración en concurso de acreedores de la referida señora.

SEGUNDO.– Que mediante auto de fecha ...... la sociedad .... S.L, fue declarada en concurso de acreedores sin masa y en los términos del art. 37 ter TRLC, que fue objeto de publicación en el suplemento del tablón edictal judicial único del BOE, en su edición núm...., de fecha ..... y en el Registro Público Concursal.

En dicho auto se efectuaba llamamiento al acreedor o a los acreedores que representen, al menos, el cinco por ciento del pasivo a fin de que, en el plazo de quince días a contar del siguiente a la publicación del edicto, pudiesen solicitar el nombramiento de un administrador concursal para que presentase informe razonado y documentado a que se refiere el art. 37 Ter TRLC.

TERCERO.– Que ningún acreedor ha hecho uso de la citada facultad, habiendo transcurrido dicho plazo quincenal.

CUARTO.– (EN SU CASO): Que al amparo del art. 501 TRLC, el deudor ha solicitado la exoneración del pasivo insatisfecho sin que se haya formulado oposición alguna a tal pretensión.

FUNDAMENTOS DE DERECHO

ÚNICO.– Ciertamente nada dicen los arts. 37 Bis y ss TRLC sobre la conclusión del concurso sin masa, una vez que ningún acreedor ha hecho uso de la facultad de peticionar la designación de administrador concursal a efectos de la emisión del informe a que se refiere el art. 37 Ter TRLC.

Sin embargo, entendemos que procede acordar, sin más trámite, la conclusión del presente concurso, siéndole de aplicación al presente supuesto el contenido del art. 465.7° TRLC, que permite tal cierre concursal, cuando en cualquier estado del procedimiento, se compruebe la insuficiencia de la masa activa para satisfacer los créditos contra la masa, y concurran las demás condiciones establecidas en esta ley, siéndole de aplicación lo dispuesto en los arts. 483 y 484 TRLC.

En este sentido, conforme al art. 483 TRLC, en los casos de conclusión del concurso cesarán las limitaciones sobre las facultades de administración y de disposición del concursado, salvo las que se contengan en la sentencia de calificación, y cesará la administración concursal, ordenando el juez el archivo de las actuaciones, sin más excepciones que las establecidas en esta Ley.

Además, art. 484 TRLC, en aquellos supuestos de conclusión del concurso por liquidación o insuficiencia de masa activa, el deudor persona natural quedará responsable del pago de los créditos insatisfechos, salvo que obtenga el beneficio de la exoneración del pasivo insatisfecho (art. 484.1 TRLC) Los acreedores podrán iniciar ejecuciones singulares, en tanto no se acuerde la reapertura del concurso o no se declare nuevo concurso. Para tales ejecuciones, la inclusión de su crédito en la lista definitiva de acreedores se equipara a una sentencia firme de condena (art. 484.2 TRLC).

Visto lo expuesto y demás normativa de aplicación

DISPONGO

Decretar la conclusión del concurso de Doña .... con domicilio .... y DNI/ NIF ...., y el archivo de las presentes actuaciones sin más trámite.

Se concede a Doña .... la exoneración del pasivo insatisfecho, que alcanza la totalidad de la masa pasiva insatisfecha, con la excepción de los créditos señalados en el art. 489 TRLC.

Se acuerda el cese de los efectos de la declaración del concurso.

Procede dar a la oportuna publicidad y notificar esta resolución en los términos del art. 482 TRLC, expidiéndose los oportunos edictos y mandamientos. Insértese en el Registro Público Concursal. Y, mediante edicto, en el Boletín Oficial del Estado. Todo los cual se tramitará por medios telemáticos.

Notifíquese la resolución a todas las personas a quienes se hubiere comunicado el auto de declaración del concurso aquí concluido, en especial, a los juzgados a los que se ordenó la suspensión de procedimientos de ejecución contra el patrimonio de la concursada y a efectos que procedan, en su caso, a su archivo definitivo. Inscríbase en los Registros en que se inscribió el auto de declaración del concurso. Notifíquese esta resolución al deudor y demás partes personadas a través de su representación procesal. Igualmente todo ello de forma telemática.

Contra la presente resolución no cabe recurso alguno.

Todo lo cual pronuncia, manda y firma el Ilmo. Magistrado-Juez titular del Juzgado de lo Mercantil núm... de ...., Don ....

F215. AUTO COMPLEMENTARIO CONCURSO SIN MASA. ART. 37 QUINQUIES TRLC

Normativa de aplicación: *Arts. 37 bis y ss. Real Decreto Legislativo 1/2020, de 5 de mayo, por el que se aprueba el texto refundido de la Ley Concursal.*

En la ciudad de........... a........... de........... de...........

ANTECEDENTES DE HECHO

PRIMERO.– Que mediante auto de fecha .... la sociedad .... S.L, fue declarada en concurso de acreedores sin masa y en los términos del art. 37 ter TRLC, resolución que fue objeto de publicación en el suplemento del tablón edictal judicial único del BOE, en su edición núm............., de fecha .... y en el Registro Público Concursal.

En dicho auto se efectuaba llamamiento al acreedor o a los acreedores que representen, al menos, el cinco por ciento del pasivo a fin de que, en el plazo de quince días a contar del siguiente a la publicación del edicto, pudiesen solicitar el nombramiento de un administrador concursal para que presentase informe razonado y documentado a que se refiere el art. 37 Ter TRLC.

SEGUNDO.– Que el procurador de los Tribunales .... en nombre de la mercantil ...., y en su condición de acreedor, solicitó de este Juzgado que se nombrase un administrador concursal a efectos que presentase el informe a que se refiere el art. 37 TER TRLC.

TERCERO.– Que mediante auto de fecha ...., fue designado administrador concursal Don ...., quién emitió el referido informe del que resulta y se concluye (lo que proceda):

1.° Que existen indicios suficientes de que el deudor hubiera realizado actos perjudiciales para la masa activa que sean rescindibles conforme a lo establecido en esta ley.

2.° Que existen indicios suficientes para el ejercicio de la acción social de responsabilidad contra los administradores o liquidadores, de derecho o de hecho, de la persona jurídica concursada, o contra la persona natural designada por la persona jurídica administradora para el ejercicio permanente de las funciones propias del cargo de administrador persona jurídica y contra la persona, cualquiera que sea su denominación, que tenga atribuidas facultades de más alta dirección de la sociedad cuando no exista delegación permanente de facultades del consejo en uno o varios consejeros delegados.

3.° Que existen indicios suficientes de que el concurso pudiera ser calificado de culpable.

CUARTO.– Que en la tramitación de las presentes actuaciones se han respetado las prescripciones legales.

FUNDAMENTOS DE DERECHO

PRIMERO.– Conforme al apartado primero del art. 37 quinquies TRLC, si en el informe a que se refiere al art. 37 Ter TRLC el administrador concursal apreciara la existencia de cualquiera de los indicios reseñados en el citado precepto, el juez dictará auto complementario con los demás pronunciamientos de la declaración de concurso y apertura de la fase de liquidación de la masa activa, continuando el procedimiento conforme a lo establecido en el TRLC.

Por otro lado, apartado segundo del art. 37 quinquies TRLC, el administrador concursal deberá ejercitar las acciones rescisorias y las acciones sociales de responsabilidad antes de que transcurran dos meses a contar desde la presentación del informe a que se refiere el artículo anterior. Si no lo hiciera, el acreedor o los acreedores que hubieran solicitado el nombramiento de administrador concursal estarán legitimados para el ejercicio de esas acciones dentro de los dos meses siguientes. El régimen de las costas y de los gastos *será el establecido* en esta ley para los casos de ejercicio subsidiario de acciones por los acreedores.

SEGUNDO.– En este caso, el administrador concursal designado en las presentes actuaciones, Don ....., ha apreciado en su informe indicios de ....

A la vista de ello, procede dictar el auto complementario a que se refiere el expresado art. 37 quinquies TRLC, con los demás pronunciamientos de la declaración de concurso y apertura de la fase de liquidación de la masa activa, continuando el procedimiento conforme a lo establecido en el TRLC.

Visto lo expuesto y demás normativa de aplicación

DISPONGO

PRIMERO.– Dictar el auto complementario a que se refiere el art. 37 quinquies TRLC, abriéndose la fase de liquidación y formándose la sección quinta de este concurso.

SEGUNDO.– Como consecuencia de la anterior declaración, queda en suspenso el ejercicio de las facultades de administración y disposición de la masa activa por el concursado con los efectos establecidos en el TRLC.

TERCERO.– Se declara la disolución de la mercantil concursada "...........", lo que conlleva el cese de los administradores societarios, que serán sustituidos a todos los efectos por la administración concursal, sin perjuicio de continuar aquellos en representación de la concursada en el procedimiento concursal y en los incidentes en los que fuera parte.

CUARTO.– Con carácter previo, requiérase a la administración concursal por diez días para que informe sobre las reglas especiales de liquidación que estimen pertinentes para la liquidación de activos y pago a los acreedores y verificado ello, se acordara al respecto por este Juez, de conformidad y en los términos del art. 415.1 TRLC.

QUINTO.– Comuníquese al administrador concursal que deberá ejercitar las acciones rescisorias y las acciones sociales de responsabilidad señaladas en su informe antes de que transcurran dos meses a contar desde la presentación del mismo.

SEXTO.– Comuníquese al acreedor que solicitó el nombramiento del referido administrador concursal, que si este no ejercitara las citadas acciones, estará legitimados para su ejercicio de esas acciones dentro de los dos meses siguientes. El régimen de las costas y de los gastos será el establecido en esta ley para los casos de ejercicio subsidiario de acciones por los acreedores.

SÉPTIMO.– Hacer el llamamiento a los acreedores de........... S.L. para que pongan en conocimiento de la administración concursal la existencia de sus créditos, en el plazo de un mes a contar desde el día siguiente a la publicación de este auto en el Boletín Oficial del Estado (BOE) a que se refiere el art. 35 TRLC.

La Administración Concursal, sin demora, realizará una comunicación individualizada, a cada uno de los acreedores cuya identidad y domicilio consten en la documentación obrante en los presentes autos, informándoles de la declaración del presente concurso y del deber de comunicar sus créditos en la forma establecida en el artículo 255 y ss. TRLC, debiendo efectuarse tal comunicación por medios telemáticos, informáticos o electrónicos cuando conste la dirección electrónica del acreedor.

Igualmente dirigirá la comunicación por medios electrónicos a la Agencia Estatal de la Administración Tributaria y la Tesorería General de la Seguridad Social a través de los medios habilitadas por estas en sus respectivas sedes electrónicas y con independencia que conste o no su condición de acreedores de la concursada. También se comunicará a la representación de los trabajadores, haciéndoles saber su derecho a personarse en el procedimiento como parte y librándose el oportuno edicto al efecto.

OCTAVO.– Proceder a dar la debida publicidad a la declaración del concurso, mediante la publicación del oportuno anuncio del presente auto de declaración del concurso que se publicará, con la mayor urgencia y de forma gratuita, en el Boletín Oficial del Estado.

A tal efecto, el mismo día de la aceptación del cargo por el administrador concursal, el letrado de la Administración de Justicia remitirá por medios electrónicos al "Boletín Oficial del Estado", para su publicación en el suplemento del tablón judicial edictal único, y al Registro público concursal el edicto relativo a la declaración de concurso, redactado en el modelo oficial para que sea publicado con la mayor urgencia. La publicación del edicto tendrá carácter gratuito. El edicto tendrá el contenido del art. 35.1, segundo párrafo, TRLC.

Líbrense al efecto el oportuno oficio con el edicto que será remitido por vía electrónica al citado Boletín Oficial del Estado.

ALTERNATIVA: Líbrese el oportuno oficio con el edicto a remitir al Boletín Oficial del Estado. No obstante, de manera excepcional y no siendo posible su traslado por vía electrónica, entréguese el citado oficio al procurador de la concursada para el oportuno diligenciamiento y gestión en los términos del art. 35 TRLC.

DÉCIMO.– Inscribir en el Registro Mercantil de la provincia de........... la existencia del presente procedimiento y los acuerdos adoptados en el presente auto, especialmente, la intervención de las facultades de administración y disposición del concursado adoptada en la presente resolución, y el nombramiento de la Administración concursal.

Igualmente, practíquese anotación preventiva en los Registros de la Propiedad de........... y..........., concretamente en el folio correspondiente a los bienes de la concursada que a continuación se relacionan, relativa a la declaración del presente concurso voluntario, con indicación de la fecha, y los acuerdos adoptados en la presente resolución, especialmente, la intervención de las facultades de administración y disposición del concursado adoptada en la presente resolución, así como el nombramiento de la administración concursal...........

Los citados bienes son los siguientes (con expresión del Registro de la Propiedad en el que se halla inscrito y los datos registrales de cada bien):...........

Líbrense al efecto los oportunos oficios con los edictos que serán remitidos por vía electrónica o telemática desde el Juzgado a los citados Registros Públicos.

ALTERNATIVA: Líbrense los oportunos edictos con los mandamientos precisos para prácticas las citadas inscripciones y anotaciones que serán confiados al procurador para el oportuno diligenciamiento y gestión en los términos del art. 36 y 37 TRLC, al no ser posible el traslado por vía electrónica o telemática previsto en dicho precepto concursal.

NOVENO.– Insertar en el Registro Público Concursal el presente auto de declaración de concurso, así como comunicar al Fondo de Garantía Salarial la iniciación del presente procedimiento concursal, dirigiéndole al efecto el oportuno oficio. También al citado Registro Mercantil de la provincia de........... a los efectos de lo dispuesto en el RD 685/2005, de 9 de junio y la Orden 3473/2005, de 8 de noviembre). Tales comunicaciones las llevara a cabo de oficio el Juzgado mediante remisión de oficio y testimonio de la presente resolución por vía electrónica o telemática.

DÉCIMO.– Como consecuencia de la admisión de la solicitud de declaración de concurso voluntario formulada por........... S.L., fórmense las secciones primera, segunda, tercera, y cuarta del concurso.

Publíquese la presente resolución en el Boletín Oficial del Estado y en el Registro Público Concursal.

Notifíquese por el Letrado de la Administración de Justicia la presente resolución al concursado, ... S.L y demás partes personadas a través de su representación procesal.

Contra el presente auto no cabe recurso.

Todo lo cual pronuncia, manda y firma el Ilmo. Sr. ...., Magistrado Juez del Juzgado de lo Mercantil núm. .... de...........

F216. AUTO DE CONCLUSIÓN DE CONCURSO SIN MASA

En la ciudad de................. a...... de................. de..........

ANTECEDENTES DE HECHO

PRIMERO.– Que por la Procuradora de los Tribunales y actuando en representación de la compañía .... S.L, se solicitó la declaración en concurso de acreedores de la referida sociedad.

SEGUNDO.- Que mediante auto de fecha ...... la sociedad .... S.L, fue declarada en concurso de acreedores sin masa y en los términos del art. 37 ter TRLC,., que fue objeto de publicación en el suplemento del tablón edictal judicial único del BOE, en su edición núm...., de fecha ..... y en el Registro Publico Concursal.

En dicho auto se efectuaba llamamiento al acreedor o a los acreedores que representen, al menos, el cinco por ciento del pasivo a fin de que, en el plazo de quince días a contar del siguiente a la publicación del edicto, pudiesen solicitar el nombramiento de un administrador concursal para que presentase informe razonado y documentado a que se refiere el art. 37 Ter TRLC.

TERCERO.- Ningún acreedor ha hecho uso de la citada facultad, habiendo transcurrido dicho plazo quincenal.

FUNDAMENTOS DE DERECHO

ÚNICO.- Ciertamente nada dicen los arts. 37 Bis y ss. TRLC sobre la conclusión del concurso, una vez que ningún acreedor ha hecho uso de la facultad de peticionar la designación de administrador concursal a efectos de la emisión del informe a que se refiere el art. 37 Ter TRLC.

Sin embargo, entendemos que procede acordar, sin más trámite, la conclusión del presente concurso, siéndole de aplicación al presente supuesto el contenido del art. 465.7° TRLC, que permite tal cierre concursal, cuando "en cualquier estado del procedimiento, se compruebe la insuficiencia de la masa activa para satisfacer los créditos contra la masa, y concurran las demás condiciones establecidas en esta ley", siéndole de aplicación lo dispuesto en los arts. 482, 483 y 485 TRLC

Visto lo expuesto y demás normativa de aplicación

DISPONGO

Decretar la conclusión del concurso de .... S.L, con domicilio .... y CIF ...., y el archivo de las presentes actuaciones sin más trámite. Se acuerda el cese de los efectos de la declaración del concurso. También el cierre provisional de las hojas e inscripciones abiertas a .... S.L en los siguientes registros:...........

En cuanto esta resolución devenga firme, expídase por el letrado de la Administración de Justicia mandamiento conteniendo testimonio de la resolución, con expresión de la firmeza, que remitirá por medios electrónicos al registro correspondiente, indicando que transcurrido un año a contar desde que se hubiera ordenado por el juez el cierre de la hoja registral sin que se haya producido la reapertura del concurso, el registrador procederá a la cancelación de la inscripción de la persona jurídica, con cierre definitivo de la hoja.

Dese a la presente resolución la oportuna publicidad, expidiéndose los oportunos edictos y mandamientos. Insértese en el Registro Público Concursal. Todo los cual se tramitará por medios telemáticos.

Notifíquese la resolución al deudor, administración concursal y demás partes personadas a través de su representación procesal.

Contra la presente resolución no cabe recurso alguno.

Todo lo cual pronuncia, manda y firma el Ilmo. Magistrado-Juez titular del Juzgado de lo Mercantil núm. .. de ...., Don ....

3. LA ADMINISTRACIÓN CONCURSAL

SUMARIO: 3.1. VARIOS. F217. CONSTITUCIÓN DE SOCIEDAD LIMITADA PROFESIONAL PARA EJERCICIO DE ADMINISTRACIÓN CONCURSAL. F218. OBJETO SOCIAL DE SOCIEDAD PROFESIONAL DE ADMINISTRACIÓN CONCURSAL. 3.2. ACEPTACIÓN. F219. ACTA DE ACEPTACIÓN DE CARGO POR ADMINISTRADOR CONCURSAL. F220. ACTA DE ACEPTACIÓN DE CARGO POR ADMINISTRADOR CONCURSAL PERSONA NATURAL INTEGRADA EN PERSONA JURÍDICA DE CARÁCTER PROFESIONAL. F221. ACTA DE ACEPTACIÓN DE CARGO POR ADMINISTRADOR CONCURSAL PERSONA JURÍDICA. F222. ACTA DE ACEPTACIÓN DE CARGO POR PERSONA NATURAL DESIGNADA POR ADMINISTRADOR CONCURSAL. ACREEDOR PERSONA JURÍDICA. F223. ESCRITO DE ACEPTACIÓN TELEMÁTICA DEL CARGO DE ADMINISTRADOR CONCURSAL. PERSONA JURÍDICA QUE DESIGNA A PERSONA FÍSICA QUE LA REPRESENTE. F224. ESCRITO DE ACEPTACIÓN TELEMÁTICA DEL CARGO DE ADMINISTRADOR CONCURSAL. PERSONA NATURAL. F225. ACTA DE ACEPTACIÓN DE CARGO POR ADMINISTRADOR CONCURSAL PERSONA JURÍDICA Y DESIGNACIÓN Y ACEPTACIÓN DEL REPRESENTANTE DE LA PERSONA JURÍDICA. F226. CREDENCIAL DE ADMINISTRADOR CONCURSAL. 3.3. AUXILIARES DELEGADOS. F227. SOLICITUD DE DELEGACIÓN DE FUNCIONES Y NOMBRAMIENTO DE AUXILIAR. F228. AUTO ESTIMATORIO DE LA SOLICITUD DE NOMBRAMIENTO DE AUXILIAR DELEGADO A SOLICITUD DE LA ADMINISTRACIÓN CONCURSAL. F229. AUTO ESTIMATORIO PARCIALMENTE DE LA SOLICITUD DE NOMBRAMIENTO DE AUXILIAR DELEGADO A INSTANCIA DE LA ADMINISTRACIÓN CONCURSAL. F230. AUTO DESESTIMATORIO DE LA SOLICITUD DE NOMBRAMIENTO DE AUXILIAR DELEGADO A INSTANCIA DE LA ADMINISTRACIÓN CONCURSAL. F231. ACTA DE ACEPTACIÓN DE CARGO POR AUXILIAR DELEGADO. F232. CREDENCIAL DE AUXILIAR DELEGADO. 3.4. RECUSACIÓN DE LOS ADMINISTRADORES CONCURSALES. F233. DEMANDA DE RECUSACIÓN POR EL CONCURSADO DE ADMINISTRADOR CONCURSAL AL HABER SIDO DESIGNADO POR EL MISMO JUZGADO EN TRES OCASIONES PARA DICHO CARGO DENTRO DE LOS DOS AÑOS ANTERIORES. F234. DEMANDA DE RECUSACIÓN POR ACREEDOR DE ADMINISTRADOR CONCURSAL QUE HA PRESTADO SERVICIOS PROFESIONALES A PERSONA ESPECIALMENTE RELACIONADA CON LA CONCURSADA. F235. DEMANDA DE RECUSACIÓN POR EL CONCURSADO DE ADMINISTRADOR CONCURSAL QUE FUE SEPARADO DEL CARGO DE ADMINISTRADOR CONCURSAL EN OTRO CONCURSO. F236. DEMANDA DE RECUSACIÓN POR CONCURSADO DE ADMINISTRADOR CONCURSAL INHABILITADO POR NO APROBACIÓN DE LA RENDICIÓN DE CUENTAS. F237. DEMANDA DE RECUSACIÓN DE ADMINISTRADOR CONCURSAL POR NO HABER ACEPTADO EL CARGO EN CONCURSO ANTERIOR. F238. DEMANDA DE RECUSACIÓN DE ADMINISTRADOR CONCURSAL QUE ADQUIERE BIENES DE LA CONCURSADA. F239. DEMANDA DE RECUSACIÓN DE ADMINISTRADOR CONCURSAL QUE TIENE PLEITO PENDIENTE CON LA CONCURSADA. F240. DEMANDA DE RECUSACIÓN POR EL CONCURSADO DE ADMINISTRADOR CON-

CURSAL QUE COMO EXPERTO INDEPENDIENTE INFORMO ACUERDO DE REFINANCIACIÓN DEL CONCURSADO. 3.5. RETRIBUCIÓN DE LA ADMINISTRACIÓN CONCURSAL. F241. SOLICITUD DE DETERMINACIÓN Y PAGO DE LA RETRIBUCIÓN DE LA ADMINISTRACIÓN CONCURSAL. F242. ESCRITO DE FIJACIÓN RETRIBUCIÓN DE LA ADMINISTRACIÓN CONCURSAL. F243. INFORME DE LA ADMINISTRACIÓN CONCURSAL SOBRE RETRIBUCIÓN DE TAL ADMINISTRACIÓN. DEUDOR CON INTERVENCIÓN DE LAS FACULTADES DE ADMINISTRACIÓN Y DISPOSICIÓN DE LA MASA ACTIVA. EL PRESENTE INFORME SE EMITE POR ESTA ADMINISTRACIÓN CONCURSAL DEL CONCURSO VOLUNTARIO ORDINARIO DE LA SOCIEDAD............ S.A., SUSTANCIADO ANTE EL JUZGADO DE LO MERCANTIL NÚM. .... DE............ BAJO EL NÚM. DE AUTOS............, A LOS EFECTOS Y CON EL ALCANCE DISPUESTO EN EL ART. 34.3 LC. F244. INFORME DE LA ADMINISTRACIÓN CONCURSAL SOBRE RETRIBUCIÓN DE TAL ADMINISTRACIÓN. DEUDOR CON SUSPENSIÓN DE LAS FACULTADES DE ADMINISTRACIÓN Y DISPOSICIÓN DE LA MASA ACTIVA. F245. INFORME DE LA ADMINISTRACIÓN CONCURSAL SOBRE RETRIBUCIÓN DE TAL ADMINISTRACIÓN. CONCURSO PREVISIBLEMENTE COMPLEJO. F246. INFORME DE LA ADMINISTRACIÓN CONCURSAL SOBRE RETRIBUCIÓN DE TAL ADMINISTRACIÓN. CESE PARCIAL DE LA ACTIVIDAD DEL CONCURSADO. F247. INFORME DE LA ADMINISTRACIÓN CONCURSAL SOBRE RETRIBUCIÓN DE TAL ADMINISTRACIÓN. CESE TOTAL DE LA ACTIVIDAD DEL CONCURSADO. F248. INFORME DE LA ADMINISTRACIÓN CONCURSAL SOBRE RETRIBUCIÓN DE TAL ADMINISTRACIÓN. DIFERENTE RETRIBUCIÓN A LOS ADMINISTRADORES CONCURSALES. F249. DILIGENCIA DE ORDENACIÓN DANDO TRASLADO DE LA SOLICITUD DE RETRIBUCIÓN FORMULADA POR LA ADMINISTRACIÓN CONCURSAL. F250. AUTO FIJANDO LA CUANTÍA Y FORMA DE PAGO DE LA RETRIBUCIÓN DE LA ADMINISTRACIÓN CONCURSAL. INTERVENCIÓN DE FACULTADES DEL DEUDOR. F251. SOLICITUD DE ACREEDOR INSTANDO LA MODIFICACIÓN DE LA RETRIBUCIÓN DE LOS ADMINISTRADORES CONCURSALES. F252. SOLICITUD DE CONCURSADO INSTANDO LA MODIFICACIÓN DE LA RETRIBUCIÓN DE LOS ADMINISTRADORES CONCURSALES. F253. DILIGENCIA DE ORDENACIÓN PONIENDO DE MANIFIESTO SOLICITUD DE MODIFICACIÓN DE LA RETRIBUCIÓN DE LA ADMINISTRACIÓN CONCURSAL. F254. AUTO ESTIMANDO LA SOLICITUD DE MODIFICAR LA CUANTÍA DE LA RETRIBUCIÓN DE LA ADMINISTRACIÓN CONCURSAL. F255. AUTO MODIFICANDO DE OFICIO LA CUANTÍA DE LA RETRIBUCIÓN DE LA ADMINISTRACIÓN CONCURSAL. F256. ESCRITO DE LA ADMINISTRACIÓN CONCURSAL SOLICITANDO QUE SE FIJE LA RETRIBUCIÓN DEFINITIVA DE LA FASE COMÚN. F257. ESCRITO DE ADMINISTRACIÓN CONCURSAL SOLICITANDO LA FIJACIÓN DEFINITIVA DE LA RETRIBUCIÓN DE LA FASE COMÚN. CONCURSO CON SUSPENSIÓN DE FACULTADES. F258. DILIGENCIA DE ORDENACIÓN DANDO TRASLADO DE LA SOLICITUD DE FIJACIÓN DE LA RETRIBUCIÓN DEFINITIVA DE LA FASE COMÚN FORMULADA POR LA ADMINISTRACIÓN CONCURSAL. F259. ESCRITO ADMINISTRACIÓN CONCURSAL JUSTIFICANDO A INSTANCIAS DEL JUEZ LA RETRIBUCIÓN DEFINITIVA POR LA PRIMERA PETICIONADA. F260. AUTO FIJANDO LA RETRIBUCIÓN DEFINITIVA DE LA ADMINISTRACIÓN CONCURSAL PARA LA FASE COMÚN. F261. ESCRITO DE LA ADMINISTRACIÓN CONCURSAL INGRESANDO APORTACIONES OBLIGATORIAS A LA CUENTA DE GARANTÍA ARANCELARIA. F262. ESCRITO DE LA CONCURSADA COMUNICANDO AL JUZGADO EL PAGO A LA ADMINISTRACIÓN CONCURSAL DE SU RETRIBUCIÓN. 3.6. EJERCICIO DEL CARGO POR LA ADMINISTRACIÓN CONCURSAL. F263. SOLICITUD DE LA ADMINISTRACIÓN CONCURSAL SOBRE ATRIBUCIÓN DE COMPETENCIAS A UNO DE SUS MIEMBROS. F264. DILIGENCIA DE ORDENACIÓN PONIENDO DE MANIFIESTO LA PETICIÓN DE LA ADMINISTRACIÓN CONCURSAL DE ATRIBUCIÓN DE COMPETENCIAS A UNO DE SUS MIEMBROS. F265. AUTO SOBRE ATRIBUCIÓN DE OFICIO POR EL JUEZ DEL CONCURSO DE COMPETENCIAS ESPECÍFICAS A UNO DE LOS MIEMBROS DE LA ADMINIS-

F297. ESCRITO DE ALEGACIONES DE LA CONCURSADA SOBRE FALLECIMIENTO DEL ADMINISTRADOR CONCURSAL. 3.9. RESPONSABILIDAD ADMINISTRACIÓN CONCURSAL. F298. DEMANDA DE RESPONSABILIDAD CONTRA ADMINISTRADOR CONCURSAL CESADO Y ASEGURADORAS. PETICIÓN DE MEDIDAS CAUTELARES. F299. ESCRITO DE DENUNCIA CONTRA ADMINISTRADOR CONCURSAL POR APROPIARSE DE FONDOS DEL CONCURSO. F300. ESCRITO DE CONTESTACIÓN A LA DEMANDA DE RESPONSABILIDAD DE ADMINISTRACIÓN CONCURSAL.

3.1. VARIOS

F217. CONSTITUCIÓN DE SOCIEDAD LIMITADA PROFESIONAL PARA EJERCICIO DE ADMINISTRACIÓN CONCURSAL

Normativa de aplicación: *Arts. 57 y ss. Real Decreto Legislativo 1/2020, de 5 de mayo, por el que se aprueba el texto refundido de la Ley Concursal. Arts. 19 y ss. Real Decreto Legislativo 1/2010, de 2 de julio, por el que se aprueba el texto refundido de la Ley de Sociedades de Capital.*

NÚMERO:

En la Ciudad de ...., a ....de ....de ....

Ante mí, ..., Notario de la Ciudad y del Ilustre Colegio de ....

COMPARECEN

Don..........., ..., Abogado (Colegiado ....), vecino de ...., calle ...., número .... Con DNI-NIF.– ....

Don..........., ..., Abogado (...........), vecino de ...., calle ...., número .... Con DNI-NIF ....

Su régimen económico matrimonial es el de separación de bienes establecido mediante escritura de capitulaciones matrimoniales formalizadas ante el Notario de ...., Don..........., el día ...., bajo nº .... de protocolo. Anotadas el día .... en el Registro Civil de .... al tomo..........., página...........

Y Don..........., economista, casado, vecino de ...., calle ...., número .... Con DNI-NIF ....

Los tres mayores de edad y de nacionalidad española.

Ostentan la condición profesional que resulta de los certificados colegiales que me entregan e incorporo a esta matriz

Les identifico por sus documentos nacionales de identidad exhibidos y reseñados

INTERVIENEN

– Los dos primeros en nombre propio.
– Y el tercero, en nombre y representación, como Administrador Único de la compañía mercantil "..........., SOCIEDAD LIMITADA PROFESIONAL", domiciliada en ...., avenida ...., número .... Constituida, por tiempo indefinido, mediante escritura autorizada por la Notario de ...., Doña ...., el día ...., bajo número .... de protocolo. Inscrita en el Registro Mercantil

de esta Provincia, en el tomo .... libro ...., folio ...., hoja número ...., inscripción ....ª.— Tiene CIF número ....

Tiene por objeto: El ejercicio de las profesiones de Economistas y Abogado en los términos previstos en la Ley 2/2007 de 15 de marzo de sociedades profesionales. El objeto social podrá desarrollarse mediante su participación en otras sociedades profesionales.

Está legitimado para este otorgamiento:

- En virtud de su expresado cargo de Administrador único de la sociedad, que afirma vigente, resultando su nombramiento —por tiempo indefinido— y su aceptación de los acuerdos adoptados en la propia escritura fundacional, cuya copia autorizada e inscrita he tenido a la vista.
- Y especialmente se encuentra facultado para este otorgamiento por acuerdo adoptado el la Junta General celebrada el día ...., según resulta de la certificación por él expedida que me entrega y previo legitimar su firma incorporo a la presente.

A efectos de los previsto en la Ley 10/2010, queda identificado como titular relevante a los efectos de dicha Ley, el propio representante-compareciente DON, cuyo DNI se consigna en la comparecencia.

Tienen, a mi juicio, según intervienen, capacidad necesaria para otorgar la presente escritura de CONSTITUCIÓN DE ENTIDAD MERCANTIL LIMITADA PROFESIONAL, y al efecto,

OTORGAN

PRIMERO.– Don..........., Don........... y la mercantil "...........", tienen la voluntad de constituir y constituyen mediante esta escritura, como únicos socios, una sociedad de responsabilidad limitada de carácter profesional, con la denominación, la duración indefinida, el domicilio, el objeto, el capital, los órganos y las demás determinaciones que constan en los Estatutos seguidamente reseñados.

Esta Sociedad se regirá especialmente por los Estatutos que los comparecientes me entregan para su protocolización y que se hallan extendidos en .... folios de papel exclusivo para documentos notariales a cuyo papel se han vertido, serie y números ....y correlativos siguientes en orden.

Los comparecientes manifiestan haber leído y en este acto yo, el Notario, leo dichos estatutos a los comparecientes, quienes, en la condición en que intervienen, los aprueban y los firman al final de su último folio; en su consecuencia, los repetidos estatutos quedan unidos a esta escritura matriz como parte integrante de la misma.

SEGUNDO.– El capital de la compañía se fija en la suma de ....euros dividido y representado por .... PARTICIPACIONES indivisibles y acumulables, de UN EURO de valor nominal cada una de ellas, numeradas correlativamente a partir de la unidad, todas ellas reservadas a socio profesional, íntegramente asumidas y desembolsadas por los socios fundadores, con el siguiente respectivo alcance:

Don............asume y desembolsa .... participaciones sociales, números .... al ...., ambas inclusive, RESERVADAS A SOCIO PROFESIONAL, por su valor nominal global de ....euros (€ ....) que desembolsa mediante la aportación que efectúa a la Sociedad en pleno dominio de moneda nacional española.

Don............ asume y desembolsa .... participaciones sociales, números .... al ...., ambas inclusive, RESERVADAS A SOCIO PROFESIONAL por su valor nominal global de .... (€ ....) que desembolsa mediante la aportación que efectúa a la Sociedad en pleno dominio de moneda nacional española.

Y la mercantil "............, SOCIEDAD LIMITADA PROFESIONAL" asume y desembolsa las .... participaciones sociales restantes, números .... al ...., ambas inclusive, RESERVADAS A SOCIO PROFESIONAL por su valor nominal global de .... (€ ....) que desembolsa mediante la aportación que efectúa a la Sociedad en pleno dominio de moneda nacional española.

Yo Notario doy fe de que me han sido exhibida y entregada la certificación del depósito de las correspondientes cantidades a nombre de la sociedad en una entidad de crédito, que incorporo a esta escritura, haciendo constar que la fecha es inferior en dos meses a la de hoy y que considero cumplido lo exigido al efecto por la Ley y Reglamento del Registro Mercantil

Queda así el capital totalmente asumido y desembolsado.

TERCERO.– DETERMINACIÓN DEL MODO CONCRETO EN QUE INICIALMENTE SE ORGANIZA LA ADMINISTRACIÓN. Quedan establecidas por esta escritura fundacional las siguientes determinaciones:

A.– El órgano de administración de esta Sociedad es el de TRES ADMINISTRADORES SOLIDARIOS

B.– Se nombran Administradores Solidarios POR TIEMPO INDEFINIDO a los socios profesionales Don............, Don............ y la mercantil "............, SOCIEDAD LIMITADA PROFESIONAL" esta última representada como persona física por su Administrador Único compareciente Don............, cuyas circunstancias personales constan en la comparecencia e intervención de esta escritura, quienes aceptan su nombramiento, toman posesión de su cargo que prometen desempeñar bien y fielmente, y manifiestan no hallarse en causa alguna de incapacidad o incompatibilidad para su ejercicio.

C.– Los administradores a quienes corresponde el poder de representar a la sociedad, tendrán las facultades legales que determina la Ley y especialmente las que a tal cargo atribuyen los Estatutos sociales

CUARTO.– ESTIPULACIONES ESPECIALES.

1.– Prohibición de competencia. Los socios por unanimidad y dando a este acto el carácter de Junta general universal acuerdan que los Administradores podrán dedicarse por cuenta propia o ajena, al mismo, análogo o complementario género de actividad que constituya el objeto social.

2.– Facultades de los Administradores solidarios durante la fase anterior a la inscripción de esta Sociedad.– Durante dicha fase y para los efectos determinados en la Ley, se confiere al Órgano de Administración, expresa y especialmente, las mismas facultades que los Estatutos y las normas legales le atribuyen con carácter general.

Además de manera particularísima y aunque pueda ser innecesario, se autoriza a los Administradores para que puedan disponer de los fondos depositados en la expresada cuenta abierta a nombre de la Sociedad, o de cualquier otra cuenta o depósito bancario existente o que exista en el futuro a nombre de la Sociedad, pudiendo a tal efecto proceder a la apertura de las mismas, firmando los contratos pertinentes y retirando talones de cheques para poder disponer de dichos fondos.

3.– Se confiere poder a cualquiera de los comparecientes para otorgar las escrituras de rectificación, aclaración o subsanación que sean necesarias hasta lograr la inscripción de esta escritura y de los Estatutos a ella unidos, como consecuencia de la calificación oral o escrita de los Sres. Registradores Mercantiles de la Provincia del domicilio social.

QUINTO.– CERTIFICACIÓN DEL REGISTRO MERCANTIL CENTRAL. Incorporo certificación vigente de dicho Registro que acredita que ninguna entidad preexistente tiene registrada una denominación idéntica a la de la Sociedad que ahora se constituye; esta certificación queda unida a esta escritura matriz.

SEXTO.– SOLICITUD DE INSCRIPCIÓN PARCIAL. De conformidad con el artículo 63 del Reglamento del Registro Mercantil se solicita la inscripción parcial, en su caso, de la presente escritura, INCLUSO RESPECTO DEL OBJETO SOCIAL, haciendo constar en nota al pie del título los extremos no inscritos y la norma, Sentencia o Resolución en que se funda con indicación de los recursos pertinentes.

Hechas las advertencias prevenidas en el REAL DECRETO LEY 13/2010, desisten de la tramitación telemática de este instrumento.

OTORGAMIENTO Y AUTORIZACIÓN

Hago las reservas y advertencias legales, especialmente las pertinentes fiscales y la concerniente a la necesidad de inscribir esta escritura en el registro Mercantil.

De acuerdo con lo establecido en la LOPD, los comparecientes quedan informados y aceptan la incorporación de sus datos a los ficheros automatizados existentes en la Notaría, que se conservarán en la misma con carácter confidencial sin perjuicio de las remisiones de obligado cumplimiento.

Así lo otorgan. Advierto a los comparecientes de su derecho a leer por sí este instrumento del que usan. Leída por mí el Notario y en alta voz, la ratifican y firman conmigo, el Notario, que doy fe de la legitimación de los intervinientes, de que los actos contenidos en este instrumento se acomodan a la legalidad y a su voluntad debidamente informada, y de toda ella, que se halla extendida en cinco folios de papel exclusivo para documentos notariales, números el del presente y anteriores en orden.

ESTATUTOS DE LA SOCIEDAD PROFESIONAL LIMITADA "..........., SLP".

ARTÍCULO 1°.– DENOMINACIÓN. La sociedad es de carácter profesional, de nacionalidad española y responsabilidad limitada, tendrá plena personalidad jurídica y patrimonial, rigiéndose por éstos estatutos y, en lo no previsto, por la Ley 21/2007 de 15 de marzo sobre sociedades profesionales y por las restantes disposiciones legales aplicables. Girará bajo la razón social y con la denominación de "..........., SLP".

ARTÍCULO 2°.– OBJETO. Constituye su objeto exclusivo y excluyente: la prestación de los servicios profesionales propios del ejercicio de la abogacía y la prestación de los servicios profesionales propios de los titulados mercantiles y economistas. (CNAE: las comprendidas en la división 69 (6920 y 6910, siendo la principal la 6920), teniendo por incluido el ejercicio de las competencias de administración concursal en aquellos concursos en los que les fuera confiada.

Ejercerá tales actividades por mediación de personas —socios o no— colegiadas en el Colegio Profesional correspondiente a tales actividades, sobre las que no concurra causa de incompatibilidad o inhabilitación, y de conformidad con el régimen deontológico y disciplinario que le es propio, pero bajo la expresada razón o denominación social, ostentando la propia entidad la condición de titular de la relación jurídica establecida con el cliente, con todos los derechos y obligaciones inherentes a tal condición, sin perjuicio de la responsabilidad personal de los profesionales contemplada en la Ley 2/2007, siéndoles además de aplicación el régimen disciplinario que corresponda según su ordenamiento profesional.

Las actividades que conforman el objeto social podrán desarrollarse bien directamente bien a través de la participación en otras sociedades profesionales. En este caso, la participación de la sociedad tendrá la consideración de socio profesional en la sociedad participada, a los efectos de los requisitos del artículo 4 de la Ley 2/2007, así como a los efectos de las reglas que, en materia de responsabilidad, se establecen en los artículos 5, 9 y 11 del mismo cuerpo legal, que serán exigibles a la sociedad matriz.

En todo caso, quedan excluidas del objeto social aquellas actividades que precisen por Ley de requisitos no cumplidos por la sociedad ni por estos Estatutos.

ARTÍCULO 3°.– FECHA DE INICIO. FECHA DE CIERRE DEL EJERCICIO SOCIAL. La Sociedad da comienzo a sus operaciones sociales el día del otorgamiento de la escritura fundacional. Los ejercicios sociales se cerrarán el 31 de diciembre de cada año.

ARTÍCULO 4°.– DOMICILIO. La Sociedad establece su domicilio en..........., c/..........., número ...., piso ...., puerta ...., lugar en el que se encuentra la efectiva administración.

ARTÍCULO 5°.– CAPITAL SOCIAL. El Capital Social se fija en la cantidad de .... euros

Está dividido y representado por .... PARTICIPACIONES sociales de .... de valor nominal cada una, numeradas correlativamente a partir de la unidad, ambas inclusive, todas asumidas y desembolsadas por los socios y su titularidad lleva de pleno derecho la obligación de someterse a las prescripciones de los Estatutos y a los acuerdos válidamente adoptados.

Las tres cuartas partes del capital y de los derechos de voto habrán de pertenecer en todo momento a socios profesionales, entendiendo por tales las personas físicas que reúnan los requisitos exigidos para el ejercicio de la actividad profesional que constituye el objeto social y que la ejerzan en el seno de la misma, y las sociedades profesionales debidamente inscritas en los respectivos colegios profesionales que, constituidas con arreglo a lo dispuesto en la Ley 2/2007.

No podrán ser socios profesionales las personas en las que concurra causa de incompatibilidad para el ejercicio de la profesión o profesiones que constituyen el objeto social, ni aquellas que se encuentren inhabilitadas para dicho ejercicio en virtud de resolución judicial o corporativa.

ARTÍCULO 6º.– LAS PARTICIPACIONES SOCIALES. Las transmisiones de participaciones sociales se regirán por lo prevenido en la Ley y por el Reglamento del Registro Mercantil, en cuanto resulte de aplicación y no se oponga a lo establecido al respecto por la Ley 2/2007, y por las siguientes normas:

a) La condición de socio profesional es intransmisible, salvo que medie el consentimiento mayoritario de los restantes socios profesionales.

b) En lo concerniente a los supuestos de separación y exclusión de socios profesionales, se estará a lo prevenido sobre tales particulares en los artículos 13 y 14 de la Ley 2/2007, si bien, en caso de exclusión por inhabilitación para el ejercicio de la actividad profesional, podrá el excluido continuar en la sociedad con el carácter de socio no profesional si los restantes socios profesionales ostentan la titularidad de, al menos, tres cuartas partes del capital y de los derechos de voto.

c) En caso de fallecimiento de un socio profesional, los restantes socios de igual condición podrán acordar por mayoría que las participaciones sociales del difunto no se transmitan a los sucesores directos de este, salvo que alguno o algunos de ellos ostentaran igual condición profesional, en cuyo caso gozarán estos de preferencia.

d) Quedan en todo caso a salvo los derechos de liquidación que procedan y resulten de aplicación en caso de separación, exclusión y transmisión mortis causa y forzosa de un socio profesional, valorándose conforme a lo establecido sobre el particular en la Ley de Sociedades de Capital. En tales casos, las participaciones sociales afectadas serán amortizadas, salvo que la amortización fuera sustituida por la adquisición de las mismas por otros socios, por la propia sociedad o por un tercero, siempre que exista consentimiento expreso de todos los socios profesionales y no contravenga norma legal alguna que resulte de aplicación. La adquisición por la sociedad de sus propias participaciones deberá ajustarse a lo establecido en el apartado e) del artículo 17.1 de la Ley 2/2007.

e) Las participaciones sociales correspondientes a socios profesionales llevarán aparejada la obligación de realizar la prestación accesoria relativa al ejercicio de la actividad profesional que constituye el objeto social, correspondiendo a la Junta General determinar la concreta retribución de tales prestaciones, de acuerdo con los criterios colegiales que establecen anualmente las normas para la determinación de los honorarios profesionales o, en defecto de ellas, conforme al Convenio del Sector si lo hubiera.

f) Sin perjuicio de la retribución que se establezca para la prestación accesoria de los socios profesionales, cada socio, profesional o no, participará en los beneficios de la sociedad en proporción a su respectiva participación societaria en el capital social. En todo caso, la aprobación de la aplicación del resultado y, de modo particular, el reparto final a que se refiere el artículo 10.2 de la Ley 2/2007 deberá ser aprobado o ratificado por la Junta de socios por mayoría absoluta del capital, incluida dentro de esta la mayoría de los derechos de voto de los socios profesionales.

g) La transmisión de participaciones sociales de socios no profesionales se regirá por lo prevenido en la Ley de Sociedades de Capital, en cuanto resulte de aplicación y no se oponga a lo establecido en la Ley 2/2007, por el Reglamento del Registro Mercantil, y por las siguientes normas:

- Los socios tienen, siempre y en todo caso, derecho de adquisición preferente. La sociedad tendrá derecho de adquisición preferente, en los términos establecidos por la Ley para el supuesto de transmisión forzosa y, por tanto, sin perjuicio de lo en ella establecido.
- Los socios sobrevivientes tendrán derecho de adquisición de las participaciones del socio fallecido si el heredero o legatario no fuere socio de la entidad, o cónyuge, descendiente o ascendiente de aquel, derecho cuyo ejercicio se ajustará a lo dispuesto en la Ley.

ÓRGANOS SOCIALES

ARTÍCULO 7º.– LA JUNTA GENERAL. Los socios, reunidos en Junta General, decidirán por la mayoría legal, en los asuntos propios de la competencia de la Junta.

La Junta general se regirá por lo dispuesto en las normas legales que resulten de aplicación, a salvo las siguientes normas:

a) La convocatoria de la Junta General se realizará mediante remisión del anuncio por correo certificado con acuse de recibo, a cada uno de los socios, al domicilio que conste en el Libro registro de socios, al tiempo de remitir el anuncio, con una antelación mínima de quince días entre la remisión del anuncio al último de ellos y la celebración, salvo los supuestos en los que por Ley se exija un plazo superior o forma que deberán ser observados, expresando el nombre de la sociedad, fecha, hora y lugar de celebración, en el término municipal donde la sociedad tenga su domicilio, y orden del día en que figuren los asuntos a tratar, así como las demás menciones legal o reglamentariamente exigidas e identidad de quien realiza la comunicación.

Quedan a salvo los requisitos de forma y plazo previstos por Ley para los supuestos de fusión y escisión y cualesquiera otros que precisen por Ley de requisitos especiales a los expresados fines, de modo que siempre y en todo caso prevalecerá la norma que resulte de aplicación respecto de lo aquí establecido.

b) El socio podrá hacerse representar en las reuniones de la Junta General por medio de otras personas distintas de las que expresamente enumera la Ley, y conforme a lo establecido en el artículo 186 del Reglamento del Registro Mercantil, bien entendido que los socios profesionales únicamente podrán conferir su representación a otros socios profesionales.

c) El Presidente dirigirá las deliberaciones, debiendo seguirse el orden del día de la Junta general. Expondrá el Presidente las consideraciones que juzgue oportunas sobre el asunto debatido, y con posterioridad concederá el uso de la palabra a quienes lo hayan solicitado por el orden en que lo hayan efectuado. Finalizada la deliberación de cada asunto comprendido en el orden del día se procederá a su votación, resultando aprobado en el caso de que reúna las mayorías necesarias conforme a ley, según la naturaleza del acuerdo.

d) El acta de la Junta deberá ser aprobada por el propio órgano al final de la reunión, o en su defecto, en la forma determinada por Ley. Una vez que conste en el acta su aprobación, será firmada por el Secretario de la Junta o de la sesión, con el Visto Bueno de quien hubiera actuado en ella como Presidente.

ARTÍCULO 8°.– ADMINISTRACIÓN.

1. Modos de organizar la administración.

La administración de la Sociedad, se podrá confiar:

a) A UN ADMINISTRADOR ÚNICO.

b) A varios ADMINISTRADORES, con un mínimo de dos y un máximo de cinco, que actuarán individualmente, correspondiendo a cada uno de ellos el poder de representación de la sociedad.

c) A varios ADMINISTRADORES que actúen conjuntamente, hasta un máximo de cinco. En este caso, el poder de representación se ejercerá mancomunadamente firmando dos cualesquiera de ellos.

d) A un CONSEJO DE ADMINISTRACIÓN integrado por un mínimo de tres y un máximo de doce miembros.

La Junta General podrá optar alternativamente por cualquiera de ellos, haciéndolo constar en escritura pública que se inscribirá en el Registro Mercantil, sin necesidad de modificación estatutaria.

Habrán de ser socios profesionales las tres cuartas partes de los miembros integrantes del órgano de administración, de modo que si este fuere unipersonal o si existiera consejero delegado, tales funciones habrán de ser desempeñadas necesariamente por un socio profesional.

Los Administradores ejercerán su cargo por tiempo indefinido y con carácter no retribuido, sin perjuicio de la retribución que, en su caso, le pudiera corresponder por la prestación accesoria de las participaciones cuya titularidad ostente.

2. Representación de la Sociedad.

2.1. Ámbito.– La representación de la Sociedad en juicio y fuera de él corresponde a los administradores, extendiéndose a todos los actos comprendidos en el objeto social delimitado por estos estatutos, y especialmente podrán ejercitar las siguientes facultades:

1.– Dirigir, organizar, vigilar e impulsar la vida y funcionamiento de la Sociedad.

2.- Administrar bienes muebles e inmuebles; ejercitar y cumplir toda clase de derechos y obligaciones; rendir, exigir y aprobar cuentas salvo las que por Ley son indelegables; hacer y retirar giros y envíos; constituir, modificar, extinguir y liquidar contratos de todo tipo, particularmente de arrendamiento, seguro, trabajo y transporte de cualquier clase; desahuciar inquilinos, y arrendatarios, precaristas y todo género de ocupantes; reconocer, aceptar, pagar y cobrar cualesquiera deudas y créditos, por capital, intereses, dividendos y amortización, y con relación a cualquier persona o entidad pública o privada, incluso el Estado, Comunidades Autónomas, Provincia o Municipio, firmando cartas de pago, recibos, saldos, conformidades y resguardos; asistir con voz y voto a juntas de regantes, propietarios, consocios, condueños y demás cotitulares.

3.- Comerciar, dirigir y administrar negocios mercantiles e industriales, realizando cualesquier actos relativos al tráfico mercantil, y con carácter especial la compra y venta de las mercaderías propias de la actividad que constituye el objeto de la sociedad o cualesquiera otras.

4.- Librar, aceptar, endosar, cobrar, pagar, intervenir y protestar letras de cambio, talones, cheques y otros efectos; abrir, seguir, cancelar y liquidar libretas de ahorro, cuentas corrientes y de crédito, con garantía personal o de valores, y prestar conformidad a sus saldos; concertar activa o pasivamente créditos comerciales; dar y tomar dinero en préstamo o crédito, con o sin interés, y con garantía personal, de valores o cualquier otra, pudiendo incluso obligar u obligarse solidariamente si hubiere alguno o algunos otros codeudores, cualquiera que sea la cuantía que en el débito corresponda a cada prestatario; constituir, transferir, modificar, cancelar y retirar depósitos provisionales o definitivos, de metálico, valores u otros bienes; comprar, vender, canjear, pignorar y negociar efectos y valores, y cobrar sus intereses, dividendos y amortizaciones; arrendar cajas de seguridad, y, en general, operar con Cajas de Ahorro, Bancos, incluso el de España y otros oficiales, y entidades similares, disponiendo de los bienes existentes en ellos por cualquier concepto, y haciendo, en general, cuanto permitan la legislación y la práctica bancarias.

5.- Disponer, enajenar, gravar, adquirir y contratar, activa o pasivamente, respecto de toda clase de bienes muebles, e inmueble, derechos reales y personales, acciones y obligaciones, cupones, valores, títulos, acciones y participaciones sociales, y cualesquiera efectos públicos o privados, pudiendo en tal sentido, con las estipulaciones y por el precio de contado, confesado o aplazado que estime pertinentes, ejercitar, otorgar, conceder y aceptar compraventas, aportes, permutas, cesiones en pago y para pago, préstamos, amortizaciones, rescates, subrogaciones, retractas, opciones y tanteos, agrupaciones, segregaciones, parcelaciones, divisiones, declaraciones de obra nueva y de obra derruida, alteraciones de fincas, cartas de pago, transacciones, compromisos y arbitrajes; constituir, reconocer, aceptar, ejecutar, transmitir, dividir, modificar, extinguir y cancelar, total o parcialmente, usufructo, servidumbres, prendas, hipotecas, anticresis, comunidades de toda clase, propiedades horizontales, censos, derechos de superficie y, en general, cualesquiera derechos reales y personales.

6.- Comparecer en Juzgados, Tribunales, Magistraturas, Fiscalías, Delegaciones, Jurados, Comisiones, Notarías, Registros y toda clase de oficinas públicas o privadas, autoridades y organismos del Estado, Comunidades Autónomas, Provincias y Municipios, en asuntos civiles, penales, administrativos, contencioso y económico administrativos, gubernativos, laborales, y fiscales, de todos los grados, jurisdicciones e instancias; promover, instar, seguir, contestar y terminar, como actor, solicitante, coadyuvante, requerido, demandado, oponente o en cualquier otro concepto, toda clase de expedientes, actas, juicios, pretensiones, tramitaciones, excepciones, manifestaciones, reclamaciones, declaraciones, quejas y recursos, incluso de casación, revisión y otros extraordinarios, con facultad de formalizar ratificaciones personales, desistimientos y allanamientos; otorgar para los fines antedichos, poderes a favor de Procuradores de los Tribunales, Abogados, Graduados Sociales, y cualesquiera personas con las facultades usuales, las especiales dichas y cuantas estime pertinentes.

7.– Concurrir en nombre de la Sociedad a toda clase de subastas, concursos o suministros, oficiales o particulares, pudiendo por tanto redactar, suscribir, presentar, y en su caso, mejorar en licitación verbal las ofertas o proposiciones pertinentes, así como realizar si fuere preciso las aclaraciones necesarias para la mejor apreciación de su propuesta, y en general, actuar en todas las incidencias y actos propios de la subasta, concurso o suministro de que se trate; reclamar, percibir y cobrar, en todo o en parte, las cantidades, efectos o valores que se les entreguen o adjudiquen en pago de ventas o suministros realizados, ya sean por particulares, ya por organismos, Entidades, Dependencias, Oficinas, Funcionarios públicos, suscribiendo el oportuno recibo o carta de pago, e incluso si procediere, el correspondiente documento de adjudicación definitiva; constituir en dinero, efectos o valores, los depósitos o fianzas —provisionales o definitivas— que se exijan en toda clase de subastas, concursos o suministros a que la Sociedad acuda, así como constituir y cancelar unas y otras, retirando y cobrando los fondos que las constituyen.

8.– Conferir poderes con las facultades que crea convenientes; y revocarlos.

9.– Y para todo lo anterior, que es enunciativo y no restringe en modo alguno el alcance general del párrafo primero de este artículo, otorgar y firmar toda clase de documentos públicos y privados.

2.2. Administradores solidarios. Si la administración de la sociedad fuere encomendada a varios administradores que actúen solidariamente la Junta General deberá determinar su número entre el mínimo de dos y el máximo de doce. El poder de representación corresponderá a cada administrador, sin perjuicio de los acuerdos de la Junta sobre distribución de facultades que tendrá un alcance meramente interno.

2.3. Administradores conjuntos.

Si la administración de la sociedad fuere encomendada a varios administradores conjuntos, el poder de representación se ejercerá mancomunadamente por dos cualesquiera de ellos. La Junta General determinará su número entre el mínimo de dos y el máximo de doce.

2.4. Consejo de Administración.

Si la administración de la Sociedad se confiare a un Consejo de Administración, se regirá este por las siguientes normas de organización y funcionamiento:

2.4.1. Composición.

El Consejo de Administración estará integrado por el número de Consejeros que, en cada momento, acuerde la Junta General, y que no podrá ser inferior a tres ni superior a doce.

2.4.2. Atribución del poder de representación.

El poder de representación de la Sociedad será ejercido:

a) Por el propio Consejo de Administración que actuará colegiadamente.

b) Por uno o varios miembros del Consejo que, con el carácter de Consejeros Delegados, sean designados por el Consejo de Administración por mayoría de dos tercios de sus miembros, los cuales ejercerán de forma conjunta o solidaria, según resulte del correspondiente acuerdo, las facultades que se les delegue expresamente al efectuar su nombramiento, bien se haga la enumeración particularizada o bien que la delegación comprende todas las legal y estatutariamente delegables, y también en su caso las que el Consejo tenga conferidas por la Junta, con el carácter de delegables, debiendo en tal enumerarse expresamente en el acuerdo de delegación.

2.4.3. Organización del Consejo.

El Consejo de Administración de entre sus miembros, designará un Presidente, y podrá también nombrar uno o varios Vicepresidentes que, por su orden, sustituyan a aquel en caso de ausencia o por cualquier otra causa. Nombrará también un Secretario y podrá designar uno o varios Vicesecretarios que sustituyan a aquel por el orden y en el caso dichos; los designados Secretario o Vicesecretarios podrán tener o no la cualidad de Consejeros.

El Consejo de Administración, actuará colegiadamente.

2.4.4. Convocatoria del Consejo de Administración.

El Consejo de Administración deberá ser convocado cuando lo considere conveniente el Presidente o lo pida al menos la tercera parte de los Consejeros. La convocatoria será efectuada por el Presidente o el que haga sus veces, por correo certificado, con una antelación mínima de diez días a la fecha de la reunión.

No será necesario observar dichos requisitos de convocatoria, cuando hallándose presentes la totalidad de los Consejeros decidieran por unanimidad su celebración.

La convocatoria deberá contener en todo caso el orden del día.

2.4.5. Constitución del Consejo.

El Consejo quedará válidamente constituido cuando concurran a la reunión, presentes o representados la mayoría de sus componentes. Cualquier consejero puede conferir su representación a otro Consejero, mediante poder notarial, o escrito firmando por él, ajustando en todo caso tal poder o delegación a lo establecido sobre el particular por la Ley.

En la reunión actuarán de Presidente y de Secretario los titulares de dichos cargos en el Consejo o, en su caso, quienes los sustituyan conforme a estos Estatutos.

2.4.6. Modo de deliberar.

El Presidente dirigirá las deliberaciones, debiendo seguirse el orden del día de la reunión. Expondrá el Presidente las consideraciones que juzgue oportunas sobre el asunto debatido, y con posterioridad concederá el uso de la palabra a los consejeros que lo hayan solicitado por el orden en que lo hayan efectuado. Finalizada la deliberación de cada asunto comprendido en el orden del día se procederá a su votación.

2.4.7. Adopción de acuerdos.

Los acuerdos, salvo lo establecido para el nombramiento de Consejeros Delegados, se adoptarán por mayoría absoluta de los Consejeros concurrentes a la sesión. La votación por escrito y sin sesión sólo será admitida cuando ningún Consejero se oponga a este procedimiento.

El nombramiento de Consejeros Delegados y la atribución de sus facultades requerirá el voto favorable de dos terceras partes de los miembros del Consejo de Administración, contándose a estos efectos el de los propuestos.

La ejecución de los acuerdos del Consejo corresponde al Consejero expresamente facultado para ello en la misma reunión y, en su defecto, al Presidente del Consejo, al Secretario o al Consejero o cualquiera de los Consejeros Delegados, indistintamente.

2.4.8. Actas.

Las discusiones y acuerdos del Consejo se llevarán a un libro de Actas debidamente legalizado; el acta de cada sesión deberá ser aprobada por el propio Consejo al final de la reunión o en la siguiente y una vez conste en el acta su aprobación será firmada por el Secretario del Consejo o de la sesión, con el Visto Bueno de quien hubiera actuado en ella como Presidente.

Las certificaciones de las actas y de los acuerdos se expedirán por el Secretario del Consejo de Administración, con el Visto Bueno de su Presidente.

En todo caso, será necesario, que el acta esté debidamente aprobada y firmada, y que las personas que expidan la certificación tengan sus cargos vigentes e inscritos en el Registro Mercantil.

..........., ADMINISTRADOR ÚNICO de la mercantil "..........., SOCIEDAD LIMITADA PROFESIONAL".– CIF.– B...........

CERTIFICO:

Que en la Junta General Extraordinaria de socios de esta Entidad, celebrada con el carácter de Universal, el día ...., con asistencia de todos los socios, y estando, por tanto, presente y representado el total capital social, se han adoptado por unanimidad los siguientes acuerdos, según resulta del acta aprobada por la propia Junta que, literalmente en cuanto a los acuerdos y en extracto respecto del resto, dice así:

> "En ...., a ....
>
> Reunidos todos los socios de esta Compañía Mercantil, que firman a continuación de sus nombres, acuerdan unánimemente constituirse en Junta General Extraordinaria y Universal. Formalizada la lista de asistentes, como ha quedado expuesto, que constituyen la totalidad de los existentes, y representan, por tanto, el

total capital social, y declarada por el Presidente como válidamente constituida esta Junta, se procede a la adopción de los acuerdos relativos a los asuntos por todos conocidos, sin que ninguno de los asistentes haya solicitado constancia expresa de su intervención:

ACUERDO.– Participar como socio fundador, en la constitución de la Sociedad «..........., SLP» suscribiendo ....participaciones de las .... que van a representar el total capital social, por .... euro de valor nominal cada una de ellas, que desembolsará en efectivo metálico, mediante su ingreso en la cuenta corriente aperturada a tales fines.

ACUERDO.– Facultar al Administrador Único de la sociedad, Don........... para la ejecución del anterior acuerdo y otorgamiento de la correspondiente escritura de constitución de la expresada entidad y aprobación y protocolización de sus Estatutos, con absoluta libertad de pactos, estipulaciones y determinaciones, aunque dicha persona incida en cualquier supuesto de autocontratación tanto porque comparezca a título personal como socio fundador cuanto por la que pudiera derivarse de la aceptación de cargos de dicha nueva sociedad, bien porque estos recaigan sobre sí mismo, bien porque recaigan sobre la Sociedad que representa, *en cuyo caso las funciones de dicho cargo serán ejercitadas por él mismo.*

Dichos acuerdos son adoptados por unanimidad.

Se levanta la sesión, previa firma por todos los asistentes de la presente acta, a continuación de sus nombres".

Y para que sirva de documento complementario de la escritura en la que se formalice la meritada sociedad, expido esta certificación, en........... al mismo día de su celebración.

EL ADMINISTRADOR ÚNICO: ....

F218. OBJETO SOCIAL DE SOCIEDAD PROFESIONAL DE ADMINISTRACIÓN CONCURSAL

Normativa de aplicación: *Arts. 57 y ss. Real Decreto Legislativo 1/2020, de 5 de mayo, por el que se aprueba el texto refundido de la Ley Concursal. Arts. 19 y ss. Real Decreto Legislativo 1/2010, de 2 de julio, por el que se aprueba el texto refundido de la Ley de Sociedades de Capital.*

ARTÍCULO...........°.– OBJETO.– Constituye su objeto exclusivo y excluyente: la prestación de los servicios profesionales propios del ejercicio de la abogacía y la prestación de los servicios profesionales propios de los titulados mercantiles y economistas. (CNAE: las comprendidas en la división 69 (6920 y 6910, siendo la principal la 6920), teniendo por incluido el ejercicio de las competencias de administración concursal en aquellos concursos en los que les fuera confiada.

Ejercerá tales actividades por mediación de personas —socios o no— colegiadas en el Colegio Profesional correspondiente a tales actividades, sobre las que no concurra causa de incompatibilidad o inhabilitación, y de conformidad con el régimen deontológico y disciplinario que le es propio, pero bajo la expresada razón o denominación social, ostentando la propia entidad la condición de titular de la relación jurídica establecida con el cliente, con todos los derechos y obligaciones inherentes a tal condición, sin perjuicio de la responsabilidad personal de los profesionales contemplada en la Ley 2/2007, siéndoles además de aplicación el régimen disciplinario que corresponda según su ordenamiento profesional.

Las actividades que conforman el objeto social podrán desarrollarse bien directamente bien a través de la participación en otras sociedades profesionales. En este caso, la participación de la sociedad tendrá la consideración de socio profesional en la sociedad participada, a los efectos de los requisitos del artículo 4 de la Ley 2/2007, así como a los efectos de las reglas que, en materia de responsabilidad, se establecen en los artículos 5, 9 y 11 del mismo cuerpo legal, que serán exigibles a la sociedad matriz.

En todo caso, quedan excluidas del objeto social aquellas actividades que precisen por Ley de requisitos no cumplidos por la sociedad ni por estos Estatutos.

3.2. ACEPTACIÓN

F219. ACTA DE ACEPTACIÓN DE CARGO POR ADMINISTRADOR CONCURSAL

Normativa de aplicación: *Arts. 57 y ss. Real Decreto Legislativo 1/2020, de 5 de mayo, por el que se aprueba el texto refundido de la Ley Concursal.*

En la ciudad de..........., hoy día........... de........... de..........., ante Doña........... Magistrado Juez de este Juzgado de lo Mercantil núm. .... de........... y con mi asistencia, Letrado de la Administración de Justicia.

COMPARECE

Don..........., mayor de edad, de nacionalidad española, abogado del Ilustre Colegio de........... (ICAV...........), vecino de..........., con domicilio en..........., calle..........., núm. .... y DNI/NIF........... y

MANIFIESTA

I.– Que le ha sido notificada su designación como integrante de la administración concursal del concurso voluntario de la compañía........... S.A., tramitado ante este Juzgado bajo el núm. de autos...........

II.– Que es de interés de Don........... aceptar el citado cargo y en este acto, dentro del plazo de cinco días siguientes al recibo de la notificación reseñada en el número I precedente y ante su señoría, el compareciente ACEPTA el cargo de administrador concursal de........... S.A. para el que fue designado en las presentes actuaciones en virtud de auto de fecha........... de........... de........... y promete desempeñarlo fiel y lealmente, manifestando expresamente no incurrir en causa alguna de recusación, incompatibilidad, prohibición, o incapacidad que impida la aceptación y/o el ejercicio del cargo.

(En su caso), resultando el presente un concurso de gran complejidad, el nominado, en este acto, hace entrega de la declaración firmada a la que se refiere el art. 67.5 TRLC.

De conformidad con lo establecido en el art. 67.1 TRLC, el compareciente acredita que tiene suscrito seguro de responsabilidad civil con la compañía..........., póliza núm. ...., de fecha..........., en los términos y con el alcance previsto en dicho art. 67.1 TRLC

III.– Igualmente, y a los efectos del art. 67.4 TRLC, el compareciente señala que no se halla integrado en persona jurídica profesional alguna.

ALTERNATIVA: IV.– Igualmente, y a los efectos del art. 67.4 TRLC, el compareciente señala que se halla integrado en la mercantil .... SLP, por lo que procede la extensión del mismo régimen de incompatibilidades a los restantes socios y colaboradores de la citada sociedad profesional.

IV.– Que se designa como despacho donde procederá al ejercicio del cargo de administrador concursal aquí aceptado el siguiente: calle..........., núm. .... de...........

Igualmente, a los efectos de lo dispuesto en el art. 67.2 TRLC y para efectuar la comunicación de créditos, así como cualquier otra notificación del concurso, el compareciente facilita al Juzgado las siguientes direcciones:

Dirección postal: la arriba reseñada, calle..........., núm. .... de...........

Dirección Electrónica:...........@...........com.

Por su señoría se tiene aceptado el cargo por Don........... y con instrucción al aceptante de lo dispuesto, entre otros, en los arts. 62 a 104 TRLC, manda se expida a favor de Don........... la credencial a que se refiere el art. 68 TRLC, que deberá ser devuelta a este Juzgado en el momento en que se produzca el cese por cualquier causa del citado administrador.

Y dándose por terminada la presente, se firma la presente acta por Don..........., junto a su señoría y yo, el Letrado de la Administración de Justicia, de todo lo cual, doy fe.

F220. ACTA DE ACEPTACIÓN DE CARGO POR ADMINISTRADOR CONCURSAL PERSONA NATURAL INTEGRADA EN PERSONA JURÍDICA DE CARÁCTER PROFESIONAL

Normativa de aplicación: *Arts. 57 y ss. Real Decreto Legislativo 1/2020, de 5 de mayo, por el que se aprueba el texto refundido de la Ley Concursal.*

En la ciudad de..........., hoy día........... de........... de..........., ante Doña........... Magistrado Juez de este Juzgado de lo Mercantil núm. .... de........... y con mi asistencia, Letrado de la Administración de Justicia.

COMPARECE

Don..........., mayor de edad, de nacionalidad española, abogado del Ilustre Colegio de........... (ICAV...........), vecino de..........., con domicilio en..........., calle..........., núm. .... y DNI/NIF........... y

MANIFIESTA

I.– Que le ha sido notificada su designación como integrante de la administración concursal del concurso voluntario de la compañía........... S.A., tramitado ante este Juzgado bajo el núm. de autos...........

II.– Que es de interés de Don........... aceptar el citado cargo y en este acto, dentro del plazo de cinco días siguientes al recibo de la notificación reseñada en el número I precedente, y ante su señoría, el compareciente ACEPTA el cargo de administrador concursal de........... S.A. para el que fue designado en las presentes actuaciones en virtud de auto de fecha........... de........... de........... y promete desempeñarlo fiel y lealmente, manifestando expresamente no incurrir en causa alguna de recusación, incompatibilidad, prohibición, o incapacidad que impida la aceptación y/o el ejercicio del cargo.

(En su caso,), resultando ser el presente un concurso de gran complejidad, el nominado, en este acto, hace entrega de la declaración firmada a la que se refiere el art. 67.5 TRLC.

De conformidad con lo establecido en el art. 67.1 TRLC, el compareciente acredita ante su señoría que tiene suscrito seguro de responsabilidad civil con la compañía..........., póliza núm. ...., de fecha..........., en los términos y con el alcance previsto en dicho art. 67.1 TRLC.

Expresamente comunica al Juzgado que el compareciente se encuentra integrado en la compañía........... SLP, de la que es socio, persona jurídica de carácter profesional, extendiéndose, tal y como ordena el art. 67.4 TRLC, el mismo régimen de incompatibilidades a los restantes socios o colaboradores de la misma.

III.– Que se designa como despacho donde procederá al ejercicio del cargo de administrador concursal aquí aceptado el siguiente: calle..........., núm. .... de...........

Igualmente, a los efectos de lo dispuesto en el art. 67.2 TRLC y para efectuar la comunicación de créditos, así como cualquier otra notificación del concurso, el compareciente facilita al Juzgado las siguientes direcciones:

Dirección postal: la arriba reseñada, calle..........., núm. .... de...........

Dirección Electrónica:...........@...........com.

Por su señoría se tiene por aceptado el cargo y con instrucción al aceptante de lo dispuesto, entre otros, en los arts. 62 a 104 TRLC, manda se expida a favor de Don........... la credencial a que se refiere el art. 68 TRLC, que deberá ser devuelta a este Juzgado en el momento en que se produzca el cese por cualquier causa del citado administrador.

Y dándose por terminada la presente, se firma la presente acta por Don..........., junto a su señoría y yo, el Letrado de la Administración de Justicia, de todo lo cual, doy fe.

F221. ACTA DE ACEPTACIÓN DE CARGO POR ADMINISTRADOR CONCURSAL PERSONA JURÍDICA

Normativa de aplicación: *Arts. 57 y ss. Real Decreto Legislativo 1/2020, de 5 de mayo, por el que se aprueba el texto refundido de la Ley Concursal.*

En la ciudad de..........., hoy día........... de........... de..........., ante Doña........... Magistrado Juez de este Juzgado de lo Mercantil núm. .... de........... y con mi asistencia, Letrado de la Administración de Justicia.

COMPARECE

Don..........., mayor de edad, de nacionalidad española, vecino de..........., con domicilio en..........., calle..........., núm. .... y DNI/NIF........... Actúa en nombre y representación de la sociedad........... S.L., domiciliada en..........., calle..........., núm. .... y CIF........... Inscrita en el Registro Mercantil de..........., al tomo..........., folio..........., libro..........., de la sección..........., hoja........... Ello en su condición de administrador único, acto para el que fue designado por tiempo indefinido en el acto fundacional de la citada sociedad, según acredita con la escritura otorgada ante el notario Don...........

MANIFIESTA

I.– Que le ha sido notificado su designación como integrante de la administración concursal del concurso voluntario de la compañía........... S.A., tramitado ante este Juzgado bajo el núm. de autos...........

II.– Que es de interés de........... aceptar el citado cargo y en este acto, dentro del plazo de cinco días a contar desde la notificación reseñada en el número I precedente y ante su señoría, el compareciente ACEPTA el cargo de administrador concursal de........... S.A. para el que fue designado en las presentes actuaciones en virtud de auto de fecha........... de........... de........... y promete desempeñarlo fiel y lealmente, manifestando expresamente no incurrir en causa alguna de incompatibilidad, prohibición, o incapacidad que impida la aceptación y/o el ejercicio del cargo.

De conformidad con lo establecido en el art. 67.1 TRLC, el compareciente acredita ante su señoría que tiene suscrito seguro de responsabilidad civil con la compañía..........., póliza núm. ...., de fecha..........., en los términos y con el alcance previsto en dicho art. 67.1 TRLC.

(En su caso), resultando ser el presente un concurso de gran complejidad, el nominado, en este acto, hace entrega de la declaración firmada a la que se refiere el art. 67.5 TRLC.

III.– De conformidad con lo previsto en el art. 63.1 TRLC y para que le represente en el ejercicio del cargo, el compareciente, en la representación que ostenta, designa a los efectos de dicho artículo, al auditor de cuentas Don..........., mayor de edad, de nacionalidad española, vecino de..........., con domicilio en la calle..........., núm. ...., quien deberá comparecer ante este Juzgado a efectos de aceptar expresamente el cargo, el cual estará sometido al mismo régimen de incompatibilidades, prohibiciones, recusación, separación y responsabilidad establecido para los administradores concursales.

(En su caso). Dado que .... SLP ha sido nombrada por su cualificación profesional, deben concurrir en Don..........., designado por aquella como representante, idéntica cualificación.

IV.– Que se designa como despacho donde procederá al ejercicio del cargo de administrador concursal aquí aceptado el siguiente: calle..........., núm. .... de...........

Igualmente, a los efectos de lo dispuesto en el art. 67.2 TRLC y para efectuar la comunicación de créditos, así como cualquier otra notificación del concurso, el compareciente facilita al Juzgado las siguientes direcciones:

Dirección postal: la arriba reseñada, calle..........., núm. .... de...........

Dirección Electrónica:...........@...........com.

Y dándose por terminada la presente, se firma la presente acta por Don..........., junto a su señoría y yo, el Letrado de la Administración de Justicia, de todo lo cual, doy fe.

F222. ACTA DE ACEPTACIÓN DE CARGO POR PERSONA NATURAL DESIGNADA POR ADMINISTRADOR CONCURSAL. ACREEDOR PERSONA JURÍDICA

Normativa de aplicación: *Arts. 57 y ss. Real Decreto Legislativo 1/2020, de 5 de mayo, por el que se aprueba el texto refundido de la Ley Concursal.*

En la ciudad de..........., hoy día........... de........... de..........., ante Doña........... Magistrado Juez de este Juzgado de lo Mercantil núm. .... de........... y con mi asistencia, Letrado de la Administración de Justicia.

COMPARECE

Don..........., mayor de edad, de nacionalidad española, economista del Ilustre Colegio de........... (Col...........), vecino de..........., con domicilio en..........., calle..........., núm. .... y DNI/NIF........... y

MANIFIESTA

I.– Que la compañía........... S.LP. fue designado como integrante de la administración concursal del concurso voluntario de la compañía........... S.A., tramitado ante este Juzgado bajo el núm. de autos...........

II.– Que en fecha........... de........... de..........., la citada sociedad aceptó el citado cargo y designó al compareciente a los efectos de lo dispuesto en el art. 66 TRLC.

III.– Que es de interés de Don........... aceptar el citado cargo y en este acto, el compareciente ACEPTA la designación efectuada en las presentes actuaciones a su favor por la sociedad........... S.L. y por ende el cargo, y promete desempeñarlo fiel y lealmente, manifestando expresamente no incurrir en causa alguna de recusación, incompatibilidad, prohibición, o incapacidad que impida la aceptación y/o el ejercicio del cargo.

(En su caso). Dado que .... SLP fue nombrada por su cualificación profesional, se hace constar que concurre en Don..........., idéntica cualificación.

IV.– Que se designa como despacho donde procederá al ejercicio del cargo de administrador concursal aquí aceptado el siguiente: calle..........., núm. .... de...........

Igualmente, a los efectos de lo dispuesto en el art. 67.2 TRLC y para efectuar la comunicación de créditos, así como cualquier otra notificación del concurso, el compareciente facilita al Juzgado las siguientes direcciones:

Dirección postal: la arriba reseñada, calle..........., núm. .... de...........

Dirección Electrónica:...........@...........com.

Todas ellas coincidentes con los designados por la sociedad .... SLP cuando aceptó el cargo.

Por su señoría se tiene por aceptado el cargo y con instrucción al aceptante de lo dispuesto, entre otros, en los arts. 62 a 104 TRLC, manda se expida a favor de Don........... la credencial a que se refiere el art. 68 TRLC, que deberá ser devuelta a este Juzgado en el momento en que se produzca el cese por cualquier causa del citado administrador.

Y dándose por terminada la presente, se firma la presente acta por Don..........., junto a su señoría y yo, el Letrado de la Administración de Justicia, de todo lo cual, doy fe.

F223. ESCRITO DE ACEPTACIÓN TELEMÁTICA DEL CARGO DE ADMINISTRADOR CONCURSAL. PERSONA JURÍDICA QUE DESIGNA A PERSONA FÍSICA QUE LA REPRESENTE

Normativa de aplicación: *Arts. 57 y ss. Real Decreto Legislativo 1/2020, de 5 de mayo, por el que se aprueba el texto refundido de la Ley Concursal.*

AL JUZGADO DE LO MERCANTIL Nº .... DE..........

Proc. Concursal Voluntario Autos..........

.... administrador solidario de la sociedad.........., SLP, Administración Concursal designada en el procedimiento de Concurso Voluntario de la mercantil.........., S.A. que con el número.......... se tramita ante ese Juzgado, comparece ante el mismo y como mejor proceda en Derecho, DICE:

PRIMERO.– Que por medio del presente escrito, vengo a comunicar la aceptación del cargo de Administrador Concursal, designando como persona física representante de..........., SLP a D............, en su condición de letrado, quien en señal de conformidad y aceptación del cargo, firma también el presente escrito.

SEGUNDO.– Que a tal efecto acompaño al presente escrito:

DOCUMENTO Nº 1 - Escritura de constitución de..........., SLP.

DOCUMENTO Nº 2 - Certificado expedido por la entidad aseguradora, a los efectos de acreditar la vigencia del contrato de seguro.

DOCUMENTO Nº 3 - DNI de D............

TERCERO.– QUE se designa como despacho donde procederá al ejercicio del cargo de administración concursal aquí aceptado el siguiente: calle............, núm. .... de............

Igualmente, a los efectos de lo dispuesto en el art. 67.2 TRLC y para efectuar la comunicación de créditos, así como cualquier otra notificación del concurso, el compareciente facilita al Juzgado las siguientes direcciones:

Dirección postal: la arriba reseñada, calle............, núm. .... de........... Dirección Electrónica:............@...........com.

En virtud de lo expuesto,

SOLICITA AL JUZGADO, que teniendo por presentado este escrito se digne admitirlo, unirlo al expediente de su razón y se tenga por comunicada la aceptación del nombramiento de Administración concursal, expidiendo a tal efecto la oportuna credencial.

En..........., a .... de .... de...........

Fdo. ....

ADMINISTRADOR CONCURSAL

F224. ESCRITO DE ACEPTACIÓN TELEMÁTICA DEL CARGO DE ADMINISTRADOR CONCURSAL. PERSONA NATURAL

Normativa de aplicación: *Arts. 57 y ss. Real Decreto Legislativo 1/2020, de 5 de mayo, por el que se aprueba el texto refundido de la Ley Concursal.*

AL JUZGADO DE LO MERCANTIL Nº .... DE...........

Proc. Concursal Voluntario Autos..........

Don.......... mayor de edad, abogado (ICAV ....), con domicilio en ..., calle .... y DNI ......, comparezco en el procedimiento de Concurso Voluntario de la mercantil.........., S.A. que con el número.......... se tramita ante ese Juzgado, y como mejor proceda en Derecho, DIGO:

PRIMERO.– Que por medio del presente escrito, vengo a comunicar la aceptación del cargo de Administrador Concursal, para el que he sido designado en el citado procedimiento concursal, num. de autos ....

SEGUNDO.– Que a tal efecto acompaño al presente escrito:

DOCUMENTO Nº 1 - Certificado expedido por la entidad aseguradora, a los efectos de acreditar la vigencia del contrato de seguro.

DOCUMENTO Nº 2 - DNI de D...........

TERCERO.– Que se designa como despacho donde procederá al ejercicio del cargo de administración concursal aquí aceptado el siguiente: calle..........., núm. .... de...........

Igualmente, a los efectos de lo dispuesto en el art. 67.2 TRLC y para efectuar la comunicación de créditos, así como cualquier otra notificación del concurso, el compareciente facilita al Juzgado las siguientes direcciones:

Dirección postal: la arriba reseñada, calle..........., núm. .... de........... Dirección Electrónica:...........@...........com.

En virtud de lo expuesto,

SOLICITA AL JUZGADO, que teniendo por presentado este escrito se digne admitirlo, unirlo al expediente de su razón y se tenga por comunicada la aceptación del nombramiento de Administración concursal, expidiendo a tal efecto la oportuna credencial.

En.........., a 13 de junio de..........

Fdo. ....

ADMINISTRADOR CONCURSAL

F225. ACTA DE ACEPTACIÓN DE CARGO POR ADMINISTRADOR CONCURSAL PERSONA JURÍDICA Y DESIGNACIÓN Y ACEPTACIÓN DEL REPRESENTANTE DE LA PERSONA JURÍDICA

Normativa de aplicación: *Arts. 57 y ss. Real Decreto Legislativo 1/2020, de 5 de mayo, por el que se aprueba el texto refundido de la Ley Concursal.*

En la ciudad de..........., hoy día........... de........... de..........., ante Doña........... Magistrado Juez de este Juzgado de lo Mercantil núm. .... de........... y con mi asistencia, Letrado de la Administración de Justicia.

COMPARECEN

Don..........., mayor de edad, de nacionalidad española, vecino de..........., con domicilio en..........., calle..........., núm. .... y DNI/NIF........... Actúa en nombre y representación de la sociedad........... S.L., domiciliada en..........., calle..........., núm. .... y CIF........... Inscrita en el Registro Mercantil de..........., al tomo..........., folio..........., libro..........., de la sección..........., hoja........... Ello en su condición de administrador único, acto para el que fue designado por tiempo indefinido en el acto fundacional de la citada sociedad, según acredita con la escritura otorgada ante el notario Don...........

Y Don..........., mayor de edad, de nacionalidad española, economista del Ilustre Colegio de........... (Col...........), vecino de..........., con domicilio en..........., calle..........., núm. .... y DNI/NIF...........

MANIFIESTAN

I.– Que ha sido notificada .... SLP o su designación como integrante de la administración concursal del concurso voluntario de la compañía........... S.A., tramitado ante este Juzgado bajo el núm. de autos...........

II.– Que es de interés de........... SLP aceptar el citado cargo y en este acto, dentro del plazo de cinco días a contar desde la notificación reseñada en el número I precedente y ante su señoría, el compareciente, según representa a la predicha sociedad, ACEPTA el cargo de administrador concursal de........... S.A. para el que fue designado en las presentes actuaciones en virtud de auto de fecha........... de........... de........... y promete desempeñarlo fiel y lealmente, manifestando expresamente no incurrir en causa alguna de incompatibilidad, prohibición, o incapacidad que impida la aceptación y/o el ejercicio del cargo.

De conformidad con lo establecido en el art. 67.1 TRLC, el compareciente Sr. .... acredita ante su señoría que tiene suscrito seguro de responsabilidad civil con la compañía..........., póliza núm. ...., de fecha..........., en los términos y con el alcance previsto en dicho art. 67.1 TRLC.

(En su caso), resultando ser el presente un concurso de gran complejidad, el nominado, en este acto, hace entrega de la declaración firmada a la que se refiere el art. 67.5 TRLC.

III.– De conformidad con lo previsto en el art. 63.1 TRLC y para que le represente en el ejercicio del cargo, el compareciente, Sr. ...., en la representación que ostenta, designa a los efectos de dicho artículo, al auditor de cuentas Don..........., cuyas circunstancias constan transcritas arriba, quien está presente y ACEPTA la designación reseñada, quedando sometido al mismo régimen de incompatibilidades, prohibiciones, recusación, separación y responsabilidad establecido para los administradores concursales.

(En su caso). Dado que .... SLP fue nombrada por su cualificación profesional, se hace constar que concurre en Don..........., idéntica cualificación.

IV.– Que se designa como despacho donde procederá al ejercicio del cargo de administrador concursal aquí aceptado el siguiente: calle..........., núm. .... de...........

Igualmente, a los efectos de lo dispuesto en el art. 67.2 TRLC y para efectuar la comunicación de créditos, así como cualquier otra notificación del concurso, el compareciente facilita al Juzgado las siguientes direcciones:

Dirección postal: la arriba reseñada, calle..........., núm. .... de...........

Dirección Electrónica:...........@...........com.

Por su señoría se tiene por aceptado el cargo y con instrucción al aceptante de lo dispuesto, entre otros, en los arts. 62 a 104 TRLC, manda se expida a favor de Don........... la credencial a que se refiere el art. 68 TRLC, que deberá ser devuelta a este Juzgado en el momento en que se produzca el cese por cualquier causa del citado administrador.

Y dándose por terminada la presente, se firma la presente acta por Don..........., junto a su señoría y yo, el Letrado de la Administración de Justicia, de todo lo cual, doy fe.

F226. CREDENCIAL DE ADMINISTRADOR CONCURSAL

Normativa de aplicación: *Arts. 57 y ss. Real Decreto Legislativo 1/2020, de 5 de mayo, por el que se aprueba el texto refundido de la Ley Concursal.*

JUZGADO DE LO MERCANTIL NÚM. .... DE...........

Concurso...........

Autos...........

Yo, ..., Letrado de la Administración de Justicia, expido y entrego la presente CREDENCIAL a los efectos del art. 68, ss. y concordantes de TRLC y a favor de Don..........., mayor de edad, de nacionalidad española, vecino de..........., con domicilio en..........., núm. .... y DNI/NIF........... Ello en su condición de integrante de la administración concursal del concurso voluntario de........... S.A., que se tramita ante este Juzgado de lo Mercantil núm. .... de........... bajo el núm. de autos........... y que fue declarado mediante auto de fecha........... de........... de........... El citado cargo fue aceptado por Don..........., el día........... de........... de...........

Sirva la presente CREDENCIAL para acreditar en el ejercicio de las facultades que se derivan de tal cargo y ante cualesquiera tipo de persona, natural o jurídica, entidades, autoridades, y/o administraciones, tal condición de integrante de la administración concursal del citado concurso voluntario.

Y para que así conste se expide la presente CREDENCIAL en..........., hoy día de........... de..........., haciéndose constar que la presente credencial deberá ser devuelta al Juzgado en el momento en que se produzca el cese por cualquier causa del administrador concursal.

3.3. AUXILIARES DELEGADOS

F227. SOLICITUD DE DELEGACIÓN DE FUNCIONES Y NOMBRAMIENTO DE AUXILIAR

Normativa de aplicación: *Arts. 75 y ss. Real Decreto Legislativo 1/2020, de 5 de mayo, por el que se aprueba el texto refundido de la Ley Concursal.*

AL JUZGADO DE LO MERCANTIL NÚM. .... DE...........

Don..........., administración concursal del concurso voluntario ordinario de la compañía........... S.A., que se sigue ante este Juzgado bajo el número de autos..........., ante este Juzgado de lo Mercantil comparezco en los citados autos bajo la dirección letrada de Don..........., abogado del Ilustre Colegio de........... (número de incorporación...........), y como mejor proceda en derecho DIGO:

PRIMERO.– Que en las presentes actuaciones núm. de autos..........., se sigue concurso voluntario de la sociedad........... S.A., concurso que fue declarado mediante auto de fecha........... de........... de...........

SEGUNDO.– Que dicha compañía forma parte de un grupo de sociedades cuya actividad es la promoción inmobiliaria. Actualmente........... S.A. tiene en España........... promociones en curso de construcción y, alrededor de 1800 viviendas pendientes de otorgar la escritura pública de compraventa en los próximos........... meses, pues las mismas ya están finalizadas y se ha obtenido la licencia de primera Ocupación. Dichas viviendas se hallan en las Comunidades Autónomas de Cataluña (Salou), Valenciana (Denia, Benidorm, Sagunto y Alcoi), Andalucía (Torremolinos y Sotogrande), Extremadura (Badajoz), Galicia (La Coruña), Madrid (Cercedilla, Las Rozas y Torrelodones) y Cantabria (Noja y Santander)

TERCERO.– Que la estructura financiera de la sociedad concursada es muy compleja y oscura, siendo bastante deficiente la información que ha sido suministrada a esta Administración Concursal.

Igual sucede con el pasivo de la sociedad, existiendo innumerables operaciones comerciales y financieras "inter grupo", algunas de ellas muy sofisticadas, actualmente en curso de determinación y análisis por esta administración concursal.

CUARTO.– Todo ello hace que la intervención de esta administración concursal en el otorgamiento de las escrituras de compraventa arriba reseñadas, completando la capacidad de la concursada-vendedora, provocará un colapso en esta administración concursal, lo que podría afectar gravemente al ejercicio de las funciones a cargo de la misma, y acarrear graves perjuicios a la masa y a la marcha del procedimiento concursal.

QUINTO.– Por ello, a la vista de la complejidad del concurso y lo dispuesto en el *art. 75 TRLC, esta administración* requiere el nombramiento del abogado Don..........., mayor de edad, de nacionalidad española, con despacho profesional en..........., calle..........., núm. .... y DNI/NIF..........., como auxiliar en el que delegar las funciones que a continuación se reseñan:

A) Intervención junto a la concursada en el otorgamiento de la escritura de compraventa de los inmuebles reseñados en el anexo I de este escrito, elevando a público los contratos privados de compraventa en su día suscritos con los compradores reseñados en el anexo II de este documento, percibiendo la parte del precio e IVA pendiente de pago.

B) ....

ALTERNATIVA: Suprimiendo la letra A y B, QUINTO.– Por ello, a la vista de la complejidad del concurso y lo dispuesto en el art. 75 TRLC, esta administración requiere el nombramiento del abogado Don..........., mayor de edad, de nacionalidad española, con despacho profesional en..........., calle..........., núm. .... y DNI/NIF..........., como auxiliar en el que delegar todas las funciones relativas a la continuación de la actividad del deudor.

SEXTO.– Que se indican como criterios para fijar la retribución del auxiliar delegado, la siguiente:...........,

A tal efecto, se propone como retribución, un porcentaje del .... por ciento de la que perciba la administración concursal, correrá a cargo de la administración concursal y se abonará a medida que esta perciba la que le corresponda.

En su virtud

SUPLICO AL JUZGADO que tenga por presentado este escrito, se sirva admitirlo y por hechas las anteriores manifestaciones y, previo los oportunos trámites legales, se sirva dictar auto por el que, estimando la presente solicitud, se sirva:

PRIMERO.– Autorizar la delegación por la administración concursal de las funciones que a continuación se dirán: A) Intervención junto a la concursada en el otorgamiento de la escritura de compraventa de los inmuebles reseñados en el anexo I de este escrito, elevando a público el contrato privado de compraventa en su día suscrito con los compradores reseñados en el anexo II de este documento, percibiendo la parte del precio e IVA pendiente de pago y B) .... (ALTERNATIVA Autorizar la delegación por la administración concursal de todas las funciones relativas a la continuación de la actividad del deudor.

SEGUNDO.– Nombrar a Don..........., cuyas circunstancias constan en el cuerpo de este escrito, auxiliar en el que delegar las funciones reseñadas en el número primero precedente.

TERCERO.– Determinar la retribución del expresado auxiliar, que correrá a cargo de esta administración concursal en los términos y proporción reseñada en el cuerpo de este escrito.

Lo que se SUPLICA en..........., a........... de........... de...........

F228. AUTO ESTIMATORIO DE LA SOLICITUD DE NOMBRAMIENTO DE AUXILIAR DELEGADO A SOLICITUD DE LA ADMINISTRACIÓN CONCURSAL

Normativa de aplicación: *Arts. 75 y ss. Real Decreto Legislativo 1/2020, de 5 de mayo, por el que se aprueba el texto refundido de la Ley Concursal.*

En la ciudad de........... a........... de........... de...........

ANTECEDENTES DE HECHO

ÚNICO.– Que mediante escrito de fecha........... de........... de........... por la administración concursal del concurso voluntario de........... S.A., se solicitó de este Juzgado se sirviera nombrar auxiliar en quien delegar determinadas funciones, concretamente en la persona de Don..........., indicando los criterios para el establecimiento de su retribución. Ello en los términos del citado escrito.

FUNDAMENTOS DE DERECHO

PRIMERO.– Que este Juez es competente para conocer del presente procedimiento y de la solicitud de nombramiento de auxiliar delegado formulada por la administración concursal del concurso voluntario de........... S.A. (arts. 44, 45 y 75 TRLC).

SEGUNDO.– Que la administración concursal está legitimada para solicitar el nombramiento de auxiliar delegado (art. 75 TRLC).

TERCERO.– Que la expresada solicitud de nombramiento de auxiliar delegado.– reúne los requisitos de forma establecidos en los arts. 75 y ss. TRLC, pues, entre otros aspectos, indica la persona a quien nombrar auxiliar delegado y las funciones a delegar. También expresa los motivos de la petición y los criterios para el establecimiento de su retribución.

CUARTO.– Que conforme señala el art. 75 TRLC, cuando la complejidad del concurso así lo exija, la administración concursal podrá solicitar del juez el nombramiento de uno o varios auxiliares delegados, con especificación de las funciones a delegar, que pueden incluir las relativas a la continuación de la totalidad o parte de la actividad del deudor.

La resolución judicial en la que se nombren auxiliar o auxiliares delegados especificará las funciones delegadas y establecerá la retribución de cada uno de ellos (art. 77.1 TRLC).

A los auxiliares delegados será de aplicación el régimen el régimen de inhabilitaciones, prohibiciones, recusación y responsabilidad establecido para los administradores concursales y sus representantes (art. 77.2 TRLC).

QUINTO.– Que en el presente caso, nos hallamos ante el concurso de una compañía, que forma parte de un grupo de sociedades cuya actividad es la promoción inmobiliaria, y que actualmente tiene en España........... promociones en curso de construcción y, alrededor de 1800 viviendas pendientes de otorgar la escritura pública de compraventa en los próximos........... meses, pues las mismas ya están finalizadas y se ha obtenido la licencia de primera ocupación. Dichas viviendas se hallan en las Comunidades Autónomas de Cataluña (Salou), Valencia (Denia, Benidorm, Sagunto y Alcoi), Andalucía (Marbella y Sotogrande), Extremadura (Badajoz), Galicia (La Coruña), Madrid (Cercedilla, Las Rozas y Torrelodones) y Cantabria (Noja y Santander).

Por otro lado, la estructura financiera de las sociedad concursada es muy compleja y oscura, siendo bastante deficiente la información suministrada a la Administración Concursal.

Finalmente, como señala la administración concursal, el mismo problema plantea el pasivo de la sociedad, existiendo innumerables operaciones comerciales y financieras "inter grupo", algunas de ellas muy sofisticadas, actualmente en curso de análisis y determinación por la administración concursal.

Todo ello hace que el presente concurso presente una especial complejidad que exige la designación del auxiliar requerido por la administración concursal, pues la intervención de la administración concursal en el otorgamiento de las escrituras de compraventa arriba reseñadas, completando la capacidad de la concursada-vendedora, provocará un colapso en la administración concursal. Además resulta preciso delegar las funciones de...........lo que podría afectar gravemente al ejercicio de las funciones a cargo de la misma, y acarrear graves perjuicios a la masa y a la marcha del procedimiento concursal. Además ....

ALTERNATIVA: Todo ello hace que el presente concurso presente una especial complejidad que exige la designación del auxiliar requerido por la administración concursal, pues todo lo anterior, desde luego puede provocar un colapso en la administración concursal, lo que podría afectar gravemente al ejercicio de las funciones a cargo de la misma, y acarrear graves perjuicios a la masa y a la marcha del procedimiento concursal. Además ....

SEXTO.– Que conforme establece el art. 77.1 TRLC, si el Juez concediera la autorización nombrará a los auxiliares, especificará sus funciones y fijará su retribución, que se abonará a medida que esta perciba la que le corresponda. Salvo que expresamente el juez acuerde otra cosa, la retribución de los auxiliares delegados se fijará mediante un porcentaje respecto de la que perciba la administración concursal (art. 78 TRLC).

En este caso, por la administración concursal se propone el nombramiento del letrado Don..........., considerando este Juzgado que dicha persona es idónea a los efectos de la delegación de facultades pretendida, pues junto a su condición de letrado del Ilustre Colegio de........... y el contenido eminentemente jurídico de la función a delegar, reúne los condiciones legales a efectos de ser nombrado administrador concursal, habiendo manifestado en su día su disponibilidad para el desempeño de tal cargo al citado Ilustre Colegio de Abogados de...........

La función objeto de delegación será la de A) Intervención junto a la concursada en el otorgamiento de la escritura de compraventa de los inmuebles reseñados en el anexo I acompañado a la solicitud planteada por la administración concursal, elevando a público el contrato privado de compraventa en su día suscrito con los compradores reseñados en el anexo II de dicha solicitud, percibiendo la parte del precio e IVA pendiente de pago y B) la función de...........

ALTERNATIVA: Son objeto de delegación todas las funciones relativas a la continuación de la actividad del deudor.

Con relación a la retribución, y compartiendo los criterios para el establecimiento de esta propuestos por la Administración Concursal, se fija en un porcentaje del .... por ciento de la que perciba la Administración Concursal, retribución que se abonara a medida que esta perciba la que le corresponda.

Visto lo expuesto y demás normativa de aplicación

DISPONGO

Estimando la solicitud formulada por la administración concursal de........... S.A.:

PRIMERO.– Autorizar la delegación de determinadas facultades de la administración concursal que más adelante se señalará en el auxiliar que igualmente a continuación se dirá.

SEGUNDO.– Nombrar a Don..........., mayor de edad, de nacionalidad española, abogado del Ilustre Colegio de........... (núm. .... de incorporación), vecino de..........., calle..........., núm. ...., auxiliar en quien delegar las siguientes facultades: A) Intervención junto a la concursada en el otorgamiento de la escritura de compraventa de los inmuebles reseñados en el anexo I acompañado a la solicitud planteada por la administración concursal, elevando a público el contrato privado de compraventa en su día suscrito con los compradores reseñados en el anexo II de dicha solicitud, percibiendo la parte del precio e IVA pendiente de pago y B) .... (ALTERNATIVA: todas las funciones relativas a la continuación de la actividad del deudor).

TERCERO.– Fijar la retribución del auxiliar nombrado en en un porcentaje del .... por ciento de la que perciba la Administración Concursal, que se abonara a medida que esta perciba la que le corresponda.

Notifíquese la resolución al deudor, administración concursal y demás partes personadas a través de su representación procesal, haciéndole saber que contra la misma no cabe interponer recurso alguno.

Todo lo cual pronuncia, manda y firma el Ilmo. Sr. ...., Magistrado Juez del Juzgado de lo Mercantil núm. .... de...........

F229. AUTO ESTIMATORIO PARCIALMENTE DE LA SOLICITUD DE NOMBRAMIENTO DE AUXILIAR DELEGADO A INSTANCIA DE LA ADMINISTRACIÓN CONCURSAL

Normativa de aplicación: *Arts. 75 y ss. Real Decreto Legislativo 1/2020, de 5 de mayo, por el que se aprueba el texto refundido de la Ley Concursal.*

En la ciudad de........... a........... de........... de...........

ANTECEDENTES DE HECHO

ÚNICO.– Que mediante escrito de fecha..........., por la administración concursal se solicitó la designación de auxiliar delegado en los siguientes términos:...........

FUNDAMENTOS DE DERECHO

PRIMERO.– Que este Juez es competente para conocer del presente procedimiento y de la solicitud de nombramiento de auxiliar delegado formulada por la administración concursal del concurso voluntario de........... S.A. (arts. 44, 45 y 75 TRLC).

SEGUNDO.– Que la administración concursal está legitimada para solicitar el nombramiento de auxiliar delegado (art. 75 TRLC).

TERCERO.– Que la expresada solicitud de nombramiento de auxiliar delegado.– reúne los requisitos de forma establecidos en los arts. 75 y ss. TRLC, pues, entre otros aspectos, indica la persona a quien nombrar auxiliar delegado y las funciones a delegar. También expresa los motivos de la petición y los criterios para el establecimiento de su retribución.

CUARTO.– Que conforme señala el art. 75 TRLC, cuando la complejidad del concurso así lo exija, la administración concursal podrá solicitar del juez el nombramiento de uno o varios auxiliares delegados, con especificación de las funciones a delegar, que pueden incluir las relativas a la continuación de la totalidad o parte de la actividad del deudor.

La resolución judicial en la que se nombren auxiliar o auxiliares delegados especificará las funciones delegadas y establecerá la retribución de cada uno de ellos (art. 77.1 TRLC).

A los auxiliares delegados será de aplicación el régimen el régimen de inhabilitaciones, prohibiciones, recusación y responsabilidad establecido para los administradores concursales y sus representantes (art. 77.2 TRLC).

QUINTO.– Que en el presente caso, nos hallamos ante el concurso de una compañía, que forma parte de un grupo de sociedades cuya actividad es la promoción inmobiliaria, y que actualmente tiene en España........... promociones en curso de construcción y, alrededor de 1800 viviendas pendientes de otorgar la escritura pública de compraventa en los próximos........... meses, pues las mismas ya están finalizadas y se ha obtenido la licencia de primera ocupación. Dichas viviendas se hallan en las Comunidades Autónomas de Cataluña (Salou), Valencia (Denia, Benidorm, Sagunto y Alcoi), Andalucía (Marbella y Sotogrande), Extremadura (Badajoz), Galicia (La Coruña), Madrid (Cercedilla, Las Rozas y Torrelodones) y Cantabria (Noja y Santander).

Por otro lado, la estructura financiera de las sociedad concursada es muy compleja y oscura, siendo bastante deficiente la información suministrada a la Administración Concursal.

Finalmente, como señala la administración concursal, el mismo problema plantea el pasivo de la sociedad, existiendo innumerables operaciones comerciales y financieras "inter grupo", algunas de ellas muy sofisticadas, actualmente en curso de análisis y determinación por la administración concursal.

Todo ello hace que el presente concurso presente una especial complejidad que exige la designación del auxiliar requerido por la administración concursal, pues la intervención de la administración concursal en el otorgamiento de las escrituras de compraventa arriba reseñadas, completando la capacidad de la concursada-vendedora, provocará un colapso en la administración concursal, lo que podría afectar gravemente al ejercicio de las funciones a cargo de la misma, y acarrear graves perjuicios a la masa y a la marcha del procedimiento concursal.

SEXTO.– Que conforme establece el art. 77.1 TRLC, si el Juez concediera la autorización nombrará a los auxiliares, especificará sus funciones y fijará su retribución, que se abonará a medida que esta perciba la que le corresponda. Salvo que expresamente el juez acuerde otra cosa, la retribución de los auxiliares delegados se fijará mediante un porcentaje respecto de la que perciba la administración concursal (art. 78 TRLC) ....

En este caso, por la administración concursal se propone el nombramiento del economista Don............ Sin el menor menoscabo del prestigio profesional de la persona propuesta, fuera de toda duda, este Juzgado considera que dicha persona no es idónea a los efectos de la delegación de facultades pretendida, dado el contenido eminentemente jurídico de la función a delegar. Por ello, estimamos más conveniente delegar la siguiente función: Intervención junto a la concursada en el otorgamiento de la escritura de compraventa de los inmuebles reseñados en el anexo I acompañado a la solicitud planteada por la administración concursal, elevando a público el contrato privado de compraventa en su día suscrito con los compradores reseñados en el anexo II de dicha solicitud, percibiendo la parte del precio e IVA pendiente de pago, en la persona de Don............, mayor de edad, de nacionalidad española, abogado del Ilustre Colegio de............ (núm. .... de colegiación), con domicilio en............, calle............, núm. .... DNI/NIF............

Respecto a la segunda función que se pretende delegar por la Administración concursal, esto es, la de............, este Juzgado, en el momento en que se halla el procedimiento, entiende que no procede su delegación. Máxime cuando no se detecta que beneficio aporta al concurso, su interés y buen fin, tal delegación.

Finalmente procede fijar la retribución del auxiliar nombrado. No compartimos los criterios para el establecimiento de la misma propuestos por la Administración Concursal, de los que resulta una retribución raquítica a juicio de este Juzgador, siendo más acorde a la función delegada y el trabajo que requiere su ejercicio, un porcentaje del .... por ciento de la que perciba la Administración Concursal, retribución que se abonara a medida que esta perciba la que le corresponda.

Visto lo expuesto y demás normativa de aplicación

DISPONGO

Estimando parcialmente la solicitud formulada por la administración concursal de............,

PRIMERO.– Autorizar la delegación de determinadas facultades de la administración concursal que más adelante se señalará en el auxiliar que igualmente a continuación se dirá.

SEGUNDO.– Nombrar a Don..........., mayor de edad, de nacionalidad española, abogado del Ilustre Colegio de........... (núm. .... de incorporación), vecino de..........., calle..........., núm. ...., y DNI/NIF..........., auxiliar en quien delegar las siguientes facultades: Intervención junto a la concursada en el otorgamiento de la escritura de compraventa de los inmuebles reseñados en el anexo I acompañado a la solicitud planteada por la administración concursal, elevando a público el contrato privado de compraventa en su día suscrito con los compradores reseñados en el anexo II de dicha solicitud, percibiendo la parte del precio e IVA pendiente de pago.

TERCERO.– Fijar la retribución del auxiliar nombrado en en un porcentaje del .... por ciento de la que perciba la Administración Concursal, que se abonara a medida que esta perciba la que le corresponda.

Notifíquese la resolución al deudor, administración concursal y demás partes personadas a través de su representación procesal, haciéndole saber que contra la misma no cabe interponer recurso alguno.

Todo lo cual pronuncia, manda y firma el Ilmo. Sr. ...., Magistrado Juez del Juzgado de lo Mercantil núm. .... de...........

F230. AUTO DESESTIMATORIO DE LA SOLICITUD DE NOMBRAMIENTO DE AUXILIAR DELEGADO A INSTANCIA DE LA ADMINISTRACIÓN CONCURSAL

Normativa de aplicación: *Arts. 75 y ss. Real Decreto Legislativo 1/2020, de 5 de mayo, por el que se aprueba el texto refundido de la Ley Concursal.*

En la ciudad de........... a........... de........... de...........

ANTECEDENTES DE HECHO

ÚNICO.– Que mediante escrito de fecha........... de........... de........... por la administración concursal del concurso voluntario de..........., se solicitó de este Juzgado se sirviera nombrar auxiliar en quien delegar determinadas funciones en la persona de Don..........., indicando los criterios para el establecimiento de su retribución. Ello en los términos del citado escrito que a continuación se extracta:...........

FUNDAMENTOS DE DERECHO

PRIMERO.– Que este Juez es competente para conocer del presente procedimiento y de la solicitud de nombramiento de auxiliar delegado formulada por la administración concursal del concurso voluntario de........... S.A. (arts. 44, 45 y 75 TRLC).

SEGUNDO.– Que la administración concursal está legitimada para solicitar el nombramiento de auxiliar delegado (art. 75 TRLC).

TERCERO.– Que la expresada solicitud de nombramiento de auxiliar delegado.– reúne los requisitos de forma establecidos en los arts. 75 y ss. TRLC, pues, entre otros aspectos, indica la persona a quien nombrar auxiliar delegado y las funciones a delegar. También expresa los motivos de la petición y los criterios para el establecimiento de su retribución.

CUARTO.– Que conforme señala el art. 75 TRLC, cuando la complejidad del concurso así lo exija, la administración concursal podrá solicitar del juez el nombramiento de uno o varios auxiliares delegados, con especificación de las funciones a delegar, que pueden incluir las relativas a la continuación de la totalidad o parte de la actividad del deudor.

La resolución judicial en la que se nombren auxiliar o auxiliares delegados especificará las funciones delegadas y establecerá la retribución de cada uno de ellos (art. 77.1 TRLC).

A los auxiliares delegados será de aplicación el régimen el régimen de inhabilitaciones, prohibiciones, recusación y responsabilidad establecido para los administradores concursales y sus representantes (art. 77.2 TRLC).

QUINTO.– Que en el presente caso, nos hallamos ante el concurso de una compañía inmobiliaria, que actualmente no tiene en mas que una promoción en curso, que se halla pendiente de otorgar la escritura pública de compraventa de las seis últimas viviendas de la promoción, lo que tendrá lugar en el próximo mes.

Aun cuando la citada promoción se halla en..........., esto es a más de 600 Km del lugar en que se sigue el presente concurso y tiene su oficina la administración concursal, no es menos cierto que tal desplazamiento no hace que nos encontremos ante un concurso de especial complejidad que exige la designación del auxiliar requerido por la administración concursal, pues la intervención de esta administración concursal en el otorgamiento de las escrituras de compraventa arriba reseñadas, completando la capacidad de la concursada-vendedora, desplazándose a la ciudad de..........., no provocará un colapso en esta administración concursal, ni afectará al ejercicio de las funciones a cargo de la misma. Tampoco acarreará graves perjuicios a la masa, delegación que, por cierto, en nada le beneficia, y a la marcha del procedimiento concursal.

SEXTO.– A la vista de lo expuesto, carece de sentido analizar la idoneidad de la persona propuesta por la administración concursal para ocupar el cargo y su retribución.

Visto lo expuesto y demás normativa de aplicación

DISPONGO

Desestimar la solicitud formulada por la administración concursal del concurso voluntario de........... S.A., y no autorizar la delegación de determinadas facultades de la administración concursal reseñadas en este auto, al no presentar el presente concurso complejidad que así lo exija.

Notifíquese la resolución al deudor, administración concursal y demás partes personadas a través de su representación procesal, haciéndole saber que contra la misma, no cabe recurso alguno sin perjuicio de reproducir la solicitud cuando se modifiquen las circunstancias que han dado lugar a la presente denegación.

Todo lo cual pronuncia, manda y firma el Ilmo. Sr. ...., Magistrado Juez del Juzgado de lo Mercantil núm. ....de...........

F231. ACTA DE ACEPTACIÓN DE CARGO POR AUXILIAR DELEGADO

Normativa de aplicación: *Arts. 75 y ss. Real Decreto Legislativo 1/2020, de 5 de mayo, por el que se aprueba el texto refundido de la Ley Concursal.*

En la ciudad de..........., hoy día........... de........... de..........., ante Doña........... Magistrado Juez de este Juzgado de lo Mercantil núm. .... de........... y con mi asistencia, Letrado de la Administración de Justicia.

COMPARECE

Don..........., mayor de edad, de nacionalidad española, abogado del Ilustre Colegio de........... (ICAV...........), vecino de..........., con domicilio en..........., calle..........., núm. .... y DNI/NIF........... y

MANIFIESTA

Que le ha sido notificada su designación como auxiliar delegado en el concurso voluntario de la compañía........... S.A., tramitado ante este Juzgado bajo el núm. de autos...........

Que es de interés de Don........... aceptar el citado cargo y en este acto, dentro del plazo de cinco días siguientes al recibo de la notificación reseñada en el número I precedente y ante su señoría, el compareciente ACEPTA el cargo de auxiliar delegado en el referido concurso de de........... S.A. para el que fue designado en las presentes actuaciones en virtud de auto de fecha........... de........... de........... y promete desempeñarlo fiel y lealmente, manifestando expresamente no incurrir en causa alguna de recusación, incompatibilidad, prohibición, o incapacidad que impida la aceptación y/o el ejercicio del cargo.

El compareciente acredita que tiene suscrito seguro de responsabilidad civil con la compañía..........., póliza núm. ...., de fecha..........., en los términos y con el alcance previsto legalmente.

Que se designa como despacho donde procederá al ejercicio del cargo de administrador concursal aquí aceptado el siguiente: calle..........., núm. .... de...........

Igualmente, a los efectos de cualquier notificación del concurso, el compareciente facilita al Juzgado las siguientes direcciones:

Dirección postal: la arriba reseñada, calle..........., núm. .... de...........

Dirección Electrónica:...........@...........com.

Por su señoría se tiene aceptado el cargo por Don........... y con instrucción al aceptante de lo dispuesto en la Ley, manda se expida a favor de Don........... la credencial a que se refiere el art. 78 TRLC, que deberá ser devuelta a este Juzgado en el momento en que se produzca el cese por cualquier causa del citado auxiliar delegado.

Y dándose por terminada la presente, se firma la presente acta por Don..........., junto a su señoría y yo, el Letrado de la Administración de Justicia, de todo lo cual, doy fe.

F232. CREDENCIAL DE AUXILIAR DELEGADO

Normativa de aplicación: *Arts. 75 y ss. Real Decreto Legislativo 1/2020, de 5 de mayo, por el que se aprueba el texto refundido de la Ley Concursal.*

Juzgado de los Mercantil núm. .... de...........

Concurso voluntario de...........

Autos.........../...........

CREDENCIAL que yo, la Letrado de la Administración de Justicia, expido y entrego a los efectos del art. 78 y concordantes TRLC a favor de Don..........., mayor de edad, de nacionalidad española, vecino de..........., con domicilio en..........., núm. .... y DNI/NIF........... Ello en su condición de auxiliar en quien se delegó el ejercicio de la función que a continuación se reseñará por la administración concursal del concurso voluntario de........... S.A., que se tramita ante este Juzgado de lo Mercantil núm. .... de........... bajo el núm. de autos...........

La/s función/es objeto de delegación es la siguiente:...........

Sirva la presente CREDENCIAL para acreditar, en el ejercicio de las facultades que se derivan de tal cargo y ante cualesquiera tipo de persona, natural o jurídica, entidades, autoridades, y/o administraciones, tal condición de auxiliar y la función que ha sido objeto de delegación.

Y para que así conste se expide la presente CREDENCIAL en..........., hoy día de.......... de..........., haciéndose constar que la presente credencial deberá ser devuelta al Juzgado en el momento en que se produzca la revocación del nombramiento, o el cese, del auxiliar delegado.

3.4. RECUSACIÓN DE LOS ADMINISTRADORES CONCURSALES

F233. DEMANDA DE RECUSACIÓN POR EL CONCURSADO DE ADMINISTRADOR CONCURSAL AL HABER SIDO DESIGNADO POR EL MISMO JUZGADO EN TRES OCASIONES PARA DICHO CARGO DENTRO DE LOS DOS AÑOS ANTERIORES

Normativa de aplicación: *Arts. 100 y ss. Real Decreto Legislativo 1/2020, de 5 de mayo, por el que se aprueba el texto refundido de la Ley Concursal.*

AL JUZGADO DE LO MERCANTIL NÚM. .... DE...........

Don..........., Procurador de los Tribunales y de........... S.L., cuya representación consta acreditada en estas actuaciones núm. de autos..........., ante este Juzgado de lo Mercantil comparezco en el citado procedimiento bajo la dirección letrada de Don..........., abogado del Ilustre Colegio de........... (número de colegiado...........), y como mejor proceda en derecho DIGO:

Que por medio del presente escrito y en la representación que ostento, promuevo DEMANDA DE INCIDENTE CONCURSAL en recusación del administrador concursal..........., la cual se basa en los siguientes

HECHOS

PRIMERO.– En el presente procedimiento número de autos..........., se sigue expediente de concurso voluntario de mi principal, la sociedad........... S.L. La declaración de concurso voluntario de la expresada sociedad, fue acordada por este Juzgado mediante auto de fecha........... de........... de dos mil...........

Acreditando lo anterior, se acompaña como DOCUMENTO..........., testimonio del auto de este Juzgado declarando el concurso de........... S.L.

SEGUNDO.– La administración concursal está integrada por Don..........., quien aceptó el cargo con fecha...........

Acreditando lo anterior, se acompañan como DOCUMENTOS..........., testimonio de la resolución por la que el citado señor acepta su el cargo de administrador concursal.

TERCERO.– Que concurre en el citado Don..........., administrador concursal motivo para instar su recusación y remoción del citado cargo, pues ya ha sido designado en tres ocasiones para dicho cargo por este Juzgado dentro de los dos años anteriores.

Se acompañan como DOCUMENTOS copia de los autos de declaración del concurso voluntario de la sociedad........... S.L., dictado en fecha de........... de........... (publicado en el BOE del día........... de........... de...........); de la sociedad........... S.L., dictado en fecha de........... de........... (publicado en el BOE del día........... de...........

de...........) y de la sociedad........... S.L., dictado en fecha de........... de........... (publicado en el BOE del día........... de........... de...........). También información del Registro Mercantil y del Registro Público Concursal (DOCUMENTOS...........).

Ninguno de los citados nombramientos, viene referido a concursos de sociedades del mismo grupo.

A los efectos oportunos, se ha constar que, como es publico y resulta de ...., existen suficientes personas disponibles en el listado de inscritos del partido judicial de ....

CUARTO.– La presente recusación, se ha interpuesto tan pronto esta parte ha conocimiento de la existencia de la referida causa recusatoria. En efecto,...........

A los anteriores hechos, se aducen los siguientes:

FUNDAMENTOS DE DERECHO DE ORDEN PROCESAL

I.– Es competente este Juzgado para conocer de esta demanda incidental, desde un punto de vista objetivo y territorial, a la vista de los arts. 44, 45y 72 TRLC.

II.– La presente demanda se sustanciara por los trámites previstos para el incidente concursal, tal y como resulta de los arts. 74.2 y 532 y ss. TRLC.

FONDO DEL ASUNTO

I.– La legitimación activa de mi mandante para interponer la presente demanda, resulta de su condición de concursado y, por tanto, ser persona legitimada para presentar el concurso (art. 72 TRLC)

II.– La legitimación pasiva de........... resulta de su condición de administrador concursal del concurso voluntario de..........., en quien concurre causa de recusación (art, 72 TRLC).

III.– Art. 72 TRLC: los administradores concursales podrán ser recusados por cualquiera de las personas legitimadas para solicitar la declaración de concurso.

IV.– Son causas de recusación las circunstancias constitutivas de incompatibilidad o prohibición contenidas en el TRLC, así como las establecidas en la Ley 1/2000, de 7 de enero, de Enjuiciamiento Civil, para la recusación de peritos (at. 73 TRLC)

V.– Art. 65.2 TRLC: En el caso de que existan suficientes personas disponibles en el listado de inscritos, no podrán ser nombrados administradores concursales ni auxiliares delegados en los concursos de mayor complejidad aquellas personas naturales o jurídicas que hubieran sido nombradas discrecionalmente para cualquiera de esos cargos por el mismo juzgado o por el mismo juez en tres concursos dentro de los dos años anteriores contados desde la fecha del primer nombramiento. En el cómputo del límite máximo de nombramientos se incluirán los concursos en los que esas personas hubieran sido designadas representantes de la persona jurídica nombrada para el ejercicio de las funciones propias del cargo de administradora concursal o de auxiliar-delegada. Los nombramientos efectuados en concursos de sociedades pertenecientes al mismo grupo de empresas se computarán como uno solo.

VI.– Art. 394 LEC en materia de costas procesales y su imposición.

En virtud de lo expuesto,

SUPLICO AL JUZGADO que tenga por presentado este escrito, junto a los documentos a él unidos, se sirva admitirlo y tener por promovido en nombre y representación de mi mandante, ………… S.L., DEMANDA DE INCIDENTE CONCURSAL instando la recusación del administrador concursal de Don…………, se sirva admitirla y previos los oportunos trámites legales, incluido el recibimiento a prueba del pleito que desde este momento solicito y la celebración de vista, se sirva dictar sentencia por la que, estimando la presente demanda, 1.– se acuerde la remoción de Don………… del cargo de administrador concursal del concurso voluntario de………… S.L.; 2.– Se cese al citado Don………… del cargo de administrador concursal del expresado concurso de mi mandante; 3.– se designe nuevo administrador concursal en sustitución del cesado y 4.– se impongan las costas procesales a quien se oponga a la presente demanda.

Es Justicia que se SUPLICA en…………, hoy día………… de………… de dos mil…………

OTROSÍ DIGO: Se solicita de este Juzgado que, a los efectos legales oportunos, se sirva notificar la presente demanda a la administración concursal.

En su virtud,

SUPLICO AL JUZGADO que tenga por efectuada la anterior manifestación, se sirva admitirla, y acordar en el sentido anteriormente expuesto.

Es Justicia que nuevamente se SUPLICA en el lugar y fecha reseñados "ut supra".

OTROSÍ DIGO: Se solicita de este Juzgado la celebración de vista en el presente incidente de conformidad con lo dispuesto en el art. 540 TRLC.

En su virtud,

SUPLICO AL JUZGADO que tenga por efectuada la anterior manifestación, se sirva admitirla, y acordar en el sentido anteriormente expuesto, citando a las partes para la oportuna vista.

Es Justicia que nuevamente se SUPLICA en el lugar y fecha reseñados "ut supra".

OTROSÍ DIGO: Que interesa a esta parte el recibimiento del pleito a prueba y en este sentido, esta parte manifiesta los medios de prueba de los que intenta valerse en el presente incidente:…………

En su virtud,

SUPLICO AL JUZGADO que tenga por efectuada la anterior manifestación, se sirva admitirla, y tener por manifestados los medios de prueba de los que intenta valerse esta parte, y previos los oportunos tramites, declare los mismos pertinentes, acordando cuanto proceda en derecho para su práctica.

Es Justicia que nuevamente se SUPLICA en el lugar y fecha reseñados "ut supra".

F234. DEMANDA DE RECUSACIÓN POR ACREEDOR DE ADMINISTRADOR CONCURSAL QUE HA PRESTADO SERVICIOS PROFESIONALES A PERSONA ESPECIALMENTE RELACIONADA CON LA CONCURSADA

Normativa de aplicación: *Arts. 100 y ss. Real Decreto Legislativo 1/2020, de 5 de mayo, por el que se aprueba el texto refundido de la Ley Concursal.*

AL JUZGADO DE LO MERCANTIL NÚM. .... DE............

Don..........., Procurador de los Tribunales y de........... S.L., cuya representación consta acreditada en estas actuaciones núm. de autos..........., ante este Juzgado de lo Mercantil comparezco en el citado procedimiento bajo la dirección letrada de Don..........., abogado del Ilustre Colegio de........... (número de colegiado...........), y como mejor proceda en derecho DIGO:

Que por medio del presente escrito y en la representación que ostento, promuevo DEMANDA DE INCIDENTE CONCURSAL en recusación del administrador concursal..........., la cual se basa en los siguientes

HECHOS

PRIMERO.– En el presente procedimiento número de autos..........., se sigue expediente de concurso voluntario la sociedad........... S.L. La declaración de concurso voluntario de la expresada sociedad, fue acordada por este Juzgado mediante auto de fecha...........de........... de dos mil...........

Acreditando lo anterior, se acompaña como DOCUMENTO..........., testimonio del auto de este Juzgado declarando de concurso de........... S.L.

SEGUNDO.– La administración concursal está integrada por Don..........., que aceptó el cargo con fecha...........

Acreditando lo anterior, se acompañan como DOCUMENTOS..........., testimonio del acta de comparecencia por la que el citado señor acepta el cargo de administrador concursal.

TERCERO.– Que mi principal, es acreedor de la sociedad concursada........... S.L.

El crédito que ostenta mi poderdante, fue comunicado a la administración concursal en los términos del art. 255 y ss. TRLC, mediante escrito de fecha........... de........... de..........., obrante en los presentes autos, al que se acompañaron los originales de los documentos relativos a dicho crédito.

Acreditando lo anterior, se acompaña a esta demanda como DOCUMENTO........... copia del expresado escrito de fecha de........... de........... y de los documentos a él unidos.

CUARTO.– Que concurre en el citado Don..........., administrador concursal motivo para instar su recusación y remoción del citado cargo, pues en los tres últimos años, ha prestado servicios profesionales de auditor de cuentas a la sociedad........... S.A., especialmente relacionada con la concursada.

Concretamente, dichas sociedades forman parte del mismo grupo de sociedades, que conforman, como sociedad dominante........... S.A. y como dominadas las citadas........... S.A., ... S.L. así como la sociedad........... S.L., teniendo todas ellas el mismo domicilio social, órgano de administración y socio único.

Acreditando lo anterior, se acompañan como DOCUMENTOS........... certificación del Registro Mercantil de........... relativa a las sociedades........... S.A. y........... S.L.

QUINTO.– La presente recusación, se ha interpuesto tan pronto esta parte ha conocimiento de la existencia de la referida causa recusatoria. En efecto, ...

A los anteriores hechos, se aducen los siguientes:

FUNDAMENTOS DE DERECHO

DE ORDEN PROCESAL

I.– Es competente este Juzgado para conocer de esta demanda incidental, desde un punto de vista objetivo y territorial, a la vista de los arts. 44, 45 y 52 TRLC.

II.– La presente demanda se sustanciará por los trámites previstos para el incidente concursal, tal y como resulta de los arts. 74.2 y 532 y ss. TRLC.

FONDO DEL ASUNTO

I.– La legitimación activa de mi mandante para interponer la presente demanda, resulta de su condición de acreedor de la concursada y, por tanto, ser persona legitimada para presentar el concurso (art. 72 TRLC)

II.– La legitimación pasiva de........... resulta de su condición de administrador concursal del concurso voluntario de..........., en quien concurre causa de recusación (art. 72 TRLC).

III.– Art. 72 TRLC: los administradores concursales podrán ser recusados por cualquiera de las personas legitimadas para solicitar la declaración de concurso.

IV.– Son causas de recusación las circunstancias constitutivas de incompatibilidad o prohibición contenidas en el TRLC, así como las establecidas en la Ley 1/2000, de 7 de enero, de Enjuiciamiento Civil, para la recusación de peritos (at. 73 TRLC)

V.– Art. 65.1 TRLC al establecer que no podrán ser nombrados administradores concursales quienes estén especialmente relacionados con alguna persona que haya prestado cualquier clase de servicios profesionales al deudor o a personas especialmente relacionadas con este en los últimos tres años.

VI.– Disposición Adicional 1ª TRLC, que se remite al art. 42.1 C.Com, a la hora de determinar el grupo de sociedades en sede concursal.

VII.– Art. 283 TRLC sobre las personas especialmente relacionadas con el concursado persona jurídica.

VIII.– Art. 394 LEC en materia de costas procesales y su imposición.

En virtud de lo expuesto,

SUPLICO AL JUZGADO que tenga por presentado este escrito, junto a los documentos a él unidos, se sirva admitirlo y tener por promovido en nombre y representación de mi mandante, ... S.L., DEMANDA DE INCIDENTE CONCURSAL instando la recusación del administrador concursal de Don............, se sirva admitirla y previos los oportunos trámites legales, incluido el recibimiento del pleito a prueba y la celebración de vista que desde este momento solicito, se sirva dictar sentencia por la que, estimando la presente demanda, 1.– se acuerde la remoción de Don........... del cargo de administrador concursal del concurso voluntario de........... S.L.; 2.– Se cese al citado Don........... del cargo de administrador concursal del expresado concurso; 3.– Se designe nuevo administrador concursal en sustitución del cesado y 4.– se impongan las costas procesales a quien se oponga a la presente demanda.

Es justicia que se SUPLICA en..........., hoy día........... de........... de dos mil...........

OTROSÍ DIGO: Se solicita de este Juzgado que, a los efectos legales oportunos, se sirva notificar la presente demanda a la administración concursal.

En su virtud,

SUPLICO AL JUZGADO que tenga por efectuada la anterior manifestación, se sirva admitirla, y acordar en el sentido anteriormente expuesto.

Es Justicia que nuevamente se SUPLICA en el lugar y fecha reseñados "ut supra".

OTROSÍ DIGO: Se solicita de este Juzgado la celebración de vista en el presente incidente de conformidad con lo dispuesto en el art. 540 TRLC.

En su virtud,

SUPLICO AL JUZGADO que tenga por efectuada la anterior manifestación, se sirva admitirla, y acordar en el sentido anteriormente expuesto, citando a las partes para la oportuna vista.

Es Justicia que nuevamente se SUPLICA en el lugar y fecha reseñados "ut supra".

OTROSÍ DIGO: Que interesa a esta parte el recibimiento del pleito a prueba y en este sentido, esta parte manifiesta los medios de prueba de los que intenta valerse en el presente incidente:...........

En su virtud,

SUPLICO AL JUZGADO que tenga por efectuada la anterior manifestación, se sirva admitirla, y tener por manifestados los medios de prueba de los que intenta valerse esta parte, y previos los oportunos tramites, declare los mismos pertinentes, acordando cuanto proceda en derecho para su práctica.

Es Justicia que nuevamente se SUPLICA en el lugar y fecha reseñados "ut supra".

F235. DEMANDA DE RECUSACIÓN POR EL CONCURSADO DE ADMINISTRADOR CONCURSAL QUE FUE SEPARADO DEL CARGO DE ADMINISTRADOR CONCURSAL EN OTRO CONCURSO

Normativa de aplicación: *Arts. 100 y ss. Real Decreto Legislativo 1/2020, de 5 de mayo, por el que se aprueba el texto refundido de la Ley Concursal.*

AL JUZGADO DE LO MERCANTIL NÚM. .... DE...........

Don..........., Procurador de los Tribunales y de........... S.L., cuya representación consta acreditada en estas actuaciones núm. de autos..........., ante este Juzgado de lo Mercantil comparezco en el citado procedimiento bajo la dirección letrada de Don..........., abogado del Ilustre Colegio de........... (número de colegiado...........), y como mejor proceda en derecho DIGO:

Que por medio del presente escrito y en la representación que ostento, promuevo DEMANDA DE INCIDENTE CONCURSAL en recusación del administrador concursal Don..........., la cual se basa en los siguientes:

HECHOS

PRIMERO.– En el presente procedimiento número de autos..........., se sigue expediente de concurso voluntario de mi principal, la sociedad........... S.L. La declaración de concurso voluntario de la expresada sociedad, fue acordada por este Juzgado mediante auto de fecha........... de........... de dos mil...........

Acreditando lo anterior, se acompaña como DOCUMENTO..........., testimonio del auto de este Juzgado declarando de concurso de........... S.L.

SEGUNDO.– La administración concursal está integrada por Don..........., quien aceptó el cargo con fecha...........

Acreditando lo anterior, se acompañan como DOCUMENTOS..........., testimonio de la resolución por la que el citado señor acepta el cargo de administrador concursal.

TERCERO.– Que concurre en el citado Don..........., administrador concursal, motivo para instar su remoción del citado cargo, puesto que en el concurso voluntario de la compañía........... S.L., seguido por el procedimiento ante el Juzgado de lo Mercantil núm. .... de esta ciudad bajo el núm. .... de autos, y en fecha de........... de..........., esto es dentro de los dos años anteriores, Don........... fue separado del cargo de administrador para el que fue designado.

Se acompañan como DOCUMENTOS........... testimonio del auto de nombramiento como administrador concursal del concurso voluntario de........... S.L. y del auto de fecha de........... de..........., que acordó la separación de Don........... del citado cargo. También certificación del Registro Mercantil de la provincia de........... e información del Registro Público Concursal de la que resulta tal separación, así como...........

CUARTO.– La presente recusación, se ha interpuesto tan pronto esta parte ha conocimiento de la existencia de la referida causa recusatoria. En efecto, ...

A los anteriores hechos, se aducen los siguientes:

FUNDAMENTOS DE DERECHO

DE ORDEN PROCESAL

I.– Es competente este Juzgado para conocer de esta demanda incidental, desde un punto de vista objetivo y territorial, a la vista de los arts. 44, 45 y 52 TRLC.

II.– La presente demanda se sustanciará por los trámites previstos para el incidente concursal, tal y como resulta de los arts. 74.2 y 532 y ss. TRLC.

FONDO DEL ASUNTO

I.– La legitimación activa de mi mandante para interponer la presente demanda, resulta de su condición de concursado y, por tanto, ser persona legitimada para presentar el concurso (art. 72 TRLC)

II.– La legitimación pasiva de........... resulta de su condición de administrador concursal del concurso voluntario de..........., en quien concurre causa de recusación (art. 72 TRLC).

III.– Art. 72 TRLC: los administradores concursales podrán ser recusados por cualquiera de las personas legitimadas para solicitar la declaración de concurso.

IV.– Son causas de recusación las circunstancias constitutivas de incompatibilidad o prohibición contenidas en el TRLC, así como las establecidas en la Ley 1/2000, de 7 de enero, de Enjuiciamiento Civil, para la recusación de peritos (at. 73 TRLC)

V.– Art. 65.4 TRLC, según el cual no podrán ser nombrados administradores concursales quienes hubieran sido separados de este cargo dentro de los tres años anteriores, ni quienes se encuentren inhabilitados por aplicación de lo dispuesto en esta ley.

VI.– Art. 394 LEC en materia de costas procesales y su imposición.

En virtud de lo expuesto,

SUPLICO AL JUZGADO que tenga por presentado este escrito, junto a los documentos a él unidos, se sirva admitirlo y tener por promovido en nombre y representación de mi mandante, ... S.L., DEMANDA DE INCIDENTE CONCURSAL instando la recusación del administrador concursal..........., se sirva admitirla y previos los oportunos trámites legales, incluido el recibimiento del pleito a prueba y la celebración de vista que desde este momento solicito, se sirva dictar sentencia por la que, estimando la presente demanda, 1.– se acuerde la remoción de Don........... del cargo de administrador concursal del concurso voluntario de........... S.L.; 2.– se cese al citado Don........... del cargo de administrador concursal del expresado concurso de mi mandante; 3.– se designe nuevo administrador concursal en sustitución del cesado y 4.– se impongan las costas procesales a quien se oponga a la presente demanda.

Es Justicia que se SUPLICA en..........., hoy día........... de........... de dos mil...........

OTROSÍ DIGO: Se solicita de este Juzgado que, a los efectos legales oportunos, se sirva notificar la presente demanda a la administración concursal.

En su virtud,

SUPLICO AL JUZGADO que tenga por efectuada la anterior manifestación, se sirva admitirla, y acordar en el sentido anteriormente expuesto.

Es Justicia que nuevamente se SUPLICA en el lugar y fecha reseñados "ut supra".

OTROSÍ DIGO: Se solicita de este Juzgado la celebración de vista en el presente incidente de conformidad con lo dispuesto en el art. 540 TRLC.

En su virtud,

SUPLICO AL JUZGADO que tenga por efectuada la anterior manifestación, se sirva admitirla, y acordar en el sentido anteriormente expuesto, citando a las partes para la oportuna vista.

Es Justicia que nuevamente se SUPLICA en el lugar y fecha reseñados "ut supra".

OTROSÍ DIGO: Que interesa a esta parte el recibimiento del pleito a prueba y en este sentido, esta parte manifiesta los medios de prueba de los que intenta valerse en el presente incidente:...........

En su virtud,

SUPLICO AL JUZGADO que tenga por efectuada la anterior manifestación, se sirva admitirla, y tener por manifestados los medios de prueba de los que intenta valerse esta parte, y previos los oportunos tramites, declare los mismos pertinentes, acordando cuanto proceda en derecho para su práctica.

Es Justicia que nuevamente se SUPLICA en el lugar y fecha reseñados "ut supra".

F236. DEMANDA DE RECUSACIÓN POR CONCURSADO DE ADMINISTRADOR CONCURSAL INHABILITADO POR NO APROBACIÓN DE LA RENDICIÓN DE CUENTAS

Normativa de aplicación: *Arts. 100 y ss.; art. 480 Real Decreto Legislativo 1/2020, de 5 de mayo, por el que se aprueba el texto refundido de la Ley Concursal.*

AL JUZGADO DE LO MERCANTIL NÚM. .... DE...........

Don..........., Procurador de los Tribunales y de........... S.L., cuya representación *consta acreditada* en estas actuaciones núm. de autos..........., ante este Juzgado de lo Mercantil comparezco en el citado procedimiento bajo la dirección letrada de

Don..........., abogado del Ilustre Colegio de........... (número de colegiado...........), y como mejor proceda en derecho DIGO:

Que por medio del presente escrito y en la representación que ostento, promuevo DEMANDA DE INCIDENTE CONCURSAL en recusación del administrador concursal Don..........., la cual se basa en los siguientes

HECHOS

PRIMERO.– En el presente procedimiento número de autos..........., se sigue expediente de concurso voluntario de mi principal, la sociedad........... S.L. La declaración de concurso voluntario de la expresada sociedad, fue acordada por este Juzgado mediante auto de fecha........... de........... de dos mil...........

Acreditando lo anterior, se acompaña como DOCUMENTO..........., testimonio del auto de este Juzgado declarando de concurso de........... S.L.

SEGUNDO.– La administración concursal está integrada por Don..........., quien aceptó el cargo con fecha...........

Acreditando lo anterior, se acompañan como DOCUMENTOS..........., testimonio de la resolución por la que el citado señor acepta el cargo de administrador concursal.

TERCERO.– Que concurre en el citado Don..........., administrador concursal motivo para instar su remoción del citado cargo, puesto que en el concurso voluntario de la compañía........... S.L., seguido ante el Juzgado de lo Mercantil núm. .... de esta ciudad bajo el núm. .... de autos, y en fecha de........... de..........., Don..........., quedó inhabilitado temporalmente, concretamente por un plazo de 1 año, para ser nombrado administrador concursal, al no haber sido aprobada la rendición de cuentas formulada por la administración concursal del expresado concurso. Ello mediante sentencia firme de fecha........... de........... de...........

Se acompañan como DOCUMENTOS........... testimonio del auto de nombramiento como administrador concursal del concurso voluntario de........... S.L. y de la sentencia de fecha de........... de..........., en la que se inhabilitó temporalmente a Don........... También certificación del Registro Mercantil de la provincia de........... e información del Registro Público Concursal de la que resulta la anterior circunstancia, así como...........

CUARTO.– La presente recusación, se ha interpuesto tan pronto esta parte ha conocimiento de la existencia de la referida causa recusatoria. En efecto, ...

A los anteriores hechos, se aducen los siguientes:

FUNDAMENTOS DE DERECHO

DE ORDEN PROCESAL

I.– Es competente este Juzgado para conocer de esta demanda incidental, desde un punto de vista objetivo y territorial, a la vista del art. 44, y 45 TRLC.

II.– La presente demanda se sustanciará por los trámites previstos para el incidente concursal, tal y como resulta de los arts. 74.2 y 532 y ss. TRLC.

FONDO DEL ASUNTO

I.– La legitimación activa de mi mandante para interponer la presente demanda, resulta de su condición de concursado y, por tanto, ser persona legitimada para presentar el concurso (art. 72 TRLC)

II.– La legitimación pasiva de Don........... resulta de su condición de administrador concursal del concurso voluntario de..........., en quien concurre causa de recusación (art. 72 TRLC).

III.– Art. 72 TRLC: los administradores concursales podrán ser recusados por cualquiera de las personas legitimadas para solicitar la declaración de concurso.

IV.– Son causas de recusación las circunstancias constitutivas de incompatibilidad o prohibición contenidas en el TRLC, así como las establecidas en la Ley 1/2000, de 7 de enero, de Enjuiciamiento Civil, para la recusación de peritos (at. 73 TRLC)

IV.– ART. 65.4 TRLC: No podrán ser nombrados administradores concursales quienes hubieran sido separados de este cargo dentro de los tres años anteriores, ni quienes se encuentren inhabilitados por aplicación de lo dispuesto en esta ley.

V.– Art. 480.1TRLC en cuanto señala que la desaprobación de las cuentas comportará la inhabilitación temporal del administrador o administradores concursales para ser nombrados en otros concursos durante un período que determinará el juez en la sentencia de desaprobación y que no podrá ser inferior a seis meses ni superior a dos años.

VI.– Art. 394 LEC en materia de costas procesales y su imposición.

En virtud de lo expuesto,

SUPLICO AL JUZGADO que tenga por presentado este escrito, junto a los documentos a él unidos, se sirva admitirlo y tener por promovido en nombre y representación de mi mandante, ... S.L., DEMANDA DE INCIDENTE CONCURSAL instando la recusación del administrador concursal de Don..........., se sirva admitirla y previos los oportunos trámites legales, incluido el recibimiento del pleito a prueba y la celebración de vista que desde este momento solicito, se sirva dictar sentencia por la que, estimando la presente demanda, 1.– se acuerde la remoción de Don........... del cargo de administrador concursal del concurso voluntario de........... S.L.; 2.– se cese al citado Don........... del cargo de administrador concursal del expresado concurso de mi mandante; 3.– se designe nuevo administrador concursal en sustitución del cesado y 4.– se impongan las costas procesales a quien se oponga a la presente demanda.

Es Justicia que se SUPLICA en..........., hoy día........... de........... de dos mil...........

OTROSÍ DIGO: Se solicita de este Juzgado que, a los efectos legales oportunos, se sirva notificar la presente demanda a la administración concursal.

En su virtud,

SUPLICO AL JUZGADO que tenga por efectuada la anterior manifestación, se sirva admitirla, y acordar en el sentido anteriormente expuesto.

Es Justicia que nuevamente se SUPLICA en el lugar y fecha reseñados "ut supra".

OTROSÍ DIGO: Se solicita de este Juzgado la celebración de vista en el presente incidente de conformidad con lo dispuesto en el art. 540 TRLC.

En su virtud,

SUPLICO AL JUZGADO que tenga por efectuada la anterior manifestación, se sirva admitirla, y acordar en el sentido anteriormente expuesto, citando a las partes para la oportuna vista.

Es Justicia que nuevamente se SUPLICA en el lugar y fecha reseñados "ut supra".

OTROSÍ DIGO: Que interesa a esta parte el recibimiento del pleito a prueba y en este sentido, esta parte manifiesta los medios de prueba de los que intenta valerse en el presente incidente:...........

En su virtud,

SUPLICO AL JUZGADO que tenga por efectuada la anterior manifestación, se sirva admitirla, y tener por manifestados los medios de prueba de los que intenta valerse esta parte, y previos los oportunos tramites, declare los mismos pertinentes, acordando cuanto proceda en derecho para su práctica.

Es Justicia que nuevamente se SUPLICA en el lugar y fecha reseñados "ut supra".

F237. DEMANDA DE RECUSACIÓN DE ADMINISTRADOR CONCURSAL POR NO HABER ACEPTADO EL CARGO EN CONCURSO ANTERIOR

Normativa de aplicación: *Arts. 100 y ss. Real Decreto Legislativo 1/2020, de 5 de mayo, por el que se aprueba el texto refundido de la Ley Concursal.*

AL JUZGADO DE LO MERCANTIL NÚM. .... DE...........

Don..........., Procurador de los Tribunales y de........... S.L., cuya representación consta acreditada en estas actuaciones núm. de autos..........., ante este Juzgado de lo Mercantil comparezco en el citado procedimiento bajo la dirección letrada de Don..........., abogado del Ilustre Colegio de........... (número de colegiado...........), y como mejor proceda en derecho DIGO:

Que por medio del presente escrito y en la representación que ostento, promuevo DEMANDA DE INCIDENTE CONCURSAL en recusación del administrador concursal Don..........., la cual se basa en los siguientes

HECHOS

PRIMERO.– En el presente procedimiento número de autos..........., se sigue expediente de concurso voluntario de mi principal, la sociedad........... S.L. La declaración de concurso voluntario de la expresada sociedad, fue acordada por este Juzgado mediante auto de fecha........... de........... de dos mil...........

Acreditando lo anterior, se acompaña como DOCUMENTO..........., testimonio del auto de este Juzgado declarando de concurso de........... S.L.

SEGUNDO.– La administración concursal está integrada por Don..........., quien aceptó el cargo con fecha...........

Acreditando lo anterior, se acompañan como DOCUMENTOS..........., testimonio de la resolución por la que el citado señor acepta el cargo de administrador concursal.

TERCERO.– Que concurre en el citado Don..........., motivo para instar su remoción del citado cargo, puesto que en el concurso voluntario de la compañía........... S.L., seguido ante el Juzgado de lo Mercantil núm. .... de esta ciudad bajo el núm. .... de autos, y en fecha de........... de..........., Don..........., fue designado administrador concursal y, sin justa causa, no aceptó el cargo (ALTERNATIVA: o no compareció ante el Juez para aceptarlo). (ALTERNATIVA fue designado administrador concursal y, pese a que compareció a efectos de aceptar el cargo, no tenía suscrito el seguro de responsabilidad civil correspondiente).

Se acompañan como DOCUMENTOS........... testimonio del auto de nombramiento como administrador concursal del concurso voluntario de........... S.L., de la resolución judicial en la que se negó a aceptar el cargo sin justa causa (alternativa: de la no comparecencia ante el Juez en plazo) (ALTERNATIVA de la que resulta que no tenía suscrito el seguro de responsabilidad civil correspondiente). También...........

CUARTO.– La presente recusación, se ha interpuesto tan pronto esta parte ha conocimiento de la existencia de la referida causa recusatoria. En efecto, ...

A los anteriores hechos, se aducen los siguientes:

FUNDAMENTOS DE DERECHO

DE ORDEN PROCESAL

I.– Es competente este Juzgado para conocer de esta demanda incidental, desde un punto de vista objetivo y territorial, a la vista del art. 44, 45 y 52 TRLC.

II.– La presente demanda se sustanciará por los trámites previstos para el incidente concursal, tal y como resulta de los arts. 74.2 y 532 y ss. TRLC.

FONDO DEL ASUNTO

I.– La legitimación activa de mi mandante para interponer la presente demanda, resulta de su condición de concursado y, por tanto, ser persona legitimada para presentar el concurso (art. 72 TRLC)

II.– La legitimación pasiva de Don............ resulta de su condición de administrador concursal del concurso voluntario de..........., en quien concurre causa de recusación (art. 72 TRLC).

III.– Art. 72 TRLC: los administradores concursales podrán ser recusados por cualquiera de las personas legitimadas para solicitar la declaración de concurso.

IV.– Son causas de recusación las circunstancias constitutivas de incompatibilidad o prohibición contenidas en el TRLC, así como las establecidas en la Ley 1/2000, de 7 de enero, de Enjuiciamiento Civil, para la recusación de peritos (at. 73 TRLC)

IV.– Art. 70 TRLC al establecer que a quien sin justa causa no compareciese, no aceptase el cargo o no tuviera suscrito el seguro, no se le podrá designar administrador durante el plazo de tres años en aquellos concursos de acreedores que se declaren en el mismo ámbito territorial.

V.– Art. 394 LEC en materia de costas procesales y su imposición.

En virtud de lo expuesto,

SUPLICO AL JUZGADO que tenga por presentado este escrito, junto a los documentos a él unidos, se sirva admitirlo y tener por promovido en nombre y representación de mi mandante, ... S.L., DEMANDA DE INCIDENTE CONCURSAL instando la recusación del administrador concursal de Don..........., se sirva admitirla y previos los oportunos trámites legales, incluido el recibimiento del pleito a prueba y la celebración de vista que desde este momento solicito, se sirva dictar sentencia por la que, estimando la presente demanda, 1.– se acuerde la remoción de Don........... del cargo de administrador concursal del concurso voluntario de........... S.L.; 2.– se cese al citado Don........... del cargo de administrador concursal del expresado concurso de mi mandante; 3.– Se designe nuevo administrador concursal en sustitución del cesado y 4.– se impongan las costas procesales a quien se oponga a la presente demanda.

Es Justicia que se SUPLICA en..........., hoy día........... de........... de dos mil...........

OTROSÍ DIGO: Se solicita de este Juzgado que, a los efectos legales oportunos, se sirva notificar la presente demanda a la administración concursal.

En su virtud,

SUPLICO AL JUZGADO que tenga por efectuada la anterior manifestación, se sirva admitirla, y acordar en el sentido anteriormente expuesto.

Es Justicia que nuevamente se SUPLICA en el lugar y fecha reseñados "ut supra".

OTROSÍ DIGO: Se solicita de este Juzgado la celebración de vista en el presente incidente de conformidad con lo dispuesto en el art. 540 TRLC.

En su virtud,

SUPLICO AL JUZGADO que tenga por efectuada la anterior manifestación, se sirva admitirla, y acordar en el sentido anteriormente expuesto, citando a las partes para la oportuna vista.

Es Justicia que nuevamente se SUPLICA en el lugar y fecha reseñados "ut supra".

OTROSÍ DIGO: Que interesa a esta parte el recibimiento del pleito a prueba y en este sentido, esta parte manifiesta los medios de prueba de los que intenta valerse en el presente incidente:...........

En su virtud,

SUPLICO AL JUZGADO que tenga por efectuada la anterior manifestación, se sirva admitirla, y tener por manifestados los medios de prueba de los que intenta valerse esta parte, y previos los oportunos tramites, declare los mismos pertinentes, acordando cuanto proceda en derecho para su práctica.

Es Justicia que nuevamente se SUPLICA en el lugar y fecha reseñados "ut supra".

F238. DEMANDA DE RECUSACIÓN DE ADMINISTRADOR CONCURSAL QUE ADQUIERE BIENES DE LA CONCURSADA

Normativa de aplicación: *Arts. 100 y ss. Real Decreto Legislativo 1/2020, de 5 de mayo, por el que se aprueba el texto refundido de la Ley Concursal.*

AL JUZGADO DE LO MERCANTIL NÚM. .... DE...........

Don..........., Procurador de los Tribunales y de........... S.L., cuya representación consta acreditada en estas actuaciones núm. de autos..........., ante este Juzgado de lo Mercantil comparezco en el citado procedimiento bajo la dirección letrada de Don..........., abogado del Ilustre Colegio de........... (número de colegiado...........), y como mejor proceda en derecho DIGO:

Que por medio del presente escrito y en la representación que ostento, promuevo DEMANDA DE INCIDENTE CONCURSAL en recusación del administrador concursal Don..........., la cual se basa en los siguientes

HECHOS

PRIMERO.– En el presente procedimiento número de autos..........., se sigue expediente de concurso voluntario de mi principal, la sociedad........... S.L. La declaración de concurso voluntario de la expresada sociedad, fue acordada por este Juzgado mediante auto de fecha........... de........... de dos mil...........

Acreditando lo anterior, se acompaña como DOCUMENTO..........., testimonio del auto de este Juzgado declarando de concurso de........... S.L.

SEGUNDO.– La administración concursal está integrada por Don...........(ABOGADO), quien aceptó el cargo con fecha...........

Acreditando lo anterior, se acompañan como DOCUMENTOS..........., testimonio de la resolución por la que el citado señor acepta el cargo de administrador concursal.

TERCERO.– Que concurre en el citado Don..........., administrador concursal, motivo para instar su remoción del citado cargo, puesto que, como consta en las presentes actuaciones y sin que se haya sido previamente autorizado ni posteriormente ratificado por el Juez, el administrador concursal ha adquirido bienes de la masa activa, concretamente, el vehículo...........

Se acompañan como DOCUMENTOS.......... la siguiente documentación:...........

CUARTO.– La presente recusación, se ha interpuesto tan pronto esta parte ha conocimiento de la existencia de la referida causa recusatoria. En efecto, ...

A los anteriores hechos, se aducen los siguientes:

FUNDAMENTOS DE DERECHO

DE ORDEN PROCESAL

I.– Es competente este Juzgado para conocer de esta demanda incidental, desde un punto de vista objetivo y territorial, a la vista del art. 44, y 45 TRLC.

II.– La presente demanda se sustanciará por los trámites previstos para el incidente concursal, tal y como resulta de los arts. 74.2 y 532 y ss. TRLC.

FONDO DEL ASUNTO

I.– La legitimación activa de mi mandante para interponer la presente demanda, resulta de su condición de concursado y, por tanto, ser persona legitimada para presentar el concurso (art. 72 TRLC).

II.– La legitimación pasiva de Don........... resulta de su condición de administrador concursal del concurso voluntario de..........., en quien concurre causa de recusación (art. 72 TRLC).

III.– Art. 72 TRLC: los administradores concursales podrán ser recusados por cualquiera de las personas legitimadas para solicitar la declaración de concurso.

IV.– Son causas de recusación las circunstancias constitutivas de incompatibilidad o prohibición contenidas en el TRLC, así como las establecidas en la Ley 1/2000, de 7 de enero, de Enjuiciamiento Civil, para la recusación de peritos (at. 73 TRLC)

V.– Art. 208.1 TRLC: los administradores concursales no podrán adquirir por sí o por persona interpuesta, ni aun en subasta, los bienes y derechos que integren la masa activa del concurso.

VI.– Art. 208.2 TRLC: los que infringieren la prohibición de adquirir quedarán inhabilitados para el ejercicio del cargo, procediendo el juez de inmediato a un nuevo nombramiento, y reintegrarán a la masa, sin contraprestación alguna, el bien o derecho que hubieran adquirido. Si el administrador concursal fuera acreedor concursal, perderá este, además, el crédito de que fuera titular.

VII.– Art. 394 LEC en materia de costas procesales y su imposición.

En virtud de lo expuesto,

SUPLICO AL JUZGADO que tenga por presentado este escrito, junto a los documentos a él unidos, se sirva admitirlo y tener por promovido en nombre y representación de mi mandante, ... S.L., DEMANDA DE INCIDENTE CONCURSAL instando la recusación del administrador concursal de Don............, se sirva admitirla y previos los oportunos trámites legales, incluido el recibimiento del pleito a prueba y la celebración de vista que desde este momento solicito, se sirva dictar sentencia por la que, estimando la presente demanda, 1.– se acuerde la remoción de Don............ del cargo de administrador concursal del concurso voluntario de............ S.L.; 2.– se cese al citado Don............ del cargo de administrador concursal del expresado concurso de mi mandante; 3.– Ordene al administrador concursal reintegrar a la masa, sin contraprestación alguna, el bien adquirido, esto es, ...; 4.– se designe nuevo administrador en sustitución del cesado y 5.– se impongan las costas procesales a quien se oponga a la presente demanda.

Es Justicia que se SUPLICA en............, hoy día............ de............ de dos mil............

OTROSÍ DIGO: Se solicita de este Juzgado que, a los efectos legales oportunos, se sirva notificar la presente demanda a la administración concursal.

En su virtud,

SUPLICO AL JUZGADO que tenga por efectuada la anterior manifestación, se sirva admitirla, y acordar en el sentido anteriormente expuesto.

Es Justicia que nuevamente se SUPLICA en el lugar y fecha reseñados "ut supra".

OTROSÍ DIGO: Se solicita de este Juzgado la celebración de vista en el presente incidente de conformidad con lo dispuesto en el art. 540 TRLC.

En su virtud,

SUPLICO AL JUZGADO que tenga por efectuada la anterior manifestación, se sirva admitirla, y acordar en el sentido anteriormente expuesto, citando a las partes para la oportuna vista.

Es Justicia que nuevamente se SUPLICA en el lugar y fecha reseñados "ut supra".

OTROSÍ DIGO: Que interesa a esta parte el recibimiento del pleito a prueba y en este sentido, esta parte manifiesta los medios de prueba de los que intenta valerse en el presente incidente:............

En su virtud,

SUPLICO AL JUZGADO que tenga por efectuada la anterior manifestación, se sirva admitirla, y tener por manifestados los medios de prueba de los que intenta valerse esta parte, y previos los oportunos tramites, declare los mismos pertinentes, acordando cuanto proceda en derecho para su práctica.

Es Justicia que nuevamente se SUPLICA en el lugar y fecha reseñados "ut supra".

F239. DEMANDA DE RECUSACIÓN DE ADMINISTRADOR CONCURSAL QUE TIENE PLEITO PENDIENTE CON LA CONCURSADA

Normativa de aplicación: *Arts. 100 y ss. Real Decreto Legislativo 1/2020, de 5 de mayo, por el que se aprueba el texto refundido de la Ley Concursal.*

AL JUZGADO DE LO MERCANTIL NÚM. .... DE...........

Don..........., Procurador de los Tribunales y de........... S.L., cuya representación consta acreditada en estas actuaciones núm. de autos..........., ante este Juzgado de lo Mercantil comparezco en el citado procedimiento bajo la dirección letrada de Don..........., abogado del Ilustre Colegio de........... (número de colegiado...........), y como mejor proceda en derecho DIGO:

Que por medio del presente escrito y en la representación que ostento, promuevo DEMANDA DE INCIDENTE CONCURSAL en recusación del administrador concursal Don..........., la cual se basa en los siguientes:

HECHOS

PRIMERO.– En el presente procedimiento número de autos..........., se sigue expediente de concurso voluntario de mi principal, la sociedad........... S.L. La declaración de concurso voluntario de la expresada sociedad, fue acordada por este Juzgado mediante auto de fecha........... de........... de dos mil...........

Acreditando lo anterior, se acompaña como DOCUMENTO..........., testimonio del auto de este Juzgado declarando de concurso de........... S.L.

SEGUNDO.– La administración concursal está integrada por Don..........., quien aceptó el cargo con fecha...........

Acreditando lo anterior, se acompañan como DOCUMENTOS..........., testimonio de la resolución por la que el citado señor aceptó el cargo de administrador concursal.

TERCERO.– Que concurre en el citado Don..........., motivo para instar su remoción del citado cargo, puesto que en la actualidad y ante el Juzgado de Primera Instancia núm. .... de..........., y bajo el núm. de autos..........., se sustancia juicio ordinario por mi mandante contra..........., en reclamación de daños y perjuicios como consecuencia de una negligente actuación profesional de Don...........

Se acompañan como DOCUMENTOS........... la siguiente documentación: testimonios del escrito de demanda, contestación a la misma, acta de audiencia previa y certificado del Letrado de la Administración de Justicia del citado Juzgado de Primera Instancia núm. .... de..........., del que resulta el estado procesal del citado procedimiento y la pendencia del mismo.

CUARTO.– La presente recusación, se ha interpuesto tan pronto esta parte ha conocimiento de la existencia de la referida causa recusatoria. En efecto, ...

A los anteriores hechos, se aducen los siguientes:

FUNDAMENTOS DE DERECHO

DE ORDEN PROCESAL

I.– Es competente este Juzgado para conocer de esta demanda incidental, desde un punto de vista objetivo y territorial, a la vista de los arts,. 44, 45 y 52 TRLC.

II.– La presente demanda se sustanciará por los trámites previstos para el incidente concursal, tal y como resulta de los arts. 74.2 y 532 y ss. TRLC.

FONDO DEL ASUNTO

I.– La legitimación activa de mi mandante para interponer la presente demanda, resulta de su condición de concursado y, por tanto, ser persona legitimada para presentar el concurso (art. 72 TRLC)

II.– La legitimación pasiva de Don………… resulta de su condición de administrador concursal del concurso voluntario de…………, en quien concurre causa de recusación (art. 72 TRLC).

III.– Art. 72 TRLC: los administradores concursales podrán ser recusados por cualquiera de las personas legitimadas para solicitar la declaración de concurso.

IV.– Son causas de recusación las circunstancias constitutivas de incompatibilidad o prohibición contenidas en el TRLC, así como las establecidas en la Ley 1/2000, de 7 de enero, de Enjuiciamiento Civil, para la recusación de peritos (at. 73 TRLC)

V.– Art. 219.7 LOPJ al establecer la recusación por tener pleito pendiente con alguna de las partes.

VI.– Art. 394 LEC en materia de costas procesales y su imposición.

En virtud de lo expuesto,

SUPLICO AL JUZGADO que tenga por presentado este escrito, junto a los documentos a él unidos, se sirva admitirlo y tener por promovido en nombre y representación de mi mandante, ………… S.L., DEMANDA DE INCIDENTE CONCURSAL instando la recusación del administrador concursal Don…………, se sirva admitirla y previos los oportunos trámites legales, incluido el recibimiento del pleito a prueba y la celebración de vista que desde este momento solicito, se sirva dictar sentencia por la que, estimando la presente demanda, 1.– se acuerde la remoción de Don………… del cargo de administrador concursal del concurso voluntario de………… S.L.; 2.– se cese al citado Don………… del cargo de administrador concursal del expresado concurso de mi mandante; 3.– se designe nuevo administrador en sustitución del cesado y 4.– se impongan las costas procesales a quien se oponga a la presente demanda.

Es Justicia que se SUPLICA en…………, hoy día………… de………… de dos mil…………

OTROSÍ DIGO: Se solicita de este Juzgado que, a los efectos legales oportunos, se sirva notificar la presente demanda a la administración concursal.

En su virtud,

SUPLICO AL JUZGADO que tenga por efectuada la anterior manifestación, se sirva admitirla, y acordar en el sentido anteriormente expuesto.

Es Justicia que nuevamente se SUPLICA en el lugar y fecha reseñados "ut supra".

OTROSÍ DIGO: Se solicita de este Juzgado la celebración de vista en el presente incidente de conformidad con lo dispuesto en el art. 540 TRLC.

En su virtud,

SUPLICO AL JUZGADO que tenga por efectuada la anterior manifestación, se sirva admitirla, y acordar en el sentido anteriormente expuesto, citando a las partes para la oportuna vista.

Es Justicia que nuevamente se SUPLICA en el lugar y fecha reseñados "ut supra".

OTROSÍ DIGO: Que interesa a esta parte el recibimiento del pleito a prueba y en este sentido, esta parte manifiesta los medios de prueba de los que intenta valerse en el presente incidente:...........

En su virtud,

SUPLICO AL JUZGADO que tenga por efectuada la anterior manifestación, se sirva admitirla, y tener por manifestados los medios de prueba de los que intenta valerse esta parte, y previos los oportunos tramites, declare los mismos pertinentes, acordando cuanto proceda en derecho para su práctica.

Es Justicia que nuevamente se SUPLICA en el lugar y fecha reseñados "ut supra".

F240. DEMANDA DE RECUSACIÓN POR EL CONCURSADO DE ADMINISTRADOR CONCURSAL QUE COMO EXPERTO INDEPENDIENTE INFORMO ACUERDO DE REFINANCIACIÓN DEL CONCURSADO

Normativa de aplicación: *Arts. 100 y ss. Real Decreto Legislativo 1/2020, de 5 de mayo, por el que se aprueba el texto refundido de la Ley Concursal.*

AL JUZGADO DE LO MERCANTIL NÚM. .... DE...........

Don..........., Procurador de los Tribunales y de........... S.L., cuya representación consta acreditada en estas actuaciones núm. de autos..........., ante este Juzgado de lo Mercantil comparezco en el citado procedimiento bajo la dirección letrada de Don..........., abogado del Ilustre Colegio de........... (número de colegiado...........), y como mejor proceda en derecho DIGO:

Que por medio del presente escrito y en la representación que ostento, promuevo DEMANDA DE INCIDENTE CONCURSAL en recusación del administrador concursal..........., la cual se basa en los siguientes

HECHOS

PRIMERO.– En el presente procedimiento número de autos..........., se sigue expediente de concurso consecutivo voluntario de mi principal, la sociedad........... S.L. La declaración de concurso voluntario de la expresada sociedad, fue acordada por este Juzgado mediante auto de fecha........... de........... de dos mil...........

Acreditando lo anterior, se acompaña como DOCUMENTO..........., testimonio del auto de este Juzgado declarando el concurso de........... S.L.

SEGUNDO.– La administración concursal está integrada por Don...........

Acreditando lo anterior, se acompañan como DOCUMENTOS..........., testimonio de la resolución por la que el citado señor acepta su condición de miembro de la administración concursal.

TERCERO.– Que concurre en el citado Don..........., administrador concursal, motivo para instar su remoción del citado cargo, pues como experto restructuraciones, participo en la negociación del plan de reestructuración en su día activado por la concursada, emitió el informe al que se refiere 597 y ss. TRLC, con un acuerdo de refinanciación alcanzado por mi mandante antes de su declaración de concurso.

En efecto, en fecha........... de........... de..........., mi principal........... S.L. y los acreedores........... y........... negociación que se frustó y mi mandante, que se hallaba en situación de insolvencia actual, solicito su declaración en concurso que se sustancia en las presentes actuaciones.

Pues bien. El administrador concursal Don..........., fue designado por este Juzgado, experto en reestructuraciones a los efectos de lo previsto en los arts. 679 y concordantes TRLC, habiendo existido graves discrepancias entre el citado experto y esta parte con relación a su actuación en el citado proceso reestructutartorio.

Se acompañan como DOCUMENTOS copia del auto de declaración del concurso voluntario de la sociedad........... S.L., dictado en fecha de........... de........... (publicado en el BOE del día........... de........... de...........); el auto de este Juzgado, de fecha ...., designado al aqui administrador concursal como experto en reestructuraciones y la información del Registro Público Concursal.

A los anteriores hechos, se aducen los siguientes:

FUNDAMENTOS DE DERECHO

DE ORDEN PROCESAL

I.– Es competente este Juzgado para conocer de esta demanda incidental, desde un punto de vista objetivo y territorial, a la vista del art. 44, 45 y 52 TRLC.

II.– La presente demanda se sustanciará por los trámites previstos para el incidente concursal, tal y como resulta de los arts. 74.2 y 532 y ss. TRLC.

FONDO DEL ASUNTO

I.– La legitimación activa de mi mandante para interponer la presente demanda, resulta de su condición de concursado y, por tanto, ser persona legitimada para presentar el concurso (art. 72 TRLC)

II.– La legitimación pasiva de........... resulta de su condición de administrador concursal del concurso voluntario de..........., en quien concurre causa de recusación (art. 72 TRLC).

III.– Art. 72 TRLC: los administradores concursales podrán ser recusados por cualquiera de las personas legitimadas para solicitar la declaración de concurso.

IV.– Son causas de recusación las circunstancias constitutivas de incompatibilidad o prohibición contenidas en el TRLC, así como las establecidas en la Ley 1/2000, de 7 de enero, de Enjuiciamiento Civil, para la recusación de peritos (at. 73 TRLC)

V.– Art. 65.4 TRLC: no podrá ser nombrado administrador concursal quien en la negociación de un plan de reestructuración hubiera sido nombrado experto en la reestructuración.

VI.– Art. 394 LEC en materia de costas procesales y su imposición.

En virtud de lo expuesto,

SUPLICO AL JUZGADO que tenga por presentado este escrito, junto a los documentos a él unidos, se sirva admitirlo y tener por promovido en nombre y representación de mi mandante, ... S.L., DEMANDA DE INCIDENTE CONCURSAL instando la recusación del administrador concursal de Don..........., se sirva admitirla y previos los oportunos trámites legales, incluido el recibimiento del pleito a prueba que desde este momento solicito, se sirva dictar sentencia por la que, estimando la presente demanda, 1.– Se acuerde la remoción de Don........... del cargo de administrador concursal del concurso voluntario de........... S.L.; 2.– Se cese al citado Don........... del cargo de administrador concursal del expresado concurso de mi mandante; 3.– se designe nuevo administrador concursal en sustitución del cesado y 4.– se impongan las costas procesales a quien se oponga a la presente demanda.

Es Justicia que se SUPLICA en..........., hoy día........... de........... de dos mil...........

OTROSÍ DIGO: Se solicita de este Juzgado que, a los efectos legales oportunos, se sirva notificar la presente demanda a la administración concursal.

En su virtud,

SUPLICO AL JUZGADO que tenga por efectuada la anterior manifestación, se sirva admitirla, y acordar en el sentido anteriormente expuesto.

Es Justicia que nuevamente se SUPLICA en el lugar y fecha reseñados "ut supra".

OTROSÍ DIGO: Se solicita de este Juzgado la celebración de vista en el presente incidente de conformidad con lo dispuesto en el art. 540 TRLC.

En su virtud,

SUPLICO AL JUZGADO que tenga por efectuada la anterior manifestación, se sirva admitirla, y acordar en el sentido anteriormente expuesto, citando a las partes para la oportuna vista.

Es Justicia que nuevamente se SUPLICA en el lugar y fecha reseñados "ut supra".

OTROSÍ DIGO: Que interesa a esta parte el recibimiento del pleito a prueba y en este sentido, esta parte manifiesta los medios de prueba de los que intenta valerse en el presente incidente:............

En su virtud,

SUPLICO AL JUZGADO que tenga por efectuada la anterior manifestación, se sirva admitirla, y tener por manifestados los medios de prueba de los que intenta valerse esta parte, y previos los oportunos tramites, declare los mismos pertinentes, acordando cuanto proceda en derecho para su práctica.

Es Justicia que nuevamente se SUPLICA en el lugar y fecha reseñados "ut supra".

3.5. RETRIBUCIÓN DE LA ADMINISTRACIÓN CONCURSAL

F241. SOLICITUD DE DETERMINACIÓN Y PAGO DE LA RETRIBUCIÓN DE LA ADMINISTRACIÓN CONCURSAL

Normativa de aplicación: *Arts. 84 y ss. Real Decreto Legislativo 1/2020, de 5 de mayo, por el que se aprueba el texto refundido de la Ley Concursal.*

AL JUZGADO DE LO MERCANTIL NÚM. .... DE...........

Don..........., administrador concursal del concurso voluntario de la compañía........... S.A., que se sigue ante este Juzgado bajo el número de autos..........., ante este Juzgado de lo Mercantil comparezco en los citados autos, y como mejor proceda en derecho DIGO:

PRIMERO.– Que en las presentes actuaciones núm. de autos..........., se sigue concurso voluntario de la sociedad........... S.A., concurso que fue declarado mediante auto de fecha........... de........... de...........

SEGUNDO.– Que conforme a lo establecido en el art. 34 LC los administradores concursales tienen derecho a retribución con cargo a la masa, haciéndose contar que ninguno de los integrantes de la administración concursal designada en este procedimiento, incurre en supuesto que le prive de la percepción de tal retribución.

TERCERO.– Que el Juez del concurso, previo informe de la administración concursal, fijará por medio de auto y conforme al arancel, la cuantía de la retribución, así como los plazos en que deba ser satisfecha. (Art. 34.3 LC).

CUARTO.– Se hace constar que la presente solicitud se plantea a la vista de lo dispuesto en el art. 34 LC, en su redaccion anterior a la entrada en vigor de dicha Ley 17/2014, de 30 de septiembre, aplicable y vigente en la actualidad, en tanto en cuanto no se apruebe el reglamento a que se refiere la disposición transitoria segunda TRLC.

En su virtud

SUPLICO AL JUZGADO que tenga por presentado este escrito, se sirva admitirlo y por hechas las anteriores manifestaciones y, previo los oportunos trámites legales, se sirva dictar auto por el que, estimando la presente solicitud y a la vista del informe emitido al efecto por esta administración concursal, se fije conforme a arancel la cuantía de la retribución así como los plazos en que deba ser satisfecha.

Lo que se SUPLICA en..........., a de........... de...........

F242. ESCRITO DE FIJACIÓN RETRIBUCIÓN DE LA ADMINISTRACIÓN CONCURSAL

Normativa de aplicación: *Arts. 57 y ss. Real Decreto Legislativo 1/2020, de 5 de mayo, por el que se aprueba el texto refundido de la Ley Concursal.*

AL JUZGADO DE LO MERCANTIL NÚM. ...... DE.......

.........., Administrador Concursal designado en el Concurso Voluntario Ordinario de la entidad "......., S.L." que bajo el número......... se tramita ante ese Juzgado, comparece en los referidos autos y, como mejor proceda en Derecho, DICE:

Que, a los efectos de lo previsto en el artículo 34.3 de la Ley Concursal con relación a la cuantía de la retribución a percibir por la que suscribe el presente escrito, MANIFIESTA:

Que, en aplicación de lo dispuesto por el Real Decreto 1860/2004 de 6 de septiembre, por el que se establece el arancel de derechos de los administradores concursales, y, una vez presentada de textos definitivos y la adenda a estos resulta lo siguiente:

CONCURSADA:......., S.L.

1. Importe de la masa activa y pasiva que resulta del inventario y lista de acreedores presentados por el deudor (párrafo 2°, punto 4° del artículo 4 R.D. 1860/2004)

TOTAL MASA ACTIVA:.......... €

(según datos obtenidos del activo presentado en la demanda de concurso)

TOTAL MASA PASIVA:.......... €

(según lista de acreedores presentada en la demanda de concurso)

2. Aplicando los porcentajes establecidos en el anexo del R.D. 1860/2004 (artículo 4.1)

Porcentaje sobre el activo

Hasta 500.000 €.......... €

Resto (0,5% s/ .... €).......... €

Porcentaje sobre el pasivo

0,3% s/.......... € ...... €

===============

Retribución Estimada Provisional Fase Común .... €

......., S.L.

Todo ello sin perjuicio de lo que resulte del importe definitivo de la masa activa y de la masa pasiva, una vez se ponga fin a la fase común del concurso, según lo previsto en el tercer párrafo del punto cuarto del artículo cuatro del Real Decreto 1860/2004.

En virtud de lo expuesto,

SUPLICA AL JUZGADO, que teniendo por presentado este escrito se digne admitirlo, ordenando su admisión en la Sección Segunda del presente Concurso, teniendo por emitido el informe previsto, a los efectos de fijar la retribución para el Administrador Concursal de .... € (impuestos no incluidos), aprobando dichos honorarios como definitivos y fijando para su percepción los plazos previstos en el artículo 8 del mencionado Real Decreto.

En........ a ....de enero de ....

Fdo...........

ADMINISTRACIÓN CONCURSAL

F243. INFORME DE LA ADMINISTRACIÓN CONCURSAL SOBRE RETRIBUCIÓN DE TAL ADMINISTRACIÓN. DEUDOR CON INTERVENCIÓN DE LAS FACULTADES DE ADMINISTRACIÓN Y DISPOSICIÓN DE LA MASA ACTIVA

Normativa de aplicación: *Arts. 84 y ss. Real Decreto Legislativo 1/2020, de 5 de mayo, por el que se aprueba el texto refundido de la Ley Concursal.*

El presente informe se emite por esta Administración concursal del concurso voluntario de la sociedad........... S.A., Sustanciado ante el JUZGADO de lo MERCANTIL núm. .... de........... bajo el núm. de autos............, a los efectos y con el alcance dispuesto en el art. 34.3 LC.

INFORME

I.– Que integra la administración concursal del expresado concurso, el aquí firmante, Don...........

II.– Que el administrador concursal no, se trata de personal de las entidades a que se refieren los párrafos 1° y 2° del apartado 2 del artículo 27 LC. Por lo tanto, y a la vista del art. 34 LC, tiene derecho a retribución con cargo a la masa.

III.– Que en el presente concurso, la retribución será exclusiva en el sentido del art. 34.2.a LC, que establece que la administración concursal solo podrá percibir por su intervención en el concurso las cantidades que resulten de la aplicación del arancel.

IV.– Que la citada retribución debe ser fijada a la vista del arancel de derechos de los administradores concursales, atendiendo a la cuantía del activo y del pasivo y a la previsible complejidad del concurso.

V.– Que en el presente caso y dado que el concursado tiene intervenido el ejercicio de las facultades de administración y de disposición sobre la masa activa, la retribución de la Administración Concursal en la fase común será la suma que resulte de aplicar al valor de la masa activa y al valor de la masa pasiva los porcentajes correspondientes establecidos en el anexo del citado Real Decreto 1860/2004, de 6 de septiembre.

El valor de la masa activa será el que resulte del inventario definitivo, y el valor de la masa pasiva, el que resulte de la lista de acreedores definitiva.

Hasta que el inventario y la lista tengan carácter definitivo, el juez aplicará el arancel considerando como valor de la masa activa el de los bienes y derechos que figuren en el inventario presentado por el deudor, y como valor de la masa pasiva, el que resulte de la relación de acreedores presentada por el deudor.

En este sentido, el valor de la masa activa reseñada en el párrafo precedente es de...........euros y el de la masa pasiva de...........euros.

VI.– Aplicando a los citados valores los porcentajes recogidos en el anexo del citado Real Decreto 1860/2004, de 6 de septiembre, que establece el arancel de derechos de los administradores concursales, resulta la siguiente retribución para la Administración Concursal:

Bases		%	Honorarios
Activo	...........€		
Hasta	...........€	...........€	
Resto	...........€	...........%	...........€
			...........€
Pasivo	...........€		
Hasta	...........€	...........€	
Resto	...........€	...........%	...........€
			...........€
...........€			

Se hace constar que en el presente concurso, no se ha producido, total o parcialmente, el cese o suspensión de la actividad profesional o empresarial que viene ejerciendo el concursado.

VII.– Esta administración concursal entiende que no concurre ninguno de los supuestos en los que, de conformidad con lo establecido en el art. 6 del citado Real Decreto 1860/2004, cabe entender que el concurso presenta previsible complejidad.

VIII.– Salvo que el juez del concurso establezca otros plazos, la retribución de la Administración Concursal correspondiente a la fase común se abonará de la siguiente forma:

a) El 50 por ciento de la retribución se abonará dentro de los cinco días siguientes al de la firmeza del auto que la fije.

b) El 50 por ciento restante se abonará dentro de los cinco días siguientes al de la firmeza de la resolución que ponga fin a la fase común.

IX.– Respecto a la determinación y forma de pago de la retribución de la administración concursal en fases sucesivas, debe estarse a lo dispuesto en los arts. 9 a 11 del citado Real Decreto 1860/2004.

Todo lo cual se informa a la vista de lo dispuesto en el art. 34 LC, en su redacción anterior a la entrada en vigor de la Ley 17/2014, de 30 de septiembre, aplicable y vigente en la actualidad en tanto en cuanto no se apruebe el reglamento a que se refiere la disposición transitoria segunda TRLC, y el contenido del Real Decreto 1860/2004, en..........., en ...., hoy día........... de........... de...........

F244. INFORME DE LA ADMINISTRACIÓN CONCURSAL SOBRE RETRIBUCIÓN DE TAL ADMINISTRACIÓN. DEUDOR CON SUSPENSIÓN DE LAS FACULTADES DE ADMINISTRACIÓN Y DISPOSICIÓN DE LA MASA ACTIVA

Normativa de aplicación: *Arts. 84 y ss. Real Decreto Legislativo 1/2020, de 5 de mayo, por el que se aprueba el texto refundido de la Ley Concursal.*

El presente informe se emite por esta Administración concursal del concurso voluntario de la sociedad........... S.A., Sustanciado ante el JUZGADO de lo MERCANTIL núm. .... de........... bajo el núm. de autos..........., a los efectos y con el alcance dispuesto en el art. 34.3·LC.

INFORME

I.– Que integra la administración concursal del expresado concurso, el aquí firmante, Don...........

II.– Que el administrador concursal no se trata de personal de las entidades a que se refieren los párrafos 1° y 2° del apartado 2 del artículo 27 LC. Por lo tanto, y a la vista del art. 34 LC, la administración concursal tiene derecho a retribución con cargo a la masa.

III.– Que la citada retribución debe ser fijada a la vista del arancel de derechos de los administradores concursales, atendiendo a la cuantía del activo y del pasivo, al carácter ordinario del procedimiento, a la acumulación de concursos y a la previsible complejidad del concurso.

IV.– Esta retribución será exclusiva en el sentido del art. 34.2.a LC, que establece que los administradores concursales solo podrán percibir por su intervención en el concurso las cantidades que resulten de la aplicación del arancel.

V.– Que en el presente caso y dado que el concursado tiene suspendido el ejercicio de las facultades de administración y de disposición sobre la masa activa, la retribución de cada uno de los administradores concursales en la fase común será la suma que resulte de aplicar al valor de la masa activa y al valor de la masa pasiva los porcentajes correspondientes establecidos en el anexo del citado Real Decreto 1860/2004, de 6 de septiembre, pudiendo el juez, a su prudente arbitrio incrementar hasta un 50 por ciento la cantidad que resulte por aplicación de lo establecido anteriormente.

El valor de la masa activa será el que resulte del inventario definitivo, y el valor de la masa pasiva, el que resulte de la lista de acreedores definitiva.

Hasta que el inventario y la lista tengan carácter definitivo, el juez aplicará el arancel considerando como valor de la masa activa el de los bienes y derechos que figuren en el inventario presentado por el deudor, y como valor de la masa pasiva, el que resulte de la relación de acreedores presentado por el deudor.

En este sentido, el valor de la masa activa reseñada en el párrafo precedente es de...........euros y el de la masa pasiva de...........euros.

Y consideramos prudente un incremento de........... por ciento como consecuencia de la suspensión de facultades del deudor toda vez que...........

VI.– Aplicando a los citados valores los porcentajes recogidos en el anexo del citado Real Decreto 1860/2004, de 6 de septiembre, que establece el arancel de derechos de los administradores concursales, resulta la siguiente retribución para la administración concursal:

Bases		%	Honorarios
Activo	...........€		
Hasta	...........€	...........€	
Resto	...........€	...........%	...........€
			...........€
Pasivo	...........€		
Hasta	...........€	...........€	
Resto	...........€	...........%	...........€
			...........€
...........€			

Se hace constar que en el presente concurso, no se ha producido, total o parcialmente, el cese o suspensión de la actividad profesional o empresarial que viene ejerciendo el concursado.

VII.– Esta administración concursal entiende que no concurre ninguno de los supuestos en los que, de conformidad con lo establecido en el art. 6 del citado Real Decreto 1860/2004, cabe entender que el concurso presenta previsible complejidad.

VIII.– Salvo que el juez del concurso establezca otros plazos, la retribución de la administración concursal correspondiente a la fase común se abonará de la siguiente forma:

a) El 50 por ciento de la retribución se abonará dentro de los cinco días siguientes al de la firmeza del auto que la fije.

b) El 50 por ciento restante se abonará dentro de los cinco días siguientes al de la firmeza de la resolución que ponga fin a la fase común.

IX.– Respecto a la determinación y forma de pago de la retribución de la administración concursal en fases sucesivas, debe estarse a lo dispuesto en los arts. 9 a 11 del citado Real Decreto 1860/2004.

Todo lo cual se informa a la vista de lo dispuesto en el art. 34 LC, en su redacción anterior a la entrada en vigor de la Ley 17/2014, de 30 de septiembre, aplicable y vigente en la actualidad en tanto en cuanto no se apruebe el reglamento a que se refiere la disposición transitoria segunda TRLC, y el contenido del Real Decreto 1860/2004, en..........., en ...., hoy día........... de........... de...........

F245. INFORME DE LA ADMINISTRACIÓN CONCURSAL SOBRE RETRIBUCIÓN DE TAL ADMINISTRACIÓN. CONCURSO PREVISIBLEMENTE COMPLEJO

Normativa de aplicación: *Arts. 84 y ss. Real Decreto Legislativo 1/2020, de 5 de mayo, por el que se aprueba el texto refundido de la Ley Concursal.*

El presente informe se emite por esta Administración concursal del concurso voluntario de la sociedad........... S.A., Sustanciado ante el Juzgado de lo Mercantil núm. .... de........... bajo el núm. de autos..........., a los efectos y con el alcance dispuesto en el art. 34.3 LC.

INFORME

I.– Que integra la administración concursal del expresado concurso, el aquí firmante, Don...........

II.– Que el administrador concursal no se trata de personal de las entidades a que se refieren los párrafos 1° y 2° del apartado 2 del artículo 27 LC. Por lo tanto, y a la vista del art. 34 LC, la administración concursal tiene derecho a retribución con cargo a la masa.

III.– Que la citada retribución debe ser fijada a la vista del arancel de derechos de los administradores concursales, atendiendo a la cuantía del activo y del pasivo, al carácter ordinario del procedimiento, a la acumulación de concursos y a la previsible complejidad del concurso.

Esta retribución será exclusiva en el sentido del art. 34.2.a LC, que establece que los administradores concursales solo podrán percibir por su intervención en el concurso las cantidades que resulten de la aplicación del arancel.

IV.– Que en el presente caso y dado que el concursado tiene intervenido el ejercicio de las facultades de administración y de disposición sobre la masa activa, la retribución de cada uno de los administradores concursales en la fase común será la suma que resulte de aplicar al valor de la masa activa y al valor de la masa pasiva los porcentajes correspondientes establecidos en el anexo del citado Real Decreto 1860/2004, de 6 de septiembre.

El valor de la masa activa será el que resulte del inventario definitivo, y el valor de la masa pasiva, el que resulte de la lista de acreedores definitiva.

Hasta que el inventario y la lista tengan carácter definitivo, el juez aplicará el arancel considerando como valor de la masa activa el de los bienes y derechos que figuren en el inventario presentado por el deudor, y como valor de la masa pasiva, el que resulte de la relación de acreedores presentado por el deudor.

En este sentido, el valor de la masa activa reseñada en el párrafo precedente es de...........euros y el de la masa pasiva de...........euros.

V.– Aplicando a los citados valores los porcentajes recogidos en el anexo del citado Real Decreto 1860/2004, de 6 de septiembre, que establece el arancel de derechos de los administradores concursales, resulta la siguiente retribución para la administración concursal:

Bases		%	Honorarios
Activo	...........€		
Hasta	...........€	...........€	
Resto	...........€	...........%	...........€
			...........€
Pasivo	...........€		
Hasta	...........€	...........€	
Resto	...........€	...........%	...........€
			...........€
...........€			

Se hace constar que en el presente concurso, no se ha producido, total o parcialmente, el cese o suspensión de la actividad profesional o empresarial que viene ejerciendo el concursado.

VI.– Esta administración entiende que concurre uno de los supuestos en los que, de conformidad con lo establecido en el art. 6 del citado Real Decreto 1860/2004, cabe *entender que el concurso* presenta previsible complejidad. Concretamente el recogido en la letra c) "Cuando el número de acreedores concursales sea superior a 1.000".

Como obra en las presentes actuaciones, del listado de acreedores adjuntado por el concursado resulta la existencia de 1523 acreedores, de los que, a fecha de hoy, 1305 han comunicado su crédito a esta administración concursal.

Por este motivo, la retribución anteriormente fijada debe de incrementarse en un cinco (5) por ciento, ascendiendo tras el citado incremento a la suma de...........euros.

VII.– Salvo que el juez del concurso establezca otros plazos, la retribución de la administración concursal correspondiente a la fase común se abonará de la siguiente forma:

a) El 50 por ciento de la retribución se abonará dentro de los cinco días siguientes al de la firmeza del auto que la fije.

b) El 50 por ciento restante se abonará dentro de los cinco días siguientes al de la firmeza de la resolución que ponga fin a la fase común.

VIII.– Respecto a la determinación y forma de pago de la retribución de la administración concursal en fases sucesivas, debe estarse a lo dispuesto en los arts. 9 a 11 del citado Real Decreto 1860/2004.

Todo lo cual se informa a la vista de lo dispuesto en el art. 34 LC, en su redacción anterior a la entrada en vigor de la Ley 17/2014, de 30 de septiembre, aplicable y vigente en la actualidad en tanto en cuanto no se apruebe el reglamento a que se refiere la disposición transitoria segunda TRLC, y el contenido del Real Decreto 1860/2004, en..........., en ...., hoy día........... de........... de...........

F246. INFORME DE LA ADMINISTRACIÓN CONCURSAL SOBRE RETRIBUCIÓN DE TAL ADMINISTRACIÓN. CESE PARCIAL DE LA ACTIVIDAD DEL CONCURSADO

Normativa de aplicación: *Arts. 84 y ss. Real Decreto Legislativo 1/2020, de 5 de mayo, por el que se aprueba el texto refundido de la Ley Concursal.*

El presente informe se emite por esta Administración concursal del concurso voluntario de la sociedad........... S.A., sustanciado ante el Juzgado de lo Mercantil núm. .... de........... bajo el núm. de autos..........., a los efectos y con el alcance dispuesto en el art. 34.3 LC.

INFORME

I.– Que integra la administración concursal del expresado concurso, el aquí firmante, Don...........

II.– Que el administrador concursal no se trata de personal de las entidades a que se refieren los párrafos 1° y 2° del apartado 2 del artículo 27 LC. Por lo tanto, y a la vista del art. 34 LC, la administración concursal tiene derecho a retribución con cargo a la masa.

III.– Que la citada retribución debe ser fijada a la vista del arancel de derechos de los administradores concursales, atendiendo a la cuantía del activo y del pasivo, al carácter ordinario del procedimiento, a la acumulación de concursos y a la previsible complejidad del concurso.

IV.– Esta retribución será exclusiva en el sentido del art. 34.2.a LC, que establece que los administradores concursales solo podrán percibir por su intervención en el concurso las cantidades que resulten de la aplicación del arancel.

V.– Que en el presente caso y dado que el concursado tiene intervenido el ejercicio de las facultades de administración y de disposición sobre la masa activa, la retribución de la administración concursal en la fase común será la suma que resulte de aplicar al valor de la masa activa y al valor de la masa pasiva los porcentajes correspondientes establecidos en el anexo del citado Real Decreto 1860/2004, de 6 de septiembre.

El valor de la masa activa será el que resulte del inventario definitivo, y el valor de la masa pasiva, el que resulte de la lista de acreedores definitiva.

Hasta que el inventario y la lista tengan carácter definitivo, el juez aplicará el arancel considerando como valor de la masa activa el de los bienes y derechos que figuren en el inventario presentado por el deudor, y como valor de la masa pasiva, el que resulte de la relación de acreedores presentado por el deudor.

En este sentido, el valor de la masa activa reseñada en el párrafo precedente es de...........euros y el de la masa pasiva de...........euros.

VI.– Aplicando a los citados valores los porcentajes recogidos en el anexo del citado Real Decreto 1860/2004, de 6 de septiembre, que establece el arancel de derechos de los administradores concursales, resulta la siguiente retribución de la administración concursal:

Bases		%	Honorarios
Activo	...........€		
Hasta	...........€	...........€	
Resto	...........€	...........%	...........€
			...........€
Pasivo	...........€		
Hasta	...........€	...........€	
Resto	...........€	...........%	...........€
			...........€
...........€			

Se hace constar que en el presente concurso, se ha producido el cese parcial de la actividad empresarial que venía ejerciendo el concursado, por lo que el juez, a su arbitrio, debe fijar un porcentaje en que debe reducirse la retribución anteriormente mencionada. A tal efecto, esta administración concursal considera ajustado reducir la retribución antes calculada en un........... por ciento, por lo que la misma, ascendería, tal practicar la citada reducción, a...........euros.

VII.– Esta administración entiende que no concurre ninguno de los supuestos en los que, de conformidad con lo establecido en el art. 6 del citado Real Decreto 1860/2004, cabe entender que el supuesto presenta previsible complejidad.

VIII.– Salvo que el juez del concurso establezca otros plazos, la retribución de la administración concursal correspondiente a la fase común se abonará de la siguiente forma:

a) El 50 por ciento de la retribución se abonará dentro de los cinco días siguientes al de la firmeza del auto que la fije.

b) El 50 por ciento restante se abonará dentro de los cinco días siguientes al de la firmeza de la resolución que ponga fin a la fase común.

IX.– Respecto a la determinación y forma de pago de la retribución de la administración concursal en fases sucesivas, debe estarse a lo dispuesto en los arts. 9 a 11 del citado Real Decreto 1860/2004.

Todo lo cual se informa a la vista de lo dispuesto en el art. 34 LC, en su redacción anterior a la entrada en vigor de la Ley 17/2014, de 30 de septiembre, aplicable y vigente en la actualidad en tanto en cuanto no se apruebe el reglamento a que se refiere la disposición transitoria segunda TRLC, y el contenido del Real Decreto 1860/2004, en..........., en ...., hoy día........... de........... de...........

F247. INFORME DE LA ADMINISTRACIÓN CONCURSAL SOBRE RETRIBUCIÓN DE TAL ADMINISTRACIÓN. CESE TOTAL DE LA ACTIVIDAD DEL CONCURSADO

Normativa de aplicación: *Arts. 84 y ss. Real Decreto Legislativo 1/2020, de 5 de mayo, por el que se aprueba el texto refundido de la Ley Concursal.*

El presente informe se emite por esta Administración concursal del concurso voluntario ordinario de la sociedad........... S.A., Sustanciado ante el Juzgado de lo Mercantil núm. .... de........... bajo el núm. de autos..........., a los efectos y con el alcance dispuesto en el art. 34.3 LC.

INFORME

I.– Que integra la administración concursal del expresado concurso, el aquí firmante, Don...........

II.– Que el administrador concursal no se trata de personal de las entidades a que se refieren los párrafos 1° y 2° del apartado 2 del artículo 27 LC. Por lo tanto, y a la vista del art. 34 LC, la administración concursal tiene derecho a retribución con cargo a la masa.

III.– Que la citada retribución debe ser fijada a la vista del Real Decreto 1860/2004, de 6 de septiembre, que establece el arancel de derechos de los administradores concursales, atendiendo a la cuantía del activo y del pasivo y a la previsible complejidad del concurso.

IV.– Que en el presente caso y dado que el concursado tiene intervenido el ejercicio de las facultades de administración y de disposición sobre la masa activa, la retribución de la administración concursal en la fase común será la suma que resulte de aplicar al valor de la masa activa y al valor de la masa pasiva los porcentajes correspondientes establecidos en el anexo del citado Real Decreto 1860/2004, de 6 de septiembre.

El valor de la masa activa será el que resulte del inventario definitivo, y el valor de la masa pasiva, el que resulte de la lista de acreedores definitiva.

Hasta que el inventario y la lista tengan carácter definitivo, el juez aplicará el arancel considerando como valor de la masa activa el de los bienes y derechos que figuren en el inventario presentado por el deudor, y como valor de la masa pasiva, el que resulte de la relación de acreedores presentado por el deudor.

En este sentido, el valor de la masa activa reseñada en el párrafo precedente es de...........euros y el de la masa pasiva de...........euros.

V.– Aplicando a los citados valores los porcentajes recogidos en el anexo del citado Real Decreto 1860/2004, de 6 de septiembre, que establece el arancel de derechos de los administradores concursales, resulta la siguiente retribución de la Administración Concursal:

Bases		%	Honorarios
Activo	...........€		
Hasta	...........€	...........€	
Resto	...........€	...........%	...........€
			...........€
Pasivo	...........€		
Hasta	...........€	...........€	
Resto	...........€	...........%	...........€
			...........€

Bases		%	Honorarios
...........€			

Se hace constar que en el presente concurso, se ha producido el cese total de la actividad empresarial que venía ejerciendo el concursado, por lo que la retribución anteriormente mencionada debe reducirse en un veinticinco (25) por cierto. De esta forma y aplicada la anterior reducción, la retribución antes calculada ascendería a...........euros.

VI.– Esta administración concursal entiende que no concurre ninguno de los supuestos en los que, de conformidad con lo establecido en el art. 6 del citado Real Decreto 1860/2004, cabe entender que el supuesto presenta previsible complejidad.

VII.– Salvo que el juez del concurso establezca otros plazos, la retribución de la administración concursal correspondiente a la fase común se abonará de la siguiente forma:

a) El 50 por ciento de la retribución se abonará dentro de los cinco días siguientes al de la firmeza del auto que la fije.

b) El 50 por ciento restante se abonará dentro de los cinco días siguientes al de la firmeza de la resolución que ponga fin a la fase común.

VIII.– Respecto a la determinación y forma de pago de la retribución de la administración concursal en fases sucesivas, debe estarse a lo dispuesto en los arts. 9 a 11 del citado Real Decreto 1860/2004.

Todo lo cual se informa a la vista de lo dispuesto en el art. 34 LC, en su redacción anterior a la entrada en vigor de la Ley 17/2014, de 30 de septiembre, aplicable y vigente en la actualidad en tanto en cuanto no se apruebe el reglamento a que se refiere la disposición transitoria segunda TRLC, y el contenido del Real Decreto 1860/2004, en..........., en ...., hoy día........... de........... de...........

F248. INFORME DE LA ADMINISTRACIÓN CONCURSAL SOBRE RETRIBUCIÓN DE TAL ADMINISTRACIÓN. DIFERENTE RETRIBUCIÓN A LOS ADMINISTRADORES CONCURSALES

Normativa de aplicación: *Arts. 84 y ss. Real Decreto Legislativo 1/2020, de 5 de mayo, por el que se aprueba el texto refundido de la Ley Concursal.*

El presente informe se emite por esta Administración concursal del concurso voluntario de la sociedad........... S.A., Sustanciado ante el Juzgado de lo Mercantil núm. .... de........... bajo el núm. de autos..........., a los efectos y con el alcance dispuesto en el art. 34.3 LC

INFORME

I.– Que integran la administración concursal del expresado concurso, los aquí firmantes, Don..........., y Doña...........

II.– Que ninguno de los administradores concursales, se trata de personal de las entidades a que se refieren los párrafos 1° y 2° del apartado 2 del artículo 27 LC. Por lo tanto, y a la vista del art. 34 LC, los administradores concursales tenemos derecho a retribución con cargo a la masa.

III.– Que en el presente concurso, entienden los firmantes que la retribución no debe ser idéntica para los administradores concursales, al tener sólo la condición de profesional, Don..........., siendo la administrador concursal Doña..........., únicamente acreedor persona natural

IV.– Que la citada retribución debe ser fijada a la vista del arancel de derechos de los administradores concursales, atendiendo a la cuantía del activo y del pasivo, al carácter ordinario del procedimiento, a la acumulación de concursos y a la previsible complejidad del concurso.

Esta retribución será exclusiva en el sentido del art. 34.2.a LC, que establece que los administradores concursales solo podrán percibir por su intervención en el concurso las cantidades que resulten de la aplicación del arancel.

V.– Que en el presente caso y dado que el concursado tiene intervenido el ejercicio de las facultades de administración y de disposición sobre la masa activa, la retribución de la Administración Concursal en la fase común será la suma que resulte de aplicar al valor de la masa activa y al valor de la masa pasiva los porcentajes correspondientes establecidos en el anexo del citado Real Decreto 1860/2004, de 6 de septiembre.

El valor de la masa activa será el que resulte del inventario definitivo, y el valor de la masa pasiva, el que resulte de la lista de acreedores definitiva.

Hasta que el inventario y la lista tengan carácter definitivo, el juez aplicará el arancel considerando como valor de la masa activa el de los bienes y derechos que figuren en el inventario presentado por el deudor, y como valor de la masa pasiva, el que resulte de la relación de acreedores presentado por el deudor.

En este sentido, el valor de la masa activa reseñada en el párrafo precedente es de...........euros y el de la masa pasiva de...........euros.

VI.– Aplicando a los citados valores los porcentajes recogidos en el anexo del citado Real Decreto 1860/2004, de 6 de septiembre, que establece el arancel de derechos de los administradores concursales, resulta la siguiente retribución:

Bases		%	Honorarios
Activo	...........€		
Hasta	...........€	...........€	
Resto	...........€	...........%	...........€
			...........€
Pasivo	...........€		
Hasta	...........€	...........€	
Resto	...........€	...........%	...........€
			...........€
...........€			

Se hace constar que en el presente concurso, no se ha producido, total o parcialmente, el cese o suspensión de la actividad profesional o empresarial que viene ejerciendo el concursado.

VII.– Esta administración entiende que no concurre ninguno de los supuestos en los que, de conformidad con lo establecido en el art. 6 del citado Real Decreto 1860/2004, cabe entender que el concurso presenta previsible complejidad.

VIII.– No obstante, y a la vista de lo reseñado en el número III de este informe, se propone por los integrantes de la Administración concursal que la retribución no sea idéntica para ambos, sino que Don........... perciba la suma de...........euros y Doña........... un tercio de dicha cantidad, esto es, ...euros.

IX.– Salvo que el juez del concurso establezca otros plazos, la retribución de los administradores concursales correspondiente a la fase común se abonará de la siguiente forma:

a) El 50 por ciento de la retribución se abonará dentro de los cinco días siguientes a de la firmeza del auto que la fije.

b) El 50 por ciento restante se abonará dentro de los cinco días siguientes al de la firmeza de la resolución que ponga fin a la fase común.

X.– Respecto a la determinación y forma de pago de la retribución de la administración concursal en fases sucesivas, debe estarse a lo dispuesto en los arts. 9 a 11 del citado Real Decreto 1860/2004.

Todo lo cual se informa a la vista de lo dispuesto en el art. 34 LC, en su redacción anterior a la entrada en vigor de la Ley 17/2014, de 30 de septiembre, aplicable y vigente en la actualidad en tanto en cuanto no se apruebe el reglamento a que se refiere la disposición transitoria segunda TRLC, y el contenido del Real Decreto 1860/2004, en..........., en ...., hoy día........... de........... de...........

F249. DILIGENCIA DE ORDENACIÓN DANDO TRASLADO DE LA SOLICITUD DE RETRIBUCIÓN FORMULADA POR LA ADMINISTRACIÓN CONCURSAL

Normativa de aplicación: *Arts. 84 y ss. Real Decreto Legislativo 1/2020, de 5 de mayo, por el que se aprueba el texto refundido de la Ley Concursal.*

DILIGENCIA DE ORDENACIÓN

Letrado de la Administración de Justicia, Don............

En............, a............ de............ de............

Que en fecha............ de............ de............, por la administración concursal del concurso voluntario de............ S.A., seguido ante el Juzgado de lo Mercantil............ de............ bajo el núm. de autos............, se presentó solicitud de fijación de la retribución de dicha administración concursal y del plazo en que debe ser satisfecha, a la que se acompañó el informe de dicho Órgano a que se refiere el art. 34 LC, en su redacción anterior a la entrada en vigor de la Ley 17/2014, de 30 de septiembre, aplicable y vigente en la actualidad en tanto en cuanto no se apruebe el reglamento a que se refiere la disposición transitoria segunda TRLC.

Teniendo por presentada la expresada solicitud, dese traslado de la misma a la concursada y demás partes personadas a efectos que, dentro del plazo de DIEZ (10) DÍAS a contar desde la notificación de la presente diligencia, pueda formular cuantas alegaciones tenga por conveniente sobre tal solicitud. A la vista de estas y el informe de la administración concursal, se acordará lo que proceda en derecho.

Doy cuenta a su Señoría.

Contra la presente resolución, que no es firme, cabe recurso de revisión a interponer en el plazo de CINCO (5) días a contar desde su notificación. A tal efecto téngase en cuenta lo establecido en la DA 15ª LOPJ sobre depósito para recurrir.

Lo que acuerdo, mando y firmo en el lugar y fecha señalados "ut supra".

F250. AUTO FIJANDO LA CUANTÍA Y FORMA DE PAGO DE LA RETRIBUCIÓN DE LA ADMINISTRACIÓN CONCURSAL. INTERVENCIÓN DE FACULTADES DEL DEUDOR

Normativa de aplicación: *Arts. 84 y ss. Real Decreto Legislativo 1/2020, de 5 de mayo, por el que se aprueba el texto refundido de la Ley Concursal.*

En la ciudad de........... a........... de........... de...........

ANTECEDENTES DE HECHO

ÚNICO.– Que mediante escrito de fecha........... de........... de........... por la administración concursal del concurso voluntario de..........., se solicitó de este Juzgado se sirviera fijar la cuantía y forma de pago de la retribución de los administradores concursales. A la citada solicitud se acompañó el informe a que se refiere el art. 34.3 LC.

Todo ello en los términos del citado escrito e informe, de los que se extracta lo siguiente:...........

De la citada solicitud se dio traslado a la concursada y resto de partes personadas a efectos de que alegaran cuanto fuera de interés sobre la referida petición, con el resultado obrante en autos.

FUNDAMENTOS DE DERECHO

PRIMERO.– Que este Juez es competente para conocer del presente procedimiento y de la solicitud de fijación de la cuantía y forma de pago de la retribución de los administradores concursales, formulada por la administración concursal del concurso voluntario de........... S.A. (art. 44 y 45 TRLC y 34 LC).

SEGUNDO.– Que la administración concursal está legitimada para solicitar fijación de la cuantía y forma de pago de la retribución de los administradores concursales conforme al art. 34 LC, en su redacción anterior a la entrada en vigor de la Ley 17/2014, de 30 de septiembre, aplicable y vigente en la actualidad en tanto en cuanto no se apruebe el reglamento a que se refiere la disposición transitoria segunda TRLC.

TERCERO.– Que la expresada solicitud e informe reúne los requisitos de forma establecidos en el art. 34 LC.

CUARTO.– Que conforme señala el art. 34.1 LC, los administradores concursales tendrán derecho a retribución con cargo a la masa, salvo cuando se trate del personal de las entidades a que se refieren los párrafos 1° y 2° del apartado 2 del artículo 27 LC.

En el presente concurso los administradores concursales no son personal reseñado en el párrafo precedente y, por lo tanto, tienen derecho a la citada retribución.

QUINTO.– Que señala el art. 34.2, letras a y b LC, actualmente en vigor, que la retribución de la administración concursal se determinará mediante un arancel que se aprobará reglamentariamente y que atenderá a la cuantía del activo y del pasivo, al carácter ordinario del procedimiento, a la acumulación de concursos y a la previsible complejidad del concurso. El arancel se ajustará necesariamente a las siguientes reglas: "...........a) Exclusividad. Los administradores concursales solo podrán percibir por su intervención en el concurso las cantidades que resulten de la aplicación del arancel".

Mientras no se realice el citado desarrollo reglamentario, la citada retribución debe ser fijada a la vista del Real Decreto 1860/2004, de 6 de septiembre.

SEXTO.– Que dicha retribución, como se dijo arriba, deberá entenderse exclusiva, en el sentido que los administradores concursales sólo podrán percibir por su intervención en el concurso las cantidades que resulten de la aplicación del arancel.

SÉPTIMO.– Que conforme al art. 4.1 RD 1860/2004 en el presente caso y dado que el concursado tiene intervenido el ejercicio de las facultades de administración y de disposición sobre la masa activa, la retribución de cada uno de los administradores concursales en la fase común será la suma que resulte de aplicar al valor de la masa activa y al valor de la masa pasiva los porcentajes correspondientes establecidos en el anexo del citado Real Decreto 1860/2004, de 6 de septiembre.

El valor de la masa activa será el que resulte del inventario definitivo, y el valor de la masa pasiva, el que resulte de la lista de acreedores definitiva. Hasta que el inventario y la lista tengan carácter definitivo, el juez aplicará el arancel considerando como valor de la masa activa el de los bienes y derechos que figuren en el inventario presentado por el deudor, y como valor de la masa pasiva, el que resulte de la relación de acreedores presentado por el deudor (art. 4.4 RD 1860/2004).

En este sentido, el valor de la masa activa reseñada en el párrafo precedente es de...........euros y el de la masa pasiva de...........euros.

Aplicando a los citados valores los porcentajes recogidos en el anexo del citado Real Decreto 1860/2004, de 6 de septiembre, que establece el arancel de derechos de los administradores concursales, resulta la siguiente retribución:...........

Se hace constar que en el presente concurso, no se ha producido, total o parcialmente, el cese o suspensión de la actividad profesional o empresarial que viene ejerciendo el concursado, que diera lugar a la aplicación de porcentaje de reducción a que se refiere el art. 5 RD 1860/2004.

Tampoco concurre ninguno de los supuestos en los que, de conformidad con lo establecido en el art. 6 del citado Real Decreto 1860/2004, cabe entender que el supuesto presenta previsible complejidad.

OCTAVO.– Por lo tanto la cuantía de la retribución a percibir la Administración Concursal en la fase común será de...........euros.

NOVENO.– Señala el art. 8 RD 1860/2004 que, salvo que el juez del concurso establezca otros plazos, la retribución de los administradores concursales correspondiente a la fase común se abonará de la siguiente forma: a) El 50 por ciento de la retribución se abonará dentro de los cinco días siguientes al de la firmeza del auto que la fije. b) El 50 por ciento restante se abonará dentro de los cinco días siguientes al de la firmeza de la resolución que ponga fin a la fase común.

Este Juzgador no aprecia circunstancias que lleven a fijar otros plazos distintos que los reseñados en el art. 8 RD 1860/2004 por lo que la retribución fijada en este auto se pagará a los administradores concursales en el citado plazo.

DÉCIMO.– Respecto a la determinación y forma de pago de la retribución de la administración concursal en fases sucesivas, debe estarse a lo dispuesto en los arts. 9 a 11 del *citado Real Decreto 1860/2004.*

Visto lo expuesto y demás normativa de aplicación.

DISPONGO

Estimando la solicitud formulada por la administración concursal de............

PRIMERO.– Fijar la retribución a percibir la Administración Concursal en la fase común, en la cantidad de............euros.

SEGUNDO.– Pagar a la administración concursal la retribución fijada en este auto, en los siguientes plazos:

a) El 50 por ciento de la retribución se abonará dentro de los cinco días siguientes al de la firmeza del presente auto.

b) El 50 por ciento restante se abonará dentro de los cinco días siguientes al de la firmeza de la resolución que ponga fin a la fase común.

Notifíquese el presente auto a las partes personadas y a la administración concursal, haciendo saber que contra el mismo cabe recurso de apelación en el plazo de 20 días a contar desde la notificación del mismo en los términos del art. 34.5 LC.

De conformidad con lo establecido en la Disposición Adicional 15ª LOPJ (según la redacción dada por la LO 1/09), la interposición de recurso contra resoluciones judiciales, no podrá ser admitida a trámite sin la acreditación del depósito previsto en la citada Ley a efectos de recurrir, debiendo presentarse copia o resguardo de tal depósito en la cuenta de consignaciones de este Juzgado.

Todo lo cual pronuncia, manda y firma el Ilmo. Sr. ...., Magistrado Juez del Juzgado de lo Mercantil núm. .... de...........

F251. SOLICITUD DE ACREEDOR INSTANDO LA MODIFICACIÓN DE LA RETRIBUCIÓN DE LOS ADMINISTRADORES CONCURSALES

Normativa de aplicación: *Arts. 84 y ss. Real Decreto Legislativo 1/2020, de 5 de mayo, por el que se aprueba el texto refundido de la Ley Concursal.*

AL JUZGADO DE LO MERCANTIL NÚM. .... DE...........

Don..........., Procurador de los Tribunales y de........... S.L., cuya representación consta acreditada en estas actuaciones núm. de autos..........., ante este Juzgado de lo Mercantil comparezco en el citado procedimiento bajo la dirección letrada de Don..........., abogado del Ilustre Colegio de........... (número de colegiado...........), y como mejor proceda en derecho DIGO:

PRIMERO.– Que en el presente procedimiento número de autos..........., se sigue expediente de concurso voluntario la sociedad........... S.L. La declaración de concurso voluntario de la expresada sociedad, fue acordada por este Juzgado mediante auto de fecha........... de........... de dos mil...........

SEGUNDO.– La administración concursal está integrada por Don..........., quien aceptó el cargo con fecha...........

TERCERO.– Que mi principal, es acreedor de la sociedad concursada........... S.L.

El crédito que ostenta mi poderdante fue comunicado a la administración concursal en los términos del art. 255 y ss. TRLC, mediante escrito de fecha........... de........... de..........., obrante en los presentes autos, al que se acompañaron los originales de los documentos relativos a dicho crédito.

Acreditando lo anterior, se acompaña a esta escrito como DOCUMENTO........... copia del expresado escrito de fecha de........... de........... y de los documentos a él unidos.

CUARTO.– Que mediante auto de fecha........... de........... de........... y de conformidad con lo dispuesto en el art. 34.3 LC, por este Juzgado se fijó la cuantía de la retribución a percibir por la Administración Concursal, así como los plazos en que debía ser satisfecha.

Según el meritado auto, quedó fijada en la suma de...........euros, la retribución a percibir por la Administración Concursal, cantidad que debía ser pagada en los siguientes plazos.

QUINTO.– Que conforme establece el art. 34.4 LC, en cualquier estado del procedimiento, el Juez de oficio o a solicitud del deudor o, como es el presente caso, de cualquier acreedor, podrá modificar la retribución fijada, si concurriera justa causa y aplicando el arancel de derechos de los administradores concursales.

SEXTO.– Que esta parte, en cuanto acreedor de........... S.L. está legitimado para solicitar la modificación del importe de la retribución en su día fijada, al concurrir justa causa, toda vez que:...........

De este modo, la antes expresada retribución, debe modificarse y quedar fijada en la suma de...........euros.

Todo ello, compensando en su momento el exceso ya percibido de la parte de retribución aun pendiente de pago.

SÉPTIMO.– Se hace constar que la presente solicitud se plantea a la vista de lo dispuesto en el art. 34 LC, en su redacción anterior a la entrada en vigor de dicha Ley 17/2014, de 30 de septiembre, aplicable y vigente en la actualidad, en tanto en cuanto no se apruebe el reglamento a que se refiere la disposición transitoria segunda TRLC.

En virtud de lo expuesto,

SUPLICO AL JUZGADO que tenga por presentado este escrito, junto a los documentos a él unidos, se sirva admitirlo y tener por promovido en nombre y representación de mi mandante, ... S.L., solicitud de modificación de la retribución fijada para los administradores concursales mediante auto de fecha........... de........... de..........., y, previos los oportunos trámites legales, se sirva dictar auto por el que, estimando la presente solicitud se modifique la cuantía de la retribución fijada para la administración concursal mediante auto de este Juzgado de fecha de........... de..........., pasando de la suma inicialmente fijada de...........euros a la suma de...........euros. Todo ello, compensando en su momento el exceso ya percibido de la parte de retribución aun pendiente de pago.

Es Justicia que se SUPLICA en..........., hoy día........... de........... de dos mil...........

F252. SOLICITUD DE CONCURSADO INSTANDO LA MODIFICACIÓN DE LA RETRIBUCIÓN DE LOS ADMINISTRADORES CONCURSALES

Normativa de aplicación: *Arts. 84 y ss. Real Decreto Legislativo 1/2020, de 5 de mayo, por el que se aprueba el texto refundido de la Ley Concursal.*

AL JUZGADO DE LO MERCANTIL NÚM. .... DE...........

Don..........., Procurador de los Tribunales y de........... S.L., cuya representación consta acreditada en estas actuaciones núm. de autos..........., ante este Juzgado de lo Mercantil comparezco en el citado procedimiento bajo la dirección letrada de Don..........., abogado del Ilustre Colegio de........... (número de colegiado...........), y como mejor proceda en derecho DIGO:

PRIMERO.– Que en el presente procedimiento número de autos..........., se sigue expediente de concurso voluntario de la sociedad........... S.L. La declaración de concurso voluntario de la expresada sociedad, fue acordada por este Juzgado mediante auto de fecha........... de........... de dos mil...........

SEGUNDO.– La administración concursal está integrada por Don..........., quien aceptó el cargo con fecha...........

TERCERO.– Que mediante auto de fecha........... de........... de........... y de conformidad con lo dispuesto en el art. 34.3 LC, por este Juzgado se fijó la cuantía de la retribución a percibir por la administración concursal, así como los plazos en que debía ser satisfecha.

Según el meritado auto, quedó fijada en la suma de...........euros, la retribución a percibir por la administración concursal, cantidad que debía ser pagada en los siguientes plazos...........

El primer pago se verificó el día........... de........... de..........., restando pendiente de vencimiento el segundo.

CUARTO.– Que conforme establece el art. 34.4 LC, en cualquier estado del procedimiento, el Juez de oficio o a solicitud del deudor o de cualquier acreedor, podrá modificar la retribución fijada, si concurriera justa causa y aplicando el arancel a que se refiere el art. 34.2 LC.

QUINTO.– Que esta parte, en cuanto deudor concursado está legitimado para solicitar la modificación del importe de la retribución en su día fijada, al concurrir justa causa toda vez que:...........

De este modo, la antes expresada retribución, debe modificarse y quedar fijada en la suma de...........euros.

SEXTO.– Se hace constar que la presente solicitud se plantea a la vista de lo dispuesto en el art. 34 LC, en su redaccion anterior a la entrada en vigor de dicha Ley 17/2014, de 30 de septiembre, aplicable y vigente en la actualidad, en tanto en cuanto no se apruebe el reglamento a que se refiere la disposición transitoria segunda TRLC.

En virtud de lo expuesto,

SUPLICO AL JUZGADO que tenga por presentado este escrito, junto a los documentos a él unidos, se sirva admitirlo y tener por promovido en nombre y representación de mi mandante, ... S.L., solicitud de modificación de la retribución fijada para los administradores concursales mediante auto de fecha........... de........... de..........., y, previos los oportunos trámites legales, se sirva dictar auto por el que, estimando la presente solicitud se modifique la cuantía de la retribución fijada para la administración concursal mediante auto de este Juzgado de fecha de........... de..........., pasando de la suma inicialmente fijada de...........euros a la suma de...........euros.

Es justicia que se SUPLICA en..........., hoy día........... de........... de dos mil...........

F253. DILIGENCIA DE ORDENACIÓN PONIENDO DE MANIFIESTO SOLICITUD DE MODIFICACIÓN DE LA RETRIBUCIÓN DE LA ADMINISTRACIÓN CONCURSAL

Normativa de aplicación: *Arts. 84 y ss. Real Decreto Legislativo 1/2020, de 5 de mayo, por el que se aprueba el texto refundido de la Ley Concursal.*

DILIGENCIA DE ORDENACIÓN

Letrado de la Administración de Justicia, Don...........

En..........., a........... de........... de...........

Que en fecha........... de........... de..........., por .... y en el concurso voluntario de........... S.A., seguido ante el Juzgado de lo Mercantil........... de...........

bajo el núm. de autos..........., se presentó solicitud de modificación de la retribución de la administración concursal y que fue acordada provisionalmente mediante auto de fecha ....

Teniendo por presentada la expresada solicitud, dese traslado de la misma a la administración concursal, la concursada y demás partes personadas a efectos que, dentro del plazo de CINCO (5) DÍAS a contar desde la notificación de la presente diligencia, pueda formular cuantas alegaciones tenga por conveniente sobre tal solicitud. A la vista de todo ello se acordará lo que proceda en derecho.

Doy cuenta a su Señoría.

Contra la presente resolución, que no es firme, cabe recurso de revisión a interponer en el plazo de CINCO (5) días a contar desde su notificación. A tal efecto téngase en cuenta lo establecido en la DA 15ª LOPJ sobre depósito para recurrir.

Lo que acuerdo, mando y firmo en el lugar y fecha señalados "ut supra".

F254. AUTO ESTIMANDO LA SOLICITUD DE MODIFICAR LA CUANTÍA DE LA RETRIBUCIÓN DE LA ADMINISTRACIÓN CONCURSAL

Normativa de aplicación: *Arts. 84 y ss. Real Decreto Legislativo 1/2020, de 5 de mayo, por el que se aprueba el texto refundido de la Ley Concursal.*

En la ciudad de........... a........... de........... de...........

ANTECEDENTES DE HECHO

ÚNICO.– Que mediante escrito de fecha........... de........... de........... por el concursado (ALTERNATIVA el acreedor) .... S.L. se solicitó de este Juzgado se sirviera modificar la cuantía de la retribución de la Administración Concursal fijada mediante auto de fecha de........... de..........., en la suma de...........euros.

De la citada solicitud se dio traslado a la administración concursal y resto de partes personadas a efectos de que alegaran cuanto fuera de interés sobre la referida petición, con el resultado obrante en autos.

FUNDAMENTOS DE DERECHO

PRIMERO.– Que este Juez es competente para conocer del presente procedimiento y de la solicitud de modificación de la cuantía de la retribución de la Administración Concursal, fijada mediante auto de fecha........... de........... de........... como resulta de los arts. 44 y 45 TRLC, y del art. 34 LC, en su redacción anterior a la entrada en vigor de la Ley 17/2014, de 30 de septiembre, aplicable y vigente en la actualidad en tanto en cuanto no se apruebe el reglamento a que se refiere la disposición transitoria segunda TRLC.

SEGUNDO.– Que el deudor concursado (el acreedor) .... S.L. está legitimado para solicitar la expresada modificación de la cuantía de la retribución de los administradores concursales (art. 34.4 LC).

TERCERO.– Que la expresada solicitud reúne los requisitos de forma establecidos en el art. 34.4 LC.

CUARTO.– Que conforme establece el art. 34.4 LC, en cualquier estado del procedimiento, el Juez de oficio o a solicitud del deudor, de cualquier acreedor, podrá modificar la retribución fijada, si concurriera justa causa y aplicando el arancel de derechos de los administradores concursales.

QUINTO.– Que debe estimarse la solicitud formulada por........... S.L., siendo procedente la modificación del importe de la retribución en su día fijada, al concurrir justa causa toda vez que...........

De este modo, la antes expresada retribución, debe modificarse y quedar fijada en la suma de...........euros.

Todo ello, compensando en su momento el exceso ya percibido de la parte de retribución aun pendiente de pago.

Visto lo expuesto y demás normativa de aplicación

DISPONGO

Que estimando la solicitud formulada por el deudor concursado (ALTERNATIVA por el acreedor), la sociedad........... S.L., dispongo modificar la cuantía de la retribución fijada para la Administración Concursal mediante auto de este Juzgado de fecha de........... de..........., pasando de la suma inicialmente fijada de...........euros a la suma de...........euros. Todo ello, compensando en su momento el exceso ya percibido de la parte de retribución aun pendiente de pago.

Notifíquese el presente auto a las partes personadas y a la administración concursal, haciendo saber que contra el mismo cabe recurso de apelación en el plazo de cinco 20 días a contar desde la notificación del mismo en los términos del art. 34.5 LC.

De conformidad con lo establecido en la Disposición Adicional 15ª LOPJ (según la redacción dada por la LO 1/09), la interposición de recurso contra resoluciones judiciales no podrá ser admitida a trámite sin la acreditación del depósito previsto en la citada Ley a efectos de recurrir, debiendo presentarse copia o resguardo de tal depósito en la cuenta de consignaciones de este Juzgado.

Todo lo cual pronuncia, manda y firma el Ilmo. Sr. ...., Magistrado Juez del Juzgado de lo Mercantil núm. .... de...........

F255. AUTO MODIFICANDO DE OFICIO LA CUANTÍA DE LA RETRIBUCIÓN DE LA ADMINISTRACIÓN CONCURSAL

Normativa de aplicación: *Arts. 84 y ss. Real Decreto Legislativo 1/2020, de 5 de mayo, por el que se aprueba el texto refundido de la Ley Concursal.*

En la ciudad de........... a........... de........... de...........

ANTECEDENTES DE HECHO

PRIMERO.– Que mediante auto de fecha........... de........... de..........., dictado en el presente procedimiento concursal núm. de autos..........., por este Juzgado se fijó la retribución a percibir por la administración concursal, en la cantidad de...........euros, y el pago a la administración concursal de la retribución fijada en dicho auto, en los siguientes plazos.

SEGUNDO.– Que con posterioridad a fijarse la cuantía a percibir por el administrador concursal en el presente procedimiento, mediante resolución de fecha de........... de..........., se acordó...........

FUNDAMENTOS DE DERECHO

PRIMERO.– Que este Juez es competente para conocer del presente procedimiento y de la modificación de la cuantía de la retribución de los administradores concursales, fijada mediante auto de fecha........... de........... de...........

como resulta de los arts. 44 y 45 TRLC, y del apartado 4, del art. 34 LC, en su redacción anterior a la entrada en vigor de la Ley 17/2014, de 30 de septiembre, aplicable y vigente en la actualidad en tanto en cuanto no se apruebe el reglamento a que se refiere la disposición transitoria segunda TRLC.

SEGUNDO.– Que conforme establece el art. 34.4 LC, en cualquier estado del procedimiento, el Juez de oficio o a solicitud del deudor o, como es el presente caso, de cualquier acreedor, podrá modificar la retribución fijada, si concurriera justa causa y aplicando el arancel de derechos de los administradores concursales.

TERCERO.– Que es procedente la modificación del importe de la retribución de la administración concursal en su día fijada, al concurrir justa causa toda vez que...........

De este modo, la antes expresada retribución, tras practicar la citada reducción, debe modificarse y quedar fijada en la suma de...........euros.

Todo ello, compensando en su momento el exceso ya percibido de la parte de retribución aun pendiente de pago.

Visto lo expuesto y demás normativa de aplicación

DISPONGO

Modificar la cuantía de la retribución fijada para la administración concursal mediante auto de este Juzgado de fecha de........... de..........., pasando de la suma inicialmente fijada de...........euros a la suma de...........euros. Todo ello, compensando en su momento el exceso ya percibido de la parte de retribución aun pendiente de pago.

Notifíquese el presente auto a las partes personadas y a la administración concursal, haciendo saber que contra el mismo cabe recurso de apelación en el plazo de cinco 20 días a contar desde la notificación del mismo en los términos del art. 34.5 LC.

De conformidad con lo establecido en la Disposición Adicional 15ª LOPJ (según la redacción dada por la LO 1/09), la interposición de recurso contra resoluciones judiciales, no podrá ser admitida a trámite sin la acreditación del depósito previsto en la citada Ley a efectos de recurrir, debiendo presentarse copia o resguardo de tal depósito en las cuenta de consignaciones de este Juzgado.

Todo lo cual pronuncia, manda y firma el Ilmo. Sr. ...., Magistrado Juez del Juzgado de lo Mercantil núm. .... de...........

F256. ESCRITO DE LA ADMINISTRACIÓN CONCURSAL SOLICITANDO QUE SE FIJE LA RETRIBUCIÓN DEFINITIVA DE LA FASE COMÚN

Normativa de aplicación: *Arts. 84 y ss. Real Decreto Legislativo 1/2020, de 5 de mayo, por el que se aprueba el texto refundido de la Ley Concursal.*

AL JUZGADO DE LO MERCANTIL NÚM. .... DE...........

Don..........., administrador concursal del concurso voluntario de la compañía........... S.A., que se sigue ante este Juzgado bajo el número de autos..........., ante este Juzgado de lo Mercantil comparezco en los citados autos, y como mejor proceda en derecho DIGO:

PRIMERO.– Que en las presentes actuaciones núm. de autos..........., se sigue concurso voluntario de la sociedad........... S.A., concurso que fue declarado mediante auto de fecha..........., de........... de...........

SEGUNDO.– Que mediante auto de fecha........... por el Juez del concurso se fijo provisionalmente la retribución de esta administración concursal para la fase común.

TERCERO.– Que en fecha........... y una vez sustanciadas y resueltas las impugnaciones del inventario y lista de acreedores planteadas en las presentes actuaciones, por esta administración se presentaron los correspondientes textos definitivos, de los que resultan los siguientes parámetros:

Valor masa activa:...........euros.

Valor masa pasiva:............euros

CUARTO.– Que por medio del presente escrito y a la vista de lo dispuesto en el art. 34 LC y el Real Decreto 1860/2004, de 6 de septiembre, regulador del arancel de honorarios de la administración concursal, se solicita de este Juzgado que fije la retribución definitiva de esta administración concursal correspondiente a la fase común del procedimiento concursal de referencia y que esta parte cuantifica en la suma de............euros, conforme a la siguiente liquidación:

I.– Valor masa activa (según textos definitivos):............euros

II.– Honorarios adm. concursal activo:............euros.

III.– Valor masa pasiva (según textos definitivos):............euros.

IV.– Honorarios adm. concursal pasivo:............euros.

V.– Total honorarios fase común (II + IV):............euros.

QUINTO.– Se hace constar que el presente informe se formula a la vista de lo dispuesto en el art. 34 LC, en su redaccion anterior a la entrada en vigor de dicha Ley 17/2014, de 30 de septiembre, aplicable y vigente en la actualidad, en tanto en cuanto no se apruebe el reglamento a que se refiere la disposición transitoria segunda TRLC.

En su virtud

SUPLICO AL JUZGADO que tenga por presentado este escrito, se sirva admitirlo y por hechas las anteriores manifestaciones y, previo los oportunos trámites legales, se sirva dictar auto por el que estimando la presente solicitud, se fije la retribución definitiva de esta administración concursal correspondiente a la fase común del procedimiento concursal de referencia y que esta parte cuantifica en la suma de............euros.

Lo que se SUPLICA en............, a de........... de...........

F257. ESCRITO DE ADMINISTRACIÓN CONCURSAL SOLICITANDO LA FIJACIÓN DEFINITIVA DE LA RETRIBUCIÓN DE LA FASE COMÚN. CONCURSO CON SUSPENSIÓN DE FACULTADES

Normativa de aplicación: *Arts. 84 y ss. Real Decreto Legislativo 1/2020, de 5 de mayo, por el que se aprueba el texto refundido de la Ley Concursal.*

Proc. Concursal. Autos ..../...........

AL JUZGADO DE LO MERCANTIL Nº........... DE...........

.... en representación de ...., SLP, Administrador Concursal designado en el procedimiento de Concurso Voluntario de la entidad mercantil "............, S.A." que con el número .... se tramita ante ese Juzgado, comparece ante el mismo y como mejor proceda en Derecho, DICE:

Que a los efectos de lo previsto en el artículo 34.3 de la Ley Concursal en relación a la cuantía de la retribución a percibir por la que suscribe el presente escrito, MANIFIESTA:

Que en aplicación de lo dispuesto por el Real Decreto 1860/2004 de 6 de septiembre, por el que se establece el arancel de derechos de los administradores concursales, habiéndose establecido el importe definitivo de la masa activa y de la masa pasiva (textos definitivos), resulta lo siguiente:

CONCURSADA: ...., S.A.

1. Importe de la masa activa y pasiva que resulta del inventario y lista de acreedores de TEXTOS DEFINITIVOS (párrafo 2°, punto 4° del artículo 4 RD 1860/2004)

TOTAL MASA ACTIVA: ....€

(según datos obtenidos del activo presentado en la demanda de concurso)

TOTAL MASA PASIVA: ....€

(según lista de acreedores presentada en la demanda de concurso)

2. Aplicando los porcentajes establecidos en el anexo del RD 1860/2004 (artículo 4)

Importe acumulado hasta ....€ activo	...........€
Porcentaje sobre el activo (...........% ....€)	...........€
Importe acumulado hasta ....€ pasivo	...........€
Porcentaje sobre el pasivo (...........% ....€)	...........€
	===============
Retribución Estimada Provisional Fase Común...........	...........€

3. Aplicando los porcentajes establecidos en el RD 1860/2004 (artículo 4)

Según este epígrafe la cantidad obtenida de la aplicación de los epígrafes anteriores del artículo 4 del RD 1860/2004 se incrementará hasta un cincuenta por ciento en caso de que el concursado tuviera suspendido el ejercicio de las facultades de administración y de disposición sobre la masa activa.

4. Aplicando el porcentaje establecido en el anexo del RD 1860/2004 (artículo 6.1.a)

Según este epígrafe la cantidad obtenida de la aplicación de los epígrafes anteriores del artículo 4 del RD 1860/2004 se incrementará hasta un cinco por ciento cuando exista una discrepancia de, al menos, un 25% entre el valor de los bienes y derechos que figuren en el inventario presentado por el deudor y el definitivamente aprobado, o entre el importe del pasivo que resulte de la relación de acreedores presentada por el deudor y la definitivamente aprobada.

El activo presentado junto con la solicitud de concurso ascendía a ....€ y el presentado junto con el Informe de la AC y que ha venido a ser definitivo por no haber habido modificaciones ni incidentes sobre el mismo asciende a ....€.

Retribución Estimada Fase Común	..........€
+ 50% Retribución Estimada Provisional Fase Común (artículo 4, punto 2 R.D. 1860/2004)	...........€
+ 5% Retribución Estimada Provisional Fase Común	...........€
(artículo 6, punto 1.a, RD 1860/2004)	===============
Retribución Estimada Provisional Fase Común	...........€
S.A. ....€	

Se hace constar que el presente informe se formula a la vista de lo dispuesto en el art. 34 LC, en su redacción anterior a la entrada en vigor de dicha Ley 17/2014, de 30 de septiembre, aplicable y vigente en la actualidad, en tanto en cuanto no se apruebe el reglamento a que se refiere la disposición transitoria segunda TRLC.

En virtud de lo expuesto,

SUPLICA AL JUZGADO, que teniendo por presentado este escrito se digne admitirlo, ordenando su admisión en la Sección Segunda del presente Concurso, teniendo por emitido el informe previsto en el artículo 34.3 de la Ley Concursal, a los efectos de fijar la retribución para el Administrador Concursal de ....€ (IVA no incluido), aprobando dichos honorarios, y fijando para su percepción los plazos previstos en el artículo 8 del mencionado Real Decreto.

Es Justicia que se SUPLICA en .... a .... de .... de...........

Fdo........... en representación de

... ADMINISTRADORES CONCURSALES, SLP. ADMINISTRACIÓN CONCURSAL

F258. DILIGENCIA DE ORDENACIÓN DANDO TRASLADO DE LA SOLICITUD DE FIJACIÓN DE LA RETRIBUCIÓN DEFINITIVA DE LA FASE COMÚN FORMULADA POR LA ADMINISTRACIÓN CONCURSAL

Normativa de aplicación: *Arts. 84 y ss. Real Decreto Legislativo 1/2020, de 5 de mayo, por el que se aprueba el texto refundido de la Ley Concursal.*

DILIGENCIA DE ORDENACIÓN

Letrado de la Administración de Justicia, Don...........

En..........., a........... de........... de...........

Que en fecha........... de........... de..........., por la administración concursal del concurso voluntario de........... S.A., seguido ante el Juzgado de lo Mercantil........... de........... bajo el núm. de autos..........., se presentó solicitud de fijación definitiva de la retribución de dicha administración concursal correspondiente a la fase común del presente procedimiento concursal.

Teniendo por presentada la expresada solicitud, dese traslado de la misma a la concursada y demás partes personadas a efectos que, dentro del plazo de DIEZ (10) DÍAS a contar desde la notificación de la presente providencia, pueda formular cuantas alegaciones tenga por conveniente sobre tal solicitud. A la vista de estas y el informe de la administración concursal, se acordará lo que proceda en derecho.

Doy cuenta a su señoría.

Contra la presente resolución, que no es firme, cabe recurso de revisión a interponer en el plazo de CINCO (5) días a contar desde su notificación. A tal efecto téngase en cuenta lo establecido en la LO 1/09 sobre depósito para recurrir.

Lo que acuerdo, mando y firmo Don..........., en el lugar y fecha señaladas "ut supra".

F259. ESCRITO ADMINISTRACIÓN CONCURSAL JUSTIFICANDO A INSTANCIAS DEL JUEZ LA RETRIBUCIÓN DEFINITIVA POR LA PRIMERA PETICIONADA

Normativa de aplicación: *Arts. 84 y ss. Real Decreto Legislativo 1/2020, de 5 de mayo, por el que se aprueba el texto refundido de la Ley Concursal.*

Proc. Concursal

Autos ....

AL JUZGADO DE LO MERCANTIL Nº........... DE...........

.... en representación de ...., SLP, Administrador Concursal designado en el procedimiento de Concurso Voluntario de la entidad mercantil "..........., S.A." que con el número .... se tramita ante ese Juzgado, comparece ante el mismo y como mejor proceda en Derecho, DICE:

I.– Que por escrito fecha ...., esta administración concursal presentó el informe previsto en el art. 34.3 de la Ley Concursal, a los efectos de fijar su retribución definitiva correspondiente a la fase común por importe de ....euros, solicitando a este Juzgado, al que respetuosamente me dirijo, la aprobación de dicha retribución definitiva.

II.– Que a esta administración concursal se le ha notificado auto de fecha .... de .... de .... dictado por el Juzgado de lo Mercantil nº .... de ...., por el que en su fundamento derecho único, establece:

"Único.– A la vista de la solicitud formulada por la administración concursal, le requiero por plazo de tres audiencias a fin de que:

1.– Resuma qué circunstancias han resultado determinantes de la variación al alza de las masas activas y pasivas del concurso, si ello se debe a la aparición de nuevos activos o pasivos o a la aplicación de criterios de valoración distintos de los empleados por la concursada, no bastando la remisión a los textos definitivos.

2.– Exprese la relación existente entre el momento de suspensión de las facultades de administración y disposición de la concursada, el momento de la fase común o de convenio en el que acaeció, su relación con la mayor complejidad para el agotamiento de ambas fases y la conservación de la actividad y masa activa de la concursada, las actuaciones efectivamente desarrolladas por la administración concursal desde entonces, así como la presencia de cualquier otra circunstancia que deba tomar en consideración para la aplicación de la facultad judicial del art. 4.2 RD 1860/04".

III.– Que por el presente escrito esta administración concursal pasa a dar cumplimiento al requerimiento efectuado por el citado auto de fecha ...., manifestando lo siguiente:

PRIMERO.– Que como se dejó dicho en el citado escrito de fecha .... por el que se fijaban los honorarios definitivos, existe una variación por importe de ....euros entre el importe del total de la masa activa incluida como anexo en el informe emitido por esta administración concursal (elevado a definitivo) que asciende a ....euros y el importe total de la masa activa que consta en el inventario que la concursada acompañó a su solicitud de concurso que asciende a ....euros.

Por el presente pasamos a explicar el origen de la variación por importe de .... euros:

1.– *Las partidas de la masa activa con diferente valoración en el inventario adjunto a la solicitud de concurso y en el inventario del informe de la Administración concursal son las siguientes:*

a) *Inmovilizado Intangible* fue valorado por la concursada en el inventario por importe ....euros y por esta administración concursal en su informe por importe .... euros, existiendo por lo tanto una variación por importe de ....euros.

La Administración Concursal valoró por su valor neto contable la partida de Concesiones Administrativas *que no se valoró por la sociedad concursada en la solicitud* y que corresponde a la concesión del puesto de mercado en Barcelona.

b) *Inmovilizado Material* fue valorado por la concursada en el inventario por importe ....euros y por esta administración concursal en su informe por importe .... euros, existiendo por lo tanto una variación por importe de ....euros.

La Administración Concursal incluyó y valoró las fincas registrales de .... nº .... del Registro de la Propiedad nº .... de .... que *NO CONSTABAN en el inventario adjunto a la solicitud de concurso.*

c) *Efectivo y otros activos líquidos equivalentes* fue valorado por la concursada en el inventario por importe de ....euros y por esta administración concursal, a la fecha de presentación de textos definitivos, valoró en un importe de ....euros, existiendo por lo tanto una variación por importe de ....€.

En conclusión y en relación con las citadas partidas de activo la diferencia de valoración asciende a un importe total de ....euros.

2.– Las partidas de la masa activa *que NO CONSTABAN en el inventario adjunto a la solicitud de concurso y que tomando en cuenta la contabilidad de la empresa,* incorporó al activo y valoró está administración concursal en su informe son las siguientes:

a) *Inversiones Financieras a largo plazo* que NO CONSTABAN en el inventario adjunto a la solicitud del concurso y que esta administración concursal valoró en un importe de ....euros.

Entre estas inversiones financieras a largo plazo, se encuentran, entre otras partidas, las participaciones que tiene la concursada en el capital social de las mercantiles: .... S.A. (valorada dicha participación por importe de ....euros), ... S.A. (valorada dicha participación por importe de ....euros), ... SLU (Valorada dicha participación por importe de ....euros) y .... (Valorada dicha participación por importe de ....euros). Así pues todas estas participaciones NO RECOGIDAS en el inventario acompañado a la solicitud del concurso, ascienden a un importe total de ....euros.

b) *Existencias* que NO CONSTABAN en el inventario adjunto a la solicitud del concurso y que esta administración concursal valoró en su informe en un importe de .... euros.

c) *DEUDORES* que NO CONSTABAN en el inventario adjunto a la solicitud del concurso y que esta administración concursal valoró en un importe de ....euros.

d) *Inversiones Financieras a corto plazo* que NO CONSTABAN en el inventario adjunto a la solicitud del concurso y que esta administración concursal valoró en un importe de ....euros.

En conclusión y en relación con las partidas de la masa activa que NO CONSTABAN en el inventario adjunto a la solicitud de concurso y que tomando en cuenta la contabilidad de la empresa, incorporó al activo y valoró está administración concursal en su informe, la variación de valor asciende a un importe de ....euros.

En total, el activo se ha visto aumentado en la cifra total de ....euros, por las circunstancias que acabamos de exponer.

Esta administración concursal hace constar que las citadas valoraciones realizadas por la misma y que constan en el inventario adjunto de su informe no han sido impugnadas de conformidad con el 298.1 TRLC, en cuanto a una inclusión o exclusión de bienes o derechos o del aumento o disminución del avalúo de los incluidos.

SEGUNDO.– Que como se dejó dicho en el citado escrito de fecha ....por el que se fijaban los honorarios definitivos, existe una variación por importe de .... euros entre el importe del total de la masa pasiva incluida como anexo en los textos definitivos presentados por esta administración concursal que asciende a ....euros y el importe total de la masa activa que consta en el inventario que la concursada acompañó a su solicitud de concurso que asciende a ....euros.

Esta diferencia se debe al trabajo de análisis de las comunicaciones de créditos recibidas de los proveedores, acreedores, entidades financieras, entidades públicas y trabajadores. En los importes comunicados a la Administración Concursal se incorporan recargos e intereses que, en algunos casos, no han sido registrados contablemente por la concursada en el momento de elaboración de la demanda de concurso. Asimismo, estando la empresa en funcionamiento y pese al corto espacio de tiempo transcurrido entre la solicitud y declaración de concurso, es suficiente para que, por el giro de la propia actividad, exista diferencia entre un listado y otro.

TERCERO.– En relación con la aplicación de la facultad judicial a que hace referencia el art. 4.2 del RD 1860/04, esta administración quiere hacer constar lo siguiente:

1.– Que en el auto de declaración del concurso de fecha ...., se decretó la intervención de las facultades de la concursada, quedando el ejercicio ordinario de la misma sometido a la autorización o conformidad de esta administración concursal.

2.– Que debido a la situación de absoluto enfrentamiento entre los accionistas de la concursada (divididos en acciones serie A y serie B, sin que ninguna serie tenga la mayoría social), y a que dicho enfrentamiento tenía un reflejo directo en el Consejo de Administración, que estaba "de facto" paralizado, todas las competencias de gestión y representación estaban siendo ejercidas por el Director General de la concursada en base a un poder notarial limitado cuya colaboración con esta Administración concursal era prácticamente inexistente. Tal enfrentamiento se trasladó incluso al ámbito penal entre los socios, llegándose incluso por esta Administración concursal ha solicitar la atribución del ejercicio de los derechos políticos ex art. 128.2 TRLC, que le fueron atribuidos por auto dictado el .... por este Juzgado.

3.– Ante el manifiesto incumplimiento por parte la concursada de las obligaciones de información, colaboración y puesta de disposición de la administración concursal a que hacen referencia los arts. 134 y 135 TRLC, esta administración concursal solicitó auxilio judicial urgente para que se requiriese a la sociedad concursada a los efectos de la inmediata entrega de la información y documentación que se relacionaba en dicho escrito y que era precisa para que esta administración concursal pudiera confeccionar el informe a que hace referencia los arts. 290 y ss. TRLC y ejercer su labor de intervención.

Como consecuencia de dicha solicitud de auxilio judicial urgente se dictó por el Juzgado de lo Mercantil número .... de .... providencia de fecha .... para requerir a la concursada por plazo de .... días para que pusiera a disposición de la administración concursal la documentación e información interesada. A pesar de dicho requerimiento, éste fue incumplido parcialmente.

4.– La concursada recordemos que es una sociedad del sector citrícola, con cerca de .... trabajadores y un volumen de actividad, directo e indirecto, muy importante. La situación creada podría afectar y, realmente, estaba afectando a la actividad de la empresa y el mantenimiento del empleo.

5.– Debido a todas las circunstancias relatadas en los apartados anteriores, esta administración concursal se vio obligada a solicitar el cambio de la situación de intervención de facultades de la concursada sustituyéndolo por la suspensión del ejercicio por la concursada de las facultades de administración y disposición sobre su patrimonio, siendo sustituida por esta administración concursal.

Dicha suspensión de facultades fue acordada por auto dictado por el Juzgado de lo Mercantil número .... de Valencia de fecha ...., estableciendo en dicho auto que:

> *"Mantener la intervención de las facultades del deudor puede conducir a una situación de difícil gobernabilidad en absoluto compatible con el orden que debe presidir el proceso concursal, en particular atención a que el cumplimiento de los fines del concurso, cuales son el mantenimiento en lo posible de la actividad y el empleo, junto con la satisfacción de los intereses de los acreedores, máxime en un proceso de esta magnitud, exige una voluntad única y eficaz que, en este momento, se entiende puede verse mejor desempeñada por la administración concursal".*

Tal suspensión fue acordada con anterioridad a la presentación por esta parte del informe de la Administración Concursal a que se refiere los arts. 290 y ss. TRLC.

6.– Que una vez acordada por el Juzgado la suspensión de las facultades de la concursada y en una temporada complicada para el sector de la naranja por culpa de las lluvias y heladas de invierno, se ha logrado mantener la actividad y el empleo en la compañía, se han venido abonando los créditos contra la masa a su respectivo vencimiento, incluidos los públicos y laborales. Se ha llevado por esta Administración Concursal una gestión de la sociedad ajena e independiente de los dos grupos accionariales y de administradores enfrentados entre si, trabajando en una única dirección los asesores, trabajadores y directivos de la empresa concursada. Ello con la consecuencia de que .... S.A., con el grifo de la financiación cerrado, mantiene su normal actividad mercantil y comercial y, el .... de este año, se va a reunir el Consejo de Administración de la sociedad a efectos de evaluar la aceptación y subsanación de la propuesta de Convenio obrante en autos.

Para ello, se han reclamado y obtenido el cobro de cantidades adeudadas a la concursada; se ha controlado en la medida de lo posible y con toda clase de dificultades, la ejecución y cumplimiento del contrato de maquila en torno al cual gira la actividad de la concursada y del cual depende, en estos momentos, la viabilidad de la empresa, contrato éste respecto del cual y dependiendo del curso de este procedimiento la administración Concursal se reservó y reserva el ejercicio, en su caso, de las oportunas acciones; se han mantenido diversas reuniones con representantes de los trabajadores para optimizar la plantilla laboral de la concursada, incluso para descolgar a la empresa del convenio laboral al que esta vinculada, algo finalmente desestimado por esta Administración concursal a la vista de su coste y las incógnitas existentes en el presente procedimiento concursal.

Igualmente, se ha velado por el cumplimiento de las obligaciones fiscales, laborales y contables de la compañía, especialmente, junto a los auditores de la misma; se ha regularizado en la medida de lo posible la relación comercial entre la concursada, su principal cliente .... S.A y la sociedad del grupo .... absolutamente deteriorada y que se ha ido reconduciendo; y se han mantenido continuas y constantes reuniones con los representantes profesionales (abogados) de la concursada y de los socios y miembros del Consejo de Administración, y con el Director General y empleados de la concursada respecto a la marcha económica de la sociedad o las distintas posibilidades económicas y jurídicas de la presentación del Convenio. También a la hora de acercar posturas entre ambas, por así llamarlas, "facciones en guerra".

Y entendemos es importante, se ha evitado la absoluta anormalidad y aberración jurídica que supone que como consecuencia del bloqueo absoluto del Consejo de Administración y la Junta general, la sociedad estuviese gestionada por un empleado con poderes limitados y cercano a unos de los grupos en conflicto, algo inaceptable desde el punto de vista jurídico, tal y como se expuso por esta parte en su día.

Finalmente, indicar que nadie se opuso en el procedimiento a la sustitución de facultades. Tampoco se ha pedido el cambio a la autorización inicialmente acordada. Ni trabajadores, acreedores, administraciones publicas, socios, o administradores de la concursada. Nadie se opuso o ha pedido el cambio. Incluso, la propia concursada se mostró favorable a la citada medida suspensiva tal y como obra en el presente procedimiento. Esta Administración Concursal cree que tal circunstancia es prueba evidente de la necesidad y conveniencia de la suspensión de facultades y el correcto ejercicio de la misma por esta parte y su aceptación por los participes en esta situación concursal.

7.– Que en base a la anterior, esta administración concursal entiende que sí procede la aplicación de la facultad judicial a que hace referencia el art. 4.2 del RD 1860/04.

8.– Se hace constar que el presente informe se formula a la vista de lo dispuesto en el art. 34 LC, en su redaccion anterior a la entrada en vigor de dicha Ley 17/2014, de 30 de septiembre, aplicable y vigente en la actualidad, en tanto en cuanto no se apruebe el reglamento a que se refiere la disposición transitoria segunda TRLC.

En su virtud,

SUPLICO AL JUZGADO, que tenga por presentado este escrito, se sirva admitirlo y tener por hechas las anteriores manifestaciones a los efectos legales oportunos, dando cumplimento al requerimiento efectuado por el citado auto de fecha ....

Es Justicia que se SUPLICA en .... a .... de .... de ....

Fdo...........

ADMINISTRACIÓN CONCURSAL

F260. AUTO FIJANDO LA RETRIBUCIÓN DEFINITIVA DE LA ADMINISTRACIÓN CONCURSAL PARA LA FASE COMÚN

Normativa de aplicación: *Arts. 84 y ss. Real Decreto Legislativo 1/2020, de 5 de mayo, por el que se aprueba el texto refundido de la Ley Concursal.*

En la ciudad de........... a........... de........... de...........

ANTECEDENTES DE HECHO

PRIMERO.– Que mediante auto de fecha........... de........... de..........., dictado en el presente procedimiento concursal núm. de autos..........., por este Juzgado se fijó la retribución a percibir por la administración concursal correspondiente a la fase común en la cantidad de...........euros, y el pago a la administración concursal de la citada retribución en los términos fijados en dicho auto.

SEGUNDO.– Que con fecha........... y tras la presentación de los textos definitivos, la Administración Concursal ha solicitado que por este Juzgado se fije la retribución definitiva de dicho órgano correspondiente a la fase común del procedimiento concursal de referencia y que en dicho escrito se cuantifica en la suma de...........euros.

De la citada solicitud se dio traslado a la concursada y resto de partes personadas a efectos de que alegaran cuanto fuera de interés sobre la referida petición, con el resultado obrante en autos.

FUNDAMENTOS DE DERECHO

PRIMERO.– Que este Juez es competente para conocer del presente procedimiento y de la fijación definitiva de la cuantía de la retribución de la administración concursal correspondiente a la fase común de este procedimiento, (art. 44 y 45 TRLC, 34 LC, en su redacción anterior a la entrada en vigor de la Ley 17/2014, de 30 de septiembre, aplicable y vigente en la actualidad en tanto en cuanto no se apruebe el reglamento a que se refiere la disposición transitoria segunda TRLC, y 4.4. Real Decreto 1860/2004).

SEGUNDO.– Que conforme establece el art. 4.4, último párrafo, Real Decreto 1860/2004 una vez establecido el importe definitivo de la masa activa y de la masa pasiva, en la misma resolución por la que ponga fin a la fase común o en otra de la misma fecha, determinará si, por aplicación del arancel, los administradores concursales, deben percibir una cantidad superior a la inicialmente aprobada para la fase común o si deben reintegrar o compensar el exceso percibido.

TERCERO.– Que a la vista de los textos definitivos, el valor de la masa activa es de...........euros y el de la masa pasiva es de...........euros. Aplicado el arancel a los anteriores parámetros, resultaría una retribución correspondiente a la fase común por un importe de...........euros.

Dado que la Administración concursal, hasta la fecha, ha percibido la suma de........... euros en virtud de los acordado en su día en el auto de fecha..........., que fijo la retribución de la administración concursal para tal fase en la referida cuantía, resta pendiente de percibir la suma adicional de...........euros.

Visto lo expuesto y demás normativa de aplicación

DISPONGO

Modificar la cuantía de la retribución de la administración concursal correspondiente a la fase común del presente procedimiento, fijada inicialmente mediante auto de este Juzgado de fecha de........... de........... en la suma de...........euros, y que pasa a cuantificarse, definitivamente, en el importe de...........euros en los términos del fundamento de derecho tercero de este auto, abonándose en el plazo previstos en nuestro auto de fecha..........., previa deducción de las cantidades ya percibidas por la Administración Concursal hasta la fecha en concepto de retribución de la fase común.

Notifíquese el presente auto a las partes personadas y a la administración concursal, haciendo saber que contra el mismo cabe recurso de apelación en el plazo de 20 días a contar desde la notificación de este en los términos del art. 34.5 LC.

De conformidad con lo establecido en la Disposición Adicional 15º LOPJ (según la redacción dada por la LO 1/09), la interposición de recurso contra resoluciones judiciales no podrá ser admitida a trámite sin la acreditación del depósito previsto en la citada Ley a efectos de recurrir, debiendo presentarse copia o resguardo de tal depósito en la cuenta de consignaciones de este Juzgado.

Todo lo cual pronuncia, manda y firma el Ilmo. Sr. ...., Magistrado Juez del Juzgado de lo Mercantil núm. .... de...........

F261. ESCRITO DE LA ADMINISTRACIÓN CONCURSAL INGRESANDO APORTACIONES OBLIGATORIAS A LA CUENTA DE GARANTÍA ARANCELARIA

Normativa de aplicación: *Arts. 84 y ss. Real Decreto Legislativo 1/2020, de 5 de mayo, por el que se aprueba el texto refundido de la Ley Concursal.*

AL JUZGADO DE LO MERCANTIL NÚM. .... DE...........

..........., Administración concursal designada en el concurso de acreedores de la sociedad........... que se sigue ante este Juzgado bajo el núm. de autos..........., ante el Juzgado comparezco en las citadas actuaciones y como mejor proceda en derecho DIGO:

Que por medio del presente se comunica al Letrado de la Administración de Justicia del presente Juzgado que simultáneamente a la presente comunicación, ha ingresado en la cuenta de garantía arancelaria la suma de...........euros, la aportación obligatoria a dicha cuenta calculada a la vista del importe de...........euros, cantidad efectivamente percibida en concepto de retribución de la administración concursal.

Se acompaña como DOCUMENTO UNO copia del justificante de ingreso del referido importe en la cuenta de garantía arancelaria.

En su virtud

SUPLICO AL JUZGADO que tenga por presentado este escrito y por hechas las anteriores manifestaciones a los efectos legales oportunos.

Es Justicia que se SUPLICA en..........., hoy día........... de........... de...........

F262. ESCRITO DE LA CONCURSADA COMUNICANDO AL JUZGADO EL PAGO A LA ADMINISTRACIÓN CONCURSAL DE SU RETRIBUCIÓN

Normativa de aplicación: *Arts. 84 y ss. Real Decreto Legislativo 1/2020, de 5 de mayo, por el que se aprueba el texto refundido de la Ley Concursal.*

AL JUZGADO DE LO MERCANTIL NÚM. .... DE...........

..........., Procurador de lo Tribunales y de la sociedad........... S.L., cuya representación tengo acreditada en el concurso ordinario de acreedores de la sociedad........... que se sigue ante este Juzgado bajo el núm. de autos..........., ante el Juzgado comparezco en las citadas actuaciones bajo la dirección letrada de Don........... (ICAV...........) y como mejor proceda en derecho DIGO:

Que por medio del presente se comunica letrado de la Administración de Justicia del presente Juzgado que la concursada ha abonado a la administración concursal, en concepto de retribución del art. 34 LC, en su redacción anterior a la entrada en vigor de la Ley 17/2014, de 30 de septiembre, aplicable y vigente en la actualidad en tanto en cuanto no se apruebe el reglamento a que se refiere la disposición transitoria segunda TRLC, la suma de...........euros más su correspondiente IVA, en total, la suma de...........euros.

Se acompaña como DOCUMENTO UNO copia del justificante de pago del referido importe y la factura emitida por la Administración Concursal.

En su virtud

SUPLICO AL JUZGADO que tenga por presentado este escrito y por hechas las anteriores manifestaciones a los efectos legales oportunos.

Es Justicia que se SUPLICA en..........., hoy día........... de........... de...........

3.6. EJERCICIO DEL CARGO POR LA ADMINISTRACIÓN CONCURSAL

F263. SOLICITUD DE LA ADMINISTRACIÓN CONCURSAL SOBRE ATRIBUCIÓN DE COMPETENCIAS A UNO DE SUS MIEMBROS

Normativa de aplicación: *Arts. 80 y ss. Real Decreto Legislativo 1/2020, de 5 de mayo, por el que se aprueba el texto refundido de la Ley Concursal.*

AL JUZGADO DE LO MERCANTIL NÚM. .... DE...........

Don..........., y Doña..........., miembros de la administración concursal del concurso voluntario de la compañía........... S.A., que se sigue ante este Juzgado bajo el número de autos..........., ante este Juzgado de lo Mercantil comparezco en los citados autos bajo la dirección letrada de Don..........., abogado del Ilustre Colegio de........... (número de incorporación...........), y como mejor proceda en derecho DIGO:

PRIMERO.– Que en las presentes actuaciones núm. de autos..........., se sigue concurso voluntario de la sociedad........... S.A., concurso que fue declarado mediante auto de fecha........... de........... de...........

SEGUNDO.– Que conforme a lo establecido en el art. art. 81.1 TRLC y como sucede en el presente caso, cuando la administración concursal sea dual, esto es, esté integrada por dos miembros, las funciones de este órgano concursal se ejercerán de forma mancomunada.

De esta forma, las decisiones se adoptarán de forma mancomunada y en caso de disconformidad, resolverá el juez (art. 81.1 TRLC)., salvo para el ejercicio de aquellas competencias que el juez les atribuya individualizadamente a uno de ellos o las distribuya entre ellos (art. 81.2 TRLC).

TERCERO.– Que solicita esta administración concursal que por el Juzgador se atribuya de forma individualizada al administrador concursal Don..........., la competencia específica de..........., al ser conveniente para el interés del concurso y mejor desarrollo del presente procedimiento toda vez que...........

En su virtud

SUPLICO AL JUZGADO que tenga por presentado este escrito, se sirva admitirlo y por hechas las anteriores manifestaciones y, previo los oportunos trámites legales, se sirva dictar auto por el que, estimando la presente solicitud y a la vista del informe emitido al efecto por esta administración concursal, se atribuya de forma individualizada al administrador concursal Don..........., la competencia especifica de...........

Lo que se SUPLICA en..........., a de........... de...........

F264. DILIGENCIA DE ORDENACIÓN PONIENDO DE MANIFIESTO LA PETICIÓN DE LA ADMINISTRACIÓN CONCURSAL DE ATRIBUCIÓN DE COMPETENCIAS A UNO DE SUS MIEMBROS

Normativa de aplicación: *Arts. 80 y ss. Real Decreto Legislativo 1/2020, de 5 de mayo, por el que se aprueba el texto refundido de la Ley Concursal.*

DILIGENCIA DE ORDENACIÓN

Letrado de la Administración de Justicia, Don...........

En..........., a........... de........... de...........

Que en fecha........... de........... de..........., por la Administración Concursal, y en el concurso voluntario de........... S.A., seguido ante el Juzgado de lo Mercantil........... de........... bajo el núm. de autos..........., se presentó solicitud de atribución de competencias de forma invidualizada a uno de los administradores concursales.

Teniendo por presentada la expresada solicitud, dese traslado de esta a la concursada y demás partes personadas a efectos que, dentro del plazo de CINCO (5) DÍAS a contar desde la notificación de la presente diligencia, pueda formular cuantas alegaciones tenga por conveniente sobre tal petición. A la vista de todo ello se acordará lo que proceda en derecho.

Doy cuenta a su Señoría.

Contra la presente resolución, que no es firme, cabe recurso de revisión a interponer en el plazo de CINCO (5) días a contar desde su notificación. A tal efecto téngase en cuenta lo establecido en la DA 15ª LOPJ sobre depósito para recurrir.

Lo que acuerdo, mando y firmo en el lugar y fecha señalados "ut supra".

F265. AUTO SOBRE ATRIBUCIÓN DE OFICIO POR EL JUEZ DEL CONCURSO DE COMPETENCIAS ESPECÍFICAS A UNO DE LOS MIEMBROS DE LA ADMINISTRACIÓN CONCURSAL

Normativa de aplicación: *Arts. 80 y ss. Real Decreto Legislativo 1/2020, de 5 de mayo, por el que se aprueba el texto refundido de la Ley Concursal.*

En la ciudad de........... a........... de........... de...........

ANTECEDENTES DE HECHO

PRIMERO.– Que en el presente procedimiento número de autos..........., se sigue expediente de concurso voluntario de la compañía........... S.L. La declaración de concurso voluntario de la expresada sociedad, fue acordada por este Juzgado mediante auto de fecha........... de........... de dos mil...........

La administración concursal está integrada por dos miembros, siendo nombrados para tal cargo por el Juez del Concurso, mediante la citada resolución de fecha........... de........... de dos mil..........., Don..........., y ...., quienes aceptaron el cargo con fecha...........

SEGUNDO.– Que no obstante lo anterior, por este Juzgado se considera conveniente para el interés del concurso y mejor desarrollo del procedimiento atribuir de forma individualizada al administrador concursal Don..........., la competencia especifica de...........,

FUNDAMENTOS DE DERECHO

PRIMERO.– Que este Juez es competente para conocer del presente procedimiento y de la atribución individualizada a administradores concursales de competencias específicas, incluso de oficio. (Art. 44, 45 y 81.2 TRLC).

SEGUNDO.– Que conforme establece el art. 81.1 TRLC, cuando la administración concursal esté integrada por dos miembros, las funciones de este órgano concursal se ejercitarán de forma mancomunada. En caso de disconformidad, resolverá el juez.

Continua el apartado 2 del expresado art. 81.2 TRLC, en el sentido que el juez podrá atribuir determinadas competencias de forma individualizada a uno de los administradores o distribuirlas entre ellos.

TERCERO.– Que procede atribuir de forma individualizada al administrador concursal Don..........., la competencia especifica de..........., al ser conveniente para el interés del concurso y mejor desarrollo del presente procedimiento toda vez que...........

Visto lo expuesto y demás normativa de aplicación

DISPONGO

Atribuir de forma individualizada al administrador concursal Don..........., la competencia especifica de...........

Notifíquese el presente auto a las partes personadas y a la administración concursal, haciendo saber que contra el mismo no cabe recurso alguno. Tampoco podrá plantearse incidente concursal sobre la materia resuelta (art. 83 TRLC).

Todo lo cual pronuncia, manda y firma el Ilmo. Sr. ...., Magistrado Juez del Juzgado de lo Mercantil núm. .... de...........

F266. AUTO DESESTIMANDO LA SOLICITUD DE ATRIBUCIÓN DE COMPETENCIAS ESPECÍFICAS A UNO DE LOS MIEMBROS DE LA ADMINISTRACIÓN CONCURSAL

Normativa de aplicación: *Arts. 80 y ss. Real Decreto Legislativo 1/2020, de 5 de mayo, por el que se aprueba el texto refundido de la Ley Concursal.*

En la ciudad de............ a............ de............ de............

ANTECEDENTES DE HECHO

ÚNICO.– Que mediante escrito de fecha............ de............ de............ por la administración concursal del presente concurso voluntario de............ S.L. se solicitó de este Juzgado se sirviera atribuir de forma individualizada a Don............, integrante de la citada administración concursal, la competencia especifica de............ Todo ello en los términos del citado escrito.

De la citada solicitud se dio traslado a la concursada y resto de partes personadas a efectos de que alegaran cuanto fuera de interés sobre la referida petición, con el resultado obrante en autos.

FUNDAMENTOS DE DERECHO

PRIMERO.– Que este Juez es competente para conocer del presente procedimiento y de la solicitud de atribución individualizada de competencias específicas (art. 44, 45, 81.2 TRLC).

SEGUNDO.– Que la administración concursal está legitimada para solicitar la expresada atribución individualizada de competencias especificas (art. 81.2 TRLC).

TERCERO.– Que la solicitud reúne los requisitos de forma establecidos en el art. 81.2 TRLC.

CUARTO.– Que conforme establece el art. 81.1 TRLC, cuando la administración concursal esté integrada por dos miembros, las funciones de este órgano concursal se ejercitarán de forma mancomunada. En caso de disconformidad, resolverá el juez.

Continua el apartado 2 del expresado art. 81.2 TRLC, en el sentido que el juez podrá atribuir determinadas competencias de forma individualizada a uno de los administradores o distribuirlas entre ellos.

QUINTO.– Que debe desestimarse la solicitud formulada por la administración concursal en su escrito de fecha............ de............ de............, instando atribuir de forma individualizada al administrador concursal Don............, la competencia especifica de............, pues no consta justificado que sea conveniente para el interés del concurso y mejor desarrollo del presente procedimiento. Más bien lo contrario toda vez que............

Visto lo expuesto y demás normativa de aplicación

DISPONGO

Desestimar la solicitud formulada por la administración concursal mediante escrito de fecha de........... de..........., y, por lo tanto, no atribuir de forma individualizada al administrador concursal Don..........., la competencia especifica de..........., que había solicitado la administración concursal mediante escrito de fecha........... de........... de...........

Notifíquese el presente auto a las partes personadas y a la administración concursal, haciendo saber que contra el mismo no cabe recurso alguno. Tampoco podrá plantearse incidente concursal sobre la materia resuelta. (art. 83 TRLC)

Todo lo cual pronuncia, manda y firma el Ilmo. Sr. ...., Magistrado Juez del Juzgado de lo Mercantil núm........... de...........

F267. AUTO ESTIMANDO LA SOLICITUD DE ATRIBUCIÓN DE COMPETENCIAS ESPECÍFICAS A ALGUNO DE LOS MIEMBROS DE LA ADMINISTRACIÓN CONCURSAL

Normativa de aplicación: *Arts. 80 y ss. Real Decreto Legislativo 1/2020, de 5 de mayo, por el que se aprueba el texto refundido de la Ley Concursal.*

En la ciudad de........... a........... de........... de...........

ANTECEDENTES DE HECHO

ÚNICO.– Que mediante escrito de fecha........... de........... de........... por la administración concursal del presente concurso voluntario de........... S.L. se solicitó de este Juzgado se sirviera atribuir de forma individualizada a Don..........., integrante de la citada administración concursal, la competencia especifica de........... Todo ello en los términos del citado escrito.

De la citada solicitud se dio traslado a la concursada y resto de partes personadas a efectos de que alegaran cuanto fuera de interés sobre la referida petición, con el resultado obrante en autos.

FUNDAMENTOS DE DERECHO

PRIMERO.– Que este Juez es competente para conocer del presente procedimiento y de la solicitud de atribución individualizada de competencias específicas (art. 44, 45, 81.2 TRLC).

SEGUNDO.– Que la administración concursal está legitimada para solicitar la expresada atribución individualizada de competencias especificas (art. 81.2 TRLC).

TERCERO.– Que la solicitud reúne los requisitos de forma establecidos en el art. 81.2 TRLC.

CUARTO.– Que conforme establece el art. 81.1 TRLC, cuando la administración concursal esté integrada por dos miembros, las funciones de este órgano concursal se ejercitarán de forma mancomunada. En caso de disconformidad, resolverá el juez.

Continua el apartado 2 del expresado art. 81.2 TRLC, en el sentido que el juez podrá atribuir determinadas competencias de forma individualizada a uno de los administradores o distribuirlas entre ellos.

QUINTO.– Que debe estimarse la solicitud formulada por la administración concursal en su escrito de fecha........... de........... de........... y atribuir de forma individualizada al administrador concursal Don..........., la competencia especifica de..........., pues es conveniente para el interés del concurso y mejor desarrollo del presente procedimiento toda vez que...........

Visto lo expuesto y demás normativa de aplicación

DISPONGO

Estimar la solicitud formulada por la administración concursal mediante escrito de fecha de........... de..........., y por lo tanto, atribuir de forma individualizada al administrador concursal Don..........., la competencia especifica de..........., tal y como había solicitado la administración concursal mediante escrito de fecha........... de........... de...........

Notifíquese el presente auto a las partes personadas y a la administración concursal, haciendo saber que contra el mismo no cabe recurso alguno. Tampoco podrá plantearse incidente concursal sobre la materia resuelta (art. 83 TRLC)

Todo lo cual pronuncia, manda y firma el Ilmo. Sr. ...., Magistrado Juez del Juzgado de lo Mercantil núm. .... de...........

F268. SOLICITUD DE LA ADMINISTRACIÓN CONCURSAL AL JUEZ A EFECTOS DE RESOLVER DISCREPANCIA ENTRE ADMINISTRADORES MANCOMUNADOS

Normativa de aplicación: *Arts. 80 y ss. Real Decreto Legislativo 1/2020, de 5 de mayo, por el que se aprueba el texto refundido de la Ley Concursal.*

AL JUZGADO DE LO MERCANTIL NÚM. .... DE...........

Don..........., y Doña..........., miembros de la administración concursal del concurso voluntario de la compañía........... S.A., que se sigue ante este Juzgado bajo el número de autos..........., ante este Juzgado de lo Mercantil comparezco en los citados autos bajo la dirección letrada de Don..........., abogado del Ilustre Colegio de........... (número de incorporación...........), y como mejor proceda en derecho DIGO:

PRIMERO.– Que en las presentes actuaciones núm. de autos..........., se sigue concurso voluntario de la sociedad........... S.A., concurso que fue declarado mediante auto de fecha........... de........... de...........

Que en el citado auto, fueron designados administradores concursales Don..........., y Doña..........., quienes aceptaron el cargo el día........... de........... de...........

SEGUNDO.– Que conforme a lo establecido en el art. 81.1 TRLC, cuando la administración concursal esté integrada por dos miembros, las funciones de este órgano concursal se ejercitarán de forma mancomunada. En caso de disconformidad, resolverá el juez.

TERCERO.– Que es urgentísimo adoptar una decisión sobre..........., decisión sobre la que existe disconformidad entre Don........... y Doña..........., administradores concursales actualmente en ejercicio del cargo mancomunadamente.

Considera Don..........., que...........

Por el contrario, Doña..........., estima que...........

En su virtud

SUPLICO AL JUZGADO que tenga por presentado este escrito, se sirva admitirlo y por hechas las anteriores manifestaciones y, previo los oportunos trámites legales, se sirva dictar auto por el que, estimando la presente solicitud, resuelva la cuestión reseñada en el apartado cuarto de este escrito, sobre a que existe diferencias entre los dos administradores concursales reseñada en el cuerpo de este escrito.

Lo que se SUPLICA en..........., a de........... de...........

F269. DILIGENCIA DE ORDENACIÓN SOBRE RESOLUCIÓN DE DISCREPANCIA ENTRE AC

DILIGENCIA DE ORDENACIÓN

Letrado de la Administración de Justicia, Don...........

En..........., a........... de........... de...........

Que en fecha........... de........... de..........., por la Administración Concursal, y en el concurso voluntario de........... S.A., seguido ante el Juzgado de lo Mercantil........... de........... bajo el núm. de autos..........., se presentó solicitud a este Juzgado en orden a resolver la controversia existente entre los administradores concursales. Ello al amparo del art. 81.1 TRLC y en los términos de dicho escrito.

Teniendo por presentada la expresada solicitud, dese traslado de esta a la concursada y demás partes personadas a efectos que, dentro del plazo de CINCO (5) DÍAS a contar desde la notificación de la presente diligencia, pueda formular cuantas alegaciones tenga por conveniente sobre tal petición. A la vista de todo ello se acordará lo que proceda en derecho.

Doy cuenta a su Señoría.

Contra la presente resolución, que no es firme, cabe recurso de revisión a interponer en el plazo de CINCO (5) días a contar desde su notificación. A tal efecto téngase en cuenta lo establecido en la DA 15° LOPJ sobre depósito para recurrir.

Lo que acuerdo, mando y firmo en el lugar y fecha señalados "ut supra".

F270. AUTO RESOLVIENDO DISCREPANCIA ENTRE MIEMBROS DE LA ADMINISTRACIÓN CONCURSAL MANCOMUNADA

Normativa de aplicación: *Arts. 80 y ss. Real Decreto Legislativo 1/2020, de 5 de mayo, por el que se aprueba el texto refundido de la Ley Concursal.*

En la ciudad de........... a........... de........... de...........

ANTECEDENTES DE HECHO

ÚNICO.– Que mediante escrito de fecha........... de........... de........... por la administración concursal del presente concurso voluntario ordinario de........... S.L. se solicitó de este Juzgado se sirviera resolver la discrepancia existente entre los miembros de dicha administración a la hora de adoptar una decisión sobre. Todo ello en los términos del citado escrito, del cual se reproducen los siguientes extremos:...........¡

FUNDAMENTOS DE DERECHO

PRIMERO.– Que este Juez es competente para conocer del presente procedimiento y de la solicitud planteada (art. 44, 45 y 81.1 TRLC).

SEGUNDO.– Que la administración concursal está legitimado para solicitar la expresada resolución de la discrepancia existente entre sus miembros (art. 81.1 TRLC).

TERCERO.– Que la solicitud reúne los requisitos de forma establecidos en la Ley.

CUARTO.– Que conforme establece el art. 81.1 TRLC 81.1 TRLC, cuando la administración concursal esté integrada por dos miembros, las funciones de este órgano concursal se ejercitarán de forma mancomunada. En caso de disconformidad, resolverá el juez.

QUINTO.– Que es urgentísimo que la administración concursal adopte una decisión sobre..........., decisión sobre la que existe una abierta discrepancia entre Don..........., y Doña..........., miembros integrantes de la administración concursal del concurso voluntario de la sociedad arriba reseñada, no pudiéndose adoptar por la administración concursal acuerdo alguno sobre tal cuestión.

Considera Don..........., que...........

Por el contrario, Doña..........., estima que...........

SEXTO.– En opinión de este Juzgado y a la vista de lo establecido en el TRLC y el CC (art........... y...........), debe resolverse la antes reseñada discrepancia existente entre los miembros de la administración concursal de..........., en el sentido de...........

Visto lo expuesto y demás normativa de aplicación

DISPONGO

Estimar la solicitud formulada por la administración concursal mediante escrito de fecha de........... de..........., y resolver la discrepancia existente entre sus miembros respecto a la hora de adoptar una decisión sobre..........., en el sentido de...........

Notifíquese el presente auto a las partes personadas y a la administración concursal, haciendo saber que contra el mismo no cabe recurso alguno. Tampoco podrá plantearse incidente concursal sobre la materia resuelta. (art. 83 TRLC)

Todo lo cual pronuncia, manda y firma el Ilmo. Sr. ...., Magistrado Juez del Juzgado de lo Mercantil núm. .... de...........

F271. ACTA SOBRE DECISIONES DE LA ADMINISTRACIÓN CONCURSAL

Normativa de aplicación: *Arts. 80 y ss. Real Decreto Legislativo 1/2020, de 5 de mayo, por el que se aprueba el texto refundido de la Ley Concursal.*

Siendo las........... horas del día........... de........... de..........., se reúnen en..........., calle..........., núm. .... la totalidad de los miembros integrantes de la administración concursal del concurso voluntario de la sociedad........... S.L., esto es, Don..........., y Doña..........., para adoptar decisiones sobre los siguientes asuntos: 1.- .... y 2.- ....

Dando su conformidad los presentes a la celebración de la presente reunión, se entra en el primer punto asunto:..........., indicando Don........... que...........

Doña........... comparte la opinión anterior e insiste en que...........

Por los tanto, la administración concursal, de forma mancomunada, adopta la siguiente DECISIÓN:...........

Entrando en el segundo asunto:..........., se manifiesta por Don........... que...........

La anterior opinión es rechazada por..........., quien dice que...........

Existiendo disconformidad entre los administradores concursales sobre la decisión a adoptar con relación al citado asunto, procede la resolución de la discrepancia existente por el Juez del Concurso.

Y para que así conste, especialmente a efectos de los dispuesto en los apartados 1 y 3, del art. 81 TRLC, se extiende la presente acta que, es aprobada y firmada en señal de conformidad con su contenido, por los administradores concursales presentes, en..........., a........... de........... de...........

F272. PROVIDENCIA REQUIRIENDO INFORMACIÓN A LOS ADMINISTRADORES CONCURSALES

Normativa de aplicación: *Arts. 80 y ss. Real Decreto Legislativo 1/2020, de 5 de mayo, por el que se aprueba el texto refundido de la Ley Concursal.*

Providencia del Magistrado Juez...........

En..........., a........... de........... de...........

Que habiéndose autorizado por este Juzgado, mediante auto de fecha........... de........... de..........., la venta de determinados inmuebles propiedad de la concursada, sin que se tenga noticia sobre si tales ventas se han llevado a cabo, de conformidad con lo establecido en el art. 82 TRLC, se requiere a la administración concursal para que, en el plazo de cinco días, informe a este Juzgado sobre el estado de tales compraventas.

Notifíquese la presente providencia a la administración concursal y demás partes personadas, haciéndoles saber que, contra la misma, cabe recurso de reposición a interponer en el plazo de cinco días a contar desde la notificación de la presente resolución.

De conformidad con lo establecido en la Disposición Adicional 15ª LOPJ (según la redacción dada por la LO 1/09), la interposición de recurso contra resoluciones judiciales no podrá ser admitida a trámite sin la acreditación del depósito previsto en la citada Ley a efectos de recurrir, debiendo presentarse copia o resguardo de tal depósito en la cuenta de consignaciones de este Juzgado.

Lo que acuerda, manda y firma su señoría Don..........., Magistrado Juez del Juzgado de lo Mercantil núm. .... de..........., en el lugar y fecha señaladas "ut supra".

F273. INFORME DE LA ADMINISTRACIÓN CONCURSAL EVACUANDO EL REQUERIMIENTO DE INFORMACIÓN

Normativa de aplicación: *Arts. 80 y ss. Real Decreto Legislativo 1/2020, de 5 de mayo, por el que se aprueba el texto refundido de la Ley Concursal.*

AL JUZGADO DE LO MERCANTIL NÚM. .... DE...........

Don..........., administrador concursal del concurso voluntario de la compañía........... S.A., que se sigue ante este Juzgado bajo el número de autos..........., ante este Juzgado de lo Mercantil comparezco en los citados autos bajo la dirección letrada de Don..........., abogado del Ilustre Colegio de........... (número de incorporación...........), y como mejor proceda en derecho DIGO:

PRIMERO.– Que en las presentes actuaciones núm. de autos..........., se sigue concurso voluntario ordinario de la sociedad de........... S.A., concurso que fue declarado mediante auto de fecha........... de........... de...........

SEGUNDO.– Que mediante providencia de fecha........... de........... de..........., por este Juzgado se requirió a esta administración concursal para que, de conformidad con lo establecido en el art. 82 TRLC y en el plazo de cinco días, informase a este Juzgado sobre el estado de las compraventas de inmuebles autorizadas mediante auto de fecha........... de........... de...........

TERCERO.– Que por medio del presente escrito se evacúa el citado requerimiento y se informa que el estado en que se halla la formalización de las compraventas en su día autorizadas por este Juzgado es la siguiente:

A) Finca registral........... del Registro de la Propiedad núm. .... de...........

La escritura pública de compraventa, en los términos de la autorización concedida por este Juzgado y a favor de la compradora, Don..........., tendrá lugar el próximo día de........... de........... ante el notario Don...........

B) A) Finca registral........... del Registro de la Propiedad núm. .... de...........

La escritura pública de compraventa se otorgó, en los términos de la autorización concedida por este Juzgado, por la concursada y la compradora, Doña..........., el pasado día de........... de..........., ante el notario Don........... Se acompaña copia de la citada escritura.

En su virtud

SUPLICO AL JUZGADO que tenga por presentado este escrito, se sirva admitirlo, por hechas las anteriores manifestaciones a los efectos legales oportunos y por evacuado el requerimiento cursado a esta administración concursal mediante providencia de fecha de........... de...........

Lo que se SUPLICA en..........., a de........... de...........

3.7. SEPARACIÓN Y NUEVO NOMBRAMIENTO DE ADMINISTRADORES CONCURSALES

F274. ESCRITO DE ACREEDOR SOLICITANDO LA SEPARACIÓN DE UN ADMINISTRADOR CONCURSAL POR JUSTA CAUSA

Normativa de aplicación: *Arts. 100 y ss. Real Decreto Legislativo 1/2020, de 5 de mayo, por el que se aprueba el texto refundido de la Ley Concursal.*

AL JUZGADO DE LO MERCANTIL NÚM. .... DE...........

Don..........., Procurador de los Tribunales y de Don..........., con domicilio en..........., calle..........., núm. ...., cuya representación acredito con la escritura de poder para pleitos otorgado a mi favor y que se acompaña al presente, ante este Juzgado de lo Mercantil comparezco en los autos........... bajo la dirección letrada de Don..........., abogado del Ilustre Colegio de........... (número de colegiado...........), y como mejor proceda en derecho DIGO:

PRIMERO.– Que en el presente procedimiento número de autos..........., se sigue expediente de concurso voluntario ordinario de la compañía........... S.L. La declaración de concurso voluntario de la expresada sociedad, fue acordada por este Juzgado mediante auto de fecha........... de........... de dos mil...........

SEGUNDO.– Que la administración concursal está integrada por un miembro, habiendo sido nombrados para tal cargo por el Juez del Concurso, en la citada resolución de fecha........... de........... de dos mil..........., Don..........., quien aceptó el cargo con fecha...........

Acreditando lo anterior, se acompañan como DOCUMENTOS..........., el auto de este Juzgado declarando de concurso de........... S.L. y se designa al citado señor como miembro de la administración concursal y su aceptación.

TERCERO.– Que mi mandante es acreedor de la compañía........... S.L., teniendo reconocida tal condición y su crédito en la lista de acreedores acompañada al informe de la administración concursal emitido en las presentes actuaciones en fecha........... de........... de...........

CUARTO.– Que conforme señala el art. 100.1 TRLC, cuando concurra justa causa, el juez, de oficio o a instancia de cualquiera de las personas legitimadas para solicitar la declaración de concurso o del otro miembro de la administración concursal, podrá separar del cargo a cualquiera de los administradores concursales o revocar el nombramiento de los auxiliares delegados.

QUINTO.– Que concurre en el administrador concursal Don........... justa causa para su separación del cargo de administrador concursal del concurso voluntario de la sociedad........... S.L., toda vez que...........

Se acredita lo anterior...........

En su virtud,

SUPLICO AL JUZGADO que tenga por presentado este escrito, junto a los documentos a él unidos, se sirva admitirlo y tener por solicitada la separación de Don........... del cargo de administrador concursal del concurso voluntario ordinario de la sociedad........... S.L. y previos los oportunos trámites legales, se sirva dictar auto por el que, estimando la presente solicitud, se separe a Don........... del citado cargo y se le tenga por cesado en el ejercicio del mismo, designando nuevo administrador en su lugar y dándose conocimiento por el letrado de la Administración de Justicia del contenido del auto al registro público concursal.

Es Justicia que se SUPLICA en..........., hoy día........... de........... de dos mil...........

F275. ESCRITO DEL CONCURSADO SOLICITANDO LA SEPARACIÓN DE UN ADMINISTRADOR CONCURSAL POR JUSTA CAUSA

Normativa de aplicación: *Arts. 100 y ss. Real Decreto Legislativo 1/2020, de 5 de mayo, por el que se aprueba el texto refundido de la Ley Concursal.*

AL JUZGADO DE LO MERCANTIL NÚM. .... DE...........

Don..........., Procurador de los Tribunales y de Don..........., con domicilio en..........., calle..........., núm. ...., cuya representación tengo acreditada en los presentes autos..........., ante este Juzgado de lo Mercantil comparezco en el citado procedimiento concursal núm. .... bajo la dirección letrada de Don..........., abogado del Ilustre Colegio de........... (número de colegiado...........), y como mejor proceda en derecho DIGO:

PRIMERO.– Que la administración concursal está integrada por un miembro, habiendo sido nombrado para tal cargo por el Juez del Concurso, en la citada resolución de fecha........... de........... de dos mil..........., Don..........., quien aceptó el cargo con fecha...........

Acreditando lo anterior, se acompañan como DOCUMENTOS..........., auto de este Juzgado declarando de concurso de........... S.L. y se designa al citado señor como miembro de la administración concursal y su aceptación.

SEGUNDO.– Que conforme señala el art. 100.1 TRLC, cuando concurra justa causa, el juez, de oficio o a instancia de cualquiera de las personas legitimadas para solicitar la declaración de concurso o del otro miembro de la administración concursal, podrá separar del cargo a cualquiera de los administradores concursales o revocar el nombramiento de los auxiliares delegados.

TERCERO.– Que concurre en el administrador Don........... justa causa para su separación del cargo de administrador concursal del concurso voluntario de la sociedad........... S.L., toda vez que...........

Se acredita lo anterior...........

En su virtud,

SUPLICO AL JUZGADO que tenga por presentado este escrito, junto a los documentos a él unidos, se sirva admitirlo y tener por solicitada la separación de Don........... del cargo de administrador concursal del concurso voluntario ordinario de la sociedad........... S.L. y previos los oportunos trámites legales, se sirva dictar auto por el que, estimando la presente solicitud, se separe a Don........... del citado cargo y se le tenga por cesado en el ejercicio del mismo, designando nuevo administrador en su lugar y dándose conocimiento por el letrado de la administración de justicia del contenido del auto al registro público concursal, y acordando cuanto demás proceda en derecho.

Es Justicia que se SUPLICA en..........., hoy día........... de........... de dos mil...........

F276. ESCRITO DE UN ADMINISTRADOR CONCURSAL SOLICITANDO LA SEPARACIÓN DE OTRO ADMINISTRADOR CONCURSAL POR JUSTA CAUSA

Normativa de aplicación: *Arts. 100 y ss. Real Decreto Legislativo 1/2020, de 5 de mayo, por el que se aprueba el texto refundido de la Ley Concursal.*

AL JUZGADO DE LO MERCANTIL NÚM. .... DE...........

Don..........., integrante de la administración concursal del concurso voluntario ordinario de la sociedad........... S.L., ante este Juzgado de lo Mercantil comparezco en el citado procedimiento concursal núm. ...., y como mejor proceda en derecho DIGO:

PRIMERO.– Que en el presente procedimiento número de autos..........., se sigue expediente de concurso voluntario ordinario de la compañía........... S.L. La declaración de concurso voluntario de la expresada sociedad, fue acordada por este Juzgado mediante auto de fecha........... de........... de dos mil...........

SEGUNDO.– Que la administración concursal está integrada por dos miembros, habiendo sido nombrados para tal cargo por el Juez del Concurso, en la citada resolución de fecha........... de........... de dos mil..........., ..., y Doña..........., quienes aceptamos el cargo con fecha...........

TERCERO.– Que conforme señala el art. 100.1 TRLC, cuando concurra justa causa, el juez, de oficio o a instancia de cualquiera de las personas legitimadas para solicitar la declaración de concurso o del otro miembro de la administración concursal, podrá separar del cargo a cualquiera de los administradores concursales o revocar el nombramiento de los auxiliares delegados.

CUARTO.– Que concurre en el administrador Don........... causa para su separación del cargo de administrador concursal del concurso voluntario de la sociedad........... S.L., toda vez que...........

En su virtud,

SUPLICO AL JUZGADO que tenga por presentado este escrito, junto a los documentos a él unidos, se sirva admitirlo y tener por solicitada la separación de Don........... del cargo de administrador concursal del concurso voluntario ordinario de la sociedad........... S.L. y previos los oportunos trámites legales, se sirva dictar auto por el que, estimando la presente solicitud, se separe a Don........... del citado cargo y se le tenga por cesado en el ejercicio del mismo, designando nuevo administrador en su lugar dándose conocimiento por el letrado de la administración de justicia del contenido del auto al registro publico concursal, y acordando cuanto demás proceda en derecho.

Es Justicia que se SUPLICA en..........., hoy día........... de........... de dos mil...........

F277. ESCRITO DE ACREEDOR SOLICITANDO LA REVOCACIÓN DEL NOMBRAMIENTO DE UN AUXILIAR DELEGADO POR JUSTA CAUSA

Normativa de aplicación: *Arts. 100 y ss. Real Decreto Legislativo 1/2020, de 5 de mayo, por el que se aprueba el texto refundido de la Ley Concursal.*

AL JUZGADO DE LO MERCANTIL NÚM. .... DE...........

Don..........., Procurador de los Tribunales y de Don..........., con domicilio en..........., calle..........., núm. ...., cuya representación acredito con la escritura de poder para pleitos otorgado a mi favor y que se acompaña al presente, ante este Juzgado de lo Mercantil comparezco en los autos........... bajo la dirección letrada de Don..........., abogado del Ilustre Colegio de........... (número de colegiado...........), y como mejor proceda en derecho DIGO:

PRIMERO.– Que la administración concursal está integrada por un miembro, habiendo sido nombrados para tal cargo por el Juez del Concurso, en la citada resolución de fecha........... de........... de dos mi..........., Don..........., quien aceptó el cargo con fecha...........

Acreditando lo anterior, se acompañan como DOCUMENTOS..........., testimonio del auto de este Juzgado declarando de concurso de........... S.L. y se designa al citado señor como miembro de la administración concursal y su aceptación.

SEGUNDO.– Que mediante auto de fecha........... de........... de..........., este Juzgado al que nos dirigimos autorizó la solicitud formulada por la administración concursal y nombró auxiliar delegado a Don..........., en quien se delegó la función de...........

TERCERO.– Que mi mandante es acreedor de la compañía........... S.L., teniendo reconocida tal condición y su crédito en la lista de acreedores acompañada al informe de la administración concursal emitido en las presentes actuaciones en fecha........... de........... de...........

CUARTO.– Que conforme señala el 100.1 TRLC, cuando concurra justa causa, el juez, de oficio o a instancia de cualquiera de las personas legitimadas para solicitar la declaración de concurso o del otro miembro de la administración concursal, podrá separar del cargo a cualquiera de los administradores concursales o revocar el nombramiento de los auxiliares delegados.

QUINTO.– Que procede revocar el nombramiento de Don........... como auxiliar delegado toda vez que...........

En su virtud,

SUPLICO AL JUZGADO que tenga por presentado este escrito, junto a los documentos a él unidos, se sirva admitirlo y tener por solicitada la revocación del nombramiento de Don........... como auxiliar delegado en el del concurso voluntario ordinario de la sociedad........... S.L. y previos los oportunos trámites legales, se sirva dictar auto por el que, estimando la presente solicitud, se revoque el citado nombramiento de Don........... y se le tenga por cesado en el ejercicio del mismo, dándose conocimiento por el letrado de la administración de justicia del contenido del auto al registro público concursal.

Es justicia que se SUPLICA en..........., hoy día........... de........... de dos mil...........

F278. ESCRITO DEL CONCURSADO SOLICITANDO LA REVOCACIÓN DEL NOMBRAMIENTO DE UN AUXILIAR DELEGADO POR JUSTA CAUSA

Normativa de aplicación: *Arts. 100 y ss. Real Decreto Legislativo 1/2020, de 5 de mayo, por el que se aprueba el texto refundido de la Ley Concursal.*

AL JUZGADO DE LO MERCANTIL NÚM. .... DE...........

Don..........., Procurador de los Tribunales y de........... S.L., con domicilio en..........., calle..........., núm. ...., cuya representación tengo acreditada en el presente procedimiento concursal..........., ante este Juzgado de lo Mercantil comparezco en los citados autos........... bajo la dirección letrada de Don..........., abogado del Ilustre Colegio de........... (número de colegiado...........), y como mejor proceda en derecho DIGO:

PRIMERO.– Que en el presente procedimiento número de autos..........., se sigue expediente de concurso voluntario ordinario de mi mandante, la compañía........... S.L. La declaración de concurso voluntario de la expresada sociedad, fue acordada por este Juzgado mediante auto de fecha........... de........... de dos mil...........

SEGUNDO.– Que la administración concursal está integrada por un miembro, habiendo sido nombrados para tal cargo por el Juez del Concurso, en la citada resolución de fecha........... de........... de dos mil..........., Don..........., quien aceptó el cargo con fecha...........

TERCERO.– Que mediante auto de fecha........... de........... de........... este Juzgado autorizó la solicitud formulada por la administración concursal y nombró auxiliar delegado a Don..........., en quien se delegó la función de...........

CUARTO.– Que conforme señala el art. 100.1 TRLC, cuando concurra justa causa, el juez, de oficio o a instancia de cualquiera de las personas legitimadas para solicitar la declaración de concurso o del otro miembro de la administración concursal, podrá separar del cargo a cualquiera de los administradores concursales o revocar el nombramiento de los auxiliares delegados.

QUINTO.– Que procede revocar el nombramiento de Don........... como auxiliar delegado toda vez que...........

En su virtud,

SUPLICO AL JUZGADO que tenga por presentado este escrito, junto a los documentos a él unidos, se sirva admitirlo y tener por solicitada la revocación del nombramiento de Don........... como auxiliar delegado en el del concurso voluntario ordinario de la sociedad........... S.L. y previos los oportunos trámites legales, se sirva dictar auto por el que, estimando la presente solicitud, se revoque el citado nombramiento de Don........... y se le tenga por cesado en el ejercicio del mismo, dándose conocimiento por el letrado de la administración de justicia del contenido del auto al registro publico concursal.

Es justicia que se SUPLICA en..........., hoy día........... de........... de dos mil...........

F279. DILIGENCIA DE ORDENACIÓN PONIENDO DE MANIFIESTO SOLICITUD DE CESE DE LA ADMINISTRACIÓN CONCURSAL

Normativa de aplicación: *Arts. 100 y ss. Real Decreto Legislativo 1/2020, de 5 de mayo, por el que se aprueba el texto refundido de la Ley Concursal.*

DILIGENCIA DE ORDENACIÓN

Letrado de la Administración de Justicia, Don...........

En..........., a........... de........... de...........

Que en fecha........... de........... de..........., por ...., y en el concurso voluntario de........... S.A., seguido ante el Juzgado de lo Mercantil........... de........... bajo el núm. de autos..........., se presentó solicitud de separación y cese de la administración concursal. Ello al amparo del art. 100.1 TRLC y en los términos de dicho escrito.

Teniendo por presentada la expresada solicitud, dese traslado de esta a la administración concursal, la concursada y demás partes personadas a efectos que, dentro del plazo de CINCO (5) DÍAS a contar desde la notificación de la presente diligencia, pueda formular cuantas alegaciones tenga por conveniente sobre tal petición. A la vista de todo ello se acordará lo que proceda en derecho.

Doy cuenta a su Señoría.

Contra la presente resolución, que no es firme, cabe recurso de revisión a interponer en el plazo de CINCO (5) días a contar desde su notificación. A tal efecto téngase en cuenta lo establecido en la DA 15ª LOPJ sobre depósito para recurrir.

Lo que acuerdo, mando y firmo en el lugar y fecha señalados "ut supra".

F280. AUTO ESTIMANDO LA SOLICITUD DE SEPARACIÓN ADMINISTRACIÓN CONCURSAL POR JUSTA CAUSA

Normativa de aplicación: *Arts. 100 y ss. Real Decreto Legislativo 1/2020, de 5 de mayo, por el que se aprueba el texto refundido de la Ley Concursal.*

En la ciudad de........... a........... de........... de...........

ANTECEDENTES DE HECHO

ÚNICO.– Que en fecha........... de........... de........... por el Procurador de los Tribunales, Doña..........., y en representación de la compañía........... S.L., se solicitó de este Juzgado la separación de Don........... del cargo de administrador concursal que actualmente ocupa. Ello en base a los argumentos reseñados en la meritada solicitud y los documentos acompañados a la misma.

De la citada solicitud se dio traslado a la referida administración concursal, concursada y resto de partes personadas a efectos de que alegaran cuanto fuera de interés sobre la referida petición, con el resultado obrante en autos.

FUNDAMENTOS DE DERECHO

PRIMERO.– Que este Juez es competente para conocer de la separación del administrador concursal Don........... instada por la compañía........... (art. 44, 45 y 100.1 TRLC).

SEGUNDO.– Que........... S.L. reúne los requisitos de capacidad procesal, postulación, así como de legitimación de........... S.L. para plantear la citada separación del cargo, dada su condición de acreedor de la aquí concursada........... S.A. (art. 100.1 y 512 TRLC).

TERCERO.– Que la solicitud formulada reúne los requisitos de forma establecidos en el art. 100.1 TRLC.

CUARTO.– Que conforme establece el art. 100.1 TRLC, cuando concurra justa causa, el juez, de oficio o a instancia de cualquiera de las personas legitimadas para solicitar la declaración de concurso o del otro miembro de la administración concursal, podrá separar del cargo a cualquiera de los administradores o revocar el nombramiento de los auxiliares delegados.

QUINTO.– Que concurre en el administrador Don........... causa justa para su separación del cargo de administrador concursal del concurso voluntario de la sociedad........... S.L., toda vez que...........

Visto lo expuesto y demás normativa de aplicación.

DISPONGO

Estimar la solicitud formulada por la sociedad........... S.L. mediante escrito de fecha........... de........... de........... y

1) Separar a Don........... del cargo de administrador concursal del concurso voluntario de........... S.A.

2) Cesar a Don........... del citado cargo, ordenándole rendir cuentas de su actuación en las competencias que en su día y por auto de fecha........... de........... de........... le fueron conferidas.

Tal rendición de cuentas se presentará por el administrador concursal cesado dentro del plazo de un mes, contado desde que le sea notificada el presente auto, en los términos y con el alcance previstos en el art. 102 y concordantes TRLC.

3) Como consecuencia del cese precedente, designar como integrante de la administración concursal a Don........... (ABOGADO), mayor de edad, de nacionalidad española, con domicilio en..........., calle........... y DNI/NIF........... ICAV...........

El administrador concursal nombrado deberá aceptar el cargo, por lo que urgentemente se le notificará su nombramiento a efectos de su aceptación y juramento. También cumplimentar el resto de exigencias requeridas para su designación como administración concursal y la aceptación del cargo.

Al cese y nuevo nombramiento de administrador concursal, se dará la misma publicidad que tuvo el nombramiento del administrador concursal cesado.

Dese conocimiento por el Letrado de la Administración de Justicia del contenido la presente resolución al registro público concursal. También al deudor, administración concursal y demás partes personadas a través de su representación procesal, haciéndole saber que contra la misma y de conformidad con lo dispuesto en el art. 103 TRLC, cabe recurso de reposición en el plazo de CINCO (5) días a contar desde su notificación, en los términos de dicho precepto.

De conformidad con lo establecido en la Disposición Adicional 15° LOPJ (según la redacción dada por la LO 1/09), la interposición de recurso contra resoluciones judiciales no podrá ser admitida a trámite sin la acreditación del depósito previsto en la citada Ley a efectos de recurrir, debiendo presentarse copia o resguardo de tal depósito en las cuenta de consignaciones de este Juzgado.

Todo lo cual pronuncia, manda y firma el Ilmo. Sr. ...., Magistrado Juez del Juzgado de lo Mercantil núm............ de............

F281. AUTO ESTIMANDO LA SOLICITUD DE SEPARACIÓN DE LA TOTALIDAD DE LA ADMINISTRACIÓN CONCURSAL POR JUSTA CAUSA

Normativa de aplicación: *Arts. 100 y ss. Real Decreto Legislativo 1/2020, de 5 de mayo, por el que se aprueba el texto refundido de la Ley Concursal.*

En la ciudad de........... a........... de........... de...........

ANTECEDENTES DE HECHO

ÚNICO.– Que en fecha........... de........... de..........., por el Procurador de los Tribunales, Doña........... y en representación de la compañía........... S.L., se solicitó de este Juzgado la separación de los integrantes de la administración concursal del concurso voluntario ordinario de la sociedad........... S.L. Ello en base a los argumentos reseñados en la meritada solicitud y los documentos acompañados a la misma.

De la citada solicitud se dio traslado a la referida administración concursal, concursada y resto de partes personadas a efectos de que alegaran cuanto fuera de interés sobre la referida petición, con el resultado obrante en autos.

FUNDAMENTOS DE DERECHO

PRIMERO.– Que este Juez es competente para conocer de la separación del administrador concursal Don........... instada por la compañía........... (art. 44, 45 y 100.1 TRLC).

SEGUNDO.– Que........... S.L. reúne los requisitos de capacidad procesal, postulación, así como de legitimación de........... S.L. para plantear la citada separación del cargo, dada su condición de acreedor de la aquí concursada........... S.A. (art. 100.1 y 512 TRLC).

TERCERO.– Que la solicitud formulada reúne los requisitos de forma establecidos en el art. 100.1 TRLC.

CUARTO.– Que conforme establece el art. 100.1 TRLC, cuando concurra justa causa, el juez, de oficio o a instancia de cualquiera de las personas legitimadas para solicitar la declaración de concurso o del otro miembro de la administración concursal, podrá separar del cargo a cualquiera de los administradores o revocar el nombramiento de los auxiliares delegados.

QUINTO.– Que concurre en los dos integrantes de la administración concursal causa justa para su separación del cargo de administradores concursales del concurso voluntario de la sociedad........... S.L., toda vez que...........

DISPONGO

Estimar la solicitud formulada por la sociedad........... S.L. mediante escrito de fecha........... de........... de...........,

1) Separar a Don..........., y Doña..........., del cargo de administradores concursales del concurso voluntario de........... S.L.

2) Cesar a Don..........., y Doña..........., esto es, todos los miembros de la administración concursal de........... S.L., del citado cargo, ordenándoles, al afectar el cese a todos los miembros de la administración concursal, que rindan cuentas de su entera actuación hasta ese momento, sin perjuicio de la responsabilidad que corresponda a la administración concursal cesada, conforme a lo establecido en el art. 94 y ss. TRLC.

Tal rendición de cuentas se presentará por el administrador concursal cesado dentro del plazo de un mes, contado desde que le sea notificada el presente auto, en los términos y con el alcance previstos en el art. 102 y concordantes TRLC.

3) Como consecuencia del cese precedente, designar como integrantes de la administración concursal a Don........... (ABOGADO), mayor de edad, de nacionalidad española, con domicilio en..........., calle........... y DNI/NIF........... ICAV...........; y a..........., con domicilio en..........., calle........... y CIF...........

Los administradores concursales nombrados deberán aceptar el cargo, por lo que por el medio más rápido se les notificará su nombramiento a efectos de su aceptación. En la comunicación dirigida al administrador concursal .... y dado que se trata de una persona jurídica, se hará constar que debe comunicar conforme al procedimiento previsto legalmente la identidad de la persona natural que haya de representarla en el ejercicio de su cargo. También cumplimentar el resto de exigencias requeridas para su designación como administración concursal y la aceptación del cargo.

Al cese y nuevo nombramiento de administradores concursales, se dará la misma publicidad que tuvo el nombramiento de los administradores concursales cesados.

Dese conocimiento por el Letrado de la Administración de Justicia del contenido la presente resolución al registro público concursal. También al deudor, administración concursal y demás partes personadas a través de su representación procesal, haciéndole saber que contra la misma y de conformidad con lo dispuesto en el art. 103 TRLC, cabe recurso de reposición en el plazo de CINCO (5) días a contar desde su notificación, en los términos de dicho precepto.

De conformidad con lo establecido en la Disposición Adicional 15° LOPJ (según la redacción dada por la LO 1/09), la interposición de recurso contra resoluciones judiciales, no podrá ser admitida a trámite sin la acreditación del depósito previsto en la citada Ley a efectos de recurrir, debiendo presentarse copia o resguardo de tal depósito en la cuenta de consignaciones de este Juzgado.

Todo lo cual pronuncia, manda y firma el Ilmo. Sr. ...., Magistrado Juez del Juzgado de lo Mercantil núm. .... de...........

F282. AUTO DESESTIMANDO LA SOLICITUD DE SEPARACIÓN DE UN ADMINISTRADOR CONCURSAL POR JUSTA CAUSA

Normativa de aplicación: *Arts. 100 y ss. Real Decreto Legislativo 1/2020, de 5 de mayo, por el que se aprueba el texto refundido de la Ley Concursal.*

En la ciudad de........... a........... de........... de...........

ANTECEDENTES DE HECHO

ÚNICO.– Que en fecha........... de........... de........... por el Procurador de los Tribunales, Doña..........., y en representación de la compañía........... S.L., se solicitó de este Juzgado la separación de Don........... del cargo de administrador concursal que actualmente ocupa. Ello en base a los argumentos reseñados en la meritada solicitud y los documentos acompañados a la misma.

De la citada solicitud se dio traslado a la referida administración concursal, concursada y resto de partes personadas a efectos de que alegaran cuanto fuera de interés sobre la referida petición, con el resultado obrante en autos.

FUNDAMENTOS DE DERECHO

PRIMERO.– Que este Juez es competente para conocer de la separación del administrador concursal Don........... instada por la compañía........... (art. 44, 45 y 100.1 TRLC).

SEGUNDO.– Que........... S.L. reúne los requisitos de capacidad procesal, postulación, así como de legitimación de........... S.L. para plantear la citada separación del cargo, dada su condición de acreedor de la aquí concursada........... S.A. (art. 100.1 y 512 TRLC).

TERCERO.– Que la solicitud formulada reúne los requisitos de forma establecidos en el art. 100.1 TRLC.

CUARTO.– Que conforme establece el art. 100.1 TRLC, cuando concurra justa causa, el juez, de oficio o a instancia de cualquiera de las personas legitimadas para solicitar la declaración de concurso o del otro miembro de la administración concursal, podrá separar del cargo a cualquiera de los administradores o revocar el nombramiento de los auxiliares delegados.

QUINTO.– Que debe desestimarse la solicitud formulada pues no concurre en el administrador Don........... causa justa para su separación del cargo de administrador concursal del concurso voluntario de la sociedad........... S.L., toda vez que...........

DISPONGO

Desestimar la solicitud formulada por la sociedad........... S.L. mediante escrito de fecha........... de........... de..........., interesando la separación de Don........... del cargo de administrador concursal del concurso voluntario de........... S.L.

Dese conocimiento por el Letrado de la Administración de Justicia del contenido la presente resolución al registro público concursal. También al deudor, administración concursal y demás partes personadas a través de su representación procesal, haciéndole saber que contra la misma y de conformidad con lo dispuesto en el art. 103 TRLC, cabe recurso de reposición en el plazo de CINCO (5) días a contar desde su notificación, en los términos de dicho precepto.

De conformidad con lo establecido en la Disposición Adicional 15° LOPJ (según la redacción dada por la LO 1/09), la interposición de recurso contra resoluciones judiciales, no podrá ser admitida a trámite sin la acreditación del depósito previsto en la citada Ley a efectos de recurrir, debiendo presentarse copia o resguardo de tal depósito en la cuenta de consignaciones de este Juzgado.

Todo lo cual pronuncia, manda y firma el Ilmo. Sr. ...., Magistrado Juez del Juzgado de lo Mercantil núm. .... de...........

F283. AUTO DESESTIMANDO LA SOLICITUD DE SEPARACIÓN DE LA TOTALIDAD DE LA ADMINISTRACIÓN CONCURSAL POR JUSTA CAUSA

Normativa de aplicación: *Arts. 100 y ss. Real Decreto Legislativo 1/2020, de 5 de mayo, por el que se aprueba el texto refundido de la Ley Concursal.*

En la ciudad de........... a........... de........... de...........

ANTECEDENTES DE HECHO

ÚNICO.– Que en fecha........... de........... de........... por el Procurador de los Tribunales, Doña..........., y en representación de la compañía........... S.L., se solicitó de este Juzgado la separación de los integrantes de la administración concursal del concurso voluntario ordinario de la sociedad........... S.L. Ello en base a los argumentos reseñados en la meritada solicitud y los documentos acompañados a la misma.

De la citada solicitud se dio traslado a la referida administración concursal, concursada y resto de partes personadas a efectos de que alegaran cuanto fuera de interés sobre la referida petición, con el resultado obrante en autos.

FUNDAMENTOS DE DERECHO

PRIMERO.– Que este Juez es competente para conocer de la separación de la administración concursal instada por la compañía........... (art. 44, 45 Y 100.1 TRLC).

SEGUNDO.– Que........... S.L. reúne los requisitos de capacidad procesal, postulación, así como de legitimación de........... S.L. para plantear la citada separación del cargo, dada su condición de acreedor de la aquí concursada........... S.L. (art. 100.1 Y 512 TRLC).

TERCERO.– Que la solicitud formulada reúne los requisitos de forma establecidos en el art. 100.1 TRLC.

CUARTO.– Que conforme establece el art. 100.1 TRLC, cuando concurra justa causa, el juez, de oficio o a instancia de cualquiera de las personas legitimadas para solicitar la declaración de concurso o del otro miembro de la administración concursal, podrá separar del cargo a cualquiera de los administradores o revocar el nombramiento de los auxiliares delegados.

QUINTO.– Que debe desestimarse la solicitud planteada, pues no concurre en los integrantes de la administración concursal causa justa para su separación del cargo de administradores concursales del concurso voluntario de la sociedad........... S.L., toda vez que...........

DISPONGO

Desestimar la solicitud formulada por la sociedad........... S.L. mediante escrito de fecha........... de........... de..........., interesado separar a Don..........., y Doña..........., del cargo de administradores concursales del concurso voluntario de........... S.A.

Dese conocimiento por el Letrado de la Administración de Justicia del contenido la presente resolución al registro público concursal. También al deudor, administración concursal y demás partes personadas a través de su representación procesal, haciéndole saber que contra la misma y de conformidad con lo dispuesto en el art. 103 TRLC, cabe recurso de reposición en el plazo de CINCO (5) días a contar desde su notificación, en los términos de dicho precepto.

De conformidad con lo establecido en la Disposición Adicional 15° LOPJ (según la redacción dada por la LO 1/09), la interposición de recurso contra resoluciones judiciales no podrá ser admitida a trámite sin la acreditación del depósito previsto en la citada Ley a efectos de recurrir, debiendo presentarse copia o resguardo de tal depósito en la cuenta de consignaciones de este Juzgado.

Todo lo cual pronuncia, manda y firma el Ilmo. Sr. ...., Magistrado Juez del Juzgado de lo Mercantil núm. .... de...........

F284. ESCRITO DE ACREEDOR SOLICITANDO LA SEPARACIÓN DE UN ADMINISTRADOR CONCURSAL POR CONCURRIR SUPUESTO DE SEPARACIÓN OBLIGATORIA

Normativa de aplicación: *Arts. 100 y ss. Real Decreto Legislativo 1/2020, de 5 de mayo, por el que se aprueba el texto refundido de la Ley Concursal.*

AL JUZGADO DE LO MERCANTIL NÚM. .... DE...........

Don..........., Procurador de los Tribunales y de Don..........., con domicilio en..........., calle..........., núm. ...., cuya representación acredito con la escritura de poder para pleitos otorgado a mi favor y que se acompaña al presente, ante este Juzgado de lo Mercantil comparezco en los autos........... bajo la dirección letrada de Don..........., abogado del Ilustre Colegio de........... (número de colegiado...........), y como mejor proceda en derecho DIGO:

PRIMERO.– Que en el presente procedimiento número de autos..........., se sigue expediente de concurso voluntario ordinario de la compañía........... S.L. La declaración de concurso voluntario de la expresada sociedad, fue acordada por este Juzgado mediante auto de fecha........... de........... de dos mil...........

SEGUNDO.– Que la administración concursal está integrada por un miembro, habiendo sido nombrados para tal cargo por el Juez del Concurso, en la citada resolución de fecha........... de........... de dos mil..........., Don..........., quien aceptó el cargo con fecha...........

Acreditando lo anterior, se acompañan como DOCUMENTOS..........., testimonio del auto de este Juzgado declarando de concurso de........... S.L. y se designa al citado señor como miembro de la administración concursal y su aceptación.

TERCERO.– Que mi mandante es acreedor de la compañía........... S.L., teniendo reconocida tal condición y su crédito en la lista de acreedores acompañada al informe de la administración concursal emitido en las presentes actuaciones en fecha........... de........... de...........

CUARTO.– Que conforme señala el art. 100.2 TRLC, en todo caso será causa de separación del administrador concursal el incumplimiento grave del deber de diligencia, así como el incumplimiento del deber de imparcialidad e independencia respecto del deudor y, si fuera persona jurídica, de sus administradores y directores generales, así como respecto de los acreedores concursales. No obstante, la concurrencia de esta causa de separación, el juez podrá mantener al administrador concursal en el ejercicio del cargo cuando concurran circunstancias objetivas que así lo aconsejen.

QUINTO.– Que concurre en el administrador concursal Don........... causa para su obligatoria e imperativa separación del cargo de administración concursal del concurso voluntario de la sociedad........... S.L., toda vez que ha incumplido gravemente el deber de diligencia a su cargo pues .... (alternativa: el deber de imparcialidad e independencia respecto del deudor. Concretamente ....).

Se acredita lo anterior...........

En su virtud,

SUPLICO AL JUZGADO que tenga por presentado este escrito, junto a los documentos a él unidos, se sirva admitirlo y tener por solicitada la separación de Don........... del cargo de administrador concursal del concurso voluntario ordinario de la sociedad........... S.L. y previos los oportunos trámites legales, se sirva dictar auto por el que, estimando la presente solicitud, se separe a Don........... del citado cargo y se le tenga por cesado en el ejercicio del mismo, designando nuevo administrador en su lugar y dándose conocimiento por el letrado de la Administración de Justicia del contenido del auto al registro público concursal.

Es Justicia que se SUPLICA en..........., hoy día........... de........... de dos mil...........

F285. ESCRITO DEL CONCURSADO SOLICITANDO LA SEPARACIÓN DE UN ADMINISTRADOR CONCURSAL POR CAUSA OBLIGATORIA

Normativa de aplicación: *Arts. 100 y ss. Real Decreto Legislativo 1/2020, de 5 de mayo, por el que se aprueba el texto refundido de la Ley Concursal.*

AL JUZGADO DE LO MERCANTIL NÚM. .... DE...........

Don..........., Procurador de los Tribunales y de Don..........., con domicilio en..........., calle..........., núm. ...., cuya representación tengo acreditada en las presentes autos..........., ante este Juzgado de lo Mercantil comparezco en el citado procedimiento concursal núm. .... bajo la dirección letrada de Don..........., abogado del Ilustre Colegio de........... (número de colegiado...........), y como mejor proceda en derecho DIGO:

PRIMERO.– Que la administración concursal está integrada por un miembro, habiendo sido nombrado para tal cargo por el Juez del Concurso, en la citada resolución de fecha........... de........... de dos mil..........., Don..........., quien aceptó el cargo con fecha...........

Acreditando lo anterior, se acompañan como DOCUMENTOS..........., testimonio del auto de este Juzgado declarando de concurso de........... S.L. y se designa al citado señor como miembro de la administración concursal y su aceptación.

SEGUNDO.– Que conforme señala el art. 100.2 TRLC, en todo caso será causa de separación del administrador concursal el incumplimiento grave del deber de diligencia, así como el incumplimiento del deber de imparcialidad e independencia respecto del deudor y, si fuera persona jurídica, de sus administradores y directores generales, así como respecto de los acreedores concursales. No obstante, la concurrencia de esta causa de separación, el juez podrá mantener al administrador concursal en el ejercicio del cargo cuando concurran circunstancias objetivas que así lo aconsejen.

TERCERO.– Que concurre en el administrador concursal Don........... causa para su obligatoria e imperativa separación del cargo de administración concursal del concurso voluntario de la sociedad........... S.L., toda vez que ha incumplido gravemente el deber de diligencia a su cargo pues .... (alternativa: el deber de imparcialidad e independencia respecto del deudor. Concretamente ....).

Se acredita lo anterior...........

En su virtud,

SUPLICO AL JUZGADO que tenga por presentado este escrito, junto a los documentos a él unidos, se sirva admitirlo y tener por solicitada la separación de Don........... del cargo de administrador concursal del concurso voluntario ordinario de la sociedad........... S.L. y previos los oportunos trámites legales, se sirva dictar auto por el que, estimando la presente solicitud, se separe a Don........... del citado cargo y se le tenga por cesado en el ejercicio del mismo, designando nuevo administrador en su lugar y dándose conocimiento por el letrado de la administración de justicia del contenido del auto al registro público concursal, y acordando cuanto demás proceda en derecho.

Es Justicia que se SUPLICA en…………, hoy día………. de……….. de dos mil…………

F286. DILIGENCIA DE ORDENACIÓN PONIENDO DE MANIFIESTO SOLICITUD DE CESE Y SEPARACIÓN OBLIGATORIA DE LA ADMINISTRACIÓN CONCURSAL

Normativa de aplicación: *Arts. 100 y ss. Real Decreto Legislativo 1/2020, de 5 de mayo, por el que se aprueba el texto refundido de la Ley Concursal.*

DILIGENCIA DE ORDENACIÓN

Letrado de la Administración de Justicia, Don………..

En…………, a………… de………… de…………

Que en fecha………. de……….. de…………, por …………, y en el concurso voluntario de……….. S.A., seguido ante el Juzgado de lo Mercantil……….. de……….. bajo el núm. de autos…………, se presentó solicitud de separación y cese de la administración concursal. Ello al amparo del art. 100.2 TRLC y en los términos de dicho escrito.

Teniendo por presentada la expresada solicitud, dese traslado de esta a la administración concursal, la concursada y demás partes personadas a efectos que, dentro del plazo de CINCO (5) DÍAS a contar desde la notificación de la presente diligencia, pueda formular cuantas alegaciones tenga por conveniente sobre tal petición. A la vista de todo ello se acordará lo que proceda en derecho.

Doy cuenta a su Señoría.

Contra la presente resolución, que no es firme, cabe recurso de revisión a interponer en el plazo de CINCO (5) días a contar desde su notificación. A tal efecto téngase en cuenta lo establecido en la DA 15ª LOPJ sobre depósito para recurrir.

Lo que acuerdo, mando y firmo en el lugar y fecha señalados "ut supra".

F287. AUTO ESTIMANDO LA SOLICITUD DE SEPARACIÓN ADMINISTRACIÓN CONCURSAL POR CAUSA OBLIGATORIA

Normativa de aplicación: *Arts. 100 y ss. Real Decreto Legislativo 1/2020, de 5 de mayo, por el que se aprueba el texto refundido de la Ley Concursal.*

En la ciudad de........... a........... de........... de...........

ANTECEDENTES DE HECHO

ÚNICO.– Que en fecha........... de........... de........... por el Procurador de los Tribunales, Doña..........., y en representación de la compañía........... S.L., se solicitó de este Juzgado la separación de Don........... del cargo de administrador concursal que actualmente ocupa. Ello en base a los argumentos reseñados en la meritada solicitud y los documentos acompañados a la misma.

De la citada solicitud se dio traslado a la referida administración concursal, concursada y resto de partes personadas a efectos de que alegaran cuanto fuera de interés sobre la referida petición, con el resultado obrante en autos.

FUNDAMENTOS DE DERECHO

PRIMERO.– Que este Juez es competente para conocer de la separación del administrador concursal Don........... instada por la compañía........... (art. 44, 45 y 100.2 TRLC).

SEGUNDO.– Que........... S.L. reúne los requisitos de capacidad procesal, postulación, así como de legitimación de........... S.L. para plantear la citada separación del cargo, dada su condición de acreedor de la aquí concursada........... S.A. (art. 100.1 y 512 TRLC).

TERCERO.– Que la solicitud formulada reúne los requisitos de forma establecidos en el art. 100 TRLC.

CUARTO.– Que conforme señala el art. 100.2 TRLC, en todo caso será causa de separación del administrador concursal el incumplimiento grave del deber de diligencia, así como el incumplimiento del deber de imparcialidad e independencia respecto del deudor y, si fuera persona jurídica, de sus administradores y directores generales, así como respecto de los acreedores concursales. No obstante, la concurrencia de esta causa de separación, el juez podrá mantener al administrador concursal en el ejercicio del cargo cuando concurran circunstancias objetivas que así lo aconsejen.

QUINTO.– Que ciertamente concurre en el administrador concursal Don........... causa para su separación del cargo de administración concursal del concurso voluntario de la sociedad........... S.L., toda vez que ha incumplido gravemente el deber de diligencia a su cargo pues .... (alternativa: el deber de imparcialidad e independencia respecto del deudor. Ello a la vista que ....).

Además, no concurren circunstancias objetivas que aconsejen mantener a la administración concursal en el cargo pese ala concurrencia de la referida causa de separación.

Visto lo expuesto y demás normativa de aplicación.

DISPONGO

Estimar la solicitud formulada por la sociedad........... S.L. mediante escrito de fecha........... de........... de........... y

1) Separar a Don........... del cargo de administrador concursal del concurso voluntario de........... S.A.

2) Cesar a Don........... del citado cargo, ordenándole rendir cuentas de su actuación en las competencias que en su día y por auto de fecha........... de........... de........... le fueron conferidas.

Tal rendición de cuentas se presentará por el administrador concursal cesado dentro del plazo de un mes, contado desde que le sea notificada el presente auto, en los términos y con el alcance previstos en el art. 102 y concordantes TRLC.

3) Como consecuencia del cese precedente, designar como integrante de la administración concursal a Don........... (ABOGADO), mayor de edad, de nacionalidad española, con domicilio en..........., calle........... y DNI/NIF........... ICAV...........

El administrador concursal nombrado deberá aceptar el cargo, por lo que urgentemente se le notificará su nombramiento a efectos de su aceptación y juramento. También cumplimentar el resto de exigencias requeridas para su designación como administración concursal y la aceptación del cargo.

Al cese y nuevo nombramiento de administrador concursal, se dará la misma publicidad que tuvo el nombramiento del administrador concursal cesado.

Dese conocimiento por el Letrado de la Administración de Justicia del contenido la presente resolución al registro público concursal. También al deudor, administración concursal y demás partes personadas a través de su representación procesal, haciéndole saber que contra la misma y de conformidad con lo dispuesto en el art. 103 TRLC, cabe recurso de reposición en el plazo de CINCO (5) días a contar desde su notificación, en los términos de dicho precepto.

De conformidad con lo establecido en la Disposición Adicional 15ª LOPJ (según la redacción dada por la LO 1/09), la interposición de recurso contra resoluciones judiciales no podrá ser admitida a trámite sin la acreditación del depósito previsto en la citada Ley a efectos de recurrir, debiendo presentarse copia o resguardo de tal depósito en las cuenta de consignaciones de este Juzgado.

Todo lo cual pronuncia, manda y firma el Ilmo. Sr. ...., Magistrado Juez del Juzgado de lo Mercantil núm. .... de...........

F288. AUTO DESESTIMANDO LA SOLICITUD DE SEPARACIÓN DE UN ADMINISTRADOR CONCURSAL POR CAUSA OBJETIVA

Normativa de aplicación: *Arts. 100 y ss. Real Decreto Legislativo 1/2020, de 5 de mayo, por el que se aprueba el texto refundido de la Ley Concursal.*

En la ciudad de........... a........... de........... de...........

ANTECEDENTES DE HECHO

ÚNICO.– Que en fecha........... de........... de........... por el Procurador de los Tribunales, Doña..........., y en representación de la compañía........... S.L., se solicitó de este Juzgado la separación de Don........... del cargo de administrador concursal que actualmente ocupa. Ello en base a los argumentos reseñados en la meritada solicitud y los documentos acompañados a la misma.

De la citada solicitud se dio traslado a la referida administración concursal, concursada y resto de partes personadas a efectos de que alegaran cuanto fuera de interés sobre la referida petición, con el resultado obrante en autos.

FUNDAMENTOS DE DERECHO

PRIMERO.– Que este Juez es competente para conocer de la separación del administrador concursal Don........... instada por la compañía........... (art. 44, 45 y 100.2 TRLC).

SEGUNDO.– Que........... S.L. reúne los requisitos de capacidad procesal, postulación, así como de legitimación de........... S.L. para plantear la citada separación del cargo, dada su condición de acreedor de la aquí concursada........... S.A. (art. 100.1 y 512 TRLC).

TERCERO.– Que la solicitud formulada reúne los requisitos de forma establecidos en el art. 100 TRLC.

CUARTO.– Que conforme señala el art. 100.2 TRLC, en todo caso será causa de separación del administrador concursal el incumplimiento grave del deber de diligencia, así como el incumplimiento del deber de imparcialidad e independencia respecto del deudor y, si fuera persona jurídica, de sus administradores y directores generales, así como respecto de los acreedores concursales. No obstante, la concurrencia de esta causa de separación, el juez podrá mantener al administrador concursal en el ejercicio del cargo cuando concurran circunstancias objetivas que así lo aconsejen.

QUINTO.– Que entiendo no concurre en el administrador concursal Don........... causa para su separación del cargo de administración concursal del concurso voluntario de la *sociedad*........... S.L., pues no ha incumplido el deber de diligencia a su cargo

(ALTERNATIVA el deber de imparcialidad e independencia respecto de la concursada), por los siguientes motivos: ....

ALTERNATIVA: QUINTO.– Que ciertamente concurre en el administrador concursal Don........... causa para su separación del cargo de administración concursal del concurso voluntario de la sociedad........... S.L., pues ha incumplido el deber de diligencia a su cargo (ALTERNATIVA el deber de imparcialidad e independencia respecto de la concursada), por los siguientes motivos: ....

Sin embargo, y pese a la concurrencia de la citada causa de separación, entiendo que procede mantener en su cargo a la administración concursal al así aconsejarlo las siguientes circunstancias: ....

Que entiendo no concurre en el administrador concursal Don........... causa para su

Visto lo expuesto y demás normativa de aplicación.

DISPONGO

Desestimar la solicitud formulada por la sociedad........... S.L. mediante escrito de fecha........... de........... de..........., interesando la separación de Don........... del cargo de administrador concursal del concurso voluntario de........... S.L.

Notifíquese la resolución al deudor, administración concursal y demás partes personadas a través de su representación procesal, haciéndole saber que contra la misma y de conformidad con lo dispuesto en el art. 103 TRLC, cabe recurso de reposición en el plazo de CINCO (5) días a contar desde su notificación en los términos de dicho art. 103 TRLC.

De conformidad con lo establecido en la Disposición Adicional 15ª LOPJ (según la redacción dada por la LO 1/09), la interposición de recurso contra resoluciones judiciales, no podrá ser admitida a trámite sin la acreditación del depósito previsto en la citada Ley a efectos de recurrir, debiendo presentarse copia o resguardo de tal depósito en las cuenta de consignaciones de este Juzgado.

Todo lo cual pronuncia, manda y firma el Ilmo. Sr. ...., Magistrado Juez del Juzgado de lo Mercantil núm. .... de...........

F289. PROVIDENCIA DESIGNANDO NUEVO ADMINISTRADOR CONCURSAL COMO CONSECUENCIA DEL CESE DE UNO ANTERIOR PARA EL SUPUESTO QUE NO SE HAYA DESIGNADO EN EL AUTO DE CESE

Normativa de aplicación: *Arts. 100 y ss. Real Decreto Legislativo 1/2020, de 5 de mayo, por el que se aprueba el texto refundido de la Ley Concursal.*

Providencia del Magistrado Juez...........

En..........., a........... de........... de...........

Que en fecha........... de........... de..........., se ha producido el cese del administrador concursal Don........... a la vista que........... Como consecuencia de ello, y a la vista de los dispuesto en el art. 101 TRLC, designo como nuevo integrante de la administración concursal a Don........... (ABOGADO), mayor de edad, de nacionalidad española, con domicilio en..........., calle........... y DNI/NIF........... ICAV...........

El administrador concursal nombrado deberá aceptar el cargo, por lo que urgentemente se le notificará su nombramiento a efectos de su aceptación y juramento. También cumplimentar el resto de exigencias requeridas para su designación como administración concursal y la aceptación del cargo.

Al cese y nuevo nombramiento de administrador concursal, se dará la misma publicidad que tuvo el nombramiento del administrador concursal cesado.

Contra la presente resolución, cabe recurso de reposición en el plazo de CINCO (5) días a contar desde su notificación en los términos del art. 103 TRLC.

De conformidad con lo establecido en la Disposición Adicional 15ª LOPJ (según la redacción dada por la LO 1/09), la interposición de recurso contra resoluciones judiciales no podrá ser admitida a trámite sin la acreditación del depósito previsto en la citada Ley a efectos de recurrir, debiendo presentarse copia o resguardo de tal depósito en la cuenta de consignaciones de este Juzgado.

Lo que acuerda, manda y firma su señoría Don..........., Magistrado Juez del Juzgado de lo Mercantil núm. .... de..........., en el lugar y fecha señaladas "ut supra".

F290. PROVIDENCIA DESIGNANDO NUEVA ADMINISTRACIÓN CONCURSAL COMO CONSECUENCIA DEL CESE DE LA ANTERIOR SI NO SE HA VERIFICADO EN EL AUTO DE CESE

Normativa de aplicación: *Arts. 100 y ss. Real Decreto Legislativo 1/2020, de 5 de mayo, por el que se aprueba el texto refundido de la Ley Concursal.*

Providencia del Magistrado Juez...........

En..........., a........... de........... de...........

Que en fecha........... de........... de..........., se ha producido el cese de la totalidad de los integrantes de la administración concursal a la vista que........... Como consecuencia de ello, y a la vista de los dispuesto en el art. 101 TRLC, designo como integrantes de la administración concursal a Don........... (ABOGADO), mayor de edad, de nacionalidad española, con domicilio en..........., calle........... y DNI/NIF........... ICAV...........; y al acreedor........... S.A., con domicilio en..........., calle........... y CIF...........

Los administradores concursales nombrados deberán aceptar el cargo, por lo que por el medio más rápido se les notificará su nombramiento a efectos de su aceptación. En la comunicación dirigida al administrador concursal acreedor y dado que se trata de una persona jurídica, se hará constar que debe comunicar conforme al procedimiento previsto en el art. 63.1 TRLC la identidad de la persona natural que haya de representarla en el ejercicio de su cargo. También cumplimentar el resto de exigencias requeridas para su designación como administración concursal y la aceptación del cargo.

Al cese y nuevo nombramiento de administradores concursales, se dará la misma publicidad que tuvo el nombramiento de los administradores concursales cesados.

Contra la presente resolución cabe recurso de reposición en el plazo de CINCO (5) días a contar desde su notificación en los términos del art. 103 TRLC.

De conformidad con lo establecido en la Disposición Adicional 15ª LOPJ (según la redacción dada por la LO 1/09), la interposición de recurso contra resoluciones judiciales no podrá ser admitida a trámite sin la acreditación del depósito previsto en la citada Ley a efectos de recurrir, debiendo presentarse copia o resguardo de tal depósito en la cuenta de consignaciones de este Juzgado.

Lo que acuerda, manda y firma su señoría Don..........., Magistrado Juez del Juzgado de lo Mercantil núm. .... de..........., en el lugar y fecha señaladas "ut supra".

F291. ESCRITO DEL CONCURSADO SOLICITANDO LA SEPARACIÓN DE REPRESENTANTE DE PERSONA JURÍDICA ADMINISTRADORA

Normativa de aplicación: *Arts. 100 y ss. Real Decreto Legislativo 1/2020, de 5 de mayo, por el que se aprueba el texto refundido de la Ley Concursal.*

AL JUZGADO DE LO MERCANTIL NÚM........... DE...........

Don..........., Procurador de los Tribunales y de Don..........., con domicilio en..........., calle..........., núm. ...., cuya representación tengo acreditada en las presentes autos..........., ante este Juzgado de lo Mercantil comparezco en el citado procedimiento concursal núm. .... bajo la dirección letrada de Don..........., abogado del Ilustre Colegio de........... (número de colegiado...........), y como mejor proceda en derecho DIGO:

PRIMERO.– Que en el presente procedimiento número de autos..........., se sigue expediente de concurso voluntario de mi mandante, la compañía........... S.L. La declaración de concurso voluntario de la expresada sociedad, fue acordada por este Juzgado mediante auto de fecha........... de........... de dos mil...........

SEGUNDO.– Que la administración concursal está integrada la mercantil........... S.LP., que acepto el cargo con fecha...........

El administrador concursal........... S.LP., designó como represente a Don..........., mayor de edad, de nacionalidad española, vecino de..........., con domicilio en........... y DNI/NIF..........., quien acepto el cargo en fecha........... de........... de...........

Acreditando lo anterior, se acompañan como DOCUMENTOS..........., auto de este Juzgado declarando de concurso de........... S.L. y se designa a la citada sociedad como miembros de la administración concursal, de su aceptación y, en el supuesto de administrador concursal persona jurídica, la designación del representante y su aceptación.

TERCERO.– Conforme señala el art. 100.1 TRLC cuando concurra justa causa, el juez, de oficio o a instancia de cualquiera de las personas legitimadas para solicitar la declaración de concurso o del otro miembro de la administración concursal, podrá separar del cargo a cualquiera de los administradores concursales o revocar el nombramiento de los auxiliares delegados.

Continua el citado art. 100 TRLC, esta vez en su apartado 3, señalando que la separación o revocación del representante de una persona jurídica implicará el cese automático de esta como administrador concursal o como auxiliar delegado.

CUARTO.– Que concurre en Don..........., representante designado por el administrador concursal persona jurídica........... SLP causa justa para su separación del cargo de administrador concursal del concurso voluntario de la sociedad........... S.L., toda vez que...........

En su virtud,

SUPLICO AL JUZGADO que tenga por presentado este escrito, junto a los documentos a él unidos, se sirva admitirlo y tener por solicitada la separación de Don..........., representante de........... S.L., que ostenta el cargo de administrador concursal del concurso voluntario ordinario de la sociedad........... SLP y previos los oportunos trámites legales, se sirva dictar auto por el que, estimando la presente solicitud, se separe a Don........... y se le tenga por separado del cargo, y por ende, cesando a dicha .... SLP. como administrador concursal, dándose conocimiento por el letrado de la Administración de Justicia del contenido del auto al registro público concursal y cuanto demás proceda en derecho.

Es Justicia que se SUPLICA en..........., hoy día........... de........... de dos mil...........

F292. DILIGENCIA DE ORDENACIÓN PONIENDO DE MANIFIESTO SOLICITUD DE CESE Y SEPARACIÓN DEL REPRESENTANTE DE LA PERSONA JURÍDICA ADMINISTRACIÓN CONCURSAL

Normativa de aplicación: *Arts. 100 y ss. Real Decreto Legislativo 1/2020, de 5 de mayo, por el que se aprueba el texto refundido de la Ley Concursal.*

DILIGENCIA DE ORDENACIÓN

Letrado de la Administración de Justicia, Don...........

En..........., a........... de........... de...........

Que en fecha........... de........... de..........., por ...., y en el concurso voluntario de........... S.A., seguido ante el Juzgado de lo Mercantil........... de........... bajo el núm. de autos..........., se presentó solicitud de separación y cese del representante de la persona jurídica designada administración concursal en las presentes actuaciones. Ello al amparo del art. 100.3 TRLC y en los términos de dicho escrito.

Teniendo por presentada la expresada solicitud, dese traslado de esta al Sr..........., la administración concursal, la concursada y demás partes personadas a efectos que, dentro del plazo de CINCO (5) DÍAS a contar desde la notificación de la presente diligencia, pueda formular cuantas alegaciones tenga por conveniente sobre tal petición. A la vista de todo ello se acordará lo que proceda en derecho.

Doy cuenta a su Señoría.

Contra la presente resolución, que no es firme, cabe recurso de revisión a interponer en el plazo de CINCO (5) días a contar desde su notificación. A tal efecto téngase en cuenta lo establecido en la DA 15ª LOPJ sobre depósito para recurrir.

Lo que acuerdo, mando y firmo en el lugar y fecha señalados "ut supra".

F293. AUTO ESTIMANDO LA SOLICITUD DE SEPARACIÓN DE REPRESENTANTE DE UN ADMINISTRADOR CONCURSAL PERSONA JURÍDICA

Normativa de aplicación: *Arts. 100 y ss. Real Decreto Legislativo 1/2020, de 5 de mayo, por el que se aprueba el texto refundido de la Ley Concursal.*

En la ciudad de........... a........... de........... de...........

ANTECEDENTES DE HECHO

ÚNICO.– Que en fecha........... de........... de........... por el Procurador de los Tribunales, Doña..........., y en representación de la compañía........... S.L., se solicitó de este Juzgado la separación de Don..........., representante del administrador concursal persona jurídica........... S.L.P. Ello en base a los argumentos reseñados en la meritada solicitud y los documentos acompañados a la misma.

FUNDAMENTOS DE DERECHO

PRIMERO.– Que este Juez es competente para conocer de la separación de Don..........., representante del administrador concursal persona jurídica........... S.L.P, instada por la compañía........... (art. 44, 45 y 100 TRLC).

SEGUNDO.– Que........... S.L. reúne los requisitos de capacidad procesal, postulación, así como de legitimación de........... S.L.P para plantear la citada separación del cargo, dada su condición de acreedor de la aquí concursada........... S.A. (art. 101.y 512 TRLC).

TERCERO.– Que la solicitud formulada reúne los requisitos de forma establecidos en el art. 100 TRLC.

CUARTO.– Conforme señala el art. 100.1 TRLC cuando concurra justa causa, el juez, de oficio o a instancia de cualquiera de las personas legitimadas para solicitar la declaración de concurso o del otro miembro de la administración concursal, podrá separar del cargo a cualquiera de los administradores concursales o revocar el nombramiento de los auxiliares delegados.

Continua el citado art. 100 TRLC, esta vez en su apartado 3, señalando que la separación o revocación del representante de una persona jurídica implicará el cese automático de esta como administrador concursal o como auxiliar delegado.

QUINTO.– Que concurre causa justa para la separación de Don........... representante del administrador concursal persona jurídica........... S.L.P, toda vez que...........

Este Juzgado, a la vista de lo expuesto, estima procedente la separación de Don..........., lo que implica el cese automático de .... S.L.P como administrador concursal.

DISPONGO

Estimar la solicitud formulada por la sociedad........... S.L. mediante escrito de fecha........... de........... de..........., y:

1) Separar a Don..........., representante del administrador concursal persona jurídica .... S.LP del ejercicio del cargo de administrador concursal del concurso voluntario de........... S.A.

2) Cesar a .... S.L.P del citado cargo administrador concursal del concurso voluntario de........... S.A., ordenándole rendir cuentas de su actuación en las competencias que en su día y por auto de fecha........... de........... de........... le fueron conferidas.

Tal rendición de cuentas se presentará por el administrador concursal cesado dentro del plazo de un mes, contado desde que le sea notificada el presente auto, en los términos y con el alcance previstos en el art. 102 y concordantes TRLC.

3) Como consecuencia del cese precedente, designar como integrante de la administración concursal a Don........... (ABOGADO), mayor de edad, de nacionalidad española, con domicilio en..........., calle........... y DNI/NIF........... ICAV...........

El administrador concursal nombrado deberá aceptar el cargo, por lo que urgentemente se le notificará su nombramiento a efectos de su aceptación y juramento. También cumplimentar el resto de exigencias requeridas para su designación como administración concursal y la aceptación del cargo.

Al cese y nuevo nombramiento de administrador concursal, se dará la misma publicidad que tuvo el nombramiento del administrador concursal cesado.

Dese conocimiento por el Letrado de la Administración de Justicia del contenido la presente resolución al registro público concursal. También al deudor, administración concursal y demás partes personadas a través de su representación procesal, haciéndole saber que contra la misma y de conformidad con lo dispuesto en el art. 103 TRLC, cabe recurso de reposición en el plazo de CINCO (5) días a contar desde su notificación, en los términos de dicho precepto.

De conformidad con lo establecido en la Disposición Adicional 15ª LOPJ (según la redacción dada por la LO 1/09), la interposición de recurso contra resoluciones judiciales no podrá ser admitida a trámite sin la acreditación del depósito previsto en la citada Ley a efectos de recurrir, debiendo presentarse copia o resguardo de tal depósito en las cuenta de consignaciones de este Juzgado.

Todo lo cual pronuncia, manda y firma el Ilmo. Sr. ...., Magistrado Juez del Juzgado de lo Mercantil núm. .... de...........

F294. EDICTO PARA DAR PUBLICIDAD AL CESE Y NOMBRAMIENTO DE ADMINISTRADOR CONCURSAL

Normativa de aplicación: *Arts. 100 y ss. Real Decreto Legislativo 1/2020, de 5 de mayo, por el que se aprueba el texto refundido de la Ley Concursal.*

Edicto que expido yo, Doña..........., Letrado de la Administración de Justicia, mediante el cual hago saber que en el Juzgado de lo Mercantil núm. .... de........... y bajo el número de autos.........../..........., se sigue expediente de concurso voluntario de la sociedad........... S.L. con domicilio en..........., calle..........., CIF..........., inscrita en el Registro Mercantil de..........., al tomo..........., folio..........., libro..........., hoja...........

En dicho procedimiento se ha dictado auto de fecha........... por el que se ha dispuesto, 1) Separar a Don........... del cargo de administrador concursal del concurso voluntario de........... S.A.; 2) Cesar a Don........... del citado cargo, ordenándole rendir cuentas de su actuación en las competencias que en su día y por auto de fecha........... de........... de........... le fueron conferidas. 3) Como consecuencia del cese precedente, designar como integrante de la administración concursal a Don........... (ABOGADO), mayor de edad, de nacionalidad española, con domicilio en..........., calle...........

y DNI/NIF........... ICAV..........., el cual ha aceptado el cargo con fecha........... de........... de...........

Todo lo cual se comunica a los efectos y con el alcance previsto en el art. 101 TRLC.

En..........., a........... de........... de...........

F295. EDICTO PARA DAR PUBLICIDAD AL CESE Y NOMBRAMIENTO DE LA ADMINISTRACIÓN CONCURSAL

Normativa de aplicación: *Arts. 100 y ss. Real Decreto Legislativo 1/2020, de 5 de mayo, por el que se aprueba el texto refundido de la Ley Concursal.*

Edicto que expido yo, Doña..........., Letrado de la Administración de Justicia, mediante el cual, hago saber que en el Juzgado de lo Mercantil núm. .... de........... y bajo el número de autos.........../..........., se sigue expediente de concurso voluntario de la sociedad........... S.L. con domicilio en..........., calle..........., CIF..........., inscrita en el Registro Mercantil de..........., al tomo..........., folio..........., libro..........., hoja...........

En dicho procedimiento se ha dictado auto de fecha........... por el que se ha dispuesto, 1) separar a Don..........., y Doña..........., del cargo de administradores concursales del concurso voluntario de........... S.L.; 2) Cesar a Don..........., y Doña..........., esto es, a todos los miembros de la administración concursal, del citado cargo, ordenándoles, al afectar el cese a todos los miembros de la administración concursal, que rindan cuentas de su entera actuación colegiada hasta ese momento, sin perjuicio de la responsabilidad que corresponda a cada uno de los administradores conforme a lo establecido en los arts. 94 y ss. TRLC. Dicha rendición se presentará en el plazo de un mes, contado desde que le sea notificado el presente auto, en los términos del art. 102 TRLC. Y 3) como consecuencia del cese precedente, designar como integrantes de la administración concursal a Don........... (ABOGADO), mayor de edad, de nacionalidad española, con domicilio en..........., calle........... y DNI/NIF........... ICAV...........; Doña..........., mayor de edad, de nacionalidad española, con domicilio en..........., calle........... y DNI/NIF...........

Todo lo cual se comunica a los efectos y con el alcance previsto en el art. 101.1 TRLC.

En..........., a........... de........... de...........

3.8. FALLECIMIENTO DEL ADMINISTRADOR CONCURSAL

F296. DILIGENCIA DE ORDENACIÓN DANDO TRASLADO A LAS PARTES DE ESCRITO COMUNICANDO EL FALLECIMIENTO DEL ADMINISTRADOR CONCURSAL

Normativa de aplicación: *Arts. 100 y ss. Real Decreto Legislativo 1/2020, de 5 de mayo, por el que se aprueba el texto refundido de la Ley Concursal.*

Diligencia de Ordenación del Letrado de la Administración de Justicia, Don...........

En..........., a........... de........... de...........

Dada cuenta, por presentado por Doña..........., escrito de fecha........... comunicando a este Juzgado el fallecimiento del administrador concursal designado en las presentes actuaciones. Dese traslado del mismo a las partes para que en el plazo de cinco días manifiesten cuanto tengan por conveniente sobre su contenido.

Doy cuenta a su Señoría.

Contra la presente resolución cabe interponer recurso de revision a interponer en el plazo de cinco días a contar desde la referida notificación.

De conformidad con lo establecido en la Disposición Adicional 15° LOPJ (según la redacción dada por la LO 1/09), la interposición de recurso contra resoluciones judiciales, no podrá ser admitida a trámite sin la acreditación del depósito previsto en la citada Ley a efectos de recurrir, debiendo presentarse copia o resguardo de tal depósito en las cuenta de consignaciones de este Juzgado.

Así lo acuerdo y firmo.

F297. ESCRITO DE ALEGACIONES DE LA CONCURSADA SOBRE FALLECIMIENTO DEL ADMINISTRADOR CONCURSAL

Normativa de aplicación: *Arts. 100 y ss. Real Decreto Legislativo 1/2020, de 5 de mayo, por el que se aprueba el texto refundido de la Ley Concursal.*

AL JUZGADO DE LO MERCANTIL DE...........

..........., procuradora de los Tribunales y de la entidad........... S.L., representación que tengo acreditada en el Procedimiento Concursal nº........... de los seguidos en este Juzgado, ante el mismo comparezco y, como mejor proceda en Derecho DIGO:

Que se nos ha notificado la diligencia de ordenación del Sr. Secretario Judicial, de fecha..........., por la que se pone en conocimiento de esta parte y los acreedores el hecho del fallecimiento del administrador concursal, quedando las actuaciones s su instancia a efecto de formular alegaciones, lo que se evacúa en este escrito, distinguiendo las siguientes:

ALEGACIONES

I.– Con carácter previo, manifestar la profunda consternación que nos produce el fallecimiento de Don........... (QEPD), magnífico y cabal profesional, que dominaba la materia concursal con una sabiduría solo al alcance de muy pocos, como es fácil de colegir de la simple lectura de cualquiera de sus magníficos libros y artículos sobre la materia. Pero Don..........., era ante todo, una persona educada, honesta, integra, recta y humana: un señor, una persona buena y sabia, que creemos es lo mejor que se puede decir a nivel humano de alguien.

La concursada solo puede alabar el trabajo llevado a cabo por el finado y los integrantes de su despacho, perfectos conocedores del presente procedimiento, siempre actuando desde la profesionalidad y el rigor, y, también, por que no decirlo, desde la exigencia y la discrepancia con esta parte, cuando tal discrepancia existía, pero siempre resolviendo las cuestiones como debe ser: con arreglo a la Ley y al interés del concurso, facilitando el desarrollo del procedimiento.

Concluyendo. Es una perdida irreparable, tanto desde un punto de vista humano como profesional, y solo queda apoyar y reconfortar a su familia repito, por tan dolorosa perdida. Don........... siempre estará en la memoria de todos.

II.– Expuesto lo anterior, a la vista del fallecimiento de Don..........., procede que por este Juzgado se designe cuanto antes nuevo administrador concursal.

Y respetando y reconociendo la competencia exclusiva del Juzgado a la hora de tal designación, a la vista del avanzado estado del presente procedimiento concursal, con determinadas gestiones iniciadas con la intervención de Don..........., un desahucio la próxima semana, solicitado el cierre de instalaciones y actividad y pendiente de finalizar la fase común (previa las eventuales impugnaciones de la lista de acreedores e inventario relativas al informe que realizó Don...........) y la apertura de la fase de liquidación, esta parte entiende que facilitaría la marcha y desarrollo del procedimiento, y el interés del concurso, evitando el parón y retraso inevitable que provoca la entrada del nuevo administrador hasta que, por así decirlo se ponga al día, entendemos que a la vista de todo ello, que la el nombramiento de que tal nombramiento recaiga, si el Juzgador lo tiene por conveniente y en la medida de lo posible, sobre integrante del despacho profesional de Don..........., pues como se dijo arriba, los integrantes y colaboradores del despacho de Don..........., conocen perfectamente el estado del presente procedimiento y el contenido y desarrollo del concurso, así como la situación de........... S.L.

Por lo expuesto

SUPLICO AL JUZGADO: Que teniendo por presentado este escrito, se sirva admitirlo y tener por hechas las anteriores manifestaciones a los efectos oportunos.

Es Justicia que suplico en ...., a .... de .... de ....

3.9. RESPONSABILIDAD ADMINISTRACIÓN CONCURSAL

F298. DEMANDA DE RESPONSABILIDAD CONTRA ADMINISTRADOR CONCURSAL CESADO Y ASEGURADORAS. PETICIÓN DE MEDIDAS CAUTELARES

Normativa de aplicación: *Arts. 94 y ss. Real Decreto Legislativo 1/2020, de 5 de mayo, por el que se aprueba el texto refundido de la Ley Concursal.*

AL JUZGADO DE LO MERCANTIL .... DE ....

...........Procuradora de los Tribunales y de la mercantil..........., con domicilio en ...., CP ...., con CIF...........; y..........., Procuradora de los Tribunales y de la mercantil..........., con domicilio en..........., con CIF ...., como administrador concursal de la misma; según acreditamos con sendas escrituras de poder de representación procesal que acompañamos a este escrito, comparecemos ante este Juzgado bajo la dirección letrada de ....(ICAV...........) y ....(ICAV...........), y como mejor proceda en Derecho, DECIMOS:

Que en la representación que ostentamos y siguiendo instrucciones de nuestros mandantes, interponemos DEMANDA DE JUICIO DECLARATIVO ORDINARIO, contra ....con DNI/NIF..........., con domicilio...........; contra la entidad..........., como compañía aseguradora de la Responsabilidad Civil del asegurado, con domicilio en ...., con CIF..........., y contra la entidad ...., como compañía coaseguradora, por el exceso de la póliza primaria, con domicilio en ...., con CIF .... en base a los siguientes,

HECHOS

PRIMERO.– DECLARACIÓN DE CONCURSO DE...........)

Por auto dictado el ....por el Juzgado de lo Mercantil número .... de ...., se declaró el concurso voluntario de la mercantil ....(número de autos...........), nombrándose administrador concursal a..........., en calidad de abogado y decretándose la intervención de las facultades de administración y disposición sobre la masa activa. Dicho procedimiento se tramita ante este Juzgado de lo Mercantil núm. ....de ...., bajo el número de autos ....

Se acompaña como DOCUMENTO UNO y DOS el referido auto de declaración concursal y el fragmento del Boletín Oficial del Estado (BOE), correspondiente a la publicidad del citado concurso ex art. 35 TRLC, designando a efectos probatorios los citados autos de concurso (Nº) ....tanto respecto a los citados documentos como cualquier otro acompañado y señalado en este escrito referido a tal procedimiento.

SEGUNDO.– DE LA APERTURA DE LA FASE DE LIQUIDACIÓN EN EL CONCURSO DE (ENTIDAD...........)

Por auto de fecha ....dictado por el Juzgado de lo Mercantil número .... de ...., se acordó la apertura de la fase de liquidación del concurso de la mercantil ...., quedando en suspenso las facultades de administración y disposición de los administradores societarios de la empresa concursada; declarándose la disolución de la misma, lo que conllevó el cese de la administración societaria, siendo sustituida por el administrador concursal ....

Se acompaña como DOCUMENTO TRES el auto de liquidación y como DOCUMENTO CUATRO el oficio y Edicto expedidos por el Juzgado de lo Mercantil número .... de ...., para la publicación del citado auto de liquidación en el Registro Público Concursal; designando a efectos probatorios los citados autos de concurso (Nº...........)

TERCERO.– LA ACTUACIÓN DE LA ADMINISTRACIÓN CONCURSAL TRAS LA APERTURA DE LA FASE DE LIQUIDACIÓN DE (ENTIDAD...........): FALTA DE PRESENTACIÓN DE LOS INFORMES TRIMESTRALES DEL ART. 424 TRLC.

Que posteriormente, es decir, una vez ya acordada la apertura de la fase de liquidación del concurso de la mercantil..........., la actuación del administrador concursal aquí demandado fue, cuanto menos, inaceptable.

En efecto, el Juzgado de lo Mercantil número ....de ...., tuvo que requerir al administración concursal *hasta en cuatro ocasiones*, para que, habiendo transcurrido el plazo establecido al efecto por la Ley Concursal, procediera a presentar el correspondiente informe trimestral al que se refiere el art. 424 TRLC o formulase alegaciones y/o manifestase la causa que justificara la dilación; todo ello mediante diligencias de ordenación de fecha, respectivamente, (las fechas)

Las citadas diligencias se acompañan como DOCUMENTOS CINCO a OCHO, ambos inclusive.

Es de destacar que desde la fecha ...., en que se acordó por el Juez del concurso la apertura de la fase de liquidación, hasta la fecha .... en que fue cesado, el administrador concursal aquí demandado, *tenía que haber formulado dieciséis informes trimestrales de liquidación* en virtud del art. 424 TRLC, *no habiendo presentado más que cuatro,* todos ellos fuera de plazo, y salvo el primero, los tres restantes fueron presentados tras requerimientos del Juzgado.

EN CUATRO AÑOS DE EJERCICIO DEL CARGO SOLO PRESENTO CUATRO INFORMES TRIMESTRALES DE LIQUIDACIÓN Y TRES DE ELLOS TRAS REQUERIMIENTOS JUDICIALES.

Como se puede concluir de lo anterior, el administrador concursal cesado, mientras estuvo vigente su cargo, *incumplió reiteradamente* su obligación de informar en plazo (cada trimestre) sobre el estado de las operaciones de liquidación según establece el art. 424 TRLC, y las pocas ocasiones en que procedió a cumplir dicha obligación (siempre fuera de plazo) lo hizo tras requerimientos del Juzgado. Y ello conllevo la total ignorancia por parte del Juzgado, acreedores y demás partes personadas del estado de la liquidación.

Los citados informes se acompañan como DOCUMENTOS NUEVE a DOCE, ambos inclusive.

CUARTO.– DE LA COMUNICACIÓN POR EL ADMINISTRADOR CONCURSAL AL PROCEDIMIENTO DE LA REALIZACIÓN DE TODOS LOS BIENES DE LA CONCURSADA Y SU INTENCIÓN DE ATENDER LOS CRÉDITOS CONTRA LA MASA.

En fecha..........., el administrador concursal demandado, presentó Informe trimestral de liquidación manifestando que se había "procedido a la realización de todos los bienes de la concursada" (aunque cierto es, en los dos anteriores informes trimestrales presentados el (fecha), ya había manifestado lo mismo, en cuanto a la realización de todos los bienes de la concursada).

En la misma fecha, la demandada, presento ante el Juzgado escrito comunicando su intención de pagar los siguientes créditos contra la masa

Por la importancia que a continuación se verá, en dicha relación de créditos contra la masa, que no han sido atendidos a fecha de hoy, no se encuentran los pagos que más adelante se indicarán.

Finalmente, se presenta un escrito adjuntando copia simple de escritura de compraventa de la nave industrial de la concursada, nuevamente tras un requerimiento efectuado por el Juzgado del concurso en diligencia de ordenación de fecha ....

Se acompaña como DOCUMENTO TRECE a DIECISÉIS, ambos inclusive, los tres citados escritos y diligencia de ordenación.

QUINTO.– NUEVOS INCUMPLIMIENTOS DEL ADMINISTRADOR CONCURSAL. NO ABONA LOS CRÉDITOS CONTRA LA MASA NI SOLICITA LA CONCLUSIÓN DEL CONCURSO.

Así las cosas, a la vista de lo anterior y en el estado en que se hallaba el procedimiento concursal de..........., la actuación del administrador concursal aquí demandado era simple y sencilla: abonar los créditos conforme a las normas concursales e instar la conclusión del concurso, rindiendo cuentas de su actuación. Pero no lo hizo.

Tuvo que ser el Juzgador, mediante Diligencia de Ordenación de fecha ....y una vez deja constancia del transcurso del plazo a que hace referencia el art. 468.1 TRLC sin que el administrador concursal hubiera procedido a solicitar la conclusión del concurso, quien le requiera por plazo de cinco días a fin de que solicitase dicha conclusión o formulase alegaciones. *Dicho requerimiento fue desatendido por el ....*

Otra más. Mediante Providencia de fecha..........., se le requirió a la demandada a fin de que en el plazo de 10 días formulase rendición de cuentas, bajo apercibimiento de cese, inhabilitación y pérdida de la retribución aprobada judicialmente. *Dicho requerimiento también fue desatendido.*

Y otra. Esta vez, mediante auto de fecha ...., se requirió a la administración concursal para que presentase un informe extraordinario sobre el estado de la liquidación.

Como consecuencia de este último requerimiento, la administración concursal presenta *el..........., un escrito de una* sola página en el que informa, entre otros extremos, sobre la mejor oferta recibida por las existencias, que respecto de los saldos de clientes y deudores se están haciendo gestiones, que en relación con la marca Comercial........... sigue sin haberse recibido oferta alguna y que por el fondo de comercio se están haciendo gestiones en aras de poder realizar dicho fondo con el nuevo inicio de la campaña citrícola. *TODO ELLO CONTRADICIENDO LO DICHO EN SUS ANTERIORES INFORMES TRIMESTRALES DE LIQUIDACIÓN EN LOS QUE DEJABA CONSTANCIA DE QUE SE HABÍAN REALIZADO TODOS LOS BIENES DE LA CONCURSADA.*

Por cierto, el Sr. .... tampoco había abonado los créditos contra la masa pendientes de pago, pese a que habían pasado OCHO MESES desde el anuncio efectuado al Juzgado por la parte demandada.

Se acompaña como DOCUMENTO DIECISIETE a VEINTE, ambos inclusive, las tres resoluciones judiciales y escrito del administrador concursal

SEXTO.– RECLAMACIÓN DE LOS ACREEDORES CONTRA LA MASA.

Que mediante escrito de fecha..........., la procuradora de la concursada..........., titular de un crédito contra la masa por importe de ....euros, puso en conocimiento del Juzgado que el administrador concursal no había satisfecho el citado crédito contra la masa, tal como había anunciado que iba a hacer en su escrito presentado en fecha...........(casi un año después). Dicho escrito se acompaña como DOCUMENTO VEINTIUNO.

Ante ello y mediante Providencia de fecha..........., que se acompaña como DOCUMENTO VEINTIDÓS, se citó a una comparecencia ante el Juez del concurso, al administrador concursal y a la representación de la concursada, para su celebración el día...........

Que llegado el..........., el administrador *concursal no asistió a la citada comparecencia*, de lo cual dejó constancia el Juzgado mediante diligencia de ordenación expedida el mismo día..........., que se acompaña a este escrito como DOCUMENTO VEINTITRÉS.

Y también en la misma fecha de..........., el Juzgado dictó providencia por la que requirió al administrador concursal por plazo de 5 días la presentación de informe sobre el estado de operaciones de liquidación con nuevo apercibimiento de separación del cargo, que se acompaña como DOCUMENTO VEINTICUATRO.

Ante ello y por escrito presentado el..........., que se acompaña como DOCUMENTO VEINTICINCO, el administrador concursal solicitó al juzgado la suspensión del plazo para la rendición de cuentas y conclusión del concurso, manifestando en dicho escrito que le había sido sustraída toda la documentación del concurso y que había detectado una serie de irregularidades en el procedimiento concursal de la mercantil ....que había puesto en conocimiento del Juzgado de Instrucción.

Al citado escrito presentado por la administración concursal el..........., se acompaña un escrito de denuncia por un delito continuado de administración desde la del art. 252 CP. Art. 435.4º CP y 74 y 31 del mismo cuerpo legal contra ...., dirigido al Juzgado de Instrucción de..........., y presentado el .... por el administrador concursal aquí demandado ....

Que en dicho escrito de denuncia el administrador concursal demandado ponía en conocimiento del Juzgado de Instrucción lo siguiente:

1.– Que habían sido completamente vaciadas las cuentas de la mercantil..........., en la entidad..........., habiendo desparecido más de ....euros.

2.– Que para el desarrollo de su labor de administrador concursal había entrado en contacto con el denunciado ....para que le prestara sus servicios profesionales frente a bancos y acreedores, efectuando pagos elaborando listados de ingresos y gastos y confeccionando las cuentas.

3.– Que el denunciado tenía en su poder toda la documentación contable del concurso, y que habiéndosela requerido, el denunciado le había dicho que no disponía de la misma.

4.– Que el denunciado contaba con su total confianza hasta el punto que manejaba todas las cuentas desde su ordenador y teléfono *sin dar explicación alguna.*

Indicar que ....ni es ni ha sido administrador concursal del citado concurso de..........., ni había sido nombrado por el Juez del concurso auxiliar delegado en el mismo.

Tampoco consta ningún escrito solicitando la autorización del Juez del concurso para que..........., llevara a cabo cualquier tarea de gestión de cobros, pagos, llevanza de la contabilidad etc........... Si tal afirmación formulada por el demandado es cierta, todo ello es indicativo una vez más de la irregular, irresponsable y negligente actuación del aquí demandado. Y sin perjuicio de su responsabilidad por la actuación de sus dependientes y colaboradores en el ejercicio del cargo.

SÉPTIMO.– CESE DEL Sr. .... COMO ADMINISTRADOR CONCURSAL DE........... S.L.

Finalmente por auto de fecha..........., que se acompaña como DOCUMENTO VEINTISÉIS, el Juzgado de lo mercantil número ....de..........., acordó cesar a .... como administrador concursal, con perdida de honorarios e inhabilitación para el desempeño de funciones como administrador concursal por plazo de 2 años desde la firmeza de la resolución.

Lo anterior fue acordado en base a lo dispuesto en el art. 100.1 TRLC, estableciéndose en el citado auto de..........., que el administrador concursal

> "...........ha incumplido su deber de promover la conclusión del proceso tras la finalización de las operaciones de liquidación, su obligación de formular informes trimestrales sobre el avance de las operaciones de liquidación, así como ha desatendido sin causa justificada y de manera reiterada los requerimientos del juzgado a fin de esclarecer el estado del proceso y las causas que impedirían su conclusión. Por toda excusa, de manera tardía, el citado administrador aduce que, de facto y sin haber obtenido autorización por parte de este juzgado descargó toda la llevanza del concurso en un tercero (nada menos que la gestión de cobros y pagos), el Sr. ...., quien, según refiere, se habría alzado con los activos concursales por importe de...........euros...........".

También en el citado auto de fecha..........., se nombra a la compañía ....para sustituir en el cargo al administrador concursal cesado. La citada compañía, designo como representante, al letrado ....

El citado auto ha devenido firme.

OCTAVO.– DE LAS TRANSFERENCIAS DE FONDOS REALIZADOS DESDE LA CUENTA INTERVENIDA DE........... S.L.

Una vez aceptado el cargo, por la nueva Administración Concursal se procedió al examen de la documentación judicial del concurso de..........., no pudiendo analizar la documentación contable y societaria de la concursada al indicar el administrador concursal cesado que no se hallaba en su poder sino en el del citado ....

Dichos pagos, ni parecen que guarden relación alguna con el procedimiento concursal de ....ni con dicha sociedad, ni constan en una sola de las relaciones de créditos contra la masa obrante en el referido procedimiento concursal. Son pagos efectuados en abierta contradicción con las normas concursales.

Por otro lado, la única persona que podía disponer del saldo de dicha cuenta bancaria, desde la apertura de la fase de liquidación y en su condición de administrador concursal de ....el aquí demandado, Don...........quien expresamente reconoce tal hecho e indica que quien hacia esos pagos, según dice, por delegación suya, era el citado Sr. ....

La cuenta bancaria a fecha de hoy, arroja un saldo de 0 euros, imposibilitando el pago de los créditos contra la masa y, en su caso, concursales devengados y/o reconocidos en el citado procedimiento concursal.

Se acompañan como DOCUMENTOS VEINTISIETE A CINCUENTA Y UNO los correspondientes extractos bancarios, designándose a efectos probatorios los archivos de la citada entidad de crédito.

Resulta evidente que dichas transferencias de fondos, cuyos destinatarios son sociedades ajenas al concurso (para el ENRIQUECIMIENTO INJUSTO de las tres mercantiles beneficiarias de las transferencias, y con claro perjuicio y daño para la masa activa de la concursada y de los acreedores del concurso), *son constitutivas de un acto contrario a la ley* y suponen una actuación negligente e inaceptable del administrador concursal, incluso, si las transferencias citadas las ordenó el Sr. ...., por omisión y falta de diligencia a la hora de elegir y controlar la actuación de su colaborador y socio.

Dichas transferencias, EN PRINCIPIO, *solo han podido ser ordenadas por el administrador concursal demandado*, ya que, una vez apertura la fase de liquidación, es el único titular de las facultades de administración y disposición sobre el patrimonio de la concursada y es el único facultado para operar con la cuenta intervenida. SOLO ÉL PODÍA UTILIZARLAS EN SU CONDICIÓN DE ADMINISTRADOR CONCURSAL Y NADIE MAS PODÍA HACERLO.

Como ya hemos dejado dicho, el administrador concursal demandado en el citado escrito de denuncia presentado contra ....por un delito de apropiación indebida, dice que el denunciado le prestaba sus servicios profesionales frente a bancos y acreedores, efectuando pagos elaborando listados de ingresos y gastos y confeccionando las cuentas; que el denunciado tenía en su poder toda la documentación contable del concurso y que el denunciado contaba con su total confianza hasta el punto que manejaba todas las cuentas desde su ordenador y teléfono *sin dar explicación alguna.*

No obstante lo anterior, lo que *ES CIERTO E INDUDABLE*, es que.......... ...., no ha sido nombrado por el Juez del concurso auxiliar delegado, ni forma parte del personal dependiente del administrador concursal demandado, y desde luego el juez del concurso no ha autorizado en ningún momento la prestación de servicios por parte .... a que hace referencia el administrador concursal demandado en su escrito de denuncia (gestión de ingresos y pagos, contabilidad del concurso y manejo de la cuenta intervenida del concurso, etc.)

Si..........., realizaba dichas funciones con el consentimiento del administrador concursal demandado y sin haber perdido las autorizaciones o cumplir las formalidades establecidas en el TRLC, es claro que realizaba dichas funciones al margen de lo establecido en la normativa Concursal y sin gozar de la autorización correspondiente para ello. Y si se entiende que no las prestaba al amparo del art. 75 TRLC, la responsabilidad del demandado por los actos de sus dependientes y colaboradores es evidente.

De todo lo anterior tenía conocimiento el administrador concursal demandado y por lo tanto, todas las funciones que llevaba a cabo..........., sin estar autorizado legalmente, *las llevaba a cabo, en nombre y por cuenta y, obviamente, bajo el control y la responsabilidad del administrador concursal demandado, el cuál no puede excusarse en una presunta actuación desleal de..........., para eximirse de su responsabilidad por los daños causados en la masa activa del concurso.*

Finalmente es de destacar en relación con la actuación de ....y su vinculación con el administrador concursal demandado lo siguiente:

1.– Que..........., en las sociedades beneficiarias de las transferencias tiene lo siguientes cargos en las fechas en que se realizaron dichas transferencias:

a) En la mercantil .... es administrador único desde ....

b) En la mercantil ....es administrador único desde ....

c) En la mercantil ....(actualmente con la denominación social de...........) ha sido apoderado desde el ....habiendo cesado en el cargo el ....

2.– Que .... y el administrador concursal demandado ....son socios profesionales y administradores solidarios de la mercantil ....

Se acompaña como DOCUMENTOS .... la correspondiente información registral de las sociedades referidas.

En base a lo anterior y en conclusión, esta parte entiende que las citadas actuaciones constituyen un acto contrario a la ley del que deber responder civilmente el administrador concursal demandado en virtud del art. 94.1 TRLC, tal y como a continuación narramos en los fundamentos de derecho de este escrito.

NOVENO.– COBERTURA DE LA RESPONSABILIDAD CIVIL DEL ADMINISTRADOR CONCURSAL POR LA ENTIDAD ASEGURADORA. ACCIÓN DIRECTA CONTRA LA ASEGURADORA.

Según lo establecido en el art. 67.1 TRLC y lo dispuesto en el art. 1 del Real Decreto 1333/2012, de 21 de septiembre, por el que se regula el seguro de responsabilidad civil y la garantía equivalente de los administradores concursales, no se puede ser administrador concursal sin tener cubierta la responsabilidad civil que se puede derivar del ejercicio de su cargo mediante un seguro o alternativamente mediante una garantía solidaria de contenido equivalente constituida por entidad de crédito por el importe que corresponda.

El ámbito de cobertura de dicho seguro o garantía equivalente está constituido por la responsabilidad civil de los administradores concursales en el ejercicio de sus funciones, incluyendo, evidentemente, tanto la responsabilidad por falta de cumplimiento de sus funciones o la derivada por un desempeño defectuoso del cargo de administrador concursal.

Por lo tanto está incluida dentro del ámbito de cobertura del seguro o garantía equivalente, tanto la responsabilidad por daños colectivos (daños causados a la masa activa del concurso), como la responsabilidad por daños individuales (daños causados a los intervinientes en el proceso concursal). Todo ello según lo dispuesto en el art. 67.1 TRLC y en el art. 3 del citado Real Decreto 1333/2012, de 21 de septiembre (*en adelante el Reglamento del seguro*).

Que en fecha..........., se presentó en el procedimiento concursal de ....una notificación de Póliza de Seguro, en la que consta entre otros extremos lo siguiente:

(lista de pólizas)

Se acompaña como DOCUMENTO CINCUENTA Y SEIS, las citadas notificación de Póliza de Seguro y certificado de Seguro Póliza de Exceso presentadas en el Juzgado.

En conclusión y en base lo anterior esta parte entiende que las entidades aseguradoras demandadas deben responder con el administrador concursal demandado, ... por el exceso de la póliza primaria, de los daños causados a la masa activa del concurso derivados del ejercicio del cargo de administrador concursal por el demandado..........., conforme a lo narrado en estos hechos, lo cual solicita esta parte al Juzgado que declare y que condene a las citadas entidades aseguradoras a abonar para su reintegración a la masa activa del concurso, el importe de importe de ....euros, más los intereses legales que correspondan.

FUNDAMENTOS DE DERECHO

DE ORDEN PROCESAL

I.– COMPETENCIA

Es competente este Juzgado para conocer esta demanda desde un punto de vista objetivo y territorial de conformidad con lo dispuesto en el art. 99 TRLC.

II.– LEGITIMACIÓN

1.– Legitimación activa.

Corresponde la legitimación activa a la mercantil..........., al tener la condición de deudor concursado.

También ostenta legitimación para instar el presente procedimiento, a la actual administración concursal de..........., tal y como reconoce nuestra Jurisprudencia

2.– Legitimación pasiva.

Corresponde la legitimación pasiva tanto al administrador concursal cesado, ..., como a las entidades aseguradoras demandadas, ya que en virtud de los arts. 67.1 TRLC y art. 3 Reglamento del Seguro, son los responsables civiles solidarios del daño causado a la masa activa en el presente concurso.

III.– CUANTÍA DE LA DEMANDA Y PROCEDIMIENTO

Se fija la cuantía de la demanda en el importe de ....euros.

El procedimiento aplicable es de conformidad con lo dispuesto en el art. 99 TRLC el juicio declarativo que corresponda.

Al ser la cuantía de la demanda superior a...........euros, el procedimiento aplicable es el juicio declarativo ordinario, de conformidad con el art. 249 de la Ley de Enjuiciamiento Civil.

FONDO DEL ASUNTO

I.– DE LA RESPONSABILIDAD CIVIL EX ARTS. 94 y ss. TRLC EN QUE HA INCURRIDO EL AQUÍ DEMANDADO POR SU ACTUACIÓN COMO ADMINISTRADOR CONCURSAL DE ....

El TRLC en su art. 94 distingue entre dos tipos de responsabilidad civil del administrador concursal: una responsabilidad por daños colectivos es decir por los daños causados a la masa activa del concurso, que se encuentra regulada en los arts. 94 y ss. TRLC; y una responsabilidad civil por daños individuales es decir por daños causados a los participantes del concurso (deudor concursado, acreedores, terceros), regulada en el art. 98 TRLC.

Al tratarse en este supuesto de una responsabilidad civil del administrador concursal cesado, por daños causados a la masa activa (pasamos a analizar solamente este tipo de responsabilidad civil del administrador concursal regulada en los arts. 94 y ss. TRLC, definida por nuestro Tribunal Supremo, sentencia de fecha 11 de noviembre de 2013 (*Tol 4031749*) como una acción de responsabilidad por un perjuicio causado a la masa, que redunda indirectamente en perjuicio de los acreedores, en cuanto la conducta haya podido mermar sus posibilidades de cobro. No es por lo tanto, una acción individual sino colectiva, razón por lo cual el destino de la indemnización va a parar a la masa.

Así pues el art. 94 TRLC regula la responsabilidad civil del administrador concursal por los daños causados a la masa activa del concurso en los siguientes términos:

> "1. Los administradores concursales y los auxiliares delegados responderán frente al concursado y frente a los acreedores de los daños y perjuicios causados a la masa por los actos y omisiones contrarios a la ley y por los realizados incumpliendo los deberes inherentes al desempeño del cargo sin la debida diligencia.

2. En caso de administración concursal dual, el régimen de responsabilidad de la Administración pública acreedora o de la entidad de derecho público acreedora vinculada o dependiente de ella y la de la persona designada para el ejercicio de las funciones propias del cargo será el específico de la legislación administrativa".

Expresamente el art. 94 TRLC otorga legitimación activa para ejercitar la acción por la que se exige la responsabilidad civil por los daños causados a la masa activa del concurso, al deudor y a los acreedores. No obstante lo anterior, aunque la Ley Concursal no dice nada al respecto, la doctrina entiende que el administrador concursal que haya sucedido al administrador concursal cesado (y responsable de los daños causados a la masa activa) puede ejercitar la acción para exigir la responsabilidad civil por los daños causados a la masa activa del concurso, ya que el administrador concursal goza de poder para actuar en interés de la masa.

Tal como se establece por la doctrina y la jurisprudencia, la responsabilidad del administrador concursal por los daños causados a la masa activa del concurso a que se refiere el art. 94 TRLC, es una responsabilidad civil, subjetiva o por culpa, por daños y perjuicios causados a la masa del concurso por una conducta del administrador concursal, activa u omisiva, que trae consigo un incumplimiento de obligaciones preestablecidas (actos u omisiones contrarios a la ley) o el incumplimiento de la obligación general de actuar con la debida diligencia [Sentencia Tribunal Supremo de fecha 11 de noviembre de 2013, (*Tol 4031749*)].

Así pues, para que se le pueda exigir al administrador concursal la responsabilidad civil por daños causados a la masa activa del concurso es necesario que se cumplan los siguientes requisitos:

A) Concurre acto contrario a Ley y/o Omisión de la diligencia propia de un ordenado administrador

Omisión de la diligencia propia de un ordenado administrador

El art. 80 TRLC impone a los administradores concursales la obligación desempeñar su cargo "con la debida diligencia y del modo más eficiente para el interés del concurso".

Como es sabido, en virtud del art. 94 TRLC los administradores concursales responderán frente al deudor y frente a los acreedores de los daños y perjuicios causados a la masa por los actos y omisiones contrarios a la ley o realizados sin la debida diligencia.

Así pues la realización por los administradores concursales de actos y omisiones sin la debida diligencia (es decir sin la diligencia de un ordenado administrador y representante leal) siempre que causen daños y perjuicios a la masa activa dan lugar a la responsabilidad civil de los administradores concursales por daños colectivos a que hace referencia el art. 94.1 TRLC.

Como dice la sentencia de la Audiencia Provincial de Barcelona (sección 15ª) de fecha 15 de mayo de 2013, se exige del administrador concursal *"una pauta constante de actuación organizada y prudente, en cada momento más o menos relevante en que su intervención sea requerida o necesaria de acuerdo con las funciones atribuidas por la LC, de cara al concurso".*

Acto contrario a la ley

De las propias palabras del aquí demandado, resulta tal absoluta falta de diligencia. En efecto, tal como reconoce el administrador concursal demandado, en su denuncia presentada contra..........., y si es cierto lo que dice en la misma, éste último sin haber sido nombrado auxiliar delegado por el Juez del Concurso o, sin haber autorizado el Juez del concurso la realización por su parte de tareas propias del cargo de administrador concursal, le prestaba al administrador concursal demandado, sus servicios profesionales frente a bancos y acreedores, efectuando pagos elaborando listados de ingresos y gastos y confeccionando las cuentas; tenía en su poder toda la documentación contable del concurso y manejaba todas las cuentas desde su ordenador y teléfono *sin dar explicación alguna al administrador concursal demandado. TODO ELLO SIN CONOCIMIENTO POR PARTE DEL JUEZ DEL CONCURSO AL QUE SE LE OCULTÓ DICHA INFORMACIÓN.*

Todo ello ha dado lugar a que ....transfiriendo a sociedades ajenas a la concursada y asimismo, un importe total de ....euros, *ante la pasividad del administrador concursal demandado, que además no adoptó ninguna medida mínimamente prudente para controlar los movimientos de la cuenta intervenida y que fue tan imprudente de dejar toda la documentación contable en su poder y permitir el manejo de la cuenta intervenida desde el ordenador de..........., sin exigirle explicaciones.*

Como ya hemos dejado dicho las transferencias de la cuenta intervenida se realizaron desde el periodo de tiempo que abarca del..........., en cambio el administrador concursal en su escrito de denuncia dice que a mediados del año..........., empieza a notar que las cuentas de la concursada se retrasan y comienza a pedir explicaciones, es decir durante más de 6 meses, el administrador concursal demandado no hizo ni una mínima consulta de la cuenta intervenida para darse cuenta que no quedaban fondos porque había sido vaciada mediante las transferencias citadas. *NO CABE MAYOR PASIVIDAD NI MAYOR DESORGANIZACIÓN Y FALTA DE DILIGENCIA EN SU ACTUACIÓN A POR PARTE DE SU ACTUACIÓN.*

Es evidente que el administrador concursal demandado *incumplió su obligación de estar siempre al corriente de la marcha del concurso* y se desatendió totalmente de unas funciones tan importantes como son la gestión de cobros y pagos, pago a acreedores, conservación de la documentación contable y manejo de la cuenta intervenida del concurso entre otras, todo ello lo delegó en un tercero sin estar autorizado para ello por el Juez del Concurso, *omitiendo con su comportamiento la diligencia exigida en el art. 80 TRLC.*

Tal como se ha dejado dicho, el administrador concursal demandado desde la apertura de la fase de liquidación hasta que se produjo su cese debió presentar dieciséis informes trimestrales de liquidación, en cambio solo presentó cuatro, tres de los cuales tras reiterados requerimientos por parte del Juzgado para que cumpliera su obligación que informar trimestralmente tal como le impone el art. 424 TRLC, siendo de destacar que varios de los requerimientos del Juzgado fueron desatendidos e incluso cuando fue citado a comparecer por otros motivos ante el Juez del Concurso no asistió a dicha comparecencia.

En este sentido hay que citar el Auto de la Audiencia Provincial de Sevilla (Sección 5ª) *de fecha 19 de diciembre de 2017*, que en su fundamento derecho segundo, establece que el incumplimiento de la obligación establecida en el art. 424 TRLC, supone una falta de la diligencia exigible al administrador concursal y que dicho incumplimiento puede dar lugar por si solo a la exigencia de responsabilidad de los arts. 94 y ss. TRLC, todo ello en los siguientes términos:

> "Entre ellas se encuentra la establecida en el artículo 152.1, precepto que establece que Cada tres meses, a contar de la apertura de la fase de liquidación, la administración concursal presentará al juez del concurso un informe sobre el estado de las operaciones, que detallará y cuantificará los créditos contra la masa devengados y pendientes de pago, con indicación de sus vencimientos. Este informe quedará de manifiesto en la oficina judicial y será comunicada por la administración concursal de forma telemática a los acreedores de cuya dirección electrónica se tenga conocimiento. El incumplimiento de esta obligación podrá determinar la responsabilidad prevista en los artículos 36 y 37".

Poniendo en relación estos preceptos cabe concluir que procede separar al administrador concursal por falta de diligencia exigible cuando incumpla su obligación de informar trimestralmente desde la apertura de la fase de liquidación sobre el estado de las operaciones, siempre que tal incumplimiento pueda considerarse grave, es decir, según definición de la Real Academia Española, grande, de mucha entidad o importancia.

Pues bien, omitir esos informes por considerarlos irrelevantes, sustituyendo la voluntad del legislador por el criterio personal del administrador concursal, privando tanto al Juez del concurso como a los acreedores de una información puntual del estado de la liquidación, aunque esta información se limite a establecer la ausencia de novedades o la paralización o ralentización de la liquidación y sus causas, es un incumplimiento de sus funciones legalmente establecidas contrario a la diligencia que le es exigible y que ha de considerarse grave, de mucha entidad o importancia, por cuanto que se mantuvo en el tiempo durante año y medio, es decir, se omitieron consecutivamente seis informes, teniendo que ser requerido por el Juzgado para que finalmente cumpliera su obligación.

La falta de información y transparencia que ello provocó durante todo ese tiempo es un perjuicio en si misma, siendo irrelevante que no se produjesen otros perjuicios para los acreedores. La existencia de otros perjuicios daría lugar en su caso a la responsabilidad establecida en el artículo 94 TRLC, conforme al cual los administradores concursales y los auxiliares delegados responderán frente al deudor y frente a los acreedores de los daños y perjuicios causados a la masa por los actos y omisiones contrarios a la ley o realizados sin la debida diligencia". No es preciso sin embargo que se produzcan esos daños y perjuicios para calificar como grave un incumplimiento de sus funciones:

En este supuesto en que *se dejaron de presentar doce informes trimestrales de liquidación* y que el Juez del Concurso en uso de su facultad de supervisión de la actuación de la administración concursal que le confiere el art. 82 TRLC, tuvo que estar constantemente requiriendo al administrador concursal para que cumpliera su obligación de informar trimestralmente del estado de la liquidación, es evidente que se dan los supuestos que establece el citado el Auto de la Audiencia Provincial de Sevilla (Sección 5ª) de fecha 19 de diciembre de 2017 para concluir que existe una infracción grave de la obligación de información del art. 424 TRLC, una falta de diligencia exigible y la responsabilidad del administrador concursal de conformidad con los arts. 94 y ss. TRLC.

También en este sentido, es de destacar las contradicciones entra la información manifestada en los informes trimestrales de liquidación (donde decía que se habían vendido todos los bienes de la concursada) y la manifestada en el escrito presentado el 7 de diciembre de 2018 por el administrador concursal demandado (donde se informaba de las ofertas recibidas por las existencias y de las gestiones en relación con la venta de marca Comercial...........).

Y no se puede pretender escurrir el bulto con argumentos del tipo, yo no lo sabia, o me ha engañado un colaborador, pues el recorrido es corto a la vista la responsabilidad de vigilar (in vigilando) o de elegir (in eligendo) y el contenido, entre otros, del art. 1903 CC. Recordar, como señala el profesor TIRADO "Los administradores...........", cit., págs. 185 y ss. que la actuación de colaboradores o personal propios de la administración concursal o de la propia concursada que contempla el art. 75.2 *in fine* TRLC, se realiza en interés propio del administrador concursal, siendo en este caso la decisión de la función concursal estricta y exclusivamente del referido administrador.

Todo lo anterior ya supone una infracción de normas antes reseñadas. Pero si las transferencias en cuestión las llevo a cabo el propio demandado (o aunque no las haya hecho), no cabe mas que afirmar que tales pagos se han efectuado en un incumplimiento absoluto de la ley concursal, infringiendo lo establecido en los arts. 242 y ss. 429 TRLC.

También se ha infringido el art. 204 TRLC sobre la obligación del administrador concursal de conservación de la masa activa. Qué decir del contenido del artículo 80 TRLC, sobre el ejercicio del cargo como un ordenado administrador y un representante leal totalmente incompatible con el pago a terceros ajenos al concurso y en todo caso sin seguir los tramites y reglas del concurso.

Asimismo, hay que citar el art. 411 a 413 TRLC en cuanto que como consecuencia de la disolución procede la sustitución de la administrador societario por el concursal y se ha prevalido de tal situación.

El artículo 75 y ss. TRLC y el art. 203 TRLC, respecto al nombramiento de auxiliares judiciales o expertos independientes, que dada la amplitud e importancia de funciones que, según dice el demandado, realizaba el Sr. ...., hubiera requerido previa delegación o autorización judicial.

Si se entiende que el receptor de los pagos es una sociedad pantalla del administrador concursal o, en cualquier caso, ya que el beneficiario es una persona vinculada al administrador concursal (socio en una sociedad profesional), sería de aplicación del art. 208 TRLC en relación con la prohibición de adquirir bienes o derechos del concurso por parte de la administración concursal. También el art. 80 TRLC en cuanto deslealtad en la actuación del administrador concursal, que existe cuando en su actuación, se desvía de los intereses del concurso y pasa a seguir o dar preferencia en perjuicio de los interés para cuyo cumplimiento fue designado, a su interés personal o al de personas relacionadas.

B.– Daño sobre la masa activa

Evidentemente no hay responsabilidad civil del administrador concursal ex art. 94 TRLC sin daño, y concretamente en este caso sin daño causado a la masa activa del concurso.

El daño debe recaer sobra la masa activa y puede consistir en una disminución de la misma (daño emergente) o en un aumento frustrado de la misma (lucro cesante). En este caso es evidente que ha habido daño emergente causado a la masa activa por importe de...........

No siempre la disminución o incremento frustrado de la masa activa equivale a un daño, es imprescindible para ello y para que se pueda exigir la responsabilidad civil de los administradores concursales ex art. 94 TRLC, que los acreedores no hayan obtenido la plena satisfacción de sus créditos. *Es evidente que en este caso, la disminución de la masa activa en un importe de ....euros ha traído consigo que los créditos contra la masa no se hayan podido atender tal como anunció que iba a hacer el administrador concursal demandado en su escrito de ....*

Como exige la jurisprudencia en estos supuestos de responsabilidad civil el daño ha de ser identificado en la demanda y debidamente acreditado. En este sentido hay que citar la Sentencia del Tribunal Supremo de fecha 11 de noviembre de 2013. Dicho presupuesto se ha cumplido en este caso, *ya que se ha cuantificado la demanda en el importe en que se ha disminuido la masa activa ....y se acompaña a la misma los extractos de la cuenta intervenida por los que se acreditan las transferencias que han producido la disminución de la masa activa en el referido importe de ....*

En conclusión y en base a lo anterior, una vez acreditado que se ha realizado por parte de la administrador concursal demandado una conducta ilícita y culpable, que se omitido por su parte la diligencia que le exige el art. 80 TRLC, y que se ha acreditado la existencia de un daño emergente a la masa activa por importe de ....euros, esta parte entiende que el administrador concursado es responsable civil en virtud del art. 94 TRLC del daño causado a la masa activa y solicita al Juzgado que resuelva en este sentido, condenando a ....al pago del importe de ....euros, más los intereses legales, para su reintegro en la masa activa del concurso, y al pago de las costas procesales.

II.– Artículos aplicables del Real Decreto 1333/2012, de 21 de septiembre, por el que se regula el seguro de responsabilidad civil y la garantía equivalente de los administradores concursales (Reglamento del Seguro).

Artículo 1. Deber de aseguramiento de la responsabilidad civil del administrador concursal.

Al aceptar el nombramiento, todo administrador concursal deberá acreditar ante el Secretario judicial del Juzgado que conozca del concurso la vigencia de un contrato de seguro o una garantía equivalente por cuya virtud el asegurador o entidad de crédito se obligue, dentro de los límites pactados, a cubrir el riesgo del nacimiento a cargo del propio administrador concursal asegurado de la obligación de indemnizar por los daños y perjuicios causados en el ejercicio de su función.

Artículo 3. *Ámbito objetivo del seguro de responsabilidad civil y de la garantía equivalente.*

1. El seguro de responsabilidad civil del administrador concursal o garantía equivalente comprenderá la cobertura del riesgo de nacimiento de la obligación de indemnizar al deudor o a los acreedores por los daños y perjuicios causados a la masa activa del concurso por los actos y omisiones realizados, en el ejercicio de sus funciones, por el administrador concursal o por el auxiliar delegado de cuya actuación sea responsable que sean contrarios a la ley o hayan sido realizados sin la debida diligencia.

Asimismo, el seguro de responsabilidad civil del administrador concursal o garantía equivalente comprenderá la cobertura de los daños y perjuicios por actos u omisiones del administrador concursal que lesionen directamente los intereses del deudor, los acreedores o terceros.

2. Si por sentencia se declarase la responsabilidad del administrador concursal, el seguro cubrirá, además de la indemnización a que se refiere el apartado anterior, los gastos necesarios que hubiera soportado el acreedor que hubiera ejercitado la acción en interés de la masa.

Artículo 7. *Deber de comunicación del asegurador.*

1. El asegurador deberá poner de inmediato en conocimiento del Juzgado que conozca del concurso cualquier modificación del seguro, la falta de pago de la prima, la oposición a la prórroga, la suspensión de la cobertura y la extinción del contrato.

2. En tanto no transcurra un mes a contar desde la fecha en que el asegurador hubiera comunicado al Juzgado la extinción o la modificación del seguro que reduzca, limite o suspenda la cobertura o el impago de la prima, subsistirá la cobertura.

Artículo 11. *Acción directa.*

1. El perjudicado o sus herederos tendrán acción directa contra el asegurador para exigirle el cumplimiento de la obligación de indemnizar en los términos previstos por la Ley 50/1980, de 8 de octubre, de Contrato de Seguro.

2. A los efectos de ejercicio de la acción directa, el asegurado estará obligado a manifestar al tercero perjudicado o a sus herederos la existencia del contrato de seguro.

COSTAS

Las costas deben ser impuestas a las partes demandadas conforme a lo dispuesto en el artículo 394 de la Ley de Enjuiciamiento Civil.

En su virtud,

SUPLICO AL JUZGADO: Que teniendo por presentado este escrito, tenga por formulada la presente DEMANDA DE JUICIO DECLARATIVO ORDINARIO EN RECLAMACIÓN DE RESPONSABILIDAD CIVIL EN VIRTUD DEL ARTÍCULO 94 TRLC contra ....las entidades coaseguradoras............; y............, cuyos datos constan en el encabezamiento; admitirla y tras los trámites legales oportunos dicte sentencia por la que se condene solidariamente a las demandadas al pago del importe de..........., en el caso de las aseguradoras en la proporción a la cuota respectiva de cada compañía según su respectiva póliza, por los conceptos referidos en esta demanda, más los intereses legales que correspondan, y al pago de las costas procesales.

Es Justicia que se SUPLICA en ....

OTROSÍ DIGO: Que, de conformidad con lo previsto en los artículos 732 y 733 de la Ley de Enjuiciamiento Civil se tenga por formulada y se acuerde, por el juez, la *medida cautelar* de *embargo preventivo* de todos los bienes y derechos del demandado D..........., en cantidad suficiente para cubrir la suma de..........., que se calcula, prudencialmente, ascenderá el principal, intereses y costas de una eventual sentencia condenatoria.

Que, atendiendo a las razones de urgencia recogidas en la demanda, y dado que la audiencia previa podría comprometer el buen fin de la medida cautelar interesada, esta parte, al amparo del artículo 733.2 de la Ley de Enjuiciamiento Civil, solicita, expresamente, del juzgado que se acuerde la medida cautelar interesada sin más trámites que su resolución en plazo legal y sin audiencia del demandado, alegando, en apoyo de dicha pretensión, los siguientes hechos y fundamentos de derecho que ya constan documentados en la demanda y que son los siguientes:

PRIMERO.– Presupuestos y elementos de las medidas cautelares

El Art. 726 de la Ley de Enjuiciamiento Civil dispone que el Juzgado o Tribunal podrá acordar como medidas cautelares, respecto de los bienes y derechos del demandado, cualquiera actuaciones, directa o indirecta, que reúna las siguientes características: 1.– ser exclusivamente conducente a hacer posible la efectividad de la tutela judicial que pudiera otorgarse en una eventual sentencia estimatoria de modo que no pueda verse impedida o dificultada por situaciones producidas durante la pendencia del proceso correspondiente; y 2.– no ser susceptible de sustitución por otra medida igualmente eficaz a los efectos del apartado precedente, pero menos gravosa o perjudicial para el demandado.

Además, el Art. 728 de la Ley Procesal señala que sólo podrá acordarse medidas cautelares si quien las solicita justifica, que, en el caso de que se trate, podrían producirse durante la pendencia del proceso, de no adoptarse las medidas solicitadas, situaciones que impidieren o dificultaren la efectividad de la tutela que pudiera otorgarse en una eventual sentencia estimatoria; exigiendo el párrafo 2º del citado precepto que junto a la solicitud se acompañen los datos, argumentos y justificaciones documentales que conduzcan a fundar, por parte del Tribunal, sin prejuzgar el fondo del asunto, un juicio provisional e indiciario favorable al fundamento de su pretensión.

Así, en cuanto al primero de los presupuestos o requisitos, debe señalarse que el *periculum in mora* —como también es conocido este presupuesto— se concibe como el riesgo de daño para la efectividad de la tutela judicial pretendida en el proceso principal, riesgo que puede surgir con ocasión de la necesaria dilación temporal en alcanzarse, tras la realización del proceso de declaración, la sentencia que conceda aquella tutela.

En cuanto al segundo de los presupuestos, cual es el relativo al *fumus boni iuris*, debe significarse que la previsión legislativa de las medidas cautelares es explicable por la consideración de un eventual resultado procesal favorable al actor. Cuando se inicia un proceso esta eventualidad es, desde luego, siempre posible. Sin embargo, así como sería inicuo condicionar el acceso al proceso a una cierta demostración preliminar de la realidad del derecho que se hace valer, por cuanto supondría cortar la posibilidad misma de reconocimiento del derecho, es, por el contrario, aceptable que para la concesión de una medida cautelar, que implica una injerencia en la esfera jurídica del demandado, se requiera que pueda formarse un juicio positivo sobre un resultado favorable al actor. Ahora bien, esa exigencia no puede llevarse hasta el extremo de que el material (alegaciones, pruebas) que el juez deba tomar en consideración para otorgar la medida, tenga que ser el mismo que el necesario para resolver sobre el objeto del proceso principal y deba ser aportado y tratado del mismo modo que para este último se halla establecido, bastando que se demuestre la *probabilidad del derecho u otra situación jurídica* cuya tutela se pretende en el proceso principal.

Y junto a tales presupuestos o requisitos sustantivos para la adopción de la medida cautelar —en su caso—, el Art. 733.1 LEC dispone que "...........*como regla general, el tribunal proveerá a la petición de medidas cautelares previa audiencia del demandado*...........".Sin embargo, el apartado 2 del precepto citado permite adoptar las medidas cautelares sin audiencia de las partes "........... *cuando el solicitante así lo pida y acredite que concurren razones de urgencia o que la audiencia previa puede comprometer el buen fin de la medida cautelar*...........".

Por tanto, sólo cabe adoptar medidas cautelares "*inaudita pars*" cuando concurran las citadas *razones de urgencia* o la *posibilidad de frustración* de su eficacia, ya que en estos casos, se trata de evitar que se frustre la finalidad de la tutela cautelar mediante las necesarias dilaciones de la audiencia de la contraparte. Ello supone que la solicitud inicial, junto a los requisitos legalmente establecidos —examinados en el anterior Fundamento de Derecho—, ha de hacer mención expresa de las razones que justifican la exclusión de la audiencia previa del demandado, con una motivación y justificación específica, e igualmente ha de efectuarse en el Auto que resuelva sobre la misma (Art. 733.2, párrafo primero, inciso final, LEC) una ponderación y valoración judicial de aquella justificación.

Se trata, por otro lado, de *conceptos jurídicos indeterminados* que han de valorarse en cada caso concreto atendiendo a las circunstancias concurrentes. Se ha entendido que concurren razones de urgencia si la conducta constitutiva del peligro por la mora procesal estuviera preparada o se hubiera iniciado con riesgo de consumar el perjuicio si hubiera que esperar a la celebración de la vista.

Además, las razones de urgencia a las que se refiere el precepto no pueden identificarse ni con el "*periculum in mora*" que justifica la adopción de medidas cautelares, ni con las "*razones de urgencia o necesidad*" a las que alude el artículo 730.2 de la LEC, que son las que justifican la presentación de la solicitud de medidas cautelares previas a la demanda. En cuanto a la urgencia, el Auto de la Audiencia Provincial de Asturias, Sección 7ª, de 13 de junio de 2002 entiende que se produce cuando existe un "*quantum*" de peligro superior del que ya de por sí sería suficiente para la adopción de una cautela, esto es, el que viene a configurar el presupuesto del periculum in mora. Por su parte, el Auto de la Audiencia Provincial de Baleares, Sección 3ª, de 9 de julio de 2001, señala que "...........*en definitiva, si la urgencia viene motivada por la necesidad imperiosa de proteger determinados derechos, en aquellos supuestos en los que de no procederse a su inmediato amparo se podría producir una insatisfacción definitiva, aunque luego se otorgara la tutela judicial en la sentencia, la misma no es predicable respecto a la supuesta disolución de una sociedad viva al formular la petición con base en la simple sospecha de que se constituyó exclusivamente para la promoción del edificio, que aconseje adoptar la medida inaudita parte...........".*

SEGUNDO.– Examen de la pretensión cautelar

De los hechos alegados en esta demanda y de la documental relativa a los mismos, resultada evidente y debidamente acreditado que el administrador concursal demandado ....ha incumplido reiteradamente su obligación de informar en plazo sobre el estado de las operaciones de liquidación según establece el art. 424 TRLC; que ha desatendido requerimientos efectuados por el Juzgado en cumplimiento de la función de supervisión que tiene atribuida el Juez del Concurso de conformidad con el art. 82 TRLC; que fue cesado por auto de fecha 14 de mayo ...., por incumplimiento grave de sus funciones de conformidad con lo establecido en el art. 100.2 TRLC; que ha llevado a cabo una conducta inaceptable que ha causado un daño emergente a la masa activa por importe de..........

Lo expuesto en el párrafo anterior y lo narrado en el cuerpo de esta demanda, que squi se sin duda permite sostener en esta sede cautelar la concurrencia de la apariencia de buen derecho.

Y del mismo modo hemos de entender que concurre el presupuesto relativo al *periculum in mora*, cuya concurrencia resulta, en primer término, del alto montante de la responsabilidad económica a la que se puede ver sometida el demandado ya que los activos sustraídos ascienden a la suma de..........., unido al riesgo de que por el transcurso del tiempo necesario para resolver sobre esta demanda así como sobre la determinación de las personas responsables, el patrimonio del demandado, garantía de las responsabilidades que se pudieran declarar, se disminuya o directamente desaparezca, por acción del propio demandado.

Así, de los extractos de la cuenta bancaria intervenida del concurso resulta que la misma ha sido vaciada a lo largo del año ....gracias al administrador concursal demandado, mediante un proceso sistemático y periódico de transferencias a cuentas bancarias de sociedades propias o compartidas con su socio............, Administrador Solidario y Socio Profesional en la sociedad........... desde el 21/01/......... Sociedad de la que forma parte el Administrador Concursal demandado quién, hasta el año ...., ha estado mintiendo al juez del concurso y ocultando el estado real de la cuenta intervenida. Y que, llegado........... 8 de........... de........... (dos años después de las transferencias bancarias de marras) se ha limitado a decir que *"ha sido sustraída toda la documentación del concurso, al tiempo que (ha) detectado una serie de irregularidades en el procedimiento concursal (...........) que he puesto en conocimiento del juzgado de instrucción"*.

Es evidente que el administrador concursal demandado no va a restituir los activos sustraídos si en dos años que ha tenido para ello no lo ha hecho ya, lo que aconseja en aseguramiento del cobro de las cantidades reclamadas la adopción de las medidas solicitadas al concurrir el peligro en la mora procesal.

TERCERO.– Sobre la medida cautelar sin audiencia del demandado

Finalmente procede acordar la medida cautelar solicitada sin audiencia del demandado, en cuanto a la gravedad (por su cuantía e importancia) de los hechos denunciados de los que pudieran derivarse incluso responsabilidades penales hacia el administrador concursal demandado e los que nos permite estimar que la audiencia al demandado pudiera determinar la infructuosidad de la medida cautelar del embargo mediante la distracción u ocultación de sus bienes, máxime cuando la presente medida es por su cuantía e importancia de suma relevancia, lo que dota de razones de urgencia a su efectividad, postergando a momento procesal posterior la audiencia del demandado.

CUARTO.– Sobre la Caución

Por último, dirigida la solicitud a asegurar la efectividad de los derechos de los acreedores concursales y contra la masa, legalmente atribuida a los demandantes; habiéndose privado de todo recurso a la actora ....merced a la actuación del demandado, y actuando el Administrador Concursal este en cumplimiento de un deber legal inherente a su cargo procesal, no procede hacer fijación de caución alguna.

Y es por lo que,

NUEVAMENTE SUPLICO AL JUZGADO tenga por efectuada las anteriores manifestaciones, y se acuerde adoptar la referida medida cautelar por el cauce procesal excepcional "inaudita parte" contra ....y acuerde el *embargo preventivo* de todos los bienes y derechos del demandado, en cantidad suficiente para cubrir la suma de..........., que se calcula, prudencialmente, ascenderá el principal, intereses y costas de una eventual sentencia condenatoria, y acuerde:

a) De conformidad con el artículo 590 de la LEC, LÍBRESE OFICIO a la Oficina de Averiguación Patrimonial o al Punto Neutro Judicial, para que por quien corresponda informe de los bienes, rentas o derechos titularidad de D..........., de tal modo que recibido el mismo se puedan trabar los correspondientes embargos preventivos.

b) Que, en orden a dar cumplimiento a lo dispuesto en el art. 549 de la LEC, se acuerde decretar el *embargo telemático* de los *Saldos y cuentas corrientes* que el demandado D...........tenga depositadas en las entidades bancarias adscritas al convenio del punto neutro judicial así como *las cantidades a percibir de la Hacienda pública* y, todo ello, por importe suficiente para cubrir las cantidades reclamadas en concepto de principal, intereses y costas.

Es Justicia que se suplica ....

SEGUNDO OTROSÍ DIGO: Que de conformidad con lo previsto en el artículo 231 de la vigente Ley de Enjuiciamiento Civil, esta parte muestra su voluntad de cumplir los requisitos exigidos por la Ley, por lo que manifiestan su intención de subsanar aquellos defectos en que pueda incurrir.

SUPLICO AL JUZGADO: Tenga por efectuada la anterior manifestación a los efectos indicados.

Es Justicia que se suplica ....

Ldo. .... Prdora. ....

ICAV ....

Ldo. .... Prdora............

ICAV ....

F299. ESCRITO DE DENUNCIA CONTRA ADMINISTRADOR CONCURSAL POR APROPIARSE DE FONDOS DEL CONCURSO

Normativa de aplicación: *Arts. 252 y ss. Ley Orgánica 10/1995, de 23 de noviembre, del Código Penal*

AL JUZGADO DE INSTRUCCIÓN DE .... QUE POR TURNO CORRESPONDA

D............, con DNI ...., y con domicilio, a efectos de notificaciones, en la ciudad de Valencia, en la Avda. ...., número .... Despacho ...., ..., con número de teléfono: .... y correo electrónico: ...., ante el Juzgado comparezco y, como mejor proceda en Derecho, DIGO:

Que en mi condición de nuevo *Administrador Concursal de la mercantil* .... *S.L.*, en el procedimiento concursal nº ...., del que conoce el Juzgado de lo Mercantil nº .... de ...., mediante el presente escrito interpongo DENUNCIA por los presuntos delitos de Administración Desleal del artículo 252 del CP y por el delito de Apropiación Indebida del art. 253 del CP y ello, a tenor de lo preceptuado en el artículo 259 de la LECrim.

I.– COMPETENCIA

PRIMERO.– Es competente el Juzgado de Instrucción de .... por haberse cometido en dicha Jurisdicción los hechos que aparecen denunciados y ello por cuanto que, la mercantil concursada, ..., S.L., está sita en ...., donde se han llevado a cabo los actos dispositivos sobre su patrimonio consistentes en la sustracción de su cuenta bancaria nº: .... de la ...., Oficina nº ...., sita en ....

II.– DENUNCIANTE

SEGUNDO.– La presente denuncia se interpone por D............, como *Administrador Concursal de la mercantil* ...., *S.L.*, en el procedimiento concursal nº ...., del que conoce el Juzgado de lo Mercantil nº .... de ...., cargo para el que fue nombrado en fecha .... tras la separación del anterior administrador concursal por el Juzgado.

En prueba de lo anterior adjunto se acompaña, como un todo y como *Documento nº 1*, el auto del Juzgado de lo Mercantil .... de .... de revocación y nombramiento de un nuevo administrador y el auto de aceptación del cargo por el nuevo administrador junto con un testimonio del mismo.

III.– DENUNCIADO

TERCERO.– La presente denuncia se dirige contra:

1º.– D..........., con DNI ...., mayor de edad y con domicilio profesional en la calle ...., teléfono .... y correo electrónico...........

2º.– Y contra D..........., con DNI ...., mayor de edad, y con domicilio profesional en la calle ...., teléfono .... y contra las sociedades que representa:

– ...., S.L., con CIF .... y domicilio en calle ...., Polígono Industrial ....
– ...., S.L., (antes .... S.L.) con CIF .... y domicilio en .... Polígono Industrial ....
– ...., S.L. con CIF .... y domicilio en Avda. ....

IV.– RELACIÓN CIRCUNSTANCIADA DE LOS HECHOS

CUARTO.– Los hechos en que se funda la presente acción penal son los siguientes:

ANTECEDENTES

1. Que, declarado el concurso de la mercantil .... S.L., por el Juzgado de lo Mercantil .... de ...., se designó como administrador concursal al Sr. .... Adjunto se acompaña, como *Documento número 2*, su publicación en el BOE.

2. Que, abierta la fase de liquidación del concurso, D..........., ahora denunciado, informó al juzgado, tras múltiples requerimientos del juez del concurso, de la imposibilidad de concluir el concurso argumentando la sustracción de todos los activos concursales, de la cuenta bancaria intervenida, por importe de ....euros.

3. Dado que, el único autorizado en dicha cuenta bancaria, lo era el propio administrador concursal y ante la ausencia de justificación alguna, por auto de fecha ...., el juez de lo mercantil procedió a cesar en su cargo al administrador denunciado nombrando un nuevo administrador concursal en la persona del denunciante. Adjunto se acompaña, como *Documento número 3*, el referido auto del Juzgado de lo Mercantil

HECHOS DELICTIVOS: SUSTRACCIÓN DE LOS ACTIVOS CONCURSALES DE LA CUENTA INTERVENIDA DE LA MERCANTIL CONCURSADA ...., S.L., EN ...., POR IMPORTE DE ....euros:

4. Que, en fecha ...., fui designado nuevo Administrador Concursal en sustitución del nombrado anteriormente, y ahora denunciado, D........... quien, como administrador concursal de la mercantil ...., S.L., ya en liquidación, era la única persona con facultades de *administración* y disposición sobre el patrimonio de la concursada y,

más en concreto, de la cuenta bancaria intervenida número .... de........... oficina .... de ....

5. Que, a los efectos de llevar a cabo la labor de distribuir, entre los acreedores, los importes que constaban en la cuenta bancaria intervenida he podido comprobar que, de la referida cuenta, se han sustraído, sin justificación alguna, sus fondos por importe de ....euros.

A estos efectos he sacado un extracto de la referida cuenta de la que resultan los siguientes movimientos no justificados que han dejado la cuenta sin fondos.

Adjunto se acompaña, como *Documento número 4*, el extracto de la referida cuenta de la que resultan los siguientes movimientos de traspaso de dinero sin justificar a diversas mercantiles:...........

- Igualmente figura, en fecha .... un traspaso de dinero, por importe de ....euros sin justificar, a nombre de ....

Con todo ello el importe total de lo sustraído asciende a la suma de ....euros.

6. Que el ordenante de dichos traspasos de fondos es el denunciado, ..., por ser la única persona que, como administrador concursal de ...., S.L., está autorizada en dicha cuenta bancaria que se encontraba intervenida.

7. Que el beneficiario de dichos traspasos es, el también denunciado, ..., quien figura con los siguientes cargos en las empresas que resultaron destinatarias de los referidos traspasos.

- ...., S.L.: Administrador Único desde ....
- ...., S.L.: Administrador Único desde ....
- .... S.L.: Apoderado desde .... y con fecha de cese .... Cambio de denominación social de la mercantil el .... a la actual ...., S.L.

Adjunto se acompaña, como *Documentos números 5, 6 y 7*, las notas simples del Registro Mercantil de las referidas mercantiles.

8. Cabe destacar, que .... figura, además, como Administrador Solidario y Socio Profesional en la sociedad ...., SLP desde el .... Sociedad de la que forma parte el anterior Administrador Concursal ....

Adjunto se acompaña, como *Documento número 8*, nota simple de la mercantil ...., SLP.

V.– CALIFICACIÓN JURÍDICA

QUINTO.– Los hechos expuestos son constitutivos de un delito de Apropiación indebida del art. 253, en relación con los arts. 249 y 250 del CP, encontrándose la conducta del denunciado en la exigencia típica del delito de apropiación indebida, que requiere para su existencia.

Y del delito previsto en el art. 295 del CP, sobre administración desleal o fraudulenta, podría ser imputable al administrador concursal que disponga fraudulentamente de los bienes de la sociedad, siempre que cause perjuicio económico o realice conductas lesivas a la masa, las cuales podrían ser conductas omisivas de las contenidas en el art. 11 CP.

VI.– DILIGENCIAS DE INVESTIGACIÓN QUE SE INTERESAN

SEXTO.– Para acreditar todo ello, por ésta parte se proponen los siguientes medios de prueba:

I. DECLARACIÓN Y RATIFICACIÓN DEL DENUNCIANTE.

II. DECLARACIÓN DE LOS DENUNCIADOS: D........... y D...........

III. DOCUMENTAL consistente en unir a los autos los documentos números 1 a 7 aportados con la denuncia.

IV. Las demás que se estimen necesarias y convenientes.

En su virtud,

AL JUZGADO SUPLICO: *Se tenga por formulada y admitida* DENUNCIA contra ...., por la comisión de los delitos de administración desleal y de apropiación indebida, acordando practicar las diligencias de prueba que intereso y demás que considere pertinentes, interesando, además, la adopción de la medida cautelar de embargo preventivo en los bienes de los denunciados para asegurar las responsabilidades pecuniarias que en definitiva pudieran declararse pertinentes por importe de ....euros.

En..........., a........... de........... de...........

Fdo. ....

Administrador Concursal..........., S.L.

F300. ESCRITO DE CONTESTACIÓN A LA DEMANDA DE RESPONSABILIDAD DE ADMINISTRACIÓN CONCURSAL

Normativa de aplicación: *Arts. 94 y ss. Real Decreto Legislativo 1/2020, de 5 de mayo, por el que se aprueba el texto refundido de la Ley Concursal*

JUZGADO DE LO MERCANTIL Nº...........

Procedimiento: Juicio Ordinario nº...........

Demandante: ....

Procurador: ....

Demandado: ....

Procurador: ....

AL JUZGADO DE LO MERCANTIL Nº...........

..........., Procuradora de los Tribunales y de Don..........., cuya representación tengo acreditada en el procedimiento juicio ordinario ....seguido en este Juzgado a instancias de la mercantil ....contra mi mandante, comparezco ante este Juzgado en las referidas actuaciones bajo la dirección de D..........., con despacho profesional en..........., y como mejor proceda en Derecho DIGO:

Que por medio del presente escrito, siguiendo las expresas instrucciones de mi representado, y evacuando el traslado conferido, formulo CONTESTACIÓN A LA DEMANDA formulada por la mercantil ....(en adelante también...........), oponiéndome a la misma, según los hechos y fundamentos de derecho que a continuación se expondrán,

HECHOS

Esta parte rechaza expresamente todos y cada uno de los hechos y pretensiones formuladas de contrario en la demanda aquí contestada, salvo los que sean admitidos expresamente por esta parte.

PRELIMINAR.– Que con carácter previo a contestar la demanda de la parte actora, esta parte hace constar lo siguiente:

I.– PETITUM DE LA DEMANDA.

La parte actora, en su escrito de demanda incidental, fechada el..........., reiterativa, y de confuso y proceloso contenido, solicita a este Juzgado al que respetuosamente me dirijo, que se condene a mi mandante:

> "a abonar a mi representada la cantidad de en reclamación de la cantidad de ....en concepto de indemnización por daños y perjuicios causados consistentes en los costes de los suministros prestados, más intereses legales y con expresa imposición de costas."

Ese importe corresponde a unos daños y perjuicios supuestamente ocasionados, no por mi mandante, sino por la sociedad ....(en adelante, también...........), con la aquí actora, ..., por el concepto, según señala la actora en el hecho tercero de la demanda, de los costes ocasionados por los suministros de carburante y aditivos por parte de ....a ....entre los meses de febrero de 2019 y junio de 2019.

Estos costes se generaron con posterioridad de la declaración de concurso de .... mediante auto de fecha 30 de octubre de 2017, procedimiento concursal que se sustancia ante el Juzgado de lo Mercantil núm. 1 de Valencia bajo los autos 884/2017, que se dejan desde ya designados a efectos probatorios. En dicho concurso, mi mandante fue designado Administración Concursal, cargo que se mantiene vigente en la actualidad.

II.– ACCIÓN EJERCITADA POR ....EN LAS PRESENTES ACTUACIONES.

Un examen del referido suplico y del contenido de la demanda, basta para percatarse como en las presentes actuaciones se ha ejercitado por ....la acción individual de responsabilidad de la administración concursal a que se refiere el art. 36.6 de la Ley

22/2003, de 9 de julio, Concursal (en adelante, también LC), vigente al tiempo de los hechos objeto de esta demanda y a cuyo régimen hay que estar en orden a la resolución de la presente litis, y que, en la actualidad, se regula en el art. 98 del Real Decreto Legislativo 1/2020, de 5 de mayo, por el que se aprueba el Texto Refundido de la Ley Concursal (en adelante, también TRLC).

En efecto, el art. 36 LC regula dos tipos diferentes de acciones de exigencia de responsabilidad a los administradores concursales: la colectiva o concursal y la individual. La primera, regulada en los cinco primeros números de dicho precepto (tras renumeración introducida por Ley 38/2011), tiene por objeto reparar el daño sufrido por la masa como consecuencia de actos u omisiones ilícitos de la administración concursal, responde al interés colectivo de preservación de la integridad de la masa y están legitimados tanto el deudor como cualquier acreedor.

La segunda, prevista en el art. 36.6 LC, permite al deudor, a los acreedores o a terceros reclamar por los daños y perjuicios que les hayan causado los actos u omisiones de los administradores concursales directamente en su patrimonio

Esta última es la ejercitada por la actora en las presentes actuaciones, la acción individual de responsabilidad del art. 36.6 LC que, como señala prácticamente de manera unánime la Jurisprudencia, comporta una responsabilidad subjetiva basada en la causación de un daño o perjuicio, por una conducta del administrador concursal, activa u omisiva, contraria a la ley o a la diligencia que le resulta exigible en el ejercicio de la función para la cual ha sido nombrado. A título de ejemplo, vid las Sentencias del Tribunal Supremo de fecha 11 de noviembre de 2013, de la Audiencia Provincial de Santa Cruz de Tenerife de fecha 4 de abril de 2008; de Córdoba, de 7 de julio de 2008 o la de Segovia, de 22 de diciembre de 2015; o las del Juzgado de lo Mercantil núm,. 2 de Murcia, de fecha 30 de diciembre de 2020, 10 de noviembre de 2016 y 7 de julio de 2018, o del Juzgado de lo Mercantil núm. 2 de Alicante de fecha 26 de febrero de 2021.

En este sentido, los eventuales daños y perjuicios reclamados han de estar causalmente ligados con un comportamiento activo o pasivo, ilícito e imputable a los administradores concursales, ya por contravenir lo dispuesto legalmente ya por no ajustarse al estándar de diligencia exigida en el desempeño del cargo, siendo preciso que concurran cumulativamente los siguientes requisitos:

a) Que se haya producido un daño al patrimonio de los acreedores;

b) Que se hayan producido actos u omisiones contrarios a la ley o negligentes por parte del administrador concursal;

c) Que exista relación de causalidad entre la conducta y el daño.

Como se verá más adelante, en las presentes actuaciones no concurre ninguno de los requisitos anteriormente reseñados. Mi mandante no ha efectuado en el concurso de referencia ningún acto contrario a la Ley o negligente; el daño que dice la actora haber sufrido sería en su caso responsabilidad e imputable a..........., y a nadie más, y a la toma por sus órganos de representación de decisiones estratégicas y empresariales respecto a la relación comercial con ...., siendo inaceptable que pretenda traspasar su problema a mi mandante, que nada tiene que ver en la generación e impago de esa deuda por parte de…………, que es quien contrató con……….. En cualquier caso, e hipotéticamente hablando, si existiera algún incumplimiento por parte de mi mandante, que no existe, es obvio que no estaría conectado con la producción del hipotético daño que dice haber sufrido la actora, que, en cualquier caso, es inexistente.

Pero, en cualquier caso, resulta evidente que la acción aquí ejercitada se halla sobradamente prescrita, tal y como pasamos a exponer y justificar.

III.– EXCEPCIÓN DE PRESCRIPCIÓN DE LA ACCIÓN INTERPUESTA POR PARTE DE…………

Esta parte entiende que la acción planteada de contrario se halla prescrita.

En efecto, el artículo 36.6 LC, vigente al tiempo de los hechos objeto de esta demanda, incorpora la acción individual de responsabilidad, cuyo plazo de prescripción, ante el silencio de la Ley, la jurisprudencia, de manera unánime, lo fija en UN AÑO.

En este sentido, entre muchas otras, traemos a colación las Sentencias del Juzgado de lo Mercantil de Bilbao de 29 de julio de 2016, o del Juzgado de lo Mercantil de Murcia de 1 de octubre de 2019. O el Auto del Juzgado de lo Mercantil de Valencia de 19 de mayo de 2016. También las Sentencias del Juzgado de lo Mercantil de Burgos de fecha 5 de octubre de 2020, de la Audiencia Provincial de Madrid de fecha 24 de febrero de 2020, de la Audiencia Provincial de Lerida de fecha 29 de noviembre de 2019, de la Audiencia provincial de Valencia, de fecha 18 de enero de 2017, de la Audiencia Provincial de Segovia de fecha 17 de febrero de 2017, de la Audiencia Provincial de Asturias de fecha 24 de julio de 2017, y la Sentencia de la Audiencia Provincial de Cáceres de fecha 20 de marzo de 2018.

A la vista de lo anterior, y del contenido de la demanda y las propias manifestaciones de la actora actora, resulta evidente la prescripción de la acción ejercitada en las presentes actuaciones por……….. Esto es, acudiendo al propio desarrollo de los hechos que presenta la actora en su escrito de demanda nos encontramos con las siguientes fechas que según su entender han de tenerse en cuenta a la hora de determinar la eventual responsabilidad del Administrador Concursal. Repetimos, dichas fechas has sido fijadas por la propia demandante:

- -…………: Según la actora, pág. 31 de la demanda, mi mandante permitió "la acumulación de créditos contra la masa impagados derivados de una actividad deficitaria, desde el mismo mes de ………..".
- -…………:De nuevo la actora, págs. 28 y 32 de la demanda, "Desde el mes de …………se comenzaron a postergar créditos contra la seguridad social ……….."
- -…………: fecha en la que, según la actora, el Administrador Concursal debería de haber comunicado la insuficiencia de masa activa para atender los créditos contra la masa.

Pues bien, si atendemos a las referidas fechas, todas indicadas de forma expresa por…………, y sin perjuicio que esta parte está en total desacuerdo con la interpretación y valoración formulada de contrario en su demanda, atendiendo a los propios actos y manifestaciones de la demandante, desde ....ya constaba, según dice, que la actividad de la concursada era deficitaria y que se debía presentar el cese de actividad, que, al menos, desde de ....y que en ....procedía la comunicación del art. 176 Bis LC, por insuficiencia de masa, todo ello, dice, ante la pasividad de mi mandante e imposibilitando el cobro del crédito contra la masa que ostenta en el concurso de ...., habiendo superado, por lo tanto y con creces el plazo de prescripción antes reseñado, y, quedando, por lo tanto, la acción de responsabilidad individual aquí interpuesta prescrita, con la consiguiente desestimación integra de la demanda aquí contestada.

En cualquier caso, y en aras de no limitar la defensa únicamente a esta cuestión, esta parte va a proceder a dar respuesta y rebatir las alegaciones y fundamentos contenidos en el escrito de demanda interpuesto por la actora, reiterando que expresamente se rechaza todos y cada uno de los hechos y pretensiones formuladas de contrario, salvo que sean admitidos expresamente por esta parte.

PRIMERO.– Absolutamente disconformes con el correlativo ordinal de la demanda, que se rechaza íntegramente.

I.– Por la actora se trata de confundir al Juzgador, con manifiesta mala fe, mediante el relato de una serie de hechos y actuaciones, parece ser para la actora, "discutibles", llevados a cabo dentro de los dos años anteriores a la declaración del concurso, por la concursada y su matriz, y sus socios y administradores. Este relato, que no compartimos, lo único cierto es que ni viene al presente caso, ni guarda relación con el objeto de la demanda, que recordemos, versa sobre la eventual responsabilidad del administrador concursal.

Una lectura de tal hecho primero de la demanda aquí contestada, basta para percatarse como en el mismo no se efectúa referencia alguna a mi mandante, ni se identifican por ....las acciones a ejercitar contra tales hechos, si las hubiere y pretendiese la actora su ejercicio, que no lo sabemos porque nada dice en su demanda, ni cuáles eran las posibilidades de prosperabilidad de la mismas y qué efectos sobre la masa activa pudieran haber tenido, así como en qué medida su ejercicio habría evitado la deuda final existente para con la actora. Nada se argumenta y justifica en tal sentido.

En este punto, habría que tener en cuenta que tales hechos han sido criminalizados por la mercantil............, siguiéndose ante el Juzgado de Primera Instancia e Instrucción núm. ...., Diligencias Previas núm. ...., incoadas en virtud de querella fechada el día ....e interpuesta contra la concursada, la sociedad matriz de esta, y sus socios y administradores, que no contra mi principal, que está a la espera de lo que se resuelva dicho procedimiento penal y su incidencia en el proceso concursal de............, en orden a adoptar, en su caso, las medidas oportunas. Obviamente si estos hechos quedasen conectados a la presente Litis, operaría la excepción de prejudicialidad penal, que ya se deja anticipada.

Se acompaña la citada querella como DOCUMENTO 1 quedando designados a efectos probatorios las referidas diligencias previas.

II.– Esa es la realidad. Nada dice ni nada indica la actora sobre la conexión de tales hechos con la acción aquí ejercitada y la eventual responsabilidad de mi mandante. Ello con la consiguiente situación de absoluta indefensión de esta parte ante cualquier eventual pretensión de la actora frente a mi mandante basada en dichos hechos, que debería ser objeto de rechazo absoluto, y ser otra muestra de la manifiesta mala fe procesal de ....en las presentes actuaciones.

Dado que el hecho primero aquí contestado alude a la situación de la concursada y su matriz "en los dos años precedentes a la declaración de concurso de acreedores de...........", quizás la reseña de la actora venga referido al ejercicio de la acción rescisoria concursal, regulada en la actualidad en los arts. 226 y ss. TRLC.

Si fuere este el caso, que no lo sabemos, lo cierto es que la actora, desde que se declaró el concurso de..........., hace casi ya cuatro años, ha permanecido silente e inactiva al respecto, sin denunciar ni pedir la rescisión concursal de tales operaciones, que esta parte entiende, dada su complejidad y a la vista de las circunstancias concurrentes, no rescindibles. Tampoco se ha hecho uso del derecho que le confería el art. 72.1 LC (actual 232.1 TRLC), en orden a la legitimación subsidiaria de ....o cualquiera de los acreedores para ejercitar estas acciones, rescisión que, por cierto, nadie ha pedido en el concurso origen de las presentes actuaciones. Todo lo cual, en cualquier caso, impediría imputar responsabilidad concursal a mi mandante por esa eventual omisión (Por todas, vid. Sentencia del Juzgado Mercantil núm. 2 de Murcia de fecha 30 de diciembre de 2020).

III.– Por otro lado, quizás las alegaciones efectuadas por la actora en el hecho primero de la demanda, vengan referidas a su incardinación en supuesto de calificación concursal, bien en la regla general, art. 442 TRLC, bien en cualquiera de las presunciones de los arts. 443 y 444 TRLC. Pero ni esta parte ni el Juzgador lo pueden saber porque otra vez la actora guarda sepulcral silencio y nada dice al respecto.

Si fuera así, y sin prejuzgar la cuestión, difícilmente cabe imputación responsabilitatoria alguna a mi mandante, cuando la fase de calificación, a día de hoy, no se ha aperturado en las presentes actuaciones. Será en tal momento, cuando cabrá evaluar, desde una perspectiva de responsabilidad de administración concursal, la actuación calificadora de mi mandante. Pero no ahora, por lo que ningún reproche responsabilizatorio se le puede efectuar en tal sentido.

Pero aun en ese caso, tampoco cabria atacar a mi mandante por una eventual solicitud por su parte de calificación fortuita del concurso, o por el hecho de dar, o no, relevancia calificatoria a las conductas narradas en el hecho primero de la demanda.

IV.– Tales alegaciones sobre la situación de la concursada y su matriz en los dos años anteriores a la declaración del concurso, y consecuentemente, anteriores a la aceptación del cargo de administración concursal de ....por mi mandante, son irrelevantes a la hora de resolver el supuesto aquí enjuiciado, y ajenas al objeto del mismo, y solo pretenden embarrar y presentar una inexistente situación fraudulenta y conspiranoide en orden de intentar colar una también inexistente conducta inapropiada de mi mandante, con la intención de intentar cobrar lo que se le adeuda en el concurso de acreedores de...........

Porque, como es lógico, el administrador concursal no puede ser declarado responsable por unas supuestas actuaciones llevadas a cabo por la mercantil concursada y su matriz en los dos años anteriores a la declaración del concurso, debiendo recordar, de nuevo, que el objeto del procedimiento no es otro que la determinación de una eventual responsabilidad del administrador concursal, nada más, por lo que no es necesario entrar con mayor detenimiento a contestar las alegaciones en este punto formuladas de contrario con manifiesta mala fe.

SEGUNDO.– Conforme con el correlativo ordinal, pero incompleta la reseña que se efectúa al concurso de la sociedad …………, sustanciado ante este Juzgado de lo mercantil núm…………, bajo el número de autos…………

I.– En efecto, son ciertas las manifestaciones vertidas de contrario, en las que se señala la fecha del auto de declaración del concurso y a la designación de mi mandante como administración concursal, aunque obvia que aceptó el cargo el…………

Se adjunta como DOCUMENTO 2 el acta de aceptación de fecha…………

II.– También obvia, pues nada dice la actora, y es relevante a los efectos de la presente litis, que este Juzgador al que respetuosamente nos dirigimos, y en el auto declarando el concurso de…………, decretó la intervención de las facultades patrimoniales del concursado en aplicación del art. 40.1 LC (en la actualidad, art. 106.1 TRLC), con las consecuencias que ello conlleva en orden a la actuación y la limitada incidencia de la Administración Concursal en la gestión, administración y disposición de la masa activa de la concursada. Por cierto, nadie, ningún acreedor, incluido…………, ha efectuado reparo alguno al régimen de intervención en su día acordado en el procedimiento concursal de referencia.

III.– Así mismo, es necesario remarcar que el concurso de la mercantil …………ha sido, y está siendo de una elevada complejidad y conflictividad, especialmente, a la vista del elevado número de acreedores, casi cien, la diversa tipología de los mismos o la particularidad de la actividad ejercida por la concursada, empresa de transportes nacional e internacional, entre otras muchas cuestiones. Nos remitimos expresamente a efectos probatorios al referido procedimiento concursal.

IV.– En esta línea, y como veremos a continuación y ya hemos adelantado previamente, …………no solo era proveedor de la concursada con anterioridad a la declaración de concurso, sino que, libremente, sin que nadie se lo impusiera, y porque así le interesaba comercial y empresarialmente, decidió continuar siéndolo con posterioridad al advenimiento concursal, debiendo recordarse, como resulta de la Sentencia del Juzgado de lo Mercantil núm. 2 de Murcia, de fecha 30 de diciembre de 2020, que acordado y vigente el régimen de intervención de facultades en un concurso, la gestión ordinaria con los proveedores de la concursada queda en manos de los administradores sociales, quedando vetada al Administrador Concursal cualquier injerencia en tal ámbito, correspondiéndole solo autorizar y controlar los pagos tras constatar su realidad.

Y como resulta de la demanda aquí contestada, la actora no efectúa alegación alguna sobre la inexistencia o irregularidad de los créditos pagados por la concursada con la intervención de mi mandante. Todos existían y todos eran debidos por la concursada.

V.– Por otro lado, así mismo, frente al catastrófico relato que efectúa la actora en su escrito, únicamente se han interpuesto en el referido procedimiento concursal cuatro incidentes, lo que demuestra el buen hacer de la Administración concursal a lo largo de todo el procedimiento concursal.

También calla..........., que la concursada, en fecha..........., solicitó la apertura de la fase de convenio, actuación esta que le confiere la Ley y contra la que, mi mandante, como administración concursal de..........., nada podía hacer, menos aún impedir o violentar, salvo, una vez fuera admitida la propuesta de convenio, emitir un juicio favorable, con o sin reservas, o desfavorable, y en orden a la evaluación de la misma, en conexión con el plan de pagos, y, en su caso, el plan de viabilidad. Todo ello ex art. 107.2 LC. Se acompaña como DOCUMENTO 3 el escrito de fecha ....en el que se solicitaba al Juzgado la apertura de la fase de convenio.

En las actuaciones concursales origen del presente procedimiento, aunque se encargó por la concursada un plan de viabilidad, al que luego nos referiremos, lo cierto es que finalmente no presentó propuesta de convenio alguna que, por lo tanto, no pudo ser evaluada por esta parte y provocó que este Juzgado, mediante auto de fecha..........., aperturase la fase de liquidación. Se adjunta como DOCUMENTO 4 el auto de fecha .... por el que se acuerda la apertura de la fase de liquidación.

VI.– Y abierta tal fase, mi principal, en su condición de administrador concursal, y como exige la Ley, solicitó el cese de actividad de la concursada mediante escrito de fecha..........., el cuál se adjunta como DOCUMENTO 5, e instó el correspondiente Expediente de Regulación de Empleo, siendo que todo ello fue aprobado mediante auto de este Juzgado de fecha..........., el cuál se adjunta como DOCUMENTO 6.

También procedió a dar cuenta de la liquidación a través de los oportunos informes trimestrales presentados hasta la fecha en dicho concurso de acreedores. Se adjunta como DOCUMENTO 8 los informes trimestrales.

VII.– Todo lo expuesto es ciertamente relevante y demuestra que la actuación de mi mandante en el ejercicio del cargo de administrador concursal de..........., ha sido la habitual requerida en cualquier concurso análogo al que nos ocupa, ajustada al estándar de diligencia exigida en el desempeño del cargo de Administrador Concursal, excluyendo con ello cualquier fuente de responsabilidad imputable a mi mandante, que como declara nuestra mejor doctrina, solo cabe exigirse en supuestos de error palmario o de decisiones contraria a toda lógica jurídica (Sentencia del Juzgado de lo Mercantil núm. 2 de Barcelona de fecha 7 de febrero de 2012).

TERCERO.– Se rechaza íntegramente el correlativo ordinal.

I.– La actora, en el correlativo ordinal, detalla una serie de facturas impagadas entre el mes........... y el mes de .... por el suministro de carburantes y aditivos por parte de ....a........... Así mismo, hace referencia a una serie de costes en los que supuestamente habría incurrido para realizar los suministros a los que se acaba de hacer referencia, cuantificando dichos costes en el importe de ....€, reduciéndose finalmente los mismos por haber sido abonados en parte por la matriz de..........., resultando un importe final de..........., montante este que es el que se reclama en la presente demanda.

II.– Sin embargo, una lectura del correlativo ordinal pudiese hacer pensar al Juzgador que la relación comercial entre la concursada y ....surge con posterioridad a la declaración de concurso de acreedores, lo cual no es cierto.

La actora oculta, maliciosamente, que la relación comercial entre ambas empresas se remonta, como mínimo, al año..........., siendo que desde el año ....y hasta el año .... la concursada pagó a la actora la significativa suma de ....euros, salvo error u omisión, con el siguiente desglose por año, datos estos obtenidos de la contabilidad de...........:

EJERCICIO	IMPORTE

III.– También oculta que la deuda pendiente de pago entre la concursada y .... al tiempo de la declaración de concurso de..........., ascendía a la suma, salvo error u omisión, ...euros con la clasificación de ordinario.

IV.– No sólo lo anterior, sino que la actora oculta igualmente de manera maliciosa que las obligaciones que pudieran surgir en favor de ....con ocasión de las relaciones comerciales entre esta y ....estaban afianzadas, y ello en virtud del contrato de fianza de fecha ....firmado entre ambas mercantiles.

Esto es, en fecha ....y ....(matriz de...........) firmaron un contrato de fianza por el cuál .... afianzaba cuantas obligaciones asumiera la mercantil ....en virtud de las relaciones comerciales mantenidas (suministro de combustible y lubricantes) entre esta y..........., obligándose solidariamente .... al cumplimiento de las obligaciones asumidas por ....en cuanto a las relaciones anteriormente referenciadas.

Se adjunta como DOCUMENTO 9 el contrato de fianza de fecha...........

De este modo, queda perfectamente claro como la actora, en ....adoptó libremente la decisión empresarial de seguir trabajando con..........., llegando a exigir la firma del referido contrato de fianza. Dada la situación concursal de..........., bien podría haber optado por tomar la decisión de no continuar con el suministro de combustible, pero no fue esa la vía por la que se optó. La actora decidió continuar la relación porque comercialmente le interesaba, y lo que no puede pretender ahora es tratar de cobrar a costa de mi mandante lo que no ha podido cobrar hasta la fecha de la mercantil concursada, o bien de la fiadora.

V.– Por lo tanto, y es importante, mi principal no intervino en el inicio de la relación comercial entre ....y........... Se la encontró en marcha al aceptar el cargo de administración concursal de la primera sociedad.

Tampoco intervino en el mantenimiento y continuidad de la misma con posterioridad a la declaración de concurso de..........., ni gestionó tal continuidad negocial. Máxime, cuando como señalamos anteriormente, en el procedimiento concursal de..........., y al declararse el concurso, se acordó el régimen de intervención de facultades, quedando la gestión ordinaria con los proveedores de la concursada en manos de los administradores sociales, y vetada al Administrador Concursal cualquier injerencia en tal ámbito, correspondiéndole solo autorizar los pagos y cobros tras constatar su realidad. Nada más.

VI.– La actora pretende ahora, inaceptablemente, hacer responsable a mi mandante del pago de unos costes asumidos por ....por una serie de suministros de carburante y aditivos como consecuencia del impago de los mismos por parte de..........., esto es, una situación absolutamente ajena a mi principal, y que deviene de una relación comercial con la concursada, no con mi mandante, en cuyo génesis y continuación, incluso después de la declaración de concurso de..........., no intervino mi poderdante. Y pretende obviar una realidad insoslayable: la decisión de ....de seguir surtiendo de bienes a la concursada fue una decisión personal, a la vista de su estrategia e intereses comerciales y empresariales, a la que no resultaba obligado en modo alguno, y que podía cesar en cualquier momento.

Por lo tanto, nadie obligó a ....a contratar con la concursada, ni existía ni se le impuso por nadie, menos aún por mi mandante, compromiso alguno que le impidiese su libertad de empresa y le "obligase" a contratar, o mantener el vínculo contractual, con........... Lo cierto es que fue la actora quien, suponemos, analizó los pros y los contras, a la hora de contratar con la concursada y mantener tal relación comercial tras la declarase el concurso de ....y en el que se ha generado la deuda antes reseñada. Nadie le engañó, por lo menos, mi mandante. Quien decidió iniciar y mantener tal relación fue la actora y nadie más, y es ....quien tiene que pechar con las consecuencias de su decisión, sin que pueda extender responsabilidad alguna a esta parte por los referidos costes ocasionados por los servicios prestados por ....y no abonados por la concursada (sentencia del Juzgado de lo Mercantil núm. 2 de Murcia, de fecha 30 de diciembre de 2020).

CUARTO.– Se rechaza íntegramente el correlativo ordinal.

I.– En su injustificada e infundada demanda, la actora ahora sostiene que la Administración Concursal debía de haber solicitado el cese inmediato de la actividad de la concursada, y ello por cuanto, supuestamente, el Administrador Concursal contaba desde el inicio del concurso con la información suficiente para concluir que la continuación de la actividad era perjudicial para el interés del concurso y que por tanto la actividad era deficitaria, de tal modo que se habría podido evitar que se generaran créditos contra la masa por un importe de ....€, todo ello según entiende la actora.

Pues bien, esta parte muestra su total rechazo ante tales alegaciones, ya que las mismas carecen de fundamento tal como pasamos a exponer.

II.– En primer lugar, el demandante obvia conscientemente que la solicitud del cese de actividad por parte de la Administración Concursal recogida en el art. 44.4 LC (actualmente art. 114 TRLC) es un mecanismo que contempla la ley con carácter excepcional, y de interpretación restrictiva, ya que uno de los principios fundamentales de cualquier procedimiento concursal es, en la medida de lo posible, la continuación y no suspensión de la actividad de la empresa concursada, no afectándole ni interrumpiendo la declaración de concurso, tal y como señala el art. 44.1 LC (actual art. 111 TRLC), tal actividad.

Así, puede observarse como se mantiene en el nuevo TRLC el principio de continuación de la actividad por el deudor que ya consagraba la anterior LC, pues conviene recordar que el concurso de acreedores es tendente al mantenimiento y continuación de la actividad de la concursada, buscando su viabilidad a través del oportuno plan y propuesta de convenio. Incluso la solución convenial se ha visto reforzada en la legislación concursal de emergencia covid (arts. 3 y 4, Ley 3/2020).

Además, la continuación de la actividad ayuda a mantener el valor de los activos, e incluso, facilitar una posible transmisión de la unidad productiva, que es otra de las apuestas del legislador como fórmula de mantenimiento del tejido empresarial y los puestos de trabajo asociados a dicha actividad.

Por lo tanto, el cese de actividad de la concursada, es una medida absolutamente excepcional, que debe ser instada por la Administración Concursal prudentemente, y casi de forma residual.

II.– El demandante en su escrito de demanda, parece obviar este principio fundamental que debe regir en cualquier procedimiento concursal, llegando a sostener que la Administración Concursal debería de haber solicitado de inmediato (por inmediato entendemos nada más haber aceptado el cargo) el cese de la actividad de la concursada, obviando que la concursada, con más o menos dificultades, podía continuar con la actividad y a la vez hacer frente al pago de deudas.

También obvia que la sociedad contaba con una flota de vehículos, concretamente, ..., con los pertinentes permisos y autorizaciones, con una plantilla de .... trabajadores, la cuál se ajustaría posteriormente en función de las necesidades de la empresa, con clientes serios y solventes, un contrato con la sociedad matriz en exclusiva para prestarle a esta servicios logísticos, y, lo más importante generó con el desarrollo de su actividad unos ingresos con el siguiente desglose:

EJERCICIO	IMPORTE

Dichos ingresos se corresponden a los servicios prestados por los clientes.

Y esos ingresos junto a otros, permitieron atender créditos contra la masa por importe de ....euros.

Se adjunta como DOCUMENTO 10 Anexo en el que figuran los créditos contra la masa satisfechos incorporado al Informe Trimestral de fecha ....

Esto es, lo calla la actora pero lo cierto es que desde la declaración del concurso y *hasta el cese de la actividad*, acordado el día..........., la concursada, ..., actuó, con las dificultades propias de una empresa en concurso, ordenadamente, en el tráfico mercantil, continuando con su actividad empresarial, manteniendo empleo y generando riqueza.

III.– Sentado lo anterior, además, es notorio y conocido en el procedimiento concursal de..........., la voluntad de la concursada siempre ha sido la consecución de un convenio con los acreedores. Así lo manifestó en su solicitud de concurso, y lo peticionó expresamente mediante escrito presentado en fecha..........., en el que, de manera expresa, se solicitaba la apertura de la fase de convenio.

Es decir, ocho meses después de la declaración del concurso, la deudora ya solicitó la apertura de la fase de convenio, lo que evidencia la voluntad de la misma de continuar ejerciendo la actividad (vid escrito de fecha .... anteriormente referenciado).

Esta cuestión es muy relevante, ya que, las facultades patrimoniales de la concursada estaban sometidas a intervención, no suspensión, por lo que el margen de actuación de la Administración Concursal, quedaba, obviamente, limitado, debiendo respetar el principio de discrecionalidad empresarial en el ámbito de la toma de decisiones por parte de los administradores sociales, en los términos descritos en otros parajes de este escrito de contestación a la demanda instada de contrario contra mi mandante.

Item más, en sede de fase convenio, y sin perjuicio de sus deberes generales, la actuación del administrador concursal queda constreñida y ceñida, como dijimos, a la evaluación de la propuesta de convenio, del plan de pagos y de viabilidad. Porque no lo olvidemos, la solución convenial del concurso pasa por el esfuerzo de los acreedores, aceptando una quita o espera, y la continuidad y viabilidad de la concursada.

IV.– Pues lo único cierto que la concursada trabajó durante el desarrollo del procedimiento concursal en mejorar su posición económica y ser una empresa viable, lo que resulta del Plan de Viabilidad para los ejercicios ....a ....que fue elaborado y firmado bajo la dirección técnica del economista Don...........

Del citado documento, resulta, entre otras cuestiones:

- Que desde la declaración del concurso se procedió a adaptar la estructura del negocio de la mercantil concursada en atención de las nuevas circunstancias, con un estudio profundo de reducción de costes.
- Que se ha tratado de paliar la estacionalidad que afectaba a la actividad de la concursada, de tal modo que se han buscado alternativas al transporte de productos que no dependan de una determinada temporada y que puedan ser objeto de transporte en cualquier época del año, así como otras actuaciones que permitirían a la concursada ser más competitiva.
- Se efectúa una previsión de ingresos en el periodo..........., de tal modo que los ingresos del ....ascenderían a los siguientes importes: ....
- Así mismo, se hizo un estudio sobre los costes (Costes directos del Transporte, Otros Costes de Gestión Corriente, Costes Laborales) así como del resto de cuestiones económicas que afectaban a la sociedad para así poder hacer una previsión o estimación fiable de la situación económico-financiera de la misma en los siguientes 4 años.

- Igualmente se incluía una referencia al Plan de Pagos relativo al convenio, concluyéndose que las estimaciones prevén la generación de liquidez suficiente para atender el pago de los créditos contra la masa. Recordemos en este punto que un año antes, en concreto, el .... por parte de la concursada se solicitó al Juez del Concurso la apertura de Convenio.

Se adjunta como DOCUMENTO 11 el informe de Viabilidad de fecha...........elaborado y firmado bajo la dirección técnica del economista Don...........

V.– Por lo tanto, la concursada, como se acaba de exponer, desde la solitud de concurso y ya en..........., esto es, ocho meses después, pretendió y solicitó la apertura de la fase de convenio con el objeto de llegar a un acuerdo con los acreedores. Mantuvo su actividad empresarial y el empleo, generando unos ingresos de ....euros. A la par, llevó a cabo una profunda reducción de costes y mejoró su competitividad. No lo dice esta parte, lo dice el experto anteriormente señalado. Y debidamente asesorada, estudió las cuestiones económicas que afectaban a la sociedad a efectos de estimar la situación económica-financiera de la compañía e hizo una previsión de pago de los créditos contra la masa, incluido el de la actora, que el experto reseñado estimo suficiente al efecto.

En este contexto, no solo no concurría motivo para instar por mi mandante el cese de la actividad de la concursada, medida esta, como vimos, absolutamente excepcional (art. 44.4 LC), y menos aún al mes de iniciarse el concurso de..........., sino que peticionarlo habría sido cuanto menos irresponsable y temerario a la vista del total cuadro de situación que presentamos a este Juzgador, ajeno, ciertamente, al sesgado y proceloso mostrado por la actora en el hecho aquí combatido.

La actora justifica su pretensión de cese en la existencia de unas pérdidas, por cierto, exclusivamente anteriores a la declaración de concurso. Pero desconoce y obvia que tal situación de pérdidas, es ajena a la esfera concursal, en la que reina la insolvencia, y no la situación de pérdidas, o la concurrencia de causa de disolución por tal motivo, ello hasta el punto de entender nuestra jurisprudencia que presentado el concurso, ya no opera la causa de disolución por perdidas y esa situación debe resolverse en el seno del concurso, mediante un convenio que de viabilidad a la empresa o la liquidación concursal, sin que quepa exigir al administrador responsabilidad por tal motivo (sentencia del Tribunal Supremo de 15 de octubre de 2013).

Obvia, igualmente, que la concurrencia de pérdidas previa, e incluso, durante el concurso es algo harto habitual en la práctica concursal y no conlleva, per se, el cese de la actividad de la concursada, porque, en ese caso, todas y cada una de las empresas concursadas, ab initio, deberían cesar en su actividad. Y que precisamente, es la negociación de un convenio el instrumento deseado por la LC para, en base al oportuno plan y a la vista de las circunstancias concurrentes, dotar de continuidad y viabilidad a la concursada, sorteando situaciones deficitarias o perdidas como las aludidas por la actora. Algo que no era descabellado pues venía avalado por un experto independiente.

También pretende justificar su pretensión a la vista del valor atribuido en el inventario, y su disminución en los textos definitivos, en..........., algo, que ciertamente, no guarda re*lación alguna con un eventual* cese de la actividad al inicio de concurso, ..., no implica desaparición de los bienes inventariados, pues los que constan en uno y otro siguen siendo los mismos, sino parámetros contables, aplicables según el estado del concurso que, dialécticamente hablando, y de seguir la argumentación de la actora, en..........., habría que conducir a la presentación del cese de actividad por la actora, lo que, por cierto, hizo poco después, en el mes de...........

Pero obvia la sentencia dictada por este Juzgado de lo Mercantil núm. ...., de fecha..........., dictada en el incidente concursal..........., que se designa a efectos probatorios, y que dimana del concurso de ....(autos...........), instado por uno de los acreedores, la mercantil..........., en impugnación del referido inventario. Se adjunta como DOCUMENTO 12 la Sentencia de fecha........... Dicha sentencia desestima la referida impugnación, pudiendo leerse en la misma:

"...........Pues bien, de todo ello, analizada la ultima ratio de la discrepancia surgida entre la aquí actora y la Administración concursal en punto a las partidas del inventario del activo de la titularidad de aquélla que se vienen a cuestionar, considerando en gran medida las aclaraciones y justificaciones que vienen esgrimidas con ocasión de la contestación a la demanda en el seno del presente incidente concursal, así como toda la información que se deriva de los particulares obrantes en el procedimiento concursal del que el incidente es pieza separada, no puede por menos que venir a confirmarse el prudente proceder que se ha observado por parte del Administrador concursal, y ello por cuanto:

– Se da razón de no haberse incluido indebidamente ningún bien de la titularidad de tercero, habiéndose valorado debidamente el derecho de uso que, en virtud de titulo bastante en cada caso, viene a ostentarse.

– Los derechos de crédito frente a tercero se contabilizan adecuadamente, y por valores prudentes. En todo caso es de destacar en este punto el carácter dinámico del inventario, de suerte que, de advertirse nuevos derechos de crédito o que la valoración de los existentes es superior al inicialmente cifrado, nada obsta la actualización de la partida correspondiente."

"Contabilización adecuada", "valores prudentes", "proceder prudente de la Administración concursal", que en el seno del incidente dio cumplidas "aclaraciones y justificaciones"........... Justo todo lo contrario al descontrol que intenta vender la actora en su inaceptable demanda.

Por lo tanto, durante los siguientes meses por la concursada se llevaron a cabo las gestiones necesarias para la consecución de dicho convenio, sin embargo, finalmente las mismas no surtieron sus frutos y no se presentó propuesta de convenio, lo que motivó que el propio Juzgado aperturara la fase de liquidación, momento en el cuál (y no antes) el Administrador Concursal se vio realmente en la obligación de solicitar el cese de actividad, cumpliendo de manera diligente con sus obligaciones.

Y que las pretensiones conveniales de la concursada no llegaran finalmente a buen puerto, que, no lo olvidemos, dependían del impulso y apoyo de los acreedores, no es imputable ni achacable a mi mandante que, repito, sin tener indicios sólidos, y a la vista de la situación expuesta, no venía compelido a cesar la actividad de ....como ahora, a toro pasado, le imputa la actora, cese, reiteramos, que constituye una regla excepcional y de interpretación absolutamente restrictiva.

La concursada, pese a haber solicitado la apertura de la fase de convenio, no presentó finalmente una propuesta anticipada de convenio ni se presentó propuesta de convenio ordinario dentro del plazo habilitado para ello, se aperturó de la fase de liquidación por medio de auto de fecha .... con las implicaciones que ello conllevaba y, días después, se solicitó el cese de actividad de la compañía (el día...........), se presentó el oportuno expediente regulador de empleo (mediante escrito fecha...........) y se comunicó la insuficiencia de masa en el concurso. Se adjunta como DOCUMENTO 13 el escrito con fecha ....en el que se comunicaba al Juzgado la insuficiencia de masa.

Así, es evidente que el Administrador Concursal siguió en todo momento los cauces previstos en la legislación concursal, de tal modo que su conducta y actuación no pueden ser objeto de reproche o condena alguna. Menos aun de exigencia de responsabilidad a mi mandante.

Pero no sólo lo anterior, lo que no es de recibo es que ahora se alegue que mi mandante debía de haber solicitado el cese de actividad de inmediato debido a que la actividad de la concursada era absolutamente deficitaria, cuando lo cierto y verdad es que la propia actora libremente optó por continuar la relación comercial con ...., llegando incluso a exigir en .... que se firmara por la matriz de esta un contrato de fianza en garantía del cumplimiento de las obligaciones de la concursada. Si la actora afirma tan categóricamente que la actividad de la concursada era deficitaria desde el inicio del concurso, ¿por qué decidió continuar la relación comercial? De ser ciertas las alegaciones sostenidas ahora por la actora, la decisión más prudente y acertada habría sido la de dejar de suministrar el carburante a la concursada, pero no es lo que hizo........... La actora decidió continuar con el suministro porque sabía que la actividad no era en ningún caso deficitaria y porque entendió que el mantenimiento de la relación comercial le iba a reportar una serie de beneficios económicos, como había sucedido hasta esa fecha.

De este modo, esta parte muestra su más absoluto rechazo a las alegaciones formuladas de contrario, entendiendo que las mismas no pueden ser acogidas ni estimadas en ningún caso.

QUINTO.- Se rechaza íntegramente el correlativo ordinal de la demanda.

I.- La actora alude a una indebida "postergación" de su crédito, y lo conecta, citamos literalmente, con que su "deuda resultó impagada por la concursada, a pesar de tratarse de un crédito contra la masa, que había que pagarse a su respectivo vencimiento". Y con manifiesta mala fe y aprovechando que el Pisuerga pasa por Valladolid, trata la actora de confundir e incitar al Juzgador creando un relato falso por el que ....sería poco menos que un ladrón que pretendía recibir unos bienes que no tenía la intención de pagar, todo ello sin acreditar dicha falaz afirmación, y que en cualquier caso, nada tiene que ver con la actuación de la administración concursal, siendo que es esto último, y nada más, es lo que se estaría ventilando en este procedimiento, más aun si cabe si tenemos en cuenta que, tal como se ha incidido en otro pasaje del presente escrito, en dicho momento *operaba en el concurso* el régimen de intervención de facultades.

Así mismo, la actora conecta la falta del pago del carburante en la supuesta actividad deficitaria de la concursada que implicaba, a su entender, que la administración concursal debería de haber solicitado el cese de actividad en ese momento de forma inmediata.

Por último, la actora igualmente incide en que en el periodo de tiempo en el que se impagaron sus créditos, la administración concursal debería de haberse percatado que la concursada no iba a poder satisfacer los créditos contra la masa, ya que, supuestamente, y a entender de la actora, ya en esa fecha no existía masa activa suficiente para atender los referidos créditos.

II.– Pues bien, sin entrar en la cuestión relativa al cese de actividad, ya que la misma ha sido rebatida sobradamente en un momento anterior del presente escrito, los argumentos aducidos de contrario, de inicio, resultan contradictorios con otros parajes de la demanda aquí contestada, en la que acusa a mi mandante de no haber presentado la comunicación del difunto art. 176 Bis LC, que conllevaba un vuelco en el orden de pagos de los créditos contra la masa, pasando del reseñado en el art. 84.3 LC, al previsto en el apartado 2, del art. 176 Bis LC, quedando inserto el crédito de la actora en el apartado 5º del citado apartado.

III.– Sin embargo, lo único cierto y no lo niega la actora, que mi mandante con tal eventual e hipotético retraso, o postergación de crédito, que no acredita, no ha beneficiado a ningún acreedor ni ha perjudicado a........... Por ello, ese eventual retraso en el pago del crédito de la actora, no supone incumplimiento o actuación negligente, carece de relevancia alguna en sede de responsabilidad de administración concursal, y, en cualquier caso, no da lugar a responsabilidad alguna en los términos del art. 36.6 LC o cualquier otro precepto legal.

IV.– Y por lo que respecta a las alegaciones en las que, con manifiesta mala fe se trata de confundir al Juzgador indicando la supuesta falta de diligencia de mi mandante en cuanto a la interposición de las demandas relativas al cartel de camiones y al conocido comúnmente como céntimo sanitario, si bien posteriormente incidiremos más detalladamente, es importante al menos adelantar lo siguiente:

- En cuanto a la reclamación relativa al..........., después de llevar a cabo un estudio detallado de esta acción con despachos especialistas en esta compleja materia, y en aras a maximizar el importe a obtener, se ha decidido finalmente reclamar en la jurisdicción alemana, ya que las perspectivas de obtener un pronunciamiento favorable son mayores. En este punto, si bien la estimación inicial en relación a esta reclamación ascendía a un importe ....€, por prudencia se comunicó al Juzgado finalmente un importe de ....€.
- Y en cuanto a la acción relativa al..........., se deja constancia que se han obtenido ya indemnizaciones por valor de ....€ y ....€ respecto a los recursos ordinarios .... y ....seguidos ante el Tribunal Supremo. A fecha de hoy siguen quedando cantidades por cobrar pendientes, habiendo remitido el correspondiente burofax a la procuraduría de la AEAT, Servicio Jurídico, con el objeto de que concreten las referidas cantidades, estando a la espera de respuesta.

De este modo, queda perfectamente claro que mi mandante ha obrado en este caso con la diligencia y prudencia exigibles, procediendo a un estudio detallado de las acciones a interponer en aras de intentar asegurar un pronunciamiento favorable, así como para tratar de maximizar el importe a obtener mediante el ejercicio de las referidas acciones.

SEXTO.– Se rechaza íntegramente el correlativo ordinal.

I.– En este punto, por parte de la actora se sostiene que mi mandante se desentendió por completo de su actividad de Administración Concursal y el control y evolución de la masa activa a fin de asegurar su conservación, y se vuelve a insistir en la improcedencia de la continuación de una actividad supuestamente deficitaria.

II.– Así las cosas, indica la actora en primer lugar que mi mandante se desentendió de reclamar ciertos créditos haciendo constar la supuesta falta de diligencia de mi mandante en relación a las reclamaciones correspondientes al cartel de camiones, así como al céntimo sanitario. Pues bien, en este punto, si bien ya se ha adelantado que mi mandante actuó con la diligencia y prudencia exigibles, es necesario remarcar que:

a) Respecto del cartel de camiones: Ya en el año..........., previamente a la solicitud de concurso, ...contrató con la mercantil ....la reclamación por los daños contra los fabricantes por conocido como el........... Este acreedor, por cierto, también reclama responsabilidad concursal contra mi mandante, autos ....seguidos también ante este Juzgado, pero no alude en su demanda al presente argumento. Queda claro el porqué.

Por tanto, inicialmente fue la empresa ....la que se haría cargo de la reclamación, si bien con posterioridad a la fecha de la declaración del concurso (...........) se encontraba pendiente de presentación la demanda, de tal modo que, ante esta demora en la tramitación del expediente, se decidió buscar otro despacho.

Tras reunirse la concursada y la administración concursal, el ....se firmó hoja de encargo con el despacho "...........", haciéndose cargo de las reclamaciones. Tras un estudio de la documentación, diversas reuniones y conversaciones, el referido despacho pone en conocimiento de la concursada y la Administración Concursal que se iba a proceder a excluir de la reclamación determinadas marcas de ....y los contratos de renting, disminuyendo de esta forma sustancialmente las posibles indemnizaciones a percibir por parte de...........

Ante esa información, se toma la decisión conjunta (concursada y administración concursal) de consultar con otros despachos de abogados especializados para volver a estudiar detalladamente la viabilidad de la reclamación, incluyendo los contratos que habían sido excluidos por el anterior despacho. Todo ello, como es lógico, en beneficio de la masa del concurso.

Así las cosas se contactó con el despacho de .... siendo que desde este despacho, se consideró incluir la totalidad de los contratos, incluso los que inicialmente habían sido excluidos. Igualmente se propuso realizar la reclamación en los Tribunales Alemanes, al considerarse que la indemnización que se prevé obtener podría ser superior a la obtenida en los Tribunales Españoles, pues en la jurisdicción alemana se incluía la totalidad de los contratos.

Y para proceder en los términos referidos y ante la complejidad de la acción a ejercitar se llevó a cabo una ardua labor de investigación para la obtención de la documentación precisa para presentación de la demanda, lo que ha demorado la interposición de la misma. Todo ello en aras a preparar una demanda que tenga los máximos visos de prosperabilidad.

Es evidente por tanto que durante la tramitación del expediente, la Administración Concursal, actuando con la diligencia exigible, ha mantenido numerosas reuniones, correos y llamadas con los diferentes Letrados para la consulta del expediente, así como ha colaborado aportando, requiriendo y recabando toda la documentación necesaria para la interposición de la demanda, siendo además que todo ello ha sido comunicado al Juzgado a lo a lo largo del procedimiento concursal de ....(vid informes trimestrales que han sido aportados anteriormente como documento 8).

En acreditación de lo anterior, se adjunta como DOCUMENTO 14 los contratos concertados para la reclamación del cartel de camiones, y como DOCUMENTO 15 y a título ejemplificativo, documentación acreditativa de algunas de las gestiones llevadas a cabo en relación a la reclamación del cartel de camiones.

b) Respecto del céntimo sanitario: La reclamación judicial fue interpuesta previamente a la declaración del concurso, concretamente en..........., encontrándose durante el mismo en tramitación ante el Tribunal Supremo, reclamándose las cantidades de .... € y ....€.

Ante esta situación, la administración concursal ha seguido con la diligencia exigible el desarrollo del estado de los procedimientos en durante toda la tramitación del concurso de..........., así como por lo que respecta a la interposición de las demandas de ejecución forzosa en noviembre de...........

En este punto, se contestó por parte de la Abogacía del Estado que se encontraban realizando los cálculos necesarios para la determinación de las cantidades, teniendo en cuenta los pagos previos que se hubieran podido realizar, y comunicando que el pago se podía retrasar debido al elevado número de reclamaciones existentes en relación a esta materia.

Así las cosas, en el momento en que se comunicó que se iban a realizar pagos, esta Administración Concursal llevó a cabo todas las gestiones oportunas con la entidad bancaria, aportación de certificados de cuenta y alta telemática de la cuenta en la Sede de Agencia Tributaria para que los pagos fueran efectivos a la mayor brevedad, de tal modo que se percibieron dos pagos en la cuenta intervenida:

Importe de .... € en fecha ....

Importe de .... € en fecha ....

Y con la finalidad de agilizar los pagos pendientes y conocer la determinación de las cantidades que quedaran por realizar, esta Administración Concursal se ha dirigido a la Agencia Tributaria, concretamente al Servicio Jurídico, Servicio de la Procuraduría, mediante correo electrónico y burofax, estando pendiente a día de hoy de la respuesta.

De este modo, no puede afirmar en ningún caso que esta Administración Concursal se haya mantenido inactiva o poco diligente en la referida reclamación siendo que las dilaciones que puedan haber existido en este procedimiento han sido imputables a las normales que se pueden dar en la tramitación un proceso judicial, así como al retraso de la propia administración.

Se adjunta como DOCUMENTO 16, la documentación acreditativa de algunas de las gestiones y trámites en el seno de la reclamación comúnmente conocida como del...........

III.– Y por lo que respecta a la cuestión relativa a la continuación de la actividad, reiteramos lo expuesto anteriormente en otros pasajes del presente escrito, a los que nos remitimos íntegramente en aras a una mayor brevedad y por razones de economía procesal. Y añadidos, porque lo obvia la actora, que la continuación de la actividad de la concursada iba en beneficio de la conservación de la masa, ya que la paralización de la actividad implicaba, entre otras muchas cuestiones, que los camiones permanecieran parados, con la consiguiente pérdida de valor de los mismos, así como una reducción drástica de los ingresos. Porque la continuación de la actividad maximizaba el valor, si no de todos, sí de buena parte de los activos de la concursada.

IV.– Respecto al hecho que mi mandante desatendió su actividad como administración concursal, basta con remitirnos al referido procedimiento concursal de..........., y a lo expuesto en otras partes de este escrito para rechazar tan inaceptable e injustificada afirmación vertida de contrario, por cierto, huérfana de soporte probatorio alguno o, cuanto menos, un mayor desarrollo fáctico de lo afirmado.

Pero ha llevado a cabo más actuaciones distintas de las señaladas en otros pasajes del presente escrito; A modo de resumen y los efectos de clarificar y valorar la labor llevada a cabo por la Administración Concursal:

– Durante la tramitación de la fase común, por parte de la administración concursal se llevó a cabo diferentes actuaciones tendentes a que la concursada pudiera mantener la actividad, entre otras, la renovación de las tarjetas de transporte, reducción de flota de camiones ajustando el sobredimensionamiento de la sociedad a las necesidades de la misma (resolviendo en su caso contratos de leasing), así como la eliminación de las rutas que resultaban inviables económicamente.

- Así mismo, y en relación las actuaciones en materia laboral por parte de la Administración Concursal se han tramitado numerosos expedientes laborales a lo largo del procedimiento concursal, siendo que finalmente, y ante la apertura de la fase de liquidación fecha se presentó ante el Juzgado escrito de fecha .... la solicitud de Expediente de Regulación de Empleo, aprobándose el mismo en fecha...........
- Por otra parte, por la Administración Concursal se ha procedido a la resolución de más de .... contratos de arrendamiento financiero-leasing o rentings, resoluciones éstas que como es evidente redundaban en beneficio del concurso. A título ejemplificativo se adjunta como DOCUMENTO 17 los autos de ....y por los que se homologan los acuerdos resolutorios.

– Igualmente, tal como se expondrá posteriormente, por la Administración Concursal se ha procedido a la reclamación del..........., y se viene estudiando las acciones relativas al..........., todo ello tendente a incrementar la masa activa del concurso.

Con todo ello, queda claro que el procedimiento concursal ha sido un proceso complejo que ha requerido una actuación minuciosa y constante por parte de la Administración Concursal, habiendo la misma cumplido diligentemente con sus obligaciones, por lo que las manifestaciones de contrario infundadas y carentes de justificación o prueba no pueden tener acogimiento en ningún caso.

V.– Por otro lado, y como fundamento de esa inexistente falta de control de la masa activa, la actora lleva a cabo una relación parcial, sesgada e interesada de cuestiones relativas a créditos contra la masa del concurso recogiendo una serie de créditos que se adeudarían por la concursada a ciertas entidades (..........., ...), esto es, créditos, que inicialmente no fueron recogidos por su importe correcto en los textos definitivos. No parece que tal omisión, por otro lado, habitual en los procedimientos concursales, acredite o sirva de apoyo suficiente a la afirmación de la actora de ese "descontrol" de la masa activa, ciertamente, inexistente.

Máxime cuando tales créditos habían sido contraídos por la concursada con la intervención de mi mandante, (vid la referencia que hace la actora en el correlativo factico aquí contestado a los pagarés firmados por mi mandante en los supuestos de...........), esto es, bajo su "control", constan debidamente contabilizados y registrados en las declaraciones fiscales de la concursada. Únicamente y de forma involuntaria, se omitió la reseña de dichos créditos. Nada más.

Y esta omisión no causó perjuicio alguno a ninguno de los acreedores afectados, ni a la actora, quienes, como consecuencia de tal omisión, por cierto, subsanada cuando se detectó, en ningún modo vieron perjudicado su derecho de crédito. Y lo más importante, no puede ser prueba de un inexistente descontrol de la masa activa, y, más aun, base para hacer responsable a mi mandante frente a la actora pues es evidente que la falta de reseña de unos créditos, posteriormente e inmediatamente corregida, no es causa directa del daño que la actora dice se le ha causado por esta parte.

El hecho de que no se hubieran incluido en un momento inicial los créditos contra la masa de dichas entidades en nada afecta ni causa perjuicio alguno a la mercantil demandante. Ni a nadie. Y esta cuestión es de suma relevancia, ya que, como es sabido, para que pueda declararse la responsabilidad del Administrador Concursal es necesario que la acción u omisión contraria a la ley o negligente del administrador guarde relación con el daño ocasionado al acreedor. Lo que no sucede en este caso.

Porque, como señalan las sentencias del Juzgado de lo Mercantil núm. 2 de Murcia, de fecha 30 de diciembre de 2020, referida a omisiones en una rendición de cuentas, o las del Juzgado de lo Mercantil núm. 1 de Palma de Mallorca, de fecha 13 de mayo de 2020, relativa a irregularidades y deficiencias en los informes trimestrales, obviamente, ambas de mayor calado que las aquí denunciadas de contrario, pero nunca causantes de responsabilidad.

Y también alude a la comunicación de insuficiencia de masa activa, rechazando sus afirmaciones, y remitiéndonos de nuevo a lo reseñado anteriormente respecto a las circunstancias en que se formuló por mi mandante la referida comunicación, que revelan su actuar diligente.

Además, aunque hipotéticamente no se hubiera notificado al Juzgado tal insuficiencia de masa en el momento que sugiere la actora, debe analizarse que efectos beneficiosos se hubieran producido en relación a la deuda del actor. Y la respuesta es ninguna, pues del orden de pagos en dichos régimen que establecía el art. 176 LC resulta que sus créditos contra la masa habrían pasado a abonarse ya no a su vencimiento sino en último lugar, a prorrata con el resto de créditos contra la masa, con sacrificios similares a los de........... Lo que directamente excluye exigencia de responsabilidad alguna a mi mandante.

SÉPTIMO.– Se rechaza íntegramente el correlativo ordinal.

I.– Sostiene el demandante que a la hora de valorar la diligencia en la actuación del Administrador Concursal, se tiene que tener en cuenta:

- La llevanza de una contabilización del volumen de créditos contra la masa postergados.
- La realización de una corrección de valor de los bienes y derechos que componen la masa activa para adecuarlo a su valor de liquidación a fin de asegurarse que siempre quedarán bienes y derechos suficientes susceptibles de liquidación para atender los créditos postergados, así como los gastos imprescindibles de la liquidación, fijando un límite a partir del cuál no se puedan postergar más créditos contra la masa.

II.– Pues bien, respecto de la primera cuestión, es evidente que el Administrador Concursal sí llevaba una contabilización de los créditos contra la masa. Cuestión distinta e inaceptable es la pretensión de la actora de hacer pasar una simple omisión de determinados créditos en un listado de créditos contra la masa en prueba de un absoluto caos o falta de control en el concurso, omisión ésta inmediatamente subsanada y que no causo perjuicio a nadie, incluido la actora.

II.– Respecto de la corrección de valor de los bienes y derechos, sin entrar a valorar las correcciones de valor de los bienes y derechos del activo que supuestamente debería de haber efectuado el Administrador Concursal, ya que las mismas son absolutamente arbitrarias y carentes de fundamento, lo que sí es necesario clarificar es que el inventario de bienes y derechos tiene mero carácter informativo, esto es, informar a los acreedores y demás partes personadas que pudieran tener interés legítimo sobre la composición de la masa activa a fecha de la declaración del concurso, así como informar a los acreedores a efectos de alcanzar una solución convencional o de orientar la liquidación. Pero en ningún caso cumple la finalidad de determinar con exactitud la masa activa. En este sentido la Sentencia del Tribunal Supremo de fecha 24 de julio de 2014.

III.– De este modo, basar la exigencia de responsabilidad frente al Administrador Concursal en una supuesta falta de corrección en la elaboración del inventario de bienes y derechos que componen el activo no puede tener acogimiento en ningún caso, y, dicho sea con toda la prudencia y respeto, debería suponer la inmediata desestimación de la demanda. En este sentido la Sentencia del Juzgado de lo Mercantil de Palma de Mallorca de fecha 13 de mayo de 2020.

En cualquier caso, y como se ha expuesto con mayor detenimiento en un momento anterior del presente escrito, la actora obvia determinados activos que no tiene en cuenta, pendientes actualmente de generación, y que, entre otros, incrementan el activo a repartir entre los acreedores:

....

De todo lo expuesto anteriormente no cabe sino concluir que mi mandante cumplió con sus obligaciones como administrador concursal, llevando un control sobre la masa activa, así como de los créditos que se pudieron ir generando, debiéndose rechazar por tanto las alegaciones vertidas de contrario en relación a estas cuestiones.

OCTAVO.– Se rechaza de nuevo íntegramente el correlativo ordinal.

I.– En este punto la actora vuelve a reiterar resumidamente las alegaciones formuladas a lo largo de su escrito y que nuevamente debemos rechazar.

II.– Así las cosas, la actora indica nuevamente que la Administración Concursal debió solicitar el cese de actividad de la concursada nada más declararse el concurso en aras de conservar la masa activa del mismo, ello supuestamente en virtud de la información económica de la sociedad con la que contaba en dicho momento, volviendo a indicar que a su entender la actividad era deficitaria. Nuevamente reiteramos lo ya expuesto anteriormente por cuestiones de economía procesal.

III.– Por otra parte, la actora vuelve a indicar que por parte del Administrador Concursal no se llevó a cabo una labor de control sobre la masa activa con el objeto de que se pudiera asegurar el pago de los créditos contra la masa. Tal afirmación de parte, carente del más mínimo respaldo probatorio, ya ha sido descreditada por esta parte.

Y sobre la supuesta falta de control o cuantificación del activo, no es voluntad de esta parte el parecer repetitivo, por lo que también nos remitimos a lo reseñados en pasajes anteriores de este escrito.

IV.– Así mismo, la actora vuelve a insistir de una manera repetitiva en el supuesto retraso de mi mandante a la hora de comunicar la insuficiencia de masa activa, alegaciones estas a las que ya se ha dado respuesta por esta en un momento anterior del presente escrito, a lo que nos remitimos íntegramente por cuestiones de economía procesal.

De este modo, de todo lo anteriormente expuesto se evidencia que ni el Administrador Concursal debió solicitar el cese de actividad desde el momento de la declaración del concurso tal como sostiene la actora, ni se produjo una dejación en sus funciones que hubieran podido ocasionar un perjuicio a la demandante, ni para nadie. Ni por lo que respecta al control y seguimiento del activo para que el mismo pudiera asegurar el pago de los créditos contra la masa, ni por lo que respecta a la supuesta falta de contabilización de los créditos contra la masa, no habiéndose podido acreditar ninguna de las cuestiones alegadas por la parte actora, pese a la ingente cantidad de documentación que ha aportado, ello entendemos en aras de tratar de confundir al Juzgador y sobrecargar una demanda que, como se ha visto, carece de todo fundamento. Ni tampoco puede concluirse que por parte de la administración concursal se hubiera retrasado a la hora de comunicar la insuficiencia de masa activa para atender al pago de los créditos contra la masa.

Finalmente, y lo que es más importante no se ha acreditado perjuicio alguno a la actora causado actuación de mi mandante, y aún en el caso de que existiera el referido perjuicio, que no existe, de contrario no se ha acreditado el vínculo o nexo causal entre la actuación de mi mandante y el supuesto daño ocasionado a la actora.

Todo lo cual, debe conllevar la integra desestimación de la demanda.

A los anteriores hechos le son de aplicación los siguientes

FUNDAMENTOS DE DERECHO

PROCESALES

I.– Conforme con los de jurisdicción, competencia y procedimiento. Disconforme con los demás invocados.

SUSTANTIVOS O DE FONDO

PRIMERO.– Se rechazan los motivos y argumentaciones de fondo vertidos de contrario por improcedentes y, en cualquier caso, no resultar de aplicación al supuesto objeto de esta litis.

SEGUNDO.– Por nuestra parte, aducimos los siguientes:

I.– Art. 36 LC, que regula el régimen de responsabilidad de la Administración Concursal en los siguientes términos:

> Artículo 36. Responsabilidad.
>
> 1. Los administradores concursales y los auxiliares delegados responderán frente al deudor y frente a los acreedores de los daños y perjuicios causados a la masa por los actos y omisiones contrarios a la ley o realizados sin la debida diligencia.
>
> 2. Los administradores concursales responderán solidariamente con los auxiliares delegados de los actos y omisiones lesivos de éstos, salvo que prueben haber empleado toda la diligencia debida para prevenir o evitar el daño.
>
> 3. La acción de responsabilidad se sustanciará por los trámites del juicio declarativo que corresponda, ante el juez que conozca o haya conocido del concurso.
>
> 4. La acción de responsabilidad prescribirá a los cuatro años, contados desde que el actor tuvo conocimiento del daño o perjuicio por el que reclama y, en todo caso, desde que los administradores concursales o los auxiliares delegados hubieran cesado en su cargo.

5. Si la sentencia contuviera condena a indemnizar daños y perjuicios, el acreedor que hubiera ejercitado la acción en interés de la masa tendrá derecho a que, con cargo a la cantidad percibida, se le reembolsen los gastos necesarios que hubiera soportado.

6. Quedan a salvo las acciones de responsabilidad que puedan corresponder al deudor, a los acreedores o a terceros por actos u omisiones de los administradores concursales y auxiliares delegados que lesionen directamente los intereses de aquellos.

II.– Sobre las acciones de responsabilidad previstas en el art. 36 LC, vid sentencias del Juzgado de lo Mercantil núm. 2 de Murcia de fecha 30 de diciembre de 2020, según la cual, el artículo 36 de la Ley Concursal regula dos tipos diferentes de acciones de exigencia de responsabilidad a los administradores concursales: la colectiva o concursal y la individual. La primera, regulada en los cinco primeros números de dicho precepto (tras renumeración operada por Ley 38/2011), tiene por objeto reparar el daño sufrido por la masa como consecuencia de actos u omisiones ilícitos de la administración concursal. Responde al interés colectivo de preservación de la integridad de la masa y están legitimados tanto el deudor como cualquier acreedor. La segunda, prevista en el art. 36.6, permite al deudor, a los acreedores o a terceros reclamar por los daños y perjuicios que les hayan causado los actos u omisiones de los administradores concursales directamente en su patrimonio.

III.– Sobre la prescripción de la acción aquí ejercitada, y la fijación del plazo prescriptorio de un año a la acción individual de responsabilidad del art. 36.6 LC, traemos a colación, las Sentencias del Juzgado de lo Mercantil de Bilbao de 29 de julio de 2016, o del Juzgado de lo Mercantil de Murcia de 1 de octubre de 2019. O el Auto del Juzgado de lo Mercantil de Valencia de 19 de mayo de 2016. También las Sentencias del Juzgado de lo Mercantil de Burgos de fecha 5 de octubre de 2020, de la Audiencia Provincial de Madrid de fecha 24 de febrero de 2020, de la Audiencia Provincial de Lerida de fecha 29 de noviembre de 2019, de la Audiencia provincial de Valencia, de fecha 18 de enero de 2017, de la Audiencia Provincial de Segovia de fecha 17 de febrero de 2017, de la Audiencia Provincial de Asturias de fecha 24 de julio de 2017, y la Sentencia de la Audiencia Provincial de Cáceres de fecha 20 de marzo de 2018.

La Sentencia del Juzgado de lo Mercantil de Burgos nº 114/2020, de fecha 5 de octubre de 2020, que muy claramente establece al respecto:

"La posición jurisprudencial mayoritaria, que es la que seguiré, sostiene que la acción del art. 36.6 LC tiene un plazo de prescripción de un año, tal y como indica la parte demanda. El régimen prescriptivo es el del art. 1968.2 CC. ...."

La sentencia de la Audiencia Provincial de Madrid, de fecha 24 de febrero de 2020, reseña:

"En este caso el legislador en el artículo 36 de la Ley concursal, que antes hemos transcrito, solamente regula el plazo de prescripción de la acción nacida por daños causados al concursado estableciendo también un plazo de cuatro años, sin que haga pronunciamiento sobre la que podríamos denominar individual, por

daños causados directamente a terceros y acreedores, por lo que como no puede ser aplicable el artículo 949 del Código de Comercio, pues no cabe equipar el administrador concursal con el administrador de una sociedad de capital, parece que deberemos aplicar el plazo de un año para las acciones de responsabilidad extracontractual (artículo 1968 del CC) criterio con el que parecen mostrarse de acuerdo las partes, quedando la discusión en determinar el momento en que debe comenzarse el computo (...........)".

Con mayor sistematización jurisprudencial, la SAP Lérida, sección 2ª, nº 553/2019, de 29 de noviembre de 2019, sostiene:

"(...........) hay que señalar que buena parte de la doctrina y la jurisprudencia pone de manifiesto que, si bien el art. 36.6 LCom apenas la regula (el apartado 4 de dicho precepto es aplicable propiamente a la acción colectiva y no a la individual), se trata de una acción de responsabilidad por daños y perjuicios de naturaleza extracontractual, y por lo tanto está sometida al plazo de prescripción de 1 año que el derecho estatal prevé para las acciones de responsabilidad extracontractual (hay que recordar que estamos en el ámbito de las relaciones mercantiles de competencia estatal), conforme al art. 1968.2 CCivil, estableciéndose expresamente dicho plazo de prescripción de 1 año en el párrafo 2º del art. 9.1 RD 1333/2012 por el que se regula el seguro de responsabilidad civil y la garantía equivalente de los administradores concursales. Con este criterio se han pronunciado la SAP Valencia, sección 9, nº 21 de 18 de enero de 2017 (rec 2090/2016) que cita la de 13 de abril de 2015 de la sección 2 de la AP Segovia, la SAP Madrid, sección 28, nº 77 de 17 de febrero de 2017 (rec. 224/2015), la SAP Asturias, nº 209 de 24 de julio de 2017 (rec. 90/2017), y la SAP Cáceres nº 179 de 20 de marzo de 2018 (rec. 103/2018)..........."

III.– Sobre la naturaleza jurídica de la acción de responsabilidad del art. 36.6 LC (actual, art. 98 TRLC), entendida como una responsabilidad subjetiva basada en la causación de un daño o perjuicio, por una conducta del administrador concursal, activa u omisiva, contraria a la ley o a la diligencia que le resulta exigible en el ejercicio de la función para la cual ha sido nombrado, vid. las Sentencias del Tribunal Supremo de fecha 11 de noviembre de 2013, de la Audiencia Provincial de Santa Cruz, de 4 de abril de 2008, de Córdoba, de 7 de julio de 2008, de Segovia, de 22 de diciembre de 2015, o del Juzgado de lo Mercantil núm. 2 de Murcia de fecha 10 de noviembre de 2016 y 7 de julio de 2018.

IV.– Sentencia del Juzgado de lo Mercantil núm. 2 de Barcelona de fecha 2 de julio de 2012, según la cual no toda interpretación errónea de la ley debe ser sancionada con la responsabilidad civil del administrador concursal. Cuando, en ultimo termino, se analiza si una determinada decisión de la administración concursal se ajusta a derecho, solo si el error es palmario y la decisión contraria a toda lógica jurídica podrá exigirse la responsabilidad civil del administrador concursal.

V.– Sentencia del Tribunal Supremo de fecha 11 de noviembre de 2013, según la cual la falta de ejercicio de una acción rescisoria constituye una infracción de las normas y conducta impuestas por la ley al administrador concursal, ni su omisión constituye

VI.– Sentencia del Juzgado de lo Mercantil núm. 1 de Palma de Mallorca de fecha 13 de mayo de 2020, según la cual, errores en el inventario no en informes trimestrales o constituye supuesto de responsabilidad civil de la administración concursal.

VII.– Sentencia del Juzgado de lo Mercantil núm. 1 de Murcia, de fecha 25 de junio de 2020, al establecer que deficiencias en la rendición de cuentas no conlleva responsabilidad del art. 36 LC.

VIII.– Sentencia del Juzgado de lo Mercantil núm. 2 de Murcia, de fecha 30 de diciembre de 2020, que impone valorar la actuación del acreedor a la hora de fijar la eventual responsabilidad de la administración concursal. En especial, la decisión del acreedor de seguir vendiendo a la concursada tras la declaración del concurso a la vista de su estrategia e intereses empresariales.

IX.– Artículo 394.1 LEC, conlleva la imposición de las costas procesales por mala fe del actor.

Por todo lo expuesto,

SUPLICO AL JUZGADO, Que teniéndome por personado en tiempo y forma y por presentado este escrito, con los documentos que se acompañan y sus copias, se tenga por contestada la demanda, y previos los trámites legales y el recibimiento a prueba que desde ahora, y para su momento procesal oportuno dejo interesado, se digne dictar sentencia, por la que se desestime íntegramente la demanda presentada por ....contra mi mandante imponiendo a la actora las costas de este procedimiento.

Todo ello es justicia que pido, en ....a ....

PRIMER OTROSÍ DIGO que de conformidad con el art. 231 de la

LEC, esta parte manifiesta su voluntad de subsanar cualquier defecto procesal en que pudiera incurrir, cumpliendo los requisitos legales exigibles, SUPLICO AL JUZGADO, que se tengan por realizadas las anteriores manifestaciones procediéndose en consecuencia.

SEGUNDO OTROSÍ DIGO: Que interesa a esta parte el RECIBIMIENTO DEL PLEITO A PRUEBA para el momento procesal oportuno, por lo que, SUPLICO AL JUZGADO: Tenga por hecha la anterior manifestación a los efectos oportunos.

TERCERO OTROSÍ DIGO: Que a efectos probatorios SE DESIGNAN LOS ARCHIVOS Y REGISTROS correspondientes a todos aquellos organismos, juzgados y entidades que han quedado reseñados en el presente escrito, así como que guarden relación con los documentos que se aportan con el mismo, por lo que, SUPLICO AL JUZGADO: tenga por efectuada la anterior designación de archivos a los efectos oportunos.

CUARTO OTROSÍ DIGO: Que esta parte se opone a la designación de perito judicial peticionada de contrario, al resultarnos impertinente dicha prueba, pues no aporta nada, ni viene referida a cuestiones ajenas objeto del pleito y no imputados a mi mandante como incumplimiento en el cuerpo de la demanda (extremo 1 de la petición) y no resultar posible en estos momentos dictaminar la eventual insuficiencia de masa activa en un procedimiento concursal abierto (extremo 2), por lo que, SUPLICO AL JUZGADO: tenga por efectuada la anterior manifestación a los efectos oportunos.

QUINTO OTROSÍ DIGO: Que a los efectos del artículo 337.1 LEC se anuncia la presentación de informe pericial económico elaborado por el economista colegiado nº ...., Don ....COEF en aras de corroborar los datos e información de carácter económico contenidos en el presente escrito de contestación, cuya elaboración ha resultado imposible dentro del plazo concedido, comprometiéndonos en cuanto dispongamos del mismo a su debida aportación para su traslado a la contraparte, solicitando igualmente su ratificación y aclaración en el acto de la vista, y cuya citación para ello asumirá esta parte, y teniendo por realizadas las anteriores manifestaciones y por aportado como DOCUMENTO 18 el escrito firmado por Don ....manifestando que ha sido designado para la elaboración del informe pericial económico y que no ha sido posible la elaboración hasta el momento dado el volumen de documentación necesaria, es por todo ello por lo que SUPLICO AL JUZGADO tenga por propuesto el medio de prueba del que pretende hacerse valer esta parte, y previos los oportunos trámites legales se acuerde la práctica del mismo en el momento procesal oportuno.

Todo ello es justicia que pido, en ....a...........

Fdo. ....

Abogado ....

4. EFECTOS DE LA DECLARACIÓN DEL CONCURSO

SUMARIO: 4.1. EFECTOS SOBRE EL DEUDOR. F301. ESCRITO DE LA ADMINISTRACIÓN CONCURSAL INSTANDO EL CAMBIO DE LA INTERVENCIÓN DE FACULTADES POR LA SUSPENSIÓN. F302. ESCRITO DE LA ADMINISTRACIÓN CONCURSAL INSTANDO EL CAMBIO DE LA INTERVENCIÓN DE FACULTADES POR LA SUSPENSIÓN Y SOLICITUD DE REQUERIMIENTO DE INFORMACIÓN. F303. ESCRITO DE LA ADMINISTRACIÓN CONCURSAL INSTANDO EL CAMBIO DE LA SUSPENSIÓN DE FACULTADES POR LA INTERVENCIÓN. F304. DILIGENCIA DE ORDENACIÓN PONIENDO DE MANIFIESTO SOLICITUD DE MODIFICACIÓN DE FACULTADES PATRIMONIALES DE LA CONCURSADA. F305. AUTO ESTIMANDO LA SOLICITUD DE LA ADMINISTRACIÓN CONCURSAL INSTANDO EL CAMBIO DE LA INTERVENCIÓN DE FACULTADES POR LA SUSPENSIÓN. F306. AUTO ESTIMANDO LA SOLICITUD DE LA ADMINISTRACIÓN CONCURSAL INSTANDO EL CAMBIO DE LA SUSPENSIÓN DE FACULTADES POR LA INTERVENCIÓN. F307. EDICTO PARA DAR PUBLICIDAD AL CAMBIO DE LA SUSPENSIÓN DE FACULTADES POR LA INTERVENCIÓN. F308. EDICTO PARA DAR PUBLICIDAD AL CAMBIO DE LA INTERVENCIÓN DE FACULTADES POR LA SUSPENSIÓN. F309. ACTA DE REQUERIMIENTO INSTANDO A LA ADMINISTRACIÓN CONCURSAL LA ANULACIÓN O CONFIRMACIÓN DE ACTO DE DISPOSICIÓN LLEVADO A CABO SIN SU INTERVENCIÓN. CONFIRMACIÓN. F310. ACTA DE REQUERIMIENTO INSTANDO A LA ADMINISTRACIÓN CONCURSAL SOBRE ANULACIÓN O CONVALIDACIÓN DE ACTO DE DISPOSICIÓN LLEVADO A CABO SIN SU INTERVENCIÓN. ANULACIÓN. F311. DEMANDA INCIDENTAL SOLICITANDO LA ANULACIÓN DE ACTO DE DISPOSICIÓN INFRINGIENDO LA IMITACIÓN DE FACULTADES DE DISPOSICIÓN. F312. ESCRITO DE LA ADMINISTRACIÓN CONCURSAL DANDO INSTRUCCIONES DE FUNCIONAMIENTO A LOS ADMINISTRADORES DE LA CONCURSADA. F313. SOLICITUD DE DOCUMENTOS A LA CONCURSADA POR LA ADMINISTRACIÓN CONCURSAL. F314. DILIGENCIA DE ORDENACIÓN REQUIRIENDO LA COMPARECENCIA DE ADMINISTRADORES Y DIRECTOR GENERAL DEL CONCURSADO ANTE EL JUZGADO A EFECTOS DE INFORMAR SOBRE DETERMINADOS EXTREMOS. F315. DILIGENCIA DE ORDENACIÓN REQUIRIENDO LA COMPARECENCIA DE DIRECTOR GENERAL DEL CONCURSADO ANTE EL JUZGADO A EFECTOS DE INFORMAR SOBRE DETERMINADOS EXTREMOS. F316. ESCRITO DE LA ADMINISTRACIÓN CONCURSAL SOLICITANDO AUXILIO DEL JUZGADO. F317. ESCRITO DE LA ADMINISTRACIÓN CONCURSAL SOLICITANDO AUXILIO DEL JUZGADO PARA, ENTRE OTROS OBTENER INFORMACIÓN DEL ART. 290 Y SS. TRLC Y PETICIÓN DE PRORROGA PARA EMITIR EL MISMO. F318. PROVIDENCIA EN RESPUESTA A SOLICITUD DE AUXILIO FORMULADA POR LA ADMINISTRACIÓN CONCURSAL. F319. OFERTA DE COMPRA DE INMUEBLE DE LA CONCURSADA ANTES DE LA APROBACIÓN JUDICIAL DEL CONVENIO O LA APERTURA DE LA LIQUIDACIÓN SUJETA A AUTORIZACIÓN JUDICIAL. F320. OFERTA DE DACIÓN DE INMUEBLE EN PAGO DE DEUDA DE LA CONCURSADA ANTES DE LA APROBACIÓN JUDICIAL DEL CONVENIO O LA APERTURA DE LA LIQUIDACIÓN SUJETA

A AUTORIZACIÓN JUDICIAL. F321. ESCRITO DEL CONCURSADO INFORMANDO AL JUZGADO SOBRE LA EXISTENCIA DE UNA OFERTA DE COMPRA DE INMUEBLE ANTES DE LA APROBACIÓN JUDICIAL DEL CONVENIO O LA APERTURA DE LA LIQUIDACIÓN SUJETA A AUTORIZACIÓN DEL JUZGADO. F322. INFORME DE LA ADMINISTRACIÓN CONCURSAL INSTANDO LA VENTA DE INMUEBLES DE LAS CONCURSADAS DURANTE LA FASE COMÚN SUJETA A AUTORIZACIÓN JUDICIAL. F323. DILIGENCIA DE ORDENACIÓN DANDO TRASLADO A LAS PARTES DE SOLICITUD DE AUTORIZACIÓN JUDICIAL PARA LA VENTA DE INMUEBLE ANTES DE LA APROBACIÓN JUDICIAL DEL CONVENIO O LA APERTURA DE LA LIQUIDACIÓN SUJETA A AUTORIZACIÓN JUDICIAL. GENERAL. F324. DILIGENCIA DE ORDENACIÓN DANDO TRASLADO A LAS PARTES DE SOLICITUD DE AUTORIZACIÓN JUDICIAL PARA LA VENTA DE INMUEBLE ANTES DE LA APROBACIÓN JUDICIAL DEL CONVENIO O LA APERTURA DE LA LIQUIDACIÓN SUJETA A AUTORIZACIÓN JUDICIAL. VENTA COMPLEJA. F325. DILIGENCIA DE ORDENACIÓN DANDO TRASLADO A LAS PARTES DE SOLICITUD DE AUTORIZACIÓN JUDICIAL PARA LA VENTA DE INMUEBLE ANTES DE LA APROBACIÓN JUDICIAL DEL CONVENIO O LA APERTURA DE LA LIQUIDACIÓN SUJETA A AUTORIZACIÓN JUDICIAL. VENTA SUJETA A PLAZO BREVE. F326. AUTO ESTIMANDO LA SOLICITUD DE LA ADMINISTRACIÓN CONCURSAL RELATIVA A LA VENTA DE INMUEBLE DE LA CONCURSADA ANTES DE LA APROBACIÓN JUDICIAL DEL CONVENIO O LA APERTURA DE LA LIQUIDACIÓN SUJETA A AUTORIZACIÓN JUDICIAL. F327. ESCRITURA DE COMPRAVENTA DE INMUEBLE ANTES DE LA APROBACIÓN JUDICIAL DEL CONVENIO O LA APERTURA DE LA LIQUIDACIÓN SUJETA A AUTORIZACIÓN JUDICIAL. F328. ESCRITURA DE COMPRAVENTA DE INMUEBLE ANTES DE LA APROBACIÓN JUDICIAL DEL CONVENIO O LA APERTURA DE LA LIQUIDACIÓN. CONDICIÓN SUSPENSIVA: SOMETIMIENTO A LA AUTORIZACIÓN DEL JUEZ DE CONCURSO. F329. ESCRITURA DE COMPRAVENTA DE INMUEBLE ANTES DE LA APROBACIÓN JUDICIAL DEL CONVENIO O LA LIQUIDACIÓN AUTORIZADA POR EL JUEZ. F330. ESCRITURA DE DACIÓN DE INMUEBLE EN PAGO DE DEUDA ANTES DE LA APROBACIÓN JUDICIAL DEL CONVENIO O LA APERTURA DE LA LIQUIDACIÓN SUJETA A AUTORIZACIÓN JUDICIAL. F331. ESCRITURA DE COMPRAVENTA DE INMUEBLE ANTES DE LA APROBACIÓN JUDICIAL DEL CONVENIO O LA APERTURA DE LA LIQUIDACIÓN. ACTO INDISPENSABLE PARA GARANTIZAR LA VIABILIDAD DE ESTABLECIMIENTOS O POR EXIGENCIAS DE TESORERÍA. F332. COMUNICACIÓN AL JUZGADO POR PARTE DE LA ADMINISTRACIÓN CONCURSAL DE ACTO DE DISPOSICIÓN INDISPENSABLE PARA GARANTIZAR LA VIABILIDAD DE LA EMPRESA O NECESIDADES DE TESORERÍA QUE EXIJA LA CONTINUIDAD DEL CONCURSO. F333. ESCRITO DE LA ADMINISTRACIÓN CONCURSAL COMUNICANDO AL JUZGADO OFERTA SOBRE BIEN NO NECESARIO PARA LA ACTIVIDAD DE LA CONCURSADA SUSTANCIALMENTE COINCIDENTE CON EL VALOR DEL MISMO EN EL INVENTARIO. F334. AUTO APROBANDO OFERTA SOBRE BIEN NO NECESARIO PARA LA ACTIVIDAD DE LA CONCURSADA SUSTANCIALMENTE COINCIDENTE CON EL VALOR DEL MISMO EN EL INVENTARIO. F335. ESCRITURA DE COMPRAVENTA DE INMUEBLE ANTES DE LA APROBACIÓN JUDICIAL DEL CONVENIO O LA APERTURA DE LA LIQUIDACIÓN. BIEN NO NECESARIO PARA LA ACTIVIDAD DE LA CONCURSADA. F336. OFERTA DE COMPRA DE UNIDAD PRODUCTIVA. F337. OFERTA DE COMPRA DE UNIDAD PRODUCTIVA (II). F338. ESCRITO DE LA ADMINISTRACIÓN CONCURSAL EVALUANDO OFERTA DE COMPRA DE UNIDAD PRODUCTIVA. F339. ESCRITO DE LA ADMINISTRACIÓN CONCURSAL EVALUANDO OFERTA DE COMPRA DE UNIDAD PRODUCTIVA (II). F340. ESCRITO DE LA ADMINISTRACIÓN CONCURSAL EVALUANDO OFERTAS DE COMPRA DE UNIDAD PRODUCTIVA ALTERNATIVAS A LA PRESENTADA CON LA DEMANDA DE CONCURSO. F341. ESCRITO DE LA CONCURSADA ACEPTANDO OFERTA DE ADQUISICIÓN PRODUCTIVA Y APREMIANDO PARA LA AUTORIZACIÓN DE LA MISMA POR EL JUZGADO. F342. CONTRATO DE COLABORACIÓN ENTRE CONCURSADA Y TERCERO INTERESADO EN OFER-

TAR POR UNIDAD PRODUCTIVA EN ORDEN A FACILITAR LA COMPRA DE MATERIAS PRIMAS POR LA PRIMERA. F343. ESCRITO DE LA ADMINISTRACIÓN CONCURSAL SOLICITANDO AUTORIZACIÓN PARA LA VENTA DE UNA UNIDAD PRODUCTIVA. F344. ACEPTACIÓN DE OFERTA DE UNIDAD PRODUCTIVA POR LOS TRABAJADORES. F345. RECHAZO DE OFERTA DE UNIDAD PRODUCTIVA POR LOS TRABAJADORES. F346. ESCRITO AL JUZGADO DE LO MERCANTIL POR PARTE DE LOS REPRESENTANTES DE LOS TRABAJADORES ACEPTANDO/RECHAZANDO OFERTA DE UNIDAD PRODUCTIVA. F347. ESCRITO DE ALEGACIONES SOBRE LA OPOSICIÓN FORMULADA A LA AUTORIZACIÓN DE VENTA DE UNIDAD PRODUCTIVA. F348. IMPUGNACIÓN DE RECURSO DE REPOSICIÓN INTERPUESTO CONTRA AUTO AUTORIZATORIO DE VENTA DE LA UNIDAD PRODUCTIVA. F349. ESCRITURA DE COMPRAVENTA DE UNIDAD PRODUCTIVA. F350. CONTRATO PRIVADO DE COMPRAVENTA DE UNIDADES PRODUCTIVAS. MODELO SIMPLE. F351. AUTO DESIGNANDO EXPERTO PARA RECABAR OFERTAS DE ADQUISICIÓN DE UNIDAD PRODUCTIVA. F352. ESCRITO SOLICITANDO EXPERTO PARA RECABAR OFERTAS DE ADQUISICIÓN DE UNIDAD PRODUCTIVA. F353. CONTRATO DE COMPRAVENTA DE CAMIONES DE LA CONCURSADA. F354. CONTRATO DE COMPRAVENTA DE MAQUINARIA. F355. ESCRITO DE LA CONCURSADA Y ADMINISTRACIÓN CONCURSAL SOLICITANDO DEL JUEZ DEL CONCURSO LA CANCELACIÓN DE RESERVA DE DOMINIO. F356. CARTA A ENTIDAD DE CRÉDITO SOLICITANDO QUE SE EFECTÚEN TRANSFERENCIAS CON CARGO A LA CUENTA INTERVENIDA. F357. CARTA A ENTIDAD DE CRÉDITO SOLICITANDO QUE SE CARGUEN RECIBOS DOMICILIADOS POR LA CONCURSADA EN LA CUENTA INTERVENIDA. F358. CARTA DE LA CONCURSADA A LOS AUDITORES DE LA SOCIEDAD AUTORIZANDO CIRCULARIZACIÓN. SUSPENSIÓN DE FACULTADES. F359. CARTA DE LA CONCURSADA A LOS AUDITORES DE LA SOCIEDAD AUTORIZANDO CIRCULARIZACIÓN. INTERVENCIÓN DE FACULTADES. F360. CARTA DE LA CONCURSADA A DEUDOR INDICÁNDOLE LA CUENTA INTERVENIDA EN LA QUE PAGAR DEUDAS. F361. ESCRITO DE LA ADMINISTRACIÓN CONCURSAL AL ARRENDATARIO SOLICITANDO INGRESO EL IMPORTE DEL ALQUILER EN LA CUENTA INTERVENIDA. F362. ESCRITO DE LA ADMINISTRACIÓN CONCURSAL AL JUZGADO COMUNICANDO LA CUENTA BANCARIA DEL CONCURSO. F363. RECLAMACIÓN A ENTIDAD BANCARIA DE RECIBOS INDEBIDAMENTE CARGADOS TRAS LA DECLARACIÓN DEL CONCURSO. F364. ESCRITO DE LA ADMINISTRACIÓN CONCURSAL RECLAMANDO SALDOS DEUDORES. F365. CARTA A ENTIDAD DE CRÉDITO SOLICITANDO QUE SE INGRESEN CHEQUES Y PAGARÉS EN LA CUENTA INTERVENIDA. F366. ESCRITO ADMINISTRACIÓN CONCURSAL A EMPRESA SUMINISTRADORA SOBRE PAGO DE FACTURAS. F367. ESCRITO DE LA ADMINISTRACIÓN CONCURSAL INFORMANDO SOBRE UN BIEN ARRENDADO FINANCIERAMENTE A LA CONCURSADA. F368. ENDOSO DE LETRA DE CAMBIO POR LA CONCURSADA. F369. ESCRITO DE ALEGACIONES CON LA INTERVENCIÓN DE LOS ADMINISTRADORES CONCURSALES. F370. ESCRITO DIRIGIDO A LA ADMINISTRACIÓN CONCURSAL ACOMPAÑANDO DOCUMENTOS QUE DEBEN SER FIRMADOS POR ÉSTA. F371. CARTA A ENTIDAD DE CRÉDITO SOLICITANDO TARJETA DE CRÉDITO PARA LA CONCURSADA CON CARGO A LA CUENTA INTERVENIDA. F372. CARTA A ENTIDAD DE CRÉDITO SOLICITANDO CHEQUES GASOLINA PARA LA CONCURSADA CON CARGO A LA CUENTA INTERVENIDA. F373. CARTA DIRIGIDA POR LA ADMINISTRACIÓN CONCURSAL A ENTIDAD DE CRÉDITO SOLICITANDO LEVANTAMIENTO DE CARGAS HIPOTECARIAS QUE GARANTIZABAN UN PRÉSTAMO NO DISPUESTO POR LA CONCURSADA. F374. ESCRITO PIDIENDO LA RECTIFICACIÓN DE LA CANCELACIÓN DE ANOTACIÓN DE CONCURSO DE VEHÍCULOS TRANSMITIDOS. F375. CERTIFICADO CONCURSAL CRÉDITOS FOGASA. COLECTIVO. SALARIOS. F376. CERTIFICADO CONCURSAL CRÉDITOS FOGASA. COLECTIVO. SALARIOS. INDEMNIZACIONES. F377. CERTIFICADO CRÉDITOS FOGASA INDIVIDUAL. F378. CONTRATO CONCERTADO POR EL CONCURSADO CON LA INTER-

VENCIÓN DE LA ADMINISTRACIÓN CONCURSAL. F379. ESCRITO DE LA ADMINISTRACIÓN CONCURSAL Y DE LA CONCURSADA SOLICITANDO LA DEVOLUCIÓN DE AVAL EN SU DÍA PRESTADO POR LA ÚLTIMA. F380. COMPRAVENTA DE INMUEBLE EN EJERCICIO DE LA ACTIVIDAD EMPRESARIAL. F381. SOLICITUD DE LA ADMINISTRACIÓN CONCURSAL SOBRE EL CIERRE PARCIAL DE OFICINAS, ESTABLECIMIENTOS O EXPLOTACIONES. F382. SOLICITUD DE LA ADMINISTRACIÓN CONCURSAL SOBRE EL CIERRE TOTAL DE OFICINAS, ESTABLECIMIENTOS O EXPLOTACIONES, ASÍ COMO EL CESE DE LA ACTIVIDAD EMPRESARIAL. F383. SOLICITUD DE LA ADMINISTRACIÓN CONCURSAL SOBRE LA SUSPENSIÓN TOTAL DE LA ACTIVIDAD EMPRESARIAL DEL DEUDOR. F384. SOLICITUD DE LA ADMINISTRACIÓN CONCURSAL SOBRE LA SUSPENSIÓN PARCIAL DE LA ACTIVIDAD EMPRESARIAL DEL DEUDOR. F385. AUTO ESTIMANDO EL CIERRE TOTAL DE LAS OFICINAS, ESTABLECIMIENTOS O EXPLOTACIONES ASÍ COMO DE LA ACTIVIDAD EMPRESARIAL DE LA CONCURSADA. F386. AUTO ESTIMANDO EL CIERRE PARCIAL DE OFICINAS, ESTABLECIMIENTOS O EXPLOTACIONES ASÍ COMO EL CESE PARCIAL DE LA ACTIVIDAD EMPRESARIAL DE LA CONCURSADA. F387. AUTO ESTIMANDO LA SUSPENSIÓN TOTAL DE LA ACTIVIDAD EMPRESARIAL DE LA CONCURSADA. F388. AUTO ESTIMANDO LA SUSPENSIÓN PARCIAL DE LA ACTIVIDAD EMPRESARIAL DE LA CONCURSADA. F389. ESCRITO SOLICITANDO AL JUZGADO LA ADOPCIÓN DE MEDIDAS PARA LA PUESTA A DISPOSICIÓN DE LA ADMINISTRACIÓN CONCURSAL DE LOS LIBROS CONTABLES. F390. DILIGENCIA DE ORDENACIÓN PONIENDO DE MANIFIESTO SOLICITUD DE AUXILIO JUDICIAL PARA LA PUESTA DE LOS LIBROS CONTABLES A DISPOSICIÓN DE LA ADMINISTRACIÓN CONCURSAL. F391. AUTO ACORDANDO MEDIDAS PARA LA PUESTA A DISPOSICIÓN DE LA ADMINISTRACIÓN CONCURSAL DE LOS LIBROS CONTABLES. F392. ESCRITO DE LA ADMINISTRACIÓN CONCURSAL SOLICITANDO DEL JUZGADO AVERIGUACIÓN PATRIMONIAL DEL CONCURSADO. F393. SOLICITUD DE AUXILIO JUDICIAL PARA LA AVERIGUACIÓN DE TITULAR DE CUENTAS BANCARIAS. F394. ESCRITO DEL CONCURSADO SOLICITANDO DEL JUEZ AUTORIZACIÓN PARA LA PERCEPCIÓN DE ALIMENTOS. F395. ESCRITO DEL CONCURSADO SOLICITANDO A LA ADMINISTRACIÓN CONCURSAL LA PERCEPCIÓN DE ALIMENTOS. F396. ESCRITO DEL CONCURSADO SOLICITANDO LA MODIFICACIÓN DE LA CUANTÍA DE LOS ALIMENTOS A SU FAVOR. F397. ESCRITO DE LA ADMINISTRACIÓN CONCURSAL SOLICITANDO LA MODIFICACIÓN DE LA CUANTÍA DE LOS ALIMENTOS FIJADOS A FAVOR DEL CONCURSADO. F398. ESCRITO SOLICITANDO LA PRESTACIÓN DE ALIMENTOS A FAVOR DE PERSONA RESPECTO DE LA QUE EL DEUDOR TUVIERA DEBER LEGAL DE PRESTARLOS. F399. DILIGENCIA DE ORDENACIÓN PONIENDO DE MANIFIESTO SOLICITUD DE ALIMENTOS (O MODIFICACIÓN DE LOS YA CONCEDIDOS). F400. AUTO FIJANDO ALIMENTOS A FAVOR DEL CONCURSADO. F401. AUTO FIJANDO ALIMENTOS A FAVOR DE PERSONA RESPECTO DE LA CUAL EL CONCURSADO TIENE OBLIGACIÓN DE ALIMENTOS. F402. AUTO MODIFICANDO LOS ALIMENTOS. F403. AUTO DESESTIMANDO LA MODIFICACIÓN DE LA CUANTÍA DE ALIMENTOS A FAVOR DE CONCURSADO. F404. CARTA DE LA ADMINISTRACIÓN CONCURSAL AUTORIZANDO LA RETIRADA EN EFECTIVO DE ALIMENTOS. F405. MENCIÓN EN LAS CUENTAS ANUALES SOBRE CONCURSO DE ACREEDORES. F406. ACTA DEL CONSEJO DE ADMINISTRACIÓN SOBRE FORMULACIÓN DE CUENTAS ANUALES BAJO LA SUPERVISIÓN DE LA ADMINISTRACIÓN CONCURSAL. F407. ESCRITO AL REGISTRO MERCANTIL COMUNICANDO LA CONCESIÓN DE AUTORIZACIÓN PARA EL RETRASO EN LA FORMULACIÓN DE CUENTAS ANUALES. F408. ESCRITO AL JUZGADO COMUNICANDO LA CONCESIÓN DE AUTORIZACIÓN PARA EL RETRASO DE LA FORMULACIÓN DE CUENTAS ANUALES. F409. FORMULACIÓN DE LAS CUENTAS ANUALES POR ADMINISTRADORES CONCURSALES MANCOMUNADOS EN CASO DE SUSPENSIÓN DE FACULTADES DEL DEUDOR. F410. ACTA JUNTA GENERAL ORDINARIA CONVOCADA. ASISTENCIA DEL ADMINISTRADOR CONCURSAL. F411. ACTA JUNTA GENERAL ORDI-

NARIA CONVOCADA APROBANDO LAS CUENTAS Y APLICANDO EL RESULTADO. INASISTENCIA DEL ADMINISTRADOR CONCURSAL. F412. ACTA JUNTA GENERAL ORDINARIA UNIVERSAL APROBANDO LAS CUENTAS Y APLICANDO EL RESULTADO. F413. ACTA JUNTA GENERAL EXTRAORDINARIA CONVOCADA. ACUERDOS CON CONTENIDO PATRIMONIAL O RELEVANCIA DIRECTA EN EL CONCURSO. F414. ACTA JUNTA GENERAL EXTRAORDINARIA UNIVERSAL. ACUERDOS CON CONTENIDO PATRIMONIAL O RELEVANCIA DIRECTA EN EL CONCURSO. F415. COMUNICACIÓN DE LA ADMINISTRACIÓN CONCURSAL AUTORIZANDO (O NO) ACUERDOS ADOPTADOS POR LA JUNTA GENERAL DE LA SOCIEDAD DE CONTENIDO PATRIMONIAL O RELEVANCIA DIRECTA PARA EL CONCURSO. F416. ESCRITO DE LA ADMINISTRACIÓN CONCURSAL SOLICITANDO LA MODIFICACIÓN O ELIMINACIÓN DE LA RETRIBUCIÓN DEL ÓRGANO DE ADMINISTRACIÓN DE LA SOCIEDAD. CONCURSO VOLUNTARIO. F417. ESCRITO DE LA ADMINISTRACIÓN CONCURSAL SOLICITANDO LA MODIFICACIÓN O ELIMINACIÓN DE LA RETRIBUCIÓN DEL ÓRGANO DE ADMINISTRACIÓN DE LA SOCIEDAD. CONCURSO NECESARIO. F418. ESCRITO DE LA ADMINISTRACIÓN CONCURSAL SOLICITANDO LA ELIMINACIÓN DE LA RETRIBUCIÓN DEL ÓRGANO DE ADMINISTRACIÓN DE LA SOCIEDAD Y EN SU DEFECTO LA REDUCCIÓN DE LA MISMA. F419. DILIGENCIA DE ORDENACIÓN PONIENDO DE MANIFIESTO SOLICITUD SUPRESIÓN O MODIFICACIÓN DEL ÓRGANO DE ADMINISTRACIÓN DE LA CONCURSADA. F420. AUTO SOBRE REDUCCIÓN DE LA CUANTÍA DE LA RETRIBUCIÓN A FAVOR DEL ADMINISTRADOR SOCIETARIO DE LA CONCURSADA. F421. AUTO SOBRE CONVERSIÓN EN GRATUITO DEL CARGO DE ADMINISTRADOR SOCIETARIO DE LA CONCURSADA. F422. ESCRITO DE LA ADMINISTRACIÓN CONCURSAL SOLICITANDO LA ATRIBUCIÓN DEL EJERCICIO DE LOS DERECHOS POLÍTICOS DEL CONCURSADO EN OTRAS ENTIDADES. F423. ESCRITO DE LA ADMINISTRACIÓN CONCURSAL SOLICITANDO LA ATRIBUCIÓN DEL EJERCICIO DE LOS DERECHOS POLÍTICOS DEL CONCURSADO EN OTRAS ENTIDADES. BLOQUEO SOCIETARIO. F424. DILIGENCIA DE ORDENACIÓN PONIENDO DE MANIFIESTO SOLICITUD DE ATRIBUCIÓN DE DERECHOS POLÍTICOS. F425. AUTO SOBRE ATRIBUCIÓN A LA ADMINISTRACIÓN CONCURSAL DEL EJERCICIO DE LOS DERECHOS POLÍTICOS QUE CORRESPONDA A LA CONCURSADA EN OTRAS ENTIDADES. F426. ATRIBUCIÓN A LA ADMINISTRACIÓN CONCURSAL DE DERECHOS POLÍTICOS EN OTRAS ENTIDADES. MINUTA DE REQUERIMIENTO NOTARIAL FORMULADO POR LA ADMINISTRACIÓN CONCURSAL PONIENDO TAL HECHO EN CONOCIMIENTO DE LA SOCIEDAD PARTICIPADA, SOLICITANDO CERTIFICACIÓN LIBRO REGISTRO DE SOCIOS Y CONVOCATORIA DE JUNTA GENERAL. F427. ACTA JUNTA GENERAL EXTRAORDINARIA CONVOCADA. SOCIEDAD PARTICIPADA POR LA CONCURSADA CON LOS DERECHOS POLÍTICOS ATRIBUIDOS A LA ADMINISTRACIÓN CONCURSAL. F428. ESCRITO DE LA ADMINISTRACIÓN CONCURSAL SOLICITANDO EL EMBARGO DE BIENES DEL ADMINISTRADOR ÚNICO DE LA CONCURSADA. F429. AUTO ESTIMANDO LA SOLICITUD DE EMBARGO DE BIENES DEL ADMINISTRADOR DE LA CONCURSADA. F430. ESCRITO DEL ADMINISTRADOR SOCIAL APORTANDO AVAL PARA DEJAR SIN EFECTO EL EMBARGO PREVENTIVO DE SUS BIENES. 4.2. EFECTOS SOBRE LOS ACREEDORES. F431. ESCRITO DE LA CONCURSADA SOLICITANDO EL ARCHIVO DE ACTUACIONES DE JUICIO CIVIL INICIADO TRAS DECLARACIÓN DE CONCURSO. F432. RECURSO DE REPOSICIÓN INTERPUESTO POR LA CONCURSADA CONTRA AUTO DE ADMISIÓN DE DEMANDA CONTRA CONCURSADA TRAS DECLARACIÓN DE CONCURSO. F433. ESCRITO DE LA CONCURSADA SOLICITANDO EL ARCHIVO DE PROCEDIMIENTO MONITORIO INICIADO CON POSTERIORIDAD A LA DECLARACIÓN DE CONCURSO. F434. ESCRITO DE LA CONCURSADA Y LA ADMINISTRACIÓN CONCURSAL SOLICITANDO LA ACUMULACIÓN DE DESAHUCIO A CONCURSO. F435. ESCRITO DE LA CONCURSADA INSTANDO DECLINATORIA POR FALTA DE COMPETENCIA OBJETIVA. EJECUCIÓN HIPOTECARIA. F436. ESCRITO DE LA CON-

CURSADA INSTANDO DECLINATORIA POR FALTA DE COMPETENCIA OBJETIVA. RESOLUCIÓN DE CONTRATO. F437. ESCRITO INTERPONIENDO RECURSO CONTENCIOSO ADMINISTRATIVO INSTANDO EL EMPLAZAMIENTO DE LA ADMINISTRACIÓN CONCURSAL EN DEFENSA DE LA MASA. F438. ESCRITO DE PERSONACIÓN DE LA ADMINISTRACIÓN CONCURSAL EN JUICIO CONTENCIOSO. F439. SOLICITUD DE ADMINISTRACIÓN CONCURSAL INSTANDO LA ACUMULACIÓN DE JUICIOS AL CONCURSO. F440. SOLICITUD DE PARTE PERSONADA INSTANDO LA ACUMULACIÓN DE OFICIO DE JUICIOS AL CONCURSO. F441. DILIGENCIA DE ORDENACIÓN PONIENDO DE MANIFIESTO SOLICITUD DE ACUMULACIÓN DE PROCEDIMIENTOS JUDICIALES AL CONCURSO. F442. AUTO ACORDANDO LA ACUMULACIÓN DE JUICIOS AL CONCURSO A SOLICITUD DE LA ADMINISTRACIÓN CONCURSAL. F443. SOLICITUD DE LA ADMINISTRACIÓN CONCURSAL A EFECTOS DE ALLANARSE A DEMANDA FORMULADA EN PROCEDIMIENTO JUDICIAL. F444. SOLICITUD DE LA ADMINISTRACIÓN CONCURSAL A EFECTOS DE DESISTIR DE DEMANDA FORMULADA EN PROCEDIMIENTO JUDICIAL. F445. SOLICITUD DE LA ADMINISTRACIÓN CONCURSAL A EFECTOS DE TRANSACCIONAR PROCEDIMIENTO JUDICIAL. F446. SOLICITUD DE LA ADMINISTRACIÓN CONCURSAL AL JUZGADO PARA TRANSIGIR EN PROCEDIMIENTOS LABORALES. F447. IMPUGNACIÓN DE RECURSO DE REPOSICIÓN CONTRA DILIGENCIA QUE NO ADMITE LA SUSTITUCIÓN DE ADMINISTRADOR CONCURSAL EN PLEITOS. F448. TRANSACCIÓN DE RECLAMACIÓN JUDICIAL Y RESOLUCIÓN DE CONTRATO DE COMPRAVENTA DE INMUEBLE. F449. DILIGENCIA DE ORDENACIÓN PONIENDO DE MANIFIESTO SOLICITUD DE AUTORIZACIÓN PARA ALLANARSE/TRANSIGIR/ DESISTIR DE PROCEDIMIENTOS JUDICIALES. F450. AUTO AUTORIZANDO A LA ADMINISTRACIÓN CONCURSAL ALLANAMIENTO/DESISTIMIENTO/ TRANSACCIÓN. F451. SOLICITUD DEL DEUDOR CONCURSADO A LA ADMINISTRACIÓN CONCURSAL A EFECTOS DE INTERPONER DEMANDA/RECURSO QUE AFECTA A LA MASA ACTIVA. F452. ESCRITO DE LA ADMINISTRACIÓN CONCURSAL SOLICITANDO AUTORIZACIÓN PARA INTERPONER DEMANDA ANTE NEGATIVA DE LA DEUDORA. F453. DILIGENCIA DE ORDENACIÓN PONIENDO DE MANIFIESTO SOLICITUD DE PARA INTERPONER DEMANDA ANTE LA NEGATIVA DE LA CONCURSADA. F454. AUTO AUTORIZANDO A LA ADMINISTRACIÓN CONCURSAL PARA INTERPONER DEMANDA ANTE LA NEGATIVA DE LA CONCURSADA. F455. ESCRITO DEL DEUDOR PERSONÁNDOSE EN PLEITO PROMOVIDO POR LA ADMINISTRACIÓN CONCURSAL. F456. ESCRITO DE ACREEDOR DIRIGIDO A LA ADMINISTRACIÓN CONCURSAL INSTANDO EL EJERCICIO DE ACCIÓN DE CARÁCTER PATRIMONIAL. F457. ESCRITO DE LA CONCURSADA SOLICITANDO NULIDAD DE LO ACTUADO POR EJECUCIÓN INSTADA TRAS DECLARACIÓN DE CONCURSO. F458. ESCRITO DE LA CONCURSADA SOLICITANDO LA SUSPENSIÓN DE EJECUCIÓN. F459. ESCRITO DE LA CONCURSADA SOLICITANDO EL MANTENIMIENTO DE LA SUSPENSIÓN DE EJECUCIÓN ACORDADA POR COMUNICACIÓN DEL ART. 585 TRLC. F460. ESCRITO DE LA CONCURSADA Y ADMINISTRACIÓN CONCURSAL SOLICITANDO EL LEVANTAMIENTO DE EMBARGOS EN JUICIO ORDINARIO O CAMBIARIO. F461. ESCRITO DE LA CONCURSADA Y ADMINISTRACIÓN CONCURSAL SOLICITANDO EL LEVANTAMIENTO DE EMBARGOS EN EJECUCIÓN JUDICIAL SUSPENDIDA. F462. DILIGENCIA DE ORDENACIÓN PONIENDO DE MANIFIESTO SOLICITUD PARA INTERPONER DEMANDA ANTE LA NEGATIVA DE LA CONCURSADA. F463. AUTO ACORDANDO LA CANCELACIÓN DE EMBARGOS EN PROCESOS QUE NO SON DE EJECUCIÓN. F464. PROVIDENCIA QUE FIRMA EL JUEZ DEL CONCURSO LEVANTANDO EMBARGO. F465. AUTO ACORDANDO LA CANCELACIÓN DE EMBARGOS EN EJECUCIONES SUSPENDIDAS. F466. ESCRITO DE ACREEDOR SOLICITANDO QUE A EFECTOS DE INICIAR LA EJECUCIÓN DE UNA GARANTÍA REAL SE DETERMINE QUE EL BIEN OBJETO DE LA GARANTÍA NO ES NECESARIO PARA LA CONTINUACIÓN DE LA ACTIVIDAD EMPRESARIAL O PROFESIONAL DEL DEUDOR. F467. ESCRITO DE ACREEDOR

SOLICITANDO QUE A EFECTOS DE CONTINUAR LA EJECUCIÓN DE UNA GARANTÍA REAL SE DETERMINE QUE EL BIEN OBJETO DE LA GARANTÍA NO ES NECESARIO PARA LA CONTINUIDAD DE LA ACTIVIDAD EMPRESARIAL O PROFESIONAL DEL DEUDOR. F468. ESCRITO DE LA ADMINISTRACIÓN CONCURSAL OPONIÉNDOSE A LA DECLARACIÓN DE INNECESARIEDAD DEL BIEN PARA LA CONTINUIDAD DE LA ACTIVIDAD EMPRESARIAL DE LA DEUDORA. F469. ESCRITO DE DEUDOR CONCURSADO Y ADMINISTRACIÓN CONCURSAL SOLICITANDO LA SUSPENSIÓN DE PROCEDIMIENTO DE EJECUCIÓN HIPOTECARIA. F470. AUTO DETERMINANDO QUE EL BIEN OBJETO DE LA GARANTÍA REAL ES (O NO ES) NECESARIO PARA LA CONTINUIDAD DE LA ACTIVIDAD EMPRESARIAL O PROFESIONAL DEL DEUDOR. INICIO DE EJECUCIÓN. F471. AUTO DETERMINANDO QUE EL BIEN OBJETO DE LA GARANTÍA REAL ES (O NO ES) NECESARIO PARA LA CONTINUACIÓN DE LA ACTIVIDAD EMPRESARIAL O PROFESIONAL DEL DEUDOR. CONTINUACIÓN DE LA EJECUCIÓN. F472. OPOSICIÓN A EJECUCIÓN DE UN TÍTULO JUDICIAL OBJETO DE CRÉDITO AFECTADO POR CONVENIO DE ACREEDORES VIGENTE. F473. OPOSICIÓN A EJECUCIÓN HIPOTECARIA INSTADA TRAS LA APROBACIÓN DE CONVENIO. F474. ALEGACIONES DE ADMINISTRACIÓN EN EJECUCIÓN HIPOTECARIA CONTRA EL DEUDOR CONCURSADO. F475. ESCRITO A LA AGENCIA TRIBUTARIA SOBRE CARÁCTER CONCURSAL DE SANCIÓN POSTCONCURSAL POR INFRACCIÓN PREVIA AL CONCURSO. F476. ESCRITO INTERPONIENDO RECURSO DE ALZADA CONTRA LIQUIDACIÓN TESORERÍA SEGURIDAD SOCIAL. F477. ESCRITO DE ALEGACIONES ANTE IMPAGO DE SUBVENCIÓN A LA CONCURSADA POR DEUDAS CON LA HACIENDA PÚBLICA. 4.3. EFECTOS SOBRE LOS CONTRATOS. F478. ACUERDO CONCURSADO/PARTE IN BONIS/ADMINISTRACIÓN CONCURSAL SOBRE RESOLUCIÓN DE CONTRATO EN INTERÉS DEL CONCURSO. F479. ESCRITO DE LA PARTE IN BONIS SOLICITANDO AL JUZGADO FIJE PLAZO PARA LA QUE LA CONCURSADA OPTE POR LA RESOLUCIÓN DEL CONTRATO EN INTERÉS DEL CONCURSO. F480. ESCRITO DE LA PARTE IN BONIS AL CONCURSADO INQUIRIÉNDOLE SI OPTA POR LA RESOLUCIÓN DEL CONTRATO EN INTERÉS DEL CONCURSO. F481. DEMANDA SOLICITANDO LA RESOLUCIÓN CONTRACTUAL EN INTERÉS DEL CONCURSO PREVIA A LA COMPARECENCIA QUE SEÑALA EL ART. 165 TRLC. F482. ESCRITO SOLICITANDO LA COMPARECENCIA A QUE SE REFIERE EL ART. 165.2 TRLC. F483. ESCRITO SOBRE RESOLUCIÓN DE CONTRATO EN INTERÉS DEL CONCURSO Y SOLICITUD DE HOMOLOGACIÓN JUDICIAL DE LA MISMA. F484. AUTO HOMOLOGANDO ACUERDO DE RESOLUCIÓN DE CONTRATO EN INTERÉS DEL CONCURSO. F485. DEMANDA SOLICITANDO LA RESOLUCIÓN CONTRACTUAL EN INTERÉS DEL CONCURSO TRAS COMPARECENCIA FALLIDA QUE SEÑALA EL ART. 165.2 TRLC. F486. DEMANDA SOLICITANDO LA RESOLUCIÓN DE CONTRATO POR INCUMPLIMIENTO DE LA CONCURSADA POSTERIOR A LA DECLARACIÓN DE CONCURSO. F487. DEMANDA SOLICITANDO LA RESOLUCIÓN DE CONTRATO POR INCUMPLIMIENTO DE LA CONCURSADA ANTERIOR A LA DECLARACIÓN DE CONCURSO. F488. DEMANDA SOLICITANDO LA RESOLUCIÓN DE CONTRATO DE COMPRAVENTA DE INMUEBLE POR INCUMPLIMIENTO DE LA CONCURSADA. F489. CONTESTACIÓN A LA DEMANDA POR LA CONCURSADA Y LA ADMINISTRACIÓN CONCURSAL AQUIETÁNDOSE A LA RESOLUCIÓN DE CONTRATO DE COMPRAVENTA DE VIVIENDA POR INCUMPLIMIENTO DE LA CONCURSADA PERO SOLICITANDO LA CLASIFICACIÓN DEL CRÉDITO COMO CONCURSAL Y NO CONTRA LA MASA. F490. CONTESTACIÓN A DEMANDA SOLICITANDO LA RESOLUCIÓN DE CONTRATO POR INCUMPLIMIENTO DE LA CONCURSADA EN LA QUE SE DEMANDA ÚNICAMENTE AL FIADOR DE LA CONCURSADA. FALTA DE LITISCONSORCIO PASIVO NECESARIO. F491. CONTESTACIÓN A LA DEMANDA DE RESOLUCIÓN DE CONTRATO Y RECONVENCIÓN FORMULADA POR LA PARTE IN BONIS. F492. ESCRITO DE OPOSICIÓN FORMULADO POR LA ADMINISTRACIÓN CONCURSAL EN INCIDENTE DE RESOLUCIÓN DE CONTRATO DE ARRENDAMIENTO Y DESAHUCIO CON ACUMULA-

CIÓN DE RENTAS. F493. IMPUGNACIÓN DE RECURSO DE REPOSICIÓN CONTRA ADMISIÓN A TRÁMITE DE CONTESTACIÓN A LA DEMANDA Y RECONVENCIÓN SOBRE RESOLUCIÓN CONTRACTUAL. F494. RESOLUCIÓN DE CONTRATO DE MUTUO ACUERDO. F495. RESOLUCIÓN DE CONTRATO DE COMPRAVENTA DE MUTUO ACUERDO Y RECONOCIMIENTO DE CRÉDITO CONTRA LA MASA. F496. RESOLUCIÓN DE MUTUO ACUERDO DE CONTRATO DE ARRENDAMIENTO. F497. SOLICITUD DE HOMOLOGACIÓN DE ACUERDO SOBRE RECLAMACIÓN DE CANTIDAD POR EMPLEADO DE LA CONCURSADA. F498. ESCRITO DEL CONCURSADO SOLICITANDO LA MODIFICACIÓN SUSTANCIAL DE LAS CONDICIONES DE TRABAJO. INFORME DE LA ADMINISTRACIÓN CONCURSAL EMITIDO. F499. ESCRITO DEL CONCURSADO SOLICITANDO LA MODIFICACIÓN SUSTANCIAL DE LAS CONDICIONES DE TRABAJO ANTES DE LA EMISIÓN DEL INFORME DE LA ADMINISTRACIÓN CONCURSAL. RIESGO DE PERJUICIO DE LA VIABILIDAD EMPRESARIAL Y DEL EMPLEO CASO DE DEMORA EN LA ADOPCIÓN DE LA MEDIDA. F500. ESCRITO DEL CONCURSADO SOLICITANDO LA MODIFICACIÓN SUSTANCIAL DE LAS CONDICIONES DE TRABAJO ANTES DE LA EMISIÓN DEL INFORME DE LA ADMINISTRACIÓN CONCURSAL. RIESGO DE CAUSAR GRAVES PERJUICIOS A LOS TRABAJADORES EN CASO DE DEMORA EN LA ADOPCIÓN DE LA MEDIDA. F501. ESCRITO DEL CONCURSADO SOLICITANDO LA EXTINCIÓN COLECTIVA DE LAS RELACIONES LABORALES. F502. ESCRITO DEL CONCURSADO SOLICITANDO LA EXTINCIÓN COLECTIVA DE LAS RELACIONES LABORALES ANTES DEL INFORME DE LA ADMINISTRACIÓN CONCURSAL. RIESGO DE CAUSAR GRAVES PERJUICIOS A LOS TRABAJADORES EN CASO DE DEMORA EN LA ADOPCIÓN DE LA MEDIDA. F503. ESCRITO DEL CONCURSADO SOLICITANDO LA EXTINCIÓN COLECTIVA DE LAS RELACIONES LABORALES ANTES DEL INFORME DE LA ADMINISTRACIÓN CONCURSAL. RIESGO DE COMPROMETER GRAVEMENTE LA VIABILIDAD FUTURA DE LA EMPRESA Y DEL EMPLEO EN CASO DE DEMORA EN LA ADOPCIÓN DE LA MEDIDA. F504. SOLICITUD DE EXPEDIENTE DE REGULACIÓN DE EMPLEO DE EXTINCIÓN COLECTIVA. FASE LIQUIDACIÓN. F505. MEMORIA EXPLICATIVA PARA LA SUSPENSIÓN DE EMPLEOS. F506. ACTA ACUERDOS EXTINCIÓN CONTRATOS DE TRABAJO. F507. LISTA TRABAJADORES AFECTADOS POR ERE. F508. ESCRITO DEL CONCURSADO INSTANDO A LOS ADMINISTRADORES CONCURSALES LA EXTINCIÓN/SUSPENSIÓN DE UN CONTRATO DE ALTA DIRECCIÓN. F509. ESCRITO DE LOS ADMINISTRADORES CONCURSALES INTERESANDO LA EXTINCIÓN DE UN CONTRATO DE ALTA DIRECCIÓN CON EL CONCURSADO SOLICITANDO EL APLAZAMIENTO DEL PAGO DE LA INDEMNIZACIÓN. F510. AUTO EXTINGUIENDO CONTRATO DE ALTA DIRECCIÓN, MODERANDO INDEMNIZACIÓN Y DENEGANDO EL APLAZAMIENTO DE SU PAGO HASTA SENTENCIA FIRME DE CALIFICACIÓN. F511. ESCRITO DEL CONCURSADO INSTANDO A LOS ADMINISTRADORES CONCURSALES LA REHABILITACIÓN DE UNA LÍNEA DE CRÉDITO. F512. ESCRITO DE LA ADMINISTRACIÓN CONCURSAL DIRIGIDO A UNA ENTIDAD BANCARIA NOTIFICANDO LA REHABILITACIÓN DE UN CONTRATO DE CRÉDITO CON LA CONCURSADA. F513. DEMANDA INCIDENTAL EN OPOSICIÓN A LA REHABILITACIÓN DE UN CONTRATO DE CRÉDITO POR LA ADMINISTRACIÓN CONCURSAL. F514. ESCRITO DEL CONCURSADO INSTANDO A LOS ADMINISTRADORES CONCURSALES LA REHABILITACIÓN DE UN CONTRATO DE ADQUISICIÓN DE BIENES CON PAGO APLAZADO. F515. ESCRITO DE LA ADMINISTRACIÓN CONCURSAL DIRIGIDO A UNA ENTIDAD NOTIFICANDO LA REHABILITACIÓN DE UN CONTRATO DE ADQUISICIÓN DE BIENES CON PAGO APLAZADO. F516. DEMANDA INCIDENTAL EN OPOSICIÓN A LA REHABILITACIÓN DE UN CONTRATO DE ADQUISICIÓN DE BIENES CON PAGO APLAZADO. F517. DEMANDA INCIDENTAL POR INCUMPLIMIENTO DE CONTRATO DE ADQUISICIÓN DE BIENES CON PRECIO APLAZADO PREVIAMENTE REHABILITADO. F518. ESCRITO DE LA CONCURSADA Y LA ADMINISTRACIÓN CONCURSAL SOLICITANDO SUSPENSIÓN DE JUICIO DE DESAHUCIO. F519. ESCRITO DE LA ADMINISTRACIÓN

CONCURSAL SOLICITANDO LA ENERVACIÓN DEL DESAHUCIO INICIADO CON ANTERIORIDAD A LA DECLARACIÓN DEL CONCURSO. F520. ESCRITO DE LA ADMINISTRACIÓN CONCURSAL REHABILITANDO LA VIGENCIA DEL CONTRATO DE ARRENDAMIENTO ANTES DE PRACTICARSE EL LANZAMIENTO. 4.4. EFECTOS SOBRE LOS ACTOS PERJUDICIALES PARA LA MASA ACTIVA. F521. DEMANDA EJERCITANDO LA ACCIÓN RESCISORIA CONCURSAL POR LA ADMINISTRACIÓN CONCURSAL CONTRA ACTO A TÍTULO GRATUITO CONSISTENTE EN DONACIÓN. F522. DEMANDA EJERCITANDO LA ACCIÓN RESCISORIA POR LA ADMINISTRACIÓN CONCURSAL CONTRA ACTO A TÍTULO GRATUITO CONSISTENTE EN UNA CONDONACIÓN DE DEUDA. F523. DEMANDA EJERCITANDO LA ACCIÓN RESCISORIA POR LA ADMINISTRACIÓN CONCURSAL CONTRA DACIÓN EN PAGO QUE EXTINGUE OBLIGACIÓN CUYO VENCIMIENTO ERA POSTERIOR A LA DECLARACIÓN DEL CONCURSO. F524. DEMANDA EJERCITANDO LA ACCIÓN RESCISORIA CONCURSAL POR LA ADMINISTRACIÓN CONCURSAL CONTRA UN PAGO DE OBLIGACIÓN CUYO VENCIMIENTO ERA POSTERIOR A LA DECLARACIÓN DEL CONCURSO. F525. DEMANDA EJERCITANDO LA ACCIÓN RESCISORIA CONCURSAL POR ACREEDOR CONTRA ACTO ONEROSO A FAVOR DE PERSONA ESPECIALMENTE RELACIONADA CON EL CONCURSADO. F526. DEMANDA EJERCITANDO LA ACCIÓN RESCISORIA CONCURSAL POR LA ADMINISTRACIÓN CONCURSAL CONTRA GARANTÍA REAL A FAVOR DE OBLIGACIÓN PREEXISTENTE. F527. DEMANDA EJERCITANDO LA ACCIÓN RESCISORIA CONCURSAL POR ADMINISTRACIÓN CONCURSAL CONTRA LA CONSTITUCIÓN DE GARANTÍAS REALES A FAVOR DE OBLIGACIONES CONTRAÍDAS EN SUSTITUCIÓN DE PREEXISTENTES. F528. DEMANDA EJERCITANDO LA ACCIÓN RESCISORIA CONCURSAL POR ADMINISTRACIÓN CONCURSAL CONTRA LA CONSTITUCIÓN DE GARANTÍAS REALES A FAVOR DE OBLIGACIONES CONTRAÍDAS EN SUSTITUCIÓN DE PREEXISTENTES. PLAN DE REESTRUCTURACION. F529. DEMANDA EJERCITANDO LA ACCIÓN RESCISORIA CONCURSAL POR LA ADMINISTRACIÓN CONCURSAL CONTRA UN PAGO DE OBLIGACIÓN CON GARANTÍA REAL CUYO VENCIMIENTO ERA POSTERIOR A LA DECLARACIÓN DEL CONCURSO. F530. DEMANDA EJERCITANDO LA ACCIÓN RESCISORIA CONCURSAL POR LA ADMINISTRACIÓN CONCURSAL CONTRA ACTO PERJUDICIAL PARA LA MASA ACTIVA. F531. DEMANDA EJERCITANDO LA ACCIÓN RESCISORIA CONCURSAL POR LA ADMINISTRACIÓN CONCURSAL CONTRA ACTO PERJUDICIAL PARA LA MASA ACTIVA. CONTRAPARTE DE MALA FE. F532. DEMANDA EJERCITANDO LA ACCIÓN RESCISORIA CONCURSAL POR LA ADMINISTRACIÓN CONCURSAL CONTRA ACTO PERJUDICIAL PARA LA MASA ACTIVA. BIEN QUE PERTENECE A TERCERO NO DEMANDADO. F533. ESCRITO DIRIGIDO POR UN ACREEDOR A LA ADMINISTRADOR CONCURSAL INTERESANDO EL EJERCICIO DE LA ACCIÓN RESCISORIA CONCURSAL CONTRA UN ACTO DEL DEUDOR. F534. ESCRITO DIRIGIDO POR LA ADMINISTRACIÓN CONCURSAL A UN ACREEDOR RECHAZANDO EL EJERCICIO DE LA ACCIÓN RESCISORIA CONCURSAL CONTRA UN ACTO DEL DEUDOR CONCURSADO. F535. CONTESTACIÓN A DEMANDA EJERCITANDO ACCIÓN RESCISORIA CONCURSAL. F536. ESCRITURA DE REINTEGRACIÓN A LA MASA ACTIVA DEL CONCURSO DE UN INMUEBLE PREVIA ACCIÓN RESCISORIA.

4.1. EFECTOS SOBRE EL DEUDOR

Normativa de aplicación: *Arts. 105 y ss. Real Decreto Legislativo 1/2020, de 5 de mayo, por el que se aprueba el texto refundido de la Ley Concursal*

F301. ESCRITO DE LA ADMINISTRACIÓN CONCURSAL INSTANDO EL CAMBIO DE LA INTERVENCIÓN DE FACULTADES POR LA SUSPENSIÓN

AL JUZGADO DE LO MERCANTIL NÚM. .... DE...........

Don..........., administración concursal del concurso voluntario de la compañía........... S.A., que se sigue ante este Juzgado bajo el número de autos..........., comparecemos en los citados autos y como mejor proceda en derecho DIGO:

PRIMERO.– En el presente procedimiento número de autos..........., se sigue expediente de concurso de la compañía........... S.A. La declaración de concurso voluntario de la expresada sociedad fue acordada por este Juzgado mediante auto de fecha........... de........... de dos mil...........

La administración concursal está integrada por quien suscribe, siendo nombrado para tal cargo por el Juez del Concurso, en el citado auto de fecha........... de........... de dos mil..........., aceptando el cargo en fecha...........

SEGUNDO.– Que en dicho auto de declaración del concurso voluntario de........... S.L. y a la vista de lo establecido en el art. 106.1 TRLC, se acordó por el Juez al que nos dirigimos, que el deudor conservara las facultades de administración y disposición sobre la masa activa, pero sometido a la intervención de la administración concursal, que podrá autorizar o denegar la autorización según tenga por conveniente.

TERCERO.– Que según establece el art. 108.1 TRLC, a solicitud de la administración concursal, el juez, oído el concursado, podrá acordar en cualquier momento, mediante auto, el cambio de las situaciones de intervención o de suspensión de las facultades del concursado sobre la masa activa.

Continúa el citado precepto, apartado 2, art. 108 TRLC, en el sentido que al cambio de las situaciones de intervención o de suspensión y la consiguiente modificación de las facultades de la administración concursal se le dará la misma publicidad que la acordada para la declaración de concurso.

CUARTO.– Que como consecuencia de la conducta llevada por la concursada en los últimos meses y que a continuación se relatará, entendemos que procede ser acordado por este Juzgado, un cambio en la situación de intervención antes reseñada, pasando a la suspensión del ejercicio por el deudor de las facultades de administración y disposición sobre la masa activa, siendo sustituido por esta Administración Concursal.

En efecto, hemos tenido conocimiento hace escasas fechas, y pese a los constantes impedimentos de la concursada, que la misma, a través de determinadas sociedades a ésta vinculadas, está llevando a cabo determinadas operaciones tendentes a ocultar bienes de su propiedad. Concretamente...........

Por otro lado, por este Juzgado y en fecha........... de........... de..........., se autorizó la venta de los bienes que a continuación se reseñan........... Como señaló su señoría en el auto antes reseñado, tales ventas se efectuaban con una finalidad conservativa de la masa y en evidente interés del concurso. Y a petición de la deudora y de esta administración concursal, que la informó favorablemente.

Pues bien, la concursada ha puesto todo tipo de impedimentos a tal compraventa, incluso incompareciendo varias veces a la firma de la correspondiente escritura de compraventa, pese a haber sido requerido en fecha de........... de........... por este Juzgado al efecto. Y ello ha hecho que las expresadas compraventas no se hayan llevado a cabo al desistir de las mismas las sociedades compradoras ante los continuos retrasos e incomparecencias.

Acreditando lo anterior, se acompañan como DOCUMENTOS..........., la siguiente documentación...........

En virtud de lo expuesto,

SUPLICO AL JUZGADO que tenga por presentado este escrito, junto a los documentos a él unidos, se sirva admitirlo y, previos los oportunos trámites legales y oído el concursado, acuerde el cambio de la situación de intervención de facultades del concursado acordado en el auto de fecha........... de........... de..........., por la suspensión del ejercicio por el deudor concursado, ... S.L. de sus facultades de administración y disposición sobre la masa activa, siendo sustituido en el ejercicio de dichas facultades por esta administración concursal, así como cuanto demás procede en derecho.

Es Justicia que se Suplica en..........., hoy día........... de........... de dos mil...........

F302. ESCRITO DE LA ADMINISTRACIÓN CONCURSAL INSTANDO EL CAMBIO DE LA INTERVENCIÓN DE FACULTADES POR LA SUSPENSIÓN Y SOLICITUD DE REQUERIMIENTO DE INFORMACIÓN

Normativa de aplicación: *Arts. 105 y ss. Real Decreto Legislativo 1/2020, de 5 de mayo, por el que se aprueba el texto refundido de la Ley Concursal*

Proc. Concursal

Autos ..../...........

AL JUZGADO DE LO MERCANTIL Nº ……….. DE VALENCIA

……….. en representación de ………….., SLP, Administrador Concursal designado en el procedimiento de Concurso Voluntario de la entidad mercantil "…………., S.A." que con el número ……….. se tramita ante ese Juzgado, comparece ante el mismo y como mejor proceda en Derecho, DICE:

PRIMERO.– Que la mercantil ……….. S.A., fue declarada en estado de concurso voluntario en virtud de auto de fecha ……….. dictado por el Juzgado de lo Mercantil número ……….. de ……….. (número de autos ………..).

Asimismo, en dicho auto se acordó por el Juez al que nos dirigimos, que el deudor conservara facultades de administración y disposición sobre la masa activa, pero sometido a la intervención de la administración concursal, que podrá autorizar o denegar la autorización según tenga por conveniente.

SEGUNDO.– Que según establece el art. 108.1 TRLC, a solicitud de la administración concursal, el juez, oído el concursado, podrá acordar en cualquier momento, mediante auto, el cambio de las situaciones de intervención o de suspensión de las facultades del concursado sobre la masa activa.

Continúa el citado precepto, apartado 2, art. 108 TRLC, en el sentido que al cambio de las situaciones de intervención o de suspensión y la consiguiente modificación de las facultades de la administración concursal se le dará la misma publicidad que la acordada para la declaración de concurso.

TERCERO.– Que como consecuencia de la conducta llevada por la concursada desde que se declaró el concurso y que a continuación se relatará, esta administración concursal entiende que procede ser acordado por este Juzgado, un cambio en la situación de intervención antes reseñada, pasando a la suspensión del ejercicio por el deudor de las facultades de administración y disposición sobre la masa activa, siendo sustituido por esta Administración Concursal.

CUARTO.– Que como ya se dejó dicho por esta administración concursal en su escrito de solicitud de atribución del ejercicio de los derechos políticos ex artículo 128.2 TRLC, presentado el ……….. (que fueron atribuidos a esta Administración Concursal por auto dictado el ……….. por este Juzgado), y tal como se desprende de la documental aportada junto a la solicitud de concurso, entre los accionistas de la concursada……….. (divididos en acciones serie A y serie B) y en el seno del Consejo de Administración hay posiciones contrapuestas y enfrentadas que tienen una incidencia directa en la gestión de la sociedad y que han complicado la situación patrimonial y financiera de la concursada.

Dicha situación de enfrentamiento entre los accionistas tiene un reflejo directo en el Consejo de Administración, cuyos componentes también se hayan divididos entre los que representan los intereses de los accionistas de la clase A y los que representan los intereses de los accionistas de la clase B, lo cual supone que el Consejo de Administración este "de facto" paralizado y que actualmente todas sus competencias de gestión y representación de la concursada estén siendo ejercidas por el Director General de la misma, que actúa con unos poderes limitados pero como si fuere el órgano de administración de la sociedad.

Es de destacar que la conducta de dicho Director General de la concursada ha sido desde un principio la de no colaborar y entorpecer la labor de esta administración concursal, a pesar de los infructuosos esfuerzos del letrado de la Concursada para que se atiendan los requerimientos de esta administración concursal.

Pero, sobre todo, es una anormalidad que atenta a derecho, la situación de una sociedad, cuyo órgano de administración está bloqueado y enfrentados sus miembros

QUINTO.– Asimismo, ante el manifiesto incumplimiento por parte de la concursada de sus obligaciones de información, colaboración y puesta a disposición de la administración concursal a que hace referencia el art. 135 TRLC, esta administración concursal en escrito presentado el ...., se vio obligada a solicitar a este Juzgado, auxilio judicial urgente para que se requiriese a la sociedad concursada a los efectos de la inmediata entrega de la información y documentación que se relacionaba en dicho escrito y que es precisa para que esta administración concursal pueda confeccionar el informe a que hace referencia los arts. 290 y ss. TRLC y ejercer su labor de intervención.

Que como consecuencia de la citada solicitud de auxilio judicial urgente, el Juzgado de lo Mercantil número .... de Valencia dictó providencia de fecha .... por la que acordó requerir a la sociedad concursada a través de su procuradora para que en el plazo de 3 días pusiera a disposición de esta administración concursal, la documentación e información interesada en su escrito.

Se hace constar que a la fecha del presente escrito, *y a pesar del requerimiento del Juzgado*, no se ha proporcionado a esta Administración concursal la siguiente información relevante que nuevamente solicitamos de este Juzgado que se requiera a la concursada para su entrega:

- Contrato laboral o de prestación de servicios a la concursada por parte del apoderado Sr. .... (histórico de contratos).
- Información completa sobre el contrato de maquila de fecha .... suscrito entre la concursada y .... S.A. Especialmente la justificación de si la facturación contemplada en el mismo por parte de ...., S.A. a .... S.A. se ha efectuado correctamente y si ésta es suficiente para superar todos los gastos que tiene la concursada. Del mismo modo, indicar en qué medida se han cobrado las facturas que se derivan del mismo contrato.

Sobre el primer punto, hemos tenido conocimiento tras el requerimiento del Juzgado, ha acecido una inspección de trabajo que ha obligado a la sociedad a dar de alta al apoderado Sr. .... como trabajador por cuenta ajena, lo que se ha hecho fuera de plazo y sin la intervención ni conocimiento por parte de esta Administración concursal, que ha conocido tal hecho a través de los letrados de la concursada.

Y respecto del contrato de ...., indicar que tal contrato y su firma esta judicializada en el ámbito penal, supone dejar a la sociedad concursada sin actividad comercial, lo cual esta parte no entra a valorar en este momento si es positivo o negativo, y hay constatadas por este Administración Concursal vinculaciones y relaciones que exceden la citada actividad entre la sociedad .... S.A y la concursada y posibles conflictos de intereses. Por otro lado, observamos como la liquidación de la maquila, la cantidad que se transfiere por .... S.A a la concursada por los servicios de maquila que le presta esta última a la primera, corresponde prácticamente, casi al céntimo, con el importe a pagar de créditos contra la masa de la concursada.

Pero poco podemos decir pues se nos esconde la información de esa relación contractual y de la relación con .... S.A. Se nos indica la existencia de un informe de auditoría aclaratorio de la maquila, encargado se supone por la concursada, eso sí, sin la autorización de esta Administración Concursal. Pero el informe no llega.

Esta falta de transparencia por parte la concursada sobre aspectos patrimoniales y contractuales fundamentales para la marcha del concurso, es otra razón más por la cual esta Administración Concursal ha decidido presentar el presente escrito.

SEXTO.– Así pues, en base a lo expuesto y para evitar que la actual gestión de la mercantil concursada agrave la situación patrimonial y financiera de la misma, esta administración concursal entiende que procede ser acordado por este Juzgado, un cambio en la situación de intervención antes reseñada, pasando a la suspensión del ejercicio por el deudor de las facultades de administración y disposición sobre su patrimonio, siendo sustituido por esta Administración Concursal.

En virtud de lo expuesto,

SUPLICO AL JUZGADO que tenga por presentado este escrito, se sirva admitirlo y, previos los oportunos trámites legales y oído el concursado, acuerde:

A.– El cambio de la situación de intervención de facultades del concursado acordado en el auto de fecha ...., por la suspensión del ejercicio por la mercantil concursada .... S.A., de sus facultades de administración y disposición sobre la masa activa, siendo sustituido por esta administración concursal, así como cuanto demás procede en derecho.

B.– Requerir nuevamente a la concursada, a través de su representación procesal, por plazo de una audiencia y con los apercibimientos oportunos, a efectos de que se haga entrega a esta parte de la siguiente información:

- Contrato laboral o de prestación de servicios a la concursada por parte del apoderado Sr. .... (histórico de contratos).
- Información completa sobre el contrato de .... de fecha .... suscrito entre la concursada y .... S.A. Especialmente la justificación de si la facturación contemplada en el mismo por parte de..........., S.A. a..........., S.A. se ha efectuado correctamente y si ésta es suficiente para superar todos los gastos que tiene la concursada. Del mismo modo, indicar en qué medida se han cobrado las facturas que se derivan del mismo contrato.

Es Justicia que se SUPLICA en ...., a .... de .... de ....

Fdo........... en representación de..........., SLP.

ADMINISTRACIÓN CONCURSAL

F303. ESCRITO DE LA ADMINISTRACIÓN CONCURSAL INSTANDO EL CAMBIO DE LA SUSPENSIÓN DE FACULTADES POR LA INTERVENCIÓN

Normativa de aplicación: *Arts. 105 y ss. Real Decreto Legislativo 1/2020, de 5 de mayo, por el que se aprueba el texto refundido de la Ley Concursal*

AL JUZGADO DE LO MERCANTIL NÚM........... DE ....

Don..........., administración concursal del concurso voluntario de la compañía........... S.A., que se sigue ante este Juzgado bajo el número de autos..........., comparecemos en los citados autos bajo la dirección letrada de Don..........., abogado del Ilustre Colegio de........... (número de incorporación...........), y como mejor proceda en derecho DIGO:

PRIMERO.– En el presente procedimiento número de autos..........., se sigue expediente de concurso de la compañía........... S.A. La declaración de concurso voluntario de la expresada sociedad, fue acordada por este Juzgado mediante auto de fecha........... de........... de dos mil...........

La administración concursal está integrada por quien suscribe, siendo nombrado para tal cargo por el Juez del Concurso, en el citado auto de fecha........... de........... de dos mil..........., aceptando el cargo en fecha...........

SEGUNDO.– Que en dicho auto de declaración del concurso necesario de........... S.A. y a la vista de lo establecido en el art. 106 TRLC, se acordó por el Juez al que nos dirigimos, la suspensión del ejercicio por el deudor de las facultades de administración y disposición sobre la masa activa, siendo sustituido en el referido ejercicio por esta administración concursal.

TERCERO.– Que según establece el art. 108.1 TRLC, a solicitud de la administración concursal, el juez, oído el concursado, podrá acordar en cualquier momento, mediante auto, el cambio de las situaciones de intervención o de suspensión de las facultades del concursado sobre la masa activa.

Continúa el citado precepto, apartado 2, art. 108 TRLC, en el sentido que al cambio de las situaciones de intervención o de suspensión y la consiguiente modificación de las facultades de la administración concursal se le dará la misma publicidad que la acordada para la declaración de concurso.

CUARTO.– Que entendemos conveniente para el interés del concurso y el mejor desarrollo de este procedimiento, que se acuerde por este Juzgado, un cambio en la situación de suspensión antes reseñada, sustituyéndolo por la conservación por el deudor concursado de las facultades de administración y disposición la masa activa, pero sometido a la intervención de la administración concursal, que podrá autorizar o denegar la autorización según tenga por conveniente.

En efecto, la peculiar actividad de la empresa hace preciso tal cambio toda vez que...........

Acreditando lo anterior, se acompañan como DOCUMENTOS..........., la siguiente documentación...........

En virtud de lo expuesto,

SUPLICO AL JUZGADO que tenga por presentado este escrito, junto a los documentos a él unidos, se sirva admitirlo y, previos los oportunos trámites legales y oído el concursado, acuerde el cambio de la situación de suspensión de facultades del concursado acordado en el auto de fecha........... de........... de..........., sustituyéndolo por la conservación por el deudor concursado de las facultades de administración y disposición sobre la masa activa, pero sometido a la intervención de la administración concursal, que podrá autorizar o denegar la autorización según tenga por conveniente, así como cuanto demás proceda en derecho.

Es Justicia que se Suplica en..........., hoy día........... de........... de dos mil...........

F304. DILIGENCIA DE ORDENACIÓN PONIENDO DE MANIFIESTO SOLICITUD DE MODIFICACIÓN DE FACULTADES PATRIMONIALES DE LA CONCURSADA

Normativa de aplicación: *Arts. 105 y ss. Real Decreto Legislativo 1/2020, de 5 de mayo, por el que se aprueba el texto refundido de la Ley Concursal*

DILIGENCIA DE ORDENACIÓN

Letrado de la Administración de Justicia, Don...........

En..........., a........... de........... de...........

Que en fecha........... de........... de..........., en el presente concurso voluntario/necesario de........... S.A., seguido ante este Juzgado de lo Mercantil........... de........... bajo el núm. de autos..........., se presentó por la Administración Concursal solicitud de modificación de las facultades patrimoniales del concursado. Ello al amparo del art. 108.1 TRLC y en los términos de dicho escrito.

Teniendo por presentada la expresada solicitud, óigase al respecto a la concursada por plazo de CINCO (5) DÍAS a contar desde la notificación de la presente diligencia, y dese trasado de la referida solicitud a las demás partes personadas para que, en idéntico plazo, puedan formular cuantas alegaciones tengan por conveniente sobre tal petición. A la vista de todo ello se acordará lo que proceda en derecho.

Doy cuenta a su Señoría.

Contra la presente resolución, que no es firme, cabe recurso de revisión a interponer en el plazo de CINCO (5) días a contar desde su notificación. A tal efecto téngase en cuenta lo establecido en la DA 15ª LOPJ sobre depósito para recurrir.

Lo que acuerdo, mando y firmo en el lugar y fecha señalados "ut supra".

F305. AUTO ESTIMANDO LA SOLICITUD DE LA ADMINISTRACIÓN CONCURSAL INSTANDO EL CAMBIO DE LA INTERVENCIÓN DE FACULTADES POR LA SUSPENSIÓN

Normativa de aplicación: *Arts. 105 y ss. Real Decreto Legislativo 1/2020, de 5 de mayo, por el que se aprueba el texto refundido de la Ley Concursal*

En la ciudad de........... a........... de........... de...........

ANTECEDENTES DE HECHO

PRIMERO.– Que en fecha........... de........... de........... y por la administración concursal del concurso voluntario de la compañía........... S.L. seguido en las presentes actuaciones, se solicitó de este Juzgado el cambio de la situación de intervención de facultades del concursado acordado en el auto de fecha........... de........... de..........., sustituyéndolo por la suspensión del ejercicio por el deudor concursado, ... S.L. de las facultades de administración y disposición sobre la masa activa, siendo sustituido en tal ejercicio por la administración concursal.

SEGUNDO.– Oído sobre tal solicitud, el concursado se opuso al cambio argumentando...........

También en fecha ...., se dio traslado al resto de partes personadas, con el resultado obrante en autos.

FUNDAMENTOS DE DERECHO

PRIMERO.– Que este Juez es competente para conocer de la solicitud planteada por la administración concursal (art. 44, 45 y 108 TRLC).

SEGUNDO.– Que la administración concursal está legitimada para plantear el cambio de la situación de intervención de facultades al de suspensión (art. 108.1 TRLC).

TERCERO.– Que la solicitud formulada reúne los requisitos de forma establecidos en el art. 108.1 TRLC.

CUARTO.– Que según establece el art. 108.1 TRLC, a solicitud de la administración concursal, el juez, oído el concursado, podrá acordar en cualquier momento, mediante auto, el cambio de las situaciones de intervención o de suspensión de las facultades del concursado sobre la masa activa.

Continúa el citado precepto, apartado 2, art. 108 TRLC, en el sentido que al cambio de las situaciones de intervención o de suspensión y la consiguiente modificación de las facultades de la administración concursal se le dará la misma publicidad que la acordada para la declaración de concurso.

QUINTO.– Que debemos estimar la solicitud formulada por la administración concursal peticionando el cambio en la situación de intervención antes reseñada, pasando a la suspensión del ejercicio por el deudor de las facultades de administración y disposición de la masa activa, siendo sustituido en el referido ejercicio por la Administración Concursal.

Consta acreditado en autos las constantes actuaciones llevadas a cabo por la concursada, a través de determinadas sociedades a ésta vinculadas, tendentes a ocultar sus bienes a la administración concursal. Concretamente...........

Por otro lado, por este Juzgado y en fecha........... de........... de..........., se autorizó la venta de los bienes que a continuación se reseñan........... Tales ventas se efectuaban con una finalidad conservativa de la masa y en evidente interés del concurso.

Pues bien, la concursada ha puesto todo tipo de impedimentos a tal compraventa, incluso incompareciendo a la firma de la correspondiente escritura de compraventa pese a haber sido requerido en fecha de........... de........... por este Juzgado al efecto. Y ello ha hecho que las expresadas compraventas no se hayan llevado a cabo al desistir de las mismas las sociedades compradoras ante los continuos retrasos e incomparecencias.

Además...........

Con el cambio acordado, se evitan riesgos tales como........... y se consigue una mejor........... Ello por cuanto...........

SEXTO.– Procede someter el cambio aquí acordado al mismo régimen de publicidad que la acordada en su día para la declaración de concurso.

Visto lo expuesto y demás normativa de aplicación

DISPONGO

Estimar la solicitud formulada por la administración concursal mediante escrito de fecha........... de........... de..........., y

1) Cambiar la situación de intervención de facultades acordada en el auto de fecha........... de...........de..........., por la suspensión del ejercicio por el deudor concursado, ... S.L., de las facultades de administración y disposición sobre la masa activa, siendo sustituido en tal ejercicio por la administración concursal.

2) Proceder a dar la debida publicidad al cambio aquí acordado, sometiéndolo al régimen de publicidad establecido en su día para la declaración de concurso. Insértese la presente resolución en el Registro Público Concursal.

Notifíquese la resolución al deudor, administración concursal y demás partes personadas a través de su representación procesal, haciéndole saber que, contra la misma, cabe recurso de reposición a interponer en el plazo de cinco días a contar desde la notificación del presente auto.

De conformidad con lo establecido en la Disposición Adicional 15° LOPJ (según la redacción dada por la LO 1/09), la interposición de recurso contra resoluciones judiciales no podrá ser admitida a trámite sin la acreditación del depósito previsto en la citada Ley a efectos de recurrir, debiendo presentarse copia o resguardo de tal depósito en la cuenta de consignaciones de este Juzgado.

Todo lo cual pronuncia, manda y firma el Ilmo. Sr. ...., Magistrado Juez del Juzgado de lo Mercantil núm. .... de...........

F306. AUTO ESTIMANDO LA SOLICITUD DE LA ADMINISTRACIÓN CONCURSAL INSTANDO EL CAMBIO DE LA SUSPENSIÓN DE FACULTADES POR LA INTERVENCIÓN

Normativa de aplicación: *Arts. 105 y ss. Real Decreto Legislativo 1/2020, de 5 de mayo, por el que se aprueba el texto refundido de la Ley Concursal*

En la ciudad de........... a........... de........... de...........

ANTECEDENTES DE HECHO

PRIMERO.– Que en fecha........... de........... de........... y por la administración concursal del concurso voluntario de la compañía........... S.L. seguido en las presentes actuaciones, se solicitó de este Juzgado el cambio de la situación de suspensión de facultades del concursado acordado en el auto de fecha........... de........... de..........., sustituyéndolo por la conservación por el deudor concursado de las facultades de administración y disposición sobre la masa activa, pero sometido a la intervención de la administración concursal, que podrá autorizar o denegar la autorización según tenga por conveniente.

SEGUNDO.– Oído sobre tal solicitud, el concursado manifestó que...........

También en fecha ...., se dio traslado al resto de partes personadas, con el resultado obrante en autos.

FUNDAMENTOS DE DERECHO

PRIMERO.– Que este Juez es competente para conocer de la solicitud planteada por la *administración* concursal (art. 44, 45 y 108.1 TRLC).

SEGUNDO.– Que la administración concursal está legitimada para plantear el cambio de la situación de suspensión de facultades al de intervención (art. 108.1 TRLC).

TERCERO.– Que la solicitud formulada reúne los requisitos de forma establecidos en el art. 108.1 TRLC.

CUARTO.– Que según establece el art. 108.1 TRLC, a solicitud de la administración concursal, el juez, oído el concursado, podrá acordar en cualquier momento, mediante auto, el cambio de las situaciones de intervención o de suspensión de las facultades del concursado sobre la masa activa.

Continúa el citado precepto, apartado 2, art. 108 TRLC, en el sentido que al cambio de las situaciones de intervención o de suspensión y la consiguiente modificación de las facultades de la administración concursal se le dará la misma publicidad que la acordada para la declaración de concurso.

QUINTO.– Que debemos estimar la solicitud formulada por la administración concursal pues........... Máxime cuando el propio concursado a mostrado su conformidad a tal cambio.

SEXTO.– Procede someter el cambio aquí acordado al mismo régimen de publicidad que la acordada en su día para la declaración de concurso.

Visto lo expuesto y demás normativa de aplicación

DISPONGO

Estimar la solicitud formulada por la administración concursal mediante escrito de fecha........... de........... de..........., y

1.– Cambiar la situación de suspensión del ejercicio por .... S.L., de las facultades de administración y disposición sobre la masa activa, sustituyéndose por la conservación por el deudor de las referidas facultades, pero sometido a la intervención de la administración concursal, que podrá autorizar o denegar la autorización según tenga por conveniente.

2.– Procede someter el cambio aquí acordado al mismo régimen de publicidad que la acordada en su día para la declaración de concurso.

Notifíquese la resolución al deudor, administración concursal y demás partes personadas a través de su representación procesal, haciéndole saber que contra la misma cabe recurso de reposición a interponer en el plazo de cinco días a contar desde la notificación del presente auto.

De conformidad con lo establecido en la Disposición Adicional 15ª LOPJ (según la redacción dada por la LO 1/09), la interposición de recurso contra resoluciones judiciales, no podrá ser admitida a trámite sin la acreditación del depósito previsto en la citada Ley a efectos de recurrir, debiendo presentarse copia o resguardo de tal depósito en las cuenta de consignaciones de este Juzgado.

Todo lo cual pronuncia, manda y firma el Ilmo. Sr. ...., Magistrado Juez del Juzgado de lo Mercantil núm. .... de...........

F307. EDICTO PARA DAR PUBLICIDAD AL CAMBIO DE LA SUSPENSIÓN DE FACULTADES POR LA INTERVENCIÓN

Normativa de aplicación: *Arts. 105 y ss. Real Decreto Legislativo 1/2020, de 5 de mayo, por el que se aprueba el texto refundido de la Ley Concursal*

Edicto que expido Yo, Doña..........., Letrado de la Administración de Justicia para hacer saber que en el Juzgado de lo Mercantil núm. .... de........... y bajo el número de autos.........../..........., se sigue expediente de concurso necesario de la sociedad........... S.L. con domicilio en..........., calle..........., CIF...........

En dicho procedimiento se ha dictado auto de fecha........... por el que se ha dispuesto cambiar la situación de suspensión del ejercicio por el deudor concursado, ... S.L., de las facultades de administración y disposición sobre la masa activa, sustituyéndose por la conservación por el deudor de las referidas facultades, pero sometido a la intervención de la administración concursal, que podrá autorizar o denegar la autorización según tenga por conveniente.

Todo lo cual se comunica a los efectos y con el alcance previsto en el art. 108.2 TRLC.

En..........., a........... de........... de...........

F308. EDICTO PARA DAR PUBLICIDAD AL CAMBIO DE LA INTERVENCIÓN DE FACULTADES POR LA SUSPENSIÓN

Normativa de aplicación: *Arts. 105 y ss. Real Decreto Legislativo 1/2020, de 5 de mayo, por el que se aprueba el texto refundido de la Ley Concursal*

Edicto que expido yo, Doña..........., Letrado de la Administración de Justicia, para hacer saber que en el Juzgado de lo Mercantil núm. .... de........... y bajo el número de autos.........../..........., se sigue expediente de concurso voluntario de la sociedad........... S.L. con domicilio en..........., calle..........., CIF...........

En dicho procedimiento se ha dictado auto de fecha........... por el que se ha dispuesto cambiar la situación de intervención de facultades del concursado acordada en el auto de fecha........... de........... de..........., por la suspensión del ejercicio por el deudor concursado, ... S.L., de las facultades de administración y disposición sobre la masa activa, siendo sustituido en tal ejercicio por la administración concursal.

Todo lo cual se comunica a los efectos y con el alcance previsto en el art. 108.2 TRLC.

En..........., a........... de........... de...........

F309. ACTA DE REQUERIMIENTO INSTANDO A LA ADMINISTRACIÓN CONCURSAL LA ANULACIÓN O CONFIRMACIÓN DE ACTO DE DISPOSICIÓN LLEVADO A CABO SIN SU INTERVENCIÓN. CONFIRMACIÓN

Normativa de aplicación: *Arts. 105 y ss. Real Decreto Legislativo 1/2020, de 5 de mayo, por el que se aprueba el texto refundido de la Ley Concursal*

En la ciudad de..........., mi residencia, hoy día........... de........... de dos mil...........

Ante mí, ..., notario del Ilustre Colegio de...........

COMPARECE

Don........... mayor de edad, de nacionalidad española, casado con Doña..........., con domicilio en calle..........., núm. ...., dotado de DNI/NIF...........

Manifiesta que su régimen económico matrimonial es el de absoluta separación de bienes, según resulta de la escritura de capitulaciones matrimoniales otorgada ante el notario que fue de..........., Don..........., el día de........... de...........

Le identifico por el documento de identidad anteriormente reseñado, que me es exhibido, y por sus propias manifestaciones.

INTERVIENE

El compareciente interviene en su propio nombre y derecho.

Tiene, a mi juicio, capacidad necesaria para otorgar la presente acta de requerimiento y al efecto:

EXPONE

I.– Que en fecha de........... de..........., la compañía........... S.L. transmitió al aquí requirente por título de compraventa y por un importe de...........euros (impuestos excluidos), el siguiente bien...........

II.– Que con posterioridad a tal compraventa, Don........... ha tenido conocimiento que la sociedad........... S.L. se halla en situación legal de concurso, habiendo sido declarado el mismo, con el carácter de voluntario, mediante auto de fecha........... de........... de........... dictado en el concurso voluntario ordinario de dicha sociedad seguido ante el Juzgado de lo Mercantil núm. .... de..........., procedimiento concursal núm. ....

En el citado auto se acordó que el deudor conservara las facultades de administración y disposición sobre su patrimonio, quedando sometido el ejercicio de éstas a la intervención de los administradores concursales, mediante su autorización o conformidad.

III.– Que en el contrato de compraventa arriba citado, no intervino la administración concursal, por lo que el deudor concursado infringió la limitación de las facultades de disposición sobre su patrimonio acordadas por el Juzgado.

IV.– Que los actos del concursado que infrinjan la limitación o la suspensión de las facultades patrimoniales acordada por el juez del concurso solo podrán ser anulados a instancia de la administración concursal, salvo que esta los hubiese convalidado o confirmado (art. 109.1 TRLC). Cualquier acreedor y quien haya sido parte en la relación contractual afectada por la infracción podrá requerir de la administración concursal que se pronuncie acerca del ejercicio de la correspondiente acción o de la convalidación o confirmación del acto (art. 109.2 TRLC). La acción de anulación se tramitará por los cauces del incidente concursal. De haberse formulado el requerimiento, la acción caducará al cumplirse un mes desde la fecha de este. En otro caso, caducará con el cumplimiento del convenio por el deudor o, en el supuesto de liquidación, con la finalización de esta (art. 109.3 TRLC). Los actos realizados por el concursado con infracción de la limitación o de la suspensión de facultades patrimoniales no podrán ser inscritos en registros públicos mientras no sean confirmados o convalidados, alcance firmeza la resolución judicial por la que se desestime la pretensión de anulación o se acredite la caducidad de la acción (art. 109.4 TRLC).

Con relación a todo ello,

REQUERIMIENTO

El compareciente me requiere a mí, notario, para que personándome en..........., calle..........., núm. ...., requiera a la administración concursal del concurso voluntario ordinario de la sociedad........... S.L., integrada por Don..........., para que, de conformidad con lo establecido en los apartados, 1 y 2, del art. 109 TRLC, se pronuncie sobre la eventual anulación del acto de disposición reseñado en el exponen I o, en su caso, la convalidación o confirmación del mismo.

Acepto el requerimiento que practicaré tan pronto me lo permitan las necesidades del servicio.

OTORGAMIENTO

Así lo dice y otorga el compareciente ante mí. Hago las reservas y advertencias legales, También advierto sobre la correspondiente incorporación de datos a los ficheros automatizados regulados en la Orden de 19 de febrero de 2003 (484/2003), del Ministerio de Justicia.

AUTORIZACIÓN

El compareciente, previa solicitud que me formula al efecto y sin perjuicio de advertirle sobre el contenido del art. 193 RN, lee en mi presencia la presente acta. Manifiesta su consentimiento y conformidad a su contenido, firmándola conmigo, el notario. Compruebo que se ajusta este instrumento a la Ley y la voluntad manifestada en este acto por el compareciente, y doy fe en cuanto sea procedente de todo lo consignado en este instrumento público, extendido en............ folios de papel exclusivo para documentos notariales, serie, y números el del presente y anteriores en orden.

DILIGENCIA

Que pongo yo, el notario para hacer constar que el día de........... de..........., a las........... horas, me persono en la calle..........., núm. ...., de esta ciudad y hago entrega a Don..........., integrante de la administración concursal de........... S.L., de cedula comprensiva de copia literal del acta origen de la presente diligencia. Les hago la advertencia del derecho que tienen a contestarla en el plazo de dos días hábiles a contar desde la notificación. El citado señor, enterado, la recibe.

Doy fe del contenido de la presente diligencia redactada en mi notaria, extendida en un folio........... integrante del acta de requerimiento inicial

DILIGENCIA

Que pongo yo, el notario para hacer constar que el día de........... de..........., a las........... horas, se persona en mi notaria Don..........., integrante de la administración concursal de........... S.L., y manifiesta que, de conformidad con lo establecido en los apartados, 1 y 2, del art. 109 TRLC, confirma la compraventa llevada a cabo sin su intervención por la citada sociedad concursada, ... S.L. a favor de Don........... y por un importe de...........euros (impuestos excluidos), del siguiente bien..........., que ha sido reseñada en el exponen I del acta de requerimiento inicial.

Doy fe del contenido de la presente diligencia redactada en mi notaria, extendida en un folio........... integrante del acta de requerimiento inicial.

F310. ACTA DE REQUERIMIENTO INSTANDO A LA ADMINISTRACIÓN CONCURSAL SOBRE ANULACIÓN O CONVALIDACIÓN DE ACTO DE DISPOSICIÓN LLEVADO A CABO SIN SU INTERVENCIÓN. ANULACIÓN

Normativa de aplicación: *Arts. 105 y ss. Real Decreto Legislativo 1/2020, de 5 de mayo, por el que se aprueba el texto refundido de la Ley Concursal*

En la ciudad de..........., mi residencia, hoy día........... de........... de dos mil...........

Ante mí, ..., notario del Ilustre Colegio de...........

COMPARECE

Don........... mayor de edad, de nacionalidad española, casado con Doña..........., con domicilio en calle..........., núm. ...., dotado de DNI/NIF...........

Manifiesta que su régimen económico matrimonial es el de absoluta separación de bienes, según resulta de la escritura de capitulaciones matrimoniales otorgada ante el notario que fue de..........., Don..........., el día de........... de...........

Le identifico por el documento de identidad anteriormente reseñado, que me es exhibido, y por sus propias manifestaciones.

INTERVIENE

El compareciente interviene en su propio nombre y derecho.

Tienen, a mi juicio, capacidad necesaria para otorgar la presente acta de requerimiento y al efecto:

EXPONE

I.– Que Don........... es acreedor de la sociedad........... S.L., sociedad que se halla en situación legal de concurso, habiendo sido declarado el mismo, con el carácter de voluntario, mediante auto de fecha........... de........... de........... dictado en el concurso voluntario de dicha sociedad seguido ante el Juzgado de lo Mercantil núm. .... de..........., procedimiento concursal núm. ....

En el citado auto se acordó que el deudor conservara las facultades de administración y disposición sobre su patrimonio, quedando sometido el ejercicio de éstas a la intervención de los administradores concursales, mediante su autorización o conformidad.

II.– Que en fecha de........... de..........., la compañía........... S.L. transmitió a doña........... por título de compraventa y por un importe de...........euros (impuestos excluidos), el siguiente bien...........

Que en el contrato de compraventa arriba citado, no intervino la administración concursal, por lo que el deudor concursado infringió la limitación de las facultades de disposición sobre su patrimonio acordadas por el Juzgado.

III.– Que los actos del concursado que infrinjan la limitación o la suspensión de las facultades patrimoniales acordada por el juez del concurso solo podrán ser anulados a instancia de la administración concursal, salvo que esta los hubiese convalidado o confirmado (art. 109.1 TRLC). Cualquier acreedor y quien haya sido parte en la relación contractual afectada por la infracción podrá requerir de la administración concursal que se pronuncie acerca del ejercicio de la correspondiente acción o de la convalidación o confirmación del acto (art. 109.2 TRLC). La acción de anulación se tramitará por los cauces del incidente concursal. De haberse formulado el requerimiento, la acción caducará al cumplirse un mes desde la fecha de este. En otro caso, caducará con el cumplimiento del convenio por el deudor o, en el supuesto de liquidación, con la finalización de esta (art. 109.3 TRLC). Los actos realizados por el concursado con infracción de la limitación o de la suspensión de facultades patrimoniales no podrán ser inscritos en registros públicos mientras no sean confirmados o convalidados, alcance firmeza la resolución judicial por la que se desestime la pretensión de anulación o se acredite la caducidad de la acción (art. 109.4 TRLC).

Con relación a todo ello,

REQUERIMIENTO

El compareciente me requiere a mí, notario, para que personándome en..........., calle..........., núm. ...., requiera a la administración concursal del concurso voluntario ordinario de la sociedad........... S.L., integrada por Don........... para que, de conformidad con lo establecido en los apartados, 1 y 2, del art. 109 TRLC, se pronuncie sobre la eventual anulación del acto de disposición reseñado en el exponen II o la convalidación o confirmación del mismo.

Acepto el requerimiento que practicaré tan pronto me lo permitan las necesidades del servicio.

OTORGAMIENTO

Así lo dice y otorga el compareciente ante mí. Hago las reservas y advertencias legales, También advierto sobre la correspondiente incorporación de datos a los ficheros automatizados regulados en la Orden de 19 de febrero de 2003 (484/2003), del Ministerio de Justicia.

AUTORIZACIÓN

El compareciente, previa solicitud que me formula al efecto y sin perjuicio de advertirle sobre el contenido del art. 193 RN, lee en mi presencia la presente acta. Manifiesta su consentimiento y conformidad a su contenido, firmándola conmigo, el notario. Compruebo que se ajusta este instrumento a la Ley y la voluntad manifestada en este acto por el compareciente, y doy fe en cuanto sea procedente de todo lo consignado en este instrumento público, extendido en........... folios de papel exclusivo para documentos notariales, serie, y números el del presente y anteriores en orden.

DILIGENCIA

Que pongo yo, el notario para hacer constar que el día de........... de..........., a las........... horas, me persono en la calle..........., núm. ...., de esta ciudad y hago entrega a Don..........., único integrante de la administración concursal de........... S.L., de cedula comprensiva de copia literal del acta origen de la presente diligencia. Le hago la advertencia del derecho que tiene a contestarla en el plazo de dos días hábiles a contar desde la notificación. El citado señor, enterado, la recibe.

Doy fe del contenido de la presente diligencia redactada en mi notaria, extendida en un folio........... integrante del acta de requerimiento inicial

DILIGENCIA

Que pongo yo, el notario, para hacer constar que el día de........... de..........., a las........... horas, se personan en mi notaria Don..........., único integrante de la administración concursal de........... S.L., y manifiesta que, de conformidad con lo establecido en los arts. 109 TRLC, va a proceder a instar judicialmente la anulación de la compraventa llevada a cabo sin su intervención por la citada sociedad concursada, ... S.L. a favor de Don........... y por un importe de...........euros (impuestos excluidos), del siguiente bien..........., que ha sido reseñada en el exponen I del acta de requerimiento inicial.

Doy fe del contenido de la presente diligencia redactada en mi notaria, extendida en un folio........... integrante del acta de requerimiento inicial.

F311. DEMANDA INCIDENTAL SOLICITANDO LA ANULACIÓN DE ACTO DE DISPOSICIÓN INFRINGIENDO LA IMITACIÓN DE FACULTADES DE DISPOSICIÓN

Normativa de aplicación: *Arts. 105 y ss. Real Decreto Legislativo 1/2020, de 5 de mayo, por el que se aprueba el texto refundido de la Ley Concursal*

AL JUZGADO DE LO MERCANTIL NÚM. .... DE...........

Don..........., administrador concursal del concurso voluntario de la compañía........... S.L. que se sigue ante este Juzgado bajo el número de autos..........., comparezco en los citados autos, y como mejor proceda en derecho DIGO:

Que por medio del presente escrito y en la condición que ostentamos, promovemos DEMANDA DE INCIDENTE CONCURSAL en ejercicio de la acción de anulación prevista en el art. 109.3 TRLC contra el concursado, la sociedad........... S.L., y Don..........., con domicilio en..........., calle..........., núm. .... y piso........... la cual se basa en los siguientes:

HECHOS

PRIMERO.– En el presente procedimiento número de autos..........., se sigue expediente de concurso contra la compañía........... S.L. La declaración de concurso voluntario de la expresada sociedad, fue acordada por este Juzgado mediante auto de fecha........... de........... de dos mil...........

La administración concursal está integrada por el aquí compareciente, Don..........., que aceptó el cargo con fecha...........

En el citado auto, se acordó que el deudor conservara las facultades de administración y disposición sobre la masa activa, quedando sometido el ejercicio de éstas, a la intervención de la administración concursal, que podrá autorizar o denegar la autorización según tenga por conveniente.

Acreditando lo anterior, se acompañan como DOCUMENTOS..........., testimonio del auto de este Juzgado declarando el concurso de........... S.L. y designándome único integrante de la administración concursal y la aceptación del cargo.

SEGUNDO.– Que en fecha de........... de..........., la compañía........... S.L. transmitió a Don..........., por título de compraventa y por un importe de...........euros (impuestos excluidos), el siguiente bien...........

TERCERO.– Que en el contrato de compraventa arriba citado, no intervino la administración concursal, por lo que el deudor concursado infringió la limitación de las facultades de disposición sobre la masa activa acordadas por este Juzgado.

CUARTO.– Que en fecha........... de........... de..........., la parte compradora, Don..........., requirió a esta administración concursal a efectos que, a la vista de lo establecido en los apartados, 1 y 2, del art. 109 TRLC, se pronunciara acerca del ejercicio de la acción de anulación de la compraventa o la confirmación de la misma, adjuntando a su requerimiento copia del citado contrato de compraventa.

Se acompaña como DOCUMENTO........... copia del acta de requerimiento otorgada el día de........... de........... ante el notario de..........., Don...........

A los anteriores hechos, se aducen los siguientes:

FUNDAMENTOS DE DERECHO

DE ORDEN PROCESAL

I.– Es competente este Juzgado para conocer de esta demanda incidental, desde un punto de vista objetivo y territorial, a la vista del art. 44, 45 y 109 TRLC.

II.– La presente demanda se sustanciará por los trámites previstos para el incidente concursal, tal y como resulta de los arts. 109.3 y 532 y ss. TRLC.

FONDO DEL ASUNTO

I.– La legitimación activa de Don..........., en cuanto único integrante de la administración concursal y para interponer la presente demanda, resulta del art. 109 TRLC.

II.– La legitimación pasiva de........... S.A. y Don........... resulta, respectivamente, de su condición de concursado y de contraparte del acto impugnado. Así resulta del art. 109 TRLC.

III.– Que los actos del concursado que infrinjan la limitación o la suspensión de las facultades patrimoniales acordada por el juez del concurso solo podrán ser anulados a instancia de la administración concursal, salvo que esta los hubiese convalidado o confirmado (art. 109.1 TRLC). Cualquier acreedor y quien haya sido parte en la relación contractual afectada por la infracción podrá requerir de la administración concursal que se pronuncie acerca del ejercicio de la correspondiente acción o de la convalidación o confirmación del acto (art. 109.2 TRLC). La acción de anulación se tramitará por los cauces del incidente concursal. De haberse formulado el requerimiento, la acción caducará al cumplirse un mes desde la fecha de este. En otro caso, caducará con el cumplimiento del convenio por el deudor o, en el supuesto de liquidación, con la finalización de esta (art. 109.3 TRLC). Los actos realizados por el concursado con infracción de la limitación o de la suspensión de facultades patrimoniales no podrán ser inscritos en registros públicos mientras no sean confirmados o convalidados, alcance firmeza la resolución judicial por la que se desestime la pretensión de anulación o se acredite la caducidad de la acción (art. 109.4 TRLC).

Se hace constar de forma expresa que la acción de anulación se ha ejercitado dentro del plazo de un mes a contar desde que la fecha del requerimiento cursado a esta parte.

IV.– Art. 394 LEC sobre la imposición de costas procesales a los demandados.

En virtud de lo expuesto,

SUPLICO AL JUZGADO que tenga por presentado este escrito, junto a los documentos a él unidos, se sirva admitirlo y tener por promovido por Don..........., único integrante de la administración concursal del concurso voluntario de la compañía........... S.A. tramitado ante este Juzgado de lo Mercantil bajo los autos núm. ...., DEMANDA DE INCIDENTE CONCURSAL en ejercicio de acción de anulación prevista en el art. 109 TRLC contra la concursada, ... S.L., y Don..........., se sirva admitir a trámite el incidente y acuerde emplazar a las partes personadas y notificarles la presente para su contestación, en la forma prevenida en el art. 405 LEC y dentro del plazo común de diez días, si fuera de su interés, y previos los oportunos trámites legales, incluido el recibimiento del pleito a prueba que desde este momento solicito, se sirva dictar sentencia por la que se proceda a la anulación de la compraventa de........... llevada a cabo en fecha........... de........... de........... por........... S.L. a favor de Don..........., ordenándose la realización cuantos actos y formalidades fueren precisas a efectos de que la anulación del acto antes reseñado surta plenos efectos, así como de aquellos que fueren consecuencia de la anulación acordada. Ello con imposición de las costas procesales a los aquí demandados.

Es Justicia que se Suplica en..........., hoy día........... de........... de dos mil...........

OTROSÍ DIGO: Se solicita de este Juzgado la celebración de vista en el presente incidente de conformidad con lo dispuesto en el art. 540 TRLC.

En su virtud,

SUPLICO AL JUZGADO que tenga por efectuada la anterior manifestación, se sirva admitirla, y acordar en el sentido anteriormente expuesto, citando a las partes para la oportuna vista.

Es Justicia que nuevamente se SUPLICA en el lugar y fecha reseñados "ut supra".

OTROSÍ DIGO: Que interesa a esta parte el recibimiento del pleito a prueba y en este sentido, esta parte manifiesta los medios de prueba de los que intenta valerse en el presente incidente:............

En su virtud,

SUPLICO AL JUZGADO que tenga por efectuada la anterior manifestación, se sirva admitirla, y tener por manifestados los medios de prueba de los que intenta valerse esta parte, y previos los oportunos tramites, declare los mismos pertinentes, acordando cuanto proceda en derecho para su práctica.

Es Justicia que nuevamente se SUPLICA en el lugar y fecha reseñados "ut supra".

F312. ESCRITO DE LA ADMINISTRACIÓN CONCURSAL DANDO INSTRUCCIONES DE FUNCIONAMIENTO A LOS ADMINISTRADORES DE LA CONCURSADA

Normativa de aplicación: *Arts. 105 y ss. Real Decreto Legislativo 1/2020, de 5 de mayo, por el que se aprueba el texto refundido de la Ley Concursal*

Muy Sres. nuestros:

Como saben, el Juzgado de lo Mercantil núm. .... de..........., mediante auto de fecha........... de........... de..........., declaró el concurso voluntario de su empresa, ... S.L. En dicho auto, quien suscribe la presente, fue designado único integrante de la administración concursal, y se decretó la intervención de las facultades de la deudora, en los términos del art. 106 y ss. TRLC.

Como consecuencia de tal intervención, los administradores societarios de........... S.L. continuarán con la representación de la entidad dentro del concurso pero con la supervisión de la administración concursal, a quien corresponderá autorizar o confirmar los actos de administración y disposición. Los apoderamientos que pudieran existir al tiempo de la declaración de concurso quedarán afectados por la intervención de las facultades patrimoniales.

A efectos de un mejor ejercicio de sus funciones por esta administración concursal, es necesario, siquiera sea someramente, establecer cauces y normas de actuación que, mientras este en tramitación el concurso de referencia debe seguirla. Ello a salvo de lo establecido en la Ley y las posibles modificaciones de las mismas:

A) El concurso surte sus efectos desde el auto de declaración del mismo. Hasta la aceptación de los administradores concursales, los actos propios de su giro o tráfico que fueran imprescindibles para la continuación de su actividad, son válidos y correctos siempre que se ajusten a las condiciones normales del mercado, por lo que, en próximos días procederemos a su comprobación.

B) La declaración de concurso no interrumpirá la continuación de la actividad profesional o empresarial que viniera ejerciendo el deudor. Tampoco supone la desaparición del órgano de administración de la sociedad. En el supuesto que nos ocupa, implica el sometimiento del deudor a la intervención de sus facultades.

Ustedes deben tomar todas las medidas precisas para asegurar la normal continuación de la actividad empresarial, así como proteger y velar por el patrimonio social.

C) La intervención decretada por el Juzgado se refiere a las facultades de administración y disposición sobre los bienes, derechos y obligaciones que hayan de integrarse en el concurso. Ello conlleva que todos los pagos o cobros de la empresa deben hacerse con la firma de esta administración concursal. También los contratos, pedidos, etc. Es importante no librar cheques si no hay fondos en la empresa.

Cualquier documento que se pase a la firma o autorización de la administración concursal, debe ir extendido en papel oficial de la empresa y firmada por persona con poder suficiente de............ S.L. para ello. Y, en su caso, con los documentos justificativos o soporte del mismo.

D) El deudor tiene el deber de comparecer, personalmente, ante el juzgado de lo mercantil y ante la administración concursal cuantas veces sea requerido y el de colaborar e informar en todo lo necesario o conveniente para el interés del concurso. Cuando el deudor sea persona jurídica, como es su caso, estos deberes incumbirán a sus administradores o liquidadores y a quienes hayan desempeñado estos cargos dentro de los dos años anteriores a la declaración del concurso. Los citados deberes alcanzan también al Director General y a quienes lo hayan sido dentro del período señalado.

E) En el ejercicio de las facultades de administración y disposición sobre la masa activa, se atenderá a su conservación del modo más conveniente para los intereses del concurso.

F) Hasta la aprobación judicial del convenio o hasta la aprobación de las reglas especiales de liquidación, los bienes y derechos que integran la masa activa no se podrán enajenar o gravar sin autorización del juez.

No obstante, e exceptúan de lo dispuesto en el párrafo anterior: 1° Los actos de disposición inherentes a la continuación de la actividad profesional o empresarial del deudor, en los términos establecidos en este capítulo. 2° Los actos de disposición indispensables para satisfacer las exigencias de tesorería que requiera la tramitación del concurso de acreedores. 3° Los actos de disposición indispensables para garantizar la viabilidad de los establecimientos, explotaciones o cualesquiera otras unidades productivas de bienes o de servicios que formen parte de la masa activa. La administración concursal deberá comunicar inmediatamente al juez del concurso los actos de disposición a que se refieren los números primero, segundo y tercero de este apartado con justificación del carácter indispensable de esos actos.

Se exceptúan igualmente de lo dispuesto en el primer párrafo de esta letra f), los actos de disposición de bienes que no sean necesarios para continuidad de la actividad cuando se presenten ofertas que coincidan sustancialmente con el valor que se les haya dado en el inventario. Se entenderá que esa coincidencia es sustancial si en el caso de inmuebles la diferencia es inferior a un diez por ciento y en el caso de muebles a un veinte por ciento, y no constare oferta superior. La administración concursal deberá comunicar inmediatamente al juez del concurso la oferta recibida con justificación del carácter no necesario de los bienes. La oferta presentada quedará aprobada si en plazo de diez días no se presenta una superior.

G) En caso de intervención, y con el fin de facilitar la continuación de la actividad profesional o empresarial del deudor, la administración concursal podrá determinar los actos u operaciones propios del giro o tráfico de aquella actividad que, por razón de su naturaleza o cuantía, quedan autorizados con carácter general.

H) El deudor pondrá a disposición de la administración concursal los libros de llevanza obligatoria y cualesquiera otros libros, documentos y registros relativos a los aspectos patrimoniales de su actividad profesional o empresarial.

I) Aunque la empresa esté en concurso, subsiste la obligación de formular las cuentas anuales y la de auditarlas. La citada formulación, mientras se tramite el concurso, se realizará bajo la supervisión de los administradores concursales, al hallarnos en un supuesto de intervención de facultades de administración.

J) Mientras se tramite el concurso, los administradores concursales tienen derecho de asistencia y de voz en las sesiones de los órganos colegiados de la sociedad en los términos del art. 127 TRLC, debiendo ser convocada en la misma forma y con la misma antelación que los integrantes del órgano que ha de reunirse. La constitución de junta o asamblea u otro órgano colegiado con el carácter de universal no será válida sin la concurrencia de la administración concursal. Los acuerdos de la junta o de la asamblea que puedan tener contenido patrimonial o relevancia directa para el concurso requerirán, para su eficacia, de la autorización o confirmación de la administración concursal.

K) Corresponde exclusivamente a la administración concursal la reclamación, en el momento y cuantía que estime conveniente, del desembolso de las aportaciones sociales que hubiesen sido diferidas, cualquiera que fuera el plazo fijado en la escritura o en los estatutos, y de las prestaciones accesorias pendientes de cumplimiento.

L) Tras la declaración del concurso, ustedes deben asumir los compromisos económicos que sean exigibles conforme a la Ley y cuyo pago no quede paralizado por el concurso. No se debe contraer obligaciones de pago que puedan ser atendidas por la empresa. De todo ello y, especialmente, de la imposibilidad de atender pagos, deberá estar debidamente informada esta Administración concursal.

LL) Junto a lo anterior, ustedes tienen que tener en cuenta lo siguiente:

1.– Deben facilitar a la Administración Concursal la documentación e información que se relaciona en el ANEXO I de este escrito (nota: documentación e información del formulario que sigue al presente, denominado "solicitud de documentos a la concursada por la administración concursal").

2.– Con relación a la tesorería de la sociedad, debe indicarse la relación de cuentas bancarias de las que es titular la sociedad y, en cualquier caso, procederse a la intervención de las mismas por esta administración concursal. No se puede realizar ningún cobro o pago desde cuenta bancaria no intervenida por esta administración concursal.

Por otro lado, previo arqueo y comprobación del saldo de la caja, en la misma sólo puede haber, como saldo máximo, la suma que autorice esta administración concursal y que, salvo nueva instrucción, asciende a...........euros. Tal saldo de caja irá destinado, únicamente, a la atención de pagos pequeños o de escasa cuantía.

3.– Quedando a su disposición para cuantas aclaraciones precisen, reciban un saludo

En..........., a........... de........... de...........

Administración concursal...........

Recibí

Don........... y Don...........

Administradores mancomunados........... S.L.

F313. SOLICITUD DE DOCUMENTOS A LA CONCURSADA POR LA ADMINISTRACIÓN CONCURSAL

Normativa de aplicación: *Arts. 105 y ss. Real Decreto Legislativo 1/2020, de 5 de mayo, por el que se aprueba el texto refundido de la Ley Concursal*

Muy Sres. Nuestros.

A efectos de un mejor ejercicio de la administración concursal, contando con la suficiente y más completa información, y, especialmente, para poder realizar el informe a que se refiere el art. 290 y ss. TRLC, ruego nos remitan y suministren la siguiente información:

I.– DOCUMENTACIÓN E INFORMACIÓN SOCIAL

A) Fotocopia de la escritura de constitución; posteriores ampliaciones o reducciones de capital, adaptación de estatutos, apoderamiento (otorgamiento y revocación, así como personas con firma en la empresa), compraventa de participaciones en otras sociedades, nombramientos y cese de administradores, modificación de estatutos, etc. También de la Unión Temporal de Empresa, Agrupación de Interés Económico o cualquier otra unión de empresarios en la que participen.

Si obrase en poder de la sociedad una certificación actualizada del Registro Mercantil correspondiente a la sociedad, ruego nos acompañen fotocopia de la misma, con independencia de la entrega de la documentación arriba reseñada.

B) Documento que recoja la siguiente información: datos de inscripción de la sociedad en el Registro Mercantil (con expresión de Tomo, Sección, Libro, Folio y Hoja); domicilio social; objeto social; capital social; datos del depósito de las cuentas anuales de los últimos cinco años; legalización de libros de contabilidad (últimos cinco años); informe de auditoría (últimos cinco años), relación de administradores, liquidadores y apoderados (desde los dos años anteriores a la declaración de concurso) y relación de socios de la compañía (desde dos años anteriores a la declaración de concurso).

C) Fotocopia de la siguiente documentación: Pólizas de seguro; avales recibidos y entregados; Contratos (mantenimiento, leasing, renting, arrendamiento, prestamos, arrendamiento, compraventa etc., tanto de bienes muebles como inmuebles y con independencia de que conste en documento público o privado); subvenciones.

D) Información relativa al grupo de sociedades del que forma parte la concursada (sociedad dominante, dominadas, administradores, socios, etc.).

E) Original del libro de actas (Consejo y Junta General) y del libro Registro de Socios. Una vez examinados, se les devolverán inmediatamente.

II.– DOCUMENTACIÓN E INFORMACIÓN CONTABLE-FISCAL

A) Balance de situación a fecha........... de............. de............ (esto es, referido al último día del mes anterior a la fecha de declaración de concurso), con el ruego que sea desglosado a tres niveles; y Balance de comprobación de sumas y saldos, referido al trimestre inmediato anterior a la fecha de la declaración del concurso.

Indicación de los criterios de valoración de cada una de las partidas del balance, con justificación del criterio seguido.

B) Inventarios referidos a la fecha de declaración del concurso, que debe ser detallado y con indicación del lugar en que se halle el bien. A tal efecto, debe indicarse si algún bien se halla en poder de terceros, valorarse las existencias de materias primas, productos en curso y productos terminados, adjuntar las facturas, indicar el valor de coste y la amortización acumulada y, en el supuesto de inmuebles, con indicación del título y datos registrales.

C) Relación de fianzas y depósitos.

D) Documento de adquisición de Inversiones Financieras y la información que de la misma tenga le empresa (cuanto menos, balance de la sociedad participada). Indicación del porcentaje que supone la inversión.

E) Listado de cuentas abiertas en entidades de crédito. Conciliaciones de saldos de Tesorería a la fecha de declaración del concurso.

F) Listado de acreedores con indicación de su saldo y vencimiento.

G) Préstamos y créditos vigentes, [fecha de otorgamiento, importe concedido, tipo de interés, importe o saldo pendiente de devolución (principal, intereses u otros conceptos)], con indicación de si está avalado o se ha otorgado otra garantía por terceros.

H) Préstamos y créditos cancelados en los últimos dos años, [fecha de otorgamiento, importe concedido, tipo de interés, importe o saldo pendiente de devolución (principal, intereses u otros conceptos)], con indicación de sí está avalado o se ha otorgado otra garantía por terceros.

I) Relación de efectos comerciales descontados por terceros, con indicación de importe y vencimiento.

J) Relación de Saldos de Deudores y Clientes (identificando al deudor, factura, importe y vencimiento), clasificados conforme a los siguientes grupos a) clientes, b) deudores, c) efectos comerciales en cartera y d) socios y administradores.

K) Listado de trabajadores (con identificación del trabajador, antigüedad, puesto y salario). Debe indicarse si el trabajador es socio, apoderado y/o administrador de la sociedad o del grupo de sociedades de la que forme parte la deudora, y si tiene relación o es familia de alguno de éstos. Indicación de la deuda con trabajadores y/o Seguridad Social con expresión de la fecha de la deuda y, caso de trabajadores, si la deuda es por salario o indemnizatorio. Indíquese si hay alguna inspección laboral o de Seguridad Social en curso. Debe entregarse copia de la última nomina y si lo hubiere, del convenio colectivo.

L).– Relación de Impuestos pendientes de pago (declaración, periodo, ejercicio, concepto, importe y fecha en que venció el pago del mismo). Indíquese si hay alguna inspección fiscal en curso. Conciliación contable y fiscal bases Impuesto Sociedades e IVA. En la medida de lo posible, les rogaría que la documentación reseñada fuera suministrada en formato excell, Word o text (letras...........). La restante en formato pdf.

En cuanto tengan la citada documentación, nos la pueden enviar a........... o (...........@...........com), Si lo prefieren, podemos pasaremos a recogerlas por sus oficinas con ocasión de nuestra próxima visita del día...........

Reciban un atento saludo

En..........., a........... de........... de...........

Administración concursal...........

Recibí

Don........... y Don...........

Administradores mancomunados........... S.L.

F314. DILIGENCIA DE ORDENACIÓN REQUIRIENDO LA COMPARECENCIA DE ADMINISTRADORES Y DIRECTOR GENERAL DEL CONCURSADO ANTE EL JUZGADO A EFECTOS DE INFORMAR SOBRE DETERMINADOS EXTREMOS. ADMINISTRADORES

Normativa de aplicación: *Arts. 105 y ss. Real Decreto Legislativo 1/2020, de 5 de mayo, por el que se aprueba el texto refundido de la Ley Concursal*

JUZGADO DE LO MERCANTIL........... DE...........

Autos concurso...........

Diligencia de Ordenación del Letrado de la Administración de Justicia...........

En..........., a........... de........... de...........

Que siendo necesario y conveniente para el interés del concurso que por el deudor concursado se aclare determinados extremos de la compraventa otorgada el día de........... de..........., ante el notario Don..........., por la que se transmitió a Don..........., la nave..........., de conformidad con lo dispuesto en el art. 135 TRLC, se requiere al administrador único de la compañía, Don..........., y los miembros del órgano de administración al tiempo de tal compraventa, Don........... y Don..........., para que comparezcan personalmente ante este Juzgado, el próximo día de........... de..........., a las........... horas, e informen sobre los siguientes extremos:...........

Contra esta resolución cabe interponer recurso de revisión en el plazo máximo de cinco (5) días a contar desde la notificación de la presente.

De conformidad con lo establecido en la Disposición Adicional 15ª LOPJ (según la redacción dada por la LO 1/09), la interposición de recurso contra resoluciones judiciales, no podrá ser admitida a trámite sin la acreditación del depósito previsto en la citada Ley a efectos de recurrir, debiendo presentarse copia o resguardo de tal depósito en las cuenta de consignaciones de este Juzgado.

Lo que acuerda, manda y firma Don..........., Secretario Judicial, en el lugar y fecha señaladas "ut supra".

F315. DILIGENCIA DE ORDENACIÓN REQUIRIENDO LA COMPARECENCIA DE DIRECTOR GENERAL DEL CONCURSADO ANTE EL JUZGADO A EFECTOS DE INFORMAR SOBRE DETERMINADOS EXTREMOS. DIRECTOR GENERAL

Normativa de aplicación: *Arts. 105 y ss. Real Decreto Legislativo 1/2020, de 5 de mayo, por el que se aprueba el texto refundido de la Ley Concursal*

JUZGADO DE LO MERCANTIL........... DE...........

Autos concurso...........

Diligencia de Ordenación. Letrado de la Administración de Justicia, Don...........

En..........., a........... de........... de...........

Que siendo necesario y conveniente para el interés del concurso que por el deudor concursado se aclare determinado extremos de la compraventa otorgada el día de...........

de..........., ante el notario Don..........., por la que se transmitió a Don..........., la nave..........., de conformidad con lo dispuesto en el art. 135.2 TRLC, se requiere al Director General de la compañía, Don........... para que comparezca personalmente ante este Juzgado, el próximo día de........... de..........., a las........... horas, e informe sobre los siguientes extremos:...........

Doy cuenta a su Señoría.

Contra esta resolución cabe interponer recurso de revisión en el plazo máximo de cinco (5) días a contar desde la notificación de la presente.

De conformidad con lo establecido en la Disposición Adicional 15ª LOPJ (según la redacción dada por la LO 1/09), la interposición de recurso contra resoluciones judiciales, no podrá ser admitida a trámite sin la acreditación del depósito previsto en la citada Ley a efectos de recurrir, debiendo presentarse copia o resguardo de tal depósito en las cuenta de consignaciones de este Juzgado.

Lo que acuerdo, mando y firmo.

F316. ESCRITO DE LA ADMINISTRACIÓN CONCURSAL SOLICITANDO AUXILIO DEL JUZGADO

Normativa de aplicación: *Arts. 105 y ss. Real Decreto Legislativo 1/2020, de 5 de mayo, por el que se aprueba el texto refundido de la Ley Concursal*

AL JUZGADO DE LO MERCANTIL NÚM. .... DE...........

Don..........., administrador concursal del concurso necesario de la compañía........... S.A., que se sigue ante este Juzgado bajo el número de autos..........., comparezco en los citados autos, y como mejor proceda en derecho DIGO:

PRIMERO.– En el presente procedimiento número de autos..........., se sigue expediente de concurso contra la compañía........... S.A. La declaración de concurso necesario de la expresada sociedad fue acordada por este Juzgado mediante auto de fecha........... de........... de dos mil...........

La administración concursal está integrada por quien suscribe, siendo nombrado para tal cargo por el Juez del Concurso, en el citado auto de fecha........... de........... de dos mil..........., aceptando el cargo en fecha...........

SEGUNDO.– Que en dicho auto de declaración del concurso necesario de........... S.A. y a la vista de lo establecido en el art. 106.2 TRLC, se acordó por el Juez al que nos dirigimos, la suspensión del ejercicio por el deudor de las facultades de administración y disposición sobre la masa activa, siendo sustituido en tal ejercicio por esta administración concursal.

TERCERO.– Que establece el art. 204 TRLC, en tanto no sean enajenados, la administración concursal deberá conservar los elementos que integren la masa activa del modo más conveniente para el interés del concurso. A tal fin, la administración concursal podrá solicitar del juzgado el auxilio que estime necesario.

CUARTO.– Que la sociedad........... S.L. tiene en su poder, depositadas por la concursada, diversas partidas de..........., necesarias para continuar la actividad productiva de........... Por ello, se ha solicitado a la sociedad........... S.L., mediante sendos burofaxes de fecha de........... de........... y........... de........... de..........., la entrega de la citada mercancía, pues es esencial a efectos de cumplir con pedidos concertados por la concursada con determinados clientes. Así se hizo saber a........... S.L. y, pese a ello, no se ha recibido respuesta alguna de dicha sociedad.

En su virtud

SUPLICO AL JUZGADO que tenga por presentado este escrito, junto a los documentos a él acompañados y copia de todo ello, se sirva admitirlo, tener por hechas las manifestaciones anteriormente reseñadas en el cuerpo de este escrito y previos los trámites previstos en la ley, requiera a la sociedad........... S.L., con domicilio en..........., calle..........., a efectos que remita al almacén de la concursada sito en..........., calle..........., las partidas de........... que la citada sociedad........... S.L. tiene en su poder.

Es Justicia que se Suplica en........... hoy día........... de........... de...........

F317. ESCRITO DE LA ADMINISTRACIÓN CONCURSAL SOLICITANDO AUXILIO DEL JUZGADO PARA, ENTRE OTROS OBTENER INFORMACIÓN DEL ART. 290 Y SS. TRLC Y PETICIÓN DE PRORROGA PARA EMITIR EL MISMO

Normativa de aplicación: *Arts. 105 y ss. Real Decreto Legislativo 1/2020, de 5 de mayo, por el que se aprueba el texto refundido de la Ley Concursal*

AL JUZGADO DE LO MERCANTIL Nº........... DE...........

Proc. Concursal

Autos ....

.... en representación de ...., SLP, Administrador Concursal designado en el procedimiento de Concurso Voluntario de la entidad mercantil "..........., S.A." que con el número .... se tramita ante ese Juzgado, comparece ante el mismo y como mejor proceda en Derecho, ...:

PRIMERO.– Que esta administración concursal ha solicitado reiteradamente a la concursada que pusiera a disposición de esta administración concursal determinada información y documentación relativa a su actividad empresarial a los efectos de poder confeccionar el informe a que hace referencia los arts. 290 y ss. TRLC y ejercer su labor de intervención, habiendo hecho la concursada hasta la fecha caso omiso a tales requerimientos.

Ello con la única excepción del letrado de la concursada que esta haciendo cuanto esta en su mano para que se atiendan los requerimientos de esta parte, lo que debemos reconocer, aun cuando tal esfuerzo sea con un resultado infructuoso.

Dicha información y documentación se relaciona a continuación:

- Libro de actas y libro registro de accionistas de la concursada.
- Copia de Cartulina CIF.
- Masa activa (Tanto a fecha declaración de concurso como actual):
  - Inventario de bienes y derechos en formato Excel.
  - Listado de existencias
  - Listado de deudores con indicación de denominación, dirección electrónica o postal, importe pendiente y, en su caso, observaciones sobre la recuperabilidad de la deuda.
- Masa pasiva (tanto a fecha de declaración de concurso como actual):
  - Listado de acreedores en formato Excel.
- Composición societaria, órgano de administración y balance de sumas y saldos a .... a 3 dígitos y máximo desglose, y a fecha actual de ...., ...
- Contrato laboral o de prestación de servicios a la concursada por parte del apoderado Sr. ....
- Deuda actual de carácter post concursal de .... S.A., especialmente, con las trabajadores, desglosada por acreedor, importe y vencimiento.
- Información completa sobre el contrato de maquila de fecha .... suscrito entre la concursada y .... S.A. Especialmente la justificación de si la facturación contemplada en el mismo por parte de ...., S.A. a..........., S.A. se ha efectuado correctamente y si ésta es suficiente para superar *todos los gastos* que tiene la concursada. Del mismo modo, indicar en qué medida se han cobrado las facturas que se derivan del mismo contrato.

El formato en el que sería conveniente que se hiciese llegar esta documentación sería en Excel. Si no pudiese ser, también existe la posibilidad de Word o txt. Teniendo como última opción el formato en PDF.

SEGUNDO.– Que conforme al art. 134.1 TRLC, el concursado pondrá a disposición de la administración concursal los libros de llevanza obligatoria y cualesquiera otros libros, documentos y registros relativos a los aspectos patrimoniales de su actividad profesional o empresarial.

Continúa el citado art. 134 TRLC en su número 2, en el sentido que, a solicitud de *la administración concursal*, el juez acordará las medidas que estime necesarias para la efectividad de lo dispuesto en el apartado anterior.

Igualmente, el art. 135 TRLC establece el deber de comparecencia, colaboración e información en todo lo necesario o conveniente para el concurso a cargo de los administradores y director general de la concursada.

TERCERO.– Que en virtud de la omisión por parte de la sociedad concursada a los reiterados requerimientos efectuados por esta administración concursal por el presente escrito se *solicita AUXILIO JUDICIAL URGENTE* para que requiera a la sociedad concursada a los efectos de la inmediata entrega de la información y documentación anteriormente reseñada en plazo no superior a tres días desde la notificación de la resolución requeritoria a través de su representación procesal.

CUARTO.– Por otro lado, a la vista de las circunstancias concurrentes anteriormente reseñadas, la falta de documentación precisa para la formulación del informe del art. 290 TRLC y de conformidad con lo establecido en el citado art. 291.2 TRLC, se solicita prorroga para la presentación del informe de la administración concursal por un plazo de un mes adicional al vencimiento de la fecha fijada para la presentación o el plazo que tenga por conveniente este Juzgado al que respetuosamente nos dirigimos.

QUINTO.– Todo lo anterior, sin que suponga aceptación o ratificación por parte de la administración concursal del contrato de maquila anteriormente reseñado y sin perjuicio que, en su caso, se solicite en su momento el cambio de la actual situación de intervención a la suspensión de facultades.

En su virtud,

SUPLICO AL JUZGADO que tenga por presentado este escrito, junto a los documentos a él acompañados, y sus copias, se sirva admitir todo ello, y tener por solicitado el auxilio judicial y solicitud de prorroga de presentación del informe de este escrito en los términos de este escrito, y, previos los oportunos trámites legales, se requiera al concursado a efectos de la inmediata entrega de la información y documentación relacionada en el cuerpo de este escrito y se acuerde la prorroga para la presentación del informe del art. 290 y ss. TRLC, en ambos casos, en los términos del cuerpo de este escrito

Es Justicia que se SUPLICA en ...., a .... de .... de ....

F318. PROVIDENCIA EN RESPUESTA A SOLICITUD DE AUXILIO FORMULADA POR LA ADMINISTRACIÓN CONCURSAL

Normativa de aplicación: *Arts. 105 y ss. Real Decreto Legislativo 1/2020, de 5 de mayo, por el que se aprueba el texto refundido de la Ley Concursal*

PROVIDENCIA DEL MAGISTRADO JUEZ...........

En..........., a........... de........... de...........

Que a la vista del escrito presentado por la administración concursal, requiérase a la sociedad........... S.L., para que, en el plazo máximo e improrrogable de........... días y en..........., haga entrega a la concursada de la mercancía propiedad de ésta última que se halla en poder de la citada sociedad........... S.L.

Contra esta resolución cabe interponer recurso de reposición en el plazo máximo de cinco (5) días a contar desde la notificación de la presente.

De conformidad con lo establecido en la Disposición Adicional 15º LOPJ (según la redacción dada por la LO 1/09), la interposición de recurso contra resoluciones judiciales, no podrá ser admitida a trámite sin la acreditación del depósito previsto en la citada Ley a efectos de recurrir, debiendo presentarse copia o resguardo de tal depósito en las cuenta de consignaciones de este Juzgado.

Lo que acuerda, manda y firma su señoría Don..........., Magistrado Juez del Juzgado de lo Mercantil núm. .... de..........., en el lugar y fecha señaladas "ut supra".

F319. OFERTA DE COMPRA DE INMUEBLE DE LA CONCURSADA ANTES DE LA APROBACIÓN JUDICIAL DEL CONVENIO O LA APERTURA DE LA LIQUIDACIÓN SUJETA A AUTORIZACIÓN JUDICIAL

Normativa de aplicación: *Arts. 105 y ss. Real Decreto Legislativo 1/2020, de 5 de mayo, por el que se aprueba el texto refundido de la Ley Concursal*

En........... a........... de........... de...........

Muy Señores nuestros:

Como ya les hemos adelantado varias veces por vía telefónica y les reiteramos en nuestra reunión que mantuvimos en su oficina el pasado día........... de........... de..........., les formulamos la presente oferta de compra del inmueble de su propiedad que a continuación se reseñará.

A) INMUEBLE OBJETO DE LA OFERTA DE COMPRA

Descripción: Solar edificable sito en..........., de forma irregular y una superficie de........... metros cuadrados, linda: norte..........., sur..........., este........... y oeste...........

Inscripción registral: Inscrito en el Registro de la propiedad de..........., al tomo..........., libro..........., folio..........., hoja..........., finca

Título: Pertenece a........... S.L., en pleno dominio, en virtud de compraventa formalizada mediante escritura de fecha de........... de........... otorgada ante la notario de..........., Doña...........

Referencia Catastral:...........

Situación Urbanística:...........

Cargas y gravámenes: Libre de ellos a excepción de hipoteca constituida a favor del Banco........... S.A. en garantía de préstamo concedido mediante escritura otorgada ante el Notario de........... Don..........., el día de........... de........... Responde de...........euros de principal y...........euros para intereses y costas. A fecha de hoy resta pendiente de pago la suma de...........euros.

B) PERSONA QUE REALIZA LA PRESENTE OFERTA

La sociedad........... S.A., con domicilio social en..........., calle........... núm. .... Constituida mediante escritura otorgada ante el notario de Don..........., el día........... de........... de........... Adaptados sus estatutos sociales a la derogada LSA mediante acuerdo de su Junta General Extraordinaria celebrada el día de........... de..........., elevado a público mediante escritura autorizada por el citado notario, Don..........., el día de........... de........... Inscrita en el Registro Mercantil de la provincia de..........., al tomo..........., folio..........., del libro........... de sociedades, hoja........... CIF...........

La intervención y facultades de Don........... para suscribir la presente oferta en nombre y representación de........... S.A., resulta de su condición de administrador único de la citada sociedad, cargo que está vigente y para el que fue nombrado por acuerdo de la Junta General Extraordinaria celebrada el día de........... de..........., elevado a público mediante escritura autorizada por el citado notario, Don..........., el día de........... de........... Inscrita en el Registro Mercantil de la provincia de..........., al tomo..........., folio..........., del libro........... de sociedades, hoja...........

C) CONDICIONES DE LA TRANSMISIÓN

El solar arriba reseñado se adquirirá por........... S.A. a título de compraventa, como cuerpo cierto, libre de cargas y gravámenes, así como de arrendatarios u otros ocupantes, con todos sus derechos y anejos, y al corriente en el pago de gastos, tributos y demás obligaciones de pago referidas al citado solar, incluidas, en su caso, las urbanísticas.

Precio: El precio de la compraventa se fija en la suma de...........euros más su correspondiente IVA por importe de...........euros. En total...........euros.

Forma de pago: El precio de la compraventa y el IVA se pagará, simultáneamente al otorgamiento de la escritura de compraventa en los siguientes términos:

A) En cuanto a la suma de...........euros, importe del préstamo que se halla pendiente de pago y que está garantizado con la hipoteca que grava el solar objeto de esta oferta, será abonada con cargo al precio de la compraventa, debiendo comparecer al otorgamiento de la escritura de compraventa, debidamente representada, la entidad bancaria a efectos a percibir el importe antes citado y otorgar escritura de carta de pago y cancelación de la citada hipoteca.

B) La suma de...........euros será abonada mediante cheque bancario a favor de........... S.L.

C) La restante suma de...........euros, importe del IVA que, en su caso, grave la transmisión, será objeto de inversión de sujeto pasivo y autorepercusión por el adquirente en los términos del art. 84.1.2º LIVA.

Posesión: La posesión de solar se entregará a la compradora simultáneamente al otorgamiento de la escritura de compraventa, que se otorgará en el plazo de........... días a contar desde que se notifique a........... S.A. el auto del Juzgado de lo Mercantil núm. .... autorizando la compraventa aquí ofertada, en los estrictos términos de la presente.

Gastos y Tributos: Los gastos y tributos que se originen con ocasión de la compraventa, incluido el Impuesto sobre el Incremento de Valor de los Terrenos de Naturaleza Urbana, serán soportados por la compradora.

D) CONDICIONES DE LA PRESENTE OFERTA

I.– La presente oferta es absoluta e íntegramente confidencial no pudiendo ser comunicada a nadie con la única excepción de la administración concursal, el Juzgado de lo Mercantil núm. .... de........... y las partes personadas en el procedimiento concursal........... (estos últimos, en tanto en cuanto se les notifique la presente oferta por el Juzgado a los efectos previstos en el TRLC).

II.– Dado que la sociedad receptora de la presente oferta y, en su caso, vendedora, está en situación legal de concurso voluntario tramitado ante el Juzgado de lo Mercantil núm. ...., de........... en el citado procedimiento concursal..........., la presente oferta queda condicionada a la necesaria e imperativa autorización por el Juez del citado concurso de la compraventa ofertada, en los términos de la presente, mediante el oportuno auto autorizatorio de la misma ex art. 205 TRLC y la comparecencia de la concursada y la administración concursal al otorgamiento de la escritura pública de compraventa en los términos previstos en la Ley.

III.– La presente oferta es irrevocable hasta el día........... de........... de........... Transcurrido el citado día, ... S.A. podrá revocar, en cualquier momento, la presente oferta. En cualquier caso, la misma caducará automáticamente el próximo día de........... de...........

F320. OFERTA DE DACIÓN DE INMUEBLE EN PAGO DE DEUDA DE LA CONCURSADA ANTES DE LA APROBACIÓN JUDICIAL DEL CONVENIO O LA APERTURA DE LA LIQUIDACIÓN SUJETA A AUTORIZACIÓN JUDICIAL

Normativa de aplicación: *Arts. 105 y ss. Real Decreto Legislativo 1/2020, de 5 de mayo, por el que se aprueba el texto refundido de la Ley Concursal*

En........... a........... de........... de...........

Muy Señores nuestros:

Como ya les hemos adelantado varias veces por vía telefónica y les reiteramos en nuestra reunión que mantuvimos en su oficina el pasado día........... de........... de..........., les proponemos la adjudicación del inmueble que a continuación se reseña en pago de la deuda que ustedes tienen contraída con nuestra entidad.

A) BIEN PROPIEDAD DE........... S.L.

Descripción: Solar edificable sito en..........., de forma irregular y una superficie de........... metros cuadrados, linda: norte..........., sur..........., este........... y oeste...........

Inscripción registral: Inscrito en el Registro de la propiedad de..........., al tomo..........., libro..........., folio..........., hoja..........., finca

Título: Pertenece a........... S.L., en pleno dominio, en virtud de compraventa formalizada mediante escritura de fecha de........... de........... otorgada ante la notario de..........., Doña...........

Referencia Catastral:...........

Situación Urbanística:...........

Cargas y gravámenes: Libre de ellos a excepción de hipoteca constituida a favor de esta parte, Banco........... S.A. en garantía de préstamo concedido mediante escritura otorgada ante el Notario de........... Don..........., el día de........... de........... Responde de...........euros de principal y...........euros para intereses y costas. A fecha de hoy resta pendiente de pago la suma de...........euros.

B) DEUDA CONTRAÍDA POR LA CONCURSADA........... S.L. CON EL BANCO........... S.A.

Como se dijo arriba, la sociedad........... S.L. tiene contraída una deuda con BANCO........... S.A. por importe de...........euros, como consecuencia del préstamo concedido mediante escritura otorgada ante el Notario de........... Don..........., el día de........... de..........., que está garantizada por hipoteca constituida sobre la finca reseñada en la letra A precedente, así como sobre las fincas........... y........... del Registro de la Propiedad de...........

C) OFERTA QUE SE FORMULA

A efectos de facilitar a viabilidad y continuación de la empresa, así como conservar y mejorar la masa activa del concurso, se propone adjudicación por el Banco........... S.A., en pago de la suma de...........euros reseñada en la letra B precedente, del inmueble reseñado en la letra A propiedad de la deudora,........... S.L.

El solar arriba reseñado se adjudicaría a........... S.A., como cuerpo cierto, libre de cargas y gravámenes, así como de arrendatarios u otros ocupantes, con todos sus derechos y anejos, y al corriente en el pago de gastos, tributos y demás obligaciones de pago referidas al citado solar.

La posesión de solar se entregará al Banco........... S.A. simultáneamente al otorgamiento de la escritura, que se otorgará en el plazo de........... días a contar desde que se notifique a........... S.A. el auto del Juzgado de lo Mercantil núm........... autorizando la dación en pago aquí ofertada, en los estrictos términos de la presente.

Los gastos y tributos que se originen con ocasión de la adjudicación, incluido el Impuesto sobre el Incremento de Valor de los Terrenos de Naturaleza Urbana, así como los gastos de cancelación de la hipoteca que grava la finca objeto de adjudicación como las........... y........... del Registro de la Propiedad de..........., serán soportados por el Banco........... S.A.

El IVA que, en su caso, grave la adjudicación, será objeto de inversión de sujeto pasivo y autorepercusión por el adquirente en los términos del la vigete Ley del Impuesto sobre el Valor Añadido.

D) CONDICIONES DE LA PRESENTE OFERTA

I.– La presente oferta es absoluta e íntegramente confidencial no pudiendo ser comunicada a nadie con la única excepción de la administración concursal, el Juzgado de lo Mercantil núm. .... de........... y las partes personadas en el procedimiento concursal........... (estos últimos, en cuanto se les notifique la misma por el Juzgado a los efectos previstos en el TRLC

II.– Dado que la sociedad receptora de la presente oferta, está en situación legal de concurso voluntario tramitado ante el Juzgado de lo Mercantil núm. ...., de........... en el citado procedimiento concursal..........., la presente oferta queda condicionada a la necesaria e imperativa autorización por el Juez del citado concurso de la adjudicación en pago ofertada, en los términos de la presente, mediante el oportuno auto autorizatorio de la misma y la comparecencia de la concursada y la administración concursal, en los términos legalmente establecidos, al otorgamiento de la escritura pública.

III.– La presente oferta es irrevocable hasta el día........... de........... de........... Transcurrido el citado día, ... S.A. podrá revocar, en cualquier momento, la presente oferta. En cualquier caso, la misma caducará automáticamente el próximo día de........... de...........

F321. ESCRITO DEL CONCURSADO INFORMANDO AL JUZGADO SOBRE LA EXISTENCIA DE UNA OFERTA DE COMPRA DE INMUEBLE ANTES DE LA APROBACIÓN JUDICIAL DEL CONVENIO O LA APERTURA DE LA LIQUIDACIÓN SUJETA A AUTORIZACIÓN DEL JUZGADO

Normativa de aplicación: *Arts. 105 y ss. Real Decreto Legislativo 1/2020, de 5 de mayo, por el que se aprueba el texto refundido de la Ley Concursal*

AL JUZGADO DE LO MERCANTIL NÚM. .... DE...........

..........., Procuradora de los Tribunales y de la sociedad........... S.L., representación que tengo acreditada en los autos de concurso voluntario que se tramita bajo el número..........., ante este Juzgado de lo Mercantil comparezco en los citados autos bajo la dirección letrada de Don..........., abogado del Ilustre Colegio de........... (núm. colegiado...........), y como mejor proceda en derecho DIGO:

I.– DE LA OFERTA DE COMPRA DE DETERMINADOS INMUEBLES PROPIEDAD DE...........

Que la compañía........... S.L. ha recibido por parte del BANCO........... S.A. una oferta irrevocable de compra de determinados activos de su propiedad. De la citada oferta, que se acompaña a este escrito como DOCUMENTO UNO y que se da aquí por íntegramente reproducida en aras a una mayor brevedad, extractamos los siguientes extremos:............

II.– DE LA ACEPTACIÓN DE LA EXPRESADA OFERTA IRREVOCABLE POR LA SOCIEDAD CONCURSADA

Que es interés de esta parte que se realice la venta proyectada, y de forma expresa, se acepta la oferta irrevocable recibida del BANCO........... S.A., en los íntegros términos de la misma, eso sí, condicionada a la necesaria e imperativa autorización por este Juez al que respetuosamente nos dirigimos de la compraventa proyectada.

Ello al considerar que la misma tiene una finalidad conservativa de la masa activa y es de interés para la concursada y este concurso por los siguientes motivos:

A) Las fincas objeto de venta, en conjunto, se valoran en la suma de...........euros, esto es, un precio más que razonable a la vista de los inmuebles en cuestión y la situación actual del mercado inmobiliario, sumido en una profunda crisis que se agrava día a día, en el que nos encontramos desde hace meses en una situación de "ventas cero", que esta abocando a gran número de empresas promotoras y/o constructoras, incluso cotizadas a presentar el concurso voluntario de acreedores.

B) Como consecuencia de tal venta, y la cancelación de los préstamos garantizados con las hipotecas que gravan los inmuebles objeto de venta, la masa pasiva del presente concurso se verá reducida, globalmente, en la importante suma de...........euros, esto es, aproximadamente un...........% de tal masa pasiva. Ello en beneficio del resto de acreedores y, sin lugar a dudas, permitiendo la viabilidad de la empresa en concurso.

Además, dichos créditos cancelados, gozan de privilegio especial ex art. 270 TRLC, sin que sea necesario recordar el régimen de dichos créditos y las consecuencias de en cuanto a la ejecución de las garantías reales que garantizan dichos créditos pasado el año a que se refiere los artículos 147 y ss.

C) Igualmente, salvo la finca registral núm. .... propiedad de mi mandante, el resto de fincas objeto de transmisión (las fincas registrales...........), se hallan en proceso de urbanización (...........), debiendo abonar........... S.L. las correspondientes cuotas de urbanización que se giren por la Administración.

Como es sabido, respecto de las cargas urbanísticas y en garantía de su pago, existe una afección real sobre las parcelas.

Pues bien, de conformidad con la vigente Ley del Suelo, si se lleva a cabo la compraventa proyectada, el pago de las cuotas de urbanización de las parcelas vendidas corresponderá al nuevo propietario, ... quedando liberado de tal pago...........

S.L. lo que supone un alivio para la masa. Máxime en la actual situación de iliquidez de la compañía.

D) También, al extinguirse los créditos reseñados en la oferta irrevocable de venta y la consiguiente extinción de la hipoteca constituida en garantía de los mismos, se consigue reducir gastos financieros (aprox...........euros al año) y que determinados inmuebles propiedad de........... S.L. no objeto de la venta proyectada y que estaban hipotecados en garantía de esos créditos, queden "liberados" de tal garantía (esto es, quedarían libre de cargas y gravámenes) Estas fincas son las núms........... del Registro de la Propiedad de...........

Con ello, mejoraría la masa activa del concurso y supondría una mejora en la viabilidad de la concursada...........

E) Al percibir........... S.L. en metálico la suma de...........euros, esta sociedad conseguiría una liquidez para atender los gastos y créditos contra la masa que se vayan generando (nominas, luz, agua, teléfono, recibos de Comunidad de Inmuebles de su propiedad, gastos del concurso, etc.) y, en su caso y su momento, pagar a sus acreedores conforme a la normativa concursal.

F) Finalmente, resaltar que todos los gastos y tributos que se generen en la compraventa, o en la cancelación de las cargas hipotecarias son de cargo de la compradora, quien condona, además, todos los créditos que ostente contra la masa.

G) Se hace constar que el precio ofertado es superior al mínimo pactado de constituir la garantia hipotecaria........... se hace constar que aunque el precio ofertado es ulterior al mínimo pactado ha sido expresamente aceptado por el consursado y el acreedor hipotecario y se pretende efectuar la venta a precio de mercado según la tasación oficial actualizada y efectuada por..........., entidad homologada al efecto.

III.– DEL TRASLADO DE LA OFERTA IRREVOCABLE DE COMPRA RECIBIDA A LOS ADMINISTRADORES CONCURSALES

Recibida la anterior oferta irrevocable de compra por esta parte, dadas las fechas en que nos encontramos (la oferta caduca el........... de........... de...........) y siendo de nuestro interés que se realice la venta, aceptando la oferta recibida, se ha dado traslado de la misma y del contenido de este escrito a la administración concursal a efectos de que emita el correspondiente informe y, en su caso, solicite de este Juzgado la oportuna autorización para transmitir los bienes objeto de la varias veces citada oferta irrevocable, en los términos de la misma, pues la administración Concursal entiende que no concurre ninguna de las excepciones previstas en el art. 206 TRLC.

IV.– FUNDAMENTACIÓN JURÍDICA DE LA VENTA DE BIENES Y DERECHOS DE LA SOCIEDAD ANTES DE LA APROBACIÓN JUDICIAL DEL CONVENIO O LA APERTURA DE LA LIQUIDACIÓN

A) Arts. 205 TRLC. De una lectura de los citados preceptos resulta la posibilidad de transmitir bienes y derecho de la sociedad concursada antes del periodo de liquidación o la aprobación de convenio judicial, siempre que lo interese la administración concursal y así convenga al interés del concurso. Incluso mediante venta directa.

B) Jurisprudencia. Este Juzgado ya ha tenido ocasión de manifestarse a favor de ventas como las que nos ocupa. Otras resoluciones a citar, a título de ejemplo, son los Autos del Juzgado de lo Mercantil núm. 1 de Bilbao de fecha 10 de enero de 2005; del Juzgado de lo Mercantil núm. 4 de Madrid de fecha 5 de abril, 14 de junio y 11 de octubre de 2005; del Juzgado de lo Mercantil núm. 1 de 27 de abril de 2005, del Juzgado de lo Mercantil núm. 2 de Madrid de fecha 23 de mayo de 2005 o del Juzgado de lo Mercantil núm. 3 de Barcelona de fecha 29 de marzo y 29 de abril de 2005.

En su virtud,

SUPLICO AL JUZGADO que tenga por presentado este escrito, junto a los documentos a él acompañado y copia de todo ello, se sirva admitirlo, tener por hechas las manifestaciones anteriormente reseñadas en el cuerpo de este escrito y previos los trámites previstos en la ley, incluida la solicitud e informe a los efectos que a continuación se dirá por la administración concursal, se autorice por este Juzgado al que nos dirigimos la compraventa de los inmuebles reseñados en la oferta de compra irrevocable que se acompaña a este escrito como DOCUMENTO UNO, en los términos de dicha oferta, acordando cuanto proceda en derecho para llevar a cabo tal venta.

En........... hoy día........... de........... de...........

F322. INFORME DE LA ADMINISTRACIÓN CONCURSAL INSTANDO LA VENTA DE INMUEBLES DE LAS CONCURSADAS DURANTE LA FASE COMÚN SUJETA A AUTORIZACIÓN JUDICIAL

Normativa de aplicación: *Arts. 105 y ss. Real Decreto Legislativo 1/2020, de 5 de mayo, por el que se aprueba el texto refundido de la Ley Concursal*

AL JUZGADO DE LO MERCANTIL NÚM. .... DE...........

Don..........., administración concursal del concurso voluntario ordinario de la sociedad........... S.L., que se tramita ante este Juzgado bajo el número de autos..........., ante este Juzgado de lo Mercantil comparecemos y como mejor proceda en derecho DIGO:

I.– La compañía........... S.L. ha recibido por parte del Banco........... S.A. una oferta irrevocable de compra de determinados activos de su propiedad, que caduca el día........... de........... de........... (DOCUMENTO UNO de este escrito) y que damos aquí por transcrita y reproducida.

II.– Que se nos dio traslado por la citada sociedad concursada de la meritada oferta irrevocable, manifestándonos que la misma era de su interés y conveniencia, requiriéndonos que procediésemos a solicitar de este Juez, la preceptiva autorización para la transmisión de los bienes inmuebles reseñados en dicha oferta y en los términos y condiciones de la misma, tramite pertinente pues, en opinión de esta administración concursal no concurre ninguna de las excepciones previstas en los arts. 206 TRLC.

Igualmente se nos entregó copia del escrito que pretendía la concursada presentar en este Juzgado, informando al mismo de la oferta recibida y su opinión e interés sobre la misma. (DOCUMENTO DOS de este escrito).

III.– Que compartimos íntegramente la opinión de la sociedad concursada sobre la conveniencia de llevar a cabo la compraventa ofertada, pues la misma es de interés, no sólo para la citada compañía, sino, para el interés del concurso.

Recordar que el art. 205 TRLC permite, previa autorización del Juez del concurso, la transmisión de inmuebles antes de la aprobación del convenio o del inicio de la fase liquidación,.

A) En efecto, las fincas objeto de venta, en conjunto, se valoran en la suma de........... euros, esto es, un precio más que razonable a la vista de los inmuebles en cuestión y la situación actual del mercado inmobiliario, sumido en una profunda crisis que se agrava día a día, en el que nos encontramos desde hace meses en una situación de "ventas cero", que esta abocando a gran número de empresas promotoras y/o constructoras, incluso cotizadas a presentar el concurso voluntario de acreedores.

Como consecuencia de tal venta, y la cancelación de los préstamos garantizados con las hipotecas que gravan los inmuebles objeto de venta, la masa pasiva del presente concurso se verá reducida, globalmente, en la importante suma de...........euros, esto es, aproximadamente un...........% de tal masa pasiva. Ello en beneficio del resto de acreedores y, sin lugar a dudas, permitiendo la viabilidad de la empresa en concurso.

Además, los dichos créditos cancelados, gozan de privilegio especial ex art. 270.1° TRLC, sin que sea necesario recordar el régimen de dichos créditos y las consecuencias de en cuanto a la ejecución de las garantías reales que garantizan dichos créditos pasado el año a que se refieren los art. 145 y ss. TRLC.

B) Por otro lado, salvo la finca registral núm. .... propiedad de........... S.L., el resto de fincas objeto de transmisión (las fincas registrales...........), igualmente propiedad de la concursada, se hallan en proceso de urbanización (Plan Parcial del Sector...........), debiendo abonar........... las correspondientes cuotas de urbanización que se giren por la Administración.

Como es sabido, respecto de las cargas urbanísticas y en garantía de su pago, existe una afección real sobre las parcelas. Pues bien, de conformidad con la vigente Ley del Suelo, si se lleva a cabo la compraventa proyectada, el pago de las cuotas de urbanización de las parcelas vendidas corresponderá al nuevo propietario, BANCO........... S.A., quedando liberado de tal pago........... S.L. lo que supone un alivio para la masa. Máxime en la actual situación de iliquidez de la compañía.

C) También, al extinguirse los créditos reseñados en la oferta irrevocable de venta y la consiguiente extinción de la hipoteca constituida en garantía de los mismos, se consigue reducir los gastos financieros (alrededor de...........euros al año) así como que determinados inmuebles propiedad de........... S.L., no objeto de la venta proyectada y que estaban hipotecados en garantía de esos créditos, queden "liberados" de tal garantía (esto es, quedarían libre de cargas y gravámenes). Estas fincas son las núms........... del Registro de la Propiedad de...........

Con ello, mejoraría la masa activa del concurso y supondría una mejora en la viabilidad de la concursada........... S.L.

D) Al percibir........... S.L. en metálico la suma de...........euros, esta sociedad conseguiría una liquidez para atender los gastos y créditos contra la masa que se vayan generando (nominas, luz, agua, teléfono, recibos de Comunidad de Inmuebles de su propiedad, gastos del concurso, etc.) y, en su caso y su momento, pagar a sus acreedores conforme a la normativa concursal.

E) También es de resaltar que todos los gastos y tributos que se generen en la compraventa, o en la cancelación de las cargas hipotecarias, son de cargo de la compradora, quien condona, además, todos los créditos que ostente contra la masa. se hace constar que el precio ofertado es superior al mínimo pactado de constituir la garantia hipotecaria........... se hace constar que aunque el precio ofertado es ulterior al mínimo pactado ha sido expresamente aceptado por el concursado y el acreedor hipotecario y se pretende efectuar la venta a precio de mercado...........

En su virtud,

SUPLICO AL JUZGADO que tenga por presentado este escrito, junto a los documentos a él acompañados y copia de todo ello, se sirva admitirlo, tener por hechas las manifestaciones anteriormente reseñadas en el cuerpo de este escrito y previos los trámites previstos en la ley, se autorice por este Juzgado al que nos dirigimos, la compraventa de los inmuebles reseñados en la oferta de compra irrevocable que se acompaña a este escrito como DOCUMENTO UNO, en los términos de dicha oferta, acordando cuanto proceda en derecho para llevar a cabo tal venta.

En........... hoy día........... de........... de...........

F323. DILIGENCIA DE ORDENACIÓN DANDO TRASLADO A LAS PARTES DE SOLICITUD DE AUTORIZACIÓN JUDICIAL PARA LA VENTA DE INMUEBLE ANTES DE LA APROBACIÓN JUDICIAL DEL CONVENIO O LA APERTURA DE LA LIQUIDACIÓN SUJETA A AUTORIZACIÓN JUDICIAL. GENERAL

Normativa de aplicación: *Arts. 105 y ss. Real Decreto Legislativo 1/2020, de 5 de mayo, por el que se aprueba el texto refundido de la Ley Concursal*

JUZGADO DE LO MERCANTIL........... DE...........

Autos concurso...........

Diligencia de Ordenación del Letrado de la Administración de Justicia...........

En..........., a........... de........... de...........

Dada cuenta que en fecha........... de........... de..........., se presentó por la Procuradora Doña..........., en nombre y representación de la concursada, ... S.L., escrito solicitando la autorización judicial para la venta de determinados inmuebles al amparo de lo dispuesto en el art. 205 TRLC. También que en fecha........... de........... de..........., la administración concursal presentó informe sobre tal venta en los términos del mismo.

Téngase el citado escrito e informe por admitidos, únanse los mismos a la sección tercera, y dese traslado de la solicitud al resto de parte personadas a efectos que, por plazo de CINCO (5) DÍAS, puedan formular cuantas alegaciones tenga por conveniente sobre tal solicitud.

Doy cuenta a su señoría.

Contra la presente resolución, que no es firme, cabe recurso de revisión a interponer en el plazo de CINCO (5) días a contar desde su notificación.

De conformidad con lo establecido en la Disposición Adicional 15ª LOPJ (según la redacción dada por la LO 1/09), la interposición de recurso contra resoluciones judiciales, no podrá ser admitida a trámite sin la acreditación del depósito previsto en la citada Ley a efectos de recurrir, debiendo presentarse copia o resguardo de tal depósito en las cuenta de consignaciones de este Juzgado.

Lo que acuerda, manda y firma Don..........., en el lugar y fecha señaladas "ut supra".

F324. DILIGENCIA DE ORDENACIÓN DANDO TRASLADO A LAS PARTES DE SOLICITUD DE AUTORIZACIÓN JUDICIAL PARA LA VENTA DE INMUEBLE ANTES DE LA APROBACIÓN JUDICIAL DEL CONVENIO O LA APERTURA DE LA LIQUIDACIÓN SUJETA A AUTORIZACIÓN JUDICIAL. VENTA COMPLEJA

Normativa de aplicación: *Arts. 105 y ss. Real Decreto Legislativo 1/2020, de 5 de mayo, por el que se aprueba el texto refundido de la Ley Concursal*

JUZGADO DE LO MERCANTIL........... DE...........

Autos concurso...........

Diligencia de Ordenación del letrado de la administración de justicia Don...........

En..........., a........... de........... de...........

Dada cuenta que en fecha........... de........... de..........., se presentó por la Procuradora Doña..........., en nombre y representación de la concursada, ... S.L., escrito solicitando la autorización judicial para la venta de determinados inmuebles al amparo de lo dispuesto en el art. 205 TRLC. También que en fecha........... de........... de..........., la administración concursal presentó informe sobre tal venta en los términos del mismo.

Téngase el citado escrito e informe por admitidos, únanse los mismos a la sección tercera, y dese traslado de la solicitud al resto de parte personadas a efectos que puedan formular cuantas alegaciones tengan por conveniente sobre tal solicitud, dentro del plazo que, a la vista de la complejidad de la venta proyectada, se fija en DIEZ (10) DÍAS a contar desde la notificación de la presente providencia.

Doy cuenta a su señoría.

Contra la presente resolución, que no es firme, cabe recurso de revisión a interponer en el plazo de CINCO (5) días a contar desde su notificación.

De conformidad con lo establecido en la Disposición Adicional 15ª LOPJ (según la redacción dada por la LO 1/09), la interposición de recurso contra resoluciones judiciales, no podrá ser admitida a trámite sin la acreditación del depósito previsto en la citada Ley a efectos de recurrir, debiendo presentarse copia o resguardo de tal depósito en las cuenta de consignaciones de este Juzgado.

Lo que acuerda, manda y firma Don..........., en el lugar y fecha señaladas "ut supra".

F325. DILIGENCIA DE ORDENACIÓN DANDO TRASLADO A LAS PARTES DE SOLICITUD DE AUTORIZACIÓN JUDICIAL PARA LA VENTA DE INMUEBLE ANTES DE LA APROBACIÓN JUDICIAL DEL CONVENIO O LA APERTURA DE LA LIQUIDACIÓN SUJETA A AUTORIZACIÓN JUDICIAL. VENTA SUJETA A PLAZO BREVE

Normativa de aplicación: *Arts. 105 y ss. Real Decreto Legislativo 1/2020, de 5 de mayo, por el que se aprueba el texto refundido de la Ley Concursal*

JUZGADO DE LO MERCANTIL........... DE...........

Autos concurso...........

Diligencia de Ordenación del Letrado de la Administración de Justicia...........

En..........., a........... de........... de...........

Dada cuenta que en fecha........... de........... de..........., se presentó por la Procuradora Doña..........., en nombre y representación de la concursada, ... S.L., escrito solicitando la autorización judicial para la venta de determinados inmuebles al amparo de lo dispuesto en el art. 205 TRLC. También que en fecha........... de........... de..........., la administración concursal presentó informe sobre tal venta en los términos del mismo.

Téngase el citado escrito e informe por admitidos, únanse los mismos a la sección tercera, y dese traslado de la solicitud al resto de parte personadas a efectos que puedan formular cuantas alegaciones tengan por conveniente sobre tal solicitud, dentro del plazo que, a la vista de la escasa complejidad de la venta proyectada y que la oferta de compra recibida por la concursada caduca el próximo día........... de este mes, se fija en TRES (3) DÍAS a contar desde la notificación de la presente providencia.

Contra la presente resolución, que no es firme, cabe recurso de revisión a interponer en el plazo de CINCO (5) días a contar desde su notificación.

Doy cuenta a su señoría de conformidad con lo establecido en la Disposición Adicional 15ª LOPJ (según la redacción dada por la LO 1/09), la interposición de recurso contra resoluciones judiciales, no podrá ser admitida a trámite sin la acreditación del depósito previsto en la citada Ley a efectos de recurrir, debiendo presentarse copia o resguardo de tal depósito en las cuenta de consignaciones de este Juzgado.

Lo que acuerda, manda y firma Don..........., en el lugar y fecha señaladas "ut supra".

F326. AUTO ESTIMANDO LA SOLICITUD DE LA ADMINISTRACIÓN CONCURSAL RELATIVA A LA VENTA DE INMUEBLE DE LA CONCURSADA ANTES DE LA APROBACIÓN JUDICIAL DEL CONVENIO O LA APERTURA DE LA LIQUIDACIÓN SUJETA A AUTORIZACIÓN JUDICIAL

Normativa de aplicación: *Arts. 105 y ss. Real Decreto Legislativo 1/2020, de 5 de mayo, por el que se aprueba el texto refundido de la Ley Concursal*

En la ciudad de........... a........... de........... de...........

ANTECEDENTES DE HECHO

PRIMERO.– Que en fecha........... de........... de........... y por la administración concursal del concurso voluntario ordinario de la compañía........... S.L. seguido en las presentes actuaciones, se solicitó de este Juzgado autorización para transmitir por título de compraventa, determinados inmuebles en las condiciones que resultan de tal escrito y de la oferta recibida y que se acompaña a tal escrito.

SEGUNDO.– Que de la citada solicitud, se dio traslado al resto de partes personadas por plazo de 10 días, con el resultado obrante en autos.

FUNDAMENTOS DE DERECHO

PRIMERO.– Que este Juez es competente para conocer de la solicitud de autorización judicial para la enajenación de determinados inmuebles formulada por la administración concursal (art. 44, 45 y 205 TRLC).

SEGUNDO.– Que administración concursal está legitimada para solicitar tal autorización (art. 204 y 205 TRLC).

TERCERO.– Que la solicitud formulada reúne los requisitos de forma establecidos en la Ley.

CUARTO.– Que conforme establece el citado art. 205 TRLC hasta la aprobación del convenio o hasta la apertura de la fase de liquidación, los bienes y derechos que integran la masa activa no se podrán enajenar o gravar sin autorización del juez.

También resulta del art. 204 TRLC, que en tanto no sean enajenados, la administración concursal deberá conservar los elementos que integren la masa activa del modo más conveniente para el interés del concurso. A tal fin, la administración concursal podrá solicitar del juzgado el auxilio que estime necesario.

QUINTO.– Por la administración concursal se solicita autorización para transmitir por título de compraventa a........... S.A. los bienes que a continuación se reseñan, en las condiciones igualmente transcritas seguidamente:...........

SEXTO.– Un examen de la citada solicitud, nos lleva a estimar la misma y autorizar la compraventa proyectada pues la misma es de interés, no sólo para la citada compañía concursada sino, para el interés del concurso.

En la citada línea, este Juzgado ya ha tenido ocasión de manifestarse a favor de ventas como las que nos ocupa en sentencia de fecha........... de........... de........... Otras resoluciones a citar, a título de ejemplo, son los Autos del Juzgado de lo Mercantil núm. 1 de Bilbao de fecha 10 de enero de 2005; del Juzgado de lo Mercantil núm. 4 de Madrid de fecha 5 de abril, 14 de junio y 11 de octubre de 2005; del Juzgado de lo Mercantil núm. 1 de 27 de abril de 2005, del Juzgado de lo Mercantil núm. 2 de Madrid de fecha 23 de mayo de 2005 o del Juzgado de lo Mercantil núm. 3 de Barcelona de fecha 29 de marzo y 29 de abril de 2005.

SÉPTIMO.– En efecto. Las fincas objeto de venta, en conjunto, se valoran en la suma de...........euros, esto es, un precio más que razonable a la vista de los inmuebles en cuestión y la situación actual del mercado inmobiliario, sumido en una profunda crisis que se agrava día a día, en el que nos encontramos desde hace meses en una situación de "ventas cero", que esta abocando a gran número de empresas promotoras y/o constructoras, incluso cotizadas a presentar el concurso voluntario de acreedores.

Como consecuencia de tal venta, y la cancelación de los préstamos garantizados con las hipotecas que gravan los inmuebles objeto de venta, la masa pasiva del presente concurso se verá reducida, globalmente, en la importante suma de...........euros, esto es, aproximadamente un...........% de tal masa pasiva. Ello en beneficio del resto de acreedores y, sin lugar a dudas, permitiendo la viabilidad de las empresas en concurso, y especialmente, de........... Por otro lado, el acreedor hipotecario y dotado de privilegio especial ha dado su consentimiento a la compraventa

Además, los dichos créditos cancelados, gozan de privilegio especial ex art. 270.1ºTRLC, sin que sea necesario recordar el régimen de dichos créditos y las consecuencias en cuanto a la ejecución de las garantías reales que garantizan dichos créditos pasado el año a que se refiere el art. 145 y ss. TRLC.

Igualmente, salvo la finca registral núm. .... propiedad de la concursada, el resto de fincas objeto de transmisión (las fincas registrales...........), se hallan en proceso de urbanización (...........), debiendo abonar........... S.L. las correspondientes cuotas de urbanización que se giren por la Administración.

Como es sabido, respecto de las cargas urbanísticas y en garantía de su pago, existe una afección real sobre las parcelas. Pues bien, de conformidad con la vigente Ley del Suelo, si se lleva a cabo la compraventa proyectada, el pago de las cuotas de urbanización de las parcelas vendidas corresponderá al nuevo propietario, ... S.A., quedando liberado de tal pago........... S.L. lo que supone un alivio para la masa. Máxime en la actual situación de iliquidez de la compañía.

También, al extinguirse los créditos reseñados en la oferta irrevocable de venta y la consiguiente extinción de la hipoteca constituida en garantía de los mismos, se consigue reducir los gastos financieros (en torno a...........euros al año) así como que determinados inmuebles propiedad de........... S.A., no objeto de la venta proyectada y que estaban hipotecados en garantía de esos créditos, queden "liberados" de tal garantía (esto es, quedarían libre de cargas y gravámenes) Estas fincas son las núms .... del Registro de la Propiedad de ....

Con ello, mejoraría la masa activa del concurso y supondría una mejora en la viabilidad de la concursada...........

Finalmente, al percibir........... S.L. en metálico la suma de...........euros, esta sociedad conseguiría una liquidez para atender los gastos y créditos contra la masa que se vayan generando (nominas, luz, agua, teléfono, recibos de Comunidad de Inmuebles de su propiedad, gastos del concurso, etc.) y, en su caso y su momento, pagar a sus acreedores conforme a la normativa concursal. Además, es de resaltar que todos los gastos y tributos que se generen en la compraventa, o en la cancelación de las cargas hipotecarias son de cargo de la compradora, quien condona, además, todos los créditos que ostente contra la masa se hace constar que el precio ofertado es superior al mínimo pactado de constituir la garantía hipotecaria........... se hace constar que aunque el precio ofertado es ulterior al mínimo pactado ha sido expresamente aceptado por el concursado y el acreedor hipotecario y se pretende efectuar la venta a precio de mercado...........

Visto lo expuesto y demás normativa de aplicación

DISPONGO

Estimar la solicitud formulada por la administración concursal mediante escrito de fecha de........... de........... y, por lo tanto,

1) Autorizar la transmisión de los inmuebles reseñados en el fundamento de derecho quinto de este auto, por título de compraventa, el precio y demás condiciones recogidas en el escrito de la administración concursal y que se transcribe igualmente en el citado fundamento de derecho quinto.

2) La administración concursal queda habilitada y autorizada para acometer todos los actos y tramites precisos para ejecutar la autorización otorgada en este auto, especialmente ante entidades y registros públicos.

3) Como consecuencia de lo anterior, y una vez efectuada la compraventa, cancelar en la hoja registral de las fincas objeto de transmisión la anotación del auto de declaración de concurso en su día tomada, y demás cargos a que se refiere el art. 225 TRLC.

Notifíquese la resolución al deudor, administración concursal y demás partes personadas a través de su representación procesal, haciéndole saber que contra la misma, no cabe más que recurso de reposición a interponer en el plazo de cinco días a contar desde la notificación del presente auto.

De conformidad con lo establecido en la Disposición Adicional 15ª LOPJ (según la redacción dada por la LO 1/09), la interposición de recurso contra resoluciones judiciales, no podrá ser admitida a trámite sin la acreditación del depósito previsto en la citada Ley a efectos de recurrir, debiendo presentarse copia o resguardo de tal depósito en las cuenta de consignaciones de este Juzgado.

Todo lo cual pronuncia, manda y firma el Ilmo. Sr. ...., Magistrado Juez del Juzgado de lo Mercantil núm. .... de...........

F327. ESCRITURA DE COMPRAVENTA DE INMUEBLE ANTES DE LA APROBACIÓN JUDICIAL DEL CONVENIO O LA APERTURA DE LA LIQUIDACIÓN SUJETA A AUTORIZACIÓN JUDICIAL

Normativa de aplicación: *Arts. 105 y ss. Real Decreto Legislativo 1/2020, de 5 de mayo, por el que se aprueba el texto refundido de la Ley Concursal*

En la ciudad de..........., mi residencia, hoy día........... de........... de dos mil...........

Ante mí, ..., notario del Ilustre Colegio de...........

COMPARECEN

I.– Don........... mayor de edad, de nacionalidad española, casado, con domicilio en calle..........., núm. ...., dotado de DNI/NIF...........

II.– Don........... mayor de edad, de nacionalidad española, casado, con domicilio en calle..........., núm. ...., dotado de DNI/NIF...........

III.– Don........... mayor de edad, de nacionalidad española, casado, con domicilio en calle..........., núm. ...., dotado de DNI/NIF........... y.

IV.– Don........... mayor de edad, de nacionalidad española, casado, con domicilio en calle..........., núm. ...., dotado de DNI/NIF...........

V.– Don........... mayor de edad, de nacionalidad española, casado, con domicilio en calle..........., núm. ...., dotado de DNI/NIF...........

Les identifico por los documentos de identidad anteriormente reseñados, que me son exhibidos, y por sus propias manifestaciones.

INTERVIENEN

I.– Don........... interviene en nombre y representación de la sociedad........... S.A., sociedad constituida mediante escritura autorizada el día........... de........... de..........., ante el notario de..........., Don........... Inscrita en el Registro Mercantil de la provincia de..........., al tomo..........., folio..........., hoja núm. ...., inscripción 1ª.

Modificados y adaptados sus estatutos sociales a la derogada Ley de Sociedades Anónimas, en virtud de acuerdo adoptado por la Junta General Extraordinaria de la sociedad el día........... de........... de..........., elevado a público mediante escritura otorgada ante el notario de..........., Don..........., e inscrita en el citado el Registro Mercantil de la provincia de..........., al tomo..........., folio..........., hoja núm. ...., inscripción...........

El domicilio social de........... S.A., se halla en..........., consistiendo su objeto social en........... CIF...........

La sociedad........... S.A. actualmente se halla declarada en estado de concurso voluntario de acreedores, que se tramita actualmente ante el Juzgado de lo Mercantil núm. .... de........... bajo el número de autos........... La declaración del citado concurso fue acordada por el expresado Juzgado mediante auto de fecha........... de........... de..........., en el se acordó la conservación por el concursado de las facultades de administración y disposición sobre la masa activa, quedando sometido el régimen de estas a la intervención de la administración concursal, que podrá autorizar o denegar la autorización según tenga por conveniente. Todo ello consta en el Registro Mercantil de la Provincia de..........., mediante la oportuna anotación marginal de tal declaración y régimen de facultades al tomo..........., folio..........., del libro general de sociedades, hoja núm. ....

Don........... actúa en nombre y representación de........... S.A., en su condición de administrador único de dicha sociedad, cargo que asegura vigente y para el que fue designado en virtud de acuerdo de la Junta General extraordinaria de la citada compañía *adoptado el día de*........... de........... y que fue elevado a público mediante escritura autorizada el día de........... de..........., ante el notario de..........., Don........... Inscrita en el citado Registro Mercantil de la provincia de..........., al tomo..........., folio..........., del libro general de sociedades, hoja núm. ...., inscripción...........

Yo notario, considero que tiene facultades suficientes para el otorgamiento de la presente escritura de compraventa, toda vez la intervención en la misma de la administración concursal que más adelante se indicará, completando la capacidad de obrar de la concursada y firmando esta escritura en señal de aceptación y conformidad a su íntegro contenido.

II.– Don........... interviene en nombre y representación de la sociedad........... S.A., sociedad constituida mediante escritura autorizada el día........... de........... de..........., ante el notario de..........., Don........... Inscrita en el Registro Mercantil de la provincia de..........., al tomo..........., folio..........., hoja núm. ...., inscripción 1ª.

Modificados y adaptados sus estatutos sociales a la derogada Ley de Sociedades Anónimas, en virtud de acuerdo adoptado por la Junta General Extraordinaria de la sociedad el día........... de........... de..........., elevado a público mediante escritura otorgada ante el notario de..........., Don..........., e inscrita en el citado el Registro Mercantil de la provincia de..........., al tomo..........., folio..........., hoja núm. ...., inscripción...........

El domicilio social de........... S.A., se halla en..........., consistiendo su objeto social en la promoción, construcción y compraventa de edificios, bien en bloques completos o locales separados, así como la compraventa de solares, fincas rusticas y/en curso de urbanización. CIF...........

Don........... actúa en nombre y representación de........... S.A. en su condición de administrador único, cargo que asegura vigente y para el que fue designado en virtud de acuerdo de la Junta General extraordinaria de la citada sociedad adoptado el día de........... de........... y que fue elevado a público mediante escritura autorizada el día de........... de..........., ante el notario de..........., Don........... Inscrita en el citado Registro Mercantil de la provincia de..........., al tomo..........., folio..........., hoja núm. ...., inscripción...........

Yo, notario, considero que tiene facultades suficientes para el otorgamiento de la presente escritura de compraventa.

III.– Don........... y Don........... interviene en nombre y representación de la sociedad BANCO........... S.A., sociedad constituida mediante escritura autorizada el día........... de........... de..........., ante el notario de..........., Don........... Inscrita en el Registro Mercantil de la provincia de..........., al tomo..........., folio..........., hoja núm. ...., inscripción 1ª.

Modificados y adaptados sus estatutos sociales a la derogada Ley de Sociedades Anónimas, en virtud de acuerdo adoptado por la Junta General Extraordinaria de la sociedad el día........... de........... de..........., elevado a público mediante escritura otorgada ante el notario de..........., Don..........., e inscrita en el citado el Registro Mercantil de la provincia de..........., al tomo..........., folio..........., hoja núm. ...., inscripción...........

El domicilio social de........... S.A., se halla en..........., consistiendo su objeto social en........... CIF...........

Don............ y Don............ actúan en nombre y representación del BANCO............ S.A. en virtud de poder, que aseguran vigente, otorgado a su favor de forma mancomunada mediante escritura autorizada el día de............ de............, ante el notario de............, Don............ Inscrita en el citado Registro Mercantil de la provincia de............, al tomo............, folio............, hoja núm. ...., inscripción............

Yo notario, considero que tienen facultades suficientes para el otorgamiento de la presente escritura de compraventa en virtud del reseñado poder.

IV.– Y Don............ en su condición de único integrante de la administración concursal del concurso voluntario de la sociedad............ S.A., nombrado en el referido auto de fecha de............ de............ en que se declaró el concurso voluntario de............ S.A., cargo que acredita con la oportuna credencial, expedida a su favor con fecha de............

A los efectos previsto en el Artículo 160, letra f) de la Ley de Sociedades de Capital, la representación de las sociedades intervinientes HACEN CONSTAR que el bien objeto de compraventa NO tiene la consideración de activo esencial tanto de la transmitente como de la adquirente, y especialmente que lo transmitido-comprado no supera el veinticinco por ciento del valor de los activos.

LEY 10/2010.– Yo el Notario, hago constar expresamente que he cumplido con la obligación de identificación del titular real que impone la Ley 10/2010, de 28 de abril, cuyo resultado consta:

- En cuanto a la mercantil "............" en acta autorizada el día............ de............ de............ por el Notario de............, Don............, bajo número............ de protocolo.
- Y en cuanto a la mercantil "............ S.A." en acta autorizada el día............, por la Notario de............, Don............, bajo número............ de su protocolo.

Manifestando sus representantes no haberse modificado el contenido de las mismas, consultada la base de datos no existe discrepancia entre lo reflejado en dicha base y lo manifestado por los clientes.

Yo, notario, considero que tienen, a mi juicio, capacidad necesaria para otorgar la presente escritura de compraventa y al efecto:

EXPONEN

I.– Que la sociedad............ S.A. es dueña, en pleno dominio, del siguiente inmueble:

Descripción:............

Inscripción Registral: Inscrita en el Registro de la Propiedad de............, al tomo............, libro............, folio, finca, inscripción............

Situación Urbanística:............

Referencia catastral:............, que resulta del recibo del IBI del año............, que me exhibe la vendedora y del que deduzco testimonio que, yo notario, incorporo a la presente.

Título: Le pertenece por título de compraventa a Doña..........., en virtud de escritura pública de compraventa autorizada por el notario de..........., Don........... el día........... de........... de...........

Arrendamientos: Libre de arrendamientos y otros ocupantes.

Cargas: Hipoteca a favor del Banco........... S.A., constituida mediante escritura de fecha de........... de..........., autorizada por el notario de Don..........., el día de........... de..........., en garantía de un préstamo concedido a la citada sociedad........... S.A. mediante escritura otorgada ante el notario de........... Don..........., el día........... de........... de........... Responde de...........euros de principal, ...euros de intereses y gastos y...........euros para costas.

La deuda objeto de dicho préstamo garantizado con la hipoteca antes reseñada, asciende en la actualidad a...........euros, y será abonada con cargo al precio de la presente compraventa.

IMPUESTO SOBRE BIENES INMUEBLES.– La Vendedora manifiesta y garantiza, con plena indemnidad para la compradora, que se encuentra al corriente de pago del Impuesto sobre Bienes Inmuebles (IBI), a excepción del Ejercicio..........., cuyo pago asume la compradora, consulta del Ayuntamiento de..........., se incorpora.

PLUSVALÍA MUNICIPAL.– A los efectos de levantar el cierre registral previsto en el art. 254-5 de la Ley Hipotecaria mientras no se acredite el pago o presentación del Impuesto sobre el Incremento de Valor de los Terrenos de Naturaleza Urbana, la parte adquirente ME REQUIERE a mí, el Notario autorizante, para que remita al Ayuntamiento correspondiente copia simple de esta escritura, con el valor de la comunicación a que se refiere el art. 110-6-b de la Ley reguladora de las Haciendas Locales. Yo, el notario, acepto el requerimiento al que daré cumplimiento bien por el sistema integrado notarial SIGNO o bien mediante correo postal certificado dejando constancia del mismo en la presente por incorporación mediante diligencia del resguardo de la notificación que se realice.

INFORMACIÓN REGISTRAL. La descripción del inmueble, su titularidad y situación de cargas, en la forma expresada en los párrafos anteriores, resulta de las manifestaciones de la parte vendedora, de los títulos de propiedad que me exhibe y de nota simple del Registro de la Propiedad obtenida que incorporo a la presente.

ADVERTENCIA.– No obstante lo anterior, yo, la Notario, advierto a los otorgantes que la situación registral existente con anterioridad a la presentación de esta escritura en el Registro de la Propiedad prevalecerá sobre la información registral antes expresada.

II.– Que........... S.A. tiene interés en adquirir por título de compraventa la finca reseñada en el anterior exponen, lo que pactan las partes y llevan a cabo en base a las siguientes:

ESTIPULACIONES

PRIMERA.– COMPRAVENTA.

.... S.A. representada por su administrador único, Don........... y con la intervención del administrador concursal, vende a la compañía........... S.A., representada por su administrador único, Don..........., que compra y adquiere, la finca reseñada en el exponen I de esta escritura, como cuerpo cierto, con cuanto le sea inherente y/o accesorio, libre de cargas y gravámenes, así como de arrendatario y ocupantes, y al corriente en el pago de impuestos, arbitrios y cualesquiera otra obligación de pago referida a la finca aquí enajenada, incluido las de índole urbanística.

SEGUNDA.– PRECIO Y FORMA DE PAGO.

El precio de la presente compraventa se fija en la suma de...........euros, que es pagado en este acto, mediante sendos cheques bancario, uno por importe de........... euros a favor del banco........... S.A. y otro, por importe de...........euros, a favor de la vendedora, que en este acto y en unión a los administradores concursales, recibe, dando la más eficaz y completa carta de pago, salvo buen fin del efecto. En su caso: se hace constar que el precio de la presente compraventa es superior al pactado al constituir la garantía real antes referenciada.

En su caso: se hace constar que aunque el precio de la compraventa es anterior al mínimo pactado en la garantía real reseñada, la concursada y el acreedor hipotecario lo acepta de forma expresa efectuándose a valor de mercado según tasación oficial de .... verificada por entidad homologada, y que se une a esta escritura.

TERCERA.– POSESIÓN.

Con el otorgamiento de la presente escritura de compraventa se entrega a la compradora la posesión de la finca aquí transmitida.

CUARTA.– IVA.

La presente compraventa está sujeta y no exenta al Impuesto sobre el Valor Añadido, que al tipo del...........%, por importe de...........euros, y como ordena el art. 84.1.2° LIVA, es objeto de auto repercusión por el propio comprador y será ingresado por este en la Hacienda Pública en la forma y plazos previstos en la Ley.

QUINTA.– CANCELACIÓN DE LA HIPOTECA.

En este acto, la parte vendedora en unión y con la intervención de la administración concursal, paga al BANCO........... S.A. el importe del préstamo bancario pendiente de pago por importe de...........euros, garantizado por la hipoteca que grava la finca aquí enajenada, mediante la entrega de cheque bancario por el citado importe, reseñado en la estipulación segunda de esta escritura, dando BANCO........... S.A. la más eficaz y completa carta de pago, salvo buen fin del efecto entregado.

BANCO........... S.A. procederá a la cancelación de la hipoteca que grava la finca transmitida a continuación de la presente escritura de compraventa, pactando las partes y BANCO........... S.A., que tal cancelación será de exclusiva cuenta y cargo del citado Banco.

Igualmente, la concursada y la administración concursal se obligan a obtener, a su costa, la cancelación de la anotación del concurso en el registro de la propiedad de ....

SEXTA.– GASTOS Y TRIBUTOS.

Todos los gastos y tributos que se devenguen con ocasión de la presente compraventa, incluido el impuesto sobre el incremento de valor de los terrenos de naturaleza urbana, serán de cuenta y cargo de la compradora.

SÉPTIMA.– AUTORIZACIÓN JUDICIAL.

Toda vez que la vendedora se halla en estado legal de concurso voluntario de acreedores, que se tramita ante el Juzgado de lo Mercantil núm. .... de..........., procedimiento concursal..........., de conformidad con lo dispuesto en el art. 205 TRLC por la administración concursal y la concursada se solicitó autorización al Juzgado a efectos de llevar a cabo la presente compraventa. Dicha autorización que fue concedida mediante auto de fecha de........... de...........

Por la parte vendedora se me hace entrega de testimonio del citado auto, así como del informe de la administración concursal y de la oferta en su día cursada por la aquí compradora, a las cuales se remite el citado auto, que yo, notario, incorporo a la presente, pasando a formar parte de esta matriz.

Todo lo cual se declara por la administración concursal a los efectos de lo establecido en el art. 206.3 TRLC.

OCTAVA.– INSCRIPCIÓN REGISTRAL.

Se solicita la inscripción de esta escritura en el Registro de........... En el cualquier caso, se solicita la inscripción parcial de esta escritura, si no fuera posible su inscripción total, y la oportuna nota de calificación, debidamente fundamentada, en la que se establezca los extremos no inscritos.

Presentación al Libro Diario.– Los comparecientes quedan enterados del sistema de presentación telemática en el Registro, previsto en el artículo 249 del Reglamento Notarial

OTORGAMIENTO

Así lo dicen y otorgan los comparecientes ante mí. Hago las reservas y advertencias legales, especialmente las pertinentes fiscales y la necesidad de inscribir esta escritura en el Registro de la propiedad. También advierto sobre la correspondiente incorporación de datos a los ficheros automatizados regulados en la Orden de 19 de febrero de 2003 (484/2003), del Ministerio de Justicia.

AUTORIZACIÓN

Los comparecientes, previa solicitud que me formulan al efecto y sin perjuicio de advertirles sobre el contenido del art. 193 RN, leen en mi presencia la presente escritura. Manifiestan su consentimiento y conformidad a su contenido, firmándola conmigo, el notario. Compruebo que se ajusta este instrumento a la Ley y la voluntad manifestada en este acto por los comparecientes, y doy fe en cuanto sea procedente de todo lo consignado en este instrumento público, extendido en........... folios de papel exclusivo para documentos notariales, serie, y números el del presente y anteriores en orden.

F328. ESCRITURA DE COMPRAVENTA DE INMUEBLE ANTES DE LA APROBACIÓN JUDICIAL DEL CONVENIO O LA APERTURA DE LA LIQUIDACIÓN. CONDICIÓN SUSPENSIVA: SOMETIMIENTO A LA AUTORIZACIÓN DEL JUEZ DE CONCURSO

Normativa de aplicación: *Arts. 105 y ss. Real Decreto Legislativo 1/2020, de 5 de mayo, por el que se aprueba el texto refundido de la Ley Concursal*

En la ciudad de..........., mi residencia, hoy día........... de........... de dos mil...........

Ante mí, ..., notario del Ilustre Colegio de...........

COMPARECEN

I.– Don........... mayor de edad, de nacionalidad española, casado, con domicilio en calle..........., núm. ...., dotado de DNI/NIF...........

II.– Don........... mayor de edad, de nacionalidad española, soltero, con domicilio en calle..........., núm. ...., dotado de DNI/NIF...........

III.– Don........... mayor de edad, de nacionalidad española, casado, con domicilio en calle..........., núm. ...., dotado de DNI/NIF...........

Les identifico por los documentos de identidad anteriormente reseñados, que me son exhibidos, y por sus propias manifestaciones.

INTERVIENEN

I.– Don........... interviene en nombre y representación de la sociedad........... S.A., sociedad constituida mediante escritura autorizada el día........... de........... de..........., ante el notario de..........., Don........... Inscrita en el Registro Mercantil de la provincia de..........., al tomo..........., folio..........., hoja núm. ...., inscripción 1ª.

Modificados y adaptados sus estatutos sociales a la derogada Ley de Sociedades Anónimas, en virtud de acuerdo adoptado por la Junta General Extraordinaria de la sociedad el día........... de........... de..........., elevado a público mediante escritura otorgada ante el notario de..........., Don..........., e inscrita en el citado el Registro Mercantil de la provincia de..........., al tomo..........., folio..........., hoja núm. ...., inscripción...........

El domicilio social de........... S.A., se halla en..........., consistiendo su objeto social en........... CIF...........

La sociedad........... S.A. actualmente se halla declarada en estado de concurso voluntario de acreedores, que se tramita actualmente ante el Juzgado de lo Mercantil núm.

.... de........... bajo el número de autos........... La declaración del citado concurso fue acordada por el expresado Juzgado mediante auto de fecha........... de........... de..........., en el se acordó la conservación por el concursado de las facultades de administración y disposición sobre la masa activa, quedando sometido el régimen de estas a la intervención de la administración concursal, que podrá autorizar o denegar la autorización según tenga por conveniente mediante su autorización o conformidad. Todo ello consta en el Registro Mercantil de la Provincia de..........., mediante la oportuna anotación marginal de tal declaración y régimen de facultades al tomo..........., folio..........., hoja núm. ....

Don........... actúa en nombre y representación de........... S.A. en su condición de administrador único de dicha sociedad, cargo que asegura vigente y para el que fue designado en virtud de acuerdo de la Junta General extraordinaria de la citada sociedad adoptado el día de........... de........... y que fue elevado a público mediante escritura autorizada el día de........... de..........., ante el notario de..........., Don........... Inscrita en el citado Registro Mercantil de la provincia de..........., al tomo..........., folio..........., hoja núm. ...., inscripción...........

Yo notario, considero que tiene facultades suficientes para el otorgamiento de la presente escritura de compraventa, toda vez la intervención en la misma de la administración concursal que más adelante se indicará, completando la capacidad de obrar de la concursada y firmando la presente en señal de aceptación y conformidad a su íntegro contenido.

II.– Don........... interviene en nombre y representación de la sociedad........... S.A., sociedad constituida mediante escritura autorizada el día........... de........... de..........., ante el notario de..........., Don........... Inscrita en el Registro Mercantil de la provincia de..........., al tomo..........., folio..........., hoja núm. ...., inscripción 1ª.

Modificados y adaptados sus estatutos sociales a la derogada Ley de Sociedades Anónimas, en virtud de acuerdo adoptado por la Junta General Extraordinaria de la sociedad el día........... de........... de..........., elevado a público mediante escritura otorgada ante el notario de..........., Don..........., e inscrita en el citado el Registro Mercantil de la provincia de..........., al tomo..........., folio..........., hoja núm. ...., inscripción...........

El domicilio social de........... S.A., se halla en..........., consistiendo su objeto social en la promoción, construcción y compraventa de edificios, bien en bloques completos o locales separados, así como la compraventa de solares, fincas rusticas y/o en curso de urbanización. CIF...........

Don........... actúa en nombre y representación de........... S.A. en su condición de administrador único de esta compañía, cargo que asegura vigente y para el que fue designado en virtud de acuerdo de la Junta General extraordinaria de la citada sociedad adoptado el día de........... de........... y que fue elevado a público mediante escritura autorizada el día de........... de..........., ante el notario de..........., Don........... Inscrita en el citado Registro Mercantil de la provincia de..........., al tomo..........., folio..........., hoja núm. ...., inscripción...........

Yo notario, considero que tiene facultades suficientes para el otorgamiento de la presente escritura de compraventa.

III.– Y Don........... en su condición de administrador concursal del concurso voluntario de la sociedad........... S.A., nombrado en el referido auto de fecha de........... de........... en que se declaró el concurso voluntario de........... S.A., cargo que acredita con la oportuna y respectiva credencial, expedida a su favor con fecha de........... de...........

A los efectos previsto en el Artículo 160, letra f) de la Ley de Sociedades de Capital, la representación de las sociedades intervinientes HACEN CONSTAR que el bien objeto de compraventa NO tiene la consideración de activo esencial tanto de la transmitente como de la adquirente, y especialmente que lo transmitido-comprado no supera el veinticinco por ciento del valor de los activos.

LEY 10/2010.– Yo el Notario, hago constar expresamente que he cumplido con la obligación de identificación del titular real que impone la Ley 10/2010, de 28 de abril, cuyo resultado consta:

- En cuanto a la mercantil "..........." en acta autorizada el día........... de........... de........... por el Notario de..........., Don..........., bajo número........... de protocolo.
- Y en cuanto a la mercantil "........... S.A." en acta autorizada el día..........., por la Notario de..........., Don..........., bajo número........... de su protocolo.

Manifestando sus representantes no haberse modificado el contenido de las mismas, consultada la base de datos no existe discrepancia entre lo reflejado en dicha base y lo manifestado por los clientes.

Tienen, a mi juicio, capacidad necesaria para otorgar la presente escritura de compraventa y al efecto:

EXPONEN

I.– Que la sociedad........... S.A. es dueña, en pleno dominio, del siguiente inmueble:

Descripción:...........

Inscripción Registral: Inscrita en el Registro de la Propiedad de..........., al tomo..........., libro..........., folio, finca, inscripción...........

Situación Urbanística:...........

Referencia catastral:..........., que resulta del recibo del IBI del año..........., que me exhibe la vendedora y del que deduzco testimonio que, yo notario, incorporo a la presente.

Título: Le pertenece por título de compraventa a Doña..........., en virtud de escritura pública de compraventa autorizada por el notario de..........., Don........... el día........... de........... de...........

Cargas: Libre de cargas y arrendamientos.

Arrendamientos: Libre de arrendamientos y otros ocupantes.

IMPUESTO SOBRE BIENES INMUEBLES.– La Vendedora manifiesta y garantíza, con plena indemnidad para la compradora, que se encuentra al corriente de pago del Impuesto sobre Bienes Inmuebles (IBI), a excepción del Ejercicio..........., cuyo pago asume la compradora, consulta del Ayuntamiento de..........., se incorpora.

PLUSVALÍA MUNICIPAL.– A los efectos de levantar el cierre registral previsto en el art. 254-5 de la Ley Hipotecaria mientras no se acredite el pago o presentación del Impuesto sobre el Incremento de Valor de los Terrenos de Naturaleza Urbana, la parte adquirente ME REQUIERE a mí, el Notario autorizante, para que remita al Ayuntamiento correspondiente copia simple de esta escritura, con el valor de la comunicación a que se refiere el art. 110-6-b de la Ley reguladora de las Haciendas Locales. Yo, el notario, acepto el requerimiento al que daré cumplimiento bien por el sistema integrado notarial SIGNO o bien mediante correo postal certificado dejando constancia del mismo en la presente por incorporación mediante diligencia del resguardo de la notificación que se realice.

INFORMACIÓN REGISTRAL. La descripción del inmueble, su titularidad y situación de cargas, en la forma expresada en los párrafos anteriores, resulta de las manifestaciones de la parte vendedora, de los títulos de propiedad que me exhibe y de nota simple del Registro de la Propiedad obtenida que incorporo a la presente.

ADVERTENCIA.– No obstante lo anterior, yo, la Notario, advierto a los otorgantes que la situación registral existente con anterioridad a la presentación de esta escritura en el Registro de la Propiedad prevalecerá sobre la información registral antes expresada.

II.– Que........... S.A. tiene interés en adquirir por título de compraventa la finca reseñada en el anterior exponen, lo que pactan las partes y llevan a cabo en base a las siguientes:

ESTIPULACIONES

PRIMERA.– COMPRAVENTA.

.... S.A. representada por su administrador único, Don........... y con la intervención del administrador concursal, Don..........., vende a la compañía...........S.A., representada por su administrador único, Don..........., que compra y adquiere, la finca reseñada en el exponen I de esta escritura, como cuerpo cierto, con cuanto le sea inherente y/o accesorio, libre de cargas y gravámenes, así como de arrendatario y ocupantes, y al corriente en el pago de impuestos, arbitrios y cualesquiera otra obligación de pago referida a la finca aquí enajenada, incluso las de índole urbanístico.

SEGUNDA.– PRECIO Y FORMA DE PAGO.

El precio de la presente compraventa se fija en la suma de...........euros, que es pagado en este acto, mediante cheque bancario por dicho importe, del que deduzco copia que incorporo a la presente, sirviendo el presente instrumento como la más eficaz y completa carta de pago, salvo buen fin del efecto, una vez cumplida la condición suspensiva que más adelante se expondrá.

TERCERA.– POSESIÓN.

La entrega de la finca aquí enajenada se producirá con el otorgamiento de esta escritura, una vez cumplida la condición suspensiva a que se somete la presente compraventa.

CUARTA.– IVA.

La presente compraventa está sujeta y no exenta al Impuesto sobre el Valor Añadido, que al tipo del...........%, por importe de...........euros, y como ordena el art. 84.1.2° LIVA, será objeto de autorepercusión por el propio comprador y será ingresado por este en la Hacienda Pública en la forma y plazos previstos en la Ley.

QUINTA.– CONDICIÓN SUSPENSIVA.

La eficacia de la presente compraventa queda sujeta a la siguiente condición suspensiva: que dentro del plazo de........... meses a contar desde el presente otorgamiento, por el Juzgado de lo Mercantil núm. .... de..........., en el procedimiento concursal núm. de autos..........., se dicte auto aprobando la oferta de compra cursada por........... S.A. e informada por la administración concursal de dicho concurso voluntario, oferta e informe que por copia uno a la presente, y por lo tanto, se autorice la compraventa del inmueble reseñado en el exponen I, en base a la cual se ha otorgado la presente escritura. Transcurridos tres meses desde el otorgamiento de la presente escritura sin que se hubiera cumplido la reseñada condición suspensiva, la presente compraventa no tendrá eficacia y no producirá efecto alguno.

SEXTA.– DEPÓSITO.

Como consecuencia de la condición suspensiva a la que se somete la presente compraventa, las partes pactan que el precio de la compraventa, cuyo pago queda instrumentalizado en los cheques bancarios acompañados a esta escritura, queden depositados en mi notaría hasta que se cumpla tal condición, y por tanto deviniendo eficaz la presente compraventa. El citado cumplimiento que se acreditará con exhibición de testimonio del auto dictado por el Juzgado de lo Mercantil núm. .... de........... a que se refiere la estipulación sexta precedente.

Cumplida tal condición, yo, notario, entregaré los referidos cheques bancarios a la partes vendedora, en unión a los administradores concursales. Por el contrario, transcurrido el plazo fijado para que se cumpla la condición suspensiva, sin que la misma se hubiere cumplido, procederé a la devolución de los efectos entregados en depósito a la parte compradora. Para todo lo cual las partes expresamente me instruyen y facultan de manera tan amplia como en derecho fuera menester.

SÉPTIMA.– GASTOS Y TRIBUTOS.

Todos los gastos y tributos que se devenguen con ocasión de la presente compraventa, incluido el impuesto sobre el incremento de valor de los terrenos de naturaleza urbana, serán de cuenta y cargo de la compradora.

OCTAVA.– AUTORIZACIÓN JUDICIAL.

Toda vez que la vendedora se halla en estado legal de concurso voluntario de acreedores, que se tramita ante el Juzgado de lo Mercantil núm. .... de..........., procedimiento concursal..........., de conformidad con lo dispuesto en el art. 205 TRLC por la administración concursal y la concursada se ha solicitado autorización al Juzgado, habiéndose condicionado suspensivamente la presente compraventa a la obtención de la referida autorización.

Todo lo cual se declara por la administración concursal a los efectos de lo establecido en el art. 206.3 TRLC.

NOVENA.– INSCRIPCIÓN REGISTRAL.

Se solicita la inscripción de esta escritura en el Registro de........... En el cualquier caso, se solicita la inscripción parcial de esta escritura, si no fuera posible su inscripción total, y la oportuna nota de calificación, debidamente fundamentada, en la que se establezca los extremos no inscritos.

Presentación al Libro Diario.– Los comparecientes quedan enterados del sistema de presentación telemática en el Registro, previsto en el artículo 249 del Reglamento Notarial.

La concursada y la administración concursal se obligan a la cancelación de la anotación del concurso en el registro de la propiedad de ...., obteniendo, a su costa, los mandamientos judiciales precisos a tal fin.

OTORGAMIENTO

Así lo dicen y otorgan los comparecientes ante mí. Hago las reservas y advertencias legales, especialmente las pertinentes fiscales y la necesidad de inscribir esta escritura en el Registro de la propiedad. También advierto sobre la correspondiente incorporación de datos a los ficheros automatizados regulados en la Orden de 19 de febrero de 2003 (484/2003), del Ministerio de Justicia.

AUTORIZACIÓN

Los comparecientes, previa solicitud que me formulan al efecto y sin perjuicio de advertirles sobre el contenido del art. 193 RN, leen en mi presencia la presente escritura. Manifiestan su consentimiento y conformidad a su contenido, firmándola conmigo, el notario. Compruebo que se ajusta este instrumento a la Ley y la voluntad manifestada en este acto por los comparecientes, y doy fe en cuanto sea procedente de todo lo consignado en este instrumento público, extendido en........... folios de papel exclusivo para documentos notariales, serie, y números el del presente y anteriores en orden.

DILIGENCIA

Que pongo yo el notario, para hacer constar que a las........... del día........... de........... comparecen las personas reseñadas en la escritura inicial, quienes intervienen en la misma condición y representación que en dicha escritura y MANIFIESTAN:

I.– Que por el Juzgado de lo Mercantil núm. .... de..........., se ha dictado auto de fecha por el que se autoriza la compraventa del inmueble que fue enajenado en la escritura que motiva la presente diligencia, por lo que se ha cumplido la condición suspensiva a la que se sometía la compraventa.

Los comparecientes me exhiben testimonio del citado auto, que me entregan y que, yo notario, incorporo a la presente.

II.– Cumplida la condición suspensiva que limitaba la eficacia de la compraventa, los comparecientes me requieren a efectos que haga entrega a........... S.A., en unión a su administrador concursal, de los cheques bancarios que fueron depositados en mi notaria. Yo notario, considero cumplida tal condición y acreditado tal cumplimiento, por lo que realizo la citada entrega.

Doy fe del contenido de la presente diligencia redactada en mi notaria, extendida en un folio........... integrante de la escritura inicial.

F329. ESCRITURA DE COMPRAVENTA DE INMUEBLE ANTES DE LA APROBACIÓN JUDICIAL DEL CONVENIO O LA LIQUIDACIÓN AUTORIZADA POR EL JUEZ

Normativa de aplicación: *Arts. 105 y ss. Real Decreto Legislativo 1/2020, de 5 de mayo, por el que se aprueba el texto refundido de la Ley Concursal.*

COMPRAVENTA.

VENDE: ...., S.L.

COMPRA: ...., S.L.

En Valencia, mi residencia, a ....

Ante mí, ..., Notario del Ilustre Colegio de Valencia,

COMPARECEN:

De una parte:

DON ...., mayor de edad, con domicilio a efectos del presente otorgamiento en ...., calle ...., número ...., puerta ...

Exhibe Documento Nacional de Identidad número ....

DON ...., mayor de edad, con domicilio a efectos del presente otorgamiento en ...., calle ...., número ....., puerta...

Exhibe Documento Nacional de Identidad número ....

Y de otra:

DON ...., mayor de edad, con domicilio a efectos del presente otorgamiento en ...., calle ...., número.....

Exhibe Documento Nacional de Identidad número ....

INTERVIENEN:

A.– .... Y DON .... en nombre y representación de la Sociedad "............., S.L."; constituida bajo la denominación social ...., S.L., por tiempo indefinido, en escritura de fecha ...., otorgada ante el Notario de ...., don ...., número ..... de protocolo; con domicilio social en ...., calle ...., número ...., puerta..... C.I.F. ...... Consta inscrita en el Registro Mercantil de ...., al tomo ....., libro ....., folio ...., hoja V-......, inscripción ....ª.

Tiene por objeto social, entre otros, ...

La legitimación de DON .... para este acto dimana de la condición que ostenta de Administrador único de la repetida Sociedad, cargo que tiene aceptado y asegura vigente, para el que fue designado por tiempo indefinido en la Junta de fecha ...., elevado a publico ante el notario de ..., Don ...., el día ...., número .... de protocolo, causando la inscripción ..... en la hoja de la sociedad. Copia autorizada de la mencionada escritura he tenido a la vista.

En virtud de Auto dictado por el Juzgado de lo Mercantil número ... de ......, el ... de ..... de ...., en el procedimiento Concurso Ordinario (CNO) ......, se declaró el estado de concurso Voluntario de la mercantil "............, S.L.", nombrándose Administrador concursal a DON ...., con DNI/NIF .... y decretándose la intervención de las facultades de administración de la mercantil, quedando el ejercicio ordinario de la misma sometido a la autorización o conformidad del administrador concursal. *Testimonio con expresión de firmeza de la citada resolución judicial y credencial del administrador concursal he tenido a la vista.

En virtud de Auto dictado por el Juzgado de lo Mercantil número .... de ......, el ...., en el procedimiento Concurso Ordinario (CNO) ...., se autoriza la enajenación de la finca objeto de la presente a la entidad ...., S.L., en los términos recogidos en la oferta presentada. Se incorpora a la presente fiel reproducción del citado Auto con expresión de firmeza y de la oferta aprobada por el mismo.

Les juzgo con facultades representativas suficientes para el acto contrato que se instrumenta en esta escritura.

Me aseguran la vigencia de su cargo, facultades representativas y la persistencia de la capacidad jurídica de la entidad que representan.

A los efectos de la Ley 10/2010, de 28 de abril: DON .... Y DON ...., manifiestan que no han variado los datos del titular real de la mercantil que representan, que constan en el acta autorizada por el Notario de Valencia, Don ...., el día ...., número ..... de protocolo, y que no son personas con responsabilidad pública, ni tampoco sus familiares ni allegados.

B.– DON .... en nombre y representación de la Sociedad "..........., S.L."; constituida por tiempo indefinido en escritura de fecha ...., otorgada ante el Notario de ...., don ...., número .... de protocolo; con domicilio social en ...., calle ...., número ..., puerta... C.I.F. .... Consta inscrita en el Registro Mercantil de ...., al tomo ...., folio ......, hoja ....., inscripción ....ª.

Tiene por objeto social, entre otros, la actividad de................

Obra en virtud del poder especial que tiene conferido en escritura autorizada por el Notario de ...., Don ...., el día ...., número .... de protocolo, el cual me asegura vigente-; copia autorizada de la referida escritura de poder he tenido a la vista y juzgo, bajo mi responsabilidad, con facultades representativas suficientes para este acto.

Entre las facultades conferidas figuran las de vender el bien inmueble objeto de la presente.

A los efectos de la Ley 10/2010, de 28 de abril: DON .... manifiesta que no han variado los datos del titular real de la mercantil que representa, que constan en el acta autorizada por el Notario de ...., Don ...., el día ...., número ...... de protocolo, y que no es persona con responsabilidad pública, ni tampoco sus familiares ni allegados.

Les identifico por su documentación exhibida. Las circunstancias personales de los comparecientes y, en su caso de los representados, resultan de sus manifestaciones.

Tienen, a mi juicio, la capacidad legal necesaria para otorgar esta escritura de compraventa y, al efecto,

EXPONEN:

I.– La mercantil ...., S.L. (antes denominada ...., S.L.) es titular del pleno dominio de la siguiente finca:

URBANA.– NAVE NUMERO UNO.– ....

CUOTA DE PARTICIPACIÓN.– .... enteros y veinte .... por ciento.

INSCRIPCIÓN.– Inscrita en el Registro de la Propiedad de ....., al tomo ....., libro ....., folio ......, finca ....

TÍTULO.– Adquirida por dación en pago autorizada por el Notario de ...., Don ...., el ....

REFERENCIA CATASTRAL:..............

Resulta de la certificación catastral obtenida por mí telemáticamente, (pues no ha sido aportada por los comparecientes) que incorporo a la presente.

Declaran los comparecientes que al tratarse de un elemento sujeto al régimen de propiedad horizontal no hacen manifestación alguna sobre la correspondencia de la realidad con la descripción de la parcela contenida en la certificación catastral incorporada.

COORDENADAS GEORREFERENCIADAS.

Si la Oficina virtual del catastro las ha facilitado, se adjuntan las mismas.

CARGAS.

Solicitada por mí, del Registro de la Propiedad competente, la información a que se refiere el artículo 175 del Reglamento Notarial, he recibido, por telefax, nota simple informativa de la que resulta que la titularidad de la finca es la consignada en la presente escritura; asimismo de dicha nota resulta la finca descrita estar gravada con HIPOTECA a favor de BANCO ...., S.A. por un importe de .... EUROS (.......... €), formalizada en escritura autorizada por el Notario de ...., Don ...., el día ....., número ...de protocolo.

En la actualidad el préstamo o crédito garantizado por dicha hipoteca se encuentra en trámites de liquidación con parte del precio de la presente adquisición, quedando pendiente otorgar la correspondiente escritura de carta de pago y cancelación de hipoteca, a lo que se obliga la parte vendedora a la mayor brevedad con todos los gastos a su cargo hasta su inscripción registral.

-Según manifiesta la parte transmitente, la finca descrita está libre de cualesquiera otras cargas y gravámenes. Advierto de la conveniencia de comprobar el estado de cargas, bien mediante certificación del Registro de la Propiedad, bien mediante examen directo de los libros registrales.

Advierto asimismo a los comparecientes de que, sobre la información registral recibida y sobre la manifestación del exponente, prevalecerá, en todo caso, la situación registral de la finca que exista con anterioridad a la presentación de la copia de la presente escritura en el Registro de la Propiedad.

SITUACIÓN ARRENDATICIA

Declara la parte exponente, bajo pena de falsedad en documento público, que la finca descrita se encuentra libre de arrendatarios.

TRIBUTOS.

La parte vendedora declara estar al corriente del pago del impuesto de bienes inmuebles.

Pactan que el Ibi del corriente ejercicio será de cuenta de la parte compradora.

La parte compradora me dispensa a mí, el Notario autorizante, de la obtención de información acerca de posibles deudas pendientes en el Impuesto sobre bienes Inmuebles.

No obstante, en su caso, se incorpora a esta matriz, fiel reproducción del documento que acredita el pago de dicho impuesto o de ciertas anualidades del mismo.

Expresamente advierto a los otorgantes sobre las deudas pendientes, caso de que existieran, por el Impuesto sobre Bienes Inmuebles asociadas al inmueble que se transmite, así como sobre el plazo dentro del cual está obligados los interesados a presentar declaración por el Impuesto, cuando tal obligación subsista por no haberse aportado la referencia catastral del inmueble, conforme al párrafo tercero del artículo 54 de la Ley 13/1996, de 30 de Diciembre, de Medidas Fiscales, Administrativas y del Orden Social, sobre la afección de los bienes al pago de la cuota tributaria.

*GASTOS DE COMUNIDAD.

Asegura la parte vendedora estar al corriente en el pago de tales gastos.

Yo, el Notario, advierto a los otorgantes de la obligación contenida en el artículo 5 de la Ley 8/1999 de 6 de Abril de reforma de la Ley 49/1960 de 21 de Julio de Propiedad Horizontal.

En el caso de que la parte transmitente aporte certificación con los requisitos previstos en esta disposición o sin ellos, sobre el estado de deudas con la comunidad, su fiel reproducción por fotocopia quedará unida a esta matriz; en caso contrario la parte compradora exonera a la parte vendedora de aportar dicho certificado y, en cualquier caso, de cualquier otra acreditación al respecto.

*CERTIFICADO DE EFICIENCIA ENERGÉTICA.

Yo, el Notario, informo de la obligación que regula el Real Decreto 390/2021 de poner la parte vendedora a disposición de la parte adquirente el certificado de eficiencia energética y de las consecuencias de su falta.

Si las partes exhiben dicho certificado, fiel reproducción del mismo quedará unida a esta matriz para su complemento.

En todo caso, la parte adquirente manifiesta su conformidad al otorgamiento de esta escritura aun cuando dicho certificado no sea aportado.

DERECHOS DE TANTEO Y RETRACTO EN FAVOR DE LA GENERALITAT VALENCIANA EN VIRTUD DEL DECRETO-LEY 6/2020, de 5 de Junio.-

No resultan aplicables a la presente transmisión.

ACTIVIDADES CONTAMINANTES.– La parte vendedora, a los efectos de cumplimentar lo dispuesto en el artículo 98.3 de la ley 7/2022 de 8 de abril, de residuos y suelos contaminados para una economía circular, declara no haberse realizado en el objeto de transmisión actividad alguna potencialmente contaminante del suelo.

II. Con estos antecedentes, los señores comparecientes,

OTORGAN:

PREVIO.-Las partes confieren carácter dispositivo a lo manifestado en la exposición de la presente escritura.

PRIMERO. COMPRAVENTA.

La mercantil ...., S.L. venden la finca descrita, como cosa cierta, con todos sus derechos, libre de cargas y al corriente en el pago de impuestos, arbitrios, contribuciones y gastos de comunidad, a la sociedad ...., S.L., que compra.

La parte compradora declara conocer la situación urbanística de la nave, y en especial la que hace referencia al incumplimiento de parte de la misma del planteamiento, y de que en su caso sea requeriría nuevas obras y proceder a la legalización urbanística de la nueva situación. La nave no se adecúa a la normativa vigente al incumplir con separaciones mínimas a lindes frontales.

SOCIEDADES DE CAPITAL.

Manifiesta el representante de la parte compradora que la finca objeto de la presente SÍ constituye activo esencial del patrimonio de dicha sociedad.

Advierto a los comparecientes de la necesidad de aportar certificado del acuerdo de Junta de ...., S.L. en el que se autoriza la presente adquisición, insistiéndome en su otorgamiento, y manifestando el representante de la parte compradora que lo aportará con posterioridad a este acto, incorporándose a la presente por medio de diligencia.

SEGUNDO. PRECIO.

Es precio alzado de esta venta que la parte vendedora percibe, en los tiempos y por los medios de pago que se especificarán, la cantidad de .... EUROS (.......... €).

La parte vendedora da carta de pago, salvo buen fin de los efectos que, en su caso, se dirán-, de las sumas percibidas hoy o antes de este acto.

TERCERO. MEDIOS DE PAGO DEL PRECIO.

Manifiestan ambas partes que el pago del precio expresado, se efectúa mediante:

-Cheque bancario nominativo a favor de la parte vendedora, por importe de ......, entregado en este acto.

-El resto del precio, esto es la cantidad de .... euros, igual a la cantidad necesaria para liquidar totalmente el préstamo hipotecario descrito en el apartado CARGAS, es retenido por la parte compradora, SIN SUBROGARSE, para hacer pago inmediato del mismo a la entidad acreedora, y solicitar la cancelación de la carga, con gastos a cargo de la parte vendedora; incorporándose a la presente fiel reproducción de cheque bancario a favor de BANCO ...., S.A., destinado a cancelar económicamente el citado préstamo hipotecario.

Manifiesta la parte compradora que el importe de los citados cheques bancarios ha sido cargado en la cuenta abierta a su nombre nº * ....

CONSTANCIA DE LOS MEDIOS DE PAGO.

Se une a esta matriz fiel reproducción de los cheques entregados en este acto.

CUARTO. GASTOS E IMPUESTOS.

Los gastos e impuestos derivados de este otorgamiento serán satisfechos:

A) El Impuesto Municipal sobre el Incremento de Valor de los Terrenos de Naturaleza Urbana (más conocido por "plusvalía municipal"), por la parte vendedora.

B) El gasto de Notaría relativo a matriz, aludido en el artículo 1455 del Código Civil, por la parte compradora.

C) El gasto de Notaría, relativo a las copias, aludido en el artículo 1455 del Código Civil, por la parte compradora.

D) El Impuesto de Transmisiones Patrimoniales y Acto Jurídicos Documentados, por la parte compradora.

E) El gasto de inscripción en el Registro de la Propiedad, por la parte compradora.

y F) El gasto de Gestoría para pago del Impuesto e inscripción en el Registro, de la parte compradora, si ésta utiliza este servicio y no hace los trámites por sí misma.

En relación al referido impuesto municipal, yo, el Notario:

Hago constar que, al efecto de levantar el cierre registral previsto en el artículo 254-5 de la Ley Hipotecaria mientras no se acredite el pago o presentación del Impuesto sobre el Incremento de Valor de los Terrenos de Naturaleza Urbana, las partes me requieren para que remita al Ayuntamiento correspondiente copia simple de esta escritura, con el valor de la comunicación a que se refiere el artículo 110-6-b de la Ley reguladora de las Haciendas Locales.

Haré efectivo este requerimiento cumpliendo, en su caso, el convenio de colaboración con el Ayuntamiento, mediante la remisión de copia simple, por medio del correo notarial corporativo, a la dirección de correo electrónico correspondiente, incorporando a la presente, mediante diligencia, el justificante que en respuesta a mi comunicación se me remita.

QUINTO.– IMPUESTO SOBRE EL VALOR AÑADIDO.– INVERSIÓN DEL SUJETO PASIVO DEL IMPUESTO SOBRE EL VALOR AÑADIDO.

Por tratarse la presente operación consecuencia de proceso concursal afectante a la parte vendedora, de conformidad al artículo 84.uno.2.e) de la Ley del IVA 37/1992, en su redacción dada por la Ley 7/2012, será sujeto pasivo el adquirente y por tanto el obligado al ingreso en la Hacienda Pública de la cuota resultante mediante la correspondiente declaración-liquidación.

VALOR DE REFERENCIA

Yo, el notario, advierto a los otorgantes que, tratándose de bienes inmuebles, su valor a efectos de la liquidación del ISD/ITP-AJD, será el valor de referencia previsto en la normativa reguladora del catastro inmobiliario, a la fecha de devengo del impuesto. No obstante, si el valor del bien inmueble declarado por los interesados es superior a su valor de referencia, se tomará aquel como base imponible.

A estos efectos, he obtenido de la Sede Electrónica del Catastro, en su caso a solicitud de la parte adquirente, Certificado/s Catastral/es del valor de referencia del/los inmueble/s objeto de la presente, de cuyo contenido informo a los otorgantes; y que dejo unido/s a esta matriz.

MANDATO.

Todos y cada uno de los otorgantes de la presente escritura autorizan y en lo menester otorgan mandato expreso a .... con .... y domicilio a efectos de notificaciones en .... para que, en su nombre y representación pueda presentar a la Administración la presente escritura y cuantas otras hayan podido formalizarse con carácter previo o que se formalicen con posterioridad, entre otras las de carácter subsanatorio, y que sean necesarias para la inscripción de la presente escritura en el Registro de la Propiedad, así como efectuar las gestiones y declaraciones que como sujetos u obligados tributarios les correspondan en relación con los actos que se contienen en las referidas escrituras. Todo ello en orden a comunicar a la Administración los datos necesarios para la liquidación de los tributos que se devenguen como consecuencia de tales actos, y otros de contenido informativo, encaminados a calificar y cuantificar el importe a ingresar o la cantidad que resulte a compensar o devolver, quedando igualmente facultado dicho autorizado/mandatario para interponer cuantos recursos sean convenientes o dirigir comunicaciones a la Administración en orden a proteger los derechos de los otorgantes, así como a recibir de aquélla cuantas comunicaciones y notificaciones sean necesarias dirigidas a los mismos.

PRESENTACIÓN TELEMÁTICA.

Yo, el Notario, presentaré hoy copia autorizada telemática de esta escritura en el Registro de la Propiedad; en caso de imposibilidad técnica, procederé a comunicar al mismo Registro este otorgamiento por telefax.

INSCRIPCIÓN PARCIAL.-

Los otorgantes, según intervienen, solicitan expresamente la inscripción parcial de esta escritura, en el supuesto de que alguna de sus cláusulas, o de los hechos, actos o negocios jurídicos contenidos en ella y susceptibles de inscripción, adoleciese de algún defecto, a juicio del Registrador, que impida la práctica de la misma.

CLÁUSULA DE INFORMACIÓN DE DATOS.

De acuerdo con lo previsto en el Reglamento (UE) 2016/679 del Parlamento Europeo y del Consejo, de 27 de abril de 2016, relativo a la protección de las personas físicas en lo que respecta al tratamiento de datos personales y a la libre circulación de estos datos, informo a el/los compareciente/s de que los datos personales resultantes de esta Escritura serán incorporados al Fichero de Protocolos y Documentación y al Fichero de Administración y Organización de esta Notaría, de que las finalidades del tratamiento son el estricto desempeño de la función pública notarial, la facturación y el seguimiento posterior de la presente, y de que dichos datos se conservarán en la Notaría con carácter confidencial y amparados por el secreto de protocolo, sin perjuicio de las remisiones impuestas por Ley a las Administraciones Públicas y, en su caso al Notario sucesor en la actual plaza.

Asimismo, en caso de que alguno de los interesados encargue la gestión del presente documento a la propia notaría, manifiesta expresamente el consentimiento a que ésta pueda ceder los datos de dicho interesado y copias de la presente a la gestoría que la notaría elija para llevar a cabo dicha gestión; y en caso de que alguno de los interesados encargue la gestión a una gestoría concreta, el interesado consiente expresamente la cesión de datos y de copias se hará a la misma con dicha finalidad.

Si se facilitaran datos de personas distintas a el/los interviniente/s, este/os deberá/n haberle/s informado previamente de lo contenido en el artículo 14 del citado Reglamento.

El responsable del Fichero es el Notario autorizante, con domicilio a estos efectos en esta Oficina, ante quien podrá ejercer el interesado sus derechos de acceso, rectificación, cancelación y oposición en los términos previstos por el citado Reglamento y por la legislación notarial específica vigente.

Frente a cualquier eventual vulneración de dichos derechos, el/los interesado/s puede/n presentar la pertinente reclamación ante la Agencia Española de Protección de Datos.

Se ha dado cumplimiento a las prevenciones de la ley 10/2010, de 28 de abril.

AUTORIZACIÓN:

Así lo dicen y otorgan, hechas por mí las reservas y advertencias legales y fiscales de afección y autoliquidación en plazo de treinta días hábiles a contar desde esta fecha, y responsabilidades en caso de incumplimiento, y en especial, en su caso, las advertencias pertinentes al Impuesto Municipal sobre el Incremento del Valor de Terrenos de Naturaleza Urbana.

Advierto especialmente a los comparecientes, en cumplimiento de la exigencia de la disposición adicional 3-4 de la Ley de Tasas y Precios Públicos, y a efectos fiscales, de las obligaciones y responsabilidades tributarias que les incumben, en su aspecto material, formal y sancionador. Asimismo, advierto de las consecuencias de toda índole que podrían derivarse de la inexactitud de sus manifestaciones y en especial, de la falsedad en documento público en que, por ello, pudieran incurrir.

Hago las reservas y advertencias legales, en especial las pertinentes fiscales, y leo esta escritura a los comparecientes, previa advertencia y renuncia de su derecho a hacerlo por sí, la encuentran conforme, otorgan y firman conmigo, el Notario, que DOY FE de que el consentimiento ha sido prestado libremente, de que este otorgamiento se adecua a la legalidad y a la voluntad debidamente informada de los otorgantes y de todo lo demás contenido en este instrumento

F330. ESCRITURA DE DACIÓN DE INMUEBLE EN PAGO DE DEUDA ANTES DE LA APROBACIÓN JUDICIAL DEL CONVENIO O LA APERTURA DE LA LIQUIDACIÓN SUJETA A AUTORIZACIÓN JUDICIAL

Normativa de aplicación: *Arts. 105 y ss. Real Decreto Legislativo 1/2020, de 5 de mayo, por el que se aprueba el texto refundido de la Ley Concursal*

En la ciudad de..........., mi residencia, hoy día........... de........... de dos mil...........

Ante mí, ..., notario del Ilustre Colegio de...........

COMPARECEN

I.– Don........... mayor de edad, de nacionalidad española, casado, con domicilio en calle..........., núm. ...., dotado de DNI/NIF...........

II.– Don........... mayor de edad, de nacionalidad española, soltero, con domicilio en calle..........., núm. ...., dotado de DNI/NIF...........

III.– Don........... mayor de edad, de nacionalidad española, casado, con domicilio en calle..........., núm. ...., dotado de DNI/NIF...........

IV.– Don........... mayor de edad, de nacionalidad española, casado, con domicilio en calle..........., núm..........., dotado de DNI/NIF...........

Les identifico por los documentos de identidad anteriormente reseñados, que me son exhibidos, y por sus propias manifestaciones.

INTERVIENEN

I.– Don........... interviene en nombre y representación de la sociedad........... S.A., sociedad constituida mediante escritura autorizada el día........... de........... de..........., ante el notario de..........., Don........... Inscrita en el Registro Mercantil de la provincia de..........., al tomo..........., folio..........., hoja núm. ...., inscripción 1ª.

Modificados y adaptados sus estatutos sociales a la derogada Ley de Sociedades Anónimas, en virtud de acuerdo adoptado por la Junta General Extraordinaria de la sociedad el día...........de...........de..........., elevado a público mediante escritura otorgada ante el notario de..........., Don..........., e inscrita en el citado el Registro Mercantil de la provincia de..........., al tomo..........., folio..........., hoja núm. ...., inscripción...........

El domicilio social de........... S.A., se halla en..........., consistiendo su objeto social en........... CIF...........

La sociedad........... S.A. actualmente se halla declarada en estado de concurso voluntario de acreedores, que se tramita actualmente ante el Juzgado de lo Mercantil núm. .... de...........bajo el número de autos........... La declaración del citado concurso fue acordada por el expresado Juzgado mediante auto de fecha........... de........... de..........., en el se acordó la conservación por el concursado de las facultades de administración y disposición sobre la masa activa, quedando sometido el régimen de estas a la intervención de la administración concursal, que podrá autorizar o denegar la autorización según tenga por conveniente. Todo ello consta en el Registro Mercantil de la Provincia de..........., mediante la oportuna anotación marginal de tal declaración y régimen de facultades al tomo..........., folio..........., del libro general de sociedades, hoja núm. ....

Don........... actúa en nombre y representación de........... S.A., en su condición de administrador único de dicha sociedad, cargo que asegura vigente y para el que fue designado en virtud de acuerdo de la Junta General extraordinaria de la citada compañía adoptado el día........... de........... de........... y que fue elevado a público mediante escritura autorizada el día........... de........... de..........., ante el notario de..........., Don........... Inscrita en el citado Registro Mercantil de la provincia de..........., al tomo..........., folio..........., del libro general de sociedades, hoja núm. ...., inscripción...........

Yo notario, considero que tiene facultades suficientes para el otorgamiento de la presente escritura de dación en pago, toda vez la intervención en la misma la administración concursal que luego se dirá, completando la capacidad de obrar de la concursada y firmando esta escritura en señal de aceptación y conformidad a su íntegro contenido.

II.– Don........... y Don........... interviene en nombre y representación de la sociedad BANCO........... S.A., sociedad constituida mediante escritura autorizada el día........... de........... de..........., ante el notario de..........., Don........... Inscrita en el Registro Mercantil de la provincia de..........., al tomo..........., folio..........., hoja núm. ...., inscripción 1°.

Modificados y adaptados sus estatutos sociales a la derogada Ley de Sociedades Anónimas, en virtud de acuerdo adoptado por la Junta General Extraordinaria de la sociedad el día........... de........... de..........., elevado a público mediante escritura otorgada ante el notario de..........., Don..........., e inscrita en el citado el Registro Mercantil de la provincia de..........., al tomo..........., folio..........., hoja núm. ...., inscripción...........

El domicilio social de........... S.A., se halla en..........., consistiendo su objeto social en........... CIF...........

Don........... y Don........... actúan en nombre y representación del BANCO........... S.A. en virtud de poder, que aseguran vigente, otorgado a su favor de forma mancomunada mediante escritura autorizada el día........... de........... de..........., ante el notario de..........., Don........... Inscrita en el citado Registro Mercantil de la provincia de..........., al tomo..........., folio..........., hoja núm. ...., inscripción...........

Yo notario, considero que tienen facultades suficientes para el otorgamiento de la presente escritura de dación en pago, en virtud del reseñado poder.

III.– Y Don........... en su condición de administrador concursal único del concurso voluntario de la sociedad........... S.A., nombrado en el referido auto de fecha........... de........... de........... en que se declaró el concurso voluntario de........... S.A., cargo que acredita con la oportuna y respectiva credencial, expedida a su favor con fecha........... de........... de...........

A los efectos previsto en el Artículo 160, letra f) de la Ley de Sociedades de Capital, la representación de las sociedades intervinientes HACEN CONSTAR que el bien objeto de compraventa NO tiene la consideración de activo esencial tanto de la transmitente como de la adquirente, y especialmente que lo transmitido no supera el veinticinco por ciento del valor de los activos de las partes intervinientes en esta dación en pago.

LEY 10/2010.– Yo el Notario, hago constar expresamente que he cumplido con la obligación de identificación del titular real que impone la Ley 10/2010, de 28 de abril, cuyo resultado consta:

- En cuanto a la mercantil "..........." en acta autorizada el día........... de........... de........... por el Notario de..........., Don..........., bajo número........... de protocolo.
- Y en cuanto a la mercantil "........... S.A." en acta autorizada el día..........., por la Notario de..........., Don..........., bajo número........... de su protocolo.

Manifestando sus representantes no haberse modificado el contenido de las mismas, consultada la base de datos no existe discrepancia entre lo reflejado en dicha base y lo manifestado por los clientes.

Yo, notario, considero que tienen, a mi juicio, capacidad necesaria para otorgar la presente escritura de dación en pago y al efecto:

EXPONEN

I.– Que la sociedad........... S.A. es dueña, en pleno dominio, del siguiente inmueble:

Descripción:...........

Inscripción Registral: Inscrita en el Registro de la Propiedad de..........., al tomo..........., libro..........., folio..........., finca..........., inscripción...........

Situación Urbanística:...........

Referencia catastral:..........., que resulta del recibo del IBI del año..........., que me exhibe la vendedora y del que deduzco testimonio que, yo notario, incorporo a la presente.

Título: Le pertenece por título de compraventa a Doña..........., en virtud de escritura pública de compraventa autorizada por el notario de..........., Don........... el día........... de........... de...........

Arrendamientos: Libre de arrendamientos y otros ocupantes.

Cargas: Hipoteca a favor del Banco........... S.A., constituida mediante escritura de fecha........... de........... de..........., autorizada por el notario de Don..........., el día........... de........... de..........., en garantía de un préstamo concedido a la citada sociedad........... S.A. mediante escritura otorgada ante el notario de........... Don..........., el día........... de........... de........... Responde de...........euros de principal, ...euros de intereses y gastos y...........euros para costas.

La deuda objeto de dicho préstamo garantizado con la hipoteca antes reseñada, asciende en la actualidad a...........euros.

IMPUESTO SOBRE BIENES INMUEBLES.– La Vendedora manifiesta y garantiza, con plena indemnidad para la compradora, que se encuentra al corriente de pago del Impuesto sobre Bienes Inmuebles (IBI), a excepción del Ejercicio..........., cuyo pago asume la compradora, consulta del Ayuntamiento de..........., se incorpora.

PLUSVALÍA MUNICIPAL.– A los efectos de levantar el cierre registral previsto en el art. 254-5 de la Ley Hipotecaria mientras no se acredite el pago o presentación del Impuesto sobre el Incremento de Valor de los Terrenos de Naturaleza Urbana, la parte adquirente ME REQUIERE a mí, el Notario autorizante, para que remita al Ayuntamiento correspondiente copia simple de esta escritura, con el valor de la comunicación a que se refiere el art. 110-6-b de la Ley reguladora de las Haciendas Locales. Yo, el notario, acepto el requerimiento al que daré cumplimiento bien por el sistema integrado notarial SIGNO o bien mediante correo postal certificado dejando constancia del mismo en la presente por incorporación mediante diligencia del resguardo de la notificación que se realice.

INFORMACIÓN REGISTRAL.– La descripción del inmueble, su titularidad y situación de cargas, en la forma expresada en los párrafos anteriores, resulta de las manifestaciones de la parte vendedora, de los títulos de propiedad que me exhibe y de nota simple del Registro de la Propiedad obtenida que incorporo a la presente.

ADVERTENCIA.– No obstante lo anterior, yo, la Notario, advierto a los otorgantes que la situación registral existente con anterioridad a la presentación de esta escritura en el Registro de la Propiedad prevalecerá sobre la información registral antes expresada.

II.– Que como resulta de lo reseñado en el número I precedente, ... S.A. adeuda a Banco........... S.A. la suma de...........euros, como consecuencia del préstamo concedido por éste último a la citada sociedad........... S.A. mediante escritura otorgada ante el notario de........... Don..........., el día........... de........... de...........

En el referido concurso de acreedores de .... S.A., el citado crédito tiene la consideración de concursal dotado de privilegio especial ex arts. 270.1° y ss. TRLC.

III.– Que ambas partes están de acuerdo en finiquitar y extinguir la citada deuda mediante su pago con la dación de inmueble reseñado en el exponen I en pago de la deuda reseñada en el exponen II, lo que pactan las partes y llevan a cabo en base a las siguientes:

ESTIPULACIONES

PRIMERA.– .... S.A. representada por su administrador único, Don........... y con la intervención del administrador concursal, da y transmite en pago de la deuda reseñada en el exponen II, la finca reseñada en el exponen I de esta escritura a Banco........... S.A. que, representada por sus apoderados mancomunados, Don........... y Don..........., la acepta y adquiere, como cuerpo cierto, con cuanto le sea inherente y/o accesorio, libre de cargas y gravámenes, así como de arrendatarios y ocupantes, y al corriente en el pago de impuestos, arbitrios y cualesquiera otra obligación de pago referida a la finca objeto de la presente dación en pago, excepto las que se hallen pendientes como consecuencia de la declaración de concurso voluntario de...........

SEGUNDA.– Como consecuencia de la dación en pago aquí verificada, queda total y absolutamente saldada, finiquitada y extinguida la deuda reseñada en el exponen II, dando el Banco........... S.A. la más eficaz y completa carta de pago, manifestando expresamente el Banco........... S.A. que nada tiene que reclamar a........... S.A. como consecuencia de la citada deuda reseñada en el exponen II de esta escritura por mí, notario, autorizada.

De esta forma queda completamente satisfecho el referido crédito con privilegio especial reseñado en el exponen II de esta escritura por mi, notario, autorizada.

TERCERA.– Con el otorgamiento de la presente escritura de dación en pago se entrega a Banco........... S.A. la posesión de la finca aquí transmitida.

CUARTA.– La presente transmisión está sujeta y no exenta al Impuesto sobre el Valor Añadido, que al tipo del...........%, por importe de...........euros, y como ordena el art. 84.1.2° LIVA, es objeto de autorepercusión por el propio comprador y será ingresado por este en la Hacienda Pública en la forma y plazos previstos en la Ley.

QUINTA.– Todos los gastos y tributos que se devenguen con ocasión de la presente dación en pago, incluido el impuesto sobre el incremento de valor de los terrenos de naturaleza urbana, serán de cuenta y cargo de Banco........... S.A.

SEXTA.– Toda vez que........... S.A. se halla en estado legal de concurso voluntario de acreedores, que se tramita ante el Juzgado de lo Mercantil núm. .... de..........., procedimiento concursal..........., de conformidad con lo dispuesto en el art. 205 y 211 TRLC por la administración concursal, con el consentimiento expreso y previo del del acreedor con privilegio especial, se solicitó autorización al Juzgado a efectos de llevar a cabo la presente adjudicación en pago. También prestó su consentimiento la concursada. Dicha autorización le fue concedida mediante auto de fecha........... de........... de...........

Por........... S.A. se me hace entrega de testimonio del citado auto, así como del de la oferta en su día cursada por Banco........... S.A., la solicitud de autorización formalizada por la Administración Concursal, y las alegaciones formuladas por la concursada y ...., a los cuales se remite el citado auto, que yo, notario, incorporo a la presente, pasando a formar parte de esta matriz.

SÉPTIMA.– Se solicita la inscripción de esta escritura en el Registro de........... En el cualquier caso, se solicita la inscripción parcial de esta escritura, si no fuera posible su inscripción total, y la oportuna nota de calificación, debidamente fundamentada, en la que se establezca los extremos no inscritos.

Expresamente se solicita del Sr. Registrador de la Propiedad de........... la práctica de los oportunos asientos de cancelación de la hipoteca que grava la finca reseñada en el exponen I, al coincidir en el Banco........... S.A. la condición de dueño de la finca y de titular de la hipoteca que grava la misma en garantía de la deuda aquí extinguida mediante la presente dación en pago.

Igualmente, la concursada y la administración concursal se obligan a la cancelación de la anotación del concurso en el registro de la propiedad de ...., obteniendo, a su costa, los mandamientos judiciales precisos a tal efecto.

Presentación al Libro Diario.– Los comparecientes quedan enterados del sistema de presentación telemática en el Registro, previsto en el artículo 249 del Reglamento Notarial.

OTORGAMIENTO

Así lo dicen y otorgan los comparecientes ante mí. Hago las reservas y advertencias legales, especialmente las pertinentes fiscales y la necesidad de inscribir esta escritura en el Registro de la propiedad. También advierto sobre la correspondiente incorporación de datos a los ficheros automatizados regulados en la Orden de 19 de febrero de 2003 (484/2003), del Ministerio de Justicia.

AUTORIZACIÓN

Los comparecientes, previa solicitud que me formulan al efecto y sin perjuicio de advertirles sobre el contenido del art. 193 RN, leen en mi presencia la presente escritura. Manifiestan su consentimiento y conformidad a su contenido, firmándola conmigo, el notario. Compruebo que se ajusta este instrumento a la Ley y la voluntad manifestada en este acto por los comparecientes, y doy fe en cuanto sea procedente de todo lo consignado en este instrumento público, extendido en............ folios de papel exclusivo para documentos notariales, serie, y números el del presente y anteriores en orden.

F331. ESCRITURA DE COMPRAVENTA DE INMUEBLE ANTES DE LA APROBACIÓN JUDICIAL DEL CONVENIO O LA APERTURA DE LA LIQUIDACIÓN. ACTO INDISPENSABLE PARA GARANTIZAR LA VIABILIDAD DE ESTABLECIMIENTOS O POR EXIGENCIAS DE TESORERÍA

Normativa de aplicación: *Arts. 105 y ss. Real Decreto Legislativo 1/2020, de 5 de mayo, por el que se aprueba el texto refundido de la Ley Concursal*

En la ciudad de............, mi residencia, hoy día............ de............ de dos mil............

Ante mí, ..., notario del Ilustre Colegio de............

COMPARECEN

I.– Don............ mayor de edad, de nacionalidad española, casado, con domicilio en calle............, núm. ...., dotado de DNI/NIF............

II.– Don........... mayor de edad, de nacionalidad española, soltero, con domicilio en calle............, núm. ...., dotado de DNI/NIF...........

III.– Don........... mayor de edad, de nacionalidad española, casado, con domicilio en calle............, núm. ...., dotado de DNI/NIF...........

Les identifico por los documentos de identidad anteriormente reseñados, que me son exhibidos, y por sus propias manifestaciones.

INTERVIENEN

I.– Don........... interviene en nombre y representación de la sociedad........... S.A., sociedad constituida mediante escritura autorizada el día........... de........... de..........., ante el notario de..........., Don........... Inscrita en el Registro Mercantil de la provincia de..........., al tomo..........., folio..........., hoja núm. ...., inscripción 1ª.

Modificados y adaptados sus estatutos sociales a la derogada Ley de Sociedades Anónimas, en virtud de acuerdo adoptado por la Junta General Extraordinaria de la sociedad el día........... de........... de..........., elevado a público mediante escritura otorgada ante el notario de..........., Don..........., e inscrita en el citado el Registro Mercantil de la provincia de..........., al tomo..........., folio..........., hoja núm. ...., inscripción...........

El domicilio social de........... S.A., se halla en..........., consistiendo su objeto social en........... CIF........... La sociedad........... S.A. actualmente se halla declarada en estado de concurso voluntario de acreedores, que se tramita actualmente ante el Juzgado de lo Mercantil núm. .... de........... bajo el número de autos........... La declaración del citado concurso fue acordada por el expresado Juzgado mediante auto de fecha........... de........... de..........., en el se acordó la conservación por el concursado de las facultades de administración y disposición sobre la masa activa, quedando sometido el régimen de estas a la intervención de la administración concursal, que podrá autorizar o denegar la autorización según tenga por conveniente. Todo ello consta en el Registro Mercantil de la Provincia de..........., mediante la oportuna anotación marginal de tal declaración y régimen de facultades al tomo..........., folio..........., hoja núm. ....

Don........... actúa en nombre y representación de........... S.A. en su condición de administrador único de dicha sociedad, cargo que asegura vigente y para el que fue designado en virtud de acuerdo de la Junta General extraordinaria de la citada sociedad adoptado el día de........... de........... y que fue elevado a público mediante escritura autorizada el día de........... de..........., ante el notario de..........., Don........... Inscrita en el citado Registro Mercantil de la provincia de..........., al tomo..........., folio..........., hoja núm. ...., inscripción...........

Yo notario, considero que tiene facultades suficientes para el otorgamiento de la presente escritura de compraventa, toda vez la intervención en la misma de la administración concursal que más adelante se indicará, completando la capacidad de obrar de la concursada y firmando la presente en señal de aceptación y conformidad a su íntegro contenido.

II.– Don........... interviene en nombre y representación de la sociedad........... S.A., sociedad constituida mediante escritura autorizada el día........... de........... de..........., ante el notario de..........., Don........... Inscrita en el Registro Mercantil de la provincia de..........., al tomo..........., folio..........., hoja núm. ...., inscripción 1ª.

Modificados y adaptados sus estatutos sociales a la derogada Ley de Sociedades Anónimas, en virtud de acuerdo adoptado por la Junta General Extraordinaria de la sociedad el día........... de........... de..........., elevado a público mediante escritura otorgada ante el notario de..........., Don..........., e inscrita en el citado el Registro Mercantil de la provincia de..........., al tomo..........., folio..........., hoja núm. ...., inscripción...........

El domicilio social de........... S.A., se halla en..........., consistiendo su objeto social en la promoción, construcción y compraventa de edificios, bien en bloques completos o locales separados, así como la compraventa de solares, fincas rusticas y/o en curso de urbanización. CIF...........

Don........... actúa en nombre y representación de........... S.A. en su condición de administrador único de esta compañía, cargo que asegura vigente y para el que fue designado en virtud de acuerdo de la Junta General extraordinaria de la citada sociedad adoptado el día de........... de........... y que fue elevado a público mediante escritura autorizada el día de........... de..........., ante el notario de..........., Don........... Inscrita en el citado Registro Mercantil de la provincia de..........., al tomo..........., folio..........., hoja núm. ...., inscripción...........

Yo notario, considero que tiene facultades suficientes para el otorgamiento de la presente escritura de compraventa.

III.– Y Don........... en su condición de administrador concursal del concurso voluntario de la sociedad........... S.A., nombrado en el referido auto de fecha de........... de........... en que se declaró el concurso voluntario de........... S.A., cargo que acredita con la oportuna y respectiva credencial, expedida a su favor con fecha de........... de...........

A los efectos previsto en el Artículo 160, letra f) de la Ley de Sociedades de Capital, la representación de las sociedades intervinientes HACEN CONSTAR que el bien objeto de compraventa NO tiene la consideración de activo esencial tanto de la transmitente como de la adquirente, y especialmente que lo transmitido-comprado no supera el veinticinco por ciento del valor de los activos.

LEY 10/2010.– Yo el Notario, hago constar expresamente que he cumplido con la obligación de identificación del titular real que impone la Ley 10/2010, de 28 de abril, cuyo resultado consta:

- En cuanto a la mercantil "..........." en acta autorizada el día........... de........... de........... por el Notario de..........., Don..........., bajo número........... de protocolo.

– Y en cuanto a la mercantil "........... S.A." en acta autorizada el día..........., por la Notario de..........., Don..........., bajo número........... de su protocolo.

Manifestando sus representantes no haberse modificado el contenido de las mismas, consultada la base de datos no existe discrepancia entre lo reflejado en dicha base y lo manifestado por los clientes.

Tienen, a mi juicio, capacidad necesaria para otorgar la presente escritura de compraventa y al efecto:

EXPONEN

I.– Que la sociedad........... S.A. es dueña, en pleno dominio, del siguiente inmueble:

Descripción:...........

Inscripción Registral: Inscrita en el Registro de la Propiedad de..........., al tomo..........., libro..........., folio, finca, inscripción...........

Situación Urbanística:...........

Referencia catastral:..........., que resulta del recibo del IBI del año..........., que me exhibe la vendedora y del que deduzco testimonio que, yo notario, incorporo a la presente.

Título: Le pertenece por título de compraventa a Doña..........., en virtud de escritura pública de compraventa autorizada por el notario de..........., Don........... el día........... de........... de...........

Arrendamientos: Libre de arrendamientos y otros ocupantes.

IMPUESTO SOBRE BIENES INMUEBLES.– La Vendedora manifiesta y garantíza, con plena indemnidad para la compradora, que se encuentra al corriente de pago del Impuesto sobre Bienes Inmuebles (IBI), a excepción del Ejercicio..........., cuyo pago asume la compradora, consulta del Ayuntamiento de..........., se incorpora.

PLUSVALÍA MUNICIPAL.– A los efectos de levantar el cierre registral previsto en el art. 254-5 de la Ley Hipotecaria mientras no se acredite el pago o presentación del Impuesto sobre el Incremento de Valor de los Terrenos de Naturaleza Urbana, la parte adquirente ME REQUIERE a mí, el Notario autorizante, para que remita al Ayuntamiento correspondiente copia simple de esta escritura, con el valor de la comunicación a que se refiere el art. 110-6-b de la Ley reguladora de las Haciendas Locales. Yo, el notario, acepto el requerimiento al que daré cumplimiento bien por el sistema integrado notarial SIGNO o bien mediante correo postal certificado dejando constancia del mismo en la presente por incorporación mediante diligencia del resguardo de la notificación que se realice.

INFORMACIÓN REGISTRAL.– La descripción del inmueble, su titularidad y situación de cargas, en la forma expresada en los párrafos anteriores, resulta de las manifestaciones de la parte vendedora, de los títulos de propiedad que me exhibe y de nota simple del Registro de la Propiedad obtenida que incorporo a la presente.

ADVERTENCIA.– No obstante lo anterior, yo, la Notario, advierto a los otorgantes que la situación registral existente con anterioridad a la presentación de esta escritura en el Registro de la Propiedad prevalecerá sobre la información registral antes expresada.

II.– Que........... S.A. tiene interés en adquirir por título de compraventa la finca reseñada en el anterior exponen, lo que pactan las partes y llevan a cabo en base a las siguientes:

ESTIPULACIONES

PRIMERA.– COMPRAVENTA.

.... S.A. representada por su administrador único, Don........... y con la intervención del administrador concursal, Don..........., vende a la compañía........... S.A., representada por su administrador único, Don..........., que compra y adquiere, la finca reseñada en el exponen I de esta escritura, como cuerpo cierto, con cuanto le sea inherente y/o accesorio, libre de cargas y gravámenes, así como de arrendatario y ocupantes, y al corriente en el pago de impuestos, arbitrios y cualesquiera otra obligación de pago referida a la finca aquí enajenada, incluso las de índole urbanístico.

SEGUNDA.– PRECIO Y FORMA DE PAGO.

El precio de la presente compraventa se fija en la suma de...........euros, que es pagado en este acto, mediante cheque bancario por dicho importe, del que deduzco copia que incorporo a la presente, sirviendo el presente instrumento como la más eficaz y completa carta de pago, salvo buen fin del efecto., una vez cumplida la condición suspensiva que más adelante se expondrá.

TERCERA.– POSESIÓN.

La entrega de la finca aquí enajenada se producirá con el otorgamiento de esta escritura.

CUARTA.– IVA.

La presente transmisión está sujeta y no exenta al Impuesto sobre el Valor Añadido, que al tipo del...........%, por importe de...........euros, y como ordena el art. 84.1.2° LIVA, es objeto de autorepercusión por el propio comprador y será ingresado por este en la Hacienda Pública en la forma y plazos previstos en la Ley.

QUINTA.– GASTOS Y TRIBUTOS.

Todos los gastos y tributos que se devenguen con ocasión de la presente compraventa, incluido el impuesto sobre el incremento de valor de los terrenos de naturaleza urbana, serán de cuenta y cargo de la compradora.

SEXTA.– ACTO DE DISPOSICIÓN INDISPENSABLE PARA GARANTIZAR LA VIABILIDAD DE LA EMPRESA (O LAS NECESIDADES DE TESORERÍA QUE EXIJA LA CONTINUIDAD DEL CONCURSO).

Toda vez que la vendedora se halla en estado legal de concurso voluntario de acreedores, que se tramita ante el Juzgado de lo Mercantil núm. .... de..........., procedimiento concursal..........., se hace constar que a efectos de la presente compraventa no es precisa la autorización judicial a que se refiere el art. 205 TRLC, toda vez que la misma, a juicio de la Administración concursal es un acto de disposición indispensable para garantizar la viabilidad de los establecimientos, explotaciones o cualesquiera otras unidades productivas de bienes o de servicios que formen parte de la masa activa (art. 206.1.3° TRLC) (ALTERNATIVA: y/o para satisfacer las exigencias de tesorería que requiere la tramitación del referido concurso de acreedores (206.1.2° TRLC))

Ello con independencia que la Administración concursal, de conformidad con el último párrafo del artículo 206.1 TRLC, procede inmediatamente a comunicar al Juez del Concurso la presente enajenación, acompañando justificación de su carácter indispensable.

Todo lo cual lo declara la administración concursal de conformidad y a los efectos de lo dispuesto en el art. 206.3 TRLC.

SÉPTIMA.– INSCRIPCIÓN REGISTRAL.

Se solicita la inscripción de esta escritura en el Registro de........... En el cualquier caso, se solicita la inscripción parcial de esta escritura, si no fuera posible su inscripción total, y la oportuna nota de calificación, debidamente fundamentada, en la que se establezca los extremos no inscritos.

Presentación al Libro Diario.– Los comparecientes quedan enterados del sistema de presentación telemática en el Registro, previsto en el artículo 249 del Reglamento Notarial.

La concursada y la administración concursal se obligan a la cancelación de la anotación del concurso en el registro de la propiedad de ...., obteniendo, a su costa, los mandamientos judiciales precisos a tal fin.

OTORGAMIENTO

Así lo dicen y otorgan los comparecientes ante mí. Hago las reservas y advertencias legales, especialmente las pertinentes fiscales y la necesidad de inscribir esta escritura en el Registro de la propiedad. También advierto sobre la correspondiente incorporación de datos a los ficheros automatizados regulados en la Orden de 19 de febrero de 2003 (484/2003), del Ministerio de Justicia.

AUTORIZACIÓN

Los comparecientes, previa solicitud que me formulan al efecto y sin perjuicio de advertirles sobre el contenido del art. 193 RN, leen en mi presencia la presente escritura. Manifiestan su consentimiento y conformidad a su contenido, firmándola conmigo, el notario. Compruebo que se ajusta este instrumento a la Ley y la voluntad manifestada en este acto por los comparecientes, y doy fe en cuanto sea procedente de todo lo consignado en este instrumento público, extendido en........... folios de papel exclusivo para documentos notariales, serie, y números el del presente y anteriores en orden.

F332. COMUNICACIÓN AL JUZGADO POR PARTE DE LA ADMINISTRACIÓN CONCURSAL DE ACTO DE DISPOSICIÓN INDISPENSABLE PARA GARANTIZAR LA VIABILIDAD DE LA EMPRESA O NECESIDADES DE TESORERÍA QUE EXIJA LA CONTINUIDAD DEL CONCURSO

Normativa de aplicación: *Arts. 105 y ss. Real Decreto Legislativo 1/2020, de 5 de mayo, por el que se aprueba el texto refundido de la Ley Concursal*

AL JUZGADO DE LO MERCANTIL NÚM. .... DE............

Don............, administración concursal del concurso voluntario ordinario de la sociedad............ S.L., que se tramita ante este Juzgado bajo el número de autos............, ante este Juzgado de lo Mercantil comparezco y como mejor proceda en derecho DIGO:

I.– La concursada y esta Administración Concursal recibieron por parte de............ S.A. una oferta irrevocable de compra de determinados activos de propiedad de la concursada, oferta que caducaba el pasado día............ de............ de............ (DOCUMENTO UNO de este escrito) y que damos aquí por transcrita y reproducida.

II.– La citada compraventa, a juicio de esta administración concursal, era indispensable para garantizar la viabilidad de los establecimientos, explotaciones o cualesquiera otras unidades productivas de bienes o de servicios que formen parte de la masa activa pues............

ALTERNATIVA: La citada compraventa, a juicio de esta administración concursal, era indispensable para satisfacer las exigencias de tesorería que requiere la tramitación del concurso de acreedores pues............

El carácter indispensable de la compraventa reseñada, por los motivos expuestos, se justifica con los DOCUMENTOS que se acompañan a este escrito señalados de número............ a............

III.– Por tal motivo y justificación, al amparo de lo dispuesto en el art. 206.1.2° TRLC (art. 206.1.3° TRLC) y sin recabar la autorización judicial a que se refiere el art. 205 TRLC, la concursada, con la intervención de esta Administración Concursal, transmitió en el día de ayer a la citada compañía............ S.A. los activos reseñados en el apartado I precedente. Ello en virtud de escritura pública de compraventa otorgada el............ ante el notario de............, Don............, que se da aquí por transcrita y reproducida y que se acompaña a este escrito como DOCUMENTO............

IV.– A la vista de lo expuesto, por medio del presente escrito y de conformidad con lo dispuesto en el art. 206 TRLC, se comunica a este Juzgado el reseñado acto de disposición patrimonial y la justificación de su carácter indispensable.

En su virtud,

SUPLICO AL JUZGADO que tenga por presentado este escrito, junto a los documentos a él acompañados y copia de todo ello, se sirva admitirlo, tener por hechas las manifestaciones anteriormente reseñadas en el cuerpo de este escrito y previos los trámites previstos en la Ley y dando cumplimiento a lo mandado en el art. 206.1 TRLC, se tenga por comunicada a este Juzgado el acto de disposición patrimonial reseñado en el cuerpo de este escrito y la justificación de su carácter indispensable.

En........... hoy día........... de........... de...........

F333. ESCRITO DE LA ADMINISTRACIÓN CONCURSAL COMUNICANDO AL JUZGADO OFERTA SOBRE BIEN NO NECESARIO PARA LA ACTIVIDAD DE LA CONCURSADA SUSTANCIALMENTE COINCIDENTE CON EL VALOR DEL MISMO EN EL INVENTARIO

Normativa de aplicación: *Arts. 205 y ss. Real Decreto Legislativo 1/2020, de 5 de mayo, por el que se aprueba el texto refundido de la Ley Concursal*

AL JUZGADO DE LO MERCANTIL NÚM. .... DE...........

Don..........., administración concursal del concurso voluntario ordinario de la sociedad........... S.L., que se tramita ante este Juzgado bajo el número de autos..........., ante este Juzgado de lo Mercantil comparecemos y como mejor proceda en derecho DIGO:

I.– La compañía........... S.L. y esta administración concursal recibieron en el día de ayer por parte de........... S.A. una oferta irrevocable de compra de una nave sita en........... propiedad de la concursada, oferta que caduca el día........... de........... de........... (DOCUMENTO UNO de este escrito) y que damos aquí por transcrita y reproducida.

La citada oferta es de interés, no solo de la concursada sino también para el concurso, toda vez que...........

Por tal motivo, tanto la concursada como la Administración Concursal entienden conveniente llevar a cabo el acto de disposición arriba reseñado.

II.– Que conforme señala el art. 205 TRLC, hasta la aprobación del convenio o hasta la apertura de la fase de liquidación, los bienes y derechos que integran la masa activa no se podrán enajenar o gravar sin autorización del juez.

No obstante, se excepciona de la regla anterior, art. 206.2 TRLC, y no requieren, por tanto, autorización del Juez del concurso, los actos de disposición de bienes que no sean necesarios para continuidad de la actividad cuando se presenten ofertas que coincidan sustancialmente con el valor que se les haya dado en el inventario. Se entenderá que esa coincidencia es sustancial si en el caso de inmuebles la diferencia es inferior a un diez por ciento y en el caso de muebles a un veinte por ciento, y no constare oferta superior. La administración concursal deberá comunicar inmediatamente al juez del concurso la oferta recibida con justificación del carácter no necesario de los bienes. La oferta presentada quedará aprobada si en plazo de diez días no se presenta una superior.

III.– Que la nave en cuestión es un bien que no es necesario para la continuidad de la actividad de la concursada, pues se trata de una inmueble abandonado y sin usar por la concursada desde hace más de veinte años, que por su situación física y jurídica y su estado de deterioro absoluto no puede ser objeto de uso, por la concursada o terceros, salvo que se efectúe en el mismo una inversión de...........euros, que la concursada no puede llevar a cabo.

Por otro lado, la eventual venta de dicho inmueble no perjudicaría la actividad de la concursada, pues cuenta con las naves de........... en las que actualmente desarrolla su actividad, es propietaria, además, de sendas naves, en..........., que se hallan en perfecto estado de conservación y con los pertinentes permisos para ejercer actividades en la misma que podría ocupar si se incrementase su actividad fabril, algo, a corto y medio plazo, poco probable.

Acreditando la innecesaridad de la nave objeto de la reseñada oferta para la continuación de la actividad se acompaña como DOCUMENTOS........... a..........., la siguiente documentación...........

IV.– Que por otro lado, la oferta recibida es sustancialmente coincidente con el valor de la nave en cuestión dado en el inventario. Concretamente, la diferencia entre ambos es únicamente de un tres por ciento, tal y como se acredita con el informe de tasación de fecha..........., emitido por..........., la entidad homologada al efecto.

V.– En virtud de todo lo expuesto y por medio del presente escrito, esta administración concursal comunica a este Juzgado la oferta recibida y la justificación del carácter no necesario de la nave objeto de la misma. Ello de conformidad y a los efectos de lo prevenido en el art. 206.2 TRLC.

En su virtud,

SUPLICO AL JUZGADO que tenga por presentado este escrito, junto a los documentos a él acompañados y copia de todo ello, se sirva admitirlo, tener por hechas las manifestaciones anteriormente reseñadas en el cuerpo de este escrito y tener por comunicado a este Juzgado la oferta recibida y reseñada en el cuerpo de este escrito y la justificación del carácter no necesario de la nave objeto de la misma para la continuación de la actividad, de conformidad y a los efectos de lo prevenido en el art. 206.2 TRLC y previos los trámites previstos en la ley, se tenga por aprobada por este Juzgado al que nos dirigimos, la oferta presentada y comunicada mediante este escrito si en el plazo de diez días no se presenta una superior.

En........... hoy día........... de........... de...........

F334. AUTO APROBANDO OFERTA SOBRE BIEN NO NECESARIO PARA LA ACTIVIDAD DE LA CONCURSADA SUSTANCIALMENTE COINCIDENTE CON EL VALOR DEL MISMO EN EL INVENTARIO

Normativa de aplicación: *Arts. 205 y ss. Real Decreto Legislativo 1/2020, de 5 de mayo, por el que se aprueba el texto refundido de la Ley Concursal*

En la ciudad de........... a........... de........... de...........

ANTECEDENTES DE HECHO

PRIMERO.– Que en fecha........... de........... de..........., por la administración concursal del concurso voluntario ordinario de la compañía........... S.L. seguido en las presentes actuaciones, se comunicó a este Juzgado, de conformidad y a los efectos de lo prevenido en el art. 206.2 TRLC, la oferta de compra recibida sobre determinado bien de la concursada y la justificación del carácter no necesario del mismo para la continuación de la actividad, solicitando que se tuviera por aprobada la referida oferta si en el plazo de diez días no se presentaba una superior.

Del reseñado escrito del que se extracta los siguientes extremos:...........

SEGUNDO.– Que de la citada oferta, se dio traslado al resto de partes personadas por plazo de 10 días. Por idéntico plazo, también se dio la oportuna publicidad a la oferta, mediante la inserción de edicto en el tablón de anuncios de este Juzgado y .... En ambos casos, a los efectos legales oportunos y especialmente, para presentación, en su caso, de nueva oferta superior a la comunicada. Todo ello con el resultado obrante en autos.

FUNDAMENTOS DE DERECHO

PRIMERO.– Que este Juez es competente para conocer de la solicitud de aprobación de la oferta de venta comunicada por la administración concursal (art. 44, 45 y 206.2 TRLC).

SEGUNDO.– Que administración concursal está legitimada para comunicar tal oferta (art. 206.2 TRLC).

TERCERO.– Que la comunicación formulada reúne los requisitos de forma establecidos en el art. 206.2 TRLC.

CUARTO.– Por la administración concursal se comunicó este Juzgado, al amparo de lo dispuesto en el art. 206.2 TRLC, la existencia de una oferta irrevocable de compra de una nave sita en........... propiedad de la concursada, oferta que caduca el día........... de........... de..........., en los siguientes términos:........... La citada oferta es de interés, no solo de la concursada sino también para el concurso, toda vez que........... Por tal motivo, tanto la concursada como la Administración Concursal entendían conveniente llevar a cabo el acto de disposición arriba reseñado.

QUINTO.– Que conforme señala el art. 205 TRLC, hasta la aprobación del convenio o hasta la apertura de la fase de liquidación, los bienes y derechos que integran la masa activa no se podrán enajenar o gravar sin autorización del juez.

No obstante, se excepciona de la regla anterior, art. 206.2 TRLC, y no requieren, por tanto, autorización del Juez del concurso, los actos de disposición de bienes que no sean necesarios para continuidad de la actividad cuando se presenten ofertas que coincidan sustancialmente con el valor que se les haya dado en el inventario. Se entenderá que esa coincidencia es sustancial si en el caso de inmuebles la diferencia es inferior a un diez por ciento y en el caso de muebles a un veinte por ciento, y no constare oferta superior. La administración concursal deberá comunicar inmediatamente al juez del concurso la oferta recibida con justificación del carácter no necesario de los bienes. La oferta presentada quedará aprobada si en plazo de diez días no se presenta una superior.

SEXTO.– En este caso, y según ha justificado la Administración Concursal, la nave en cuestión es un bien que no es necesario para la continuidad de la actividad de la concursada, pues se trata de una inmueble abandonado y sin usar por la concursada desde hace más de veinte años, que por su situación física y jurídica y su estado de deterioro absoluto no puede ser objeto de uso, por la concursada o terceros, salvo que se efectúe en el mismo una ingente inversión que la concursada, en estos momentos, no puede llevar a cabo.

Además, la eventual venta de dicho inmueble no perjudicaría la actividad de la concursada, pues cuenta con las naves de........... en las que actualmente desarrolla su actividad, es propietaria además, de sendas naves, en..........., que se hallan en perfecto estado de conservación y con los pertinentes permisos para ejercer actividades en la misma.

Por otro lado, la oferta recibida es sustancialmente coincidente con el valor de la nave en cuestión dado en el inventario. Concretamente, la diferencia entre ambos es únicamente de un tres por ciento.

Por lo tanto, la oferta comunicada a este Juzgado reúne los requisitos del art. 206.2 TRLC. Y habiéndose comunicado inmediatamente la misma al Juzgado y no recibiéndose recibido ninguna oferta superior en el plazo de 10 días a que se refiere el citado art. 206.2 TRLC, procede, si más, aprobar la misma.

Visto lo expuesto y demás normativa de aplicación

DISPONGO

Aprobar, a los efectos y de conformidad con lo previsto en el art. 206.2 TRLC, la oferta comunicada a este Juzgado mediante escrito de fecha........... de........... de..........., en los términos reseñados en el fundamento de derecho tercero del presente auto.

Notifíquese la resolución al deudor, administración concursal y demás partes personadas a través de su representación procesal, haciéndole saber que contra la misma, no cabe más que recurso de reposición a interponer en el plazo de cinco días a contar desde la notificación del presente auto.

De conformidad con lo establecido en la Disposición Adicional 15ª LOPJ (según la redacción dada por la LO 1/09), la interposición de recurso contra resoluciones judiciales no podrá ser admitida a trámite sin la acreditación del depósito previsto en la citada Ley a efectos de recurrir, debiendo presentarse copia o resguardo de tal depósito en la cuenta de consignaciones de este Juzgado.

Todo lo cual pronuncia, manda y firma el Ilmo. Sr. ...., Magistrado Juez del Juzgado de lo Mercantil núm. ....de...........

F335. ESCRITURA DE COMPRAVENTA DE INMUEBLE ANTES DE LA APROBACIÓN JUDICIAL DEL CONVENIO O LA APERTURA DE LA LIQUIDACIÓN. BIEN NO NECESARIO PARA LA ACTIVIDAD DE LA CONCURSADA

Normativa de aplicación: *Arts. 105 y ss. Real Decreto Legislativo 1/2020, de 5 de mayo, por el que se aprueba el texto refundido de la Ley Concursal*

En la ciudad de..........., mi residencia, hoy día........... de........... de dos mil...........

Ante mí, ..., notario del Ilustre Colegio de...........

COMPARECEN

I.– Don........... mayor de edad, de nacionalidad española, casado, con domicilio en calle..........., núm. ...., dotado de DNI/NIF...........

II.– Don........... mayor de edad, de nacionalidad española, soltero, con domicilio en calle..........., núm. ...., dotado de DNI/NIF...........

III.– Don........... mayor de edad, de nacionalidad española, casado, con domicilio en calle..........., núm. ...., dotado de DNI/NIF...........

Les identifico por los documentos de identidad anteriormente reseñados, que me son exhibidos, y por sus propias manifestaciones.

INTERVIENEN

I.– Don........... interviene en nombre y representación de la sociedad........... S.A., sociedad constituida mediante escritura autorizada el día........... de........... de..........., ante el notario de..........., Don........... Inscrita en el Registro Mercantil de la provincia de..........., al tomo..........., folio..........., hoja núm. ...., inscripción 1ª.

Modificados y adaptados sus estatutos sociales a la derogada Ley de Sociedades Anónimas, en virtud de acuerdo adoptado por la Junta General Extraordinaria de la sociedad el día........... de........... de..........., elevado a público mediante escritura otorgada ante el notario de..........., Don..........., e inscrita en el citado el Registro Mercantil de la provincia de..........., al tomo..........., folio..........., hoja núm. ...., inscripción...........

El domicilio social de........... S.A., se halla en..........., consistiendo su objeto social en........... CIF...........

La sociedad........... S.A. actualmente se halla declarada en estado de concurso voluntario de acreedores, que se tramita actualmente ante el Juzgado de lo Mercantil núm. .... de........... bajo el número de autos........... La declaración del citado concurso fue acordada por el expresado Juzgado mediante auto de fecha........... de........... de..........., en el se acordó la conservación por el concursado de las facultades de administración y disposición la masa activa, quedando sometido el régimen de estas a la intervención de la administración concursal, que podrá autorizar o denegar la autorización según tenga por conveniente. Todo ello consta en el Registro Mercantil de la Provincia de..........., mediante la oportuna anotación marginal de tal declaración y régimen de facultades al tomo..........., folio..........., hoja núm. ....

Don........... actúa en nombre y representación de........... S.A. en su condición de administrador único de dicha sociedad, cargo que asegura vigente y para el que fue designado en virtud de acuerdo de la Junta General extraordinaria de la citada sociedad adoptado el día de........... de........... y que fue elevado a público mediante escritura autorizada el día de........... de..........., ante el notario de..........., Don........... Inscrita en el citado Registro Mercantil de la provincia de..........., al tomo..........., folio..........., hoja núm. ...., inscripción...........

Yo notario, considero que tiene facultades suficientes para el otorgamiento de la presente escritura de compraventa, toda vez la intervención en la misma de la administración concursal que más adelante se indicará, completando la capacidad de obrar de la concursada y firmando la presente en señal de aceptación y conformidad a su íntegro contenido.

II.– Don........... interviene en nombre y representación de la sociedad........... S.A., sociedad constituida mediante escritura autorizada el día........... de........... de..........., ante el notario de..........., Don........... Inscrita en el Registro Mercantil de la provincia de..........., al tomo..........., folio..........., hoja núm. ...., inscripción 1ª.

Modificados y adaptados sus estatutos sociales a la derogada Ley de Sociedades Anónimas, en virtud de acuerdo adoptado por la Junta General Extraordinaria de la sociedad el día........... de........... de..........., elevado a público mediante escritura otorgada ante el notario de..........., Don..........., e inscrita en el citado el Registro Mercantil de la provincia de..........., al tomo..........., folio..........., hoja núm. ...., inscripción...........

El domicilio social de........... S.A., se halla en..........., consistiendo su objeto social en la promoción, construcción y compraventa de edificios, bien en bloques completos o locales separados, así como la compraventa de solares, fincas rusticas y/o en curso de urbanización. CIF...........

Don........... actúa en nombre y representación de........... S.A. en su condición de administrador único de esta compañía, cargo que asegura vigente y para el que fue designado en virtud de acuerdo de la Junta General extraordinaria de la citada sociedad adoptado el día de........... de........... y que fue elevado a público mediante escritura autorizada el día de........... de..........., ante el notario de..........., Don........... Inscrita en el citado Registro Mercantil de la provincia de..........., al tomo..........., folio..........., hoja núm. ...., inscripción...........

Yo notario, considero que tiene facultades suficientes para el otorgamiento de la presente escritura de compraventa.

III.– Y Don........... en su condición de administrador concursal del concurso voluntario de la sociedad........... S.A., nombrado en el referido auto de fecha de........... de........... en que se declaró el concurso voluntario de........... S.A., cargo que acredita con la oportuna y respectiva credencial, expedida a su favor con fecha de........... de...........

A los efectos previsto en el Artículo 160, letra f) de la Ley de Sociedades de Capital, la representación de las sociedades intervinientes HACEN CONSTAR que el bien objeto de compraventa NO tiene la consideración de activo esencial tanto de la transmitente como de la adquirente, y especialmente que lo transmitido-comprado no supera el veinticinco por ciento del valor de los activos.

LEY 10/2010.– Yo el Notario, hago constar expresamente que he cumplido con la obligación de identificación del titular real que impone la Ley 10/2010, de 28 de abril, cuyo resultado consta:

- En cuanto a la mercantil "..........." en acta autorizada el día........... de........... de........... por el Notario de..........., Don..........., bajo número........... de protocolo.
- Y en cuanto a la mercantil "........... S.A." en acta autorizada el día..........., por la Notario de..........., Don..........., bajo número........... de su protocolo.

Manifestando sus representantes no haberse modificado el contenido de las mismas, consultada la base de datos no existe discrepancia entre lo reflejado en dicha base y lo manifestado por los clientes.

Tienen, a mi juicio, capacidad necesaria para otorgar la presente escritura de compraventa y al efecto:

EXPONEN

I.– Que la sociedad........... S.A. es dueña, en pleno dominio, del siguiente inmueble:

Descripción:...........

Inscripción Registral: Inscrita en el Registro de la Propiedad de..........., al tomo..........., libro..........., folio, finca, inscripción...........

Situación Urbanística:...........

Referencia catastral:..........., que resulta del recibo del IBI del año..........., que me exhibe la vendedora y del que deduzco testimonio que, yo notario, incorporo a la presente.

Título: Le pertenece por título de compraventa a Doña..........., en virtud de escritura pública de compraventa autorizada por el notario de..........., Don........... el día........... de........... de...........

Arrendamientos: Libre de arrendamientos y otros ocupantes.

IMPUESTO SOBRE BIENES INMUEBLES.– La Vendedora manifiesta y garantiza, con plena indemnidad para la compradora, que se encuentra al corriente de pago del Impuesto sobre Bienes Inmuebles (IBI), a excepción del Ejercicio..........., cuyo pago asume la compradora, consulta del Ayuntamiento de..........., se incorpora.

PLUSVALÍA MUNICIPAL.– A los efectos de levantar el cierre registral previsto en el art. 254-5 de la Ley Hipotecaria mientras no se acredite el pago o presentación del Impuesto sobre el Incremento de Valor de los Terrenos de Naturaleza Urbana, la parte adquirente ME REQUIERE a mí, el Notario autorizante, para que remita al Ayuntamiento correspondiente copia simple de esta escritura, con el valor de la comunicación a que se refiere el art. 110-6-b de la Ley reguladora de las Haciendas Locales. Yo, el notario, acepto el requerimiento al que daré cumplimiento bien por el sistema integrado notarial SIGNO o bien mediante correo postal certificado dejando constancia del mismo en la presente por incorporación mediante diligencia del resguardo de la notificación que se realice.

INFORMACIÓN REGISTRAL.– La descripción del inmueble, su titularidad y situación de cargas, en la forma expresada en los párrafos anteriores, resulta de las manifestaciones de la parte vendedora, de los títulos de propiedad que me exhibe y de nota simple del Registro de la Propiedad obtenida que incorporo a la presente.

ADVERTENCIA.– No obstante lo anterior, yo, la Notario, advierto a los otorgantes que la situación registral existente con anterioridad a la presentación de esta escritura en el Registro de la Propiedad prevalecerá sobre la información registral antes expresada.

II.– Que........... S.A. tiene interés en adquirir por título de compraventa la finca reseñada en el anterior exponen, lo que pactan las partes y llevan a cabo en base a las siguientes:

ESTIPULACIONES

PRIMERA.– COMPRAVENTA.

.... S.A. representada por su administrador único, Don........... y con la intervención del administrador concursal, Don..........., vende a la compañía........... S.A., representada por su administrador único, Don..........., que compra y adquiere, la finca reseñada en el exponen I de esta escritura, como cuerpo cierto, con cuanto le sea inherente y/o accesorio, libre de cargas y gravámenes, así como de arrendatario y ocupantes, y al corriente en el pago de impuestos, arbitrios y cualesquiera otra obligación de pago referida a la finca aquí enajenada, incluso las de índole urbanístico.

SEGUNDA.– PRECIO Y FORMA DE PAGO.

El precio de la presente compraventa se fija en la suma de...........euros, que es pagado en este acto, mediante cheque bancario por dicho importe, del que deduzco copia que incorporo a la presente, sirviendo el presente instrumento como la más eficaz y completa carta de pago, salvo buen fin del efecto, una vez cumplida la condición suspensiva que más adelante se expondrá.

TERCERA.– POSESIÓN.

La entrega de la finca aquí enajenada se producirá con el otorgamiento de esta escritura, una vez cumplida la condición suspensiva a que se somete la presente compraventa.

CUARTA.– IVA.

La presente compraventa está sujeta y no exenta al Impuesto sobre el Valor Añadido, que al tipo del...........%, por importe de...........euros, y como ordena el art. 84.1.2° LIVA, es objeto de autorepercusión por el propio comprador y será ingresado por este en la Hacienda Pública en la forma y plazos previstos en la Ley.

QUINTA.– GASTOS Y TRIBUTOS.

Todos los gastos y tributos que se devenguen con ocasión de la presente compraventa, incluido el impuesto sobre el incremento de valor de los terrenos de naturaleza urbana, serán de cuenta y cargo de la compradora.

SEXTA.– ACTO DE DISPOSICIÓN DE BIEN NO NECESARIO PARA LA ACTIVIDAD DEL CONCURSADO.

Toda vez que la vendedora se halla en estado legal de concurso voluntario de acreedores, que se tramita ante el Juzgado de lo Mercantil núm. .... de..........., procedimiento concursal..........., se hace constar que no es precisa la autorización judicial a que se refiere el art. 206.2 TRLC, al hallarnos ante un bien que no es necesario para la continuidad de la actividad de la concursada y coincidir sustancialmente la oferta origen de la presente compraventa y el valor del bien que se le ha dado en el inventario, haciéndose constar que la citada oferta fue comunicada inmediatamente al Juez del concurso mediante escrito de fecha........... y aprobada mediante auto de fecha........... de........... de..........., que el compareciente me exhibe y del que deduzco testimonio que yo, notario, incorporo al presente instrumento por mi autorizado.

Todo lo cual se declara por la administración concursal a los efectos de lo establecido en el art. 206.3 TRLC.

SÉPTIMA.– INSCRIPCIÓN REGISTRAL.

Se solicita la inscripción de esta escritura en el Registro de........... En el cualquier caso, se solicita la inscripción parcial de esta escritura, si no fuera posible su inscripción total, y la oportuna nota de calificación, debidamente fundamentada, en la que se establezca los extremos no inscritos.

Presentación al Libro Diario.– Los comparecientes quedan enterados del sistema de presentación telemática en el Registro, previsto en el artículo 249 del Reglamento Notarial.

La concursada y la administración concursal se obligan a la cancelación de la anotación del concurso en el registro de la propiedad de ...., obteniendo, a su costa, los mandamientos judiciales precisos a tal fin.

OTORGAMIENTO

Así lo dicen y otorgan los comparecientes ante mí. Hago las reservas y advertencias legales, especialmente las pertinentes fiscales y la necesidad de inscribir esta escritura en el Registro de la propiedad. También advierto sobre la correspondiente incorporación de datos a los ficheros automatizados regulados en la Orden de 19 de febrero de 2003 (484/2003), del Ministerio de Justicia.

AUTORIZACIÓN

Los comparecientes, previa solicitud que me formulan al efecto y sin perjuicio de advertirles sobre el contenido del art. 193 RN, leen en mi presencia la presente escritura. Manifiestan su consentimiento y conformidad a su contenido, firmándola conmigo, el notario. Compruebo que se ajusta este instrumento a la Ley y la voluntad manifestada en este acto por los comparecientes, y doy fe en cuanto sea procedente de todo lo consignado en este instrumento público, extendido en........... folios de papel exclusivo para documentos notariales, serie, y números el del presente y anteriores en orden.

F336. OFERTA DE COMPRA DE UNIDAD PRODUCTIVA

Normativa de aplicación: *Arts. 216 y ss. Real Decreto Legislativo 1/2020, de 5 de mayo, por el que se aprueba el texto refundido de la Ley Concursal*

A la atención de D...........

Administrador Concursal de..........., S.L.U. y..........., S.A.U.

Concurso ordinario nº.........../...........

Juzgado de lo Mercantil nº........... de...........

Asunto: Oferta Vinculante para la Compraventa de las Unidades Productivas de..........., S.L.U. y..........., S.A.U.

D..........., con DNI ...., en nombre y representación de...........S.L.U.; sociedad constituida, por tiempo indefinido, mediante escritura autorizada por el Notario de..........., D..........., el día .... de .... de ...., bajo el nº .... de su protocolo; inscrita en el Registro Mercantil de........... al..........., folio ...., hoja ...., inscripción ....; CIF ....; domicilio social en ...., parcela ...., (...........); correo electrónico para notificaciones ....; legitimado para este acto en virtud de su cargo de administrador único que manifiesta vigente y para el que fue nombrado en la propia escritura fundacional, por medio de la presente,

EXPONE

I. Que en el marco de la actividad empresarial de la oferente que suscribe se ha considerado interesante, como oportunidad de negocio, realizar la presente oferta de compraventa de las unidades productivas de........... S.L.U. y...........S.A.U. En adelante, también las concursadas.

II. Que la presente oferta se emite en el marco procesal de los arts. 215, siguientes y concordantes del Texto Refundido de la Ley Concursal, con arreglo a las siguientes

CLÁUSULAS

PRIMERA. Identificación del oferente. Como hemos indicado,...........S.L.U. es una sociedad constituida, por tiempo indefinido, mediante escritura autorizada por el Notario de..........., D..........., el día........... de........... de..........., bajo el nº .... de su protocolo; inscrita en el Registro Mercantil de........... al ...., folio ...., hoja ....; CIF .... y domicilio social en ...., parcela ...., (...........). Se adjunta como Anexo I escritura de constitución de la sociedad.

Tiene como objeto social la fabricación y venta, al por mayor y menor, de detergentes, desinfectantes, ceras abrillantadoras, emulsiones, fungicidas, insecticidas y productos análogos destinados al tratamiento de productos agrícolas.

Se hace constar que el oferente,...........S.L.U., es una filial, participada al 100%, de..........., S.A.; sociedad constituida, por tiempo indefinido, mediante escritura autorizada por el Notario de..........., D..........., el día .... de .... de ...., bajo el nº .... de su protocolo; inscrita en el Registro Mercantil de........... al tomo ...., libro ...., folio ...., hoja ....; CIF ....; y domicilio social en ...., parcela ...., (...........).

...........S.A. es una sociedad de acreditado prestigio y solvencia que cuenta con una dilatada experiencia en el sector en el que desarrollan su actividad las concursadas. A los efectos del art. 218.1º TRLC, se acompaña como Anexo II informe corporativo sobre........... S.A.

Al ser una empresa española y..........., se garantiza, de formalizarse la adquisición, el mantenimiento del negocio en la Comunidad...........

Se hace constar que el oferente,........... S.L.U., no guarda ningún tipo de relación societaria con los actuales administradores y socios de las concursadas.

SEGUNDA. Proyección de plan de negocio sobre las unidades productivas objeto de esta oferta, plan de inversiones y necesidades de capital circulante. En el estudio previo sobre la viabilidad y potenciales posibilidades empresariales que presentan las unidades productivas de las concursadas, a pesar de los riegos propios e inciertos de toda adquisición, la oferente ha tenido ocasión de elaborar un plan de negocio y plan de inversiones a desarrollar durante los años........... a ....

Aunque dicha planificación guarda un carácter meramente orientativo, sin que deba entenderse como una hoja de ruta inamovible, se adjunta como Anexo III copia de dicho plan y cuyo análisis de mercado allí expuesto denota el compromiso de la oferente para con dichas unidades productivos y su explotación.

La oferente ha realizado así un análisis sobre la potencial viabilidad económica que presentan las unidades productivas de las Concursadas, valorándose dicha viabilidad también en consideración a los recursos, ventajas o sinergias una vez integrada en el grupo...........

Como consta en dicho Anexo III, la oferente dentro de su plan estratégico para el funcionamiento del negocio adquirido tiene previsto la dotación de dos partidas presupuestarias por importe de .... euros y .... euros, correspondientes a caja operativa e inversiones de inmovilizado respectivamente.

La dotación de .... euros tiene la finalidad de cubrir el déficit inicial de tesorería de las unidades productivas. La necesidad de caja se ha calculado teniendo en cuenta los cobros de clientes, pero también los pagos necesarios para la continuidad de la actividad, incluyendo los pagos por compra de mercancías a proveedores, los pagos de salarios y seguridad social, además de otros gastos. El Anexo III incluye el detalle del cálculo de la caja operativa o previsión de tesorería.

El déficit actual de tesorería de las concursadas es tan grave que la entidad oferente suscribió con las mismas sendos contratos de financiación a coste cero cuya vigencia termina el próximo .... de........... Estos contratos han permitido mantener la actividad de las concursadas, evitando su liquidación anticipada, lo que hubiera supuesto la pérdida de sus carteras de clientes que es su principal valor, máxime teniendo en cuenta que el mes de........... es crucial en el sector de las concursadas al iniciarse la cosecha para la mayoría de los clientes, siendo vital poder atender sus pedidos.

Por su parte, la dotación de........... euros tiene la finalidad de renovar y mejorar gran parte del inmovilizado de las concursadas, que se encuentra obsoleto, con el doble objetivo de mejorar la eficiencia en el proceso productivo, consiguiendo un abaratamiento en costes y a la vez mejores resultados productivos, y la adaptación a las nuevas necesidades de producción que exige el sector. Se distinguen dos tipos de inversión, por un lado, la renovación de los actuales equipos de aplicación y sistemas de control de procesos que las unidades productivas tienen instalados en sede de los clientes, adaptándolos a la tecnología de la entidad adquirente, con el objetivo de obtener elevadas eficacias en control del podrido y mantener la frescura de la fruta, reduciendo la variabilidad industrial y, por otro lado, las inversiones en la planta de fabricación de la entidad adquirente para automatizar y adaptar la planta a las nuevas necesidades de producción. El Anexo III incluye el detalle de las inversiones.

TERCERA.– Perímetro de las unidades productivas de las Concursadas. I. Elementos patrimoniales. Sobre la base de la información proporcionada por los órganos de administración de las Concursadas y, en especial, la plasmada en los inventarios de bienes y derechos, la composición o perímetro de las unidades productivas comprenden, con carácter indivisible, la totalidad del activo corriente y no corriente incluido en los mismos (inmovilizado intangible —investigación y aplicaciones informáticas—; inmovilizado material —maquinaria, otras instalaciones, mobiliario, equipos procesos información, elementos de transporte y otro inmovilizado material—; inversiones financieras a largo plazo-participaciones en partes vinculadas, otras inversiones financieras a largo plazo y fianzas a largo plazo, a excepción del 100% de las participaciones propiedad de........... S.A.U. en...........S.A.U.–; existencias; créditos contra clientes y deudores; inversiones financieras a corto plazo; y demás bienes y derechos titularidad de las concursadas como marcas —..........,..........,..........,..........,..........y..........,.......... y..........—, patentes, registros, dominios web, etc), incluyendo cualquier posible activo patrimonial sobrevenido, excepto la partida de tesorería. Se adjuntan como anexos IV y V inventarios de bienes y derechos de la concursadas.

La oferente se ampara así en que la información facilitada por los órganos de administración de las concursadas bajo su debida diligencia y plasmada en los inventarios de bienes y derechos resulta veraz, en el sentido de que tales bienes y derechos relacionados en los inventarios, que se dan por reproducidos, existen y resultan propiedad en pleno dominio de las concursadas.

Se hace constar que si las unidades productivas tuvieran algún bien o derecho no relacionado en los anexos IV y V, deberán tenerse por incluidos en la presente oferta de adquisición, sin que ello suponga un incremento del precio ofertado que se detallará más adelante, con la obligación por parte de las concursadas de facilitar su entrega y puesta a disposición.

En lo que respecta a aquellos bienes o activos tangibles, según información facilitada por los órganos de administración de las concursadas, todos ellos se encuentran ubicados en las dependencias físicas donde venía desarrollándose la actividad empresarial, esto es, los inmuebles arrendados objeto de los cuatro contratos de arrendamientos que tienen suscritos las concursadas, sin perjuicio de que existe también maquinaria cedida en depósito a clientes.

II. Elementos personales. La Unidad productiva de las Concursadas comprende asimismo la totalidad de sus actuales plantillas laborales en vigor, 40 trabajadores en el caso de........... S.L.U. y 10 trabajadores en el caso de...........S.L.U.

Los datos identificativos sobre cada trabajador, su categoría, salario y antigüedad, todo ello según lo facilitado por los órganos de administración de las concursadas, consta en la relación de trabajadores que se acompañan como Anexos VI y VII.

Se hace constar que un trabajador de........... S.L.U., D..........., se ha jubilado desde la firma del anexo, por lo que no son 41 sino 40 los trabajadores de esta sociedad. Sin perjuicio, además, de que según la fecha de autorización judicial de la venta de las unidades productivas podría producirse la jubilación de un trabajador más en cada una de las concursadas.

La oferente se ampara y confía en la exactitud y veracidad de los datos reflejados en los anexos VI y VII, manifestando que ha resultado esencial para el precio de esta oferta tomar en consideración esta específica estructura laboral, en sentido organizativo, así como económico en cuanto a su coste empresarial por salarios y cotizaciones.

Se manifiesta que, en aras a una mayor celeridad y coordinación con las plantillas laborales de las Concursadas, se ha remitido ya para su consideración la identificación del oferente y su voluntad de subrogarse respecto de las citadas plantillas laborales, ante todo lo cual, las representaciones legales de los trabajadores han mostrado su expresa conformidad. A efectos acreditativos, se acompaña como anexo VIII y IX las correspondientes actas de reunión mantenidas.

Al amparo del art. 224.1.3° TRLC resulta condición esencial que, con carácter previo, el Juez del concurso acuerde que la oferente "no se subrogue en la parte de la cuantía de los salarios o indemnizaciones pendientes de pago anteriores a la enajenación que sea asumida por el FOGASA".

III. Elementos contractuales. Resultan asimismo elementos imprescindibles del perímetro de las unidades productivas de las concursadas la subrogación en los contratos con clientes y los contratos de renting, así como en toda clase de licencias, autorizaciones y permisos administrativos, al amparo del art. 222.3 TRC.

Por el contrario, a los efectos del art. 223 TRLC, se pone de manifiesto que la oferente no tiene interés y, por tanto, excluye subrogarse en cualesquiera otros contratos de cualquier índole que hubieran suscrito las Concursadas tales como los contratos de suministro y los cuatro contratos de arrendamiento de inmuebles, sin perjuicio de necesitar un plazo de seis meses para el desalojo de los inmuebles arrendados.

CUARTA. Adquisición de las unidades productivas libres de cargas y adeudos. Al amparo del art. 225 TRLC resulta condición esencial de la presente oferta que la adquisición de las unidades productivas se efectué libre de toda carga o gravamen, ello en relación con la totalidad del perímetro de las unidades productivas definido en el apartado precedente (patrimonial, personal y contractual).

Además, resulta asimismo condición esencial que "la transmisión de las unidades productivas no llevará aparejada obligación de pago de los créditos no satisfechos por el concurso antes de la transmisión, ya sean concursales o contra la masa", ex art. 224.1 TRLC.

En materia de créditos tributarios tampoco concurrirá ninguna responsabilidad solidaria, ello conforme al vigente art. 42.1.c) IV de la Ley General Tributaria.

Por consiguiente, únicamente se producirá sucesión de empresa "respecto de aquellos créditos laborales y de seguridad social correspondientes a los trabajadores de la unidad productiva en cuyos contratos quede subrogado el adquirente", ello conforme a los arts. 221 y 224.1.3° TRLC.

QUINTA. Valor económico total de la oferta y precio neto. Atendido el elenco de obligaciones o efectos que, mediante la adquisición de las unidades productivas, redundarían en beneficio o interés general del concurso, resulta procedente tomar en consideración el total valor económico de la oferta.

En este sentido, cumple advertir que el total valor económico de la oferta asciende a la cantidad de........... euros, comprensiva de los siguientes conceptos:

1) Subrogación de la oferente en la totalidad de las plantillas actuales de las dos concursadas relacionada en los Anexos VI y VII, 50 trabajadores en total de los que 40 son de........... S.L.U. y 10 de........... S.L.U.

Dicha subrogación impedirá el devengo de las indemnizaciones laborales por despido, lo que supone un beneficio o ahorro de aproximadamente .... € para la masa activa de........... S.L.U. y de aproximadamente .... € para la de...........S.L.U.

2) Asunción de la deuda de la TGSS limitada a las plantillas laborales actuales (art. 221 y 224.1.3° TRLC) que asciende aproximadamente a .... € en el caso de........... S.L.U. y a .... € en el caso de...........S.L.U., sin perjuicio de que parte de la deuda de la TGSS pudiera ser atendida dentro del procedimiento concursal conforme al orden de prelación legal de pagos.

3) Asunción de los créditos laborales no cubiertos por el FOGASA limitados a las plantillas laborales actuales (art. 221 y 224.1.3° TRLC) que asciende aproximadamente a .... € en el caso de........... S.L.U. y a .... € en el caso de...........S.L.U., sin perjuicio de que parte de los créditos laborales pudieran ser atendidos dentro del procedimiento concursal conforme al orden de prelación legal de pagos.

4) Ejecución de las inversiones necesarias para garantizar y mejorar la continuidad de la actividad empresarial, con mantenimiento de los puestos de trabajo:........... € según detalle que consta en el Anexo III.

5) Necesidades inmediatas de capital circulante:........... € según detalle que consta en el Anexo III.

6) Sobrante o precio neto a favor de la masa activa: .... € que se distribuirá en .... € para........... S.L.U. y .... € para...........S.L.U.

En lo que respecta a la forma de pago del precio ofrecido, a los efectos del art. 218.3° TRLC, se manifiesta que el precio neto a favor de la masa activa de las concursadas se abonará íntegramente en unidad de acto a la firma de la correspondiente escritura pública de adquisición de las unidades productivas mediante sendos cheques bancarios nominativos.

Ambos pagos se efectuarán contra las facturas debidamente emitidas al efecto por parte cada respectivo destinatario y sin perjuicio de su tributación fiscal oportuna.

SEXTA. Carácter unitario o conjunto de la oferta. La oferta es por la adquisición de las dos unidades productivas de manera conjunta y, por tanto, tiene carácter unitario, no admitiendo la compraventa de la una sin la otra. En definitiva, la aceptación y aprobación de la oferta deberá ser por ambas unidades productivas, sin que el oferente venga obligado a la aceptación parcial de la misma, es decir, de sólo una de ellas.

SÉPTIMA. Condiciones suspensivas. La presente oferta queda expresamente condicionada, con efectos suspensivos, al cumplimiento de las siguientes condiciones de carácter cumulativo:

1) Que no se paralice la actividad de las concursadas ni se deterioren los activos que conforman la oferta de adquisición de las unidades productivas de las concursadas.

2) Que el juez competente del concurso dicte resolución judicial firme aprobando y autorizando la compraventa de ambas unidades productivas, en la que de manera expresa se exonere al oferente de todos los pasivos concursales y contra la masa que no asume expresamente en la presente oferta; se declare que el adquirente no se subroga en la parte de la cuantía de los salarios o indemnizaciones pendientes de pago anteriores a la enajenación que sea asumida por FOGASA; y se acuerde el alzamiento de todas las cargas y gravámenes que puedan recaer sobre los activos objeto de oferta, de conformidad a lo previsto en los artículos 216, 224, 225 y concordantes del TRLC.

3) Que la información facilitada por los órganos de administración de las concursadas y plasmada en la solicitud de concurso y documentos de obligado acompañamiento no sufra variaciones cuantitativas respecto de aquellos pasivos objeto de sucesión (arts. 221 y 224.1.3° TRLC) y que incrementen en más de .... € la deuda en concepto de créditos laborales y de seguridad social objeto de responsabilidad solidaria; todo ello respecto de aquellos trabajadores de la concursada en cuyos contratos quede subrogado el adquirente.

4) Que la fiscalidad aplicable a la compraventa de las unidades productivas sea la prevista en el art. 7.5 del vigente Real Decreto Legislativo 1/1993, por el que se aprueba el Texto Refundido de la Ley del Impuesto sobre Transmisiones Patrimoniales y Actos Jurídicos Documentados, así como en el artículo 7. 1° de la Ley 37/1992 del Impuesto sobre el Valor Añadido (IVA), es decir, que, por tratarse de una oferta sobre un conjunto de activos que cumplen los requisitos para ser considerados una unidad económica autónoma capaz de desarrollar una actividad empresarial, la operación no está sujeta a ninguno de dichos tributos.

5) Que la compraventa sea conjunta de las dos unidades productivas, no siendo exigible al oferente adquirir sólo una de ellas ni modificar los términos y condiciones de la oferta.

6) Que se autorice a la oferente desalojar los inmuebles arrendados en el plazo máximo de seis meses contados desde la escritura de compraventa de las unidades productivas, sin perjuicio de atenderse las rentas que se devenguen durante los meses que dure el desalojo.

OCTAVA. (En su caso). Esta parte asume la obligación de continuar (o reiniciar) la actividad con la unidad productiva a la que se refiere la oferta en el plazo por un mínimo de dos años.

NOVENA.– Elevación a público y asunción de gastos. La compraventa de las unidades productivas se formalizará mediante el otorgamiento de la correspondiente Escritura Pública de Compraventa, en la notaría de la provincia de........... que el oferente designe al efecto, debiendo otorgarse la misma en el plazo máximo de un mes, a contar desde la firmeza de la resolución judicial que autorice la transmisión de ambas unidades productivas.

El oferente asume la totalidad de los gastos notariales derivados de la formalización de la transmisión de las unidades productivas.

DÉCIMA. Tramitación judicial de la presente oferta y plazo de vigencia. Esta oferta y sus anexos se presentarán ante el juez del concurso con el objeto de recabar su expresa autorización judicial en lo que resulte preceptivo, en consideración a los arts. 216, 224.1.3º y 225 TRLC.

La presente oferta tiene un plazo de validez y vigencia de un mes contado desde su presentación. Si transcurrido el citado plazo, no se hubiera dictado resolución aprobando y autorizando la presente oferta de compra de las dos unidades productivas, previo cumplimiento de las condiciones suspensivas a que se refiere el apartado 7, el oferente no vendrá obligado por la misma, salvo prórroga expresa a voluntad exclusiva del oferente.

La celeridad en la tramitación de la presente oferta es esencial, ya que la precaria situación económica de las concursadas, una vez extinguidos los contratos de financiación a coste cero suscritos con la oferente, supondrá la inmediata paralización de su actividad en un mes tan crucial para el sector como es........... que es cuando empieza la cosecha de la mayoría de los clientes, siendo vital, para su mantenimiento en cartera, atender sus pedidos, como se ha explicado anteriormente.

En........... a .... de........... de...........

Fdo........... Administrador único de...........S.L.U.

F337. OFERTA DE COMPRA DE UNIDAD PRODUCTIVA (II)

OFERTA DE COMPRA DE UNIDAD PRODUCTIVA

Asunto: Oferta Vinculante para la Compraventa de las Unidades Productivas de.........., S.L.,..........., S.L.;.........., S.L. y.........., S.L. al amparo de los Arts. 216 y ss. Real Decreto Legislativo 1/2020, de 5 de mayo, por el que se aprueba el texto refundido de la Ley Concursal.

A la atención de D........... designado Administrador Concursal de..........., S.L.,..........., S.L.;..........., S.L. y..........., S.L.

Concurso ordinario.......... del Juzgado de lo Mercantil no. ..... de.......... N.I.G.: ....

D..........., con DNI.........., en nombre y representación, como representante persona física de.........., S.L. Administradora Única de.........., S.L.U; domiciliada en.......... (..........), c/.......... s/n constituida por tiempo indefinido en escritura autorizada por el Notario de.........., Don.........., el día 16 de abril de.........., número.......... de su protocolo; inscrita al Registro Mercantil de.........., Tomo.........., folio.........., Hoja.......... y CIF..........; legitimada para este acto en virtud de su cargo de administradora única que manifiesta vigente y para el que fue nombrada mediante escritura de cese y nombramiento de cargos autorizada por el Notario de.......... Don.......... en fecha 11 de abril de.......... número.......... de su protocolo, por medio de la presente,

EXPONE

I. Que en el marco de la actividad empresarial de la oferente que suscribe se ha considerado interesante, como oportunidad de negocio, realizar la presente oferta de compraventa de las unidades productivas de.........., S.L.,.........., S.L.;.........., S.L. y.........., S.L. (en adelante, también las concursadas).

II. Que la presente oferta se emite en el marco procesal de los arts. 216, siguientes y concordantes del Texto Refundido de la Ley Concursal, con arreglo a las siguientes

CLÁUSULAS

PRIMERA. Identificación del oferente.

Como hemos indicado,.........., S.L.U. es una sociedad constituida, por tiempo indefinido, mediante escritura autorizada por el Notario de.........., Don.........., el día 16 de abril de.........., número.......... de su protocolo; inscrita al Registro Mercantil de.........., Tomo.........., folio ..., Hoja.......... y CIF.......... Se halla domiciliada en.......... (..........) C/.......... 46.

Se adjunta como Anexo I y I bis las escrituras de constitución de la sociedad y de escisión.

Tiene como objeto social el diseño, fabricación, reparación, comercialización, y mantenimiento de todo tipo de maquinaria para la industria y la construcción.

Se hace constar que la oferente,.........., SLU, es una filial, participada al 100%, de.........., S.L. la cual es la cabecera del grupo.......... A su vez.........., S.L.U. es propietaria, entre otras, del 100% de...................., SLU, según el siguiente esquema parcial de las compañías:

Más allá que la oferta se formule a través de.........., SLU (pues ésta es la sociedad que se encarga de la fabricación de los equipos y la explotación de los centros productivos de la compañía) algunos de los activos de las concursadas podrán ser adquiridos por...................., SLU. A su vez, algunos de los contratos de trabajo, para una mejor organización del grupo, deberán ser subrogados bien por.........., SL (servicios administrativos y corporativos) o por...................., SL (ingeniería, project management, etcétera).

Como grupo industrial, de capital íntegramente nacional, y con sociedades filiales en..........,.......... es un grupo empresarial líder en la ingeniería, diseño y fabricación de equipos y soluciones innovadoras y altamente rentables para la gestión y el tratamiento de residuos lo que incluye tanto la venta de equipos como plantas llaves en mano para el reciclaje, valorización y tratamiento mecánico, térmico y biológico de todo tipo de residuos.

.... atesora más de treinta años de experiencia en el sector, y en el ejercicio.......... se alzó con una facturación consolidada en.......... de casi.......... de euros. La facturación prevista para.......... será cercana a los.......... de Euros.

En la actualidad el grupo.......... cuenta con más de 240 profesionales en plantilla entre todas sus sedes, contando fabricación, comercial, ingeniería, project management, servicios corporativos, postventa, etc.

.... cuenta con dos centros productivos en la provincia de.......... (.......... y ....) y participación vía.......... en centros productivos en ......, que suman en conjunto más de 70.000 metros cuadrados dedicados a la producción. También cuenta con representaciones comerciales en.........., etc.

Aportamos como Anexo II las cuentas anuales consolidadas del grupo correspondientes al último ejercicio cerrado (..........).

Al ser una empresa española, estar interesada fundamentalmente (i) en la capacidad productiva, comercial y de ingeniería de las concursadas, (ii) en el talento de sus trabajadores, y (iii) estar en trámite de suscribir un acuerdo con la propiedad de las naves y la maquinaria donde se ubican los centros productivos de las concursadas, se garantiza, de formalizarse la adquisición, el mantenimiento del negocio en la Comunidad.......... y más concretamente en las mismas instalaciones en las que se ubica la actividad de las concursadas.

En definitiva, la intención de.......... con dicha propuesta es, en cumplimiento de su estrategia de crecimiento, aumentar su capacidad productiva, de oficina técnica, montaje, ingeniería y comercial, aumentando su portfolio de productos mediante la incorporación de las soluciones.......... en materia de calderería para aportarlas a la línea de negocio de.......... y aprovechar las capacidades y el know how de los profesionales de.......... —y las instalaciones que actualmente utiliza una vez se llegue a un acuerdo con la propiedad de las mismas— al objeto de diseñar y fabricar desde las mismas los productos que ya actualmente fabrica y comercializa.......... Con ello se pretende:

(i) Garantizar la continuidad de los puestos de trabajo de las concursadas.

(ii) Conservar, comercializar y desarrollar las soluciones.........., e implementarlas a nuevas aplicaciones para la valorización de residuos.

(iii) Aportar a la unidad productiva de.......... carga de trabajo en el diseño, desarrollo, fabricación y comercialización de los productos de..........

(iv) Evitar una deslocalización de la actividad productiva de las concursadas, puesto que la actividad de.......... se está desarrollando a nivel mundial, de modo que la localización actual de.......... —cerca del Puerto de.......... y de importantes nudos de comunicación terrestre— se valora como una ventaja.

Se hace constar que la oferente,.........., S.L.U. y sus sociedades o personas vinculadas, no tienen ningún tipo de relación societaria con los actuales administradores y socios de las concursadas, salvo una histórica y puntual relación comercial.

SEGUNDA. Proyección de plan de negocio sobre las unidades productivas objeto de esta oferta, plan de inversiones y necesidades de capital circulante.

En el estudio previo sobre la viabilidad y potenciales posibilidades empresariales que presentan las unidades productivas de las concursadas, a pesar de los riesgos propios e inciertos de toda adquisición, la oferente ha tenido ocasión de elaborar un plan de inversiones a desarrollar durante los años........... a...........

Aunque dicha planificación guarda un carácter meramente orientativo, sin que deba entenderse como una hoja de ruta inamovible, se adjunta como Anexo II copia de dicho plan y cuyo análisis de mercado allí expuesto denota el compromiso de la oferente para con dicha unidad productiva y su explotación.

La inversión tiene la finalidad de renovar y mejorar gran parte de la infraestructura necesaria para la operativa y producción de las concursadas, que se encuentra obsoleta, con el doble objetivo de mejorar la eficiencia en el proceso productivo (a estos efectos se prevé la instalación de un láser de corte), consiguiendo un abaratamiento en costes y a la vez mejores resultados productivos, y la adaptación a las nuevas necesidades de producción.

El Anexo III incluye el detalle de las inversiones.

TERCERA. Perímetro de las unidades productivas de las Concursadas.

I. Elementos patrimoniales.

Sobre la base de la información proporcionada por los órganos de administración de las Concursadas y, en especial, la plasmada en los inventarios de bienes y derechos, la composición o perímetro de las unidades productivas comprenden, con carácter indivisible, el activo corriente y no corriente incluido en los mismos (inmovilizado intangible —investigación y aplicaciones informáticas—; inmovilizado material —maquinaria, materia prima, semiseriados, showroom, chatarra, productos en curso, otras instalaciones, mobiliario, equipos procesos información, elementos de transporte y otro inmovilizado material—; inversiones financieras a largo plazo y fianzas a largo plazo; existencias; inversiones financieras a corto plazo; y demás bienes y derechos titularidad de las concursadas como todas las marcas, patentes, registros, dominios web, que se han venido utilizando hasta la fecha), incluyendo cualquier posible activo patrimonial sobrevenido. Se adjuntan como Anexo IV inventario de bienes y derechos de la concursadas facilitado por la administración de las compañías.

No se incluyen dentro del perímetro de esta oferta los siguientes créditos que ostenta(n) la(s) concursada(s) contra los siguientes clientes:

....

La oferente se ampara así en que la información facilitada por los órganos de administración de las concursadas bajo su debida diligencia y plasmada en los inventarios de bienes y derechos resulta veraz, en el sentido de que tales bienes y derechos relacionados en los inventarios, que se dan por reproducidos, existen y resultan propiedad en pleno dominio de las concursadas.

Se hace constar que si las unidades productivas tuvieran algún bien o derecho no relacionado en el Anexo IV, y no expresamente excluído en esta oferta, deberán tenerse por incluidos en la presente oferta de adquisición, sin que ello suponga un incremento del precio ofertado que se detalla más adelante, con la obligación por parte de las concursadas de facilitar su entrega y puesta a disposición.

En lo que respecta a aquellos bienes o activos tangibles, según información facilitada por los órganos de administración de las concursadas, todos ellos se encuentran ubicados en las dependencias físicas donde venía desarrollándose la actividad empresarial, esto es, los inmuebles arrendados objeto de los cuatro contratos de arrendamientos que tienen suscritos las concursadas, sin perjuicio de que existe también maquinaria cedida en depósito a clientes.

II. Elementos personales.

La Unidad productiva de las Concursadas comprende asimismo la totalidad de sus actuales plantillas laborales en vigor, salvo a Don.........., empleado de...........:

28 trabajadores en el caso de.........., S.L.,

17 trabajadores en el caso de.........., S.L. 4 trabajadores en el caso de.........., S.L.

4 trabajadores en el caso de.........., S.L.

El motivo de no incluir al Sr........... entre los trabajadores a subrogar es su puesto como Director financiero. El Sr........... venía desarrollando este cargo, si bien desde.........., para todas las concursadas. La integración de..........,..........,.......... Y.......... en el seno del grupo.......... conlleva que la dirección financiera de ésta pase a ejercerse de forma unificada desde el Corporativo del Grupo.......... desde la sede central en.........., careciendo de sentido económico y organizativo mantener una dirección financiera disgregada en..........

Los datos identificativos sobre cada trabajador, su categoría, salario y antigüedad, todo ello según lo facilitado por los órganos de administración de las concursadas, consta en la relación de trabajadores que se acompañan como Anexo V en el que se señala en azul el único integrante de la plantilla de las concursadas que queda fuera del perímetro. En este sentido se hace constar específicamente que la subrogación se realiza en base a los Salarios Brutos Anuales de cada trabajador consignados en el Anexo V sin más cantidades, variables, complementos, mejoras o incentivos que no se hallen recogidos en el listado de salarios brutos anuales.

La oferente se ampara y confía en la exactitud y veracidad de los datos reflejados en el Anexo V, manifestando que ha resultado esencial para el precio de esta oferta tomar en consideración esta específica estructura laboral, en sentido organizativo, así como económico en cuanto a su coste empresarial por salarios y cotizaciones.

Se manifiesta que, en aras a una mayor celeridad y coordinación con las plantillas laborales de las Concursadas, se ha remitido ya para su consideración la identificación del oferente y su voluntad de subrogarse respecto de las citadas plantillas laborales, ante todo lo cual, las representaciones legales de los trabajadores han mostrado su expresa conformidad lo que se acreditará cumplidamente en caso de ser necesario.

Al amparo del art. 224.1.3o TRLC resulta condición esencial que, con carácter previo, el Juez del concurso acuerde que la oferente "no se subrogue en la parte de la cuantía de los salarios o indemnizaciones pendientes de pago anteriores a la enajenación que sea asumida por el FOGASA".

Así mismo resulta también condición esencial que los créditos laborales y/o los créditos frente a la Tesorería de la Seguridad Social cuya subrogación por ley correspondan a la oferente sean los reseñados en el Anexo VI que se acompaña.

III. Elementos contractuales.

Resultan asimismo elementos imprescindibles del perímetro de las unidades productivas de las concursadas los contratos de renting y leasing, así como en toda clase de licencias, autorizaciones y permisos administrativos, al amparo del art. 222.3 TRC.

No se procederá a la subrogación en los contratos con clientes actualmente en marcha, ni en las obligaciones, garantías derivadas de su actividad anterior, salvo en aquello que respecta al Contrato con la mercantil........... para la fabricación de una caldera de gas, proyecto........... por valor de........... € más IVA que debe entenderse incluido dentro del perímetro.

Por el contrario, a los efectos del art. 223 TRLC, se pone de manifiesto que la oferente no tiene interés y, por tanto, excluye subrogarse en cualesquiera otros contratos de cualquier índole que hubieran suscrito las Concursadas tales como los contratos con proveedores, clientes, de suministro salvo los de energía, agua y teléfono— ni en los contratos de arrendamiento de inmuebles, si bien estos constan como vencidos.

CUARTA. Adquisición de las unidades productivas libres de cargas y adeudos.

Al amparo del art. 225 TRLC resulta condición esencial de la presente oferta que la adquisición de las unidades productivas se efectúe libre de toda carga o gravamen, ello en relación con la totalidad del perímetro de las unidades productivas definido en el apartado precedente (patrimonial, personal y contractual).

Además, resulta asimismo condición esencial que "la transmisión de las unidades productivas no llevará aparejada obligación de pago de los créditos no satisfechos por el concurso antes de la transmisión, ya sean concursales o contra la masa", ex art. 224.1 TRLC.

En materia de créditos tributarios tampoco concurrirá ninguna responsabilidad solidaria, ello conforme al vigente art. 42.1.c) IV de la Ley General Tributaria.

Por consiguiente, únicamente se producirá sucesión de empresa "respecto de aquellos créditos laborales y de seguridad social correspondientes a los trabajadores de la unidad productiva en cuyos contratos quede subrogado el adquirente", ello conforme a los arts. 221 y 224.1.3° TRLC. y sometido a la condición que los mismos se limiten a los reseñados en el Anexo VI.

QUINTA. Valor económico total de la oferta y precio neto.

Atendido el elenco de obligaciones o efectos que, mediante la adquisición de las unidades productivas, redundaría en beneficio o interés general del concurso, resulta procedente tomar en consideración el total valor económico de la oferta.

En este sentido, cumple advertir que el total valor económico de la oferta asciende a la cantidad de.......... EUROS, comprensiva de los siguientes conceptos:

1) Subrogación de la oferente en la totalidad de las plantillas actuales de las dos concursadas relacionada en el Anexo V, salvo el Sr.......... (marcado en azul), esto es 53 trabajadores en total.

Dicha subrogación impedirá el devengo de las indemnizaciones laborales por despido, lo que supone un beneficio o ahorro de global de aproximadamente.......... € para la masa activa de.......... S.L., de aproximadamente.......... € para la de.........., S.L., de aproximadamente.......... € para.........., SL y de aproximadamente..........— € para ...., SL. lo que supone un ahorro conjunto de alrededor de.......... EUROS (..........— €)

2) Asunción de la deuda de la TGSS limitada a las plantillas laborales actuales (art. 221 y 224.1.3o TRLC) que asciende en total a.................... €, sin perjuicio de que parte de la deuda de la TGSS pudiera ser atendida dentro del procedimiento concursal conforme al orden de prelación legal de pagos y de la exclusión de aquellos trabajadores que, habiendo cotizado en los meses debidos, han/hayan sido baja antes de la adquisición y/o no han sido subrogados por..........

3) Asunción de los créditos laborales no cubiertos por el FOGASA limitados a las plantillas laborales actuales (art. 221 y 224.1.3o TRLC) que asciende aproximadamente a 0 € - puesto que se nos asegura que los trabajadores se hallan al día del cobro de remuneraciones.

4) Ejecución de las inversiones necesarias para garantizar y mejorar la continuidad de la actividad empresarial, con mantenimiento de los puestos de trabajo por importe de.......... EUROS (....– €) según detalle que consta en el Anexo III.

5) Sobrante o precio neto a favor de la masa activa:.......... € (.......... euros).

En lo que respecta a la forma de pago del precio ofrecido (esto es el sobrante o precio neto a favor de las respectivas masas activas), a los efectos del art. 218.3o TRLC, se manifiesta que el precio neto a favor de la masa activa de las concursadas se abonará íntegramente en unidad de acto a la firma del correspondiente contrato o escritura pública de adquisición de las unidades productivas mediante sendos cheques bancarios nominativos.

Ambos pagos se efectuarán contra las facturas debidamente emitidas al efecto por parte de cada respectivo destinatario y sin perjuicio de su tributación fiscal oportuna.

SEXTA. Carácter unitario o conjunto de la oferta.

La oferta es por la adquisición de las cuatro (4) unidades productivas de manera conjunta y, por tanto, tiene carácter unitario, no admitiendo la compraventa de una sin la(s) otra(s). En definitiva, la aceptación y aprobación de la oferta deberá ser por todas las unidades productivas, y ello teniendo en cuenta que hasta la fecha, las cuatro sociedades o unidades productivas han funcionado como una sola, sin que el oferente venga obligado a la aceptación parcial de la misma, es decir, de sólo una o varias de ellas.

SÉPTIMA. Condiciones suspensivas.

La presente oferta queda expresamente condicionada, con efectos suspensivos, al cumplimiento de las siguientes condiciones de carácter cumulativo:

1) Que no se paralice la actividad de las concursadas ni se deterioren los activos que conforman la oferta de adquisición de las unidades productivas de las concursadas. Especialmente —aunque no solamente— se entenderá que se ha deteriorado la actividad y/o se ha perjudicado el activo:

• Si más de un 10% de la total plantilla descrita en el Anexo V de esta oferta cesa por cualquier causa.

• Si cesa(n) o manifiesta(n) su voluntad de cesar por cualquier causa trabajador(es) en puestos clave de la compañía antes de la adquisición de la unidad productiva.

2) Que el juez competente del concurso dicte resolución judicial firme aprobando y autorizando la compraventa de las cuatro (4) unidades productivas, en la que de manera expresa se exonere al oferente de todos los pasivos concursales y contra la masa que no asume expresamente en la presente oferta; se declare que el adquirente no se subroga en la parte de la cuantía de los salarios o indemnizaciones pendientes de pago anteriores a la enajenación que sea asumida por FOGASA; y se acuerde el alzamiento de todas las cargas y gravámenes que puedan recaer sobre los activos objeto de oferta, de conformidad a lo previsto en los artículos 216, 224, 225 y concordantes del TRLC.

3) Que la información facilitada por los órganos de administración de las concursadas y plasmada en la solicitud de concurso y documentos de obligado acompañamiento no sufra variaciones cuantitativas respecto de aquellos pasivos objeto de sucesión (arts. 221 y 224.1.3o TRLC) y que incrementen la deuda en concepto de créditos laborales y de seguridad social objeto de responsabilidad solidaria; todo ello respecto de aquellos trabajadores de la concursada en cuyos contratos quede subrogado el adquirente.

4) Que la fiscalidad aplicable a la compraventa de las unidades productivas sea la prevista en el art. 7.5 del vigente Real Decreto Legislativo 1/1993, por el que se aprueba el Texto Refundido de la Ley del Impuesto sobre Transmisiones Patrimoniales y Actos Jurídicos Documentados, así como en el artículo 7. 1o de la Ley 37/1992 del Impuesto sobre el Valor Añadido (IVA), es decir, que, por tratarse de una oferta sobre un conjunto de activos que cumplen los requisitos para ser considerados una unidad económica autónoma capaz de desarrollar una actividad empresarial, la operación no está sujeta a ninguno de dichos tributos.

5) Que la compraventa sea conjunta de las cuatro (4) unidades productivas, no siendo exigible al oferente adquirir sólo una de ellas o varias ni modificar los términos y condiciones de la oferta.

6) Que juntamente con la presente oferta quede definitivamente suscrito y en vigor con la mercantil.......... contrato de arrendamiento relativo a las fincas registrales.........., ..., ..., ..., del Registro de la Propiedad de.........., cuyo borrador se adjunta como Anexo VII.

OCTAVA. Elevación a público y asunción de gastos.

La compraventa de las unidades productivas se formalizará mediante la firma del Contrato correspondiente dentro de los DIEZ días siguientes a la notificación y firmeza de la resolución judicial que autorice la transmisión de ambas unidades productivas.

El oferente asume la totalidad de los gastos derivados de la formalización de la transmisión de las unidades productivas.

NOVENA. Tramitación judicial urgente de la presente oferta y plazo de vigencia.

Esta oferta y sus anexos se presentarán ante el juez del concurso con el objeto de recabar su expresa autorización judicial en lo que resulte preceptivo, en consideración a los arts. 216, 224.1.3o y 225 TRLC.

La presente oferta tiene un plazo de validez y vigencia de un mes contado desde su presentación ante la Administración Concursal. Si transcurrido el citado plazo, no se hubiera dictado resolución aprobando y autorizando la presente oferta de compra de las cuatro (4) unidades productivas, previo cumplimiento de las condiciones suspensivas a que se refiere el apartado 7, el oferente no vendrá obligado por la misma, salvo prórroga expresa a voluntad exclusiva del oferente.

La celeridad en la tramitación de la presente oferta es esencial, ya que la precaria situación económica de las concursadas, supondrá la inmediata paralización de su actividad, la imposibilidad de atender los gastos de personal y cotizaciones con el consiguiente colapso de las unidades productivas e incremento de los costes de adquisición.

En........... para..........., a 3 de septiembre de...........

..........., S.L.U.

F338. ESCRITO DE LA ADMINISTRACIÓN CONCURSAL EVALUANDO OFERTA DE COMPRA DE UNIDAD PRODUCTIVA

Normativa de aplicación: *Arts. 216 y ss. Real Decreto Legislativo 1/2020, de 5 de mayo, por el que se aprueba el texto refundido de la Ley Concursal*

AL JUZGADO DE LO MERCANTIL Nº........... DE...........

Concurso Voluntario:.........../...........

..........., como Administrador Concursal de........... SL, y de...........SA ante el Juzgado comparezco y como mejor proceda en derecho DIGO:

Que mediante Providencia fechada el pasado día xxx de xxxx de..........., notificada el xxx de xxx de ...., se nos ha dado traslado de oferta de compra de Unidad Productiva de las mercantiles...........SL, y de...........SA.

Que dentro del plazo conferido procedemos a emitir informe de evaluación de la Oferta de adquisición de la Unidad productiva en los siguientes términos:

PRIMERO.– ENCUADRAMIENTO PROCESAL DEL PRESENTE ESCRITO. SITUACIÓN ACTUAL DE LAS CONCURSADAS.

Antes de proceder a mostrar nuestra opinión sobre la oferta de compra de la que se nos ha dado traslado, resulta imprescindible analizar la situación procesal en la que nos encontramos, al objeto de determinar los preceptos de la Ley concursal aplicables, así como hacer una breve referencia a la situación económica en la que se encuentran en la actualidad las concursadas.

Mediante escrito fechado el día........... de........... de..........., las mercantiles...........SLU y...........SA interesaron la declaración del concurso voluntario de las mismas, al encontrarse en situación de insolvencia actual.

Junto a la demanda, que fue firmada por la Procurador........... y por el letrado Don..........., se acompañaron todos los documentos exigidos por el Real Decreto Legislativo 1/2020, de 5 de mayo, texto refundido de la Ley Concursal (TRLC). Concretamente se aportó Memoria de la historia jurídica y económica de la entidad, analizando las causas de insolvencia, inventario de bienes y derechos, relación de acreedores, cuentas anuales de los ejercicios...........,........... y .... y balances correspondientes al año 2021.

El día........... de........... de........... el Juzgado de lo Mercantil Nº........... de........... dictó Auto por el que declaró el estado de Concurso de la mercantil instante, y entre otros, se realizan los siguientes pronunciamientos:

1.– Se tiene por personado y por parte a........... SL y........... SA y en su representación al Procurador Sr./a..........., en virtud del poder especial que se aporta, con quien se entenderán las sucesivas diligencias en la forma prevenida por la Ley, y por solicitada la DECLARACIÓN DE CONCURSO VOLUNTARIO DE ACREEDORES.

2.– Se admite a trámite dicha solicitud y SE DECLARA EL ESTADO DE CONCURSO VOLUNTARIO ORDINARIO de las mercantiles:

1.–...........SL con CIF número ...., inscrita en el Registro Mercantil de........... al Tomo..........., Libro..........., Folio..........., Hoja........... y

2.–...........SA con C.I.F. número ...., inscrita en el Registro Mercantil de........... al Tomo ...., Libro ...., Folio ...., Hoja .... ambas con domicilio en Polígono........... (...........).

3.– Se nombra como administración concursal a..........., con domicilio en C/..........., nº ....,..........., a quien se notificará por conducto urgente dicha designación a fin de que sin dilación comparezca en este Juzgado para aceptar y jurar el cargo, a los cuales se les entregará, una vez aceptado y jurado el cargo, la correspondiente credencial de su condición de administradores concursales.

4.– Se decreta la intervención de las facultades de administración de la mercantil, quedando el ejercicio ordinario de la misma sometido a la autorización o conformidad del administrador concursal.

5.– Procédase a la publicidad de esta declaración de concurso, expiándose al efecto los oportunos edictos que se insertarán en el Tablón Edictal Único (TEJU BOE), conforme al art. 35 TRLC.

6.– Hágase el llamamiento a los acreedores de las mercantiles...........SL y........... SA, a fin de que procedan a comunicar sus créditos en plazo legal de un mes desde que se verifique su publicación en el TEJU (BOE), en virtud de lo previsto en los arts. 35 y 36 TRL

En cumplimiento del mandato conferido, el administrador en el

En el suplemento del Tablón Edictal Judicial Único del «BOE» núm. ...., de .... de .... de........... se procedió a la publicación del Edicto de la Declaración de Concurso en los siguientes términos:

/Dña..........., Letrado de la Administración de Justicia del Juzgado de lo Mercantil núm. .... de..........., de conformidad con lo previsto en los artículos 35, 36 y 37 del TRLC (antes arts. 21 y 23 de la Ley Concursal), por el presente doy la publicidad ordenada al auto de declaración de concurso dictado en este Juzgado y HAGO SABER: Que en este Juzgado se tramitan autos de Concurso Ordinario [CNO] Voluntario n°.........../..........., habiéndose dictado en fecha ..../.........../........... por el Ilmo. Sr. Magistrado-Juez D........... auto de declaración de concurso de acreedores de:...........SL con CIF número ...., inscrita en el Registro Mercantil de........... al Tomo..........., Libro..........., Folio..........., Hoja........... y...........SA con C.I.F. número ...., inscrita en el Registro Mercantil de........... al Tomo ...., Libro ...., Folio ...., Hoja ...., ambas con domicilio en...........(...........). Que se ha acordado la INTERVENCIÓN de las funciones de disposición y administración de las concursadas, que quedarán sometidas a la autorización o conformidad de la administración concursal designada. Se ha nombrado administrador concursal a D........... con domicilio en la c/ ....,........... y correo electrónico .... Y de conformidad con lo ordenado, se expide el presente edicto para general llamamiento de los acreedores del concursado a fin de que en el plazo de UN MES desde la publicación acordada en el BOLETIN OFICIAL DEL ESTADO (TEJU) puedan comunicar sus créditos a los efectos de su inclusión en la lista de acreedores y ulterior reconocimiento y clasificación en los términos indicados en el artículo 255 del TRLC (antes art. 85 de la Ley Concursal). Así mismo se hace saber que para personarse en debida forma en el procedimiento concursal será necesario abogado y procurador. En..........., a ..../.........../...........

LETRADO DE LA ADMON. DE JUSTICIA

..........., ... de...........– El/La Letrado/a de la Administración de Justicia,...........

Mediante escrito presentado el pasado día .... de .... esta Administración Concursal formuló el informe al que se refiere el artículo 290 y ss. del TRLC, acompañando los correspondientes anexos, incluida la valoración de la unidad productiva.

A juicio de esta Administración Concursal procesalmente es factible la presentación de una oferta de compra de unidad productiva y proceder, en su caso, a su autorización y posterior transmisión.

El Texto Refundido apuesta de manera clara por esta posibilidad, contemplada en los arts. 215 y ss., ubicando su regulación dentro del Título IV del Libro I, denominado "De la masa activa". Ubicación autónoma de la que se desprende esa importancia, dado que, aunque normalmente tendrá encaje en la fase de liquidación, *los arts. 215 y 216 TRLC permiten su utilización en cualquier momento del concurso, es decir, también en fase común*, así como en fase de convenio, al regular el art. 324 TRLC el denominado convenio con asunción.

A lo anterior, debe añadirse la situación actual de la compañía.

Las sociedades carecen de liquidez para hacer frente a los créditos contra la masa. Para evitar un cese de facto de la actividad, la concursada con el apoyo de esta AC ha conseguido financiación del grupo..........., quien ha venido descontando saldos de clientes por importe superior a los .... euros (entre los clientes de...........y...........).

Con esta asistencia financiera ha sido posible atender la práctica totalidad de los créditos masa incluyendo suministros, salarios, seguridad social y pago a los proveedores. Es evidente que en el momento que esta entidad deje de apoyar financieramente las concursadas, se producirá un cese en la actividad.

Llegados a esta situación el horizonte ante el que nos encontramos es el de una inminente liquidación. Esta situación va a generar las siguientes consecuencias:

(i) Por un lado un ralentización, y a muy corto plazo una paralización de la actividad. Así tanto por factores externos (falta de confianza de proveedores y de clientes), como propiamente por la naturaleza del procedimiento liquidatorio, la actividad no se pueda mantener en el tiempo.

(ii) De forma paralela, se va a producir una mas que dificultosa enajenación de la unidad productiva en fase de liquidación. No es desconocido que los tiempos procesales se va a dilatar, no siendo previsible la posibilidad de enajenación en fase de liquidación hasta al menos en .... meses. Aun en caso que finalmente se encontraran ofertantes, con total seguridad el precio que finalmente se obtendría sería muy inferior ante el deterioro de la actividad.

(iii) Alumbramos pues, un escenario de liquidación en el que la venta por Lotes o por elementos independientes va a estar caracterizada por un deterioro progresivo en el valor de éstos.

SEGUNDO.– DE LA CORRECCIÓN FORMAL DE LA OFERTA DE COMPRA PRESENTADA

La oferta de compra de Unidad productiva sobre la que se nos solicita Informe cumple formalmente con los requisitos establecidos en el artículo 218 del TRLC.

2.1.– ART. 218.1.º LA IDENTIFICACIÓN DEL OFERENTE Y LA INFORMACIÓN SOBRE SU SOLVENCIA ECONÓMICA Y SOBRE LOS MEDIOS HUMANOS Y TÉCNICOS A SU DISPOSICIÓN.

En el apartado 1 se identifica al ofertante y se expone la solvencia con la que cuenta:

Como hemos indicado,...........S.L.U. es una sociedad constituida, por tiempo indefinido, mediante escritura autorizada por el Notario de..........., D..........., el día........... de........... de..........., bajo el nº .... de su protocolo; inscrita en el Registro Mercantil de........... al ...., folio ...., hoja ....; CIF B10907038 y domicilio social en Partida Alameda, parcela C, 46721-Potries (...........). Se adjunta como Anexo I escritura de constitución de la sociedad.

Tiene como objeto social la fabricación y venta, al por mayor y menor, de detergentes, desinfectantes, ceras abrillantadoras, emulsiones, fungicidas, insecticidas y productos análogos destinados al tratamiento de productos agrícolas.

Se hace constar que el oferente,...........S.L.U., es una filial, participada al 100%, de..........., S.A.; sociedad constituida, por tiempo indefinido, mediante escritura autorizada por el Notario de ...., D..........., el día ..../.........../..........., bajo el nº .... de su protocolo; inscrita en el Registro Mercantil de........... al tomo ...., libro ...., folio ...., hoja ....; CIF ....; y domicilio social en ...., ..., (...........).

Posteriormente, expone la experiencia dilatada en el sector de la cabecera del grupo acompañando como Anexo II presentación corporativa de la compañía.

2.2.– ART. 218.2.° LA DETERMINACIÓN PRECISA DE LOS BIENES, DERECHOS, CONTRATOS Y LICENCIAS O AUTORIZACIONES INCLUIDOS EN LA OFERTA.

En el apartado 3 de la oferta se expone cual es el perímetro de la unidad productiva que realiza la adquirente afirmando:

"...........la composición o perímetro de las unidades productivas comprenden, con carácter indivisible, la totalidad del activo corriente y no corriente incluido en los mismos (inmovilizado intangible —investigación y aplicaciones informáticas—; inmovilizado material —maquinaria, otras instalaciones, mobiliario, equipos procesos información, elementos de transporte y otro inmovilizado material—; inversiones financieras a largo plazo-participaciones en partes vinculadas, otras inversiones financieras a largo plazo y fianzas a largo plazo, a excepción del 100% de las participaciones propiedad de...........S.A.U. en........... S.A.U.–; existencias; créditos contra clientes y deudores; inversiones financieras a corto plazo; y demás bienes y derechos titularidad de las concursadas como marcas —..........., ..., ..., ..., ..., y...........—, patentes, registros, dominios web, etc), incluyendo cualquier posible activo patrimonial sobrevenido, excepto la partida de tesorería."

Igualmente enumera exactamente en el Anexo IV y V, el inventario de bienes y derechos.

2.3.– ART. 218.3.° EL PRECIO OFRECIDO, LAS MODALIDADES DE PAGO Y LAS GARANTÍAS APORTADAS. EN CASO DE QUE SE TRANSMITIESEN BIENES O DERECHOS AFECTOS A CRÉDITOS CON PRIVILEGIO ESPECIAL, DEBERÁ DISTINGUIRSE EN LA OFERTA ENTRE EL PRECIO QUE SE OFRECERÍA CON SUBSISTENCIA O SIN SUBSISTENCIA DE LAS GARANTÍAS.

La oferente determina como precio de la oferta .... EUROS CON .... CÉNTIMOS DE EURO (........... €), que estructura de la siguiente forma:

1) Subrogación de la oferente en la totalidad de las plantillas actuales de las dos concursadas relacionada en los Anexos VI y VII, 50 trabajadores en total de los que 40 son de...........S.L.U. y 10 de........... S.L.U.

Dicha subrogación impedirá el devengo de las indemnizaciones laborales por despido, lo que supone un beneficio o ahorro de aproximadamente .... € para la masa activa de...........S.L.U. y de aproximadamente .... € para la de........... S.L.U.

2) Asunción de la deuda de la TGSS limitada a las plantillas laborales actuales (art. 221 y 224.1.3° TRLC) que asciende aproximadamente a .... € en el caso de........... S.L.U. y a .... € en el caso de........... S.L.U., sin perjuicio de que parte de la deuda de la TGSS pudiera ser atendida dentro del procedimiento concursal conforme al orden de prelación legal de pagos.

3) Asunción de los créditos laborales no cubiertos por el FOGASA limitados a las plantillas laborales actuales (art. 221 y 224.1.3° TRLC) que asciende aproximadamente a .... € en el caso de...........S.L.U. y a .... € en el caso de........... S.L.U., sin perjuicio de que parte de los créditos laborales pudieran ser atendidos dentro del procedimiento concursal conforme al orden de prelación legal de pagos.

4) Ejecución de las inversiones necesarias para garantizar y mejorar la continuidad de la actividad empresarial, con mantenimiento de los puestos de trabajo: .... € según detalle que consta en el Anexo III.

5) Necesidades inmediatas de capital circulante: .... € según detalle que consta en el Anexo III.

6) Sobrante o precio neto a favor de la masa activa: .... € que se distribuirá en .... € para...........S.L.U. y .... € para........... S.L.U.

En lo que respecta a la forma de pago del precio ofrecido, a los efectos del art. 218.3° TRLC, se manifiesta que el precio neto a favor de la masa activa de las concursadas se abonará íntegramente en unidad de acto a la firma de la correspondiente escritura pública de adquisición de las unidades productivas mediante sendos cheques bancarios nominativos.

En definitiva, y con independencia de la valoración económica de la oferta, se procederá al pago a la masa de un total de .... EUROS.

2.4.- ART. 218.4.° LA INCIDENCIA DE LA OFERTA SOBRE LOS TRABAJADORES.

En cuanto a la plantilla de los trabajadores el oferente se subroga en las condiciones laborales de la totalidad de la plantilla que se sitúa 40 trabajadores en el caso de...........S.L.U. y 10 trabajadores en el caso de........... S.L.U

Igualmente, y al amparo del art. 224.1.3° TRLC interesa que, con carácter previo, el Juez del concurso acuerde que la oferente "no se subrogue en la parte de la cuantía de los salarios o indemnizaciones pendientes de pago anteriores a la enajenación que sea asumida por el FOGASA".

TERCERO.- DE LA POSICIÓN DE ESTA ADMINISTRACIÓN CONCURSAL ANTE LA OFERTA RECIBIDA.

Una vez comprobada la corrección formal de la oferta que se adapta al contenido del artículo 218 y siguientes del TRLC, procedemos a continuación a mostrar nuestra opinión sobre la oferta recibida y el impacto de esta en los acreedores.

3.1.– DE LA SOLVENCIA DEL OFERENTE. DE LA CONTINUIDAD DE LA ACTIVIDAD.

Esta administración concursal ha analizado el perfil del ofertante, no solamente en base a sus propias manifestaciones contenidas en la oferta, sino mediante una búsqueda en otras fuentes de información.

De la información ofrecida en su página web (https://www...........com), se desprende que........... se creó en el año 1964, ampliando su ámbito de actuación con delegaciones en la región de ...., ... y Comunidad...........

En la actualidad,........... está presente en las principales áreas citrícolas y frutícolas del mundo, ofreciendo sus productos y servicios en más de 22 países. Cuenta con personal propio en .... y ...., y filial en ....

Igualmente, y consultadas determinadas páginas de análisis económicos se colige que tiene unos fondos propios superiores a los .... euros, con un nivel de solvencia muy elevado, lo que supone una concesión de crédito comercial superior a los .... euros.

Parece evidente que nos encontramos ante un grupo con experiencia en el sector, y que por tanto va a mantener la actividad de la concursada.

Aparte de ser un grupo consolidado con importantes inversiones hay que señalar, después de analizar el Plan de Negocio presentado, el volumen de inversiones que pretende realizar en el Grupo en los próximos ejercicios con la intención de modernizar y adaptar la Unidad Productiva a los nuevos tiempos. Así se prevé unas inversiones superiores a .... euros.

Este Plan de Inversiones no solo muestra la seriedad de la oferta presentada sino el compromiso del comprador con los trabajadores, proveedores y clientes de...........

En resumen, el oferente es un grupo consolidado, con una importante capacidad financiera, y que mantendrá la actividad de las concursadas en el futuro.

3.2.– DEL PERÍMETRO DE LA UNIDAD PRODUCTIVA.

El oferente ha configurado un perímetro de la unidad productiva, que coincide en esencia con la enumeración realzada por la administración concursal en su informe.

No obstante, debemos destacar que dada la situación de intervención de las concursadas, todos los análisis de los activos, de la situación financieras de las concursadas, de las existencias, proveedores, trabajadores, y en general todos los parámetros que han sido manejados por la compradora para poder formular su oferta, lo han sido sin contar con esta administración, sino que todas estas actuaciones las han realizado de manera independiente contando con la colaboración de los administradores sociales y el resto del personal directivo de las sociedades concursadas.

Por tanto, en el caso que se dictara Auto autorizado la compraventa de la unidad productiva, deberá constar expresamente:

(i) que el adquirente renuncia expresamente a los derechos de saneamiento y evicción referidos a los activos que adquiere.

(ii) que renuncia igualmente a cualquier acción frente a la administración concursal, en relación con el volumen de existencias o valor asignado a las mismas.

(iii) que la administración concursal en ningún caso responde ni de la existencia de los créditos que se adquieren ni de su solvencia.

(iv) que el adquirente ha analizado en profundidad la composición del activo y pasivo de la sociedad, sin que pueda reclamar a la administración concursal en el futuro por la aparición de pasivos ocultos.

3.3.– DEL PRECIO Y DEL INTERÉS ECONÓMICO.

El oferente indica cual es el interés económico de la oferta, y cual es el precio que finalmente abonará a la concursada, estructurando el interés económico en varias partidas.

En los puntos posteriores iremos analizando cada uno de los elementos indicados.

3.4.– SUBROGACIÓN EN LA DEUDA QUE OSTENTA LA CONCURSADA FRENTE A LA TGSS

De conformidad con lo dispuesto en el artículo 221 del TRLC en caso de enajenación de una unidad productiva, se considerará, a los efectos laborales y de seguridad social, que existe sucesión de empresa. Por tanto, el adquirente deberá subrogarse en los créditos que se adeudan a la Seguridad Social.

En base los informes emitidos por esta administración concursal el importe adeudado es el que consta en la oferta y que deberá ser asumida por la compradora.

3.5. CONTINGENCIA LABORAL COMO CONSECUENCIA DE LA SUBROGACIÓN DE LA TOTALIDAD DE LA PLANTILLA

Si analizamos el precepto anterior, no solamente existe la obligación frente a la TGSS, sino que también concurre una sucesión laboral.

De la documentación aportada, la adquirente asume la totalidad de la plantilla, cuantificando esta contingencia.

No obstante, esta administración concursal considera que el impacto económico es sensiblemente superior. Así en el caso de liquidación, no solamente debe hacerse frente a las indemnizaciones por despido, que coinciden sustancialmente con las indicadas por la oferente, sino que también deberán soportarse las partes proporcionales de vacaciones como de pagas extras, así como el preaviso.

3.6. EJECUCIÓN DEL PLAN DE INVERSIONES

La ofertante formula un plan de inversiones y de viabilidad. Esta administración concursal poco tiene que decir respecto a esta información, salvo que es coherente con la solvencia del comprador y su capacidad económica. Entendemos que debe tenerse en consideración al objeto del posible interés económico, si bien no nos pronunciamos en cuanto a los conceptos y las magnitudes expresadas.

3.7.– PRECIO

El Oferente determina que el precio que abona a las concursadas asciende a ……….. EUROS (……….. €), cantidad que es superior a la que esta AC calculo para valorar la unidad productiva, por lo que consideramos que es mas que satisfactorio.

CUARTO.– CONCLUSIONES DE LA ADMINISTRACIÓN CONCURSAL

Esta administración concursal no puede más que valorar favorablemente la Oferta de Compra de la Unidad Productiva presentada en base a diferentes razones que pasamos a desarrollar brevemente:

4.1.– DEL CESE DE ACTIVIDAD.

La situación actual de las compañías las aboca a un ceses de actividad y por ende a una liquidación, lo que derivaría en una paralización de la actividad fabril y una disminución de muy importante de las ventas.

EN cualquier caso, y teniendo en cuenta los tiempos procesales de una liquidación, supondría el cese de actividad de las mismas con el consiguiente deterioro en los activos de las compañías, pérdida de los anticipos dados a los proveedores, venta de existencias e inmovilizado en liquidación y el inicio de los expedientes de regulación de empleo en las dos sociedades.

4.2.– DEL CESE DE LOS CONTRATOS LABORALES

Este cese de actividad llevaría aparejado la pérdida de numerosos puestos de trabajo industrial en unas zonas con un deterioro social y económico muy importante.

Asimismo, se perderían innumerables puestos de trabajo indirectos de profesionales, autónomos, transportistas, pequeñas empresas que prestan sus servicios diariamente al Grupo.

4.3.– CONSECUENCIAS DE LA LIQUIDACIÓN

La liquidación de la compañía tendrá las siguientes consecuencias:

(i) Una depreciación de los activos: La apertura de la liquidación, traerá indefectiblemente una disminución de la masa activa. De esta forma, concurrirán las siguientes circunstancias:

§ Pérdida de valor de los créditos entre empresas concursadas y participaciones. Tal y como consta en nuestro informe las sociedades son deudoras y acreedoras entre si, detentando igualmente una de ellas la totalidad de las participaciones sociales de su filial. En conclusión, la apertura de la liquidación supone una minusvaloración del activo.

§ Maquinaria e instalaciones: Igualmente, no puede orillarse que la mayoría de maquinaria tienen un valor en el estado actual y como elementos fijos de la nave. Su venta en liquidación supondría la necesidad de desmontar todos estos elementos con el coste, y por ende la pérdida de valor que ello supondría. En el caso de instalaciones, la mayoría son elementos fijos inseparables de los inmuebles por lo que su valor se depreciará igualmente.

§ Existencias: Igualmente, el cese la actividad supondría una pérdida de valor de las existencias, y ello en tanto en cuanto la venta de materia primas, productos semiterminados y terminados, se realizaría de forma individual con la merma que ello supondría.

(ii) Nacimiento de créditos contra la masa: La apertura de liquidación y cese en la actividad, supondría el nacimiento de una cantidad muy importante de créditos contra la masa: Despidos y finiquitos (en el caso de los trabajadores), proveedores (debe satisfacerse el resto de pagos comprometidos frente a terceros), honorarios de profesionales (la liquidación se alargará al menos un año) etc...........

4.5.- PAGO DE LOS CRÉDITOS MASA

En el caso de venta de la Unidad productiva en los términos planteados se pagarían la totalidad de los créditos contra la masa, la totalidad de laos créditos que ostenta la TGSS y gran parte de los créditos laborales dada la asunción expresa por parte de ésta.

Ante este escenario, y ante la inseguridad de lo que ocurrirá en el caso de liquidación, esta administración concursal no puede más que valorar positivamente la oferta de compra de unidad productiva, interesando la autorización por parte del juzgado.

QUINTO.- CONTENIDO DEL AUTO

Esta administración concursal considera que el AUTO que apruebe la venta de la Unidad Productiva deberá contener los siguientes pronunciamientos:

- Que la sucesión de empresas a "efectos laborales y de Seguridad Social" solo es predicable respecto de los contratos de trabajo en vigor en los que se subroga el adquirente, no así respecto de las deudas laborales y de la seguridad social que la concursada pudiera tener o haber tenido en el pasado frente al resto de trabajadores no subrogados.
- Que el adquirente no asume deudas concursales y contra la masa salvo aquellas a cuyo pago se hubiera voluntariamente comprometido.
- Que el adquirente no asume deudas que la concursada pudiera tener con otros organismos públicos, como la AEAT, salvo aquellas a cuyo pago se hubiera voluntariamente comprometido.
- Que el adquirente renuncia expresamente a los derechos de saneamiento y evicción referidos a los activos que adquiere.
- Que renuncia igualmente a cualquier acción frente a la administración concursal, en relación con el volumen de existencias o valor asignado a las mismas.
- Que la administración concursal en ningún caso responde ni de la existencia de los créditos que se adquieren ni de su solvencia.
- Que el adquirente ha analizado en profundidad la composición del activo y pasivo de la sociedad, sin que pueda reclamar a la administración concursal en el futuro por la aparición de pasivos ocultos.

En su virtud,

SUPLICA AL JUZGADO, que teniendo por presentado en tiempo y forma el presente escrito sea aceptado, atendida la Providencia de fecha .... de .... de..........., y tenga por INFORMADA FAVORABLEMENTE, con los pronunciamientos que expresamos en el punto anterior, la venta de unidad productiva de...........*SL*, y de...........SA, interesando que de conformidad con lo dispuesto en el artículo 216.2 del TRLC, a que proceda A AUTORIZAR LA VENTA de la unidad productiva reseñada en el cuerpo de nuestro escrito.

………… a ………… de septiembre de…………

F339. ESCRITO DE LA ADMINISTRACIÓN CONCURSAL EVALUANDO OFERTA DE COMPRA DE UNIDAD PRODUCTIVA (II)

AL JUZGADO DE LO MERCANTIL N°……………. DE ………….

Proc. Concursal Ordinario

Autos ……………………

……………………, en representación de…………………………………………, SLP, Administrador Concursal designado en el procedimiento de Concurso Ordinario Voluntario de las deudoras Dª………………… y Dª………………… que con el número…………………… se tramita ante ese Juzgado, comparece ante el mismo y como mejor proceda en Derecho, DICE:

Que mediante el presente escrito, de conformidad al requerimiento efectuado por Auto de fecha 5 de junio de 2024, se viene a presentar Informe de Evaluación de Adquisición de la Unidad Productiva previsto en el artículo 224bis2° del TRLC, referido a la Oferta de Adquisición formulada por D……………………

Se acompaña el citado Informe como DOCUMENTO N° 1.

En virtud de lo expuesto,

SUPLICA AL JUZGADO, que teniendo por presentado este escrito se digne admitirlo, unirlo al expediente de su razón y se tenga por presentado el Informe de Evaluación previsto en el artículo 224bis2° del TRLC, con respecto a la Oferta de Adquisición formulada por D……………………

En………………, a………………

Fdo……………………

en representación de…………………………………………, SLP

ADMINISTRACIÓN CONCURSAL

Informe de Evaluación de la Oferta

de Unidad Productiva

presentada por

D……………………

I. ANTECEDENTES

Mediante escrito de fecha ....de 2024, Dª...................... y Dª......................, solicitaron la declaración de concurso voluntario, al encontrarse en un estado de insolvencia, al no poder cumplir regularmente sus obligaciones exigibles.

Junto a la solicitud, se acompañó, además de la documentación preceptiva, una oferta de adquisición de Unidad Productiva suscrita por D.......................

Mediante Auto dictado en fecha 5 de junio de 2024 por el Juzgado de lo Mercantil nº..... de ....se declara el concurso voluntario de acreedores de la sociedad instante, hallándose el procedimiento en fase común.

A fecha de emisión del presente Informe de Evaluación, esta Administración Concursal ha podido constatar que la oferta de D...................... no ha sido publicada en el Registro Público Concursal, por lo que, no se ha iniciado el plazo de quince días previsto en el apartado 9 del artículo 224bis del TRLC, para que cualquier interesado pueda presentar propuesta vinculante alternativa, de conformidad con lo previsto en el artículo 224bis.2 del TRLC.

II. DEL INFORME DE EVALUACIÓN DE LA AC

En el Auto de declaración de concurso se confiere a la Administración Concursal el plazo de quince días a contar desde la aceptación del cargo para emitir Informe acerca de la bondad de la oferta presentada.

El mismo plazo de quince días se concede a los acreedores que se personen para que puedan formular observaciones a la oferta presentada junto con la solicitud, así como para que cualquier interesado pueda formular oferta alternativa.

No consta a esta Administración Concursal oferta u ofertas alternativas, sin perjuicio de que, como se ha expuesto en el punto anterior, a esta fecha cualquier eventual interesado todavía estaría en plazo para ello.

En consecuencia, con ello, se entiende, que no habiendo precluido el plazo previsto en el apartado 4, en relación con el apartado 9, ambos del artículo 224bis del TRLC, se continúa en plazo para que los acreedores formulen eventuales observaciones a la oferta o para que cualquier interesado pueda formular oferta alternativa.

El presente Informe se refiere, por tanto, a la oferta presentada por D.......................

III. DE LA OFERTA PRESENTADA JUNTO A LA SOLICITUD DE CONCURSO POR D.......................

3.1 IDENTIFICACIÓN DEL OFERENTE E INFORMACIÓN SOBRE LOS MEDIOS HUMANOS Y TÉCNICOS A SU DISPOSICIÓN

En la oferta (condición primera) se resume la identidad del oferente, manifestando que la oferta la realiza D......................, mayor de edad, que posee el título oficial de Licenciado en Farmacia, que está debidamente colegiado en el Colegio Oficial de Farmacéuticos de .... y que no realiza ninguna actividad incompatible con el ejercicio profesional que supone ser titular de una oficina de farmacia.

A los efectos previstos en el artículo 244bis.1 del TRLC, el ofertante manifiesta que asume la obligación de continuar la actividad de la unidad productiva por un mínimo de tres años, si bien la vocación es la de continuidad indefinida.

3.2 PERÍMETRO DE LA OFERTA

En el punto segundo de la oferta presentada, se delimita por parte del oferente el perímetro de la unidad productiva a adquirir.

El perímetro de la unidad productiva lo formarían los activos de las concursadas, así como el personal y los contratos expresamente indicados por el oferente:

a) Activos

Inmovilizado

Se adquiere el inmueble propiedad de la concursadas consistente en un local comercial sito en.........................., así como, la totalidad de las instalaciones existentes, mobiliario, equipos y soportes informáticos, enseres, maquinaria y elementos integrantes y anexos a la farmacia no inmuebles, destinados a la explotación y ubicados en el local titular de la farmacia.

Existencias

Se adquirirán a su valor de coste calculado mediante inventario del día anterior al otorgamiento de la escritura pública, hasta un valor máximo de cincuenta y cinco mil treinta y tres euros. Asimismo, en la oferta se indica el método de valoración de las mismas, así como aquellas que quedan fuera de la transmisión por caducidad, descatalogación, roturas o daños...etc.

b) Personal

El oferente se compromete al mantenimiento de 1 puesto de trabajo, el cual se detalla en su oferta, subrogándose en el mismo.

c) Contratos, derechos, permisos...etc.

Se incluye:

1. Los derechos de continuación del referido negocio farmacéutico.

2. Los derechos y obligaciones de los contratos de suministro corrientes de agua, electricidad, gas, telefonía y conexión a internet y las pólizas de seguro.

3. Las licencias, titularidades y autorizaciones administrativas de cualquier tipo afectas a la continuidad de la actividad profesional/empresarial, al continuarse la actividad en las mismas instalaciones. Se deberá tramitar el correspondiente expediente de transmisión ante la Administración Sanitaria correspondiente.

Asimismo, el oferente solicita expresamente que:

1. La adquisición del bien inmueble se realizará sin subsistencia de las cargas, gravámenes y garantías que puedan estar constituidas.

2. Se excluirán del perímetro de adquisición los elementos en renting, leasing o cualquier otra naturaleza que suponga una deuda, si no se cancelara con anterioridad a la escritura pública de compraventa.

Por último, en el punto séptimo de la oferta, por parte del oferente se realizan las siguientes declaraciones, compromisos y condiciones de la oferta:

– Declara expresamente que todos los tributos y gastos relativos a la adjudicación o venta e inscripción en registros públicos serán a su cargo, excluidas las que corresponda de carácter personal de las ganancias patrimoniales a la/s concursada/s.

– Declara que es conocedor de la normativa reguladora de la actividad económica desarrollada en la unidad productiva de la oficina de farmacia y de que es responsabilidad suya el cumplimiento de cualquier requisito técnico, de seguridad o financiero exigido por la autoridad administrativa competente.

– Quedan obligadas la/s concursadas o la Administración Concursal a suscribir cuantos documentos públicos o privados sean precisos, así como a iniciar o seguir cuantos procedimientos, gestiones o actuaciones sean necesarios para procurar la plena eficacia y consumación de la transmisión, dentro de los plazos al efecto establecidos y de acuerdo con la normativa aplicable. En particular, con lo dispuesto en el artículo 26 de la Ley 6/98 de Ordenación Farmacéutica de la Comunidad Valenciana.

3.3 PRECIO TOTAL DE LA OFERTA

El precio de la adquisición de la unidad productiva es de ....€), no estando sujeta la operación a IVA, de conformidad con el artículo 7 de la Ley del IVA. Este precio se regularizará al alta o a la baja, de conformidad con el valor de las existencias que realmente se transmitan.

El desglose del precio se aporta como anexo a la oferta, siendo el siguiente:

....

La forma de pago será la siguiente:

– ....€, mediante depósito ya consignado en la cuenta bancaria de las concursadas.

– ....€, mediante ingreso en la cuenta de consignaciones del Juzgado que conoce el concurso o en la que, en su caso, designe la Administración Concursal abierta a nombre de las concursadas, en el momento de otorgarse la escritura pública de compraventa.

Se indica por parte del ofertante que se reserva el derecho de efectuar la retención de precio que corresponda para el caso de que el Juez del concurso acuerde la asunción de todo el pasivo laboral derivado de la antigüedad de la plantilla para causa objetivas o que la trabajadora incluida dentro del perímetro de adquisición decidiera continuar prestando sus servicios.

3.4 INCIDENCIA DE LA OFERTA SOBRE LOS TRABAJADORES

La oferente plantea la subrogación de 1 trabajador (de los 3 existentes), asumiendo las mismas condiciones laborales y económicas que ostenta en la actualidad.

En la oferta se detalla como anexo la identidad del trabajador incluido en la oferta, así como de los excluidos, siendo los siguientes:

....

IV. DE LOS MÉTODOS PARA DETERMINAR EL VALOR DE LA UNIDAD PRODUCTIVA

En el presente caso, para la valoración de la unidad productiva se debe valorar el fondo de comercio de la oficina de farmacia.

Esta valoración puede realizarse:

a) Método del multiplicador: en el sector de las farmacias existe una metodología de cálculo del valor que consiste en multiplicar las ventas del último ejercicio por un factor.

b) Valor mínimo de una licencia: en algunas zonas geográficas, dada la demanda de licencias, existe un valor mínimo de transmisión, al existir la facilidad del traslado de dicha licencia a otras ubicaciones.

En el presente procedimiento, se va a realizar la valoración mediante el método del multiplicador, al considerar que en la zona geográfica donde se ubica la oficina de farmacia no hay una alta demanda de licencias.

Para poder llevar a cabo esta valoración, y ante el momento procesal en el que se encuentra el procedimiento concursal, en el que aún no se ha elaborado el Informe del artículo 290 del TRLC, la información y documentos utilizados han sido los siguientes:

– Modelos 184 de los ejercicios ....: declaraciones informativas anuales presentadas ante la Agencia Estatal de la Administración Tributaria de las entidades en régimen de atribución de rentas.

– Documentación acompañada a la solicitud de concurso.

De conformidad con los modelos 184 presentados y tal y como se indica en la memoria adjunta a la solicitud de concurso, las ventas de la oficina de farmacia de dichos ejercicios son las siguientes:

	....	....	....
INGRESOS	.... €	.... €	.... €

Tal y como se ha indicado, para obtener el precio de venta de una farmacia, se utiliza un multiplicador a la facturación anual del negocio, siendo un multiplicador aceptado entre el 1,5 y el 2.

A través de los anuncios de venta de farmacias obtenidos de, ...se han obtenido los siguientes multiplicadores:

....

4.1 CONCLUSIONES SOBRE LA VALORACIÓN

La valoración por la unidad productiva de Dª..................... y Dª....................., consistente en una oficina de farmacia, a través del método del multiplicador y teniendo en cuentas las ventas del ejercicio ...., nos da un rango de valor entre ....€ y ....€.

A criterio de esta Administración concursal, la valoración es más acorde al ....€, pues los ingresos del ejercicio .... no son representativos de los ingresos que puede alcanzar la farmacia de no encontrarse en la situación financiera que le ha obligado a solicitar el concurso de acreedores. Prueba de ello es que en los ejercicios anteriores la cifra de ventas ha sido superior.

V. CONCLUSIONES

Para valorar la oferta por la unidad productiva recibida, hay que advertir que prácticamente la totalidad de los bienes que forman el perímetro de la unidad productiva se encuentran gravados por hipoteca inmobiliaria —en el caso del local comercial— e hipoteca mobiliaria —en el caso de negocio— formalizada con la entidad.......................

Este acreedor todavía no ha comunicado sus créditos al concurso, estando en plazo para hacerlo, cuantificándose la deuda pendiente en la relación de acreedores aportada junto con la solicitud de concurso en ....€ y teniendo este crédito la clasificación de privilegio especial de conformidad con el artículo 270.1° de Texto Refundido de la Ley Concursal.

Y de conformidad con el artículo 214.1.1° párrafo segundo del TRLC, es necesario el consentimiento del acreedor con privilegio afectado por la transmisión de bienes y derechos incluidos en una unidad productiva que se encuentran afectos a privilegio especial, cuando la venta se realice sin subsistencia de la garantía y en el caso de que el valor a percibir no cubra la garantía, como es el caso que nos ocupa.

Tras todo lo expuesto, se concluye que se debe emitir INFORME FAVORABLE respecto de la oferta de compra de la Unidad Productiva presentada por D....................., siempre y cuando se obtenga el consentimiento de la entidad ....y sea la mejor oferta tras el plazo para realizar alegaciones y mejoras a la misma, plazo que todavía no se ha iniciado.

F340. ESCRITO DE LA ADMINISTRACIÓN CONCURSAL EVALUANDO OFERTAS DE COMPRA DE UNIDAD PRODUCTIVA ALTERNATIVAS A LA PRESENTADA CON LA DEMANDA DE CONCURSO

Normativa de aplicación: *Arts. 105 y ss. Real Decreto Legislativo 1/2020, de 5 de mayo, por el que se aprueba el texto refundido de la Ley Concursal.*

AL JUZGADO DE LO MERCANTIL Nº ..... DE ......

sede en ......

Proc. Concursal Ordinario

Autos...

.... en representación de..., SLP, Administrador Concursal designado en el procedimiento de Concurso Ordinario Voluntario de...................................... y....................................... que con el número.. se tramita ante este Juzgado, comparece ante el mismo y como mejor proceda en Derecho, DICE:

Que mediante Providencia de fecha ....de 2024, notificada a esta parte el 2 de septiembre del mismo año, se da traslado del Informe de Evaluación de Adquisición de Unidad Productiva presentado por esta Administración Concursal y del escrito presentado por ....acompañando nueva oferta o propuesta vinculante para que, en el plazo de cinco días, se emita informe de evaluación.

Que mediante el presente escrito se viene a dar cumplimiento al requerimiento efectuado por la citada providencia, en el plazo conferido al efecto, acompañándose como DOCUMENTO Nº 1 informe de evaluación.

En virtud de lo expuesto,

SUPLICA AL JUZGADO, que teniendo por presentado este escrito, se digne admitirlo, unirlo al expediente de su razón y se tenga por cumplido el requerimiento efectuado mediante providencia de fecha ....de 2024, notificada a esta parte el 2 de septiembre del mismo año, y por presentado el informe de evaluación que se acompaña.

En ...., a ....

Fdo...

en representación de...
...., SLP

ADMINISTRACIÓN CONCURSAL

Informe de Evaluación de

las Ofertas de Unidad Productiva

alternativas presentadas

I. ANTECEDENTES

Que junto con la solicitud de concurso de acreedores de las deudoras se presentó oferta de adquisición de la Unidad Productiva suscrita por D ....

Con fecha ....de 2024, esta Administración Concursal presentó Informe favorable de Evaluación de dicha oferta, siempre y cuando se obtuviera el consentimiento de la entidad ....como acreedor privilegiado, ex artículo 214.1.1° del TRLC, y que fuera la mejor tras el plazo de alegaciones y mejoras a la misma, plazo que todavía no se había iniciado.

Que una vez finalizado el plazo de quince días previsto en el apartado 9 del artículo 224bis del TRLC, para que cualquier interesado pueda presentar propuesta vinculante alternativa, de conformidad con lo previsto en el artículo 224bis.2 del TRLC, se han recibido cuatro ofertas de adquisición por la unidad productiva de las deudoras.

Que mediante providencia de fecha ....de 2024, notificada a esta parte el ....del mismo año, se ha requerido informe de evaluación, de conformidad con el artículo 224bis.4 del TRLC.

Que, asimismo, en plazo establecido, se han recibido en el correo electrónico habilitado para la tramitación del procedimiento, distintas ofertas por la unidad productiva que también van a ser analizadas en el presente Informe.

II. DE LAS OFERTAS ALTERNATIVAS PRESENTADAS

A continuación, se van a resumir los aspectos más relevantes de cada una de las ofertas alternativas presentadas.

OFERTA SUSCRITA POR D. ....

Oferta recibida por correo electrónico y presentada en el Juzgado.

En el punto segundo de la oferta presentada se resume la identidad del oferente, manifestando que la oferta la realiza D........................, mayor de edad, que posee el título oficial de Licencia en Farmacia y se encuentra debidamente colegiado con el número ....del Ilustre Colegio de Farmacéuticos de.......................

A los efectos previstos en el artículo 244bis.1 del TRLC, el ofertante manifiesta que asume la obligación de continuar la actividad de la unidad productiva por un mínimo de tres años.

En el tercer punto de la oferta se delimita el perímetro de la unidad productiva a adquirir, siendo:

– Finca de................................

– Establecimiento mercantil destinado a Oficina de farmacia nscrita en el Registro de Bienes Muebles de.........................

– Totalidad de medios de explotación destinados al negocio de farmacia, como son las instalaciones, el mobiliario, los equipos informáticos y soportes informáticos, enseres, maquinaria y elementos integrantes, así como anexos a la farmacia no inmuebles ubicados en el local donde se localiza la misma.

– Las existencias.

– Derechos y obligaciones: contratos existentes de suministro de agua, electricidad, gas, telefónica y conexión a internet; pólizas de seguro afectas a la actividad; licencias de actividad.

– Subrogación en el contrato de trabajo vigente de uno de los trabajadores (.........................)

D ....ofrece por la unidad productiva de las concursadas el importe de ....€, cuyo desglose y forma de pago es el siguiente:

– Asunción de la carga hipotecaria que recae sobre la finca registral .... y el establecimiento mercantil hasta la cantidad de.......................

– Existencias: ....€, sin perjuicio de lo que finalmente resulte del inventario a realizar.

La oferta presentada cuenta con el consentimiento expreso del acreedor privilegiado...................., quien ha presentado la oferta ante este Juzgado mediante escrito de fecha ....de 2024.

OFERTA SUSCRITA POR D...............................

Oferta recibida por correo electrónico.

En el punto segundo de la oferta presentada se resume la identidad del oferente, manifestando que la oferta la realiza D......................, mayor de edad, que posee el título oficial de Licencia en Farmacia y no realiza ninguna actividad incompatible con el ejercicio profesional que supone ser titular de una oficina de farmacia.

A los efectos previstos en el artículo 244bis.1 del TRLC, el ofertante manifiesta que asume la obligación de continuar la actividad de la unidad productiva por un mínimo de tres años.

En el tercer punto de la oferta se delimita el perímetro de la unidad productiva a adquirir, siendo:

– Local de oficina de farmacia sito en........................

– Establecimiento mercantil destinado a Oficina de Farmacia inscrita en el Registro de Bienes Muebles de...........................

– Totalidad de medios de explotación destinados al negocio de farmacia, como son las instalaciones, el mobiliario, los equipos informáticos y soportes informáticos, enseres, maquinaria y elementos integrantes, así como anexos a la farmacia no inmuebles ubicados en el local donde se localiza la misma.

– Las existencias.

– Derechos y obligaciones: contratos existentes de suministro de agua, electricidad, gas, telefónica y conexión a internet; pólizas de seguro afectas a la actividad; licencias de actividad y demás autorizaciones administrativas locales, y cualquier otra licencia, autorización, permiso o certificado necesario para la actividad.

– Subrogación en el contrato de trabajo vigente de uno de los trabajadores (.....................)

D ....ofrece por la unidad productiva de las concursadas el importe de 1.750.000,00 €, cuyo desglose es el siguiente:

– Finca registral nº ....: .... €.

– Establecimiento mercantil con instalaciones, mobiliario y equipo informático: ....€.

– Existencias: ....€, sin perjuicio de lo que finalmente resulte del inventario a realizar. Si el importe de las existencias fuese inferior a ....€ se repartirá el sobrante de forma proporcional al inmueble y al establecimiento mercantil.

El importe se pagará en el momento de la firma de la escritura de transmisión de la unidad productiva.

La oferta es sin subsistencia de garantías, por lo que, se solicita por parte del ofertante la conformidad del acreedor privilegiado.

OFERTA SUSCRITA POR D ....

Oferta recibida por correo electrónico y presentada en el Juzgado.

En el punto primero de la oferta presentada se resume la identidad del oferente, manifestando que la oferta la realiza D......................, mayor de edad, que posee el título oficial de Licencia en Farmacia y que se encuentra inscrito en el Colegio Oficial de Farmacéuticos de ....con el número de colegiado ....

A los efectos previstos en el artículo 244bis.1 del TRLC, el ofertante manifiesta que asume la obligación de continuar la actividad de la unidad productiva por un mínimo de tres años.

En el tercer punto de la oferta se delimita el perímetro de la unidad productiva a adquirir, siendo:

– Inmovilizado inmaterial: constituido por aplicaciones informáticas, licencias, permisos, autorizaciones, etc. así como el fondo de comercio.

– Inmovilizado material: se incluyen instalaciones, mobiliario, maquinaria, equipos para proceso de información, y el inmueble sito en.....................

– Contratos: subrogación en los contratos de suministros referidos al agua, gas, electricidad, telefonía, servicios de internet y cualquier otro necesario para la continuidad de la actividad.

– Subrogación en todos los contratos de trabajo vigentes, 3 trabajadores.

D ....ofrece por la unidad productiva de las concursadas el importe de ....€, cuyo pago se realizará mediante la entrega de cheque bancario en el momento de formalización de la escritura pública de compraventa.

OFERTA SUSCRITA POR D ....

Oferta recibida por correo electrónico.

La oferta la remite Dª ....en nombre de D..............., Licenciado en Farmacia.

No se realiza ninguna manifestación a los efectos previstos en el artículo 244bis.1 del TRLC.

Se delimita el perímetro de la unidad productiva a adquirir, siendo:

– Fondo de comercio

– Local

– Existencias

– Subrogación en el contrato de trabajo vigente de uno de los trabajadores.

D ....ofrece por la unidad productiva de las concursadas el importe de ....€, cuyo desglose es el siguiente:

– Fondo de comercio: ....€.

– Local: ....€.

– Existencias: ....€.

III. CONCLUSIONES

Tras el análisis de las cuatro ofertas alternativas presentadas en el plazo conferido al efecto de conformidad con los artículos 224.bis2 y 224.bis9 del TRLC, podemos concluir que los cuatro oferentes se han identificado correctamente, siendo todos ellos Licenciados en Farmacia y las cuatro ofertas incluyen en el perímetro de la unidad productiva prácticamente los mismos elementos, así como los mismos contratos administrativos y licencias. La diferencia entre ellas radica en el número de trabajadores a subrogar y en el precio ofertado.

En cuanto al número de trabajadores a subrogar, únicamente una de las ofertas se subrogará en la totalidad de la plantilla —3 trabajadores— mientras que el resto se subrogará en uno.

Así pues, la diferencia entre las ofertas en relación con la resolución de los contratos existentes y vinculados a la unidad productiva es la resolución de 2 contratos de trabajo o de ninguno. El importe aproximado en que se vería aumentada la masa pasiva con la resolución de dos contratos de trabajo sería de aproximadamente 13.000,00 €. Este importe correspondería a la indemnización generada por el despido objetivo de dos de los tres trabajadores.

También debemos tener en cuenta el efecto sobre la masa pasiva que se produce por el pago de deudas con el precio ofertado, es decir, la reducción de la masa pasiva.

Así, el efecto total sobre la masa pasiva sería la diferencia entre el incremento o no que se produce por la resolución de contratos, y la reducción que se produce por el pago de deudas con el importe ofertado:

EFECTO s/MASA PASIVA

(incremento por resolución contratos) EFECTO s/MASA PASIVA

(reducción por precio ofertado)

EFECTO TOTAL s/ masa pasiva

Oferta D. .... +.....................€ -......................€ -.................
....€

Oferta D. .... +.................... € -.................... € -.................... €

Oferta D. .... +.................... € -.................... € -.................... €

Oferta D. .... +.................... € -.................... € -.................... €

El efecto sobre la masa activa de la resolución de dos de los contratos de trabajo es nulo.

Como puede observarse, en el presente caso, para establecer cuál es la oferta que resulta más ventajosa para el interés del concurso, se debe comparar el precio ofertado, pues el efecto de la resolución de contratos es poco relevante para la toma de esta decisión. Y desde esta perspectiva, las mejores ofertas ....

F341. ESCRITO DE LA CONCURSADA ACEPTANDO OFERTA DE ADQUISICIÓN PRODUCTIVA Y APREMIANDO PARA LA AUTORIZACIÓN DE LA MISMA POR EL JUZGADO

Normativa de aplicación: *Arts. 216 y ss. Real Decreto Legislativo 1/2020, de 5 de mayo, por el que se aprueba el texto refundido de la Ley Concursal*

Concurso Ordinario.........../...........

AL JUZGADO DE LO MERCANTIL NÚM........... de...........

Doña..........., Procuradora de los Tribunales actuando en nombre y representación de las mercantiles........... SL y........... SA, según tengo acreditado en los autos de referencia que se siguen en el Juzgado de lo Mercantil Número........... de..........., ante este Juzgado comparezco y como mejor proceda en derecho DIGO:

PRIMERO.– Que por Providencia de fecha........... de........... de........... se tenía por presentada la oferta presentada por D........... en nombre y representación de........... S.L.U, en relación a la compraventa de las Unidades productivas de........... S.L.U, y........... S.A.U, y se daba traslado para que en plazo de CINCO DÍAS las partes formulasen alegaciones en relación a dicha oferta.

SEGUNDO.– Que por medio del presente escrito esta parte muestra su conformidad y aceptación de la referida oferta conjunta en los íntegros términos de la misma, a los cuales nos remitimos, por entender en primer lugar que la misma garantiza la continuidad tanto de la actividad empresarial, como de los puestos de trabajo de las unidades productivas de mis mandantes, y en segundo lugar, porque la misma cumple con lo previsto por la ley y responde al interés del concurso.

No sólo lo anterior, sino que, además, la referida oferta conjunta cuenta con el apoyo de los trabajadores de ambas concursadas, tal y como resulta del Acta de acuerdo de la representación legal de los trabajadores de las concursadas en la que se refleja la aceptación y apoyo a la referida oferta de adquisición, la cual ha sido aportada y consta ya en los presentes autos.

TERCERO.– Igualmente sirva el presente escrito para comunicar y trasladar las dificultades económico-financieras que atraviesan mis mandantes, incluyendo las habituales tensiones de tesorería propias y agravadas por la situación concursal, dificultades estas que podrían impactar en las unidades productivas objeto de las ofertas recibidas y comunicadas a esta parte imposibilitando su enajenación.

Por todo ello se ruega a este Juzgador al que respetuosamente nos dirigimos, que en la medida de lo posible, y si así lo estima conveniente, se agilice la tramitación, sustanciación y aprobación de la referida oferta conjunta, ello en aras al interés del concurso.

En su virtud,

SUPLICO AL JUZGADO que tenga por presentado este escrito, se sirva admitirlo y tenga por efectuadas las manifestaciones contenidas en el mismo resolviendo conforme a lo solicitado.

En........... a.........../.........../...........

Fdo. .... Fdo...........
Abogado Procuradora

F342. CONTRATO DE COLABORACIÓN ENTRE CONCURSADA Y TERCERO INTERESADO EN OFERTAR POR UNIDAD PRODUCTIVA EN ORDEN A FACILITAR LA COMPRA DE MATERIAS PRIMAS POR LA PRIMERA

CONTRATO DE COLABORACIÓN

..........., a .... de........... de...........

De una parte,........... S.L., con CIF..........., domicilio social en........... (...........), inscrita en el Registro Mercantil de la provincia al tomo..........., folio ...., hoja ...., representada en este acto por D..........., con DNI ...., en virtud de su cargo de administrador único según escritura de constitución autorizada por el notario de...........), D..........., el día .... de........... de..........., bajo el nº .... de su protocolo. En adelante, el CESIONARIO.

Y de otra parte,........... S.L., con CIF..........., domicilio social en........... (...........), s/n, e inscrita en el Registro Mercantil de la provincia al tomo..........., libro..........., folio ...., hoja ...., representada en este acto por D..........., con DNI..........., en virtud de su cargo de representante del administrador único,........... S.A., según escritura autorizada por el notario de..........., D..........., el día ..../.........../..........., bajo el n° .... de su protocolo, y, además, por D..........., con DNI..........., en virtud de su cargo de administrador concursal designado por auto de fecha .... de........... de........... dictado por el Juzgado de lo Mercantil n° .... de........... en el procedimiento n°.........../........... En adelante, el CEDENTE.

Las partes, reconociéndose mutuamente y teniendo la capacidad legal para este acto,

EXPONEN

I. Que........... S.L. es una empresa cuya principal actividad es la fabricación y compraventa de ceras abrillantadoras, fungicidas, insecticidas y otros productos análogos destinados al tratamiento de productos agrícolas.

II. Que........... S.L., por su situación de insolvencia, ha sido declarada en concurso de acreedores por auto de fecha........... de........... de........... dictado por el Juzgado de lo Mercantil n°........... de........... en el procedimiento n°.........../..........., de forma que, según manifiesta su órgano de administración, no tiene actualmente recursos para mantener su actividad.

III. Que........... S.L.U. está estudiando presentar, dentro del procedimiento concursal, una oferta de compra de la unidad productiva de........... S.L., la cual estará supeditada, entre otras condiciones, al mantenimiento de la actividad de la concursada.

IV. Que, con el fin de mantener la actividad de........... S.L. hasta, en su caso, la presentación y aprobación judicial de la oferta de compra de unidad productiva por parte de........... S.L.U., en fecha de hoy, las partes han formalizado contrato marco de cesión de créditos a tipo de interés cero, cuyo contenido dan por reproducido.

V. Que, con el mismo fin de mantener la actividad de........... S.L. y como complemento del contrato de financiación anteriormente referido de cesión de créditos, dada la dificultad o imposibilidad de........... S.L. de acceder a determinados proveedores por su situación concursal y la elevada deuda que mantiene con ellos, las partes formalizan el presente contrato que otorgan con arreglo a las siguientes

CLÁUSULAS

PRIMERA:........... S.L. comunicará a........... S.L. las materias primas y otros productos imprescindibles para el mantemiento de su actividad comercial que no pueda comprar por sus propios medios.

.... S.L., directamente o a través de su matriz........... S.A., intentará, sin carácter vinculante, comprar las materias primas y productos comunicados para revenderlas a........... S.L.

SEGUNDA: El precio de la reventa a........... S.L. de las materias primas y productos efectivamente comprados sería igual al precio de compra soportado por........... S.L.

o........... S.A., incrementado en un DIEZ POR CIENTO (10%) en concepto de gastos de gestión y/o transporte.

TERCERA: El presente contrato no tiene carácter de exclusiva, de forma que........... S.L. podrá comprar materias primas y productos a los proveedores que acepten sus pedidos.

CUARTA:........... S.L. o........... S.A. deberá emitir y entregar a........... S.L. las correspondientes facturas y albaranes en concepto de la reventa de las materias primas y productos comunicados conforme a lo pactado en este contrato, junto con copia de las facturas y albaranes emitidas por los proveedores contra........... S.L. o........... S.A. en concepto de la compra de las materias primas y productos comunicados.

A la extinción del presente contrato, las partes efectuarán la liquidación de las cuentas mantenidas, según resulte de su contabilidad.

QUINTA:........... S.L. y/o........... S.A. asume el riesto de impago de las facturas emitidas contra........... S.L. en concepto de la reventa de las materias primas y productos comunicadas que pueda derivarse de la situación concursal de........... S.L., al estar sujeto su pago al orden de prelación establecido en la vigente Ley Concursal.

SEXTA: La duración del presente contrato es hasta el 30 de septiembre de...........

Finalizado este plazo, el contrato sólo se entenderá prorrogado mediante acuerdo escrito de las partes.

SÉPTIMA: El importe máximo de compras de materias primas y productos a efectuar durante la vigencia del presente contrato por........... S.L. y/o........... S.A. para su reventa a........... S.L. es de........... EUROS (........... €), pero sin que exista obligación de agotar el citado importe, ya que........... S.L. y/o........... S.A. tendrá libertad para comprar o no las materias primas y productos comunicados por........... S.L.

OCTAVA: Las partes podrán resolver el presente contrato en caso de incumplimiento de cualquiera de las obligaciones establecidas en este contrato y en caso de disolución, liquidación o cese de la actividad de cualquiera de las partes.

Todos los gastos judiciales o extrajudiciales que puedan originarse como consecuencia de reclamación por incumplimiento de las obligaciones establecidas en este contrato o por la resolución del mismo serán a cargo de la parte contratante que hubiere dado origen a los mismos.

NOVENA: Todas las comunicaciones y notificaciones que deban realizarse las partes en virtud de este acuerdo deberán efectuarse, sin perjuicio de otros medios que acrediten la fehaciencia de la comunicación o notificación, por correo electrónico a las siguientes direcciones:

Cedente:

...........@........... (...........)

...........@........... (...........)

Cesionario:

...........@........... (...........)

...........@........... (...........)

DECIMA: Las partes, con renuncia expresa a su fuero propio si lo tuvieran, se someten expresamente al de los juzgados y tribunales de la ciudad de........... para el conocimiento y resolución de cualquier controversia que pudiera surgir en orden a la interpretación o ejecución del presente contrato.

Y, para que conste, las partes firman el presente documento en el lugar y fecha indicados en el encabezamiento.

Fdo........... Administrador único de........... S.L.U.

Fdo. .... Representante del Administrador único,........... S.A., de........... S.L.U.

Fdo........... Administrador Concursal de........... S.L.U.

F343. ESCRITO DE LA ADMINISTRACIÓN CONCURSAL SOLICITANDO AUTORIZACIÓN PARA LA VENTA DE UNA UNIDAD PRODUCTIVA

Normativa de aplicación: *Arts. 215 y ss. Real Decreto Legislativo 1/2020, de 5 de mayo, por el que se aprueba el texto refundido de la Ley Concursal.*

JUZGADO MERCANTIL ....

CONCURSO ORDINARIO (CNO)....................

....................., S.L.

...., S.L.

....................., S.L.

....................., S.L.

AL JUZGADO DE LO MERCANTIL Nº 1 DE.....................

....................., Administrador Concursal designado en el procedimiento de Concurso Ordinario Voluntario de las entidades mercantiles....................., S.L.,..., S.L.,....................., S.L. y....................., S.L. que con el número..................... se tramita ante ese Juzgado, comparece ante el mismo y como mejor proceda en Derecho, DICE:

Que mediante el presente escrito venimos a solicitar AUTORIZACIÓN PARA LA VENTA DE LA UNIDAD PRODUCTIVA de las mercantiles....................., S.L.,..., S.L.,....................., S.L. y.....................,

S.L. a favor de la mercantil....................., S.L.U., dictándose Auto autorizando esta compraventa en los términos que se indicarán a continuación.

Que se ha recibido oferta por una única unidad productiva en cuyo perímetro se encuentran bienes, derechos, trabajadores, contratos, etc. de las cuatro sociedades concursadas....................., S.L.,..., S.L.,....................., S.L. y....................., S.L.

Que la presente solicitud se sustenta en las siguientes MANIFESTACIONES

ANTECEDENTES

Mediante Auto de fecha ....de 2024 se dictó la declaración de concurso de la entidad....................., S.L. Posteriormente, mediante Auto dictado el ....2024 se acordó la acumulación del expediente de concurso de acreedores número.................... de las mercantiles..., S.L.,....................., S.L. y....................., S.L. para su continuación en el seno de un único procedimiento. Por Auto de fecha 12 de julio de 2024 se dictó la declaración de concurso de las entidades..., S.L.,....................., S.L. y....................., S.L., siguiéndose junto con la entidad....................., S.L. con el número.....................

PRIMERO.– DE LA OFERTA RECIBIDA

Con fecha ....de 2024 se ha recibido oferta de compra de unidad productiva por correo electrónico.

Esta oferta ha sido presentada por la mercantil....................., S.L.U. Se acompaña la misma como DOCUMENTO Nº 1.

SEGUNDO.– DE LA CORRECCIÓN FORMAL DE LA OFERTA PRESENTADA

La oferta recibida por la unidad productiva de las concursadas cumple formalmente con los requisitos establecidos en el artículo 218 del TRCL.

Artículo 218.1° del TRLC. La identificación del oferente y la información sobre su solvencia económica y sobre los medios humanos y técnicos a su disposición

En las cláusulas primera y segunda de la oferta se identifica al oferente y se expone el plan de negocio desarrollado por el mismo para la unidad productiva a adquirir.

La sociedad es una filial participada al 100% por la sociedad.................... S.L., la cual es la cabecera del grupo..................... Este grupo industrial tiene sociedades filiales en .... etc. contando con más de treinta años de experiencia en el sector.

La voluntad del grupo es aumentar su capacidad productiva, de oficina técnica, montaje, ingeniería y comercial, aprovechando las capacidades y el know how de los profesionales de las concursadas.

Artículo 218.2° del TRLC. La determinación precisa de los bienes, derechos, contratos y licencias o autorizaciones incluidos en la oferta

En la cláusula tercera de la oferta se determina la composición o perímetro de la unidad productiva por las que se oferta, dividido en:

– Elementos patrimoniales: se adjuntan como anexos los inventarios de bienes y derechos de las concursadas facilitados por las propias sociedades.

– Elementos personales: se adjunta como anexo el listado de trabajadores en los que se subroga.

– Elementos contractuales: se detallan los contratos en los que expresamente se subrogará el ofertante y los que no.

Artículo 218.3° del TRLC. El precio ofrecido, las modalidades de pago y las garantías aportadas. En caso de que se transmitiesen bienes o derechos afectos a privilegio especial, deberá distinguirse en la oferta el precio que se ofrecería con subsistencia o sin subsistencia de las garantías.

La oferta distingue entre el precio neto y el valor económico total.

En cuanto al precio lo fija en ....euros (quince mil euros), mientras que el valor económico total asciende a ....€ € (tres millones seiscientos noventa y ocho mil trescientos dieciocho euros).

El desglose de ....€ es el siguiente:

1) Subrogación de la oferente en la totalidad de las plantillas actuales de las concursadas que relaciona en los anexos aportados, a excepción de un trabajador, siendo un total de 53. La contingencia laboral de la posible extinción de los contratos supone la cantidad aproximada de ....€ en....................., S.L., ...€ en....................., S.L., ...€ en....................., S.L. y 360.000,00 € en....................., S.L., es decir, de un total aproximado de ....euros.

2) Asunción de la deuda de la TGSS limitada a las plantillas laborales actuales (artículo 221 y 224.1.3° TRLC) que asciende a un total de ....euros.

3) Asunción de los créditos no cubiertos por el FOGASA limitado a las plantillas laborales actuales que se estima en ....€ euros.

4) Ejecución de las inversiones necesarias para garantizar y mejorar la continuidad de la actividad empresarial que asciende a un total de ....euros.

5) Sobrante o precio neto a favor de la masa activa: ....€.

En cuanto a la forma de pago, el precio neto a favor de la masa activa se abonará en unidad de acto a la firma del correspondiente contrato o escritura pública de adquisición de la unidad productiva mediante cheque bancario nominativo.

Artículo 218.4° del TRLC. La incidencia de la oferta sobre los trabajadores

El ofertante se subrogará en un total de 53 trabajadores.

Según se indica en la propia oferta, ésta ha sido remitida a los representantes de los trabajadores, los cuales han mostrado su conformidad, lo cual se acreditará por la ofertante en caso de ser necesario.

TERCERO.– DE LA POSICIÓN DE ESTA ADMINISTRACIÓN CONCURSAL ANTE LA OFERTA RECIBIDA

Si bien el concurso de acreedores de las mercantiles....................., S.L.,..., S.L.,......................... S.L. y......................., S.L. se encuentra en una fase inicial, sin haberse presentado el Informe de la Administración Concursal ni haberse solicitado la liquidación de las concursadas, la situación de éstas se ha visto muy deteriorada por la declaración en concurso de acreedores. Para llevar a cabo la actividad de las concursadas, se necesitan recursos, bien de entidades financieras, las cuales han cancelado la financiación prestada, bien de los clientes mediante anticipos, los cuales son reacios a realizarlos por la situación concursal.

Asimismo, es habitual la contratación de avales individualizados para cada proyecto a solicitud de los propios clientes, siendo imposible conseguirlos en estos momentos.

Estas circunstancias han hecho empeorar la situación de las concursadas al reducirse su actividad mercantil, vetando la posibilidad de poder proponer un convenio con sus acreedores.

Ante esta situación, y en aras de un posible empeoramiento de la misma, la solución de la venta de la unidad productiva resulta más ventajosa que una liquidación de bienes y derechos, pues:

– Permite continuar con la actividad empresarial que vienen desarrollando las concursadas y propia de sus objetos sociales.

– Evita la destrucción del tejido empresarial.

– Asegura el mantenimiento de los puestos de trabajo, lo que disminuirá considerablemente los costes sobre la masa en caso de tener que proceder a un despido por cese de actividad. En este caso concreto la continuidad de hasta 53 puestos de trabajo en los que se subrogaría el potencial comprador (de los 54 actuales, todos menos el director financiero).

Es por ello que esta Administración Concursal, mediante el presente escrito comunica la oferta recibida para su traslado a las partes en aras de una eventual mejora —ex artículo 518.2 del TRLC— y, solicita, en caso de no recibirse ninguna otra oferta que la mejore, autorización para la enajenación directa de la unidad productiva a favor de......................, S.L.U.

En virtud de lo expuesto,

SOLICITO AL JUZGADO, que se tenga por presentado este escrito junto con los documentos que lo acompañan, y, tras los trámites oportunos, se autorice la venta de la unidad productiva a favor de......................, S.L.

En......................, a ....

Fdo......................

ADMINISTRADOR CONCURSAL

F344. ACEPTACIÓN DE OFERTA DE UNIDAD PRODUCTIVA POR LOS TRABAJADORES

Normativa de aplicación: *Arts. 215 y ss. Real Decreto Legislativo 1/2020, de 5 de mayo, por el que se aprueba el texto refundido de la Ley Concursal.*

En ...., a..... de........... de ....

DE UNA PARTE, D. ....., titular del DNI .... con domicilio en ...., que interviene como representante de los trabajadores de la mercantil ...., S.L.

EXPONEN

I.– Que el Sr. .... es representante de los trabajadores de la mercantil .... S.L. la cual se halla en situación de concurso de acreedores que se tramita ante el Juzgado de lo Mercantil nº .... de Valencia con nº de procedimiento ....

II.– Que .... S.L. está interesada en adquirir la unidad productiva de .... S.L., estando interesada en la continuación de todos los trabajadores salvo en el de Don ...., y en los términos de la oferta por la adquisición de unidad productiva presentada por ...., SL ante el referido Juzgado Mercantil en fecha .... de .... de ...., por lo que

MANIFIESTA

ÚNICO.– Que previa la celebración de la correspondiente votación, la totalidad de los trabajadores de ...., S.L. dan su visto bueno y no se oponen a a la aprobación por este Juzgado de la oferta para la adquisición de unidad productiva presentada por ...., SL en las actuaciones de concurso voluntario ...., y en fecha .... de .... de .... Ello por las siguientes razones: ....

Y en prueba de conformidad con todo lo manifestado suscribe en nombre de la plantilla de ...., S.L. el presente documento.

F345. RECHAZO DE OFERTA DE UNIDAD PRODUCTIVA POR LOS TRABAJADORES

Normativa de aplicación: *Arts. 215 y ss. Real Decreto Legislativo 1/2020, de 5 de mayo, por el que se aprueba el texto refundido de la Ley Concursal.*

En Valencia, a..... de........... de ....

DE UNA PARTE, D. ....., titular del DNI .... con domicilio en ...., que interviene como representante de los trabajadores de la mercantil ...., S.L.

EXPONEN

I.– Que el Sr. .... es representante de los trabajadores de la mercantil .... S.L. la cual se halla en situación de concurso de acreedores que se tramita ante el Juzgado de lo Mercantil nº .... de Valencia con nº de procedimiento ....

II.– Que .... S.L. está interesada en adquirir la unidad productiva de .... S.L., estando interesada en la continuación de todos los trabajadores salvo en el de Don ...., y en los términos de la oferta por la adquisición de unidad productiva presentada por ...., SL ante el referido Juzgado Mercantil en fecha .... de .... de ...., por lo que

MANIFIESTA

ÚNICO.– Que previa la celebración de la correspondiente votación, la totalidad de los trabajadores de ...., S.L. no dan su visto bueno SE OPONEN Y RECHAZAN la autorización por este Juzgado de la oferta para la adquisición de unidad productiva presentada por ...., SL en las actuaciones de concurso voluntario ... y en fecha .... de .... de .... Ello por las siguientes razones: ....

Y en prueba de conformidad con todo lo manifestado suscribe en nombre de la plantilla de ...., S.L. el presente documento.

F346. ESCRITO AL JUZGADO DE LO MERCANTIL POR PARTE DE LOS REPRESENTANTES DE LOS TRABAJADORES ACEPTANDO/RECHAZANDO OFERTA DE UNIDAD PRODUCTIVA

Normativa de aplicación: *Arts. 215 y ss. Real Decreto Legislativo 1/2020, de 5 de mayo, por el que se aprueba el texto refundido de la Ley Concursal.*

AL JUZGADO DE LO MERCANTIL NÚM... DE ....

Don ..... (DNI...), Doña (.... DNI ...), Don ..... (DNI...), Doña (.... DNI ...) y Doña .... (DNI.....), en su condición de órgano de representación de los trabajadores de la sociedad .... S.L, comparecen ante este Juzgado y en el procedimiento concursal de la citada sociedad seguido bajo número de autos ....., y como mejor proceda en derecho DICEN:

I.– Quienes suscriben el presente escrito, tienen la condición de órgano de representación de los trabajadores de .... S.L, tal y como se acredita con el DOCUMENTO I.

II.– Que la mercantil .... S.L. se halla en situación de concurso de acreedores que se tramita ante este Juzgado de lo Mercantil n° .... de .... con n° de procedimiento ....

II.– Que .... S.L. está interesada en adquirir la unidad productiva de .... S.L., habiendo presentado ante este Juzgado oferta de fecha .... para la adquisición de la misma.

III.– Que mediante diligencia de ordenación de fecha .... se nos ha dado traslado de dicha oferta a los efectos de lo dispuesto en el art. 220 TRLC.

IV.– Que evacuando el citado tramite esta parte manifiesta que DA SU CONFORMIDAD (o que RECHAZA Y SE OPONE) a la autorización por este Juzgado de la citada oferta para la adquisición de unidad productiva presentada por ...., SL en las actuaciones de concurso voluntario ... y en fecha .... de .... de .... Ello por las siguientes razones: ....

En virtud de lo expuesto,

SUPLICO AL JUZGADO que tenga por presentado este escrito, se sirva admitirlo y por evacuada la audiencia conferida mediante diligencia de ordenación de fecha ...., suplicando que previos los oportunos trámites legales, se sirva dictar la correspondiente resolución (autorizatoria/denegatoria) de la transmisión de la unidad productiva ofertada por ...... S.L, asi como cuando demás proceda en derecho.

Lo que se SUPLICA en ...., hoy día .... de .... de............

F347. ESCRITO DE ALEGACIONES SOBRE LA OPOSICIÓN FORMULADA A LA AUTORIZACIÓN DE VENTA DE UNIDAD PRODUCTIVA

Normativa de aplicación: *Arts. 215 y ss. Real Decreto Legislativo 1/2020, de 5 de mayo, por el que se aprueba el texto refundido de la Ley Concursal.*

Procedimiento: CONCURSO ORDINARIO (CNO) - ....

AL JUZGADO DE LO MERCANTIL N° ....

DE ....

Doña......................, Procuradora de los Tribunales, actuando en nombre y representación de la mercantil ...................S.L., y según tengo acreditado en el procedimiento de Concurso que con el número ....se tramita en este Juzgado, ante este juzgado comparezco y, como mejor proceda en Derecho, DIGO

I.– Que mediante Diligencia de Ordenación de fecha .... se daba traslado a esta parte del escrito de oposición a la autorización de venta de unidad productiva presentado por la representación de .................S.A. (en adelante también....................), concediéndose a esta parte y a la Administración Concursal plazo de tres días a fin de que pudieran formular las alegaciones que tuvieran por conveniente

II.– Que por el presente, esta parte da cumplimiento dentro del plazo al traslado conferido y formula las siguientes,

ALEGACIONES

PRIMERA.– En primer lugar, y como cuestión principal, esta parte manifiesta su conformidad con la solicitud de autorización judicial para la venta de unidad productiva contenida en el escrito presentado por la Administración Concursal de fecha ....de ......, a cuyos estrictos términos nos remitimos en aras a una mayor brevedad.

Dicha conformidad se presta por entender que la oferta cuya autorización se solicita resulta conveniente para la solución concursal, y, así mismo, por entender que la Administración Concursal ha dado cumplimiento tanto a lo establecido al efecto las previsiones legalmente aplicables al presente supuesto.

SEGUNDA.– Sin perjuicio de lo anterior, y en relación al escrito presentado por ....de fecha ....de.... en el que se opone a la solicitud autorizatoria de la Administración Concursal, esta parte entiende necesario puntualizar lo siguiente:

1.– Si bien el escrito presentado por.................., así como las alegaciones y manifestaciones en él contenidas aparentemente se formulan con el objeto de oponerse a la venta de unidad productiva, el referido escrito realmente tiene como única y verdadera finalidad reiterar nuevamente una solicitud de paralización o suspensión de venta de determinada finca registral que ya ha sido previamente rechazada por este Juzgado en numerosas ocasiones mediante autos de fechas.................., lo que demuestra una vez más la mala fe en su forma de proceder. No sólo lo anterior, sino que incluso la Audiencia Provincial de ....se ha pronunciado al respecto denegando la solicitud suspensoria formulada por.............., en un reciente Auto de ....de .....

En este punto, y como ya se ha indicado por esta parte en ocasiones anteriores, de contrario se trata de confundir y mezclar pretensiones distintas, ya que cualquier referencia al incidente concursal nº.................., ya resuelto en primera instancia en contra de los intereses de................., debe ser tratada y ventilada en el seno del referido procedimiento incidental, pero nunca en el procedimiento concursal principal, ni mucho menos en este trámite concreto de autorización de venta de unidad productiva.

2.– En cualquier caso, esta parte se ve en la obligación de reiterar nuestra oposición y rechazo al contenido de la Alegación Primera del escrito de fecha ....formulado por ...., remitiéndonos en su integridad tanto a nuestros numerosos escritos y recursos que constan en estos autos, así como en los autos nº ....de incidente concursal que igualmente se sigue en este Juzgado, ello en aras a una mayor brevedad y con el objeto de evitar reiteraciones innecesarias que puedan sobrecargar la labor de este Juzgador.

3.– Así mismo, resulta necesario dejar constancia que las alegaciones y manifestaciones formuladas de contrario carecen de toda base legal, siendo además que, como se ha indicado anteriormente, las mismas no persiguen el interés del concurso, ni la mejor solución concursal, que es el pago a los acreedores, sino que únicamente buscan la satisfacción de sus propios intereses, ello con manifiesto abuso de derecho y mala fe procesal.

Por ello, esta parte entiende que la oposición a la autorización de venta formulada de contrario debe ser rechazada por el Juzgador, dicho sea con todo el respeto y prudencia, debiéndose autorizar por tanto la autorización judicial de venta de unidad productiva presentada por la Administración Concursal por ser esta la mejor y más conveniente para el buen fin del concurso y la satisfacción de los intereses de los acreedores.

Por todo ello,

SUPLICO AL JUZGADO, que teniendo por presentado el presente escrito junto con sus copias, se sirva admitirlo y tenga por formuladas las alegaciones contenidas en este escrito y por cumplimentado el traslado conferido mediante Diligencia de Ordenación de fecha ...., manifestando así mismo nuestra conformidad a la solicitud de autorización de venta de la unidad productiva a la entidad................., SA en los términos y condiciones indicados por la Administración Concursal.

Es de justicia que pido en..................

Fdo.: .... Fdo.:..................................

Abogado Procuradora

F348. IMPUGNACIÓN DE RECURSO DE REPOSICIÓN INTERPUESTO CONTRA AUTO AUTORIZATORIO DE VENTA DE LA UNIDAD PRODUCTIVA

Normativa de aplicación: *Arts. 215 y ss. Real Decreto Legislativo 1/2020, de 5 de mayo, por el que se aprueba el texto refundido de la Ley Concursal.*

Procedimiento: CONCURSO -...../......

AL JUZGADO DE LO MERCANTIL Nº ... DE ......

Doña........, Procuradora de los Tribunales, actuando en nombre y representación de la mercantil........ S.L., y según tengo acreditado en el procedimiento de Concurso que con el número...../...... se tramita en este Juzgado, ante este juzgado comparezco y, como mejor proceda en Derecho, DIGO

I.– Que mediante Diligencia de Ordenación de fecha..-de julio de...... se daba traslado a esta parte del recurso de reposición presentado por la representación de............. S.A. (en adelante también..............) frente al Auto de este Juzgado de fecha 25 de julio de......, concediéndose a las partes personadas plazo de cinco días a fin de que pudieran impugnar el recurso.

II.– Que por el presente, siguiendo las expresas instrucciones de mi representada, y de conformidad con lo establecido en el artículo 453 de la Ley de Enjuiciamiento Civil, procedo, dentro del plazo legal a impugnar el recurso de reposición interpuesto por............ frente al Auto de fecha 25 de julio de.......

El presente escrito de impugnación se interpone en base a las siguientes,

ALEGACIONES

PREVIA.– Esta parte se opone de forma expresa a todos y cada uno de los hechos y fundamentos alegados de contrario por la recurrente, salvo aquellos que expresamente sean aceptados por esta parte en el presente escrito.

Sentado lo anterior, y previo desarrollo de los fundamentos de este escrito de impugnación, esta parte quiere destacar la falta de fundamento del recurso de reposición formulado por la ahora recurrente, y ello por cuanto que entendemos que el Auto objeto del presente recurso no infringe precepto legal alguno, ni su contenido es lesivo en ningún caso para el Derecho del ahora recurrente, ello tal y como expondremos posteriormente.

De este modo, a continuación procedemos a entrar en el fondo de nuestros motivos de impugnación del recurso de reposición interpuesto de contrario.

PRIMERA.– La recurrente indica en primer lugar que en ningún caso basaba su oposición a la autorización de venta de la unidad productiva en la existencia del incidente concursal ICO nº....../...... que se sigue en este Juzgado, desestimado en primera instancia y actualmente pendiente de resolución en apelación, sino que únicamente se mencionaba por entender que dicha cuestión resultaba de gran transcendencia.

Esta parte no puede sino rechazar estas alegaciones, ya que, como bien indica la resolución recurrida, y por más que ahora la recurrente trate de matizarlo, lo cierto es que............. basaba fundamentalmente su oposición a la autorización de la venta de unidad productiva en la pendencia de un procedimiento incidental que versa sobre el reconocimiento de su crédito en el seno del concurso, pendencia esta que, a su entender, sería motivo suficiente para paralizar la venta de la unidad productiva hasta que recayera resolución de la Audiencia provincial.

Y ante tal argumentación, como acertadamente sostiene el auto ahora recurrido, es necesario volver a reiterar que esa suerte de solicitud suspensoria ya ha sido rechazada en numerosas ocasiones, tanto por este Juzgado, como por parte de la Audiencia Provincial, por lo que, a entender de esta parte, la misma debe volver a correr la misma suerte desestimatoria, dicho sea con todo el respeto y prudencia, remitiéndonos en todo caso a nuestras alegaciones que constan en autos en los diferentes escritos, para evitar reiteraciones y por cuestiones de economía procesal.

SEGUNDA.– En segundo lugar, alega la recurrente que, al contrario de lo argumentado por el auto de fecha 25 de julio, la Administración Concursal habría incumplido las obligaciones sobre publicidad y transparencia en el marco del proceso de venta de la unidad productiva, motivo este que, a su entender, fundamentaría igualmente la denegación de la autorización de venta concedida en virtud del auto de fecha 25 de julio.

Pues bien, nuevamente esta parte muestra su discrepancia ante tales alegaciones, y ello por entender que el proceso de venta de unidad productiva que ha culminado en virtud de la autorización concedida por auto de fecha 25 de julio, ha seguido escrupulosamente los presupuestos y requisitos contenidos en los artículos 215 y ss. del Texto Refundido de la Ley Concursal.

Así, como acertadamente recoge el auto ahora recurrido, la Administración Concursal atendió a los requerimientos de información por parte del Juzgado, entendiendo el Juzgador que las actuaciones de la Administración Concursal en el marco del proceso de la venta de unidad productiva se han acomodado a las prescripciones de la Ley.

De este modo, y nuevamente, como se desprende de la resolución ahora recurrida, la Administración Concursal informó oportunamente que abierto el periodo de recepción de las ofertas de compra de unidad productiva, mostraron interés cuatro mercantiles, de las cuales únicamente dos presentaron una oferta formal, seleccionándose por la Administración Concursal la oferta que consideró más idónea, circularizándose ésta entre los acreedores sin que haya sido mejorada.

Es decir, en todo el tiempo transcurrido, y habiéndose dado publicidad al proceso siguiendo las reglas especiales de liquidación aprobadas, que recordemos, es a lo que debe atenerse la Administración a la hora de conducir el proceso de venta de unidad productiva, únicamente se han recibido dos ofertas formales para la adquisición de la referida unidad productiva, por lo que, como con acierto indica la resolución recurrida, se antoja complicado que una repetición del proceso pudiera dar lugar a la obtención de ofertas superiores. Más si cabe si tenemos en cuenta que, repetimos, la Administración Concursal ha cumplido y seguido tanto las previsiones contenidas en las reglas especiales de liquidación aprobadas, como en la normativa concursal de aplicación (artículos 215 y ss. del Texto Refundido de la Ley Concursal).

Y debe insistirse en esta cuestión, ya que la Administración Concursal, al contrario de lo argumentado por la recurrente en su recurso de reposición, no viene obligada en ningún caso a otorgar al proceso los sistemas de publicidad a los que hace referencia la recurrente en su recurso. Como se ha indicado anteriormente, la Administración Concursal se debe a las reglas especiales de liquidación aprobadas, las cuales respetan las previsiones legales de aplicación, y a nada más, por lo que en este caso, esta parte entiende que la Administración Concursal no habría incumplido sus deber de diligencia inherente a su cargo, al contrario de lo argumento por la ahora recurrente.

En virtud de lo anterior, insistimos, esta parte entiende que el proceso de venta de unidad productiva ha seguido y cumplido todos los requisitos y presupuestos legalmente exigibles, y aplicables a esta operación, por lo que el recurso de reposición interpuesto por............. debe ser desestimado, dicho sea con todo el respeto y prudencia.

TERCERA.– Por último, esta parte entiende necesario remarcar y dejar constancia que de estimarse la pretensión de la ahora recurrente, ello provocaría un grave riesgo y perjuicio tanto para los acreedores del presente procedimiento concursal, como a los trabajadores de la concursada, y en definitiva, para el propio concurso, ello si se tiene en consideración la fase actual en la que nos encontramos y cuyo objetivo no es otro que la enajenación de la unidad productiva para poder llevar a cabo posteriormente el pago de los créditos de los acreedores.

De este modo, atender a la solicitud pretendida de contrario supondría paralizar la venta de la unidad productiva, lo que a su vez impediría obtener numerario para posteriormente proceder al pago de los créditos reconocidos en el procedimiento concursal, ello con las nefastas consecuencias que supondría en el seno del concurso.

CUARTA.– En conclusión, y en virtud de lo anteriormente expuesto esta parte entiende que el Auto objeto del presente recurso no infringe precepto legal alguno, ni su contenido es lesivo en ningún caso para el Derecho del ahora recurrente, por lo que procedería la confirmación íntegra del Auto de fecha 25 de julio de.......

Por todo ello,

SUPLICO AL JUZGADO, que teniendo por presentado el presente escrito junto con sus copias, se sirva admitirlo y tenga por impugnado el recurso de reposición interpuesto por la representación procesal de............. S.A., contra el Auto de fecha 25 de julio de......, y así mismo se dicte la oportuna resolución en la que se confirme íntegramente el Auto de fecha 25 de julio de......, todo ello con expresa imposición de costas a............. S.A.

Es de justicia que pido en........, a 6 de septiembre de......

OTRO SI PRIMERO DIGO, que siendo intención de esta parte cumplir con todos los requisitos legales, a tenor de lo previsto en el artículo 231 de la Ley de Enjuiciamiento Civil, se solicita por esta parte que se nos diere traslado de cualquier defecto que pudiera adolecer la presente demanda, para proceder a la inmediata subsanación.

Justicia que reitero en el lugar y fecha indicados ut supra.

Fdo.:.................. Fdo.:..................

Abogado Procuradora

F349. ESCRITURA DE COMPRAVENTA DE UNIDAD PRODUCTIVA

Normativa de aplicación: *Arts. 215 y ss. Real Decreto Legislativo 1/2020, de 5 de mayo, por el que se aprueba el texto refundido de la Ley Concursal*

NÚMERO: *.

COMPRAVENTA DE UNIDAD PRODUCTIVA.– "..........., S.L." EN CONCURSO e "..........., S.A., E.F.C." a favor de "..........., S.L." *UNIPERSONAL.

En..........., a *.

Ante mí,..........., Notario de esta Capital y de su Ilustre Colegio,

=== COMPARECEN: ===

De una parte:

DON..........., mayor de edad, casado, auditor, y domiciliado a estos efectos en *CP-..........., C/ ...., nº..........., con D.N.I. ....

De otra parte:

DON..........., mayor de edad, *casado, *empresario, vecino a estos efectos de .... (...........), calle ...., nº..........., con D.N.I. número ....

Y de otra parte:

DON..........., mayor de edad, *casado, *empleado de banca, vecino a estos efectos de ...., con D.N.I. número ....

=== INTERVIENEN: ===

A) El primero, en nombre y representación de la compañía mercantil de nacionalidad española denominada "..........., SOCIEDAD LIMITADA" EN CONCURSO, domiciliada en..........., calle ....; constituida con duración indefinida mediante escritura autorizada el día ..../.........../........... por el notario de .... Don..........., número .... de protocolo, inscrita en el Registro Mercantil de..........., tomo ...., libro ...., folio ...., sección ...., hoja ...., inscripción ....; declarada en concurso de acreedores mediante auto dictado el día.........../.........../........... por el Juzgado de lo Mercantil número .... de los de........... en los autos de Concurso número.........../...........seguidos ante dicho Juzgado, que causó la inscripción 7ª en la hoja de la entidad;

Es titular del C.I.F. número ....

Constituye su objeto: la gestión, administración de complejos hoteleros, balnearios, spas y establecimientos turísticos; la prestación de servicios profesionales en gestión, asesoramiento, administración y por cualquier concepto cualquier tipo de establecimiento o negocio turístico u hotelero; tenencia de bienes inmuebles.

El código C.N.A.E. de su actividad principal es "...........".

Resulta legitimado para el presente otorgamiento por su condición de persona física designada por la mercantil ".........../..........., S.L.", domiciliada en..........., C/ ...., nº ...., *inscrita en el* Registro Mercantil de..........., tomo ...., folio ...., hoja ....; con C.I.F. número ...., para representarla en el ejercicio del cargo de Administrador Concursal de "..........., S.L." EN CONCURSO, que dicha sociedad ostenta, en régimen de sustitución de facultades de los Administradores Societarios, en virtud del Auto de declaración de concurso dictado el día.........../.........../........... por el Juzgado de lo Mercantil número........... de los de........... en los indicados autos de Concurso de acreedores número.........../........... seguidos ante dicho Juzgado, antes citado.

*Me exhibe la correspondiente providencia de aceptación del cargo de administrador concursal, así como la credencial de la que deduzco fotocopia con valor de testimonio que incorporo a esta escritura.

A los efectos pertinentes deja constancia de que la presente operación ha sido expresamente autorizada por el Juzgado de lo Mercantil número........... de los de........... mediante *auto firme dictado el día ..../.........../..........., cuyo testimonio me exhibe y del que deduzco *fotocopia con valor de testimonio que incorporo a esta escritura.

Por tanto, tiene, a mi juicio facultades representativas para el otorgamiento de la presente escritura de COMPRAVENTA DE UNIDAD PRODUCTIVA.

Asevera la existencia y capacidad jurídicas de la entidad que representa en este otorgamiento, así como la permanencia en el ejercicio de su cargo y que los datos de identificación de la persona jurídica representada, especialmente su objeto, no han variado respecto de los consignados en el documento reseñado.

=== LEY 10/2010, DE 28 DE ABRIL. ===

Yo, Notario, hago constar expresamente que he cumplido con la obligación de identificación del titular real que impone la Ley 10/2010, de 28 de abril, de prevención del blanqueo de capitales y de la financiación del terrorismo, cuyo resultado, a los solos efectos de la misma, consta en acta autorizada el día * por el Notario de *........... Don *, número * de protocolo, manifestando no haber sufrido variación el contenido de la misma.

Igualmente, hago constar que he consultado telemáticamente la Base de Datos de Titular Real, *no existiendo discrepancias entre el contenido de la misma y el del acta anteriormente citada.

*Igualmente, hago constar que he consultado telemáticamente la Base de Datos de Titular Real, existiendo discrepancias entre el contenido de la misma y el del acta anteriormente citada, por lo que el compareciente manifiesta ser correcto el contenido del acta y ser erróneo el contenido de la Base de Datos de Titular Real.

Igualmente, hago constar que he consultado telemáticamente la Base de Datos de Titular Real, *existiendo discrepancias respecto de los datos identificativos del acta citada pero no en cuanto al contenido resultante de la Base de Datos de Titular Real.

=== LEY 11/2021, DE 9 DE JULIO. ===

Yo, Notario, hago constar expresamente que he cumplido con la obligación de consultar la lista de números de identificación fiscal revocados establecida en el artículo 23 de la Ley del Notariado de 28 de mayo de 1862, en la redacción dada al mismo por la Ley 11/2021, de 9 de julio, de medidas de prevención y lucha contra el fraude fiscal, de transposición de la Directiva (UE) 2016/1164, del Consejo, de 12 de julio de 2016, por la que se establecen normas contra las prácticas de elusión fiscal que inciden directamente en el funcionamiento del mercado interior, de modificación de diversas normas tributarias y en materia de regulación del juego.

*Incorporo a esta matriz el resultado de dicha consulta.

B) DON…………, en nombre y representación de la compañía mercantil de nacionalidad española denominada "…………, SOCIEDAD LIMITADA" UNIPERSONAL, domiciliada en…………(…………), calle…………, 0; constituida con duración indefinida mediante escritura pública autorizada el …………/…………/………… por el notario de ………… Don…………, número ………… de protocolo, inscrita en el Registro Mercantil de…………, …………, libro …………, folio …………, sección …………, hoja …………, inscripción …………

Con C.I.F. número …………

Constituye su objeto el desarrollo de las actividades correspondientes a los siguientes códigos y descripciones de Clasificación Nacional de Actividades Económicas:

- Actividad principal: 5510-Hoteles, alojamientos y similares;
- Otras actividades: 9604-Actividades de mantenimiento físico; 5590-Otros alojamientos; 5610-Restaurantes y puestos de comida; 5520-Alojamientos turísticos y otros alojamientos de corta estancia.

Resulta legitimado para el presente otorgamiento por su cargo de Administrador Único de la entidad, cargo que tiene aceptado y para el que fue designado, por tiempo indefinido, en la propia escritura fundacional, cuya copia autorizada *tengo a la vista.

*activo esencial***

Por tanto, tiene, a mi juicio, facultades representativas para el otorgamiento de la presente escritura de COMPRAVENTA DE UNIDAD PRODUCTIVA.

Asevera la existencia y capacidad jurídicas de la entidad que representa en este otorgamiento, así como la permanencia en el ejercicio de su cargo y que los datos de identificación de la persona jurídica representada, especialmente su objeto, no han variado respecto de los consignados en el documento reseñado.

=== LEY 10/2010, DE 28 DE ABRIL. ===

Yo, Notario, hago constar expresamente que he cumplido con la obligación de identificación del titular real que impone la Ley 10/2010, de 28 de abril, de prevención del blanqueo de capitales y de la financiación del terrorismo, cuyo resultado, a los solos efectos de la misma, consta en acta autorizada el día de hoy por mí, el infrascrito notario, número * de protocolo.

=== LEY 11/2021, DE 9 DE JULIO. ===

Yo, Notario, hago constar expresamente que he cumplido con la obligación de consultar la lista de números de identificación fiscal revocados establecida en el artículo 23 de la Ley del Notariado de 28 de mayo de 1862, en la redacción dada al mismo por la Ley 11/2021, de 9 de julio, de medidas de prevención y lucha contra el fraude fiscal, de transposición de la Directiva (UE) 2016/1164, del Consejo, de 12 de julio de 2016, por la que se establecen normas contra las prácticas de elusión fiscal que inciden directamente en el funcionamiento del mercado interior, de modificación de diversas normas tributarias y en materia de regulación del juego.

*Incorporo a esta matriz el resultado de dicha consulta.

C) Y DON..........., en nombre y representación de la compañía mercantil de nacionalidad española denominada *"..........., SOCIEDAD ANÓNIMA, E.F.C.", domiciliada en..........., C/..........., nº..........., inscrita en el Registro Mercantil de..........., en el tomo..........., folio ...., sección ...., hoja ...., inscripción ....; titular del C.I.F. número ....

***Representada por su apoderada "..........., SOCIEDAD ANÓNIMA", domiciliada en..........., C/ ....; constituida como beneficiaria de la segregación de la "CAJA DE AHORROS..........." formalizada mediante escritura pública autorizada el día ..../.........../........... por el Notario de........... Don..........., número .... de protocolo, en virtud de la cual se produjo la segregación del conjunto de elementos patrimoniales y accesorios integrantes del negocio bancario de CAJA DE AHORROS..........., y su traspaso a favor del Banco, quien se subrogó en todos los derechos, acciones, obligaciones y responsabilidades cargas de dicho negocio; inscrita en el Registro Mercantil de la Provincia de........... al tomo..........., folio ...., sección ...., hoja..........., inscripción ....; con C.I.F. número..........., cuyo objeto social es "La realización de toda clase de actividades, operaciones, actos, contratos y servicios propios de las Entidades de Crédito, o que con ellas se relacionen", en virtud del poder conferido por Don..........., Secretario del Consejo de Administración de la entidad, mediante escritura pública autorizada el día ..../.........../........... por el Notario de........... Don ...., número .... de protocolo, que causó la inscripción .... en la hoja de la entidad, del que le resultan facultades para, a través de sus apoderados con FACULTADES SUFICIENTES PARA FORMALIZAR OPERACIONES DE PRÉSTAMO PERSONAL EN REPRESENTACIÓN DE "........... S.A.", formalizar operaciones de leasing y renting con los límites subjetivos (facultades solidarias o conjuntas) y los límites cuantitativos que tengan establecidos por........... S.A. para formalizar operaciones de préstamo personal.

**

=== Ley 10/2010, de 28 de abril. ===

Yo, Notario, hago constar expresamente que, por tratarse la presente de una entidad financiera domiciliada en la Unión Europea, de conformidad con lo dispuesto en artículo

15 del Real Decreto 304/2014, de 5 de mayo, por el que se aprueba el Reglamento de la Ley 10/2010, de 28 de abril, de prevención del blanqueo de capitales y de la financiación del terrorismo, no es necesario aplicar las medidas de diligencia debida relativas a la identificación los titulares reales establecidas en el artículo 4 de la indicada Ley 10/2010, de 28 de abril.

=== Ley 11/2021, de 9 DE JULIO. ===

Yo, Notario, hago constar expresamente que he cumplido con la obligación de consultar la lista de números de identificación fiscal revocados establecida en el artículo 23 de la Ley del Notariado de 28 de mayo de 1862, en la redacción dada al mismo por la Ley 11/2021, de 9 de julio, de medidas de prevención y lucha contra el fraude fiscal, de transposición de la Directiva (UE) 2016/1164, del Consejo, de 12 de julio de 2016, por la que se establecen normas contra las prácticas de elusión fiscal que inciden directamente en el funcionamiento del mercado interior, de modificación de diversas normas tributarias y en materia de regulación del juego.

*Incorporo a la presente póliza el resultado de dicha consulta.

=== FE DE CONOCIMIENTO ===

Les identifico por medio de sus documentos de identidad reseñados, que me exhiben.

=== JUICIO DE CAPACIDAD ===

Tienen, a mi juicio, según intervienen, capacidad legal, legitimación y facultades representativas para otorgar esta escritura de COMPRAVENTA y, a tal efecto,

=== DICEN: ===

*PRIMERO.– Mediante escrito de fecha …………/…………/………… "…………, S.L." *UNIPERSONAL formuló oferta de adquisición de la unidad productiva objeto de esta escritura, con todos los elementos patrimoniales, personales y contractuales que en la misma se identifica, que me exhiben y de la que deduzco fotocopia, con valor de testimonio, que incorporo a esta matriz, cuyo contenido se da por íntegramente reproducido en este lugar y a la que se remiten las partes en cuanto al objeto y condiciones de la presente compraventa.

El valor económico de la oferta asciende a la cantidad de………… EUROS, siendo el PRECIO OFRECIDO por la adquisición de esta unidad productiva, incluido el objeto de leasing que más adelante se dirá, el de………… EUROS, gastos e impuestos aparte.

SEGUNDO.– Mediante escrito de fecha …………/…………/………… la administración concursal *informó* favorablemente al Juzgado sobre la indicada oferta, estimándola provechosa para el interés del concurso y solicitando del Juzgado la autorización de la venta a "".........., S.L." *UNIPERSONAL de la unidad productiva de "..........., S.L." EN CONCURSO.

TERCERO.– Mediante auto dictado el día ..../.........../........... por el Juzgado de lo Mercantil número........... de los de........... en los autos de Concurso o número.........../........... seguidos ante dicho Juzgado, antes citado, se autorizó la enajenación de la unidad productiva titularidad de la concursada a la compañía "..........., S.L." *UNIPERSONAL en los términos de la oferta presentada, siendo dicha resolución FIRME contra la que no cabe interposición de recurso. Y autorizo a la AC a otorgar la correspondiente escritura, sola o en unión a la concursada.

Dicho auto ha quedado incorporado anteriormente a la presente.

CUARTO.– Tal como resulta de la citada oferta, forma parte de la misma la adquisición de los bienes objeto del contrato de arrendamiento financiero suscrito entre "..........., S.L." —como arrendataria—, por DOÑA........... y DON........... —como fiadores— e "..........., S.A., E.F.C." —como arrendador— mediante póliza intervenida el día ..../.........../........... por el notario de ...., Don ...., número .... del Libro Registro de Operaciones, Sección ....

*A efectos de dejar constancia de los datos identificativos de dicha póliza de arrendamiento financiero y de los bienes que componen su objeto, me entregan copia simple de la misma, así como de la factura en virtud de la cual "..........., S.A., E.F.C." adquirió con carácter previo los bienes objeto del mismo, que incorporo a la presente.

QUINTO.– Expuesto todo ello,

=== OTORGAN:===

*PRIMERO.– "..........., S.L." *UNIPERSONAL e "..........., S.A., E.F.C." resuelven en este acto y de mutuo acuerdo el contrato de arrendamiento financiero indicado anteriormente, con expresa liberación de los fiadores, y sin que "..........., S.A., E.F.C." tenga por este concepto nada que reclamar, ni a la compañía concursada transmitente ni a los citados fiadores, ni tampoco a la propia parte adquirente de tales bienes en unidad de acto.

SEGUNDO.– A) COMPRAVENTA DE LA UNIDAD PRODUCTIVA.

1. Con base en todo lo anterior y ejecutando la oferta presentada, aprobada judicialmente, con efectos desde la fecha de firma de esta escritura, "..........., S.L." EN CONCURSO VENDE Y TRANSMITE a "..........., S.L." *UNIPERSONAL que ACEPTA Y ADQUIERE la unidad productiva cuyos elementos esenciales resultan de la ofertada presentada, antes referida y que ha quedado incorporada a la presente, en los términos resultantes de la misma; comprendiendo así la totalidad de los elementos patrimoniales (bienes) y personales (plantilla de trabajadores) y contractuales (arrendamiento y licencias) que comprenden dicha unidad productiva según constan detallados en la repetida oferta.

2. La adquisición de la referida unidad productiva se efectúa libre de cargas y gravámenes, sin perjuicio de la sucesión de empresas producida a efectos laborales y de seguridad social, todo ello conforme a lo establecido al citado Auto de.........../.........../...........

del Juzgado de lo Mercantil número........... de........... e incorporado a esta matriz, que las partes conocen y en consecuencia dan por reproducido, así como de conformidad con el art. 225 del texto refundido de la Ley Concursal.

Expresamente recalcan que la sucesión de empresa lo es solo a efectos laborales y de la seguridad social (esto es, respecto de los contratos de trabajo en vigor en los que se subroga el adquirente), no así respecto de las deudas que la concursada pudiera tener frente a otros organismos públicos como la AEAT o el FOGASA, ni tampoco en relación con el resto de acreedores concursales y/o contra la masa de la concursada, todo ello conforme al principio general de transmisión de la unidad productiva libre de obligaciones de pago de cualesquiera créditos no satisfechos por la concursada, de acuerdo con el art. 224.1 del texto refundido de la Ley Concursal.

A estos últimos efectos, se pone de manifiesto que el mencionado Auto de ..../............/........... por el Juzgado de lo Mercantil número........... de los de........... en los autos de Concurso número.........../..........., amén de autorizar la compraventa de la unidad productiva, estipula expresamente la no subrogación del adquirente en la parte de la cuantía de los salarios o indemnizaciones pendientes de pago anteriores a la enajenación que sea asumida por el Fondo de Garantía Salarial; todo ello al amparo de la especial facultad así prevista al efecto en el art. 224.1.3º del texto refundido de la Ley Concursal.

Por su parte, en lo concerniente a la sucesión de empresa respecto de los créditos laborales y de seguridad social, y más concretamente en cuanto a su cuantificación concreta, la PARTE COMPRADORA da por reproducida la información en su día facilitada a este respecto por la PARTE VENDEDORA y que se encuentra recogida en la Cláusula Quinta de su oferta de compraventa aquí incorporada.

En su caso). La adquirente asume la obligación de continuar (o reiniciar) la actividad con la unidad productiva a la que se refiere la oferta por un mínimo de dos años.

B) PRECIO Y FORMA DE PAGO.

1. El precio de esta compraventa es de........... EUROS.

2. Dicha suma la recibe la parte vendedora de la compradora en este acto mediante *UN CHEQUE BANCARIO NOMINATIVO expedido a su favor por dicho importe.

La cuenta de cargo de dicho cheque es la número *.

De dicho cheque deduzco *fotocopia con valor de testimonio que incorporo a esta escritura.

TERCERO.– A) COMPRAVENTA DE LOS BIENES EN SU DÍA OBJETO DEL ARRENDAMIENTO FINANCIERO AQUÍ RESUELTO.

"..........., S.A., E.F.C." VENDE Y TRANSMITE a "..........., S.L." *UNIPERSONAL, que COMPRA y ADQUIERE, en pleno dominio, los indicados bienes que constan en la oferta a que se ha hecho referencia presentada por el adquirente y también en la póliza y factura incorporadas a esta escritura, libres de cargas y gravámenes, al corriente de pago de gastos e impuestos, y en el estado en que se encuentran.

A los efectos aclaratorios oportunos reiteran todas las partes que mencionados bienes forman parte imprescindible y esencial de la unidad productiva objeto de adquisición.

Asimismo, de acuerdo con las prerrogativas legales que corresponden a........... S.A. E.F.C. en su condición de acreedor concursal con "privilegio especial" reconocido a su favor por razón del mencionado arrendamiento financiero, y conforme a lo dispuesto en el art. 214.1° del texto refundido de la Ley Concursal, consiente la transmisión en pleno dominio de la totalidad de dichos bienes arrendados relacionados en la factura aquí incorporada sin subsistencia de garantía alguna a su favor, así como aceptando no tener nada que reclamar a la parte compradora, ni a la parte vendedora, en lo que respecta a la parte impagada de su crédito concursal especialmente privilegiado; ni tampoco bajo ningún otro concepto contractual o extracontractual.

B) PRECIO Y FORMA DE PAGO.

1. El precio de esta compraventa es de .... EUROS, más IVA al 21% que asciende a .... EUROS, esto es, en total, ... EUROS.

2. Dicha suma la recibe la parte vendedora de la compradora en este acto mediante *UN CHEQUE BANCARIO NOMINATIVO expedido a su favor por dicho importe.

La cuenta de cargo de dicho cheque es la número *.

De dicho cheque deduzco *fotocopia con valor de testimonio que incorporo a esta escritura.

CUARTO.– DON..........., en su condición de representante de la administración concursal de "..........., S.L." EN CONCURSO, reitera que la presente adjudicación se efectúa en ejecución y cumplimiento del Auto de........../........../.......... del Juzgado de lo Mercantil número........... de..........., y se compromete a presentar al Procedimiento Concursal, seguido en Juzgado de lo Mercantil reseñado, copia simple del presente instrumento público para conocimiento del Tribunal y su integración en el expediente.

Asimismo, se compromete a colaborar con la mercantil adquirente en lo que respecta a la ejecución material o efectivo traspaso de la unidad productiva, especialmente respecto del activo corriente y no corriente de la concursada, esto es, de la partida de elementos patrimoniales que integra la oferta de compraventa de la unidad productiva aprobada judicialmente; así como de facilitar y poner a disposición de la PARTE COMPRADORA cualquier documentación soporte o información que resulte pertinente a tal fin.

Y en particular, se compromete a presentar sin dilación ante el Juzgado competente del concurso solicitud de cancelación de las cargas correspondientes a los bienes objeto del arrendamiento financiero aquí resuelto y posteriormente transmitidos a la adquirente; todo ello en aras de cancelar cualesquiera cargas que pesen sobre los mismos, especialmente ante el Registro de Bienes Muebles por razón de su inscripción contractual.

A estos últimos efectos,........... S.A. EFC se compromete igualmente a prestar su colaboración oportuna a la mercantil adquirente, y a tal fin expedir o firmar cualesquiera instancias, documentos o comparecencias resulten oportunas en aras de cancelar la inscripción contractual de su arriendo.

QUINTO.– La mercantil adquirente "..........., S.L." *UNIPERSONAL se obliga a realizar de inmediato todas las siguientes actuaciones, manteniendo indemne a la sociedad concursada y a su Administración Concursal ante cualquier posible reclamación al respecto en caso de su incumplimiento total o parcial:

a) A comunicar y realizar las oportunas modificaciones que procedan, a los efectos de que desde la misma fecha de esta escritura la totalidad de los tributos correspondientes a la actividad empresarial o unidad de negocio transmitida, así como especialmente en materia de retenciones a practicar respecto del pago de nóminas a los trabajadores integrados en la unidad productiva, y en materia de arrendamientos, se realicen exclusivamente a cargo de la mercantil adquirente desde tal fecha y en adelante.

Lo anterior incluye asimismo el pago de las propias nóminas a los trabajadores, respetando sus respectivas categorías, salarios y fechas de antigüedad, así como el pago de sus correspondientes cotizaciones a la Seguridad Social, desde la fecha de esta escritura y en adelante.

***Para todas estas labores la mercantil ADQUIRENTE podrá contratar a la gestoría que estime oportuna, particularmente en materia de aquellos cambios o comunicaciones a practicar ante la AGENCIA TRIBUTARIA y la TESORERÍA GENERAL DE LA SEGURIDAD SOCIAL, ello para poder hacer efectiva la ejecución material del negocio transmitido y sus efectos en estos ámbitos legales.

b) A comunicar y realizar las oportunas gestiones con cada contraparte contractual, ello a fin de ejecutar materialmente la subrogación a favor de la mercantil ADQUIRENTE en tales relaciones contractuales, resulten de carácter público administrativo y/o privado.

Y ello habida cuenta que, tal y como se indica en la oferta, la mercantil ADQUIRENTE ha interesado subrogarse —como arrendataria— en el contrato de arrendamiento en exclusiva de la finca registral en que se desarrolla la actividad de la concursada, así como en las licencias ambiental y de inicio de actividad.

La parte adquirente es conocedora del contenido del contrato de arrendamiento, especialmente su duración, y renta, cuyo detalle consta en la Escritura de arrendamiento de uso distinto al de vivienda otorgada en fecha ..../.........../........... ante el Notario de..........., D..........., nº .... de su protocolo; junto con su posterior Escritura de modificación de fecha ..../.........../........... otorgada ante el mismo Notario, protocolo nº ....; y el Acta de acreditación de cumplimiento de condición suspensiva de fecha ..../.........../........... otorgada ante el Notario de constante referencia, protocolo nº ....

El arrendador de la finca en que se desarrolla la actividad (finca número .... del registro de la Propiedad de ....) es el Ayuntamiento de ...., cuyos datos la parte adquirente conoce, comprometiéndose la concursada a facilitar y colaborar en cualesquiera gestiones de contacto con el citado arrendador.

En cuanto al resto de relaciones contractuales de la concursada, conforme al art. 223 del texto refundido de la Ley Concursal, así como de lo estipulado en la Cláusula Tercera de la oferta de compraventa de la unidad productiva aprobada judicialmente, la COMPRADORA reitera que únicamente se subroga en dicho contrato de arrendamiento identificado anteriormente, así como en la Licencia ambiental de actividades clasificadas obtenida mediante Resolución de ..../............/............ de la Alcaldía de............, junto con la correspondiente licencia de inicio de actividad; y no así en cualesquiera otros contratos de cualquier naturaleza pública o privada que hubiera otorgado la concursada antes o durante su concurso de acreedores.

c) A comunicar a la representación legal de los trabajadores de la unidad productiva transmitida la sucesión empresarial habida a efectos laborales y de seguridad social, y ello por cuanto, conforme a su oferta aquí incorporada, la mercantil ADQUIRENTE ha procedido a asumir y así subrogarse en la totalidad de la plantilla laboral actual de la mercantil concursada y cuyos datos identificativos obran ya en dicha oferta unida.

d) A realizar todas las anteriores actuaciones o gestiones sin interrumpir por ello la continuidad de la actividad empresarial propia de la unidad productiva transmitida, toda vez que dicha actividad se ha mantenido y mantiene vigente hasta la fecha de la presente Escritura, ello último según reconoce la mercantil ADQUIRENTE y manifiesta haber podido comprobar personalmente en sus visitas a las instalaciones empresariales.

**SEXTO.– RÉGIMEN FISCAL:

En lo que respecta a la compraventa de la unidad productiva, las partes vendedora y compradora están conformes con que la fiscalidad aplicable a resulte aquella prevista en el art. 7.5 del vigente Real Decreto Legislativo 1/1993, de 24 de septiembre, por el que se aprueba el Texto refundido de la Ley del Impuesto sobre Transmisiones Patrimoniales y Actos Jurídicos Documentados, así como en el art. 7.1° de la vigente Ley 37/1992, de 28 de diciembre, del Impuesto sobre el Valor Añadido, esto es, como operación "no sujeta" a ninguno de dichos tributos. La mercantil concursada, en su condición de parte transmitente, se obliga a expedir a la mercantil adquirente la correspondiente factura emitida en estos términos y dentro del plazo común legal.

Por su parte, en lo que respecta a la compraventa en pleno dominio de todos aquellos bienes en su día objeto de arrendamiento financiero, y habiendo la mercantil adquirente abonado en este acto el precio junto con su correspondiente Impuesto sobre el Valor Añadido aplicable, la transmitente............ S.A. E.F.C se obliga a expedir debidamente factura a la destinataria mercantil adquirente dentro del plazo legal común regulado en el Real Decreto 1619/2012, de 30 de noviembre, por el que se aprueba el Reglamento por el que se regulan las obligaciones de facturación.

OCTAVO.– Conforme a lo dispuesto en la oferta de la unidad productiva incorporada a esta matriz, la parte ADQUIRENTE asume y se obliga a abonar la totalidad de GASTOS NOTARIALES de la presente Escritura y derivados.

NOVENO.– Las partes pactan someter cualquier posible controversia dimanante de la adjudicación de la unidad productiva de referencia, tales como su validez, interpretación, cumplimiento o ejecución, ante el Juzgado de lo Mercantil número............ de los de............, ello por medio de incidente concursal bajo los autos número............/............

=== OTORGAMIENTO ===

Así lo dicen y otorgan ante mí, Notario, después de hacerles las reservas y advertencias legales, especialmente:

– Las fiscales, entre ellas la obligación del interesado de presentar este documento a liquidación en la oficina competente, plazos, afección de los bienes al pago del impuesto, responsabilidades y sanciones en caso de incumplimiento, en los términos prevenidos por el artículo 114, 2, y concordantes del Real Decreto 828/1995, de 29 de mayo, por el que se aprueba el Reglamento del Impuesto sobre Transmisiones Patrimoniales y Actos Jurídicos Documentados y por el artículo 65, 1, del texto refundido de la Ley reguladora de las Haciendas Locales, aprobado por Real Decreto 2/2004, de 5 de marzo.

– Y las relativas a la Ley 8/1989, de 13 de abril, de Tasas y Precios Públicos, en relación con cuya Disposición Adicional Tercera queda reflejada en esta matriz la liquidación de derechos arancelarios correspondiente a la misma.

=== PROTECCIÓN DE DATOS ===

De acuerdo con lo establecido en la Ley Orgánica 3/2018, de 5 de diciembre, de Protección de Datos Personales y garantía de los derechos digitales, y Reglamento (UE) 2016/679 del Parlamento Europeo y del Consejo de 27 de abril de 2016 relativo a la protección de las personas físicas en lo que respecta al tratamiento de datos personales y a la libre circulación de estos datos y por el que se deroga la Directiva 95/46/CE (Reglamento general de protección de datos), quedan informados de que los datos personales de los intervinientes serán tratados por el Notario autorizante, cuyos datos de contacto figuran en el presente documento.

La finalidad del tratamiento es la de ejercer las funciones propias de la actividad notarial y su facturación.

Los datos proporcionados se conservarán mientras se mantenga la relación con el interesado y no se solicite su supresión o durante los años necesarios para cumplir con las obligaciones legales.

La base legal del tratamiento es el ejercicio de las funciones públicas notariales, lo que obliga a que los datos sean facilitados al Notario e impediría su intervención en caso contrario.

Se realizarán las comunicaciones previstas en la Ley a las Administraciones Públicas y, en su caso, al Notario que suceda al actual en la plaza.

Los intervinientes podrán ejercitar los derechos de acceso, rectificación, supresión, limitación del tratamiento, oposición y portabilidad de sus datos.

Frente a cualquier vulneración de derechos, puede presentarse una reclamación ante la Agencia Española de Protección de Datos.

Si se facilitan datos de personas distintas de los intervinientes, éstos deberán haberles informado previamente de todo lo previsto en el artículo 14 del Reglamento (UE) 2016/679 del Parlamento Europeo y del Consejo de 27 de abril de 2016 antes citado.

El dato de contacto del delegado en protección de datos es ....

=== AUTORIZACIÓN ===

Leída esta escritura conforme al artículo 193 del Reglamento Notarial, se ratifican en su contenido, del que manifiestan haber quedado debidamente informados, y firman conmigo, Notario, que doy fe de que el consentimiento ha sido libremente prestado, de que el otorgamiento se adecua a la legalidad y a la voluntad debidamente informada de los otorgantes o intervinientes y, en general, en lo procedente de lo contenido en este instrumento extendido en * folios de papel del Timbre del Estado, exclusivo para documentos notariales, números el del presente y los correspondientes anteriores en orden correlativo.

F350. CONTRATO PRIVADO DE COMPRAVENTA DE UNIDADES PRODUCTIVAS. MODELO SIMPLE

Normativa de aplicación: *Arts. 215 y ss. Real Decreto Legislativo 1/2020, de 5 de mayo, por el que se aprueba el texto refundido de la Ley Concursal.*

Valencia, a .... de .... de ....

De una parte, ... S.L., con CIF ...., domicilio social en ...., partida .... e inscrita en el Registro Mercantil de la provincia de .....al tomo ...., folio ....., hoja ...., representada en este acto por D. ...., con DNI ...., en virtud de su cargo de administrador único según escritura de constitución autorizada por el notario de ...., D. ...., el día ...... de .... de ...., bajo el nº .... de su protocolo.

Y de otra parte, ... S.L., con CIF ...., domicilio social en ...., polígono industrial ...., e inscrita en el Registro Mercantil de la provincia de ..... al tomo ...., libro ...., folio ...., hoja ...., representada en este acto por D. ...., con DNI ...., en virtud de su cargo de representante del administrador único, ... S.A., según escritura autorizada por el notario de ...., D. ...., el día ..... de ....de ...., bajo el nº .... de su protocolo, y, además, por D. ...., con DNI ...., en virtud de su cargo de administrador concursal designado por auto de fecha .... dictado por el Juzgado de lo Mercantil nº ..... de .... en el procedimiento nº ....

Y .... S.A., con CIF ...., domicilio social en ...., calle ...., e inscrita en el Registro Mercantil de la provincia de ...... al tomo ...., libro ...., folio ...., hoja ......, representada en este acto por D. ...., con DNI ...., en virtud de su cargo de representante del administrador único, ..., según escritura autorizada por el notario de .... D. ...., el día .... de .... de .... bajo el nº .... de su protocolo, y, además, por D. ...., con DNI ...., en virtud de su cargo de administrador concursal designado por auto de fecha .... dictado por el Juzgado de lo Mercantil nº ..... de Valencia en el procedimiento nº ....

Las partes, reconociéndose mutuamente y teniendo la capacidad legal para este acto,

EXPONEN

I.– Que .... S.L. y .... S.L. son empresas cuya principal actividad es la fabricación y compraventa de ....

II.– Que .... S.L. y .... S.L., por su situación de insolvencia, fueron declaradas en concurso de acreedores por auto de fecha .... dictado por el Juzgado de lo Mercantil nº ....de ...... en el procedimiento nº ....

III. Que, dentro del procedimiento concursal, ... S.L.U. presentó, en fecha ...., oferta de compra de las unidad productivas de .... S.L. y .... S.L. Se acompaña como documento nº 1 la oferta de compra y sus anexos.

IV. Que, tras la tramitación correspondiente dentro del procedimiento concursal, el Juzgado de lo Mercantil nº ... de .... ha autorizado la venta de las unidad productivas de .... S.L. y .... S.L. a favor de ............S.L. mediante auto de fecha .... Se acompaña como documento nº 2 el auto.

V. Que, expuesto lo anterior, las partes acuerdan formalizar el presente contrato privado de compraventa sujeto a condición suspensiva, que otorgan con arreglo a lo dispuesto en las siguientes:

CLÁUSULAS

PRIMERA: .... S.L. y .... S.L., representadas por su administrador único y su administrador concursal, venden a .... S.L., representada por su administrador único, que compra, sus respectivas unidades productivas en los términos expuestos en el auto de fecha .... y la oferta de compra de fecha ...., prevaleciendo, en caso de discrepancia, los términos del auto sobre los de la oferta.

SEGUNDA: El precio de la compraventa es de .... € que la parte compradora abona mediante cuatro transferencias bancarias, una de .... € a favor de ...... S.L. y otra de ..... € a favor de .... S.L. Se acompaña como documento nº 3 justificantes de las transferencias.

TERCERA.– Cualquiera de las partes podrá compeler fehacientemente a la otra a efectos de elevar a público el presente contrato privado de compraventa.

CUARTA.– Los gastos e impuestos derivados del presente contrato serán de cuenta de la parte compradora, así como los gastos de elevación a público en caso de ser solicitada por ésta.

QUINTA.– La parte compradora renuncia a las acciones de saneamiento por evicción y vicios ocultos.

La parte compradora exonera expresamente al administrador concursal de cualquier responsabilidad que pudiera serle exigible con motivo del otorgamiento del presente contrato de compraventa.

SEXTA.– A efectos del corte de operaciones, se hace constar que los trabajos en curso que se están realizando por las concursadas hasta fecha de hoy serán facturados y cobrados por éstas. También serán cobrados por las concursadas los trabajos ya facturados.

Y, para que conste, las partes firman el presente documento en el lugar y fecha indicados en el encabezamiento.

F351. AUTO DESIGNANDO EXPERTO PARA RECABAR OFERTAS DE ADQUISICIÓN DE UNIDAD PRODUCTIVA

Normativa de aplicación: *Arts. 215 y ss. Real Decreto Legislativo 1/2020, de 5 de mayo, por el que se aprueba el texto refundido de la Ley Concursal*

En la ciudad de........... a........... de........... de...........

ANTECEDENTES DE HECHO

PRIMERO.– Por la procuradora de los tribunales, en representación de ...., y al amparo de lo dispuesto en los arts. 224 ter y ss. TRLC, solicitó el nombramiento de experto independiente para recabar ofertas de adquisición de unidad productiva.

De la solicitud formulada por........... S.L. extractamos lo siguiente:...........

SEGUNDO.– En la tramitación de los presentes se han respetado las prescripciones legales.

FUNDAMENTOS DE DERECHO

PRIMERO.– Que este Juez es competente para conocer de la presente solicitud al ser éste Juzgado de lo Mercantil de........... el competente para conocer de la declaración de concurso de ...., al hallarse el centro de intereses principales de dicha compañía en .... (arts. 44, 45 y 224 ter TRLC).

SEGUNDO.– Que la solicitud y la documentación aportada por........... S.L. junto a la misma cumple con lo establecido en el TRLC, especialmente, lo establecido en los arts. 224 ter, y ss, TRLC.

TERCERO.– A la vista del art. 224 Ter, en caso de probabilidad de insolvencia, de insolvencia inminente o de insolvencia actual, el deudor, sea persona natural o jurídica, cualquiera que sea la actividad a la que se dedique, podrá solicitar del juzgado competente para la declaración de concurso el nombramiento de un experto que recabe ofertas de terceros para la adquisición, con pago al contado, de una o de varias unidades productivas de que sea titular el solicitante, aunque hubieran cesado en la actividad.

Conforme al art. 224 quater 1 TRLC, el nombramiento del experto podrá recaer en persona natural o jurídica que reúna las condiciones para ser nombrado experto en reestructuraciones o administrador concursal. La aceptación del nombramiento es voluntaria.

Además, en la resolución el juez establecerá la duración del encargo y fijará al experto la retribución que considere procedente atendiendo el valor de la unidad o unidades productivas. El derecho a percibir la retribución podrá estar total o parcialmente en función del resultado. La resolución por la que se acuerde el nombramiento del experto se mantendrá reservada. (art. 224 quarter 2 TRLC).

CUARTO.– Que de la documentación aportada resulta la situación de insolvencia actual/inminente/probabilidad de insolvencia de........... S.L.

También resulta la titularidad por la citada compañía de la siguiente unidad productiva: ....

Y su valor: .... euros.

QUINTO.– A la vista de todo ello, procede designar experto para recabar ofertas de compra de la unidad productiva a Don........... Don........... (ABOGADO), mayor de edad, de nacionalidad española, con domicilio en ...., calle .... y DNI/NIF .... Núm. .... ICAV, quien reúne las condiciones para ser nombrado administrador concursal, siendo la aceptación del cargo voluntaria para el nominado.

Las ofertas a recabar deberán reunir los requisitos de los arts. 224 ter, ss. y concordantes del TRLC. En especial, art. 224 septies TRLC, que quien realice la oferta no podrá actuar por cuenta del propio deudor que en la oferta, el oferente deberá asumir la obligación de continuar o de reiniciar la actividad con la unidad o unidades productivas a las que se refiera la oferta por un mínimo de dos años. El incumplimiento de este compromiso dará lugar a que cualquier afectado pueda reclamar al adquirente la indemnización de los daños y perjuicios causados.

SEXTO.– El encargo conferido al experto nombrado tendrá una duración de .... euros, fijándose su retribución, atendiendo al valor de la unidad productiva, en la suma, impuestos excluidos, de .... euros (o en la suma, impuestos excluidos, resultante de aplicar el .... por ciento sobre el valor de la unidad productiva anteriormente reseñado) (o en la suma fija de .... euros, cantidad esta que, en el supuesto que se transmita la unidad productiva con la intervención del experto nominado, se incrementara *adicionándole la* resultante de aplicar .... por ciento sobre el exceso del precio obtenido en la enajenación respecto al valor de la unidad productiva anteriormente reseñado).

SÉPTIMO.– Todo lo cual no exime al deudor del deber de solicitar la declaración de concurso dentro de los dos meses siguientes a la fecha en que hubiera conocido o debido conocer el estado de insolvencia actual (art. 224 quinquies TRLC)

Si con posterioridad a este nombramiento, se declarase el concurso de acreedores de .... S.L será competente para la declaración de concurso este Juzgado al haber nombrado al referido experto (art. 224 sixties 1 TRLC). Además, en la declaración del concurso, este juez podrá revocar o ratificar el nombramiento del experto, y si lo ratificase, tendrá la condición de administrador concursal (art. 224 sixties 2 TRLC). Finalmente, en caso de posterior concurso, la retribución que no hubiera percibido el experto tendrá la consideración de crédito contra la masa (art. 224 sixties 3 TRLC).

Procede dotar de carácter reservado a la presente resolución.

Visto lo expuesto y demás normativa de aplicación

DISPONGO

PRIMERO.– Se estima la solicitud formulada por la sociedad........... S.L., y en su nombre y representación, el procurador de los Tribunales Don........... y se designa experto para recabar ofertas de compra de la unidad productiva reseñada en el fundamento de derecho cuarto de este auto, a Don........... Don........... (ABOGADO), mayor de edad, de nacionalidad española, con domicilio en ...., calle .... y DNI/NIF .... Núm. .... ICAV, quien reúne las condiciones para ser nombrado administrador concursal

Hágase saber al designado, que las ofertas a recabar deberán reunir los requisitos de los arts. 224 ter, ss. y concordantes del TRLC. En especial, que quien realice la oferta no podrá actuar por cuenta del propio deudor y que en la oferta, el oferente deberá asumir la obligación de continuar o de reiniciar la actividad con la unidad o unidades productivas a las que se refiera la oferta por un mínimo de dos años. El incumplimiento de este compromiso dará lugar a que cualquier afectado pueda reclamar al adquirente la indemnización de los daños y perjuicios causados.

Notifíquese a .... su nombramiento a efectos de su aceptación y juramento, haciéndosele saber que en este caso, la aceptación por su parte del mismo es voluntaria.

Aceptado el cargo por el experto, désele traslado a éste de la información y antecedentes acompañados por .... S.L a su solicitud, sin perjuicio de recabar de dicha compañía cuanta información precise para buen fin del encargo localizador de ofertas que le es conferido.

SEGUNDO.– Fijar la duración del encargo encomendado al experto aquí nombrado en el plazo de ....

TERCERO.– Fijar la retribución del experto designado en suma, impuestos excluidos, de .... euros (o en la suma, impuestos excluidos, resultante de aplicar el .... por ciento sobre el valor de la unidad productiva anteriormente reseñado) (o en la suma fija de .... euros, cantidad esta que, en el supuesto que se transmita la unidad productiva con la intervención del experto nominado, se incrementara adicionándole la resultante de aplicar .... por ciento sobre el exceso del precio obtenido en la enajenación respecto al valor de la unidad productiva anteriormente reseñado).

Dese carácter reservado a la presente resolución.

Notifíquese por el Letrado de la Administración de Justicia el presente auto a .... S.L a través de su representación procesal.

Contra el presente auto no cabe recurso alguno.

Todo lo cual pronuncia, manda y firma el Ilmo. Sr. ...., Magistrado Juez del Juzgado de lo Mercantil núm. .... de...........

F352. ESCRITO SOLICITANDO EXPERTO PARA RECABAR OFERTAS DE ADQUISICIÓN DE UNIDAD PRODUCTIVA

Normativa de aplicación: *Arts. 215 y ss. Real Decreto Legislativo 1/2020, de 5 de mayo, por el que se aprueba el texto refundido de la Ley Concursal*

AL JUZGADO DE LO MERCANTIL DE ....

.... Procuradora de los Tribunales y de .... S.L, representación que acredito con la copia de escritura de poder que acompaño a este escrito, ante el Juzgado comparezco y como mejor proceda en derecho DIGO:

Que por medio del presente escrito, y en la representación que ostento, solicito la designación de experto para recabar ofertas de adquisicion de unidad productiva. Y a tal efecto se efectúan las siguientes:

ALEGACIONES

PRIMERO.– Mi mandante se encuentra en situación de insolvencia actual (o inminente) (o probable) y es titular de la siguiente unidad productiva: ....

Dicha unidad productiva ha cesado (no ha cesado) en su actividad.

El valor de la citada unidad productiva es de ....euros.

Lo anterior se acredita con los DOCUMENTOS que se acompañan como de número ...., consistentes en ....

SEGUNDO.– Esta parte pretende y solicita de este Juzgado, que es el competente para la declaración de concurso de mi mandante, que al amparo de los arts. 224 ter y ss. TRLC, designe un experto que recabe ofertas para la adquisición de la referida unidad productiva, con pago al contado y en los términos de los referidos preceptos legales.

TERCERO.– Las ofertas a recabar deberán cumplir lo dispuesto en los arts. 224 septies y concordantes TRLC, y en especial, la obligación de continuar (o reiniciar) la actividad con la unidad productiva en cuestión por un mínimo de dos años.

En su virtud

SUPLICO AL JUZGADO que tenga por presentado este escrito, se sirva admitirlo, y tener por solicitado, al amparo de los dispuesto en los arts. 22 ter y ss. TRLC, el nombramiento de experto para recabar ofertas de adquisición de la unidad productiva arriba reseñada, y previos los oportunos trámites legales, se sirva dictar resolución acordando tal nombramiento y fijando, entre otros extremos, la duración del encargo y la retribución procedente a percibir por el experto, así cuanto demás proceda en derecho.

En ...., a ...., de ...., de ....

F353. CONTRATO DE COMPRAVENTA DE CAMIONES DE LA CONCURSADA

Normativa de aplicación: *Arts. 205 y ss. Real Decreto Legislativo 1/2020, de 5 de mayo, por el que se aprueba el texto refundido de la Ley Concursal*

En..........., hoy día........... de........... de...........

REUNIDOS

DE UNA PARTE: (vendedor):..........., S.L., con domicilio en..........., con CIF..........., representada por Doña........... mayor de edad, vecina de........... y con DNI/NIF..........., en su condición de administradora única, de la citada mercantil, que actualmente se halla declarada en estado de concurso voluntario de acreedores, que se tramita actualmente ante el Juzgado de lo Mercantil número........... de..........., número de autos...........

Y Don..........., mayor de edad, con domicilio a estos efectos en..........., y con DNI/NIF..........., que interviene en su condición de Administrador Concursal del concurso voluntario de la mercantil..........., S.L., nombrado en el referido auto de fecha de........... en que se declaró el concurso voluntario de la citada mercantil.

DE OTRA PARTE: (comprador):...........S.L., con domicilio en..........., con CIF B-97068845, representada por Don..........., mayor de edad, con domicilio a estos efectos en..........., y con DNI/NIF...........

EXPONEN

I.– Que el vendedor, la mercantil..........., S.L., es el actual titular de los siguientes camiones y remolques (en adelante los VEHÍCULOS):

– TRACTO CAMIÓN..........., Matrícula..........., con número de bastidor...........

– TRACTO CAMIÓN..........., Matrícula..........., con número de bastidor...........

Los VEHÍCULOS se encuentran libres de cargas y gravámenes que pudieran impedir la formalización de la trasferencia, por el comprador, en la Jefatura provincial de Tráfico.

II.– Que la mercantil........... S.L., esta interesada en comprar los citados vehículos por lo que las partes pactan el presente CONTRATO DE COMPRAVENTA DE VEHÍCULOS USADOS que se regirá por sus propias normas y por las siguientes:

ESTIPULACIONES

PRIMERA.– Que en este acto la mercantil..........., S.L., vende y transmite los VEHÍCULOS que se reseñan en el exponen I de este documento, a la mercantil........... S.L., que los compra y adquiere como camiones usados, en el estado y situación, física y de funcionamiento en que actualmente se hallan y que........... S.L. declara expresamente conocer por comprobación y revisión personal de los VEHÍCULOS en cuestión, así como libre de cargas y gravámenes.

En este acto se hace entrega por la vendedora a la compradora, que la recibe, de las llaves, tarjetas de transporte y demás documentación y permisos oficiales, todo ello correspondientes a los VEHÍCULOS aquí vendidos.

SEGUNDA.– El comprador se compromete a efectuar los tramites y actuaciones precisas para la debida constancia en trafico etc. de la trasferencia verificada a su favor, dentro de los treinta días hábiles siguientes a la fecha de la firma del presente contrato.

TERCERA.– El precio de compraventa se fija en la suma conjunta de...........euros, IVA incluido, suma que es abonada en este acto por la compradora mediante cheque bancario, sirviendo el presente documento de la más eficaz carta de pago, salvo buen fin del citado cheque.

Expresamente hacen constar las partes que a la hora de fijar el citado precio ha sido especialmente tenido en cuenta el estado, físico y de funcionamiento, en que se hallan los citados VEHÍCULOS, así como la necesidad de efectuar diversas reparaciones y reposiciones en los mismos como consecuencia de tal estado y su antigüedad, entre ellas las recogidas en los presupuestos que se acompañan al presente documento como ANEXO I. Todo lo cual es conocido y aceptado por el comprador.

En este acto el vendedor hace entrega al comprador de las correspondientes facturas de esta compraventa.

CUARTA.– Los gastos y tributos de esta compraventa serán soportados por las partes con arreglo a Ley.

QUINTA.– Estando la vendedora declara en concurso de acreedores, la presente compraventa ha sido objeto de autorización por el Juez del Concurso, mediante auto de fecha...........

Y para que así conste, firmen el presente por duplicado ejemplar en el lugar y fecha señalados "ut supra".

F354. CONTRATO DE COMPRAVENTA DE MAQUINARIA

Normativa de aplicación: *Arts. 205 y ss. Real Decreto Legislativo 1/2020, de 5 de mayo, por el que se aprueba el texto refundido de la Ley Concursal*

En..........., hoy día...........

REUNIDOS

DE UNA PARTE: (vendedor):........... S.L., con domicilio..........., con CIF..........., representada por Don........... mayor de edad, con domicilio a estos efectos, en..........., con DNI/NIF..........., en su condición de administrador solidario, de la citada mercantil, que actualmente se halla declarada en estado de concurso voluntario de acreedores, que se tramita actualmente ante el Juzgado de lo Mercantil número........... de..........., número de autos........... La declaración del citado concurso fue acordada por el expresado Juzgado mediante auto de fecha..........., en el que se decretó la intervención de las facultades de administración de la mercantil concursada quedando el ejercicio ordinario de la misma sometido a la autorización o conformidad del administrador concursal.

Y Don..........., mayor de edad, con domicilio a estos efectos en..........., y con DNI/NIF..........., que interviene en su condición de Administrador Concursal del concurso voluntario de la mercantil..........., nombrado en el referido auto de fecha de........... en que se declaró el concurso voluntario de la citada mercantil.

DE OTRA PARTE: (comprador)

.... S.A., con domicilio social en..........., con CIF..........., representada por Don..........., con DNI/NIF..........., como administrador de la citada mercantil.

EXPONEN

I.– Que el vendedor, la mercantil........... S.L., es el actual titular de la siguiente MAQUINARIA:

La citada MAQUINARIA se encuentra libre de cargas y gravámenes que pudieran impedir la formalización de la trasferencia, por el comprador.

II.– Que la mercantil..........., S.A. está interesada en comprar la citada maquinaria por lo que las partes pactan el presente CONTRATO DE COMPRAVENTA DE MAQUINARIA que se regirá por sus propias normas y por las siguientes:

ESTIPULACIONES

PRIMERA.– Que en este acto la mercantil........... S.L., vende y transmite la MAQUINARIA que se reseña en el exponen I de este documento, a la mercantil........... S.A. que la compra y adquiere en el estado y situación, física y de funcionamiento en que actualmente se hallan y que........... S.A. declara expresamente conocer por comprobación y revisión personal de la MAQUINARIA en cuestión, así como libre de cargas y gravámenes.

SEGUNDA.– El precio de compraventa se fija en la suma conjunta de...........euros (...........€), IVA incluido, suma que es abonada en este acto por la compradora mediante cheque bancario, sirviendo el presente documento de la más eficaz carta de pago, salvo buen fin del citado cheque.

Expresamente hacen constar las partes que a la hora de fijar el citado precio ha sido especialmente tenido en cuenta el estado, físico y de funcionamiento, en que se hallan la citada MAQUINARIA. Todo lo cual es conocido y aceptado por el comprador.

TERCERA.– El comprador se compromete a retirar la maquinaria de las instalaciones en las que se encuentra en el PLAZO DE UN MES, comprometiéndose la parte vendedora a facilitar la entrada en las mismas para la retirada de la maquinaria vendida.

En este acto el vendedor hace entrega al comprador de las correspondientes facturas de esta compraventa.

CUARTA.– Los gastos de desmontaje y transporte y demás gastos y tributos de esta compraventa serán soportados por la parte compradora.

QUINTA.– Que respecto de esta compraventa se hace constar que:

– Se presentó el..........., por la Administración concursal en el Juzgado de lo Mercantil número........... de..........., comunicación de oferta de compra recogida en el art. 205 TRLC.

– Que por auto de fecha..........., dictado por el Juzgado de lo Mercantil número........... de..........., se autorizó la presente compraventa en las condiciones comunicadas.

Y para que así conste, firmen el presente por duplicado ejemplar en el lugar y fecha señalados "ut supra".

Fdo:...........

en nombre y representación de en nombre y representación de........... S.L.

Fdo:...........

en nombre y representación de en nombre y representación de..........., S.A.

Fdo...........

ADMINISTRACIÓN CONCURSAL

F355. ESCRITO DE LA CONCURSADA Y ADMINISTRACIÓN CONCURSAL SOLICITANDO DEL JUEZ DEL CONCURSO LA CANCELACIÓN DE RESERVA DE DOMINIO

Normativa de aplicación: *Arts. 205 y ss. Real Decreto Legislativo 1/2020, de 5 de mayo, por el que se aprueba el texto refundido de la Ley Concursal*

Concurso voluntario S.L.

Autos...........

AL JUZGADO DE LO MERCANTIL NÚMERO........... DE...........

..........., Procurador de los Tribunales y de........... S.L. y..........., administrador concursal del concurso voluntario de la mercantil..........., S.L., tramitado en este Juzgado bajo el número de autos..........., ante este Juzgado comparezco y como mejor proceda en Derecho DIGO:

PRIMERO.– Que mediante auto dictado por este Juzgado el..........., se autorizó la venta de los siguientes elementos de transporte titularidad de la concursada:...........

SEGUNDO.– Que en relación con el citado CAMIÓN HORMIGONERA..........., Matrícula..........., con número de bastidor........... en el Registro de Bienes Muebles aparece inscrita una reserva de dominio a favor de la entidad de crédito..........., en virtud de contrato de arrendamiento financiero (leasing) de fecha...........

Que en relación con el citado REMOLQUE..........., Matrícula..........., con número de bastidor........... en el Registro de Bienes Muebles aparece inscrita una reserva de dominio a favor de la entidad..........., en virtud de contrato de arrendamiento financiero (leasing) de fecha...........

Estando el resto de los elementos de transporte libres de cargas y gravámenes.

Se acompaña como DOCUMENTO UNO, notas simples del Registro de Bienes Muebles de los citados elementos de transporte.

TERCERO.– Para que los elementos de transporte se puedan transmitir por título de compraventa, libre de cargas y gravámenes, interesa a esta parte que se acuerde por este Juzgado el alzamiento y cancelación de las referidas reservas de dominio en el Registro de

Bienes Muebles, y que se realicen las comunicaciones necesarias a la Dirección General de Trafico a los mismos efectos y cuanto demás proceda en derecho.

CUARTO.– Que el alzamiento y cancelación de reservas de dominio solicitado debe ser acordado toda vez que las obligaciones derivadas de dichos contratos de arrendamiento financiero fueron satisfechas en su día no debiéndose cantidad alguna, quedando pendiente en su día la cancelación de las reservas de dominio reseñadas.

En efecto:

I.– Respecto del citado contrato de arrendamiento financiero (leasing) relativo al CAMIÓN HORMIGONERA..........., Matrícula..........., con número de bastidor..........., se hace constar que en fecha........... se concedió por el Banco........... un préstamo a la concursada por importe de...........euros, formalizado en póliza de préstamo mercantil tipo de interés fijo........... de dicha fecha.

La finalidad de dicho préstamo era cancelar el contrato de arrendamiento financiero (leasing), con parte del importe prestado, como así se hizo y queda acreditado por operación bancaria de fecha..........., por importe de...........euros, cantidad que faltaba por pagar para cancelar el leasing.

Se acompaña como DOCUMENTO DOS, copia de la mencionada póliza de préstamo mercantil y extractos bancarios de fechas..........., acreditativos del pago del importe de...........euros por concepto de cuota de leasing comprensivo de nominal e intereses, con el que se cancelaba el leasing.

Se hace constar que dicha entidad de crédito ha solicitado el reconocimiento de un crédito en el concurso como ordinario distinto del anterior, sin efectuar la más mínima mención a la citada reserva de dominio, que como acabamos de decir, correspondía a una operación previamente cancelada. Nos remitimos al informe de esta Administración Concursal.

II.– Respecto del citado contrato de arrendamiento financiero (leasing) relativo al REMOLQUE..........., Matrícula..........., con número de bastidor..........., se acredita la cancelación del mismo por medio de factura nº I........... expedida el........... por la entidad..........., acreditativa del pago de la opción de compra de arrendamiento financiero, que se acompaña como DOCUMENTO TRES.

Igualmente se hace constar que la citada entidad........... tampoco ha comunicado crédito alguno al presente concurso. También nos remitimos al informe de esta Administración Concursal.

Por todo lo expuesto,

SUPLICO AL JUZGADO que tenga por presentado este escrito junto con los documentos acompañados y sus copias, se admita a tramite y se sirva admitirlo y previos los oportunos trámites legales, se sirva acordar el alzamiento y cancelación de reservas de dominio interesado en el cuerpo de este escrito, ordenando cuanto demás proceda en derecho a tal fin.

Es Justicia que se SUPLICA en..........., a........... de........... de...........

F356. CARTA A ENTIDAD DE CRÉDITO SOLICITANDO QUE SE EFECTÚEN TRANSFERENCIAS CON CARGO A LA CUENTA INTERVENIDA

Banco............

Oficina de empresas

C/............, núm. ....

....

En............, a............ de............ de............

Muy señores nuestros:

Por la presente solicitamos que con cargo a nuestra cuenta nº............ abierta en su entidad y que se halla intervenida por la administración concursal del concurso voluntario de esta sociedad, ... S.L., que se tramita ante el Juzgado de lo Mercantil de............, bajo el núm. de autos............, sirvan efectuar las siguientes transferencias bancarias:

Beneficiario cuenta corriente Importe

....

Atentamente.

Don............ y Don............

Administradores conjuntos de............ S.L.

En señal de autorización y conformidad a lo expuesto en esta carta, firma la presente la administración concursal.

Doña............

F357. CARTA A ENTIDAD DE CRÉDITO SOLICITANDO QUE SE CARGUEN RECIBOS DOMICILIADOS POR LA CONCURSADA EN LA CUENTA INTERVENIDA

Banco............

Oficina de empresas

C/............, núm. ....

....

En............, a............ de............ de............

Muy señores nuestros:

Por la presente solicitamos atiendan los recibos domiciliados según relación en hoja adjunta, con cargo a nuestra cuenta nº........... abierta en su entidad y que se halla intervenida por la administración concursal del concurso voluntario de esta sociedad, ... S.L., que se tramita ante el Juzgado de lo Mercantil de..........., bajo el núm. de autos...........

ATENTAMENTE.

Don........... y Don...........

Administradores conjuntos de........... S.L.

En señal de autorización y conformidad a lo expuesto en esta carta, firma la presente la administración concursal.

Doña...........

F358. CARTA DE LA CONCURSADA A LOS AUDITORES DE LA SOCIEDAD AUTORIZANDO CIRCULARIZACIÓN. SUSPENSIÓN DE FACULTADES

Buenos días,

Yo ...., con DNI ....como administrador concursal de la sociedad "..........." doy autorización para que se envíe el siguiente correo electrónico adjuntando la carta para la circularización de "..........." a fecha ....donde se solicita cierta información que deberá ser contestada a los auditores de la empresa en la siguiente dirección de correo:

(NOMBRE ENTIDAD)

CIF: ....

EMAIL...........

Atentamente,

Administrador Concursal

F359. CARTA DE LA CONCURSADA A LOS AUDITORES DE LA SOCIEDAD AUTORIZANDO CIRCULARIZACIÓN. INTERVENCIÓN DE FACULTADES

Buenos días,

Yo ...., con DNI ....como administrador único de la sociedad "..........." doy autorización para que se envíe el siguiente correo electrónico adjuntando la carta para la circularización de "..........." a fecha ....donde se solicita cierta información que deberá ser contestada a los auditores de la empresa en la siguiente dirección de correo:

(NOMBRE ENTIDAD AUDITORA)

CIF: ....

EMAIL............

Atentamente,

Administrador Único de .... S.L

En señal de conformidad ...., administrador concursal de ....

F360. CARTA DE LA CONCURSADA A DEUDOR INDICÁNDOLE LA CUENTA INTERVENIDA EN LA QUE PAGAR DEUDAS

Muy señores nuestros:

Les comunicamos que la mercantil............ S.L. ha sido declarada en situación de concurso voluntario de acreedores por auto de fecha............ dictado por el Juzgado de lo Mercantil número............ de............, número de autos............, habiendo sido nombrado administrador concursal Don............, decretándose la intervención de las facultades de administración de la mercantil............ S.L. quedando el ejercicio ordinario de la misma sometido a la autorización o conformidad del administrador concursal.

Así pues, por la presente solicitamos que con cargo a nuestra cuenta n°............ abierta en la urbana............ de la entidad............ S.A., sita en............, Plaza............, y que se halla intervenida por la administración concursal, se sirvan efectuar, desde la recepción de la presente y en adelante, los sucesivos pagos para satisfacer las deudas vencidas que tiene contraídas la mercantil............ SAU con la mercantil concursada.

Atentamente,

Administradora única de............ S.L.

En señal de conformidad y aceptación a lo expuesto.

Administración concursal

F361. ESCRITO DE LA ADMINISTRACIÓN CONCURSAL AL ARRENDATARIO SOLICITANDO INGRESO EL IMPORTE DEL ALQUILER EN LA CUENTA INTERVENIDA

Don............

Administrador Concursal

............, S.L.

Concurso Voluntario

Ordinario nº ....

............, S.A. (unipersonal)

Calle............

Pol. Industrial............

.... (............)

En............, ... de............ de............

Muy Sres. míos,

Mediante el presente escrito les informo que la sociedad ...., S.L. ha sido declarada en concurso voluntario de acreedores, que con el número .... se tramita ante el Juzgado de lo Mercantil nº .... de ...., habiendo sido nombrado el infrascrito como administrador concursal, habiendo sido suspendido el ejercicio por el deudor de las facultades sobre la masa activa. Se adjunta Auto de declaración de concurso y credencial como administrador concursal.

Que en relación al Contrato de arrendamiento para uso distinto del de vivienda, suscrito con fecha .... de .... de .... con la mercantil concursada, relativo al local sito en............, calle............, les informo que desde este momento deben transferir el importe correspondiente a cada mensualidad del alquiler en la cuenta nº .... intervenida para la tramitación del procedimiento.

Sin otro particular, aprovecho la ocasión para saludarles atentamente.

Fdo............

ADMINISTRADOR CONCURSAL DE............

F362. ESCRITO DE LA ADMINISTRACIÓN CONCURSAL AL JUZGADO COMUNICANDO LA CUENTA BANCARIA DEL CONCURSO

AL JUZGADO DE LO MERCANTIL Nº ... DE........

........, en representación de........, S.L.P, Administrador Concursal designado en el expediente de Concurso del deudor........ que con el nº........ se sigue ante ese Juzgado, comparece ante él y como mejor proceda en Derecho, DICE:

Que mediante diligencia de ordenación de fecha 24 de mayo de........, notificada a esta parte el 27 de mayo del mismo año, se requiere para que aporte un número de cuenta *intervenida del* concursado.

Que mediante el presente escrito se viene a informar de la cuenta intervenida por este administrador concursal en la entidad........, S.A. y que es la nº.........

En virtud de lo expuesto,

SOLICITA AL JUZGADO, que teniendo por presentado este escrito se digne admitirlo, se una al expediente de su razón, y se tenga por contestada la diligencia de ordenación notificada.

En........, a 12 de junio de........

Fdo.........

en representación de........, SLP

ADMINISTRACIÓN CONCURSAL

F363. RECLAMACIÓN A ENTIDAD BANCARIA DE RECIBOS INDEBIDAMENTE CARGADOS TRAS LA DECLARACIÓN DEL CONCURSO

D...............

DNI ....

Contacto: ....

Domicilio a efectos notificaciones: ....

AL SERVICIO DE ATENCIÓN AL CLIENTE DE ....

Muy Sres. Míos,

Por medio del presente escrito vengo a realizar RECLAMACIÓN a su entidad en solicitud de devolución de la cantidad de ....por el cobro de los llamados "recobro recibo............" de fecha................, así como aquellas otras cantidades que indebidamente pudieran haberse cobrado por su entidad, en base a los siguientes motivos:

A) Tal y como son conocedores, en fecha............., el Juzgado de lo Mercantil ....declaró en concurso voluntario de acreedores al que suscribe la presente (concurso ordinario nº................), habiéndose nombrado como Administrador Concursal a Don ....con domicilio en ....y correo electrónico ....

De este modo, en fecha ....fue publicado en el TEJU del BOE dicha declaración concursal para su conocimiento a todos los posibles afectados por tal situación y con especial llamamiento a mis posibles acreedores, entre los que se encuentra su entidad.

Con el fin de facilitarles dicha información, les adjunto la documentación del Auto del concurso de acreedores y publicación en el TEJU como Doc. 1 y 2 que se acompañan a la presente.

B) En este sentido, toda deuda anterior a la citada declaración concursal, así como toda generación de intereses, comisiones y recargos que dimanen de una deuda antigua, deben ser en su caso reconocidos o reclamados en sede del procedimiento concursal, debiendo, por tanto, abstenerse cualquier acreedor de reclamar o girar cobros con el saldo existente en la cuenta bancaria, o, generar descubiertos por saldo negativo.

C) Así las cosas, resulta que se ha tenido constancia que existen tres recibos girados en fecha ....por importe total de ....y como concepto "recobro recibo...................", estando este supuesto entre los prohibidos legalmente conforme a la normativa concursal, al ser posiblemente deuda antigua y no dimanar de necesidades básicas del concursado, ni ser un cobro autorizado por la Administración Concursal, es por ello que, les dirijo la presente con el fin de que de forma inmediata, procedan a la devolución de dicha cantidad a la cuenta bancaria intervenida terminada en ...., firmando la presente el Administrador Concursal nombrado en prueba de conformidad y visto bueno.

Y, todo ello, sin perjuicio de que puedan reclamar su deuda (caso de dimanar de su entidad) ante la Administración Concursal para su reconocimiento oportuno, o, en su caso, ante el Juez del concurso.

Por todo lo anteriormente expuesto, vengo a solicitar, se tenga por realizada la presente reclamación a su entidad, con el fin de que procedan a la devolución y reintegro de la cantidad de ....en la cuenta bancaria intervenida de mi titularidad, y, de forma inmediata.

Sin otro particular y a la espera de poder solucionar este asunto de forma amistosa y a la mayor brevedad posible, les saluda atentamente.

Fdo. ....

DNI ....

VoBo Administración Concursal.

Fdo. ....

F364. ESCRITO DE LA ADMINISTRACIÓN CONCURSAL RECLAMANDO SALDOS DEUDORES

.........................., S.L.

C/................

«CLIENTE................»

En................, a ....

Muy Sr/es. nuestros:

Por Auto de fecha................., el Juzgado de lo mercantil n° ...... de ...., el Concurso Voluntario Ordinario de la mercantil....................., S.L., tramitándose bajo el n°...................., habiendo sido nombrado Administrador Concursal el que suscribe esta comunicación.

Que da la documentación aportada por la mercantil......................., S.L., figura en el Activo de la concursada como CLIENTE/DEUDOR por la cantidad de ....» €.

Que con el fin de hacer efectivo el pago de las cantidades adeudadas a continuación se indica el número de cuenta de la concursada aperturada para la tramitación del procedimiento concursal, donde pueden realizar el ingreso: ....

En caso de no recibir contestación en algún sentido en el plazo de 10 días tras la recepción de este comunicado, se procederá a su reclamación en la forma prevista por la Ley.

Si el importe indicado hubiera ya sido abonado, les rogamos envíen al e-mail indicado copias de la documentación que acredite la cancelación total o parcial de la deuda.

Sin otro particular, aprovecho la ocasión para saludarles atentamente.

Fdo. ....en representación de

......................................, S.L.P.

ADMINISTRACIÓN CONCURSAL

F365. CARTA A ENTIDAD DE CRÉDITO SOLICITANDO QUE SE INGRESEN CHEQUES Y PAGARÉS EN LA CUENTA INTERVENIDA

Banco...........

Oficina de empresas

C/..........., núm. ....

....

En..........., a...........de...........de...........

Muy señores nuestros:

Adjunto a la presente le acompañamos los efectos cambiarios que a continuación se reseñan, con el ruego que sean ingresados en nuestra cuenta n°........... abierta en su entidad y que se halla intervenida por la administración concursal del concurso voluntario de esta sociedad, ... S.L., que se tramita ante el Juzgado de lo Mercantil de..........., bajo el núm. de autos...........

Dichos efectos son...........

Atentamente.

Don........... y Don...........

Administradores conjuntos de........... S.L.

En señal de autorización y conformidad a lo expuesto en esta carta, firma la presente la administración concursal.

Doña...........

F366. ESCRITO ADMINISTRACIÓN CONCURSAL A EMPRESA SUMINISTRADORA SOBRE PAGO DE FACTURAS

Muy Señor mío,

Me pongo en contacto con usted como representante de la mercantil..........., designada Administrador Concursal en el Concurso de la sociedad..........., (AUTOS ...., Concurso ordinario voluntario que se sigue en el Juzgado de lo Mercantil...........), para en relación con la factura número .... que adjunto a la presente carta, comunicarle lo siguiente:

- Que la mercantil ...., fue declarada en situación concurso voluntario por auto de fecha........... dictado por el Juzgado de lo Mercantil........... (autos ....), decretándose la intervención de sus facultades de administración quedando el ejercicio ordinario de la misma sometido a la autorización o conformidad de esta administración concursal.
- Que la citada factura número ...., por importe total de ....euros corresponde a un periodo de facturación del .... (por lo tanto a un periodo anterior a la fecha de declaración del concurso) y en consecuencia el importe facturado y debido tiene la consideración crédito concursal y no se puede pagar en este momento en virtud de lo dispuesto en la normativa Concursal.
- En cuanto a las próximas facturas correspondientes a periodos de facturación posteriores a la fecha de declaración del concurso, al tener los importes facturados la consideración de créditos contra la masa, esta Administración concursal procederá a pagar puntalmente las facturas en función de la disponibilidad de tesorería de la sociedad.

Atentamente,

ADMINISTRACIÓN CONCURSAL

F367. ESCRITO DE LA ADMINISTRACIÓN CONCURSAL INFORMANDO SOBRE UN BIEN ARRENDADO FINANCIERAMENTE A LA CONCURSADA

AL JUZGADO DE LO MERCANTIL Nº ..... DE ......

Proc. Concursal Ordinario

Autos ....

.... en representación de ...., SLP, Administradora Concursal designada en el procedimiento de Concurso Ordinario Voluntario de las entidades mercantiles ".............." que con el número .... se tramita ante ese Juzgado, comparece ante el mismo y como mejor proceda en Derecho, DICE:

Que mediante diligencia de ordenación de fecha ... de .... de ....., notificada a esta parte el ... de .... del mismo año, se nos ha dado traslado del escrito presentado por ...., S.A. para que en el plazo de cinco días informe respecto de lo manifestado.

Que, en el plazo conferido al efecto, esta Administración Concursal realiza las siguientes,

ALEGACIONES

PRIMERA.– La máquina objeto de contrato de arrendamiento financiero número .... NO ESTÁ ILOCALIZADA como indica en su escrito ...., S.A.

..........., S.L. informó a esta Administración Concursal que dicha máquina, con anterioridad al concurso de GRUPO ...., se encontraba ubicada en su filial portuguesa, ..., LDA., sociedad que, a su vez, también se encuentra en concurso de acreedores desde el ... de ...... de ....., ante el Juzgado ...., esto es, con anterioridad al de GRUPO ...., siendo el administrador nombrado por el Juzgado don .... Posteriormente, fue trasladada por el citado Administrador y se halla actualmente depositada en las instalaciones de la sociedad ...., sitas en ....

SEGUNDA.– Desde que esta Administración Concursal tuvo conocimiento de la ubicación de dicha maquinaria, continuó las gestiones, que ya había iniciado la concursada ...., S.L., para su traslado desde Portugal hasta las instalaciones de ....

A tal efecto se cruzaron diversos correos electrónicos con el administrador judicial portugués designado, no llegando a un acuerdo para poder llevar a cabo el traslado de la maquinaria a España, quizás como consecuencia del estado de concurso de acreedores en que se halla la citada entidad portuguesa.

Ante la obligación de entrega de las instalaciones de .... por parte de su administrador judicial, la máquina fue reubicada y depositada en las citadas instalaciones de la sociedad ....

Desde finales de .... se ha tratado de obtener oferta por la maquinaria en cuestión, para que se pudiera vender el bien, con pago total o parcial del crédito con privilegio especial reconocido a favor de la entidad financiera en los términos establecidos en el TRLC, y desmontaje y trasporte por el adquirente.

Y paralelamente, por si tal venta no se efectuase, se han realizado los tramites previstos, y la obtención de los permisos precisos, para el traslado de la maquinaria a nuestro país, habiéndose comunicado al citado Juzgado .... la voluntad de esta Administración Concursal de retirar y retornar la misma a nuestro país, juzgado portugués que reiteró a nuestra petición el concreto lugar de ubicación de la máquina, que es el antes reseñado.

TERCERA.– La entidad ...., S.A. es conocedora de la ubicación y situación de la maquinaria; de hecho, así lo indica en el punto tercero del escrito presentado, así como de las gestiones que se han estado realizando tendentes a la obtención de una oferta de venta por interesado en la misma.

De hecho, se recibieron dos correos por parte de ...., S.L., uno de fecha .... de .... de ...... solicitando la información necesaria para la resolución del contrato y otro de fecha .... de ... de ...... en el que nos indican que están coordinando la visita a Portugal de un cliente que está interesado en inspeccionar la máquina. Esta visita se realizó el día ....de ..... de ..., enviándonos fotografías de la maquinaria, por lo cual esta parte, ciertamente, no entiende la petición formulada por .... y que aquí se contesta.

En virtud de lo expuesto,

SUPLICA AL JUZGADO, que teniendo por presentado este escrito se digne admitirlo, sea unido al expediente de su razón y se tengan por realizadas las anteriores manifestaciones.

En ...., a .... de .... de...

Fdo...........

ADMINISTRACIÓN CONCURSAL

F368. ENDOSO DE LETRA DE CAMBIO POR LA CONCURSADA

1.– Endoso nominativo:

Por endoso a favor de........... S.L., con domicilio en..........., calle...........

En..........., a..........., ... de........... de...........

Fdo........... S.L.

Adm. concursal en señal de conformidad.

2.– Si el endoso es en blanco, basta con la firma de la concursada y de la administración concursal.

F369. ESCRITO DE ALEGACIONES CON LA INTERVENCIÓN DE LOS ADMINISTRADORES CONCURSALES

AL EXCMO. AYUNTAMIENTO DE........... ÁREA DE URBANISMO.
LICENCIAS URBANÍSTICAS UNIDAD...........

Don..........., mayor de edad, de nacionalidad española, con domicilio designado a efectos de notificaciones en..........., calle..........., núm. .... y dotado de DNI/NIF..........., en nombre y representación de la sociedad........... S.L., con idéntico domicilio y CIF..........., ante este Administración comparezco y como mejor proceda en derecho EXPONGO:

I.– Que en el expediente de licencia de obra mayor número..........., se nos ha dado audiencia por el plazo de 10 días para formular alegaciones en relación con la caducidad de la licencia concedida en su día concedida a esta sociedad por Resolución de Alcaldía nº........... de fecha de........... de...........

II.– Que por medio del presente escrito, se evacua el citado trámite formulándose las siguientes:

ALEGACIONES

Entendemos que no cabe declarar la caducidad de la licencia de obras de referencia por los siguientes motivos:

PRIMERA.– Con carácter previo, indicar que las obras sí fueron iniciadas en..........., no obstante, desde aquél momento no han avanzado como era de desear debido a diversas circunstancias que han detenido su normal desarrollo, como son:

I.– Que una vez iniciadas las obras se apreció el peligro de desmoronamiento de las naves vecinas por lo que la dirección facultativa decidió parar los trabajos de excavación en evitación de provocar daños a las personas y las construcciones colindantes (Calle........... nº...........). De hecho, tras un prolongado tiempo de conversaciones con los propietarios de aquellas, se convino el apuntalamiento de sus naves, lo cual fue objeto de un anexo al proyecto de Ejecución, el cual quedó presentado en el Ayuntamiento en fecha........... de........... de...........

II.– Así mismo, hubo un malentendido con la propia unidad........... de licencias urbanísticas del Ayuntamiento, que ordenó en el mes de........... de........... la paralización de las obras por entender que estaba pendiente la subsanación de deficiencias, las cuales habían de ser solucionadas con carácter previo al inicio de las obras. A este requerimiento se contestó de forma inmediata, todavía en dicho mes de........... de..........., pero no fue hasta........... de........... de que se recibió la nueva licencia dando por subsanadas las deficiencias (en base a lo alegado en nuestro escrito antes citado) y, por tanto, la posibilidad de reanudar las obras.

Para acreditar cuanto se expone más arriba, se acompañan los siguientes documentos:

- DOCUMENTO Nº 1.– Instancia de notificación al Ayuntamiento del Acta de Inicio de las obras, con copia del acta.
- DOCUMENTO Nº 2.– Instancia de presentación del anexo al Proyecto de Ejecución, al objeto de apuntalar las naves vecinas.
- DOCUMENTO Nº 3.– Notificación de paralización de las obras por estar pendientes ciertas subsanaciones.
- DOCUMENTO Nº 4.– Instancia dando respuesta al escrito de paralización.
- DOCUMENTO Nº 5.– Notificación de la resolución de modificación de la licencia.

SEGUNDA.– Subsanado lo anterior, e iniciadas las obras, esta sociedad, como consecuencia de la crisis del sector inmobiliario, se ha visto obligada a solicitar la declaración de concurso voluntario de acreedores (la antigua suspensión de pagos). Dicha solicitud, admitida a trámite, se sustancia ante el Juzgado de lo Mercantil núm. .... de..........., autos...........

Como consecuencia de tal situación, la actividad de la empresa se ha ralentizado en tanto en cuanto se designan administradores concursales, realizan su informe, se obtiene liquidez, etc., recordando que la declaración de concurso de acreedores de una promotora en modo alguno significa resolución de contratos, extinción de licencias, o paralización o finalización de la actividad empresarial de la concursada. Todo lo contrario, lo que se pretende es asegurar, la continuación de la actividad empresarial y el pago de los acreedores, a través de los cauces procedimentales y sustantivos previstos en la legislación concursal

En esta línea, es intención de la dirección de esta compañía, con el visto bueno de la administración concursal y del Juez del concurso de acreedores, reanudar cuanto antes la actividad normal de la empresa y retomar, entre otras y especialmente, las obras de edificación para las cuales obtuvo licencia y en las que ha invertido una suma de dinero considerable: desde la compra del suelo hasta, la demolición de las naves preexistentes, el pago de proyectos, tasas de licencia (...........€), Impuesto de Construcciones (...........€) liquidación de aprovechamiento (...........€), tasas de ocupación de vía pública, etc.

Si se abandonara todo lo hecho, o se produjera una declaración de caducidad de la licencia de obras, se perjudicará seriamente el activo de esta sociedad y, por ende, a la masa activa del concurso, lo que, entendemos no es admisible.

Solo hace falta esperar un poco de tiempo a que se realicen los trámites que exige la ley Concursal para continuar las obras.

Se adjunta como DOCUMENTO Nº 6 la publicación del auto por la que se declara el concurso.

Por todo lo expuesto,

SOLICITO DE ESTA ADMINISTRACIÓN que tenga por presentado este escrito junto a la documentación aportada, se sirva admitirlo y tener por hechas las anteriores manifestaciones a los efectos oportunos y, previos los oportunos trámites legales, se sirva dictar resolución, por la que no se acuerde la caducidad de la licencia de referencia.

En..........., a........... de........... de...........

Don...........

Administrador Único de........... S.L.

OTROSÍ DIGO Que dado que la sociedad........... S.L. se encuentra en estado legal de concurso voluntario, el cual se tramita ante el Juzgado de lo Mercantil nº........... de..........., bajo los Autos nº..........., (declarado mediante auto de fecha de........... de...........) y estando sometido el ejercicio de sus facultades patrimoniales y de disposición de la masa activa a la autorización de la administración concursal, está suscribe el presente escrito dando su autorización y conformidad al mismo y su contenido.

En el lugar y fecha antes reseñado.

Don...........

Administrador concursal

F370. ESCRITO DIRIGIDO A LA ADMINISTRACIÓN CONCURSAL ACOMPAÑANDO DOCUMENTOS QUE DEBEN SER FIRMADOS POR ÉSTA

.... S.L.

C/..........., núm. ....

....

....

A la Administración concursal

En..........., a........... de........... de...........

Muy señores nuestros:

Pasamos a relacionar los documentos que, adjunto a la presente, le remitimos para su firma:

1.– Cheque del banco..........., por importe de...........euros, a favor de la compañía........... S.L., en concepto de pago honorarios tasación de las........... parcelas de la sociedad sita en..........., fincas registrales........... del Registro de...........

2.– Presupuesto formulado por la empresa........... para instalar el ascensor en el edificio de oficinas que estamos promoviendo en..........., y que, debidamente aceptado, debe remitirse a la sociedad...........

3.– Escrito a la Agencia Estatal de Administración Tributaria interponiendo recurso de reposición contra el acuerdo de fecha de........... de........... por el que se impone a esta sociedad recargo de apremio por importe de...........

Los citados documentos ya han sido firmados por el administrador único de la sociedad.

Atentamente,

Don...........

Jefe de Administración de........... S.L.

F371. CARTA A ENTIDAD DE CRÉDITO SOLICITANDO TARJETA DE CRÉDITO PARA LA CONCURSADA CON CARGO A LA CUENTA INTERVENIDA

Banco...........

Oficina de empresas

C/..........., núm. ....

....

En..........., a........... de........... de...........

Muy señores nuestros:

Por la presente solicitamos que con cargo a nuestra cuenta nº........... abierta en su entidad y que se halla intervenida por la administración concursal del concurso voluntario de esta sociedad, ... S.L., que se tramita ante el Juzgado de lo Mercantil de..........., bajo el núm. de autos..........., procedan a emitir tarjeta de crédito.

Beneficiario Don...........

Límite:...........euros por día y...........euros por mes.

Atentamente

Don........... y Don...........

Administradores conjuntos de........... S.L.

En señal de autorización y conformidad a lo expuesto en esta carta, firma la presente la administración concursal.

Doña...........

F372. CARTA A ENTIDAD DE CRÉDITO SOLICITANDO CHEQUES GASOLINA PARA LA CONCURSADA CON CARGO A LA CUENTA INTERVENIDA

Banco...........

Oficina de empresas

C/..........., núm. ....

....

En..........., a........... de........... de...........

Muy señores nuestros:

Por la presente solicitamos que con cargo a nuestra cuenta n°........... abierta en su entidad y que se halla intervenida por la administración concursal del concurso voluntario de esta sociedad, ... S.L., que se tramita ante el Juzgado de lo Mercantil de..........., bajo el núm. de autos..........., procedan a emitir CHEQUES GASOLINA.

Atentamente.

Don........... y Don...........

Administradores conjuntos de........... S.L.

En señal de autorización y conformidad a lo expuesto en esta carta, firma la presente la administración concursal.

Doña...........

F373. CARTA DIRIGIDA POR LA ADMINISTRACIÓN CONCURSAL A ENTIDAD DE CRÉDITO SOLICITANDO LEVANTAMIENTO DE CARGAS HIPOTECARIAS QUE GARANTIZABAN UN PRÉSTAMO NO DISPUESTO POR LA CONCURSADA

Buenos días. A la atención de Don...........:

En nombre de la Administración Concursal de la Mercantil..........., s.l., les solicitamos la cancelación de la hipoteca sobre las fincas que adjuntamos, puesto que no se ha hecho uso del préstamo asociado a la misma, y el plazo ha vencido ampliamente. Les damos notas de las escrituras y las fincas objeto de las mismas con el fin de proceder a su localización y cancelación:

PRIMERO.– Que por escritura de fecha..........., autorizada por el Notario de..........., Don..........., número de protocolo..........., la concursada..........., S.L., constituyó hipoteca a favor de la Caja........... (hoy...........), sobre la finca registral..........., inscrita en el Registro de la Propiedad de..........., al Tomo..........., libro..........., folio..........., en garantía de un préstamo por importe de........... (...........euros), no realizándose en el acto de otorgamiento de la hipoteca entrega alguna de dicha cantidad, y estableciéndose que el préstamo sería destinado a las finalidades recogidas en la estipulación primera de la citada escritura a la que nos remitimos en aras de una mayor brevedad.

Que en la estipulación segunda de la citada escritura de fecha..........., sobre amortización del préstamo, se establece que el préstamo tendrá un duración de........... meses, a contar desde el..........., mediante una única amortización por el importe total dispuesto del préstamo y adeudado a la Caja, que se hará efectiva el día...........

Que tanto la amortización, los intereses, como el pago de comisiones se estableció que se realizara en función de las disposiciones que se hicieran de la cantidad prestada, según la pactado en las estipulaciones segunda, tercera y cuarta de la citada escritura de fecha..........., a las que también nos remitimos en aras de una mayor brevedad.

Se acompaña como DOCUMENTO UNO, copia de la citada escritura de fecha..........., protocolo...........

Se acompaña como DOCUMENTO DOS, nota simple de la finca registral........... acreditativa de la vigencia de la inscripción de la citada hipoteca.

SEGUNDO.– Que por escritura de fecha..........., autorizada por el Notario de..........., Don..........., número de protocolo..........., la concursada..........., constituyó hipoteca a favor de la Caja........... (hoy Banco...........), sobre la finca registral..........., inscrita en el Registro de la Propiedad de..........., al Tomo..........., libro..........., folio........... y sobre la finca registral..........., inscrita en el Registro de la Propiedad de..........., al Tomo..........., libro..........., folio..........., en garantía de un préstamo por importe de...........euros (...........euros), respondiendo cada finca registral de...........euros de principal, y respecto del total prestado de...........euros no realizándose en el acto de otorgamiento de la hipoteca entrega alguna de dicha cantidad, y estableciéndose que el préstamo sería destinado a las finalidades recogidas en la estipulación primera de la citada escritura a la que nos remitimos en aras de una mayor brevedad.

Que en la estipulación segunda de la citada escritura de fecha..........., sobre amortización del préstamo, se establece que el préstamo tendrá un duración de........... meses, a contar desde el..........., mediante una única amortización por el importe total dispuesto del préstamo y adeudado a la Caja, que se hará efectiva el día...........

Que tanto la amortización, los intereses, como el pago de comisiones se estableció que se realizara en función de las disposiciones que se hicieran de la cantidad prestada, según la pactado en las estipulaciones segunda, tercera y cuarta de la citada escritura de fecha..........., a las que también nos remitimos en aras de una mayor brevedad.

Se acompaña como DOCUMENTO TRES, copia de la citada escritura de fecha..........., protocolo...........

Se acompaña como DOCUMENTO CUATRO, notas simples de las citadas fincas registrales........... y........... acreditativas de la vigencia de la inscripción de la citada hipoteca.

TERCERO.– Que por parte de la concursada..........., S.L., no se ha realizado ninguna disposición de las dos citadas cantidades de...........euros y...........euros, y que por tanto, una vez transcurrido el periodo de duración del préstamo y sin deber ninguna cantidad a la entidad acreedora, esta administración concursal entiende que procede el levantamiento y cancelación de las hipotecas constituidas sobre las citadas fincas registrales..........., ... y..........., lo cual solicitamos por medio del presente escrito.

Rogamos nos enviéis por esta vía cartas de pago para poder cancelar las hipotecas sobre los bienes relacionados o comparezcáis ante notario a otorgar la oportuna escritura de cancelación hipotecaria.

Saludos cordiales,

F374. ESCRITO PIDIENDO LA RECTIFICACIÓN DE LA CANCELACIÓN DE ANOTACIÓN DE CONCURSO DE VEHÍCULOS TRANSMITIDOS

Normativa de aplicación: *Arts. 105 y ss. Real Decreto Legislativo 1/2020, de 5 de mayo, por el que se aprueba el texto refundido de la Ley Concursal.*

AL JUZGADO DE LO MERCANTIL Nº ... DE........

.... en representación de........, S.L.P., Administrador Concursal designado en el procedimiento de Concurso Voluntario de la entidad mercantil........, S.L. que con el número...../....... se tramita ante ese Juzgado, comparece ante el mismo y como mejor proceda en Derecho, DICE:

Que se solicita diligencia adicional al mandamiento expedido al Registro de Bienes Muebles de........, en fecha 15 de enero de........, para cumplimentar la cancelación de la anotación de concurso sobre los vehículos que a continuación se indica:

- .... (ver página 27 de la escritura ...... de septiembre doc_1)
- .... (ver página 17 de la escritura ...... de septiembre doc_1)
- .... (ver página 27 de la escritura ...... de septiembre doc_1)

Estos vehículos se transmiten mediante escritura de fecha 5 de julio de........, y posterior subsanación en escritura de fecha 25 de septiembre de......... Dichas escrituras se aportaron a los escritos presentados por la administración concursal en fecha 9 de noviembre de........ y posterior de fecha 10 de enero de......... Se adjunta de nuevo como documento 1, la escritura de subsanación, para verificar en la página 17 y 27 el número correcto de matrícula.

Por todo ello, se precisa que se emita diligencia adicional al Registro de Bienes Muebles de........, donde se rectifique el mandamiento expedido en fecha 15 de enero de........, donde en los números 12, 5 y 20 aparece por error otra matrícula, y se detalle correctamente la misma:

5. Vehículo marca........, con matrícula.........

No es correcto, la matrícula es........, tal y como se transcribe en la página 27 de la escritura de venta de fecha 25 de septiembre de........, y que se aporta como DOC_1.

12. Vehículo marca ...., con matrícula ....

No es correcto, la matrícula es ...., tal y como se transcribe en la página 17 de la escritura de subsanación de venta de fecha 25 de septiembre de........, y que se aporta como DOC_1.

20. Vehículo marca ...., con matrícula ....

No es correcto, la matrícula es ...., tal y como se transcribe en la página 27 de la escritura de venta de fecha 25 de septiembre de........, y que se aporta como DOC_1.

En su virtud,

SUPLICO AL JUZGADO, que teniendo por presentado este escrito, se una al expediente de su razón y se expida la correspondiente diligencia de rectificación del mandamiento al Registro de Bienes Muebles de........ para la cancelación de la anotación de concurso sobre los vehículos ....., ... y ....

En........ (........), a................. de........

Fdo.........

en representación de "........, S.L.P.

ADMINISTRACIÓN CONCURSAL

F375. CERTIFICADO CONCURSAL CRÉDITOS FOGASA. COLECTIVO. MÁS DE CINCO TRABAJADORES. SALARIOS

Don/doña ...., administrador/a concursal de la empresa ...., con CIF núm. ...., designado/a por el Juzgado Mercantil núm. .... de ...., en Auto de fecha .... dictado en el concurso de acreedores núm. ....,

Certifico que el ....[3] se incluyó en la lista de acreedores del concurso de acreedores antes citado un crédito a favor de los trabajadores de la referida empresa que se relacionan con la calificación de crédito concursal o con la consideración de crédito contra la masa por los importes brutos y por los conceptos que a continuación se detallan[4].

(3) En el caso de créditos concursales se hará consta la fecha de inclusión efectiva del crédito en el procedimiento judicial mediante los informes preceptivos o las resoluciones del juez del concurso que lo acuerde según el caso, y en el supuesto de créditos contra la masa su fecha de devengo, debiéndose hacer constar en el certificado las cantidades pagadas a cuenta al acreedor trabajador.

(4) Se harán constar los datos identificativos del título en el que se haya reconocido el crédito laboral.

La emisión de este certificado no sustituye la obligación de presentar los informes previstos en la Ley Concursal cumpliendo los requisitos legalmente establecidos, siendo la fecha de inclusión del crédito la de presentación de esos informes en el juzgado o la fecha en que se dicten las resoluciones judiciales preceptivas, según el caso.

N.º Acreedor	**Nombre**	**N.º DNI/ NIE**	**Salario día con PP en bruto**	**Salarios adeudados en bruto**	**Conceptos no salariales (transporte, dietas, preaviso, etc.)**	**Pago a cuenta salarios**	**Total pendiente**	**Conceptos/ Periodos**	**Fecha de vencimiento**	**Art. 242.1.2 TRLC (30 últimos días antes de la declaración del concurso)**	**Art. 242.1.11.º TRLC (créditos contra la masa)**	**Art. 280.1 TRLC Créditos privilegio general**	**Art. 269.3 TRLC Créditos ordinarios**	**Art. 281 TRLC Subordinados**
			Totales:											

Y para que conste ante el Fondo de Garantía Salarial, expido el presente certificado a petición de los interesados, remitiéndolo al citado organismo en un archivo PDF en formato OCR firmado y en un archivo Excel que permita la copia y el manejo de datos.

Fecha y firma.

Domicilio, teléfono y correo electrónico de la administración concursal.

Núm. acreedor	**Título ejecutivo (núm. autos, núm. ejecución, núm. juzgado, provincia)**

F376. CERTIFICADO CONCURSAL CRÉDITOS FOGASA. COLECTIVO. MÁS DE CINCO TRABAJADORES. INDEMNIZACIONES

Don/doña ...., administrador/a concursal de la empresa ...., con CIF núm. ...., designado/a por el Juzgado Mercantil núm. .... de ...., en Auto de fecha .... dictado en el concurso de acreedores núm. ....,

Certifico Que el ....[5] se incluyó en la lista de acreedores del concurso de acreedores antes citado un crédito a favor de los trabajadores de la referida empresa que se relacionan con la calificación de crédito concursal o con la consideración de créditos contra la masa por los importes brutos y por los conceptos que a continuación se detallan[6].

[5] En el caso de créditos concursales se hará consta la fecha de inclusión efectiva del crédito en el procedimiento judicial mediante los informes preceptivos o las resoluciones del juez del concurso que lo acuerde según el caso, y en el supuesto de créditos contra la masa su fecha de devengo, debiéndose hacer constar en el certificado las cantidades pagadas a cuenta al acreedor trabajador.

[6] Se harán constar los datos identificativos del título en el que se haya reconocido el crédito laboral en una nota al final del certificado.

La emisión de este certificado no sustituye la obligación de presentar los informes previstos en la Ley Concursal cumpliendo los requisitos legalmente establecidos, siendo la fecha de inclusión del crédito la de presentación de esos informes en el juzgado o la fecha en que se dicten las resoluciones judiciales preceptivas, según el caso.

Núm. Acreedor	Nombre	N.º DNI/NIE	Salario día con PP en bruto	Indemnizaciones	Pago a cuenta Indemnizaciones	Total pendiente	Antigüedad desde	Antigüedad hasta	Art. 280.1 TRLC	Art. 242.1.11.º TRLC	Art. 280.1 TRLC Créditos privilegio general	Art. 269.3 TRLC Créditos ordinarios	Art. 281 TRLC Subordinados
			Totales:										

Y para que conste ante el Fondo de Garantía Salarial, expido el presente certificado a petición de los interesados, remitiéndolo al citado organismo en un archivo PDF en formato OCR firmado y en un archivo Excel que permita la copia y el manejo de datos.

Fecha y firma.

Domicilio, teléfono y correo electrónico administración concursal.

Núm. acreedor	Título ejecutivo (núm. autos, núm. ejecución, núm. juzgado, provincia)

F377. CERTIFICADO CRÉDITOS FOGASA INDIVIDUAL

Don/doña ...., administrador/a concursal de la empresa ...., con CIF núm. ...., designado/a por el Juzgado Mercantil núm. .... de ...., en Auto de fecha .... dictado en el concurso de acreedores núm. ....,

Certifico que el ....[1] se incluyó en la lista de acreedores del concurso de acreedores antes citado un crédito a favor de don/doña ... ., trabajador/a de la referida empresa, con DNI/NIE núm. ...., por importe total de .... euros brutos, por los conceptos que a continuación se detallan, según consta en .... [2]. La emisión de este este certificado no sustituye la obligación de presentar los informes previstos en la Ley Concursal cumpliendo los requisitos legalmente establecidos, siendo la fecha de inclusión del crédito la de presentación de esos informes en el juzgado o la fecha en que se dicten las resoluciones judiciales preceptivas, según el caso.

[1] En el caso de créditos concursales se hará constar la fecha de inclusión efectiva del crédito en el procedimiento judicial mediante los informes preceptivos o las resoluciones del juez del concurso que lo acuerde según el caso, y en el supuesto de créditos contra la masa su fecha de devengo, debiéndose hacer constar en el certificado las cantidades pagadas a cuenta al acreedor trabajador.

[2] Se harán constar los datos identificativos del título en el que se haya reconocido el crédito laboral

INDEMNIZACIÓN

Salario día:........... €. Fecha de alta:.........../.........../.........../. Fecha de baja:.........../.........../. /.

Concepto	Importe	Calificación legal prevista en la Ley Concursal			
		Contra masa. Art. 242.1.11.ª TRLC	Privilegio gral. Art. 280.1 TRLC	Ordinario. Art. 269.3 TRLC	Subordinado. Art. 281 TRLC
Extinción por despido, voluntad trabajador, nulo, improcedente. Art. 50, 55 y 56 ET; art 185 TRLC.					
Extinción por despido objetivo. Art. 51-52 ET; arts. 169-184; 541, 551 TRLC.					
Extinción por fin contrato. Art. 49.1 c) ET.					
Pagos a cuenta (en su caso).					
Indemnización art. 11.2 RD 1620/2011 por el que se regula la relación laboral de carácter especial del servicio del hogar familiar.					
Total crédito pendiente.					

SALARIOS Y SALARIOS DE TRAMITACIÓN

Salario día: €.

Concepto	Importe	Calificación legal prevista en la Ley Concursal			
		Contra masa. Art. 242.1.11.ª TRLC	Privilegio gral. Art. 280.1 TRLC	Ordinario. Art. 269.3 TRLC	Subordinado. Art. 281 TRLC
Salario mes año.					
Salario mes año.					
Salario mes año.					
Vacaciones y liquidación pp pagas extras.					
Horas extras mes año.					
Salarios de tramitación.					
....					

Concepto	Importe	Calificación legal prevista en la Ley Concursal			
		Contra masa. Art. 242.1.11.º TRLC	Privilegio gral. Art. 280.1 TRLC	Ordinario. Art. 269.3 TRLC	Subordinado. Art. 281 TRLC
Conceptos extrasalariales: (preaviso, dietas, transporte, intereses, incapacidad temporal, etc.).					
Pagos a cuenta (en su caso).					
Total crédito pendiente.					

Y para que conste ante el Fondo de Garantía Salarial, expido el presente certificado a petición del interesado.

Fecha y firma

Domicilio, teléfono y correo electrónico administración concursal»

F378. CONTRATO CONCERTADO POR EL CONCURSADO CON LA INTERVENCIÓN DE LA ADMINISTRACIÓN CONCURSAL

En la ciudad de........... a........... de........... de...........

REUNIDOS

Por un lado, Don..........., de nacionalidad española, mayor de edad, con domicilio en..........., calle........... y DNI/NIF...........

Por otro lado, Don..........., de nacionalidad española, mayor de edad, con domicilio en..........., calle........... y DNI/NIF...........

Don..........., de nacionalidad española, mayor de edad, con domicilio en..........., calle........... y DNI/NIF........... y

Don..........., de nacionalidad española, mayor de edad, con domicilio en..........., calle........... y DNI/NIF...........

INTERVIENEN

El Sr. .... interviene en nombre y representación, en su condición de Consejero Delegado, de la compañía..........., con domicilio en..........., calle........... y CIF........... En adelante, el TRANSPORTISTA.

El Sr. .... interviene en nombre y representación, en su condición de..........., de la compañía..........., con domicilio en..........., calle........... y CIF........... En adelante, el REMITENTE.

Y Don........... interviene en su condición de administración concursal del concurso voluntario de la sociedad..........., tramitado ante el Juzgado de lo Mercantil núm. .... de........... núm. autos..........., completando la capacidad de obrar de la concursada y en señal de aceptación y conformidad al íntegro contenido del presente contrato.

Los comparecientes se reconocen la capacidad legal necesaria para el presente otorgamiento, y en su virtud,

EXPONEN

I.– Que........... es una empresa que se dedica al transporte internacional de mercancías por carretera.

II.– Que........... tiene interés en contratar los servicios de........... para que transporte determinada mercancía a...........

III.– Que en base a lo anterior, las partes acuerdan el presente contrato de TRANSPORTE TERRESTRE DE MERCANCÍAS que se regirá por sus propias normas naturales y, preferentemente por las siguientes:

ESTIPULACIONES

PRIMERA.– Es objeto del presente contrato, el transporte terrestre por parte de la TRANSPORTISTA, de la mercancía reseñada en el ANEXO I, propiedad del REMITENTE, desde los almacenes de ésta última empresa que se hallan en el país de........... (PUNTO DE RECEPCIÓN) hasta el domicilio de..........., sito en la localidad de........... (República de...........), calle........... (PUNTO DE DESTINO), lugar este en el que se entregará la citada mercancía a........... (EL DESTINATARIO). Ello en los términos y condiciones del presente contrato.

En el anexo I se recoge la denominación, especificaciones, embalaje, marcas, peso bruto y número de la MERCANCÍA.

SEGUNDA.– El presente transporte se concierta a porte pagado. El precio del presente transporte de...........euros (IVA Incluido), es a cargo del REMITENTE, y será pagado, en el plazo de........... días desde la entrega de la mercancía al DESTINATARIO en el PUNTO DE DESTINO, mediante transferencia bancaria a la siguiente cuenta corriente:...........

Sin perjuicio de lo establecido en este contrato, el citado precio, que es alzado y cerrado, incluye todos los gastos accesorios del citado transporte, tributos y/o cualquier coste en que incurra el TRANSPORTISTA con ocasión del presente TRANSPORTE.

TERCERA.– La mercancía será recepcionada por el TRANSPORTISTA el día........... en el PUNTO DE RECEPCIÓN y deberá ser entregada al DESTINATARIO, antes de las........... horas del día........... en el PUNTO DE DESTINO.

La carga y descarga de la mercancía se realizará conforme a lo establecido en el ANEXO...........

CUARTA.– El TRANSPORTISTA y el REMITENTE suscribirán la oportuna carta de porte de las condiciones del transporte, que contendrá, junto a las legalmente establecidas, las siguientes menciones:

a) Datos del TRANSPORTISTA y REMITENTE.

b) Datos del DESTINATARIO.

c) Lugar fecha y hora de entrega de la mercancía al TRANSPORTISTA.

d) Lugar y plazo de entrega de la MERCANCÍA al destinatario.

e) Identificación de la MERCANCÍA: calidad genérica, número de bultos, peso bruto, marcas y números de los bultos.

f) Gastos de transporte.

En el supuesto que el REMITENTE, requerido al efecto por el TRANSPORTISTA, se negase a extender la citada carta de porte, el TRANSPORTISTA podrá negarse a realizar el transporte, sin que nada tenga que reclamar el REMITENTE por tal motivo.

El TRANSPORTISTA, al recepcionar en el PUNTO DE RECEPCIÓN la mercancía objeto de TRANSPORTE, deberá revisar el estado genérico de la mercancía y su embalaje, así como el número de paquetes, marcas, números y peso bruto de los mismos, reseñados en la carta de porte. Si observase alguna anomalía, deberá formular la oportuna reserva. Caso contrario, se entenderá recepcionada la misma en perfectas condiciones y en los términos de este contrato y sus anexos.

QUINTA.– El TRANSPORTISTA será libre para decidir todas las cuestiones relativas al itinerario o rutas de transporte. Igualmente, el TRANSPORTISTA realizará el transporte con los medios materiales y humanos propios. Expresamente se hace constar que el transporte objeto de este contrato lo llevará a cabo el TRANSPORTISTA, sin la intervención de otros distintos de aquel.

No obstante lo anterior, y la vista de la concreta naturaleza y especificaciones de la MERCANCÍA objeto de transporte, el vehículo que se utilice a tal efecto por el TRANSPORTISTA deberá reunir los requisitos que se reseñan en el ANEXO........... de este contrato.

SEXTA.– Corresponderá al TRANSPORTISTA el cumplimiento de las formalidades aduaneras durante el transporte conforme a las instrucciones del REMITENTE que se recogen en el ANEXO..........., siendo los gastos y derechos aduaneros devengados con tal motivo de cuenta y cargo de...........

SÉPTIMA.– El riesgo de pérdida, destrucción o deterioro de la mercancía corresponde a...........

OCTAVA.– En el supuesto de retraso por parte del TRANSPORTISTA en la entrega de la MERCANCÍA, y tal retraso sea imputable al TRANSPORTISTA, éste vendrá obligado a abonar al REMITENTE, la suma de...........euros por día de retraso que, en concepto de clausula penal, expresamente pactan las partes por tal incumplimiento y sin perjuicio de la reclamación de los correspondientes daños y perjuicios y/o el ejercicio de cualquier acción que asista a el REMITENTE como consecuencia del citado incumplimiento.

NOVENA.– El REMITENTE podrá impartir instrucciones al TRANSPORTISTA con relación al transporte objeto de contrato. Del mismo modo que este último podrá solicitar instrucciones del primero. El pago de los gastos derivados de las instrucciones recibidas y/o recabadas corresponde al REMITENTE.

DÉCIMA.– El presente contrato queda sujeto a la Ley...........

Undécima.– Las partes con renuncia al fuero que por razón del domicilio o cualquier otra circunstancia les pudiera corresponder, acuerdan someterse expresamente para todas cuantas cuestiones se susciten entre las mismas con ocasión de la interpretación, cumplimiento o ejecución de este contrato, a los Juzgados y Tribunales de...........

Duodécima.– Dado que la REMITENTE se halla en estado legal de concurso voluntario de acreedores, que se tramita ante el Juzgado de lo Mercantil núm. .... de..........., procedimiento concursal..........., y estando sometidas el ejercicio por éste de las facultades de administración y disposición de la masa activa, a su intervención por la administración concursal, está presente la citada administración concursal, integrada por Don..........., quien interviene completando la capacidad de obrar de la concursada y firma el presente contrato en señal de aceptación y conformidad a su íntegro contenido.

Y para que así conste y en señal de conformidad, firman el presente por duplicado ejemplar en el lugar y fecha señalados "ut supra".

F379. ESCRITO DE LA ADMINISTRACIÓN CONCURSAL Y DE LA CONCURSADA SOLICITANDO LA DEVOLUCIÓN DE AVAL EN SU DÍA PRESTADO POR LA ÚLTIMA

AL AYUNTAMIENTO DE...........

Don..........., con domicilio en........... Y DNI/NIF..........., en nombre y representación de la sociedad........... S.L., con C.I.F..........., domiciliada en..........., número..........., que se deja designado a efectos de notificaciones, sociedad declarada en concurso de acreedores por el Juzgado de lo Mercantil número........... de Valencia, en el Procedimiento Concursal nº..........., y Doña..........., administración concursal designada en el referido procedimiento concursal, ante este Ayuntamiento comparecen y *como mejor proceda en* derecho EXPONEN:

PRIMERO.– Que........... S.L. prestó un aval por importe de...........euros para garantizar, ante el Ayuntamiento de..........., el incremento de las cargas de la urbanización........... del sector........... por causas sobrevenidas en la cuenta de liquidación provisional, en concepto de canon de conexión a la estación depuradora de aguas residuales, línea de acometida de media tensión desde la subestación eléctrica y convenio de suministro de la acometida de...........

SEGUNDO.– Que habiendo finalizado las citadas obras de urbanización, procede la devolución del mencionado aval prestado por........... S.L...........

Por todo lo expuesto,

SOLICITO Que se tenga por presentado este escrito, y en su virtud, proceda el Ayuntamiento a la devolución del aval prestado por........... S.L. por importe de...........euros reseñado en el cuerpo de este escrito.

En..........., a........... de........... de...........

F380. COMPRAVENTA DE INMUEBLE EN EJERCICIO DE LA ACTIVIDAD EMPRESARIAL

Normativa de aplicación: *Arts. 205 y ss. Real Decreto Legislativo 1/2020, de 5 de mayo, por el que se aprueba el texto refundido de la Ley Concursal*

En la ciudad de..........., mi residencia, hoy día........... de........... de dos mil...........

Ante mí, ..., notario del Ilustre Colegio de...........

COMPARECEN

I.– Don........... mayor de edad, de nacionalidad española, casado, con domicilio en calle..........., núm. ...., dotado de DNI/NIF...........

II.– Don........... mayor de edad, de nacionalidad española, soltero, con domicilio en calle..........., núm. ...., dotado de DNI/NIF...........

III.– Don........... mayor de edad, de nacionalidad española, casado, con domicilio en calle..........., núm. ...., dotado de DNI/NIF...........

Les identifico por los documentos de identidad anteriormente reseñados, que me son exhibidos, y por sus propias manifestaciones.

INTERVIENEN

I.– Don........... interviene en nombre y representación de la sociedad........... S.A., sociedad constituida mediante escritura autorizada el día........... de........... de..........., ante el notario de..........., Don........... Inscrita en el Registro Mercantil de la provincia de..........., al tomo..........., folio..........., hoja núm. ...., inscripción 1ª.

Modificados y adaptados sus estatutos sociales a la derogada Ley de Sociedades Anónimas, en virtud de acuerdo adoptado por la Junta General Extraordinaria de la sociedad el día........... de........... de..........., elevado a público mediante escritura otorgada ante el notario de..........., Don..........., e inscrita en el citado el Registro Mercantil de la provincia de..........., al tomo..........., folio..........., hoja núm. ...., inscripción...........

El domicilio social de........... S.A., se halla en..........., consistiendo su objeto social en........... CIF...........

La sociedad........... S.A. actualmente se halla declarada en estado de concurso voluntario de acreedores, que se tramita actualmente ante el Juzgado de lo Mercantil núm. .... de........... bajo el número de autos........... La declaración del citado concurso fue acordada por el expresado Juzgado mediante auto de fecha........... de........... de..........., en el se acordó la conservación por el concursado de las facultades de administración y disposición sobre la masa activa, quedando sometido el régimen de estas a la intervención de la administración concursal, que podrá autorizar o denegar la autorización según tenga por conveniente. Todo ello consta en el Registro Mercantil de la Provincia de..........., mediante la oportuna anotación marginal de tal declaración y régimen de facultades al tomo..........., folio..........., hoja núm. ...., inscripción...........

Don........... actúa en nombre y representación de........... S.A. en su condición de administrador único de dicha sociedad, cargo que asegura vigente y para el que fue designado en virtud de acuerdo de la Junta General extraordinaria de la citada sociedad adoptado el día de........... de........... y que fue elevado a público mediante escritura autorizada el día de........... de..........., ante el notario de..........., Don........... Inscrita en el citado Registro Mercantil de la provincia de..........., al tomo..........., folio..........., hoja núm. ...., inscripción...........

Yo, notario, considero que tiene facultades suficientes para el otorgamiento de la presente escritura de compraventa, toda vez la intervención en la misma de la administración concursal que más adelante se indicará, completando la capacidad de obrar de la concursada y firmando la presente en señal de aceptación y conformidad a su íntegro contenido.

II.– Don........... interviene en nombre y representación de la sociedad........... S.A., sociedad constituida mediante escritura autorizada el día........... de........... de..........., ante el notario de..........., Don........... Inscrita en el Registro Mercantil de la provincia de..........., al tomo..........., folio..........., hoja núm. ...., inscripción 1ª.

Modificados y adaptados sus estatutos sociales a la derogada Ley de Sociedades Anónimas, en virtud de acuerdo adoptado por la Junta General Extraordinaria de la sociedad el día........... de........... de..........., elevado a público mediante escritura otorgada ante el notario de..........., Don..........., e inscrita en el citado el Registro Mercantil de la provincia de..........., al tomo..........., folio..........., hoja núm. ...., inscripción...........

El domicilio social de........... S.A., se halla en..........., consistiendo su objeto social en la promoción, construcción y compraventa de edificios, bien en bloques completos o locales separados, así como la compraventa de solares, fincas rusticas y/en curso de urbanización. CIF...........

Don........... actúa en nombre y representación de........... S.A. en su condición de administrador único de dicha compañía, cargo que asegura vigente y para el que fue designado en virtud de acuerdo de la Junta General extraordinaria de la citada sociedad adoptado el día de........... de........... y que fue elevado a público mediante escritura autorizada el día de........... de..........., ante el notario de..........., Don........... Inscrita en el citado Registro Mercantil de la provincia de..........., al tomo..........., folio..........., hoja núm. ...., inscripción...........

Yo, notario, considero que tiene facultades suficientes para el otorgamiento de la presente escritura de compraventa.

III.– Y Don........... en su condición de administrador concursal del concurso voluntario de la sociedad........... S.A., nombrado en el referido auto de fecha de........... de........... en que se declaró el concurso voluntario de........... S.A., cargo que acredita con la oportuna y respectiva credencial, expedida a su favor con fecha de........... de...........

A los efectos previsto en el Artículo 160, letra f) de la Ley de Sociedades de Capital, la representación de las sociedades intervinientes HACEN CONSTAR que el bien objeto de compraventa NO tiene la consideración de activo esencial tanto de la transmitente como de la adquirente, y especialmente que lo transmitido-comprado no supera el veinticinco por ciento del valor de los activos.

LEY 10/2010.– Yo el Notario, hago constar expresamente que he cumplido con la obligación de identificación del titular real que impone la Ley 10/2010, de 28 de abril, cuyo resultado consta:

– En cuanto a la mercantil "..........." en acta autorizada el día........... de........... de........... por el Notario de..........., Don..........., bajo número........... de protocolo.
– Y en cuanto a la mercantil "........... S.A." en acta autorizada el día..........., por la Notario de..........., Don..........., bajo número........... de su protocolo.

Manifestando sus representantes no haberse modificado el contenido de las mismas, consultada la base de datos no existe discrepancia entre lo reflejado en dicha base y lo manifestado por los clientes.

Tienen, a mi juicio, capacidad necesaria para otorgar la presente escritura de compraventa y al efecto:

EXPONEN

I.– Que la sociedad........... S.A. es dueña, en pleno dominio, del siguiente inmueble:

Descripción:...........

Inscripción Registral: Inscrita en el Registro de la Propiedad de..........., al tomo..........., libro..........., folio, finca, inscripción...........

Situación Urbanística:...........

Referencia catastral:..........., que resulta del recibo del IBI del año..........., que me exhibe la vendedora y del que deduzco testimonio que, yo notario, incorporo a la presente.

Título: Le pertenece por título de compraventa a Doña..........., en virtud de escritura pública de compraventa autorizada por el notario de..........., Don........... el día........... de........... de...........

Arrendamientos: Libre de arrendamientos y otros ocupantes.

Cargas y gravámenes: Libre de cargas y gravámenes.

IMPUESTO SOBRE BIENES INMUEBLES.– La Vendedora manifiesta y garantiza, con plena indemnidad para la compradora, que se encuentra al corriente de pago del Impuesto sobre Bienes Inmuebles (IBI), a excepción del Ejercicio..........., cuyo pago asume la compradora, consulta del Ayuntamiento de..........., se incorpora.

PLUSVALÍA MUNICIPAL.– A los efectos de levantar el cierre registral previsto en el art. 254-5 de la Ley Hipotecaria mientras no se acredite el pago o presentación del Impuesto sobre el Incremento de Valor de los Terrenos de Naturaleza Urbana, la parte adquirente ME REQUIERE a mí, el Notario autorizante, para que remita al Ayuntamiento correspondiente copia simple de esta escritura, con el valor de la comunicación a que se refiere el art. 110-6-b de la Ley reguladora de las Haciendas Locales. Yo, el notario, acepto el requerimiento al que daré cumplimiento bien por el sistema integrado notarial SIGNO o bien mediante correo postal certificado dejando constancia del mismo en la presente por incorporación mediante diligencia del resguardo de la notificación que se realice.

INFORMACIÓN REGISTRAL.– La descripción del inmueble, su titularidad y situación de cargas, en la forma expresada en los párrafos anteriores, resulta de las manifestaciones de la parte vendedora, de los títulos de propiedad que me exhibe y de nota simple del Registro de la Propiedad obtenida que incorporo a la presente.

ADVERTENCIA.– No obstante lo anterior, yo, la Notario, advierto a los otorgantes que la situación registral existente con anterioridad a la presentación de esta escritura en el Registro de la Propiedad prevalecerá sobre la información registral antes expresada.

II.– Que........... S.A. tiene interés en adquirir por título de compraventa la finca reseñada en el anterior exponen, lo que pactan las partes y llevan a cabo en base a las siguientes:

ESTIPULACIONES

PRIMERA.– COMPRAVENTA.

.... S.A. representada por su administrador único, Don........... y con la intervención de la administración concursal vende a la compañía........... S.A., representada por su administrador único, Don..........., que compra y adquiere, la finca reseñada en el exponen I de esta escritura, como cuerpo cierto, con cuanto le sea inherente y/o accesorio, libre de cargas y gravámenes, así como de arrendatario y ocupantes, y al corriente en el pago de impuestos, arbitrios y cualesquiera otra obligación de pago referida a la finca aquí enajenada.

SEGUNDA.– PRECIO Y FORMA DE PAGO.

El precio de la presente compraventa se fija en la suma de...........euros, que es pagado en este acto, mediante cheques bancario, por importe de...........euros y a favor de la vendedora, que en este acto y en unión a los administradores concursales, recibe, dando la más eficaz y completa carta de pago, salvo buen fin del efecto.

TERCERA.– POSESIÓN.

Con el otorgamiento de la presente escritura de compraventa se entrega a la compradora la posesión de la finca aquí transmitida.

CUARTA.– IVA.

La presente compraventa está sujeta y no exenta al Impuesto sobre el Valor Añadido, que al tipo del...........%, por importe de...........euros, y como ordena el art. 84.1.2° LIVA, es objeto de autorepercusión por el propio comprador y será ingresado por este en la Hacienda Pública en la forma y plazos previstos en la Ley.

QUINTA.– GASTOS Y TRIBUTOS.

Todos los gastos y tributos que se devenguen con ocasión de la presente compraventa, incluido el impuesto sobre el incremento de valor de los terrenos de naturaleza urbana, serán de cuenta y cargo de la compradora.

SEXTA.– ACTO DE DISPOSICIÓN INHERENTE A LA CONTINUACIÓN DE LA ACTIVIDAD EMPRESARIAL DE........... S.A.

Aun cuando la vendedora se halla en estado legal de concurso voluntario de acreedores, que se tramita ante el Juzgado de lo Mercantil núm. .... de..........., procedimiento concursal..........., dado que la presente compraventa se trata de un acto de disposición inherente a la continuación de la actividad empresarial de........... S.A., de conformidad con lo previsto en los arts. 206.1.1° TRLC, no es precisa la autorización de la presente enajenación por el Juez del concurso, bastando la intervención de la administración concursal.

OPCIONAL Y EN SU CASO: No obstante lo anterior, aun no siendo necesario y a los efectos de facilitar la inscripción de la compraventa en el Registro de la Propiedad, esta parte comunicó al Juez del concurso la compraventa proyectada, quien mediante resolución de fecha........... de........... de........... confirmó el carácter de acto de disposición inherente a la continuación de la actividad empresarial de........... S.A. de la presente compraventa y la innecesaridad de autorización judicial de la misma. Por la parte vendedora se me hace entrega de testimonio de la citada resolución judicial que yo, notario, incorporo a la presente, pasando a formar parte de esta matriz.

EN CUALQUIER CASO.: Ello sin perjuicio de la obligación a cargo de la administración concursada de comunicar inmediatamente al Juez del concurso la presente transmisión en los términos del art. 206 TRLC.

Todo lo cual se declara por la Administración Concursal, de conformidad y a los efectos de los dispuesto en el art. 206.3 TRLC.

SÉPTIMA.– INSCRIPCIÓN PARCIAL.

Se solicita la inscripción de esta escritura en el Registro de........... En el cualquier caso, se solicita la inscripción parcial de esta escritura, si no fuera posible su inscripción total, y la oportuna nota de calificación, debidamente fundamentada, en la que se establezca los extremos no inscritos.

Presentación al Libro Diario.– Los comparecientes quedan enterados del sistema de presentación telemática en el Registro, previsto en el artículo 249 del Reglamento Notarial.

OTORGAMIENTO

Así lo dicen y otorgan los comparecientes ante mí. Hago las reservas y advertencias legales, especialmente las pertinentes fiscales y la necesidad de inscribir esta escritura en el Registro de la propiedad. También advierto sobre la correspondiente incorporación de datos a los ficheros automatizados regulados en la Orden de 19 de febrero de 2003 (484/2003), del Ministerio de Justicia.

AUTORIZACIÓN

Los comparecientes, previa solicitud que me formulan al efecto y sin perjuicio de advertirles sobre el contenido del art. 193 RN, leen en mi presencia la presente escritura. Manifiestan su consentimiento y conformidad a su contenido, firmándola conmigo, el notario. Compruebo que se ajusta este instrumento a la Ley y la voluntad manifestada en este acto por los comparecientes, y doy fe en cuanto sea procedente de todo lo consignado en este instrumento público, extendido en........... folios de papel exclusivo para documentos notariales, serie, y números el del presente y anteriores en orden.

F381. SOLICITUD DE LA ADMINISTRACIÓN CONCURSAL SOBRE EL CIERRE PARCIAL DE OFICINAS, ESTABLECIMIENTOS O EXPLOTACIONES

Normativa de aplicación: *Arts. 111 y ss. Real Decreto Legislativo 1/2020, de 5 de mayo, por el que se aprueba el texto refundido de la Ley Concursal*

AL JUZGADO DE LO MERCANTIL NÚM.……….. DE………..

Don………., administrador concursal del concurso voluntario de la compañía……….. S.A., que se sigue ante este Juzgado bajo el número de autos………., comparezco en los citados autos bajo la dirección letrada de Don………., abogado del Ilustre Colegio de……….. (número de incorporación………..), y como mejor proceda en derecho DIGO:

PRIMERO.– En el presente procedimiento número de autos………., se sigue expediente de concurso de la compañía……….. S.A. La declaración de concurso voluntario de la expresada sociedad, fue acordada por este Juzgado mediante auto de fecha……….. de……….. de dos mil………..

La administración concursal está integrada por quien suscribe, siendo nombrado para tal cargo por el Juez del Concurso, en el citado auto de fecha……….. de……….. de dos mil……….. El cargo fue por mi aceptado en fecha………..

SEGUNDO.– Que la sociedad concursada es titular de las siguientes oficinas, establecimientos o explotaciones:………..

TERCERO.– Que conforme señala el art. 111.1 TRLC, la declaración de concurso no interrumpirá la continuación de la actividad profesional o empresarial que viniera ejerciendo el deudor.

No obstante lo anterior, establece el art. 114.1 TRLC que el juez, a solicitud de la administración concursal, previa audiencia del concursado y, si existieran, de los representantes de los trabajadores, podrá acordar, mediante auto, el cierre de la totalidad o de parte de las oficinas, establecimientos o explotaciones de que fuera titular el concursado, así como, cuando ejerciera una actividad empresarial, el cese o la suspensión, total o parcial, de esta.

Continua el citado art. 114, apartado 2, TRLC, señalando que cuando las medidas supongan la modificación sustancial de las condiciones de trabajo, el traslado, el despido, la suspensión de contratos o la reducción de jornada, siempre que tengan carácter colectivo, la administración concursal deberá solicitar al juez del concurso la adopción de la decisión, que se tramitará conforme a lo establecido en el TRLC.

CUARTO.– Que la sociedad concursada, ……….. S.A., ejerce la actividad empresarial de………., entendiendo esta parte administración concursal que el interés de concurso requiere el cierre del establecimiento de la concursada sito en……….. Ello por cuanto que, en el citado establecimiento, no se realiza la actividad empresarial de la concursada, salvo en tareas accesorias y los costes y gastos que conlleva la apertura del mismo exceden con creces el beneficio que produce toda vez que………..

Se acredita lo anterior con los DOCUMENTOS……….. que se acompañan a este escrito y que a continuación se relacionan:………..

QUINTO.– De conformidad con lo establecido en el art. 114.2 TRLC y 173 TRLC y dado que lo aquí solicitado suponen una modificación sustancial de las condiciones de trabajo/traslado/despido/suspensión de contratos/reducción de jornada, con carácter colectivo, se expone y justifica la misma, junto a lo reseñado en el número precedente, en..........., lo que se acredita con los DOCUMENTOS........... a...........

Los objetivos que se proponen alcanzar con las medidas reseñadas ...., son..........., lo que se acredita con los DOCUMENTOS........... a...........

Dado que las medidas propuestas afecta a una empresa de más de cincuenta trabajadores, se acompaña como DOCUMENTO..........., un plan que contemple la incidencia de las medidas laborales propuestas en la viabilidad futura de la empresa y del empleo.

En su virtud

SUPLICO AL JUZGADO que tenga por presentado este escrito, junto a los documentos a él acompañados y copia de todo ello, se sirva admitirlo, tener por hechas las manifestaciones anteriormente reseñadas en el cuerpo de este escrito y previos los trámites previstos en la ley, incluida la audiencia a la deudora concursada y los representantes de los trabajadores de........... S.A., dicte auto por el que se acuerde el cierre del establecimiento de la sociedad........... S.A., sito en..........., calle..........., así como cuanto demás proceda en derecho.

Es Justicia que se Suplica en........... hoy día........... de........... de...........

F382. SOLICITUD DE LA ADMINISTRACIÓN CONCURSAL SOBRE EL CIERRE TOTAL DE OFICINAS, ESTABLECIMIENTOS O EXPLOTACIONES, ASÍ COMO EL CESE DE LA ACTIVIDAD EMPRESARIAL

Normativa de aplicación: *Arts. 111 y ss. Real Decreto Legislativo 1/2020, de 5 de mayo, por el que se aprueba el texto refundido de la Ley Concursal*

AL JUZGADO DE LO MERCANTIL NÚM. .... DE...........

Don..........., administrador concursal del concurso voluntario de la compañía........... S.A., que se sigue ante este Juzgado bajo el número de autos..........., comparezco en los citados autos bajo la dirección letrada de Don..........., abogado del Ilustre Colegio de........... (número de incorporación...........), y como mejor proceda en derecho DIGO:

PRIMERO.– En el presente procedimiento número de autos..........., se sigue expediente de concurso de la compañía........... S.A. La declaración de concurso voluntario de la expresada sociedad, fue acordada por este Juzgado mediante auto de fecha........... de........... de dos mil...........

La administración concursal está integrada por quien suscribe, siendo nombrado para tal cargo por el Juez del Concurso, en el citado auto de fecha........... de........... de dos mil........... El cargo fue por mi aceptado en fecha...........

SEGUNDO.– Que la sociedad concursada es titular de las siguientes oficinas, establecimientos o explotaciones:............ y ejerce la actividad empresarial de...........

TERCERO.– Que conforme señala el art. 111.1 TRLC, la declaración de concurso no interrumpirá la continuación de la actividad profesional o empresarial que viniera ejerciendo el deudor.

No obstante, establece el art. 114.1 TRLC que el juez, a solicitud de la administración concursal, previa audiencia del concursado y, si existieran, de los representantes de los trabajadores, podrá acordar, mediante auto, el cierre de la totalidad o de parte de las oficinas, establecimientos o explotaciones de que fuera titular el concursado, así como, cuando ejerciera una actividad empresarial, el cese o la suspensión, total o parcial, de esta.

Continua el citado art. 114, apartado 2, TRLC, señalando que cuando las medidas supongan la modificación sustancial de las condiciones de trabajo, el traslado, el despido, la suspensión de contratos o la reducción de jornada, siempre que tengan carácter colectivo, la administración concursal deberá solicitar al juez del concurso la adopción de la decisión, que se tramitará conforme a lo establecido en el TRLC.

CUARTO.– Que entiende esta administración concursal que el interés de concurso requiere el cierre total de las oficinas, establecimientos o explotaciones de las que es titular la concursada. También el cese total de la actividad empresarial que ésta ejerce. Ello a la vista de los nulos ingresos obtenidos, y los grandes costes y gastos que conlleva la misma, que tienen la consideración de créditos contra la masa. Además...........

Se acredita lo anterior con los DOCUMENTOS........... que se acompañan a este escrito y que a continuación se relacionan:...........

QUINTO.– De conformidad con lo establecido en el art. 114.2 y 173 TRLC, y dado que lo aquí solicitado supone una extinción colectiva de contratos de trabajo, se expone y justifica la misma, junto a lo reseñado en el número precedente, en..........., lo que se acredita con los DOCUMENTOS........... a...........

En su virtud

SUPLICO AL JUZGADO que tenga por presentado este escrito, junto a los documentos a él acompañados y copia de todo ello, se sirva admitirlo, tener por hechas las manifestaciones anteriormente reseñadas en el cuerpo de este escrito y previos los trámites previstos en la ley, incluida la audiencia a la deudora concursada y a los representantes de los trabajadores, dicte auto por el que se acuerde el cierre total de las oficinas, establecimientos o explotaciones de las que es titular la concursada, así como el cese total de la actividad empresarial que ésta ejerce, acordando cuanto demás proceda en derecho.

Es Justicia que se Suplica en........... hoy día........... de........... de...........

F383. SOLICITUD DE LA ADMINISTRACIÓN CONCURSAL SOBRE LA SUSPENSIÓN TOTAL DE LA ACTIVIDAD EMPRESARIAL DEL DEUDOR

Normativa de aplicación: *Arts. 111 y ss. Real Decreto Legislativo 1/2020, de 5 de mayo, por el que se aprueba el texto refundido de la Ley Concursal*

AL JUZGADO DE LO MERCANTIL NÚM. .... DE...........

Don..........., administrador concursal del concurso voluntario de la compañía........... S.A., que se sigue ante este Juzgado bajo el número de autos..........., comparezco en los citados autos bajo la dirección letrada de Don..........., abogado del Ilustre Colegio de........... (número de incorporación...........), y como mejor proceda en derecho DIGO:

PRIMERO.– En el presente procedimiento número de autos..........., se sigue expediente de concurso de la compañía........... S.A. La declaración de concurso voluntario de la expresada sociedad, fue acordada por este Juzgado mediante auto de fecha........... de........... de dos mil...........

La administración concursal está integrada por quien suscribe, siendo nombrado para tal cargo por el Juez del Concurso, en el citado auto de fecha........... de........... de dos mil........... El cargo fue por mi aceptado en fecha...........

SEGUNDO.– Que la sociedad es titular de las siguientes oficinas, establecimientos o explotaciones:........... y ejerce la actividad empresarial de..........., ... y...........

TERCERO.– Que conforme señala el art. 111.1 TRLC, la declaración de concurso no interrumpirá la continuación de la actividad profesional o empresarial que viniera ejerciendo el deudor.

No obstante, establece el art. 114.1 TRLC que el juez, a solicitud de la administración concursal, previa audiencia del concursado y, si existieran, de los representantes de los trabajadores, podrá acordar, mediante auto, el cierre de la totalidad o de parte de las oficinas, establecimientos o explotaciones de que fuera titular el concursado, así como, cuando ejerciera una actividad empresarial, el cese o la suspensión, total o parcial, de esta.

Continua el citado art. 114, apartado 2, TRLC, señalando que cuando las medidas supongan la modificación sustancial de las condiciones de trabajo, el traslado, el despido, la suspensión de contratos o la reducción de jornada, siempre que tengan carácter colectivo, la administración concursal deberá solicitar al juez del concurso CUARTO.– Que entiende esta administración concursal que el interés de concurso requiere la suspensión total de la actividad empresarial de........... Ello por cuanto...........

Se acredita lo anterior con los DOCUMENTOS........... que se acompañan a este escrito y que a continuación se relacionan:...........

QUINTO.– De conformidad con lo establecido en el art. 114.2 y 173 TRLC y dado que lo aquí solicitado supone una extinción colectiva de contratos de trabajo, se expone y justifica la misma, junto a lo reseñado en el número precedente, en..........., lo que se acredita con los DOCUMENTOS........... a...........

En su virtud

SUPLICO AL JUZGADO que tenga por presentado este escrito, junto a los documentos a él acompañados y copia de todo ello, se sirva admitirlo, tener por hechas las manifestaciones anteriormente reseñadas en el cuerpo de este escrito y previos los trámites previstos en la ley, incluida la audiencia a la deudora concursada y a los representantes de los trabajadores, dicte auto por el que se acuerde la suspensión total de la actividad empresarial de la sociedad........... S.A., así como cuanto demás proceda en derecho.

Es Justicia que se Suplica en........... hoy día........... de........... de...........

F384. SOLICITUD DE LA ADMINISTRACIÓN CONCURSAL SOBRE LA SUSPENSIÓN PARCIAL DE LA ACTIVIDAD EMPRESARIAL DEL DEUDOR

Normativa de aplicación: *Arts. 111 y ss. Real Decreto Legislativo 1/2020, de 5 de mayo, por el que se aprueba el texto refundido de la Ley Concursal*

AL JUZGADO DE LO MERCANTIL NÚM. .... DE...........

Don..........., administrador concursal del concurso voluntario de la compañía........... S.A., que se sigue ante este Juzgado bajo el número de autos..........., comparezco en los citados autos bajo la dirección letrada de Don..........., abogado del Ilustre Colegio de........... (número de incorporación...........), y como mejor proceda en derecho DIGO:

PRIMERO.– En el presente procedimiento número de autos..........., se sigue expediente de concurso de la compañía........... S.A. La declaración de concurso voluntario de la expresada sociedad, fue acordada por este Juzgado mediante auto de fecha........... de........... de dos mil...........

La administración concursal está integrada por quien suscribe, siendo nombrado para tal cargo por el Juez del Concurso, en el citado auto de fecha........... de........... de dos mil........... El cargo fue por mi aceptado en fecha...........

SEGUNDO.– Que la sociedad es titular de las siguientes oficinas, establecimientos o explotaciones:........... y ejerce la actividad empresarial de..........., ... y...........

TERCERO.– Que conforme señala el art. 111.1 TRLC, la declaración de concurso no interrumpirá la continuación de la actividad profesional o empresarial que viniera ejerciendo el deudor.

No obstante, establece el art. 114.1 TRLC que el juez, a solicitud de la administración concursal, previa audiencia del concursado y, si existieran, de los representantes de los trabajadores, podrá acordar, mediante auto, el cierre de la totalidad o de parte de las oficinas, establecimientos o explotaciones de que fuera titular el concursado, así como, cuando ejerciera una actividad empresarial, el cese o la suspensión, total o parcial, de esta.

Continua el citado art. 114, apartado 2, TRLC, señalando que cuando las medidas supongan la modificación sustancial de las condiciones de trabajo, el traslado, el despido, la suspensión de contratos o la reducción de jornada, siempre que tengan carácter colectivo, la administración concursal deberá solicitar al juez del concurso CUARTO.– Que entiende esta administración concursal que el interés de concurso requiere la suspensión parcial de la actividad empresarial de........... Concretamente, respecto de la actividad de........... Ello por cuanto...........

Se acredita lo anterior con los DOCUMENTOS........... que se acompañan a este escrito y que a continuación se relacionan:...........

QUINTO.– De conformidad con lo establecido en el art. 114.2 y 173 TRLC y dado que lo aquí solicitado supone una modificación sustancial de las condiciones de trabajo/traslado/despido/suspensión de contratos/reducción de jornada, con carácter colectivo, se expone y justifica la misma, junto a lo reseñado en el número precedente, en..........., lo que se acredita con los DOCUMENTOS........... a...........

Los objetivos que se proponen alcanzar con las medidas reseñadas ...., son..........., lo que se acredita con los DOCUMENTOS........... a...........

Dado que las medidas propuestas afecta a una empresa de más de cincuenta trabajadores, se acompaña como DOCUMENTO..........., un plan que contemple la incidencia de las medidas laborales propuestas en la viabilidad futura de la empresa y del empleo.

En su virtud

SUPLICO AL JUZGADO que tenga por presentado este escrito, junto a los documentos a él acompañados y copia de todo ello, se sirva admitirlo, tener por hechas las manifestaciones anteriormente reseñadas en el cuerpo de este escrito y previos los trámites previstos en la ley, incluida la audiencia a la deudora concursada, dicte auto por el que se acuerde la suspensión parcial de la actividad empresarial de la sociedad........... S.L., concretamente en cuanto a la consistente en..........., así como cuanto demás proceda en derecho.

Es Justicia que se Suplica en........... hoy día........... de........... de...........

F385. AUTO ESTIMANDO EL CIERRE TOTAL DE LAS OFICINAS, ESTABLECIMIENTOS O EXPLOTACIONES ASÍ COMO DE LA ACTIVIDAD EMPRESARIAL DE LA CONCURSADA

Normativa de aplicación: *Arts. 111 y ss. Real Decreto Legislativo 1/2020, de 5 de mayo, por el que se aprueba el texto refundido de la Ley Concursal*

En la ciudad de........... a........... de........... de...........

ANTECEDENTES DE HECHO

PRIMERO.– Que en fecha........... de........... de........... y por la administración concursal del concurso voluntario de la compañía........... S.L. seguido en las presentes actuaciones, se solicitó de este Juzgado el cierre total de las oficinas, establecimientos y explotaciones de las que es titular la concursada, así como el cese, igualmente total, de la actividad empresarial ejercida por ésta. Ello en los términos de tal solicitud y que a continuación se transcribe:...........

SEGUNDO.– Que de la citada solicitud, se dio audiencia a la concursada y a los representantes de los trabajadores, quienes se opusieron manifestando respectivamente que...........

También se dio traslado de la solicitud a las partes personadas con el resultado obrante en autos.

FUNDAMENTOS DE DERECHO

PRIMERO.– Que este Juez es competente para conocer de la solicitud de cierre y cese de la actividad formulada por la administración concursal (art. 44, 45 y 114 TRLC).

SEGUNDO.– Que administración concursal está legitimada para solicitar tal cierre y cese de actividad (art. 114.1 TRLC).

TERCERO.– Que la solicitud formulada reúne los requisitos de forma establecidos en el art. 114 TRLC.

CUARTO.– Que conforme señala el art. 111.1 TRLC, la declaración de concurso no interrumpirá la continuación de la actividad profesional o empresarial que viniera ejerciendo el deudor.

No obstante, establece el art. 114.1 TRLC que el juez, a solicitud de la administración concursal, previa audiencia del concursado y, si existieran, de los representantes de los trabajadores, podrá acordar, mediante auto, el cierre de la totalidad o de parte de las oficinas, establecimientos o explotaciones de que fuera titular el concursado, así como, cuando ejerciera una actividad empresarial, el cese o la suspensión, total o parcial, de esta.

Continua el citado art. 114, apartado 2, TRLC, señalando que cuando las medidas supongan la modificación sustancial de las condiciones de trabajo, el traslado, el despido, la suspensión de contratos o la reducción de jornada, siempre que tengan carácter colectivo, la administración concursal deberá solicitar al juez del concurso.

QUINTO.– Por la administración concursal se solicita el cierre total de las oficinas, establecimientos y explotaciones de las que es titular la concursada, así como de la actividad empresarial ejercida por ésta.

SEXTO.– Un examen de la citada solicitud, nos lleva a estimar la misma pues...........

Visto lo expuesto y demás normativa de aplicación

DISPONGO

Estimar la solicitud formulada por la administración concursal mediante escrito de fecha de........... de........... y, por lo tanto, decretar

1) El cierre total de las oficinas, establecimientos y explotaciones de las que es titular la concursada.

2) El cese total de la actividad empresarial ejercida por la deudora concursada.

El referido cierre y cese, será llevado a cabo por la administración concursal con estricto cumplimiento de lo establecido en la ley para tales supuestos. En especial lo previsto en el art. 170 y ss. TRLC. Y dado que lo anterior supone la extinción colectiva de los contratos de trabajo, simultáneamente al cese y cierre aquí acordado procede iniciar el expediente previsto en dichos preceptos, aperturando el período de consulta a que se refiere el artículo 174 TRLC por plazo de...........

Notifíquese la resolución al deudor, administración concursal y demás partes personadas a través de su representación procesal, haciéndole saber que contra la misma cabe recurso de reposición a interponer en el plazo de cinco días a contar desde la notificación del presente auto.

De conformidad con lo establecido en la Disposición Adicional 15ª LOPJ (según la redacción dada por la LO 1/09), la interposición de recurso contra resoluciones judiciales, no podrá ser admitida a trámite sin la acreditación del depósito previsto en la citada Ley a efectos de recurrir, debiendo presentarse copia o resguardo de tal depósito en las cuenta de consignaciones de este Juzgado.

Todo lo cual pronuncia, manda y firma el Ilmo. Sr. ...., Magistrado Juez del Juzgado de lo Mercantil núm. .... de...........

F386. AUTO ESTIMANDO EL CIERRE PARCIAL DE OFICINAS, ESTABLECIMIENTOS O EXPLOTACIONES ASÍ COMO EL CESE PARCIAL DE LA ACTIVIDAD EMPRESARIAL DE LA CONCURSADA

Normativa de aplicación: *Arts. 111 y ss. Real Decreto Legislativo 1/2020, de 5 de mayo, por el que se aprueba el texto refundido de la Ley Concursal*

En la ciudad de............ a............ de............ de............

ANTECEDENTES DE HECHO

PRIMERO.– Que en fecha............ de............ de............ y por la administración concursal del concurso voluntario de la compañía............ S.L. seguido en las presentes actuaciones, se solicitó de este Juzgado el cierre de la oficina de la concursada sita en............, calle............, así como el cese, parcial de la actividad empresarial ejercida por ésta, concretamente, respecto de la actividad empresarial de............ Ello en los términos de tal solicitud y que a continuación se transcribe:............

SEGUNDO.– Que de la citada solicitud, se dio audiencia a la concursada quien se opuso manifestando que............ También a los representantes de los trabajadores que manifestaron............

También se dio traslado de la solicitud a las partes personadas con el resultado obrante en autos.

FUNDAMENTOS DE DERECHO

PRIMERO.– Que este Juez es competente para conocer de la solicitud de cierre y cese de actividad formulada por la administración concursal (art. 44, 45 y 114 TRLC).

SEGUNDO.– Que administración concursal está legitimada para solicitar tal cierre y cese de actividad (art. 114.1 TRLC).

TERCERO.– Que la solicitud formulada reúne los requisitos de forma establecidos en el art. 114 TRLC.

CUARTO.– Que conforme señala el art. 111.1 TRLC, la declaración de concurso no interrumpirá la continuación de la actividad profesional o empresarial que viniera ejerciendo el deudor.

No obstante, establece el art. 114.1 TRLC que el juez, a solicitud de la administración concursal, previa audiencia del concursado y, si existieran, de los representantes de los trabajadores, podrá acordar, mediante auto, el cierre de la totalidad o de parte de las oficinas, establecimientos o explotaciones de que fuera titular el concursado, así como, cuando ejerciera una actividad empresarial, el cese o la suspensión, total o parcial, de esta.

Continua el citado art. 114, apartado 2, TRLC, señalando que cuando las medidas supongan la modificación sustancial de las condiciones de trabajo, el traslado, el despido, la suspensión de contratos o la reducción de jornada, siempre que tengan carácter colectivo, la administración concursal deberá solicitar al juez del concurso.

QUINTO.– Por la administración concursal se solicita el cierre de la oficina sita en............, calle............, núm. ...., así como el cese parcial de la actividad empresarial ejercida por........... S.L., concretamente, la actividad relativa a............, continuando las restantes.

SEXTO.– Un examen de la citada solicitud, nos lleva a estimar la misma pues............

Visto lo expuesto y demás normativa de aplicación

DISPONGO

Estimar la solicitud formulada por la administración concursal mediante escrito de fecha de........... de........... y, por lo tanto, decretar

1) El cierre de la oficina de la concursada sita en............, calle............, núm. ....

2) El cese parcial de la actividad empresarial ejercida por la deudora concursada, concretamente, en cuanto a la actividad de...........

El referido cierre y cese parcial, será llevado a cabo por la administración concursal con estricto cumplimiento de lo establecido en la ley para tales supuestos. En especial lo previsto en el art. 170 y ss. TRLC. Y dado que lo anterior supone una modificación sustancial de las condiciones de trabajo/traslado/despido/suspensión de contratos/reducción de jornada, de carácter colectivo, simultáneamente al cese y cierre aquí acordado procede iniciar el expediente previsto en dichos preceptos, aperturando el período de consulta a que se refiere el artículo 174 TRLC por plazo de...........

Notifíquese la resolución al deudor, administración concursal y demás partes personadas a través de su representación procesal, haciéndole saber que contra la misma cabe recurso de reposición a interponer en el plazo de cinco días a contar desde la notificación del presente auto.

De conformidad con lo establecido en la Disposición Adicional 15° LOPJ (según la redacción dada por la LO 1/09), la interposición de recurso contra resoluciones judiciales no podrá ser admitida a trámite sin la acreditación del depósito previsto en la citada Ley a efectos de recurrir, debiendo presentarse copia o resguardo de tal depósito en la cuenta de consignaciones de este Juzgado.

Todo lo cual pronuncia, manda y firma el Ilmo. Sr. ...., Magistrado Juez del Juzgado de lo Mercantil núm. .... de...........

F387. AUTO ESTIMANDO LA SUSPENSIÓN TOTAL DE LA ACTIVIDAD EMPRESARIAL DE LA CONCURSADA

Normativa de aplicación: *Arts. 111 y ss. Real Decreto Legislativo 1/2020, de 5 de mayo, por el que se aprueba el texto refundido de la Ley Concursal*

En la ciudad de........... a........... de........... de...........

ANTECEDENTES DE HECHO

PRIMERO.– Que en fecha........... de........... de........... y por la administración concursal del concurso voluntario de la compañía........... S.L. seguido en las presentes actuaciones, se solicitó de este Juzgado la suspensión total de la actividad empresarial ejercida por ésta. Ello en los términos de tal solicitud y que a continuación se transcribe:...........

SEGUNDO.– Que de la citada solicitud, se dio audiencia a la concursada quien se opuso manifestando que........... También a los representantes de los trabajadores que manifestaron...........

También se dio traslado de la solicitud a las partes personadas con el resultado obrante en autos.

FUNDAMENTOS DE DERECHO

PRIMERO.– Que este Juez es competente para conocer de la solicitud de suspensión de actividad formulada por la administración concursal (art. 44, 45 y 114 TRLC).

SEGUNDO.– Que administración concursal está legitimada para solicitar tal suspensión de actividad (art. 114.1 TRLC).

TERCERO.– Que la solicitud formulada reúne los requisitos de forma establecidos en la Ley.

CUARTO.– Que conforme señala el art. 111.1 TRLC, la declaración de concurso no interrumpirá la continuación de la actividad profesional o empresarial que viniera ejerciendo el deudor.

No obstante, establece el art. 114.1 TRLC que el juez, a solicitud de la administración concursal, previa audiencia del concursado y, si existieran, de los representantes de los trabajadores, podrá acordar, mediante auto, el cierre de la totalidad o de parte de las oficinas, establecimientos o explotaciones de que fuera titular el concursado, así como, cuando ejerciera una actividad empresarial, el cese o la suspensión, total o parcial, de esta.

Continua el citado art. 114, apartado 2, TRLC, señalando que cuando las medidas supongan la modificación sustancial de las condiciones de trabajo, el traslado, el despido, la suspensión de contratos o la reducción de jornada, siempre que tengan carácter colectivo, la administración concursal deberá solicitar al juez del concurso.

QUINTO.– Por la administración concursal se solicita la suspensión total de la actividad empresarial ejercida por la concursada.

SEXTO.– Un examen de la citada solicitud, nos lleva a estimar la misma pues...........

Visto lo expuesto y demás normativa de aplicación

DISPONGO

Estimar la solicitud formulada por la administración concursal mediante escrito de fecha de........... de........... y, por lo tanto, decretar la suspensión total de la actividad empresarial ejercida por la deudora concursada.

La referida suspensión, será llevada a cabo por la administración concursal con estricto cumplimiento de lo establecido en la ley para tales supuestos. En especial lo previsto en los arts. 170 y ss. TRLC. Y dado que lo anterior supone la extinción colectiva de los contratos de trabajo, simultáneamente a la suspensión de actividad aquí acordada procede iniciar el expediente previsto en dichos preceptos, aperturando el período de consulta a que se refiere el artículo 174 TRLC por plazo de...........

Notifíquese la resolución al deudor, administración concursal y demás partes personadas a través de su representación procesal, haciéndole saber que contra la misma cabe recurso de reposición a interponer en el plazo de cinco días a contar desde la notificación del presente auto.

De conformidad con lo establecido en la Disposición Adicional 15ª LOPJ (según la redacción dada por la LO 1/09), la interposición de recurso contra resoluciones judiciales, no podrá ser admitida a trámite sin la acreditación del depósito previsto en la citada Ley a efectos de recurrir, debiendo presentarse copia o resguardo de tal depósito en las cuenta de consignaciones de este Juzgado.

Todo lo cual pronuncia, manda y firma el Ilmo. Sr. ...., Magistrado Juez del Juzgado de lo Mercantil núm. .... de...........

F388. AUTO ESTIMANDO LA SUSPENSIÓN PARCIAL DE LA ACTIVIDAD EMPRESARIAL DE LA CONCURSADA

Normativa de aplicación: *Arts. 111 y ss. Real Decreto Legislativo 1/2020, de 5 de mayo, por el que se aprueba el texto refundido de la Ley Concursal*

En la ciudad de........... a........... de........... de...........

ANTECEDENTES DE HECHO

PRIMERO.– Que en fecha........... de........... de........... y por la administración concursal del concurso voluntario de la compañía........... S.L. seguido en las presentes actuaciones, se solicitó de este Juzgado la suspensión parcial de la actividad empresarial ejercida por ésta. Ello en los términos de tal solicitud y que a continuación se transcribe:...........

SEGUNDO.– Que de la citada solicitud, se dio audiencia a la concursada y a los representantes de los trabajadores, quienes se opusieron manifestando que...........

También se dio traslado de la solicitud a las partes personadas con el resultado obrante en autos.

FUNDAMENTOS DE DERECHO

PRIMERO.– Que este Juez es competente para conocer de la solicitud de suspensión de actividad formulada por la administración concursal (art. 44, 45 y 114 TRLC).

SEGUNDO.– Que administración concursal está legitimada para solicitar tal suspensión de actividad (art. 114.1 TRLC).

TERCERO.– Que la solicitud formulada reúne los requisitos de forma establecidos en la Ley.

CUARTO.– Que conforme señala el art. 111.1 TRLC, la declaración de concurso no interrumpirá la continuación de la actividad profesional o empresarial que viniera ejerciendo el deudor.

No obstante, establece el art. 114.1 TRLC que el juez, a solicitud de la administración concursal, previa audiencia del concursado y, si existieran, de los representantes de los trabajadores, podrá acordar, mediante auto, el cierre de la totalidad o de parte de las oficinas, establecimientos o explotaciones de que fuera titular el concursado, así como, cuando ejerciera una actividad empresarial, el cese o la suspensión, total o parcial, de esta.

Continua el citado art. 114, apartado 2, TRLC, señalando que cuando las medidas supongan la modificación sustancial de las condiciones de trabajo, el traslado, el despido, la suspensión de contratos o la reducción de jornada, siempre que tengan carácter colectivo, la administración concursal deberá solicitar al juez del concurso.

QUINTO.– Por la administración concursal se solicita la suspensión parcial de la actividad empresarial ejercida la concursada.

SEXTO.– Un examen de la citada solicitud, nos lleva a estimar la misma pues...........

Visto lo expuesto y demás normativa de aplicación

DISPONGO

Estimar la solicitud formulada por la administración concursal mediante escrito de fecha de........... de........... y, por lo tanto, decretar la suspensión parcial de la actividad empresarial ejercida por la deudora concursada, concretamente respecto a la actividad de...........

La referida suspensión, será llevada a cabo por la administración concursal con estricto cumplimiento de lo establecido en la ley para tales supuestos. En especial lo previsto en el art. 170 y ss. TRLC. Y dado que lo anterior supone una modificación sustancial de las condiciones de trabajo/traslado/despido/suspensión de contratos/reducción de jornada, de carácter colectivo, simultáneamente al cese y cierre aquí acordado procede iniciar el expediente previsto en dichos preceptos, aperturando el período de consulta a que se refiere el artículo 174 TRLC por plazo de...........

Notifíquese la resolución al deudor, administración concursal y demás partes personadas a través de su representación procesal, haciéndole saber que contra la misma cabe recurso de reposición a interponer en el plazo de cinco días a contar desde la notificación del presente auto.

De conformidad con lo establecido en la Disposición Adicional 15° LOPJ (según la redacción dada por la LO 1/09), la interposición de recurso contra resoluciones judiciales, no podrá ser admitida a trámite sin la acreditación del depósito previsto en la citada Ley a efectos de recurrir, debiendo presentarse copia o resguardo de tal depósito en las cuenta de consignaciones de este Juzgado.

Todo lo cual pronuncia, manda y firma el Ilmo. Sr. ...., Magistrado Juez del Juzgado de lo Mercantil núm. .... de...........

F389. ESCRITO SOLICITANDO AL JUZGADO LA ADOPCIÓN DE MEDIDAS PARA LA PUESTA A DISPOSICIÓN DE LA ADMINISTRACIÓN CONCURSAL DE LOS LIBROS CONTABLES

Normativa de aplicación: *Arts. 134 y ss. Real Decreto Legislativo 1/2020, de 5 de mayo, por el que se aprueba el texto refundido de la Ley Concursal*

AL JUZGADO DE LO MERCANTIL NÚM. .... DE...........

Don..........., administrador concursal del concurso necesario de........... S.L., que se sigue en el presente procedimiento concursal..........., ante este Juzgado de lo Mercantil comparezco en los citados autos........... y como mejor proceda en derecho DIGO:

PRIMERO.– Que en el presente procedimiento número de autos..........., se sigue expediente de concurso necesario de........... S.L. La declaración de concurso necesario fue acordada por este Juzgado mediante auto de fecha........... de........... de dos mil..........., habiéndose decretado la suspensión del ejercicio por la deudora de las facultades de administración y disposición de la masa activa, siendo sustituido por esta administración concursal.

SEGUNDO.– Que tanto de forma verbal como escrita, vid. burofaxes de fecha de........... de..........., ... de........... de........... y........... de........... de..........., que se acompañan a este escrito como DOCUMENTOS........... A..........., esta administración concursal ha solicitado reiteradamente al administrador único de la sociedad concursada, Don..........., que pusiera a disposición de esta administración concursal los libros de llevanza obligatoria y el resto de libros, documentos y registros relativos a los aspectos patrimoniales de su actividad profesional o empresarial, habiendo hecho hasta la fecha caso omiso a tales requerimientos.

TERCERO.– Que conforme al art. 134.1 TRLC, el concursado pondrá a disposición de la administración concursal los libros de llevanza obligatoria y cualesquiera otros libros, documentos y registros relativos a los aspectos patrimoniales de su actividad profesional o empresarial.

Continúa el citado art. 134 TRLC, en su número 2, en el sentido que, a solicitud de la administración concursal, el juez acordará las medidas que estime necesarias para la efectividad de lo dispuesto en el apartado anterior.

CUARTO.– Que esta parte solicita que requiera al concursado a efectos de la inmediata entrega de los libros y documentos que a continuación se reseñan y, en su defecto, ordene la entrada y registro del domicilio social de la concursada con el fin de ocuparlos y ponerlos a disposición de la administración concursal.

Los citados libros y documentos son los siguientes:...........

En su virtud,

SUPLICO AL JUZGADO que tenga por presentado este escrito, junto a los documentos a él acompañados, y sus copias, se sirva admitir todo ello, y tener por solicitado al amparo de lo dispuesto en el art. 134 TRLC, el auxilio judicial en los términos de este escrito, y, previos los oportunos trámites legales, se requiera al concursado a efectos de la inmediata entrega de tales libros y documentos y, en su defecto, ordene la entrada y registro del domicilio social de la concursada con el fin de ocuparlos y ponerlos a disposición de la administración concursal.

Es Justicia que se Suplica en..........., hoy día........... de........... de...........

F390. DILIGENCIA DE ORDENACIÓN PONIENDO DE MANIFIESTO SOLICITUD DE AUXILIO JUDICIAL PARA LA PUESTA DE LOS LIBROS CONTABLES A DISPOSICIÓN DE LA ADMINISTRACIÓN CONCURSAL

Normativa de aplicación: *Arts. 134 y ss. Real Decreto Legislativo 1/2020, de 5 de mayo, por el que se aprueba el texto refundido de la Ley Concursal*

DILIGENCIA DE ORDENACIÓN

Letrado de la Administración de Justicia, Don...........

En..........., a........... de........... de...........

Que en fecha........... de........... de..........., en el presente concurso voluntario de........... S.A., seguido ante este Juzgado de lo Mercantil........... de........... bajo el núm. de autos..........., se presentó por la Administración Concursal solicitud de auxilio judicial para la puesta de los libros contables a disposición del referido órgano concursal. Ello al amparo del art. 134 TRLC y en los términos de dicho escrito.

Teniendo por presentada la expresada solicitud, óigase al respecto a la concursada por plazo de CINCO (5) DÍAS a contar desde la notificación de la presente diligencia, y dese traslado de la referida solicitud a las demás partes personadas para que, en idéntico plazo, puedan formular cuantas alegaciones tengan por conveniente sobre tal petición. A la vista de todo ello se acordará lo que proceda en derecho.

Doy cuenta a su Señoría.

Contra la presente resolución, que no es firme, cabe recurso de revisión a interponer en el plazo de CINCO (5) días a contar desde su notificación. A tal efecto téngase en cuenta lo establecido en la DA 15ª LOPJ sobre depósito para recurrir.

Lo que acuerda, manda y firma Don..........., en el lugar y fecha señaladas "ut supra".

F391. AUTO ACORDANDO MEDIDAS PARA LA PUESTA A DISPOSICIÓN DE LA ADMINISTRACIÓN CONCURSAL DE LOS LIBROS CONTABLES

Normativa de aplicación: *Arts. 134 y ss. Real Decreto Legislativo 1/2020, de 5 de mayo, por el que se aprueba el texto refundido de la Ley Concursal*

En la ciudad de........... a........... de........... de...........

ANTECEDENTES DE HECHO

PRIMERO.– Que en fecha........... de........... de........... y por la administración concursal, se solicitó de este Juzgado adoptará las medidas necesarias para la puesta a disposición de la administración concursal, de los libros y documentos a que se refiere el art. 134 TRLC. Ello en los términos de tal solicitud, que a continuación se transcribe:...........

SEGUNDO.– De dicha solicitud se dio traslado a la concursada y demás partes personadas, con el resultado obrante en autos.

FUNDAMENTOS DE DERECHO

PRIMERO.– Que este Juez es competente para conocer de la solicitud de adopción de medidas para la puesta a disposición de los libros y documentos a que se refiere el art. 134.1 TRLC (art. 44, 45, y 134.2 TRLC).

SEGUNDO.– Que la administración concursal está legitimado para solicitar las medidas antes reseñadas (art. 134.2 TRLC).

TERCERO.– Que la solicitud formulada reúne los requisitos de forma establecidos en la Ley.

CUARTO.– Que conforme al art. 134.1 TRLC, el concursado pondrá a disposición de la administración concursal los libros de llevanza obligatoria y cualesquiera otros libros, documentos y registros relativos a los aspectos patrimoniales de su actividad profesional o empresarial.

Continúa el citado art. 134 TRLC, en su número 2, en el sentido que, a solicitud de la administración concursal, el juez acordará las medidas que estime necesarias para la efectividad de lo dispuesto en el apartado anterior.

QUINTO.– Un examen de la solicitud formulada nos lleva a estimar la misma, toda vez que consta acreditado en autos que tanto de forma verbal como escrita, la administración concursal ha solicitado reiteradamente al administrador único de la sociedad concursada, Don…………, que pusiera a disposición de la administración concursal los libros de llevanza obligatoria y el resto de libros, documentos y registros relativos a los aspectos patrimoniales de su actividad profesional o empresarial, habiendo hecho hasta la fecha caso omiso a tales requerimientos.

Concretamente ha requerido la entrega y puesta a disposición de los siguientes libros y documentos:…………

Por lo tanto, debe requerirse a la concursada a efectos de la entrega de tales libros y documentos a la administración concursal, en este Juzgado, el próximo día de………… de…………, a las………… horas, y, en su defecto, se ordenará la entrada y registro del domicilio social de la concursada con el fin de ocuparlos y ponerlos a disposición de la administración concursal.

Visto lo expuesto y demás normativa de aplicación

DISPONGO

Estimar la solicitud formulada por la administración concursal mediante escrito de fecha de………… de………… y requerir a la concursada a efectos de la entrega de los siguientes libros y documentos…………, en este Juzgado, el próximo día de………… de…………, a las………… horas, advirtiéndole que, en su defecto y sin más trámite, se ordenará la entrada y registro del domicilio social de la concursada con el fin de ocuparlos y ponerlos a disposición de la administración concursal.

Notifíquese la resolución al deudor, administración concursal y demás partes personadas a través de su representación procesal, haciéndole saber que contra la misma cabe recurso de apelación a interponer en el plazo de veinte días a contar desde la notificación del presente auto.

De conformidad con lo establecido en la Disposición Adicional 15° LOPJ (según la redacción dada por la LO 1/09), la interposición de recurso contra resoluciones judiciales, no podrá ser admitida a trámite sin la acreditación del depósito previsto en la citada Ley a efectos de recurrir, debiendo presentarse copia o resguardo de tal depósito en las cuenta de consignaciones de este Juzgado.

Todo lo cual pronuncia, manda y firma el Ilmo. Sr. ...., Magistrado Juez del Juzgado de lo Mercantil núm. .... de...........

F392. ESCRITO DE LA ADMINISTRACIÓN CONCURSAL SOLICITANDO DEL JUZGADO AVERIGUACIÓN PATRIMONIAL DEL CONCURSADO

Normativa de aplicación: *Arts. 105 y ss. Real Decreto Legislativo 1/2020, de 5 de mayo, por el que se aprueba el texto refundido de la Ley Concursal.*

AL JUZGADO DE LO MERCANTIL N°..........DE...........

Proc. Concursal Ordinario Autos..................

.................., Administrador Concursal designado en el procedimiento de Concurso Ordinario Voluntario de.................. que con el número.................. se tramita ante ese Juzgado, comparece ante el mismo y como mejor proceda en Derecho, DICE:

Que, atendiendo a los deberes que me vienen asignados en los artículos 198 y 199 del Texto Refundido de la Ley Concursal (de ahora en adelante TRLC) en virtud de mi condición de Administrador Concursal, mediante el presente escrito vengo a solicitar la oportuna localización de bienes y derechos pertenecientes al patrimonio del concursado a efectos de realizar el inventario de la masa activa a presentar junto con el Informe de la Administración Concursal, y todo ello en virtud de las siguientes

MANIFESTACIONES

PRIMERA.– Que, en relación con la situación concursal subyacente, y atendiendo las concreciones estipuladas en los artículos 290 y ss. TRLC sobre la realización del inventario de la masa activa del concursado, la relación de los litigios en tramitación y la de las acciones de reintegración a ejercitar, a los efectos de verificar los bienes y derechos de los que es titular el concursado, respetuosamente solicitamos que el Juzgado se dirija al denominado "Punto Neutro

Judicial", interesando así que a través del mismo y de sus distintas fuentes de información se practique una consulta integral con el fin de poder conocer todo el patrimonio del deudor, en particular:

a) Para averiguar la existencia de posibles saldos bancarios (cuentas corrientes, depósitos, etc.), a favor del deudor concursado.

b) Para averiguar si el deudor concursado es propietario de algún bien inmueble de naturaleza urbana o rústica, y de ser así, acordando practicar inmediata anotación de declaración en concurso de acreedores, procediendo a librar los mandamientos que resulten oportunos y dirigidos al Registro de la Propiedad competente en aras a su inscripción registral.

c) Para averiguar si el deudor concursado ostenta algún tipo de devolución o derecho de crédito pendiente de pago por parte de la Agencia Tributaria o de la Tesorería General de la Seguridad Social.

d) Para averiguar si el deudor concursado es titular de algún bien mueble vehículo, y de ser así, acuerde practicar inmediata anotación de declaración en concurso de acreedores sobre el mismo, expidiendo los mandamientos que resulten oportunos al Registro de Bienes Muebles competente y a la Jefatura Provincial de la Dirección General de Tráfico correspondiente.

e) Para averiguar si el deudor concursado ostenta cualquier otro tipo de bien o derecho a su favor, en virtud de las averiguaciones obtenidas a través de la red de servicios de información disponibles a través del referido "Punto Neutro Judicial".

En virtud de cuanto antecede,

SUPLICO AL JUZGADO, que teniendo por presentado este escrito, se sirva admitirlo, y tras los trámites oportunos, se dirija el Juzgado al denominado "Punto Neutro Judicial", interesando así que a través del mismo y sus distintas fuentes de información se practique una consulta integral con el fin de poder conocer todo el patrimonio del deudor concursado, y en particular, el que se relaciona a continuación:

i. La práctica de todas las averiguaciones patrimoniales en su caso disponibles a través del denominado "Punto Neutro Judicial".

ii. Para averiguar la existencia de posibles saldos bancarios (cuentas corrientes, depósitos, etc.) a favor de la parte concursada.

iii. Para averiguar si el deudor concursado es propietario de algún inmueble de naturaleza urbana o rústica, y de ser así, acordando practicar inmediata anotación de concurso de acreedores sobre el mismo, procediendo a librar los mandamientos que resulten oportunos y dirigidos al Registro de la Propiedad competente en aras de su inscripción registral.

iv. Para averiguar si el deudor concursado ostenta algún tipo de devolución o derecho de crédito pendiente de pago por parte de la Agencia Tributaria o la Tesorería General de la Seguridad Social, librando a tal fin los oficios que resulten oportunos a la AEAT y la TGSS, respectivamente.

v. Para averiguar el deudor concursado es titular de algún bien mueble vehículo, y de ser así, acordando practicar inmediata anotación de declaración en concurso de acreedores sobre el mismo, expidiendo los mandamientos que resulten oportunos al Registro de Bienes Muebles competente y a la Jefatura Provincial de la Dirección General de Tráfico.

vi. Para averiguar si el deudor concursado ostenta cualquier otro tipo de bien o derecho a su favor, en virtud de las averiguaciones obtenidas a través de la red de servicios de información disponible a través del referido «Punto Neutro Judicial»

Todo ello con cuanto más proceda en Derecho.

En ...., a ....

Fdo...................

ADMINISTRACIÓN CONCURSAL

F393. SOLICITUD DE AUXILIO JUDICIAL PARA LA AVERIGUACIÓN DE TITULAR DE CUENTAS BANCARIAS

Normativa de aplicación: *Arts. 105 y ss. Real Decreto Legislativo 1/2020, de 5 de mayo, por el que se aprueba el texto refundido de la Ley Concursal.*

AL JUZGADO DE LO MERCANTIL Nº ..... DE ......

........., en representación de ...., S.L.P, Administración Concursal designado en el expediente de Concurso del deudor ...., que con el nº .... se sigue ante ese Juzgado, comparece ante él y como mejor proceda en Derecho, DICE:

Que mediante el presente escrito solicita el auxilio judicial que se indicará, todo ello con fundamento en los siguientes

HECHOS

PRIMERO.– Que por parte del concursado y de su dirección letrada se informó a esta Administración Concursal, tras la aceptación del cargo, y sustituyendo a la previa administración concursal, que fue cesada mediante auto de fecha ...., de la posible existencia de irregularidades en los cobros y pagos realizados a través de la cuenta intervenida utilizada para la tramitación del procedimiento en la entidad bancaria ...., S.A. desde el ejercicio ......

Paralelamente, acreedores del concursado han informado de la existencia de deudas con la clasificación de créditos contra la masa que se encuentran pendientes de pago, las cuales se remontan al citado ejercicio ..... y posteriores.

SEGUNDO.– Por parte de esta Administración Concursal se procedió a la sustitución del anterior administrador concursal en la gestión de la cuenta corriente que el concursado mantenía en el banco ...., S.A. y donde se realizaban los cobros y pagos durante el concurso de acreedores y correspondientes a la actividad llevada a cabo por el concursado, explotación de ....

Se solicitó a la entidad bancaria ...., S.A., en formato de fichero electrónico, la relación de transferencias emitidas y recibidas desde la declaración del concurso de acreedores.

Tras un costoso proceso, pues la información que se solicitaba a la entidad financiera era de más de cinco años atrás, se nos facilita, por una parte, un fichero con las transferencias emitidas desde marzo de ...... hasta la actualidad y otro fichero con las transferencias recibidas.

TERCERO.– Tras analizar las transferencias emitidas y recibidas desde la cuenta del concursado, se observa lo siguiente:

Transferencias emitidas

Existe un gran número de transferencias emitidas cuyo concepto es "traspaso", cuya cuenta beneficiaria es ...., y cuyo beneficiario supuestamente es la concursada. Sin embargo, la citada entidad nos indicó que el concursado no mantenía ninguna otra cuenta aperturada en dicha entidad de la fuera titular. El importe total al que ascienden estas transferencias emitidas es la muy relevante suma de .... €.

Las cuentas a la que se realizan son la nº .... —en un importe de .... €— y la nº .... en un importe de .... €.

Se acompaña como DOCUMENTO Nº 1 relación de las transferencias emitidas obtenida del fichero facilitado por la entidad financiera.

Transferencias recibidas

Existe un gran número de transferencias recibidas cuyo ordenante es Don ....., anterior administrador concursal, siendo el importe total al que ascienden estas transferencias recibidas es de .... €.

Desconocemos la cuenta origen de estas transferencias.

Se acompaña como DOCUMENTO Nº 2 relación de las transferencias emitidas obtenida del fichero facilitado por la entidad financiera.

CUARTO.– Que mediante el presente escrito se viene a solicitar auxilio judicial consistente en oficiar a la entidad bancaria ...., S.A. para que informe de la titularidad de las cuentas corrientes a las que van dirigidas las transferencias emitidas nº .... y nº ...., así como que informe de las cuentas corrientes origen de las transferencias recibidas y cuyo ordenante se indica que es el citado ......

QUINTO.– Que al no encontrase personada en el procedimiento la entidad bancaria de referencia, se informa de la dirección de la oficina donde se encuentra la cuenta intervenida, para que se le pueda hacer llegar el oficio que se solicita:......

En virtud de lo expuesto,

SOLICITA AL JUZGADO, que teniendo por presentado este escrito se digne admitirlo, se una al expediente de su razón, y tenga por solicitado el auxilio judicial consistente en oficiar a la entidad ...., S.A. para que informe de la titularidad de las cuentas indicadas en el cuerpo del presente escrito.

Es Justicia que se SUPLICA en ......, a .... de ..... de .....

Fdo. .....

en representación de ...., SLP

ADMINISTRACIÓN CONCURSAL

F394. ESCRITO DEL CONCURSADO SOLICITANDO DEL JUEZ AUTORIZACIÓN PARA LA PERCEPCIÓN DE ALIMENTOS

Normativa de aplicación: *Arts. 123 y ss. Real Decreto Legislativo 1/2020, de 5 de mayo, por el que se aprueba el texto refundido de la Ley Concursal*

AL JUZGADO DE LO MERCANTIL NÚM. .... DE...........

Don..........., Procurador de los Tribunales y de Don..........., con domicilio en..........., calle..........., núm. ...., cuya representación tengo acreditada en el presente procedimiento concursal..........., ante este Juzgado comparezco en los citados autos........... bajo la dirección letrada de Don..........., abogado del Ilustre Colegio de........... (número de colegiado...........), y como mejor proceda en derecho DIGO:

PRIMERO.– Que en el presente procedimiento número de autos..........., se sigue expediente de concurso necesario de mi mandante. La declaración de concurso necesario fue acordada por este Juzgado mediante auto de fecha........... de........... de dos mil..........., habiéndose decretado la suspensión del ejercicio por mi mandante de las facultades de administración y disposición de la masa activa, siendo sustituido por los administradores concursales.

SEGUNDO.– Que conforme establece el art. 123.1 TRLC, en el caso de que en la masa activa existan bienes bastantes para prestar alimentos, el concursado persona natural que se encuentre en estado de necesidad tendrá derecho a percibirlos durante la tramitación del concurso, con cargo a la masa activa, para atender sus necesidades y las de su cónyuge y descendientes bajo su potestad. El derecho a percibir alimentos para atender a las necesidades de la pareja de hecho solo existirá cuando la unión estuviera inscrita y el juez aprecie la existencia de pactos expresos o tácitos o de hechos concluyentes de los que se derive la inequívoca voluntad de los convivientes de formar un patrimonio común.

En caso de suspensión de facultades, la cuantía y periodicidad de los alimentos serán las que determine el juez, oídos el concursado y la administración concursal (art. 123.2 TRLC).

TERCERO.– Que mi mandante carece de ingresos, hallándose en una difícil situación económica, por lo que precisa le sean suministrados alimentos. A tal efecto, se propone la suma mensual de...........euros, que será satisfecha con cargo a la masa activa, en la que existen bienes suficientes pues........... Ello sin perjuicio de lo que tenga a bien autorizar este Juzgado, tras oír a esta parte y a la administración concursal

La situación de mi mandante se acredita con los DOCUMENTOS que se acompañan como DOCUMENTOS...........

En su virtud,

SUPLICO AL JUZGADO que tenga por presentado este escrito, junto a los documentos a él acompañados, y sus copias, se sirva admitir todo ello, y tener por solicitado al amparo de lo dispuesto en el art. 123, apartados 1 y 2, TRLC, la prestación de alimentos a favor de mi mandante, y, previos los oportunos trámites legales, incluido la audiencia a esta parte y la administración concursal a efecto de oírlas sobre tal solicitud, se acuerde autorizar la prestación de alimentos a favor de Don..........., que serán satisfechos con cargo a la masa activa.

Es Justicia que se Suplica en..........., hoy día........... de........... de...........

F395. ESCRITO DEL CONCURSADO SOLICITANDO A LA ADMINISTRACIÓN CONCURSAL LA PERCEPCIÓN DE ALIMENTOS

Normativa de aplicación: *Arts. 123 y ss. Real Decreto Legislativo 1/2020, de 5 de mayo, por el que se aprueba el texto refundido de la Ley Concursal*

AL JUZGADO DE LO MERCANTIL NÚM........... DE...........

Don..........., Procurador de los Tribunales y de Don..........., con domicilio en..........., calle..........., núm. ...., cuya representación tengo acreditada en el presente procedimiento concursal..........., ante este Juzgado comparezco en los citados autos........... bajo la dirección letrada de Don..........., abogado del Ilustre Colegio de........... (número de colegiado...........), y como mejor proceda en derecho DIGO:

PRIMERO.– Que en el presente procedimiento número de autos..........., se sigue expediente de concurso voluntario de mi mandante. La declaración de concurso voluntario fue acordada por este Juzgado mediante auto de fecha........... de........... de dos mil..........., habiendo quedado sometido el ejercicio de éstas a la intervención de los administradores concursales, mediante su autorización o conformidad.

SEGUNDO.– Que conforme establece el art. 123.1 TRLC, en el caso de que en la masa activa existan bienes bastantes para prestar alimentos, el concursado persona natural que se encuentre en estado de necesidad tendrá derecho a percibirlos durante la tramitación del concurso, con cargo a la masa activa, para atender sus necesidades y las de su cónyuge y descendientes bajo su potestad. El derecho a percibir alimentos para atender a las necesidades de la pareja de hecho solo existirá cuando la unión estuviera inscrita y el juez aprecie la existencia de pactos expresos o tácitos o de hechos concluyentes de los que se derive la inequívoca voluntad de los convivientes de formar un patrimonio común.

En caso de intervención de facultades, la cuantía y periodicidad de los alimentos serán las que determine la administración concursal (art. 123.2 TRLC).

TERCERO.– Que mi mandante carece de ingresos, hallándose en una difícil situación económica, por lo que precisa le sean suministrados alimentos, lo que se solicita a través de este escrito a la Administración concursal. A tal efecto, se propone la suma mensual de...........euros, que será satisfecha con cargo a la masa, existiendo en la misma bienes bastantes al efecto.

La situación de mi mandante se acredita con los DOCUMENTOS que se acompañan como DOCUMENTOS...........

En su virtud,

SUPLICO AL JUZGADO que tenga por presentado este escrito, junto a los documentos a él acompañados, y sus copias, se sirva admitir todo ello, y tener por solicitado al amparo de lo dispuesto en el art. 123, apartados 1 y 2 TRLC, la prestación de alimentos a favor de mi mandante, y, previos los oportunos trámites legales, incluido el traslado a la administración concursal de esta solicitud, se acuerde autorizar por la administración concursal la prestación de alimentos a favor de Don..........., que serán satisfechos con cargo a la masa activa.

Es Justicia que se Suplica en..........., hoy día........... de........... de...........

F396. ESCRITO DEL CONCURSADO SOLICITANDO LA MODIFICACIÓN DE LA CUANTÍA DE LOS ALIMENTOS A SU FAVOR

Normativa de aplicación: *Arts. 123 y ss. Real Decreto Legislativo 1/2020, de 5 de mayo, por el que se aprueba el texto refundido de la Ley Concursal*

AL JUZGADO DE LO MERCANTIL NÚM. .... DE...........

Don..........., Procurador de los Tribunales y de Don..........., con domicilio en..........., calle..........., núm. ...., cuya representación tengo acreditada en el presente procedimiento concursal..........., ante este Juzgado comparezco en los citados autos........... bajo la dirección letrada de Don..........., abogado del Ilustre Colegio de........... (número de colegiado...........), y como mejor proceda en derecho DIGO:

PRIMERO.– Que en el presente procedimiento número de autos..........., se sigue expediente de concurso necesario de mi mandante. La declaración de concurso necesario fue acordada por este Juzgado mediante auto de fecha........... de........... de dos mil..........., habiéndose decretado la suspensión del ejercicio por mi mandante de las facultades de administración y disposición sobre la masa activa, siendo sustituido por los administradores concursales.

SEGUNDO.– Que mediante escrito de fecha de........... de........... y al amparo de lo dispuesto en el art. 123, apartados 1 y 2, TRLC, esta parte solicitó le fueran prestados alimentos a la vista de la situación económica en que se hallaba Don........... Tras oír a esta parte y a la administración concursal, este Juzgado, mediante auto de fecha de........... de..........., autorizó la prestación de tales alimentos, fijando su cuantía en la suma de...........euros mensuales.

TERCERO.– Que conforme establece el art. 123.3 TRLC, en caso de suspensión, el juez, a solicitud del concursado con audiencia de la administración concursal o a solicitud de esta con audiencia del concursado, podrá modificar la cuantía y la periodicidad de los alimentos.

CUARTO.– Que la situación económica y personal de mi mandante ha empeorado, al haber contraído la enfermedad de..........., de difícil curación y que requiere un tratamiento médico prácticamente de por vida, que no puede ser atendido por mi principal.

Por tal motivo y al amparo de lo dispuesto en el art. 12.3 TRLC, esta parte solicita que sea modificada la cuantía de los alimentos prestados actualmente a mi mandante y que fijo este Juzgado mediante auto de fecha........... de........... de...........en la suma mensual de...........euros, pasando a quedar fijada en la suma de...........euros, que deberá ser abonada a mi mandante con periodicidad mensual. Ello sin perjuicio de lo que tenga a bien autorizar este Juzgado, tras la audiencia prevista en dicho art. 123.3 TRLC.

La situación de mi mandante se acredita con los DOCUMENTOS que se acompañan como DOCUMENTOS...........

En su virtud,

SUPLICO AL JUZGADO que tenga por presentado este escrito, junto a los documentos a él acompañados, y sus copias, se sirva admitir todo ello, y tener por solicitado al amparo de lo dispuesto en el art. 123 TRLC, la modificación de la cuantía de los alimentos que percibe actualmente mi principal en virtud de lo acordado por este Juzgado mediante auto de fecha de........... de..........., y, previos los oportunos trámites legales, incluido la audiencia del art. 123 TRLC, se acuerde modificar la cuantía de tales alimentos, fijándola en la suma mensual de...........euros.

Es Justicia que se Suplica en..........., hoy día........... de........... de...........

F397. ESCRITO DE LA ADMINISTRACIÓN CONCURSAL SOLICITANDO LA MODIFICACIÓN DE LA CUANTÍA DE LOS ALIMENTOS FIJADOS A FAVOR DEL CONCURSADO

Normativa de aplicación: *Arts. 123 y ss. Real Decreto Legislativo 1/2020, de 5 de mayo, por el que se aprueba el texto refundido de la Ley Concursal*

AL JUZGADO DE LO MERCANTIL NÚM. .... DE............

Don............, administrador concursal del concurso necesario de Don............, que se tramita en el presente procedimiento concursal............, ante este Juzgado de Primera Instancia comparezco en los citados autos............ bajo la dirección letrada de Don............, abogado del Ilustre Colegio de............ (número de colegiado............), y como mejor proceda en derecho DIGO:

PRIMERO.– Que en el presente procedimiento número de autos............, se sigue expediente de concurso necesario de Don............ La declaración de concurso necesario fue acordada por este Juzgado mediante auto de fecha............ de............ de dos mil............, habiéndose decretado la suspensión del ejercicio por la deudora de las facultades de administración y disposición sobre su patrimonio, siendo sustituido por esta administración concursal.

SEGUNDO.– Que mediante escrito de fecha de............ de............ y al amparo de lo dispuesto en el art. 123, apartados 1 y 2, TRLC, Don............ solicitó le fueran prestados alimentos a la vista de la situación económica y de salud en que se hallaba Don............ Tras oír a Don............ y a esta administración concursal, este Juzgado, mediante auto de fecha de............ de............, autorizó la prestación de tales alimentos, fijando su cuantía en la suma de............euros mensuales.

TERCERO.– Que conforme establece el art. 123.3 TRLC, en caso de suspensión, el juez, a solicitud del concursado con audiencia de la administración concursal o a solicitud de esta con audiencia del concursado, podrá modificar la cuantía y la periodicidad de los alimentos.

CUARTO.– Que la situación económica y personal de Don............ ha cambiado, al haberse recuperado de la enfermedad que contrajo hace............ meses y no tener ya que abonar el tratamiento médico preciso para su curación.

Por tal motivo y al amparo de lo dispuesto en el art. 123.3 TRLC, esta parte solicita que sea modificada la cuantía de los alimentos prestados actualmente a Don............ y que fijo este Juzgado mediante auto de fecha............ de............ de............ en la suma mensual de............euros, reduciéndola y pasando a quedar fijada en la suma de............euros, que deberá ser abonada a Don............ con periodicidad mensual. Ello sin perjuicio de lo que tenga a bien autorizar este Juzgado, tras la audiencia del art. 123.3 TRLC.

La situación de Don........... se acredita con los DOCUMENTOS que se acompañan como DOCUMENTOS...........

En su virtud,

SUPLICO AL JUZGADO que tenga por presentado este escrito, junto a los documentos a él acompañados, y sus copias, se sirva admitir todo ello, y tener por solicitado al amparo de lo dispuesto en el art. 123 TRLC, la modificación de la cuantía de los alimentos que percibe actualmente Don........... en virtud de lo acordado por este Juzgado mediante auto de fecha de........... de..........., y, previos los oportunos trámites legales, incluido la audiencia del art. 123.3 TRLC, se acuerde modificar la cuantía de tales alimentos, fijándola en la suma mensual de...........euros.

Es Justicia que se Suplica en..........., hoy día........... de........... de...........

F398. ESCRITO SOLICITANDO LA PRESTACIÓN DE ALIMENTOS A FAVOR DE PERSONA RESPECTO DE LA QUE EL DEUDOR TUVIERA DEBER LEGAL DE PRESTARLOS

Normativa de aplicación: *Arts. 123 y ss. Real Decreto Legislativo 1/2020, de 5 de mayo, por el que se aprueba el texto refundido de la Ley Concursal*

AL JUZGADO DE LO MERCANTIL NÚM. .... DE...........

Don..........., Procurador de los Tribunales y de Doña..........., con domicilio en..........., calle..........., núm. ...., cuya representación tengo acreditada en el presente procedimiento concursal..........., ante este Juzgado comparezco en los citados autos........... bajo la dirección letrada de Don..........., abogado del Ilustre Colegio de........... (número de colegiado...........), y como mejor proceda en derecho DIGO:

PRIMERO.– Que en el presente procedimiento número de autos..........., se sigue expediente de concurso necesario de Don........... La declaración de concurso necesario fue acordada por este Juzgado mediante auto de fecha........... de........... de dos mil..........., habiéndose decretado la suspensión del ejercicio por el concursado de las facultades de administración y disposición sobre su patrimonio, siendo sustituido por los administradores concursales.

SEGUNDO.– Que en virtud de sentencia de fecha de........... de........... dictada en su día por el Juzgado de Primera Instancia núm. .... de..........., en los autos..........., que devino firme al ser confirmada por la sección........... de la Audiencia Provincial de........... (sentencia de fecha de........... de........... dictada en el recurso de apelación autos núm. ....), el concursado Don........... viene obligado a prestar a mi mandante alimentos por importe mensual de...........euros.

Acreditando lo anterior se acompañan como DOCUMENTOS............ a............ testimonio de las citadas sentencias.

TERCERO.– Que conforme establece el art. 124.1 TRLC, en el caso de que en la masa activa existan bienes bastantes para prestar alimentos, las personas distintas de las enumeradas en el artículo anterior respecto de las cuales el concursado tuviere deber legal de prestarlos solo podrán obtenerlos con cargo a la masa si no pudieren percibirlos de otras personas legalmente obligadas a prestárselos.

Continua el art. 124 TRLC, apartado segundo, en el sentido que el interesado deberá ejercitar la acción de reclamación de los alimentos ante el juez del concurso en el plazo de un año a contar desde el momento en que hubiera debido percibirlos. El juez del concurso resolverá sobre su procedencia y cuantía.

Finalmente, art. 124.3 TRLC, la obligación de prestar alimentos impuesta al concursado por resolución judicial dictada con anterioridad a la declaración de concurso se satisfará con cargo a la masa activa en la cuantía fijada por el juez del concurso. El exceso tendrá la consideración de crédito concursal ordinario.

CUARTO.– Que el concursado tiene el deber legal de prestar alimentos a mi poderdante en cuantía mensual de............euros, no existiendo ninguna otra persona legalmente obligada a prestárselos a mi principal toda vez que............

Por ello, esta parte solicita que le sean prestados tales alimentos con cargo a la masa activa. Ello sin perjuicio de lo que tenga a bien autorizar este Juzgado.

La situación de mi mandante se acredita con los DOCUMENTOS que se acompañan como número............

En su virtud,

SUPLICO AL JUZGADO que tenga por presentado este escrito, junto a los documentos a él acompañados, y sus copias, se sirva admitir todo ello, y tener por solicitado al amparo de lo dispuesto en el art. 124.2 TRLC, la prestación de alimentos a favor de mi mandante, y, previos los oportunos trámites legales, se acuerde autorizar la prestación de alimentos a favor de Don............, que serán satisfechos con cargo a la masa activa, teniendo el exceso respecto la cantidad que acuerde el Juez la consideración de crédito concursal ordinario.

Es Justicia que se Suplica en............, hoy día............ de............ de............

F399. DILIGENCIA DE ORDENACIÓN PONIENDO DE MANIFIESTO SOLICITUD DE ALIMENTOS (O MODIFICACIÓN DE LOS YA CONCEDIDOS)

Normativa de aplicación: *Arts. 123 y ss. Real Decreto Legislativo 1/2020, de 5 de mayo, por el que se aprueba el texto refundido de la Ley Concursal*

DILIGENCIA DE ORDENACIÓN

Letrado de la Administración de Justicia, Don...........

En..........., a........... de........... de...........

Que en fecha........... de........... de..........., en el presente concurso voluntario de........... S.A., seguido ante este Juzgado de lo Mercantil........... de........... bajo el núm. de autos..........., se presentó por .... la percepcion de alimentos con cargo a la masa (o la modificación de los alimentos fijados en su día mediante auto de fecha ....). Ello al amparo del art. 123 (o 124) TRLC y en los términos de dicho escrito.

Teniendo por presentada la expresada solicitud de percepción de alimentos, óigase al respecto a la (según el caso, la concursada, la administración concursal, y demás partes personadas) por plazo de CINCO (5) DÍAS a contar desde la notificación de la presente diligencia, y dese traslado de la referida solicitud a las demás partes personadas para que, en idéntico plazo, puedan formular cuantas alegaciones tengan por conveniente sobre tal petición. A la vista de todo ello se acordará lo que proceda en derecho.

ALTERNATIVA. Teniendo por presentada la solicitud de modificación de alimentos, dese audiencia por plazo de .... días a la administración concursal (o a la concursada), y con el resultado se acodara lo que proceda en derecho.

Doy cuenta a su Señoría.

Contra la presente resolución, que no es firme, cabe recurso de revisión a interponer en el plazo de CINCO (5) días a contar desde su notificación. A tal efecto téngase en cuenta lo establecido en la DA 15ª LOPJ sobre depósito para recurrir.

Lo que acuerda, manda y firma Don..........., en el lugar y fecha señaladas "ut supra".

F400. AUTO FIJANDO ALIMENTOS A FAVOR DEL CONCURSADO

Normativa de aplicación: *Arts. 123 y ss. Real Decreto Legislativo 1/2020, de 5 de mayo, por el que se aprueba el texto refundido de la Ley Concursal*

En la ciudad de........... a........... de........... de...........

ANTECEDENTES DE HECHO

PRIMERO.– Que en fecha........... de........... de........... y por el concursado Don..........., se solicitó de este Juzgado la prestación de alimentos con cargo a la masa activa. Ello en los términos de tal solicitud y que a continuación se transcribe:...........

SEGUNDO.– Que respecto de la citada solicitud, se oyó a Don..........., a la administración concursal, y a las demás partes personadas, con el resultado obrante en autos.

FUNDAMENTOS DE DERECHO

PRIMERO.– Que este Juez es competente para conocer de la solicitud de prestación de alimentos formulada por Don………… (arts. 44, 45 y 123 TRLC).

SEGUNDO.– Que Don…………, en cuanto deudor concursado titular del derecho a percibir alimentos, con facultades de disposición y administración suspendidas, está legitimado para solicitar la autorización de este Juzgado para la prestación de alimentos (art. 123, aaprtados 1 y 2 TRLC).

TERCERO.– Que la solicitud formulada reúne los requisitos de forma establecidos en el art. 123 TRLC y, respecto a la misma, se ha oído al concursado y a la administración concursal.

CUARTO.– Que conforme establece el art. 123.1 TRLC, en el caso de que en la masa activa existan bienes bastantes para prestar alimentos, el concursado persona natural que se encuentre en estado de necesidad tendrá derecho a percibirlos durante la tramitación del concurso, con cargo a la masa activa, para atender sus necesidades y las de su cónyuge y descendientes bajo su potestad. El derecho a percibir alimentos para atender a las necesidades de la pareja de hecho solo existirá cuando la unión estuviera inscrita y el juez aprecie la existencia de pactos expresos o tácitos o de hechos concluyentes de los que se derive la inequívoca voluntad de los convivientes de formar un patrimonio común.

En caso de suspensión de facultades, la cuantía y periodicidad de los alimentos serán las que determine el juez, oídos el concursado y la administración concursal (art. 123.2 TRLC).

QUINTO.– Un examen de la solicitud formulada y tras oír al instante de la misma y a la administración concursal, que ha dado su conformidad a la misma, nos lleva a estimar la expresada solicitud.

Don………… carece de ingresos, y se halla en una difícil situación económica agravada por…………, por lo que precisa le sean suministrados alimentos. A tal efecto, y a la vista de la masa activa, en la que existen bienes para atender sus necesidades, y la situación personal y económica de Don…………, se cuantifican tales alimentos en la suma de…………euros, que será satisfecha con cargo a la masa activa con una periodicidad mensual.

Visto lo expuesto y demás normativa de aplicación

DISPONGO

Estimar la solicitud formulada por Don………… mediante escrito de fecha de………… de………… y, por lo tanto, autorizar la prestación de alimentos a Don………… con cargo a la masa activa, por cuantía de…………euros y una periodicidad mensual.

Notifíquese la resolución al deudor, administración concursal y demás partes personadas a través de su representación procesal, haciéndole saber que contra la misma cabe *recurso de reposición* a interponer en el plazo de cinco días a contar desde la notificación del presente auto.

De conformidad con lo establecido en la Disposición Adicional 15ª LOPJ (según la redacción dada por la LO 1/09), la interposición de recurso contra resoluciones judiciales no podrá ser admitida a trámite sin la acreditación del depósito previsto en la citada Ley a efectos de recurrir, debiendo presentarse copia o resguardo de tal depósito en la cuenta de consignaciones de este Juzgado.

Todo lo cual pronuncia, manda y firma el Ilmo. Sr. ...., Magistrado Juez del Juzgado de lo mercantil núm. .... de...........

F401. AUTO FIJANDO ALIMENTOS A FAVOR DE PERSONA RESPECTO DE LA CUAL EL CONCURSADO TIENE OBLIGACIÓN DE ALIMENTOS

Normativa de aplicación: *Arts. 123 y ss. Real Decreto Legislativo 1/2020, de 5 de mayo, por el que se aprueba el texto refundido de la Ley Concursal*

En la ciudad de........... a........... de........... de...........

ANTECEDENTES DE HECHO

PRIMERO.– Que en fecha........... de........... de........... y por Don..........., se solicitó de este Juzgado la prestación de alimentos con cargo a la masa activa. Ello en los términos de tal solicitud y que a continuación se transcribe:...........

SEGUNDO.– Que respecto de la citada solicitud, se oyó a la concursada, la administración concursal, y a las demás partes personadas, con el resultado obrante en autos.

FUNDAMENTOS DE DERECHO

PRIMERO.– Que este Juez es competente para conocer de la solicitud de prestación de alimentos formulada por Don........... (arts. 44, 45 y 124 TRLC)

SEGUNDO.– Que Don..........., en cuanto persona respecto de la cual concursado tiene deber legal de alimentos, está legitimado para solicitar la autorización de este Juzgado para la prestación de alimentos (art. 124.1 TRLC).

TERCERO.– Que la solicitud formulada reúne los requisitos de forma establecidos en el art. 124 TRLC.

CUARTO.– Que conforme establece el art. 124.1 TRLC, en el caso de que en la masa activa existan bienes bastantes para prestar alimentos, el concursado persona natural que se encuentre en estado de necesidad tendrá derecho a percibirlos durante la tramitación del concurso, con cargo a la masa activa, para atender sus necesidades y las de su cónyuge y descendientes bajo su potestad. El derecho a percibir alimentos para atender a las necesidades de la pareja de hecho solo existirá cuando la unión estuviera inscrita y el juez aprecie la existencia de pactos expresos o tácitos o de hechos concluyentes de los que se derive la inequívoca voluntad de los convivientes de formar un patrimonio común.

QUINTO.– Un examen de la solicitud formulada nos lleva a estimar la misma. Consta acreditado en autos que en virtud de sentencia de fecha de........... de........... dictada en su día por el Juzgado de Primera Instancia núm. .... de..........., en los autos..........., que devino firme al ser confirmada por la sección........... de la Audiencia Provincial de........... (sentencia de fecha de........... de........... dictada en el recurso de apelación autos núm. ....), el concursado Don........... viene obligado a prestar a Doña........... alimentos por importe mensual de...........euros, no existiendo ninguna otra persona legalmente obligada a prestárselos a mi principal toda vez que...........

SEXTO.– Los citados alimentos se fijan en la cuantía de...........euros, importe reconocido a favor de Don........... en la sentencia arriba reseñada, que será satisfecha con cargo a la masa activa con una periodicidad mensual.

Visto lo expuesto y demás normativa de aplicación

DISPONGO

Estimar la solicitud formulada por Don........... mediante escrito de fecha de........... de........... y, por lo tanto, autorizar la prestación de alimentos a Don........... con cargo a la masa activa, por cuantía de...........euros y una periodicidad mensual.

Notifíquese la resolución al deudor, administración concursal y demás partes personadas a través de su representación procesal, haciéndole saber que contra la misma cabe recurso de reposición a interponer en el plazo de cinco días a contar desde la notificación del presente auto.

De conformidad con lo establecido en la Disposición Adicional 15° LOPJ (según la redacción dada por la LO 1/09), la interposición de recurso contra resoluciones judiciales no podrá ser admitida a trámite sin la acreditación del depósito previsto en la citada Ley a efectos de recurrir, debiendo presentarse copia o resguardo de tal depósito en la cuenta de consignaciones de este Juzgado.

Todo lo cual pronuncia, manda y firma el Ilmo. Sr. ...., Magistrado Juez del Juzgado de lo mercantil núm. .... de...........

F402. AUTO MODIFICANDO LOS ALIMENTOS

Normativa de aplicación: *Arts. 123 y ss. Real Decreto Legislativo 1/2020, de 5 de mayo, por el que se aprueba el texto refundido de la Ley Concursal*

En la ciudad de........... a........... de........... de...........

ANTECEDENTES DE HECHO

PRIMERO.– Que mediante escrito de fecha de........... de........... y al amparo de lo dispuesto en el art. 123.3 TRLC, el concursado Don........... solicitó le fueran prestados alimentos a la vista de la situación económica y de salud en que se hallaba. Tras oír a Don........... y a la administración concursal, este Juzgado, mediante auto de fecha de........... de..........., autorizó la prestación de tales alimentos, fijando su cuantía en la suma de...........euros mensuales.

SEGUNDO.– Que en fecha........... de........... de........... y por el concursado Don..........., se solicitó de este Juzgado la modificación de la cuantía de tales alimentos. Ello en los términos de tal solicitud y que a continuación se transcribe:...........

TERCERO.– Que respecto de la citada solicitud, se dio la audiencia a que se refiere el art. 123.3 TRLC, con el resultado obrante en autos.

FUNDAMENTOS DE DERECHO

PRIMERO.– Que este Juez es competente para conocer de la solicitud de modificación de la prestación de alimentos formulada por Don........... (arts. 44, 45, 123.3 TRLC).

SEGUNDO.– Que Don..........., en cuanto deudor concursado titular del derecho a percibir alimentos, con facultades de disposición y administración suspendidas, está legitimado para solicitar la modificación por este Juzgado de la cuantía y/o periodicidad de los alimentos a que tiene derecho y que fueron fijados en el auto de este Juzgado de fecha de........... de........... (art. 123.3 TRLC).

TERCERO.– Que la solicitud formulada reúne los requisitos de forma establecidos en el art. 123 TRLC y, respecto a la misma, se ha oído al concursado y a la administración concursal.

CUARTO.– Que conforme establece el art. 123.1 TRLC, en el caso de que en la masa activa existan bienes bastantes para prestar alimentos, el concursado persona natural que se encuentre en estado de necesidad tendrá derecho a percibirlos durante la tramitación del concurso, con cargo a la masa activa, para atender sus necesidades y las de su cónyuge y descendientes bajo su potestad. El derecho a percibir alimentos para atender a las necesidades de la pareja de hecho solo existirá cuando la unión estuviera inscrita y el juez aprecie la existencia de pactos expresos o tácitos o de hechos concluyentes de los que se derive la inequívoca voluntad de los convivientes de formar un patrimonio común.

Por otro lado, art. 123.3 TRLC, en caso de suspensión, el juez, a solicitud del concursado con audiencia de la administración concursal o a solicitud de esta con audiencia del concursado, podrá modificar la cuantía y la periodicidad de los alimentos.

QUINTO.– Un examen de la solicitud formulada y tras la audiencia del art. 123.3 TRLC, nos lleva a estimar la misma.

Consta acreditado que la situación económica y personal de Don........... ha empeorado, al haber contraído la enfermedad de..........., de difícil curación y que requiere un tratamiento médico prácticamente de por vida, que no puede ser atendido por el concursado en su situación económica actual. Opinión que comparte la administración concursal.

Por tal motivo y al amparo de lo dispuesto en el art. 123.3 TRLC, procede que sea modificada la cuantía de los alimentos prestados actualmente a Don........... y que fijó este Juzgado mediante auto de fecha........... de........... de........... en la suma mensual de...........euros, pasando a quedar fijada en la suma de...........euros, que deberá ser abonada al concursado igualmente con periodicidad mensual.

Visto lo expuesto y demás normativa de aplicación

DISPONGO

Estimar la solicitud formulada por Don........... mediante escrito de fecha de........... de........... y, por lo tanto, modificar la cuantía de los alimentos a prestar al concursado Don........... con cargo a la masa activa, que pasa a quedar fijada en cuantía de...........euros y una periodicidad mensual.

Notifíquese la resolución al deudor, administración concursal y demás partes personadas a través de su representación procesal, haciéndole saber que contra la misma cabe recurso de reposición a interponer en el plazo de cinco días a contar desde la notificación del presente auto.

De conformidad con lo establecido en la Disposición Adicional 15° LOPJ (según la redacción dada por la LO 1/09), la interposición de recurso contra resoluciones judiciales no podrá ser admitida a trámite sin la acreditación del depósito previsto en la citada Ley a efectos de recurrir, debiendo presentarse copia o resguardo de tal depósito en las cuenta de consignaciones de este Juzgado.

Todo lo cual pronuncia, manda y firma el Ilmo. Sr. ...., Magistrado Juez del Juzgado de Lo Mercantil núm. .... de...........

F403. AUTO DESESTIMANDO LA MODIFICACIÓN DE LA CUANTÍA DE ALIMENTOS A FAVOR DE CONCURSADO

Normativa de aplicación: *Arts. 123 y ss. Real Decreto Legislativo 1/2020, de 5 de mayo, por el que se aprueba el texto refundido de la Ley Concursal*

En la ciudad de........... a........... de........... de...........

ANTECEDENTES DE HECHO

PRIMERO.– Que mediante escrito de fecha de........... de........... y al amparo de lo dispuesto en el art123 TRLC, el concursado Don........... solicitó le fueran prestados alimentos a la vista de la situación económica y de salud en que se hallaba. Tras oír a Don........... y a la administración concursal, este Juzgado, mediante auto de fecha de........... de..........., autorizó la prestación de tales alimentos, fijando su cuantía en la suma de...........euros mensuales.

SEGUNDO.– Que en fecha........... de........... de........... y por la administración concursal, se solicitó de este Juzgado la modificación de la cuantía de tales alimentos, rebajándolos a la suma mensual de...........euros. Ello en los términos de tal solicitud y que a continuación se transcribe:...........

TERCERO.– Que respecto de la citada solicitud, se dio la audiencia del art. 123.3 TRLC, con el resultado obrante en autos.

FUNDAMENTOS DE DERECHO

PRIMERO.– Que este Juez es competente para conocer de la solicitud de modificación de la prestación de alimentos formulada por la administración concursal (arts.y44, 45 y 123.3 TRLC).

SEGUNDO.– Que la administración concursal está legitimado para solicitar la modificación por este Juzgado de la cuantía y/o periodicidad de los alimentos a que tiene derecho y que fueron fijados en el auto de este Juzgado de fecha de........... de........... (art. 123.3 TRLC).

TERCERO.– Que la solicitud formulada reúne los requisitos de forma establecidos en el art. 123.3 TRLC y, respecto a la misma, se ha oído al concursado y a la administración concursal en la oportuna audiencia.

CUARTO.– Que conforme establece el art. 123.1 TRLC, en el caso de que en la masa activa existan bienes bastantes para prestar alimentos, el concursado persona natural que se encuentre en estado de necesidad tendrá derecho a percibirlos durante la tramitación del concurso, con cargo a la masa activa, para atender sus necesidades y las de su cónyuge y descendientes bajo su potestad. El derecho a percibir alimentos para atender a las necesidades de la pareja de hecho solo existirá cuando la unión estuviera inscrita y el juez aprecie la existencia de pactos expresos o tácitos o de hechos concluyentes de los que se derive la inequívoca voluntad de los convivientes de formar un patrimonio común.

Por otro lado, art. 123.3 TRLC, en caso de suspensión, el juez, a solicitud del concursado con audiencia de la administración concursal o a solicitud de esta con audiencia del concursado, podrá modificar la cuantía y la periodicidad de los alimentos.

QUINTO.– Un examen de la solicitud formulada y tras la audiencia del art. 123.3 TRLC, nos lleva a desestimar la misma, toda vez que no consta acreditado cambio alguno en las circunstancias en que se fundamentó la cuantía y periodicidad de los alimentos a prestar a Don........... Ello por cuanto...........

Visto lo expuesto y demás normativa de aplicación

DISPONGO

Desestimar la solicitud formulada por la administración concursal mediante escrito de fecha de........... de........... y, por lo tanto, no modificar la cuantía de los alimentos a prestar durante la tramitación del concurso al concursado Don........... con cargo a la masa activa, cuantía que queda inalterada en la suma de...........euros y una periodicidad mensual.

Notifíquese la resolución al deudor, administración concursal y demás partes personadas a través de su representación procesal, haciéndole saber que contra la misma cabe recurso de reposición a interponer en el plazo de cinco días a contar desde la notificación del presente auto.

De conformidad con lo establecido en la Disposición Adicional 15ª LOPJ (según la redacción dada por la LO 1/09), la interposición de recurso contra resoluciones judiciales no podrá ser admitida a trámite sin la acreditación del depósito previsto en la citada Ley a efectos de recurrir, debiendo presentarse copia o resguardo de tal depósito en la cuenta de consignaciones de este Juzgado.

Todo lo cual pronuncia, manda y firma el Ilmo. Sr. ...., Magistrado Juez del Juzgado de lo Mercantil núm. .... de...........

F404. CARTA DE LA ADMINISTRACIÓN CONCURSAL AUTORIZANDO LA RETIRADA EN EFECTIVO DE ALIMENTOS

Normativa de aplicación: *Arts. 105 y ss. Real Decreto Legislativo 1/2020, de 5 de mayo, por el que se aprueba el texto refundido de la Ley Concursal.*

DON...............

Administración Concursal

Procedimiento Concursal ....

BANCO ......

En ...., a.............................

Muy Sr/es. Nuestro/s.

Como Administrador Concursal del Concurso instado por don .... que con el número ....se tramita ante el Juzgado de lo Mercantil ....mediante la presente se autoriza la retirada por el concursado Don ..... de efectivo de ....€ (.....................) de la cuenta titularidad del concursado.

Sin otro particular, le/s saluda atentamente,

Fdo. ....

ADMINISTRACIÓN CONCURSAL CONCURSADO

F405. MENCIÓN EN LAS CUENTAS ANUALES SOBRE CONCURSO DE ACREEDORES

A) Solicitud de concurso al cierre del ejercicio:

Se hace constar e informa que, a fecha de cierre del ejercicio objeto de las presentes cuentas anuales, la sociedad ha solicitado ante los Juzgados de lo Mercantil de............ la declaración de concurso de acreedores, no habiéndose recaído resolución judicial al respecto.

B) Declaración de concurso

Se hace constar e informa que la sociedad fue declarada en concurso voluntario de acreedores mediante auto de fecha............ dictado por el Juzgado de lo Mercantil núm. .... de............, en el procedimiento ordinario núm. ...., habiéndose acordado la intervención de facultades y el nombramiento de Don............ como administración concursal. La situación del citado procedimiento concursal es la siguiente:............

C) Convenio

La sociedad............ S.L. se halla en estado de concurso de acreedores, que fue declarado por el Juzgado de lo Mercantil núm. .... de............, mediante auto de fecha............ de............ de............, dictado en el procedimiento concursal que se sigue en el citado Juzgado bajo el número de autos............/............

Mediante sentencia de fecha............ de............ de............, por el citado Juzgado núm. .... de............ se aprobó el convenio de acreedores aceptado el día............ de............ de............, por los acreedores con las mayorías y demás formalidades legalmente exigidas. Dicha sentencia devino firme el día............ de............ de............

Las características y condiciones significativas del expresado convenio son las que a continuación se reseñan, con indicación de la deuda afectada, así como la quita y el aplazamiento en la exigibilidad de la misma acordada:............

Que al cierre del ejercicio............, la situación del cumplimiento de convenio es la siguiente:............

Respecto a las deudas más significativas, de manera expresa se indica lo siguiente:

I. Identificación de la deuda:............ ....

II. Deuda inicial con expresión de su plazo de vencimiento original y su tipo de interés efectivo:............

III. Deuda en el convenio aprobado, con indicación del plazo de vencimiento y su tipo de interés efectivo:............

IV. Parte de la deuda satisfecha de acuerdo con las condiciones del convenio:............

D) Formulación de las cuentas anuales

Formulación de las cuentas anuales. Intervención. Se hace contar que estas cuentas anuales, han sido formuladas por el órgano de administración de la sociedad, bajo la supervisión de la Administración Concursal, quien las firma en señal de conformidad. Ello en los términos del art. 115.1 TRLC.

Formulación de las cuentas anuales. Suspensión. Se hace contar que estas cuentas anuales, han sido formuladas por la administración concursal. Ello en los términos del art. 116.2 TRLC.

Retraso en la formulación de las cuentas anuales. Que la administración concursal, al amparo de lo dispuesto en el art. 115.2 TRLC, autorizó que la formulación de las cuentas anuales correspondientes al ejercicio social............, se retrase al mes siguiente a la presentación del inventario y de la lista de acreedores, por los siguientes motivos, que constituyen causa legítima del retraso:............

F406. ACTA DEL CONSEJO DE ADMINISTRACIÓN SOBRE FORMULACIÓN DE CUENTAS ANUALES BAJO LA SUPERVISIÓN DE LA ADMINISTRACIÓN CONCURSAL

En............, siendo las............ horas del día............ de............ de............, y en el domicilio social, sito en............, calle............ núm. ...., se celebra reunión del Consejo de Administración de la sociedad............ S.L.

La presente reunión del consejo de Administración fue convocada en fecha............ de............ de............ mediante telegrama remitido a los Sres. Consejeros y a la Administración Concursal en legal forma y plazo con el siguiente tenor literal "Por el presente, se le convoca a la reunión del Consejo de Administración a celebrar, en el domicilio social, el próximo día............ de............ de............, a las............ horas, para deliberar y, en su caso, adoptar acuerdos con relación al siguiente orden del día: 1.– Formulación cuentas anuales ejercicio............"

Asisten a la presente reunión, personalmente, la totalidad de los miembros del consejo de administración de la sociedad, esto es:

Presidente: Don............

Secretario: Don...........

Vocal: Doña...........

Vocal: Doña...........

Vocal: Doña...........

Se hace constar que la sociedad se halla en estado legal de concurso voluntario de acreedores, tramitado ante el Juzgado de lo Mercantil núm. .... de........... núm. autos..........., en el cual se ha acordado la intervención de facultades de la concursada, asistiendo a esta reunión del Consejo de Administración la Administración concursal, con voz y sin voto, Don...........

Actúan como Presidente y Secretario de la presente reunión del Consejo de Administración, Don........... y Don..........., respectivamente.

El Sr. presidente declara válidamente constituida la presente reunión del Consejo de Administración y se entra en el debate de los distintos puntos del orden del día. Previa deliberación y sin que ninguno de los asistentes hagan uso del derecho de que conste en el acta el contenido de su intervención, se adoptan los siguientes acuerdos por UNANIMIDAD que son proclamados por el Sr. Presidente:

1.– Formular las cuentas anuales del ejercicio social cerrado a fecha........... de........... de..........., que arroja un beneficio de...........euros.

2.– Proponer a la Junta General la siguiente aplicación de resultado: a reservas la suma de...........euros.

3.– Convocar a los socios de........... S.L. a la junta general de la sociedad a celebrar en el domicilio social el día de........... de..........., a las horas, para deliberar y en su caso adoptar acuerdos con relación al siguiente orden del día: 1.– Aprobación de las cuentas anuales de ejercicio........... Aplicación de resultado.

Se hace constar que, las cuentas anuales aquí formuladas, lo han sido por éste órgano de administración, bajo la supervisión de la Administración Concursal, quien firma la presente en señal de conformidad. Ello en los términos del art. 115.1 TRLC.

Y para que así conste se extiende la presente acta, que, leída, es aprobada por todos los consejeros por unanimidad, en........... hoy día de........... de...........

F407. ESCRITO AL REGISTRO MERCANTIL COMUNICANDO LA CONCESIÓN DE AUTORIZACIÓN PARA EL RETRASO EN LA FORMULACIÓN DE CUENTAS ANUALES

Normativa de aplicación: *Arts. 115 y ss. Real Decreto Legislativo 1/2020, de 5 de mayo, por el que se aprueba el texto refundido de la Ley Concursal*

AL REGISTRO MERCANTIL DE LA PROVINCIA DE...........

D..........., mayor de edad, de nacionalidad española, vecino de..........., con domicilio en........... y DNI/NIF..........., actuando en nombre y representación de la compañía........... S.L. que se acredita como DOCUMENTO UNO, con idéntico domicilio y CIF........... y Don..........., mayor de edad, de nacionalidad española, vecino de..........., con domicilio en........... y DNI/NIF..........., integrante de la Administración Concursal del concurso voluntario de acreedores de dicha sociedad........... S.L., ante este REGISTRO MERCANTIL comparecen y como mejor proceda en derecho EXPONEN:

PRIMERO.– Que en el Juzgado de los Mercantil núm. ...., de..........., y bajo el procedimiento número de autos..........., se sigue expediente de concurso voluntario de........... S.L. La declaración de concurso voluntario fue acordada por este Juzgado mediante auto de fecha........... de........... de dos mil..........., habiéndose decretado la intervención del ejercicio por la deudora de las facultades de administración y disposición sobre su patrimonio y siendo designado integrante de la administración concursal Don..........., que aceptó el cargo en fecha...........

Se acompaña como DOCUMENTOS..........., testimonio notarial del auto de declaración de concurso de acreedores de la sociedad........... S.L. con expresión de su firmeza, del acta de aceptación del cargo por el administrador concursal y de la credencial expedida a favor del Sr. .... como consecuencia de su nombramiento y aceptación del cargo.

La citada sociedad........... S.L. tiene su domicilio en..........., calle........... y está inscrita en el presente Registro Mercantil de..........., al tomo...........

SEGUNDO.– Que conforme establece el art. 115.2 TRLC, la administración concursal podrá autorizar al concursado o a los administradores de la persona jurídica concursada a que el cumplimiento de la obligación legal de formular las cuentas anuales correspondientes al ejercicio anterior a la declaración judicial de concurso se retrase al mes siguiente a la presentación del inventario y de la lista de acreedores. La aprobación de las cuentas deberá realizarse en los tres meses siguientes al vencimiento de dicha prórroga. De ello se dará cuenta al juez del concurso y, si la persona jurídica estuviera obligada a depositar las cuentas anuales, al Registro mercantil en que figurase inscrita. Efectuada esta comunicación, el retraso del depósito de las cuentas no producirá el cierre de la hoja registral, si se cumplen los plazos para el depósito desde el vencimiento del citado plazo prorrogado de aprobación de las cuentas. En cada uno de los documentos que integran las cuentas anuales se hará mención de la causa legítima del retraso.

TERCERO.– Que esta administración concursal, al amparo de lo dispuesto en el art. 115.2 TRLC, ha autorizado que la formulación de las cuentas anuales correspondientes al ejercicio social..........., se retrase al mes siguiente a la presentación del inventario y de la lista de acreedores, por los siguientes motivos, que constituyen causa legítima del retraso:...........

CUARTO.– Que de conformidad con lo dispuesto en el citado artículo 115.2 TRLC y a los efectos del citado artículo, se comunica este Registro Mercantil la referida autorización, que también ha sido comunicada al Juez del Concurso arriba citado, tal y como se acredita con el DOCUMENTO............

En su virtud,

SOLICITO AL REGISTRO MERCANTIL DE LA PROVINCIA DE............ que tenga por presentado este escrito, junto a los documentos a él acompañados, y sus copias, se sirva admitir todo ello, y tener por comunicado que la Administración concursal ha autorizado a los administradores de la concursada para que la formulación de las cuentas anuales correspondientes al ejercicio social............, se retrase al mes siguiente a la presentación del inventario y de la lista de acreedores, en los términos y a los efectos del art. 115.2 TRLC, acordando cuanto demás proceda en derecho.

Es Justicia que se Suplica en............, hoy día............ de............ de............

F408. ESCRITO AL JUZGADO COMUNICANDO LA CONCESIÓN DE AUTORIZACIÓN PARA EL RETRASO DE LA FORMULACIÓN DE CUENTAS ANUALES

Normativa de aplicación: *Arts. 115 y ss. Real Decreto Legislativo 1/2020, de 5 de mayo, por el que se aprueba el texto refundido de la Ley Concursal*

AL JUZGADO DE LO MERCANTIL NÚM. .... DE............

D............, Procurador de los Tribunales y de la compañía............ S.L., cuya representación consta en el presente procedimiento concursal............, y Don............, integrante de la Administración Concursal de dicho concurso, ante este Juzgado de lo Mercantil comparezco en los citados autos............ y como mejor proceda en derecho DIGO:

PRIMERO.– Que en el presente procedimiento número de autos............, se sigue expediente de concurso voluntario de............ S.L. La declaración de concurso voluntario fue acordada por este Juzgado mediante auto de fecha............ de............ de dos mil............, habiéndose decretado la intervención del ejercicio por la deudora de las facultades de administración y disposición sobre su patrimonio.

SEGUNDO.– Que conforme establece el art. 115.2 TRLC, la administración concursal podrá autorizar al concursado o a los administradores de la persona jurídica concursada a que el cumplimiento de la obligación legal de formular las cuentas anuales correspondientes al ejercicio anterior a la declaración judicial de concurso se retrase al mes siguiente a la presentación del inventario y de la lista de acreedores. La aprobación de las cuentas deberá realizarse en los tres meses siguientes al vencimiento de dicha prórroga. De ello se dará cuenta al juez del concurso y, si la persona jurídica estuviera obligada a depositar las cuentas anuales, al Registro mercantil en que figurase inscrita. Efectuada esta comunicación, el retraso del depósito de las cuentas no producirá el cierre de la hoja registral, si se cumplen los plazos para el depósito desde el vencimiento del citado plazo prorrogado de aprobación de las cuentas. En cada uno de los documentos que integran las cuentas anuales se mencionará la causa legítima del retraso.

TERCERO.– Que esta administración concursal, al amparo de lo dispuesto en el art. 115.2 TRLC, ha autorizado que la formulación de las cuentas anuales correspondientes al ejercicio social..........., se retrase al mes siguiente a la presentación en el referido concurso de acreedores del inventario y de la lista de acreedores, por los siguientes motivos, que constituyen causa legítima del retraso:...........

CUARTO.– Que de conformidad con lo dispuesto en el citado artículo 115.2 TRLC, y a los efectos del citado artículo, se comunica al Juzgado la referida autorización.

En su virtud,

SUPLICO AL JUZGADO que tenga por presentado este escrito, junto a los documentos a él acompañados, y sus copias, se sirva admitir todo ello, y tener por comunicada que la Administración concursal ha autorizado a los administradores de la concursada para que la formulación de las cuentas anuales correspondientes al ejercicio social..........., se retrase al mes siguiente a la presentación en el concurso de acreedores de referencia del inventario y de la lista de acreedores, de conformidad y a los efectos previstos en el art. 115.2 TRLC, acordando cuanto demás proceda en derecho.

Es Justicia que se Suplica en..........., hoy día........... de........... de...........

F409. FORMULACIÓN DE LAS CUENTAS ANUALES POR ADMINISTRADORES CONCURSALES MANCOMUNADOS EN CASO DE SUSPENSIÓN DE FACULTADES DEL DEUDOR

Normativa de aplicación: *Arts. 115 y ss. Real Decreto Legislativo 1/2020, de 5 de mayo, por el que se aprueba el texto refundido de la Ley Concursal*

Siendo las........... horas del día........... de........... de..........., se reúnen en..........., calle..........., núm. ...., la totalidad de los miembros integrantes de la administración concursal del concurso necesario de la sociedad........... S.L., esto es, Don........... y Doña..........., para deliberar adoptar decisiones sobre la Formulación cuentas anuales...........

Dando su conformidad los presentes a la celebración de la presente reunión, se entra en el primer punto del orden del día, indicando Don........... que conforme a lo establecido en el art. 116.2 TRLC, la formulación de las cuentas anuales durante la tramitación del concurso corresponde al deudor bajo la supervisión de los administradores concursales, en caso de intervención, y a estos últimos en caso de suspensión, supuesto en que se halla la concursada........... S.L.

Por lo tanto, la formulación de las cuentas anuales de........... S.L., corresponde a esta administración concursal y al respecto...........

Doña........... comparte la opinión anterior e insiste en que...........

Por Don............ se argumenta en igual sentido pues...........

Previa deliberación por los integrantes de la administración concursal, se adoptan mancomunadamente las siguientes DECISIONES:

1.– Formular las cuentas anuales del ejercicio social cerrado a fecha........... de........... de..........., que arroja un beneficio de..........euros.

2.– Proponer a la Junta General la siguiente aplicación de resultado: a reservas la suma de...........euros.

En este acto, se procede por los miembros de la administración concursal a la firma de las cuentas anuales formuladas.

Y para que así conste se extiende la presente acta que, es aprobada y firmada en señal de conformidad con su contenido, por los administradores concursales presentes, en..........., a........... de........... de...........

F410. ACTA JUNTA GENERAL ORDINARIA CONVOCADA. ASISTENCIA DEL ADMINISTRADOR CONCURSAL

Normativa de aplicación: *Arts. 127 y ss. Real Decreto Legislativo 1/2020, de 5 de mayo, por el que se aprueba el texto refundido de la Ley Concursal*

Que hoy día........... de........... de..........., a las........... horas, y en el domicilio social, sito en la localidad de..........., calle........... s/n, se celebra JUNTA GENERAL ORDINARIA de accionistas de la sociedad........... S.A.

La convocatoria de la presente Junta General ordinaria de accionistas, ha sido acordada por el administrador único, Don...........

Forma de la convocatoria: La convocatoria de la presente Junta General, ha sido objeto de la oportuna publicidad, de conformidad con lo establecido en el art. 173.1 TRLSC, mediante anuncio publicado en el Boletín Oficial del Registro Mercantil, del día........... de........... de........... (núm. ....), y en el diario..........., en su edición del día........... de........... de..........., al carecer la sociedad de página web.

El tenor literal de la convocatoria se transcribe a continuación: "Por medio del presente se convoca a los señores accionistas y a la administración concursal a la celebración de Junta General Ordinaria de la sociedad........... S.A., que se celebrará, en primera convocatoria el día........... de........... de..........., a las........... horas, y en segunda convocatoria el día........... del mismo mes y año, a la misma hora, en ambos casos, en..........., a efectos de deliberar y, en su caso, adoptar acuerdos con relación al siguiente orden del día: 1. Censura de la gestión social, aprobación, en su caso, de las cuentas del ejercicio cerrado el 31 de diciembre de........... Informe de Gestión. 2. Aplicación del resultado. A partir de esta convocatoria, cualquier accionista podrá obtener de la sociedad, de forma inmediata y gratuita, los documentos que han de ser sometidos a la aprobación de la misma, así como el informe de gestión y el informe de los auditores de cuentas. En..........., hoy día........... de........... de........... el administrador único de........... S.A. Don..........."

Lista de asistentes: Asisten a la presente Junta General Ordinaria, personalmente o representados, los siguientes accionistas:

I.– Accionistas presentes:

Don..........., titular de........... acciones nominativas/portador/, núm. .... a..........., incluidos, con un valor nominal cada una de ellas de...........euros (en su conjunto...........euros), que suponen el........... por ciento del capital social.

Don..........., titular de........... acciones nominativas/portador, núm. .... a..........., incluidos, con un valor nominal cada una de ellas de...........euros (en su conjunto...........euros), que suponen el........... por ciento del capital social.

Doña..........., titular de........... acciones nominativas/portador, núm. .... a..........., incluidos, con un valor nominal cada una de ellas de...........euros (en su conjunto...........euros), que suponen el........... por ciento del capital social.

Por lo tanto, asisten de forma personal........... accionistas, titulares, en conjunto, de........... acciones que suponen el........... por ciento del capital social.

II.– Accionistas representados:

Don..........., titular de........... acciones nominativas/portador, núm. .... a..........., incluidos, con un valor nominal cada una de ellas de...........euros (en su conjunto...........euros), que suponen el........... por ciento del capital social. Asiste el expresado accionista representado por Doña...........

Don..........., titular de........... acciones nominativas/portador, núm. .... a..........., incluidos, con un valor nominal cada una de ellas de...........euros (en su conjunto...........euros), que suponen el........... por ciento del capital social. Asiste el expresado accionista representado por Doña...........

Doña..........., titular de........... acciones nominativas/portador, núm. .... a..........., incluidos, con un valor nominal cada una de ellas de...........euros (en su conjunto...........euros), que suponen el........... por ciento del capital social. Asiste la expresada accionista representada por Doña...........

Asiste representados, ... accionistas, que titularizan........... acciones que suponen el........... por ciento del capital social suscrito.

En conjunto, asisten, personalmente o representados, ... accionistas, titulares de........... acciones que suponen el........... por ciento del capital social suscrito.

Otros asistentes; Igualmente asiste el administrador único de la compañía Don........... y el administrador concursal de la sociedad, Don........... quien, de conformidad con lo previsto en el art. 127.1 TRLC, tiene derecho de asistencia y voz, pero no voto en la presente Junta General.

Mesa de la Junta General. Son presidente y secretario de la presente Junta General, Don........... y Don..........., respectivamente. Ello de conformidad con lo establecido en la Ley y los Estatutos Sociales y ser los citados señores los socios designados por los concurrentes al comienzo de la reunión.

Abierta la sesión por el Sr. Presidente, sin que nadie se oponga a la válida constitución y celebración de la presente Junta General, se entra en el debate y deliberación de los diversos puntos del orden del día que ninguno de los presentes haga uso de su derecho a que conste en el acta el contenido de su intervención.

Proposición de adopción de acuerdos: Se propone por el Sr. presidente la adopción de los siguientes acuerdos:

PRIMERO.– Aprobar las cuentas anuales correspondientes al ejercicio social cerrado el 31 de diciembre de..........., que arroja un beneficio de...........euros; así como el Informe de Gestión.

SEGUNDO.– Aprobar y ratificar la gestión social llevada a cabo por el órgano de administración de la sociedad durante el ejercicio social cerrado el 31 de diciembre de...........

TERCERO.– Aplicar el resultado del ejercicio social cerrado a fecha 31 de diciembre de........... del siguiente modo:...........

Votación de propuesta de acuerdos. Previa la oportuna votación, la citada propuesta de acuerdos sociales es aprobada por UNANIMIDAD, con el voto favorable de todos los asistentes.

Dado que la sociedad se halla en estado de concurso de acreedores declarado mediante auto de fecha........... y tramitado ante el Juzgado de lo Mercantil núm........... de........... (autos...........) y a la vista de los acuerdos aquí adoptados tienen contenido patrimonial o relevancia directa para el concurso, los mismos ex art. 127.3 TRLC deben ser autorizados por la Administración Concursal para su eficacia.

En este acto, la Administración Concursal aquí presente autoriza y da su conformidad a los mismos. Ello de conformidad y a los efectos de lo previsto en el art. 127.3 TRLC.

ALTERNATIVA: Dado que la sociedad se halla en estado de concurso de acreedores declarado mediante auto de fecha........... y tramitado ante el Juzgado de lo Mercantil núm. .... de........... (autos...........) y a la vista de los acuerdos aquí adoptados tienen contenido patrimonial o relevancia directa para el concurso, los mismos ex art. 127.3 TRLC deben ser autorizados por la Administración Concursal para su eficacia.

En este acto, la Administración Concursal aquí presente NO autoriza los mismos al considerar que son contrarios al interés del concurso toda vez que........... Ello de conformidad y a los efectos de lo previsto en el art. 127.3 TRLC, por lo que los mismos devienen ineficaces y no surten efectos.

Y no habiendo más asuntos que tratar, se procede a la redacción de la presente acta que es aprobada de forma unánime por los asistentes, y finaliza la presente Junta General Ordinaria, levantándose la reunión en..........., a las........... horas del día........... de........... de...........

F411. ACTA JUNTA GENERAL ORDINARIA CONVOCADA APROBANDO LAS CUENTAS Y APLICANDO EL RESULTADO. INASISTENCIA DEL ADMINISTRADOR CONCURSAL

Normativa de aplicación: *Arts. 127 y ss. Real Decreto Legislativo 1/2020, de 5 de mayo, por el que se aprueba el texto refundido de la Ley Concursal*

Que hoy día........... de........... de..........., a las........... horas, y en el domicilio social, sito en la localidad de..........., calle........... s/n, se celebra JUNTA GENERAL ORDINARIA de accionistas de la sociedad........... S.A.

La convocatoria de la presente Junta General Ordinaria de accionistas, ha sido acordada por el administrador único, Don...........

Forma de la convocatoria: La convocatoria de la presente Junta General, ha sido objeto de la oportuna publicidad, de conformidad con lo establecido en el art. 173.1 TRLSC, mediante anuncio publicado en el Boletín Oficial del Registro Mercantil, del día........... de........... de........... (núm. ....), y en el diario..........., en su edición del día........... de........... de..........., al carecer la sociedad de página web.

El tenor literal de la convocatoria se transcribe a continuación: "Por medio del presente se convoca a los señores accionistas y a la administración concursal a la celebración de Junta General Ordinaria de la sociedad........... S.A., que se celebrará, en primera convocatoria el día........... de........... de..........., a las........... horas, y en segunda convocatoria el día........... del mismo mes y año, a la misma hora, en ambos casos, en..........., a efectos de deliberar y, en su caso, adoptar acuerdos con relación al siguiente orden del día: 1. Censura de la gestión social, aprobación, en su caso, de las cuentas del ejercicio cerrado el 31 de diciembre de........... Informe de Gestión. 2. Aplicación del resultado. A partir de esta convocatoria, cualquier accionista podrá obtener de la sociedad, de forma inmediata y gratuita, los documentos que han de ser sometidos a la aprobación de la misma, así como el informe de gestión y el informe de los auditores de cuentas. En..........., hoy día........... de........... de........... el administrador único de........... S.A. Don..........."

Lista de asistentes: Asisten a la presente Junta General Ordinaria, personalmente o representados, los siguientes accionistas:

I.– Accionistas presentes:

Don..........., titular de..........., acciones nominativas/portador/, núm. .... a..........., incluidos, con un valor nominal cada una de ellas de...........euros (en su conjunto...........euros), que suponen el........... por ciento del capital social.

Don..........., titular de..........., acciones nominativas/portador, núm. .... a..........., incluidos, con un valor nominal cada una de ellas de...........euros (en su conjunto..........., euros), que suponen el........... por ciento del capital social.

Doña..........., titular de..........., acciones nominativas/portador, núm. .... a..........., incluidos, con un valor nominal cada una de ellas de...........euros (en su conjunto..........., euros), que suponen el........... por ciento del capital social.

Por lo tanto, asisten de forma personal..........., accionistas, titulares, en conjunto, de........... acciones que suponen el........... por ciento del capital social.

II.– Accionistas representados:

Don..........., titular de..........., acciones nominativas/portador, núm. .... a..........., incluidos, con un valor nominal cada una de ellas de...........euros (en su conjunto...........euros), que suponen el........... por ciento del capital social. Asiste el expresado accionista representado por Doña...........

Don..........., titular de..........., acciones nominativas/portador, núm. .... a..........., incluidos, con un valor nominal cada una de ellas de...........euros (en su conjunto...........euros), que suponen el........... por ciento del capital social. Asiste el expresado accionista representado por Doña...........,

Doña..........., titular de..........., acciones nominativas/portador, núm. .... a..........., incluidos, con un valor nominal cada una de ellas de...........euros (en su conjunto...........euros), que suponen el........... por ciento del capital social. Asiste la expresada accionista representado por Doña...........,

Asiste representados, ... accionistas, que titularizan........... acciones que suponen el........... por ciento del capital social suscrito.

En conjunto, asisten, personalmente o representados, ... accionistas, titulares de........... acciones que suponen el........... por ciento del capital social suscrito.

Otros asistentes; Igualmente asiste el administrador único de la compañía Don...........

No asiste la Administración concursal.

Mesa de la Junta General. Son presidente y secretario de la presente Junta General, Don........... y Don..........., respectivamente. Ello de conformidad con lo establecido en la Ley y los Estatutos Sociales y ser los citados señores los socios designados por los concurrentes al comienzo de la reunión.

Abierta la sesión por el Sr. Presidente, sin que nadie se oponga a la válida constitución y celebración de la presente Junta General, se entra en el debate y deliberación de los diversos puntos del orden del día que ninguno de los presentes haga uso de su derecho a que conste en el acta el contenido de su intervención.

Proposición de adopción de acuerdos: Se propone por el Sr. presidente la adopción de los siguientes acuerdos:

PRIMERO.– Aprobar las cuentas anuales correspondientes al ejercicio social cerrado el 31 de diciembre de..........., que arroja un beneficio de...........euros; así como el Informe de Gestión.

SEGUNDO.– Aprobar y ratificar la gestión social llevada a cabo por el órgano de administración de la sociedad durante el ejercicio social cerrado el 31 de diciembre de...........

TERCERO.– Aplicar el resultado del ejercicio social cerrado a fecha 31 de diciembre de........... del siguiente modo:...........

Votación de propuesta de acuerdos. Previa la oportuna votación, la citada propuesta de acuerdos sociales es aprobada por UNANIMIDAD, con el voto favorable de todos los asistentes.

Dado que la sociedad se halla en estado de concurso de acreedores declarado mediante auto de fecha........... y tramitado ante el Juzgado de lo Mercantil núm. .... de........... (autos...........) y a la vista de los acuerdos aquí adoptados tienen contenido patrimonial o relevancia directa para el concurso, los mismos ex art. 127.3 TRLC deben ser autorizados por la Administración Concursal para su eficacia.

A la vista que la Administración Concursal no ha asistido a la presente reunión, los acuerdos aquí adoptados quedan pendientes de ser autorizados por el citado Órgano concursal para que sean eficaces y surtan efectos.

Y no habiendo más asuntos que tratar, se procede a la redacción de la presente acta que es aprobada de forma unánime por los asistentes, y finaliza la presente Junta General Ordinaria, levantándose la reunión en..........., a las........... horas del día........... de........... de...........

F412. ACTA JUNTA GENERAL ORDINARIA UNIVERSAL APROBANDO LAS CUENTAS Y APLICANDO EL RESULTADO

Normativa de aplicación: *Arts. 127 y ss. Real Decreto Legislativo 1/2020, de 5 de mayo, por el que se aprueba el texto refundido de la Ley Concursal*

Que hoy día........... de........... de..........., a las........... horas, y en el domicilio social, sito en la localidad de..........., calle........... s/n, se celebra JUNTA GENERAL ORDINARIA de accionistas de la sociedad........... S.A.

Se encuentran presentes, en el referido lugar, y, por lo tanto, concurren la totalidad de socios de la compañía, así como la Administración Concursal, decidiendo y dando su conformidad los asistentes a constituirse, con el carácter de universal, en Junta General Ordinaria de accionistas de la compañía, para deliberar y, en su caso, adoptar acuerdos con relación al siguiente orden del día: 1) Censura de la gestión social, aprobación, en su caso, de las cuentas del ejercicio cerrado el 31 de diciembre de........... Informe de Gestión. 2) Aplicación del resultado.

En señal de conformidad firman seguidamente todos los asistentes

....

Igualmente asiste el administrador único de la compañía Don........... y, como se dijo arriba, el administrador concursal, Don........... quien, de conformidad con lo previsto en el art. 127.1 TRLC, tiene derecho de asistencia y voz pero no voto en la presente Junta General.

Mesa de la Junta General. Son presidente y secretario de la presente Junta General, Don........... y Don..........., respectivamente. Ello de conformidad con lo establecido en la ley y los Estatutos Sociales y ser los citados señores los socios designados por los concurrentes al comienzo de la reunión.

Abierta la sesión por el Sr. Presidente, sin que nadie se oponga a la válida constitución y celebración de la presente Junta General, se entra en el debate y deliberación de los diversos puntos del orden del día que ninguno de los presentes haga uso de su derecho a que conste en el acta el contenido de su intervención.

Proposición de adopción de acuerdos: Se propone por el Sr. presidente la adopción de los siguientes acuerdos:

PRIMERO.– Aprobar las cuentas anuales correspondientes al ejercicio social cerrado el 31 de diciembre de..........., que arroja un beneficio de...........euros; así como el Informe de Gestión.

SEGUNDO.– Aprobar y ratificar la gestión social llevada a cabo por el órgano de administración de la sociedad durante el ejercicio social cerrado el 31 de diciembre de...........

TERCERO.– Aplicar el resultado del ejercicio social cerrado a fecha 31 de diciembre de........... del siguiente modo:...........

Votación de propuesta de acuerdos. Previa la oportuna votación, la citada propuesta de acuerdos sociales es aprobada por UNANIMIDAD, con el voto favorable de todos los asistentes.

Dado que la sociedad se halla en estado de concurso de acreedores declarado mediante auto de fecha........... y tramitado ante el Juzgado de lo Mercantil núm. .... de........... (autos...........) y a la vista de los acuerdos aquí adoptados tienen contenido patrimonial o relevancia directa para el concurso, los mismos ex art. 127.3 TRLC deben ser autorizados por la Administración Concursal para su eficacia.

En este acto, la Administración Concursal aquí presente autoriza y da su conformidad a los mismos. Ello de conformidad y a los efectos de lo previsto en el art. 127.3 TRLC.

ALTERNATIVA: Dado que la sociedad se halla en estado de concurso de acreedores declarado mediante auto de fecha........... y tramitado ante el Juzgado de lo Mercantil núm. .... de........... (autos...........) y a la vista de los acuerdos aquí adoptados tienen contenido patrimonial o relevancia directa para el concurso, los mismos ex art. 127.3 TRLC deben ser autorizados por la Administración Concursal para su eficacia.

En este acto, la Administración Concursal aquí presente NO autoriza los mismos al considerar que son contrarios al interés del concurso toda vez que........... Ello de conformidad y a los efectos de lo previsto en el art. 127.3 TRLC, por lo que los mismos devienen ineficaces y no surten efectos.

Y no habiendo más asuntos que tratar, se procede a la redacción de la presente acta que es aprobada de forma unánime por los asistentes, y finaliza la presente Junta General Ordinaria, levantándose la reunión en..........., a las........... horas del día........... de........... de...........

F413. ACTA JUNTA GENERAL EXTRAORDINARIA CONVOCADA. ACUERDOS CON CONTENIDO PATRIMONIAL O RELEVANCIA DIRECTA EN EL CONCURSO

Normativa de aplicación: *Arts. 127 y ss. Real Decreto Legislativo 1/2020, de 5 de mayo, por el que se aprueba el texto refundido de la Ley Concursal*

Que hoy día........... de........... de..........., a las........... horas, y en el domicilio social, sito en la localidad de..........., calle........... s/n, se celebra JUNTA GENERAL EXTRAORDINARIA de accionistas de la sociedad........... S.A.

La convocatoria de la presente Junta General Extraordinaria de accionistas, ha sido acordada por el administrador único, Don...........

Forma de la convocatoria: La convocatoria de la presente Junta General Extraordinaria, ha sido objeto de la oportuna publicidad, de conformidad con lo establecido en el art. 173.1 TRLSC, mediante anuncio publicado en el Boletín Oficial del Registro Mercantil, del día........... de........... de........... (núm. ....), y en el diario..........., en su edición del día........... de........... de..........., al carecer la sociedad de página web.

El tenor literal de la convocatoria se transcribe a continuación: "Por medio del presente se convoca a los señores accionistas y a la administración concursal a la celebración de Junta General Extraordinaria de la sociedad........... S.A., que se celebrará, en primera convocatoria el día........... de........... de..........., a las........... horas, y en segunda convocatoria el día........... del mismo mes y año, a la misma hora, en ambos casos, en..........., a efectos de deliberar y, en su caso, adoptar acuerdos con relación al siguiente orden del día:...........

Lista de asistentes: Asisten a la presente Junta General Extraordinaria, personalmente o representados, los siguientes accionistas:

I.– Accionistas presentes:

Don..........., titular de........... acciones nominativas/portador/, núm. .... A..........., incluidos, con un valor nominal cada una de ellas de...........euros (en su conjunto...........euros), que suponen el........... por ciento del capital social.

Don..........., titular de........... acciones nominativas/portador, núm. .... A..........., incluidos, con un valor nominal cada una de ellas de...........euros (en su conjunto...........euros), que suponen el........... por ciento del capital social.

Doña..........., titular de........... acciones nominativas/portador, núm. .... A..........., incluidos, con un valor nominal cada una de ellas de...........euros (en su conjunto...........euros), que suponen el........... por ciento del capital social.

Por lo tanto, asisten de forma personal........... accionistas, titulares, en conjunto, de........... acciones que suponen el........... por ciento del capital social.

II.– Accionistas representados:

Don..........., titular de........... acciones nominativas/portador, núm. .... A..........., incluidos, con un valor nominal cada una de ellas de...........euros (en su conjunto...........euros), que suponen el........... por ciento del capital social. Asiste el expresado accionista representado por Doña...........

Don..........., titular de........... acciones nominativas/portador, núm. .... A..........., incluidos, con un valor nominal cada una de ellas de...........euros (en su conjunto...........euros), que suponen el........... por ciento del capital social. Asiste el expresado accionista representado por Doña...........

Doña..........., titular de........... acciones nominativas/portador, núm. .... A..........., incluidos, con un valor nominal cada una de ellas de...........euros (en su conjunto...........euros), que suponen el........... por ciento del capital social. Asiste la expresada accionista representándola expresada accionista representada por Doña...........

Asiste representados, ... accionistas, que titularizan........... acciones que suponen el........... por ciento del capital social suscrito.

En conjunto, asisten, personalmente o representados, ... accionistas, titulares de........... acciones que suponen el........... por ciento del capital social suscrito.

Otros asistentes; Igualmente asiste el administrador único de la compañía Don........... Y con derecho de asistencia y voz, pero sin voto, la administración concursal.

ALTERNATIVA: No asiste la Administración concursal.

Mesa de la Junta General. Son presidente y secretario de la presente Junta General, Don........... y Don..........., respectivamente. Ello de conformidad con lo establecido en la Ley y los Estatutos Sociales y ser los citados señores los socios designados por los concurrentes al comienzo de la reunión.

Abierta la sesión por el Sr. Presidente, sin que nadie se oponga a la válida constitución y celebración de la presente Junta General, se entra en el debate y deliberación de los diversos puntos del orden del día que ninguno de los presentes haga uso de su derecho a que conste en el acta el contenido de su intervención.

Proposición de adopción de acuerdos: Se propone por el Sr. presidente la adopción de los siguientes acuerdos:...........

Votación de propuesta de acuerdos. Previa la oportuna votación, la citada propuesta de acuerdos sociales es aprobada por UNANIMIDAD, con el voto favorable de todos los asistentes.

Dado que la sociedad se halla en estado de concurso de acreedores declarado mediante auto de fecha........... y tramitado ante el Juzgado de lo Mercantil núm. .... de........... (autos...........) y a la vista de los acuerdos aquí adoptados tienen contenido patrimonial o relevancia directa para el concurso, los mismos ex art. 127.3 TRLC deben ser autorizados por la Administración Concursal para su eficacia.

En este acto, la Administración Concursal aquí presente autoriza y da su conformidad a los mismos. Ello de conformidad y a los efectos de lo previsto en el art. 127.3 TRLC.

ALTERNATIVA: Dado que la sociedad se halla en estado de concurso de acreedores declarado mediante auto de fecha........... y tramitado ante el Juzgado de lo Mercantil núm. .... de........... (autos...........) y a la vista de los acuerdos aquí adoptados tienen contenido patrimonial o relevancia directa para el concurso, los mismos ex art. 127.3 TRLC deben ser autorizados por la Administración Concursal para su eficacia.

En este acto, la Administración Concursal aquí presente NO autoriza los mismos al considerar que son contrarios al interés del concurso toda vez que........... Ello de conformidad y a los efectos de lo previsto en el art. 127.3 TRLC, por lo que los mismos devienen ineficaces y no surten efectos.

ALTERNATIVA: Dado que la sociedad se halla en estado de concurso de acreedores declarado mediante auto de fecha........... y tramitado ante el Juzgado de lo Mercantil núm. .... de........... (autos...........) y a la vista de los acuerdos aquí adoptados tienen contenido patrimonial o relevancia directa para el concurso, los mismos ex art. 127.3 TRLC deben ser autorizados por la Administración Concursal para su eficacia.

Dado que la Administración Concursal no ha asistido a la presente reunión, los acuerdos aquí adoptados quedan pendientes de ser autorizados por el citado Órgano concursal para que sean eficaces y surtan efectos.

Y no habiendo más asuntos que tratar, se procede a la redacción de la presente acta que es aprobada de forma unánime por los asistentes, y finaliza la presente Junta General, levantándose la reunión en..........., a las........... horas del día........... de........... de...........

F414. ACTA JUNTA GENERAL EXTRAORDINARIA UNIVERSAL. ACUERDOS CON CONTENIDO PATRIMONIAL O RELEVANCIA DIRECTA EN EL CONCURSO

Normativa de aplicación: *Arts. 127 y ss. Real Decreto Legislativo 1/2020, de 5 de mayo, por el que se aprueba el texto refundido de la Ley Concursal*

Que hoy día............ de............de............, a las............ horas, y en el domicilio social, sito en la localidad de............, calle............ s/n, se celebra JUNTA GENERAL EXTRAORDINARIA de accionistas de la sociedad............ S.A.

Se encuentran presentes, en el referido lugar, y, por lo tanto, concurren la totalidad de socios de la compañía, así como la Administración Concursal, decidiendo y dando su conformidad todos los asistentes a constituirse, con el carácter de universal, en Junta General Extraordinaria de accionistas de la compañía, para deliberar y, en su caso, adoptar acuerdos con relación al siguiente orden del día:............

En señal de conformidad firman seguidamente todos los asistentes

....

Igualmente asiste el administrador único de la compañía Don............ y, como se dijo arriba, el administrador concursal, Don............ quien, de conformidad con lo previsto en el art. 127, apartados 1 y 2, TRLC, tiene derecho de asistencia y voz pero no voto en la presente Junta General.

Mesa de la Junta General. Son presidente y secretario de la presente Junta General, Don............ y Don............ respectivamente. Ello de conformidad con lo establecido en la Ley y los Estatutos Sociales y ser los citados señores los socios designados por los concurrentes al comienzo de la reunión.

Abierta la sesión por el Sr. presidente, sin que nadie se oponga a la válida constitución y celebración de la presente Junta General, se entra en el debate y deliberación de los diversos puntos del orden del día que ninguno de los presentes haga uso de su derecho a que conste en el acta el contenido de su intervención.

Proposición de adopción de acuerdos: Se propone por el Sr. presidente la adopción de los siguientes acuerdos:

....

Votación de propuesta de acuerdos. Previa la oportuna votación, la citada propuesta de acuerdos sociales es aprobada por UNANIMIDAD, con el voto favorable de todos los asistentes.

Dado que la sociedad se halla en estado de concurso de acreedores declarado mediante auto de fecha............ y tramitado ante el Juzgado de lo Mercantil núm. .... de............ (autos............) y a la vista de los acuerdos aquí adoptados tienen contenido patrimonial o relevancia directa para el concurso, los mismos ex art. 127.3 TRLC deben ser autorizados por la Administración Concursal para su eficacia.

En este acto, la Administración Concursal aquí presente autoriza y da su conformidad a los mismos. Ello de conformidad y a los efectos de lo previsto en el art. 127.3 TRLC.

ALTERNATIVA: Dado que la sociedad se halla en estado de concurso de acreedores declarado mediante auto de fecha........... y tramitado ante el Juzgado de lo Mercantil núm. .... de........... (autos...........) y a la vista de los acuerdos aquí adoptados tienen contenido patrimonial o relevancia directa para el concurso, los mismos ex art. 127.3 TRLC deben ser autorizados por la Administración Concursal para su eficacia.

En este acto, la Administración Concursal aquí presente NO autoriza los mismos al considerar que son contrarios al interés del concurso toda vez que........... Ello de conformidad y a los efectos de lo previsto en el art. 127.3 TRLC, por lo que los mismos devienen ineficaces y no surten efectos.

Y no habiendo más asuntos que tratar, se procede a la redacción de la presente acta que es aprobada de forma unánime por los asistentes, y finaliza la presente Junta General, levantándose la reunión en..........., a las........... horas del día........... de........... de...........

F415. COMUNICACIÓN DE LA ADMINISTRACIÓN CONCURSAL AUTORIZANDO (O NO) ACUERDOS ADOPTADOS POR LA JUNTA GENERAL DE LA SOCIEDAD DE CONTENIDO PATRIMONIAL O RELEVANCIA DIRECTA PARA EL CONCURSO

Normativa de aplicación: *Arts. 127 y ss. Real Decreto Legislativo 1/2020, de 5 de mayo, por el que se aprueba el texto refundido de la Ley Concursal*

Muy Sres. míos:

Les dirijo la presente en mi condición de administrador concursal del concurso de acreedores de........... de........... S.L. declarado mediante auto de fecha........... y tramitado ante el Juzgado de lo Mercantil núm. .... de........... (autos...........) y con relación al acuerdo adoptado en la Junta General Ordinaria/Extraordinaria la citada sociedad, celebrada en fecha..........., por el que...........

Dado la situación concursal en que se halla........... S.L. y a la vista que el acuerdo social arriba reseñado tiene contenido patrimonial (y/o relevancia directa en el concurso), el mismo, como saben, deben ser autorizados por la Administración Concursal para su eficacia.

A la vista de lo anterior y por medio de la presente, les notifico que esta Administración Concursal NO autoriza el citado acuerdo social al considerar que es contrario al interés del concurso toda vez que........... Ello de conformidad y a los efectos de lo previsto en el art. 127.3 TRLC, por lo que el mismo deviene ineficaz y no surte efectos.

ALTERNATIVA la vista de lo anterior y por medio de la presente, les notifico que esta Administración Concursal SI autoriza el citado acuerdo social al considerar que........... Ello de conformidad y a los efectos de lo previsto en el art. 127.3 TRLC, por lo que el mismo deviene eficaz y surte plenamente efectos.

Atentamente,

....

Administración Concursal

F416. ESCRITO DE LA ADMINISTRACIÓN CONCURSAL SOLICITANDO LA MODIFICACIÓN O ELIMINACIÓN DE LA RETRIBUCIÓN DEL ÓRGANO DE ADMINISTRACIÓN DE LA SOCIEDAD. CONCURSO VOLUNTARIO

Normativa de aplicación: *Arts. 130 y ss. Real Decreto Legislativo 1/2020, de 5 de mayo, por el que se aprueba el texto refundido de la Ley Concursal*

AL JUZGADO DE LO MERCANTIL NÚM. .... DE...........

Don..........., administrador concursal del concurso voluntario de........... S.L., que se tramita en el presente procedimiento concursal..........., ante este Juzgado de lo Mercantil comparezco en los citados autos..........., y como mejor proceda en derecho DIGO:

PRIMERO.– Que en el presente procedimiento número de autos..........., se sigue expediente de concurso voluntario de Don........... La declaración de concurso voluntario fue acordada por este Juzgado mediante auto de fecha........... de........... de dos mil..........., habiéndose decretado la intervención del ejercicio por la deudora de las facultades de administración y disposición sobre la masa activa.

SEGUNDO.– Que el ejercicio del cargo de administrador social de la concursada no es gratuito sino que tiene el carácter de retribuido, consistiendo tal retribución, a la vista del art........... de los Estatutos Sociales, en...........

Se acompaña como DOCUMENTO........... información registral de los citados Estatutos Sociales.

TERCERO.– Concretamente y por aplicación de lo dispuesto en el citado art........... de los Estatutos Sociales de........... S.L., Don..........., administrador único de la concursada, tiene derecho a percibir por ejercer tal cargo una retribución que asciende, para este año..........., en la considerable suma de...........euros.

CUARTO.– Que conforme establece el art. 130 TRLC, si el cargo de administrador de la persona jurídica fuera retribuido, el juez del concurso podrá acordar que deje de serlo o reducir la cuantía de la retribución a la vista del contenido y la complejidad de las funciones de administración y de la importancia de la masa activa.

En este caso, la actividad de la concursada es escasa habiéndose reducido la misma en un………… por ciento respecto al año anterior. Su patrimonio es exiguo…………, Y las funciones de administración social de la concursada son simples y limitadas, práctica y puramente ceñidas al ámbito societario, sin intervenir en la gestión de la actividad empresarial ordinaria que, como se acaba de señalar, es prácticamente residual.

Por ello procede que, al amparo de lo previsto en el art. 130 TRLC, se acuerde por este Juzgado que el citado cargo de administrador deje de ser retribuido pasando a gratuito (ALTERNATIVA reducir la retribución a favor del administrador único de la sociedad, pasando de…………euros a la suma más acorde de…………euros). Ello mientras no cambie las anteriores circunstancias.

En su virtud,

SUPLICO AL JUZGADO que tenga por presentado este escrito, junto a los documentos a él acompañados, y sus copias, se sirva admitir todo ello, y tener por solicitado al amparo de lo dispuesto en el art. 130 TRLC, que el citado cargo de administrador único de la concursada deje de ser retribuido pasando a gratuito (ALTERNATIVA la reducción de la retribución a favor del administrador único de la sociedad, pasando de………… euros actualmente resultantes como retribución por el ejercicio del cargo de administrador social, a la suma más acorde de…………euros) y, previos los oportunos trámites legales, se acuerde en el sentido anteriormente expuesto, acordando cuanto demás proceda en derecho.

Es Justicia que se Suplica en…………, hoy día………… de………… de…………

F417. ESCRITO DE LA ADMINISTRACIÓN CONCURSAL SOLICITANDO LA MODIFICACIÓN O ELIMINACIÓN DE LA RETRIBUCIÓN DEL ÓRGANO DE ADMINISTRACIÓN DE LA SOCIEDAD. CONCURSO NECESARIO

Normativa de aplicación: *Arts. 130 y ss. Real Decreto Legislativo 1/2020, de 5 de mayo, por el que se aprueba el texto refundido de la Ley Concursal*

AL JUZGADO DE LO MERCANTIL NÚM. ………… DE…………

Don…………, administrador concursal del concurso voluntario de………… S.L., que se tramita en el presente procedimiento concursal…………, ante este Juzgado de lo Mercantil comparezco en los citados autos…………, y como mejor proceda en derecho DIGO:

PRIMERO.– Que en el presente procedimiento número de autos…………, se sigue expediente de concurso necesario de………… S.L. La declaración de concurso necesario fue acordada por este Juzgado mediante auto de fecha………… de………… de dos mil…………, habiéndose decretado la suspensión del ejercicio por la deudora de las facultades de administración y disposición sobre la masa activa, siendo sustituido por la administración concursal

SEGUNDO.– Que el ejercicio del cargo de administrador social de la concursada no es gratuito sino que tiene el carácter de retribuido, consistiendo tal retribución, a la vista del art........... de los Estatutos Sociales, en...........

Se acompaña como DOCUMENTO........... información registral de los citados Estatutos Sociales.

TERCERO.– Concretamente y por aplicación de lo dispuesto en el citado art........... de los Estatutos Sociales de........... S.L., Don..........., administrador único de la concursada, tiene derecho a percibir por ejercer tal cargo una retribución que asciende, para este año..........., en la considerable suma de...........euros.

CUARTO.– Que conforme establece el art. 130 TRLC, si el cargo de administrador de la persona jurídica fuera retribuido, el juez del concurso podrá acordar que deje de serlo o reducir la cuantía de la retribución a la vista del contenido y la complejidad de las funciones de administración y de la importancia de la masa activa.

En este caso, la actividad de la concursada es escasa habiéndose reducido la misma en un........... por ciento respecto al año anterior. Su patrimonio es exiguo..........., Y las funciones de administración social de la concursada son simples y limitadas, práctica y puramente ceñidas al ámbito societario, sin intervenir en la gestión de la actividad empresarial ordinaria que, como se acaba de señalar, es prácticamente residual.

Máxime cuando, como es sabido, en el presente concurso están suspendidas el ejercicio de las facultades de disposición y administración de la masa activa por la concursada, siendo sustituido por la Administración Concursal.

Por ello procede que, al amparo de lo previsto en el art. 130 TRLC, se acuerde por este Juzgado que el citado cargo de administrador deje de ser retribuido pasando a gratuito (ALTERNATIVA reducir la retribución a favor del administrador único de la sociedad, pasando de...........euros a la suma más acorde de...........euros). Ello mientras no cambie las anteriores circunstancias.

En su virtud,

SUPLICO AL JUZGADO que tenga por presentado este escrito, junto a los documentos a él acompañados, y sus copias, se sirva admitir todo ello, y tener por solicitado al amparo de lo dispuesto en el art. 130 TRLC, que el citado cargo de administrador único de la concursada deje de ser retribuido pasando a gratuito (ALTERNATIVA la reducción de la retribución a favor del administrador único de la sociedad social, pasando de los........... euros actualmente resultantes como retribución por el ejercicio del cargo de administrador social, a la suma más acorde de...........euros) y, previos los oportunos trámites legales, se acuerde en el sentido anteriormente expuesto, acordando cuanto demás proceda en derecho.

Es Justicia que se Suplica en..........., hoy día........... de........... de...........

F418. ESCRITO DE LA ADMINISTRACIÓN CONCURSAL SOLICITANDO LA ELIMINACIÓN DE LA RETRIBUCIÓN DEL ÓRGANO DE ADMINISTRACIÓN DE LA SOCIEDAD Y EN SU DEFECTO LA REDUCCIÓN DE LA MISMA

Normativa de aplicación: *Arts. 130 y ss. Real Decreto Legislativo 1/2020, de 5 de mayo, por el que se aprueba el texto refundido de la Ley Concursal*

AL JUZGADO DE LO MERCANTIL NÚM. .... DE...........

Don..........., administrador concursal del concurso voluntario de........... S.L., que se tramita en el presente procedimiento concursal..........., ante este Juzgado de lo Mercantil comparezco en los citados autos..........., y como mejor proceda en derecho DIGO:

PRIMERO.– Que en el presente procedimiento número de autos..........., se sigue expediente de concurso voluntario de Don........... La declaración de concurso voluntario fue acordada por este Juzgado mediante auto de fecha........... de........... de dos mil..........., habiéndose decretado la intervención del ejercicio por la deudora de las facultades de administración y disposición sobre la masa activa.

SEGUNDO.– Que el ejercicio del cargo de administrador social de la concursada no es gratuito sino que tiene el carácter de retribuido, consistiendo tal retribución, a la vista del art........... de los Estatutos Sociales, en...........

Se acompaña como DOCUMENTO........... información registral de los citados Estatutos Sociales.

TERCERO.– Concretamente y por aplicación de lo dispuesto en el citado art........... de los Estatutos Sociales de........... S.L., Don..........., administrador único de la concursada, tiene derecho a percibir por ejercer tal cargo una retribución que asciende, para este año..........., en la considerable suma de...........euros.

CUARTO.– Que conforme establece el art. 130 TRLC, si el cargo de administrador de la persona jurídica fuera retribuido, el juez del concurso podrá acordar que deje de serlo o reducir la cuantía de la retribución a la vista del contenido y la complejidad de las funciones de administración y de la importancia de la masa activa.

En este caso, la actividad de la concursada es escasa habiéndose reducido la misma en un........... por ciento respecto al año anterior. Su patrimonio es exiguo..........., Y las funciones de administración social de la concursada son simples y limitadas, práctica y puramente ceñidas al ámbito societario, sin intervenir en la gestión de la actividad empresarial ordinaria que, como se acaba de señalar, es prácticamente residual.

Por ello procede que, al amparo de lo previsto en el art. 130 TRLC, se acuerde por este Juzgado que el citado cargo de administrador deje de ser retribuido pasando a gratuito Ello mientras no cambien las anteriores circunstancias.

Y si lo anterior no fuese tenido en cuenta procede reducir la retribución a favor del administrador único de la sociedad, pasando de...........euros a la suma más acorde de...........euros.

En su virtud,

SUPLICO AL JUZGADO que tenga por presentado este escrito, junto a los documentos a él acompañados, y sus copias, se sirva admitir todo ello, y previos los oportunos trámites legales se acuerde, al amparo de lo dispuesto en el art. 130 TRLC, que el cargo de administrador único de la concursada deje de ser retribuido pasando a gratuito, acordando cuanto demás proceda en derecho.

Si lo anterior no fuese estimado por el Juzgado, de manera subsidiaria respecto a la anterior pretensión, se acuerde la reducción de la retribución a favor del administrador único de la sociedad, pasando de...........euros actualmente fijados por el ejercicio del cargo de administrador a la suma más acorde de...........euros, acordando cuanto demás proceda en derecho.

Es Justicia que se Suplica en..........., hoy día........... de........... de...........

F419. DILIGENCIA DE ORDENACIÓN PONIENDO DE MANIFIESTO SOLICITUD SUPRESIÓN O MODIFICACIÓN DEL ÓRGANO DE ADMINISTRACIÓN DE LA CONCURSADA

Normativa de aplicación: *Arts. 130 y ss. Real Decreto Legislativo 1/2020, de 5 de mayo, por el que se aprueba el texto refundido de la Ley Concursal*

DILIGENCIA DE ORDENACIÓN

Letrado de la Administración de Justicia, Don...........

En..........., a........... de........... de...........

Que en fecha........... de........... de..........., en el presente concurso voluntario de........... S.A., seguido ante este Juzgado de lo Mercantil........... de........... bajo el núm. de autos..........., se presentó por la administración concursal solicitud de supresión (o reducción) del derecho a la retribución de los administradores de la persona jurídica concursada. Ello al amparo del art. 130 TRLC y en los términos de dicho escrito.

Teniendo por presentada la expresada solicitud, óigase al respecto a la concursada y su órgano de administración, y demás partes personadas por plazo de CINCO (5) DÍAS a contar desde la notificación de la presente diligencia. A la vista de todo ello se acordará lo que proceda en derecho.

Doy cuenta a su Señoría.

Contra la presente resolución, que no es firme, cabe recurso de revisión a interponer en el plazo de CINCO (5) días a contar desde su notificación. A tal efecto téngase en cuenta lo establecido en la DA 15ª LOPJ sobre depósito para recurrir.

Lo que acuerda, manda y firma Don..........., en el lugar y fecha señaladas "ut supra".

F420. AUTO SOBRE REDUCCIÓN DE LA CUANTÍA DE LA RETRIBUCIÓN A FAVOR DEL ADMINISTRADOR SOCIETARIO DE LA CONCURSADA

Normativa de aplicación: *Arts. 130 y ss. Real Decreto Legislativo 1/2020, de 5 de mayo, por el que se aprueba el texto refundido de la Ley Concursal*

En la ciudad de........... a........... de........... de...........

ANTECEDENTES DE HECHO

PRIMERO.– Que en fecha........... de........... de........... y por la Administración Concursal se solicitó de este Juzgado que redujera la cuantía de la retribución del administrador único de la concursada. Ello en los términos de tal solicitud y que a continuación se transcribe:...........

SEGUNDO.– Que respecto de la citada solicitud, se dio traslado a la concursada, resto de partes personadas y al administrador único de........... S.L.

FUNDAMENTOS DE DERECHO

PRIMERO.– Que este Juez es competente para conocer de la solicitud aquí planteada (art. 44, 45, y 130 TRLC).

SEGUNDO.– Que la administración concursal está legitimado para solicitar de este Juzgado que la reducción de la retribución del órgano de administración de la concursada (art. 130 TRLC).

TERCERO.– Que la solicitud formulada reúne los requisitos de forma establecidos en el art. 130 TRLC y, respecto a la misma, se ha oído al concursado y a las partes personadas y, especialmente, al administrador único de........... S.L.

CUARTO.– Que conforme establece el art. 130 TRLC, si el cargo de administrador de la persona jurídica fuera retribuido, el juez del concurso podrá acordar que deje de serlo o reducir la cuantía de la retribución a la vista del contenido y la complejidad de las funciones de administración y de la importancia de la masa activa.

En el presente caso, y de conformidad con lo establecido en el art........... de los Estatutos Sociales, el cargo de administrador de la sociedad concursada es retribuido, consintiendo la misma en...........

Por la administración concursal se solicita de este Juzgado acuerde reducir el importe de la retribución a favor del órgano de administración de la concursada, actualmente fijado a la vista del contenido del citado art........... de los estatutos sociales y del acuerdo de la Junta General Extraordinaria de la compañía celebrada el día........... de........... de..........., en la suma de...........euros, dejándolo reducido en la suma netamente inferior de...........euros.

Un examen de la solicitud formulada lleva indudablemente a la estimación de la misma, pues la actividad de la concursada es escasa habiéndose reducido la misma en un........... por ciento respecto al año anterior. Además, su patrimonio es exiguo...........

Por otro lado, las funciones de administración social de la concursada son simples y limitadas, práctica y puramente ceñidas al ámbito societario, sin intervenir en la gestión de la actividad empresarial ordinaria que, como se acaba de señalar, es prácticamente residual.

Y la reducción que se interesa por la Administración Concursal es acorde y prudente a la vista de las circunstancias expuestas.

Por todo ello procede acordar, al amparo de lo previsto en el art. 130 TRLC, la reducción de la retribución a favor del administrador único de la sociedad aquí concursada, pasando de...........euros a la suma más acorde de...........euros.

Visto lo expuesto y demás normativa de aplicación

DISPONGO

Estimar la solicitud formulada la administración concursal mediante escrito de fecha de........... de........... y, por lo tanto, acordar la reducción de la retribución a favor del administrador único de la sociedad aquí concursada, pasando de...........euros a la suma más acorde de...........euros y, previos los oportunos trámites legales.

Notifíquese la resolución al deudor, administración concursal y demás partes personadas a través de su representación procesal. También a Don...........

Contra esta resolución cabe recurso de reposición a interponer en el plazo de cinco días a contar desde la notificación del presente auto.

De conformidad con lo establecido en la Disposición Adicional 15ª LOPJ (según la redacción dada por la LO 1/09), la interposición de recurso contra resoluciones judiciales no podrá ser admitida a trámite sin la acreditación del depósito previsto en la citada Ley a efectos de recurrir, debiendo presentarse copia o resguardo de tal depósito en la cuenta de consignaciones de este Juzgado.

Todo lo cual pronuncia, manda y firma el Ilmo. Sr. ...., Magistrado Juez del Juzgado de lo Mercantil núm. .... de...........

F421. AUTO SOBRE CONVERSIÓN EN GRATUITO DEL CARGO DE ADMINISTRADOR SOCIETARIO DE LA CONCURSADA

Normativa de aplicación: *Arts. 130 y ss. Real Decreto Legislativo 1/2020, de 5 de mayo, por el que se aprueba el texto refundido de la Ley Concursal*

En la ciudad de........... a........... de........... de...........

ANTECEDENTES DE HECHO

PRIMERO.– Que en fecha........... de........... de........... y por la Administración Concursal se solicitó de este Juzgado que el cargo de administrador único de la concursada dejara de ser retribuido pasando a gratuito. Ello en los términos de tal solicitud y que a continuación se transcribe:...........

SEGUNDO.– Que respecto de la citada solicitud, se dio traslado a la concursada, resto de partes personadas y al administrador único de........... S.L.

FUNDAMENTOS DE DERECHO

PRIMERO.– Que este Juez es competente para conocer de la solicitud aquí planteada (art. 44, 45 y 130 TRLC).

SEGUNDO.– Que la administración concursal está legitimado para solicitar de este Juzgado que el cargo de administrador único de la concursada deje de ser retribuido pasando a gratuito (art. 130 TRLC).

TERCERO.– Que la solicitud formulada reúne los requisitos de forma establecidos en el art. 130 TRLC y, respecto a la misma, se ha oído al concursado y a las partes personadas y, especialmente, al administrador único de........... S.L.

CUARTO.– Que conforme establece el art. 130 TRLC, si el cargo de administrador de la persona jurídica fuera retribuido, el juez del concurso podrá acordar que deje de serlo o reducir la cuantía de la retribución a la vista del contenido y la complejidad de las funciones de administración y de la importancia de la masa activa.

Un examen de la solicitud formulada lleva indudablemente a la estimación de esta, pues la actividad de la concursada es escasa habiéndose reducido la misma ha reducido en un........... por ciento respecto al año anterior. Su patrimonio es exiguo...........

Por otro lado, las funciones de administración social de la concursada son simples y limitadas, práctica y puramente ceñidas al ámbito societario, sin intervenir en la gestión de la actividad empresarial ordinaria que, como se acaba de señalar, es prácticamente residual. Máxime cuando, como es sabido, en el presente concurso está suspendido el ejercicio de las facultades de disposición y administración de la masa activa por la concursada, siendo sustituido por la Administración Concursal.

Por ello procede acordar, al amparo de lo previsto en el art. 130 TRLC que el citado cargo de administrador societario de........... S.L. deje de ser retribuido pasando a ser gratuito, modificando a tal efecto el contenido del art........... de los Estatutos Sociales, que, tras la modificación del mismo, queda del siguiente tenor literal: "Art...........: El cargo de administrador es gratuito".

Visto lo expuesto y demás normativa de aplicación

DISPONGO

Estimar la solicitud formulada la administración concursal mediante escrito de fecha de............ de............ y, por lo tanto, acordar que 1) el cargo de administrador societario de............ S.L. deja de ser retribuido y pasa a ser gratuito, 2) Como consecuencia de lo anterior, modificar el contenido del art............ de los Estatutos Sociales, que queda redactado con el siguiente tenor literal: "Art............: El cargo de administrador es gratuito".

Notifíquese la resolución al deudor, administración concursal y demás partes personadas a través de su representación procesal. También a Don............ E inscríbase el contenido de este auto en el Registro Mercantil de la Provincia de............ y en la hoja registral de la concursada, expidiendo los oportunos mandamientos por vía telemática.

Contra esta resolución cabe recurso de reposición a interponer en el plazo de cinco días a contar desde la notificación del presente auto.

De conformidad con lo establecido en la Disposición Adicional 15ª LOPJ (según la redacción dada por la LO 1/09), la interposición de recurso contra resoluciones judiciales no podrá ser admitida a trámite sin la acreditación del depósito previsto en la citada Ley a efectos de recurrir, debiendo presentarse copia o resguardo de tal depósito en la cuenta de consignaciones de este Juzgado.

Todo lo cual pronuncia, manda y firma el Ilmo. Sr. ...., Magistrado Juez del Juzgado de lo Mercantil núm. .... de............

F422. ESCRITO DE LA ADMINISTRACIÓN CONCURSAL SOLICITANDO LA ATRIBUCIÓN DEL EJERCICIO DE LOS DERECHOS POLÍTICOS DEL CONCURSADO EN OTRAS ENTIDADES

Normativa de aplicación: *Arts. 128 y ss. Real Decreto Legislativo 1/2020, de 5 de mayo, por el que se aprueba el texto refundido de la Ley Concursal*

AL JUZGADO DE LO MERCANTIL NÚM. .... DE............

Don............, administrador concursal del concurso voluntario de............ S.L., que se tramita en el presente procedimiento concursal............, ante este Juzgado de lo Mercantil comparezco en los citados autos............, y como mejor proceda en derecho DIGO:

PRIMERO.– Que en el presente procedimiento número de ...., se sigue expediente de concurso voluntario de Don............ La declaración de concurso voluntario fue acordada por este Juzgado mediante auto de fecha............ de............ de dos mil............, habiéndose decretado la intervención del ejercicio por la deudora de las facultades de administración y disposición sobre la masa activa.

SEGUNDO.– Que a su vez la aquí concursada es socio de la compañía limitada........... S.L., con domicilio en..........., CIF........... Su actividad es la de........... Y el capital social de la citada compañía asciende a la suma de...........euros, dividido en........... participaciones sociales de........... euro de valor nominal.

Concretamente, la concursada es socia de........... participaciones sociales que, en su conjunto, suponen el........... por ciento del capital social.

TERCERO.– Que conforme establece el art. 128.2 TRLC, el juez, a solicitud de la administración concursal, podrá atribuir a esta en interés del concurso, la representación de la persona jurídica concursada en el ejercicio de los derechos políticos que correspondan a las cuotas, acciones o participaciones sociales integradas en la masa activa, que podrá delegar en quien tenga por conveniente. La administración concursal podrá delegar el ejercicio de esos derechos en quien tenga por conveniente.

Que en mi opinión y con relación a la citada sociedad........... S.L., el interés del concurso requiere la atribución a la Administración Concursal, de los derechos políticos que corresponden a las participaciones sociales que ostenta la concursada en dicha compañía, pues............

CUARTO.– Por ello, procede atribuir a esta administración concursal el predicho ejercicio de los derechos políticos que corresponde a la concursada en........... S.L. Ello de conformidad y con el alcance previsto en el art. 128.2 TRLC

En su virtud,

SUPLICO AL JUZGADO que tenga por presentado este escrito, junto a los documentos a él acompañados, y sus copias, se sirva admitir todo ello, y previos los oportunos trámites legales, se acuerde atribuir a esta administración concursal la representación de la concursada en el ejercicio de los derechos políticos que correspondan en la sociedad .... S.L., acordando cuanto demás proceda en derecho. Ello de conformidad y con el alcance previsto en el art. 128.2 TRLC.

Es Justicia que se Suplica en..........., hoy día........... de........... de...........

F423. ESCRITO DE LA ADMINISTRACIÓN CONCURSAL SOLICITANDO LA ATRIBUCIÓN DEL EJERCICIO DE LOS DERECHOS POLÍTICOS DEL CONCURSADO EN OTRAS ENTIDADES. BLOQUEO SOCIETARIO

Normativa de aplicación: *Arts. 127 y ss. Real Decreto Legislativo 1/2020, de 5 de mayo, por el que se aprueba el texto refundido de la Ley Concursal*

AL JUZGADO DE LO MERCANTIL Nº........... DE...........

Proc. Concursal Ordinario

Autos ....

...........en representación de..........., Administrador Concursal designado en el procedimiento de Concurso Voluntario Ordinario de la entidad mercantil "..........." que con el ....se tramita ante ese Juzgado, comparece ante el mismo y como mejor proceda en Derecho, DICE:

PRIMERO.– Que según se desprende de la documental aportada junto con la solicitud de concurso, ...es socio de las siguientes compañías:

1. ...., con CIF..........., con domicilio social en........... El 100 por ciento de su capital social pertenece a..........., desde su acto fundacional. Su CNAE es el ....(comercio al por mayor de frutas y hortalizas). Inscrita en el Registro Mercantil de ....en la hoja ....al tomo..........., folio ....

2. ...., con CIF..........., con domicilio social........... El 100 por ciento de su capital social pertenece a ....desde su acto fundacional. Su CNAE es el .... Inscrita en el Registro Mercantil de..........., en la hoja .... al tomo ....folio ....

3. ...., con CIF..........., con domicilio social en ....y su objeto social lo constituye el transporte en mercancías. Tiene un capital social de...........euros dividido en...........acciones de ....euros, de las cuales ....es propietaria de .... acciones.

...........con domicilio social en ....Tiene un capital social de ....euros de los cuales ....es propietaria de un ....por ciento.

SEGUNDO.– Que las participaciones y acciones que la concursada tiene en las citadas sociedades, son un activo importante para ....debido a lo elevado de su participación en el capital social total, ...por ciento del capital social las citadas sociedades y los ingresos que para la concursada puede reportar una distribución de dividendos o una venta de dichas acciones y participaciones. También una correcta gestión de las mismas a través del sometimiento del control de la gestión social a la Junta General.

TERCERO.– De conformidad con el artículo 127.1 TRLC, durante la tramitación del concurso, se mantendrán los órganos de la persona jurídica concursada, sin perjuicio de los efectos que sobre el funcionamiento de cada uno de ellos produzca la intervención o la suspensión de las facultades de administración y disposición sobre los bienes y derechos de la masa activa.

Por otro lado, ese mismo art. 127, esta vez en su apartado 2, TRLC, señala que la administración concursal tendrá derecho de asistencia y de voz en las sesiones de los órganos colegiados de la persona jurídica concursada. A estos efectos, deberá ser convocada en la misma forma y con la misma antelación que los integrantes del órgano que ha de reunirse.

Pero ni del art. 127 TRLC, ni en el resto de articulado del TRLC, se atribuye ex lege a la administración societaria, el ejercicio de los derechos políticos que corresponden a la concursada en otras entidades, aunque el art. 128.2 TRLC, permite que el juez, a solicitud de la administración concursal, podrá atribuir a esta en interés del concurso, la representación de la persona jurídica concursada en el ejercicio de los derechos políticos que correspondan a las cuotas, acciones o participaciones sociales integradas en la masa activa, que podrá delegar en quien tenga por conveniente. La administración concursal podrá delegar el ejercicio de esos derechos en quien tenga por conveniente.

Entre los derechos políticos que corresponden a..........., en las mercantiles .... existen derechos muy importantes para sus intereses como son, entre otros, el derecho de solicitar la convocatoria de junta general, el derecho de voto en las juntas generales y el derecho a recabar información (cuentas anuales, informe de gestión y cualquier documento que se vaya a aprobar en una junta general).

Por lo tanto, el ejercicio de estos derechos por parte de la administración concursal de ....permitiría conocer la imagen fiel de la situación patrimonial de ....además de poder ejercer el derecho de voto en las juntas generales de la citadas mercantiles.

Esta parte entiende, que es evidente, que los acuerdos que se adopten en las juntas generales de las sociedades de ....pueden tener una transcendencia y unos efectos decisivos sobre el activo que ....tiene en las citadas sociedades participadas resultando afectados los intereses patrimoniales de la mercantil concursada.

CUARTO.– A mayor abundamiento, tal como se desprende de la documental aportada junto a la solicitud de concurso, entre los accionistas de la concursada ....(divididos en acciones serie A y serie B) y en el seno del Consejo de Administración hay posiciones contrapuestas y enfrentadas que tienen una incidencia directa en la gestión de la sociedad y que han complicado la situación patrimonial y financiera de la sociedad. De hecho, el Consejo de Administración está bloqueado, funcionando la sociedad a través de su Director General.

Lo dicho anteriormente, hace suponer a esta administración concursal que en el ejercicio de los derechos políticos que le corresponde a la concursada en las..........., es más que probable, que surjan nuevas discrepancias y enfrentamientos que hagan que el ejercicio de los citados derechos políticos no sea el adecuado para los intereses de la concursada.

QUINTO.– Por ello, entiende esta administración concursal que a los efectos de garantizar un adecuado ejercicio de los derechos políticos que le corresponde a la concursada en las sociedades..........., se le debe atribuir el ejercicio de los mismos ex artículo 128.2 TRLC, ya que de otro modo se podría ver seriamente afectados el interés del concurso pues ....

En su virtud,

SUPLICO AL JUZGADO que tenga por presentado este escrito y sus copias, se sirva admitir todo ello, y previos los oportunos trámites legales, se acuerde atribuir la representación de la concursada en el ejercicio de los derechos políticos que correspondan en la sociedad .... S.L., acordando cuanto demás proceda en derecho. Ello de conformidad y con el alcance previsto en el art. 128.2 TRLC.

Es Justicia que se SUPLICA en ....

Fdo.

ADMINISTRACIÓN CONCURSAL

F424. DILIGENCIA DE ORDENACIÓN PONIENDO DE MANIFIESTO SOLICITUD DE ATRIBUCIÓN DE DERECHOS POLÍTICOS

Normativa de aplicación: *Arts. 128 y ss. Real Decreto Legislativo 1/2020, de 5 de mayo, por el que se aprueba el texto refundido de la Ley Concursal*

DILIGENCIA DE ORDENACIÓN

Letrado de la Administración de Justicia, Don...........

En..........., a........... de........... de...........

Que en fecha........... de........... de..........., en el presente concurso voluntario de........... S.A., seguido ante este Juzgado de lo Mercantil........... de........... bajo el núm. de autos..........., se presentó por la administración concursal solicitud de atribución de los derechos políticos de la concursada en la compañía S.L. Ello al amparo del art. 128 TRLC y en los términos de dicho escrito.

Teniendo por presentada la expresada solicitud, óigase al respecto a la concursada y demás partes personadas por plazo de CINCO (5) DÍAS a contar desde la notificación de la presente diligencia, A la vista de todo ello se acordará lo que proceda en derecho.

Doy cuenta a su Señoría.

Contra la presente resolución, que no es firme, cabe recurso de revisión a interponer en el plazo de CINCO (5) días a contar desde su notificación. A tal efecto téngase en cuenta lo establecido en la DA 15ª LOPJ sobre depósito para recurrir.

Lo que acuerda, manda y firma Don..........., en el lugar y fecha señaladas "ut supra".

F425. AUTO SOBRE ATRIBUCIÓN A LA ADMINISTRACIÓN CONCURSAL DEL EJERCICIO DE LOS DERECHOS POLÍTICOS QUE CORRESPONDA A LA CONCURSADA EN OTRAS ENTIDADES

Normativa de aplicación: *Arts. 128 y ss. Real Decreto Legislativo 1/2020, de 5 de mayo, por el que se aprueba el texto refundido de la Ley Concursal*

En la ciudad de........... a........... de........... de...........

ANTECEDENTES DE HECHO

PRIMERO.– Que en fecha........... de........... de........... y por la Administración Concursal se interesó de este Juzgado la atribución a tal órgano concursal del ejercicio de los derechos políticos que corresponde a la concursada en la sociedad........... S.L., de la que esta es socio.

Ello a efectos y de conformidad con lo dispuesto en el art. 128.2 TRLC, y en los términos de tal solicitud, que a continuación por extracto, se transcribe:...........

SEGUNDO.– Que de la anterior solicitud se dio traslado a la concursada y demás partes personadas con el resultado obrante en autos.

FUNDAMENTOS DE DERECHO

PRIMERO.– Que este Juez es competente para conocer de la solicitud de atribución a la administración concursal del ejercicio de los derechos políticos que ostenta la concursada en la sociedad........... S.L. (arts. 44, 45 y 128.2 TRLC).

SEGUNDO.– Que la Administración concursal está facultada para formular la citada solicitud, que reúne los requisitos del art. 128.2 TRLC.

TERCERO.– Que la aquí concursada es socio de la compañía limitada........... S.L., con domicilio en..........., CIF........... Su actividad es la de........... Y el capital social de la citada compañía asciende a la suma de...........euros, dividido en........... participaciones sociales de........... euro de valor nominal.

Concretamente, la concursada es socia de........... participaciones sociales que, en su conjunto, suponen el........... por ciento del capital social.

CUARTO.– Que conforme establece el art. 128.2 TRLC, el juez, a solicitud de la administración concursal, podrá atribuir a esta en interés del concurso, la representación de la persona jurídica concursada en el ejercicio de los derechos políticos que correspondan a las cuotas, acciones o participaciones sociales integradas en la masa activa, que podrá delegar en quien tenga por conveniente. La administración concursal podrá delegar el ejercicio de esos derechos en quien tenga por conveniente.

Que en opinión de este Juzgador y con relación a la citada sociedad........... S.L., es evidente que el interés del concurso requiere atribuir la representación de la persona jurídica concursada en el ejercicio de los derechos políticos que correspondan en la sociedad .... S.L.

Por ello procede atribuir a esta administración concursal el referido ejercicio de los derechos políticos que corresponde a la concursada en........... S.L.

Visto lo expuesto y demás normativa de aplicación

DISPONGO

Estimar la solicitud formulada por la administración concursal mediante escrito de fecha........... y atribuir a dicha administración concursal la representación de la persona jurídica concursada en el ejercicio de los derechos políticos que correspondan en la sociedad .... S.L. Ello de conformidad y con el alcance establecido en el art. 128.2 TRLC.

Notifíquese la resolución a la administración concursal, concursada y demás partes personadas a través de su representación procesal. También al órgano de administración de la compañía........... S.L., a efectos de que poner en conocimiento de la citada sociedad y sus socios lo aquí acordado, ordenándose la inscripción de la reseñada atribución de derechos políticos en el libro registro de socios de la citada compañía........... S.L. Líbrense a tal efecto los oportunos exhortos.

Contra la presente resolución cabe recurso de reposición a interponer en el plazo de cinco días a contar desde la notificación del presente auto.

De conformidad con lo establecido en la Disposición Adicional 15ª LOPJ (según la redacción dada por la LO 1/09), la interposición de recurso contra resoluciones judiciales, no podrá ser admitida a trámite sin la acreditación del depósito previsto en la citada Ley a efectos de recurrir, debiendo presentarse copia o resguardo de tal depósito en las cuenta de consignaciones de este Juzgado.

Todo lo cual pronuncia, manda y firma el Ilmo. Sr. ...., Magistrado Juez del Juzgado de lo Mercantil núm. .... de...........

F426. ATRIBUCIÓN A LA ADMINISTRACIÓN CONCURSAL DE DERECHOS POLÍTICOS EN OTRAS ENTIDADES. MINUTA DE REQUERIMIENTO NOTARIAL FORMULADO POR LA ADMINISTRACIÓN CONCURSAL PONIENDO TAL HECHO EN CONOCIMIENTO DE LA SOCIEDAD PARTICIPADA, SOLICITANDO CERTIFICACIÓN LIBRO REGISTRO DE SOCIOS Y CONVOCATORIA DE JUNTA GENERAL

Normativa de aplicación: *Arts. 128 y ss. Real Decreto Legislativo 1/2020, de 5 de mayo, por el que se aprueba el texto refundido de la Ley Concursal*

Minuta de requerimiento para el notario:

I.– Que la sociedad........... S.A. es socio de la compañía........... S.L. Concretamente, es titular de........... participaciones sociales, número........... a..........., ambos inclusive, que suponen el........... por ciento del capital social.

II.– Que la sociedad........... S.A. se encuentra declarada en estado de concurso de acreedores, que se tramita ante el Juzgado de lo Mercantil núm. .... de..........., bajo el procedimiento..........., habiendo sido designado el compareciente administración concursal en dicho concurso.

Por el compareciente se me hace entrega del auto de declaración de concurso de........... S.A., así como el acta de aceptación por mi parte del cargo de administrador concursal y la credencial expedida a mi favor por el citado juzgado, de los que deduzco testimonio fiel del original de dichos documento, y que yo, notario, incorporo a esta acta.

III.– Que mediante auto de fecha........... el Juez del concurso de........... S.A. atribuyó a la Administración Concursal la representación de la concursada en el ejercicio de los derechos políticos que correspondan en la sociedad .... S.L. Ello de conformidad y con el alcance establecido en el art. 128.2 TRLC.

El compareciente me hace entrega del original de dicho auto, del cual deduzco el oportuno testimonio que incorporo a esta acta por mi, notario, autorizada.

A la vista de lo todo lo anterior, se requiere al órgano de administración de........... S.L., en la persona de Don..........., Presidente del Consejo de Administración, en los siguientes términos:

I.– Para que la sociedad........... S.L. se de por notificada:

A) del integro contenido del auto de fecha........... y la atribución a esta administración concursal de la representación de la concursada en el ejercicio de los derechos políticos que le correspondan en la sociedad .... S.L. Ello de conformidad y con el alcance establecido en el art. 128.2 TRLC, practicándose la oportuna anotación en el libro registro de socios de esta última compañía.

B) Que la Administración concursal delega en Don..........., mayor de edad, abogado, con domicilio en ...., calle ...., núm........... y DNI/NIF ...., el ejercicio de los referidos derechos políticos.

III.– Para que se sirva expedir certificado del libro registro de socios de........... S.L., comprensiva de las participaciones titularizadas por........... S.A. en la anteriormente citada sociedad limitada.

IV.– Para que de conformidad con lo establecido en el art. 168 TRLSC, convoquen Junta General Extraordinaria de la sociedad para deliberar y, en su caso, adoptar acuerdos con relación al siguiente orden del día:........... Dicha Junta General deberá ser convocada para su celebración dentro de los dos meses siguientes a la fecha en que se hubiere requerido notarialmente a los administradores para convocarla, debiendo incluirse necesariamente en el orden del día los asuntos objeto de la presente de solicitud.

F427. ACTA JUNTA GENERAL EXTRAORDINARIA CONVOCADA. SOCIEDAD PARTICIPADA POR LA CONCURSADA CON LOS DERECHOS POLÍTICOS ATRIBUIDOS A LA ADMINISTRACIÓN CONCURSAL

Normativa de aplicación: *Arts. 128 y ss. Real Decreto Legislativo 1/2020, de 5 de mayo, por el que se aprueba el texto refundido de la Ley Concursal*

Que hoy día........... de........... de..........., a las........... horas, y en el domicilio social, sito en la localidad de..........., calle........... s/n, se celebra JUNTA GENERAL EXTRAORDINARIA de accionistas de la sociedad........... S.A.

La convocatoria de la presente Junta General Extraordinaria de accionistas, ha sido acordada por el administrador único, Don...........

Forma de la convocatoria: La convocatoria de la presente Junta General Extraordinaria, ha sido objeto de la oportuna publicidad, de conformidad con lo establecido en el art. 173.1 TRLSC, mediante anuncio publicado en el Boletín Oficial del Registro Mercantil, del día........... de........... de........... (núm. ....), y en el diario..........., en su edición del día........... de........... de..........., al carecer la sociedad de página web.

El tenor literal de la convocatoria se transcribe a continuación: "Por medio del presente se convoca a los señores accionistas a la celebración de Junta General Extraordinaria de la sociedad........... S.A., que se celebrará, en primera convocatoria el día........... de........... de..........., a las........... horas, y en segunda convocatoria el día........... del mismo mes y año, a la misma hora, en ambos casos, en..........., a efectos de deliberar y, en su caso, adoptar acuerdos con relación al siguiente orden del día:...........

Lista de asistentes: Asisten a la presente Junta General Extraordinaria, personalmente o representados, los siguientes accionistas:

I.– Accionistas presentes:

Don..........., titular de........... acciones nominativas/portador/, núm. .... a..........., incluidos, con un valor nominal cada una de ellas de...........euros (en su conjunto...........euros), que suponen el........... por ciento del capital social.

Don..........., titular de........... acciones nominativas/portador, núm. .... a..........., incluidos, con un valor nominal cada una de ellas de...........euros (en su conjunto...........euros), que suponen el........... por ciento del capital social.

La sociedad........... S.L. titular de........... acciones nominativas/portador, núm. .... a..........., incluidos, con un valor nominal cada una de ellas de...........euros (en su conjunto...........euros), que suponen el........... por ciento del capital social. Interviene en su nombre Don..........., Administración Concursal designada en el concurso voluntario de la citada sociedad, tramitado ante el Juzgado de lo Mercantil núm. .... de........... (autos...........), al haber sido atribuido a dicha Administración Concursal, mediante auto de fecha..........., la representación de la concursada, y aquí accionista, en el ejercicio de los derechos políticos que le correspondan en esta sociedad, ... S.A. Ello de conformidad y con el alcance establecido en el art. 128.2 TRLC

Por lo tanto, asisten de forma personal........... accionistas, titulares, en conjunto, de........... acciones que suponen el........... por ciento del capital social.

II.– Accionistas representados:

Don..........., titular de........... acciones nominativas/portador, núm. .... a..........., incluidos, con un valor nominal cada una de ellas de...........euros (en su conjunto...........euros), que suponen el........... por ciento del capital social. Asiste el expresado accionista representado por Doña...........

Don..........., titular de........... acciones nominativas/portador, núm. .... a..........., incluidos, con un valor nominal cada una de ellas de...........euros (en su conjunto...........euros), que suponen el........... por ciento del capital social. Asiste el expresado accionista representado por Doña...........

Doña..........., titular de........... acciones nominativas/portador, núm. .... a..........., incluidos, con un valor nominal cada una de ellas de...........euros (en su conjunto...........euros), que suponen el........... por ciento del capital social. Asiste la expresada accionista representada por Doña...........

Asiste representados, ... accionistas, que titularizan........... acciones que suponen el........... por ciento del capital social suscrito.

En conjunto, asisten, personalmente o representados, ... accionistas, titulares de........... acciones que suponen el........... por ciento del capital social suscrito.

Otros asistentes; Igualmente asiste el administrador único de la compañía Don...........

Mesa de la Junta General. Son presidente y secretario de la presente Junta General, Don........... y Don..........., respectivamente. Ello de conformidad con lo establecido en la Ley y los Estatutos Sociales y ser los citados señores los socios designados por los concurrentes al comienzo de la reunión.

Abierta la sesión por el Sr. Presidente, sin que nadie se oponga a la válida constitución y celebración de la presente Junta General, se entra en el debate y deliberación de los diversos puntos del orden del día que ninguno de los presentes haga uso de su derecho a que conste en el acta el contenido de su intervención.

Proposición de adopción de acuerdos: Se propone por el Sr. Presidente la adopción de los siguientes acuerdos:...........

Votación de propuesta de acuerdos. Previa la oportuna votación, la citada propuesta de acuerdos sociales es aprobada por UNANIMIDAD, con el voto favorable de todos los asistentes y proclamados por el Sr. Presidente.

Y no habiendo más asuntos que tratar, se redacta la presente acta que, previa su lectura, es aprobada por unanimidad de todos los presentes y se levanta la sesión en..........., a..........."

F428. ESCRITO DE LA ADMINISTRACIÓN CONCURSAL SOLICITANDO EL EMBARGO DE BIENES DEL ADMINISTRADOR ÚNICO DE LA CONCURSADA

Normativa de aplicación: *Arts. 133 y ss. Real Decreto Legislativo 1/2020, de 5 de mayo, por el que se aprueba el texto refundido de la Ley Concursal*

AL JUZGADO DE LO MERCANTIL NÚM. .... DE...........

Don..........., administrador concursal del concurso voluntario de la compañía........... S.A., que se sigue ante este Juzgado bajo el número de autos..........., ante este Juzgado de lo Mercantil comparezco en los citados autos, y como mejor proceda en derecho DIGO:

PRIMERO.– Que en las presentes actuaciones núm. de autos..........., se sigue concurso voluntario ordinario de la sociedad........... S.A., concurso que fue declarado mediante auto de fecha........... de........... de...........

SEGUNDO.– Que conforme establece el art. 133.1 TRLC, desde la declaración de concurso de persona jurídica, el juez del concurso, de oficio o a solicitud razonada de la administración concursal, podrá acordar, como medida cautelar, el embargo de bienes y derechos de los administradores o liquidadores, de derecho y de hecho, y directores generales de la persona jurídica concursada así como de quienes hubieran tenido esta condición dentro de los dos años anteriores a la fecha de aquella declaración, cuando de lo actuado resulte fundada la posibilidad de que en la sentencia de calificación las personas a las que afecte el embargo sean condenadas a la cobertura total o parcial del déficit en los términos previstos el TRLC.

Señala también el art. 133, esta vez en su apartado 3, TRLC, que el embargo se acordará por la cuantía que el juez estime bastante y se practicará sin necesidad de caución con cargo a la masa activa.

TERCERO.– Que la administración social de la concursada, ha estado confiada, desde su constitución, a un administrador único, cargo que desde tal fecha hasta la actualidad viene ocupando Don........... No existen otros administradores, de hecho o de derecho, ni tampoco directores generales.

CUARTO.– Que a juicio de esta administración concursal procede decretar el embargo de bienes del administrador único de la concursada, pues resulta fundada la posibilidad de que, calificado el presente concurso como culpable, en la sentencia de calificación Don........... sea condenado a la cobertura, total o parcial, del déficit en los términos previstos en el TRLC.

No sólo la contabilidad social presenta irregularidades sustanciales, omitiéndose la anotación de determinados ingresos de la sociedad y contabilizando gastos absolutamente inexistentes, sino que los libros contables no están legalizados ni tampoco las cuentas anuales depositadas en el Registro Mercantil.

Pero es que además, esta administración concursal ha detectado la existencia de actos jurídicos tendentes a simular, desde hace un año, una situación patrimonial ficticia, ocultando la real. Concretamente...........

Por otro lado, a la vista de la masa activa del concurso, compuesta únicamente por mobiliario, ordenadores prácticamente amortizados..........., y la cuantía de loa adeudado a los acreedores, ...euros, parece evidente la insuficiencia de la masa activa para atender dicha deuda.

QUINTO.– Que a la vista de lo señalado en el punto anterior, entendemos que procede decretar el embargo de bienes del citado Don..........., en la cuantía que estime bastante su señoría y que, en nuestra opinión, debe fijarse en la suma de...........euros.

En su virtud

SUPLICO AL JUZGADO que tenga por presentado este escrito, se sirva admitirlo y por hechas las anteriores manifestaciones y, previo los oportunos trámites legales, se sirva dictar auto acordando el embargo de bienes del administrador único de la concursada en los términos reseñados en el cuerpo de este escrito.

Lo que se SUPLICA en..........., a de........... de...........

F429. AUTO ESTIMANDO LA SOLICITUD DE EMBARGO DE BIENES DEL ADMINISTRADOR DE LA CONCURSADA

Normativa de aplicación: *Arts. 133 y ss. Real Decreto Legislativo 1/2020, de 5 de mayo, por el que se aprueba el texto refundido de la Ley Concursal*

En la ciudad de........... a........... de........... de...........

ANTECEDENTES DE HECHO

ÚNICO.– Que en fecha........... de........... de........... por la administración concursal se solicitó de este Juzgado se acodase el embargo preventivo de bienes propiedad de Don..........., administrador único de la sociedad concursada. Ello en base a los argumentos reseñados en la meritada solicitud, que se transcribe a continuación:...........

FUNDAMENTOS DE DERECHO

PRIMERO.– Que este Juez es competente para conocer del embargo preventivo instado (art. 44, 45 y 133 TRLC).

SEGUNDO.– Que la administración concursal está legitimada para formular tal solicitud (art. 133.1 TRLC).

TERCERO.– Que la solicitud formulada reúne los requisitos de forma establecidos en el art. 133 TRLC.

CUARTO.– Que se solicita por la administración concursal se acuerde el embargo de bienes del administrador único de la concursada al amparo de lo dispuesto en el art. 133.1 TRLC, según el cual, desde la declaración de concurso de persona jurídica, el juez del concurso, de oficio o a solicitud razonada de la administración concursal, podrá acordar, como medida cautelar, el embargo de bienes y derechos de los administradores o liquidadores, de derecho y de hecho, y directores generales de la persona jurídica concursada así como de quienes hubieran tenido esta condición dentro de los dos años anteriores a la fecha de aquella declaración, cuando de lo actuado resulte fundada la posibilidad de que en la sentencia de calificación las personas a las que afecte el embargo sean condenadas a la cobertura total o parcial del déficit en los términos previstos el TRLC.

Ante tal solicitud, este Juez debe valorar provisionalmente la conducta de los administradores de la concursada, desde la perspectiva de que resulte fundada la posibilidad de que en la sentencia de calificación las personas a las que afecte el embargo sean condenadas a la cobertura del déficit resultante de la liquidación en los términos previstos en el TRLC. Eso sí, sin prejuzgar la decisión definitiva que, en su momento, se adopte sobre tales extremos.

QUINTO.– Efectuada tal valoración, entendemos que debe acordarse el embargo preventivo de bienes del citado Don…………

Consta en autos acreditado que la administración social de la concursada, ha estado confiada, desde su constitución, a un administrador único, cargo que desde tal fecha hasta la actualidad viene ocupando Don………… Que no existen otros administradores, de hecho o de derecho, ni tampoco Directores Generales.

También que existen fundados motivos para considerar que el presente concurso será calificado como culpable. No sólo la contabilidad social presenta irregularidades sustanciales, omitiéndose la anotación de determinados ingresos de la sociedad y contabilizando gastos absolutamente inexistentes, sino que los libros contables no están legalizados ni tampoco las cuentas anuales depositadas en el Registro Mercantil. Pero es que además, la administración concursal ha detectado la existencia de actos jurídicos tendentes a simular, desde hace un año, una situación patrimonial ficticia, ocultando la real. Todo ello resulta…………

Por otro lado, a la vista de la masa activa del concurso, compuesta únicamente por mobiliario, ordenadores prácticamente amortizados…………, y la cuantía de loa adeudado a los acreedores, …………euros, puede concluirse que parece insuficiente la masa activa para satisfacer la citada deuda.

Todo ello sea dicho de modo provisional, a los meros efectos de valorar la adopción o no de la medida instada y sin prejuzgar la cuestión de fondo, que se resolverá en su caso y en su momento.

SEXTO.– Que el art. 133, esta vez en su apartado 3, TRLC, señala que el embargo se acordará por la cuantía que el juez estime bastante y se practicará sin necesidad de caución con cargo a la masa activa.

A solicitud del afectado por la medida cautelar, este Juzgado podrá acordar la sustitución del embargo por aval de entidad de crédito (art. 133.4 TRLC).

A la vista de lo expuesto y..........., estimamos conveniente y bastante fijar la cuantía del embargo en la suma de...........euros.

Vista la normativa expuesta y demás de aplicación

DISPONGO

Que estimando la solicitud formulada por la administración concursal, decretar el embargo de bienes propiedad de Don..........., por cuantía de...........euros, que se practicará si necesidad de caucion con cargo a la masa activa del concurso.

Notifíquese la resolución al deudor, administración concursal y demás partes personadas a través de su representación procesal, así como a Don..........., haciéndole saber a éste último, que, a solicitud suya, podrá ser sustituido el embargo acordado por aval de entidad de crédito en los términos del art. 133.4 TRLC, y a todos, que contra el citado auto cabe recurso de apelación a interponer por cualquier afectado en el plazo de veinte días a contar desde la notificación del presente.

De conformidad con lo establecido en la Disposición Adicional 15ª LOPJ (según la redacción dada por la LO 1/09), la interposición de recurso contra resoluciones judiciales no podrá ser admitida a trámite sin la acreditación del depósito previsto en la citada Ley a efectos de recurrir, debiendo presentarse copia o resguardo de tal depósito en la cuenta de consignaciones de este Juzgado.

Todo lo cual pronuncia, manda y firma el Ilmo. Sr. ...., Magistrado Juez del Juzgado de lo Mercantil núm. .... de...........

F430. ESCRITO DEL ADMINISTRADOR SOCIAL APORTANDO AVAL PARA DEJAR SIN EFECTO EL EMBARGO PREVENTIVO DE SUS BIENES

Normativa de aplicación: *Arts. 133 y ss. Real Decreto Legislativo 1/2020, de 5 de mayo, por el que se aprueba el texto refundido de la Ley Concursal*

AL JUZGADO DE LO MERCANTIL NÚM. .... DE...........

..........., Procurador de los Tribunales y de Don..........., cuya representación acredito con la copia de la escritura de poder que acompaño a este escrito, ante este Juzgado comparezco en el proceso concursal........... bajo la dirección letrada de Don........... (ICAV...........) y como mejor proceda en derecho DIGO:

PRIMERO.– Que en las presentes actuaciones núm. de autos..........., se sigue concurso voluntario ordinario de la sociedad........... S.A., concurso que fue declarado mediante auto de fecha........... de........... de...........

SEGUNDO.– Que mediante auto de fecha de........... de..........., y al amparo de lo previsto en el art. 133 TRLC, se acordó el embargo de bienes de mi mandante en cuantía de...........euros.

TERCERO.– Que tal y como permite el art. 133.4 TRLC, mi principal acompaña a este escrito aval emitido por la entidad de crédito .... a efectos de sustituir el embargo acordado y antes referido, por el meritado aval.

En su virtud

SUPLICO AL JUZGADO que tenga por presentado este escrito, se sirva admitirlo y por hechas las anteriores manifestaciones y, tenga por presentado el aval bancario acompañado a este escrito y previo los oportunos trámites legales, se sirva dejar sin efecto el embargo acordado mediante auto de fecha de........... de........... recaído en las presentes actuaciones..........., sustituyéndolo por el aval de la entidad de crédito .... antes citado.

Lo que se SUPLICA en..........., a de........... de...........

4.2. EFECTOS SOBRE LOS ACREEDORES

F431. ESCRITO DE LA CONCURSADA SOLICITANDO EL ARCHIVO DE ACTUACIONES DE JUICIO CIVIL INICIADO TRAS DECLARACIÓN DE CONCURSO

Normativa de aplicación: *Arts. 136 y ss. Real Decreto Legislativo 1/2020, de 5 de mayo, por el que se aprueba el texto refundido de la Ley Concursal*

AL JUZGADO DE PRIMERA INSTANCIA NÚM. .... DE...........

..........., Procuradora de los Tribunales y de la compañía........... S.L., con domicilio en..........., calle..........., número..........., y CIF..........., representación que acredito con la copia de la escritura de poder que acompaño a este escrito, ante este Juzgado comparezco bajo la dirección letrada de Don........... (ICAV...........) y como mejor proceda en derecho DIGO:

PRIMERO.– Que en fecha........... se nos ha notificado el auto de fecha de........... de........... dictado por este Juzgado en las presentes actuaciones, por el que se admite a trámite la demanda formulada contra mi mandante por........... S.A., emplazándonos por término de veinte días a efectos de contestar la misma, si fuera de nuestro interés.

SEGUNDO.– Que en virtud de auto de fecha de........... de........... del Juzgado de lo Mercantil núm. .... de..........., fue declarado el concurso voluntario de mi representada, ... S.L., que se tramita ante el citado Juzgado bajo el procedimiento concursal núm. .... de autos.

Adjuntamos certificación del Registro Mercantil de........... acreditativa de tal situación concursal, y copia del Auto reseñado.

TERCERO.– Que conforme establece el art. 136 TRLC, en su apartado 1, desde la declaración de concurso y hasta la fecha de eficacia del convenio o, si no se hubiera aprobado convenio o el aprobado se hubiera incumplido, hasta la conclusión del procedimiento:........... 1° Los jueces del orden civil y del orden social no admitirán a trámite las demandas que se presenten en las que se ejerciten acciones que sean competencia del juez del concurso, previniendo a las partes que usen de su derecho ante este último.

De admitirse a trámite las demandas a que se refiere el apartado anterior, se ordenará el archivo de todo lo actuado, previa declaración de nulidad de las actuaciones que se hubieran practicado (art. 136.2 TRLC).

CUARTO.– Que igualmente establece el art. 52 TRLC, que la jurisdicción del juez del concurso es exclusiva y excluyente para conocer de las siguientes materias: "1. La jurisdicción del juez del concurso será exclusiva y excluyente en las siguientes materias: 1.° Las acciones civiles con trascendencia patrimonial que se dirijan contra el concursado, con *excepción de las* que se ejerciten en los procesos civiles sobre adopción de medidas judiciales de apoyo a personas con discapacidad, filiación, matrimonio y menores. 2.ª Las ejecuciones relativas a créditos concursales o contra la masa sobre los bienes y derechos del concursado integrados o que se integren en la masa activa, cualquiera que sea el tribunal o la autoridad administrativa que las hubiera ordenado, sin más excepciones que las previstas en la legislación concursal. 3.ª La determinación del carácter necesario de un bien o derecho para la continuidad de la actividad profesional o empresarial del deudor. 4.ª La declaración de la existencia de sucesión de empresa a efectos laborales y de seguridad social en los casos de transmisión de unidad o de unidades productivas, así como la determinación en esos casos de los elementos que las integran. 5.ª Las medidas cautelares que afecten o pudieran afectar a los bienes y derechos del concursado integrados o que se integren en la masa activa, cualquiera que sea el tribunal o la autoridad administrativa que las hubiera acordado, excepto las que se adopten en los procesos de adopción de medidas judiciales de apoyo a personas con discapacidad, filiación, matrimonio y menores. 6.ª Las demás materias establecidas en la legislación concursal.

2. Cuando el deudor sea persona natural, la jurisdicción del juez del concurso será también exclusiva y excluyente en las siguientes materias: 1.ª Las que en el procedimiento concursal debe adoptar en relación con la asistencia jurídica gratuita. 2.ª La disolución y liquidación de la sociedad o comunidad conyugal del concursado.

3. Cuando el deudor sea persona jurídica, la jurisdicción del juez del concurso será también exclusiva y excluyente en las siguientes materias: 1.ª Las acciones de reclamación de deudas sociales que se ejerciten contra los socios de la sociedad concursada que sean subsidiariamente responsables del pago de esas deudas, cualquiera que sea la fecha en que se hubieran contraído, y las acciones para exigir a los socios de la sociedad concursada el desembolso de las aportaciones sociales diferidas o el cumplimiento de las prestaciones accesorias. 2.ª Las acciones de responsabilidad contra los administradores o liquidadores, de derecho o de hecho; contra la persona natural designada para el ejercicio permanente de las funciones propias del cargo de administrador persona jurídica y contra las personas, cualquiera que sea su denominación, que tengan atribuidas facultades de la más alta dirección de la sociedad cuando no exista delegación permanente de facultades del consejo de administración en uno o varios consejeros delegados o en una comisión ejecutiva, por los daños y perjuicios causados, antes o después de la declaración judicial de concurso, a la persona jurídica concursada. 3.ª Las acciones de responsabilidad contra los auditores por los daños y perjuicios causados, antes o después de la declaración judicial de concurso, a la persona jurídica concursada."

Finalmente, los arts. 53 y 54 TRLC regulan la jurisdicción del Juez del concurso en materia laboral y respecto a la adopción de medidas cautelares. Ello en los términos y con el alcance previsto en tales preceptos.

QUINTO.– Que habiendo sido declarado el estado legal de concurso voluntario de mi mandante con anterioridad a la presentación de la demanda origen de estos autos, la misma debía haber sido inadmitida a trámite, pues debía de conocer la misma, de forma exclusiva y excluyente, el Juez del citado concurso toda vez que la citada demanda tiene por objeto…………

Por lo tanto, este juzgado debía de haberse abstenido de conocer de la referida demanda e inadmitir la misma, previniendo a las partes que usarán de su derecho ante el citado Juez del Concurso, lo que no ha sucedido en el presente caso, con evidente infracción de lo dispuesto en el art. 52 y 136 TRLC.

SEXTO.– Conforme señala el art. 136.2 TRLC en el supuesto que se hubiera admitido a trámite la demanda, se ordenará el archivo de todo lo actuado, previa declaración de nulidad de las actuaciones que se hubieran practicado.

En su virtud,

SUPLICO AL JUZGADO: Que teniendo por presentado este escrito junto con sus documentos, se sirva admitirlos, por realizadas las manifestaciones expuestas, y se abstenga de conocer de la demanda origen de estas actuaciones, ordenando el archivo de todos lo actuado, previa declaración de nulidad de las actuaciones que se hubieran practicado. Ello previniendo a las partes que usen de su derecho ante el Juez del Concurso.

En........... a........... de........... de...........

F432. RECURSO DE REPOSICIÓN INTERPUESTO POR LA CONCURSADA CONTRA AUTO DE ADMISIÓN DE DEMANDA CONTRA CONCURSADA TRAS DECLARACIÓN DE CONCURSO

Normativa de aplicación: *Arts. 136 y ss. Real Decreto Legislativo 1/2020, de 5 de mayo, por el que se aprueba el texto refundido de la Ley Concursal*

AL JUZGADO DE PRIMERA INSTANCIA NÚM. .... DE...........

..........., Procuradora de los Tribunales y de la compañía........... S.L., con domicilio en..........., calle..........., número..........., y CIF..........., representación que acredito con la copia de la escritura de poder que acompaño a este escrito, ante este Juzgado comparezco en el presente juicio ordinario........... bajo la dirección letrada de Don........... (ICAV...........) y como mejor proceda en derecho DIGO:

PRIMERO.– Que en fecha........... se nos ha notificado el auto de fecha de........... de........... dictado por este Juzgado en las presentes actuaciones, por el que se admite a trámite la demanda formulada contra mi mandante por........... S.A., emplazándonos por término de veinte días a efectos de contestar la misma, si fuera de nuestro interés.

SEGUNDO.– Que por medio del presente escrito y en la representación que ostento, interpongo RECURSO DE REPOSICIÓN contra el citado auto de fecha de........... de........... por infringir, dicho sea con el debido respeto y en estrictos términos de defensa, lo dispuesto en los arts. 136 y 52 TRLC, en base a los siguientes

MOTIVOS

I.– Que en virtud de auto de fecha de............ de............ del Juzgado de lo Mercantil núm. .... de............, fue declarado el concurso voluntario de mi representada, ... S.L., que se tramita ante el citado Juzgado bajo el procedimiento concursal núm. .... de autos.

Adjuntamos certificación del Registro Mercantil de Valencia acreditativa de tal situación concursal, y copia del Auto reseñado.

II.– Que conforme establece el art. 136 TRLC, en su apartado 1, desde la declaración de concurso y hasta la fecha de eficacia del convenio o, si no se hubiera aprobado convenio o el aprobado se hubiera incumplido, hasta la conclusión del procedimiento:............ 1° Los jueces del orden civil y del orden social no admitirán a trámite las demandas que se presenten en las que se ejerciten acciones que sean competencia del juez del concurso, previniendo a las partes que usen de su derecho ante este último.

De admitirse a trámite las demandas a que se refiere el apartado anterior, se ordenará el archivo de todo lo actuado, previa declaración de nulidad de las actuaciones que se hubieran practicado (art. 136.2 TRLC).

III.– Que igualmente establece el art. 52 TRLC, que la jurisdicción del juez del concurso es exclusiva y excluyente para conocer de las siguientes materias: "1. La jurisdicción del juez del concurso será exclusiva y excluyente en las siguientes materias: 1.ª Las acciones civiles con trascendencia patrimonial que se dirijan contra el concursado, con excepción de las que se ejerciten en los procesos civiles sobre adopción de medidas judiciales de apoyo a personas con discapacidad, filiación, matrimonio y menores. 2.ª Las ejecuciones relativas a créditos concursales o contra la masa sobre los bienes y derechos del concursado integrados o que se integren en la masa activa, cualquiera que sea el tribunal o la autoridad administrativa que las hubiera ordenado, sin más excepciones que las previstas en la legislación concursal. 3.ª La determinación del carácter necesario de un bien o derecho para la continuidad de la actividad profesional o empresarial del deudor. 4.ª La declaración de la existencia de sucesión de empresa a efectos laborales y de seguridad social en los casos de transmisión de unidad o de unidades productivas, así como la determinación en esos casos de los elementos que las integran. 5.ª Las medidas cautelares que afecten o pudieran afectar a los bienes y derechos del concursado integrados o que se integren en la masa activa, cualquiera que sea el tribunal o la autoridad administrativa que las hubiera acordado, excepto las que se adopten en los procesos de adopción de medidas judiciales de apoyo a personas con discapacidad, filiación, matrimonio y menores. 6.ª Las demás materias establecidas en la legislación concursal.

2. Cuando el deudor sea persona natural, la jurisdicción del juez del concurso será también exclusiva y excluyente en las siguientes materias: 1.ª Las que en el procedimiento concursal debe adoptar en relación con la asistencia jurídica gratuita. 2.ª La disolución y liquidación de la sociedad o comunidad conyugal del concursado.

3. Cuando el deudor sea persona jurídica, la jurisdicción del juez del concurso será también exclusiva y excluyente en las siguientes materias: 1.ª Las acciones de reclamación de deudas sociales que se ejerciten contra los socios de la sociedad concursada que sean

subsidiariamente responsables del pago de esas deudas, cualquiera que sea la fecha en que se hubieran contraído, y las acciones para exigir a los socios de la sociedad concursada el desembolso de las aportaciones sociales diferidas o el cumplimiento de las prestaciones accesorias. 2.º Las acciones de responsabilidad contra los administradores o liquidadores, de derecho o de hecho; contra la persona natural designada para el ejercicio permanente de las funciones propias del cargo de administrador persona jurídica y contra las personas, cualquiera que sea su denominación, que tengan atribuidas facultades de la más alta dirección de la sociedad cuando no exista delegación permanente de facultades del consejo de administración en uno o varios consejeros delegados o en una comisión ejecutiva, por los daños y perjuicios causados, antes o después de la declaración judicial de concurso, a la persona jurídica concursada. 3.º Las acciones de responsabilidad contra los auditores por los daños y perjuicios causados, antes o después de la declaración judicial de concurso, a la persona jurídica concursada."

Por otro lado, los arts. 53 y 54 TRLC regulan la jurisdicción del Juez del concurso en materia laboral y respecto a la adopción de medidas cautelares. Ello en los términos y con el alcance previsto en tales preceptos.

IV.– Que habiendo sido declarado el estado legal de concurso voluntario de mi mandante con anterioridad a la presentación de la demanda origen de estos autos, la misma debía haber sido inadmitida a trámite, pues debía de conocer la misma, de forma exclusiva y excluyente, el Juez del citado concurso a toda vez que la citada demanda tiene por objeto...........

Por lo tanto, este juzgado debía de haberse abstenido de conocer de la referida demanda e inadmitir la misma, previniendo a las partes que usarán de su derecho ante el citado Juez del Concurso, lo que no ha sucedido en el presente caso, con evidente infracción de lo dispuesto en el art. 52 y 136 TRLC.

V.– Conforme señala el art. 136.2 TRLC en el supuesto que se hubiera admitido a trámite la demanda, se ordenará el archivo de todo lo actuado, previa declaración de nulidad de las actuaciones que se hubieran practicado.

En su virtud,

SUPLICO AL JUZGADO: Que teniendo por presentado este escrito junto con sus documentos, se sirva admitirlos, tener a esta parte por comparecida en las presentes actuaciones y por interpuesto RECURSO DE REPOSICIÓN contra el citado auto de fecha de........... de........... por infringir, dicho sea con el debido respeto y en estrictos términos de defensa, lo dispuesto en los arts. 52 y 136 TRLC, y previos los oportunos trámites, se dicte auto por el que, anulando y dejando sin efecto la resolución recurrida, se abstenga de conocer de la demanda origen de estas actuaciones ordenando el archivo de todo lo actuado, previa declaración de nulidad de las actuaciones que se hubieran practicado. Ello previniendo a las partes que usen de su derecho ante el Juez del Concurso.

Es Justicia que se Suplica en........... a........... de........... de...........

F433. ESCRITO DE LA CONCURSADA SOLICITANDO EL ARCHIVO DE PROCEDIMIENTO MONITORIO INICIADO CON POSTERIORIDAD A LA DECLARACIÓN DE CONCURSO

Normativa de aplicación: *Arts. 136 y ss. Real Decreto Legislativo 1/2020, de 5 de mayo, por el que se aprueba el texto refundido de la Ley Concursal*

Procedimiento Monitorio:...........

AL JUZGADO DE PRIMERA INSTANCIA E INSTRUCCIÓN
NÚMERO........... DE...........

.... Procurador de los Tribunales, en nombre y representación de los cónyuges Don........... y DOÑA..........., con domicilio fijado en la ciudad de........... calle........... y DNI/NIF..........., y..........., respectivamente, cuya representación acredito con escritura de poder que, una vez testimoniado en autos solicito me sea devuelto por serme necesario para otros usos, ante este JUZGADO comparezco y como mejor proceda en derecho DIGO:

PRIMERO.– Que por escrito de fecha........... se interpuso por la mercantil........... SAU, demanda de proceso monitorio contra mis mandantes, en reclamación de........... euros.

SEGUNDO.– Mi mandante, Don..........., fue declarado en estado de concurso voluntario de acreedores, por auto dictado el........... por el Juzgado de lo Mercantil número........... de..........., número de procedimiento..........., decretándose en el mismo auto la intervención de sus facultades de administración quedando el ejercicio ordinario de la misma sometido a autorización o conformidad del administrador concursal.

El auto de declaración de concurso fue objeto de la oportuna publicidad que ordena el art. 35 TRLC, mediante anuncio insertado en el Boletín Oficial del Estado (BOE), en su edición del día...........

Se acompaña como DOCUMENTO NÚMERO UNO, el citado auto de fecha........... y el citado anuncio en el BOE de fecha...........

Que mi mandante DOÑA........... fue declarado en estado de concurso voluntario de acreedores, por auto dictado el........... por el Juzgado de lo Mercantil número........... de..........., número de procedimiento..........., decretándose en el mismo auto la intervención de sus facultades de administración quedando el ejercicio ordinario de la misma sometido a autorización o conformidad del administrador concursal.

El auto de declaración de concurso fue objeto de la oportuna publicidad que ordena el art. 35 TRLC, mediante anuncio insertado en el Boletín Oficial del Estado (BOE), en su edición del día...........

Se acompaña como DOCUMENTO NÚMERO DOS, el citado auto de fecha........... y el citado anuncio en el BOE de fecha...........

Que mis mandantes Don........... y DOÑA..........., continúan en la actualidad, en estado de concurso de acreedores de persona física.

TERCERO.– Que conforme establece el art. 136 TRLC, en su apartado 1, desde la declaración de concurso y hasta la fecha de eficacia del convenio o, si no se hubiera aprobado convenio o el aprobado se hubiera incumplido, hasta la conclusión del procedimiento:........... 1° Los jueces del orden civil y del orden social no admitirán a trámite las demandas que se presenten en las que se ejerciten acciones que sean competencia del juez del concurso, previniendo a las partes que usen de su derecho ante este último.

De admitirse a trámite las demandas a que se refiere el apartado anterior, se ordenará el archivo de todo lo actuado, previa declaración de nulidad de las actuaciones que se hubieran practicado (art. 136.2 TRLC).

CUARTO.– Que igualmente establece el art. 52 TRLC, que la jurisdicción del juez del concurso es exclusiva y excluyente para conocer de las siguientes materias: "1. La jurisdicción del juez del concurso será exclusiva y excluyente en las siguientes materias: 1.ª Las acciones civiles con trascendencia patrimonial que se dirijan contra el concursado, con excepción de las que se ejerciten en los procesos civiles sobre adopción de medidas judiciales de apoyo a personas con discapacidad, filiación, matrimonio y menores. 2.ª Las ejecuciones relativas a créditos concursales o contra la masa sobre los bienes y derechos del concursado integrados o que se integren en la masa activa, cualquiera que sea el tribunal o la autoridad administrativa que las hubiera ordenado, sin más excepciones que las previstas en la legislación concursal. 3.ª La determinación del carácter necesario de un bien o derecho para la continuidad de la actividad profesional o empresarial del deudor. 4.ª La declaración de la existencia de sucesión de empresa a efectos laborales y de seguridad social en los casos de transmisión de unidad o de unidades productivas, así como la determinación en esos casos de los elementos que las integran. 5.ª Las medidas cautelares que afecten o pudieran afectar a los bienes y derechos del concursado integrados o que se integren en la masa activa, cualquiera que sea el tribunal o la autoridad administrativa que las hubiera acordado, excepto las que se adopten en los procesos de adopción de medidas judiciales de apoyo a personas con discapacidad, filiación, matrimonio y menores. 6.ª Las demás materias establecidas en la legislación concursal.

2. Cuando el deudor sea persona natural, la jurisdicción del juez del concurso será también exclusiva y excluyente en las siguientes materias: 1.ª Las que en el procedimiento concursal debe adoptar en relación con la asistencia jurídica gratuita. 2.ª La disolución y liquidación de la sociedad o comunidad conyugal del concursado.

3. Cuando el deudor sea persona jurídica, la jurisdicción del juez del concurso será también exclusiva y excluyente en las siguientes materias: 1.ª Las acciones de reclamación de deudas sociales que se ejerciten contra los socios de la sociedad concursada que sean subsidiariamente responsables del pago de esas deudas, cualquiera que sea la fecha en que se hubieran contraído, y las acciones para exigir a los socios de la sociedad concursada el desembolso de las aportaciones sociales diferidas o el cumplimiento de las prestaciones accesorias. 2.ª Las acciones de responsabilidad contra los administradores o liqui-

dadores, de derecho o de hecho; contra la persona natural designada para el ejercicio permanente de las funciones propias del cargo de administrador persona jurídica y contra las personas, cualquiera que sea su denominación, que tengan atribuidas facultades de la más alta dirección de la sociedad cuando no exista delegación permanente de facultades del consejo de administración en uno o varios consejeros delegados o en una comisión ejecutiva, por los daños y perjuicios causados, antes o después de la declaración judicial de concurso, a la persona jurídica concursada. 3.ª Las acciones de responsabilidad contra los auditores por los daños y perjuicios causados, antes o después de la declaración judicial de concurso, a la persona jurídica concursada."

Finalmente, los arts. 53 y 54 TRLC regulan la jurisdicción del Juez del concurso en materia laboral y respecto a la adopción de medidas cautelares. Ello en los términos y con el alcance previsto en tales preceptos.

QUINTO.– Que según lo que se desprende de los anteriores preceptos legales, la demanda de proceso monitorio interpuesta por........... SAU, contra mis mandantes, una vez declarados en concurso de acreedores, y ante este Juzgado, no debió admitirse a trámite puesto que la competencia para conocer cualquier acción civil con transcendencia patrimonial que se dirija contra el patrimonio del concursado (como se trata en este caso) es exclusiva y excluyente del Juez del concurso, es decir de los Juzgados de lo Mercantil números........... y........... de..........., respectivamente.

El art. 136.2 TRLC establece la solución que se debe dar a los casos en que los Juzgados del orden civil admitan a trámite demandas, que deba conocer el Juez del concurso de conformidad con los expuesto, y dicha solución no es otra que ordenará el archivo de todo lo actuado, previa declaración de nulidad de las actuaciones que se hubieran practicado, previniendo a las partes que usen de su derecho ante el Juez del Concurso.

Por lo tanto y en base a lo expuesto anteriormente, es evidente que........... SAU, presentó su demanda el..........., es decir, CON POSTERIORIDAD A LAS DECLARACIONES DE CONCURSO DE ACREEDORES DE MIS PRINCIPALES, que tuvieron lugar, como se dijo, el........... y el..........., respectivamente, siendo dicha demanda admitida a trámite por diligencia de ordenación dictada el........... por este Juzgado ello con evidente infracción de lo previsto en el art. 136 TRLC, por lo que, este Juzgado, de oficio, debe ordenar el archivo de todo lo actuado, previa declaración de nulidad de las actuaciones que se hubieran practicado, previniendo a las partes que usen de su derecho ante el Juez del Concurso.

En virtud de todo lo expuesto,

SUPLICO AL JUZGADO: Que teniéndome por personado en tiempo y forma y por presentado este escrito con los documentos que se acompañan y sus copias, y previos los oportunos trámites legales, se dicte la oportuna resolución en los términos señalados en el cuerpo de este escrito.

Es justicia que pido en..........., a........... de........... de...........

F434. ESCRITO DE LA CONCURSADA Y LA ADMINISTRACIÓN CONCURSAL SOLICITANDO LA ACUMULACIÓN DE DESAHUCIO A CONCURSO

Normativa de aplicación: *Arts. 136 y ss. Real Decreto Legislativo 1/2020, de 5 de mayo, por el que se aprueba el texto refundido de la Ley Concursal*

AL JUZGADO DE LO MERCANTIL NÚMERO........... DE...........

..........., Procurador de los Tribunales y de la mercantil........... S.L., según tengo acreditada en el proceso concursal de dicha sociedad seguida bajo el número de autos..........., y Don..........., administrador concursal de la citada sociedad........... S.L., ante este Juzgado comparezco y como mejor proceda en Derecho, DIGO:

Que por medio del presente escrito solicito la acumulación al presente procedimiento concursal, de los autos de Procedimiento de Juicio Verbal Desahucio por Falta de Pago autos núm. .... seguidos ante el Juzgado de Primera Instancia número........... de..........., en base a las siguientes:

ALEGACIONES

PRIMERA.– Que ha sido dictado Decreto el........... de........... de........... por la Secretaria Judicial del Juzgado de Primera Instancia número........... de..........., por el que se admitía a trámite la demanda de reclamación de cantidad y la acumulada de desahucio por falta de pago instada por Don..........., de la que es objeto el local comercial sitio en..........., calle..........., número..........., bajo...........

Se adjunta dicho Decreto, como DOCUMENTO NÚMERO UNO.

SEGUNDA.– Que la mercantil..........., S.L., ha sido declarada en estado de concurso voluntario de acreedores por auto de fecha........... dictado por este Juzgado, autos...........

TERCERA.– Interesamos la acumulación de los autos........... seguidos ante el Juzgado de Primera Instancia número........... de..........., por entender que el Juzgado de lo Mercantil número........... de..........., que tramita el citado concurso de mi mandante es el competente para conocer de dicho procedimiento. Se fundamenta la pretensión en el artículo 52 TRLC, pues la demanda interpuesta se dirige contra el patrimonio de la concursada, y ello en virtud del referido artículo, es materia exclusiva y excluyente del Juez del concurso, además el bien en litigio, no podría lanzarse pues actualmente no es que sea únicamente esencial para la actividad del concursado, sino que dicho lanzamiento implicaría el cese forzoso de la misma, ya que es el local comercial donde se desarrolla.

En virtud de lo expuesto,

SUPLICO AL JUZGADO que tenga por presentado este escrito, con sus copias, se sirva admitirlo y en virtud del mismo acuerde acumular el Procedimiento de Juicio Verbal Desahucio por Falta de Pago y emita oficio al Juzgado de Primera Instancia número...........

de..........., para que remita los autos........... al procedimiento concursal seguido ante el Juzgado de lo Mercantil número........... de........... con el número de autos...........

Es justicia, que se SUPLICA, en..........., a........... de........... de...........

F435. ESCRITO DE LA CONCURSADA INSTANDO DECLINATORIA POR FALTA DE COMPETENCIA OBJETIVA. EJECUCIÓN HIPOTECARIA

AL JUZGADO DE PRIMERA INSTANCIA E INSTRUCCIÓN Nº........... DE...........

..........., Procurador de los Tribunales y de la sociedad........... S.A., cuya representación acreditaré ante este Juzgado en el presente procedimiento........... de ejecución hipotecaria, ante este Juzgado comparezco y como mejor proceda en derecho DIGO:

Que habiendo sido notificada esta parte del Auto de fecha........... por el que se despachaba ejecución contra mi representada en el seno del procedimiento de ejecución hipotecaria núm. ...., mediante el presente escrito y en el plazo y forma legales, formulo al amparo del art. 547 de la LEC DECLINATORIA POR FALTA DE COMPETENCIA OBJETIVA A FAVOR DEL JUZGADO DE LO MERCANTIL Nº........... DE..........., y ello de conformidad con las siguientes

ALEGACIONES

PRIMERA.– Con fecha........... el Juzgado de lo Mercantil nº........... de........... dictó Auto por el que declaraba a mi representada, ... S.A., en estado legal de concurso voluntario de acreedores, procedimiento seguido bajo el número........... del citado órgano jurisdiccional.

Acompañamos copia de la publicación el Auto de declaración de concurso voluntario de acreedores en el BOE núm. .... de........... de........... de..........., como DOCS 1.

SEGUNDA.– En virtud de mandamiento judicial expedido el día........... de........... de........... por el propio Juzgado de lo Mercantil núm. .... de..........., inscritas ambas dos como inscripción...........ª en el Registro de la Propiedad nº........... de..........., la declaración de concurso de mi representada respecto de los dos inmuebles, fincas........... y........... sobre los que intenta plantear ejecución de adverso.

Acompañamos como DOCS 2 y 3 notas simples del referido Registro de la Propiedad nº........... de...........

TERCERA.– En su consecuencia, desde hace más de dos años es público y notorio el estado legal de concurso de acreedores de mi mandante.

CUARTA.– Si la publicación en los diarios oficiales, y en el Registro de la Propiedad de........... no fuera suficiente, es la propia Sra........... la que se personó formalmente mediante representación procesal de Procurador ante el propio procedimiento concursal...........

Y bajo tal representación procesal se le notifica en el seno del procedimiento cada una de las actuaciones, entre ellas la Sentencia........... del propio Juzgado de lo Mercantil núm. .... de..........., por la cual se aprueba el convenio propuesto por mi mandante, en virtud del cual, entre otros extremos, se comprometía la concursada a abonar el 100% de los créditos pendientes en el plazo de cinco años.

Adicionalmente, es de señalar la plena vinculación de los inmuebles no sólo al objeto social de mi mandante, la promoción inmobiliaria, sino al destino del convenio de acreedores donde se citan expresamente como parte del fiel cumplimiento del mismo.

Acompañamos como DOC. 4 Providencia de fecha........... del Juzgado de lo Mercantil núm. .... de........... por la que se tiene por personada a la procuradora........... en nombre y representación de la ahora demandante, Dña...........

Como DOC. 5 testimonio de la reseñada Sentencia........... en cuyo encabezamiento se incluye como parte del proceso concursal a la misma Sra...........

Y como DOC. 6 copia de la escritura notarial del convenio de acreedores aprobado judicialmente.

QUINTA.– Lógicamente la declaración de concurso de mi representada además de ser pública, era expresamente conocida por la aquí ejecutante. Y al que ha de someterse de conformidad con el art. 251 TRLC.

Cuestión distinta es el silencio que de todo ello guarda en su escrito de demanda ejecutiva, y las consecuencias sustantivas y a efectos de costas procesales de ello se deriven.

No es éste ni el lugar, ni el procedimiento, ni el juzgado, ni el momento procesal oportuno, para ahondar en las esenciales consecuencias del sometimiento de "todos los acreedores del deudor, ordinarios o no", pero obviamente concurriendo una fase tan avanzada el expediente concursal (fase de cumplimiento del convenio ya aprobado judicialmente), el crédito que dice ostentar la demandante no puede ahora eludir los efectos que sobre todos los créditos ha producido ex lege, el procedimiento concursal.

Las consecuencias que ya ha ocasionado el concurso de mi mandante sobre los créditos han de ser únicamente conocidos ante el Juzgado que objetivamente es exclusivamente competente: el de lo Mercantil núm. .... de...........

Y el silencio al respecto de la aquí actora ejecutante, tanto en su actual demanda, como en el procedimiento concursal, no sólo subrayan su mala fe, sino que conllevan imperativos efectos jurídicos que no puede eludir intentando desviar cualquier debate jurídico, ante un Juzgado legalmente incompetente, y al cual se le silencia la preexistencia —nada menos que en dos años— de un procedimiento concursal.

SEXTA.– Toda vez que el actual procedimiento de ejecución hipotecaria ha sido instado en el año..........., resulta obviamente posterior a la fecha de declaración del concurso de mi mandante.

Ello determina necesariamente la ausencia de competencia objetiva de este Juzgado de Primera Instancia para conocer sobre tal pretensión ejecutiva. Es más, la ley sanciona cualquier actuación que se realice en contrario de lo preceptuado. Así vid., arts. 568 LEC.

SÉPTIMA.– La competencia exclusiva y excluyente la declara de forma terminante la Ley Orgánica del Poder Judicial (art. 86 ter).

OCTAVA.– Igualmente el TRLC detalla:

Artículo 52 TRLC.

Son competentes para conocer del concurso los jueces de lo mercantil. La jurisdicción del juez del concurso es exclusiva y excluyente en las siguientes materias:

"Las ejecuciones relativas a créditos concursales o contra la masa sobre los bienes y derechos del concursado integrados o que se integren en la masa activa, cualquiera que sea el tribunal o la autoridad administrativa que las hubiera ordenado, sin más excepciones que las previstas en la legislación concursal" (art. 52.1.2ª TRLC).

Y específicamente respecto de las acciones ejecutivas con garantía real, los arts. 145 y ss. TRLC, en especial, iniciación de ejecución una vez aprobado convenio de acreedores—, concurriendo en el presente caso adicionalmente la cualidad de bien afecto a la actividad tal y como acreditamos *ut supra.*:

Artículo 148 TRLC:

1. Los titulares de derechos reales de garantía sobre cualesquiera bienes o derechos de la masa activa, sean o no acreedores concursales, podrán iniciar procedimientos de ejecución o realización forzosa sobre esos bienes o derechos y continuar aquellos cuya tramitación hubiera sido suspendida en los siguientes casos:

1° Desde la fecha de eficacia de un convenio que no impida el ejercicio del derecho de ejecución separada sobre esos bienes o derechos.

2° Desde que hubiera transcurrido un año a contar de la fecha de declaración de concurso sin que hubiera tenido lugar la apertura de la liquidación.

2. La demanda de ejecución o la solicitud de reanudación de las ejecuciones suspendidas se presentará por el titular del derecho real ante el juez del concurso, el cual, de ser procedente la admisión a trámite de la demanda o de la solicitud de reanudación, acordará la tramitación en pieza separada dentro del propio procedimiento concursal, acomodando las actuaciones a las normas propias del procedimiento judicial o extrajudicial que corresponda.

3. Iniciadas o reanudadas las actuaciones ejecutivas, no podrán ser suspendidas por razón de las vicisitudes propias del concurso.

Así lo tienen reiteradamente declarado los Tribunales:

Audiencia Provincial de Sevilla, sec. 5ª, A 21-11-2008, n° 242/2008, rec. 1938/2008. Pte.: Sanz Talayero, Fernando

FUNDAMENTOS DE DERECHO

PRIMERO.– Se alza la parte la parte ejecutante contra la Resolución de instancia que se inhibe del conocimiento de la demanda de ejecución hipotecaria formulada por la entidad ............S.A. contra la herencia yacente de D............, por falta de competencia objetiva al corresponder el conocimiento de la ejecución al Juzgado de lo Mercantil de............, que declaró el concurso voluntario de la citada herencia yacente en el Auto dictado el 11 de octubre de 2005.

SEGUNDO.– Conforme al art. 8-3° de la Ley Concursal de 9 de julio de 2003, la jurisdicción del Juez del concurso es exclusiva y excluyente en toda ejecución frente a los bienes y derechos de contenido patrimonial del concursado, cualquiera que sea el órgano que la hubiera ordenado. Por su parte, el art. 57.1 de la LC, relativo al inicio o reanudación de ejecuciones de garantías reales, establece que "el ejercicio de acciones que se inicien o se reanuden conforme a lo previsto en el artículo anterior durante la tramitación del concurso se someterá a la jurisdicción del juez de éste, quien a instancia de parte decidirá sobre su procedencia y, en su caso, acordará su tramitación en pieza separada, acomodando las actuaciones a las normas propias del procedimiento judicial o extrajudicial que corresponda".

En el presente caso la declaración de concurso voluntario de la herencia yacente de D. Luis Manuel se hizo el 11 de octubre de 2005, por lo que la acción de ejecución hipotecaria deducida en este procedimiento ha de someterse al conocimiento del Juez de lo Mercantil que tramita el concurso, a tenor de los preceptos citados.

Audiencia Provincial de Barcelona, sec. 15°, A 28-6-2007, n° 195/2007, rec. 682/2006. Pte.: González Navarro, Blas Alberto.

El artículo 57 tiene como objeto, según su propio encabezamiento, el "inicio o reanudación de ejecuciones de garantías reales", no estableciendo para ello ninguna diferenciación según los bienes sobre los que recaen y su afección o no a la actividad del deudor. La letra del artículo lo confirma:

"1. El ejercicio de acciones que se inicie o se reanude conforme a lo previsto en el artículo anterior durante la tramitación del concurso se someterá a la jurisdicción del juez de éste, quien a instancia de parte decidirá sobre su procedencia y, en su caso, acordará su tramitación en pieza separada, acomodando las actuaciones a las normas propias del procedimiento judicial o extrajudicial que corresponda".

El artículo anterior mencionado (el 56), en efecto, regula el inicio o la reanudación de las acciones paralizadas por recaer sobre bienes afectos; sin embargo, existen varias razones para entender que la voluntad del legislador no era excluir del conocimiento del Juez del concurso las demás ejecuciones separadas de bienes de la masa. Por una parte, el mismo precepto, en su último párrafo, expresa que la declaración de concurso no afectará a la ejecución de la garantía cuando el concursado tenga la condición de tercer poseedor del bien objeto de ésta, por lo que, con arreglo al artículo 57 ("El ejercicio de acciones que se inicie o se reanude conforme a lo previsto en el artículo anterior..........."), ese supuesto no se vería excluido en tal caso de la competencia del Juez del concurso ni habría base para remitir al acreedor al Juzgado de 1° Instancia; y aunque el artículo 56 gravite, sin duda, sobre las garantías sobre bienes afectos, el que el artículo 57 no haya sido más explícito no puede ocultar que seguimos en presencia de una ejecución de contenido patrimonial que incide en la concursada y la masa activa, minorada por esta ejecución separada, resultando plenamente justificada la competencia objetiva del Juez del concurso. Es en el concurso donde el crédito garantizado (en nuestro caso, una línea de crédito) se está haciendo valer (art. 61.1 LC), continuando el devengo de intereses moratorios y no subordinados (arts. 59.1 y 92.3° LC, hasta donde alcance la garantía), pudiendo ser rehabilitado, si concurren los requisitos temporales, por la administración concursal en los términos del artículo 68. Es por eso que el artículo 57 atribuye la competencia al Juez del concurso para las acciones ejercitadas estrictamente durante su tramitación.

Audiencia Provincial de Madrid, sec. 28°, A 11-10-2007, n° 212/2007, rec. 6/2007. Pte.: García García, Enrique

OCTAVO.– Entiende la Sala que la apreciación y valoración de los datos y circunstancias que justifican la aplicación de estos principios para restringir las excepciones al principio de universalidad del concurso que supone la ejecución separada de las garantías hipotecarias es competencia del juez del concurso. Es este juez, ante quien puede presentarse propuesta de convenio, anticipado u ordinario, así como el plan de viabilidad, que tiene una visión de conjunto sobre la situación patrimonial del concursado, que cuenta en el proceso concursal con un órgano técnico e imparcial en el conflicto entre el concursado y el acreedor hipotecario, como es la administración concursal, quien tiene la competencia para pronunciarse sobre si el bien sobre el que recae la garantía real está o no afecto a la actividad profesional o empresarial del concursado o a una unidad productiva de su titularidad o resulta o no necesario para la continuidad de la actividad profesional o empresarial del deudor. De hecho, si se trata de ejecuciones hipotecarias que se promuevan con posterioridad a que se dicte el auto de declaración del concurso, será competente para conocer de las mismas, y para decidir si procede su inicio o han de quedar en suspenso en los términos antes indicados, el propio juez del concurso (art. 57.1 de la Ley Concursal; en este sentido, Auto de la Audiencia Provincial de Barcelona, Sección 15°, núm. 195/2007, de 28 de junio).

Igualmente la doctrina más autorizada, MONTERO AROCA, J. (Tratado de ejecuciones hipotecarias, Tirant lo Blanch 2009, pág. 1061), ROJO, Á. BELTRÁN, E. (Comentario de la Ley Concursal, Thomson-Civitas 2004, tomo I pág. 1077), confirman sin margen a debate la competencia exclusiva del juez del concurso para conocer de la eventual concurrencia de los requisitos legales que habilitarían la iniciación de ejecuciones hipotecarias ya declarado el concurso, y la subsiguiente sustanciación en pieza separada, de conformidad con el reseñado art. 57.1 de la L. Concursal.

NOVENA.– El derecho procesal de la parte a denunciar la incompetencia objetiva viene expresamente reconocido en el art. 49 de la LEC:

Artículo 49. Apreciación de la falta de competencia objetiva a instancia de parte.

El demandado podrá denunciar la falta de competencia objetiva mediante la declinatoria.

Disposición corroborada por el propio art. 63 de la LEC

Artículo 63. Contenido de la declinatoria, legitimación para proponerla y tribunal competente para conocer de ella.

1...........

También se propondrá declinatoria para denunciar la falta de competencia de todo tipo.

El indicado cauce procedimental, la declinatoria, en sede ejecutiva viene reconocida también explícitamente por el art. 547 de la LEC.

Artículo 547. Declinatoria en la ejecución forzosa.

El ejecutado podrá impugnar la competencia del tribunal proponiendo declinatoria dentro de los cinco días siguientes a aquel en que reciba la primera notificación del proceso de ejecución.

La declinatoria se sustanciará y decidirá conforme a lo previsto en el art. 65 LEC.

DÉCIMA.– El efecto inicial de lo hasta ahora expuesto resulta la suspensión del procedimiento, tanto por lo previsto en el art. 568 de la LEC, como el mandato del art. 64.1 de la LEC.

Artículo 64. Momento procesal de proposición de la declinatoria y efectos inmediatos.

1. La declinatoria se habrá de proponer dentro de los diez primeros días del plazo para contestar a la demanda, o en los cinco primeros días posteriores a la citación para vista, y surtirá el efecto de suspender, hasta que sea resuelta, el plazo para contestar, o el cómputo para el día de la vista, y el curso del procedimiento principal, suspensión que acordará el Secretario judicial.

Artículo 568. Suspensión en caso de situaciones concursales.

2. El Secretario judicial decretará la suspensión de la ejecución en el estado en que se halle en cuanto le sea notificado que el ejecutado se encuentra en situación de concurso.

UNDÉCIMA.– La consecuencia adicional por mor de la indudable incompetencia objetiva de este Juzgado, viene determinada por la Ley Orgánica del Poder Judicial en su art. 238:

CAPÍTULO III. DE LA NULIDAD DE LOS ACTOS JUDICIALES

Artículo 238.

Los actos procesales serán nulos de pleno derecho en los casos siguientes:

Cuando se produzcan por o ante tribunal con falta de jurisdicción o de competencia objetiva o funcional.

DECIMOSEGUNDA.– Así las cosas, de conformidad con el art. 65.3 de la LEC, el Juzgado deberá señalar ante qué órgano habría de usar su derecho la parte ejecutante, siendo en este caso y sin lugar a duda alguna, el Juzgado de lo Mercantil nº........... de..........., por ser el órgano competente de la tramitación no sólo del procedimiento concursal declarado desde el..........., sino de cualquier otra pretensión declarativa, o ejecutiva, que se dirija contra la concursada, tal y como establece el ya citado art. 8.3 de la Ley Concursal y el 86 ter.1.3 de la LOPJ.

DECIMOTERCERA.– Resulta incomprensible cómo la actora, mediando las reiteradas publicaciones legales, y conociendo por su propia personación del procedimiento concursal de mi representada, promueve el procedimiento ejecutivo objeto de los presentes autos sabiendo de la eficacia de la vis atractiva que los procedimientos de insolvencia ocasionan a las acciones que se dirijan contra una sociedad concursada. El intento de eludir la *par conditio creditorum* es inaceptable.

Ni puede instarse la ejecución pretendida de contrario, ni éste es el Juzgado competente para ello.

Sólo la temeridad o mala fe puede dar causa a tan improcedente pretensión ejecutiva, obligando innecesariamente a esta parte —ya de por sí concursada y escasa de medios—, y al propio Juzgado, a dedicar esfuerzos a tan insólita demanda, debiendo por todo ello en su razón imponerse la costas del presente incidente a la ejecutante.

En virtud de lo expuesto,

SUPLICO AL JUZGADO que teniendo por presentado este escrito junto con sus documentos, se sirva admitirlo, tenga por interpuesta en la representación que ostento DECLINATORIA POR FALTA DE COMPETENCIA OBJETIVA, suspendiendo el curso del procedimiento principal, y previo traslado a la ejecutante y los trámites oportunos, acabe dictando Auto por el cual se declare la falta de competencia objetiva de este Juzgado señalando como competente el Juzgado de lo Mercantil nº........... de..........., por hallarse mi representada en estado legal de concurso de acreedores declarado por ése órgano judicial desde el día..........., y declare al amparo de los arts. 238 de la LOPJ la nulidad radical de pleno derecho de cuantas actuaciones se hubieren realizado en el presente procedimiento de ejecución, todo ello con expresa imposición de las costas a la ejecutante habida cuenta la temeridad de su demanda ejecutiva y eventual oposición a lo aquí suplicado.

En..........., a........... de........... de...........

F436. ESCRITO DE LA CONCURSADA INSTANDO DECLINATORIA POR FALTA DE COMPETENCIA OBJETIVA. RESOLUCIÓN DE CONTRATO

AL JUZGADO DE PRIMERA INSTANCIA NÚMERO........... DE...........

.... Procuradora de los Tribunales, en nombre y representación de Don..........., mayor de edad, vecino de..........., calle..........., y con DNI/NIF..........., cuya representación acredito con escritura de poder que, una vez testimoniado en autos solicito me sea devuelto por serme necesario para otros usos, comparezco ante el Juzgado bajo la dirección letrada de Don........... (ICAV...........) y como mejor proceda en derecho DIGO:

PRIMERO.– Que mediante escrito de fecha........... de........... de..........., la sociedad........... S.L. interpuso demanda de juicio ordinario contra mi mandante...........

Dicha demanda fue admitida a trámite por este Juzgado al que respetuosamente nos dirigimos mediante decreto de su Sr. Letrado de fecha........... de........... de........... y se tramita la misma bajo el número de autos de procedimiento ordinario...........

SEGUNDO.– Por la presente, y siguiendo las expresas instrucciones de mi representado, interpongo la correspondiente declinatoria de jurisdicción por falta de competencia objetiva para conocer de la litis reseñada en el número primero precedente, en plazo legal, es decir, dentro los diez primeros días para contestar la demanda, y ello en base a los siguientes:

HECHOS

PRIMERO.– Que como se acaba indicar por escrito de fecha........... de........... de........... la sociedad........... S.L. interpuso contra mi mandante demanda de juicio declarativo ordinario por la que solicitaba a este Juzgado, que

> "1. Declare la resolución del contrato de suministro en exclusiva suscrito por la entidad mercantil «..........., S.L.» y el demandado D........... en fecha..........., por incumplimiento contractual del demandado; y como consecuencia condene a D..........., al pago a mi representada, en concepto de indemnización para el resarcimiento de los perjuicios irrogados por el referido incumplimiento de la cantidad de...........euros, más los intereses legales que se devenguen a partir de la presente reclamación judicial.
>
> 2. Condene al demando al pago a mi representada de la cantidad de........... euros, por los suministros efectuados y no pagados y los gastos de devolución de las correspondientes facturas, y a los intereses legales que se devenguen sobre dicha suma desde la presente reclamación judicial.
>
> 3. Condene expresamente al demandado a las costas que genere el presente procedimiento".

Dicha demanda fue admitida a trámite por este Juzgado al que respetuosamente nos dirigimos mediante decreto de su Sr. Letrado de la Administración de Justicia de fecha........... de........... de........... y se tramita la misma bajo el número de autos de procedimiento ordinario...........

SEGUNDO.– Que como resulta de la propia demanda y del suplico reseñado, por la actora se articula una acción de resolución por incumplimiento por parte de........... S.L. del contrato de suministro en exclusiva de fecha..........., suscrito por las sociedades........... S.L. y la citada........... S.L. y el pago de una indemnización a favor de la actora como consecuencia de la citada resolución contractual que, repetimos, expresamente es suplicada por la actora, ... S.L. en la demanda origen de estas actuaciones.

TERCERO.– Que la sociedad........... S.L. se halla declarada en estado de concurso voluntario de acreedores por auto de fecha........... dictado por el Juzgado de lo Mercantil número........... de..........., autos........... Dicho concurso fue objeto de publicidad en los términos del art. 35 TRLC, mediante inserción del oportuno anuncio en el Boletín Oficial del Estado (BOE), edición de fecha........... de........... de........... (BOE núm. ....) y en el Registro Pu.

Se acompaña como DOCUMENTO NÚMERO UNO a TRES, el mencionado auto de fecha........... de........... de........... (DOCUMENTO UNO), el anuncio del concurso insertado en el BOE (DOCUMENTO DOS) y nota simple del Registro Mercantil de la provincia de........... correspondiente a la sociedad........... S.L., dejando designados a efectos probatorios los citados autos de procedimiento concursal........... seguidos ante el Juzgado de lo Mercantil núm. .... de........... y los archivos y libros del Registro Mercantil de la provincia de...........

CUARTO.– Que de conformidad con los arts. 52, 160 y siguientes TRLC, la competencia exclusiva y excluyente para resolver un contrato cuando una de las partes está declarada en situación de concurso de acreedores y fijar, en su caso, la restitución de prestaciones y la indemnización que pudiese proceder, corresponde, repetimos de forma exclusiva y excluyente, al Juez del concurso y por lo tanto es suya la competencia objetiva para conocer de esta litis y no del Juzgado al que respetuosamente nos dirigimos.

En especial, si como sucede en las presentes actuaciones, se solicita la resolución del contrato por incumplimiento de la concursada, el art. 162 TRLC es claro al señalar que la acción de resolución del contrato por incumplimiento se ejercitará ante el juez del concurso y se sustanciará por los trámites del incidente concursal.

En conclusión, es el juez del concurso, en este caso el Juzgado de lo Mercantil número........... de..........., quien debe resolver la pretensión de la demandante referente a la resolución del citado contrato de fecha........... y fijar, si procede, la correspondiente indemnización, al estar una de las partes contratantes, ... S.L., declarada en situación de concurso de acreedores, careciendo este Juzgado de Primera Instancia núm. .... de........... competencia objetiva para ello, Juzgado, falta de competencia debería ser decretada de oficio por este Juzgado a la vista de lo dispuesto en el art. 9 de la Ley Orgánica del Poder Judicial y 37.2 y 38 de la vigente Ley de Enjuiciamiento Civil.

Y mientras tal resolución contractual no se decrete por el Juez del Concurso, si procede el pago de la indemnización derivada de tal resolución que reclama la actora, nada puede reclamar........... S.L. a mi mandante.

A los anteriores hechos aduzco los siguientes

FUNDAMENTOS DE DERECHO

PRIMERO.– Arts. 63 y 64 LEC sobre la formulación de declinatoria.

SEGUNDO.– Art. 49 de la LEC, que permite al demandado denunciar la falta de competencia objetiva mediante declinatoria.

TERCERO.– Arts. 52, y 160 y ss. TRLC, la competencia exclusiva y excluyente para resolver un contrato cuando una de las partes está declarada en situación de concurso de acreedores corresponde al Juez del concurso y por lo tanto es suya la competencia objetiva y no del Juzgado al que nos dirigimos.

En especial, si, como sucede en las presentes actuaciones, se solicita la resolución del contrato por incumplimiento de la concursada, el art. 162 y ss. TRLC al señalar que la acción de resolución del contrato por incumplimiento se ejercitará ante el juez del concurso y se sustanciará por los trámites del incidente concursal.

CUARTO.– Sobre la apreciación de oficio por este Juzgado de su falta de competencia para conocer de este asunto, art. 9 LOPJ y arts. 37 y 38 LEC.

QUINTO.– Las costas procesales deben ser impuestas a la actora.

En su virtud,

SUPLICO AL JUZGADO: Que teniendo por presentado este escrito junto con sus documentos y copias de todo ello, se sirva admitirlo y tener por formulada la correspondiente cuestión declinatoria de jurisdicción por falta de competencia objetiva, y previos los oportunos trámites legales, incluida la suspensión del plazo para contestar a la demanda origen de estas actuaciones, dicte resolución decretando la falta de competencia objetiva de este Juzgado, absteniéndose del conocimiento de la cuestión planteada, y señalando a las partes como órgano jurisdiccional ante el que deben usar de su derecho el referido Juzgado de lo Mercantil núm. .... de los de............, archivando el presente procedimiento así como cuanto demás proceda en derecho, todo ello con expresa imposición de costas a la actora.

Es Justicia que se SUPLICA en la ciudad de............, a fecha............ de............ de............

F437. ESCRITO INTERPONIENDO RECURSO CONTENCIOSO ADMINISTRATIVO INSTANDO EL EMPLAZAMIENTO DE LA ADMINISTRACIÓN CONCURSAL EN DEFENSA DE LA MASA

AL JUZGADO DE LO CONTENCIOSO ADMINISTRATIVO
DE............ QUE POR TURNO CORRESPONDA

............, Procurador de los Tribunales y de Don............, con domicilio en............, calle............ y DNI/NIF............, cuya representación acredito con la escritura de poder que acompaño al presente, antes este Juzgado comparezco bajo la dirección letrada de Don............ (ICAV............) y como mejor proceda en derecho DIGO:

Que por medio del presente escrito y en la representación que ostento, interpongo recurso contencioso administrativo contra la resolución de fecha............ de............ de............ de............, dictada por el Director............, en el expediente ref............, por el que se resuelve "............".

El acto administrativo impugnado se acompaña como DOCUMENTO...........

En su virtud,

SUPLICO AL JUZGADO que tenga por presentado este escrito junto a los documentos a él acompañados y sus copias, se sirva admitirlo y tener por interpuesto, en tiempo y forma, y en representación de Don..........., recurso contencioso administrativo contra la resolución de fecha........... de........... de........... de..........., dictada por el Director..........., en el expediente ref..........., por el que se resuelve "...........", y previos los oportunos trámites legales, se nos dé traslado del expediente administrativo a efectos de formalizar la oportuna demanda, acordando cuanto demás proceda en derecho.

Es Justicia que suplico en ...., a .... de .... de ....

OTROSÍ DIGO: Que considerando esta parte que la acción ejercitada en el presente recurso contencioso administrativo tiene trascendencia para la masa activa de la sociedad........... S.L., que se halla en estado legal de concurso voluntario de acreedores, declarado por auto de fecha de........... de........... dictado por el Juzgado de lo Mercantil núm. .... de........... (autos procedimiento concursal núm. ....), procede se acuerde por este Juzgado el emplazamiento de la administración concursal de dicho concurso voluntario, a efectos de, si lo estima conveniente tal administración, se persone en el recurso contencioso aquí interpuesto y se le tenga como parte en defensa del interés del concurso.

En su virtud

SUPLICO AL JUZGADO que tenga por hechas las anteriores manifestaciones, y acordar en el sentido expuesto anteriormente.

Lo que SUPLICO en el lugar y fecha arriba reseñados.

F438. ESCRITO DE PERSONACIÓN DE LA ADMINISTRACIÓN CONCURSAL EN JUICIO CONTENCIOSO

Normativa de aplicación: *Arts. 136 y ss. Real Decreto Legislativo 1/2020, de 5 de mayo, por el que se aprueba el texto refundido de la Ley Concursal*

AL JUZGADO DE LO CONTENCIOSO ADMINISTRATIVO NÚM. .... DE...........

..........., Procurador de los tribunales y en representación de la administración concursal del concurso voluntario de........... S.L., que acredito con el poder que acompaño a este escrito, ante este Juzgado comparezco bajo la dirección letrada de Don..........., abogado del Ilustre Colegio de........... (número de colegiado...........) en el recurso contencioso administrativo núm. autos........... seguido por Don........... y como mejor proceda en derecho DIGO:

PRIMERO.– Que ante el Juzgado de lo Mercantil núm. .... de........... y en el procedimiento número de autos..........., se sigue expediente de concurso voluntario de........... S.L. La declaración de concurso voluntario fue acordada por dicho Juzgado mediante auto de fecha........... de........... de dos mil..........., siendo nombrados miembros de la administración concursal, Don..........., quienes aceptó el cargo en fecha de........... de...........

Acreditando lo anterior, se acompaña como DOCUMENTOS........... testimonio del citado auto y de la aceptación del cargo.

SEGUNDO.– Que mediante resolución de este Juzgado de fecha de........... de..........., y al considerar que el presente procedimiento y la acción en él ejercitada pudiera tener trascendencia para la masa activa de la sociedad concursada........... S.L., se nos emplazo a los efectos del art. 136.3 TRLC.

TERCERO.– Que por medio del presente escrito, nos personamos en el presente recurso contencioso administrativo núm. de autos..........., a efectos que se nos tenga por parte en defensa del interés del concurso.

En su virtud,

SUPLICO AL JUZGADO que tenga por presentado el presente escrito, junto a los documentos a él acompañados y copia de todo ello, se sirva admitirlo y por hechas las manifestaciones reseñadas en el cuerpo del mismo y, previos lo oportunos trámites legales, se nos tenga por personada a la administración concursal del concurso voluntario ordinario de la sociedad........... S.L., en el presente recurso contencioso administrativo núm. .... y por parte en el mismo en defensa de del interés del concurso referido, acordando cuanto demás proceda en derecho.

Es Justicia que se Suplica en..........., a........... de........... de...........

F439. SOLICITUD DE ADMINISTRACIÓN CONCURSAL INSTANDO LA ACUMULACIÓN DE JUICIOS AL CONCURSO

Normativa de aplicación: *Arts. 136 y ss. Real Decreto Legislativo 1/2020, de 5 de mayo, por el que se aprueba el texto refundido de la Ley Concursal*

AL JUZGADO DE LO MERCANTIL NÚM. .... DE...........

Don..........., y Don..........., miembros de la administración concursal del concurso voluntario de........... S.L., que se sigue en el presente procedimiento concursal..........., ante este Juzgado de lo Mercantil comparezco en los citados autos........... bajo la dirección letrada de Don..........., abogado del Ilustre Colegio de........... (número de colegiado...........), y como mejor proceda en derecho DIGO:

PRIMERO.– Que en el presente procedimiento número de autos..........., se sigue expediente de concurso voluntario de........... S.L. La declaración de concurso voluntario fue acordada por este Juzgado mediante auto de fecha........... de........... de dos mil...........

SEGUNDO.– Que se tramitan actualmente el siguiente procedimiento judicial, en el que es parte la concursada y en el que no ha recaído sentencia de instancia: Juicio ordinario núm. ...., seguido a instancias de la concursada contra Don........... ante el Juzgado de lo Mercantil núm. .... de esta ciudad, autos..........., ..., sobre reclamación de daños y perjuicios al administrador único de la concursada. En dicho procedimiento, no se ha celebrado el acto del juicio, estando pendiente de señalarse la audiencia previa.

Acreditando lo anterior, se acompaña como DOCUMENTOS........... testimonio judicial de la última actuación recaída en cada una de las citadas actuaciones, así como certificado del Letrado de la Administración de Justicia de los expresados Juzgados sobre el estado en que se halla.

TERCERO.– Que conforme establece el art. 137 TRLC, los juicios declarativos que se encuentren en tramitación a la fecha de la declaración de concurso en los que el concursado sea parte, continuarán sustanciándose ante el mismo tribunal que estuviere conociendo de ellos hasta la firmeza de la sentencia, salvo aquellos que, por disposición TRLC, se acumulen al concurso o aquellos cuya tramitación quede suspendida.

No obstante, por excepción a lo anterior, el art. 137.2 TRLC, los juicios en los que se hubieran ejercitado acciones de responsabilidad contra los administradores o liquidadores, de derecho o hecho; contra la persona natural designada para el ejercicio permanente de las funciones propias del cargo de administrador persona jurídica, contra la persona, cualquiera que sea su denominación, que tenga atribuidas facultades de más alta dirección de la sociedad cuando no exista delegación permanente de facultades del consejo en uno o varios consejeros delegados, y contra los auditores por los daños y perjuicios causados a la persona jurídica concursada, se acumularán de oficio al concurso, siempre que se encuentren en primera instancia y no haya finalizado el acto del juicio o la vista.

Los juicios acumulados continuarán su tramitación ante el juez del concurso conforme al procedimiento por el que viniera sustanciándose la reclamación. Contra la sentencia que se dicte se podrán interponer los recursos que procedieran como si no hubieran sido objeto de acumulación. (art. 138, apartados 2 y 3 TRLC).

CUARTO.– Que a la vista de lo establecido en el art. 138 TRLC, procede la acumulación del expresado juicio núm. de autos ...., al presente procedimiento concursal núm. .... de autos, pues aquel se encuentra en primera instancia, no ha finalizado el acto de juicio o la vista, y tiene por objeto la reclamación de daños y perjuicios a la concursada contra su administrador único.

En su virtud,

SUPLICO AL JUZGADO que tenga por presentado este escrito, junto a los documentos a él acompañados, y sus copias, se sirva admitir todo ello, y se acuerde de oficio la acumulación del juicio reseñado en el apartado segundo de este escrito al presente procedimiento concursal.

Es Justicia que se Suplica en..........., hoy día........... de........... de...........

F440. SOLICITUD DE PARTE PERSONADA INSTANDO LA ACUMULACIÓN DE OFICIO DE JUICIOS AL CONCURSO

Normativa de aplicación: *Arts. 136 y ss. Real Decreto Legislativo 1/2020, de 5 de mayo, por el que se aprueba el texto refundido de la Ley Concursal*

AL JUZGADO DE LO MERCANTIL NÚM. .... DE...........

.... Procurador de los Tribunales y de Don..........., cuya representación tengo acreditada en el presente procedimiento concursal..........., ante este Juzgado de lo Mercantil comparezco en los citados autos........... bajo la dirección letrada de Don..........., abogado del Ilustre Colegio de........... (número de colegiado...........), y como mejor proceda en derecho DIGO:

PRIMERO.– Que en el presente procedimiento número de autos..........., se sigue expediente de concurso voluntario de........... S.L. La declaración de concurso voluntario fue acordada por este Juzgado mediante auto de fecha........... de........... de dos mil...........

SEGUNDO.– Que se tramita actualmente el siguiente procedimiento judicial, en el que es parte la concursada y no ha recaído sentencia de instancia: Juicio ordinario núm. ...., seguido a instancias de la concursada contra Don........... ante el Juzgado de lo Mercantil núm. .... de esta ciudad, autos..........., ..., sobre reclamación de daños y perjuicios al administrador único de la concursada. En dicho procedimiento, no se ha celebrado el acto del juicio, estando pendiente de señalarse la audiencia previa.

Acreditando lo anterior, se acompaña como DOCUMENTOS........... testimonio judicial de la última actuación recaída en cada una de las citadas actuaciones, así como certificado del Letrado de la Administración de Justicia de los expresados Juzgados sobre el estado en que se halla

TERCERO.– Que conforme establece el art. 137 TRLC, los juicios declarativos que se encuentren en tramitación a la fecha de la declaración de concurso en los que el concursado sea parte, continuarán sustanciándose ante el mismo tribunal que estuviere conociendo de ellos hasta la firmeza de la sentencia, salvo aquellos que, por disposición TRLC, se acumulen al concurso o aquellos cuya tramitación quede suspendida.

No obstante, por excepción a lo anterior, el art. 137.2 TRLC, los juicios en los que se hubieran ejercitado acciones de responsabilidad contra los administradores o liquidadores, de derecho o hecho; contra la persona natural designada para el ejercicio permanente de las funciones propias del cargo de administrador persona jurídica, contra la persona, cualquiera que sea su denominación, que tenga atribuidas facultades de más alta dirección de la sociedad cuando no exista delegación permanente de facultades del consejo en uno o varios consejeros delegados, y contra los auditores por los daños y perjuicios causados a la persona jurídica concursada, se acumularán de oficio al concurso, siempre que se encuentren en primera instancia y no haya finalizado el acto del juicio o la vista.

Los juicios acumulados continuarán su tramitación ante el juez del concurso conforme al procedimiento por el que viniera sustanciándose la reclamación. Contra la sentencia que se dicte se podrán interponer los recursos que procedieran como si no hubieran sido objeto de acumulación. (art. 138, apartados 2 y 3 TRLC).

CUARTO.– Que a la vista de lo establecido en el art. 138 TRLC, procede la acumulación del expresado juicio núm. de autos ...., al presente procedimiento concursal núm. .... de autos, pues aquel se encuentra en primera instancia, no ha finalizado el acto de juicio o la vista, y tiene por objeto la reclamación de daños y perjuicios a la concursada contra su administrador único.

En su virtud,

SUPLICO AL JUZGADO que tenga por presentado este escrito, junto a los documentos a él acompañados, y sus copias, se sirva admitir todo ello, y se acuerde de oficio la acumulación del juicio reseñado en el apartado segundo de este escrito al presente procedimiento concursal.

Es Justicia que se Suplica en..........., hoy día........... de........... de...........

F441. DILIGENCIA DE ORDENACIÓN PONIENDO DE MANIFIESTO SOLICITUD DE ACUMULACIÓN DE PROCEDIMIENTOS JUDICIALES AL CONCURSO

Normativa de aplicación: *Arts. 136 y ss. Real Decreto Legislativo 1/2020, de 5 de mayo, por el que se aprueba el texto refundido de la Ley Concursal*

DILIGENCIA DE ORDENACIÓN

Letrado de la Administración de Justicia, Don...........

En..........., a........... de........... de...........

Que en fecha........... de........... de..........., en el presente concurso voluntario de........... S.A., seguido ante este Juzgado de lo Mercantil........... de........... bajo el núm. de autos..........., se presentó por la administración concursal solicitud de acumulación de juicios al presente procedimiento concursal. Ello al amparo del art. 138 TRLC y en los términos de dicho escrito.

Teniendo por presentada la expresada solicitud, dese traslado del mismo y óigase al respecto a la concursada y demás partes personadas por plazo de CINCO (5) DÍAS a contar desde la notificación de la presente diligencia, A la vista de todo ello se acordará lo que proceda en derecho.

Doy cuenta a su Señoría.

Contra la presente resolución, que no es firme, cabe recurso de revisión a interponer en el plazo de CINCO (5) días a contar desde su notificación. A tal efecto téngase en cuenta lo establecido en la DA 15ª LOPJ sobre depósito para recurrir.

Lo que acuerda, manda y firma Don..........., en el lugar y fecha señaladas "ut supra".

F442. AUTO ACORDANDO LA ACUMULACIÓN DE JUICIOS AL CONCURSO A SOLICITUD DE LA ADMINISTRACIÓN CONCURSAL

Normativa de aplicación: *Arts. 136 y ss. Real Decreto Legislativo 1/2020, de 5 de mayo, por el que se aprueba el texto refundido de la Ley Concursal*

En la ciudad de........... a........... de........... de...........

ANTECEDENTES DE HECHO

PRIMERO.– Que en fecha........... de........... de........... y por la administración concursal, se solicitó de este Juzgado la acumulación de determinados juicios al presente procedimiento concursal. Ello en los términos de tal solicitud y que a continuación se transcribe:...........

SEGUNDO.– De dicho escrito se dio traslado a efectos de alegaciones tanto a la concursada como a las demás partes personadas, con el resultado obrante en autos.

FUNDAMENTOS DE DERECHO

PRIMERO.– Que este Juez es competente para conocer de la acumulación de juicios al presente proceso (art. 44, 45 y 138 TRLC).

SEGUNDO.– Que este Juez igualmente está legitimado para acordar de oficio la acumulación reseñada (art. 138.1 TRLC).

TERCERO.– Que se tramita actualmente el siguiente procedimiento judicial, en el que es parte la concursada y no ha recaído sentencia de instancia: Juicio ordinario núm. ...., seguido a instancias de la concursada contra Don........... ante el Juzgado de lo *Mercantil núm.* .... de esta ciudad, autos..........., ..., sobre reclamación de daños y perjuicios al administrador único de la concursada. En dicho procedimiento, no se ha celebrado el acto del juicio, estando pendiente de señalarse la audiencia previa.

Acreditando lo anterior, se acompaña como DOCUMENTOS............ testimonio judicial de la última actuación recaída en cada una de las citadas actuaciones, así como certificado del Letrado de la Administración de Justicia de los expresados Juzgados sobre el estado en que se halla

CUARTO.– Que conforme establece el art. 137 TRLC, los juicios declarativos que se encuentren en tramitación a la fecha de la declaración de concurso en los que el concursado sea parte, continuarán sustanciándose ante el mismo tribunal que estuviere conociendo de ellos hasta la firmeza de la sentencia, salvo aquellos que, por disposición TRLC, se acumulen al concurso o aquellos cuya tramitación quede suspendida.

No obstante, por excepción a lo anterior, el art. 137.2 TRLC, los juicios en los que se hubieran ejercitado acciones de responsabilidad contra los administradores o liquidadores, de derecho o hecho; contra la persona natural designada para el ejercicio permanente de las funciones propias del cargo de administrador persona jurídica, contra la persona, cualquiera que sea su denominación, que tenga atribuidas facultades de más alta dirección de la sociedad cuando no exista delegación permanente de facultades del consejo en uno o varios consejeros delegados, y contra los auditores por los daños y perjuicios causados a la persona jurídica concursada, se acumularán de oficio al concurso, siempre que se encuentren en primera instancia y no haya finalizado el acto del juicio o la vista.

Los juicios acumulados continuarán su tramitación ante el juez del concurso conforme al procedimiento por el que viniera sustanciándose la reclamación. Contra la sentencia que se dicte se podrán interponer los recursos que procedieran como si no hubieran sido objeto de acumulación. (art. 138, apartados 2 y 3 TRLC).

QUINTO.– Que a la vista de lo establecido en los arts. 138.1 TRLC, procede la acumulación del expresado procedimiento al presente procedimiento concursal núm. .... de autos, pues aquel se encuentra en primera instancia, no ha finalizado el acto de juicio o la vista, y tiene por objeto la reclamación de daños y perjuicios a la concursada contra su administrador único.

Visto lo expuesto y demás normativa de aplicación

DISPONGO

Acumular al presente procedimiento concursal núm. de autos............, el Juicio ordinario núm. ...., seguido a instancias de la concursada contra Don............ ante el Juzgado de lo Mercantil núm. .... de............, juicio ordinario este que continuará su tramitación ante el juez del concurso conforme al procedimiento por el que viene sustanciándose la reclamación, pudiéndose interponer contra la sentencia que se dicte, los recursos que procedieran como si no hubiera sido objeto de acumulación a las presentes actuaciones.

Comuníquese el presente auto al Juzgado lo mercantil núm. .... de............, y al............, librándose los oportunos y atentos oficios.

Notifíquese la resolución al deudor, administración concursal y demás partes personadas a través de su representación procesal, haciéndole saber que contra la misma cabe recurso de reposición a interponer en el plazo de cinco días a contar desde la notificación del presente auto.

Todo lo cual pronuncia, manda y firma el Ilmo. Sr. …………, Magistrado Juez del Juzgado de lo Mercantil núm. ………… de…………

F443. SOLICITUD DE LA ADMINISTRACIÓN CONCURSAL A EFECTOS DE ALLANARSE A DEMANDA FORMULADA EN PROCEDIMIENTO JUDICIAL

Normativa de aplicación: *Arts. 120 y ss. Real Decreto Legislativo 1/2020, de 5 de mayo, por el que se aprueba el texto refundido de la Ley Concursal*

AL JUZGADO DE LO MERCANTIL NÚM. ………… DE…………

Don…………, administración concursal del concurso necesario de………… S.L., que se tramita en el presente procedimiento concursal…………, ante este Juzgado de lo Mercantil comparezco en los citados autos…………, y como mejor proceda en derecho DIGO:

PRIMERO.– Que en el presente procedimiento número de autos…………, se sigue expediente de concurso necesario de………… S.L. La declaración de concurso necesario fue acordada por este Juzgado mediante auto de fecha………… de………… de dos mil…………, habiéndose decretado la suspensión del ejercicio por la deudora de las facultades de administración y disposición sobre la masa activa, siendo sustituido por esta administración concursal.

SEGUNDO.– Que en el Juzgado de Primera Instancia núm. ………… de…………, se sustancia el juicio ordinario núm. ………… de autos, instado contra la concursada por………… S.A. en reclamación de………… El citado procedimiento se halla actualmente en…………, habiéndose personado esta administración concursal en sustitución del concursado.

TERCERO.– Que conforme establece el art. 120.4 TRLC la administración concursal necesitará autorización del juez del concurso para desistir, allanarse, total o parcialmente, y transigir litigios que se hubieran iniciado antes de la declaración del concurso. De la solicitud de autorización presentada por la administración concursal, el Letrado de la Administración de Justicia dará traslado al concursado y a aquellas partes personadas en el procedimiento que el juez estime deban ser oídas.

En los casos a que se refiere el párrafo anterior, las costas impuestas como consecuencia del allanamiento o del desistimiento autorizados por el juez tendrán la consideración de crédito concursal. En caso de transacción, se estará a lo pactado por las partes en materia de costas.

CUARTO.– Que a la vista del estado en que se halla el citado procedimiento y el concurso de........... S.L., es conveniente para el interés del concurso el allanamiento a la demanda formulada por........... S.A., toda vez que...........

Acreditando lo anterior se acompañan los siguientes DOCUMENTOS señalados de número.......................

En su virtud,

SUPLICO AL JUZGADO que tenga por presentado este escrito, junto a los documentos a él acompañados, y sus copias, se sirva admitir todo ello, y tener por solicitado al amparo de lo dispuesto en el art. 120.4 TRLC, autorización para allanarse a la demanda formulada por........... S.A. contra la concursada, acordando cuanto demás proceda en derecho.

Es Justicia que se Suplica en..........., hoy día........... de........... de...........

F444. SOLICITUD DE LA ADMINISTRACIÓN CONCURSAL A EFECTOS DE DESISTIR DE DEMANDA FORMULADA EN PROCEDIMIENTO JUDICIAL

Normativa de aplicación: *Arts. 120 y ss. Real Decreto Legislativo 1/2020, de 5 de mayo, por el que se aprueba el texto refundido de la Ley Concursal*

AL JUZGADO DE LO MERCANTIL NÚM. .... DE...........

Don..........., administración concursal del concurso necesario de........... S.L., que se tramita en el presente procedimiento concursal..........., ante este Juzgado de lo Mercantil comparezco en los citados autos..........., y como mejor proceda en derecho DIGO:

PRIMERO.– Que en el presente procedimiento número de autos..........., se sigue expediente de concurso necesario de........... S.L. La declaración de concurso necesario fue acordada por este Juzgado mediante auto de fecha........... de........... de dos mil..........., habiéndose decretado la suspensión del ejercicio por la deudora de las facultades de administración y disposición sobre la masa activa, siendo sustituido por esta administración concursal.

SEGUNDO.– Que en el Juzgado de Primera Instancia núm. .... de..........., se sustancia el juicio ordinario núm. .... de autos, instado por la concursada contra........... S.A. en reclamación de........... El citado procedimiento se halla actualmente en..........., habiéndose personado esta administración concursal en sustitución del concursado.

TERCERO.– Que conforme establece el art. 120.4 TRLC la administración concursal necesitará autorización del juez del concurso para desistir, allanarse, total o parcialmente, y transigir litigios que se hubieran iniciado antes de la declaración del concurso. De la solicitud de autorización presentada por la administración concursal, el Letrado de la Administración de Justicia dará traslado al concursado y a aquellas partes personadas en el procedimiento que el juez estime deban ser oídas.

En los casos a que se refiere el párrafo anterior, las costas impuestas como consecuencia del allanamiento o del desistimiento autorizados por el juez tendrán la consideración de crédito concursal. En caso de transacción, se estará a lo pactado por las partes en materia de costas.

CUARTO.– Que a la vista del estado en que se halla el citado procedimiento y el concurso de........... S.L., es conveniente para el interés del concurso el desistimiento de la demanda formulada por la concursada contra........... S.A., toda vez que...........

Acreditando lo anterior se acompañan los siguientes DOCUMENTOS señalados de número...........:...........

En su virtud,

SUPLICO AL JUZGADO que tenga por presentado este escrito, junto a los documentos a él acompañados, y sus copias, se sirva admitir todo ello, y tener por solicitado al amparo de lo dispuesto en el art. 120.4 TRLC, autorización para desistir de la demanda formulada contra........... S.A. por la concursada, acordando cuanto demás proceda en derecho.

Es Justicia que se Suplica en..........., hoy día........... de........... de...........

F445. SOLICITUD DE LA ADMINISTRACIÓN CONCURSAL A EFECTOS DE TRANSACCIONAR PROCEDIMIENTO JUDICIAL

Normativa de aplicación: *Arts. 120 y ss. Real Decreto Legislativo 1/2020, de 5 de mayo, por el que se aprueba el texto refundido de la Ley Concursal*

AL JUZGADO DE LO MERCANTIL NÚM. .... DE...........

Don..........., administración concursal del concurso necesario de........... S.L., que se tramita en el presente procedimiento concursal..........., ante este Juzgado de lo Mercantil comparezco en los citados autos..........., y como mejor proceda en derecho DIGO:

PRIMERO.– Que en el presente procedimiento número de autos..........., se sigue expediente de concurso necesario de........... S.L. La declaración de concurso necesario fue acordada por este Juzgado mediante auto de fecha........... de........... de dos mil..........., habiéndose decretado la suspensión del ejercicio por la deudora de las facultades de administración y disposición sobre la masa activa, siendo sustituido por esta administración concursal.

SEGUNDO.– Que en el Juzgado de Primera Instancia núm. .... de............, se sustancia el juicio ordinario núm. .... de autos, instado contra la concursada por............ S.A. en reclamación de............ El citado procedimiento se halla actualmente en............, habiéndose personado esta administración concursal en sustitución del concursado.

TERCERO.– Que conforme establece el art. 120.4 TRLC la administración concursal necesitará autorización del juez del concurso para desistir, allanarse, total o parcialmente, y transigir litigios que se hubieran iniciado antes de la declaración del concurso. De la solicitud de autorización presentada por la administración concursal, el Letrado de la Administración de Justicia dará traslado al concursado y a aquellas partes personadas en el procedimiento que el juez estime deban ser oídas.

En los casos a que se refiere el párrafo anterior, las costas impuestas como consecuencia del allanamiento o del desistimiento autorizados por el juez tendrán la consideración de crédito concursal. En caso de transacción, se estará a lo pactado por las partes en materia de costas.

CUARTO.– Que a la vista del estado en que se halla el citado procedimiento y el concurso de............ S.L., es conveniente para el interés del concurso transaccional la controversia judicial planteada en los siguientes términos............

Ello por cuanto que............

Acreditando lo anterior se acompañan los siguientes DOCUMENTOS señalados de número............:............

En su virtud,

SUPLICO AL JUZGADO que tenga por presentado este escrito, junto a los documentos a él acompañados, y sus copias, se sirva admitir todo ello, y tener por solicitado al amparo de lo dispuesto en el art. 120.4 TRLC, autorización para transaccionar la controversia planteada en el juicio ordinario............ seguido ante el Juzgado de Primera Instancia núm. .... de............ por............ S.A. contra la concursada, acordando cuanto demás proceda en derecho.

Es Justicia que se Suplica en............, hoy día............ de............ de............

F446. SOLICITUD DE LA ADMINISTRACIÓN CONCURSAL AL JUZGADO PARA TRANSIGIR EN PROCEDIMIENTOS LABORALES

Normativa de aplicación: *Arts. 120 y ss. Real Decreto Legislativo 1/2020, de 5 de mayo, por el que se aprueba el texto refundido de la Ley Concursal.*

Concurso Ordinario ..../.......

Concursados: .... S.L, ... S.L, ... S.L y .... S.L.

AL JUZGADO DE LO MERCANTIL NÚMERO .... DE ....

DOÑA .... , Procuradora de los Tribunales y de las mercantiles .... SL, ... SL, ... SL y .... SL, según tengo ya acreditado, ante el Juzgado comparezco, en los Autos de Concurso Ordinario ..../......., bajo la dirección letrada de DON ...., colegiado N.° .... del Iltre. Colegio de Abogacía de ...., y DON .... en representación de ...., Administrador Concursal designado en el procedimiento de Concurso Ordinario Voluntario de las mercantiles, ante el Juzgado comparezco y como mejor en derecho proceda, DICEN:

PRIMERO. - Que con anterioridad a la declaración de concurso voluntario de las mercantiles .... S.L, ... S.L, ... S.L Y .... S.L., que se produjo mediante auto de 2 de octubre de ...., en concreto con fecha 1 de julio de ...., se produjo la extinción de la totalidad de las relaciones laborales existentes con las personas trabajadoras contratadas en dichas mercantiles, quienes iniciaron dentro del plazo de caducidad de la acción legalmente establecido de veinte (20) días, los correspondientes procedimientos judiciales en impugnación de dichos despidos y en reclamación de las cantidades adeudadas en concepto de salarios y saldo y finiquito.

SEGUNDO.- Que se entiende favorable a los intereses del concurso alcanzar un acuerdo en la conciliación de dichos procedimientos ya iniciados para reconocer la improcedencia de dichos despidos y los importes adeudados en concepto de salarios y saldo y finiquito, en tanto que existe la posibilidad de que dichos despidos pudieran ser declarados nulos, lo que implicaría la obligación de abonar salarios de tramitación y las cotizaciones a la seguridad del periodo comprendido entre la fecha del despido y la fecha de la resolución judicial que declare dicha nulidad.

TERCERO.- Que a la vista de lo anterior y conforme a lo expresamente establecido en el artículo 120.4 del Real Decreto Legislativo 1/2020, de 5 de mayo, por el que se aprueba el texto refundido de la Ley Concursal, por medio del presente se solicita la correspondiente autorización del juez del concurso para transigir en conciliación judicial los litigios ya iniciados como consecuencia de las impugnaciones de los despidos de las personas trabajadoras que formaban parte de la plantilla de las mercantiles concursadas.

En su virtud,

SUPLICO AL JUZGADO que teniendo por presentado este escrito con las manifestaciones en él contenidas, se sirva a admitirlo a los efectos oportunos, acordando proceder conforme a lo solicitado, a conceder la correspondiente autorización para transigir en conciliación judicial los litigios ya iniciados como consecuencia de las impugnaciones de los despidos de las personas trabajadoras que formaban parte de la plantilla de las mercantiles concursadas, en el sentido de reconocerles la improcedencia de dichos despidos, las condiciones laborales de salario y antigüedad reclamadas y que determinan el importe de la indemnización, así como las cantidades adeudadas en concepto de salarios y saldo y finiquito, pues se considera que dicho acuerdo es beneficioso para el concurso ante el riesgo de que dichas extinciones de las relaciones laborales puedan decretarse nulas.

Es Justicia que pido en ...., a .... de .... de dos mil ....

F447. IMPUGNACIÓN DE RECURSO DE REPOSICIÓN CONTRA DILIGENCIA QUE NO ADMITE LA SUSTITUCIÓN DE ADMINISTRADOR CONCURSAL EN PLEITOS

Normativa de aplicación: *Arts. 120 y ss. Real Decreto Legislativo 1/2020, de 5 de mayo, por el que se aprueba el texto refundido de la Ley Concursal*

AL JUZGADO DE LO MERCANTIL

..........., Procuradora de los Tribunales y de..........., administrador concursal de las mercantiles..........., con CIF..........., todas las citadas mercantiles con domicilio en..........., cuya representación consta acreditada en las presentes actuaciones, ante este Juzgado comparezco bajo la dirección letrada de Don..........., abogado del Ilustre Colegio de ...., en los autos de incidente concursal número..........., y como mejor proceda en Derecho DIGO:

I.– Que se notificó a esta parte Diligencia de Ordenación de fecha ....dictada por este Juzgado, al que respetuosamente me dirijo, por la que se acuerda unir a los presentes autos de incidente concursal el escrito presentado el .... por la representación procesal de las mercantiles..........., teniendo por hechas las manifestaciones que se contienen en el mismo.

II.– Que mediante escrito de fecha ....la administración concursal de las mercantiles..........., interpuso recurso de reposición contra la citada Diligencia de ordenación de fecha ....por infracción de los artículos 7.4 y 9 de la LEC, así como de los artículos 145.1 y 120.2 TRLC, todo en los términos recogidos en el citado escrito de fecha ...., que aquí se dan por íntegramente reproducidos en aras de una mayor brevedad.

III.– Que se ha notificado a esta parte Diligencia de Ordenación de fecha .... dictada por este Juzgado, por la que se deja constancia de la interposición del citado recurso de reposición contra la Diligencia de Ordenación de fecha..........., concediéndose traslado a las demás partes personadas por plazo común de cinco días a fin de que puedan impugnar el recurso si lo estiman conveniente.

IV.– Que esta parte por el presente escrito, dentro del plazo de cinco días señalado en la citada diligencia de ordenación de fecha .... y de conformidad con lo establecido en el artículo 453 de la Ley de Enjuiciamiento Civil formula IMPUGNACIÓN AL RECURSO DE REPOSICIÓN citado, con base en las siguientes

ALEGACIONES

ÚNICA.– Que la administración concursal de las mercantiles..........., fundamenta (erróneamente en opinión de esta parte) su recurso de reposición en una supuesta vulneración de los arts. 120.2 y 413.2 TRLC, en base a los siguientes hechos:

1.– Que las mercantiles .... fueron declaradas en concurso, acordándose por el Juez del concurso la suspensión de sus facultades de administración y disposición de la masa activa.

2.– Que la administración concursal de las mercantiles .... se ha personado en los presentes autos de incidente concursal, presentado un escrito de contestación de demanda incidental y otro de alegaciones a escrito de ampliación de hechos nuevos.

3.– Que como consecuencia de los dos hechos anteriores, se ha producido la sustitución procesal a que hace referencia el art. 120.2 TRLC, y por lo tanto la representación y defensa de las mercantiles..........., se ha de llevar a cabo a través de su administrador concursal.

4.– Que como consecuencia de dicha sustitución procesal y una vez producida la misma, el escrito presentado el .... por la representación procesal de las mercantiles .... "es del todo improcedente" y las actuaciones procesales efectuadas por dicha representación procesal "habrán de entenderse por no efectuadas".

5.– Finalmente y como consecuencia de lo anterior, que la Diligencia de Ordenación de fecha .... dictada por este Juzgado, al acordar unir a los presentes autos de incidente concursal el citado escrito presentando el .... por la representación procesal de las mercantiles .... teniendo por hechas las manifestaciones que se contienen en el mismo, ha vulnerado lo dispuesto en los arts. 413.2 y 120.2 TRLC.

Esta parte se opone a todos los hechos alegados por la administración concursal de las mercantiles .... en su escrito de interposición de recurso de reposición al entender esta parte que en este supuesto, no es de aplicación lo dispuesto en el art. 120.2 TRLC y por lo tanto que no se ha producido la sustitución procesal a la que alude dicho precepto legal, ni se ha vulnerado lo dispuesto en el mismo, todo ello en base a los siguientes hechos:

1.– *Que el artículo 120.2 TRLC no es aplicable a esta Litis* ya que se refiere a los supuestos en los que en el auto de declaración de concurso en lugar de la intervención de las facultades de administración y disposición de la concursada, se acuerda directamente la suspensión de dichas facultades; en cambio en este caso la suspensión de facultades es consecuencia de la apertura de la liquidación.

2.– Que el artículo 120.2 TRLC no es aplicable a este supuesto, *porque se refiere a procedimientos judiciales en tramite a la fecha de la declaración del concurso* en los que sea parte la concursada *y en este supuesto se trata de ....*

3.– Que es pacíficamente admitido por nuestra Jurisprudencia que cualquier sociedad mercantil durante la fase de liquidación del concurso *conserva su personalidad jurídica y en ningún momento la apertura de la fase de liquidación del concurso, supone una pérdida total de la capacidad procesal* de la mercantil concursada (lo cual supondría una posible vulneración de lo dispuesto en el art. 24 de la Constitución Española). Por otro lado la Ley Concursal en su art. 413.3 TRLC legitima a la mercantil concursada en fase de liquidación para personarse y defenderse sola y de forma separada de la administración concursal, tanto en el procedimiento del concurso como en los incidentes en que sea parte.

En este sentido cabe citar la Sentencia de la Audiencia Provincial de Valencia, de fecha 28 de junio de 2011 y la Sentencia del Tribunal Supremo de fecha 15 de octubre de 2018.

En conclusión y en base a lo anterior, esta parte entiende que no ha habido ninguna vulneración de los artículos 120.2 y 413.2 TRLC, y que por lo tanto debe ser desestimado el recurso de reposición interpuesto por la administración concursal de las mercantiles ....confirmándose íntegramente la diligencia de ordenación recurrida.

Por todo lo expuesto,

SUPLICO AL JUZGADO, que teniendo por presentado este escrito se sirva admitirlo y en su virtud tenga por formulada en tiempo y forma impugnación al citado recurso de reposición presentado mediante escrito de fecha ....y tras los trámites legales pertinentes dicte auto que, desestimando el recurso de reposición interpuesto de contrario, confirme íntegramente la resolución recurrida.

Es Justicia que se suplica en ...., a...........

ABOGADO PROCURADOR

F448. TRANSACCIÓN DE RECLAMACIÓN JUDICIAL Y RESOLUCIÓN DE CONTRATO DE COMPRAVENTA DE INMUEBLE

En..........., a...........de...........de...........

De una parte, la sociedad..........., S.L. domiciliada en..........., calle........... Y CIF........... Actúa en su nombre y representación su administrador único Don..........., con domicilio en..........., y DNI/NIF...........

De otra parte, Doña..........., con domicilio en..........., y DNI/NIF........... Actúa en su propio nombre y representación y por si.

Y Don..........., abogado, con domicilio en........... y DNI/NIF..........., quien actúa e interviene en su condición de administrador concursal de........... S.L., cuyo concurso de acreedores se tramita, con la consideración de voluntario, en el procedimiento concursal seguido ante el Juzgado de lo Mercantil núm. .... de..........., bajo el núm. de autos........... En fecha........... se dictó auto de declaración del citado concurso, que sometía el ejercicio de las facultades de disposición y administración de su patrimonio por el deudor a la necesaria intervención de la administración concursal.

DECLARAN Y CONVIENEN

I.– Que en fecha..........., Doña........... interpuso frente a........... S.L. demanda solicitando la resolución de un contrato de compraventa de fecha..........., por el que Doña........... adquirió una vivienda sita en..........., así como la restitución de las cantidades por ella entregadas a cuenta del precio de la referida compraventa.

Dicha demanda dio lugar al procedimiento ordinario núm. .... de autos, que se sustancia ante el Juzgado de Primera Instancia núm. .... de........... En el expresado procedimiento por........... S.L. se contestó a la demanda, oponiéndose a la misma e instando su integra desestimación con expresa condena en costas a la actora. Además, ha formulado reconvención pretendiendo el integro cumplimiento del referido contrato con entrega del inmueble y pago de la parte del precio pendiente de ello.

II.– Que, en este acto, las partes aquí comparecientes, al amparo y de conformidad con lo previsto en los arts. 1255 y 1809 CC y 19 LEC, transaccionan y resuelven de manera completa, total y definitiva la citada controversia judicial y ponen fin al citado procedimiento autos........... Ello en los términos que se reseñan en los apartados siguientes.

III.– En este acto, Doña........... y........... S.L., esta última mercantil con la intervención de la administración concursal, resuelven de mutuo acuerdo y, por lo tanto, dejan sin efecto el contrato de compraventa que fue suscrito entre las partes, en fecha........... de........... de..........., correspondiente a la vivienda........... sita en...........

IV.– La Sra..........., renuncia a la devolución por la vendedora de las cantidades que, en su día y por importe de...........euros, la primera le entregó a........... S.L. en concepto de pago a cuenta del precio de la compraventa y que la vendedora hace suyas en concepto de indemnización por los daños y perjuicios causados, renunciando y desistiendo de su demanda reconvencional en la que se instaba el cumplimiento del referido contrato de compraventa.

V.– Que con el anterior acuerdo expresamente las partes reconocen que nada se adeudan ni tienen que reclamarse entre si, por el concepto que sea, incluido costas procesales, con relación al objeto del referido juicio ordinario........... y/o la compraventa en el apartado I de este contrato. Y renuncian formal y expresamente a las acciones que vienen ejercitando en el citado procedimiento judicial y a cualesquiera otras derivadas de los mismos hechos objeto de éste dando por resuelto el referido contrato de compraventa en los términos expuestos en este documento sin nada que reclamarse.

VI.– Ambas partes se comprometen a desistir y poner fin al antes reseñado procedimiento ordinario número de autos........... ante el Juzgado de Primera Instancia número........... de..........., siendo de cargo de cada una de las partes las costas procesales generadas o que puedan generarse en el citado procedimiento de tal forma que si como consecuencia de tal desistimiento se condenase en costas a una de las partes, la otra renuncia expresamente a la reclamación de las mismas.

VII.– Dado que la sociedad........... S.L. se halla declarada en estado de concurso de acreedores, la eficacia del presente acuerdo queda sometida y condicionada suspensi*vamente a la autorización* u homologación de su contenido por el Juzgado de lo Mercantil núm. .... de........... en el procedimiento concursal...........

Y para que así conste, se suscribe el presente documento, por triplicado ejemplar, en el lugar y fecha señalados "ut supra".

F449. DILIGENCIA DE ORDENACIÓN PONIENDO DE MANIFIESTO SOLICITUD DE AUTORIZACIÓN PARA ALLANARSE/TRANSIGIR/ DESISTIR DE PROCEDIMIENTOS JUDICIALES

Normativa de aplicación: *Arts. 120 y ss. Real Decreto Legislativo 1/2020, de 5 de mayo, por el que se aprueba el texto refundido de la Ley Concursal*

DILIGENCIA DE ORDENACIÓN

Letrado de la Administración de Justicia, Don...........

En..........., a........... de........... de...........

Que en fecha........... de........... de..........., en el presente concurso voluntario de........... S.A., seguido ante este Juzgado de lo Mercantil........... de........... bajo el núm. de autos..........., se presentó por la administración concursal solicitud de autorización para transigir/allanarse/desistir de .... Ello al amparo del art. 120 TRLC y en los términos de dicho escrito.

Teniendo por presentada la expresada solicitud, dese traslado del escrito y óigase al respecto a la concursada y demás partes personadas por plazo de CINCO (5) DÍAS a contar desde la notificación de la presente diligencia, A la vista de todo ello se acordará lo que proceda en derecho.

Doy cuenta a su Señoría.

Contra la presente resolución, que no es firme, cabe recurso de revisión a interponer en el plazo de CINCO (5) días a contar desde su notificación. A tal efecto téngase en cuenta lo establecido en la DA 15ª LOPJ sobre depósito para recurrir.

Lo que acuerda, manda y firma Don..........., en el lugar y fecha señaladas "ut supra".

F450. AUTO AUTORIZANDO A LA ADMINISTRACIÓN CONCURSAL ALLANAMIENTO/DESISTIMIENTO/TRANSACCIÓN

Normativa de aplicación: *Arts. 120 y ss. Real Decreto Legislativo 1/2020, de 5 de mayo, por el que se aprueba el texto refundido de la Ley Concursal*

En la ciudad de........... a........... de........... de...........

ANTECEDENTES DE HECHO

PRIMERO.– Que en fecha........... de........... de........... y por la administración concursal del concurso necesario de........... S.L., se solicitó de este Juzgado autorización para desistir/allanarse/transaccionar en el juicio ordinario seguido ante el Juzgado de Primera Instancia núm. .... de........... Ello en los términos de tal solicitud y que a continuación se transcribe:...........

SEGUNDO.– De la citada solicitud se dio traslado al deudor y a..........., partes personadas en el concurso que este Juzgado estimó debían ser oídas respecto de su objeto, con el resultado obrante en autos.

FUNDAMENTOS DE DERECHO

PRIMERO.– Que este Juez es competente para conocer de la solicitud de autorización para desistir/allanarse/transaccionar (art. 44, 45 y 120.4 TRLC).

SEGUNDO.– Que la administración concursal está legitimado para solicitar la autorización reseñada (art. 120.4 TRLC).

TERCERO.– Que la solicitud formulada reúne los requisitos de forma establecidos en la Ley.

CUARTO.– Que conforme establece el art. 120.4 TRLC la administración concursal necesitará autorización del juez del concurso para desistir, allanarse, total o parcialmente, y transigir litigios que se hubieran iniciado antes de la declaración del concurso. De la solicitud de autorización presentada por la administración concursal, el Letrado de la Administración de Justicia dará traslado al concursado y a aquellas partes personadas en el procedimiento que el juez estime deban ser oídas.

En los casos a que se refiere el párrafo anterior, las costas impuestas como consecuencia del allanamiento o del desistimiento autorizados por el juez tendrán la consideración de crédito concursal. En caso de transacción, se estará a lo pactado por las partes en materia de costas.

QUINTO.– Sentado lo anterior, un examen de la solicitud formulada nos lleva a estimar la misma, pues conviene al interés del concurso la transacción/allanamiento/desistimiento cuya autorización se solicita toda vez que...........

Y no empece lo anterior, la alegación formulada por el deudor en el sentido que..........., pues...........

Visto lo expuesto y demás normativa de aplicación

DISPONGO

Estimar la solicitud formulada por la administración concursal mediante escrito de fecha de............ de............ y, por lo tanto, autorizar la transacción/allanamiento/desistimiento instada por la administración concursal, de conformidad y en los términos previstos en el art. 120.4 TRLC.

Notifíquese la resolución al deudor, administración concursal y demás partes personadas a través de su representación procesal, haciéndole saber que contra la misma cabe recurso de reposición a interponer en el plazo de cinco días a contar desde la notificación del presente auto.

De conformidad con lo establecido en la Disposición Adicional 15ª LOPJ (según la redacción dada por la LO 1/09), la interposición de recurso contra resoluciones judiciales, no podrá ser admitida a trámite sin la acreditación del depósito previsto en la citada Ley a efectos de recurrir, debiendo presentarse copia o resguardo de tal depósito en las cuenta de consignaciones de este Juzgado.

Todo lo cual pronuncia, manda y firma el Ilmo. Sr. ...., Magistrado Juez del Juzgado de lo Mercantil núm. .... de............

F451. SOLICITUD DEL DEUDOR CONCURSADO A LA ADMINISTRACIÓN CONCURSAL A EFECTOS DE INTERPONER DEMANDA/RECURSO QUE AFECTA A LA MASA ACTIVA

Normativa de aplicación: *Arts. 119 y ss. Real Decreto Legislativo 1/2020, de 5 de mayo, por el que se aprueba el texto refundido de la Ley Concursal*

A LA ADMINISTRACIÓN CONCURSAL DEL CONCURSO VOLUNTARIO DE............ S.L.

Muy Sres. Nuestros:

I.– Que en el procedimiento número de autos............, se sigue expediente de concurso voluntario de............ S.L. La declaración de concurso voluntario fue acordada por el Juzgado de lo Mercantil núm. .... de............, mediante auto de fecha............ de............ de dos mil............, habiéndose decretado la intervención de las facultades de administración y disposición por el concursado sobre la masa activa.

II.– Que conforme establece el art. 119.1 TRLC, en caso de intervención, el deudor conservará la capacidad para actuar en juicio, pero necesitará la autorización de la administración concursal para presentar demandas, interponer recursos, desistir, allanarse total o parcialmente y transigir litigios cuando la materia litigiosa pueda afectar a la masa activa.

III.– Que esta parte entiende que es conveniente para el interés del concurso, interponer demanda de juicio ordinario en reclamación de cantidad por importe de...........euros más sus correspondientes intereses legales contra Don..........., toda vez que........... Dicha demanda afecta al patrimonio de la concursada.

ALTERNATIVA: Que esta parte entiende que es conveniente para el interés del concurso, interponer recurso de apelación contra la sentencia dictada por el Juzgado de Primera Instancia núm. .... de..........., en los autos de juicio ordinario núm. ...., por la que se condena a........... S.L. a pagar a Don........... la suma de...........euros más intereses legales desde interposición de la demanda.

Por lo expuesto y de conformidad con lo previsto en el art. 119.1 TRLC, se solicita autorización para interponer la citada demanda/recurso.

En........... a........... de........... de...........

F452. ESCRITO DE LA ADMINISTRACIÓN CONCURSAL SOLICITANDO AUTORIZACIÓN PARA INTERPONER DEMANDA ANTE NEGATIVA DE LA DEUDORA

Normativa de aplicación: *Arts. 119 y ss. Real Decreto Legislativo 1/2020, de 5 de mayo, por el que se aprueba el texto refundido de la Ley Concursal*

AL JUZGADO DE LO MERCANTIL NÚM. .... DE...........

Don..........., administración concursal del concurso necesario de........... S.L., que se tramita en el presente procedimiento concursal..........., ante este Juzgado de lo Mercantil comparezco en los citados autos..........., y como mejor proceda en derecho DIGO:

PRIMERO.– Que en el presente procedimiento número de autos..........., se sigue expediente de concurso voluntario de Don........... La declaración de concurso voluntario fue acordada por este Juzgado mediante auto de fecha........... de........... de dos mil..........., habiéndose decretado la intervención del ejercicio por la deudora de las facultades de administración y disposición sobre la masa activa.

SEGUNDO.– Que pese a los constantes requerimientos verbales y escritos dirigidos a la concursada, a los efectos de que interponga demanda contra........... en reclamación de..........., pues así lo requiere los intereses del concurso, la deudora se niega sistemáticamente a ello.

TERCERO.– Que conforme señala el art. 119.2 TRLC, en caso de intervención, si la administración concursal estimara conveniente para el interés del concurso la presentación de una demanda y el concursado se negare a formularla, el juez del concurso podrá autorizar a aquella a presentarla.

La conveniencia para el interés del concurso de interponer la citada demanda resulta de........... y se acredita con los DOCUMENTOS que se acompañan como DOCUMENTOS...........

En su virtud,

SUPLICO AL JUZGADO que tenga por presentado este escrito, junto a los documentos a él acompañados, y sus copias, se sirva admitir todo ello, y tener por solicitado al amparo de lo dispuesto en el art. 119.2 TRLC, autorización para interponer demanda de juicio ordinario en reclamación de........... contra..........., y, previos los oportunos trámites legales, se acuerde autorizar tal interposición.

Es Justicia que se Suplica en..........., hoy día........... de........... de...........

F453. DILIGENCIA DE ORDENACIÓN PONIENDO DE MANIFIESTO SOLICITUD DE PARA INTERPONER DEMANDA ANTE LA NEGATIVA DE LA CONCURSADA

Normativa de aplicación: *Arts. 119 y ss. Real Decreto Legislativo 1/2020, de 5 de mayo, por el que se aprueba el texto refundido de la Ley Concursal*

DILIGENCIA DE ORDENACIÓN

Letrado de la Administración de Justicia, Don...........

En..........., a........... de........... de...........

Que en fecha........... de........... de..........., en el presente concurso voluntario de........... S.A., seguido ante este Juzgado de lo Mercantil........... de........... bajo el núm. de autos..........., se presentó por la administración concursal solicitud de autorización para interponer demanda contra ...., en reclamación de ...., ante la negativa a efectuarlo la concursada Ello al amparo del art. 119 TRLC y en los términos de dicho escrito.

Teniendo por presentada la expresada solicitud, dese traslado del escrito y óigase al respecto a la concursada y demás partes personadas por plazo de CINCO (5) DÍAS a contar desde la notificación de la presente diligencia, A la vista de todo ello se acordará lo que proceda en derecho.

Doy cuenta a su Señoría.

Contra la presente resolución, que no es firme, cabe recurso de revisión a interponer en el plazo de CINCO (5) días a contar desde su notificación. A tal efecto téngase en cuenta lo establecido en la DA 15ª LOPJ sobre depósito para recurrir.

Lo que acuerda, manda y firma Don..........., en el lugar y fecha señaladas "ut supra".

F454. AUTO AUTORIZANDO A LA ADMINISTRACIÓN CONCURSAL PARA INTERPONER DEMANDA ANTE LA NEGATIVA DE LA CONCURSADA

Normativa de aplicación: *Arts. 119 y ss. Real Decreto Legislativo 1/2020, de 5 de mayo, por el que se aprueba el texto refundido de la Ley Concursal*

En la ciudad de........... a........... de........... de...........

ANTECEDENTES DE HECHO

ÚNICO.– Que en fecha........... de........... de........... y por la administración concursal, se solicitó de este Juzgado autorización para la interposición de demanda ante la negativa a hacerlo de la deudora. Ello en los términos de tal solicitud y que a continuación se transcribe:...........

De la citada solicitud se dio traslado a las partes personadas con el resultado obrante en autos.

FUNDAMENTOS DE DERECHO

PRIMERO.– Que este Juez es competente para conocer de la solicitud de autorización para interponer demanda (art. 44, 45 y 119.2 TRLC).

SEGUNDO.– Que la administración concursal está legitimado para solicitar las medidas antes reseñadas (art. 119.2 TRLC).

TERCERO.– Que la solicitud formulada reúne los requisitos de forma establecidos en la Ley.

CUARTO.– Que conforme señala el art. 119.2 TRLC, en caso de intervención, si la administración concursal estimara conveniente para el interés del concurso la presentación de una demanda y el concursado se negare a formularla, el juez del concurso podrá autorizar a aquella a presentarla.

QUINTO.– Un examen de la solicitud formulada nos lleva a estimar la misma, toda vez que consta acreditado en autos que tanto de forma verbal como escrita, la administración concursal ha solicitado reiteradamente a la concursada que interpusiera demanda contra........... en reclamación de..........., así como la negativa de esta a formalizarla.

También que la citada interposición es conveniente a los intereses del concurso toda vez que...........

Visto lo expuesto y demás normativa de aplicación

DISPONGO

Estimar la solicitud formulada por la administración concursal mediante escrito de fecha de........... de........... y autorizar a la administración concursal a interponer demanda de juicio ordinario en reclamación de........... contra...........

Notifíquese la resolución al deudor, administración concursal y demás partes personadas a través de su representación procesal, haciéndole saber que contra la misma cabe recurso de reposición a interponer en el plazo de cinco días a contar desde la notificación del presente auto.

De conformidad con lo establecido en la Disposición Adicional 15° LOPJ (según la redacción dada por la LO 1/09), la interposición de recurso contra resoluciones judiciales, no podrá ser admitida a trámite sin la acreditación del depósito previsto en la citada Ley a efectos de recurrir, debiendo presentarse copia o resguardo de tal depósito en la cuenta de consignaciones de este Juzgado.

Todo lo cual pronuncia, manda y firma el Ilmo. Sr. ...., Magistrado Juez del Juzgado de lo Mercantil núm. .... de...........

F455. ESCRITO DEL DEUDOR PERSONÁNDOSE EN PLEITO PROMOVIDO POR LA ADMINISTRACIÓN CONCURSAL

Normativa de aplicación: *Arts. 119 y ss. Real Decreto Legislativo 1/2020, de 5 de mayo, por el que se aprueba el texto refundido de la Ley Concursal*

AL JUZGADO DE PRIMERA INSTANCIA NÚM. .... DE...........

..........., Procuradora de los Tribunales y de la compañía........... S.L., con domicilio en la ciudad de..........., calle..........., CIF..........., cuya representación acredito con la copia de la escritura de poder que acompaño a este escrito, ante este Juzgado comparezco bajo la dirección letrada de Don...........(ICAV...........) en el juicio ordinario núm. .... de autos, y como mejor proceda en derecho DIGO:

PRIMERO.– Que en virtud de auto de fecha de........... de..........., dictado por el Juzgado de lo Mercantil núm. .... de..........., fue declarado el concurso voluntario de mi representada, ... S.L., que se tramita ante el citado Juzgado bajo el procedimiento concursal núm. .... de autos.

Adjuntamos certificación del Registro Mercantil de........... acreditativa de tal situación concursal, y copia del Auto reseñado.

SEGUNDO.– Que promovido por la administración concursal del citado concurso voluntario, y ante este Juzgado, se sustancia juicio ordinario por........... S.L. contra........... en reclamación de..........., y bajo el núm. de autos...........

TERCERO.– Conforme señala el art. 121.1 TRLC, el concursado podrá actuar de forma separada, por medio de procurador y abogado distintos de los de la administración concursal, en los procedimientos en trámite a la fecha de la declaración de concurso en que hubiera sido sustituido por la administración concursal y en los nuevos procedimientos promovidos por esta, siempre que un tercero haya garantizado de forma suficiente ante el juez del concurso que los gastos de su actuación procesal y, en su caso, la efectividad de la condena al pago de las costas no recaerán sobre la masa activa del concurso, y así lo acredite el concursado en el procedimiento en que estuviera personado.

Se hace constar que Don........... ha garantizado de forma suficiente ante el Juez del referido concurso, que los gastos de la presente actuación procesal y, en su caso, la efectividad de la condena al pago de las costas que eventualmente fueran impuestas a esta parte, no recaerán sobre la masa activa del concurso. Lo que se acredita con la providencia del referido Juzgado, de fecha ...., dictada en el procedimiento concursal ...., de la que resultan los citados extremos.

En su virtud,

SUPLICO AL JUZGADO que tenga por presentado este escrito junto a los documentos a él unidos y copia de todo ello, se sirva admitirlo y por personada en las presentes actuaciones a mi mandante, ... S.L., a los efectos de lo dispuesto en el art. 121.1 TRLC.

Es Justicia que se Suplica en..........., a........... de........... de...........

F456. ESCRITO DE ACREEDOR DIRIGIDO A LA ADMINISTRACIÓN CONCURSAL INSTANDO EL EJERCICIO DE ACCIÓN DE CARÁCTER PATRIMONIAL

Normativa de aplicación: *Arts. 119 y ss. Real Decreto Legislativo 1/2020, de 5 de mayo, por el que se aprueba el texto refundido de la Ley Concursal*

A LA ADMINISTRACIÓN CONCURSAL

Muy Sres. míos:

Con relación al concurso voluntario de la compañía........... S.A. que se sigue ante Juzgado de lo mercantil núm. .... de........... bajo el número de autos..........., y en mi condición de acreedor de la citada compañía, cúmpleme requerirles en el siguiente sentido:

I.– Que conforme establece el art. 122.1 TRLC les requiero e insto el ejercicio de la acción de carácter patrimonial consistente en..........., concretamente, con las siguientes pretensiones...........

II.– Fundamentación jurídica de la acción a interponer:...........

III.– En el supuesto en que la citada acción no sea ejercitada por el concursado ni por esta administración concursal a que nos dirigimos, dentro del plazo de dos meses siguientes a este requerimiento, procederé a ejercitarla al amparo y con el alcance previsto en el art. 122 TRLC...........

IV.– A los efectos oportunos se hace constar que el crédito que ostenta quien suscribe, ha sido reconocido en el concurso de referencia, figurando esta parte, por ello, en la lista de acreedores formulada el día........... de........... de dos mil........... por esta Administración concursal a la que me dirijo.

Atentamente,

F457. ESCRITO DE LA CONCURSADA SOLICITANDO NULIDAD DE LO ACTUADO POR EJECUCIÓN INSTADA TRAS DECLARACIÓN DE CONCURSO

Normativa de aplicación: *Arts. 136 y ss. Real Decreto Legislativo 1/2020, de 5 de mayo, por el que se aprueba el texto refundido de la Ley Concursal*

AL JUZGADO DE PRIMERA INSTANCIA NÚM. .... DE...........

..........., Procurador de los Tribunales y de la sociedad........... S.L., con domicilio en........... y CIF..........., cuya representación tengo acreditada en el presente procedimiento núm. de autos..........., ante este Juzgado comparezco en el citado proceso bajo la dirección letrada de Don........... (ICAV...........) y como mejor proceda en derecho DIGO:

PRIMERO.– Que ante el Juzgado de lo mercantil núm. .... de........... y en el procedimiento concursal número de autos..........., se sigue expediente de concurso voluntario de la compañía........... S.L. La declaración de concurso voluntario de la expresada sociedad, fue acordada por el citado Juzgado mediante auto de fecha........... de........... de dos mil...........

Acreditando lo anterior, se acompañan como DOCUMENTOS..........., testimonio del auto del Juzgado de lo Mercantil núm. .... de........... declarando el concurso voluntario de acreedores de........... S.L. y certificación del Registro Mercantil de la provincia de........... relativa a mi mandante.

SEGUNDO.– Que en fecha..........., esto es, con posterioridad a la declaración de concurso de mi mandante se insto por la sociedad........... S.L. la ejecución de la sentencia firme de fecha........... dictada en el procedimiento ordinario........... contra mi principal, tramitándose la misma en el presente procedimiento...........

TERCERO.– Que conforme a lo dispuesto en el art. 142 TRLC, desde la declaración de concurso, no podrán iniciarse ejecuciones singulares, judiciales o extrajudiciales, ni tampoco apremios administrativos, incluidos los tributarios, contra los bienes o derechos de la masa activa.

CUARTO.– Que a la vista de lo expuesto, procede decretar la nulidad de las actuaciones realizadas en este procedimiento, archivando el mismo. Ello por contravenir con lo dispuesto en el art. 142 TRLC.

En su virtud,

SUPLICO AL JUZGADO que tenga por presentado este escrito, junto a los documentos a él unidos, se sirva admitirlo y tener hechas las anteriores manifestaciones, y previos los oportunos trámites legales, se sirva decretar la nulidad de las actuaciones realizadas en este procedimiento, archivando el mismo.

Es Justicia que suplico en ...., a .... de .... de ....

F458. ESCRITO DE LA CONCURSADA SOLICITANDO LA SUSPENSIÓN DE EJECUCIÓN

Normativa de aplicación: *Arts. 136 y ss. Real Decreto Legislativo 1/2020, de 5 de mayo, por el que se aprueba el texto refundido de la Ley Concursal*

AL JUZGADO DE PRIMERA INSTANCIA NÚM. .... DE...........

..........., Procurador de los Tribunales y de la sociedad........... S.L., con domicilio en........... y CIF..........., cuya representación tengo acreditada en el presente procedimiento núm. de autos..........., ante este Juzgado comparezco en el citado proceso bajo la dirección letrada de Don........... (ICAV...........) y como mejor proceda en derecho DIGO:

PRIMERO.– Que ante el Juzgado de lo mercantil núm. .... de........... y en el procedimiento concursal número de autos..........., se sigue expediente de concurso voluntario de la compañía........... S.L. La declaración de concurso voluntario de la expresada sociedad, fue acordada por el citado Juzgado mediante auto de fecha........... de........... de dos mil...........

Acreditando lo anterior, se acompañan como DOCUMENTOS..........., testimonio del auto del Juzgado de lo Mercantil núm. .... de........... declarando el concurso voluntario de acreedores de........... S.L. y certificación del Registro Mercantil de la provincia de........... relativa a mi mandante.

SEGUNDO.– Que conforme a lo dispuesto en el art. 142 TRLC, desde la declaración de concurso, no podrán iniciarse ejecuciones singulares, judiciales o extrajudiciales, ni tampoco apremios administrativos, incluidos los tributarios, contra los bienes o derechos de la masa activa.

Por otro lado, el art. 143.1 TRLC, establece que las actuaciones y los procedimientos de ejecución contra los bienes o derechos de la masa activa que se hallaran en tramitación quedarán en suspenso desde la fecha de declaración de concurso, sin perjuicio del tratamiento concursal que corresponda dar a los respectivos créditos. Serán nulas cuantas actuaciones se hubieran realizado desde ese momento.

Se hace constar que no concurre ninguna de las excepciones previstas en el art. 144.1 TRLC.

Finalmente señala el art. 568 LEC que el tribunal suspenderá la ejecución, en el estado en que se halle, en cuanto le sea notificado que el ejecutado se encuentra en situación de concurso.

TERCERO.– Que a la vista de lo expuesto, es procedente acordar la suspensión del presente procedimiento de ejecución, al hallarse mi mandante en estado legal de concurso voluntario de acreedores, desde la fecha de declaración de tal concurso y sin perjuicio de tratamiento concursal que corresponda darle al crédito de........... S.L.

En su virtud,

SUPLICO AL JUZGADO que tenga por presentado este escrito, junto a los documentos a él unidos, se sirva admitirlo y tener hechas las anteriores manifestaciones, y previos los oportunos trámites legales, se sirva acordar la suspensión del presente procedimiento de ejecución núm. de autos..........., al hallarse mi mandante en estado legal de concurso desde la fecha de declaración de tal concurso y sin perjuicio del tratamiento concursal que corresponda darle al crédito de.......... S.L.

Es Justicia que suplico en ...., a .... de .... de ....

F459. ESCRITO DE LA CONCURSADA SOLICITANDO EL MANTENIMIENTO DE LA SUSPENSIÓN DE EJECUCIÓN ACORDADA POR COMUNICACIÓN DEL ART. 585 TRLC

Normativa de aplicación: *Arts. 136 y ss.; art. 585 Real Decreto Legislativo 1/2020, de 5 de mayo, por el que se aprueba el texto refundido de la Ley Concursal*

Ejecución de títulos NO judiciales nº...........

Dte:........... S.A.

Proc...........

Contra:........... S.L.

Proc...........

AL JUZGADO DE PRIMERA INSTANCIA NÚM. .... DE...........

..........., Procuradora de los Tribunales y de la compañía..........., S.L., representación que tengo acreditada en el procedimiento de ejecución de títulos no judiciales núm. ...., ante el Juzgado comparezco y como mejor proceda en derecho DIGO:

I.– Que mi mandante, ... S.L., presentó en su día la comunicación a que se refiere el art. 585 TRLC. Dicha solicitud fue sustanciada ante el Juzgado de lo Mercantil núm. .... de..........., procedimiento: Comunicación apertura negociaciones ...., dictándose Decreto de fecha..........., por la que se deja constancia de la citada presentación por........... S.L. de la referida comunicación.

En dicho Decreto se recogía expresamente como ejecución afectada por la presentación de la comunicación referenciada, la seguida en las presentes actuaciones, procedimiento de ejecución de títulos no judiciales núm. ....

Presentado tal decreto se acordó por este Juzgado al que nos dirigimos la suspensión de la ejecución origen de estas actuaciones durante el plazo de legalmente establecido.

II.– Que posteriormente, el mismo Juzgado de lo Mercantil núm. ...., por Auto de fecha........... dictado en el procedimiento..........., declaró el concurso de mi representada........... S.L.

Lo cual fue a su vez publicado en el BOE núm. ...., de........... de........... de...........

Se adjuntan el Auto de declaración de concurso y su publicación en el BOE al presente escrito.

III.– Que como consecuencia de la declaración de concurso de la compañía aquí ejecutada, y a la vista de lo dispuesto en los arts. 143.1 TRLCL, y 568.2 de la LEC, procede la suspensión inmediata de la ejecución seguida en las presentes actuaciones, procedimiento de ejecución de títulos no judiciales núm. ....

Dice el art. 143.1 TRLC: las actuaciones y los procedimientos de ejecución contra los bienes o derechos de la masa activa que se hallaran en tramitación quedarán en suspenso desde la fecha de declaración de concurso, sin perjuicio del tratamiento concursal que corresponda dar a los respectivos créditos. Serán nulas cuantas actuaciones se hubieran realizado desde ese momento.

Y el art. 568.2 LEC: El letrado de la Administración de Justicia decretará la suspensión de la ejecución en el estado en que se halle en cuanto conste en el procedimiento la declaración del concurso.

Por lo tanto, no cabe acordar y tramitar los embargos peticionados en las presentes actuaciones.

En virtud de lo expuesto,

SUPLICO AL JUZGADO: que tenga por presentado este escrito con su documento y copias, y por hechas las anteriores manifestaciones a los efectos oportunos y previos sus trámites, se acuerde la suspensión de la ejecución seguida en las presentes actuaciones, procedimiento de ejecución de títulos no judiciales núm. ...., por haber sido declarada la declaración de concurso de acreedores de la ejecutada........... S.L. en fecha........... (BOE...........).

En..........., a........... de........... de...........

F460. ESCRITO DE LA CONCURSADA Y ADMINISTRACIÓN CONCURSAL SOLICITANDO EL LEVANTAMIENTO DE EMBARGOS EN JUICIO ORDINARIO O CAMBIARIO

Normativa de aplicación: *Arts. 136 y ss. Real Decreto Legislativo 1/2020, de 5 de mayo, por el que se aprueba el texto refundido de la Ley Concursal*

AL JUZGADO DE LO MERCANTIL NÚMERO........... DE...........

..........., Procuradora de los Tribunales y de la compañía........... S.L., y Don..........., administrador concursal del concurso de acreedores de la citada sociedad tramitado bajo el número de autos..........., ante este Juzgado comparezco en el citado procedimiento concursal y como mejor proceda en Derecho DIGO:

PRIMERO.– Que mediante Auto de fecha........... se declaró por este Juzgado al que nos dirigimos, el estado de concurso de........... S.L.

SEGUNDO.– Que sobre bienes y derechos de la masa activa se han practicado los siguientes embargos preventivos con indicación de los procedimientos ordinarios en los que se ha efectuado la traba y los bienes afectados:...........

TERCERO.– Que entiende esta parte que procede y debe ser acordado por este Juzgador, el levantamiento y cancelación de los embargos arriba referenciados, pues todos los créditos contra el deudor, ordinarios o no, a la fecha de la declaración de concurso, cualquiera que sea la nacionalidad y el domicilio del acreedor, quedarán de derecho integrados en la masa pasiva, estén o no reconocidos en el procedimiento, salvo que tengan la consideración de créditos contra la masa, y con sujeción a las vicisitudes del concurso (art. 251.1 TRLC), decayendo los embargos practicados sobre bienes de la masa activa.

No cabe sostener que la anotación de embargo ha de continuar, porque ésta no atribuye al acreedor ningún privilegio especial. Los privilegios especiales aparecen regulados en el art. 270 y ss. TRLC, y en los supuestos previstos no se contempla el relativo a la anotación de embargo. Esto supone que no cabe atribuirle al acreedor que ha obtenido o anotado un embargo previo a la declaración del concurso un privilegio que no está expresamente recogido en la ley.

El crédito habrá recibido el tratamiento concursal que le corresponda y deberá ser satisfecho por el orden legalmente previsto. De hecho, no cabe que pueda obtener fuera del concurso más de lo que obtiene éste, ni con preferencias no expresamente reguladas en en el ordenamiento concursal.

CUARTO.– En cuanto al órgano competente para ello, debe considerarse que es el juez del concurso. En este sentido el art. 52 TRLC atribuye la competencia exclusiva y excluyente al juez del concurso, y en concreto en materia de embargos frente a los bienes y derechos de la masa activa, cualquiera que sea el órgano judicial, que la hubiera ordenado.

QUINTO.– En este sentido, es pacifica la jurisprudencia, vid. el auto del Juzgado de lo Mercantil núm. 5 de Madrid, de fecha 19 de noviembre de 2009, el auto del Juzgado de lo Mercantil núm. 2 de Barcelona de fecha 8 de octubre de 2010, el auto del Juzgado de lo Mercantil núm. 1 de Málaga, de fecha 16 de noviembre de 2009 o el auto de la Audiencia Provincial de Barcelona, de fecha 15 de mayo de 2009.

SEXTO.– Incluso, aun cuando no nos hallemos realmente ante una ejecución o apremio contra bien integrante de la masa activa, dado que los embargos trabados dificultan gravemente la actividad empresarial del concursado, procede levantar los mismos aplicando analógicamente lo reseñado en el art. 143.2 TRLC.

Por todo lo expuesto,

SUPLICO AL JUZGADO que tenga por presentado este y sus copias, se admita a trámite y se sirva admitirlo y previos los oportunos trámites legales, se sirva acordar el alzamiento y cancelación de embargos interesado en el cuerpo de este escrito, ordenando cuanto demás proceda en derecho a tal fin.

Es Justicia que se Suplica en..........., a........... de........... de...........

F461. ESCRITO DE LA CONCURSADA Y ADMINISTRACIÓN CONCURSAL SOLICITANDO EL LEVANTAMIENTO DE EMBARGOS EN EJECUCIÓN JUDICIAL SUSPENDIDA

Normativa de aplicación: *Arts. 136 y ss. Real Decreto Legislativo 1/2020, de 5 de mayo, por el que se aprueba el texto refundido de la Ley Concursal*

AL JUZGADO DE LO MERCANTIL NÚMERO........... DE...........

..........., Procuradora de los Tribunales y de la compañía........... S.L., y..........., administrador concursal del concurso de acreedores de la citada sociedad tramitado bajo el número de autos..........., ante este Juzgado comparezco en el citado procedimiento concursal y como mejor proceda en Derecho DIGO:

PRIMERO.– Que mediante Auto de fecha........... se declaró por este Juzgado al que nos dirigimos, el estado de concurso de........... S.L.

SEGUNDO.– Que sobre bienes y derechos de la masa activa se han trabado los siguientes embargos en los procedimientos de ejecución de título judicial que a continuación se reseñan, con indicación de los bienes afectados:...........

TERCERO.– Que las citadas ejecuciones judiciales, por mandato del art. 143.1 TRLC, han quedado en suspenso desde la fecha de declaración del concurso, tal y como se acredita con los correspondientes autos que se acompañan como DOCUMENTOS...........

CUARTO.– Que a la vista de todo lo anterior, entiende esta parte que procede y debe ser acordado por este Juzgador, el alzamiento y cancelación de los embargos arriba referenciados, pues todos los créditos contra el deudor, ordinarios o no, a la fecha de la declaración de concurso, cualquiera que sea la nacionalidad y el domicilio del acreedor, quedarán de derecho integrados en la masa pasiva, estén o no reconocidos en el procedimiento, salvo que tengan la consideración de créditos contra la masa (art. 251.1 TRLC), decayendo los embargos practicados sobre bienes de la masa activa.

No cabe sostener que la anotación de embargo ha de continuar, porque ésta no atribuye al acreedor ningún privilegio especial. Los privilegios especiales aparecen regulados en el art. 270 y ss. TRLC, y en los supuestos previstos no se contempla el relativo a la anotación de embargo. Esto supone que no cabe atribuirle al acreedor que ha obtenido o anotado un embargo previo a la declaración del concurso un privilegio que no está expresamente recogido en la ley.

El crédito habrá recibido el tratamiento concursal que le corresponda y deberá ser satisfecho por el orden legalmente previsto. De hecho, no cabe que pueda obtener fuera del concurso más de lo que obtiene éste, ni con preferencias no expresamente reguladas en la Ley Concursal.

En este sentido, es pacifica la jurisprudencia, vid. el auto del Juzgado de lo Mercantil núm. 5 de Madrid, de fecha 19 de noviembre de 2009, el auto del Juzgado de lo Mercantil núm. 2 de Barcelona de fecha 8 de octubre de 2010, el auto del Juzgado de lo Mercantil núm. 1 de Málaga, de fecha 16 de noviembre de 2009 o el auto de la Audiencia Provincial de Barcelona, de fecha 15 de mayo de 2009.

QUINTO.– Pero dado que nos encontramos ante ejecuciones que han quedado en suspenso por mor del art. 143.1 TRLC, y que es palmario que los embargos trabados dificultan gravemente la actividad empresarial del concursado, en cualquier caso y si lo anterior no fuese tenido en cuenta, procede levantar y cancelar los mismos aplicando lo reseñado en el art. 143.2 TRLC.

En efecto, dicho precepto establece que el juez del concurso, a solicitud de la administración concursal, previa audiencia de los acreedores afectados, podrá acordar el levantamiento y cancelación de los embargos trabados en las actuaciones y los procedimientos de ejecución cuya tramitación hubiera quedado suspendida cuando el mantenimiento de esos embargos dificultara gravemente la continuidad de la actividad profesional o empresarial del concursado. El levantamiento y cancelación no podrá acordarse respecto de los embargos administrativos.

En nuestro caso, dado la naturaleza de los bienes que han sido embargados y que..........., parece evidente que el mantenimiento de los mismos dificultara gravemente la continuidad de la actividad empresarial del concursado pues...........

Por ello, y en cualquier caso, debe procederse al levantamiento y cancelación de los embargos trabados sobre bienes de la masa activa y que se reseñan en el número segundo del presente escrito.

SEXTO.– Finamente se hace constar:

A) Que el órgano competente para decretar el levantamiento y cancelación de los embargos aquí interesado es el juez del concurso. En este sentido el art. 52 TRLC atribuyen la competencia exclusiva y excluyente al juez del concurso, y en concreto en materia de ejecuciones frente a los bienes y derechos de la masa activa, cualquiera que sea el órgano judicial o administrativo, que la hubiera ordenado. Y del art. 143.2 TRLC al señalar que el juez del concurso, a solicitud de la administración concursal, previa audiencia de los acreedores afectados, podrá acordar el levantamiento y cancelación de los embargos trabados en las actuaciones y los procedimientos de ejecución cuya tramitación hubiera quedado suspendida cuando el mantenimiento de esos embargos dificultara gravemente la continuidad de la actividad profesional o empresarial del concursado. El levantamiento y cancelación no podrá acordarse respecto de los embargos administrativos.

B) Que no nos hallamos ante embargos administrativos o laborales por lo que no es de aplicación la prohibición establecida a favor del mantenimiento de dichos embargos en el art. 144.1 TRLC.

C) Que tampoco nos hallamos ante la ejecución de una garantía real.

Por todo lo expuesto,

SUPLICO AL JUZGADO que tenga por presentado este y sus copias, se admita a trámite y se sirva admitirlo y previos los oportunos trámites legales, se sirva acordar el levantamiento y cancelación de embargos interesado en el cuerpo de este escrito, ordenando cuanto demás proceda en derecho a tal fin.

Es Justicia que se Suplica en..........., a........... de........... de...........

F462. DILIGENCIA DE ORDENACIÓN PONIENDO DE MANIFIESTO SOLICITUD PARA INTERPONER DEMANDA ANTE LA NEGATIVA DE LA CONCURSADA

Normativa de aplicación: *Arts. 136 y ss. Real Decreto Legislativo 1/2020, de 5 de mayo, por el que se aprueba el texto refundido de la Ley Concursal*

DILIGENCIA DE ORDENACIÓN

Letrado de la Administración de Justicia, Don...........

En..........., a........... de........... de...........

Que en fecha........... de........... de..........., en el presente concurso voluntario de........... S.A., seguido ante este Juzgado de lo Mercantil........... de........... bajo el núm. de autos..........., se presentó por la concursada y la administración concursal solicitud de levantamiento de determinados embargos que recaen sobre bienes de la concursada. Ello al amparo de los arts. 143 y 251 TRLC y en los términos de dicho escrito.

Teniendo por presentada la expresada solicitud, dese traslado del escrito y óigase al respecto a las partes personadas por plazo de CINCO (5) DÍAS a contar desde la notificación de la presente diligencia. A la vista de todo ello se acordará lo que proceda en derecho.

Doy cuenta a su Señoría.

Contra la presente resolución, que no es firme, cabe recurso de revisión a interponer en el plazo de CINCO (5) días a contar desde su notificación. A tal efecto téngase en cuenta lo establecido en la DA 15ª LOPJ sobre depósito para recurrir.

Lo que acuerda, manda y firma Don..........., en el lugar y fecha señaladas "ut supra".

F463. AUTO ACORDANDO LA CANCELACIÓN DE EMBARGOS EN PROCESOS QUE NO SON DE EJECUCIÓN

Normativa de aplicación: *Arts. 44 y ss. Real Decreto Legislativo 1/2020, de 5 de mayo, por el que se aprueba el texto refundido de la Ley Concursal*

En la ciudad de........... a........... de........... de...........

ANTECEDENTES DE HECHO

PRIMERO.– Que en fecha........... de........... de........... y por la administración concursal y la concursada, se solicitó de este Juzgado la cancelación de determinados embargos trabados sobre bienes de la concursada. Ello en los términos de tal solicitud y que a continuación se transcribe:...........

SEGUNDO.– De la citada solicitud se dio traslado a las partes personadas con el resultado obrante en autos.

FUNDAMENTOS DE DERECHO

PRIMERO.– Que este Juez es competente para conocer de la cancelación peticionada (arts. 52, y 44 y 45 TRLC).

SEGUNDO.– Que mediante Auto de fecha............ se declaró por este Juzgado el estado de concurso de............ S.L.

Que sobre bienes y derechos de la masa activa se han practicado los siguientes embargos en los procedimientos ordinarios igualmente reseñados:............

Dichos embargos afectan a los bienes de la masa activa que a continuación se reseñan:............

TERCERO.– Que procede estimar la solicitud formulada por la administración concursal y la concursada y acordar el levantamiento y cancelación de los embargos arriba referenciados, toda vez que todos los créditos contra el deudor, ordinarios o no, a la fecha de la declaración de concurso, cualquiera que sea la nacionalidad y el domicilio del acreedor, quedarán de derecho integrados en la masa pasiva, estén o no reconocidos en el procedimiento, y con sujeción a las vicisitudes del concurso (art. 251.1 TRLC), decayendo los embargos practicados sobre bienes de la masa activa. Máxime cuando no nos hallamos ante créditos contra la masa.

No cabe sostener que la anotación de embargo ha de continuar, porque ésta no atribuye al acreedor ningún privilegio especial. Los privilegios especiales aparecen regulados en el art. 270 y ss. TRLC, y en los supuestos previstos no se contempla el relativo a la anotación de embargo. Esto supone que no cabe atribuirle al acreedor que ha obtenido o anotado un embargo previo a la declaración del concurso un privilegio que no está expresamente recogido en la ley.

El crédito habrá recibido el tratamiento concursal que le corresponda y deberá ser satisfecho por el orden legalmente previsto. De hecho, no cabe que pueda obtener fuera del concurso más de lo que obtiene éste, ni con preferencias no expresamente reguladas en el TRLC.

En este sentido, es pacifica la jurisprudencia, vid. el auto del Juzgado de lo Mercantil núm. 5 de Madrid, de fecha 19 de noviembre de 2009, el auto del Juzgado de lo Mercantil núm. 2 de Barcelona de fecha 8 de octubre de 2010, el auto del Juzgado de lo Mercantil núm. 1 de Málaga, de fecha 16 de noviembre de 2009 o el auto de la Audiencia Provincial de Barcelona, de fecha 15 de mayo de 2009.

CUARTO.– Incluso, aun cuando no nos hallemos ante una ejecución o apremio contra el patrimonio del deudor, dado que los embargos trabados dificultan gravemente la actividad empresarial del concursado, pues............, procede levantar y cancelar los mismos aplicando analógicamente lo reseñado en el art. 143.2 TRLC.

Visto lo expuesto y demás normativa de aplicación

DISPONGO

Acordar el levantamiento y cancelación de los embargos trabados sobre bienes de la masa activa, todo ello reseñado en el fundamento de derecho segundo de este auto, quedando los mismos cancelados y sin efecto.

Comuníquese el presente auto al Juzgado de Primera Instancia núm............ de..........., y a los siguientes registros y entidades..........., a efectos de llevar la cancelación aquí acordada, librándose los oportunos y atentos oficios y mandamientos.

Notifíquese la resolución al deudor, administración concursal, concursada y demás partes personadas a través de su representación procesal, haciéndole saber que contra la misma cabe recurso de reposición a interponer en el plazo de cinco días a contar desde la notificación del presente auto.

De conformidad con lo establecido en la Disposición Adicional 15ª LOPJ (según la redacción dada por la LO 1/09), la interposición de recurso contra resoluciones judiciales, no podrá ser admitida a trámite sin la acreditación del depósito previsto en la citada Ley a efectos de recurrir, debiendo presentarse copia o resguardo de tal depósito en las cuenta de consignaciones de este Juzgado.

Todo lo cual pronuncia, manda y firma el Ilmo. Sr. ...., Magistrado Juez del Juzgado de lo Mercantil núm. .... de...........

F464. PROVIDENCIA QUE FIRMA EL JUEZ DEL CONCURSO LEVANTANDO EMBARGO

Normativa de aplicación: *Arts. 136 y ss. Real Decreto Legislativo 1/2020, de 5 de mayo, por el que se aprueba el texto refundido de la Ley Concursal*

Providencia que dicta el Ilmo. Magistrado-Juez Don...........

En..........., a........... de........... de...........

Dada cuenta, por presentado en fecha........... y por la Administración concursal y la concursada, escrito interesando el levantamiento del embargo practicado por la Tesorería General de la Seguridad Social sobre los saldos existentes en la cuenta intervenida aperturada a nombre de la concursada en el banco........... (núm. cuenta...........).

Dado que el saldo de la citada cuenta es inembargable a la vista de..........., y que el crédito origen del embargo tiene la consideración de concursal y no dándose los presupuestos del art. 144 TRLC para la prosecución de ejecución contra bienes de la masa activa, decreto el levantamiento del citado embargo del saldo obrante en la cuenta........... practicado como consecuencia de las providencias de apremio...........,

Requiérase al Banco........... y a la Tesorería General de la Seguridad Social a efectos de dotar de inmediata efectividad al levantamiento de embargo aquí acordado, quienes deberán llevar a cabo cuantas actuaciones y trámites fueren precisos a tal fin.

Notifíquese la presente resolución a la concursada, administración concursal, banco..........., Tesorería General de la Seguridad Social y demás partes personadas, haciendo saber que contra la misma cabe recurso de reposición a interponer en el plazo de cinco días a contar desde la referida notificación.

De conformidad con lo establecido en la Disposición Adicional 15° LOPJ (según la redacción dada por la LO 1/09), la interposición de recurso contra resoluciones judiciales, no podrá ser admitida a trámite sin la acreditación del depósito previsto en la citada Ley a efectos de recurrir, debiendo presentarse copia o resguardo de tal depósito en las cuenta de consignaciones de este Juzgado.

Así lo acuerda y firma Su señoría. Doy fe.

F465. AUTO ACORDANDO LA CANCELACIÓN DE EMBARGOS EN EJECUCIONES SUSPENDIDAS

Normativa de aplicación: *Arts. 136 y ss. Real Decreto Legislativo 1/2020, de 5 de mayo, por el que se aprueba el texto refundido de la Ley Concursal*

En la ciudad de........... a........... de........... de...........

ANTECEDENTES DE HECHO

PRIMERO.– Que en fecha........... de........... de........... y por la administración concursal, se solicitó de este Juzgado la cancelación de determinados embargos trabados sobre bienes de la concursada. Ello en los términos de tal solicitud y que a continuación se transcribe:...........

SEGUNDO.– Que de la citada solicitud se dio traslado a concursada y partes personadas con el resultado obrante en autos.

FUNDAMENTOS DE DERECHO

PRIMERO.– Que este Juez es competente para conocer de la cancelación (arts, 52, y 44 y 45 y 143.2 TRLC).

SEGUNDO.– Que la administración concursal está legitimada para solicitar el levantamiento y cancelación de embargos interesada (art. 143.2 TRLC).

TERCERO.– Que mediante Auto de fecha........... se declaró por este Juzgado al que nos dirigimos, el estado de concurso de........... S.L.

Sobre bienes y derechos de la masa activa se han trabado los siguientes embargos en los procedimientos de ejecución de título judicial que a continuación se reseñan:...........

Dichos embargos afectan a los bienes de la masa activa que a continuación se reseñan:...........

Las citadas ejecuciones judiciales, por mandato del art. 143.1 TRLC, han quedado en suspenso desde la fecha de declaración del concurso, tal y como se acreditó con los correspondientes autos que se acompañaron por la Administración Concursal a su solicitud.

CUARTO.– Que a la vista de todo lo anterior, debe ser estimada la pretensión formulada por la Administración Concursal, y procede y debe ser acordado el levantamiento y cancelación de los embargos arriba referenciados, pues todos los créditos contra el deudor, ordinarios o no, a la fecha de la declaración de concurso, cualquiera que sea la nacionalidad y el domicilio del acreedor, quedarán de derecho integrados en la masa pasiva, estén o no reconocidos en el procedimiento, salvo que tengan la consideración de créditos contra la masa (art. 251.1 TRLC), decayendo los embargos practicados sobre bienes del concursado.

No cabe sostener que la anotación de embargo ha de continuar, porque ésta no atribuye al acreedor ningún privilegio especial. Los privilegios especiales aparecen regulados en el art. 270 y ss. TRLC, y en los supuestos previstos no se contempla el relativo a la anotación de embargo. Esto supone que no cabe atribuirle al acreedor que ha obtenido o anotado un embargo previo a la declaración del concurso un privilegio que no está expresamente recogido en la ley.

El crédito habrá recibido el tratamiento concursal que le corresponda y deberá ser satisfecho por el orden legalmente previsto. De hecho, no cabe que pueda obtener fuera del concurso más de lo que obtiene éste, ni con preferencias no expresamente reguladas en la Ley Concursal.

En este sentido, es pacifica la jurisprudencia, vid. el auto del Juzgado de lo Mercantil núm. 5 de Madrid, de fecha 19 de noviembre de 2009, el auto del Juzgado de lo Mercantil núm. 2 de Barcelona de fecha 8 de octubre de 2010, el auto del Juzgado de lo Mercantil núm. 1 de Málaga, de fecha 16 de noviembre de 2009 o el auto de la Audiencia Provincial de Barcelona, de fecha 15 de mayo de 2009.

QUINTO.– Pero dado que, por un lado, nos encontramos ante ejecuciones judiciales que no son laborales ni administrativas a las que se refiere el art. 144 TRLC, ni tiene por objeto garantía real y que han quedado en suspenso por mor del art. 143.1 TRLC, y que, por otro, es palmario que los embargos trabados dificultan gravemente la actividad empresarial del concursado, procede levantar y cancelar los mismos aplicando lo reseñado en el art. 143.2 TRLC.

En efecto, dicho precepto establece que "el juez del concurso, a solicitud de la administración concursal, previa audiencia de los acreedores afectados, podrá acordar el levantamiento y cancelación de los embargos trabados en las actuaciones y los procedimientos de ejecución cuya tramitación hubiera quedado suspendida cuando el mantenimiento de esos embargos dificultara gravemente la continuidad de la actividad profesional o empresarial del concursado. El levantamiento y cancelación no podrá acordarse respecto de los embargos administrativos".

En nuestro caso, dado la naturaleza de los bienes que han sido embargados y que…………, parece evidente que el mantenimiento de los mismos dificultara gravemente la continuidad de la actividad empresarial del concursado pues…………

Por ello, y en cualquier caso, debe procederse al levantamiento y cancelación de los embargos trabados sobre bienes de la concursada y que se reseñan en el fundamento de derecho de este auto,

Visto lo expuesto y demás normativa de aplicación

DISPONGO

Acordar el levantamiento y cancelación de los embargos trabados sobre bienes de la masa activa, todo ello reseñado en el fundamento de derecho tercero de este auto, quedando los mismos cancelados y sin efecto.

Comuníquese el presente auto al Juzgado de Primera Instancia núm. ………… de…………, y a los siguientes registros y entidades…………, a efectos de llevarse a cabo la cancelación aquí acordada, librándose los oportunos y atentos oficios y mandamientos.

Notifíquese la resolución al deudor, administración concursal, concursada y demás partes personadas a través de su representación procesal, haciéndole saber que contra la misma cabe recurso de reposición a interponer en el plazo de cinco días a contar desde la notificación del presente auto.

De conformidad con lo establecido en la Disposición Adicional 15ª LOPJ (según la redacción dada por la LO 1/09), la interposición de recurso contra resoluciones judiciales, no podrá ser admitida a trámite sin la acreditación del depósito previsto en la citada Ley a efectos de recurrir, debiendo presentarse copia o resguardo de tal depósito en las cuenta de consignaciones de este Juzgado.

Todo lo cual pronuncia, manda y firma el Ilmo. Sr. …………, Magistrado Juez del Juzgado de lo Mercantil núm. ………… de…………

F466. ESCRITO DE ACREEDOR SOLICITANDO QUE A EFECTOS DE INICIAR LA EJECUCIÓN DE UNA GARANTÍA REAL SE DETERMINE QUE EL BIEN OBJETO DE LA GARANTÍA NO ES NECESARIO PARA LA CONTINUACIÓN DE LA ACTIVIDAD EMPRESARIAL O PROFESIONAL DEL DEUDOR

Normativa de aplicación: *Arts. 145 y ss. Real Decreto Legislativo 1/2020, de 5 de mayo, por el que se aprueba el texto refundido de la Ley Concursal*

AL JUZGADO DE LO MERCANTIL NÚMERO........... DE...........

..........., Procuradora de los Tribunales y de la compañía........... S.A., representación que tengo acreditada en el concurso de acreedores de la sociedad........... S.L. tramitado bajo el número de autos..........., ante este Juzgado comparezco en el citado procedimiento concursal bajo la dirección letrada de Don........... (ICAV...........) y como mejor proceda en Derecho DIGO:

PRIMERO.– Que mediante Auto de fecha........... se declaró por este Juzgado al que nos dirigimos, el estado de concurso de........... S.L.

SEGUNDO.– Que mi mandante, la entidad de crédito........... S.A., ostenta un crédito frente a........... S.L. por importe de...........euros en virtud de contrato de préstamo concertado con la concursada mediante escritura pública de fecha..........., otorgada ante el notario de..........., Don...........(núm. .... de su protocolo).

En el citado instrumento público, la concursada constituyó hipoteca sobre la finca registral..........., del Registro de la Propiedad de..........., y que fue inscrita........... Dicha hipoteca se constituyó en garantía de la devolución del referido préstamo en los siguientes términos:...........

Acreditando lo anterior se acompañan como DOCUMENTOS...........

Que sobre bienes y derechos de la masa activa se han practicado los siguientes embargos preventivos con indicación de los procedimientos ordinarios en los que se ha efectuado la traba y los bienes de la concursada afectados:...........

TERCERO.– Que al tiempo de la declaración de concurso de........... S.L., esta sociedad adeudaba a mi poderdante la suma de...........euros, con el siguiente desglose...........

Igualmente, al tiempo de dictarse el auto de declaración de concurso de la deudora y pese a haber resuelto mi principal el citado contrato, no se había iniciado la ejecución de la expresada garantía hipotecaria.

CUARTO.– Que ciertamente el art. 1451.TRLC señala que desde la declaración de concurso, los titulares de derechos reales de garantía, sean o no acreedores concursales, sobre bienes o derechos de la masa activa necesarios para la continuidad de la actividad profesional o empresarial del concursado, no podrán iniciar procedimientos de ejecución o realización forzosa sobre esos bienes o derechos.

Sin embargo es igualmente cierto que el art. 146 TRLC permite que los titulares de derechos reales de garantía, sean o no acreedores concursales, sobre bienes o derechos de la masa activa no necesarios para la continuidad de la actividad profesional o empresarial del concursado que pretendan iniciar procedimientos de ejecución o realización forzosa sobre esos bienes o derechos o que pretendan alzar la suspensión deberán acompañar a la demanda o incorporar al procedimiento judicial o administrativo cuya tramitación hubiera sido suspendida el testimonio de la resolución del juez del concurso que declare que no son necesarios para esa continuidad. Cumplido ese requisito podrá iniciarse la ejecución o alzarse la suspensión de la misma y ordenarse que continúe ante el órgano jurisdiccional o administrativo originariamente competente para tramitarla.

Y que el art. 147.1 TRLC reserva al juez del concurso la determinación de si un bien del concursado es necesario para la continuidad de la actividad empresarial o profesional del deudor.

QUINTO.– Que entiende esta parte que el inmueble objeto de la hipoteca cuya ejecución pretende iniciar esta parte, no es necesario para la continuación de la actividad empresarial o profesional del deudor...........

SEXTO.– Por tal motivo, y pretendiendo esta parte, como se dijo arriba, iniciar la ejecución de la hipoteca reseñada en el número segundo de este escrito, procede que por este Juzgado y con carácter previo, se determine y declare que el inmueble en cuestión no es necesario para la continuación de la actividad empresarial o profesional del deudor.

Por todo lo expuesto,

SUPLICO AL JUZGADO que tenga por presentado este y sus copias, se sirva admitirlo y previos los oportunos trámites legales, se sirva dictar resolución determinando y declarando que el inmueble titularidad de la concursada..........., no es necesario para la continuación de la actividad empresarial o profesional del deudor.

Es Justicia que se Suplica en..........., a........... de........... de...........

F467. ESCRITO DE ACREEDOR SOLICITANDO QUE A EFECTOS DE CONTINUAR LA EJECUCIÓN DE UNA GARANTÍA REAL SE DETERMINE QUE EL BIEN OBJETO DE LA GARANTÍA NO ES NECESARIO PARA LA CONTINUIDAD DE LA ACTIVIDAD EMPRESARIAL O PROFESIONAL DEL DEUDOR

Normativa de aplicación: *Arts. 145 y ss. Real Decreto Legislativo 1/2020, de 5 de mayo, por el que se aprueba el texto refundido de la Ley Concursal*

AL JUZGADO DE LO MERCANTIL NÚMERO........... DE...........

..........., Procuradora de los Tribunales y de la compañía........... S.A., representación que tengo acreditada en el concurso de acreedores de la sociedad........... S.L. tramitado bajo el número de autos..........., ante este Juzgado comparezco en el citado procedimiento concursal bajo la dirección letrada de Don........... (ICAV...........) y como mejor proceda en Derecho DIGO:

PRIMERO.– Que mediante Auto de fecha........... se declaró por este Juzgado al que nos dirigimos, el estado de concurso de........... S.L.

SEGUNDO.– Que mi mandante, la entidad de crédito........... S.A., ostenta un crédito frente a........... S.L. por importe de...........euros en virtud de contrato de préstamo concertado con la concursada mediante escritura pública de fecha............, otorgada ante el notario de............, Don............ (núm. .... de su protocolo).

En el citado instrumento público, la concursada constituyó hipoteca sobre la finca registral............, del Registro de la Propiedad de............, y que fue inscrita............ Dicha hipoteca se constituyó en garantía de la devolución del referido préstamo en los siguientes términos:............

Acreditando lo anterior se acompañan como DOCUMENTOS............ sobre bienes y derechos de la concursada se han practicado los siguientes embargos preventivos con indicación de los procedimientos ordinarios en los que se ha efectuado la traba y los bienes de la concursada afectados:............

TERCERO.– Que al tiempo de la declaración de concurso de............ S.L., esta sociedad adeudaba a mi poderdante la suma de............euros, con el siguiente desglose............

Como consecuencia de ello, y habiéndose declarado vencida anticipadamente la citada deuda mi principal instó la correspondiente ejecución hipotecaria, tramitada ante el Juzgado de Primera Instancia núm. .... de............, (autos............), que al tiempo de declararse el presente concurso, la citada ejecución hipotecaria se hallaba............

CUARTO.– Que ciertamente el art. 1451.TRLC señala que desde la declaración de concurso, los titulares de derechos reales de garantía, sean o no acreedores concursales, sobre bienes o derechos de la masa activa necesarios para la continuidad de la actividad profesional o empresarial del concursado, no podrán iniciar procedimientos de ejecución o realización forzosa sobre esos bienes o derechos.

Sin embargo es igualmente cierto que el art. 146 TRLC permite que los titulares de derechos reales de garantía, sean o no acreedores concursales, sobre bienes o derechos de la masa activa no necesarios para la continuidad de la actividad profesional o empresarial del concursado que pretendan iniciar procedimientos de ejecución o realización forzosa sobre esos bienes o derechos o que pretendan alzar la suspensión deberán acompañar a la demanda o incorporar al procedimiento judicial o administrativo cuya tramitación hubiera sido suspendida el testimonio de la resolución del juez del concurso que declare que no son necesarios para esa continuidad. Cumplido ese requisito podrá iniciarse la ejecución o alzarse la suspensión de la misma y ordenarse que continúe ante el órgano jurisdiccional o administrativo originariamente competente para tramitarla.

Y que el art. 147.1 TRLC reserva al juez del concurso la determinación de si un bien del concursado es necesario para la continuidad de la actividad empresarial o profesional del deudor.

QUINTO.– Que entiende esta parte que el inmueble objeto de la hipoteca cuya ejecución inició esta parte, no es necesario para la continuidad de la citada actividad empresarial, pues............

SEXTO.– Por tal motivo, y entendiendo esta parte que procede se alce la suspensión de la ejecución hipotecaria antes reseñada y que continúe por todos sus trámites, procede a la vista del contenido del art. 146 y 147.1 TRLC que, por este Juzgado se determine y declare que el inmueble en cuestión objeto de ejecución hipotecaria no es necesario para la continuidad de la actividad empresarial del deudor.

Por todo lo expuesto,

SUPLICO AL JUZGADO que tenga por presentado este y sus copias, se sirva admitirlo y previos los oportunos trámites legales, se sirva dictar resolución declarando que el inmueble titularidad de la concursada..........., no es necesario para la continuidad de la actividad empresarial del deudor. Ello a los efectos de lo dispuesto en el art. 146 y 147.1 TRLC y para alzar la suspensión de la ejecución hipotecaria de dicho inmueble tramitada ante el Juzgado de Primera Instancia núm. .... de........... (autos...........).

Es Justicia que se Suplica en..........., a........... de........... de...........

F468. ESCRITO DE LA ADMINISTRACIÓN CONCURSAL OPONIÉNDOSE A LA DECLARACIÓN DE INNECESARIEDAD DEL BIEN PARA LA CONTINUIDAD DE LA ACTIVIDAD EMPRESARIAL DE LA DEUDORA

Normativa de aplicación: *Arts. 145 y ss. Real Decreto Legislativo 1/2020, de 5 de mayo, por el que se aprueba el texto refundido de la Ley Concursal*

Procedimiento: Concurso ....

AL JUZGADO DE LO MERCANTIL NÚMERO .... DE ....

.... en representación de ...., SLP, Administrador Concursal designado en el procedimiento de Concurso Voluntario de la entidad mercantil "........... S.L." que con el número .... se tramita ante ese Juzgado, comparece en dichos autos y como mejor proceda en Derecho, DICE:

PRIMERO.– Que por escrito de fecha .... la representación procesal de la mercantil .... S.A., ha solicitado a este Juzgado, al que respetuosamente me dirijo, que acuerde que las fincas registrales números ...., todas ellas de titularidad de la concursada e inscritas en el Registro de la Propiedad número .... de ...., no están afectas a la actividad profesional o empresarial de la concursada ni resultan necesarias para la continuidad de dichas actividades, pudiendo ser por tanto objeto de ejecución.

SEGUNDO.– Que por diligencia de ordenación de fecha .... dictada por el Juzgado de lo Mercantil número .... de..........., se dio traslado a esta administración concursal del citado escrito de fecha .... para que en el plazo de diez días se manifieste sobre la necesariedad de las citadas fincas registrales.

Que por el presente escrito esta administración concursal da cumplimiento al traslado conferido mediante la citada diligencia de ordenación de fecha ....

TERCERO.– Que la mercantil ...., basa su solicitud en el hecho de que las citadas fincas registrales número ...., todas ellas de titularidad de la concursada., son "viviendas terminadas que la mercantil concursada tenía en su activo para la venta" y que la función o destino de dichas fincas registrales no es servir o contribuir de forma más o menos prolongada o permanente al desarrollo de la actividad de la concursada, sino que se trata de bienes que una vez "terminada la fase productiva están destinados a la venta".

Que para fundamentar jurídicamente su solicitud la mercantil .... S.A., hace referencia a un auto dictado el 12 de enero de 2006 por la Audiencia Provincia de las Palmas (Sección 4º) que hace referencia a unos inmuebles de una promotora destinados a la venta y que están contabilizados como existencias, *lo cual no es aplicable a este caso como más adelante se dirá.*

CUARTO.– Que tal como se desprende de la documentación obrante en el procedimiento del concurso y de los estatutos sociales de la concursada inscritos en el Registro Mercantil de ...., el objeto social de la concursada es "la construcción completa, reparación y conservación de edificios", por lo tanto *la concursada no es una promotora inmobiliaria, ni su actividad consiste como erroneamente, dice la mercantil .... S.A., en la construcción de viviendas para destinarlas a su venta, ya que dentro de su objeto social no está incluida ninguna actividad de venta de las viviendas o edificios construidos.*

Así pues y en base a lo anterior, la concursada tal como consta en su contabilidad y en el anexo 4 "Inventario de la masa activa" del informe elaborado por esta administración concursal, *tiene contabilizadas las citadas fincas registrales número ...., como INMOVILIZADO MATERIAL, no constando contabilizadas como "activo para la venta" (es decir como existencias) como erróneamente, dice la mercantil .... S.A., en su escrito de fecha ....*

QUINTO.– Que en el auto de fecha 16 de mayo de 2017, dictado por el Juzgado de lo Mercantil número 2 de Pontevedra el Juzgador acertadamente, en opinión de esta administración concursal, aclara que se debe entender por bien necesario a los efectos del art. 146 y 147 TRLC en los siguientes términos: *"el bien "necesario" ha de ser "imprescindible", de modo que sin este bien la concursada se vería obligada a cesar en su actividad o ésta se vería comprometida de forma relevante".*

En el mismo sentido hay que citar el auto dictado por la Audiencia Provincial de Barcelona de fecha 25 de noviembre de 2015.

En este caso y de acuerdo con lo dispuesto en los citados autos de fecha 16 de mayo de 2017 y 25 de noviembre de 2015, esta administración concursal entiende que las citadas fincas registrales números ...., son bienes necesarios a los efectos del art. 146 y 147 TRLC, *ya que son los únicos bienes que componen el inmovilizado material de la concursada y sin ellos la concursada se vería obligada a cesar en su actividad totalmente.*

SEXTO.– En conclusión y en base a lo anterior, esta administración concursal entiende que las citadas fincas registrales números ...., son bienes necesarios a los efectos del art. 146 y 147 TRLC, y solicita el Juzgado acuerde dictar resolución en tal sentido.

Por lo expuesto,

SUPLICO AL JUZGADO: Que teniendo por presentado este escrito, lo admita y en méritos a lo expuesto tenga por hechas las anteriores manifestaciones contenidas en el mismo a los efectos oportunos.

Es Justicia que se suplica en ...., a fecha de ....

Fdo. ....

En representación de ...., SLP, Administrador Concursal de la mercantil .... S.L.

F469. ESCRITO DE DEUDOR CONCURSADO Y ADMINISTRACIÓN CONCURSAL SOLICITANDO LA SUSPENSIÓN DE PROCEDIMIENTO DE EJECUCIÓN HIPOTECARIA

Normativa de aplicación: *Arts. 136 y ss. Real Decreto Legislativo 1/2020, de 5 de mayo, por el que se aprueba el texto refundido de la Ley Concursal*

AL JUZGADO DE PRIMERA INSTANCIA NÚMERO........... DE...........

..........., Procuradora de los Tribunales y de la compañía........... S.A., con domicilio en........... y CIF..........., representación que acredito con la escritura de poder que se acompaña a este escrito y Don..........., administrador concursal del concurso de acreedores de la citada sociedad tramitado ante el Juzgado de lo Mercantil núm. .... de........... bajo el número de autos..........., ante este Juzgado comparezco bajo la dirección letrada de Don........... (ICAV...........) en el procedimiento de ejecución hipotecario tramitado bajo el número........... y como mejor proceda en Derecho DIGO:

PRIMERO.– Que la aquí actora, la entidad de crédito........... S.A., ostenta un crédito frente a........... S.A. por importe de...........euros en virtud de contrato de préstamo concertado con la concursada mediante escritura pública de fecha..........., otorgada ante el notario de..........., Don........... (núm. .... de su protocolo).

En el citado instrumento público, la deudora constituyó hipoteca sobre la finca registral..........., del Registro de la Propiedad de..........., y que fue inscrita........... Dicha hipoteca se constituyó en garantía de la devolución del referido préstamo en los siguientes términos:...........

Acreditando lo anterior se acompañan como DOCUMENTOS........... sobre bienes y derechos de la concursada se han practicado los siguientes embargos preventivos con indicación de los procedimientos ordinarios en los que se ha efectuado la traba y los bienes de la concursada afectados:...........

SEGUNDO.– Que........... S.A. adeudaba a la actora la suma de...........euros, con el siguiente desglose...........,

Como consecuencia de ello, y habiéndose declarado vencida anticipadamente la citada deuda la actora insto la presente ejecución hipotecaria, número de autos........... tramitada ante este Juzgado de Primera Instancia núm. .... de...........,

TERCERO.– Que con posterioridad a la presente ejecución hipotecario, se declaro el concurso voluntario de la aquí deudora mediante auto de fecha..........., dictado por el Juzgado de lo Mercantil núm. .... de..........., en los autos de concurso voluntario ordinario...........

Testimonio del citado auto se acompaña como DOCUMENTO...........

CUARTO.– Que el art. 145.2 TRLC señala que desde la declaración de concurso, las actuaciones de ejecución o realización forzosa ya iniciadas a esa fecha sobre cualesquiera bienes o derechos de la masa activa quedaran suspendidas, aunque ya estuviesen publicados los anuncios de subasta.

Por todo lo expuesto,

SUPLICO AL JUZGADO que tenga por presentado este escrito y sus copias, se sirva admitirlo y previos los oportunos trámites legales, se sirva dictar resolución suspendiendo la presente ejecución hipotecaria núm. de autos........... desde la declaración de concurso de........... S.A., acordando cuanto proceda en derecho al efecto.

Es Justicia que se Suplica en..........., a........... de........... de...........

F470. AUTO DETERMINANDO QUE EL BIEN OBJETO DE LA GARANTÍA REAL ES (O NO ES) NECESARIO PARA LA CONTINUIDAD DE LA ACTIVIDAD EMPRESARIAL O PROFESIONAL DEL DEUDOR. INICIO DE EJECUCIÓN

Normativa de aplicación: *Arts. 146 y ss. Real Decreto Legislativo 1/2020, de 5 de mayo, por el que se aprueba el texto refundido de la Ley Concursal*

En la ciudad de........... a........... de........... de...........

ANTECEDENTES DE HECHO

PRIMERO.– Que en fecha........... de........... de........... y por el acreedor........... S.A., se solicitó de este Juzgado que se determinase que el inmueble de la concursada........... no es necesario para la continuación de la actividad empresarial del deudor. Ello a efectos de lo dispuesto en el art. 146 y 147 TRLC, ante el inicio de ejecución hipotecaria de dicho bien y en los términos de tal solicitud, que a continuación por extracto, se transcribe:...........

SEGUNDO.– Que del citado escrito se dio trasladó a la administración concursal, la concursada, y demás partes personadas, con el resultado obrante en autos. Especialmente, la administración concursal y la concursal se opusieron a la citada pretensión, en los siguientes términos: ....

FUNDAMENTOS DE DERECHO

PRIMERO.– Que este Juez es competente para determinar si, a efectos de lo dispuesto en el art. 146 TRLC, el inmueble titularidad de la concursada..........., es necesario para la continuación de la actividad empresarial del deudor (arts. 52, 44, 45 y 147.1 TRLC).

SEGUNDO.– Que........... está facultada para formular la citada solicitud, que reúne los requisitos del art. 146 y 147 TRLC.

TERCERO.– De las presentes actuaciones resulta a los efectos que nos ocupan:

A) Que mediante Auto de fecha........... se declaró por este Juzgado, el estado de concurso de........... S.L.

B) Que la entidad de crédito........... S.A., ostenta un crédito frente a........... S.L. por importe de...........euros en virtud de contrato de préstamo concertado con la concursada mediante escritura pública de fecha..........., otorgada ante el notario de..........., Don........... (núm. .... de su protocolo).

C) Que en el citado instrumento público, la concursada constituyó hipoteca sobre la finca registral..........., del Registro de la Propiedad de..........., y que fue inscrita........... Dicha hipoteca se constituyó en garantía de la devolución del referido préstamo en los siguientes términos:...........

D) Que al tiempo de la declaración de concurso de........... S.L., esta sociedad adeudaba a........... S.A., la suma de...........euros, con el siguiente desglose...........

E) Que igualmente, al tiempo de dictarse el auto de declaración de concurso de la deudora y pese a haber vencido anticipadamente el citado contrato, no se había iniciado la ejecución de la expresada garantía hipotecaria.

F) Que pretende la entidad acreedora........... S.A. iniciar la expresada ejecución hipotecaria del reseñado bien propiedad de la concursada.

CUARTO.– Que ciertamente el art. 1451.TRLC señala que desde la declaración de concurso, los titulares de derechos reales de garantía, sean o no acreedores concursales, sobre bienes o derechos de la masa activa necesarios para la continuidad de la actividad profesional o empresarial del concursado, no podrán iniciar procedimientos de ejecución o realización forzosa sobre esos bienes o derechos.

Sin embargo es igualmente cierto que el art. 146 TRLC permite que los titulares de derechos reales de garantía, sean o no acreedores concursales, sobre bienes o derechos de la masa activa no necesarios para la continuidad de la actividad profesional o empresarial del concursado que pretendan iniciar procedimientos de ejecución o realización forzosa sobre esos bienes o derechos o que pretendan alzar la suspensión deberán acompañar a la demanda o incorporar al procedimiento judicial o administrativo cuya tramitación hubiera sido suspendida el testimonio de la resolución del juez del concurso que declare que no son necesarios para esa continuidad. Cumplido ese requisito podrá iniciarse la ejecución o alzarse la suspensión de la misma y ordenarse que continúe ante el órgano jurisdiccional o administrativo originariamente competente para tramitarla.

Y que el art. 147.1 TRLC reserva al juez del concurso la determinación de si un bien del concursado es necesario para la continuidad de la actividad empresarial o profesional del deudor.

QUINTO.– Que entiende este Juzgador que el referido inmueble objeto de la hipoteca cuya ejecución pretende iniciar la entidad........... S.A., es necesario (no es necesario) para la continuación de la actividad empresarial del deudor pues...........

Visto lo expuesto y demás normativa de aplicación

DISPONGO

Estimar (o desestimar) la solicitud formulada por..........., mediante escrito de fecha........... y DETERMINO Y DECLARO que el inmueble titularidad de la concursada..........., es necesario (o no es necesario) para la continuación de la actividad empresarial del deudor. Ello a los efectos de lo dispuesto en el art. 146 TRLC.

Notifíquese la resolución a........... S.A., administración concursal, concursada y demás partes personadas a través de su representación procesal, haciéndole saber que contra la misma cabe recurso de reposición a interponer en el plazo de cinco días a contar desde la notificación del presente auto.

De conformidad con lo establecido en la Disposición Adicional 15ª LOPJ (según la redacción dada por la LO 1/09), la interposición de recurso contra resoluciones judiciales, no podrá ser admitida a trámite sin la acreditación del depósito previsto en la citada Ley a efectos de recurrir, debiendo presentarse copia o resguardo de tal depósito en la cuenta de consignaciones de este Juzgado.

Todo lo cual pronuncia, manda y firma el Ilmo. Sr. ...., Magistrado Juez del Juzgado de lo Mercantil núm. .... de...........

F471. AUTO DETERMINANDO QUE EL BIEN OBJETO DE LA GARANTÍA REAL ES (O NO ES) NECESARIO PARA LA CONTINUACIÓN DE LA ACTIVIDAD EMPRESARIAL O PROFESIONAL DEL DEUDOR. CONTINUACIÓN DE LA EJECUCIÓN

Normativa de aplicación: *Arts. 146 y ss. Real Decreto Legislativo 1/2020, de 5 de mayo, por el que se aprueba el texto refundido de la Ley Concursal*

En la ciudad de........... a........... de........... de...........

ANTECEDENTES DE HECHO

PRIMERO.– Que en fecha........... de........... de........... y por el acreedor........... S.A., se solicitó de este Juzgado que se determinase que el inmueble de la concursada........... no es necesario para la continuación de la actividad empresarial del deudor. Ello a efectos de lo dispuesto en el art. 146 TRLC, y en los términos de tal solicitud, que a continuación por extracto, se transcribe:...........

SEGUNDO.– De la anterior solicitud se dio traslado a la concursada, administración concursal y demás partes personadas con el resultado obrante en autos. Especialmente, la administración concursal y la concursal se opusieron a la citada pretensión, en los siguientes términos: ....

FUNDAMENTOS DE DERECHO

PRIMERO.– Que este Juez es competente para determinar si, a efectos de lo dispuesto en el art. 146 TRLC, el inmueble titularidad de la concursada..........., es necesario para la continuación de la actividad empresarial del deudor (arts. 52, 44, 45 y 147.1 TRLC).

SEGUNDO.– Que........... está facultada para formular la citada solicitud, que reúne los requisitos del art. 146 y 147 TRLC.

TERCERO.– De las presentes actuaciones resulta a los efectos que nos ocupan:

A) Que mediante Auto de fecha........... se declaró por este Juzgado, el estado de concurso de........... S.L.

B) Que la entidad de crédito........... S.A., ostenta un crédito frente a........... S.L. por importe de...........euros en virtud de contrato de préstamo concertado con la concursada mediante escritura pública de fecha..........., otorgada ante el notario de..........., Don........... (núm. .... de su protocolo).

C) Que en el citado instrumento público, la concursada constituyó hipoteca sobre la finca registral..........., del Registro de la Propiedad de..........., y que fue inscrita........... Dicha hipoteca se constituyó en garantía de la devolución del referido préstamo en los siguientes términos:...........

D) Que al tiempo de la declaración de concurso de........... S.L., esta sociedad adeudaba a........... S.A. la suma de...........euros, con el siguiente desglose...........,

E) Que como consecuencia de ello, y habiéndose declarado vencida anticipadamente la citada deuda la acreedora insto la correspondiente ejecución hipotecaria, tramitada ante el Juzgado de Primera Instancia núm. .... de..........., (autos...........), que al tiempo de declararse el presente concurso, la citada ejecución hipotecaria se hallaba........... y que como consecuencia de tal declaración concursal, quedó suspendida en fecha...........

F) Que interesa a............ S.A. se alce la citada suspensión y continúe la referida ejecución hipotecaria.

CUARTO.– Que ciertamente el art. 1451.TRLC señala que desde la declaración de concurso, los titulares de derechos reales de garantía, sean o no acreedores concursales, sobre bienes o derechos de la masa activa necesarios para la continuidad de la actividad profesional o empresarial del concursado, no podrán iniciar procedimientos de ejecución o realización forzosa sobre esos bienes o derechos.

Sin embargo es igualmente cierto que el art. 146 TRLC permite que los titulares de derechos reales de garantía, sean o no acreedores concursales, sobre bienes o derechos de la masa activa no necesarios para la continuidad de la actividad profesional o empresarial del concursado que pretendan iniciar procedimientos de ejecución o realización forzosa sobre esos bienes o derechos o que pretendan alzar la suspensión deberán acompañar a la demanda o incorporar al procedimiento judicial o administrativo cuya tramitación hubiera sido suspendida el testimonio de la resolución del juez del concurso que declare que no son necesarios para esa continuidad. Cumplido ese requisito podrá iniciarse la ejecución o alzarse la suspensión de la misma y ordenarse que continúe ante el órgano jurisdiccional o administrativo originariamente competente para tramitarla.

Y que el art. 147.1 TRLC reserva al juez del concurso la determinación de si un bien del concursado es necesario para la continuidad de la actividad empresarial o profesional del deudor.

QUINTO.– Que entiende este Juzgado que el inmueble objeto de la hipoteca cuya ejecución se inició en el procedimiento..........., actualmente suspendido por mor de la declaración del presente concurso, es (o no es) necesario para la continuidad de la citada actividad empresarial, pues...........

Visto lo expuesto y demás normativa de aplicación

DISPONGO

Estimar (o desestimar) la solicitud formulada por..........., mediante escrito de fecha........... y DETERMINO Y DECLARO que el inmueble titularidad de la concursada..........., es necesario (o no es necesario) para la continuación de la actividad empresarial del deudor. Ello a los efectos de lo dispuesto en el art. 146 TRLC.

Notifíquese la resolución a........... S.A., administración concursal, concursada y demás partes personadas a través de su representación procesal, haciéndole saber que contra la misma cabe recurso de reposición a interponer en el plazo de cinco días a contar desde la notificación del presente auto.

De conformidad con lo establecido en la Disposición Adicional 15ª LOPJ (según la redacción dada por la LO 1/09), la interposición de recurso contra resoluciones judiciales, no podrá ser admitida a trámite sin la acreditación del depósito previsto en la citada Ley a efectos de recurrir, debiendo presentarse copia o resguardo de tal depósito en las cuenta de consignaciones de este Juzgado.

Todo lo cual pronuncia, manda y firma el Ilmo. Sr. ...., Magistrado Juez del Juzgado de lo Mercantil núm. .... de...........

F472. OPOSICIÓN A EJECUCIÓN DE UN TÍTULO JUDICIAL OBJETO DE CRÉDITO AFECTADO POR CONVENIO DE ACREEDORES VIGENTE

Normativa de aplicación: *Arts. 557 y ss. Ley de Enjuiciamiento Civil*

AL JUZGADO DE PRIMERA INSTANCIA Nº........... DE...........

..........., Procuradora de los Tribunales, en nombre y representación de la mercantil..........., S.L., según tengo acreditado en el Juicio ordinario nº..........., ante este Juzgado comparezco, bajo la dirección técnica de D..........., abogado del Iltre. Colegio de..........., número de colegiado..........., con despacho profesional en..........., y como mejor proceda en Derecho DIGO:

Que notificado, en fecha........... de........... de..........., el Auto que acuerda el despacho de ejecución del Decreto de fecha........... de........... de........... y del Decreto de fecha........... de........... de........... por el que se aprueba la tasación de costas del procedimiento Juicio Ordinario..........., al amparo del art. 560 de la LEC, en relación con los artículos 557 y 559 del mismo cuerpo legal formulo OPOSICIÓN A LA EJECUCIÓN del referido auto, ya que considero que el mismo no es ajustado a derecho, en base a los siguientes,

HECHOS

PRIMERO.– Antes de nada es necesario hacer constar los hechos que dan origen a este proceso judicial de ejecución.

1º.– Que el........... de........... de..........., se presenta por parte de la actora, una demanda declarativa de condena, contra mi mandante, la mercantil..........., S.L., por vicios constructivos, ante el Decanato de los juzgados de..........., la cual fue admitida a trámite en fecha........... con efectos........... de..........., y que fue vista por este mismo Juzgado nº........... de los de........... como Juicio ordinario con el número de autos........... Adjunto se acompaña como Documento nº 1 copia del auto de admisión a trámite de la referida demanda.

2º.– Que el........... de........... de........... tiene entrada en el Registro de los Juzgados de........... dos demandas de ejecución de resolución judicial que interpone........... contra la mercantil..........., S.L., en las que solicita que se despache ejecución contra bienes del demandado en cumplimiento de los decretos de fecha..........., aprobando tasación de costas en incidente de nulidad, y de........... aprobando tasación de costas, en la segunda instancia, ambas procedentes del referido juicio ordinario...........

3°.– Que, con fecha..........., se despacha ejecución frente a..........., S.L., por las cantidades reclamadas que ascienden a la suma de...........euros en concepto de principal y...........euros en concepto de intereses y costas.

4°.– Que la mercantil..........., S.L., fue declarada en concurso de acreedores por auto de........... de........... de........... del Juzgado de lo Mercantil........... de...........

Adjunto se acompaña, como Documento n°..........., copia del auto concursal (dejando designados los archivos del Juzgado Mercantil a los efectos probatorios oportunos).

5°.– Terminada la fase común del concurso, ... ostenta un crédito litigioso en el concurso que será objeto de cuantificación en el momento en que dicte sentencia firme y se cuantifiquen sus costas. Se abre la fase de convenio el..........., y tras los oportunos tramites, el día .... se acepta el convenio propuesto por mayoría.

El convenio contiene una espera de........... años. La sentencia..........., de........... de..........., del Juzgado de lo Mercantil, aprueba el convenio aceptado por los acreedores.

6°.– No consta que se haya dictado un auto de conclusión del concurso, tal y como exige, para los supuestos que en él se menciona, el artículo 465.4° TRLC, lo que tendrá lugar con el cumplimiento íntegro del convenio en el año...........

En prueba de lo anterior adjunto se acompaña, como Documento n° 3, la copia de la propuesta del referido convenio, como Documento n° 4 copia de la sentencia aprobando el convenio. (Dejando designados los archivos del Juzgado Mercantil a los efectos probatorios oportunos).

7°.– Que el procedimiento ordinario se inició con anterioridad a la declaración del concurso, por lo que los créditos que se pretenden ejecutar dimanantes ellos de la tasación de costas del procedimiento principal tienen el carácter de créditos concursales, calificados como créditos contingentes.

Y todo ello determina lo siguiente:

PRIMER MOTIVO DE OPOSICIÓN: QUITA, ESPERA O PACTO DE NO PEDIR QUE CONSTE DOCUMENTALMENTE.

SEGUNDO.– El artículo 557 de la LEC recoge como motivo de oposición por motivos de fondo, para el caso de despacharse la ejecución, en base a los documentos con fuerza ejecutiva a que se refiere el número 9° del apartado 2 del artículo 517 de la LEC (las demás resoluciones judiciales y documentos que, por disposición de la ley, lleven aparejada ejecución. Como son los Decretos), la quita, espera o el pacto de no pedir que conste documentalmente.

Y en el presente caso es evidente que existe un Convenio (documento n° 4), que ha sido aprobado judicialmente, y que tiene unos efectos vinculantes para la parte ejecutante en tanto que su derecho es anterior al auto de declaración del concurso siendo la fecha de presentación de la demanda principal anterior a la fecha de declaración del concurso.

En este sentido y respecto de la extensión del convenio, el art. 396 TRLC establece:

1. El contenido del convenio vinculará al deudor y a los acreedores ordinarios y subordinados, respecto de los créditos de cualquiera de estas clases que fuesen anteriores a la declaración de concurso, aunque no se hubieran adherido a la propuesta de convenio o aunque, por cualquier causa, no hubiesen sido reconocidos.

2. Los acreedores subordinados quedarán afectados por las mismas quitas y esperas establecidas en el convenio para los ordinarios, pero cada uno de los plazos anuales de espera establecidos para los créditos ordinarios se computarán como plazos trimestrales de espera para los créditos subordinados desde el íntegro cumplimiento del convenio respecto de los primeros sin que la totalidad de la espera desde el comienzo del cumplimiento del convenio pueda ser superior a diez años para todos los acreedores. Quedan a salvo los efectos que pueda producir el ejercicio de la facultad de elección por los acreedores subordinados.

También señala el art. 397 TRLC:

1. Los acreedores privilegiados quedarán vinculados al convenio aprobado por el juez si hubieren sido autores de la propuesta o si se hubieran adherido a ella, salvo que hubieran revocado la adhesión, así como si se adhieren en forma al convenio ya aceptado por los acreedores o aprobado por el juez antes de la declaración judicial de su cumplimiento.

2. Sin perjuicio de lo dispuesto en el apartado anterior, los acreedores privilegiados quedarán también vinculados al convenio cuando, dentro de la misma clase a la que pertenezcan, se hubieran obtenido las siguientes mayorías:

1.° El sesenta por ciento del importe de los créditos privilegiados de la misma de la clase, cuando el convenio consista en el pago íntegro de los créditos en plazo no superior a tres años o en el pago inmediato de los créditos vencidos con quita inferior al veinte por ciento; o cuando contenga quitas iguales o inferiores a la mitad del importe del crédito; esperas, ya sean de principal, de intereses o de cualquier otra cantidad adeudada, con un plazo no superior a cinco años; o, en el caso de acreedores distintos de los públicos o los laborales, la conversión de los créditos en créditos participativos durante el mismo plazo.

2.° El setenta y cinco por ciento del importe de los créditos privilegiados de la misma clase, en los convenios que tuvieran otro contenido.

En el caso de acreedores con privilegio especial, el cómputo de las mayorías se hará en función de la proporción de las garantías aceptantes sobre el valor total de las garantías otorgadas dentro de cada clase.

En el caso de los acreedores con privilegio general, el cómputo se realizará en función del pasivo aceptante sobre el total del pasivo que se beneficie de privilegio general dentro de cada clase.

Y el referido convenio establece una espera que aparece recogida en su punto........... que literalmente dice así:...........

Y en este caso es evidente que estamos en un marco concursal en el que su artículo 251.1 TRLC determina que, todos los créditos contra el deudor, ordinarios o no, a la fecha de la declaración de concurso, cualquiera que sea la nacionalidad y el domicilio del acreedor, quedarán de derecho integrados en la masa pasiva, estén o no reconocidos en el procedimiento, salvo que tengan la consideración de créditos contra la masa.

Y es evidente que el convenio ha de desplegar sus consecuencias y efectos sobre todos aquellos derechos de crédito cuyo nacimiento es previo o anterior al auto de declaración del concurso, como es el caso. Y es por ello que no puede plantearse, al margen del convenio, atendiendo a los plazos establecidos en el mismo, la ejecución o el pago de un crédito, que siendo anterior a la declaración del concurso aparezca vinculado y obligado por el propio convenio.

SEGUNDO MOTIVO DE OPOSICIÓN: LA NULIDAD RADICAL POR FALTA DE COMPETENCIA OBJETIVA, AL VENIR LA MISMA ATRIBUIDA A LA COMPETENCIA DE LOS JUZGADOS DE LO MERCANTIL.

TERCERO.– El art. 559 de la LEC establece que el ejecutado podrá también oponerse a la ejecución alegando la Nulidad radical del despacho de la ejecución. Y en este mismo sentido se manifiesta el Auto de la AP de Valencia nº 244/08 (Sección 7) de 27 de octubre se ocupa de un supuesto de nulidad que acepta como motivo de oposición por defectos procesales la nulidad radical por falta de competencia objetiva, al venir la misma atribuida a la competencia de los juzgados de lo mercantil.

En este sentido se hace evidente que el auto despachando ejecución incurre en nulidad, por aplicación del art. 225, núm. 1 y 3 LEC, en relación con el art. 52 TRLC y arts. 559 y 560 de la LEC. Y ello porque el deudor está declarado en concurso, y conforme al art. 52 TRLC, en tanto no se dicte auto de conclusión de concurso (art. 465. TRLC), las acciones dirigidas contra la masa activa deben ser conocidas por el juez del concurso.

El art. 52 TRLC establece que la jurisdicción del juez del concurso es exclusiva y excluyente para conocer de las siguientes materias: "1. La jurisdicción del juez del concurso será exclusiva y excluyente en las siguientes materias:

1.ª Las acciones civiles con trascendencia patrimonial que se dirijan contra el concursado, con excepción de las que se ejerciten en los procesos civiles sobre adopción de medidas judiciales de apoyo a personas con discapacidad, filiación, matrimonio y menores.

2.ª Las ejecuciones relativas a créditos concursales o contra la masa sobre los bienes y derechos del concursado integrados o que se integren en la masa activa, cualquiera que sea el tribunal o la autoridad administrativa que las hubiera ordenado, sin más excepciones que las previstas en la legislación concursal.

3.ª La determinación del carácter necesario de un bien o derecho para la continuidad de la actividad profesional o empresarial del deudor.

4.ª La declaración de la existencia de sucesión de empresa a efectos laborales y de seguridad social en los casos de transmisión de unidad o de unidades productivas, así como la determinación en esos casos de los elementos que las integran.

5.ª Las medidas cautelares que afecten o pudieran afectar a los bienes y derechos del concursado integrados o que se integren en la masa activa, cualquiera que sea el tribunal o la autoridad administrativa que las hubiera acordado, excepto las que se adopten en los procesos de adopción de medidas judiciales de apoyo a personas con discapacidad, filiación, matrimonio y menores.

6.ª Las demás materias establecidas en la legislación concursal.

2. Cuando el deudor sea persona natural, la jurisdicción del juez del concurso será también exclusiva y excluyente en las siguientes materias:

1.ª Las que en el procedimiento concursal debe adoptar en relación con la asistencia jurídica gratuita.

2.ª La disolución y liquidación de la sociedad o comunidad conyugal del concursado.

3. Cuando el deudor sea persona jurídica, la jurisdicción del juez del concurso será también exclusiva y excluyente en las siguientes materias:

1.ª Las acciones de reclamación de deudas sociales que se ejerciten contra los socios de la sociedad concursada que sean subsidiariamente responsables del pago de esas deudas, cualquiera que sea la fecha en que se hubieran contraído, y las acciones para exigir a los socios de la sociedad concursada el desembolso de las aportaciones sociales diferidas o el cumplimiento de las prestaciones accesorias.

2.ª Las acciones de responsabilidad contra los administradores o liquidadores, de derecho o de hecho; contra la persona natural designada para el ejercicio permanente de las funciones propias del cargo de administrador persona jurídica y contra las personas, cualquiera que sea su denominación, que tengan atribuidas facultades de la más alta dirección de la sociedad cuando no exista delegación permanente de facultades del consejo de administración en uno o varios consejeros delegados o en una comisión ejecutiva, por los daños y perjuicios causados, antes o después de la declaración judicial de concurso, a la persona jurídica concursada.

3.ª Las acciones de responsabilidad contra los auditores por los daños y perjuicios causados, antes o después de la declaración judicial de concurso, a la persona jurídica concursada."

El juzgado de lo mercantil tiene competencia exclusiva y excluyente sobre las materias enumeradas en el art. 52 TRLC. Que la competencia es exclusiva de este juzgado significa que sólo él tiene competencia para conocer de esas materias. El carácter excluyente significa que se sustrae o elimina tal asunto o materia del conjunto de las de su clase, esto es, del órgano al que le correspondería su conocimiento. En definitiva, el juez del concurso, y sólo es, es el encargado de conocer de las materias que se relacionan en el art. 52 TRLC.

Partiendo de estas premisas, el art. 52.1.2ª TRLC dispone que es competencia del juez del concurso las ejecuciones relativas a créditos concursales o contra la masa sobre los bienes y derechos del concursado integrados o que se integren en la masa activa, cualquiera que sea el tribunal o la autoridad administrativa que las hubiera ordenado, sin más excepciones que las previstas en la legislación concursal.

.Este precepto es de aplicación al caso de autos, por las siguientes razones: (i) ………… ha interpuesto una demanda ejecutiva contra el deudor concursado; (ii) la demanda se dirige frente a bienes de la masa activa, pues se pretende el embargo de bienes del concursado suficientes para poder hacer frente al importe de la deuda.

A los efectos de atribuir la competencia al juez del concurso, conforme al art. 52 TRLC, es indiferente si la deuda cuyo pago se reclama en el proceso de ejecución es anterior o posterior a la declaración de concurso. En el caso de autos, la deuda que se reclama es el pago de las costas procesales, pago al que está obligado el deudor en virtud de sentencia condenatoria dictada por la Audiencia Provincial después de la declaración de concurso, y la concreta cantidad que ha de abonar es resultado de la tasación realizada por dos autos dictados también en fecha posterior a la declaración de concurso.

Y sea la deuda que se reclama anterior o posterior a la declaración de concurso, en todo caso la demanda ejecutiva debe ser interpuesta ante el juez del concurso, cosa que en el presente caso no ha ocurrido.

El carácter excluyente de la competencia del juez del concurso comporta que si la demanda se plantease ante un juez distinto, éste deberá abstenerse de conocer, previniendo a las partes que usen de su derecho ante el juez del concurso, lo que habrá de hacerse por medio de auto, a tenor de lo dispuesto en el art. 206.1.2º LEC; en otro caso, esto es, si la demanda fue indebidamente admitida a trámite, debe procederse al archivo, previa nulidad de actuaciones.

Y el art. 136 TRLC no hace sino recoger la doctrina general sobre nulidad de actuales realizadas por un juez o tribunal en caso de falta de jurisdicción o competencia objetiva, sancionada por los arts. 238.1 LOPJ y 225.1 LEC. En consecuencia, todas las actuaciones practicadas ante el juez civil sin jurisdicción o incompetente por razón de la materia, carecerá de validez, tal y como dispone el art. 136.TRLC.

Siendo que además, a mayor abundamiento, también el artículo 142 TRLC contiene una prohibición consistente en que Desde la declaración de concurso, no podrán iniciarse ejecuciones singulares, judiciales o extrajudiciales, ni tampoco apremios administrativos, incluidos los tributarios, contra los bienes o derechos de la masa activa.

Ademas, conforme el art. 143 TRLC: 1. Las actuaciones y los procedimientos de ejecución contra los bienes o derechos de la masa activa que se hallaran en tramitación quedarán en suspenso desde la fecha de declaración de concurso, sin perjuicio del tratamiento concursal que corresponda dar a los respectivos créditos. Serán nulas cuantas actuaciones se hubieran realizado desde ese momento. 2. El juez del concurso, a solicitud de la administración concursal, previa audiencia de los acreedores afectados, podrá acordar el levantamiento y cancelación de los embargos trabados en las actuaciones y los procedimientos de ejecución cuya tramitación hubiera quedado suspendida cuando el mantenimiento de esos embargos dificultara gravemente la continuidad de la actividad profesional o empresarial del concursado. El levantamiento y cancelación no podrá acordarse respecto de los embargos administrativos.

Sin que concurra ninguna de las excepciones previstas en el art. 144 TRLC.

Y a estos hechos le son de aplicación los siguientes,

FUNDAMENTOS DE DERECHO

I.– NORMAS PROCESALES

PRIMERO.– PROCEDIMIENTO.

Son de aplicación los artículos 556, 557, 559 y ss. de la Ley de Enjuiciamiento Civil, con suspensión de la ejecución según lo dispuesto en el artículo 557.2 del referido texto legal.

SEGUNDO.– LEGITIMACIÓN.

Es de aplicación el artículo 556.1 de la Ley de Enjuiciamiento Civil al ser partes ejecutadas en el presente procedimiento.

TERCERO.– COMPETENCIA.

Es competente este juzgado de conformidad con lo dispuesto en los artículos 53.2 y 545.3 de la Ley de Enjuiciamiento Civil.

CUARTO.– SUSPENSIÓN.

Si se formulare la oposición prevista en el apartado anterior, el letrado de la Administración de Justicia, mediante diligencia de ordenación suspenderá el curso de la ejecución. Art. 557.2 LEC.

Por todo lo expuesto,

SUPLICO AL JUZGADO: Que tenga por presentado este escrito con sus copias, lo admita, me tenga por comparecido y parte y tenga por promovida OPOSICIÓN A LA EJECUCIÓN en nombre de mi mandante la sociedad mercantil..........., S.L., de traslado de este escrito de oposición al ejecutante para que pueda formular alegaciones en el plazo de cinco días y en definitiva estimando la oposición formulada se dicte auto dejando sin efecto la ejecución despachada, con imposición de las costas al ejecutante, alzándose los embargos que se hayan adoptado.

PRIMER OTROSÍ DIGO: Que interesa al derecho de esta parte, la suspensión del curso de la ejecución al amparo del art. 557.2 LEC.

SUPLICO AL JUZGADO: Tenga por efectuadas las anteriores manifestaciones y acuerde la celebración de la vista.

SEGUNDO OTROSÍ DIGO: Que adjunto se acompaña, como Documento nº 5, el impreso de pago de la tasa judicial.

SUPLICO AL JUZGADO, que tenga por hecha la anterior manifestación a los efectos legales oportunos.

Es justicia que pido, en..........., a........... de........... de...........

F473. OPOSICIÓN A EJECUCIÓN HIPOTECARIA INSTADA TRAS LA APROBACIÓN DE CONVENIO

AL JUZGADO DE PRIMERA INSTANCIA N°........... DE...........

..........., Procurador de los Tribunales y de la sociedad........... S.A., cuya representación ya tengo aportada en el presente procedimiento........... de ejecución hipotecaria, ante este Juzgado comparezco y como mejor proceda en derecho DIGO:

Que habiendo sido notificada mi representada del Auto de fecha........... por el que se despachaba ejecución contra mi representada en el seno del procedimiento de ejecución hipotecaria núm. ...., y agotándose el plazo legal de oposición sin que se haya recibido notificación a fecha de hoy sobre la solicitud de declinatoria ya presentada por esta parte y correspondiente suspensión del procedimiento, mediante el presente escrito y en prudente cumplimiento del derecho de defensa de mi representada, formulo ad cautelam OPOSICIÓN A LA EJECUCIÓN con fundamento en los siguientes

HECHOS

PRIMERO.– LA CONCURSADA-EJECUTADA

Con fecha........... el Juzgado de lo Mercantil n°........... de........... dictó Auto por el que declaraba a mi representada, ... S.A., en estado legal de concurso voluntario de acreedores, procedimiento seguido bajo el número........... del citado órgano jurisdiccional.

Ya acompañamos en nuestro escrito de declinatoria presentado hace escasas fechas ante este Juzgado, la publicación del Auto de declaración de concurso voluntario de acreedores en el BOE núm. .... de..........., como doc. 1, al cual nos remitimos.

SEGUNDO.– LA INSCRIPCIÓN DEL CONCURSO EN EL REGISTRO DE LA PROPIEDAD.

En virtud de mandamiento judicial expedido el día........... de........... de........... por el propio Juzgado de lo Mercantil núm. .... de..........., inscritas ambas dos como inscripción........... en el Registro de la Propiedad n°........... de..........., la declaración de concurso de mi representada respecto de los inmuebles, fincas........... sobre los que intenta plantear ejecución de adverso.

Se acompañaba en el mismo escrito de declinatoria como docs. 2 y 3 notas simples del referido Registro de la Propiedad n° 2 de...........

Igualmente debe obrar en autos el Certificado reclamado por este Juzgado de........... al Registrador de la Propiedad, de........... de........... de........... que ratifica la inscripción concursal alegada.

Tal inscripción concursal, necesaria ex art. 37 TRLC, supone "la integración del bien a la masa activa y, por tanto, la circunstancia de quedar afecto al resultado el procedimiento" (ROJO, A. coordinador, SÁNCHEZ RUS, H. y A., Comentario de la Ley concursal tomo I, pág. 517).

Es decir al sometimiento de las normas propias del juicio universal de insolvencia, el concurso de acreedores.

A mayor abundamiento, es el propio convenio de acreedores, aprobado por sentencia del Juez del concurso —aportados junto con nuestro escrito de declinatoria a estos autos como docs. 5 y 6—, el que vincula expresamente el cumplimiento del mismo al resultado que de las operaciones urbanísticas respectivas finalmente obtenga la sociedad respecto de las fincas objeto de la presente ejecución.

Por ello, la afectación de los bienes que se pretende ejecutar a la vida del concurso es incontrovertible.

TERCERO.– LA FALTA DE COMUNICACIÓN DEL CRÉDITO AL CONCURSO POR LA ACTORA Y LA FALTA DE IMPUGNACIÓN DE LA LISTA DE ACREEDORES.

La condición de concursada de la aquí ejecutada, implica importantes consecuencias sustantivas sobre los créditos, y en especial sobre la competencia judicial para conocer de los mismos, de su reconocimiento, calificación, ejecución, y eventual relegación por extemporaneidad.

De todo ello ha de ejercer su exclusiva competencia por mandato legal el Juzgado de lo Mercantil núm. .... de............, por lo que nos remitimos y reiteramos a lo denunciado en nuestro escrito de declinatoria pendiente de tramitación a fecha de hoy, invocando una vez más que la presente ejecución no debe seguir adelante y remitirse los autos al órgano mercantil legalmente competente.

Sin perjuicio de ello, ha de dejarse constancia que la actora no comunicó nunca al Juez del concurso el crédito que dice ostentar, ni se le reconoció crédito alguno por la administración concursal, que le excluyo de la lista de acreedores, ni impugnó la lista definitiva de acreedores, aquietándose, por lo tanto, a su contenido, aún habiéndose personado en el concurso, cuya existencia conocía, por cuanto se persono cuando tuvo por conveniente, tal y como se acreditó junto nuestro escrito. Ello Con las graves consecuencias que para el reconocimiento de su eventual crédito supone de conformidad con la Ley, y que no puede desconocerse en este ni en ningún otro procedimiento.

Acompañamos al respecto como DOC............, BOE núm. .... de............ en el que se publica el Informe de la Administración Concursal a los efectos de su eventual impugnación por los acreedores, copias de la lista definitiva de acreedores donde no consta el crédito que ahora esgrime la demandante, y Providencia del Juez de lo Mercantil núm. .... de............ teniéndola como aportada a los efectos oportunos, así como la solicitud de testimonio para su aportación a este procedimiento, quedando en cualquier caso designados los archivos judiciales del meritado Juzgado.

En todo caso, insistimos, la competencia es del Juez del concurso.

CUARTO.– LA COMPRAVENTA DE FECHA............

Varios años antes de la declaración de concurso en..........., en fecha........... mi mandante suscribió la compra de........... fincas rústicas con Dña..........., con el fin de realizar, previos los trámites administrativos oportunos, promociones inmobiliarias en las mismas esto es, el objeto social de la concursada.

De hecho, la vendedora exigía en la escritura como parte del precio parcelas unifamiliares con determinada volumetría y superficie, las cuales han resultado imposibles de entregar material y jurídicamente, habida cuenta la notoria paralización urbanística de las autoridades competentes (Ayuntamiento de........... y...........), y el sobrevenido concurso de acreedores de la compradora que represento.

Queda ello acreditado igualmente con el Certificado del Registrador de la Propiedad nº........... de........... obrante en autos, donde se mantiene la calificación de rústicas de las parcelas litigiosas núms...........

Mi representada ha venido cumpliendo puntualmente los plazos hasta la declaración de concurso de acreedores (año...........), esto es, del precio inicialmente previsto de...........euros, la concursada ha abonado puntual e íntegramente más de........... euros.

Así lo reconoce expresamente la demanda presentada de adverso, en su hecho tercero.

QUINTO.– EL VENCIMIENTO DEL ÚLTIMO Y ÚNICO PLAZO PENDIENTE.

La compraventa se articulaba —pacto........... págs........... de la escritura— mediante pago parcial inicial en el acto de........... más otros........... plazos, ... de pago pecuniario, y el........... final de entrega in natura de parcelas:

1º.– año........... (...........–€)– PAGADO por mi mandante en plazo y forma.

2º.– año........... (...........–€)– PAGADO por mi mandante en plazo y forma.

3º.– año..........., (...........–€)– PAGADO por mi mandante en plazo y forma.

(........... auto declaración concurso de acreedores J. M. nº........... de...........)

4º.– a) .... entrega parcelas (cumplimiento in natura)

(+1 mes) .... vencimiento pago en valor euros (cumplimiento subsidiario a falta de parcelas) más cláusula penal, de evidente naturaleza punitiva.

b) .... (+30 días naturales) de plazo adicional de pago "PODRÁN EJECUTAR LA HIPOTECA".

Es decir, la exigibilidad del cuarto plazo, y si se hubiere cumplido con las condiciones del título hipotecario, nunca podría producirse antes del...........

Ya adelantamos —sin perjuicio de la competencia objetiva que corresponde a lo Mercantil—, que ello supone la íntegra desestimación con expresa condena en costas a la actora, de la demanda ejecutiva iniciada sin haber intimado conforme a título la mora del comprador, y presentada con fecha..........., antes de la exigibilidad potencial de la deuda, y por ende, antes de adquirir fuerza ejecutiva el título hipotecario.

SEXTO.– El VENCIMIENTO DEL ÚLTIMO PLAZO QUE PRETENDE EJECUTAR LA DEMANDANTE VENDEDORA.

Reconocido pues de contrario que ya ha percibido puntualmente la nada despreciable cifra de más de...........euros, el...........% de los........... millones del precio de la compraventa, ha de estudiarse la regulación que el propio título prevé para el cuarto y último plazo que intenta ejecutar frente a la compradora-concursada.

Reza así la escritura notarial de compraventa (págs...........):...........

Todo lo cual se puede esquematizar cronológicamente del siguiente modo:

- Año........... escritura de compra
- Año........... declaración de concurso
- Año...........

.... (........... meses) vencimiento obligación de entrega parcelas

.... Requerimiento notarial prematuro de la vendedora

—........... de........... plazo inicial inexigible de la obligación pago sustitutorio—

.... de........... demanda ejecutiva prematura de la vendedora

—........... de...........l, +30 días naturales, exigibilidad inicial si concurre intimación de mora—

Resulta así, que en propio título hipotecario, se imponen dos obligaciones a la hipotecante:

1° ESPERAR, ... meses, más otro mes para el cumplimiento sustitutorio pecuniario, más otros........... días de plazo de pago. Total........... meses y........... días

2° INTIMAR

Una vez fuere exigible el pago pecuniario, es decir en el mes..........., es decir el..........., entonces y sólo entonces, deberá requerir de pago otorgando un plazo obligatorio de otros........... días adicionales, es decir en la práctica........... meses, esto es el...........

De todas esas cargas para el vendedor-acreedor (esperar, intimar en plazo), se hace depender expresamente la eficacia del título ejecutivo:...........

Habida cuenta que la demandante ni ha esperado a intimar tras el mes........... —lo hace antes, sin eficacia jurídica por resultar a esa fecha inexigible—, y que ha presentado su demanda ANTES DEL..........., es decir antes de que adquiriera exigibilidad y correspondiente fuerza ejecutiva el título hipotecario, la presente oposición debe ser estimada con expresa condena en costas a la ejecutante.

MOTIVOS

PRIMERO.– NULIDAD RADICAL DEL DESPACHO DE EJECUCIÓN.

Con independencia de la pretensión declinatoria ya instada por esta parte, la realidad de la pendencia de concurso de acreedores desde hace más de dos años en la persona del ahora ejecutado, ..., S.A., implica consideraciones de ámbito sustantivo que resulta de obligada invocación en este trámite de oposición.

I.– EXCESO DE JURISDICCIÓN

En primer lugar, la nulidad por expresa y terminante mandato, no de parte, sino de Ley Orgánica, del despacho de ejecución proveído en el presente procedimiento:

Ley Orgánica del Poder Judicial

Artículo 86 ter.

Artículo 238.

Los actos procesales serán nulos de pleno derecho en los casos siguientes:

2. Cuando se produzcan por o ante tribunal con falta de jurisdicción o de competencia objetiva o funcional.

En idéntico sentido el art. 52.1 TRLC: la jurisdicción del juez del concurso es exclusiva y excluyente para conocer de las siguientes materias: .... 2° Las ejecuciones relativas a créditos concursales o contra la masa sobre los bienes y derechos del concursado integrados o que se integren en la masa activa, cualquiera que sea el tribunal o la autoridad administrativa que las hubiera ordenado, sin más excepciones que las previstas en la legislación concursal.

Estando acreditado la declaración de concurso desde el año..........., que bien conocía la demandante, y que resultaba también inscrito en el Registro de la Propiedad en las fincas objeto de ejecución, la improcedencia de la ejecución despachada es patente, y sólo atribuible a la mala fe de la actora.

II.– AUSENCIA DE ACCIÓN EJECUTIVA HIPOTECARIA VÁLIDA SIN QUE MEDIE AUTORIZACIÓN DEL JUEZ DEL CONCURSO.

Únicamente tras la fiscalización —por el juez competente— de los requisitos concursales para el inicio de acciones ejecutivas (arts. 145 y ss. TRLC) podría incoarse tal procedimiento de ejecución forzosa.

Obviamente —además de la competencia del órgano—, tal conocimiento de las circunstancias, requisitos y condicionantes desborda la sede de un procedimiento sumario como el presente.

Y más patente aún, no dispone este Juzgado de la totalidad de los antecedentes materiales y jurídicos del expediente concursal n°........... que un mínimo de rigor y seguridad jurídica exigirían.

En todo caso, tampoco la demandante ha facilitado tal enjuiciamiento, aún siendo carga procesal si pretende defender su acción.

Al contrario, la actora ha ocultado a este Juzgado con evidente mala fe, no sólo la preexistencia de concurso de acreedores desde..........., sino además la efectiva personación de ella misma en aquél procedimiento, más aún su absoluto silencio en el mismo, para finalmente presentar su demanda ante este Juzgado con la pretendida ingenuidad de quien insta un ejecutivo como cualquier otro silenciando las graves circunstancias que lo condicionan faltamente.

SEGUNDO.– NULIDAD RADICAL POR INEFICACIA EJECUTIVA DEL TÍTULO.

Sin perjuicio de todo lo hasta ahora expuesto respecto de la vis attractiva de la jurisdicción, y la legislación, concursales, del propio título ejecutivo se desprende su ineficacia ejecutiva en la forma y plazo con la que han sido presentados en la demanda.

Suponiendo ello, igualmente, causa de desestimación íntegra y condena en costas a la ejecutante.

Es la propia escritura notarial de compraventa la que, como veíamos *ut supra*, configura los requisitos de tiempo y forma para alcanzar su propia fuerza ejecutiva.

En primer lugar exigía un plazo........... de........... de..........., momento a partir del cual debía intimar el pago la acreedora, otorgando otro plazo adicional de........... días, esto es nunca antes del...........

Ello supone que, habiéndose presentado la demanda con anterioridad al..........., el principio de litispendencia y de la perpetuatio iurisdicionis (arts. 410 y 411 de la LEC), implican necesariamente la imposibilidad de seguir adelante la ejecución por no cumplirse al momento de la demanda ni los requisitos temporales, ni los formales, del título.

- Ni se requirió notarialmente a mi mandante UNA VEZ VENCIDO el plazo de........... meses "En el caso de que el vencimiento de cualquier pago aplazado pactado no fuese abonado por la compradora, en todo o en parte, la vendedora deberá requerir notarialmente de pago". Deviniendo así en ineficaz cualquier requerimiento anterior a los........... meses, es decir resultó inocuo el requerimiento de la actora de...........
- Ni a fecha de demanda se había cumplido el plazo que el título otorga "en beneficio del deudor" —estipulación........... de la escritura de compraventa, pág........... — en el supuesto de que hubiere cumplido, que no lo hizo, el requisito formal previo de intimar mora correctamente.

Establece nuestro Código Civil:

Artículo 1125.

Las obligaciones para cuyo cumplimiento se haya señalado un día cierto, sólo serán exigibles cuando el día llegue.

Artículo 1255.

Los contratantes pueden establecer los pactos, cláusulas y condiciones que tengan por conveniente, siempre que no sean contrarios a las leyes, a la moral ni al orden público.

Artículo 1500.

El comprador está obligado a pagar el precio de la cosa vendida en el tiempo y lugar fijado por el contrato

Efectivamente, bien se considere pacto de espera o de no pedir, o más estrictamente INEXIGIBILIDAD de la obligación de pago por falta de cumplimiento de los plazos establecidos en el título, la realidad es que no existe acción ejecutiva válida en la demanda presentada de contrario.

Así se vienen pronunciando los Tribunales:

S. de la Audiencia Provincial de Sevilla, sec. 8°, A 16-2-2009, n° 32/2009, rec. 230/2009. Pte.: Maroto Márquez, Pablo Joaquín

TERCERO.– La ejecución se inició por la presentación de un título de ejecución recogido en la ley, lo cual supone por sí sola condición bastante para despacharla, porque es el fundamento de la pretensión ejecutiva. Conviene recordar que el título actúa con independencia de que la obligación en él señalada sea exigible. Se precisa solamente la regularidad formal que desde luego se da, nadie discute y es lo que ha propiciado la primera resolución judicial dictada en autos (folio 5). Como señala algún autor "Ello no quita para que la obligación documentada pueda haber devenido inexistente o inexigible, bien porque se hubieran producido desde la formación del título hasta la iniciación del procedimiento de ejecución hechos extintivos o bien hechos excluyentes que desvirtúen la validez o la exigibilidad actuales de la prestación, al menos tal y como aparece en el título de ejecución"........... "en cuyo caso el juez habría de despachar ejecución igualmente, contando con la regularidad formal del título, sin perjuicio de que la oposición del ejecutado dejaría sin efecto la ejecución, como ordena el art. 561.2 LEC EDL2000/77463".

Pues bien la mera lectura de la cláusula controvertida contenida en la escritura de venta, corroborada por la contemplación de los sucesos procesales posteriores nos hacen ver que ya el título desde su formación contenía la semilla de la discordia y que, desde luego, aún suponiendo una clara posición deudora de la ejecutada, no autoriza sin el debate o cognición necesaria la prosecución, sin más, de la vía ejecutiva.

Afortunadamente la Ley de Enjuiciamiento Civil no ha supuesto la equiparación total de los títulos judiciales con los que no lo son. Tenemos aquí un claro ejemplo de la previsión del legislador que permite el desarrollo de un auténtico juicio que se inicia a instancia del tenido por deudor y que por de pronto suspende o paraliza la ejecución, conforme a unas causas tasadas.

En el supuesto de hecho enjuiciado se opusieron las excepciones de quita, espera o pacto o promesa de no pedir o alternativamente transacción que es la que a la postre fue admitida, con error, por la Juzgadora "a quo" pues define como transacción lo que es propiamente la base de la relación contractual entre las partes, sin que esa cláusula a la que alude signifique otra cosa que una de las previsiones sobre la exigibilidad de la obligación. Faltan todas y cada una de las notas que caracterizan a la transacción extrajudicial que pivotan siempre sobre la necesidad del litigio a evitar o a enervar.

Más acogible era el resto de la resistencia, sobre todo las especies "espera" o "pacto de no pedir" Ahora bien lo que realmente hay es una obligación inexigible por condicionada a un albur que se ha materializado de tal manera que no permite tener por líquida la cantidad, incumpliéndose así la nota de determinación.

....

Resulta, por tanto, que esa previsión establecida en el apartado tercero de la estipulación segunda del título que se ejecuta (que no transacción) es, hoy por hoy, inexigible y que por tanto no puede seguir adelante la ejecución en estas condiciones, tal como acertó a disponer la Juzgadora "a quo", aún con razones que no compartimos totalmente.

Tal es la realidad del supuesto de autos: el título exigía literalmente para obtener su fuerza ejecutiva una conducta necesaria del actor, intimar, dentro de unos plazos que no ha cumplido, y que impedían ejecutar antes del...........

Defectos obviamente insubsanables por efecto de la litispendencia y perpetuatio iurisdictionis.

El mismo resultado que si un cheque o un pagaré intentaran ejecutarse antes de su plazo de vencimiento: desestimación de la demanda ejecutiva e imposición de costas a la actora.

TERCERO.– LA NULIDAD DEL TÍTULO EJECUTIVO POR ACCESORIEDAD DE LA GARANTÍA HIPOTECARIA A LA EXIGIBILIDAD DE LA OBLIGACIÓN GARANTIZADA Y LA CONSTANCIA REGISTRAL DE ELLO.

Resultando que el título de compraventa e hipoteca establece obligaciones sometidas a plazo, futuras, resultan aplicables los arts. 142 y 143 de la Ley Hipotecaria.

Ninguna anotación registral ha intentado la actora para habilitar la eficacia ejecutiva de su título hipotecario.

Entre otras razones porque nunca ha cumplido los requisitos del título, y habría sido rechazada por el Registro por incumplimiento de los presupuestos: ni de vencimiento de la obligación, ni de intimación de mora en forma.

El incumplimiento por la acreedora de su carga contractual y registral, supone igualmente la ineficacia del título ejecutivo, tal y como constata la máxima autoridad doctrinal, ROCA SASTRE, Derecho Hipotecario, TOMO IX, pág. 349, Ed. Bosch 2009:

> "Actualmente debe entenderse necesaria la extensión de la nota marginal, a efectos de los procedimientos de ejecución y del extrajudicial, a fin de que no quede sin determinación la liquidez de la obligación por mor de los arts. 571 y 572.1 de la Ley de Enjuiciamiento Civil de 7 de enero de 2000".

La demandante debe pechar con su falta de diligencia y asumir la desestimación de su acción.

CUARTO.– En definitiva, la mala fe explicitada de contrario ocultando su propia pasividad deliberada en la realidad jurídica concursal, concurso que oculta deliberadamente a este Juzgador, la literalidad del propio título ejecutivo que condiciona su fuerza al cumplimiento de requisitos de plazo y forma incumplidos por la actora, así como los defectos registrales del propio título, han de suponer lógicamente la estimación de nuestra oposición y la condena en costas a la ejecutante.

En su virtud

SUPLICO AL JUZGADO que teniendo por presentado este escrito junto con sus documentos, se sirva admitirlo, tenga por interpuesta en la representación que ostento OPOSI-

CIÓN AL DESPACHO DE EJECUCIÓN, y previos los trámites legales oportunos, acabe dictando Auto por el cual se nos estime, dejando sin efecto la ejecución despachada frente a mi mandante en el presente procedimiento de ejecución hipotecaria núm. ...., con declaración de nulidad de cuantas actuaciones y embargos se hubieren realizado contra el patrimonio de mi representada y expresa imposición de costas a la ejecutante.

En..........., a........... de........... de...........

F474. ALEGACIONES DE ADMINISTRACIÓN EN EJECUCIÓN HIPOTECARIA CONTRA EL DEUDOR CONCURSADO

Procedimiento ejecución hipotecaria.........../...........

AL JUZGADO DE LO MERCANTIL NÚMERO........... DE...........

..........., como Administración Concursal designado en el procedimiento de Concurso Voluntario de la sociedad "........... S.L." que con el número........... se tramita en este Juzgado, comparezco en los autos de ejecución hipotecaria nº..........., y como mejor proceda en derecho DIGO:

I.– Que nos ha sido notificada en fecha..........., diligencia de ordenación de........... dictada por este Juzgado al que respetuosamente me dirijo, por la que se establece lo siguiente:

> "Conforme a lo interesado por el Procurador Sr. .... en representación de los adjudicatarios..........., en escrito de fecha..........., únase a los autos de su razón y en virtud de lo establecido en el artículo 675.1 de la LEC, acuerdo ponerle en posesión de la finca relacionada en el Decreto de Adjudicación de fecha..........., a tal fin requiérase a la deudora concursada a través de su representación procesal, y a la administración concursal como liquidadora de la mercantil para que hagan entrega de la posesión del inmueble a la adjudicataria informando a este Juzgado del resultado de la diligencia. Asimismo, respecto de lo interesado en el punto 3º apartado B del anterior escrito mencionado dése traslado a la Administración Concursal para que en el plazo de CINCO DÍAS presente escrito de alegaciones al respecto".

II.– Que por medio del presente escrito, se evacua el citado trámite y a tal efecto se formulan las siguientes,

ALEGACIONES

PRIMERA.– Que esta administración concursal entiende que los bienes muebles relacionados en el punto 3º apartado B del escrito de fecha..........., presentado por los adjudicatarios del inmueble (finca registral........... del Registro de la Propiedad número........... de...........) *no tienen la consideración de objetos muebles permanentes.*

Eso es así, ya que dichos bienes muebles (...........) no son bienes muebles colocados permanentemente en el inmueble adjudicado para su adorno, comodidad o explotación o bien para el servicio de alguna industria.

Dichos bienes muebles pueden ser separados del inmueble adjudicado sin quebranto de la materia o deterioro del bien mueble, pudiendo ser utilizados perfectamente en otros inmuebles que se dedique a distinta explotación o industria.

SEGUNDA.– Para el supuesto que no se estime la anterior consideración por parte del Juzgador, esta administración concursal entiende *que dichos bienes muebles forman parte de la masa activa del concurso, ya que no fueron subastados* junto con el bien inmueble adjudicado y por lo tanto no fueron adjudicados como consecuencia de la aprobación del remate en el juicio de ejecución hipotecaria.

En este sentido se pronuncia la Sentencia de la Audiencia Provincial de Valencia, Sección 7ª, de fecha 5 de junio de 2012, siguiendo las sentencias del Tribunal Supremo, en concreto la de 30 de junio 2008, Sala 1ª, nº 620/2008, aun en el supuesto de que se contemple un pacto expreso en escritura de constitución de hipoteca de extensión objetiva, como el que se alude en este caso.

Así, de manera clara y concluyente se pronuncia la citada sentencia de la Audiencia Provincial de Valencia, en los siguientes términos:

> "3.– Sin embargo, la anterior doctrina se ha modificado por recientes sentencias del Tribunal Supremo, en concreto la de 30 junio 2008, Sala 1ª, nº 620/2008 que contempla un supuesto de hecho muy similar al caso debatido en el que consta un pacto expreso en escritura de constitución de hipoteca de extensión objetiva de la misma a los bienes muebles incorporados a la actividad industrial, pero no aplica de forma automática el efecto de extensión del dominio sobre ellos cuando media adjudicación en subasta pública si no constituye objeto de esta también los bienes muebles, exigiendo para su incorporación al ámbito objetivo del gravamen, en atención a su destino, que podrá ser objeto de traba separada del inmueble a cuyo destino económico sirven, del mismo modo que el propietario de este puede grabarlo con hipoteca sin que se extienda aquellos bienes, salvo pacto en contrario, por lo que concluye, pese a su consideración de inmueble por destino que cuando únicamente fue sacada a subasta la finca hipotecada, y a ella se contrajo, pues, la licitación y posterior adjudicación del bien subastado, como resulta de los términos de su anuncio y del auto de aprobación del remate y adjudicación de la finca subastada, sin comprender, por tanto, los bienes muebles que se hallaban en su interior deviene la carencia de título alguno sobre ellos pues la licitación y la subasta de la que trae causa el título del recurrente no comprendió los indicados bienes muebles y que, en consecuencia, no fueron adjudicados como consecuencia de la aprobación del remate en el juicio de ejecución hipotecaria. En definitiva, la reciente doctrina jurisprudencial que interpreta el artículo 111 de la Ley Hipotecaria impone para la efectividad de la extensión objetiva que se individualice la

ejecución sobre los bienes muebles a través de los procedimientos establecidos en las normas procesales".

TERCERA.– Que teniendo en cuenta lo expuesto, esta administración concursal *solicita que se la conceda un plazo hasta*............, para vender y retirar los citados bienes muebles no adjudicados y hacer efectiva la entrega de la posesión del inmueble adjudicado.

Para el supuesto que no se estime dicha solicitud, se solicita *que se designe a los adjudicatarios como depositarios de los bienes muebles,* con la obligación de velar por su conservación y asegurar los mismos contra riesgos que impidan el uso o destinos que le son propios.

En su virtud,

SUPLICO AL JUZGADO que tenga por presentado este escrito, se sirva admitirlo, por hechas las anteriores alegaciones a los efectos oportunos, acordándose en el sentido reseñado en el cuerpo de este escrito.

En............ a............

Administración Concursal

F475. ESCRITO A LA AGENCIA TRIBUTARIA SOBRE CARÁCTER CONCURSAL DE SANCIÓN POSTCONCURSAL POR INFRACCIÓN PREVIA AL CONCURSO

Normativa de aplicación: *Arts. 106 y ss. Real Decreto Legislativo 1/2020, de 5 de mayo, por el que se aprueba el texto refundido de la Ley Concursal*

A LA DELEGACIÓN ESPECIAL DE............ DE LA AGENCIA TRIBUTARIA

.... S.L. sociedad con domicilio en............, Avenida del............ núm. .... y CIF............ representada por sus administradores mancomunados que se reseñan en el DOCUMENTO UNO, ante esta Delegación se comparece y como mejor proceda DICEN:

I.– Que nos ha sido notificada liquidación provisional con referencia............ por el concepto tributario "Impuesto sobre Sociedades", Ejercicio............, derivado de comprobación limitada, por la que resulta un importe total a pagar de............euros, de los que............euros son intereses de demora.

Se adjunta como DOCUMENTO DOS la citada notificación.

II.– Que quien suscribe nada tiene que oponer a la citada liquidación provisional, por lo que se aviene a su pago conforme a las reglas del concurso.

III.– Que por auto de fecha........... de........... de........... se ha declarado el estado de concurso voluntario de acreedores ante el Juzgado de lo Mercantil nº........... de..........., expediente número..........., siendo nombrado como Administrador Concursal Don........... y acordándose la mera intervención de las facultades patrimoniales del deudor sobre la masa activa.

IV.–Que, dada la situación de concurso de acreedores en que se encuentra..........., S.L. y dado que nos hallamos ante una sanción impuesta con posterioridad a la citada declaración de concurso correspondiente a una infracción anterior a la citada declaración, la misma tiene la consideración de crédito concursal, sometido su pago a la Ley del dividendo en sede del concurso.

Así lo dicen todos los Tribunales de Justicia. A título de ejemplo, Sentencia del Juzgado de lo Mercantil núm. 1 de Cádiz de fecha 27 de marzo de 2007; Juzgado de lo Mercantil núm. 1 de Santander, de fecha 28 de febrero de 2007 y sentencia de la Audiencia Provincial de Alicante de fecha 3 de mayo de 2007.

V.– El presente escrito, es firmado por la referida administración concursal de .... S.L, de conformidad y a los efectos de lo dispuesto en el art. 106 TRLC.

Por lo expuesto,

SOLICITAN que tenga por presentado este escrito con los documentos que lo acompañan y, en virtud de las manifestaciones en el mismo vertidas, se tenga por notificado de la situación de esta sociedad y del tratamiento que ha de tener su crédito que quedará integrado en la masa pasiva concursal.

Fdo. Los Administradores mancomunados de........... S.L.

Fdo........... Fdo...........

Administrador Concursal

Fdo...........

F476. ESCRITO INTERPONIENDO RECURSO DE ALZADA CONTRA LIQUIDACIÓN TESORERÍA SEGURIDAD SOCIAL

Normativa de aplicación: *Arts. 136 y ss. Real Decreto Legislativo 1/2020, de 5 de mayo, por el que se aprueba el texto refundido de la Ley Concursal*

A LA DIRECCIÓN PROVINCIAL DE........... DE LA
TESORERÍA GENERAL DE LA SEGURIDAD SOCIAL

DÑA........... y D..........., provistos de NIF nº........... y..........., respectivamente, en calidad de apoderados mancomunados, según se acredita con la escritura de apoderamiento que se acompaña como DOCUMENTO Nº UNO, en nombre y representación de la sociedad............ S.L., con domicilio en............ (............), calle............, nº............, con CIF............, ante la Tesorería General de la Seguridad Social comparezco y, como mejor proceda en derecho, DIGO:

Que por medio del presente escrito venimos a interponer RECURSO DE ALZADA contra la providencia de apremio nº............, de fecha............, emitida por Doña............, Jefa de Sección de la Unidad de Recaudación Ejecutiva nº............de............, en concepto de —DES. TOT. BAS. REALES— período............, por importe de............€, de los que............€ corresponden al principal y............€ corresponden al recargo, cuya copia se acompaña como DOCUMENTO Nº DOS y todo ello en base a los siguientes HECHOS Y FUNDAMENTOS DE DERECHO:

HECHOS

PRIMERO.– Efectivamente está pendiente el pago de la cantidad principal reclamada por importe de............€ en concepto de liquidación de cotizaciones a la Tesorería, correspondientes al mes de mayo de dos mil ocho, cuyo período de pago era el mes de............ de............

SEGUNDO.– Que "............", se vio obligada a solicitar el día............ la declaración de concurso voluntario de acreedores. Dicha solicitud, admitida a trámite por auto de fecha............ (BOE de fecha............), se sustancia ante el Juzgado de lo Mercantil número............ de............, AUTOS............

Se acompaña como DOCUMENTO Nº TRES la publicación del BOE y se dejan designados los autos citados a efectos probatorios.

TERCERO.– Por mandato legal, ..., S.L., a partir de la fecha de declaración del concurso (............) NO PODÍA PROCEDER AL PAGO DE LOS CRÉDITOS PENDIENTES DE PAGO A LA FECHA, porque la ley concursal los considera créditos que forman parte de la masa pasiva y, por tanto, quedan integrados en la misma, estando a lo que resulte del procedimiento concursal.

CUARTO.– Que en su informe, los administradores concursales han reconocido el crédito a la seguridad social, pero no incluyen en el mismo el recargo, lo que refuerza nuestro criterio de improcedencia del mismo.

A estos hechos son de aplicación los siguientes

FUNDAMENTOS DE DERECHO

PRIMERO.– La resolución que se impugna es susceptible del recurso de alzada tal y como se establece en la Ley General de la Seguridad Social.

SEGUNDO.– El órgano competente para conocer y resolver es la Dirección Provincial de la Tesorería General de la Seguridad Social.

TERCERO.– El recurrente goza de legitimación para la interposición del recurso al tener la condición de obligado al pago.

CUARTO.– En cuanto al fondo del asunto:

Según el artículo 251.1 TRLC, todos los créditos contra el deudor, ordinarios o no, a la fecha de la declaración de concurso, cualquiera que sea la nacionalidad y el domicilio del acreedor, quedarán de derecho integrados en la masa pasiva, estén o no reconocidos en el procedimiento, salvo que tengan la consideración de créditos contra la masa.

Éste es el supuesto de la deuda por cotizaciones con la Seguridad Social que contrajo la sociedad en situación concursal, por lo que, a partir de la declaración del concurso, el día ...., no pudo ni debía pagar los créditos integrados en la masa pasiva, como es el caso de las cotizaciones del mes de mayo, cuyo período de pago era ese mismo mes de junio.

Si en virtud de la normativa Concursal (art. 142 y ss. TRLC) no procede iniciar la vía de apremio (aunque en el ámbito de la recaudación de la Seguridad Social se prevea la posibilidad llegar únicamente hasta el trámite de la diligencia de embargo de apremio) debemos entender que no procede el recargo por la falta de ingreso en plazo, ya que la empresa no puede proceder al pago del principal por su situación concursal desde la declaración del concurso el día..........., siendo esta deuda integrada en la masa pasiva del concurso, con la clasificación que le corresponda.

Por lo expuesto,

SOLICITO la Dirección Provincial de la Tesorería General de la Seguridad Social. que teniendo por presentado este escrito, por hechas las anteriores manifestaciones y previos los trámites legales oportunos, se dicte resolución por la que se revoque, anule y se deje sin efecto la providencia de apremio nº..........., de fecha..........., emitida por Doña..........., Jefa de Sección de la Unidad de Recaudación Ejecutiva nº........... de..........., en concepto de –DES. TOT. BAS. REALES– período..........., por importe de...........€, de los que...........€ corresponden al principal y...........€ corresponden al recargo, toda vez que no procede imponer recargo dada la situación concursal del obligado al pago del principal.

En........... a........... de........... de...........

Fdo...........

Apoderados mancomunados........... S.L.

Fdo...........

El administrador concursal de........... S.L.

F477. ESCRITO DE ALEGACIONES ANTE IMPAGO DE SUBVENCIÓN A LA CONCURSADA POR DEUDAS CON LA HACIENDA PÚBLICA

Ref:...........

A LA OFICINA DE...........

..........., S.L., con domicilio en........... y CIF..........., representada en este acto por su administrador único..........., mayor de edad, con DNI/NIF..........., ante esta oficina, comparece y como mejor procede en derecho DICE:

Que en fecha........... se nos ha notificado requerimiento de fecha........... suscrito por la Jefa del Área de Gestión Doña........... para que en el plazo de 15 días hábiles aportemos la siguiente documentación: 1) certificado de encontrarse al corriente con la Agencia Tributaria y 2) certificado de encontrarse al corriente con la Seguridad Social.

Asimismo en el citado escrito de requerimiento después de advertirnos que debido a la situación de concurso de acreedores, ... S.L."no puede obtener la condición de beneficiario de ayudas y subvenciones públicas" se nos concede un plazo de 15 días a contar desde la fecha de notificación del citado escrito de requerimiento, para realizar las alegaciones que estimemos pertinentes.

Por el presente escrito pasamos a formular las presentes:

ALEGACIONES

PRIMERO.– Que las subvenciones que han motivado el presente expediente administrativo son las siguientes:

1) Subvención concedida por...........; expediente...........; fecha de resolución:...........; importe...........; y número de expediente...........; y fecha de justificación:...........

2) Subvención concedida por...........; expediente...........; fecha de resolución:...........; importe...........; y número de expediente...........; y fecha de justificación:...........

3) Subvención concedida por...........; expediente...........; fecha de resolución:...........; importe...........; y número de expediente...........; y fecha de justificación:...........

En resumen, se trata de tres subvenciones por un importe total de...........euros, *que fueron concedidas en una fecha anterior* a la declaración de concurso voluntario ordinario de acreedores de..........., por auto de fecha........... dictado por el Juzgado de lo Mercantil número........... de..........., autos...........

Se acompaña como DOCUMENTO UNO, el citado auto de declaración de concurso de fecha...........

SEGUNDO.– Que en el momento de la concesión de las subvenciones (Fechas............), es decir en el momento en que............ S.L., se encontraba al corriente de sus obligaciones con la Agencia Tributaria y con la Seguridad Social y no estaba ni en situación de insolvencia, ni había solicitado la declaración de concurso de acreedores, ni había sido declarada en situación de concurso de acreedores.

TERCERO.– Que si el pago de las subvenciones no se realizó en el momento en que legalmente debía haberse hecho efectivo, *no fue por causas imputables a............ S.L., si no por falta de presupuesto del organismo para proceder el pago, y que en ese momento............ S.L., CUMPLIA TODOS los requisitos para proceder al cobro de las subvenciones y por lo tanto estaba al corriente de sus obligaciones fiscales y laborales y no estaba en situación de insolvencia.*

Que el derecho de cobro de las subvenciones se tiene *por actuaciones aprobadas y justificadas* con anterioridad a la declaración del concurso de............ S.L., estando en ese momento la sociedad al corriente de sus obligaciones fiscales y laborales.

Que el retraso en el pago de las subvenciones *por causas no imputables a............ S.L.*, no puede perjudicar el derecho que tiene a cobrar las subvenciones, por actuaciones aprobadas y justificadas con anterioridad a la declaración de concurso.

CUARTO.– En relación con el requerimiento para aportar los certificados de estar al corriente de las obligaciones con la Seguridad Social y con la Agencia Tributaria, esta parte quiere hacer constar que aunque............ S.L., quiere ponerse al día con la Seguridad social y la Agencia Tributaria y aun en el caso de tener liquidez suficiente para ello, al estar incursa en una situación de concurso de acreedores, la Ley Concursal es la que determina el orden de pagos de las deudas pendientes, por lo que las deudas con las Seguridad Social y con la Agencia Tributaria solo se pueden satisfacer en el momento procesal oportuno y bajo la supervisión de la administración concursal.

En virtud de lo anterior,

SOLICITO a la Oficina de............, que admita este escrito junto con la documentación y copia que al mismo acompañan, tenga por formulado escrito de alegaciones dentro del plazo establecido y considere cumplido el requisito preceptivo para la continuación de la tramitación del expediente.

En............, a............

4.3. EFECTOS SOBRE LOS CONTRATOS

F478. ACUERDO CONCURSADO/PARTE IN BONIS/ADMINISTRACIÓN CONCURSAL SOBRE RESOLUCIÓN DE CONTRATO EN INTERÉS DEL CONCURSO

Normativa de aplicación: *Arts. 156 y ss. Real Decreto Legislativo 1/2020, de 5 de mayo, por el que se aprueba el texto refundido de la Ley Concursal*

En la ciudad de........... a........... de........... de...........

COMPARECEN

Don..........., mayor de edad, casado, vecino de..........., con domicilio en calle..........., núm. .... y DNI/NIF.

Don..........., mayor de edad, casado, vecino de..........., con domicilio en calle..........., núm. .... y DNI/NIF.

Don..........., mayor de edad, casado, vecino de..........., con domicilio en calle..........., núm. .... y DNI/NIF.

INTERVIENEN

I.– Don........... interviene en nombre y representación, en su condición de administrador único, de la sociedad........... S.A., con domicilio en........... Inscrita en el Registro Mercantil de la provincia de..........., al tomo..........., folio..........., hoja núm. .... CIF...........

La sociedad........... S.A. actualmente se halla declarada en estado de concurso voluntario de acreedores, que se tramita actualmente ante el Juzgado de lo Mercantil núm. .... de........... bajo el número de autos........... La declaración del citado concurso fue acordada por el expresado Juzgado mediante auto de fecha........... de........... de..........., en el que se acordó la conservación por el concursado de las facultades de administración y disposición de la masa activa, quedando sometido el régimen de estas a la intervención de la administración concursal, mediante su autorización o conformidad. Todo ello consta en el Registro Mercantil de la Provincia de..........., mediante la oportuna anotación marginal de tal declaración y régimen de facultades al tomo..........., folio..........., hoja núm. ...., inscripción...........

II.– Don........... interviene en nombre y representación, en su condición de administrador único, de la sociedad........... S.L., con domicilio en........... Inscrita en el Registro Mercantil de la provincia de..........., al tomo..........., folio..........., hoja núm. .... CIF...........

III.– Don........... en su condición de administrador concursal del concurso voluntario de la mercantil .... S.A., nombrado en el referido auto de fecha de........... de........... en que se declaró el concurso voluntario de la citada sociedad.

Los comparecientes se reconocen la capacidad legal necesaria para el presente otorgamiento, y en su virtud,

DECLARAN Y CONVIENEN

I.– Que en fecha........... de........... de..........., la sociedad........... S.A. y........... S.L. suscribieron contrato de suministro, actualmente en vigor, en los términos y condiciones que resultan del mismo y que se da aquí por íntegramente reproducido en aras a una mayor brevedad.

II.– Que como se reseño arriba, la sociedad........... S.A. actualmente se halla declarada en estado de concurso voluntario de acreedores, que se tramita ante el Juzgado de lo Mercantil núm. .... de........... bajo el número de autos........... La declaración del citado concurso fue acordada por el expresado Juzgado mediante auto de fecha........... de........... de..........., en el que se acordó la conservación por el concursado de las facultades de administración y disposición sobre la masa activa, quedando sometido el régimen de estas a la intervención de la administración concursal, mediante su autorización o conformidad.

III.– Que la concursada........... S.A. considera conveniente para el interés del concurso la resolución del citado contrato, abonado a la sociedad........... S.L., una indemnización de...........euros que tendrá la consideración de crédito concursal.

IV.– Que la sociedad........... S.L. da su conformidad a la resolución contractual planteada. Igualmente da su conformidad y aquiescencia la administración concursal.

V.– Que en este acto, las partes dan por resuelto el citado contrato de suministro reseñado en el apartado I de este escrito, acordandose como consecuencia de tal resolución y a favor de ...., una indemnización de...........euros, que tiene la consideración de crédito concursal, y cuyo pago se sujeta a las reglas del procedimiento y normativa concursal vigentes.

VI.– El presente acuerdo queda condicionado suspensivamente a su homologación por el Juez del concurso mediante el oportuno auto declarando la resolución del concurso y sus efectos, en los términos y de conformidad con lo establecido en el art. 165 TRLC.

Y para que así conste y ratificándose en su contenido, firman el presente por duplicado ejemplar en..........., a........... de........... de...........

F479. ESCRITO DE LA PARTE IN BONIS SOLICITANDO AL JUZGADO FIJE PLAZO PARA LA QUE LA CONCURSADA OPTE POR LA RESOLUCIÓN DEL CONTRATO EN INTERÉS DEL CONCURSO

Normativa de aplicación: *Arts. 156 y ss. Real Decreto Legislativo 1/2020, de 5 de mayo, por el que se aprueba el texto refundido de la Ley Concursal*

AL JUZGADO DE LO MERCANTIL........... DE...........

..........., Procurador de los Tribunales y de la sociedad........... S.L., con domicilio en........... y CIF..........., cuya representación acredito con la escritura de poder que acompaño a este escrito, ante este Juzgado comparezco en el concurso voluntario .... bajo la dirección letrada de Don........... (ICAV...........) y como mejor proceda en derecho DIGO:

PRIMERO.– Que en fecha........... de........... de..........., mi mandante y la sociedad........... S.A., suscribieron contrato de suministro, actualmente en vigor, y que se acompaña a este escrito como DOCUMENTO........... El citado contrato se da aquí por reproducido en aras a una mayor brevedad.

SEGUNDO.– Que la sociedad........... S.A. actualmente se halla declarada en estado de concurso voluntario de acreedores, que se tramita ante este Juzgado de lo Mercantil núm. .... de........... bajo el número de autos........... La declaración del citado concurso fue acordada por el expresado Juzgado mediante auto de fecha........... de........... de..........., en el que se acordó la conservación por el concursado de las facultades de administración y disposición sobre su patrimonio, quedando sometido el régimen de estas a la intervención de la administración concursal, mediante su autorización o conformidad.

TERCERO.– Conforme señala el art. 158 TRLC, la declaración de concurso, por sí sola, no afectará a la vigencia de los contratos con obligaciones recíprocas pendientes de cumplimiento tanto a cargo del concursado como de la otra parte. Ambas partes deberán ejecutar las prestaciones comprometidas, siendo con cargo a la masa aquellas a que esté obligado el concursado.

No obstante lo dispuesto en el párrafo anterior, el art. 165.1 TRLC es claro al establecer que aunque no exista causa de resolución, el concursado, en caso de intervención, y, la administración concursal, en caso de suspensión, podrán solicitar la resolución de cualquier contrato con obligaciones recíprocas si lo estimaran necesario o conveniente para el interés del concurso. Antes de presentar la demanda ante el juez del concurso, las personas legitimadas podrán solicitar al Letrado de la Administración de Justicia que cite al concursado, a la administración concursal y a la otra parte en el contrato a una comparecencia ante el juez del concurso. Celebrada la comparecencia, de existir acuerdo en cuanto a la resolución y sus efectos, el juez dictará auto declarando resuelto el contrato de conformidad con lo acordado. Si hubiere discrepancias, cualquiera de los legitimados podrá presentar demanda de resolución conforme a lo establecido en el apartado anterior (art. 165.2 TRLC). La demanda de resolución se tramitará por los cauces del incidente concursal. El juez decidirá acerca de la resolución solicitada acordando, en su caso, las restituciones que procedan. El crédito que, en su caso, corresponda a la contraparte en concepto de indemnización de daños y perjuicios tendrá la consideración de crédito concursal. Si el contrato a resolver fuera de arrendamiento financiero, a la demanda se acompañará tasación pericial independiente del valor de los bienes cedidos, que el juez podrá tener en cuenta para fijar la indemnización. (art. 165.3 TRLC).

CUARTO.– Que es de sumo interés para esta parte, conocer si la concursada pretende instar la resolución del citado contrato en interés del concurso, pues la eventual resolución condiciona nuestra actividad empresarial ya que tenemos diversas ofertas de otras empresas para que les suministremos..........., las cuales no tenemos intención de aceptar si la concursada no opta por la expresada resolución contractual.

En su virtud

SUPLICO AL JUZGADO que tenga por presentado este escrito, junto a los documentos a él unidos, se sirva admitirlo y previos los oportunos trámites legales, se fije un plazo para que la concursada manifieste si opta por la resolución del contrato de suministro de fecha de........... de........... que le une a mi mandante en interés del concurso y, en caso afirmativo, inste la citada resolución contractual

Lo que se SUPLICA en..........., hoy día de........... de...........

F480. ESCRITO DE LA PARTE IN BONIS AL CONCURSADO INQUIRIÉNDOLE SI OPTA POR LA RESOLUCIÓN DEL CONTRATO EN INTERÉS DEL CONCURSO

Normativa de aplicación: *Arts. 156 y ss. Real Decreto Legislativo 1/2020, de 5 de mayo, por el que se aprueba el texto refundido de la Ley Concursal*

Muy Sres. Nuestros:

I.– Como saben, en fecha........... de........... de..........., ambas compañías suscribimos contrato de suministro, actualmente en vigor, y que se acompaña a este escrito como DOCUMENTO........... El citado contrato se da aquí por reproducido en aras a una mayor brevedad.

II.– Hemos tenido conocimiento que ustedes actualmente se hallan en estado legal de concurso voluntario de acreedores, que se tramita ante este Juzgado de lo Mercantil núm. .... de........... bajo el número de autos........... Concretamente, la declaración del citado concurso fue acordada por el expresado Juzgado mediante auto de fecha........... de........... de..........., en el que se acordó la conservación por el concursado de las facultades de administración y disposición sobre su patrimonio, quedando sometido el régimen de estas a la intervención de la administración concursal, mediante su autorización o conformidad.

III.– Conforme señala el art. 158 TRLC, la declaración de concurso, por sí sola, no afectará a la vigencia de los contratos con obligaciones recíprocas pendientes de cumplimiento tanto a cargo del concursado como de la otra parte. Ambas partes deberán ejecutar las prestaciones comprometidas, siendo con cargo a la masa aquellas a que esté obligado el concursado.

No obstante lo dispuesto en el párrafo anterior, el art. 165.1 TRLC es claro al establecer que aunque no exista causa de resolución, el concursado, en caso de intervención, y, la administración concursal, en caso de suspensión, podrán solicitar la resolución de cualquier contrato con obligaciones recíprocas si lo estimaran necesario o conveniente para el interés del concurso. Antes de presentar la demanda ante el juez del concurso, las personas legitimadas podrán solicitar al Letrado de la Administración de Justicia que cite al concursado, a la administración concursal y a la otra parte en el contrato a una comparecencia ante el juez del concurso. Celebrada la comparecencia, de existir acuerdo en cuanto a la resolución y sus efectos, el juez dictará auto declarando resuelto el contrato de conformidad con lo acordado. Si hubiere discrepancias, cualquiera de los legitimados podrá presentar demanda de resolución conforme a lo establecido en el apartado anterior (art. 165.2 TRLC). La demanda de resolución se tramitará por los cauces del incidente concursal. El juez decidirá acerca de la resolución solicitada acordando, en su caso, las restituciones que procedan. El crédito que, en su caso, corresponda a la contraparte en concepto de indemnización de daños y perjuicios tendrá la consideración de crédito concursal. Si el contrato a resolver fuera de arrendamiento financiero, a la demanda se acompañará tasación pericial independiente del valor de los bienes cedidos, que el juez podrá tener en cuenta para fijar la indemnización. (art. 165.3 TRLC)

IV.– Como ustedes comprenderán, resulta de sumo interés para esta parte conocer si pretenden instar la resolución del citado contrato en interés del concurso, pues la eventual resolución condiciona nuestra actividad empresarial ya que tenemos diversas ofertas de otras empresas para que les suministremos........... Dichas ofertas, muy interesantes, no las aceptaríamos si ustedes no optan por la expresada resolución contractual, ya que no podríamos cumplir tanto con ustedes como con los nuevos suministrados

V.– Por ello, les rogamos nos indiquen si van a optar por la resolución del contrato de suministro de fecha de........... de........... que le une a mi mandante en interés del concurso y, en caso afirmativo, insten la citada resolución contractual

Reciban un saludo.

F481. DEMANDA SOLICITANDO LA RESOLUCIÓN CONTRACTUAL EN INTERÉS DEL CONCURSO PREVIA A LA COMPARECENCIA QUE SEÑALA EL ART. 165 TRLC

Normativa de aplicación: *Arts. 156 y ss. Real Decreto Legislativo 1/2020, de 5 de mayo, por el que se aprueba el texto refundido de la Ley Concursal*

AL JUZGADO DE LO MERCANTIL NÚM. .... DE............

Don............, administrador concursal del concurso necesario de la compañía............ S.L. que se sigue ante este Juzgado bajo el número de autos............, comparezco en los citados autos bajo la dirección letrada de Don............, abogado del Ilustre Colegio de............ (número de incorporación............), y como mejor proceda en derecho DIGO:

Que por medio del presente escrito y en la condición que ostentamos, promovemos DEMANDA DE INCIDENTE CONCURSAL instando resolución contractual en interés del concurso contra el concursado, la sociedad............ S.L., y la compañía............ S.A. con domicilio en............, calle............, núm. .... y piso............ la cual se basa en los siguientes:

HECHOS

PRIMERO.– En el presente procedimiento número de autos............, se sigue expediente de concurso necesario de la compañía............ S.L. La declaración de concurso necesario de la expresada sociedad, fue acordada por este Juzgado mediante auto de fecha............ de............ de dos mil............

La administración concursal está integrada por el aquí compareciente, Don............, aceptando el cargo el día............

En el citado auto se acordó la suspensión de las facultades del concursado de administración y disposición sobre su patrimonio, siendo sustituido por esta administración concursal.

Acreditando lo anterior, se acompañan como DOCUMENTOS............, testimonio del auto de este Juzgado declarando el concurso de............ S.L. y se nos designa como miembros de la administración concursal y su aceptación.

SEGUNDO.– Que en fecha de............ de............, la concursada y la compañía............ S.A. suscribieron contrato de suministro del que se extractan los siguientes términos:............

El citado contrato se acompaña a este escrito como DOCUMENTO............

El citado contrato se halla vigente con obligaciones reciprocas pendientes de cumplimiento tanto a cargo del concursado como de la sociedad............ S.A.

TERCERO.– Que esta parte entiende que es conveniente para el interés del concurso la resolución del citado contrato ex art. 165 TRLC, en los términos y por los siguientes motivos:............

A los anteriores hechos, se aducen los siguientes:

FUNDAMENTOS DE DERECHO

DE ORDEN PROCESAL

I.– Es competente este Juzgado para conocer de esta demanda incidental, desde un punto de vista objetivo y territorial, a la vista del art. 52, 44 y 45 TRLC.

II.– La presente demanda se sustanciara por los trámites previstos para el incidente concursal, tal y como resulta de los arts. 165.3 TRLC.

FONDO DEL ASUNTO

I.– La legitimación activa de Don..........., en cuanto miembro integrante de la administración concursal y para interponer la presente demanda, resulta del art. 165.1 TRLC.

II.– La legitimación pasiva de........... S.A. y la concursada........... resulta, respectivamente, de su condición de concursado y de contraparte del contrato cuya resolución se pretende (art. 165.2 TRLC).

III.– Conforme señala el art. 158 TRLC, la declaración de concurso, por sí sola, no afectará a la vigencia de los contratos con obligaciones recíprocas pendientes de cumplimiento tanto a cargo del concursado como de la otra parte. Ambas partes deberán ejecutar las prestaciones comprometidas, siendo con cargo a la masa aquellas a que esté obligado el concursado.

No obstante lo dispuesto en el párrafo anterior, el art. 165.1 TRLC es claro al establecer que aunque no exista causa de resolución, el concursado, en caso de intervención, y, la administración concursal, en caso de suspensión, podrán solicitar la resolución de cualquier contrato con obligaciones recíprocas si lo estimaran necesario o conveniente para el interés del concurso. Antes de presentar la demanda ante el juez del concurso, las personas legitimadas podrán solicitar al Letrado de la Administración de Justicia que cite al concursado, a la administración concursal y a la otra parte en el contrato a una comparecencia ante el juez del concurso. Celebrada la comparecencia, de existir acuerdo en cuanto a la resolución y sus efectos, el juez dictará auto declarando resuelto el contrato de conformidad con lo acordado. Si hubiere discrepancias, cualquiera de los legitimados podrá presentar demanda de resolución conforme a lo establecido en el apartado anterior (art. 165.2 TRLC). La demanda de resolución se tramitará por los cauces del incidente concursal. El juez decidirá acerca de la resolución solicitada acordando, en su caso, las restituciones que procedan. El crédito que, en su caso, corresponda a la contraparte en concepto de indemnización de daños y perjuicios tendrá la consideración de crédito concursal. Si el contrato a resolver fuera de arrendamiento financiero, a la demanda se acompañará tasación pericial independiente del valor de los bienes cedidos, que el juez podrá tener en cuenta para fijar la indemnización. (art. 165.3 TRLC)

IV.– Art. 394 LEC sobre la imposición de costas procesales a los demandados.

En virtud de lo expuesto,

SUPLICO AL JUZGADO que tenga por presentado este escrito, junto a los documentos a él unidos, se sirva admitirlo y tener por promovido por Don…………, DEMANDA DE INCIDENTE CONCURSAL en solicitud de la resolución del contrato de fecha de………… de………… en interés del concurso, y previos los oportunos trámites legales y el recibimiento del pleito a prueba que desde este momento solicito, se sirva dictar sentencia por la que se proceda a acordar la resolución del expresado contrato de fecha de………… de………… al ser tal resolución de interés para el concurso, sin que proceda restiticion alguna entre las partes ni indemnización a favor de ………… S.L. Ello con imposición de las costas procesales a los aquí demandados.

Es Justicia que se Suplica en…………, hoy día………… de………… de dos mil…………

OTROSÍ DIGO: Se solicita de este Juzgado la celebración de vista en el presente incidente de conformidad con lo dispuesto en el art. 540 TRLC.

En su virtud,

SUPLICO AL JUZGADO que tenga por efectuada la anterior manifestación, se sirva admitirla, y acordar en el sentido anteriormente expuesto, citando a las partes para la oportuna vista.

Es Justicia que nuevamente se SUPLICA en el lugar y fecha reseñados "ut supra".

OTROSÍ DIGO: Que interesa a esta parte el recibimiento del pleito a prueba y en este sentido, esta parte manifiesta los medios de prueba de los que intenta valerse en el presente incidente:…………

En su virtud,

SUPLICO AL JUZGADO que tenga por efectuada la anterior manifestación, se sirva admitirla, y tener por manifestados los medios de prueba de los que intenta valerse esta parte, y previos los oportunos trámites, declare los mismos pertinentes, acordando cuanto proceda en derecho para su práctica.

Es Justicia que nuevamente se SUPLICA en el lugar y fecha reseñados "ut supra".

F482. ESCRITO SOLICITANDO LA COMPARECENCIA A QUE SE REFIERE EL ART. 165.2 TRLC

Normativa de aplicación: *Arts. 165 y ss. Real Decreto Legislativo 1/2020, de 5 de mayo, por el que se aprueba el texto refundido de la Ley Concursal*

AL JUZGADO DE LO MERCANTIL NÚM. .... DE...........

Don..........., administrador concursal del concurso necesario de la compañía........... S.L. que se sigue ante este Juzgado bajo el número de autos..........., comparezco en los citados autos bajo la dirección letrada de Don..........., abogado del Ilustre Colegio de........... (número de incorporación...........), y como mejor proceda en derecho DIGO:

PRIMERO.– En el presente procedimiento número de autos..........., se sigue expediente de concurso necesario de la compañía........... S.L. La declaración de concurso necesario de la expresada sociedad, fue acordada por este Juzgado mediante auto de fecha........... de........... de dos mil...........

La administración concursal está integrada por el aquí compareciente, Don..........., quien aceptó el cargo con fecha...........

En el citado auto se acordó la suspensión de las facultades del concursado de administración y disposición sobre su patrimonio, siendo sustituido por esta administración concursal.

Acreditando lo anterior, se acompañan como DOCUMENTOS..........., testimonio del auto de este Juzgado declarando el concurso de........... S.L. y se me designa como miembros de la administración concursal y su aceptación.

SEGUNDO.– Que en fecha de........... de..........., la concursada y la compañía........... S.A. suscribieron contrato de suministro del que se extractan los siguientes términos:...........

El citado contrato se acompaña a este escrito como DOCUMENTO...........

El citado contrato se halla vigente con obligaciones reciprocas pendientes de cumplimiento tanto a cargo del concursado como de la sociedad........... S.A.

TERCERO.– Que con carácter previo a presentar la oportuna demanda incidental instando resolución contractual en interés del concurso ex art. 165 TRLC, procede que por el Letrado de la Administración de Justicia que cite al concursado, a la administración concursal y a la otra parte en el contrato a la comparecencia a que se refiere el art. 165.2 TRLC.

En virtud de lo expuesto,

SUPLICO AL JUZGADO que tenga por presentado este escrito, junto a los documentos a él unidos, se sirva admitirlo y, de conformidad con lo expuesto en el mismo, por el Letrado de la Administración de Justicia se cite a esta parte, la concursada y la sociedad........... S.A. a la comparecencia que se refiere el art. 165.2 TRLC

Es Justicia que se Suplica en..........., hoy día........... de........... de dos mil...........

F483. ESCRITO SOBRE RESOLUCIÓN DE CONTRATO EN INTERÉS DEL CONCURSO Y SOLICITUD DE HOMOLOGACIÓN JUDICIAL DE LA MISMA

Normativa de aplicación: *Arts. 156 y ss. Real Decreto Legislativo 1/2020, de 5 de mayo, por el que se aprueba el texto refundido de la Ley Concursal*

En ...., a........... de ....de ....

REUNIDOS

DE UNA PARTE.– Don..........., con domicilio en .... calle ...., número ...., y con DNI/NIF ....

Y DE OTRA PARTE.– la entidad .... S.A., con CIF..........., y con domicilio en ...., calle .... Representada por D..........., en su calidad de persona física representante de la mercantil .... SLP, siendo esta última sociedad, el administrador concursal de ...., S.A.

Los comparecientes se reconocen mutuamente con la capacidad legal suficiente para el otorgamiento del presente documento y al efecto,

MANIFIESTAN Y CONVIENEN

I.– Que Don........... (como parte arrendadora) y la mercantil .... (como parte arrendataria) firmaron un contrato el .... de cesión en arrendamiento para su aprovechamiento agrícola de la siguiente finca rustica:...........

II.– La mercantil .... S.A. actualmente se halla declarada en estado de concurso voluntario ordinario de acreedores, que se tramita ante el Juzgado de lo Mercantil número........... de ...., número de autos .... La declaración del citado concurso fue acordada por el expresado Juzgado mediante auto de fecha, en el que se decretó la intervención de las facultades de administración de la mercantil concursada quedando el ejercicio ordinario de la misma sometido a la autorización o conformidad del administrador concursal.

Que posteriormente por auto de fecha, se acordó la suspensión en el ejercicio de las facultades de administración y disposición de los administradores sociales de la empresa concursada, ... S.A.

III.– Que ambas partes dan por resuelto en interés del concurso y al amparo del art. 165 TRLC el citado contrato de cesión en arrendamiento para su aprovechamiento agrícola de fecha ...., y extinguido el mismo, sin que tengan nada que reclamarse la una a la otra y renuncian expresamente a todas y cuantas acciones de cualquier índole que pudieran corresponderles a consecuencia del citado contrato.

IV.– Que como consecuencia de la citada resolución contractual, en este acto y de común acuerdo, la mercantil .... S.A. procede y lleva a cabo la entrega a Don..........., que la recibe y acepta a su conformidad, la pacifica posesión de la totalidad de las citadas fincas rusticas objeto del citado contrato de cesión en arrendamiento para su aprovechamiento agrícola de fecha ....

V.– Que Don..........., acepta expresamente en este acto, subrogarse en el contrato de trabajo para la realización de trabajos fijos discontinuos de fecha........... firmado por la mercantil .... S.A. y el trabajador Don..........., con DNI/NIF ...., para la realización de la actividad de recolección de cítricos en todas las fincas rústicas citadas en el apartado I del presente escrito, asumiendo Don........... todas las obligaciones y derechos derivadas para la empresa del citado contrato de trabajo para la realización de trabajos fijos discontinuos.

VI.– El presente acuerdo de resolución será presentado por la Administración Concursal en el procedimiento concursal ya indicado, solicitando su homologación por el Juzgado de lo Mercantil núm. .... de .... en los autos ...., en cumplimiento de lo establecido en el art. 165 TRLC, y su eficacia queda condicionada suspensivamente a que se obtenga la expresada homologación.

Leído el presente documento los comparecientes lo encuentran conforme con su voluntad, por lo que se ratifican en su contenido y lo suscriben por duplicado, quedando un ejemplar en poder de cada parte.

F484. AUTO HOMOLOGANDO ACUERDO DE RESOLUCIÓN DE CONTRATO EN INTERÉS DEL CONCURSO

Normativa de aplicación: *Arts. 156 y ss. Real Decreto Legislativo 1/2020, de 5 de mayo, por el que se aprueba el texto refundido de la Ley Concursal*

En la ciudad de........... a........... de........... de...........

ANTECEDENTES DE HECHO

PRIMERO.– Que mediante escrito de fecha........... de........... de........... por la concursada........... S.A., se solicitó que por el Letrado de la Administración de Justicia se sirviera acordar la citación de la administración concursal, la concursada y la sociedad........... S.L. a la comparecencia que se refiere el art. 165.2 TRLC. Ello al considerar conveniente para el interés del concurso la resolución del contrato de fecha........... que une a la citada sociedad........... S.A. y........... S.L.

SEGUNDO.– Que en la citada comparecencia, asistieron la administración concursal, la concursada y la sociedad........... S.A. y acordaron la resolución del contrato de fecha........... al ser de interés del concurso tal resolución, y los efectos de la misma........... Ello en los términos de la citada comparecencia.

FUNDAMENTOS DE DERECHO

PRIMERO.– Que este Juez es competente para conocer del presente procedimiento y de la resolución contractual en interés del concurso instada por........... (art. 52, 44, 45 y 165 TRLC).

SEGUNDO.– Que la concursada está legitimada para solicitar la resolución del contrato de fecha..........., al ser de interés del concurso tal resolución (art. 165.1 TRLC).

TERCERO.– Que la expresada solicitud reúne los requisitos de forma establecidos en el art. 165 TRLC.

CUARTO.– Conforme señala el art. 158 TRLC, la declaración de concurso, por sí sola, no afectará a la vigencia de los contratos con obligaciones recíprocas pendientes de cumplimiento tanto a cargo del concursado como de la otra parte. Ambas partes deberán ejecutar las prestaciones comprometidas, siendo con cargo a la masa aquellas a que esté obligado el concursado.

No obstante lo dispuesto en el párrafo anterior, el art. 165.1 TRLC es claro al establecer que aunque no exista causa de resolución, el concursado, en caso de intervención, y, la administración concursal, en caso de suspensión, podrán solicitar la resolución de cualquier contrato con obligaciones recíprocas si lo estimaran necesario o conveniente para el interés del concurso. Antes de presentar la demanda ante el juez del concurso, las personas legitimadas podrán solicitar al Letrado de la Administración de Justicia que cite al concursado, a la administración concursal y a la otra parte en el contrato a una comparecencia ante el juez del concurso. Celebrada la comparecencia, de existir acuerdo en cuanto a la resolución y sus efectos, el juez dictará auto declarando resuelto el contrato de conformidad con lo acordado. Si hubiere discrepancias, cualquiera de los legitimados podrá presentar demanda de resolución conforme a lo establecido en el apartado anterior (art. 165.2 TRLC). La demanda de resolución se tramitará por los cauces del incidente concursal. El juez decidirá acerca de la resolución solicitada acordando, en su caso, las restituciones que procedan. El crédito que, en su caso, corresponda a la contraparte en concepto de indemnización de daños y perjuicios tendrá la consideración de crédito concursal. Si el contrato a resolver fuera de arrendamiento financiero, a la demanda se acompañará tasación pericial independiente del valor de los bienes cedidos, que el juez podrá tener en cuenta para fijar la indemnización. (art. 165.3 TRLC)

QUINTO.– Que en el caso que nos ocupa, los comparecientes pactaron la resolución del contrato de fecha........... suscrito entre la citada sociedad........... S.A. y........... S.L., al ser tal resolución conveniente para el interés del concurso y los efectos de la misma:...........

Ante esta situación, procede dictar el presente auto declarando resuelto el citado contrato de conformidad con lo acordado por las partes en la comparecencia celebrada el día........... de........... de...........

Visto lo expuesto y demás normativa de aplicación

DISPONGO

Declarar resuelto por ser conveniente para el interés del concurso, el contrato de fecha........... suscrito por la concursada y........... S.L., en los términos y con los efectos acordados por dichas sociedades y la administración concursal en la comparecencia celebrada el pasado día........... de........... de........... y que se reseñan en el fundamento de derecho quinto de este auto.

Notifíquese la resolución al deudor y demás partes personadas a través de su representación procesal, haciéndole saber que contra la misma cabe recurso de reposición en el plazo de cinco días a contar desde que se notifique la presente resolución.

De conformidad con lo establecido en la Disposición Adicional 15° LOPJ (según la redacción dada por la LO 1/09), la interposición de recurso contra resoluciones judiciales, no podrá ser admitida a trámite sin la acreditación del depósito previsto en la citada Ley a efectos de recurrir, debiendo presentarse copia o resguardo de tal depósito en las cuenta de consignaciones de este Juzgado.

Todo lo cual pronuncia, manda y firma el Ilmo. Sr. ...., Magistrado Juez del Juzgado de lo Mercantil núm. .... de...........

F485. DEMANDA SOLICITANDO LA RESOLUCIÓN CONTRACTUAL EN INTERÉS DEL CONCURSO TRAS COMPARECENCIA FALLIDA QUE SEÑALA EL ART. 165.2 TRLC

Normativa de aplicación: *Arts. 165 y ss. Real Decreto Legislativo 1/2020, de 5 de mayo, por el que se aprueba el texto refundido de la Ley Concursal*

AL JUZGADO DE LO MERCANTIL NÚM. .... DE...........

Don..........., administrador concursal del concurso necesario de la compañía........... S.L. que se sigue ante este Juzgado bajo el número de autos..........., comparezco en los citados autos bajo la dirección letrada de Don..........., abogado del Ilustre Colegio de........... (número de incorporación...........), y como mejor proceda en derecho DIGO:

Que por medio del presente escrito y en la condición que ostentamos, promovemos DEMANDA DE INCIDENTE CONCURSAL instando resolución contractual en interés del concurso contra el concursado, la sociedad........... S.L., y la compañía........... S.A. con domicilio en..........., calle..........., núm. .... y piso........... la cual se basa en los siguientes:

HECHOS

PRIMERO.– En el presente procedimiento número de autos..........., se sigue expediente de concurso necesario de la compañía........... S.L. La declaración de concurso necesario de la expresada sociedad, fue acordada por este Juzgado mediante auto de fecha........... de........... de dos mil...........

La administración concursal está integrada por quien suscribe, que aceptó el cargo con fecha...........

En el citado auto se acordó la suspensión de las facultades del concursado de administración y disposición sobre su patrimonio, siendo sustituido por esta administración concursal.

SEGUNDO.– Que en fecha de........... de..........., la concursada y la compañía........... S.A. suscribieron contrato de suministro del que se extractan los siguientes términos:...........

El citado contrato se acompaña a este escrito como DOCUMENTO...........

El citado contrato se halla vigente con obligaciones reciprocas pendientes de cumplimiento tanto a cargo del concursado como de la sociedad........... S.A.

TERCERO.– En fecha de........... de..........., se presentó escrito solicitando la citación por el Letrado de la Administración de Justicia a la comparecencia prevista en el art. 165.2 TRLC, celebrada el día de........... de........... sin acuerdo entre la concursada, esta administración concursal y la contraparte, ... S.A.

CUARTO.– Que esta parte entiende que es conveniente para el interés del concurso la resolución del citado contrato ex art. 165 TRLC, en los términos y por los siguientes motivos:...........

Se acompaña el citado escrito y el acta de la comparecencia como DOCUMENTOS señalados de núm. ....

A los anteriores hechos, se aducen los siguientes:

FUNDAMENTOS DE DERECHO

DE ORDEN PROCESAL

I.– Es competente este Juzgado para conocer de esta demanda incidental, desde un punto de vista objetivo y territorial, a la vista del art. 52, 44, 45 y 165 TRLC.

II.– La presente demanda se sustanciara por los trámites previstos para el incidente concursal, tal y como resulta del art. 165.3 TRLC

FONDO DEL ASUNTO

I.– La legitimación activa de Don..........., en cuanto integrante de la administración concursal y para interponer la presente demanda, resulta del art. 165.1 TRLC.

II.– La legitimación pasiva de........... S.A. y la concursada........... resulta, respectivamente, de su condición de concursado y de contraparte del contrato cuya resolución se pretende (art. 165.2 TRLC).

III.– Conforme señala el art. 158 TRLC, la declaración de concurso, por sí sola, no afectará a la vigencia de los contratos con obligaciones recíprocas pendientes de cumplimiento tanto a cargo del concursado como de la otra parte. Ambas partes deberán ejecutar las prestaciones comprometidas, siendo con cargo a la masa aquellas a que esté obligado el concursado.

No obstante lo dispuesto en el párrafo anterior, el art. 165.1 TRLC es claro al establecer que aunque no exista causa de resolución, el concursado, en caso de intervención, y, la administración concursal, en caso de suspensión, podrán solicitar la resolución de cualquier contrato con obligaciones recíprocas si lo estimaran necesario o conveniente para el interés del concurso. Antes de presentar la demanda ante el juez del concurso, las personas legitimadas podrán solicitar al Letrado de la Administración de Justicia que cite al concursado, a la administración concursal y a la otra parte en el contrato a una comparecencia ante el juez del concurso. Celebrada la comparecencia, de existir acuerdo en cuanto a la resolución y sus efectos, el juez dictará auto declarando resuelto el contrato de conformidad con lo acordado. Si hubiere discrepancias, cualquiera de los legitimados podrá presentar demanda de resolución conforme a lo establecido en el apartado anterior (art. 165.2 TRLC). La demanda de resolución se tramitará por los cauces del incidente concursal. El juez decidirá acerca de la resolución solicitada acordando, en su caso, las restituciones que procedan. El crédito que, en su caso, corresponda a la contraparte en concepto de indemnización de daños y perjuicios tendrá la consideración de crédito concursal. Si el contrato a resolver fuera de arrendamiento financiero, a la demanda se acompañará tasación pericial independiente del valor de los bienes cedidos, que el juez podrá tener en cuenta para fijar la indemnización. (art. 165.3 TRLC).

IV.– Art. 394 LEC sobre la imposición de costas procesales a los demandados.

En virtud de lo expuesto,

SUPLICO AL JUZGADO que tenga por presentado este escrito, junto a los documentos a él unidos, se sirva admitirlo y tener por promovido por Don..........., integrante de la administración concursal del concurso necesario de la compañía........... S.L. tramitado ante este Juzgado de lo Mercantil bajo los autos núm. ...., DEMANDA DE INCIDENTE CONCURSAL en solicitud de la resolución del contrato de fecha de........... de........... en interés del concurso, y previos los oportunos trámites legales, incluido el recibimiento del pleito a prueba que desde este momento solicito, se sirva dictar sentencia por la que se proceda a acordar la resolución del expresado contrato de fecha de........... de........... al ser tal resolución de interés para el concurso, en los siguientes términos: .... Ello con imposición de las costas procesales a los aquí demandados.

Es Justicia que se Suplica en..........., hoy día........... de........... de dos mil...........

OTROSÍ DIGO: Se solicita de este Juzgado la celebración de vista en el presente incidente de conformidad con lo dispuesto en el art. 540 TRLC.

En su virtud,

SUPLICO AL JUZGADO que tenga por efectuada la anterior manifestación, se sirva admitirla, y acordar en el sentido anteriormente expuesto, citando a las partes para la oportuna vista.

Es Justicia que nuevamente se SUPLICA en el lugar y fecha reseñados "ut supra".

OTROSÍ DIGO: Que interesa a esta parte el recibimiento del pleito a prueba y en este sentido, esta parte manifiesta los medios de prueba de los que intenta valerse en el presente incidente:............

En su virtud,

SUPLICO AL JUZGADO que tenga por efectuada la anterior manifestación, se sirva admitirla, y tener por manifestados los medios de prueba de los que intenta valerse esta parte, y previos los oportunos trámites, declare los mismos pertinentes, acordando cuanto proceda en derecho para su práctica.

Es Justicia que nuevamente se SUPLICA en el lugar y fecha reseñados "ut supra".

F486. DEMANDA SOLICITANDO LA RESOLUCIÓN DE CONTRATO POR INCUMPLIMIENTO DE LA CONCURSADA POSTERIOR A LA DECLARACIÓN DE CONCURSO

Normativa de aplicación: *Arts. 156 y ss. Real Decreto Legislativo 1/2020, de 5 de mayo, por el que se aprueba el texto refundido de la Ley Concursal*

AL JUZGADO DE LO MERCANTIL NÚM. .... DE............

............, Procurador de los tribunales y de la compañía............ S.L., con domicilio en............, calle............, cuya representación acredito con la copia de la escritura de poder que acompaño a este escrito, ante el Juzgado comparezco en los citados autos proceso concursal............, bajo la dirección letrada de Don............, abogado del Ilustre Colegio de............ (número de incorporación............), y como mejor proceda en derecho DIGO:

Que por medio del presente escrito y en la condición que ostentamos, promovemos DEMANDA DE INCIDENTE CONCURSAL instando resolución contractual al amparo de lo previsto en el art. 161 TRLC contra el concursado, la sociedad............ S.L., con domicilio en............, calle............, núm. .... y piso............ la cual se basa en los siguientes:

HECHOS

PRIMERO.– En el presente procedimiento número de autos..........., se sigue expediente de concurso voluntario de la compañía........... S.L. La declaración de concurso voluntario de la expresada sociedad, fue acordada por este Juzgado mediante auto de fecha........... de........... de dos mil...........

La administración concursal está integrada por un único miembro, siendo nombrado para tal cargo por el Juez del Concurso Don..........., quien aceptó el cargo con fecha...........

SEGUNDO.– Que en fecha de........... de..........., la concursada y la compañía........... S.A. suscribieron contrato de........... del que se extractan los siguientes términos:...........

El citado contrato se acompaña a este escrito como DOCUMENTO...........

TERCERO.– Que con posterioridad a la declaración de concurso de........... S.A. ha incumplido el citado contrato, pues a fecha de hoy, adeudada a mi principal la suma de...........euros.

Se acredita lo anterior, mediante la aportación de las facturas impagadas y los burofaxes dirigidos a la concursada y a la administración concursal reclamando el pago. (DOCUMENTO...........).

A los anteriores hechos, se aducen los siguientes:

FUNDAMENTOS DE DERECHO

DE ORDEN PROCESAL

I.– Es competente este Juzgado para conocer de esta demanda incidental, desde un punto de vista objetivo y territorial, a la vista del art. 44 y 45 y 162 TRLC.

II.– La presente demanda se sustanciara por los trámites previstos para el incidente concursal, tal y como resulta de los arts. 162 y 532 y ss. TRLC.

FONDO DEL ASUNTO

I.– La legitimación activa de........... S.A. resulta de la condición de parte cumplidora del contrato cuya resolución se pretende (art. 161 TRLC).

II.– La legitimación pasiva de la concursada........... resulta, de su condición de concursado y contraparte del citado contrato (art. 161 TRLC).

III.– Art. 1.088 y 1089 CC.

IV.– Art. 1091 CC.

V.– Art. 1.100, 1.101, 1.106 y 1.108 CC.

VI.– Art. 339 C.Com.

VII.– Art. 1.156 y ss. CC.

VIII.– Arts. 1.254 y ss. del CC.

IX.– Art. 1.278 CC.

X.– Art. 161 TRLC: Declarado el concurso, la facultad de resolución del contrato con obligaciones recíprocas pendientes de cumplimiento podrá ejercitarse por incumplimiento posterior de cualquiera de las partes.

XI.– Art. 163 TRLC: 1. En caso de resolución del contrato por incumplimiento, quedarán extinguidas las obligaciones pendientes de vencimiento. 2. Si el incumplimiento del concursado hubiera sido anterior a la declaración del concurso, el crédito que corresponda al acreedor que hubiera cumplido sus obligaciones y el correspondiente a la indemnización de los daños y perjuicios causados por ese incumplimiento tendrán la consideración de crédito concursal, cualquiera que sea la fecha de la resolución. 3. Si el incumplimiento del concursado fuera posterior a la declaración de concurso, el crédito que corresponda al acreedor que hubiera cumplido sus obligaciones y el correspondiente a la indemnización de daños y perjuicios causados por el incumplimiento tendrán la consideración de crédito contra la masa.

XII.– Art. 394 LEC sobre la imposición de costas procesales a la demandada.

En virtud de lo expuesto,

SUPLICO AL JUZGADO que tenga por presentado este escrito, junto a los documentos a él unidos, se sirva admitirlo y tener por promovido por........... S.L. DEMANDA DE INCIDENTE CONCURSAL en solicitud de la resolución del contrato de fecha de........... de........... contra la concursada y previos los oportunos trámites legales, incluido el recibimiento del pleito a prueba que desde este momento solicito, se sirva dictar sentencia por la que se proceda a acordar la resolución del expresado contrato de fecha de........... de........... y condene a la concursada a abonar a mi mandante la suma de........... euros, que tendrá la consideración de crédito contra la masa. Ello con imposición de las costas procesales a los aquí demandados.

Es Justicia que se Suplica en..........., hoy día........... de........... de dos mil...........

OTROSÍ DIGO: Se solicita de este Juzgado la celebración de vista en el presente incidente de conformidad con lo dispuesto en el art. 540 TRLC.

En su virtud,

SUPLICO AL JUZGADO que tenga por efectuada la anterior manifestación, se sirva admitirla, y acordar en el sentido anteriormente expuesto, citando a las partes para la oportuna vista.

Es Justicia que nuevamente se SUPLICA en el lugar y fecha reseñados "ut supra".

OTROSÍ DIGO: Que interesa a esta parte el recibimiento del pleito a prueba y en este sentido, esta parte manifiesta los medios de prueba de los que intenta valerse en el presente incidente:...........

En su virtud,

SUPLICO AL JUZGADO que tenga por efectuada la anterior manifestación, se sirva admitirla, y tener por manifestados los medios de prueba de los que intenta valerse esta parte, y previos los oportunos trámites, declare los mismos pertinentes, acordando cuanto proceda en derecho para su práctica.

Es Justicia que nuevamente se SUPLICA en el lugar y fecha reseñados "ut supra".

F487. DEMANDA SOLICITANDO LA RESOLUCIÓN DE CONTRATO POR INCUMPLIMIENTO DE LA CONCURSADA ANTERIOR A LA DECLARACIÓN DE CONCURSO

Normativa de aplicación: *Arts. 156 y ss. Real Decreto Legislativo 1/2020, de 5 de mayo, por el que se aprueba el texto refundido de la Ley Concursal*

AL JUZGADO DE LO MERCANTIL NÚM. .... DE...........

..........., Procurador de los tribunales y de la compañía........... S.L., con domicilio en..........., calle..........., cuya representación acredito con la copia de la escritura de poder que acompaño a este escrito, ante el Juzgado comparezco en los citados autos proceso concursal..........., bajo la dirección letrada de Don..........., abogado del Ilustre Colegio de........... (número de incorporación...........), y como mejor proceda en derecho DIGO:

Que por medio del presente escrito y en la condición que ostentamos, promovemos DEMANDA DE INCIDENTE CONCURSAL instando resolución contractual al amparo de lo previsto en el art. 160 TRLC contra el concursado, la sociedad........... S.L., con domicilio en..........., calle..........., núm. .... y piso........... la cual se basa en los siguientes:

HECHOS

PRIMERO.– En el presente procedimiento número de autos..........., se sigue expediente de concurso voluntario de la compañía........... S.L. La declaración de concurso voluntario de la expresada sociedad, fue acordada por este Juzgado mediante auto de fecha........... de........... de dos mil...........

La administración concursal está integrada por un único miembro, siendo nombrado para tal cargo por el Juez del Concurso Don..........., quien aceptó el cargo con fecha...........

Acreditando lo anterior, se acompañan como DOCUMENTOS..........., testimonio del auto de este Juzgado declarando el concurso de........... S.L. y se designa al Sr. ....como miembro de la administración concursal y su aceptación.

SEGUNDO.– Que en fecha de........... de..........., la concursada y la compañía........... S.A. suscribieron contrato de........... del que se extractan los siguientes términos:...........

El citado contrato, DE TRACTO SUCESIVO, se acompaña a este escrito como DOCUMENTO...........

TERCERO.– Que con anterioridad a la declaración de concurso de........... S.A. ha incumplido el citado contrato, pues a fecha de hoy, adeudada a mi principal la suma de...........euros.

Se acredita lo anterior, mediante la aportación de las facturas impagadas y los burofaxes dirigidos a la ahora concursada reclamando el pago. (DOCUMENTO...........).

A los anteriores hechos, se aducen los siguientes:

FUNDAMENTOS DE DERECHO

DE ORDEN PROCESAL

I.– Es competente este Juzgado para conocer de esta demanda incidental, desde un punto de vista objetivo y territorial, a la vista del art. 44 y 45 y 162 TRLC.

II.– La presente demanda se sustanciara por los trámites previstos para el incidente concursal, tal y como resulta de los arts. 162 y 532 y ss. TRLC.

FONDO DEL ASUNTO

I.– La legitimación activa de........... S.A. resulta de la condición de parte cumplidora del contrato cuya resolución se pretende (art. 160 TRLC).

II.– La legitimación pasiva de la concursada........... resulta, de su condición de concursado y contraparte del citado contrato (art. 160 TRLC).

III.– Art. 1.088 y 1089 CC.

IV.– Art. 1091 CC.

V.– Art. 1.100, 1.101, 1.106 y 1.108 CC.

VI.– Art. 339 C.Com.

VII.– Art. 1.156 y ss. CC.

VIII.– Arts. 1.254 y ss. del CC.

IX.– Art. 1.278 CC.

X.– Art. 160 TRLC, según el cual, declarado el concurso, la facultad de resolución del contrato por incumplimiento anterior a la declaración de concurso solo podrá ejercitarse si el contrato fuera de tracto sucesivo.

XI.– Art. 163 TRLC: 1. En caso de resolución del contrato por incumplimiento, quedarán extinguidas las obligaciones pendientes de vencimiento. 2. Si el incumplimiento del concursado hubiera sido anterior a la declaración del concurso, el crédito que corresponda al acreedor que hubiera cumplido sus obligaciones y el correspondiente a la indemnización de los daños y perjuicios causados por ese incumplimiento tendrán la consideración de crédito concursal, cualquiera que sea la fecha de la resolución. 3. Si el incumplimiento del concursado fuera posterior a la declaración de concurso, el crédito que corresponda al acreedor que hubiera cumplido sus obligaciones y el correspondiente a la indemnización de daños y perjuicios causados por el incumplimiento tendrán la consideración de crédito contra la masa.

XII.– Art. 394 LEC sobre la imposición de costas procesales a la demandada.

En virtud de lo expuesto,

SUPLICO AL JUZGADO que tenga por presentado este escrito, junto a los documentos a él unidos, se sirva admitirlo y tener por promovido por............ S.L. DEMANDA DE INCIDENTE CONCURSAL en solicitud de la resolución del contrato de fecha de............ de............ contra la concursada y previos los oportunos trámites legales, incluido el recibimiento del pleito a prueba que desde este momento solicito, se sirva dictar sentencia por la que se proceda a acordar la resolución del expresado contrato de fecha de............ de............ y condene a la concursada a abonar a mi mandante la suma de............ euros, que tendrá la consideración de crédito concursal y deberá incluirse en el concurso. Ello con imposición de las costas procesales a la aquí demandada.

Es Justicia que se Suplica en............, hoy día............ de............ de dos mil............

OTROSÍ DIGO: Se solicita de este Juzgado la celebración de vista en el presente incidente de conformidad con lo dispuesto en el art. 540 TRLC.

En su virtud,

SUPLICO AL JUZGADO que tenga por efectuada la anterior manifestación, se sirva admitirla, y acordar en el sentido anteriormente expuesto, citando a las partes para la oportuna vista.

Es Justicia que nuevamente se SUPLICA en el lugar y fecha reseñados "ut supra".

OTROSÍ DIGO: Que interesa a esta parte el recibimiento del pleito a prueba y en este sentido, esta parte manifiesta los medios de prueba de los que intenta valerse en el presente incidente:............

En su virtud,

SUPLICO AL JUZGADO que tenga por efectuada la anterior manifestación, se sirva admitirla, y tener por manifestados los medios de prueba de los que intenta valerse esta parte, y previos los oportunos trámites, declare los mismos pertinentes, acordando cuanto proceda en derecho para su práctica.

Es Justicia que nuevamente se SUPLICA en el lugar y fecha reseñados "ut supra".

F488. DEMANDA SOLICITANDO LA RESOLUCIÓN DE CONTRATO DE COMPRAVENTA DE INMUEBLE POR INCUMPLIMIENTO DE LA CONCURSADA

Normativa de aplicación: *Arts. 156 y ss. Real Decreto Legislativo 1/2020, de 5 de mayo, por el que se aprueba el texto refundido de la Ley Concursal*

AL JUZGADO DE LO MERCANTIL Nº........... DE...........

..........., Procuradora de los Tribunales, actuando en nombre y representación de DÑA........... según acredito mediante copia de escritura pública (Documento nº...........) que solicito que, una vez testimoniada en autos, me sea devuelta por precisarla para otros usos, ante este juzgado comparezco, bajo la dirección letrada de D..........., abogado del Iltre. Colegio de..........., con número de colegiado..........., y despacho profesional en..........., en el procedimiento concursal que se sigue a instancias de la mercantil..........., bajo el nº........... y como mejor proceda en Derecho DIGO:

Que en la representación que acredito y por medio del presente escrito formulo DEMANDA INCIDENTAL EN EJERCICIO DE ACCIÓN DE RESOLUCIÓN DE CONTRATO DE COMPRAVENTA INMOBILIARIA, contra la mercantil concursada "...........", y frente a la ADMINISTRACIÓN CONCURSAL designada en dicho concurso, todo ello en base a los siguientes,

HECHOS

PRIMERO.– Que con fecha........... de........... de..........., mi mandante suscribió un contrato privado de compraventa, con la mercantil concursada, ... S.A., por el que compraba una vivienda en construcción situada en el término municipal de..........., conjunto residencial..........., vivienda en planta Nivel..........., letra..........., portal..........., bloque..........., de superficie aproximada........... m2, con plaza de aparcamiento incluido.

Adjunto se acompaña como Documento nº........... el referido contrato privado de compraventa y su anexo de memoria de calidades.

Igualmente se hace constar que mi mandante adquirio la citada vivienda, con posterioridad a la declaración de concurso de la aquí demandada, ..., que fue declarada por este Juzgado al que nos dirigimos mediante auto de fecha ....

SEGUNDO.– Que el precio convenido en el contrato de compraventa fue de........... euros, que con IVA ascendía a la suma total de...........euros, del cual, en este momento, mi mandante ha entregado, a cuenta, a la concursada, la suma de...........euros en los plazos y modos siguientes:

...........euros, en concepto de entrega inicial, con la firma del contrato privado de compraventa (documento nº...........) que hace carta de pago.

............euros, mediante el pago de los siguientes efectos a la fecha de sus vencimientos:............

Adjunto se acompaña como Documentos nº............ a............ los documentos acreditativos del pago.

Quedan pendientes de pago la suma de............euros en que se calculaba el préstamo hipotecario en el que se subrogaría mi mandante a la entrega de la vivienda.

TERCERO.– Que según la estipulación cuarta del pliego de Cláusulas Generales del citado contrato la finalización de las obras se fijaba durante el segundo trimestre de............

CUARTO.– Que, en relación con la realización de las obras, una vez obtenidas las correspondientes licencias administrativas e iniciada la construcción de la citada urbanización, la misma se paralizó, al poco tiempo de iniciadas las obras, sin una causa justificada y sin que, a fecha de hoy, se hubieran reanudado las obras ni puesto en conocimiento de mi mandante, que insta la resolución, la causa de la paralización de las obras, la finalización de la construcción y la disponibilidad de la vivienda adquirida, cuya fecha máxima de entrega, expresamente pactada, estaba prevista, en el contrato de compraventa para, aproximadamente, el segundo trimestre del año............, transcurriendo de esta forma, ... años de retraso, en el plazo de entrega estipulado en el citado contrato, situación de espera que resulta del todo intolerable toda vez que las obras se encuentran paradas, desde hace más de año y medio, sin solución de continuidad de forma que, la vendedora, no puede dar cumplimiento a su obligación de entregar las vivienda toda vez que no las ha construido estando paralizadas las obras en su fase inicial.

En efecto, a los efectos de acreditar estos extremos adjunto se acompaña, como Documento nº............, una escritura de presencia y manifestaciones donde, por el Notario de............, D............, se acredita documentalmente, con fotografías, el estado de las referidas obras y de los terrenos, lo poco construido hasta el momento, y la constancia de que las obras están paradas y sin actividad.

A mayor abundamiento, del propio informe concursal de fecha............ de............ de............, queda patente que el demandado vendedor no puede cumplir lo convenido por su parte, es decir, la entrega del objeto de la compraventa, puesto que, en dicho informe se reconoce que no ha finalizado la construcción y que la misma se encuentra actualmente parada.

Adjunto se acompaña como Documento nº............ los folios............ a............ del Informe provisional de la Administración concursal, en el concurso voluntario nº............ de la compañía demandada............ S.A., seguido en este mismo juzgado y cuyos archivos dejamos designados a los efectos probatorios oportunos.

QUINTO.– Por todo ello es por lo que, habiendo trascurrido más de............ años de la fecha prevista de finalización y entrega de la vivienda objeto de compraventa, se ejercita, por mi mandante, una acción de resolución contractual contra la vendedora por el incumplimiento en la entrega del inmueble (vivienda y plaza de aparcamiento e instalaciones), resolución contractual que ya se formulo extrajudicialmente por mi mandante en fecha............ (Documento nº............), debiéndose reconocer en el concurso de..........., el crédito por la restitución de las cantidades abonadas a cuenta del precio como crédito contra la masa. Ello por cuanto...........

A los anteriores hechos de son de aplicación los siguientes,

FUNDAMENTOS DE DERECHO

DE ORDEN PROCESAL

I.– Es competente este Juzgado para conocer de esta demanda incidental, desde un punto de vista objetivo y territorial, a la vista del art. 44, 45 y 162 TRLC.

II.– La presente demanda se sustanciara por los trámites previstos para el incidente concursal, tal y como resulta de los artículos 532 y ss. de TRLC.

FONDO DEL ASUNTO:

I.– LA LEGITIMACIÓN ACTIVA de mi mandante resulta de la condición de parte cumplidora en el contrato de compraventa suscrito con la concursada........... S.A.

II.– LA LEGITIMACIÓN PASIVA de la concursada........... S.A., resulta, de su condición de concursada y contraparte en el citado contrato de compraventa].

Y contra LA ADMINISTRACIÓN CONCURSAL de conformidad con el artículo 509 TRLC

III.– LA ACCIÓN DE RESOLUCIÓN POR INCUMPLIMIENTO que se ejercita con la presente demanda es una facultad que con carácter general otorga el artículo 1.124 del Código Civil, y que regula expresamente el artículo 161 TRLC para el caso de declararse el concurso, para que el contratante ligado por obligaciones recíprocas pueda instar la resolución cuando la parte contraria no cumpla con la prestación que correlativamente le incumbe.

Así, en lo que respecta al fondo del asunto, debemos recordar que es doctrina jurisprudencial del Tribunal Supremo la que indica que:

> "El artículo 1.124 está estrechamente ligado al 1.504, siendo compatibles y el segundo una especialidad del primero (Sentencia de 7 de marzo de 1983). Tanto para los supuestos del ejercicio de la acción resolutoria de la compraventa contemplada en el artículo 1.504 del Código Civil, en el supuesto de venta de bienes inmuebles, como el que con carácter genérico otorga el artículo 1.124 del Código Civil, en el caso de obligaciones recíprocas, para que la resolución pueda ser acogida no es bastante un simple retraso en el incumplimiento de las obligaciones de una de las partes, sino que ha de patentizarse la existencia de una voluntad obstativa al cumplimiento de lo convenido, que por su trascendental importancia pueda justificar su resolución (Sentencia de 20 de noviembre de 1984)".

Así, siendo incuestionable que la constructora no ha cumplido con su obligación de entregar la vivienda en el plazo contractualmente previsto. Y siendo que tal incumplimiento no es por en sí mismo la causa resolutoria del contrato, pues es doctrina reiterada que el simple retraso no puede determinar la resolución del contrato al amparo del art. 1124 del

Código Civil, sino el resarcimiento de daños y perjuicios irrogados por la mora conforme a los Arts. 1100 y 1101 del mismo cuerpo legal, no es menos cierto que el retraso en el cumplimiento, cuando éste tiene un carácter esencial o fatal, es desorbitado o cualificado (STS de 14.XI: 1998), grave o intolerable (STS de 13.V.04) u obstativo, esto es, insatisfactorio de interés del comprador o frustrante de las legítimas expectativas de alcanzar el fin perseguido por el vínculo contractual (SSTS del 30.X.1981, 4.VII.1989, 3.III. 1995, 22.XII.2006, 17.XII.2008 y 25.VI.2009); cuando el margen de tiempo transcurrido, es importante y afecta a la voluntad práctica perseguida en el contrato, tal y como ocurre en el presente caso, sí es causa de resolución contractual.

En efecto, el retraso en la entrega por sí solo no constituye incumplimiento resolutorio; éste presupone su carácter de definitivo, sólo predicable cuando concurren factores excluyentes del cumplimiento retrasado, tales como la imposibilidad de realización, la inutilidad de la ejecución tardía, y la inexigibilidad de una espera intolerable y prolongada por parte del comprador cumplidor.

En efecto, el presente caso, no estamos ante un mero retraso, como se prueba de los hechos y de la prueba documental aportada, sino ante una voluntad rebelde del constructor en orden al cumplimiento de sus obligaciones al incumplir con creces el plazo de entrega pactado en más de dos años tal y se viene recogiendo por la jurisprudencia en sentencias como las del STS de 13 de diciembre de 2002 (RJA 2002/10747), y STS de 5 de diciembre de 2002 (RJA 2002/10432), que sostienen que cuando se produce el retraso importante en el tiempo de entrega de la vivienda hay un propio y verdadero incumplimiento que afecta a la esencia misma de lo pactado, pues impide al comprador obtener el fin del contrato suscrito, o dicho de otro modo, las legítimas aspiraciones de la contraparte, de ahí que proceda la resolución contractual del art. 1124 CC. Un auténtico incumplimiento resolutorio.

Así, en el caso de que el retraso sea injustificado, distintas Audiencias Provinciales han aceptado la resolución del contrato con devolución de lo aportado al comprador si este supera los seis meses (SAP de Málaga de 9 de octubre de 2008), 9 meses (SAP de Islas Baleares de 22 de julio de 2008), 18 meses (SAP de Murcia de 16 de enero de 2008), etc.

En este mismo sentido y para un caso idéntico se manifiesta la Audiencia Provincial de Granada, sección tercera, rollo nº 427/2010, en el siguiente sentido:

> "Esta Sala, por otra parte, también ha señalado muchas veces, entre las últimas en nuestras Sentencias de 4 y 30 de octubre de 2009, 29 de diciembre de 2009 y 11 de junio de 2010, que «en los supuestos en que el plazo de entrega no se fija como esencial por no anudar su incumplimiento a una causa resolutoria expresa, su inobservancia más que verdadero incumplimiento representa un mero retraso sin virtualidad resolutoria del contrato (STS de 29 de septiembre de 2006, con cita en las SSTS de 22 de marzo de 1985,6 de julio de 1989,8 de noviembre de 1997)».
>
> Ahora bien, será procedente la resolución, como ya advertíamos en nuestra sentencia de 21 de junio de 2010, cuando, fuera de uno y otro supuesto, el vendedor incurra en un retraso excesivo e injustificado en el cumplimiento de la obligación de entrega de la vivienda que incida en la economía del contrato, frustre la aspira-

ciones del comprador y revele el incumplimiento propio (vid. STS de 21 de febrero de 2007), pues, no cabe obviar la trascendencia de la entrega de la vivienda en el plazo pactado, en la compraventa que nos ocupa, tal y como se desprende del contenido de la Ley 57/68 que atribuye a tal incumplimiento efectos resolutorios, teniendo en cuenta, a su vez, que los contratos de compraventa de viviendas en construcción deben reflejar, necesariamente, con toda claridad la fecha de entrega y así lo exige el R.D. 515/89, de 21 de abril (art. 5.5). Este criterio, de retraso excesivo e injustificado, frustrando las aspiraciones del comprador y el fin económico del contrato, es el que también sigue nuestro Tribunal Supremo, en su Sentencia de 15 de noviembre de 1999, cuando interpreta, en este tipo de vínculo contractual, la opción de resolución contemplada para el caso de retraso en la entrega prevista por la Ley 57/1968, aquí también invocada, estimando aplicable tal resolución en «situaciones de retraso intenso determinante de entrega notoriamente tardía».

La STS de 26 de septiembre de 2002, donde también se invocaba el artículo 3 de la Ley 57/1968, y el artículo 7 de dicho texto legal, que reconoce, expresamente, que «los derechos que la presente Ley otorga a los cesionarios tendrán el carácter de irrenunciables», concluía, al no entregarse la vivienda en la fecha prevista, sin que el vendedor pusiera en conocimiento de los compradores la causa del retraso, estimando el recurso de casación por infracción de los preceptos citados, acogiendo la acción resolutoria.

SEGUNDO.– En este caso, al margen de las consideraciones que posteriormente debemos realizar, respecto de la invocación por parte de la apelante de causas justificadas del retraso, debemos precisar que estamos ante un incumplimiento grave, sin que a la fecha de la interposición de la demanda, en febrero de 2009, se hubiese puesto en conocimiento del comprador, que insta la resolución, la causa del retraso, la finalización de la construcción y la disponibilidad de la vivienda adquirida, cuya fecha máxima de entrega, expresamente pactada, estaba prevista en el contrato para el segundo semestre del año 2005, y que solo estuvo en disposición de cumplir el vendedor a partir de 30 de abril de 2008, cuando obtiene licencia de primera ocupación, levantando a continuación, en mayo de 2008, acta de terminación de obra, de la que no consta que recibiera comunicación alguna el comprador.

Por ello, debemos estimar que el incumplimiento que nos ocupa tiene categoría suficiente, en este caso, para ser constitutivo de causa de resolución, ya que el vendedor no es árbitro de cumplir un contrato cuando le convenga, incumpliendo de forma tan grave los plazos contractuales, demorando la entrega, privando al comprador de aquello que podía haber esperado como consecuencia del contrato, a tenor de la fecha de entrega pactada por los contratantes, señalando, con cita en la STS de 14 de noviembre de 1998, que «el vendedor no es árbitro de cumplir un contrato cuando le convenga o interese o pueda», indicando esta resolución que «el incumplimiento de la recurrida es patente y notorio, al año y medio de firmarse el contrato no había cumplido con su obligación de entrega y de escrituración prevista en el contrato para el año 1999», añadiendo que, «la conducta del comprador no tiene en modo alguno por qué ser la de aquietamiento a esa situación. Pues ya ha esperado seis meses a que el vendedor cumpla, y ningún pacto contractual ni conducta propia le obligaba a un aplazamiento».

Para apreciar una conducta obstativa al cumplimiento, es suficiente con frustrar las legitimas expectativas de los contratantes, impidiendo que el acreedor, en este caso el comprador, obtenga el resultado económico que lo movió a actuar, STS 14 de febrero de 2007, es decir basta con estimar, como señala la STS de 11 de octubre de 2006, «la concurrencia de una situación de frustración del contrato, sin que el posible incumplidor aporte explicación o justificación razonable alguna de su postura (SSTS de 5 de septiembre y 18 de diciembre de 1991), por lo que basta que se dé una conducta no sanada por justa causa, obstativa al cumplimiento del contrato en los términos que se pactó (SSTS de 14 de febrero y 16 de mayo de 1991 y 17 Y 2 de julio de 1994, entre otras muy numerosas)».

Esta frustración debemos estimarla concurrente en este caso, ante el incumplimiento contractual del vendedor en la entrega de la vivienda, como ya dijimos en nuestra Sentencia de veintiuno de junio de dos mil diez, ante retraso, en más de 15 meses del plazo de entrega previsto e incluso el margen temporal de gracia que se concedía la parte incumplidora por tres, «el plazo de espera transcurrido es bastante para colmar la exigencia de estarse ante un incumplimiento grave y atendible, objetivamente contrastado, con independencia de que no mediara u obedeciera este incumplimiento a una voluntad rebele u obstativa que es criterio abandonado hace décadas por la Jurisprudencia (STS de 5 de febrero de 2007). Y con virtualidad, en definitiva, para dar lugar a la acción resolutoria ejercitada, amparando así la protección otorgada por la Ley al comprador de vivienda en construcción, y como reacción al que surge ante el indebido incumplimiento contractual del vendedor en la entrega de la vivienda que, como obligación esencial, ya dijimos no puede quedar a su arbitrio o conveniencia, de modo que, elegida esta opción legítima por parte del comprador surge, como legal consecuencia, la obligación de la demandada de restituir las cantidades entregadas a cuenta». En este contexto, no podemos tampoco obviar la notoria y evidente caída del valor de mercado de los inmuebles, entre el año 2005 y el 2009, determinante sin duda en la proliferación actual de estos litigios resolutorios, pero tal circunstancia, lejos de impedir en este caso la resolución, también debemos calibrada al momento de apreciar la real frustración de las expectativas económicas que con el contrato esperaba obtener el comprador, especialmente malogradas en este caso por el retraso que aquí nos ocupa, coincidente con tal periodo, comprendido entre junio de 2005, fecha de entrega prevista, y el primer semestre del año 2009, cuando la promotora hace saber, en el curso de este litigio al comprador, la posibilidad de cumplimiento".

Y en este mismo sentido se manifiesta también la sentencia de la Audiencia Provincial de Valencia, sec. 6ª, S. 6-11-2009, nº 651/2009, rec. 583/2009. Pte.: Lara Romero, José Francisco, que dice así:

"Siguiendo, resulta un hecho cierto que ha existido retraso en la entrega por más de tres meses al tiempo de la presentación de la demanda, de forma que la vivienda tuvo que ser puesta a disposición de los actores no más allá del 31 de enero de 2008 para que no pudieran alegar retraso como causa de resolución según el tenor de la cláusula 11a, y lo cierto es que a fecha 9 de julio de 2008, fecha de presentación de la demanda, la vivienda no consta que se hubiese puesto a su disposición, y sí a fecha 25 de julio de 2008, según el documento 10 de la contestación de Promociones Urbanas S.A. —a los f. 206 y 207—.

Por tanto, Promociones Urbanas no ha acreditado que el retraso en la entrega por retraso en la urbanización haya excedido del marco de diligencia que le es exigible, en este caso, al fijar una fecha concreta en el contrato privado de compraventa; por ello y no acreditada la alegada causa de fuerza mayor o ajena a su voluntad, no acreditada la falta de posibilidad de prever que existiese retraso en la obra de urbanización a fecha de firma del contrato privado de compraventa —a fecha 20 de septiembre de 2006— o que ese retraso se fuese a producir, el retraso en la entrega le es también imputable a la promotora ante los compradores, y como quiera que el retraso es superior a tres meses, tiempo señalado en contrato como periodo bastante para poder resolver el acuerdo, cabe acoger esa mora con los efectos del art. 1.124 del C.Civil".

Y también la sentencia de la Audiencia Provincial de Córdoba, sec. 3ª, S 2-10-2009, nº 172/2009, rec. 215/2009. Pte.: Sánchez Zamorano, Francisco de Paula:

"Así pues, como dice la magistrado de instancia, teniendo en cuenta que una de las obligaciones asumidas por la recurrente la constituye la fecha de entrega de la vivienda, debiendo cumplirla conforme a lo pactado, resulta de aplicación al caso la jurisprudencia existente al efecto que determina que para la resolución contractual no es exigible un incumplimiento deliberado equiparable a una conducta dolosa, sino que basta con la frustración del contrato, situación que puede ser apreciada en las actuaciones, en las que el retraso en la entrega del inmueble con sus anejos por un tiempo cercano al año y medio, lleva a la conclusión de que se ha producido para los demandantes una frustración del fin del contrato, que no era otro que obtener aquéllos antes de julio de 2007, habiendo cumplido a la fecha de interposición de la demanda todas las obligaciones asumidas contractualmente por los actores, por lo cual procede la resolución del contrato impetrada en la demanda, ya por la vía del artículo 1124 del Código Civil, ya por la más especial de la prevista implícitamente en la Ley 57/68, a cuyo artículo 1.1 se remita la estipulación 8ª del contrato celebrado entre los litigantes, otra cláusula que no hace sino reforzar el carácter esencial del plazo al preverse unas garantías para la devolución de las cantidades entregas por los compradores a cuenta del precio si la entrega del inmueble no se produce en el plazo pactado o sus prórrogas, prórrogas que en el caso de autos no se han producido y a la vista está el iter de los requerimientos girados a la recurrente".

Y la sentencia de la Audiencia Provincial de Zamora, sec. 1ª, S. 16-6-2010, nº 119/2010, rec. 1/2010. Pte.: González González, Mª Esther:

"Estas apreciaciones no son compartidas por esta Sala que entiende, como ha entendido también la Audiencia Provincial de Salamanca en Sentencia de fecha siete de mayo de 2010 en procedimiento que trataba sobre la misma cuestión a instancia de otros compradores, que ese periodo de retraso es en sí misma causa suficiente para estimar la resolución del contrato de compra-venta, porque no se trata de un retraso breve o insignificante y porque se han incumplido las garantías establecidas para la devolución de los avales con las consecuencias previstas en la legislación reguladora de los mismos".

Y la sentencia de la Audiencia Provincial de Salamanca, sec. 1ª, S. 7-5-2010, nº 190/2010, rec. 88/2010. Pte.: González Clavijo, José Ramón:

"En consideración a todo lo expuesto, es evidente que, por una parte, los avales por los que se pretendía garantizar la devolución de las cantidades entregadas a cuenta son manifiestamente ineficaces a los fines pretendidos. Por otra, y descontado el período, supuestamente justificado de paralización de las obras durante aproximadamente dos meses, por el hallazgo de restos arqueológicos, cuestión ésta sobre la que se podía haber presentado una prueba más concluyente, resulta que la finalización de las obras ha tenido lugar ocho meses y medio después de lo previsto en el contrato, el otorgamiento de la licencia de primera ocupación cinco meses y 25 días después.

Esta Sala, entiende que este periodo de retraso es en sí misma causa suficiente para estimar la demanda resolviendo el contrato de compra-venta, pues en primer lugar no se trata de un plazo breve o insignificante y, además, se han incumplido las garantías establecidas para la devolución de los avales, por lo que es perfectamente aplicable el artículo 1124 del Código Civil".

En definitiva, que la jurisprudencia actual equipara, en las obligaciones recíprocas, la imposibilidad de cumplir con el incumplimiento imputable al incumplidor. De tal manera que, siempre que la falta de cumplimiento afecte a la esencia del contrato bilateral, al fin esencial perseguido por las partes al contratar, el contrato podrá ser resuelto.

IV.– Las costas del incidente deberán ser impuestas a la parte demandada conforme dispone el art. 542 TRLC en relación al art. 394 de la LEC.

Por todo lo expuesto

SUPLICO AL JUZGADO, que tenga por presentada la cuestión Incidental de resolución del contrato de compraventa suscrito entre las partes, la admita y previos los trámites legales oportunos, dicte sentencia por la que SE DECLARE LA RESOLUCIÓN DEL CONTRATO DE COMPRAVENTA suscrito entre las partes, en fecha........... de........... de..........., por incumplimiento de la parte demandada, con las consecuencias legales inherentes a dicha declaración y con restitución a mi mandante del precio entregado a la vendedora en la compraventa, esto es...........euros, más el interés que legalmente corresponda, que tendrá la consideración de crédito contra la masa. Todo ello con expresa condena en costas a la demandada.

Es Justicia que se Suplica en..........., hoy día........... de........... de...........

PRIMER OTROSÍ DIGO: Que esta parte considera innecesaria la celebración de vista, y propone los medios de prueba siguientes:

I. Documental, consistente en tener por reproducidos los documentos acompañados con este escrito. En virtud de lo dispuesto por el Art. 265.2 y Artículos 320 y 326 de la LEC dejamos señalados los archivos de........... S.A., de........... y de este mismo juzgado en el CONCURSO VOLUNTARIO nº........... de ...., S.A., y los archivos del Notario de........... D..........., escritura de fecha..........., con número de protocolo..........., para el caso que los documentos acompañados fueran impugnadas de adverso.

AL JUZGADO SUPLICO: tenga por hecha la manifestación que antecede a los efectos oportunos.

SEGUNDO OTROSÍ DIGO: Que asimismo, manifestamos la voluntad de cumplir los requisitos exigidos por la ley con el fin de que puedan ser subsanados los defectos en que incurran los actos procesales de esta parte, conforme lo previsto en el art. 231 LEC, y es por lo que, AL JUZGADO SUPLICO: tenga por hecha la manifestación que antecede a los efectos oportunos.

Es justicia que pido en..........., a........... de........... de...........

F489. CONTESTACIÓN A LA DEMANDA POR LA CONCURSADA Y LA ADMINISTRACIÓN CONCURSAL AQUIETÁNDOSE A LA RESOLUCIÓN DE CONTRATO DE COMPRAVENTA DE VIVIENDA POR INCUMPLIMIENTO DE LA CONCURSADA PERO SOLICITANDO LA CLASIFICACIÓN DEL CRÉDITO COMO CONCURSAL Y NO CONTRA LA MASA

Normativa de aplicación: *Arts. 156 y ss. Real Decreto Legislativo 1/2020, de 5 de mayo, por el que se aprueba el texto refundido de la Ley Concursal*

Incidente concursal........... dimanante del procedimiento concursal ordinario...........

AL JUZGADO DE LO MERCANTIL NÚMERO........... DE...........

..........., Procurador de lo Tribunales y de........... S.L. y Don..........., ADMINISTRACIÓN CONCURSAL designada en el Procedimiento Concursal Ordinario nº........... de la mercantil "........... S.L." comparecen ante este Juzgado en los autos de incidente concursal número..........., y como mejor proceda en Derecho, DICEN:

PRIMERO.– Que por escrito de fecha..........., DOÑA........... y Don..........., interpuso DEMANDA DE INCIDENTE CONCURSAL sobre resolución de contratos privados de compraventa de viviendas y reclamación de cantidad derivada de la entrega de cantidades anticipadas a cuenta por la adquisición de viviendas y por la prestación de Avales Bancarios por tales importes al amparo de la Ley 57/1968 de 27 de julio, contra *la concursada*........... S.L. y la administración concursal, en cuanto a las acciones de resolución de contratos y de reclamación de cantidad, con el carácter de crédito contra la masa y contra la entidad..........., en lo que respecta a la reclamación de cantidad por los avales prestados, todo ello en los términos de la citada demanda y documentación acompañada a la misma que aquí se dan por íntegramente reproducidos en aras de una mayor brevedad.

SEGUNDO.– Que por Providencia de fecha..........., notificada el..........., se nos ha dado traslado de la citada demanda incidental para que en el plazo de 10 días la contestemos, por lo que, mediante el presente escrito, formulamos CONTESTACIÓN A LA DEMANDA, en cuanto a las pretensiones que se dirigen contra esta administración concursal y la sociedad........... S.L., oponiéndonos a la demanda, a excepción de la pretensión relativa a la resolución de contratos privados de compraventas de viviendas, todo ello en base a los siguientes:

HECHOS

Esta parte expresamente rechaza todos y cada uno de los hechos y pretensiones formuladas de contrario contra esta parte, salvo aquellas que, igualmente de forma expresa, sean admitidos en el presente escrito.

PRIMERO.– Esta administración concursal está de acuerdo con la pretensión de las actoras de resolución de los contratos de compraventa de fecha..........., firmados por estas con........... S.L. (posteriormente, sustituida por........... S.L.) relativos a los apartamentos números..........., con sus correspondientes plazas de garaje, ubicados en el complejo constructivo sito en...........

Procede dicha resolución, verificada mediante burofax de fecha........... (DOCUMENTO...........) como consecuencia del incumplimiento por........... S.L. de las obligaciones dimanantes de las compraventas de referencia, incumplimiento producido, como vemos, con anterioridad a la declaración del concurso de acreedores de dicha sociedad.

Ciertamente la mercantil........... S.L., una vez transcurrido el plazo máximo para terminar la obra que se contemplaba en los citados contratos (cláusulas CUARTA y QUINTA), que era..........., no había cumplido con las obligaciones de entregar las llaves de los apartamentos y obtención de la licencia de primera ocupación tal como establece la legislación vigente para entender cumplidas sus obligaciones con los compradores.

SEGUNDO.– Se sostiene por las partes actoras la consideración de crédito contra la masa de las cantidades reclamadas como consecuencia de la resolución de los citados contratos de compraventa de fecha........... (cantidades entregadas a cuenta e indemnización de daños y perjuicios), basando dicha consideración en lo dispuesto en los artículos 163y 242 TRLC.

Al respecto en su escrito de demanda las partes actoras dicen que "No debemos olvidar, en cuanto a este efecto restitutorio e indemnizatorio, la situación concursal en la que se encuentra la demandada........... S.L., debiendo destacar que de conformidad con lo dispuesto en los artículos 242º y 163 TRLC, el crédito originado con motivo de dicha restitución e indemnización deberá considerarse como crédito contra la masa". Aludiendo posteriormente en los fundamentos de derecho de su demanda al artículo 242.TRLC.

Sin embargo, la argumentación de la actora yerra al no ser aplicables los citados preceptos en el sentido pretendido de contrario y a la vista que el incumplimiento contractual que preconiza es anterior a la fecha de declaración del concurso por auto de..........., lo que conlleva imperativamente que todas la cantidades reclamadas en concepto de devolución de entregas a cuenta e indemnización de daños y perjuicios, tengan la consideración de crédito concursal y no la de crédito contra la masa. Concretamente:

A) Las cantidades entregadas a cuenta en su día tendrán la consideración de crédito concursal ordinario, y

B) La indemnización de daños y perjuicios solicitada por las partes actoras, cuya cuantía estará determinada por el interés legal de las cantidades anticipadas contadas desde la fecha de su entrega hasta la fecha de declaración del concurso, tendrá la consideración de crédito concursal subordinado.

Así se reconoce en la Jurisprudencia, remitiéndonos a los pronunciamiento judiciales reseñados en los fundamentos de derecho de este escrito.

Por lo tanto, esta administración concursal y........... S.L. SE OPONEN a la pretensión de las partes actoras de considerar las cantidades reclamadas como consecuencia de la resolución de los contratos de compraventa de fecha........... como crédito contra la masa, dado su innegable carácter concursal en los términos anteriormente reseñados.

A los anteriores hechos aduzco los siguientes

FUNDAMENTOS DE DERECHO

I

Se admiten los correlativos de la demanda en cuanto a los fundamentos de derecho procesales.

II

Pese a lo manifestado de contrario, en cuanto al fondo del asunto resultan aplicables, interpretándolos a sensu contrario, los artículos 242 y 163 TRLC.

Concretamente, art. 163.2 TRLC: "Si el incumplimiento del concursado hubiera sido anterior a la declaración del concurso, el crédito que corresponda al acreedor que hubiera cumplido sus obligaciones y el correspondiente a la indemnización de los daños y perjuicios causados por ese incumplimiento tendrán la consideración de crédito concursal, cualquiera que sea la fecha de la resolución."

Y art. 242.12º TRLC: "Los créditos que, conforme a lo dispuesto en esta ley, resulten de prestaciones a cargo del concursado en los contratos con obligaciones recíprocas pendientes de cumplimiento que continúen en vigor tras la declaración de concurso, y los créditos por incumplimiento posterior a la declaración de concurso por parte del concursado."

En cuanto a la consideración de las cantidades reclamadas como crédito concursal ordinario (cantidades entregadas a cuenta) y crédito concursal subordinado (indemnización de daños y perjuicios), vid. las sentencias de la Audiencia Provincial de Alicante, de fecha 9 de julio de 2010 o la del Juzgado de lo Mercantil núm. 1 de Alicante de fecha 15 de junio de 2009, en la que puede leerse:

"En esa tesitura son varias las razones que abocan a calificar en ese caso el derecho de crédito derivado de la restitución como crédito concursal ordinario: i) la ausencia de norma expresa que le otorgue la condición de crédito contra la masa, que no pueden presumirse (art. 84.1 LC); ii) el art. 84.2.6° a sensu contrario, pues si éste solo califica contra la masa el crédito restitutorio derivado del incumplimiento del deudor concursado, hay que entender que distinto ha de ser el tratamiento en caso de incumplimiento del deudor antes de la declaración de concurso; iii) la interpretación sistemática con el art. 73.3 y 86.2.8 LC (en sede de reintegración) en los que, tratándose de supuestos también de ineficacia contractual expresamente sí se prevé que el derecho a la restitución tendrá la consideración de crédito contra la masa; previsión que aquí no aparece; iv) la interpretación teleológica, dado que los créditos contra la masa, salvo las excepciones legales, parecen responden a actuaciones postconcursales (art. 84.2.5 o 84.2.9), independientemente del momento en que se declaran estas.

E iguales razonamientos son trasladables respecto de la eficacia indemnizatoria, pues el art. 84.2.6 solo considera como crédito contra la masa las obligaciones de........... indemnización en caso de resolución........... «por incumplimiento del concursado», esto es, por incumplimientos postconcursales, no en el caso de incumplimiento del deudor promotor antes de la declaración de concurso, por lo que por lo dicho *ut supra*, el crédito indemnizatorio se califica como concursal ordinario, coherente así con la del efecto restitutorio, con una especialidad impuesta por la legislación concursal y es la relativa a los intereses en caso de crédito concursal, que por imperativo del art. 92.3 tienen la consideración de subordinados".

O la sentencia del Juzgado de lo Mercantil núm. 1 de Málaga de fecha 26 de marzo de 2012:

"...........En consecuencia, por aplicación de las consideraciones antes desglosadas, las consecuencias derivadas de la resolución son las siguientes: a) la promotora concursada ya no deberá entregar la vivienda, sin que tampoco esté obligado el comprador a abonar cantidad alguna; b) la promotora concursada debe devolver la suma anticipada, que tiene la calificación de crédito concursal ordinario; c) la promotora concursada debe al comprador en concepto de intereses la suma resultante de aplicar a la cantidad reclamada el 6% anual desde la fecha de los pagos anticipados, hasta la fecha de declaración de concurso (art. 59 LC) con la calificación de crédito concursal subordinado...........".

III

El artículo 394 de la Ley 1/2000, de 7 de enero, de Enjuiciamiento Civil, que regula las costas que deberán ser impuestas a la parte actora.

Por lo expuesto,

SUPLICO AL JUZGADO: Que teniendo por presentado este escrito, lo admita y en méritos a lo expuesto acuerde tener por formulada contestación a la demanda incidental presentada por DOÑA............ y Don............, en cuanto a las pretensiones que se dirigen contra esta administración concursal y............ S.L., dictando en su día resolución desestimándola íntegramente, salvo en lo relativo a la resolución de los contratos de compraventa de fecha............, firmados por las partes actoras, con............ S.L. (posteriormente, sustituida por............ S.L.) relativos a los apartamentos números............, con sus correspondientes plazas de garaje, ubicados en el complejo constructivo sito en............, con expresa imposición de las costas a las partes actoras.

Es Justicia que se Suplica en............, a fecha de............

OTROSÍ DIGO: Que las partes aquí comparecientes consideran que por ser el tema debatido de carácter estrictamente jurídico no resulta necesaria la celebración de vista.

SUPLICO AL JUZGADO: Que tenga por efectuada esta manifestación a los efectos oportunos.

Es Justicia que se Suplica en............ a fecha............

SEGUNDO OTROSÍ DIGO: Que de conformidad con lo previsto en el artículo 231 de la vigente Ley de Enjuiciamiento Civil, las partes comparecientes muestran su voluntad de cumplir los requisitos exigidos por la Ley, por lo que manifiestan su intención de subsanar aquellos defectos en que puedan incurrir.

SUPLICO AL JUZGADO: Tenga por efectuada la anterior manifestación a los efectos indicados.

Es Justicia que se Suplica en............, a fecha de............

F490. CONTESTACIÓN A DEMANDA SOLICITANDO LA RESOLUCIÓN DE CONTRATO POR INCUMPLIMIENTO DE LA CONCURSADA EN LA QUE SE DEMANDA ÚNICAMENTE AL FIADOR DE LA CONCURSADA. FALTA DE LITISCONSORCIO PASIVO NECESARIO

Normativa de aplicación: *Arts. 156 y ss. Real Decreto Legislativo 1/2020, de 5 de mayo, por el que se aprueba el texto refundido de la Ley Concursal*

AL JUZGADO DE PRIMERA INSTANCIA NÚMERO........... DE...........

..........., Procuradora de los Tribunales y de Don..........., mayor de edad, vecino de..........., calle..........., y con DNI/NIF..........., cuya representación tengo acreditada en los autos de procedimiento ordinario..........., comparezco ante este Juzgado bajo la dirección letrada de Don...........(ICAV...........) y como mejor proceda en derecho DIGO:

PRIMERO.– Que por escrito de fecha..........., la sociedad........... S.L. interpuso demanda de juicio declarativo ordinario contra mi mandante Don...........

Que dicha demanda fue admitida a trámite por este Juzgado al que respetuosamente nos dirigimos mediante decreto del Sr. Letrado de la Administración de Justicia de fecha........... y se tramita la misma bajo el número de autos de procedimiento ordinario...........

SEGUNDO.– Que por escrito de fecha..........., esta parte interpuso ante este Juzgado, declinatoria de jurisdicción por falta de competencia objetiva para conocer la litis.

Que por diligencia de ordenación de fecha........... se tuvo por interpuesta la citada declinatoria y se suspendió el plazo para contestar la demanda hasta su resolución.

Que por auto de fecha..........., este Juzgado rechazó la citada alegación de falta de competencia objetiva, declarándose expresamente competente para el conocimiento del procedimiento ordinario número de autos........... y declarando la Juzgadora, de conformidad con el artículo........... de la Ley de Enjuiciamiento Civil que contra dicho auto no cabe recurso.

TERCERO.– Que por diligencia de ordenación de fecha..........., notificada el..........., se alzó la suspensión de los autos, concediendo a esta parte un plazo de........... días para contestar a la demanda, por lo que, mediante el presente escrito, formulamos CONTESTACIÓN A LA DEMANDA, en base a los siguientes:

HECHOS

PRELIMINAR.– Esta parte expresamente rechaza todos y cada uno de los hechos y pretensiones formuladas de contrario contra esta parte, salvo aquellas que, igualmente de forma expresa, sean admitidos en el presente escrito.

PRIMERO.– Que como se acaba indicar por escrito de fecha........... la sociedad........... S.L interpuso contra mi mandante demanda de juicio declarativo ordinario por la que solicitaba a este Juzgado, que

> "1. Declare la resolución del contrato de suministro en exclusiva suscrito por la entidad mercantil........... y el demandado........... en fecha..........., por incumplimiento contractual del demandado; y como consecuencia condene a..........., al pago a mi representada, en concepto de indemnización para el resarcimiento de los perjuicios irrogados por el referido incumplimiento de la cantidad de..........., más los intereses legales que se devenguen a partir de la presente reclamación judicial.

2. Condene al demando al pago a mi representada de la cantidad de..........., por los suministros efectuados y no pagados y los gastos de devolución de las correspondientes facturas, y a los intereses legales que se devenguen sobre dicha suma desde la presente reclamación judicial.

3. Condene expresamente al demandado a las costas que genere el presente procedimiento".

Dicha demanda fue admitida a trámite por este Juzgado al que respetuosamente nos dirigimos mediante decreto de su letrado de la Administración de Justicia de fecha........... y se tramita la misma bajo el número de autos de procedimiento ordinario...........

SEGUNDO.– Que como resulta de la propia demanda y del suplico reseñado, por la actora se articula una acción de resolución por incumplimiento por parte de........... S.L. del contrato de suministro en exclusiva de fecha..........., suscrito por las sociedades........... S.L. y la citada........... S.L. y el pago de una indemnización a favor de la actora como consecuencia de la citada resolución contractual que, repetimos, expresamente es suplicada por la actora, ... S.L. en la demanda origen de estas actuaciones.

TERCERO.– En dicho contrato de suministro en exclusiva, mi mandante Don..........., intervino en nombre y representación de........... S.L., sociedad que se halla actualmente en concurso tramitado ante el Juzgado de lo mercantil núm. .... de..........., y además en su propio nombre y derecho como "fiador solidario de cuantas obligaciones asume en este contrato la sociedad que representa, como renuncia a los beneficios de excusión, orden y división".

CUARTO.– Que la parte actora interpuso su escrito de demanda, solamente contra mi mandante, sin incluir como demandada a la mercantil........... S.L., a pesar de que solicitaba la resolución del contrato de suministro suscrito entre la actora y........... S.L.

Que al solicitarse la resolución de un contrato en el que es parte, la mercantil........... S.L., es evidente, que esta última resultaría directamente afectada por dicha resolución y le afectaría directamente la sentencia que recaiga en este procedimiento y ello sin ser parte en el proceso y sin ser oída en el mismo, con una evidente infracción del principio de audiencia y conculcándose lo dispuesto en el artículo 24 de la Constitución Española que ampara la indefensión cuando se prescinde del principio de bilateralidad.

En virtud de lo expuesto, entiende esta parte que en este procedimiento, se da, lo que la jurisprudencia entiende por una defectuosa constitución de la relación jurídico procesal, por falta de litisconsorcio pasivo necesario, ya que es necesaria la presencia de la mercantil........... S.L. en este proceso, para evitar que resulte perjudicada una parte del contrato cuya resolución se pretende y que no es parte en el proceso y no va a tener la posibilidad de ser oída y ejercer su derecho de defensa.

Por lo tanto, esta parte por el presente escrito alega la falta de litisconsorcio pasivo necesario solicitando que se aprecie, la defectuosa constitución de la relación jurídico procesal, por falta de litisconsorcio pasivo necesario, se declare la nulidad de todo lo actuado en el procedimiento ordinario..........., reponiendo las actuaciones a fin de que se proceda a subsanar conforme a lo establecido en el artículo 420 de la Ley de Enjuiciamiento Civil, el defecto procesal que concurre en este caso y se traiga a la litis a la mercantil........... S.L., desestimándose en todo caso la demanda origen de estos autos, con imposición de las costas a la parte actora.

FUNDAMENTOS DE DERECHO

I.– CAPACIDAD: Las partes ostentan capacidad procesal conforme a los artículos 6 y siguientes de la LEC.

II.– REPRESENTACIÓN: Esta parte goza de representación procesal para comparecer en juicio conforme al art. 23 de la LEC.

III.– FONDO DEL ASUNTO: Son de aplicación los artículos 12.2, 416.1.3º y 420 de la Ley de Enjuiciamiento Civil que regulan la falta de litisconsorcio pasivo necesario.

En cuanto a la jurisprudencia sobre la falta de litisconsorcio pasivo necesario, hay que citar las siguientes sentencias:

Sentencia dictada el 30 de julio 2010 por la Audiencia Provincial de Cuenca:

> "Dicho lo anterior, Considerando que la excepción jurisprudencial del litisconsorcio pasivo necesario se inspira en la idea de que los Tribunales cuiden de que el litigio se ventile con todos los que puedan resultar afectados por la Sentencia y en íntima dependencia con la búsqueda de la veracidad de la cosa juzgada, que a su vez exige la presencia en el proceso de todos los que debieron ser parte en el mismo como interesados en la relación jurídica controvertida, para impedir el eventual riesgo de fallos contradictorios y de que resulten condenadas personas que no han sido oídas en el proceso, con infracción del principio de audiencia (artículo 24 de la Constitución Española). Y así, la jurisprudencia del Tribunal Supremo lo viene decidiendo, al declarar que la acogida de la excepción que se estudia requiere unidad de relación material y la necesidad de demandar a todos quienes resulten directamente afectados, pero no separadamente o prescindiendo de algunos, ya que se reputa como litisconsortes necesarios a los que fueron parte en el contrato que se discute, al afectarles directamente la sentencia que recaiga en el juicio, como aquí sucede, y ello impone que el pleito sea debidamente constituido con todos aquellos que debían ser partes demandadas en el mismo, ya que en otro caso se conculcaría el artículo 24 de la Constitución que ampara la indefensión cuando se prescinde del principio de bilateralidad (Sentencia de 23 de enero de 1986, 5 de noviembre de 1991, 29 de abril de 1992, 13 de mayo de 1993, 19 de mayo de 1995, 28 de marzo de 1996 y 18 de septiembre de 1996)".

Sentencia dictada el 18 de septiembre de 1996 por el Tribunal Supremo.

"La figura jurídica del litisconsorcio pasivo necesario, de creación puramente jurisprudencia, tiene su justificación última en una indebida constitución de la relación procesal, con base en la situación jurídico-material que se ventila en la litis, es decir, se pretende la presencia de todos los interesados en esta situación, únicos que pueden ser considerados como litisconsortes necesarios, pues los que no fueron parte en el contrato cuya ejecución se discute, carecen de interés legítimo sobre las obligaciones que constituyen su objeto, y no hay razón alguna para llamarles obligatoriamente a un proceso, en el que no puede recaer pronunciamiento condenatorio que les afecte de modo directo (art. 1257 del C. Civil). Importa poner de relieve, como ya tiene declarado la jurisprudencia, que no es de apreciar tal situación litisconsorcial cuando los posibles efectos hacia terceros se producen, con carácter reflejo, por una simple o mediata conexión, o porque la relación material sobre la que recae produce la declaración solo les afecta con carácter prejudicial o indirecto; en estos casos su posible intervención en el litigio no es de carácter necesario, sino voluntaria o adhesiva, ya que la extensión de los efectos de la cosa juzgada no les alcanza, ni se produce para ellos indefensión (Sentencias entre otras muchas 16-12-86; 23-2-88; 4-10-89; 23-10 y 24-4-1990; 25-2-92, etc.)".

Sentencia dictada el 28 de marzo de 1996 por el Tribunal Supremo

> "TERCERO.– El litisconsorcio pasivo necesario, según común sentir de la doctrina, no tiene su fundamento en el hecho de que la sentencia que se dicte pueda resultar inútil por no haber llamado a todas las personas en cuya esfera patrimonial haya de ejecutarse, el litisconsorcio se da cuando la sentencia que recaiga en el pleito afectara inexcusablemente a personas no llamadas al mismo, y ello será sólo posible cuando con las no llamadas exista un vínculo tan normal y directo que no pueda emitirse el fallo solo respecto de los demandados, dado el carácter de la relación jurídico material controvertida, la cual exige una resolución uniforme e impide la decisión por separado, porque ésta necesariamente afectaría a los no demandados. (STS 5 de diciembre de 1989)".

IV.– COSTAS: El art. 394 de la LEC regula las costas que deberán ser impuestas a la parte actora.

Por lo expuesto,

SUPLICO AL JUZGADO: Que teniendo por presentado este escrito, lo admita y en méritos a lo expuesto acuerde tener por formulada contestación a la demanda presentada por la sociedad........... S.L. contra mi mandante Don..........., dictando en su día resolución por la que aprecie, la defectuosa constitución de la relación jurídico procesal, por falta de litisconsorcio pasivo necesario, se declare la nulidad de todo lo actuado en el procedimiento ordinario..........., reponiendo las actuaciones a fin de que se proceda a subsanar conforme a lo establecido en el artículo 420 de la Ley de Enjuiciamiento Civil, el defecto procesal que concurre en este caso y se traiga a la litis a la mercantil........... S.L., desestimándose en todo caso la demanda origen de estos autos, con imposición de las costas a la parte actora.

Es Justicia que se SUPLICA en la ciudad de..........., a fecha...........

OTROSÍ DIGO: Que de conformidad con lo previsto en el artículo 231 de la vigente Ley de Enjuiciamiento Civil, esta parte muestran su voluntad de cumplir los requisitos exigidos por la Ley, por lo que manifiestan su intención de subsanar aquellos defectos en que puedan incurrir.

SUPLICO AL JUZGADO: Tenga por efectuada la anterior manifestación a los efectos indicados.

Es Justicia que se SUPLICA en la ciudad de..........., a fecha de...........

F491. CONTESTACIÓN A LA DEMANDA DE RESOLUCIÓN DE CONTRATO Y RECONVENCIÓN FORMULADA POR LA PARTE IN BONIS

Normativa de aplicación: *Arts. 156 y ss. Real Decreto Legislativo 1/2020, de 5 de mayo, por el que se aprueba el texto refundido de la Ley Concursal*

Incidente Concursal...........

Demandante: Administración concursal del Concurso nº...........

Demandados:........... S.L.

– Proc...........

....

– Proc...........

Reconvenidos: BANCO DE...........

– Proc...........

AL JUZGADO DE LO MERCANTIL NÚM. .... DE...........

..........., Procurador de los Tribunales, en nombre y representación de..........., según tengo debidamente acreditado en los autos de concurso de acreedores........... del que deriva el presente incidente concursal nº..........., ante el Juzgado comparezco y como mejor proceda en derecho, DIGO:

Que habiendo sido emplazados mis representados a tal efecto, por el presente formulo escrito de CONTESTACIÓN A LA DEMANDA INCIDENTAL..........., Y DEMANDA RECONVENCIONAL frente a los demandantes ADMINISTRADORES CONCURSALES LIQUIDADORES (D...........), y ampliando dicha reconvención, de conformidad con lo dispuesto en el art. 407 de la Ley de Enjuiciamiento Civil, frente a la propia concursada........... S.L..........., y BANCO DE........... S.A........... —hoy ...., S.A...........—, todos ellos a notificar a través de sus representaciones procesales ya personadas en el concurso........... del que dimana el presente incidente, de conformidad con los siguientes:

HECHOS DE LA CONTESTACIÓN

PRIMERO Y SEGUNDO.– Conforme con los correlativos de la demanda.

Aunque una adecuada exposición cronológica exige subrayar que con *anterioridad* a la fecha de declaración del *concurso* de acreedores, mis representados ya *habían ejercitado la resolución* de los contratos de compraventa litigiosos.

Hecho aceptado expresamente, no controvertido por la demandante (su posterior hecho cuarto), y acreditado con su *documento aportado con su propio escrito de demanda*, burofax recibido el...........

También debe consignarse desde ya la condición de consumidores de mis tres representados (hermanos Sres. .... y Sra........... mujer de uno de ellos), que anticiparon sus ahorros para la compra de las viviendas, y la vendedora pretende apropiárselos en su totalidad, sin ninguna justificación jurídica, ni material, en un acto claro de abuso que no debieran amparar los Tribunales.

TERCERO.– Conforme con el correlativo respecto de los contratos de compraventa suscritos entre las partes y fijación *del plazo de entrega antes del fin del tercer trimestre de..........., esto es, antes del...........*

Debe añadirse para lo luego expuesto, y como consta anejo a los mismos documentos........... aportados de adverso, que sobre las cantidades anticipadas de la compraventa resultaba constituido por BANCO DE........... S.A. aval solidario para responder frente a los compradores de las mismas y de sus intereses legales desde la entrega de cada una de ellas.

Disconformes con la reseña sesgada de las condiciones generales del contrato de compraventa, de las que resulta precisamente lo contrario de lo que ahora pretende la demandante. Tal y como, además, ya ha sido resuelto por Sentencia de........... de la Secc........... de la Audiencia Provincial de..........., y transcrita en nuestros fundamentos de derecho, más abajo.

En concreto, la denegación de financiación a los compradores les otorga derecho de resolución contractual de conformidad con la Condición General Tercera, (documentos........... y........... de la demanda):...........

Efectivamente, el párrafo final prevé expresamente que *"el comprador podrá optar por la resolución del contrato, en el momento en que conozca la no conformidad de la Entidad financiera con la subrogación o la no concesión del préstamo solicitado, con devolución de todas las cantidades entregadas a cuenta en el mismo plazo previsto en el párrafo anterior"*.

Circunstancias ambas (denegación de financiación el día........... y resolución instada el...........), acreditadas por el *DOCUMENTO........... del propio escrito de demanda*, acto propio de la demandante que deviene en incontrovertido así en autos, y que viene explícitamente reconocida en el hecho siguiente.

CUARTO.– Conformes con lo afirmado por la demandante respecto a que mis representados abonaron todos y cada uno de los plazos "de acuerdo a lo estipulado en los contratos suscritos".

Aunque parece que ha habido un error de transcripción en la demanda en el Hecho correlativo, toda vez que, si bien en el Hecho........... de la demanda se indicaban correctamente las cantidades (sin cuantificar el IVA) según los pliegos particulares de los contratos de este concreto procedimiento (docs........... de la demanda), las cantidades previstas y abonadas son reflejadas erróneamente en el correlativo.

Las cantidades anticipadas correctas son, según los propios contratos:...........

Esto es un total entregado para esta vivienda de...........– *Euros* y no las cifras consignadas en el correlativo de la demanda, que desconocemos si corresponden a este procedimiento o son un simple error aritmético o de transcripción.

Esta suma total de...........– € es la que ha venido reclamándose fehacientemente de devolución, en comunicaciones de........... (doc........... de la demanda), de........... (doc........... de la demanda), y........... (doc........... de la demanda). Igualmente, estas son las sumas expresamente insinuadas como créditos en el concurso de acreedores (nuestro DOC........... acompañado a este escrito), y aceptadas por los propios administradores concursales como créditos ordinarios, aquí demandantes en calidad de liquidadores, tanto en su listado provisional (pags........... y...........), como definitivo de acreedores. Constituyendo así acto propio inderogable, dejando designados a efectos probatorios los autos del concurso voluntario de acreedores núm. .... del que trae causa este incidente concursal.

Por otra parte, disconformes, y completamente incierto, con la afirmación de que la vendedora haya comunicado nunca la finalización de la obra y la obtención de las necesarias licencias de cada una de las viviendas.

Por el contrario, reconoce la contraparte, también como acto propio:...........

De tal forma que es la propia actora quien acredita en su doc. 3 que........... *días antes* de la *declaración del concurso de acreedores* (que es de fecha...........), mis mandantes ya habían instado la resolución de los contratos de compraventa por *dos* causas:

1.– El incumplimiento del plazo de entrega de las viviendas, ...

2.– La denegación de subrogación por el Banco de........... el..........., entidad con la que debían de subrogarse los compradores en el préstamo hipotecario (Hecho........... de la demanda).

Acompañamos como Doc........... a esta demanda la misma comunicación aportada de contrario como Doc...........

Ambas causas de resolución unilateral por el comprador, se encuentran expresamente previstas en los propios contratos (docs........... y........... de la demanda):

- Condición Particular........... letra "...........", en relación con la Condición General........... y........... (docs........... y........... de la demanda).
- Condición Particular........... letra "...........", en relación con la Condición General...........

El escrito de demanda no indica ni la fecha de finalización de las obras, ni la fecha de obtención de las correspondientes licencias. Por lo tanto no acredita —constituyendo carga procesal insoslayable—, haber finalizado y ofrecido las viviendas dentro del plazo contractual, tercer trimestre de..........., esto es, antes del...........

Tampoco se acredita de contrario la fecha en que hubiera puesto efectivamente a disposición de los compradores las viviendas *antes de instarse la resolución por mis mandantes,* ya que su ofrecimiento de las viviendas es........... meses después, y ya constante el concurso (........... de...........de...........), y que fue expresamente rechazado por mis patrocinados con fundamento en la resolución ejercitada........... meses antes, el día........... (doc........... de la demanda en relación con el doc...........).

Rechazo por idéntico fundamento resolutorio, que fue reiterado por mis mandantes mediante Acta notarial de Manifestaciones de fecha..........., requiriendo una vez más la devolución de las cantidades anticipadas y expresa reserva de acciones, y que se encarga de aportar el propio escrito de demanda como su propio doc...........

Resulta llamativa la omisión en el escrito de demanda de —al menos— afirmar cuándo finalizó su obra, y cuándo obtuvo las correspondientes licencias de ocupación, documentos de su exclusiva carga ex art. 217 LEC y el principio de facilidad probatoria, pues es la actora quien dispondría de tales documentos, de ser cierto lo que afirma, y es ella quien debe acreditar las fechas que ni siquiera menciona.

En el correlativo (págs.), el único pasaje de la demanda que parece tratar tal circunstancia de fechas, es ciertamente confuso:...........

Sin embargo, la sentencia que se acompaña a tal efecto como doc. 10 de la demanda se refiere a viviendas de la C/..........., pero las de este procedimiento son de la C/........... (docs. y........... de la demanda), *no acreditándose su identidad a efectos de finalización de obra y/o licencias,* resultando habitual se construyan complejos por fases distintas, con diferentes fechas de terminación, y concesión de licencias de primera ocupación.

Las dudas al respecto de todo ello, son de exclusiva responsabilidad de la actora, que podía, y debía, haber acreditado tales extremos en su demanda y debe pechar con ellas, sin obligar a este Juzgado y al resto de partes a elucubrar sobre un hecho tan relevante.

Por un lado, en todo caso y a la vista de la reciente rectificación jurisprudencial del Pleno de la Sala Primera del Tribunal Supremo ("el derecho a resolver se ejercite por el comprador antes de ser requerido por el vendedor para el otorgamiento de escritura pública por estar la vivienda ya terminada y en disposición de ser entregada aun después de la fecha estipulada para su entrega", S. de 20-1-2015), incluso si a efectos meramente dialécticos se contemplara como fecha de la licencia de primera ocupación el día........... (fecha no citada de contrario, sólo colegida de la sentencia que acompaña a la demanda), *es posterior a la finalización del plazo contractual,* resultando así lo decisivo la fecha de ofrecimiento a los compradores, la cual es —en todo caso— *posterior en dos meses al ejercicio del derecho a resolver de los compradores* (docs........... y........... de la demanda), sin que resulte ya aplicable la doctrina del mero retraso en la entrega.

Por otra parte, el derecho contractual de resolución del comprador ante la denegación de subrogación hipotecaria desde el........... (hecho reconocido de contrario), e invocado por mis patrocinados fehacientemente desde el día., resulta no sólo de la literalidad de la Condición General..........., sino que tal cláusula de........... S.L., y respecto de la subrogación hipotecaria del mismo Banco..........., ya ha sido enjuiciada expresamente por *la Sección........... de la Audiencia Provincial de........... en su S. de fecha..........., confirmando la resolución del contrato por tal denegación de subrogación, y la condena a........... S.L.* a devolver las cantidades anticipadas con expresa condena en costas a la misma.

En definitiva, la resolución contractual válida fue la ejercitada por mis mandantes el día..........., antes de la declaración del concurso, no existiendo así incumplimiento de mis patrocinados, y debiendo ser desestimada íntegramente la demanda de contrario instada más de........... años después de tal resolución.

QUINTO.– Por lo expuesto anteriormente, rechazamos de plano lo alegado en el correlativo.

Mis mandantes abonaron todos y cada uno de los pagos anticipados (hecho no controvertido de adverso), habiendo cumplido totalmente el contrato hasta la resolución del mismo tanto por incumplimiento del plazo de entrega, como por la causa contractual prevista de denegación de subrogación hipotecaria.

El contrato estaba resuelto........... meses antes de ofrecer tardíamente las viviendas, y la demanda debe ser rechazada con expresa condena en costas.

A señalar nuevamente, tampoco en el hecho correlativo de la demanda se acierta a citar cuál fue la fecha de finalización de las obras ni de concesión de licencias de primera ocupación, que hubieren acreditado lo allí afirmado: el cumplimiento *"en tiempo y forma"* de la promotora. Por lo que se rechaza una vez más.

SEXTO.– Omite la actora en el correlativo que "la mayor dificultad de acceso a la financiación" era una circunstancia expresamente prevista en el contrato (c. gral...........), hasta el punto de otorgar explícito derecho de resolución al comprador con devolución de las cantidades anticipadas por éste, y que, dadas las circunstancias financieras generales del año 20..........., de haber cumplido la concursada debidamente con los plazos contractuales fijados desde su firma en..........., probablemente no se habrían ocasionado tales dificultades a mis patrocinados.

La realidad es que la promotora retuvo las cantidades anticipadas, y ahora quiere apropiárselas definitiva e indebidamente con base en un inexistente incumplimiento de la parte que sí cumplió con todos sus pagos, y que fue quien sufrió el negligente actuar de la promotora incumplidora.

SÉPTIMO.– Rechazamos el correlativo, la incumplidora es la contraparte, y los daños y perjuicios son los sufridos por mis mandantes quienes *se ven abocados a perder todos sus ahorros* por una empresa que no conformándose con incumplir, pretende quedarse impunemente la totalidad de lo percibido sin ninguna justificación.

A mayor abundamiento de que las cuantías de la demanda que contestamos son incorrectas, aunque lo silencia en su consideración final la actora, el Súplico de su demanda reclama hacer suyas *la totalidad de las cantidades* percibidas a cuenta, y ello en concepto de presuntos *daños y perjuicios que no cuantifica, ni desglosa, de ninguna manera*. Y que, en cualquier caso, a la vista de las circunstancias concurrentes (pago puntual de las cantidades anticipadas, retraso en la puesta a disposición de la vivienda y denegación de financiación hipotecaria prevista en contrato como causa resolutoria), supondrían una necesaria moderación ex art. 1154 del CC, con la devolución del sobrante percibido.

En definitiva, el contrato ya estaba resuelto desde el día........... a instancias de mis representados, sin que proceda la resolución por incumplimiento instada de contrario, y por ello la demanda debe ser desestimada íntegramente.

RECONVENCIÓN

Tal y como se ha anunciado en el encabezamiento del presente escrito y de conformidad con lo que dispone a tal fin el arts. 406 y ss. y concordantes de la Ley de Enjuiciamiento Civil, debe esta parte formular demanda reconvencional que dirige, como queda expuesto, frente a la parte actora ADMINISTRADORES CONCURSALES LIQUIDADORES del concurso............/0., Y frente a la propia concursada............ S.A., sirviendo de base a la presente reconvención los siguientes

HECHOS DE LA RECONVENCIÓN

OCTAVO.– Tal y como se relataba más arriba, mis representados son............personas físicas unidas por lazos familiares —............—, que en su calidad de consumidores suscribieron contratos de compraventa de fecha............sobre dos viviendas y correspondientes anejos a construir en............, con la mercantil............ S.L., entregándoles por tal razón Certificados núms............, y............, del Banco de............ S.A. respecto del aval solidario a tal mercantil e inscrito con el núm. .... en el Registro Especial de Avales, *"obligándose Banco de............ a devolver las cantidades entregadas............ S.L. por los compradores referidos, con carácter solidario, así como los intereses legales desde la fecha de entrega de cada una de las cantidades hasta su devolución"*

Se acompañan los contratos de compraventa juntos con sus correspondientes Certificados del Banco de............, como DOCS............, también aportados de contrario como docs............ de su demanda inicial.

NOVENO.– Los mismos contratos de compraventa —incluidos el certificado de aval que los acompaña—, son de naturaleza indubitadamente predispuesta y adhesiva para el consumidor, sin posibilidad de negociación individualizada de su clausulado, esto es constituyen condiciones generales de la contratación, cuya interpretación queda sometida a lo preceptuado en el art. 6 de la Ley 7/1998 de 7 de abril, y a la aplicable temporalmente Ley 26/1984 de 19 de julio arts. 10 y 10 bis.

Mis representados efectuaron los pagos anticipados previstos en los contratos para antes de la entrega "de llaves", hecho reconocido de contrario en su demanda y fundamento esencial de su petitum:

Doc............

............– € en el acto de la firma acreditado en el mismo contrato.

- Pagos mensuales por domiciliación bancaria por un total............– €.

Esto es un total entregado para esta vivienda de............€, reconocido adicionalmente en los informes provisionales y definitivos de la administración concursal de la vendedora.

Doc............

- ....– € en el acto de la firma acreditado en el mismo contrato.
- Pagos mensuales por domiciliación bancaria un total............– €.

Lo que suponen para esta vivienda un total anticipado de...........– *Euros,* también reconocido adicionalmente en los informes provisionales y definitivos de la administración concursal de la vendedora.

Según lo previsto en tales contratos predispuestos, la *entrega* de las viviendas y anejos debería haber sido...........

Así consta en su Condición Particular letra "..........." (DOCS...........).

Por lo tanto mis representados hasta la fecha máxima de entrega habían *cumplido íntegra y puntualmente los contratos de compraventa,* habiendo entregado a la vendedora un total de...........– Euros (...........).

Sin embargo, decíamos más arriba, que vencida la fecha de entrega........... la vendedora no entregó ni ofreció las viviendas comprometidas, *ni nada comunicó a mis representados.*

En consecuencia, el contrato fue incumplido por la vendedora.

DÉCIMO.– El precio y forma de pago de los contratos, imponía la vendedora, había sido fijado en la consideración esencial de que los compradores se subroguen en el préstamo hipotecario preexistente a la compraventa.

Así lo expresaba el contrato en su condición particular letra "...........":

La esencialidad en la subrogación hipotecaria tenía asimismo su reflejo en el derecho de resolución del contrato por los compradores, condición general...........:

De tal forma que se preveía expresamente el derecho de resolución a los compradores en el caso de "no conformidad de la Entidad financiera con la subrogación, "con devolución de todas las cantidades entregadas a cuenta".

Por idéntica razón y cláusula, fue declarada la resolución judicial del contrato y condenada a devolver las cantidades a cuenta la misma vendedora........... S.L., por S. de. de la Secc...........ª de la Audiencia Provincial de...........

Esta circunstancia contractual de denegación de la subrogación hipotecaria, se produjo mediante comunicación con fecha........... del Banco de..........., y mis patrocinados lo entregaron personalmente en la sede de la mercantil vendedora el día..........., y tal y como después notificaron fehacientemente el día........... a la misma vendedora hoy concursada, *resolviendo formalmente el contrato por ambos motivos: incumplimiento del plazo de entrega y denegación de subrogación* (nuestro DOC........... de la demanda inicial).

Concurriendo así —doble— justa causa para la resolución contractual instada por mis representados, debe ser declarada judicialmente, con el reconocimiento del derecho a las cantidades entregadas a cuenta e intereses legales correspondientes desde la fecha de entrega de cada una de ellas, y correlativa condena solidaria al Banco de........... como avalista solidario.

DECIMOPRIMERO.– Una vez consumada la legítima y formal resolución contractual instada por mis mandantes, el..........., ya después de ello, es declarada en concurso de acreedores la mercantil vendedora mediante Auto de este Juzgado de...........

En consecuencia, la declaración de concurso no deroga ni enerva la resolución contractual ejercitada fehacientemente con anterioridad por los compradores, y reconocida de adverso en su propio doc........... (y DOC........... de nuestro escrito), por lo que debe ser convalidada por los Tribunales.

DECIMOSEGUNDO.– Ya resuelto el contrato por dos motivos válidos, y además de conformidad con la referida *ut supra* rectificación jurisprudencial por *la Sala Primera del Tribunal Supremo* sobre el derecho a resolver por el comprador antes de ser requerido por el vendedor mediando retraso en la entrega, los requerimientos de la mercantil vendedora y de sus administradores concursales (nunca notariales a los efectos del art. 1504 CC), *carecían de toda eficacia* ni justificación.

El incumplidor es la parte vendedora, y los compradores son quienes han resuelto válidamente los contratos, con los efectos legales que ello conlleva, debiendo estar y pasar por ello.

Sin embargo, los administradores concursales y la propia concursada han obviado la realidad que tienen acreditada documentalmente:

1.– La resolución contractual comunicada fehacientemente el........... reclamando la devolución de las cantidades.

2.– La comunicación de créditos efectuada por mis representados a los administradores concursales y su correspondiente inclusión de la totalidad el crédito como ordinario en las listas de acreedores (DOC...........).

3.– La reiteración de la previa resolución contractual de fecha........... reclamando una vez más las cantidades (nuestro DOC...........).

4.– El acta notarial de manifestaciones de fecha...........reiterando una vez más la preexistente resolución formal de los contratos y expresa reserva de acciones. (nuestro DOC..........., y doc........... de la demanda).

5.– Igualmente, respecto del Banco de..........., le fue remitido burofax en fecha...........comunicando la resolución ejercitada el........... y la improcedencia de obviar su previa denegación de subrogación hipotecaria de..........., reclamando el pago de las cantidades avaladas solidariamente con expresa reserva de acciones. (DOC...........)

DECIMOTERCERO.– El resultado de los hechos acreditados ha de ser la declaración judicial de la válida resolución de los contratos de compraventa a instancias de mis patrocinados, con la necesaria declaración de restitución de las prestaciones, en concreto reconociéndoles el derecho respecto de la concursada a la devolución de las cantidades entregadas como precio de las viviendas y anejos con la calificación de crédito que concursalmente corresponda, y respecto del Banco de........... su condena solidaria al pago de tales cantidades anticipadas en su condición de avalista solidario de la debida devolución de las mismas y lo establecido en la Ley 57/1968, sin que las sumas consignadas en sus certificaciones limiten la reclamación de los compradores tal y como tiene declarado la doctrina de nuestro Tribunal Supremo.

Además de la restitución de las prestaciones debe condenarse solidariamente en concepto de daños y perjuicios ocasionados a los intereses legalmente previstos en la Disp. Ad. Primera de la L. 38/1999 en relación con la entonces vigente L. 57/1968, desde la fecha de cada una de las entregas de las cantidades, aunque respecto de la concursada devengados sólo hasta la fecha de declaración del concurso por la suspensión ex lege del art. 152 TRLC.

FUNDAMENTOS DE DERECHO

PROCESALES

I.– Competencia. Es competente este Juzgado de lo mercantil en el que se sustancia la pieza principal del concurso de acreedores del que deriva el incidente concursal instado de contrario por resolución por incumplimiento contractual, e igualmente para la reconvención interesada por esta parte de conformidad con los arts. 44, 45 y 162 TRLC.

II.– Acumulación de acciones de la reconvención. Procede la acumulación de acciones frente a los demandados de conformidad con el art. 72 de la LEC habida cuenta la conexidad manifiesta recayente en un mismo título jurídico consistente en los contratos de compraventa, de los que se pretende su resolución y liquidación, y que incluyen por su naturaleza legal accesoria, las fianzas solidarias ligadas a los mismos.

III.– Cuantía. Se considera de conformidad con el art. 252.2ª de la LEC que la cuantía tanto de la demanda inicial como de la reconvención es 69.425,88.– euros respectivamente.

IV.– Legitimación. Respecto de la reconvención la ostentan activamente mis representados en cuanto titulares de los contratos de compraventa, y beneficiarios del aval solidario que afianza las cantidades entregadas anticipadamente en aquéllos; pasivamente la sociedad vendedora, sus administradores concursales liquidadores, y la entidad financiera sucesora de Banco de Valencia como avalista.

SUSTANTIVOS

PRIMERO.– Acreditada e incontrovertida en autos el ejercicio de la facultad resolutoria por los compradores finalizado el plazo de entrega contractual, y con anterioridad al ofrecimiento de entrega de las viviendas, resulta de aplicación a la presente litis la reciente ratificación de la doctrina aplicable en general a las cantidades anticipadas a las compraventa de vivienda, y adicional rectificación respecto del "mero retraso" en las entregas, del Pleno de la Sala Primera del Tribunal Supremo:

Sentencia del Pleno de 20-1-2015, nº 778/2014, rec. 196/2013:

3.– Rectificación del criterio de la sentencia de 9 de junio de 1986. Doctrina interpretativa del artículo 3 de la entonces vigente Ley 57/68.

Esta Sala, reunida en *pleno*, considera que no procede reiterar la interpretación del art. 3 de la Ley 57/68 contenida en su sentencia de 9 de junio de 1986.

Las razones son las siguientes:

1ª) La jurisprudencia más reciente de esta Sala ha avanzado en la línea de interpretar la Ley 57/68 como pionera, varios años antes de que en 1978 la Constitución proclamara como principios rectores de la política social y económica el derecho a disfrutar de una vivienda digna y adecuada (art. 47) y la defensa de los consumidores y usuarios (art. 51), en la protección de los compradores de viviendas para uso residencial, incluso de temporada.

2ª) Esta línea jurisprudencial se ha traducido en atenerse al rigor con el que la propia Ley 57/68, vigente al tiempo de los hechos, configura las obligaciones del vendedor y de su asegurador o avalista, superando una concepción predominantemente administrativa de su contenido para dotarla de plenos efectos civiles.

Así, en primer lugar, sobre el carácter accesorio o, por el contrario, esencial de la obligación del promotor-vendedor de garantizar la devolución de las cantidades anticipadas por los compradores (arts. 1 y 2 de la Ley 57/68) es doctrina jurisprudencial reiterada que se trata de una obligación esencial mientras la vivienda no esté terminada y en disposición de ser entregada, *de manera que su incumplimiento facultará al comprador para resolver el contrato e IMPEDIRÁ al vendedor resolverlo si el comprador no atiende los pagos parciales a cuenta del precio* (SSTS de 25 de octubre de 2011, rec. 588/2008, 10 de diciembre de 2012, rec. 1044/2010, 11 de abril de 2013, rec. 1637/2010, y 7 de mayo de 2014, rec. 828/2012).

En segundo lugar, se ha rechazado que el seguro de caución de las cantidades anticipadas por los cooperativistas de viviendas comprenda únicamente un denominado "Tramo I", de compra de los terrenos para la edificación, declarándose por el contrario que asegurar el buen fin de la cooperativa es garantizar la terminación y entrega de las viviendas y, por tanto, la devolución a los cooperativistas, en otro caso, de las cantidades anticipadas (STS de 13 de septiembre de 2013, rec. 281/2013).

En tercer lugar, acerca del importe cubierto por el seguro, se ha declarado que comprende todas las cantidades entregadas a cuenta del precio, es decir, aunque la póliza de seguro establezca una cantidad máxima inferior, porque en otro caso se infringirían el art. 2 de la Ley 57/68 y el art. 68 de la Ley de Contrato de Seguro (STS de 3 de julio de 2013, rec. 254/2011).

En cuarto lugar, se ha interpretado el art. 1 de la Ley 57/68 en el sentido de que permite al comprador dirigirse simultáneamente contra el vendedor y su aseguradora para exigirles solidariamente la devolución de las cantidades anticipadas y, también, dirigirse contra el avalista o el asegurador sin tener que demandar al promotor por incumplimiento (SSTS de 3 de julio de 2013, rec. 254/2011, y 7 de mayo de 2014, rec. 828/2012).

En quinto lugar, se ha declarado la responsabilidad solidaria de los administradores de una sociedad promotora, frente a los compradores, por el daño consistente en no haber podido estos recuperar las cantidades anticipadas por no haberse constituido la garantía correspondiente (STS de 23 de mayo de 2014, rec. 1423/2012).

En sexto lugar, aun rechazándose que el comprador pueda oponer en general la falta de inicio de la construcción al banco descontante de las letras de cambio aceptadas por el comprador para los pagos parciales a cuenta del precio de la vivienda, se ha declarado que el comprador sí puede reclamar al banco avalista o asegurador la suma total representada por dichas letras, incluso en el caso de que hubiera acordado con el mismo conformarse con un importe inferior y reclamar el resto al promotor, pues tal acuerdo sería nulo de pleno derecho por contravenir el carácter irrenunciable de los derechos que la Ley 57/68 otorga a los compradores (STS de 25 de noviembre de 2014, rec. 1176/2013).

3ª) Pues bien, avanzando en la misma línea procede declarar ahora que el incumplimiento por el vendedor del plazo estipulado para la terminación y entrega de la vivienda justifica, conforme al art. 3 de la Ley 57/68, la resolución del contrato a instancia del comprador, siempre que, como resulta de la sentencia del pleno de esta Sala de 5 de mayo de 2014 (rec. 328/2012), *el derecho a resolver se ejercite por el comprador antes de ser requerido por el vendedor* para el otorgamiento de escritura pública por estar la vivienda ya terminada y en disposición de ser entregada aun después de la fecha estipulada para su entrega.

Lo anterior significa que el art. 3 de la Ley 57/68 introduce, en los contratos comprendidos dentro de su ámbito de aplicación, una especialidad consistente en que el retraso en la entrega, aunque no sea especialmente intenso o relevante, constituye un incumplimiento del vendedor que justifica la resolución del contrato por el comprador. Esta especialidad, a su vez, determina que en el ámbito especial regulado por la Ley 57/68 no sea aplicable la doctrina jurisprudencial que, interpretando la norma de ámbito general del art. 1124 CC, considera que el retraso de una parte contratante en el cumplimiento de sus obligaciones no constituye, por regla general, un incumplimiento de tal grado que justifique la resolución del contrato a instancia de la otra parte contratante.

Son razones para equiparar la "rescisión" contemplada en el art. 3 de la Ley 57/68 a la resolución contractual por incumplimiento del vendedor las siguientes:

a) El carácter irrenunciable, conforme al art. 7 de dicha ley, del derecho que su art. 3 reconoce al comprador, consistente en optar entre la "rescisión" del contrato, con devolución de las cantidades entregadas a cuenta, o la concesión de una prórroga al vendedor.

b) El rigor con que el propio art. 3 configura ese derecho y las correlativas obligaciones del vendedor, pues si el comprador opta por la prórroga, esta deberá hacerse constar en una cláusula adicional del contrato "especificando el nuevo periodo con la fecha de terminación de la construcción y entrega de la vivienda".

c) El específico equilibrio contractual que el art. 3 de la Ley 57/68 introduce en los contratos sujetos a su régimen, compensando el derecho del vendedor a resolver el contrato por un solo impago del comprador (art. 1504 CC y estipulación octava del contrato litigioso) con el derecho del vendedor a resolver el contrato por el retraso en la terminación y entrega de la vivienda.

d) El desequilibrio contractual que en perjuicio del comprador supondría una interpretación diferente, pues en casos como el presente incluso se aplicaría en su contra, tal y como se pretende en el recurso, *una cláusula penal* pese a haber quedado probado y no haberse discutido que el vendedor *incumplió efectivamente el plazo de entrega estipulado*.

e) El riesgo, nunca descartable y en los últimos años nada improbable, de insolvencia del promotor-vendedor, que puede agravarse precisamente por el transcurso del tiempo, *reduciendo entonces las expectativas del comprador como acreedor en un eventual concurso del promotor.*

f) Los diversos obstáculos, molestias e inconvenientes que el transcurso del tiempo a partir de la fecha de entrega puede provocar al comprador que pretenda dirigirse contra el avalista o el asegurador, como sucedió en el presente caso cuando La Caixa opuso a los compradores que el aval había expirado el 30 de septiembre de 2009, por más que tal oposición careciera de fundamento alguno frente a lo que dispone el art. 4 de la Ley 57/68 prolongando imperativamente las garantías a favor del comprador hasta la expedición de la cédula de habitabilidad y la efectiva entrega de la vivienda.

La nueva posición jurisprudencial del Pleno ha venido, lógicamente, ratificada en todavía más reciente Sentencia de 22-4-2015 de la Secc. 1ª de la misma Sala del Tribunal Supremo, Rec. 81/2013, nº 218/2015, con indudables similitudes fácticas:

En cuanto a la también alegada irrelevancia resolutoria del simple retraso en la obtención de la licencia de primera ocupación, la sentencia de 20 de enero de 2015 (recurso nº 196/2013), interpretando el art. 3 de la Ley 57/1968, declara que "el incumplimiento por el vendedor del plazo estipulado para la terminación y entrega de la vivienda justifica, conforme al art. 3 de la Ley 57/68, la resolución del contrato a instancia del comprador, siempre que, como resulta de la sentencia del pleno de esta Sala de 5 de mayo de 2014 (rec. 328/2012), el derecho a resolver se ejercite por el comprador antes de ser requerido por el vendedor para el otorgamiento de escritura pública por estar la vivienda ya terminada y en disposición de ser entregada aun después de la fecha de la fecha estipulada para la entrega", doctrina que igualmente se reitera en la presente sentencia. Merece destacarse, además, que aquella sentencia indicaba, como una de las razones para equiparar la "rescisión" contemplada en el art. 3 de la Ley 57/1968 a la resolución contractual por incumplimiento del plazo de entrega por el vendedor, "(e)l riesgo, nunca descartable y en los últimos años nada improbable, de insolvencia del promotor-vendedor, que puede agravarse precisamente por *el transcurso del tiempo,* reduciendo entonces las expectativas del comprador como acreedor en *un eventual concurso del promotor", evento que en el presente caso se produjo unos días después de que la compradora comunicara* a la vendedora la resolución de los contratos por incumplimiento del plazo de entrega.

De todo ello se desprende:

1.– Que habiendo cumplido mis mandantes hasta la fecha de entrega de viviendas, el incumplimiento en el ofrecimiento de las viviendas denunciado formalmente por los compradores, además de la denegación de financiación prevista en contrato, impiden al encontrarse en mora, la acción instada de contrario, por lo que la demanda inicial es improcedente y debe ser desestimada.

2.– Simétricamente, se reconoce jurisprudencialmente la válida resolución a los compradores que la ejercitan antes de que la vendedora requiera a escritura pública, por lo que nuestra demanda reconvencional de resolución del contrato con justa causa debe ser estimada.

3.– El avalista no podrá oponer ni limitar el importe declarado como máximo afianzado, sino que éste debe responder de todas las cantidades entregadas a cuenta, al haberse constituido al amparo de la Ley 57/1968:

Además de lo reseñado, *S. TS 7-5-2014*, Secc. 1ª, Rec. 828/2012 nº 218/2014:

No puede limitarse la condena al importe del aval, por importe de 15.337,51.– €, pues como dijimos en la sentencia de 3 de julio de 2013, sentencia núm. 476/2013, recurso 254/2011:

No procede respetar los límites cuantitativos de la póliza de seguro, pues la misma, al constar que se efectuaba al amparo de la Ley 57/68, que obliga a garantizar la devolución de las cantidades entregadas a cuenta, no debió contener límites inferiores...........

La referida limitación cuantitativa, por debajo de las cantidades entregadas, viola el artículo séptimo de la Ley 57/1968 cuando determina la irrenunciabilidad de los derechos de los cesionarios, pues la ley establece un contenido normativo y obligatorio para los avales o seguros, en su caso, que garantizan las cantidades entregadas a cuenta, cuya cobertura no podrá ser inferior a las sumas entregada por los compradores.

En el mismo sentido, citando la anterior, la S. TS Pleno, de 13-1-2015.

SEGUNDO.– Acreditado igualmente que el ejercicio de la resolución por mis representados es anterior a la declaración del concurso de acreedores, su eficacia y válido ejercicio no es enervado por la Ley Concursal, que en nada obsta a la ratificación judicial de la resolución preexistente:

STS 3-7-2013 Secc 1ª Recurso 2093/2010, nº 431/2013

Sin embargo, la jurisprudencia, en su función complementaria de nuestro ordenamiento —artículo 1, apartado 6, del Código Civil—, ha venido interpretando el artículo 1124 en el sentido de entender que el mismo también permite un ejercicio de la facultad resolutoria mediante declaración extrajudicial dirigida a la parte incumplidora, siempre a reserva de que ésta, si es que no estuviera conforme, acuda a los Tribunales para negar el incumplimiento resolutorio o rechazar la oportunidad de hacerlo valer como causa de extinción sobrevenida de la relación contractual —sentencias de 10 de mayo de 1979, 20 de junio, 5 de julio y 6 de octubre de 1980, 5 de noviembre de 1982, 19 de noviembre de 1984, 14 de junio de 1988, 28 de febrero de 1989, 594/1993, de 15 de junio, 380/2005, de 20 de mayo, 478/2011, de 27 de junio, 162/2012, de 29 de marzo, entre otras muchas—.

De acuerdo con esa doctrina y tomando en consideración que el artículo 1124 reconoce al contratante perjudicado la facultad de "escoger entre exigir el cumplimiento o la resolución de la obligación", hay que entender que ésta última tiene lugar, no cuando se produjo el incumplimiento, sino cuando aquel, tras optar por resolver la relación, lo comunica a la otra parte —con la que había perfeccionado un negocio jurídico bilateral—, mediante una declaración de naturaleza recepticia —sentencia 639/2012, de 7 de noviembre, entre otras— o, en su caso, mediante un acto concluyente con el mismo significado y eficacia —"facta ex quibus voluntad concludi potest"—.

Como se expuso, en la sentencia recurrida se declaró correctamente ejercitada la facultad de resolver el vínculo ejercitada por los compradores, mediante su notificación a la vendedora, el treinta y uno de mayo de dos mil ocho, ANTES de que esta fuera declarada en concurso.

Resulta de ello que, cuando dicha declaración tuvo lugar, la relación ya estaba resuelta.

Razón por la que la no eran aplicables los arts. 160 y ss. TRLC.

SAP Valencia 11-12-2014, Secc. 9ª, citando a la suya anterior de *Sentencia de 22-10-2014:*

2.– En lo que se refiere a la improcedencia de decretar la resolución de un contrato de compraventa en aras a los artículos 61 y 62 de la Ley Concursal, decíamos:

> "...........la parte demandante apelada en primer lugar denuncia tratarse de una cuestión nueva y la Sala visto el escrito de contestación a la demanda incidental confeccionado por la representación de Banco Castilla La Mancha, necesariamente debe aceptar el reproche procesal que efectúa la apelada. En contestación, el Banco demandado, defendió su obligación de no entrega de las cantidades avaladas, al negar que hubiese causa de resolución del contrato de compraventa pues había acontecido un mero retraso en el plazo de entrega o que la demora en la obtención de la licencia de primera ocupación fue debido a causas administrativas, mientras que, ahora, en la alzada se obvian tales cuestiones y se defiende que como el contrato de compraventa es de tracto único, no cabe la resolución del mismo en aplicación de los artículos 61 y 62 de la Ley Concursal por la cita de dos sentencias del Tribunal Supremo. Evidente es que la parte no respeta el contenido de su escrito rector e introduce para la alzada una defensa silenciada en tal pliego y de la que no tenia impedimento alguno para su interposición, conducta procesal que no está permitida por el artículo 456-1 de la Ley Enjuiciamiento Civil que fija el contenido y labor del juicio revisorio de este Tribunal de la alzada, al delimitarlo a las cuestiones fácticas y de derecho deducidas en la instancia y estas son las que se plantean en los escritos rectores, demanda y contestación. El propio recurrente admite que esta cuestión no la planteó en la contestación (algo evidente a su mera observación) sino en el acto de la vista, lo que conlleva a que tal defensa se plantea de forma extemporánea y constituye el primer motivo para rechazar la misma.
>
> No obstante, dado el tratamiento efectuado en la sentencia recurrida que le ha dado soporte al recurrente, el Tribunal ha de responder, al igual que las partes apeladas, que las citas jurisprudenciales de las sentencias de 24 y 25 de julio de 2013 del Tribunal Supremo no son pertinentes para el presente caso, pues no estamos ante una declaración resolutoria contractual por incumplimiento esencial de la concursada una vez declarado el concurro, (como dicen ambas sentencias citadas "El incumplimiento es claramente anterior a la declaración de concurso, sin perjuicio de que se prolongara la situación de incumplimiento. La prolongación en el tiempo del incumplimiento de la prestación debida por la concursada, después de la declaración de concurso, no obsta la aplicación de la regla prevista en el art. 62.1 LC. El incumplimiento fue anterior a la declaración de concurso y, como no

consta que se hubiera ejercitado antes la facultad resolutoria del contrato, no cabe hacerlo después") sino que en el presente caso el incumplimiento de la vendedora determinó el ejercicio de la facultad resolutoria por incumplimiento grave y esencial, un año antes (julio de 2008) de ser declarada en concurso (junio de 2009), como así se justifica con los documentos de la demanda (extremos no discutidos). Al caso, como con tino invocan la partes apeladas, es aplicable la doctrina fijada en la sentencia del Tribunal Supremo de fecha 3 de julio de 2013, posteriormente reiterada en las sentencias de 15, 16 y 22 de julio de 2013, por las que se confirma precisamente sentencias de esa Sección Novena en incidentes concursales donde se entablan acciones de resolución de contratos de compraventa inmobiliaria estando la promotora-vendedora declarada en concurso con fecha posterior al ejercicio de la resolución contractual por parte de los compradores por incumplimiento grave del contrato, al igual que en el presente caso. Concluye el Tribunal Supremo en dichas sentencias «Cuando dicha declaración (concurso) tuvo lugar la relación ya estaba resuelta, razón por la que no era aplicable el art. 62.1 de la LC, invocado en el recurso».

En consecuencia procede ratificar la resolución contractual fijada en la sentencia de instancia y la consecuencia principal de tal efecto sobre el Banco demandado emisor de los avales de las cantidades entregadas".

TERCERO.– En relación con el motivo adicional de resolución de los contratos de compraventa, la denegación de la subrogación hipotecaria por el..........., misma entidad avalista, la misma Condición General........... ha sido enjuiciada por la Audiencia Provincial de Valencia.

CUARTO.– A la vista de todo lo anterior, queda sólo por reseñar los preceptos adicionales a los ya señalados y de aplicación en el sentido de las resoluciones judiciales invocadas arriba.

Código Civil

Artículo 1124.

La facultad de resolver las obligaciones se entiende implícita en las recíprocas, para el caso de que uno de los obligados no cumpliere lo que le incumbe.

El perjudicado podrá escoger entre exigir el cumplimiento o la resolución de la obligación, con el resarcimiento de daños y abono de intereses en ambos casos. También podrá pedir la resolución, aun después de haber optado por el cumplimiento, cuando éste resultare imposible.

El Tribunal decretará la resolución que se reclame, a no haber causas justificadas que le autoricen para señalar plazo.

Esto se entiende sin perjuicio de los derechos de terceros adquirentes, con arreglo a los artículos 1.295 y 1.298 y a las disposiciones de la Ley Hipotecaria.

Ley 38/1999, de 5 de noviembre, de Ordenación de la Edificación

DISPOSICIÓN ADICIONAL PRIMERA. Percepción de cantidades a cuenta del precio durante la construcción.

La percepción de cantidades anticipadas en la edificación por los promotores o gestores se cubrirá mediante un seguro que indemnice el incumplimiento del contrato en forma análoga a lo dispuesto en la Ley 57/1968, de 27 de julio, sobre percepción de cantidades anticipadas en la construcción y venta de viviendas. Dicha Ley, y sus disposiciones complementarias, se aplicarán en el caso de viviendas con las siguientes modificaciones:

a. La expresada normativa será de aplicación a la promoción de toda clase de viviendas, incluso a las que se realicen en régimen de comunidad de propietarios o sociedad cooperativa.

b. La garantía que se establece en la citada Ley 57/1968 se extenderá a las cantidades entregadas en efectivo o mediante cualquier efecto cambiario, cuyo pago se domiciliará en la cuenta especial prevista en la referida Ley.

c. La devolución garantizada comprenderá las cantidades entregadas más los intereses legales del dinero vigentes hasta el momento en que se haga efectiva la devolución.

d. Las multas por incumplimiento a que se refiere el párrafo primero del artículo 6 de la citada Ley, se impondrán por las Comunidades Autónomas, en cuantía, por cada infracción, de hasta el 25% de las cantidades cuya devolución deba ser asegurada o por lo dispuesto en la normativa propia de las Comunidades Autónomas.

Ley 57/1968, de 27 de julio, reguladora de las percepciones de cantidades anticipadas en la construcción y venta de viviendas.

Íntegramente invocada, destacando:

Art. 2° En los contratos de cesión de las viviendas a que se refiere el artículo primero de esta disposición en que se pacte la entrega al promotor de cantidades anticipadas deberá hacerse constar expresamente:

a) Que el cedente se obliga a la devolución al cesionario de las cantidades percibidas a cuenta más el 6 por 100 de interés anual en caso de que la construcción no se inicie o termine en los plazos convenidos que se determinen en el contrato, o no se obtenga la Cédula de Habitabilidad.

Artículo 3.

Expirado el plazo de iniciación de las obras o de entrega de la vivienda sin que una u otra hubiesen tenido lugar, el cesionario podrá optar entre la rescisión del contrato con devolución de las cantidades entregadas a cuenta, incrementadas con el 6% de interés anual, o conceder al cedente prórroga, que se hará constar en una cláusula adicional del contrato otorgado, especificando el nuevo período con la fecha de terminación de la construcción y entrega de la vivienda.

El contrato de seguro o el aval unido al documento fehaciente en que se acredite la no iniciación de las obras o entrega de la vivienda tendrá carácter ejecutivo a los efectos prevenidos en el título XV del libro II de la Ley de Enjuiciamiento Civil, para exigir al asegurador o avalista la entrega de las cantidades a que el cesionario tuviera derecho, de acuerdo con lo establecido en esta Ley.

Lo dispuesto en los dos párrafos anteriores se entiende sin perjuicio de los demás derechos que puedan corresponder al cesionario con arreglo a la legislación vigente.

Artículo 7.

Los derechos que la presente Ley otorga a los cesionarios tendrán el carácter de irrenunciables.

Ley 7/1998, de 13 de abril, sobre condiciones generales de la contratación.

Artículo 1. Ámbito objetivo.

1. Son condiciones generales de la contratación las cláusulas predispuestas cuya incorporación al contrato sea impuesta por una de las partes, con independencia de la autoría material de las mismas, de su apariencia externa, de su extensión y de cualesquiera otras circunstancias, habiendo sido redactadas con la finalidad de ser incorporadas a una pluralidad de contratos.

2. El hecho de que ciertos elementos de una cláusula o que una o varias cláusulas aisladas se hayan negociado individualmente no excluirá la aplicación de esta Ley al resto del contrato si la apreciación global lleva a la conclusión de que se trata de un contrato de adhesión.

Artículo 6. Reglas de interpretación.

1. Cuando exista contradicción entre las condiciones generales y las condiciones particulares específicamente previstas para ese contrato, prevalecerán éstas sobre aquéllas, salvo que las condiciones generales resulten más beneficiosas para el adherente que las condiciones particulares.

2. Las dudas en la interpretación de las condiciones generales oscuras se resolverán a favor del adherente. En los contratos con consumidores esta norma de interpretación sólo será aplicable cuando se ejerciten acciones individuales.

3. *Sin perjuicio de lo establecido en el presente artículo, y en lo no previsto en el mismo, serán de aplicación las disposiciones del Código Civil sobre la interpretación de los contratos.*

Ley 26/1984, de 19 de julio, General para la Defensa de los Consumidores y Usuarios

Disposiciones adicionales

Primera Cláusulas abusivas

A los efectos previstos en el artículo 10 bis, tendrán el carácter de abusivas al menos las cláusulas o estipulaciones siguientes:

....

14° La imposición de renuncias o limitación de los derechos del consumidor.

Ley 8/2004, de 20 de octubre, de la Generalitat, de la Vivienda de la Comunidad Valenciana.

Artículo 15. Pagos anticipados del precio de la vivienda.

La percepción por promotores o gestores de cantidades anticipadas a cuenta del precio, en las compraventas de viviendas efectuadas antes de iniciar la construcción o durante la misma, se garantizarán mediante un seguro que indemnice el incumplimiento del contrato, en los términos establecidos por la Ley 57/1968, de 27 de julio, y la Ley 38/1999, de 5 de noviembre, sobre Ordenación de la Edificación, que será de aplicación a la promoción de toda clase de viviendas, incluidas las que se realicen en régimen de comunidad de propietarios o sociedad cooperativa.

La garantía constituida se extenderá a las cantidades entregadas en efectivo o mediante cualquier efecto cambiario, y su cobro se domiciliará en la cuenta especial prevista en la referida Ley.

Las administraciones públicas y sus empresas y entidades Autónomas no tendrán la obligación de constituir la garantía prevista en el presente artículo.

En los contratos de compraventa se hará constar la obligación de devolver las cantidades entregadas a cuenta más los intereses legales hasta el momento efectivo de su devolución, para los supuestos de incumplimiento del plazo de inicio o terminación de las obras de construcción o para el caso de no haberse obtenido la licencia de ocupación o, si procede, la cédula de habitabilidad o de calificación definitiva, en el supuesto de que el comprador opta por la resolución contractual, sin perjuicio de los demás pactos lícitos que tengan convenidos.

Cuando se trate de viviendas de protección pública de nueva construcción se exigirá, además, la autorización de la administración para percibir cantidades a cuenta, que requerirá la previa obtención de la cédula de calificación provisional y la acreditación mediante certificación registral de la titularidad y libertad de cargas del solar, salvo las constituidas en garantía de devolución de los préstamos cualificados concedidos para la construcción de las viviendas.

También deberán ser garantizadas las cantidades entregadas en concepto de reserva de una vivienda, en los términos que reglamentariamente se establezca.

Siendo asimismo aplicables sus arts. 2 y 5 respecto del concepto de vivienda y las licencias municipales imperativas, y el Decreto 161/1989, de 30 de octubre, del Consell de la Generalitat Valenciana.

Respecto del contrato de fianza:

Código Civil

Artículo 1822.

Por la fianza se obliga uno a pagar o cumplir por un tercero, en el caso de no hacerlo éste.

Si el fiador se obligare solidariamente con el deudor principal, se observará lo dispuesto en la sección 4ª, capítulo III, título I, de este libro.

Artículo 1831.

La excusión no tiene lugar:

1° Cuando el fiador haya renunciado expresamente a ella.

2° Cuando se haya obligado solidariamente con el deudor.

3° En el caso de quiebra o concurso del deudor.

4° Cuando *éste* no pueda ser demandado judicialmente dentro del Reino.

Artículo 1144.

El acreedor puede dirigirse contra cualquiera de los deudores solidarios o contra todos ellos simultáneamente. Las reclamaciones entabladas contra uno no serán obstáculo para las que posteriormente se dirijan contra los demás, mientras no resulte cobrada la deuda por completo.

QUINTO.– Finalmente, creemos pertinente recordar el *Préambulo* que hace cerca ya de los cincuenta años se razonaba para la Ley 57/1968, sin que, entendemos, haya quedado obsoleto:

1.– Es frecuente en los contratos de cesión de viviendas que la oferta se realice en condiciones especiales, obligando a los cesionarios por el estado de necesidad de alojamiento familiar en que se encuentran a la entrega de cantidades antes de iniciarse la construcción o durante ella.

La justificada alarma que en la opinión pública ha producido la reiterada comisión de abusos que, de una parte, constituyen grave alteración de la convivencia social, y de otra, evidentes hechos delictivos, ocasionando además perjuicios irreparables a quienes confiados y de buena fe aceptan sin reparo alguno aquellos ofrecimientos, obliga a establecer con carácter general normas preventivas que garanticen tanto la aplicación real y efectiva de los medios económicos anticipados por los adquirentes y futuros usuarios a la construcción de su vivienda como su devolución en el supuesto de que ésta no se lleve a efecto.

En virtud de todo lo expuesto,

SUPLICO AL JUZGADO, que teniendo por presentado este escrito junto con sus documentos y copias, se sirva admitirlos, por formulada CONTESTACIÓN A LA DEMANDA INCIDENTAL.........../..........., y a la vez, formulada RECONVENCIÓN frente a la parte actora ADMINISTRADORES CONCURSALES LIQUIDADORES del concurso.........../..........., y frente a la propia concursada........... S.L., y........... S.A., para que tras los trámites legales oportunos, se dicte finalmente Sentencia por la que:

1.– Se desestime la inicial demanda incidental interpuesta de contrario, con imposición de costas a la actora.

2.– Se declaren resueltos por causa justa de mis representados los contratos de compraventa de vivienda y anejos de fecha........... objeto de esta litis.

3.– Se condene a la concursada........... S.L. a la restitución íntegra a mis mandantes de las cantidades anticipadas por mis mandantes por causa de tales compraventas, por un total de...........– euros, más, en concepto de daños y perjuicios los intereses legales del dinero desde la fecha de entrega de cada una de tales cantidades, y devengados hasta la fecha de declaración del concurso de acreedores.........../........... del que trae causa este incidente, y en la condición de lo créditos que respectivamente correspondan conforme a Ley Concursal, en su caso ordinario aquél, y subordinados estos.

4.– Asimismo, condene solidariamente a la entidad............, S.A. al efectivo e íntegro pago a mis representados de las referidas cantidades entregadas a cuenta a la vendedora de los indicados contratos de compraventa de vivienda y anejos fecha............, ...– euros, más los intereses legales del dinero desde la fecha de entrega de cada una de tales cantidades anticipadas y hasta su efectivo y definitivo pago.

5.– Todo ello con expresa condena en costas a cuantos se opongan a nuestra demanda reconvencional.

OTROSÍ DIGO: A los efectos de la debida acreditación de lo expuesto y pedimentado en este escrito, esta parte interesa la práctica la siguiente prueba:

1.– Documental, por reproducidos la totalidad de los documentos adjuntos al presente escrito.

2.– Más documental, que se una a estos autos testimonio de las cantidades ya reconocidas a mis mandantes en las lista de acreedores del informe de la administración concursal, y en los textos definitivos, del concurso de acreedores............/............ del que trae causa este incidente concursal.

SUPLICANDO AL JUZGADO tenga por efectuado el señalamiento de prueba por esta parte a los efectos oportunos, y la celebración de vista en el presente incidente.

En............ a............ de............ de dos mil quince

Ldo............ Proc............

Col. Núm. .... ICAV

F492. ESCRITO DE OPOSICIÓN FORMULADO POR LA ADMINISTRACIÓN CONCURSAL EN INCIDENTE DE RESOLUCIÓN DE CONTRATO DE ARRENDAMIENTO Y DESAHUCIO CON ACUMULACIÓN DE RENTAS

Normativa de aplicación: *Arts. 156 y ss. Real Decreto Legislativo 1/2020, de 5 de mayo, por el que se aprueba el texto refundido de la Ley Concursal*

Incidente concursal Resolución contrato por incumplimiento ....

AL JUZGADO DE LO MERCANTIL NÚMERO............ DE............

............, Administración Concursal designada en el Procedimiento Concursal Voluntario número............ de la mercantil............, S.L., comparece ante este Juzgado en los autos de incidente concursal número............, y como mejor proceda en Derecho, DICE:

PRIMERO.– Que por escrito de fecha............, la mercantil............ S.L., interpuso INCIDENTE CONCURSAL sobre resolución de contrato de arrendamiento de inmuebles y su desahucio por falta de pago y reclamación de rentas contra la mercantil............ S.L., todo ello en los términos del citado escrito de interposición de incidente concursal y documentación acompañada al mismo que aquí se dan por íntegramente reproducidos en aras de una mayor brevedad.

SEGUNDO.– Aunque la parte actora en su escrito de fecha........... interpuso el incidente concursal solamente contra la mercantil concursada............ S.L., sin incluir como parte demandada a esta administración concursal, por Providencia de fecha............, notificada el..........., se me ha dado traslado del citado incidente concursal, como parte demandada, para que en el plazo de 10 días conteste.

TERCERO.– Como se acaba de señalar, la actora no ha dirigido la demanda inicial origen de estas actuaciones contra esta Administración Concursal. Por lo tanto, no debe tenerse a esta Administración como parte en el presente procedimiento, pues no ha sido demandado por la actora que es la parte procesal que determina en su demanda contra quien dirige su acción, debiendo rechazarse la demanda por un evidente defecto en el modo de formular la demanda al concurrir una patente falta de litisconsorcio pasivo necesario apreciable incluso de oficio.

CUARTO.– Que no obstante lo reseñado, para el supuesto que no se entendiese ajustado a derecho lo anteriormente expuesto por esta parte, y en cualquier caso ad cautelam, formulo CONTESTACIÓN AL INCIDENTE CONCURSAL, oponiéndome al mismo, todo ello en base a los siguientes:

HECHOS

PRIMERO.– DEFECTUOSA CONSTITUCIÓN DE LA RELACIÓN JURÍDICA PROCESAL. EXCEPCION DE FALTA DE LITISCONSORCIO PASIVO NECESARIO.

Como se ha dejado dicho la parte actora........... S.L. interpuso el presente incidente concursal *solamente contra la mercantil........... S.L., sin incluir como demandada a esta administración concursal,* a pesar de que como tiene reconocida nuestra jurisprudencia al ser la administración concursal la representante de la masa del concurso debe ser parte en todas los incidentes que se deriven del proceso concursal.

En este sentido se ha pronunciado entre otras, la Sentencia de la Audiencia Provincial de Salamanca (sección 1ª) de fecha 12 de noviembre de 2015, que establece que

> "De principio, es de tener en cuenta que a la Administración Concursal le encomienda la ley la representación de la masa, debiendo intervenir en la defensa de su interés en cualesquiera trámites, incidentes, o juicios que se planteen en el curso del proceso concursal".

Ello supone una vulneración manifiesta de lo dispuesto en la Ley Concursal (y por remisión, a lo dispuesto en el Ley de Enjuiciamiento Civil) en materia de incidentes concursales, según lo cual la demanda incidental debe interponerse contra cualquier parte que sostenga posiciones contrarias a lo pedido por la parte actora, y aunque no es necesario demandar a cada uno de los acreedores que puedan verse afectados por la resolución del incidente concursal, *sí que es necesario* interponer el incidente concursal contra la administración concursal por ser la representante de la masa del concurso.

Por lo tanto y en base a lo anterior, de conformidad con lo que dispone el TRLC, la delimitación de parte pasiva en el incidente concursal no puede hacerse depender de la voluntad de la parte actora explicitada en la demanda sino que tienen la consideración de parte demandada, necesariamente, aquellas personas determinadas en la ley. Cuestión distinta es la decisión voluntaria de la actora de no llamar al pleito a determinadas personas en quienes concurre legalmente la posición de demandada, que es lo que ha pasado en este caso, que conlleva irremediablemente la aplicación de la excepción de falta de litisconsorcio pasivo necesario, debiendo pechar la actora con las consecuencias de su decisión.

En virtud de lo expuesto, entiende esta parte que en este procedimiento, *se da, lo que la jurisprudencia entiende por una defectuosa constitución de la relación jurídico procesal, por falta de litisconsorcio pasivo necesario,* ya que es necesaria la presencia de la administración concursal como parte demandada en este proceso.

Por lo tanto, esta parte alega, sin perjuicio de lo reseñado con anterioridad, la falta de litisconsorcio pasivo necesario solicitando a este Juzgado que se aprecie, la defectuosa constitución de la relación jurídico procesal, por falta de litisconsorcio pasivo necesario, se declare la nulidad de todo lo actuado en los autos de incidente concursal número .... que se siguen ante este Juzgado, reponiendo las actuaciones a fin de que se proceda a subsanar conforme a lo establecido en el artículo 420 de la Ley de Enjuiciamiento Civil, el defecto procesal que concurre en este caso y se traiga a la litis como demandada a esta administración concursal, desestimándose en todo caso la demanda origen de estos autos, con imposición de las costas a la parte actora.

En este sentido, se han pronunciado la Sentencia de fecha 30 de julio de 2010, de la Audiencia Provincial de Cuenca, la Sentencia de fecha 18 de septiembre de 1996 del Tribunal Supremo y la Sentencia de 28 de marzo de 1996 del Tribunal Supremo.

SEGUNDO.– DEFECTO EN EL MODO DE FORMULAR LA DEMANDA. DENTRO DEL CONCURSO NO CABE LA ACUMULACIÓN DE LAS ACCIONES DE RESOLUCIÓN CONTRACTUAL Y DE RECLAMACIÓN DE LAS RENTAS ADEUDADAS.

Para el caso de que este Juzgador entienda que no procede la estimación de falta de litisconsorcio pasivo necesario alegada, consideramos que debe igualmente debe rechazarse de plano la demanda formulada por la actora, desestimándose en cualquier caso la misma al haber acumulado indebidamente en un mismo incidente la acción de resolución y desahucio y de reclamación de rentas.

Es criterio comúnmente aceptado en la Jurisprudencia que una vez declarado el concurso no cabe la acumulación de la acción de reclamación de rentas adeudadas a la acción de resolución de contrato de arrendamiento, ya que como sucede en este caso, respecto de las rentas debidas con anterioridad a la declaración del concurso, el incidente concursal no es el tramite adecuado para el reconocimiento del crédito, sino que el tramite adecuado es el de comunicación de créditos.

En este sentido, hay que citar, entre otras, la siguiente Jurisprudencia: Sentencia de la Audiencia Provincial de Barcelona (sección 15ª) de fecha 15 de junio de 2011, Sentencia del Juzgado de lo Mercantil de Cantabria de fecha 20 de octubre de 2015 y la Sentencia del Juzgado de lo Mercantil número 3 de Gijón de fecha 12 de diciembre de 2016.

Por lo tanto, procede la estimación de la excepción alegada y, en cualquier caso, la desestimación de la demanda origen de las presentes actuaciones.

Para el caso de que este Juzgador entienda que no procede la excepción alegada, esta administración concursal, expresamente rechaza todos y cada uno de los hechos y pretensiones formuladas de contrario, salvo aquellas que, igualmente de forma expresa, sean admitidos en el presente escrito.

TERCERO.– NO CABE RECLAMAR EL PAGO DE CRÉDITOS CONCURSALES A TRAVÉS DE UN INCIDENTE CONCURSAL.

La concursada........... S.L., fue declarada en concurso por auto de fecha...........

En el presente incidente concursal, la parte actora reclama una cantidad total por rentas adeudadas que asciende al importe de...........euros, de dicha cantidad, un importe de........... corresponde a rentas anteriores a la declaración del concurso (es decir un........... por ciento de las cantidades reclamadas) y el resto por importe de........... (las rentas correspondientes a los meses de enero a julio de..........., ambos inclusive), corresponde a rentas posteriores a la declaración del concurso.

No obstante, la cantidad reclamada por la parte actora no coincide en con la debida. Eso es así, ya que en su día la parte actora comunicó un crédito por importe de........... euros de las cantidades debidas hasta........... inclusive, y posteriormente comunicó a esta administración concursal, una factura rectificativa de fecha........... ex art. 80.Tres de la Ley del IVA, dejando el importe debido en........... y por lo tanto reduciéndose la cantidad debida en la cantidad...........euros.

Se acompaña como DOCUMENTO UNO, la citada factura rectificativa.

La parte actora, en su día comunicó a esta administración concursal las cantidades debidas por rentas del contrato de arrendamiento y por otros conceptos, sin realizar la correspondiente clasificación de los créditos, ya fueran concursales o contra la masa; clasificación que efectuó esta administración concursal. Dicho informe no fue impugnado de contrario con las consecuencias previstas en el art. 299 TRLC. Salvo comunicación de créditos, prácticamente ninguna noticia ha tenido esta administración concursal de la actora. Menos aún de su voluntad de resolver el contrato.

Por lo tanto, de la cantidad reclamada en este incidente, la que asciende a........... euros constituye un crédito concursal ordinario *(que en realidad asciende a...........euros debido a la citada factura rectificativa)* y la que asciende a un importe de...........euros constituye un crédito contra la masa, ambos créditos están reconocidos por esta administración concursal.

La Ley concursal establece que los créditos ordinarios, no se pueden pagar antes de que se hayan satisfecho los créditos contra la masa y los créditos privilegiados. Y en cualquier caso, la satisfacción de los créditos concursales queda imperativamente sujeta a la Ley del dividendo y al resultado de la solución concursal a la que se aboca el procedimiento, sea a través y en los términos de un convenio de acreedores, sea a través de la oportuna fase de liquidación. Una vez declarado el concurso, UNA DEUDA DE LA MASA PASIVA no puede ser reclamada, "por libre", por el acreedor, iniciando un procedimiento tras la declaración de concurso, aunque sea incidente concursal, en reclamación de su crédito personal. Recordar el contenido del art. 251.1 TRLC que impone la imperativa integración de los acreedores concursales en la masa pasiva del concurso.

CUARTO.– NO PROCEDE EL PAGO EN ESTE MOMENTO DEL CRÉDITO CONTRA LA MASA.

En cuanto a los créditos contra la masa, esta administración quiere hacer que constar lo siguiente: por auto dictado por el Juzgado de lo Mercantil número .... de ...., de fecha ...., se aperturó la fase de liquidación y por auto dictado por el mismo Juzgado de ...., se aprobó las reglas especiales de de liquidación. Tras ello no se han recibido por esta administración concursal ofertas para poder vender el activo de la concursada por un valor razonable o justificado y poder atender a los créditos pendientes de pago.

Por lo tanto, actualmente, mientras no se pueda proceder a la realización del activo de la concursada, no se dispone de liquidez suficiente para pagar los créditos contra la masa según orden de vencimiento, hasta donde alcance el importe obtenido.

Así pues de conformidad con lo dispuesto en la normativa Concursal sobre el pago de los créditos concursales ordinarios y los créditos contra la masa, esta administración concursal no puede atender legalmente al pago de las rentas reclamadas porque lo impide lo dispuesto en la citada Ley, que obliga al pago de los créditos según su vencimiento.

Podrá solicitar el reconocimiento del crédito contra la masa, que aquí se reconoce, pero su pago no podrá llevarse a cabo salvo en el proceso concursal y siguiendo el orden de vencimiento. Es más, no cabrá iniciar procedimientos de ejecución contra la concursada ex art. 142 TRLC.

QUINTO.– La parte actora, acumulando la acción de reclamación de rentas a la de resolución del contrato e incluyendo en las cantidades reclamadas, las anteriores a la declaración del concurso, pretende, en perjuicio de los demás acreedores y vulnerando lo dispuesto en la Ley Concursal sobre el pago de los créditos concursales y los créditos contra la masa, obtener el pago, por un cauce totalmente inadecuado para ello como es el incidente concursal, de unas rentas anteriores a la declaración del concurso, cuyo crédito ya fue comunicado en su día a esta administración concursal. Pago que no puede realizarse ya que no se han pagado todavía los créditos contra la masa y los privilegiados. Y saltándose el criterio de vencimiento en el pago de créditos contra la masa

SEXTO.– SOBRE LA RESOLUCIÓN DEL CONTRATO DE ARRENDAMIENTO Y DESAHUCIO.

Esta administración concursal *se opone a la pretensión de desahucio que pretende la actora en aras de proteger el interés de la masa y acreedores, que requiere la fase de liquidación en que nos hallamos en el presente procedimiento y para no perjudicar al resto de acreedores,* que verían frustradas totalmente sus expectativas de cobro.

Como ya se ha dejado dicho, la mercantil........... S.L., fue declarada en situación de concurso voluntario de acreedores, por auto de fecha........... Posteriormente, se aperturó la fase de liquidación por auto de fecha........... y se aprobaron reglas especiales de liquidación por auto de fecha...........

Como se desprende de su escrito de interposición de incidente concursal, la parte actora *reclamó extrajudicialmente a la concursada el pago de las rentas adeudadas* en su día por el contrato de arrendamiento, mediante requerimiento recibido por la concursada *el día..........., es decir, con anterioridad a la declaración de concurso el día...........*

Desde el periodo de tiempo transcurrido entre la recepción del requerimiento hasta la declaración del concurso, la parte actora no interpuso ninguna demanda para reclamar las rentas y/o resolver el contrato. Tampoco interpuso ningún incidente concursal en tal sentido, durante la fase común del concurso, y es precisamente, con posterioridad a la apertura de la fase de liquidación (........... de........... de...........) y a la aprobación de las reglas especiales de liquidacion (........... de........... de...........), y por lo tanto, una vez abierto el plazo de recepción de ofertas para proceder a la venta directa de los activos de la concursada, cuando la parte actora por escrito de fecha........... de........... de..........., interpone el presente incidente para resolver el contrato de arrendamiento. Como se ha dejado dicho antes, ninguna noticia ha tenido esta administración concursal de la parte actora en el procedimiento concursal salvo la comunicación de créditos.

Y aunque nada diga de ello, lo cierto es que la actora insta la resolución del contrato de arrendamiento de la nave que ocupa la concursada, sabiendo que contienen activos concursales de valor (stocks e instalaciones), que por su naturaleza y debido a la escasez de liquidez de la concursada, es prácticamente imposible sacar del inmueble antes del desahucio, con la inevitable consecuencia de que dichos activos se quedan dentro del inmueble y quien pretendía se supone solamente desahuciar a una mercantil concursada acaba quedándose los activos concursales en claro perjuicio del resto de los acreedores y en definitiva perjudicando el interés del concurso, al no tener capacidad económica, medios ni lugar para sacarlos del inmueble. Y esos activos de la concursada, constituyen prácticamente la totalidad de la masa activa del presente concurso.

Así pues, esta administración concursal entiende que debe oponerse a la pretensión de la actora en defensa del interés que requiere y precisa la liquidación concursal iniciada en las presentes actuaciones, para que se pueda realizar la misma, optimizando la masa activa y enajenando los bienes que la integran para evitar un perjuicio para el resto de los acreedores concursales y contra la masa.

En todo caso, cualquier desahucio y lanzamiento de la concursada de la nave en cuestión no debe verificarse en tanto en cuanto no se hayan liquidado y transmitido la totalidad de los activos que se hallan en su interior, en el procedimiento concursal y mediante los correspondientes tramites. Y si se decretase el desahucio y lanzamiento de la concursada se conceda un plazo razonable para abandonar el mismo, que no debería ser inferior a seis meses desde que se acuerde el mismo. Y si lo anterior no fuese acordado, se solicita que no se tengan por abandonados los bienes que se hallan en el interior de la nave en cuestión al tiempo del lanzamiento, lo que expresamente aquí se manifiesta, y se constituya a la actora como depositario de los mismos.

En esta línea recordar el contenido de los arts. 6, 7 y 1258 CC sobre la buena fe contractual y el ejercicio abusivo de los derechos.

Finalmente, respecto del presunto certificado acompañado como documento .... de la demanda suscrito por persona que carece de facultad certificante alguna y sin consentimiento ni conocimiento de esta administración concursal, simplemente rechazar e impugnar el mismo, ello sin perjuicio de las iniciativas que pueda tomar la administración concursal a la vista del mismo y de la actuación llevada a cabo por el firmante de dicho "certificado".

A los anteriores hechos aduzco los siguientes

FUNDAMENTOS DE DERECHO

I

Se admiten los correlativos de la demanda en cuanto a los fundamentos de derecho procesales, a lo que hay que añadir lo siguiente:

1.- Que también está legitimada pasivamente la administración concursal, ya que lo está en todos los incidentes concursales, tal como dispone, entre otras, la Sentencia de la Audiencia Provincial de Salamanca (sección 1ª) de fecha 12 de noviembre de 2015.

2.- Que en este caso, al estar declarado el concurso y reclamarse rentas anteriores a la declaración del mismo, no cabe la acumulación de acciones de desahucio y reclamación de rentas y por lo tanto los fundamentos de derecho procesal alegados por la parte actora relativos a la acumulación de acciones no son de aplicación.

II

Fondo del asunto

A) En cuanto a la falta de litisconsorcio pasivo necesario

Son de aplicación los artículos 12.2, 416.1.3º y 420 de la Ley de Enjuiciamiento Civil que regulan la falta de litisconsorcio pasivo necesario.

En cuanto a la jurisprudencia sobre la falta de litisconsorcio pasivo necesario, hay que citar las siguientes sentencias: la Sentencia de fecha 30 de julio de 2010, de la Audiencia Provincial de Cuenca, la Sentencia de fecha 18 de septiembre de 1996 del Tribunal Supremo y la Sentencia de 28 de marzo de 1996 del Tribunal Supremo.

B) En cuanto a que no cabe la acumulación de la acción de reclamación de rentas adeudadas a la acción de resolución de contrato de arrendamiento, una vez declarado el concurso.

En este sentido, hay que citar, entre otras, la siguiente Jurisprudencia: Sentencia de la Audiencia Provincial de Barcelona (sección 15ª) de fecha 15 de junio de 2011, Sentencia del Juzgado de lo Mercantil de Cantabria de fecha 20 de octubre de 2015 y la Sentencia del Juzgado de lo Mercantil número 3 de Gijon de fecha 12 de diciembre de 2016.

C) En cuanto a las normas sobre pago de los créditos concursales resultan de aplicación los arts. 429 y ss. TRLC.

d) En cuanto a las normas sobre pago de los créditos contra la masa, vid arts. 244 y ss. TRLC.

III

El artículo 394 de la Ley 1/2000, de 7 de enero, de Enjuiciamiento Civil, que regula las costas que deberán ser impuestas a la parte actora.

Por lo expuesto,

SUPLICO AL JUZGADO: Que teniendo por presentado este escrito, lo admita y en méritos a lo expuesto acuerde tener por formulada contestación a la demanda incidental presentada por la mercantil........... S.L., sobre resolución de contrato de arrendamiento de inmuebles y su desahucio por falta de pago y reclamación de rentas contra la mercantil........... S.L., dictando en su día resolución que declare:

1. la defectuosa constitución de la relación jurídico procesal, por falta de litisconsorcio pasivo necesario, y se declare la nulidad de todo lo actuado en los autos de incidente concursal número........... que se siguen ante este Juzgado, reponiendo las actuaciones a fin de que se proceda a subsanar conforme a lo establecido en el artículo 420 de la Ley de Enjuiciamiento Civil, el defecto procesal que concurre en este caso y se traiga a la litis como demandada a esta administración concursal, así como en defecto de lo anterior, estimar la excepción de indebida acumulación de acciones reseñada en este escrito, desestimándose en todo caso la demanda origen de estos autos, con imposición de las costas a la parte actora.

2. En el caso de que este Juzgador entienda que no procede la falta de litisconsorcio pasivo necesario alegada, que desestime íntegramente la demanda incidental presentada por la mercantil........... S.L., sobre resolución de contrato de arrendamiento de inmuebles y su desahucio por falta de pago y reclamación de rentas contra la mercantil........... S.L., con expresa imposición de las costas a parte actora.

3. En el supuesto que se estime la demanda origen de estas actuaciones y se acuerde la resolución contractual y desahucio, por el Juzgado se declare y decrete en los términos del hecho sexto de la demanda

Es Justicia que se suplica en..........., a fecha de...........

OTROSÍ DIGO: Se solicita de este Juzgado la celebración de vista en el presente incidente de conformidad con lo dispuesto en el art. 540 TRLC.

SUPLICO AL JUZGADO: Que tenga por efectuada esta manifestación a los efectos oportunos.

Es Justicia que se suplica en Valencia, a fecha de...........

SEGUNDO OTROSÍ DIGO: Que interesa a esta parte el recibimiento del pleito a prueba y en este sentido, esta parte manifiesta los medios de prueba de los que intenta valerse en el presente incidente:

1. La documental que se adjunta a este escrito.

2. La confesión judicial del legal representante de la parte actora.

SUPLICO AL JUZGADO: Que tenga por efectuada esta manifestación a los efectos oportunos.

Es Justicia que se suplica en..........., a fecha de...........

TERCER OTROSÍ DIGO: Que de conformidad con lo previsto en el artículo 231 de la vigente Ley de Enjuiciamiento Civil, las partes comparecientes muestran su voluntad de cumplir los requisitos exigidos por la Ley, por lo que manifiestan su intención de subsanar aquellos defectos en que puedan incurrir.

SUPLICO AL JUZGADO: Tenga por efectuada la anterior manifestación a los efectos indicados.

Es Justicia que se suplica en..........., a fecha de...........

Administración concursal de........... S.L.

F493. IMPUGNACIÓN DE RECURSO DE REPOSICIÓN CONTRA ADMISIÓN A TRÁMITE DE CONTESTACIÓN A LA DEMANDA Y RECONVENCIÓN SOBRE RESOLUCIÓN CONTRACTUAL

Normativa de aplicación: *Arts. 156 y ss. Real Decreto Legislativo 1/2020, de 5 de mayo, por el que se aprueba el texto refundido de la Ley Concursal*

Incidente Concursal...........

Demandante: Administración concursal del Concurso nº...........

Demandados:........... S.L.

- Proc...........

....

- Proc...........

Reconvenidos:........... S.A. (antes BANCO........... S.A.)

- Proc...........

AL JUZGADO DE LO MERCANTIL NÚM. .... DE ....

..........., Procurador de los Tribunales, en nombre y representación de D..........., D..........., Y DÑA..........., según tengo debidamente acreditado en los autos de concurso de acreedores........... del que deriva el presente incidente concursal nº..........., ante el Juzgado comparezco y como mejor proceda en derecho, DIGO:

Que habiendo dado traslado a esta parte sobre el recurso de reposición interpuesto por la representación de........... S.A. frente a la Providencia de este Juzgado de fecha........... por la que se admite a trámite la reconvención presentada en su día por esta parte, a tal efecto por el presente formulamos IMPUGNACIÓN DEL RECURSO DE REPOSICIÓN de conformidad con las siguientes

ALEGACIONES

PRIMERA.– El recurso de reposición interpuesto de contrario suplicaba *"se tenga por inadmitida la reconvención presentada frente a........... S.A."*.

Los argumentos esgrimidos para ello se limitan a una supuesta falta de competencia objetiva del Juzgado de lo Mercantil, y la teórica inexistencia de litisconsorcio entre la concursada y su avalista solidaria........... en el incumplimiento de compraventa de vivienda y devolución de cantidades anticipadas, lo que es el objeto de reconvención.

Es de notar que no se niega por la recurrente su condición de avalista del contrato de compraventa objeto del incidente concursal.

SEGUNDA.– La recurrente alega la vulneración de los arts. 406.2 y 407.1 de la LEC referidos a la reconvención.

Ninguno de ambos preceptos ha sido infringido, toda vez que:

a.– La reconvención se plantea sobre el *incumplimiento de un contrato de compraventa suscrito por la concursada*, materia de exclusiva competencia del Juez del concurso según lo expresamente previsto en los arts. 52 y 162 TRLC.

b.– El fiador (avalista) del contrato de compraventa resulta obviamente interesado directo en la reconvención, *coincidiendo la misma causa de pedir: el incumplimiento del contrato de compraventa del cual responde como fiador* respecto de las cantidades anticipadas de tal contrato. En consecuencia, se encuentra en situación de litisconsorte respecto de la concursada a la que afianza.

Así se prevé expresamente en el art. 1834 del CC *"El acreedor podrá citar al fiador cuando demande al deudor principal"*.

TERCERA.– El ejercicio del deber de defensa nos obliga a contemplar el recurso de reposición desde la perspectiva de los arts. 72 y 73 de la LEC, incluso aunque no hayan sido mencionados por la recurrente (art. 452.1 LEC).

Entendemos que lo planteado de contrario parece responder más a una aparente impugnación de la acumulación subjetiva de acciones de nuestra demanda reconvencional frente a la concursada (más sus liquidadores), y la entidad bancaria avalista del contrato.

El criterio a tal efecto es el previsto en el art. 72 de la LEC *"Podrán acumularse, ejercitándose simultáneamente, las acciones que uno tenga contra varios sujetos o varios contra uno, siempre que entre esas acciones exista un nexo por razón del título o causa de pedir.*

Se entenderá que el título o causa de pedir es idéntico o conexo cuando las acciones se funden en los mismos hechos".

Como decíamos ello se cumple en el presente caso, los mismos hechos el mismo título y causa de pedir, es el incumplimiento del contrato de compraventa y las consecuencias dinerarias de su resolución, tanto para el deudor (concursada) como para su fiador (............).

El requisito procesal adicional para la acumulación subjetiva es el previsto en el subsiguiente art. 73.1.1° de la LEC *"Que el Tribunal que deba entender de la acción principal posea jurisdicción y competencia".* Lo cual enlaza con la argumentación de la recurrente respecto de la supuesta falta de competencia objetiva de este Juzgado para la acción acumulada frente a la avalista ....

La cuestión de la competencia objetiva de los Juzgados de lo mercantil respecto de acciones del mismo orden civil acumuladas a otras de indubitada competencia mercantil, ha sido aceptada por nuestros Tribunales:

1.– La *Audiencia Provincial de Valencia Sección 9ª*, en casi idénticas circunstancias de incidente concursal sobre resolución e compraventa de viviendas y reclamación acumulada a entidad bancaria avalista ha aceptado su competencia objetiva —que por ser de orden público hubiese supuesto su rechazo incluso de oficio—, en diversas Sentencias:

1.1.– *Sentencia 360/2010 de 29-11-2010, N° de Recurso: 394/2010:*

SEGUNDO.– *La Sala, examinado que ha sido el contenido de las actuaciones en uso de la función revisora que le es propia (art. 456.1 LEC) ha de confirmar la sentencia dictada en la instancia de conformidad con las consideraciones que a continuación se exponen y por las que se da contestación a los distintos motivos del recurso de apelación (art. 465.4 LEC).*

Reitera en esta alzada la parte demandada recurrente la excepción de indebida acumulación de acciones, tanto subjetiva como objetiva, por haberse dirigido la demanda también contra el BANCO GALLEGO, indicando que no concurre el necesario nexo o causa de pedir y tratarse en realidad, respecto de dicha entidad bancaria, de la solicitud de ejecución del aval. Sin embargo, ni el artículo 72 ni el artículo 73 de la LEC impiden la acumulación de acciones verificada en la demanda formulada por los Sres. Carlos Alberto y Manuela: éstos ejercitaban la acción de resolución de compraventa por incumplimiento contractual y reclamación de la cantidad entregada a cuenta del precio total, 48.192 Euros, respecto de la que la entidad BANCO GALLEGO era avalista por un límite de 24.040 Euros en virtud de contrato de aval bancario suscrito por la concursada a favor de los actores en fecha 26 de octubre de 2006. Al folio 52 de autos consta el indicado aval por el que la entidad BANCO GALLEGO S.A. avala con carácter solidario a PNT hasta el indicado límite de cantidad ante los demandados, en concepto de fianza para responder de la entrega a cuenta del precio de venta concertado por la compra de la vivienda sita en "Residencial Buenavista", resultando así incuestionable el nexo existente entre la acción dirigida contra PNT, de resolución del contrato, y la que se dirige contra el Banco, en reclamación del aval, derivando ambas de la misma causa de pedir cual es el incumplimiento del contrato por la entidad hoy recurrente. A tal acumulación no obsta, conforme a lo prevenido en el artículo 73 de la LEC, que el órgano competente para el conocimiento de la demanda sea el Juzgado de lo Mercantil ante quien se está tramitando el Concurso de Acreedores, pues tanto en uno como en otro caso se trata de una acción civil con trascendencia patrimonial sobre el patrimonio del concursado (art. 86 ter de la LOPJ), siendo que el Juzgado de lo Mercantil es el único competente para conocer de manera exclusiva y excluyente de tales acciones.

1.2.– Aceptada también la competencia objetiva en la acumulación frente a la entidad bancaria avalista de cantidades anticipadas en las Sentencias de la misma *Secc. 9ª de fechas 11-12-2014* (nº de Recurso: 598/2014, nº de Resolución: 354/2014), y 22-10-2014 (nº de Recurso: 431/2014, nº de Resolución: 291/2014).

2.– El debate histórico sobre la acumulabilidad de acciones civiles a la responsabilidad de administradores en Juzgados de lo Mercantil, fue resuelto por el *Pleno de la Sala 1ª Tribunal Supremo en su S. de fecha 10-9-2012, nº 539/2012, rec. 2149/2009,* criterios entendemos plenamente aplicables al presente incidente:

D) Sin embargo, la conclusión de esta Sala acerca de la procedencia de la acumulación de ambas acciones se funda en los siguientes razonamientos:

- (a) Entre ambas acciones existe una estrecha conexión, ya que (i) entre ambas hay una relación de prejudicialidad, pues el éxito de la acción frente a la sociedad es presupuesto para que proceda la acción de responsabilidad de los administradores; (ii) la acción de responsabilidad exige acreditar la concurrencia de las circunstancias legalmente establecidas determinantes de la misma, sobre las que gravitará normalmente el peso del proceso; pero el presupuesto de ambas acciones es el incumplimiento de la sociedad; (iii) la finalidad que persigue la parte con el ejercicio de ambas acciones es única: el resarcimiento de los perjuicios que le ha ocasionado el incumplimiento por la sociedad; (iv) la responsabilidad de los administradores por obligaciones sociales constituye una responsabilidad por deuda ajena "ex lege" (según la ley) que tiene naturaleza de responsabilidad solidaria impropia exigible directamente por los acreedores de la sociedad y opera muy frecuentemente en situaciones de insolvencia total o parcial de esta (la responsabilidad de los administradores puede surgir como consecuencia del incumplimiento de sus deberes de promover la disolución de la sociedad en caso de disminución de su patrimonio, entre otras situaciones de significado análogo) y como remedio a la misma en íntima relación causal con el incumplimiento por parte de aquella.
- De esto se sigue que, en prácticamente todos los casos, si no se admite la posibilidad de acumulación, la exigencia de responsabilidad a los administradores por incumplimiento de deudas sociales comporta la exigencia de interponer una doble demanda ante los juzgados de primera instancia, competentes para conocer de la demanda frente a la sociedad, y ante los juzgados de lo mercantil, competentes para conocer de la responsabilidad de los administradores sobre la base del incumplimiento por la sociedad, si se pretende es el reintegro de las cantidades adeudadas por esta.
- La carga injustificada de una duplicidad del proceso resulta desproporcionada; y este rasgo conlleva, según la jurisprudencia constitucional, que deba considerarse

contraria al derecho a la tutela judicial efectiva. En efecto, supone imponer al acreedor la necesidad de interponer dos demandas ante órganos jurisdiccionales distintos para el ejercicio de una única pretensión de resarcimiento. Ambos procesos tienen la misma finalidad, son interdependientes y han de ser promovidos por un mismo acreedor frente a quienes son obligados solidarios. La desproporción de la carga impuesta se ofrece con especial claridad en los casos frecuentes en los que la situación de la sociedad impide al demandante, aun con una sentencia a su favor, obtener la efectividad de su crédito.

- Esta Sala considera que la situación descrita no responde a la voluntad de la ley, sino a una laguna legal. La LEC no permite directamente la vía de la acumulación en estos supuestos, pero tampoco resuelve las situaciones de prejudicialidad entre los juzgados de primera instancia y los juzgados de lo mercantil.
- Puede considerarse la existencia de una norma implícita en el artículo 43 LEC EDL 2000/77463, según la cual los tribunales civiles pueden resolver las cuestiones civiles prejudiciales que se planteen si no se decide que se ventilen en otro procedimiento ante el órgano competente a petición de alguna de las partes. Sin embargo, además de no haber sido expresamente formulado por la LEC EDL 2000/77463, este criterio sería insuficiente para resolver la situación que estamos planteando, pues la resolución con carácter prejudicial de la pretensión dirigida contra la sociedad no permite que la cuestión se examine y resuelva de manera definitiva ni obtener una condena del demandado.
- En consonancia con ello, el principio de interpretación de las normas legales con arreglo a la Constitución proclamado en el artículo 5 LOPJ EDL 1985/8754, y la finalidad de evitar la aplicación de un criterio procesal que podría ser determinante de una vulneración del derecho a la tutela judicial efectiva, obliga a examinar si es posible hallar una solución más allá de la posible inconstitucionalidad de las normas afectadas.
- Pues bien, a juicio de esta Sala, la aplicación analógica de las normas sobre acumulación permite en este supuesto admitir la procedencia de la acumulación de las acciones que estamos considerando, habida cuenta de que la prohibición de la acumulación de acciones ante un tribunal que carezca de competencia para conocer de alguna de ellas admite diversas excepciones, entre las cuales figura que así lo disponga la ley para casos determinados (artículo 73.2 LEC). Entendemos que la regulación de la responsabilidad de los administradores sociales, con los caracteres que se han destacado, en estrecha relación con la insolvencia de la sociedad y con el impago de sus deudas conlleva implícitamente el mandato, exigido por el respeto al derecho tutela judicial efectiva proclamado por la CE, de la posibilidad de acumulación de ambas acciones.

E) Resta por decidir cuál es el órgano competente para la decisión cuando tal acumulación se produzca. La Sala considera que esta debe producirse ante los juzgados de lo mercantil, con fundamento en las siguientes razones:

- (a) Ante los juzgados de lo mercantil se ejercita la acción más específica sobre responsabilidad de los administradores, la cual tiene carácter principal respecto de la acción por incumplimiento social, que opera con carácter prejudicial respecto de la primera. Así se infiere de la aplicación analógica de las normas sobre las prejudicialidad civil, de las que se infiere que la competencia para resolver una cuestión que aparece con carácter prejudicial respecto de otra corresponde al tribunal competente para conocer de la cuestión principal. En consecuencia, ante la ausencia de una regulación legal específica, debe considerarse preferible esta solución a la que resultaría de la aplicación del principio de disposición por la parte demandante (artículo 71.2 LEC, en el caso de acumulación de acciones) o mayor antigüedad del proceso (artículo 79.1 LEC EDL 2000/77463, en el caso de acumulación de procesos), articuladas en consideración a la situación de órganos judiciales con competencias paralelas.

- (b) La finalidad que persigue la norma de atribución de competencia residual a los juzgados de lo civil —artículo 45 LEC EDL 2000/77463, que consagra el principio de la vis attractiva— es la de cerrar el sistema normativo de distribución de competencias entre los distintos órganos judiciales. Este principio no puede prevalecer frente a la norma de especialización competencial de los juzgados de lo mercantil —artículo 83 ter LOPJ EDL 1985/8754—, pues esta, sin alejar la materia del orden jurisdiccional civil, al que pertenecen los juzgados mercantiles, va encaminada a la necesidad de avanzar en el proceso de especialización de estos a que lleva la complejidad de la realidad social y económica de nuestro tiempo, según se declara en la EM de la LORC. Este principio quedaría en entredicho si aceptáramos la competencia de los juzgados de primera instancia para el conocimiento de las acciones acumuladas.
- (c) La solución que entendemos procedente produce una alteración mínima en el sistema de distribución de competencias, ya que en la acción de reclamación de cantidad se ve implicada una sociedad mercantil, y se respeta así la efectividad de la reforma que condujo a la creación de los juzgados de lo mercantil.
- *(d) La solución que entendemos procedente no provoca indefensión a las partes, dado que no afecta a sus posibilidades de alegación y defensa. La acumulación no implica la modificación del tipo de proceso a través del que deben ejercitarse las acciones acumuladas y la atribución de su conocimiento a los juzgados de lo mercantil no modifica el sistema de garantías procesales y recursos que pueden ser utilizados por las partes.*

CUARTA.– Recapitulando, en la medida en que la controversia de la reconvención gira sobre las causas de resolución del contrato de compraventa suscrito por la concursada cuyo conocimiento es de este Juzgado, y la solución que para ello se resuelva determinará directamente la responsabilidad de pago de la entidad bancaria avalista del mismo contrato, entendemos que la acumulación de nuestra reconvención es ajustada a derecho tal y como ha sido aceptado por los Tribunales según lo expuesto *ut supra*, debiendo ser desestimado el recurso de reposición interpuesto por...........

Por todo ello,

SUPLICO AL JUZGADO, que teniendo por presentado este escrito, lo admita, tenga *por opuesta a esta representación al recurso de reposición interpuesto por la reconveni-*

da........... S.A. frente a la Providencia de fecha..........., y en su razón, resuelva desestimarlo íntegramente, continuando con la tramitación de la reconvención planteada por esta parte en el presente incidente concursal...........

En........... a........... de........... de...........

F494. RESOLUCIÓN DE CONTRATO DE MUTUO ACUERDO

Normativa de aplicación: *Arts. 156 y ss. Real Decreto Legislativo 1/2020, de 5 de mayo, por el que se aprueba el texto refundido de la Ley Concursal*

En la ciudad de........... a........... de........... de...........

REUNIDOS

Doña..........., mayor de edad, vecina de........... y con DNI/NIF...........

Doña..........., mayor de edad, con domicilio a estos efectos en........... y con DNI/NIF...........

Don..........., mayor de edad, con domicilio a estos efectos en..........., ... y con DNI/NIF...........

INTERVIENEN

I.– Doña........... interviene en nombre y representación, en su condición de administradora única, de la mercantil..........., S.L., con domicilio en........... Inscrita en el Registro Mercantil de la provincia de........... al tomo..........., libro..........., folio..........., hoja........... CIF...........

La mercantil........... S.L. actualmente se halla declarada en estado de concurso voluntario de acreedores, que se tramita actualmente ante el Juzgado de lo Mercantil número........... de..........., número de autos........... La declaración del citado concurso fue acordada por el expresado Juzgado mediante auto de fecha..........., en el que se decretó la intervención de las facultades de administración de la mercantil concursada quedando el ejercicio ordinario de la misma sometido a la autorización o conformidad del administrador concursal. Todo ello consta en el Registro Mercantil de la Provincia de..........., mediante la oportuna anotación marginal de tal declaración y régimen de facultades de fecha..........., al tomo..........., libro..........., folio..........., hoja núm. ...., inscripción...........

II.– Doña........... interviene en nombre y representación de la SOCIEDAD DE PREVENCIÓN..........., con CIF..........., con domicilio social en..........., calle Colon,

.... debidamente acreditado según Resolución de........... dictada por la Consellería........... para actuar como servicio de prevención ajeno o externo a la empresa.

III.– Don........... interviene en su condición de Administrador Concursal del concurso voluntario de la mercantil..........., S.L., nombrado en el referido auto de fecha de........... en que se declaró el concurso voluntario de la citada mercantil.

Los comparecientes se reconocen la capacidad legal necesaria para el presente otorgamiento, y en su virtud,

DECLARAN Y CONVIENEN

I.– Que en..........., la entidades........... S.L. y........... suscribieron un concierto de prestación de servicios en materia de prevención de riesgos laborales, actualmente en vigor, en los términos y condiciones que resultan del mismo y que se da aquí por íntegramente reproducido en aras a una mayor brevedad.

II.– Que como se reseñó arriba, la mercantil........... S.L. actualmente se halla declarada en estado de concurso voluntario de acreedores, que se tramita ante el Juzgado de lo Mercantil número........... de........... bajo el número de autos........... La declaración del citado concurso fue acordada por el expresado Juzgado mediante auto de fecha..........., en el que se decretó la intervención de las facultades de administración de la mercantil concursada quedando el ejercicio ordinario de la misma sometido a la autorización o conformidad del administrador concursal.

III.– Que todas las partes aquí reunidas consideran conveniente y consienten la resolución voluntaria del citado concierto de prestación de servicios en materia de prevención de riesgos laborales, dando por resuelto el mismo.

IV.– El presente acuerdo queda condicionado suspensivamente a su homologación por el Juez del concurso mediante el oportuno auto declarando la resolución del citado concierto y sus efectos, en los términos y de conformidad con lo establecido en el art. 160 y ss. TRLC.

Y para que así conste y ratificándose en su contenido, firman el presente por duplicado ejemplar en..........., a...........

F495. RESOLUCIÓN DE CONTRATO DE COMPRAVENTA DE MUTUO ACUERDO Y RECONOCIMIENTO DE CRÉDITO CONTRA LA MASA

Normativa de aplicación: *Arts. 156 y ss. Real Decreto Legislativo 1/2020, de 5 de mayo, por el que se aprueba el texto refundido de la Ley Concursal*

En la ciudad de........... a........... de........... de...........

REUNIDOS

DE UNA PARTE.– Doña..........., mayor de edad, viuda, con domicilio en..........., con DNI/NIF...........

Y DE OTRA PARTE.– La entidad..........., S.L. en liquidación, con CIF..........., y con domicilio ambos a estos efectos en........... Representada por su administración concursal integrada por D...........

Los comparecientes se reconocen mutuamente con la capacidad legal suficiente para el otorgamiento del presente documento y al efecto,

MANIFIESTAN Y CONVIENEN

I.– Que Doña........... y la mercantil........... S.L. firmaron un contrato el día........... por el que Doña........... entregó la cantidad de...........€ en concepto de reserva de la vivienda........... del edificio que construía la citada mercantil, en........... Como consecuencia de la citada entrega Doña........... aparece como acreedor en el Informe emitido por la Administración Concursal antes indicada, en el procedimiento concursal de la mercantil........... S.L. en liquidación.

II.– Mediante Auto de fecha........... del Juzgado de lo Mercantil n°........... de..........., se ha acordado la apertura de la Fase de Liquidación del Concurso de Acreedores de la entidad "........... S.L. en liquidación" concurso de acreedores que fue declarado por Auto de dicho Juzgado de fecha...........

III.– Que atendiendo al interés general del Concurso de Acreedores, por un lado, y para posibilitar en la medida de lo posible la liquidación concursal, ambas partes acuerdan dar por resuelto el citado contrato, reconociendo en consecuencia "........... S.L. en liquidación" a Doña..........., un crédito por importe de la cantidad mencionada, cantidad de...........€, por el concepto de .... y devengados tras la declaración de concurso, y que se satisfará, como crédito contra la masa, en función del resultado de la liquidación de la masa activa del concurso de acreedores, a resultas de lo que definitivamente se obtenga en cumplimiento de las reglas de liquidacion, y por el orden legalmente establecido.

IV.– Como consecuencia de la resolución contractual convenida, Doña..........., reconoce no ostentar derecho alguno respecto de la citada vivienda, la cual queda a disposición de la Administración Concursal para dar cumplimiento a las reglas especiales de liquidación propuesto en el procedimiento concursal mencionado.

V.– El presente acuerdo de resolución será presentado por la Administración Concursal en el procedimiento concursal ya indicado, solicitando su homologación por el Juzgado de lo Mercantil núm. .... de........... en los autos..........., en cumplimiento de lo establecido en los arts. 160 y ss. TRLC, y su eficacia queda condicionada suspensivamente a que en un plazo de........... meses a contar desde el día de su firma se obtenga la expresada homologación.

Leído el presente documento los comparecientes lo encuentran conforme con su voluntad, por lo que se ratifican en su contenido y lo suscriben por duplicado, quedando un ejemplar en poder de cada parte, en el lugar y fecha señalados "ut supra".

F496. RESOLUCIÓN DE MUTUO ACUERDO DE CONTRATO DE ARRENDAMIENTO

Normativa de aplicación: *Arts. 156 y ss. Real Decreto Legislativo 1/2020, de 5 de mayo, por el que se aprueba el texto refundido de la Ley Concursal*

En..........., a........... de........... de...........

COMPARECEN

Don..........., mayor de edad, vecino de..........., calle........... y con DNI/NIF...........

Don..........., mayor de edad, vecino de..........., Paseo de..........., con DNI/NIF...........

Don..........., mayor de edad, con domicilio a estos efectos en..........., Avenida..........., núm. .... y con DNI/NIF...........

Doña..........., mayor de edad, con domicilio a estos efectos en Valencia, Paseo de..........., y con DNI/NIF...........

INTERVIENEN

I.– Don........... y Don........... intervienen en nombre y representación, en su condición de administradores conjuntos, de la mercantil..........., S.L., con domicilio social en..........., calle..........., y CIF...........

La mercantil..........., S.L. actualmente se halla declarada en estado de concurso voluntario de acreedores, que se tramita actualmente ante el Juzgado de lo Mercantil número........... de..........., número de autos........... La declaración del citado concurso fue acordada por el expresado Juzgado mediante auto de fecha..........., en el que se decretó la intervención de las facultades de administración de la mercantil concursada quedando el ejercicio ordinario de la misma sometido a la autorización o conformidad del administrador concursal.

II.– Don........... interviene en nombre y representación de Doña..........., con DNI/NIF........... mayor de edad, casada en régimen de absoluta separación de bienes con Don..........., en virtud de escritura de capitulaciones matrimoniales autorizada el........... por el Notario de..........., Don........... Dicha representación es en virtud de poder conferido ante el notario de..........., Don........... en fecha...........

III.– Doña........... interviene en su condición de Administradora Concursal única del concurso voluntario de la mercantil........... S.L.

Los comparecientes se reconocen la capacidad legal necesaria para el presente otorgamiento, y en su virtud,

MANIFIESTAN Y CONVIENEN

I.– Que en fecha........... de........... de........... la entidad mercantil........... S.L., como parte arrendataria y Doña..........., como parte arrendadora, ambas debidamente representadas, firmaron un contrato de arrendamiento del local comercial sito en..........., calle..........., modificado por contrato de fecha........... y actualmente en vigor, en los términos y condiciones que resultan de los mismos y que se dan aquí por íntegramente reproducidos en aras a una mayor brevedad.

II.– Que como consecuencia de la falta de pago por la parte arrendataria a la arrendadora, ambas partes reconocen que existe a fecha de hoy, un crédito a favor de doña..........., por importe de...........euros.

Que en el concurso de la parte arrendataria, el mencionado crédito tiene la siguiente clasificación:

– Crédito por importe...........euros (rentas debidas hasta el........... IVA incluido) calificado como crédito ordinario, ex; constando con esta calificación en la lista de acreedores acompañada, al informe presentado por la Administración Concursal.

– Crédito por importe de...........euros (correspondiente a la mensualidad de........... IVA incluido) calificado como crédito contra la masa,; constando con esta calificación en la lista de acreedores acompañada al informe presentado por la Administración Concursal.

– Crédito por importe de...........euros (correspondiente a la mensualidad de........... IVA incluido) calificado como crédito contra la masa, generado posteriormente al período al que hacía referencia la lista de acreedores acompañada al informe presentado por la Administración Concursal.

III.– Que en fecha........... le fue concedida a..........., S.L., licencia para la apertura y funcionamiento de actividades comprendidas en el Reglamento General de Policía de Espectáculos Públicos y Actividades Recreativas, expedida por el Secretario Adjunto del área de urbanismo/servicio de actividades del Ayuntamiento de........... (expediente...........).

Que dicha licencia sigue vigente y se valora a los efectos del presente contrato en la cantidad de...........euros.

IV.– Que el mobiliario existente en el local y que forma parte del inventario de la masa activa de la concursada, y que se detalla en el Anexo 1 del presente contrato, se valora a los efectos del presente contrato en la cantidad de...........euros.

V.– Que ambas partes acuerdan dar por resuelto el citado contrato de arrendamiento y extinguido el mismo, pactando expresamente lo siguiente:

- Que la parte arrendataria cede la mencionada licencia a la arrendadora y le vende el mobiliario existente en el local y que forma parte del inventario de la masa activa de la concursada, entregándole como pago, la parte arrendadora, la cantidad de...........euros que es la suma de las cantidades en que se ha valorado a los efectos de esta contrato la licencia y el mobiliario.
- Que la parte arrendadora condona íntegramente el citado crédito a su favor por la falta de pago de las rentas debidas por importe de...........euros, reconociendo expresamente que tras la presente condonación no se le debe nada por este concepto.

VI.– Que como consecuencia de la actividad en el local comercial arrendado se han producido una serie de daños fruto del citado desgaste que ha sufrido el local que han sido valorados por las partes en la cantidad alzada y cerrada...........euros, que es necesario reparar para la conservación del local en un estado que permita la explotación propia del sector de la hostelería al que va dirigido.

Que los citados daños serán reparados con la fianza que legalmente se constituyó por importe de...........euros y que obra en poder de la arrendadora, por lo que hace entrega a la arrendataria, en este acto, del resto de la fianza que legalmente se constituyó, una vez descontados los citados daños y que asciende al importe de...........euros.

VII.– Como consecuencia de la resolución contractual convenida, ... S.L., reconoce extinto y finalizado el citado contrato de arrendamiento, quedando el local en cuestión, junto con el mobiliario existente en el mismo y que forma parte del inventario de la masa activa de la concursada, a disposición de su legítima propietaria, Doña..........., para disponer libremente del mismo.

VIII.– El presente acuerdo de resolución será presentado por la Administración Concursal en el procedimiento concursal ya indicado, solicitando su autorización u homologación por el Juzgado de lo Mercantil núm. .... de........... en los autos..........., en cumplimiento de lo establecido en los arts. 160 y ss. TRLC, y su eficacia queda condicionada suspensivamente a que se obtenga la expresada homologación.

Y para que así conste, firman el presente documento por triplicado ejemplar a un solo efecto en el lugar y fecha indicados en el encabezamiento.

F497. SOLICITUD DE HOMOLOGACIÓN DE ACUERDO SOBRE RECLAMACIÓN DE CANTIDAD POR EMPLEADO DE LA CONCURSADA

Normativa de aplicación: *Arts. 169 y ss. Real Decreto Legislativo 1/2020, de 5 de mayo, por el que se aprueba el texto refundido de la Ley Concursal.*

Procedimiento: Ordinario nº..../.... y..../....

Juzgado de lo Social nº ..... de.........

Demandantes:......... y.........

Demandado:......... SL y......... SLP.

AL JUZGADO SOCIAL NÚMERO ..... DE.........

De una parte, como parte actora, Don........., Abogado, representando a los siguientes 2 trabajadores, representación que consta acreditada en autos:

1.-......... con NIE nº.........

2.-......... con NIE nº.........

Y de otra,......... SLP con CIF........., Administración Concursal de la sociedad......... SL, autos Procedimiento Concursal nº........., Juzgado Mercantil.........de los de........., representada en este acto por el letrado........., poder de representación que consta en autos debidamente acreditados.

Las partes comparecen y DICEN:

Se pacta por las partes anteriormente reseñadas, el siguiente ACUERDO JUDICIAL, en el procedimiento de reclamación de cantidad, Autos nº..../.... del Juzgado de lo Social nº.........de........., en el cual, se reclama falta de pago de parte de la nómina correspondiente a los meses de......... a..........

En aras de evitar la celebración de la vista del próximo...../..../......... las partes han alcanzado el siguiente acuerdo judicial:

Los términos del acuerdo alcanzado son los siguientes:

1.-......... con NIE nº........., se pacta la cantidad adeudada neta en un total de.........€ en concepto de salarios dejados de percibir desde el mes de......... a..........

El pago y abono de esa cuantía se hará en el plazo de 72 horas, a abonar en el nº cuenta bancaria, adjuntando los certificados de titularidad de cuenta

IBAN.........

2.-......... con NIE nº........., se pacta la cantidad adeudada neta en un total de.........€ en concepto de salarios dejados de percibir desde el mes de......... a..........

El pago y abono de esa cuantía se hará en el plazo de 72 horas, a abonar en el nº cuenta bancaria, adjuntando los certificados de titularidad de cuenta

IBAN.........

La parte actora y trabajadores, aceptan la cantidad ofrecida y la forma de pago; y, con el percibo de la citada cantidad, las partes actoras se considerarán saldada y finiquitada por toda clase de conceptos derivados de la relación laboral, sin que tenga nada más que reclamar por concepto alguno derivado de la misma.

En prueba de conformidad con lo aquí manifestado, las partes proceden a la firma de dicho acuerdo, con la finalidad de su homologación, de conformidad con lo dispuesto en el artículo 19.2 de la LEC, con los efectos en caso de incumplimiento que se establecen en el artículo 517 de la reseñada ley objetiva, ambas partes de conformidad con la representación que ostenta firman el mismo.

Por lo expuesto,

SOLICITO AL JUZGADO DE LO SOCIAL NÚMERO DOS DE LOS DE........., que teniendo por presentado este escrito y atendiendo a su contenido, dicte Auto de homologación judicial del acuerdo alcanzado, en el Procedimiento ordinario..../.... Social......... de los de........., en los términos contenidos en este escrito, relativo a las cantidades pendientes de abono concretados en una total de.........€, correspondiendo......... a......... y.........€ a........., todo ello, con los demás pronunciamientos que correspondan en derecho, y una vez firme, se proceda al archivo definitivo del presente procedimiento.

En........., a ....mayo de.........

Fdo.-.........

Administración Concursal......... SL

Fdo. Don........, Abogado

F498. ESCRITO DEL CONCURSADO SOLICITANDO LA MODIFICACIÓN SUSTANCIAL DE LAS CONDICIONES DE TRABAJO. INFORME DE LA ADMINISTRACIÓN CONCURSAL EMITIDO

Normativa de aplicación: *Arts. 169 y ss. Real Decreto Legislativo 1/2020, de 5 de mayo, por el que se aprueba el texto refundido de la Ley Concursal*

JUZGADO DE LO MERCANTIL Nº........... DE...........

..........., Procuradora de los Tribunales representación que conste acreditada en autos de Concurso Voluntario nº..........., seguidos a instancia de la concursada "...........", ante el Juzgado comparezco y como mejor proceda en Derecho DIGO:

Que por medio de la presente y al amparo de lo dispuesto en el artículo 169 y ss. TRLC solicito la modificación sustancial de las condiciones de trabajo en los contratos laborales de la mercantil concursada y ello en base a los siguientes:

HECHOS

PRIMERO.– Que con fecha........... de........... de..........., se presentó escrito solicitando la declaración de concurso voluntario de la mercantil...........

SEGUNDO.– Que con fecha........... de........... de........... se dictó auto declarando el concurso voluntario de........... aplicándose en su tramitación las normas del procedimiento ordinario.

TERCERO.– Que de lo actuado hasta el momento, en concreto del informe de la administración concursal a que se refiere el art. 290 y ss. TRLC, se deduce la necesidad de modificar sustancialmente las condiciones laborales de los siguientes trabajadores........... para asegurara la viabilidad futuro de la empresa. Ello se justifica con los siguientes argumentos y acervo probatorio:...........

CUARTO.– Que las modificaciones solicitadas, al efecto de mantener la continuidad de la empresa concursada, consisten en las siguientes medidas que a continuación se relacionan...........

A estos hechos le son de aplicación los siguientes,

FUNDAMENTOS DE DERECHO

PRIMERO.– Conforme al art. 171.1 TRLC, podrán solicitar del juez del concurso la modificación sustancial de las condiciones de trabajo, el traslado, el despido, la suspensión de contratos o la reducción de jornada, de carácter colectivo, que afecten a los contratos de trabajo en que sea empleador el concursado, corresponde a este, a la administración concursal o a los trabajadores de la empresa concursada a través de sus representantes legales.

La representación de los trabajadores en la tramitación del procedimiento corresponderá a los sujetos indicados en el apartado 4 del artículo 41 del texto refundido de la Ley del Estatuto de los Trabajadores, aprobado por el Real Decreto Legislativo 2/2015, de 23 de octubre, en el orden y condiciones señalados en el mismo. Transcurridos los plazos indicados en el referido artículo sin que los trabajadores hayan designado representantes, el juez podrá acordar la intervención de una comisión de un máximo de tres miembros, integrada por los sindicatos más representativos y los representativos del sector al que la empresa pertenezca (art. 171.2 TRLC).

SEGUNDO.– Conforme señala el art. 172 TRLC, la adopción de las medidas previstas en el artículo 171 TRLC solo podrá solicitarse del juez del concurso una vez presentado el informe de la administración concursal, salvo que se estime que la demora en la aplicación de las medidas colectivas pretendidas puede comprometer gravemente la viabilidad futura de la empresa y del empleo o causar grave perjuicio a los trabajadores, en cuyo caso, y con acreditación de esta circunstancia, podrá realizarse la solicitud al juez en cualquier momento procesal desde la declaración de concurso.

En su virtud,

SUPLICO AL JUZGADO que teniendo por presentado este escrito, junto con sus documentos y copias de todo ello, lo admita, y tenga por solicitada la modificación sustancial de las condiciones de trabajo en los referidos contratos laborales de la mercantil concursada y en las condiciones interesadas en este escrito.

Es Justicia que pido en..........., a........... de........... de...........

F499. ESCRITO DEL CONCURSADO SOLICITANDO LA MODIFICACIÓN SUSTANCIAL DE LAS CONDICIONES DE TRABAJO ANTES DE LA EMISIÓN DEL INFORME DE LA ADMINISTRACIÓN CONCURSAL. RIESGO DE PERJUICIO DE LA VIABILIDAD EMPRESARIAL Y DEL EMPLEO CASO DE DEMORA EN LA ADOPCIÓN DE LA MEDIDA

Normativa de aplicación: *Arts. 169 y ss. Real Decreto Legislativo 1/2020, de 5 de mayo, por el que se aprueba el texto refundido de la Ley Concursal*

JUZGADO DE LO MERCANTIL Nº............ DE............

............, Procuradora de los Tribunales representación que consta debidamente acreditada en autos de Concurso Voluntario nº............, seguidos a instancia de la concursada "............", ante el Juzgado comparezco y como mejor proceda en Derecho DIGO:

Que por medio de la presente y al amparo de lo dispuesto en el artículo 169 y ss. TRLC solicito la modificación sustancial de las condiciones de trabajo en los contratos laborales de la mercantil concursada y ello en base a los siguientes:

HECHOS

PRIMERO.– Que con fecha........... de........... de..........., se presentó escrito solicitando la declaración de concurso voluntario de la mercantil...........

SEGUNDO.– Que con fecha........... de........... de........... se dictó auto declarando el concurso voluntario de........... aplicándose en su tramitación las normas del procedimiento ordinario.

TERCERO.– Que de lo actuado hasta el momento, se deduce la necesidad de modificar sustancialmente las condiciones laborales de los siguientes trabajadores........... para la continuidad de la empresa. Ello aun cuando no se ha emitido el informe de la administración concursal recogido en los arts. 290 y ss. TRLC.

Ello se justifica en los siguientes argumentos y acervo probatorio:...........

CUARTO.– Que las modificaciones solicitadas, al efecto de mantener la continuidad de la empresa concursada, consisten en las siguientes medidas que a continuación se relacionan...........

QUINTO.– Que la demora en la adopción de la medida aquí instada puede comprometer gravemente la viabilidad futura de la empresa y del empleo de la deudora, toda vez que...........

Por ello, procede la inmediata tramitación de la presente solicitud y la adopción de las medidas aquí instadas, pese a que no se haya emitido el informe de la administración concursal recogido en los arts. 290 y ss. TRLC.

A estos hechos le son de aplicación los siguientes,

FUNDAMENTOS DE DERECHO

PRIMERO.– Conforme al art. 171.1 TRLC, podrán solicitar del juez del concurso la modificación sustancial de las condiciones de trabajo, el traslado, el despido, la suspensión de contratos o la reducción de jornada, de carácter colectivo, que afecten a los contratos de trabajo en que sea empleador el concursado, corresponde a este, a la administración concursal o a los trabajadores de la empresa concursada a través de sus representantes legales.

La representación de los trabajadores en la tramitación del procedimiento corresponderá a los sujetos indicados en el apartado 4 del artículo 41 del texto refundido de la Ley del Estatuto de los Trabajadores, aprobado por el Real Decreto Legislativo 2/2015, de 23 de octubre, en el orden y condiciones señalados en el mismo. Transcurridos los plazos indicados en el referido artículo sin que los trabajadores hayan designado representantes, el juez podrá acordar la intervención de una comisión de un máximo de tres miembros, integrada por los sindicatos más representativos y los representativos del sector al que la empresa pertenezca (art. 171.2 TRLC).

SEGUNDO.– Conforme señala el art. 172 TRLC, la adopción de las medidas previstas en el artículo 171 TRLC solo podrá solicitarse del juez del concurso una vez presentado el informe de la administración concursal, salvo que se estime que la demora en la aplicación de las medidas colectivas pretendidas puede comprometer gravemente la viabilidad futura de la empresa y del empleo o causar grave perjuicio a los trabajadores, en cuyo caso, y con acreditación de esta circunstancia, podrá realizarse la solicitud al juez en cualquier momento procesal desde la declaración de concurso.

En su virtud

SUPLICO AL JUZGADO que teniendo por presentado este escrito, junto con sus documentos y copias de todo ello, lo admita, y tenga por solicitada la modificación sustancial de las condiciones de trabajo en los referidos contratos laborales de la mercantil concursada y en las condiciones interesadas en este escrito.

Es Justicia que pido en..........., a........... de........... de...........

F500. ESCRITO DEL CONCURSADO SOLICITANDO LA MODIFICACIÓN SUSTANCIAL DE LAS CONDICIONES DE TRABAJO ANTES DE LA EMISIÓN DEL INFORME DE LA ADMINISTRACIÓN CONCURSAL. RIESGO DE CAUSAR GRAVES PERJUICIOS A LOS TRABAJADORES EN CASO DE DEMORA EN LA ADOPCIÓN DE LA MEDIDA

Normativa de aplicación: *Arts. 169 y ss. Real Decreto Legislativo 1/2020, de 5 de mayo, por el que se aprueba el texto refundido de la Ley Concursal*

JUZGADO DE LO MERCANTIL Nº........... DE...........|...........

..........., Procuradora de los Tribunales representación que consta debidamente acreditada en autos de Concurso Voluntario nº..........., seguidos a instancia de la concursada "...........", ante el Juzgado comparezco y como mejor proceda en Derecho DIGO:

Que por medio de la presente y al amparo de lo dispuesto en el artículo 169 y ss. TRLC solicito la modificación sustancial de las condiciones de trabajo en los contratos laborales de la mercantil concursada y ello en base a los siguientes:

HECHOS

PRIMERO.– Que con fecha........... de........... de..........., se presentó escrito solicitando la declaración de concurso voluntario de la mercantil...........

SEGUNDO.– Que con fecha........... de........... de........... se dictó auto declarando el concurso voluntario de........... aplicándose en su tramitación las normas del procedimiento ordinario.

TERCERO.– Que de lo actuado hasta el momento, se deduce la necesidad de modificar sustancialmente las condiciones laborales de los siguientes trabajadores........... para la continuidad de la empresa. Ello aun cuando no se ha emitido el informe de la administración concursal recogido en los arts. 290 y ss. TRLC.

Ello se justifica con los siguientes argumentos y acervo probatorio:...........

CUARTO.– Que las modificaciones solicitadas, al efecto de mantener la continuidad de la empresa concursada, consisten en las siguientes medidas que a continuación se relacionan...........

QUINTO.– Que la demora en la adopción de la medida aquí instada puede causar graves perjuicios a los trabajadores toda vez que...........

Por ello, procede la inmediata tramitación de la presente solicitud y la adopción de las medidas aquí instadas, pese a que no se haya emitido el informe de la administración concursal recogido en los arts. 290 y ss. TRLC.

A estos hechos le son de aplicación los siguientes,

FUNDAMENTOS DE DERECHO

PRIMERO.– Conforme al art. 171.1 TRLC, podrán solicitar del juez del concurso la modificación sustancial de las condiciones de trabajo, el traslado, el despido, la suspensión de contratos o la reducción de jornada, de carácter colectivo, que afecten a los contratos de trabajo en que sea empleador el concursado, corresponde a este, a la administración concursal o a los trabajadores de la empresa concursada a través de sus representantes legales.

La representación de los trabajadores en la tramitación del procedimiento corresponderá a los sujetos indicados en el apartado 4 del artículo 41 del texto refundido de la Ley del Estatuto de los Trabajadores, aprobado por el Real Decreto Legislativo 2/2015, de 23 de octubre, en el orden y condiciones señalados en el mismo. Transcurridos los plazos indicados en el referido artículo sin que los trabajadores hayan designado representantes, el juez podrá acordar la intervención de una comisión de un máximo de tres miembros, integrada por los sindicatos más representativos y los representativos del sector al que la empresa pertenezca (art. 171.2 TRLC).

SEGUNDO.– Conforme señala el art. 172 TRLC, la adopción de las medidas previstas en el artículo 171 TRLC solo podrá solicitarse del juez del concurso una vez presentado el informe de la administración concursal, salvo que se estime que la demora en la aplicación de las medidas colectivas pretendidas puede comprometer gravemente la viabilidad futura de la empresa y del empleo o causar grave perjuicio a los trabajadores, en cuyo caso, y con acreditación de esta circunstancia, podrá realizarse la solicitud al juez en cualquier momento procesal desde la declaración de concurso.

En su virtud,

SUPLICO AL JUZGADO que teniendo por presentado este escrito, junto con sus documentos y copias de todo ello, lo admita, y tenga por solicitada la modificación sustancial de las condiciones de trabajo en los referidos contratos laborales de la mercantil concursada y en las condiciones interesadas en este escrito.

Es Justicia que pido en..........., a........... de........... de...........

F501. ESCRITO DEL CONCURSADO SOLICITANDO LA EXTINCIÓN COLECTIVA DE LAS RELACIONES LABORALES

Normativa de aplicación: *Arts. 169 y ss. Real Decreto Legislativo 1/2020, de 5 de mayo, por el que se aprueba el texto refundido de la Ley Concursal*

JUZGADO DE LO MERCANTIL Nº........... DE...........

..........., Procuradora de los Tribunales representación que consta debidamente acreditada en autos de Concurso Voluntario nº..........., seguidos a instancia de la concursada "...........", ante el Juzgado comparezco y como mejor proceda en Derecho DIGO:

Que por medio de la presente y al amparo de lo dispuesto en el artículo 169 y ss. TRLC solicito la extinción colectiva de las condiciones de trabajo en los contratos laborales de la mercantil concursada y ello en base a los siguientes:

HECHOS

PRIMERO.– Que con fecha........... de........... de..........., se presentó escrito solicitando la declaración de concurso voluntario de la mercantil........... que fue admitido con fecha........... de........... de...........

SEGUNDO.– De lo actuado hasta el momento, en concreto del informe de la administración concursal a que se refiere el art. 290 y ss. TRLC, se deduce la necesidad de la extinción colectiva de los siguientes contratos de trabajo........... que es necesaria para la continuidad de la empresa. Ello se justifica con los siguientes argumentos y acervo probatorio:

TERCERO.– Que las modificaciones solicitadas son necesarias para mantener la continuidad de la empresa concursada por una disminución continuada en la producción de la mercantil concursada. También por...........

Al efecto se acompaña...........

A estos hechos le son de aplicación los siguientes,

FUNDAMENTOS DE DERECHO

PRIMERO.– Conforme al art. 171.1 TRLC, podrán solicitar del juez del concurso la modificación sustancial de las condiciones de trabajo, el traslado, el despido, la suspensión de contratos o la reducción de jornada, de carácter colectivo, que afecten a los contratos de trabajo en que sea empleador el concursado, corresponde a este, a la administración concursal o a los trabajadores de la empresa concursada a través de sus representantes legales.

La representación de los trabajadores en la tramitación del procedimiento corresponderá a los sujetos indicados en el apartado 4 del artículo 41 del texto refundido de la Ley del Estatuto de los Trabajadores, aprobado por el Real Decreto Legislativo 2/2015, de 23 de octubre, en el orden y condiciones señalados en el mismo. Transcurridos los plazos indicados en el referido artículo sin que los trabajadores hayan designado representantes, el juez podrá acordar la intervención de una comisión de un máximo de tres miembros, integrada por los sindicatos más representativos y los representativos del sector al que la empresa pertenezca (art. 171.2 TRLC).

SEGUNDO.– Conforme señala el art. 172 TRLC, la adopción de las medidas previstas en el artículo 171 TRLC solo podrá solicitarse del juez del concurso una vez presentado el informe de la administración concursal, salvo que se estime que la demora en la aplicación de las medidas colectivas pretendidas puede comprometer gravemente la viabilidad futura de la empresa y del empleo o causar grave perjuicio a los trabajadores, en cuyo caso, y con acreditación de esta circunstancia, podrá realizarse la solicitud al juez en cualquier momento procesal desde la declaración de concurso.

En su virtud,

SUPLICO AL JUZGADO que teniendo por presentado este escrito, junto con sus documentos y copias de todo ello, lo admita, tenga por solicitada la extinción colectiva de los referidos contratos de trabajo y acuerde su extinción en los términos prevenidos en este escrito.

Es Justicia que pido en..........., a........... de........... de...........

F502. ESCRITO DEL CONCURSADO SOLICITANDO LA EXTINCIÓN COLECTIVA DE LAS RELACIONES LABORALES ANTES DEL INFORME DE LA ADMINISTRACIÓN CONCURSAL. RIESGO DE CAUSAR GRAVES PERJUICIOS A LOS TRABAJADORES EN CASO DE DEMORA EN LA ADOPCIÓN DE LA MEDIDA

Normativa de aplicación: *Arts. 169 y ss. Real Decreto Legislativo 1/2020, de 5 de mayo, por el que se aprueba el texto refundido de la Ley Concursal*

JUZGADO DE LO MERCANTIL N°........... DE...........

..........., Procuradora de los Tribunales representación que consta debidamente acreditada en autos de Concurso Voluntario n°..........., seguidos a instancia de la concursada "...........", ante el Juzgado comparezco y como mejor proceda en Derecho DIGO:

Que por medio de la presente y al amparo de lo dispuesto en el artículo 169 y ss. TRLC solicito la extinción colectiva de las condiciones de trabajo en los contratos laborales de la mercantil concursada y ello en base a los siguientes:

HECHOS

PRIMERO.– Que con fecha........... de........... de..........., se presentó escrito solicitando la declaración de concurso voluntario de la mercantil........... que fue admitido con fecha........... de........... de...........

SEGUNDO.– De lo actuado hasta el momento, en concreto del informe de los Administradores concursales, se deduce la necesidad de la extinción colectiva de los siguientes contratos de trabajo........... que es necesaria para la continuidad de la empresa. Ello aun cuando no se ha emitido el informe de la administración concursal recogido en los arts. 290 y ss. TRLC.

TERCERO.– Que las modificaciones solicitadas son necesarias para al mantener la continuidad de la empresa concursada por una disminución continuada en la producción de .... También por...........

CUARTO.– Que la demora en la adopción de la medida aquí instada puede causar graves perjuicios a los trabajadores toda vez que...........

Por ello, procede la inmediata tramitación de la presente solicitud y la adopción de las medidas aquí instadas, pese a que no se haya emitido el informe de la administración concursal recogido en los arts. 290 y ss. TRLC.

Al efecto se acompaña...........

A estos hechos le son de aplicación los siguientes,

FUNDAMENTOS DE DERECHO

PRIMERO.– Conforme al art. 171.1 TRLC, podrán solicitar del juez del concurso la modificación sustancial de las condiciones de trabajo, el traslado, el despido, la suspensión de contratos o la reducción de jornada, de carácter colectivo, que afecten a los contratos de trabajo en que sea empleador el concursado, corresponde a este, a la administración concursal o a los trabajadores de la empresa concursada a través de sus representantes legales.

La representación de los trabajadores en la tramitación del procedimiento corresponderá a los sujetos indicados en el apartado 4 del artículo 41 del texto refundido de la Ley del Estatuto de los Trabajadores, aprobado por el Real Decreto Legislativo 2/2015, de 23 de octubre, en el orden y condiciones señalados en el mismo. Transcurridos los plazos indicados en el referido artículo sin que los trabajadores hayan designado representantes, el juez podrá acordar la intervención de una comisión de un máximo de tres miembros, integrada por los sindicatos más representativos y los representativos del sector al que la empresa pertenezca (art. 171.2 TRLC).

SEGUNDO.– Conforme señala el art. 172 TRLC, la adopción de las medidas previstas en el artículo 171 TRLC solo podrá solicitarse del juez del concurso una vez presentado el informe de la administración concursal, salvo que se estime que la demora en la aplicación de las medidas colectivas pretendidas puede comprometer gravemente la viabilidad futura de la empresa y del empleo o causar grave perjuicio a los trabajadores, en cuyo caso, y con acreditación de esta circunstancia, podrá realizarse la solicitud al juez en cualquier momento procesal desde la declaración de concurso.

En su virtud,

SUPLICO AL JUZGADO que teniendo por presentado este escrito, junto con sus documentos y copias de todo ello, lo admita, tenga por solicitada la extinción colectiva de los referidos contratos de trabajo y acuerde su extinción en los términos prevenidos en este escrito.

Es Justicia que pido en............, a........... de........... de...........

F503. ESCRITO DEL CONCURSADO SOLICITANDO LA EXTINCIÓN COLECTIVA DE LAS RELACIONES LABORALES ANTES DEL INFORME DE LA ADMINISTRACIÓN CONCURSAL. RIESGO DE COMPROMETER GRAVEMENTE LA VIABILIDAD FUTURA DE LA EMPRESA Y DEL EMPLEO EN CASO DE DEMORA EN LA ADOPCIÓN DE LA MEDIDA

Normativa de aplicación: *Arts. 169 y ss. Real Decreto Legislativo 1/2020, de 5 de mayo, por el que se aprueba el texto refundido de la Ley Concursal*

JUZGADO DE LO MERCANTIL Nº........... DE...........

..........., Procuradora de los Tribunales representación que consta debidamente acreditada en autos de Concurso Voluntario nº..........., seguidos a instancia de la concursada "...........", ante el Juzgado comparezco y como mejor proceda en Derecho DIGO:

Que por medio de la presente y al amparo de lo dispuesto en el artículo 169 y ss. TRLC solicito la extinción colectiva de las condiciones de trabajo en los contratos laborales de la mercantil concursada y ello en base a los siguientes:

HECHOS

PRIMERO.– Que con fecha........... de........... de..........., se presentó escrito solicitando la declaración de concurso voluntario de la mercantil........... que fue admitido con fecha........... de........... de...........

SEGUNDO.– De lo actuado hasta el momento, en concreto del informe de los Administradores concursales, se deduce la necesidad de la extinción colectiva de los siguientes contratos de trabajo........... que es necesaria para la continuidad de la empresa. Ello aun cuando no se ha emitido el informe de la administración concursal recogido en los arts. 290 y ss. TRLC.

TERCERO.– Que las modificaciones solicitadas son necesarias para al mantener la continuidad de la empresa concursada por una disminución continuada en la producción de la mercantil concursada. También por...........

CUARTO.– Que la demora en la adopción de la medida aquí instada puede comprometer gravemente la viabilidad futura de la empresa y del empleo de la deudora toda vez que...........

Por ello, procede la inmediata tramitación de la presente solicitud y la adopción de las medidas aquí instadas, pese a que no se haya emitido el informe de la administración concursal recogido en los arts. 290 y ss. TRLC.

Al efecto se acompaña...........

A estos hechos le son de aplicación los siguientes,

FUNDAMENTOS DE DERECHO

PRIMERO.– Conforme al art. 171.1 TRLC, podrán solicitar del juez del concurso la modificación sustancial de las condiciones de trabajo, el traslado, el despido, la suspensión de contratos o la reducción de jornada, de carácter colectivo, que afecten a los contratos de trabajo en que sea empleador el concursado, corresponde a este, a la administración concursal o a los trabajadores de la empresa concursada a través de sus representantes legales.

La representación de los trabajadores en la tramitación del procedimiento corresponderá a los sujetos indicados en el apartado 4 del artículo 41 del texto refundido de la Ley del Estatuto de los Trabajadores, aprobado por el Real Decreto Legislativo 2/2015, de 23 de octubre, en el orden y condiciones señalados en el mismo. Transcurridos los plazos indicados en el referido artículo sin que los trabajadores hayan designado representantes, el juez podrá acordar la intervención de una comisión de un máximo de tres miembros, integrada por los sindicatos más representativos y los representativos del sector al que la empresa pertenezca (art. 171.2 TRLC).

SEGUNDO.– Conforme señala el art. 172 TRLC, la adopción de las medidas previstas en el artículo 171 TRLC solo podrá solicitarse del juez del concurso una vez presentado el informe de la administración concursal, salvo que se estime que la demora en la aplicación de las medidas colectivas pretendidas puede comprometer gravemente la viabilidad futura de la empresa y del empleo o causar grave perjuicio a los trabajadores, en cuyo caso, y con acreditación de esta circunstancia, podrá realizarse la solicitud al juez en cualquier momento procesal desde la declaración de concurso.

En su virtud,

SUPLICO AL JUZGADO que teniendo por presentado este escrito, junto con sus documentos y copias de todo ello, lo admita, tenga por solicitada la extinción colectiva de los referidos contratos de trabajo y acuerde su extinción en los términos prevenidos en este escrito.

Es Justicia que pido en..........., a........... de........... de...........

F504. SOLICITUD DE EXPEDIENTE DE REGULACIÓN DE EMPLEO DE EXTINCIÓN COLECTIVA. FASE LIQUIDACIÓN

Normativa de aplicación: *Arts. 169 y ss. Real Decreto Legislativo 1/2020, de 5 de mayo, por el que se aprueba el texto refundido de la Ley Concursal*

AL JUZGADO DE LO MERCANTIL Nº........... DE...........

Concurso Voluntario

Ordinario nº ..../............

D............ Procuradora de los Tribunales, en nombre y representación de Don............, Administrador Concursal designado en los Autos de Procedimiento de Concurso Voluntario al margen referidos, y seguidos a instancias de la sociedad concursada, ante este Juzgado comparecen y, como mejor proceda en Derecho, DICEN:

Que por medio del presente escrito y al amparo de los previsto en el artículo 169 y ss. TRLC se presenta solicitud de EXPEDIENTE DE REGULACIÓN DE EMPLEO DE EXTINCIÓN COLECTIVA, consistente en la extinción de los contratos de trabajo de la totalidad de la plantilla de la sociedad ...., todo ello, con base en los argumentos que se exponen a continuación:

PRIMERO.– EMPRESA SUJETA AL PRESENTE ERE

La mercantil ...., con CIF ...., tiene situado su domicilio social en ...., lugar donde se encuentra el centro de sus intereses principales.

Se constituyó por un período indefinido, bajo la forma de Sociedad Limitada, mediante escritura otorgada en ...., el............ de .... de ...., otorgada ante el Notario Don............, bajo el número .... de su protocolo y con la denominación social .... La sociedad se encuentra inscrita en el Registro Mercantil de ...., al Tomo .... de la Sección de Sociedades, folio ...., hoja ....

El órgano de administración de .... se encuentra formado por un Administrador único, cargo que recae en la persona de Don............, si bien, las facultades de dicho órgano se encuentran suspendidas al haberse aperturado la fase de liquidación de la sociedad en el propio Auto de declaración de concurso de acreedores.

SEGUNDO.– SOLICITUD DE MEDIDA EXTINTIVA DE LOS CONTRATOS DE TRABAJO Y CAUSAS MOTIVADORAS

El objeto social de .... indicado en sus estatutos es ....

La sociedad presentó solicitud de declaración de concurso con apertura de la fase de liquidación a la que se adjuntó propuesta vinculante de adquisición de la unidad productiva

Mediante auto dictado por el Juzgado de lo Mercantil nº .... de ...., se declaró el concurso de acreedores de todas las mercantiles con apertura de fase de liquidación y se iniciaron los trámites judiciales para la aprobación de la oferta por la unidad productiva presentada.

La venta de la unidad productiva se ha visto frustrada y la actividad de la concursada durante el procedimiento no ha sido suficiente para atender los costes de la misma, imposibilitando, por tanto, la continuidad de la actividad en aras de obtener ofertas por la misma.

Debido a esta circunstancia y en aras de no perjudicar a los trabajadores de alta en la concursada, se debe proceder a la extinción de la totalidad de los contratos de trabajo existentes de forma progresiva en función de las necesidades de la concursada.

TERCERO.– ACUERDO ALCANZADO

La mercantil .... cuenta con .... trabajadores, afectados todos ellos por la medida que se solicita, contándose con tres representantes y habiéndose tramitado el expediente con ellos.

La empresa comunicó a todos los trabajadores su intención de iniciar el procedimiento de extinción de los contratos de trabajo por causas objetivas en fecha ....

La mayoría de los representantes de los trabajadores reconocen la concurrencia de las causas económicas alegadas, *habiéndose alcanzado un acuerdo, tras el oportuno periodo de consultas para proceder a la extinción de los contratos, por lo que no es necesario la apertura de periodo de consultas de conformidad con lo dispuesto en el artículo 176.1 TRLC.*

Cada uno de los trabajadores de ....devengará por la extinción objetiva de su contrato de trabajo, una indemnización equivalente a 20 días de salario por año trabajado con el tope de 12 mensualidades.

CUARTO.– DOCUMENTACIÓN QUE SE ACOMPAÑA A LA SOLICITUD

DOCUMENTO Nº 1.– Memoria explicativa de la medida colectiva solicitada, y las causas motivadoras de las mismas.

DOCUMENTO Nº 2.– Relación de trabajadores afectados y datos identificativos de éstos.

DOCUMENTO Nº 3.– Acta de acuerdo alcanzado para la solicitud de extinción de los contratos de trabajo firmada por la mayoría de los representantes de los trabajadores.

Por lo expuesto,

SUPLICO AL JUZGADO, que teniendo por presentado este escrito junto con los documentos que se acompañan, se sirva admitirlo, y, previos los trámites establecidos en el artículo 64 de la Ley Concursal, dicte Auto autorizando la extinción de todos contratos de trabajo de la mercantil concursada de forma progresiva en función de las necesidades de la sociedad.

En ...., a .... de .... de ....

Fdo. .... Fdo. ....

Procurador de los Tribunales Administración Concursal

F505. MEMORIA EXPLICATIVA PARA LA SUSPENSIÓN DE EMPLEOS

Normativa de aplicación: *Arts. 169 y ss. Real Decreto Legislativo 1/2020, de 5 de mayo, por el que se aprueba el texto refundido de la Ley Concursal*

MEMORIA EXPLICATIVA PARA LA SUSPENSIÓN DE LOS CONTRATOS DE TRABAJO DE LA ENTIDAD ....

1. ANTECEDENTES

La mercantil ...., con CIF ...., tiene situado su domicilio social en ...., lugar donde se encuentra el centro de sus intereses principales.

Se constituyó por un período indefinido, bajo la forma de Sociedad Limitada, mediante escritura otorgada en ...., en fecha .... de .... de ...., otorgada ante el Notario don XXX número XXX de su protocolo y con la denominación social .... La sociedad se encuentra inscrita en el Registro Mercantil de ...., al Tomo .... de la Sección de Sociedades, folio ...., hoja ....

El órgano de administración de .... se encuentra formado por un Administrador único, cargo que recae en la persona de Don..........., si bien, las facultades de dicho órgano se encuentran suspendidas al haberse aperturado la fase de liquidación de la sociedad en el propio Auto de declaración de concurso de acreedores.

El objeto social de .... indicado en sus estatutos es ....

El capital social de .... asciende a la cantidad de ....euros (...........€) dividido en ....sociales (...........) de .... euro (...........€) de valor nominal. El capital está totalmente suscrito y desembolsado.

Actualmente las cuentas no precisan ser sometidas a verificación de auditor.

Para realizar la presente memoria se ha tenido en cuenta la situación de la sociedad en el ejercicio .... y ....

2. CAUSAS MOTIVADORAS DE LA SUSPENSIÓN

La sociedad .... presentó solicitud de concurso en el Juzgado de lo mercantil de .... junto con las mercantiles ....

De conformidad con lo dispuesto en el artículo 406 y 224 bis TRLCse solicitó la liquidación desde el inicio, acompañándose junto con la solicitud del concurso, propuesta vinculante de compra de unidad productiva en funcionamiento para su aprobación y autorización por parte del Juzgado.

Habiéndose frustrado la venta de la unidad productiva y, dado que, la actividad de la concursada durante el procedimiento concursal no ha sido suficiente para atender los costes de la misma, imposibilitando su mantenimiento en aras de obtener otras ofertas, es necesaria la medida que se adopta de extinción de los contratos de trabajo, en aras de no perjudicar de forma innecesaria a los mismos.

Las ventas de la sociedad se han visto afectadas por la situación económica en que se encuentra la misma, así como la totalidad de empresas del grupo de empresas del que forma parte, dado que, todas ellas se encuentran en concurso de acreedores, en fase de liquidación.

Debido a estas circunstancias se debe proceder a la extinción de la totalidad de los contratos de trabajo existentes, en estos momentos, ... trabajadores.

3. OBJETIVO DE LA EXTINCIÓN

Ante la situación anteriormente expuesta resulta necesaria la adopción de esta medida ante la imposibilidad manifiesta de la sociedad para mantener la actividad en aras de poder obtener posibles ofertas por la unidad productiva y para no perjudicar indebidamente a los trabajadores.

4. ALCANCE DE LA EXTINCIÓN

Centro de trabajo: El centro de trabajo afectado es el único de que dispone esta empresa, y que se ubica en ....

Trabajadores afectados: La extinción afectará a la totalidad de los trabajadores de esta entidad, y que se relacionan en el ANEXO I.

Efectos de la extinción (indemnización): Cada uno de los trabajadores de .... devengará por la extinción objetiva de su contrato de trabajo, una indemnización equivalente a 20 días de salario por año de servicio con el tope de 12 mensualidades.

5. CONCLUSIONES

La situación reflejada en la presente Memoria y la que consta en la solicitud de declaración de concurso de la Sociedad, reflejan la manifiesta necesidad de la adopción de la medida laboral solicitada, en aras de no perjudicar a los trabajadores de la Sociedad.

En ...., a .... de .... de ....

F506. ACTA ACUERDOS EXTINCIÓN CONTRATOS DE TRABAJO

Normativa de aplicación: *Arts. 169 y ss. Real Decreto Legislativo 1/2020, de 5 de mayo, por el que se aprueba el texto refundido de la Ley Concursal*

ACTA DE ACUERDO para la solicitud de extinción de los contratos de trabajo de la mercantil .... ante el Juzgado de lo Mercantil nº .... de ....– Autos del Concurso Voluntario Ordinario nº ..../...........

En .... a .... de .... de ....

REUNIDOS:

Don..........., con domicilio en ...., provisto de DNI ...., Don........... con domicilio en ...., provisto de DNI .... y Don..........., con domicilio en ...., provisto de DNI ....

Don..........., con domicilio profesional en ...., provisto de DNI nº ....

INTERVIENEN:

Don..........., Don........... y Don..........., en su calidad de representantes de los trabajadores de la mercantil ...., con domicilio en .... y CIF nº ...., y Don........... en su condición de Administrador Concursal de la mercantil .... nombrado en el procedimiento concursal voluntario nº ..../........... que se tramita ante el Juzgado de lo Mercantil nº .... de ...., por Auto de fecha ....de ....X de .... en el que se declara el concurso de acreedores y se apertura la fase de liquidación de la mercantil.

Todos los comparecientes, reconociéndose recíprocamente la representación que dicen ostentar, libre y voluntariamente convienen en exponer los siguientes:

ANTECEDENTES

PRIMERO.– Por parte de la entidad mercantil .... se va a proceder a solicitar ante el Juzgado de lo Mercantil nº .... de ...., en los autos del Concurso Voluntario o nº ...., solicitud para la extinción de la totalidad de los contratos de trabajo de esta empresa.

SEGUNDO.– Por parte de la empresa se ha hecho entrega, a los representantes de los trabajadores, de la documentación económica de la empresa consistente, dada la escasa vida mercantil de la misma, en una memoria explicativa de las causas motivadoras de la extinción interesada, así como el anexo relativo a los trabajadores afectados junto con sus datos laborales.

TERCERO.– Tras haber sido examinada la referida documentación por los representantes de los trabajadores, se ha mantenido reunión entre la administración concursal y los representantes trabajadores tendentes a tratar la conveniencia de la medida a solicitar por la empresa, habiendose alcanzado un acuerdo entre las partes, lo que documentan por medio de esta acta en la que se alcanzan los siguientes

ACUERDOS

PRIMERO.– Ambas partes acuerdan la extinción de los .... contratos de trabajo cuya relación nominativa se contiene en el listado de trabajadores afectados que se acompaña como ANEXO DE TRABAJADORES AFECTADOS, y que integran la totalidad de la plantilla del único centro de trabajo de que dispone la empresa sito en ....

SEGUNDO.– La mayoría de los representantes de los trabajadores en el día de hoy manifiestan su conformidad con el despido colectivo que afecta a los .... trabajadores de la empresa, reconociendo la validez de la causa económica que motiva el mismo y en consecuencia admite su procedencia, así como reconoce la ausencia de tesorería suficiente con la que poner a su efectiva disposición el total montante indemnizatorio por los despidos efectuados.

TERCERO.– Cada uno de los trabajadores de .... devengará por la extinción objetiva de su contrato de trabajo, una indemnización equivalente a 20 días de salario por año de servicio con el tope de 12 mensualidades.

A la vista de todo cuanto antecede y estando todas las partes conformes y en la representación que comparecen, firman la presente acta después de leída por sí y de total conformidad, aceptando expresamente en los términos expuestos extinguir los contratos de trabajo en el seno del ERE de .... que afecta a los .... trabajadores de la plantilla de empleados, con efectos a partir de la resolución judicial que autorice la medida extintiva y de manera progresiva en función de las necesidades de la sociedad.

Lo que firman las partes en prueba de su íntegra conformidad, en fecha y lugar "ut supra".

F507. LISTA TRABAJADORES AFECTADOS POR ERE

	ANNEX I TREBALLADORS AFECTATS ANEXO I TRABAJADORES AFECTADOS		PAGINA 1

	NÚM. DE EXPEDIENT/NÚM. DE EXPEDIENTE

A DADES DE L'EMPRESA/DADOS DE LA EMPRESA

NIF	*NOM O RAÓ SOCIAL*	*DIREC-CIÓ*	*MUNI-CIPIO*	*PRO-VIN-CIA*	*TELE-FÓN*	*FAX*	*NÚM. S.S.*	*CORREU ELECTRÓNIC*	*DATA CONSTI-TUCIÓ*
NIF	*NOMBRE O DENOMI-NACIÓN SOCIAL*	DIREC-CIÓN	MUNI-CIPIO	PRO-VIN-CIA	TELÉ-FONO	FAX	NÚM. S.S.	CORREO ELECTRÓNICO	FECHA CONS-TITUCIÓN

B DADESDEL CENTRE DE TREBALL/DATOS DEL CENTRO DE TRABAJO

NIF	*NOM O RAÓ SOCIAL*	*DIREC-CIÓ*	*MUNI-CIPIO*	*PRO-VIN-CIA*	*TELE-FÓN*	*FAX*	*NÚM. S.S.*	CORREU ELECTRÓNIC
NIF	NOMBRE O DENOMI-NACIÓN SOCIAL	DIREC-CIÓN	MUNI-CIPIO	PRO-VIN-CIA	TELÉ-FONO	FAX	NÚM. S.S.	CORREO ELECTRÓNICO

C RELACIÓ DE TREBALLADORS AFECTATS/RELACIÓN DE TRABAJADORES AFECTADOS

	DADES PERSONALS/DATOS PERSONALES	DADES LABORALS/DATOS LABORALES

NIF	COGNOM 1	COGNOM 2	NOM	DIRECCIÓ	MUNICIPIO	PROVINCIA	TELEFÓN	DATA NAIXEMENT	NÚM. S.S.	DATA INGRÉS	LLOC TREBALL	GRUP ROFESSIONAL		SOU MES
NIF	APELLIDO 1	APELLIDO 2	NOMBRE	DIRECCIÓN	MUNICIPIO	PROVINCIA	TELÉFONO	FECHA NACIMIENTO	NÚM. S.S.	FECHA INGRESO	PUESTO TRABAJO	GRUPO PROFESIONAL		SUELDO MES

														PAGINA 2
C RELACIÓ DE TREBALLADORS AFECTATS/RELACIÓN DE TRABAJADORES AFECTADOS														
	DADES PERSONALS/DATOS PERSONALES								DADES LABORALS/DATOS LABORALES					
NIF	COGNOM 1	COGNOM 2	NOM	DIRECCIÓ	MUNICIPIO	PROVINCIA	TELEFÓN	DATA NAIXEMENT	NÚM. S.S.	DATA INGRÉS	LLOC TREBALL	GRUP PROFESSIONAL		SOU MES
NIF	APELLIDO 1	APELLIDO 2	NOMBRE	DIRECCIÓN	MUNICIPIO	PROVINCIA	TELÉFONO	FECHA NACIMIENTO	NÚM. S.S.	FECHA INGRESO	PUESTO TRABAJO	GRUPO PROFESIONAL		SUELDO MES

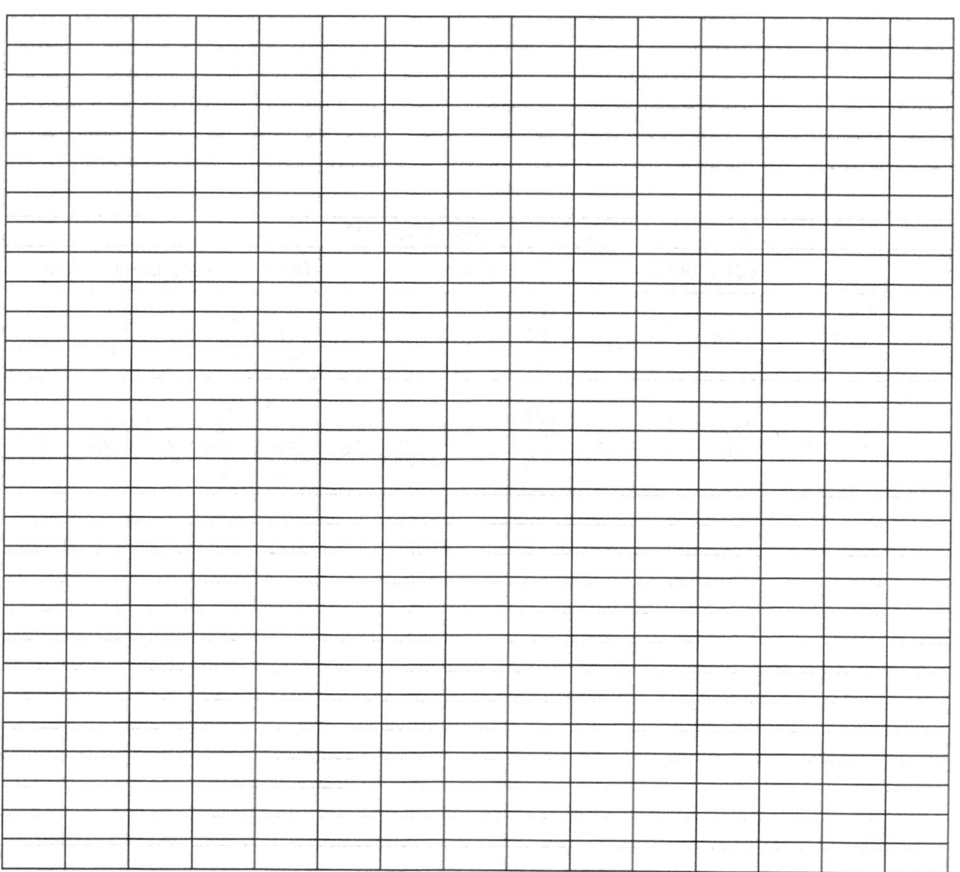

F508. ESCRITO DEL CONCURSADO INSTANDO A LOS ADMINISTRADORES CONCURSALES LA EXTINCIÓN/SUSPENSIÓN DE UN CONTRATO DE ALTA DIRECCIÓN

Normativa de aplicación: *Arts. 186 y ss. Real Decreto Legislativo 1/2020, de 5 de mayo, por el que se aprueba el texto refundido de la Ley Concursal*

A LOS ADMINISTRADORES CONCURSALES DE LA COMPAÑÍA............ S.A.

Muy Sres. nuestros:

Con relación al concurso voluntario de........... S.A. que se sigue ante Juzgado de lo mercantil núm. .... de........... bajo el número de autos..........., y en mi condición de legal representante de la misma, cúmpleme requerirles en el siguiente sentido:

I.– Que tal y como Uds. conocen, tiene suscrito la sociedad Contrato de Alta dirección con D..........., desde fecha........... Copia del mismo les adjunto a la presente.

II.– Que habida cuenta las especiales circunstancias en las que se encuentra nuestra compañía, las tareas y responsabilidades del puesto de trabajo de D........... han perdido contenido y eficacia de manera sustancial. Asimismo, el coste del citado contrato supone una carga que no resulta proporcionada para el contexto en el que se encuentra nuestra sociedad.

III.– Que el art. 185.1 TRLC prevé que durante la tramitación del concurso, la administración concursal, por propia iniciativa o a instancia del deudor, podrá extinguir o suspender los contratos de éste con el personal de alta dirección.

IV.– Que a la vista de todo lo anterior, y al amparo del reseñado art. 185 TRLC, se REQUIERE de esta Administración Concursal que

1.– Proceda a Extinguir/Suspender con efectos desde el próximo día..........., el Contrato de Alta Dirección de fecha........... suscrito por nuestra sociedad con D..........., de conformidad con la facultad prevista en el citado precepto.

2.– Se realicen cuantos actos y trámites en derecho deriven de la Extinción/Suspensión interesada, en especial la comunicación al juez del concurso a los efectos, de una eventual moderación de la indemnización contractual, y/o el aplazamiento del pago de tal crédito indemnizatorio hasta la firmeza de la sentencia de calificación, de conformidad con art. 185 TRLC, proponiéndose por esta parte...........,

Atentamente,

F509. ESCRITO DE LOS ADMINISTRADORES CONCURSALES INTERESANDO LA EXTINCIÓN DE UN CONTRATO DE ALTA DIRECCIÓN CON EL CONCURSADO SOLICITANDO EL APLAZAMIENTO DEL PAGO DE LA INDEMNIZACIÓN

Normativa de aplicación: *Arts. 186 y ss. Real Decreto Legislativo 1/2020, de 5 de mayo, por el que se aprueba el texto refundido de la Ley Concursal*

AL JUZGADO DE LO MERCANTIL DE...........

D..........., único integrante la Administración Concursal designada en el presente procedimiento de concurso núm. .... seguido ante este Juzgado comparezco y como mejor proceda en Derecho DIGO:

PRIMERO.– Que la sociedad concursada tiene suscrito Contrato de fecha........... de Alta dirección con D..........., en cuya cláusula........... se prevé una indemnización a favor del trabajador de...........euros en caso de desistimiento contractual a instancias de la empresa. Copia del contrato se adjunta al presente escrito como Doc. 1.

SEGUNDO.– Que habida cuenta las especiales circunstancias en las que se encuentra la concursada, las tareas y responsabilidades del puesto de trabajo de D........... han perdido contenido y eficacia de manera sustancial. Asimismo, el coste del citado contrato supone una carga que no resulta proporcionada para el contexto en el que se encuentra sociedad concursada.

TERCERO.– Que el art. 186.1 TRLC prevé que durante la tramitación del concurso, la administración concursal, por propia iniciativa o a instancia del concursado, podrá extinguir o suspender los contratos de este con el personal de alta dirección.

CUARTO.– Considerando todo lo anteriormente expuesto, esta Administración Concursal ha decidido extinguir el Contrato de Alta Dirección descrito en el apartado Primero anterior, con efectos desde el día...........

QUINTO.– Que a la vista de la indemnización contractual prevista de...........euros a favor del trabajador D..........., estima esta Administración concursal que su cuantía estaba prevista para otro contexto jurídico-económico de la sociedad concursada, por lo que su íntegro abono sería excesivamente gravoso para la misma, siendo más lógica una indemnización de........... En cualquier caso, estima esta administración concursal que es conveniente que se aplace su pago hasta la efectiva firmeza de la sentencia de calificación, habida cuenta las responsabilidades y poderes efectivos que en la marcha de la sociedad el Sr. .... ha venido ostentando, así como...........

SEXTO.– Los arts. 186.2 y 188 TRLC facultan al Juez, en caso de extinguirse, a moderar la indemnización pactada en un contrato de Alta Dirección, y a aplazar su pago hasta la firmeza de la sentencia de calificación.

Señala el art. 186.2 TRLC que en caso de extinción del contrato de trabajo, el juez del concurso podrá moderar la indemnización que corresponda al alto directivo, quedando sin efecto en ese caso la que se hubiera pactado en el contrato, con el límite de la indemnización establecida en la legislación laboral para el despido colectivo.

Y el art. 188 TRLC, según el cual, la administración concursal podrá solicitar del juez que el pago del crédito relativo a la indemnización que corresponda al alto directivo se aplace hasta que sea firme la sentencia de calificación.

En virtud de lo expuesto

SUPLICO AL JUZGADO: Que teniendo por presentado este escrito con sus documentos, se admitan, y teniendo por presentada comunicación de extinción de contrato de Alta Dirección suscrito por D........... con la concursada........... S.A., se tenga por extinguido tal contrato, ratificándose la citada extinción por este Juzgado en cuanto fuera menester, y por manifestada la solicitud de moderar la indemnización fijándola en la suma de...........euros, se resuelva aplazar el pago de la misma hasta que la sentencia de calificación sea firme.

En..........., a........... de........... de dos mil...........

F510. AUTO EXTINGUIENDO CONTRATO DE ALTA DIRECCIÓN, MODERANDO INDEMNIZACIÓN Y DENEGANDO EL APLAZAMIENTO DE SU PAGO HASTA SENTENCIA FIRME DE CALIFICACIÓN

Normativa de aplicación: *Arts. 186 y ss. Real Decreto Legislativo 1/2020, de 5 de mayo, por el que se aprueba el texto refundido de la Ley Concursal*

En la ciudad de..........., a........... de........... de...........

ANTECEDENTES DE HECHO

PRIMERO.– Que en fecha........... de........... de........... se presentó escrito por la administración concursal suplicando se tuviera por extinguido el contrato de alta dirección de fecha de........... de..........., y solicitando el aplazamiento del pago de la indemnización pactada en el citado contrato de alta dirección suscrito por D........... con la compañía concursada........... S.A.

SEGUNDO.– Del referido escrito se dio traslado a ...., la concursada, y demás partes personadas con el resultado obrante en autos.

TERCERO.– El referido contrato de alta dirección definía las siguientes tareas y responsabilidades del puesto de trabajo:

– ....

– ....

Funciones para los cuales se pactó una retribución de........... anuales/mensuales, y en concepto de retribución en especie...........

Para el supuesto de desistimiento unilateral de la empresa, se fijaba una indemnización de...........euros.

TERCERO.– La situación financiera de la concursada, según la memoria económica presentada en su demanda de declaración de concurso voluntario, ha venido causada entre otros factores por...........

FUNDAMENTOS DE DERECHO

PRIMERO.– De conformidad con el art. 186.1 TRLC, durante la tramitación del concurso, la administración concursal, por propia iniciativa o a instancia del concursado, podrá extinguir o suspender los contratos de este con el personal de alta dirección.

Igualmente, la administración concursal podrá solicitar del juez que el pago del crédito relativo a la indemnización que corresponda al alto directivo se aplace hasta que sea firme la sentencia de calificación (art. 188 TRLC).

SEGUNDO.– No habiéndose promovido incidente por parte de D............ impugnando la extinción de su contrato de alta dirección, y atendidas las razones y motivos económicos alegados por la administración concursal para la extinción de tal contrato, ha de estimarse ajustada a derecho tal resolución contractual.

TERCERO.– Respecto del aplazamiento del pago de la indemnización, el referido art. 188 TRLC asocia aquél a la firmeza de la sentencia de calificación, esto es a la sección sexta, la cual conocerá —de darse los requisitos legales para su apertura— del juicio de responsabilidad sobre la calificación del concurso como fortuito o culpable, y de las personas a las que deba afectar en su caso la calificación de concurso culpable.

De esta forma, no habiéndose alcanzado aún el momento procesal de apertura eventual de la sección sexta, la petición de aplazamiento se convierte en un juicio indiciario sobre las responsabilidades que eventualmente podría ostentar el alto directivo respecto de la gestión y participación en la marcha de la concursada.

Sin embargo, la administración concursal ha limitado su justificación de la necesidad de aplazamiento únicamente en que D............, ostentaba el cargo de Gerente en la concursada desde el año............ y que por tal hecho ya debiera prudentemente aplazarse el pago de su crédito indemnizatorio.

No comparte este juzgador tal criterio, por cuanto entiende que no consta acreditado, siquiera indiciariamente, fundamento mínimo para tal sospecha de responsabilidad relevante en este momento procesal.

CUARTO.– No obstante, el art. 186.2 TRLC señala que en caso de extinción del contrato de trabajo, el juez del concurso podrá moderar la indemnización que corresponda al alto directivo, quedando sin efecto en ese caso la que se hubiera pactado en el contrato, con el límite de la indemnización establecida en la legislación laboral para el despido colectivo.

Ha de aplicarse en el presente supuesto la facultad moderadora en atención a las razones expuestas, respecto de este concreto extremo, por la administración concursal. Habida cuenta no sólo el notorio perjuicio económico que para la concursada supondría el pago de la cantidad contractualmente prevista, sino también la manifiesta y sustancial modificación de las circunstancias para ambas partes contractuales, las causas de la extinción, y la situación jurídica de concurso a la que se ha visto abocada............ S.A., de la cual, sin prejuzgar responsabilidad alguna, sí ha de convenirse no resulta completamente ajeno el Sr. .... en su condición de director generalde la concursada.

Ha de considerarse razonable a tal efecto la moderación de la indemnización hasta fijarla en un total de...........euros en atención a las razones y circunstancias expuestas, cuantía que en todo caso respeta los límites previstos en el art. 186.2 TRLC.

DISPONGO

Estimando parcialmente lo suplicado por la administración concursal en su escrito de fecha..........., se acuerda:

1.– Tener por extinguido el contrato de alta dirección de fecha..........., suscrito por D........... con la compañía concursada........... S.A., ratificando este Juzgado tal extinción en cuanto fuera menester.

2.– Moderar la indemnización prevista en el contrato reseñado en el punto anterior, hasta un montante total de...........euros.

3.– Desestimar la solicitud de aplazamiento del pago hasta la firmeza de la sentencia de calificación, del crédito derivado de la indemnización a favor de D........... resultante de la reseñada extinción contractual.

Notifíquese la resolución al deudor y demás partes personadas a través de su representación procesal, haciéndole saber que contra la misma cabe recurso de reposición en el plazo de cinco días a contar desde que se notifique la presente resolución.

De conformidad con lo establecido en la Disposición Adicional 15ª LOPJ (según la redacción dada por la LO 1/09), la interposición de recurso contra resoluciones judiciales, no podrá ser admitida a trámite sin la acreditación del depósito previsto en la citada Ley a efectos de recurrir, debiendo presentarse copia o resguardo de tal depósito en las cuenta de consignaciones de este Juzgado.

Todo lo cual pronuncia, manda y firma el Ilmo. Sr. ...., Magistrado Juez del Juzgado de lo Mercantil núm. .... de...........

F511. ESCRITO DEL CONCURSADO INSTANDO A LOS ADMINISTRADORES CONCURSALES LA REHABILITACIÓN DE UNA LÍNEA DE CRÉDITO

Normativa de aplicación: *Arts. 166 y ss. Real Decreto Legislativo 1/2020, de 5 de mayo, por el que se aprueba el texto refundido de la Ley Concursal*

A LOS ADMINISTRADORES CONCURSALES DE LA COMPAÑÍA........... S.A.

Muy Sres. nuestros:

Con relación al concurso voluntario de nuestra compañía........... S.A. que se sigue ante Juzgado de lo mercantil núm. .... de........... bajo el número de autos..........., y en mi condición de legal representante de la misma, cúmpleme requerirles en el siguiente sentido:

I.– Que tal y como Uds. conocen, tenía suscrito la sociedad una línea de crédito con la entidad bancaria…………, desde fecha…………, y copia del documento les adjunto a la presente.

II.– Que habida cuenta las especiales circunstancias en las que se encontraba nuestra compañía, resultó el impago de las cuotas de amortización/intereses devengados provocando el vencimiento anticipado del referido contrato de préstamo con la entidad…………, según su comunicación de fecha…………, es decir dentro de los tres meses anteriores a la declaración del concurso, el cual fue declarado mediante auto de fecha………… de………… de dos mil………… Les adjuntamos copia la comunicación del vencimiento anticipado a la presente.

III.– Que resulta manifiesta la necesidad para la compañía de poder disponer del crédito suscrito con la entidad…………, a fin de poder continuar mínimamente con las actividades propias de nuestra sociedad.

IV.– Que la cuantía de las cuotas impagadas ascendería a día de hoy a la suma de…………euros, cifra que entendemos asumible para la compañía considerando la importancia que la línea de crédito supone para el adecuado funcionamiento de la misma.

V.– Que el art. 166.1 TRLC prevé que la administración concursal, por propia iniciativa o a instancia del concursado, podrá rehabilitar a favor de este los contratos de crédito, préstamo y demás de financiación cuyo vencimiento anticipado por impago de cuotas de amortización o de intereses devengados se haya producido dentro de los tres meses precedentes a la declaración de concurso.

VI.– Que a la vista de todo lo anterior, y al amparo del reseñado art. 166 TRLC, se REQUIERE de esta Administración Concursal que

1.– Proceda a rehabilitar con efectos desde el próximo día…………, el Contrato de………… de fecha………… suscrito por nuestra sociedad con la entidad………… de conformidad con la facultad prevista en el citado precepto, a la vista de que se encuentra dentro del supuesto legal de vencimiento anticipado del crédito dentro de los tres meses anteriores a la declaración del concurso.

2.– Se realicen cuantos actos y trámites en derecho deriven de la Rehabilitación interesada, en especial la notificación al acreedor de la interesada rehabilitación del contrato, se satisfaga o consigne la totalidad de las cantidades debidas al momento de la rehabilitación, y que asciende a…………euros, y se asuma formalmente los pagos futuros con cargo a la masa. Todo ello en los términos del art. 166.2 TRLC.

Atentamente,

F512. ESCRITO DE LA ADMINISTRACIÓN CONCURSAL DIRIGIDO A UNA ENTIDAD BANCARIA NOTIFICANDO LA REHABILITACIÓN DE UN CONTRATO DE CRÉDITO CON LA CONCURSADA

Normativa de aplicación: *Arts. 166 y ss. Real Decreto Legislativo 1/2020, de 5 de mayo, por el que se aprueba el texto refundido de la Ley Concursal*

Muy señores nuestros:

I.– Mediante auto de fecha..........., por el Juzgado de lo Mercantil núm. .... de..........., se declaró el concurso voluntario de la compañía........... S.L. En dicho auto, igualmente, quienes suscriben la presente, fuimos nombrados administradores concursales de........... S.L.

II.– Según consta en dicho concurso, ustedes ostentan la condición de acreedor de la compañía........... S.L. por cuantía de...........euros derivados del impago de determinadas cuotas de amortización/intereses devengados en virtud de contrato de........... de fecha........... de........... de dos mil...........

III.– Igualmente consta por mención que nos ha hecho la concursada, la comunicación de fecha........... de........... de dos mil........... por la cual procedían Uds. al vencimiento anticipado del referido contrato con la concursada.

IV.– Que el art. 166.1 TRLC prevé que La administración concursal, por propia iniciativa o a instancia del concursado, podrá rehabilitar a favor de este los contratos de crédito, préstamo y demás de financiación cuyo vencimiento anticipado por impago de cuotas de amortización o de intereses devengados se haya producido dentro de los tres meses precedentes a la declaración de concurso.

V.– Considerando la conveniencia que estima esta administración concursal de rehabilitar el referido contrato a fin de facilitar la financiación suficiente para la continuación de las actividades de la concursada, por la presente LE NOTIFICAMOS LA REHABILITACIÓN del contrato de fecha de........... de dos mil........... que tenían Uds. suscrito con la concursada........... S.L., al amparo del antedicho art. 166 TRLC, para lo cual:

1° Les abonamos la totalidad de las cantidades debidas a fecha de hoy, mediante transferencia a su cuenta núm. .... copia de la misma adjuntada a la presente notificación.

2° Se asumen los pagos futuros del referido contrato con cargo a la masa, constando así con tal calificación a los efectos del presente concurso.

3° Se hace constar, a la vista de lo señalado en los apartados 2 y 3 del art. 166 TRLC, a) que la presente notificación del ejercicio de la facultad de rehabilitación se realiza antes de que finalice el plazo para presentar la comunicación de créditos, y como acabo de señalar, con simultánea satisfacción de las cantidades debidas al momento de la rehabilitación y con asunción de los pagos futuros con cargo a la masa y b) que no concurre circunstancia alguna que impida la rehabilitación pretendida, o les permita oponerse a la misma, pues ustedes no iniciaron antes de la declaración de concurso el ejercicio de las acciones en reclamación del pago de las cantidades debidas contra el propio deudor, no concurriendo en este caso ningún codeudor solidario o garante de dicha deuda.

Atentamente

D...........

Administración concursal de........... S.L.

F513. DEMANDA INCIDENTAL EN OPOSICIÓN A LA REHABILITACIÓN DE UN CONTRATO DE CRÉDITO POR LA ADMINISTRACIÓN CONCURSAL

Normativa de aplicación: *Arts. 166 y ss. Real Decreto Legislativo 1/2020, de 5 de mayo, por el que se aprueba el texto refundido de la Ley Concursal*

Autos nº...........

AL JUZGADO MERCANTIL Núm. .... DE...........

..........., Procurador que actúa en nombre y representación del acreedor........... S.A., según acredito mediante poder general para juicios que adjunto, y con la asistencia letrada de D........... col. núm. .... y domicilio profesional en..........., ante el Juzgado comparezco y DIGO:

Que mediante el presente escrito, y al amparo del arts. 166.3 y 532 y ss. TRLC. formulo DEMANDA INCIDENTAL DE OPOSICIÓN A LA REHABILITACIÓN DE UN CONTRATO DE CRÉDITO suscrito por mi mandante........... S.A., contra la concursada..........., con domicilio en..........., y contra la Administración Concursal compuesta por Don...........

HECHOS

PRIMERO.– Que mi mandante es la entidad bancaria..........., y es acreedor del concursado por la cantidad de...........euros, por causa de un contrato de Crédito (o préstamo), celebrado con el deudor concursado en fecha........... Por el impago de........... mensualidades de las cuotas pactadas y al amparo de la cláusula........... del documento contractual, comunicó el vencimiento anticipado del contrato, y promovió la correspondiente reclamación judicial, demanda de fecha..........., ante el Juzgado de 1° Instancia nº........... de los de la ciudad de..........., el que se encuentra en trámite de..........., derecho que ejerció conforme la cláusula nº........... del mencionado contrato.

Aún constando en la documentación obrante en este concurso, acompañamos por economía procesal:

1.– Copia del contrato de fecha...........

2.– Copia de la comunicación del vencimiento anticipado del contrato, de fecha...........

3 y 4.– Copia de la demanda y del Auto de admisión a trámite de la reclamación de pago, de fecha........... dictado por el Juzgado de 1ª Instancia de........... en los autos núm. ....

SEGUNDO.– Mediante auto de fecha..........., por este Juzgado de lo Mercantil núm. .... de..........., se declaró el concurso voluntario de la compañía........... S.L., auto que, por extracto, fue publicado en el Boletín Oficial del Estado el pasado día........... Por lo que a efectos del art. 166.2 TRLC en relación con los arts. 28.1.5º y 255 y ss. TRLC, el plazo de comunicación de créditos finalizaba el pasado...........

Se acompaña copia del fragmento del BOE de fecha..........., como Doc. 5.

TERCERO.– Sin embargo, la administración concursal comunicó a mi principal, mediante notificación de fecha..........., la rehabilitación del reseñado contrato, ofreciendo a mi mandante el abono de lo adeudado por amortización de capital, así como los intereses correspondientes, más los moratorios, suma total que cuantificaba unilateralmente a la cantidad de...........euros.

Adjuntamos como Doc. 6 la notificación de la administración concursal rehabilitando el contrato, y como Doc. 7 justificación documental de las cantidades realmente adeudadas a esa fecha según las condiciones contractuales, y que asciende a un total...........– euros según el desglose justificado.

CUARTO.– Teniendo en consideración las circunstancias alegadas más arriba, así como los documentos aportados, reclamamos el auxilio judicial para amparar nuestra expresa oposición a la rehabilitación interesada por la Administración Concursal del contrato de fecha..........., no resultando ajustada a derecho, y según lo previsto en el art. 166 TRLC, por cuanto:

1.– El vencimiento anticipado de tal contrato se produjo el día..........., es decir más de tres meses de antes de la declaración del concurso que recayó el día........... por Auto de esa fecha.

2.– La notificación de rehabilitación del contrato de crédito, se realizó el día..........., es decir con posterioridad al plazo de presentación para la comunicación de créditos, el cual finalizó el pasado..........., un mes después del más arriba reseñado anuncio en el BOE.

3.– El ofrecimiento de pago de la administración concursal no cubría el total de las cantidades adeudadas, según constatábamos en el hecho tercero anterior.

4.– Con anterioridad a la apertura del concurso (demanda de fecha........... y Auto de de declaración de concurso de fecha...........) mi mandante había iniciado las acciones judiciales contra la ahora concursada y los codeudores solidarios y garantes, en reclamación del pago debido por el contrato objeto de Litis...........

FUNDAMENTOS DE DERECHO

I.– COMPETENCIA

Art. 44, 45, 52 y 166 TRLC

Suscitada la cuestión sobre la adecuación a derecho de una rehabilitación contractual ex art. 166 TRLC, compete al Juez del Concurso, debiendo ventilarse por el cauce del incidente concursal.

II.– CAPACIDAD Y LEGITIMACIÓN

Las partes ostentan la capacidad pertinente en virtud de lo dispuesto en el art. 6 de la Ley de Enjuiciamiento Civil.

Legitimación activa.– De conformidad con el artículo 166.3 TRLC la legitimación activa corresponde a los acreedores que se opongan a la rehabilitación de un contrato de crédito.

Legitimación pasiva.– Se ha de considerar demandadas a la concursada, y a la administración concursal, según lo preceptuado en el art. 166 TRLC y 534.1 TRLC.

III.– POSTULACIÓN Y DEFENSA

El actor está representado por Abogado y Procurador, tal y como dispone el art. 512.1 TRLC

IV.– CUANTÍA DEL PROCEDIMIENTO: Se fija en la cuantía de...........euros.

V.– DERECHO SUSTANTIVO

Artículo 166. Rehabilitación de contratos de financiación.

1. La administración concursal, por propia iniciativa o a instancia del concursado, podrá rehabilitar a favor de este los contratos de crédito, préstamo y demás de financiación cuyo vencimiento anticipado por impago de cuotas de amortización o de intereses devengados se haya producido dentro de los tres meses precedentes a la declaración de concurso.

2. La notificación del ejercicio de la facultad de rehabilitación a la otra parte del contrato deberá realizarse por la administración concursal antes de que finalice el plazo para presentar la comunicación de créditos, con previa o simultánea satisfacción o consignación de las cantidades debidas al momento de la rehabilitación y con asunción de los pagos futuros con cargo a la masa.

3. La rehabilitación no procederá cuando el acreedor se oponga por haber iniciado antes de la declaración de concurso el ejercicio de las acciones en reclamación del pago de las cantidades debidas contra el propio deudor, contra algún codeudor solidario o contra cualquier garante.

VI.– COSTAS

Las costas se impondrán a los demandados en virtud del principio objetivo de vencimiento, por aplicación del art. 394 LEC y 542 TRLC.

En su virtud,

SUPLICO AL JUZGADO: Que teniendo por admitido este escrito, junto con sus documentos, tenga por promovido incidente concursal de OPOSICIÓN A LA REHABILITACIÓN realizada por la administración concursal del contrato de crédito de fecha........... suscrito por mi mandante........... S.A., con la concursada........... S.L., y previos los trámites legales pertinentes, finalmente resuelva:

– Estimar nuestra demanda incidental, revocando la rehabilitación contractual realizada por la administración concursal en fecha........... por no ajustarse a los requisitos del art. 166 TRLC, en los términos arriba señalados, con expresa imposición de las costas a los demandados.

En..........., a de........... de dos mil...........

OTROSÍ DIGO: Se solicita de este Juzgado la celebración de vista en el presente incidente de conformidad con lo dispuesto en el art. 540 TRLC.

En su virtud,

SUPLICO AL JUZGADO que tenga por efectuada la anterior manifestación, se sirva admitirla, y acordar en el sentido anteriormente expuesto, citando a las partes para la oportuna vista.

Es Justicia que nuevamente se SUPLICA en el lugar y fecha reseñados "ut supra".

OTROSÍ DIGO: Que interesa a esta parte el recibimiento del pleito a prueba y en este sentido, esta parte manifiesta los medios de prueba de los que intenta valerse en el presente incidente:...........

En su virtud,

SUPLICO AL JUZGADO que tenga por efectuada la anterior manifestación, se sirva admitirla, y tener por manifestados los medios de prueba de los que intenta valerse esta parte, y previos los oportunos trámites, declare los mismos pertinentes, acordando cuanto proceda en derecho para su práctica.

Es Justicia que nuevamente se SUPLICA en el lugar y fecha reseñados "ut supra".

F514. ESCRITO DEL CONCURSADO INSTANDO A LOS ADMINISTRADORES CONCURSALES LA REHABILITACIÓN DE UN CONTRATO DE ADQUISICIÓN DE BIENES CON PAGO APLAZADO

Normativa de aplicación: *Arts. 166 y ss. Real Decreto Legislativo 1/2020, de 5 de mayo, por el que se aprueba el texto refundido de la Ley Concursal*

A LOS ADMINISTRADORES CONCURSALES DE LA COMPAÑÍA........... S.A.

Muy Sres. nuestros:

Con relación al concurso voluntario de nuestra compañía........... S.A. que se sigue ante Juzgado de lo mercantil núm. .... de........... bajo el número de autos..........., y en mi condición de legal representante de la misma, cúmpleme requerirles en el siguiente sentido:

I.– Que tal y como Uds. conocen, tenía suscrito la sociedad un contrato de compraventa a plazos sobre bienes........... con la entidad..........., desde fecha........... Copia del documento les adjunto a la presente.

II.– Que habida cuenta las especiales circunstancias en las que se encontraba nuestra compañía, resultó el impago de las cuotas de pago aplazado, provocando la manifestación de resolución contractual por parte de la vendedora, según su comunicación de fecha..........., es decir dentro de los tres meses anteriores a la declaración del concurso, el cual fue declarado el........... de........... de dos mil........... Les adjuntamos copia la comunicación del requerimiento de resolución contractual y recuperación de los bienes.

III.– Que resulta manifiesta la necesidad para la compañía de mantener en su poder los bienes adquiridos de la entidad..........., a fin de continuar normalmente con las actividades propias de nuestra sociedad.

IV.– Que la cuantía de las cuotas impagadas asciende a día de hoy a la suma de...........euros, cifra que entendemos asumible para la compañía considerando la importancia que la línea de crédito supone para el adecuado funcionamiento de la misma.

V.– Que conforme al art. 167.1 TRLC, la administración concursal, por propia iniciativa o a instancia del concursado, podrá rehabilitar los contratos de adquisición de bienes muebles o inmuebles con contraprestación o precio aplazado cuya resolución se haya producido dentro de los tres meses precedentes a la declaración de concurso.

VI.– Que a la vista de todo lo anterior, y al amparo del reseñado art. 167 TRLC, se REQUIERE de esta Administración Concursal que:

1.– Proceda a rehabilitar con efectos desde el próximo día..........., el contrato de........... de fecha........... suscrito por nuestra sociedad con la entidad........... de conformidad con la facultad prevista en el citado precepto, a la vista de que se encuentra dentro del supuesto legal de resolución contractual dentro de los tres meses anteriores a la declaración del concurso.

2.– Se realicen cuantos actos y trámites en derecho deriven de la rehabilitación interesada, en especial la comunicación al acreedor de la interesada rehabilitación del contrato, se satisfaga o consigne la totalidad de las cantidades debidas al momento de la rehabilitación, y que asciende a...........euros según desglose adjuntado al presente escrito, y se asuma formalmente los pagos futuros con cargo a la masa.

Atentamente,

F515. ESCRITO DE LA ADMINISTRACIÓN CONCURSAL DIRIGIDO A UNA ENTIDAD NOTIFICANDO LA REHABILITACIÓN DE UN CONTRATO DE ADQUISICIÓN DE BIENES CON PAGO APLAZADO

Normativa de aplicación: *Arts. 166 y ss. Real Decreto Legislativo 1/2020, de 5 de mayo, por el que se aprueba el texto refundido de la Ley Concursal*

Muy señores nuestros:

I.– Mediante auto de fecha..........., por el Juzgado de lo Mercantil núm. .... de..........., se declaró el concurso voluntario de la compañía........... S.L. En dicho auto, igualmente, quien suscribe la presente, fue nombrado administrador concursal de........... S.L.

II.– Según consta en dicho concurso, ustedes ostentan la condición de acreedor de la compañía........... S.L. por cuantía de...........euros derivados del impago de determinadas cuotas de precio aplazado en virtud de contrato de compraventa de........... de fecha...........de...........de dos mil...........

III.– Igualmente consta en autos la comunicación de fecha........... de........... de dos mil........... por la cual Uds. resolvieron el contrato por causa de impago del referido contrato con la concursada.

IV.– Que conforme al art. 167.1 TRLC, la administración concursal, por propia iniciativa o a instancia del concursado, podrá rehabilitar los contratos de adquisición de bienes muebles o inmuebles con contraprestación o precio aplazado cuya resolución se haya producido dentro de los tres meses precedentes a la declaración de concurso.

V.– Considerando la conveniencia que estima esta administración concursal de rehabilitar el referido contrato a fin de facilitar el desarrollo de la actividad productiva de la concursada, por la presente LE NOTIFICO LA REHABILITACIÓN del contrato de fecha de........... de dos mil........... que tenían Uds. suscrito con la concursada........... S.L., al amparo del antedicho art. 167 TRLC, para lo cual...........:

1° Les abonamos la totalidad de las cantidades debidas a fecha de hoy, mediante transferencia a su cuenta núm. ...., copia de la misma adjuntada a la presente notificación.

2° Se asumen los pagos futuros del referido contrato con cargo a la masa, constando así con tal calificación a los efectos del presente concurso.

Atentamente

D...........

Administración concursal de........... S.L.

F516. DEMANDA INCIDENTAL EN OPOSICIÓN A LA REHABILITACIÓN DE UN CONTRATO DE ADQUISICIÓN DE BIENES CON PAGO APLAZADO

Normativa de aplicación: *Arts. 166 y ss. Real Decreto Legislativo 1/2020, de 5 de mayo, por el que se aprueba el texto refundido de la Ley Concursal*

Autos nº...........

AL JUZGADO MERCANTIL Núm. .... DE...........

..........., Procurador que actúa en nombre y representación de..........., según acredito mediante poder general para juicios que adjunto, y con la asistencia letrada de D........... col. núm. .... y domicilio profesional en..........., ante el Juzgado comparezco y DIGO:

Que mediante el presente escrito, y al amparo del arts. 167.3 y 532 y ss. TRLC formulo DEMANDA INCIDENTAL DE OPOSICIÓN A LA REHABILITACIÓN DE UN CONTRATO DE ADQUISICIÓN DE BIENES CON PRECIO APLAZADO suscrito por mi mandante........... S.A., contra la mercantil..........., con domicilio en..........., y contra la Administración Concursal compuesta por...........

HECHOS

PRIMERO.– Que mi mandante es la compañía........... S.A., y en fecha........... suscribió con el concursado contrato de compra de bienes...........

Constatado el impago de........... mensualidades de las cuotas pactadas y al amparo de la cláusula........... del documento contractual, mi principal requirió la declaración judicial de resolución contractual mediante demanda de fecha..........., ante el Juzgado de 1ª Instancia nº........... de los de la ciudad de..........., el que se encuentra en trámite de..........., derecho que ejerció conforme la cláusula nº........... del mencionado contrato.

Aún constando en la documentación obrante en este concurso, acompañamos por economía procesal:

1.– Copia del contrato de fecha...........

2 y 3.– Copia de la demanda y del Auto de admisión a trámite de la reclamación, de fecha........... dictado por el Juzgado de 1ª Instancia de........... en los autos núm. ....

SEGUNDO.– Mediante auto de fecha..........., por este Juzgado de lo Mercantil núm. .... de..........., se declaró el concurso voluntario de la compañía........... S.L., auto cuyo extracto fue publicado en el Boletín oficial del Estado el pasado día...........

Por lo que a efectos del art. 68.1 en relación con el art. 85.1 de la Ley Concursal, el plazo de comunicación de créditos finalizaba el pasado...........

Se acompaña copia del fragmento del BOE de fecha..........., así como información del Registro Público Concursal como Doc...........

TERCERO.– Sin embargo, la administración concursal comunicó a mi principal, mediante notificación de fecha..........., la rehabilitación del reseñado contrato, ofreciendo a mi mandante el abono de las cantidades adeudadas, suma total que cuantificaba unilateralmente a la cantidad de...........euros.

Adjuntamos como Doc........... la notificación de la administración concursal rehabilitando el contrato, y como Doc........... justificación documental de las cantidades realmente adeudadas a esa fecha según las condiciones contractuales, y que asciende a un total de...........– euros según el desglose justificado.

CUARTO.– Teniendo en consideración las circunstancias alegadas más arriba, así como los documentos aportados, reclamamos el auxilio judicial para amparar nuestra expresa oposición a la rehabilitación interesada por la Administración Concursal del contrato de fecha..........., no resultando ajustada a derecho, y según lo previsto en el art. 68 de la Ley Concursal, por cuanto:

1.– La resolución contractual se instó el día..........., es decir más de........... meses antes de la declaración del concurso que recayó el día...........por Auto de esa fecha.

2.– La notificación de rehabilitación del contrato de crédito, se realizó el día..........., es decir con posterioridad al plazo de presentación para la comunicación de créditos, el cual finalizó el pasado..........., un mes después del mes arriba reseñado anuncio en el BOE.

3.– El ofrecimiento de pago de la administración concursal no cubría el total de las cantidades adeudadas, según constatábamos en el hecho tercero anterior.

4.– Con anterioridad a la apertura del concurso (demanda de fecha........... y Auto de admisión a trámite de la misma de fecha...........) mi mandante había iniciado las acciones judiciales contra la ahora concursada.

5.– Con anterioridad a la apertura del concurso, mi principal recuperó de forma legítima la posesión de los bienes objeto de compraventa (Doc...........), devolviendo la contraprestación contractualmente correspondiente.

6.– Con anterioridad a la apertura del concurso, en fecha..........., mi principal dispuso legítimamente de los bienes objeto de compraventa a favor de tercero de buena fe, según se acredita con el Doc........... acompañado a la presente demanda.

FUNDAMENTOS DE DERECHO

I.– COMPETENCIA

Art. 44, 45, 52 y 167 TRLC.

Suscitada la cuestión sobre la adecuación a derecho de una rehabilitación contractual ex art. 167 TRLC, compete al Juez del Concurso, debiendo ventilarse por el cauce del incidente concursal.

II.– CAPACIDAD Y LEGITIMACIÓN

Las partes ostentan la capacidad pertinente en virtud de lo dispuesto en el art. 6 de la Ley de Enjuiciamiento Civil.

Legitimación activa.– De conformidad con el artículo 167.3 TRLC la legitimación activa corresponde a los acreedores que se opongan a la rehabilitación de un contrato de adquisición de bienes con precio aplazado.

Legitimación pasiva.– Se ha de considerar demandadas a la concursada, y a los componentes de la administración concursal, según lo preceptuado en el art. 167 y 534.1 TRLC.

III.– POSTULACIÓN Y DEFENSA

El actor está representado por Abogado y Procurador, tal y como dispone la Legislación Concursal en sus arts. 512.1 TRLC.

IV.– CUANTÍA DEL PROCEDIMIENTO: Se fija en la cantidad de...........euros (...... ......– €)

V.– DERECHO SUSTANTIVO

Artículo 167. Rehabilitación de contratos de adquisición de bienes con precio aplazado.

1. La administración concursal, por propia iniciativa o a instancia del concursado, podrá rehabilitar los contratos de adquisición de bienes muebles o inmuebles con contraprestación o precio aplazado cuya resolución se haya producido dentro de los tres meses precedentes a la declaración de concurso.

2. La notificación del ejercicio de la facultad de rehabilitación a la otra parte del contrato deberá realizarse por la administración concursal antes de que finalice el plazo para la comunicación de créditos, con previa o simultánea satisfacción o consignación de las cantidades debidas al momento de la rehabilitación y con asunción de los pagos futuros con cargo a la masa.

3. El transmitente podrá oponerse a la rehabilitación cuando, con anterioridad a la declaración de concurso, hubiese iniciado el ejercicio de las acciones de resolución del contrato o de restitución del bien transmitido, o cuando, con la misma antelación, hubiese recuperado la posesión material del bien por cauces legítimos y devuelto o consignado en lo procedente la contraprestación recibida o hubiese realizado actos dispositivos sobre el mismo en favor de tercero, lo que habrá de acreditar suficientemente si no constare a la administración concursal.

4. El posterior incumplimiento del contrato que hubiera sido rehabilitado conferirá al acreedor el derecho a resolverlo sin posibilidad de ulterior rehabilitación.

VI.– COSTAS

Las costas se impondrán a los demandados en virtud del principio objetivo de vencimiento, por aplicación del art. 394 LEC, y 542 TRLC.

En su virtud,

SUPLICO AL JUZGADO: Que teniendo por admitido este escrito, junto con sus documentos, tenga por promovido incidente concursal de OPOSICIÓN A LA REHABILITACIÓN realizada por la administración concursal del contrato de adquisición de bienes con precio aplazado de fecha……….. suscrito por mi mandante……….. S.A., con la concursada……….. S.L., y previos los trámites legales pertinentes, finalmente resuelva estimar nuestra demanda incidental, revocando la rehabilitación contractual realizada por la administración concursal en fecha……….. por no ajustarse a los requisitos del art. 167 TRLC, con expresa imposición de las costas a los demandados.

En……….., a de……….. de dos mil………..

OTROSÍ DIGO: Se solicita de este Juzgado la celebración de vista en el presente incidente de conformidad con lo dispuesto en el art. 540 TRLC.

En su virtud,

SUPLICO AL JUZGADO que tenga por efectuada la anterior manifestación, se sirva admitirla, y acordar en el sentido anteriormente expuesto, citando a las partes para la oportuna vista.

Es Justicia que nuevamente se SUPLICA en el lugar y fecha reseñados "ut supra".

OTROSÍ DIGO: Que interesa a esta parte el recibimiento del pleito a prueba y en este sentido, esta parte manifiesta los medios de prueba de los que intenta valerse en el presente incidente:………..

En su virtud,

SUPLICO AL JUZGADO que tenga por efectuada la anterior manifestación, se sirva admitirla, y tener por manifestados los medios de prueba de los que intenta valerse esta parte, y previos los oportunos trámites, declare los mismos pertinentes, acordando cuanto proceda en derecho para su práctica.

Es Justicia que nuevamente se SUPLICA en el lugar y fecha reseñados "ut supra".

F517. DEMANDA INCIDENTAL POR INCUMPLIMIENTO DE CONTRATO DE ADQUISICIÓN DE BIENES CON PRECIO APLAZADO PREVIAMENTE REHABILITADO

Normativa de aplicación: *Arts. 166 y ss. Real Decreto Legislativo 1/2020, de 5 de mayo, por el que se aprueba el texto refundido de la Ley Concursal*

Autos nº………..

AL JUZGADO MERCANTIL NÚM. .... DE...........

..........., Procurador que actúa en nombre y representación del acreedor........... S.A., según acredito mediante poder general para juicios que adjunto, y con la asistencia letrada de D........... col. núm. .... y domicilio profesional en..........., ante el Juzgado comparezco y DIGO:

Que mediante el presente escrito, y al amparo del arts. 167.4 y 532 y ss. TRLC formulo DEMANDA INCIDENTAL DE RESOLUCIÓN DEFINITIVA POR INCUMPLIMIENTO DE CONTRATO DE ADQUISICIÓN DE BIENES CON PRECIO APLAZADO PREVIAMENTE REHABILITADO suscrito por mi mandante........... S.A., contra la mercantil..........., con domicilio en..........., y contra la Administración Concursal compuesta por los Sres. ...., ..., y...........

HECHOS

PRIMERO.– Que mi mandante es la compañía........... S.A., y en fecha........... suscribió con el concursado contrato de compra de bienes...........

Constatado el impago de........... mensualidades de las cuotas pactadas y al amparo de la cláusula........... del documento contractual, mi principal requirió la declaración judicial de resolución contractual mediante demanda de fecha..........., ante el Juzgado de 1ª Instancia nº........... de los de la ciudad de..........., el que se encuentra en trámite de..........., derecho que ejerció conforme la cláusula nº........... del mencionado contrato.

Se acompañan a la presente demanda, aún constando en autos, y por economía procesal:

1.– Copia del contrato de fecha...........

2 y 3.– Copia de la demanda y del Auto de admisión a trámite de la reclamación, de fecha........... dictado por el Juzgado de 1ª Instancia de........... en los autos núm. ....

SEGUNDO.– Mediante auto de fecha..........., por eso Juzgado de lo Mercantil núm. .... de..........., se declaró el concurso voluntario de la compañía........... S.L.

TERCERO.– La administración concursal comunicó a mi principal, mediante notificación de fecha..........., la rehabilitación del reseñado contrato, ofreciendo a mi mandante el abono de las cantidades adeudadas, así como asumiendo los pagos futuros con cargo a la masa.

Acompañamos como Doc........... la citada notificación.

CUARTO.– No obstante el compromiso de asunción de los pagos futuros con cargo a la masa, desde fecha........... vienen impagándose las cuotas debidas, totalizando una suma adeudada a fecha de hoy de...........euros.

Habida cuenta que el contrato, tal y como se ha mencionado anteriormente, ya ha sido rehabilitado en ocasión anterior pero aún así ha sido una vez más incumplido de forma esencial por el impago debido, reclamamos el auxilio judicial para amparar nuestro derecho definitivo a su resolución, y ello según lo previsto en el art. 167.4 TRLC.

FUNDAMENTOS DE DERECHO

I.– COMPETENCIA

44, 45, 52 y 167.4 TRLC.

Suscitada la cuestión sobre la adecuación a derecho de una rehabilitación contractual ex art. 167 TRLC, compete al Juez del Concurso, debiendo ventilarse por el cauce del incidente concursal.

II.– CAPACIDAD Y LEGITIMACIÓN

Las partes ostentan la capacidad pertinente en virtud de lo dispuesto en el art. 6 de la Ley de Enjuiciamiento Civil.

Legitimación activa.– De conformidad con el artículo 167 TRLC la legitimación activa corresponde a los acreedores que insten la resolución de un contrato de adquisición de bienes con precio aplazado, incumplido después de su rehabilitación ex art. 167 TRLC.

Legitimación pasiva.– Se ha de considerar demandadas a la concursada, y a la administración concursal, según lo preceptuado en los arts. 167 y 534.1 TRLC.

III.– POSTULACIÓN Y DEFENSA

El actor está representado por Abogado y Procurador, tal y como dispone la legislación Concursal en sus arts. 512.1 TRLC

IV.– CUANTÍA DEL PROCEDIMIENTO: Se fija en la cantidad de...........euros (............– €).

V.– DERECHO SUSTANTIVO

Artículo 167. Rehabilitación de contratos de adquisición de bienes con precio aplazado.

1. La administración concursal, por propia iniciativa o a instancia del concursado, podrá rehabilitar los contratos de adquisición de bienes muebles o inmuebles con contraprestación o precio aplazado cuya resolución se haya producido dentro de los tres meses precedentes a la declaración de concurso.

2. La notificación del ejercicio de la facultad de rehabilitación a la otra parte del contrato deberá realizarse por la administración concursal antes de que finalice el plazo para la comunicación de créditos, con previa o simultánea satisfacción o consignación de las cantidades debidas al momento de la rehabilitación y con asunción de los pagos futuros con cargo a la masa.

3. El transmitente podrá oponerse a la rehabilitación cuando, con anterioridad a la declaración de concurso, hubiese iniciado el ejercicio de las acciones de resolución del contrato o de restitución del bien transmitido, o cuando, con la misma antelación, hubiese recuperado la posesión material del bien por cauces legítimos y devuelto o consignado en

lo procedente la contraprestación recibida o hubiese realizado actos dispositivos sobre el mismo en favor de tercero, lo que habrá de acreditar suficientemente si no constare a la administración concursal.

4. El posterior incumplimiento del contrato que hubiera sido rehabilitado conferirá al acreedor el derecho a resolverlo sin posibilidad de ulterior rehabilitación.

VI.– COSTAS

Las costas se impondrán a los demandados en virtud del principio objetivo de vencimiento, por aplicación del art. 394 LEC y 542 TRLC.

En su virtud,

SUPLICO AL JUZGADO: Que teniendo por admitido este escrito, junto con sus documentos, tenga por promovido incidente concursal de RESOLUCIÓN DEFINITIVA POR INCUMPLIMIENTO DE CONTRATO DE ADQUISICIÓN DE BIENES CON PRECIO APLAZADO PREVIAMENTE REHABILITADO por la administración concursal del contrato de adquisición de bienes con precio aplazado de fecha........... suscrito por mi mandante........... S.A., con la concursada........... S.L., y previos los trámites legales pertinentes, finalmente resuelva:

1.– Estimar nuestra demanda incidental, resolviendo definitivamente el contrato de fecha........... suscrito por mi principal con la concursada.

2.– Condenar a las demandadas a estar y pasar por la declaración anterior, y en su virtud proceder a la devolución de los bienes y a aceptar la correspondiente contraprestación contractual de mi mandante consistente en...........

3.– La imposición de las costas a los demandados.

En..........., a de........... de dos mil...........

OTROSÍ DIGO: Se solicita de este Juzgado la celebración de vista en el presente incidente de conformidad con lo dispuesto en el art. 540 TRLC.

En su virtud,

SUPLICO AL JUZGADO que tenga por efectuada la anterior manifestación, se sirva admitirla, y acordar en el sentido anteriormente expuesto, citando a las partes para la oportuna vista.

Es Justicia que nuevamente se SUPLICA en el lugar y fecha reseñados "ut supra".

OTROSÍ DIGO: Que interesa a esta parte el recibimiento del pleito a prueba y en este sentido, esta parte manifiesta los medios de prueba de los que intenta valerse en el presente incidente:...........

En su virtud,

SUPLICO AL JUZGADO que tenga por efectuada la anterior manifestación, se sirva admitirla, y tener por manifestados los medios de prueba de los que intenta valerse esta parte, y previos los oportunos trámites, declare los mismos pertinentes, acordando cuanto proceda en derecho para su práctica.

Es Justicia que nuevamente se SUPLICA en el lugar y fecha reseñados "ut supra".

F518. ESCRITO DE LA CONCURSADA Y LA ADMINISTRACIÓN CONCURSAL SOLICITANDO SUSPENSIÓN DE JUICIO DE DESAHUCIO

Normativa de aplicación: *Arts. 166 y ss. Real Decreto Legislativo 1/2020, de 5 de mayo, por el que se aprueba el texto refundido de la Ley Concursal*

AL JUZGADO DE PRIMERA INSTANCIA NÚM. .... DE...........

..........., Procuradora de los Tribunales y de la entidad..........., S.L., según acredito mediante la escritura de poder que acompaño con el ruego de que una vez testimoniada me sea devuelta por ser necesaria a otros usos, y..........., administrador concursal de la citada sociedad........... S.L., ante este Juzgado comparezco en el Juicio Verbal de Desahucio nº........... de los seguidos en el mismo y, como mejor proceda en Derecho, DIGO:

I.– Que en este Juzgado y bajo el número de autos........... se sigue juicio verbal de desahucio por falta de pago contra mi mandante........... S.L.

II.– Que mi mandante..........., S.L. ha sido declarada en concurso por el Juzgado de lo Mercantil núm. .... de........... mediante Auto dictado en fecha........... de........... de........... en el Procedimiento Concursal nº........... El citado auto se acompaña como DOCUMENTO UNO.

III.– Que en dicho procedimiento concursal, se ha interesado la acumulación del presente procedimiento........... seguido ante este Juzgado al citado procedimiento concursal al ser el competente para conocer del mismo. Ello al dirigirse la demanda origen de estas actuaciones contra bienes y derechos de la masa activa y ser materia exclusiva y excluyente del Juez del Concurso. Además el bien en litigio no podría lanzarse pues actualmente es preciso para la actividad de la concursada, que continúa plenamente y desea además continuar.

Se acompaña como DOCUMENTO DOS el escrito de acumulación presentado ante el Juzgado de lo Mercantil núm. .... de...........

Por tal motivo, esta parte solicita la suspensión del presente procedimiento en tanto en cuanto el Juzgado de lo Mercantil no resuelva sobre la acumulación interesada por esta parte y que anteriormente se ha reseñado.

V.– Todo lo anterior sin perjuicio del ejercicio, en su caso, del derecho de enervación y a rehabilitar el contrato reseñados en el art. 168 TRLC.

En su virtud,

SUPLICO AL JUZGADO: Que habiendo por presentado este escrito, se sirva admitirlo y teniendo por realizadas las manifestaciones contenidas en el cuerpo del mismo, a la vista de la situación concursal de mi mandante y a fin de evitar perjuicios a sus acreedores, se sirva dictar resolución por la que se decrete la suspensión del presente procedimiento de desahucio en tanto en cuanto el Juzgado de lo Mercantil núm. .... de...........

no resuelva sobre la acumulación del mismo al procedimiento concursal de........... S.L., seguido bajo el número de autos...........

Es Justicia que se Suplica en..........., hoy día a........... de........... de...........

F519. ESCRITO DE LA ADMINISTRACIÓN CONCURSAL SOLICITANDO LA ENERVACIÓN DEL DESAHUCIO INICIADO CON ANTERIORIDAD A LA DECLARACIÓN DEL CONCURSO

Normativa de aplicación: *Arts. 166 y ss. Real Decreto Legislativo 1/2020, de 5 de mayo, por el que se aprueba el texto refundido de la Ley Concursal*

Juicio verbal (desahucio por falta de pago).– N°...........

AL JUZGADO DE PRIMERA INSTANCIA NÚMERO........... DE...........

D..........., Procurador de los Tribunales, en nombre y representación de la administración concursal de la compañía mercantil........... S.L., Don..........., según acredito mediante copia de escritura de poder notarial que solicito que, una vez testimoniada en autos, me sea devuelta por precisarla para otros usos, comparezco ante el Juzgado y como mejor proceda en Derecho, bajo la dirección técnica del letrado D........... col. Núm. ...., DIGO:

Que por la presente, formulo SOLICITUD DE ENERVACIÓN de la acción de desahucio interpuesta por el arrendador D........... frente a la compañía........... S.L. y que ha dado lugar al presente juicio verbal n°........... Y ello en base a los siguientes

HECHOS

PRIMERO.– Mediante auto de fecha..........., por el Juzgado de lo Mercantil núm. .... de..........., se declaró el concurso voluntario de la compañía........... S.L. En dicho auto, igualmente, mi representado, fue nombrado administrador concursal de........... S.L.

Copia testimoniada del auto se adjunta como Doc...........

SEGUNDO.– Que en los presentes autos de juicio verbal desahucio, se insta por D........... la correspondiente resolución contractual y desalojo de la concursada........... S.L. respecto de su centro de trabajo sito en la ciudad de..........., C/..........., n°...........

TERCERO.– Que al amparo de las facultades otorgadas a mi representado por el art. 168 TRLC, y estimando que la necesidad de seguir ocupando el local objeto de esta litis, es condición imprescindible para el normal funcionamiento de la compañía concursada, se solicita de este Juzgado la enervación del desahucio instado por la actora, cumpliendo para ello los requisitos legales previstos en el antedicho precepto, habiendo consignado el pago de la totalidad de las rentas y conceptos pendientes, esto es...........euros, así como...........euros adicionales en prudente estimación de las costas procesales causadas hasta momento en el presente procedimiento, y sin perjuicio de ulterior liquidación.

Se acompaña como Doc........... copia del ingreso realizado en la cuenta bancaria de este Juzgado de Depósitos y Consignaciones Judiciales.

CUARTO.– La presente enervación, procede y es ajustada a derecho aún cuando concurra una enervación realizada en anterior ocasión.

FUNDAMENTOS DE DERECHO

ÚNICO.– El artículo 168 TRLC:

Artículo 168. Rehabilitación de contratos de arrendamientos urbanos.

1. La administración concursal podrá enervar la acción de desahucio ejercitada contra el deudor con anterioridad a la declaración del concurso, así como rehabilitar la vigencia del contrato de arrendamiento urbano hasta el momento mismo de practicarse el efectivo lanzamiento.

2. La notificación a la otra parte del ejercicio de la facultad de rehabilitación del contrato o de enervación de la acción de desahucio del contrato deberá realizarse por la administración concursal con previo o simultáneo pago con cargo a la masa de todas las rentas y conceptos pendientes, así como con el compromiso de satisfacer las posibles costas procesales causadas hasta ese momento.

3. El ejercicio de los derechos a que se refiere este artículo podrá realizarse aunque el arrendatario ya hubiera enervado el desahucio en ocasión anterior.

Acreditada la legitimación de mi mandante en su condición de administrador concursal de la arrendataria, la compañía........... S.L., mediante nuestro DOC. 1, así como verificado el abono en la cuenta de consignaciones y depósitos de este Juzgado, tanto de las rentas inicialmente reclamadas, como las devengadas hasta la fecha, procede de conformidad con el referido art. 168 TRLC el enervamiento de la acción instada de contrario, y todo ello con plena independencia de que concurrieren anteriores enervamientos anteriores.

En su virtud,

SUPLICO AL JUZGADO: Que teniendo por presentada esta solicitud junto con sus documentos y copias, se sirva admitirla y teniéndome por personado y parte en la representación que ostento en el presente procedimiento de desahucio, se declare tener por satisfechas la totalidad de las rentas y conceptos pendientes, así así como con el compromiso de satisfacer las posibles costas procesales causadas hasta este momento, y en virtud del art. 168 TRLC, y previos los trámites legales oportunos, se declare enervada la acción de desahucio, acordándose finalmente el archivo del procedimiento.

En........... a........... de........... de dos mil...........

F520. ESCRITO DE LA ADMINISTRACIÓN CONCURSAL REHABILITANDO LA VIGENCIA DEL CONTRATO DE ARRENDAMIENTO ANTES DE PRACTICARSE EL LANZAMIENTO

Normativa de aplicación: *Arts. 166 y ss. Real Decreto Legislativo 1/2020, de 5 de mayo, por el que se aprueba el texto refundido de la Ley Concursal*

Juicio verbal (desahucio por falta de pago).– Nº...........

AL JUZGADO DE PRIMERA INSTANCIA NÚMERO........... DE...........

D..........., Procurador de los Tribunales, en nombre y representación de la administración concursal de la compañía mercantil........... S.L., Don..........., según acredito mediante copia de escritura de poder notarial que solicito que, una vez testimoniada en autos, me sea devuelta por precisarla para otros usos, comparezco ante el Juzgado y como mejor proceda en Derecho, bajo la dirección técnica del letrado D........... col. Núm. ...., DIGO:

Que por la presente, formulo SOLICITUD DE REHABILITACIÓN DE CONTRATO DE ARRENDAMIENTO resuelto como consecuencia de la acción de desahucio interpuesta por el arrendador D........... y que ha dado lugar al presente juicio verbal nº........... Y ello en base a los siguientes

HECHOS

PRIMERO.– Mediante auto de fecha..........., por el Juzgado de lo Mercantil núm. .... de..........., se declaró el concurso voluntario de la compañía........... S.L. En dicho auto, igualmente, mi representado, fue nombrado administrador concursal de........... S.L.

Copia testimoniada del auto se adjunta como Doc...........

SEGUNDO.– Que en los presentes autos de juicio verbal desahucio, se instó por D........... la correspondiente resolución contractual y desalojo de la concursada........... S.L. respecto de su centro de trabajo sito en la ciudad de..........., C/..........., nº..........., pretensión que fue estimada por la Sentencia núm. .... de este Juzgado y de fecha........... de........... de dos mil...........

Esta Sentencia fijó como fecha para el lanzamiento y desalojo del inmueble objeto de arrendamiento, el próximo día........... de........... de dos mil...........

TERCERO.– Que al amparo de las facultades otorgadas a mi representado por el art. 168 TRLC, y estimando que la necesidad de seguir ocupando el local objeto de esta litis, es condición imprescindible para el normal funcionamiento de la compañía concursada, se solicita de este Juzgado la rehabilitación del contrato de arrendamiento sobre el local........... y resuelto a instancias de la actora, así como que se revoque el lanzamiento y desalojo del inmueble arrendado, previsto para el próximo día...........

Cumpliendo para ello los requisitos legales previstos en el antedicho precepto, habiéndose consignado el pago de la totalidad de las rentas y conceptos pendientes, esto es...........euros, así como...........euros adicionales en prudente estimación de las costas procesales causadas hasta momento en el presente procedimiento, y sin perjuicio de ulterior liquidación.

Se acompaña como Doc........... copia del ingreso realizado en la cuenta bancaria de este Juzgado de Depósitos y Consignaciones Judiciales.

CUARTO.– La presente rehabilitación, procede y es ajustada a derecho aún cuando concurra una enervación realizada sobre el mismo inmueble en anterior ocasión.

FUNDAMENTOS DE DERECHO

ÚNICO.– El artículo 168 TRLC:

Artículo 168. Rehabilitación de contratos de arrendamientos urbanos.

1. La administración concursal podrá enervar la acción de desahucio ejercitada contra el deudor con anterioridad a la declaración del concurso, así como rehabilitar la vigencia del contrato de arrendamiento urbano hasta el momento mismo de practicarse el efectivo lanzamiento.

2. La notificación a la otra parte del ejercicio de la facultad de rehabilitación del contrato o de enervación de la acción de desahucio del contrato deberá realizarse por la administración concursal con previo o simultáneo pago con cargo a la masa de todas las rentas y conceptos pendientes, así como con el compromiso de satisfacer las posibles costas procesales causadas hasta ese momento.

3. El ejercicio de los derechos a que se refiere este artículo podrá realizarse aunque el arrendatario ya hubiera enervado el desahucio en ocasión anterior.

Acreditada la legitimación de mi mandante en su condición de administrador concursal de la arrendataria, la compañía........... S.L., mediante nuestro DOC..........., así como verificado el abono en la cuenta de consignaciones y depósitos de este Juzgado, tanto de las rentas inicialmente reclamadas, como las devengadas hasta la fecha (DOC. 2), procede de conformidad con el referido art. 168 TRLC la rehabilitación del contrato de arrendamiento sobre el inmueble objeto de litis, y todo ello con plena independencia de que concurrieren anteriores enervamientos.

En su virtud,

SUPLICO AL JUZGADO: Que teniendo por presentada esta solicitud junto con sus documentos y copias, se sirva admitirla y teniéndome por personado y parte en la representación que ostento en el presente procedimiento de desahucio, se declare tener por satisfechas la totalidad de las rentas pendientes y costas procesales causadas, y en virtud del art. 168 TRLC, y previos los trámites legales oportunos, se declare rehabilitado el contrato de arrendamiento sobre el inmueble..........., revocando el lanzamiento y desalojo señalados en este procedimiento para el próximo día..........., y acordándose finalmente el archivo del procedimiento.

En........... a........... de........... de dos mil...........

4.4. EFECTOS SOBRE LOS ACTOS PERJUDICIALES PARA LA MASA ACTIVA

F521. DEMANDA EJERCITANDO LA ACCIÓN RESCISORIA CONCURSAL POR LA ADMINISTRACIÓN CONCURSAL CONTRA ACTO A TÍTULO GRATUITO CONSISTENTE EN DONACIÓN

Normativa de aplicación: *Arts. 226 y ss. Real Decreto Legislativo 1/2020, de 5 de mayo, por el que se aprueba el texto refundido de la Ley Concursal*

AL JUZGADO DE LO MERCANTIL NÚM. .... DE...........

Don..........., único integrante de la administración concursal del concurso voluntario de la compañía........... S.A., que se sigue ante este Juzgado bajo el número de autos..........., ante este Juzgado de lo Mercantil comparezco en los citados autos bajo la dirección letrada de Don..........., abogado del Ilustre Colegio de........... (número de incorporación...........), y como mejor proceda en derecho DIGO:

Que por medio del presente escrito y en la condición que ostentamos, se promueve DEMANDA DE INCIDENTE CONCURSAL en ejercicio de la acción rescisoria concursal prevista en el art. 226 TRLC contra el concursado, la sociedad........... S.A. y Don..........., con domicilio en..........., calle..........., núm. .... y piso..........., la cual se basa en los siguientes

HECHOS

PRIMERO.– En el presente procedimiento número de autos..........., se sigue expediente de concurso de acreedores de la compañía........... La declaración de concurso voluntario de la expresada sociedad, fue solicitada el .... y acordada por este Juzgado mediante auto de fecha........... de........... de dos mil...........

La administración concursal está integrada por un miembro, siendo nombrado para tal cargo por el Juez del Concurso, mediante la citada resolución de fecha........... de........... de dos mil..........., el aquí compareciente Don..........., quien aceptó el cargo con fecha...........

Acreditando lo anterior, se acompañan como DOCUMENTOS..........., testimonio del auto de este Juzgado declarando el concurso de........... S.A. y por el que se me designa como único miembro de la administración concursal, así como el acta de nuestra aceptación.

SEGUNDO.– Que en virtud de escritura otorgada el día........... de........... de dos mil..........., ante el notario de..........., Don..........., la aquí concursada, ... S.A., donó a Don..........., el siguiente inmueble........... Inscrito en el Registro de la

Propiedad de........... al tomo..........., libro..........., folio..........., hoja..........., número..........., inscripción...........

Acreditando lo anterior, se acompaña como DOCUMENTOS........... y........... copia autorizada de la escritura de donación reseñada y certificación del Ilmo. Sr. Registrador de la Propiedad núm. .... de........... correspondiente al inmueble antes reseñado.

Se hace constar que la citada donación fue realizada dentro de los dos años anteriores a la solicitud de declaración de concurso de........... S.A.

TERCERO.– Que el acto anteriormente reseñado era perjudicial para la masa activa al ser un acto de disposición a título gratuito, presumiéndose el perjuicio sin admitir prueba en contrario.

A los anteriores hechos, se aducen los siguientes:

FUNDAMENTOS DE DERECHO

DE ORDEN PROCESAL

I.– Es competente este Juzgado para conocer de esta demanda incidental, desde un punto de vista objetivo y territorial, tal y como resulta del art. 44 y 45 TRLC.

II.– La presente demanda se sustanciara por los trámites previstos para el incidente concursal, a la vista de los arts. 234 y 532 y ss. TRLC.

FONDO DEL ASUNTO

I.– La legitimación activa la administración concursal para interponer la presente demanda, resulta del art. 231 TRLC

II.– La legitimación pasiva de........... S.A. y Don........... resulta, respectivamente, de su condición de concursado y de contraparte del acto impugnado. Ello de conformidad con lo dispuesto en el art. 233.1 TRLC.

III.– Art. 226 TRLC al establecer que "1. Son rescindibles los actos perjudiciales para la masa activa realizados por el deudor dentro de los dos años anteriores a la fecha de la solicitud de declaración de concurso, así como los realizados desde esa fecha a la de la declaración, aunque no hubiere existido intención fraudulenta. 2. Son igualmente rescindibles los actos perjudiciales para la masa activa realizados por el deudor dentro de los dos años anteriores a la fecha de la comunicación de la existencia de negociaciones con los acreedores o la intención de iniciarlas, para alcanzar un plan de reestructuración, así como los realizados desde esa fecha a la de la declaración de concurso, aunque no hubiere existido intención fraudulenta, siempre que concurran las dos siguientes condiciones: 1.° Que no se hubiera aprobado un plan de reestructuración o que, aun aprobado, no hubiera sido homologado por el juez. 2.° Que el concurso se declare dentro del año siguiente a la finalización de los efectos de esa comunicación o de la prórroga que hubiera sido concedida.

IV.– Art. 227 TRLC, según el cual, el perjuicio patrimonial se presume, sin admitir prueba en contrario, cuando se trate de actos de disposición a título gratuito, salvo las liberalidades de uso, y de pagos u otros actos de extinción de obligaciones cuyo vencimiento fuere posterior a la declaración del concurso, excepto si contasen con garantía real.

V.– Art. 235 TRLC sobre los efectos de la rescisión.

VI.– Art. 236 TRLC sobre el régimen del derecho a la contraprestación.

VII.– Art. 394 LEC sobre la imposición de costas procesales a los demandados.

En virtud de lo expuesto,

SUPLICO AL JUZGADO que tenga por presentado este escrito, junto a los documentos a él unidos, se sirva admitirlo y tener por promovido por la administración concursal del concurso voluntario de la compañía........... S.A. tramitado ante este Juzgado de lo Mercantil bajo los autos núm. ...., DEMANDA DE INCIDENTE CONCURSAL en ejercicio de acción rescisoria concursal prevista en el art. 226 TRLC contra la concursada, ... S.A., y Don..........., se sirva admitir el incidente y se acuerde emplazar a las demás partes personadas y notificarles la presente para su contestación, en la forma legalmente prevenida y dentro del plazo común de diez días, si fuera de su interés, y previos los oportunos trámites legales, incluido el recibimiento del incidente a prueba y la celebración de vista que desde este momento solicito, se sirva dictar sentencia por la que:

1.– Se declare que la donación del inmueble..........., inscrito en el Registro de la Propiedad de........... al tomo..........., libro..........., folio..........., hoja..........., número..........., inscripción..........., llevada a cabo por........... S.A. a favor de Don..........., mediante escritura otorgada el día........... ante el notario de..........., Don..........., es perjudicial para la masa activa del concurso de la predicha sociedad, procediendo su rescisión.

2.– Se declare la ineficacia de la donación reseñada en el número 1 precedente.

3.– Se condene a Don........... a reintegrar el citado inmueble a la masa activa junto a sus frutos.

4.– Se ordene la realización cuantos actos y formalidades fueren precisas a efectos de que la extinción del acto rescindido surta plenos efectos, y especialmente, la práctica de los anotaciones e inscripciones precisas en la hoja registral de la finca antes reseñada.

5.– Se imponga las costas procesales a los aquí demandados.

Es Justicia que se Suplica en..........., hoy día........... de........... de dos mil...........

OTROSÍ DIGO: Se solicita de este Juzgado la celebración de vista en el presente incidente de conformidad con lo dispuesto en el art. 540 TRLC.

En su virtud,

SUPLICO AL JUZGADO que tenga por efectuada la anterior manifestación, se sirva admitirla, y acordar en el sentido anteriormente expuesto, citando a las partes para la oportuna vista.

Es Justicia que nuevamente se SUPLICA en el lugar y fecha reseñados "ut supra".

OTROSÍ DIGO: Que interesa a esta parte el recibimiento del pleito a prueba y en este sentido, esta parte manifiesta los medios de prueba de los que intenta valerse en el presente incidente:............

En su virtud,

SUPLICO AL JUZGADO que tenga por efectuada la anterior manifestación, se sirva admitirla, y tener por manifestados los medios de prueba de los que intenta valerse esta parte, y previos los oportunos trámites, declare los mismos pertinentes, acordando cuanto proceda en derecho para su práctica.

Es Justicia que nuevamente se SUPLICA en el lugar y fecha reseñados "ut supra".

F522. DEMANDA EJERCITANDO LA ACCIÓN RESCISORIA POR LA ADMINISTRACIÓN CONCURSAL CONTRA ACTO A TÍTULO GRATUITO CONSISTENTE EN UNA CONDONACIÓN DE DEUDA

Normativa de aplicación: *Arts. 226 y ss. Real Decreto Legislativo 1/2020, de 5 de mayo, por el que se aprueba el texto refundido de la Ley Concursal*

AL JUZGADO DE LO MERCANTIL NÚM. .... DE............

Don............, administrador concursal del concurso voluntario de la compañía............ S.L. que se sigue ante este Juzgado bajo el número de autos............, ante este Juzgado de lo Mercantil comparezco en los citados autos, y como mejor proceda en derecho DIGO:

Que por medio del presente escrito y en la condición que ostentamos, promovemos DEMANDA DE INCIDENTE CONCURSAL en ejercicio de la acción rescisoria concursal prevista en el art. 226 TRLC contra el concursado, la sociedad............ S.A., y Don............, con domicilio en............, calle............, núm. .... y piso............ la cual se basa en los siguientes

HECHOS

PRIMERO.– En el presente procedimiento número de autos............, se sigue expediente de concurso de acreedores de la compañía............ La declaración de concurso voluntario de la expresada sociedad, fue solicitada el .... y acordada por este Juzgado mediante auto de fecha............ de............ de dos mil............

La administración concursal está integrada por quien suscribe, que fue nombrado para tal cargo por el Juez del Concurso, mediante la citada resolución de fecha........... de........... de dos mil..........., aceptando el cargo con fecha...........

Acreditando lo anterior, se acompañan como DOCUMENTOS..........., testimonio del auto de este Juzgado declarando de concurso de..........., S.L. y del acta de aceptación del cargo por esta administración concursal...........

SEGUNDO.– Que en virtud de escritura de compraventa otorgada el día........... de........... de dos mil........... ante el notario de..........., Don..........., la aquí concursada, ... S.A., transmitió a Don..........., el siguiente inmueble........... Inscrito en el Registro de la Propiedad de........... al tomo..........., libro..........., folio..........., hoja..........., número..........., inscripción...........

Acreditando lo anterior, se acompaña como DOCUMENTOS........... copia autorizada de la escritura de compraventa reseñada y certificación literal del Registro de la Propiedad de........... relativa a la citada finca registral...........

Como puede observarse en dicha escritura, el precio de la compraventa fue fijado en la suma de...........euros, de la cual, ...euros, fueron satisfechos simultáneamente al otorgamiento de la escritura de compraventa. La restante cantidad de...........euros debía ser pagada el día..........., mediante cheque bancario o efectivo metálico.

TERCERO.– Que en fecha........... de........... de dos mil..........., esto es, dentro de los dos años anteriores a la solicitud de declaración de concurso de........... S.A. y mediante escritura otorgada ante el notario de..........., Don..........., el concursado condonó la citada deuda a Don..........., sin que mediase contraprestación alguna a favor de la sociedad concursada.

Se acredita lo anterior acompañando como DOCUMENTO........... copia de la expresada escritura de condonación.

CUARTO.– Que el acto anteriormente reseñado era perjudicial para la masa activa al ser un acto de disposición a título gratuito, presumiéndose el perjuicio sin admitir prueba en contrario.

A los anteriores hechos, se aducen los siguientes:

FUNDAMENTOS DE DERECHO

DE ORDEN PROCESAL

I.– Es competente este Juzgado para conocer de esta demanda incidental, desde un punto de vista objetivo y territorial, a la vista del art. 44 y 45 TRLC.

II.– La presente demanda se sustanciara por los trámites previstos para el incidente concursal, tal y como resulta de los arts. 234 y 532 y ss. TRLC.

FONDO DEL ASUNTO

I.– La legitimación activa la administración concursal para interponer la presente demanda, resulta del art. 231 TRLC

II.– La legitimación pasiva de............ S.A. y Don............ resulta, respectivamente, de su condición de concursado y de contraparte del acto impugnado. Ello de conformidad con lo dispuesto en el art. 233.1 TRLC.

III.– Art. 226 TRLC al establecer que "1. Son rescindibles los actos perjudiciales para la masa activa realizados por el deudor dentro de los dos años anteriores a la fecha de la solicitud de declaración de concurso, así como los realizados desde esa fecha a la de la declaración, aunque no hubiere existido intención fraudulenta. 2. Son igualmente rescindibles los actos perjudiciales para la masa activa realizados por el deudor dentro de los dos años anteriores a la fecha de la comunicación de la existencia de negociaciones con los acreedores o la intención de iniciarlas, para alcanzar un plan de reestructuración, así como los realizados desde esa fecha a la de la declaración de concurso, aunque no hubiere existido intención fraudulenta, siempre que concurran las dos siguientes condiciones: 1.° Que no se hubiera aprobado un plan de reestructuración o que, aun aprobado, no hubiera sido homologado por el juez. 2.° Que el concurso se declare dentro del año siguiente a la finalización de los efectos de esa comunicación o de la prórroga que hubiera sido concedida."

IV.– Art. 227 TRLC, según el cual, el perjuicio patrimonial se presume, sin admitir prueba en contrario, cuando se trate de actos de disposición a título gratuito, salvo las liberalidades de uso, y de pagos u otros actos de extinción de obligaciones cuyo vencimiento fuere posterior a la declaración del concurso, excepto si contasen con garantía real.

V.– Art. 235 TRLC sobre los efectos de la rescisión.

VI.– Art. 236 TRLC sobre el régimen del derecho a la contraprestación.

VII.– Art. 394 LEC sobre la imposición de costas procesales a los demandados.

En virtud de lo expuesto,

SUPLICO AL JUZGADO que tenga por presentado este escrito, junto a los documentos a él unidos, se sirva admitirlo y tener por promovido por la administración concursal del concurso voluntario de la compañía............ S.A. tramitado ante este Juzgado de lo Mercantil bajo los autos núm. ...., DEMANDA DE INCIDENTE CONCURSAL en ejercicio de acción rescisoria prevista en el art. 226 TRLC contra la concursada, ... S.A., y Don............, se sirva admitir el incidente y se acuerde emplazar a las demás partes personadas y notificarles la presente para su contestación, en la forma prevenida legalmente y dentro del plazo común de diez días, si fuera de su interés, y previos los oportunos trámites legales, incluido el recibimiento del pleito a prueba que desde este momento solicito, se sirva dictar sentencia por la que:

1.– Se declare que la condonación de la deuda llevada a cabo por............ S.A. a favor de Don............, mediante escritura otorgada el día............ ante el notario de............, Don............, es perjudicial para la masa activa del concurso de la predicha sociedad, procediendo su rescisión.

2.– Se declare la ineficacia de la condonación de deuda reseñada en el número 1 precedente.

3.– Condene a Don........... a reintegrar a la masa activa la citada suma de........... euros, más sus correspondientes intereses.

4.– Se ordene la realización cuantos actos y formalidades fueren precisas a efectos de que la extinción del acto rescindido surta plenos efectos y/o los que fueren consecuencia de tal rescisión.

5.– Se imponga las costas procesales a los aquí demandados.

Es Justicia que se Suplica en..........., hoy día........... de........... de dos mil...........

OTROSÍ DIGO: Se solicita de este Juzgado la celebración de vista en el presente incidente de conformidad con lo dispuesto en el art. 540 TRLC.

En su virtud,

SUPLICO AL JUZGADO que tenga por efectuada la anterior manifestación, se sirva admitirla, y acordar en el sentido anteriormente expuesto, citando a las partes para la oportuna vista.

Es Justicia que nuevamente se SUPLICA en el lugar y fecha reseñados "ut supra".

OTROSÍ DIGO: Que interesa a esta parte el recibimiento del pleito a prueba y en este sentido, esta parte manifiesta los medios de prueba de los que intenta valerse en el presente incidente:...........

En su virtud,

SUPLICO AL JUZGADO que tenga por efectuada la anterior manifestación, se sirva admitirla, y tener por manifestados los medios de prueba de los que intenta valerse esta parte, y previos los oportunos trámites, declare los mismos pertinentes, acordando cuanto proceda en derecho para su práctica.

Es Justicia que nuevamente se SUPLICA en el lugar y fecha reseñados "ut supra".

F523. DEMANDA EJERCITANDO LA ACCIÓN RESCISORIA POR LA ADMINISTRACIÓN CONCURSAL CONTRA DACIÓN EN PAGO QUE EXTINGUE OBLIGACIÓN CUYO VENCIMIENTO ERA POSTERIOR A LA DECLARACIÓN DEL CONCURSO

Normativa de aplicación: *Arts. 226 y ss. Real Decreto Legislativo 1/2020, de 5 de mayo, por el que se aprueba el texto refundido de la Ley Concursal*

AL JUZGADO DE LO MERCANTIL NÚM. .... DE...........

Don..........., administrador concursal del concurso voluntario de la compañía........... S.L. que se sigue ante este Juzgado bajo el número de autos..........., ante este Juzgado de lo Mercantil comparezco en los citados autos, y como mejor proceda en derecho DIGO:

Que por medio del presente escrito y en la condición que ostentamos, promovemos DEMANDA DE INCIDENTE CONCURSAL en ejercicio de la acción rescisoria concursal prevista en el art. 226 TRLC contra el concursado, la sociedad........... S.A., y Don..........., con domicilio en..........., calle..........., núm. .... y piso..........., la cual se basa en los siguientes:

HECHOS

PRIMERO.– En el presente procedimiento número de autos..........., se sigue expediente de concurso de acreedores de la compañía........... La declaración de concurso voluntario de la expresada sociedad, fue solicitada el .... y acordada por este Juzgado mediante auto de fecha........... de........... de dos mil...........

La administración concursal está integrada por quien suscribe, que fue nombrado para tal cargo por el Juez del Concurso, mediante la citada resolución de fecha........... de........... de dos mil..........., aceptando el cargo con fecha...........

Acreditando lo anterior, se acompañan como DOCUMENTOS..........., testimonio del auto de este Juzgado declarando de concurso de........... S.L. y del acta de aceptación del cargo por esta administración concursal...........

SEGUNDO.– Que en virtud de escritura de compraventa otorgada el día........... de........... de dos mil........... ante el notario de..........., Don..........., el demandado Don........... transmitió a la aquí concursada, ... S.A., el siguiente inmueble........... Inscrito en el Registro de la Propiedad de........... al tomo..........., libro..........., folio..........., hoja..........., número..........., inscripción...........

Acreditando lo anterior, se acompañan como DOCUMENTOS..........., copia de la escritura de compraventa reseñada y certificación del Ilmo. Sr. Registrador de la Propiedad de..........., relativa a la finca registral...........

Como puede observarse, el precio de la citada compraventa fue fijado en la suma de...........euros, de la cual, ...euros, fueron satisfechos simultáneamente al otorgamiento de la escritura de compraventa. La restante cantidad de...........euros, debía ser pagada por........... S.A. el día..........., mediante cheque bancario o efectivo metálico.

Por su importancia, se hace constar que el plazo de pago antes reseñado, vencía con posterioridad al..........., día en que por este Juzgado se declaró el concurso voluntario de........... S.A.

Igualmente se hace constar que el citado crédito no contaba con garantía real alguna.

TERCERO.– Que en fecha........... de........... de dos mil..........., esto es, dentro de los dos años anteriores a la solicitud de declaración del concurso de........... S.A., esta compañía y Don........... otorgaron ante el notario Don..........., escritura de dación en pago, por la que se extinguía la deuda reseñada en el hecho precedente, mediante la entrega a Don..........., en pago de la misma, del siguiente bien........... Ello aun cuando la citada deuda no estaba vencida.

Se acredita lo anterior acompañando como DOCUMENTO.......... la escritura de dación en pago otorgada por........... S.A. y Don..........., ante el notario Don..........., el día...........

CUARTO.– Que el acto anteriormente reseñado era perjudicial para la masa activa al ser un acto de extinción de obligaciones cuyo vencimiento era posterior a la declaración del concurso, presumiéndose el perjuicio sin que se admita prueba en contra, al ser un acto de extinción de obligaciones cuyo vencimiento era posterior a la declaración del concurso y no contar el crédito en cuestión con garantía real alguna.

A los anteriores hechos, se aducen los siguientes:

FUNDAMENTOS DE DERECHO

DE ORDEN PROCESAL

I.– Es competente este Juzgado para conocer de esta demanda incidental, desde un punto de vista objetivo y territorial, a la vista del art. 44 y 45 TRLC.

II.– La presente demanda se sustanciara por los trámites previstos para el incidente concursal, tal y como resulta de los arts. 234 y 532 y ss. TRLC.

FONDO DEL ASUNTO

I.– La legitimación activa la administración concursal para interponer la presente demanda, resulta del art. 231 TRLC

II.– La legitimación pasiva de........... S.A. y Don........... resulta, respectivamente, de su condición de concursado y de contraparte del acto impugnado. Ello de conformidad con lo dispuesto en el art. 233.1 TRLC.

III.– Art. 226 TRLC al establecer que "1. Son rescindibles los actos perjudiciales para la masa activa realizados por el deudor dentro de los dos años anteriores a la fecha de la solicitud de declaración de concurso, así como los realizados desde esa fecha a la de la declaración, aunque no hubiere existido intención fraudulenta. 2. Son igualmente rescindibles los actos perjudiciales para la masa activa realizados por el deudor dentro de los dos años anteriores a la fecha de la comunicación de la existencia de negociaciones con los acreedores o la intención de iniciarlas, para alcanzar un plan de reestructuración, así como los realizados desde esa fecha a la de la declaración de concurso, aunque no hubiere existido intención fraudulenta, siempre que concurran las dos siguientes condiciones: 1.° Que no se hubiera aprobado un plan de reestructuración o que, aun aprobado, no hubiera sido homologado por el juez. 2.° Que el concurso se declare dentro del año siguiente a la finalización de los efectos de esa comunicación o de la prórroga que hubiera sido concedida."

IV.– Art. 227 TRLC, según el cual, el perjuicio patrimonial se presume, sin admitir prueba en contrario, cuando se trate de actos de disposición a título gratuito, salvo las liberalidades de uso, y de pagos u otros actos de extinción de obligaciones cuyo vencimiento fuere posterior a la declaración del concurso, excepto si contasen con garantía real.

V.– Art. 235 TRLC sobre los efectos de la rescisión.

VI.– Art. 236 TRLC sobre el régimen del derecho a la contraprestación.

VII.– Art. 394 LEC sobre la imposición de costas procesales a los demandados.

En virtud de lo expuesto,

SUPLICO AL JUZGADO que tenga por presentado este escrito, junto a los documentos a él unidos, se sirva admitirlo y tener por promovido por la administración concursal del concurso voluntario de la compañía........... S.A. tramitado ante este Juzgado de lo Mercantil bajo los autos núm. ...., DEMANDA DE INCIDENTE CONCURSAL en ejercicio de acción rescisoria concursal prevista en el art. 226 TRLC contra la concursada, ... S.A., y Don..........., se sirva admitir el incidente y se acuerde emplazar a las demás partes personadas y notificarles la presente para su contestación, en la forma prevenida legalmente y dentro del plazo común de diez días, si fuera de su interés, y previos los oportunos trámites legales, incluido el recibimiento del incidente a prueba que desde este momento solicito, se sirva dictar sentencia por la que:

1.– Se declare que la dación en pago reseñada en el hecho..........., llevada a cabo por la aquí concursada........... S.A. a favor de Don..........., mediante escritura otorgada el día........... ante el notario Don..........., por la que se extinguió la deuda contraída por la primera ante Don..........., por importe de...........euros, es perjudicial para la masa activa del concurso de la predicha sociedad, procediendo su rescisión.

2.– Se declare la ineficacia de la dación en pago reseñada en el número 1 precedente

3.– Se condene a Don........... a reintegrar a la masa activa los bienes recibidos en pago de la citada deuda consistentes en..........., más sus correspondientes frutos.

4.– Se ordene la realización cuantos actos y formalidades fueren precisas a efectos de que la extinción del acto rescindido surta plenos efectos. También los que fueren consecuencia de tal rescisión.

5.– Se impongan las costas procesales a los aquí demandados.

Es Justicia que se Suplica en..........., hoy día........... de........... de dos mil...........

OTROSÍ DIGO: Se solicita de este Juzgado la celebración de vista en el presente incidente de conformidad con lo dispuesto en el art. 540 TRLC.

En su virtud,

SUPLICO AL JUZGADO que tenga por efectuada la anterior manifestación, se sirva admitirla, y acordar en el sentido anteriormente expuesto, citando a las partes para la oportuna vista.

Es Justicia que nuevamente se SUPLICA en el lugar y fecha reseñados "ut supra".

OTROSÍ DIGO: Que interesa a esta parte el recibimiento del pleito a prueba y en este sentido, esta parte manifiesta los medios de prueba de los que intenta valerse en el presente incidente:............

En su virtud,

SUPLICO AL JUZGADO que tenga por efectuada la anterior manifestación, se sirva admitirla, y tener por manifestados los medios de prueba de los que intenta valerse esta parte, y previos los oportunos trámites, declare los mismos pertinentes, acordando cuanto proceda en derecho para su práctica.

Es Justicia que nuevamente se SUPLICA en el lugar y fecha reseñados "ut supra".

F524. DEMANDA EJERCITANDO LA ACCIÓN RESCISORIA CONCURSAL POR LA ADMINISTRACIÓN CONCURSAL CONTRA UN PAGO DE OBLIGACIÓN CUYO VENCIMIENTO ERA POSTERIOR A LA DECLARACIÓN DEL CONCURSO

Normativa de aplicación: *Arts. 226 y ss. Real Decreto Legislativo 1/2020, de 5 de mayo, por el que se aprueba el texto refundido de la Ley Concursal*

AL JUZGADO DE LO MERCANTIL NÚM. .... DE...........

Don..........., administrador concursal del concurso voluntario de la compañía........... S.L. que se sigue ante este Juzgado bajo el número de autos..........., ante este Juzgado de lo Mercantil comparezco en los citados autos, y como mejor proceda en derecho DIGO:

Que por medio del presente escrito y en la condición que ostentamos, promovemos DEMANDA DE INCIDENTE CONCURSAL en ejercicio de la acción rescisoria concursal prevista en el art. 226 TRLC contra el concursado, la sociedad........... S.A., y Don..........., con domicilio en..........., calle..........., núm. .... y piso..........., la cual se basa en los siguientes:

HECHOS

PRIMERO.– En el presente procedimiento número de autos..........., se sigue expediente de concurso contra la compañía........... La declaración de concurso voluntario de la expresada sociedad, fue acordada por este Juzgado mediante auto de fecha........... de........... de dos mil...........

La administración concursal está integrada por quien suscribe, que fue nombrado para tal cargo por el Juez del Concurso, mediante la citada resolución de fecha........... de........... de dos mil..........., aceptando el cargo con fecha...........

Acreditando lo anterior, se acompañan como DOCUMENTOS..........., testimonio del auto de este Juzgado declarando de concurso de........... S.L. y del acta de aceptación del cargo por esta administración concursal...........

SEGUNDO.– Que en virtud de escritura de compraventa otorgada el día........... de........... de dos mil........... ante el notario de..........., Don..........., el aquí demandado Don..........., transmitió a la aquí concursada, ... S.A., el siguiente inmueble........... Inscrito en el Registro de la Propiedad de........... al tomo..........., libro..........., folio..........., hoja..........., número..........., inscripción...........

Acreditando lo anterior, se acompañan como DOCUMENTOS..........., copia de la escritura de compraventa reseñada y certificación del Ilmo. Sr. Registrador de la Propiedad de........... relativa a la expresada finca.

Como puede observarse, el precio de la citada compraventa fue fijado en la suma de...........euros, de la cual, ...euros, fueron satisfechos simultáneamente al otorgamiento de la escritura de compraventa. La restante cantidad de...........euros, debía ser pagada por........... S.A. el día..........., mediante cheque bancario o efectivo metálico.

Por su importancia, se hace constar que el plazo de pago antes reseñado, vencía con posterioridad al..........., día en que por este Juzgado se declaró el concurso voluntario de........... S.A.

Igualmente se hace constar que el citado crédito no contaba con garantía real alguna.

TERCERO.– Que en fecha........... de........... de dos mil..........., esto es, dentro de los dos años anteriores a tal declaración, ... S.A. pagó a Don..........., mediante cheque bancario..........., la deuda reseñada en el hecho precedente. Ello, aun cuando la misma no estaba vencida.

Se acredita lo anterior acompañando como DOCUMENTOS........... copia del cheque bancario reseñado, certificación de la entidad emisora del efecto, el banco........... y la carta de pago otorgada por Don..........., ante el notario Don..........., el día...........

CUARTO.– Que el acto anteriormente reseñado era perjudicial para la masa activa al ser un acto de extinción de obligaciones cuyo vencimiento era posterior a la declaración del concurso, presumiéndose el perjuicio sin que quepa prueba en contra, al ser un acto de extinción de obligaciones cuyo vencimiento era posterior a la declaración del concurso y no contar el crédito en cuestión con garantía real alguna.

A los anteriores hechos, se aducen los siguientes:

FUNDAMENTOS DE DERECHO

DE ORDEN PROCESAL

I.– Es competente este Juzgado para conocer de esta demanda incidental, desde un punto de vista objetivo y territorial, a la vista del art. 44 y 45 TRLC.

II.– La presente demanda se sustanciara por los trámites previstos para el incidente concursal, tal y como resulta de los arts. 234 y 532 y ss. TRLC.

FONDO DEL ASUNTO

I.– La legitimación activa la administración concursal para interponer la presente demanda, resulta del art. 231 TRLC

II.– La legitimación pasiva de........... S.A. y Don........... resulta, respectivamente, de su condición de concursado y de contraparte del acto impugnado. Ello de conformidad con lo dispuesto en el art. 233.1 TRLC.

III.– Art. 226 TRLC al establecer que "1. Son rescindibles los actos perjudiciales para la masa activa realizados por el deudor dentro de los dos años anteriores a la fecha de la solicitud de declaración de concurso, así como los realizados desde esa fecha a la de la declaración, aunque no hubiere existido intención fraudulenta. 2. Son igualmente rescindibles los actos perjudiciales para la masa activa realizados por el deudor dentro de los dos años anteriores a la fecha de la comunicación de la existencia de negociaciones con los acreedores o la intención de iniciarlas, para alcanzar un plan de reestructuración, así como los realizados desde esa fecha a la de la declaración de concurso, aunque no hubiere existido intención fraudulenta, siempre que concurran las dos siguientes condiciones: 1.° Que no se hubiera aprobado un plan de reestructuración o que, aun aprobado, no hubiera sido homologado por el juez. 2.° Que el concurso se declare dentro del año siguiente a la finalización de los efectos de esa comunicación o de la prórroga que hubiera sido concedida."

IV.– Art. 227 TRLC, según el cual, el perjuicio patrimonial se presume, sin admitir prueba en contrario, cuando se trate de actos de disposición a título gratuito, salvo las liberalidades de uso, y de pagos u otros actos de extinción de obligaciones cuyo vencimiento fuere posterior a la declaración del concurso, excepto si contasen con garantía real.

V.– Art. 235 TRLC sobre los efectos de la rescisión.

VI.– Art. 236 TRLC sobre el régimen del derecho a la contraprestación.

VII.– Art. 394 LEC sobre la imposición de costas procesales a los demandados.

En virtud de lo expuesto,

SUPLICO AL JUZGADO que tenga por presentado este escrito, junto a los documentos a él unidos, se sirva admitirlo y tener por promovido por la administración concursal del concurso voluntario de la compañía........... S.A. tramitado ante este Juzgado de lo Mercantil bajo los autos núm. ...., DEMANDA DE INCIDENTE CONCURSAL en ejercicio de acción rescisoria concursal prevista en el art. 226 TRLC contra la concursada, ... S.A., y Don..........., se sirva admitir el incidente y se acuerde emplazar a las demás partes personadas y notificarles la presente para su contestación, en la forma prevenida legalmente y dentro del plazo común de diez días, si fuera de su interés, y previos los oportunos trámites legales, incluido el recibimiento del incidente a prueba que desde este momento solicito, se sirva dictar sentencia por la que:

1.– Se declare que el pago de la deuda reseñada en el hecho........... de esta demanda, por la aquí concursada........... S.A. a Don..........., por importe de...........

euros, es perjudicial para la masa activa del concurso de la predicha sociedad, procediendo su rescisión.

2.– Se declare la ineficacia del pago de deuda reseñado en el número 1 precedente.

3.– Se condene a Don........... a reintegrar a la masa activa la citada suma de...........euros, más sus correspondientes intereses.

4.– Se ordene la realización cuantos actos y formalidades fueren precisas a efectos de que la extinción del acto rescindido surta plenos efectos. También aquellos que fueren consecuencia de tal rescisión.

5.– Se imponga las costas procesales a los aquí demandados.

Es Justicia que se Suplica en...........

OTROSÍ DIGO: Se solicita de este Juzgado la celebración de vista en el presente incidente de conformidad con lo dispuesto en el art. 540 TRLC.

En su virtud,

SUPLICO AL JUZGADO que tenga por efectuada la anterior manifestación, se sirva admitirla, y acordar en el sentido anteriormente expuesto, citando a las partes para la oportuna vista.

Es Justicia que nuevamente se SUPLICA en el lugar y fecha reseñados "ut supra".

OTROSÍ DIGO: Que interesa a esta parte el recibimiento del pleito a prueba y en este sentido, esta parte manifiesta los medios de prueba de los que intenta valerse en el presente incidente:...........

En su virtud,

SUPLICO AL JUZGADO que tenga por efectuada la anterior manifestación, se sirva admitirla, y tener por manifestados los medios de prueba de los que intenta valerse esta parte, y previos los oportunos trámites, declare los mismos pertinentes, acordando cuanto proceda en derecho para su práctica.

Es Justicia que nuevamente se SUPLICA en el lugar y fecha reseñados "ut supra".

F525. DEMANDA EJERCITANDO LA ACCIÓN RESCISORIA CONCURSAL POR ACREEDOR CONTRA ACTO ONEROSO A FAVOR DE PERSONA ESPECIALMENTE RELACIONADA CON EL CONCURSADO

Normativa de aplicación: *Arts. 226 y ss. Real Decreto Legislativo 1/2020, de 5 de mayo, por el que se aprueba el texto refundido de la Ley Concursal*

AL JUZGADO DE LO MERCANTIL NÚM. .... DE...........

Don..........., administrador concursal del concurso voluntario de la compañía........... S.L. que se sigue ante este Juzgado bajo el número de autos..........., ante este Juzgado de lo Mercantil comparezco en los citados autos, y como mejor proceda en derecho DIGO:

Que por medio del presente escrito y en la representación que ostento, promuevo DEMANDA DE INCIDENTE CONCURSAL en ejercicio de la acción rescisoria prevista en el art. 226 TRLC contra el concursado, la sociedad........... S.L. y Don..........., con domicilio en..........., calle..........., núm. .... y piso........... la cual se basa en los siguientes:

HECHOS

PRIMERO.– En el presente procedimiento número de autos..........., se sigue expediente de concurso de la compañía........... S.L. La declaración de concurso voluntario de la expresada sociedad, fue solicitada el .... y acordada por este Juzgado mediante auto de fecha........... de........... de dos mil...........

La administración concursal está integrada por quien suscribe, que fue nombrado para tal cargo por el Juez del Concurso, mediante la citada resolución de fecha........... de........... de dos mil..........., aceptando el cargo con fecha...........

Acreditando lo anterior, se acompañan como DOCUMENTOS..........., testimonio del auto de este Juzgado declarando de concurso de........... S.L. y del acta de aceptación del cargo por esta administración concursal...........

SEGUNDO.– Que el aquí codemandado, Don........... es desde el día........... y en la actualidad, socio de la compañía........... S.L. Concretamente, es titular de........... participaciones sociales, número........... a..........., ambos inclusive, de...........euros de valor nominal, que le pertenecen por asunción y desembolso de las mismas con ocasión del aumento de capital de la sociedad, acordado por la Junta General de la sociedad el día........... y que fue elevado a público mediante escritura autorizada el día........... por el notario, Don........... Las citadas participaciones sociales, en su conjunto, suponen más del diez por ciento del capital social de........... S.L. Concretamente, el........... por ciento.

Igualmente, desde dicha fecha y en la actualidad, es administrador solidario de la citada compañía.

Así resulta de la certificación del Registro Mercantil de la provincia de........... y de la copia de la escritura de aumento de capital antes reseñado, DOCUMENTOS que se acompañan a este escrito señalados de número...........

A efectos probatorios se designan los archivos del citado notario Don........... y el libro registro de socios de la concursada.

TERCERO.– Que en fecha..........., ... S.L. vendió a Don........... el siguiente inmueble........... El precio de la compraventa, según resulta de la escritura otorgada el día........... de........... de dos mil..........., ante el notario de..........., Don..........., se fijo en la suma de...........euros, cuyo pago se aplazo a........... años, a razón de...........euros cada año, sin que se prestase por Don........... garantía alguna.

Acreditando lo anterior, se acompaña como DOCUMENTOS........... y........... copia autorizada de la escritura de compraventa reseñada y certificación del Ilmo. Sr. Registrador de la Propiedad núm. .... de..........., correspondiente al inmueble antes reseñado.

Se hace constar que la citada compraventa fue realizada dentro de los dos años anteriores a la solicitud de declaración de concurso de........... S.L.

CUARTO.– Que mi mandante es acreedor de........... S.L., siendo titular de un crédito que ha sido reconocido en el concurso de referencia, figurando esta parte, por ello, en la lista de acreedores que se acompaña al informe formulado el día........... de........... de dos mil........... por la Administración concursal. Testimonio del mismo se acompaña como DOCUMENTO...........

QUINTO.– Que siendo perjudicial la citada compraventa para la masa activa esta parte, al amparo de lo establecido en el art. 232.1 TRLC, requirió a dicha administración concursal mediante escrito de fecha........... (remitido por conducto notarial y que se acompaña a este escrito como DOCUMENTO...........), a efectos de que ejercitara la correspondiente acción rescisoria concursal contra dicho acto. Desde que se notificó tal requerimiento, han transcurrido más de dos meses sin que se haya ejercitado la expresada acción.

SEXTO.– Que conforme establece el art. 228.1° TRLC y salvo prueba en contrario, se presume el perjuicio patrimonial de la citada compraventa. En cualquier caso, tal perjuicio es evidente a la vista de..........., tal y como resulta de........... (DOCUMENTOS que se acompañan señalados de número...........).

A los anteriores hechos, se aducen los siguientes:

FUNDAMENTOS DE DERECHO

DE ORDEN PROCESAL

I.– Es competente este Juzgado para conocer de esta demanda incidental, desde un punto de vista objetivo y territorial, a la vista del art. 44 y 45 TRLC.

II.– La presente demanda se sustanciara por los trámites previstos para el incidente concursal, tal y como resulta de los arts. 234 y 532 y ss. TRLC.

FONDO DEL ASUNTO

I.– La legitimación activa de mi mandante, en su condición de acreedor de........... S.L. y para interponer la presente demanda, resulta del art. 232 TRLC

II.– La legitimación pasiva de........... S.A. y Don........... resulta, respectivamente, de su condición de concursado y de contraparte del acto impugnado. Así resulta del art. 233.1 TRLC.

III.– Art. 226 TRLC al establecer que "1. Son rescindibles los actos perjudiciales para la masa activa realizados por el deudor dentro de los dos años anteriores a la fecha de la solicitud de declaración de concurso, así como los realizados desde esa fecha a la de la declaración, aunque no hubiere existido intención fraudulenta. 2. Son igualmente rescindibles los actos perjudiciales para la masa activa realizados por el deudor dentro de los dos años anteriores a la fecha de la comunicación de la existencia de negociaciones con los acreedores o la intención de iniciarlas, para alcanzar un plan de reestructuración, así como los realizados desde esa fecha a la de la declaración de concurso, aunque no hubiere existido intención fraudulenta, siempre que concurran las dos siguientes condiciones: 1.° Que no se hubiera aprobado un plan de reestructuración o que, aun aprobado, no hubiera sido homologado por el juez. 2.° Que el concurso se declare dentro del año siguiente a la finalización de los efectos de esa comunicación o de la prórroga que hubiera sido concedida."

IV.– Art. 228 TRLC, según el cual, salvo prueba en contrario, el perjuicio patrimonial se presume cuando se trate de los siguientes actos: ....1° Los actos de disposición a título oneroso realizados a favor de alguna de las personas especialmente relacionadas con el concursado.

Y al hilo de lo anterior, art. 283 TRLC sobre a quien se considera personas especialmente relacionadas con el concursado persona jurídica.

V.– Art. 235 TRLC sobre los efectos de la rescisión.

VI.– Art. 236 TRLC sobre el régimen del derecho a la contraprestación.

VII.– Art. 394 LEC sobre la imposición de costas procesales a los demandados.

En virtud de lo expuesto,

SUPLICO AL JUZGADO que tenga por presentado este escrito, junto a los documentos a él unidos, se sirva admitirlo y tener por promovido en nombre y representación de mi mandante, Don..........., DEMANDA DE INCIDENTE CONCURSAL en ejercicio de acción rescisoria concursal prevista en el art. 226 TRLC contra la concursada, ... S.L., y Don..........., se sirva admitir el incidente y se acuerde emplazar a las demás partes personadas y notificarles la presente para su contestación, en la forma prevenida legalmente y dentro del plazo común de diez días, si fuera de su interés, y previos los oportunos trámites legales, incluido el recibimiento del pleito a prueba que desde este momento solicito, se sirva dictar sentencia por la que:

1.– Se declare que la compraventa del inmueble..........., inscrito en el Registro de la Propiedad de........... al tomo..........., libro..........., folio..........., hoja..........., número..........., inscripción..........., llevada a cabo por........... S.A. a favor de Don..........., mediante escritura otorgada el día........... ante el notario de..........., Don..........., es perjudicial para la masa activa del concurso de la predicha sociedad, procediendo su rescisión.

2.– Se declare la ineficacia de la compraventa reseñada en el número 1 precedente.

3.– Se condene a Don........... a reintegrar el citado inmueble a la masa activa junto a sus frutos, teniendo el crédito a favor de Don........... originado como consecuencia de tal reintegración la consideración de subordinado.

4.– Se ordene la realización cuantos actos y formalidades fueren precisas a efectos de que la extinción del acto rescindido surta plenos efectos, y especialmente, la práctica de los anotaciones e inscripciones precisas en la hoja registral de la finca antes reseñada. También aquellos que fueren consecuencia de la rescisión acordada.

5.– Se imponga las costas procesales a los aquí demandados.

Es Justicia que se Suplica en..........., hoy día........... de........... de dos mil...........

OTROSÍ DIGO: Se solicita de este Juzgado que, a los efectos legales oportunos, se sirva notificar la presente demanda a la administración concursal.

En su virtud,

SUPLICO AL JUZGADO que tenga por efectuada la anterior manifestación, se sirva admitirla, y acordar en el sentido anteriormente expuesto.

Es Justicia que nuevamente se SUPLICA en el lugar y fecha reseñados "ut supra".

OTROSÍ DIGO: Se solicita de este Juzgado la celebración de vista en el presente incidente de conformidad con lo dispuesto en el art. 540 TRLC.

En su virtud,

SUPLICO AL JUZGADO que tenga por efectuada la anterior manifestación, se sirva admitirla, y acordar en el sentido anteriormente expuesto, citando a las partes para la oportuna vista.

Es Justicia que nuevamente se SUPLICA en el lugar y fecha reseñados "ut supra".

OTROSÍ DIGO: Que interesa a esta parte el recibimiento del pleito a prueba y en este sentido, esta parte manifiesta los medios de prueba de los que intenta valerse en el presente incidente:...........

En su virtud,

SUPLICO AL JUZGADO que tenga por efectuada la anterior manifestación, se sirva admitirla, y tener por manifestados los medios de prueba de los que intenta valerse esta parte, y previos los oportunos trámites, declare los mismos pertinentes, acordando cuanto proceda en derecho para su práctica.

Es Justicia que nuevamente se SUPLICA en el lugar y fecha reseñados "ut supra".

F526. DEMANDA EJERCITANDO LA ACCIÓN RESCISORIA CONCURSAL POR LA ADMINISTRACIÓN CONCURSAL CONTRA GARANTÍA REAL A FAVOR DE OBLIGACIÓN PREEXISTENTE

Normativa de aplicación: *Arts. 226 y ss. Real Decreto Legislativo 1/2020, de 5 de mayo, por el que se aprueba el texto refundido de la Ley Concursal*

AL JUZGADO DE LO MERCANTIL NÚM. .... DE...........

Don..........., administrador concursal del concurso voluntario de la compañía........... S.L. que se sigue ante este Juzgado bajo el número de autos..........., ante este Juzgado de lo Mercantil comparezco en los citados autos, y como mejor proceda en derecho DIGO:

Que por medio del presente escrito y en la condición que ostentamos, promovemos DEMANDA DE INCIDENTE CONCURSAL en ejercicio de la acción rescisoria concursal prevista en el art. 226 TRLC contra el concursado, la sociedad........... S.L., y........... S.A., con domicilio en..........., calle..........., núm. .... y piso........... la cual se basa en los siguientes:

HECHOS

PRIMERO.– En el presente procedimiento número de autos..........., se sigue expediente de concurso de la compañía........... S.L. La declaración de concurso voluntario de la expresada sociedad, fue solicitada el........... y acordada por este Juzgado mediante auto de fecha........... de........... de dos mil...........

La administración concursal está integrada por quien suscribe, que fue nombrado para tal cargo por el Juez del Concurso, mediante la citada resolución de fecha........... de........... de dos mil..........., aceptando el cargo con fecha...........

Acreditando lo anterior, se acompañan como DOCUMENTOS..........., testimonio del auto de este Juzgado declarando el concurso de........... S.L. y la del acta de aceptación del cargo de administradores concursales.

SEGUNDO.– Que en fecha........... de........... de dos mil..........., la compañía........... S.A. transmitió a la aquí concursada........... S.L. la siguiente mercancía:...........

Las condiciones de la citada compraventa eran:...........

Se acompaña como DOCUMENTOS..........., copia del pedido, la factura de venta y el albarán de entrega de la mercancía.

TERCERO.– Que en fecha..........., y como consecuencia de tal venta, ... S.L. adeudaba a........... S.A., la suma de...........euros, que debía pagar el...........

Varios meses después, concretamente, el........... de........... de..........., y mediante escritura otorgada ante el notario de..........., Don..........., la concursada, ... S.L., reconoció adeudar a........... S.A., la citada suma de...........euros, y se obligó a pagar la misma el día........... En garantía de tal deuda, constituyo hipoteca sobre el siguiente bien inmueble:..........., que se inscribió en el Registro de la Propiedad de..........., el día..........., al folio..........., libro, ..., finca..........., inscripción...........

Acreditando lo anterior, se acompaña como DOCUMENTOS........... y........... copia autorizada de la escritura de reconocimiento de deuda y constitución de hipoteca y certificación del Ilmo. Sr. Registrador de la Propiedad núm. .... de..........., correspondiente al inmueble antes reseñado.

Se hace constar que la citada hipoteca se constituyó dentro de los dos años anteriores a la solicitud de declaración de concurso de........... S.L. Concretamente, ... antes de tal declaración.

CUARTO.– Que conforme establece el art. 228.2° TRLC y salvo prueba en contrario, se presume el perjuicio patrimonial de la citada garantía real. En cualquier caso, tal perjuicio es evidente a la vista de..........., tal y como resulta de........... (DOCUMENTOS que se acompañan señalados de número...........).

A los anteriores hechos, se aducen los siguientes:

FUNDAMENTOS DE DERECHO

DE ORDEN PROCESAL

I.– Es competente este Juzgado para conocer de esta demanda incidental, desde un punto de vista objetivo y territorial, a la vista del art. 44 y 45 TRLC.

II.– La presente demanda se sustanciara por los trámites previstos para el incidente concursal, tal y como resulta de los arts. 234 y 532 y ss. TRLC.

FONDO DEL ASUNTO

I.– La legitimación activa de la administración concursal para interponer la presente demanda, resulta del art. 231 TRLC.

II.– La legitimación pasiva de........... S.L. y........... S.A. resulta, respectivamente, de su condición de concursado y de contraparte del acto impugnado. Así resulta del art. 233.1 TRLC.

III.– Art. 226 TRLC al establecer que "1. Son rescindibles los actos perjudiciales para la masa activa realizados por el deudor dentro de los dos años anteriores a la fecha de la solicitud de declaración de concurso, así como los realizados desde esa fecha a la de la declaración, aunque no hubiere existido intención fraudulenta. 2. Son igualmente rescindibles los actos perjudiciales para la masa activa realizados por el deudor dentro de los dos años anteriores a la fecha de la comunicación de la existencia de negociaciones con los acreedores o la intención de iniciarlas, para alcanzar un plan de reestructuración, así como los realizados desde esa fecha a la de la declaración de concurso, aunque no hubiere existido intención fraudulenta, siempre que concurran las dos siguientes condiciones: 1.° Que no se hubiera aprobado un plan de reestructuración o que, aun aprobado, no hubiera sido homologado por el juez. 2.° Que el concurso se declare dentro del año siguiente a la finalización de los efectos de esa comunicación o de la prórroga que hubiera sido concedida."

IV.– Art. 228 TRLC, según el cual, salvo prueba en contrario, el perjuicio patrimonial se presume cuando se trate de los siguientes actos:............ 2° Los actos de constitución de garantías reales a favor de obligaciones preexistentes o de las nuevas contraídas en sustitución de aquellas.

V.– Art. 235 TRLC sobre los efectos de la rescisión.

VI.– Art. 236 TRLC sobre el régimen del derecho a la contraprestación.

VII.– Art. 394 LEC sobre la imposición de costas procesales a los demandados.

En virtud de lo expuesto,

SUPLICO AL JUZGADO que tenga por presentado este escrito, junto a los documentos a él unidos, se sirva admitirlo y tener por promovido por la administración concursal del concurso voluntario de la compañía........... S.L. tramitado ante este Juzgado de lo Mercantil bajo los autos núm. ...., DEMANDA DE INCIDENTE CONCURSAL en ejercicio de acción rescisoria prevista en el art. 226 TRLC contra la concursada, ... S.L. y la compañía........... S.A., se sirva admitir el incidente y se acuerde emplazar a las demás partes personadas y notificarles la presente para su contestación, en la forma prevenida legalmente y dentro del plazo común de diez días, si fuera de su interés, y previos los oportunos trámites legales, incluido su el recibimiento del pleito a prueba que desde este momento solicito, se sirva dictar sentencia por la que:

1.– Se declare que la hipoteca sobre el inmueble:..........., inscrito en el Registro de la Propiedad de........... al tomo..........., libro..........., folio..........., hoja..........., número..........., inscripción..........., constituida por........... S.L. a favor de........... S.A. y en garantía de la deuda reseñada en el hecho........... de esta demanda, mediante escritura otorgada el día........... ante el notario de..........., Don..........., es perjudicial para la masa activa del concurso de la predicha sociedad, procediendo su rescisión.

2.– Se declare la ineficacia de la garantía real reseñada en el número 1 precedente.

3.– Se ordene la realización cuantos actos y formalidades fueren precisas a efectos de que la extinción del acto rescindido surta plenos efectos, y especialmente, la práctica de los anotaciones e inscripciones precisas en la hoja registral de la finca antes reseñada. También aquellos que fueren consecuencia de la rescisión acordada.

4.– Se imponga las costas procesales a los aquí demandados.

Es Justicia que se Suplica en..........., hoy día........... de........... de dos mil...........

OTROSÍ DIGO: Se solicita de este Juzgado la celebración de vista en el presente incidente de conformidad con lo dispuesto en el art. 540 TRLC.

En su virtud,

SUPLICO AL JUZGADO que tenga por efectuada la anterior manifestación, se sirva admitirla, y acordar en el sentido anteriormente expuesto, citando a las partes para la oportuna vista.

Es Justicia que nuevamente se SUPLICA en el lugar y fecha reseñados "ut supra".

OTROSÍ DIGO: Que interesa a esta parte el recibimiento del pleito a prueba y en este sentido, esta parte manifiesta los medios de prueba de los que intenta valerse en el presente incidente:............

En su virtud,

SUPLICO AL JUZGADO que tenga por efectuada la anterior manifestación, se sirva admitirla, y tener por manifestados los medios de prueba de los que intenta valerse esta parte, y previos los oportunos trámites, declare los mismos pertinentes, acordando cuanto proceda en derecho para su práctica.

Es Justicia que nuevamente se SUPLICA en el lugar y fecha reseñados "ut supra".

F527. DEMANDA EJERCITANDO LA ACCIÓN RESCISORIA CONCURSAL POR ADMINISTRACIÓN CONCURSAL CONTRA LA CONSTITUCIÓN DE GARANTÍAS REALES A FAVOR DE OBLIGACIONES CONTRAÍDAS EN SUSTITUCIÓN DE PREEXISTENTES

Normativa de aplicación: *Arts. 226 y ss. Real Decreto Legislativo 1/2020, de 5 de mayo, por el que se aprueba el texto refundido de la Ley Concursal*

AL JUZGADO DE LO MERCANTIL NÚM. .... DE............

Don............, administrador concursal del concurso voluntario de la compañía............ S.L. que se sigue ante este Juzgado bajo el número de autos............, ante este Juzgado de lo Mercantil comparezco en los citados autos, y como mejor proceda en derecho DIGO:

Que por medio del presente escrito y en la condición que ostentamos, promovemos DEMANDA DE INCIDENTE CONCURSAL en ejercicio de la acción rescisoria concursal prevista en el art. 226 TRLC contra el concursado, la sociedad............ S.L., y el Banco............ S.A., con domicilio en............, calle............, núm. .... y piso............ la cual se basa en los siguientes:

HECHOS

PRIMERO.– En el presente procedimiento número de autos..........., se sigue expediente de concurso contra la compañía........... S.L. La declaración de concurso voluntario de la expresada sociedad, fue solicitada el .... y acordada por este Juzgado mediante auto de fecha........... de........... de dos mil...........

La administración concursal está integrada por quien suscribe, que fue nombrado para tal cargo por el Juez del Concurso, mediante la citada resolución de fecha........... de........... de dos mil..........., aceptando el cargo con fecha...........

Acreditando lo anterior, se acompañan como DOCUMENTOS..........., testimonio del auto de este Juzgado declarando de concurso de........... S.L. y del acta de aceptación del cargo de administrador concursal.

SEGUNDO.– Que en fecha........... de........... de dos mil..........., la aquí concursada........... y Banco........... S.A. concertaron, mediante póliza intervenida ante el notario de..........., Don..........., contrato de préstamo en los siguientes términos y condiciones:..........., que venció el día...........

Acreditando lo anterior, se acompaña como DOCUMENTO..........., la citada póliza.

TERCERO.– Que en fecha...........,el citado........... concedió a la concursada nuevo préstamo por importe de...........euros, con el cual, canceló el reseñado en el hecho precedente, quedando un remanente para la empresa de...........euros.

Ese mismo día, y mediante escritura otorgada ante el notario de..........., Don..........., la concursada, ... S.L., constituyó a favor del Banco........... y en garantía del nuevo préstamo, prenda sin desplazamiento sobre........... y en las siguientes condiciones........... La citada prenda fue inscrita el día........... en...........

Acreditando lo anterior, se acompaña como DOCUMENTOS........... y........... copia autorizada de la escritura de constitución de la prenda sin desplazamiento arriba reseñada y certificación del Ilmo. Sr. Registrador...........

Se hace constar que la citada prenda se constituyó dentro de los dos años anteriores a la solicitud de concurso de........... S.L. Concretamente, ... antes de tal declaración.

CUARTO.– Que conforme establece el art. 228.2° TRLC y salvo prueba en contrario, se presume el perjuicio patrimonial de la citada garantía real. En cualquier caso, tal perjuicio es evidente a la vista de..........., tal y como resulta de........... (DOCUMENTOS que se acompañan señalados de número...........).

A los anteriores hechos, se aducen los siguientes:

FUNDAMENTOS DE DERECHO

DE ORDEN PROCESAL

I.– Es competente este Juzgado para conocer de esta demanda incidental, desde un punto de vista objetivo y territorial, a la vista del art. 44 y 45 TRLC.

II.– La presente demanda se sustanciara por los trámites previstos para el incidente concursal, tal y como resulta de los arts. 234 y 532 y ss. TRLC.

FONDO DEL ASUNTO

I.– La legitimación activa de la administración concursal para interponer la presente demanda, resulta del art. 231 TRLC.

II.– La legitimación pasiva de........... S.L. y........... S.A. resulta, respectivamente, de su condición de concursado y de contraparte del acto impugnado. Así resulta del art. 233.1 TRLC.

III.– Art. 226 TRLC al establecer que "1. Son rescindibles los actos perjudiciales para la masa activa realizados por el deudor dentro de los dos años anteriores a la fecha de la solicitud de declaración de concurso, así como los realizados desde esa fecha a la de la declaración, aunque no hubiere existido intención fraudulenta. 2. Son igualmente rescindibles los actos perjudiciales para la masa activa realizados por el deudor dentro de los dos años anteriores a la fecha de la comunicación de la existencia de negociaciones con los acreedores o la intención de iniciarlas, para alcanzar un plan de reestructuración, así como los realizados desde esa fecha a la de la declaración de concurso, aunque no hubiere existido intención fraudulenta, siempre que concurran las dos siguientes condiciones: 1.° Que no se hubiera aprobado un plan de reestructuración o que, aun aprobado, no hubiera sido homologado por el juez. 2.° Que el concurso se declare dentro del año siguiente a la finalización de los efectos de esa comunicación o de la prórroga que hubiera sido concedida."

IV.– Art. 228 TRLC, según el cual, salvo prueba en contrario, el perjuicio patrimonial se presume cuando se trate de los siguientes actos:........... 2° Los actos de constitución de garantías reales a favor de obligaciones preexistentes o de las nuevas contraídas en sustitución de aquellas.

V.– Art. 235 TRLC sobre los efectos de la rescisión.

VI.– Art. 236 TRLC sobre el régimen del derecho a la contraprestación.

VII.– Art. 394 LEC sobre la imposición de costas procesales a los demandados.

En virtud de lo expuesto,

SUPLICO AL JUZGADO que tenga por presentado este escrito, junto a los documentos a él unidos, se sirva admitirlo y tener por promovido por la administración concursal del concurso voluntario de la compañía........... S.A. tramitado ante este Juzgado de lo Mercantil bajo los autos núm. ...., DEMANDA DE INCIDENTE CONCURSAL en ejercicio de acción rescisoria concursal prevista en el art. 226 TRLC contra la concursada, ... S.L., y Banco........... S.A., se sirva admitir el incidente y se acuerde emplazar a las demás partes personadas y notificarles la presente para su contestación, en la forma prevenida legalmente y dentro del plazo común de diez días, si fuera de su interés, y previos los oportunos trámites legales, incluido el recibimiento del pleito a prueba que desde este momento solicito, se sirva dictar sentencia por la que:

1.– Se declare que la prenda sin desplazamiento sobre........... constituida el día........... ante el notario de..........., Don........... (número........... de su protocolo), e inscrita el día........... en........... es perjudicial para la masa activa del concurso de la predicha sociedad, procediendo su rescisión.

2.– Se declare la ineficacia de la garantía real reseñada en el número 1 precedente.

3.– Se ordene la realización cuantos actos y formalidades fueren precisas a efectos de que la extinción del acto rescindido surta plenos efectos, y especialmente, la práctica de los anotaciones e inscripciones precisas en la hoja registral antes reseñada. También aquellos que fueren consecuencia de la rescisión acordada.

4.– Se imponga las costas procesales a los aquí demandados.

Es Justicia que se Suplica en..........., hoy día........... de........... de dos mil...........

OTROSÍ DIGO: Se solicita de este Juzgado la celebración de vista en el presente incidente de conformidad con lo dispuesto en el art. 540 TRLC.

En su virtud,

SUPLICO AL JUZGADO que tenga por efectuada la anterior manifestación, se sirva admitirla, y acordar en el sentido anteriormente expuesto, citando a las partes para la oportuna vista.

Es Justicia que nuevamente se SUPLICA en el lugar y fecha reseñados "ut supra".

OTROSÍ DIGO: Que interesa a esta parte el recibimiento del pleito a prueba y en este sentido, esta parte manifiesta los medios de prueba de los que intenta valerse en el presente incidente:...........

En su virtud,

SUPLICO AL JUZGADO que tenga por efectuada la anterior manifestación, se sirva admitirla, y tener por manifestados los medios de prueba de los que intenta valerse esta parte, y previos los oportunos trámites, declare los mismos pertinentes, acordando cuanto proceda en derecho para su práctica.

Es Justicia que nuevamente se SUPLICA en el lugar y fecha reseñados "ut supra".

F528. DEMANDA EJERCITANDO LA ACCIÓN RESCISORIA CONCURSAL POR ADMINISTRACIÓN CONCURSAL CONTRA LA CONSTITUCIÓN DE GARANTÍAS REALES A FAVOR DE OBLIGACIONES CONTRAÍDAS EN SUSTITUCIÓN DE PREEXISTENTES. PLAN DE REESTRUCTURACION

Normativa de aplicación: *Arts. 226 y ss. Real Decreto Legislativo 1/2020, de 5 de mayo, por el que se aprueba el texto refundido de la Ley Concursal*

AL JUZGADO DE LO MERCANTIL NÚM. .... DE...........

Don..........., administrador concursal del concurso voluntario de la compañía........... S.L. que se sigue ante este Juzgado bajo el número de autos..........., ante este Juzgado de lo Mercantil comparezco en los citados autos, y como mejor proceda en derecho DIGO:

Que por medio del presente escrito y en la condición que ostentamos, promovemos DEMANDA DE INCIDENTE CONCURSAL en ejercicio de la acción rescisoria concursal prevista en el art. 226 TRLC contra el concursado, la sociedad........... S.L., y el Banco........... S.A., con domicilio en..........., calle..........., núm. .... y piso........... la cual se basa en los siguientes:

HECHOS

PRIMERO.– En el presente procedimiento número de autos..........., se sigue expediente de concurso contra la compañía........... S.L. La declaración de concurso voluntario de la expresada sociedad, fue acordada por este Juzgado mediante auto de fecha........... de........... de dos mil...........

La administración concursal está integrada por quien suscribe, que fue nombrado para tal cargo por el Juez del Concurso, mediante la citada resolución de fecha........... de........... de dos mil..........., aceptando el cargo con fecha...........

Acreditando lo anterior, se acompañan como DOCUMENTOS..........., testimonio del auto de este Juzgado declarando de concurso de........... S.L. y del acta de aceptación del cargo de administrador concursal.

SEGUNDO.– Que la aquí concursada........... y Banco........... S.A., en fecha........... de........... de........... concertaron, mediante póliza intervenida ante el notario de..........., Don..........., contrato de préstamo en los siguientes términos y condiciones:...........

Acreditando lo anterior, se acompaña como DOCUMENTO..........., la citada póliza.

TERCERO.– Que la aquí concursada........... y Banco........... S.A. acordaron dentro de un plan de restructuración de fecha ...., refinanciar la citada deuda y en fecha........... de........... de........... y se otorgó escritura notarial en la que........... concedió a la concursada nuevo préstamo por importe de...........euros, con el cual, canceló el reseñado en el hecho precedente, quedando un remanente para la empresa de...........euros, Por su parte, ... S.L., constituyó a favor del Banco........... y en garantía del nuevo préstamo, prenda sin desplazamiento sobre........... y en las siguientes condiciones........... La citada prenda fue inscrita el día...........en...........

Acreditando lo anterior, se acompaña como DOCUMENTOS........... y........... copia autorizada de la escritura de préstamo y constitución de la prenda sin desplazamiento arriba reseñada y certificación del Ilmo. Sr. Registrador...........

Se hace constar que la citada prenda se constituyó dentro de los dos años anteriores a la declaración de concurso de........... S.L a que se refiere el art. 226 TRLC. Concretamente, ... antes de tal declaración. También que el citado el plan de reestructuración del que es origen el referido préstamo y prenda, no se ajusta a las previsiones de los arts. 614 y ss. Tampoco ha sido objeto de homologación ex arts. 635 y ss. TRLC

CUARTO.– Que conforme establece el art. 228.2° TRLC y salvo prueba en contrario, se presume el perjuicio patrimonial de la citada garantía real. En cualquier caso, tal perjuicio es evidente a la vista de..........., tal y como resulta de........... (DOCUMENTOS que se acompañan señalados de número...........).

A los anteriores hechos, se aducen los siguientes:

FUNDAMENTOS DE DERECHO

DE ORDEN PROCESAL

I.– Es competente este Juzgado para conocer de esta demanda incidental, desde un punto de vista objetivo y territorial, a la vista del art. 44 y 45 TRLC.

II.– La presente demanda se sustanciara por los trámites previstos para el incidente concursal, tal y como resulta de los arts. 234 y 532 y ss. TRLC.

FONDO DEL ASUNTO

I.– La legitimación activa de la administración concursal para interponer la presente demanda, resulta del art. 231 TRLC.

II.– La legitimación pasiva de........... S.L. y........... S.A. resulta, respectivamente, de su condición de concursado y de contraparte del acto impugnado. Así resulta del art. 233.1 TRLC.

III.– Art. 226 TRLC al establecer que "1. Son rescindibles los actos perjudiciales para la masa activa realizados por el deudor dentro de los dos años anteriores a la fecha de la solicitud de declaración de concurso, así como los realizados desde esa fecha a la de la declaración, aunque no hubiere existido intención fraudulenta. 2. Son igualmente rescindibles los actos perjudiciales para la masa activa realizados por el deudor dentro de los dos años anteriores a la fecha de la comunicación de la existencia de negociaciones con los acreedores o la intención de iniciarlas, para alcanzar un plan de reestructuración, así como los realizados desde esa fecha a la de la declaración de concurso, aunque no hubiere existido intención fraudulenta, siempre que concurran las dos siguientes condiciones: 1.° Que no se hubiera aprobado un plan de reestructuración o que, aun aprobado, no hubiera sido homologado por el juez. 2.° Que el concurso se declare dentro del año siguiente a la finalización de los efectos de esa comunicación o de la prórroga que hubiera sido concedida."

IV.– Art. 228 TRLC, según el cual, salvo prueba en contrario, el perjuicio patrimonial se presume cuando se trate de los siguientes actos:........... 2° Los actos de constitución de garantías reales a favor de obligaciones preexistentes o de las nuevas contraídas en sustitución de aquellas.

V.– Arts. 614 y ss. TRLC sobre los planes de reestructuración.

Y arts. 635 y ss. TRLC sobre la homologación de planes de reestructuración y las consecuencias de la omisión homologatoria en sede de rescisión concursal de los arts. 226 y ss. TRLC.

V.– Art. 235 TRLC sobre los efectos de la rescisión.

VI.– Art. 236 TRLC sobre el régimen del derecho a la contraprestación.

VII.– Art. 394 LEC sobre la imposición de costas procesales a los demandados.

En virtud de lo expuesto,

SUPLICO AL JUZGADO que tenga por presentado este escrito, junto a los documentos a él unidos, se sirva admitirlo y tener por promovido por la administración concursal del concurso voluntario de la compañía............ S.A. tramitado ante este Juzgado de lo Mercantil bajo los autos núm. ...., DEMANDA DE INCIDENTE CONCURSAL en ejercicio de acción rescisoria concursal prevista en el art. 226 TRLC contra la concursada, ... S.L., y Banco............ S.A., se sirva admitir el incidente y se acuerde emplazar a las demás partes personadas y notificarles la presente para su contestación, en la forma prevenida legalmente y dentro del plazo común de diez días, si fuera de su interés, y previos los oportunos trámites legales, incluido el recibimiento del pleito a prueba que desde este momento solicito, se sirva dictar sentencia por la que:

1.– Se declare que la prenda sin desplazamiento sobre............ constituida el día............ ante el notario de............, Don............ (número............ de su protocolo), e inscrita el día............ en............ es perjudicial para la masa activa del concurso de la predicha sociedad, procediendo su rescisión.

2.– Se declare la ineficacia de la garantía real reseñada en el número 1 precedente.

3.– Se ordene la realización cuantos actos y formalidades fueren precisas a efectos de que la extinción del acto rescindido surta plenos efectos, y especialmente, la práctica de los anotaciones e inscripciones precisas en la hoja registral antes reseñada. También aquellos que fueren consecuencia de la rescisión acordada.

4.– Se imponga las costas procesales a los aquí demandados.

Es Justicia que se Suplica en............, hoy día............ de............ de dos mil............

OTROSÍ DIGO: Se solicita de este Juzgado la celebración de vista en el presente incidente de conformidad con lo dispuesto en el art. 540 TRLC.

En su virtud,

SUPLICO AL JUZGADO que tenga por efectuada la anterior manifestación, se sirva admitirla, y acordar en el sentido anteriormente expuesto, citando a las partes para la oportuna vista.

Es Justicia que nuevamente se SUPLICA en el lugar y fecha reseñados "ut supra".

OTROSÍ DIGO: Que interesa a esta parte el recibimiento del pleito a prueba y en este sentido, esta parte manifiesta los medios de prueba de los que intenta valerse en el presente incidente:............

En su virtud,

SUPLICO AL JUZGADO que tenga por efectuada la anterior manifestación, se sirva admitirla, y tener por manifestados los medios de prueba de los que intenta valerse esta parte, y previos los oportunos trámites, declare los mismos pertinentes, acordando cuanto proceda en derecho para su práctica.

Es Justicia que nuevamente se SUPLICA en el lugar y fecha reseñados "ut supra".

F529. DEMANDA EJERCITANDO LA ACCIÓN RESCISORIA CONCURSAL POR LA ADMINISTRACIÓN CONCURSAL CONTRA UN PAGO DE OBLIGACIÓN CON GARANTÍA REAL CUYO VENCIMIENTO ERA POSTERIOR A LA DECLARACIÓN DEL CONCURSO

Normativa de aplicación: *Arts. 226 y ss. Real Decreto Legislativo 1/2020, de 5 de mayo, por el que se aprueba el texto refundido de la Ley Concursal*

AL JUZGADO DE LO MERCANTIL NÚM. .... DE...........

Don............, administrador concursal del concurso voluntario de la compañía............ S.L. que se sigue ante este Juzgado bajo el número de autos..........., ante este Juzgado de lo Mercantil comparezco en los citados autos, y como mejor proceda en derecho DIGO:

Que por medio del presente escrito y en la condición que ostentamos, promovemos DEMANDA DE INCIDENTE CONCURSAL en ejercicio de la acción rescisoria concursal prevista en el art. 226 TRLC contra el concursado, la sociedad........... S.A., y Don..........., con domicilio en..........., calle..........., núm. .... y piso..........., la cual se basa en los siguientes:

HECHOS

PRIMERO.– En el presente procedimiento número de autos............, se sigue expediente de concurso contra la compañía........... La declaración de concurso voluntario de la expresada sociedad, fue solicitada el .... y acordada por este Juzgado mediante auto de fecha........... de........... de dos mil............

La administración concursal está integrada por quien suscribe, que fue nombrado para tal cargo por el Juez del Concurso, mediante la citada resolución de fecha........... de........... de dos mil..........., aceptando el cargo con fecha...........

Acreditando lo anterior, se acompañan como DOCUMENTOS..........., testimonio del auto de este Juzgado declarando de concurso de........... S.L. y del acta de aceptación del cargo por esta administración concursal.

SEGUNDO.– Que en virtud de escritura de compraventa otorgada el día........... de........... de dos mil........... ante el notario de..........., Don..........., el aquí demandado Don..........., transmitió a la aquí concursada, ... S.A., el siguiente inmueble........... Inscrito en el Registro de la Propiedad de........... al tomo..........., libro..........., folio..........., hoja..........., número..........., inscripción...........

Acreditando lo anterior, se acompañan como DOCUMENTOS..........., copia de la escritura de compraventa reseñada y certificación del Ilmo. Sr. Registrador de la Propiedad de........... relativa a la expresada finca.

Como puede observarse, el precio de la citada compraventa fue fijado en la suma de...........euros, de la cual, ...euros, fueron satisfechos simultáneamente al otorgamiento de la escritura de compraventa. La restante cantidad de...........euros, debía ser pagada por........... S.A. el día..........., mediante cheque bancario o efectivo metálico.

Por su importancia, se hace constar que el plazo de pago antes reseñado, vencía con posterioridad al..........., día en que por este Juzgado se declaró el concurso voluntario de........... S.A.

Igualmente se hace constar que el citado crédito contaba con garantía real hipotecaria tal y como resulta de la citada información registral y escritura notarial de fecha...........

TERCERO.– Que en fecha........... de........... de dos mil..........., esto es, dentro de los dos años anteriores a tal declaración, ... S.A. pagó a Don..........., mediante cheque bancario..........., la deuda reseñada en el hecho precedente. Ello, aun cuando la misma no estaba vencida.

Se acredita lo anterior acompañando como DOCUMENTOS........... copia del cheque bancario reseñado, certificación de la entidad emisora del efecto, el banco........... y la carta de pago otorgada por Don..........., ante el notario Don..........., el día...........

CUARTO.– Que el acto anteriormente reseñado era perjudicial para la masa activa al ser un acto de extinción de obligaciones cuyo vencimiento era posterior a la declaración del concurso. Al contar el crédito en cuestión con garantía real se presume, en cualquier caso, el perjuicio, presunción esta iuris tantum.

A los anteriores hechos, se aducen los siguientes:

FUNDAMENTOS DE DERECHO

DE ORDEN PROCESAL

I.– Es competente este Juzgado para conocer de esta demanda incidental, desde un punto de vista objetivo y territorial, a la vista del art. 44 y 45 TRLC.

II.– La presente demanda se sustanciara por los trámites previstos para el incidente concursal, tal y como resulta de los arts. 234 y 532 y ss. TRLC.

FONDO DEL ASUNTO

I.– La legitimación activa de la administración concursal para interponer la presente demanda, resulta del art. 231 TRLC.

II.– La legitimación pasiva de........... S.L. y........... S.A. resulta, respectivamente, de su condición de concursado y de contraparte del acto impugnado. Así resulta del art. 233.1 TRLC.

III.– Art. 226 TRLC al establecer que "1. Son rescindibles los actos perjudiciales para la masa activa realizados por el deudor dentro de los dos años anteriores a la fecha de la solicitud de declaración de concurso, así como los realizados desde esa fecha a la de la declaración, aunque no hubiere existido intención fraudulenta. 2. Son igualmente rescindibles los actos perjudiciales para la masa activa realizados por el deudor dentro de los dos años anteriores a la fecha de la comunicación de la existencia de negociaciones con los acreedores o la intención de iniciarlas, para alcanzar un plan de reestructuración, así como los realizados desde esa fecha a la de la declaración de concurso, aunque no hubiere existido intención fraudulenta, siempre que concurran las dos siguientes condiciones: 1.° Que no se hubiera aprobado un plan de reestructuración o que, aun aprobado, no hubiera sido homologado por el juez. 2.° Que el concurso se declare dentro del año siguiente a la finalización de los efectos de esa comunicación o de la prórroga que hubiera sido concedida."

IV.– Art. 228 TRLC, según el cual, salvo prueba en contrario, el perjuicio patrimonial se presume cuando se trate de los siguientes actos:........... 3° Los pagos u otros actos de extinción de obligaciones cuyo vencimiento fuere posterior a la declaración del concurso si contasen con garantía real.

V.– Art. 235 TRLC sobre los efectos de la rescisión. En especial, su apartado 4 al establecer que si los bienes y derechos salidos del patrimonio del deudor no pudieran reintegrarse a la masa activa por pertenecer a tercero no demandado o que, conforme a la sentencia, hubiera procedido de buena fe o gozase de irreivindicabilidad o de protección registral, se condenará a quien hubiera sido parte en el acto rescindido a entregar el valor que tuvieran cuando salieron del patrimonio del deudor concursado, más el interés legal.

VI.– Art. 236 TRLC sobre el régimen del derecho a la contraprestación.

VII.– Art. 394 LEC sobre la imposición de costas procesales a los demandados.

En virtud de lo expuesto,

SUPLICO AL JUZGADO que tenga por presentado este escrito, junto a los documentos a él unidos, se sirva admitirlo y tener por promovido por la administración concursal del concurso voluntario de la compañía........... S.A. tramitado ante este Juzgado de lo Mercantil bajo los autos núm. ...., DEMANDA DE INCIDENTE CONCURSAL en ejercicio de acción rescisoria concursal prevista en el art. 226 TRLC contra la concursada, ... S.A., y Don..........., se sirva admitir el incidente y se acuerde emplazar a las demás partes personadas y notificarles la presente para su contestación, en la forma prevenida legalmente y dentro del plazo común de diez días, si fuera de su interés, y previos los oportunos trámites legales, incluido el recibimiento del incidente a prueba que desde este momento solicito, se sirva dictar sentencia por la que:

1.– Se declare que el pago de la deuda reseñada en el hecho........... de esta demanda, por la aquí concursada........... S.A. a Don..........., por importe de........... euros, es perjudicial para la masa activa del concurso de la predicha sociedad, procediendo su rescisión.

2.– Se declare la ineficacia del pago de deuda reseñado en el número 1 precedente.

3.– Se condene a Don........... a reintegrar a la masa activa la citada suma de...........euros, más sus correspondientes intereses.

4.– Se ordene la realización cuantos actos y formalidades fueren precisas a efectos de que la extinción del acto rescindido surta plenos efectos. También aquellos que fueren consecuencia de tal rescisión.

5.– Se imponga las costas procesales a los aquí demandados.

Es Justicia que se Suplica en...........

OTROSÍ DIGO: Se solicita de este Juzgado la celebración de vista en el presente incidente de conformidad con lo dispuesto en el art. 540 TRLC.

En su virtud,

SUPLICO AL JUZGADO que tenga por efectuada la anterior manifestación, se sirva admitirla, y acordar en el sentido anteriormente expuesto, citando a las partes para la oportuna vista.

Es Justicia que nuevamente se SUPLICA en el lugar y fecha reseñados "ut supra".

OTROSÍ DIGO: Que interesa a esta parte el recibimiento del pleito a prueba y en este sentido, esta parte manifiesta los medios de prueba de los que intenta valerse en el presente incidente:...........

En su virtud,

SUPLICO AL JUZGADO que tenga por efectuada la anterior manifestación, se sirva admitirla, y tener por manifestados los medios de prueba de los que intenta valerse esta parte, y previos los oportunos trámites, declare los mismos pertinentes, acordando cuanto proceda en derecho para su práctica.

Es Justicia que nuevamente se SUPLICA en el lugar y fecha reseñados "ut supra".

F530. DEMANDA EJERCITANDO LA ACCIÓN RESCISORIA CONCURSAL POR LA ADMINISTRACIÓN CONCURSAL CONTRA ACTO PERJUDICIAL PARA LA MASA ACTIVA

Normativa de aplicación: *Arts. 226 y ss. Real Decreto Legislativo 1/2020, de 5 de mayo, por el que se aprueba el texto refundido de la Ley Concursal*

AL JUZGADO DE LO MERCANTIL NÚM. .... DE...........

Don..........., administrador concursal del concurso voluntario de la compañía........... S.L. que se sigue ante este Juzgado bajo el número de autos..........., ante este Juzgado de lo Mercantil comparezco en los citados autos, y como mejor proceda en derecho DIGO:

Que por medio del presente escrito y en la condición que ostentamos, promovemos DEMANDA DE INCIDENTE CONCURSAL en ejercicio de la acción rescisoria prevista en el art. 226 TRLC contra el concursado, la sociedad........... S.L. y Don..........., con domicilio en..........., calle..........., núm. .... y piso........... la cual se basa en los siguientes

HECHOS

PRIMERO.– En el presente procedimiento número de autos..........., se sigue expediente de concurso de la compañía........... S.L. La declaración de concurso voluntario de la expresada sociedad, fue solicitada el .... y acordada por este Juzgado mediante auto de fecha........... de........... de dos mil...........

La administración concursal está integrada por quien suscribe, que fue nombrado para tal cargo por el Juez del Concurso, mediante la citada resolución de fecha........... de........... de dos mil..........., aceptando el cargo con fecha...........

Acreditando lo anterior, se acompañan como DOCUMENTOS..........., testimonio del auto de este Juzgado declarando el concurso de........... S.L. y la aceptación.

SEGUNDO.– Que en fecha..........., ... S.L. vendió a Don..........., el siguiente inmueble........... El precio de la compraventa, según resulta de la escritura otorgada el día........... de........... de dos mil..........., ante el notario de..........., Don..........., se fijo en la suma de...........euros, cuyo pago se aplazo a........... años, sin que se prestase por Don........... garantía alguna.

Acreditando lo anterior, se acompaña como DOCUMENTOS........... y........... copia autorizada de la escritura de compraventa reseñada y certificación del Ilmo. Sr. Registrador de la Propiedad núm. .... de..........., correspondiente al inmueble antes reseñado.

Se hace constar que la citada compraventa fue realizada dentro de los dos años anteriores a la solicitud de concurso de........... S.L.

TERCERO.– El carácter perjudicial del acto es evidente a la vista que el precio pagado por el inmueble reseñado, era netamente inferior al de mercado al tiempo de la compraventa, provocándose con ello una disminución del patrimonio del deudor concursado, en perjuicio de la masa activa.

Se acredita lo anterior con los siguientes informes periciales, que se acompañan como DOCUMENTOS...........:

A) Informe de fecha..........., emitido por Don..........., arquitecto superior.

B) Informe de fecha..........., emitido por Don..........., Economista y Auditor de Cuentas (ROAC...........).

C) Informe de fecha..........., emitido por Don..........., Agente de la Propiedad Inmobiliaria (API...........).

A los anteriores hechos, se aducen los siguientes:

FUNDAMENTOS DE DERECHO

DE ORDEN PROCESAL

I.– Es competente este Juzgado para conocer de esta demanda incidental, desde un punto de vista objetivo y territorial, a la vista del art. 44 y 45 TRLC.

II.– La presente demanda se sustanciara por los trámites previstos para el incidente concursal, tal y como resulta de los arts. 234 y 532 y ss. TRLC.

FONDO DEL ASUNTO

I.– La legitimación activa de la administración concursal para interponer la presente demanda, resulta del art. 231 TRLC.

II.– La legitimación pasiva de........... S.L. y........... S.A. resulta, respectivamente, de su condición de concursado y de contraparte del acto impugnado. Así resulta del art. 233.1 TRLC.

III.– Art. 226 TRLC al establecer que "1. Son rescindibles los actos perjudiciales para la masa activa realizados por el deudor dentro de los dos años anteriores a la fecha de la solicitud de declaración de concurso, así como los realizados desde esa fecha a la de la declaración, aunque no hubiere existido intención fraudulenta. 2. Son igualmente rescindibles los actos perjudiciales para la masa activa realizados por el deudor dentro de los dos años anteriores a la fecha de la comunicación de la existencia de negociaciones con los acreedores o la intención de iniciarlas, para alcanzar un plan de reestructuración, así como los realizados desde esa fecha a la de la declaración de concurso, aunque no hubiere existido intención fraudulenta, siempre que concurran las dos siguientes condiciones: 1.° Que no se hubiera aprobado un plan de reestructuración o que, aun aprobado, no hubiera sido homologado por el juez. 2.° Que el concurso se declare dentro del año siguiente a la finalización de los efectos de esa comunicación o de la prórroga que hubiera sido concedida.".

IV.– Art. 229 TRLC, según el cual, cuando se trate de actos no comprendidos en el artículo anterior, el perjuicio patrimonial para la masa activa deberá ser probado por quien ejercite la acción rescisoria.

V.– Art. 235 TRLC sobre los efectos de la rescisión.

VI.– Art. 236 TRLC sobre el régimen del derecho a la contraprestación.

VII.– Art. 394 LEC sobre la imposición de costas procesales a los demandados.

En virtud de lo expuesto,

SUPLICO AL JUZGADO que tenga por presentado este escrito, junto a los documentos a él unidos, se sirva admitirlo y tener por promovido en nombre y representación de Don..........., Don........... y Doña..........., integrantes de la administración concursal del concurso voluntario de la compañía........... S.L. tramitado ante este Juzgado de lo Mercantil bajo los autos núm. ...., DEMANDA DE INCIDENTE CONCURSAL en ejercicio de acción rescisoria concursal prevista en el art. 226 TRLC contra la concursada, ... S.L., y Don..........., se sirva admitir el incidente y se acuerde emplazar a las demás partes personadas y notificarles la presente para su contestación, en la forma prevenida legalmente y dentro del plazo común de diez días, si fuera de su interés, y previos los oportunos trámites legales, incluido el recibimiento del pleito a prueba que desde este momento solicito, se sirva dictar sentencia por la que:

1.– Se declare que la compraventa del inmueble..........., inscrito en el Registro de la Propiedad de........... al tomo..........., libro..........., folio..........., hoja..........., número..........., inscripción..........., llevada a cabo por........... S.L. a favor de Don..........., mediante escritura otorgada el día........... ante el notario de..........., Don..........., es perjudicial para la masa activa del concurso de la predicha sociedad, procediendo su rescisión.

2.– Se declare la ineficacia de la compraventa reseñada en el número 1 precedente.

3.– Se condene a Don........... a reintegrar el citado inmueble a la masa activa junto a sus frutos, recibiendo simultáneamente Don........... la suma de...........euros pagada como precio de la compraventa.

4.– Se ordene la realización de cuantos actos y formalidades fueren precisas a efectos de que la extinción del acto rescindido surta plenos efectos, y especialmente, la práctica de los anotaciones e inscripciones precisas en la hoja registral de la finca antes reseñada. También aquellos que fueren consecuencia de la rescisión acordada.

5.– Se imponga las costas procesales a los aquí demandados.

Es Justicia que se Suplica en..........., hoy día........... de........... de dos mil...........

OTROSÍ DIGO: Se solicita de este Juzgado la celebración de vista en el presente incidente de conformidad con lo dispuesto en el art. 540 TRLC.

En su virtud,

SUPLICO AL JUZGADO que tenga por efectuada la anterior manifestación, se sirva admitirla, y acordar en el sentido anteriormente expuesto, citando a las partes para la oportuna vista.

Es Justicia que nuevamente se SUPLICA en el lugar y fecha reseñados "ut supra".

OTROSÍ DIGO: Que interesa a esta parte el recibimiento del pleito a prueba y en este sentido, esta parte manifiesta los medios de prueba de los que intenta valerse en el presente incidente:............

En su virtud,

SUPLICO AL JUZGADO que tenga por efectuada la anterior manifestación, se sirva admitirla, y tener por manifestados los medios de prueba de los que intenta valerse esta parte, y previos los oportunos trámites, declare los mismos pertinentes, acordando cuanto proceda en derecho para su práctica.

Es Justicia que nuevamente se SUPLICA en el lugar y fecha reseñados "ut supra".

F531. DEMANDA EJERCITANDO LA ACCIÓN RESCISORIA CONCURSAL POR LA ADMINISTRACIÓN CONCURSAL CONTRA ACTO PERJUDICIAL PARA LA MASA ACTIVA. CONTRAPARTE DE MALA FE

Normativa de aplicación: *Arts. 226 y ss. Real Decreto Legislativo 1/2020, de 5 de mayo, por el que se aprueba el texto refundido de la Ley Concursal*

AL JUZGADO DE LO MERCANTIL NÚM. .... DE............

Don............, administrador concursal del concurso voluntario de la compañía............ S.L. que se sigue ante este Juzgado bajo el número de autos............, ante este Juzgado de lo Mercantil comparezco en los citados autos, y como mejor proceda en derecho DIGO:

Que por medio del presente escrito y en la condición que ostentamos, promovemos DEMANDA DE INCIDENTE CONCURSAL en ejercicio de la acción rescisoria prevista en los arts. 226 y ss. TRLC contra el concursado, la sociedad............ S.L. y Don............, con domicilio en............, calle............, núm. .... y piso............ la cual se basa en los siguientes

HECHOS

PRIMERO.– En el presente procedimiento número de autos............, se sigue expediente de concurso contra la compañía............ S.L. La declaración de concurso voluntario de la expresada sociedad, fue solicitada el........... y acordada por este Juzgado mediante auto de fecha........... de........... de dos mil...........

La administración concursal está integrada por quien suscribe, que fue nombrado para tal cargo por el Juez del Concurso, mediante la citada resolución de fecha........... de........... de dos mil..........., aceptando el cargo con fecha...........

Acreditando lo anterior, se acompañan como DOCUMENTOS..........., testimonio del auto de este Juzgado declarando de concurso de........... S.L. y de la aceptación.

SEGUNDO.– Que en fecha..........., ... S.L. vendió a Don..........., el siguiente inmueble........... El precio de la compraventa, según resulta de la escritura otorgada el día........... de........... de dos mil..........., ante el notario de..........., Don..........., se fijo en la suma de...........euros, cuyo pago se aplazo a........... años, sin que se prestase por Don........... garantía alguna.

Acreditando lo anterior, se acompaña como DOCUMENTOS........... y........... copia autorizada de la escritura de compraventa reseñada y certificación del Ilmo. Sr. Registrador de la Propiedad núm. .... de..........., correspondiente al inmueble antes reseñado.

Se hace constar que la citada compraventa fue realizada dentro de los dos años anteriores a la solicitud de concurso de........... S.L.

TERCERO.– El carácter perjudicial del acto es evidente a la vista que el precio pagado por el inmueble reseñado, era netamente inferior al de mercado al tiempo de la compraventa, provocándose con ello una disminución del patrimonio del deudor concursado, en perjuicio de la masa activa.

Se acredita lo anterior con los siguientes informes periciales, que se acompañan como DOCUMENTOS...........:

A) Informe de fecha..........., emitido por Don..........., arquitecto superior.

B) Informe de fecha..........., emitido por Don..........., Economista y Auditor de Cuentas (ROAC...........).

C) Informe de fecha..........., emitido por Don..........., Agente de la Propiedad Inmobiliaria (API...........).

CUARTO.– Finalmente, entendemos que cabe apreciar mala fe en Don..........., pues éste tenía conocimiento la situación de insolvencia del deudor y de la perjudicialidad del acto objeto de rescisión, al tiempo de realizarse el mismo. Ello por cuanto...........

Así resulta de........... (DOCUMENTOS........... que se acompañan a este escrito señalados de número...........).

Como consecuencia de su actuación ha causado a la masa activa una serie de daños y perjuicios consistentes en..........., por importe de...........euros, que resultan de..........., que se acompañan como DOCUMENTOS...........

A los anteriores hechos, se aducen los siguientes:

FUNDAMENTOS DE DERECHO

DE ORDEN PROCESAL

I.– Es competente este Juzgado para conocer de esta demanda incidental, desde un punto de vista objetivo y territorial, a la vista del art. 44 y 45 TRLC.

II.– La presente demanda se sustanciara por los trámites previstos para el incidente concursal, tal y como resulta de los arts. 234 y 532 y ss. TRLC.

FONDO DEL ASUNTO

I.– La legitimación activa de la administración concursal para interponer la presente demanda, resulta del art. 231 TRLC.

II.– La legitimación pasiva de........... S.L. y........... S.A. resulta, respectivamente, de su condición de concursado y de contraparte del acto impugnado. Así resulta del art. 233.1 TRLC.

III.– Art. 226 TRLC al establecer que "1. Son rescindibles los actos perjudiciales para la masa activa realizados por el deudor dentro de los dos años anteriores a la fecha de la solicitud de declaración de concurso, así como los realizados desde esa fecha a la de la declaración, aunque no hubiere existido intención fraudulenta. 2. Son igualmente rescindibles los actos perjudiciales para la masa activa realizados por el deudor dentro de los dos años anteriores a la fecha de la comunicación de la existencia de negociaciones con los acreedores o la intención de iniciarlas, para alcanzar un plan de reestructuración, así como los realizados desde esa fecha a la de la declaración de concurso, aunque no hubiere existido intención fraudulenta, siempre que concurran las dos siguientes condiciones: 1.° Que no se hubiera aprobado un plan de reestructuración o que, aun aprobado, no hubiera sido homologado por el juez. 2.° Que el concurso se declare dentro del año siguiente a la finalización de los efectos de esa comunicación o de la prórroga que hubiera sido concedida.".

IV.– Art. 229 TRLC, según el cual, cuando se trate de actos no comprendidos en el artículo anterior, el perjuicio patrimonial para la masa activa deberá ser probado por quien ejercite la acción rescisoria.

V.– Art. 235 TRLC sobre los efectos de la rescisión. En especial, su apartado 5 al establecer que si la sentencia apreciase mala fe en quien contrató con el deudor, se le condenará, además, a indemnizar la totalidad de los daños y perjuicios causados a la masa activa.

VI.– Art. 236 TRLC sobre el régimen del derecho a la contraprestación. Especialmente, su apartado 3, según el cual, si la sentencia hubiera apreciado mala fe en el demandado, el crédito a la prestación tendrá la consideración de crédito subordinado. Igual clasificación tendrá el crédito a favor del acreedor de mala fe en caso de rescisión del acto unilateral.

VII.– Art. 394 LEC sobre la imposición de costas procesales a los demandados.

En virtud de lo expuesto,

SUPLICO AL JUZGADO que tenga por presentado este escrito, junto a los documentos a él unidos, se sirva admitirlo y tener por promovido por la administración concursal del concurso voluntario de la compañía........... S.L. tramitado ante este Juzgado de lo Mercantil bajo los autos núm. ...., DEMANDA DE INCIDENTE CONCURSAL en ejercicio de acción rescisoria concursal prevista en el art. 226 TRLC contra la concursada, ... S.L., y Don..........., se sirva admitir el incidente y se acuerde emplazar a las demás partes personadas y notificarles la presente para su contestación, en la forma prevenida legalmente y dentro del plazo común de diez días, si fuera de su interés, y previos los oportunos trámites legales, incluido el recibimiento del pleito a prueba que desde este momento solicito, se sirva dictar sentencia por la que:

1.– Se declare la compraventa del inmueble..........., inscrito en el Registro de la Propiedad de........... al tomo..........., libro..........., folio..........., hoja..........., número..........., inscripción..........., llevada a cabo por........... S.L. a favor de Don..........., mediante escritura otorgada el día........... ante el notario de..........., Don..........., es perjudicial para la masa activa del concurso de la predicha sociedad, procediendo su rescisión.

2.– Se declare la ineficacia de la compraventa reseñada en el número 1 precedente, declarándose y apreciándose mala fe en la actuación de Don...........

3.– Se condene a Don........... a reintegrar el citado inmueble a la masa activa junto a sus frutos y a indemnizar los daños y perjuicios causados a la dicha masa por importe de...........euros, tal y como se señala en el hecho........... de esta demanda.

4.– Se declare que, concurriendo mala fe en Don..........., el derecho a la contraprestación que resulte a favor de Don........... como consecuencia de la rescisión acordada, tendrá la consideración de crédito concursal subordinado con las consecuencias legales de tal calificación.

5.– Se ordene la realización cuantos actos y formalidades fueren precisos a efectos de que la extinción del acto rescindido surta plenos efectos, y especialmente, la práctica de los anotaciones e inscripciones precisas en la hoja registral de la finca antes reseñada. También aquellos que fueren consecuencia de la rescisión acordada.

6.– Se imponga las costas procesales a los aquí demandados.

Es Justicia que se Suplica en..........., hoy día........... de........... de dos mil...........

OTROSÍ DIGO: Se solicita de este Juzgado la celebración de vista en el presente incidente de conformidad con lo dispuesto en el art. 540 TRLC.

En su virtud,

SUPLICO AL JUZGADO que tenga por efectuada la anterior manifestación, se sirva admitirla, y acordar en el sentido anteriormente expuesto, citando a las partes para la oportuna vista.

Es Justicia que nuevamente se SUPLICA en el lugar y fecha reseñados "ut supra".

OTROSÍ DIGO: Que interesa a esta parte el recibimiento del pleito a prueba y en este sentido, esta parte manifiesta los medios de prueba de los que intenta valerse en el presente incidente:...........

En su virtud,

SUPLICO AL JUZGADO que tenga por efectuada la anterior manifestación, se sirva admitirla, y tener por manifestados los medios de prueba de los que intenta valerse esta parte, y previos los oportunos trámites, declare los mismos pertinentes, acordando cuanto proceda en derecho para su práctica.

Es Justicia que nuevamente se SUPLICA en el lugar y fecha reseñados "ut supra".

F532. DEMANDA EJERCITANDO LA ACCIÓN RESCISORIA CONCURSAL POR LA ADMINISTRACIÓN CONCURSAL CONTRA ACTO PERJUDICIAL PARA LA MASA ACTIVA. BIEN QUE PERTENECE A TERCERO NO DEMANDADO

Normativa de aplicación: *Arts. 226 y ss. Real Decreto Legislativo 1/2020, de 5 de mayo, por el que se aprueba el texto refundido de la Ley Concursal*

AL JUZGADO DE LO MERCANTIL NÚM. .... DE...........

Don..........., administrador concursal del concurso voluntario de la compañía........... S.L. que se sigue ante este Juzgado bajo el número de autos..........., comparezco en los citados autos y como mejor proceda en derecho DIGO:

Que por medio del presente escrito y en la condición que ostentamos, promovemos DEMANDA DE INCIDENTE CONCURSAL en ejercicio de la acción rescisoria prevista en el art. 226 TRLC contra el concursado, la sociedad........... S.L. y Don..........., con domicilio en..........., calle..........., núm. .... y piso..........., la cual se basa en los siguientes:

HECHOS

PRIMERO.– En el presente procedimiento número de autos..........., se sigue expediente de concurso de acreedores de la compañía........... S.L. La declaración de concurso voluntario de la expresada sociedad, fue solicitada el .... y acordada por este Juzgado mediante auto de fecha........... de........... de dos mil...........

La administración concursal está integrada por quien suscribe, que fue nombrado para tal cargo por el Juez del Concurso, mediante la citada resolución de fecha........... de........... de dos mil..........., aceptando el cargo con fecha...........

Acreditando lo anterior, se acompañan como DOCUMENTOS..........., testimonio del auto de este Juzgado declarando de concurso de........... S.L. y de nuestra aceptación.

SEGUNDO.– Que en fecha..........., ... S.L. vendió a Don..........., el siguiente inmueble........... El precio de la compraventa, según resulta de la escritura otorgada el día........... de........... de dos mil..........., ante el notario de..........., Don..........., se fijo en la suma de...........euros, cuyo pago se aplazo a........... años, sin que se prestase por Don........... garantía alguna.

Acreditando lo anterior, se acompaña como DOCUMENTOS........... y........... copia autorizada de la escritura de compraventa reseñada y certificación del Ilmo. Sr. Registrador de la Propiedad núm. .... de..........., correspondiente al inmueble antes reseñado.

Se hace constar que la citada compraventa fue realizada dentro de los dos años anteriores a la solicitud de concurso de........... S.L.

TERCERO.– Que el carácter perjudicial del acto es evidente a la vista que el precio pagado por el inmueble reseñado, era netamente inferior al de mercado al tiempo de la compraventa, provocándose con ello una disminución del patrimonio del deudor concursado, en perjuicio de la masa activa.

Se acredita lo anterior con los siguientes informes periciales, que se acompañan como DOCUMENTOS...........:

A) Informe de fecha..........., emitido por Don..........., arquitecto superior.

B) Informe de fecha..........., emitido por Don..........., Economista y Auditor de Cuentas (ROAC...........).

C) Informe de fecha..........., emitido por Don..........., Agente de la Propiedad Inmobiliaria (API...........).

CUARTO.– Se hace constar que en fecha..........., Don........... vendió a Don..........., el citado inmueble, mediante escritura otorgada el día........... de........... de dos mil..........., ante el notario de..........., Don........... La citada compraventa consta inscrita en el Registro de la Propiedad núm. .... de........... al tomo...........

Lo anterior resulta de la certificación del Ilmo. Sr. Registrador de la Propiedad núm. .... de..........., correspondiente al inmueble antes reseñado, que se acompaña como DOCUMENTO........... antes reseñado.

No se demanda a Don..........., toda vez que el mismo ha actuado de buena fe (y/o goza de irreivindicabilidad o protección registral) toda vez que...........

Por tal motivo, no pudiendo restituir Don........... el citado inmueble, deberá entregar el valor que tenía el mismo cuando salió del patrimonio del deudor concursado, esto es, la suma de...........euros, más el interés legal de dicha cantidad.

El citado valor resulta de........... y del informe pericial emitido por........... que se acompaña como DOCUMENTO...........

A los anteriores hechos, se aducen los siguientes:

FUNDAMENTOS DE DERECHO

DE ORDEN PROCESAL

I.– Es competente este Juzgado para conocer de esta demanda incidental, desde un punto de vista objetivo y territorial, a la vista del art. 44 y 45 TRLC.

II.– La presente demanda se sustanciara por los trámites previstos para el incidente concursal, tal y como resulta de los arts. 234 y 532 y ss. TRLC.

FONDO DEL ASUNTO

I.– La legitimación activa de la administración concursal para interponer la presente demanda, resulta del art. 231 TRLC.

II.– La legitimación pasiva de........... S.L. y........... S.A. resulta, respectivamente, de su condición de concursado y de contraparte del acto impugnado. Así resulta del art. 233.1 TRLC.

III.– Art. 226 TRLC al establecer que "1. Son rescindibles los actos perjudiciales para la masa activa realizados por el deudor dentro de los dos años anteriores a la fecha de la solicitud de declaración de concurso, así como los realizados desde esa fecha a la de la declaración, aunque no hubiere existido intención fraudulenta. 2. Son igualmente rescindibles los actos perjudiciales para la masa activa realizados por el deudor dentro de los dos años anteriores a la fecha de la comunicación de la existencia de negociaciones con los acreedores o la intención de iniciarlas, para alcanzar un plan de reestructuración, así como los realizados desde esa fecha a la de la declaración de concurso, aunque no hubiere existido intención fraudulenta, siempre que concurran las dos siguientes condiciones: 1.° Que no se hubiera aprobado un plan de reestructuración o que, aun aprobado, no hubiera sido homologado por el juez. 2.° Que el concurso se declare dentro del año siguiente a la finalización de los efectos de esa comunicación o de la prórroga que hubiera sido concedida.".

IV.– Art. 229 TRLC, según el cual, cuando se trate de actos no comprendidos en el artículo anterior, el perjuicio patrimonial para la masa activa deberá ser probado por quien ejercite la acción rescisoria.

V.– Art. 235 TRLC sobre los efectos de la rescisión. En especial, su apartado 4 al establecer que si los bienes y derechos salidos del patrimonio del deudor no pudieran reintegrarse a la masa activa por pertenecer a tercero no demandado o que, conforme a la sentencia, hubiera procedido de buena fe o gozase de irreivindicabilidad o de protección registral, se condenará a quien hubiera sido parte en el acto rescindido a entregar el valor que tuvieran cuando salieron del patrimonio del deudor concursado, más el interés legal.

VI.– Art. 236 TRLC sobre el régimen del derecho a la contraprestación.

VII.– Art. 394 LEC sobre la imposición de costas procesales a los demandados.

En virtud de lo expuesto,

SUPLICO AL JUZGADO que tenga por presentado este escrito, junto a los documentos a él unidos, se sirva admitirlo y tener por promovida por la administración concursal del concurso voluntario de la compañía........... S.L. tramitado ante este Juzgado de lo

Mercantil bajo los autos núm..........., DEMANDA DE INCIDENTE CONCURSAL en ejercicio de acción rescisoria concursal prevista en el art. 226 TRLC contra la concursada, ... S.L., y Don..........., se sirva admitir el incidente y se acuerde emplazar a las demás partes personadas y notificarles la presente para su contestación, en la forma prevenida legalmente y dentro del plazo común de diez días, si fuera de su interés, y previos los oportunos trámites legales, incluido el recibimiento del pleito a prueba que desde este momento solicito, se sirva dictar sentencia por la que:

1.– Se declare que la compraventa del inmueble..........., inscrito en el Registro de la Propiedad de........... al tomo..........., libro..........., folio..........., hoja..........., número..........., inscripción..........., llevada a cabo por........... S.L. a favor de Don..........., mediante escritura otorgada el día........... ante el notario de..........., Don..........., es perjudicial para la masa activa del concurso de la predicha sociedad, procediendo su rescisión.

2.– Se declare la ineficacia de la compraventa reseñada en el número 1 precedente.

3.– Se condene a Don........... a entregar el valor que tenía el citado inmueble cuando salió del patrimonio del deudor concursado, esto es, la suma de...........euros, más el interés legal de dicha cantidad.

4.– Se ordene la realización cuantos actos y formalidades fueren precisos a efectos de que la extinción del acto rescindido surta plenos efectos. También aquellos que fueren consecuencia de la rescisión acordada.

5.– Se imponga las costas procesales a los aquí demandados.

Es Justicia que se Suplica en..........., hoy día........... de........... de dos mil...........

OTROSÍ DIGO: Se solicita de este Juzgado la celebración de vista en el presente incidente de conformidad con lo dispuesto en el art. 540 TRLC.

En su virtud,

SUPLICO AL JUZGADO que tenga por efectuada la anterior manifestación, se sirva admitirla, y acordar en el sentido anteriormente expuesto, citando a las partes para la oportuna vista.

Es Justicia que nuevamente se SUPLICA en el lugar y fecha reseñados "ut supra".

OTROSÍ DIGO: Que interesa a esta parte el recibimiento del pleito a prueba y en este sentido, esta parte manifiesta los medios de prueba de los que intenta valerse en el presente incidente:...........

En su virtud,

SUPLICO AL JUZGADO que tenga por efectuada la anterior manifestación, se sirva admitirla, y tener por manifestados los medios de prueba de los que intenta valerse esta parte, y previos los oportunos trámites, declare los mismos pertinentes, acordando cuanto proceda en derecho para su práctica.

Es Justicia que nuevamente se SUPLICA en el lugar y fecha reseñados "ut supra".

F533. ESCRITO DIRIGIDO POR UN ACREEDOR A LA ADMINISTRADOR CONCURSAL INTERESANDO EL EJERCICIO DE LA ACCIÓN RESCISORIA CONCURSAL CONTRA UN ACTO DEL DEUDOR

Normativa de aplicación: *Arts. 226 y ss. Real Decreto Legislativo 1/2020, de 5 de mayo, por el que se aprueba el texto refundido de la Ley Concursal*

A LA ADMINISTRACIÓN CONCURSAL

Muy Sres. míos:

Con relación al concurso voluntario de la compañía........... S.A. que se sigue ante Juzgado de lo mercantil núm. .... de........... bajo el número de autos..........., y en mi condición de acreedor de la citada compañía, cúmpleme requerirles en el siguiente sentido:

I.– Que se ha tenido conocimiento que en fecha..........., la concursada........... S.A. vendió a Don..........., el siguiente inmueble........... El precio de la compraventa, se fijo en la suma de...........euros, cuyo pago se aplazo a........... años, sin que se prestase por Don........... garantía alguna.

Se hace constar que la citada compraventa fue realizada dentro de los dos años a que se refiere el art. 226.1 TRLC, al no ser aplicable, de los antecedentes que constan a esta parte, el apartado segundo de dicho precepto legal.

II.– Que el carácter perjudicial del expresado acto para la masa activa es evidente a la vista que el precio pagado por el inmueble reseñado, era netamente inferior al de mercado al tiempo de la compraventa, provocándose con ello una disminución del patrimonio del deudor concursado, en perjuicio de la masa activa. Igualmente se fundamenta tal rescisión en........... A estos efectos se acompaña la siguiente documentación...........

En este sentido, recordar que el art. 226 TRLC establece que "1. Son rescindibles los actos perjudiciales para la masa activa realizados por el deudor dentro de los dos años anteriores a la fecha de la solicitud de declaración de concurso, así como los realizados desde esa fecha a la de la declaración, aunque no hubiere existido intención fraudulenta. 2. Son igualmente rescindibles los actos perjudiciales para la masa activa realizados por el deudor dentro de los dos años anteriores a la fecha de la comunicación de la existencia de negociaciones con los acreedores o la intención de iniciarlas, para alcanzar un plan de reestructuración, así como los realizados desde esa fecha a la de la declaración de concurso, aunque no hubiere existido intención fraudulenta, siempre que concurran las dos siguientes condiciones: 1.° Que no se hubiera aprobado un plan de reestructuración o que, aun aprobado, no hubiera sido homologado por el juez. 2.° Que el concurso se declare dentro del año siguiente a la finalización de los efectos de esa comunicación o de la prórroga que hubiera sido concedida."

III.– Que a la vista de lo anterior, siendo perjudicial la citada compraventa para la masa activa y no teniendo noticias de que se haya ejercitado por ustedes la correspondiente acción contra el citado acto, al amparo de lo dispuesto en el art. 232.1 TRLC, se REQUIERE de esta administración concursal que ejercite la acción rescisoria concursal prevista en el art. 226 TRLC contra la citada compraventa, a efectos que:

1.– Se declare la ineficacia de la compraventa del inmueble..........., inscrito en el Registro de la Propiedad de........... al tomo..........., libro..........., folio..........., hoja..........., número..........., inscripción..........., llevada a cabo por........... S.A. a favor de Don..........., mediante escritura otorgada el día........... ante el notario de..........., Don...........

2.– Se condene a Don........... a reintegrar el citado inmueble a la masa activa junto a sus frutos, recibiendo simultáneamente Don........... la suma de...........euros pagada como precio de la compraventa.

3.– Se ordene la realización cuantos actos y formalidades fueren precisas a efectos de que la extinción del acto rescindido surta plenos efectos, y especialmente, la práctica de los anotaciones e inscripciones precisas en la hoja registral de la finca antes reseñada.

IV.– A los efectos oportunos se hace constar que el crédito que ostenta quien suscribe, ha sido reconocido en el concurso de referencia, figurando esta parte, por ello, en la lista de acreedores que incluye el inventario formulado el día........... de........... de dos mil........... por esta Administración concursal a la que me dirijo.

Atentamente,

F534. ESCRITO DIRIGIDO POR LA ADMINISTRACIÓN CONCURSAL A UN ACREEDOR RECHAZANDO EL EJERCICIO DE LA ACCIÓN RESCISORIA CONCURSAL CONTRA UN ACTO DEL DEUDOR CONCURSADO

Normativa de aplicación: *Arts. 226 y ss. Real Decreto Legislativo 1/2020, de 5 de mayo, por el que se aprueba el texto refundido de la Ley Concursal*

Muy Sr. Nuestro:

Como administración concursal del concurso voluntario de la compañía........... S.A., que se sigue ante Juzgado de lo mercantil núm. .... de........... bajo el número de autos..........., y con relación a su escrito de fecha..........., le indicó lo siguiente:

I.– Que efectivamente y como usted manifestó en su carta aquí contestada, la concursada........... S.A. vendió a Don..........., el siguiente inmueble..........., por un precio de...........euros, cuyo pago se aplazo a........... años, sin que se prestase por Don........... garantía alguna.

II.– Que igualmente tiene usted razón al indicar que la citada compraventa fue realizada dentro de los dos años anteriores a que se refiere el art. 226.1 TRLC, sin que sea aplicable el apartado 2 del referido precepto.

III.– Sin perjuicio de lo anterior, no comparto su opinión sobre el carácter perjudicial del expresado acto para la masa activa, pues entendemos que el precio pagado por el inmueble reseñado, era superior al de mercado al tiempo de la compraventa. En cualquier caso, a la vista de los gastos en que se incurriría y la simultánea y necesaria restitución de prestaciones que impone el art. 236.1 TRLC parece no aconsejable el ejercicio de la acción por usted interesada.

ALTERNATIVA: Igualmente comparto su opinión sobre el carácter perjudicial de la citada compraventa para la masa activa. Sin embargo, la ausencia de fondos en la masa, hace inviable el ejercicio de la acción rescisoria concursal por usted requerida, al no ser posible la simultánea restitución de prestaciones que ordena la Ley, sin que se antoje posible, de la información con la que cuenta esta administración concursal, una eventual alternativa tendente a la cesión a terceros de tales acciones rescisorias o del resultado de la eventual sentencia que se obtuviera.

Todo lo cual se le comunica de conformidad con lo previsto en la Ley y, especialmente, a efectos y con el alcance previsto en el art. 232 TRLC.

Atentamente,

F535. CONTESTACIÓN A DEMANDA EJERCITANDO ACCIÓN RESCISORIA CONCURSAL

Normativa de aplicación: *Arts. 226 y ss. Real Decreto Legislativo 1/2020, de 5 de mayo, por el que se aprueba el texto refundido de la Ley Concursal*

Incidente concursal .... dimanante del procedimiento concursal ordinario ....

AL JUZGADO DE LO MERCANTIL NÚMERO .... DE ....

..........., Procuradora de los Tribunales y de las mercantiles .... S.L., con CIF ...., ... S.L., con CIF .... y .... S.L., con CIF ...., todas las citadas mercantiles con domicilio en ....Calle ...., número ...., ..., cuya representación consta acreditada en las presentes actuaciones, ante este Juzgado comparezco bajo la dirección letrada de ...., abogado del Ilustre Colegio de .... (núm. .... de colegiado), en los autos de incidente concursal número .... (dimanante del Procedimiento de Concurso Ordinario Voluntario nº ....), y como mejor proceda en Derecho DIGO:

I.– Que por escrito de fecha ...., la mercantil .... S.L., administración concursal designada en el procedimiento de Concurso Voluntario Ordinario nº ...., de las mercantiles .... S.L. y .... S.L., interpuso DEMANDA DE INCIDENTE

CONCURSAL EN EJERCICIO DE LA ACCIÓN RESCISORIA CONCURSAL PREVISTA EN EL ARTÍCULO 226 TRLC, contra las citadas mercantiles concursadas y contra mis representadas .... S.L., ... S.L. y .... S.L. todo ello en los términos de la citada demanda y documentación acompañada a la misma que aquí se dan por íntegramente reproducidos en aras de una mayor brevedad.

II.– Que esta parte mediante el presente escrito, formula CONTESTACIÓN A LA DEMANDA INCIDENTAL, en nombre de mis representadas las mercantiles ...., S.L., ... S.L. y .... S.L., OPONIÉNDOSE a la demanda, todo ello en base a los siguientes:

HECHOS

Esta parte expresamente rechaza todos y cada uno de los hechos y pretensiones formuladas de contrario contra esta parte, salvo que sean admitidos expresamente por esta parte.

PRELIMINAR.– ANTECEDENTES.

Antes de entrar a analizar cada una de las operaciones societarias y otras actuaciones de las concursadas .... S.L. y .... S.L., cuya rescisión y declaración de ineficacia pretende la parte actora en su escrito de demanda, esta parte quiere dejar constancia de lo siguiente para una mayor claridad en la exposición y comprensión de las citadas operaciones:

I.– Que la parte actora en su escrito de demanda incidental, fechada el ...., en ejercicio de la acción rescisoria concursal ex art. 226 TRC, que no otra, solicita a este Juzgado al que respetuosamente me dirijo, que declare la rescisión e ineficacia de las siguientes operaciones:

a) Constitución y suscripción del ....por ciento de las participaciones sociales por parte de la concursada .... S.L., de la sociedad de nueva creación .... S.L., en fecha .... (apartado .... de la pág. .... de la demanda incidental, a cuyos términos nos remitimos).

b) Constitución y suscripción del .... por ciento de las participaciones sociales por parte de la concursada .... S.L., de la sociedad de nueva creación .... S.L., en fecha .... (apartado .... de la pág. .... de la demanda incidental, a cuyos términos nos remitimos).

c) Constitución y suscripción del .... por ciento de las participaciones sociales por parte de la concursada .... S.L., de la sociedad de nueva creación .... S.L., en fecha .... (apartado .... de la pág. .... de la demanda incidental, a cuyos términos nos remitimos).

d) Constitución y suscripción del .... por ciento de las participaciones sociales por parte de la concursada .... S.L., de la sociedad de nueva creación .... S.L., en fecha .... (apartado .... de la pág. .... de la demanda incidental, a cuyos términos nos remitimos).

e) Aumento de Capital de la mercantil .... S.L., mediante aportación no dineraria por parte de la concursada .... S.L., de la nave industrial de su propiedad sita en ...., Calle .... (...........), en fecha .... (apartado........... de la página .... de la demanda incidental, a cuyos términos nos remitimos).

f) Compraventas de fechas, respectivamente, ..., ..., ... y ...., celebradas entre la concursada .... S.L. (como parte vendedora) y la mercantil .... S.L. (como parte compradora) de artículos, equipos, call center y otros instrumentos (apartados .... de la pág. .... de la demanda incidental, a cuyos términos nos remitimos).

g) Supresión del importe de partidas contables de "existencias" y de "Deudores comerciales y otras cuentas a pagar" en las cuentas de las concursadas .... S.L. (apartados .... de las págs. .... del escrito de demanda incidental, a cuyos términos nos remitimos) y .... S.L. (apartados .... de las págs. .... del escrito de demanda incidental, a cuyos términos nos remitimos).

h) Supresión del importe de partidas contables "Otras inversiones en empresas del grupo y asociadas a corto plazo" en las cuentas de la concursada .... S.L. (apartado 14 de la pág. 23 del escrito de demanda incidental a cuyos términos nos remitimos).

Y además de lo anterior, la parte actora en su escrito de demanda incidental en ejercicio de la acción rescisoria ex art. 226 TRLC, de fecha ...., solicita a este Juzgado, que condene a la demandadas "a la restitución a la masa activa del concurso de cuantos activos han salido como consecuencia de dichos actos, con sus frutos e intereses de acuerdo con lo dispuesto en el art. 235 TRLC, todo ello procediendo a la cancelación registral de las inscripciones causadas en virtud de las escrituras públicas suscritas, con cargo a las mismas, y con subordinación de las posibles prestaciones que como consecuencia de la estimación de las demandas resulten a favor de las demandadas, condenando a las mismas al pago de las costas causadas en el incidente".

II.– También con carácter previo esta parte quiere exponer brevemente y a modo esquemático el proceso temporal de las actuaciones que tienen relación con el presente incidente:

A.– En los meses de .... de 2..........., se llevan a cabo, las operaciones de restructuración social cuya rescisión y declaración de ineficacia se pretende por la parte actora:

1. En .... se constituyen las sociedades .... S.L., ... S.L. y .... S.L.

2. En ...., se produce la aportación de la nave industrial propiedad de .... S.L., como contraprestación de la suscripción de todas las participaciones sociales de la ampliación de capital la mercantil .... S.L.

3. En .... de ...., se realizan las compraventas celebradas entre la concursada .... S.L. (como parte vendedora y la mercantil .... S.L. (como parte compradora) de artículos, equipos, call center y otros instrumentos.

B.– El día ...., las mercantiles .... S.L. y........... S.L., solicitan la declaración conjunta de concurso, todo ello sin perjuicio de los concursos declarados conjuntamente se tramiten de forma coordinada, sin consolidación de masas.

C.– El ...., se dicta por este Juzgado, el auto de declaración conjunta de concurso de las mercantiles .... S.L. y .... S.L.

D.– El ...., la parte actora, solicita la apertura de la fase de liquidación del concurso de .... S.L. y .... S.L.

E.– El ...., la parte actora, presenta en el Juzgado, solicitud de prórroga para la emisión del informe a que se refiere el art. 290 y ss. TRLC, fundamentado la solicitud en la complejidad de la tramitación del concurso.

F.– El .... las compañías .... S.L. y .... S.L., presentan escrito de oposición a la apertura de la fase de liquidación del concurso.

G.– El .... la parte actora presenta la demanda incidental ejercicio de la acción rescisoria concursal que motiva las presentes actuaciones de incidente concursal.

H.– El ...., se declara la apertura de la fase de liquidación del concurso, en virtud de auto dictado en esa fecha por el Juzgado.

I.– El ...., la parte actora presenta el informe a que se refiere el art. 290 y ss. TRLC.

J.– El ...., las concursadas .... S.L. y .... S.L., presenta escrito de contestación a la demanda incidental que motiva las presentes actuaciones de incidente concursal, solicitando al Juzgado que se desestime íntegramente la misma.

K.– El ...., la parte actora presenta solicitud de medida cautelar de embargo preventivo de bienes y derechos prevista en el art. 727. LEC, así como embargo de todas las cuentas corrientes de las mercantiles .... S.L., ..., S.L., ... S.L. y .... S.L., hasta cubrir como mínimo el importe que es objeto de la demanda rescisoria que origina las presentes actuaciones de incidente concursal y que la parte actora cifra en ....euros.

L.– El .... las mercantiles, ..., S.L., ... S.L. y .... S.L., presentaron solicitud conjunta de concurso voluntario de las citadas entidades y su tramitación coordinada, interesando la apertura de la liquidación y acompañando oferta vinculante de compra de la unidad productiva.

M.– El ...., por auto dictado por este Juzgado en las actuaciones ...., se declaró el concurso voluntario de las mercantiles .... S.L., ... S.L. y .... S.L., procediéndose a la apertura de fase de liquidación y acompañado de oferta vinculante de adquisición de la unidad productiva. Por lo tanto, en el hipotético caso que se estimase la presente demanda, cualquier efecto de la rescisión peticionada, quedaría sujeto a las reglas del citado concurso .... y a la Ley del Dividendo concursal.

N.– Por lo tanto, todas las sociedades del llamado por la actora GRUPO ...., esto es, tanto las matrices (...........) como las filiales (...........), se hallan declaradas en concurso de acreedores y en fase de liquidación.

Se acompaña como DOCUMENTO UNO y DOS la solicitud de concurso de las tres citadas sociedades y el auto declaración de concurso de ...., S.L., ... S.L. y .... S.L., seguido ante este Juzgado bajo el número de autos ....

Es de destacar por esta parte, que la administración concursal del presente concurso ...., solicitó la apertura de la fase de liquidación y presentó la demanda incidental rescisoria que se contesta con el presente escrito, con anterioridad a la formulación del informe a que se refiere el art. 290 y ss. TRLC, a pesar de que había solicitado una prórroga para dicha formulación debido a la complejidad de la tramitación del concurso.

Es inaudito que la actora, antes de la formulación del informe a que se refiere el art. 290 TRLC (que es un documento básico para realizar su labor y para informar a los acreedores y demás partes personadas en el concurso sobre cuales han sido las causas de la insolvencia de las concursadas, las propuestas de viabilidad de las mismas, la composición de la masa activa y pasiva del concurso mediante los anexos al informe, la historia jurídica y económica de las concursadas y de si se ha cumplido con las obligaciones contables y fiscales y de muchos otros aspectos de indudable transcendencia para el concurso, incluido la mención de posibles acciones rescisorias o de impugnación), y pese a la complejidad del concurso por ella afirmada al solicitar prorroga para la emisión del informe, se haya lanzado a solicitar la apertura de la liquidación, junto a otra suerte de medidas, y presentar una demanda rescisoria como la que origina las presentes actuaciones de incidente concursal, sin ningún fundamento y sin cumplir los requisitos que se exigen en los art. 226 y ss. TRLC (como veremos más adelante), CON LA ÚNICA FINALIDAD, SEGÚN ENTIENDE ESTA PARTE, DE REVERTIR A TODA COSTA Y POR TODOS LOS MEDIOS POSIBLES, BIENES Y DERECHOS A LA MASA ACTIVA DE "SU" CONCURSO.

III.– También con carácter previo, esta parte quiere dejar constancia de que la parte actora, en las ....páginas de su escrito de demanda, repite de una manera reiterativa la idea de que las operaciones de reestructuración cuya rescisión pretende son simplemente resultado de una operación de despatrimonialización de las concursadas.

En ese sentido emplea expresiones como "movimientos patrimoniales sin causa económica que los soporte" (pág........... de la demanda), "despatrimonialización a favor de las compañías constituidas" (pág. .... de la demanda), "tras el cese de la actividad de las concursadas todos los activos de las mismas, fondo de comercio, naves industriales, instalaciones y maquinaria entre otros se traspasan a favor de esas nuevas compañías" (pág. ....), "las sociedades en concurso han quedado completamente despatrimonializadas en perjuicio grave de todos y cada unos de los acreedores que integran la masa pasiva" (pág. ....), "han transmitido de plano todos sus activos" (pág. ....), "comportan una importante disminución de la masa activa que quedan completamente despatrimonializadas" (pág. ....) .... y así se puede seguir con innumerables citas más, lo cual no hacemos para no cansar al Juzgador con más expresiones alarmantes sobre una presunta despatrimonialización de las concursadas que, por cierto, no ha existido en absoluto.

Pero por el contrario, y es significativo, no efectúa en las .... paginas de su demanda, *ninguna mención a la existencia en el activo de las concursadas de las participaciones que representan el 100 por ciento del capital social de las mercantiles de nueva creación*. Es decir, no señala en ninguna parte que *las concursadas eran las propietarias de dichas sociedades y que dichas participaciones sociales eran un activo que garantizaba el cobro de los créditos de los acreedores y que en la actualidad forman parte de la masa activa del concurso.*

Esto es, por ejemplo, si las concursadas tenían un activo de ...., tras las operaciones de reestructuración expuestas, sigue teniendo el mismo activo de .... pero a través de determinadas sociedades y en forma de participaciones sociales.

Por cierto, la propia actora que se olvida de mentar las citadas participaciones sociales en su demanda, si que incluye las mismas en el informe del art. 290 y ss. TRLC por ella emitido en el concurso y por el importe resultante de la contabilidad de las concursadas .... S.L. y .... S.L., lo cual entendemos es significativo.

Tampoco efectúa la actora la mas mínima mención a que operaciones de reestructuración como las expuestas, de estructura tipo holding, con un sociedad matriz y varias filiales son operaciones ciertamente complejas en cuanto a su diseño y resultado final, pero absolutamente habituales en el tráfico jurídico mercantil. Incluso, su adopción, es objeto de recomendación por abogados y asesores fiscales a sus clientes, a efectos de optimizar impuestos, deslindar actividades optimizando los recursos empresariales, etc.

Recordar que la figura del grupo de sociedades está regulada en la Ley y en modo alguno implica o cabe asimilarla, de per se, a fraude alguno, siendo admitido por la Ley el ejercicio indirecto del objeto social a través de sociedades participadas por la compañía que, incluso, no da lugar al ejercicio del derecho de separación del socio disidente a tal ejercicio indirecto de actividad.

IV.– Para mas inri, la parte actora además de repetir constantemente la idea de despatrimonialización de las concursadas, también y del mismo modo insiste en su demanda, que ha habido una lesión o merma en el derecho de crédito de los acreedores que componen la masa pasiva del concurso y una intención fraudulenta al respecto por parte de las concursadas, lo cual no responde a la realidad como más adelante se expondrá.

En conclusión la única idea que quiere transmitir la parte actora en su escrito de demanda, es que las operaciones de reestructuración societaria realizadas, en realidad eran una operación donde estaban confabuladas las mercantiles concursadas y las sociedades de nueva creación, para despatrimonilizar las concursadas y lesionar los derechos de crédito de los acreedores que componen la masa pasiva del concurso, de tal manera que se queden sin cobrar nada, todo ello hecho con "plena consciencia" y con una intención claramente fraudulenta, lo cual reiteramos es inadmisible y no se ajusta a la realidad.

PRIMERO.– ANÁLISIS DE LAS OPERACIONES DE REESTRUCTURACIÓN SOCIETARIA CUYA RESCISIÓN Y DECLARACIÓN DE INEFICACIA SE PRETENDE POR LA ADMINISTRACIÓN CONCURSAL EN SU DEMANDA INCIDENTAL (I). CONSTITUCIÓN DE SOCIEDADES Y AUMENTO DE CAPITAL.

A.– CONSTITUCIÓN DE LAS SOCIEDADES ...., S.L., ... S.L. y .... S.L.

1.– La mercantil .... S.L., se constituyó mediante escritura autorizada el .... por el Notario de .... Don..........., número de protocolo .... Se constituyó con capital social de ....euros y como sociedad unipersonal siendo el socio único fundador la mercantil ...., que suscribió la totalidad de participaciones sociales mediante una aportación dineraria de .... marcas comerciales de su propiedad, valoradas por dicho importe de ....euros.

Se admiten por esta parte, todos los datos relativos a la constitución de la sociedad .... S.L., que se contienen en el escrito de demanda incidental presentado por la parte actora (datos registrales de inscripción, CIF, domicilio social, órgano de administración social...........etc), a los cuales nos remitimos en aras de una mayor brevedad.

Posteriormente mediante escritura autorizada el .... por el Notario de .... Don..........., la mercantil .... S.L. aportó la nave industrial de su propiedad, sita en .... (que constituye el domicilio social de todas las sociedades), a la sociedad de nueva creación .... S.L., como una aportación no dineraria a un Aumento de Capital acordado decisión del socio único .... S.L.

También se hace constar que una vez inscrita la constitución de la sociedad .... S.L. en el Registro Mercantil de ...., cualquier persona con interés legitimo para ello podía solicitar una nota informativa de la sociedad constituida y comprobar que el socio único de la misma era .... S.L.

2.– La mercantil .... S.L., se constituyó mediante escritura autorizada el .... por el Notario de ...., Don..........., número de protocolo........... Se constituyó con capital social de ....euros y como sociedad unipersonal siendo el socio único fundador la mercantil .... S.L., que suscribió la totalidad de participaciones sociales mediante una aportación dineraria de ....marcas comerciales de su propiedad, valoradas por dicho importe de ....euros.

Se admiten igualmente por esta parte, todos los datos relativos a la constitución de la sociedad .... S.L., que se contienen en el escrito de demanda incidental presentado por la parte actora (datos registrales de inscripción, CIF, domicilio social, órgano de administración social...........etc), a los cuales nos remitimos en aras de una mayor brevedad.

3.– La mercantil .... S.L., se constituyó mediante escritura autorizada el .... por el Notario de ...., Don..........., número de protocolo 836. Se constituyó con capital social de ....euros, siendo socios fundadores las mercantiles........... S.L. y........... S.L., suscribiendo cada una de ellas un número de participaciones sociales que representan el .... por ciento del capital social, mediante una aportación dineraria de ....euros por parte de cada uno de los dos socios.

Se admiten por esta parte, todos los datos relativos a la constitución de la sociedad .... S.L., que se contienen en el escrito de demanda incidental presentado por la parte actora (datos registrales de inscripción, CIF, domicilio social, órgano de administración social...........etc), a los cuales nos remitimos en aras de una mayor brevedad.

Se hace constar en relación con la constitución de la sociedad .... S.L., que las mercantiles .... S.L. y .... S.L., constituyeron al 50 por ciento cada una, dicha sociedad y por el mínimo legal del capital social (...........euros), porque .... S.L. iba asumir parte de la plantilla de trabajadores de ambas mercantiles constituyentes, facturándoles a éstas por el trabajo realizado por dichos trabajadores.

4.– También se alude a una sociedad denominada .... S.L., a quien se demanda por la actora pero no se le menta en la demanda ni se solicita la rescisión de su constitución ni de ningún acto vinculada a la misma.

Se hace constar en relación con la constitución de las citadas sociedades que la parte actora en su escrito de demanda incidental en ningún momento cuestiona NI IMPUGNA A) ni la valoración que se dio a las aportadas en su constitución para la constitución B) ni la contabilización de las mismas por parte de las concursadas, todo lo cual, por cierto y como se dijo anteriormente, es recogido por la actora en el informe de la Administración Concursal de los arts. 290 y ss. TRLC recaído en el procedimiento concursal ....

Acompañamos un breve esquema con las sociedades afectadas por la demanda de la actora:

Común a las citadas sociedades y grupo, y sin perjuicio de lo que a continuación se dirá:

- Son operaciones habituales en el tráfico mercantil. Operaciones de reestructuración como las expuestas, de estructura tipo holding, con un sociedad matriz y varias filiales son operaciones ciertamente complejas en cuanto a su diseño y resultado final, pero absolutamente habituales en el tráfico jurídico mercantil. Incluso, su adopción, es objeto de recomendación por abogados y asesores fiscales a sus clientes, a efectos de optimizar impuestos, deslindar actividades optimizando los recursos empresariales, etc.
- Efectuadas con luz y taquígrafos. No se ha ocultado en ningún momento a nadie la existencia de las mismas; quienes eran sus socios y administradores etc. Una simple consulta al Registro Mercantil resulta bastante para tener acceso a la citada información.
- Las citadas sociedades han tenido actividad. No son empresas fantasma o pantalla, con testaferros etc.
- No se han traspasado las participaciones sociales de las compañías filiales a tercero alguno ni se ha conferido sobre las mismas derecho alguno, real o no (prenda, opción de compra etc) a favor de ningún tercero.
- Son operaciones fácilmente, perdón por la licencia, "desmontables" por las sociedades matrices .... S.L. y .... S.L. desde un punto de vista societario. Bien sea a través de un simple acuerdo de la disolución y liquidación de las sociedades creadas por el socio único, bien por medio de una operación de fusión por absorción, o cualquier otra. Todo ello sin depender de nadie.

A la vista de ello, no parece normal, que cuando se quiere constituir unas sociedades con ánimo espurio o fraudulento, como reitera la actora una y otra vez en su demanda, se actué como se hizo en la constitución de las sociedades filiales antes reseñadas. Lo más razonable sería que estas fueran sociedades interpuestas, vendidas a testaferros, con un vaciado de su activo casi de manera simultanea a su constitución o el empleo de otros medios para despistar. Y la única verdad, es que nada de ello ha pasado en el presente caso que nos ocupa.

Recordar de nuevo que la figura del grupo de sociedades está regulada en la Ley y en modo alguno implica o cabe asimilar, de per se, a fraude alguno, siendo admitido por la Ley el ejercicio indirecto del objeto social a través de sociedades participadas por la compañía que, incluso, no da lugar al ejercicio del derecho de separación.

B.– CAUSAS DE LA OPERACIÓN DE REESTRUCTURACIÓN

Tal como se dejó dicho por las concursadas .... S.L. y .... S.L., en sus escritos de oposición a la apertura de la fase de liquidación del concurso y de contestación a la demanda incidental que motiva las presentes actuaciones, presentados respectivamente el .... y el ...., las mercantiles .... S.L., ... S.L. y .... S.L., se constituyeron como resultado de la decisión de reestructurar el funcionamiento de las empresas hoy concursadas .... S.L. y .... S.L., reestructuración necesaria debido a los problemas de financiación de dichas mercantiles con los bancos, que les negaban el descuento de efectos e incluso llegaron a bloquearles las cuentas.

Para ello, se constituyó la mercantil .... S.L., con el fin de que se especializará en la comercialización de tabaco; se constituyó .... S.L., para que se especializara en la comercialización de productos de fumador y de regalo; y finalmente y como ya se ha dejado dicho se constituyó la mercantil .... S.L. con la finalidad de asumir parte de la plantilla de trabajadores de .... S.L. y .... S.L., facturándoles a éstas por el trabajo realizado por dichos trabajadores.

Por lo tanto y en base a lo anterior, la citada operación de reestructuración se realizó siguiendo una lógica, para intentar superar las dificultades de financiación con las que se encontraban en ese momento las mercantiles .... S.L. y .... S.L., DE UNA MANERA TOTALMENTE TRANSPARENTE COMO SE HA DEJADO ACREDITADO.

Contrariamente a lo manifestado por la administración concursal en su escrito de demanda incidental, no se trató de una operación que buscaba solamente la completa despatrimonialización de las concursadas, traspasando todo el activo a las sociedades constituidas y dejando solamente las deudas sin pagar con clara intención fraudulenta de lesionar los derechos crédito de los acreedores que conforman la masa pasiva del concurso.

Es más, aunque lo intente ocultar la administración concursal, no haciendo mención de ello, y como se dijo anteriormente, la salida de activos para la constitución de las tres sociedades .... S.L., ... S.L. y .... S.L., tuvo como contrapartida la entrada en el activo de las concursadas de las participaciones sociales que suponían la propiedad del 100 por ciento del capital social de las sociedades constituidas, que entre las tres sociedades (tal como reconoce la parte actora en su escrito de demanda incidental, pág. ....) tenían desde la constitución hasta su declaración de concurso un total de movimientos acumulados al debe y al haber por importe de ....euros, lo cual no cuadra con la idea de que sean tres sociedades constituidas con la única finalidad de despatrimonializar a las concursadas.

C.– APORTACIÓN DE LA NAVE INDUSTRIAL A LA MERCANTIL........... S.L.

Como ya hemos dejado dicho, la aportación de la nave industrial propiedad de........... S.L., como contraprestación de la suscripción de todas las participaciones sociales de la ampliación de capital la mercantil........... S.L., se realizó el .... mediante escritura autorizada el .... por el Notario de ....), Don...........

Como ya se ha dejado dicho la aportación de la nave industrial se hizo en el marco de la operación reestructuración social descrita, como un activo esencial para que las sociedades constituidas pudieran seguir desarrollando las actividades de las empresas concursadas, y se hizo a la mercantil .... S.L., ya que la propietaria de la nave industrial .... S.L. era el socio único de la sociedad beneficiaria

Como ya se ha dejado dicho, la administración concursal no ha cuestionado la valoración de la nave industrial a los efectos de su aportación, ni sus valores contables en el momento de la aportación.

Dicha escritura de ampliación de capital se presentó telemáticamente en el Registro Mercantil para su inscripción, al día siguiente de su firma, es decir el ...., se expidió copia auténtica para su inscripción por la Notaría el ...., y fue inscrita en el Registro mercantil con fecha ...., tal como consta en la nota de inscripción expedida por el Registro al pie del documento. Es decir se hizo lo más rápido posible.

También con posterioridad a la firma de la escritura se presentó la misma para su inscripción en el Registro de la Propiedad, no procediéndose a su inscripción hasta el día ...., un día después de la fecha en la que el Juzgado de lo social número .... de .... expidió un mandamiento de embargo sobre de dicha nave, ...

En este hecho la administración concursal ve una maniobra de las concursadas, (sin probar nada al respecto, con simples manifestaciones) para burlar el citado mandamiento de embargo, pero LO CIERTO, es que la escritura se presentó en el Registro de la Propiedad con posterioridad a su firma, y si no se inscribió hasta el ...., fue debido al orden de despacho documentos en el Registro según se van presentado y a su modo de organizar su trabajo y por lo tanto a causas ajenas a las concursadas y a mis mandantes.

También dice la administración concursal en su escrito de demanda que la aportación se hizo sin que la beneficiaria de la aportación .... S.L., se subrogara en la posición de deudora de la mercantil aportante, lo cual ha supuesto un doble perjuicio para la concursada .... S.L., al verse privada de un activo esencial y al mantener a su cargo la deuda hipotecaria.

Sin embargo, el importe de la hipoteca se tuvo en cuenta a la hora de fijar el precio de la aportación no dineraria, el cual no ha sido objeto de tacha o impugnación por la actora, que lo recoge en su informe del art. 290 y ss. TRLC.

Por otro lado, la aportación de la nave supuso para la concursada la entrada en su activo de todas las participaciones sociales que se emitieron en el aumento de capital social como contraprestación (por el mismo valor que el fijado para la nave a efectos de la aportación y que la administración concursal no ha cuestionado en ningún momento), que junto a las que ya tenía por la constitución de la sociedad beneficiaria, hacen de .... S.L., el socio único de .... S.L., y por lo tanto, el titular único aunque sea de modo indirecto de todos los bienes y derechos de esta última sociedad. En puridad no ha habido un acto de disposición en sentido estricto, ya que la concursada en cualquier momento podía haber revertido la transmisión al tener el control de la sociedad beneficiaria de la aportación.

Por el contrario, la receptora del inmueble, se ha "llevado" la carga hipotecaria que grava el inmueble y que, en caso de impago por el deudor, responderá del préstamo ajeno, con la consiguiente ejecución hipotecaria.

Por cierto, tras la aportación no dineraria, el inmueble en cuestión no ha desaparecido, ni ha sido transmitido, ni objeto de nuevo gravamen. Continua siendo propiedad de la compañía mercantil .... S.L.

SEGUNDO.– *ANÁLISIS DE LAS OPERACIONES DE REESTRUCTURACIÓN SOCIETARIA CUYA RESCISIÓN Y DECLARACIÓN DE INEFICACIA SE PRETENDE POR LA ADMINISTRACIÓN CONCURSAL EN SU DEMANDA INCIDENTAL (II). LAS COMPRAVENTAS CELEBRADAS ENTRE LA .... S.L. (COMO PARTE VENDEDORA) Y LA MERCANTIL .... S.L. (COMO PARTE COMPRADORA) DE ARTÍCULOS, EQUIPOS, CALL CENTER Y OTROS INSTRUMENTOS.*

En el escrito de demanda incidental, la parte actora, considera como perjudiciales para la masa activa y por lo tanto susceptibles de rescisión las siguientes operaciones:

Compraventas de fechas, respectivamente, ...y ...., celebradas entre la concursada. S.L. (como parte vendedora) y la mercantil .... S.L. (como parte compradora) de artículos, equipos, *call center* y otros instrumentos (apartados .... de la pág. .... de la demanda incidental, a cuyos términos nos remitimos).

Dichas operaciones se hicieron como consecuencia de la operación de reestructuración societaria que hemos descrito anteriormente, para que la sociedad de nueva creación .... S.L., pudiera llevar a cabo el desarrollo de las actividades realizadas por la concursada. Lo vendido eran activos necesarios para dicho fin, como por ejemplo el *call center*.

Si las compraventas se celebraron entre las mercantiles .... S.L. (como parte vendedora) y la mercantil .... S.L. (como parte compradora), fue porque la vendedora era socio único de la mercantil compradora y por lo tanto .... S.L., seguía teniendo la titularidad, aunque de modo indirecto, de todos los activos vendidos. Y continuaba el con el desarrollo de su objeto social igualmente de forma indirecta, a través de una sociedad filial de nueva creación, algo habitual y previsto por la legislación societaria.

Cuando se refiere a estas operaciones, la administración concursal dice (sin prueba ninguna al respecto) en su escrito de demanda, que se procedió a la selección de determinados proveedores para pagarles, dejando sin pagar a otros, lo cual no es cierto, ya que todos los pagos a los proveedores se llevan a cabo en el curso de las operaciones comerciales realizadas tras la reestructuración.

Lo cierto que no cabe hablar de perjuicio alguno en esta operación por cuanto el precio de la compraventa se destinó a la cancelación de pasivo de la vendedora.

TERCERO.– *ANÁLISIS DE LAS OPERACIONES DE REESTRUCTURACIÓN SOCIETARIA CUYA RESCISIÓN Y DECLARACIÓN DE INEFICACIA SE PRETENDE POR LA ADMINIS-*

TRACIÓN CONCURSAL EN SU DEMANDA INCIDENTAL (II). ANOTACIÓN CONTABLES.

En cuanto a los citados supuestos de supresión del importe de partidas contables en las cuentas de las concursadas .... S.L. y .... S.L. correspondientes a los apartados .... de las páginas .... y .... del escrito de demanda incidental, aunque uno de dichos supuestos se refiere a la mercantil .... S.L., esta parte se remite a lo expuesto para ello en el escrito de contestación de la demanda incidental presentado el .... por las concursadas .... S.L. y .... S.L., escrito que se da aquí por íntegramente reproducido en aras a una mayor brevedad.

No obstante lo anterior, esta parte quiere hacer constar que dichos supuestos de supresión del importe de partidas contables en las cuentas de las concursadas .... S.L. y .... S.L., NO CONSTITUYEN NINGUNO DE LOS SUPUESTOS QUE CONTEMPLA EL ARTÍCULO 226 Y ss. TRLC PARA EJERCITAR UNA ACCIÓN RESCISORIA, pues no nos hallamos ante actos de disposición de contenido patrimonial.

La práctica de una anotación contable en modo alguno tiene la consideración de acto rescindible ex art. 226 TRLC. El hecho que en la contabilidad se omita la existencia de, por ejemplo, un inmueble propiedad de la concursada, no implica que dicho bien no exista, sino que el registro de la contabilidad es erróneo. Y siguiendo con el ejemplo, si un inmueble que figura en la contabilidad es vendido y se da de baja de la contabilidad, con la oportuna anotación contable, ésta será consecuencia de la compraventa y si se entiende que la venta es perjudicial ex art. 226 TRLC, se ejercitara la acción contra tal acto de disposición pero no contra el registro contable de la transmisión. Debe accionarse contra la venta y si quedara rescindida, efecto de la rescisión sería, entre otros, el registro contable del inmueble.

Dicho lo cual, entendemos que por la actora se yerra al impugnar ex art. 226 TRLC determinadas anotaciones contables pues lo que debía de haber impugnado, y no lo ha hecho, son los actos objeto de esas anotaciones y no las mismas en si. Y dirigiendo la demanda también contra la contraparte en esos actos o negocios objeto de registro contable que son puestos en duda por la Administración Concursal (art. 233.1 TRLC). Lo cual tampoco ha sucedido en este caso.

Además, mantener la postura contraria daría lugar a una situación verdaderamente absurda, ya que si cada vez que el importe de una partida contable de un balance u otra cuenta anual de una concursada en fecha anterior a la declaración del concurso no coincidiera con el importe de dicha partida contable en el inventario presentado junto con la solicitud de concurso, diera lugar a la interposición de una acción rescisoria, se bloquearían los Juzgados Mercantiles por exceso de volumen de trabajo, ya que se trata de una situación que se suele dar con mucha frecuencia en la práctica concursal.

La administración concursal quiere hacer valer el ejercicio de la acción rescisoria en dichos supuestos fundamentándolo en la aplicación de la presunción iuris et de iure del art. 227 TRLC, que establece que el perjuicio patrimonial se presume, sin admitir prueba en contrario, cuando se trate de actos de disposición a título gratuito. Es decir que dichos supuestos de supresión de importe de partidas contables, la administración concursal los considera actos de disposición a título gratuito SIN ACREDITAR NADA AL RESPECTO, ni decir de qué acto de disposición a título gratuito se trata en concreto, ni en qué fecha se realizó, ni quién fue el destinatario en concreto de dichas existencia o partidas de deudores o inversiones financieras, lo cual además de incierto, no se sostiene por ninguna parte.

Pero en cualquier caso:

A.– La supresión de ....€ de existencias de la concursada..........., S.L. no supone la apropiación por parte de los administradores sociales de la misma. En primer lugar, las existencias que se supone que se suprimen, vienen referidas a fecha ...., final del ejercicio económico de dicha mercantil. Es decir, únicamente con el giro ordinario de la actividad, las existencias varían de un día a otro, no pudiendo ser idénticamente las mismas más de un año después. En segundo lugar, la representación legal de sus concursadas ha justificado parte importante del volumen de estas existencias con la valoración de los regalos que se otorgaban al vender sus productos de tabaco como reclamo publicitario correspondientes a los últimos 5 años que se deberían haber ajustado anualmente estas existencias llevando el importe consumido al gasto correspondiente (publicidad y propaganda). El importe de dicha regularización según el escrito de contestación de las concursadas asciende a ....€. Asimismo, indican que otra parte de existencias se regularizan debido a roturas de los productos de los últimos dos años.

De otra parte, las operaciones detalladas en punto .... de la demanda, que suponen venta de artículos (existencias) a .... S.L., deberían haber reducido el importe a que se refiere el punto.

B.– La supresión de ....€ de existencias de la concursada .... S.L. correspondientes a la diferencia entre las existencias que figuran en las cuentas anuales a .... y las presentadas en el inventario de bienes de la demanda de concurso en .... Al igual que ocurre en el punto anterior, únicamente con el giro ordinario de la actividad, las existencias varían de un día a otro, no pudiendo ser idénticamente las mismas casi un año después.

C.– Supresión de los importes correspondientes a las partidas de deudores de sus concursadas y supresión del importe correspondientes a la partida otras inversiones en empresas del grupo por importe de ....€ de .... S.L. Parte de estos saldos se compensan con la facturación emitida por la mercantil ...., S.L. a la concursada a ...., S.L. y los saldos deudores que se mantienen en contabilidad a la fecha del auto los debería haber incluido el administrador en su inventario de bienes, sin más trámites.

CUARTO.– *DE LA ¿RESCISIÓN? DE LA TOTALIDAD DE LOS MOVIMIENTOS DE LAS SOCIEDADES FILIALES DESDE SU CONSTITUCIÓN.*

La actora, de manera silente, desliza en los fundamentos de hecho de su demanda la pretensión que como uno de los efectos ex art. 235 TRLC de la rescisión por él peticionada, concretamente de la constitución de sociedades, se acuerde la rescisión e ineficacia de todas las operaciones y movimientos realizados por las mismas dese su constitución. Sin embargo en el suplico de la demanda, solicita que se declare la rescisión e ineficacia, junto los actos reseñados en los hechos anteriores. Como no nos aclaramos pues ya se preocupa la actora que haya confusión en su demanda:

A.– Ni que decir tiene que tal efecto no resulta del art. 235 TRLC que conlleva únicamente la restitución de prestaciones. Tal pretensión es absolutamente desproporcionada y lesiona a terceros, por cierto, que no han sido traídos al juicio, afectando a principios como el de seguridad jurídica y la tutela judicial efectiva de manera inaceptable y torticera. Una auténtica aberración jurídica.

B.– Pero si lo que estuviera ejercitando la actora en su demanda es una acción rescisoria contra todos esos movimientos de las sociedades filiales desde su constitución, indicar que carece de legitimación al efecto (art. 231 TRLC) pues la actora, afortunadamente, no es el administrador concursal de las sociedades filiales en cuestión; la teoría del levantamiento del velo que igualmente desliza en su escrito no se mantiene en pie; tal ejercicio supone una impugnación indiscriminada de actos jurídicos indeterminados algo que no permite el art. 226 TRLC y es contrario a elementales principios de seguridad jurídica, afecta a terceros también indeterminados no traídos a este proceso, y constituyen actos de la actividad de las citadas sociedades filiales, que no pueden ser objeto de impugnación rescisoria en este proceso al no ser del deudor concursado (art. 226 TRLC) y que, dialécticamente hablando, estarían en todo caso amparados en el contenido del art. 230.1° TRLC.

QUINTO.– *OTRAS CUESTIONES.*

I.– AUSENCIA DE PERJUICIO PARA LOS TRABAJADORES DE LAS CONCURSADAS.

La administración concursal en su escrito de demanda indica que la operación de reestructuración societaria anteriormente descrita, supuso una completa despatrimonialización de las concursadas, con la consecuencia dejar a las mismas sin activos y dejando solamente las obligaciones de pago, perjudicando gravemente a los trabajadores.

Lo anterior es totalmente falso, ya que como sabe la administración concursal y como se dejó dicho por las concursadas en su escrito de oposición a la apertura de la fase de liquidación (págs. ....) como consecuencia de las operaciones de reestructuración social descritas, buen número de trabajadores pudieron continuar trabajando en la sociedad de nueva creación .... S.L., todos ellos cobrando sus salarios.

Dicha circunstancia, es totalmente omitida por la administración concursal en su escrito de demanda incidental.

En cualquier caso, recordar que lo que es objeto de impugnación ex art. 226 TRLC, no son los actos contrarios al interés de los acreedores, que por definición serían todos, pues el único interés de los acreedores es cobrar y cuanto más activo halla para ello mejor es para los acreedores, sino solo aquellos actos que sean perjudiciales para la masa activa.

II.– TRANSPARENCIA DE LAS OPERACIONES CUYA RESCISIÓN SE PRETENDE E IMPROCEDENCIA DE LA INVOCACIÓN DE LA DOCTRINA DEL LEVANTAMIENTO DEL VELO.

Como ya se ha dejado dicho las operaciones cuya rescisión se pretende (constitución de sociedades, aportación de la nave industrial y operaciones de compraventa), se realizaron en el marco de una operación de reestructuración societaria hecha con total transparencia.

Era público que los socios únicos de las sociedades de nueva creación .... S.L. y .... S.L., eran las mercantiles concursadas.

Cualquier trabajador, proveedor, cliente y acreedor de las concursadas conocía perfectamente que detrás de las empresas de nueva constitución están las concursadas y que las nuevas empresas estaban continuando las operaciones comerciales que antes realizaban aquéllas.

Además, tanto cada una de las sociedades matrices, como las sociedades de nueva creación o filiales, todas ellas actualmente en concurso, presentan en su respectiva demanda inventarios de bienes y listados de acreedores diferenciados para cada una de ellas. Cada sociedad presenta su propia contabilidad, y los activos y pasivos de cada sociedad concursada están perfectamente delimitados e individualizados y su titularidad está igualmente delimitada e individualizada.

Por lo tanto, en este caso, es totalmente absurdo e improcedente invocar la doctrina del levantamiento del velo ya que no ha habido ningún "abuso de la personalidad jurídica" ni "confusión de personalidades", tal como dice la actora.

SEXTO.– *AUSENCIA DE PERJUICIO PARA LA MASA ACTIVA Y DE LESIÓN PATRIMONIAL PARA LOS DERECHOS DE CRÉDITO DE LOS ACREEDORES. AUSENCIA DE SACRIFICIO PATRIMONIAL INJUSTIFICADO.*

La administración concursal en su escrito de demanda dice que las operaciones cuya rescisión y declaración de ineficacia pretende, han supuesto una completa despatrimonialización de las concursas y por lo tanto un perjuicio para la masa activa de las concursadas. Como consecuencia de lo anterior dichas operaciones han supuesto, según la administración concursal, una lesión patrimonial para el conjunto de los derechos de crédito de los acreedores con componen la masa pasiva del concurso y por lo tanto han sufrido estos un sacrificio patrimonial injustificado.

Lo anterior como se ha dejado dicho es totalmente incorrecto, por las siguientes razones:

1.– La salida de bienes del activo de las concursadas ha tenido como contrapartida, la entrada por el mismo valor en el activo de las concursadas, de las participaciones sociales correspondientes al 100 por ciento del capital social de las nuevas sociedades constituidas, siendo dichas participaciones sociales garantía para que los acreedores puedan cobrar sus créditos.

2.– La constitución de las nuevas sociedades, han permitido que buen número trabajadores de las concursadas puedan mantener sus puestos de trabajo.

3.– Los importes corresponden a compraventas de bienes entre sus concursadas y las participadas no es impugnado por la Administración Concursal. El resultado de estas compraventas es destinado a la cancelación de deudas con acreedores, proveedores y trabajadores de sus concursadas por parte de las compradoras (participadas). No se produce, por tanto, perjuicio patrimonial dado que se eliminan activos y pasivo por el mismo importe.

4.– Que como exige nuestra jurisprudencia, la acreditación del perjuicio para la masa activa, debe realizarse en el momento en que se realizó el acto perjudicial, es decir en el momento de realización de las operaciones de constitución de las nuevas sociedades, operaciones de compraventa y aportación de la nave industrial. Como la misma administración concursal reconoce en su escrito de demanda incidental, las sociedades de nueva creación DESDE LA CONSTITUCIÓN HASTA SU DECLARACIÓN DE CONCURSO UN TOTAL DE MOVIMIENTOS ACUMULADOS AL DEBE Y AL HABER POR IMPORTE DE ....euros. Por lo tanto no permanecían inactivas, porque fueran unas sociedades constituidas únicamente para sacar los bienes de las concursadas fuera de las mismas y dejar a sus acreedores sin pagar, tal como dice la administración concursal, sino que funcionaban con un buen nivel de ventas y dando trabajo.

5.– La administración concursal trata de relacionar la constitución de la nueva sociedad ...., S.L. con la resolución unilateral por parte de la concedente, de la concesión exclusiva de la marca de tabaco ...., lo cual no tiene nada que ver, ya que no ha sido esa la causa para la resolución unilateral por parte de la concedente. En este caso tampoco ha habido perjuicio de la masa activa.

En base a lo anterior, esta parte entiende que en el momento en que se realizaron las operaciones cuya rescisión y declaración de ineficacia se pretende por parte de la administración concursal, no ha habido perjuicio para la masa activa de las concursadas ni un sacrificio patrimonial injustificado para los acreedores y por tanto debe ser desestimada íntegramente la demanda incidental presentada por la parte actora.

Pero es que además, la actora plantea su demanda rescisoria como una suerte de actuación formada por varios negocios conjuntos y coordinados, tendentes a despatrimonializar a las concursadas en este procedimiento. Y es este caso, tal y como reconoce la doctrina (SÁNCHEZ GARGALLO) y la Jurisprudencia (Sentencia del Tribunal Supremo de fecha 12 de febrero de 2012), el perjuicio debe apreciarse al conjunto de la operación y no de forma fraccionada respecto de los negocios que lo componen, no siendo de aplicación del art. 226 TRLC la presunción no aplicable a la constitución, que, por cierto, al examinarse el perjuicio de la regla general del mismo, ninguna de las presunciones establecidas en los arts. 227 y 228 TRLC, debiendo examinarse el perjuicio de la regla general del art. 229 TRLC, esto es, correspondiendo la carga de la prueba a la actora que, por cierto, ningún perjuicio ha acreditado salvo confabulaciones a todas luces inexistentes.

En cualquier caso, entendemos no aplicable a la constitución de sociedades la presunción del art. 228.1° TRLC toda vez que en la constitución no hay parte especialmente relacionada con quien constituye la sociedad.

SÉPTIMO.– *SOBRE LA DECLARACIÓN DE MALA FE.*

Dado que no cabe la rescisión peticionada de contrario, tampoco cabe hablar de los efectos de la misma pero de manera muy breve para no cansar al Juzgador, recordar que la mala fe va referida siempre a la realización del negocio, siendo un concepto jurídico que supone ausencia de buena fe con sustento en una conducta que debe ser deducida de hechos concluyentes para su apreciación, lo que exige (STS de 7 de diciembre de 2012) más que el mero conocimiento de la situación de insolvencia o de proximidad a la insolvencia del deudor, así como de los efectos perjudiciales que la transmisión pueda ocasionar a los acreedores; requiere conciencia de que se afecta negativamente a los demás acreedores; requiere que la conducta del acreedor sea merecedora de la repulsa ética en el tráfico jurídico; requiere prueba clara y concluyente por parte de la Administración Concursal actora. Nada de ello concurre en las presentes actuaciones.

A los anteriores hechos aduzco los siguientes

FUNDAMENTOS DE DERECHO

I

Se admiten los correlativos de la demanda en cuanto a los fundamentos de derecho procesales.

II

En cuanto al fondo del asunto

Se rechazan todos los fundamentos de derecho relativos al fondo del asunto alegados de contrario por no ser aplicables en el presente incidente concursal.

A) Son aplicables los artículos 226 y siguientes TRLC que establecen la regulación legal de la acción rescisoria concursal.

B) En cuanto a la acreditación de la existencia de perjuicio para la masa activa del concurso y de sacrificio patrimonial injustificado.

Cabe citar la sentencia del Tribunal Supremo de fecha 6 de marzo de 2018 y demás jurisprudencia que se cita en el cuerpo de dicha sentencia, y que establece que *para acreditar el perjuicio* para la masa activa del concurso y la existencia sacrificio patrimonial injustificado *hay que atender al momento y las circunstancias* en que se realizaron los actos cuya rescisión se pretende.

C) En cuanto a la aplicación de la presunción *iuris tantum* del art. 228.1° TRLC en relación con actos dispositivos a título oneroso en favor de personas especialmente relacionadas con el concursado:

Hay que citar la Auto del Tribunal Supremo de fecha 23 de enero de 2019, que establece lo siguiente:

> "no ha de probarse la existencia de perjuicio para que pueda estimarse la acción de reintegración; por el contrario, ha de probarse la ausencia de circunstancias que determinan la existencia de tal perjuicio para que la acción sea desestimada".

También en este mismo sentido, la Sentencia del Tribunal de Supremo de fecha 18 de julio de 2013.

Como se deduce de lo que hemos dejado dicho en el presente escrito de contestación de demanda incidental no cabe la aplicación de la presunción del art. 228.1° TRLC, porque cuando se realizaron las operaciones de compraventa cuya rescisión se pretende no existía ninguna circunstancia determinante de la existencia de un perjuicio para la masa activa.

D) Sobre la existencia o no de mala fe en las operaciones cuya rescisión de pretende mediante la acción rescisoria ejercitada, cabe citar la siguiente Sentencia de la Audiencia Provincial de Valencia de fecha 14 de noviembre de 2018, que establece lo siguiente:

> "El artículo 73, excepcionalmente, y para el caso de que el comprador hubiere actuado de mala fe, prevé la transformación de su crédito en concursal, y subordinado, con las consecuencias a ello inherentes.
>
> 2) La mala fe va referida siempre la realización del negocio, siendo un concepto jurídico que supone ausencia de buena fe con sustento en una conducta que debe ser deducida de hechos concluyentes para su apreciación, lo que exige (STS de 7 de diciembre de 2012-ECLI:ES:TS: 2012:8314) más que el mero conocimiento de la situación de insolvencia o de proximidad a la insolvencia del deudor, así como de los efectos perjudiciales que la transmisión pueda ocasionar a los acreedores.
>
> 3) Requiere conciencia de que se afecta negativamente a los demás acreedores.
>
> 4) Requiere que la conducta del acreedor sea merecedora de la repulsa ética en el tráfico jurídico.
>
> 5) Requiere prueba clara y concluyente relativa al grado de conocimiento del posible estado de insolvencia de las consecuencias que el pago de un precio notoriamente inferior al normal de mercado podía tener para la luego concursada".

En la operación de reestructuración societaria que motiva el presente incidente concursal no se da ninguno de los requisitos que exige la jurisprudencia para afirmar que las concursadas y mis representadas han actuado con mala fe.

E) En cuanto a la improcedencia de la aplicación de la presunción iuris et de iure del art. 227 TRLC, en relación con actos de disposición a título gratuito a los supuestos de supresión de partidas contables, cabe citar la Sentencia del Tribunal Supremo de fecha 13 de diciembre de 2010 que establece que:

> "Lo relevante son los datos fácticos, las circunstancias y características de la operación, que permitan apreciar la causa onerosa o gratuita de la operación, y en concreto si ha habido o no una "real reciprocidad de intereses, que no exige equivalencia de prestaciones" —en que consiste la onerosidad—, o, por el contrario, solamente "un puro beneficio sin contraprestación para una parte y para la otra una disminución de acervo patrimonial sin compensación económica" —en que consiste la gratuidad—".

F) Sentencia de la Audiencia Provincial de Pontevedra e fecha 22 de julio de 2009 sobre la venta de un inmueble y su no perjudicialidad a la vista del precio de la operación y las circunstancias de la concursada.

G) Sobre la no perjudicialidad de una transmisión (incluso daciones en pago) a la vista de las valoraciones y precios acordados vid. Sentencia del Juzgado de lo Mercantil núm. 1 de Málaga de fecha 6 de febrero de 2009.

III

El artículo 394 de la Ley 1/2000, de 7 de enero, de Enjuiciamiento Civil, que regula las costas que deberán ser impuestas a la parte actora.

Por lo expuesto,

SUPLICO AL JUZGADO: Que teniendo por presentado este escrito, lo admita y en méritos a lo expuesto acuerde tener por formulada contestación a la demanda incidental en ejercicio de la acción rescisoria concursal prevista en el artículo 226 y ss. TRLC, presentada por la mercantil .... S.L., administración concursal designada en el procedimiento de Concurso Voluntario Ordinario nº ...., de las mercantiles .... S.L. y .... S.L., dirigida contra, entre otras personas, mis mandantes ...., dictando en su día resolución desestimándola íntegramente, con expresa imposición de las costas a la parte actora.

Es Justicia que se suplica en ...., a fecha de........... de .... de ....

OTROSÍ DIGO: Que esta parte interesa la práctica de prueba, con señalamiento de vista, proponiendo los siguientes medios de prueba:

1. Documental, consistente en que se tenga reproducidos los documentos acompañados a este escrito.

2. Más documental. Que se tenga por reproducido en estas actuaciones la documentación obrante en los autos de concurso ordinario nº .... y en los presentes autos de incidente concursal número .... Especialmente, los acompañados por las concursadas .... S.L. y .... S.L. a su escrito de contestación a la demanda origen del presente incidente.

SUPLICO AL JUZGADO: Que tenga por efectuada esta manifestación a los efectos oportunos.

Es Justicia que se suplica en ...., a fecha de........... de .... de ....

SEGUNDO OTROSÍ DIGO: Que de conformidad con lo previsto en el artículo 231 de la vigente Ley de Enjuiciamiento Civil, las partes comparecientes muestran su voluntad de cumplir los requisitos exigidos por la Ley, por lo que manifiestan su intención de subsanar aquellos defectos en que puedan incurrir.

SUPLICO AL JUZGADO: Tenga por efectuada la anterior manifestación a los efectos indicados.

Es Justicia que se suplica en ...., a fecha de ....

F536. ESCRITURA DE REINTEGRACIÓN A LA MASA ACTIVA DEL CONCURSO DE UN INMUEBLE PREVIA ACCIÓN RESCISORIA

Normativa de aplicación: *Arts. 226 y ss. Real Decreto Legislativo 1/2020, de 5 de mayo, por el que se aprueba el texto refundido de la Ley Concursal.*

ESCRITURA DE REINTEGRO DE INMUEBLE A LA MASA ACTIVA DE LOS CONCURSOS DE DON................. Y DOÑA..................

NÚMERO ....

En......., mi residencia, a ... de .... de ......

Ante mí,......., Notario del Ilustre Colegio de........

COMPARECEN

De una parte,

DOÑA................., mayor de edad, soltera, vecina de................, provincia de............., con domicilio en calle................, nº...., Código Postal número............., con DNI/NIF número.................

DON......................, mayor de edad, soltero, vecino de Fu, provincia de............., con domicilio en............., calle......, código Postal número..........., con DNI/NIF número............

DON................., mayor de edad, soltero, vecino de................, provincia de.........., con domicilio en calle..............., nº............, Código Postal número........., con DNI/NIF número...............

Los cónyuges DOÑA............ y DON..............., mayores de edad, casados bajo el régimen legal de gananciales, vecinos de................., provincia de............, con domicilio en calle............. nº.........., Código Postal número........., con DNI/NIF número........... y DNI/NIF número............ y..........., respectivamente.

Y de otra parte,

DON................., mayor de edad, con domicilio a estos efectos en calle ......, número ..., y con D.N.I./N.I.F. ....

– INTERVIENEN

DOÑA..........., DON..........., DON........., DOÑA........... y DON............ en su propio nombre y derecho y por si.

DON................. interviene en nombre y representación de la sociedad denominada.............. SLP, que a su vez interviene esta última interviene en su condición de Administrador Concursal de:

Los cónyuges DON................. y DOÑA................, mayores de edad, casados bajo el régimen legal de gananciales, vecinos de............., provincia de.............., con domicilio en calle............. nº........, Código Postal número.........., con DNI/NIF número........... y..........., respectivamente.

La entidad................. SLP fue nombrado Administrador Concursal de DOÑA............... y DON........... en autos dictados el día........ de........ de.......... por el Magistrado Juez del Juzgado de lo Mercantil número...... de......., lo que me acredita por exhibición de las Credenciales, cuya autenticidad he comprobado a partir del CSV inserto y que dejo incorporadas a la presente escritura.

Los demás datos de identificación de............... SLP son los siguientes:

Domicilio: En .... Calle ... número ... CP ...

Constitución, objeto social y estatutos: Constituida por tiempo indefinido en escritura autorizada del día.... de.......... de.........., por el notario de....... Don..................., con el número.......... de protocolo, trasladado su domicilio al actual según resulta de la inscripción segunda.

Manifiesta el compareciente que los datos identificativos de la persona jurídica a la que representa, y muy especialmente su domicilio y objeto social, son los que constan en las referidas escrituras.

En especial, manifiesta que una de las principales actividades de la sociedad es la jurídica, CNAE ....

Inscripción: Consta inscrita en el Registro Mercantil de ...... al tomo ....., folio ...., hoja ....

CIF número ...... Se incorpora resultado de la consulta realizada a efectos de verificar que este CIF no ha sido revocado.

Facultades: Interviene al haber sido designado por la citada mercantil como persona natural para el ejercicio del cargo de administrador concursal del citado concurso, según resulta de la oportuna credencial y del acta de comparecencia para aceptación del cargo y designación de persona natural, de fecha ..., que se me exhiben y de las que deduzco el oportuno testimonio, que incorporo a la presente.

Se halla facultado para este acto en ejercicio de su cargo, que manifiesta en vigor.

Y yo, el Notario, por razón de lo expuesto, y la documentación expuesta, que tengo a la vista, le juzgo, bajo mi responsabilidad, con capacidad y facultades representativas suficientes para el otorgamiento de esta escritura de reintegro de inmueble a la masa activa de los concursos de Don .... y Doña ....

Titularidad real: Al efecto de dar cumplimiento a la obligación de identificación del titular real del artículo cuatro de la Ley 10/2010 de 28 de Abril, de prevención del blanqueo de capitales y de la financiación del terrorismo yo, Notario, hago constar que he consultado la Base de Datos de Titular Real, cuya información he puesto de manifiesto al representante de la sociedad, que confirma que dicha información es correcta.

Les identifico por sus reseñados documentos, y les juzgo con la capacidad legal y legitimidad necesaria para el otorgamiento de esta ESCRITURA DE REINTEGRO DE INMUEBLE A LA MASA ACTIVA DE LOS CONCURSOS DE DON .... Y DOÑA ...., y al efecto:

– EXPONEN

I.– DOÑA............, DON............, DON.............., DOÑA............ y DON............. manifiestan ser titulares registrales, por el título y en la forma que se dirá, de la siguiente finca que no constituye el domicilio familiar habitual de ninguno de ellos:

Descripción.– URBANA............... En un CONJUNTO EDIFICATORIO que forma parte del denominado "............", sito en................, calle............, número......, sobre la parcela........ de................ METROS Y........... DECÍMETROS CUADRADOS; Vivienda Tipo...., comercial número...... de esta parcela.

Se compone de solo planta baja, destinada a viviendas, distribuida en varias dependencias y servicios, con una superficie construida de...............

Linda según se entra a la misma:...........

Se le asigna un jardín privativo, sito a su frente de...... m2 y un solárium en cubierta de.... m2.

Cuota en el conjunto:...... enteros con............ centésimas de otro entero por ciento (....%).

Referencia catastral.– Es..........., según resulta de la certificación catastral descriptiva y gráfica que se adjunta. Manifiestan los otorgantes que la descripción que contiene esta certificación catastral se corresponde en lo esencial con la realidad física del inmueble.

Igualmente se adjunta a esta escritura certificación catastral con el valor de referencia de la finca.

Título.– Manifiestan que la compraron en pleno dominio, por cuartas partes indivisas, a los tres primeros con carácter privativo y a los dos últimos con carácter ganancial, a Don........... Y Doña............... en escritura autorizada el día...... de......... de.........., por el Notario de..............., Don..........., con el número 3098 de protocolo.

Inscripción.– Inscrita en el Registro de la Propiedad de......., al Tomo......., Libro........, Folio........, Finca número........ de......... inscripción...

Estado de cargas.– Manifiestan que la finca salvo servidumbre está libre de cargas y gravámenes de todo tipo y, en especial, al corriente de pagos de contribuciones e impuestos.

En especial, la parte transmitente declara, a mi solicitud, a los efectos de la afección mencionada en el artículo 64 de la vigente Ley de Haciendas locales, de la que yo, el Notario, advierto, que la finca se encuentra al día en el pago del Impuesto de Bienes

Inmuebles. Incorporo a esta escritura el justificante, obtenido telemáticamente por mí, Notario, que corrobora la anterior manifestación.

Situación arrendaticia y posesoria.– Manifiestan que la finca no está arrendada ni de otra forma ocupada por terceros.

Consentimientos especiales: No se precisan, por no estar sujeta su disposición a ninguna limitación, autorización ni consentimiento, ni existir titulares de derechos de uso, ni ser la vivienda habitual de las familias de los transmitentes.

Régimen de comunidad.– Manifiestan que la finca se encuentra libre de la afección que establece la Ley de Propiedad Horizontal por estar al corriente en el pago de los gastos de la comunidad de propietarios. La parte compradora exonera al vendedor de su obligación de aportar certificación acreditativa del estado de deudas con la comunidad de propietarios.

Situación urbanística.– No se acredita, si bien las partes manifiestan conocerla y yo, el Notario, hago las advertencias pertinentes. A efectos de lo dispuesto en el artículo 84 del Real Decreto 1093/1997, de 4 de julio, las partes hacen constar que la finca no está incluida en área de tanteo y retracto. Además la parte vendedora manifiesta estar al corriente de todo tipo de deberes urbanísticos de conservación y rehabilitación.

Eficiencia energética.– Dada la naturaleza del acto está excepcionado de la entrega del certificado de eficiencia energética.

Manifestación sobre actividades potencialmente contaminantes.– A los efectos previstos en el artículo 98 de la Ley 7/2022, la parte transmitente declara que no ha realizado actividades potencialmente contaminantes sobre el suelo y que desconoce si se han realizado con carácter previo a su adquisición.

Información registral.– La descripción de la finca, su titularidad y su situación de cargas y afecciones es conforme con la información registral obtenida por mí con arreglo a lo dispuesto en el artículo 175 del Reglamento Notarial, que dejo unida a esta matriz. No obstante yo, el Notario, advierto a los otorgantes de que la situación registral existente con anterioridad a la presentación de esta escritura en el Registro de la Propiedad prevalecerá sobre la información registral expresada.

Los otorgantes solicitan que la presente escritura sea presentada telemáticamente por mí en el Registro de la propiedad que corresponda a los efectos previstos en el artículo 249 del Reglamento Notarial; incorporaré a la presente el justificante de la confirmación positiva del Registro de la Propiedad correspondiente de haberse practicado el asiento o de la denegación del mismo; caso de no ser posible efectuar dicha presentación telemática, solicitan la presentación por fa.., en cuyo caso incorporaré a la presente el justificante de dicha presentación, así como la confirmación positiva del Registro de la Propiedad correspondiente de haberse practicado el asiento o la denegación del mismo.

II.– Que en virtud de auto número........... dictado por el Magistrado Juez del Juzgado de lo Mercantil número........ de......., el día...... de.......... de........, se homologó escrito de transacción judicial en los términos siguientes:

"1º.– Reintegrar a la masa activa de los concursos de Doña................ y Don.......... y por parte de los demandados ...., la finca con referencia catastral..................., inscrita en el Registro de la Propiedad de..........., finca número............. y sita en la calle.......... número.... parcela............. de............ Esta reintegración se efectuará libre de cargas y gravámenes, así como de ocupantes y arrendamientos. Ello en el plazo máximo de un mes a contar desde la fecha de esta transacción. Los gastos de reintegración serán soportado por los señores........

Las partes igualmente pacta que el precio pagado en su día por los citados.............., tiene la consideración de crédito contra la masa, que se satisfará, simultáneamente a la reintegración señalada anteriormente. (ALTERNATIVA: no simultáneamente a la reintegración reseñada en el párrafo anterior, sino junto a los demás créditos contra la mas de los concursos de los Señores....... y.......y siempre con posterioridad a los ya devengados en dichos procedimientos concursales con anterioridad la fecha de esta transacción. Ello obviamente sin perjuicio del pago de aquellos que fueren preferentes y el supuesto del art. 250 Texto Refundido Ley Concursal)".

III.– Que expuesto cuanto antecede se lleva a cabo en este acto el reintegro de la finca descrita a la masa activa de los concursos de Doña....... y Don.............. por parte de los demandados Don.......,......., Doña....... e..............., con arreglo a las siguientes:

ESTIPULACIONES

PRIMERA.– DOÑA............., DON.............., DON............., DOÑA............ y DON....... reintegran a la masa activa concursal de DON............. y DOÑA...... y, como consecuencia de ello ceden y transmiten a los Sres........ Y......., que representado por la administración concursal lo acepta, y por mitades indivisas, el pleno dominio de la finca descrita en el expositivo I de esta escritura, como cuerpo cierto, en su estado físico y urbanístico actual, con cuanto accesorio y anejo le corresponda, libre de cargas, gravámenes, arrendamientos y ocupantes, y al corriente de pagos de contribuciones, impuestos y recibos de comunidad.

SEGUNDA.– Precio. Consiste el precio de esta transacción en....... EUROS (.......€) precio pagado en su día por los citados Señores......., y que tiene la consideración de crédito contra la masa, que se satisfará, junto a los demás créditos contra la masa de los concursos de los Señores....... y.......y siempre con posterioridad a los ya devengados en dichos procedimientos concursales con anterioridad a la fecha de esta transacción. Ello obviamente sin perjuicio del pago de aquellos que fueren preferentes y el supuesto del art. 202 Texto Refundido Ley Concursal.

TERCERA.– Los gastos notariales y registrales que deriven del otorgamiento de esta escritura serán pagados por los señores...... a partes iguales.

SOLICITAR LA INSCRIPCIÓN REGISTRAL DE LA ESCRITURA.

Se solicita la aplicación de cuantas exenciones y bonificaciones proceda y especialmente la devolución de lo pagado por Impuesto de Transmisiones Patrimoniales e Impuesto sobre el incremento de valor de los inmuebles de naturaleza urbana. En cuanto procede la devolución reseñada a favor de los citados señores............., procederá su ingreso en la más activa de su respectivo concurso.

OTORGAMIENTO Y AUTORIZACIÓN

Informo a los comparecientes de que sus datos personales serán objeto de tratamiento en esta Notaría; dichos datos son necesarios para el cumplimiento de las obligaciones legales del ejercicio de la función pública notarial, conforme a lo previsto en la legislación notarial, de prevención del blanqueo de capitales, tributaria y, en su caso, sustantiva que resulte aplicable al acto o negocio jurídico documentado. La comunicación de los datos personales es un requisito legal, encontrándose los otorgantes obligados a facilitar los datos personales, y estando informados de que la consecuencia de no facilitar tales datos es que no sería posible autorizar el presente documento público. Sus datos se conservarán con carácter confidencial.

La finalidad del tratamiento de los datos es cumplir la normativa para autorizar el presente documento, facilitar su facturación y seguimiento posterior y cumplir las obligaciones propias de la actividad notarial, de las que pueden derivarse la existencia de decisiones automatizadas, autorizadas por la Ley, adoptadas por las Administraciones Públicas y entidades cesionarias autorizadas por Ley, incluida la elaboración de perfiles precisos para la prevención e investigación por las autoridades competentes del blanqueo de capitales y la financiación del terrorismo.

El notario realizará las cesiones de dichos datos que sean de obligado cumplimiento a las Administraciones Públicas, a las entidades y sujetos que estipule la Ley y, en su caso, al Notario que suceda o sustituya al actual en esta notaría.

Los datos serán tratados y protegidos según la Legislación Notarial y la legislación de protección de datos de carácter personal y se conservarán durante los años necesarios para cumplir con las obligaciones legales del Notario o quien le sustituya o suceda.

Los comparecientes pueden ejercitar sus derechos de acceso, rectificación, supresión, limitación, portabilidad y oposición al tratamiento por correo postal ante la Notaría autorizante, sita en......., calle Alcalá, 35 1°. Asimismo tienen el derecho a presentar una reclamación ante una autoridad de control.

Hago a los comparecientes las reservas y advertencias oportunas, entre ellas las de carácter fiscal y registral.

Así lo otorgan. Leído por mí, el Notario, este documento a los comparecientes, después de informarles del derecho que tienen de leerlo por sí, quedan enterados de su contenido, lo consienten y firman.

De identificarles, de su legitimación, de que el consentimiento ha sido libremente prestado, de que el otorgamiento se adecúa a la legalidad y a la voluntad debidamente informada de los otorgantes y de que firman ante mí el presente instrumento público, extendido en Composición papel timbrado, yo, el Notario, DOY FE.

5. INFORME DE LA ADMINISTRACIÓN CONCURSAL Y DE LA DETERMINACIÓN DE LAS MASAS ACTIVAS Y PASIVAS DEL CONCURSO

SUMARIO: 5.1. PRESENTACIÓN DEL INFORME DE LA ADMINISTRACIÓN CONCURSAL. F537. COMUNICACIÓN ELECTRÓNICA DE LA ADMINISTRACIÓN CONCURSAL A LOS ACREEDORES INFORMANDO DEL PROYECTO DE INVENTARIO Y LISTA DE ACREEDORES. F538. COMUNICACIÓN ELECTRÓNICA DE LA ADMINISTRACIÓN CONCURSAL A DEUDOR INFORMANDO DEL PROYECTO DE INVENTARIO Y LISTA DE ACREEDORES. F539. COMUNICACIÓN DE ACREEDOR A LA ADMINISTRACIÓN CONCURSAL SOLICITANDO RECTIFICACIÓN DE ERROR O COMPLEMENTO DE DATOS A LA VISTA DEL PROYECTO DE INVENTARIO Y LISTA DE ACREEDORES. F540. COMUNICACIÓN ELECTRÓNICA DE LA ADMINISTRACIÓN CONCURSAL A CONCURSADO Y ACREEDORES SOBRE SOLICITUDES DE RECTIFICACIÓN Y COMPLEMENTO. F541. ESCRITO DE LA ADMINISTRACIÓN CONCURSAL SOLICITANDO PRÓRROGA DEL PLAZO PARA PRESENTACIÓN DEL INFORME POR CIRCUNSTANCIAS EXCEPCIONALES. F542. ESCRITO DE LA ADMINISTRACIÓN CONCURSAL SOLICITANDO PRÓRROGA DEL PLAZO PARA PRESENTACIÓN DEL INFORME: ADMINISTRADOR NOMBRADO EN AL MENOS TRES CONCURSOS EN TRAMITACIÓN. F543. ESCRITO DE LA ADMINISTRACIÓN CONCURSAL SOLICITANDO PRÓRROGA DEL PLAZO PARA PRESENTACIÓN DEL INFORME: NO CONCLUSIÓN PLAZO COMUNICACIÓN DE CRÉDITOS. F544. ESCRITO DE LA ADMINISTRACIÓN CONCURSAL SOLICITANDO LA AMPLIACIÓN DEL PLAZO PARA EMITIR INFORME AL ACABAR LA COMUNICACIÓN DE CRÉDITOS EL DÍA PREVISTO PARA LA EL INFORME. F545. ESCRITO DE LA ADMINISTRACIÓN CONCURSAL SOLICITANDO APLAZAMIENTO DEL INFORME POR ACUMULACIÓN DE OTROS CONCURSOS. F546. ESCRITO DE LA ADMINISTRACIÓN CONCURSAL SOLICITANDO PRÓRROGA DEL PLAZO PARA PRESENTACIÓN DEL INFORME: CONCURSO CON MAS DE DOS MIL ACREEDORES. F547. ESCRITO DE LA ADMINISTRACIÓN CONCURSAL SOLICITANDO LA SUSPENSIÓN DEL CÓMPUTO DEL PLAZO PARA PRESENTACIÓN DEL INFORME. F548. ESCRITO DE LA ADMINISTRACIÓN CONCURSAL SOLICITANDO LA SUSPENSIÓN DEL PLAZO PARA EMITIR EL INFORME A EFECTOS DE EVITAR SOLAPAMIENTO DE PLAZOS. F549. ESCRITO DE LA ADMINISTRACIÓN CONCURSAL SOLICITANDO APLAZAMIENTO DE LA EMISIÓN DEL INFORME POR ACUMULACIÓN DE CONCURSOS. F550. AUTO DENEGANDO LA PRÓRROGA SOLICITADA POR LA ADMINISTRACIÓN CONCURSAL PARA EL PLAZO

DE PRESENTACIÓN DEL INFORME Y DECLARANDO LA PÉRDIDA DEL DERECHO A LA REMUNERACIÓN. F551. AUTO ESTIMANDO LA PRÓRROGA SOLICITADA POR LA ADMINISTRACIÓN CONCURSAL PARA EL PLAZO DE PRESENTACIÓN DEL INFORME DEL ART. 290 TRLC. F552. AUTO ESTIMANDO LA PRÓRROGA SOLICITADA POR LA ADMINISTRACIÓN CONCURSAL PARA EL PLAZO DE PRESENTACIÓN DEL INFORME DEL ART. 290 TRLC. F553. ESCRITO PRESENTANDO EL INFORME DE LA ADMINISTRACIÓN CONCURSAL Y DOCUMENTOS ADJUNTOS. F554. INFORME DE LA ADMINISTRACIÓN CONCURSAL (I). F555. INFORME DE LA ADMINISTRACIÓN CONCURSAL (II). F556. LISTA DE ACREEDORES. F557. INVENTARIO. F558. LISTA DE ACREEDORES. 5.2. DETERMINACIÓN DE LA MASA ACTIVA. F559. ESCRITO DEL CÓNYUGE DEL CONCURSADO SOLICITANDO DISOLUCIÓN DE SOCIEDAD DE GANANCIALES Y LA FORMACIÓN DE INVENTARIO. F560. ESCRITO DEL CÓNYUGE DEL CONCURSADO EN RÉGIMEN DE GANANCIALES SOLICITANDO LA ADJUDICACIÓN DE LA VIVIENDA HABITUAL. F561. ESCRITO DEL CÓNYUGE DEL CONCURSADO SOLICITANDO LA ADQUISICIÓN DE LA VIVIENDA HABITUAL DEL MATRIMONIO. F562. DEMANDA INCIDENTAL DE TITULAR INDISTINTO DE CUENTAS JUNTO CON EL CONCURSADO SOLICITANDO EXCLUSIÓN DE LA MASA ACTIVA. F563. ESCRITO DEL TITULAR LEGÍTIMO DE UN BIEN SEPARABLE SOLICITANDO A LA ADMINISTRACIÓN CONCURSAL SU ENTREGA. F564. DEMANDA INCIDENTAL DE SEPARACIÓN DE BIENES AJENOS EN PODER DE LA CONCURSADA. F565. ESCRITO DEL TITULAR PERJUDICADO POR UNA ENAJENACIÓN IRREIVINDICABLE SOLICITANDO DE LA ADMINISTRACIÓN CONCURSAL EL RECONOCIMIENTO DE SU CRÉDITO. F566. INVENTARIO DE LA MASA ACTIVA. F567. ESCRITO DE LA ADMINISTRACIÓN CONCURSAL INTERESANDO EL NOMBRAMIENTO DE EXPERTO INDEPENDIENTE PARA LA ESTIMACIÓN DE LOS VALORES DE BIENES Y DERECHOS. F568. AUTO DESIGNANDO EXPERTO INDEPENDIENTE. F569. AUTO RECHAZANDO EL NOMBRAMIENTO DE EXPERTO INDEPENDIENTE. 5.3. DETERMINACIÓN DE LA MASA PASIVA. F570. COMUNICACIÓN DE CRÉDITO ORDINARIO A LA ADMINISTRACIÓN CONCURSAL EN CASO DE CONCURSO DE DEUDORES SOLIDARIOS. F571. COMUNICACIÓN DE CRÉDITOS POR PARTE DE ACREEDOR A LA ADMINISTRACIÓN CONCURSAL. F572. COMUNICACIÓN DE LA ADMINISTRACIÓN CONCURSAL. F573. ESCRITO DE LA ADMINISTRACIÓN CONCURSAL JUSTIFICANDO A REQUERIMIENTO DEL JUZGADO EL ENVÍO DEL INFORME DEL ART. 290 TRLC. F574. AUTO TENIENDO POR PRESENTADO EL INFORME DE LA ADMINISTRACIÓN CONCURSAL. F575. EDICTO PARA LA PUBLICIDAD DE LA PRESENTACIÓN DEL INFORME DE LA ADMINISTRACIÓN CONCURSAL. F576. DEMANDA INCIDENTAL DE IMPUGNACIÓN DE LA LISTA DE ACREEDORES SOLICITANDO LA MODIFICACIÓN A ORDINARIO DE UN CRÉDITO CALIFICADO COMO SUBORDINADO. F577. DEMANDA INCIDENTAL IMPUGNANDO LISTA DE ACREEDORES E INVENTARIO. F578. CONTESTACIÓN A LA DEMANDA INCIDENTAL CONTRA LISTA ACREEDORES. CONTESTACIÓN CONJUNTA ADMINISTRACIÓN CONCURSAL Y CONCURSADA. F579. CONTESTACIÓN POR LA ADMINISTRACIÓN CONCURSAL A INCIDENTE CONCURSAL SOBRE IMPUGNACIÓN DE LISTA DE ACREEDORES. F580. CONTESTACIÓN A DEMANDA DE IMPUGNACIÓN LISTA ACREEDORES. F581. CONTESTACIÓN POR LA ADMINISTRACIÓN CONCURSAL A IMPUGNACIÓN DE LISTA DE ACREEDORES E INVENTARIO. F582. IMPUGNACIÓN LISTA ACREEDORES. ALLANAMIENTO ADMINISTRACIÓN CONCURSAL. F583. ALLANAMIENTO A DEMANDA DE IMPUGNACIÓN DE LA LISTA DE ACREEDORES. F584. COMUNICACIÓN DE CRÉDITO CON POSTERIORIDAD A LA FINALIZACIÓN DEL PLAZO DE IMPUGNACIÓN LISTA DE ACREEDORES Y HASTA LA PRESENTACIÓN DE TEXTOS DEFINITIVOS. F585. ESCRITO DE AVALISTA QUE HA PAGADO LA DEUDA AVALADA SOLICITANDO LA CONVERSIÓN DE CRÉDITO CONTINGENTE EN ORDINARIO. F586. TEXTOS DEFINITIVOS DE LISTA DE ACREEDORES E INVENTARIO DE BIENES Y DERECHOS. F587. COMUNICACIÓN TELEMÁTICA POR LA ADMINISTRACIÓN CONCURSAL A LOS ACREEDORES DE LOS

TEXTOS DEFINITIVOS. F588. SOLICITUD A LA ADMINISTRACIÓN CONCURSAL DE MODIFICACIÓN DEL TEXTO DEFINITIVO DE LA LISTA DE ACREEDORES PRESENTADA AL JUZGADO. F589. DILIGENCIA DE ORDENACIÓN SOLICITANDO INFORME A LA ADMINISTRACIÓN CONCURSAL RESPECTO A PETICIÓN DE MODIFICACIÓN TEXTOS DEFINITIVOS. F590. INFORME DE LA ADMINISTRACIÓN CONCURSAL SOBRE MODIFICACIÓN DE LISTA DE ACREEDORES DEFINITIVA. F591. MODIFICACIÓN POR LA ADMINISTRACIÓN CONCURSAL DE LOS TEXTOS DEFINITIVOS PRESENTADOS AL JUZGADO. F592. MODIFICACIÓN POR LA ADMINISTRACIÓN CONCURSAL DE LOS TEXTOS DEFINITIVOS PRESENTADOS AL JUZGADO COMO CONSECUENCIA DE INCIDENTE. F593. PROVIDENCIA TENIENDO POR PRESENTADA LA LISTA E INVENTARIO DEFINITIVOS. F594. MODIFICACIÓN LISTA DE ACREEDORES DEFINITIVA. OPOSICIÓN A LAS MEDIDAS CAUTELARES. ART. 313 TRLC. F595. DECRETO PONIENDO FIN A LA FASE COMÚN. F596. ESCRITO DE ACREEDOR A QUIEN SE QUE LA HA PAGADO LA DEUDA COMUNICANDO AL JUEZ DEL CONCURSO TAL CIRCUNSTANCIA. F597. ESCRITO DE ACREEDOR QUE HA VENDIDO EL CRÉDITO COMUNICANDO AL JUEZ DEL CONCURSO TAL CIRCUNSTANCIA. F598. ESCRITO DE LA ADMINISTRACIÓN CONCURSAL RECONOCIENDO CRÉDITO CONTRA LA MASA A FAVOR DE ACREEDOR.

5.1. PRESENTACIÓN DEL INFORME DE LA ADMINISTRACIÓN CONCURSAL

F537. COMUNICACIÓN ELECTRÓNICA DE LA ADMINISTRACIÓN CONCURSAL A LOS ACREEDORES INFORMANDO DEL PROYECTO DE INVENTARIO Y LISTA DE ACREEDORES

Normativa de aplicación: *Arts. 289 y ss. Real Decreto Legislativo 1/2020, de 5 de mayo, por el que se aprueba el texto refundido de la Ley Concursal*

Muy Sres. nuestros:

Nos referimos al concurso voluntario de la sociedad........... S.L., y en nuestra condición de administración concursal del citado concurso tramitado ante el Juzgado de lo Mercantil núm. .... de............ bajo el número de autos........... En el expresado procedimiento aparecen ustedes como acreedores de la concursada.

Por medio de la presente, que le dirigimos como acreedor de la concursada y a la dirección electrónica que consta a esta Administración Concursal, les informamos y remitimos el proyecto de inventario y lista de acreedores del citado concurso de acreedores, indicándoles que el informe a que se refieren los arts. 290 y ss. TRLC se presentará el próximo día...........

Como podrán observar, ustedes aparecen incluidos en el proyecto de lista de acreedores, reconociéndoles a su favor un crédito concursal por importe de..........euros, con la clasificación de ordinario.

ALTERNATIVA: Como podrán observar, ustedes aparecen incluidos en el proyecto de lista de acreedores, reconociéndoles a su favor un crédito concursal por importe de........... euros, con la calificación de ordinario, esto es, ...euros menos de lo por ustedes peticionado en su comunicación de fecha...........

ALTERNATIVA: Como podrán observar, ustedes aparecen han sido excluidos del proyecto de lista de acreedores, toda vez que, según la contabilidad de la empresa, el crédito por ustedes comunicado ya fue atendido por la deudora en fecha...........

Todo lo cual se le comunica de conformidad y a los efectos de lo previsto en el art. 289 TRLC, haciéndoles saber que, conforme al citado precepto legal, podrán solicitar a esta Administración Concursal, igualmente por medios electrónicos y hasta tres días anteriores a la presentación del referido informe al Juez, que rectifique cualquier error o que complemente los datos comunicados.

Atentamente,

F538. COMUNICACIÓN ELECTRÓNICA DE LA ADMINISTRACIÓN CONCURSAL A DEUDOR INFORMANDO DEL PROYECTO DE INVENTARIO Y LISTA DE ACREEDORES

Normativa de aplicación: *Arts. 289 y ss. Real Decreto Legislativo 1/2020, de 5 de mayo, por el que se aprueba el texto refundido de la Ley Concursal*

Muy Sres. nuestros:

Nos referimos al concurso voluntario de la sociedad........... S.L., y en nuestra condición de administración concursal del citado concurso tramitado ante el Juzgado de lo Mercantil núm. .... de........... bajo el número de autos...........

Por medio de la presente, que le dirigimos como deudor concursado, les informamos y remitimos el proyecto de inventario y lista de acreedores del citado concurso de acreedores, indicándoles que el informe a que se refiere el art. 290 y ss. TRLC se presentará el próximo día...........

Todo lo cual se le comunica de conformidad y a los efectos de lo previsto en el art. 289 TRLC.

Atentamente,

F539. COMUNICACIÓN DE ACREEDOR A LA ADMINISTRACIÓN CONCURSAL SOLICITANDO RECTIFICACIÓN DE ERROR O COMPLEMENTO DE DATOS A LA VISTA DEL PROYECTO DE INVENTARIO Y LISTA DE ACREEDORES

Normativa de aplicación: *Arts. 289 y ss. Real Decreto Legislativo 1/2020, de 5 de mayo, por el que se aprueba el texto refundido de la Ley Concursal*

Muy Sres. nuestros:

Nos referimos al concurso voluntario de la sociedad........... S.L., tramitado ante el Juzgado de lo Mercantil núm. .... de........... bajo el número de autos........... y en nuestra condición de acreedor de la citada sociedad.

El pasado día........... y mediante comunicación electrónica, nos remitieron el proyecto de inventario y lista de acreedores del citado concurso, indicándonos que el informe a que se refiere el art. 290 TRLC se presentaría el próximo día........... En el proyecto de lista de acreedores remitido se reconocía a nuestro favor un crédito concursal por importe de 1.200 euros, con la calificación de ordinario.

Entendemos que se ha incurrido en un error al reconocer el citado crédito en el proyecto de lista de acreedores, pues la cuantía del mismo no es la citada suma de 1200 euros, sino 12.000 euros, tal y como se comunico en su día por esta parte dando cumplimiento a lo dispuesto en el art. 255 y ss. TRLC.

Por ello y al amparo de lo previsto en el art. 289.2 TRLC, les rogamos rectifiquen y corrijan el citado error, consignando en la lista de acreedores a acompañar al informe de la Administración Concursal, el importe correcto de 12.000 euros.

Atentamente,

F540. COMUNICACIÓN ELECTRÓNICA DE LA ADMINISTRACIÓN CONCURSAL A CONCURSADO Y ACREEDORES SOBRE SOLICITUDES DE RECTIFICACIÓN Y COMPLEMENTO

Normativa de aplicación: *Arts. 289 y ss. Real Decreto Legislativo 1/2020, de 5 de mayo, por el que se aprueba el texto refundido de la Ley Concursal*

Muy Sres. nuestros:

Nos referimos al concurso voluntario de la sociedad........... S.L., y en nuestra condición de administración concursal del citado concurso tramitado ante el Juzgado de lo Mercantil núm. .... de............ bajo el número de autos...........

Por medio de la presente, y de conformidad y a los efectos de lo previsto en el art. 289.2 TRLC, les remitimos la relación de solicitudes de rectificación o complemento presentadas en las presentes actuaciones con relación al proyecto de inventario y lista de acreedores en su día comunicado al concursado y acreedores por esta Administración Concursal.

Atentamente,

F541. ESCRITO DE LA ADMINISTRACIÓN CONCURSAL SOLICITANDO PRÓRROGA DEL PLAZO PARA PRESENTACIÓN DEL INFORME POR CIRCUNSTANCIAS EXCEPCIONALES

Normativa de aplicación: *Arts. 289 y ss. Real Decreto Legislativo 1/2020, de 5 de mayo, por el que se aprueba el texto refundido de la Ley Concursal*

AL JUZGADO DE LO MERCANTIL NÚMERO........... DE...........

D..........., Administración Concursal designada para el presente procedimiento de concurso núm. .... seguido ante este Juzgado, comparezco y como mejor proceda en Derecho DIGO:

Que el plazo de presentación del Informe de la Administración concursal finaliza el próximo día..........., de conformidad con lo preceptuado en el art. 291.2 TRLC.

No obstante ello, concurren en la actualidad las siguientes circunstancias excepcionales que dificultan racional y objetivamente el cumplimiento en plazo de la entrega del Informe:...........

De tal forma a la vista de tales circunstancias, antes de que expire el plazo legal y al amparo del art. 291.2 TRLC, solicitamos de su S.S.ª prorrogue formalmente el plazo legal de presentación del Informe en dos meses mas, haciéndose constar que el administrador aquí compareciente NO ha sido nombrado administrador concursal en al menos, tres concursos en tramitación, por lo que no opera la prohibición de solicitud de prórroga por tal motivo que se recoge en el art. 291.2 in fine TRLC.

Por ello,

SUPLICO AL JUZGADO: Que teniendo por presentado este escrito, se admita, y en su virtud, se acuerde la prórroga por plazo de un mes adicional para la presentación del Informe de conformidad con lo previsto en el art. 291.2 TRLC.

En........... a........... de........... de dos mil...........

F542. ESCRITO DE LA ADMINISTRACIÓN CONCURSAL SOLICITANDO PRÓRROGA DEL PLAZO PARA PRESENTACIÓN DEL INFORME: ADMINISTRADOR NOMBRADO EN AL MENOS TRES CONCURSOS EN TRAMITACIÓN

Normativa de aplicación: *Arts. 289 y ss. Real Decreto Legislativo 1/2020, de 5 de mayo, por el que se aprueba el texto refundido de la Ley Concursal*

AL JUZGADO DE LO MERCANTIL NÚMERO........... DE...........

D..........., Administración Concursal designada para el presente procedimiento de concurso núm. .... seguido ante este Juzgado, comparezco y como mejor proceda en Derecho DIGO:

I.– Que el plazo de presentación del Informe de la Administración concursal finaliza el próximo día..........., de conformidad con lo preceptuado en el art. 290 TRLC.

II.– No obstante ello, concurren en la actualidad las siguientes circunstancias excepcionales que dificultan racional y objetivamente el cumplimiento en plazo de la entrega del Informe:...........

Por tal motivo, no habiendo expirado el plazo legal para la emisión del citado informe y conforme establece el art. 291.2 TRLC, esta parte, entiende que procede la prorroga el plazo legal de presentación del Informe por tiempo no superior a dos meses más.

III.– Que lo anterior no queda sin efecto como consecuencia de lo previsto en el art. 291.2, in fine, TRLC, pues aunque es cierto que el citado precepto veda la solicitud de prórroga al administrador concursal que haya sido nombrado en, al menos, tres concursos en tramitación, lo que sucede en el caso de quien suscribe, sin embargo, es más cierto que no opera la anterior prohibición si la administración concursal justifica que concurren causas ajenas a las especificas de su ejercicio profesional, lo que sucede en este caso pues...........

En su virtud

SUPLICO AL JUZGADO: Que teniendo por presentado este escrito, se admita, y en su virtud, se acuerde la prórroga por plazo de un mes adicional para la presentación del Informe de conformidad con lo previsto en el art. 291.2 TRLC.

En........... a........... de........... de dos mil...........

F543. ESCRITO DE LA ADMINISTRACIÓN CONCURSAL SOLICITANDO PRÓRROGA DEL PLAZO PARA PRESENTACIÓN DEL INFORME: NO CONCLUSIÓN PLAZO COMUNICACIÓN DE CRÉDITOS

Normativa de aplicación: *Arts. 289 y ss. Real Decreto Legislativo 1/2020, de 5 de mayo, por el que se aprueba el texto refundido de la Ley Concursal*

AL JUZGADO DE LO MERCANTIL NÚMERO........... DE...........

D..........., Administración Concursal designada para el presente procedimiento de concurso núm. .... seguido ante este Juzgado, comparezco y como mejor proceda en Derecho DIGO:

I.– Que el plazo de presentación del Informe de la Administración concursal finaliza el próximo día..........., de conformidad con lo preceptuado en el art. 290 TRLC.

II.– Que el plazo para la comunicación de créditos por los acreedores concluye el próximo día..........., esto es, no habrá finalizado tal plazo comunicatorio al vencimiento del plazo para la emisión del informe.

Por tal motivo, y conforme establece el art. 291.1 TRLC, esta parte, entiende procedente y así se solicita que al vencimiento del plazo de dos meses reseñado, se prorroga automáticamente hasta los cinco días siguientes a la conclusión del plazo de comunicación de créditos.

No obstante, se solicita de este Juzgado acuerde la prórroga señalada, en el supuesto que se entienda precisa la intervención judicial para la concesión prorrogatoria señalada.

En su virtud

SUPLICO AL JUZGADO: Que teniendo por presentado este escrito, se admita, y en su virtud y si fuera precisa la intervención judicial al efecto, se acuerde, de conformidad con lo previsto en el art. 291.1 TRLC, la prórroga del plazo la presentación del Informe hasta los cinco días siguientes a la conclusión del plazo de comunicación de créditos.

En........... a........... de........... de dos mil...........

F544. ESCRITO DE LA ADMINISTRACIÓN CONCURSAL SOLICITANDO LA AMPLIACIÓN DEL PLAZO PARA EMITIR INFORME AL ACABAR LA COMUNICACIÓN DE CRÉDITOS EL DÍA PREVISTO PARA LA EL INFORME

Normativa de aplicación: *Arts. 289 y ss. Real Decreto Legislativo 1/2020, de 5 de mayo, por el que se aprueba el texto refundido de la Ley Concursal.*

AL JUZGADO DE LO MERCANTIL Nº .... DE ....

Proc. Concursal Ordinario

Autos............ /............

.... en representación de......................., S.L.P., Administrador Concursal designado en el procedimiento de Concurso Ordinario Voluntario de la entidad mercantil............, S.A. que con el número............ /............ se tramita ante ese Juzgado, comparece ante el mismo y como mejor proceda en Derecho, DICE:

Que, mediante Auto de fecha 12 de junio de............ se declaró el concurso voluntario ordinario de la mercantil citada nombrando al infrascrito como Administrador Concursal, aceptando dicho cargo con fecha 21 de junio de.............

Que, conforme al artículo 290 del Texto Refundido de la Ley Concursal, el plazo para la presentación del Informe de la Administración Concursal es de dos meses contados a partir de la fecha en que se produzca la aceptación del cargo, venciendo el próximo 23 de septiembre de.............

Que, en virtud del artículo 28 del Texto Refundido de la Ley Concursal, el plazo de comunicación de créditos por parte de los acreedores es de un mes a contar desde el día siguiente a la publicación en el Boletín Oficial del Estado del Auto de declaración de concurso. Dicha publicación ha sido realizada con fecha 23 de agosto de............, lo que, el plazo para comunicar los créditos de los acreedores finaliza el 23 de septiembre, imposibilitando la presentación del Informe con garantías suficientes para que éste refleje la situación real de los pasivos de la concursada.

Que, mediante el presente escrito se solicita antes de que expire el plazo legal de presentación del Informe de la Administración Concursal, aplazamiento del mismo de 15 días adicionales a contar desde que finalice el plazo de los acreedores para comunicar sus créditos, es decir, a partir de un mes tras la publicación en el BOE de la declaración del concurso, a partir del 23 de septiembre de............, por lo que, el plazo para la presentación del Informe vencerá el 14 de octubre de.............

En virtud de lo expuesto,

SOLICITA AL JUZGADO, que teniendo por presentado este escrito se digne admitirlo, unirlo al expediente de su razón y autorice un aplazamiento para la emisión del Informe de la Administración Concursal de 15 días adicionales, a contar a partir de un mes tras la publicación en el BOE de la declaración de concurso, esto es, a partir del 23 de septiembre de............, venciendo, por tanto, el 14 de octubre de.............

En ...., a .... de .... de............

Fdo.............

ADMINISTRADOR CONCURSAL

F545. ESCRITO DE LA ADMINISTRACIÓN CONCURSAL SOLICITANDO APLAZAMIENTO DEL INFORME POR ACUMULACIÓN DE OTROS CONCURSOS

Normativa de aplicación: *Arts. 289 y ss. Real Decreto Legislativo 1/2020, de 5 de mayo, por el que se aprueba el texto refundido de la Ley Concursal.*

AL JUZGADO DE LO MERCANTIL Nº .... DE.....

........, Administrador Concursal designado en el procedimiento de Concurso Ordinario Voluntario de la entidad mercantil........, SL que con el número........ se tramita ante ese Juzgado, comparece ante el mismo y como mejor proceda en Derecho, DICE:

Que mediante Auto de fecha 20 de mayo de........, se declaró el concurso voluntario ordinario de la mercantil citada, nombrando al infrascrito como Administrador Concursal, aceptando dicho cargo con fecha 24 de mayo de.........

Que conforme al artículo 290 del TRLC, el plazo para la presentación del Informe de la Administración Concursal es de dos meses contados desde la fecha en que se produzca la aceptación del cargo, venciendo, por tanto, el próximo 24 de julio de.........

Que mediante Auto nº........ dictado en fecha 10 de julio de........, se acuerda la acumulación del expediente......../........ de concurso ordinario de las mercantiles........,

SL,........, SL, y........, SL, al expediente de concurso ordinario nº........ de la mercantil........, SL, todos ellos tramitados ante este Juzgado, para su continuación en el seno de un único procedimiento.

Que estando pendiente la aceptación por parte de esta Administración Concursal, del procedimiento ordinario......../........ acumulado a este concurso, así como su publicación en el BOE, y, dado que la situación de insolvencia de las mercantiles........, SL,........, SL y........, SL, viene motivada por la situación de subcontratistas de........, SL, es por lo que, en virtud, del artículo 291.2º del TRLC, ante las circunstancias excepcionales indicadas, se solicita que el plazo de dos meses para la presentación del informe, empiece a contar desde la aceptación del cargo del Administrador Concursal del procedimiento de concurso ordinario......../........ acumulado al presente procedimiento........, para su presentación y tramitación conjunta.

Que mediante el presente escrito se solicita antes de que expire el plazo legal de presentación del Informe de la Administración Concursal en el procedimiento........, aplazamiento de este, empezando a contar los dos meses desde la aceptación del cargo del Administrador Concursal del procedimiento acumulado dimanante de esta nueva presentación de Concurso.

En virtud de lo expuesto,

SOLICITA AL JUZGADO, que teniendo por presentado este escrito se digne admitirlo, unirlo al expediente de su razón y autorice que el plazo de dos meses del art. 290 empiece a contar desde la aceptación del cargo de Administrador Concursal de las tres empresas acumuladas........, SL,........, SL y........, SL al presente procedimiento.........

En................, a............ de julio de.......

Fdo.........

ADMINISTRADOR CONCURSAL

F546. ESCRITO DE LA ADMINISTRACIÓN CONCURSAL SOLICITANDO PRÓRROGA DEL PLAZO PARA PRESENTACIÓN DEL INFORME: CONCURSO CON MAS DE DOS MIL ACREEDORES

Normativa de aplicación: *Arts. 289 y ss. Real Decreto Legislativo 1/2020, de 5 de mayo, por el que se aprueba el texto refundido de la Ley Concursal*

AL JUZGADO DE LO MERCANTIL NÚMERO........... DE...........

D........... y D..........., Administración Concursal designada para el presente procedimiento de concurso núm. .... seguido ante este Juzgado, comparezco y como mejor proceda en Derecho DIGO:

I.– Que el plazo de presentación del Informe de la Administración concursal finaliza el próximo día..........., de conformidad con lo preceptuado en el art. 290 TRLC.

II.– No obstante ello, en el presente concurso el número de acreedores es superior a dos mil, concretamente........... acreedores. Por tal motivo, no habiendo expirado el plazo legal para la emisión del citado informe y conforme establece el art. 291.3 TRLC, esta parte entiende que procede la prorroga el plazo legal de presentación del Informe por tiempo no superior a cuatro meses más.

En su virtud

SUPLICO AL JUZGADO: Que teniendo por presentado este escrito, se admita, y en su virtud, se acuerde la prórroga por plazo de cuatro meses más para la presentación del Informe de conformidad con lo previsto en el art. 291.3 TRLC.

En........... a........... de........... de dos mil...........

F547. ESCRITO DE LA ADMINISTRACIÓN CONCURSAL SOLICITANDO LA SUSPENSIÓN DEL CÓMPUTO DEL PLAZO PARA PRESENTACIÓN DEL INFORME

Normativa de aplicación: *Arts. 289 y ss. Real Decreto Legislativo 1/2020, de 5 de mayo, por el que se aprueba el texto refundido de la Ley Concursal*

AL JUZGADO DE LO MERCANTIL NÚMERO........... DE...........

D..........., y D..........., todos ellos componentes de la Administración Concursal designada para el presente procedimiento de concurso núm. .... seguido ante este Juzgado, comparecemos, y como mejor proceda en Derecho DECIMOS:

Que el plazo de presentación del Informe de la Administración concursal finaliza el próximo día..........., dos meses después de la aceptación de los administradores, de conformidad con lo preceptuado en el art. 290 TRLC.

No obstante ello, solicitamos de su S.S.ª suspenda el cómputo del plazo legal de presentación del Informe toda vez que...........

Por ello,

SUPLICAMOS: Que teniendo por presentado este escrito, se admita, y en su virtud, se acuerde la suspensión del cómputo del plazo para la presentación del Informe de la administración concursal.

En........... a........... de........... de dos mil...........

F548. ESCRITO DE LA ADMINISTRACIÓN CONCURSAL SOLICITANDO LA SUSPENSIÓN DEL PLAZO PARA EMITIR EL INFORME A EFECTOS DE EVITAR SOLAPAMIENTO DE PLAZOS

Normativa de aplicación: *Arts. 289 y ss. Real Decreto Legislativo 1/2020, de 5 de mayo, por el que se aprueba el texto refundido de la Ley Concursal*

AL JUZGADO DE LO MERCANTIL Nº........... DE...........

..........., administradora concursal del concurso de la mercantil........... S.L., tramitado ante este Juzgado bajo el número de autos..........., ante este Juzgado comparezco y como mejor proceda en derecho DIGO:

ÚNICO.– Que habiendo aceptado el cargo de administradora concursal que esto suscribe, designado en el procedimiento concursal arriba referenciado, y a los efectos de que los acreedores puedan comunicar sus créditos en el plazo de un mes acordado en el auto de declaración de concurso de conformidad con lo prescrito en el art. 28.1.5º TRLC, evitando que se solapen el citado plazo y el del art. 290 TRLC, con la finalidad de no causar indefensión a ninguno de éstos, a la vista de una interpretación sistemática y finalista del TRLC, esta parte entiende y solicita la suspensión del plazo ordinario previsto para emitir el informe a que se refiere el art. 290 y ss. TRLC, hasta el mes después de efectuada la publicación en el BOE ex art. 35 TRLC.

En su virtud,

SUPLICO AL JUZGADO tenga por presentado este escrito, se sirva admitirlo y tener por hechas las anteriores manifestaciones a los efectos legales oportunos y, por las razones esgrimidas en el cuerpo del mismo, proceda a suspender el plazo ordinario para la emisión del informe que determina el art. 290 TRLC hasta un mes después de efectuada la publicación en el BOE que ordena el mencionado art. 35 TRLC.

Lo que se SUPLICA en..........., hoy día........... de........... de...........

F549. ESCRITO DE LA ADMINISTRACIÓN CONCURSAL SOLICITANDO APLAZAMIENTO DE LA EMISIÓN DEL INFORME POR ACUMULACIÓN DE CONCURSOS

Normativa de aplicación: *Arts. 289 y ss. Real Decreto Legislativo 1/2020, de 5 de mayo, por el que se aprueba el texto refundido de la Ley Concursal.*

AL JUZGADO DE LO MERCANTIL Nº .... DE ....

.........................., Administrador Concursal designado en el procedimiento de Concurso Voluntario Ordinario de la entidad mercantil............., S.L. que con el número....../........ se tramita ante ese Juzgado, comparece ante el mismo y como mejor proceda en Derecho, DICE:

Que mediante Auto de fecha 18 de abril de..........., se declaró el concurso voluntario ordinario de la mercantil citada, nombrando al infrascrito como Administrador Concursal, aceptando dicho cargo con fecha 3 de abril de............

Que conforme al artículo 290 del TRLC, el plazo para la presentación del Informe de la Administración Concursal es de dos meses contados desde la fecha en que se produzca la aceptación del cargo, venciendo el próximo 5 de junio de..........., al ser inhábil el 3 de junio.

Que mediante Auto nº 110/.......... de fecha 18 de abril de..........., se acuerda la acumulación del expediente 325/........... de concurso ordinario de las mercantiles..........., S.L. y..........., S.L. al expediente de concurso ordinario nº....../....... de la mercantil............., S.L., todos ellos tramitados ante este juzgado, para su continuación en el seno de un único procedimiento.

Que estando pendiente la aceptación por parte de esta Administración Concursal, del procedimiento ordinario ..../........... acumulado a este procedimiento concursal, así como la publicación en el BOE, y, dado que la situación de insolvencia de la mercantil............., S.L., viene motivada por los avales prestados por esta sociedad a las mercantiles..........., S.L. y..........., S.L., afectando por tanto a la clasificación de su masa pasiva, es por lo que, en virtud, del artículo 291.2º del TRLC, ante las circunstancias excepcionales indicadas, se solicita que el plazo de dos meses para la presentación del informe, empiece a contar desde la aceptación del cargo del Administrador Concursal del procedimiento de concurso ordinario ..../........... acumulado al presente procedimiento....../.........

Que mediante el presente escrito se solicita antes de que expire el plazo legal de presentación del Informe de la Administración Concursal en el procedimiento ..../........., aplazamiento del mismo, empezando a contar los dos meses desde la aceptación del cargo del Administrador Concursal del procedimiento acumulado a este procedimiento de concurso voluntario....../.........

En virtud de lo expuesto,

SOLICITA AL JUZGADO, que teniendo por presentado este escrito se digne admitirlo, unirlo al expediente de su razón y autorice que el plazo de dos meses del art. 290 empiece a contar desde la aceptación del cargo de Administrador Concursal de las dos empresas acumuladas,..........., S.L. y..........., S.L. al presente procedimiento...../........

En ...., a ...... de .... de...........

Fdo...........................

ADMINISTRADOR CONCURSAL

F550. AUTO DENEGANDO LA PRÓRROGA SOLICITADA POR LA ADMINISTRACIÓN CONCURSAL PARA EL PLAZO DE PRESENTACIÓN DEL INFORME Y DECLARANDO LA PÉRDIDA DEL DERECHO A LA REMUNERACIÓN

Normativa de aplicación: *Arts. 289 y ss. Real Decreto Legislativo 1/2020, de 5 de mayo, por el que se aprueba el texto refundido de la Ley Concursal*

AUTO

En la ciudad de........... a........... de........... de...........

ANTECEDENTES DE HECHO

PRIMERO.– Que en fecha........... de........... de........... y por la administración concursal, se solicitó de este Juzgado que se prorrogara el plazo de presentación del Informe a que se refiere el art. 290 TRLC. Ello en los términos y razones de tal solicitud y que a continuación se transcribe:...........

FUNDAMENTOS DE DERECHO

PRIMERO.– Que este Juez es competente para conocer de la solicitud de prórroga del plazo de presentación del Informe de la Administración Concursal art. 290 TRLC. (art. 44, 45, 52 y 291 TRLC).

SEGUNDO.– Que la administración concursal está legitimada para solicitar las medidas antes reseñadas (art. 291.1 TRLC).

TERCERO.– Que la solicitud formulada reúne los requisitos de forma establecidos en el art. 291 TRLC., sin bien no los de plazo, toda vez que la solicitud se ha formulado con fecha..........., es decir..........., días más tarde de haber expirado el plazo de presentación del Informe.

El cómputo de plazos que realizan los administradores concursales no es el correcto en la medida en que toma como dies ad quem la fecha de........... de........... de..........., mientras que el plazo comenzó a correr el........... de........... de..........., momento en el que se cumplió el supuesto de hecho del art. 290 TRLC.

CUARTO.– Por otra parte, tampoco pueden ser aceptadas las razones y circunstancias alegadas por carecer, con arreglo a las reglas de la experiencia y la sana crítica, del carácter excepcional que exige el art. 291.2 TRLC.

En concreto, alegar la coincidencia de un viaje familiar turístico por parte de la Administración Concursal, no puede ser aceptada como "circunstancia excepcional" que *justifique por sí misma*, y sin mayor razón o hecho, la concesión de una prórroga para la presentación del Informe preceptivo ex art. 290 TRLC, máxime cuando no concurre ningún retraso adicional en los autos o problemas en la disponibilidad de la documentación necesaria para elaborar el Informe, o cualquier extremo ajeno a la administración concursal o fuerza mayor, que pudiere justificar siquiera parcialmente tal solicitud de prórroga.

Ha de entenderse que la responsabilidad en el retraso es única y exclusivamente de la AC, y en consecuencia, ha de pechar con las consecuencias legales que de tal incumplimiento se derivan.

Tampoco a fecha de emisión de esta resolución, consta haberse presentado tal Informe.

QUINTO.– Habiendo sido presentada la solicitud de prórroga varios días después de finalizado ya el plazo de legal para entregar el Informe del art. 290 TRLC, no concurriendo tampoco circunstancias excepcionales que justifiquen la concesión de tal prórroga, y apreciada la responsabilidad exclusiva de los administradores concursales en tales retrasos, la consecuencia del incumplimiento del plazo de entrega viene previsto por el art. 296 TRLC, el cual establece, apartado que el administrador concursal que no presente el informe dentro del plazo legal o, en su caso, dentro de la prórroga concedida por el juez del concurso perderá el derecho a la remuneración y deberá devolver a la masa activa las cantidades percibidas. Contra la resolución judicial que acuerde imponer esta sanción cabrá recurso de apelación. Sigue en su apartado segundo, señalando que la infracción del deber de presentación será, además, justa causa para la separación del administrador concursal. Finalmente, apartado tercero del art. 296 TRLC, la indemnización de los daños y perjuicios que esa infracción hubiera podido causar a la masa activa será exigible conforme al régimen de responsabilidad de la administración concursal establecido en TRLC.

Pérdida del derecho remuneratorio que, por lo tanto, ha de declararse y exigir la devolución de lo ya percibido en consideración de tal precepto, y de las razones expuestas en los puntos anteriores de esta resolución, todo ello sin prejuzgar las responsabilidades eventuales que con fundamento en los arts. 94 y ss. y 100 y ss. TRLC pudieren derivarse.

Visto lo expuesto y demás normativa de aplicación

DISPONGO

Desestimar la solicitud de concesión de prórroga del plazo de presentación del Informe preceptivo del art. 290 TRLC formulada por la Administración Concursal, mediante escrito de fecha de........... de........... y, habiendo transcurrido sobradamente el plazo legal para presentar tal Informe preceptivo, se declara al amparo del art. 296.1 TRLC, la pérdida del derecho de remuneración fijado en su día para la AC, requiriéndole expresamente a la devolución a la masa activa del concurso las cantidades percibidas por tal concepto hasta fecha de hoy y ello en el plazo máximo de quince días.

Notifíquese la resolución al deudor, administración concursal y demás partes personadas a través de su representación procesal, haciéndole saber que contra la misma y de conformidad con lo dispuesto en el art. 296.1 TRLC, cabe recurso de apelación a interponer en el plazo de veinte días a contar desde la notificación del presente auto.

De conformidad con lo establecido en la Disposición Adicional 15ª LOPJ (según la redacción dada por la LO 1/09), la interposición de recurso contra resoluciones judiciales,

no podrá ser admitida a trámite sin la acreditación del depósito previsto en la citada Ley a efectos de recurrir, debiendo presentarse copia o resguardo de tal depósito en la cuenta de consignaciones de este Juzgado.

Todo lo cual pronuncia, manda y firma el Ilmo. Sr. ...., Magistrado Juez del Juzgado de lo Mercantil núm. .... de...........

F551. AUTO ESTIMANDO LA PRÓRROGA SOLICITADA POR LA ADMINISTRACIÓN CONCURSAL PARA EL PLAZO DE PRESENTACIÓN DEL INFORME DEL ART. 290 TRLC (I)

Normativa de aplicación: *Arts. 289 y ss. Real Decreto Legislativo 1/2020, de 5 de mayo, por el que se aprueba el texto refundido de la Ley Concursal*

AUTO

En la ciudad de........... a........... de........... de...........

ANTECEDENTES DE HECHO

PRIMERO.– Que en fecha........... de........... de........... y por la administración concursal, se solicitó de este Juzgado que se prorrogara el plazo de presentación del Informe a que se refiere el art. 290 TRLC. Ello en los términos y razones de tal solicitud a los cuales se remite en aras a una mayor brevedad.

FUNDAMENTOS DE DERECHO

PRIMERO.– Que el presente Juzgador es competente para conocer de la solicitud de prórroga del plazo de presentación del Informe de la Administración Concursal del art. 290 TRLC. (art. 44, 45, 52, y 291 TRLC).

SEGUNDO.– Que la administración concursal está legitimada para solicitar las medidas de prórroga antes reseñadas de conformidad con lo dispuesto en el artículo 291.2 TRLC.

TERCERO.– Que la solicitud formulada cumple con los requisitos de forma y plazo establecidos en el art. 291 TRLC, habiendo sido presentada la referida solicitud con anterioridad al transcurro del plazo de dos meses previstos en el art. 290 TRLC, y que finalizan el próximo día...........

CUARTO.– Que las circunstancias alegadas la Administración Concursal para justificar la prórroga han sido acreditadas en el escrito de solicitud y sus documentos acompañados, además de otras que obran en los presentes autos.

Igualmente ha de apreciarse la naturaleza excepcional de tales circunstancias alegadas, y la inimputabilidad de las mismas a la Administración Concursal, por lo dado que se cumplen los requisitos establecidos en el artículo 291.2 TRLC, procede concederse la prórroga de un mes suplicada por la administración concursal, haciéndose constar que no concurre en el presente caso la prohibición recogida en el art. 291.2 in fine TRLC

Visto lo expuesto y demás normativa de aplicación

DISPONGO

Estimar la solicitud de concesión de prórroga del plazo de presentación del Informe preceptivo del art. 290 TRLC formulada por la administración concursal mediante escrito de fecha de........... de........... y, declarando prorrogado el plazo de su presentación por plazo de un mes adicional a la fecha de la expiración del plazo legal inicial, finalizando en consecuencia el próximo día...........

Notifíquese la resolución al deudor, administración concursal y demás partes personadas a través de su representación procesal, haciéndole saber que contra la misma, únicamente cabe recurso de reposición que deberá interponerse en el plazo de cinco días a contar desde la notificación del presente auto.

De conformidad con lo establecido en la Disposición Adicional 15ª LOPJ (según la redacción dada por la LO 1/09), la interposición de recurso contra resoluciones judiciales, no podrá ser admitida a trámite sin la acreditación del depósito previsto en la citada Ley a efectos de recurrir, debiendo presentarse copia o resguardo de tal depósito en las cuenta de consignaciones de este Juzgado.

Todo lo cual pronuncia, manda y firma el Ilmo. Sr. ...., Magistrado Juez del Juzgado de lo Mercantil núm. .... de...........

F552. AUTO ESTIMANDO LA PRÓRROGA SOLICITADA POR LA ADMINISTRACIÓN CONCURSAL PARA EL PLAZO DE PRESENTACIÓN DEL INFORME DEL ART. 290 TRLC (II)

Normativa de aplicación: *Arts. 289 y ss. Real Decreto Legislativo 1/2020, de 5 de mayo, por el que se aprueba el texto refundido de la Ley Concursal*

AUTO

En la ciudad de........... a...........de...........de...........

ANTECEDENTES DE HECHO

PRIMERO.– Que en fecha........... de........... de........... y por la administración concursal, se solicitó de este Juzgado que se prorrogara el plazo de presentación del Informe a que se refiere el art. 290 TRLC. Ello en los términos y razones de tal solicitud y que a continuación se transcribe:...........

FUNDAMENTOS DE DERECHO

PRIMERO.– Que este Juez es competente para conocer de la solicitud de prórroga del plazo de presentación del Informe de la Administración Concursal art. 290 TRLC. (art. 44, 45, 52 y 291 TRLC).

SEGUNDO.– Que la administración concursal está legitimada para solicitar la prórroga antes reseñada (art. 291.2 TRLC).

TERCERO.– Que la solicitud formulada reúne los requisitos de forma y plazo establecidos en el art. 291.2 TRLC., habiendo sido presentada aquélla con anterioridad al transcurro de los dos meses previstos en el art. 290 TRLC, y que finalizan el próximo día...........

CUARTO.– Que las circunstancias alegadas por el solicitante para justificar la prórroga han sido acreditadas en el escrito de solicitud y sus documentos acompañados, además de otros que obran en los presentes autos.

Igualmente ha de apreciarse la naturaleza excepcional de tales circunstancias alegadas, y la inimputabilidad de las mismas al solicitante, por lo que cumplimentados los requisitos legales previstos en el art. 291.2 TRLC, ha de concederse la prórroga de un mes suplicada por la administración concursal, haciéndose constar que no concurre en el presente caso la prohibición recogida en el art. 291.2 in fine TRLC

Visto lo expuesto y demás normativa de aplicación

DISPONGO

1.– Estimar la solicitud de concesión de prórroga del plazo de presentación del Informe preceptivo del art. 290 TRLC, formulada por los administradores concursales Don..........., Don........... y Don..........., mediante escrito de fecha de........... de........... y, declarando prorrogado el plazo de su presentación por espacio de un mes adicional a la fecha de la expiración del plazo legal inicial, finalizando en consecuencia el próximo día...........

Notifíquese la resolución al deudor, administración concursal y demás partes personadas a través de su representación procesal. Désele a la presente resolución la oportuna publicidad en legal forma.

Contra este auto no cabe más que recurso de reposición a interponer en el plazo de cinco días a contar desde la notificación del presente auto.

De conformidad con lo establecido en la Disposición Adicional 15° LOPJ (según la redacción dada por la LO 1/09), la interposición de recurso contra resoluciones judiciales, no podrá ser admitida a trámite sin la acreditación del depósito previsto en la citada Ley a efectos de recurrir, debiendo presentarse copia o resguardo de tal depósito en las cuenta de consignaciones de este Juzgado.

Todo lo cual pronuncia, manda y firma el Ilmo. Sr. ...., Magistrado Juez del Juzgado de lo Mercantil núm. .... de...........

F553. ESCRITO PRESENTANDO EL INFORME DE LA ADMINISTRACIÓN CONCURSAL Y DOCUMENTOS ADJUNTOS

Normativa de aplicación: *Arts. 289 y ss. Real Decreto Legislativo 1/2020, de 5 de mayo, por el que se aprueba el texto refundido de la Ley Concursal*

AL JUZGADO DE LO MERCANTIL NÚMERO........... DE...........

D..........., Administración Concursal designada para el presente procedimiento de concurso núm. .... seguido ante este Juzgado, comparezco, y como mejor proceda en Derecho DIGO:

PRIMERO.– En cumplimiento de lo exigido en el art. 290 y ss. TRLC presentamos el Informe preceptivo en el plazo previsto en aquélla norma, y de conformidad con el contenido exigido por el art. 292 TRLC.

De tal forma que nuestro Informe, entre otros, contiene:

- Análisis de la memoria que acompañe a la solicitud de declaración de concurso (ALTERNATIVA: en caso de concurso necesario, ha sido presentada por el concursado a requerimiento del juez).
- La exposición del estado de la contabilidad del concursado y, en su caso, el juicio sobre los documentos contables y complementarios.
- Una memoria de las principales decisiones y actuaciones de la administración concursal.
- Exposición motivada acerca de la situación patrimonial del concursado y de cuantos datos y circunstancias pudieran ser relevantes para la tramitación del concurso.

SEGUNDO.– Igualmente, dando cumplimiento a los dispuesto en el art. 293 TRLC, adjuntamos al Informe los siguientes documentos:

- Inventario de la masa activa, junto con la relación de los litigios en tramitación y la de las acciones de reintegración a ejercitar.

- Lista de acreedores, junto con la relación de créditos contra la masa ya devengados y pendientes de pago, con expresión de los vencimientos respectivos.
- (En su caso, si una empresa forma parte de la masa activa) Informe la valoración de la empresa en su conjunto y de cada una de las unidades productivas que la integren, tanto en las hipótesis de continuidad de las actividades como de liquidación.
- (En su caso, si se hubiera presentado propuesta de convenio) escrito de evaluación de la propuesta de convenio presentada por el concursado.

En virtud de todo lo expuesto,

SOLICITO AL JUZGADO: Que teniendo por presentado este escrito junto con sus documentos, se admitan, y en su razón, se tenga por presentado en tiempo y forma el Informe preceptivo y los documentos adjuntos necesarios exigidos en los arts. 292 y 293 TRLC.

En..........., a........... de........... de...........

F554. INFORME DE LA ADMINISTRACIÓN CONCURSAL (I)

Normativa de aplicación: *Arts. 289 y ss. Real Decreto Legislativo 1/2020, de 5 de mayo, por el que se aprueba el texto refundido de la Ley Concursal*

1. ANTECEDENTES

1.1 CONSIDERACIONES PREVIAS

El Informe que a continuación se emite ha sido preparado única y exclusivamente para que surta efecto en el expediente concursal nº .... de la compañía mercantil..........., que se tramita en el Juzgado de lo Mercantil nº...........de..........., y, por consiguiente, no debe utilizarse para ninguna otra finalidad ajena al mismo.

Previamente a la emisión del presente informe debemos indicar que la Disposición Transitoria primera, punto 3 apartado 1º, establece que se regirán por la ley 16/2022 de 5 de septiembre de reforma del TRLC *"el informe de la administración concursal con el inventario y la relación de acreedores elaborada por el administrador concursal que se presenten después de la entrada en vigor"*, ello a pesar que el auto de declaración de concurso es anterior a la entrada en vigor de esta ley, esto es 26 de septiembre de 2022.

Por expresa disposición de los preceptos del Texto Refundido de la Ley Concursal (en adelante T.R.L.C.), este Informe se refiere exclusivamente al estudio de la situación patrimonial de la concursada, a fecha de Auto de declaración de concurso, esto es,........... de 2022, a excepción del apartado relativo al inventario de la masa activa que se encuentra referido, a la fecha del día anterior al de emisión del presente Informe, indicando además la valoración de los bienes y derechos en el momento de la solicitud de concurso así como la variación habida entre ambos momentos, todo ello de conformidad, con lo establecido en el artículo 198.1 del T.R.L.C. modificado tras los cambios introducidos por la Ley 16/2022 de 5 de septiembre.

Aunque los artículos 292 y 293 del T.R.L.C. condicionan la estructura y limita el contenido de este Informe a los extremos que en el mismo se indican, esta Administración Concursal ha estimado oportuno referirse también a otros puntos con el fin de facilitar una mayor y completa información sobre la mercantil concursada. Y ello, por cuanto la función primordial de este Informe es ofrecer al Juez del concurso y a los acreedores la información más completa e inteligible sobre el estado patrimonial del deudor, sobre las razones que han conducido a la sociedad a instar el concurso.

1.2 DESCRIPCIÓN DEL CONCURSO

1.2.1 Datos de la solicitud del concurso

Juzgado: Mercantil nº ....de...........

Procedimiento: ....

Clase de concurso: Voluntario Ordinario

Solicitante: ....

Fecha escrito solicitud de concurso........... de 2022

Auto de declaración de concurso: .... de 2022

Publicación B.O.E: ....de 2022

1.2.2 Identificación de la concursada

Denominación social: ....

C.I.F.: ....

Órgano de gobierno: Administrador único

1.2.3 Abogado director y Procurador de la concursada

Letrado: Dña. ....

Procurador: Dña. ....

1.2.4 Identificación y nombramiento de la Administración Concursal, expertos independientes y auxiliares delegados

Mediante Auto de ....de 2022 se acordó declarar en concurso de acreedores voluntario ordinario a la mercantil ...........S.L., designando como Administrador Concursal a la mercantil..........., S.L.P., representada por D..........., decretándose en el mismo auto la apertura de la fase de liquidación, con suspensión de las facultades de administración y disposición del deudor sobre su patrimonio.

La aceptación del cargo de Administrador Concursal fue realizada con fecha .... de 2022.

Para la tramitación del procedimiento no se ha necesitado la designación de expertos independientes para realizar valoraciones de la masa activa de la concursada.

1.2.5 Facultades de administración y disposición del deudor

En el Auto de declaración de concurso voluntario ordinario de la mercantil..........., S.L., se decretó por el Juzgado la suspensión de las facultades del órgano de administración, siendo éstas sustituidas por esta Administración Concursal.

1.1.6 Colaboración de la concursada y cumplimiento de las instrucciones

Al inicio del procedimiento fueron entregadas al Administrador único, la sociedad de nacionalidad........... denominda........... representada por la persona física don..........., con conocimiento del letrado instante, instrucciones y normas de actuación básica en un procedimiento concursal, en el que conforme al Artículo 106 del T.R.L.C., la deudora, ..., tiene suspendidas sus facultades de administración y disposición sobre su patrimonio, quedando éstas sustituidas en la persona del Administrador Concursal.

El Administrador Concursal debe manifestar que el nivel de colaboración del Administrador y del personal de la concursada ha sido aceptable y se han facilitado los datos contables de la mercantil, objeto de concurso.

2. ANÁLISIS DE LOS DATOS Y CIRCUNSTANCIAS DEL DEUDOR EXPRESADOS EN LA MEMORIA A QUE SE REFIERE EL NÚMERO 1º DEL ARTÍCULO 7 DEL TRLC

2.1 CONSIDERACIONES GENERALES

Constituye objeto de este apartado, el análisis de los datos y circunstancias expresados en la memoria expresiva de la historia económica y jurídica del deudor, de la actividad o actividades a que se haya dedicado durante los tres últimos años y de los establecimientos, oficinas y explotaciones de que sea titular, de las causas del estado de insolvencia en que se encuentre, identidad de los administradores o liquidadores, socios y, en su caso, auditores de cuentas, si tiene admitidos valores admitidos a cotización en un centro de negociación, así como si forma parte de un grupo de sociedades, enumerando las que estén integradas es este, con expresión de la identidad de la sociedad dominante (artículos 292 y 293 del T.R.L.C.).

2.2 DESCRIPCIÓN DE LA ACTIVIDAD MERCANTIL DE LA CONCURSADA

La mercantil..........., S.L. ha venido desarrollando la actividad propia de su objeto social *"el cultivo de tierras y explotaciones agrarias; exportación de productos hortícolas, agricultura y comercio de productos hortofrutícolas en general. El desarrollo de estas actividades podrá hacerse, total o parcialmente, mediante la titularidad de acciones o participaciones en sociedades con objeto idéntico o análogo. Se excluyen del objeto social aquellas actividades para cuyo ejercicio las leyes exijan requisitos especiales que no sean cumplidos por esta sociedad."*, dedicándose en los últimos tres ejercicios principalmente a la producción y comercialización de distintas variedades..........., sin perjuicio de otros servicios de producción agrícola prestados a otras sociedades.

2.3 ESTABLECIMIENTOS, OFICINAS Y EXPLOTACIONES DE QUE SEA TITULAR EL DEUDOR

El domicilio social actual de la mercantil se encuentra en…………, el cual quedó fijado en Junta General Universal celebrada el…………, y elevado a público mediante escritura de fecha…………, ante el notario de………… don…………, con el número de su protocolo …………

2.4 IDENTIDAD DE LOS SOCIOS, ADMINISTRADORES Y AUDITOR DE CUENTAS

- Socios:

– …………, sociedad de nacionalidad…………, titular de ………… participaciones sociales, que representan el 99,98% del capital social.

– …………, NIE…………, *titular de ………… participaciones sociales, que representan el 0,02* del capital social.

- Órgano de Administración

El órgano de administración de la sociedad está formado por un Administrador único, designándose a la mercantil de nacionalidad…………denominada………… y representada por don …………para el ejercicio del cargo, nombrado en Junta General Universal celebrada el…………y elevado a público mediante escritura de…………, ante el notario de…………don…………, con el número de su protocolo…………

- Auditor de cuentas

El auditor de cuentas para los ejercicios 2019 a 2021 ha sido la mercantil…………, S.L.P, con CIF ………… domiciliada en………… Su último nombramiento consta inscrito en el Registro Mercantil en fecha…………

2.5 APODERADOS

A continuación, se indican los apoderamientos vigentes que constan inscritos en el Registro mercantil, así como aquellos que lo han sido en los dos años anteriores a la declaración de concurso:

…………

2.6 HISTORIA JURÍDICA DE LA SOCIEDAD

2.6.1. Verificación de los datos y antecedentes

A continuación, se redacta la memoria de la historia jurídica de la concursada obtenida de los datos aportados en su memoria, así como de las escrituras facilitadas por la misma, y de las que constan en los registros:

– Mediante escritura de fecha…………, fue otorgada ante el Notario de ………… don…………, con número de protocolo…………, escritura de constitución de la mercantil por tiempo indefinido, bajo la denominación de…………, fijándose su domicilio social en ....y estableciéndose el objeto social de la mercantil, el cultivo de tierras y explotaciones agrarias, exportación de productos hortícolas, y agricultura y comercio de productos hortofrutícolas en general, y cualquier otra actividad derivada o conexas con las anteriormente citadas.

El capital social al constiuirse quedó establecido en ....dividido .... participaciones sociales, número..........., inclusive, ...de valor nominal cada una de ellas. Dicho capital fue suscrito y desembolsado por sus socios al 50%, esto es don..........., y don...........

Los socios constituyentes acuerdan que la gerencia y administración de la sociedad y por consiguiente el uso de la firma social, corresponderá al socio don...........

- En fecha ....consta inscrita modificación de domicilio social de la sociedad al sito en ....
- Mediante escritura de fecha..........., se otorgó ante el notario..........., escritura de fusión por absorción, por la que la mercantil...........fue absorbida por la mercantil..........., con entera transmisión, asunción y subrogación de todos los bienes, derechos, obligaciones, acciones y contratos que integran el patrimonio de la entidad absorbida, siendo efectiva la fusión a partir del........... Asimismo, en dicha escritura como consecuencia de la fusión, queda ampliado el capital social de la mercantil en la cantidad de..........., mediante la creación de...........nuevas participaciones sociales, serie especial, de........... de valor nominal cada una de ellas, iguales, acumulables e indivisibles, numeradas correlativamente del..........., ambos inclusive, que gozarán de los mismos derechos políticos y económicos que las existentes, salvo por su distinto valor nominal. Dichas participaciones quedaran desembolsadas con el patrimonio de la absorbida, siendo adjudicadas a los socios de la sociedad absorbida "...........", estableciéndose una relación de canje de...........participaciones nuevas de........... de valor nominal cada una de ellas por 1 participación antigua...........pesetas de valor nominal, quedando estas últimas amortizadas.

  Se procederá a la reducción de capital amortizando las participaciones que "...........", es titular en..........., de valor nominal total de...........pesetas y que representan el ....% del capital de ...., y consecuentemente, a su renumeración de las participaciones sociales.

2.6.2. Conclusión del análisis

La Administración Concursal ha cotejado la certeza de los datos y antecedentes expuestos en la historia jurídica de la Sociedad, expresados en la memoria de la deudora con las escrituras facilitadas por la Sociedad, y los datos que constan en los registros públicos consultados.

2.7 HISTORIA ECONÓMICA DE LA SOCIEDAD

2.7.1 Bases de presentación

El análisis económico siguiente se ha elaborado a partir de la documentación presentada en la solicitud de concurso y la solicitada por esta Administración Concursal: Cuentas

Anuales, Balances y Cuentas de P y G, de los tres últimos ejercicios terminados anteriores a la declaración del concurso, es decir, 2019 al 2021, ambos inclusive.

Con el análisis de estos tres últimos ejercicios cerrados, anteriores a la declaración de concurso, podemos ver la evolución de las principales magnitudes de la empresa hasta llegar a la situación actual.

2.7.2 Antecedentes

A continuación, se resume, lo manifestado por el deudor en relación con la historia económica de la sociedad incluida en la memoria que acompaña a la demanda de solicitud, así como lo manifestado en relación con esta en el propio escrito de demanda, y en sus Cuentas Anuales.

...........fue constituida el..........., centrándose su actividad en la producción y comercialización de distintas variedades de..........., sin perjuicio de prestar también servicios de producción agrícola a otras sociedades.

El ciclo de producción para el cultivo de .... se inicia en septiembre y acaba a finales de mayo, y para el cultivo de..........., se inicia en diciembre y finaliza la última semana de junio.

Para la comercialización de sus productos ha centralizado su transporte mediante la contratación de los servicios de la mercantil ...., siendo esta el único proveedor de servicios logísticos por carretera de la Sociedad, además ....es su socio mayoritario, poseyendo el 99,99% de su capital social.

La sociedad forma parte de un grupo de empresas denominado..........., sociedad holding financiera, inscrita en ....La sociedad holding es a su vez propietaria del 70% del capital de la sociedad..........., la cual comercializa el 100% del .... producido por..........., que supone aproximadamente el 50% de su cifra de negocios.

Durante los años previos al ejercicio 2018, se ha mostrado una tendencia positiva en cuanto a su cifra de negocios y resultados obtenidos. A partir del ejercicio 2018, empieza a sufrir un descenso progresivo y constante en su cifra de negocios, debido a un descenso en la demanda de lo productos comercializados, y a una caída de los precios de mercado, especialmente del..........., que supone una reducción del margen de beneficio, y, por tanto, de los resultados de la sociedad, que no se han visto correspondidos con una disminución de los costes de explotación.

La cifra de negocios del ejercicio 2019 disminuyó un 5,5%, sin embargo, el descenso de los resultados de explotación y de ejercicio se posicionaron en un 641% y un 1.175% respectivamente.

Esta situación se vio agravada, con los diversos fenómenos meteorológicos que se sucedieron, como la gota fría o DANA en 2019, la borrasca Gloria en enero de 2020, el descenso de temperaturas en abril de 2020, convirtiéndose en el mes más frío de los últimos 50 años, la borrasca Filomena en enero de 2021, y las intensas y reiteradas precipitaciones en abril de 2021, convirtiéndose en el mes más lluvioso de los últimos 50 años.

Este último fenómeno fue determinante en el cultivo del..........., temporada 2020/21, provocando problemas de calidad y retraso en la maduración que impidió que se pudieran atender diversos pedidos, llegando el producto con retraso al mercado, con una competencia alta y un precio de venta muy bajo.

Además de todo lo anterior, se suma la crisis por la pandemia mundial del Covid-19 que se inició en 2020.

La sociedad en 2020 vio reducida de nuevo su cifra de negocios considerablemente, y el resultado del ejercicio fue de pérdidas, las cuales duplicaron las registradas en el ejercicio anterior.

Durante el 2021, la sociedad intentó revertir la tendencia negativa, sin embargo, conforme fue transcurriendo constató la dificultad para alcanzar los objetivos marcados. Es en este ejercicio, tras la finalización de la campaña de ....en junio de 2021, y debido a sus resultados, cuando se puso fin a esta línea de negocio. Posteriormente, y debido a las tensiones de tesorería existentes se comunicó el ....de 2021, ante el Juzgado de lo Mercantil nº..........., el inicio de la apertura de negociaciones con sus acreedores (art. 583 y ss. del TRLC).

Además, destacar que la situación económica-financiera del grupo empresarial al que pertenece la sociedad, también se había deteriorado, presentando la matriz y sus filiales una solicitud de conciliación en fecha ....ante el Tribunal de..........., con el fin de lograr un acuerdo con sus principales acreedores.

Por todo lo anterior, se inició la búsqueda de inversores que estuvieran interesados en la adquisición de sus principales activos que permitiera una liquidación ordenada de la sociedad.

En los meses de ....de 2021, respectivamente, se recibieron dos ofertas una por su activo inmobiliario y otra por su negocio de producción y comercialización de...........

A partir de entonces, y dada la vinculación con la sociedad ...., dado que ....contrataba los servicios de esta para el transporte por carretera de sus productos, representando estos servicios entre un 60% y un 70% de la cifra de negocios de .... se inician negociaciones con los principales acreedores, con el fin alcanzar un acuerdo que evitase el concurso de acreedores y permitiese el pago de la deuda con el importe obtenido de la venta, tras la aplicación de una quita.

Las sociedades, en ....de 2022 lograron un acuerdo con sus acreedores bancarios con una quita del 40% de la deuda, y, un compromiso de espera supeditado entre otros, a la suscripción a este de la totalidad de los acreedores bancarios, a la venta de los activos de ambas sociedades, y a la obtención de acuerdos individualizados con sus acreedores comerciales cuyos créditos supusiesen el 85% del pasivo comercial.

El inversor del activo inmobiliario por importe de .... millones exigía que, para llegar al acuerdo, y con el fin de asegurarse la intocabilidad en un escenario concursal, se efectuara también la transmisión de la unidad productiva.

Sin embargo, a pesar de que las negociaciones con el inversor de la unidad productiva estaban avanzadas, este modificó unilateralmente las condiciones negociadas hasta el momento, exigiendo el cumplimiento de unos términos que eran perjudiciales, por lo que a finales de ....de 2022 se dieron las negociaciones por finalizadas.

Ante esta situación, la sociedad solicitó a un despacho de abogados........... (dado que los documentos contractuales y precontractuales están sometidos a la legislación y tribunales...........), el análisis de la viabilidad del ejercicio de acciones judiciales frente al inversor en reclamación de daños y perjuicios sufridos, confirmando inicialmente dicho despacho la existencia de elementos para su inicio. Es por ello, que se ha solicitado un análisis detallado de la viabilidad, importe reclamable y honorarios que conllevaría.

No obstante, hay que indicar que, ..., a pesar de las negociaciones que se estaban llevando, no ha interrumpido su actividad de producción y comercialización de..........., aunque, la ruptura de las negociaciones con el inversor, le ha situado en un contexto económico financiero que le impide iniciar una nueva campaña de producción y comercialización de..........., motivo por el cual ha decidido cesar en su actividad.

Ante la ruptura de las negociaciones con dicho inversor, e imposibilidad de cumplir con sus obligaciones de pago, se acordó la solicitud ante el juzgado de la declaración de concurso de acreedores.

2.7.3 Evolución de los resultados de la sociedad

Según se observa en la cuenta de pérdidas y ganancias de la página ...., del presente informe, los resultados de ....en los ejercicios 2019 a 2021, ambos inclusive son negativos, si bien en el ejercicio 2021 estos se han visto incrementados considerablemente.

	2019	2020	2021
B° / Pérdida antes de impuestos			

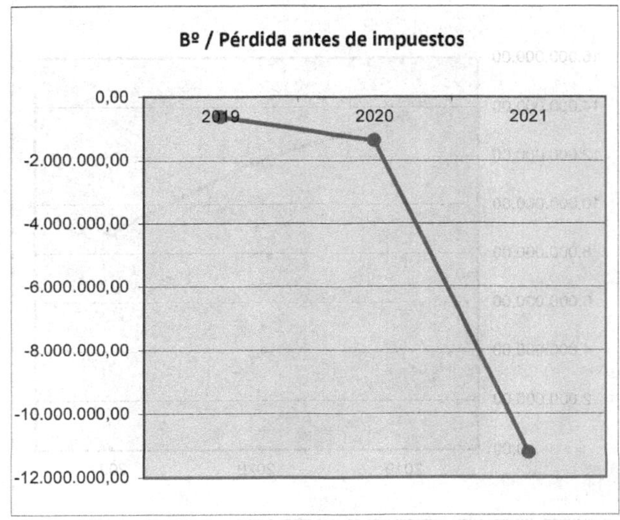

La concursada ha obtenido pérdidas en los tres ejercicios analizados, no obstante, las pérdidas se han ido incrementando, produciéndose en el ejercicio 2021 unas considerables pérdidas, las cuales ascienden a la cantidad negativa de ....€. Es de destacar, que, en este ejercicio, la cifra de ventas se ha visto reducida considerablemente, sin que los costes se hayan podido adecuar a la nueva situación, además, en este ejercicio la concursada ha registrado las pérdidas por deterioro del crédito adeudado por la matriz del grupo ....y que asciende a ....€, así como las pérdidas por deterioro de participaciones que posee de su filial ....

2.7.4 Evolución de los ingresos y gastos de la sociedad

En el cuadro de la página 23 del presente informe, se resume la evolución de las partidas que conforman la cuenta de pérdidas y ganancias de los tres últimos ejercicios anteriores a la declaración del concurso, esto es 2019, 2020 y 2021.

En los puntos siguientes indicamos los detalles más significativos que hemos observado:

a) CIFRA DE NEGOCIOS

El importe de la cifra de negocios comprende los importes de la venta de las existencias y los obtenidos de las inversiones inmobiliarias, correspondientes a las actividades ordinarias de la sociedad, deducidas las bonificaciones y demás reducciones sobre las ventas, así como el Impuesto sobre el Valor Añadido y otros impuestos directamente relacionados con la mencionada cifra de negocios.

	2019	2020	2021
Cifra de negocios			

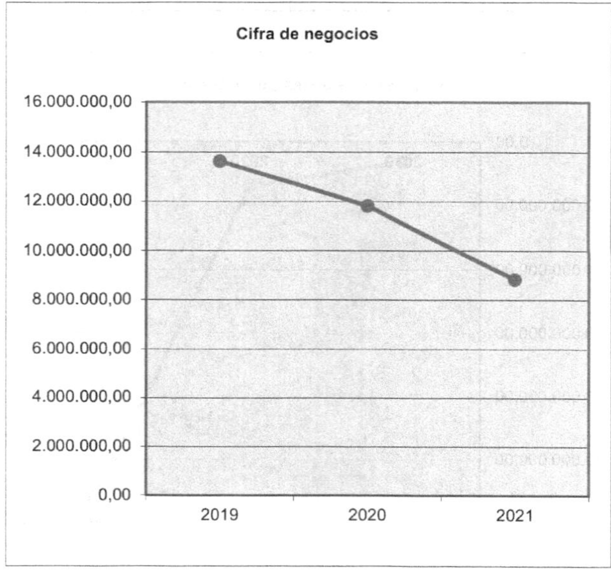

Como se puede observar, las ventas han ido decreciendo con el transcurso del tiempo, representando en el ejercicio 2021 el 75% de la cifra de negocios obtenida en el ejercicio anterior. Es de destacar, que los fenómenos meteorológicos tienen lógicamente una considerable incidencia en el cultivo y recolección de las cosechas, y podrían haber afectado a la cifra de negocio, además, como indican en su historia económica en dicho ejercicio se dejó de comercializar el..........., debido a los pésimos resultados obtenidos en el mismo con motivo de estas inclemencias.

b) APROVISIONAMIENTOS

Los aprovisionamientos incluyen los gastos derivados de la compra de existencias con las que llevar a cabo la actividad propia de la sociedad, así como los trabajos realizados por otras empresas.

	2019	2020	2021
Aprovisionamientos	....	....	....
% s / cifra de negocios	....	....	....

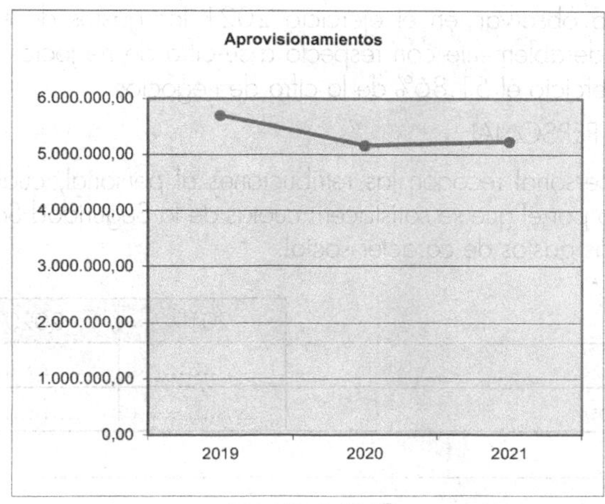

Como se puede observar, los costes de aprovisionamiento se han ido incrementando respecto a las ventas con el transcurso del tiempo, produciéndose su mayor incremento en el ejercicio 2021, representando un 59,15% de la cifra de negocios, mientras que en los ejercicios 2019 y 2020, representaban el 41,83% y 43,71% respectivamente.

c) OTROS GASTOS DE EXPLOTACIÓN

Dentro de esta agrupación de gastos nos encontramos arrendamientos, reparaciones y conservación, servicios de profesionales independientes, gastos de transporte, primas de seguros, servicios bancarios, suministros, otros servicios y tributos.

	2019	2020	2021
Otros gastos de explotación	....	....	....
% s / cifra de negocios	....	....	....

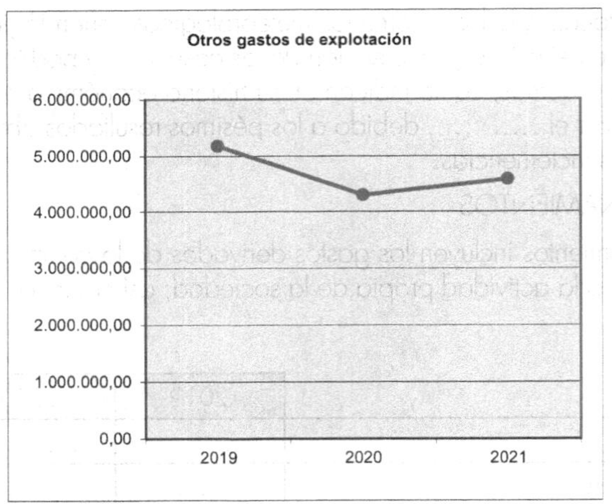

Como se puede observar, en el ejercicio 2021 los gastos de explotación se han incrementado considerablemente con respecto a su cifra de negocios, representando los mismos en dicho ejercicio el 51,86% de la cifra de negocios.

d) GASTOS DE PERSONAL

Los gastos de personal recogen las retribuciones al personal, cualquiera que sea la forma o el concepto por el que se satisfacen; cuotas de la Seguridad Social a cargo de la empresa y los demás gastos de carácter social.

	2019	2020	2021
Gastos de personal	....	....	....
% s/ cifra de negocios	....	....	....

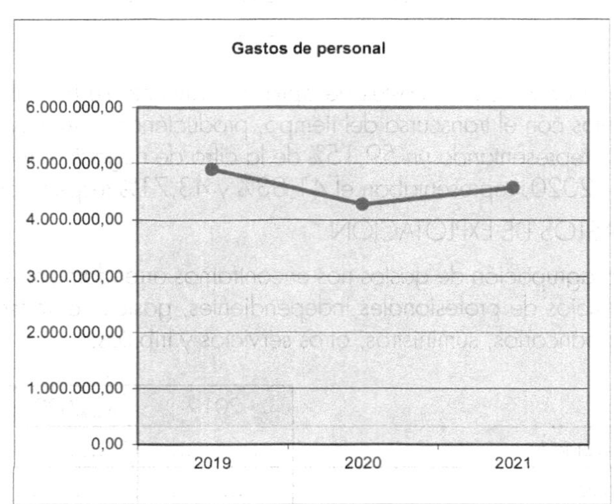

Como se puede observar, los gastos de personal se han ido incrementando con respecto a la cifra de negocios, produciéndose el mayor incremento en el ejercicio 2021, representando los gastos de personal el 51,74% de su cifra de negocios.

e) GASTOS FINANCIEROS

La concursada recoge en la cuenta de gastos financieros de los intereses de deudas con entidades financieras, así como de terceros, y pérdidas producidas por el tipo de cambio.

	2019	2020	2021
Gastos financieros	....	....	....
% s / cifra de negocios	....	....	....

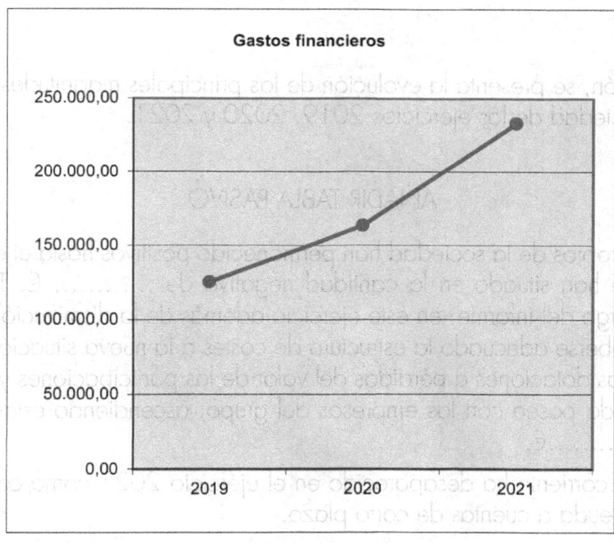

Como se puede observar, los gastos financieros se han visto incrementados con el transcurso de los ejercicios, produciéndose el mayor incremento en el ejercicio 2021, representando los mismos el 2,64% de la cifra de negocios obtenida en dicho ejercicio.

AÑADIR CUENTA DE PÉRDIDAS Y GANANCIAS

2.7.5 Análisis del balance de situación de la sociedad

– ACTIVO

A continuación, se presenta la evolución de las principales magnitudes financieras del activo de la sociedad de los ejercicios 2019, 2020 y 2021.

AÑADIR TABLA ACTIVO

El activo no corriente se vio incrementado en el ejercicio 2020 como consecuencia del aumento de los saldos en la cuenta de Inversiones en empresas del grupo y asociadas a largo plazo, así como de la contabilización de activos por impuesto diferido. En el ejercicio 2021, el Activo no corriente se ha visto disminuido considerablemente, con motivo, por una parte, de la venta de dos fincas rústicas, y de la dotación a pérdidas de las inversiones y de los créditos con empresas en grupo, dada la incertidumbre en el cobro y recuperación de dichos importes.

El activo corriente, también se ha visto reducido considerablemente en el ejercicio 2021, como consecuencia de la disminución en el epígrafe de Inversiones en empresas del grupo y asociadas a c/p. En el ejercicio 2022, el activo corriente se ve reducido también por la reducción de existencias, las cuales son nulas al cesar la actividad a mediados del ejercicio.

– PASIVO

A continuación, se presenta la evolución de las principales magnitudes financieras del pasivo de la sociedad de los ejercicios 2019, 2020 y 2021.

AÑADIR TABLA PASIVO

Los fondos propios de la sociedad han permanecido positivos hasta el ejercicio 2021, cuando estos se han situado en la cantidad negativa de .... €. Tal como se ha indicado a lo largo del informe, en este ejercicio además de la disminución de la cifra de negocios, sin haberse adecuado la estructura de costes a la nueva situación de ventas, se han registrado las dotaciones a pérdidas del valor de las participaciones y de los créditos que la concursada posee con las empresas del grupo, ascendiendo estas pérdidas a la cantidad de ....€.

El pasivo no corriente ha desaparecido en el ejercicio 2021 como consecuencia del traspaso de la deuda a cuentas de corto plazo.

El pasivo corriente en el ejercicio 2021 se ha visto incrementado considerablemente, como consecuencia, por una parte, del traspaso de la deuda a largo plazo, y por otra por el incremento de deuda de sus proveedores, acreedores.

2.7.6 Análisis de ratios de interés

Una ratio constituye una medida obtenida a partir del balance y de la cuenta de resultados que nos dará información económica y financiera de la empresa analizada.

La comparación de Ratios de una misma empresa a lo largo de un horizonte temporal nos dará información sobre su evolución, y permitirá caracterizarla positiva o negativamente, viendo la disminución o el aumento de los valores de sus ratios en los distintos años.

A continuación, señalamos algunos de las ratios más importantes que utilizaremos para completar nuestro estudio económico-financiero.

· Fondo de Maniobra

El Fondo de Maniobra es la diferencia entre el activo corriente y el pasivo corriente, o, dicho de otro modo, la parte del activo corriente que está financiada con patrimonio neto o pasivo no corriente. Ha de ser positivo puesto que las obligaciones de pago a corto plazo deben poder atenderse puntualmente con los derechos de cobro a corto plazo para no tener problemas de liquidez.

A continuación, se presenta la evolución del fondo de maniobra para los tres ejercicios analizados:

	2019	2020	2021
Activo corriente	....	....	....
Pasivo corriente	....	....	....
FONDO DE MANIOBRA	....	....	....

El fondo de maniobra ha sido negativo para todos los ejercicios y periodos analizados, lo cual evidenciaría que la sociedad no es capaz de hacer frente a sus obligaciones de corto plazo, habiéndose incrementado considerablemente el fondo de maniobra negativo en el ejercicio 2021.

En las Cuentas Anuales de la concursada se indica, que el fondo de maniobra negativo es, "como consecuencia fundamentalmente de la estructura de financiación del Grupo al que pertenece, que realiza una gestión global de la tesorería de las distintas sociedades pertenecientes al mismo. "

• Liquidez

Esta ratio nos indica la situación de la disposición de fondos líquidos para hacer frente a los pagos. Para su cálculo dividimos el activo corriente entre las deudas a corto plazo (pasivo corriente). A continuación, se presenta la evolución de la ratio de liquidez para los tres ejercicios analizados:

....

Como ha ocurrido al analizar el Fondo de Maniobra, la conclusión a la que se llega a la vista de los datos es que la sociedad ha presentado problemas de liquidez durante todos los ejercicios, disminuyendo considerablemente la ratio en el ejercicio 2021.

• Disponibilidad

Esta ratio nos indica la situación de disponible de fondos líquidos existentes para hacer frente a los pagos de deudas de vencimiento a corto plazo en un momento dado. Relaciona el volumen de los recursos existentes en caja y bancos, con el volumen de las deudas a corto plazo. A continuación, se presenta el cálculo de dicha ratio para los ejercicios analizados:

	2019	2020	2021
Disponible	....	....	....
Exigible a C/P	....	....	....
R. DISPONIBILIDAD	....	....	....

Los fondos líquidos de la sociedad han sido insuficientes para hacer frente a la deuda a corto plazo.

• Endeudamiento

Esta ratio se utiliza para determinar la proporción de deuda que tiene una empresa y poder diagnosticar el grado de autonomía financiera que presenta frente a terceros. Relaciona el volumen de la deuda con respecto al total de la estructura financiera con que cuenta la empresa. A continuación, se presenta el cálculo de la ratio de endeudamiento de la sociedad:

....

La sociedad presenta durante los ejercicios 2019 y 2020, un grado de endeudamiento que ha ido oscilando entre 0,65 y un 0,72, obteniendo la ratio más alta en el ejercicio 2021.

• Calidad de la deuda

Esta ratio nos indica el porcentaje que suponen las obligaciones exigibles a corto plazo frente al total de obligaciones exigibles. A continuación, se presenta el cálculo de la ratio de calidad de la deuda de la sociedad para los tres ejercicios analizados:

....

La sociedad mantiene la mayor parte de su deuda a corto plazo. La deuda a corto plazo en el ejercicio 2020 disminuyó, representando en este ejercicio un 73,26% del total de la deuda, mientras que en el ejercicio 2019 representaba el 82,97% de la deuda total. En el ejercicio 2021 el 100% de la deuda total es deuda a corto plazo.

2.8 CAUSAS DEL ESTADO EN QUE SE ENCUENTRA

De la historia económica que se acompaña a la demanda de solicitud del concurso, se indican como causas del estado en que se encuentra, según la propia deudora, y que se resumen a continuación:

- Descenso de la demanda, así como una caída de precios, especialmente del..........., que ha provocado una reducción del margen de beneficios.
- Sucesión de fenómenos meteorológicos (gota fría DANA, borrasca Gloria, borrasca Filomena, etc.) que han afectado al cultivo de sus productos, provocando problemas de calidad, retraso de maduración etc.
- Pandemia mundial por Covid-19 que ha provocado una restricción en el consumo y desplome de precios de mercado.
- Deterioro de la situación económica-financiera del grupo al que pertenece, habiendo presentado en fecha ....de 2021 la matriz y sus filiales una solicitud de conciliación ante el Tribunal de ....
- Ruptura en las negociaciones de venta de su unidad productiva, y en consecuencia *de la venta de la nave*, dado que el adquirente del inmueble exigía también la

transmisión de la unidad productiva para asegurar la intocabilidad de la operación en un escenario concursal.

A juicio de esta Administración Concursal, las causas que se enumeran en la solicitud de concurso son coherentes con lo indicado por la empresa en otros puntos de su documentación de presentación.

2.9 VALORACIONES Y PROPUESTAS SOBRE LA VIABILIDAD PATRIMONIAL

Con la reforma introducida por la Ley 16/2022 de 5 de septiembre en el TRLC, el artículo 7. 1° ya no recoge como documentación a acompañar a la solicitud de concurso, las consideraciones que el deudor estime con relación a la viabilidad patrimonial. No obstante, dado que la solicitud de concurso se presentó antes de la reforma, en la memoria presentada por la deudora se incluye este punto. Es por ello, que a continuación se pasa a valorar lo indicado por la concursada en relación a este apartado.

La sociedad no presenta una valoración y propuesta sobre la viabilidad patrimonial como tal, únicamente manifiesta lo siguiente:

....

La concursada en su escrito de solicitud de concurso solicita se acuerde la apertura de la fase de liquidación, la cual ha sido acordada en el mismo auto de declaración de concurso.

2.10 GRUPO DE EMPRESAS

2.10.1 Constitución de grupo por parte de la concursada

El artículo 8.2 del Texto Refundido de la Ley Concursal establece la obligación para el concursado, en caso de formar parte de un grupo de empresas, como sociedad dominante o sociedad dominada, de acompañar al escrito de solicitud de concurso, las cuentas anuales y el informe de gestión consolidados correspondientes a los tres últimos ejercicios sociales y el informe de auditoría, así como la memoria expresiva de las operaciones realizadas con otras sociedades del grupo durante ese mismo periodo y hasta la solicitud de concurso.

Si atendemos a la normativa contable, al amparo del artículo 42 del Código de Comercio existe un grupo cuando una sociedad ostente o pueda ostentar, directa o indirectamente, el control de otra u otras. En particular, se presumirá que existe control cuando una sociedad, que se calificará como dominante, se encuentre en relación con otra sociedad, que se calificará como dependiente.

..........., es el socio mayoritario de..........., poseyendo el 99,99% del capital social de..........., y formando parte de un grupo de empresas denominado..........., sociedad holding financiera, inscrita en el Registro de..........., con número .... y sede social en........... La sociedad holding posee el 99,98% de la mercantil .... A su vez, la sociedad ....está incluida en la consolidación fiscal del grupo ....

Nos hallamos ante una formación vertical, donde la sociedad matriz ....que controla un conjunto de sociedades (en adelante filiales), que operan al mismo nivel, encontrándose entre sus filiarles la mercantil ...., y esta a su vez controla a la mercantil ....(en adelante sub-filial).

Por otra parte, indicar que ...., está exenta de consolidación en España por razón de tamaño, según el artículo 8 del R.D 1159/2010. Adicionalmente, se integra en el consolidado de la empresa matriz citada anteriormente.

2.10.2 Relación entre la concursada y otras empresas participadas

Según se desprende de las Cuentas Anuales que se adjuntan a la solicitud de concurso y de los registros contables de la sociedad concursada, ésta no posee participaciones en otras empresas.

2.11 VALORES ADMITIDOS A COTIZACIÓN

La mercantil concursada no tiene admitidos sus valores a cotización en mercado secundario oficial.

3. COMENTARIOS AL CONTENIDO DEL ESTADO DE LA CONTABILIDAD

3.1 COMENTARIOS AL ESTADO DE LA CONTABILIDAD

3.1.1 Estado de la contabilidad del deudor

Revisada la misma por la Administración Concursal, de conformidad a lo dispuesto en el Art. 25 del Código de Comercio, la entidad concursada lleva una ordenada contabilidad, adecuada a la actividad de su Empresa que permite un seguimiento cronológico de todas sus operaciones, así como la elaboración periódica de balances e inventarios. Llevará necesariamente, sin perjuicio de lo establecido en las leyes o disposiciones especiales, un libro de Inventarios y Cuentas anuales y otro Diario. La empresa ha cumplido en los últimos tres ejercicios anteriores a la declaración de concurso con el requisito legal de legalizar un libro de Inventarios y Cuentas anuales y otro Diario.

Conforme a lo dispuesto en el artículo 28 del Código de Comercio, el libro de Inventario y CCAA se abre con el balance inicial detallado de la empresa. Al menos trimestralmente se transcriben con sumas y saldos los balances de comprobación. Se transcriben también el inventario de cierre de ejercicio y las CCAA. El Libro Diario registrará día a día todas las operaciones relativas a la actividad de la empresa. Será válida, sin embargo, la anotación conjunta de los totales de las operaciones por períodos no superiores al trimestre, a condición de que su detalle aparezca en otros libros o registros concordantes, de acuerdo con la naturaleza de la actividad de la que se trate.

Conforme expresa el Art. 29 del Código de Comercio, todos los libros y documentos contables deben ser llevados, cualquiera que sea el procedimiento utilizado, con claridad, por orden de fechas, sin espacios en blanco, interpolaciones, tachaduras ni raspaduras. Deberán salvarse, inmediatamente que se adviertan, los errores u omisiones padecidos en las anotaciones contables. No podrán utilizarse abreviaturas o símbolos cuyo significado no sea preciso con arreglo a la ley, el reglamento o la práctica mercantil de general aplicación. Las anotaciones contables deberán ser hechas expresando los valores en euros.

Finalmente, según lo dispuesto en el Art. 30 del Código de Comercio, los empresarios conservarán los libros, correspondencia, documentación y justificantes concernientes a su negocio, debidamente ordenados, durante 6 años, a partir del último asiento de los libros, salvo lo que se establezca por disposiciones generales.

El estado de los libros de contabilidad de ....relativos a los tres últimos ejercicios cerrados con anterioridad a la fecha de declaración del concurso y las anomalías observadas en los mismos se resume como sigue:

Libro de Diario

Año	Fecha legalización	Lugar legalización	Nº orden	En plazo

Inventario y Cuentas Anuales

Año	Fecha legalización	Lugar legalización	Nº orden	En plazo

La entidad concursada lleva una ordenada contabilidad, adecuada a la actividad de su empresa que permite un seguimiento cronológico de todas sus operaciones, así como la elaboración periódica de balances e inventarios.

3.2 CUENTAS ANUALES E INFORME DE GESTIÓN E INFORME DE AUDITORIA

3.2.1 Cuentas Anuales

El ejercicio económico de la Concursada finaliza en 31 de diciembre. La concursada aporta a la solicitud de concurso las cuentas anuales correspondientes a los ejercicios 2018 a 2020, ambos inclusive, así como los informes de auditoría. Del ejercicio 2021 también presenta las cuentas Anuales e informe de auditoría. Del Registro Mercantil se comprueba que las cuentas anuales de los citados ejercicios se encuentran depositadas.

Ejercicio	Fecha formulación	Fecha de aprobación	Fecha depósito

(*) Las Cuentas Anuales correspondientes al ejercicio 2021, se presentaron ante el Registro Mercantil en fecha..........., desconociéndose la fecha de depósito realizada por el Registro.

3.2.2 Informes de Auditoría

.... de conformidad con lo previsto en la Ley, ha estado obligada a someter a auditoría sus cuentas anuales, habiendo sido auditadas por la sociedad ....

Seguidamente se indican los fundamentos de la opinión con salvedades, que constan en los informes de auditorías emitidos:

Ejercicio 2019

....

Ejercicio 2020

....

Ejercicio 2021

....

Además, en la auditoría del ejercicio 2021, el auditor refleja un párrafo de énfasis, con relación a Empresa en liquidación, y que seguidamente se transcribe:

....

3.3 OTROS LIBROS Y REGISTROS

El artículo 26 del Código de Comercio establece la obligación para las sociedades mercantiles de llevar un LIBRO DE ACTAS con, al menos, el siguiente contenido:

- Todos los acuerdos tomados por las Juntas generales y especiales y los demás órganos colegiados de la sociedad, con expresión de los datos relativos a la convocatoria y a la constitución del órgano, un resumen de los asuntos debatidos, las intervenciones de las que se haya solicitado constancia, los acuerdos adoptados y los resultados de las votaciones.

De forma adicional, para las Sociedades de Responsabilidad Limitada, la Ley de Sociedades de Capital en su artículo 104 dispone la obligación de llevar un LIBRO REGISTRO DE SOCIOS con el siguiente contenido:

- La titularidad originaria y las sucesivas transmisiones, voluntarias o forzosas, de las participaciones sociales, indicando la identidad y domicilio del titular de la participación;
- En su caso, la constitución de derechos reales y otros gravámenes sobre las participaciones, identificando también al titular de dichos derechos reales o gravámenes.

Todos estos libros se cumplimentarán en soporte electrónico y se presentarán para su legalización en el Registro Mercantil, por vía telemática, dentro de los cuatro meses siguientes al cierre del ejercicio social.

La sociedad tiene legalizado en fecha............, ante el Registro Mercantil de .... un libro de actas número 1,

En relación con el libro de registro de socios, indicar que consta en fecha ....la legalización ante el Registro de Mercantil de............un libro de registro de socios número 1

3.4 MEMORIA DE LOS CAMBIOS SIGNIFICATIVOS OPERADOS EN EL PATRIMONIO CON POSTERIORIDAD A LAS ÚLTIMAS CUENTAS

La concursada debe presentar junto con la solicitud de concurso y conforme al artículo 8.1. 3º del T.R.L.C. "memoria de los cambios significativos operados en el patrimonio con posterioridad a las últimas cuentas anuales formuladas y depositadas y de las operaciones que por su naturaleza, objeto o cuantía excedan del giro o tráfico ordinario del deudor."

En la solicitud de concurso la concursada manifiesta que, desde las últimas cuentas anuales depositadas son las correspondientes al ejercicio 2020, y que con posterioridad a este ejercicio ha llevado a cabo operaciones que han conllevado cambios en su patrimonio, con la finalidad de mantenerse al corriente en el pago de sus obligaciones derivadas de sus gastos ordinarios, los cuales se adjuntan a la demanda como Anexo V.

En dicho anexo relaciona las enajenaciones/bajas de inmovilizado realizadas durante el ejercicio 2021 y 2022.

Además, debemos indicar que en el ejercicio 2021 se han provisionado los saldos e inversiones financieras con empresas del grupo, lo que ha tenido su incidencia en el Patrimonio Neto de la empresa.

Concurso de acreedores

Mediante escrito de fecha ....se procedió a solicitar concurso voluntario de acreedores ante los Juzgados de lo Mercantil nº............, siendo admitido a trámite como procedimiento ordinario con el nº............, por auto de fecha ....2022 en el Juzgado de lo Mercantil nº............, aperturandose la fase de liquidación en el mismo auto.

En el trabajo realizado por la administración concursal para la elaboración del presente informe no se ha detectado la existencia de otros hechos que debieran haberse incluido en este apartado.

3.5 ESTADOS FINANCIEROS INTERMEDIOS

En el presente concurso, la mercantil no está obligada a la presentación de los referidos estados financieros intermedios, para la revisión de autoridades supervisoras.

3.6 CUENTAS ANUALES E INFORME DE GESTIÓN CONSOLIDADO

El TRLC establece en el artículo 8.2 la obligación del deudor persona jurídica de indicar en la memoria que se acompañará a la solicitud de concurso si forma parte de un grupo de empresas, y en su caso acompañará la oportuna y requerida documentación contable cuando proceda la consolidación contable del grupo (art. 42 y ss. C.Co. y art. 190 LSA) así como memoria expresiva de las operaciones realizadas con otras sociedades del grupo, y todo ello con la finalidad y objeto de conocer la situación patrimonial del conjunto de sociedades que conforman el grupo.

Como hemos indicado en el punto 2.10 la concursada forma parte de un grupo de empresas junto con la mercantil ....

El detalle de las transacciones realizadas con partes vinculadas durante los ejercicios 2020 y 2021 han sido las siguientes:

	2021		2020	
TOTALES				

El detalle de los saldos con partes vinculadas a 31/12/2020 y a 31/2021 ha sido el siguiente:

	2021		2020	
	Créditos y clientes	Proveedores	Créditos y clientes	Proveedores
TOTALES				

4. MEMORIA DE LAS PRINCIPALES DECISIONES Y ACTUACIONES DE LA ADMINISTRACIÓN CONCURSAL

4.1 ACTUACIONES EN RELACIÓN CON LA ACTIVIDAD DEL DEUDOR

4.1.1 Efectos de la declaración del concurso sobre la actividad del deudor

Según dispone el Auto de declaración de concurso de fecha…………, el deudor tiene suspendidas el ejercicio de las facultades de administración y disposición sobre su patrimonio siendo éstas sustituidas por esta Administración Concursal.

4.1.2 El estado de la actividad del deudor

En el momento de iniciar sus actuaciones esta Administración Concursal, la concursada había cesado la actividad empresarial propia de su objeto social.

4.2 ACTUACIONES PROPIAS DE LA ADMINISTRACIÓN CONCURSAL

4.2.1 Procedimientos de sustitución de la sociedad

La Administración Concursal ha seguido los siguientes procedimientos en el proceso de sustitución de facultades de la Sociedad:

à Aceptación del cargo por el Administrador Concursal que suscribe la mercantil…………, en fecha…………, y posterior recogida de documentación y examen preliminar, citación del administrador de la empresa para primera reunión.

à Puesto de manifiesto al Administrador único de las obligaciones que tiene para cumplir con lo establecido en el T.R.L.C, mediante entrega de Memorando de Instrucciones para la sustitución de funciones de administración y disposición de los bienes y diligencia de constancia. La concursada ha dado cumplimiento al contenido de las instrucciones previstas en las diligencias transcritas.

→ Circularización a los acreedores a través de correo electrónico por parte de la Administración Concursal.

→ Intervención cuenta corriente para la gestión de los cobros y los pagos durante la tramitación del concurso en la entidad ....

→ Asistencia al Administrador único de la sociedad concursada.

→ Comprobaciones contables propias de la función del Administrador Concursal, con el fin de confeccionar el presente informe.

→ Demás actuaciones en beneficio del Concurso.

4.2.2 Procedimientos derivados del proceso

Escrito de honorarios

Mediante escrito presentado el ....2022 se solicita la fijación de los honorarios provisionales para la fase común. Por Auto de ....de 2022 se fija la cuantía de la retribución de la fase común.

Otros escritos

Mediante escrito de fecha ....de 2022 se solicitó ante este juzgado autorización de venta de bienes sobre ....al haber recibido oferta sobre los mismos, y no ser necesarios para su actividad, dado que ha cesado en esta, y se ha aperturado la fase de liquidación en el mismo auto de declaración de concurso. Mediante diligencia de ordenación de ....de 2022 se traslada la solicitud realizada a las partes personadas y a los trabajadores de la concursada, estando pendiente del transcurso de este traslado para que sea resuelta la solicitud.

5. MASA ACTIVA Y PASIVA

5.1 CRITERIOS UTILIZADOS EN LA DETERMINACIÓN DEL INVENTARIO DE LA MASA ACTIVA

La masa activa del concurso aparece definida en el T.R.L.C, como aquel conjunto de bienes y derechos integrados en el patrimonio del deudor a la fecha de declaración del concurso, conjunto patrimonial al que habrá que añadir, los que se adquieran con posterioridad y los que, como consecuencia del ejercicio de las acciones pertinentes, se reintegren en el mismo (artículo 192.1 del T.R.L.C.).

En definitiva, la masa activa del concurso la debemos identificar con el patrimonio del deudor, esto es, el conjunto de bienes, derechos y acciones pertenecientes al mismo, que es objeto de ejecución a favor del conjunto de los acreedores, denominados masa pasiva del concurso, a través del procedimiento de ejecución universal que supone el concurso, presidido por los principios de la comunidad de pérdidas y de la pars conditio creditorum, y sin perjuicio de la aplicación imperativa de las normas sobre preferencias y prelación en los cobros.

La determinación de los bienes y derechos que deben formar parte de la masa activa del concurso corresponde a la Administración Concursal. El inventario habrá de ser elaborado a la mayor brevedad posible, y tras la reforma introducida por Ley 16/2022 de 5 se septiembre, como aquel conjunto de bienes, contendrá relación y avalúo de los bienes y derechos del deudor integrados en la masa activa a la fecha de cierre, que será el día anterior al de emisión del informe, indicando además la valoración de los bienes y derechos en el momento de la solicitud de concurso, así como la variación habida entre ambos momentos.

De cada uno de los bienes y derechos relacionados en el inventario, se expresa su naturaleza, características, lugar en que se encuentran y, en su caso, datos de identificación registral, asimismo, se dejará constancia de los gravámenes, trabas y cargas que afecten a los mismos, con expresión de su naturaleza y los datos de identificación.

En cuanto al avalúo de cada uno de los bienes y derechos, se realizará con arreglo a su valor de mercado, teniendo en cuenta los derechos, gravámenes o cargas de naturaleza perpetua, temporal o redimible que directamente les afecten e influyan en su valor, así como las garantías reales y las trabas o embargos que garanticen o aseguren deudas no incluidas en la masa pasiva. En definitiva, se toma como parámetro el valor de mercado, si bien, deducidas las cargas y gravámenes que puedan afectar o incidir en su valor, no incluidas en la masa pasiva.

5.2 CRITERIOS UTILIZADOS EN LA DETERMINACIÓN DE LA MASA PASIVA

Para formar la Lista de Acreedores que requiere el artículo 293.1.2° del T.R.L.C., se ha seguido la siguiente metodología:

- Se ha enviado una circular a cada uno de los acreedores que aparecían en la lista presentada en la solicitud de concurso, interesando la aportación de los títulos o documentos justificativos del crédito, en el domicilio designado a tal efecto, o efectuando la comunicación por medios electrónicos de conformidad con lo establecido en los artículos 255 a 258 del T.R.L.C, dentro del plazo señalado en el número 5°, apartado 1, del artículo 28 del mismo texto legal.
- Se han elaborado diversos listados con las deudas de la sociedad, tanto las concursales como las deudas contra la masa, tras el análisis de la contabilidad de la concursada, la documentación obrante en autos y las comunicaciones de crédito realizadas por los acreedores.

El pasivo se ha obtenido a partir de:

Acreedores que han comunicado su crédito

Se ha realizado un estudio individualizado de todos y cada uno de los acreedores que han atendido el requerimiento de la Administración Concursal, enviando los documentos justificativos de sus créditos.

Acreedores que no han comunicado su crédito

Se ha realizado un estudio de los registros contables de la sociedad, comprobando que la existencia de dichas deudas se encontraba recogida contablemente.

Una vez analizada toda la documentación se ha procedido a la confección de los siguientes listados:

a) Listado de acreedores concursales: han sido clasificados de acuerdo con lo establecido en la Sección 3ª del T.R.L.C., artículos 269 a 281.

b) Anexos relativos a entidades financieras y públicas. Las características especiales de estos créditos aconsejan la inclusión de un detalle que relacione cada una de las partidas que los componen y la calificación otorgada a las mismas.

c) Listado de créditos contra la masa: se han considerado créditos contra la masa los establecidos en el artículo 242 del TRLC.

d) Listado de acreedores excluidos: corresponden en su mayoría a acreedores a los que se les ha pagado la deuda entre la fecha de solicitud de concurso y la fecha del auto del mismo y a regularizaciones contables fruto del análisis realizado.

5.3 DETERMINACIÓN DE LA MASA ACTIVA

En el Anexo 4 se presenta el desglose de la masa activa de la concursada al día anterior a la emisión del presente informe, así como la que se componía al día de la solicitud de concurso, indicando si alguno de los bienes o derechos hubiera dejado de pertenecer al concursado o hubiera variado de valor entre la fecha de la solicitud y el día inmediatamente anterior al de presentación del informe, así como la masa activa con el valor estimado por esta Administración Concursal.

Un resumen de la masa activa se muestra a continuación:

MASA ACTIVA
Inmovilizado intangible
Inmovilizado material
Deudores
Inversiones financieras a corto plazo
Tesorería
Total inventario de la masa activa

5.4 MASA PASIVA Y LISTA DE ACREEDORES

Según determina el artículo 251.1 del T.R.L.C. constituye la masa pasiva los créditos contra el deudor que conforme a la Ley no tengan consideración de créditos contra la masa. En base a esta definición, por exclusión respecto de los créditos contra la masa del artículo 242, en el inventario de la masa pasiva de la concursada se han incluido la totalidad de los créditos generados por el ejercicio de la actividad con anterioridad a la declaración del concurso.

Un resumen de la masa pasiva se muestra a continuación:

CRÉDITOS CONCURSALES
Créditos con Privilegio Especial
Créditos con Privilegio General art. 280.2º
Créditos con Privilegio General art. 280.4º
Créditos Ordinarios
Créditos Subordinados
Total créditos concursales
CRÉDITOS CONTINGENTES
Créditos contingentes
Total créditos contingentes
CRÉDITOS CONTRA LA MASA

Se adjuntan al presente Informe como anexos los siguientes listados:

Anexo 1. Listado de acreedores concursales

Anexo 1.1. Entidades financieras

ENTIDAD	CRÉDITOS CONCURSALES
	Crédito Ordinarios
	Créditos Subordinado
	Total créditos concursales
	Crédito Ordinario
	Crédito Subordinado
	Total créditos concursales
	Crédito Ordinario

Crédito Subordinado
Total créditos concursales
Crédito Ordinario
Crédito Subordinado
Total créditos concursales
Crédito Ordinario
Crédito Subordinado
Crédito Contingente Ordinario
Total créditos concursales
Total créditos contingentes
Crédito P. Especial
Total créditos concursales
Crédito Ordinario
Total créditos concursales
Crédito Ordinario
Crédito Subordinado
Total créditos concursales
Crédito Ordinario
Crédito Subordinado
Crédito Contingente Ordinario
Total créditos concursales
Total créditos contingentes
Crédito Ordinario
Crédito Subordinado
Total créditos concursales
Crédito Ordinario
Total créditos concursales
TOTAL ANEXO 1.1 ENTIDADES FINANCIERAS

CRÉDITOS CONCURSALES
Créditos P. Especial
Créditos Ordinarios
Créditos Subordinados
CRÉDITOS CONTINGENTES
Créditos contingentes Ordinarios

Anexo 1.2. Entidades públicas

ENTIDAD	CRÉDITOS CONCURSALES
	Crédito P. General 280.2°
	Crédito P. General 280.4°
	Crédito Ordinario
	Crédito Subordinado
	Total créditos concursales TGSS
	Crédito P. General 280.2°
	Crédito P. General 280.4°
	Crédito Ordinario
	Crédito Subordinado
	Total créditos concursales AEAT
	Crédito Subordinado
	Total créditos AGENCIA TRIBUTARIA...........
	Crédito P. Especial
	Crédito P. General 280.4°
	Crédito Ordinario
	Total créditos SUMA

TOTAL ANEXO 1.2 ENTIDADES PÚBLICAS
Créditos P. Especial
Créditos P. General 280.2°

Créditos P. General 280.4°
Créditos Ordinarios
Créditos Subordinado

Anexo 2. Listado de acreedores excluidos

Anexo 3. Listado de créditos contra la masa pendientes de pago

Anexo 4. Inventario de la masa activa

6. SITUACIÓN PATRIMONIAL Y CIRCUNSTANCIAS RELEVANTES PARA LA ULTERIOR TRAMITACIÓN DEL CONCURSO

6.1 EXPOSICIÓN MOTIVADA DE LA ADMINISTRACIÓN CONCURSAL ACERCA DE LA SITUACIÓN PATRIMONIAL DE LA DEUDORA

En base a los procedimientos y análisis realizados por esta Administración Concursal, tal y como establece el T.R.L.C., la situación de la concursada a la fecha de emisión de este informe sería la que se muestra a continuación:

MASA ACTIVA
Inmovilizado intangible
Inmovilizado material
Deudores
Inversiones financieras a corto plazo
Tesorería
MASA PASIVA
Créditos concursales
Créditos contra la masa
SITUACIÓN PATRIMONIAL (déficit)

CRÉDITOS CONTINGENTES

6.2 PROCEDIMIENTOS JUDICIALES EN CURSO QUE PUDIERAN AFECTAR AL PATRIMONIO DE LA ENTIDAD DEUDORA

A la fecha de redacción de este informe a esta Administración Concursal no le consta la existencia de procedimientos judiciales en curso, sin perjuicio de la existencia de procedimientos de los que no se haya tenido conocimiento.

6.3 CIRCUNSTANCIAS RELEVANTES PARA LA ULTERIOR TRAMITACIÓN DEL CONCURSO

Como hecho relevante para la tramitación del concurso debemos indicar el incremento sustancial que se producirá de los créditos contra la masa con motivo de las indemnizaciones que se devengarán con motivo de la extinción de los contratos de los más de cien trabajadores de la concursada.

6.4 ACCIONES PARA LA REINTEGRACIÓN DE LA MASA ACTIVA

Como parte integrante del trabajo destinado a la elaboración de este informe, se ha realizado un análisis de la documentación aportada por el deudor para detectar operaciones que pudieran ser susceptibles de dar origen al inicio de las acciones de reintegración reguladas por el Artículo 226 del T.R.L.C., iniciándose, en su caso, las que en un futuro puedan detectarse fruto de las actuaciones propias de la Administración Concursal.

7. DILIGENCIA DE CIERRE

Tal es el Informe General sobre el concurso de acreedores de........... que se presenta por la Administración Concursal a la consideración del Juzgado de lo Mercantil nº..........., y de los interesados, formulado con arreglo a los datos que hemos podido obtener tanto de la documentación que se nos ha facilitado por el Juzgado, por la concursada, como por terceros; haciendo constar expresamente la salvedad de posibles errores aritméticos o de apreciación y de los que por la posible aportación de otros datos técnicos, pudieran producir modificaciones en los criterios sustentados, en cuyo trabajo, la Administración Concursal que suscribe, ha puesto su mejor voluntad, buena fe, lealtad y conocimiento.

El Informe ha sido preparado exclusivamente para que surta los efectos en el procedimiento concursal voluntario ordinario nº..........., y por consiguiente no debe utilizarse para ninguna otra finalidad, sin la expresa autorización del Juzgado ante el que se emite, para dar cumplimiento a lo ordenado por el mismo en el auto de declaración del concurso.

En..........., a ....de...........2022

Fdo. ....

ADMINISTRACIÓN CONCURSAL

F555. INFORME DE LA ADMINISTRACIÓN CONCURSAL (II)

Normativa de aplicación: *Arts. 289 y ss. Real Decreto Legislativo 1/2020, de 5 de mayo, por el que se aprueba el texto refundido de la Ley Concursal*

INFORME

El presente informe es emitido por la Administración Concursal del concurso voluntario de la sociedad........... S.L. tramitado ante el Juzgado de lo Mercantil núm. .... de........... La administración concursal está integrada por Don..........., quien suscribe este informe de conformidad y a los efectos de lo dispuesto en los arts. 290, ss. y concordantes TRLC.

I.– ANTECEDENTES

A) Preliminar

Este informe se emite de conformidad y a los efectos de lo previsto en el art. 290, ss. y concordantes TRLC y, exclusivamente, con relación al concurso voluntario de..........., tramitado ante el Juzgado de lo Mercantil núm. .... de..........., procedimiento núm. .... Por tanto, el presente informe y su contenido, no puede ni debe destinarse, sea total o parcialmente, a cualquier otro destino o finalidad, ajena o distinta de la que deriva del art. 290 y ss. TRLC.

El contenido del informe y el estudio de la situación patrimonial de la concursada, viene referida a la fecha de declaración de concurso, lo que tuvo lugar el día........... de........... de..........., en virtud de auto de fecha........... de........... de........... del citado Juzgado de lo Mercantil núm. .... de........... Se excepciona lo anterior el inventario de la masa activa referido al día anterior a la emisión y firma de este informe de la administración concursal.

En la emisión del presente informe se han seguido los trámites previstos legalmente al efecto, ajustándose su contenido y estructura a los previsto en el TRLC, especialmente, sus arts. 292 y 293 TRLC. Ello sin perjuicio que en el informe hayan sido objeto de estudio otras cuestiones adicionales, a efectos de ofrecer una mejor y mayor información, y mejorar la comprensión de este informe.

B) Datos del concurso

El concurso origen del presente, se tramita en el Juzgado de lo Mercantil núm. .... de..........., procedimiento núm. de autos...........,.

El deudor concursado y solicitante del concurso es........... El concurso se solicito el día........... de........... de........... y fue declarado en fecha........... de........... de..........., mediante auto de tal fecha dictado por el Juzgado de lo Mercantil........... de........... El citado auto fue objeto de publicación en el BOE de fecha........... de........... de........... y en el Registro Publico Concursal ....

La concursada........... S.L., actúa en el antes citado procedimiento concursal, representada por la Procuradora de los Tribunales Doña........... y bajo la dirección letrada de Don..........., abogado del Ilustre Colegio de........... (núm. .... de colegiación).

C) Datos de la concursada

La sociedad concursada se denomina........... Su domicilio se halla en........... ...., calle..........., núm. .... Dotada de CIF...........

Desde su constitución, el órgano de administración de la compañía se halla conformado por un administrador único, ejerciendo en la actualidad tal cargo, Don..........., quien, por un plazo de........... años, fue designado al efecto por acuerdo de la Junta General Extraordinaria de la compañía celebrada el día........... de........... de..........., elevado a público mediante escritura autorizada por el notario de..........., Don..........., el día........... de........... de........... A fecha de hoy, no se tiene constancia de la existencia de otros administradores de la sociedad, de hecho o de derecho, distintos del mencionado Sr. .... Durante los dos años anteriores a la solicitud de concurso, tampoco se tiene constancia que, otra persona distinta del citado Don..........., haya ostentado y/o desempeñado la administración de la sociedad.

La sociedad nunca ha contado con Director General,

D) Nombramiento de Administradores concursales, expertos independientes y auxiliares delegados

En el auto de fecha...........de........... de........... de..........., mediante el cual se declaro el concurso voluntario de..........., fue designado como integrante de la administración concursal Don...........

Mediante auto de fecha..........., Don..........., fue designado auxiliar en quien delegar las siguientes funciones:...........

Finalmente y a efectos de..........., mediante auto de fecha........... de........... de........... se designó a los siguientes expertos independientes:........... El informe emitido y el detalle de los honorarios constan unidos en el inventario.

ALTERNATIVA: No se han designado expertos independientes ni auxiliares delegados.

E) Intervención o suspensión de facultades. Actuación de la concursada durante el procedimiento

En el auto de fecha........... de........... de........... se decretó la conservación por........... de las facultades de administración y disposición sobre la masa activa, pero el ejercicio de estas facultades quedó sometido a la intervención de la administración concursal, que puede autorizar o denegar la autorización según tenga por conveniente

A fecha de hoy, no consta la existencia de actuación alguna de la concursada que infrinja el régimen de intervención de facultades reseñado en el párrafo anterior, por lo que no se ha confirmado o convalidado ni impugnado acto alguno por tal motivo. Han seguido las instrucciones que, en presencia de su letrado Don..........., se les comunicaron en fecha........... de........... de........... Han colaborado activamente y de forma muy positiva, habiendo facilitado de forma ordenada y puntualmente la información y documentación contable, o de cualquier otra clase, que se le ha exigido.

F) Actuación de la concursada desde la solicitud de concurso hasta la declaración del mismo

Nos consta actuación alguna distinta de actos u operaciones relativas al tráfico ordinario y corriente de la empresa, de escasa cuantía la mayoría de ellos. A título de ejemplo, salarios, luz, agua, etc.

II.– ANÁLISIS DE LOS DATOS Y CIRCUNSTANCIAS DEL DEUDOR EXPRESADOS EN LA MEMORIA A QUE SE REFIERE EL ART. 7.1° TRLC

Conforme establece el art. 292.1° TRLC, entramos en el análisis de los datos y circunstancias expresados en la memoria expresiva de la historia económica y jurídica del deudor, de la actividad o actividades a que se haya dedicado durante los tres últimos años y de los establecimientos, oficinas y explotaciones de que sea titular, y de las causas del estado de insolvencia en que se encuentre. También la identidad de los socios, administradores o de los liquidadores, de los directores generales y, en su caso, del auditor de cuentas; si tiene admitidos valores admitidos a cotización en un centro de negociación, y si forma parte de un grupo de sociedades, enumerando las que estén integradas en este, con expresión de la identidad de la sociedad dominante.

A) Actividad mercantil de la concursada de los tres últimos ejercicios

La actividad de la empresa desde su constitución ha sido la promoción, compraventa por cuenta propia, parcelación y urbanización de terrenos; construcción compraventa por cuenta propia, arrendamiento y explotación por cualquier forma de todo género de edificios —excluyendo el arrendamiento financiero o leasing— bien en bloques completos o locales separados, pudiendo contratar con terceros cualquiera de los sistemas de construcción por contrata o administración.

B) Establecimientos, oficinas y explotaciones del deudor

La mercantil........... tiene su domicilio social en........... (...........), ..., número........... Ocupa tal inmueble, en virtud de contrato de arrendamiento suscrito, en fecha........... de........... de........... por la propietaria del mismo, Doña........... y........... En dicho local se halla el centro de intereses principales de la concursada.

No existen otros establecimientos, oficinas y/o explotaciones del deudor concursado.

C) Socios, administradores, apoderados y auditor de cuentas

Socios. Son socios de la compañía:

- Don..........., mayor de edad, soltero, vecino de..........., con domicilio en la calle..........., núm. .... y DNI/NIF........... Titular de........... participaciones sociales, núm. .... a..........., por un valor nominal de...........euros, que suponen el...........% del capital social.
- Don..........., mayor de edad, viudo, vecino de..........., con domicilio en la calle..........., núm. .... y DNI/NIF........... Titular de........... participaciones sociales, núm. .... a..........., por un valor nominal de...........euros, que suponen el...........% del capital social.

– Y Doña..........., mayor de edad, divorciada, vecino de..........., con domicilio en la calle..........., núm. .... y DNI/NIF........... Titular de........... participaciones sociales, núm. .... a..........., por un valor nominal de........... euros, que suponen el...........% del capital social.

Administradores. Como se dijo arriba, desde su constitución, el órgano de administración de........... se halla conformado por un administrador único, ejerciendo en la actualidad tal cargo, Don..........., quien, por un plazo de........... años, fue designado al efecto por acuerdo de la Junta General de la compañía celebrada el día........... de........... de..........., elevado a público mediante escritura autorizada por el notario de..........., Don..........., el día........... de........... de........... A fecha de hoy, no se tiene constancia de la existencia de otros administradores de la sociedad, de hecho o de derecho, distintos del mencionado Sr. .... Tampoco consta que, durante los dos años anteriores a la solicitud de concurso, otra persona distinta del citado Don........... haya ostentado y/o desempeñado la administración de la sociedad.

Y el auditor de cuentas de la sociedad es Don..........., mayor de edad, de nacionalidad..........., vecino de..........., con domicilio en calle........... núm. .... y DNI/NIF........... ROAC........... Designado para los ejercicios...........

De la documentación estudiada, no consta la existencia de apoderamiento alguno conferido por la sociedad a persona alguna, sea física o jurídica. Tampoco que la sociedad concursada haya tenido director general.

D) Historia jurídica de la sociedad

Según resulta de los libros y asientos del Registro Mercantil de la provincia de..........., la historia jurídica del deudor concursado es la que a continuación se desglosa, con transcripción de las correspondientes inscripciones registrales:...........

E) Historia económica

Según resulta de la memoria presentada por........... S.L. junto a su solicitud de concurso:

– .... es una sociedad creada el........... de........... de........... por los hoy actuales socios. La sociedad nace de la inquietud de dos empresarios del sector........... con anteriores experiencias en el sector de la promoción inmobiliaria que se plantea la necesidad de diversificar sus negocios.

– La empresa inicia la actividad con la adquisición de un suelo para uso residencial en la ciudad de........... sobre el que se construyeron a lo largo de los........... años de vida de la empresa........... viviendas aproximadamente.

– Como premisa básica se apostó por la diversificación en las inversiones y proyectos a desarrollar. Fruto de esta política ha sido la combinación de operaciones inmobiliarias que han abordado las distintas áreas que engloban este sector:

1. Se han desarrollado distintos complejos residenciales: "Promoción en........... con........... .... viviendas"; "Promoción........... en la ciudad de........... con........... viviendas"; "Promoción........... con........... viviendas en........... Ciudad"; "Promoción........... Fase........... con...........

viviendas en la ciudad de...........”; “Promoción........... Fase........... con........... viviendas en la ciudad de...........”; “Promoción........... con........... viviendas en la ciudad de...........”; “Promoción........... con........... viviendas pareadas en la ciudad de...........”.

2. Se han promocionado distintos complejos comerciales: “Conjunto comercial en la ciudad de...........”; “Edificio comercial en la ciudad de...........”; “Conjunto comercial en la ciudad de...........”; “Conjunto comercial en la ciudad de...........”; “Conjunto comercial en la ciudad de...........”; “Edificio comercial en la ciudad de...........”.

   De ellos parte se han ido vendiendo y el resto se han quedado en el activo generando renta en unos casos y en otros engrosando lo que es el patrimonio de la empresa.

3. Se ha adquirido suelo con calificación urbana residencial con el objeto de seguir promocionando viviendas.

4. Se ha adquirido suelo con calificación urbana comercial con el objeto de ampliar la línea de negocio de construcción y comercialización de locales comerciales.

5. Se ha comprado suelo con calificación de urbanizable a los efectos de tener reserva de suelo, de cara a su posterior desarrollo.

6 Se ha comprado suelo rústico con vistas a futuras expansiones de los planes generales de las ciudades siempre situados estratégicamente.

– Todo este plan de inversiones se ha llevado a cabo en un entorno de crédito fácil con unos tipos de interés baratos y un mercado inmobiliario con crecimientos elevados en cuanto a ventas y precios.

– Resultado de la política seguida es la situación actual en la que nos encontramos la cual se caracteriza por:

1. Un valor en inmuebles muy importante que excede con mucho el importe de la deuda actual. En particular nos encontramos con unas existencias de viviendas y locales comerciales muy importantes que nos están lastrando por el endeudamiento que nos obligan a mantener. No obstante, la diversificación en la tipología de inmuebles que poseemos nos permite ver con optimismo la materialización de los mismos en dinero de cara a hacer frente a nuestros acreedores.

2. Unos proyectos de desarrollo de suelo y nuevas edificaciones que por el momento debemos ralentizar hasta que la situación del mercado financiero e inmobiliario recuperen un cierto grado de normalidad.

3. Un elevado endeudamiento. Este presenta la particularidad de tener un vencimiento a corto plazo. En concreto en el ejercicio 2........... vencen........... millones.

– Todo lo anterior dentro de un entorno muy complejo caracterizado por dos circunstancias:

1. Una crisis financiera sin precedentes en donde los bancos no financian nada, (esto dificulta la venta) y además a los promotores nos tienen vetados presionándonos a la devolución de los créditos. Todo esto nos lleva en una situación kafkiana pues si no financian a nuestros compradores como va a ser posible llevar a cabo ventas y por ende devolverles el dinero.
2. Una crisis del sector inmobiliario en el que, contagiada por el ambiente de no haber dinero, la gente tiene la percepción de que mañana todo será más barato.

– La empresa en los tres últimos ejercicios se han caracterizado por:

1. El 2........... se caracterizó por una importante inversión en suelo urbanizable en........... y en suelo futurible en..........., al albor de la revisión del Plan General de........... El inicio de las obras de las........... viviendas de........... y la continuación de la obra de las........... pareadas todas ellas en........... También se inicio la obra del comercial de...........
2. El 2........... se materializó la compra del suelo de........... (........... mill.), que supuso una inversión importante pero que venía de un contrato privado del ejercicio 2........... No hubo más inversiones en el ejercicio. Se continuó la ejecución de las obras anteriores.
3. En el 2........... tan solo se llevó a cabo la compra de un suelo urbano por la materialización de un contrato privado firmado en el ejercicio 2........... Se finalizaron todas las obras en marcha en la ciudad de........... Se inició la promoción de........... viviendas en..........., que en la actualidad está en construcción. En cuanto a las ventas hay que decir que el ejercicio 2........... fue positivo en la venta de locales comerciales pero ya mostraba un agotamiento en lo que respecta a la venta de viviendas.

Expuesto lo anterior, se ha verificado por esta administración concursal los citados datos de la historia económica, con el resultado y conclusiones que a continuación se reseñarán. A efectos de realizar tal verificación, esta administración concursal ha tenido en cuenta el contenido de los libros y cuentas del deudor.

CONCLUSIÓN: Están justificados el contenido y datos de la historia económica del deudor.

OTRAS CONCLUSIONES:

- El ejercicio económico de la sociedad coincide con el año natural.
- Desde su constitución, la sociedad ha generado beneficios que por la Junta general de la sociedad fueron dotados a la constitución de reservas.
- Beneficios y patrimonios neto, ejercicios........... a...........

	Capital social	Reservas (computadas en conjunto)	Pérdidas y ganancias (beneficio o pérdida)	Patrimonio neto
....	....	....	....	....
....	....	....	....	....
....	....	....	....	....
....	....	....	....	....

– Ingresos de explotación, ejercicios............ a............:

	....	....	....	....	....
Ingresos de explotación	....	....	....	....	....

Nota: A partir del ejercicio............, los ingresos empiezan a disminuir paulatinamente, pasando de............ (año............) a............ (año............).

– Fondo de maniobra:

	....	....	....	....	....
Activo Circulante (en conjunto)	....	....	....	....	....
Pasivo Circulante (en conjunto)	....	....	....	....	....
Ratio de liquidez corriente	....	....	....	....	....

– Activo circulante y existencias:

	....	....	....	....	....
Activo circulante (en conjunto)	....	....	....	....	....
Existencias (en conjunto)	....	....	....	....	....
ac-existencias	....	....	....	....	....
Pasivo Circulante (en conjunto)	....	....	....	....	....
Ratio tesorería	....	....	....	....	....

De las cifras examinadas, puede concluirse que para atender sus obligaciones a corto deben realizar sus existencias, esto es, incrementar las ventas.

– Ratio de endeudamiento:

	....	....	....	....	....
Acreedores a largo plazo (conjunto)	....	....	....	....	....
Acreedores a corto plazo (conjunto)	....	....	....	....	....
Recursos ajenos	....	....	....	....	....

Recursos propios	....	....	....	....	....
Ratio de endeudamiento	....	....	....	....	....

CONCLUSIÓN: Se ha acudido, a la hora de financiar la actividad de la concursada, los recursos ajenos más que los propios, que no han crecido en la misma proporción.

– Deuda:

	....	....	....	....	....
Deuda (en conjunto)	....	....	....	....	....
Pasivo Total	....	....	....	....	....
Ratio deuda sobre el total del pasivo	...........%	...........%	...........%	...........%	...........%

– Deuda a corto plazo:

	....	....	....	....	....
Deuda a corto plazo (en conjunto)	....	....	....	....	....
Total de la deuda	....	....	....	....	....
Porcentaje de la deuda a corto plazo respecto la total deuda	...........%	...........%	...........%	...........%	...........%

Es mayor el porcentaje de la deuda a corto plazo que el de la a largo plazo.

– Ratio de garantía:

	....	....	....	....	....
Activo fijo (en conjunto)	....	....	....	....	....
Existencias (en conjunto)	....	....	....	....	....
Total deuda	....	....	....	....	....
Ratio de garantía	....	....	....	....	....

Hay suficientes activos para hacer frente y atender a los recursos ajenos.

– De todo lo expuesto, es evidente que la concursada necesita realizar activos y existencias, mediante su venta, a efectos de obtener ingresos, y, por tanto, liquidez para atender sus obligaciones de pago a corto. Ello en un momento en el que el mercado inmobiliario se ha hundido y las entidades de crédito no conceden financiación a las empresas del sector y se muestran a renegociar los compromisos de pago de éstas.

F) Exposición de las causas del estado actual de insolvencia en que se halla...........

Según puede leerse en la memoria presentada por la concursada, son causas del estado actual de insolvencia en que se halla:

- Importante crisis que está afectando principalmente al sector inmobiliario.
- Dificultad para obtener financiación por parte de las entidades financieras.
- Disminución en las ventas de pisos, lo que está provocando un aumento en el stock de viviendas, y en consecuencia una ralentización en la construcción de las mismas.
- Paralización de tramitaciones urbanísticas de terrenos de la sociedad, así como ausencia de potenciales compradores de suelo desarrollado o a desarrollar.

De la lectura de la documentación presentada por la concursada, y el análisis de la información económica y contable de..........., especialmente, de sus libros de contabilidad, esta administración concursal entiende que, sin perjuicio que pudiese existir otras, son correctas y constan debidamente justificadas, las causas del estado en que se halla la concursada, reseñada en la memoria acompañada por........... a su solicitud de concurso.

H) Grupo de sociedades. Participación en otras sociedades.

Tal y como se indica en la memoria y hasta donde ha podido comprobar esta administración concursal, la concursada no forma parte de ningún grupo de sociedades. Ello sin perjuicio que detente una participación financiera en la siguiente sociedad anónima:

.... acciones de la sociedad..........., que suponen el...........% de su capital social. La citada compañía se dedica a...........

I) Valores admitidos a cotización

La mercantil concursada no tiene admitidos sus valores a cotización en mercado secundario oficial.

III.– ESTADO DE LA CONTABILIDAD.

A) La sociedad está obligada a la llevanza de contabilidad, obligación esta que ha cumplido desde su constitución y sin que se formule reparo alguno sobre ello por esta administración concursal.

B) La contabilidad del ejercicio........... es correcta y registra todas las operaciones llevadas a cabo por la concursada durante dicho ejercicio.

C) Las cuentas anuales de la sociedad correspondientes a los ejercicios........... fueron formuladas el..........., esto es, dentro del plazo. Las correspondientes al ejercicio lo fueron una vez declarada........... S.L. en estado de concurso voluntario, en plazo y bajo la supervisión de esta administración concursal.

Las citadas cuentas anuales fueron aprobadas...........

El depósito de las cuentas anuales se hizo, en plazo, en las siguientes fechas...........

D) Durante el ejercicio ...., la sociedad venía obligada a someter sus cuentas anuales a verificación por auditor

Los informes de auditoría fueron realizados por...........

El resultado del informe fue:........... (opinión favorable/con reservas/se deniega la opinión).

E) Libros contables

Ejercicio social........... consta de un único libro debidamente encuadernado, utilizado por una sola cara, que comprende el Libro Diario compuesto por un total de........... folios, y el Libro de Inventario y Cuentas Anuales compuesto por........... folios, legalizado ante el Registro Mercantil de la provincia de........... el........... de........... de 2..........., esto es, dentro del plazo legalmente establecido.

....

Los libros de contabilidad examinados cumplen todos los requisitos legalmente exigibles. No presentan tachaduras ni raspados. No han sido alterados.

F) Libro de actas y de socios

Igualmente, la sociedad lleva un libro de actas (legalizado el........... de........... de...........) y un libro registro de socios (legalizado el día........... de........... de...........)

En el libro de actas se hallan todas transcritas todas las actas de las que tiene conocimiento esta administración concursal o resultan de las escrituras sociales y el Registro Mercantil.

El citado libro de actas y el libro registro de socios cumplen todos los requisitos y exigencias legalmente exigidos. No presentan tachaduras ni raspados. No han sido alterados.

G) Cambios significativos operados en el patrimonio con posterioridad a las últimas cuentas

Según resulta de la memoria acompañada al efecto por la concursada:...........

Esta administración concursal ha comprobado la existencia de tales cambios y no le consta ningún otro.

H) Estados financieros intermedios

La sociedad no está obligada a presentar estados financieros intermedios pues...........

I) Cuentas anuales e informe de gestión consolidados

Dado que la sociedad concursada no forma parte de grupo de sociedades, ni formula, ni viene obligado a formular cuentas anuales e informe de gestión consolidados.

IV.– MEMORIA DE LAS PRINCIPALES DECISIONES Y ACTUACIONES DE LA ADMINISTRACIÓN CONCURSAL

A) Como se dijo arriba, en el presente concurso se acordó la intervención de las facultades del deudor concursado. A fecha de hoy, no consta la existencia de actuación alguna de la concursada que infrinja el régimen de intervención de facultades reseñado en el párrafo anterior, por lo que no se ha confirmado ni impugnado acto alguno por tal motivo.

B) La sociedad........... no ha cesado en su actividad empresarial y comercial, que ha continuado con la intervención de esta administración concursal.

C) Esta administración concursal ha intervenido los cobros y pagos, así como el resto de operaciones inherentes a la actividad empresarial de la concursada.

Las decisiones y los acuerdos adoptados, que no eran de trámite o gestión ordinaria se han consignado por escrito y firmados, especialmente, para la redacción del presente informe y sus anexos.

D) La administración concursal se constituyó el día........... de........... de..........., fecha en que se aceptó el cargo. Las principales decisiones y actuaciones llevadas a cabo en el proceso desde tal momento han sido:

- Análisis de la situación económico-financiera de...........
- Circularización a los acreedores obligada por el artículo 252 TRLC.
- Informe dirigido al Juzgado con relación a la solicitud de la concursadas de autorización de venta de determinados activos de........... a la mercantil...........
- Solicitud dirigida al Juzgado para el nombramiento de expertos independientes para........... ....
- Solicitud dirigida al Juzgado para el nombramiento de expertos independientes para........... ....
- Solicitud dirigida al Juzgado para el nombramiento de expertos independientes para........... ....
- Solicitud dirigida al Juzgado instando la concesión de prórroga del plazo para la emisión del Informe.
- Remisión de las comunicaciones electrónicas anteriores a la presentación del presente informe a las que se refiere el art. 289 TRLC.

V.– MASA ACTIVA Y PASIVA

A) Criterios utilizados en la determinación del inventario de la masa activa

Esta Administración Concursal ha realizado los siguientes trabajos para determinar la masa activa de la concursada a fecha de presentación del Informe...........

Exposición de los criterios de valoración:

- Marcas y patentes

Se ha procedido a realizar el ajuste correspondiente para eliminar de la masa activa de la concursada esta partida puesto que no tiene valor de realización.

- Terrenos y construcciones

La valoración de esta partida se ha realizado a través de los expertos independientes Don........... y Don..........., designados a tal fin por el Juzgado de lo Mercantil núm. .... de........... (auto de fecha........... de........... de...........)

– Otras instalaciones y mobiliario

En este epígrafe la sociedad tiene contabilizadas instalaciones tales como........... Valoración: valor de adquisición disminuido en la depreciación sufrida por su funcionamiento, uso y disfrute y el paso del tiempo.

– Equipos proceso informático

En esta partida la sociedad tiene contabilizados los equipos informáticos.......... ...., que se encuentran en las oficinas de la misma. Valoración: valor de adquisición (precio por el que la sociedad lo adquirió) disminuido en la depreciación sufrida por su funcionamiento, uso y disfrute y el paso del tiempo.

– Elementos de transporte

En esta partida la sociedad tiene contabilizados........... Valoración: valor de adquisición (precio por el que la sociedad lo adquirió) disminuido en la depreciación sufrida por su funcionamiento, uso y disfrute y paso del tiempo.

– Otro inmovilizado material

La sociedad tiene contabilizados........... Valoración: valor de adquisición (precio por el que la sociedad lo adquirió) descontando la depreciación sufrida por su funcionamiento, use y disfrute y paso del tiempo.

– Otros créditos

En esta partida la sociedad tiene contabilizado un préstamo concedido a la sociedad........... en el Banco...........

– Depósitos y fianzas constituidos a largo plazo

En esta partida la sociedad tiene contabilizadas una seria de fianzas constituidas con y........... para...........

– Existencias

La valoración de esta partida se ha realizado a través de los peritos, D........... y Don........... Adjuntamos al presente, Informe de peritación de dichos bienes.

Comentarios:...........

– Clientes

Se ha realizado un seguimiento de los saldos de clientes desde la fecha de declaración de concurso hasta la fecha de cierre utilizada para la valoración de la masa activa en busca de posible morosidad. Hemos comprobado que los clientes existentes han ido pagando su deuda con la concursada, quedando por cobrar los que se han incluido en la masa activa a........... de........... de...........

– Administraciones públicas

Recoge debidamente contabilizados los importes deudores con la Hacienda Pública por IVA a compensar, por IVA soportado y por retenciones y pagos a cuenta.

– Otros créditos

Recoge un crédito concedido a la mercantil............ que ha sido cobrado en septiembre del ejercicio 2............

Se ha procedido al ajuste correspondiente para su eliminación de la masa activa al haber sido recuperado durante la tramitación del concurso.

– Fianzas y depósitos constituidos a corto plazo

En este epígrafe la sociedad tiene contabilizadas fianzas constituidas a corto plazo por valor de............€.

– Tesorería

Corresponde al saldo que existe en a cuenta bancaria intervenida por la administración concursal y de la que es titular............ en el banco............

Se acompaña como ANEXO inventario de bienes y derechos.

B) Criterios utilizados en la determinación de la masa pasiva

A efectos de formar la lista de acreedores, esta Administración concursal ha realizado las siguientes actuaciones: circularización a que se refiere el art. 252 TRLC, en los términos de dicho artículo y partiendo de la lista acompañada a su solicitud por la concursada; listados de deudas de la sociedad, distinguiendo a) concursales como b) contra la masa y c) listado de créditos excluidos (la mayoría, por pago entre la fecha de solicitud de concurso y la de declaración del mismo). Igualmente se han seguido los siguientes criterios y procedimientos............

C) Determinación de la masa activa

La masa activa presentada por la concursada a............ de............ de............ y la estimada por la Administración Concursal es la siguiente que resulta de los cuadros que se transcriben a continuación:

MARCAS Y PATENTES

TERRENOS Y CONSTRUCCIONES

OTRAS INSTALACIONES Y MOBILIARIO

EQUIPOS PROCESO INFORMACIÓN

ELEMENTOS DE TRANSPORTE

OTRO INMOVILIZADO MATERIAL

ANTICIPOS PARA INMOVILIZACIONES MATERIALES

CARTERA DE VALORES A LARGO PLAZO

OTROS CRÉDITOS

DEPÓSITOS Y FIANZAS CONSTITUIDOS A LARGO PLAZO

EXISTENCIAS

CLIENTES

ADMINISTRACIONES PÚBLICAS

CARTERA DE VALORES A CORTO PLAZO

OTROS CRÉDITOS

FIANZAS Y DEPÓSITOS CONSTITUIDOS A CORTO PLAZO

D) Masa pasiva y lista de acreedores

Un resumen de la masa pasiva se muestra a continuación:…………

Se adjunta al presente Informe como anexo, el listado de acreedores de la concursada

E) Valoración de empresa y unidades productivas

Se acompaña como ANEXO una valoración de la empresa en su conjunto y de las unidades productivas que la integran, con determinación del perímetro de cada unidad, bajo la hipótesis de continuidad de las operaciones y liquidación. De la misma resultan, de forma resumida, los siguientes parámetros:

* Continuidad de las operaciones:

A.– Valor de la empresa:…………euros.

B.– Valor unidades productivas: (identificar y desglosar):…………euros.

* liquidación:

A.– Valor de la empresa:…………euros.

B.– Valor unidades productivas: (identificar y desglosar):…………euros.

VI.– SITUACIÓN PATRIMONIAL DEL CONCURSADO

A) Exposición motivada de la Administración Concursal acerca de la situación patrimonial del CONCURSADO Y DATOS Y CIRCUNSTANCIAS RELEVANTES PARA LA TRAMITACION DEL CONCURSO.

La situación patrimonial de la deudora, a fecha de la emisión del presente informe es la siguiente:

…………

B) Datos y Circunstancias relevantes para la ulterior tramitación del concurso

En el concurso se han producido las circunstancias y hechos que a continuación se reseñarán y que estimamos relevantes para la ulterior tramitación del concurso voluntar o de…………

– Enajenación de bienes de la concursada.

En fecha………… de………… de…………, por el banco………… se cursó oferta de compra de determinados inmuebles, en los términos de dicha solicitud. Tal oferta fue comunicada al Juzgado por la concursada, quien manifestó su voluntad de aceptarla y solicitó autorización para la venta. La administración concursal informó favorablemente tal solicitud y solicitó autorización para tal venta, que fue concedida mediante auto de fecha........... de........... de........... La venta se llevo a cabo mediante escritura de fecha........... de........... de........... otorgada ante el notario de..........., Don...........

En fecha........... de........... de..........., por el banco........... se cursó oferta de dación de pago de determinados inmuebles, recibida del referido acreedor privilegiado, en los términos de dicha solicitud. Tal oferta fue comunicada al Juzgado por la administración concursal, con el consentimiento del acreedor privilegiado, manifestando la concursada su voluntad de aceptarla, y solicitó autorización para la dación. Por los acreedores .... se informó favorablemente tal solicitud. Por este Juzgado no se ha otorgado, a fecha de hoy, la citada autorización.

....

– PLEITOS CONTRA LA CONCURSADA.

.... ha sido demandada en los siguientes procedimientos judiciales:

Procedimiento Juicio Ordinario, Autos nº........... que se sigue en el Juzgado de Primera Instancia nº........... de........... Demanda de ejecución de títulos judiciales, nº........... Juzgado de...........1ª Instancia de........... y nº...........

Demandante:...........

Codemandados...........

Pretensión:...........

SITUACIÓN PROCESAL: La demandante ha obtenido sentencia..........., presentada ejecución de sentencia firme, la actora ha desistido respecto de..........., habida cuenta su situación concursal.

ACCIÓN DE........... DE LA FINCA Nº REGISTRAL........... DEL REGISTRO DE........... Nº........... INTERPUESTA POR D...........

Procedimiento: Juicio Ordinario, Autos nº........... que se siguen en el Juzgado de Primera instancia nº........... de........... Recurso de..........., Rollo nº........... seguido en la Sección........... de la Audiencia........... de...........

Demandante:...........

Pretensión:...........

SITUACIÓN PROCESAL: Recaída Sentencia en primera instancia con estimación de la demanda, se interpuso contra la misma recurso de apelación ante la estando pendiente de recaer de sentencia en la Audiencia........... de...........

Procedimiento: Juicio Ordinario, Autos nº..........., seguido en el Juzgado de 1ª Instancia........... de...........

Demandante:...........

Pretensión: Resolución del contrato de........... suscrito el día........... de........... de 2........... y devolución de las cantidades entregadas a cuenta del precio ascendente a...........euros, más la suma de...........euros de intereses en concepto de intereses devengados y otros...........euros fijados provisionalmente como indemnización por daños y perjuicios causados........... formuló contestó a la demanda y formuló demanda reconvencional solicitando se declare el incumplimiento del contrato referido y se condene a la actora a pagar la suma de...........euros confirmando la retención de dicha suma sobre las cantidades ya percibidas por la demandada.

Situación procesal: El pasado día........... de mes........... y año........... se notificó la Sentencia recaída en la instancia que estima únicamente la resolución del contrato de compraventa. Contra dicha Sentencia se ha interpuesto recurso de apelación por parte de la representación de...........

Procedimiento: Juicio Ordinario, Autos nº..........., seguido en el Juzgado de........... Instancia........... de........... Ejecución títulos judiciales, autos...........

Demandante:...........

Pretensión: Resolución del contrato de........... suscrito el día........... de........... de 2........... y devolución de las cantidades entregadas a cuenta del precio ascendentes a...........euros, más...........€ de intereses.

Situación procesal: Se ha solicitado la paralización de la ejecución insta por la actora...........

– RECURSOS Y RECLAMACIONES ECONÓMICO ADMINISTRATIVAS.

PROMOCIÓN........... Se ha interpuesto recurso de reposición contra la plusvalía liquidada con base en que se ha reducido el valor catastral del inmueble. Está pendiente de resolverse en citado recurso, que tiene una cuantía de...........euros.

TERRENO........... EN........... Expediente TP..........., complementaria ITP. Se ha presentado recurso de reposición, que tiene una cuantía de...........euros, sin que haya sido resuelto hasta la fecha.

PROMOCIÓN........... DE........... Expediente..........., complementaria segregación, local..........., ... Se ha presentado ante el TEAR reclamación económica administrativa con cuantía de...........euros.

PROMOCIÓN........... Se ha solicitado la devolución del IBI de 2........... por ingresos indebidos ascendentes a...........euros. Está pendiente de recaer resolución administrativa.

PROMOCIÓN........... Se han presentado recursos contra la valoración catastral y reclamando la devolución del IBI, sin que se hayan resuelto hasta la fecha.

– ACCIONES A EJERCITAR POR LA CONCURSADA.

Por esta administración concursal, tras el estudio y análisis de la información suministrada por..........., la situación patrimonial de esta sociedad y la viabilidad del correspondiente proceso, se considera que deberían ejercitarse las acciones que a continuación se reseñan:

ACCIÓN REIVINDICATORIA, respecto de parte de la finca registral nº........... del Registro Nº........... de........... propiedad de la concursada, que ha sido vallada parcialmente por Doña...........

ACCIÓN DE RESOLUCIÓN, del contrato de compraventa de diversas parcelas suscrito entre la concursada y........... el día........... de........... de 2..........., por incumplimiento de ésta, y DEVOLUCIÓN de las cantidades entregadas a cuenta POR IMPORTE DE...........euros, de los que........... corresponden a IVA.

– ACCIONES DE REINTEGRACIÓN.

Del examen de la información y documentación comunicada por..........., esta administración concursal entiende que no procede el ejercicio de acciones de reintegración alguna al no darse los presupuestos y circunstancias que legitiman tal ejercicio.

ALTERNATIVA: Que procede el ejercicio de la acción rescisoria concursal contra..........., a tal efecto se indica:

La viabilidad de la acción es evidente a la vista de..........., existiendo los siguientes riesgos:...........

El coste del ejercicio de la acción es aprox. de........... Cabría la posibilidad de financiación de las actuaciones judiciales pues...........

Y para que así conste, se emite el presente informe por la Administración Concursal del concurso voluntario ordinario de la sociedad........... S.L. tramitado ante el Juzgado de lo Mercantil núm. .... de........... Ello de conformidad y a los efectos de lo dispuesto los arts. 290 ss. y concordantes TRLC y sin perjuicio de los errores aritméticos o involuntarios en que se pudiese haber incurrido. También de los eventuales cambios que pudiesen producir en el presente informe a la vista de datos desconocidos por la Administración concursal al tiempo de emitir el presente.

Se reitera que este informe se emite de conformidad y a los efectos de lo previsto en el art. 290 y ss. TRLC y exclusivamente, con relación al concurso voluntario ordinario de..........., tramitado ante el Juzgado de lo Mercantil núm. .... de..........., procedimiento núm. .... Por tanto, el presente informe y su contenido, no puede ni debe destinarse, sea total o parcialmente, a cualquier otro destino o finalidad, ajena o distinta de la que deriva del art. 290 TRLC.

En..........., a........... de........... de...........

Don...........

Administración concursal...........

F556. LISTA DE ACREEDORES

ANEXO 1. Listado de Acreedores

Nº	ACREEDOR	CAUSAS	ORIGEN	VTO.	LITIGIO	GARANTÍAS	Comunicado	NOTAS	P.ESPECIAL	P.GENERAL art. 280.1	P.GENERAL art. 280.2	P.GENERAL art. 280.3	ORDINARIO	SUBORD.	TOTAL	CONTINGENTE
							COMUNICACIÓN Y RECONOCIMIENTO		NATURALEZA DEL CRÉDITO							
1		ANEXO 1.2 ENTIDADES PÚBLICAS														
2		ANEXO 1.2 ENTIDADES PÚBLICAS														
3	S.L.	Semillas hortícolas.	Deuda pendiente.	Vencido	No instado	NO	NO	Crédito no comunicado y obtenido de la contabilidad de la deudora.								
4	S.L.	Auditoría y certificación agroalimentaria.	Factura 2022.	Vencido	No instado	NO	SI	Crédito comunicado y reconocido por idéntico importe y calificación.								
5	S.L.	Productos fitosanitarios.	Factura 2021 + gastos devolución.	Vencido	No instado	NO	SI	Crédito comunicado y reconocido por idéntico importe y calificación.								
6	S.L.	Maquinaria agrícola.	Deuda pendiente.	Vencido	No instado	NO	SI	Crédito comunicado y reconocido por idéntico importe al solicitado. No solicita calificación.								
7	S.L.U.	Arrendamiento maquinaria.	Facturas 2021 y 2022.	Vencido	No instado	NO	SI	Crédito comunicado y reconocido por idéntico importe y calificación.								
8	S.L.	Productos agroquímicos.	Facturas 2021.	Vencido	No instado	NO	SI	Crédito comunicado y reconocido por idéntico importe y calificación.								
9	S.L.	Frutas y hortalizas.	Facturas 2021 - NA fras rectificativas.	Vencido	No instado	NO	SI	Crédito comunicado y reconocido por idéntico importe al solicitado. No solicita calificación.								
10	S.L.U.	Agroclor.	Deuda pendiente.	Vencido	No instado	NO	NO	Crédito no comunicado y obtenido de la contabilidad de la deudora.								
11	S.L.	Productos químicos.	Facturas 2021 + gastos devolución.	Vencido	No instado	NO	SI	Crédito comunicado y reconocido por distinto importe al solicitado. Descontamos de la deuda reclamada por el acreedor, una factura de abono que éste no ha tenido en cuenta. Misma calificación.								
12	S.A.	ANEXO 1.1 ENTIDADES FINANCIERAS														
13	S.A.	ANEXO 1.1 ENTIDADES FINANCIERAS														
14	S.A.	ANEXO 1.1 ENTIDADES FINANCIERAS														
15	S.A.	ANEXO 1.1 ENTIDADES FINANCIERAS														
16		ANEXO 1.1 ENTIDADES FINANCIERAS														
17	S.A.	ANEXO 1.1 ENTIDADES FINANCIERAS														
18		ANEXO 1.1 ENTIDADES FINANCIERAS														
19	S.L.	Embalaje.	Facturas 2021.	Vencido	No instado	NO	SI	Crédito comunicado y reconocido por idéntico importe y calificación.								
20	S.L.	Centro de reciclaje.	Facturas 2021.	Vencido	No instado	NO	SI	Crédito comunicado y reconocido por idéntico importe y calificación.								
21	S.L.	Gestión de agua.	Deuda pendiente.	Vencido	No instado	NO	NO	Crédito no comunicado y obtenido de la contabilidad de la deudora.								
22	S.A.	Peaje.	Deuda pendiente.	Vencido	No instado	NO	NO	Crédito no comunicado y obtenido de la contabilidad de la deudora.								
23	S.L.	Impresión etiquetas.	Deuda pendiente.	Vencido	No instado	NO	NO	Crédito no comunicado y obtenido de la contabilidad de la deudora.								
24	S.L.U.	Alquiler contenedores.	Facturas 2021.	Vencido	No instado	NO	SI	Crédito comunicado y reconocido por idéntico importe al solicitado. No solicita calificación.								
25		Servicios agrícolas.	Facturas 2021.	Vencido	No instado	NO	SI	Crédito comunicado y reconocido por idéntico importe y calificación.								
26	S.A.	Ferretería industrial.	Deuda pendiente.	Vencido	No instado	NO	NO	Crédito no comunicado y obtenido de la contabilidad de la deudora.								
27	S.L.	Agroplásticos para agricultura.	Facturas 2021.	Vencido	No instado	NO	SI	Crédito comunicado y reconocido por idéntico importe y calificación.								
28	S.L.	Trabajo temporal.	Facturas 2021 - NA fras rectificativas.	Vencido	No instado	NO	SI	Crédito comunicado y reconocido por idéntico importe y calificación.								
29		Empresa de software.	Factura 2022.	Vencido	No instado	NO	SI	Crédito comunicado y reconocido por idéntico importe al solicitado. No solicita calificación.								
30	S.L.	Pintura decorativa.	Factura 2021.	Vencido	No instado	NO	SI	Crédito comunicado y reconocido por idéntico importe al solicitado. No solicita calificación.								
31		ANEXO 1.2 ENTIDADES PÚBLICAS														
32	S.L.	Embalaje.	Deuda pendiente.	Vencido	No instado	NO	NO	Crédito no comunicado y obtenido de la contabilidad de la deudora.								
33	S.L.	Servicios.	Deuda pendiente.	Vencido	No instado	NO	NO	Crédito no comunicado y obtenido de la contabilidad de la deudora.								
34	S.L.	Fertilizantes.	Factura 2021.	Vencido	No instado	NO	SI	Crédito comunicado y reconocido por idéntico importe y calificación.								
35	S.L.	Cuchillería.	Deuda pendiente.	Vencido	No instado	NO	NO	Crédito no comunicado y obtenido de la contabilidad de la deudora.								
36	S.L.U.	Frutas y hortalizas.	Deuda pendiente.	Vencido	No instado	NO	NO	Crédito no comunicado y obtenido de la contabilidad de la deudora.								
37	S.L.	Inmobiliaria.	Deuda pendiente.	Vencido	No instado	NO	NO	Crédito no comunicado y obtenido de la contabilidad de la deudora.								
38	S.L.	Electricidad.	Deuda pendiente.	Vencido	No instado	NO	NO	Crédito no comunicado y obtenido de la contabilidad de la deudora.								
39	S.L.	Electricidad.	Deuda pendiente.	Vencido	No instado	NO	NO	Crédito no comunicado y obtenido de la contabilidad de la deudora.								
40	S.L.U.	Semillas hortícolas.	Facturas 2021.	Vencido	No instado	NO	SI	Crédito comunicado y reconocido por idéntico importe al solicitado. No solicita calificación.								
41	S.A.	Fertilizantes.	Deuda pendiente.	Vencido	No instado	NO	NO	Crédito no comunicado y obtenido de la contabilidad de la deudora.								
42	S.L.	Comercio al por mayor de vehículos.	Deuda pendiente.	Vencido	No instado	NO	NO	Crédito no comunicado y obtenido de la contabilidad de la deudora.								
43	S.A.	Semillas hortícolas.	Deuda pendiente.	Vencido	No instado	NO	NO	Crédito no comunicado y obtenido de la contabilidad de la deudora.								
44	S.L.	Economía social.	Facturas 2021.	Vencido	No instado	NO	SI	Crédito comunicado y reconocido por idéntico importe y calificación.								
45	S.L.	Injertos hortícolas.	Facturas 2021.	Vencido	No instado	NO	SI	Crédito comunicado y reconocido por idéntico importe y calificación.								
46	S.A.	Transporte.	Deuda pendiente.	Vencido	No instado	NO	NO	Crédito no comunicado y obtenido de la contabilidad de la deudora.								
47	S.A.	Semillas.	Facturas 2021.	Vencido	No instado	NO	SI	Crédito comunicado y reconocido por idéntico importe y calificación.								
48		Frutas y hortalizas.	Deuda pendiente.	Vencido	No instado	NO	NO	Crédito no comunicado y obtenido de la contabilidad de la deudora.								
49		ANEXO 1.1 ENTIDADES FINANCIERAS														
50	S.L.	Ropa de trabajo.	Facturas 2021.	Vencido	No instado	NO	SI	Crédito comunicado y reconocido por idéntico importe al solicitado. No solicita calificación.								
51	S.A.	Ingeniero industrial.	Facturas 2021.	Vencido	No instado	NO	SI	Crédito comunicado y reconocido por idéntico importe y calificación.								
52	S.L.	Embalaje.	Facturas 2021.	Vencido	No instado	NO	SI	Crédito comunicado y reconocido por idéntico importe y calificación.								
53	INSTITUTO DE CRÉDITO OFICIAL (ICO) - MINISTERIO ASUNTOS ECONÓMICOS	ANEXO 1.1 ENTIDADES FINANCIERAS														
54	S.L.	Sistemas seguridad.	Facturas 2021.	Vencido	No instado	NO	SI	Crédito comunicado y reconocido por idéntico importe y calificación.								
55	S.L.	Construcción cubiertas.	Deuda pendiente.	Vencido	No instado	NO	NO	Crédito no comunicado y obtenido de la contabilidad de la deudora.								
56	S.L.	Transporte.	Deuda pendiente.	Vencido	No instado	NO	NO	Crédito no comunicado y obtenido de la contabilidad de la deudora.								
57	S.L.	Cooperativa agropecuaria.	Deuda pendiente.	Vencido	No instado	NO	NO	Crédito no comunicado y obtenido de la contabilidad de la deudora.								
58	S.L.U.	Carretillas elevadoras.	Deuda pendiente.	Vencido	No instado	NO	NO	Crédito no comunicado y obtenido de la contabilidad de la deudora.								
59	S.L.	Empresa del grupo.	Facturas 2020, 2021 y 2022.	Vencido	No instado	NO	SI	Crédito comunicado y reconocido por idéntico importe pero distinta calificación, al tener la consideración de crédito concursal por haberse generado con anterioridad a la fecha de declaración de concurso. Se califica como crédito Subordinado al tratarse de una empresa especialmente relacionada con la concursada, tal y como se indica en el art. 283.[illegible] del TRLC.								
60	S.L.	Servicios analíticos.	Factura 2022.	Vencido	No instado	NO	SI	Crédito comunicado y reconocido por idéntico importe y calificación.								
61	S.A.	ANEXO 1.1 ENTIDADES FINANCIERAS														
62	S.L.	Servicios de limpieza.	Deuda pendiente.	Vencido	No instado	NO	NO	Crédito no comunicado y obtenido de la contabilidad de la deudora.								
63		Arrendamiento GALLUTES.	Alquiler 2022.	Vencido	No instado	NO	SI	Crédito comunicado y reconocido por idéntico importe pero distinta calificación, al tratarse de un crédito generado con anterioridad a la fecha de declaración de concurso.								
64		Arrendamiento GALLUTES.	Alquiler 2022.	Vencido	No instado	NO	SI	Crédito comunicado y reconocido por idéntico importe pero distinta calificación, al tratarse de un crédito generado con anterioridad a la fecha de declaración de concurso.								

65	S.L.	Arrendamiento GALLUTES	Alquiler 2022	Vencido	No instado	NO	SI	Crédito comunicado y reconocido por idéntico importe pero distinta calificación, al tratarse de un crédito generado con anterioridad a la fecha de declaración de concurso.								
66	S.L.	Arrendamiento GALLUTES	Alquiler 2022	Vencido	No instado	NO	SI	Crédito comunicado y reconocido por idéntico importe pero distinta calificación, al tratarse de un crédito generado con anterioridad a la fecha de declaración de concurso.								
67	S.L.	Arrendamiento GALLUTES	Alquiler 2022	Vencido	No instado	NO	SI	Crédito comunicado y reconocido por idéntico importe pero distinta calificación, al tratarse de un crédito generado con anterioridad a la fecha de declaración de concurso.								
68	S.L.	Arrendamiento GALLUTES	Alquiler 2022	Vencido	No instado	NO	SI	Crédito comunicado y reconocido por idéntico importe pero distinta calificación, al tratarse de un crédito generado con anterioridad a la fecha de declaración de concurso.								
69	S.L.	Cultivo de tierra	Deuda pendiente	Vencido	No instado	NO	NO	Crédito no comunicado y obtenido de la contabilidad de la deudora.								
70	S.A.	Alquiler maquinaria	Deuda pendiente	Vencido	No instado	NO	NO	Crédito no comunicado y obtenido de la contabilidad de la deudora.								
71	S.L.	Maquinaria industrial	Deuda pendiente	Vencido	No instado	NO	NO	Crédito no comunicado y obtenido de la contabilidad de la deudora.								
72	S.L.	Maquinaria agrícola	Facturas 2021	Vencido	No instado	NO	SI	Crédito comunicado y reconocido por idéntico importe al solicitado. No solicita calificación.								
73	S.A.	Equipos agrícolas	Facturas 2021	Vencido	No instado	NO	SI	Crédito comunicado y reconocido por idéntico importe y calificación.								
74	S.L.	Fertilizantes	Facturas 2021	Vencido	No instado	NO	SI	Crédito comunicado y reconocido por idéntico importe al solicitado. No solicita calificación.								
75	S.L.U.	Arrendamiento maquinaria	Facturas 2021	Vencido	No instado	NO	SI	Crédito comunicado y reconocido por idéntico importe y calificación.								
76		Organización de productores	Subvenciones	Vencido	No instado	NO	SI	Crédito comunicado y reconocido por idéntico importe al solicitado. No solicita calificación.								
77	S.L.	Consultora informática	Deuda pendiente	Vencido	No instado	NO	NO	Crédito no comunicado y obtenido de la contabilidad de la deudora.								
78	S.L.	Gestión de residuos	Facturas 2021 y 2022	Vencido	No instado	NO	SI	Crédito comunicado y reconocido por idéntico importe al solicitado. No solicita calificación.								
79	S.L.	Venta y recogida de palets	Factura 2021	Vencido	No instado	NO	SI	Crédito comunicado y reconocido por idéntico importe al solicitado. No solicita calificación.								
80	S.L.	Fabricación de plástico	Deuda pendiente	Vencido	No instado	NO	NO	Crédito no comunicado y obtenido de la contabilidad de la deudora.								
81	S.L.	Construcción	Deuda pendiente	Vencido	No instado	NO	NO	Crédito no comunicado y obtenido de la contabilidad de la deudora.								
82	S.L.	Servicios técnicos ingeniería	Deuda pendiente	Vencido	No instado	NO	NO	Crédito no comunicado y obtenido de la contabilidad de la deudora.								
83	S.L.U.	Riesgos laborales	Facturas 2022	Vencido	No instado	NO	SI	Crédito comunicado y reconocido por idéntico importe y calificación.								
84	S.A.	Portal de empleo	Facturas 2021	Vencido	No instado	NO	SI	Crédito comunicado y reconocido por idéntico importe y calificación.								
85	S.L.	Carretillas elevadoras	Facturas 2021 - NA tras rectificativas	Vencido	No instado	NO	SI	Crédito comunicado y reconocido por idéntico importe y calificación.								
86	S.L.	Gestión de residuos	Factura 2022	Vencido	No instado	NO	SI	Crédito comunicado y reconocido por idéntico importe al solicitado. No solicita calificación.								
87	S.L.	Equipos agrícolas	Factura 2021	Vencido	No instado	NO	SI	Crédito comunicado y reconocido por idéntico importe al solicitado. No solicita calificación.								
88	S.A.	ANEXO 1.1 ENTIDADES FINANCIERAS														
89	S.L.	Fabricación de plástico	Facturas 2021	Vencido	No instado	NO	SI	Crédito comunicado y reconocido por idéntico importe al solicitado. No solicita calificación.								
90	S.L.	Empresa del grupo	Deuda pendiente	Vencido	No instado	NO	NO	Crédito no comunicado y obtenido de la contabilidad de la deudora.								
91	S.A.	Servicio seguridad	Deuda pendiente	Vencido	No instado	NO	NO	Crédito no comunicado y obtenido de la contabilidad de la deudora.								
92	S.A.	Semillas hortícolas	Deuda pendiente	Vencido	No instado	NO	NO	Crédito no comunicado y obtenido de la contabilidad de la deudora.								
93	S.L.	Semillas hortícolas	Deuda pendiente	Vencido	No instado	NO	NO	Crédito no comunicado y obtenido de la contabilidad de la deudora.								
94	S.L.	Papel y cartón	Deuda pendiente	Vencido	No instado	NO	NO	Crédito no comunicado y obtenido de la contabilidad de la deudora.								
95	S.A.	Embalajes	Facturas 2021 - NA tras rectificativas	Vencido	No instado	NO	SI	Crédito comunicado y reconocido por idéntico importe y calificación.								
96	S.L.	Ropa de trabajo	Deuda pendiente	Vencido	No instado	NO	NO	Crédito no comunicado y obtenido de la contabilidad de la deudora.								
97	S.L.	Servicios informáticos	Deuda pendiente	Vencido	No instado	NO	NO	Crédito no comunicado y obtenido de la contabilidad de la deudora.								
98	S.A.	Fabricación de plástico	Facturas 2021 + gastos devolución	Vencido	No instado	NO	SI	Crédito comunicado y reconocido por idéntico importe y calificación.								
99	S.L.	Suministros industriales	Facturas 2021	Vencido	No instado	NO	SI	Crédito comunicado y reconocido por idéntico importe al solicitado. No solicita calificación.								
100	S.A.	Tecnología al servicio del agricultor	Facturas 2020 y 2021	Vencido	No instado	NO	SI	Crédito comunicado y reconocido por idéntico importe y calificación.								
101	S.L.	Servicios agrícolas	Deuda pendiente	Vencido	No instado	NO	NO	Crédito no comunicado y obtenido de la contabilidad de la deudora.								
102	S.L.	ANEXO 1.2 ENTIDADES PÚBLICAS														
103		Servicio agrícola	Facturas 2021	Vencido	No instado	NO	SI	Crédito comunicado y reconocido por idéntico importe y calificación.								
104		Ingeniero agrónomo	Facturas - NA facturas rectificativas	Vencido	No instado	NO	SI	Crédito comunicado y reconocido por idéntico importe al solicitado. No solicita calificación.								
105		Ropa de trabajo	Factura 2021	Vencido	No instado	NO	SI	Crédito comunicado y reconocido por idéntico importe al solicitado. No solicita calificación.								
106		Frutas y hortalizas	Deuda pendiente	Vencido	No instado	NO	NO	Crédito no comunicado y obtenido de la contabilidad de la deudora.								
107		Semillas hortícolas	Factura 2021 - Intereses demora	Vencido	No instado	NO	SI	Crédito comunicado y reconocido por idéntico importe pero distinta calificación. Los intereses tienen la consideración de crédito Subordinado, tal y como se redacta en el art. 281.3 del TRLC.								
108		Cesión de personal	Facturas 2021	Vencido	No instado	NO	SI	Crédito comunicado y reconocido por idéntico importe y calificación.								
									0,00	0,00	0,00	0,00	0,00	0,00	0,00	0,00

(1) El Texto Refundido de la Ley Concursal establece para determinados créditos la calificación de contingente sin cuantía propia. A efectos meramente informativos se ha indicado en esta columna el importe máximo que podrá alcanzar el crédito contingente en caso de materializarse.

ANEXO 1.1 ENTIDADES FINANCIERAS

A) -----

CAUSAS	ORIGEN	Comunicación acreedor: Importe	Comunicación acreedor: Calificación	Reconocido A.C.: Importe	Reconocido A.C.: Calificación	Vencimiento	Litigio	Garantía
Póliza préstamo nº ----	Capital impagado + pdte vto	--------	Ordinario	--------	Ordinario	Vencido	No instado	NO
	Comisiones	--------		--------				
	Intereses ordinarios	--------		--------	Subordinado			
	Intereses demora	--------		--------				
Póliza crédito nº ----	Capital impagado + pdte vto	--------	Ordinario	--------	Ordinario	Vencido	No instado	NO
	Intereses ordinarios	--------		--------	Subordinado			
Póliza préstamo nº ----	Capital pdte amortizar	--------	Ordinario	--------	Ordinario	Vencido	No instado	NO
	Intereses vencidos pdtes	--------		--------	Subordinado			
	Capital vencido pdte	--------		--------	Ordinario			
	Intereses demora	--------		--------	Subordinado			
	Comisiones vencidas	--------		--------	Ordinario			
	TOTAL DEUDA	0,00 €		0,00 €				

COMUNICACIÓN Y RECONOCIMIENTO

Crédito comunicado y reconocido por idéntico importe pero distinta calificación. Los intereses tienen la consideración de crédito Subordinado, tal y como se redacta en el art. 281.3 del Texto Refundido de la Ley Concursal.

B) -----

CAUSAS	ORIGEN	Comunicación acreedor Importe	Comunicación acreedor Calificación	Reconocido A.C. Importe	Reconocido A.C. Calificación	Vencimiento	Litigio	Garantía
Póliza préstamo nº ----	Capital vencido + pdte vto	....	Ordinario	....	Ordinario	Vencido	No instado	NO
	Intereses nominales	....	Subordinado	....	Subordinado			
	Intereses demora	....		....				
Póliza crédito nº ----	Saldo dispuesto	....	Ordinario	....	Ordinario	Vencido	No instado	NO
	Liq. intereses	....	Subordinado	....	Subordinado			
Póliza préstamo nº ---- (como FIADOR)	Capital vencido + pdte vto	....	Ordinario	....	Ordinario	Vencido	No instado	NOTA 1
	Intereses nominales	....	Subordinado	....	Subordinado			
	Intereses demora	....		....				
Póliza crédito nº ---- (como FIADOR)	Saldo dispuesto	....	Ordinario	....	Ordinario	Vencido	No instado	NOTA 1
	Liq. intereses	....	Subordinado	....	Subordinado			
Póliza préstamo nº ----	Capital vencido + pdte vto	....	Ordinario	....	Ordinario	Vencido	No instado	NO
	Intereses nominales	....	Subordinado	....	Subordinado			
	Intereses demora	....		....				
Póliza Límite Anticipos Exportación nº ----	Principal impagado	....	Ordinario	....	Ordinario	Vencido	No instado	NO
	Intereses demora	....	Subordinado	....	Subordinado			
Póliza confirming nº ---- (como FIADOR)	Principal impagado	....	Ordinario	....	Ordinario	Vencido	No instado	NOTA 1
	Intereses demora	....	Subordinado	....	Subordinado			
	TOTAL DEUDA	0,00 €		0,00 €				

COMUNICACIÓN Y RECONOCIMIENTO

Crédito comunicado y reconocido por idéntico importe y calificación.

Titular: ...., S.L.	*NOTA 1*

C) -------

CAUSAS	ORIGEN	Comunicación acreedor Importe	Comunicación acreedor Calificación	Reconocido A.C. Importe	Reconocido A.C. Calificación	Vencimiento	Litigio	Garantía
Póliza préstamo garantía personal nº ----	Capital vencido e impagado	....	Ordinario	....	Ordinario	Vencido	No instado	NO
	Intereses remuneratorios	....	Subordinado	....	Subordinado			
	Intereses moratorios	....		....				
Contrato depósito a la vista nº ----	Saldo	....	Ordinario	....	Ordinario	Vencido	No instado	NO
	TOTAL DEUDA	0,00 €		0,00 €				

COMUNICACIÓN Y RECONOCIMIENTO

Crédito comunicado y reconocido por idéntico importe y calificación.

D) -------

CAUSAS	ORIGEN	Comunicación acreedor Importe	Comunicación acreedor Calificación	Reconocido A.C. Importe	Reconocido A.C. Calificación	Vencimiento	Litigio	Garantía
Póliza cuenta crédito nº ----	Saldo dispuesto	....	Ordinario	....	Ordinario	Vencido	No instado	NO
	Liquidación cta crédito	....	Subordinado	....	Subordinado			
	Liq. intereses	....		....				
Contrato crédito nº ----	Saldo dispuesto	....	Ordinario	....	Ordinario	Vencido	No instado	NO
	Liquidación cta crédito	....	Subordinado	....	Subordinado			
	Liq. intereses	....		....				
Póliza crédito nº ----	Capital vencido	....	Ordinario	....	Ordinario	Vencido	No instado	NO
	Intereses demora	....	Subordinado	....	Subordinado			
Contrato préstamo nº----	Capital + amortiz. impag.	....	Ordinario	....	Ordinario	Vencido	No instado	NO
	Intereses ordinarios	....	Subordinado	....	Subordinado			
	Intereses demora	....		....				
Contrato préstamo nº ----	Capital + amortiz. impag.	....	Ordinario	....	Ordinario	Vencido	No instado	NO
	Intereses ordinarios	....	Subordinado	....	Subordinado			
	Intereses demora	....		....				
Contrato operaciones bancarias nº ----	Nominal	....	Ordinario	....	Ordinario	Vencido	No instado	NO
	Intereses demora	....	Subordinado	....	Subordinado			
Contrato préstamo nº ----	Saldo	....	Ordinario	....	Ordinario	Vencido	NOTA 1	NO
	Intereses demora	....	Subordinado	....	Subordinado			
	TOTAL DEUDA	0,00 €		0,00 €				

COMUNICACIÓN Y RECONOCIMIENTO

Crédito comunicado y reconocido por idéntico importe y calificación.

Procedimiento Ejecución Dineraria Ordinaria del Juzgado de Primera Instancia de ------	*NOTA 1*

E) --------

CAUSAS	ORIGEN	Comunicación acreedor Importe	Comunicación acreedor Calificación	Reconocido A.C. Importe	Reconocido A.C. Calificación	Vencimiento	Litigio	Garantía
Póliza crédito nº -----	Principal	....	Ordinario	....	Ordinario	Vencido	No instado	NOTA 1
	Intereses / comisiones	....		....	Subordinado			
Contrato tarjeta nº -----	Saldo	....	Ordinario	....	Ordinario	Vencido	No instado	NO
Préstamo nº -----	Capital no vencido + cuotas impagadas	....	Ordinario	....	Ordinario	Vencido	No instado	NOTA 1
	Comisiones / gastos	....		....				
	Intereses ordinarios	....		....	Subordinado			
	Intereses demora	....		....				
Contrato tarjeta nº -----	Saldo	....	Ordinario	....	Ordinario	Vencido	No instado	NO
Contrato tarjeta nº -----	Saldo	....	Ordinario	....	Ordinario	Vencido	No instado	NO
Contrato tarjeta nº -----	Saldo	....	Ordinario	....	Ordinario	Vencido	No instado	NO
Contrato tarjeta nº -----	Saldo	....	Ordinario	....	Ordinario	Vencido	No instado	NO
Contrato tarjeta nº -----	Saldo	....	Ordinario	....	Ordinario	Vencido	No instado	NO
Contrato tarjeta nº -----	Saldo	....	Ordinario	....	Ordinario	Vencido	No instado	NO
Póliza op. bancarias nº ----	Aval	....	Contingente Ordinario	....	Contingente Ordinario	Vencido	No instado	NO
Contrato garantía aval nº ---- (como FIADOR)	Aval	....	Contingente Ordinario	....	Contingente Ordinario	Vencido	No instado	NOTA 2
Contrato garantía aval nº ------ (como FIADOR)	Aval	....	Contingente Ordinario	....	Contingente Ordinario	Vencido	No instado	NOTA 2
	TOTAL DEUDA	0,00 €		0,00 €				

COMUNICACIÓN Y RECONOCIMIENTO

Crédito comunicado y reconocido por idéntico importe pero distinta calificación. Los intereses tienen la consideración de crédito Subordinado, tal y como se redacta en el art. 281.3 del Texto Refundido de la Ley Concursal.

Fiador solidario: ------, S.L. — **NOTA 1**

Titular: --------, S.L. — **NOTA 2**

F) -------

CAUSAS	ORIGEN	Comunicación acreedor Importe	Comunicación acreedor Calificación	Reconocido A.C. Importe	Reconocido A.C. Calificación	Vencimiento	Litigio	Garantía
Contrato préstamo financiación nº 1421031	Deuda pendiente	....	P. Especial	....	P. Especial	Vencido	No instado	NOTA 1
	TOTAL DEUDA	0,00 €		0,00 €				

COMUNICACIÓN Y RECONOCIMIENTO

Crédito comunicado y reconocido por idéntico importe y calificación.

Vehículo: --- modelo --- (matrícula ----). — **NOTA 1**

G) ------

CAUSAS	ORIGEN	Comunicación acreedor Importe	Comunicación acreedor Calificación	Reconocido A.C. Importe	Reconocido A.C. Calificación	Vencimiento	Litigio	Garantía
Contrato alquiler vehículos	Facturas impagadas anteriores Auto	....	Ordinario	....	Ordinario	Vencido	No instado	NO
	IVA facturas rectificativas	....		....				
	Facturas impagadas posteriores Auto (NOTA 1)	....	Contra la masa	....	Contra la masa			
	TOTAL DEUDA	0,00 €		0,00 €				

COMUNICACIÓN Y RECONOCIMIENTO

Crédito comunicado y reconocido por idéntico importe y calificación.

Vehículo actualmente en posesión de la concursada: ----- (matrícula -----). — **NOTA 1**

H) ------

CAUSAS	ORIGEN	Comunicación acreedor Importe	Comunicación acreedor Calificación	Reconocido A.C. Importe	Reconocido A.C. Calificación	Vencimiento	Litigio	Garantía
Contrato confirming nº ----	Crédito impagado	....	Ordinario	....	Ordinario	Vencido	No instado	NO
	Intereses demora	....	Subordinado	....	Subordinado			
Contrato confirming nº ---- (como FIADOR)	Crédito impagado	....	Ordinario	....	Ordinario	Vencido	No instado	NOTA 1
	Intereses demora	....	Subordinado	....	Subordinado			
	TOTAL DEUDA	0,00 €		0,00 €				

COMUNICACIÓN Y RECONOCIMIENTO

Crédito comunicado y reconocido por idéntico importe y calificación.

Titular: -----, S.L. — **NOTA 1**

I) -----

CAUSAS	ORIGEN	Comunicación acreedor Importe	Comunicación acreedor Calificación	Reconocido A.C. Importe	Reconocido A.C. Calificación	Vencimiento	Litigio	Garantía
Póliza préstamo ICO garantía pymes nº ----	Capital	....	Ordinario	....	Ordinario	Vencido	No instado	NO
	Intereses	....	Subordinado	....	Subordinado			
Póliza crédito nº ----	Capital	....	Ordinario	....	Ordinario	Vencido	No instado	NO
	Intereses	....	Subordinado	....	Subordinado			
Póliza crédito nº ---- (como FIADOR)	Capital	....	Ordinario	....	Ordinario	Vencido	No instado	NOTA 1
	Intereses	....	Subordinado	....	Subordinado			
Póliza préstamo nº ---- (como FIADOR)	Capital	....	Ordinario	....	Ordinario	Vencido	No instado	NOTA 1
	Intereses	....	Subordinado	....	Subordinado			
Cuenta corriente nº ----	Capital	....	Ordinario	....	Ordinario	Vencido	No instado	NO
	Intereses y comisiones	....	Subordinado	....	Subordinado			
Cuenta corriente nº ----	Capital	....	Ordinario	....	Ordinario	Vencido	No instado	NO
	Intereses y comisiones	....	Subordinado	....	Subordinado			
Póliza contragarantía nº ----	Riesgo vivo (avales)	....	Contingente Ordinario	....	Contingente Ordinario	Vencido	No instado	NO
Póliza préstamo nº ----	Capital	....	Ordinario	....	Ordinario	Vencido	No instado	NO
	Intereses ordinarios	....	Subordinado	....	Subordinado			
	Intereses demora	....		....				
Póliza préstamo nº ----	Capital	....	Ordinario	....	Ordinario	Vencido	No instado	NO
	Intereses ordinarios	....	Subordinado	....	Subordinado			
	Intereses demora	....		....				
Póliza préstamo nº ---- (como FIADOR)	Capital	....	Ordinario	....	Ordinario	Vencido	No instado	NOTA 1
	Intereses ordinarios	....	Subordinado	....	Subordinado			
	Intereses demora	....		....				
	TOTAL DEUDA	0,00 €		0,00 €				

COMUNICACIÓN Y RECONOCIMIENTO

Crédito comunicado y reconocido por idéntico importe y calificación.

Titular: -----, S.L. ***NOTA 1***

J) ------

CAUSAS	ORIGEN	Comunicación acreedor Importe	Comunicación acreedor Calificación	Reconocido A.C. Importe	Reconocido A.C. Calificación	Vencimiento	Litigio	Garantía
Préstamo personal nº ----	Nominal	....	Ordinario	....	Ordinario	Vencido	No instado	NOTA 1
	Intereses ordinarios	....	Subordinado	....	Subordinado			
	Intereses demora	....		....				
	TOTAL DEUDA	0,00 €		0,00 €				

COMUNICACIÓN Y RECONOCIMIENTO

Crédito comunicado y reconocido por idéntico importe y calificación.

Aval: ------, S.L. ***NOTA 1***

K) -------

CAUSAS	ORIGEN	Comunicación acreedor Importe	Comunicación acreedor Calificación	Reconocido A.C. Importe	Reconocido A.C. Calificación	Vencimiento	Litigio	Garantía
----	Póliza ----	---	---	....	Ordinario	Vencido	No instado	NO
	Póliza ----	---	---	....				
----	Póliza ----	---	---	....	Ordinario	Vencido	No instado	NO
	Póliza ----	---	---	....				
	Póliza ----	---	---	....				
	Póliza ----	---	---	....				
-----	Póliza ----	---	---	....	Ordinario	Vencido	No instado	NO
	Póliza ----	---	---	....				
	Póliza ----	---	---	....				
	Póliza ----	---	---	....				
-----	Póliza ----	---	---	....	Ordinario	Vencido	No instado	NO
	Póliza ----	---	---	....				
------	Póliza ----	---	---	....	Ordinario	Vencido	No instado	NO
	Póliza ----	---	---	....				
	Póliza ----	---	---	....				
	Póliza ----	---	---	....				
------	Póliza ----	---	---	....	Ordinario	Vencido	No instado	NO
	TOTAL DEUDA	0,00 €		0,00 €				

COMUNICACIÓN Y RECONOCIMIENTO

Crédito no comunicado y obtenido de la comunicación de créditos de las entidades financieras.

ANEXO 1.2 ENTIDADES PÚBLICAS

A) TESORERÍA GENERAL SEGURIDAD SOCIAL

		Comunicación acreedor		Reconocido A.C.				
CAUSAS	ORIGEN	Importe	Calificación	Importe	Calificación	Vencimiento	Litigio	Garantía
Liquidaciones	Cuota obrera	....	P. General 280.2	....	P. General 280.2	Vencido	No instado	NO
	50% patronal	....	P. General 280.4	....	P. General 280.4			
	50% patronal	....	Ordinario	....	Ordinario			
	Recargo e intereses	....	Subordinado	....	Subordinado			
	Periodo 09/2022	....	Contra la masa	....	Contra la masa			
	TOTAL DEUDA	0,00 €		0,00 €				

Crédito comunicado y reconocido por idéntico importe y calificación.

B) AGENCIA ESTATAL ADMINISTRACIÓN TRIBUTARIA

		Comunicación acreedor		Reconocido A.C.				
CAUSAS	ORIGEN	Importe	Calificación	Importe	Calificación	Vencimiento	Litigio	Garantía
Tributos	IRPF Retenc Trab Pers	....	P. General 280.2	....	P. General 280.2	Vencido	No instado	NO
	50% IVA Autoliq	....	P. General 280.4	....	P. General 280.4			
	50% IVA Autoliq	....	Ordinario	....	Ordinario			
	Ingresos Rec. OEP 2022	....	Subordinado	....	Subordinado			
	50% IVA facturas rectificativas	....	---	....	P. General 280.4			
	50% IVA facturas rectificativas	....	---	....	Ordinario			
	TOTAL DEUDA	0,00 €		0,00 €				

Crédito comunicado y reconocido por distinto importe al solicitado. Hemos incluido el IVA de las facturas rectificativas emitidas por los siguientes acreedores: ---

C) AGENCIA TRIBUTARIA VALENCIANA

		Comunicación acreedor		Reconocido A.C.				
CAUSAS	ORIGEN	Importe	Calificación	Importe	Calificación	Vencimiento	Litigio	Garantía
Otros tributos	Sanciones	....	Subordinado	....	Subordinado	Vencido	No instado	NO
	TOTAL DEUDA	....		....				

Crédito comunicado y reconocido por idéntico importe y calificación.

D) SUMA (DIPUTACIÓN ALICANTE)

		Comunicación acreedor		Reconocido A.C.				
CAUSAS	ORIGEN	Importe	Calificación	Importe	Calificación	Vencimiento	Litigio	Garantía
Otros tributos	IBI	....	P. Especial	....	P. Especial	Vencido	No instado	NO
	50% IAE	....	P. General 280.4	....	P. General 280.4			
	50% IAE	....	Ordinario	....	Ordinario			
	TOTAL DEUDA	0,00 €		0,00 €				

Crédito comunicado y reconocido por idéntico importe y calificación.

F557. INVENTARIO

NOTA 1 **INMOVILIZADO INTANGIBLE**

La Sociedad contabiliza bajo este epígrafe los importes satisfechos por el derecho de uso de programas informáticos. Se exponen a continuación los elementos que se incluyen en este grupo, sus valores contables, el valor que la Sociedad otorga a los mismos en su inventario de bienes y derechos y, finalmente, el valor otorgado por la Administración Concursal.

Cuentas	Descripción	Valor Contable	Amortización Acumulada	Valor Neto Contable	Valor Inventario S/ Sociedad	Variaciones	Valor Inventario S/Administración Concursal art. 201 TRLC	Garantía	Cód	Ubicación
206	MICROSOFT WINDOWS 10 PROF 64 BITS	......	......	......	......	......	......	NO	1	...
206	MICROSOFT WINDOWS 10 PROF 64 BITS	......	......	......	......	......	......	NO	1	...
206	PERSONALIZACION VISION FRUIT - NAVISION	......	......	......	......	......	......	NO	1	...
206	PROG.MICROSOFT WINDOWS-OFFICE PROFES	......	......	......	......	......	......	NO	1	...
206	PROGRAM.A3NOM PLUS(NOMINAS.SEG.SOC..ETC)	......	......	......	......	......	......	NO	1	...
206	SOFTW.SERVIDOR,WINDOWS 7,OFFICE 2010	......	......	......	......	......	......	NO	1	...
206	MICROSOFT WINDOWS 7 PROFESIONAL (3)	......	......	......	......	......	......	NO	1	...
206	MICROSOFT WINDOWS 7/ROBERTO	......	......	......	......	......	......	NO	1	...
206	LICENCIA PROGRAMA COPIAS ACRONIS ARCHIVE	......	......	......	......	......	......	NO	1	...
206	MICROSOFT WINDOWS 7 - TECNICOS	......	......	......	......	......	......	NO	1	...
206	MICROSOFT WINDOWS 7 - ORD.ALMACEN ETIQ	......	......	......	......	......	......	NO	1	...
206	MICROSOFT WINDOWS 7 PROF.TALLER	......	......	......	......	......	......	NO	1	...
206	MICROSOFT WINDOWS 10 - TECNICOS MARIGEL	......	......	......	......	......	......	NO	1	...
206	MICROSOFT WINDOWS 10 - TALLER	......	......	......	......	......	......	NO	1	...
206	MICROSOFT WINDOWS 10 - NOEMI	......	......	......	......	......	......	NO	1	...
206	MICROSOFT WINDOWS 10 - AUX.COMERCIAL	......	......	......	......	......	......	NO	1	...
206	MICROSOFT WINDOWS 10/ALVARO	......	......	......	......	......	......	NO	1	...
206	WINDOWS 10 PROF.64 BITS (1)+INSTAL	......	......	......	......	......	......	NO	1	...
206	WINDOWS 10 PROF.64 BITS (2)+INSTAL	......	......	......	......	......	......	NO	1	...
1.1	TOTAL APLICACIONES INFORMÁTICAS	0,00	0,00	0,00	0,00	0,00	0,00			

CÓDIGO	Cod
Para su valoración se ha tenido en cuenta la naturaleza de los activos y el valor otorgado por la concursa en la solicitud de concurso, considerándolo ajustado al valor de mercado.	1

NOTA 2 **INMOVILIZADO MATERIAL**

Bajo este epígrafe la sociedad recoge los elementos de naturaleza tangible bienes e inmuebles valorados a precio de adquisición o al coste de producción. Resulta necesario señalar que el Nuevo Plan General de Contabilidad aprobado por R.D. de 16 de Noviembre de 2007 ha introducido una modificación a nivel de clasificación de cuentas en el Balance que afecta, en el caso que nos ocupa, a bienes inmuebles (Terrenos y Construcciones) que no son para su uso en la producción o para fines administrativos debiendose reclasificar dichos elementos dependiendo del uso futuro que se prevea, considerandose como "inmovilizaciones inmobiliarias" dentro del Inmovilizado a aquellos bienes inmuebles destinados para obtener rentas por alquiler, plusvalías o ambas y como "Activos no corrientes, antes denominado Activo Circulante", los bienes inmuebles (terrenos y construcciones u obra en curso) que esten disponibles para su venta. Esta Administración Concursal estima conveniente, al no tener este inventario de bienes y derechos que formula la Administración Concursal la consideración de Estado financiero contable, que para facilitar la comparabilidad con el inventario y Balances aportados por la Concursada, se evaluarán estos activos en los epígrafes que se exponen a continuación sin reclasificarlos a los nuevos Capítulos que el nuevo Plan General de Contabilidad contempla para este tipo de bienes. Se desglosan a continuación los terrenos y construcciones, otros inmovilizados materiales y las amortizaciones practicadas sobre estas cuentas de Inmovilizado Material.

Cuentas	Descripción	Valor Contable	Amortización Acumulada	Valor Neto Contable	Valor Inventario S/ Sociedad	Variaciones	Valor Inventario S/Administración Concursal art. 201 TRLC	Código
210 y 2011	Finca registral....						.....	1
210 y 2011	Finca registral....						.....	2
210 y 2011	Finca registral....	.....	.....	.....	.....	.....	.....	3
210 y 2011	Finca registral....						.....	4
210 y 2011	Finca registral....						.....	5
2.1	TOTAL TERRENOS Y CONSTRUCCIONES	0,00	0,00	0,00	0,00	0,00	0,00	

CÓDIGO	Cod
DESCRIPCIÓN: *RÚSTICA. Finca sita en término de ....., con una extensión superficial de .... m2.* **CARGAS:** *Libre de cargas* **VALORACIÓN:**	1
DESCRIPCIÓN: *URBANA. Parcela de terreno denominada ...., sita en el término de ...., con una extensión superficial de .... m2, destinada a zona industrial con carácter de bien patrimonial. Dentro de cuya cabida, ocupando una superficie de parcela de ..... m2, existe una nave, de planta baja. La nave tiene una superficie construida de ..... m2. El resto de parcela no edificado está destinado a zona de acceso y a patios descubiertos.* **CARGAS:** *Libre de cargas* **VALORACIÓN:** *Tasación realizada por la sociedad TASACIONES INMOBILIARIAS, S.A.U. (TINSA) en fecha 15 de diciembre de 2021.*	2
DESCRIPCIÓN: *URBANA. Parcela de terreno denominada ..... sita en el término de los .... con una extensión superficial de ..... m2, destinada a zona industrial con el carácter de bien patrimonial. Dentro de cuya cabida existen: ocupando una superficie de parcela de ..... m2, existe una nave ..... de planta baja, que tiene una superficie construida de .... m2; ocupando una superficie de parcela de ..... m2, existe una nave almacén agícola con una superficie construida de ..... m2; y ocupando una superficie de parcela de .... m2, existe una nave, de planta baja que tiene una superficie construida de ...m2. La superficie total de ocupación de las edificaciones es de .... m2; y la superficie total construida de las edificaciones es de .... m2. El resto de parcela no edificado está destinado a zona de acceso y a patios descubiertos.* **CARGAS:** *Libre de cargas* **VALORACIÓN:** *Tasación realizada por la sociedad ..... en fecha ... de .... de .....*	3
DESCRIPCIÓN: *URBANA. Parcela de terreno denominada ...., sita en el término de ...., con una extensión superficial de .... m2, destinada a zona industrial con el carácter de bien patrimonial. Dentro de cuya cabida existen: edificación para ..... y una ocupación de parcela de ..... m2; edificación para ..... y una ocupación de parcela de ....m2; y edificación auxiliar de ....m2 y una ocupación de la parcela de ....m2. La superficie total de ocupación de las edificaciones es de .... m2 y la superficie total construida de las edificaciones es de ..... m2. El resto de parcela no edificado está destinado a zona de acceso y a patios descubiertos.* **CARGAS:** *SERVIDUMBRE. Se constituye servidumbre personal de tenencia de uso, a favor de ...... S.A.U., o empresa sucesora en el suministro de energía que afectará a una porción de ..... m2, situada en su extremo norte, se destinará a la instalación de un centro de transformación eléctrica. El contenido de la servidumbre consistió en el derecho de establecer y mantener en funcionamiento permanente y reglamentario el centro de transformación de energía eléctrica, de una o más unidades, con su aparellaje. Esta servidumbre se extinguirá automáticamente en el momento que el transformador deje de ser utilizado por la compañía suministradora.* **VALORACIÓN:** *Tasación realizada por la sociedad ...., S.A.U. en fecha ... de .... de ....*	4
DESCRIPCIÓN: *URBANA. Parcela de terreno denominada ..., sita en el término de .... con una extensión superficial de .....m2, destinada a zona industrial con el carácter de bien patrimonial. Dentro de cuya cabida existen: .... Anexa a la misma existe un edificio destinado a ...... con una superficie construida de ... m2 y una ocupación de parcela de ..... m2. Una nave cerrada con una superficie construida de ..... m2 y una ocupación de parcela de .....m2. Y una nave cubierta y no cerrada lateralmente, con una superficie construida de ...m2 y una ocupación de parcela de ..... m2. La superficie total de ocupación de las edificaciones es de ..... m2 y la superficie total construida de las edificaciones es de ..... m2. El resto de parcela no edificado está destinado a zona de acceso y a patios descubiertos.* **CARGAS:** *SERVIDUMBRE. Se constituye una servidumbre personal de paso subterráneo de cables eléctricos, a favor de ...., S.A.U., afectando a una franja-pasillo de terreno de un metro de ancho y de una longitud total de .... m. que transcurrirá desde la calle por la que linda por el oeste, hasta el centro de transformación existente dentro de la parcela ..... dirección Oeste-Este. Esta servidumbre se extinguirá automáticamente en el momento en que el transformador de energía deje de ser utilizado por la compañía suministradora.* **VALORACIÓN:** *Tasación realizada por la sociedad ...... S.A.U. en fecha .... de .... de .....*	5

Cuentas	Descripción	Valor Contable	Amortización Acumulada	Valor Neto Contable	Valor Inventario S/ Sociedad	Variaciones	Valor Inventario S/Administración Concursal art. 201 TRLC	Garantía	Cód	Ubicación
212	INSTALACION WIFI	......	......	......	......	......	......	NO	1	–
212	AIRE ACONDICIONADO OFICINA CONTABILIDAD	......	......	......	......	......	......	NO	1	–
212	MEJORA Y AISLAMIENTO PUERTAS CAMARAS	......	......	......	......	......	......	NO	1	–
212	CAMARA FRIGORIFICA CAM-3	......	......	......	......	......	......	NO	1	–
212	CAMARA 95	......	......	......	......	......	......	NO	1	–
212	CAMARAS FRIGORIFICAS AMPL.96/97	......	......	......	......	......	......	NO	1	–
212	AIRE ACOND.OFIC.2ªPLANTA	......	......	......	......	......	......	NO	1	–
212	INST.AIRE ACOND.AMPLIAC.OFIC.2000	......	......	......	......	......	......	NO	1	–
212	PASTILLAS TOMA TEMPERATURA	......	......	......	......	......	......	NO	1	–
212	PASTILLAS TOMA TEMP.Y HUMEDAD	......	......	......	......	......	......	NO	1	–
212	4 LECTOR TEMPERATURA LOGGER DILIGENCE	......	......	......	......	......	......	NO	1	–
212	LECTOR TEMPERATURA LOGGER DILIGENCE	......	......	......	......	......	......	NO	1	–
212	LECTOR TEMPERATURA LOGGER DILIGENCE	......	......	......	......	......	......	NO	1	–
212	AIRE ACONDICIONADO OF.	......	......	......	......	......	......	NO	1	–
212	INSTALACION RED INFORMATICA	......	......	......	......	......	......	NO	1	–
212	INST.CONEXION REL+TALLER	......	......	......	......	......	......	NO	1	–
212	CENTRAL TELEFONO OFFICE	......	......	......	......	......	......	NO	1	–
212	REPARACION CAMARA FRIGORIFICA	......	......	......	......	......	......	NO	1	–
212	AIRE ACOND.DESPACHO GERENCIA	......	......	......	......	......	......	NO	1	–
212	REPARACION CAMARA FRIGORIFICA Nº 1	......	......	......	......	......	......	NO	1	–
212	REPARACION CAMARA FRIGORIFICA Nº 3	......	......	......	......	......	......	NO	1	–
212	AIRE ACONDICIONADO RECEPCION	......	......	......	......	......	......	NO	1	–
212	CORTINAS DE AIRE CAMARA 1 Y 2	......	......	......	......	......	......	NO	1	–
212	AIRE ACOND.DESP.COMERCIAL 2011	......	......	......	......	......	......	NO	1	–
212	ACOND.Y MEJORAS ALMACEN 2011	......	......	......	......	......	......	NO	1	–
212	INSTALAC.PANTALLAS LED CAMARAS FRIGORIF	......	......	......	......	......	......	NO	1	–
212	INSTALAC.NUEVA RED	......	......	......	......	......	......	NO	1	–
212	AMPLIAC.POTENC.RIEGO	......	......	......	......	......	......	NO	1	–
212	AIRE ACONDICIONADO OFIC.CALIDAD	......	......	......	......	......	......	NO	1	–
212	AIRE ACONDICIONADO OF.TECNICOS	......	......	......	......	......	......	NO	1	–

Cuentas	Descripción	Valor Contable	Amortización Acumulada	Valor Neto Contable	Valor Inventario S/ Sociedad	Variaciones	Valor Inventario S/Administración Concursal art. 201 TRLC	Garantía	Cód	Ubicación
212	PLATAF.MONITORIZ.TEMPERATURA CAMARAS	......	......	......	......	......	......	NO	1	–
212	PLATAF.MONITORIZ.TRANSFORM.ELECTRICOS	......	......	......	......	......	......	NO	1	–
212	AMPLIAC.POTENCIA CABEZAL T.FUERTES	......	......	......	......	......	......	NO	1	–
212	ALUMBRADO ALMACEN	......	......	......	......	......	......	NO	1	–
212	INSTAL.ILUMINACION EMERGENCIA	......	......	......	......	......	......	NO	1	–
212	KIT VIDEO PORTERO RECEPCION	......	......	......	......	......	......	NO	1	–
212	MEJORA RED INFORMATICA 2016	......	......	......	......	......	......	NO	1	–
212	AIRE ACOND.OFIC.PERSONAL 2018	......	......	......	......	......	......	NO	1	–
212	AIRE ACOND.OFICINA SALIDAS ALMACEN 2018	......	......	......	......	......	......	NO	1	–
212	AIRE ACOND.	......	......	......	......	......	......	NO	1	–
212	AIRE ACONDICIONADO DESP.	......	......	......	......	......	......	NO	1	–
2.2	TOTAL INSTALACIONES TÉCNICAS	0,00	0,00	0,00	0,00	0,00	0,00			

CÓDIGO	Cod
Para su valoración se ha tenido en cuenta la naturaleza de los activos y el valor otorgado por la concursa en la solicitud de concurso, considerándolo ajustado al valor de mercado.	1

Cuentas	Descripción	Valor Contable	Amortización Acumulada	Valor Neto Contable	Valor Inventario S/ Sociedad	Variaciones	Valor Inventario S/Administración Concursal art. 201 TRLC	Garantía	Cód	Ubicación
213	GRUPO MOTOBOMBA TURBOCAPRARI	......	......	......	......	......	......	NO	1	–
213	PULVERIZADOR SUSPENDIDO 1000L AGROSAN	......	......	......	......	......	......	NO	1	–
213	TRITURADORA CANCELA MOD. TJB-180	......	......	......	......	......	......	NO	1	–
213	MOTOR SUMERGIBLE CAPRARI MAC630/8 - LO MONTE	......	......	......	......	......	......	NO	1	–
213	CONFORMADORA- PREPARACION TIERRA SERIE 72649J	......	......	......	......	......	......	NO	1	–
213	HIDROLIMPIADORA STIHL RE 362 TRIFASICA	......	......	......	......	......	......	NO	1	–
213	MOTOR ELECTRICO DE 6" 440-660 V 2900 RPM 30CV	......	......	......	......	......	......	NO	1	–
213	MAQ.ALMACEN-RAMPAS HIDRAULICAS	......	......	......	......	......	......	NO	1	–
213	MOTORES RIEGO-MOTOBOMBA PERKINS 4203	......	......	......	......	......	......	NO	1	–

Cuentas	Descripción	Valor Contable	Amortización Acumulada	Valor Neto Contable	Valor Inventario S/ Sociedad	Variaciones	Valor Inventario S/Administración Concursal art. 201 TRLC	Garantía	Cód	Ubicación
213	MOTOR RIEGO BOMBA RP-7	......	......	......	......	#¡VALOR!	......	NO	1	–
213	RAMPAS HIDRAULICAS KRODE/97	......	......	......	......	#¡VALOR!	......	NO	1	–
213	2ª BASCULA (MOD.V.E. 2000 KGS.)	......	......	......	......	#¡VALOR!	......	NO	1	–
213	J.DEERE MU-04813-VE MOD.3130LS	......	......	......	......	#¡VALOR!	......	NO	1	–
213	J.DEERE AB-04489-VE MOD.2030	......	......	......	......	#¡VALOR!	......	NO	1	–
213	TRACTOR MU-36432-VE FIAT 7066	......	......	......	......	#¡VALOR!	......	NO	1	–
213	BOMBA DE RIEGO CAPRARI FRA.98/8512	......	......	......	......	#¡VALOR!	......	NO	1	–
213	2 BOMBAS RIEGO MEC-A3/125	......	......	......	......	#¡VALOR!	......	NO	1	–
213	MOTOR RIEGO BOMBA CAÑADA	......	......	......	......	#¡VALOR!	......	NO	1	–
213	BOMBA MOTOR CABEZAL RIEGO CAÑADA	......	......	......	......	#¡VALOR!	......	NO	1	–
213	BOMBA MOTOR CABEZAL RIEGO MARQUESA	......	......	......	......	#¡VALOR!	......	NO	1	–
213	BOMBA MOTOR RIEGO (DEP.EN TALLER)	......	......	......	......	#¡VALOR!	......	NO	1	–
213	MOTOR ELECTRICO 18,5 KW 380/660V B3 IP55	......	......	......	......	#¡VALOR!	......	NO	1	–
213	MOTOR USADO EBRO M-100 (DEP.TALLER)	......	......	......	......	#¡VALOR!	......	NO	1	–
213	MOTOR USADO EBRO M-100 (DEP.TALLER)	......	......	......	......	#¡VALOR!	......	NO	1	–
213	FLEJADORA PALET HORIZONTAL B411	......	......	......	......	#¡VALOR!	......	NO	1	–
213	BOMBA PARA MOTOR DE RIEGO	......	......	......	......	#¡VALOR!	......	NO	1	–
213	MOTOR DE RIEGO (TALLER)	......	......	......	......	#¡VALOR!	......	NO	1	–
213	MOTOR USADO EBRO 125 CON ACCESORIOS	......	......	......	......	#¡VALOR!	......	NO	1	–
213	BASCULA METTLER-TOLEDO	......	......	......	......	#¡VALOR!	......	NO	1	–
213	COMPRESOR ALUP VARIO TR15KW	......	......	......	......	#¡VALOR!	......	NO	1	–
213	INSTALAC.FOSO TALLER MECANICO	......	......	......	......	#¡VALOR!	......	NO	1	–
213	PRENSA TUBO HIDRAULICA	......	......	......	......	#¡VALOR!	......	NO	1	–
213	BASCULA BAXTRAN MOD.PTB 1500 KG	......	......	......	......	#¡VALOR!	......	NO	1	–
213	COMPRESOR 500L 380V TALLER MECANICO	......	......	......	......	#¡VALOR!	......	NO	1	–
213	GENERADOR OZONO SDK-6M	......	......	......	......	#¡VALOR!	......	NO	1	–
213	CALDERIN VERTICAL 500L	......	......	......	......	#¡VALOR!	......	NO	1	–
213	SECADOR FRIGORIFICO DGO-150 2500LT/MIN	......	......	......	......	#¡VALOR!	......	NO	1	–
213	COMPRESOR 20CV SCR VELOC.VARIABLE	......	......	......	......	#¡VALOR!	......	NO	1	–
213	HORMIGONERA 175 L.USADA	......	......	......	......	#¡VALOR!	......	NO	1	–

Cuentas	Descripción	Valor Contable	Amortización Acumulada	Valor Neto Contable	Valor Inventario S/ Sociedad	Variaciones	Valor Inventario S/Administración Concursal art. 201 TRLC	Garantía	Cód	Ubicación
213	FREGADORA ALMACEN KRON ZERO RB5	......	......	#¡VALOR!	......	#¡VALOR!	......	NO	1	–
213	FLEJADORA AUTOMATICA HORIZONTAL MOD.2903	......	......	#¡VALOR!	......	#¡VALOR!	......	NO	1	–
213	BASCULA 150X150 3000Kg MOD GRS 1913934	......	......	#¡VALOR!	......	#¡VALOR!	......	NO	1	–
2.3	TOTAL MAQUINARIA	0,00	0,00	#¡VALOR!	0,00	#¡VALOR!	0,00			

Cuentas	Descripción	Valor Contable	Amortización Acumulada	Valor Neto Contable	Valor Inventario S/ Sociedad	Variaciones	Valor Inventario S/Administración Concursal art. 201 TRLC	Garantía	Cód	Ubicación
214	GRADA ROTATIVA F201 300 R FORIGO	......	......	#¡VALOR!	......	#¡VALOR!	......	NO	1	–
214	RULO MARCADOR LECHUGA	......	......	#¡VALOR!	......	#¡VALOR!	......	NO	1	–
214	MAQUINA PLANTADORA MELON 1 LINEA/SOLDIVE TALLER	......	......	#¡VALOR!	......	#¡VALOR!	......	NO	1	–
214	MAQUINA PLANTADORA MELON 1 LINEA/SOLDIVE TALLER	......	......	#¡VALOR!	......	#¡VALOR!	......	NO	1	–
214	BINADORA 5 CUERPOS (F/678 L.LOPEZ MORENO	......	......	#¡VALOR!	......	#¡VALOR!	......	NO	1	–
214	BINADORA 5 CUERPOS F/578 L.LOPEZ MORENO	......	......	#¡VALOR!	......	#¡VALOR!	......	NO	1	–
214	MAQ.RECUP.PLASTICO MELON (2 MAQ.)	......	......	#¡VALOR!	......	#¡VALOR!	......	NO	1	–
214	CARGA PALETS CON GORRO (1)	......	......	#¡VALOR!	......	#¡VALOR!	......	NO	1	–
214	MAQ.SOLDAR 660MA2 (AQUA D'OC)	......	......	#¡VALOR!	......	#¡VALOR!	......	NO	1	–
214	CARGA PALETS MARCA FALG MOD.MONDIAL	......	......	#¡VALOR!	......	#¡VALOR!	......	NO	1	–
214	MAQ.DESLIAR CINTA (OUT LAYER) (1)	......	......	#¡VALOR!	......	#¡VALOR!	......	NO	1	–
214	MAQ.DESLIAR CINTA (OUT LAYER) (2)	......	......	#¡VALOR!	......	#¡VALOR!	......	NO	1	–
214	CROQUETTE MECANIQUE CM	......	......	#¡VALOR!	......	#¡VALOR!	......	NO	1	–
214	MOLDE PARA GORROS LECHUGAS	......	......	#¡VALOR!	......	#¡VALOR!	......	NO	1	–
214	MOLDE ASA CAJAS DE PLASTICO	......	......	#¡VALOR!	......	#¡VALOR!	......	NO	1	–
214	MOLDE CAJAS PLASTICO	......	......	#¡VALOR!	......	#¡VALOR!	......	NO	1	–
214	MOLDE CAJA PLASTICO 600X400X250	......	......	#¡VALOR!	......	#¡VALOR!	......	NO	1	–

Cuentas	Descripción	Valor Contable	Amortización Acumulada	Valor Neto Contable	Valor Inventario S/ Sociedad	Variaciones	Valor Inventario S/Administración Concursal art. 201 TRLC	Garantía	Cód	Ubicación
214	2ª MOLDE ASAS CAJAS PLASTICO	......	......	#¡VALOR!	......	#¡VALOR!	......	NO	1	–
214	MOLDE SOPORTE GORRO ESCAROLA	......	......	#¡VALOR!	......	#¡VALOR!	......	NO	1	–
214	CUBA FUMIGAR+EQUIPO DELANT.APOYO	......	......	#¡VALOR!	......	#¡VALOR!	......	NO	1	–
214	ELEVADOR HIDRAUL.MARCA SOLANO MOD.3200PE	......	......	#¡VALOR!	......	#¡VALOR!	......	NO	1	–
214	TREJILLA DE 2 MTS.	......	......	#¡VALOR!	......	#¡VALOR!	......	NO	1	–
214	FRESA ENTIERRAPIEDRAS G35-185	......	......	#¡VALOR!	......	#¡VALOR!	......	NO	1	–
214	RECOLETORA JEUNE POUSSE AUTRAN Nº 2	......	......	#¡VALOR!	......	#¡VALOR!	......	NO	1	–
214	MOTOSOLDADORA JARDINO MOD.ACHN 170	......	......	#¡VALOR!	......	#¡VALOR!	......	NO	1	–
214	FRESA ENTERRA-PIEDRAS G35-185	......	......	#¡VALOR!	......	#¡VALOR!	......	NO	1	–
214	MAQ.DESENROLLAR PLASTICO Y MANTA TERMICA	......	......	#¡VALOR!	......	#¡VALOR!	......	NO	1	–
214	FRESA ENTERRAPIEDRAS G35-185	......	......	#¡VALOR!	......	#¡VALOR!	......	NO	1	–
214	ABONADORA DOBLE DISCO KEVERNELAND	......	......	#¡VALOR!	......	#¡VALOR!	......	NO	1	–
214	GRADA ROTATIVA F132 300 FORIGO	......	......	#¡VALOR!	......	#¡VALOR!	......	NO	1	–
214	MAQ.ROMPECOSTRA RC2 170 - CROQUETTE	......	......	#¡VALOR!	......	#¡VALOR!	......	NO	1	–
214	CUBA FUMIGAR INVERNAD.J.POUSSE	......	......	#¡VALOR!	......	#¡VALOR!	......	NO	1	–
214	CULTIVADOR 9 BRAZOS+SUPLEMENTOS	......	......	#¡VALOR!	......	#¡VALOR!	......	NO	1	–
214	MAQ.CORTAR PEREJIL Y ESPINACA AUTRAN	......	......	#¡VALOR!	......	#¡VALOR!	......	NO	1	–
214	CUBA FUMIGAR SUSPENDIDO MICRON 600 L.	......	......	#¡VALOR!	......	#¡VALOR!	......	NO	1	–
214	TRANSPLANTADORA FERRARI FX MULTIPLA	......	......	#¡VALOR!	......	#¡VALOR!	......	NO	1	–
214	MAQ.CLAVAR POSTES MALLA	......	......	#¡VALOR!	......	#¡VALOR!	......	NO	1	–
214	TREJILLA GN 2 MTS.	......	......	#¡VALOR!	......	#¡VALOR!	......	NO	1	–
214	CUBA FUMIGAR INVERNAD.GALLUTES	......	......	#¡VALOR!	......	#¡VALOR!	......	NO	1	–
214	MAQUINA RECOGER HIDROPC 1	......	......	#¡VALOR!	......	#¡VALOR!	......	NO	1	–
214	CULTIVADOR 11 BRAZOS SOLDIVE 1	......	......	#¡VALOR!	......	#¡VALOR!	......	NO	1	–
214	MAQUINA RECOGER HIDROPC 2	......	......	#¡VALOR!	......	#¡VALOR!	......	NO	1	–
214	CULTIVADOR 6 LINEAS SEMAT	......	......	#¡VALOR!	......	#¡VALOR!	......	NO	1	–
214	BIDON FUMIGACION+ORDENADOR BRAVO 180	......	......	#¡VALOR!	......	#¡VALOR!	......	NO	1	–
214	ARADO CHISEL 7 BRAZOS 40X30	......	......	#¡VALOR!	......	#¡VALOR!	......	NO	1	–
214	TRANSPALETA ELEVADOR WINDOWS EWD3222	......	......	#¡VALOR!	......	#¡VALOR!	......	NO	1	–
214	ELEVADOR-TRASPALETA AGROSAN MOD.IB/3200	......	......	#¡VALOR!	......	#¡VALOR!	......	NO	1	–

Cuentas	Descripción	Valor Contable	Amortización Acumulada	Valor Neto Contable	Valor Inventario S/ Sociedad	Variaciones	Valor Inventario S/Administración Concursal art. 201 TRLC	Garantía	Cód	Ubicación
214	DESBROZADORA CADENAS 120 A	......	......	#¡VALOR!	......	#¡VALOR!	......	NO	1	–
214	CORTACESPED LTS 461H	......	......	#¡VALOR!	......	#¡VALOR!	......	NO	1	–
214	ROTOCULTIVADOR ENGUIX PARA TRACTOR	......	......	#¡VALOR!	......	#¡VALOR!	......	NO	1	–
214	PULV.SUSPENDIDO BARRAS RL POWER 1000L	......	......	#¡VALOR!	......	#¡VALOR!	......	NO	1	–
214	ELEVADOR HIDRAUL.AGRIMARBER	......	......	#¡VALOR!	......	#¡VALOR!	......	NO	1	–
2.4	TOTAL UTILLAJE	0,00	0,00	#¡VALOR!	0,00	#¡VALOR!	0,00			
	CÓDIGO								Cod	
	Para su valoración se ha tenido en cuenta la naturaleza de los activos y el valor otorgado por la concursa en la solicitud de concurso, considerándolo ajustado al valor de mercado.								1	

Cuentas	Descripción	Valor Contable	Amortización Acumulada	Valor Neto Contable	Valor Inventario S/ Sociedad	Variaciones	Valor Inventario S/Administración Concursal art. 201 TRLC	Garantía	Cód	Ubicación
215	INSTAL.RIEGO 2019	......	......	#¡VALOR!	......	#¡VALOR!	......	NO	1	–
215	SUSTITUCION CUBIERTAS INV. 2020	......	......	#¡VALOR!	......	#¡VALOR!	......	NO	1	–
215	INSTALACION CÁMARAS INSTALACIONES	......	......	#¡VALOR!	......	#¡VALOR!	......	NO	1	–
215	ACTUALIZACION ALARMAS OFICINAS	......	......	#¡VALOR!	......	#¡VALOR!	......	NO	1	–
215	ALIMENTADOR EXTERNO	......	......	#¡VALOR!	......	#¡VALOR!	......	NO	1	–
215	INSTALACION FILTRO AUTOMATICO CABEZAL	......	......	#¡VALOR!	......	#¡VALOR!	......	NO	1	–
215	ILUMINACION ALMACEN 2021	......	......	#¡VALOR!	......	#¡VALOR!	......	NO	1	–
215	INSTALACION BASCULA CAMARA	......	......	#¡VALOR!	......	#¡VALOR!	......	NO	1	–
215	INSTALACION RIEGO NUEVO PARCELA	......	......	#¡VALOR!	......	#¡VALOR!	......	NO	1	–
215	INST.RIEGO-AGROQ.MONT.REF.2/92	......	......	#¡VALOR!	......	#¡VALOR!	......	NO	1	–
215	INST.RIEGO REF.1/94	......	......	#¡VALOR!	......	#¡VALOR!	......	NO	1	–
215	INSTALACION ELECTRICA NAVE	......	......	#¡VALOR!	......	#¡VALOR!	......	NO	1	–
215	INST.VARIAS-EXTINTORES	......	......	#¡VALOR!	......	#¡VALOR!	......	NO	1	–
215	INSTALACIONES RIEGO 1995	......	......	#¡VALOR!	......	#¡VALOR!	......	NO	1	–
215	INSTAL.ELECTRICA AMPLIAC.NAVE 1995	......	......	#¡VALOR!	......	#¡VALOR!	......	NO	1	–

Cuentas	Descripción	Valor Contable	Amortización Acumulada	Valor Neto Contable	Valor Inventario S/ Sociedad	Variaciones	Valor Inventario S/Administración Concursal art. 201 TRLC	Garantía	Cód	Ubicación
215	INSTALACIONES RIEGO 1996	----	----	----	----	#¡VALOR!	----	NO	1	–
215	INSTAL.ELECT.AMPLIACION CAMARA/96	----	----	----	----	#¡VALOR!	----	NO	1	–
215	INSTAL.ELECTR.NAVE ENVASES	----	----	----	----	#¡VALOR!	----	NO	1	–
215	INST.LUMINOSO 2X5 M-VEGASERVIC	----	----	----	----	#¡VALOR!	----	NO	1	–
215	ASPERS.C/INCENDIOS NAVE ENVASES	----	----	----	----	#¡VALOR!	----	NO	1	–
215	INST.ELECTR.AMPL.OFIC./JUNTAS/PORCHE	----	----	----	----	#¡VALOR!	----	NO	1	–
215	EXTINTORES N.ENVASES-F/8288 AREO-FEU	----	----	----	----	#¡VALOR!	----	NO	1	–
215	ALARMA INCENDIOS NAVE ENVASES	----	----	----	----	#¡VALOR!	----	NO	1	–
215	INSTALAC.DEPOSITO SUMINISTRO DE GAS-OIL	----	----	----	----	#¡VALOR!	----	NO	1	–
215	INSTLAC.RIEGO ASPERSION(1998)	----	----	----	----	#¡VALOR!	----	NO	1	–
215	INSTALAC.GRUPO C.INCENDIOS(NAVE ENVASES)	----	----	----	----	#¡VALOR!	----	NO	1	–
215	INSTALAC.RIEGO FINCA BALSARES	----	----	----	----	#¡VALOR!	----	NO	1	–
215	SURTIDOR GASOIL AS FLOTA 1 (1)	----	----	----	----	#¡VALOR!	----	NO	1	–
215	SURTIDOR GASOIL AS FLOTA 1 (2)	----	----	----	----	#¡VALOR!	----	NO	1	–
215	8 RAMPAS HIDRAULICAS - F/20565 KRODE	----	----	----	----	#¡VALOR!	----	NO	1	–
215	INSTALAC.RIEGO CAÑADA (2.000)	----	----	----	----	#¡VALOR!	----	NO	1	–
215	TORRE POTABILIZADORA AGUA	----	----	----	----	#¡VALOR!	----	NO	1	–
215	INST.RIEGO CAMPAÑA 99/00	----	----	----	----	#¡VALOR!	----	NO	1	–
215	AMPL.INST.CONTRA INCENDIOS N.ENVASES	----	----	----	----	#¡VALOR!	----	NO	1	–
215	AMPLIAC.SIST.ALARMA/INCENDIOS	----	----	----	----	#¡VALOR!	----	NO	1	–
215	INSTALAC.ELECTRICA AMPLIAC.OF.2000	----	----	----	----	#¡VALOR!	----	NO	1	–
215	INSTALAC.ELEC.AMPL.NAVE ENVASES 2000	----	----	----	----	#¡VALOR!	----	NO	1	–
215	INSTALAC.DETECC.INCENDIOS	----	----	----	----	#¡VALOR!	----	NO	1	–
215	ELECTRO BOMBA ACHIQUE	----	----	----	----	#¡VALOR!	----	NO	1	–
215	INSTALAC.ELECTRICA TALLER MECANICO	----	----	----	----	#¡VALOR!	----	NO	1	–
215	INSTALAC.C/INCENDIOS TALLER MECANICO	----	----	----	----	#¡VALOR!	----	NO	1	–
215	INSTALAC.AIRE COMPRIMIDO TALLER MECANICO	----	----	----	----	#¡VALOR!	----	NO	1	–
215	INSTAL.SERVICIO AGUA TALLER MECANICO	----	----	----	----	#¡VALOR!	----	NO	1	–
215	INST.GRUPO C/INCENDIOS TALLER MECANICO	----	----	----	----	#¡VALOR!	----	NO	1	–
215	TRANSFORM.ELECTRICO NAVE	----	----	----	----	#¡VALOR!	----	NO	1	–

Cuentas	Descripción	Valor Contable	Amortización Acumulada	Valor Neto Contable	Valor Inventario S/ Sociedad	Variaciones	Valor Inventario S/Administración Concursal art. 201 TRLC	Garantía	Cód	Ubicación
215	MAS IMP.INSTALAC.ELECTR.NAVE ENVASES	----	----	----	----	----	----	NO	1	–
215	TUBERIA HYDRO PC (1.435.000 ML MARRON)	----	----	----	----	----	----	NO	1	–
215	INST.RIEGO CAÑADA 2001	----	----	----	----	----	----	NO	1	–
215	INST.RIEGO RUSTICA II 2001	----	----	----	----	----	----	NO	1	–
215	PROG.CULTIVADOR HIDROPONICO TOMATES	----	----	----	----	----	----	NO	1	–
215	INST.ELECTR.INVERNAD.TOMATES	----	----	----	----	----	----	NO	1	–
215	INSTALACION C/INCENDIOS NAVE ENVASES	----	----	----	----	----	----	NO	1	–
215	INSTALACION C/INCENDIOS TALLER MECANICO	----	----	----	----	----	----	NO	1	–
215	INSTALAC.ELECTR.PUERTA NUEVA	----	----	----	----	----	----	NO	1	–
215	MOTORES PUERTAS CORREDERAS NUEVAS	----	----	----	----	----	----	NO	1	–
215	MAQ.7 LINEAS ETIQUETADO	----	----	----	----	----	----	NO	1	–
215	INST.ELECT.+TELEF.TALLER.ALMACEN.ETC.	----	----	----	----	----	----	NO	1	–
215	MAS IMP.INST.ELECT.NAVE ENVASES	----	----	----	----	----	----	NO	1	–
215	TUBERIA HYDROGOL (4.480.000 ML)	----	----	----	----	----	----	NO	1	–
215	INST.RIEGO GALLUTES 2002	----	----	----	----	----	----	NO	1	–
215	INST.RIEGO CAÑADA 2002	----	----	----	----	----	----	NO	1	–
215	INST.RIEGO RUSTICA 2002	----	----	----	----	----	----	NO	1	–
215	AMPLIAC.ILUMINAC.N.ENVASES (FICHA 632)	----	----	----	----	----	----	NO	1	–
215	INST.ELECTRIC.PARCELAS NUEVAS POLIGONO	----	----	----	----	----	----	NO	1	–
215	INST.ELECTRICA OFICINA NUEVA(TRANSP)	----	----	----	----	----	----	NO	1	–
215	PIEZAS GALV.PARA RIEGO ESPINACAS	----	----	----	----	----	----	NO	1	–
215	INVERNAD.DESMONTABLES 2002 RUSTICA	----	----	----	----	----	----	NO	1	–
215	AMPLIAC.INST.ELECTRIC.N.ENVASES(632.680)	----	----	----	----	----	----	NO	1	–
215	INST.ELECTR.PUERTAS GASOLINERA	----	----	----	----	----	----	NO	1	–
215	ILUMINAC.LAVADERO RELLANA TRANS	----	----	----	----	----	----	NO	1	–
215	INST.RIEGO NUEVO 2003	----	----	----	----	----	----	NO	1	–
215	TUBERIA HYDROGOL (64000 ML BLACK)	----	----	----	----	----	----	NO	1	–
215	AMPLIACION CONTROL DE CALIDAD	----	----	----	----	----	----	NO	1	–
215	INSTALAC.RIEGO 2 FINC.PEQ.VALVERDE	----	----	----	----	----	----	NO	1	–
215	INSTALACION BATERIA CONDENSADORES	----	----	----	----	----	----	NO	1	–

Cuentas	Descripción	Valor Contable	Amortización Acumulada	Valor Neto Contable	Valor Inventario S/ Sociedad	Variaciones	Valor Inventario S/Administración Concursal art. 201 TRLC	Garantía	Cód	Ubicación
215	EQUIP.FILTRACION AUTOLIMP.MALLA/8PULGADA	----	----	----	----	----	----	NO	1	–
215	INSTALAC.RIEGO 2006/2007-AQUA D'OC	----	----	----	----	----	----	NO	1	–
215	HIDROGOL 16/45 (8000 ML)	----	----	----	----	----	----	NO	1	–
215	INVERNAD.DESMONTABLES(VIENE DE 887)	----	----	----	----	----	----	NO	1	–
215	INSTALAC.RIEGO LA ESCANDELLA/AGOST	----	----	----	----	----	----	NO	1	–
215	RIEGO ASPERSION	----	----	----	----	----	----	NO	1	–
215	INVERNADEROS 2007	----	----	----	----	----	----	NO	1	–
215	ACONDIC.E INSTALAC.FINCA	----	----	----	----	----	----	NO	1	–
215	REPARACION INVERNADEROS DESMONTABLES	----	----	----	----	----	----	NO	1	–
215	INST.RIEGO ASPERSION	----	----	----	----	----	----	NO	1	–
215	AMPLIACION INST.RIEGO	----	----	----	----	----	----	NO	1	–
215	REPARAC.INVERNADEROS (DAÑOS VENDAVAL)	----	----	----	----	----	----	NO	1	–
215	REPARAC.RIEGO INVERNADEROS	----	----	----	----	----	----	NO	1	–
215	INST.RIEGO ASPERSION CAÑADA	----	----	----	----	----	----	NO	1	–
215	REFORM.INSTAL.ELECTRICA SEG.NORMAS OCA	----	----	----	----	----	----	NO	1	–
215	REPARAC.INVERNADEROS 2010	----	----	----	----	----	----	NO	1	–
215	INSTAL.RIEGO FINCA	----	----	----	----	----	----	NO	1	–
215	INST.RIEGO NUEVO A 2011	----	----	----	----	----	----	NO	1	–
215	CONSTR.INSTALAC.INVERNADEROS 2011	----	----	----	----	----	----	NO	1	–
215	INSTALACION RIEGO ASPERSION	----	----	----	----	----	----	NO	1	–
215	TARJETERO AC 200 SURT.GASOIL TALLER	----	----	----	----	----	----	NO	1	–
215	INST.PARARAYOS	----	----	----	----	----	----	NO	1	–
215	AMPLIAC.INVERNADEROS 2012	----	----	----	----	----	----	NO	1	–
215	INST.RIEGO ASPERSION	----	----	----	----	----	----	NO	1	–
215	INST.RIEGO ASPERSION	----	----	----	----	----	----	NO	1	–
215	INST.RIEGO PRESION RUSTICA.	----	----	----	----	----	----	NO	1	–
215	INSTALAC.RIEGO CASA	----	----	----	----	----	----	NO	1	–
215	INST.RIEGO BALSA	----	----	----	----	----	----	NO	1	–
215	INST.RIEGO FINCA	----	----	----	----	----	----	NO	1	–
215	AUTOMAT.INYECC.ABONO	----	----	----	----	----	----	NO	1	–

Cuentas	Descripción	Valor Contable	Amortización Acumulada	Valor Neto Contable	Valor Inventario S/ Sociedad	Variaciones	Valor Inventario S/Administración Concursal art. 201 TRLC	Garantía	Cód	Ubicación
215	FILTROS MALLA LIMP.P.QUIM.RUSTICA 3	......	......	......	......	......	......	NO	1	–
215	AMPLIAC.INVERNADEROS 2013	......	......	......	......	......	......	NO	1	–
215	INST.RIEGO ASPERSION ESPINACAS	......	......	......	......	......	......	NO	1	–
215	CUADRO VARIADOR BOMBAS RIEGO	......	......	......	......	......	......	NO	1	–
215	PORTONES INVERNADEROS (AMPL.2013)	......	......	......	......	......	......	NO	1	–
215	INST.RIEGO LO MONTE (CBIO.PARCELA)	......	......	......	......	......	......	NO	1	–
215	INST.RIEGO AMPLIAC.CASA GRANERO	......	......	......	......	......	......	NO	1	–
215	CABEZAL RIEGO CASA GRANERO	......	......	......	......	......	......	NO	1	–
215	CABEZAL RIEGO CAÑADA 2	......	......	......	......	......	......	NO	1	–
215	EQUIPO ECOTHOR SOLAR (ANTI-ALGAS)	......	......	......	......	......	......	NO	1	–
215	EQUIPO ECOTHOR SOLAR (ANTI-ALGAS)	......	......	......	......	......	......	NO	1	–
215	EQUIPOR ECOTHOR SOLAR (ANTI-ALGAS)	......	......	......	......	......	......	NO	1	–
215	EQUIPO ECOTHOR E301 (ANTI-ALGAS)	......	......	......	......	......	......	NO	1	–
215	EQUIPO ECOTHOR E301 (ANTI-ALGAS)	......	......	......	......	......	......	NO	1	–
215	CORTAVIENTOS - RUSTICA 3	......	......	......	......	......	......	NO	1	–
215	AMPLIAC.INVERNADEROS CAÑADA 2014	......	......	......	......	......	......	NO	1	–
215	INSTAL.RIEGO ASPERSION 2014	......	......	......	......	......	......	NO	1	–
215	INSTAL.MOTORES ABONADO	......	......	......	......	......	......	NO	1	–
215	AMPLIAC.INST.RIEGO CAÑADA 4 (2014/2015)	......	......	......	......	......	......	NO	1	–
215	INST.BOMBEO RIEGO	......	......	......	......	......	......	NO	1	–
215	INSTALAC.CONTADOR BALSA	......	......	......	......	......	......	NO	1	–
215	INST.RIEGO Y ACONDIC.	......	......	......	......	......	......	NO	1	–
215	AMPLIAC.INSTAL.BT EXISTENTE (LEGALIZACION)	......	......	......	......	......	......	NO	1	–
215	SUSTIT.CUBIERTA INV.CAÑADA Y PORTONES	......	......	......	......	......	......	NO	1	–
215	SUSTITUCION CUBIERTA INV.	......	......	......	......	......	......	NO	1	–
215	ASPERSION LO MONTANARO 5Ha.VF	......	......	......	......	......	......	NO	1	–
215	CABEZAL DE RIEGO 1	......	......	......	......	......	......	NO	1	–
215	INST.CALEFACCION INVERNAD.Nº 37	......	......	......	......	......	......	NO	1	–
215	SIST.IMPULSION+ABONADO	......	......	......	......	......	......	NO	1	–
215	INSTALACION RIEGO LO MONTE 2BIS	......	......	......	......	......	......	NO	1	–

Cuentas	Descripción	Valor Contable	Amortización Acumulada	Valor Neto Contable	Valor Inventario S/ Sociedad	Variaciones	Valor Inventario S/ Sociedad	Garantía	Cód	Ubicación
215	INST.RIEGO BALSA	......	......	......	......	......	......	NO	1	–
215	2 TUNELILLOS NUEVOS	......	......	......	......	......	......	NO	1	–
215	RIEGO ASPERSION TUNELILLOS	......	......	......	......	......	......	NO	1	–
215	SUST.ASPERS.INV.CAÑADA (FICHA 1102)	......	......	......	......	......	......	NO	1	–
215	SUSTIT.CUBIERTAS INV.GALLUTES 2016	......	......	......	......	......	......	NO	1	–
215	SUSTIT.ASPERS.INV.GALLUTES	......	......	......	......	......	......	NO	1	–
215	REPOSICION SIST.RIEGO 2017 - 48 HAS.	......	......	......	......	......	......	NO	1	–
215	SUST.CUBIERTAS INV. 2017	......	......	......	......	......	......	NO	1	–
215	CABEZAL RIEGO	......	......	......	......	......	......	NO	1	–
215	SIST.EQUIPO ANTIALGAS	......	......	......	......	......	......	NO	1	–
215	INSTAL.RIEGO CASA MACOCA	......	......	......	......	......	......	NO	1	–
215	INTS.RIEGO DESMONTABLE	......	......	......	......	......	......	NO	1	–
215	SUSTIT.CUBIERTAS INV. 2018	......	......	......	......	......	......	NO	1	–
215	CUADRO ELECTRICO TRANSFORM.ALMACEN	......	......	......	......	......	......	NO	1	–
215	SUST.CUBIERTAS INV.2018	......	......	......	......	......	......	NO	1	–
215	INSTALAC.RIEGO 2018	......	......	......	......	......	......	NO	1	–
215	SIST.FILTRACION CABEZAL	......	......	......	......	......	......	NO	1	–
215	VALLA CERRAMIENTO	......	......	......	......	......	......	NO	1	–
215	VALLA CERRAMIENTO	......	......	......	......	......	......	NO	1	–
215	ELEVACION RIEGO	......	......	......	......	......	......	NO	1	–
215	INST.RIEGO GOTEO	......	......	......	......	......	......	NO	1	–
215	INST.CABEZAL RIEGO	......	......	......	......	......	......	NO	1	–
215	SUSTIT.CUBIERTAS INV.2019	......	......	......	......	......	......	NO	1	–
215	INST.RIEGO TUBERIA DRIPNET	......	......	......	......	......	......	NO	1	–

Cuentas	Descripción	Valor Contable	Amortización Acumulada	Valor Neto Contable	Valor Inventario S/ Sociedad	Variaciones	Valor Inventario S/ Sociedad	Garantía	Cód	Ubicación
215	INST.RIEGO	......	......	......	......	......	......	NO	1	–
215	MOTOR NUEVO	....	....	....	....	....	....	NO	1	–
215	MOTOR NUEVO	....	....	....	....	....	....	NO	1	–
2.5	TOTAL OTRAS INSTALACIONES	0,00	0,00	#¡VALOR!	0,00	#¡VALOR!	0,00			
	CÓDIGO									Cod
	Para su valoración se ha tenido en cuenta la naturaleza de los activos y el valor otorgado por la concursa en la solicitud de concurso, considerándolo ajustado al valor de mercado.									1

Cuentas	Descripción	Valor Contable	Amortización Acumulada	Valor Neto Contable	Valor Inventario S/ Sociedad	Variaciones	Valor Inventario S/Administración Concursal art. 201 TRLC	Garantía	Cód	Ubicación
216	MESA UVE 240X100 OFIPRIX	......	......	......	......	......	......	NO	1	–
216	ENCUADERNADORA ELECTRICA FELLOWES - LYRECO	......	......	......	......	......	......	NO	1	–
216	MOBILIARIO OFICINA	......	......	......	......	......	......	NO	1	–
216	MOBILIARIO ALMACEN	......	......	......	......	......	......	NO	1	–
216	AMPLIAC.MOBIL.OFIC./ALMAC. 1995	......	......	......	......	......	......	NO	1	–
216	ENCUADERNADORA STARLETTE/M	......	......	......	......	......	......	NO	1	–
216	MOBILIARIO OFIMAGOSAS(FRA.233)	......	......	......	......	......	......	NO	1	–
216	MOBILIARIO OFI-MAGOSAS(FRA.245)	......	......	......	......	......	......	NO	1	–
216	MOBILIARIO OFI-MAGOSAS(FRA.382)	......	......	......	......	......	......	NO	1	–
216	MOBILIARIO OFIMAGOSAS(FRA.440)	......	......	......	......	......	......	NO	1	–
216	MOBIL.FRAS.368 Y 448 OFIMAGOSAS	......	......	......	......	......	......	NO	1	–
216	MAMPARAS ALUM. OF.SYLVAIN/C.CALIDAD	......	......	......	......	......	......	NO	1	–
216	PROYECTOR Y PANTALLA DIAPOSTIVAS	......	......	......	......	......	......	NO	1	–
216	MESA ORDENADOR C.NEGRO/F.488 OFIMAGOSAS	......	......	......	......	......	......	NO	1	–
216	MESA MAQ.ESCRIBIR-FRA.492 OFI-MAGOSAS	......	......	......	......	......	......	NO	1	–
216	MUEBLE ORDENADOR BASCULA 2/F-34 C.REMUS	......	......	......	......	......	......	NO	1	–
216	TV SANYO 25 TXT (F/380 ELEC.HIGINIO)	......	......	......	......	......	......	NO	1	–

Cuentas	Descripción	Valor Contable	Amortización Acumulada	Valor Neto Contable	Valor Inventario S/ Sociedad	Variaciones	Valor Inventario S/Administración Concursal art. 201 TRLC	Garantía	Cód	Ubicación
216	VIDEO GOLDSTAR C+ (F/380 ELECT.HIGINIO)	[illegible]	[illegible]	[illegible]	[illegible]	[illegible]	[illegible]	NO	1	–
216	ARMARIO METAL.NEGRO (F/444 OFI-MAGOSAS)	[illegible]	[illegible]	[illegible]	[illegible]	[illegible]	[illegible]	NO	1	–
216	MESA IMPRESORA GRANDE (F/466 OFI-MAGOSAS	[illegible]	[illegible]	[illegible]	[illegible]	[illegible]	[illegible]	NO	1	–
216	2 CAJONERAS PVC.CON RUEDAS(F/466 OFI-MAG	[illegible]	[illegible]	[illegible]	[illegible]	[illegible]	[illegible]	NO	1	–
216	ARMARIO METALICO F/116 OFI MAGOSAS SL	[illegible]	[illegible]	[illegible]	[illegible]	[illegible]	[illegible]	NO	1	–
216	MOB.DESPACHO MANOLO F/344 OFI MAGOSAS	[illegible]	[illegible]	[illegible]	[illegible]	[illegible]	[illegible]	NO	1	–
216	ARMARIO METALICO OFICINA NEGRO	[illegible]	[illegible]	[illegible]	[illegible]	[illegible]	[illegible]	NO	1	–
216	MOBILIARIO DESPACHO OF.PERSONAL	[illegible]	[illegible]	[illegible]	[illegible]	[illegible]	[illegible]	NO	1	–
216	3 ARMARIOS METALICOS NEGROS OF.PERSONAL	[illegible]	[illegible]	[illegible]	[illegible]	[illegible]	[illegible]	NO	1	–
216	PEDESTAL FOTOCOPIADORA NP-6512	[illegible]	[illegible]	[illegible]	[illegible]	[illegible]	[illegible]	NO	1	–
216	MOBILIARIO AMPLIAC.OFICINAS/2000	[illegible]	[illegible]	[illegible]	[illegible]	[illegible]	[illegible]	NO	1	–
216	2 SOFAS MOD.DUBLIN (RECEPCION)	[illegible]	[illegible]	[illegible]	[illegible]	[illegible]	[illegible]	NO	1	–
216	18 SOPORTES P.C.RUEDAS NEGRO	[illegible]	[illegible]	[illegible]	[illegible]	[illegible]	[illegible]	NO	1	–
216	18 STORES PLEGABLES MOD.NATURAL	[illegible]	[illegible]	[illegible]	[illegible]	[illegible]	[illegible]	NO	1	–
216	INST.ARMARIOS ORD.CAMARAS FRIG.	[illegible]	[illegible]	[illegible]	[illegible]	[illegible]	[illegible]	NO	1	–
216	FORRADO ARMARIOS Y MURAL RECEPCION	[illegible]	[illegible]	[illegible]	[illegible]	[illegible]	[illegible]	NO	1	–
216	ARMARIOS Y BANDEJAS TALLER MECANICO	[illegible]	[illegible]	[illegible]	[illegible]	[illegible]	[illegible]	NO	1	–
216	MUEBLE CAFETERIA 1ºPLANTA(FREGADERO)	[illegible]	[illegible]	[illegible]	[illegible]	[illegible]	[illegible]	NO	1	–
216	6 STORES PLEGABLES(OF.PERSONAL)	[illegible]	[illegible]	[illegible]	[illegible]	[illegible]	[illegible]	NO	1	–
216	CAMARA VIDEO JVC	[illegible]	[illegible]	[illegible]	[illegible]	[illegible]	[illegible]	NO	1	–
216	PAPELERA ESCALERA MEDIA LUNA AL8380	[illegible]	[illegible]	[illegible]	[illegible]	[illegible]	[illegible]	NO	1	–
216	3 PAPELERAS EXTERIORES CEN URB.AL72710	[illegible]	[illegible]	[illegible]	[illegible]	[illegible]	[illegible]	NO	1	–
216	2 STORES PLEGABLES+ANAGR.SOLDIVE	[illegible]	[illegible]	[illegible]	[illegible]	[illegible]	[illegible]	NO	1	–
216	AMPLIAC.MOBILIARIO RECEPCION 2002	[illegible]	[illegible]	[illegible]	[illegible]	[illegible]	[illegible]	NO	1	–
216	MOBILIARIO COCINA CASA MIRADOR	[illegible]	[illegible]	[illegible]	[illegible]	[illegible]	[illegible]	NO	1	–
216	EQUIP.COCINA CASA MIRADOR	[illegible]	[illegible]	[illegible]	[illegible]	[illegible]	[illegible]	NO	1	–
216	MOBILIARIO NUEVO CASA MIRADOR	[illegible]	[illegible]	[illegible]	[illegible]	[illegible]	[illegible]	NO	1	–
216	ACCESORIOS Y MAMPARA BAÑO MIRADOR	[illegible]	[illegible]	[illegible]	[illegible]	[illegible]	[illegible]	NO	1	–
216	MUEBLE CAJONERA CASA MIRADOR	[illegible]	[illegible]	[illegible]	[illegible]	[illegible]	[illegible]	NO	1	–
216	MUEBLE CAJONERA OFICINA RELLANA TRANS.	[illegible]	[illegible]	[illegible]	[illegible]	[illegible]	[illegible]	NO	1	–
Cuentas	Descripción	Valor Contable	Amortización Acumulada	Valor Neto Contable	Valor Inventario S/ Sociedad	Variaciones	Valor Inventario S/Administración Concursal art. 201 TRLC	Garantía	Cód	Ubicación
216	MUEBLE AMPLIAC.CONTROL CALIDAD ALMACEN	[illegible]	[illegible]	[illegible]	[illegible]	[illegible]	[illegible]	NO	1	–
216	PLASTIFICADORA IBICO DOCUSEAL 125P A3	[illegible]	[illegible]	[illegible]	[illegible]	[illegible]	[illegible]	NO	1	–
216	LAMPARAS CASA MIRADOR	[illegible]	[illegible]	[illegible]	[illegible]	[illegible]	[illegible]	NO	1	–
216	CORTINAS CASA MIRADOR	[illegible]	[illegible]	[illegible]	[illegible]	[illegible]	[illegible]	NO	1	–
216	8 MESAS ORDENADOR/TRAZABILID.MELON	[illegible]	[illegible]	[illegible]	[illegible]	[illegible]	[illegible]	NO	1	–
216	MAQ.ESCRIBIR BROTHER AX-410	[illegible]	[illegible]	[illegible]	[illegible]	[illegible]	[illegible]	NO	1	–
216	RELOJ REGISTR.CONV.CONTROL ASISTENCIA	[illegible]	[illegible]	[illegible]	[illegible]	[illegible]	[illegible]	NO	1	–
216	CAMARA OLYMPUS X42+TARJETA LEXAR	[illegible]	[illegible]	[illegible]	[illegible]	[illegible]	[illegible]	NO	1	–
216	MESA DESPACHO TECNICOS	[illegible]	[illegible]	[illegible]	[illegible]	[illegible]	[illegible]	NO	1	–
216	SILLON YOUNICO 2452 DANIEL CANDEL	[illegible]	[illegible]	[illegible]	[illegible]	[illegible]	[illegible]	NO	1	–
216	SILLON YOUNICO 2452 J.CARLOS ORQUIN	[illegible]	[illegible]	[illegible]	[illegible]	[illegible]	[illegible]	NO	1	–
216	SILLON YOUNICO 2452 MARIA DEL RIO	[illegible]	[illegible]	[illegible]	[illegible]	[illegible]	[illegible]	NO	1	–
216	SILLON YOUNICO 2452 ROBERTO ARENAS	[illegible]	[illegible]	[illegible]	[illegible]	[illegible]	[illegible]	NO	1	–
216	SILLON YOUNICO 2452 VERONICA ALCARAZ	[illegible]	[illegible]	[illegible]	[illegible]	[illegible]	[illegible]	NO	1	–
216	TERMINAL INALAMBRICO GIGASET (1)	[illegible]	[illegible]	[illegible]	[illegible]	[illegible]	[illegible]	NO	1	–
216	TERMINAL INALAMBRICO GIGASET (2)	[illegible]	[illegible]	[illegible]	[illegible]	[illegible]	[illegible]	NO	1	–
216	FRIGORIFICO TELEFUNKEN - 1 planta	[illegible]	[illegible]	[illegible]	[illegible]	[illegible]	[illegible]	NO	1	–
216	MESA ESCRITORIO TECNICOS GRIS	[illegible]	[illegible]	[illegible]	[illegible]	[illegible]	[illegible]	NO	1	–
216	MESA ESCRITORIO TECNICOS GRIS	[illegible]	[illegible]	[illegible]	[illegible]	[illegible]	[illegible]	NO	1	–
216	MESA ESCRITORIO TECNICOS GRIS	[illegible]	[illegible]	[illegible]	[illegible]	[illegible]	[illegible]	NO	1	–
216	BUCK RODANTE CAJONES DESP.TECNICOS	[illegible]	[illegible]	[illegible]	[illegible]	[illegible]	[illegible]	NO	1	–
216	BUCK RODANTE CAJONES DESP.TECNICOS	[illegible]	[illegible]	[illegible]	[illegible]	[illegible]	[illegible]	NO	1	–
216	BUCK RODANTE CAJONES DESP.TECNICOS	[illegible]	[illegible]	[illegible]	[illegible]	[illegible]	[illegible]	NO	1	–
216	SILLA YOUNICO 1451 DESP.TECNICOS	[illegible]	[illegible]	[illegible]	[illegible]	[illegible]	[illegible]	NO	1	–
216	SILLA YOUNICO 1451 DESP.TECNICOS	[illegible]	[illegible]	[illegible]	[illegible]	[illegible]	[illegible]	NO	1	–
216	SILLA YOUNICO 1451 DESP.TECNICOS	[illegible]	[illegible]	[illegible]	[illegible]	[illegible]	[illegible]	NO	1	–
216	SILLA YOUNICO 1451 DESP.TECNICOS	[illegible]	[illegible]	[illegible]	[illegible]	[illegible]	[illegible]	NO	1	–
216	SILLA YOUNICO 1451 DESP.TECNICOS	[illegible]	[illegible]	[illegible]	[illegible]	[illegible]	[illegible]	NO	1	–
216	SILLA V404 CONFIDENTE DESP.TECNICOS	[illegible]	[illegible]	[illegible]	[illegible]	[illegible]	[illegible]	NO	1	–
216	SILLA V404 CONFIDENTE DESP.TECNICOS	[illegible]	[illegible]	[illegible]	[illegible]	[illegible]	[illegible]	NO	1	–
Cuentas	Descripción	Valor Contable	Amortización Acumulada	Valor Neto Contable	Valor Inventario S/ Sociedad	Variaciones	Valor Inventario S/Administración Concursal art. 201 TRLC	Garantía	Cód	Ubicación
216	SILLA V404 CONFIDENTE DESP.TECNICOS	[illegible]	[illegible]	[illegible]	[illegible]	[illegible]	[illegible]	NO	1	–
216	SILLA V404 CONFIDENTE DESP.TECNICOS	[illegible]	[illegible]	[illegible]	[illegible]	[illegible]	[illegible]	NO	1	–
216	1 ARMARIO PERSIANAS 2 BALDAS TECNICOS	[illegible]	[illegible]	[illegible]	[illegible]	[illegible]	[illegible]	NO	1	–
216	1 ARMARIO PERSIANAS 4 BALDAS TECNICOS	[illegible]	[illegible]	[illegible]	[illegible]	[illegible]	[illegible]	NO	1	–
216	1 ARMARIO PERSIANAS 4 BALDAS TECNICOS	[illegible]	[illegible]	[illegible]	[illegible]	[illegible]	[illegible]	NO	1	–
216	FRIGO 2 PUERTAS DAEWOO 240L	[illegible]	[illegible]	[illegible]	[illegible]	[illegible]	[illegible]	NO	1	–
216	FRIGO FRIGELUX 1 PUERTA 250L	[illegible]	[illegible]	[illegible]	[illegible]	[illegible]	[illegible]	NO	1	–
216	LAVADORA ICECOOL CARGA FRONTAL 6KG	[illegible]	[illegible]	[illegible]	[illegible]	[illegible]	[illegible]	NO	1	–
216	4 SILLAS CONFIDENTE NEGRAS/VERO.J.CARLOS	[illegible]	[illegible]	[illegible]	[illegible]	[illegible]	[illegible]	NO	1	–
216	SILLA YOUNICO 1451 - NOEMI	[illegible]	[illegible]	[illegible]	[illegible]	[illegible]	[illegible]	NO	1	–
216	15 SILLAS NEGRAS/CURSOS FORMAC.,ETC	[illegible]	[illegible]	[illegible]	[illegible]	[illegible]	[illegible]	NO	1	–
216	SILLA YOUNICO 1451 RESP.ALTO - MARIA	[illegible]	[illegible]	[illegible]	[illegible]	[illegible]	[illegible]	NO	1	–
2.6	TOTAL MOBILIARIO	0,00	0,00	0,00	0,00	0,00	0,00			

CÓDIGO	Cod
Para su valoración se ha tenido en cuenta la naturaleza de los activos y el valor otorgado por la concursa en la solicitud de concurso, considerándolo ajustado al valor de mercado.	1

Cuentas	Descripción	Valor Contable	Amortización Acumulada	Valor Neto Contable	Valor Inventario S/ Sociedad	Variaciones	Valor Inventario S/Administración Concursal art. 201 TRLC	Garantía	Cód	Ubicación
217	PC INTEL I5 7400 240SSD / 8GB	......	......	......	......	......	......	NO	1	–
217	PC INTEL BASICO 240 GB SSD/8GB	......	......	......	......	......	......	NO	1	–
217	MONITOR 23,8" PHILIPS 241V8 MULTIM TECNICOS	......	......	......	......	......	......	NO	1	–
217	LECTOR FIJO DATALOGIC MATRIX 120 210-110 WVGA	......	......	......	......	......	......	NO	1	–
217	IMPRESORA TERMICA CITIZEN CL-S621	......	......	......	......	......	......	NO	1	–
217	IMPRESORA TÉRMICA CITIZEN CL-S621	......	......	......	......	......	......	NO	1	–
217	PC OFFICE PRO I5 240GB	......	......	......	......	......	......	NO	1	–
217	IMPRESORA EPSON ECOTANK - JUAN CARLOS	......	......	......	......	......	......	NO	1	–

Cuentas	Descripción	Valor Contable	Amortización Acumulada	Valor Neto Contable	Valor Inventario S/ Sociedad	Variaciones	Valor Inventario S/Administración Concursal art. 201 TRLC	Garantía	Cód	Ubicación
217	MONITOR TFT 23,6" PHILIPS DANI	......	......	......	......	......	......	NO	1	–
217	MONITOR TFT 23,6" PHILIPS ROBERTO	......	......	......	......	......	......	NO	1	–
217	MONITOR TFT 23,6" PHILIPS 2º MONITOR DANI	......	......	......	......	......	......	NO	1	–
217	TABLET 10,1" CONFERENCIAS	......	......	......	......	......	......	NO	1	–
217	MONITOR TFT 23,8" PHILIPS JESSICA	......	......	......	......	......	......	NO	1	–
217	IMPRESORA HP ENVY PRO 6420 MULTIF FABRICE	......	......	......	......	......	......	NO	1	–
217	MONITOR TFT 23,6" PHILIPS ROSARIO	......	......	......	......	......	......	NO	1	–
217	MONITOR TFT 23,8" AOC MOEMA	......	......	......	......	......	......	NO	1	–
217	MONITOR SAMSUNG TFT 570V (DANIEL)	......	......	......	......	......	......	NO	1	–
217	MONITOR SAMSUNG TFT 570V (COMERCIAL)	......	......	......	......	......	......	NO	1	–
217	MONITOR SAMSUNG TFT 570V (JUAN CARLOS)	......	......	......	......	......	......	NO	1	–
217	MONITOR SAMSUNG TFT 570V (VERONICA)	......	......	......	......	......	......	NO	1	–
217	S.A.I. 400W. (VERONICA)	......	......	......	......	......	......	NO	1	–
217	S.A.I. 400W. (G.COSTES/INFORMATICA)	......	......	......	......	......	......	NO	1	–
217	S.A.I. 400W. (DANI)	......	......	......	......	......	......	NO	1	–
217	S.A.I.700W ESTABILIZADOR (SERV.THEOS)	......	......	......	......	......	......	NO	1	–
217	MONITOR 15p TFT VIEWSONIC (RECEPCION)	......	......	......	......	......	......	NO	1	–
217	S.A.I. SALICRU 400w NGR (JUAN CARLOS)	......	......	......	......	......	......	NO	1	–
217	MONITOR 15p PHILIPS(CAMARA FRIFORIF.)	......	......	......	......	......	......	NO	1	–
217	IMPRESORA TARJETAS PLASTICAS ELTRON P310	......	......	......	......	......	......	NO	1	–
217	MONITOR 15p TFT AOC LM-520 (OF.PERSONAL)	......	......	......	......	......	......	NO	1	–
217	MONITOR 15p TFT AOC LM-520 (RECEPCION)	......	......	......	......	......	......	NO	1	–
217	IMPR.DATAMAX M-4206-ETIQUETAS BASCULAS	......	......	......	......	......	......	NO	1	–
217	MONITOR 15p TFT DAVI (TRAZAB.MELON)	......	......	......	......	......	......	NO	1	–
217	S.A.I. ELLIPSE 800 USBS(SERV.GRANDE)	......	......	......	......	......	......	NO	1	–
217	ORD.ASUS VINTAGE-S800 BB/GASOIL-TALLER	......	......	......	......	......	......	NO	1	–
217	ORD.INTEL P-IV 3.0GHZ 800(INFORMATICA)	......	......	......	......	......	......	NO	1	–
217	PORTATIL AHTEC SENSE CM7615 (PATRICK)	......	......	......	......	......	......	NO	1	–
217	SAI ELLIPSE ASR 1000 USBS/SERVIDOR	......	......	......	......	......	......	NO	1	–
217	SERVIDOR FUJITSU 2D.500Gb.RAM 4Gb. WIND.	......	......	......	......	......	......	NO	1	–

Cuentas	Descripción	Valor Contable	Amortización Acumulada	Valor Neto Contable	Valor Inventario S/ Sociedad	Variaciones	Valor Inventario S/Administración Concursal art. 201 TRLC	Garantía	Cód	Ubicación
217	PC PENTIUM 4CORE - RESERVA COPIAS THEOS	......	......	......	......	......	......	NO	1	–
217	PC PENTIUM 4CORE (DANIEL)	......	......	......	......	......	......	NO	1	–
217	PC PENTIUM 4CORE (JUAN CARLOS)	......	......	......	......	......	......	NO	1	–
217	MONITOR TFT 19p PACKARD (FRANCHE)	......	......	......	......	......	......	NO	1	–
217	MONITOR TFT 19p PACKARD (DANIEL)	......	......	......	......	......	......	NO	1	–
217	MONITOR TFT 19p PACKARD (JUAN CARLOS)	......	......	......	......	......	......	NO	1	–
217	PC INTEL CORE 2 DUO E7600 (MADO)	......	......	......	......	......	......	NO	1	–
217	PC INTEL CORE 2 DUO E7600 (PATRICK)	......	......	......	......	......	......	NO	1	–
217	PC INTEL CORE 2 DUO E7600 (VERONICA)	......	......	......	......	......	......	NO	1	–
217	MONITOR TFT 19p PACKARD BELL (MADO)	......	......	......	......	......	......	NO	1	–
217	MONITOR TFT 19p PACKARD BELL (PATRICK)	......	......	......	......	......	......	NO	1	–
217	MONITOR TFT 19p PACKARD - PRECONT.CALID	......	......	......	......	......	......	NO	1	–
217	MONITOR TFT 19p PACKARD BELL/ROBERTO	......	......	......	......	......	......	NO	1	–
217	PC PORTATIL ASUS X54H - MANUEL RAYA	......	......	......	......	......	......	NO	1	–
217	ESCANER CANON LIDE 110 (ROBERTO)	......	......	......	......	......	......	NO	1	–
217	IMPRESORA CAJAS MELON/JASON/USADA	......	......	......	......	......	......	NO	1	–
217	ORDENADOR PARA IMPRESORA CAJAS JASON	......	......	......	......	......	......	NO	1	–
217	IMPR.HP LASERJET M401D (VERONICA)	......	......	......	......	......	......	NO	1	–
217	PC GDX OFFICE G6425 (MARIA)	......	......	......	......	......	......	NO	1	–
217	PC GDX OFFICE G6425 (EXPEDICIONES)	......	......	......	......	......	......	NO	1	–
217	QNAP TS-259+DISCO DURO 2TB HITACHI	......	......	......	......	......	......	NO	1	–
217	MONITOR TFT 18,5p PHILIPS - AUX.COMERC.	......	......	......	......	......	......	NO	1	–
217	MONITOR TFT 18,5p PHILIPS - ALVARO	......	......	......	......	......	......	NO	1	–
217	PC GDX SMALL OFFICE - ALMACEN	......	......	......	......	......	......	NO	1	–
217	PC GDX PRO G2345 - ALVARO	......	......	......	......	......	......	NO	1	–
217	PC GDX OFFICE BASSIC G3220 TALLER	......	......	......	......	......	......	NO	1	–
217	ORD.PORTATIL HP-15 - BLANCO/TECNICOS	......	......	......	......	......	......	NO	1	–
217	IMPR.TERMICA CITIZEN CL-S621 BASCULAS	......	......	......	......	......	......	NO	1	–
217	IMPRESORA HP OFFICEJET/COMERCIALES	......	......	......	......	......	......	NO	1	–
217	IMPRESORA HP LASERJET M402DN OF.PERSONAL	......	......	......	......	......	......	NO	1	–

Cuentas	Descripción	Valor Contable	Amortización Acumulada	Valor Neto Contable	Valor Inventario S/ Sociedad	Variaciones	Valor Inventario S/Administración Concursal art. 201 TRLC	Garantía	Cód	Ubicación
217	PORTAT.HP PROBOOK 13,3p (MAITE)	......	......	......	......	......	......	NO	1	–
217	ORDENADOR HP 15-AC159NS AZUL/TECNICOS	......	......	......	......	......	......	NO	1	–
217	TELEVISOR LG LED 49LH570V	......	......	......	......	......	......	NO	1	–
217	TELEVISOR LED TD - CASA MIRADOR	......	......	......	......	......	......	NO	1	–
217	IMPRESORA HP LASER COLOR /DANIEL	......	......	......	......	......	......	NO	1	–
217	PC THC INTEL G4400 - TECNICOS MARIGEL	......	......	......	......	......	......	NO	1	–
217	MONITOR TFT 19,5p PHILIPS - MARIGEL	......	......	......	......	......	......	NO	1	–
217	PC MATX HOLLYWOOD 15 500GB 16GB/ROBERTO	......	......	......	......	......	......	NO	1	–
217	IMPRESORA TERMICA ETIQUETAS ALMACEN	......	......	......	......	......	......	NO	1	–
217	ORD.PORTATIL LENOVO720S/ JC LEOSTIC	......	......	......	......	......	......	NO	1	–
217	IMPRESORA TERMICA CITIZEN - ALMACEN	......	......	......	......	......	......	NO	1	–
217	MONITOR TFT 19,5p PHILIPS - MAITE	......	......	......	......	......	......	NO	1	–
217	MONITOR TFT 21,5p PHILIPS - DANIEL	......	......	......	......	......	......	NO	1	–
217	PORTATIL LENOVO 15,6p PEDRO	......	......	......	......	......	......	NO	1	–
217	PC INTEL BASIC 1TB/4GB TALLER	......	......	......	......	......	......	NO	1	–
217	IMPRESORA HP ENVY PHOTO 6230 TALLER	......	......	......	......	......	......	NO	1	–
217	MONITOR TFT 19,5p PHILIPS TALLER	......	......	......	......	......	......	NO	1	–
217	MONITOR TFT 24p PHILIPS JUAN CARLOS	......	......	......	......	......	......	NO	1	–
217	IMPRS.HP LASERJET - OFIC.SALIDAS ALMACEN	......	......	......	......	......	......	NO	1	–
217	APPLE IPHONE 8 - JUAN CARLOS	......	......	......	......	......	......	NO	1	–
217	MONITOR TFT 24p PHILIPS/JC LEOSTIC	......	......	......	......	......	......	NO	1	–
217	IMPRESORA HP LASERJET M402DNE/TECNICOS	......	......	......	......	......	......	NO	1	–
217	ORD.PORTATIL LENOVO V110/FABRICE	......	......	......	......	......	......	NO	1	–
217	IMPRESORA EPSON LQ590II/EXPED.ALMACEN	......	......	......	......	......	......	NO	1	–
217	MONITOR TFT 24P. PHILIPS/FABRICE	......	......	......	......	......	......	NO	1	–
217	ORD.PC INTEL BASICO 240GB/NOEMI	......	......	......	......	......	......	NO	1	–
217	ORD. PC INTEL BASICO 24 Gb(AUX.COMERCIAL	......	......	......	......	......	......	NO	1	–
217	MONITOR TFT 19,5p - VERONICA	......	......	......	......	......	......	NO	1	–
217	MONITOR TFE 19,5p - NOEMI	......	......	......	......	......	......	NO	1	–
217	IMPRESORA TERMICA CIIZEN CL-S621	......	......	......	......	......	......	NO	1	–

Cuentas	Descripción	Valor Contable	Amortización Acumulada	Valor Neto Contable	Valor Inventario S/ Sociedad	Variaciones	Valor Inventario S/Administración Concursal art. 201 TRLC	Garantía	Cód	Ubicación
217	TPV SEYPOS PANT.TACT.15 (1)"	......	......	......	......	......	......	NO	1	–
217	TPV SEYPOS PANT.TACT.15 (2)"	......	......	......	......	......	......	NO	1	–
217	LECTOR TAJETAS RFID (1)	......	......	......	......	......	......	NO	1	–
217	LECTOR TARJETAS RFID (2)	......	......	......	......	......	......	NO	1	–
217	LECT.COD.BARRAS ALMACEN (1)	......	......	......	......	......	......	NO	1	–
217	LECTOR COD.BARRAS ALMACEN (2)	......	......	......	......	......	......	NO	1	–
2.7	TOTAL EQUIPOS PROC. INFORMACIÓN	0,00	0,00	0,00	0,00	0,00	0,00			

CÓDIGO	Cod
Para su valoración se ha tenido en cuenta la naturaleza de los activos y el valor otorgado por la concursa en la solicitud de concurso, considerándolo ajustado al valor de mercado.	1

Cuentas	Descripción	Valor Contable	Amortización Acumulada	Valor Neto Contable	Valor Inventario S/ Sociedad	Variaciones	Valor Inventario S/Administración Concursal art. 201 TRLC	Garantía	Cód	Ubicación
218	MOTO DERBI VARIANT BOX C-3816-BJW USADA	......	......	......	......	......	......	NO	1	–
218	MOTO QUAD ATV 200 T3B IMR E-3174-BHJ	......	......	......	......	......	......	NO	1	–
218	MOTO VESPINO C-2548-BKW USADA	......	......	......	......	......	......	NO	1	–
218	MOTO QUAD ATV 200 T3B 1000983	......	......	......	......	......	......	NO	1	–
218	MOTO QUAD ATV 200 T3B 1000947	......	......	......	......	......	......	NO	1	–
218	MOTO QUAD ATV 200 T3B 1000963	......	......	......	......	......	......	NO	1	–
218	FURGONETA C-15 USADO A-9551-EK	......	......	......	......	......	......	NO	1	–
218	MOTO APRILIA C-4971-BCL	......	......	......	......	......	......	NO	1	–
218	MOTO DERBI C-8762-BKV	......	......	......	......	......	......	NO	1	–
218	MOTO DERBI VARIANT C-2208-BJJ	......	......	......	......	......	......	NO	1	–
218	MOTO GILERA C-5065-BMZ	......	......	......	......	......	......	NO	1	–
218	MOTO KYMCO C-7320-BLD USADA	......	......	......	......	......	......	NO	1	–
218	MOTO DERBI C-3372-BKY USADA	......	......	......	......	......	......	NO	1	–
218	MOTO DERBI C-8706-BSX USADA	......	......	......	......	......	......	NO	1	–

Cuentas	Descripción	Valor Contable	Amortización Acumulada	Valor Neto Contable	Valor Inventario S/ Sociedad	Variaciones	Valor Inventario S/Administración Concursal art. 201 TRLC	Garantía	Cód	Ubicación
218	MOTO SUZUKI C-4485-BHJ USADA	......	......	......	......	......	......	NO	1	–
218	MOTO DERBI C-6759-BCB USADA	......	......	......	......	......	......	NO	1	–
218	MOTO DERBI C-9971-BBF USADA	......	......	......	......	......	......	NO	1	–
218	MOTO YAMAHA C-8279-BTP	......	......	......	......	......	......	NO	1	–
218	MOTO DERBI VARIANT C-1047-BKL	......	......	......	......	......	......	NO	1	–
218	MOTO PEUGEOT C-0072-BVM USADA	......	......	......	......	......	......	NO	1	–
218	MOTO PEUGEOT C-1025-BTC USADA	......	......	......	......	......	......	NO	1	–
218	MOTO ELECTRICA	......	......	......	......	......	......	NO	1	–
218	MOTO DERBI C-3444-BCK	......	......	......	......	......	......	NO	1	–
218	BMW X3 7715-LBR	......	......	......	......	......	......	SI	2	–
218	MOTO HONDA C-1394-BCZ USADA	......	......	......	......	......	......	NO	1	–
218	MOTO YAMAHA C-0651-BJY USADA	......	......	......	......	......	......	NO	1	–
2.8	TOTAL ELEMENTOS DE TRANSPORTE	0,00	0,00	0,00	0,00	0,00	0,00			

CÓDIGO	Cod
Para su valoración se ha tenido en cuenta la naturaleza de los activos y el valor otorgado por la concursa en la solicitud de concurso, considerándolo ajustado al valor de mercado.	1
Bien adquirido mediante arrendamiento financiero (leasing) con la entidad BMW	2

Cuentas	Descripción	Valor Contable	Amortización Acumulada	Valor Neto Contable	Valor Inventario S/ Sociedad	Variaciones	Valor Inventario S/Administración Concursal art. 201 TRLC	Garantía	Cód	Ubicación
219	PALETS ENDURI7	......	......	......	......	......	0,00	NO	1	–
219	10200 ASAS CAJAS	......	......	......	......	......	......	NO	1	–
219	CONTENEDOR 6 MTS.	......	......	......	......	......	......	NO	1	–
219	150000 CAJAS RPC 623 BLACK	......	......	......	......	......	......	NO	1	–
219	DAÑOS DANA 2019	......	......	......	......	......	......	NO	1	–
219	60 CAJAS PARA	......	......	......	......	......	......	NO	1	–
2.9	TOTAL OTRO INMOVILIZADO	0,00	0,00	0,00	0,00	0,00	0,00			

CÓDIGO	Cod
Para su valoración se ha tenido en cuenta la naturaleza de los activos y el valor otorgado por la concursa en la solicitud de concurso, considerándolo ajustado al valor de mercado.	1

NOTA 6 DEUDORES

La Sociedad contabiliza bajo este epígrafe los derechos de cobro que mantiene con clientes y deudores (Cuentas 43 y 44) y los créditos a su favor por créditos fiscales (cuenta 47 deudoras). Se detallan a continuación, individualizamente por Capítulo los valores contables y de inventario, propuestos por la Sociedad, las variaciones y/o ajustes propuestos por la Administración Concursal,con explicación detallada de los criterios de valoración a pie de tabla, siguiendo el código que se indica en la columna "Código".

Cuentas	Descripción	Valor Contable	Amortización Acumulada	Valor Neto Contable	Valor Inventario S/ Sociedad	Variaciones	Valor Inventario S/Administración Concursal art. 201 TRLC	Garantía	Cód
430	...... S.L.	......	......	......	......	......	......	NO	1
430	...... S.L.	......	......	......	......	......	......	NO	1
430	...... S.L.	......	......	......	......	......	......	NO	1
430	...... S.L.	......	......	......	......	......	......	NO	1
430	...... S.L.	......	......	......	......	......	......	NO	1
430	...... S.L.	......	......	......	......	......	......	NO	1
430	...... S.L.	......	......	......	......	......	......	NO	1
430	...... S.L.	......	......	......	......	......	......	NO	1
430	...... S.L.	......	......	......	......	......	......	NO	1
430	...... S.L.	......	......	......	......	......	......	NO	1
430	...... S.L.	......	......	......	......	......	......	NO	1
430	...... S.L.	......	......	......	......	......	......	NO	1
430	...... S.L.	......	......	......	......	......	......	NO	1
430	...... S.L.	......	......	......	......	......	......	NO	1
430	...... S.L.	......	......	......	......	......	......	NO	1
430	...... S.L.	......	......	......	......	......	......	NO	1
430	...... S.L.	......	......	......	......	......	......	NO	1
430	...... S.L.	......	......	......	......	......	......	NO	1
430	...... S.L.	......	......	......	......	......	......	NO	1
430	...... S.L.	......	......	......	......	......	......	NO	1
6.1	TOTAL CLIENTES	0,00	0,00	0,00	0,00	0,00	0,00		

CÓDIGO	Cód
Se van a realizar las gestiones de cobro oportunas sobre los saldos a favor de la concursada, reintegrando los importes recuperados en la cuenta intervenida	1

Cuentas	Descripción	Valor Contable	Amortización Acumulada	Valor Neto Contable	Valor Inventario S/ Sociedad	Variaciones	Valor Inventario S/Administración Concursal art. 201 TRLC	Garantía	Cód
4709.0	AEAT H.P. DEUDORA POR DEVOLUC. IMPUESTOS	......	......	......	......	......	......	NO	1
470.0	AEAT H.P. DEUDORA POR IVA	......	......	......	......	......	......	NO	1
6.2	TOTAL ADMINISTRACIONES PÚBLICAS	0,00	0,00	0,00	0,00	0,00	0,00		

CÓDIGO	Cód
Para la valoración de estos elementos se ha tenido en cuenta el valor otorgado por la sociedad en la solicitud de concurso.	1

NOTA 7 INVERSIONES FINANCIERA A CORTO PLAZO

En este epígrafe la Sociedad recoge las inversiones financieras a corto plazo. El nuevo Plan General de Contabilidad aprobado por R.D. de 16 de Noviembre de 200, no muestra alteraciones significativas, a excepción de cambios de denominación en las cuentas, por lo que no resulta preciso, en este grupo de elementos, señalar las reclasificaciones preceptivas para adapatarse a la nueva estructura que el Nuevo Plan Contable exige. Se detallan a continuación, los elementos que componen cada grupo, los valores contables, las provisiones correctivas del valor, propuestas por la Sociedad, los valores otorgados por la sociedad en su inventario de bienes y derechos, las variaciones o ajustes de valor que esta Administración Concursal propone y finalmente el valor consignado a los efectos del artículo 201 del TRLC. En las tablas que se exponen a continuación se indica, igualmente, si los elementos que se contemplan están afectos a alguna garantía y se incluye una columna de Código, que facilita, a pie de tabla, explicación detallada del elemento y criterios de valoración de los mismos.

CUENTA	Descripción	Valor Contable	Provisión	Valor Neto Contable	Valor Inventario S/ Sociedad	Variaciones	Valor Inventario S/Administración Concursal art. 201 TRLC	Garantía	Cód	Ubicación
56500007	FIANZA BOT. OXÍGENO	......	......	......	......	......	0,00	NO	1	–
56600999	DEPÓSITOS CONSIGNAC. SALAR. JUZGADO	......	......	......	......	......	0,00	NO	1	–
7.1	TOTAL OTRAS CUENTAS NO BANCARIAS	0,00	0,00	0,00	0,00	0,00	0,00			

CÓDIGO	Cod
	1

NOTA 8 **TESORERÍA**

La Sociedad contabiliza bajo este epígrafe el efectivo disponible en Caja y en cuentas corrientes abiertas en Entidades Financieras. Se detalla a continuación los elementos que componen ambas cuentas, señalando adicionalmente, el importe de las variaciones que se han producido tanto a nivel de Caja, como de saldos en cuentas corrientes, durante la tramitación del expediente, a fin de valorar el efectivo a la fecha de emisión de este Inventario de bienes y derechos.

CUENTA	Descripción	Saldo contable	Valor Inventario S/ Sociedad	Variaciones	Valor Inventario S/Administración Concursal art. 82 LC	Garantía	Cód
572	ES...............		....	....	....	NO	1
8.1	TOTAL BANCOS	0,00	0,00	0,00	....		

CÓDIGO	Cod
	1

F558. LISTA DE ACREEDORES

Normativa de aplicación: *Arts. 289 y ss. Real Decreto Legislativo 1/2020, de 5 de mayo, por el que se aprueba el texto refundido de la Ley Concursal*

ANEXO 1
LISTADOS DE ACREEDORES DE LA CONCURSADA CON EXPRESIÓN DE LOS CRÉDITOS DETALLADOS

1. Lista de acreedores referida al............/............/............ elaborada por la administración concursal de acuerdo con lo dispuesto en los arts. 285 y ss. TRLC.

Relación de Acreedores excluidos.

Relación de créditos contra la masa devengados y pendientes de pago, con indicación de los vencimientos.

Relación nominal de Acreedores con su crédito reconocido.

Relación nominal de Acreedores según la clasificación jurídica del crédito reconocido.

Resumen de la lista de Acreedores: créditos reconocidos.

2. Lista de acreedores referida al............/............/............ elaborada por los administradores concursales de acuerdo con lo dispuesto en el art. 285 y ss. TRLC.

1.	AGENCIA ESTATAL DE LA ADMINISTRACIÓN TRIBUTARIA
	C/............
	.... (............).– España
	NIF.– ....

Cuantía del crédito reconocido:					

principal...........					
intereses, recargos y sanciones...........					
Reconocimiento especial:					
Condicional...........					
Contingente...........					

Calificación jurídica:		
Con privilegio especial...........		
Con privilegio general...........		
Con privilegio general (Art. 280.2° TRLC)		
Con privilegio general (Art. 280.4° TRLC)		
Ordinario...........		
Subordinado...........		
SUMA...........		

Causa: Declaración mensual de IVA de los meses de........... y........... de 2..........., impuesto sobre sociedades del ejercicio 2..........., retenciones sobre determinadas rentas procedentes del arrendamiento de inmuebles urbanos de los meses de abril y mayo de 2..........., modelo........... del 2° trimestre de 2........... de retenciones sobre rendimientos del trabajo y de actividades económicas, modelo 123 del 2° trimestre de 2........... de retenciones sobre rendimientos del capital mobiliario.

Origen: Operaciones sujetas a IVA, retenciones por diversos conceptos y tributos devengados a/.........../........... Características...........

Vencimiento:.........../.........../..........., .../.........../..........., .../.........../...........

Procedimientos judiciales:

Tribunal Superior de Justicia de........... Autos........... Estado del procedimiento...........

Comunicación y reconocimiento:

Crédito puesto de manifiesto en el procedimiento, con diferencia respecto al reconocido, consistente en: respecto a la cuantía, la AEAT no ha tenido en cuenta en su certificación determinados impuestos cuyo impago determina su calificación como créditos concursales, tales como el Impuesto sobre Sociedades (...........€), el modelos........... del 2° trimestre de........... (...........€) y las retenciones correspondientes a los meses de abril y mayo sobre las rentas de arrendamiento, incluidas en el M........... del 2° trimestre de........... (...........€).

Con respecto a la calificación del privilegio general del artículo 280.4°, su cálculo es el siguiente:

Total crédito a favor de la Agencia Tributaria:...........€.

A deducir el privilegio general del art. 280.2°:...........€

A deducir el subordinado:...........€.

Resultando...........€ como base de cálculo del 50% privilegiado del Art. 280.4°, que asciende a...........€.

....

2.	....
	....
	.... (...........).– España
	NIF.– ....

Cuantía del crédito reconocido:					
principal...........					
intereses, recargos y sanciones...........					
Reconocimiento especial:					
Condicional...........					
Contingente...........					

Calificación jurídica:		
Con privilegio especial...........		
Con privilegio general...........		
Con privilegio general (Art. 280........... TRLC)		
Con privilegio general (Art. 280........... TRLC)		
Ordinario...........		
Subordinado...........		
SUMA...........		

Causa: Saldo vivo de la cuenta de crédito a corto plazo a........... de........... de...........

Origen: Crédito concedido en........... de 2........... por........... que devenga intereses de mercado (...........%). Características...........

Vencimiento: ejercicio 2...........

Procedimientos judiciales:

No constan

Comunicación y reconocimiento:

Crédito puesto de manifiesto en el procedimiento. No hay diferencia con el reconocido pues está contabilizado en los libros y documentos del deudor.

4.	…………
	…………
	………… (…………).– España
	NIF.– …………

Cuantía del crédito reconocido:				
principal…………				
intereses, recargos y sanciones…………				
Reconocimiento especial:				
Condicional…………				
Contingente…………				

Calificación jurídica:		
Con privilegio especial…………		
Con privilegio general…………		
Con privilegio general (Art. 280.2° TRLC) …………		
Con privilegio general (Art. 280.4° TRLC) …………		
Ordinario…………		
Ordinario…………		
SUMA…………		

Causa: Impuesto de actividades económicas del ejercicio 2…………

Origen: Ejercicio 2………… Características…………

Vencimiento:…………/…………/…………

Procedimientos judiciales:

No consta procedimiento judicial relativo al crédito

Comunicación y reconocimiento:

Crédito puesto de manifiesto en el procedimiento por parte de SUMA GESTIÓN TRIBUTARIA DIPUTACIÓN DE…………, organismo autónomo de carácter administrativo encargado de la gestión y la recaudación tributaria del acreedor, sin diferencia con el reconocido al constar en los libros y documentos del deudor.

…………

15.	.... ABOGADOS
	....
	.... (...........).– España
	NIF.– ....

Cuantía del crédito reconocido:					
principal...........					
intereses, recargos y sanciones...........					
Reconocimiento especial:					
Condicional...........					
Contingente...........					

Calificación jurídica:		
Con privilegio especial...........		
Con privilegio general...........		
Con privilegio general (Art. 280.2° TRLC)		
Con privilegio general (Art. 280.4° TRLC)		
Ordinario...........		
Ordinario...........		
SUMA...........		

Causa: Honorarios por asesoramiento jurídico.

Origen: Factura nº.........../2........... de........... de........... de 2...........

Vencimiento:........... de...........

Procedimientos judiciales:

No consta existencia de procedimiento judicial.

Comunicación y reconocimiento:

Crédito no comunicado. Resulta de la contabilidad y documentos del deudor, por el expresado importe de...........€.

....

16.	BANCO ....
	....
	.... (...........).– España
	NIF.– ....

Cuantía del crédito reconocido:					
principal...........					
intereses, recargos y sanciones...........					
Reconocimiento especial:					
Condicional...........					
Contingente...........					

Calificación jurídica:		
Con privilegio especial...........		
Con privilegio general...........		
Ordinario...........		
Ordinario...........		
SUMA...........		

Causa: Préstamos hipotecarios formalizados con anterioridad al ..../............/........... avales prestados a la mercantil concursada, y aval de la concursado en préstamo con garantía personal formalizado con la también concursada........... Características...........

Origen:....../....../......;....../......;....../....../......;......

Procedimientos judiciales:

No consta procedimiento judicial relativo al crédito.

Comunicación y reconocimiento:

Crédito puesto de manifiesto en el procedimiento. No hay diferencia con el reconocido al constar en los libros y documentos del deudor, coincidiendo los importes.

Valor de la garantía real:...........euros, según tasación efectuada en fecha........... por..........., entidad de tasación homologada e inscrita en el Registro Especial del Banco de España

22.	CAJA DE ....
	PLAZA ....
	.... (...........).– España
	NIF.– ....

Cuantía del crédito reconocido:					

principal...........					
intereses, recargos y sanciones...........					
Reconocimiento especial:					
Condicional...........					
Contingente...........					

Calificación jurídica:		
Con privilegio especial...........		
Con privilegio general...........		
Ordinario...........		
Ordinario...........		
SUMA...........		

Causa: Préstamo con garantía pignoraticia sobre las rentas de un contrato de arrendamiento, y afianzamiento de un crédito con garantía personal formalizado con la también concursada........... Características...........

Origen:.........../.........../...........;.........../.........../...........

Vencimiento:.........../.........../...........

Procedimientos judiciales:

No consta procedimiento judicial relativo al crédito.

Comunicación y reconocimiento:

Crédito puesto de manifiesto en el procedimiento, sin diferencia con el reconocido al constar en los libros y documentos del deudor.

Valor de la garantía real:...........euros, según tasación efectuada en fecha........... por..........., entidad de tasación homologada e inscrita en el Registro Especial del Banco de España.

....

41.	DÑA..........., D........... Y DÑA...........DÑA..........., D........... Y D...........

Cuantía del crédito reconocido:					

principal...........					
intereses, recargos y sanciones...........					
Reconocimiento especial:					
Condicional...........					
Contingente...........					

Calificación jurídica:		
Con privilegio especial...........		
Con privilegio general...........		
Ordinario...........		
Ordinario...........		
SUMA...........		

Causa: Compraventa de la finca registral nº........... inscrita en el Registro de la Propiedad nº........... de........... en escritura otorgada ante el Notario de........... D..........., con número de protocolo..........., el día de........... de........... Características...........

Origen:.........../.........../...........

Vencimiento:...........

Procedimientos judiciales:

No consta procedimiento judicial relativo al crédito.

Comunicación y reconocimiento:

Crédito puesto de manifiesto en el procedimiento, existe diferencia con el reconocido. El acreedor comunica un crédito de...........euros; sin embargo la concursada tiene registrado un crédito superior en...........euros en concepto de cantidad retenida para su pago, según consta en la mencionada escritura.

....

42.	....
	....
	.... (...........).– España
	NIF.– ....

Cuantía del crédito reconocido:					

principal...........					
intereses, recargos y sanciones...........					
Reconocimiento especial:					
Condicional...........					
Contingente...........					

Calificación jurídica:		
Con privilegio especial...........		
Con privilegio general...........		
Ordinario...........		
Ordinario...........		
SUMA...........		

Causa: Publicidad en medios de comunicación. Características...........

Origen: Facturas nº.........../........... y.........../..........., de fechas.........../.........../........... y.........../.........../...........

Vencimiento:.........../.........../........... Y.........../.........../...........

Procedimientos judiciales:

No consta procedimiento judicial alguno relativo al crédito.

Comunicación y reconocimiento:

Crédito comunicado. Resulta de la contabilidad y documentos del deudor.

....

51.	JUNTA DE ....
	C/ ....
	.... (...........).– España
	NIF.– ....

Cuantía del crédito reconocido:					
principal...........					
intereses, recargos y sanciones...........					
Reconocimiento especial:					
Condicional...........					

Contingente...........					

Calificación jurídica:		
Con privilegio especial...........		
Con privilegio general...........		
Con privilegio general (Art. 280.2° TRLC)		
Con privilegio general (Art. 280.4° TRLC)		
Ordinario...........		
Ordinario...........		
SUMA...........		

Causa: ITPAJD por segregación de local. Características...........

Origen:.........../.........../...........

Vencimiento:.........../.........../...........

Procedimientos judiciales:

No consta

Comunicación y reconocimiento:

Crédito puesto de manifiesto en el procedimiento. No hay diferencia con el reconocido al constar en los libros y documentos del deudor. Coinciden los importes.

....

52.	....
	....
	.... (...........).– España
	NIF.– ....

Cuantía del crédito reconocido:					
principal...........					
intereses, recargos y sanciones...........					
Reconocimiento especial:					
Condicional...........					
Contingente...........					

Calificación jurídica:	
Con privilegio especial...........	

Con privilegio general...........		
Con privilegio general (Art. 280.2° TRLC)		
Con privilegio general (Art. 280.4° TRLC)		
Ordinario...........		
Ordinario...........		
SUMA...........		

Causa: Devolución de cantidades anticipadas para adquisición de vivienda.

Origen: Auto n°.........../........... de fecha/.........../........... del Juzgado de........... instancia n°........... de..........., homologando el acuerdo entre el acreedor y la concursada. Características...........

Vencimiento:.........../.........../...........

Procedimientos judiciales:

Juzgado de Primera Instancia........... de........... autos........... Estado procedimiento.

Comunicación y reconocimiento:

Crédito puesto de manifiesto en el procedimiento. No hay diferencia con el reconocido al constar en los libros y documentos del deudor.

....

60.	SEGURIDAD SOCIAL
	C/ ....
	.... (...........).– España
	NIF.– ....

Cuantía del crédito reconocido:					
principal...........					
intereses, recargos y sanciones...........					
Reconocimiento especial:					
Condicional...........					
Contingente...........					

Calificación jurídica:		
Con privilegio especial...........		
Con privilegio general...........		
Con privilegio general (Art. 280.2° TRLC)		

Con privilegio general (Art. 280.4º TRLC)		
Ordinario...........		
Ordinario...........		
SUMA...........		

Causa: Cotización a la Seguridad Social. Características del crédito...........

Origen: Cuotas correspondientes a los periodos de mayo y junio, hasta/.........../...........

Vencimiento:........... y........... de 2...........

Procedimientos judiciales:........... constan

Comunicación y reconocimiento:

Crédito puesto de manifiesto en el procedimiento. Existe diferencia con el reconocido en la calificación del privilegio general del artículo 280.4º. Cálculo:

Total crédito a favor de la Seguridad Social:...........€.

A deducir el privilegio general del art. 280.2º:...........€.

Resultando...........€ como base de cálculo del...........% privilegiado del Art. 280.4º, que asciende a...........€.

Relación de Acreedores excluidos.

1.	....
	....
	....

Causa de la exclusión:...........

2.	....
	C/...........
	....

Causa de la exclusión:...........

LISTADO DE CRÉDITOS CONTRA LA MASA.

CRÉDITOS CONTRA LA MASA	
NOMBRE DE LA CUENTA	IMPORTE Y VENCIMIENTO
TOTALES	

LISTA NOMINAL DE ACREEDORES CON SU CRÉDITO RECONOCIDO.

RELACIÓN NOMINAL DE ACREEDORES CON SU CRÉDITO RECONOCIDO		
ORDEN	NOMBRE	IMPORTE
1	AEAT (AGENCIA TRIBUTARIA)	€
4	AYUNTAMIENTO DE...........	€
15	ABOGADOS...........	€
16	BANCO	€
25	CAJA DE AHORROS...........€	
36	COMUNIDAD PROPIETARIOS...........	€
38	CONSTRUCCIONES...........	€
39	DIPUTACIÓN DE...........	€
51	JUNTA DE...........	€
59	SEGURIDAD...........	€
	TOTAL CRÉDITO RECONOCIDO	€

LISTADO NOMINAL DE ACREEDORES SEGÚN LA CLASIFICACIÓN JURÍDICA DEL CRÉDITO RECONOCIDO

CRÉDITOS CON RECONOCIMIENTO ESPECIAL S/ART261 TRLC		
ORDEN	NOMBRE	CRÉDITO RECONOCIDO
13	AYUNTAMIENTO DE...........	€
16	BANCO...........	€
24	CAJA DE AHORROS DE...........	€
26	CAJA DE AHORROS Y MONTE DE PIEDAD DE...........	€
32	COMUNIDAD PROPIETARIOS...........	€
50	JUNTA DE...........	€
55	....	€
	Total Créditos con Reconocimiento Especial s/Art. 261 TRLC	€

CRÉDITOS CON PRIVILEGIO ESPECIAL		
ORDEN	NOMBRE	CRÉDITO RECONOCIDO
14	AYUNTAMIENTO DE...........	€
16	BANCO...........	€
22	CAIXA...........	€

24	CAJA DE AHORROS............	€
38	DIPUTACIÓN DE............	€
	Total Créditos con Privilegio Especial	€

Se hace constar que los referidos acreedores con privilegio especial, se incluyen en las siguientes clases:

1.– Laborales:............

2.– Públicos:............

3.– Financieros:............

4.– Resto de acreedores:

CRÉDITOS CON PRIVILEGIO general		
ORDEN	ORDEN	CRÉDITO RECONOCIDO
1	AEAT (AGENCIA TRIBUTARIA)	€
12	AYUNTAMIENTO DE............	€
27	CÁMARA COMERCIO............	€
30	CÁMARA COMERCIO............	€
59	SEGURIDAD SOCIAL............	€
	Total Créditos con Privilegio General	€

CRÉDITOS CON PRIVILEGIO general ART. 280.2° TRLC		
ORDEN	ORDEN	CRÉDITO RECONOCIDO
1	AEAT (AGENCIA TRIBUTARIA)	€
59	SEGURIDAD SOCIAL	€
	Total Créditos con Privilegio General Art. 280.2°	€

CRÉDITOS CON PRIVILEGIO general ART. 280.4° TRLC		
ORDEN	ORDEN	CRÉDITO RECONOCIDO
1	AEAT (AGENCIA TRIBUTARIA)	€
12	AYUNTAMIENTO DE............	€
27	CÁMARA COMERCIO	€
	Total Créditos con Privilegio General Art. 280.4° TRLC	€

Se hace constar que los referidos acreedores con privilegio general, a efectos de lo dispuesto en el art. 280.2° TRLC se incluyen en las siguientes clases:

1.– Laborales:............

2.– Públicos:............

3.– Financieros:............

4.– Resto de acreedores:

CRÉDITOS ORDINARIOS		
ORDEN	ORDEN	CRÉDITO RECONOCIDO
1	AEAT (AGENCIA TRIBUTARIA)	€
12	AYUNTAMIENTO DE...........	€
19	BANCO	€
25	CAJA DE AHORROS	€
30	CÁMARA COMERCIO	€
35	COMUNIDAD PROPIETARIOS	€
36	CONSTRUCCIONES	€
59	SEGURIDAD SOCIAL	€
	Total Créditos Ordinarios	€

RESUMEN DE LA LISTA de ACREEDORES, CRÉDITOS RECONOCIDOS

RESUMEN LISTA DE ACREEDORES

CRÉDITOS RECONOCIDOS:

A) RECONOCIMIENTO:

Créditos reconocidos s/Art. 259		€	
Créditos con reconocimiento especial s/Art. 261		€	
TOTAL CRÉDITOS RECONOCIDOS		€	

B) CALIFICACIÓN:

Créditos con privilegio especial		€	
Créditos con privilegio general		€	
Créditos Ordinarios		€	
Créditos Subordinados		€	

Créditos Condicionales		€
Créditos Contingentes		€
TOTAL CRÉDITOS RECONOCIDOS		€

5.2. DETERMINACIÓN DE LA MASA ACTIVA

F559. ESCRITO DEL CÓNYUGE DEL CONCURSADO SOLICITANDO DISOLUCIÓN DE SOCIEDAD DE GANANCIALES Y LA FORMACIÓN DE INVENTARIO

Normativa de aplicación: *Arts. 125 y ss. Real Decreto Legislativo 1/2020, de 5 de mayo, por el que se aprueba el texto refundido de la Ley Concursal*

Autos nº...........

AL JUZGADO DE LO MERCANTIL NÚM. .... DE...........

..........., Procurador que actúa en nombre y representación de Dña..........., según acredito mediante poder general para juicios que adjunto, y con la asistencia letrada de D........... col. núm. .... y domicilio profesional en..........., ante el Juzgado comparezco y DIGO:

Que mediante el presente escrito formulo SOLICITUD DE DISOLUCIÓN DE LA COMUNIDAD DE GANANCIALES DEL CONCURSADO D..........., de conformidad con lo previsto en el art. 125 TRLC, y ello en base a los siguientes

HECHOS

PRIMERO.– En fecha........... mi representada (Dña...........), y el concursado contrajeron matrimonio civil en la localidad de..........., ostentando ambos cónyuges la vecindad..........., y bajo el régimen económico matrimonial de gananciales, sin haberse celebrado ninguna capitulación matrimonial posterior.

Aportamos como Doc. 1 la correspondiente certificación literal del Registro Civil.

SEGUNDO.– Mediante auto de fecha..........., por este Juzgado de lo Mercantil núm. .... de..........., se declaró el concurso voluntario...........

TERCERO.– Es interés de esta parte se proceda a disolver la comunidad de gananciales que mantenía con el concursado D..........., de conformidad con el derecho previsto en el art. 125 TRLC, y solicitándose asimismo la correspondiente formación de inventario de la sociedad de gananciales a disolver al amparo del art. 808 de la LEC, aportándose junto a este escrito a tal efecto:

- Doc. 2. Propuesta de Inventario de los bienes con la debida separación por partidas y naturaleza de los mismos.
- Doc. 3. Escritura de compraventa de fecha........... de la actual vivienda conyugal sita en...........

– Doc. 4. Certificado de la entidad bancaria............sobre depósitos y títulos de mi representada constituidos y adquiridos con anterioridad al matrimonio.
– Doc. 5. Escritura de compraventa de fecha............ de la vivienda............ con pago realizado con fondos privativos de mi representada, según certificado bancario aportado como Doc. 6.
– ....

FUNDAMENTOS DE DERECHO

I.– COMPETENCIA

Conforme a los arts. 44, 45, 52 y 125.1 TRLC, es competente para conocer de la presente solicitud el Juez del Concurso, debiendo ventilarse por los trámites previstos en los arts. 806 a 811. de la LEC.

II.– CAPACIDAD Y LEGITIMACIÓN

Las partes ostentan la capacidad pertinente en virtud de lo dispuesto en el art. 6 LEC.

De conformidad con el artículo 125.1 TRLC la legitimación activa corresponde al cónyuge del concursado que pretenda la disolución de la sociedad o comunidad conyugal.

III.– POSTULACIÓN Y DEFENSA

La actora está representada por Abogado y Procurador, tal y como dispone la Legislación Concursal en su art. 512.3 TRLC.

IV.– DERECHO SUSTANTIVO

Artículo 125 TRLC: 1. El cónyuge del concursado tendrá derecho a solicitar del juez del concurso la disolución de la sociedad o comunidad conyugal cuando se hubieran incluido en el inventario de la masa activa bienes gananciales o comunes que deban responder de las obligaciones del concursado. 2. Presentada la solicitud de disolución, el juez acordará la liquidación de la sociedad o comunidad conyugal, el pago a los acreedores y la división del remanente entre los cónyuges. Estas operaciones se llevarán a cabo de forma coordinada, sea con el convenio, sea con la liquidación de la masa activa. 3. El cónyuge del concursado tendrá derecho a que la vivienda habitual del matrimonio que tuviere carácter ganancial o común se le incluya con preferencia en su haber hasta donde este alcance. Si excediera solo procederá la adjudicación si abonara al contado el exceso.

Art. 193 TRLC: 1. En caso de concurso de persona casada, la masa activa comprenderá los bienes y derechos propios o privativos del concursado. 2. Si el régimen económico del matrimonio fuese el de sociedad de gananciales o cualquier otro de comunidad de bienes, se incluirán en la masa, además, los bienes gananciales o comunes cuando deban responder de obligaciones del concursado.

Por todo ello,

SUPLICO AL JUZGADO: Que teniendo por presentado este escrito, junto con sus documentos, y sus copias, admitiendo todo ello y previos los trámites oportunos se acuerde la disolución de la sociedad de gananciales entre mi representada y el concursado D..........., y la formación de inventario de la misma, y previos los oportunos tramites, se acuerde la liquidación de la sociedad conyugal, el pago a los acreedores y la división del remanente entre los cónyuges, mi mandante Doña .... y el aquí concursado, Don...........

En..........., a de........... de dos mil...........

F560. ESCRITO DEL CÓNYUGE DEL CONCURSADO EN RÉGIMEN DE GANANCIALES SOLICITANDO LA ADJUDICACIÓN DE LA VIVIENDA HABITUAL

Normativa de aplicación: *Arts. 125 y ss. Real Decreto Legislativo 1/2020, de 5 de mayo, por el que se aprueba el texto refundido de la Ley Concursal*

Autos nº...........

AL JUZGADO DE LO MERCANTIL NÚM. .... DE...........

..........., Procurador que actúa en nombre y representación de Dña..........., según acredito mediante poder general para juicios que adjunto, y con la asistencia letrada de D........... col. núm. .... y domicilio profesional en..........., ante el Juzgado comparezco y DIGO:

Que mediante el presente escrito formulo SOLICITUD DE ADJUDICACIÓN DE LA VIVIENDA HABITUAL de conformidad con lo previsto en el art. 125.3 TRLC, y ello en base a los siguientes

HECHOS

PRIMERO.– En fecha........... se dictó por este Juzgado sentencia por la que se declaraba disuelta la sociedad de gananciales existente entre el concursado D..........., y mi representada Dña...........

SEGUNDO.– Que en el Inventario del concursado presentado por la administración concursal, se incluyó la vivienda habitual del matrimonio, cuyos datos son..........., y valorada por la administración concursal en...........euros.

Por su parte, el haber declarado a favor de mi cónyuge por la liquidación de la sociedad de gananciales es de...........euros.

TERCERO.– Mediante Auto de este Juzgado de fecha........... se declaró la apertura de la fase de liquidación del presente concurso.

CUARTO.– Es interés de mi mandante adjudicarse la vivienda habitual del matrimonio al amparo del derecho otorgado en el art. 125.3 TRLC, y atendiendo a la valoración de la vivienda y del haber favorable a mi principal en la liquidación de la sociedad de gananciales, la diferencia resultante se compense abonando el exceso al contado de........... euros, suma que ha sido debidamente consignada por esta parte en la cuenta judicial de consignaciones, justificante que se acompaña al presente escrito.

FUNDAMENTOS DE DERECHO

Artículo 125 TRLC: 1. El cónyuge del concursado tendrá derecho a solicitar del juez del concurso la disolución de la sociedad o comunidad conyugal cuando se hubieran incluido en el inventario de la masa activa bienes gananciales o comunes que deban responder de las obligaciones del concursado. 2. Presentada la solicitud de disolución, el juez acordará la liquidación de la sociedad o comunidad conyugal, el pago a los acreedores y la división del remanente entre los cónyuges. Estas operaciones se llevarán a cabo de forma coordinada, sea con el convenio, sea con la liquidación de la masa activa. 3. El cónyuge del concursado tendrá derecho a que la vivienda habitual del matrimonio que tuviere carácter ganancial o común se le incluya con preferencia en su haber hasta donde este alcance. Si excediera solo procederá la adjudicación si abonara al contado el exceso.

Art. 193 TRLC: 1. En caso de concurso de persona casada, la masa activa comprenderá los bienes y derechos propios o privativos del concursado. 2. Si el régimen económico del matrimonio fuese el de sociedad de gananciales o cualquier otro de comunidad de bienes, se incluirán en la masa, además, los bienes gananciales o comunes cuando deban responder de obligaciones del concursado.

En su virtud,

SUPLICO AL JUZGADO: Que teniendo por presentado este escrito, junto con sus documentos, los admita, y en su virtud y al amparo del art. 125.3 TRLC, se liquide la sociedad de gananciales existente entre mi representada y el concursado, adjudicándose a favor de mi principal la vivienda habitual de su matrimonio, inmueble integrante de la masa y descrito en el Hecho II, teniendo por abonado el exceso resultante mediante la consignación de...........– euros realizada por esta parte en la Cuenta de Consignaciones de este Juzgado.

En..........., a de........... de dos mil...........

F561. ESCRITO DEL CÓNYUGE DEL CONCURSADO SOLICITANDO LA ADQUISICIÓN DE LA VIVIENDA HABITUAL DEL MATRIMONIO

Normativa de aplicación: *Arts. 125 y ss. Real Decreto Legislativo 1/2020, de 5 de mayo, por el que se aprueba el texto refundido de la Ley Concursal*

Autos nº...........

AL JUZGADO DE LO MERCANTIL NÚM. .... DE...........

..........., Procurador que actúa en nombre y representación de Dña..........., según acredito mediante poder general para juicios que adjunto, y con la asistencia letrada de D........... col. núm. .... y domicilio profesional en..........., ante el Juzgado comparezco y DIGO:

Que mediante el presente escrito formulo SOLICITUD DE ADQUISICIÓN DE LA VIVIENDA HABITUAL DEL MATRIMONIO de conformidad con lo previsto en el art. 194 TRLC, y ello en base a los siguientes:

HECHOS

PRIMERO.– Mi representada es la esposa del ahora concursado D..........., matrimonio celebrado en..........., en fecha...........

SEGUNDO.– Que con fecha........... el matrimonio adquirió su vivienda habitual sita en..........., y por el precio de...........– euros.

Acompañamos escritura de compraventa como Doc. 1, y como Doc. 2 certificado de empadronamiento en el citado inmueble desde el año..........., a efectos de la acreditación de vivienda habitual.

TERCERO.– Es de interés de mi representada adquirir la referida vivienda, valor de tasación, es de .... euros, el cual no supera el valor de merado de dicho inmueble, fijado en la suma de .... euros.

Se acompaña como Docs. 3 y 5 informe de tasación de la vivienda en cuestión, información sobre valores de mercado del inmueble y ....

El precio a abonar, en consecuencia, por mi representada en su condición de cónyuge del concursado, sería de...........euros.

FUNDAMENTOS DE DERECHO

At. 194 TRLC: 1. El cónyuge del concursado tendrá derecho a adquirir la totalidad de cada uno de los bienes gananciales o comunes incluidos en la masa activa satisfaciendo a la masa la mitad de su valor. 2. El precio de adquisición será el que de común acuerdo determinen el cónyuge del concursado y la administración concursal. En defecto de acuerdo, se estará al que, oídas las partes, determine el juez del concurso como valor de mercado. Cuando lo estime oportuno, el juez podrá solicitar informe de experto. 3. Por excepción a lo establecido en el apartado anterior, se considerará que el valor de la vivienda habitual del matrimonio será el mayor entre el valor de tasación que tuviera establecido o el de mercado

En su virtud,

SUPLICO AL JUZGADO: Que teniendo por presentado este escrito, junto con sus documentos, los admita, y en su virtud y al amparo del art. 124 TRLC, se autorice a favor de mi representada la adquisición de la vivienda conyugal, inmueble descrito en el Hecho 2°, previa exclusión de tal bien de la masa del concurso, y por el precio de...........euros, mitad de su valor, que será abonado a la masa.

En..........., a de........... de dos mil...........

F562. DEMANDA INCIDENTAL DE TITULAR INDISTINTO DE CUENTAS JUNTO CON EL CONCURSADO SOLICITANDO EXCLUSIÓN DE LA MASA ACTIVA

Normativa de aplicación: *Arts. 197 y ss. Real Decreto Legislativo 1/2020, de 5 de mayo, por el que se aprueba el texto refundido de la Ley Concursal*

Autos n°...........

AL JUZGADO DE LO MERCANTIL NÚM. .... DE...........

..........., Procurador que actúa en nombre y representación de D..........., según acredito mediante poder general para juicios que adjunto, y con la asistencia letrada de D........... col. núm. .... y domicilio profesional en..........., ante el Juzgado comparezco y DIGO:

Que mediante el presente escrito, y al amparo del art. 197 TRLC formulo DEMANDA INCIDENTAL DE EXCLUSIÓN DE LA MASA ACTIVA DE CUENTAS EN LAS QUE CONSTA EL CONCURSADO COMO TITULAR INDISTINTO, concretamente, sobre la cuenta bancaria n°........... de la entidad........... S.A., contra el concursado, Don........... y la Administración Concursal.

HECHOS

PRIMERO.– Que mi mandante, D........... es hermano del concursado en el presente procedimiento, D...........

Con el fin sufragar los gastos de asistencia médica de nuestra madre Dña........... en el centro geriátrico..........., sito en..........., ambos hermanos abrieron cuenta indistinta a tal fin en fecha........... en la entidad bancaria..........., cuenta con el n°...........

Adjuntamos Certificación del Registro Civil a tal efecto como Doc. 1, Certificado médico de la Sra........... como Doc. 2, y Certificado del centro geriátrico...........

SEGUNDO.– Que dada la delicada situación económica del concursado, las sumas necesarias para atender los elevados gastos de la madre común, debió asumirlos íntegramente mi mandante, por lo que desde fecha..........., todas las sumas ingresadas en la cuenta bancaria objeto de litis lo han sido por mi representado.

Acompañamos como Doc. 3 certificado de la entidad........... sobre el íntegro origen desde el día........... de las trasferencias realizadas a la cuenta bancaria por parte de mi mandante.

TERCERO.– Mediante........... de fecha..........., obrante en autos del concurso, la administración concursal declaró integrar en la masa activa la referida cuenta bancaria........... de la que también es titular indistinto mi representado.

Frente a tal decisión mi principal dirigió escrito oponiéndose, con las razones y motivos que constan en el mismo, y que se acompaña como Doc. 4

CUARTO.– Quedando perfectamente acreditado que los fondos disponibles de la cuenta bancaria..........., son de exclusiva propiedad de mi mandante —y sin perjuicio del fin asistencial al que se aplican—, no es admisible la negativa de la administración concursal a excluirlos de la masa activa del concurso, e impidiendo su libre y legítima disposición por mi representado. Frente a tal situación, solicitamos el auxilio judicial contenido en la presente demanda.

FUNDAMENTOS DE DERECHO

I.– COMPETENCIA

Suscitada la cuestión sobre la inclusión en la masa activa de los saldos acreedores de una cuenta con titularidad indistinta del concursado, compete al Juez del Concurso (art. 44,45,52 y 197 TRLC), debiendo ventilarse por el cauce del incidente concursal (197.2 y 532 y ss. TRLC).

II.– CAPACIDAD Y LEGITIMACIÓN

Las partes ostentan la capacidad pertinente en virtud de lo dispuesto en el art. 6 LEC.

Legitimación activa.– De conformidad con el artículo 197.2 TRLC la legitimación activa corresponde a quien se oponga a la inclusión de la masa activa de los saldos de las cuentas, en este caso un titular indistinto de la misma.

Legitimación pasiva.– Se ha de considerar demandadas a la concursada, y a la administración concursal.

III.– POSTULACIÓN Y DEFENSA

El actor está representado por Abogado y Procurador, tal y como dispone la Legislación Concursal en su art. 512 TRLC.

IV.– CUANTÍA DEL PROCEDIMIENTO: Se fija en la cantidad de...........euros (............– €).

V.– DERECHO SUSTANTIVO

Art. 197 TRLC: 1.– En caso de concurso del titular de una cuenta indistinta se presumirá, salvo prueba en contrario, que la totalidad del saldo acreedor de la cuenta es propiedad del deudor. La administración concursal, cualquiera que sea el régimen de limitación de las facultades de administración y de disposición de la masa activa, ordenará de inmediato bien la transferencia del saldo a la cuenta intervenida o bien ordenará a la entidad financiera la modificación pertinente en el régimen 2. Cualquier interesado podrá impugnar la decisión sobre el saldo. La impugnación se sustanciará por los trámites del incidente concursal.

VI.– COSTAS

Las costas se impondrán a los demandados en virtud del principio objetivo de vencimiento, por aplicación del art. 394 LEC y 542 TRLC.

En su virtud,

SUPLICO AL JUZGADO: Que teniendo por admitido este escrito, junto con sus documentos, tenga por promovido incidente concursal de EXCLUSIÓN DE LA MASA ACTIVA DE CUENTAS EN LAS QUE CONSTA EL CONCURSADO COMO TITULAR INDISTINTO respecto de la cuenta bancaria............, contra Don .... y la Administración Concursal y previos los trámites legales pertinentes, finalmente resuelva:

1.– Estimar nuestra demanda incidental, declarando la exclusión de la masa activa de la reseñada cuenta bancaria.

2.– Condenar a las demandadas a estar y pasar por la declaración anterior, y en su virtud proceder a la devolución de cuantos fondos hayan sido dispuestos por la masa al momento de la firmeza de la sentencia de este procedimiento.

3.– La imposición de las costas a los demandados.

En............, a de............ de dos mil............

OTROSÍ DIGO: Se solicita de este Juzgado la celebración de vista en el presente incidente de conformidad con lo dispuesto en el art. 540 TRLC.

En su virtud,

SUPLICO AL JUZGADO que tenga por efectuada la anterior manifestación, se sirva admitirla, y acordar en el sentido anteriormente expuesto, citando a las partes para la oportuna vista.

Es Justicia que nuevamente se SUPLICA en el lugar y fecha reseñados "ut supra".

OTROSÍ DIGO: Que interesa a esta parte el recibimiento del pleito a prueba y en este sentido, esta parte manifiesta los medios de prueba de los que intenta valerse en el presente incidente:............

En su virtud,

SUPLICO AL JUZGADO que tenga por efectuada la anterior manifestación, se sirva admitirla, y tener por manifestados los medios de prueba de los que intenta valerse esta parte, y previos los oportunos trámites, declare los mismos pertinentes, acordando cuanto proceda en derecho para su práctica.

Es Justicia que nuevamente se SUPLICA en el lugar y fecha reseñados "ut supra".

F563. ESCRITO DEL TITULAR LEGÍTIMO DE UN BIEN SEPARABLE SOLICITANDO A LA ADMINISTRACIÓN CONCURSAL SU ENTREGA

Normativa de aplicación: *Arts. 239 y ss. Real Decreto Legislativo 1/2020, de 5 de mayo, por el que se aprueba el texto refundido de la Ley Concursal*

A LOS ADMINISTRADORES CONCURSALES DE LA COMPAÑÍA........... S.A.

Muy Sres. nuestros:

Con relación al concurso voluntario de la compañía........... S.A. que se sigue ante Juzgado de lo mercantil núm. .... de........... bajo el número de autos..........., y en mi condición de legal representante de la compañía........... S.L., cúmpleme requerirles en el siguiente sentido:

I.– Que tal y como Uds. conocen, el concursado tiene en su poder una máquina perforadora modelo..........., y con número de bastidor...........

II.– Que la reseñada maquinaria es de íntegra, libre, y legítima titularidad de nuestra compañía, tal y como acreditamos con la Factura del distribuidor oficial de tales máquinas en España, de fecha........... adjunta al presente escrito.

III.– Que ningún derecho de uso, garantía o retención ostenta la concursada sobre nuestra máquina perforadora.

La única relación de la máquina con la concursada es haber sido utilizada en los terrenos de la concursada por nuestros empleados para los trabajos de perforación contratados y efectuados íntegramente por nuestra sociedad, conforme al contrato de fecha........... que adjuntamos. Tal contrato de perforación había sido resuelto en fecha........... conforme a comunicación de la concursada que adjuntamos.

IV.– Que a la vista de todo lo anterior, y al amparo del reseñado art. 239.1 TRLC, se REQUIERE de esta Administración Concursal que proceda a entregar, de conformidad con la facultad prevista en el citado precepto, la máquina descrita en el apartado I de la presente, y ello con la máxima celeridad, atendiendo a los graves perjuicios que se le están ocasionando a nuestra compañía el no disponer de aquélla.

Atentamente,

F564. DEMANDA INCIDENTAL DE SEPARACIÓN DE BIENES AJENOS EN PODER DE LA CONCURSADA

Normativa de aplicación: *Arts. 239 y ss. Real Decreto Legislativo 1/2020, de 5 de mayo, por el que se aprueba el texto refundido de la Ley Concursal*

Autos nº...........

AL JUZGADO DE LO MERCANTIL NÚM. .... DE...........

..........., Procurador que actúa en nombre y representación de........... S.L. según acredito mediante poder general para juicios que adjunto, y con la asistencia letrada de D........... col. núm. .... y domicilio profesional en..........., ante el Juzgado comparezco y DIGO:

Que mediante el presente escrito, y al amparo del art. 239 TRLC formulo DEMANDA INCIDENTAL DE SEPARACIÓN DE BIENES AJENOS EN PODER DE LA CONCURSADA, frente a la Administración Concursal, y la sociedad concursada........... S.A.

HECHOS

PRIMERO.– Que mi mandante, la compañía........... S.L. tiene como objeto social la realización de trabajos de perforación y...........

Adjuntamos como Doc. 1 Nota simple del Registro Mercantil de..........., donde, entre otros, se detalla el objeto social de mi representada.

SEGUNDO.– Que con fecha..........., ... S.L. suscribió contrato de obra de perforación con la concursada, labores a realizar en...........

Para la realización de tales trabajos, desplazó a tal ubicación mi mandante su propia máquina perforadora modelo........... y nº de bastidor........... La máquina sigue en tal localización.

Adjuntamos como Doc. 2 el contrato de fecha........... y como Doc. 3 la Factura del distribuidor oficial de tales máquinas en España, de fecha..........., acreditativa de la legítima titularidad de mi representada.

Ningún derecho de uso, garantía o retención ostenta la concursada (ni ninguna otra persona), sobre la máquina reseñada, de exclusiva y plena titularidad de mi mandante........... S.L.

TERCERO.– Mediante comunicación de fecha..........., la concursada resolvió el contrato de obra de perforación, paralizándose en consecuencia los trabajos, y acaeciendo pocos días después la declaración de concurso (auto de fecha........... de........... de 2...........), prohibiéndose la entrada a las obras a mi representada........... S.L., a fin de retirar la maquinaria objeto del presente incidente.

CUARTO.– Ante tal imposibilidad de recuperar la maquinaria, se dirigió comunicación fehaciente a la administración concursal en fecha..........., reclamando la debida entrega del bien.

La administración concursal, se negó a nuestra petición conforme a los motivos que constan en su escrito de fecha...........

Se acompañan ambas comunicaciones como Docs. 4 y 5.

QUINTO.– Quedando perfectamente acreditado que la legítima titularidad de la máquina es exclusivamente de mi principal, no es admisible la negativa de la administración concursal a efectuar su entrega, e impidiendo su libre y legítimo uso por mi representado, lo cual le está ocasionando graves perjuicios. Frente a tal situación, solicitamos el auxilio judicial contenido en la presente demanda.

FUNDAMENTOS DE DERECHO

I.– COMPETENCIA

Suscitada la cuestión sobre separación y entrega de un bien titularidad de tercero sobre el que no ostenta derecho alguno la concursada, compete al Juez del Concurso, debiendo ventilarse por el cauce del incidente concursal (art. 239.2 y 532 y ss. TRLC).

II.– CAPACIDAD Y LEGITIMACIÓN

Las partes ostentan la capacidad pertinente en virtud de lo dispuesto en el art. 6 LEC.

Legitimación activa.– De conformidad con el artículo 239.2 TRLC la legitimación activa corresponde a quien solicita la entrega del bien.

Legitimación pasiva.– Se ha de considerar demandadas a la concursada, y a la administración concursal,.

III.– POSTULACIÓN Y DEFENSA

El actor está representado por Abogado y Procurador, tal y como dispone la normativa Concursal en su art. 512 TRLC.

IV.– CUANTÍA DEL PROCEDIMIENTO: Se fija en la cantidad de...........euros (............– €).

V.– DERECHO SUSTANTIVO

Art. 239 TRLC: 1. Los bienes de propiedad ajena que se encuentren en poder del concursado y sobre los cuales este no tenga derecho de uso, garantía o retención serán entregados por la administración concursal a sus legítimos titulares, a solicitud de estos. 2. La denegación de la entrega del bien por la administración concursal podrá ser impugnada por el propietario por los trámites del incidente concursal. 3. La sentencia que se dicte en el incidente de separación será directamente apelable. La tramitación y la resolución de este recurso de apelación tendrán carácter preferente.

VI.– COSTAS

Las costas se impondrán a los demandados en virtud del principio objetivo de vencimiento, por aplicación del art. 394 LEC y 542 TRLC.

En su virtud,

SUPLICO AL JUZGADO: Que teniendo por admitido este escrito, junto con sus documentos, tenga por promovido incidente concursal de SEPARACIÓN DE BIENES AJENOS EN PODER DE LA CONCURSADA respecto de la máquina perforadora modelo........... y nº de bastidor..........., y previos los trámites legales pertinentes, finalmente resuelva:

1.– Estimar nuestra demanda incidental, declarando la plena y libre titularidad de la máquina reseñada, y el derecho de separación de la masa activa de la misma.

2.– Condenar a las demandadas a estar y pasar por la declaración anterior, y en su virtud proceder a su más pronta entrega a mi representada.

3.– La imposición de las costas a los demandados.

En..........., a de........... de dos mil...........

OTROSÍ DIGO: Se solicita de este Juzgado la celebración de vista en el presente incidente de conformidad con lo dispuesto en el art. 540 TRLC.

En su virtud,

SUPLICO AL JUZGADO que tenga por efectuada la anterior manifestación, se sirva admitirla, y acordar en el sentido anteriormente expuesto, citando a las partes para la oportuna vista.

Es Justicia que nuevamente se SUPLICA en el lugar y fecha reseñados "ut supra".

OTROSÍ DIGO: Que interesa a esta parte el recibimiento del pleito a prueba y en este sentido, esta parte manifiesta los medios de prueba de los que intenta valerse en el presente incidente:...........

En su virtud,

SUPLICO AL JUZGADO que tenga por efectuada la anterior manifestación, se sirva admitirla, y tener por manifestados los medios de prueba de los que intenta valerse esta parte, y previos los oportunos trámites, declare los mismos pertinentes, acordando cuanto proceda en derecho para su práctica.

Es Justicia que nuevamente se SUPLICA en el lugar y fecha reseñados "ut supra".

F565. ESCRITO DEL TITULAR PERJUDICADO POR UNA ENAJENACIÓN IRREIVINDICABLE SOLICITANDO DE LA ADMINISTRACIÓN CONCURSAL EL RECONOCIMIENTO DE SU CRÉDITO

Normativa de aplicación: *Arts. 239 y ss. Real Decreto Legislativo 1/2020, de 5 de mayo, por el que se aprueba el texto refundido de la Ley Concursal*

A LOS ADMINISTRADORES CONCURSALES DE LA COMPAÑÍA........... S.A.

Muy Sres. nuestros:

Con relación al concurso voluntario de la compañía........... S.A. que se sigue ante Juzgado de lo mercantil núm. .... de........... bajo el número de autos..........., y en mi condición de legal representante de la compañía........... S.L., cúmpleme requerirles en el siguiente sentido:

I.– Que tal y como Uds. conocen, con fecha........... recayó Sentencia del Juzgado de lo Mercantil núm. .... de........... en el procedimiento incidental..........., por la que se admitía la titularidad originaria de mi sociedad sobre la máquina perforadora modelo........... y nº de bastidor..........., aunque denegando la entrega a nuestro favor, por haber sido enajenada previamente a la declaración del concurso por la concursada a tercero de buena fe, quien además inscribió su derecho en el Registro de Bienes Muebles de...........

Acompañamos copia de la Sentencia reseñada.

II.– Que, tal y como consta en los autos judiciales, habiéndose percibido por la concursada en fecha........... el precio de la venta de la maquinaria, únicamente queda la opción a nuestra compañía, y que ahora ejercitamos, de solicitar el reconocimiento del crédito correspondiente, y a valor del bien al momento de su enajenación más el interés legal. Todo ello de conformidad con el art. 240 TRLC.

III.– Que la presente solicitud de reconocimiento de crédito, se efectúa dentro del plazo de un mes desde la firmeza de la Sentencia reseñada.

IV.– Que el valor de la máquina perforadora, a fecha de enajenación asciende a...... ......– euros, atendiendo al Informe emitido por........... S.L., distribuidora en exclusiva de tal maquinaria en España, más el interés legal desde el día..........., fecha de la mentada enajenación por el concursado.

En consecuencia el valor total del crédito ha de ser de...........euros.

V.– Que a la vista de todo lo anterior, y al amparo del reseñado art. 240 TRLC, se REQUIERE de esta Administración Concursal que

Proceda a reconocer como crédito concursal ordinario a favor de nuestra compañía........... S.L., la suma de...........– euros, de conformidad con lo previsto en el citado precepto.

Atentamente,

F566. INVENTARIO DE LA MASA ACTIVA

Normativa de aplicación: *Arts. 198 y ss. Real Decreto Legislativo 1/2020, de 5 de mayo, por el que se aprueba el texto refundido de la Ley Concursal*

INVENTARIO DE LA MASA ACTIVA

La Administración Concursal que suscribe, en cumplimiento de lo previsto en el art. 198 y concordantes TRLC, presenta INVENTARIO DE LA MASA ACTIVA, que incluye la relación y la valoración de los bienes y derechos de que se componía el día de la solicitud de concurso, y se indica si alguno de esos bienes o derechos que en él figuran hubiera dejado de pertenecer al concursado o hubiera variado de valor entre la fecha de la solicitud y el día inmediatamente anterior al de presentación del informe de la administración concursal.

A) BIENES Y DERECHOS

A.1. ACCIONISTAS POR DESEMBOLSOS NO EXIGIDOS

CARACTERÍSTICAS:............

VALORACIÓN............euros

A.2. INMOVILIZACIONES INMATERIALES

NATURALEZA: Derecho

CARÁCTER:............ (Privativ.– ganancial)

CARACTERÍSTICAS:............

IDENTIFICACIÓN REGISTRAL:............(OAMI, OEPM)

GRAVÁMENES TRABAS Y CARGAS:............– Valor

VALORACIÓN............euros

A.3. INMOVILIZACIONES MATERIALES

De conformidad con el Informe adjunto emitido por el experto independiente............, detallamos:

NATURALEZA:............ Mueble/inmueble

CARÁCTER:............ Privativo/ganancial

CARACTERÍSTICAS:............(números de bastidor, matrícula)

LOCALIZACIÓN:............ C/............, ..., C.P............

IDENTIFICACIÓN REGISTRAL:............ (Registros de la propiedad, de bienes muebles, etc.).

GRAVÁMENES TRABAS Y CARGAS:............– Valor

VALORACIÓN............euros

A.4. INMOVILIZACIONES FINANCIERAS

CARÁCTER:............ (Privativo/Ganancial)

CARACTERÍSTICAS:............(cotizados/no cotizados/a plazo/fianzas etc.).

GRAVÁMENES TRABAS Y CARGAS:............– Valor

VALORACIÓN............euros

A.5. ACCIONES PROPIAS

CARACTERÍSTICAS:...........

GRAVÁMENES TRABAS Y CARGAS:...........– Valor

VALORACIÓN...........euros

A.6. ACCIONISTAS POR DESEMBOLSOS EXIGIDOS

CARACTERÍSTICAS:...........

GRAVÁMENES TRABAS Y CARGAS:...........– Valor

VALORACIÓN...........euros

A.7. EXISTENCIAS

CARÁCTER:........... (Privativo/Ganancial)

CARACTERÍSTICAS:...........

LOCALIZACIÓN:........... C/..........., ..., C.P...........

GRAVÁMENES TRABAS Y CARGAS:...........– Valor

VALORACIÓN...........euros

A.8. DEUDORES

CARÁCTER:........... (Privativo/Ganancial)

CARACTERÍSTICAS:...........

GRAVÁMENES TRABAS Y CARGAS:...........– Valor

VALORACIÓN —sin perjuicio de la estimación prevista en apartado B—........... euros

A.9. INVERSIONES FINANCIERAS TEMPORALES

CARÁCTER:........... (Privativo/Ganancial)

CARACTERÍSTICAS:...........

GRAVÁMENES TRABAS Y CARGAS:...........– Valor

VALORACIÓN...........euros

A.10. TESORERÍA

CARÁCTER:........... (Privativo/Ganancial)

CARACTERÍSTICAS:...........

GRAVÁMENES TRABAS Y CARGAS:...........– Valor

VALORACIÓN...........euros

TOTAL DE BIENES Y DERECHOS...........–...........euros

Expresamente se hace constar que los bienes y derechos que han dejado de pertenecer al concursado entre la fecha de solicitud concursal y el día inmediatamente anterior al de presentación del informe de la administración concursal son los siguientes:...........

También se reseñan los bienes y derechos que han variado de valor en el lapso temporal reseñado en el cuerpo de este escrito: ....

B) RELACIÓN DE LITIGIOS CUYO RESULTADO PUEDA AFECTAR AL CONTENIDO DEL INVENTARIO Y ACCIONES A PROMOVER PARA LA REINTEGRACIÓN DE LA MASA ACTIVA

B.1. LITIGIOS EN CURSO

B.1.a) PROCEDIMIENTO Núm. ....

JUZGADO............

DEMANDANTE/S............

DEMANDADO/S............

OBJETO/CUANTÍA RECLAMADA DEL PROCEDIMIENTO............

ESTADO PROCESAL............

VIABILIDAD ESTIMADA PARA LAS PRETENSIONES DE LA CONCURSADA............

RIESGOS ESTIMADOS PARA LA CONCURSADA............

COSTES PREVISTOS............

POSIBILIDADES DE FINANCIACIÓN DE LAS ACTUACIONES JUDICIALES............

B.1.b) PROCEDIMIENTO Núm. ....

JUZGADO............

DEMANDANTE/S............

DEMANDADO/S............

OBJETO/CUANTÍA RECLAMADA DEL PROCEDIMIENTO............

ESTADO PROCESAL............

VIABILIDAD ESTIMADA PARA LAS PRETENSIONES DE LA CONCURSADA............

RIESGOS ESTIMADOS PARA LA CONCURSADA............

COSTES PREVISTOS............

POSIBILIDADES DE FINANCIACIÓN DE LAS ACTUACIONES JUDICIALES............

B.1.c) ....

B.1.d) ....

B.2. LITIGIOS A PROMOVER DISTINTOS DE LAS ACCIONES DE REINTEGRACIÓN DE LA MASA ACTIVA.

TIPO DE PROCEDIMIENTO............

JUZGADO/TRIBUNAL COMPETENTE............

DEMANDANTE/S............

DEMANDADO/S............

OBJETO/CUANTÍA RECLAMADA DEL PROCEDIMIENTO............

VIABILIDAD ESTIMADA PARA LAS PRETENSIONES DE LA CONCURSADA............

RIESGOS ESTIMADOS PARA LA CONCURSADA............

COSTES PREVISTOS............

POSIBILIDADES DE FINANCIACIÓN DE LAS ACTUACIONES JUDICIALES............

B.3. ACCIONES A PROMOVER PARA LA REINTEGRACIÓN DE LA MASA ACTIVA.

DEMANDADO/S............

OBJETO/CUANTÍA RECLAMADA DEL PROCEDIMIENTO............

VIABILIDAD ESTIMADA PARA LAS PRETENSIONES DE LA CONCURSADA............

RIESGOS ESTIMADOS PARA LA CONCURSADA............

COSTES PREVISTOS............

POSIBILIDADES DE FINANCIACIÓN DE LAS ACTUACIONES JUDICIALES............

C) Se hace constar que, conforme ordena el art. 198.3 TRLC, no se han incluido ni se ha efectuado el avalúo de los bienes que se relacionan continuación, al tratarse de bienes de propiedad ajena en poder del concursado y sobre los que éste tiene derecho de uso, figurando únicamente el derecho de uso sobre el mismo del arrendatario financiero concursado:............

En............, a............ de............ de dos mil............

(Firma administración concursal)

F567. ESCRITO DE LA ADMINISTRACIÓN CONCURSAL INTERESANDO EL NOMBRAMIENTO DE EXPERTO INDEPENDIENTE PARA LA ESTIMACIÓN DE LOS VALORES DE BIENES Y DERECHOS

Normativa de aplicación: *Arts. 203 y ss. Real Decreto Legislativo 1/2020, de 5 de mayo, por el que se aprueba el texto refundido de la Ley Concursal*

AL JUZGADO DE LO MERCANTIL DE............

D............, Administración Concursal designada para el presente procedimiento de concurso núm. .... seguido ante este Juzgado, ante el Juzgado comparezco en el citado procedimiento concursal, y como mejor proceda en Derecho DIGO:

PRIMERO.– Que para la correcta elaboración del inventario de la concursada............ S.L., cuyo objeto social consiste fundamentalmente en la promoción y compraventa inmobiliaria, y la mayor parte de su activo se compone de inmuebles, tanto solares, como construcciones, derechos arrendaticios, etc., se estima necesaria la intervención de un experto independiente para la evaluación más rigurosa de tales bienes y derechos.

SEGUNDO.– Que según lo previsto en el art. 203 TRLC, se propone para tal nombramiento a la sociedad experta en tasación inmobiliaria........... S.L., para el desarrollo de las tareas, en los plazos, y términos del encargo todo lo cual consta en el presupuesto que se adjunta a este escrito como DOCUMENTO........... Los honorarios devengados por el experto, serán con cargo a la retribución de la administración concursal. Los informes emitidos por los expertos y el detalle de los referidos honorarios devengados se unirán al inventario.

En virtud de lo expuesto

SUPLICO AL JUZGADO que teniendo por presentado este escrito con sus documentos, se admitan, y teniendo por presentada solicitud de nombramiento de experto independiente para la evaluación de bienes y derechos del inventario de la concursada........... S.A., se acuerde el nombramiento del citado experto en la compañía tasadora........... S.L., de conformidad con los trabajos, tareas, y encargo previstas en el presupuesto adjunto al presente escrito.

En..........., a........... de........... de dos mil...........

F568. AUTO DESIGNANDO EXPERTO INDEPENDIENTE

Normativa de aplicación: *Arts. 203 y ss. Real Decreto Legislativo 1/2020, de 5 de mayo, por el que se aprueba el texto refundido de la Ley Concursal*

En la ciudad de........... a........... de........... de...........

ANTECEDENTES DE HECHO

ÚNICO.– Que mediante escrito de fecha........... de........... de........... por la administración concursal del concurso voluntario de Don..........., propuso a este Juzgado la designación de Don........... como experto independiente que estimase el valor de los citados bienes:........... al considerar necesario el asesoramiento del citado Sr. Ello en los términos del citado escrito y documentación aneja al mismo.

FUNDAMENTOS DE DERECHO

PRIMERO.– Que este Juez es competente para conocer del presente procedimiento y de la proposición planteada por la administración planteada por la administración concursal (arts. 44, 45 y 203 TRLC).

SEGUNDO.– Que la administración concursal está legitimada para proponer la designación de experto independiente (art. 203.1 TRLC).

TERCERO.– Que la expresada solicitud reúne los requisitos de forma establecidos en el art. 203 TRLC.

CUARTO.– Que establece el art. 203.1 TRLC que la administración concursal podrá recurrir al asesoramiento de uno o varios expertos independientes para la estimación de los valores de bienes y derechos de la masa activa sin necesidad de autorización judicial

En esta línea, art. 203.4 TRLC, será de aplicación a los expertos independientes el régimen de incompatibilidades, prohibiciones, recusación y responsabilidad establecido para los administradores concursales y sus representantes.

Por otro lado, art. 203.2 TRLC, la retribución de los expertos independientes será a cargo de la administración concursal.

Finalmente, cabe señalar que los informes emitidos por los expertos y el detalle de los honorarios devengados se unirán al inventario (art. 203.3 TRLC).

QUINTO.– Que este Juzgador comparte la opinión de la administración sobre lo necesario del nombramiento de un experto independiente para la estimación de los siguientes bienes:............ También la persona en quien debería recaer el nombramiento, Don............ Y las condiciones del encargo, que a continuación se transcriben:............ En especial los honorarios a percibir por ...., que serán a cargo de la administración Concursal.

SEXTO.– Que al experto nombrado, como se dijo, es de aplicación el régimen de incompatibilidades, prohibiciones, recusación y responsabilidad establecido para los administradores concursales y sus representantes (art. 203.4 TRLC).

Conforme al art. 203.3 TRLC el informe emitido por el experto y el detalle de los honorarios devengados, que serán con cargo a la retribución de la administración concursal, se unirán al inventario.

Visto lo expuesto y demás normativa de aplicación

DISPONGO

Nombrar a Don............ experto independiente para la estimación de los bienes reseñados en el fundamento de derecho quinto de este auto, siendo las condiciones y alcance del encargo las reseñadas en el citado fundamento de derecho quinto, y los honorarios devengados por el asesoramiento con cargo a la retribución de la administración concursal.

Notifíquese la resolución al deudor y demás partes personadas a través de su representación procesal, haciéndole saber que contra la misma no cabe recurso alguno.

Todo lo cual pronuncia, manda y firma el Ilmo. Sr. ...., Magistrado Juez del Juzgado de lo Mercantil núm. .... de............

F569. AUTO RECHAZANDO EL NOMBRAMIENTO DE EXPERTO INDEPENDIENTE

Normativa de aplicación: *Arts. 203 y ss. Real Decreto Legislativo 1/2020, de 5 de mayo, por el que se aprueba el texto refundido de la Ley Concursal*

En la ciudad de........... a........... de........... de...........

ANTECEDENTES DE HECHO

ÚNICO.– Que mediante escrito de fecha........... de........... de........... por la administración concursal del concurso voluntario de Don..........., propuso a este Juzgado la designación de Don........... como experto independiente que estimase el valor de los citados bienes:........... al considerar necesario el asesoramiento del citado Sr a tal efecto. Ello en los términos del citado escrito y documentación aneja al mismo.

FUNDAMENTOS DE DERECHO

PRIMERO.– Que este Juez es competente para conocer del presente procedimiento y de la proposición planteada por la administración planteada por la administración concursal (arts. 44, 45 y 203 TRLC).

SEGUNDO.– Que la administración concursal está legitimada para proponer la designación de experto independiente (art. 203.1 TRLC).

TERCERO.– Que la expresada solicitud reúne los requisitos de forma establecidos en el art. 203 TRLC.

CUARTO.– Que establece el art. 203.1 TRLC que la administración concursal podrá recurrir al asesoramiento de uno o varios expertos independientes para la estimación de los valores de bienes y derechos de la masa activa sin necesidad de autorización judicial.

En esta línea, art. 203.4 TRLC, será de aplicación a los expertos independientes el régimen de incompatibilidades, prohibiciones, recusación y responsabilidad establecido para los administradores concursales y sus representantes.

Por otro lado, art. 203.2 TRLC, la retribución de los expertos independientes será a cargo de la administración concursal.

Finalmente, cabe señalar que los informes emitidos por los expertos y el detalle de los honorarios devengados se unirán al inventario (art. 203.3 TRLC).

QUINTO.– Que este Juzgador no comparte la opinión de la administración sobre lo necesario del nombramiento de un experto independiente para la estimación de los siguientes bienes:........... Ello por cuanto...........

Visto lo expuesto y demás normativa de aplicación

DISPONGO

Rechazar la propuesta de la administración concursal a efectos del nombramiento de Don............ experto independiente para la estimación de los bienes reseñados en el fundamento de derecho quinto de este auto, al no considerar necesario tal nombramiento.

Notifíquese la resolución al deudor y demás partes personadas a través de su representación procesal, haciéndole saber que contra la misma no cabe recurso alguno.

Todo lo cual pronuncia, manda y firma el Ilmo. Sr. ...., Magistrado Juez del Juzgado de lo Mercantil núm. .... de............

5.3. DETERMINACIÓN DE LA MASA PASIVA

F570. COMUNICACIÓN DE CRÉDITO ORDINARIO A LA ADMINISTRACIÓN CONCURSAL EN CASO DE CONCURSO DE DEUDORES SOLIDARIOS

Normativa de aplicación: *Arts. 255 y ss. Real Decreto Legislativo 1/2020, de 5 de mayo, por el que se aprueba el texto refundido de la Ley Concursal*

Muy Sres. nuestros:

Con relación al concurso voluntario de la compañía........... S.A. que se sigue ante Juzgado de lo mercantil núm. .... de........... bajo el número de autos..........., y en mi condición de legal representante de la compañía........... S.L., con domicilio en..........., CIF........... cúmpleme requerirles en el siguiente sentido:

I.– Que dentro del plazo legal señalado en el art. 28.1.5º TRLC, y en la forma prevista en el art. 255 y ss. TRLC de la misma norma, procedemos a comunicarles la existencia de los siguientes créditos a nuestro favor, todos ellos derivados de nuestros trabajos de prestación de servicios para la concursada, y en virtud de contrato de fecha..........., y facturas que acompañamos a la presente:

- Factura nº..........., de fecha..........., conceptos........... ...., cuantía...........euros, IVA...........euros, vencimiento en fecha...........
- Factura nº..........., de fecha..........., conceptos........... ...., cuantía...........euros, IVA...........euros, vencimiento en fecha...........
- Factura nº..........., de fecha..........., conceptos........... ...., cuantía...........euros, IVA...........euros, vencimiento en fecha...........

Acompañamos copia de las citadas facturas y contrato

II.– Que, debe clasificarse como crédito ordinario.

III.– Que de conformidad con el contrato de fecha..........., se constituía en deudor solidario de las obligaciones derivadas de aquél, D........... Persona la cual se encuentra igualmente en situación de concurso voluntario, tramitado ante el Juzgado de lo Mercantil núm. .... de..........., bajo el nº de autos...........

Esta compañía ha comunicado a la administración concursal del deudor solidario D..........., la existencia de los créditos ahora aquí también reclamados, habiendo sido reconocidos íntegramente en la lista de acreedores de tal procedimiento.

Acompañamos copia del escrito de comunicación, y copia de la Lista de acreedores.

IV.– Que de conformidad con lo establecido en el art. 256.2 TRLC se comunica el domicilio de..........., calle..........., núm. .... (o la dirección de correo electrónico...........@...........com) para que por esta Administración Concursal se nos practiquen cuantas comunicaciones resulten necesarias o convenientes.

V.– Que a la vista de todo lo anterior, y al amparo del reseñado art. 255 y ss. TRLC, se REQUIERE de esta Administración Concursal que proceda a reconocer como crédito concursal ordinario a favor de nuestra compañía........... S.L., la suma de...........– euros, de conformidad con lo previsto en el citado precepto.

En........... a........... de...........

Atentamente,

F571. COMUNICACIÓN DE CRÉDITOS POR PARTE DE ACREEDOR A LA ADMINISTRACIÓN CONCURSAL

Normativa de aplicación: *Arts. 255 y ss. Real Decreto Legislativo 1/2020, de 5 de mayo, por el que se aprueba el texto refundido de la Ley Concursal*

Concurso Voluntario Ordinario ....../......

D/Dª.., mayor de edad, con DNI/NIE/PASAPORTE............................, con teléfono.................................., y correo electrónico..., en nombre y representación de la entidad.., con domicilio social en.. y NIF/CIF..................................., acreditando tal representación mediante..(1), comparece y como mejor proceda, efectúa COMUNICACIÓN DE CRÉDITO:

Datos del acreedor

Nombre/Razón social:..

Dirección:...

Población:...

Código postal:................................

Teléfono:......................... Fax:...............................

Correo electrónico válido de comunicaciones:..

Cuenta corriente donde recibir los pagos:..

Datos del crédito

Concepto:...

Cuantía:...

Fecha de entrega del bien/prestación del servicio:..

Fecha de vencimiento del crédito/periodo de impago:..................................

Calificación pretendida (si se conoce):

........................• Crédito contra la masa

........................• Crédito privilegiado especial

........................• Crédito privilegiado general

........................• Crédito ordinario

........................• Crédito subordinado

....

Si existen garantías, bienes y derechos afectados y datos registrales..

¿Hay fianza de tercero?:............................

Datos del fiador:...........................

Indique si concurre en el crédito alguna de las siguientes circunstancias:

• Existe un litigio sobre el crédito seguido ante el Juzgado............ de................., autos nº.......... Situación actual del procedimiento:...

• Otras circunstancias de relevancia sobre el crédito:..

Documentación que se acompaña a la presente comunicación:

Se relacionan a continuación los documentos justificativos del crédito cuya comunicación se pretende. Por favor, relacione todos los albaranes, facturas, etc. por separado.

1...

2...

3...

4...

5...

6...

7...

8...

9...

10...

Por todo lo expuesto,

SOLICITA que tenga por presentado este escrito y documentación adjunta, teniendo por comunicado el crédito a la administración concursal.

En... a............... de................. de............

Firma:..

Nombre y apellidos

F572. COMUNICACIÓN DE LA ADMINISTRACIÓN CONCURSAL

Normativa de aplicación: *Arts. 290 y ss. Real Decreto Legislativo 1/2020, de 5 de mayo, por el que se aprueba el texto refundido de la Ley Concursal*

Muy Sres. nuestros:

Nos referimos al concurso voluntario de la sociedad........... S.L., y en nuestra condición de administración concursal del citado concurso tramitado ante el Juzgado de lo Mercantil núm. .... de........... bajo el número de autos...........

En el expresado procedimiento son ustedes la deudora concursada (ALTERNATIVA: En el expresado procedimiento comunicaron sus créditos y han sido (NO han sido) reconocidos como acreedores de la concursada). (ALTERNATIVA: En el expresado procedimiento se hallan ustedes personados, aunque no tengan la condición de acreedor).

Habiéndose presentado en el día de hoy el informe de la administración concursal y la documentación aneja o complementaria al mismo a que se refieren los arts. 290 y ss. TRLC, por medio de la presente comunicación, les remitimos copia del citado informe y documentación.

Todo lo cual se le comunica de conformidad y a los efectos de lo previstos en el art. 294 TRLC.

F573. ESCRITO DE LA ADMINISTRACIÓN CONCURSAL JUSTIFICANDO A REQUERIMIENTO DEL JUZGADO EL ENVÍO DEL INFORME DEL ART. 290 TRLC

Normativa de aplicación: *Arts. 290 y ss. Real Decreto Legislativo 1/2020, de 5 de mayo, por el que se aprueba el texto refundido de la Ley Concursal.*

AL JUZGADO DE LO MERCANTIL Nº ..... DE...........

Proc. Concursal Ordinario Autos....../......

.... en representación de..........., SLP, Administrador Concursal designado en el procedimiento de Concurso Ordinario Voluntario de las entidades mercantiles "...........,

S.L.,............, S.L.,............, S.L. y ...., S.L." que con el número....../...... se tramita ante ese Juzgado, comparece ante el mismo y como mejor proceda en Derecho, DICE:

Que mediante diligencia de ordenación de fecha 21 de febrero de............, notificada a esta parte el mismo día, se requiere a esta Administración Concursal para que aporte documentación acreditativa de haber remitido, mediante comunicación telemática, el Informe del artículo 290 del TRLC a los acreedores de cuya dirección electrónica tenga conocimiento.

Que, en cumplimiento del requerimiento efectuado y dentro de plazo conferido, se aporta como

– DOCUMENTO Nº 1 copia del correo electrónico enviado a los acreedores de............, S.L. con el Informe de la A.C.

– DOCUMENTO Nº 2 copia del correo electrónico enviado a los acreedores de............, S.L. con el Informe de la A.C.

– DOCUMENTO Nº 3 copia del correo electrónico enviado a los acreedores de............, S.L. con el Informe de la A.C.

– DOCUMENTO Nº 4 copia del correo electrónico enviado a los acreedores de............, S.L. con el Informe de la A.C.

En virtud de lo expuesto,

SOLICITA AL JUZGADO, que teniendo por presentado este escrito se digne admitirlo, unirlo al expediente de su razón y se tenga por cumplido al infrascrito en el requerimiento efectuado mediante diligencia de ordenación de fecha 21 de febrero de............, notificada a esta parte el mismo día.

En .... a .... de .... de ....

FDO.– ....

ADMINISTRADOR CONCURSAL

F574. AUTO TENIENDO POR PRESENTADO EL INFORME DE LA ADMINISTRACIÓN CONCURSAL

Normativa de aplicación: *Arts. 290 y ss. Real Decreto Legislativo 1/2020, de 5 de mayo, por el que se aprueba el texto refundido de la Ley Concursal*

En la ciudad de........... a........... de........... de...........

ANTECEDENTES DE HECHO

ÚNICO.– Que en fecha........... de........... de........... por la administración concursal del concurso voluntario ordinario de........... S.L. se presentó el informe de la administración concursal a que se refiere el art. 290 TRLC, con la estructura y acompañando los documentos establecidos en los arts. 292 y 293 TRLC.

FUNDAMENTOS DE DERECHO

PRIMERO.– Que este Juez es competente para conocer del presente procedimiento y del informe de la administración concursal presentado (arts. 44, 45 y 52 TRLC).

SEGUNDO.– Que el informe presentado por la administración concursal lo ha sido en plazo y cumple con lo establecido en el TRLC, especialmente, en sus arts. 290, 292, y 293 y concordantes TRLC. Expresamente se hace constar que se ha acompañado al mismo la documentación complementaria requerida legalmente.

TERCERO.– Que según señala el art. 294.1 TRLC, el mismo día de la presentación del informe, el letrado de la Administración de Justicia lo remitirá por medios electrónicos junto con los documentos anejos al Registro público concursal.

Así mismo, art. 294.2 TRLC, también el mismo día de la presentación del informe la administración concursal remitirá el informe y los documentos anejos por correo electrónico al deudor, a aquellos que hubiesen comunicado sus créditos de cuya dirección electrónica tenga constancia, estén o no incluidos en la lista de acreedores, y a quienes, aunque no fueran acreedores, estuvieran personados en el concurso. Si no tuviera constancia fehaciente de la recepción del correo electrónico, deberá intentar la comunicación por cualquier otro medio que permita al acreedor conocer de su publicación en el Registro público concursal. Si no tuviera constancia de la dirección electrónica, el administrador concursal efectuará la remisión al procurador que los represente.

Finalmente, recordar que, conforme al art. 294.3 TRLC el juez podrá acordar, de oficio o a instancia del interesado, cualquier publicidad complementaria que considere imprescindible, en medios oficiales o privados, opción esta que se me antoja innecesaría en las presentes actuaciones.

CUARTO.– Que conforme establece el art. 297, apartados 1 y 2, TRLC, dentro del plazo de diez días las partes personadas en el concurso de acreedores podrán impugnar el inventario y la lista de acreedores. El plazo para impugnar el inventario y la lista de acreedores se contará desde la inserción de esos documentos en el Registro público concursal.

La impugnación del inventario podrá consistir en la solicitud de la inclusión o de la exclusión de bienes o derechos, o del aumento o disminución del avalúo de los incluidos (art. 298.1 TRLC). Por otro lado, la impugnación de la lista de acreedores podrá referirse a la inclusión o a la exclusión de créditos concursales, así como a la cuantía o a la clasificación de los reconocidos (art. 298.2 TRLC).

El at. 300.1 TRLC ordena que las impugnaciones se sustancien por los trámites del incidente concursal, pudiendo el juez de oficio, acumular todas o varias de ellas para resolverlas conjuntamente (art. 300.2 TRLC).

El mismo día de la presentación de los documentos definitivos, el letrado de la Administración de Justicia los remitirá por medios electrónicos al Registro público concursal (art. 304.1 TRLC).

Finalmente, también el mismo día de la presentación de los documentos definitivos, el administrador concursal los remitirá por medios electrónicos al deudor y a los acreedores reconocidos de cuya dirección electrónica tenga constancia y a quienes estuvieran personados en el concurso, aunque no fueran acreedores. Si no tuviera constancia de la dirección electrónica, el administrador concursal efectuará la remisión al procurador que los represente.

QUINTO.– Sobre la falta de impugnación, son de aplicación, entre otros, los arts. 299 y 302 TRLC.

Visto lo expuesto y demás normativa de aplicación

DISPONGO

Se tiene por presentado ante este Juzgado, en plazo y forma y por la administración concursal del concurso voluntario ordinario de la sociedad..........., el informe de tal administración y documentación a que se refieren los arts. 290 y ss. TRLC.

Remítase por el Sr. Letrado de la Administración de Justicia y por medios electrónicos, el referido informe y documentación aneja al Registro Publico Concursal.

Hágase saber que dentro del plazo de diez días, las partes personadas podrán impugnar el inventario y la lista de acreedores, advirtiendo que este plazo se contara desde la inserción de tales documentos en el Registro Publico Concursal.

Líbrense los oportunos oficios y mandamientos a efectos de dotar publicidad a los citados documentos.

Contra el presente auto cabe recurso de reposición en el plazo de cinco (5) días a contar desde su notificación.

De conformidad con lo establecido en la Disposición Adicional 15ª LOPJ (según la redacción dada por la LO 1/09), la interposición de recurso contra resoluciones judiciales, no podrá ser admitida a trámite sin la acreditación del depósito previsto en la citada Ley a efectos de recurrir, debiendo presentarse copia o resguardo de tal depósito en la cuenta de consignaciones de este Juzgado.

Todo lo cual pronuncia, manda y firma el Ilmo. Sr. ...., Magistrado Juez del Juzgado de lo Mercantil núm. .... de...........

F575. EDICTO PARA LA PUBLICIDAD DE LA PRESENTACIÓN DEL INFORME DE LA ADMINISTRACIÓN CONCURSAL

Normativa de aplicación: *Arts. 290 y ss. Real Decreto Legislativo 1/2020, de 5 de mayo, por el que se aprueba el texto refundido de la Ley Concursal*

Edicto que emito yo, Doña............, Letrado de la Administración de Justicia para hacer saber que en el Juzgado de lo Mercantil núm. .... de............ y bajo el número de autos............/............, se sigue expediente de concurso voluntario ordinario de la sociedad............ S.L. con domicilio en............, calle............, CIF............

En dicho procedimiento se ha dictado auto de fecha............ por el que se tiene por presentado, en legal plazo y forma, el informe de la administración concursal, y documentación anejas a que se refieren los arts. 290 y ss. TRLC

Sirva el presente para dar la debida publicidad a la presentación del referido informe y documentos anejos, mediante la insercion de los mismos en el Registro Publico Concursal, haciéndose saber que dentro del plazo de diez días, las partes personadas podrán impugnar el inventario y la lista de acreedores, advirtiendo que este plazo se contara desde la referida inserción en el Registro Publico Concursal.

Todo lo cual se comunica a los efectos y con el alcance previsto en los arts. 294, y 297 y ss. TRLC.

En............, a............ de............ de............

F576. DEMANDA INCIDENTAL DE IMPUGNACIÓN DE LA LISTA DE ACREEDORES SOLICITANDO LA MODIFICACIÓN A ORDINARIO DE UN CRÉDITO CALIFICADO COMO SUBORDINADO

Normativa de aplicación: *Arts. 297 y ss. Real Decreto Legislativo 1/2020, de 5 de mayo, por el que se aprueba el texto refundido de la Ley Concursal*

Autos nº............

AL JUZGADO DE LO MERCANTIL NÚM. .... DE............

............, Procurador que actúa en nombre y representación de............ S.L. según acredito mediante poder general para juicios que adjunto, y con la asistencia letrada de D............ col. núm. .... y domicilio profesional en............, ante el Juzgado comparezco y DIGO:

Que mediante el presente escrito, y al amparo de los arts. 297 y 532 y ss. TRLC formulo DEMANDA INCIDENTAL DE IMPUGNACIÓN DE LA LISTA DE ACREEDORES, frente a la Administración Concursal y la sociedad concursada........... S.A.

HECHOS

PRIMERO.– Que mi mandante, la compañía........... S.L. interpuso demanda de juicio ordinario en su día contra la hoy concursada........... S.A., en reclamación de cantidad generada de sus relaciones comerciales, tramitada bajo el nº de autos........... en el Juzgado de 1ª Instancia núm. .... de...........

Con fecha........... recayó sentencia firme del mismo Juzgado, por la cual se condenaba a........... S.A. al pago de...........euros de principal y...........euros de intereses

Obra en autos copia debidamente testimoniada de la reseñada sentencia —nuestro escrito dirigido a la administración concursal de fecha...........—, acompañándose por economía procesal como Doc. 1 copia de la misma.

SEGUNDO.– Que con fecha..........., mi mandante recibió comunicación de la administración concursal, notificándole que el crédito (reconocido íntegramente por sentencia firme), era clasificado como subordinado al supuesto amparo del art. 281.1.1º TRLC por concurrir comunicación extemporánea.

TERCERO.– Que si bien es cierto que mi mandante dirigió fuera de plazo la comunicación de su crédito, no puede desconocerse que la totalidad de los detalles y circunstancias no sólo obran en poder de la concursada desde muchos meses antes, sino que todo ello deriva de una resolución judicial firme que no puede desconocer.

Precisamente tal supuesto es el que protege expresamente el propio art. 281.1.1º TRLC, excluyendo de la calificación de subordinados, por vía de excepción, los créditos de reconocimiento forzoso, por ejemplo, cuando consten en la documentación del deudor, en el concurso, o en otro procedimiento judicial.

CUARTO.– Quedando perfectamente acreditado que el crédito de mi mandante debe ser reconocido como ordinario, por constar declarado en sentencia judicial obrante en autos, y no deber sufrir la consecuencia sancionatoria para los créditos comunicados tardíamente, es por ello que reclamamos el presente auxilio de este Juzgado.

FUNDAMENTOS DE DERECHO

I.– COMPETENCIA

Suscitada la cuestión la impugnación de la lista de acreedores, compete al Juez del Concurso, debiendo ventilarse por el cauce del incidente concursal. (arts. 44, 45, 52, y 300.1 TRLC)

II.– CAPACIDAD Y LEGITIMACIÓN

Las partes ostentan la capacidad pertinente en virtud de lo dispuesto en el art. 6 de la Ley de Enjuiciamiento Civil.

Legitimación activa.– De conformidad con el artículo 297.1 TRLC, mi mandante, acreedor personado en el concurso, ostenta legitimación activa para impugnar la lista de acreedores.

Legitimación pasiva.– Se ha de considerar demandadas a la concursada, y la administración concursal.

III.– POSTULACIÓN Y DEFENSA

El actor está representado por Abogado y Procurador, tal y como dispone la Legislación Concursal en su art. 512 TRLC

IV.– CUANTÍA DEL PROCEDIMIENTO: Se fija en la cantidad de............euros (............– €).

V.– DERECHO SUSTANTIVO

1.– Que conforme establece el art. 297, apartados 1 y 2, TRLC, dentro del plazo de diez días las partes personadas en el concurso de acreedores podrán impugnar el inventario y la lista de acreedores. El plazo para impugnar el inventario y la lista de acreedores se contará desde la inserción de esos documentos en el Registro público concursal.

La impugnación del inventario podrá consistir en la solicitud de la inclusión o de la exclusión de bienes o derechos, o del aumento o disminución del avalúo de los incluidos (art. 298.1 TRLC). Por otro lado, la impugnación de la lista de acreedores podrá referirse a la inclusión o a la exclusión de créditos concursales, así como a la cuantía o a la clasificación de los reconocidos (art. 298.2 TRLC).

El art. 300.1 TRLC ordena que las impugnaciones se sustancien por los trámites del incidente concursal, pudiendo el juez de oficio, acumular todas o varias de ellas para resolverlas conjuntamente (art. 300.2 TRLC).

2.– Art. 260.1 TRLC, que regula el reconocimiento forzoso de créditos, según el cual, la administración concursal incluirá necesariamente en la lista de acreedores aquellos créditos que hayan sido reconocidos por resolución procesal o por laudo, aunque no fueran firmes; los asegurados con garantía real inscrita en registro público; los que consten en documento con fuerza ejecutiva; los que consten en certificación administrativa, y los créditos de los trabajadores cuya existencia y cuantía resulten de los libros y documentos del deudor o por cualquier otra razón consten en el concurso.

3.– Art. 281.1.1° TRLC, Son créditos subordinados: ....1° Los créditos que se clasifiquen como subordinados por la administración concursal por comunicación extemporánea, salvo que se trate de créditos de reconocimiento forzoso, o por las resoluciones judiciales que resuelvan los incidentes de impugnación de la lista de acreedores y por aquellas otras que atribuyan al crédito esa clasificación.

VI.– COSTAS

Las costas se impondrán a los demandados en virtud del principio objetivo de vencimiento, por aplicación del art. 394 LEC y 542 TRLC.

En su virtud,

SUPLICO AL JUZGADO: Que teniendo por admitido este escrito, junto con sus documentos, tenga por promovido incidente concursal de IMPUGNACIÓN DE LA LISTA DE ACREEDORES respecto del crédito reconocido a mi mandante, y previos los trámites legales pertinentes, finalmente resuelva:

1.– Estimar nuestra demanda incidental, modificando la Lista de Acreedores en lo referente a la calificación del crédito ostentado por........... S.L. y cuantía de........... euros, reconociéndolo como crédito ordinario, que se incluirá en la citada lista con tal calificación.

2.– La imposición de las costas a los demandados.

En..........., a........... de........... de dos mil...........

OTROSÍ DIGO: Se solicita de este Juzgado la celebración de vista en el presente incidente de conformidad con lo dispuesto en el art. 540 TRLC.

En su virtud,

SUPLICO AL JUZGADO que tenga por efectuada la anterior manifestación, se sirva admitirla, y acordar en el sentido anteriormente expuesto, citando a las partes para la oportuna vista.

Es Justicia que nuevamente se SUPLICA en el lugar y fecha reseñados "ut supra".

OTROSÍ DIGO: Que interesa a esta parte el recibimiento del pleito a prueba y en este sentido, esta parte manifiesta los medios de prueba de los que intenta valerse en el presente incidente:...........

En su virtud,

SUPLICO AL JUZGADO que tenga por efectuada la anterior manifestación, se sirva admitirla, y tener por manifestados los medios de prueba de los que intenta valerse esta parte, y previos los oportunos trámites, declare los mismos pertinentes, acordando cuanto proceda en derecho para su práctica.

Es Justicia que nuevamente se SUPLICA en el lugar y fecha reseñados "ut supra".

F577. DEMANDA INCIDENTAL IMPUGNANDO LISTA DE ACREEDORES E INVENTARIO

Normativa de aplicación: *Arts. 297 y ss. Real Decreto Legislativo 1/2020, de 5 de mayo, por el que se aprueba el texto refundido de la Ley Concursal*

AL JUZGADO DE LO MERCANTIL NÚMERO........... DE...........

..........., Procurador de los Tribunales, y de la Mercantil..........., S.A., con domicilio en..........., y con CIF..........., representación que tengo acreditada, en los autos del

Procedimiento Concursal Ordinario..........., ante el Juzgado, comparezco bajo la dirección letrada de Don........... (ICAV...........), y como mejor proceda en Derecho, DIGO:

Que en la representación acreditada y por el presente escrito formulo DEMANDA INCIDENTAL DE IMPUGNACIÓN DE LA LISTA DE ACREEDORES Y DEL INVENTARIO DE LA MASA ACTIVA contra la Administración Concursal de la mercantil "..........." y contra esta sociedad concursada, impugnando expresamente la exclusión en la lista de acreedores de los créditos que se dirán de mi representada y solicitando su inclusión en dicha lista de acreedores elaborada por la citada administración concursal y que a continuación se detallarán, así como también se impugna la inclusión en el inventario de una deuda de mi representada solicitando que se excluya conforme seguidamente se detallará, y todo ello en base a los siguientes,

HECHOS

PRIMERO.– PRELIMINAR.

Que conforme a diligencia dictada por el Letrado de la Administración de Justicia el pasado día .... de ...., se presentó por la administración concursal, en el procedimiento concursal que se sigue en este Juzgado bajo el nº..........., el oportuno informe a que se refiere el art. 290 y ss. TRLC, al que se acompaño la LISTA DE ACREEDORES donde se contenía relación completa de aquellos créditos que podían hacerse efectivos contra el concursado, así como el INVENTARIO en el que constan recogidos determinados bienes y derechos de la masa activa.

Ello fue objeto de inserción el día .... en el Registro Publico Concursal.

Se impugna a través del presente incidente tanto la lista de acreedores como el inventario. Ello en los términos que a continuación se expondrán.

SEGUNDO.– EN CUANTO A LA IMPUGNACIÓN DE LA LISTA DE ACREEDORES.

I.– Unido al informe de la administración concursal, de fecha..........., se halla la lista de acreedores de la concursada, en la que se ha excluido por la Administración Concursal, un crédito a favor de mi mandante, la mercantil "...........", por importe de........... (...........€) euros. Esta parte considera que el citado crédito debe integrar la masa pasiva del concursado y, por lo tanto, procede su inclusión en la lista de acreedores elaborada por los administradores concursales.

II.– El crédito de mi mandante fue debidamente comunicado al concurso, mediante escrito de fecha..........., en los términos y cumpliendo las exigencias de los arts. 28.1.5º y 255 y ss. TRLC. En este sentido, señalar que en el informe de la administración concursal, nada se dice contra la citada comunicación de crédito y su corrección.

En justificación de nuestro derecho de crédito, y por motivos de economía procesal damos por reproducido íntegramente el contenido de nuestro escrito de fecha..........., cuya copia se adjunta como Documento nº..........., al que se acompañaba copias de los documentos justificativos de dicho crédito

III.– No obstante y a los efectos de la presente impugnación, entendemos necesario efectuar una serie de precisiones respecto del citado crédito comunicado mediante nuestro escrito de fecha...........:

A) El origen del crédito cabe situarlo en los siguientes contratos de obra todos ellos suscritos entre la concursada y mi principal, contratos válidos, en vigor al tiempo de declararse el concurso de "..........." y en la actualidad, y respecto de los cuales se halla pendiente de verificar por la concursada la entrega definitiva de las obras objeto de los mismos y el abono por mi mandante, en su caso, de las cantidades retenidas en virtud de pacto contractual, en garantía de la obra encomendada en su día a la concursada.

Dichos contratos (Documentos nº...........) son los siguientes:

....

B) Como puede observarse, en los referidos contratos de obra, se establece, como es habitual en el sector de la construcción, la práctica de una retención sobre las cantidades a percibir por la contratista, que se constituye en garantía de los vicios y defectos que pudiesen existir en la obra cuya ejecución se encomendó a la concursada. Dicen las citadas clausulas:

....

Dichas retenciones practicadas ascendían, a fecha de declaración de concurso, a la suma de...........

Estas retenciones, repetimos, responden de los eventuales vicios, defectos y demás incumplimientos del contratista y no procede su devolución a la contratista, actualmente en concurso, en tanto en cuanto no se produzca la recepción definitiva de la obra, algo que, en la actualidad no ha sucedido, y siempre que no aparezcan tales vicios, defectos y demás incumplimientos del contratista, en cuyo caso, obviamente, deben ser aplicadas a su reparación, al ser este su destino contractualmente pactado.

C) Que se detectaron determinados vicios y defectos en las obras objeto de los contratos arriba reseñados como consecuencia de incumplimientos de la concursada, por importe de...........euros, cuantía y daños que no han sido objeto de rechazo, ni se cuestiona su existencia, en ambos casos, por parte de la Administración concursal. Por tal motivo, mi mandante aplicó dichas retenciones a tales defectos, resultando un saldo a favor de mi mandante de...........euros. Todo ello con anterioridad a la declaración de concurso de la demandada

D) Tal saldo de...........euros, fue debidamente comunicado al concurso.

IV.– Que el único motivo de exclusión del crédito de mi mandante, vid. la referida lista de acreedores, es "No se permite compensación".

Dado lo lacónico e indeterminado de la expresión reseñada, entendemos que debería procederse a la estimación del presente incidente al no haberse motivado, como exige el art. 286.2 TRLC, la exclusión del crédito de mi mandante.

En este sentido, recordar la especial trascendencia de la lista de acreedores excluidos, no sólo sobre el crédito excluido sino también en la marcha y las consecuencias del concurso, y la necesaria concreta motivación de la exclusión, a efectos de que el acreedor excluido pueda tener un cabal conocimiento de los motivos de aquella.

La Administración Concursal, pues, debe expresar los motivos de exclusión del crédito (invalidez del título, pago, invalidez sobrevenida u originaria del negocio, etc.), estando obligada la administración a justificar su decisión, so pena de impedir al acreedor disconforme articular debidamente su impugnación.

Concluyendo: la motivación deberá ser suficientemente explícita para que los interesados puedan alegar lo que consideren oportuno en la impugnación. La justificación es imprescindible para garantizar el derecho de defensa de los acreedores excluidos, que habrán de fundar su posible impugnación a la lista de acreedores en la inexistencia o incorrección de los motivos alegados por la administración concursal para la exclusión de los créditos.

En nuestro caso, la motivación de la exclusión de nuestro crédito es, inconcreta, indeterminada, por no decir, abiertamente, inexistente. Ello debe llevar a la estimación del presente incidente concursal y a la inclusión del crédito de mi principal anteriormente referenciado.

V.– Si lo anterior no fuese tenido en cuenta y reiterando que el acreedor debe fundar su oposición a la exclusión del crédito a la vista de la motivación vertida por la Administración concursal, lo cierto es que no se cuestiona por la administración concursal en su informe la corrección de la comunicación del crédito efectuada por mi mandante a los efectos y con el contenido del art. 255 y ss. TRLC. Tampoco la existencia de los citados contratos de obra, la existencia y corrección de las retenciones en su día practicadas por mi representada o el importe de los daños y defectos puestos de manifiesto en las citadas obras. Únicamente repetimos, la compensación. Y sobre este extremo debe versar el presente incidente en cuanto a la impugnación de la lista de acreedores.

Y lo cierto que no alcanzamos a entender porque no procede la aplicación de las citadas retenciones a los daños irrogados a mi mandante cuando nos hallamos ante contratos de obra todos ellos suscritos entre la concursada y mi principal, contratos válidos, en vigor actualmente y al tiempo de declararse el concurso de "...........", y respecto de los cuales se halla pendiente de verificar por la concursada la entrega definitiva de las obras objeto de los mismos y, en su caso, el abono por mi mandante de las cantidades retenidas en virtud de pacto contractual; no se cuestiona existencia de los citados contratos de obra, la corrección de las retenciones en su día practicadas por mi representada o el importe de los daños y defectos existentes en las citadas obras. Todo ello llevado con anterioridad a la declaración del concurso de "...........".

En cualquier caso, si no se estimase lo anterior, dado que nos hallamos ante un contrato actualmente en vigor, con obligaciones recíprocas pendientes de cumplimiento tanto a cargo del concursado como de mi mandante, cuya vigencia no se ve afectada por la declaración de concurso, las citadas retenciones están afectas al cumplimiento de los expresados contratos, siendo garantías vigentes en los términos contractualmente pactados. De esta forma, entendemos que, al liquidarse los citados contratos de obra de fecha..........., deberá practicarse la oportuna liquidación de las retenciones y los daños irrogados a mi mandante, hasta la fecha por importe de...........euros, siendo la cantidad resultante, si es a favor de mi principal, crédito contra la masa. Ello a la vista del art. 158 TRLC.

TERCERO.– EN CUANTO A LA IMPUGNACIÓN DEL INVENTARIO DE LA MASA ACTIVA.

Dando por reproducido lo señalado en el hecho segundo de este escrito, recordar que en el INVENTARIO del informe de la administración concursal, se expresa la procedencia, características y cuantía de los bienes integrantes de la masa activa.

Consecuencia de lo dicho en el hecho segundo de esta demanda incidental, en dicho inventario se ha incluido por la Administración Concursal, una supuesta deuda de mi mandante, la mercantil..........., de..........., frente a la Mercantil..........., que, como vimos, no esta pues responde a una serie de retenciones que ya han sido objeto de aplicación con anterioridad al auto de declaración del concurso

En cualquier caso, si no se estimase lo anterior, dado que nos hallamos ante contratos de obra actualmente en vigor, con obligaciones recíprocas pendientes de cumplimiento tanto a cargo del concursado como de mi mandante, cuya vigencia no se ve afectada por la declaración de concurso, las citadas retenciones están afectas al cumplimiento de los expresados contratos, siendo garantías vigentes en los términos contractualmente pactados. De esta forma, entendemos que, al liquidarse los citados contratos de obra de fecha..........., deberá practicarse la oportuna liquidación de las retenciones y los daños irrogados a mi mandante, hasta la fecha por importe de...........euros, siendo la cantidad resultante, si es a favor de mi principal, crédito contra la masa. Ello a la vista del art158 TRLC.

En todo caso, recordar la finalidad predominantemente informativa que le atribuye la Ley al inventario de bienes de la masa activa, por lo que, en cualquier caso, el que un crédito o derecho haya sido incluido en el inventario de la masa activa de un concurso no lo convierte, en incontrovertible en vía judicial.

FUNDAMENTOS DE DERECHO

I.– Esta parte goza de representación procesal para comparecer en juicio conforme al artículo 512 TRLC

III.– Que conforme establece el art. 297, apartados 1 y 2, TRLC, dentro del plazo de diez días las partes personadas en el concurso de acreedores podrán impugnar el inventario y la lista de acreedores, plazo que se computara para quienes hubieran recibido la notificación del juzgado de la presentación del informe desde la recepción de esa notificación. Para los demás legitimados interesados el referido plazo de diez días se computará desde la última publicación de entre las establecidas por TRLC o, en su caso, acordadas por el juez.

La impugnación del inventario podrá consistir en la solicitud de la inclusión o de la exclusión de bienes o derechos, o del aumento o disminución del avalúo de los incluidos (art. 298.1 TRLC). Por otro lado, la impugnación de la lista de acreedores podrá referirse a la inclusión o a la exclusión de créditos concursales, así como a la cuantía o a la clasificación de los reconocidos (art. 298.2 TRLC).

Cuando las impugnaciones afecten a menos del veinte por ciento de la masa activa o de la masa pasiva del concurso, según los textos provisionales presentados por la administración concursal, el juez podrá ordenar la finalización anticipada de la fase común y la apertura de la fase de convenio o de liquidación, sin perjuicio del reflejo que las impugnaciones puedan tener en los textos definitivos y las medidas cautelares que pueda adoptar para su efectividad (art. 307 TRLC).

El art. 300.1 TRLC ordena que las impugnaciones se sustancien por los trámites del incidente concursal, pudiendo el juez de oficio, acumular todas o varias de ellas para resolverlas conjuntamente (art. 300.2 TRLC).

VI.– FONDO DEL ASUNTO

A) Sobre la finalidad de las retenciones de obra, como garantía del cumplimiento de las obligaciones contractuales del contratista, especialmente de la inexistencia de defectos o vicios en la obra que le fue encomendada, no procediendo la devolución de las mismas hasta la entrega definitiva de la obra y la liquidación de la misma en los términos contractualmente pactados, vid. sentencia de la Audiencia Provincial de Cáceres de fecha 15 de noviembre de 2004, de la Audiencia Provincial de Alicante de fecha 11 de marzo de 2009, de la Audiencia Provincial de Zaragoza de fecha 8 de mayo de 2009, O de la Audiencia Provincial de Madrid de fecha 22 de octubre de 2009.

B) Sobre la especial trascendencia de la lista de acreedores, no sólo sobre el crédito excluido sino también en la marcha y las consecuencias del concurso, y la necesaria concreta motivación de la exclusión, a efectos de que el acreedor excluido pueda tener un cabal conocimiento de los motivos de aquella, vid. la opinión de GARCÍA POMBO, A. "Comunicación, reconocimiento y clasificación de créditos en el concurso", 2009, pág. 187.

La exclusión debe expresar los motivos (invalidez del título, pago, invalidez sobrevenida u originaria del negocio, etc.), estando obligada la administración a justificar su decisión (VALPUESTA GASTAMINZA, E. "Comentario al Art. 94", en la obra colectiva "Comentarios a la Ley Concursal", Tomo I, 2010, pág. 1086), so pena de impedir al acreedor disconforme articular debidamente su impugnación.

En palabras de GARRIDO, J.M, "Comentario al Art. 94" en la obra colectiva "Comentario de la Ley Concursal", ROJO-BELTRÁN, Tomo I, 2004, pág. 1697, la motivación deberá ser suficientemente explícita para que los interesados puedan alegar lo que consideren oportuno en la impugnación. La justificación es imprescindible para garantizar el derecho de defensa de los acreedores excluidos, que habrán de fundar su posible impugnación a la lista de acreedores en la inexistencia o incorrección de los motivos alegados por los administradores judiciales para la exclusión de los créditos.

C) Art. 158 TRLC según el cual, la declaración de concurso, por sí sola, no afectará a la vigencia de los contratos con obligaciones recíprocas pendientes de cumplimiento tanto a cargo del concursado como de la otra parte. Ambas partes deberán ejecutar las prestaciones comprometidas, siendo con cargo a la masa aquellas a que esté obligado el concursado.

D) Art, 156 TRLC: La declaración de concurso no es causa de resolución anticipada del contrato. Se tendrán por no puestas las cláusulas que establezcan la facultad de la otra parte de suspender o de modificar las obligaciones o los efectos del contrato, así como la facultad de resolución o la de extinción del contrato por la declaración de concurso de cualquiera de ellas o por la apertura de la fase de liquidación de la masa activa.

E) Sobre la finalidad predominantemente informativa que le atribuye la Ley al inventario de bienes de la masa activa, por lo que, en cualquier caso, el que un crédito o derecho haya sido o no incluido en el inventario de la masa activa de un concurso no lo convierte en incontrovertible en vía judicial posterior, vid. la sentencia de la Audiencia Provincial de Barcelona, de fecha 1 de junio de 2006 o la sentencia de la Audiencia Provincial de Madrid de fecha 22 de octubre de 2009.

En su virtud,

SUPLICO AL JUZGADO que, teniéndome por personado en tiempo y forma, tenga por presentado escrito de IMPUGNACIÓN DE LA LISTA DE ACREEDORES y del INVENTARIO junto con los documentos y copias que se acompañan, y se proceda por el Juzgado al que me dirijo a admitir a trámite el incidente planteado, emplazando a las demás partes personadas, con entrega de copia de la demanda, para que en plazo común de diez días contesten a la misma y previos los oportunos trámites legales, incluido el recibimiento a prueba del pleito que desde este momento solicito y la celebración de vista, que igualmente se solicita, se sirva dictar sentencia por la que, estimando la presente demanda,

PRIMERO.– A) se reconozca a favor de mi mandante, incluyéndose en la lista de acreedores, un crédito por importe de...........euros.; B) se excluya del Inventario la suma de...........euros, importe del crédito que se dice que ostenta la concursada contra mi principal y que se ha incluido en el inventario aquí impugnado y C) imponiendo las costas procesales a los aquí demandados.

SEGUNDO.– Para el supuesto que lo anterior no fuese acordado por el Juzgador, se dicte sentencia por la que A) se declare que, hallándonos ante un contrato actualmente en vigor, con obligaciones recíprocas pendientes de cumplimiento tanto a cargo del concursado como de mi mandante, cuya vigencia no se ve afectada por la declaración de concurso, las citadas retenciones están afectas al cumplimiento de los expresados contratos, siendo garantías vigentes en los términos contractualmente pactados, de tal forma, que, al liquidarse los citados contratos de obra de fecha..........., deberá practicarse la oportuna liquidación de las retenciones y los daños irrogados a mi mandante, hasta la fecha por importe de...........euros, siendo la cantidad resultante, si es a favor de mi principal, crédito contra la masa; B) se excluya del Inventario la suma de...........euros, importe del crédito que se dice que ostenta la concursada contra mi principal y que se ha incluido en el inventario aquí impugnado y C) imponiendo las costas procesales a los aquí demandados.

OTROSÍ DIGO: Se solicita de este Juzgado la celebración de vista en el presente incidente de conformidad con lo dispuesto en el art. 540 TRLC.

En su virtud,

SUPLICO AL JUZGADO que tenga por efectuada la anterior manifestación, se sirva admitirla, y acordar en el sentido anteriormente expuesto, citando a las partes para la oportuna vista.

Es Justicia que nuevamente se SUPLICA en el lugar y fecha reseñados "ut supra".

OTROSÍ DIGO: Que interesa a esta parte el recibimiento del pleito a prueba y en este sentido, esta parte manifiesta los medios de prueba de los que intenta valerse en el presente incidente:...........

En su virtud,

SUPLICO AL JUZGADO que tenga por efectuada la anterior manifestación, se sirva admitirla, y tener por manifestados los medios de prueba de los que intenta valerse esta parte, y previos los oportunos trámites, declare los mismos pertinentes, acordando cuanto proceda en derecho para su práctica.

Es Justicia que nuevamente se SUPLICA en el lugar y fecha reseñados "ut supra".

F578. CONTESTACIÓN A LA DEMANDA INCIDENTAL CONTRA LISTA ACREEDORES. CONTESTACIÓN CONJUNTA ADMINISTRACIÓN CONCURSAL Y CONCURSADA

Normativa de aplicación: *Arts. 297 y ss. Real Decreto Legislativo 1/2020, de 5 de mayo, por el que se aprueba el texto refundido de la Ley Concursal*

Incidente Concursal nº........... dimanante del

Procedimiento Concursal Ordinario nº...........

AL JUZGADO DE LO MERCANTIL Nº........... DE...........

..........., Procurador de los Tribunales y de las sociedades..........., cuya representación tengo acreditada en el concurso voluntario de mi principal, que se tramita ante este Juzgado bajo el número de autos........... y la Administración Concursal del citado concurso del que dimana el Incidente Concursal núm. ...., ante este Juzgado comparecemos en el expresado incidente y, como mejor proceda en Derecho DIGO:

I.– Que por Providencia de fecha........... (concursada) y........... (administración concursal) se nos ha dado traslado de la DEMANDA INCIDENTAL EN MATERIA DE IMPUGNACIÓN LISTA DE ACREEDORES formulada por D..........., para que en el plazo de 10 días se procediera, en su caso a contestación por esta parte.

II.– Por medio del presente escrito, por lo que, mediante el presente escrito, formulamos CONTESTACIÓN A LA DEMANDA oponiéndonos a la misma, todo ello en base a los siguientes

HECHOS

PRIMERO.– Se sostiene por los actores su condición de acreedores de un crédito contra la masa frente a la concursada, y ello con independencia de que se resuelvan o no los contratos privados suscritos en su día, por el importe que suponga el coste de finalización de los inmuebles y la cuota de elementos comunes en que los mismos participen.

A tal efecto, y en tal sentido impugnan el informe de esta administración concursal "con el fin que se reconozca la condición de mis mandantes de acreedores del concursado y se califique como crédito contra la masa............" Tal "crédito" se concreta en las entregas a cuenta llevadas a cabo por los demandantes en la adquisición de determinado inmueble.

Planteada así la cuestión objeto de esta litis por la actora, entendemos que procede el rechazo de la demanda incidental impetrada de contrario, dado el valor puramente informativo (y no constitutivo) que tiene la relación de créditos contra la masa que se acompaña al informe de la administración concursal. Por tal motivo, y como es pacífico, tal informe no puede ser objeto nunca de impugnación por causa de la relación de créditos contra la masa [vid. NOVAL PATO, J. "El informe de la Administración Concursal" (con referencia a la documentación complementaria), pág. 161 y 162 o la sentencia del Juzgado de lo Mercantil núm. 1 Pamplona de fecha 17 de marzo de 2005].

SEGUNDO.– Expuesto lo anterior, a estos efectos, hay que subrayar que, como se indica de contrario, se trata en todos los casos de contratos en vigor, no resueltos.

De conformidad con lo convenido en los mismos, en los que no hay pactado término alguno para su cumplimiento, los demandantes se obligan a otorgar escritura pública de compraventa y a satisfacer simultáneamente en dicho acto las cantidades pendientes hasta alcanzar el precio total convenido; obligándose al propio tiempo la concursada al otorgamiento de la citada escritura y a la entrega de los inmuebles.

Nos encontramos, por tanto, ante obligaciones recíprocas pendientes de cumplimiento por ambas partes, debiendo concluir que, tal y como se hizo constar en el Informe de esta ADMINISTRACIÓN CONCURSAL, en estos momentos los demandantes "no son considerados como acreedores del concurso, lo serían en el futuro si la concursada incumpliera su obligación".

Esto es, en el supuesto en que se acordase la resolución del contrato ex arts. 160 y ss. TRLC, las eventuales consecuencias dinerarias de tal resolución a cargo de la concursada, tendrán el correspondiente tratamiento, de crédito concursal o contra la masa, a la vista de tales artículos. Pero no antes.

TERCERO.– En cualquier caso, la desestimación de la demanda incidental aquí impugnada es palmaria, aun en el hipotético caso que nos hallásemos ante un crédito contra la masa, pues es improcedente la constancia en el informe emitido por esta administración concursal del "crédito" denunciado por la actora, pues sólo deben incluirse en el citado informe los créditos contra la masa devengados y pendientes de pago, lo cual, obviamente, no sucede con el supuesto origen de esta demanda. Por el contrario, no se incluyen los ya satisfechos ni los futuros o todavía no devengados.

Dice el art. 288 TRLC: "En relación adjunta a la lista de acreedores se detallarán y cuantificarán los créditos contra la masa ya devengados y pendientes de pago, con indicación de los respectivos vencimientos".

Y como señalan de forma unánime nuestros Tribunales, la mera probabilidad que en el futuro, pueda existir un crédito contra la masa, por ejemplo, tras un proceso judicial que ordene la devolución de cantidades, en modo alguno implica la inclusión del mismo en la relación que nos ocupa que exige la existencia, devengo y falta de pago del crédito contra la masa. Vid. en este sentido, las sentencias de Juzgado de lo Mercantil núm. 2 de Madrid, de fecha 1 de marzo de 2006, de la Audiencia Provincial de Alicante de 15 de febrero de 2008 o del Juzgado de lo Mercantil núm. 1 de Bilbao de fecha 29 de diciembre de 2006.

A los anteriores hechos son de aplicación los siguientes

FUNDAMENTOS DE DERECHO

I.– Se admiten los correlativos de la demanda en cuanto a competencia y procedimiento.

II.– Pese a lo manifestado de contrario, en cuanto al fondo del asunto resulta aplicable el art. 158 TRLC según el cual, la declaración de concurso, por sí sola, no afectará a la vigencia de los contratos con obligaciones recíprocas pendientes de cumplimiento tanto a cargo del concursado como de la otra parte. Ambas partes deberán ejecutar las prestaciones comprometidas, siendo con cargo a la masa aquellas a que esté obligado el concursado.

III.– Sobre la imposibilidad de impugnar el informe emitido por esta administración concursal por causa de la relación de créditos contra la masa vid. NOVAL PATO, J. "El informe de la Administración Concursal" (con referencia a la documentación complementaria), pág. 161 y 162 o la sentencia del Juzgado de lo Mercantil núm. 1 Pamplona de fecha 17 de marzo de 2005.

IV.– Art. 288 TRLC: "En relación adjunta a la lista de acreedores se detallarán y cuantificarán los créditos contra la masa ya devengados y pendientes de pago, con indicación de los respectivos vencimientos".

Sobre la mera probabilidad que en el futuro, pueda existir un crédito contra la masa, y que tal hecho, en modo alguno implica la inclusión del mismo en la relación que nos ocupa, sentencias de Juzgado de lo Mercantil núm. 2 de Madrid, de fecha 1 de marzo de 2006, de la Audiencia Provincial de Alicante de 15 de febrero de 2008 o del Juzgado de lo Mercantil núm. 1 de Bilbao de fecha 29 de diciembre de 2006.

V.– Deben ser impuestas las costas procesales a la actora por aplicación de lo dispuesto en el art. 394 LEC y 542 TRLC.

Por lo expuesto,

SUPLICO AL JUZGADO: Que tenga por presentado este escrito, se sirva admitirlo y tener por formulado escrito de contestación a la demanda incidental instada por.......... origen de las presentes actuaciones incidente.........., y previos lo oportunos trámites, se suplica de este Juzgado se dicte sentencia por la que se desestime total e íntegramente la citada demanda con expresa imposición de costas a la demandante.

Es Justicia que se Suplica en.........., a..........

OTROSÍ DIGO: Que por esta parte se considera que la cuestión objeto del presente incidente es estrictamente jurídica, no siendo preciso la celebración de visa.

SUPLICO AL JUZGADO: Que tenga por efectuada la citada manifestación a los efectos legales oportunos.

Lo que se suplica nuevamente en el lugar y fecha reseñados "Ut Supra".

F579. CONTESTACIÓN POR LA ADMINISTRACIÓN CONCURSAL A INCIDENTE CONCURSAL SOBRE IMPUGNACIÓN DE LISTA DE ACREEDORES

Normativa de aplicación: *Arts. 297 y ss. Real Decreto Legislativo 1/2020, de 5 de mayo, por el que se aprueba el texto refundido de la Ley Concursal*

AL JUZGADO DE LO MERCANTIL Nº.......... DE..........

Don.........., único integrante de la ADMINISTRACIÓN CONCURSAL designada en el Procedimiento Concursal Ordinario nº.......... del que dimana el Incidente Concursal nº.........., ante este Juzgado comparezco, y como mejor proceda en Derecho, DIGO:

Que por este Juzgado se nos ha dado traslado de DEMANDA INCIDENTAL INTERESANDO POR.......... LA REVOCACIÓN DE CLASIFICACIÓN DE CRÉDITO CON PRIVILEGIO ESPECIAL RECONOCIDO A.........., para que en el plazo de 10 días la contestemos, por lo que, mediante el presente escrito, formulamos CONTESTACIÓN A LA DEMANDA oponiéndonos a la misma, todo ello en base a los siguientes:

HECHOS

PRIMERO.– Con relación al correlativo ordinal de la demanda es cierto que esta administración concursal ha reconocido, y así figura en la lista de acreedores, el crédito insinuado, en tiempo y forma, por.......... Concretamente, el crédito en su día comunicado por.......... lo fue por importe de..........euros, consistente en cuotas de urbanización vencidas e impagadas (junto a recargos e intereses y resto liquidación provisional) derivadas de condición de Agente Urbanizador de la Unidad de Ejecución núm. .... del Sector........... de PGOU de...........

De dicho crédito, la suma de...........euros ha sido clasificada por esta administración concursal como crédito con privilegio especial, lo que se impugna por........... a través del presente incidente.

Es cierto, como se reseña en la demanda aquí contestada, que el citado crédito afecta a las parcelas reseñadas en la Unidad de Ejecución núm. .... del sector........... PGOU de........... reseñadas en el correlativo ordinal de la demanda. También que se hallan hipotecadas a favor de la instante del presente incidente concursal. Ello en los términos de la referida demanda.

SEGUNDO.– Cierto el correlativo ordinal, remitiéndonos a la lista de acreedores formulada por esta administración concursal en el presente concurso, respecto al reconocimiento y clasificación del crédito comunicado a favor de........... y, especialmente, el que grava las fincas reseñadas en el hecho precedente.

TERCERO.– Discrepa esta administración concursal del contenido del correlativo ordinal de la demanda aquí contestada. Aun cuando la cuestión objeto del presente incidente (la clasificación del crédito consistente en cuotas de urbanización), es una cuestión compleja, esta Administración Concursal entiende que el citado crédito debe ser clasificado con la condición de privilegio especial, tal y como se argumenta en los fundamentos de derecho de este escrito, a los que nos remitimos en aras a una mayor brevedad y para evitar reiteraciones.

A los anteriores hechos son de aplicación los siguientes

FUNDAMENTOS DE DERECHO

I.– Se admiten los correlativos de la demanda jurídico-procesales.

II.– Se rechazan los fundamentos de derecho jurídico materiales alegados por la actora en su demanda, al no ser aplicable al supuesto que nos ocupa.

II.2.– Por nuestra parte, entendemos que, ciertamente, la Ley Concursal no alude a los cuotas de urbanización entre los créditos con privilegio especial. Sin embargo, tales cuotas gozan de una afección real de la parcela objeto de urbanización para su cobro por mandato de la Ley Urbanística.

La afección real sobre las fincas de resultado es, tradicionalmente, la garantía por excelencia en materia reparcelatoria, cuya regulación se remonta al Reglamento de Gestión Urbanística de 1978. También lo era en la anterior Ley Urbanística de .... Hoy se regua la legislación urbanística ....

Esta afección con que la Ley garantiza el pago de las cuotas de urbanización se configura como un derecho real erga omnes que atribuye al titular de la misma la facultad de ejecutar el bien para satisfacer su crédito con independencia, incluso, de que el mismo pertenezca en dicho momento a una tercera persona distinta del deudor principal.

La similitud de esta garantía real con la hipoteca es indiscutible, a la luz de su configuración por los arts. 1876 CC y 104 LH, como derecho que sujeta directa e inmediatamente los bienes sobre los que se impone el cumplimiento de la obligación para cuya seguridad fue constituida.

Ítem más. La similitud es toda vía mayor si comparamos el derecho de afección que nos ocupa con la hipoteca legal tácita, siendo la referida afección susceptible de ser catalogada como tal hipoteca legal tácita: hipoteca, por cuanto afecta a un bien al pago de una deuda que garantiza, legal por venir directamente establecida en la Ley y tácita porque no necesita ser inscrita en el Registro para estar válidamente constituida.

Por lo tanto y sin perjuicio de reconocer lo complejo de la cuestión, entendemos que las cuotas de urbanización de referencia deben concurrir al presente concurso con el carácter de créditos con privilegio especial, por considerarse incluidas entre los créditos del apartado 270.1° TRLC.

En la misma línea, aun cuando no se refieren a cuotas de urbanización pero si a créditos con afección real considerándolos como privilegiados especiales (eje, Impuesto de Bienes Inmuebles), vid. TEJERIZO LÓPEZ, J. M. "El privilegio general del crédito tributario en caso de concurso de acreedores", Anuario de Derecho Concursal, núm. 5, 2005, pág. 467 o ÁLVAREZ CAPEROCHIPI, J.A., "El registro de la propiedad y las preferencias del crédito en la ejecución y en el concurso", pág. 179.

III.– Sentencia del Juzgado de lo Mercantil n° 3 de Barcelona de 30 de septiembre de 2009. La citada resolución aborda el tema de la naturaleza de los créditos de las juntas de compensación respecto de las sociedades deudoras que hayan sido declaradas en concurso. Admite el Juez en su resolución que, ciertamente existe una obligación legal de contribuir a los gastos de las juntas de compensación, pero la obligación no nace tras el concurso sino con anterioridad a éste, en la medida en la que la obligación nace con la constitución de las juntas. En consecuencia, no pudiendo considerarse créditos contra la masa y dado que su origen se encuentra en la constitución de las juntas de compensación —constitución anterior a la declaración de concurso— no cabe otra posibilidad que la de entender que los créditos tendrán la consideración en todo caso de créditos concursales con la calificación que corresponda, que debe ser la del privilegio especial.

Igualmente, y aun cuando no se refiere a cuotas de urbanización sino a créditos con afección real sobre bienes en garantía de su pago, eso sí, análogos al que acompaña a las cuotas de urbanización, vid., a título de ejemplo, la sentencia del Tribunal Supremo de fecha 23 de julio de 2015, del Juzgado de lo Mercantil núm. 1 de Oviedo, de fecha 19 de febrero de 2007 o del Juzgado de lo Mercantil núm. 1 de Alicante, de fecha 19 de octubre de 2009.

IV.– El artículo 394 LEC y 542 TRLC, que regula las costas que deberán ser impuestas a la parte actora.

Por lo expuesto,

SUPLICO AL JUZGADO: Que teniendo por presentado este escrito, se sirva admitirlo y en méritos a lo expuesto acuerde tener por formulada contestación a la demanda incidental presentada por..........., dictando en su día resolución desestimándola íntegramente con expresa imposición de las costas a la actora.

Es Justicia que se Suplica en........... hoy día........... de........... de dos mil...........

OTROSÍ DIGO: Que las partes aquí comparecientes consideran que por ser el tema debatido de carácter estrictamente jurídico no resulta necesaria la celebración de vista.

SUPLICO AL JUZGADO: Que tenga por efectuada esta manifestación a los efectos oportunos.

Lo que se SUPLICA en el lugar y fecha antes reseñado.

Es Justicia que nuevamente se SUPLICA en el lugar y fecha antes reseñado.

Fdo. ADMINISTRACIÓN CONCURSAL

F580. CONTESTACIÓN A DEMANDA DE IMPUGNACIÓN LISTA ACREEDORES

Normativa de aplicación: *Arts. 297 y ss. Real Decreto Legislativo 1/2020, de 5 de mayo, por el que se aprueba el texto refundido de la Ley Concursal*

Procedimiento: Pieza incidente concursal. Otros ....

AL JUZGADO DE LO MERCANTIL NÚMERO .... DE ....

...........en representación de..........., Administrador Concursal designado en el procedimiento de Concurso Voluntario de la entidad mercantil "...........que con el número ....se tramita ante ese Juzgado, comparece en el procedimiento: Pieza incidente concursal. Como mejor proceda en Derecho, DICE:

PRIMERO.– Que por escrito de fecha..........., la mercantil concursada..........., interpuso DEMANDA INCIDENTAL DE IMPUGNACIÓN DE LA LISTA DE ACREEDORES contra esta administración concursal, en cuanto a los créditos reconocidos a .... (banco) en el informe formulado por esta administración concursal, todo ello en los términos del citado escrito de interposición de demanda incidental que aquí se dan por íntegramente reproducidos en aras de una mayor brevedad.

SEGUNDO.– Que por el presente escrito y dentro del plazo establecido en la resolución de este Juzgado de fecha..........., esta administración concursal formula CONTESTACIÓN AL INCIDENTE CONCURSAL, oponiéndose al mismo, todo ello en base a los siguientes:

HECHOS

PRIMERO.– EN CUANTO A LA PETICIÓN DE EXCLUSIÓN TOTAL Y PETICIÓN SUBSIDIARIA DE REDUCCIÓN EN RELACIÓN CON LOS CRÉDITOS CONTINGENTES RECONOCIDOS EN LA LISTA DE ACREEDORES A FAVOR DE ....(banco) POR IMPORTE DE...........euros Y ....euros RESULTANTE DE LA PÓLIZA DE CRÉDITO NÚMERO ....

I.– Que los dos créditos derivados de la póliza de comercio número ...., fueron reconocidos y calificados por esta administración concursal en la lista de acreedores anexa al informe emitido en cumplimiento de los arts. 290 y ss. TRLC de la siguiente manera:

a) Crédito reconocido a favor de..........., por importe de ....euros con la calificación de contingente.

b) Crédito reconocido a favor de..........., por importe de ....euros con la calificación de contingente.

Que la citada póliza de crédito fue suscrita como acreditados por las siguientes siete entidades: ....

II.– Que la parte actora en su escrito de demanda incidental y respecto de los citados créditos solicita al Juzgador que dicte sentencia en que se acuerde:

1.– La exclusión total de los citados créditos por importe de ....euros y .... euros, respectivamente, de la lista de acreedores "por cuanto no existe responsabilidad solidaria por parte de........... respecto al saldo deudor que presenta y que resulta de la emisión de unos avales a favor de..........."

2.– "subsidiariamente y de no admitirse la anterior petición de exclusión, se declare que ...., responde mancomunadamente a prorrata con el resto de sociedades acreditadas en la póliza de crédito, y por ello debe reducirse la cuantía reconocida a ....a 1/7 parte del total saldo deudor de esta póliza de crédito".

3.– "Se excluya el importe de los tres avales que la propia .... reconoce caducados, nulos y sin efectos, por lo que nunca le podrán ser exigidos ni nunca deberían ser satisfechos por ...."

III.– Que la parte actora fundamenta su petición de exclusión total de los citados créditos por importe de ....euros y ....euros, en el hecho de que la obligación resultante de la póliza de crédito para las siete mercantiles acreditadas no es solidaria, sino mancomunada, y que no se trata de una mancomunidad a prorrata o partes iguales, sino que se trata de lo que se denomina una "mancomunidad impropia o de créditos/deudas parciarios", lo que supone "que cada una de las siete sociedades que suscribieron la póliza de crédito sólo responde de las obligaciones que adquiera cada una al amparo de la misma",

Siguiendo esta argumentación, la parte actora entiende que ...., no sería deudora por importe alguno, ya que el saldo deudor de la póliza resulta de la emisión de unos avales a favor de la entidad..........., y que la entidad ....no ha tenido ninguna intervención en dicha operación y que no ha dispuesto de ninguna cantidad de la póliza de crédito.

Aunque en principio niega que exista una mancomunidad a prorrata o partes iguales, la parte actora para el supuesto de que el Juzgador entienda que no se da una "mancomunidad impropia o de créditos/deudas parciarios", solicita que se declare que..........., responde mancomunadamente a prorrata con el resto de sociedades, y por ello debe reducirse la cuantía reconocida a...........a ....parte del total saldo deudor de la póliza de crédito, todo ello en base a que según entiende la parte actora, la obligación resultante de la póliza de crédito para las siete mercantiles acreditadas no es solidaria.

Esta administración concursal no está de acuerdo con las dos pretensiones de la parte actora y entiende que deben ser desestimadas en base a lo que a continuación se expone.

IV.– Que esta cuestión ya fue resuelta por la Sentencia número ....de fecha ....dictada por el Juzgado de lo Mercantil número .... de ...., en los autos de incidente concursal nº..........., siendo la concursada la entidad ....(una de las siete mercantiles que suscribieron como acreditadas la citada póliza de comercio nº...........), siendo dicha sentencia rectificada de conformidad con el art. 214.1 de la LEC por auto de fecha ....dictado por el mismo Juzgado Mercantil número .... de ...., y que rectifica un error que en nada incide en lo que ahora a continuación se va a decir.

Que dicha sentencia de fecha ....fue comunicada por la concursada a esta administración concursal.

La citada sentencia de fecha ....se pronunció en los siguientes términos:

> "A efectos de la resolución de la petición de exclusión debemos partir de un dato. No se ha aportado por las partes la póliza de crédito nº..........., documento que es necesario para poder analizar su contenido y a la vista del mismo podríamos determinar si se trataba de obligaciones mancomunidad o solidarias para los acreditados. Esta falta de aportación del documento, sin embargo no impide resolver esta controversia, en la medida que la parte actora ha señalado en su página 12 de la demanda que la póliza de crédito nº...........es exacta en su contenido que la anterior.
>
> Pues bien, decimos que es posible entrar a analizar el contenido de la primera póliza, porque en la exhibición se ha adjuntado esta segunda póliza. De manera que las conclusiones que se extraigan de esta segunda póliza son predicables o mejor dicho extrapolables, a la primera póliza.
>
> En la segunda póliza, se aprecia claramente, clausula 3ª la responsabilidad solidaria de todos los clientes, y entre ellos, se encuentra la concursada. Expresamente se pacta en la cláusula 3ª que conforme el art. 1144 del CC la acreedora se podía dirigir frente a cualquiera de ellos para exigir el cumplimiento de las obligaciones que se derivan del contrato. Por lo tanto, siendo idéntico el contenido de las dos pólizas debemos concluir que efectivamente, no existe mancomunidad y por ello la concursada respondería de la totalidad del importe, lo que nos lleva a rechazar las dos pretensiones que efectúa la concursada. La primera pretensión

interesaba la exclusión del crédito sobre la base de la existencia de una mancomunidad impropia que suponía que solo se le podía reclamar la cantidad que efectivamente dispuso, siendo hecho reconocido por la demandada que la concursada no dispuso cantidad alguna. Y la segunda pretensión entendía que en su defecto estaríamos ante una mancomunidad por cuotas de manera que solo respondería de 1/7. Sin embargo, como hemos visto estamos ante una obligación solidaria de manera que el acreedor puede dirigirse frente a cualquiera de los obligados, y entre ellos, la concursada, por la totalidad de la cuantía, lo que conlleva el rechazo de las dos pretensiones.

Es más, de la propia póliza se deduce que estaríamos ante una solidaridad impropia. En este sentido, la jurisprudencia del Tribunal Supremo ha declarado conforme a la doctrina de esta Sala la solidaridad no ha de requerir para su establecimiento, su expresión con constancia, expresa, escrita, literal, ni por tanto el empleo específico del vocablo que lo represente, sino que basta que aparezca de modo evidente la voluntad de los contratantes de poder exigir o prestar íntegramente la cosa objeto de la obligación (SSTS 19/12/91 con cita de las sentencias 20/11/55; 30/03/73; 2/03/81; 7/10/82, 20/10/86, 12/05/87 y 28/05/90), que "la jurisprudencia actual, reiterada y muy numerosa, no exige con rigor e imperatividad el pacto expreso de solidaridad, habiéndose de esta manera dado una interpretación correctora al precepto citado, para alcanzar y estimar la concurrencia de solidaridad tácita pasiva, admitiéndose su existencia cuando del contexto de las obligaciones contraídas se infiera su concurrencia, conforme a lo que declara en su inicio el artículo 1138 del Código Civil, por quedar patente la comunidad jurídica con los objetivos que los recurrentes pretendieron al celebrar el contrato. Resulta suficiente que aparezca evidenciada la voluntad de los contratantes de haberse obligado in solidum (STS 17 de octubre de 1996 con cita de las de 26 de julio de 1989 y 11 de octubre de 1989, 29 de abril y 19 de diciembre de 1991 y 26 de enero de 1994).

Y esa solidaridad se deduce de la propia intervención de los 7 acreditados. Si no se hubiera querido establecer la solidaridad de todos, y lo que realmente querían eran que cada uno respondiera de lo que dispusiere, no hubiera hecho falta establecer una póliza de 7, sino que se hubiera hecho tantas pólizas como acreditados. La forma de intervenir solo responde a la voluntad de responder solidariamente, que no debemos olvidar, es la tendencia existente en el realidad económica actual, donde la mancomunidad ya no se suele producir, sino que se acude a la solidaridad. De esta manera el tráfico económico nos demuestra que la voluntad de los operadores intervinientes en estas resoluciones responde a la idea de constituir obligaciones solidarias. En consecuencia debemos rechazar la exclusión y el reconocimiento de 1/7 de los créditos derivados de las dos pólizas".

Es de destacar lo siguiente: 1) que las pólizas de crédito a las que se refiere la citada Sentencia de fecha............, son las mismas que motivan el presente incidente y 2) que también son idénticas las pretensiones de exclusión total de los créditos derivadas de dichas pólizas por la existencia de una mancomunidad impropia y la de reconocimiento en su defecto de un 1/7 de los créditos derivados de dichas pólizas por la existencia de una mancomunidad por cuotas.

En dicha sentencia el Juzgador, acertadamente según nuestro entender, establece que en dichas pólizas no existe ninguna clase de mancomunidad ni impropia ni por cuotas y que por lo contrario de "la propia póliza se deduce que estaríamos ante una solidaridad impropia"

Esta administración concursal entiende ajustada a derecho dicha sentencia (y la extensa jurisprudencia que cita) y por tanto efectuó la calificación de los créditos derivados de la póliza de crédito nº ...., de conformidad con lo dispuesto en la misma entendiendo que la obligación resultante de la póliza de crédito para las siete mercantiles acreditadas es solidaria y no mancomunada.

V.– En cuanto a la pretensión de la parte actora de que "Se excluya el importe de los tres avales que la propia .... reconoce caducados, nulos y sin efectos, por lo que nunca le podrán ser exigidos ni nunca deberían ser satisfechos por ...."

Esta administración concursal entiende que no es competente ni ....tampoco, para declarar caducados, nulos y sin efectos unos avales, y por lo tanto, está a lo que pueda decidir a este respecto este Juzgado, y procederá a efectuar las modificaciones en la lista de acreedores que resulten oportunas.

VI.– En conclusión y en base a lo expuesto esta parte entiende que las pretensiones de la parte actora respecto de los dos créditos derivados de la póliza de comercio nº ....deben ser desestimadas, lo cual solicita en el presente escrito.

SEGUNDO.– EN CUANTO A LA PETICIÓN DE EXCLUSIÓN TOTAL Y PETICIÓN SUBSIDIARIA DE REDUCCIÓN EN RELACIÓN CON EL CRÉDITO ORDINARIO POR IMPORTE DE ....euros Y EL CRÉDITO SUBORDINADO POR IMPORTE DE .... euros AMBOS RECONOCIDOS EN LA LISTA DE ACREEDORES A FAVOR DE .... Y RESULTANTES DE LA PÓLIZA DE CRÉDITO nº ....

I.– Que los dos créditos derivados de la póliza de comercio nº..........., fueron reconocidos y calificados por esta administración concursal en la lista de acreedores anexa al informe emitido en cumplimiento de los arts. 290 y ss. TRLC de la siguiente manera:

a) Crédito reconocido a favor de..........., por importe de ....euros con la calificación de ordinario.

b) Crédito reconocido a favor de ...., por importe de ....euros con la calificación de subordinado.

Que la citada póliza de crédito fue suscrita como acreditados por las siguientes siete entidades: ....

II.– Que la parte actora en su escrito de demanda incidental y respecto de los citados créditos solicita al Juzgador que dicte sentencia en que se acuerde:

1.– "que se excluya de la Lista de Acreedores el crédito ordinario reconocido a favor de ....por importe de ....€ resultante de la póliza de crédito nº..........., y los intereses de demora reclamados por ....€ como crédito subordinado, por cuanto no existe responsabilidad solidaria por parte de ....respecto al saldo deudor que presenta y que resulta de la entrega a ....L. de ....€ en concepto de anticipo por la ejecución de unos contratos de obra".

2.– "subsidiariamente y de no admitirse la anterior petición de exclusión, se declare que ....responde mancomunadamente a prorrata con el resto de sociedades acreditadas en la póliza de crédito, y por ello debe reducirse la cuantía reconocida a ....a 1/7 parte del total saldo deudor de esta póliza de crédito".

Es de destacar que a diferencia de lo que dice la parte actora en su escrito de demanda incidental el crédito ordinario fue reconocido por esta administración concursal por un importe de ....euros y no de ....euros.

III.– Que la parte actora, en su escrito de demanda incidental dice que la póliza de crédito número ...., "es exacta en su contenido" a la póliza de crédito número...........

Que en base a lo anterior, la parte actora alude a la misma argumentación esgrimida para el supuesto de la póliza de crédito número .... (a la que ya hemos hecho referencia en este escrito) para solicitar la exclusión total de los créditos de la lista de acreedores (es decir que se da un supuesto mancomunidad impropia o de créditos/deudas parciarios) y en su defecto reducir la cuantía reconocida a ....a 1/7 parte del total saldo deudor de la póliza (es decir que en el caso de que no se declare por el Juzgador que se trata de un supuesto de mancomunidad impropia, que se declare que se trata de un supuesto de mancomunidad por cuotas).

Que como la fundamentación esgrimida por la parte actora es la misma que en el supuesto de la póliza de crédito número ...., nos remitimos a lo dicho anteriormente, manifestando esta administración concursal que no está de acuerdo con las dos pretensiones de la parte actora y que deben ser desestimadas en base a lo siguiente.

IV.– También nos reiteramos, en que esta cuestión ya fue resuelta por la Sentencia número ....de fecha...........dictada por el Juzgado de lo Mercantil número .... de ...., en los autos de incidente concursal nº..........., siendo la concursada la entidad ....(una de las siete mercantiles que suscribieron como acreditadas en la citada póliza de comercio nº ....), siendo dicha sentencia rectificada de conformidad con el art. 214.1 de la LEC por auto de fecha ...., dictado por el mismo Juzgado Mercantil número .... de ...., y que rectifica un error que en nada incide en cuanto a lo que establece la sentencia de que no existe ninguna clase de mancomunidad ni impropia ni por cuotas y que por lo contrario de "la propia póliza se deduce que estaríamos ante una solidaridad impropia".

Por lo tanto nos reiteramos en lo dicho para la anterior póliza de crédito número .... en lo relativo a lo que establece dicha sentencia, destacando nuevamente que: 1) que las pólizas de crédito a las que se refiere la citada Sentencia de fecha..........., son las mismas que motivan el presente incidente y 2) que también son idénticas las pretensiones de exclusión total de los créditos derivadas de dichas pólizas por la existencia de una mancomunidad impropia y la de reconocimiento en su defecto de un 1/7 de los créditos derivados de dichas pólizas por la existencia de una mancomunidad por cuotas.

V.– En conclusión y en base a lo expuesto esta parte entiende que las pretensiones de la parte actora respecto de los dos créditos derivados de la póliza de comercio número ....deben ser desestimadas, lo cual solicita en el presente escrito.

TERCERO.– RESPECTO DE LA PETICIÓN DE LA PARTE ACTORA DE QUE SE IMPONGAN A ESTA PARTE LAS COSTAS PROCESALES.

Como ya hemos dejado dicho, esta administración concursal reconoció a favor .... y calificó los créditos derivados de las dos pólizas de crédito que motivan el presente incidente concursal de conformidad con lo establecido en la Sentencia número..........., de fecha ....dictada por el Juzgado de lo Mercantil número .... de ...., en los autos de incidente concursal nº ...., que entiende esta parte que es ajustada a derecho; y que por lo tanto el reconocimiento y calificación se basó en un resolución judicial que declaraba que en ambas pólizas se daba un supuesto de solidaridad y en ningún caso de mancomunidad.

Que como ya hemos dejado dicho, la citada Sentencia de..........., fue comunicada por la concursada a esta administración concursal.

Por lo tanto y en base a lo anterior, esta administración concursal entiende que no procede que se le impongan las costas procesales de este incidente y que sí procede la imposición de costas procesales a la parte actora.

A los anteriores hechos aduzco los siguientes

FUNDAMENTOS DE DERECHO

I

Se admiten los correlativos de la demanda en cuanto a los fundamentos de derecho procesales.

II

Fondo del asunto.

En cuanto que se da en ambas pólizas de crédito un supuesto de solidaridad impropia y que no se da un supuesto de mancomunidad (ya sea impropia o ya sea por cuotas).

La Sentencia número..........., de fecha ....dictada por el Juzgado de lo Mercantil número ....de ...., en los autos de incidente concursal nº ...., siendo la concursada la entidad..........., siendo dicha sentencia rectificada de conformidad con el art. 214.1 de la LEC por auto de fecha..........., dictado por el mismo Juzgado Mercantil número .... de ....

También la extensa jurisprudencia a la que alude la citada Sentencia de fecha...........

Lo establecido en los arts. 1.137 y siguientes del Código Civil sobre obligaciones solidarias y mancomunadas.

III

El artículo 394 de la Ley 1/2000, de 7 de enero, de Enjuiciamiento Civil, por el cual debe imponerse las costas procesales a la parte actora

Por lo expuesto,

SUPLICO AL JUZGADO: Que teniendo por presentado este escrito, lo admita y en méritos a lo expuesto acuerde tener por formulada contestación a la demanda incidental presentada por la mercantil .... de impugnación de la lista de acreedores contra esta administración concursal, dictando en su día resolución que declare que se desestima íntegramente la demanda origen de estas actuaciones con imposición de costas procesales a la parte actora.

Es Justicia que se suplica en ...., a fecha de ....

OTROSÍ DIGO: Que de conformidad con lo previsto en el artículo 231 de la vigente Ley de Enjuiciamiento Civil, las partes comparecientes muestran su voluntad de cumplir los requisitos exigidos por la Ley, por lo que manifiestan su intención de subsanar aquellos defectos en que puedan incurrir.

SUPLICO AL JUZGADO: Tenga por efectuada la anterior manifestación a los efectos indicados.

Es Justicia que se suplica en ...., a fecha de ....

Fdo. ....

En representación de ....Administrador Concursal de la mercantil ....

F581. CONTESTACIÓN POR LA ADMINISTRACIÓN CONCURSAL A IMPUGNACIÓN DE LISTA DE ACREEDORES E INVENTARIO

Normativa de aplicación: *Arts. 297 y ss. Real Decreto Legislativo 1/2020, de 5 de mayo, por el que se aprueba el texto refundido de la Ley Concursal.*

Procedimiento: INCIDENTE CONCURSAL IMPUG. INVENT./LISTA ACREE.: ....

AL JUZGADO DE LO MERCANTIL Nº......... DE................

......................., en representación de...................., Administrador Concursal designado en el procedimiento concursal de la entidad mercantil "........................... que con el número.................., se tramita ante este Juzgado, comparece en los autos de Incidente concursal, ICO N º....................., dimanante del proceso concursal ordinario....................., y como mejor proceda en Derecho DIGO

I.– Que por escrito de fecha ...., ..., S.L.U. (en adelante también "................."), interpuso frente a la concursada ....y la administración concursal, DEMANDA INCIDENTAL DE IMPUGNACIÓN DEL INVENTARIO Y DE LA LISTA DE ACREEDORES presentados por esta administración concursal en los términos de la citada demanda incidental y documentación acompañada a la misma que aquí se dan por íntegramente reproducidos en aras de una mayor brevedad.

II.– Que mediante Providencia de fecha ....de 2024 se emplazó a esta parte para que en el plazo de 10 días contestara a la referida demanda incidental en la forma prevista en el artículo 405 LEC.

III.– Que esta parte mediante el presente escrito, formula CONTESTACIÓN A LA INCIDENTAL formulada por...................., ello en base a los siguientes

HECHOS

PREVIO.– DE LAS ACCIONES EJERCITADAS POR...................

Como puede comprobarse en el escrito de demanda incidental, la actora ejercita acumuladamente la acción de impugnación del listado de acreedores y la acción de impugnación de inventarios de conformidad con lo previsto en los artículos 297 y ss. del Texto Refundido de la Ley Concursal (en adelante, "TRLC"). Dicha acumulación está correctamente planteada y así viene siendo aceptada tanto doctrinal como Jurisprudencialmente.

Sin perjuicio de lo anterior, se observa como la actora parece acumular también otras acciones de diferente índole (aparente resolución contractual, y liquidación de obligaciones contractuales), las cuales deberían ser objeto de un incidente concursal diferenciado y que, en caso de pretender su acumulación, la misma debería solicitarse en la forma legalmente correspondiente.

De este modo, y dado que resulta evidente que la actora no ha solicitado la acumulación de las diferentes acciones ejercitadas en el presente incidente de impugnación de inventario y listado de acreedores que aquí se contesta, ello debe implicar irremediablemente la desestimación íntegra de la demanda incidental, con expresa imposición de costas a la demandante.

Subsidiariamente, para el caso de que por parte del Juzgador se desestimara nuestra anterior alegación, y por ende, se entrara a valorar el fondo del asunto, esta Administración procede a dar contestación a la demanda incidental promovida por .... en los términos que a continuación se pasa a exponer.

PRIMERO.– DEL INFORME DE LA ADMINISTRACIÓN CONCURSAL.

Que por escrito de fecha ....de 2024, esta administración concursal presentó el informe a que se refieren los artículos 290 y siguientes TRLC, al cual se acompañó como documentos adjuntos el inventario de bienes y derechos y la lista de acreedores tal como se establece en los citados artículos.

Dicho informe y documentos adjuntos se tuvieron por presentados, ordenándose su unión a los autos del concurso por diligencia de ordenación dictada por el Juzgado de lo Mercantil número ....de...................

A efectos probatorios oportunos se deja designado el referido informe de fecha ....de 2024, así como los Anexos al mismo.

Y en el referido informe, más en concreto, en el listado de acreedores, quedó reflejado por parte de esta Administración Concursal un crédito contingente sin cuantía propia en favor de la mercantil ....estimado en ....€, ello dado que no existía a fecha del referido informe ningún litigio, acuerdo o documentación que justificara los créditos comunicados inicialmente por el referido acreedor, ni constaban en la contabilidad social.

Lo anterior por cuanto que, como se indicaba en el informe, esta Administración Concursal no contaba con documentación judicial y/o extrajudicial que respaldara la realidad y exigibilidad de los créditos inicialmente comunicados por.............., lo que, conforme a lo dispuesto en el artículo 261 TRLC, conllevó tal clasificación. Más si cabe cuando constaba y consta a fecha del presente discrepancia (y por tanto, ausencia de acuerdo) ente ....y la concursada en cuanto a los importes objeto de liquidación dimanantes de la resolución del contrato de ejecución de obra de fecha ....de 2021.

Así mismo, y por lo que respecta al inventario presentado por esta Administración Concursal, en el mismo figuraban sendos derechos de crédito a favor de la concursada frente a ....por importe de ....€ y ....€, respectivamente. Los referidos importes estaban refrendados documentalmente a través, por un lado, de la factura derivada de la certificación de obra que como DOCUMENTO 1 se adjunta al presente escrito, y por otro, de la contabilidad de la concursada en la que figuraban los importes derivados de las retenciones practicadas a ....durante la ejecución de la obra (las cuales han sido reconocidas expresamente por ....en su escrito de demanda incidental), motivo por el cual esta Administración Concursal, en cumplimiento de sus obligaciones, incluyó tales partidas en el inventario de bienes y derechos de la concursada. Estos créditos, insistimos, no son negados por la actora, sino todo lo contrario, ya que los reconoce expresamente en su escrito de demanda incidental, solicitando que se compensen con otras partidas derivadas de las obligaciones del contrato, como más adelante se expondrá.

SEGUNDO.– DEL ESCRITO DE DEMANDA INCIDENTAL.

Que por parte de la ahora demandante se ha formulado incidente concursal en el que se impugna el listado de acreedores y el inventario, ello conforme a lo argumentado en el cuerpo de su demanda que damos enteramente por reproducido en aras de una mayor brevedad, y conforme a lo solicitado en su Suplico que a continuación reproducimos textualmente:

"SUPLICO AL JUZGADO que teniendo por presentado este escrito junto con sus documentos se sirva: admitirlo, disponer su unión a los autos de su razón y, en virtud de lo manifestado en el cuerpo de este, tenga por formulada DEMANDA DE IMPUGNACIÓN DEL INVENTARIO Y DE LA LISTA DE ACREEDORES presentada en este concurso por la

Administración Concursal frente a esta y frente a................, S.A. y, en su día, previos los trámites oportunos, dictar Sentencia estimando íntegramente las pretensiones de esta parte en cuya virtud:

A) SE DECLARE:

a. Que ....incumplió sus obligaciones contractuales asumidas frente a ....en virtud del Contrato de Ejecución de obra a precio cerrado suscrito el...............de 2021.

b. Que el referido Contrato está resuelto conforme a derecho por nuestra representada por incumplimiento contractual de....................

c. Que la concursada está obligada a indemnizar a ....todos los daños y perjuicios derivados para esta del incumplimiento contractual de aquella que ascienden a la cantidad de ....€ en concepto de sobrecostes, así como igualmente a abonar a nuestra representada las penalizaciones pactadas para el caso de retrasos en la ejecución de las obras pendientes de aplicar (.......................€) en los términos indicados a lo largo del presente escrito, ascendente todo ello al importe de ....€.

d. Que, como consecuencia de la liquidación del Contrato de obras suscrito entre las partes, el importe neto que habrá de reconocerse a ....como crédito concursal, una vez neteados los importes adeudados recíprocamente entre las partes en los términos indicados en este este escrito, de conformidad con lo establecido en el artículo 153.2 del TRLC, asciende a ....€, con el siguiente desglose:

i) Un crédito por importe de ....€, que habría de ser reconocido en la lista de acreedores de la concursada como crédito subordinado.

ii) Un crédito por importe de ....€, que habría de ser reconocido como crédito ordinario.

iii) Un crédito contingente sin cuantía con la calificación de ordinario.

B) Y que, como consecuencia de todo lo anterior, SE CONDENE:

a. A las demandadas a estar y pasar por las anteriores declaraciones.

b. A la Administración Concursal:

(i) A reconocer los créditos titularidad de .... indicados en el anterior apartado A) d.

(ii) A suprimir del inventario los derechos de crédito de la concursada reconocidos frente a .... por importe de ....€ y por importe de ....€.

c. A las demandadas, a pagar las costas originadas en el presente procedimiento, en caso de oposición."

Por tanto, como resulta de la demanda incidental que aquí se contesta, ... apoya y vincula su solicitud modificatoria del listado de acreedores e inventario en que por parte del Juzgado se declare, por un lado, que la resolución previa del contrato de ejecución de obra de fecha ....de 2021 se ha llevado a cabo conforme a derecho, así como que la concursada incumplió sus obligaciones derivadas del referido contrato (y las diferentes adendas al mismo) y, por ende, que el importe en concepto de penalizaciones e indemnizaciones que se indican por aquella son correctos, siendo procedente la liquidación solicitada respecto de las respectivas obligaciones del contrato.

Todo ello será objeto del correspondiente análisis posteriormente.

TERCERO.– LOS EVENTUALES CRÉDITOS QUE, EN SU CASO, SE RECONOCIERAN EN FAVOR DE .... TENDRÁN EN TODO CASO LA CONSIDERACIÓN DE CRÉDITOS CONCURSALES.

Previamente a dar contestación a las cuestiones que esta administración concursal puede entrar a valorar en función de la información y documentación de la que dispone, resulta necesario dejar constancia y clarificar que los importes que, en su caso, resultaren fijados por el Juzgador en favor de................, tendrán la consideración en todo caso de créditos concursales, pero nunca de créditos contra la masa.

En este sentido se ha pronunciado incluso la ahora demandante, ya que, recordemos, por esta última se ha solicitado el reconocimiento de créditos ordinarios, subordinados y contingente sin cuantía propia según el caso, de tal forma que no siendo posible la modificación de las pretensiones inicialmente fijadas en el escrito de demanda incidental, no procede otro eventual reconocimiento que no sea como créditos estrictamente concursales, que, por otra parte, es la consideración que correspondería conforme a Derecho en caso de que se vieran aceptadas las pretensiones de la demandante.

CUARTO.– DE LA RESOLUCIÓN DEL CONTRATO DE EJECUCIÓN DE OBRA DE FECHA ....DE 2021, ASÍ COMO DE LAS LIQUIDACIONES DERIVADAS DE DICHA RESOLUCIÓN.

I.– En primer lugar, y por lo que respecta a la resolución del contrato de ejecución de obra de fecha ....de 2021 (y las adendas al mismo) suscrito entre .... y..................., resulta evidente que el mismo se encontraba resuelto previamente a la declaración del concurso.

Si bien constan determinados burofax remitidos por la concursada en los que se oponía a la resolución contractual promovida por.................., lo cierto y verdad es que, con posterioridad, la propia concursada reconoció en la memoria expresiva de su situación jurídica y económica que a la fecha de presentación del concurso, esto es, el .... de 2023, la totalidad de las obras habían sido rescindidas, cedidas o bien se habían cancelado los contratos, no teniendo ninguna obra en ejecución en esos momentos.

Es decir, ... reconoció con carácter previo a la declaración del concurso que la totalidad de los contratos se encontraban resueltos, no existiendo ninguna obra en tramitación o ejecución, lo que incluiría, por tanto, el contrato de ejecución de obra objeto de las presentes actuaciones.

A efectos probatorios se deja designado el escrito de .... de fecha ....de 2024, así como los documentos anexos al mismo en el que la concursada aportaba la documentación prevista en los artículos 7 y 8 TRLC.

II.– Por tanto, y dado que parece evidente que el contrato que vinculaba a ambas partes se encontraba resuelto con anterioridad a la declaración del concurso, restaría por determinar, por un lado, los importes de la liquidación de las respectivas obligaciones dimanantes del referido contrato (que como se reconoce incluso por la actora, se trata de una cuestión sobre la que no existe acuerdo entre las partes intervinientes en el contrato), así como, por otro, concretar las respectivas partidas de la masa activa y pasiva de la concursada en el seno del presente concurso derivadas de la referida relación contractual.

Es por ello que, ante la ausencia, tanto de documento público o privado que reflejara un acuerdo entre las partes relativo a la liquidación definitiva de sus respectivas obligaciones, como de resolución judicial o arbitral que concretara los respectivos saldos acreedores y deudores (de hecho no existía hasta la fecha del presente incidente procedimiento judicial alguno sobre esta controversia), esta Administración Concursal consideró procedente incluir en el listado de acreedores parte de los importes comunicados por ...., si bien con la consideración de contingentes sin cuantía propia.

Y se dice que se incluyó "parte" de los créditos comunicados por cuanto que la pretensión inicial por parte de .... (y sobre la que se insiste en la presente demanda incidental) de incluir un crédito contingente sin cuantía propia por las eventuales reclamaciones de los clientes finales de las viviendas derivadas del retraso de la obra no puede tener acogimiento.

Lo anterior resulta de las propias declaraciones de la contraparte, que en su escrito indica, y citamos textualmente: "Ante los graves retrasos sufridos en la obra que van a terminar padeciendo los compradores de cada una de las viviendas, esta parte considera más que probable que estos cursen las correspondientes reclamaciones a nuestra representada".

Es decir, la actora considera más que probable que los clientes finales ejerciten determinadas acciones, si bien no aporta prueba, o tan siquiera, indicio más o menos razonable, que sustente tal juicio de probabilidad, de tal forma que más que un razonamiento de probabilidad parece tratarse de una suerte de actividad adivinatoria sin base alguna que la apoye. De este modo, y dado que la actora no acredita ni aporta prueba alguna en defensa de su pretensión, la misma debe ser objeto del correspondiente rechazo, dicho sea con todo el respeto y prudencia.

Cuestión distinta sería si, por ejemplo, se hubiera aportado por la actora comunicaciones, avisos, etc. remitidas por los clientes finales en las que se anunciaran o se refirieran a futuras acciones a ejercitar frente a................ Pero nada de eso se ha aportado, ni en el momento de la comunicación de créditos, ni en el seno del presente procedimiento incidental. Es por ello que, insistimos, esta Administración Concursal considera que no procede la inclusión del crédito contingente sin cuantía propia por las eventuales reclamaciones de los clientes finales.

III.– Por último, y entrando ya a la concreta liquidación de obligaciones dimanantes del contrato solicitada por ....en su escrito de demanda incidental es necesario diferenciar los siguientes apartados:

III.1.– En primer lugar, la demandante en su escrito de demanda hace referencia a una serie de penalizaciones previstas en el contrato de ejecución de obra suscrito entre la concursada y ...., llevando a cabo un análisis y cálculo sobre las mismas, y fijando su importe.

Esta parte no puede entrar a valorar si las referidas penalizaciones han sido correctamente calculadas, o si procede su aplicación en su integridad en función de los hechos acaecidos en la ejecución de la obra contratada, ya que no fue parte en el referido contrato ni estuvo presente durante el desarrollo del mismo, careciendo por tanto de la información y detalle necesarios para poder pronunciarse al respecto.

Sin embargo, lo que sí puede y debe ser objeto de análisis es la procedencia o no de las penalizaciones en el seno de un concurso de acreedores tal como se procede a exponer.

Para ello, hay que analizar en primer lugar el carácter o naturaleza de las penalizaciones previstas en el contrato cuya exigibilidad ha sido solicitada por la demandante. Y para poder dar respuesta a esta cuestión hay que acudir en primer lugar a las estipulaciones del referido contrato.

Pues bien, analizando el contrato por lo que respecta a las penalizaciones, nos encontramos en primer lugar con la cláusula "Décima.– EJECUCIÓN DE OBRAS Y PLAZO DE LAS MISMAS", en la que se establece (el subrayado y negrita son nuestros): "(...) Las demoras o incumplimiento tanto del plazo final de terminación de obra como de los plazos parciales estarán sujetas a las penalizaciones establecidas más adelante, sin perjuicio del derecho de la PROPIEDAD de reclamar los daños y perjuicios derivados de dichos incumplimientos."

Así mismo, en la cláusula "Décimoprimera.– PENALIZACIONES", se establecía que "(...) Sin perjuicio de lo anterior, si la Dirección Facultativa considerase que el incumplimiento o demoras en los plazos parciales podrían llevar al incumplimiento del plazo final, la PROPIEDAD podrá resolver el presente contrato reteniendo todas las cantidades pendientes de abono en ese momento al CONTRATISTA en concepto de penalizaciones, sin perjuicio de su derecho a reclamar los correspondientes daños y perjuicios."

De este modo, analizando las previsiones contractuales en su conjunto, parece desprenderse de forma evidente que ....contaba por una lado con la posibilidad de aplicar penalizaciones por, entre otras cuestiones, retrasos en la obra, así como reclamar los daños y perjuicios que se le hubieran ocasionado por el incumplimiento de las obligaciones de la concursada.

Es decir, de la literalidad del contrato podría interpretarse que la aplicación de penalizaciones tendrían un carácter o naturaleza eminentemente sancionadora o punitiva, mientras que la reclamación de daños y perjuicios derivados de los incumplimientos tendría un carácter resarcitorio. Así, al menos, parece desprenderse al separarse de forma diferenciada ambos conceptos.

A efectos probatorios, se adjunta como DOCUMENTO 2 el contrato de ejecución de obra de fecha ....de 2021.

Pero no sólo se deriva tal conclusión de la interpretación del contrato, sino también de los propios actos de .... Como se puede comprobar en el escrito de demanda incidental, la actora diferencia claramente dos partidas o conceptos: penalizaciones y sobrecostes.

Sobre las primeras, la demandante parece solicitar su aplicación con carácter punitivo por los retrasos operados en la obra, así como solicita su compensación con los derechos de crédito que ostenta la concursada frente a.................... Respecto de los segundos, parece solicitarlos la demandante con carácter resarcitorio por el supuesto exceso de coste que ha debido asumir por la contratación de otro contratista para la finalización de la obra.

Lo anteriormente expuesto, y más en concreto, la naturaleza o carácter eminentemente punitivo de las penalizaciones previstas en un contrato tiene notables consecuencias una vez se apertura el concurso de acreedores, ya que, como más adelante se desarrollará en los Fundamentos de Derecho, ha sido resuelto Jurisprudencialmente que aquellas penalizaciones previstas en un contrato que tengan un claro contenido punitivo o sancionador no deberían operar en caso de concurso de acreedores, ya que en ese caso no se estaría penalizando al deudor, sino al resto de sus acreedores concursales.

En este sentido, y entre otras, la Sentencia del Tribunal Supremo nº 145/2019 de fecha 8 de marzo de 2019.

Por ello, acogiendo esta Doctrina, y dado que de la documentación e información que consta en los presentes autos se desprende que las penalizaciones solicitadas tienen un carácter sancionador y no resarcitorio, esta Administración Concursal se opone a la liquidación o compensación propuesta, ello por cuanto que las referidas penalizaciones previstas en el contrato no podrían operar en el seno del presente concurso al tener un carácter eminentemente punitivo o sancionador, no siendo procedente su inclusión en el listado de acreedores, y por ende, su compensación con los derechos de crédito en favor de la concursada frente a....................

Y dado que es la propia demandante la que de forma voluntaria solicita esa compensación (y no otra), procede rechazar la inclusión del crédito subordinado derivado de las penalizaciones, así como mantener los derechos de crédito en favor de la concursada frente a la actora.

III.2.– Por lo que respecta a los daños y perjuicios derivados de los supuestos sobrecostes para la finalización de la obra, esta Administración Concursal considera que, siguiendo un criterio de prudencia, no puede valorar los mismos con un mayor detalle por no haber sido parte en el contrato ni haber seguido la ejecución del mismo, si bien, cabría entender procedente rechazar el supuesto sobrecoste a la concursada al derivarse el mismo de un nuevo contrato concertado con una tercera mercantil cuyo presupuesto ha sido escogido de forma unilateral por parte de la demandante, siendo que, por ésta última no se aporta prueba alguna que justifique que dicho presupuesto fuera acorde a la obra inicialmente contratada a la concursada, debiendo ser la actora la que acredite tales cuestiones.

No sólo lo anterior, sino que de un análisis inicial de ambos contratos parecen existir determinadas diferencias entre las partidas recogidas en los mismos (por ejemplo, diferencias entre metros y precios contratados), lo que, por sí solo genera dudas razonables a la hora de determinar la procedencia y licitud de los sobrecostes solicitados por la actora.

En cualquier caso, como decíamos, dado que no ha sido posible valorar con el detalle necesario la información y/o documentación respecto de esta concreta cuestión, esta

Administración Concursal queda a la espera de las manifestaciones que a tal efecto lleve a cabo la concursada, a la prueba que, en su caso, se practique en el seno del presente incidente, así como a la resolución que se adopte al respecto por parte de este Jugado.

Por ello, una vez practicada, en su caso, la oportuna prueba por las partes y resuelta la controversia por resolución judicial firme, esta Administración Concursal fijará, en su caso, definitivamente el crédito reclamado por ……………….con la clasificación que resulte de la resolución judicial correspondiente, debiéndose mantener hasta esa fecha la clasificación del crédito como contingente sin cuantía propia, tal como figura actualmente recogido en el informe de la Administración Concursal.

III.3.– Por último, y en relación a la solicitud de inclusión como crédito contingente los importes derivados de las eventuales reclamaciones futuras por parte de clientes finales, esta Administración rechaza tal solicitud, ello por las razones y argumentos expuestos en un pasaje anterior del presente escrito a los cuales nos remitimos en su integridad por cuestiones de economía procesal.

QUINTO.– CONCLUSIONES

En virtud de todo lo anteriormente expuesto, y en aras de clarificar nuestros argumentos, conviene destacar las siguientes conclusiones:

1. ………………….. comunicó los créditos objeto del presente incidente, cuyos importes no eran pacíficos, ni por tanto exigibles, al no haber acuerdo entre la acreedora y la concursada sobre los mismos. Es por ello que esta Administración Concursal en cumplimiento de la norma concursal de aplicación incluyó los referidos créditos en el listado de acreedores como créditos contingentes sin cuantía propia. Del mismo modo, esta Administración Concursal incluyó en el inventario los derechos de crédito en favor de la concursada frente a ………………que venían refrendados documentalmente.

2. En el presente incidente ……………………apoya y vincula su solicitud modificatoria del listado de acreedores e inventario en que por parte del Juzgado se declare, por un lado, que la resolución previa del contrato de ejecución de obra de fecha …………………..de 2021 se ha llevado a cabo conforme a derecho, así como que la concursada incumplió sus obligaciones derivadas del referido contrato (y las diferentes adendas al mismo) y, por ende, que el importe en concepto de penalizaciones e indemnizaciones que se indican por aquella son correctos, debiéndose compensar, a su entender, las penalizaciones a su favor con los derechos de crédito en favor de la concursada.

3. Como se ha visto, en el presente supuesto las penalizaciones referidas por …………… tienen un eminente carácter punitivo y/o sancionador, distando por tanto de una finalidad resarcitoria. De este modo, y tal como se ha resuelto Jurisprudencialmente por el Tribunal Supremo, las referidas penalizaciones no podrían operar en el concurso de acreedores, no siendo posible la liquidación o compensación de las mismas con los derechos de crédito en favor de la concursada.

4. En virtud de lo anterior, y dado que es la propia demandante la que fija en su demanda su pretensión liquidatoria (compensación del importe de las penalizaciones con los derechos de crédito), se debe estar a dicha pretensión, considerando esta Administración Concursal que la misma no es posible por las razones expuestas a lo largo del presente

escrito. Por tanto, la consecuencia de todo ello no puede ser otra que rechazar la inclusión del crédito subordinado derivado de las penalizaciones y mantener los derechos de crédito en favor de la concursada frente a ....que figuran en el inventario.

5. Respecto a los daños y perjuicios derivados de los supuestos sobrecostes alegados de contrario, esta Administración Concursal considera que, siguiendo un criterio de prudencia, no puede valorar los mismos con un mayor detalle por no haber sido parte en el contrato ni haber seguido la ejecución del mismo, si bien, cabría entender procedente rechazar el supuesto sobrecoste a la concursada al derivarse el mismo de un nuevo contrato concertado con una tercera mercantil cuyo presupuesto ha sido escogido de forma unilateral por parte de la demandante, siendo que, por ésta última no se aporta prueba alguna que justifique que dicho presupuesto fuera acorde a la obra inicialmente contratada a la concursada, debiendo ser la actora la que acredite tales cuestiones.

No sólo lo anterior, sino que de un análisis inicial de ambos contratos parecen existir determinadas diferencias entre las partidas recogidas en los mismos (por ejemplo, diferencias entre metros y precios contratados), lo que, por sí solo genera dudas razonables a la hora de determinar la procedencia y licitud de los sobrecostes solicitados por la actora.

En cualquier caso, una vez practicada, en su caso, la oportuna prueba por las partes y resuelta la controversia por resolución judicial firme, esta Administración Concursal fijará definitivamente el crédito reclamado por ....con la clasificación que resulte de la resolución judicial correspondiente, debiéndose mantener actualmente la consideración de crédito contingente sin cuantía propia.

6. Por último, y respecto la solicitud de inclusión como crédito contingente con la calificación de ordinario derivado de las eventuales futuras reclamaciones por parte de clientes finales, esta Administración Concursal considera que no procede tal solicitud, ello por cuanto que no se ha aportado prueba, o tan siquiera, indicio más o menos razonable, que sustente tal juicio de probabilidad.

FUNDAMENTOS DE DERECHO

I.– PROCESALES.

Se admiten los correlativos de la demanda en cuanto a los fundamentos de derecho procesales.

II.– DE FONDO.

PRIMERO.– SOBRE LOS CRÉDITOS CONTINGENTES

Tal como se ha expuesto en los Fundamentos de Hecho del presente escrito, esta Administración Concursal considera que la clasificación como créditos contingentes sin cuantía propia de los créditos inicialmente comunicados por ....es ajustada a Derecho, y ello por cuanto en el momento de la comunicación de créditos no existía acuerdo en cuanto a la realidad, procedencia y exigibilidad de los importes comunicados por la actora, y a falta de acuerdo, tampoco existía resolución judicial que confirmara o fijara los referidos importes.

De este modo, y de conformidad con lo dispuesto en el artículo 261 TRLC en supuesto de autos procedía el reconocimiento como créditos contingentes sin cuantía propia, a la espera de que recayera resolución judicial que confirmara la realidad y procedencia de los créditos, así como el importe definitivo de los mismos.

Dado que en este incidente se están ventilando todas estas cuestiones, procede, a entender de esta Administración Concursal, mantener la calificación como crédito contingente sin cuantía propia hasta que recaiga resolución judicial firme que confirme, en su caso, los importes solicitados por la demandante.

SEGUNDO.– SOBRE LAS PENALIDADES CON FINALIDAD SANCIONADORA O PUNITIVA PREVISTAS EN UN CONTRATO EN EL SENO DE UN CONCURSO DE ACREEDORES.

Como se ha adelantado en un momento anterior del presente escrito, para poder resolver el supuesto de autos procede determinar la naturaleza o carácter de las penalizaciones previstas en el contrato de ejecución de obra de fecha ....de 2021 cuya aplicación solicita la actora, toda vez que se ha aperturado concurso de acreedores respecto de la entidad contratista del referido contrato.

De este modo, resulta necesario analizar si la penalización prevista en el contrato tiene un carácter resarcitorio, sancionador, o una conjunción de ambos, ya que, dependiendo de la respuesta a esta cuestión las consecuencias serán distintas en el seno del concurso de acreedores a la hora de dar el oportuno tratamiento al crédito derivado de las referidas penalizaciones.

Y ello no porque así lo entienda esta Administración Concursal, sino porque Jurisprudencialmente se ha resuelto que deberá analizarse el carácter sancionador o resarcitorio de la penalización para determinar si la misma puede operar o no en caso de concurso de acreedores.

En este sentido, y como se ha indicado anteriormente, resulta especialmente relevante la Sentencia del Tribunal Supremo nº 145/2019 de fecha 8 de marzo de 2019, ya que entra a valorar una penalización prevista en un contrato para aquellos casos en los que se produzca un incumplimiento una vez aperturado el procedimiento concursal.

Y la respuesta a esta cuestión es clara para el alto Tribunal, si la penalidad prevista excede de la finalidad resarcitoria, respondiendo realmente a una finalidad sancionadora, en la parte que tiene de pena o sanción no debería operar en el supuesto de concurso de acreedores, ya que en ese caso más que sancionar o penalizar a la concursada, se estaría perjudicando a los acreedores concursales (el subrayado y negrita son nuestros):

"(...) Cuando las partes en el contrato han pactado, como es el caso, una cláusula penal, esta debe operar en lo que tiene de resarcitoria de los daños y perjuicios (...)

(...) No obstante lo anterior, cuando la pena exceda con mucho de la finalidad resarcitoria y responda claramente también a una finalidad sancionadora, en lo que tiene de pena no debería operar en caso de concurso de acreedores, pues entonces no se penaliza al deudor sino al resto de sus acreedores concursales."

En el supuesto de autos, tal como se ha argumentado en un pasaje anterior del presente escrito, al que nos remitimos en aras a una mayor brevedad y por cuestiones de economía procesal, esta Administración Concursal considera que las penalizaciones previstas en el contrato responden a una finalidad eminentemente sancionadora o punitiva, y no tanto resarcitoria. Ello debe implicar que las mismas no operen en el concurso de acreedores, y por ende, que no queden recogidas en el listado de acreedores, no siendo procedente la compensación o liquidación solicitada por la contraparte.

TERCERO.– SOBRE LOS PRINCIPIOS DE JUSTICIA ROGADA Y CONGRUENCIA

El principio de rogación está directamente relacionado con el principio de congruencia en tanto en cuanto significa que en aquellos casos, como es el proceso civil, en los que el Juez vendría vetado a actuar de oficio, (a salvo de los supuestos expresamente contemplados en que sí lo puede hacer), el Juzgador tomará la iniciativa en el proceso, debiendo dejar que sea la parte la que actúe en virtud de la aplicación del principio dispositivo que rige en el proceso civil.

Además, la relación de este principio con el de congruencia data de la exigencia de que el Juzgador estará a la hora de resolver a atender o desestimar las pretensiones suscitadas por las partes a lo alegado por las mismas, sin que quepa plantear en la sentencia cuestiones nuevas no expuestas por las mismas son pena de incurrir en incongruencia con lo pedido.

Por ello, este principio está directamente relacionado con el principio de seguridad jurídica y ambos son imperantes en nuestro ordenamiento jurídico y constituyen una barrera o tope a la revisión judicial de oficio cuando no está permitida expresamente por la ley, ya que la tutela judicial no puede ir más allá de lo querido y peticionado por cada una de las partes.

Este principio también está, a su vez, relacionado con otros al establecerse la prohibición de introducir hechos nuevos en el debate con posterioridad a la demanda y a la contestación, salvo aquellos supuestos expresamente contemplados al efecto en la Ley de Enjuiciamiento Civil. En este sentido, las Sentencias del Tribunal Supremo de 26 de febrero de 2004 y de 23 de Octubre de 2007 declaran que: "(...) la doctrina de esta Sala, que viene declarando que los Tribunales deben atenerse a las cuestiones de hecho y de derecho que las partes le hayan sometido, las cuales acotan los problemas litigiosos y han de ser fijadas en los escritos de alegaciones, que son los rectores del proceso."

Así lo exigen los principios de rogación (sentencias de 15 de diciembre de 1984, 4 de julio de 1986, 14 de mayo de 1987, 18 de mayo y 20 de septiembre de 1996, 11 de junio de 1997), y de contradicción (sentencias de 30 de enero de 1990 y 15 de abril de 1991), por lo que el fallo ha de adecuarse a las pretensiones y planteamientos de las partes, de conformidad con la regla "iudex iudicare debet secundum allegata et probata partium" (sentencias de 19 de octubre de 1981 y 28 de abril de 1990), sin que quepa modificar los términos de la demanda (prohibición de la "mutatio libelli", sentencia de 26 de diciembre de 1997), ni tampoco cambiar el objeto del pleito en la segunda instancia.

En virtud de lo anterior, tal como se ha expuesto en el Fundamento de Hecho Cuarto, teniendo en consideración que es la propia demandante la que, en su solicitud de liquidación de las respectivas obligaciones del contrato de ejecución de obra plantea la "compensación" entre los importes derivados de las penalidades previstas en el contrato y los derechos de crédito que la concursada ostenta frente a .... (que han sido reconocidos expresamente por esta última), y dado que, como se ha visto, las penalizaciones de carácter eminentemente sancionador o punitivo no pueden operar en el concurso de acreedores, la compensación solicitada no puede tener acogimiento.

De tal forma que el Juzgador, a la hora de resolver, deberá estar a lo peticionado por las partes. En este caso, y dicho de forma sencilla, la actora solicita compensar "penalizaciones" con "derechos de crédito en favor de la concursada", por lo que es esta cuestión, y no otra, la que deberá ser objeto de valoración por parte del Juzgador, dicho sea todo ello con el máximo respeto, y salvo mejor y ulterior criterio del Juzgador.

Es por todo ello que esta Administración Concursal considera que no deberá incluirse en el listado de acreedores el crédito subordinado relativo a las penalizaciones, y mantener los derechos de crédito en favor de la concursada frente a ....que figuran actualmente en el inventario.

CUARTO.– COSTAS

Procede la interposición de costas a la parte demandante, ello en virtud de lo dispuesto en el artículo 542 TRLC, el cual se remite a lo dispuesto en la materia por la Ley de Enjuiciamiento Civil.

En su virtud,

SUPLICO AL JUZGADO: Que teniendo por presentado este escrito, lo admita y en méritos a lo expuesto acuerde tener por formulada contestación a la demanda incidental presentada por la representación procesal de ..................S.L., contra esta administración concursal y la mercantil concursada...................., S.A., dictando en su día sentencia de conformidad con lo manifestado en este escrito de contestación, esto es, desestimando la demanda incidental promovida por la actora por el defecto a la hora de acumular las diferentes acciones ejercitadas en la referida incidental, defecto este que determina la desestimación íntegra de la demanda con expresa imposición de costas a la demandante.

Subsidiariamente, y en caso de que por parte del Juzgador se rechazara la anterior solicitud, se solicita se dicte la correspondiente sentencia de conformidad con lo manifestado en este escrito de contestación, estos es, desestimando las pretensiones contenidas demanda incidental en los siguientes términos:

A) Mantener la consideración del crédito relativo a los supuestos daños y perjuicios ocasionados a ....como contingente sin cuantía propia, a la espera de lo que se resuelva por parte del Juzgador en el presente incidente, de tal forma que una vez resuelta judicialmente la procedencia o no de los daños y perjuicios reclamados, y se fije el concreto importe de los mismos, esta Administración Concursal procederá, en su caso, a la fijación definitiva del crédito con la clasificación que corresponda.

B) Rechazar la inclusión del crédito subordinado por el importe referido en la demanda incidental derivado de las penalizaciones previstas en el contrato de ejecución de obra, ello en los términos indicados en el presente escrito.

C) Rechazar la inclusión del crédito contingente sin cuantía con la calificación de ordinario derivado de las eventuales futuras reclamaciones de clientes finales, ello en los términos indicados en el presente escrito.

D) Mantener los derechos de crédito en favor de la concursada frente a .... que figuran en el inventario presentado junto con el informe de esta Administración Concursal por importes de ....€ y ....€, respectivamente.

E) En virtud de todo lo anterior, rechazar la liquidación de las obligaciones dimanantes del contrato de ejecución de obra solicitada por la actora de conformidad, y en los términos reseñados a lo largo del presente escrito.

Todo ello sin perjuicio de lo que resulte del presente procedimiento incidental, con condena por las costas causadas en este incidente a la parte demandante.

OTRO SÍ PRIMERO DIGO.– Que de conformidad con lo dispuesto en el artículo 539 TRLC, y con el objeto de que surta los efectos probatorios oportunos en el seno del presente incidente, por esta parte se propone y se interesa se admita la práctica de los siguientes MEDIOS DE PRUEBA:

A) DOCUMENTAL: Que se tengan por reproducidos y aportados al ramo de prueba de esta parte los documentos que se acompañan al presente escrito de contestación y los cuales han sido referenciados en el cuerpo del presente escrito.

Así mismo, y a efectos probatorios oportunos, se dejan designados los autos de Concurso Necesario nº ....que se siguen en el presente Juzgado, así como el resto de documentos e informes relativos al referido procedimiento concursal contenidos en el presente escrito de contestación formulado por esta parte.

Del mismo modo, a efectos probatorios SE DESIGNAN LOS DOCUMENTOS, ARCHIVOS Y REGISTROS correspondientes a todos aquellos organismos, juzgados y entidades que hayan quedado reseñados en el presente escrito, así como que guarden relación con los documentos que se aportan con el mismo.

SUPLICO AL JUZGADO, que se tenga por efectuada la anterior solicitud, acordándose la admisión y pertinencia de los medios de prueba anunciados.

OTRO SÍ SEGUNDO DIGO.– Que dado que los medios de prueba de esta parte consisten en la documental aportada y designada en el presente escrito, de conformidad de lo dispuesto en el artículo 540 TRLC, se solicita se dicte la correspondiente sentencia sin citación a las partes para la vista y sin más trámites.

SUPLICO AL JUZGADO, que se tenga por efectuada la anterior solicitud, acordándose dictar la correspondiente sentencia sin citación a las partes para la vista y sin más trámites.

OTRO SÍ TERCERO DIGO.– Que siendo intención de esta parte cumplir con todos los requisitos legales, a tenor de lo previsto en el artículo 231 de la Ley de Enjuiciamiento Civil, se solicita por esta parte que se nos diere traslado de cualquier defecto que pudiera adolecer la presente demanda, para proceder a la inmediata subsanación.

SUPLICO AL JUZGADO, que teniendo por efectuada la anterior manifestación a los efectos oportunos.

Todo lo anterior por ser de justicia que pido en……………….

Fdo…………………………,

Administrador Concursal

F582. IMPUGNACIÓN LISTA ACREEDORES. ALLANAMIENTO ADMINISTRACIÓN CONCURSAL

Normativa de aplicación: *Arts. 297 y ss. Real Decreto Legislativo 1/2020, de 5 de mayo, por el que se aprueba el texto refundido de la Ley Concursal.*

Procedimiento: INCIDENTE CONCURSAL IMPUG. INVENT./LISTA ACREE.: …/… (Dimanante concurso …/…)

AL JUZGADO DE LO MERCANTIL Nº … DE …

……, en representación de ….., Administrador Concursal designado en el procedimiento concursal de la entidad mercantil ".... S.A.", en adelante también ("….") que con el número…/…., se tramita ante este Juzgado, comparece en los autos de Incidente concursal, ICO N º …/…., dimanante del proceso concursal ordinario …/…., y como mejor proceda en Derecho DIGO

I.– Que por escrito de fecha … de…. de 2024, … SA interpuso frente a la concursada … y la administración concursal, DEMANDA INCIDENTAL DE IMPUGNACIÓN DE LA LISTA DE ACREEDORES presentada por esta administración concursal en los términos de la citada demanda incidental y documentación acompañada a la misma que aquí se dan por íntegramente reproducidos en aras de una mayor brevedad.

II.-Que habiendo sido emplazada esta parte mediante providencia de 19 de Junio de 2024 para la CONTESTACIÓN A LA DEMANDA INCIDENTAL interpuesta por…. SA, seguida en este Juzgado por medio del presente, procedo a evacuar el referido trámite, de conformidad con el art. 405 de la LEC, formulando ALLANAMIENTO a las pretensiones del actor, sobre la base de los siguientes:

HECHOS

ÚNICO.– Que a la vista de las pretensiones expuestas por la demandante en el sentido de solicitar el reconocimiento de mayor cuantía, desglose y la nueva la clasificación del crédito originalmente reconocido esta parte se ALLANA a la pretensión reconocitoria del crédito peticionado por la demandante, ya reconocido en el informe provisional emitido por esta AC de manera involuntariamente errónea y sin necesidad de entrar a debatir sobre la nulidad alegada que no concurre. Ello en aras de elementales exigencias de economía procesal y seguridad jurídica. Por lo tanto y tras el ALLANAMIENTO a la pretensión de la demandante se modificarán por esta AC en los textos definitivos pendientes de presentar, los créditos con la cuantía y calificación solicitada por la demandante y que son los siguientes:

A.– Crédito privilegiado del art. 280.4 TRLConc, por importe de .... euros (...€)

B.– Crédito ordinario del art. 280.4 TRLConc, por importe de .... euros (...€)

C.– Crédito subordinado del art. 281.1.3° TRLConc, por importe de .... euros (...€)

E.– Crédito Contra la Masa por importe de .... euros (... €.)

F.– Crédito con vocación subordinada y contingente por importe de .... euros (... €)

FUNDAMENTOS DE DERECHO

I.– Es aplicable lo establecido en el artículo 21 de la Ley de Enjuiciamiento Civil

en cuya virtud, "cuando el demandado se allane a todas las pretensiones del actor, el tribunal dictará sentencia condenatoria de acuerdo con lo solicitado por este"

II.– En aplicación de lo establecido en el artículo 395 de la Ley de Enjuiciamiento Civil, no procede la condena en costas.

En virtud de todo cuanto antecede,

SUPLICO AL JUZGADO que teniendo por presentado este escrito junto con sus documentos y copias de todo ello, se sirva admitirlo en tiempo y forma, teniendo por formulada CONTESTACIÓN A LA DEMANDA INCIDENTAL interpuesta por la ..... SOCIEDAD ANÓNIMA, con ALLANAMIENTO y en su momento y tras los trámites oportunos, se dicte sentencia acordando la estimación de la demanda, sin imposición de costas.

Todo lo anterior por ser de justicia que pido en ..., a ... de ... de 2024.

Fdo. Administrador Concursal

F583. ALLANAMIENTO A DEMANDA DE IMPUGNACIÓN DE LA LISTA DE ACREEDORES

Normativa de aplicación: *Arts. 297 y ss. Real Decreto Legislativo 1/2020, de 5 de mayo, por el que se aprueba el texto refundido de la Ley Concursal.*

Concurso Voluntario. Procedimiento Ordinario..../....– D

Concursada:..........., S.L.

AL JUZGADO DE LO MERCANTIL Nº..... DE...........

DON..........., Administrador Concursal designado en el procedimiento de Concurso Voluntario Ordinario de la entidad mercantil..........., S.L. que con el número..../.... se tramita ante ese Juzgado, y bajo la dirección letrada de Don..........., colegiado del ICAV..........., comparece ante el mismo y como mejor proceda en Derecho, DICE:

Que habiendo sido emplazada esta parte mediante providencia de 15 de Marzo de........... para la CONTESTACIÓN A LA DEMANDA INCIDENTAL interpuesta por el EXCMO AYUNTAMIENTO DE..........., seguida en este Juzgado por medio del presente, procedo a evacuar el referido trámite, de conformidad con el art. 405 de la LEC, formulando ALLANAMIENTO a las pretensiones del actor, sobre la base de los siguientes

HECHOS

ÚNICO.– Que por haberse advertido por error material, la no inclusión en la lista de acreedores de los créditos solicitados en la demanda incidental, ésta parte se allana a la pretensión formulada por la parte actora, por lo que se incluirán en los textos definitivos pendientes de presentar, los créditos con la cuantía y calificación solicitada por la demandante y que son los siguientes:

– .... euros que tendrían la consideración de créditos con privilegio especial correspondiente al IBI - RÚSTICA.

– .... euros que tendrían la consideración de créditos subordinados, correspondientes a multa de tráfico.

FUNDAMENTOS DE DERECHO

I.– Es aplicable lo establecido en el artículo 21 de la Ley de Enjuiciamiento Civil, en cuya virtud, "cuando el demandado se allane a todas las pretensiones del actor, el tribunal dictará sentencia condenatoria de acuerdo con lo solicitado por éste".

II.– En aplicación de lo establecido en el artículo 395 de la Ley de Enjuiciamiento Civil, no procede la condena en costas.

En virtud de todo cuanto antecede,

SUPLICO AL JUZGADO que teniendo por presentado este escrito junto con sus documentos y copias de todo ello, se sirva admitirlo en tiempo y forma, teniendo por formulada CONTESTACIÓN A LA DEMANDA INCIDENTAL interpuesta por el EXCMO AYUNTAMIENTO DE..........., con ALLANAMIENTO y en su momento y tras los trámites oportunos, se dicte sentencia acordando la estimación íntegra de la demanda, sin imposición de costas

Es justicia que respetuosamente se pide en..........., a 28 de marzo de...........

Fdo: Don........... Don...........

F584. COMUNICACIÓN DE CRÉDITO CON POSTERIORIDAD A LA FINALIZACIÓN DEL PLAZO DE IMPUGNACIÓN LISTA DE ACREEDORES Y HASTA LA PRESENTACIÓN DE TEXTOS DEFINITIVOS

Normativa de aplicación: *Arts. 255 y ss. Real Decreto Legislativo 1/2020, de 5 de mayo, por el que se aprueba el texto refundido de la Ley Concursal*

A LA ADMINISTRACIÓN CONCURSAL DEL CONCURSO VOLUNTARIO DE LA SOCIEDAD .... SLU

Don..........., mayor de edad, de nacionalidad española, con domicilio designado a efectos de notificaciones en..........., calle........... núm. ...., pta..........., en nombre y representación, en su condición de administrador único que se acredita con la escritura que se acompaña como DOCUMENTO UNO, de la sociedad........... S.L., con domicilio en..........., calle........... núm. ...., y CIF EXPONGO:

Que de conformidad con lo establecido en el art. 255 y 268 TRLC y con relación al concurso voluntario de la sociedad........... SLU, que se tramita ante este Juzgado bajo el número de autos..........., por medio del presente escrito se notifica a la administración concursal del expresado concurso el crédito que ostenta........... S.L. contra la concursada........... SLU. A tal efecto se indica lo siguiente:

I.– Que mi mandante, la sociedad........... S.L., con domicilio en la ciudad de..........., calle..........., núm. .... y CIF..........., es acreedora de la concursada........... SLU.

II.– Que........... S.L. ostenta contra la concursada........... SLU, un crédito por importe conjunto de...........euros (...........€), con el siguiente desglose:

Factura núm. ...., de fecha........... de........... de..........., y un importe de...........euros.

Factura núm. ...., de fecha........... de........... de..........., y un importe de...........euros.

El pago de dichas facturas, se articuló mediante un pagaré de la entidad de crédito..........., núm. ...., por un importe de...........euros y un vencimiento el........... Dicho pagare, llegado su vencimiento, no fue atendido por la concursada, originando unos gastos de devolución de...........euros.

III.– Que el origen del citado crédito es suministro por........... S.L. a la concursada de........... piezas de...........

IV.– Acreditando lo anterior, se acompaña copia de los expresados documentos y títulos relativos al crédito de..........., (incluyendo pedidos de la concursada, facturas, y albaranes de entregas de la mercancía origen del crédito aquí comunicado a satisfacción de la concursada, gastos devolución efectos.), así como del pagare impagado.

V.– Que entendemos que corresponde a dicho crédito la calificación de ordinario.

En este sentido, el art. 268.1 TRLC señala que una vez concluido el plazo de impugnación de la lista de acreedores y antes de la presentación de la lista definitiva, se podrán presentar nuevas comunicaciones de créditos. Estos créditos serán reconocidos o excluidos por la administración concursal conforme a las reglas generales establecidas para el reconocimiento o la exclusión, sin más excepciones que las establecidas en el TRLC.

Ciertamente el art. 268.2 TRLC impone la clasificación como subordinados de los créditos objeto de comunicación extemporánea. Sin embargo, no es menos cierto que el mismo artículo excepciona la aplicación de tal regla cuando el acreedor justifique no haber tenido noticia de la existencia de los mismos antes de la conclusión del plazo de impugnación, en cuyo caso se clasificará el crédito conforme a la naturaleza que le corresponda.

Y esto es lo que sucede en el presente caso, pues esta parte no ha tenido noticia del crédito aquí comunicado hasta el día de ayer, toda vez que...........

Se acredita los anterior con..........., que se acompaña como DOCUMENTO...........

Por lo tanto, procede que el citado crédito sea clasificado como ordinario.

VI.– Que a efectos que por esta Administración Concursal se practique cuantas comunicaciones resulten necesarias o convenientes, se designa el siguiente domicilio:........... (o la siguiente dirección electrónica...........).

Y para que así conste, especialmente a efectos de lo prevenido en el art. 255 y 268 TRLC, se comunica lo anterior en..........., hoy día........... de........... de...........

F585. ESCRITO DE AVALISTA QUE HA PAGADO LA DEUDA AVALADA SOLICITANDO LA CONVERSIÓN DE CRÉDITO CONTINGENTE EN ORDINARIO

AL JUZGADO DE LO MERCANTIL........... DE...........

..........., Procurador de los Tribunales y de la entidad BANCO..........., con domicilio en..........., calle..........., cuya representación tengo acreditada en el procedimiento concursal núm. .... de autos, ante el Juzgado comparezco y como mejor proceda en derecho DIGO:

I.– Que en virtud de contrato de aval de fecha........... de........... de..........., mi poderdante avaló a la aquí concursada ante la entidad........... por un importe de...........euros.

II.– Que como consecuencia del citado aval, fue reconocido a favor de mi mandante en la lista de acreedores del presente concurso acreedores de........... S.L., un crédito con la consideración de contingente.

III.– Que mi mandante, como consecuencia de la ejecución del citado aval, ha pagado a la entidad..........., la expresada suma de...........euros, tal y como se acredita con los DOCUMENTOS que se acompañan al presente dotados de número........... a...........

IV.– Que tras el referido pago, interesa a esta parte la clasificación del citado crédito como ORDINARIO y con una cuantía de...........euros, previo traslado al efecto a la administración concursal.

En su virtud

SUPLICO AL JUZGADO que tenga por presentado este escrito, se sirva admitirlo, acordándose en el sentido expresado en el cuerpo de este escrito y cuanto demás proceda en derecho.

Es Justicia que suplico en ...., a .... de .... de ....

F586. TEXTOS DEFINITIVOS DE LISTA DE ACREEDORES E INVENTARIO DE BIENES Y DERECHOS

Normativa de aplicación: *Arts. 303 y ss. Real Decreto Legislativo 1/2020, de 5 de mayo, por el que se aprueba el texto refundido de la Ley Concursal*

AL JUZGADO DE LO MERCANTIL NÚM. .... DE...........

Don..........., administración concursal del concurso voluntario de la compañía........... S.A., que se sigue ante este Juzgado bajo el número de autos..........., ante este Juzgado de lo Mercantil comparezco en los citados autos, y como mejor proceda en derecho DIGO:

PRIMERO.– Que una vez resueltos los Incidentes concursales promovidos en este expediente contra la lista de acreedores presentada en fecha........... por esta Administración Concursal, y en base a los mismos, introduce en el inventario, en la lista de acreedores y, en su caso, en la exposición motivada de su informe las modificaciones que procedan y presentará al juez los textos definitivos correspondientes.

SEGUNDO.– Que se adjuntan al presente escrito el Lista de acreedores actualizada de la concursada (ANEXO 1).

TERCERO.– Que el la lista de acreedores de la entidad........... ha sido modificada en base a las modificaciones y los incidentes que a continuación se detallan:

I.– Se ha detectado un error material en el crédito asignado en lista de acreedores en el caso de..........., acreedores incluidos en dicha lista.

Que una vez modificado el error detectado, el crédito reconocido a los acreedores anteriormente mencionados es de cero euros, debido a que la gestión y/o recaudación de tributos y demás ingresos de derecho público locales de los mencionados ayuntamientos está asumida por el..........., incluyendo a éste último con la deuda reconocida a los citados ayuntamientos, quedando el reconocimiento como sigue:

....	0,00 €
....	0,00 €
....	0,00 €
....	€,

cuya calificación es la siguiente:

Privilegio especial...........€

Privilegio general...........€

Crédito ordinario...........€

Que la lista de acreedores de la entidad........... S.A. ha quedado modificada por la circunstancia mencionada en este punto.

II.– En fecha........... de........... de..........., previa autorización judicial mediante auto de fecha........... de........... de..........., se ha formalizado la operación consistente en la adjudicación de determinados inmuebles pertenecientes al activo patrimonial de la concursada, y en su práctica totalidad gravados con hipoteca a favor del BANCO..........., en los términos indicados en la solicitud presentada ante el juzgado.

Que una vez formalizada la operación indicada, queda modificado la masa activa y la masa pasiva de la concursada en los siguientes importes:

REDUCCIÓN DE LA MASA ACTIVA...........€

REDUCCIÓN DE LA MASA PASIVA...........€, mediante la reducción por el importe total del crédito asignado al acreedor...........

Que la lista de acreedores de la entidad..........., S.A. ha quedado modificada por la circunstancia mencionada en este punto.

III.– Se ha detectado un error material en el crédito asignado en lista de acreedores en el caso de "...........", acreedor incluido en dicha lista.

Que una vez modificado el error detectado, el crédito reconocido al acreedor anteriormente mencionado es de: ....€ Crédito ordinario.

Que la lista de acreedores de la entidad..........., S.A. ha quedado modificada por la circunstancia mencionada en este punto.

IV.– Se ha detectado un error material en el crédito asignado en la lista de acreedores en el caso de..........., acreedor incluido en dicha lista.

Que una vez modificado el error detectado, el crédito reconocido al acreedor anteriormente mencionado es de cero euros, debido a que el crédito reconocido corresponde a dos comunidades de propietarios diferenciadas, quedando como sigue:

.... 0,00 €

...........€ Crédito ordinario

...........€ Crédito ordinario

Que la lista de acreedores de la entidad..........., S.A. ha quedado modificada por la circunstancia mencionada en este punto.

V.– Se ha actualizado el listado de créditos contra la masa ya que la sociedad no ha cesado su actividad desde la fecha de declaración del concurso. En dicha relación, que se acompaña como ANXO I, se distingue entre créditos contra la masa ya devengados, pagados y pendientes de pago, con expresión de su vencimiento.

VI.– Que concluido el plazo de impugnación de la lista de acreedores e inventario y antes de la presentación de los Textos Definitivos se comunicó un crédito contra la concursada por la sociedad...........

Dado que el acreedor no ha justificado no haber tenido noticias antes de su existencia, procede su clasificación como crédito subordinado ex art. 268 TRLC por cuantía........... euros.

ALTERNATIVA: Dado que el acreedor ha justificado no haber tenido noticias antes de su existencia, procede su clasificación según su naturaleza, esto es, como crédito ordinario por cuantía...........euros.

Que la lista de acreedores de la entidad..........., S.A. ha quedado modificada por la circunstancia mencionada en este punto.

ALTERNATIVA (si fueran varios los créditos comunicados): Se acompaña como ANEXO ...., relación de las comunicaciones posteriores de créditos presentadas con las modificaciones introducidas por la administración concursal en la lista de acreedores.

VII.– Que mediante escrito de fecha........... se presentó demanda incidental por parte de la entidad........... Que dicha demanda fue admitida a trámite con el nº........... Que en fecha........... la Administración Concursal presentó escrito de contestación a la demanda promovida. Por Sentencia nº........... de fecha..........., se resolvió el incidente concursal........... promovido por la..........., S.A. En base a la misma se han efectuado las oportunas correcciones en la lista de acreedores...........

CUARTO.– Que en el inventario de bienes y derechos inicial se han introducido las siguientes modificaciones:...........

QUINTO.– Modificaciones introducidas en la exposición motivada del informe del art. 290 y ss. TRLC emitido en su día por esta Administración Concursal: ....

Por todo lo expuesto

SUPLICO AL JUZGADO, que teniendo por presentado este escrito se digne admitirlo, se una al expediente de su razón, y tenga por presentado los textos definitivos del presente concurso, acordando cuanto proceda en derecho.

Es Justicia que suplico en ...., a .... de .... de ....

F587. COMUNICACIÓN TELEMÁTICA POR LA ADMINISTRACIÓN CONCURSAL A LOS ACREEDORES DE LOS TEXTOS DEFINITIVOS

Normativa de aplicación: *Arts. 303 y ss. Real Decreto Legislativo 1/2020, de 5 de mayo, por el que se aprueba el texto refundido de la Ley Concursal*

Muy Sres. nuestros:

Nos referimos al concurso voluntario de la sociedad............ S.L., y en nuestra condición de administración concursal del citado concurso tramitado ante el Juzgado de lo Mercantil núm. .... de............ bajo el número de autos............

En el expresado procedimiento son ustedes la deudora concursada (ALTERNATIVA: En el expresado procedimiento aparecen ustedes reconocidos como acreedores de la concursada). (ALTERNATIVA: En el expresado procedimiento se hallan ustedes personados, aunque no tengan la condición de acreedor).

Por medio de la presente, que le dirigimos en su condición deudora (o acreedora) (o de parte personada) reseñada, y a la dirección electrónica que consta a esta Administración Concursal (ALTERNATIVA: y al procurador que les representa al no tener esta administración concursal constancia de la dirección electrónica de ustedes), les remitimos copia de los textos definitivos con la documentación complementaria, que hoy han sido presentados en el Juzgado.

Todo lo cual se le comunica de conformidad y a los efectos de lo previsto en el art. 304 TRLC.

Atentamente

F588. SOLICITUD A LA ADMINISTRACIÓN CONCURSAL DE MODIFICACIÓN DEL TEXTO DEFINITIVO DE LA LISTA DE ACREEDORES PRESENTADA AL JUZGADO

Normativa de aplicación: *Arts. 303 y ss. Real Decreto Legislativo 1/2020, de 5 de mayo, por el que se aprueba el texto refundido de la Ley Concursal*

A LA ADMINISTRACIÓN CONCURSAL DEL CONCURSO VOLUNTARIO DE............ S.L.

Muy Sr. mío:

Me dirijo a usted en su condición de administrador concursal del concurso voluntario de la compañía........... S.A., que se sigue ante el Juzgado núm. .... de bajo el número de autos...........

Con relación al citado concurso y en mi condición de acreedor de la sociedad........... S.A., le indico y solicito lo siguiente:

I.– Que en fecha..........., por esta Administración Concursal se presentaron los textos definitivos de la lista de acreedores e inventario del presente procedimiento concursal...........

II.– Que en la lista de acreedores definitiva presentada aparecía recogido un crédito a mi favor, como contingente, sin cuantía y con la clasificación de ordinario. Ello al tratarse de un crédito litigioso.

III.– Que en fecha........... recayó sentencia firme del Juzgado de Primera instancia núm. .... de........... (autos de juicio ordinario de núm. ....), confirmando íntegramente el crédito a mi favor frente a la concursada por un importe de...........euros, que a la vista de lo previsto en el TRLC, tiene la consideración de crédito concursal ORDINARIO y una cuantía de...........euros.

Acompañamos como documento UNO testimonio de la citada sentencia con expresión de su firmeza.

IV.– Que conforme señala el art. 299 TRLC quienes no impugnaren en tiempo y forma el inventario o la lista de acreedores acompañados al informe de la administración concursal no podrán plantear pretensiones de modificación del contenido de estos documentos, aunque podrán recurrir en apelación las modificaciones introducidas por el juez al resolver las impugnaciones de otros legitimados.

No obstante, el art. 308 TRLC señala que el texto definitivo de la lista de acreedores podrá modificarse en los casos siguientes: .... 7° Cuando, después de presentados los textos definitivos, se hubiera cumplido la condición o contingencia prevista o los créditos hubieran sido reconocidos o confirmados por acto administrativo, por laudo o por resolución procesal firme o susceptible de ejecución provisional con arreglo a su naturaleza o cuantía.

En tal caso, si es reconocido, el crédito tendrá la clasificación que les corresponda con arreglo a su naturaleza, sin que sea posible su subordinación por comunicación tardía (art. 309. 2° TRLC)

V.– Que a la vista de todo lo expuesto anteriormente procede la modificación del texto definitivo de la lista de acreedores por esta Administración Concursal, al concurrir el supuesto del art. 308. 7° TRLC, debiendo desaparecer el crédito reconocido como contingente y ser reconocido en la lista de acreedores del concurso, a mi favor y como consecuencia de lo reseñado en los números anteriores, el siguiente crédito:

...........€ Crédito ordinario

Todo ello modificando la lista de acreedores definitiva de la entidad..........., S.A. por la circunstancia mencionada en este punto.

Lo que se solicita en..........., hoy día........... de........... de...........

F589. DILIGENCIA DE ORDENACIÓN SOLICITANDO INFORME A LA ADMINISTRACIÓN CONCURSAL RESPECTO A PETICIÓN DE MODIFICACIÓN TEXTOS DEFINITIVOS

Normativa de aplicación: *Arts. 303 y ss. Real Decreto Legislativo 1/2020, de 5 de mayo, por el que se aprueba el texto refundido de la Ley Concursal*

Diligencia de Ordenación del Sr. Letrado de la Administración de Justicia, Don...........

En..........., a........... de........... de...........

Dada cuenta, por presentados los anteriores escritos la representación de procesal de...........únanse; se tienen por hechas las manifestaciones en los mismos contenidas; en su consecuencia, habiendo interesado la modificación del texto definitivo de la lista de acreedores acogiéndose a lo dispuesto en el artículo 308 TRLC, dese traslado del mismo y de la documentación aportada a la administración concursal, para que valore si concurren las circunstancias previstas en el mencionado artículo y proceda emitir informe dentro del término CINCO DÍAS admitiendo o rechazando la petición.

Contra la presente resolución cabe interponer recurso de revisión a interponer en el plazo de cinco días a contar desde la referida notificación.

De conformidad con lo establecido en la Disposición Adicional 15ª LOPJ (según la redacción dada por la LO 1/09), la interposición de recurso contra resoluciones judiciales no podrá ser admitida a trámite sin la acreditación del depósito previsto en la citada Ley a efectos de recurrir, debiendo presentarse copia o resguardo de tal depósito en la cuenta de consignaciones de este Juzgado.

Así lo acuerda y firma el Letrado de la Administración de Justicia. Doy fe.

F590. INFORME DE LA ADMINISTRACIÓN CONCURSAL SOBRE MODIFICACIÓN DE LISTA DE ACREEDORES DEFINITIVA

Normativa de aplicación: *Arts. 303 y ss. Real Decreto Legislativo 1/2020, de 5 de mayo, por el que se aprueba el texto refundido de la Ley Concursal*

AL JUZGADO DE LO MERCANTIL NÚMERO........... DE...........

..........., designado Administrador Concursal en el Concurso Voluntario Ordinario de la entidad "..........., S.L." que bajo el número..........., se tramita ante ese Juzgado, comparece en los referidos autos y, como mejor proceda en Derecho, DICE:

I.– Que el........... se ha notificado a esta administración concursal, diligencia de ordenación de fecha..........., dictada por este Juzgado, en la que se dice lo siguiente: "Presentados los anteriores escritos la representación de procesal de...........únanse; se tienen por hechas las manifestaciones en los mismos contenidas; en su consecuencia, habiendo interesado la modificación del texto definitivo de la lista de acreedores acogiéndose a lo dispuesto en el artículo 308 TRLC, dese traslado del mismo y de la documentación aportada a la administración concursal, para que valore si concurren las circunstancias previstas en el mencionado artículo y proceda emitir informe dentro del término CINCO DÍAS admitiendo o rechazando la petición".

II.– Que por el presente escrito y en cumplimiento de los requerimientos efectuados en la citada diligencia de ordenación de fecha..........., esta administración concursal INFORMA, en los siguientes términos:

PRIMERO.– Respecto de la modificación de textos definitivos solicitada, esta administración concursal entiende que no se da ninguno de los casos previstos por el artículo 308 TRLC que permitan la modificación de los textos definitivos, y por lo tanto de conformidad con dicho artículo, esta administración concursal informa en sentido contrario a la modificación solicitada.

SEGUNDO.– Que en cuanto al resto de manifestaciones efectuadas en los escritos presentados por la representación procesal..........., esta administración concursal no entra a valorarlas porque entiende que no tienen relación con el proceso concursal en curso.

En virtud de lo expuesto,

SUPLICO AL JUZGADO Que teniendo por presentado este escrito y copias del mismo, se sirva admitirlo y tener por cumplimentados los trámites de informe requeridos a esta administración concursal, en la citada diligencia de ordenación de fecha..........., según las manifestaciones expuestas en este escrito.

En..........., a...........

F591. MODIFICACIÓN POR LA ADMINISTRACIÓN CONCURSAL DE LOS TEXTOS DEFINITIVOS PRESENTADOS AL JUZGADO

Normativa de aplicación: *Arts. 303 y ss. Real Decreto Legislativo 1/2020, de 5 de mayo, por el que se aprueba el texto refundido de la Ley Concursal*

AL JUZGADO DE LO MERCANTIL NÚM. .... DE............

Don............, administración concursal del concurso voluntario de la compañía............ S.A., que se sigue ante este Juzgado bajo el número de autos............, ante este Juzgado de lo Mercantil comparezco en los citados autos, y como mejor proceda en derecho DIGO:

PRIMERO.– Que en fecha............, por esta Administración Concursal se presentaron los textos definitivos de la lista de acreedores e inventario del presente procedimiento concursal.

SEGUNDO.– Que por el acreedor Don............y en el plazo y forma previstos en el art. 311.2 TRLC, se solicitó de esta Administración Concursal, la modificación del texto definitivo de la lista de acreedores, al concurrir el supuesto del art. 308.7º TRLC pues aunque cierto es que en la lista de acreedores definitiva aparecía recogido el crédito de Don............ como contingente, sin cuantía y con la clasificación de ordinario, al tratarse de un crédit............o litigioso, más cierto es que en fecha............ recayó sentencia firme del Juzgado de primera instancia núm. .... de............ (autos de juicio ordinario de núm. ....), confirmando íntegramente el crédito de Don............, frente a la concursada por un importe de............euros, que a la vista de lo previsto en el TRLC, tiene la consideración de crédito concursal ORDINARIO y una cuantía de............euros.

TERCERO.– Que conforme señala el art. 299 TRLC quienes no impugnaren en tiempo y forma el inventario o la lista de acreedores acompañados al informe de la administración concursal no podrán plantear pretensiones de modificación del contenido de estos documentos, aunque podrán recurrir en apelación las modificaciones introducidas por el juez al resolver las impugnaciones de otros legitimados.

No obstante, el art. 308 TRLC señala que el texto definitivo de la lista de acreedores podrá modificarse en los casos siguientes: .... 7º Cuando, después de presentados los textos definitivos, se hubiera cumplido la condición o contingencia prevista o los créditos hubieran sido reconocidos o confirmados por acto administrativo, por laudo o por resolución procesal firme o susceptible de ejecución provisional con arreglo a su naturaleza o cuantía.

En tal caso, si es reconocido, el crédito tendrá la clasificación que les corresponda con arreglo a su naturaleza, sin que sea posible su subordinación por comunicación tardía (art. 309. 2º TRLC)

CUARTO.– Que a la vista de todo lo expuesto anteriormente y del contenido del referido art. 308.3.7º TRLC, esta Administración Concursal entiende que procede la modificación del texto definitivo de la lista de acreedores por los motivos expuestos, modificación que se lleva a cabo en este escrito y por lo tanto, desaparece el crédito reconocido como contingente y se reconoce en la lista de acreedores del concurso, a favor de Don............ el siguiente crédito:

............€ Crédito ordinario

Que la lista de acreedores de la entidad............, S.A. ha quedado modificada por la circunstancia mencionada en este punto.

Por todo lo expuesto

SUPLICO AL JUZGADO, que teniendo por presentado este escrito se digne admitirlo, se una al expediente de su razón, y tenga por modificado el texto definitivo de la lista de acreedores del presente concurso, acordando cuanto proceda en derecho.

Es Justicia que suplico en ...., a .... de .... de ....

F592. MODIFICACIÓN POR LA ADMINISTRACIÓN CONCURSAL DE LOS TEXTOS DEFINITIVOS PRESENTADOS AL JUZGADO COMO CONSECUENCIA DE INCIDENTE

Normativa de aplicación: *Arts. 303 y ss. Real Decreto Legislativo 1/2020, de 5 de mayo, por el que se aprueba el texto refundido de la Ley Concursal*

AL JUZGADO DE LO MERCANTIL Nº........... DE...........

Procedimiento Concursal...........

TEXTOS DEFINITIVOS

.... en representación de..........., SLP, Administrador Concursal designado en el expediente de Concurso de la entidad mercantil "..........., S.L.", que con el nº........... se tramita en ese Juzgado, comparece en el referido expediente y como mejor proceda en derecho, DICE:

Que una vez resueltos los Incidentes concursales promovidos en este expediente contra la lista de acreedores presentada en fecha........... de........... de........... por el Administrador Concursal, y en base a los mismos, adjunta al presente escrito informe de la situación definitiva de los créditos concursales contra la entidad..........., S.L., en cumplimiento de lo establecido mediante providencia de fecha..........., notificada a esta parte el...........

Se adjuntan al presente escrito el listado de acreedores concursales (ANEXO 1), entidades públicas (ANEXO 1.1), el listado de masa laboral (ANEXO 1.2), el listado actualizado de créditos contra la masa devengados y pendientes de pago de la concursada (ANEXO 2) y el listado de acreedores excluidos (ANEXO 3).

Los listados de acreedores anexos a este escrito recogen determinadas variaciones con origen en las modificaciones que a continuación se detallan:

MODIFICACIONES

PRIMERA.– En fecha posterior a la presentación del Informe se ha tenido conocimiento de un error material existente en el crédito reconocido al trabajador D........... Como consecuencia de ello, se ha procedido a modificar el importe del crédito frente a este trabajador existente en el momento de la presentación del Informe.

Una vez modificado, el crédito asignado al trabajador indicado es el siguiente:

Don..........:...........€

P. General 280.1° TRLC...........€

La lista de acreedores de la entidad..........., S.L. ha quedado modificada por la circunstancia mencionada en este punto.

SEGUNDA.– Como consecuencia de la modificación PRIMERA, se ha procedido a modificar el Anexo 1.3 de la Masa Laboral adjunto al Informe en el momento de su presentación.

TERCERA.– Con posterioridad a la presentación del Informe se ha tenido conocimiento que la multa coercitiva de...........€ impuesta mediante Resolución de la Dirección General de Ordenación del Territorio, Urbanismo y Paisaje de fecha..........., se declara nula y se deja sin efecto. Como consecuencia de ello, se ha procedido a modificar el importe del crédito frente al........... existente en el momento de la presentación del Informe.

Una vez modificado, el crédito asignado al acreedor indicado es el siguiente:

INSTITUTO..........:...........€

Subordinado...........€

La lista de acreedores de........... S.L. ha quedado modificada por la circunstancia mencionada en este punto.

CUARTA.– Se ha detectado un error material en el crédito asignado a los siguientes acreedores: AEAT, ..., S.L., ..., ..., S.L., ..., S.L. y..........., SLP. Como consecuencia de ello, se ha procedido a modificar el importe del crédito frente a estos acreedores existente en el momento de la presentación del Informe.

Una vez modificado, el crédito asignado a los acreedores indicados es el siguiente:

1.– AEAT:...........€

P. General 280.2 TRLC...........€

P. General 280.4 TRLC...........€

Ordinario...........€

Subordinado...........€

2.– ...., S.L...........€

Contra la masa ....€

3.– Doña..........:...........€

Subordinado:...........€

4.- .... S.L:...........€

Ordinario:...........€

5.-, S.L.:...........€

Ordinario:...........€

En cuanto al acreedor..........., SLP, es incluido en el LISTADO DE EXCLUIDOS por no tener saldo pendiente.

La lista de acreedores de la entidad..........., S.L. ha quedado modificada por la circunstancia mencionada en este punto.

QUINTA.- Mediante Decreto nº........... de fecha........... ante el Juzgado de Primera Instancia nº........... de..........., se aprueban las operaciones divisorias de la herencia de Dª........... Como consecuencia de ello, se ha procedido a modificar el importe del crédito frente a Don..........., Don........... Don........... y Don........... existente en el momento de la presentación del Informe. Así como la inclusión del importe del crédito frente a Don...........y Don..........., no existente en el momento de la presentación del Informe.

Además, se ha detectado un error material en el crédito asignado a Don........... y Don...........

Don..........., ...€

Subordinado:...........€

Don..........:...........€

Subordinado:...........€

Don..........:...........€

Subordinado:...........€

Don..........:...........€

Subordinado:...........€

La lista de acreedores de la entidad..........., S.L. ha quedado modificada por la circunstancia mencionada en este punto.

SEXTA.- Se ha actualizado el listado de créditos contra la masa con la información contable más actualizada a la que hemos tenido acceso. Cabe la posibilidad de que créditos generados en fechas inmediatamente anteriores a la emisión de estos textos no hubiesen sido aún contabilizados y, en consecuencia, no figuren en la lista.

INCIDENTES

PRIMERO.- Mediante escrito de fecha........... se planteó demanda incidental por parte de la Concursada frente a la ADMINISTRACIÓN CONCURSAL, el acreedor..........., S.L., ..., S.A. y..........., S.L. Dicha demanda fue admitida a trámite con el nº........... Mediante escrito de fecha..........., por parte de la Administración

Concursal, se presenta contestación y allanamiento a la demanda. Mediante Sentencia nº............ de fecha............, se estima la demanda promovida por............, S.L. y se reconoce que la sociedad concursada y las mercantiles demandadas no forman un grupo de empresas de conformidad con lo previsto en la DA 1ª TRLC y el artículo 42 del C.Com.

Por todo lo expuesto,

SUPLICA AL JUZGADO, que teniendo por presentado este escrito se digne admitirlo, se una al expediente de su razón, cumpliendo la Administración Concursal su deber de informar los textos definitivos del inventario y la lista de acreedores de la entidad............, S.L., a que hace referencia el artículo 303 y ss. TRLC.

Es Justicia que se suplica en............, a............ de............ de............

F593. PROVIDENCIA TENIENDO POR PRESENTADA LA LISTA E INVENTARIO DEFINITIVOS

Normativa de aplicación: *Arts. 303 y ss. Real Decreto Legislativo 1/2020, de 5 de mayo, por el que se aprueba el texto refundido de la Ley Concursal*

PROVIDENCIA DEL MAGISTRADO JUEZ............

En............, a............ de............ de............

Que en fecha............ de............ de............, por la administración concursal ha presentado escrito uniendo textos definitivos.

Únase el escrito a la sección 2ª y como se solicita, se tienen por presentado los textos definitivos del inventario, lista de acreedores e informe motivado y documentos complementarios. También relación actualizada de créditos contra la masa que se han devengado y se hallan pendientes de pago. Remítase los mismos por el Letrado de la Administración de Justicia al Registro Público Concursal.

Contra la presente resolución cabe recurso de reposición a interponer en el plazo de cinco días a contar desde su notificación.

De conformidad con lo establecido en la Disposición Adicional 15ª LOPJ (según la redacción dada por la LO 1/09), la interposición de recurso contra resoluciones judiciales, no podrá ser admitida a trámite sin la acreditación del depósito previsto en la citada Ley a efectos de recurrir, debiendo presentarse copia o resguardo de tal depósito en las cuenta de consignaciones de este Juzgado.

Lo que acuerda, manda y firma su señoría Don............, Magistrado Juez del Juzgado de lo Mercantil núm. ....de............, en el lugar y fecha señaladas "ut supra".

F594. MODIFICACIÓN LISTA DE ACREEDORES DEFINITIVA. OPOSICIÓN A LAS MEDIDAS CAUTELARES. ART. 313 TRLC

Normativa de aplicación: *Arts. 313 y ss. Real Decreto Legislativo 1/2020, de 5 de mayo, por el que se aprueba el texto refundido de la Ley Concursal.*

Procedimiento: PIEZA DE MEDIDAS CAUTELARES (PMC) - 000.../....

AL JUZGADO DE LO MERCANTIL Nº ... DE ....

Doña ...., Procuradora de los Tribunales, actuando en nombre y representación de la mercantil.... S.L., y según tengo acreditado en el procedimiento de Concurso que con el número.../....se tramita en este Juzgado sobre el que dimana la presente pieza de medidas cautelares nº.../...., ante este juzgado comparezco y, como mejor proceda en Derecho, DIGO

I.– Que mediante Providencia de fecha ... de ... de ... se daba traslado a esta parte del escrito de solicitud de medida cautelar presentado por la representación de .... S.A. (en adelante también "...") concediéndose a las partes personadas plazo de 5 días a fin de que pudieran formular las alegaciones que tuvieran por conveniente

II.– Que por el presente escrito, esta parte da cumplimiento dentro del plazo al traslado conferido y formula las siguientes,

ALEGACIONES

PRIMERA.– DE LA MALA FE Y ABUSO DE DERECHO EN LA SOLICITUD DE LA MEDIDA CAUTELAR INSTADA POR.....

A entender de esta parte.... ha actuado al instar la solicitud de medida cautelar ex. artículo 313 TRLC con un manifiesto abuso de derecho, ya que el mecanismo de carácter excepcional contenido en el referido precepto no resulta de aplicación al supuesto concreto de autos.

Y ello por cuanto que, si acudimos al TRLC, observamos como el artículo 313 del referido cuerpo legal se encuentra ubicado en un capítulo concreto que regula el procedimiento de modificación de la lista definitiva de acreedores, siendo aplicable, por tanto, al referido procedimiento, y a nada más. Así se entiende de forma mayoritaria por la doctrina más autorizada, entre otros, García Escobar, G. "Comentario al Texto Refundido de la Ley Concursal" Ed. Civitas.

Es decir, en aplicación del artículo 313 TRLC, sí cabría la posibilidad de que el solicitante de la pretendida modificación de la lista pudiera peticionar al Juez del Concurso una medida cautelar tendente a asegurar la efectividad de la resolución a dictar en el seno del incidente de modificación de la lista de acreedores (artículo 311 TRLC), ello siempre que se estimara probable la introducción de la modificación pretendida. Pero, repetimos, en ningún caso cabe peticionarse fuera del referido ámbito.

En virtud de lo anterior, y si atendemos a la solicitud contenida en el escrito de.... de fecha... de... de..., es fácilmente observable cómo se pretende hacer uso de un mecanismo previsto específicamente para un supuesto en concreto (el proceso de modificación de la lista de acreedores), en un trámite o momento procesal distinto y, en ningún caso, equiparable, como es en el seno de un proceso de venta de unidad productiva de la concursada.

Es evidente, por tanto, que el apunte jurisprudencial contenido en el escrito de.... no es de aplicación al supuesto de autos, ya que, insistimos, no cabe la solicitud de una medida cautelar ex. artículo 313 TRLC fuera del ámbito concreto del procedimiento de modificación de textos definitivos que se regula en los artículos 308 a 314 TRLC.

Por todo lo anterior, y dicho sea con toda prudencia y respeto, esta circunstancia constituiría motivo suficiente para que el Juzgador procediera a la desestimación íntegra de la solicitud formulada por...., si bien, y para no perjudicar el derecho de esta parte, se procede a exponer otras circunstancias relevantes a la hora de resolver la presente litis.

SEGUNDA.– TODAS LAS MEDIDAS CAUTELARES SOLICITADAS POR.... HAN SIDO RECHAZADAS POR EL JUZGADO

Así mismo, es necesario reiterar que esta suerte de solicitud suspensoria de efectos formulada por.... ya ha sido rechazada en numerosas ocasiones, tanto por este Juzgado, como por parte de la Audiencia Provincial, tanto en el seno del incidente concursal nº.../...., como en los presentes autos de concurso (p. ej. Autos de 1 de febrero, 12 y 30 de junio, o 19 de julio, todos ellos del año ....), por lo que, a entender de esta parte, la misma debe volver a correr la misma suerte desestimatoria, dicho sea con todo el respeto y prudencia, remitiéndonos en su integridad tanto a nuestros numerosos escritos y recursos que constan en estos autos, así como en los autos nº .../.... de incidente concursal que igualmente se sigue en este Juzgado, ello en aras a una mayor brevedad y con el objeto de evitar reiteraciones innecesarias que puedan sobrecargar la labor de este Juzgador.

TERCERA.– EN CUALQUIER CASO, NO SE CUMPLEN LOS REQUISITOS DEL ARTÍCULO 313 TRLC.

Sin perjuicio de lo anterior, esta parte entiende igualmente que la nueva solicitud instada por.... debe ser rechazada pues no ha quedado ni mucho menos acreditada la apariencia de buen derecho, sino más bien todo lo contrario. Junto a las referencias doctrinales y jurisprudenciales aportadas por esta parte que obran ya en los autos del incidente concursal.../...., a las cuales nos remitimos, todas ellas contrarias a la solicitud de la ahora solicitante, consta ya una resolución desestimatoria de la petición de modificación de Textos Definitivos solicitada por....: la Sentencia nº .../... de ... de mayo de ....

No sólo lo anterior, sino que, como se ha adelantado, todas las peticiones relativas al incidente concursal accionado por.... (principal, y medidas cautelares de carácter suspensorio) han sido desestimadas hasta la fecha. Pretender, por tanto, que una Sentencia desestimatoria sirva como base para fundamentar una solicitud de suspensión es ir contra la lógica jurídica, dicho sea con todo el respeto, por lo que la misma debe ser rechazada de plano.

Por ello, la referencia que lleva a cabo.... en relación a la pendencia del recurso de apelación relativo al incidente de modificación de textos definitivos que, a su entender, supondría una situación excepcional que justificaría su solicitud suspensoria, no puede tener acogimiento en ningún caso.

De la misma forma, y en virtud de lo expuesto, tampoco es dable a entender que, al contrario de lo expuesto por.... en su escrito de fecha ... de ..., se cumpla en este caso el requisito contenido en el artículo 313 TRLC, esto es, que se estime probable la introducción de la medida pretendida. Y ello, nuevamente, por los motivos a los que se acaban de reproducir, a los cuales nos remitimos en aras de evitar reiteraciones innecesarias y por cuestiones de economía procesal.

CUARTA.– Por último, resulta necesario dejar constancia que las alegaciones y manifestaciones formuladas por.... no persiguen el interés del concurso, ni la mejor solución liquidativa, sino que únicamente buscan la satisfacción de sus propios intereses, ello, repetimos, con manifiesto abuso de derecho y mala fe procesal.

Y ello por cuanto que, en caso estimarse la pretensión de...., esto es, la retención de los importes obtenidos por la venta de la unidad productiva, ello provocaría un grave riesgo y perjuicio para los acreedores del presente procedimiento concursal, y en definitiva, para el propio concurso, ello si se tiene en consideración la fase actual de liquidación en la que nos encontramos y cuyo objetivo no es otro que la obtención de numerario para poder llevar a cabo posteriormente el pago de los créditos de los acreedores.

De este modo, atender a la solicitud pretendida de contrario supondría retener injustificadamente unos importes obtenidos a través de la venta de la unidad productiva previamente autorizada, lo que a su vez impediría obtener numerario para posteriormente proceder al pago de los créditos reconocidos en el procedimiento concursal, ello con las nefastas consecuencias que supondría en el seno del concurso.

En su virtud,

SUPLICO AL JUZGADO, que teniendo por presentado el presente escrito junto con sus copias, se sirva admitirlo, tenga por formuladas las alegaciones contenidas en este escrito, por cumplimentado el traslado conferido mediante Providencia de fecha 18 de octubre de 2023, y por tanto, por formulada la OPOSICIÓN de esta parte a la SOLICITUD DE MEDIDAS CAUTELARES instada por...., solicitando se dicte resolución que desestime íntegramente tal solicitud.

Es de justicia que pido en Valencia, a ... de ... de ....

F595. DECRETO PONIENDO FIN A LA FASE COMÚN

Normativa de aplicación: *Arts. 296 y ss. Real Decreto Legislativo 1/2020, de 5 de mayo, por el que se aprueba el texto refundido de la Ley Concursal*

Decreto del Letrado de la Administración de Justicia Don............

En la ciudad de .... a .... de .... de ....,

ANTECEDENTES DE HECHO

ÚNICO.– Que en fecha .... de .... de .... y en las presentes actuaciones de concurso voluntario de la sociedad ...., tramitado en este Juzgado bajo el núm............ de autos, por la Administración Concursal se presentó informe de la administración concursal, con documentos anejos, a que se refiere el art. 290 TRLC.

En el presente procedimiento se presento propuesta de convenio en fecha .... (o no se ha presentado propuesta de convenio alguna ni se ha aperturado la fase de liquidación) (o se aperturó la fase de liquidación en fecha ....).

FUNDAMENTOS DE DERECHO

PRIMERO.– Señala el art. 296 bis, en su apartado primero, TRLC que dentro de los quince días siguientes al de presentación del informe de la administración concursal con los documentos anejos, el letrado de la Administración de Justicia dictará decreto poniendo fin a la fase común del concurso, con simultánea apertura de la fase de liquidación si todavía no estuviera abierta.

La apertura de la fase de liquidación no procederá si se hubiera presentado propuesta de convenio, esté o no admitida a trámite (art. 296 bis, apartado segundo, TRLC).

Visto lo expuesto y demás normativa de aplicación:

DISPONGO

Poner fin a la fase común del presente concurso.

Habiéndose presentado propuesta de convenio, no procede la apertura de la fase de liquidación.

ALTERNATIVA: No habiéndose presentado propuesta de convenio, procede la apertura de la fase de liquidación simultáneamente a este decreto, lo que se acordara, si procede, en resolución a parte por su señoría.

ALTERNATIVA: Habiéndose acordado ya la apertura de la fase de liquidación con carácter previo a este decreto, no procede pronunciamiento alguno aquí sobre la apertura de la referida fase.

Notifíquese la resolución la concursada, administración concursal, y demás partes personadas. Désele la oportuno publicidad al presente decreto por medios electrónicos o telemáticos.

La presente resolución no es firme y contra la misma cabe recurso de revisión en el plazo de cinco días a contar desde su notificación.

De conformidad con lo establecido en la Disposición Adicional 15ª LOPJ, la interposición de recurso contra resoluciones judiciales no podrá ser admitida a trámite sin la acreditación del depósito previsto en la citada Ley a efectos de recurrir, debiendo presentarse copia o resguardo de tal depósito en la cuenta de consignaciones de este Juzgado.

Todo lo cual dispongo y firmo yo, Don..........., Letrado de la Administración de Justicia.

F596. ESCRITO DE ACREEDOR A QUIEN SE QUE LA HA PAGADO LA DEUDA COMUNICANDO AL JUEZ DEL CONCURSO TAL CIRCUNSTANCIA

AL JUZGADO DE LO MERCANTIL........... DE

..........., Procurador de los Tribunales y de la entidad BANCO..........., con domicilio en..........., calle..........., cuya representación tengo acreditada en el procedimiento concursal núm. .... de autos, ante el Juzgado comparezco y como mejor proceda en derecho DIGO:

I.– Que en el presente concurso, núm. .... de autos, fue reconocido a favor de mi mandante en la lista de acreedores un crédito por importe de...........euros y la consideración de ORDINARIO.

II.– Que esta parte comunica al Juzgado que dicho crédito ha sido íntegramente pagado a mi mandante por un tercero, lo que se pone de manifiesto a este Juzgado a los efectos oportunos.

En su virtud

SUPLICO AL JUZGADO que tenga por presentado este escrito, se sirva admitirlo, acordándose en el sentido expresado en el cuerpo de este escrito y cuanto demás proceda en derecho.

Es Justicia que suplico en ...., a .... de .... de ....

F597. ESCRITO DE ACREEDOR QUE HA VENDIDO EL CRÉDITO COMUNICANDO AL JUEZ DEL CONCURSO TAL CIRCUNSTANCIA

AL JUZGADO DE LO MERCANTIL........... DE...........

..........., Procurador de los Tribunales y de la entidad..........., con domicilio en..........., calle..........., cuya representación tengo acreditada en el procedimiento concursal núm. .... de autos, ante el Juzgado comparezco y como mejor proceda en derecho DIGO:

I.– Que en el presente concurso, núm. .... de autos, fue reconocido a favor de mi mandante en la lista de acreedores un crédito por importe de...........euros y la consideración de ORDINARIO.

II.– Que esta parte comunica al Juzgado que dicho crédito ha sido transmitido en fecha........... por mi mandante a..........., lo que se pone de manifiesto a este Juzgado a los efectos oportunos

En su virtud

SUPLICO AL JUZGADO que tenga por presentado este escrito, se sirva admitirlo, acordándose en el sentido expresado en el cuerpo de este escrito y cuanto demás proceda en derecho.

Es Justicia que suplico en ...., a .... de .... de ....

F598. ESCRITO DE LA ADMINISTRACIÓN CONCURSAL RECONOCIENDO CRÉDITO CONTRA LA MASA A FAVOR DE ACREEDOR

AL JUZGADO DE LO MERCANTIL Nº........... DE...........

Concursada:..........., S.L.

Procedimiento Concursal Ordinario nº...........

Don..........., Administración Concursal designada en el Procedimiento Concursal Ordinario nº........... de la mercantil........... S.L. comparezco en el citado procedimiento y como mejor proceda en Derecho DIGO:

ÚNICO.– En cumplimiento de lo ordenado por este Juzgado, se manifiesta que efectivamente consta reconocido por esta Administración Concursal a favor de Don........... un crédito contra la masa por importe de...........euros, que será atendido conforme a las normas concursales.

En su virtud,

SUPLICO AL JUZGADO, que teniendo por presentado este escrito se sirva admitirlo y tener por hechas las anteriores manifestaciones a los efectos oportunos.

Lo que se SUPLICA en............, a........... de........... de...........

6. CONVENIO Y LIQUIDACIÓN

SUMARIO: 6.1. PROPUESTA DE CONVENIO Y ADHESIONES. F599. PRESENTACIÓN DE PROPUESTA DE CONVENIO. DEUDOR. F600. PRESENTACIÓN DE PROPUESTA DE CONVENIO. ACREEDOR. F601. PROPUESTA DE CONVENIO. F602. PROPUESTA DE CONVENIO CON POSIBILIDAD DE PAGO EN METÁLICO O CONVERSIÓN DEL CRÉDITO EN PARTICIPACIONES SOCIALES. F603. PLAN DE VIABILIDAD Y DE PAGOS. F604. ACTA DEL CONSEJO DE ADMINISTRACIÓN FORMULANDO PROPUESTA DE CONVENIO. F605. CERTIFICACIÓN DEL CONSEJO DE ADMINISTRACIÓN FORMULANDO PROPUESTA DE CONVENIO. F606. ACTA NOTARIAL PROTOCOLIZANDO PROPUESTA DE CONVENIO, PLAN DE PAGOS Y PLAN DE VIABILIDAD. F607. DILIGENCIA DE ORDENACIÓN DEL LETRADO DE LA ADMINISTRACIÓN DE JUSTICIA DANDO TRASLADO DE LA PROPUESTA DE CONVENIO. F608. PROVIDENCIA DEL JUEZ DEL CONCURSO SOBREADMISIÓN A TRÁMITE LA PROPUESTA DE CONVENIO CON DEFECTOS. F609. AUTO DEL JUEZ DEL CONCURSO ADMITIENDO A TRÁMITE LA PROPUESTA DE CONVENIO. F610. ESCRITO DE LA ADMINISTRACIÓN CONCURSAL EVALUANDO PROPUESTA DE CONVENIO. F611. ESCRITO DE EVALUACIÓN DEL PLAN DE VIABILIDAD INCORPORADO A LA PROPUESTA DE CONVENIO PRESENTADA POR LA DEUDORA. F612. ESCRITO DE LA ADMINISTRACIÓN EVALUANDO LA PROPUESTA DE CONVENIO Y PLAN DE PAGO FORMULADO POR LA CONCURSADA. INMOBILIARIA. F613. PROVIDENCIA TENIENDO POR PRESENTADO INFORME DE EVALUACIÓN CONVENIO POR ADMINISTRACIÓN CONCURSAL. F614. COMUNICACIÓN ELECTRÓNICA POR LA ADMINISTRACIÓN CONCURSAL DEL ESCRITO DE EVALUACIÓN DE LA PROPUESTA DE CONVENIO. F615. ADHESIÓN A LA PROPUESTA DE CONVENIO DE LA CONCURSADA O ACREEDOR. F616. OPOSICIÓN A LA PROPUESTA DE CONVENIO. F617. ESCRITO DE OPOSICIÓN A LA PROPUESTA DE CONVENIO. F618. ESCRITO DE REVOCACIÓN DE ADHESIÓN A LA PROPUESTA DE CONVENIO. F619. ESCRITO DE LA CONCURSADA ACEPTANDO (NO ACEPTANDO) PROPUESTA DE CONVENIO PRESENTADA POR ACREEDOR. F620. ESCRITO DE LA CONCURSADA SOLICITANDO DAR POR FINALIZADO EL PERIODO DE ADHESIONES. F621. ESCRITO DE LA CONCURSADA SOLICITANDO PRÓRROGA PARA OBTENER ADHESIONES. F622. DILIGENCIA DE ORDENACIÓN DANDO TRASLADO DE LA PETICIÓN DE LA CONCURSADA DE PRÓRROGA PARA OBTENER ADHESIONES. F623. AUTO ACORDANDO PRÓRROGA PARA LA OBTENCIÓN DE ADHESIONES. F624. AUTO DENEGANDO PRÓRROGA PARA LA OBTENCIÓN DE ADHESIONES. F625. ESCRITO DE LA ADMINISTRACIÓN CONCURSAL SOBRE RESULTADO DE ADHESIONES U OPOSICIONES. F626. COMUNICACIÓN AL CONCURSADO Y ACREEDORES DEL RESULTADO DE LAS ADHESIONES. F627. DILIGENCIA DE ORDENACIÓN PONIENDO DE MANIFIESTO A LAS PARTES PERSONADAS EL RESULTADO DE LAS ADHESIONES. F628. DECRETO PROCLAMANDO RESULTADO CONVENIO. F629. DEMANDA INCIDENTAL DE OPOSICIÓN A LA APROBACIÓN JUDICIAL DEL CONVENIO POR CONSIDERAR OBJETIVAMENTE INVIABLE SU CUMPLIMIENTO. F630. DEMANDA INCIDENTAL DE OPOSICIÓN AL CONVENIO POR INFRACCIÓN DE LAS NORMAS SOBRE FORMA Y CONTENIDO DE LAS ADHESIONES. F631. DEMANDA INCIDENTAL DE OPOSICIÓN A LA APROBACIÓN DEL CONVENIO POR OBTENER CUOTA DE LIQUIDACIÓN

SUPERIOR. F632. SENTENCIA APROBANDO EL CONVENIO ACEPTADO POR LOS ACREEDORES. F633. AUTO RECHAZANDO DE OFICIO EL CONVENIO ACEPTADO POR LOS ACREEDORES. F634. ACTA DE JUNTA GENERAL SOBRE AUMENTO DE CAPITAL TRAS LA APROBACIÓN DE CONVENIO CONCURSAL QUE PREVEÍA CAPITALIZACIÓN DE DEUDA. F635. AUMENTO DE CAPITAL POR LOS ADMINISTRADORES SOCIALES Y COMPENSACIÓN DE CRÉDITOS TRAS APROBACIÓN DE CONVENIO CONCURSAL QUE PREVEE CAPITALIZACIÓN DE DEUDAS. ESCRITURA (I). F636. AUMENTO DE CAPITAL POR COMPENSACIÓN DE CRÉDITOS TRAS APROBACIÓN DE CONVENIO CONCURSAL QUE PREVEE CAPITALIZACIÓN DE DEUDAS. APROBACIÓN JUNTA GENERAL. ESCRITURA (II). F637. ESCRITO DEL CONCURSADO PRESENTANDO INFORME SEMESTRAL DE CUMPLIMIENTO DE CONVENIO. F638. INFORME DE LA CONCURSADA INFORMANDO QUE ESTA CUMPLIENDO EL CONVENIO. F639. INFORME DE LA CONCURSADA EX ART. 400 TRLC CUANDO NO SE HAN INICIADO LOS PAGOS. F640. ESCRITO DEL CONCURSADO DE SOLICITUD DE DECLARACIÓN JUDICIAL DE CUMPLIMIENTO ÍNTEGRO DEL CONVENIO. F641. ESCRITO CONJUNTO DE LA CONCURSADA Y LA ADMINISTRACIÓN CONCURSAL SOBRE CUMPLIMIENTO INTEGRO DEL CONVENIO. F642. RECIBO FIRMADO POR ACREEDOR RECONOCIENDO EL PAGO DE SU CRÉDITO A EFECTOS DE LA CONCLUSIÓN DEL CONCURSO POR PAGO DE LOS CRÉDITOS RECONOCIDOS EN EL CONCURSO. F643. ESCRITURA DE RECONOCIMIENTO DE DEUDA Y AMPLIACIÓN DE CAPITAL OTORGADA POR CONCURSADA Y ACREEDORES RECONOCIENDO LA SATISFACCIÓN DE SU CRÉDITO A EFECTO DE LA CONCLUSIÓN DEL CONCURSO EX ART. 465.5° TRLC. F644. DILIGENCIA DE ORDENACIÓN PONIENDO DE MANIFIESTO A LAS PARTES PERSONADAS SOLICITUD E INFORME DE CUMPLIMIENTO DE CONVENIO. F645. AUTO DECLARANDO EL CUMPLIMIENTO DEL CONVENIO. F646. DEMANDA INCIDENTAL SOLICITANDO LA DECLARACIÓN DE INCUMPLIMIENTO DEL CONVENIO. F647. AUTO DE CONCLUSIÓN DEL CONCURSO. F648. ACTA DEL CONSEJO DE ADMINISTRACIÓN FORMULANDO PROPUESTA DE MODIFICACIÓN DEL CONVENIO APROBADO JUDICIALMENTE. F649. ESCRITO DE LA CONCURSADA SOLICITANDO LA MODIFICACIÓN DEL CONVENIO EN SU DÍA APROBADO JUDICIALMENTE. F650. PROVIDENCIA MANDANDO NO PROVEER LA SOLICITUD DE INCUMPLIMIENTO DEL CONVENIO A RESULTAS DE LO DISPUESTO EN EL ART. 401 BIS TRLC. 6.2. LA FASE DE LIQUIDACIÓN. F651. ESCRITO DEL DEUDOR SOLICITANDO LA LIQUIDACIÓN. F652. ESCRITO DEL DEUDOR SOLICITANDO CON JUSTIFICACIÓN LA LIQUIDACIÓN. F653. ESCRITO DEL DEUDOR SOLICITANDO LA LIQUIDACIÓN CUANDO DURANTE LA VIGENCIA DEL CONVENIO CONOZCA LA IMPOSIBILIDAD DE SU CUMPLIMIENTO. F654. ESCRITO DEL DEUDOR SOLICITANDO LA LIQUIDACIÓN CUANDO DURANTE LA VIGENCIA DEL CONVENIO CONOZCA LA IMPOSIBILIDAD DE SU CUMPLIMIENTO. CONVENIO SIN QUITA. F655. ESCRITO DE LA ADMINISTRACIÓN CONCURSAL SOLICITANDO LA APERTURA DE LA FASE DE LIQUIDACIÓN. F656. ESCRITO DE LA CONCURSADA SOLICITANDO LA LIQUIDACIÓN POR HABERSE VENDIDO LA UNIDAD PRODUCTIVA Y CARECER DE ACTIVIDAD. F657. AUTO DECRETANDO DE OFICIO LA APERTURA DE LA FASE DE LIQUIDACIÓN. NO APROBACIÓN DE PROPUESTA DE CONVENIO. F658. AUTO APERTURANDO LA FASE DE LIQUIDACIÓN POR NO HABERSE PRESENTADO/ADMITIDO A TRAMITE PROPUESTA DE CONVENIO. F659. AUTO DECRETANDO DE LA APERTURA DE LA FASE DE LIQUIDACIÓN A INSTANCIA DE LA CONCURSADA. F660. ESCRITO DE LA ADMINISTRACIÓN CONCURSAL FORMULANDO REGLAS DE LIQUIDACIÓN. F661. ESCRITO DE LA ADMINISTRACIÓN CONCURSAL FORMULANDO REGLAS ESPECIALES DE LIQUIDACIÓN. F662. ESCRITO DE LA ADMINISTRACIÓN CONCURSAL INFORMANDO SOBRE LA INNECESARIEDAD DE REGLAS ESPECIALES DE LIQUIDACIÓN. F663. DILIGENCIA DE ORDENACIÓN SOBRE ALEGACIONES DE LA ADMINISTRACIÓN CONCURSAL SOBRE REGLAS ESPECIALES DE LIQUIDACIÓN. F664. AUTO APROBATORIO REGLAS DE

LIQUIDACIÓN. F665. IMPUGNACIÓN RECURSO DE REPOSICIÓN INTERPUESTO CONTRA AUTO APROBATORIO DE REGLAS ESPECIALES. F666. ESCRITO DE LA ADMINISTRACIÓN CONCURSAL IMPUGNANDO RECURSO DE REPOSICIÓN SOBRE REGLAS ESPECIALES Y VENTA DE CUOTA INDIVISA DE UN INMUEBLE HIPOTECADO. F667. ESCRITO DE ACREEDOR SOLICITANDO QUE QUEDEN SIN EFECTO REGLAS ESPECIALES DE LIQUIDACIÓN. F668. AUTO DEJANDO SIN EFECTO REGLAS ESPECIALES DE LIQUIDACIÓN. F669. CONTESTACIÓN POR LA ADMINISTRACIÓN CONCURSAL A DEMANDA INCIDENTAL DE UN ACREEDOR SOLICITANDO LA NULIDAD DE UNA SUBASTA DE ACTIVOS POR NO SEGUIR REGLAS DE LIQUIDACIÓN. F670. CONTRATO DE GESTIÓN DE VENTA CON ENTIDAD ESPECIALIZADA DE LOS ACTIVOS CONCURSALES. F671. ESCRITURA DE LA SUBASTA NOTARIAL ELECTRÓNICA PARA LA REALIZACIÓN DE BIENES DEL CONCURSO EN EJECUCIÓN DE REGLAS ESPECIALES DE LIQUIDACIÓN. F672 BASES DE SUBASTA EN LIQUIDACIÓN POR PARTE DE ENTIDAD ESPECIALIZADA. INMUEBLES. F673. BASES DE SUBASTA EN LIQUIDACIÓN POR PARTE DE ENTIDAD ESPECIALIZADA. INMUEBLES Y BIENES MUEBLES. F674. ESCRITO DE LOS ADMINISTRADORES CONCURSALES PRESENTANDO INFORME TRIMESTRAL SOBRE LIQUIDACIÓN. F675. ESCRITO DE LA ADMINISTRACIÓN CONCURSAL REMITIENDO NUEVAMENTE EL LISTADO DE CRÉDITOS CONTRA LA MASA ACOMPAÑADO AL INFORME TRIMESTRAL. F676. INFORME TRIMESTRAL ADMINISTRACIÓN CONCURSAL CON PLEITOS Y APROBACIÓN CUENTAS ANUALES. F677. INFORME TRIMESTRAL PRESENTADO UNA VEZ TRANSCURRIDO EL PLAZO DE UN AÑO DESDE LA APERTURA DE LA BASE DE LIQUIDACIÓN. F678. COMUNICACIÓN DE LA ADMINISTRACIÓN CONCURSAL REMITIENDO EL INFORME TRIMESTRAL DE LIQUIDACIÓN. F679. DILIGENCIA DE ORDENACIÓN POR LA QUE SE TIENE POR PRESENTADO EL INFORME TRIMESTRAL DE LA ADMINISTRACIÓN CONCURSAL. F680. ESCRITO SOLICITANDO LA SEPARACIÓN DE LOS ADMINISTRADORES POR NO HABER FINALIZADO LA LIQUIDACIÓN. F681. AUTO ACORDANDO LA SEPARACIÓN DE LA ADMINISTRACIÓN CONCURSAL POR PROLONGACIÓN INDEBIDA DE LA LIQUIDACIÓN. F682. TRANSACCIÓN DE RECLAMACIÓN JUDICIAL FORMULADA POR LA ADMINISTRACIÓN CONCURSAL EN FASE DE LIQUIDACIÓN CONCURSAL. F683. SOLICITUD DE TESTIMONIO PARA HACER VALER DURANTE LA FASE DE LIQUIDACIÓN ANTE REGISTRO DE LA PROPIEDAD A EFECTOS DE INSCRIBIR COMPRAVENTA. F684. SOLICITUD DE AUTORIZACIÓN JUDICIAL PARA LLEVAR A CABO UNA VENTA DE VIVIENDAS COMO OPERACIÓN DE LIQUIDACIÓN. F685. SOLICITUD DE AUTORIZACIÓN JUDICIAL PARA LLEVAR A CABO UNA VENTA DE PARCELAS Y TERRENOS COMO OPERACIÓN DE LIQUIDACIÓN. F686. COMPRAVENTA DE INMUEBLE COMO OPERACIÓN DE LIQUIDACIÓN. F687. CONTRATO DE COMPRAVENTA DE CARTERA DE CRÉDITOS Y DERECHOS DE COBRO. CONTRATO DE CESIÓN DE DERECHO DE CRÉDITO. F688. CONTRATO DE PRESTACIÓN DE SERVICIOS EXTRAJUDICIALES DE RECUPERACIÓN DE ACTIVOS Y DERECHOS DE CRÉDITO. F689. CONTRATO DE COMPRAVENTA DE CRÉDITOS TITULARIZADOS POR LA CONCURSADA FRENTE A TERCEROS. F690. CONTRATO DE COMPRAVENTA DE CRÉDITOS TITULARIZADOS POR LA CONCURSADA FRENTE A TERCEROS. COMPRA DE CRÉDITOS POR MITADES INDIVISAS. F691. ACTA DE JUNTA GENERAL EXTRAORDINARIA RENUNCIANDO LOS SOCIOS AL DERECHO DE COMPRA PREFERENTE DE PARTICIPACIONES SOCIALES QUE LA CONCURSADA EN LIQUIDACIÓN PRETENDE ENAJENAR A TERCERO. F692. CERTIFICACIÓN DE JUNTA GENERAL EXTRAORDINARIA RENUNCIANDO LOS SOCIOS AL DERECHO DE COMPRA PREFERENTE DE PARTICIPACIONES SOCIALES QUE LA CONCURSADA EN LIQUIDACIÓN PRETENDE ENAJENAR A TERCERO. F693. ESCRITURA DE COMPRAVENTA DE PARTICIPACIONES SOCIALES Y CESIÓN DE CRÉDITO COMO OPERACIÓN DE LIQUIDACIÓN. F694. DOCUMENTO DIRIGIDO A LA ADMINISTRACIÓN CONCURSAL SOBRE BAJAS DE CONTRATOS Y RETIRADA DE EQUIPOS. F695. DOCUMENTO DIRIGIDO A LA ADMINISTRACIÓN CONCURSAL SOBRE FACTURA Y

ENTREGA DE VEHÍCULO VENDIDO. F696. ESCRITO DE LA ADMINISTRACIÓN CONCURSAL SOLICITANDO A PROVEEDOR LA DEVOLUCIÓN Y ENTREGA DE DETERMINADOS ENSERES PROPIEDAD DE TERCEROS. F697. OFERTA DE COMPRA DE UNIDAD PRODUCTIVA EN FASE DE LIQUIDACIÓN. F698. OFERTA DE COMPRA DE UNIDAD PRODUCTIVA EN FASE DE LIQUIDACIÓN (II). F699. ESCRITO AL JUZGADO DE SOLICITUD DE AUTORIZACIÓN DE VENTA DE UNIDAD PRODUCTIVA FORMULADO POR EL OFERENTE. F700. ESCRITO DE ALEGACIONES POR OFERENTE DE UNIDAD PRODUCTIVA QUE SE PROYECTA SU VENTA DIRECTA COMO CONSECUENCIA DE LA PETICIÓN DE LA ADMINISTRACIÓN DE QUE SE ENAJENE POR LICITACIÓN A LA VISTA DE LA CONCURRENCIA DE VARIOS POSTORES. F701. INFORME ADMINISTRACIÓN CONCURSAL SOBRE LAS OFERTAS RECIBIDAS POR LA UNIDAD PRODUCTIVA. F702. ESCRITO DE ALEGACIONES SOBRE LA OPOSICIÓN FORMULADA A LA AUTORIZACIÓN DE VENTA DE UNIDAD PRODUCTIVA. F703. IMPUGNACIÓN DE RECURSO DE REPOSICIÓN INTERPUESTO CONTRA AUTO AUTORIZATORIO DE VENTA DE LA UNIDAD PRODUCTIVA (I). F704. IMPUGNACIÓN DE RECURSO DE REPOSICIÓN INTERPUESTO CONTRA AUTO AUTORIZATORIO DE VENTA DE LA UNIDAD PRODUCTIVA(II). F705. COMPRAVENTA DE UNIDAD PRODUCTIVA. F706. INFORME EXTRAORDINARIO SOBRE ESTADO DE LIQUIDACIÓN. F707. ESCRITO DE LA ADMINISTRACIÓN CONCURSAL ALEGANDO SOBRE DEFECTO REGISTRAL EN OPERACIÓN DE LIQUIDACIÓN. F708. ESCRITO DE LA ADMINISTRACIÓN CONCURSAL INFORMADO A REQUERIMIENTO DEL JUZGADO SOBRE EXISTENCIA DE CRÉDITO CONTRA LA MASA.

6.1. PROPUESTA DE CONVENIO Y ADHESIONES

F599. PRESENTACIÓN DE PROPUESTA DE CONVENIO. DEUDOR

Normativa de aplicación: *Arts. 315 y ss. Real Decreto Legislativo 1/2020, de 5 de mayo, por el que se aprueba el texto refundido de la Ley Concursal*

Autos nº...........

AL JUZGADO DE LO MERCANTIL NÚM. .... DE...........

..........., Procurador que actúa en nombre y representación de........... S.L., según tengo debidamente acreditado en los presentes autos, ante el Juzgado comparezco y DIGO:

Que mediante el presente escrito, y al amparo de los arts. 315 y ss. TRLC acompaño PROPUESTA DE CONVENIO en los términos y circunstancias que se detallan en el documento adjunto, así como el Plan de Pagos y de Viabilidad correspondiente a los efectos de lo previsto en los arts. 331 y 332 TRLC.

En su virtud,

SUPLICO AL JUZGADO: Que teniendo por presentado y admitido este escrito, junto con sus documentos, tenga por presentada propuesta de convenio, junto con el plan de pagos y plan de viabilidad adjuntos, acordándose los trámites que en derecho procedan, incluido su traslado por el Letrado de la Administración de Justicia a la administración concursal y a las partes personadas.

OTROSÍ DIGO: que de conformidad con lo exigido en el art. 316.3 TRLC, las firmas de la propuesta de convenio acompañada, han sido debidamente legitimadas conforma a ley.

SUPLICO AL JUZGADO que tenga por realizada la manifestación precedente y tenga por cumplimentado lo previsto en el reseñado precepto legal.

En........... a........... de dos mil...........

F600. PRESENTACIÓN DE PROPUESTA DE CONVENIO. ACREEDOR

Normativa de aplicación: *Arts. 315 y ss. Real Decreto Legislativo 1/2020, de 5 de mayo, por el que se aprueba el texto refundido de la Ley Concursal*

Autos nº...........

AL JUZGADO DE LO MERCANTIL NÚM. .... DE...........

..........., Procurador que actúa en nombre y representación de........... S.L., según tengo debidamente acreditado en los presentes autos, ante el Juzgado comparezco y DIGO:

Que mediante el presente escrito, al amparo de los arts. 315 y ss. TRLC, y en mi condición de acreedor personado cuyo crédito importa la cantidad de .... euros, esto es, más de la quinta pare del total pasivo de la concursada, ... S.A, acompaño PROPUESTA DE CONVENIO en los términos y circunstancias que se detallan en el documento adjunto, así como el Plan de Pagos y de Viabilidad correspondiente a los efectos de lo previsto en los arts. 331 y 332 TRLC.

En su virtud,

SUPLICO AL JUZGADO: Que teniendo por presentado y admitido este escrito, junto con sus documentos, tenga por presentada propuesta de convenio, junto con el plan de pagos y plan de viabilidad adjuntos, acordándose los trámites que en derecho procedan, incluido su traslado por el Letrado de la Administración de Justicia a la administración concursal y a las partes personadas.

OTROSÍ DIGO: que de conformidad con lo exigido en el art. 316.3 TRLC, las firmas de la propuesta de convenio acompañada, han sido debidamente legitimadas conforma a ley.

SUPLICO AL JUZGADO que tenga por realizada la manifestación precedente y tenga por cumplimentado lo previsto en el reseñado precepto legal.

En........... a........... de dos mil...........

Firma del Abogado Firma del Procurador

F601. PROPUESTA DE CONVENIO

Normativa de aplicación: *Arts. 315 y ss. Real Decreto Legislativo 1/2020, de 5 de mayo, por el que se aprueba el texto refundido de la Ley Concursal*

ANTECEDENTES

I.– En fecha..........., la sociedad..........., S.L., fue declarada en estado legal de concurso voluntario de acreedores al amparo de TRLC, cuyo procedimiento se tramita en el Juzgado de lo Mercantil número........... de..........., bajo los Autos número...........

II.– Para poder continuar la empresa resulta necesario el poder obtener de los acreedores un convenio de pago mediante el cual se reestructure su pasivo y posibilite la continuidad de la empresa, satisfaciendo a los acreedores sus créditos en los términos que se contempla en el presente convenio, contando con los recursos que genere su actividad, dando con ello cumplimiento a la finalidad primordial que prevé el TRLC.

III.– En cumplimiento del artículo 331 y 332 TRLC, se acompaña el Plan de Viabilidad y el Plan de Pagos, confeccionados bajo el principio de prudencia y objetividad, y de los que se desprende el cumplimiento de la finalidad de la propuesta del presente convenio, garantizando la continuidad de la mercantil y preservando los intereses de los acreedores.

IV.– El contenido de la propuesta de pago que presenta la concursada, es una propuesta prudente y seria que le permite cumplir con la misma.

Con base a lo expuesto se propone el siguiente:

CONVENIO DE ACREEDORES

PRIMERO.– OBJETO DEL CONVENIO

Tiene por objetivo, el presente convenio, superar la insolvencia de la empresa, y poder satisfacer a los acreedores sus créditos en la forma y cuantías que en el mismo se especifican, posibilitando al mismo tiempo la continuidad de la empresa, con los beneficios que ello supone para todos los agentes vinculados a la misma, acreedores, clientes, instituciones públicas, etc.

Por tanto, es imprescindible conjugar el presente objetivo entre empresa y acreedores para poder conseguir la viabilidad de la empresa y en los términos que se exponen más adelante. Con esta finalidad se ha creado un marco de seguridad bajo el diseño del Plan de Pagos, apoyado por el Plan de Viabilidad confeccionado bajo el principio de prudencia, fijando una serie de medidas de control y seguimiento acordes con la continuidad de la actividad empresarial.

SEGUNDO.– ÁMBITO DE APLICACIÓN

El presente convenio afectará y vinculará a............, S.L. y a los acreedores ordinarios y subordinados respecto de los créditos que fuesen anteriores a la declaración de concurso, aunque por cualquier causa no hubiesen sido reconocidos.

2.1.– En caso de cesión de créditos, o pago por un tercero de deudas de la concursada, o subrogación de un tercero en la posición de un acreedor por cualquier causa, dicha subrogación lo será en la posición de ese acreedor reconocido con sus mismos derechos y obligaciones, sin que pueda implicar mejora alguna de las condiciones generales aprobadas en este Convenio ni de las condiciones concretas por las que haya optado el acreedor originario.

2.2.– Los acreedores subordinados quedarán afectados por las mismas quitas y esperas establecidas en este convenio para los ordinarios, pero cada uno de los plazos anuales de espera establecidos para los créditos ordinarios se computarán como plazos trimestrales de espera para los créditos subordinados desde el íntegro cumplimiento del convenio respecto de los primeros sin que la totalidad de la espera desde el comienzo del cumplimiento del convenio pueda ser superior a diez años para todos los acreedores. Quedan a salvo los efectos que pueda producir el ejercicio de la facultad de elección por los acreedores subordinados

2.3.– Los acreedores privilegiados sólo quedarán vinculados al contenido del presente Convenio en los términos del art. 397 TRLC.

2.4.– Los créditos de los acreedores privilegiados en los términos del art. 397 TRLC, los de los acreedores ordinarios y los de los subordinados quedarán extinguidos en la parte a que alcance la quita, aplazados en su exigibilidad por el tiempo de espera y, en general, afectados por el contenido del Convenio.

2.5.– El convenio no producirá efectos respecto de los derechos de los acreedores frente a los obligados solidarios con el concursado ni frente a los fiadores o avalistas, salvo que esos acreedores hubiesen sido autores de la propuesta, se hubieran adherido a ella, salvo que hubieran revocado la adhesión, o hubieran votado a favor de la misma. Los obligados solidarios, los fiadores y los avalistas no podrán invocar la aprobación del convenio ni el contenido de este en perjuicio de aquellos.

La responsabilidad de los obligados solidarios, fiadores o avalistas del concursado frente a los acreedores que hubiesen sido autores de la propuesta, se hubieran adherido a ella, salvo que hubieran revocado la adhesión, o hubieran votado a favor de la misma se regirá por los pactos que sobre el particular hubieran establecido y, en su defecto, por las normas legales aplicables a la obligación que hubieren contraído.

2.6.– Los créditos contra la masa, recogidos en la relación actualizada y que todavía no hayan sido pagados por la concursada, serán hechos efectivos por el orden de sus respectivos vencimientos.

TERCERO.– DE LA QUITA Y ESPERA Y DE LAS OBLIGACIONES DE PAGO.

3.1.– Todos los acreedores a quienes vincule el presente Convenio aprueban de sus respectivos créditos, el abono sin devengo de intereses por la concursada en un plazo no superior a los tres años siguientes a partir de la firmeza de la resolución judicial que apruebe el Convenio. Por tanto, el...........% será satisfecho de acuerdo con los siguientes porcentajes:

- Antes de finalizar el primer año........... el 10,-%.
- Antes de finalizar el segundo año........... el 15,-%.
- Antes de finalizar el tercer año........... el 75,-%.

3.2.– El plazo de tres años para el pago de los créditos tiene el carácter de máximo, pero los porcentajes anuales que se han hecho constar tienen el carácter de mínimos, por lo que la concursada podrá libremente anticipar los pagos conforme crea conveniente y le sea posible, en cuyo caso las cantidades que pague por anticipado devengarán un 5% anual de interés a favor de la concursada que será descontado de cada plazo anual que proceda.

CUARTO.– EFICACIA DEL CONVENIO

4.1.- El Convenio adquirirá plena eficacia desde la fecha de la sentencia que lo apruebe, salvo lo previsto en el artículo 393.2 TRLC, según el cual, el juez, por razón del contenido del convenio, podrá acordar, de oficio o a instancia de parte, retrasar esa eficacia a la fecha en que la sentencia de aprobación alcance firmeza. El retraso de la eficacia del convenio podrá acordarse con carácter parcial.

Desde la eficacia del convenio cesarán todos los efectos de la declaración de concurso, sin que se prevean en este convenio mecanismo de control en su sustitución. Los deberes de colaboración e información subsistirán hasta la conclusión del procedimiento.

Igualmente, desde la eficacia del convenio cesará la administración concursal, que rendirá cuentas de su actuación ante el juez del concurso dentro del plazo que este señale. No obstante el cese, conservará plena legitimación para continuar los incidentes en curso así como para actuar en la sección sexta, con facultades para solicitar la ejecución provisional o definitiva de las sentencias que se dicten en esos incidentes y de la sentencia de calificación.

4.2.- A todos los efectos legales, los acreedores fijan como domicilio para efectuar los pagos, notificaciones, citaciones o requerimientos el que para cada uno de ellos consta en la lista de acreedores confeccionada por la Administración Concursal.

Cualquier cambio de domicilio deberá comunicarse fehacientemente a la concursada en el domicilio social que en ese momento figure inscrito en el Registro Mercantil.

4.3.- Con periodicidad semestral, contada desde la fecha de eficacia total o parcial de la sentencia aprobatoria del convenio, el concursado informará al juez del concurso acerca de su cumplimiento.

4.4.- A efecto de facilitar la justificación de cumplimiento de Convenio, los pagos se realizarán por transferencia bancaria a la cuenta corriente designada por los acreedores. A tales efectos deberán estos comunicar fehacientemente a la concursada los datos de una cuenta corriente, con expresión de la entidad, sucursal, dígito de control y número de cuenta, en la que deseen que les sean realizados los pagos; así como cualquier posterior modificación de la misma. Tal comunicación deberá realizarse al menos dos meses antes de la fecha máxima en la que deba realizarse el primer pago. Asimismo, en caso de modificación del número de cuenta tras el primer pago, deberá comunicarse fehacientemente dos meses antes del segundo o sucesivos pagos, según corresponda. En defecto de tal comunicación, los pagos establecidos en éste se realizarán, en aquellos casos en que por ausencia de proximidad no puedan realizarse personal y directamente, remitiendo a cada acreedor, por correo certificado con acuse de recibo, un cheque nominativo por el importe que corresponda en cada caso.

Aquéllos que sean devueltos por el servicio de correos serán anulados y su importe se mantendrá a disposición del acreedor hasta que, al expirar la última anualidad y para la adecuada justificación al Juzgado del cumplimiento del Convenio, se realice consignación judicial de los importes no cobrados por los acreedores, con cuya documentación más los justificantes bancarios o recibos de los pagos realizados por la concursada a los acreedores podrá aquélla justificar el íntegro cumplimiento del presente Convenio, a los efectos de la pertinente declaración judicial.

QUINTO.– GARANTÍAS DEL CUMPLIMIENTO

5.1.– Desde la eficacia del convenio cesarán todos los efectos de la declaración de concurso, sin que se prevean en este convenio mecanismo de control en su sustitución. Los deberes de colaboración e información subsistirán hasta la conclusión del procedimiento.

5.2.– El presente Convenio se presentará al Juzgado acompañado, conforme al artículo 331 TRLC, de un Plan de Pagos con detalle, además, de los recursos previstos para su cumplimiento, incluidos, en su caso, los procedentes de la enajenación de determinados bienes o derechos de la masa activa.

Así mismo, conforme al artículo 332 TRLC, el presente Convenio se presentará al Juzgado acompañado también de un Plan de Viabilidad en el que se especifican los recursos necesarios, los medios y condiciones de su obtención y, en su caso, los compromisos de su prestación por terceros

Y en prueba de conformidad, firman la presente propuesta de convenio.

F602. PROPUESTA DE CONVENIO CON POSIBILIDAD DE PAGO EN METÁLICO O CONVERSIÓN DEL CRÉDITO EN PARTICIPACIONES SOCIALES

Normativa de aplicación: *Arts. 315 y ss. Real Decreto Legislativo 1/2020, de 5 de mayo, por el que se aprueba el texto refundido de la Ley Concursal*

ANTECEDENTES

I.– En fecha............, la sociedad............, S.L., fue declarada en estado legal de concurso voluntario de acreedores al amparo de TRLC, cuyo procedimiento se tramita en el Juzgado de lo Mercantil número............ de............, bajo los Autos número............

II.– Para poder continuar la empresa resulta necesario el poder obtener de los acreedores un convenio de pago mediante el cual se reestructure su pasivo y posibilite la continuidad de la empresa, satisfaciendo a los acreedores sus créditos en los términos que se contempla en el presente convenio, contando con los recursos que genere su actividad, dando con ello cumplimiento a la finalidad primordial que prevé la Ley Concursal,

III.– En cumplimiento del artículo 331 y 332 TRLC, se acompaña el Plan de Viabilidad y el Plan de Pagos, confeccionados bajo el principio de prudencia y objetividad, y de los que se desprende el cumplimiento de la finalidad de la propuesta del presente convenio, garantizando la continuidad de la mercantil y preservando los intereses de los acreedores.

IV.– El contenido de la propuesta de pago que presenta la concursada, es una propuesta prudente y seria que le permite cumplir con la misma.

Con base a lo expuesto se propone el siguiente:

CONVENIO DE ACREEDORES

PRIMERO.– OBJETO DEL CONVENIO

Tiene por objetivo, el presente convenio, superar la insolvencia de la empresa, y poder satisfacer a los acreedores sus créditos en la forma y cuantías que en el mismo se especifican, posibilitando al mismo tiempo la continuidad de la empresa, con los beneficios que ello supone para todos los agentes vinculados a la misma, acreedores, clientes, instituciones públicas, etc.

Por tanto, es imprescindible conjugar el presente objetivo entre empresa y acreedores para poder conseguir la viabilidad de la empresa y en los términos que se exponen más adelante. Con esta finalidad se ha creado un marco de seguridad bajo el diseño del Plan de Pagos, apoyado por el Plan de Viabilidad confeccionado bajo el principio de prudencia, fijando una serie de medidas de control y seguimiento acordes con la continuidad de la actividad empresarial.

SEGUNDO.– ÁMBITO DE APLICACIÓN

El presente convenio afectará y vinculará a..........., S.L. y a los acreedores ordinarios y subordinados respecto de los créditos que fuesen anteriores a la declaración de concurso, aunque por cualquier causa no hubiesen sido reconocidos.

2.1.– En caso de cesión de créditos, o pago por un tercero de deudas de la concursada, o subrogación de un tercero en la posición de un acreedor por cualquier causa, dicha subrogación lo será en la posición de ese acreedor reconocido con sus mismos derechos y obligaciones, sin que pueda implicar mejora alguna de las condiciones generales aprobadas en este Convenio ni de las condiciones concretas por las que haya optado el acreedor originario.

2.2.– Los acreedores subordinados quedarán afectados por las mismas quitas y esperas establecidas en este convenio para los ordinarios, pero cada uno de los plazos anuales de espera establecidos para los créditos ordinarios se computarán como plazos trimestrales de espera para los créditos subordinados desde el íntegro cumplimiento del convenio respecto de los primeros sin que la totalidad de la espera desde el comienzo del cumplimiento del convenio pueda ser superior a diez años para todos los acreedores. Quedan a salvo los efectos que pueda producir el ejercicio de la facultad de elección por los acreedores subordinados

2.3.– Los acreedores privilegiados sólo quedarán vinculados al contenido del presente Convenio en los términos del art. 397 TRLC.

2.4.– Los créditos de los acreedores privilegiados en los términos del art. 397 TRLC, los de los acreedores ordinarios y los de los subordinados quedarán extinguidos en la parte a que alcance la quita, aplazados en su exigibilidad por el tiempo de espera y, en general, afectados por el contenido del Convenio.

2.5.– El convenio no producirá efectos respecto de los derechos de los acreedores frente a los obligados solidarios con el concursado ni frente a los fiadores o avalistas, salvo que esos acreedores hubiesen sido autores de la propuesta, se hubieran adherido a ella, salvo que hubieran revocado la adhesión, o hubieran votado a favor de la misma.

Los obligados solidarios, los fiadores y los avalistas no podrán invocar la aprobación del convenio ni el contenido de este en perjuicio de aquellos.

La responsabilidad de los obligados solidarios, fiadores o avalistas del concursado frente a los acreedores que hubiesen sido autores de la propuesta, se hubieran adherido a ella, salvo que hubieran revocado la adhesión, o hubieran votado a favor de la misma se regirá por los pactos que sobre el particular hubieran establecido y, en su defecto, por las normas legales aplicables a la obligación que hubieren contraído.

2.6.– Los créditos contra la masa, recogidos en la relación actualizada y que todavía no hayan sido pagados por la concursada, serán hechos efectivos por el orden de sus respectivos vencimientos.

TERCERA.– PLAN DE VIABILIDAD Y PLAN DE PAGOS.

Teniendo en cuenta que para atender el cumplimiento del presente convenio se prevé, en parte, contar con los recursos que vaya generando la continuidad del ejercicio de la actividad de la concursada, en cumplimiento de lo dispuesto en el art. 332 TRLC, se integra en el presente convenio el *Plan de Viabilidad,* en el que constan, entre otras informaciones de interés, los recursos necesarios para dicha continuidad.

Dicho Plan de Viabilidad contempla, además de los recursos necesarios, los medios y condiciones de su obtención y, en su caso, los compromisos de su prestación por terceros, una serie de premisas consistentes en la reestructuración de la deuda concursal conforme a las condiciones del presente convenio; la refinanciación de la deuda privilegiada; la reducción de gastos y redimensionamiento de la sociedad; la puesta en funcionamiento de los activos de la sociedad a través de un plan de negocio.

Asimismo, en cumplimiento de lo dispuesto en el art. 331 TRLC se acompaña un *Plan de Pagos* que ha sido confeccionado teniendo en cuenta los recursos previstos en aquel.

En este escenario es factible el cumplimiento de la propuesta de pago que se recoge en la siguiente Cláusula.

CUARTA.– PAGO A LOS ACREEDORES NO VINCULADOS POR EL PRESENTE CONVENIO.

Deudora y acreedores reconocen expresamente el privilegio especial de los créditos así clasificados en la lista de acreedores de los textos definitivos, y consienten que tales créditos sean abonados por la concursada en las condiciones que libremente acuerde.

Si la concesión del privilegio deriva de garantías específicas prestadas por tercero no queda obligada la deudora a un pago con carácter privilegiado.

En todo caso, la Compañía dispone de las más amplias facultades para negociar las condiciones de pago y/o cancelación de sus créditos con todos los acreedores que no estén vinculados por el presente convenio.

QUINTA.– PAGO A LOS ACREEDORES CON PRIVILEGIO GENERAL Y A LAS ADMINISTRACIONES PUBLICAS NO VINCULADAS POR EL PRESENTE CONVENIO.

Deudora y acreedores reconocen expresamente el privilegio general de los créditos así clasificados en la lista de acreedores de los textos definitivos, y consienten que tales créditos sean abonados por la concursada en las condiciones que libremente acuerde, quedando aprobados por la masa pasiva de acreedores los convenios futuros relativos al pago y garantías que la deudora pueda acordar con las administraciones públicas acreedoras.

En todo caso, la Compañía dispone de las más amplias facultades para negociar las condiciones de pago y/o cancelación de sus créditos con todos los acreedores que no estén vinculados por el presente convenio.

SEXTA.– PAGO DEL RESTO DE LOS ACREEDORES.

La deudora abonará a sus acreedores los créditos ordinarios de conformidad con el contenido de la propuesta base especificada a continuación (Apartado A, capitalización de créditos). Cualquier acreedor podrá, no obstante, optar por dicha propuesta base o por la variante prevista al apartado B —pago en efectivo—; que concretará, de forma fehaciente, ante la concursada, en un plazo que comenzará a contar en el momento en que otorgue su adhesión a este convenio y finalizará al transcurrir diez días contados desde la fecha de eficacia del mismo, es decir desde la fecha de la Sentencia que lo declare aprobado judicialmente, conforme dispone el art. 393.1 TRLC.

El acreedor podrá también efectuar la opción de cobrar su crédito en parte con arreglo a la propuesta base (capitalización de créditos) y en parte por la vía prevista al apartado B (pago en efectivo); en este supuesto, e igualmente en el plazo referido, deberá el acreedor significar la parte económica de su crédito que deberá abonarse conforme a la propuesta base y la que deberá abonarse conforme a la variante prevista al apartado B.

En el supuesto de que el acreedor nada manifestare al respecto se entenderá que renuncia a la propuesta Base Apartado A del presente convenio, por lo que le será abonado su crédito conforme al contenido de la propuesta Apartado B del presente convenio (Espera de 5 años).

En el supuesto de que el acreedor optara por la alternativa a la propuesta base, la concursada abonará al acreedor su crédito de conformidad con el contenido del subsiguiente Apartado B.

Apartado A.– Propuesta Base. Capitalización de crédito.

La deudora y sus acreedores acuerdan que los créditos, se satisfarán mediante su capitalización.

El importe del crédito que se capitalice deberá ser múltiplo exacto de...........euros. De no coincidir exactamente este importe con el importe del crédito a satisfacer, la capitalización se efectuará sobre la cantidad máxima posible hasta completar por exceso un número entero múltiplo de tres euros. La emisión de las participaciones para el abono del crédito capitalizado se efectuará al tipo de...........%, como seguidamente se prevé y detalla.

Al objeto de capitalizar el pago de los créditos, la concursada emitirá participaciones sociales para lo cual se obliga a convocar Junta General Extraordinaria de Socios de..........., S.L., en la que se acuerde ampliar el capital social por compensación de créditos, todo ello conforme a las siguientes reglas:

a.– Se emitirán cuantas nuevas participaciones sean necesarias para abonar los créditos objeto de capitalización, en las condiciones previstas en este apartado A.

b.– Las nuevas participaciones serán todas ellas de........... euro de valor nominal cada una, de la misma serie y con los mismos derechos y obligaciones que las actualmente en circulación, y estarán representadas por medio de anotaciones en cuenta.

c.– El tipo de la ampliación será el de...........%, esto es, cada participación emitida será adjudicada por su total importe de...........euros, siempre contra crédito capitalizado de los cuales se imputará........... euro al pago del importe de la participación y...........euros al pago de la prima de emisión (concepto, por tanto, que no ingresará en el patrimonio del acreedor).

d.– La Junta General de Extraordinaria de socios, a la que se someterá la adopción del presente acuerdo de ampliación de capital social, será convocada para ser celebrada dentro de los cuatro meses siguientes a que transcurra el plazo de dos meses contados desde la fecha de eficacia del convenio. Por tanto, dentro del plazo de los seis meses contados desde la fecha de eficacia del convenio, se celebrará Junta General Extraordinaria de Socios de..........., S.L. para que la misma acuerde la oportuna ampliación de capital, en la medida y la forma necesarias para realizar la conversión de los créditos aquí prevista, con exclusión del derecho de suscripción preferente de los antiguos socios, y realizando cuantos actos sean necesarios o convenientes para la completa ejecución e inscripción del referido aumento de capital.

e.– El momento de ampliación de capital será fijado por la Junta General de conformidad con el contenido del presente convenio, y tendrá lugar a la mayor inmediatez desde el día de celebración de la Junta.

f.– En la asunción de las nuevas participaciones los socios no tendrán derecho de preferencia.

Además, y pese al contenido de los estatutos Sociales de .... S.L, Las nuevas participaciones sociales que se creen en ejecución del convenio serán libremente transmisibles hasta que transcurran diez años a contar desde la inscripción del aumento del capital en el registro mercantil

g.– Las participaciones emitidas en virtud de esta propuesta participarán en los derechos económicos desde el primer día del año natural siguiente a aquél en que su emisión hubiere tenido lugar.

h.– El presente convenio cuenta con la aprobación Administrador Único de........... S.L. y con base en ello queda asegurado el cumplimiento de cuantas obligaciones adquiere........... S.L., en tanto entidad emisora, con respecto de esta ampliación de capital.

La capitalización de créditos podrá ser total o parcial. En este último caso, la parte de crédito que no es objeto de capitalización se regirá y será de aplicación lo previsto en el apartado B siguiente.

i.– En cualquier caso, los administradores de la sociedad estarán facultados para aumentar el capital social en la medida necesaria para la conversión de los créditos, sin necesidad del referido acuerdo de la junta general de socios.

Apartado B.– Propuesta alternativa. Pago en efectivo.

La deudora y sus acreedores acuerdan que los créditos se satisfarán de la siguiente forma:

Los créditos ordinarios se abonarán, sin devengo de intereses con una espera de cinco (5) años conforme al calendario de pagos que se detalla en el párrafo siguiente.

Habrá un periodo inicial de dos (2) años de carencia de pago, computados desde la fecha de eficacia del convenio. A partir del tercer año se abonará anualmente el pago de la deuda ordinaria, en la proporción que establece el Plan de Pagos acompañado a esta propuesta, es decir el 20% del 100% del crédito al finalizar el tercer año, el 30% (del 100% del crédito) al finalizar el cuarto año, el 50% (del 100% del crédito) al finalizar el quinto año, con ello se producirá el completo abono de la deuda ordinaria al finalizar el quinto año de pago.

Los plazos señalados en el apartado anterior se computarán:

(a) en el caso de los créditos vencidos a la fecha de eficacia, desde la misma,

(b) en el caso de los créditos que no fueran exigibles en la fecha de eficacia, desde el momento en que se produzca su vencimiento y exigibilidad, en adelante fecha de exigibilidad.

De haberse acordado la suspensión de la eficacia del convenio, los periodos se computarán desde el día siguiente a la resolución que levante la suspensión, si esta fuera temporal; o, en todo caso, desde el día siguiente a la fecha en que adquiera firmeza la sentencia de aprobación judicial.

Apartado C.– Pago de los acreedores subordinados.

En el supuesto de que opten por la propuesta alternativa, los acreedores subordinados quedarán afectados exactamente por la misma espera establecida en el convenio para los créditos ordinarios, pero los plazos de espera se computarán conforme a lo señalado en el apartado 2.2. de este Convenio.

Apartado d.– Anticipación de pagos

El plazo de cinco años para el pago del 100% de los créditos no capitalizados tiene el carácter de máximo, pero los porcentajes anuales que se han hecho constar tienen el carácter de mínimos, por lo que la concursada podrá libremente anticipar los pagos conforme crea conveniente y le sea posible, en cuyo caso las cantidades que pague por anticipado devengarán un 5% anual de interés a favor de la concursada que será descontado de cada plazo anual que proceda.

SÉPTIMA.– EFICACIA DEL CONVENIO

7.1.– El Convenio adquirirá plena eficacia desde la fecha de la sentencia que lo apruebe, salvo lo previsto en el artículo 393.2 TRLC, según el cual, el juez, por razón del contenido del convenio, podrá acordar, de oficio o a instancia de parte, retrasar esa eficacia a la fecha en que la sentencia de aprobación alcance firmeza. El retraso de la eficacia del convenio podrá acordarse con carácter parcial.

Desde la eficacia del convenio cesarán todos los efectos de la declaración de concurso, sin que se prevean en este convenio mecanismo de control en su sustitución. Los deberes de colaboración e información subsistirán hasta la conclusión del procedimiento.

Igualmente, desde la eficacia del convenio cesará la administración concursal, que rendirá cuentas de su actuación ante el juez del concurso dentro del plazo que este señale. No obstante el cese, conservará plena legitimación para continuar los incidentes en curso así como para actuar en la sección sexta, con facultades para solicitar la ejecución provisional o definitiva de las sentencias que se dicten en esos incidentes y de la sentencia de calificación.

7.2.– A todos los efectos legales, los acreedores fijan como domicilio para efectuar los pagos, notificaciones, citaciones o requerimientos el que para cada uno de ellos consta en la lista de acreedores confeccionada por la Administración Concursal.

Cualquier cambio de domicilio deberá comunicarse fehacientemente a la concursada en el domicilio social que en ese momento figure inscrito en el Registro Mercantil.

7.3.– Con periodicidad semestral, contada desde la fecha de eficacia total o parcial de la sentencia aprobatoria del convenio, el concursado informará al juez del concurso acerca de su cumplimiento.

7.4.– A efecto de facilitar la justificación de cumplimiento de Convenio, los pagos se realizarán por transferencia bancaria a la cuenta corriente designada por los acreedores. A tales efectos deberán estos comunicar fehacientemente a la concursada los datos de una cuenta corriente, con expresión de la entidad, sucursal, dígito de control y número de cuenta, en la que deseen que les sean realizados los pagos; así como cualquier posterior modificación de la misma. Tal comunicación deberá realizarse al menos dos meses antes de la fecha máxima en la que deba realizarse el primer pago. Asimismo, en caso de modificación del número de cuenta tras el primer pago, deberá comunicarse fehacientemente dos meses antes del segundo o sucesivos pagos, según corresponda. En defecto de tal comunicación, los pagos establecidos en éste se realizarán, en aquellos casos en que por ausencia de proximidad no puedan realizarse personal y directamente, remitiendo a cada acreedor, por correo certificado con acuse de recibo, un cheque nominativo por el importe que corresponda en cada caso.

Aquéllos que sean devueltos por el servicio de correos serán anulados y su importe se mantendrá a disposición del acreedor hasta que, al expirar la última anualidad y para la adecuada justificación al Juzgado del cumplimiento del Convenio, se realice consignación judicial de los importes no cobrados por los acreedores, con cuya documentación más los justificantes bancarios o recibos de los pagos realizados por la concursada a los acreedores podrá aquélla justificar el íntegro cumplimiento del presente Convenio, a los efectos de la pertinente declaración judicial.

OCTAVA.– GARANTÍAS DEL CUMPLIMIENTO

8.1.– Desde la eficacia del convenio cesarán todos los efectos de la declaración de concurso, sin que se prevean en este convenio mecanismo de control en su sustitución. Los deberes de colaboración e información subsistirán hasta la conclusión del procedimiento.

58.2.– El presente Convenio se presentará al Juzgado acompañado, conforme al artículo 331 TRLC, de un Plan de Pagos con detalle, además, de los recursos previstos para su cumplimiento, incluidos, en su caso, los procedentes de la enajenación de determinados bienes o derechos de la masa activa.

Así mismo, conforme al artículo 332 TRLC, el presente Convenio se presentará al Juzgado acompañado también de un Plan de Viabilidad en el que se especifican los recursos necesarios, los medios y condiciones de su obtención y, en su caso, los compromisos de su prestación por terceros

Y en prueba de conformidad, firman la presente propuesta de convenio.

F603. PLAN DE VIABILIDAD Y DE PAGOS

Normativa de aplicación: *Arts. 315 y ss. Real Decreto Legislativo 1/2020, de 5 de mayo, por el que se aprueba el texto refundido de la Ley Concursal*

PLAN DE VIABILIDAD Y PLAN DE PAGOS DE..........., S.L

1.– ANTECEDENTES

La mercantil..........., S.L. se constituyó, el........... en........... ante el notario Don..........., en escritura con número de protocolo..........., inscrita en el Registro Mercantil de la provincia de..........., al tomo..........., libro..........., hoja número...........

Son socios de la compañía:

1.– La mercantil..........., S.L., de nacionalidad española, domiciliada en..........., Calle........... con CIF..........., titular de........... participaciones sociales de la número........... a la..........., ambas inclusive, que representa el........... por ciento del capital social.

2.– La mercantil..........., S.L., de nacionalidad española, domiciliada en........... Avenida..........., con CIF..........., titular de........... participaciones sociales de la número........... a la..........., ambas inclusive, que representa el........... por ciento del capital social.

Su objeto social consiste en: "..........."

Como ya se ha indicado anteriormente, el sentido de la creación de la mercantil "...........,S.L." es la de la participación en el negocio inmobiliario mediante las actividades de promoción y construcción principalmente.

La actividad desde su constitución se ha centrado en la localidad de..........., con la compraventa de terrenos, para una posterior edificación y comercialización de las viviendas. No obstante, solo se ha podido realizar una única promoción consistente en........... viviendas en la Playa de..........., cuyo final de obra se remonta a finales de...........

coincidiendo por tanto con el inicio de la crisis financiera y económica de la que todavía no se ha recuperado el país.

La crisis tiene su reflejo directamente sobre las ventas, tanto en la "marcha atrás" de compradores que desistieron de ejecutar las compraventas, hasta la ralentización de las mismas, llegando al año........... en que se frenan bruscamente.

Desde un punto de vista contable, la situación patrimonial de la empresa en los últimos tres ejercicios ha evolucionado según se indica en el siguiente cuadro:

	AÑO...........	AÑO...........	AÑO...........
PATRIMONIO NETO			
PASIVO NO CORRIENTE			
PASIVO CORRIENTE			
TOTAL PATRIMONIO NETO Y PASIVO			

Como puede observarse, el Patrimonio Neto disminuyó en el ejercicio........... debido al freno de las ventas, lo que genero que las pérdidas del ejercicio alcanzasen los casi...........euros.

No obstante señalar que desde un punto de vista patrimonial la sociedad se mantiene, ya que la valoración de los activos es muy superior al importe de las deudas.

Sobre esta premisa, y por la configuración del activo y del pasivo de la sociedad, la empresa apuesta por obtener un convenio razonable que permita ganar tiempo en aras de cerrar el acuerdo que ahora es verbal con el principal acreedor el cual permitirá la venta de las existencias que tienen carga hipotecaria, bien mediante dación en pago, bien mediante venta a terceros con quita en la carga hipotecaria sobre el inmueble vendido.

B.– Situación Actual

La situación actual ha variado sensiblemente respecto al punto de partida tanto desde un punto de vista financiero como económico.

Desde un punto de vista financiero:

La empresa ha acordado verbalmente con la entidad........... un modelo de comercialización de las viviendas de modo que la venta de las mismas (sea el precio que sea, siempre aprobado por...........) permitirá que cada unidad vendida asuma los costes de comunidad pendientes a la fecha de la venta, y se cancele toda la deuda hipotecaria sobre la misma mediante una quita.

Las unidades de garajes (libres de cargas) a razón de...........euros unidad, se destinarán al pago del crédito contra la masa, la deuda concursal y la cobertura de los gastos generales de la empresa.

Respecto al suelo en primera línea de playa, el acuerdo con la entidad........... es el mismo, esto es, cuando se venda el suelo, el acreedor hipotecario hará una quita que permita la venta libre de cargas, dejando dentro del concurso un importe de unos...........€

para contribuir a sufragar el pago de los créditos contrata la masa y la deuda concursal y los costes de mantenimiento de la empresa.

Desde un punto de vista económico:

Estas operaciones, desde un punto de vista económico, devolverán a la empresa a los resultados positivos que mejoraran de forma sensible los recursos propios.

2.– ESTRUCTURA FINANCIERA

Partiendo del Balance de Situación a fecha de........... nos encontramos con la siguiente estructura financiera en la empresa:

1. Deuda Bancaria con garantía hipotecaria:............€

2. Otros Acreedores con Garantía Hipotecaria:............€

3. Créditos privilegiados garantía viviendas:............€

4. Deuda privilegiada:............€

5. Créditos Ordinarios:............€

6. Créditos subordinados:............€

7. Deuda contra la masa:............€

Total deuda............€

La deuda de los apartados 1), 2) y 3) desaparecerán con la venta de las viviendas y del suelo urbano de........... El resto de deuda se cancelara por la generación de recursos vía venta de los garajes y trasteros y parcialmente por el excedente que deje el acuerdo con........... por la venta de los inmuebles hipotecados.

3.– ACTIVOS DE LA EMPRESA

Dentro del sector de la promoción inmobiliaria, el estudio de la cartera de activos es uno de los aspectos más importantes para determinar la viabilidad de una empresa. El grado de consolidación urbanística de los distintos suelos, el grado de ejecución de los distintos proyectos constructivos, la naturaleza de los mismos y la ubicación geográfica, nos determinaran no solo la necesidad de recursos a invertir sino las posibilidades de comercialización que al fin y a la postre es lo que nos permitirá atender el pago de los compromisos con los acreedores de la empresa.

INMOVILIZADO

La empresa no tiene inmovilizado.

EXISTENCIAS

VIVIENDAS

Viviendas en........... Promoción........... En la actualidad existen........... viviendas las cuales están todas a la venta después de haber resuelto amistosamente los contrato privados litigiosos. Las viviendas se encuentran hipotecadas hoy por...........

GARAJES

Garajes y trasteros en........... Promoción........... En la actualidad disponemos de........... plazas de garaje y una serie de trasteros libres de cargas y gravámenes.

SUELO URBANO

Un solar de........... m² en primera línea de playa en la ciudad de........... El mismo se encuentra hipotecado por...........(ahora...........) y por la deuda privilegiada de la Hacienda Pública.

SUELO URBANIZABLE

Parcela de suelo de........... m² en la ciudad de........... Es un suelo que se prevé mantener en el activo para su futuro desarrollo urbanístico.

4.– PLAN DE NEGOCIO

4.1.– Análisis de la situación actual.

De todos es conocida la crisis que estamos atravesando y que afecta de forma severa al consumo y en especial a la compra de inmuebles por parte de los ciudadanos agravado si cabe por el cierre del crédito por parte de las entidades financieras.

Las expectativas a corto plazo no son nada halagüeñas pero hay signos de esperanza. Pensamos que a medio plazo, 18 a 24 meses, la economía se moverá y el sector financiero habrá resuelto sus problemas desatascándose la restricción del crédito y posibilitando la apertura del mercado de bienes inmuebles.

En ese sentido hemos elaborado un conjunto de acciones a llevar a cabo que permitan a la empresa aguantar este año y medio difícil e iniciar un proceso de recuperación que garantice a los acreedores cobrar sus créditos y a la empresa volver a funcionar con la normalidad deseada.

4.2.– Plan de acciones.

4.2.1.– Sobre el activo y los proyectos en marcha.

De la composición del activo se desprende que la empresa de cara a afrontar los próximos años con éxito, deberá llevar a cabo las siguientes políticas:

a) Realizar el Stock de producto terminado:

Esperamos materializar el acuerdo de comercialización con........... de modo que una política agresiva de precios nos permita reducir el stock a cero en el plazo máximo de........... meses. Nos referimos a las viviendas terminadas de...........

Con este planteamiento podríamos tener para los años de estudio un plan de ventas:

CUADRO VENTA DE EXISTENCIAS: VIVIENDAS Y GARAJES								
	Precio medio venta		Ejercicio		....		....	
			unidades	€	unidades	€	unidades	€
Viviendas	....		......	......	......	......	......	......

Garajes	....	....	....	....	....	....	....
Total venta existencias viviendas + garajes		....	....	....	....	....	....

COSTE DE VENTAS: VIVIENDAS Y GARAJES							
	Coste Medio	Ejercicio		....		....	
		unidades	€	unidades	€	unidades	€
Viviendas	....	....	....	....	....	....	....
Garajes	....	....	....	....	....	....	....
Total venta existencias viviendas + garajes		....	....	....	....	....	....

CUADRO DEVOLUCIÓN DEUDA HIPOTECARIA							
	Saldo medio	Ejercicio		....		....	
		unidades	€	unidades	€	unidades	€
		....	....	....	....	....	....
		....	....	....	....	....	....
Total venta existencias viviendas + garajes		....	....	....	....	....	....

Definiciones del los cuadros:

Precio de venta Medio Vivienda: Refleja el importe de la deuda media hipotecaria por vivienda más un plus de...........€ que es el importe que deberá quedar en la empresa para la puesta al día en los gastos de comunidad a la venta de la vivienda.

Precio de venta Medio Garaje: Es el precio medio de la venta de un garaje con o sin trastero acordado con........... Este importe se destinará al pago de la deuda concursal y cubrir los costes corrientes de la empresa.

Coste Medio de Viviendas: representa el coste contable de las viviendas.

Coste Medio de Garajes: representa el coste contable de los garajes.

Saldo Medio deuda hipotecaria: Es el saldo medio de la deuda hipotecaria por vivienda según los saldos reconocidos en el concurso.

Hay que matizar aquí que cualquier variación a la baja en el precio de medio de venta conllevará necesariamente una reducción automática del mismo importe en la hipoteca sobre el inmueble. Esto siempre consensuado con el acreedor hipotecario.

b) Realizar la venta del suelo de primera línea de playa.

En el marco de colaboración con........... para los inmuebles de........... S.L. se han entablado con distintos inversores que están estudiando la compra del suelo. De hecho sabemos de ofertas realizadas que están a la espera de que........... conteste en relación a aceptar ofertas que permitan el pago de la deuda garantizada a Hacienda con este suelo y dejen liquidez en el concurso de acuerdo con la administradora concursal para contribuir al pago de la deuda contra la masa y concursal de modo que se pueda cumplir el convenio, después de dar ellos por cobrada la deuda.

CUADRO VENTA DE EXISTENCIAS: SUELO				
			Ejercicio	
			unidades	€
Suelo urbano...........			....	....
Total venta existencias suelo			....	....

COSTE DE VENTAS: SUELO				
			Ejercicio	
			unidades	€
Suelo urbano...........			....	....
Total venta existencias suelo			....	....

CUADRO DEVOLUCIÓN DEUDA HIPOTECARIA				
	Saldo deuda		Ejercicio	
			unidades	€
Suelo SAREB	....		....	....
Suelo Hacienda Pública	....		....	....
Total			....	....

El precio de venta del plan lo forma el saldo de la deuda hipotecaria sobre el suelo más la cantidad de...........€ que deberán quedarse en la empresa para cubrir los crédito contra la masa, deuda concursal y los gastos de funcionamiento de la empresa.

Hay que matizar aquí que cualquier variación a la baja en el precio de medio de venta conllevará necesariamente una reducción automática del mismo importe en la hipoteca sobre el inmueble. Esto siempre consensuado con el acreedor hipotecario.

c) Suelo urbanizable.

La intención es mantener el mismo en el balance a la espera de la evolución de la economía de modo que una mejora de esta pueda permitir el desarrollo del mismo.

4.2.2.– Sobre la estructura de Gastos Generales.

La empresa cuenta con unos Gastos Generales muy bajos pues básicamente se resumen en:

a) Gastos de Contribución de los inmuebles de la empresa. Estos costes se verán reducidos rápidamente en la medida que se produzcan las ventas. Se ha hecho una estimación en función del Plan de Ventas.

b) Gastos de concurso: Administrador concursal, Procurador y Abogado del concurso. Estos están tasados y se asumirán los que correspondan por ley. Se ha hecho una estimación de los costes pendientes no contabilizados en el saldo acreedor contra la masa.

c) Plusvalía venta inmuebles. Estimación según el plan de ventas.

d) Seguro de inmuebles. Se ha realizado una estimación.

e) Asesoría y otros. Hay una estimación de gastos mínimos para el funcionamiento de la sociedad.

f) Reparaciones varias. Dependen del estado de las viviendas el cual es bueno. No obstante se ha previsto un importe porque siempre surgen imprevistos.

g) Gastos de comunidad de las viviendas y garajes. Estos costes se verán reducidos rápidamente en la medida que se produzcan las ventas. Se ha hecho una estimación en función del plan de ventas propuesto.

h) Otros gastos. Importe para imprevistos.

4.2.3.– Estructura de Costes Financieros/Financiación de la empresa

En la estructura financiera de la empresa hay que distinguir tres grupos de deuda:

ACREEDORES CONTRA LA MASA

Esta deuda se pagará con el dinero que entre en la sociedad por las primeras ventas. No generan intereses.

DEUDA CON PRIVILEGIO ESPECIAL Y GENERAL

Aquí hay que distinguir dos tipos:

La bancaria: Esta deuda no generará intereses y si los genera, los mismos mediante la venta de las unidades hipotecadas se eliminarán.

Hacienda pública: Con la venta del suelo se cancelará la deuda.

Otros: es poco importe y con los primeros ingresos se hará frente a la misma.

DEUDA CONCURSAL

a) Deuda ordinaria: Se atenderá conforme al plan de pagos propuesto y no genera intereses.

b) Deuda Subordinada. Se atenderá conforme al plan de pagos propuesto y no genera intereses.

NUEVA FINANCIACIÓN

En principio no se requiere de nueva financiación. La misma se requerirá cuando llegue el momento de financiar el desarrollo del suelo urbanizable pero para eso deberán de mejorar las circunstancias económicas y financieras del país.

4.2.4.– Impuesto de Sociedades.

La sociedad arrastra importantes Bases Imponibles negativas de ejercicios anteriores por lo que según lo previsto, las bases imponibles positivas que se puedan generar, serán compensadas ampliamente por las bases negativas de ejercicios anteriores.

5.– CUADRO DE INGRESOS Y GASTOS DEL PERIODO (julio-diciembre............)

El cuadro refleja la cuenta de resultados de la empresa en el periodo comprendido en el estudio. Para ello aparecen los siguientes cuadros que reflejas los Ingresos y gastos (incluyendo los costes de venta).

Hipótesis consideradas en los cuadros.

INGRESOS

Precio de venta Medio Vivienda: Refleja el importe de la deuda media hipotecaria por vivienda más un plus de............€ que es el importe que deberá quedar en la empresa para la puesta al día en los gastos de comunidad a la venta de la vivienda.

Precio de venta Medio Garaje: Es el precio medio de la venta de un garaje con o sin trastero acordado con............ Este importe se destinará al pago de la deuda concursal y cubrir los costes corrientes de la empresa.

COSTE DE VENTAS

Coste medio de Viviendas: representa el coste contable de las viviendas.

Coste medio de Garajes: representa el coste contable de las viviendas.

GASTOS GENERALES

Conforman el conjunto de los gastos en los que incurre la empresa para su funcionamiento y tienen el carácter de costes fijos.

El desglose y justificación aparece en el apartado 4.2.2

IMPUESTO DE SOCIEDADES

La sociedad arrastra importantes Bases Imponibles negativas de ejercicios anteriores por lo que según lo previsto, las bases imponibles positivas que se puedan generar, serán compensadas ampliamente por las bases negativas de ejercicios anteriores.

…………, S.L.

INGRESOS	año ………	año ………	año ………	año ………
Venta Viviendas	………	………	………	………
Venta garajes y trasteros	………	………	………	………
Venta suelo	………	………	………	………
TOTAL VENTA INMUEBLES	………		………	………
TOTAL INGRESOS	………	………	………	………

COSTE DE VENTAS	año ………	año ………	año ………	año ………
Viviendas	………	………	………	………
Garajes		………	………	………
Suelo	………	………	………	………
TOTAL COSTE DE VENTAS	………		………	………

GASTOS GENERALES				
IBI	………	………	………	………
Resto gastos del concurso no previstos en la masa	………	………	………	………
Plusvalía de ventas	………	………	………	………
Seguros				
Asesoría y otros				
Reparaciones				
Gastos de Comunidad				
Otros Gastos				
TOTAL GASTOS GENERALES	………		………	………

INTERESES (deudas con garantía)					
	saldo deuda				
Hipotecario	....	....	....	....	....
Hipotecario	....	....	....	....	....
TOTAL INTERESES	....	....		....	....
TOTAL GASTOS	....	....	....	....	....
IMPUESTO DE SOCIEDADES		0	0	0	0
RESULTADO (INGRESOS-GASTOS)		....	....	....	....

6.– CUADRO DE FLUJOS DE TESORERÍA

El cuadro refleja después de definir el plan de ventas y las estructura de gastos de la empresa, la política de pagos de la deuda actual y futura y se descompone en dos partes que son:

RECURSOS GENERADOS EN EL EJERCICIO

Son los recursos que genera la empresa por su actividad para poder hacer frente a sus compromisos de inversión y devolución de deudas. En concreto, son la diferencia del total de ingresos menos los costes totales y menos el Impuesto de sociedades y sumándole el coste de ventas al ser este un coste en el que ya se incurrió en el pasado y entonces ahora son una entrada de fondos dado que nos hay que pagarlos. Ya se hizo en su día.

PROGRAMA DE PAGO DE DEUDA ACUMULADA A...........

Deuda privilegiada

La deuda privilegiada del..........., se cancelara contra la venta de las viviendas y suelo que tiene hipotecado. Si el precio de venta de las viviendas y el suelo es inferior a la hipoteca, habrá una reducción en la carga del inmueble vendido de modo que se cancele toda la deuda y se dejen...........€ por vivienda vendida. La venta del suelo deberá dejar un remanente en la empresa de entorno a los...........€.

Deuda privilegiada de Hacienda Pública: dado que tiene como garantía el suelo hipotecado por..........., a la venta del mismo, se cancelará con los ingresos de la venta.

Deuda Ayuntamiento...........: Se hará frente a la misma con los recursos que genere la venta de las plazas de garaje.

PLAN DE PAGOS

El pago de los créditos vinculados por el convenio se efectuará sin practicarse quita alguna y sin el abono sin devengo de intereses por la concursada en un plazo no superior a los tres años siguientes a partir de la firmeza de la resolución judicial que apruebe el Convenio. Por tanto, el 100% será satisfecho de acuerdo con los siguientes porcentajes:

– Antes de finalizar el primer año........... El...........,-%.

– Antes de finalizar el segundo año........... el...........,-%.

Antes de finalizar el tercer año........... el...........,-%.

Los créditos contra la masa se abonaran en los términos previstos en el TRLC.

CUADRO DE TESORERÍA		año	año	año	año	Deuda pdte...... concurso
RECURSOS GENERADOS EN EJ EJERCICIO (Ingresos ventas - gtos.generales						
Ingresos por ventas		......	......	......	......	
Gastos generales		......	......	......	......	
RECURSOS GENERADOS		......	......	......	......	
PROGRAMA DE PAGO DEUDA ACUMULADA A......						
A) DEUDA PRIVILEGIADA						
......	......	......	......	......	......	
–	......	......	......	......	......	
......	......	......	......	......	......	
B) DEUDA ORDINARIA						
– Saldo deuda ordinaria	......	......				
C) DEUDA SUBORDINADA						
– Saldo deuda Subordinada	......	......	......	......	......	
D) DEUDA CONTRA LA MASA						
– Saldo deuda contra la masa	......	......	......	......	......	
TOTAL DE PAGOS EN EL EJERCICIO		......	......	......	......	
RECURSOS GENERADOS-PAGOS DEUDA CONCURSAL		......	......	......	......	
SALDO ACUMULADO DE TESORERÍA		......	......	......	......	

CONCLUSIÓN

La empresa puede asumir perfectamente la deuda actual conforme al plan diseñado y reflejado en el presente documento así como garantizar una viabilidad a futuro,

En........... a........... de........... de...........

.... S.L.

Fdo. Don........... Administrador único

F604. ACTA DEL CONSEJO DE ADMINISTRACIÓN FORMULANDO PROPUESTA DE CONVENIO

Normativa de aplicación: *Arts. 315 y ss. Real Decreto Legislativo 1/2020, de 5 de mayo, por el que se aprueba el texto refundido de la Ley Concursal*

En..........., siendo las........... horas del día........... de........... de..........., y en el domicilio social, sito en..........., calle........... núm. ...., se celebra reunión del Consejo de Administración de la sociedad........... S.L.

La presente reunión del consejo de Administración fue convocada en fecha........... de........... de........... mediante telegrama remitido a los Sres. Consejeros y a la Administración Concursal en legal forma y plazo con el siguiente tenor literal "Por el presente, se le convoca a la reunión del Consejo de Administración a celebrar, en el domicilio social, el próximo día........... de........... de..........., a las........... horas, para deliberar y, en su caso, adoptar acuerdos con relación al siguiente orden del día: 1.– Formulación y aprobación de la Propuesta de Convenio y 2.– Ejecución de acuerdos.

Asisten a la presente reunión, personalmente, la totalidad de los miembros del consejo de administración de la sociedad, esto es:

Presidente: Don...........

Secretario: Don...........

Vocal: Doña...........

Vocal: Doña...........

Vocal: Doña...........

Asiste también el administrador concursal, Don...........

Actúan como Presidente y Secretario de la presente reunión del Consejo de Administración, Don........... y Don..........., respectivamente.

El Sr. Presidente declara válidamente constituida la presente reunión del Consejo de Administración y se entra en el debate de los distintos puntos del orden del día. Previa deliberación y sin que ninguno de los asistentes hagan uso del derecho de que conste en el acta el contenido de su intervención, se adoptan los siguientes acuerdos por UNANIMIDAD que son proclamados por el Sr. Presidente:

I.– En cumplimiento de lo establecido en el artículo 315 siguientes y concordantes TRLC, formular propuesta ordinaria de Convenio acompañada del Plan de Viabilidad y Plan de Pagos exigidos por los arts. 331 y 332 del citado cuerpo legal, siendo esta aprobada para su elevación a público y su presentación ante el Juzgado de lo Mercantil nº........... de........... en el procedimiento concursal..........., para su sometimiento y, en su caso, aprobación por los acreedores de la sociedad.

II.– Delegar expresamente en los miembros del Consejo de administración Doña........... y Don........... para que cualquiera de ellos, indistintamente, ejecute los acuerdos adoptados, facultándoles para suscribir cuantos documentos privados o públicos sean precisos a tal fin.

Y para que así conste se extiende la presente acta, que, leída, es aprobada por todos los consejeros por unanimidad, en........... hoy día de........... de...........".

F605. CERTIFICACIÓN DEL CONSEJO DE ADMINISTRACIÓN FORMULANDO PROPUESTA DE CONVENIO

Normativa de aplicación: *Arts. 315 y ss. Real Decreto Legislativo 1/2020, de 5 de mayo, por el que se aprueba el texto refundido de la Ley Concursal*

Doña..........., Secretaria del Consejo de Administración de la sociedad..........., S.L. domiciliada en..........., Avda...........º, e inscrita en el Registro Mercantil de la provincia de..........., al tomo..........., folio..........., hoja ...., y con CIF...........

CERTIFICO:

Que según resulta del libro de actas de la sociedad, en la reunión del Consejo de Administración de........... S.L. reunida en el domicilio social, sito en..........., el día........... de........... de..........., encontrándose presentes la totalidad de los consejeros, esto es, Doña..........., Don..........., y Doña........... Y figurando en el acta el nombre y la firma de los asistentes, actuando como presidente de la misma........... y como secretaria..........., y aceptaron celebrar dicha reunión del Consejo de Administración, para deliberar y en su caso, adoptar acuerdos con relación al siguiente orden del día: 1.– Formulación y aprobación de la Propuesta de Convenio y 2.– Ejecución de acuerdos.

Igualmente asistió el administrador concursal de la compañía, Don...........

Que entre otros adoptaron por unanimidad adoptar los siguientes acuerdos:

I.– En cumplimiento de lo establecido en el artículo 315 siguientes y concordantes TRLC, formular propuesta ordinaria de Convenio acompañada del Plan de Viabilidad y Plan de Pagos exigidos por los arts. 331 y 332 del citado cuerpo legal, siendo esta aprobada para su elevación a público y su presentación ante el Juzgado de lo Mercantil nº........... de........... en el procedimiento concursal..........., para su sometimiento y, en su caso, aprobación por los acreedores de la sociedad.

II.– Delegar expresamente en los miembros del Consejo de administración Doña........... y Don........... para que cualquiera de ellos, indistintamente, ejecute los acuerdos adoptados, facultándoles para suscribir cuantos documentos privados o públicos sean precisos a tal fin.

Y para que así conste libro la presente certificación en..........., a........... de........... de...........

PRESIDENTE SECRETARIO

F606. ACTA NOTARIAL PROTOCOLIZANDO PROPUESTA DE CONVENIO, PLAN DE PAGOS Y PLAN DE VIABILIDAD

Normativa de aplicación: *Arts. 315 y ss. Real Decreto Legislativo 1/2020, de 5 de mayo, por el que se aprueba el texto refundido de la Ley Concursal*

En la ciudad de..........., mi residencia, hoy día........... de........... de dos mil...........

Ante mí, ..., notario del Ilustre Colegio de...........

COMPARECE

Don........... mayor de edad, de nacionalidad española, casado, con domicilio en calle..........., núm. ...., dotado de DNI/NIF...........

Le identifico por el documento de identidad anteriormente reseñado, que me es exhibido.

INTERVIENE

Don........... interviene en nombre y representación de la sociedad........... S.A., sociedad constituida mediante escritura autorizada el día........... de........... de..........., ante el notario de..........., Don........... Inscrita en el Registro Mercantil de la provincia de..........., al tomo..........., folio..........., hoja núm. ...., inscripción 1ª.

Modificados y adaptados sus estatutos sociales a la derogada Ley de Sociedades Anónimas, en virtud de acuerdo adoptado por la Junta General Extraordinaria de la sociedad el día........... de........... de..........., elevado a público mediante escritura otorgada ante el notario de..........., Don..........., e inscrita en el citado el Registro Mercantil de la provincia de..........., al tomo..........., folio..........., hoja núm. ...., inscripción...........

El domicilio social de........... S.A., se halla en..........., consistiendo su objeto social en la promoción, construcción y compraventa de edificios, bien en bloques completos o locales separados, así como la compraventa de solares, fincas rusticas y/en curso de urbanización. CIF...........

La sociedad........... S.A. actualmente se halla declarada en estado de concurso voluntario de acreedores, que se tramita actualmente ante el Juzgado de lo Mercantil núm. .... de........... bajo el número de autos........... La declaración del citado concurso fue acordada por el expresado Juzgado mediante auto de fecha........... de........... de..........., en el se acordó la conservación por el concursado del ejercicio de las facultades de administración y disposición sobre la masa activa, pero el ejercicio de estas facultades estará sometido a la intervención de la administración concursal, que podrá autorizar o denegar la autorización según tenga por conveniente. Todo ello consta en el Registro Mercantil de la Provincia de..........., mediante la oportuna anotación marginal de tal declaración y régimen de facultades al tomo..........., folio..........., del libro general de sociedades, hoja núm. ....

Su legitimación para el presente acto resulta de su condición de administrador único de..........., cargo que me asevera vigente en la actualidad y para el que fue nombrado por plazo de........... años por acuerdo adoptado por la Junta General Extraordinaria de la sociedad celebrada el día........... de........... de..........., que fue elevado a público mediante escritura autorizada por el notario de..........., Don..........., el día........... e inscrita en el Registro Mercantil de la Provincia de..........., al tomo...........

Titularidad real: La que resulta del acta de fecha..........., autorizada por el notario de..........., Don..........., que el compareciente me exhibe, manifestándome que no se ha modificado la misma, por lo que queda cumplido por mí, notario, la obligación de identificación de titular real que impone la Ley 10/2010, de 28 de abril.

Yo, notario, considero que tiene, a mi juicio, capacidad necesaria para otorgar la presente ACTA DE REQUERIMIENTO Y PROTOCOLIZACIÓN y al efecto.

PRIMERO.– El compareciente, según interviene, me requiere para que protocolice en la presente acta la documentación que, en este acto, me entrega, y que en mi presencia, toda ella firma en su condición de administrador único de la citada sociedad........... S.A., firma que yo notario considero como legitima.

La citada documentación, toda ella referida al concurso de acreedores de........... S.A. tramitado ante el Juzgado de lo Mercantil núm. .... de..........., en el procedimiento concursal..........., es la siguiente:

I.– Propuesta de convenio que presenta la sociedad........... S.A. a sus acreedores, extendida en........... folios de papel común.

II.– Plan de pagos y plan de viabilidad extendido en........... folios de papel común.

SEGUNDO.– Yo notario, acepto el anterior requerimiento y, en este acto, protocolizo en esta matriz por mi autorizada las reseñadas propuesta de convenio, plan de pago y plan de viabilidad.

OTORGAMIENTO

Así lo dice y otorga el compareciente. Hago las reservas y advertencias legales. También advierto sobre la correspondiente incorporación de datos a los ficheros automatizados regulados en la Orden de 19 de febrero de 2003 (484/2003), del Ministerio de Justicia.

AUTORIZACIÓN

El compareciente, previa solicitud que me formula al efecto y sin perjuicio de advertirles sobre el contenido del art. 193 RN, lee en mi presencia la presente acta. Manifiesta su consentimiento y conformidad a su contenido, firmándola conmigo, el notario. Compruebo que se ajusta este instrumento a la Ley y la voluntad manifestada en este acto por el compareciente, y doy fe en cuanto sea procedente de todo lo consignado en este instrumento público, extendido en........... folios de papel exclusivo para documentos notariales, serie, y números el del presente y anteriores en orden.

F607. DILIGENCIA DE ORDENACIÓN DEL LETRADO DE LA ADMINISTRACIÓN DE JUSTICIA DANDO TRASLADO DE LA PROPUESTA DE CONVENIO

Normativa de aplicación: *Arts. 315 y ss. Real Decreto Legislativo 1/2020, de 5 de mayo, por el que se aprueba el texto refundido de la Ley Concursal*

Diligencia de Ordenación del Sr. Letrado de la Administración de Justicia, Don...........

En..........., a........... de........... de...........

Dada cuenta, por presentado propuesta de convenio presentada por la concursada (o el acreedor .... S.L); junto al plan de pagos y viabilidad requeridos por los arts. 331 y 332 TRLC, desde traslado de todo ello a las partes personadas, salvo aquellos acreedores que se hubieren adherido a la misma (ALTERNATIVA: a la concursada y las partes personadas en las presentes actuaciones, salvo a aquellos acreedores que se hubieren adherido a la misma).

Doy cuenta de todo ello a su Señoría.

Contra la presente resolución cabe interponer recurso de revisión a interponer en el plazo de cinco días a contar desde la referida notificación.

De conformidad con lo establecido en la Disposición Adicional 15ª LOPJ (según la redacción dada por la LO 1/09), la interposición de recurso contra resoluciones judiciales no podrá ser admitida a trámite sin la acreditación del depósito previsto en la citada Ley a efectos de recurrir, debiendo presentarse copia o resguardo de tal depósito en la cuenta de consignaciones de este Juzgado.

Así lo acuerda y firma el Letrado de la Administración de Justicia. Doy fe.

F608. PROVIDENCIA DEL JUEZ DEL CONCURSO SOBREADMISIÓN A TRÁMITE LA PROPUESTA DE CONVENIO CON DEFECTOS

Normativa de aplicación: *Arts. 315 y ss. Real Decreto Legislativo 1/2020, de 5 de mayo, por el que se aprueba el texto refundido de la Ley Concursal*

Providencia que dicta el Ilmo. Magistrado-Juez Don...........

En..........., a........... de........... de...........

Dada cuenta, por presentado por la Procuradora Doña..........., y en la representación que ostenta de la concursada (del acreedor .... S.L), escrito de fecha..........., acompañando propuesta de convenio en unión de plan de viabilidad y plan de pagos, únanse todos ellos a los autos de su razón y detectándose en tales documentos el siguiente defecto: ...., hágase saber tal hecho hecho al presentador de la propuesta para que en el plazo de TRES (3) DÍAS proceda a su subsanación. Y tras ello, se acordará lo procedente en orden a su admisión a tramite.

Notifíquese la presente resolución a la concursada, administración concursal y demás partes personadas, haciendo saber que contra la misma cabe recurso de reposición a interponer en el plazo de cinco días a contar desde la referida notificación.

De conformidad con lo establecido en la Disposición Adicional 15ª LOPJ (según la redacción dada por la LO 1/09), la interposición de recurso contra resoluciones judiciales, no podrá ser admitida a trámite sin la acreditación del depósito previsto en la citada Ley a efectos de recurrir, debiendo presentarse copia o resguardo de tal depósito en las cuenta de consignaciones de este Juzgado.

Así lo acuerda y firma Su señoría. Doy fe.

F609. AUTO DEL JUEZ DEL CONCURSO ADMITIENDO A TRÁMITE LA PROPUESTA DE CONVENIO

Normativa de aplicación: *Arts. 315 y ss. Real Decreto Legislativo 1/2020, de 5 de mayo, por el que se aprueba el texto refundido de la Ley Concursal*

En la ciudad de........... a........... de........... de...........

ANTECEDENTES DE HECHO

PRIMERO.– Que por la Procuradora Doña..........., en la representación que ostenta de la concursada (o del acreedor .... S.L), presentó escrito de fecha..........., acompañando propuesta ordinaria de convenio en unión de plan de viabilidad y plan de pagos. Ello en los términos del citado escrito y documentación aneja al mismo.

SEGUNDO.– Mediante diligencia de ordenación de fecha ...., el Letrado de la Administración de Justicia dio traslado de la citada propuesta a las partes personas en el procedimiento.

FUNDAMENTOS DE DERECHO

ÚNICO.– Que a la vista que la propuesta ordinaria de convenio presentada en las presentes actuaciones, en unión de plan de viabilidad y plan de pagos, cumple con los requisitos, de plazo, forma y contenido previstos en los arts. 315 y ss. TRLC, y no detectándose defecto alguno en tales documentos, procede la admisión a trámite la citada propuesta ordinaria de convenio y la expresada documentación.

Y a los efectos y de conformidad con lo previsto en el art. 347 TRLC,.procede dar traslado de la citada propuesta de convenio a la Administración Concursal para que en el plazo de DIEZ DÍAS, emita escrito de evaluación de la misma.

Visto lo expuesto y demás normativa de aplicación

DISPONGO

Admitir a trámite la propuesta de convenio.

Dar traslado de la citada propuesta de convenio a la Administración Concursal para que en el plazo de DIEZ DÍAS, emita escrito de evaluación de la misma en los términos y de conformidad con lo establecido en el art. 347 TRLC.

Los acreedores podrán adherirse u oponerse a la propuesta de convenio en los términos de los arts. 354 y ss. TRLC y durante los dos meses siguientes a contar desde la fecha de la admisión a trámite de la presente propuesta de convenio, esto es, hasta el próximo día ....

Notifíquese la presente resolución a la concursada, administración concursal y demás partes personadas, haciendo saber que contra la misma cabe recurso de reposición a interponer en el plazo de cinco días a contar desde la referida notificación.

De conformidad con lo establecido en la Disposición Adicional 15ª LOPJ (según la redacción dada por la LO 1/09), la interposición de recurso contra resoluciones judiciales, no podrá ser admitida a trámite sin la acreditación del depósito previsto en la citada Ley a efectos de recurrir, debiendo presentarse copia o resguardo de tal depósito en las cuenta de consignaciones de este Juzgado.

Así lo acuerda y firma Su señoría. Doy fe.

F610. ESCRITO DE LA ADMINISTRACIÓN CONCURSAL EVALUANDO PROPUESTA DE CONVENIO

Normativa de aplicación: *Arts. 315 y ss. Real Decreto Legislativo 1/2020, de 5 de mayo, por el que se aprueba el texto refundido de la Ley Concursal*

AL JUZGADO DE LO MERCANTIL Nº........... DE...........

Concurso Voluntario

Procedimiento nº...........

..........., en representación de..........., SLP, Administración Concursal designado en el Concurso Voluntario de la entidad..........., S.L., que bajo el número........... se tramita ante ese Juzgado, comparece en los referidos autos y, como mejor proceda en Derecho, DICE:

Que por Auto de fecha........... de........... de..........., se ha admitido a trámite la propuesta de Convenio presentada por..........., S.L. dándose traslado a la Administración Concursal de la misma, con el objeto de emitir en el plazo improrrogable de diez días escrito de evaluación sobre su contenido.

Que en cumplimiento de lo dispuesto en el artículo 347 TRLC, adjunta al presente el escrito de evaluación de su contenido.

Que este informe se presenta dentro del plazo improrrogable de diez días desde la notificación del Auto de fecha........... de........... de........... a la Administración Concursal, el día........... de........... del mismo.

Por lo expuesto,

SOLICITA AL JUZGADO, que teniendo por presentado este escrito, se sirva admitirlo y ordenar sea unido al expediente de su razón, junto con el documento expresado, teniendo por cumplido al infrascrito a los efectos legales procedentes.

En..........., a........... de........... de...........

F611. INFORME DE EVALUACIÓN DEL PLAN DE VIABILIDAD INCORPORADO A LA PROPUESTA DE CONVENIO PRESENTADA POR LA DEUDORA

Normativa de aplicación: *Arts. 315 y ss. Real Decreto Legislativo 1/2020, de 5 de mayo, por el que se aprueba el texto refundido de la Ley Concursal*

I. INTRODUCCIÓN

Mediante Auto de fecha........... de........... de........... se dio traslado a la Administración Concursal de la propuesta de Convenio presentada por la deudora..........., S.L. del concurso voluntario........... que se tramita en el Juzgado de lo Mercantil nº........... de..........., propuesta que contiene:

- Propuesta de Convenio.
- Plan de Viabilidad y plan de pago.

El objetivo de este escrito es dar cumplimiento a lo establecido en el artículo 347 TRLC en lo referente a la evaluación a realizar por la Administración Concursal del plan de viabilidad incorporado a la propuesta de convenio.

El TRLC no establece cual debe ser el alcance de la evaluación a realizar, ni tampoco el contenido del escrito de evaluación. Unicamente se limita a señalar en su art. 348.1 TRLC que la administración concursal evaluará el contenido de la propuesta de convenio en relación con el plan de pagos y, en su caso, con el plan de viabilidad que la acompañe. Y a establecer en el apartado 2 del citado art. 348 TRLC, los tipos de conclusión (juicio, en el literal de la ley) acerca de la viabilidad del cumplimiento del convenio propuesto: favorable, con o sin reservas, o desfavorable.

Teniendo en cuenta lo expuesto en el párrafo anterior y, que el objetivo de este escrito es ofrecer una información útil tanto a los acreedores del concurso como al Juzgado que conoce del mismo, se ha dividido el análisis realizado en tres apartados, figurando como último punto del escrito la conclusión definitiva del análisis realizado.

Los tres puntos en que hemos dividido el análisis de la propuesta e Convenio son los siguientes:

a) Análisis del cumplimiento de los requisitos legales del plan de pagos. Todo plan de pagos debe incorporar como mínimo un calendario de vencimientos e importes. La normativa Concursal, especialmente en los artículos 317 y 318, ss. y concordantes TRLC, establece obligaciones y prohibiciones referidas a la propuesta de convenio, pero que en algunos casos tienen incidencia en el plan de pagos. En este apartado se analiza el cumplimiento de esos aspectos legales. Tenemos que destacar que sólo se han analizado los aspectos que inciden en el plan de pagos y, no el conjunto de obligaciones y prohibiciones que estos artículos establecen para la propuesta de convenio.

b) Análisis de la coherencia y claridad de los planteamientos del plan de pagos. Se analizará aquí si el plan de pagos presenta alguna incoherencia que suponga una vulneración de la legislación en cuanto a plazos de pago, importes a satisfacer y destinatarios de los pagos. También se analiza si los planteamientos realizados son claros o podrían dar lugar a diferentes criterios interpretativos en su aplicación.

c) Análisis económico del plan de pagos. En este apartado se analiza si los recursos previstos para el cumplimiento del plan son suficientes en cuanto a cantidad y plazo de obtención para realizar de forma adecuada el calendario de pagos propuesto, análisis del plan de viabilidad.

II. ANÁLISIS DE LA PROPUESTA DE CONVENIO

A) ANÁLISIS DEL CUMPLIMIENTO DE LOS REQUISITOS LEGALES DEL PLAN DE PAGOS

El plan de pagos presentado, en opinión de esta Administración Concursal, no vulnera en ningún aspecto el régimen de obligaciones y prohibiciones que el TRLC establece en los artículos 317 bis, 318, ss. y concordantes sobre su contenido.

B) ANÁLISIS DE LA COHERENCIA Y CLARIDAD DE LOS PLANTEAMIENTOS DEL PLAN DE PAGOS

La concursada indica en el Convenio presentado la forma de pago de los créditos con privilegio general, los cuales se abonan en su totalidad y en los plazos establecidos y que deberán ser aprobados por dichos acreedores.

El planteamiento del plan de pagos para los créditos ordinarios establece dos alternativas de posible elección por parte de los acreedores, estableciéndose la alternativa que se aplicará en caso de no ejercitar el derecho de elección, siendo las siguientes:

Alternativa 1ª

Se establece una quita del...........% del crédito, abonándose el restante...........% de acuerdo con los siguientes porcentajes crecientes y fijándose los dos primeros años de carencia:

1. El primer año no se efectúa ningún pago.

2. El segundo año no se efectúa ningún pago.

3. El primer pago se realizaría transcurridos dos años de la aprobación del convenio, por importe del veinte por ciento (...........%) del crédito remanente, esto es, tras la quita.

4. El segundo pago se realizaría transcurridos tres años de la aprobación del convenio, por importe del treinta por ciento (...........%) del crédito remanente, esto es, tras la quita.

5. El tercer pago se realizaría transcurridos cuatro años de la aprobación del convenio, por importe del cincuenta por ciento (...........%) del crédito remanente, esto es, tras la quita.

Las anualidades se computarán desde la aprobación judicial del Convenio. Los pagos se realizarán en el mes anterior a la fecha en que se cumplan cada uno de los años desde que adquiera eficacia el Convenio.

Alternativa 2ª

Se establece una quita del...........% del crédito, abonándose el restante...........% en un único pago, dentro del mes anterior a la fecha en que se cumpla el primer año desde la Fecha de Eficacia del Convenio.

Los créditos subordinados serán satisfechos en los términos del art, 396.2 TRLC, también para éstos queda determinada la alternativa 2º como aplicable por defecto.

El incumplimiento puntual de los calendarios de pago establecidos no se reputará como incumplimiento del Convenio siempre y cuando la Sociedad concursada informe de dicha circunstancia a todos sus acreedores con una antelación mínima de un mes respecto de la fecha prevista de pago y el importe de dicha anualidad se satisfaga, como muy tarde, en la fecha de vencimiento de la siguiente anualidad, y conjuntamente con el pago de ésta última.

Por todo ello, podemos decir que el planteamiento del plan de pagos se realiza con claridad, especificando cómo y cuándo se va a proceder al pago de cada uno de los grupos de acreedores que figuran en el listado de acreedores presentado por la Administración Concursal. Además de esto, es coherente con el Plan de Viabilidad presentado para los cinco años de duración del convenio.

C) ANÁLISIS ECONÓMICO DEL PLAN DE PAGOS

El cumplimiento del plan de pagos pasa por la generación de recursos suficientes para atender los pagos comprometidos en el mismo. En el caso del convenio analizado, la obtención de recursos proviene de la actividad de la concursada.

A partir de estos datos se ha realizado un plan de negocio que contempla la obtención de ingresos por tres vías:

- Primera: SERIE...........

Ingresos derivados de la venta por parte de la futura cadena autonómica de la Comunidad........... y con las ventas actuales.

- Segunda: SERIE...........

Ingresos derivados de la venta del nuevo proyecto de la sociedad al cual, por el momento, le ha sido concedida una subvención por importe de...........euros.

- Tercera: LITIGIO CON...........

Reclamación de daños y perjuicios frente a........... por incumplimiento del acuerdo judicial que formalizaron el........... de........... de...........

Los ingresos que se pudieran obtener por esta vía se repartirían entre los acreedores con cargo a la quita realizada.

A la vista de todo ello, con los recursos esperados que generará la concursada, podrá hacer frente a la deuda, quedando remanente suficiente para los gastos en que incurrirá fruto del ejercicio de su actividad mercantil.

III. CONCLUSIONES

Que analizado el contenido de la Propuesta de Convenio de Acreedores formulado, y a tenor del Plan de Viabilidad y Plan de Pagos que se acompañan al mismo, esta Administración Concursal estima que existe la necesaria y suficiente correspondencia entre el contenido del Plan de Viabilidad y el calendario o Plan de Pagos que se propone por la entidad concursad y, en consecuencia, *estima posible el cumplimiento del mismo*, supeditando todo ello, a la materialización de los ingresos que se prevén obtener y que constan en el Plan de Viabilidad aportado por la concursada.

Si la propuesta de convenio merece la aprobación de los acreedores, es previsible que con base al plazo de espera y la quita propuestos y con la estimación de los ingresos previstos, se pueda cumplir el calendario de pagos.

Por ello emite su JUICIO FAVORABLE con las reservas expresadas.

F612. ESCRITO DE LA ADMINISTRACIÓN EVALUANDO LA PROPUESTA DE CONVENIO Y PLAN DE PAGO FORMULADO POR LA CONCURSADA. INMOBILIARIA

Normativa de aplicación: *Arts. 315 y ss. Real Decreto Legislativo 1/2020, de 5 de mayo, por el que se aprueba el texto refundido de la Ley Concursal*

AL JUZGADO DE LO MERCANTIL Nº........... DE...........

D..........., Administración Concursal designada en el concurso de acreedores de la sociedad........... S.L. que se sigue ante este Juzgado bajo el número de autos..........., comparezco y como mejor proceda en derecho DIGO:

Que por medio del presente escrito, evacuando el tramite conferido mediante providencia de fecha........... y tal como exige el art. 347 TRLC, emito escrito de evaluación de la propuesta de convenio presentada por el concursado, efectuando al efecto las siguientes

MANIFESTACIONES

PRIMERO.– Se somete a la evaluación de esta administración concursal la Propuesta de Convenio presentada por la entidad concursada en los autos de referencia de fecha..........., en unión del correspondiente plan de viabilidad y plan de pagos. Todo lo cual se acompaña como ANEXO I.

SEGUNDO.– De acuerdo con la legislación concursal, el administrador único de la sociedad concursada, D. José..........., presenta la referida Propuesta de Convenio a la que acompaña plan de viabilidad y el plan de pagos.

Por........... S.L. se pone de manifiesto el difícil entorno en el que se ve inmersa la sociedad concursada. Siendo evidente el estancamiento y paralización del sector inmobiliario en España, la concursada no ha sido ajena al mismo, y en ella se han visto reproducidos los mismos efectos sufridos por el resto de empresas que se dedican a la misma actividad. Sin embargo, lejos de tirar la toalla, la dirección ha apostado por la continuidad de la entidad y sus puestos de trabajo, intentando reducir su estructura, enajenando activos con la consiguiente reducción del pasivo (que a su vez estaba garantizado con dichos activos) y resolviendo, durante el proceso concursal, diversos contratos en interés del concurso. El proceso finaliza con la propuesta de convenio que se presenta a los acreedores como condición necesaria para asegurar su continuidad.

La propuesta de pagos contenida en el Convenio prevé el pago total de los créditos privilegiados y una quita del...........% para los créditos ordinario. Para éstos últimos se establece un plazo de........... años, siendo los dos primeros de carencia. Es decir se satisfarán en tres plazos, pagaderos el primero de ellos al término del tercer año siguiente a su aprobación, el segundo al término del cuarto año siguiente a su aprobación y, por último, el tercero al término del quinto año siguiente a su aprobación. Los referidos pagos no son iguales, correspondiendo al primero al...........%, el segundo al...........% y el tercero al...........%, todas ellos del...........% de la deuda que restaría una vez efectuada la quita. Los créditos subordinados, se pagarán una vez satisfechos los ordinarios con la mismas quita y plazos, y en los términos del art. 396.2 TRLC, esto es........... Todo ello sin devengo de intereses por las cantidades adeudadas.

En el Plan de viabilidad se hace un análisis del mercado inmobiliario y la evolución sufrida desde .... hasta nuestros días. El Plan considera que la evolución negativa ha "tocado suelo", y dado que las condiciones de acceso a la vivienda son en la actualidad las más favorables (exceso de oferta, precios bajos, bajos tipos de interés) pronostica un auge en la demanda de viviendas que cuantifica en........... y........... Viviendas, estimando en........... Años el tiempo necesario para absorber el stock de viviendas de primera residencia y de........... años el periodo necesario para absorber el de segunda. A este respecto, resulta muy difícil a esta Administración Concursal pronunciarse sobre dichos "futuribles". Entendemos que la situación actual, tanto en su vertiente económica (crisis económica generalizada) como en la política (gran inestabilidad, sobre todo en estos días en la vertiente mediterránea en países como Egipto) no tienen parangón con el que poder contrastar y hacer comparaciones. Las hipótesis adoptadas podrían asimilarse a un ejercicio de voluntarismo, pero también es cierto que tarde o temprano, no olvidemos que la economía son ciclos, la demanda se activará, y no es menos verdad que el ajuste de precios no deja de ser un más que efectivo revulsivo para dicha reactivación. Puede que no sea en........... Años y si en........... Pero, queremos confiar que así será, la reactivación llegará, mas tarde o más temprano.

Se analiza a continuación la situación económico-patrimonial de la compañía, y la evolución sufrida por la misma en el ejercicio........... Destaca sobremanera el deterioro del valor patrimonial de la sociedad, pasando de un patrimonio neto de...........€ a un valor negativo de ....€, que surge de la actividad de la entidad en el pasado ejercicio. El producto generado por la venta de viviendas...........€ en los primeros........... Meses del ejercicio ha sido consumido por el coste de los inmuebles vendidos (...........€). Además, los gastos corrientes de la entidad, así como los necesarios para la finalización de las obras en curso que estaban pendientes han arrojado un resultado negativo en los primeros nueve meses de........... de...........€, si bien se observa una disminución drástica en los gastos corrientes y en los gastos financieros como consecuencia de la renegociación de la deuda bancaria y la cancelación de la deuda bancaria privilegiada mediante la dación en pago de viviendas terminadas, edificios en construcción y solares en los que todavía no se había iniciado la promoción.

Seguidamente la propuesta detalla las proyecciones financieras para los próximos........... años, esto es, para el periodo........... La estimación de los cobros se basa en la venta de solares, de la venta de viviendas terminadas, del cobro de los créditos frente a clientes y otros créditos y en la actividad constructora de la empresa, así como de los ingreso financieros. En el Plan se detalla cada uno de los inmuebles que hipotéticamente serán objeto de venta, aplicando precios de venta a nuestro modo de ver moderados y ajustados a las demandas del mercado. De los inmuebles no terminados, destaca sobre manera la hipotética venta de los terrenos que la entidad posee en........... que supondría una entrada de recursos líquidos que se estiman en...........€ (ante la inexistencia de préstamo hipotecario que lo grave) si bien, con unas pérdidas para la cuenta de resultados de...........€.

Las hipótesis de venta de los inmuebles es la siguiente:

Tipo	Inmueble	Hipótesis de venta	Tesorería
Solar	Rústica...........	....	....
Solar	....	....	....
Solar	....	....	....
Solar	....	....	....
Viviendas	....	....	....
Viviendas	....	....	....
Viviendas	Local C/...........	....	....
Viviendas	.... Garajes...........	....	....
Viviendas	.... Viviendas en...........	....	....
Viviendas	Promoción...........	....	....
		Totales	....

De los inmuebles terminados, merece mención especial la hipotética venta de las viviendas que la concursada posee en la promoción..........., concretamente........... unidades.

Así, las proyecciones están calculadas para tres escenarios diferentes basados en tres supuestos de venta de viviendas distintos:

Supuesto 1. Se supone que la entidad será capaz de realizar las siguientes ventas de viviendas:

	201X	201X	201X	201X	201X	Total
Unidades de Venta	....	....	....	....	....	....

Supuesto 2. Se supone que la entidad será capaz de realizar las siguientes ventas de viviendas:

	201X	201X	201X	201X	201X	Total
Unidades de Venta	....	....	....	....	....	....

Supuesto 3. Se supone que la entidad será capar de realizar las siguientes ventas de viviendas:

	201X	201X	201X	201X	201X	Total
Unidades de Venta	....	....	....	....	....	....

Como puede observarse, en los tres supuestos se prevé un idéntico nº de viviendas vendidas, si bien la distribución de las ventas se realiza de manera diferente en cada supuesto, aunque sin grandes variaciones como puede verse en el gráfico siguiente:...........

Las ventas en magnitudes económicas obtenidas en cada uno de los tres supuestos, serían las siguientes:...........

Que como puede observarse guardan bastante similitud entre sí, siendo el supuesto 3° el más pesimista y el 2° el más optimista en cuanto a la consecución de recursos.

En cuanto a las otras fuentes de obtención de tesorería, la entidad estima que a lo largo de los........... años del periodo considerado, la entidad será capaz de cobrar los créditos que ostenta frente alguna de sus sociedades participadas (...........€) y de otros resultantes de distintos procedimientos judiciales que ostenta frente a otras entidades por importe de...........€.

En cuanto a los gastos previstos, se prevén los siguientes:

- Gastos de escritura y comercialización.
- Gastos derivados de la defensa de los litigios en los que se encuentra inmersa la sociedad.
- Gastos de estructura bajo la hipótesis de contención de los mismos y austeridad.

- Gastos necesarios para la ejecución de obra (subcontratación).
- Gastos financieros calculados en base a la deuda financiera existente.

Finalmente se acompaña el Plan de Pagos que prevé la cancelación total de la deuda privilegiada y ordinaria en los............ años.

TERCERO.– A la vista de todo lo anterior, esta Administración Concursal entiende que el Plan de Viabilidad presentado por............ S.L. es consistente y coherente en sus planteamientos y del mismo resulta la generación de un diferencial entre los ingresos y gastos previstos para el periodo............, que le permita atender sus obligaciones de pago, incluido los objeto de este procedimiento concursal. Por ello debe ser valorado positivamente. Sin embargo, no plantea diferentes escenarios (pues las variaciones en los supuestos de venta de la urbanización............ carecen de relevancia). El presentado peca más bien "optimista" pues considera que, a pesar de la grave situación actual de estancamiento, la entidad será capaz de enajenar las viviendas necesarias para el cumplimiento del Plan de pagos. Es aquí donde radica nuestra principal reserva. No estamos seguro de que la recuperación del mercado inmobiliario sea tan ágil como el Plan contempla. A nuestro juicio, quizás debería haberse contemplado un horizonte temporal superior, si bien se adopta el plazo máximo previsto por la Ley. Eso si. El plan de viabilidad de referencia ciertamente recoge el pago de todos los créditos del procedimiento concursal, sean contra la masa, privilegiados, ordinarios o subordinados.

En mi opinión, tanto el Plan de Viabilidad como la propuesta de convenio y plan de pagos de referencia, son documentos correctamente elaborados, razonables en su contenido y expectativas, cuyo cumplimiento va a depender de la gestión que lleve a cabo la Gerencia de la concursada en un escenario macroeconómico muy negativo y, concretamente, en un sector como el inmobiliario absolutamente afectado por la crisis, cuya recuperación es esencial para el cumplimiento del convenio y viabilidad de la concursada.

CUARTO.– Por todo ello, y con las limitaciones y reservas expuestas, se evalúa FAVORABLEMENTE la propuesta de convenio presentada por la entidad concursada en el presente procedimiento, en relación con el plan de viabilidad y el plan de pagos.

En su virtud

SUPLICO AL JUZGADO que tenga por presentado este escrito, se sirva admitirlo, tener por evacuado el traslado conferido a esta parte mediante providencia............, y tener por emitido escrito de evaluación de la propuesta de convenio en relación con el plan de pagos, en sentido FAVORABLE.

Es Justicia que se Suplica en............, hoy día............ de............ de............

F613. PROVIDENCIA TENIENDO POR PRESENTADO INFORME DE EVALUACIÓN CONVENIO POR ADMINISTRACIÓN CONCURSAL

Normativa de aplicación: *Arts. 315 y ss. Real Decreto Legislativo 1/2020, de 5 de mayo, por el que se aprueba el texto refundido de la Ley Concursal*

PROVIDENCIA QUE DICTA EL ILMO. MAGISTRADO-JUEZ Don...........

En..........., a........... de........... de...........

Dada cuenta, presentado por la Administración concursal escrito de evaluación del contenido de la propuesta de convenio, admítase el mismo y póngase de manifiesto en la Oficina Judicial de conformidad con lo dispuesto en el art. 349.2 TRLC. Y comuníquese telemáticamente el mismo, por la administración concursal, a los acreedores de cuya dirección electrónica se tenga conocimiento (art. 349.1 TRLC).

Notifíquese la presente resolución a la concursada, administración concursal y demás partes personadas, haciendo saber que contra la misma cabe recurso de reposición a interponer en el plazo de cinco días a contar desde la referida notificación.

De conformidad con lo establecido en la Disposición Adicional 15ª LOPJ (según la redacción dada por la LO 1/09), la interposición de recurso contra resoluciones judiciales, no podrá ser admitida a trámite sin la acreditación del depósito previsto en la citada Ley a efectos de recurrir, debiendo presentarse copia o resguardo de tal depósito en la cuenta de consignaciones de este Juzgado.

Así lo acuerda y firma Su señoría. Doy fe.

F614. COMUNICACIÓN ELECTRÓNICA POR LA ADMINISTRACIÓN CONCURSAL DEL ESCRITO DE EVALUACIÓN DE LA PROPUESTA DE CONVENIO

Muy. Sr. Nuestro:

Con relación al concurso de acreedores de la mercantil .... S.L, tramitado ante el Juzgado de lo mercantil núm. .... de ...., procedimiento núm............ de autos, y en mi condición de administración concursal, adjunto a la presente le remito, dando cumplimiento y a los efectos de lo previsto en el art. 349.1 TRLC, escrito de evaluación por esta Administración Concursal de la propuesta de convenio presentada por la concursada (o por los acreedores ....) Atentamente,

F615. ADHESIÓN A LA PROPUESTA DE CONVENIO DE LA CONCURSADA O ACREEDOR

Normativa de aplicación: *Arts. 351 y ss. Real Decreto Legislativo 1/2020, de 5 de mayo, por el que se aprueba el texto refundido de la Ley Concursal*

A LA ADMINISTRACIÓN CONCURSAL DEL CONCURSO DE .... S.L.

Don........... mayor de edad, de nacionalidad española, casado con Doña..........., en régimen de absoluta separación de bienes, domicilio en calle..........., núm. ...., dotado de DNI/NIF..........., comparece y expone a esta administración concursal:

I.– Que quien suscribe figura como acreedor reconocido en la lista de acreedores de la compañía concursada........... S.L., con un crédito (ALTERNATIVA PARA EL CASO QUE NO SE HAYA PRESENTADO LA LISTA DE ACREEDORES: Que la interviniente ha comunicado a la administración concursal un crédito) de clase ordinario y por importe de........... euros, tal y como queda acreditado en los autos de concurso voluntario núm. .... seguidos ante el Juzgado de lo Mercantil núm. .... de...........,(EN EL CASO DE LA ALTERNATIVA ANTERIOR, ADEMAS, haciéndose constar que el importe y clase del crédito es el que fue objeto de comunicación al no haberse presentado la lista de acreedores en el referido procedimiento concursal).

II.– Que conoce y acepta libremente el íntegro contenido de la propuesta de convenio presentada por la concursada (el acreedor ....SL).

III.– Que de conformidad y en el plazo y formas previstas en los artículos 354 y ss. TRLC, ejerzo mi expresa, pura y simple adhesión a la propuesta de convenio presentada por la concursada........... S.L. en el seno del referido expediente de concurso voluntario núm. ...., sustanciado ante el Juzgado de lo Mercantil núm. .... de..........., sin introducir modificación ni condicionamiento alguno.

IV.– (En su caso) Se hace constar que junto al crédito anterior, también soy titular en el referido concurso de acreedores del siguiente crédito privilegiado especial (o general): ....

Aunque señala el art. 356 TRLC que en el caso de que un acreedor sea simultáneamente titular de créditos privilegiados y ordinarios, la adhesión se presumirá realizada exclusivamente respecto de los ordinarios, y solo afectará a los créditos privilegiados si así se hubiera manifestado expresamente en el acto de adhesión, en cualquier caso, EXPRESAMENTE MANIFIESTO que la presente adhesión NO se realiza respecto del referido crédito privilegiado, no afectándole por tanto la misma.

ALTERNATIVA: A la vista de lo establecido en el art. 356 TRLC, EXPRESAMENTE MANIFIESTO que la presente adhesión SI se realiza también respecto del referido crédito privilegiado, afectándole por tanto la misma.

V.– Dando cumplimiento a lo previsto en el art. 355 TRLC, la presente adhesión se formula por escrito con firma ológrafa o electrónica basada en un certificado cualificado que se entrega (o remite) a esta administración concursal con acreditación de la identidad del firmante.

Lo que se expone en ...., hoy día .... de .... de ....

F616. OPOSICIÓN A LA PROPUESTA DE CONVENIO

Normativa de aplicación: *Arts. 315 y ss. Real Decreto Legislativo 1/2020, de 5 de mayo, por el que se aprueba el texto refundido de la Ley Concursal*

A LA ADMINISTRACIÓN CONCURSAL DEL CONCURSO DE .... S.L.

Don........... mayor de edad, de nacionalidad española, casado con Doña..........., en régimen de absoluta separación de bienes, domicilio en calle..........., núm. ...., dotado de DNI/NIF..........., comparece y expone a esta administración concursal:

I.– Que quien suscribe figura como acreedor reconocido en la lista de acreedores de la compañía concursada........... S.L., con un crédito (ALTERNATIVA PARA EL CASO QUE NO SE HAYA PRESENTADO LA LISTA DE ACREEDORES: Que la interviniente ha comunicado a la administración concursal un crédito) de clase ordinario y por importe de........... euros, tal y como queda acreditado en los autos de concurso voluntario núm. .... seguidos ante el Juzgado de lo Mercantil núm. .... de...........,(EN EL CASO DE LA ALTERNATIVA ANTERIOR, ADEMAS, haciéndose constar que el importe y clase del crédito es el que fue objeto de comunicación al no haberse presentado la lista de acreedores en el referido procedimiento concursal).

II.– Que conoce el íntegro contenido de la propuesta de convenio presentada por la concursada (el acreedor ....SL) en el concurso de acreedores seguido ante el Juzgado de lo Mercantil núm. .... de ...., y que fue admitida a tramite mediante auto de fecha ....

III.– Que de conformidad y en el plazo y formas previstas en los artículos 354 y ss. TRLC, ejerzo mi expresa, pura y simple adhesión, y por lo tanto, ME ADHIERO a la propuesta de convenio presentada por la concursada........... S.L. en el seno del referido expediente de concurso voluntario núm. ....,. sustanciado ante el Juzgado de lo Mercantil núm. .... de..........., sin introducir modificación ni condicionamiento alguno.

IV.– (En su caso) Se hace constar que junto al crédito anterior, también soy titular en el referido concurso de acreedores del referido crédito privilegiado especial (o general): ....

Aunque señala el art. 356 TRLC que en el caso de que un acreedor sea simultáneamente titular de créditos privilegiados y ordinarios, la adhesión se presumirá realizada exclusivamente respecto de los ordinarios, y solo afectará a los créditos privilegiados si así se hubiera manifestado expresamente en el acto de adhesión, EXPRESAMENTE MANIFIES-

TO que la presente adhesión NO se realiza respecto del referido crédito privilegiado, no afectándole por tanto la misma.

ALTERNATIVA: A la vista de lo establecido en el art. 356 TRLC, EXPRESAMENTE MANIFIESTO que la presente adhesión SI se realiza también respecto del referido crédito privilegiado, afectándole por tanto la misma.

V.– Dando cumplimiento a lo previsto en el art. 355 TRLC, la presente adhesión se formula por escrito con firma ológrafa o electrónica basada en un certificado cualificado que se entrega (o remite) a esta administración concursal con acreditación de la identidad del firmante.

Lo que se expone en ...., hoy día .... de .... de ....

F617. ESCRITO DE OPOSICIÓN A LA PROPUESTA DE CONVENIO

Normativa de aplicación: *Arts. 315 y ss. Real Decreto Legislativo 1/2020, de 5 de mayo, por el que se aprueba el texto refundido de la Ley Concursal*

A LA ADMINISTRACIÓN CONCURSAL DEL CONCURSO DE .... S.L.

Don........... mayor de edad, de nacionalidad española, casado con Doña..........., en régimen de absoluta separación de bienes, domicilio en calle..........., núm. ...., dotado de DNI/NIF..........., comparece y expone a esta administración concursal:

I.– Que quien suscribe figura como acreedor reconocido en la lista de acreedores de la compañía concursada........... S.L., con un crédito (ALTERNATIVA PARA EL CASO QUE NO SE HAYA PRESENTADO LA LISTA DE ACREEDORES: Que la interviniente ha comunicado a la administración concursal un crédito) de clase ordinario y por importe de........... euros, tal y como queda acreditado en los autos de concurso voluntario núm. .... seguidos ante el Juzgado de lo Mercantil núm. .... de...........,(EN EL CASO DE LA ALTERNATIVA ANTERIOR, ADEMAS, haciéndose constar que el importe y clase del crédito es el que fue objeto de comunicación al no haberse presentado la lista de acreedores en el referido procedimiento concursal).

II.– Que conoce el íntegro contenido de la propuesta de convenio presentada por la concursada (el acreedor ....SL) en el concurso de acreedores seguido ante el Juzgado de lo Mercantil núm. .... de ...., y que fue admitida a tramite mediante auto de fecha ....

III.– Que de conformidad y en el plazo y formas previstas en los artículos 354 y ss. TRLC, manifiesto MI OPOSICION y, por lo tanto, EXPRESAMENTE ME OPONGO a la propuesta de convenio presentada por la concursada........... S.L. en el seno del referido expediente de concurso voluntario núm. ....,. sustanciado ante el Juzgado de lo Mercantil núm. .... de..........., sin introducir modificación ni condicionamiento alguno.

IV.– Dando cumplimiento a lo previsto en el art. 355 y 360.2 TRLC, la presente oposicion se formula por escrito con firma ológrafa o electrónica basada en un certificado cualificado que se entrega (o remite) a esta administración concursal con acreditación de la identidad del firmante.

Lo que se expone en ...., hoy día .... de .... de ....

F618. ESCRITO DE REVOCACIÓN DE ADHESIÓN A LA PROPUESTA DE CONVENIO

Normativa de aplicación: *Arts. 315 y ss. Real Decreto Legislativo 1/2020, de 5 de mayo, por el que se aprueba el texto refundido de la Ley Concursal*

A LA ADMINISTRACIÓN CONCURSAL DEL CONCURSO DE ...........S.L.

I.– Que quien suscribe y en su día comunicó a la administración concursal un crédito de clase ordinario y por importe de...........euros, tal y como queda acreditado en los autos de concurso voluntario núm. .... seguidos ante el Juzgado de lo Mercantil núm. .... de...........

II.– Que mediante escrito de fecha........... y de conformidad con el plazo y formas previstas en los artículos 351 y ss. TRLC, el compareciente ejerció su expresa, pura y simple adhesión a la propuesta de convenio presentada por la concursada........... S.L., que fue admitida a tramite mediante auto de fecha ...., sin introducir modificación ni condicionamiento alguno en dicha propuesta.

III.– Que en la lista provisional de acreedores presentada por esta Administración Concursal, el importe del crédito expresados en la reseñada adhesión ha quedado reducido a .... euros y ha sido clasificado como privilegiado general.

IV.– Que conforme establece el art. 360.1 TRLC, las adhesiones que hubieran tenido lugar antes de la presentación de la lista provisional de acreedores por la administración concursal podrán revocarse dentro de los quince días siguientes a la fecha de la presentación de esa lista si el importe o la clase del crédito o créditos expresado en la adhesión no coincidiera con los que figuren en esa lista.

V.– Que dentro del referido plazo y en la forma requerida por el art. 360.2 TRLC, se revoca, y por lo tanto, REVOCO, la adhesión por mi efectuada mediante escrito de fecha........... de........... de..........., a la propuesta de convenio presentada por la concursada........... S.L., en el seno del referido expediente de concurso voluntario núm. .... sustanciado ante el Juzgado de lo Mercantil núm. .... de........... y que fue admitida a tramite mediante auto de fecha ....

VI.– Dando cumplimiento a lo previsto en el art. 355 TRLC, la presente revocacion se formula por escrito con firma ológrafa o electrónica basada en un certificado cualificado que se entrega (o remite) a esta administración concursal con acreditación de la identidad del firmante.

Lo que se expone en ...., hoy día .... de .... de ....

F619. ESCRITO DE LA CONCURSADA ACEPTANDO (NO ACEPTANDO) PROPUESTA DE CONVENIO PRESENTADA POR ACREEDOR

Normativa de aplicación: *Arts. 315 y ss. Real Decreto Legislativo 1/2020, de 5 de mayo, por el que se aprueba el texto refundido de la Ley Concursal*

AL JUZGADO DE LO MERCANTIL .... NÚM........... DE ....

.... Procurador de los Tribunales y de .... S.L, cuya representación tengo acreditada en el procedimiento concursal de la reseñada sociedad que se sigue en este Juzgado bajo el núm. autos ...., como mejor proceda en derecho DIGO:

I.– Que en fecha .... y en las presentes actuaciones, mi mandante presentó propuesta de convenio que fue admitida a tramite mediante auto de fecha ....

II.– Que, igualmente, el acreedor .... S.L, en fecha ...., presentó otra propuesta de convenio, que también fue admitida a trámite mediante auto de fecha ....

III.– Que al amparo del art. 359 TRLC, y dentro del plazo de adhesiones que vence el ...., esta parte ACEPTA la referida propuesta de convenio presentada por........... S.A.

Expresamente se hace constar que la referida aceptación, no supone la revocación de la propuesta de convenio presentada por esta parte y que se reseña en el precedente apartado I de este escrito.

ALTERNATIVA: III.– Que aun no siendo preciso, a los efectos del art. 359 TRLC, y para evitar tramites innecesarios, esta parte expresamente manifiesta que NO ACEPTA la referida propuesta de convenio presentada por .... S.A, por lo que el convenio a que se refiere la propuesta acreedora no podrá ser aprobado por este Juez al que respetuosamente nos dirigimos.

En su virtud

SUPLICO AL JUZGADO que tenga por presentado este escrito, se sirva admitirlo y tener por efectuadas las manifestaciones a los efectos legales oportunos, en especial, a los previstos en el art. 359 TRLC, y tener por ACEPTADA/NO ACEPTADA en los términos de este escrito la propuesta de convenio presentada por .... S.A, y que fue admitida a tramite mediante auto de fecha ...., acordando cuanto demás proceda en derecho.

Es Justicia que SUPLICO en ...., hoy día .... de .... de ....

F620. ESCRITO DE LA CONCURSADA SOLICITANDO DAR POR FINALIZADO EL PERIODO DE ADHESIONES

Normativa de aplicación: *Arts. 315 y ss. Real Decreto Legislativo 1/2020, de 5 de mayo, por el que se aprueba el texto refundido de la Ley Concursal*

AL JUZGADO DE LO MERCANTIL .... NÚM........... DE ....

.... Procurador de los Tribunales y de .... S.L, cuya representación tengo acreditada en el procedimiento concursal de la reseñada sociedad que se sigue en este Juzgado bajo el núm. autos ...., como mejor proceda en derecho DIGO:

I.– Que en fecha .... y en las presentes actuaciones, mi mandante presentó propuesta de convenio que fue admitida a tramite mediante auto de fecha ....

II.– Que, igualmente, el acreedor .... S.L, en fecha ...., presentó otra propuesta de convenio, que también fue admitida a trámite mediante auto de fecha ....

III.– Que tal y como se acredita con los DOCUMENTOS ...., las adhesiones presentadas hasta la fecha son suficientes para considerar aceptada la propuesta de convenio presentada por esta parte y que se reseña en el apartado I de este s escrito.

En efecto, si partimos que el total pasivo asciende a la suma de .... euros y se han adherido a la propuesta créditos por importe de .... euros, parece evidente que se ha la mayoría necesaria para la aceptación de la citada propuesta.

Por tal razón, esta parte, al amparo de lo dispuesto en el art. 358.2 TRLC, comunica a este Juzgado que da por finalizado el periodo de adhesiones.

En su virtud

SUPLICO AL JUZGADO que tenga por presentado este escrito, se sirva admitirlo y tener por efectuadas las manifestaciones a los efectos legales oportunos, en especial, a los previstos en el art. 358.2 TRLC, y tener por comunicada la finalización del periodo de adhesiones a la propuesta de convenio presentada por esta parte y que fue admitida a tramite mediante auto de fecha ...., acordando previos los oportunos tramites legales cuanto proceda en derecho al respecto.

Es Justicia que SUPLICO en ...., hoy día .... de .... de ....

F621. ESCRITO DE LA CONCURSADA SOLICITANDO PRÓRROGA PARA OBTENER ADHESIONES

Normativa de aplicación: *Arts. 315 y ss. Real Decreto Legislativo 1/2020, de 5 de mayo, por el que se aprueba el texto refundido de la Ley Concursal*

AL JUZGADO DE LO MERCANTIL .... NÚM........... DE ....

.... Procurador de los Tribunales y de .... S.L, cuya representación tengo acreditada en el procedimiento concursal de la reseñada sociedad que se sigue en este Juzgado bajo el núm. autos ...., como mejor proceda en derecho DIGO:

I.– Que en fecha .... y en las presentes actuaciones, mi mandante presentó propuesta de convenio que fue admitida a tramite mediante auto de fecha ....

El plazo para recoger adhesiones a la citada propuesta finaliza el próximo día ....

II.– Que concurriendo justa causa, y al amparo del art. 358.3 TRLC, esta parte solicita una prorroga, por termino de ...., del plazo para recoger las referidas adhesiones a la propuesta de convenio presentada por esta parte. Ello por concurrir justa causa tal y como a continuación se reseña: ....

Todo lo anterior se justifica y acredita con los siguientes DOCUMENTOS que se acompañan a este escrito señalados de número .... a ...., y que consisten en ....

III.– Expresamente se hace constar que la prorroga peticionada no excede del plazo de dos meses a que se refiere el art. 358.3 TRLC.

En su virtud

SUPLICO AL JUZGADO que tenga por presentado este escrito, se sirva admitirlo y tener por efectuadas las manifestaciones a los efectos legales oportunos, en especial, a los previstos en el art. 358.3 TRLC, y tener por solicitada la concesión de una prorroga, por termino de ...., del plazo para recoger adhesiones a la propuesta de convenio presentada por esta parte y que fue admitida a tramite mediante auto de fecha ...., acordando, previos los oportunos tramites legales, conceder la referida prorroga y cuanto demás proceda en derecho.

Es Justicia que SUPLICO en ...., hoy día .... de .... de ....

F622. DILIGENCIA DE ORDENACIÓN DANDO TRASLADO DE LA PETICIÓN DE LA CONCURSADA DE PRÓRROGA PARA OBTENER ADHESIONES

Normativa de aplicación: *Arts. 315 y ss. Real Decreto Legislativo 1/2020, de 5 de mayo, por el que se aprueba el texto refundido de la Ley Concursal*

Diligencia de Ordenación del Sr. Letrado de la Administración de Justicia, Don...........

En..........., a........... de........... de...........

Dada cuenta, por presentado escrito por a concursada, junto documentación adjunta al mismo, solicitando la concesión de una prórroga del plazo para obtener adhesiones a propuesta de convenio. Ello al amparo de lo previsto en el art. 358.3 TRLC y en los términos de dicho escrito.

Dese traslado de todo ello a la administración concursal y a las partes personadas, a efectos que, por plazo de TRES (3) DÍAS a contar desde la notificación de la presente, formulen alegaciones sobre la referida petición prorrogatoria, y con el resultado se acordara lo procedentes en derecho.

Doy cuenta de todo ello a su Señoría.

Contra la presente resolución cabe interponer recurso de revisión a interponer en el plazo de cinco días a contar desde la referida notificación.

De conformidad con lo establecido en la Disposición Adicional 15° LOPJ (según la redacción dada por la LO 1/09), la interposición de recurso contra resoluciones judiciales no podrá ser admitida a trámite sin la acreditación del depósito previsto en la citada Ley a efectos de recurrir, debiendo presentarse copia o resguardo de tal depósito en la cuenta de consignaciones de este Juzgado.

Así lo acuerda y firma el Letrado de la Administración de Justicia. Doy fe.

F623. AUTO ACORDANDO PRÓRROGA PARA LA OBTENCIÓN DE ADHESIONES

Normativa de aplicación: *Arts. 315 y ss. Real Decreto Legislativo 1/2020, de 5 de mayo, por el que se aprueba el texto refundido de la Ley Concursal*

En la ciudad de........... a........... de........... de...........

ANTECEDENTES DE HECHO

PRIMERO.– Que por la Procuradora Doña..........., en la representación que ostenta de la concursada presentó escrito de fecha..........., por el que entendiendo que concurre justa causa, y al amparo del art. 358.3 TRLC, solicita una prorroga del plazo para recoger adhesiones a la propuesta de convenio presentada en fecha .... y que fue admitida a tramite mediante auto de fecha .... Ello en los términos del citado escrito y documentación aneja al mismo.

SEGUNDO.– Mediante diligencia de ordenación de fecha ...., el Letrado de la Administración de Justicia dio traslado de la citada solicitud a la administración concursal y a las partes personas en el procedimiento, con el resultado obrante en autos.

FUNDAMENTOS DE DERECHO

PRIMERO.– Conforme resulta del art. 358.3 TRLC, siempre que exista causa justificada y conste suficientemente acreditada, el juez del concurso podrá conceder, a instancias del deudor, una prórroga del plazo para recoger adhesiones a la propuesta de convenio, que, en ningún caso, podrá exceder del plazo de dos meses a contar desde la finalización del plazo de adhesiones previsto en el art. 358.1 TRLC.

SEGUNDO.– Como resulta de las presentes actuaciones, en fecha ...., la concursada presentó propuesta de convenio que fue admitida a tramite mediante auto de fecha ....

El plazo para recoger adhesiones a la citada propuesta finaliza el próximo día ....

Mediante escrito de fecha .... la concursada solicita una prorroga del plazo para recoger las referidas adhesiones a la propuesta de convenio presentada por esta parte. Concretamente, plazo de .... Ello por entender que concurre justa causa pues ....

TERCERO.– Este Juzgador a la vista de las alegaciones formuladas por la concursada entiende que procede la concesión de la citada prorroga adhesoria por ésta solicitada.

No solo su petición cumple los requisitos de plazo y forma previstos en la Ley, sino que además concurre, y ha justificado, la justa causa precisa para otorgar la prorroga en cuestión pues ....

Además, la prorroga peticionada, no solo es razonable, sino que no excede del plazo de dos meses a que se refiere el art. 358.3 TRLC en relación con su apartado 1 del citado precepto.

Visto lo expuesto y demás normativa de aplicación

DISPONGO

Estimar la solicitud formulada por la concursada mediante escrito de fecha .... y conceder una prorroga, por término de ...., del plazo para recoger adhesiones a la propuesta de convenio presentada en fecha .... por la concursada y que fue admitida a tramite por auto de fecha ...., que vencía el día ....y que tras la prorroga aquí concedida pasa a finalizar el día...........

Notifíquese la presente resolución a la concursada, administración concursal y demás partes personadas, haciendo saber que contra la misma cabe recurso de reposición a interponer en el plazo de cinco días a contar desde la referida notificación.

De conformidad con lo establecido en la Disposición Adicional 15° LOPJ (según la redacción dada por la LO 1/09), la interposición de recurso contra resoluciones judiciales, no podrá ser admitida a trámite sin la acreditación del depósito previsto en la citada Ley a efectos de recurrir, debiendo presentarse copia o resguardo de tal depósito en las cuenta de consignaciones de este Juzgado.

Así lo acuerda y firma Su señoría. Doy fe.

F624. AUTO DENEGANDO PRÓRROGA PARA LA OBTENCIÓN DE ADHESIONES

Normativa de aplicación: *Arts. 315 y ss. Real Decreto Legislativo 1/2020, de 5 de mayo, por el que se aprueba el texto refundido de la Ley Concursal*

En la ciudad de........... a........... de........... de...........

ANTECEDENTES DE HECHO

PRIMERO.– Que por la Procuradora Doña..........., en la representación que ostenta de la concursada presentó escrito de fecha..........., por el que entendiendo que concurre justa causa, y al amparo del art. 358.3 TRLC, solicita una prorroga del plazo para recoger adhesiones a la propuesta de convenio presentada en fecha .... y que fue admitida a tramite mediante auto de fecha .... Ello en los términos del citado escrito y documentación aneja al mismo.

SEGUNDO.– Mediante diligencia de ordenación de fecha ...., el Letrado de la Administración de Justicia dio traslado de la citada solicitud a ala administración concursal y a las partes personas en el procedimiento, con el resultado obrante en autos.

FUNDAMENTOS DE DERECHO

PRIMERO.– Conforme resulta del art. 358.3 TRLC, siempre que exista causa justificada y conste suficientemente acreditada, el juez del concurso podrá conceder, a instancias del deudor, una prórroga del plazo para recoger adhesiones a la propuesta de convenio, que, en ningún caso, podrá exceder del plazo de dos meses a contar desde la finalización del plazo de adhesiones previsto en el art. 358.1 TRLC.

SEGUNDO.– Como resulta de las presentes actuaciones, en fecha ...., la concursada presentó propuesta de convenio que fue admitida a tramite mediante auto de fecha ....

El plazo para recoger adhesiones a la citada propuesta finaliza el próximo día ....

Mediante escrito de fecha .... la concursada solicita una prorroga del plazo para recoger las referidas adhesiones a la propuesta de convenio presentada por esta parte. Concretamente, plazo de .... Ello por entender que concurre justa causa pues ....

TERCERO.– Este Juzgador a la vista de las alegaciones formuladas por la concursada entiende que no procede la concesión de la citada prorroga adhesoria por ésta solicitada.

Ciertamente, su petición cumple los requisitos de plazo y forma previstos en la Ley. Sin embargo, no concurre, ni ha justificado, la justa causa precisa para otorgar la prorroga en cuestión pues ....

Además, la prorroga peticionada, por un termino de ...., no solo no es razonable, sino que excede del plazo de dos meses a que se refiere el art. 358.1 TRLC.

Visto lo expuesto y demás normativa de aplicación

DISPONGO

Desestimar la solicitud formulada por la concursada mediante escrito de fecha .... y denegar la concesión de una prorroga, por término de ...., del plazo para recoger adhesiones a la propuesta de convenio presentada en fecha .... por la concursada y que fue admitida a tramite por auto de fecha ....

Notifíquese la presente resolución a la concursada, administración concursal y demás partes personadas, haciendo saber que contra la misma cabe recurso de reposición a interponer en el plazo de cinco días a contar desde la referida notificación.

De conformidad con lo establecido en la Disposición Adicional 15° LOPJ (según la redacción dada por la LO 1/09), la interposición de recurso contra resoluciones judiciales, no podrá ser admitida a trámite sin la acreditación del depósito previsto en la citada Ley a efectos de recurrir, debiendo presentarse copia o resguardo de tal depósito en las cuenta de consignaciones de este Juzgado.

Así lo acuerda y firma Su señoría. Doy fe.

F625. ESCRITO DE LA ADMINISTRACIÓN CONCURSAL SOBRE RESULTADO DE ADHESIONES U OPOSICIONES

Normativa de aplicación: *Arts. 315 y ss. Real Decreto Legislativo 1/2020, de 5 de mayo, por el que se aprueba el texto refundido de la Ley Concursal*

AL JUZGADO DE LO MERCANTIL NÚM........... DE ....

..........., Administración concursal designada en el concurso voluntario de la compañía .... S.L, procedimiento concursal seguido ante este Juzgado bajo el núm. de autos ...., ante este Juzgado comparezco y como mejor proceda en derecho DIGO:

PRIMERO.– Que en fecha .... la concursada presentó propuesta de convenio, junto al oportuno plan de pagos y de viabilidad, que se da aquí por íntegramente reproducida y cuyas líneas generales son las siguientes:...........

SEGUNDO.– Que la citada propuesta de convenio y documentación fue admitida a tramite mediante auto de fecha ...., evaluándose todos ello por esta administración concursal, mediante escrito de fecha ....

TERCERO.– Que los acreedores han podido adherirse u oponerse a la propuesta de convenio reseñada hasta el día .... Igualmente, el plazo para revocación de adhesiones finalizo el día ....

CUARTO.– Que al siguiente día hábil a que se refiere el art. 361 TRLC, por medio del presente escrito se hace constar el resultado de las adhesiones u oposiciones a la propuesta,

I.– CRÉDITOS ORDINARIOS Y PRIVILEGIADOS ADHERIDOS: .... EUROS.

II.– CRÉDITOS OPUESTOS: ....EUROS.

III.– PASIVO COMPUTABLE:

III.–CONCLUSION: Se ha alcanzado (no se ha alcanzado) la mayoría para la aceptación de la propuesta de convenio.

A tal efecto, se acompaña una relación de los créditos ordinarios o privilegiados adheridos, con expresión del importe total que representen y copia de los correspondientes escritos de adhesión (DOCUMENTO UNO), y de una relación de los que se hubieran opuesto, también con expresión del importe total que representen y adjuntando copia de los correspondientes escritos de oposición.

QUINTO.– A los efectos legales oportunos, se hace constar lo siguiente:

I.– Que en las presentes actuaciones concursales solo se ha planteado una propuesta de convenio, que es la anteriormente reseñada.

II.– Que a la hora de determinar el resultado de las adhesiones antes reseñado, se han tenido en cuenta las reglas de computo del pasivo ordinario del art. 377 TRLC.

III.– Que la referida propuesta de convenio no contempla ningún trato singular a que se refiere el art. 378 TRLC.

En su virtud,

SUPLICO AL JUZGADO que tenga por presentado este escrito, junto a los documentos a el anejo y copia de todo ello, se sirva admitirlo y tener por evacuado por el tramite del art. 361.1 TRLC, y por hecho contar el resultado de las adhesiones a la propuesta de convenio reseñada en el cuerpo de este escrito, ello en los términos que constan igualmente en el cuerpo de este escrito, solicitando se acuerde cuanto proceda en derecho.

Es justicia que pido en ...., hoy día ....

F626. COMUNICACIÓN AL CONCURSADO Y ACREEDORES DEL RESULTADO DE LAS ADHESIONES

Normativa de aplicación: *Arts. 315 y ss. Real Decreto Legislativo 1/2020, de 5 de mayo, por el que se aprueba el texto refundido de la Ley Concursal*

Muy sr mío.

Con relación al concurso voluntario de acreedores de la sociedad .... S.L, que se tramita ante el Juzgado de lo Mercantil núm. .... de ...., procedimiento concursal núm............ de autos ...., en mi condición de administración concursal del citado concurso y dando cumplimiento a lo mandado por el art. 361.2 TRLC, adjunto al presente les acompañamos el escrito de esta Administración concursal haciendo constar el resultado de las adhesiones a la propuesta de convenio presentada por .... y admitida a tramite mediante auto, junto a las relaciones de créditos adheridos u opuestos a la misma a que se refiere el art. 361.1 TRLC.

Atentamente.

F627. DILIGENCIA DE ORDENACIÓN PONIENDO DE MANIFIESTO A LAS PARTES PERSONADAS EL RESULTADO DE LAS ADHESIONES

Normativa de aplicación: *Arts. 315 y ss. Real Decreto Legislativo 1/2020, de 5 de mayo, por el que se aprueba el texto refundido de la Ley Concursal*

Diligencia de Ordenación del Sr. Letrado de la Administración de Justicia, Don...........
En..........., a........... de........... de...........

Dada cuenta, por presentado el día ...., escrito de la Administración Concursal haciendo constar el resultado de las adhesiones a la propuesta de convenio en su día presentada por ...., y que se admitió a tramite mediante auto de fecha ...., escrito al que se acompaño la rs relaciones y copias de adhesiones u oposiciones a la propuesta a que se refiere el el art. 361.1 TRLC.

Se tiene por presentado el referido escrito y los documentos y copias a el acompañados, y queden de manifiesto en la oficina judicial donde podrán ser examinados por quienes están personados en el presente b procedimiento concursal.

Doy cuenta de todo ello a su Señoría.

Contra la presente resolución cabe interponer recurso de revisión a interponer en el plazo de cinco días a contar desde la referida notificación.

De conformidad con lo establecido en la Disposición Adicional 15° LOPJ (según la redacción dada por la LO 1/09), la interposición de recurso contra resoluciones judiciales no podrá ser admitida a trámite sin la acreditación del depósito previsto en la citada Ley a efectos de recurrir, debiendo presentarse copia o resguardo de tal depósito en la cuenta de consignaciones de este Juzgado.

Así lo acuerda y firma el Letrado de la Administración de Justicia. Doy fe.

F628. DECRETO PROCLAMANDO RESULTADO CONVENIO

Normativa de aplicación: *Arts. 315 y ss. Real Decreto Legislativo 1/2020, de 5 de mayo, por el que se aprueba el texto refundido de la Ley Concursal*

SR. LETRADO DE LA ADMINISTRACIÓN DE JUSTICIA DON...........

En..........., a........... de........... de...........

ANTECEDENTES DE HECHO

I.– Que en fecha........... de........... de..........., por la concursada se presentó propuesta de convenio en el presente expediente de concurso voluntario ordinario núm. de autos........... A la misma acompaño el oportuno plan de viabilidad y plan de pagos.

II.– Que la citada propuesta de convenio y documentación reseñada, fue admitida a tramite mediante auto de fecha ...., evaluándose todos ello por la administración concursal, mediante escrito de fecha ....

III.– Que los acreedores han podido adherirse u oponerse a la propuesta de convenio reseñada hasta el día .... Igualmente, el plazo para revocación de adhesiones finalizo el día ....

IV.– Que al siguiente día hábil a que se refiere el art. 361 TRLC, la Administración Concursal formulo escrito en el que hizo constar el resultado de las adhesiones u oposiciones a la propuesta e convenio reseñada y acompaño la documentación que se reseña en el referido articulo del TRLC

V.– Que sean adherido al citado convenio acreedores que suponen el........... del pasivo ordinario. Por el contrario, se han opuesto al citado convenio, acreedores que suponen el........... del pasivo ordinario.

FUNDAMENTOS DE DERECHO

PRIMERO.– Que conforme al art. 380 TRLC, aceptada una propuesta de convenio por los acreedores ordinarios el letrado de la Administración de Justicia proclamará el resultado mediante decreto que dictará dentro de los tres días siguientes a aquel en que hubiere finalizado el plazo de adhesiones, con advertencia a los legitimados del derecho a oponerse a la aprobación judicial del convenio

SEGUNDO.– Finalmente, art. 381 TRLC, si la propuesta de convenio hubiera obtenido la aceptación de los acreedores con las mayorías del pasivo concursal exigidas por la ley, el Letrado de la Administración de Justicia, en el mismo día de la proclamación del resultado o en el siguiente hábil, someterá el convenio aceptado a la aprobación del juez.

A la vista de todo ello y demás normativa de aplicación,

DISPONGO

Tener por alcanzada la mayoría legalmente exigida en la propuesta de convenio presentada por la concursada, convenio este que se somete a la aprobación del Juez, haciéndose saber el derecho de los legitimados a oponerse a la aprobación judicial del convenio.

Contra la presente resolución cabe recurso de reposición a interponer en el plazo de cinco días a contar desde su notificación.

De conformidad con lo establecido en la Disposición Adicional 15ª LOPJ (según la redacción dada por la LO 1/09), la interposición de recurso contra resoluciones judiciales, no podrá ser admitida a trámite sin la acreditación del depósito previsto en la citada Ley a efectos de recurrir, debiendo presentarse copia o resguardo de tal depósito en las cuenta de consignaciones de este Juzgado.

Lo que se acuerda, manda y firma.

F629. DEMANDA INCIDENTAL DE OPOSICIÓN A LA APROBACIÓN JUDICIAL DEL CONVENIO POR CONSIDERAR OBJETIVAMENTE INVIABLE SU CUMPLIMIENTO

Normativa de aplicación: *Arts. 315 y ss. Real Decreto Legislativo 1/2020, de 5 de mayo, por el que se aprueba el texto refundido de la Ley Concursal*

Autos de concurso voluntario nº............

AL JUZGADO DE LO MERCANTIL NÚM. .... DE............

............, Procurador que actúa en nombre y representación de............ S.L., D............, D............, y............ S.A., según acredito mediante poder general para juicios que adjunto, y con la asistencia letrada de D............ col. núm. .... y domicilio profesional en............, ante el Juzgado comparezco y DIGO:

Que mediante el presente escrito, y al amparo de los arts. 384 y 532 y ss. TRLC formulo DEMANDA INCIDENTAL DE OPOSICIÓN A LA APROBACIÓN JUDICIAL DEL CONVENIO, frente a la concursada............ S.L., así como contra cualquier otro interesado y/o quien se opusiere a nuestra pretensión.

HECHOS

PRIMERO.– Mis representados ostentan, según consta debidamente en la lista de acreedores del presente expediente concursal nº............, los siguientes créditos ordinarios:

.... S.L., ...euros

D............, ...euros

D............, ...euros

.... S.A., ...euros

Considerando que el pasivo total de créditos ordinarios asciende, según consta en autos, a............euros, mis mandantes como acreedores ordinarios agrupados titularizan más del cinco por ciento de dichos créditos.

SEGUNDO.– Que en fecha............ de............ de............, por la concursada se presentó propuesta de convenio en el presente expediente de concurso voluntario ordinario núm. de autos............ A la misma acompaño el oportuno plan de viabilidad y plan de pagos.

TERCERO.– Que la citada propuesta de convenio y documentación reseñada, fue admitida a tramite mediante auto de fecha ...., evaluándose todos ello por la administración concursal, mediante escrito de fecha............

CUARTO.– Que los acreedores han podido adherirse u oponerse a la propuesta de convenio reseñada hasta el día .... Igualmente, el plazo para revocación de adhesiones finalizo el día ....

QUINTO.– Que al siguiente día hábil a que se refiere el art. 361 TRLC, la Administración Concursal formulo escrito en el que hizo constar el resultado de las adhesiones u oposiciones a la propuesta e convenio reseñada y acompaño la documentación que se reseña en el referido articulo del TRLC

SEXTO.– Que del citado escrito resulta que sean adherido al citado convenio acreedores que suponen el............ del pasivo ordinario. Por el contrario, se han opuesto al citado convenio, acreedores que suponen el............ del pasivo ordinario. Mis mandantes no se adhirieron a la propuesta.

SÉPTIMO.– En fecha ....se dicto por el Sr. Letrado de la Administración de Justicia, dicto decreto por el que tuvo "por alcanzada la mayoría legalmente exigida en la propuesta de convenio presentada por la concursada, convenio este que se somete a la aprobación del Juez, haciéndose saber el derecho de los legitimados a oponerse a la aprobación judicial del convenio."

En consecuencia, la presente impugnación se formaliza dentro del plazo legal de diez días previsto en el art. 385 TRLC

OCTAVO.– En virtud de todo lo anteriormente expuesto, mis representados se encuentran legitimados conforme a Ley para oponerse a la aprobación del convenio por razón de la objetiva inviabilidad del cumplimiento del convenio aprobado por los acreedores, habida cuenta que los estados financieros que se presumen por la continuación de la actividad, son totalmente imposibles por haberse procedido al previo desmantelamiento de la red comercial de ventas de la concursada.

No obstante el escrito de evaluación de la administración concursal, favorable al plan de viabilidad propuesto por la concursada, resulta manifiesto que para obtener el nivel de facturación proyectado, sería menester haber mantenido en vigor los contratos de agencia comercial, o al menos prever cualquier otra estructura alternativa de red comercial. Sin red de ventas, no hay facturación, por mucho que se consiga reducir costes para sostener los procesos de fabricación de la concursada.

NOVENO.– Acreditando todos lo anterior, se acompaña la siguiente DOCUMENTACIÓN señalada de números ....a ....:

....

Y también, como DOCUMENTO ...., dictamen pericial elaborado por el experto D..........., quien concluye sin margen racional de duda, la inviabilidad económica del convenio aprobado en Junta para la concursada.

FUNDAMENTOS DE DERECHO

I.– COMPETENCIA

Suscitada la cuestión la impugnación del convenio aprobado en Junta, compete al Juez del Concurso ex arts. 44, 45 y 52 TRLC debiendo de conformidad con los arts. 386 y 532 TRLC. ventilarse por el cauce del incidente concursal.

II.– CAPACIDAD Y LEGITIMACIÓN

Las partes ostentan la capacidad pertinente en virtud de lo dispuesto en el art. 6 LEC.

Legitimación activa.– La detenta mi mandante al ser titular, al menos, del cinco por ciento de los créditos ordinarios (art. 384 TRLC)

Legitimación pasiva.– Se ha de considerar demandadas a la concursada, y a la administración concursal.

III.– POSTULACIÓN Y DEFENSA

Los demandantes están representados por Abogado y Procurador, tal y como dispone la Legislación Concursal en el art. 512 TRLC

IV.– CUANTÍA DEL PROCEDIMIENTO: Se fija en la cantidad de...........euros (...... ......– €).

V.– DERECHO SUSTANTIVO

Artículo 384 TRLC: Los acreedores legitimados para formular oposición a la aprobación judicial del convenio que, individualmente o agrupados, sean titulares, al menos, del cinco por ciento de los créditos ordinarios y la administración concursal podrán oponerse, además, a la aprobación judicial del convenio cuando el cumplimiento de este sea objetivamente inviable. (art. 384 TRLC).

Artículo 385 TRLC: La oposición a la aprobación judicial del convenio deberá presentarse en el plazo de diez días, contados desde el siguiente a la fecha de proclamación del resultado por el Letrado de la Administración de Justicia.

Artículo 386. TRLC: La oposición a la aprobación judicial del convenio se ventilará por los cauces del incidente concursal.

VI.– COSTAS

Las costas se impondrán a los demandados en virtud del principio objetivo de vencimiento, por aplicación del art. 394 LEC y 542 TRLC.

En su virtud,

SUPLICO AL JUZGADO: Que teniendo por admitido este escrito, junto con sus documentos, tenga por promovido incidente concursal de OPOSICIÓN A LA APROBACIÓN JUDICIAL DEL CONVENIO aprobado en el seno del expediente concursal de........... S.L. seguido ante este Juzgado bajo el núm. de autos..........., y previos los trámites legales pertinentes, finalmente resuelva:

1.– Estimar nuestra demanda incidental, declarando la inviabilidad objetiva del cumplimieto del convenio reseñado, y tener por rechazado el convenio.

2.– Se declare la apertura de la fase de liquidación, con todos los efectos inherentes a la misma.

3.– La imposición de las costas a la demandada y a quienes comparezcan oponiéndose a nuestra pretensión.

En........... a........... de dos mil...........

OTROSÍ DIGO: Se solicita de este Juzgado la celebración de vista en el presente incidente de conformidad con lo dispuesto en el art. 540 TRLC.

En su virtud,

SUPLICO AL JUZGADO que tenga por efectuada la anterior manifestación, se sirva admitirla, y acordar en el sentido anteriormente expuesto, citando a las partes para la oportuna vista.

Es Justicia que nuevamente se SUPLICA en el lugar y fecha reseñados "ut supra".

OTROSÍ DIGO: Que interesa a esta parte el recibimiento del pleito a prueba y en este sentido, esta parte manifiesta los medios de prueba de los que intenta valerse en el presente incidente:...........

En su virtud,

SUPLICO AL JUZGADO que tenga por efectuada la anterior manifestación, se sirva admitirla, y tener por manifestados los medios de prueba de los que intenta valerse esta parte, y previos los oportunos trámites, declare los mismos pertinentes, acordando cuanto proceda en derecho para su práctica.

Es Justicia que nuevamente se SUPLICA en el lugar y fecha reseñados "ut supra".

Ldo........... Proc...........

F630. DEMANDA INCIDENTAL DE OPOSICIÓN AL CONVENIO POR INFRACCIÓN DE LAS NORMAS SOBRE FORMA Y CONTENIDO DE LAS ADHESIONES

Normativa de aplicación: *Arts. 315 y ss. Real Decreto Legislativo 1/2020, de 5 de mayo, por el que se aprueba el texto refundido de la Ley Concursal*

JUZGADO DE LO MERCANTIL Nº........... DE...........

..........., Procurador de los Tribunales actuando en nombre y representación de........... según consta debidamente acreditado en los autos de Concurso Voluntario nº..........., seguidos a instancia de la concursada "...........", ante el Juzgado comparezco, bajo la dirección técnica de D..........., abogado del Iltre. Colegio de..........., número de colegiado..........., con despacho profesional en..........., Nº..........., Pta..........., C.P..........., y como mejor proceda en Derecho DIGO:

Que por la presente, y siguiendo las expresas instrucciones de mi representado, formulo DEMANDA INCIDENTAL DE OPOSICIÓN AL CONVENIO POR INFRACCIÓN DE LAS NORMAS QUE EL TRLC ESTABLECE SOBRE LA FORMA Y EL CONTENIDO DE LAS ADHESIONES.

La presente demanda se presenta contra la mercantil concursada "..........." y demás interesados en la efectividad del convenio, y ello en base a los siguientes:

HECHOS

PRIMERO.– Mi representado ostenta, según consta debidamente en la lista de acreedores del presente expediente concursal nº..........., el siguiente crédito ordinario:...........

SEGUNDO.– Que en fecha............ de............ de............, por la concursada se presentó propuesta de convenio en el presente expediente de concurso voluntario ordinario núm. de autos............ A la misma acompaño el oportuno plan de viabilidad y plan de pagos.

TERCERO.– Que la citada propuesta de convenio y documentación reseñada, fue admitida a tramite mediante auto de fecha ...., evaluándose todos ello por la administración concursal, mediante escrito de fecha ....

CUARTO.– Que los acreedores han podido adherirse u oponerse a la propuesta de convenio reseñada hasta el día .... Igualmente, el plazo para revocación de adhesiones finalizo el día ....

QUINTO.– Que al siguiente día hábil a que se refiere el art. 361 TRLC, la Administración Concursal formulo escrito en el que hizo constar el resultado de las adhesiones u oposiciones a la propuesta e convenio reseñada y acompaño la documentación que se reseña en el referido articulo del TRLC

SEXTO.– Que del citado escrito resulta que sean adherido al citado convenio acreedores que suponen el............ del pasivo ordinario. Por el contrario, se han opuesto al citado convenio, acreedores que suponen el............ del pasivo ordinario. Mis mandantes no se adhirieron a la propuesta.

SÉPTIMO.– En fecha ....se dicto por el Sr. Letrado de la Administración de Justicia, dicto decreto por el que tuvo "por alcanzada la mayoría legalmente exigida en la propuesta de convenio presentada por la concursada, convenio este que se somete a la aprobación del Juez, haciéndose saber el derecho de los legitimados a oponerse a la aprobación judicial del convenio."

En consecuencia, la presente impugnación se formaliza dentro del plazo legal de diez días previsto en el art. 385 TRLC

OCTAVO.– En virtud de todo lo anteriormente expuesto, mi representado se encuentra legitimado conforme a Ley para oponerse a la aprobación del convenio por razón de la infracción de las normas que esta ley establece sobre la forma y el contenido de las adhesiones

En efecto, un examen de las adhesiones formuladas por los acreedores ...., basta para percatarse como no han cumplido con lo previsto en la Ley al ...., y debían haberse desechado y no tenerlas por válidamente efectuadas.

Las citadas adhesiones viciadas, han sido decisivas para tener para aceptar la propuesta de convenio, pues sin ello, no se hubiera alcanzado la mayoría necesaria para la aceptación de la propuesta. ....

NOVENO.– Acreditando todos lo anterior, se acompaña la siguiente DOCUMENTACIÓN señalada de números ....a ....:

....

Y también, como DOCUMENTO ...., dictamen pericial elaborado por el experto D............, *quien concluye* sin margen racional de duda, la que sin las adhesiones cuestionadas no se no se hubiera alcanzado la mayoría necesaria para la aceptación de la propuesta.

A los anteriores hechos le son de aplicación los siguientes,

FUNDAMENTOS DE DERECHO

I.– Es competente para conocer de la presente oposición el Juez del concurso ex art. 44, 45 y 52 TRLC.

II.– Esta demanda se tramitara por los cauces del incidente concursal (arts. 386 y 532 y ss. TRLC),

III.– Sobre la legitimación, art. 382 TRLC: La legitimación activa para oponerse a la aprobación judicial del convenio corresponde a quienes no se hubieran adherido a la propuesta, así como a la administración concursal

IV.– Sobre los motivos de oposición, art. 383 TRLC: La oposición solo podrá fundarse en los siguientes motivos: 1.° En la infracción de las normas que esta ley establece sobre el contenido del convenio. 2.° En la infracción de las normas que esta ley establece sobre la forma y el contenido de las adhesiones cuando las adhesiones en que se hubiera producido esa infracción hubieran sido decisivas para la aceptación de una propuesta de convenio. 3.° En la adhesión a la propuesta por quien o quienes no fueren titulares legítimos de los créditos, o en la obtención de las adhesiones mediante maniobras que afecten a la paridad de trato entre los acreedores ordinarios, cuando esas adhesiones hubieran sido decisivas para la aceptación de una propuesta de convenio. 4.° En el error en la proclamación del resultado de las adhesiones. 5.° En caso de propuesta de convenio presentada por acreedores, en la falta de aceptación de esa propuesta por el deudor. 6.° En caso de que quien formule oposición podría obtener en la liquidación de la masa activa una cuota de satisfacción en cualquiera de los créditos de que fuera titular superior a la que obtendría con el cumplimiento del convenio. A estos efectos se comparará el valor de lo que habría de obtener conforme al convenio con el valor de lo que pueda razonablemente presumirse que recibiría en caso de que la liquidación de la masa activa se realizase dentro de los dos años a partir de la fecha en que finalice el plazo para oponerse a la aprobación judicial del convenio.

Y artículo 384 TRLC: Los acreedores legitimados para formular oposición a la aprobación judicial del convenio que, individualmente o agrupados, sean titulares, al menos, del cinco por ciento de los créditos ordinarios y la administración concursal podrán oponerse, además, a la aprobación judicial del convenio cuando el cumplimiento de este sea objetivamente inviable.

V.– Sobre el plazo de oposición, art. 385 TRLC: La oposición a la aprobación judicial del convenio deberá presentarse en el plazo de diez días, contados desde el siguiente a la fecha de proclamación del resultado por el Letrado de la Administración de Justicia.

VI.– Sobre la adhesión u aceptación a la propuesta de convenio. Vid. arts. 351 y ss. TRLC.

VII.– Art. 376 TRLC sobre las mayorías necesarias para la aceptación de la propuesta de convenio.

Y art. 377 TRLC sobre las reglas de computo del pasivo ordinario.

VIII.– Sobre la sentencia estimatoria de la oposición, art. 391 TRLC: la sentencia que estime la oposición declarará rechazado el convenio. Contra la misma podrá interponerse recurso de apelación

IX.– Han de imponerse a la demandada en virtud del principio objetivo de vencimiento, de conformidad con lo establecido en el artículo 394 LEC y 542 TRLC.

En su virtud,

SUPLICO AL JUZGADO que teniendo por presentado este escrito, junto con sus documentos y copias de todo ello, se sirva admitirlos, teniéndome por personado y parte en la representación acreditada de........... y, por formulada DEMANDA INCIDENTAL DE OPOSICIÓN AL CONVENIO POR DEFECTO EN LA CONSTITUCIÓN DE LA JUNTA DE ACREEDORES de fecha........... de........... de..........., dictándose en su día, previa la pertinente tramitación, sentencia por la que se acuerde tener por rechazado el convenio y se declare la apertura de la fase de liquidación, con todos los efectos inherentes a la misma., y todo ello con expresa imposición de costas a las personas que comparezcan y se opongan a la demanda.

Es Justicia que pido en..........., a........... de........... de...........

OTROSÍ DIGO: Se solicita de este Juzgado la celebración de vista en el presente incidente de conformidad con lo dispuesto en el art. 540 TRLC.

En su virtud,

SUPLICO AL JUZGADO que tenga por efectuada la anterior manifestación, se sirva admitirla, y acordar en el sentido anteriormente expuesto, citando a las partes para la oportuna vista.

Es Justicia que nuevamente se SUPLICA en el lugar y fecha reseñados "ut supra".

OTROSÍ DIGO: Que interesa a esta parte el recibimiento del pleito a prueba y en este sentido, esta parte manifiesta los medios de prueba de los que intenta valerse en el presente incidente:...........

En su virtud,

SUPLICO AL JUZGADO que tenga por efectuada la anterior manifestación, se sirva admitirla, y tener por manifestados los medios de prueba de los que intenta valerse esta parte, y previos los oportunos trámites, declare los mismos pertinentes, acordando cuanto proceda en derecho para su práctica.

Es Justicia que nuevamente se SUPLICA en el lugar y fecha reseñados "ut supra".

F631. DEMANDA INCIDENTAL DE OPOSICIÓN A LA APROBACIÓN DEL CONVENIO POR OBTENER CUOTA DE LIQUIDACIÓN SUPERIOR

Normativa de aplicación: *Arts. 315 y ss. Real Decreto Legislativo 1/2020, de 5 de mayo, por el que se aprueba el texto refundido de la Ley Concursal*

JUZGADO DE LO MERCANTIL Nº........... DE...........

..........., Procurador de los Tribunales actuando en nombre y representación de........... según consta debidamente acreditado en los autos de Concurso Voluntario nº..........., seguidos a instancia de la concursada "...........", ante el Juzgado comparezco, bajo la dirección técnica de D..........., abogado del Iltre. Colegio de..........., número de colegiado..........., con despacho profesional en..........., Nº..........., Pta..........., C.P..........., y como mejor proceda en Derecho DIGO:

Que por la presente, y siguiendo las expresas instrucciones de mi representado, formulo DEMANDA INCIDENTAL DE OPOSICIÓN AL CONVENIO POR POSIBILIDAD DE OBTENER EN LA LIQUIDACIÓN CUOTA DE LIQUIDACIÓN SUPERIOR.

La presente demanda se presenta contra la mercantil concursada "..........." y demás interesados en la efectividad del convenio, y ello en base a los siguientes:

HECHOS

PRIMERO.– Mi representado ostenta, según consta debidamente en la lista de acreedores del presente expediente concursal nº..........., el siguiente crédito ordinario:...........

SEGUNDO.– Que en fecha........... de........... de..........., por la concursada se presentó propuesta de convenio en el presente expediente de concurso voluntario ordinario núm. de autos........... A la misma acompaño el oportuno plan de viabilidad y plan de pagos.

TERCERO.– Que la citada propuesta de convenio y documentación reseñada, fue admitida a tramite mediante auto de fecha ...., evaluándose todos ello por la administración concursal, mediante escrito de fecha ....

CUARTO.– Que los acreedores han podido adherirse u oponerse a la propuesta de convenio reseñada hasta el día .... Igualmente, el plazo para revocación de adhesiones finalizo el día ....

QUINTO.– Que al siguiente día hábil a que se refiere el art. 361 TRLC, la Administración Concursal formulo escrito en el que hizo constar el resultado de las adhesiones u oposiciones a la propuesta e convenio reseñada y acompaño la documentación que se reseña en el referido articulo del TRLC

SEXTO.– Que del citado escrito resulta que sean adherido al citado convenio acreedores que suponen el........... del pasivo ordinario. Por el contrario, se han opuesto al citado convenio, acreedores que suponen el........... del pasivo ordinario. Mis mandantes no se adhirieron a la propuesta.

SÉPTIMO.– En fecha ....se dicto por el Sr. Letrado de la Administración de Justicia, dicto decreto por el que tuvo "por alcanzada la mayoría legalmente exigida en la propuesta de convenio presentada por la concursada, convenio este que se somete a la aprobación del Juez, haciéndose saber el derecho de los legitimados a oponerse a la aprobación judicial del convenio."

En consecuencia, la presente impugnación se formaliza dentro del plazo legal de diez días previsto en el art. 385 TRLC

OCTAVO.– En virtud de todo lo anteriormente expuesto, mi representado se encuentra legitimado conforme a Ley para oponerse a la aprobación del convenio pues podría obtener en la liquidación de la masa activa una cuota de satisfacción en cualquiera de los créditos de que fuera titular superior a la que obtendría con el cumplimiento del convenio alcanzado en estas actuaciones (art. 383.6° TRLC).

Así resulta de la comparación entre valor de lo que habría de obtener conforme al convenio con el valor de lo que pueda razonablemente presumirse que recibiría en caso de que la liquidación de la masa activa se realizase dentro de los dos años a partir de la fecha en que finalice el plazo para oponerse a la aprobación judicial del convenio. Ello en los siguientes términos: ....

NOVENO.– Acreditando todos lo anterior, se acompaña la siguiente DOCUMENTACIÓN señalada de números ....a ....:

....

Y también, como DOCUMENTO ...., dictamen pericial elaborado por el experto D..........., quien concluye sin margen racional de duda, que mi mandante podría obtener en la liquidación de la masa activa una cuota de satisfacción en cualquiera de los créditos de que fuera titular superior a la que obtendría con el cumplimiento del convenio. Ello atendiendo a los parámetros del art. 383.6° TRLC.

A los anteriores hechos le son de aplicación los siguientes,

FUNDAMENTOS DE DERECHO

I.– Es competente para conocer de la presente oposición el Juez del concurso ex art. 44, 45 y 52 TRLC.

II.– Esta demanda se tramitara por los cauces del incidente concursal (arts. 386 y 532 y ss. TRLC),

III.– Sobre la legitimación, art. 382 TRLC: La legitimación activa para oponerse a la aprobación judicial del convenio corresponde a quienes no se hubieran adherido a la propuesta, así como a la administración concursal

IV.– Sobre los motivos de oposición, art. 383 TRLC: La oposición solo podrá fundarse en los siguientes motivos: 1.° En la infracción de las normas que esta ley establece sobre el contenido del convenio. 2.° En la infracción de las normas que esta ley establece sobre la forma y el contenido de las adhesiones cuando las adhesiones en que se hubiera producido esa infracción hubieran sido decisivas para la aceptación de una propuesta de convenio. 3.° En la adhesión a la propuesta por quien o quienes no fueren titulares legítimos de los créditos, o en la obtención de las adhesiones mediante maniobras que afecten a la paridad de trato entre los acreedores ordinarios, cuando esas adhesiones hubieran sido decisivas para la aceptación de una propuesta de convenio. 4.° En el error en la proclamación del resultado de las adhesiones. 5.° En caso de propuesta de convenio presentada por acreedores, en la falta de aceptación de esa propuesta por el deudor. 6.° En caso de que quien formule oposición podría obtener en la liquidación de la masa activa una cuota de satisfacción en cualquiera de los créditos de que fuera titular superior a la que obtendría con el cumplimiento del convenio. A estos efectos se comparará el valor de lo que habría de obtener conforme al convenio con el valor de lo que pueda razonablemente presumirse que recibiría en caso de que la liquidación de la masa activa se realizase dentro de los dos años a partir de la fecha en que finalice el plazo para oponerse a la aprobación judicial del convenio.

Y artículo 384 TRLC: Los acreedores legitimados para formular oposición a la aprobación judicial del convenio que, individualmente o agrupados, sean titulares, al menos, del cinco por ciento de los créditos ordinarios y la administración concursal podrán oponerse, además, a la aprobación judicial del convenio cuando el cumplimiento de este sea objetivamente inviable.

V.– Sobre el plazo de oposición, art. 385 TRLC: La oposición a la aprobación judicial del convenio deberá presentarse en el plazo de diez días, contados desde el siguiente a la fecha de proclamación del resultado por el Letrado de la Administración de Justicia.

VI.– Sobre la sentencia estimatoria de la oposición, art. 391 TRLC: la sentencia que estime la oposición declarará rechazado el convenio. Contra la misma podrá interponerse recurso de apelación

VIII.– Han de imponerse a la demandada en virtud del principio objetivo de vencimiento, de conformidad con lo establecido en el artículo 394 LEC y 542 TRLC.

En su virtud,

SUPLICO AL JUZGADO que teniendo por presentado este escrito, junto con sus documentos y copias de todo ello, se sirva admitirlos, teniéndome por personado y parte en la representación acreditada de........... y, por formulada DEMANDA INCIDENTAL DE OPOSICIÓN AL CONVENIO BASADA EN EL MOTIVO DEL ART. 383.6° TRLC, de fecha........... de........... de..........., dictándose en su día, previa la pertinente tramitación, sentencia por la que se acuerde tener por rechazado el convenio y se declare la apertura de la fase de liquidación, con todos los efectos inherentes a la misma, y cuanto demás proceda en derecho, todo ello con expresa imposición de costas a las personas que comparezcan y se opongan a la demanda.

Es Justicia que pido en..........., a........... de........... de...........

OTROSÍ DIGO: Se solicita de este Juzgado la celebración de vista en el presente incidente de conformidad con lo dispuesto en el art. 540 TRLC.

En su virtud,

SUPLICO AL JUZGADO que tenga por efectuada la anterior manifestación, se sirva admitirla, y acordar en el sentido anteriormente expuesto, citando a las partes para la oportuna vista.

Es Justicia que nuevamente se SUPLICA en el lugar y fecha reseñados "ut supra".

OTROSÍ DIGO: Que interesa a esta parte el recibimiento del pleito a prueba y en este sentido, esta parte manifiesta los medios de prueba de los que intenta valerse en el presente incidente:...........

En su virtud,

SUPLICO AL JUZGADO que tenga por efectuada la anterior manifestación, se sirva admitirla, y tener por manifestados los medios de prueba de los que intenta valerse esta parte, y previos los oportunos trámites, declare los mismos pertinentes, acordando cuanto proceda en derecho para su práctica.

Es Justicia que nuevamente se SUPLICA en el lugar y fecha reseñados "ut supra".

F632. SENTENCIA APROBANDO EL CONVENIO ACEPTADO POR LOS ACREEDORES

Normativa de aplicación: *Arts. 315 y ss. Real Decreto Legislativo 1/2020, de 5 de mayo, por el que se aprueba el texto refundido de la Ley Concursal*

JUZGADO DE LO MERCANTIL Nº........... DE...........

SENTENCIA

En..........., a........... de........... de...........

El Ilmo. Sr. D, MAGISTRADO-JUEZ del Juzgado de los Mercantil nº........... de..........., habiendo visto los presentes autos de Concurso Voluntario nº..........., seguidos a instancia de la concursada "...........", representada por la Procuradora Dª..........., y asistida del Letrado D..........., sobre aprobación de propuesta de convenio presentada por la entidad concursada.

ANTECEDENTES DE HECHO

PRIMERO.– Que en fecha........... de........... de..........., por la concursada se presentó propuesta de convenio en el presente expediente de concurso voluntario núm. de autos........... A la misma acompaño el oportuno plan de viabilidad y plan de pagos.

SEGUNDO.– Que la citada propuesta de convenio y documentación reseñada, fue admitida a tramite mediante auto de fecha ...., evaluándose todos ello por la administración concursal, mediante escrito de fecha ....

TERCERO.– Que los acreedores han podido adherirse u oponerse a la propuesta de convenio reseñada hasta el día .... Igualmente, el plazo para revocación de adhesiones finalizo el día ....

CUARTO.– Que al siguiente día hábil a que se refiere el art. 361 TRLC, la Administración Concursal formulo escrito en el que hizo constar el resultado de las adhesiones u oposiciones a la propuesta e convenio reseñada y acompaño la documentación que se reseña en el referido articulo del TRLC

QUINTO.– Que del citado escrito resulta que sean adherido al citado convenio acreedores que suponen el........... del pasivo ordinario. Por el contrario, se han opuesto al citado convenio, acreedores que suponen el........... del pasivo ordinario.

SEXTO.– En fecha ....se dicto por el Sr. Letrado de la Administración de Justicia, dicto decreto por el que tuvo "por alcanzada la mayoría legalmente exigida en la propuesta de convenio presentada por la concursada, convenio este que se somete a la aprobación del Juez, haciéndose saber el derecho de los legitimados a oponerse a la aprobación judicial del convenio."

SÉPTIMO.– En el presente procedimiento se han cumplido todas las prescripciones legales.

FUNDAMENTOS DE DERECHO

PRIMERO.– Conforme señala el art. 381 TRLC, Si la propuesta de convenio hubiera obtenido la aceptación de los acreedores con las mayorías del pasivo concursal exigidas por la ley, el Letrado de la Administración de Justicia, en el mismo día de la proclamación del resultado o en el siguiente hábil, someterá el convenio aceptado a la aprobación del juez

Dispone el art. 389 TRLC que dentro de los cinco días siguientes al del vencimiento del plazo para oponerse a la aprobación, sin que se hubiere formulado oposición, o dentro del plazo de diez días una vez tramitado el incidente, si se hubiera formulado, el juez dictará sentencia aprobando o rechazando el convenio, en la que el juez deberá incluir íntegramente el convenio aprobado.

SEGUNDO.– Dado que ha transcurrido el plazo legal, y que no se aprecian los defectos y vicios recogidos por la Ley que imponen al Juez del concurso el rechazo de oficio del convenio aceptado, es por lo que procede aprobar la propuesta de convenio, sin perjuicio de los efectos que ello conlleva.

TERCERO.– Conforme al art. 393.1 TRLC, el convenio adquirirá eficacia desde la fecha de la sentencia que lo apruebe. Sin perjuicio de ello, por razón del contenido del convenio, podrá acordar, de oficio o a instancia de parte, retrasar esa eficacia a la fecha en que la sentencia de aprobación alcance firmeza. El retraso de la eficacia del convenio podrá acordarse con carácter parcial (art. 393.2 TRLC).

Desde la eficacia del convenio cesarán todos los efectos de la declaración de concurso, que quedarán sustituidos por los que, en su caso, se establezcan en el propio convenio. Los deberes de colaboración e información subsistirán hasta la conclusión del procedimiento.

Igualmente, desde la eficacia del convenio cesará la administración concursal, que rendirá cuentas de su actuación ante el juez del concurso dentro del plazo que este señale. No obstante el cese, la administración concursal conservará plena legitimación para continuar los incidentes en curso así como para actuar en la sección sexta, con facultades para solicitar la ejecución provisional o definitiva de las sentencias que se dicten en esos incidentes y de la sentencia de calificación.

CUARTO.– En cuanto a la extensión necesario del convenio, art. 396 TRLC, El contenido del convenio vinculará al deudor y a los acreedores ordinarios y subordinados, respecto de los créditos de cualquiera de estas clases que fuesen anteriores a la declaración de concurso, aunque no se hubieran adherido a la propuesta de convenio o aunque, por cualquier causa, no hubiesen sido reconocidos.

Los acreedores subordinados quedarán afectados por las mismas quitas y esperas establecidas en el convenio para los ordinarios, pero cada uno de los plazos anuales de espera establecidos para los créditos ordinarios se computarán como plazos trimestrales de espera para los créditos subordinados desde el íntegro cumplimiento del convenio respecto de los primeros sin que la totalidad de la espera desde el comienzo del cumplimiento del convenio pueda ser superior a diez años para todos los acreedores. Quedan a salvo los efectos que pueda producir el ejercicio de la facultad de elección por los acreedores subordinados.

Respecto a los créditos privilegiados, art. 397 TRLC, los acreedores privilegiados quedarán vinculados al convenio aprobado por el juez si hubieren sido autores de la propuesta o si se hubieran adherido a ella, salvo que hubieran revocado la adhesión, así como si se adhieren en forma al convenio ya aceptado por los acreedores o aprobado por el juez antes de la declaración judicial de su cumplimiento.

Sin perjuicio de lo dispuesto en el apartado anterior, los acreedores privilegiados quedarán también vinculados al convenio cuando, dentro de la misma clase a la que pertenezcan, se hubieran obtenido las siguientes mayorías: 1° El sesenta por ciento del importe de los créditos privilegiados de la misma de la clase, cuando el convenio consista en el pago íntegro de los créditos en plazo no superior a tres años o en el pago inmediato de los créditos vencidos con quita inferior al veinte por ciento; o cuando contenga quitas iguales o inferiores a la mitad del importe del crédito; esperas, ya sean de principal, de intereses o de cualquier otra cantidad adeudada, con un plazo no superior a cinco años; o, en el caso de acreedores distintos de los públicos o los laborales, la conversión de los créditos en créditos participativos durante el mismo plazo.v2° El setenta y cinco por ciento del importe de los créditos privilegiados de la misma clase, en los convenios que tuvieran otro contenido.

En el caso de acreedores con privilegio especial, el cómputo de las mayorías se hará en función de la proporción de las garantías aceptantes sobre el valor total de las garantías otorgadas dentro de cada clase. En el caso de los acreedores con privilegio general, el cómputo se realizará en función del pasivo aceptante sobre el total del pasivo que se beneficie de privilegio general dentro de cada clase.

QUINTO.– Por otro lado, art. 398 TRLC, los créditos ordinarios y los créditos subordinados quedarán extinguidos en la parte a que alcance la quita, aplazados en su exigibilidad por el tiempo de espera y, en general, afectados por el contenido del convenio. La misma regla será de aplicación a aquellos créditos privilegiados a los que se extienda la eficacia del convenio.

Y, art. 399 TRLC, el convenio no producirá efectos respecto de los derechos de los acreedores frente a los obligados solidarios con el concursado ni frente a los fiadores o avalistas, salvo que esos acreedores hubiesen sido autores de la propuesta, se hubieran adherido a ella, salvo que hubieran revocado la adhesión, o hubieran votado a favor de la misma. Los obligados solidarios, los fiadores y los avalistas no podrán invocar la aprobación del convenio ni el contenido de este en perjuicio de aquellos.

La responsabilidad de los obligados solidarios, fiadores o avalistas del concursado frente a los acreedores que hubiesen sido autores de la propuesta, se hubieran adherido a ella, salvo que hubieran revocado la adhesión, o hubieran votado a favor de la misma se regirá por los pactos que sobre el particular hubieran establecido y, en su defecto, por las normas legales aplicables a la obligación que hubieren contraído.

QUINTO.– Con periodicidad semestral, contada desde la fecha de eficacia total o parcial de la sentencia aprobatoria del convenio, el concursado informará al juez del concurso acerca de su cumplimiento (art. 400 TRLC), asimismo vendrá obligado a presentar un informe, al Juez del Concurso, una vez que estime íntegramente cumplido el convenio en los términos del art. 401 TRLC.

SEXTO.– Procédase a dar a la presente sentencia por la que se apruebe el convenio la publicidad prevista en los artículos 35 a 37 TRLC para el auto de declaración de concurso (art. 390 TRLC).

SÉPTIMO.– Finalmente ábrase la sección sexta de calificación.

Vistos los preceptos legales y demás de pertinente aplicación.

FALLO

Que DEBO APROBAR Y APRUEBO la propuesta de convenio presentada en el presente expediente de concurso voluntario por la Procuradora Dª..........., en nombre y representación de "..........." y que fue admitida a tramite mediante auto de fecha ...., produciendo efectos desde la fecha de la presente sentencia. Cesan los efectos recogidos en el auto de declaración de concurso se verán sustituidos por los del convenio.

La Administración Concursal cesa en su cargo sin perjuicio de lo establecido para la sección de calificación, tras la cual, deberán rendir cuentas ante este mismo Juzgado en el plazo de quince días. El informe de rendición de cuentas será remitido mediante comunicación telemática a los acreedores de cuya dirección electrónica se tenga conocimiento por la Administración Concursal y se le dará la publicidad legal.

El convenio vinculará al deudor y los acreedores concursales en los términos del art. 396 y 397 TRLC

Subsisten los derechos frente a los obligados solidariamente con el concursado y frente a sus fiadores o avalistas, quienes no podrán invocar ni la aprobación ni los efectos del convenio en perjuicio de aquéllos, respecto de los acreedores que no hubiesen votado a favor del convenio. Ello en los términos del art. 399 TRLC

Se impone a los concursados la obligación de presentar semestralmente informe acerca del cumplimiento de los términos del convenio, así uno final, cuando se entiendan cumplimentados los pactos alcanzados.

Procédase a dar a la presente sentencia por la que se apruebe el convenio la publicidad prevista para el auto de declaración de concurso, librándose los oportunos edictos que, en su caso, serán remitidos por medios electrónicos o telemáticos. Insértese en el Registro Público Concursal.

Fórmese la sección sexta de calificación del concurso, que se encabezará con testimonio de esta resolución y del auto de declaración del concurso.

Notifíquese a las partes y hágales saber que contra la misma, cabe recurso de apelación que se tramitará con carácter preferente y en la forma prevista para las apelaciones de sentencias dictadas en juicio ordinario.

De conformidad con lo establecido en la Disposición Adicional 15° LOPJ (según la redacción dada por la LO 1/09), la interposición de recurso contra resoluciones judiciales, no podrá ser admitida a trámite sin la acreditación del depósito previsto en la citada Ley a efectos de recurrir, debiendo presentarse copia o resguardo de tal depósito en las cuenta de consignaciones de este Juzgado.

Así lo acuerda, manda y firma D............, Magistrado Juez del Juzgado de lo Mercantil número............ de esta localidad.

Líbrese y únase certificación de esta resolución a las actuaciones, con inclusión del original en el Libro de Sentencias.

Leída y publicada fue la anterior sentencia por el Sr. Juez que la dicto estando celebrado en audiencia pública, el mismo día de su pronunciamiento, ante mí doy fe.

F633. AUTO RECHAZANDO DE OFICIO EL CONVENIO ACEPTADO POR LOS ACREEDORES

Normativa de aplicación: *Arts. 315 y ss. Real Decreto Legislativo 1/2020, de 5 de mayo, por el que se aprueba el texto refundido de la Ley Concursal*

AUTO

En..........., a........... de........... de...........

ANTECEDENTES DE HECHO

PRIMERO.– Que en fecha........... de........... de..........., por la concursada se presentó propuesta de convenio en el presente expediente de concurso voluntario núm. de autos........... A la misma acompaño el oportuno plan de viabilidad y plan de pagos.

SEGUNDO.– Que la citada propuesta de convenio y documentación reseñada, fue admitida a tramite mediante auto de fecha ...., evaluándose todos ello por la administración concursal, mediante escrito de fecha ....

TERCERO.– Que los acreedores han podido adherirse u oponerse a la propuesta de convenio reseñada hasta el día .... Igualmente, el plazo para revocación de adhesiones finalizo el día ....

CUARTO.– Que al siguiente día hábil a que se refiere el art. 361 TRLC, la Administración Concursal formulo escrito en el que hizo constar el resultado de las adhesiones u oposiciones a la propuesta e convenio reseñada y acompaño la documentación que se reseña en el referido articulo del TRLC

QUINTO.– Que del citado escrito resulta que sean adherido al citado convenio acreedores que suponen el........... del pasivo ordinario. Por el contrario, se han opuesto al citado convenio, acreedores que suponen el........... del pasivo ordinario.

SEXTO.– En fecha ....se dicto por el Sr. Letrado de la Administración de Justicia, decreto por el que tuvo "por alcanzada la mayoría legalmente exigida en la propuesta de convenio presentada por la concursada, convenio este que se somete a la aprobación del Juez, haciéndose saber el derecho de los legitimados a oponerse a la aprobación judicial del convenio."

SÉPTIMO.– No se ha presentado oposición alguna a la aprobación judicial del convenio.

OCTAVO.– En el presente procedimiento se han cumplido todas las prescripciones legales.

FUNDAMENTOS DE DERECHO

PRIMERO.– Señala el art. 381 TRLC que si la propuesta de convenio hubiera obtenido la aceptación de los acreedores con las mayorías del pasivo concursal exigidas por la ley, el Letrado de la Administración de Justicia, en el mismo día de la proclamación del resultado o en el siguiente hábil, someterá el convenio aceptado a la aprobación del juez

SEGUNDO.– Por otro lado, conforme señala el art. 392 TRLC El juez rechazará de oficio el convenio aceptado por los acreedores si apreciare la existencia de motivo de oposición, aunque esta no hubiera sido presentada o lo hubiera sido por motivo distinto a aquel en que se fundamente el rechazo

A la vista de todo ello y demás normativa de aplicación,

DISPONGO

RECHAZAR DE OFICIO la propuesta de convenio presentada en el presente expediente de concurso voluntario por la Procuradora Dª..........., en nombre y representación de "..........." aceptada por los acreedores y proclamada por el Letrado de la Administración de Justicia por concurrir el motivo de oposición reseñado en el art, ... TRLC.

Como consecuencia de ello, y a la vista del art. 409.1.3° TRLC, decretar la apertura de la fase de liquidación en el presente procedimiento de concurso voluntario de .... S.L

Queda en suspenso el ejercicio de las facultades de administración y disposición de la masa activa por el concursado.

Se declara la disolución de la mercantil concursada "...........", lo que conlleva el cese de los administradores societarios, que serán sustituidos a todos los efectos por la administración concursal, sin perjuicio de continuar aquellos en representación de la concursada en el procedimiento concursal y en los incidentes en los que sea parte.

Procede el vencimiento anticipado de los créditos concursales aplazados y la conversión en dinero de los créditos realizables.

Requiérase a la administración concursal para que informe a este Juzgado, en el plazo máximo de 10 días naturales a contar desde la notificación de la presente, en orden al establecimiento de reglas especiales de liquidación. Y con el resultado, se acordará lo procedente.

Dese a la presente resolución rechazando de oficio el convenio aprobado en la Junta de........... de........... de..........., la oportuna publicidad en los términos de los arts. 35 a 37 TRLC expidiéndose los oportunos edictos y mandamientos. Insértese en el Registro Público Concursal. Todo los cual se tramitará por medios electrónicos o telemáticos.

Notifíquese a las partes y hágales saber que contra la misma cabe recurso de apelación en el plazo de veinte días siguientes a la notificación de la presente.

De conformidad con lo establecido en la Disposición Adicional 15° LOPJ (según la redacción dada por la LO 1/09), la interposición de recurso contra resoluciones judiciales, no podrá ser admitida a trámite sin la acreditación del depósito previsto en la citada Ley a efectos de recurrir, debiendo presentarse copia o resguardo de tal depósito en la cuenta de consignaciones de este Juzgado.

Así lo acuerda, manda y firma D..........., Magistrado Juez del Juzgado

F634. ACTA DE JUNTA GENERAL SOBRE AUMENTO DE CAPITAL TRAS LA APROBACIÓN DE CONVENIO CONCURSAL QUE PREVEÍA CAPITALIZACIÓN DE DEUDA

Normativa de aplicación: *Arts. 315 y ss. Real Decreto Legislativo 1/2020, de 5 de mayo, por el que se aprueba el texto refundido de la Ley Concursal*

ACTA DE LA JUNTA GENERAL EXTRAORDINARIA DE SOCIOS DE LA SOCIEDAD..........., S.L.

FECHA Y LUGAR DE CELEBRACIÓN: El día........... de........... de..........., a las........... horas, en el domicilio social, sito en..........., Avenida..........., núm. ....

CIRCUNSTANCIAS DE LA CONVOCATORIA:

Fecha:...........

Modo: Mediante anuncio publicado en el Boletín Oficial del Estado nº........... y en el Diario..........., ambos en fecha...........

TEXTO ÍNTEGRO:

"Se convoca a los Socios a la celebración de Junta General Extraordinaria de........... S.L., el día..........., a las........... horas, en el domicilio social sito en...........), Avenida..........., número..........., con el fin de deliberar y, en su caso, adoptar acuerdos sobre los siguientes puntos del orden del día:

Orden del día

Primero.– Convenio de acreedores de........... Aumento de capital en la cantidad de...........euros, mediante compensación de créditos contra la sociedad y la creación de........... nuevas participaciones sociales acumulables e indivisibles con un valor nominal, cada una de ellas, de...........euros, y numeradas del número........... a..........., ambos inclusive. Modificación del art. 5 de los Estatutos Sociales.

Dando cumplimiento a lo prevenido en el artículo 287 TRLSC, se hace constar el derecho que corresponde a todos los socios de examinar, en el domicilio social, el texto íntegro de la modificación propuesta y de pedir la entrega o el envío gratuito de dicho documento.

En........... a........... de........... de........... El administrador único, ..."

LISTA DE ASISTENTES: Asisten los siguientes socios de la compañía:

..........., representado por Don..........., titular de........... participaciones sociales, que suponen el...........% del capital social.

Fdo. ....

.... S.L.U, representada por Doña..........., titular de........... participaciones sociales, que suponen el...........% del capital social.

Fdo. ....

.... S.L., representada por Doña..........., titular de........... participaciones sociales, que suponen el...........% del capital social.

Fdo. ....

Están presentes pues, ... socios, los cuales representan el...........% del capital social por lo que, habiendo quórum suficiente, se declara válidamente constituida la Junta General de socios.

Así mismo, está presente el administrador...........

La Mesa, por decisión de todos los socios, se constituye actuando como Presidenta Doña........... y como Secretario........... Acto seguido, la Presidenta declara válidamente constituida la Junta y abierta la misma, se inician las deliberaciones, tras las cuales y sin que ninguno de los asistentes haya solicitado que conste en acta su intervención, se adoptan por UNANIMIDAD (ALTERNATIVA: por MAYORÍA, con el voto favorable del............. por ciento del capital social, y en contra por el.............por ciento del capital social, haciéndose constar que de conformidad con lo dispuesto en el artículo 328 TRLC no es de aplicación la mayoría reforzada establecida por la ley o los estatutos sociales) los siguientes acuerdos, que son proclamados por el Presidente:

PRIMERO.– APROBACIÓN Y RATIFICACIÓN DEL CONVENIO DE ACREEDORES DE........... S.L.

Aprobar y ratificar en cuanto sea menester, de forma integra, el convenio aceptado en el concurso número de autos........... de la sociedad........... S.L., aprobado por sentencia dictada por el Juzgado de lo Mercantil número........... de..........., de fecha...........de........... de...........

SEGUNDO.– AUMENTO DE CAPITAL SOCIAL MEDIANTE COMPENSACIÓN DE CRÉDITOS.

Proceder al aumento del capital social en la cantidad de...........euros, mediante la creación de........... participaciones sociales, acumulables e indivisibles, de........... de valor nominal cada una de ellas, número........... al..........., ambos inclusive, que no podrán incorporarse a títulos negociables ni denominarse acciones.

El aumento de capital se lleva a cabo por compensación de los siguientes créditos que ostentan frente a la sociedad las siguientes compañías:

I.– .... S.L., domiciliada en..........., calle..........., inscrita en el Registro Mercantil de..........., al Tomo..........., folio..........., hoja..........., con CIF número..........., quien, en ese acto, asume........... participaciones sociales de nueva creación, números de la........... a..........., por un valor nominal conjunto de...........euros, siendo el contravalor de tales participaciones sociales, la compensación del crédito, totalmente líquido, vencido y exigible (ALTERNATIVA: crédito no que no es vencido, líquido y exigible, aunque de conformidad con el art. 328.1 TRLC ello no empece a efectos de la compensación y aumento de capital llevado a cabo) que ostenta frente a..........., por el concepto de crédito convenio de acreedores de fecha...........

II.– .... S.L., domiciliada en..........., calle..........., inscrita en el Registro Mercantil de..........., al Tomo..........., folio..........., hoja..........., con CIF número..........., quien, en ese acto, asume........... participaciones sociales de nueva creación, números de la........... a..........., por un valor nominal conjunto de...........euros, siendo el contravalor de tales participaciones sociales, la compensación del crédito, totalmente líquido, vencido y exigible (ALTERNATIVA: crédito no que no es vencido, líquido y exigible, aunque de conformidad con el art. 328.1 TRLC ello no empece a efectos de la compensación y aumento de capital llevado a cabo) que ostenta frente a..........., por el concepto de crédito convenio de acreedores de fecha...........

Tras la compensación aquí acordada, el importe de los créditos arriba reseñados se destinan a la cuenta de capital social. Y siendo el importe de los créditos objeto de compensación equivalente al valor del aumento de capital, se hace constar la total extinción por COMPENSACIÓN de los créditos aportados.

Queda el capital social íntegramente asumido y desembolsado.

Se hace constar que la totalidad de los acreedores anteriormente reseñados, tanto individualmente como de manera conjunta, han prestado su consentimiento a la compensación de créditos y aumento de capital social anteriormente reseñados.

También se hace constar que a la vista de lo dispuesto en el art. 304.1 del Texto Refundido de la Ley de Sociedades de capital y la Doctrina sentada por la Dirección General de los Registros y del Notariado en Resoluciones tales como las de fecha 4 de febrero de 2012 (BOE núm. 52, de 1 de marzo) o 6 de febrero de 2012 (BOE núm. 52, de 1 de marzo) los socios carecen de derecho de asunción preferente de las nuevas participaciones sociales al ser la contraprestación de las mismas la compensación de créditos. En cualquier caso, todos los socios de........... S.L. prestaron con anterioridad a la presente Junta General Extraordinaria objeto de la presente certificación, su conformidad con el aumento de capital aquí acordado. Se deja constancia que el presente aumento de capital le es de aplicación lo dispuesto en el art. 399 bis TRLC.

TERCERO.– NUEVA REDACCIÓN DEL ART. 5 DE LOS ESTATUTOS SOCIALES COMO CONSECUENCIA DEL AUMENTO DE CAPITAL SOCIAL ACORDADO.

Como consecuencia del acuerdo que precede se procede a dar nueva redacción al artículo 5 de los Estatutos Sociales con el siguiente tenor literal:

> "Artículo 5°. Capital Social: El capital social asciende a la suma de........... euros, dividido en........... (...........) participaciones sociales, números........... a..........., ambos inclusive, de...........euros de valor nominal cada una, acumulables e indivisibles. El capital social está íntegramente suscrito y desembolsado".

CUARTO.– FACULTAD PARA ELEVAR A PÚBLICO

Facultar al Órgano de Administración para que, pueda comparecer ante Notario y elevar a público los presentes acuerdos, otorgando para ello las escrituras públicas correspondientes (incluso de subsanación, aclaración o rectificación), así como para realizar cuantas actuaciones sean precisas o convenientes para la plena eficacia de los acuerdos.

Y no habiendo más asuntos que tratar, se procede a dar lectura al acta y encontrándola conforme todos los asistentes, la Presidenta la declarada aprobada, tras lo cual se levanta la sesión a las........... horas.

EL SECRETARIO V° B° PRESIDENTA

D°........... D^a...........

F635. AUMENTO DE CAPITAL POR LOS ADMINISTRADORES SOCIALES Y COMPENSACIÓN DE CRÉDITOS TRAS APROBACIÓN DE CONVENIO CONCURSAL QUE PREVEE CAPITALIZACIÓN DE DEUDAS. ESCRITURA

Normativa de aplicación: *Arts. 325 y ss. Real Decreto Legislativo 1/2020, de 5 de mayo, por el que se aprueba el texto refundido de la Ley Concursal.*

En la Ciudad de ...., mi residencia, a .... de ....

Ante mí, ..., Notario de la Ciudad y del Ilustre Colegio de ....

COMPARECE

Don ...., mayor de edad, de nacionalidad española, casado, vecino de ...., con domicilio en ...., núm. ...., con DNI/NIF ....

Les identifico por el documento de identidad exhibido y reseñado.

INTERVIENE

Don .... interviene en su calidad de Administrador Único de la sociedad de responsabilidad limitada ...., constituida por tiempo indefinido mediante escritura autorizada por el notario de ...., Don ...., con fecha .... de .... de dos mil ...., número de protocolo .... Domiciliada en ...., calle ...., número .... e inscrita en el Registro Mercantil de la provincia de ...., al tomo ...., general ...., folio ...., hoja ...., inscripción .... CIF .... Constituye su objeto social ....

La compañía ... S.L actualmente se halla declarado en estado de concurso voluntario de acreedores que se tramita ante el Juzgado de la Mercantil num.... de ......, bajo el núm. .... de autos: la declaración de concurso fue acordada por el meritado Juzgado mediante auto de fecha ... de .... de ...., en el que se acordó la conservación por concursado de las facultades de disposición y administración de la masa activa, quedando sometido el régimen de ejercicio de estas a la intervención de la administración concursal, que podrá autorizar o denegar la autorización según tenga por conveniente.

Igualmente en el citado procedimiento concursal ha sido aceptado por los acreedores de la compañía un convenio, que fue aprobado mediante sentencia firme de fecha ..... dictada por el Juzgado de lo mercantil num. ... de .... en los siguientes términos: ....

Y como consecuencia de tal aprobación convenial, cesaron los efectos del concurso, que fueron sustituidos por los del convenio, cesando igualmente de su cargo la Administración Concursal.

Todo ello consta inscrito en el Registro Mercantil de la provincia de ...., al tomo ..., folio ...., hoja num...., inscripción .... Y en el Registro Público Concursal .... En cualquier caso, el compareciente me hace entrega de testimonio de la referida sentencia, con expresión de su firmeza, y de la propuesta de convenio aprobada judicialmente, que yo, notario, incorporo a la presente.

Está legitimado para este otorgamiento en virtud de su expresado cargo de Administrador Único de .... S.L., que afirma vigente, resultando su nombramiento y aceptación de la escritura otorgada con fecha .... de .... de dos mil ...., ante el notario de ...., Doña ...., número de protocolo ...., que causó la inscripción .... en el Registro Mercantil.

Yo, el Notario, hago constar expresamente que he cumplido con la obligación que impone la ley 10/2010, de 28 de abril, cuyo resultado consta en acta autorizada por el Notario de ...., Don ...., el día ...., en cuanto a «........... S.L.», bajo nº .... de protocolo, manifestando no haberse modificado el contenido de la misma.

Tiene a mi juicio, capacidad y legitimación para otorgar esta escritura de AUMENTO DEL CAPITAL SOCIAL y, al efecto, según interviene

EXPONE

I.– Que como se dijo anteriormente, la compañía ... S.L se halla declarado en estado de concurso voluntario de acreedores que se tramita actualmente ante el Juzgado de lo Mercantil núm..... de ......, bajo el núm. .... de autos. La declaración de concurso fue acordada por el meritado Juzgado mediante auto de fecha ... de .... de ....

II.– Igualmente en el citado procedimiento concursal ha sido aceptado por los acreedores de la compañía ...... un convenio, que fue aprobado mediante sentencia de fecha ..... dictada por el Juzgado de lo mercantil núm.. ... de ...., y que contempla un aumento de capital y capitalización de créditos en los siguientes términos: ....

III.– Que no obstante lo anterior, la Junta General de la sociedad, en su reunión del pasado día.. de .... de ..... ha rechazado por unanimidad el citado aumento de capital social, tal y como resulta de la certificación del libro actas de la compañía, del que me hace entrega el compareciente y que yo, el notario, incorporo a la presente.

IV.– Que conforme señala el apartado 1 del art. 399 bis TRLC, si el convenio en que se hubiera previsto la conversión de créditos concursales en acciones o participaciones de la sociedad deudora fuera aprobado por el juez, los administradores de la sociedad estarán facultados para aumentar el capital social en la medida necesaria para la conversión de los créditos, sin necesidad de acuerdo de la junta general de socios. En la suscripción de las nuevas acciones o en la asunción de las nuevas participaciones los socios no tendrán derecho de preferencia.

Continúa el apartado 2 del art. 399 bis TRLC en el sentido que, aunque los estatutos sociales contengan cláusulas limitativas de la libre transmisibilidad de las acciones, las nuevas que se emitan en ejecución del convenio serán libremente transmisibles por actos inter vivos hasta que transcurran diez años a contar desde la inscripción del aumento del capital en el registro mercantil. Las nuevas participaciones sociales que se creen en ejecución del convenio serán libremente transmisibles hasta que transcurran diez años a contar desde la inscripción del aumento del capital en el registro mercantil.

A la vista de todo lo anterior,

OTORGA

PRIMERO.– Que al amparo del art. 399 Bis TRLC, el compareciente, según interviene, y a efectos de la conversión de creditos afectados por el convenio aprobado mediante sentencia de fecha ...., procede al aumento del capital social en la cantidad de........... euros, mediante la creación de........... participaciones sociales, acumulables e indivisibles, de........... de valor nominal cada una de ellas, número........... al..........., ambos inclusive, que no podrán incorporarse a títulos negociables ni denominarse acciones.

El aumento de capital se lleva a cabo por compensación de los siguientes créditos que ostentan frente a la sociedad las siguientes compañías:

I.– .... S.L., domiciliada en..........., calle..........., inscrita en el Registro Mercantil de..........., al Tomo..........., folio..........., hoja..........., con CIF número..........., quien, en ese acto, asume........... participaciones sociales de nueva creación, números de la........... a..........., por un valor nominal conjunto de...........euros, siendo el contravalor de tales participaciones sociales, la compensación del crédito, totalmente líquido, vencido y exigible (ALTERNATIVA: crédito no que no es vencido, líquido y exigible, aunque de conformidad con el art. 328.1 TRLC ello no empece a efectos de la compensación y aumento de capital aquí llevado a cabo) que ostenta frente a..........., por el concepto de crédito convenio de acreedores de fecha...........

II.– .... S.L., domiciliada en..........., calle..........., inscrita en el Registro Mercantil de..........., al Tomo..........., folio..........., hoja..........., con CIF número..........., quien, en ese acto, asume........... participaciones sociales de nueva creación, números de la........... a..........., por un valor nominal conjunto de...........euros, siendo el contravalor de tales participaciones sociales, la compensación del crédito, totalmente líquido, vencido y exigible (ALTERNATIVA: crédito no que no es vencido, líquido y exigible, aunque de conformidad con el art. 328.1 TRLC ello no empece a efectos de la compensación y aumento de capital aquí llevado a cabo) que ostenta frente a..........., por el concepto de crédito convenio de acreedores de fecha...........

III.– ....

Tras la compensación aquí acordada, el importe de los créditos arriba reseñados se destinan a la cuenta de capital social. Y siendo el importe de los créditos objeto de compensación equivalente al valor del aumento de capital, se hace constar la total extinción por COMPENSACIÓN de los créditos aportados.

Queda el capital social íntegramente asumido y desembolsado.

SEGUNDO.– Como consecuencia del aumento de capital que precede se procede a dar nueva redacción al artículo ..... de los Estatutos Sociales con el siguiente tenor literal:

"Artículo .....°. Capital Social: El capital social asciende a la suma de...........euros, dividido en........... (...........) participaciones sociales, números........... a..........., ambos inclusive, de...........euros de valor nominal cada una, acumulables e indivisibles. El capital social está íntegramente suscrito y desembolsado".

TERCERO.– MENCIONES ESPECIALES

I.– Que el presente aumento tiene como base el convenio aceptado por los acreedores de la compañía ...... en el concurso de acreedores de dicha sociedad y que fue aprobado mediante sentencia de fecha ..... dictada por el Juzgado de lo mercantil de ......

II.– De conformidad con lo previsto en el artículo 304 TRLSC no existe derecho de asunción preferente de las nuevas participaciones, al no realizarse el aumento con cargo a aportaciones dinerarias y excluirlo, además, el art. 399 Bis TRLC.

III.– Igualmente, dando cumplimiento a lo establecido en los arts. 198.4. y 199.3 del Reglamento del Registro Mercantil, el otorgante hace constar:

A.– Que el aumento de capital acordado ha sido desembolsado en los términos previstos. Las siguientes personas, cuyas circunstancias constan reseñadas en la referida certificación, asumieron la totalidad de las .... participaciones sociales de nueva creación, indivisibles y acumulables, de .... euros cada una de ellas, numero .... a ...., inclusive, que atribuyen a los socios los mismos derechos y sin perjuicio de lo establecido en el art. 399 Bis TRLC.

B.– Que el contravalor de tales participaciones sociales ha consistido en la compensación del crédito, de los siguientes créditos contraídos por la sociedad y que se reseñan

C.– Que el compareciente me entrega un ejemplar del informe a que se refiere el art. 3, firmado por el administrador único de la compañía, cuya firma legitimo, y que yo el notario, incorporo a esta matriz y pasa a formar parte integrante de la misma, dando cumplimiento así a lo dispuesto en el art. 301.5 TRLSC.

CUARTO.– Se hace constar que al aumento de capital objeto de esta escritura por mi, notario, autorizada, le resulta de aplicación lo dispuesto en el art. 328 y 399 bis TRLC.

QUINTO.– El compareciente hace constar que la titularidad de las nuevas participaciones sociales se ha hecho constar en el libro Registro de Socios de la Compañía.

SEXTO.– Para el supuesto y a los efectos del art. 63 RRM, se solicita la inscripción parcial de esta escritura si no fuera posible la inscripción total de la misma y la extensión de nota, con expresión de las razones de denegación respecto a los extremos no inscritos.

Hago la advertencia de la obligatoriedad de inscripción de esta escritura en el Registro Mercantil.

Protección de datos.– Con relación a los datos de carácter personal que en la presente constan, referidos al compareciente, queda este enterado de que los mismos se incorporan a mis ficheros automatizados, lo que acepta, así como del derecho de oposición, acceso a ellos, rectificación o cancelación de los mismos

OTORGAMIENTO Y AUTORIZACIÓN

Advierto al compareciente de su derecho a leer por si este instrumento al que renuncia. Yo, el notario, además la leo al compareciente, quien la encuentra conforme, otorga y firma conmigo, el notario, que doy fe en cuanto sea procedente de todo lo consignado en este instrumento público, extendido en .... folios de papel exclusivo para documentos notariales, serie, y números el del presente y anteriores en orden.

F636. AUMENTO DE CAPITAL POR COMPENSACIÓN DE CRÉDITOS TRAS APROBACIÓN DE CONVENIO CONCURSAL QUE PREVEE CAPITALIZACIÓN DE DEUDAS. APROBACIÓN JUNTA GENERAL. ESCRITURA (II)

Normativa de aplicación: *Arts. 325 y ss. Real Decreto Legislativo 1/2020, de 5 de mayo, por el que se aprueba el texto refundido de la Ley Concursal.*

En la Ciudad de ...., mi residencia, a .... de ....

Ante mí, ..., Notario de la Ciudad y del Ilustre Colegio de ....

COMPARECE

Don ...., mayor de edad, de nacionalidad española, casado, vecino de ...., con domicilio en ...., núm. ...., con DNI/NIF ....

Les identifico por el documento de identidad exhibido y reseñado.

INTERVIENE

I.– Don .... interviene en su calidad de Administrador Único de la sociedad de responsabilidad limitada ...., constituida por tiempo indefinido mediante escritura autorizada por el notario de ...., Don ...., con fecha .... de .... de dos mil ...., número de protocolo .... Domiciliada en ...., calle ...., número .... e inscrita en el Registro Mercantil de la provincia de ...., al tomo ...., general ...., folio ...., hoja ...., inscripción .... CIF .... Constituye su objeto social ....

La compañía ... S.L actualmente se halla declarado en estado de concurso voluntario de acreedores que se tramita ante el Juzgado de lo Mercantil num.... de ......, bajo el núm. .... de autos: la declaración de concurso fue acordada por el meritado Juzgado mediante auto de fecha ... de .... de ...., en el que se acordó la conservación por concursado de las facultades de disposición y administración de la masa activa, quedando sometido el régimen de ejercicio de estas a la intervención de la administración concursal, que podrá autorizar o denegar la autorización según tenga por conveniente.

Igualmente en el citado procedimiento concursal ha sido aceptado por los acreedores de la compañía ...... un convenio, que fue aprobado mediante sentencia de fecha ..... dictada por el Juzgado de lo mercantil num. ... de .... en los siguientes términos:

....

Y como consecuencia de tal aprobación convenial, cesaron los efectos del concurso, que fueron sustituidos por los del convenio, cesando igualmente de su cargo la Administración Concursal.

Todo ello consta inscrito en el Registro Mercantil de la provincia de ......, al tomo ..., folio ...., hoja num...., inscripción .... Y en el Registro Público Concursal .... En cualquier caso, el compareciente me hace entrega de testimonio de la referida sentencia, con expresión de su firmeza, y de la propuesta de convenio aprobada judicialmente, que yo, notario, incorporo a la presente.

Está legitimado para este otorgamiento en virtud de su expresado cargo de Administrador Único de .... S.L., que afirma vigente, resultando su nombramiento y aceptación de la escritura otorgada con fecha .... de .... de dos mil ...., ante el notario de ...., Doña ...., número de protocolo ...., que causó la inscripción .... en el Registro Mercantil, y, especialmente, por acuerdo de la Junta General celebrada el día .... de ......s...... de dos mil ...., contenido en la certificación que me entrega e incorporo a la presente, expedida por el propio compareciente con el visto bueno del presidente, cuya firma legitimo por haber sido puesta en mi presencia.

Yo, el Notario, hago constar expresamente que he cumplido con la obligación que impone la ley 10/2010, de 28 de abril, cuyo resultado consta en acta autorizada por el Notario de ...., Don ...., el día ...., en cuanto a «........... S.L.», bajo nº .... de protocolo, manifestando no haberse modificado el contenido de la misma.

Tiene a mi juicio, capacidad y legitimación para otorgar esta escritura de ELEVACIÓN A PUBLICO DE ACUERDOS SOCIALES relativos al AUMENTO DEL CAPITAL SOCIAL y, al efecto, según interviene

OTORGA

PRIMERO.– Que Don .... eleva a público los acuerdos adoptados por la Junta General Extraordinaria de la sociedad, en su reunión del día .... de .... de dos mil ...., en los términos que resultan de la certificación incorporada a esta matriz y que se dan por íntegramente reproducida en este lugar para evitar repeticiones, de la que resulta la cuantía en que se ha acordó elevar la cifra del capital social, que el aumento se realizaba por creación de nuevas participaciones sociales, así como el contenido del contravalor.

El compareciente me entrega los originales del Boletín Oficial del Registro Mercantil del día .... de .... de dos mil .... (núm. ....), así como del diario .... en su edición del día .... de .... de dos mil ...., en los que se inserto el anuncio para la convocatoria de la expresada Junta General, de los que deduzco fotocopias que concuerdan exacta y fielmente con sus respectivos originales, de lo que doy fe, incorporando las fotocopias a la presente escritura. Se hace constar que no existen en los estatutos sociales previsión alguna sobre la convocatoria de la Junta general.

SEGUNDO.– MENCIONES ESPECIALES

I.– Que el presente aumento tiene como base el convenio aceptado por los acreedores de la compañía ...... en el concurso de acreedores de dicha sociedad y que fue aprobado mediante sentencia de fecha ..... dictada por el Juzgado de lo mercantil de ......, Don ....

II.– De conformidad con lo previsto en el artículo 304 TRLSC no existe derecho de asunción preferente de las nuevas participaciones, al no realizarse el aumento con cargo a aportaciones dinerarias y excluirlo, además, el art. 399 Bis TRLC.

III.– Igualmente, dando cumplimiento a lo establecido en los arts. 198.4. y 199.3 del Reglamento del Registro Mercantil, el otorgante hace constar:

A.– Que el aumento de capital acordado ha sido desembolsado en los términos previstos. Las siguientes personas, cuyas circunstancias constan reseñadas en la referida certificación, asumieron la totalidad de las .... participaciones sociales de nueva creación, indivisibles y acumulables, de .... euros cada una de ellas, numero .... a ...., inclusive, que atribuyen a los socios los mismos derechos y sin perjuicio de lo establecido en el art. 399 Bis TRLC.

B.– Que el contravalor de tales participaciones sociales ha consistido en la compensación de los siguientes créditos contraídos por la sociedad y que se reseñan a continuación:

1.– Crédito por un importe de .... euros, contraído por la sociedad con Don .... en fecha .... de .... de dos mil .... como consecuencia de ...., documentado en la factura número .... de fecha .... de ....

de dos mil ...., y reconocido en los textos definitivos de la lista de acreedores de fecha ..... El citado crédito se hallaba vencido, líquido y exigible. (ALTERNATIVA: El citado crédito no es vencido, liquido y exigible aunque de conformidad con el art. 328.1 TRLC ello no empece ni impide la compensación y aumento de capital llevado a cabo).

2.– ....

Tras la compensación, el importe de los créditos arriba reseñados se destinó a la cuenta de capital.

Queda así el capital totalmente asumido y desembolsado.

C.– Que al tiempo de la convocatoria de la Junta General de la compañía celebrada el .... de .... de dos mil ...., se puso a disposición de los socios en el domicilio social un informe del órgano de administración, sobre la naturaleza y características de los créditos en cuestión, la identidad de los aportantes, el número de participaciones sociales que debían crearse y la cuantía del aumento de capital, en el que expresamente constaba la concordancia de los datos relativos a los créditos con la contabilidad social. Ello conforme establece el art. 301.2 TRLSC.

El compareciente me entrega un ejemplar de dicho informe, firmado por el administrador único de la compañía, cuya firma legitimo, y que yo el notario, incorporo a esta matriz y pasa a formar parte integrante de la misma, dando cumplimiento así a lo dispuesto en el art. 301.5 TRLSC.

TERCERO.– Como consecuencia del acuerdo de aumento de capital elevado a publico a través de la presente escritura autorizada por mi, el notario, y su posterior ejecución, se procede a dar nueva redacción al artículo .... y .... de los Estatutos Sociales, adecuando la redacción del mismo al resultado final de la asunción y desembolso de las participaciones sociales resultantes del expresado aumento de capital.

El tenor literal de los expresados artículos pasa a ser el siguiente:

ARTÍCULO .... CAPITAL SOCIAL. El capital social se fija en la cantidad de .... (...........) euros, íntegramente desembolsado.

ARTÍCULO .... PARTICIPACIONES SOCIALES. El capital social está dividido en .... participaciones sociales de .... euros cada una de ellas, numeradas correlativamente a partir de la unidad, indivisibles y acumulables, todas asumidas y desembolsadas por los socios y su titularidad lleva de pleno derecho la obligación de someterse a las prescripciones de los Estatutos y a los acuerdos válidamente adoptados. Las participaciones atribuyen a los socios los mismos derechos, sin perjuicio de lo establecido en el art. 399 bis TRLC respecto de las participaciones sociales numeradas ....

CUARTO.– Se hace constar que al aumento de capital elevado a público por esta escritura por mi, notario, autorizada, le resulta de aplicación lo dispuesto en el art. 328 y 399 bis TRLC.

QUINTO.– El compareciente hace constar que la titularidad de las nuevas participaciones sociales se ha hecho constar en el libro Registro de Socios de la Compañía.

SEXTO.– Para el supuesto y a los efectos del art. 63 RRM, se solicita la inscripción parcial de esta escritura si no fuera posible la inscripción total de la misma y la extensión de nota, con expresión de las razones de denegación respecto a los extremos no inscritos.

Hago la advertencia de la obligatoriedad de inscripción de esta escritura en el Registro Mercantil.

Protección de datos.– Con relación a los datos de carácter personal que en la presente constan, referidos al compareciente, queda este enterado de que los mismos se incorporan a mis ficheros automatizados, lo que acepta, así como del derecho de oposición, acceso a ellos, rectificación o cancelación de los mismos

OTORGAMIENTO Y AUTORIZACIÓN

Advierto al compareciente de su derecho a leer por si este instrumento al que renuncia. Yo, el notario, además la leo al compareciente, quien la encuentra conforme, otorga y firma conmigo, el notario, que doy fe en cuanto sea procedente de todo lo consignado en este instrumento público, extendido en .... folios de papel exclusivo para documentos notariales, serie, y números el del presente y anteriores en orden.

F637. ESCRITO DEL CONCURSADO PRESENTANDO INFORME SEMESTRAL DE CUMPLIMIENTO DE CONVENIO

Normativa de aplicación: *Arts. 315 y ss. Real Decreto Legislativo 1/2020, de 5 de mayo, por el que se aprueba el texto refundido de la Ley Concursal*

JUZGADO DE LO MERCANTIL Nº........... DE...........

..........., Procuradora de los Tribunales representación que consta debidamente acreditada en autos de Concurso Voluntario nº..........., seguidos a instancia de la concursada..........., ante el Juzgado comparezco y como mejor proceda en Derecho DIGO:

Que, aprobada en fecha........... de........... de........... la propuesta de convenio presentada de concurso voluntario, por medio de la presente y en cumplimiento de lo dispuesto en el artículo 400 TRLC presento informe semestral sobre su cumplimiento:...........

En su virtud,

SUPLICO AL JUZGADO que teniendo por presentado este escrito, junto con sus documentos y copias de todo ello, lo admita, y tenga por emitido informe semestral sobre el cumplimiento del convenio.

Es Justicia que pido en..........., a........... de........... de...........

F638. INFORME DE LA CONCURSADA INFORMANDO QUE ESTA CUMPLIENDO EL CONVENIO

Normativa de aplicación: *Arts. 315 y ss. Real Decreto Legislativo 1/2020, de 5 de mayo, por el que se aprueba el texto refundido de la Ley Concursal*

Procedimiento: Concurso Voluntario…………, sl
Autos:…………

AL JUZGADO DE LO MERCANTIL Núm. ………… DE…………

…………, Procuradora de los Tribunales representación que consta debidamente acreditada en autos de Concurso Voluntario Ordinario nº………… seguido a instancia de la concursada…………, S.L., ante el Juzgado comparezco y como mejor proceda en Derecho DIGO:

ÚNICO: Que por el presente y a los efectos de lo dispuesto en el art. 400 TRLC, informamos a este Juzgado, que a la fecha del presente escrito se está cumplimiento la propuesta de convenio aprobada en su día, de conformidad con los términos contenidos en la misma.

Concretamente se ha cumplido el………… plazo del convenio en los siguientes términos:…………

En su virtud,

SUPLICO AL JUZGADO que teniendo por presentado este escrito y copias del mismo, lo admita, y tenga por emitido informe semestral sobre el cumplimiento del convenio.

Es Justicia que pido en…………, a…………

F639. INFORME DE LA CONCURSADA EX ART. 400 TRLC CUANDO NO SE HAN INICIADO LOS PAGOS

Normativa de aplicación: *Arts. 315 y ss. Real Decreto Legislativo 1/2020, de 5 de mayo, por el que se aprueba el texto refundido de la Ley Concursal*

AL JUZGADO DE LO MERCANTIL NÚM. ………… DE…………

…………, Procuradora de los Tribunales y de las sociedades………… S.A., ………… S.L. y………… S.L., representación que tengo acreditada en los autos de concurso voluntario que se tramita ante este Juzgado bajo el número de autos…………, ante este

Juzgado de lo Mercantil comparezco en los citados autos bajo la dirección letrada de Don........... y como mejor proceda en derecho DIGO:

PRIMERO.– Que en las presentes actuaciones se dictó sentencia aprobando el convenio de las sociedades........... S.A., ... S.L. y .... S.L...........

SEGUNDO.– Que conforme establece el art. 400 TRLC, con periodicidad semestral, contada desde la fecha de eficacia total o parcial de la sentencia aprobatoria del convenio, el concursado informará al juez del concurso acerca de su cumplimiento.

TERCERO.– Que a los efectos de lo establecido en el citado art. 400 TRLC, se manifiesta que, dado que el convenio aprobado para cada sociedad, no establecía pago alguno a los acreedores afectados por el mismo hasta el tercer año, ninguno de tales pagos se ha realizado por mis mandante a dichos acreedores.

En su virtud,

SUPLICO AL JUZGADO que tenga pr presentado este escrito, se sirva admitirlo, tener por hechas las manifestaciones anteriormente reseñadas a los efectos legales oportunos.

En...........hoy día........... de........... de...........

F640. ESCRITO DEL CONCURSADO DE SOLICITUD DE DECLARACIÓN JUDICIAL DE CUMPLIMIENTO ÍNTEGRO DEL CONVENIO

Normativa de aplicación: *Arts. 315 y ss. Real Decreto Legislativo 1/2020, de 5 de mayo, por el que se aprueba el texto refundido de la Ley Concursal*

JUZGADO DE LO MERCANTIL Nº........... DE...........

..........., Procuradora de los Tribunales representación que consta debidamente acreditada en autos de Concurso Voluntario nº..........., seguidos a instancia de la concursada "...........", ante el Juzgado comparezco y como mejor proceda en Derecho DIGO:

Que, aprobada en fecha........... de........... de........... la propuesta de convenio presentada de concurso voluntario, por medio de la presente y en cumplimiento de lo dispuesto en el artículo 401 TRLC solicito de este juzgado la declaración judicial de cumplimiento en base a las siguientes,

ALEGACIONES

PRIMERO.– Que en fecha........... de........... de..........., por la concursada se presentó propuesta de convenio en el presente expediente de concurso voluntario núm. de autos........... A la misma acompaño el oportuno plan de viabilidad y plan de pagos.

SEGUNDO.– Que la citada propuesta de convenio y documentación reseñada, fue admitida a tramite mediante auto de fecha ...., evaluándose todos ello por la administración concursal, mediante escrito de fecha ....

TERCERO.– Que los acreedores pudieron adherirse u oponerse a la propuesta de convenio reseñada hasta el día .... Igualmente, el plazo para revocación de adhesiones finalizo el día ....

CUARTO.– Que al siguiente día hábil a que se refiere el art. 361 TRLC, la Administración Concursal formuló escrito en el que hizo constar el resultado de las adhesiones u oposiciones a la propuesta e convenio reseñada y acompaño la documentación que se reseña en el referido articulo del TRLC.

QUINTO.– Que del citado escrito resulta que adhirieron al citado convenio acreedores que suponen el........... del pasivo computable. Por el contrario, se opusieron al citado convenio, acreedores que suponen el........... del pasivo computable.

SEXTO.– En fecha ....se dictó por el Sr. Letrado de la Administración de Justicia, decreto por el que tuvo "por alcanzada la mayoría legalmente exigida en la propuesta de convenio presentada por la concursada, convenio este que se somete a la aprobación del Juez, haciéndose saber el derecho de los legitimados a oponerse a la aprobación judicial del convenio."

SÉPTIMO.– El convenio fue aprobado mediante sentencia de fecha .... de .... de ...., que devino firme el día ....

OCTAVA.– En el referido convenio judicialmente aprobado se acordó una quita del...........% estableciendo los siguientes compromisos de pagos:...........

NOVENA.– Desde la aprobación del convenio se ha venido informando semestralmente del cumplimiento del mismo por parte de mi mandante.

DÉCIMA.– Que habiéndose cumplido íntegramente el convenio, según informe que adjunto se acompaña como DOCUMENTO Nº UNO junto con los documentos acreditativos del pago de los créditos recogidos en dicho informe (DOCUMENTO Nº DOS), procede declarar el cumplimiento íntegro del convenio poniendo fin al presente procedimiento concursal de conformidad con lo dispuesto en el art. 401 TRLC y la consiguiente conclusión del concurso ex. art. 467 TRLC.

En su virtud,

SUPLICO AL JUZGADO que teniendo por presentado este escrito, junto con sus documentos y copias de todo ello, lo admita, y tenga por solicitada la declaración judicial de cumplimiento íntegro del convenio de conformidad con lo dispuesto en el artículo 401 TRLC, acordándose cuanto proceda en derecho a tal efecto, incluido, por el Letrado de la Administración de Justicia, la puesta de manifiesto en la oficina judicial de la presente solicitud y el correspondiente informe a que se refiere dicho precepto, y tras ello, se sirva dictar auto teniendo por cumplido el referido convenio y declarando en su momento y en su caso, ex art. 467 TRLC la conclusión del concurso y el archivo de las presentes actuaciones.

Es Justicia que pido en..........., a........... de........... de...........

F641. ESCRITO CONJUNTO DE LA CONCURSADA Y LA ADMINISTRACIÓN CONCURSAL SOBRE CUMPLIMIENTO INTEGRO DEL CONVENIO

Normativa de aplicación: *Arts. 315 y ss. Real Decreto Legislativo 1/2020, de 5 de mayo, por el que se aprueba el texto refundido de la Ley Concursal*

AL JUZGADO DE LO MERCANTIL NÚM. .... DE............

............, Procurador de los Tribunales y de la compañía............ S.L., cuya representación tengo acreditada en las presentes actuaciones y............, Administrador Concursal del concurso voluntario de la citada sociedad seguido ante este Juzgado bajo el número de autos............, ante el Juzgado comparezco en el expresado procedimiento y como mejor proceda en derecho DIGO:

PRIMERO.– Que en fecha............, la mercantil............, fue declarada en estado legal de concurso voluntario de acreedores, procedimiento concursal que se tramita en este Juzgado de lo Mercantil número............ de............, bajo los Autos número............

SEGUNDO.– Que en fecha............ de............ de............, por la concursada se presentó propuesta de convenio en el presente expediente de concurso voluntario núm. de autos............ A la misma acompaño el oportuno plan de viabilidad y plan de pagos.

TERCERO.– Que la citada propuesta de convenio y documentación reseñada, fue admitida a tramite mediante auto de fecha ...., evaluándose todos ello por la administración concursal, mediante escrito de fecha ....

CUARTO.– Que los acreedores pudieron adherirse u oponerse a la propuesta de convenio reseñada hasta el día .... Igualmente, el plazo para revocación de adhesiones finalizo el día ....

QUINTO.– Que al siguiente día hábil a que se refiere el art. 361 TRLC, la Administración Concursal formulo escrito en el que hizo constar el resultado de las adhesiones u oposiciones a la propuesta e convenio reseñada y acompaño la documentación que se reseña en el referido articulo del TRLC

SEXTO.– Que del citado escrito resulta que se habían adherido al citado convenio acreedores que suponen el............ del pasivo computable. Por el contrario, se opusieron al citado convenio, acreedores que suponen el............ del pasivo computable.

SÉPTIMO.– En fecha ....se dicto por el Sr. Letrado de la Administración de Justicia, decreto por el que tuvo "por alcanzada la mayoría legalmente exigida en la propuesta de convenio presentada por la concursada, convenio este que se somete a la aprobación del Juez, haciéndose saber el derecho de los legitimados a oponerse a la aprobación judicial del convenio."

OCTAVO.– El convenio fue aprobado mediante sentencia de fecha .... de .... de ...., que devino firme el día ....

NOVENO.– En el referido convenio judicialmente aprobado se acordó una quita del...........% estableciendo los siguientes compromisos de pagos:............

DÉCIMO.– Desde la aprobación del convenio se ha venido informando semestralmente del cumplimiento del mismo por parte de la concursada.

UNDÉCIMO.– Que habiéndose cumplido íntegramente el convenio, según informe que adjunto se acompaña como DOCUMENTO Nº UNO junto con los documentos acreditativos del pago de los créditos recogidos en dicho informe (DOCUMENTO Nº DOS), procede declarar el cumplimiento íntegro del convenio poniendo fin al presente procedimiento concursal de conformidad con lo dispuesto en el art. 401 TRLC.

DUODÉCIMO.– En este sentido, señala el art. 401 TRL, el concursado, una vez que estime íntegramente cumplido el convenio, presentará al juez del concurso el informe correspondiente con la justificación adecuada y solicitará la declaración judicial de cumplimiento. El Letrado de la Administración de Justicia acordará poner de manifiesto en la oficina judicial el informe y la solicitud (art. 401 TRLC).

Transcurridos quince días desde la puesta de manifiesto, el juez, si estimare cumplido el convenio, lo declarará mediante auto, al que dará la misma publicidad que la de su aprobación (art. 402. TRLC).

DECIMOCUARTO.– Que por economía procesal y a los efectos previstos en el art. 401 TRLC TRLC, por la Administración concursal se hace constar que han sido examinados íntegramente los autos de este concurso y a la vista de las actuaciones y operaciones realizadas durante su tramitación, acreditada la íntegra satisfacción de todos y cada uno de los créditos reconocidos, sean concursales o contra la masa, y por tanto, cumplido íntegramente el referido convenio de acreedores, esta Administración Concursal nada tiene que oponer a la declaración de cumplimiento de convenio peticionada por la concursada.

En su virtud

SUPLICO AL JUZGADO que tenga por presentado este escrito, junto a los documentos a él unidos y copia de todo ello, se sirva admitirlo y previos los oportunos trámites, se sirva dictar auto teniendo por cumplido el referido convenio y declarando en su momento y en su caso, ex art. 467 TRLC la conclusión del concurso y el archivo de las presentes actuaciones, así como cuanto demás proceda en derecho.

Es Justicia que se SUPLICA en........... hoy día........... de........... de...........

F642. RECIBO FIRMADO POR ACREEDOR RECONOCIENDO EL PAGO DE SU CRÉDITO A EFECTOS DE LA CONCLUSIÓN DEL CONCURSO POR PAGO DE LOS CRÉDITOS RECONOCIDOS EN EL CONCURSO

Normativa de aplicación: *Arts. 465 y ss. Real Decreto Legislativo 1/2020, de 5 de mayo, por el que se aprueba el texto refundido de la Ley Concursal*

En........... a fecha........... de........... de...........

Con relación al concurso de acreedores de la sociedad........... S.L., y de conformidad y a los efectos de lo establecido en el art. 465.5° TRLC, quien suscribe el presente documento, la sociedad..........., titular de un crédito concursal ordinario por importe de...........euros, reconocido en la lista de acreedores definitiva del citado concurso, EXPRESAMENTE DECLARA y RECONOCE que el citado crédito ha sido íntegramente atendido y pagado a entera satisfacción de........... S.A. mediante cheque/trasferencia bancaria...........

.... S.A.

Fdo...........

F643. ESCRITURA DE RECONOCIMIENTO DE DEUDA Y AMPLIACIÓN DE CAPITAL OTORGADA POR CONCURSADA Y ACREEDORES RECONOCIENDO LA SATISFACCIÓN DE SU CRÉDITO A EFECTO DE LA CONCLUSIÓN DEL CONCURSO EX ART. 465.5° TRLC

Normativa de aplicación: *Arts. 465 y ss. Real Decreto Legislativo 1/2020, de 5 de mayo, por el que se aprueba el texto refundido de la Ley Concursal*

En........... mi residencia, a........... de........... de...........

Ante mí........... Notario de esta Capital y de su Ilustre Colegio,

COMPARECEN

Don..........., mayor de edad, ..., casado, vecino de..........., con domicilio en Calle..........., con DNI número...........

Don..........., mayor de edad, empresario, soltero, vecino de..........., con domicilio en..........., número..........., y con DNI número...........

.... (TODOS LOS REPRESENTANTES DE LOS ACREEDORES).

INTERVIENEN

I.– Don..........., en nombre y representación de la entidad mercantil "........... S.L.", de nacionalidad española, con domicilio social en..........., con CIF..........., que tiene como objeto social...........; constituida, por tiempo indefinido, mediante escritura autorizada el........... de........... de........... por el Notario de........... Don..........., número........... de protocolo. Inscrita en el Registro Mercantil de........... al tomo..........., libro..........., folio..........., sección..........., hoja..........., inscripción...........ª.

Su legitimación para este acto resulta de su cargo como Administrador Único de la entidad, para el que fue designado, por tiempo indefinido, y tiene aceptado, por acuerdo de la Junta General de la sociedad, celebrada el día..........., con el carácter de Universal y que fue elevado a público mediante escritura autorizada por el Notario de..........., Don..........., el día........... de........... de..........., bajo el número........... de su protocolo, causando la inscripción...........ª en la hoja abierta a la entidad en el citado Registro Mercantil.

Asegura el compareciente la existencia y capacidad jurídica de la entidad que representa en este otorgamiento, la vigencia de su cargo y las facultades para él mismo conferidas, sin suspensión, revocación ni limitación ningunas.

Yo, el Notario, hago constar expresamente que he cumplido con la obligación de identificación del titular real que impone el artículo 4 de la Ley 10/2010 de 28 de abril, cuyo resultado consta en acta autorizada por el Notario de..........., Don..........., el día........... de........... de..........., número........... de protocolo, manifestando no haberse modificado el contenido de la misma.

II.– RESEÑAR RESTO DE ACREEDORES

Les identifico con el documento reseñado, que compruebo tienen la fotografía y firma coincidentes con la de sus titulares.

Tienen, a mi juicio, según intervienen, la capacidad legal necesaria y facultades representativas suficientes para otorgar la presente escritura de RECONOCIMIENTO DE DEUDA y ACUERDOS, al efecto,

EXPONEN

I.– Que la mercantil "........... S.L.", en fecha........... de........... de..........., fue declarada en estado legal de concurso voluntario de acreedores al amparo de la Ley 22/2003 de 9 julio, procedimiento concursal ordinario que se tramita en el Juzgado de lo Mercantil número........... de..........., bajo los Autos número...........

II.– Que mediante Sentencia nº........... de fecha........... de........... de..........., dictada por el Juzgado de lo Mercantil nº........... de..........., se aprobó la propuesta de convenio presentada por la representación de "........... S.L.".

III.– Que las sociedades..........., son los únicos acreedores, concursales o contra la masa, del citado concurso voluntario núm. .... cuyo crédito no ha sido atendido a fecha de hoy.

Y expuesto cuanto antecede, los comparecientes, según intervienen,

OTORGAN

PRIMERO.– Que en este acto, la sociedad........... S.L., de manera expresa, RECONOCE ADEUDAR las cantidades que a continuación se reseñan, a las entidades igualmente reseñadas a continuación:

A la sociedad........... S.L. la suma de...........euros (...........€)

A la sociedad........... S.L. la suma de...........euros (...........€)

A la sociedad........... S.L. la suma de...........euros (...........€).

SEGUNDO.– Que a instancia e interés de las citadas entidades acreedoras, la parte deudora se obliga a devolver las cantidades anteriormente citadas en el plazo máximo de 5 años a contar desde la firma del presente documento, sin devengo de intereses.

TERCERO.– Sin perjuicio de lo anterior, y también a solicitud e interés de las citadas entidades acreedoras..........., en el supuesto que la Junta General de la sociedad........... S.L., antes del........... de........... de..........., acuerde aumentar su capital social en la suma de...........euros mediante la compensación de los créditos anteriormente citados en la cuantía que a continuación se indicará, las citadas sociedades acreedoras se obligan irrevocablemente a asumir el citado aumento de capital social por compensación de los citados créditos aquí reconocidos con el siguiente respectivo alcance:...........

Por ello, las sociedades..........., en este acto y para el momento en que se adopte el referido aumento de capital social, asumen el mismo por compensación de créditos en los términos reseñados en los párrafos precedentes del presente disponen cuarto e instruyen irrevocablemente a........... S.L. a llevar a cabo cuantas actuaciones y operaciones, incluido contables, notariales y registrales, fueren precisas para la asunción del capital social y compensación de créditos antes reseñado y su constancia registral.

A efectos exclusivamente del citado aumento de capital social y en la cuantía objeto de compensación como consecuencia del mismo, los referidos créditos tendrán la consideración de vencidos, líquidos y exigibles.

CUARTO.– Que con el presente acuerdo aquí alcanzado, las entidades acreedoras..........., dan por íntegra y completamente satisfecho el crédito concursal reconocido a su favor en los autos del concurso........... a los efectos y con el alcance establecido en el art. 465.5° TRLC, interesan de........... S.L. que inste del Juzgado de lo Mercantil núm. .... de........... la conclusión del citado procedimiento concursal al amparo de dicho art. 465.5° TRLC.

AUTORIZACIÓN

Hago las reservas y advertencias legales oportunas, en especial, y las relativas a los aspectos fiscales. Los comparecientes, previa solicitud que me formula al efecto y sin perjuicio de advertirles sobre el contenido del art. 193 RN, leen en mi presencia la presente escritura. Manifiestan su consentimiento y conformidad a su contenido, firmándola conmigo, el notario. Compruebo que se ajusta este instrumento a la Ley y la voluntad manifestada en este acto por los comparecientes, y doy fe en cuanto sea procedente de todo lo consignado en este instrumento público, extendido en........... folios de papel exclusivo para documentos notariales, serie, y números el del presente y anteriores en orden.

F644. DILIGENCIA DE ORDENACIÓN PONIENDO DE MANIFIESTO A LAS PARTES PERSONADAS SOLICITUD E INFORME DE CUMPLIMIENTO DE CONVENIO

Normativa de aplicación: *Arts. 315 y ss. Real Decreto Legislativo 1/2020, de 5 de mayo, por el que se aprueba el texto refundido de la Ley Concursal*

Diligencia de Ordenación del Sr. Letrado de la Administración de Justicia, Don...........

En..........., a........... de........... de...........

Dada cuenta, por presentado el día ...., escrito de la concursada solicitando al amparo del art. 401 TRLC la declaración de cumplimiento integro del convenio, escrito este al que acompaño el informe y justificación a que se refiere dicho precepto.

Se tiene por presentado el referido escrito y los documentos y copias a el acompañados, y queden de manifiesto en la oficina judicial donde podrán ser examinados por quienes están personados en el presente procedimiento concursal.

Doy cuenta de todo ello a su Señoría.

Contra la presente resolución cabe interponer recurso de revisión a interponer en el plazo de cinco días a contar desde la referida notificación.

De conformidad con lo establecido en la Disposición Adicional 15ª LOPJ (según la redacción dada por la LO 1/09), la interposición de recurso contra resoluciones judiciales no podrá ser admitida a trámite sin la acreditación del depósito previsto en la citada Ley a efectos de recurrir, debiendo presentarse copia o resguardo de tal depósito en la cuenta de consignaciones de este Juzgado.

Así lo acuerda y firma el Letrado de la Administración de Justicia. Doy fe.

F645. AUTO DECLARANDO EL CUMPLIMIENTO DEL CONVENIO

Normativa de aplicación: *Arts. 315 y ss. Real Decreto Legislativo 1/2020, de 5 de mayo, por el que se aprueba el texto refundido de la Ley Concursal*

AUTO

En..........., a........... de........... de...........

ANTECEDENTES DE HECHO

PRIMERO.– En fecha........... de........... de........... por Dª..........., en la representación antedicha se presentó escrito solicitando la declaración judicial de cumplimiento de convenio al amparo de lo dispuesto en el artículo 401 TRLC.

SEGUNDO.– Dicho escrito fue admitido a trámite, junto con el informe y documentos acreditativos del pago de los créditos, mediante providencia de fecha........... de........... de........... y puesto de manifiesto todo ello en la Oficina Judicial, habiendo transcurrido el plazo de 15 días reseñado en el art. 401.2 TRLC.

FUNDAMENTOS DE DERECHO

PRIMERO.– Conforme al art. 400.1 TRLC, el concursado, una vez que estime íntegramente cumplido el convenio, viene compelido a presentar al juez del concurso el informe correspondiente con la justificación adecuada y solicitará la declaración judicial de cumplimiento. El Letrado de la Administración de Justicia acordará poner de manifiesto en la oficina judicial el informe y la solicitud.

Continua el art. 401.2 TRLC, en el sentido que transcurridos quince días desde la puesta de manifiesto, el juez, si estimare cumplido el convenio, lo declarará mediante auto, al que dará la misma publicidad que la de su aprobación.

SEGUNDO.– Del informe y documentación que se acompaña a la solicitud, a la que no se ha opuesto nadie, por este Juzgador se estima íntegramente cumplido el convenio de conformidad a lo dispuesto en el artículo 401 TRLC.

DISPONGO

DECLARAR CUMPLIDO ÍNTEGRAMENTE EL CONVENIO aprobado por sentencia de fecha........... de........... de...........

Dese a la presente resolución la oportuna publicidad en los términos del art. 401.2 TRLC, expidiéndose los oportunos edictos y mandamientos. Insértese en el Registro Público Concursal. Todo los cual se tramitará por medios telemáticos.

Notifíquese a las partes y hágales saber que contra la misma cabe recurso de reposición en el plazo de cinco días siguientes a la notificación de la presente.

De conformidad con lo establecido en la Disposición Adicional 15ª LOPJ (según la redacción dada por la LO 1/09), la interposición de recurso contra resoluciones judiciales, no podrá ser admitida a trámite sin la acreditación del depósito previsto en la citada Ley a

efectos de recurrir, debiendo presentarse copia o resguardo de tal depósito en las cuenta de consignaciones de este Juzgado.

Así lo acuerda, manda y firma D..........., Magistrado Juez del Juzgado de lo Mercantil número........... de esta localidad.

F646. DEMANDA INCIDENTAL SOLICITANDO LA DECLARACIÓN DE INCUMPLIMIENTO DEL CONVENIO

Normativa de aplicación: *Arts. 315 y ss. Real Decreto Legislativo 1/2020, de 5 de mayo, por el que se aprueba el texto refundido de la Ley Concursal*

JUZGADO DE LO MERCANTIL Nº........... DE...........

..........., Procurador de los Tribunales actuando en nombre y representación de........... según consta debidamente acreditado en los autos de Concurso Voluntario nº..........., seguidos a instancia de la concursada "...........", ante el Juzgado comparezco, bajo la dirección técnica de D..........., abogado del Iltre. Colegio de..........., número de colegiado..........., con despacho profesional en..........., Nº..........., Pta..........., C.P..........., y como mejor proceda en Derecho DIGO:

Que por la presente, y siguiendo las expresas instrucciones de mi representado, formulo DEMANDA INCIDENTAL SOLICITANDO LA DECLARACIÓN JUDICIAL DE INCUMPLIMIENTO DEL CONVENIO de la mercantil concursada "..........."

La presente demanda se presenta contra la mercantil concursada "..........." y demás interesados en la efectividad del convenio, y ello en base a los siguientes

HECHOS

PRIMERO.– Que en fecha..........., la mercantil..........., fue declarada en estado legal de concurso voluntario de acreedores, procedimiento concursal que se tramita en este Juzgado de lo Mercantil número........... de..........., bajo los Autos número...........

SEGUNDO.– Que en fecha........... de........... de..........., por la concursada se presentó propuesta de convenio en el presente expediente de concurso voluntario núm. de autos........... A la misma acompaño el oportuno plan de viabilidad y plan de pagos.

TERCERO.– Que la citada propuesta de convenio y documentación reseñada, fue admitida a tramite mediante auto de fecha ...., evaluándose todos ello por la administración concursal, mediante escrito de fecha ....

CUARTO.– Que los acreedores pudieron adherirse u oponerse a la propuesta de convenio reseñada hasta el día .... Igualmente, el plazo para revocación de adhesiones finalizo el día ....

QUINTO.– Que al siguiente día hábil a que se refiere el art. 361 TRLC, la Administración Concursal formulo escrito en el que hizo constar el resultado de las adhesiones u oposiciones a la propuesta e convenio reseñada y acompaño la documentación que se reseña en el referido articulo del TRLC

SEXTO.– Que del citado escrito resulta que se habían adherido al citado convenio acreedores que suponen el........... del pasivo computable. Por el contrario, se opusieron al citado convenio, acreedores que suponen el........... del pasivo computable.

SÉPTIMO.– En fecha ....se dicto por el Sr. Letrado de la Administración de Justicia, decreto por el que tuvo "por alcanzada la mayoría legalmente exigida en la propuesta de convenio presentada por la concursada, convenio este que se somete a la aprobación del Juez, haciéndose saber el derecho de los legitimados a oponerse a la aprobación judicial del convenio."

OCTAVO.– El convenio fue aprobado mediante sentencia de fecha .... de .... de ...., que devino firme el día ....

NOVENO.– En el referido convenio judicialmente aprobado se acordó una quita del...........% y una espera de ...., estableciendo los siguientes compromisos de pagos:...........

DÉCIMO.– Que llegado el primer vencimiento acordado de fecha........... la concursada ha impagado dichos créditos resultando directamente afectada mi representada.

UNDÉCIMO.- Todo lo anterior se acredita con los siguientes documentos:................

A los anteriores hechos le son de aplicación los siguientes,

FUNDAMENTOS DE DERECHO

PRIMERO.– La cuestión relativa a la declaración de incumplimiento del convenio, se ventilará por el cauce del procedimiento incidental de conformidad con lo dispuesto en los artículos 403.2 y 532 y ss. TRLC

SEGUNDO.– La legitimación activa corresponde a cualquier acreedor que considere incumplido el convenio (artículo 402.1 TRLC) y la pasiva corresponde al concursado.

TERCERO.– La acción para solicitar la declaración de incumplimiento del convenio podrá ejercitarse desde que se produzca el incumplimiento y caducará a los dos meses contados desde la última publicación del auto de cumplimiento (art. 403.1 TRLC)

CUARTO.– En el caso de ser estimada, en la declaración de incumplimiento del convenio, el juez lo declarará resuelto y abrirá la fase de liquidación de la masa activa (art. 403.3 TRLC).

QUINTO.– Art. 404 TRLC, según el cual: 1. Desde que alcance firmeza la declaración de incumplimiento, las quitas, las esperas y cualesquiera otras modificaciones de los créditos que hubieran sido pactadas en el convenio quedarán sin efectos. Asimismo, a partir de ese momento, los acreedores con privilegio especial a los que se hubiera extendido la eficacia del convenio o se hubieran adherido a él una vez aprobado podrán reiniciar o reanudar la ejecución separada de la garantía con independencia de la apertura de la fase de liquidación. En este caso, el acreedor ejecutante hará suyo el importe resultante de la ejecución en cantidad que no exceda de la deuda originaria. El resto, si lo hubiere, corresponderá a la masa activa del concurso. 2. La declaración de incumplimiento del convenio no afectará a la validez y eficacia de los actos realizados por el concursado o por terceros en ejecución del convenio. En particular, producirán plenos efectos los pagos realizados, las garantías de financiación constituidas y cualesquiera acuerdos societarios adoptados para dar cumplimiento a aquel, incluidas las modificaciones del capital social, de los estatutos y las estructurales.

SEXTO.– Art. 405 TRLC: 1. No obstante lo establecido en el artículo anterior, desde que alcance firmeza la declaración de incumplimiento serán anulables los actos realizados durante el periodo de cumplimiento del convenio que supongan contravención del propio convenio o alteración de la igualdad de trato de los acreedores que se encuentren en igualdad de circunstancias. 2. Serán rescindibles conforme a lo establecido en el capítulo IV del título IV del libro primero los actos perjudiciales para la masa activa realizados por el deudor durante los dos años anteriores a la solicitud de declaración de incumplimiento del convenio o, en caso de imposibilidad de cumplimiento, de la solicitud de apertura de la fase de liquidación de la masa activa.

SÉPTIMO.– Han de imponerse a la demandada, de conformidad con lo establecido en el artículo 394 LEC y 342 TRLC.

En su virtud,

SUPLICO AL JUZGADO que teniendo por presentado este escrito, junto con sus documentos y copias de todo ello, se sirva admitirlos, teniéndome por personado y parte en la representación acreditada de........... y, por formulada DEMANDA INCIDENTAL SOLICITANDO LA DECLARACIÓN JUDICIAL DE INCUMPLIMIENTO DEL CONVENIO de la mercantil concursada "............", que se tramitará por los cauces del incidente concursal, dictándose en su día, previa la pertinente tramitación, sentencia por la que se declare el incumplimiento del convenio con todas las consecuencias legales derivadas del citado incumplimiento y con imposición de costas a la parte demandada.

Es Justicia que pido en............, a............de............ de............

OTROSÍ DIGO: Se solicita de este Juzgado la celebración de vista en el presente incidente de conformidad con lo dispuesto en el art. 540 TRLC.

En su virtud,

SUPLICO AL JUZGADO que tenga por efectuada la anterior manifestación, se sirva admitirla, y acordar en el sentido anteriormente expuesto, citando a las partes para la oportuna vista.

Es Justicia que nuevamente se SUPLICA en el lugar y fecha reseñados "ut supra".

OTROSÍ DIGO: Que interesa a esta parte el recibimiento del pleito a prueba y en este sentido, esta parte manifiesta los medios de prueba de los que intenta valerse en el presente incidente:...........

En su virtud,

SUPLICO AL JUZGADO que tenga por efectuada la anterior manifestación, se sirva admitirla, y tener por manifestados los medios de prueba de los que intenta valerse esta parte, y previos los oportunos trámites, declare los mismos pertinentes, acordando cuanto proceda en derecho para su práctica.

Es Justicia que nuevamente se SUPLICA en el lugar y fecha reseñados "ut supra".

F647. AUTO DE CONCLUSIÓN DEL CONCURSO

Normativa de aplicación: *Arts. 401 y ss. Real Decreto Legislativo 1/2020, de 5 de mayo, por el que se aprueba el texto refundido de la Ley Concursal*

JUZGADO DE LO MERCANTIL Nº........... DE...........

AUTO

En..........., a........... de........... de...........

ANTECEDENTES DE HECHO

PRIMERO.– En fecha........... de........... de........... por..........., se presentó escrito solicitando la declaración judicial de cumplimiento de convenio al amparo de lo dispuesto en el artículo 401.1 TRLC.

SEGUNDO.– Dicho escrito fue admitido a trámite, junto con el informe y documentos acreditativos del pago de los créditos, mediante providencia de fecha........... de........... de........... y puesto de manifiesto en la Oficina Judicial.

TERCERO.– En fecha........... de........... de........... por este juzgado se dictó auto de cumplimiento del convenio, habiendo transcurrido el plazo del art. 403.1 TRLC sin que se haya solicitado la declaración de incumplimiento del mismo.

FUNDAMENTOS DE DERECHO

PRIMERO.– Conforme establece el art. 467 TRLC una vez transcurrido el plazo de caducidad de las acciones de declaración de incumplimiento o, en su caso, rechazadas por resolución judicial firme las que se hubieran ejercitado, el juez dictará auto de conclusión del procedimiento.

La resolución que acuerde la conclusión del procedimiento se notificará a las mismas personas a las que se hubiera notificado el auto de declaración de concurso, publicándose en el Registro público concursal y, por medio de edicto, en el "Boletín Oficial del Estado" (art. 482 TRLC).

SEGUNDO.– Concluso que es el concurso serán de aplicación los efectos previstos en el artículo 483 TRLC.

DISPONGO

DECLARAR LA CONCLUSIÓN DEL CONCURSO Voluntario nº..........., seguido a instancia de la concursada "..........." y el archivo de las actuaciones por cumplimiento del convenio y pago a todoslos acreedores reconocidos.

Dese a la presente resolución la oportuna publicidad contemplada en el art. 482 TRLC, expidiéndose los oportunos edictos y mandamientos. Insértese en el Registro Público Concursal. Todo los cual se tramitará por medios telemáticos.

Notifíquese a las partes, especialmente a quien se le notifico el auto de declararcion del concurso, y hágales saber que contra la misma no cabe recurso alguno (art. 481.1 TRLC).

Así lo acuerda, manda y firma D..........., Magistrado Juez del Juzgado de lo Mercantil número........... de esta localidad.

F648. ACTA DEL CONSEJO DE ADMINISTRACIÓN FORMULANDO PROPUESTA DE MODIFICACIÓN DEL CONVENIO APROBADO JUDICIALMENTE

Normativa de aplicación: *Arts. 315 y ss. Real Decreto Legislativo 1/2020, de 5 de mayo, por el que se aprueba el texto refundido de la Ley Concursal*

En..........., siendo las........... horas del día........... de........... de..........., y en el domicilio social, sito en..........., calle........... núm. ...., se celebra reunión del Consejo de Administración de la sociedad........... S.L.

La presente reunión del consejo de Administración fue convocada en fecha........... de........... de........... mediante telegrama remitido a los Sres. Consejeros y a la Administración Concursal en legal forma y plazo con el siguiente tenor literal "Por el presente, se le convoca a la reunión del Consejo de Administración a celebrar, en el domicilio social, el próximo día........... de........... de..........., a las........... horas, para deliberar y, en su caso, adoptar acuerdos con relación al siguiente orden del día: 1.– Formulación y aprobación de la Propuesta de modificación del Convenio en su día aprobado en el procedimiento concursal........... y 2.– Ejecución de acuerdos.

Asisten a la presente reunión, personalmente, la totalidad de los miembros del consejo de administración de la sociedad, esto es:

Presidente: Don...........

Secretario: Don...........

Vocal: Doña...........

Vocal: Doña...........

Vocal: Doña...........

Actúan como Presidente y Secretario de la presente reunión del Consejo de Administración, Don........... y Don..........., respectivamente.

El Sr. Presidente declara válidamente constituida la presente reunión del Consejo de Administración y se entra en el debate de los distintos puntos del orden del día. Previa deliberación y sin que ninguno de los asistentes haga uso del derecho de que conste en el acta el contenido de su intervención, se adoptan los siguientes acuerdos por UNANIMIDAD que son proclamados por el Sr. Presidente:

I.– Al amparo de lo dispuesto en el art. 401 bis TRLC, y cumpliéndose los presupuestos previstos dicho precepto legal, formular propuesta de modificación del convenio aprobado en su día, mediante sentencia de fecha..........., en el procedimiento de concurso voluntario..........., para su sometimiento y, en su caso, aprobación por los acreedores de la sociedad.

Dicha propuesta se acompaña de acompañar una relación de los créditos concursales satisfechos, de los que estuvieran pendientes de pago y de aquellos que, devengados o habiendo sido contraídos durante el periodo de cumplimiento del convenio, no hubieran sido satisfechos, junto con un inventario de sus bienes y derechos, un plan de viabilidad y un plan de pagos. Los citados documentos, y su íntegro contenido, son aprobados y suscritos por todos los consejeros.

II.– Delegar expresamente en los miembros del Consejo de administración Doña........... y Don........... para que cualquiera de ellos, indistintamente, ejecute los acuerdos adoptados, facultándoles para suscribir cuantos documentos privados o públicos sean precisos a tal fin.

Y para que así conste se extiende la presente acta, que, leída, es aprobada por todos los consejeros por unanimidad, en........... hoy día de........... de...........

F649. ESCRITO DE LA CONCURSADA SOLICITANDO LA MODIFICACIÓN DEL CONVENIO EN SU DÍA APROBADO JUDICIALMENTE

Normativa de aplicación: *Arts. 315 y ss. Real Decreto Legislativo 1/2020, de 5 de mayo, por el que se aprueba el texto refundido de la Ley Concursal*

AL JUZGADO DE LO MERCANTIL NÚM........... DE...........

..........., Procurador que actúa en nombre y representación de........... S.L., según tengo debidamente acreditado en los presentes autos de concurso voluntario núm. ...., ante el Juzgado comparezco en las citadas actuaciones y como mejor proceda en derecho DIGO:

I.– Que, mediante el presente escrito, y al amparo de lo dispuesto en el art. 401 bis TRLC, presento PROPUESTA DE MODIFICACIÓN del convenio aprobado en estas actuaciones mediante sentencia de fecha..........., en los términos y circunstancias que se detallan en la referida propuesta y que se acompaña como DOCUMENTO UNO y que a continuación se transcribe en sus líneas mas esenciales y sin perjuicio de tenerla aquí por íntegramente reproducida: ....

II.– Dando cumplimiento a lo previsto en el art. 401 bis TRLC, se acompaña a la presente solicitud modificatoria:

a) Una relación de los créditos concursales satisfechos, de los que estuvieran pendientes de pago y de aquellos que, devengados o habiendo sido contraídos durante el periodo de cumplimiento del convenio, no hubieran sido satisfechos. (DOCUMENTOS DOS a ....)

b) Inventario de bienes y derechos de la concursada. (DOCUMENTO ....)

c) Plan de viabilidad. (DOCUMENTO ....)

d) Plan de pagos. (DOCUMENTO ....)

III.– De conformidad con lo previsto en el art. 401 bis TRLC, se presenta la presente propuesta de modificación del convenio al encontrase esta parte en riesgo de incumplimiento por causa que no le resulta imputable a título de dolo, culpa o negligencia. Ello pos los siguientes motivos: ....

IV.– Igualmente dando cumplimiento a lo previsto en el apartado primero del art. 401 bis TRLC por esta parte se justifica debidamente que la modificación pretendida resulta imprescindible para asegurar la viabilidad de la empresa a la vista que:...........

Justificando lo anterior se acompaña informe del experto .... que se acompaña como DOCUMENTO .... y que concluye en el sentido expuesto y la siguiente documentación .... (DOCUMENTOS .... a ....)

En su virtud,

SUPLICO AL JUZGADO: Que teniendo por presentado y admitido este escrito, junto con sus documentos, tenga por presentada propuesta de modificación de convenio y documentos acordándose los trámites que en derecho procedan para su aceptación y aprobación conforme a lo establecido en los arts. 401 bis y concordantes del TRLC.

OTROSÍ DIGO: Que las firmas de la propuesta de modificación del convenio acompañada han sido debidamente legitimadas conforma a ley.

SUPLICO AL JUZGADO que tenga por realizada la manifestación precedente y tenga por cumplimentado lo previsto en el reseñado precepto legal.

En........... a........... de dos mil...........

F650. PROVIDENCIA MANDANDO NO PROVEER LA SOLICITUD DE INCUMPLIMIENTO DEL CONVENIO A RESULTAS DE LO DISPUESTO EN EL ART. 401 BIS TRLC

Providencia del Magistrado Juez...........

En..........., a........... de........... de...........

Que en fecha........... de........... de........... y por la procuradora de los Tribunales, Doña..........., se ha presentado escrito en nombre y representación de la sociedad........... S.L., solicitando la declaración de incumplimiento del convenio aprobado en las presentes actuaciones mediante sentencia de fecha........... Ello de conformidad y al amparo de lo dispuesto en el art. 402 TRLC.

Que con carácter previo a provisionar y, en su caso, admitir a trámite la referida solicitud de incumplimiento del convenio, y tal y como impone el apartado 4, del art. 401 bis TRLC, hágase saber tanto a la concursada y demás partes personadas, como a la sociedad........... S.L., que no se admitirá a trámite la referida solicitud en tanto en cuanto este en tramitación la solicitud presentada por la concursada en orden a la modificación de convenio en su día aprobado judicialmente en las presentes actuaciones, solicitud modificatoria convenial este que fue admitida a tramite mediante resolución de este Juzgado de fecha ....

Contra la presente resolución cabe recurso de reposición a interponer en el plazo de cinco días a contar desde su notificación.

De conformidad con lo establecido en la Disposición Adicional 15° LOPJ (según la redacción dada por la LO 1/09), la interposición de recurso contra resoluciones judiciales no podrá ser admitida a trámite sin la acreditación del depósito previsto en la citada Ley a efectos de recurrir, debiendo presentarse copia o resguardo de tal depósito en las cuenta de consignaciones de este Juzgado.

Lo que acuerda, manda y firma su señoría Don..........., Magistrado Juez del Juzgado de lo Mercantil núm. .... de..........., en el lugar y fecha señaladas "ut supra".

6.2. LA FASE DE LIQUIDACIÓN

F651. ESCRITO DEL DEUDOR SOLICITANDO LA LIQUIDACIÓN

Normativa de aplicación: *Arts. 406 y ss. Real Decreto Legislativo 1/2020, de 5 de mayo, por el que se aprueba el texto refundido de la Ley Concursal*

AL JUZGADO DE LO MERCANTIL NÚM. .... DE............

.... Procurador de los Tribunales y de la sociedad............ S.L., representación que tengo acreditada en el concurso voluntario de la citada sociedad que se tramita bajo el número de autos............, ante el Juzgado comparezco en el citado procedimiento bajo la dirección letrada de............ (ICAV............) y como mejor proceda en derecho DIGO:

Que es de interés de mi mandante, la aquí concursada............ S.L., que en el presente procedimiento concursal............, se acuerde la apertura de la fase de liquidación, lo que expresamente se solicita al amparo del art. 406 TRLC.

En su virtud

SUPLICO AL JUZGADO que tenga por presentado este escrito, se sirva admitirlo y tener por pedida la liquidación en el presente procedimiento al amparo de lo dispuesto en el art. 406 TRLC, y previos los oportunos trámites y dentro de los diez días siguientes a la presente solicitud, dicte auto abriendo la fase de liquidación y acordando cuanto demás proceda en derecho

Es Justicia que solicito en............, hoy día............

F652. ESCRITO DEL DEUDOR SOLICITANDO CON JUSTIFICACIÓN LA LIQUIDACIÓN

Normativa de aplicación: *Arts. 406 y ss. Real Decreto Legislativo 1/2020, de 5 de mayo, por el que se aprueba el texto refundido de la Ley Concursal*

AL JUZGADO DE LO MERCANTIL NÚM. .... DE............

.... Procurador de los Tribunales y de la sociedad............ S.L., representación que tengo acreditada en el concurso voluntario de la citada sociedad que se tramita bajo el número de autos............, ante el Juzgado comparezco en el citado procedimiento bajo la dirección letrada de............ (ICAV............) y como mejor proceda en derecho DIGO:

I.– Que desde la iniciación del presente procedimiento concursal, mi mandante ha estado llevando a cabo todo tipo de gestiones tendentes a la continuidad de la actividad de la concursada, gestiones que, final y desgraciadamente, están siendo infructuosas.

Además. Esta parte entiende que, pese a sus esfuerzos, no va a poder presentar una propuesta de convenio.

II.– Por tal motivo, es de interés de mi mandante, la aquí concursada........... S.L., que en el presente procedimiento concursal..........., se acuerde la apertura de la fase de liquidación, lo que expresamente se solicita al amparo del art. 406 TRLC.

En su virtud

SUPLICO AL JUZGADO que tenga por presentado este escrito, se sirva admitirlo y tener por pedida la liquidación en el presente procedimiento al amparo de lo dispuesto en el art. 406 TRLC, y previos los oportunos trámites y dentro de los diez días siguientes a la presente solicitud, dicte auto abriendo la fase de liquidación y acordando cuanto demás proceda en derecho

Es Justicia que solicito en..........., hoy día...........

F653. ESCRITO DEL DEUDOR SOLICITANDO LA LIQUIDACIÓN CUANDO DURANTE LA VIGENCIA DEL CONVENIO CONOZCA LA IMPOSIBILIDAD DE SU CUMPLIMIENTO

Normativa de aplicación: *Arts. 406 y ss. Real Decreto Legislativo 1/2020, de 5 de mayo, por el que se aprueba el texto refundido de la Ley Concursal*

JUZGADO DE LO MERCANTIL N°........... DE...........

..........., Procuradora de los Tribunales representación que consta debidamente acreditada en autos de Concurso Voluntario nº..........., seguidos a instancia de la concursada "...........", ante el Juzgado comparezco y como mejor proceda en Derecho DIGO:

Que por la presente, y siguiendo las expresas instrucciones de mi representada, formulo solicitud de la apertura de la fase de liquidación al amparo de lo dispuesto en el artículo 407.1 TRLC en base a las siguientes

ALEGACIONES

PRIMERO.– Que en las presentes actuaciones, se aprobó convenio mediante sentencia de fecha .... de .... de ...., que devino firme el día ....

SEGUNDO.– En el referido convenio judicialmente aprobado se acordó una quita del...........% y una espera de ...., estableciendo los siguientes compromisos de pagos:...........

TERCERO.– Que llegado el vencimiento acordado de fecha........... mi mandante se ve en la imposibilidad de cumplir con dicho calendario de pagos debido a la crisis generalizada en el sector y a la disminución en el número de operaciones de venta según se acredita con el informe pericial que adjunto se acompañan como DOCUMENTO Nº 1, así como con...........

QUINTA.– Que conforme a lo establecido en el art. 407 TRLC, durante la vigencia del convenio, el concursado deberá pedir la liquidación desde que conozca la imposibilidad de cumplir los pagos comprometidos en este y las obligaciones contraídas con posterioridad a la aprobación de aquel.

En su virtud,

SUPLICO AL JUZGADO que teniendo por presentado este escrito, junto con sus documentos y copias de todo ello, lo admita, y tenga por formulada solicitud de apertura de la fase de liquidación, al amparo de lo dispuesto en el artículo 407 TRLC, acordando la apertura de la fase de liquidación del Concurso Voluntario nº..........., seguidos a instancia de la concursada "..........." y cuanto demás proceda en derecho.

Es Justicia que pido en..........., a........... de........... de...........

F654. ESCRITO DEL DEUDOR SOLICITANDO LA LIQUIDACIÓN CUANDO DURANTE LA VIGENCIA DEL CONVENIO CONOZCA LA IMPOSIBILIDAD DE SU CUMPLIMIENTO. CONVENIO SIN QUITA

Normativa de aplicación: *Arts. 406 y ss. Real Decreto Legislativo 1/2020, de 5 de mayo, por el que se aprueba el texto refundido de la Ley Concursal*

Concurso Voluntario Ordinario

Autos...........

Concursada:........... S.L.

AL JUZGADO DE LO MERCANTIL NÚMERO........... DE...........

..........., Procuradora de los Tribunales y de la mercantil..........., S.L., según tengo debidamente acreditado en el procedimiento de concurso voluntario número de autos..........., ante el Juzgado, comparezco y como mejor proceda en derecho DIGO:

I.– Que en las presentes actuaciones, se aprobó convenio mediante sentencia de fecha .... de .... de ...., que devino firme el día ....

II.– En el referido convenio no se acordó quita alguna respectos de los créditos de todos los acreedores a quienes vincula el convenio aprobado, estableciéndose que los referidos créditos deberán abonarse por la concursada en el plazo no superior a los cinco años siguientes a partir de la firmeza de la resolución judicial que apruebe el Convenio, sin devengo de intereses, estableciendo los siguientes compromisos de pagos:

- El............por ciento deberá ser abonado al término del tercer año siguiente a la fecha de eficacia del presente convenio.
- El............por ciento deberá ser abonado al término del cuarto año siguiente a la fecha de eficacia del presente convenio.
- El............ por ciento deberá ser abonado al término del quinto año siguiente a la fecha de eficacia del presente convenio.

Se han abonado ya los dos primeros pagos comprometidos, pero le es imposible a esta parte cumplir con los restantes y las obligaciones contraídas con posterioridad a la aprobación del convenio.

III.– Conforme al art. 407 TRLC durante la vigencia del convenio, el concursado deberá pedir la liquidación desde que conozca la imposibilidad de cumplir los pagos comprometidos en este y las obligaciones contraídas con posterioridad a la aprobación de aquel.

IV.– Que ante la imposibilidad de dar cumplimiento al convenio en los términos acordados, mi mandante mediante el presente escrito solicita la apertura de la fase de liquidación de conformidad con lo dispuesto en el art. 407 TRLC.

En su virtud,

SUPLICO AL JUZGADO que teniendo por presentado este escrito, junto con sus copias, lo admita, y tenga por formulada solicitud de apertura de la fase de liquidación, al amparo de lo dispuesto en el artículo 407 TRLC, acordando la apertura de la fase de liquidación del Concurso Voluntario, número............, seguido a instancia de la Concursada............ S.L. y cuanto demás proceda en derecho.

Es Justicia que pido en............, a............ de............ de............

F655. ESCRITO DE LA ADMINISTRACIÓN CONCURSAL SOLICITANDO LA APERTURA DE LA FASE DE LIQUIDACIÓN

Normativa de aplicación: *Arts. 406 y ss. Real Decreto Legislativo 1/2020, de 5 de mayo, por el que se aprueba el texto refundido de la Ley Concursal*

AL JUZGADO DE LO MERCANTIL Núm. .... DE...........

.... Administración Concursal del concurso voluntario de la citada sociedad que se tramita bajo el número de autos..........., ante el Juzgado comparezco en el citado procedimiento y como mejor proceda en derecho DIGO:

I.– Que la sociedad concursada, ... S.L., cesó totalmente en su actividad empresarial el pasado día ...., al haber fracasado las gestiones que se venían llevando tendentes a la continuidad de la actividad de la concursada.

II.– Conforme al art. 408 TRLC, la administración concursal podrá solicitar la apertura de la fase de liquidación en caso de cese total o parcial de la actividad profesional o empresarial. De la solicitud se dará traslado al concursado por plazo de tres días. El juez resolverá sobre la solicitud mediante auto dentro de los cinco días siguientes.

III.– Por tal motivo, procede que en el presente procedimiento concursal..........., se acuerde la apertura de la fase de liquidación, lo que expresamente se solicita por esta Administración Concursal al amparo del art. 408 TRLC.

En su virtud

SUPLICO AL JUZGADO que tenga por presentado este escrito, se sirva admitirlo y tener por pedida la liquidación en el presente procedimiento al amparo de lo dispuesto en el art. 408 TRLC, y previos los oportunos trámites y, dicte auto abriendo la fase de liquidación y acordando cuanto demás proceda en derecho

Es Justicia que solicito en..........., hoy día...........

F656. ESCRITO DE LA CONCURSADA SOLICITANDO LA LIQUIDACIÓN POR HABERSE VENDIDO LA UNIDAD PRODUCTIVA Y CARECER DE ACTIVIDAD

Normativa de aplicación: *Arts. 406 y ss. Real Decreto Legislativo 1/2020, de 5 de mayo, por el que se aprueba el texto refundido de la Ley Concursal*

AL JUZGADO DE LO MERCANTIL Nº ..... DE ....

Dª. ...., Procuradora de los Tribunales y de .... S.L., ... S.L., ... S.L. Y .... S.L., cuya representación tengo acreditada en AUTOS DE CONCURSO Nº ...., ante el Juzgado comparezco, y, como mejor proceda en Derecho, DIGO:

Que ante la grave situación económica que atraviesan las concursadas con la práctica paralización de su actividad y que ha motivado la venta de sus respectivas unidades productivas a favor de .... S.L. autorizada por auto de fecha .... de .... de ...., por medio de la presente, solicitamos la apertura de la fase de liquidación del procedimiento concursal.

Por lo que,

SUPLICO AL JUZGADO: Que admita este escrito y en su virtud dicte resolución por la que se acuerde la apertura de la fase de liquidación, con todos los pronunciamientos que le son propios.

Es de justicia que pido en ...., a ..... de .... de..........

F657. AUTO DECRETANDO DE OFICIO LA APERTURA DE LA FASE DE LIQUIDACIÓN. NO APROBACIÓN DE PROPUESTA DE CONVENIO

Normativa de aplicación: *Arts. 406 y ss. Real Decreto Legislativo 1/2020, de 5 de mayo, por el que se aprueba el texto refundido de la Ley Concursal*

AUTO

En............, a............ de............ de............

ANTECEDENTES DE HECHO

PRIMERO.– Que en fecha............ de............ de............, por la concursada se presentó propuesta de convenio en el presente expediente de concurso voluntario núm. de autos............ A la misma acompaño el oportuno plan de viabilidad y plan de pagos.

SEGUNDO.– Que la citada propuesta de convenio y documentación reseñada, fue admitida a tramite mediante auto de fecha ...., evaluándose todos ello por la administración concursal, mediante escrito de fecha ....

TERCERO.– Que los acreedores han podido adherirse u oponerse a la propuesta de convenio reseñada hasta el día .... Igualmente, el plazo para revocación de adhesiones finalizo el día ....

CUARTO.– Que al siguiente día hábil a que se refiere el art. 361 TRLC, la Administración Concursal formulo escrito en el que hizo constar el resultado de las adhesiones u oposiciones a la propuesta e convenio reseñada y acompaño la documentación que se reseña en el referido articulo del TRLC

QUINTO.– Que del citado escrito resulta que sean adherido al citado convenio acreedores que suponen el............ del pasivo ordinario. Por el contrario, se han opuesto al citado convenio, acreedores que suponen el............ del pasivo ordinario.

SEXTO.– En fecha ....se dicto por el Sr. Letrado de la Administración de Justicia, decreto por el que "NO se tuvo por alcanzada la mayoría legalmente exigida en la propuesta de convenio presentada por la concursada".

SÉPTIMO.– En el presente procedimiento se han cumplido todas las prescripciones legales.

FUNDAMENTOS DE DERECHO

PRIMERO.– A la vista del art. 409.1 TRLC, la apertura de la fase de liquidación procederá de oficio en los siguientes casos:

1.° No haberse presentado dentro del plazo legal ninguna propuesta de convenio o no haber sido admitidas a trámite las que hubieren sido presentadas.

2.° No haberse aceptado por los acreedores ninguna propuesta de convenio.

3.° Haberse rechazado por resolución judicial firme el convenio aceptado por los acreedores.

4.° Haberse declarado por resolución judicial firme la nulidad del convenio aprobado por el juez.

5.° Haberse declarado por resolución judicial firme el incumplimiento del convenio.

En este sentido, señala el art. 409.2 TRLC que en los supuestos 1.° y 2.° anteriormente reseñada, la apertura de la fase de liquidación se acordará por el juez sin más trámites, en el momento en que proceda, mediante auto que se notificará al concursado, a la administración concursal y a todas las partes personadas en el procedimiento. En cualquiera de los restantes casos, la apertura de la fase de liquidación se acordará en la propia resolución judicial que la motive y se hará efectiva una vez esta adquiera firmeza.

Finalmente, art. 409.3 TRLC, contra el auto o la sentencia de apertura de la fase de liquidación el concursado podrá interponer recurso de apelación.

SEGUNDO.– Que concurre en las presentes actuaciones la causa liquidatoria prevista en el art. 409.1.2° TRLC, esto es, la consistente EN no haberse aceptado por los acreedores ninguna propuesta de convenio.

A la vista de todo ello y demás normativa de aplicación,

DISPONGO

Decretar de oficio la apertura de la fase de liquidación en el presente procedimiento de concurso voluntario de .... S.L

Queda en suspenso el ejercicio de las facultades de administración y disposición de la masa activa por el concursado.

Se declara la disolución de la mercantil concursada "...........", lo que conlleva el cese de los administradores societarios, que serán sustituidos a todos los efectos por la administración concursal, sin perjuicio de continuar aquellos en representación de la concursada en el procedimiento concursal y en los incidentes en los que sea parte.

Procede el vencimiento anticipado de los créditos concursales aplazados y la conversión en dinero de los créditos realizables.

Requiérase a la administración concursal para que informe a este Juzgado, en el plazo máximo de 10 días naturales a contar desde la notificación de la presente, en orden al establecimiento de reglas especiales de liquidación. Y con el resultado, se acordará lo procedente.

ALTERNATIVA: No se considera preciso el establecimiento de reglas especiales de liquidación, por lo que esta se regirá reglas generales y supletorias de los arts. 421, ss, y concordantes del TRLC.

Dese a la presente resolución la oportuna publicidad en los términos de los arts. 35 a 37 TRLC expidiéndose los oportunos edictos y mandamientos. Insértese en el Registro Público Concursal. Todo los cual se tramitará por medios electrónicos o telemáticos.

Notifíquese a las partes y hágales saber que contra la misma cabe recurso de apelación en el plazo de veinte días siguientes a la notificación de la presente.

De conformidad con lo establecido en la Disposición Adicional 15ª LOPJ (según la redacción dada por la LO 1/09), la interposición de recurso contra resoluciones judiciales, no podrá ser admitida a trámite sin la acreditación del depósito previsto en la citada Ley a efectos de recurrir, debiendo presentarse copia o resguardo de tal depósito en la cuenta de consignaciones de este Juzgado.

Así lo acuerda, manda y firma su Señoría. Doy fe.

F658. AUTO APERTURANDO LA FASE DE LIQUIDACIÓN POR NO HABERSE PRESENTADO/ADMITIDO A TRAMITE PROPUESTA DE CONVENIO

Normativa de aplicación: *Arts. 406 y ss. Real Decreto Legislativo 1/2020, de 5 de mayo, por el que se aprueba el texto refundido de la Ley Concursal*

AUTO

En..........., a........... de........... de...........

ANTECEDENTES DE HECHO

ÚNICO.– Que en estas actuaciones no se ha presentado dentro del plazo legal propuesta alguna de convenio.

ALTERNATIVA: ÚNICO.– Que en fecha........... de........... de..........., por la concursada se presentó propuesta de convenio en el presente expediente de concurso voluntario núm. de autos........... Es la única presentada en este procedimiento concursal núm. .... autos.

No obstante, la misma fue inadmitida a tramite por auto de fecha ...., que devino firme el día ....

FUNDAMENTOS DE DERECHO

PRIMERO.– A la vista del art. 409.1 TRLC, la apertura de la fase de liquidación procederá de oficio en los siguientes casos:

1.° No haberse presentado dentro del plazo legal ninguna propuesta de convenio o no haber sido admitidas a trámite las que hubieren sido presentadas.

2.° No haberse aceptado por los acreedores ninguna propuesta de convenio.

3.° Haberse rechazado por resolución judicial firme el convenio aceptado por los acreedores.

4.° Haberse declarado por resolución judicial firme la nulidad del convenio aprobado por el juez.

5.° Haberse declarado por resolución judicial firme el incumplimiento del convenio.

En este sentido, señala el art. 409.2 TRLC que en los supuestos 1.° y 2.° anteriormente reseñada, la apertura de la fase de liquidación se acordará por el juez sin más trámites, en el momento en que proceda, mediante auto que se notificará al concursado, a la administración concursal y a todas las partes personadas en el procedimiento. En cualquiera de los restantes casos, la apertura de la fase de liquidación se acordará en la propia resolución judicial que la motive y se hará efectiva una vez esta adquiera firmeza.

Finalmente, art. 409.3 TRLC, contra el auto o la sentencia de apertura de la fase de liquidación el concursado podrá interponer recurso de apelación.

SEGUNDO.– Que concurre en las presentes actuaciones la causa liquidatoria prevista en el art. 409.1.1° TRLC, esto es, la consistente en NO haberse presentado dentro del plazo legal ninguna propuesta de convenio (o no haber sido admitidas a trámite las que hubieren sido presentadas).

A la vista de todo ello y demás normativa de aplicación,

DISPONGO

Decretar de oficio la apertura de la fase de liquidación en el presente procedimiento de concurso voluntario de .... S.L

Queda en suspenso el ejercicio de las facultades de administración y disposición de la masa activa por el concursado.

Se declara la disolución de la mercantil concursada "...........", lo que conlleva el cese de los administradores societarios, que serán sustituidos a todos los efectos por la administración concursal, sin perjuicio de continuar aquellos en representación de la concursada en el procedimiento concursal y en los incidentes en los que sea parte.

Procede el vencimiento anticipado de los créditos concursales aplazados y la conversión en dinero de los créditos realizables.

Requiérase a la administración concursal para que informe a este Juzgado, en el plazo máximo de 10 días naturales a contar desde la notificación de la presente, en orden al establecimiento de reglas especiales de liquidación. Y con el resultado, se acordará lo procedente.

ALTERNATIVA: No se considera preciso el establecimiento de reglas especiales de liquidación, por lo que esta se regirá reglas generales y supletorias de los arts. 421, ss, y concordantes del TRLC.

Dese a la presente resolución la oportuna publicidad en los términos de los arts. 35 a 37 TRLC expidiéndose los oportunos edictos y mandamientos. Insértese en el Registro Público Concursal. Todo los cual se tramitará por medios electrónicos o telemáticos.

Notifíquese a las partes y hágales saber que contra la misma cabe recurso de apelación en el plazo de veinte días siguientes a la notificación de la presente.

De conformidad con lo establecido en la Disposición Adicional 15ª LOPJ (según la redacción dada por la LO 1/09), la interposición de recurso contra resoluciones judiciales, no podrá ser admitida a trámite sin la acreditación del depósito previsto en la citada Ley a efectos de recurrir, debiendo presentarse copia o resguardo de tal depósito en la cuenta de consignaciones de este Juzgado.

Así lo acuerda, manda y firma Don ...., Magistrado Juez del Juzgado de lo Mercantil .... de .... Doy fe.

F659. AUTO DECRETANDO DE LA APERTURA DE LA FASE DE LIQUIDACIÓN A INSTANCIA DE LA CONCURSADA

Normativa de aplicación: *Arts. 406 y ss. Real Decreto Legislativo 1/2020, de 5 de mayo, por el que se aprueba el texto refundido de la Ley Concursal*

JUZGADO DE LO MERCANTIL Nº........... DE...........

AUTO

En..........., a........... de........... de...........

ANTECEDENTES DE HECHO

ÚNICO.– Que por la concursada, mediante escrito de fecha........... de........... de........... y al amparo de lo dispuesto en el art. 406 TRLC, ha solicitado la apertura de la fase de liquidación en los términos de dicho escrito.

FUNDAMENTOS DE DERECHO

PRIMERO.– Que conforme establece el art. 406 TRLC el deudor podrá pedir la liquidación en cualquier momento y el juez, dentro de los diez días siguientes a la solicitud, dictará auto abriendo la fase de liquidación.

A la vista de todo ello y demás normativa de aplicación,

DISPONGO

Decretar de oficio la apertura de la fase de liquidación en el presente procedimiento de concurso voluntario de .... S.L

Queda en suspenso el ejercicio de las facultades de administración y disposición de la masa activa por el concursado.

Se declara la disolución de la mercantil concursada "...........", lo que conlleva el cese de los administradores societarios, que serán sustituidos a todos los efectos por la administración concursal, sin perjuicio de continuar aquellos en representación de la concursada en el procedimiento concursal y en los incidentes en los que sea parte.

Procede el vencimiento anticipado de los créditos concursales aplazados y la conversión en dinero de los créditos realizables.

Requiérase a la administración concursal para que informe a este Juzgado, en el plazo máximo de 10 días naturales a contar desde la notificación de la presente, en orden al establecimiento de reglas especiales de liquidación. Y con el resultado, se acordará lo procedente.

ALTERNATIVA: No se considera preciso el establecimiento de reglas especiales de liquidación, por lo que esta se regirá reglas generales y supletorias de los arts. 421, ss, y concordantes del TRLC.

Dese a la presente resolución la oportuna publicidad en los términos de los arts. 35 a 37 TRLC expidiéndose los oportunos edictos y mandamientos. Insértese en el Registro Público Concursal. Todo los cual se tramitará por medios electrónicos o telemáticos.

Notifíquese a las partes y hágales saber que contra la misma cabe recurso de apelación en el plazo de veinte días siguientes a la notificación de la presente.

De conformidad con lo establecido en la Disposición Adicional 15ª LOPJ (según la redacción dada por la LO 1/09), la interposición de recurso contra resoluciones judiciales,

no podrá ser admitida a trámite sin la acreditación del depósito previsto en la citada Ley a efectos de recurrir, debiendo presentarse copia

A la vista de todo ello y demás normativa de aplicación,

F660. ESCRITO DE LA ADMINISTRACIÓN CONCURSAL FORMULANDO REGLAS DE LIQUIDACIÓN

Normativa de aplicación: *Arts. 406 y ss. Real Decreto Legislativo 1/2020, de 5 de mayo, por el que se aprueba el texto refundido de la Ley Concursal*

Concurso Voluntario de:...........

"..........., S.L."

Autos...........

AL JUZGADO DE LO MERCANTIL Nº........... DE...........

..........., Administrador Concursal designado en el expediente de Concurso Voluntario de la entidad "..........., S.L." que con el número........... se sigue ante ese Juzgado, comparece ante él y como mejor proceda en Derecho, DICE:

PRIMERO.– Que por Auto de fecha........... de...........de..........., se decreta y la apertura de la Fase de Liquidación del concurso de la citada mercantil, requiriendo a esta Administración Concursal para que en el plazo de diez días alegase sobre establecimiento de las reglas especiales que considerase oportuna implementar en las presentes actuaciones.

SEGUNDO.– Que por medio del presente escrito, se evacua el citado trámite manifestando que en opinión de esta Administración Concursal resulta conveniente para el interés del concurso y una mejor y optima liquidación de la masa activa, la adopción de las reglas especiales de liquidación que a continuación se exponen.

TERCERO.– No obstante lo anterior, se manifiesta lo siguiente con carácter previo:

I.– La Administración Concursal ha preparado una relación de los bienes y derechos de titularidad de la concursada y que se reseña a continuación (o que constan en el ANEXO I de este escrito).

II.– La mercantil..........., S.L. tiene cesada su actividad comercial y productiva, y carece de trabajadores, considerándose imposible la venta de la concursada como unidad productiva.

CUARTO.– A la vista de ello se proponen las siguientes reglas especiales de Liquidación a la vista de cada partida que compone el inventario de bienes y derechos de la concursada anteriormente reseñado y que deben ajustarse a los dispuesto en el artículo 415 TRLC, y respetar las reglas supletorias de los artículos 421 a 423 bis TRLC.

CON CARÁCTER PRINCIPAL.

Con carácter preferente a cualquier otro procedimiento, se intentará la venta directa de los bienes y derechos en su conjunto, como unidad productiva, al mejor ofertante. Las ofertas serán por todos los lotes en conjunto.

Se recibirán por la Administración Concursal, vía correo electrónico, ofertas de adquisición por la unidad productiva en el plazo de DOS MES desde la aprobación de las Reglas Especiales de Liquidación, aceptando por parte del Administrador Concursal la mejor postura de entre aquellas que se presenten y siempre y cuando no supongan un perjuicio para el concurso.

Transcurrido el plazo de DOS MESES, y recibidas las ofertas, éstas se circularizarán al resto de ofertantes y a los acreedores de los que conste el correo electrónico, y se abrirá un plazo de DIEZ DÍAS NATURALES adicional para mejorar la postura de la mayor de las ofertas recibidas. Una vez finalizado el plazo de diez días naturales, el administrador Concursal informará de la mayor de las ofertas recibidas.

CON CARÁCTER SUBSIDIARIO

I.- INVERSIONES AFECTAS A PRIVILEGIO ESPECIAL

La liquidación de esta partida va a realizarse siguiendo las siguientes actuaciones:

A) VENTA DIRECTA

– PRECIO

La realización de bienes afectos al pago de créditos con privilegio especial se llevará a efecto por la Administración Concursal de forma directa siempre que las ofertas recibidas sean iguales o superiores al importe del crédito o créditos garantizados con el bien objeto de realización.

La venta de los bienes antedichos por precio igual o superior al referido anteriormente, se entenderá autorizada expresamente por los acreedores con privilegio especial a los que les afecte, desde la aprobación judicial de las reglas especiales de liquidación.

En el supuesto de que las ofertas recibidas sean por importe inferior al crédito garantizado con el bien objeto de realización, la Administración Concursal dará traslado de las mismas al acreedor privilegiado, con objeto de que proceda a autorizar la transmisión, todo ello con independencia del derecho del acreedor a la subsistencia del crédito privilegiado no liquidado, como crédito concursal con la calificación correspondiente, de conformidad con lo establecido en los artículos 213.2 y 433.2 TRLC.

En caso de no aceptarlo, el acreedor titular del privilegio especial deberá presentar mejor oferta por el mismo. Si transcurridos 10 días desde que se presente la oferta, el acreedor privilegiado especial no manifiesta su interés en mejorar la oferta recibida, la oferta se entenderá rechazada.

En lo no previsto para la venta directa de bienes o derechos afectos a provilegio especial, será de aplicación lo dispuesto en los arts. 210 y ss. TRLC.

– PLAZO

Se establece un plazo para la recepción de ofertas para la realización directa de estos bienes de TRES meses desde la aprobación de las reglas especiales de liquidación.

Si transcurridos los referidos tres meses desde la fecha de aprobación de las reglas especiales de Liquidación no se ha recibido ninguna oferta sobre alguno de los bienes, se procederá a la subasta publica de los mismos

– CONDICIONES ADICIONALES

Los oferentes interesados en la compra, deberán dirigir sus ofertas a la Administración Concursal, designándose el domicilio sito en..........., calle........... y la dirección electrónica del concurso...........@...........es.

La oferta deberá contener los siguientes datos:

- Datos de la persona física o jurídica que realiza la oferta (denominación social/ nombre y apellidos, dirección, teléfono y fax, así como CIF/DNI).
- El importe económico sin incluir los impuestos y exento de gastos.

El pago del precio deberá efectuarse al contado al tiempo del otorgamiento del contrato de compraventa, y su importe se destinará al pago del crédito con privilegio especial de inmediato. Dicho acreedor con privilegio especial deberá concurrir a la venta y otorgar cuantos documentos públicos o privados sean necesarios para la cancelación de cargas registrales o de otra índole, recibiendo en ese acto el importe del precio hasta el pago, si alcanza, de su crédito privilegiado. El resto, si lo hubiere, se ingresará en la cuenta intervenida para su aplicación conforme a derecho.

Todos los gastos de la venta y registrales serán de la exclusiva cuenta y cargo de los compradores y los impuestos serán satisfechos conforme a ley.

A petición de la Administración concursal, el Letrado de la Administración de Justicia procederá al levantamiento de los embargos o cargas que pesaren sobre los bienes transmitidos mediante libramiento de los correspondientes mandamientos, por aplicación de lo dispuesto en el artículo 225 TRLC.

B) SUBASTA PÚBLICA

En el caso de no llevarse a cabo la Venta Directa recogida en el apartado anterior, se llevará a cabo por medio de SUBASTA PÚBLICA A TRAVÉS DE EMPRESA ESPECIALIZADA, acomodándose dicha enajenación, previa autorización de la Administración Concursal, a las reglas y usos de la entidad que subasta dichos bienes, sin necesidad de que preste caución para responder al cumplimiento de su encargo.

La subasta será de la unidad productiva o de cada uno de los lotes por separado, aceptando aquella que sea más beneficiosa para el concurso y siempre y cuando el precio sea superior al privilegio especial reconocido en el concurso.

La subasta durará un plazo de 1 mes.

En cuanto a la elección del sistema de subasta más idóneo para la obtención de los mejores resultados en la venta, es en opinión de esta Administración Concursal de todo punto indiscutible la mayor idoneidad de la subasta online frente a otras formas de realización tradicionales (mayor publicidad, mayor accesibilidad, mayor transparencia, todas ellas ventajas que redundan en una mayor afluencia de postores con mejores resultados económicos).

A estos efectos, la persona o entidad designada que se propone por la Administración Concursal para que lleve a efecto la subasta o enajenación de los bienes es la mercantil .... y su página web de realización de activos ...., quien se entenderá designada con la aprobación de las Reglas de Liquidación sin necesidad de comparecencia de los que sean parte o interesados en el concurso.

Esta Administración Concursal ha designado a la entidad especializada no de forma aleatoria sino ponderando su presencia en el mercado, el alcance de sus servicios y la constatación de sus resultados económicos.

Por todo ello, proponemos como condiciones de la SUBASTA PÚBLICA las que a continuación se refieren:

1.– La Administración Concursal designa como entidad especializada para llevar a efecto la subasta de los bienes antedichos a la compañía mercantil .... con domicilio social en .... La determinación de esta entidad y las condiciones en que la venta deben efectuarse se entenderá definitiva y plenamente eficaz en los términos propuestos en las presentes Reglas de Liquidación, sin necesidad de comparecencia de los que fueren parte o resulten interesados en el concurso y sin que sean de aplicación los precios mínimos de venta en relación al avalúo tanto para el caso de bienes muebles como de inmuebles. La subasta de estos bienes se llevará a efecto por la persona o entidad especializada designada con sometimiento exclusivo a las condiciones previstas en estas Reglas de Liquidación.

2.– La venta en subasta pública se realizará "online" (a través de Internet) por la entidad especializada, concretamente a través de la página web propiedad de la entidad especializada designada .... Las bases concretas de la subasta se publicitarán a través de dicha página web, así como a través de cualesquiera otros medios complementarios de publicidad que considere convenientes la referida entidad.

En todo caso, por la Administración Concursal se indicarán al Juzgado para su publicación a través de la plataforma ...., con veinte días naturales de antelación al inicio de la subasta, los extremos siguientes:

1º) Fecha y hora de inicio de la subasta.

2º) Fecha y hora de finalización de la subasta.

3º) Relación de los bienes y derechos que sean objeto de subasta, así como las bases y condiciones de subasta. URL o dirección de Internet en el que puedan consultarse las bases y condiciones concretas de la subasta.

3.– La venta en subasta pública de los bienes que constituyen la masa activa se realizará en todo caso en estado de libre de cargas y gravámenes.

A fin de favorecer el mejor resultado en el proceso de realización pública de los bienes y derechos de la masa activa, desde la aprobación judicial de las Reglas de Liquidación, la Administración concursal podrá solicitar del juzgado la cancelación de las anotaciones de embargo que afecten a los bienes y derechos objeto de realización.

4.– Se entenderá aceptado expresamente por los ofertantes el estado físico y jurídico en que se encuentren los bienes objeto de subasta desde el momento de su intervención en el proceso de venta pública y sin garantías, sin que pueda revisarse el precio o desistir de la venta por ninguna circunstancia, teniendo las ofertas realizadas carácter irrevocable.

5.– El periodo mínimo para la presentación de ofertas será de UN MES desde la apertura del periodo apto para la licitación.

La entidad especializada, salvo oposición expresa de la Administración Concursal, podrá establecer la ampliación de la hora de finalización de la subasta por periodos de tres minutos sucesivos en los casos en que se presenten ofertas en ese periodo inmediato anterior a la misma o durante alguna de sus prórrogas. En este caso, la subasta concluirá cuando no se reciban ofertas de compra durante el último periodo de ampliación de la subasta.

6.– El tipo a efectos de subasta de cada uno de los bienes relacionados será el establecido como "Valor a Efectos de Liquidación" en el inventario de bienes incorporados a las presentes Reglas de Liquidación. En caso de que la venta o subasta de distintos bienes o derechos se integren en un lote único, el tipo a efectos de subasta será el que resulte de la suma del valor a efectos de liquidación de cada uno de los elementos que lo integran. No se aceptarán posturas por elementos individuales del lote, si bien el precio total se distribuirá entre los distintos elementos que lo integran a prorrata del valor a efectos de liquidación que cada uno tiene atribuido en el inventario de bienes de las Reglas de Liquidación.

7.– En lo no regulado en las presentes Reglas de Liquidación que, en cuanto a sus reglas mínimas deberá someterse necesariamente la entidad especializada, la enajenación de los bienes se acomodará, previa autorización de la Administración Concursal, a las reglas y usos de la casa o entidad que subaste o enajene dichos bienes, sin necesidad de que dicha entidad preste caución para responder del cumplimento del encargo.

8.– La entidad encargada de la subasta pública podrá exigir la prestación de garantías o depósitos para la intervención en la subasta. Los acreedores concursales, que ostenten créditos con privilegio especial sobre los bienes objeto de subasta, podrán concurrir a la misma sin que en ningún caso le sea exigible la prestación de depósitos o garantías para su intervención.

La dirección de correo electrónico que se designe a efectos de comunicaciones por los usuarios ofertantes en la página web a través de la que se realice la subasta será plenamente válida y eficaz a los efectos de cualesquiera notificaciones al usuario posteriores tanto realizados por la entidad especializada asignada como por la Administración Concursal hasta la conclusión del concurso.

9.– Todos los gastos e impuestos generados por la transmisión, tanto en la subasta como en la venta directa, serán a cargo de la compradora, incluyendo los gastos notariales, registrales, si los hubiera que será asumido igualmente por la parte compradora dada la insuficiencia de liquidez por parte de la mercantil concursada.

La entidad especializada hará públicos los gastos u honorarios correspondientes a la prestación de sus servicios en la subasta en el momento de la apertura del periodo de licitación, y a través de la propia página web, los que serán de cuenta de la parte compradora. En todo caso, éstos serán del 5% para los inmuebles y del 10% para el resto de bienes, porcentaje aplicado sobre el valor de la mayor oferta aceptada.

También serán de cuenta de la parte compradora todos los gastos de desmontaje y traslado de los bienes, así como la reparación de las instalaciones que resulten necesarias para la entrega de los mismos al adjudicatario.

10.– La Administración Concursal declarará aprobado el remate de la subasta a favor del mejor postor, quien deberá satisfacer el precio íntegro de la venta en el momento del otorgamiento de los documentos públicos o privados de compraventa que procedan, a cuyo acto deberá concurrir el acreedor con privilegio especial afecto para recibir el precio y otorgar los documentos precisos para la cancelación de las cargas en registros públicos.

Corresponderá a la Administración Concursal la designación del día, hora, lugar y, en su caso, el Notario donde se otorgarán los documentos públicos o privados a través de los que se articule la compraventa.

11.– El otorgamiento por la Administración Concursal de los documentos públicos o privados precisos para la consumación de las ventas, se entenderá aprobado sin necesidad de resolución expresa del juzgado, sin perjuicio de la responsabilidad de la Administración Concursal exigible a través del cauce previsto en los artículos 94 y ss. del TRLC.

12.– Para el supuesto de que en cualquiera de los estados previstos para la subasta de los bienes el mejor postor designado adjudicatario de los mismos no concurriese al otorgamiento de los documentos públicos o privados que resulten necesarios para su transmisión y pago del precio de remate, la administración concursal, con independencia de su derecho a exigir las responsabilidades que procedan por incumplimiento del antedicho mejor postor (en la forma que se establezca en las bases y condiciones de intervención en la subasta pública que como mínimo se fijarán en el 5% del tipo de subasta del bien por aplicación analógica de los arts. 647, 653, 655 y 669 de La Ley de Enjuiciamiento Civil), sin necesidad de declaración o intimación judicial expresa, podrá tenerlo por desistido en su oferta de compra, declarando adjudicatario los subsiguientes mejores postores habidos en la subasta pública celebrada, por el orden de sus respectivas posturas.

13.– La Administración Concursal, concluida la subasta sin la realización de los bienes, podrá repetir una o más veces el proceso de venta en subasta pública siempre con respeto a las bases mínimas establecidas en los apartados anteriores.

En cualquier caso, la Administración Concursal se reserva la facultad de desistir de la venta pública si el resultado de la subasta, según su criterio, fuere contrario al interés del concurso.

En ningún caso se podrá desistir si el precio obtenido fuese superior al valor previsto a efectos de liquidación en las reglas especiales de liquidación.

INVERSIONES NO AFECTAS A PRIVILEGIO ESPECIAL

La liquidación de estas partidas va a realizarse siguiendo las siguientes actuaciones:

A) VENTA UNITARIA O POR LOTES

La Administración Concursal contactará con agentes económicos que pudieran tener interés en la adquisición de los distintos elementos integrantes de las existencias y bienes y derechos no afectos a privilegio especial objeto de la presente liquidación, informándoles de los bienes objeto de la liquidación que se pretende, y concediendo un plazo de 3 meses desde aprobación de las reglas especiales de liquidacion.

Vencido el plazo de recepción de ofertas, se aceptarán las de mayor importe para cada uno de los elementos. En caso de que existiesen ofertas referidas a conjuntos de elementos distintos, se realizará un estudio global de las mismas, seleccionándose las que supongan un mayor beneficio para la masa activa. Se procederá a la venta en el plazo de un mes como máximo desde la aceptación de la oferta.

B) SUBASTA JUDICIAL.

En el caso de no llevarse a cabo la Venta Directa recogida en el apartado anterior se llevará a cabo por medio de SUBASTA PÚBLICA acomodándose dicha enajenación, previa autorización de la Administración Concursal, a las reglas y usos de la entidad que subasta dichos bienes, sin necesidad de que preste caución para responder al cumplimiento de su encargo.

Dicha subasta se llevará a cabo en los mismos términos que la subasta para bienes afectas al privilegio especial.

CLIENTES/DEUDORES

Se realizarán gestiones para conseguir el cobro de derechos pendientes de cuyo resultado se irá informando en su momento oportuno. La Administración Concursal podrá no obstante e igualmente, ceder a terceros estos activos por un importe razonable considerada su naturaleza y valor de liquidación establecido al efecto las presentes reglas, con arreglo al siguiente procedimiento:

(i) Se recibirán por la administración concursal y por la vía de correo electrónico oferta de adquisición de los bienes relacionados, en el plazo de UN MES desde la aprobación de las reglas especiales de liquidación, aceptando la mejor postura de entre aquellas que, como mínimo, oferten un precio de más del 50% del valor de liquidación indicado.

(ii) Recibidas las ofertas se circularizarán las recibidas entre los acreedores de los que conste el correo electrónico y se abrirá un plazo de UN MES adicional para la presentación de ofertas a la administración concursal que mejoren las ofertas presentadas.

(iii) Se cederán los bienes y derechos al mejor postor. En caso de que no hubiere postores, la Administración concursal podrá liquidar los bienes conforme a su mejor criterio.

TESORERÍA

Refleja el importe de la cuenta corriente intervenida, donde se han gestionado los cobros y pagos durante la tramitación del concurso y los documentos cobrables en poder de la sociedad.

En estos momentos existe un saldo disponible en la cuenta corriente intervenida por importe de...........€.

En cuanto a las condiciones de pago éste habrá de efectuarse de forma que garantice el pago efectivo del precio convenido.

OTRAS CUESTIONES

La existencia de bienes/derechos desprovistos de valor de mercado o cuyo coste de realización sea manifiestamente desproporcionado respecto de su previsible valor venal no impedirá la conclusión de la liquidación.

Los compradores deberán manifestar y declarar en el documento de enajenacion, que conocen el estado del bien adquirido, de sus condiciones, renunciando a ejercer ninguna acción de reclamación contra la concursada, incluyendo la acción de saneamiento por vicios ocultos.

TERCERO.– SOBRE LOS PAGOS A RALIZAR CON EL CAUDAL OBTENIDO.

El pago de los acreedores se realizará conforme a lo establecido en el el TRLC, y de acuerdo con las siguientes particularidades:

1° Los gastos necesarios para la conservación y liquidación de la masa activa, entre ellos, los necesarios para poder hacer efectiva la liquidación, y el traslado y custodia durante los próximos 6 años de la documentación contable de la concursada.

2° El resto de créditos contra la masa por orden de vencimiento.

3° Los créditos con privilegio general por el orden legalmente establecido.

4° Los créditos ordinarios: proporcionalmente en función del efectivo disponible una vez atendidos los créditos contra la masa y con privilegio general.

5° Los créditos subordinados: proporcionalmente en función del efectivo disponible una vez atendidos los créditos contra la masa, con privilegio general y ordinarios.

No obstante, y según lo previsto en el art. 473 TRLC, en caso de insuficiencia sobrevenida de la masa activa para satisfacer todos los créditos contra la masa, la administración concursal, una vez pagados o consignado el importe de aquellos ya devengados conforme al orden establecido en esta ley, deberá solicitar el juez la conclusión del concurso de acreedores, con rendición de cuentas.

En cuanto al orden de pago de los créditos contra la masa en caso de insuficiencia de la masa activa se llevará a cabo de conformidad con el art. 250 del TRLC:

> *"Artículo 250. Pago de los créditos contra la masa en caso de insuficiencia de la masa activa.*
>
> *1. Desde que la administración concursal comunique al juez del concurso que la masa activa es insuficiente para el pago de los créditos contra la masa, tendrán preferencia de cobro los créditos vencidos o que venzan después de esa comunicación que sean imprescindibles para la liquidación de la masa activa.*
>
> *2. En todo caso, se consideran imprescindibles para la liquidación los créditos por salarios de los trabajadores devengados después de la apertura de la fase de liquidación mientras continúen prestando sus servicios, la retribución de la administración concursal durante la fase de liquidación; y las cantidades adeudadas a partir de la apertura de la fase de liquidación en concepto de rentas de los inmuebles arrendados para la conservación de bienes y derechos de la masa activa. Si la masa activa fuera insuficiente para atender estos créditos, el pago de los que hubieran vencido se realizará a prorrata.*
>
> *3. El pago de los créditos contra la masa que no sean imprescindibles para la liquidación de la masa activa se satisfarán por el orden establecido en el artículo 242.1, sin perjuicio de lo establecido en el siguiente apartado.*
>
> *4. Tendrán prelación sobre los créditos del artículo 242.1.2.° los créditos por salarios e indemnizaciones por despido o extinción de los contratos de trabajo generados tras la declaración del concurso en la cuantía que resulte de multiplicar el triple del salario mínimo interprofesional por el número de días de salario pendientes de pago".*

En cuanto a la forma de pago de los créditos se verificará mediante intermediación bancaria, bien sea por cheque nominativo o transferencia, a cada uno de los acreedores; y en caso de Organismos Públicos por cualquiera de los procedimientos legalmente previstos. De cualquier forma, será necesaria la acreditación suficiente del acreedor para proceder al pago.

Por lo expuesto,

SUPLICO AL JUZGADO, que habiendo presentado este escrito, se admita y se una al expediente de su razón, ordenando su unión a la Sección Quinta de este procedimiento.

Es Justicia que se SUPLICA en..........., a........... de........... de...........

F661. ESCRITO DE LA ADMINISTRACIÓN CONCURSAL FORMULANDO REGLAS ESPECIALES DE LIQUIDACIÓN

Normativa de aplicación: *Arts. 406 y ss. Real Decreto Legislativo 1/2020, de 5 de mayo, por el que se aprueba el texto refundido de la Ley Concursal*

AL JUZGADO DE LO MERCANTIL Nº ...... DE............

Concurso Ordinario Auto...../........

..........., Administrador Concursal designado en el expediente de Concurso Voluntario Ordinario de la entidad............, S.L. que con el número...../....... se sigue ante este Juzgado, comparece ante él y como mejor proceda en Derecho, DICE:

PRIMERO.– Que por Auto de fecha 29 de noviembre de.........., notificado a esta parte el 10 de enero de.........., se decreta la apertura de la Fase de Liquidación del concurso de la citada mercantil, requiriendo a esta Administración Concursal para que en el plazo de diez días alegase sobre el establecimiento de las reglas especiales que considerase oportunas implementar en las presentes actuaciones de cara a la liquidación de los activos que conforman el patrimonio de la concursada.

SEGUNDO.– Que por medio del presente escrito, se evacua el citado trámite manifestando que en opinión de esta Administración Concursal resulta conveniente para el interés del concurso y una mejor y óptima liquidación de la masa activa, LA ADOPCIÓN DE LAS REGLAS ESPECIALES DE LIQUIDACIÓN QUE A CONTINUACIÓN SE EXPONEN.

TERCERO.– No obstante lo anterior, se manifiesta con carácter previo que La Administración Concursal ha preparado una relación de los bienes y derechos de titularidad de la concursada y que se reseña a continuación en el ANEXO I de este escrito.

CUARTO.– A la vista de ello se proponen las siguientes reglas especiales de liquidación teniendo en cuenta cada partida que compone el inventario de bienes y derechos de la concursada anteriormente reseñado y que deben ajustarse a lo dispuesto en el artículo 415 TRLC, y respetar las reglas supletorias de los artículos 421 a 423 bis TRLC.

PRIMERO: ÁMBITO DE APLICACIÓN

Conforme se indica en el ANEXO I de Inventario de bienes y derechos, se han detallado los bienes y derechos de la concursada objeto de liquidación conforme a las actuaciones que se van a detallar en el punto siguiente.

Los valores otorgados a los bienes sirven como valores orientativos con los que se estudiará la conveniencia o no de las ofertas que se reciban. Se tratará de obtener la mejor oferta, sin embargo, es posible que en algunos casos las ofertas que se acepten sean por valor inferior a este valor orientativo estimado.

Estos valores difieren en los otorgados en el momento de elaboración del Informe de la Administración Concursal, realizados con la premisa de continuidad de la sociedad, debidos a los siguientes motivos:

1. Inmovilizado intangible

No se ha otorgado ningún valor de realización a los elementos que forman parte de esta partida al no ser susceptibles de venta a terceros debido a su naturaleza intangible.

2. Inmovilizado material

Se han eliminado aquellos elementos del inmovilizado que no son susceptibles de venta a terceros debido a que el coste de su desmontaje y traslado es muy superior al valor de los mismos, ocurriendo en algunos casos que una vez desmontados no son utilizables de nuevo, como ocurre por ejemplo con la partida "instalaciones técnicas" que incluye instalaciones eléctricas, instalaciones de aires acondicionados...etc. llevadas a cabo por la concursada en las naves propiedad de la mercantil y que no son susceptibles de ser separadas de éstas. Asimismo, se ha reducido el valor de mercado de la distinta maquinaria que posee la sociedad, el cual resulta notablemente inferior en un escenario de liquidación. Se trata de maquinaria que se encuentra parada desde el inicio del concurso, casi 12 meses, que ha sido ajustada a las instalaciones y a la actividad de la concursada y cuyo coste de desmontaje, traslado y posterior montaje es elevado.

3. Deudores

Se ha actualizado la lista de los saldos deudores, eliminando aquellos que han sido recuperados y consignados en las cuentas intervenida por esta Administración Concursal.

SEGUNDO: SOBRE LA REALIZACIÓN DE LOS BIENES

Se considera conveniente al interés del concurso y para intentar maximizar al máximo el valor de realización de los activos que las tareas propias de la liquidación sean realizadas de manera indistinta por la Administración Concursal y la empresa especializada en la gestión de activos concursales, y que desde este momento se deja designada,........... (en lo sucesivo...........) con domicilio social en...........

Con carácter preferente a cualquier otro procedimiento, y para el caso de que existiera el supuesto, se intentará la venta directa de los bienes y derechos en su conjunto, al mejor ofertante. Las ofertas serán por todos los lotes en conjunto.

Cuando la gestión e intervención en la venta sea realizada por la entidad especializada los honorarios de esta serán: en el caso de los bienes inmuebles y unidades productivas del ....% (.... por ciento) del precio de venta antes de impuestos, y en el caso de venta de bienes muebles, instalaciones industriales será del........... (.... por ciento) del precio de venta; dichos honorarios en modo alguno formarán parte del precio y serán directamente facturables por la empresa especializada........... al adquirente o adjudicatario.

Los bienes se venderán libres de toda clase de cargas y gravámenes, a excepción de aquellas que por mandato legal deban permanecer vigentes. El adquirente o adjudicatario asume el pago, hasta el máximo legal, de los gastos de comunidad de propietarios e IBI caso de que se encontraran pendientes de pago.

Transcurrido el plazo de UN MES, y recibidas las ofertas, éstas se circularizarán al resto de ofertantes y a los acreedores de los que conste el correo electrónico, y se abrirá un plazo de DIEZ DÍAS NATURALES adicional para mejorar la postura de la mayor de las ofertas recibidas. Una vez finalizado el plazo de diez días naturales, el administrador concursal informará de la mayor de las ofertas recibidas.

I.– ACTIVOS AFECTOS A PRIVILEGIO ESPECIAL

La liquidación de esta partida va a realizarse siguiendo las siguientes actuaciones:

A) VENTA DIRECTA

– PRECIO

La realización de bienes afectos al pago de créditos con privilegio especial se llevará a efecto por la Administración Concursal y empresa especializada.......... de forma directa siempre que las ofertas recibidas sean iguales o superiores al importe del crédito o créditos garantizados con el bien objeto de realización.

La venta de los bienes antedichos por precio igual o superior al referido anteriormente se entenderá autorizada expresamente por los acreedores con privilegio especial a los que les afecte, desde la aprobación judicial de las reglas especiales de liquidación.

En el supuesto de que las ofertas recibidas sean por importe inferior al crédito garantizado con el bien objeto de realización, la Administración Concursal dará traslado de las mismas al acreedor privilegiado, con objeto de que proceda a autorizar la transmisión, todo ello con independencia del derecho del acreedor a la subsistencia del crédito privilegiado no liquidado, como crédito concursal con la calificación correspondiente, de conformidad con lo establecido en los artículos 213.2 y 433.2 TRLC.

En caso de no aceptarlo el acreedor titular del privilegio especial deberá presentar mejor oferta por el mismo. Si transcurridos 10 días desde que se presente la oferta, el acreedor privilegiado especial no manifiesta su interés en mejorar la oferta recibida, la oferta se entenderá rechazada.

En lo no previsto para la venta directa de bienes o derechos afectos a privilegio especial, será de aplicación lo dispuesto en los arts. 210 y ss. TRLC.

– PLAZO

Se establece un plazo para la recepción de ofertas por parte de la administración concursal y empresa especializada.......... para la realización directa de estos bienes de UN MES desde la aprobación de las reglas especiales de liquidación.

Si transcurrido el plazo de UN MES desde la fecha de aprobación de las reglas especiales de liquidación no se ha recibido ninguna oferta sobre alguno de los bienes, se procederá a la subasta pública de los mismos.

– CONDICIONES ADICIONALES

Los oferentes interesados en la compra deberán dirigir sus ofertas a la Administración Concursal o empresa especializada.........., a la dirección electrónica del concurso.......... o al correo de la empresa especializada......................

La oferta deberá contener los siguientes datos:

– Datos de la persona física o jurídica que realiza la oferta (denominación social/nombre y apellidos, dirección, teléfono, correo electrónico, así como CIF/DNI).

– El importe económico sin incluir los impuestos y exento de gastos.

El pago del precio deberá efectuarse al contado al tiempo del otorgamiento del contrato de compraventa o escritura pública, y su importe se destinará al pago del crédito con privilegio especial de inmediato. Dicho acreedor con privilegio especial deberá concurrir a la venta de otorgar cuantos documentos públicos o privados sean necesarios para la cancelación de cargas registrales o de otra índole, recibiendo en ese acto el importe del precio hasta el pago, si alcanza, de su crédito privilegiado. El resto, si lo hubiere, se ingresará en la cuenta intervenida para su aplicación conforme a derecho.

Todos los gastos de la venta, incluidos los honorarios de la empresa especializada..........., y registrales serán de la exclusiva cuenta y a cargo de los compradores o adjudicatarios y los impuestos serán satisfechos conforme a ley.

A petición de la Administración Concursal, el Letrado de la Administración de Justicia procederá al levantamiento de los embargos o cargas que pesaren sobre los bienes transmitidos mediante libramiento de los correspondientes mandamientos, por aplicación de lo dispuesto en el artículo 225 TRLC.

B) SUBASTA PÚBLICA

En el caso de no llevarse a cabo la venta directa recogida en el apartado anterior se llevará a cabo por medio de SUBASTA PÚBLICA A TRAVÉS DE EMPRESA ESPECIALIZADA, acomodándose dicha enajenación, previa autorización de la Administración Concursal, a las reglas y usos de la entidad que subasta dichos bienes, sin necesidad de que preste caución para responder al cumplimiento de su encargo.

La subasta será de la unidad productiva, caso de existir, o de cada uno de los lotes por separado, aceptando aquella que sea más beneficiosa para el concurso.

La subasta durará un plazo de 1 mes.

Esta Administración Concursal ha designado a la entidad especializada........... no de forma aleatoria sino ponderando su presencia en el mercado, el alcance de sus servicios y la constatación de sus resultados económicos.

Por todo ello, proponemos como condiciones de la SUBASTA PÚBLICA las que a continuación se refieren:

1.– La Administración Concursal designa como entidad especializada para llevar a efecto la subasta de los bienes antedichos a la compañía mercantil........... cuyos demás datos ya se han reseñado anteriormente, la determinación de esta entidad y las condiciones en que la venta deben efectuarse se entenderá definitiva y plenamente eficaz en los términos propuestos en las presentes Reglas de Liquidación, sin necesidad de comparecencia de los que fueren parte o resulte interesados en el concurso y sin que sean de aplicación los precios mínimos de venta en relación al avalúo tanto para el caso de bienes muebles como de inmuebles. La subasta de estos bienes se llevará a efecto por la persona o entidad especializada designada con sometimiento exclusivo a las condiciones previstas en las Reglas de Liquidación.

2.– *La venta en subasta* pública se realizará "online" (a través de Internet) por la entidad especializada, concretamente a través de la página web propiedad de la entidad especializada........... Las bases concretas de la subasta se publicitarán a través de dicha página web, así como a través de cualesquiera otros medios complementarios de publicidad que considere convenientes la referida entidad.

En todo caso, por la Administración Concursal se indicarán al Juzgado para su publicación a través de la plataforma habilitada al efecto si estuviera operativa al tiempo de realizarse, con quince días naturales de antelación, al inicio de la subasta, los extremos siguientes:

1º) Fecha y hora de inicio de la subasta.

2º) Fecha y hora de finalización de la subasta.

3º) Relación de los bienes y derechos que sean objeto de subasta, así como las bases y condiciones de subasta. URL o dirección de Internet en el que puedan consultarse las bases y condiciones concretas de la subasta.

3.– La venta en subasta pública de los bienes que constituyen la masa activa se realizará en todo caso en estado de libre de cargas y gravámenes.

4.– Se entenderá aceptado expresamente por los ofertantes el estado físico y jurídico en que se encuentren los bienes objeto de subasta desde el momento de su intervención en el proceso de venta pública y sin garantías, sin que pueda revisarse el precio o desistir de la venta por ninguna circunstancia, teniendo las ofertas realizadas carácter irrevocable.

5.– El periodo mínimo para la presentación de ofertas será de UN MES desde la apertura del periodo apto para la licitación.

La entidad especializada, salvo oposición expresa de la Administración Concursal, podrá establecer la ampliación de la hora de finalización de la subasta por periodos de tres minutos sucesivos en los casos en que se presenten ofertas en ese periodo inmediato anterior a la misma o durante alguna de sus prórrogas. En este caso, la subasta concluirá cuando no se reciban ofertas de compra durante el último periodo de ampliación de la subasta.

6.– El tipo a efectos de subasta de cada uno de los bienes relacionados será el establecido como "Valor a Efectos de Liquidación" en el inventario de bienes incorporados a las presentes Reglas de Liquidación. En caso de que la venta o subasta de distintos bienes o derechos se integren en un lote único, el tipo a efectos de subasta será el que resulte de la suma del valor a efectos de liquidación de cada uno de los elementos que lo integran. No se aceptarán posturas por elementos individuales del lote, si bien el precio total se distribuirá entre los distintos elementos que lo integran a prorrata del valor a efectos de liquidación que cada uno tiene atribuido en el inventario de bienes de las Reglas de Liquidación.

7.– En lo no regulado en las presentes Reglas de Liquidación que, en cuanto a sus reglas mínimas deberá someterse necesariamente la entidad especializada, la enajenación de los bienes se acomodará, previa autorización de la Administración Concursal, a las reglas y usos de la casa o entidad que subaste o enajene dichos bienes, sin necesidad de que dicha entidad presta caución para responder del cumplimiento del encargo.

8.– La entidad encargada de la subasta pública podrá exigir la prestación de garantías o depósitos para la intervención en la subasta. Los acreedores concursales, que ostenten créditos con privilegio especial sobre los bienes objeto de subasta, podrán concurrir a la misma sin que en ningún caso le sea exigible la prestación de depósitos o garantías para su intervención.

La dirección de correo electrónico que se designe a efectos de comunicaciones por los usuarios ofertantes en la página web a través de la que se realice la subasta será plenamente válida y eficaz a los efectos de cualesquiera notificaciones al usuario posteriores tanto realizados por la entidad especializada asignada como por la Administración Concursal hasta la conclusión del concurso.

9.– Todos los gastos e impuestos generados por la transmisión, tanto en la subasta como en la venta directa, serán a cargo de la compradora, incluyendo los gastos notariales, registrales, si los hubiera que será asumido igualmente por la parte compradora dada la insuficiencia de liquidez por parte de la mercantil concursada.

Serán de cuenta de la parte compradora todos los gastos de desmontaje y traslado de los bienes, así como la reparación de las instalaciones que resulten necesarias para la entrega de los mismos al adjudicatario.

10.– La Administración Concursal declarará aprobado el remate de la subasta a favor del mejor postor, quien deberá satisfacer el precio íntegro de la venta en el momento del otorgamiento de los documentos públicos o privados de compraventa que procedan, a cuyo acto deberá concurrir el acreedor con privilegio especial afecto para recibir el precio y otorgar los documentos precisos para la cancelación de las cargas en registros públicos.

Corresponderá a la Administración Concursal la designación del día, hora, lugar y, en su caso, el Notario donde se otorgarán los documentos públicos o privados a través de los que se articule la compraventa.

11.– El otorgamiento por la Administración Concursal de los documentos públicos o privados precisos para la consumación de las ventas, se entenderá aprobado sin necesidad de resolución expresa del Juzgado, sin perjuicio de la responsabilidad de la Administración Concursal exigible a través del cauce previsto en los artículos 94 y ss. Del TRLC.

12.– Para el supuesto de que en cualquiera de los estados previstos para la subasta de los bienes el mejor postor designado adjudicatario de los mismo no concurriese al otorgamiento de los documentos públicos o privados que resulten necesarios para su transmisión pago del precio de remate, la administración concursal, con independencia de su derecho a exigir las responsabilidades que procedan por incumplimiento del antedicho mejor postor (en la forma que se establezca en las bases y condiciones de intervención en la subasta pública que como mínimo se fijarán en el 5% del tipo de subasta del bien por aplicación analógica de los arts. 647, 653, 655 y 669 de la Ley de Enjuiciamiento Civil), sin necesidad de declaración o intimación judicial expresa, podrá tenerlo por desistido en su oferta de compra, declarando adjudicatario los subsiguientes mejores postores habidos en la subasta pública celebrada, por el orden de sus respectivas posturas.

13.– La Administración Concursal, concluida la subasta sin la realización de los bienes, podrá repetir una o más veces el proceso de venta en subasta pública siempre con respeto a las bases mínimas establecidas en los apartados anteriores.

En cualquier caso, la Administración Concursal se reserva la facultad de desistir de la venta pública si el resultado de la subasta, según su criterio, fuere contrario al interés del concurso.

En ningún caso se podrá desistir si el precio obtenido fuese superior al valor previsto a efectos de liquidación en las reglas especiales de liquidación.

En ningún caso se podrá desistir si el precio obtenido fuese superior al valor previsto a efectos de liquidación en las reglas especiales de liquidación.

II.– ACTIVOS NO SUJETOS A PRIVILEGIO ESPECIAL

La liquidación de estas partidas va a realizarse siguiendo las siguientes actuaciones:

A) VENTA UNITARIA O POR LOTES

La Administración Concursal y la empresa especializada, de manera indistinta, podrán contactar con agentes económicos que pudieran tener interés en la adquisición de los distintos elementos integrantes de la existencias y bienes y derechos no afectos a privilegio especial objeto de la presente liquidación, informándoles de los bienes objeto de la liquidación que se pretende, y concediendo un plazo de 1 mes desde aprobación de las reglas especiales de liquidación para formular ofertas de adquisición

Vencido el plazo de recepción de ofertas, se aceptarán las de mayor importe para cada uno de los elementos. En caso de que existiesen ofertas referidas a conjuntos de elementos distintos, se realizará un estudio global de las mismas, seleccionándose las que supongan un mayor beneficio para la masa activa. Se procederá a la venta en el plazo de un mes como máximo desde la aceptación de la oferta.

B) VENTA SEPARADA SIN LOTES

En el caso de no llevarse a cabo la Venta Directa recogida en el apartado anterior se llevará a cabo la venta individualizada de los bienes, no obstante, la administración concursal o la empresa especializada designada.......... podrá formar conjuntos de bienes cuya realización global se considere de más interés para el concurso.

C) SUBASTA EXTRAJUDICIAL / CHATARRA / IRREALIZABLES

Vencido los plazos establecidos y aprobados en las Reglas Especiales, sin haber recibido oferta por algunos de los bienes, se procederá, según la naturaleza de los bienes a promover la subasta extrajudicial de los mismos, a su venta como chatarra o a su consideración como irrealizables, informándose oportunamente a este Juzgado.

En caso de optar por la subasta, se aplicarán las mismas reglas que las expuestas en el supuesto de bienes afectos a créditos con privilegio especial

III.– DEUDORES

Se realizarán gestiones de cobro sobre los saldos de deudores que estén pendientes, valorándose por la administración concursal la posibilidad, en los casos en que no fructifiquen las reclamaciones ordinarias, de presentar reclamaciones judiciales si se estima que existe viabilidad para las mismas.

La Administración Concursal podrá también transmitir estos derechos en caso de recibir oferta por los mismos durante la duración de la liquidación de los activos.

La existencia de bienes/derechos desprovistos de valor de mercado o cuyo coste de realización sea manifiestamente desproporcionado respecto de su previsible valor venal no impedirá la conclusión de la liquidación.

Los compradores deberán manifestar y declarar en el documento de enajenación, que conocen el estado del bien adquirido, de sus condiciones, renunciando a ejercer ninguna acción de reclamación contra la concursada, incluyendo la acción de saneamiento por vicios ocultos.

TERCERO: SOBRE LOS PAGOS A REALIZAR CON EL CAUDAL OBTENIDO

El pago de los acreedores se realizará conforme a lo establecido en el artículo 242 del Texto Refundido de la Ley Concursal, y de acuerdo con las siguientes particularidades:

1°. Los gastos necesarios para la conservación y liquidación de la masa activa, entre ellos, los necesarios para poder hacer efectiva la liquidación, y el traslado y custodia durante los próximos 6 años de la documentación contable de la concursada.

2°. El resto de créditos contra la masa, por orden de vencimiento.

3°. Los créditos con privilegio genera, por el orden legalmente establecido.

4°. Los créditos ordinarios: proporcionalmente en función del efectivo disponible una vez atendidos los créditos contra la masa y con privilegio general.

5° Los créditos subordinados: proporcionalmente en función del efectivo disponible una vez atendidos los créditos contra la masa, con privilegio general y ordinarios.

No obstante, y según lo previsto en el art. 473 TRLC, en caso de insuficiencia sobrevenida de la masa activa para satisfacer todos los créditos contra la masa, la administración concursal, una vez pagados o consignado el importe de aquellos ya devengados conforme al orden establecido en esta ley, deberá solicitar el juez la conclusión del concurso de acreedores, con rendición de cuentas.

En cuanto al orden de pago de los créditos contra la masa en caso de insuficiencia de la masa activa se llevará a cabo de conformidad con el art. 250 del TRLC:

"Artículo 250. Pago de los créditos contra la masa en caso de insuficiencia de la masa activa.

1. Desde que la administración concursal comunique al juez del concurso que la masa activa es insuficiente para el pago de los créditos masa, tendrán preferencia de cobro los créditos vencidos o que venzan después de esa comunicación que sean imprescindibles para la liquidación de la masa activa.

2. En todo caso, se consideran imprescindibles para la liquidación lo créditos por salarios de los trabajadores devengados después de la apertura de la fase de liquidación mientras continúen prestando sus servicios, la retribución de la administración concursal durante la fase de liquidación; y las cantidades adeudadas a partir de la fase de liquidación en concepto de rentas de los inmuebles arrendados para la conservación de bienes y de-

rechos de la masa activa. Si la masa activa fuera insuficiente para atender estos créditos, el pago de los que hubieran vencido se realizará a prorrata.

3. El pago de los créditos contra la masa que no sean imprescindibles para la liquidación de la masa activa se satisfarán por el orden establecido en el artículo242.1, sin perjuicio de lo establecido en el siguiente apartado.

4. Tendrán prelación sobre los créditos del artículo 242.1.2º. los créditos por salarios e indemnizaciones por despido o extinción de los contratos de trabajo generados tras la declaración del concurso en la cuantía que resulte de multiplicar el triple del salario mínimo interprofesional por el número de días de salario pendientes de pago".

En cuanto a la forma de pago de los créditos se verificará mediante intermediación bancaria, bien sea por cheque nominativo o transferencia, a cada uno de los acreedores; y en caso de Organismos Públicos por cualquiera de los procedimientos legalmente previstos. De cualquier forma, será necesaria la acreditación suficiente del acreedor para proceder al pago.

En su virtud,

SOLICITA AL JUZGADO, que teniendo por presentado en tiempo y forma el presente escrito sea admitido y ordenar sea unido al expediente de su razón, teniendo por presentadas las reglas especiales de liquidación, y procediéndose, tras los trámites oportunos a su aprobación.

............., a ..... de ..... de...........

Fdo............ ADMINISTRACIÓN CONCURSAL

F662. ESCRITO DE LA ADMINISTRACIÓN CONCURSAL INFORMANDO SOBRE LA INNECESARIEDAD DE REGLAS ESPECIALES DE LIQUIDACIÓN

Normativa de aplicación: *Arts. 406 y ss. Real Decreto Legislativo 1/2020, de 5 de mayo, por el que se aprueba el texto refundido de la Ley Concursal*

AL JUZGADO DE LO MERCANTIL Nº .... DE........

Proc. Concursal Ordinario

Autos........

........, Administrador Concursal designado en el procedimiento de Concurso Ordinario Voluntario de........ que con el número........ se tramita ante ese Juzgado, comparece ante el mismo y como mejor proceda en Derecho, DICE:

Que por diligencia de ordenación de fecha 18 de diciembre de........, notificada a esta parte el 19 de diciembre del mismo año, se otorga un plazo de diez días para que esta Administración Concursal informe sobre si resulta oportuno introducir reglas especiales para la liquidación, a los efectos de que puedan ser incorporadas en el auto que declare, eventualmente, abierta la liquidación concursal.

Que siendo el único bien con valor titularidad del concursado un inmueble, esta Administración Concursal considera que las reglas generales supletorias contempladas en los artículos 421 y ss. del TRLC resultarían adecuadas y suficientes para la realización del citado bien.

ALTERNATIVA: Que esta parte entiende que las reglas generales supletorias contempladas en los artículos 421 y ss. del TRLC resultarían adecuadas y suficientes para la realización del activo de la concursada. Ello a la vista de su naturaleza ....

En virtud de lo expuesto,

SOLICITA AL JUZGADO, que teniendo por presentado este escrito se digne admitirlo, se una al expediente de su razón, y se tenga por cumplido al infrascrito en el informe solicitado mediante diligencia de ordenación de fecha 18 de diciembre de........, notificada a esta parte el 19 de diciembre del mismo año.

En........, a dieciséis de enero de ......

Fdo.........

ADMINISTRACIÓN CONCURSAL

F663. DILIGENCIA DE ORDENACIÓN SOBRE ALEGACIONES DE LA ADMINISTRACIÓN CONCURSAL SOBRE REGLAS ESPECIALES DE LIQUIDACIÓN

Normativa de aplicación: *Arts. 406 y ss. Real Decreto Legislativo 1/2020, de 5 de mayo, por el que se aprueba el texto refundido de la Ley Concursal*

Diligencia de Ordenación del Sr. Letrado de la Administración de Justicia, Don...........

En..........., a........... de........... de...........

Dada cuenta, por presentado en fecha........... y por la Administración Concursal, escrito sobre reglas especiales de liquidación, en los términos de dicho escrito y dando cumplimiento al requerimiento que les fue cursado mediante el auto de apertura de liquidación en estas actuaciones.

Se tiene por presentado el mismo y dese traslado a la concursada y demás partes personadas del referido escrito. Doy cuenta a su señoría.

Contra la presente resolución cabe interponer recurso de revisión a interponer en el plazo de cinco días a contar desde la referida notificación.

De conformidad con lo establecido en la Disposición Adicional 15ª LOPJ (según la redacción dada por la LO 1/09), la interposición de recurso contra resoluciones judiciales, no podrá ser admitida a trámite sin la acreditación del depósito previsto en la citada Ley a efectos de recurrir, debiendo presentarse copia o resguardo de tal depósito en las cuenta de consignaciones de este Juzgado.

Así lo acuerda y firma el Letrado de la Administración de Justicia. Doy fe.

F664. AUTO APROBATORIO REGLAS DE LIQUIDACIÓN

Normativa de aplicación: *Arts. 406 y ss. Real Decreto Legislativo 1/2020, de 5 de mayo, por el que se aprueba el texto refundido de la Ley Concursal*

En..........., a........... de........... de...........

ANTECEDENTES DE HECHO

ÚNICO.– Que en las presentes actuaciones y mediante auto de fecha .... se aperturó la fase de liquidación como consecuencia de ....

El auto en cuestión, se dio traslado a la administración concursal a efectos que informase sobre la eventual adopción por este Juzgado de reglas especiales de liquidación, con el resultado obrante en autos.

FUNDAMENTOS DE DERECHO

PRIMERO.– Señala el art. 415.TRLC, "1. Al acordar la apertura de la liquidación de la masa activa o en resolución posterior, el juez, previa audiencia o informe del administrador concursal a evacuar en el plazo máximo de diez días naturales, podrá establecer las reglas especiales de liquidación que considere oportunas, así como, bien de oficio bien a solicitud de la administración concursal, modificar las que hubiera establecido. Las reglas especiales de liquidación establecidas por el juez podrán ser modificadas o dejadas sin efecto en cualquier momento, bien de oficio bien a solicitud de la administración concursal.

2. El juez no podrá exigir la previa autorización judicial para la realización de los bienes y derechos, ni establecer reglas cuya aplicación suponga dilatar la liquidación durante un periodo superior al año.

3. Contra el pronunciamiento de la resolución judicial de apertura de la fase de liquidación de la masa activa relativa al establecimiento de reglas especiales de liquidación o contra la resolución judicial posterior que las establezca, así como contra la resolución

judicial que les modifique o deje sin efecto, los interesados solo podrán interponer recurso de reposición.

4. Las reglas especiales de liquidación establecidas por el juez quedarán sin efecto si así lo solicitaren acreedores cuyos créditos representen más del cincuenta por ciento del pasivo ordinario o más del cincuenta por ciento del total del pasivo."

Cuando se presente a inscripción en los registros de bienes, cualquier título relativo a un acto de enajenación de bienes y derechos de la masa activa realizado por la administración concursal durante la fase de liquidación, será de aplicación lo dispuesto en el artículo 415.5 TRLC.

SEGUNDO.– Que este Juzgador entiende que resulta conveniente para el interés del concurso y una mejor y optima liquidación de la masa activa, la adopción de las reglas especiales de liquidación que a continuación se exponen:............

A la vista de todo ello y demás normativa de aplicación,

DISPONGO

APROBAR de conformidad con el art. 415 TRLC las reglas especiales de liquidación reseñadas en el fundamento de derecho segundo de este auto.

Dese la oportuna publicidad al presente auto, expidanse al efectos los edictos y mandamientos oportunos. Remítase por la Administración Concursal y para su publicación en el Registro Publico Concursal la información a que se refiere el art. 415 bis TRLC. Notifíquese a las partes la presente resolución y hágales saber que contra la misma cabe interponer recurso de reposición ante este mismo juzgado en el plazo de cinco días siguientes a la notificación de la presente.

De conformidad con lo establecido en la Disposición Adicional 15° LOPJ (según la redacción dada por la LO 1/09), la interposición de recurso contra resoluciones judiciales, no podrá ser admitida a trámite sin la acreditación del depósito previsto en la citada Ley a efectos de recurrir, debiendo presentarse copia o resguardo de tal depósito en las cuenta de consignaciones de este Juzgado.

Así lo acuerda, manda y firma D............, Magistrado Juez del Juzgado de lo Mercantil número............ de esta localidad.

F665. IMPUGNACIÓN RECURSO DE REPOSICIÓN INTERPUESTO CONTRA AUTO APROBATORIO DE REGLAS ESPECIALES

Normativa de aplicación: *Arts. 406 y ss. Real Decreto Legislativo 1/2020, de 5 de mayo, por el que se aprueba el texto refundido de la Ley Concursal*

Procedimiento: CONCURSO ORDINARIO (CNO) - ....

AL JUZGADO DE LO MERCANTIL Nº ....

DE ....

Doña..................., Procuradora de los Tribunales, actuando en nombre y representación de la mercantil ....................S.L., y según tengo acreditado en el procedimiento de Concurso que con el número ....se tramita en este Juzgado, ante este juzgado comparezco y, como mejor proceda en Derecho, DIGO

I.– Que mediante Diligencia de Ordenación de fecha ....de .... se daba traslado a esta parte del recurso de reposición presentado por la representación de ....frente al auto de este Juzgado de ....de ......, concediéndose a las partes personadas plazo de cinco días a fin de que pudieran impugnar el recurso.

II.– Que por el presente, siguiendo las expresas instrucciones de mi representada, y de conformidad con lo establecido en el artículo 453 de la Ley de Enjuiciamiento Civil, procedo, dentro del plazo legal a impugnar el recurso de reposición interpuesto por la demandante frente al auto de fecha ....de 2023.

El presente escrito de impugnación se interpone en base a las siguientes,

ALEGACIONES

PREVIA.– Esta parte se opone de forma expresa a todos y cada uno de los hechos y fundamentos alegados de contrario por la recurrente, salvo aquellos que expresamente sean aceptados por esta parte en el presente escrito.

Sentado lo anterior, y previo desarrollo de los fundamentos de este escrito de impugnación, esta parte quiere destacar la falta de fundamento del recurso de reposición formulado por la ahora recurrente, así como su mala fe en la forma de proceder, y ello por cuanto que entendemos que el Auto objeto del presente recurso no infringe precepto legal alguno, ni su contenido es lesivo en ningún caso para el Derecho del ahora recurrente ni vulnera los principios de seguridad jurídica o legalidad constitucionalmente protegidos, ello tal y como expondremos posteriormente.

Sentado lo anterior, procedemos a entrar en el fondo de nuestros motivos de impugnación del recurso de reposición interpuesto de contrario.

PRIMERA.– Alega la recurrente en primer lugar en sus motivos PRIMERO y SEGUNDO que el auto de fecha .... y las reglas especiales de liquidación no recogen la autorización del acreedor privilegiado respecto de los bienes sujetos a privilegio especial, y más en concreto, en los supuestos en que el precio de venta no alcance el importe del privilegio, solicitándose por tanto que se modifiquen las reglas especiales de liquidación en lo referente a este supuesto en aplicación del artículo 210 TRLC, ello con el objeto de evitar, a su entender, que se cause un perjuicio para sus intereses en el seno del concurso.

Pues bien, esta parte no puede estar más que en desacuerdo con tales alegaciones, y ello por cuanto que en este punto las reglas especiales de liquidación aprobadas mediante el auto de fecha .... en nada perjudican a la ahora recurrente y van en línea con los importes reconocidos en los textos definitivos del concurso. Tal como se puede comprobar, a fecha actual la recurrente ostenta en el seno del concurso el importe del crédito que fue comunicado por la misma en su momento y no impugnado en plazo, por lo que esta parte entiende que no cabría modificar las reglas especiales de liquidación al objeto de precisar una autorización al acreedor privilegiado en caso de que el precio de venta no cubriera el importe de ....€, ya que, como hemos dicho, dicho importe no es el que consta reconocido en el seno del concurso de acreedores. No sólo lo anterior, sino que, como veremos posteriormente, el artículo 210 TRLC aducido por la recurrente no sería aplicable al presente supuesto, y, en cualquier caso, es de aplicación supletoria a las reglas especiales de liquidación.

Así mismo, con manifiesta mala fe y abuso de derecho, pretende confundir la recurrente al Juzgador, dicho sea con todo el respeto y en estrictos términos de defensa, al dejar constancia del incidente concursal que se sigue en ese Juzgado. Y decimos que actúa con mala fe la recurrente por cuanto que las cuestiones relativas al referido incidente concursal son ajenas al presente recurso de reposición, que recordemos, versa sobre las reglas especiales de liquidación, y deberán ser resueltas separadamente en el seno del incidente, sin que quepa aludir a las mismas fuera del procedimiento incidental.

Es más, lo que no indica la recurrente, nuevamente con manifiesta mala fe, es que en el seno del referido incidente concursal, y a través de una medida cautelar, ... SA ya formuló una solicitud asimilable a lo que se indica en el recurso de reposición que aquí se impugna, medida cautelar esta que fue desestimada mediante auto de fecha .... Es decir, la recurrente pretende ahora conseguir con la interposición del presente recurso lo que le ha sido ya denegado por este Juzgado en la pieza separada de medidas cautelares relativas al incidente concursal, lo que a todas luces supone un acto contrario a la buena fe procesal debiendo ser penalizado con la oportuna imposición de costas.

SEGUNDA.– Sin perjuicio de lo indicado anteriormente, esta parte entiende que a los efectos de la resolución del presente recurso, es necesario analizar la naturaleza y presupuestos de la reciente figura de las reglas especiales de liquidación introducida por la Ley 16/2022.

Así las cosas, una de las grandes reformas en materia de liquidación viene dada precisamente por este apartado, ya que se modifica la rúbrica y el contenido de la Secc. 1.ª del Capítulo III del Título VII, sustituyendo las Reglas generales del art. 415 TRLC 2020 por las Reglas especiales de liquidación en los arts. 415 y 415 bis TRLC 2022.

De este modo, ya sea al acordar la apertura misma de la liquidación de la masa activa, o en resolución posterior, el Juez del concurso, previa audiencia o informe del Administrador concursal, podrá establecer las reglas especiales de liquidación que considere oportunas.

Ahora bien, la libertad del Juez para la fijación de estas reglas no sería absoluta, ya que, aunque es cierto que la norma le permita establecer las reglas "que considere oportunas", éstas, en cualquier caso, deberían respetar y ajustarse a los límites objetivos de las reglas generales supletorias reguladas en los nuevos arts. 421 a 423 bis TRLC.

En virtud de lo anteriormente expuesto, cabría afirmar que en el presente supuesto el auto ahora recurrido no infringe precepto legal alguno, ya que las reglas especiales de liquidación aprobadas van en línea con la nueva regulación liquidatoria de los arts. 415 y ss. TRLC, siendo, además, que el artículo 210 TRLC que menciona la recurrente no sería aplicable al presente supuesto por cuanto que, mientras que dicho precepto versa sobre la venta de forma individual de un bien gravado con hipoteca, en este caso lo que se ha tratado a través de las reglas especiales de liquidación es de favorecer bien la venta de la unidad productiva, o bien la venta en bloque de activos, que es precisamente el espíritu de la reciente modificación normativa en lo que respecta a la liquidación concursal. Y lo que vulnera y contradice el régimen de las normas especiales de liquidación precisamente es la pretensión de la recurrente, ya que la misma no busca la el favorecimiento del interés del concurso y la agilización de la liquidación, sino más bien el favorecimiento de sus propios y egoístas intereses.

Así mismo, es de advertir que la recurrente pretende la aplicación irrestricta del artículo 210 TRLC, si bien no indica que sería necesario para que la actora autorizara eventuales operaciones de compraventa que pudieran producirse, generando de este modo una evidente inseguridad, tanto para terceros compradores, como para el conjunto de los acreedores.

TERCERA.– Por último, y por lo que respecta a las alegaciones de la recurrente en cuanto a la supuesta infracción del artículo 209 TRLC, esta parte no puede sino mostrar su total rechazo a las mismas, ello tal como pasamos a exponer.

Sostiene la recurrente que conforme al citado artículo, procedería con carácter previo a la subasta extrajudicial notarial o por entidad especializada, que se llevara a cabo la subasta judicial, pero sin embargo no justifica ni acredita, si quiera someramente, los beneficios que ello supondría para el desarrollo de la liquidación, o el perjuicio concreto que se le estaría causando de mantenerse el sistema de realización a través de la subasta mediante entidad especializada. De este modo, dado que es la recurrente la que ostenta la carga de acreditar tales situaciones, la ausencia total de sustento probatorio debería conllevar a la desestimación de las referidas alegaciones, dicho sea con toda la prudencia.

Pero no sólo lo anterior, sino que por si no fuera suficiente, la recurrente se apoya para la defensa de sus pretensiones tanto en legislación como jurisprudencia no aplicables al supuesto de autos, ya que, como por todos es sabido, los planes de liquidación fueron derogados con la entrada en vigor de la Ley 16/2022, sustituyéndose estos por las reglas especiales de liquidación.

Por último, analizando el propio artículo 209 TRLC que menciona la recurrente en su recurso, sin perjuicio de que, como hemos visto en un momento anterior del presente escrito, el contenido del mismo sea de aplicación supletoria a las reglas especiales de liquidación, observamos que el referido artículo establece que la realización de los bienes y derechos afectos a créditos de privilegio especial se hará mediante subasta electrónica, salvo que el juez autorice otro modo de realización. Esto es, se permite expresamente por el citado precepto que el Juez pueda autorizar otro medio de realización, por lo que esta parte entiende que el auto ahora recurrido en nada infringe el artículo 209 TRLC.

CUARTA.– En conclusión, y en virtud de lo anteriormente expuesto esta parte entiende que el Auto objeto del presente recurso no infringe precepto legal alguno, ni su contenido es lesivo en ningún caso para el Derecho del ahora recurrente, ni vulnera los principios de seguridad jurídica o legalidad constitucionalmente protegidos, por lo que procedería la confirmación íntegra del auto de fecha ....de 2023.

Por todo ello,

SUPLICO AL JUZGADO, que teniendo por presentado el presente escrito junto con sus copias, se sirva admitirlo y tenga por impugnado el recurso de reposición interpuesto por la representación procesal de ................S.A., contra el Auto de este Juzgado de fecha ....de 2023, y así mismo se dicte la oportuna resolución en la que se confirme íntegramente el Auto de fecha ....de 2023, todo ello con expresa imposición de costas a................ SA.

Es de justicia que pido en................

OTRO SI PRIMERO DIGO, que siendo intención de esta parte cumplir con todos los requisitos legales, a tenor de lo previsto en el artículo 231 de la Ley de Enjuiciamiento Civil, se solicita por esta parte que se nos diere traslado de cualquier defecto que pudiera adolecer la presente demanda, para proceder a la inmediata subsanación.

Justicia que reitero en el lugar y fecha indicados ut supra.

Fdo.: .... Fdo....................................

Abogado Procuradora

F666. ESCRITO DE LA ADMINISTRACIÓN CONCURSAL IMPUGNANDO RECURSO DE REPOSICIÓN SOBRE REGLAS ESPECIALES Y VENTA DE CUOTA INDIVISA DE UN INMUEBLE HIPOTECADO

Normativa de aplicación: *Arts. 406 y ss. Real Decreto Legislativo 1/2020, de 5 de mayo, por el que se aprueba el texto refundido de la Ley Concursal*

AL JUZGADO DE LO MERCANTIL Nº...... DE...........

Proc. Concursal

Autos...........

.... designado por la sociedad...................., SLP, Administrador Concursal designado en el procedimiento de Concurso Voluntario de........... que con el número........... se tramita ante ese Juzgado, comparece ante el mismo y como mejor proceda en Derecho, DICE:

I.– Que mediante diligencia de ordenación de fecha..... de........... de..........., notificada a esta parte el........ de.......... de.........., se ha dado traslado del recurso de reposición interpuesto por......... contra el auto de fecha........ de........ de........ aprobatorio de las reglas especiales de liquidación aplicables en las presentes actuaciones. Ello en los términos de dicho escrito que se da aquí por íntegramente reproducido en aras a una mayor brevedad.

II.– Que mediante el presente escrito, y en el plazo conferido al efecto, esta parte IMPUGNA el citado recurso en base a los siguientes:

MOTIVOS

PRIMERO.– Está parte se opone al contenido íntegro del recurso de reposición aquí impugnado, salvo en aquellos extremos que sean expresamente aceptados por esta parte en el presente escrito.

Antes de entrar a responder las alegaciones formuladas por la mercantil............ S.L (..........., también en adelante), y en las que funda su recurso de reposición, entiende esta Administración Concursal que en aras a resolver las alegaciones de referencia, conviene tener presente las siguientes circunstancias:

I.– Las alegaciones de............. tienen por objeto la finca.......... titularidad del concursado, Sr.............. y su esposa, en pleno dominio y por mitades indivisas.

II.– Por lo tanto, lo que es objeto de enajenación a través de las reglas especiales presentadas por esta parte, ya sea por venta o por subasta, no es la citada finca sino el derecho del concursado sobre una mitad indivisa, cuota que es la que se ha incluido en la masa activa.

III.– La citada finca........., esta gravada por una hipoteca a favor del......... (primera hipoteca), en garantía de un crédito dotado de privilegio especial, y otra hipoteca a favor de......... (segunda hipoteca), constituida en garantía de una deuda ajena al concursado.

IV.– Las citadas hipotecas, de diferente rango como vemos, recaen sobre la totalidad de la finca, sin que en su constitución se hiciera distribución alguna del crédito, ni de la responsabilidad hipotecaria.

SEGUNDO.– Ante esta situación y respecto a la venta directa de la mitad indivisa, esta Administración concursal, a la vista de las alegaciones efectuadas por............ entiende que la venta directa se realizará con subsistencia, no solo de la carga de........... sino también de la que ostenta..........., y que gravan la finca en cuestión.

TERCERO.– Con relación a la enajenación de la mitad indivisa del concursado mediante subasta, judicial o extrajudicial, aun reconociendo que es una cuestión compleja, discrepamos de la conclusión que alcanza............. pues entendemos que obvia los antecedentes expuestos y, especialmente, la existencia de una hipoteca preferente, de mejor rango que la suya, la de................

I.– En efecto, con carácter general, y siguiendo la Resolución de la antes denominada Dirección General de los Registros y del Notariado, y ahora Dirección General de Seguridad Jurídica y Fe Pública, de fecha 20 de noviembre de 2020, de fecha 20 de noviembre de 2020:

A) El artículo 216 del Reglamento Hipotecario señala que no se inscribirá ninguna hipoteca sobre varias fincas, derechos reales o porciones ideales de unas y otros, afectos a una misma obligación, sin que por convenio entre las partes o mandato judicial se determine la cantidad de que cada finca porción o derecho deba responder.

B) Consecuentemente con lo anterior, no se admiten, por regla general las denominadas hipotecas solidarias, es decir, las hipotecas por las que cada una de las fincas responde en su integridad de la totalidad de la deuda garantizada.

C) Esta prohibición se consagra expresa y terminantemente en el citado artículo 119 de la Ley Hipotecaria, y se corrobora en otros como el artículo 124 o el 126 del mismo texto legal.

D) No obstante lo anterior, la titularidad proindiviso de las fincas no impide la posibilidad de constituir una única hipoteca sobre su totalidad.

E) En efecto, cuando se hipotequen varios derechos integrantes del dominio o participaciones indivisas de una finca o derecho, los titulares respectivos podrán acordar la indivisibilidad de la hipoteca al amparo de lo dispuesto en el artículo 217 del Reglamento Hipotecario; esto es, «la constitución de una sola hipoteca sobre la totalidad de los derechos, sin que sea necesaria la previa distribución».

F) La regla de la indivisibilidad de la hipoteca, supone que la misma persiste integra e idéntica, aunque el crédito o la finca posteriormente se dividan o, aunque se extinga la comunidad entre los titulares, salvo que así lo acuerden acreedor y deudor procediendo a la distribución de la garantía.

Mientras esto no suceda, el acreedor hipotecario sólo podrá hacer efectivo su derecho en estos casos dirigiéndose contra la totalidad de la finca. Por su parte, cualquiera de los deudores podrá cumplir la prestación exigida para la satisfacción del interés del acreedor con efectos liberatorios para todos los demás obligados al pago.

G) El carácter unitario de la hipoteca afecta así mismo a la hora de su ejecución, no pudiendo llevarse a cabo la misma de forma parcial. De esta forma ni el acreedor podrá exigir que recaiga sobre una parte del crédito garantizado, puesto que no hay atribución de cuotas del crédito, ni tampoco podrá llevarse a cabo la ejecución sobre la parte ideal de la finca que le corresponda a uno de los deudores aun cuando el impago procediese solo de este. Para ello debe mediar el consentimiento de las partes.

H) Del mismo modo, no podrá cancelarse parcialmente la hipoteca respecto de una porción indivisa de la finca si no media previa distribución. Lo que si podrá tener reflejo registral es la minoración de la deuda, pero esta minoración no implicara por si sola la distribución de la responsabilidad hipotecaria.

II.– Sin embargo, esas doctrinas generales no son de aplicación al presente supuesto, toda vez que en este caso, no concurre una sola hipoteca sino dos. Y las referidas hipotecas, aunque recaen sobre la totalidad de la finca en cuestión, sin que en su respectiva constitución se hiciera distribución alguna del crédito, ni de la responsabilidad hipotecaria, lo son de diferente rango y preferencia. Item más. respecto a la primera, su titular,............, ha sido reconocido como acreedor privilegiado en el presente proceso concursal. Respecto de la segunda,............ no consta reconocido en el concurso del Sr............, pues la deuda que garantiza la deuda corresponde a la sociedad............ S.L.

Además, en el supuesto que nos ocupa, nos hallamos ante la subasta de la mitad indivisa del concursado, que no la ejecución de la garantía, en el seno de un procedimiento concursal en cuyo activo solo consta la mitad indivisa de la finca.

Todo lo cual debe conducir, siguiendo la citada DGRN de fecha 30 de noviembre de 2020, a su adjudicación libre de cargas y gravámenes al adjudicatario, con pago de lo obtenido al acreedor privilegiado............, en los términos del TRLC y especialmente a la vista de la preferencia y mejor rango de su garantía hipotecaria respecto a la de............., lo que implicará que las garantías hipotecarias reseñadas pasen a recaer, con idéntico rango y preferencia registral, únicamente sobre la otra mitad indivisa de la finca, si bien, como consecuencia de la subasta, la hipoteca de............. quedará minorada en la cantidad correspondiente al remate, sin perjuicio de las relaciones internas entre codeudores. Y sin que haya que olvidar que la situación concursal de uno de los deudores solidarios no altera ni modifica la relación del otro deudor con el acreedor que puede seguir reclamando de este el pago íntegro de la deuda en tanto no le ha sido satisfecha.

Las citadas conclusiones, que son extrapolables y aplicables en opinión de esta parte tanto al supuesto de subasta judicial o extrajudicial, o de enajenación mediante entidad especializada, conlleva el rechazo de lo peticionado por..............

CUARTO.– Respecto a la exención de la obligación de consignación para participar en la subasta preconizada por........... esta parte entiende que no puede ser estimada en sede de subasta, ya que la citada exención queda prevista únicamente para el acreedor privilegiado y respecto de las subastas en las que pretenda participar y se subasten bienes respecto de los que ostenta el privilegio (Autos de la Audiencia Provincial de Valencia de fecha 27 de julio de 2016, de 9 de marzo de 2017 y 14 de diciembre de 2017, de la Audiencia Provincial de Alicante de fecha 10 de mayo de 2012). Lo que no acontece en el presente caso, en el que......... no solo no ostenta privilegio alguno, sino que tampoco tiene la condición de acreedor del concursado, por lo que carece de sentido liberarle de la carga consignataria que pesa sobre los eventuales postores.

QUINTO.– Finalmente, y de manera breve, esta Administración Concursal entiende que tampoco se puede incluir en las reglas especiales que la adjudicación del 50% de la finca registral nº........... comportará la entrega de la posesión de la misma, pues el efecto que pretende no solo no esta contemplado en la Ley, el objeto de la enajenación de no es la finca en si, sino que el derecho del concursado concretado en la mitad indivisa, lo que impacta y anula cualquier pretensión de entrega de la posesión, y obvia la existencia del restante copropietario.

En virtud de lo expuesto,

SUPLICO AL JUZGADO, que teniendo por presentado este escrito se digne admitirlo, se tenga por impugnado por esta parte el recurso de reposición de fecha ....., interpuesto por .... contra el citado auto de fecha .....y previos los oportunos trámites legales, se sirva desestima el mismo, confirmando íntegramente la resolución recurrida, y acordando cuanto de más proceda en derecho.

Lo que se SUPLICA en........, a...... de........ de...........

Fdo............

en representación de.........................., SLP

ADMINISTRACIÓN CONCURSAL

F667. ESCRITO DE ACREEDOR SOLICITANDO QUE QUEDEN SIN EFECTO REGLAS ESPECIALES DE LIQUIDACIÓN

Normativa de aplicación: *Arts. 406 y ss. Real Decreto Legislativo 1/2020, de 5 de mayo, por el que se aprueba el texto refundido de la Ley Concursal*

..........., Procurador de los Tribunales y de las mercantiles .... S.L, ... S.L y .... S.L, cuya representación tengo acreditada en las presentes actuaciones de proceso concursal voluntario de la mercantil .... S.A, que se sigue ante este Juzgado bajo el núm. de autos ...., ante el Juzgado comparezco y como mejor proceda en derecho DIGO:

PRIMERO.– Que mis mandante, según resulta de la lista de acreedores de este concurso y que se acompaña a este escrito como DOCUMENTO..........., son titulares y tienen reconocido a su favor créditos que representan más del 50% del pasivo ordinario (o más del 50% del total pasivo), con el siguiente desglose: ....

SEGUNDO.– Que mediante auto de fecha ...., se aprobó por este Juzgado reglas especiales de liquidación.

TERCERO.– Que conforme establece el art. 415.4 TRLC, las reglas especiales de liquidación establecidas por el juez quedarán sin efecto si así lo solicitaren acreedores cuyos créditos representen más del cincuenta por ciento del pasivo ordinario o más del cincuenta por ciento del total del pasivo

CUARTO.– Que por medio del presente escrito, esta parte solicita se dejen sin efecto las reglas especiales de liquidación aprobadas en la liquidación aperturada en estas actuaciones, rigiéndose las misma tras ello por las reglas generales supletorias de los arts. 421, ss. y concordantes del TRLC.

En su virtud

SUPLICO AL JUZGADO tenga por presentado este escrito, junto a los documentos a el anejos, y copia de todos ello, se sirva admitirlo y previos los oportunos tramites legales se sirva acordar en el sentido reseñado en el cuerpo de este escrito y cuanto demás proceda en derecho.

Es Justicia que SUPLICO en ...., hoy día .... de .... de ....

F668. AUTO DEJANDO SIN EFECTO REGLAS ESPECIALES DE LIQUIDACIÓN

Normativa de aplicación: *Arts. 406 y ss. Real Decreto Legislativo 1/2020, de 5 de mayo, por el que se aprueba el texto refundido de la Ley Concursal*

En..........., a........... de........... de...........

ANTECEDENTES DE HECHO

PRIMERO.– Que por medio de escrito de fecha ...., la Procuradora de los Tribunales ...., en representación de ...., solicitó que quedaran sin efecto por las reglas especiales de liquidación al amparo de lo dispuesto en el art. 415 TRLC.

La petición viene cursada por acreedores que son titulares y tienen reconocido en la lista de acreedores a su favor, créditos que representan más del 50% del pasivo ordinario (o más del 50% del total pasivo), con el siguiente desglose: ....

SEGUNDO.– De la citada petición se dio trasladado a la concursada, administración concursal y demás partes personadas con el resultado obrante en autos.

FUNDAMENTOS DE DERECHO

PRIMERO.– Señala el art. 415.TRLC, "1. Al acordar la apertura de la liquidación de la masa activa o en resolución posterior, el juez, previa audiencia o informe del administrador concursal a evacuar en el plazo máximo de diez días naturales, podrá establecer las reglas especiales de liquidación que considere oportunas, así como, bien de oficio bien a solicitud de la administración concursal, modificar las que hubiera establecido. Las reglas especiales de liquidación establecidas por el juez podrán ser modificadas o dejadas sin efecto en cualquier momento, bien de oficio bien a solicitud de la administración concursal.

2. El juez no podrá exigir la previa autorización judicial para la realización de los bienes y derechos, ni establecer reglas cuya aplicación suponga dilatar la liquidación durante un periodo superior al año.

3. Contra el pronunciamiento de la resolución judicial de apertura de la fase de liquidación de la masa activa relativa al establecimiento de reglas especiales de liquidación

o contra la resolución judicial posterior que las establezca, así como contra la resolución judicial que les modifique o deje sin efecto, los interesados solo podrán interponer recurso de reposición.

4. Las reglas especiales de liquidación establecidas por el juez quedarán sin efecto si así lo solicitaren acreedores cuyos créditos representen más del cincuenta por ciento del pasivo ordinario o más del cincuenta por ciento del total del pasivo."

Cuando se presente a inscripción en los registros de bienes, cualquier título relativo a un acto de enajenación de bienes y derechos de la masa activa realizado por la administración concursal durante la fase de liquidación, será de aplicación lo dispuesto en el artículo 415.5 TRLC.

SEGUNDO.– Que aunque este Juzgador entiende que resulta conveniente para el interés del concurso y una mejor y optima liquidación de la masa activa, las reglas especiales de liquidación que se adoptaron mediante auto de fecha ...., no deja de ser mas cierto que reuniendo los peticionarios la titularidad crediticia prevista en el art. 415 TRLC, y peticionado por ellos que se dejen sin efectos las citadas reglas, este Juzgador viene compelido a acceder a la referida petición.

A la vista de todo ello y demás normativa de aplicación,

DISPONGO

ESTIMAR la solicitud formulada por la procuradora de los tribunales, Doña ...., en representación de .... y DEJAR SIN EFECTO las reglas especiales de liquidación aprobadas mediante auto de fecha ...., rigiéndose la misma a partir de la referida dejación sin efecto por las reglas generales supletorias de los arts. 421, ss. y concordantes del TRLC.

Dese la oportuna publicidad al presente auto, expidanse al efectos los edictos y mandamientos oportunos. Dese traslado de esta resolución al Registro Publico Concursal. Notifíquese a las partes la presente resolución y hágales saber que contra la misma cabe interponer recurso de reposición ante este mismo juzgado en el plazo de cinco días siguientes a la notificación de la presente.

De conformidad con lo establecido en la Disposición Adicional 15° LOPJ (según la redacción dada por la LO 1/09), la interposición de recurso contra resoluciones judiciales, no podrá ser admitida a trámite sin la acreditación del depósito previsto en la citada Ley a efectos de recurrir, debiendo presentarse copia o resguardo de tal depósito en las cuenta de consignaciones de este Juzgado.

Así lo acuerda, manda y firma D..........., Magistrado Juez del Juzgado de lo Mercantil número........... de esta localidad.

F669. CONTESTACIÓN POR LA ADMINISTRACIÓN CONCURSAL A DEMANDA INCIDENTAL DE UN ACREEDOR SOLICITANDO LA NULIDAD DE UNA SUBASTA DE ACTIVOS POR NO SEGUIR REGLAS DE LIQUIDACIÓN

Procedimiento: CONCURSO ORDINARIO.......

ICO Nº ....

AL JUZGADO DE LO MERCANTIL NUMERO.... DE ....

Doña ...., en calidad de Administradora Concursal de la mercantil .... S.L. en el procedimiento de Concurso Ordinario que con el número .... se tramita en este Juzgado, ante este juzgado comparezco en los autos de Incidente Concursal ICO .... y, como mejor proceda en Derecho, DIGO

I.– Que por escrito de fecha .... la representación procesal del acreedor ......interpuso INCIDENTE CONCURSAL en los términos de la citada demanda y documentación acompañada a la misma que aquí se dan por íntegramente reproducidos en aras de una mayor brevedad, todo ello al amparo del artículo 532 y ss. del Texto Refundido de la Ley Concursal (en adelante también "TRLC")..

II.– Que por Providencia de este Juzgado de fecha .... se admitía a trámite la referida demanda incidental emplazando a esta Administración Concursal para que en el plazo común de 10 DÍAS procediera a contestar la demanda en la forma prevista en el artículo 438 de la Ley de Enjuiciamiento Civil.

III.– Que mediante el presente escrito, esta parte formula CONTESTACIÓN A LA DEMANDA INCIDENTAL, en base a los siguientes:

HECHOS

PREVIA.– Esta parte expresamente rechaza todos y cada uno de los hechos y pretensiones formuladas de contrario en la demanda incidental aquí contestada, salvo que sean admitidos expresamente por esta parte.

PRIMERO.– SOBRE EL INCIDENTE CONCURSAL PROMOVIDO POR BBVA. RECHAZO IN LIMINE DE LA DEMANDA.

Tal como refleja la Providencia de fecha ...., se ha promovido por la contraparte un incidente concursal regulado en los artículos 532 y ss. TRLC. Es decir, como acertadamente se indica de contrario, el incidente deberá regirse en todo caso siguiendo las previsiones establecidas a tal efecto en los referidos artículos de la norma concursal (arts. 532 y ss. TRLC).

Teniendo en cuenta lo anterior, y si acudimos al artículo 536 TRLC, en el mismo se establece que "La demanda se presentará en la forma prevista en la Ley 1/2000, de 7 de enero, de Enjuiciamiento Civil, para el juicio ordinario", siendo que el artículo 399 de la Ley de Enjuiciamiento Civil (en adelante también "LEC") fija los requisitos que debe cumplir una demanda.

Y entre algunos de los requisitos del referido precepto, destaca la necesidad que la demanda contenga numerados y separados los hechos y los fundamentos de derecho en los que se funde la solicitud.

Pues bien, centrándonos en lo que respecta a los fundamentos de derecho, el artículo 399.4 LEC establece que:

"En los fundamentos de derecho, además de los que se refieran al asunto de fondo planteado, se incluirán, con la adecuada separación, las alegaciones que procedan sobre capacidad de las partes, representación de ellas o del procurador, jurisdicción, competencia y clase de juicio en que se deba sustanciar la demanda, así como sobre cualesquiera otros hechos de los que pueda depender la validez del juicio y la procedencia de una sentencia sobre el fondo".

Expuesto cuanto antecede, y si acudimos al escrito de demanda incidental, se observa que la referida demanda no cumple con los requisitos que el artículo 536 TRLC (por remisión al artículo 399 LEC) establece para la presentación de las demandas incidentales en el seno del concurso, ya que la actora no incluye, ni tan siquiera menciona, los Fundamentos de Derecho en los que funda su solicitud.

Como decimos, ni tan siquiera los menciona, ni mucho menos los presenta en la forma prevista en el artículo 399.4 LEC.

Es decir, la contraparte presenta unas alegaciones en las que de forma sucinta expone una serie de hechos en defensa de sus pretensiones, pero obvia cualquier tipo de argumentación y fundamentación jurídica que resulte de aplicación a los hechos expuestos en la demanda, lo que constituye una evidente infracción de los requisitos legalmente previstos a la hora de formular cualquier demanda, y más en concreto, una demanda incidental en el seno de un procedimiento concursal.

Pero no sólo se incumplen los referidos requisitos de carácter formal que la norma obliga a cumplir, sino que, al obviar la referencia a toda fundamentación jurídica, dicha irregularidad genera a esta parte una evidente situación de indefensión, ya que dificulta en gran medida la posibilidad de rebatir con argumentos o fundamentos de carácter estrictamente jurídicos la demanda formulada, al no contar la misma con fundamentación jurídica que la sustente, lo que, por otra parte, da idea de la escasa confianza o fe que la contraparte alberga en su solicitud.

Y ello no puede implicar sino la desestimación y rechazo in limine de la presente demanda incidental, dicho sea con toda prudencia y respeto.

En cualquier caso, y sin perjuicio de lo anteriormente expuesto, esta parte procede a dar contestación a las alegaciones formuladas de contrario, ello con las limitaciones a las que se ha hecho referencia anteriormente al no constar argumentación jurídica aportada de contrario para rebatir.

SEGUNDO.– SOBRE LA NULIDAD DE LA SUBASTA PRETENDIDA DE CONTRARIO.

I.– En primer lugar, solicita la contraparte que se declare la nulidad de la subasta, ello al entender, por un lado, que la subasta tramitada a través de entidad especializada no estaba prevista en las reglas especiales aprobadas judicialmente, y por otro, que la subasta celebrada no tuvo las garantías de publicidad suficientes.

Todo ello, como decimos, en apenas unos escuetos párrafos en los que la demandante ni desarrolla sus argumentos, ni indica precepto, principio o disposición legal alguna que se hubiera vulnerado. Insistimos, la contraparte no indica que precepto o norma se habría vulnerado durante el procedimiento de subasta mediante entidad especializada.

Expuesto cuanto antecede, procede analizar, aunque sea de forma genérica, los requisitos que deben concurrir para que pueda estimarse una solicitud de nulidad de un acto procesal (en este caso, la celebración de una subasta durante la fase de liquidación concursal).

Pues bien, como resulta pacíficamente aceptado, para que pueda atenderse una solicitud de nulidad debe haber quedado acreditado, conforme a lo dispuesto en el artículo 225 LEC, que el acto (en este caso, la subasta) hubiera prescindido de normas esenciales del procedimiento, siempre que, por esa causa, hubiera podido producirse indefensión.

Dos son, por tanto, los requisitos exigidos tanto legal, como jurisprudencialmente:

a) prescindir total y absolutamente de normas esenciales del procedimiento, y

b) que la citada vulneración hubiera podido ocasionar indefensión.

Por otra parte, la nulidad de los actos procesales constituye sanción máxima y debe limitarse a los supuestos en los que resulten afectados los intereses de las partes cuando concurra una efectiva indefensión, es decir, no abstracta y desde un punto de vista genérico, sino real y concreta. En este sentido, y entre otras, la sentencia de la Audiencia Provincial de Madrid n.º 186/2011, de 16 de marzo.

A la vista de lo anterior, procede preguntarse si toda infracción de las normas procesales produce indefensión. Y la respuesta dada tanto por nuestra Jurisprudencia como por la Doctrina es que NO.

Para que se produzca indefensión es necesario que la parte se vea privada injustificadamente de la oportunidad de defender su respectiva posición procesal, acarreándole tal irregularidad un efectivo menoscabo de sus derechos e intereses, es decir, la indefensión padecida ha de ser material, debe tratarse de un perjuicio real y efectivo en las posibilidades de defensa y no una mera irregularidad procesal formal, con consecuencias tan solo potenciales o abstractas, en definitiva, solo es admisible aquella indefensión que coarta, obstaculiza o hace imposible la defensa de sus derechos e intereses legítimos en el ámbito del proceso. En este sentido, y entre otras, la sentencia del Tribunal Constitucional n.º 178/2000, de 26 de junio, el auto del Tribunal Supremo, rec. 4500/1999, de 18 de septiembre de 2001, o la sentencia de la Audiencia Provincial de Barcelona n.º 212/2018, de 8 de marzo.

Así mismo, se exige que los referidos requisitos sean alegados y acreditados por el solicitante de forma solvente. Es decir, la parte actora debe formular su solicitud de nulidad de forma fundada, no siendo procedente limitarse a mencionar o apuntar brevemente su pretensión sin ningún tipo de fundamentación jurídica.

En este caso, tal como se ha indicado anteriormente, ... no indica que norma o precepto esencial del procedimiento se ha prescindido, ni indica qué vicios de nulidad aplicarían en el procedimiento de subasta, ni desarrolla ni acredita de forma suficiente la indefensión que se le ha podido ocasionar.

Es mas. La actora, en ningún momento señala vicio o defecto alguno en la celebración de la subasta salvo que se enteró tarde de la misma. No señala en que se ha violentado el principio de publicidad o concurrencia, si se ha cometido alguna irregularidad durante su celebración o se ha impedido que haya participado alguien. Nada dice salvo que sea enterado tarde.

De hecho, reiteramos que la demandante no hace alusión a ningún precepto vulnerado, ni de la norma concursal de aplicación, ni de la Ley de Enjuiciamiento Civil, que es la que aplica de forma subsidiaria en caso de ausencia de previsión al efecto en el TRLC.

En virtud de todo lo anteriormente expuesto, resulta evidente que la solicitud de nulidad formulada de contrario no cumple con los requisitos que tanto legal, como jurisprudencialmente se exigen para que pueda tener acogimiento, lo que debe suponer la integra desestimación de la nulidad solicitada por la contraparte.

II.– Sin perjuicio de lo anterior, y entrando ya al único motivo que parece esgrimir la contraparte a los efectos de fundar su solicitud de nulidad, esta parte considera que el hecho de que la subasta vía entidad especializada no estuviera contemplada en las reglas especiales de liquidación no puede suponer la nulidad de la misma.

Esta Administración Concursal no puede negar que la subasta a través de entidad especializada no estaba contemplada en las reglas especiales de liquidación aprobadas por este Juzgado en fecha ....

Pero también resulta innegable que en este momento, tras la normativa de emergencia derivada del COVID, y con la norma concursal aplicable actualmente, las subastas vía entidad especializada están plenamente aceptadas en los procedimientos concursales. No sólo se aceptan, sino que se promueven dadas las características de las mismas en orden a su mayor agilidad, plena publicidad, libre acceso y concurrencia, así como total transparencia, siendo estos los requisitos y principios que deben regir en cualquier tipología de subasta.

Es decir, la subasta vía entidad especializada cumple con todos los requisitos necesarios y garantiza todos los derechos a las partes interesadas, por lo que en ningún caso puede afirmarse que la realización de subasta por esta vía haya podido ocasionar perjuicio alguno a la demandante, ni haya podido generarle indefensión, como a continuación veremos.

Es decir, como ha quedado evidenciado, el hecho de optar por la subasta a través de entidad especializada no implica una vulneración de los derechos, garantías e intereses de ninguna de las partes personadas en el procedimiento, sino más bien todo lo contrario, ya que, además de cumplir con todos los principios anteriormente citados, se garantiza una mayor agilidad en el procedimiento, lo que, a la postre, beneficia la solución concursal y la de los acreedores.

Y en este concreto supuesto, y tal como reconoce la propia demandante, consta en los presentes autos de concurso que en fecha .... se dictó Diligencia de Ordenación en la que se comunicó a todas las partes personadas (entre las que se encontraba ......) el inicio de la subasta electrónica el día ......, sin que frente a dicha resolución se formulara alegación al respecto alguna.

Es decir, esta Administración Concursal comunicó con la debida antelación el inicio de la subasta a través de entidad especializada, habiendo tenido libre acceso a la misma cualquier interesado con una antelación suficiente tal como se exige a efectos de contar con la debida transparencia y libre concurrencia.

Tanto es así que, insistimos, no hubo alegación alguna frente a la referida comunicación. Si ...... consideraba que la subasta mediante entidad especializada no podía llevarse a cabo por contravenir lo dispuesto en las reglas especiales de liquidación debería de haber formulado alegaciones al respecto en ese concreto momento, no siendo procedente formularlas posteriormente, una vez finalizada la subasta.

No sólo lo anterior, sino que una vez finalizada la subasta se procedió a comunicar el resultado de las adjudicaciones derivadas de la referida subasta a través de los correspondientes informes que constan aportados en las presentes actuaciones mediante escrito de fecha...... cumpliéndose igualmente de esta forma con el requisito básico de transparencia que debe regir en estos supuestos.

A los efectos probatorios oportunos se dejan designados los escritos, resoluciones y documentos que constan en los autos de concurso ordinario ....

Por tanto, y a modo de conclusión, esta parte considera que la subasta realizada a través de entidad especializada cumple, con creces, con las garantías de publicidad legalmente exigibles, rechazándose por tanto las alegaciones que a este respecto formula la contraparte, limitadas a que se enteró tarde, pero sin decir nada ni mostrar irregularidad alguna durante la celebración de la subasta, y ello, sencillamente, porque ninguna hubo.

III.– Sin perjuicio de lo anterior, conviene tener presente que jurisprudencialmente se ha venido aceptando la validez y eficacia de la realización de activos de la concursada aun contraviniendo las disposiciones de las reglas de liquidación aprobadas judicialmente.

Es decir, la inobservancia de las reglas de liquidación, por sí misma, no puede considerarse, si no se invoca y argumenta en sentido propio la concurrencia de causas de nulidad, inexistencia o anulabilidad, debiendo rechazarse que la infracción de tales reglas, en sí misma, pueda determinar la nulidad de una venta efectuada por la administración concursal si no se dan los presupuestos de los artículos 1261, 1300, 1301 y concordantes del Código Civil, siendo llamativo el silencio de la actora al respecto, pues la jurisprudencia entiende que no concurren en estos casos.

En este sentido, y entre muchas otras, la Sentencia n.º 494/2022, de 4 de noviembre, de la Sección 2ª de la Audiencia Provincial de Cantabria, la Sentencia n.º 58/2019, de 8 de febrero, de la Sección 28ª de la Audiencia Provincial de Madrid, la Sentencia n.º 1076/2019, de 26 de julio de la Audiencia Provincial de Valencia, o la Sentencia de la Audiencia Provincial de Castellón n.º 367/2023, de 18 de septiembre y el Auto de la Audiencia Provincial de Castellón nº 146/2024 de fecha 26 de abril.

De este modo, y en atención a la interpretación jurisprudencial anteriormente reseñada cabe concluir que no es posible declarar la nulidad de la subasta en el supuesto de autos.

Por todo ello, resulta absolutamente improcedente pretender la nulidad de la subasta con el fundamento que la modalidad de la misma no estaba prevista en las reglas de liquidación aprobadas judicialmente, por cuanto, como hemos visto, se ha venido permitiendo la realización de activos en sede concursal aunque se hubiera hecho inobservando disposiciones contenidas en dichas reglas.

TERCERO.– SOBRE LA PETICIÓN SUBSIDIARIA CONSISTENTE EN DECRETAR LA ADJUDICACIÓN A FAVOR DE LA MEJOR POSTURA PRESENTADA.

Todo lo anteriormente expuesto ya debería implicar la íntegra desestimación de la demanda formulada por .... Sin embargo, dado que la contraparte plantea una petición subsidiaria, esta parte debe dar respuesta a la misma en aras de evitar cualquier tipo de indefensión.

De este modo, la demandante solicita que no se apruebe la adjudicación a favor del postor que ha realizado la postura de .... € por cuanto considera que el referido importe es insuficiente de cara al interés del concurso.

Esta Administración Concursal no puede sino rechazar la pretensión subsidiaria formulada de contrario, ello por las razones que a continuación se desarrollan:

I.– La demandante considera que el importe resulta insuficiente por dos motivos.

I.1.– En primer lugar, sostiene que el importe de .... € es sustancialmente inferior al privilegio especial reconocido en el concurso, si bien nada más alega al respecto ni indica que precepto habría sido vulnerado por esta concreta cuestión, lo que debe implicar su desestimación automática.

I.2.– En segundo lugar, sostiene la demandante que el importe de .... € es inferior al 50% del tipo de subasta en atención al valor otorgado a los inmuebles.

Por lo que respecta a la valoración de los inmuebles, esta Administración Concursal considera necesario plantear si la valoración que consta en autos es adecuada, ello a la vista de los antecedentes. Ello por cuanto, como consta en autos, el procedimiento de venta de los inmuebles a los que se hace referencia de contrarios data del año ......, esto es, más de .... años, sin que hasta la fecha se hayan obtenido ofertas que se acerquen, ni de lejos, a la valoración otorgada en los inmuebles en su momento (no actual). Lo que evidencia que el valor otorgado a los inmuebles podría estar ciertamente sobredimensionado a la vista de las actuales situaciones del mercado.

Una cosa es la valoración otorgada a los activos, y otra muy distinta es el importe que el mercado está dispuesto a pagar por los referidos activos, más si cabe si se tiene en cuenta que en situaciones de concurso de acreedores el valor que los inversores están dispuestos a pagar por los activos se ve reducido de forma considerable.

De este modo, si se tiene en consideración que durante tres años no se han recibido ofertas que se aproximen a la valoración otorgada en su momento, y que las recibidas (que son sustancialmente inferiores a la valoración) han sido previamente rechazadas por el juzgador, esta Administración Concursal se vio en la obligación de iniciar una subasta en la que se permitía la recepción de ofertas por debajo del 50% del valor de los activos. Es decir, en el procedimiento de subasta cabe adjudicar los activos con pujas que no alcancen el 50% del valor de los mismos.

Es por ello que, atendiendo a las circunstancias concurrentes anteriormente indicados, y al interés del concurso, procede la adjudicación a los mejores postores de la subasta celebrada, ya que la celebración de una nueva subasta no asegura que se vayan a obtener mayores pujas, y lo único que supondría es dilatar aún más las operaciones de liquidación, con el consiguiente perjuicio a los acreedores y a la solución concursal.

Más aún si cabe, si se tiene en consideración que la subasta celebrada se ha desarrollado con todas las garantías, habiéndose cumplido con los requisitos de publicidad, transparencia, libre acceso y concurrencia que son exigibles en estos supuestos de realización de activos.

Es por ello que, a modo de conclusión, esta parte entiende que tanto la pretensión principal, como la subsidiaria formuladas por la actora en su escrito de demanda incidental deben desestimarse íntegramente, ello por las razones expuestas con anterioridad, a las cuales nos remitimos en aras a una mayor brevedad.

No obstante lo anterior, y respecto a la petición subsidiaria formulada de contrario, esta Administración Concursal queda a la espera de la resolución que a tal efecto adopte el Juzgador al que respetuosamente nos dirigimos.

FUNDAMENTOS DE DERECHO

I.- PROCESALES.

UNO.- COMPETENCIA.

Es competente el Juzgado al que tenemos el honor de dirigirnos por ser el juzgado que conoce el concurso sobre el que dimana el presente incidente, ello de conformidad con lo dispuesto en el artículo 532 TRLC.

DOS.- CAPACIDAD, LEGITIMACIÓN Y REPRESENTACIÓN

Esta Administración Concursal tiene capacidad para ser parte, capacidad procesal y legitimación pasiva ex. artículo 534 TRLC. Corresponde la legitimación activa al demandante.

TRES.- PROCEDIMIENTO

El procedimiento a través del cual se ha de sustanciar las pretensiones es el incidente concursal regulado en los artículos 532 y ss. TRLC.

En este punto, resulta necesario reiterar que la demanda formulada por la actora no cumple con los requisitos que el artículo 536 TRLC (por remisión al artículo 399 LEC) establece para la presentación de las demandas incidentales en el seno del concurso, ya que la actora no incluye, ni tan siquiera menciona, los Fundamentos de Derecho en los que funda su solicitud.

A los presentes efectos, y en aras a evitar reiteraciones innecesarias esta parte se remite a lo alegado en el Fundamento de Hecho Primero del presente escrito.

II.– DE FONDO.

Sin perjuicio de que por la contraparte no aporta Fundamento de Derecho alguno en defensa de sus pretensiones, esta parte aduce los siguientes preceptos, principios, jurisprudencia y fundamentación jurídica:

UNO.– SOBRE LA SOLICITUD DE NULIDAD DE LA SUBASTA.

Tal como se ha indicado en un pasaje anterior del presente escrito, y como resulta pacíficamente aceptado, para que pueda atenderse una solicitud de nulidad debe haber quedado acreditado, conforme a lo dispuesto en el artículo 225 LEC, que el acto (en este caso, la subasta) hubiera prescindido de normas esenciales del procedimiento, siempre que, por esa causa, hubiera podido producirse indefensión.

Dos son, por tanto, los requisitos exigidos tanto legal, como jurisprudencialmente:

a) prescindir total y absolutamente de normas esenciales del procedimiento, y

b) que la citada vulneración hubiera podido ocasionar indefensión.

Por otra parte, la nulidad de los actos procesales constituye sanción máxima y debe limitarse a los supuestos en los que resulten afectados los intereses de las partes cuando concurra una efectiva indefensión, es decir, no abstracta y desde un punto de vista genérico, sino real y concreta.

En este sentido, y entre otras, la sentencia de la Audiencia Provincial de Madrid n.° 186/2011, de 16 de marzo.

Y para que se produzca indefensión es necesario que la parte se vea privada injustificadamente de la oportunidad de defender su respectiva posición procesal, acarreándole tal irregularidad un efectivo menoscabo de sus derechos e intereses, es decir, la indefensión padecida ha de ser material, debe tratarse de un perjuicio real y efectivo en las posibilidades de defensa y no una mera irregularidad procesal formal, con consecuencias tan solo potenciales o abstractas, en definitiva, solo es admisible aquella indefensión que coarta, obstaculiza o hace imposible la defensa de sus derechos e intereses legítimos en el ámbito del proceso.

En este sentido, y entre otras, la sentencia del Tribunal Constitucional n.° 178/2000, de 26 de junio, el auto del Tribunal Supremo, rec. 4500/1999, de 18 de septiembre de 2001, o la sentencia de la Audiencia Provincial de Barcelona n.° 212/2018, de 8 de marzo.

En este caso, y tal como ha quedado acreditado, la subasta celebrada no prescinde de las normas esenciales del procedimiento, ni, en ningún caso ha generado indefensión a la demandante, motivo por el cual la solicitud formulada de contrario debe ser objeto del correspondiente rechazo, dicho sea con todo el respeto y prudencia.

DOS.– SOBRE LA REALIZACIÓN DE ACTIVOS EN SEDE CONCURSAL CONTRAVINIENDO LAS REGLAS ESPECIALES DE LIQUIDACIÓN.

Como se ha desarrollado en un momento anterior del presente escrito, jurisprudencialmente se ha venido aceptando la realización de activos de la concursada aun contraviniendo las disposiciones de las reglas especiales de liquidación aprobado judicialmente.

Es decir, la inobservancia de tales reglas, por sí misma, no puede considerarse, si no se invoca y argumenta en sentido propio la concurrencia de causas de nulidad, inexistencia o anulabilidad, debiendo rechazarse que la infracción de las reglas especiales de liquidación, en sí misma, pueda determinar la nulidad de una venta efectuada por la administración concursal si no se dan los presupuestos de los artículos 1261, 1300, 1301 y concordantes del Código Civil.

En este sentido, y entre muchas otras, la Sentencia n.º 494/2022, de 4 de noviembre, de la Sección 2ª de la Audiencia Provincial de Cantabria, la Sentencia n.º 58/2019, de 8 de febrero, de la Sección 28ª de la Audiencia Provincial de Madrid, la Sentencia n.º 1076/2019, de 26 de julio de la Audiencia Provincial de Valencia, o la Sentencia de la Audiencia Provincial de Castellón n.º 367/2023, de 18 de septiembre y el Auto de la Audiencia Provincial de Castellón nº 146/2024 de fecha 26 de abril.

De este modo, y en atención a la interpretación jurisprudencial anteriormente reseñada cabe concluir que no es posible declarar la nulidad de la subasta en el supuesto de autos

TRES- COSTAS

Procede la interposición de costas a la parte demandante, ello en virtud de lo dispuesto en el artículo 542 TRLC, el cual se remite a lo dispuesto en la materia por la Ley de Enjuiciamiento Civil.

Por lo expuesto,

SUPLICO AL JUZGADO: Que teniendo por presentado este escrito, lo admita y en méritos a lo expuesto acuerde tener por formulada contestación a la demanda incidental presentada por la representación procesal de ....., dictando en su día sentencia de conformidad con lo manifestado en este escrito de contestación, esto es:

A) Desestimando íntegramente las pretensiones contenidas en la demanda incidental de ....;

B) Desestimando las pretensión subsidiaria de la actora contenido en el Súplico de la demanda, esto es, rechazando la solicitud de no decretar la adjudicación a favor de la mejor postura presentada sobre las fincas registrales .... del Registro de la Propiedad nº ... de ...., ello por los motivos expuestos en el presente escrito de contestación.

No obstante lo anterior, y respecto a la petición subsidiaria formulada de contrario, esta Administración Concursal queda a la espera de la resolución que a tal efecto adopte el Juzgador al que respetuosamente nos dirigimos.

Todo ello con condena por las costas causadas en este incidente a la parte demandante.

OTRO SÍ PRIMERO DIGO.– Que de conformidad con lo dispuesto en el artículo 539 TRLC, y con el objeto de que surta los efectos probatorios oportunos en el seno del presente incidente, por esta parte se propone y se interesa se admita la práctica de los siguientes MEDIOS DE PRUEBA:

A) DOCUMENTAL: A efectos probatorios oportunos, se dejan designados los autos de Concurso Ordinario nº .... que se siguen en el presente Juzgado, y más en concreto, los escritos, resoluciones y documentos dimanantes del referido procedimiento concursal a los que se ha hecho referencia a lo largo del presente escrito.

SUPLICO AL JUZGADO, que se tenga por efectuada la anterior solicitud, acordándose la admisión de los medios de prueba indicados.

OTRO SÍ TERCERO DIGO.– Esta parte entiende que, de conformidad con lo dispuesto en el artículo 540 TRLC, no procede la citación de las partes a la vista por cuanto que la prueba consiste únicamente en documentación ya obrante en los autos de concurso de los que deviene el presente incidente y la discusión se centra en cuestiones estrictamente jurídicas, sin que ninguna de las partes haya solicitado la celebración de la vista, de tal modo que se solicita se dicte la correspondiente sentencia sin citación a las partes para la vista, y sin más trámites.

SUPLICO AL JUZGADO, que se tenga por efectuada la anterior solicitud, acordándose dictar la correspondiente sentencia sin citación a las partes para la vista y sin más trámites.

OTRO SÍ CUARTO DIGO.– Que siendo intención de esta parte cumplir con todos los requisitos legales, a tenor de lo previsto en el artículo 231 de la Ley de Enjuiciamiento Civil, se solicita por esta parte que se nos diere traslado de cualquier defecto que pudiera adolecer la presente demanda, para proceder a la inmediata subsanación.

SUPLICO AL JUZGADO, que teniendo por efectuada la anterior manifestación a los efectos oportunos.

Es Justicia que se suplica en ...., a fecha de ....

Fdo. ....

Administración Concursal

F670. CONTRATO DE GESTIÓN DE VENTA CON ENTIDAD ESPECIALIZADA DE LOS ACTIVOS CONCURSALES

CONTRATO DE GESTIÓN DE VENTA

En ...., a ...... de ..... de ....

De una parte:

DON ...., mayor de edad, administrados concursal, con domicilio a estos efectos en ...., Avda....... DNI/NIF....

Interviene y actúa:

En su condición de administración concursal de la sociedad .... SL, sociedad de nacionalidad y residencia española, provista de CIF .... y actuando como representante de la misma, cargo que acredita mediante credenciales expedidas por el JUZGADO Nº.. de lo Mercantil de ..... según concurso ordinario../.... En adelante también, y a los efectos del presente contrato "LA CONCURSADA".

Y de otra parte:

Doña ...., provista de D.N.I. número ...., con domicilio profesional en ...., calle ....., DNI/NIF ..... En nombre y representación de ....SL (en adelante también, a los meres efectos de este contrato "...." o "EL GESTOR", sociedad de nacionalidad y residencia española, provista de C.I.F. ....., con domicilio social en ...., calle ...., número ..., planta ... puerta.., constituida por tiempo indefinido el ...... ante el Notario de ......, Don ....., protocolo número .... e inscrita en el Registro Mercantil de .....al Tomo ...., Folio .... Hoja ....., inscripción..º. Actúa en su condición de apoderado de la Sociedad, en escritura ... de fecha ..... otorgada ante el mismo Notario de ...., Don Miguel-......, cargo que asegura figura vigente y en plenas facultades.

Las partes, según intervienen, se reconocen mutua y recíprocamente con la capacidad legal necesaria para intervenir y obligarse en este acto, y a tal efecto,

EXPONEN

Primero. Que .... SL, es única titular de los activos que figuran en el Documento que se adjunta como Anexo nº 1 , y encarga a ...., S.L, en adelante "......" o "..." la GESTIÓN DE VENTA de dichos activos conforme a las siguientes estipulaciones y, en cualquier caso, siempre que su actuación venga permitida por las reglas especiales aprobadas o que se aprueben en el concurso, o en su defecto, por la ley, y sujetando su actuación a lo dispuesto en las citadas reglas y la ley.

(En su caso). Se hace constar de manera expresa que la concursada no tiene la posesión de ninguno de los activos reseñados en el anexo I de este contrato, por lo que por tanto, ni la Administración Concursal, ni la concursada en ningún momento responderán del estado físico, material y/o funcional de la maquinaria arriba indicada, ni de que la misma se encuentre ubicada físicamente en el lugar donde ha manifestado la concursada que se halla en la demanda de solicitud del concurso. De ésta forma ni la Administración Concursal ni la concursada asumirán responsabilidad alguna de cualquier clase para el hipotético caso de que ....SL, o el futuro adquirente, no localizara, ni tuviera acceso a cualquiera de los bienes, asumiendo éste último a su cuenta, cargo y riesgo, cualquier consecuencia incluida la pérdida del activo/s adquirido/s, lo que no le otorgará derecho alguno a solicitar la devolución del precio pagado, y renunciando a ejercer cualquier tipo de acción derivada de dicha compraventa bien contra la Administración Concursal, bien contra la concursada.Todo lo cual se hará constar en la ejecución del presente encargo (información, publicidad, subasta, compraventa etc) a cualquier interesado en dichos activos, que necesariamente serán adquiridos en estos términos.

Segunda: Duración. El presente encargo tendrá la duración de ...... meses, a partir de que se aprueben las Normas de Liquidación, prorrogable por acuerdo expreso de ambas partes, hasta la total realización y satisfacción de la venta de los activos que se encomienda.

Tercera: Contenido. La fase de venta directa y/o subasta pública online de los activos de la concursada se llevará a efecto por .... a través de su página web www........com.

El Vendedor autoriza a .... a realizar por su cuenta y cargo todo tipo de publicidad en medios alternativos.

Cuarta: Exclusividad. El presente contrato tiene carácter de exclusiva para todo el territorio nacional e internacional, sólo en cuanto a entidad especializada, pudiendo la Administración Concursal gestionar la venta de los activos objeto de este contrato pero nunca a través de otra entidad especializada distinta de .....

Quinta: Precio. El Administrador Concursal autoriza a .... a que gestione la promoción y venta de los activos encomendada por el mejor precio de mercado y postor posible, en las actuales circunstancias en que se encuentre el mismo y teniendo en cuenta los valores contemplados en las Normas de Liquidación, aceptándose igualmente la posibilidad de ofertas inferiores.

En caso de recibir ofertas por debajo de este valor, se presentarán a la Administración concursal para su aprobación; en caso de revisión del precio de venta a la baja, éste se acordará por ambas partes, pero nunca en detrimento de la comisión estipulada de los honorarios acordados.

Sexta: Honorarios. .... tendrá derecho a una remuneración por sus actuaciones de promoción y venta convenidas consistente en un porcentaje del ... (..%) por ciento del precio por el que se vendan los activos inmobiliarios y del ... (...%) los activos mobiliarios objeto del presente encargo, cantidad que, debidamente incrementada en los impuestos correspondientes por tal motivo, en particular, el Impuesto sobre el Valor Añadido (IVA) o Impuesto de Transmisión Patrimonial (ITP), al tipo vigente en cada momento, se adicionará al mismo y será satisfecho íntegramente por el comprador final resultante como parte de su coste de adquisición del bien inmueble que se adjudique (Buyer's Premium) (ALTERNATIVA y será satisfecho con cargo a la masa, salvo en un escenario de insuficiencia de masa comunicado previamente a la celebración de la venta o subasta, en cuyo caso será a cargo del adjudicatario. Ninguna cantidad podrá reclamar ..... al concurso (con la excepción antedicha) ni a la Administración Concursal como consecuencia de este contrato.

Los honorarios de International .... se devengarán íntegramente, respetando el Vendedor las condiciones pactadas con el abono de la correspondiente comisión aun si, a pesar de haber caducado el presente encargo o a pesar de haberse rescindido por cualquier motivo, la venta se produjera a alguno de los clientes presentados por .... y del que El Vendedor esté informado debidamente como contempla el acuerdo de comunicación del presente encargo, debiendo abonarse en todo caso la comisión por el comprador simultáneamente al pago del precio total de los bienes inmobiliarios.

Séptima: Obligaciones de las partes:

..... desarrollará las siguientes acciones para la realización de la venta del activo de El Vendedor. Los gastos en que incurran a tal fin irán siempre a cargo de ....

- Valoración del bien inmueble
- Confección de informes y folletos publicitarios
- Realización de diferentes acciones de Marketing
- Mailings electrónicos
- Inserción de anuncios en prensa y revistas especializadas, soporte papel o Internet
- Nombramiento de un "Project Manager" quien será el responsable de este proyecto y buscará maximizar los resultados para la administración concursal y la empresa misma. Esta persona será el interlocutor válido entre clientes, administración concursal y empresa.
- Informe de resultados de las gestiones realizadas
- Todos los gastos correspondientes a desplazamientos, hoteles, comunicaciones y otros incurridos al gestionar el proyecto
- Organización y realización de las visitas
- Asesoramiento técnico al comprador
- Gestión de cobro y documentación

La transmisión de los activos debe realizarse libre de arrendamientos financieros, cargas o gravámenes de cualquier tipo, a excepción que el Comprador decida subrogarse.

La administración concursal será responsable de la aprobación del remate así como al levantamiento de los embargos o cargas que pesaren sobre los inmuebles transmitidos mediante libramiento de los correspondientes mandamientos, a tenor de lo establecido, en su caso, en las reglas de liquidación.

Octava: Procedimiento de venta. La enajenación de los activos se acomodará a las reglas y usos de .... sin necesidad de que dicha entidad preste caución para responder del cumplimiento del encargo, y siempre cumpliendo lo establecido en las reglas especiales de liquidación aprobadas o que se aprueben en el concurso, y en defecto de estas, y en su caso, en la ley.

..... facilitará la información relativa a los activos objeto de venta a cualesquiera interesados tanto a través de la web como por cualquier otro conducto. ..... permitirá el registro de usuarios y la presentación de ofertas de compra a través de la plataforma articulando los mecanismos que resulten necesarios para ello, garantizando así la debida publicidad ante todos los acreedores que se estimen suficientes por el administrador concursal.

.... se compromete a mantener el anuncio publicado de los activos en la plataforma www..........com durante el plazo que se determine

..... facilitará a la administración concursal un informe detallado sobre los resultados que se obtengan.

Novena: Autorización ante organismos públicos. El Administrador concursal autoriza expresamente a ..... a realizar cualquier gestión, negociación u otros actos análogos en su nombre y representación ante cualquier organismo público o privado en relación a los activos objeto de gestión de venta.

Decima: Confidencialidad. Toda la información que las partes recaben por motivo de las presentes actuaciones, en tanto que tenga la consideración de carácter privado y no sean conocidas de dominio público, se tratará de forma confidencial por cada una de ellas y estará sometidas al deber de sigilo y secreto profesional, con la excepción de la información que deba revelarse por requerimiento o mandato legal.

Decimoprimera: Comunicación. Las partes acuerdan como sistema de comunicación el correo electrónico a las siguientes cuentas de email: por parte de la Administración Concursal ....@.....com; por parte de ....: Don ......, ...@.....

Decimosegunda: No competencia. El Vendedor y el Administrador concursal se compromete a no realizar actuaciones colusorias o que impidan en modo alguno el encargo y mandato que se concede a .... por razón del presente encargo.

Decimotercera: Litigios. Las partes manifiestan su voluntad de resolver amistosamente y mediante las oportunas negociaciones cualquier divergencia o discrepancia que pudiere suscitarse en el desarrollo y ejecución del presente contrato de gestión.

Para cualquier duda, cuestión litigiosa o controversias sobre la interpretación, perfección o consumación del presente contrato, las partes se someten a los Juzgados y Tribunales de ...., con renuncia al fuero propio si lo tuvieren.

F671. ESCRITURA DE LA SUBASTA NOTARIAL ELECTRÓNICA PARA LA REALIZACIÓN DE BIENES DEL CONCURSO EN EJECUCIÓN DE REGLAS ESPECIALES DE LIQUIDACIÓN

Normativa de aplicación: *Arts. 406 y ss. Real Decreto Legislativo 1/2020, de 5 de mayo, por el que se aprueba el texto refundido de la Ley Concursal*

En .... ante mi, ..., notario de .... y del Ilustre Colegio Notarial de ....

COMPARECE

Don............, mayor de edad, casado, Abogado, domiciliado a estos efectos en ...., calle .... DNI/NIF. ....

INTERVIENE como persona física designada por la mercantil "............SLP" para representarla en las funciones propias del cargo de administradora concursal, cargo que me asegura ejerce en la actualidad, de la entidad mercantil "..........."; con domicilio social en ....; cuyo objeto lo constituye, entre otras, ... Consta inscrita en el Registro Mercantil de esta provincia, al tomo .... Su CIF es ....

Las circunstancias de "..........., SLP" son las siguientes: domiciliada en ...., cuyo objeto lo constituye ....; consta inscrita en el Registro Mercantil de esta provincia, tomo ....; con CIF...........

La mercantil "..........." fue declara en concurso voluntario mediante Auto ...., dictado por el Juzgado de lo Mercantil número .... de ...., al tiempo que fue nombrada administradora concursal de la misma a la entidad "...........", que causó la inscripción .... de la expresada hoja social.

Mediante Auto de dicho Juzgado, de fecha ...., dicha administradora concursal designó a Don........... para representarla en las funciones propias de dicho cargo.

Mediante Acta de fecha .... de dicho Juzgado, el señor .... aceptó y juró su cargo, el cual le fue reconocido por dicho Juzgado, y le fue expedida la correspondiente credencial.

Mediante Auto de dicho Juzgado de fecha ...., se acordó la APERTURA DE LA FASE DE LIQUIDACIÓN, se declaró disuelta la sociedad concursada, lo que conllevó el cese de la administración societaria, sustituida por la administración concursal.

Mediante Auto de dicho Juzgado de fecha .... se aprobó las reglas especiales de liquidación, del que resulta que la liquidación de activos se desarrollará en dos fases sucesivas, de venta directa y subasta extrajudicial, de acuerdo con lo previsto en las reglas.

Mediante escrito presentado por la administración concursal ante dicho Juzgado, en fecha 26 de junio de 2020, ésta comunicó al Juzgado que se procede a la liquidación de los activos de la concursada existentes en la masa activa de la sociedad concursada, a través de subasta pública voluntaria electrónica notarial y a través del Portal de Subastas del BOE y designa al Notario de ...., Don...........para llevar a término la subasta de los activos de la mercantil concursada con las condiciones que constan dicho escrito. Testimonio por fotocopia por mí obtenido queda unido a la presente como "Anexo 2".

Mediante diligencia de ordenación del Juzgado de lo Mercantil número .... de ...., de fecha ...., se dio por comunicado el mismo de la celebración de la subasta notarial y las condiciones de la misma, lo que se puso en conocimiento de la concursada y demás partes personas. Testimonio por fotocopia de dicha diligencia por mí obtenido queda unido a la presente como "Anexo 2-bis".

Identifico a la parte compareciente por su reseñado documento, copia del cual conservaré en los sistemas de esta notaria de conformidad con la legislación vigente.

Le juzgo con facultades suficientes para la presente acta de SUBASTA ELECTRÓNICA NOTARIAL EN CUMPLIMIENTO DE RESOLUCIÓN JUDICIAL POR ENTIDAD EN CONCURSO, y

EXPONE

I.– LEGISLACIÓN APLICABLE.– La presente subasta se hace en cumplimiento de Auto judicial dictado por el Juzgado de lo Mercantil número .... de ...., de fecha ...., firme, por lo que se rige por lo dispuesto en la citada resolución judicial, por la Ley del Notariado y, supletoriamente, por la legislación procesal en cuanto es compatible.

Testimonio por fotocopia de dicho Auto es incorporado a la presente matriz para que forme parte integrante de la misma como "ANEXO 1".

Su contenido se da por reproducido en aras de evitar repeticiones innecesarias.

II.– COMPETENCIA DEL NOTARIO AUTORIZANTE DEL ACTA.– Resulta de ser la residencia del mismo el ámbito de competencia de la autoridad judicial, dado que el Juez que dicta la resolución citada es de la ciudad de ....

III.– FORMA DE LA SUBASTA.– La subasta será electrónica y se llevará a cabo en el Portal de Subastas de Agencia Estatal del Boletín Oficial del Estado, constando en la presente acta todas las circunstancias esenciales y relevantes de la misma.

IV.– REQUISITOS LEGALES PARA CELEBRAR LA SUBASTA.– La parte compareciente, según interviene, me acredita, a fin de poder celebrar esta subasta lo siguiente:

1.– Que la entidad representada es la propietaria del bien objeto de la subasta, lo que resulta de la nota de información continuada de fecha ....de .... de ...., que incorporo a la presente matriz como ANEXO 3.

No me exhibe la parte compareciente el título público acreditativo del dominio.

Este bien es el siguiente:

URBANA.– Parcela de terreno, con ...., en término de ...., que ocupa una superficie de .... áreas, ... centiáreas. Linda: ....

Identificada catastralmente como: ....

TÍTULO.– El de compra, formalizada en escritura autorizada por el Notario de ...., Don..........., en........... de .... de ....

INSCRIPCIÓN.– Registro de la Propiedad de ...., tomo ...., libro ...., folio ...., finca1..........., inscripción...........

REFERENCIA CATASTRAL número: ...., según resulta de certificación catastral descriptiva y gráfica, obtenida telemáticamente por el infrascrito Notario, que dejo protocolizada y unida a la presente como "Anexo 4".

2.– Que la legitimación de la administración concursal de proceder a esta subasta tiene su origen en mandato judicial, según resulta de lo dispuesto en el expositivo I.

3.– Que el lote objeto de la subasta está libre de cargas y gravámenes según resulta de la nota registral meritada.

4.– Los bienes se adjudican libres de cargas, si bien, cualquier gasto de cancelación registral de cualquier tipo de carga, inscripción o anotación establecido sobre los bienes objeto de subasta serán a cargo y satisfechos por la parte compradora.

5.– Libre de inquilinos y ocupantes.

6.– Desconoce el estado físico del objeto subastado.

7.– El inmueble objeto de la subasta está al corriente en el pago del Impuesto sobre Bienes Inmuebles.

Será a cargo de la parte compradora y adjudicataria los Impuestos sobre Bienes Inmuebles que ostenten garantía real tácita o hayan sido reconocidos en el concurso con privilegio especial o como créditos contra la masa y con los recargos, intereses y apremios en su caso devengados por los ejercicios no prescritos siendo su importe a fecha de la firma de escritura de adjudicación.

8.– Valor estimativo a efectos de subasta: ....euros CON .... CÉNTIMOS (...........€); siendo el importe mínimo desde el que se puede pujar el de CERO EUROS CON UN CÉNTIMO (0,01 €).

9.– Las pujas pueden ser de cualquier cantidad superior.

10.– Se permite la visita del inmueble.

11.– Los impuestos derivados de la venta o adjudicación al mejor postor serán de cuenta y cargo de la parte adquirente, incluyendo la plusvalía municipal, si la hubiere.

12.– Los gastos notariales de la venta o adjudicación al mejor postor serán de cuenta y cargo de la parte adquirente, así como cualquier gasto de cancelación registral de cualquier tipo de carga, inscripción o anotación establecido sobre los bienes objeto de subasta.

13.– Los gastos de la subasta serán de cuenta y cargo de la sociedad concursada.

V.– REGISTRO PÚBLICO CONCURSAL.– En tanto y cuanto la entidad propietaria del bien o lote subastado está en situación de concurso, y esta subasta obedece al mandato judicial reseñado, se prescinde de la comunicación de la misma a dicho registro.

VI.– PUBLICIDAD DE LA SUBASTA.– La presente subasta:

1.– Se publicará en el "Boletín Oficial del Estado".

2.– La convocatoria de la subasta deberá anunciarse con una antelación de, al menos, 24 horas respecto al momento en que se haya de abrir el plazo de presentación de posturas.

3.– El anuncio tendrá el modelo previsto como ANEXO 5*.

VII.– FUNCIONAMIENTO DE LA SUBASTA.– La subasta electrónica se realizará con sujeción a las siguientes reglas:

A) REQUISITOS PARA PARTICIPAR:

1°.– Identificarse en forma suficiente.

2°.– Declarar que conocen las condiciones generales y particulares de la subasta.

3°.– Estar dados de alta como usuarios a través del Portal de Substas del BOE cumpliendo sus requisitos.

4º.– Haber depositado el 5% del valor de los bienes a subastar. El acreedor hipotecario puede participar en la subasta pública en las mismas condiciones que el resto de postores sin tener que consignar el deposito del 5% del valor de tasación a efectos de subasta.

5º.– Se entiendo que todo licitador acepta como bastante la titulación existente o que no existan otros títulos.

B) DOCUMENTACIÓN Y SITUACIÓN POSESORIA DE LAS FINCAS:

1º.– La certificación registral y en su caso la titulación y demás información sobre los inmuebles estará a disposición de los interesados en el Portal de Subasta de la Agencia Estatal del Boletín Oficial del Estado.

2º.– Del estado de los autos y de las diligencias practicadas resulta la situación posesoria.

Finca objeto de subasta:

Finca número .... de ...., del Registro de la Propiedad de ...., antes descrita.

C) DESARROLLO DE LA SUBASTA:

1º.– La subasta tendrá lugar en el Portal dependiente de la Agencia Estatal del Boletín y Oficial del Estado para la celebración electrónica de subastas.

2º.– La subasta se abrirá a partir de las veinticuatro horas siguientes al momento en que se haya publicado el anuncio en el BOE La publicación del anuncio se producirá una vez se haya efectuado el pago de la tasa de publicación por la concursada.

3º.– Una vez abierta la subasta solamente se pueden realizar pujas electrónicas con sujeción a las normas de esta ley en cuanto a tipos de subasta, consignaciones y demás reglas que le fueran aplicables. En todo caso el Portal de Subastas informará durante la celebración de la existencia y cuantía de las pujas.

4º.– Las pujas se enviarán telemáticamente a través de sistemas seguros de comunicaciones al Portal de Subastas, que devolverá un acuse técnico publicándose electrónicamente la misma. El postor debe indicar si consiente o no la reserva a que se refiere el párrafo segundo del apartado 1 del artículo 652 y si puja en nombre propio o en nombre de un tercero. Son admisibles posturas por un importe superior, igual o inferior a la más alta ya realizada, entendiéndose en los dos últimos supuestos que consiente desde ese mismo momento la reserva de consignación y serán tenidas en cuenta para el supuesto de que el licitador que haya realizado la puja igual o más alta no consigne finalmente el resto del precio de adquisición. En el caso de que existan posturas por el mismo importe, se preferirá la anterior en el tiempo. El portal de subastas solo publicará la puja más alta entre las realizadas hasta ese momento.

D) TERMINACIÓN DE LA SUBASTA Y DESTINO DE LOS DEPÓSITOS:

1º.– La subasta admite posturas durante un plazo de veinte días naturales desde su apertura. La subasta no se cerrará hasta transcurrida una hora desde la realización de la última postura, siempre que ésta fuera superior a la mejor realizada hasta ese momento.

2°.— En la fecha de cierre de la subasta el Portal de Subasta remitirá información certificada de la postura telemática que hubiera resultado vencedora, con el nombre, apellidos y dirección electrónica del licitador.

3°.– Terminada la subasta y recibida la información, el Notario actuante dejará constancia de la misma, expresando el nombre del mejor postor y de la postura que formuló.

En ese momento se liberarán o devolverán las cantidades consignadas por los postores excepto lo que corresponda al mejor postor, que se reservará en depósito como garantía del cumplimiento de su obligación y en su caso, como parte del precio de venta.

A quienes hubieran reservado su postura también se retendrán sus depósitos para que, si el rematante no entregare en plazo el resto del precio, pueda aprobarse el remate a favor de los que le sigan, por el orden de sus respectivas postura y, si fueran iguales, por el orden cronológico en el que hubieran sido realizadas.

Las devoluciones siempre se harán a quien efectuó el depósito con independencia de si hubiera actuado por si como postor o en nombre de otro.

E) APROBACIÓN DE REMATE Y ADJUDICACIÓN.

1.– El acreedor hipotecario puede participar en la subasta en las mismas condiciones que el resto de postores sin tener que consignar, en su caso, el precio del remate si hiciera mejor postura, en tanto no supere el importe de su crédito especialmente privilegiado.

2.– Aprobación del remate. Si la mejor postura fuere igual o superior al 70% del valor por los que cada uno de los lotes que hubieren salido a subasta, por la administración concursal se declarará aprobado el remate de los bienes subastados a favor del mejor postor. En el plazo de diez días naturales desde la notificación por la administración concursal de la aprobación del remate al mejor postor, el rematante deberá consignar en la cuenta designada por la administración concursal, la diferencia entre lo depositado y el precio total del remate. No se admitirán posturas por precio aplazado.

3.– Admisión de posturas.

PUJAS superiores al 50%:

En el supuesto expreso de realización mediante subasta del bien que garantice créditos con privilegio especial, el valor por el cual el ofertante se adjudique el mismo deberá ser superior al 50% del valor de liquidación establecido por la Administración Concursal.

PUJAS inferiores al 50%:-

En caso de que la totalidad de las pujas recibidas por un bien afecto a un crédito con privilegio especial fuesen inferiores al 50% del valor de liquidación, sin que el acreedor con privilegio especial autorizase de forma expresa su adjudicación por dicho valor inferior, el Notario pondrán en conocimiento del acreedor con privilegio especial del bien en cuestión, la oferta recibida. Dicho acreedor podrá mejorar por sí mismo la postura o presentar mejor postor, en el plazo de 10 días naturales desde la notificación de dichas ofertas.

Sin mejoras del acreedor privilegiado:

Transcurrido dicho plazo, si el acreedor privilegiado no hubiera mejorado por sí mismo la postura o presentado mejor postor, la Administración Concursal declarará aprobado el remate, llevándose a efecto la adjudicación por parte de la Administración Concursal a favor del mejor postor.

Con mejoras del acreedor privilegiado:

En caso de que dentro de dicho plazo de 10 días naturales el acreedor con privilegio especial mejorase por sí mismo la postura o presentase mejor postor, la Administración Concursal declarará aprobado el remate, llevándose a efecto la adjudicación.

4.– Subasta sin postores. No es aplicable a esta subasta la norma prevista en el art. 671 de la LEC ya que no hay propiamente ejecutante, pero podrá el acreedor hipotecante en el plazo de diez días naturales a contar desde el cierre de la subasta, pedir la adjudicación del bien por el 50% del valor por el que el bien hubiera salido a subasta o por la cantidad que se le deba por todos los conceptos hasta el límite de su responsabilidad hipotecaria.

5.– Aprobado el remate por la administración concursal y consignado el total importe por el mejor postor, se elevará a pública la compraventa a su favor en el plazo de cinco días en la notaría designada por la administración concursal, efectuándose la entrega de la posesión del bien subastado, y a cuyo acto deberá concurrir el acreedor con privilegio especial afecto a los inmuebles con carga hipotecaria para recibir el precio y otorgar los documentos precisos para la cancelación de las cargas en registro público.

6.– El acreedor hipotecario, de existir, o cualquier otro acreedor con un crédito singularmente privilegiado no puede hacer uso de los privilegios que la LEC otorga al ejecutante y por tanto, no se permite la cesión de remate a terceros, en fase de subasta. Se está en un procedimiento de liquidación universal y no singular. Ello sin perjuicio de que con el producto obtenido, se haga pago en primer lugar, al titular del crédito privilegiado de conformidad a lo dispuesto en normativa concursal para el acreedor privilegiado especial.

7.– El tipo de subasta no incluye los impuestos que gravan la transmisión del bien.

Los bienes se adjudican libres de cargas, si bien, todos los gastos e impuestos derivados de la transmisión, incluidos en su caso los notariales por la elevación a pública de la compraventa y/o los derivados de la inscripción en el registro correspondiente, así como los del mandamiento de cancelación de cargas o gravámenes establecidos sobre aquellos bienes serán a cargo y satisfechos por la compradora.

Será a cargo de la parte compradora y adjudicataria los Impuestos Sobre Bienes Inmuebles que ostenten garantía real tácita o hayan sido reconocidos en el concurso con privilegio especial o como créditos contra la masa y con los recargos, intereses y apremios en su caso devengados por los ejercicios no prescritos siendo su importe a fecha de la firma de escritura de adjudicación.

Será a cargo de la parte compradora y adjudicataria, en su caso, el impuesto sobre el Incremento del Valor de los Terrenos de Naturaleza Urbana que se devengue con la transmisión. No hacerlo así determinaría que se generasen créditos contra la masa a sabiendas *que no van a poder ser satisfechos.*

8.–Tratándose de subasta solicitada en ejecución de las reglas especiales de liquidación se procederá a la adjudicación libre de cargas y embargos por créditos concursales, por lo que una vez verificada en su caso la adjudicación de cada uno de los lotes, se solicitará del juzgado el levantamiento y cancelación de las mismas.

9.– El resto de las condiciones generales por las que se rige esta subasta no previstas en los párrafos anteriores, se estará a las reglas generales previstas para la subasta acordadas en vía de apremio para bienes inmuebles en la LEC.

Si los activos no se pueden enajenar serán considerados irrealizables a los efectos del art. 468.3 TRLC, dándose por finalizadas las operaciones de liquidación.

VIII.– ACTUACIONES NOTARIALES ULTERIORES.–

1.– En la fecha de cierre de la subasta y a continuación del mismo, el Portal de Subastas remitirá al Notario información certificada de la postura telemática que hubiera resultado vencedora, así como, por orden decreciente de importe y cronológico en el caso de ser este idéntico, de todas las demás que hubieran optado por la reserva de postura.

2.– El Notario extenderá la correspondiente diligencia en la que hará constar los aspectos de trascendencia jurídica; las reclamaciones que se hubieren presentado y la reserva de los derechos correspondientes ante los Tribunales de Justicia; la identidad del mejor postor y el precio ofrecido por él, las posturas que siguen a la mejor y la identidad de los postores; el juicio del Notario de que en la subasta se han observado las normas legales que la regulan, así como la adjudicación del bien o derecho subastado por el solicitante.

3.– Si no concurriere ningún postor, el Notario así lo hará constar, declarará desierta la subasta y acordará el cierre del expediente.

4.– En diligencias ulteriores a la presente se harán constar, en su caso, el pago del resto del precio por el adjudicatario en el plazo de diez días hábiles en la entidad adherida al Portal de Subastas a disposición del Notario; la entrega por el Notario al solicitante o su depósito a disposición judicial o a favor de los interesados de las cantidades que hubiere percibido del adjudicatario; la devolución de las consignaciones electrónicas hechas para tomar parte en la subasta por personas que no hayan resultado adjudicatarias; la devolución de las consignaciones hechas para tomar parte en la subasta por personas que no hayan resultado adjudicatarias, no se efectuará hasta que no se haya abonado el total del precio de la adjudicación si así se hubiera solicitado por parte de los postores.

5.– Si el adjudicatario incumpliere su obligación de entrega de la diferencia del precio entre lo consignado y lo efectivamente rematado, la adjudicación se realizará al segundo o sucesivo mejor postor que hubiera solicitado la reserva de su consignación, perdiendo las consignaciones los incumplidores y dándole a éstas el destino establecido en la Ley de Enjuiciamiento Civil.

6.– Concluida la subasta, el Notario cerrará esta acta remitiéndose a la ulterior con su respectiva fecha, en la que solo se hará constar que la subasta ha quedado concluida, la persona física o jurídica adjudicataria y que la subasta ha cumplido todos los requisitos legales.

7.– El representante de la mercantil interviniente, otorgará ante el Notario escritura pública de venta a favor del adjudicatario al tiempo de completar éste el pago del precio.

IX.– Y, expuesto lo que antecede, la parte compareciente formula el siguiente

REQUERIMIENTO

La parte compareciente, según interviene, me requiere a mí, notario, para que proceda a convocar la subasta del objeto reseñado.

Yo, notario, que he revisado la solicitud, acepto el requerimiento dando fe de todo lo relatado así como de la identidad, capacidad y legitimidad del promotor.

Yo, notario, por diligencia dejaré constancia de las sucesivas actuaciones y por acta ulterior, del resultado final de la subasta.

ACTUACIONES NOTARIALES

I.– CERTIFICACIÓN REGISTRAL DOMINIO Y CARGAS.– Yo, Notario, solicitaré por procedimientos electrónicos certificación registral de dominio y cargas al Registro competente, dejando éste constancia por nota al margen de la finca o derecho esta circunstancia.

Al recibirla la incorporaré mediante diligencia a la presente.

II.– COMUNICACIÓN TITULARES DE CARGAS POSTERIORES Y ARRENDATARIOS U OCUPANTES.–

Tal y como resulta de lo expuesto y de la nota simple informativa registral protocolizada con la presente, no existen cargas, ni arrendatarios u ocupantes según lo manifestado por la parte compareciente, por lo que no procede comunicación alguna en tal sentido.

PROTECCIÓN DE DATOS.– Queda el compareciente informado de lo siguiente:

Sus datos personales serán objeto de tratamiento en esta Notaría, los cuales son necesarios para el cumplimiento de las obligaciones legales del ejercicio de la función pública notarial, conforme a lo previsto en la normativa prevista en la legislación notarial, de prevención del blanqueo de capitales, tributaria y, en su caso, sustantiva que resulte aplicable al acto o negocio jurídico documentado. La comunicación de los datos personales es un requisito legal, encontrándose el otorgante obligado a facilitar los datos personales, y estando informado de que la consecuencia de no facilitar tales datos es que no sería posible autorizar o intervenir el presente documento público. Sus datos se conservarán con carácter confidencial.

La finalidad del tratamiento de los datos es cumplir la normativa para autorizar/intervenir el presente documento, su facturación, seguimiento posterior y las funciones propias de la actividad notarial de obligado cumplimiento, de las que pueden derivarse la existencia de decisiones automatizadas, autorizadas por la Ley, adoptadas por las Administraciones Públicas y entidades cesionarias autorizadas por Ley, incluida la elaboración de perfiles precisos para la prevención e investigación por las autoridades competentes del blanqueo de capitales y la financiación del terrorismo.

El notario realizará las cesiones de dichos datos que sean de obligado cumplimiento a las Administraciones Públicas, a las entidades y sujetos que estipule la Ley y, en su caso, al Notario que suceda o sustituya al actual en esta notaría.

Los datos proporcionados se conservarán durante los años necesarios para cumplir con las obligaciones legales del Notario o quien le sustituya o suceda.

Puede ejercitar sus derechos de acceso, rectificación, supresión, limitación, portabilidad y oposición al tratamiento por correo postal ante la Notaría autorizante, sita en .... Asimismo, tiene el derecho a presentar una reclamación ante una autoridad de control.

Los datos serán tratados y protegidos según la Legislación Notarial, la Ley Orgánica de Protección de Datos de Carácter Personal (o la Ley que la sustituya) y su normativa de desarrollo, y el Reglamento (UE) 2016/679 del Parlamento europeo y del Consejo de 27 de abril de 2016 relativo a la protección de las personas físicas en lo que respecta al tratamiento de datos personales y a la libre circulación de estos datos y por el que se deroga la Directiva 95/46/CE.

OTORGAMIENTO Y AUTORIZACIÓN

Yo, el notario, doy fe expresamente de que el consentimiento ha sido libremente prestado y de que este otorgamiento se adecua a la legalidad y a la voluntad debidamente informada del otorgante.

Leo esta escritura al otorgante, en voz alta e íntegramente, después de advertirle de su derecho a leerla por sí, de que no han usado, y debidamente informado del contenido de este instrumento presta al mismo su libre consentimiento, y firma conmigo, el Notario, que de haberle identificado por la documentación exhibida, y de todo lo consignado en la misma, extendida en .... doy fe.

F672 BASES DE SUBASTA EN LIQUIDACIÓN POR PARTE DE ENTIDAD ESPECIALIZADA. INMUEBLES

En ...., a .... de ...... de .....

BASES SUBASTA CONCURSO .....

Autos: Concurso .../.....

I.– La subasta se realizará a través del portal propiedad de la entidad especializada, de forma totalmente online (www.......com), publicándose la información de los activos con la antelación suficiente para otorgarle la mayor transparencia.

Fechas de la subasta:

- Inicio: .... de .... de......, a las ..... am
- Fin: .... de ..... de ..., a las ..... pm

Los activos objeto de la subasta son los que se encuentran detallados en el correspondiente Inventario realizado por la Administración Concursal, salvo los que hayan sido enajenados por venta anticipada en virtud del art. 205 y 206 TRLC. Los mismos serán enajenados, como cuerpo cierto, libres de cargas y gravámenes (siempre que se transmita el 100% de la titularidad del bien), aceptándose por la parte compradora el estado físico y jurídico en el que se encuentren en el momento de la venta.

LOTE NAVES

....

....

....

....

....

....

.... S.L se compromete a realizar las campañas publicitarias específicas a través de otros métodos (además de su página web) en función de los activos a enajenar. Además, se establecerán unos días de visita para los interesados (siempre que sea posible), que podrán ponerse en contacto con la entidad especializada en cualquier momento previamente y durante la subasta.

II.– Para poder participar en la subasta electrónica, los interesados (tanto los licitadores como los acreedores cuyos créditos hubieran resultado reconocidos en la lista definitiva de acreedores) deberán estar dados de alta como usuarios del sistema, accediendo al mismo mediante mecanismos seguros de identificación y debiendo aceptar expresamente las condiciones de la misma.

A efectos de comunicaciones y notificaciones, la dirección de correo electrónico que designen los usuarios ofertantes (incluídos los acreedores privilegiados) en la página web de la entidad especializada será plenamente válida y eficaz hasta la conclusión del concurso.

III.– Se realizará la efectiva comunicación con la antelación suficiente a los acreedores privilegiados, si los hubiera, con opción de presentar mejor postor y participar en la misma.

IV.– La subasta se realizará sin postura mínima, y se adjudicará a la mayor oferta recibida, siempre que el Administrador Concursal considere que la puja es de interés para el concurso, respetando las facultades que concede al acreedor con privilegio especial, si lo hubiere, el art. 430 del Real Decreto Legislativo 1/2020 de 5 de mayo, por el que se aprueba el texto refundido de la ley concursal.

V.– El valor a efectos de subasta será el establecido en las reglas especiales de liquidación, o el valor otorgado en el inventario por la Administración Concursal.

VI.– Los honorarios de gestión de la entidad especializada, atendiendo a la práctica habitual del mercado se fijan en el..% + IVA (...... por ciento más IVA) del precio de venta en cuanto a los bienes inmuebles siendo éstos a cargo exclusivamente del adquirente o adjudicatario. Dicho adquiriente, deberá hacer efectivos los honorarios de la entidad especializada posteriormente a la confirmación de adjudicación del lote correspondiente por parte de la Administración Concursal, pero previamente a la formalización de la escritura de compraventa. Este requisito será imprescindible para la formalización de la escritura.

VII.– Serán a cargo del adquiriente o adjudicatario todos los gastos e impuestos derivados de la compraventa, tales como; Registro, Notarías, Impuestos o Tributos y tasas locales / Autonómicas (IBI, IIVTNU, ...) que directamente afecten al inmueble, así como gastos y derramas correspondientes a la Comunidad de Propietarios, y todos ellos dentro de los plazos legales de la afección correspondiente.

Así bien, todos los gastos que se deriven de la transmisión del bien y de la cancelación de cargas y anotaciones registrales, serán de cuenta y cargo del adquirente.

VIII.– Se requerirá un depósito de ....– € (......... euros) para participar en la subasta de los bienes inmuebles.

Cualquier interesado en realizar puja, (en concepto de consignación o fianza, y en acreditación de la firmeza y certeza de la oferta y en garantía de los perjuicios que pudieran generarse en caso de incumplimiento o retraso en el pago caso de resultar la oferta vencedora), remitirá al correo electrónico designado por la empresa especializada copia de justificante del depósito realizado mediante transferencia bancaria. A excepción del acreedor con privilegio especial, el cual estará exento de realizar dicha consignación conforme a lo que establezca la normativa vigente. Si adjudicado el bien el adquirente no abonara el precio total de la compraventa en los términos y condiciones que prevean las normas especiales, lo establecido en la LEC, las instrucciones dadas por la Administración Concursal o los usos y costumbres de la Empresa Especializada, acarreará automáticamente la pérdida del depósito constituido que se pondrá a disposición de la Administración Concursal a fin de dar al mismo el destino que corresponda.

IX.– Una vez finalizada la subasta, se notificará a la Administración Concursal y los acreedores privilegiados informando el resultado de la misma.

X.– El acreedor privilegiado, si lo hubiera, en caso de ser el mayor postor podrá ceder el remate de la subasta a favor de un tercero o una de sus sociedades vinculadas, sin perjuicio de las obligaciones fiscales que correspondan a las partes.

XI.– Adjudicado el bien, se solicitará por parte de la Administración Concursal la emisión de mandamiento para la cancelación de todas las anotaciones de embargo que afecten a los bienes objeto de realización, así como las cargas anteriores a la declaración concursal y las posteriores

XII.– En todas las subastas se publicitarán en la plataforma de la entidad especializada las condiciones generales y particulares para todos los participantes, que deberán aceptar expresamente antes de poder realizar sus pujas.

XIII.– En lo no regulado en el presente escrito, se estará a lo dispuesto en los usos y costumbres de la entidad especializada encargada de la venta.

F673. BASES DE SUBASTA EN LIQUIDACIÓN POR PARTE DE ENTIDAD ESPECIALIZADA. INMUEBLES Y BIENES MUEBLES

En ....., a ..... de ..... de ....

BASES SUBASTA CONCURSO ....

Autos: ...../...... JUZGADO MERCANTIL Nº .... DE .....

Administrador concursal: .... SLP

CONCURSO: .... SL, ... SL, ... SL y .... SL

I.– La subasta se realizará a través del portal propiedad de la entidad especializada, de forma totalmente online (www.......com), publicándose la información de los activos con la antelación suficiente para otorgarle la mayor transparencia.

Fechas de la subasta:

- Inicio: ... de ...... de ....., a las .... am
- Fin: ... de ...... de ......, a las .... pm

Los activos objeto de la subasta son los que se encuentran detallados en los correspondientes Inventarios realizado por la Administración Concursal, salvo los que hayan sido enajenados por venta anticipada en virtud del art. 205 y 206 TRLC. Los mismos serán enajenados, como cuerpo cierto, libres de cargas y gravámenes (siempre que se transmita el 100% de la titularidad del bien), aceptándose por la parte compradora el estado físico y jurídico en el que se encuentren en el momento de la venta.

.... S.L

Descripción Valor inventario s/ A.C. Garantía

FORD .... SI

YAMAHA ....

TOTAL BIENES ....

.... SL

Descripción Valor inventario s/ A.C.

TRABAJOS AL INMOVIL. OBRAS

....

MOBILIARIO OFICINA

MAQUINARIA ....

MOTOCICLETA .... (matrícula......) ....

RENAULT .... (matrícula ....) ....

TOTAL BIENES ....

……………. SL

Descripción Valor inventario s/ A.C.

TERRENO RÚSTICO …… ……….

NAVE …… …….

NAVE ……………………

1 PLAZA DE GARAJE ………..

1 PLAZA DE GARAJE …….

ESTANTE ……….. …….

ESTANTERÍA……. ……..

MERCEDES …….. matrícula …… ………

AUDI …….matrícula ……….. …………

MINI ……… matrícula 9……………….

PARCELAS ……….. ……….

TOTAL BIENES ………..

DESCRIPCIÓN, DATOS REGISTRALES, REFERENCIAS CATASTRAL Y CARGAS DE LOS INMUEBLES: ………………..

……….SL

Descripción Valor inventario s/ A.C.

CASA URB……………………

TOTAL BIENES ……….

DESCRIPCIÓN, DATOS REGISTRALES, REFERENCIAS CATASTRAL Y CARGAS DE LOS INMUEBLES: ………………

………S.L se compromete a realizar las campañas publicitarias específicas a través de otros métodos (además de su página web) en función de los activos a enajenar. Además, se establecerán unos días de visita para los interesados (siempre que sea posible), que podrán ponerse en contacto con la entidad especializada en cualquier momento previamente y durante la subasta.

II.– Para poder participar en la subasta electrónica, los interesados (tanto los licitadores como los acreedores cuyos créditos hubieran resultado reconocidos en la lista definitiva de acreedores) deberán estar dados de alta como usuarios del sistema, accediendo al mismo mediante mecanismos seguros de identificación y debiendo aceptar expresamente las condiciones de la misma.

A efectos de comunicaciones y notificaciones, la dirección de correo electrónico que designen los usuarios ofertantes (incluidos los acreedores privilegiados) en la página web de la entidad especializada será plenamente válida y eficaz hasta la conclusión del concurso.

III.– Se realizará la efectiva comunicación con la antelación suficiente a los acreedores privilegiados, si los hubiera, con opción de presentar mejor postor y participar en la misma.

IV.– La subasta se realizará sin postura mínima, y se adjudicará a la mayor oferta recibida, siempre que el Administrador Concursal considere que la puja es de interés para el concurso, respetando las facultades que concede al acreedor con privilegio especial, si lo hubiere, el art. 430 del Real Decreto Legislativo 1/2020 de 5 de mayo, por el que se aprueba el texto refundido de la ley concursal.

V.– El valor a efectos de subasta será el establecido en las reglas especiales de liquidación, o el valor otorgado en el inventario por la Administración Concursal.

VI.– Los honorarios de gestión de la entidad especializada, atendiendo a la práctica habitual del mercado se fijan en el ...% + IVA (..... por ciento más IVA) del precio de venta en el caso de bienes inmuebles, y del ...% + IVA (..... por ciento más IVA) en el caso de bienes muebles, siendo éstos a cargo exclusivamente del adquirente o adjudicatario. Dicho adquiriente, deberá hacer efectivos los honorarios de la entidad especializada posteriormente a la confirmación de adjudicación del lote correspondiente por parte de la Administración Concursal, pero previamente a la formalización de la escritura de compraventa. Este requisito será imprescindible para la formalización de la escritura.

VII.– Serán a cargo del adquiriente o adjudicatario todos los gastos e impuestos derivados de la compraventa, tales como; Registro, Notarías, Impuestos o Tributos y tasas locales / Autonómicas (IBI, IIVTNU, ...) que directamente afecten al inmueble, así como gastos y derramas correspondientes a la Comunidad de Propietarios, y todos ellos dentro de los plazos legales de la afección correspondiente.

Así bien, todos los gastos que se deriven de la transmisión del bien y de la cancelación de cargas y anotaciones registrales, serán de cuenta y cargo del adquirente.

VIII.– Se requerirá un depósito de ....– € para participar en la subasta de bienes inmuebles, y de ....– € para participar en la subasta de bienes muebles. Cualquier interesado en realizar puja, (en concepto de consignación o fianza, y en acreditación de la firmeza y certeza de la oferta y en garantía de los perjuicios que pudieran generarse en caso de incumplimiento o retraso en el pago caso de resultar la oferta vencedora), remitirá al correo electrónico designado por la empresa especializada copia de justificante del depósito realizado mediante transferencia bancaria. A excepción del acreedor con privilegio especial, el cual estará exento de realizar dicha consignación conforme a lo que establezca la normativa vigente. Si adjudicado el bien el adquirente no abonara el precio total de la compraventa en los términos y condiciones que prevean las reglas especiales las normas especiales, lo establecido en la LEC, las instrucciones dadas por la Administración Concursal o los usos y costumbres de la Empresa Especializada, acarreará automáticamente la pérdida del depósito constituido que se pondrá a disposición de la Administración Concursal a fin de dar al mismo el destino que corresponda.

IX.– Una vez finalizada la subasta, se notificará a la Administración Concursal y los acreedores privilegiados informando el resultado de la misma.

X.– El acreedor privilegiado, si lo hubiera, en caso de ser el mayor postor podrá ceder el remate de la subasta a favor de un tercero o una de sus sociedades vinculadas, sin perjuicio de las obligaciones fiscales que correspondan a las partes.

XI.– Adjudicado el bien, se solicitará por parte de la Administración Concursal la emisión de mandamiento para la cancelación de todas las anotaciones de embargo que afecten a los bienes objeto de realización, así como las cargas anteriores a la declaración concursal y las posteriores

XII.– En todas las subastas se publicitarán en la plataforma de la entidad especializada las condiciones generales y particulares para todos los participantes, que deberán aceptar expresamente antes de poder realizar sus pujas.

XIII.– En lo no regulado en el presente escrito, se estará a lo dispuesto en los usos y costumbres de la entidad especializada encargada de la venta.

F674. ESCRITO DE LOS ADMINISTRADORES CONCURSALES PRESENTANDO INFORME TRIMESTRAL SOBRE LIQUIDACIÓN

Normativa de aplicación: *Arts. 406 y ss. Real Decreto Legislativo 1/2020, de 5 de mayo, por el que se aprueba el texto refundido de la Ley Concursal*

JUZGADO DE LO MERCANTIL N°........... DE...........

D..........., Administración Concursal en autos de Concurso Voluntario nº..........., seguidos a instancia de la concursada "...........", ante el Juzgado comparezco y como mejor proceda en Derecho DIGO:

Que por la presente y de conformidad con lo dispuesto en el artículo 424 TRLC, presento informe trimestral, correspondiente al trimestre comprendido entre el........... de........... de........... hasta el........... de........... de..........., sobre la realización de los bienes y derechos integrados en la masa activa del concurso en liquidación.

INFORME TRIMESTRAL

PRIMERO.– SOBRE LOS BIENES INMUEBLES

En fecha........... de........... de........... se procedió a la venta en pública subasta de la nave industrial ubicada en el Polígono Ind..........., calle..........., nº..........., CP..........., de..........., por un valor resultante de...........euros.

Siendo el valor de la venta coincidente con el del crédito privilegiado garantizado con el referido inmueble el importe íntegro que se ha obtenido con su venta se ha destinado a pagar el referido crédito garantizado.

SEGUNDO.– SOBRE LOS BIENES MUEBLES Y VALORES NEGOCIABLES

Los bienes muebles del concursado consistentes en un camión marca Volvo y los valores negociable consistentes en 1500 acciones de la mercantil........... están pendientes de realización a fecha de hoy.

TERCERO.– CONCLUSIONES

A fecha de emisión del presente informe se ha procedido a la venta de un inmueble por valor de...........euros cuyo importe ha sido destinado al pago del crédito garantizado con privilegio especial.

El activo realizado asciende a...........euros y el importe de los créditos pendientes asciende a...........euros.

Se acompaña como ANEXO I detalle y cuantificación de los créditos contra la masa devengados y pendientes de pago, con indicación de sus vencimientos.

(En su caso: Igualmente se hace constar que tal y como ordenó por el Juzgador mediante providencia de fecha..........., se han ingresado en la cuenta del Juzgado, a los efectos y de conformidad con lo establecido en el art. 425 y 426 TRLC, el ....% de lo obtenido en las enajenaciones de bienes y derechos de la masa activa o de los pagos en efectivo realizados con cargo a la misma).

En su virtud,

SUPLICO AL JUZGADO que teniendo por presentado este escrito, junto con sus documentos y copias de todo ello, lo admita, y tenga por presentado informe trimestral sobre la realización de los bienes y derechos integrados en la masa activa del concurso en liquidación.

Es Justicia que pido en..........., a........... de........... de...........

F675. ESCRITO DE LA ADMINISTRACIÓN CONCURSAL REMITIENDO NUEVAMENTE EL LISTADO DE CRÉDITOS CONTRA LA MASA ACOMPAÑADO AL INFORME TRIMESTRAL

Normativa de aplicación: *Arts. 406 y ss. Real Decreto Legislativo 1/2020, de 5 de mayo, por el que se aprueba el texto refundido de la Ley Concursal.*

AL JUZGADO DE LO MERCANTIL Nº .... DE............

Proc. Concursal Ordinario Autos............ D

.... en representación de ...., Administrador Concursal designado en el procedimiento de Concurso Ordinario Voluntario de las entidades mercantiles "............" que con el número............ se tramita ante ese Juzgado, comparece ante el mismo y como mejor proceda en Derecho, DICE:

Que mediante diligencia de ordenación de fecha 3 de mayo de............, notificada a esta parte el 6 de mayo del mismo año, se requiere a esta Administración Concursal para que aporte nuevamente los listados de créditos contra la masa que se acompañaban a su informe trimestral, por una incidencia en su remisión vía Lexnet.

Que, en cumplimiento del requerimiento efectuado, se aporta:

– ANEXO Nº 1. Listado de créditos contra la masa de............, S.L.

– ANEXO Nº 2. Listado de créditos contra la masa de............, S.L.

– ANEXO Nº 3. Listado de créditos contra la masa de............, S.L.

– ANEXO Nº 4. Listado de créditos contra la masa de............, S.L.

En virtud de lo expuesto,

SOLICITA AL JUZGADO, que teniendo por presentado este escrito se digne admitirlo, unirlo al expediente de su razón y se tenga por cumplido al infrascrito en el requerimiento efectuado mediante diligencia de ordenación de fecha 3 de mayo de............, notificada a esta parte el 6 de mayo del mismo año.

En .... a ..... de ....

F676. INFORME TRIMESTRAL ADMINISTRACIÓN CONCURSAL CON PLEITOS Y APROBACIÓN CUENTAS ANUALES

Normativa de aplicación: *Arts. 406 y ss. Real Decreto Legislativo 1/2020, de 5 de mayo, por el que se aprueba el texto refundido de la Ley Concursal*

AL JUZGADO DE LO MERCANTIL NÚM. .... DE..........

Don............, Administración Concursal designada en el Procedimiento Concursal Ordinario nº........... de la mercantil "............, S.L." ante el Juzgado comparezco y como mejor proceda en derecho DIGO:

I.– Por medio del presente escrito y de conformidad y a los efectos de lo previsto en el En cumplimiento de lo previsto en el artículo 424 TRLC, se formula por esta Administración Concursal el correspondiente INFORME TRIMESTRAL sobre el estado de las operaciones de liquidación de los bienes y derechos de la concursada, incluyendo detalle y cuantificación de los créditos contra la masa devengados y pendientes de vencimiento, haciendo constar que las operaciones ejecutadas por esta Administración Concursal responden a las reglas especiales de liquidación aprobadas por este Juzgado mediante auto de fecha............: A tal efecto se distingue:

A) El ámbito temporal del presente informe abarca el periodo comprendido entre el........... de........... de............, y el........... de........... de...........

B) Respecto de la solicitud de subasta judicial de los bienes inmuebles de la concursada, han sido diligenciados los mandamientos dirigidos los respectivos Registros de la Propiedad, excepto la finca registral..........., parcelas........... de..........., al estar suspendida su inscripción por el registro por falta de licencia de segregación o declaración municipal de su innecesaridad, estando a la espera de que por el Juzgado se fije día para la subasta de los mismos.

C) Interpuesta demanda incidental de impugnación de la lista de acreedores frente a la mercantil concursada "..........., S.L. en concurso de acreedores" impugnado la exclusión del crédito ostentado por..........., S.L. de la lista de acreedores y contestada la misma, mediante Providencia de fecha........... y en el incidente concursal..........., por el Juzgado de lo Mercantil nº........... de..........., ha sido fijada la celebración de la vista para el próximo...........

D) En fecha........... en Junta General Ordinaria de la sociedad, han sido aprobadas las cuentas anuales del ejercicio social cerrado el........... formuladas por la administración concursal.

E) Respecto de los "INGRESOS", consta ingreso bancario por corrección de apunte de...........€ y por venta en fecha........... de garaje pza. nº........... de..........., Urb..........., finca registral........... R.P...........

F) Respecto al "PLAN DE PAGOS", han sido pagados los honorarios al Registrador de la propiedad núm. .... de..........., por importe de...........€ y comisiones de administración de la cuenta corriente bancaria de titularidad de la concursada por importe de...........€.

G) TESORERÍA: Respecto del saldo de tesorería de la mercantil, resulta de los pagos e ingresos mencionados lo siguiente:

- El saldo inicial de tesorería suma un total de:...........€.
- Suman los pagos del periodo un total de:...........€.
- Suman los ingresos del periodo un total de...........€.
- El saldo final de tesorería del periodo resulta de:...........€.

H) Se acompaña al presente escrito ANEXO 1 consistente en detalle y cuantificación de los créditos contra la masa devengados y pendientes de pago, con indicación de su vencimiento.

(En su caso: I.– Igualmente se hace constar que tal y como ordenó por el Juzgador mediante providencia de fecha..........., se han ingresado en la cuenta del Juzgado, a los efectos y de conformidad con lo establecido en el art. 425 y 426 TRLC, el ....% de lo obtenido en las enajenaciones de bienes y derechos de la masa activa o de los pagos en efectivo realizados con cargo a la misma).

En su virtud,

SUPLICO AL JUZGADO, que tenga por presentado este escrito junto a los documentos a el adjunto y sus copias, se tenga por evacuado el informe trimestral a que se refiere el art. 424 TRLC, correspondiente al periodo..........., se sirva admitirlo y acordar cuanto proceda en derecho, incluido su puesta de manifiesto en la oficina judicial.

Es Justicia que se Suplica en..........., hoy día........... de........... de...........

F677. INFORME TRIMESTRAL PRESENTADO UNA VEZ TRANSCURRIDO EL PLAZO DE UN AÑO DESDE LA APERTURA DE LA BASE DE LIQUIDACIÓN

Normativa de aplicación: *Arts. 406 y ss. Real Decreto Legislativo 1/2020, de 5 de mayo, por el que se aprueba el texto refundido de la Ley Concursal*

JUZGADO DE LO MERCANTIL Nº........... DE...........

D..........., Administración Concursal en autos de Concurso Voluntario nº..........., seguidos a instancia de la concursada "...........", ante el Juzgado comparezco y como mejor proceda en Derecho DIGO:

Que por la presente y de conformidad con lo dispuesto en el artículo 424 TRLC, presento informe trimestral, correspondiente al trimestre comprendido entre el........... de........... de........... hasta el........... de........... de..........., sobre la realización de los bienes y derechos integrados en la masa activa del concurso en liquidación.

INFORME TRIMESTRAL

PRIMERO.– SOBRE LOS BIENES INMUEBLES

En fecha........... de........... de........... se procedió a la venta en pública subasta de la nave industrial ubicada en el Polígono Ind..........., calle..........., nº..........., C.P..........., de..........., por un valor resultante de...........euros.

Siendo el valor de la venta coincidente con el del crédito privilegiado garantizado con el referido inmueble el importe íntegro que se ha obtenido con su venta se ha destinado a pagar el referido crédito garantizado.

SEGUNDO.– SOBRE LOS BIENES MUEBLES Y VALORES NEGOCIABLES

Los bienes muebles del concursado consistentes en un camión marca Volvo y los valores negociable consistentes en 1500 acciones de la mercantil........... están pendientes de realización a fecha de hoy.

TERCERO.– CONCLUSIONES A fecha de emisión del presente informe se ha procedido a la venta de un inmueble por valor de...........euros cuyo importe ha sido destinado al pago del crédito garantizado con privilegio especial.

El activo realizado asciende a...........euros y el importe de los créditos pendientes asciende a...........euros.

Se acompaña como ANEXO I detalle y cuantificación de los créditos contra la masa devengados y pendientes de pago, con indicación de sus vencimientos.

(En su caso: Igualmente se hace constar que tal y como ordenó por el Juzgador mediante providencia de fecha..........., se han ingresado en la cuenta del Juzgado, a los efectos y de conformidad con lo establecido en el art. 425 y 426 TRLC, el ....% de lo obtenido en las enajenaciones de bienes y derechos de la masa activa o de los pagos en efectivo realizados con cargo a la misma).

CUARTO.– (En el primer informe una vez transcurrido un año) Que de conformidad con lo previsto en el art. 424.3 TRLC, y habiendo transcurrido un año desde la apertura de la fase de liquidación de la masa activa, el presente informe contiene como anejo un plan detallado, meramente informativo, del modo y tiempo de liquidación de aquellos bienes y derechos de la masa activa que todavía no hubieran sido realizados por la administración concursal. En los siguientes informes trimestrales, esta administración concursal detallará los actos realizados para el cumplimento de ese plan o las razones que hubieran impedido ese cumplimiento

(En los siguientes informes) Que en el informe trimestral ...., correspondiente al trimestre comprendido entre .... y ...., se acompaño como anejo el plan detallado a que se refiere el 424.3 TRLC, y que aquí se da por reproducido.

Con relación a ello, y dando cumplimiento a lo previsto en el referido articulo 424.3 TRLC, se detallan a continuación los actos de cumplimiento del citado plan (o las razones que han impedido ese cumplimiento).

En su virtud,

SUPLICO AL JUZGADO que teniendo por presentado este escrito, junto con sus documentos y copias de todo ello, lo admita, y tenga por presentado informe trimestral sobre la realización de los bienes y derechos integrados en la masa activa del concurso en liquidación.

Es Justicia que pido en..........., a........... de........... de...........

F678. COMUNICACIÓN DE LA ADMINISTRACIÓN CONCURSAL REMITIENDO EL INFORME TRIMESTRAL DE LIQUIDACIÓN

Normativa de aplicación: *Arts. 424 y ss. Real Decreto Legislativo 1/2020, de 5 de mayo, por el que se aprueba el texto refundido de la Ley Concursal*

"Muy Sres. nuestros:

De conformidad con lo previsto en el art. 424.2 TRLC y con relación al concurso de acreedores de la sociedad .... S.L, seguido en el Juzgado de lo Mercantil núm. .... de ...., adjunto les remito telemáticamente el informe trimestral núm. .... de fecha ...., relativo a las operaciones de liquidación del trimestre comprendido entre .... y ....

Atentamente.

F679. DILIGENCIA DE ORDENACIÓN POR LA QUE SE TIENE POR PRESENTADO EL INFORME TRIMESTRAL DE LA ADMINISTRACIÓN CONCURSAL

Normativa de aplicación: *Arts. 406 y ss. Real Decreto Legislativo 1/2020, de 5 de mayo, por el que se aprueba el texto refundido de la Ley Concursal*

Diligencia de Ordenación del Sr. Letrado de la Administración de Justicia, Don...........

En..........., a........... de........... de...........

Dada cuenta, por presentado en fecha........... y por la Administración Concursal, informe trimestral de liquidación, núm. ...., correspondiente al trimestre comprendido entre .... y ....

Se tiene por presentado el mismo y dese traslado a la concursada y demás partes personadas del referido escrito. Queda de manifiesto el referido informe en la oficina judicial. Doy cuenta a su señoría.

Contra la presente resolución cabe interponer recurso de revisión a interponer en el plazo de cinco días a contar desde la referida notificación.

De conformidad con lo establecido en la Disposición Adicional 15ª LOPJ (según la redacción dada por la LO 1/09), la interposición de recurso contra resoluciones judiciales, no podrá ser admitida a trámite sin la acreditación del depósito previsto en la citada Ley a efectos de recurrir, debiendo presentarse copia o resguardo de tal depósito en las cuenta de consignaciones de este Juzgado.

Así lo acuerda y firma el Letrado de la Administración de Justicia. Doy fe.

F680. ESCRITO SOLICITANDO LA SEPARACIÓN DE LOS ADMINISTRADORES POR NO HABER FINALIZADO LA LIQUIDACIÓN

Normativa de aplicación: *Arts. 406 y ss. Real Decreto Legislativo 1/2020, de 5 de mayo, por el que se aprueba el texto refundido de la Ley Concursal*

JUZGADO DE LO MERCANTIL Nº........... DE...........

..........., Procurador de los Tribunales actuando en nombre y representación de........... según consta debidamente acreditado en los autos de Concurso Voluntario nº..........., seguidos a instancia de la concursada "...........", ante el Juzgado comparezco y como mejor proceda en Derecho DIGO:

Que por la presente, y siguiendo las expresas instrucciones de mi representado, formulo solicitud de separación de los administradores concursales al amparo de lo dispuesto en el artículo 427.1 TRLC en base a las siguientes

ALEGACIONES

PRIMERA.– En fecha........... de........... de........... se dictó por este juzgado auto declarando la apertura de la fase de liquidación.

SEGUNDA.– Que ha transcurrido más de un año desde la firmeza de la resolución decretando la apertura de la fase de liquidación sin que se hubiera finalizado ésta.

TERCERA.– Que dado el desinterés mostrado por los administradores concursales en la finalización de la liquidación estando pendientes de llevar a cabo las operaciones de liquidación de bienes y derechos integrados en la masa activa del concurso es por lo que solicitamos la separación de la actual administración concursal.

En su virtud,

SUPLICO AL JUZGADO que teniendo por presentado este escrito, junto con sus documentos y copias de todo ello, lo admita, y, previos trámites legales, acuerde la separación de la administración concursal, al amparo de lo dispuesto en el artículo 427 TRLC, y el nombramiento de nueva administración concursal en sustitución de la anterior.

Es Justicia que pido en..........., a........... de........... de...........

F681. AUTO ACORDANDO LA SEPARACIÓN DE LA ADMINISTRACIÓN CONCURSAL POR PROLONGACIÓN INDEBIDA DE LA LIQUIDACIÓN

Normativa de aplicación: *Arts. 406 y ss. Real Decreto Legislativo 1/2020, de 5 de mayo, por el que se aprueba el texto refundido de la Ley Concursal*

JUZGADO DE LO MERCANTIL Nº........... DE...........

AUTO

En..........., a........... de........... de...........

ANTECEDENTES DE HECHO

PRIMERO.– En fecha........... de........... de........... se dictó por este juzgado auto declarando la apertura de la fase de liquidación. El citado auto devino firme el ....

SEGUNDO.– En fecha........... de........... de........... por D..........., en la representación de........... se presentó escrito solicitando la separación de la administración concursal por dilaciones indebidas en la liquidación, el cual, visto que cumplía los requisitos legalmente exigibles, fue admitido a trámite.

TERCERO.– Que sobre tal solicitud se dio audiencia a los administradores concursales con el resultado obrante en autos.

FUNDAMENTOS DE DERECHO

PRIMERO.– Conforme al art. 427.1 TRLC, transcurrido un año desde la firmeza de la resolución judicial por la que se hubiera procedido a la apertura de la fase de liquidación sin que hubiera finalizado esta, cualquier interesado podrá solicitar al juez del concurso la separación de la administración concursal y el nombramiento de otra nueva.

El juez, previa audiencia de la administración concursal, acordará la separación si no existiere causa que justifique la dilación y procederá al nombramiento de quien haya de sustituirla (art. 427.2 TRLC).

El auto por el que se acuerde la separación de la administración concursal por prolongación indebida de la liquidación se insertará en el Registro público concursal (art. 427.3 TRLC).

Finalmente, los administradores concursales separados por prolongación indebida de la liquidación perderán el derecho a percibir las retribuciones devengadas, debiendo reintegrar a la masa activa las cantidades que en ese concepto hubieran percibido desde la apertura de la fase de liquidación (art. 428 TRLC).

SEGUNDO.– Que habiendo transcurrido más de un año desde la apertura de la fase de liquidación, sin que haya finalizado la liquidación, quedando pendientes casi todas las operaciones para la realización de los bienes y derechos integrados en la masa activa del concurso, no concurre causa justificada de la dilación producida en la fase de liquidación lo que justifica la separación de los administradores y el nombramiento de unos nuevos.

DISPONGO

APROBAR LA SEPARACIÓN DE LOS ADMINISTRADORES CONCURSALES, QUE CESAN EN SU CARGO Y EL NOMBRAMIENTO como nuevos administradores concursales de D..........., y D..........., Los administradores cesados pierden el derecho a percibir las retribuciones devengadas y deben reintegrar a la masa activa la retribución percibida desde la apertura de la fase de liquidación. Y presentar la oportuna rendición de cuentas en legal plazo y forma.

Dese a la presente resolución la oportuna publicidad en los términos del art. 35 a 37 TRLC expidiéndose los oportunos edictos y mandamientos. Insértese en el Registro Público Concursal. Todo lo cual se tramitará por medios telemáticos.

Contra la presente resolución no cabe recurso alguno.

Así lo acuerda, manda y firma D..........., Magistrado Juez del Juzgado de lo Mercantil número........... de esta localidad.

F682. TRANSACCIÓN DE RECLAMACIÓN JUDICIAL FORMULADA POR LA ADMINISTRACIÓN CONCURSAL EN FASE DE LIQUIDACIÓN CONCURSAL

Normativa de aplicación: *Arts. 406 y ss. Real Decreto Legislativo 1/2020, de 5 de mayo, por el que se aprueba el texto refundido de la Ley Concursal*

En..........., a........... de........... de...........

De una parte, la sociedad..........., S.L. en liquidación, domiciliada en..........., calle........... Y CIF........... Actúa en su nombre y representación su administración concursal integrada por Don..........., con domicilio en..........., y DNI/NIF...........

De otra parte, Doña..........., con domicilio en..........., y DNI/NIF...........

DECLARAN Y CONVIENEN

I.– Que en fecha..........., la sociedad........... S.L., en liquidación, interpuso frente a Doña........... demanda en reclamación de la suma de...........euros más intereses legales y costas. Dicha deuda tiene su origen en suministro por la citada mercantil a la Sra..........., con ocasión de las reformas llevadas por esta última en su domicilio, de diverso mobiliario de cocina, que es objeto de los albaranes........... y las facturas...........

Dicha demanda dio lugar al procedimiento ordinario núm. .... de autos, que se sustancia ante el Juzgado de Primera Instancia núm. .... de........... El expresado procedimiento esta pendiente de que se señale día y hora para la celebración de la oportuna audiencia previa, habiéndose opuesto y contestado la Sra........... La citada demanda, cuyo contenido íntegramente rechaza.

II.– Que, en este acto, las partes aquí comparecientes, al amparo y de conformidad con lo previsto en los arts. 1255 y 1809 CC y 19 LEC, transaccionan y resuelven de manera completa, total y definitiva la citada controversia judicial y ponen fin al citado procedimiento autos........... con el siguiente acuerdo libremente alcanzado por las partes: DOÑA..........., abona en este acto a........... S.L., la cantidad de...........euros, por todos los conceptos objeto de la reclamación que fundan y son objeto de la demanda judicial anteriormente referida. Dicha cantidad se paga mediante la entrega de cheque nominativo bancario, núm. ...., sirviendo el presente documento de justificante de la entrega del citado efecto y de la más eficaz carta de pago, obviamente, salvo buen fin del citado cheque. Cada una de las partes se compromete a asumir las costas procesales generadas en la citada reclamación a su instancia, y las comunes por mitad.

III.– Que con el anterior acuerdo y pago realizada expresamente las partes reconocen que nada se adeudan ni tienen que reclamarse entre si, por el concepto que sea, incluido costas procesales, con relación al objeto del referido juicio ordinario........... y/o el suministro de material de cocina reseñado en el apartado I de este contrato.

IV.– Que........... S.L., en liquidación, se compromete a desistir del procedimiento ordinario número de autos........... seguido por la citada sociedad........... contra Doña........... ante el Juzgado de Primera Instancia número........... de..........., siendo de cargo de cada una de las partes las costas procesales generadas o que puedan generarse en el citado procedimiento de tal forma que si como consecuencia de tal desistimiento de........... S.L., en liquidación, se condenase en costas a ésta última, Doña..........., renuncie expresamente a la reclamación de las mismas.

Y para que así conste, se suscribe el presente documento, por duplicado ejemplar, en el lugar y fecha señalados "ut supra".

F683. SOLICITUD DE TESTIMONIO PARA HACER VALER DURANTE LA FASE DE LIQUIDACIÓN ANTE REGISTRO DE LA PROPIEDAD A EFECTOS DE INSCRIBIR COMPRAVENTA

Normativa de aplicación: *Arts. 406 y ss. Real Decreto Legislativo 1/2020, de 5 de mayo, por el que se aprueba el texto refundido de la Ley Concursal*

AUTO...........:

Concurso Voluntario........... S.L.

AL JUZGADO DE LO MERCANTIL Núm. .... DE...........

Don..........., integrante de la administración concursal designada en el concurso voluntario de la sociedad........... S.L., que se tramita en este juzgado bajo el núm. de Autos..........., ante este Juzgado comparezco en el citado procedimiento bajo la dirección letrada de D..........., (ICAV...........) y como mejor proceda en derecho DIGO:

ÚNICO.– Que se interesa por esta parte del Juzgado que se libre testimonio, en relación con la concursada........... S.L., de:

- Auto de declaración del concurso

- Auto de apertura de fase de liquidación
- Auto por el que se aprobaron las reglas especiales de liquidación.

Todos y cada uno de ellos con expresión de firmeza de los mismos, para hacerlos valer ante el Registro de la Propiedad de..........., a efectos de inscribir la escritura de compraventa de fecha..........., otorgada como operación de liquidación por la concursada y Doña...........

En virtud, de lo expuesto

SUPLICO AL JUZGADO que tenga por presentado este escrito, se sirva admitirlo, por hechas las manifestaciones a los efectos legales oportunos.

En..........., a........... de........... de...........

F684. SOLICITUD DE AUTORIZACIÓN JUDICIAL PARA LLEVAR A CABO UNA VENTA DE VIVIENDAS COMO OPERACIÓN DE LIQUIDACIÓN

Normativa de aplicación: *Arts. 406 y ss. Real Decreto Legislativo 1/2020, de 5 de mayo, por el que se aprueba el texto refundido de la Ley Concursal*

AL JUZGADO DE LO MERCANTIL NÚMERO........... DE...........

Don..........., ADMINISTRACIÓN CONCURSAL designada en el Procedimiento Concursal Ordinario nº........... de la mercantil "........... S.L." comparezco en estos Autos y como mejor proceda en Derecho, DIGO:

PRIMERO.– Que esta administración concursal ha recibido por correo electrónico de fecha..........., por parte de la entidad Banco........... S.A., la propuesta de compra que se acompaña al presente escrito como DOCUMENTO NÚMERO UNO, y que damos aquí por transcrita y reproducida, con la finalidad de llegar a un acuerdo que favorezca la conclusión del presente procedimiento concursal ordinario autos...........

La oferta de compra tiene por objeto un total de........... fincas registales:

- ....fincas registrales inscritas en el Registro de la Propiedad de........... (...........viviendas y........... plazas de garaje).
- .... fincas registrales inscritas en el Registro de la Propiedad de........... (........... Vivienda y........... plaza de Garaje).

SEGUNDO.– Que a la vista de las actuales circunstancias del mercado inmobiliario y las condiciones que se recogen en la citada propuesta de compra, entendemos que la misma es de interés y conveniencia para la realización de las operaciones pendientes de liquidación y para una pronta conclusión del concurso.

Ello es así, ya que de formalizarse la operación de compraventa en los términos recogidos, además de la entrada de liquidez en el concurso, supondría que la compradora asumiría: 1.– Los gastos pendientes de pago por los conceptos de IBI; 2.– Los gastos de comunidad de propietarios, imputables en su caso a las fincas que se van a vender; y 3.– El coste de mantenimiento de las mismas.

También es compromiso del Banco..........., S.A., el levantamiento de la carga hipotecaria que grava las...........fincas inscritas en el Registro de la Propiedad de..........., relacionadas en la citada propuesta de compra (6 viviendas y 6 plazas de garaje). A los efectos oportunos se hace constar que el referido acreedor privilegiado especial da su conformidad a la venta proyectada. Y a tal efecto, suscribe el presente escrito en señal de conformidad. También la concursada.

Dicha propuesta de compraventa, tras la venta de las .... fincas, daría lugar a la entrada de liquidez para atender créditos contra la masa.

Se hace constar que se acompaña tasación oficial actualizada verificada por entidad homologada que exige el art. 210 TRLC.

En conclusión y en base a lo expuesto, reiteramos que la propuesta de compra que se acompaña a este escrito es de interés y conveniencia para la realización de las operaciones pendientes de la fase de liquidación y una pronta conclusión del concurso, y en consecuencia y por el presente escrito, esta administración concursal solicita que se autorice por este Juzgado, al que respetuosamente nos dirigimos, la operación de compraventa de los inmuebles que se acompaña como DOCUMENTO UNO, en los términos de dicha oferta.

TERCERO.– Para la realización y formalización de la operación de compraventa, esta administración concursal, solicita, a este Juzgado que acuerde el levantamiento y cancelación de todas las cargas y gravámenes existentes sobre las fincas comprendidas en la oferta de compra, a excepción de las cargas hipotecarias existentes sobre las mismas, así como la resolución de todos los contratos privados de compraventa vigentes en relación con las citadas fincas.

En su virtud,

SUPLICO AL JUZGADO que tenga por presentado este escrito, junto a los documentos a él acompañados, y sus copias, se sirva admitir todo ello, y previos los oportunos trámites legales, se acuerde autorizar por este Juzgado, la compraventa de los inmuebles reseñados en la oferta de compra que se acompaña a este escrito como DOCUMENTO UNO, en los términos de dicha oferta, y también acuerde el levantamiento y cancelación de todas las cargas y gravámenes existentes sobre las fincas comprendidas en la oferta de compra, a excepción de las cargas hipotecarias existentes sobre las mismas, así como la resolución de todos los contratos privados de compraventa vigentes en relación con las citadas fincas.

Es Justicia que se SUPLICA en..........., a........... de........... de...........

F685. SOLICITUD DE AUTORIZACIÓN JUDICIAL PARA LLEVAR A CABO UNA VENTA DE PARCELAS Y TERRENOS COMO OPERACIÓN DE LIQUIDACIÓN

Normativa de aplicación: *Arts. 406 y ss. Real Decreto Legislativo 1/2020, de 5 de mayo, por el que se aprueba el texto refundido de la Ley Concursal*

AL JUZGADO DE LO MERCANTIL NÚMERO .... DE VALENCIA

..........., administrador concursal designado en el Procedimiento Concursal Ordinario .... de la mercantil "..........." comparece en estos Autos y como mejor proceda en Derecho, DICE:

PRIMERO.– Que esta administración concursal ha recibido por correo electrónico por parte de la entidad .... unipersonal, la propuesta de compra que se acompaña al presente escrito como DOCUMENTO NÚMERO UNO, y que damos aquí por transcrita y reproducida, con la finalidad de llegar a un acuerdo que favorezca la conclusión del presente procedimiento concursal ordinario autos ....

La oferta de compra tiene por objeto las siguientes fincas registales:

A) Finca nº .... inscrita en el registro de la propiedad nº...........de ...., al tomo ...., libro ...., folio ...., inscripción ....

B) Finca nº .... inscrita en el registro de la propiedad nº .... de ...., al tomo ...., libro ...., folio ...., inscripción ....

SEGUNDO. Que cada una de las fincas objeto de la oferta de compra solo están gravadas, aparte de las afecciones y servidumbres que consten inscritas en el Registro de la Propiedad, con sendas HIPOTECAS a favor del (ENTIDAD BANCARIA).

Que el precio de la compraventa se destinará integra e inmediatamente a la cancelación parcial del préstamo garantizado con las hipotecas que gravan las citadas fincas registrales, siendo compromiso del banco, la condonación del resto de la deuda hipotecaria y el consiguiente levantamiento de la carga hipotecaria que grava las fincas objeto de la oferta de compra

Que la oferta de compraventa, tiene la conformidad de la entidad ...., la cual se adjunta como DOCUMENTO DOS al presente escrito. El acreedor hipotecario, en señal de conformidad y aceptación a la referida oferta suscribe el presente documento.

TERCERO. Que a la vista de las actuales circunstancias del mercado inmobiliario y las condiciones que se recogen en la citada propuesta de compra, entiendo que la misma es de interés y conveniencia para la realización de las operaciones pendientes recogidas en las reglas especiales de liquidación y para una pronta conclusión del concurso.

Ello es así, ya que de formalizarse la operación de compraventa en los términos recogidos, supondría que la compradora asumiría: 1.– Los gastos pendientes de pago por los conceptos de IBI; 2.– Los gastos de comunidad de propietarios, imputables en su caso a las fincas que se van a vender; y 3– El coste de mantenimiento de las mismas.

También como ya se ha dejado dicho, es compromiso del Banco ...., el levantamiento de la carga hipotecaria que grava las fincas objeto de la oferta de compra.

En señal de conformidad y aceptación expresa, el acreedor privilegiado y el concursado suscriben este escrito, y se acompaña la tasación oficial a la que se hace referencia en el art. 210 TRLC.

En conclusión y en base a lo expuesto, reitero que la propuesta de compra que se acompaña a este escrito es de interés y conveniencia para la realización de las operaciones pendientes de la fase de liquidación y una pronta conclusión del concurso, y en consecuencia y por el presente escrito, esta administración concursal solicita que se autorice por este Juzgado, al que respetuosamente me dirijo, la operación de compraventa de los inmuebles que se acompaña como DOCUMENTO UNO, en los términos de dicha oferta.

En su virtud,

SUPLICO AL JUZGADO que tenga por presentado este escrito, junto a los documentos a él acompañados, y sus copias, se sirva admitir todo ello, y previos los oportunos trámites legales, se acuerde autorizar por este Juzgado, la compraventa de los inmuebles reseñados en la oferta de compra que se acompaña a este escrito como DOCUMENTO UNO, en los términos de dicha oferta.

Es Justicia que se SUPLICA en ...., a .... de .... de ....

F686. COMPRAVENTA DE INMUEBLE COMO OPERACIÓN DE LIQUIDACIÓN

Normativa de aplicación: *Arts. 406 y ss. Real Decreto Legislativo 1/2020, de 5 de mayo, por el que se aprueba el texto refundido de la Ley Concursal*

En la ciudad de..........., mi residencia, hoy día........... de........... de dos mil...........

Ante mí, ..., notario del Ilustre Colegio de...........

COMPARECEN

I.– Don........... mayor de edad, de nacionalidad española, casado, con domicilio en calle..........., núm. ...., dotado de DNI/NIF...........

II.– Don........... mayor de edad, de nacionalidad española, soltero, con domicilio en calle..........., núm. ...., dotado de DNI/NIF...........

Les identifico por los documentos de identidad anteriormente reseñados, que me son exhibidos, y por sus propias manifestaciones.

INTERVIENEN

I.– Don........... interviene, en nombre y representación de la sociedad........... S.A., de la es administrador concursal, sociedad constituida mediante escritura autorizada el día........... de........... de..........., ante el notario de..........., Don........... Inscrita en el Registro Mercantil de la provincia de..........., al tomo..........., folio..........., hoja núm. ...., inscripción 1ª.

Modificados y adaptados sus estatutos sociales a la derogada Ley de Sociedades Anónimas, en virtud de acuerdo adoptado por la Junta General Extraordinaria de la sociedad el día........... de........... de..........., elevado a público mediante escritura otorgada ante el notario de..........., Don..........., e inscrita en el citado el Registro Mercantil de la provincia de..........., al tomo..........., folio..........., hoja núm. ...., inscripción...........

El domicilio social de........... S.A., se halla en..........., consistiendo su objeto social en la promoción, construcción y compraventa de edificios, bien en bloques completos o locales separados, así como la compraventa de solares, fincas rusticas y/en curso de urbanización. CIF...........

La sociedad........... S.A. actualmente se halla declarada en estado de concurso voluntario de acreedores, que se tramita actualmente ante el Juzgado de lo Mercantil núm. .... de........... bajo el número de autos........... La declaración del citado concurso fue acordada por el expresado Juzgado mediante auto de fecha........... de........... de..........., en el se acordó la conservación por el concursado de las facultades de administración y disposición sobre la masa activa, pero el ejercicio de estas facultades estaba sometido a la intervención de la administración concursal, que podía autorizar o denegar la autorización según tenga por conveniente. Mediante auto de fecha........... de........... de..........., se ha aperturado en el citado proceso concursal la fase de liquidación, habiendo cesado los administradores sociales y sustituidos por la Administración Concursal.

Todo ello consta en el Registro Mercantil de la Provincia de..........., al tomo..........., folio..........., hoja núm. ....

El compareciente actúa en ejecución de las reglas de liquidación aprobadas mediante auto de fecha........... de........... de........... recaído en el citado procedimiento núm. .... de autos, y acredita su cargo con la exhibición que me efectúa de la oportuna credencial expedida a su favor con fecha de........... de...........

Todo lo cual consta en el Registro Publico Concursal.

El Sr. .... me hace entrega de testimonio con expresión de firmeza de los referidos autos de declaración de concurso, apertura de la fase de liquidación y de aprobación las reglas especiales de liquidación, que, yo notario, incorporo a la presente escritura.

Dichas reglas especiales prevén enajenación directa de los bienes libres de cargas en términos correspondientes a lo que resulta del presente otorgamiento.

Yo, notario, considero que tiene facultades suficientes para el otorgamiento de la presente escritura de compraventa.

II.– Don........... interviene en nombre y representación de la sociedad........... S.A., sociedad constituida mediante escritura autorizada el día........... de........... de..........., ante el notario de..........., Don........... Inscrita en el Registro Mercantil de la provincia de..........., al tomo..........., folio..........., hoja núm. ...., inscripción 1ª.

Modificados y adaptados sus estatutos sociales a la derogada Ley de Sociedades Anónimas, en virtud de acuerdo adoptado por la Junta General Extraordinaria de la sociedad el día........... de........... de..........., elevado a público mediante escritura otorgada ante el notario de..........., Don..........., e inscrita en el citado el Registro Mercantil de la provincia de..........., al tomo..........., folio..........., hoja núm. ...., inscripción...........

El domicilio social de........... S.A., se halla en..........., consistiendo su objeto social en la promoción, construcción y compraventa de edificios, bien en bloques completos o locales separados, así como la compraventa de solares, fincas rusticas y/en curso de urbanización. CIF...........

Don........... actúa en nombre y representación de........... S.A. en su condición de administrador único de dicha compañía, cargo que asegura vigente y para el que fue designado en virtud de acuerdo de la Junta General extraordinaria de la citada sociedad adoptado el día de........... de........... y que fue elevado a público mediante escritura autorizada el día de........... de..........., ante el notario de..........., Don........... Inscrita en el citado Registro Mercantil de la provincia de..........., al tomo..........., folio..........., hoja núm. ...., inscripción...........

Yo, notario, considero que tiene facultades suficientes para el otorgamiento de la presente escritura de compraventa.

A los efectos previsto en el Artículo 160, letra f) de la Ley de Sociedades de Capital, la representación de las sociedades intervinientes HACEN CONSTAR que el bien objeto de compraventa NO tiene la consideración de activo esencial tanto de la transmitente como de la adquirente, y especialmente que lo transmitido-comprado no supera el veinticinco por ciento del valor de los activos. En cualquier caso, dado que la sociedad .... S.L. se halla en concurso de acreedores y la presente transmisión lo es en ejecución de las reglas especiales de liquidación, esta compraventa no queda sujeta, respecto de la concursada, al contenido del art. 160 f) LSC.

LEY 10/2010.– Yo el Notario, hago constar expresamente que he cumplido con la obligación de identificación del titular real que impone la Ley 10/2010, de 28 de abril, cuyo resultado consta:

– En cuanto a la mercantil "..........." en acta autorizada el día........... de........... de........... por el Notario de..........., Don..........., bajo número........... de protocolo.

- Y en cuanto a la mercantil "........... S.A." en acta autorizada el día..........., por la Notario de..........., Don..........., bajo número........... de su protocolo.

Manifestando sus representantes no haberse modificado el contenido de las mismas, consultada la base de datos no existe discrepancia entre lo reflejado en dicha base y lo manifestado por los clientes.

Tienen, a mi juicio, capacidad necesaria para otorgar la presente escritura de compraventa y al efecto:

EXPONEN

I.– Que la sociedad........... S.A. es dueña, en pleno dominio, del siguiente inmueble:

Descripción:...........

Inscripción Registral: Inscrita en el Registro de la Propiedad de..........., al tomo..........., libro..........., folio, finca, inscripción...........

Situación Urbanística:...........

Referencia catastral:..........., que resulta del recibo del IBI del año..........., que me exhibe la vendedora y del que deduzco testimonio que, yo notario, incorporo a la presente.

Título: Le pertenece por título de compraventa a Doña..........., en virtud de escritura pública de compraventa autorizada por el notario de..........., Don........... el día........... de........... de...........

Arrendamientos: Libre de arrendamientos y otros ocupantes.

Cargas y gravámenes: Libre de cargas y gravámenes.

IMPUESTO SOBRE BIENES INMUEBLES.– La Vendedora manifiesta y garantíza, con plena indemnidad para la compradora, que se encuentra al corriente de pago del Impuesto sobre Bienes Inmuebles (IBI), a excepción del Ejercicio..........., cuyo pago asume la compradora, consulta del Ayuntamiento de..........., se incorpora.

PLUSVALÍA MUNICIPAL.– A los efectos de levantar el cierre registral previsto en el art. 254-5 de la Ley Hipotecaria mientras no se acredite el pago o presentación del Impuesto sobre el Incremento de Valor de los Terrenos de Naturaleza Urbana, la parte adquirente ME REQUIERE a mí, el Notario autorizante, para que remita al Ayuntamiento correspondiente copia simple de esta escritura, con el valor de la comunicación a que se refiere el art. 110-6-b de la Ley reguladora de las Haciendas Locales. Yo, el notario, acepto el requerimiento al que daré cumplimiento bien por el sistema integrado notarial SIGNO o bien mediante correo postal certificado dejando constancia del mismo en la presente por incorporación mediante diligencia del resguardo de la notificación que se realice.

INFORMACIÓN REGISTRAL.– La descripción del inmueble, su titularidad y situación de cargas, en la forma expresada en los párrafos anteriores, resulta de las manifestaciones de la parte vendedora, de los títulos de propiedad que me exhibe y de nota simple del Registro de la Propiedad obtenida que incorporo a la presente.

ADVERTENCIA.– No obstante lo anterior, yo, la Notario, advierto a los otorgantes que la situación registral existente con anterioridad a la presentación de esta escritura en el Registro de la Propiedad prevalecerá sobre la información registral antes expresada.

II.– Que........... S.A. tiene interés en adquirir por título de compraventa la finca reseñada en el anterior exponen, lo que pactan las partes y llevan a cabo en base a las siguientes:

ESTIPULACIONES

PRIMERA.– COMPRAVENTA.

.... S.A. representada por su administración concursal vende a la compañía........... S.A., representada por su administrador único, Don..........., que compra y adquiere, la finca reseñada en el exponen I de esta escritura, como cuerpo cierto, con cuanto le sea inherente y/o accesorio, libre de cargas y gravámenes, así como de arrendatario y ocupantes, y al corriente en el pago de impuestos, arbitrios y cualesquiera otra obligación de pago referida a la finca aquí enajenada.

SEGUNDA.– PRECIO Y FORMA DE PAGO.

El precio de la presente compraventa se fija en la suma de...........euros, que es pagado en este acto, mediante cheques bancario, por importe de...........euros y a favor de la vendedora, que en este acto y en unión a los administradores concursales, recibe, dando la más eficaz y completa carta de pago, salvo buen fin del efecto.

TERCERA.– POSESIÓN.

Con el otorgamiento de la presente escritura de compraventa se entrega a la compradora la posesión de la finca aquí transmitida.

CUARTA.– IVA.

La presente compraventa está sujeta y no exenta al Impuesto sobre el Valor Añadido, que al tipo del...........%, por importe de...........euros, y como ordena el art. 84.1.2° LIVA, es objeto de autorepercusión por el propio comprador y será ingresado por este en la Hacienda Pública en la forma y plazos previstos en la Ley.

QUINTA.– GASTOS Y TRIBUTOS.

Todos los gastos y tributos que se devenguen con ocasión de la presente compraventa, incluido el impuesto sobre el incremento de valor de los terrenos de naturaleza urbana, serán de cuenta y cargo de la compradora.

SEXTA.– ACTO DE DISPOSICIÓN EN EJECUCIÓN DE OPERACIONES DE LIQUIDACIÓN.

Expresamente se hace constar que mediante auto de fecha........... de........... de..........., y en el procedimiento concursal de la vendedora, ... S.A., seguido ante el Juzgado de lo Mercantil núm. .... de..........., autos..........., se ha aperturado la fase de liquidación, habiendo cesado los administradores sociales y sustituidos por la Administración Concursal.

La presente compraventa se otorga y lleva a cabo en ejecución de las reglas especiales de liquidación aprobadas mediante auto de fecha........... de........... de........... recaído en el citado procedimiento núm. .... de autos.

Expresamente se hace constar que cuando se presente a inscripción en los registros de bienes, cualquier título relativo a un acto de enajenación de bienes y derechos de la masa activa realizado por la administración concursal durante la fase de liquidación, será de aplicación lo dispuesto en el artículo 415 TRLC, respecto a la fijación, o no, de reglas especiales de liquidación.

SÉPTIMA.– INSCRIPCIÓN PARCIAL.

Se solicita la inscripción de esta escritura en el Registro de........... En el cualquier caso, se solicita la inscripción parcial de esta escritura, si no fuera posible su inscripción total, y la oportuna nota de calificación, debidamente fundamentada, en la que se establezca los extremos no inscritos.

Presentación al Libro Diario.– Los comparecientes quedan enterados del sistema de presentación telemática en el Registro, previsto en el artículo 249 del Reglamento Notarial.

OTORGAMIENTO

Así lo dicen y otorgan los comparecientes ante mí. Hago las reservas y advertencias legales, especialmente las pertinentes fiscales y la necesidad de inscribir esta escritura en el Registro de la propiedad. También advierto sobre la correspondiente incorporación de datos a los ficheros automatizados regulados en la Orden de 19 de febrero de 2003 (484/2003), del Ministerio de Justicia.

AUTORIZACIÓN

Los comparecientes, previa solicitud que me formulan al efecto y sin perjuicio de advertirles sobre el contenido del art. 193 RN, leen en mi presencia la presente escritura. Manifiestan su consentimiento y conformidad a su contenido, firmándola conmigo, el notario. Compruebo que se ajusta este instrumento a la Ley y la voluntad manifestada en este acto por los comparecientes, y doy fe en cuanto sea procedente de todo lo consignado en este instrumento público, extendido en........... folios de papel exclusivo para documentos notariales, serie, y números el del presente y anteriores en orden.

F687. CONTRATO DE COMPRAVENTA DE CARTERA DE CRÉDITOS Y DERECHOS DE COBRO. CONTRATO DE CESIÓN DE DERECHO DE CRÉDITO

En ......, hoy dia ... de ...... de ......

REUNIDOS

De una parte, D...... mayor de edad, con N.I.F n.° .....y con domicilio a efectos de notificaciones en ...., calle ......

De una parte, D.........., mayor de edad, con N.I.F n.° .....y con domicilio a efectos de notificaciones en ...., calle ....

INTERVIENEN

D. ...., en calidad de representante de la administración concursal de la mercantil ......, en concurso de acreedores y con domicilio en ...., en virtud de designación judicial efectuada en el concurso de acreedores n.° ....., del Juzgado de lo Mercantil n.° ..... de ...., en fase de liquidación, según lo acordado en el Auto dictado en el citado procedimiento en fecha ... de .....de ....

En lo sucesivo, "El Cedente".

D. ...., en representación de .... con CIF ...., y con domicilio a efectos del presente documento en ....., calle ......

En lo sucesivo, "El Cesionario".

Ambas partes podrán denominarse conjuntamente como las Partes o individualmente como la Parte. Las Partes, en la representación con que intervienen, se reconocen mutuamente capacidad suficiente para contratar y obligarse en los términos del presente Contrato de Cesión de derechos de crédito y, a tal efecto,

EXPONEN

I.– Que el Cedente ostenta los siguientes crédito a favor de ...., conforme consta en la oferta de compra de bienes y derechos, que se incorpora a este contrato como Documento n.° 1.

La parte cesionaria conoce y ha examinado los mencionados crédito a su conformidad.

Dichos créditos derivan de diversas operaciones mercantiles ordinarias de la Sociedad concursada y son vencidos y exigibles.

II.– Que la Entidad .....tiene previsto ceder a la Mercantil ....., los citados créditos que ostenta frente a un tercero.

III.– Que, salvo error u omisión, los créditos y derechos de cobro, objeto de la presente cesión, que ostenta ....son lo que constan en el listado que se adjunta al presente contrato como Documento n.º 2.

IV.– Que las reglas especiales de la Entidad .... ha sido expresamente aprobado mediante Auto de fecha ...., dictado por el Juzgado de lo Mercantil n.º ..... de .... (procedimiento concursal n.º .....) y en el que se prevé la venta directa de los derechos de créditos de titularidad de ....

V.– Que, teniendo convenido llevar a cabo el negocio jurídico indicado, los intervinientes, lo formalizan con arreglo a las siguientes,

ESTIPULACIONES

PRIMERA.– La Entidad .... debidamente representada, CEDE Y TRANSFIERE a la mercantil ...., los créditos y derechos de cobro indicados en el documento núm..2 antes reseñado.

La entidad Cedente manifiesta que los referidos créditos y derechos de cobro relacionado, están formalizados de acuerdo con las disposiciones vigentes que le afecten.

SEGUNDA.– La cesión del crédito se entiende efectuada de conformidad y con el alcance previsto en el artículo 1.528 del Código Civil, por lo que se realiza con todos los derechos accesorios, acciones, garantías y privilegios, ya sea contra el deudor o contra los garantes o fiadores entre otros, a título enunciativo y no limitativo, los intereses devengados y no devengados en el momento de la cesión, las penas convencionales anteriores y posteriores a la cesión, derechos de garantía y privilegios.

La entidad Cedente declara ser legítima titular de los créditos y derechos de cobro cedidos; que los mismos no se hallan afectos a ninguna otra garantía; que no han sido objeto de cesión, traba o retención; que están siendo reclamados judicialmente, pero no tienen carácter de crédito litigioso; y que no tienen limitada la facultad de disposición sobre él.

La entidad Cesionaria, se subroga en cuantos derechos, acciones y garantías adicionales correspondieren a la entidad Cedente frente a la parte deudora.

TERCERO.– El precio de esta cesión es la cantidad de .... euros (...... €), que el cesionario abona al cedente, el día xx de xxx de xxx, mediante transferencia bancaria, fotocopia de la cual se adjunta a este contrato como Documento n.º 3.

CUARTO.– La parte Cesionaria acepta la cesión otorgada a su favor.

QUINTA.– La parte Cedente colaborará y realizará cuantas gestiones, trámites y formalidades resulten necesarios para facilitar y otorgar plena efectividad a la transmisión. A tal efecto la parte Cedente se compromete y obliga:

1. A hacer entrega a la parte Cesionaria de toda la documentación que obra en su poder justificativa de los créditos y derecho de cobro cedidos, lo cual conoce la Cesionaria.

A tal efecto la cesionaria declara haber recibido con anterioridad a la presente firma toda la documentación disponible por la Administración Concursal relativa a los creditos y derechos objeto de cesión, manifestando éste haberla examinado, conocer la situación de los créditos y derechos de cobro que adquiere y encontrarlos conforme, eximiendo al Cedente de la insolvencia del deudor y del buen fin de la reclamación. Se hace constar, igualmente, que la documentación correspondiente a los citados creditos y derechos de cobro obra en las actuaciones que se siguen ante el juzgado que está conociendo del mismo.

2. Si a deuda consta documentada en un título cambiario a la orden, se transmitirá por medio del correspondiente endoso firmado por el endosante; si está incorporado a un título al portador, se entregará el título al cesionario.

3. A requerimiento de la parte Cesionaria, la parte Cedente deberá realizar las actuaciones necesarias para los eventuales alzamientos de embargos ante el Juzgado de lo Mercantil donde se tramita el concurso.

SEXTA.– Los intervinientes se comprometen a firmar cualquier documento que sea necesario para completar, subsanar y aclarar el presente en relación con los defectos que puedan existir en relación con la identificación e importe del crédito cedido, por cuyas cantidades en exceso o defecto no influyen en el precio fijado para esta operación.

Asimismo, los intervinientes se comprometen a elevar a público el presente contrato.

SÉPTIMA.– Todos los gastos, impuestos, tasas y arbitrios que se originen como consecuencia de la formalización, modificación o complemento de este contrato o del nacimiento, cumplimiento o extinción de las obligaciones dimanantes del mismo, serán satisfechos por la parte Cesionaria.

OCTAVA.– Para cuantas cuestiones que puedan surgir en el cumplimiento o interpretación del presente contrato, las partes renuncian a cualquier fuero que pudiera corresponderles y se someten expresamente a la jurisdicción y competencia del Juzgado que conoce del concurso de acreedores de la Cedente.

NOVENA.– Mediante la presente cesión, la Cesionaria quedará subrogada en cuantos derechos y acciones de toda índole se deriven de los derechos de crédito y cobro cedidos al amparo del presente contrato y, consiguientemente, en la posición procesal actora en el procedimiento reseñado, y cuantos derechos y acciones sean anejos e inherentes al mismo.

Por su parte la Cedente se compromete a separarse de la expresada causa con la simple comunicación de la Cesionaria al Juzgado de la cesión operada y con total indemnidad para la Cesionaria; y se compromete también a facilitar a la Cesionaria cualquier tipo de documento original o copia, gestión, apoderamiento o acto de cualquier clase que fuera necesario para acreditar debidamente la cesión del crédito objeto de este contrato.

La Cedente se hará cargo del importe de los honorarios de su representación y defensa letrada, así como las costas de abogado y procurador que se hayan devengado hasta el momento de la firma del presente contrato de cesión de derechos de crédito.

En ....., a ..... de ..... de ....

F688. CONTRATO DE PRESTACIÓN DE SERVICIOS EXTRAJUDICIALES DE RECUPERACIÓN DE ACTIVOS Y DERECHOS DE CRÉDITO

En ...... a ... de ..... de ....

De una parte, ..., mayor de edad, de nacionalidad española, titular del DNI vigente ...., con domicilio en ...., actuando en nombre y representación de la sociedad mercantil .... con domicilio social en .... y CIF .... (en adelante, ...).

De otra parte, D. ...., mayor de edad, de nacionalidad española, titular del DNI vigente N.° .... en calidad de Administrador Concursal de la sociedad mercantil .... con CIF ...., según tengo debidamente acreditado en el procedimiento de Concurso Ordinario núm., de la citada mercantil, que se tramita ante el Juzgado de lo Mercantil n.° XXX de XXX

EXPONEN

I.– Que ....es una compañía dedicada profesionalmente a la recuperación de activos y derechos de crédito propios o de terceros, tanto por vía amistosa extrajudicial, como por la vía judicial. .... tiene ámbito de acción territorial en España y en el extranjero.

II.– Que .... es una compañía dedicada ...., que se encuentran en situación de impago y que, tras infructuosas gestiones de cobro, desea encomendar a .... la gestión profesional de recobrarlas, por vía amistosa.

III.– Que por ello ambas partes se reconocen la capacidad legal suficiente para establecer el presente "Contrato de Prestación de Servicios de Recuperación de Activos y Derechos de Crédito", con base en las siguientes:

ESTIPULACIONES

PRIMERA.– OBJETO DEL CONTRATO.

El objeto del contrato consistirá en:

I. La Auditoría completa de la deuda de .... haciendo, a título informativo y no vinculante para ...., una estimación de las posibilidades de cobro, observando las posiciones de solvencia de los deudores, la veracidad de las posiciones deudoras, así como la documental probatoria de la misma.

II. La recopilación y custodia en las instalaciones de .... de la documentación probatoria de la deuda hasta la finalización de los servicios contratados.

III. La gestión extrajudicial que .... deberá realizar a fin de recuperar amistosamente los importes que se le adeudan a .... y que se hayan deducido de la Auditoría efectuada por ....

IV. Se establece un plazo de negociación extrajudicial de ......, transcurrido dicho periodo, ... recomendará la interposición de acciones judiciales tras analizar la viabilidad de estas.

A estos efectos, se adjunta al presente contrato como ANEXO N.° 1 las posiciones deudoras de ...... cuya gestión se encarga a .... En el anexo figuran los nombres, NIF, importes deudores, así como otros datos económicos e información relativa al impago.

Sin perjuicio del ANEXO N.° 1, una vez realizada la Auditoría previa de la deuda y antes de la fase de gestión extrajudicial de la deuda, ... entregará a .... un informe detallado de las posiciones deudoras y la estimación de las posibilidades de cobro, sin que dicha estimación vincule de forma alguna a .... ni se obligue a la obtención de tal resultado en la gestión de la deuda. La Auditoria será únicamente a título informativo de ....

.... asegura a .... que no hay interpuesta ninguna acción de carácter legal ni judicial contra los clientes relacionados en el ANEXO N.° 1 y que tan solo ha realizado acciones amistosas, de carácter telefónico, postal y personal, dirigidas a la reclamación de la deuda.

SEGUNDA.– DURACIÓN DEL CONTRATO.

Este arrendamiento de servicios finalizará a los ..... meses desde la fecha de firma del presente contrato de cumplimiento de los servicios que .... haya encargado a .... o por la liquidación extrajudicial de ....

Si .... cree agotadas las gestiones y posibilidades de reclamar alguno de los importes adeudados a .... podrá optar por aconsejar a la ADMINISTRACIÓN CONCURSAL el inicio de acciones judiciales contra el deudor, o bien desistir de seguir reclamando la deuda por vía amistosa.

En el caso de extinción del contrato anterior a la recuperación de la deuda gestionada, por la causa que sea, ... tendrá derecho a facturar y percibir los honorarios correspondientes a los trabajos que haya realizado hasta el momento: auditoría de la deuda, recopilación y custodia de la documentación probatorio y gestión de recobro, extrajudicial, calculándolo según los precios de mercado, así como cualesquiera otros gastos en que se hubiera incurrido para la reclamación de la citada deuda.

TERCERA.– HONORARIOS.

Los honorarios por la recuperación de importes deudores ascenderán al ....% de las cantidades efectivamente recuperadas por .... a los deudores de .... La cuota variable se establece sobre el total efectivamente recuperado por parte de ....

Todos los gastos y medios necesarios para llevar a cabo el objeto del contrato serán de cargo de ...., no debiendo .... realizar aportación económica alguna, salvo que las gestiones de cobro requieran hacer acciones que puedan suponer un esfuerzo económico extra, que XXXXX no deba soportar. Para ese caso .... deberá someterlo y proponerlo a la ADMINISTRACIÓN CONCURSAL para si ésta cree conveniente realizar ese desembolso.

Para la gestión e ingresos de los deudores de .... se establece la cuenta corriente titularidad de XXX.

Con periodicidad mensual .... practicará una liquidación de las cantidades efectivamente recobradas y entregará a .... dichos importes deduciendo los que correspondan a sus honorarios y que se facturarán según la Estipulación Cuarta.

CUARTA.– FACTURACIÓN.

Con periodicidad mensual ...... practicará una liquidación de las cantidades efectivamente recobradas hasta ese momento, procediendo a realizar la correspondiente factura a ....

Para realizar la factura de honorarios, se tomará como Base Imponible el resultado de aplicar el Porcentaje correspondiente a la cantidad recuperada al deudor y sumándole al resultado el IVA vigente en el momento de realizar la factura.

QUINTA.– FORMA DE PAGO.

Mensualmente .... deducirá sus honorarios de las cantidades que se hayan recuperado en el número de cuenta asignado a dicho efecto, según se establece en la Estipulación Tercera.

A efectos de .... la deuda que se genere por los servicios prestados en virtud de este contrato a favor de .... es un gasto inherente a la liquidación/gestión de la compañía y prededucible a la cantidad cobrada.

SEXTA.– MEDIOS.

Para llevar a cabo el objeto del contrato, ... utilizará los medios técnicos y humanos necesarios, ya sean estos propios o ajenos.

En el caso de utilizar medios ajenos, ello no supondrá ningún coste añadido a .... y ....será totalmente responsable de su actuación exigiendo a aquéllos que actúen con el mismo grado de eficacia, ética, diligencia y profesionalidad con el que ella misma actúa.

.... cuenta con un equipo propio de abogados, economistas y gestores de cobro, con la suficiente experiencia en la recuperación de este tipo de deuda.

SÉPTIMA.– COMUNICACIÓN DE INFORMACIÓN.

.... procederá a informar trimestralmente, vía correo electrónico a .... y al correo del Administrador concursal (........@........) el estado de las gestiones realizadas con los clientes, hasta ese momento.

No obstante, ... y la Administración Concursal podrá solicitar la información puntual que precise, a cerca de las gestiones y estado de cualquiera de sus clientes deudores, solicitándola por correo electrónico a .... o personalmente a su gestor de cobro.

OCTAVA. -TRATAMIENTO DE DATOS E INFORMACIÓN Y PAUTAS DE ACTUACIÓN.

Los servicios que se pactan por medio del presente Contrato requieren el tratamiento o acceso a datos de carácter personal, conforme a las definiciones recogidas en la vigente Ley de Protección de Datos de Carácter Personal (en adelante LOPD), constituyéndose ...... como encargada de tratamiento de los datos titularidad de ....

Los datos y la documentación entregada serán tratados de la forma más idónea y siempre confidencial, actuando con la máxima ética y secreto profesional y siempre bajo el amparo de la legalidad vigente, no pudiendo hacer otro uso más que el necesario para obtener el objeto del Contrato.

A la finalización de la prestación de los servicios, ya sea por haberse realizado el cobro, ya sea por el desistimiento de .... o por finalización de la duración del presente contrato o por cualquier otra causa, toda la documentación de los clientes facilitada .... para la consecución de este contrato será entregada a ésta, salvo que se nos indique lo contrario.

NOVENA.– AUTORIZACIÓN PARA NEGOCIAR Y TRANSIGIR.

.... autoriza expresamente a .... a negociar con sus clientes deudores, reducciones y quitas que puedan resolver el cobro de modo satisfactorio para ....

Para ese caso, ... precisará de una autorización expresa y previa, remitida por escrito por la Administración concursal en la que se contengan los términos, los márgenes de porcentaje (máximo y mínimo) entre los que autoriza la reducción o el importe de la quita.

DÉCIMA.– DISPONIBILIDAD.

Durante el período de vigencia del presente contrato, ... y por las causas que crea conveniente, podrá desistir definitiva y unilateralmente del cobro de las cantidades de cualquier cliente deudor, cuya gestión de recobro amistoso haya sido encomendada a .... mediante este contrato. En tal caso, ... tendrá derecho a facturar y percibir los honorarios correspondientes a los trabajos que haya realizado hasta el momento: auditoría de la deuda, recopilación y custodia de la documentación probatorio y gestión de recobro, extrajudicial, calculándolo según los precios de mercado, así como cualesquiera otros gastos en que se hubiera incurrido para la reclamación de la citada deuda.

ONCEAVA.– NATURALEZA DEL CONTRATO.

El presente contrato es de naturaleza mercantil, por lo que se regirá por las cláusulas y estipulaciones contenidas en él, y supletoriamente por las disposiciones del Código de Comercio, del Código Civil y de las Leyes concordantes con su materia y objeto.

DUODÉCIMA.– JURISDICCIÓN.

Para cualquier divergencia, interpretación o asunto litigioso, en relación con el presente contrato, las partes se someten a la jurisdicción de los Juzgados y Tribunales de la ciudad de ...., con renuncia expresa a su propio fuero, si éste fuere distinto.

En prueba de su conformidad, las partes firman el presente Contrato de Prestación de Servicios de Recuperación de Activos y Derechos de Crédito por vía Amistosa, en el lugar y fecha indicados en el encabezamiento.

F689. CONTRATO DE COMPRAVENTA DE CRÉDITOS TITULARIZADOS POR LA CONCURSADA FRENTE A TERCEROS

Normativa de aplicación: *Arts. 406 y ss. Real Decreto Legislativo 1/2020, de 5 de mayo, por el que se aprueba el texto refundido de la Ley Concursal*

En..........., a........... de........... de...........

REUNIDOS

De una parte la mercantil..........., S.A., EN LIQUIDACIÓN, con domicilio social en..........., Carretera..........., s/n, con C.I.F........... representada por su administrador concursal y liquidador único, Don..........., con DNI/NIF........... En lo sucesivo, también vendedor o vendedora.

Y, de otra parte, la entidad..........., S.L., sociedad domiciliada en la ciudad de..........., calle..........., núm. .... con CIF..........., representada por..........., provista de DNI/NIF........... en lo sucesivo comprador o compradora.

Ambas partes se reconocen mutua capacidad de actuar y de obligarse por virtud del presente contrato.

EXPONEN

I.– Que la mercantil..........., S.L., en liquidación, es titular de la total cartera comprensiva de los siguientes créditos y titulares:

– Crédito titularidad de..........., S.L. contra la mercantil........... IMPORTE:...........euros. VENCIMIENTO:........... GARANTÍAS:...........SITUACIÓN DEL CRÉDITO:...........

– Crédito titularidad de..........., S.L. contra la mercantil........... IMPORTE:...........euros. VENCIMIENTO:........... GARANTÍAS:...........SITUACIÓN DEL CRÉDITO:...........

– Crédito titularidad de..........., S.L. contra la mercantil........... IMPORTE:...........euros. VENCIMIENTO:........... GARANTÍAS:...........SITUACIÓN DEL CRÉDITO:...........

II.– Que algunos de los anteriores créditos son difícilmente cobrables, si no incobrables, debido a su antigüedad y a la situación de notoria insolvencia de algunas de las sociedades deudoras.

III.– Que la mercantil..........., S.L. tienen interés en la compra de los citados créditos, por lo que ambas partes llevan a efecto la misma de acuerdo con las siguientes:

ESTIPULACIONES

PRIMERA.– Que la entidad..........., S.L., debidamente representada por Doña........... adquiere por título de compraventa, por un precio total de........... los créditos que constan en el Exponen Primero del presente contrato, titularidad de..........., S.L., junto con sus correspondientes derechos accesorios.

SEGUNDA.– El precio convenido por la presente compraventa es el de...........euros (impuestos excluidos), que abona en este acto la parte compradora a la vendedora mediante cheque nominativo sirviendo el presente documento de carta de pago y recibo de dicha cantidad.

TERCERA.– Que la entidad adquirente de los citados créditos, ... S.L. es conocedora del hecho de que dichos créditos adquiridos tienen la consideración de créditos de dudoso cobro con las consecuencias que ello conlleva en orden al cobro y contabilización de los mismos. La cedente no responde de la existencia y legitimidad del crédito. Tampoco responde de la solvencia del deudor.

CUARTA.– Todos los gastos y tributos que se deriven de la presente compraventa serán soportados por las partes con arreglo a Ley.

QUINTA.– A efectos de notificaciones, las partes, de manera expresa, señalan los domicilios reseñados en la comparecencia de este contrato, esto es, por la vendedora........... y por la compradora...........

SEXTA.– Expresamente se hace constar que mediante auto de fecha........... de........... de..........., y en el procedimiento concursal de la vendedora, ... S.L., seguido ante el Juzgado de lo Mercantil núm. .... de..........., autos..........., se ha aperturado la fase de liquidación, habiendo cesado los administradores sociales y sustituidos por la Administración Concursal.

La presente compraventa se otorga y lleva a cabo en ejecución de las reglas especiales de liquidación aprobadas mediante auto de fecha........... de........... de........... recaído en el citado procedimiento núm. .... de autos

Y para ser cumplido de buena fe firman el presente documento por triplicado y a un solo efecto en la ciudad y fecha indicadas al principio.

F690. CONTRATO DE COMPRAVENTA DE CRÉDITOS TITULARIZADOS POR LA CONCURSADA FRENTE A TERCEROS. COMPRA DE CRÉDITOS POR MITADES INDIVISAS

Normativa de aplicación: *Arts. 406 y ss. Real Decreto Legislativo 1/2020, de 5 de mayo, por el que se aprueba el texto refundido de la Ley Concursal*

En..........., a........... de........... de...........

REUNIDOS

De una parte la mercantil........... S.L., con domicilio social en..........., Avenida..........., núm. ...., con CIF..........., representada por su administrador concursal y liquidador único Don..........., con DNI/NIF........... En lo sucesivo, también vendedor o vendedora.

Y de otra parte la entidad........... S.L. con domicilio social en..........., carretera de..........., número..........., con CIF..........., debidamente representada por Doña..........., DNI/NIF...........; y la entidad........... S.L., Unipersonal, con domicilio social en..........., carretera..........., número..........., con CIF..........., debidamente representada por su administradora única Doña..........., con DNI/NIF........... En lo sucesivo comprador o compradora.

Ambas partes se reconocen mutua capacidad de actuar y de obligarse por virtud del presente contrato.

EXPONEN

PRIMERO.– Que la mercantil........... S.L. es titular de los siguientes créditos:

- Crédito titularidad de........... S.L. contra la mercantil........... S.L. por un importe de...........euros Y........... CÉNTIMOS DE EURO. VENCIMIENTO:...........:...........SITUACIÓN Y CIRCUNSTANCIAS DEL CRÉDITO:...........
- Crédito titularidad de........... S.L. contra la mercantil........... S.L. por un importe de...........euros Y........... CÉNTIMOS DE EURO. VENCIMIENTO:........... GARANTÍAS:........... SITUACIÓN Y CIRCURNSTANCIAS DEL CRÉDITO:...........
- Crédito titularidad de........... S.L. contra la mercantil........... S.L. por un importe de...........euros Y........... CÉNTIMOS DE EURO. VENCIMIENTO:........... GARANTÍAS:........... SITUACIÓN Y CIRCUNSTANCIAS DEL CRÉDITO:...........

SEGUNDO.– Que las mercantiles........... S.L. y........... S.L., Unipersonal, tienen interés en la compra de los citados créditos, por lo que ambas partes llevan a efecto la misma de acuerdo con las siguientes:

ESTIPULACIONES

PRIMERA.– Que la entidad........... S.L., debidamente representada por Doña...........; y la entidad........... S.L., Unipersonal, debidamente representada por su administradora única Doña........... adquieren por título de compraventa, con carácter proindiviso, por mitades indivisas y por un precio total de...........euros los créditos que constan en el Exponen Primero del presente contrato, titularidad de AUSGABEN S.L., junto con sus correspondientes derechos accesorios.

SEGUNDA.– El precio convenido por la presente compraventa es el de...........euros (impuestos incluidos), que abonará la parte compradora a la vendedora en la siguiente forma:

a.– La cantidad de...........euros la abona la compradora........... S.L. a la vendedora........... S.L., en efectivo metálico, sirviendo el presente documento de carta de pago y recibo de dicha cantidad.

b.– La cantidad de...........euros la abona la compradora........... S.L., Unipersonal, a la vendedora........... S.L., en efectivo metálico, sirviendo el presente documento de carta de pago y recibo de dicha cantidad.

TERCERA.– Que las entidades adquirentes de los citados créditos, ... S.L. y........... S.L., Unipersonal, son conocedoras del hecho de que dichos créditos adquiridos tienen la consideración de créditos de dudoso cobro con las consecuencias que tiene dicha consideración en relación al cobro y contabilización de los mismos.

La cedente no responde de la existencia y legitimidad del crédito. Tampoco responde de la solvencia del deudor.

Expresamente se hace constar que las deudoras........... S.L. y........... S.L., se hallan en situación de concurso de acreedores (las dos mercantiles ante el Juzgado de lo Mercantil número........... de..........., autos...........), estando en fase de convenio sin que se haya cumplido el mismo. También se hace constar expresamente que la entidad..........., S.L. que fue declarada también en concurso por el Juzgado de lo Mercantil número........... de...........en los citados autos..........., se encuentra en fase de liquidación ante la imposibilidad por su parte de cumplir el convenio. De todo lo anterior tienen conocimiento las mercantiles compradoras y ha sido tenido en cuenta por las partes a la hora de fijar el precio establecido en este contrato de compraventa.

CUARTA.– Todos los gastos y tributos que se deriven de la presente compraventa serán soportados por las partes con arreglo a Ley.

QUINTA.– A efectos de notificaciones, las partes, de manera expresa, señalan los domicilios reseñados en la comparecencia de este contrato, esto es, por la vendedora........... y por la compradora...........

SEXTA.– Expresamente se hace constar que mediante auto de fecha........... de........... de..........., y en el procedimiento concursal de la vendedora, ... S.L., seguido ante el Juzgado de lo Mercantil núm. .... de..........., autos..........., se ha aperturado la fase de liquidación, habiendo cesado los administradores sociales y sustituidos por la Administración Concursal.

La presente compraventa se otorga y lleva a cabo en ejecución de las reglas especiales de liquidación aprobadas mediante auto de fecha........... de........... de........... recaído en el citado procedimiento núm. .... de autos

Y para ser cumplido de buena fe firman el presente documento por duplicado y a un solo efecto en la ciudad y fecha indicadas al principio.

F691. ACTA DE JUNTA GENERAL EXTRAORDINARIA RENUNCIANDO LOS SOCIOS AL DERECHO DE COMPRA PREFERENTE DE PARTICIPACIONES SOCIALES QUE LA CONCURSADA EN LIQUIDACIÓN PRETENDE ENAJENAR A TERCERO

Normativa de aplicación: *Arts. 406 y ss. Real Decreto Legislativo 1/2020, de 5 de mayo, por el que se aprueba el texto refundido de la Ley Concursal*

ACTA DE JUNTA GENERAL EXTRAORDINARIA DE LA SOCIEDAD........... S.L.

ÓRGANO: Junta General Extraordinaria de socios.

FECHA Y LUGAR DE CELEBRACIÓN: El día........... de........... de..........., a las........... horas, en el domicilio social, sito en..........., Avda..........., nº...........

CIRCUNSTANCIAS DE LA CONVOCATORIA: Por presencia y reunión en el domicilio social de la totalidad de los socios y, por tanto, de los titulares de la totalidad de las participaciones sociales en que se divide el capital social de la compañía, lo que da a la reunión el carácter de Junta UNIVERSAL, aceptando los concurrentes reunirse para deliberar y, en su caso, adoptar acuerdos sobre el siguiente orden del día:

1.– Hacer constar la voluntad del socio........... S.L. EN LIQUIDACIÓN y la sociedad........... S.L. de renuncia del derecho de adquisición preferente sobre las participaciones sociales que el socio........... S.L. pretende vender a la mercantil........... S.L. por precio total de...........euros (...........euros).

LISTA DE ASISTENTES:

.... S.L. EN LIQUIDACIÓN titular de...........participaciones sociales, número..........., todos inclusive, que suponen en su conjunto, el........... por ciento del capital social, representada por sus liquidador y administrador concursal Don...........

.... S.L., titular de........... participaciones sociales, número..........., todos inclusive, que suponen en su conjunto, el........... por ciento del capital social, representada por su administrador único Don...........

En prueba de conformidad y consentimiento individual de todos los reunidos para constituirse en Junta General Extraordinaria y Universal de la sociedad........... S.L., firman la presente

Asimismo, asisten conforme a lo previsto en el art. 180 de la Ley de Sociedades de Capital, los administradores de la sociedad.

La Mesa, por decisión de todos los socios y conforme establecen los Estatutos Sociales, se constituye actuando como como Presidente Don........... y Secretario Doña........... Acto seguido, el Presidente declara válidamente constituida la Junta y abierta la misma, se inician las deliberaciones, tras las cuales y sin que ninguno de los asistentes haya solicitado que conste en acta su intervención, se adoptan por unanimidad, los siguientes ACUERDOS, que son proclamados por el Presidente:

PRIMERO.– Renuncia del socio........... S.L., representada por su administrador único Don........... al derecho de adquisición preferente que, conforme a lo establecido en los Estatutos Sociales, le asiste sobre las........... participaciones de la mercantil........... S.L. las número..........., todos inclusive, que el socio........... S.L. EN LIQUIDACIÓN pretende vender a las sociedades..........., S.L. por precio total de...........euros (........... euros).

Igualmente, la sociedad........... S.L., representada por sus administradores Mancomunados Doña........... y Don..........., renuncia al derecho de adquisición preferente que, conforme a lo establecido en los Estatutos Sociales, le asiste sobre sus propias participaciones reseñadas en el párrafo anterior, que el socio........... S.L. EN LIQUIDACIÓN pretende vender a las sociedades..........., S.L. por precio total de...........euros (...........euros).

Queda, por lo tanto, en libertad el socio........... S.L. EN LIQUIDACIÓN para llevar a cabo la transmisión proyectada.

SEGUNDO.– Se faculta expresamente al indicado socio........... S.L. EN LIQUIDACIÓN para que compareciendo ante Notario, debidamente representado, pueda ejecutar el anterior acuerdo y elevar a público el mismo, otorgando y firmando cualesquiera documento público al efecto procedente.

Y no habiendo más asuntos que tratar, se procede a la lectura del acta, la cual encuentran conforme todos los asistentes, por lo que queda aprobada, levantando el Presidente la sesión.

El Secretario Vº Bº PRESIDENTE

Dª........... D...........

F692. CERTIFICACIÓN DE JUNTA GENERAL EXTRAORDINARIA RENUNCIANDO LOS SOCIOS AL DERECHO DE COMPRA PREFERENTE DE PARTICIPACIONES SOCIALES QUE LA CONCURSADA EN LIQUIDACIÓN PRETENDE ENAJENAR A TERCERO

Normativa de aplicación: *Arts. 406 y ss. Real Decreto Legislativo 1/2020, de 5 de mayo, por el que se aprueba el texto refundido de la Ley Concursal*

Don........... y DOÑA..........., Administradores Mancomunados de la compañía........... S.L., con domicilio en..........., Avda........... nº........... y CIF...........

CERTIFICO: que según resulta del libro de actas de la sociedad, en la Junta General Extraordinaria de Socios, reunida con carácter universal en..........., Avda........... nº..........., el día..........., encontrándose presentes la totalidad de los socios y figurando en el acta el nombre de los mismos, quienes firmaron al principio del acta, designando como secretario de la misma a Doña........... y como presidente a Don........... y aceptaron celebrar dicha Junta con el fin de deliberar y, en su caso, adoptar acuerdos sobre el siguiente orden del día: 1.– Hacer constar la voluntad del socio........... S.L. y la sociedad........... S.L. de renuncia del derecho de adquisición preferente sobre las participaciones sociales que el socio........... S.L. EN LIQUIDACIÓN pretende vender a la mercantil........... S.L. y por precio total de...........euros (...........euros); se adoptaron por unanimidad, los siguientes ACUERDOS:

PRIMERO.– Renuncia del socio........... S.L., representada por su administrador único Don........... al derecho de adquisición preferente que, conforme a lo establecido en los Estatutos Sociales, le asiste sobre las...........participaciones de la mercantil........... S.L. las número........... todos inclusive, que el socio........... S.L. EN LIQUIDACIÓN pretende vender..........., S.L. y por precio total de...........euros (...........euros).

Igualmente, la sociedad........... S.L., representada por sus administradores Mancomunados Doña........... y Don..........., renuncia al derecho de adquisición preferente que, conforme a lo establecido en los Estatutos Sociales, le asiste sobre las participaciones reseñadas en el párrafo anterior, que el socio........... S.L. EN LIQUIDACIÓN pretende vender a..........., S.L. y por precio total de...........euros (...........euros).

Queda, por lo tanto, en libertad el socio........... S.L. EN LIQUIDACIÓN para llevar a cabo la transmisión proyectada.

SEGUNDO.– Se faculta expresamente al indicado socio........... S.L. EN LIQUIDACIÓN para que compareciendo ante Notario, debidamente representado, pueda ejecutar el anterior acuerdo y elevar a público el mismo, otorgando y firmando cualesquiera documento público al efecto procedente.

Y para que conste libro la presente certificación, haciendo constar que el acta de la reunión donde se adoptaron los acuerdos que se certifican fue aprobada por unanimidad en la propia sesión, en..........., a........... de...........de...........

Fdo.: D........... Fdo.: Dº...........

Secretario Vº Bº Presidente.

F693. ESCRITURA DE COMPRAVENTA DE PARTICIPACIONES SOCIALES Y CESIÓN DE CRÉDITO COMO OPERACIÓN DE LIQUIDACIÓN

Normativa de aplicación: *Arts. 406 y ss. Real Decreto Legislativo 1/2020, de 5 de mayo, por el que se aprueba el texto refundido de la Ley Concursal*

En la Ciudad de..........., mi residencia, a...........de...........

Ante mí, ..., Notario de la Ciudad y del Ilustre Colegio de...........

COMPARECE

DE UNA PARTE EN REPRESENTACIÓN DE LA PARTE VENDEDORA:

Don..........., mayor de edad, con domicilio a estos efectos en..........., calle..........., nº..........., CP........... Con DNI-NIF.– ....

DE OTRA PARTE EN REPRESENTACIÓN DE LA PARTE COMPRADORA

Don..........., mayor de edad, con domicilio a estos efectos, en..........., número...........º, CP..........., con DNI/NIF...........

Las circunstancias personales constan de sus manifestaciones.

Les identifico por sus documentos nacionales de identidad que me exhiben.

INTERVIENEN

A) Don........... en nombre y representación, de........... SLP, Administrador Concursal de la mercantil........... S.L. EN CONCURSO Y FASE DE LIQUIDACIÓN, domiciliada en........... calle..........., y con CIF........... cuyo objeto es actuar como Sociedad holding mediante la participación en el capital de entidades residentes y no residentes en el territorio español, existentes o de nueva creación; fomento de nuevas actividades empresariales, tomando participaciones en las empresas creadas para su desarrollo; dirigir y gestionar dichas participaciones y prestar servicios de asesoramiento y apoyo a la gestión a las sociedades participadas contando con los medios humanos y materiales necesarios para ello; de duración indefinida, constituida en escritura otorgada el..........., ante el entonces Notario de..........., Don..........., número de protocolo..........., inscrita en el Registro Mercantil de........... al tomo..........., folio..........., sección..........., hoja........... inscripción...........ª.

Dicha sociedad se encuentra en situación concursal y fase de liquidación, tal y como consta en los autos del procedimiento de concurso tramitado en el Juzgado de lo Mercantil número........... de ...., al número..........., lo que conlleva la suspensión de las facultades de administración y disposición del deudor sobre la masa activa, el cese de los administradores o liquidadores, quienes son sustituidos por la administración concursal, según el vigente TRLC decretada la apertura de la fase de liquidación por auto de fecha........... dictado por el Juez de lo Mercantil número........... de..........., en los autos del procedimiento referido.

La legitimación de Don........... para este acto resulta de su designación como persona física representante de la mercantil........... SLP, según consta en los autos del procedimiento concursal........... y del acta de aceptación del cargo y designación de persona física y la credencial de administrador concursal expedidas por el Juzgado de lo Mercantil número........... de..........., el día..........., que me exhiben y como fotocopia coincidente con el original exhibido incorporo a la presente matriz.

Y manifiesta hacerlo en ejecución del las reglas especiales de liquidación aprobadas por el Juzgado de lo Mercantil número........... de........... el día..........., mediante auto firme de fecha..........., documentos que me exhiben y que por fotocopia coincidente con los originales exhibidos incorporo a la presente matriz.

Todo lo cual consta en el Registro Publico Concursal.

Lo relacionado resulta de exhibición de copia autentica de la meritada escritura y actuaciones judiciales sin que en lo omitido haya nada que lo restrinja, modifique o condicione y manifiesta la vigencia de su representación, así como que no ha variado la capacidad de su representada.

En consecuencia hago constancia expresa de que la citada administración concursal tiene facultad suficiente para este otorgamiento.

B.– Don..........., en nombre y representación de la mercantil........... S.L., Paseo..........., número...........º, CP..........., dedicada a..........., de duración indefinida, constituida por escritura otorgada ante el notario de..........., Don..........., el día........... de........... de..........., bajo el número de protocolo...........INSCRITA EN EL Registro Mercantil de..........., al tomo..........., folio..........., hoja..........., inscripción...........ª

Su CIF es el número...........

Está legitimado para este otorgamiento, en virtud de su expresado cargo de Administrador Único, que afirma vigente, para el que fue nombrado, por plazo indefinido y aceptó en la reunión de la Junta General Extraordinaria, de carácter Universal, celebrada el..........., formalizada en la escritura de cese y nombramiento de cargos, otorgada en........... ante el Notario, Don..........., bajo número........... de protocolo, inscrita en el Registro Mercantil de..........., al tomo..........., folio..........., hoja..........., inscripción...........ª, que he tenido a la vista y considero suficiente para este acto.

Yo, el Notario, hago constar expresamente que he cumplido con la obligación que impone la ley 10/2010, de 28 de abril, cuyo resultado consta en acta autorizada por el Notario de..........., Don..........., el día..........., en cuanto a "........... S.L.", bajo nº........... de protocolo; y acta autorizada por el Notario de..........., Don..........., el día........... en cuanto a "........... S.L.", bajo nº........... de protocolo, manifestando no haberse modificado el contenido de las mismas.

Tienen a mi juicio, según interviene, la capacidad necesaria para otorgar la presente escritura de CESIÓN DE PARTICIPACIONES SOCIALES Y CRÉDITO, y al efecto

EXPONEN

I.– Que la mercantil "........... S.L.", es titular-propietaria, de ochocientas noventa y nueve participaciones sociales identificadas con los números........... al..........., ambos inclusive, de la compañía mercantil "..........., S.L.", domiciliada en..........., Avenida..........., número..........., constituida como Sociedad Anónima, por tiempo indefinido, mediante escritura autorizada por el Notario de..........., Don..........., el día..........., transformada en limitada, mediante otra escritura otorgada en..........., ante el nombrado Notario señor..........., el día........... de........... de..........., con el número de protocolo..........., que fue inscrita en el Registro Mercantil de la Provincia de..........., al tomo........... general, folio..........., hoja número..........., inscripción...........ª. Adaptados sus Estatutos a la Ley 2/1995 de 23 de marzo, en virtud de escritura autorizada por el Notario de..........., Don..........., número de protocolo...........

Tiene CIF nº...........

El capital social es de...........euros, dividido en........... participaciones sociales de...........euros de valor nominal, cada una de ellas, y están desembolsadas en su totalidad.

Su objeto:...........

TÍTULO.– Aportación no dineraria en aumento de capital de la mercantil........... S.L., según resulta de escritura otorgada en..........., ante el Notario Don..........., el........... de........... de..........., número de protocolo...........

CARGAS.– Libres de cargas, gravámenes y afecciones.

II.– Que la mercantil..........., S.L. ostenta un crédito contra........... S.L., por un importe de...........euros como consecuencia de diversos préstamos concedidos por la citada sociedad a la compañía........... S.L.

DISPONEN

PRIMERO.– La mercantil "........... S.L." vende y transmite las........... participaciones sociales de la mercantil........... S.L., de la que es titular-dueña, números 1 al..........., ambos inclusive a la mercantil "........... S.L.", que según está aquí representada las compra y adquiere.

Igualmente, la mercantil "........... S.L." cede y transmite el crédito que ostenta frente a........... S.L., reseñado en la parte expositiva de esta escritura por mi notario, autorizada, a la mercantil "........... S.L.", que según está aquí representada compra y adquiere.

SEGUNDO.– El precio conjunto de esta venta es el...........euros, correspondiendo...........euros a las participaciones sociales y...........euros al crédito que la vendedora confiesa recibir en este acto de la compradora mediante la entrega que esta le hace de cheque bancario núm. .... de la entidad..........., cuya fotocopia con valor de testimonio incorporo a esta matriz, por lo que le formaliza carta de pago.

Dicho cheque ha sido emitido con cargo a la cuenta nº...........

TERCERO.– Las participaciones sociales y el referido crédito se transmiten libres de toda especie de carga, gravamen o afección, no pesando retención judicial ni de otra índole y no están sujetas a embargos.

CUARTO.– Se hace constar por las partes que el crédito aquí cedido se transmite en la situación en que actualmente se halla, como dudoso y sin que el deudor responda de la solvencia del deudor, con total renuncia por el comprador a la evicción o saneamiento que pudiere corresponderle frente al cedente del crédito.

QUINTO.– Que no existen pactos estatutarios ni privados no cumplidos que impidan la libre transmisión de las referidas participaciones sociales, ni otros impedimentos de carácter público o privado para la válida transmisión, dado que la Junta General de la sociedad........... S.L. ha autorizado la presente compraventa de participaciones sociales según resulta de la certificación que se acompaña librada por su administrador solidario cuya firma legitimo e incorporo a la presente

SEXTO.– Todos los gastos e impuestos que se originen por la formalización de la presente compraventa de participaciones sociales y crédito, serán satisfechos por la parte compradora.

SÉPTIMO.– Expresamente se hace constar que mediante auto de fecha........... de........... de..........., y en el procedimiento concursal de la vendedora, ... S.A., seguido ante el Juzgado de lo Mercantil núm. .... de..........., autos..........., se ha aperturado la fase de liquidación, habiendo cesado los administradores sociales y sustituidos por la Administración Concursal.

La presente compraventa se otorga y lleva a cabo en ejecución de las reglas especiales de liquidación aprobadas mediante auto de fecha........... de........... de........... recaído en el citado procedimiento núm. .... de autos.

Expresamente se hace constar que cuando se presente a inscripción en los registros de bienes, cualquier título relativo a un acto de enajenación de bienes y derechos de la masa activa realizado por la administración concursal durante la fase de liquidación, será de aplicación lo dispuesto en el artículo 415 TRLC, respecto a la fijación, o no, de reglas especiales de liquidación.

Octavo.– Los comparecientes me requieren a mi, el notario, para que notifique la cesión del crédito instrumentalizada a través del presente instrumento por mi, el notario, autorizada, a la deudora, a la compañía........... S.L. con domicilio en, ..., Avenida..........., núm. ....

RÉGIMEN FISCAL.–

– La transmisión de participaciones sociales formalizada en esta escritura está exenta del Impuesto de Transmisiones Patrimoniales y Actos Jurídicos Documentados, al amparo de lo dispuesto en el artículo 304 TRLMV, habida cuenta de que no incurre en ninguna de las excepciones que contempla dicho precepto legal.

En cumplimiento de lo dispuesto en la Ley Orgánica, de Protección de Datos de carácter Personal, quedan informados los comparecientes de la incorporación de los datos personales que de esta escritura resultan a los ficheros automatizados existentes en mi Notaria, donde se conservarán con carácter confidencial, sin perjuicio de las remisiones que resulten de obligado cumplimiento.

OTORGAMIENTO Y AUTORIZACIÓN

Así lo dicen y otorgan.

Hago las reservas y advertencias legales; en particular y a efectos fiscales advierto de las obligaciones y responsabilidades tributarias que incumben a las partes en su aspecto material, formal y sancionador, y de las consecuencias de toda índole que se derivarían de la inexactitud de sus declaraciones.

Leo esta escritura a los comparecientes, quienes renuncian a su derecho de hacerlo por sí, y que la encuentran conforme en todo, instruyéndoles, no obstante, sobre su contenido, efectos y consecuencias de sus pactos, ratificándola todos ellos y firmando conmigo en prueba de conformidad, dándose por satisfactoriamente atendidos e informados por mí.

De todo lo cual y en especial de que este otorgamiento se adecua a la legalidad y a la voluntad debidamente informada de los otorgantes, y en general del contenido de este instrumento público extendido en seis folios de papel exclusivo para documentos notariales, números el del presente y los anteriores en orden y el del presente, yo, el Notario, doy fe.

F694. DOCUMENTO DIRIGIDO A LA ADMINISTRACIÓN CONCURSAL SOBRE BAJAS DE CONTRATOS Y RETIRADA DE EQUIPOS

En ...., a .... de ....de .....

Estimados señores de .... SLP, me dirijo a ustedes en su condición de Administradores Concursales de la sociedad .... EN LIQUIDACIÓN,

Me pongo en contacto con ustedes en referencia a la resolución con saldo y finiquito de todos los contratos de prestación de servicios de reprografía e impresión existentes entre nuestra empresa y la suya, según documento de referencia de bajas y servicios de retirada de equipos que adjuntamos a este documento, para confirmarles lo siguiente:

1. En el día de hoy, y en este acto, damos por recibidas a nuestra entera satisfacción todos los equipos de impresión detallados en el documento de referencia que se adjunta.

2. Que este documento sirva como aceptación eficaz de carta de entrega con saldo y finiquito sin que nada más tengan que reclamarse las partes por concepto algunos sobre el asunto de referencia.

Y para que surta los efectos oportunos, firmo la presente en el lugar y fecha arriba indicados.

Sin otro particular, le saluda atentamente,

F695. DOCUMENTO DIRIGIDO A LA ADMINISTRACIÓN CONCURSAL SOBRE FACTURA Y ENTREGA DE VEHÍCULO VENDIDO

En ...., a .... de ..... de .....

Ref: Entrega vehículo ....matricula ..... con saldo y finiquito.

Estimados señores de .... SLP, me dirijo a ustedes en su condición de Administradores Concursales de la sociedad ...... SL EN LIQUIDACIÓN,

Me pongo en contacto con usted en referencia a la entrega del vehículo marca ......, matrícula ...... para confirmarles lo siguiente:

1. En el día de hoy, y en este acto, damos por recepcionada factura por la venta del vehículo, descrito en el asunto de referencia, incluido en la venta de la unidad productiva firmada por nuestras empresas en fecha ....

2. Confirmarles que somos conscientes de las circunstancias especiales de la entrega de este vehículo por no estar en su poder en estos momentos, circunstancias que aceptamos plenamente y por las que no vamos a reclamar nada por este concepto a su empresa.

3. Que este documento sirva como aceptación eficaz de carta de entrega con saldo y finiquito sin que nada más tengan que reclamarse las partes por concepto algunos sobre el asunto de referencia.

Y para que surta los efectos oportunos, firmo la presente en el lugar y fecha arriba indicados.

Sin otro particular, le saluda atentamente,

F696. ESCRITO DE LA ADMINISTRACIÓN CONCURSAL SOLICITANDO A PROVEEDOR LA DEVOLUCIÓN Y ENTREGA DE DETERMINADOS ENSERES PROPIEDAD DE TERCEROS

Normativa de aplicación: *Arts. 406 y ss. Real Decreto Legislativo 1/2020, de 5 de mayo, por el que se aprueba el texto refundido de la Ley Concursal*

En Valencia, a ..... de .... del ....

Estimados Señores,

Por medio de la presente, nos ponemos en contacto con Ustedes, como Administradores Concursales del GRUPO .... (compuesto por las mercantiles......., S.L., ..., S.L., ... S.L., ..., S.L. y ...., S.L.) cuyo concurso se tramita bajos los Autos del Concurso Ordinario nº .... tramitado ante el Juzgado de lo Mercantil nº ..... de ....; para comunicarles lo que prosigue.

PRIMERO.– Que en fecha 24 de agosto de ...., se transmitió la Unidad Productiva de las diferentes sociedades que componen el GRUPO ......a favor de la sociedad ...., S.L. (......., S.L.). Como sabrán, la transmisión se realizó como una unidad productiva, debiendo entenderse unidad productiva la totalidad de los bienes y derechos de las cinco sociedades integrantes del GRUPO ...., asi como todos aquellos contratos, etc. En los que se subrogó ...., S.L. En consecuencia, dentro de la unidad productiva se incluyeron la totalidad de los moldes de las concursadas, tanto los existentes en las instalaciones de la misma, así como aquellos que fueron externalizados en otras entidades y sociedades.

SEGUNDO.– Que fruto de dicho traspaso de la Unidad Productiva, se transmitieron los contratos de trabajo vigentes y afectos a la actividad societaria, así como se transmitieron los moldes que Ustedes poseen a fecha actual.

TERCERO.– Les recordamos que en fecha .... el Juzgado de lo Mercantil nº 2 de Valencia dictó providencia en el seno del Concurso nº .... en virtud del cual se acordó requerir a la mercantil .... S.L, al objeto que devolviera los moles anteriormente citados y descritos en el anexo que se acompaña.

CUARTO.– En virtud de lo anterior, les solicitamos que, en el plazo improrrogable de DIEZ DÍAS NATURALES desde la recepción del presente, pongan a disposición de .... S.L. la totalidad de los moldes que provengan de la relación comercial existente previamente entre Ustedes y la totalidad del GRUPO ....

QUINTO.– Para cualquier consulta, y efectos de organizar la entrega de los mismos pónganse en contacto con ...., S.L. a través del teléfono que le adjuntamos a continuación: ....

En cualquier caso, desde este momento, se le hace responsable de cualquier perjuicio que pueda causar con su actuación a GRUPO .... y al procedimiento concursal, y sin perjuicio de cualquier reclamación que les pueda ser formulada por ...., S.L.

Sin otro particular, reciban un cordial saludo.

F697. OFERTA DE COMPRA DE UNIDAD PRODUCTIVA EN FASE DE LIQUIDACIÓN

Normativa de aplicación: *Arts. 406 y ss. Real Decreto Legislativo 1/2020, de 5 de mayo, por el que se aprueba el texto refundido de la Ley Concursal*

En........... a........... de........... de...........

Muy Señores nuestros:

Como ya les hemos adelantado varias veces por vía telefónica y les reiteramos en nuestra reunión que mantuvimos en su oficina el pasado día........... de........... de..........., les formulamos la presente oferta de compra VINCULANTE de la unidad productiva que a continuación se reseñará.

A) UNIDAD PRODUCTIVA OBJETO DE LA OFERTA DE COMPRA

Unidad productiva sita en..........., calle..........., núm. ...., compuesta por los medios organizados, actualmente en funcionamiento, destinados por ustedes para el desarrollo de la actividad de........... Dichos medios y organización, se relacionan y describen en el ANEXO I de este documento, que forma parte inseparable del presente y que se da aquí por íntegramente reproducido para evitar innecesarias repeticiones y que coincide con el perímetro básico fijado por la Administración Concursal.

La citada unidad productiva y los elementos, bienes y derechos, licencias y contratos, etc. que la componen, se hallan libres de cargas y gravámenes.

Los trabajadores que se integran en la unidad productiva son los relacionados en el ANEXO II del presente escrito, que forma parte inseparable del presente y que se da aquí por íntegramente reproducido para evitar innecesarias repeticiones. La incidencia de la presente oferta sobre los trabajadores seria la siguiente: ....

Dado que caso de llevarse a cabo la transmisión, a efectos laborales, nos hallaríamos ante una sucesión de empresa la presente oferta se condiciona a que el Juez del concurso, con relación a los créditos laborales y de Seguridad Social, acuerde en su momento y con anterioridad a la transmisión objeto de la presente, que el adquirente no se subrogue en la parte de la cuantía de los salarios o indemnizaciones pendientes de pago anteriores a la enajenación que sea asumida por el Fondo de Garantía Salarial de conformidad con el texto refundido de la Ley del Estatuto de los Trabajadores, aprobado por el Real Decreto Legislativo 2/2015, de 23 de octubre.

Esta parte se subrogará en los derechos y obligaciones derivados de los contratos afectos a la continuidad de la actividad de la concursada salvo el contrato de fecha .... suscrito en su día con la entidad ....

B) PERSONA QUE REALIZA LA PRESENTE OFERTA

La sociedad........... S.A., con domicilio social en..........., calle........... núm. .... Constituida mediante escritura otorgada ante el notario de Don..........., el día........... de........... de........... Adaptados sus estatutos sociales a la vigente

LSC mediante acuerdo de su Junta General Extraordinaria celebrada el día de........... de..........., elevado a público mediante escritura autorizada por el citado notario, Don..........., el día de........... de........... Inscrita en el Registro Mercantil de la provincia de..........., al tomo..........., folio..........., del libro........... de sociedades, hoja........... CIF...........

La intervención y facultades de Don........... para suscribir la presente oferta en nombre y representación de........... S.A., resulta de su condición de administrador único de la citada sociedad, cargo que está vigente y para el que fue nombrado por acuerdo de la Junta General Extraordinaria celebrada el día de........... de..........., elevado a público mediante escritura autorizada por el citado notario, Don..........., el día de........... de........... Inscrita en el Registro Mercantil de la provincia de..........., al tomo..........., folio..........., del libro........... de sociedades, hoja...........

Información sobre solvencia y medios materiales y humanos que constan a disposición del oferente: ....

C) CONDICIONES DE LA TRANSMISIÓN

La Unidad productiva anteriormente reseñada se adquirirá por........... S.A. a título de compraventa, libre de cargas y gravámenes, así como de arrendatarios u otros ocupantes, como operación de liquidación concursal de la vendedora, y en los términos del presente escrito y, especialmente, de los ANEXOS I y II del mismo, cuyo contenido y exactitud es elemento esencial y ha sido tenido en cuenta por la oferente a la hora de decidir formular y prestar su consentimiento a la presente oferta.

Precio: El precio alzado de la compraventa se fija en la suma de...........euros.

Forma de pago: El precio de la compraventa se pagará, simultáneamente al otorgamiento de la escritura de compraventa mediante cheque bancario a favor de........... S.L.

Posesión: la posesión la Unidad Productiva se entregará a la compradora simultáneamente al otorgamiento de la escritura de compraventa, que se otorgará en el plazo de...........

Gastos: Con arreglo a la Ley (o lo previsto en las reglas especiales de liquidación).

D) CONDICIONES IGUALMENTE ESENCIALES DE LA PRESENTE OFERTA

I.– La presente oferta se formula exclusivamente a la vista de la apertura de la liquidación concursal de........... S.L. y queda condicionada al necesario e imperativo cumplimiento de los trámites exigidos por la legislación Concursal para llevar a cabo la misma en dicha liquidación concursal, en los términos del presente escrito y sus ANEXOS I Y II.

II.– La presente oferta es absoluta e íntegramente confidencial no pudiendo ser comunicada a nadie con la única excepción de los administradores concursales, el Juzgado de lo Mercantil y las partes personadas todos ellos referidos al futuro procedimiento concursal arriba reseñado (estos últimos, en tanto en cuanto se les notifique la presente oferta por el Juzgado a los efectos previstos en el TRLC).

III.– A los efectos de lo previsto en la Ley se acompaña la documentación que se reseña a continuación:...........

La presente oferta es vinculante e irrevocable.

Atentamente.

F698. OFERTA DE COMPRA DE UNIDAD PRODUCTIVA EN FASE DE LIQUIDACIÓN (II)

..............., S.A.

Procedimiento Concursal Ordinario nº ....

Juzgado de lo Mercantil º ...... de ....

Administración Concursal: .... S.L.P.

A la atención de D. ....

OFERTA VINCULANTE PARA LA ADQUISICIÓN DE LA UNIDAD PRODUCTIVA DE ...., PROPIEDAD DE ...., S.A., FORMULADA POR ...., S.A.

I. OFERENTE: ...., S.A.

La presente oferta se formula por ...., S.A. (en adelante, ... o el oferente), sociedad anónima de nacionalidad española; constituida por tiempo indefinido, en virtud de la escritura pública de fecha .... el notario de ...., D. ...., con el nº .... de su protocolo; CIF nº ....: domiciliada en las parcelas ....; e inscrita en el Registro Mercantil de ...., al tomo ....; representada en este acto por D.........., con DNI ...., en virtud de su cargo de Consejero Delegado, que manifiesta vigente y para el que fue nombrado por acuerdo adoptado en Junta General Universal y Extraordinaria celebrada el día ...., elevado a público en virtud de escritura pública de fecha ...., autorizada por el notario de ...., Dº. ...., que consta inscrita en el citado Registro Mercantil.

II. OBJETO DE LA OFERTA: PERIMETRO DE LA UNIDAD PRODUCTIVA DE LACTEOS Y DERIVADOS DE LA LECHE PROPIEDAD DE ...., S.A..

El objeto de la presente oferta es la adquisición por parte del oferente de la totalidad de los bienes y derechos que integran el patrimonio de la unidad productiva de .... ubicada en el polígono industrial de .... del término municipal de ...., propiedad de .... S.A., que constan en el inventario de la masa activa de la sociedad concursada. A título enunciativo y no limitativo, se incluyen todos los elementos del inmovilizado material y el inmovilizado intangible, la base de datos de clientes, los sistemas de gestión del negocio, las autorizaciones, licencias y permisos y cualquier otro activo afecto a la unidad productiva objeto de adquisición, aunque sea sobrevenido y sin que ello suponga aumento de precio de la presente oferta y, en especial:

a) Edificaciones: se incluyen los tres inmuebles que se detallan seguidamente:

Nº Finca Registral Registro de la

Propiedad Referencia

Catastral Descripción Población Cargas

.... Hipotecas varios acreedores mismo rango.

.... Hipotecas varios acreedores mismo rango.

.... Hipotecas varios acreedores mismo rango.

b) Otro inmovilizado material: se incluyen la totalidad de las instalaciones, maquinaria, mobiliario, utillaje y otros elementos del inmovilizado material que integren la unidad productiva objeto de adquisición y consten en la memoria del procedimiento concursal o que no constando formen parte de dicha unidad productiva o se encuentren ubicados en los inmuebles a que se refiere la letra anterior, excepto los bienes que eran propiedad de .... y que han sido retirados, o están pendientes de retirar, por su comprador, de forma que, con la citada excepción, se entiende que todos los bienes ubicados en dichos inmuebles están afectos a la unidad productiva objeto de adquisición.

c) Inmovilizado intangible: se incluyen la totalidad de los derechos de propiedad industrial y otros elementos del inmovilizado intangible que integren la unidad productiva objeto de adquisición y consten en la memoria del procedimiento concursal o que no constando formen parte de dicha unidad productiva.

Entre otros, las marcas: (i) .....: marca nacional; España; Clases 5 y 29; (ii) ....: marca nacional; España; Clase 29 y (iii) ....: marca nacional; España; Clase 29 y 32.

d) Autorizaciones, licencias y permisos: se incluyen la totalidad de las autorizaciones, licencias y permisos necesarios para el ejercicio de la actividad de la unidad productiva objeto de adquisición.

Entre otros: (I) Licencia municipal definitiva para el ejercicio de la actividad de .... en las parcelas .... y ..... de la manzana ...... del polígono industrial .... de fecha ...., asi como Licencia municipal provisional para la ampliación de la industria de fecha ....; (ii) Licencia Municipal para ampliación de edificio para el almacenamiento por Decreto 2876/2002, de 25 de septiembre; (iii) Licencia de Primera Ocupación de ampliación de una nave industrial para almacenamiento, todo ello sito en Polígono Industrial ...., Parcela no ...., Manzana ....., en el municipio de .... de fecha ....; (iv) Inscripción en el Registro de Pequeños Productores de Residuos Peligrosos en virtud de resolución número ..... de .... de Director General de Calidad Ambiental de la Consejería de Medio Ambiente y Ordenación Territorial. ...., (v) Inscripción en el Registro Integrado Industrial formulada mediante declaración responsable de fecha .... donde se relaciona oportunamente la maquinaria, equipos y sistemas sujetos a reglamentación sectorial.

e) Contratos: a los efectos del art. 223 TRLC, se pone de manifiesto que el oferente no tiene interés y, por tanto, excluye subrogarse en los contratos de cualquier índole que hubiera suscrito la sociedad concursada distintos de los relacionados anteriormente, salvo aceptación expresa y escrita del oferente.

III. ACTIVOS LIBRES DE CARGAS Y GRAVÁMENES Y NO SUBROGACIÓN NI ASUNCIÓN DE PASIVOS.

a) Todos los activos de la concursada que formen parte de la unidad productiva objeto de adquisición se transmitirán libres de cargas y gravámenes, en especial, las hipotecas que gravan los inmuebles y el derecho de superficie a favor de Endesa Energía plasmado en contrato de fecha ....

La transmisión de la unidad productiva, en consecuencia, dará lugar a la cancelación de las cargas anteriores al concurso constituidas para garantizar los créditos concursales (hipotecas, embargos, prendas, reservas de dominio, etc.); así como, en su caso, también la cancelación de la anotación de la declaración de concurso, como dispone el art. 225 TRLC.

b) La adquisición de la unidad productiva, además de ser libre de cargas y gravámenes, no podrá suponer para el eventual adquirente sucesión o subrogación en cualesquiera obligaciones tributarias, administrativas o de cualquier otra índole que existan o que puedan existir a cargo de la transmitente pendientes a la fecha de otorgamiento.

La transmisión de la unidad productiva, en consecuencia, no llevará aparejada la obligación del pago de los créditos no satisfechos por el concursado antes de la transmisión, ya sean concursales o contra la masa, como dispone el artículo 224.1 TRLC.

En materia de créditos tributarios, el adquirente no concurrirá en ninguna responsabilidad, conforme al artículo 42.1.c).IV de la Ley General Tributaria; y tampoco en materia de créditos laborales, habida cuenta que no hay subrogación de trabajadores y, por tanto, no existe sucesión de empresa respecto de dichos créditos, conforme al artículo 224.3 TRLC.

La resolución judicial que autorice la transmisión de la unidad productiva contendrá tanto la declaración de que la misma no llevará aparejada la obligación del pago de los créditos no satisfechos por la sociedad concursada antes de la transmisión, ya sean concursales o contra la masa, así como la declaración de que no existe sucesión de empresa respecto de los créditos laborales.

IV. TRABAJADORES

La oferta no contempla la subrogación del oferente en ningún contrato de trabajo.

V. PRECIO.

El precio ofertado por la adquisición de la unidad productiva de ...., propiedad de ...., S.A., asciende a la suma de .... EUROS (......... €).

El precio se abonará íntegramente en unidad de acto a la firma de la correspondiente escritura pública de compraventa de la unidad productiva mediante transferencia o cheque bancario.

VI. AUTORIZACIÓN JUDICIAL

En atención a que son de aplicación las reglas generales supletorias para las operaciones de liquidación contempladas en los artículos 421 y siguientes del TRLC y, en concreto, en atención a lo establecido en el artículo 422.2, la administración concursal deberá solicitar del juez la autorización para la transmisión de la unidad productiva en los términos previstos en la presente oferta.

VII. GASTOS Y TRIBUTOS.

La totalidad de los gastos y tributos que se devenguen con motivo de la transmisión de la unidad productiva, incluidos los derivados de la cancelación de cargas y los IBI pendientes de pago, serán por cuenta y cargo del oferente.

VIII. OTROS.

(I) La sociedad oferente no guarda ningún tipo de relación con los actuales dueños, administradores y apoderados de la sociedad concursada, ni éstos han ostentado ningún cargo de representación ni poderes en la sociedad oferente, ni tampoco han sido nunca socios de la misma, ni directa ni indirectamente.

(II) El oferente manifiesta conocer el estado en el que se encuentran los activos objeto de la presente oferta, renunciando a la acción de saneamiento por evicción y por vicios ocultos.

(III) La formalización de la transmisión de la unidad productiva se llevará a cabo en la notaría que designe el oferente.

(IV) La formalización de la transmisión de la unidad productiva tendrá lugar dentro de los 15 días siguientes a la firmeza de la resolución judicial que autorice la venta en los términos recogidos en la presente oferta, dado que el oferente dispone de suficientes recursos propios y no necesita financiación.

(V) En el momento de la formalización de la transmisión de la unidad productiva, se dará inmediata entrega de la posesión al adquirente.

(VI) A efectos de trasladar cualquier notificación relativa a la presente oferta y/o contactar con el oferente se señala al Letrado del ICAV, D. ...., con dirección de correo electrónico ....@..............

(VII) La transmisión de la unidad productiva se formalizará a favor del propio oferente o de una sociedad constituida al efecto cuyo administrador y socio único sea el oferente.

En ...., a ..... de .... de........

F699. ESCRITO AL JUZGADO DE SOLICITUD DE AUTORIZACIÓN DE VENTA DE UNIDAD PRODUCTIVA FORMULADO POR EL OFERENTE

Normativa de aplicación: *Arts. 406 y ss. Real Decreto Legislativo 1/2020, de 5 de mayo, por el que se aprueba el texto refundido de la Ley Concursal*

AL JUZGADO DE LO MERCANTIL Nº ..... DE ....

Doña ...., procuradora de los tribunales y de las mercantiles ....S.A y .... S.L, representación en el caso del primero que acredito mediante escritura de poder, otorgada telemáticamente, y que en el caso del segundo dicha representación obra ya en autos, ante este Juzgado comparezco en los autos del procedimiento de Concurso ORDINARIO de las entidades .... S.A y ...., S.A seguido ante este juzgado con el número ...., bajo la dirección letrada de DON ...., (.......... Icav), y como mejor proceda en Derecho, DIGO:

I.– Que en fecha .... se dictó diligencia de ordenación por este Juzgado de lo Mercantil nº ...... de ...., por la que se dio traslado a las partes del escrito presentado por la Administración Concursal sobre autorización para concluir mediante realización directa, a los efectos de que se manifestará lo que éstas estimarán oportuno.

II. Que con relación a la citada diligencia y solicitud de autorización de realización directa de la oferta por parte de la Administración Concursal, ésta parte presenta OFERTA DE ADQUISICIÓN POR LA UNIDAD PRODUCTIVA de ...., propiedad de ...., S.A, oferta que a continuación se expondrá, y efectuando las siguientes:

ALEGACIONES

PRIMERA.– Como se ha dicho anteriormente, en fecha ...., se ha solicitado por la Administración Concursal autorización para la venta de la Unidad Productiva de ...., propiedad de ...., S.A, y que se transmita la misma a ....

A dicho escrito, que aquí se da íntegramente por reproducido para evitar innecesarias reiteraciones, se acompaña OFERTA DE ADQUISICIÓN de Unidad Productiva formulada por la empresa ....

Se acompaña dicha oferta como DOCUMENTO Nº UNO.

SEGUNDA.– Que en dicho escrito la Administración Concursal manifiesta que es de interés del concurso, la realización de la citada Unidad Productiva, mediante venta directa y que se autorice la venta de la misma a ....

TERCERA.– Que con relación a lo señalado anteriormente, y previamente a la presentación de este escrito, la mercantil .... S.A ha remitido a la dirección de correo electrónico designada por la Administración Concursal, una oferta de adquisición de la Unidad Productiva antes reseñada, en las mismas e idénticas condiciones que la presentada por la mercantil ...., salvo el precio, ya que en este último caso, la oferta de la .... asciende a la cifra de .... EUROS (...........€) mientras que en el supuesto de la oferta presentada por mi mandante .... S.A, y apoyada por el acreedor del presente procedimiento concursal .... S.L asciende a la suma, netamente superior de .... EUROS (...............€).

Indicar también que en la oferta de la .... se aplicaban .... EUROS al pago y extinción de los privilegios reconocidos, mientras que los .... EUROS restantes, se aplicarían al pago de los créditos contra la masa, según indica la Administración Concursal en su propio escrito, mientras que en la oferta efectuada por mi mandante se destina la misma cantidad al pago y extinción de los mismos privilegios pero existiendo una cantidad remanente muy superior cifrada en .... EUROS para pagar créditos contra la masa.

Es por ello por lo que no cabe ninguna duda, de que siendo el restante contenido de ambas ofertas "idéntico y coincidente", la oferta de mi mandante es netamente superior a lo ofertado por .... en .... EUROS, y cumple por tanto mejor el interés del concurso y satisfacción de los acreedores, para que estos cobren cuanto mayor cantidad mejor.

Se acompaña la oferta de compra de la Unidad Productiva que formula .... S.A como DOCUMENTO Nº DOS.

Insistimos en que un simple cotejo, entre la misma y la oferta de .... es suficiente para percatarse como la misma es idéntica en cuanto al objeto, y condiciones (objeto, forma de pago etc), salvo el precio como hemos indicado previamente.

Se acompaña también escritura de poder del firmante de la oferta, Consejero Delegado de .... S.A como DOCUMENTO Nº TRES, y como DOCUMENTO Nº CUATRO la comunicación efectuada por mi mandante de su oferta aquí expuesta a la Administración Concursal.

Y pese a no ser necesario, pues es público, dado el reconocido prestigio y relevancia empresarial de .... S.A, en la península, se acompaña como DOCUMENTO Nº CINCO Certificación bancaria de la entidad bancaria ...., de la que resulta la existencia y disponibilidad inmediata de numerario liquido suficiente para atender la compra de Unidad Productiva de inmediato, todo ello sin necesidad de recurrir a financiación externa.

Y como DOCUMENTO Nº SEIS información de mi mandante, de la que resulta su prestigio, solvencia y experiencia en ....

CUARTA.– Que a la vista de todo lo anterior y habiéndose solicitado por la Administración Concursal, autorización para la venta directa de la Unidad Productiva en cuestión, se solicita a este Juzgado, desestimando previamente la oferta realizada ...., autorice la venta de la Unidad Productiva referida a favor de .... S.A en los términos de la oferta acompañada a nuestro escrito.

Ello, previo en su caso y si este Juzgado lo estimase oportuno dando traslado a la Administración Concursal para que ésta informe sobre nuestra oferta, traslado que esta parte entiende que no es preciso a la vista de que: a) La propia Administración Concursal ha solicitado la venta directa de la Unidad Productiva. b) La oferta de mi mandante en cuanto a su contenido, es idéntica y coincidente con la de la ...., salvo el precio, el cual es netamente superior. c) El prestigio y la solvencia de mi mandante .... S.A, que resulta público, y de gran notoriedad, quedando acreditado tal y como acabamos de ver.

No obstante, se deja lo anterior a criterio de este juez ante el que respetuosamente nos dirigimos, al igual que la necesidad de acordar cualquier trámite procesal que tenga por conveniente a los efectos de acordar la referida autorización.

Por todo lo expuesto,

SOLICITA AL JUZGADO, que, teniendo por presentado esta escrito junto con sus documentos y copias de todo ello, lo admita, tenga por hechas las manifestaciones en el contenidas, y previos los oportunos trámites legales se sirva acordar a favor de mi mandante en los términos del cuerpo de este escrito y que aquí se dan íntegramente por reproducidos.

En ...., a ..... de..... de.........

Fdo. Ldo. Eduardo Aznar Giner Pdra. Marta Sais Lopez

F700. ESCRITO DE ALEGACIONES POR OFERENTE DE UNIDAD PRODUCTIVA QUE SE PROYECTA SU VENTA DIRECTA COMO CONSECUENCIA DE LA PETICIÓN DE LA ADMINISTRACIÓN DE QUE SE ENAJENE POR LICITACIÓN A LA VISTA DE LA CONCURRENCIA DE VARIOS POSTORES

Normativa de aplicación: *Arts. 406 y ss. Real Decreto Legislativo 1/2020, de 5 de mayo, por el que se aprueba el texto refundido de la Ley Concursal.*

AL JUZGADO DE LO MERCANTIL NÚM. .... DE ....

Doña ...., Procuradora de los Tribunales y de las mercantiles ....S.A y .... S.L, representación que consta en los presentes autos, ante este Juzgado comparezco en los autos del procedimiento de Concurso Ordinario de las entidades .... S.A y ...., S.A seguido ante este Juzgado con el número ...., y como mejor proceda en Derecho, DIGO:

I.– Que mediante diligencia de ordenación fechada el pasado .... de este año, por este Juzgado al que respetuosamente nos dirigimos se tuvo por presentado el escrito de esta parte y la oferta formulada el día .... por .... S.A (........., desde ahora) por la unidad productiva que se corresponde con las fincas registrales ...., del Registro de la propiedad núm. ..... de ...., también denominada fabrica de ...., (en adelante UPA L........), dando traslado a las partes personadas de tal oferta por plazo de CINCO (5) DÍAS para que realicen las alegaciones que estimen oportunas.

II.– Que paralelamente a lo anterior, la Administración concursal del presente procedimiento, en fecha ...., de manera sorpresiva, pues ningún tramite se le había conferido al efecto por este Juzgado, y la oferta de .... ya era conocida y constaba en autos (fue presentada judicialmente y a la administración concursal el día ....) y contra sus propios actos, solicita que se apertura una licitación tomando como base el contenido del art. 210.4 TRLC, precepto éste que, como veremos, no es aplicable a este caso.

III.– Que con relación a todo lo expuesto y en el plazo de cinco días antes reseñado, esta parte formula las siguientes:

ALEGACIONES

PRIMERA.– PROCEDE DESDE LUEGO AUTORIZAR LA ADJUDICACIÓN DIRECTA DE LA VENTA A .... DE LA UNIDAD PRODUCTIVA DE REFERENCIA.

1.– Nos hallamos ante un proceso de enajenación directa de la UPA .... en el que se han presentado dos ofertas, una por .... y otra por ....

I.– Esta parte entiende que procede otorgarse por este Juzgado autorización a la administración concursal a efectos de proceder a la venta directa de la UPA .... a favor de ...., desechando, por lo tanto, la oferta formulada por .... (............., en adelante) y, desestimando la sorpresiva solicitud de licitación de la Administración Concursal que, como veremos más adelante en este escrito, resulta contraria a sus propios actos y a la Ley.

II.– Al respecto, y en orden a las alegaciones aquí vertidas, cabe tener presente que en esta petición de venta directa de la UPA ...., solo se han formulado dos ofertas. Una, por la entidad .... La segunda, por mi mandante, ...

En este sentido, se indica por esta parte que las presentes alegaciones se efectúan a la vista de la situación actual, según las notificaciones recibidas por esta parte, y las dos ofertas presentadas anteriormente mencionadas. Y tal alegación se evacuan cobijadas en elementales exigencias de razonabilidad jurídica, de certeza y confianza a la hora de alegar y presentar nuestras pretensiones.

También saltaría por los aires el principio de seguridad jurídica, ante las consecuencias y alteraciones que para la defensa de la oferta de esta parte supondría cualquier alteración de la situación arriba reseñada. Máxime, cuando tal y como consta en las presentes actuaciones, la .... en cuestión fue objeto de subasta dos veces con resultado infructuoso.

Por ello, ante cualquier cambio de situación a la anteriormente expuesta admitido por este Juzgado, especialmente en el supuesto de nuevas ofertas o mejoras de ultima hora de las existentes, esta parte se reserva el derecho a mejorar y ampliar su oferta, lo cual, desde ahora, ya anuncia que lo efectuará.

III.– Expuesto lo anterior. Por parte de la Administración Concursal, mediante escrito de fecha ...., se comunicaba la oferta recibida por parte de .... respecto de la denominada fábrica de lácteos de la concursada sita en ...... (UPA ....) y se solicitaba autorización para proceder a la realización directa.

Ello, atención, por entender que era de interés del concurso la realización de la citada Unidad Productiva mediante venta directa.

Ante dicha solicitud, y en cumplimiento del trámite legal, se dio traslado a las partes personadas en virtud de diligencia de ordenación de .... para la formulación de alegaciones por plazo de cinco días, siendo que en fecha .... y dentro de dicho plazo, ... presentó escrito en el que se comunicaba al Juzgado la oferta de adquisición de la referida unidad productiva, en los términos de dicho escrito.

IV.– De todo ello, podemos extraer las siguientes CONCLUSIONES INICIALES:

A.– Que nos hallamos ante un procedimiento de enajenación de venta directa de la UPA .... en el que se han formulado dos ofertas, ambas obrantes en autos, por el mismo e idéntico perímetro y condiciones, la primera por ......, y la segunda por ...., siendo la única diferencia entre ambas el precio ofertado, siendo netamente superior el de esta ultima, el formulado por ....

B.– Que la Administración concursal, y sólo la administración concursal, libremente, a la vista del estado del concurso y su interés, y la realización de la masa activa a su cargo, y la pronta conclusión del concurso, resulta ser quien manifiesta y peticiona expresamente la aprobación de tal cauce liquidatorio directo respecto de la UPA ...., petición de la que ahora, sorpresivamente, parece ser intenta desligarse introduciendo un anómalo trámite de licitación, no previsto legalmente en un proceso de venta directa.

C.– Que, además, la Administración Concursal en su escrito ha justificado profusamente la necesidad de realizar la citada unidad productiva por tal cauce directo, huyendo de licitaciones y subastas, máxime cuando, cómo consta en las presentes actuaciones, se licitó por subasta dos veces la UPA .... en cuestión, resultando infructuosos tales intentos enajenatorios.

En esta línea, conviene recordar que diversos elementos del activo de la concursada han sido o están siendo objeto de enajenación mediante licitación o subasta publica electrónica, habiendo decidido la AC expropiar y extraer de tal cauce licitatorio la UPA ...., y vehiculizar su enajenación a través de un proceso de venta directa.

Si la AC hubiese pretendido una licitación concurrencial podría, y debería, haber acudido ab initio a la licitación o subasta publica y no pretender, como veremos, convertir, por la puerta de atrás, un proceso de venta directa en una licitación o subasta publica.

D.– Que ninguna de las partes personadas en las presentes actuaciones se ha opuesto a que se enajene la UPA .... a través de la venta directa.

E.– Que no se ha producido ningún cambio de circunstancias en el concurso y su intereses que permita abandonar el procedimiento de enajenación directa de la UPA.

Erróneamente, podría entenderse que, en sede de venta directa, que, recordémoslo, es un proceso concurrencial, la existencia de dos o mas ofertas por una unidad productiva conlleva la apertura de una licitación o subasta publica. Y eso no deja de ser mas que un error. La pluralidad de ofertas ante la enajenación de una unidad productiva, situación absolutamente habitual en la práctica concursal, lo único que conlleva es que el Juez adjudique la misma al mejor oferente conforme a la normativa concursal, norma a la que mas adelante nos referiremos. No a que se abran licitaciones o subastas públicas.

IV.– También cabe proclamar las siguientes CONCLUSIONES DEFINITIVAS:

A.– Al hallarnos ante un proceso de venta directa, lo que procede es sustanciar el mismo por los tramites previstos en la Ley, que no son otros que los recogidos en el art. 518

y ss TRLC para las autorizaciones judiciales, que, por cierto, es el que se esta siguiendo por este Juzgado y el que peticionó la Administración Concursal, tal y como hemos visto.

B.– Y sustanciado el mismo, autorizar por el Juzgador la enajenación directa de la UPA, seleccionando la mejor y mas conveniente oferta para el interés del concurso, de entre las presentadas. O si ninguna fuera conveniente, rechazarlas.

V.– Esta parte entiende que debe autorizarse la enajenación directa de la UPA a favor de por lo motivos que a continuación expondremos. No obstante y con carácter previo, conviene clarificar la inaplicabilidad del art. 210.4 TRLC en el supuesto de venta directa de una unidad productiva.

2.– El art. 210.4 TRLC no es aplicable en el supuesto de venta directa de una unidad productiva.

I.– Como se ha indicado anteriormente, la Administración Concursal solicita la apertura de un procedimiento de licitación apoyándose para ello en el contenido del artículo 210.4 TRLC.

Con esta petición unilateral, efectuada con ocasión de informar a este juzgado de la presentación de oferta de la UPA por .... que, por cierto, ya constaba en autos desde una semana antes, y, por tanto, era conocida por todas las partes, y sin que le fuere concedido tramite alguno al respecto, la Administración Concursal, realmente, pretende finiquitar de cuajo el proceso de venta directa por ella iniciado y permutarlo por una licitación o subasta judicial a plica cerrada, lo que, involuntariamente desde luego, concede al otro postor, ..., la oportunidad de formular una nueva oferta, elevando su importe. Algo, desde luego, no pretendido por norma alguna vigente, debiendo recordarse, tal y como consta en autos y a la administración concursal, que subastada la UPA ...., la citada entidad concurrió a la subasta e hizo una insuficiente oferta, lo que provoco que la misma quedara desierta.

II.– Expuesto lo anterior y analizando el referido precepto 210.4 TRLC, observamos como el mismo se encuentra ubicado en una subsección que regula las especialidades de la enajenación de bienes o derechos afectos a privilegio especial, siendo que el artículo 210 TRLC establece el procedimiento de realización directa de bienes afectos a privilegio, en el que sí está prevista una licitación entre todos los oferentes que hayan realizado oferta.

Dos regímenes distintos éstos, el de la enajenación directa de bienes y derechos y el de la venta directa de unidades productivas, que se rigen por sus propias normas y cuyos preceptos no caben ser de aplicación analógica entre ambos al vetarlo el art. 4.1 CC, tal y como tiene declarado la doctrina y jurisprudencia. En este sentido, y a modo ejemplificativo, recordar la cuita existente en torno al art. 216.3 TRLC, anterior a la reforma de la Ley 16/2022, que establecía, en el supuesto de la enajenación de una unidad productiva a través de persona o entidad especializada, que los honorarios de estos resultaban a cuenta de la retribución de la administración concursal. Esta norma se pretendió por determinados acreedores, esencialmente públicos o titulares de privilegio especial, que fuera aplicable a la venta directa de bienes o derechos, lo cual fue radical y unánimemente rechazado por la doctrina y jurisprudencia que, por conocida, huelga su reseña.

III.– En el presente supuesto no nos encontramos ante una solicitud de realización directa de bienes afectos a privilegio, sino que estamos ante un procedimiento de venta de unidad productiva, el cual tiene su regulación específica contenida en los artículos 215 y ss. TRLC, y art. 518 TRLC tal como pasamos a detallar.

IV.– De conformidad con los referidos artículos, se prevé la posibilidad que la Administración Concursal pueda, en cualquier estado del concurso, solicitar la autorización de enajenación directa del conjunto de la empresa o sus unidades productivas, siendo necesario para llevar a cabo la referida operación su aprobación por parte del Juez del concurso.

Por ello, para que se autorice la venta de unidades productivas debe mediar solicitud al Juez por parte de la Administración Concursal o de cualquier interesado (acreedor, la deudora, el potencial adquirente etc), debiendo tramitarse la misma de acuerdo a las reglas establecidas para la obtención de autorizaciones judiciales, de acuerdo con lo expuesto en el artículo 518 TRLC.

Es decir, habiendo solicitado expresamente la autorización para proceder a la venta directa de la unidad productiva, y acordada y tramitada como tal por el Juzgado, hay que estar al procedimiento general de autorizaciones generales del artículo 518 TRLC.

V.– Lo que no puede ser admisible, dicho con todo el respeto y en estrictos términos de defensa, es crear ad hoc un trámite de licitación ajeno y no previsto legalmente para la venta directa de unidades productivas, sino para enajenaciones directas de bienes afectos, no pudiendo ser extrapolable, en ningún caso y tal y como se ha expuesto, a un proceso de venta directa de una unidad productiva.

VI.– De este modo, y como se ha adelantado, en este caso debemos acudir al procedimiento de autorización judicial previsto en el artículo 518, ya que, siendo necesaria la autorización previa por parte del Juez, y no constando en los artículos 215 y ss. TRLC un procedimiento concreto para tramitar tal autorización, se ha de aplicar supletoriamente lo dispuesto en el artículo 518 TRLC.

No es opinión solo de esta parte. Así se manifiesta unánimemente la mejor doctrina, siendo de citar a titulo de ejemplo la opinión de VILLORIA RIVERA, I. "Masa activa", en "Memento Práctico 2023", AA.VV, Madrid, 2023, pgs. 404; o de FUENTES DEVESA R. "Enajenación de bienes y derechos de la masa activa", en "Derecho concursal y preconcursal" Tomo I, AA.VV dirigidos por GALLEGO SÁNCHEZ E., Valencia 2023, pgs. 1194 y 1195, que señala:

"Ante el silencio legal, habrá que atender que los sujetos legitimados para la solicitud de autorización se amplían no solo a la administración concursal, sino que comprenderá otro sujetos con interés legitimo ..... y su tramitación será el genérico establecido para la obtención de autorizaciones judiciales......"

E igualmente en la Jurisprudencia, y entre otros, señalamos el auto del Juzgado de lo Mercantil núm. 1 de Córdoba, de fecha 13 de junio de 2022:

"....La presente resolución tiene por finalidad la determinación del adjudicatario del proceso de venta mediante libre concurrencia de la UP de la concursada, y todo ello en el seno del presente incidente de autorización ex art. 205 del TRLC, dado que en la actualidad ni en este procedimiento se ha aprobado convenio alguno, de hecho se ha rechazado el presentado, ni se ha aprobado. A pesar de ello el mentado precepto permite la venta de bienes y derechos de la masa activa con autorización del juez, y ello por cuanto tampoco es aplicable las excepciones del art. 206 del TRLC, todo ello bajo el proceso regulado en el art. 518 del TRLC que regula la autorización judicial......."

VII.– Otra conclusión DEFINITIVA: A la vista de lo establecido, de la Ley y su interpretación doctrinal y jurisprudencial, el referido art. 210.4 TRLC no es aplicable al supuesto de enajenación directa de una unidad productiva que, con independencia que sea una o varias las ofertas presentadas, debe tramitarse por el régimen de las autorizaciones del art. 518 TRLC, culminándose el proceso mediante el otorgamiento de la oportuna autorización (o denegación) de la venta directa de la unidad productiva, seleccionando su Señoría entre los diversas ofertas presentadas por los interesados, en este caso, ... o ...., aquella que convenga al interés del concurso, que en opinión de esta parte, tal y como pasamos a desarrollar, entendemos que es la presentada por ....

3.– La oferta presentada por .... es la más conveniente para el interés del concurso de las dos presentadas.

I.– Así es. Nos remitimos a tal efecto a nuestro escrito puesto de manifiesta mediante diligencia de ordenación de fecha .... dictada por este Juzgado de lo Mercantil núm. ...de ...., formulando en las presentes actuaciones oferta de compra de la UPA ...., que previamente se había remitido a la Administración Concursal. Dicha oferta cuenta con el apoyo del acreedor .... S.L.

II.– Un examen de ambas ofertas basta para percatarse que las pretenden la adquisición de la misma Unidad Productiva antes reseñada, en idénticas condiciones (elementos que la componen, forma de pago, cargas y gravámenes, gastos y tributos etc), presentándose una única y relevante diferencia entre ambas: su precio

En efecto, la oferta de ....asciende a la cifra de .... EUROS (..........€) mientras que la oferta presentada por mi mandante, ..., y apoyada por el acreedor del presente procedimiento concursal .... S.L mejora el anterior y asciende a la suma, netamente superior, de .... EUROS (............. €).

Cómo puede observarse en el propio escrito de la Administración Concursal antes citado, en la oferta de ...., del precio de la compraventa de la referida unidad productiva, se aplican .... EUROS al pago y extinción de los privilegios reconocidos, mientras que los .... EUROS restantes, se destinan al pago de los créditos contra la masa. Por el contrario, la oferta efectuada por mi mandante destina la misma cantidad al pago y extinción de los mismos privilegios pero existiendo una cantidad remanente muy superior cifrada en .... EUROS para pagar créditos contra la masa y, en su caso, los concursales.

Es por ello que no cabe ninguna duda que siendo el contenido de ambas ofertas "idéntico y coincidente", la oferta de mi mandante mejora y resulta netamente superior a la presentada por ...., y cumple, por tanto, mejor el mayor interés del concurso, agiliza la liquidación y permite una mayor satisfacción de los acreedores.

Porque, no lo olvidemos, la finalidad del proceso concursal, el llamado "interés del concurso", no es otro que la mayor y mas completa satisfacción de los acreedores. Que estos cobren cuanto mayor cantidad mejor. También, que a la vista del TRLC, en igualdad de condiciones entre el contenido de las ofertas, el mayor precio debe ser el criterio adjudicador.

III.– En esta línea, es cierto que aun siendo predominante a la hora de adjudicar una unidad productiva el criterio económico, puede tenerse en cuenta otros como la continuación de la actividad de la concursada o el mantenimiento de empleo (art. 219.1 TRLC). Pero no deja de ser menos cierto que solo cabe a acudir a dichos criterios, excepcionalmente, y a los meros y exclusivos efectos justificativos de apartarse del preferente, que solo es la cuantía de la oferta, numerario este que integrara la masa activa y pagara los créditos de la masa y concursales (auto del Juzgado de lo Mercantil núm. 1 de Córdoba de fecha 13 de junio de 2022).

Y en este caso, no parece que concurra tal excepcionalidad a la vista que la concursada se halla en liquidación, la UPA .... no desempeña actividad económica alguna, carece de empleados, razón por la cual, ninguno de los ofertantes ofrece subrogarse en trabajador alguno.

IV.– En el escrito solicitando la Administración Concursal la adjudicación directa de la UPA .... a ...., parece justificar su petición, en síntesis, en la adquisición por esta entidad de determinada maquinaria que se halla en el interior de la UPA, que en el caso que fuera adjudicada la UPA .... a .... facilitaría las cosas y en el potencial reinicio de la actividad comercial de la UPA por ....

Sin embargo, tal argumentación debe abrumadoramente decaer a la vista que tales ¿criterios adjudicadores? no se hayan amparados en la Ley ni en la doctrina ni jurisprudencia alguna. Respecto al reinicio de la actividad, no hace falta decir que cualquier interesado en la adquisición de una unidad productiva pretende el desarrollo de una actividad empresarial a través de la misma, por lo menos ...., cuyo prestigio y solvencia queda fuera de toda duda.

Y respecto a la existencia de determinada maquinaria adquirida al margen de la UPA ...., y que se halla en el interior de las naves en cuestión, no solo impide ni tara la citada UPA, por lo menos para esta parte, sino que su alegación parece un apoyo implícito, y no contemplado en la Ley, a favor de la oferta de .... Y este criterio, no previsto en la Ley, no debe recaer sobre el concurso, lastrando una mayor obtención de numerario para pagar a los acreedores, sino a la entidad que acometió la compra de tal maquinaria al margen y sin conexión a una posterior adquisición de la UPA ...., pese a que los acuerdos obrantes en autos con la entidad.

En cualquier caso, esta parte deja de manifiesto que cualquier maquinaria o activo ajeno a la oferta formulada será entregada a su propietario.

V.– En cualquier caso, recordar el escrito de la Administración Concursal, de fecha ...., estableciendo un protocolo de venta de las unidades productivas de las concursadas, que incluye la UPA ...., y que en su apartado II, establece como criterios de ponderación de las diversas ofertas por las unidades productivas de las concursadas, los siguientes:

A.– Oferta económica (70 %), siendo, en el supuesto que nos ocupa, la mas elevada la de mi mandante;

B.– La solvencia (20 %), debidamente acreditada por ...., y no negada por la Administración Concursal, mediante sendos certificados bancarios por el doble del precio ofertado, no en cuanto a financiación sino a liquido disponible, a "tocante" que se halla disponible en las cuentas bancarias de .... para afrontar la compra de la ....; y

C.– Subrogación trabajadores (10 %), siendo que en la presente oferta ninguno de los oferentes se subroga en trabajador alguno.

Piensa esta parte que no procede efectúa comentario alguno sobre la bondad y preeminencia de la ofera formulada por esta parte..

VI.– Por todo ello, a la hora de la adjudicación de la UPA ...., siendo ambas ofertas idénticas en cuanto a su objeto y determinaciones, salvo el precio, y a la vista de lo expuesto, cabe atender como criterio adjudicador al mayor precio ofertado por cada oferente. Y el mayor lo ha sido por mi mandante, ...y por ello esta parte entiende que procede que por este Juzgado al que respetuosamente nos dirigimos se dicte auto autorizado la venta directa de la UPA .... a ...., en los términos y alcance señalados con anterioridad.

SEGUNDA.– DEL PROCESO DE LICITACIÓN PRETENDIDO POR LA ADMINISTRACIÓN CONCURSAL.

De manera breve, dejando a salvo lo expuesto anteriormente en este escrito, y para el exclusivo supuesto que se entendiese por este Juzgado que procede la licitación que se pretende por la Administración Concursal en su escrito de fecha ...., que en opinión de esta parte no procede, se solicita se introduzca en la misma las siguientes modificaciones:

1.– Esta parte entiende que la licitación deberá ventilarse entre los dos oferentes, ... y ...., a la vista de la previa e infructuosa subasta en su día llevada a cabo, en dos ocasiones, en las presentes actuaciones.

2.– Dado que las dos ofertas tienen el mismo objeto, debe mantenerse el mismo a efectos de la licitación, sin introducirse modificaciones en el mismo, limitándose la licitación al precio.

3.– La licitación debería efectuarse en sede judicial, abiertamente y no mediante plica cerrada, y mediante sucesivas pujas, el día y hora que fije este Juzgado y a partir del precio ofertado por mi mandante, ... (...............) EUROS.

4.– Fianza: Dada la situación en que nos encontramos, parece prescindible el comentario que efectúa la Administración Concursal a cualquier actuación tacticista de los oferentes, que han efectuado ofertas superiores a los tres millones, por lo que esta parte entiende que tal fianza debería ser de ....DE EUROS, en señal de seriedad e interés definitivo por la adjudicación de la UPA .... No parece sentido que quien aluda a ofertar mas de ......millones de euros por una unidad productiva, no este en condiciones de prestar una fianza por aproximadamente un tercio de su importe. Así si que se evitan tentaciones tacticistas.

5.– En el supuesto que se acordase por el Juzgado la licitación, se solicita constancia expresa, en la resolución acordatoria de la misma, de la cuenta del concurso donde ingresar, en su caso, la fianza.

Por todo lo expuesto,

SUPLICO AL JUZGADO que teniendo por presentado este escrito junto con sus copias, lo admita a trámite, tenga por hechas las anteriores manifestaciones en el mismo contenidas, y previos los oportunos trámites legales, se sirva acordar AUTORIZAR a favor de mi mandante .... S.A la venta, en los términos del cuerpo de nuestro escrito de fecha .... y de la oferta de idéntica fecha que se acompañaba al mismo, los cuales se dan íntegramente por reproducidos, acordando cuanto demás proceda en derecho. Subsidiariamente, y para el supuesto que se estime la pretensión de la administración concursal de acordarse por este Juzgado la licitación arriba reseñada en el cuerpo de este escrito, se tenga en cuenta y se incorpore a la misma lo reseñado en la alegación segunda de este escrito.

Es justicia que suplico en la ciudad de ...., a ... de ...... de ....

Fdo. Ldo. .... Pdra. ....

F701. INFORME ADMINISTRACIÓN CONCURSAL SOBRE LAS OFERTAS RECIBIDAS POR LA UNIDAD PRODUCTIVA

Normativa de aplicación: *Arts. 406 y ss. Real Decreto Legislativo 1/2020, de 5 de mayo, por el que se aprueba el texto refundido de la Ley Concursal*

INFORME ECONÓMICO OFERTAS

1. CONSIDERACIONES PREVIAS

En el presente escrito se trata de informar sobre el contenido económico de las ofertas recibidas considerando los tres criterios esgrimidos por el Juzgado en el Auto de aprobación de las reglas especiales de liquidación de ...., S.L. de fecha .... de .... de ....

Se le da mayor valor a la oferta económica, en tanto en cuanto, la conservación de los puestos de trabajo es asumida por casi todas las ofertas en mayor o menor medida y se cuantifica el importe de las posibles indemnizaciones que se derivarían, si en un futuro, el adjudicatario despidiese a los trabajadores.

No obstante, la viabilidad empresarial no resulta baladí, en tanto en cuanto la no continuidad del proyecto empresarial asumido puede dar lugar a la presentación de otro concurso y a que sea el FONDO DE GARANTÍA SALARIAL el que asuma las indemnizaciones de los trabajadores subrogados en la compra de la unidad productiva.

Vamos a descartar el pronunciamiento sobre las ofertas que no se corresponden con la compra de la unidad productiva descrita en nuestro informe, independientemente que como veremos posteriormente haya una oferta que incluye la unidad productiva y las Inversiones Financieras conjuntamente, que corresponden a la participación de la empresa concursada en otras empresas, que también se pretenden incluir en la unidad productiva.

Sobre las inversiones financieras, esta Administración Concursal decidirá sobre la mejor oferta presentada en su momento.

Todas las ofertas llegaron antes de la finalización del plazo otorgado de presentación de ofertas.

2. DESCRIPCIÓN DE LAS OFERTAS

Se han recibido un total de .... ofertas sobre la unidad productiva. Al margen de aportar los documentos presentados como ofertas, y sus anexos correspondientes, el objetivo de este Informe, es resumir los principales contenidos económicos de las ofertas y el perímetro de éstas.

..........., S.L.

EMPRESA

..........., S.L. se constituyó en .... en .... como empresa familiar. Cuenta con .... años de experiencia en el sector y actualmente se encuentra dirigida por la segunda generación familiar.

La empresa cuenta con varios canales para su distribución y puntos de venta propios repartidos por todo el territorio nacional, destacando por su importancia y envergadura los que se encuentran en ....

La sociedad cuenta con fondos propios positivos de más de .... millones de euros, y entendemos que tiene capacidad de endeudamiento para poder abordar la operación, a la vista de las cuentas anuales de la compañía ofertante.

La actividad de la ofertante es el comercio al por mayor de frutas y hortalizas. Es una empresa de reconocido prestigio en el sector.

Otra información sobre solvencia y medios materiales y humanos que constan a disposición del oferente: ....

ELEMENTOS INTEGRANTES DE LA OFERTA

La oferta realizada por la unidad productiva de la concursada está formada por:

- Perímetro básico establecido por la Administración Concursal conforme a las reglas especiales de liquidación.
- Subrogación en la totalidad de trabajadores
- Subrogación en los contratos existentes necesarios para la continuidad de la actividad

– No subrogación en el contrato de .... con la mercantil ....

OFERTA ECONÓMICA Y FORMA DE PAGO

La oferta se realiza por importe de ....€.

El pago se efectuará en el plazo de .... días hábiles desde la firmeza el auto de adjudicación de la siguiente forma:

– Pago deuda Seguridad Social: ....€

– Ingreso cuenta intervenida: ....€

ASUNCIÓN DE DEUDAS Y/O PASIVOS

La oferta no incluye la asunción de deudas anteriores o posteriores a la declaración del concurso, únicamente se asume un pasivo contingente derivado de las eventuales indemnizaciones de los trabajadores (...........% de la plantilla) y calculado por esta Administración Concursal en ....€. Ese pasivo procedería si, en un futuro tras la adjudicación procediese el adjudicatario al despido de los trabajadores asumidos. El citado importe no lo ha descontado el oferente del precio de la oferta.

PLAN DE VIABILIDAD

No presenta Plan de viabilidad a futuro de forma numérica, y únicamente hace alusión a que la trayectoria de la empresa hasta el momento actual permitirá que con la experiencia y la mejora en las instalaciones se pueda incorporar la unidad productiva a su organización global, no obstante, como ya se ha comentado anteriormente, es una empresa de reconocido prestigio y presencia en el mercado.

CONCLUSIÓN

La oferta se presenta por una empresa solvente, a la vista de los fondos propios de la misma (obtenidos de informe de ....), y se realiza por empresa de reconocido prestigio en el sector, subrogándose en la plantilla de trabajadores, aunque el importe económico de la oferta es netamente inferior a la de otros ofertantes.

.... S.L.

EMPRESA

.... S.L. se constituyó en .... en .... Cuenta con ....años de experiencia en el sector.

La sociedad cuenta con fondos propios positivos de más de .... millones de euros, y entendemos que tiene capacidad de endeudamiento para poder abordar la operación, a la vista de las cuentas anuales de la compañía ofertante.

La actividad de la ofertante es el comercio al por mayor de frutas y hortalizas.

También es una empresa de reconocido prestigio en el sector agropecuario.

Otra información sobre solvencia y medios materiales y humanos que constan a disposición del oferente: ....

ELEMENTOS INTEGRANTES DE LA OFERTA

La oferta realizada por la unidad productiva de la concursada está formada por:

– Perímetro básico establecido por la Administración Concursal conforme a las reglas especiales de liquidación.

– Subrogación parcial de trabajadores: únicamente se subroga en el personal fijo discontinuo del almacén.

– Subrogación en los contratos existentes necesarios para la continuidad de la actividad

– No subrogación en el contrato de .... con la mercantil .... S.A.

OFERTA ECONÓMICA Y FORMA DE PAGO

La oferta se realiza por importe de ....€.

El pago se efectuará en el plazo de .... días hábiles desde la firmeza el auto de adjudicación de la siguiente forma:

– Ingreso cuenta intervenida: ....€

ASUNCIÓN DE DEUDAS Y/O PASIVOS

La oferta no incluye la asunción de deudas anteriores o posteriores a la declaración del concurso, únicamente se asume un pasivo contingente derivado de las indemnizaciones de los trabajadores que asume (personal fijo discontinuo de almacén) y calculado por el ofertante en ....€. Ese pasivo procedería si, en un futuro tras la adjudicación procediese el adjudicatario al despido de los trabajadores asumidos. El citado importe no lo ha descontado el oferente del precio de la oferta

PLAN DE VIABILIDAD

No presenta Plan de viabilidad a futuro de forma numérica, y únicamente hace alusión a que se pretende adquirir la unidad productiva para integrarla en su proyecto empresarial, consistente en la potenciación de una empresa ya instalada desde tiempo en el sector de los cítricos.

CONCLUSIÓN

La oferta se presenta por otra empresa de instalada y con experiencia y prestigio en el sector de la citricultura, muy solvente a la vista de sus fondos propios (más de .... millones de euros), que no se subroga en la totalidad de la plantilla (solo en el personal fijo discontinuo del almacén) y el importe económico de la oferta es sustancialmente inferior a la de otros ofertantes.

..........., *S.L.*

EMPRESA

..........., S.L. se constituyó en .... en ....

No hemos podido obtener los datos económicos de la sociedad al no haber presentado cuentas anuales desde su constitución. En estos momentos tiene cerrada la hoja registral y varias incidencias con administraciones públicas, sin indicar en su oferta, la solución de estas cuestiones.

La actividad de la ofertante es el comercio al por menor de equipos de telecomunicaciones en establecimientos especializados. Carece de reconocimiento en el sector hortofrutícola y no ha acreditado experiencia en el mismo.

Otra información sobre solvencia y medios materiales y humanos que constan a disposición del oferente: ....

ELEMENTOS INTEGRANTES DE LA OFERTA

La oferta realizada por la unidad productiva de la concursada está formada por:

- Perímetro básico establecido por la Administración Concursal conforme a las reglas especiales de liquidación.
- Subrogación parcial de trabajadores: únicamente se subroga en el personal fijo discontinuo del almacén.
- Subrogación en los contratos existentes necesarios para la continuidad de la actividad
- No subrogación en el contrato de maquila con la mercantil..........., S.A.

OFERTA ECONÓMICA Y FORMA DE PAGO

La oferta se realiza por importe de ....€.

El pago se efectuará en el plazo de ....días hábiles desde la firmeza el auto de adjudicación de la siguiente forma:

- Ingreso cuenta intervenida: ....€

ASUNCIÓN DE DEUDAS Y/O PASIVOS

La oferta no incluye la asunción de deudas anteriores o posteriores a la declaración del concurso, únicamente se asume un pasivo contingente derivado de las indemnizaciones de los trabajadores que asume (personal fijo discontinuo de almacén) y calculado por el ofertante en ....€. Ese pasivo procedería si, en un futuro tras la adjudicación procediese el adjudicatario al despido de los trabajadores asumidos. El citado importe no lo ha descontado el oferente del precio de la oferta

PLAN DE VIABILIDAD

No presenta Plan de viabilidad.

CONCLUSIÓN

La oferta se realiza por empresa que no ha acreditado (no nos consta) experiencia en el sector. Dado el correo electrónico desde el que se envía (lotes concursales), nos empuja a intuir que se dedica a la compraventa de activos concursales, sin prejuzgar nada más.

Se subroga en el personal fijo discontinuo del almacén y no ha acreditado su solvencia, ni presenta plan de viabilidad.

No obstante, su oferta económica es superior a otras ofertantes, aunque no es la más elevada.

..........., SAU.

EMPRESA

..........., SAU se constituyó en .... en ....

Con la finalidad de proporcionar información sobre la solvencia de la ofertante y del grupo empresarial del que forma parte, se acompañan las cuentas anuales de las cuatro sociedades que forman el grupo ...., cuya sociedad cabecera es .... S.L. De las cifras que se observan, podemos destacar que el patrimonio neto del grupo en el ejercicio .... supera los ....millones de euros. Asimismo, se acompañan dos certificados bancarios que acreditan una disponibilidad inmediata por depósitos por importe total de .... millones de euros.

La actividad de ...., SAU es:

1. La compraventa de productos agrarios al por mayor y menor, su manipulación y transporte, así como su exportación e importación; la compraventa en comisión mediante intermediarios de productos agrarios en territorio nacional o extranjero. También podrá tener almacenes de distribución y sucursales.

2. La compraventa de fincas rústicas, su transformación y parcelación, su explotación agrícola y ganadera, o de cualquier otra índole de que sean susceptibles ya sea directamente o en forma de arriendo; la industrialización y comercio interior o exterior de los productos de las fincas.

La sociedad forma parte de un grupo mercantil cuya sociedad cabecera es .... S.L. y cuyas sociedades participadas son .... SAU, ... SAU, ... SLU y ...., SAU.

La actividad y fechas de constitución de las sociedades del grupo son las siguientes:

- ...., SAU: fue constituida en .... y su actividad es la explotación, transformación, compra y venta de toda clase de fincas rústicas y urbanas, así como, sus frutos y productos con o sin comercialización o industrialización de los mismos.
- ...., SLU: fue constituida en .... y su actividad es la explotación agraria de fincas rústicas.
- .... SAU: fue constituida en .... y su actividad es la compra y venta de terrenos rústicos, transformación de los mismos, producción, cultivo, manipulación, comercio y transporte por carretera, de productos hortofructícolas.

Como puede observarse, el grupo empresarial cuenta con experiencia de más de .... años en el sector agropecuario, como acabamos de señalar.

Otra información sobre solvencia y medios materiales y humanos que constan a disposición del oferente: ....

ELEMENTOS INTEGRANTES DE LA OFERTA

La oferta realizada por la unidad productiva de la concursada está formada por:

- Perímetro básico establecido por la Administración Concursal conforme a las reglas especiales de liquidación.

- Concesiones administrativas de cuatro paradas en el mercado de abastos de ....
- Propiedad industrial: todas las marcas de la concursada
- Internet y redes sociales: derechos sobre el dominio de internet ...., perfil de Facebook .... asociado a www...........es perfil de Twitter .... y perfil de Instagram .... (incluye la comunicación de códigos de usuario).
- Subrogación en la totalidad de trabajadores
- Subrogación en los contratos existentes necesarios para la continuidad de la actividad
- No subrogación en el contrato de .... con la mercantil..........., S.A.
- No subrogación en acuerdos o contratos de cesión de marcas y denominaciones comerciales, suscritos con ...., S.A. o cualquier otra empresa.
- No subrogación en contrato de cesión del uso de los puestos en el mercado de abastos de ...., y de comisión de venta de cítricos con la cesionaria de los puestos, ya sea ésta ...., o cualquier otro tercero.
- No subrogación en contrato de comisión de venta de cítricos con la entidad ...., o cualquier otro tercero.
- No subrogación en otros contratos que puedan haberse suscrito con entidades participadas o vinculadas a la concursada.

OFERTA ECONÓMICA Y FORMA DE PAGO

La oferta se realiza por importe de ....€.

El pago se efectuará en el momento en que se produzca la efectividad de la compraventa, que se formalizará .... días después de notificarse el auto de adjudicación de la siguiente forma:

- Pago deuda Seguridad Social: ....€
- Ingreso en cuenta intervenida mediante cheque bancario: ....€

ASUNCIÓN DE DEUDAS Y/O PASIVOS

La oferta no incluye la asunción de deudas anteriores o posteriores a la declaración del concurso, únicamente se asume un pasivo contingente derivado de las indemnizaciones de los trabajadores (...........% de la plantilla) y calculado por esta Administración Concursal en ....€. Ese pasivo procedería si, en un futuro tras la adjudicación procediese el adjudicatario al despido de los trabajadores asumidos. El citado importe no lo ha descontado el oferente del precio de la oferta

PLAN DE VIABILIDAD

La ofertante presenta un Plan de viabilidad para los próximos cuatro ejercicios para la puesta en funcionamiento de la unidad productiva y su incorporación al grupo empresarial, teniendo en cuenta la capacidad de la ofertante para absorber sin dificultad el déficit inicial de la unidad productiva hasta que la misma pueda entrar en beneficios operativos.

En las cuentas anuales aportadas se vislumbra que los beneficios de explotación de los últimos tres ejercicios han sido de casi .... millones de euros de media, con lo que, su solvencia y capacidad de absorción de posibles pérdidas iniciales está suficientemente avalada. Por tanto, consideramos suficientemente acreditada la posibilidad de la integración de la unidad productiva que se pretende adquirir con garantías de viabilidad y continuidad empresarial.

CONCLUSIÓN

La oferta se realiza por empresa de reconocido prestigio y presencia en el sector, solvente a la vista de su patrimonio neto y certificados bancarios aportados en su solicitud. Se subroga en la totalidad de los trabajadores de la concursada.

La oferta económica es la más elevada (y la que más disponibilidad nos genera para pagar a los acreedores), sin perjuicio de lo que se indicará en la oferta siguiente.

............, *S.L.*

EMPRESA

............, S.L. fue constituida el ...., siendo una empresa de nueva creación. Las participaciones sociales son propiedad de: el ....% de la mercantil ...., S.L. y el ....% restante de D........... A su vez, ..., S.L. también es una sociedad de reciente creación, puesto que, fue constituida el ...., prácticamente al tiempo de la presentación de las ofertas por la Unidad Productiva.

El objeto social de la recientemente constituida ...., S.L. es la compraventa, almacenamientos, distribución, importación y exportación de toda clase de frutas, verduras y hortalizas y demás productos del campo; cultivo de otros árboles y arbustos frutales y frutos secos.

Se intenta acreditar la experiencia en el sector, puesto que, el socio principal, y el grupo al que supuestamente pertenece la ofertante (tanto ésta como su partícipe mayoritaria constituidas hace escasamente .... meses respectivamente), es especialista en logística de transporte, distribución y almacenaje. No obstante, no se aporta soporte documental en el que se demuestre la capacidad financiera del grupo ni su experiencia. Tampoco que actúen en el sector hortofrutícola. Solamente se hace mención que a requerimiento se aportarán avales y garantías suficientes para hacer frente a la oferta.

Otra información sobre solvencia y medios materiales y humanos que constan a disposición del oferente: ....

ELEMENTOS INTEGRANTES DE LA OFERTA

La oferta realizada por la unidad productiva de la concursada está formada por:

- Perímetro básico establecido por la Administración Concursal conforme a las reglas especiales de liquidación.
- Concesiones administrativas de cuatro paradas en el mercado de abastos de ....
- Inmovilizado material: se incluyen la totalidad de terrenos y construcciones que figuran en el inventario de la concursada. En este sentido, consideramos que no

se deben incluir los terrenos al margen de las instalaciones que también figuran en balance pero que no son necesarios para la actividad y, por tanto, tal y como acreditamos en su momento no formarían parte de la unidad productiva.

- Inversiones financieras: se incluyen la totalidad de las empresas que forman parte del grupo, así como una pequeña participación en un pozo y .... fianzas.
- Deudores: se incluye oferta por la deuda frente a ...., S.A.
- Subrogación en la totalidad de trabajadores
- Subrogación en los contratos existentes necesarios para la continuidad de la actividad
- Subrogación en el contrato de maquila con la mercantil .... S.A.

Esta oferta contempla la unidad productiva como un todo del grupo, discrepando de la Administración Concursal al haber ésta delimitado el perímetro de dicha unidad a los bienes y derechos únicamente de la concursada. Sin embargo, esta Administración considera que no se puede ofertar unidades productivas de empresas que no están en concurso y, por tanto, no están sujetas a la liquidación regulada en la Ley Concursal. Además, el perímetro de la unidad productiva y las reglas especiales de liquidación no fueron en su momento recurridos, deviniendo firmes en este momento.

OFERTA ECONÓMICA Y FORMA DE PAGO

Aparentemente la oferta económica que se realiza es por ....€, pero sin analizamos la misma, vemos que de entrada se deberían excluir, los terrenos y construcciones no afectos a la actividad, los deudores y las inversiones financieras. Con lo que, el montante de la oferta por la propia unidad productiva sería de ....€. El resto se da por elementos y partidas del activo ajenos a la unidad productiva determinada y no recurrida en las Reglas especiales de liquidación. Ello sin perjuicio que la oferta por estos bienes y derechos sea objeto de valoración por la Administración Concursal y caso de mantenerse comparar con otras ofertas del resto de bienes y derechos que no componen la unidad productiva.

De dicho montante, la ofertante únicamente se compromete a ingresar o pagar por cuenta de la concursada los créditos contra la masa que hasta el momento se cuantifican en la cantidad de ....€.

Asimismo, la ofertante asume ....€, supuestamente contra la masa, que se dice que la concursada adeuda a .... S.A. y dicha deuda no se encuentra reconocida por la Administración Concursal, y se reclama prácticamente al tiempo de presentarse esta oferta.

Por otra parte, en su oferta se contempla asunción de deudas con .... SLU (...........€) que esta administración concursal ha clasificado como crédito subordinado dentro del concurso. Se asumen también eventuales indemnizaciones por despido de trabajadores por ....€, que la ofertante cuantifica en el caso de ...., S.L. en ....€ y en el caso de ...., SLU en ....€. Estas indemnizaciones se han calculado, a diferencia de las calculadas por la Administración Concursal, en el marco de un despido improcedente y no por causas objetivas, lo cual implica un incremento de aproximadamente .... millones respecto a las calculadas por la administración. Y respecto de las indemnizaciones de .... si se entendiese que es mayor precio, en dicho caso también debería de incrementarse en el resto de ofertas presentadas.

Asimismo, se asume una indemnización por incumplimiento del contrato de .... de ....€, totalmente contradictorio según nuestro criterio, puesto que, primero ni está reconocida por ésta Administración Concursal, ni declarada judicialmente y segundo al subrogarse en el contrato de ...., la ofertante se subroga en todos los derechos y obligaciones. También dicha reclamación surge al tiempo del presente procedimiento de adjudicación de la Unidad Productiva.

Resumen de la oferta y su forma de pago:

....

Es decir, del total de la oferta solo se comprometen a pagar o transferir a la cuenta intervenida los pagos contra la masa, que en este momento ascienden a .... millón aproximadamente.

El resto hasta el total de la oferta se intenta compensar con la asunción de algunas deudas (la de la Seguridad Social Concursal que es por ley) y pasivos contingentes calculados al alza, con diferente criterio que la Administración Concursal.

No se podría pagar ningún crédito concursal.

ASUNCIÓN DE DEUDAS Y/O PASIVOS

Dada la estructura de la oferta, nos remitimos al apartado anterior y abundamos en que la asunción de deudas y supuestos pasivos, no sólo se justifica como forma de pago de la unidad productiva sino de la totalidad de la oferta realizada, es decir, unidad productiva más los bienes e inversiones añadidas a la misma.

PLAN DE VIABILIDAD

La ofertante presenta un Plan de viabilidad en el que el primer ejercicio, vendiendo .... millones de euros el beneficio que obtiene es de .... millones, así como un Plan de inversiones de .... millones de euros en diferentes partidas, de las que, la más importante es la ampliación de capital de ...., S.L. de .... millones de euros. Entendemos que, todas las inversiones necesarias para que el Plan de viabilidad se pueda consumar favorablemente, al igual que el capital necesario para el pago de la asunción de deudas y los créditos contra la masa, se deberán materializar buscando financiación ajena o mediante aportaciones de los socios, puesto que los capitales aportado en las constituciones de las sociedades ofertante y su principal partícipe, son de .... euros.

De la ofertante y sus partícipes desconocemos su solvencia, aunque se afirma en la oferta presentada, que se aportará a requerimiento.

CONCLUSIÓN

La ofertante y su partícipe son sociedades creadas para presentar la oferta de compra, con capitales mínimos y que hacen una oferta en la que se comprometen a pagar los créditos contra la masa y a asumir posibles pasivos contingentes y deuda subordinada de una sociedad del grupo.

Pero pagando solo los créditos contra la masa, se pretenden adquirir tanto la Unidad Productiva fijada por la Administración Concursal, como todas las sociedades del grupo, y los terrenos que se encuentran fuera de esta unidad productiva, tanto urbanos como rústicos.

No se acredita la solvencia de la ofertante, ni se aporta un histórico de experiencia en el sector.

La oferta económica en efectivo es de las más bajas de las presentadas, en cambio el perímetro de los activos que componen la unidad productiva ofertada, es muy superior a lo incluido en las reglas especiales de liquidación.

3. DOCUMENTACIÓN ADJUNTA

Se adjunta la siguiente documentación:

DOCUMENTO Nº 1 – Oferta y anexos de ...., S.L.

DOCUMENTO Nº 2 – Oferta y anexos de ...., S.L.

DOCUMENTO Nº 3 – Oferta y anexos de ...., S.L.

DOCUMENTO Nº 4 – Oferta y anexos de ...., SAU.

DOCUMENTO Nº 5 – Oferta y parte de los anexos de ...., S.L. (no aportamos los anexos relativos al cálculo de indemnizaciones de trabajadores pertenecientes a la concursada y a empresas del grupo, y de terceros distintos del oferente, por entender contrario a Ley, y desconocer ésta administración concursal quien ha suministrado los mismos, y otros de terceros distintos del oferente.

No obstante, constan presentados en el Juzgado dichos anexos por la ofertante ...., S.L.

4. Conclusión definitiva: Esta Administración Concursal entiende que la oferta presentada más interesante para el concurso es............

F702. ESCRITO DE ALEGACIONES SOBRE LA OPOSICIÓN FORMULADA A LA AUTORIZACIÓN DE VENTA DE UNIDAD PRODUCTIVA

Normativa de aplicación: *Arts. 406 y ss. Real Decreto Legislativo 1/2020, de 5 de mayo, por el que se aprueba el texto refundido de la Ley Concursal*

Procedimiento: CONCURSO ORDINARIO (CON....) - ....

AL JUZGADO DE LO MERCANTIL Nº ....

DE ....

Doña......................, Procuradora de los Tribunales, actuando en nombre y representación de la mercantil .....................S.L., y según tengo acreditado en el procedimiento de Concurso que con el número ....se tramita en este Juzgado, ante este juzgado comparezco y, como mejor proceda en Derecho, DIGO

I.– Que mediante Diligencia de Ordenación de fecha ....2023 se daba traslado a esta parte del escrito de oposición a la autorización de venta de unidad productiva presentado por la representación de ...............S.A. (en adelante también.....................), concediéndose a esta parte y a la Administración Concursal plazo de tres días a fin de que pudieran formular las alegaciones que tuvieran por conveniente

II.– Que por el presente, esta parte da cumplimiento dentro del plazo al traslado conferido y formula las siguientes,

ALEGACIONES

PRIMERA.– En primer lugar, y como cuestión principal, esta parte manifiesta su conformidad con la solicitud de autorización judicial para la venta de unidad productiva contenida en el escrito presentado por la Administración Concursal de fecha ....de 2023, a cuyos estrictos términos nos remitimos en aras a una mayor brevedad.

Dicha conformidad se presta por entender que la oferta cuya autorización se solicita resulta conveniente para la solución liquidativa, y, así mismo, por entender que la Administración Concursal ha dado cumplimiento tanto a lo establecido al efecto en las reglas especiales de liquidación aprobadas, como a las previsiones legalmente aplicables al presente supuesto.

SEGUNDA.– Sin perjuicio de lo anterior, y en relación al escrito presentado por ....de fecha ....de 2023 en el que se opone a la solicitud autorizatoria de la Administración Concursal, esta parte entiende necesario puntualizar lo siguiente:

1.– Si bien el escrito presentado por..................., así como las alegaciones y manifestaciones en él contenidas aparentemente se formulan con el objeto de oponerse a la venta de unidad productiva, el referido escrito realmente tiene como única y verdadera finalidad reiterar nuevamente una solicitud de paralización o suspensión de venta de determinada finca registral que ya ha sido previamente rechazada por este Juzgado en numerosas ocasiones mediante autos de fechas..................., lo que demuestra una vez más la mala fe en su forma de proceder. No sólo lo anterior, sino que incluso la Audiencia Provincial de ....se ha pronunciado al respecto denegando la solicitud suspensoria formulada por.............., en un reciente Auto de ....de 2023.

En este punto, y como ya se ha indicado por esta parte en ocasiones anteriores, de contrario se trata de confundir y mezclar pretensiones distintas, ya que cualquier referencia al incidente concursal nº.................., ya resuelto en primera instancia en contra de los intereses de................., debe ser tratada y ventilada en el seno del referido procedimiento incidental, pero nunca en el procedimiento concursal principal, ni mucho menos en este trámite concreto de autorización de venta de unidad productiva.

2.– En cualquier caso, esta parte se ve en la obligación de reiterar nuestra oposición y rechazo al contenido de la Alegación Primera del escrito de fecha ....formulado por ...., remitiéndonos en su integridad tanto a nuestros numerosos escritos y recursos que constan en estos autos, así como en los autos nº ....de incidente concursal que igualmente se sigue en este Juzgado, ello en aras a una mayor brevedad y con el objeto de evitar reiteraciones innecesarias que puedan sobrecargar la labor de este Juzgador.

3.– Así mismo, resulta necesario dejar constancia que las alegaciones y manifestaciones formuladas de contrario carecen de toda base legal, siendo además que, como se ha indicado anteriormente, las mismas no persiguen el interés del concurso, ni la mejor solución liquidativa, sino que únicamente buscan la satisfacción de sus propios intereses, ello con manifiesto abuso de derecho y mala fe procesal.

Por ello, esta parte entiende que la oposición a la autorización de venta formulada de contrario debe ser rechazada por el Juzgador, dicho sea con todo el respeto y prudencia, debiéndose autorizar por tanto la autorización judicial de venta de unidad productiva presentada por la Administración Concursal por ser esta la mejor y más conveniente para el buen fin del concurso y la satisfacción de los intereses de los acreedores.

Por todo ello,

SUPLICO AL JUZGADO, que teniendo por presentado el presente escrito junto con sus copias, se sirva admitirlo y tenga por formuladas las alegaciones contenidas en este escrito y por cumplimentado el traslado conferido mediante Diligencia de Ordenación de fecha ....2023, manifestando así mismo nuestra conformidad a la solicitud de autorización de venta de la unidad productiva a la entidad.................., SA en los términos y condiciones indicados por la Administración Concursal.

Es de justicia que pido en...................

Fdo.: .... Fdo.:...................................

Abogado Procuradora

F703. IMPUGNACIÓN DE RECURSO DE REPOSICIÓN INTERPUESTO CONTRA AUTO AUTORIZATORIO DE VENTA DE LA UNIDAD PRODUCTIVA (I)

Normativa de aplicación: *Arts. 406 y ss. Real Decreto Legislativo 1/2020, de 5 de mayo, por el que se aprueba el texto refundido de la Ley Concursal.*

Procedimiento: CONCURSO -...../......

AL JUZGADO DE LO MERCANTIL Nº ... DE ......

Doña........, Procuradora de los Tribunales, actuando en nombre y representación de la mercantil........ S.L., y según tengo acreditado en el procedimiento de Concurso que con el número...../...... se tramita en este Juzgado, ante este juzgado comparezco y, como mejor proceda en Derecho, DIGO

I.– Que mediante Diligencia de Ordenación de fecha..-de julio de...... se daba traslado a esta parte del recurso de reposición presentado por la representación de............. S.A. (en adelante también..............) frente al Auto de este Juzgado de fecha 25 de julio de......, concediéndose a las partes personadas plazo de cinco días a fin de que pudieran impugnar el recurso.

II.– Que por el presente, siguiendo las expresas instrucciones de mi representada, y de conformidad con lo establecido en el artículo 453 de la Ley de Enjuiciamiento Civil, procedo, dentro del plazo legal a impugnar el recurso de reposición interpuesto por............ frente al Auto de fecha 25 de julio de......

El presente escrito de impugnación se interpone en base a las siguientes,

ALEGACIONES

PREVIA.– Esta parte se opone de forma expresa a todos y cada uno de los hechos y fundamentos alegados de contrario por la recurrente, salvo aquellos que expresamente sean aceptados por esta parte en el presente escrito.

Sentado lo anterior, y previo desarrollo de los fundamentos de este escrito de impugnación, esta parte quiere destacar la falta de fundamento del recurso de reposición formulado por la ahora recurrente, y ello por cuanto que entendemos que el Auto objeto del presente recurso no infringe precepto legal alguno, ni su contenido es lesivo en ningún caso para el Derecho del ahora recurrente, ello tal y como expondremos posteriormente.

De este modo, a continuación procedemos a entrar en el fondo de nuestros motivos de impugnación del recurso de reposición interpuesto de contrario.

PRIMERA.– La recurrente indica en primer lugar que en ningún caso basaba su oposición a la autorización de venta de la unidad productiva en la existencia del incidente concursal ICO nº....../...... que se sigue en este Juzgado, desestimado en primera instancia y actualmente pendiente de resolución en apelación, sino que únicamente se mencionaba por entender que dicha cuestión resultaba de gran transcendencia.

Esta parte no puede sino rechazar estas alegaciones, ya que, como bien indica la resolución recurrida, y por más que ahora la recurrente trate de matizarlo, lo cierto es que............. basaba fundamentalmente su oposición a la autorización de la venta de unidad productiva en la pendencia de un procedimiento incidental que versa sobre el reconocimiento de su crédito en el seno del concurso, pendencia esta que, a su entender, sería motivo suficiente para paralizar la venta de la unidad productiva hasta que recayera resolución de la Audiencia provincial.

Y ante tal argumentación, como acertadamente sostiene el auto ahora recurrido, es necesario volver a reiterar que esa suerte de solicitud suspensoria ya ha sido rechazada en numerosas ocasiones, tanto por este Juzgado, como por parte de la Audiencia Provincial, por lo que, a entender de esta parte, la misma debe volver a correr la misma suerte desestimatoria, dicho sea con todo el respeto y prudencia, remitiéndonos en todo caso a nuestras alegaciones que constan en autos en los diferentes escritos, para evitar reiteraciones y por cuestiones de economía procesal.

SEGUNDA.– En segundo lugar, alega la recurrente que, al contrario de lo argumentado por el auto de fecha 25 de julio, la Administración Concursal habría incumplido las obligaciones sobre publicidad y transparencia en el marco del proceso de venta de la unidad productiva, motivo este que, a su entender, fundamentaría igualmente la denegación de la autorización de venta concedida en virtud del auto de fecha 25 de julio.

Pues bien, nuevamente esta parte muestra su discrepancia ante tales alegaciones, y ello por entender que el proceso de venta de unidad productiva que ha culminado en virtud de la autorización concedida por auto de fecha 25 de julio, ha seguido escrupulosamente los presupuestos y requisitos contenidos en los artículos 215 y ss. del Texto Refundido de la Ley Concursal, así como las reglas especiales de liquidación aprobadas.

Así, como acertadamente recoge el auto ahora recurrido, la Administración Concursal atendió a los requerimientos de información por parte del Juzgado, entendiendo el Juzgador que las actuaciones de la Administración Concursal en el marco del proceso de la venta de unidad productiva se han acomodado a las prescripciones de las reglas especiales de liquidación aprobadas judicialmente.

De este modo, y nuevamente, como se desprende de la resolución ahora recurrida, la Administración Concursal informó oportunamente que abierto el periodo de recepción de las ofertas de compra de unidad productiva, mostraron interés cuatro mercantiles, de las cuales únicamente dos presentaron una oferta formal, seleccionándose por la Administración Concursal la oferta que consideró más idónea, circularizándose ésta entre los acreedores sin que haya sido mejorada.

Es decir, en todo el tiempo transcurrido, y habiéndose dado publicidad al proceso siguiendo las reglas especiales de liquidación aprobadas, que recordemos, es a lo que debe atenerse la Administración a la hora de conducir el proceso de venta de unidad productiva, únicamente se han recibido dos ofertas formales para la adquisición de la referida unidad productiva, por lo que, como con acierto indica la resolución recurrida, se antoja complicado que una repetición del proceso pudiera dar lugar a la obtención de ofertas superiores. Más si cabe si tenemos en cuenta que, repetimos, la Administración Concursal ha cumplido y seguido tanto las previsiones contenidas en las reglas especiales de liquidación aprobadas, como en la normativa concursal de aplicación (artículos 215 y ss. del Texto Refundido de la Ley Concursal).

Y debe insistirse en esta cuestión, ya que la Administración Concursal, al contrario de lo argumentado por la recurrente en su recurso de reposición, no viene obligada en ningún caso a otorgar al proceso los sistemas de publicidad a los que hace referencia la recurrente en su recurso. Como se ha indicado anteriormente, la Administración Concursal se debe a las reglas especiales de liquidación aprobadas, las cuales respetan las previsiones legales de aplicación, y a nada más, por lo que en este caso, esta parte entiende que la Administración Concursal no habría incumplido sus deber de diligencia inherente a su cargo, al contrario de lo argumento por la ahora recurrente.

En virtud de lo anterior, insistimos, esta parte entiende que el proceso de venta de unidad productiva ha seguido y cumplido todos los requisitos y presupuestos legalmente exigibles, así como las reglas especiales de liquidación aplicables a esta operación, por lo que el recurso de reposición interpuesto por............. debe ser desestimado, dicho sea con todo el respeto y prudencia.

TERCERA.– Por último, esta parte entiende necesario remarcar y dejar constancia que de estimarse la pretensión de la ahora recurrente, ello provocaría un grave riesgo y perjuicio tanto para los acreedores del presente procedimiento concursal, como a los trabajadores de la concursada, y en definitiva, para el propio concurso, ello si se tiene en consideración la fase actual de liquidación en la que nos encontramos y cuyo objetivo no es otro que la enajenación de la unidad productiva para poder llevar a cabo posteriormente el pago de los créditos de los acreedores.

De este modo, atender a la solicitud pretendida de contrario supondría paralizar la venta de la unidad productiva, lo que a su vez impediría obtener numerario para posteriormente proceder al pago de los créditos reconocidos en el procedimiento concursal, ello con las nefastas consecuencias que supondría en el seno del concurso.

CUARTA.– En conclusión, y en virtud de lo anteriormente expuesto esta parte entiende que el Auto objeto del presente recurso no infringe precepto legal alguno, ni su contenido es lesivo en ningún caso para el Derecho del ahora recurrente, por lo que procedería la confirmación íntegra del Auto de fecha 25 de julio de.......

Por todo ello,

SUPLICO AL JUZGADO, que teniendo por presentado el presente escrito junto con sus copias, se sirva admitirlo y tenga por impugnado el recurso de reposición interpuesto por la representación procesal de............. S.A., contra el Auto de fecha 25 de julio de......, y así mismo se dicte la oportuna resolución en la que se confirme íntegramente el Auto de fecha 25 de julio de......, todo ello con expresa imposición de costas a............. S.A.

Es de justicia que pido en........, a 6 de septiembre de......

OTRO SI PRIMERO DIGO, que siendo intención de esta parte cumplir con todos los requisitos legales, a tenor de lo previsto en el artículo 231 de la Ley de Enjuiciamiento Civil, se solicita por esta parte que se nos diere traslado de cualquier defecto que pudiera adolecer la presente demanda, para proceder a la inmediata subsanación.

Justicia que reitero en el lugar y fecha indicados ut supra.

Fdo.: .... Fdo.:....................................

Abogado Procuradora

F704. IMPUGNACIÓN DE RECURSO DE REPOSICIÓN INTERPUESTO CONTRA AUTO AUTORIZATORIO DE VENTA DE LA UNIDAD PRODUCTIVA(II)

Normativa de aplicación: *Arts. 215 y ss. Real Decreto Legislativo 1/2020, de 5 de mayo, por el que se aprueba el texto refundido de la Ley Concursal.*

AL JUZGADO DE LO MERCANTIL Nº.........DE..................

................................., Administrador Concursal designado en el procedimiento de Concurso Voluntario Ordinario de las entidades mercantiles, ... que con el número .... se tramita ante ese Juzgado, comparece ante el mismo y como mejor proceda en Derecho, DICE:

I.– Que mediante Providencia, de fecha .... se daba traslado a esta parte del recurso de reposición presentado por la representación de ....SL frente al Auto de este Juzgado de fecha .... concediéndose a las partes personadas plazo de cinco días a fin de que pudieran impugnar el recurso.

II.– Que por el presente, y de conformidad con lo establecido en el artículo 453 de la Ley de Enjuiciamiento Civil, procedo, dentro del plazo legal a impugnar el recurso de reposición interpuesto por .... SL frente al Auto de este Juzgado de fecha ...., interesando su íntegra desestimación en base a las siguientes:

ALEGACIONES

PREVIA.– Esta parte se opone de forma expresa a todos y cada uno de los hechos y fundamentos alegados de contrario por la recurrente, salvo aquellos que expresamente sean aceptados por esta parte en el presente escrito.

Sentado lo anterior, y previo desarrollo de los fundamentos de este escrito de impugnación, esta parte quiere destacar la falta de fundamento del recurso de reposición formulado por la ahora recurrente, y ello por cuanto que entendemos que la argumentación y fundamentación contenida en el referido recurso es contraria a Derecho, ello tal y como expondremos posteriormente.

Así mismo, y previamente a exponer los motivos que fundamentan el presente escrito, esta parte entiende necesario remarcar los siguientes antecedentes:

I.– Que en fecha .... la Administración Concursal que suscribe presentó escrito al Juzgado al que nos dirigimos a los efectos de solicitar autorización ex. artículo 518 del Texto Refundido de la Ley Concursal (en adelante TRLC), para la enajenación directa de la unidad productiva de las mercantiles concursadas .... a favor de ...., en el caso de que no se recibiese ninguna otra oferta que mejorara la presentada por la referida mercantil.

II.– Ante dicha solicitud, y en cumplimiento del trámite legal, se dio traslado en virtud de Providencia de fecha .... en los términos del artículo 518 TRLC por plazo de cinco días. Así mismo, en virtud de la referida resolución se requirió recabar informe de los representantes de los trabajadores por plazo de 15 días.

III- Durante el transcurso del plazo de cinco días conferido por el Juzgado esta administración concursal no ha recibido oferta alguna que mejorase la oferta presentada por ...., ni tan siquiera interés formal alguno desde el inicio del procedimiento concursal, salvo el trasladado por la referida mercantil.

IV.– Que finalmente todas estas actuaciones desembocaron en el auto de este juzgado de fecha .... en el que se autorizaba la enajenación de la mencionada Unidad Productiva a favor de ...., el cual ha sido objeto del presente recurso que aquí se impugna.

En cualquier caso y sin perjuicio de lo anterior, a continuación, procedemos a entrar en el fondo de nuestros motivos de impugnación del recurso de reposición interpuesto de contrario.

PRIMERA.– SOBRE LA VULNERACIÓN DEL DERECHO A LA TUTELA JUDICIAL EFECTIVA ALEGADA DE CONTRARIO.

Como primer fundamento del recurso de reposición, se alega por el recurrente que se habría vulnerado su derecho a la tutela judicial efectiva con la consiguiente indefensión, ello por entender que previamente a dictar el Auto de fecha .... aquí impugnado, el Juzgador no habría dado respuesta a sus alegaciones formuladas mediante escrito de fecha ....

Dado que el recurso tiene por objeto impugnar el Auto de fecha ...., resulta necesario en primer lugar analizar contenido del referido auto, así como determinar cuál era el objeto concreto del mismo, para así determinar si la resolución cumple con los requisitos de motivación, y si la misma hubiera perjudicado los derechos de la contraparte.

En cualquier caso, y previamente a entrar a valorar con detalle el contenido del Auto objeto del recurso, conviene apuntar unas breves notas en relación a los requisitos de motivación que se exigen en cualquier resolución judicial en relación al derecho a la tutela judicial efectiva:

I.– El deber de motivación de las resoluciones judiciales es una garantía vinculada directamente con la correcta administración de Justicia, que actúa como protección del derecho de los ciudadanos a ser juzgados por las razones que el Derecho ofrece y, además, otorga credibilidad a las resoluciones judiciales que se dictan en el marco de una sociedad democrática. De esta forma, la obligación de motivar las resoluciones judiciales se configura como un principio general del sistema constitucional y, especialmente, del ordenamiento procesal.

II.– Dicha consideración refleja, en definitiva, la relevancia jurídica y la importancia política que ha adquirido la garantía de motivar las resoluciones judiciales como elemento de control, de racionalidad de la administración de justicia y de la legitimidad democrática del juez. Así, pueden distinguirse dos funciones que cumple la motivación de las resoluciones judiciales:

– Por un lado, una función endoprocesal, configurada como una garantía procesal porque facilita un adecuado ejercicio del derecho de defensa de quienes tienen la condición de partes en el proceso, a la vez que constituye un control riguroso por las instancias judiciales superiores cuando se emplean los recursos pertinentes.

– De otro lado, una función extraprocesal, porque actúa como un factor de racionalidad en el desempeño de las funciones jurisdiccionales, pues garantiza que la solución ofrecida a la controversia en litigo sea consecuencia de una aplicación racional del ordenamiento jurídico, y no el fruto de la arbitrariedad o capricho del juzgador.

Ambas funciones han sido delimitadas por la jurisprudencia, en este sentido, Y entre otras, resulta ilustrativa la Sentencia de la Audiencia Provincial de Barcelona nº 358/2018, de 19 de julio, la cual recoge expresamente la jurisprudencia del Tribunal Supremo en este sentido al disponer que:

"Las SSTS de 25 de junio de 2015, 22 de julio 2015, y 25 de septiembre de 2015, entre otras, sostienen al respecto: » La motivación de las sentencias consiste en la exteriorización del iter decisorio o conjunto de consideraciones racionales que justifican el fallo. De esta forma, la motivación de las sentencias se presenta como una exigencia constitucional establecida en el artículo 120.3 CE (EDL 1978/3879) configurándose como un deber inherente al ejercicio de la función jurisdiccional en íntima conexión con el derecho a la tutela judicial efectiva que establece el artículo 24 CE (EDL 1978/3879) (STC 144/2003 (EDJ 2003/50534) de julio y STS de 5 de diciembre de 2009). Esta Sala ha venido exigiendo la aplicación razonada de las mismas que consideran adecuadas al caso en cumplimiento de las funciones o finalidades que implícitamente comporta la exigencia de la motivación: la de permitir el eventual control jurisdiccional mediante el efectivo ejercicio de los recursos, la de exteriorizar el fundamento de la decisión adoptada, favoreciendo la comprensión sobre la justicia y corrección de la decisión judicial adoptada, y la de operar, en último término, como garantía o elemento preventivo frente a la arbitrariedad (SSTS 5 de noviembre de 1992, 20 de febrero de 1993 y 18 de noviembre de 2003, entre otras). Pero también, como resulta lógico, hay que señalar que esta exigencia de motivación no autoriza a exigir un razonamiento judicial exhaustivo y pormenorizado de todos los aspectos y perspectivas que las partes pudieran tener de la cuestión que se decide, sino que deben considerarse suficientemente motivadas aquellas resoluciones que vengan apoyadas en razones que permitan invocar cuáles han sido los criterios jurídicos esenciales fundamentadores de la decisión, es decir, la ratio decidendi que ha determinado aquélla (de 29 de abril de 2008 de 22 de mayo de 2009 y 9 de julio de 2010)."

De igual forma, la STS 421/2015, de 22 de julio:

"La razón última que sustenta este deber de motivación reside en la sujeción de los jueces al Derecho y en la interdicción de la arbitrariedad del juzgador (art. 117.1 CE), cumpliendo la exigencia de motivación una doble finalidad: de un lado, exteriorizar las reflexiones racionales que han conducido al fallo, potenciando la seguridad jurídica, permitiendo a las partes en el proceso conocer y convencerse de la corrección y justicia de la decisión; de otro, garantizar la posibilidad de control de la resolución por los Tribunales superiores mediante los recursos que procedan, incluido el amparo".

Finalmente, la reciente STS 93/2018, de 23 de febrero, determina que:

"La motivación es mucho más que un deber de «cortesía» con las partes. Es una de las garantías, si no necesariamente del acierto de la decisión, al menos sí de que no es arbitraria. Al mismo tiempo es fórmula idónea para minimizar los desaciertos."

Esto es, detrás de la exigencia de motivación se detecta la necesidad de que el justiciable (en primer lugar) y también la sociedad, conozcan las razones que han determinado la decisión judicial que de esa forma aparecerá como fruto del raciocinio y no como algo arbitrario o producto exclusivo de la voluntad.

III.– Por otra parte, el alcance que deber tener la motivación ha sido abordado por el Tribunal Supremo y el Tribunal Constitucional asentando una consolidada doctrina en torno a la exigencia de la motivación bajo premisas sustanciales.

Así, la STC 13/2001, de 29 de enero establece que "No existe, por lo tanto, un derecho fundamental del justiciable a una determinada extensión de la motivación, puesto que su función se limita a comprobar si existe fundamentación jurídica y, en su caso, si el razonamiento que contiene constituye, lógica y jurídicamente, suficiente motivación de la decisión adoptada, cualquiera que sea su brevedad y concisión, incluso en supuestos de motivación por remisión". Con ello, se dota de una gran elasticidad a la motivación de la resolución judicial primando la calidad sobre la extensión.

Lo anterior lleva a concluir que, en relación al alcance de la motivación, ésta no debe ser breve ni larga, sino que debe consistir en un razonamiento que apoye la decisión que adopta el juzgador.

En este sentido, la STS 421/2015, de 22 de julio:

"Por ello, nuestro enjuiciamiento debe circunscribirse a la relación directa y manifiesta entre la norma aplicable y el fallo de la resolución, exteriorizada en la argumentación jurídica; sin que exista un derecho fundamental a una determinada extensión de la motivación, cualquiera que sea su brevedad y concisión, incluso en supuestos de motivación por remisión» (SSTC 108/2001, de 23 de abril, y 68/2011, de 16 de mayo)."

Expuesto cuanto antecede, y como se ha desarrollado previamente en el apartado de antecedentes del presente escrito, el Auto de .... resuelve sobre la autorización solicitada por la Administración Concursal para la venta de la Unidad Productiva ex. artículos 216 y 518 TRLC.

Es decir, el objeto del mismo versaba única y exclusivamente sobre el acogimiento o rechazo de la solicitud de autorización formulada por la Administración Concursal, por lo que el Juzgador debía pronunciarse sobre la referida solicitud a través de una resolución fundada tanto en Derecho como fácticamente en función de las circunstancias concurrentes.

Pues bien, si analizamos el Auto de ...., se evidencia que el mismo entra a valorar a fondo la solicitud de esta Administrador Concursal y fundamenta de forma más que solvente la decisión finalmente adoptada al respecto.

Un ejemplo de ello es el Fundamento de Derecho PRIMERO en el que razona (citamos textualmente):

"(...) procede resolver en el sentido de aprobar en cuanto que ciertamente ventajosa la oferta sustentada por .... bien entendido por otra parte que, a salvo lo que se dirá en un fundamento juridico sucesivo, el tramite observado en la Seccion ha respetado los criterios establecidos por el Tribunal Supremo (en interpretacion del ahora superado articulo 155 LC) en las SSTS de 21 de noviembre de 2017 y 29 de diciembre de 2020, por mas que en este caso y habida cuenta que la oferta del adquirente contemplaría eventualmente la subrogacion en los contratos vigentes de leasing, no resulta necesaria la expresa aquiescencia de los acreedores titulares de los bienes cedidos en arrendamiento financiero por virtud de los mismos (cfr., art. 214.2 TRLC).

La reforma operada por el RDL 11/2014, de 5 de septiembre, y posteriormente la Ley 9/2015, de 25 de mayo, había perfilado con mucha mejor perspectiva los criterios en orden a apreciar la bondad de las razones de oportunidad que podrian ser objeto de analisis con ocasion de surgir el escenario de transmision de unidades productivas en funcionamiento. En este escenario, tal viene determinado por los ya superados articulos 43.4, 146 bis y 149 de la Ley Concursal, y ahora en los articulos 215 y siguientes TRLC, afectados por la reforma operada por la Ley 16/2022, de 5 de septiembre, para perfilar mejor la extension de las facultades del Juez del Concurso, bien entendido que se trata de autorizar la perfeccion y consumacion de una operación material de liquidacion, que se estima adecuada y ciertamente provechosa para el concurso."

Y más adelante, en el Fundamento de Derecho Tercero se indica (volvemos a citar textualmente):

"(...) considerando los particulares de la indicada oferta, y valorando positivament el informe de evaluacion rendido por el Administrador concursal, debe concluirse con rotundidad que la oferta formulada por la entidad .... resulta beneficiosa para el interes del concurso (...)"

Se evidencia, por tanto que el Juzgador, una vez analizadas las circunstancias concurrentes valora "positivamente el informe de evaluación rendido por el administrador concursal", y estima que la oferta presentada es "adecuada y ciertamente provechosa para el concurso", así como que la misma "resulta beneficiosa para el interés del concurso".

Todo ello basado en sólidos fundamentos tales como el análisis del activo, los contratos que mantenía la sociedad, el valor económico de la oferta, la subrogación de la oferente en al plantilla de trabajadores, la asunción de deuda correspondiente a la TGSS, así como el hecho de que la oferta cuenta con la conformidad y respaldo de los representantes de los trabajadores, entre otras cuestiones.

En este punto, nos remitimos en su integridad a los fundamentos contenidos en el Auto de fecha ...., ello debido a la extensión de los mismos y en aras de evitar reiteraciones innecesarias al ser conocidos por todas las partes.

Si bien, y a los presentes efectos, reiteramos que el Auto objeto del presente recurso es absolutamente fundado y resuelve todos los aspectos planteados en relación a la solicitud de autorización de venta de unidad productiva, que es el único objeto sobre el que versaba el referido Auto.

En virtud de lo anterior, resulta de todo improcedente alegar que el Auto adolece de defecto alguno que pueda haber generado indefensión a la recurrente, ya que, como se ha visto, la resolución recurrida resuelve de forma motivada la solicitud autorizatoria formulada por esta Administración Concursal y no acoge los argumentos que la contraparte pudiera haber formulado en su escrito de alegaciones previo, motivo por el cual el recurso debe ser desestimado por lo que respecta a esta concreto motivo.

SEGUNDA.– LA OFERTA POR LA UP ES MENOS GRAVOSA PARA EL PROCEDIMIENTO CONCURSAL QUE LA LIQUIDACIÓN DE LA CONCURSADA.

Previamente a entrar en el fondo del presente motivo, en primer lugar se deja constancia del más absoluto rechazo a la manifestación vertida por la recurrente acusando gravemente a ésta administración concursal de connivencia con la oferente por el mero hecho de haber emitido una valoración favorable a la oferta presentada, queriendo entender que la referida acusación se ha producido desde el total y más absoluto desconocimiento e ignorancia de la situación de las concursadas, reservándose en cualquier caso esta parte las acciones oportunas.

Pues bien, las referidas acusaciones son absolutamente falsas, por lo que las mismas no pueden tener acogimiento alguno por parte de este Juzgado, dicho sea con todo el respeto y prudencia, ello por las razones que a continuación expondremos:

I.– Sin perjuicio de la absoluta corrección del procedimiento adjudicatorio que se ha seguido y que más adelante se expondrá, conviene recordar cuál era el estado económico financiero de las concursadas, ya que, si se analiza con detalle el mismo se podrá entender fácilmente la valoración emitida por esta Administración Concursal respecto de la oferta presentada.

I.1.– El valor de los inventarios de bienes y derechos de las concursadas que se debe tener en cuenta para el análisis de la oferta por la unidad productiva de todas ellas es el que consta anexado al Informe de la Administración Concursal del artículo 290 del TRLC y que es el siguiente:

....

Tal y como se indica en los inventarios aportados junto con los Informes, una de las principales variaciones de la valoración realizada por la Administración Concursal respecto de la presentada por las concursadas junto con la solicitud, se debe al nulo valor de realización para su venta a terceros de determinadas partidas del inmovilizado que, aunque de conformidad con el Plan General de Contabilidad y con el principio de empresa en funcionamiento presentan valor contable, no es así frente a una venta a terceros.

I.2.– En el momento de recibir la oferta por la unidad productiva, las concursadas no habían solicitado la apertura de la fase de liquidación, si bien, la situación económica y financiera hacía imposible su continuidad mediante la presentación de un Convenio que pudiera ser aprobado y cumplido.

Los principales problemas económicos que han sufrido las concursadas desde la declaración de concurso han sido los siguientes:

• Imposibilidad de finalizar los proyectos en curso

La situación de falta de liquidez de las concursadas, tanto previa como posteriormente a la declaración de concurso de acreedores, ha provocado retrasos en los proyectos en curso e incluso la paralización de los mismos, lo que ha ocasionado que los clientes hayan solicitado la resolución de los contratos por incumplimiento, llegando incluso a reclamar algunos de ellos las cantidades entregadas a cuenta, así como daños y perjuicios ocasionados en los trabajos ya realizados, ejecutándose los avales prestados al inicio de los referidos contratos.

Advertir que en el listado de acreedores del informe se han reconocido todas las cantidades reclamadas por estos clientes como crédito concursal ordinario, que ascienden a .... € en el momento de presentación del Informe de la Administración Concursal.

• Imposibilidad de obtener nuevos proyectos

Así mismo, la situación de las concursadas ha devenido en la imposibilidad de obtener nuevos proyectos, debido, fundamentalmente a motivos de índole económico-financiera.

Por una parte, los potenciales clientes de la sociedad, ante la situación concursal, no tenían la confianza necesaria para realizar anticipos del proyecto a contratar, no disponiendo las concursadas de la liquidez necesaria para iniciar dichos proyectos, que era inyectada en parte con los anticipos que se recibían al formalizar los contratos. Esta inyección de liquidez tampoco podía ser obtenida a través de las entidades financieras, que, tras la declaración del concurso, cerraron, como es habitual, todas las líneas de financiación.

Por último, las concursada tampoco podían obtener los avales necesarios a favor de los potenciales clientes para responder de las obligaciones y responsabilidades que se pudieran derivar de los contratos a formalizar.

• Impagos y retrasos de deudores.

Se han producido retrasos e impagos de los saldos deudores a favor de las concursadas por parte de sus clientes y deudores, ya que, como suele ser habitual en situaciones de concurso de acreedores, los deudores de las mercantiles concursadas se ven tentados a eludir el pago de las deudas pendientes, así como, de alegar para tratar de evitar tales pagos la existencia de determinados desperfectos, deficiencias y reparaciones en los trabajos ya realizados.

CONCLUSIÓN: LA SITUACIÓN DE LAS MERCANTILES ERA LÍMITE Y CONVENÍA UNA SITUACIÓN CÉLERE PARA TRATAR DE SALVAGUARDAR, EN LA MEDIDA DE LO POSIBLE, LOS DIFERENTES INTERESES EN JUEGO.

II.– Ante esta situación, las dos alternativas existentes para las concursadas son la liquidación con venta de la unidad productiva o la liquidación sin dicha venta.

II.1.– Para analizar en primer lugar el ESCENARIO DE LIQUIDACIÓN SIN VENTA DE UNIDAD PRODUCTIVA, se debe obtener, por una parte, las deudas que se generarían en dicho escenario (principalmente indemnizaciones), y por otra, realizar una aproximación al hipotético importe que se podría obtener por los activos.

A) PREVISIÓN CRÉDITOS PENDIENTES DE PAGO

De conformidad con los anexos de listados de acreedores, tanto concursales como contra la masa, adjuntos al Informe de la Administración Concursal, se obtienen las siguientes deudas pendientes de cada concursada:

....

Los primeros créditos a abonar, de conformidad con el TRLC, son los créditos contra la masa, no obstante, al importe indicado en el cuadro anterior, habría que añadir el correspondiente a las indemnizaciones que se generarían con motivo del despido de la totalidad de los trabajadores de cada concursada:

....

Todo ello advirtiéndose que se trataría de importes susceptibles de variación, variación ésta que suele ser al alza.

B) PREVISIÓN LIQUIDACIÓN DE LOS BIENES Y DERECHOS

Al igual que ocurre con el cobro de los saldos deudores, en una situación concursal las ofertas que se obtienen por los bienes y derechos de las concursada tienden a ser menores que su realización fuera de una situación concursal, ello a causa de diversos factores:

– El horizonte temporal: la liquidación no puede alargarse sine die, sino que tiene una duración determinada por la ley, que es un plazo de doce meses, a lo que habría que añadir que las empresas en liquidación suelen estar bajo presión para vender de forma ágil y rápidamente, lo que suele conllevar ventas a precios más bajos.

– La concursada no puede ofrecer ninguna garantía por los bienes enajenados, y más concretamente, para el caso de inmovilizados materiales (maquinaria, elementos de transporte, etc.).

– Saturación del mercado: En la mayor parte de los casos, resulta imposible o muy difícil la obtención de ofertas por los bienes concursales, hecho que motivó que la legislación contemplase la posibilidad de concluir los procedimientos concursales, aunque existieran bienes que no han podido ser enajenados y que son considerados, en consecuencia, como desprovistos de valor. Esto ocurre principalmente en las partidas de equipos de proceso de información, mobiliario, etc.

Teniendo en consideración las anteriores circunstancias, manteniendo en cualquier caso un criterio de prudencia, los hipotéticos importes posibles a obtener de la liquidación de los bienes y derechos de cada una de las concursadas en liquidación serían los siguientes:

....

A) HIPOTÉTICA LIQUIDACIÓN DE LOS BIENES Y DERECHOS

Tras la venta de la unidad productiva únicamente restaría por liquidar aquellos bienes y derechos no incluidos en su perímetro, siendo en este caso, deudores y tesorería.

A partir de estas circunstancias, manteniendo un criterio de prudencia, los hipotéticos importes a obtener de la liquidación de los bienes y derechos de cada una de las concursadas en liquidación serían los siguientes:

....

III.– CONCLUSIÓN DEFINITIVA: AL CONTRARIO DE LO ALEGADO POR EL RECURRENTE, SE PUEDE COMPROBAR CÓMO LA SITUACIÓN DE LOS ACREEDORES NO MEJORARÍA SI SE HUBIESE OPTADO POR LA LIQUIDACIÓN DE LA CONCURSADA SIN PROCEDER A LA VENTA DE LA UNIDAD PRODUCTIVA.

• El efecto de la oferta autorizada es nulo respecto a los acreedores si lo comparamos con una situación de liquidación sin venta de unidad productiva.

• Sin embargo, las consecuencias de no haber procedido a la venta de la Unidad Productiva habrían sido gravísimas, ya que se habría debido proceder de forma inminente a la destrucción de la totalidad de la plantilla de trabajadores (recordemos, ... puestos de trabajo), y se habría imposibilitado la continuación de la actividad a través de la empresa adquirente.

• Es por todo ello que, dado que el principal motivo de impugnación formulado por la contraparte reside en el supuesto perjuicio sufrido por los acreedores, y dado que, como se ha visto, dicho perjuicio no es tal, esta Administración Concursal considera que las alegaciones contenidas a este respecto en el recurso carecen absolutamente de fundamento, por lo que las mismas deben ser desestimadas por el Juzgador, dicho sea con todo el respeto y prudencia.

TERCERA.– INEXISTENCIA DE FRAUDE DE ACREEDORES. EL PROCEDIMIENTO DE VENTA DE UNIDAD PRODUCTIVA SE HA DESARROLLADO SIGUIENDO LOS TRÁMITES DEL ARTÍCULO 216 TRLC Y, POR ENDE, EL ARTÍCULO 518 TRLC.

I.– En primer lugar, con el objeto de dar oportuna respuesta a las alegaciones formuladas de contrario, resulta necesario llevar a cabo una breve referencia en relación al concreto procedimiento que se ha seguido para proceder a la venta de la Unidad Productiva.

En el presente caso nos encontramos ante un procedimiento concursal en el que no se ha aperturado la fase de liquidación, de modo que, en el supuesto de venta de una unidad productiva nos vemos obligados a acudir a lo dispuesto en los artículos 215 y ss. TRLC.

De este modo, esta Administración Concursal acudió al trámite legalmente previsto en el artículo 216 TRLC, el cual establece (el subrayado y negrita son nuestros):

"En cualquier estado del concurso, o cuando la subasta quede desierta, el juez, mediante auto, podrá autorizar la enajenación directa del conjunto de la empresa o de una o varias unidades productivas o la enajenación a través de persona o de entidad especializada".

Es decir, en cualquier momento una vez iniciado el concurso, el Juez puede autorizar la venta directa de una unidad productiva mediante auto previa la correspondiente solicitud por parte del Administrador Concursal o del cualquier otro interesado.

En este caso, y dado que consta la solicitud autorizatoria de esta Administración Concursal, procedía por parte del Juez dar el oportuno tratamiento a la misma a través del único trámite autorizatorio posible, que, como veremos a continuación, no es otro que el previsto en los artículos 518 y ss. TRLC.

Y sustanciado el referido trámite, lo que procedía a continuación era que el Juzgador autorizara o rechazara por Auto la enajenación directa de la Unidad Productiva, habiendo sido autorizada en este caso.

Pues bien, como se indicaba anteriormente, la solicitud de venta de unidad productiva vía artículo 216 TRLC debe, a falta de mención expresa al efecto en el referido precepto, tramitarse conforme a las reglas establecidas para la obtención de autorizaciones judiciales, de acuerdo con lo expuesto en el artículo 518 TRLC, el cual aplica de forma supletoria.

Es decir, habiendo solicitado expresamente la autorización para proceder a la venta directa de la unidad productiva, y acordada y tramitada como tal por el Juzgado, hay que estar al procedimiento general de autorizaciones generales del artículo 518 TRLC.

No es opinión solo de esta parte, sino que así se manifiesta unánimemente la mejor doctrina, siendo de citar a título de ejemplo la opinión de VILLORIA RIVERA, I. "Masa activa", en "Memento Práctico 2023", AA.VV, Madrid, 2023, pgs. 404; o de FUENTES DEVESA R. "Enajenación de bienes y derechos de la masa activa", en "Derecho concursal y preconcursal" Tomo I, AA.VV dirigidos por GALLEGO SÁNCHEZ E., Valencia 2023, pgs. 1194 y 1195, que señala:

"Ante el silencio legal, habrá que atender que los sujetos legitimados para la solicitud de autorización se amplían no solo a la administración concursal, sino que comprenderá otro sujetos con interés legitimo ..... y su tramitación será el genérico establecido para la obtención de autorizaciones judiciales......"

E igualmente en la Jurisprudencia, y entre otros, señalamos el auto del Juzgado de lo

Mercantil núm. 1 de Córdoba, de fecha 13 de junio de 2022:

"....La presente resolución tiene por finalidad la determinación del adjudicatario del proceso de venta mediante libre concurrencia de la UP de la concursada, y todo ello en el seno del presente incidente de autorización ex art. 205 del TRLC, dado que en la actualidad ni en este procedimiento se ha aprobado convenio alguno, de hecho se ha rechazado el presentado, ni se ha aprobado reglas especiales. A pesar de ello el mentado precepto permite la venta de bienes y derechos de la masa activa con autorización del juez, y ello por cuanto tampoco es aplicable las excepciones del art. 206 del TRLC, todo ello bajo el proceso regulado en el art. 518 del TRLC que regula la autorización judicial......."

Es decir, en virtud de lo anteriormente expuesto, se evidencia que en el presente supuesto se han cumplido todos los presupuestos y requisitos exigidos para el trámite enajenatorio de unidades productivas que establecen los artículo 216 y 518 (ambos del TRLC), por lo que poco o nada pueda achacarse o imputarse a este respecto a la Administración Concursal.

II.– Por lo que respecta al supuesto fraude de acreedores alegado de contrario, esta Administración Concursal no puede sino rechazar tales alegaciones.

II.1.– La recurrente hace referencia en primer lugar a unas supuestas comunicaciones entre la concursada y la empresa oferente previamente a la declaración del concurso con el objeto de tratar de ocultar la oferta de compra, indicando además que habrían contado con el beneplácito de esta Administración Concursal.

Todo ello sin aportar prueba o indicio alguno al respecto.

Como no puede ser de otra forma, esta Administración Concursal rechaza las referidas acusaciones, que, como se ha visto, carecen de todo fundamento, dejando constancia que no se ha tenido conocimiento de ninguna de las actuaciones a las que hace referencia la contraparte, habiéndose limitado a cumplir con todos los trámites que legalmente se exigen para la enajenación de una Unidad Productiva.

II.2.– Por otra parte, y en relación a la falta de publicación de la oferta en el Registro Público Concursal, indicar que la referida publicidad no es obligatoria en un procedimiento de venta de unidad productiva ex. artículo 224 bis 9, ya que el referido precepto únicamente es aplicable en los casos de venta de unidad productiva vía solicitud de concurso, pero no en el trámite del artículo 216 y 518TRLC, que es el que aplica en los presentes autos.

Poco o nada debe añadirse sobre esta cuestión.

III.3.– Así mismo, y por lo que respecta al análisis de la oferta que ha llevado a cabo esta Administración Concursal, queda más que patente que la misma ha sido perfectamente estudiada y analizada.

Como ha quedado acreditado en la ALEGACIÓN TERCERA anterior, a la que nos remitimos en aras a una mayor brevedad, la oferta no es lesiva para los intereses de los acreedores, por lo que ningún defecto adolece. De este modo, conforme a las circunstancias concurrentes y ponderando los diferentes intereses en juego, esta Administración Concursal consideró beneficiosa para el concurso la única oferta presentada para la venta de la Unidad Productiva, habiendo seguido a tal efecto el procedimiento legalmente previsto.

Por otra parte, y en respuesta a las alegaciones de la contraparte en la que se achaca a esta Administración Concursal la emisión de su valoración a la oferta sin haber presentado el informe del artículo 290 TRLC, debe advertirse que en el momento de recepción de la oferta no había transcurrido el plazo para la presentación del referido informe, por lo que ninguna obligación tenía a este respecto el que suscribe.

Nuevamente las alegaciones formuladas de contrario carecen de todo fundamento, por lo que las mismas deben ser objeto del correspondiente rechazo.

III.4.– Por último, y respecto al batiburrillo de alegaciones sobre las supuestas actividades "discutibles" cometidas por la concursada, indicar que esta Administración Concursal no tiene constancia de ninguna de tales actividades. En cualquier caso, debe destacarse que todas estas alegaciones son presentadas por el recurrente sin ninguna base probatoria que las acredite, o al menos, induzca a tales conclusiones.

En este punto, conviene recordar que el concurso de acreedores no constituye la sede para llevar a cabo investigaciones como si de un procedimiento de instrucción penal se tratara, sino que la Administración Concursal debe limitarse únicamente a analizar la información y documentación que le ha sido facilitada, más aún si cabe en este caso si se tiene en consideración el incipiente estado del concurso. Y sólo en el caso que apreciase de forma manifiesta actividades fraudulentas, llevar a cabo las averiguaciones pertinentes a los efectos dar a las mismas el oportuno tratamiento.

De este modo, en el presente supuesto, de la documentación y documentación a la que se ha tenido acceso hasta este momento, no se aprecia por parte de esta Administración Concursal ninguna de las conductas "sospechosas" a las que hace referencia la recurrente, no siendo pertinente en ningún caso llevar a cabo la actuación investigadora pretendida de contrario.

Todo ello debe conllevar, a juicio de esta Administración Concursal, el rechazo y desestimación de las mismas, dicho sea con todo el respeto y prudencia.

CUARTA.– SOBRE LAS ALEGACIONES RELATIVAS A LA SUPUESTA FINALIZACIÓN DEL CONCURSO. AL CONTRARIO DE LO ALEGADO POR EL RECURRENTE, EL CONCURSO NO FINALIZA SINO QUE PROCEDERÁ CONTINUAR CON LA FASE DE LIQUIDACIÓN.

Nuevamente erra el recurrente, desconocemos si con el ánimo de generar confusión o simplemente desde el desconocimiento, al manifestar que el procedimiento concursal finaliza con la venta de la Unidad Productiva.

Esta Administración Concursal no puede sino rechazar tales alegaciones, ya que, como por todos debería ser sabido, una vez aperturada la fase de liquidación, ésta continuará con el objeto de realizar, en su caso, todos aquellos activos que hayan quedado fuera del perímetro de la Unidad Productiva, siendo que, finalizada esa fase y con lo que se obtenga de la realización de los bienes, se procederá al pago a los acreedores con el orden establecido según la norma concursal.

Así mismo, no podemos pasar por alto las acusaciones vertidas de contrario en las que se pretende deslizar que esta Administración habría ya cobrado sus honorarios y, tras el cobro, no alberga interés alguno en la tramitación del procedimiento concursal.

Pues bien, las referidas acusaciones son absolutamente falsas, ya que se deja constancia que, a fecha del presente escrito, esta Administración Concursal no ha cobrado un solo euro de sus honorarios aprobados y a los que tiene pleno derecho, hecho este que debería implicar, cuanto menos, una rectificación, sino incluso una disculpa, por parte de la recurrente.

QUINTA.– DISCONFORMES CON EL CORRELATIVO ORDINAL.

Si bien esta parte no puede ni debe interferir en la toma de decisiones del recurrente a la hora de interponer determinadas acciones a futuro, si se ve obligada a rebatir las alegaciones formuladas de contrario en el presente correlativo ordinal.

I.– Como se ha expuesto en la ALEGACIÓN TERCERA del presente escrito, a cuyo contenido nos remitimos en aras a una mayor brevedad, el procedimiento de venta de la unidad productiva se ha desarrollado cumpliendo todos los trámites y presupuestos contenidos en el artículo 216 y 518, ambos del TRLC.

Es decir, el artículo 216 TRLC permite expresamente la venta de la unidad productiva en cualquier estado del procedimiento concursal debiéndose seguir para ellos los trámites autorizatorios que se recogen en el artículo 518 TRLC, que es precisamente lo que ha hecho esta Administración Concursal.

Por tanto, ninguna irregularidad se desprende ni del momento escogido para llevar a cabo la venta de la unidad productiva, ni del procedimiento seguido para tal fin, lo que debe implicar el rechazo a las alegaciones que sobre esta cuestión se formulan de contrario.

II.– Por lo que respecta a la supuesta falta de informe de valoración de la Administración Concursal, y tal como se ha indicado anteriormente, dicha alegación cae por su propio peso, ya que consta en Autos el escrito de esta Administración de fecha .... en la que se da traslado de la oferta, se informa favorablemente sobre la misma y se solicita al Juzgado la preceptiva autorización ex. artículo 518 TRLC.

Como suele decirse, nada que añadir.

III.– Respecto a la falta de publicidad en el Registro Público Concursal, ya se ha indicado en un momento anterior que la referida publicidad no es obligatoria en un procedimiento de venta de unidad productiva ex. artículo 224 bis 9, ya que el referido precepto únicamente es aplicable en los casos de venta de unidad productiva vía solicitud de concurso, pero no en el trámite del artículo 216 y 518 TRLC, que es el que aplica en los presentes autos.

Bien lo debe saber el recurrente porque no hace si quiera referencia al precepto cuando formula estas alegaciones, sino que lo deja caer para ver si "suena la flauta", lo que evidencia una vez más la mala fe en su forma de proceder.

IV.– Por último, y respecto al resto del batiburrillo de alegaciones formuladas de contrario, reiterar, como ya se ha indicado en un pasaje anterior del presente escrito, que se trata de meras suposiciones carentes de toda justificación y base probatoria.

Resulta absolutamente improcedente que la recurrente vierta unas acusaciones de tal gravedad sin ningún tipo de base que las sustente, hecho este que debería ser objeto del correspondiente reproche, ya que esta Administración Concursal no ha actuado en connivencia ni ha actuado en connivencia con parte alguna, ni ha ocultado el proceso de venta de la Unidad Productiva.

Al *contrario de lo alegado* por la recurrente, esta Administración Concursal ha actuado con total transparencia y ha venido trabajando con el único objeto de conseguir la mejor solución para el procedimiento concursal, ponderando los diferentes intereses en juego y siempre en cumplimiento de la estricta legalidad.

Recordemos en este punto que en este momento únicamente cabría enjuiciar la valoración de compraventa de la Unidad Productiva en favor de, recordemos, la única oferta presentada, considerando esta Administración Concursal que la referida venta era la mejor alternativa en función de las circunstancias concurrentes que se observan una vez analizado y desglosado el activo, habiéndose justificado de forma más que solvente la celeridad en las actuaciones por el profundo deterioro de la sociedad, que de continuar con su actividad, habría supuesto un perjuicio mucho mayor para el procedimiento concursal.

Todo ello sin perjuicio que esta Administración Concursal entienda razonable la sensibilidad a la oferta que puedan albergar los acreedores en cuanto a sus pretensiones de cobro.

Pero como todo en la vida, se puede estar más o menos de acuerdo, o incluso en desacuerdo con las decisiones que un tercero adopte, pero lo que desde luego no resulta de recibo es deslizar acusaciones como las contenidas en el recurso de reposición que aquí se impugna, y poner en duda la actuación llevada a cabo por esta Administración Concursal, todo ello sin aportar indicio o prueba alguna que sustente mínimamente la referida postura. Y ello, reiteramos, debería ser objeto del correspondiente reproche.

SEXTA.– PROCEDE VALORAR LA REPERCUSIÓN DE LAS PRETENSIONES PLANTEADAS POR EL RECURRENTE SOBRE EL TERCERO ADQUIRENTE DE BUENA FE, ASÍ COMO EL RESTO DE CONSECUENCIAS.

Por último, resulta necesario poner el foco en una situación que obvia el recurrente, y no es otra que la posición del tercero de buena fe que ha adquirido la unidad productiva objeto de los presentes autos.

De este modo, los supuestos vicios (que no son tales) alegados de contrario no podrían afectar en ningún caso al tercero de buena fe que ha resultado adjudicatario de la Unidad Productiva, ya que, como se ha visto y así se ha reconocido por el Juzgador, el proceso de venta ha cumplido con todos los requisitos que tanto civil, como concursalmente se exigen.

Es por ello que, el supuesto vicio alegado por la contraparte consistente en la falta de respuesta a su escrito de alegaciones previo no puede suponer la revocación de la autorización de venta de la unidad productiva, ya que la referida revocación conllevaría un evidente y grave perjuicio para el tercero adjudicatario de buena fe.

Así mismo, en caso que prospera el recurso de la contraparte que, como ya se ha dicho, carece de todo fundamento, ello implicaría gravísimas consecuencias para los trabajadores que se encontraban dentro del perímetro de la Unidad Productiva.

Como ya se indicó en nuestro anterior escrito, una de las cuestiones que se ha tenido en cuenta para informar favorablemente de la oferta fue el mantenimiento de los puestos de trabajo, que es uno de los principales objetivos cuando se analiza una operación de venta de Unidad Productiva. Es decir, tratar de evitar la destrucción de puestos de trabajo para no dañar el tejido productivo.

Teniendo en cuenta esta cuestión de suma relevancia, debe destacarse que si la pretensión del recurrente prosperara y se retrotajeran las actuaciones a un momento anterior a la autorización, esta situación abocaría a la íntegra destrucción de los puestos de trabajo de la totalidad de la plantilla, ya que, como hemos visto, la actividad de la concursada no podía continuar debido a su situación económico financiera. O lo que es lo mismo, ... trabajadores se quedarían indefectiblemente sin empleo.

Por todo ello,

SUPLICO AL JUZGADO, que teniendo por presentado el presente escrito junto con sus copias, se sirva admitirlo y tenga por impugnado el recurso de reposición interpuesto por la representación procesal de ...., contra el Auto de este Juzgado de fecha ...., y así mismo se dicte la oportuna resolución en la que se desestime el referido recurso, todo ello con expresa imposición de costas a ....

Es de justicia que pido en ...., a ....

OTRO SI PRIMERO DIGO, que siendo intención de esta parte cumplir con todos los requisitos legales, a tenor de lo previsto en el artículo 231 de la Ley de Enjuiciamiento Civil, se solicita por esta parte que se nos diere traslado de cualquier defecto que pudiera adolecer el presente escrito de impugnación, para proceder a su inmediata subsanación.

Justicia que reitero en el lugar y fecha indicados ut supra.

Fdo. ....

Administración Concursal

F705. COMPRAVENTA DE UNIDAD PRODUCTIVA

Normativa de aplicación: *Arts. 406 y ss. Real Decreto Legislativo 1/2020, de 5 de mayo, por el que se aprueba el texto refundido de la Ley Concursal*

En la ciudad de..........., mi residencia, hoy día........... de........... de dos mil...........

Ante mí, ..., notario del Ilustre Colegio de...........

COMPARECEN

I.– Don........... mayor de edad, de nacionalidad española, casado, con domicilio en calle..........., núm. ...., dotado de DNI/NIF...........

II.– Don........... mayor de edad, de nacionalidad española, soltero, con domicilio en calle..........., núm. ...., dotado de DNI/NIF...........

Les identifico por los documentos de identidad anteriormente reseñados, que me son exhibidos, y por sus propias manifestaciones.

INTERVIENEN

I.– Don........... interviene, en nombre y representación de la sociedad........... S.A., de la es administrador concursal, sociedad constituida mediante escritura autorizada el día.......... de........... de..........., ante el notario de..........., Don........... Inscrita en el Registro Mercantil de la provincia de..........., al tomo..........., folio..........., hoja núm. ...., inscripción 1ª.

Modificados y adaptados sus estatutos sociales a la derogada Ley de Sociedades Anónimas, en virtud de acuerdo adoptado por la Junta General Extraordinaria de la sociedad el día........... de........... de..........., elevado a público mediante escritura otorgada ante el notario de..........., Don..........., e inscrita en el citado el Registro Mercantil de la provincia de..........., al tomo..........., folio..........., hoja núm. ...., inscripción...........

El domicilio social de........... S.A., se halla en..........., consistiendo su objeto social en........... CIF...........

La sociedad........... S.A. actualmente se halla declarada en estado de concurso voluntario de acreedores, que se tramita actualmente ante el Juzgado de lo Mercantil núm. .... de........... bajo el número de autos........... La declaración del citado concurso fue acordada por el expresado Juzgado mediante auto de fecha........... de........... de..........., en el se acordó la conservación por el concursado de las facultades de administración y disposición sobre su patrimonio, quedando sometido el régimen de estas a la intervención de los administradores concursales, mediante su autorización o conformidad. Mediante auto de fecha........... de........... de..........., se ha aperturado en el citado proceso concursal la fase de liquidación, habiendo cesado los administradores sociales y sustituidos por la Administración Concursal.

Todo ello consta en el Registro Mercantil de la Provincia de..........., al tomo..........., folio..........., hoja núm. ....

El compareciente actúa en ejecución de las reglas especiales de liquidación mediante auto de fecha........... de........... de........... recaído en el citado procedimiento núm. .... de autos, y acredita su cargo con la exhibición que me efectúa de la oportuna credencial expedida a su favor con fecha de........... de...........

El Sr. .... me hace entrega de testimonio con expresión de firmeza de los referidos autos de declaración de concurso, apertura de la fase de liquidación y de aprobación de las reglas especiales de liquidación, que, yo notario, incorporo a la presente escritura.

Todo los cual figura inscrito en el Registro Publico Concursal ....

Yo, notario, considero que tiene facultades suficientes para el otorgamiento de la presente escritura de compraventa.

II.– Don........... interviene en nombre y representación de la sociedad........... S.A., sociedad constituida mediante escritura autorizada el día........... de........... de..........., ante el notario de..........., Don........... Inscrita en el Registro Mercantil de la provincia de..........., al tomo..........., folio..........., hoja núm. ...., inscripción 1ª.

Modificados y adaptados sus estatutos sociales a la derogada Ley de Sociedades Anónimas, en virtud de acuerdo adoptado por la Junta General Extraordinaria de la sociedad el día........... de........... de..........., elevado a público mediante escritura otorgada ante el notario de..........., Don..........., e inscrita en el citado el Registro Mercantil de la provincia de..........., al tomo..........., folio..........., hoja núm. ...., inscripción...........

El domicilio social de........... S.A., se halla en..........., consistiendo su objeto social en........... CIF...........

Don........... actúa en nombre y representación de........... S.A. en su condición de administrador único de dicha compañía, cargo que asegura vigente y para el que fue designado en virtud de acuerdo de la Junta General extraordinaria de la citada sociedad adoptado el día de........... de........... y que fue elevado a público mediante escritura autorizada el día de........... de..........., ante el notario de..........., Don........... Inscrita en el citado Registro Mercantil de la provincia de..........., al tomo..........., folio..........., hoja núm. ...., inscripción...........

Yo, notario, considero que tiene facultades suficientes para el otorgamiento de la presente escritura de compraventa.

Tienen, a mi juicio, capacidad necesaria para otorgar la presente escritura de compraventa y al efecto:

EXPONEN

I.– Que la sociedad........... S.A. es dueña, en pleno dominio, de la siguiente unidad productiva:

Unidad productiva sita en..........., calle..........., núm. ...., compuesta por los medios organizados, actualmente en funcionamiento, destinados al desarrollo de la actividad de........... Dichos medios y organización, incluidos activos, derechos y obligaciones, contratos, licencias etc se relacionan y describen en el ANEXO I de este documento, que forma parte inseparable de la presente escritura.

Los trabajadores que se integran en la unidad productiva son los relacionados en el ANEXO II del presente escrito, que forma parte inseparable de la presente escritura y que se da aquí por íntegramente reproducido para evitar innecesarias repeticiones.

Cargas y gravámenes: Libre de cargas y gravámenes.

II.– Que........... S.A. tiene interés en adquirir por título de compraventa la unidad productiva reseñada en el anterior exponen, lo que pactan las partes y llevan a cabo en base a las siguientes:

ESTIPULACIONES

PRIMERA.– COMPRAVENTA.

.... S.A. representada por su administración concursal cede y transmite a la compañía........... S.A., representada por su administrador único, Don..........., que compra y adquiere, la unidad productiva reseñada en el exponen I de esta escritura, en los términos de dicho exponen I y los ANEXOS I y II esta escritura, con cuanto le sea inherente y/o accesorio, libre de cargas y gravámenes, así como de arrendatario y ocupantes.

SEGUNDA.– PRECIO Y FORMA DE PAGO.

El precio de la presente compraventa se fija en la suma de...........euros, que es pagado en este acto, mediante cheques bancario, por importe de...........euros y a favor de la vendedora, que en este acto y en unión a los administradores concursales, recibe, dando la más eficaz y completa carta de pago, salvo buen fin del efecto.

TERCERA.– POSESIÓN.

Con el otorgamiento de la presente escritura se entrega a la compradora la posesión de la unidad productiva aquí transmitida.

La parte compradora se subroga en los derechos y obligaciones derivados de los contratos afectos a la continuidad de la actividad de la concursada salvo el contrato de fecha .... suscrito en su día con la entidad ...., así como en las licencias y/o autorizaciones administrativas. Todo ello en los términos del art. 222 TRLC

CUARTA.– IVA.

La presente compraventa no está sujeta al Impuesto sobre el Valor Añadido.

QUINTA.– GASTOS Y TRIBUTOS.

Todos los gastos y tributos que se devenguen con ocasión de la presente compraventa, serán de cuenta y cargo de la compradora.

SEXTA.– ACTO DE DISPOSICIÓN EN EJECUCIÓN DE LA LIQUIDACIÓN.

Expresamente se hace constar que mediante auto de fecha........... de........... de..........., y en el procedimiento concursal de la vendedora, ... S.A., seguido ante el Juzgado de lo Mercantil núm. .... de..........., autos..........., se ha aperturado la fase de liquidación, habiendo cesado los administradores sociales y sustituidos por la Administración Concursal.

La presente compraventa se otorga y lleva a cabo en ejecución de las reglas de liquidación aprobadas mediante auto de fecha........... de........... de........... recaído en el citado procedimiento núm. .... de autos.

Expresamente se hace constar que cuando se presente a inscripción en los registros de bienes, cualquier título relativo a un acto de enajenación de bienes y derechos de la masa activa realizado por la administración concursal durante la fase de liquidación,será de aplicación lo dispuesto en el artículo 415 TRLC, respecto a la fijación, o no, de reglas especiales de liquidación.

SÉPTIMA.– SUBROGACIÓN EMPRESARIAL.

Se hace constar que mediante auto de fecha........... de........... de..........., recaído en el proceso concursal de la vendedora, autos..........., y con relación a los créditos laborales y de seguridad social, se ha acordado que el aquí adquirente no se subrogue en la parte de la cuantía de los salarios o indemnizaciones pendientes de pago anteriores a la enajenación que sea asumida por el Fondo de Garantía Salarial de conformidad con el texto refundido de la Ley del Estatuto de los Trabajadores, aprobado por el Real Decreto Legislativo 2/2015, de 23 de octubre.

OCTAVA.– INSCRIPCIÓN PARCIAL.

Se solicita la inscripción de esta escritura en el Registro de........... En el cualquier caso, se solicita la inscripción parcial de esta escritura, si no fuera posible su inscripción total, y la oportuna nota de calificación, debidamente fundamentada, en la que se establezca los extremos no inscritos.

OTORGAMIENTO

Así lo dicen y otorgan los comparecientes ante mí. Hago las reservas y advertencias legales, especialmente las pertinentes fiscales y la necesidad de inscribir esta escritura en el Registro de la propiedad. También advierto sobre la correspondiente incorporación de datos a los ficheros automatizados regulados en la Orden de 19 de febrero de 2003 (484/2003), del Ministerio de Justicia.

AUTORIZACIÓN

Los comparecientes, previa solicitud que me formulan al efecto y sin perjuicio de advertirles sobre el contenido del art. 193 RN, leen en mi presencia la presente escritura. Manifiestan su consentimiento y conformidad a su contenido, firmándola conmigo, el notario. Compruebo que se ajusta este instrumento a la Ley y la voluntad manifestada en este acto por los comparecientes, y doy fe en cuanto sea procedente de todo lo consignado en este instrumento público, extendido en........... folios de papel exclusivo para documentos notariales, serie, y números el del presente y anteriores en orden.

F706. INFORME EXTRAORDINARIO SOBRE ESTADO DE LIQUIDACIÓN

Normativa de aplicación: *Arts. 406 y ss. Real Decreto Legislativo 1/2020, de 5 de mayo, por el que se aprueba el texto refundido de la Ley Concursal*

Al Juzgado de lo Mercantil nº .... de ....

Concursada: ...., S.L.

Procedimiento Concursal Ordinario nº ....

AL JUZGADO DE LO MERCANTIL Nº........... DE..........

..........., ADMINISTRACIÓN CONCURSAL designada en el Procedimiento Concursal Ordinario nº .... de la mercantil "..........., S.L." comparecen en dichos Autos y como mejor proceda en Derecho,

DICE:

Que mediante Auto dictado por este Juzgado al que respetuosamente nos dirigimos, se requiere a esta Administración Concursal para que formule informe extraordinario sobre el estado de las operaciones de liquidación.

Que por el presente escrito se viene a informar de los extremos solicitados en el citado Auto siguiendo el siguiente esquema:

PRIMERO.– ESTADO DE LAS OPERACIONES DE LIQUIDACIÓN.

I.– Respecto de las fincas registrales números: .... de titularidad de .... S.L. e inscritas en el Registro de la Propiedad de ...., se hayan pendiente de escritura de compraventa, previa determinación de las dos ofertas existentes sobre los mismos.

II.– En relación con las fincas registrales ...., de titularidad de........... S.L., e inscritas en el Registro de la Propiedad número .... de Denia, se acordó judicialmente su venta a la mercantil .... S.L. Según se ha notificado al Juzgado por escrito presentado por esta administración concursal dicha mercantil ha renunciado a la compraventa y en consecuencia la realización de los citados activos se llevará a cabo según lo dispuesto en las reglas especiales de liquidación y en su caso subasta de los mismos.

III.– Respecto participación del ....% de la finca rústica inscrita en el Registro de la Propiedad de .... número., al tomo ...., libro ...., folio ...., inscripción ....ª, número de finca registral .... y de la participación del .... por ciento de la finca rústica inscrita en el Registro de la Propiedad de .... número..........., al tomo ...., libro ...., folio..........., inscripción ...., número de finca registral ...., se decretó su subasta y está pendiente de notificación judicial del resultado.

IV.– Tras lo anterior y previo pago de los créditos en los términos legalmente establecidos se solicitará la conclusión del concurso.

SEGUNDO.– HONORARIOS DE LIQUIDACIÓN

No se han percibido ningún honorario de liquidación

TERCERO.– LIMITE MÁXIMO DE DURACIÓN ESTABLECIDO EN EL AUTO

Que esta administración toma nota del mismo y se procederá al efecto.

En su virtud,

SUPLICAMOS AL JUZGADO, que teniendo por presentado este escrito se digne admitirlo, unirlo al expediente de su razón y tenga por presentado el informe extraordinario sobre el estado de las operaciones de liquidación, requerido por este Juzgado mediante auto.

Es Justicia que se SUPLICA en .... a .... de .... de ....

F707. ESCRITO DE LA ADMINISTRACIÓN CONCURSAL ALEGANDO SOBRE DEFECTO REGISTRAL EN OPERACIÓN DE LIQUIDACIÓN

Normativa de aplicación: *Arts. 406 y ss. Real Decreto Legislativo 1/2020, de 5 de mayo, por el que se aprueba el texto refundido de la Ley Concursal*

AL JUZGADO DE LO MERCANTIL NÚMERO........... DE...........

Don..........., miembros de la administración concursal del concurso voluntario de la mercantil........... S.L. en liquidación que se sigue ante este Juzgado bajo el número de autos..........., comparezco en estos autos, y como mejor proceda en derecho DIGO:

I.– Que por Diligencia de Ordenación de fecha........... dictada por el Juzgado de lo Mercantil número........... de..........., se nos ha dado traslado del escrito de fecha RUE..........., así como de la nota desfavorable de calificación emitida por el Registro de la Propiedad de..........., para que nos pronunciemos acerca de los defectos que motivan la suspensión de los asientos que constan en el apartado de hechos de la resolución de calificación, a fin de subsanar, si procede, el auto de...........

II.– Que por el presente escrito damos cumplimiento dentro de plazo al traslado conferido en los siguientes términos:

PRIMERO.– Que esta parte entiende que, tal como establece la nota de calificación desfavorable del Registro de la Propiedad de .... concurren los dos defectos que motivan la suspensión de la inscripción de los asientos.

I.– Respecto al primer defecto que dice lo siguiente: "Se observa que en el auto del Juzgado de lo mercantil nº..........., procedimiento concurso ordinario nº..........., del........... de........... de........... el juez autoriza la mencionada venta pero a favor de la entidad Banco........... S.A. y no de la entidad........... S.L.", decimos lo siguiente:

La administración concursal recibió por correo electrónico en fecha........... una propuesta de compra de........... fincas registrales entre las que se encuentran las dos fincas que han motivado la calificación con defecto del Registro de la Propiedad número........... de..........., presentada por el Banco..........., pero que quien constaba en dicha oferta de compra, como adquirente de todas las fincas era la sociedad........... S.L.

Dicha propuesta de compra fue presentada por esta administración concursal el día........... ante este Juzgado y fue autorizada por auto de fecha...........

En el citado auto de fecha........... se decía que la oferta de compra había sido presentada por la entidad Banco........... y también en su fundamento de derecho CUARTO, se decía que "Por la administración concursal se solicita autorización para transmitir por título de compraventa a la entidad Banco..........."

Entendemos que procede y por lo tanto, solicitamos la subsanación del auto para que expresamente se diga que la oferta fue presentada por entidad Banco..........., y que en dicha oferta quien constaba como adquirente o parte compradora era la sociedad........... S.L., y por lo tanto a quien se autorizaba para comprar las fincas era a dicha sociedad.

II.– Respecto del segundo defecto que dice lo siguiente: "En dicho auto se hace constar el precio global de...........euros por lo que no es posible comprobar que el precio de la transmisión de estas dos fincas en concreto cumplen con los requisitos establecidos por el Juez", entendemos lo siguiente:

En la propuesta de compra recibida el........... por esta administración concursal por correo electrónico y presentada al juzgado el........... para solicitar su autorización, además del precio global de...........euros, se acompañaba un relación de todas las fincas expresándose el precio unitario de venta de cada una de ellas.

En concreto las fincas registrales que han motivado la calificación con defecto del Registro de la Propiedad de..........., que son la........... y la........... tenían en la propuesta de compra de........... un valor de compra, respectivamente, de...........euros y de...........euros y en la escritura de compraventa en cuestión tales han sido los precios de venta.

Por lo tanto para favorecer la inscripción de la compra de ambas fincas en el Registro de la Propiedad de..........., solicitamos la subsanación del auto de fecha..........., expresándose que el precio global de las........... fincas objeto de la propuesta de compra era de...........euros, y que las dos fincas citada tenían como precio de compra los siguientes: finca registral........... precio de compra...........; y la finca registral..........., precio de compra...........euros. Todo ello tal como consta en la propuesta de compra presentada en este Juzgado el...........

III.– En el supuesto de que por el Juzgado se entienda que no procede la referida subsanación del auto de fecha..........., solicitamos que se dicte oportuna resolución comprensiva de los extremos solicitados por el Banco........... en su escrito de fecha........... a los efectos de facilitar la subsanación de los defectos calificados por el Registro de la Propiedad de........... y la inscripción registral de las fincas........... y...........

SEGUNDO.– Que como consecuencia de lo dicho en el anterior párrafo, solicitamos al juzgado que se proceda a la subsanación del auto de fecha........... para adecuarlo a la nota de calificación del Registro de la Propiedad de........... o que dicte la resolución oportuna, en los términos anteriormente expuestos.

En su virtud,

SUPLICO AL JUZGADO, que tenga por presentado este escrito y sus copias, se sirva admitir todo ello y tenga por efectuadas las manifestaciones contenidas en el cuerpo del presente escrito a los oportunos efectos y tenga por cumplimentado el traslado dado a esta administración concursal por diligencia de ordenación de fecha...........

Es JUSTICIA que se suplica en........... a........... de........... de...........

F708. ESCRITO DE LA ADMINISTRACIÓN CONCURSAL INFORMADO A REQUERIMIENTO DEL JUZGADO SOBRE EXISTENCIA DE CRÉDITO CONTRA LA MASA

Normativa de aplicación: *Arts. 406 y ss. Real Decreto Legislativo 1/2020, de 5 de mayo, por el que se aprueba el texto refundido de la Ley Concursal*

AL JUZGADO DE LO MERCANTIL Nº........... DE...........

Concursada:..........., S.L.

Procedimiento Concursal Ordinario nº...........

Don..........., administración concursal designada en el Procedimiento Concursal Ordinario nº 1 de la mercantil "..........., S.L." comparezco en dichos autos concursales, y como mejor proceda en Derecho DIGO:

ÚNICO.– En cumplimiento de lo ordenado por este Juzgado, se manifiesta que efectivamente consta reconocido por esta Administración Concursal a favor de Don........... un crédito contra la masa por importe de...........euros, que será atendido conforme a las normas concursales en cuanto la compañía tenga tesoreria.

En su virtud,

SUPLICO AL JUZGADO, que teniendo por presentado este escrito se sirva admitirlo y tener por hechas las anteriores manifestaciones a los efectos oportunos.

Lo que se SUPLICA en..........., a........... de........... de...........

Fdo. Administración Concursal

7. CALIFICACIÓN DEL CONCURSO

SUMARIO: F709. ESCRITO DE ALEGACIONES POR ACREEDOR O PERSONADO SOBRE CALIFICACIÓN CULPABLE. F710. INFORME DE LA ADMINISTRACIÓN CONCURSAL PROPONIENDO LA CALIFICACIÓN DEL CONCURSO COMO CULPABLE. F711. INFORME DE LA ADMINISTRACIÓN CONCURSAL PROPONIENDO LA CALIFICACIÓN DEL CONCURSO CULPABLE (II). F712. INFORME DE LA ADMINISTRACIÓN CONCURSAL PROPONIENDO LA CALIFICACIÓN DEL CONCURSO CULPABLE (III). F713. INFORME DE LA ADMINISTRACIÓN CONCURSAL PROPONIENDO LA CALIFICACIÓN DEL CONCURSO COMO CULPABLE (IV). F714. INFORME DE LOS ADMINISTRADORES CONCURSALES PROPONIENDO LA CALIFICACIÓN DEL CONCURSO COMO FORTUITO (I). F715. INFORME DE LA ADMINISTRACIÓN CONCURSAL PROPONIENDO LA CALIFICACIÓN DEL CONCURSO COMO FORTUITO (II). F716. INFORME DE LA ADMINISTRACIÓN CONCURSAL SOLICITANDO LA CALIFICACIÓN DEL CONCURSO COMO FORTUITO TRAS APROBACIÓN CONVENIO CONCURSAL Y NO APERTURA LIQUIDACIÓN. F717. AUTO ACORDANDO EL ARCHIVO POR CALIFICACIÓN DEL CONCURSO COMO FORTUITO. F718. ESCRITO DEL DEUDOR CONCURSADO OPONIÉNDOSE A LA CALIFICACIÓN DEL CONCURSO COMO CULPABLE. F719. ESCRITO DE ADMINISTRADOR SOCIETARIO OPONIÉNDOSE A LA CALIFICACIÓN CONCURSO COMO CULPABLE. F720. ESCRITO DEL CÓMPLICE OPONIÉNDOSE A LA CALIFICACIÓN DEL CONCURSO COMO CULPABLE. F721. SENTENCIA DECLARANDO EL CONCURSO CULPABLE SIN HABERSE FORMULADO OPOSICIÓN. F722. RECURSO DE APELACIÓN CONTRA SENTENCIA DECLARANDO CULPABLE EL CONCURSO. F723. ESCRITO DE TRANSACCIÓN DE LA CALIFICACIÓN. F724. ACUERDO TRANSACCIONAL DE LA CALIFICACIÓN. F725. OPOSICIÓN A LA TRANSACCIÓN DE LA CALIFICACIÓN.

F709. ESCRITO DE ALEGACIONES POR ACREEDOR O PERSONADO SOBRE CALIFICACIÓN CULPABLE

Normativa de aplicación: *Arts. 441 y ss. Real Decreto Legislativo 1/2020, de 5 de mayo, por el que se aprueba el texto refundido de la Ley Concursal*

A LA ADMINISTRACIÓN CONCURSAL DE .... S.L

PRIMERO.– Que mediante auto de fecha ...., se declaro el concurso voluntario de .... S.L, que se tramita ante el Juzgado de lo Mercantil núm. .... de ...., bajo el núm. .... de autos.

SEGUNDO.– Que en el citado concurso esta parte se halla personada, tal y como consta con la providencia, de fecha ...., recaída en las citadas actuaciones (DOCUMENTO UNO).

ATERNATIVA: Que esta parte es acreedora de la concursada citada. Así figura en la lista de acreedores acompañada a la solicitud de declaración de concurso de .... S.L (DOCUMENTO DOS). Además, esta parte ha dado cumplimiento a lo dispuesto en el art. 255 TRLC y comunicado a la administración concursal, en fecha ...., el siguiente crédito: .... (DOCUMENTO TRES).

TRECERO.– Que dentro del plazo de comunicación de créditos, esta parte pasa a efectuar las siguientes manifestaciones, en orden a fundar la calificación del concurso como culpable: ....

Acreditando lo anterior se acompaña la siguiente DOCUMENTACIÓN señalada de número ....

Lo que se expone en, hoy ...., de .... de ....

F710. INFORME DE LA ADMINISTRACIÓN CONCURSAL PROPONIENDO LA CALIFICACIÓN DEL CONCURSO COMO CULPABLE

Normativa de aplicación: *Arts. 441 y ss. Real Decreto Legislativo 1/2020, de 5 de mayo, por el que se aprueba el texto refundido de la Ley Concursal*

JUZGADO DE LO MERCANTIL Nº........... DE...........

D..........., ... Administrador Concursal en autos de Concurso Voluntario nº..........., seguidos a instancia de la concursada "...........", ante el Juzgado comparezco y como mejor proceda en Derecho DIGO:

Que por la presente y de conformidad con lo dispuesto en el artículo 448 TRLC, y dentro de los quince días siguientes al de la presentación del inventario y de la lista de acreedores provisionales, esta administración concursal presenta un informe razonado y documentado sobre los hechos relevantes para la calificación del concurso como culpable, en base a los siguientes,

HECHOS

PRIMERO.– Que se procedió por este juzgado, con fecha........... de........... de..........., a dictar resolución de formación de la sección de calificación del concurso.

SEGUNDO.– Que resulta procedente declarar el presente concurso como culpable por las siguientes razones:...........

TERCERO.– Que son personas afectadas por la calificación del concurso las siguientes...........

CUARTO.– Que deberán considerarse cómplices de dicha actuación..........., por las siguientes causas...........

QUINTO.– Por esta parte se entiende que, a la vista de los arts. 455 y 456 TRLC, procede la siguiente condena a las citadas personas: ....

SEXTO.– Dando cumplimiento a lo establecido en el art. 448.1 TRLC, y habiendo formulado en su día el acreedor .... alegaciones para la calificación del concurso como culpable, las citadas alegaciones se acompañan unidas como anejo a este informe. (DOCUMENTO ....).

Sobre tales alegaciones, indicar lo siguiente: ....

A los anteriores hechos le son de aplicación los siguientes,

FUNDAMENTOS DE DERECHO

PRIMERO.– Art. 441 TRLC: el concurso se calificará como fortuito o como culpable.

SEGUNDO.– El artículo 442 TRLC, según el cual, El concurso se calificará como culpable cuando en la generación o agravación del estado de insolvencia hubiera mediado dolo o culpa grave del deudor o, si los tuviere, de sus representantes legales y, en caso de persona jurídica, de sus administradores o liquidadores, de derecho o de hecho, directores generales, y de quienes, dentro de los dos años anteriores a la fecha de declaración del concurso, hubieren tenido cualquiera de estas condiciones.

TERCERO.– Art. 443 TRLC, al establecer que en todo caso, el concurso se calificará como culpable en los siguientes supuestos:

1° Cuando el deudor se hubiera alzado con la totalidad o parte de sus bienes en perjuicio de sus acreedores o hubiera realizado cualquier acto que retrase, dificulte o impida la eficacia de un embargo en cualquier clase de ejecución iniciada o de previsible iniciación.

2º Cuando durante los dos años anteriores a la fecha de la declaración de concurso hubieran salido fraudulentamente del patrimonio del deudor bienes o derechos.

3º Cuando antes de la fecha de declaración del concurso el deudor hubiese realizado cualquier acto jurídico dirigido a simular una situación patrimonial ficticia.

4º Cuando el deudor hubiera cometido inexactitud grave en cualquiera de los documentos acompañados a la solicitud de declaración de concurso o presentados durante la tramitación del procedimiento, o hubiera acompañado o presentado documentos falsos.

5º Cuando el deudor legalmente obligado a la llevanza de contabilidad hubiera incumplido sustancialmente esta obligación, llevara doble contabilidad o hubiera cometido en la que llevara irregularidad relevante para la comprensión de su situación patrimonial o financiera.

6º Cuando la apertura de la liquidación haya sido acordada de oficio por incumplimiento del convenio debido a causa imputable al concursado.

QUINTO.– Sobre la formación y tramitación de la sección de calificación, vid arts. 446 y ss. TRLC.

SEXTO.– Sobre la sentencia de calificación y su alcance vid. arts. 455 y ss. TRLC.

Es Justicia que nuevamente se SUPLICA en el lugar y fecha reseñados "ut supra".

OTROSÍ DIGO: Que interesa a esta parte el recibimiento del pleito a prueba y en este sentido, esta parte manifiesta los medios de prueba de los que intenta valerse en el presente incidente:...........

En su virtud,

SUPLICO AL JUZGADO que tenga por efectuada la anterior manifestación, se sirva admitirla, y tener por manifestados los medios de prueba de los que intenta valerse esta parte, y previos los oportunos trámites, declare los mismos pertinentes, acordando cuanto proceda en derecho para su práctica.

Es Justicia que nuevamente se SUPLICA en el lugar y fecha reseñados "ut supra".

Es Justicia que pido en..........., a.......... de.......... de..........

F711. INFORME DE LA ADMINISTRACIÓN CONCURSAL PROPONIENDO LA CALIFICACIÓN DEL CONCURSO CULPABLE (II)

Normativa de aplicación: *Arts. 441 y ss. Real Decreto Legislativo 1/2020, de 5 de mayo, por el que se aprueba el texto refundido de la Ley Concursal.*

Concurso Voluntario. Procedimiento Ordinario..../....

Sección 6ª Calificación.

AL JUZGADO DE LO MERCANTIL Nº ..... DE..........

.........., Administrador Concursal designado en el procedimiento de Concurso Voluntario Ordinario de la entidad mercantil..........S.L. que con el número..../.... se tramita ante ese Juzgado, comparece ante el mismo y como mejor proceda en Derecho, DICE:

Que, mediante este escrito se presenta informe razonado y documentado sobre los hechos relevantes para la calificación del concurso con propuesta de resolución, tal como establece el artículo 448. del Texto Refundido de la Ley Concursal (en adelante también TRLC), y dentro del plazo establecido, se emite el presente INFORME, tal y como resulta del conocimiento de los libros y papeles de la concursada, acerca de los capítulos que deben servir de base para la Calificación del Concurso distinguiendo a tal efecto los siguientes

HECHOS

PRIMERO.– Que en fecha 8 de mayo de...... se presentó solicitud de concurso de acreedores de la mercantil..........SL, concurso que fue declarado mediante auto de fecha 20 de octubre de......, nombrándose al que suscribe Administrador Concursal de la referida mercantil.

A los efectos probatorios oportunos se dejan designados los autos de concurso voluntario de acreedores nº..../...., y más en concreto el escrito de fecha 8 de mayo de...... en el que se solicita la declaración de concurso de acreedores, así como el auto de fecha 20 de octubre de...... por el que se declaró el referido procedimiento concursal.

SEGUNDO.– Que mediante escrito de fecha 16 de enero de...... se presentó por esta Administración Concursal el Informe al que se refieren los artículos 290 y ss. TRLC.

A efectos probatorios y para lo que resulte menester se deja designado el informe de la Administración Concursal ex. artículos 290 y ss. TRLC de fecha 16 de enero de.......

Por otra parte, y en cuanto a la formulación del presente informe de calificación, se pone de manifiesto que a fecha actual a esta Administración Concursal no le consta que se hayan formulado alegaciones para la calificación del concurso como culpable ni por parte de los acreedores, ni por aquellos que, sin ser acreedores, se hayan personado en el concurso.

TERCERO.– Que con relación al referido informe, tras revisar la documentación contable, financiera y fiscal de la sociedad concursada, y tal como consta en el citado informe, y de la documentación que se acompaña al presente escrito, son de destacar en primer lugar los siguientes hechos relevantes a los efectos de determinar la eventual culpabilidad del concurso ex. artículo 443 TRLC:

A.– SOBRE LOS ACTOS LLEVADOS A CABO POR LA CONCURSADA EN PERJUICIO DE SUS ACREEDORES (ART. 443.1º TRLC).

El artículo 443.1º del TRLC establece que el concurso se calificará como culpable *cuando: "(...) el deudor se hubiera alzado con la totalidad o parte de sus bienes en perjuicio de sus acreedores o se hubiera realizado cualquier acto que retrase, dificulte o* impida la eficacia de un embargo en cualquier clase de ejecución iniciada o de previsible iniciación."

En las presentes actuaciones no consta que el administrador único de...........S.L., procediera al alzamiento de sus bienes, supuesto al que hace referencia este apartado y tipificado como delito en el artículo 257 del Código Penal, ni tampoco que hubiera realizado cualquier acto que retrasara, dificultara o impidiera la eficacia de un embargo en cualquier clase de ejecución iniciada o de previsible iniciación previo a la declaración de concurso.

Conclusión: No consta la existencia de alzamiento de bienes, ni actos en perjuicio de los acreedores que puedan subsumirse en las conductas descritas en el artículo 443.1° TRLC.

B.– ACTUACIONES FRAUDULENTAS EN LOS DOS AÑOS ANTERIORES A LA DECLARACIÓN DEL CONCURSO DE ACREEDORES (ART. 443.2° TRLC).

El artículo 443.2° del TRLC expone que el concurso se calificará como culpable cuando: "(...) durante los dos años anteriores a la fecha de declaración de concurso hubieran salido fraudulentamente del patrimonio del deudor bienes o derechos."

En los presentes autos de concurso se ha podido observar, a través de la información obtenida de las cuentas anuales de la concursada,...........S.L., que durante los dos años anteriores a la declaración del concurso —...... y......— no se ha producido ninguna salida de los bienes de la misma de forma fraudulenta.

Conclusión: No consta en el periodo establecido como sospechoso en la Ley, esto es, en los dos años anteriores a la declaración de concurso, que haya habido disposiciones patrimoniales que alberguen dudas o sospechosas por no haber tenido la oportuna contrapartida, no dándose por tanto los presupuestos contenidos en el artículo 443.2° TRLC.

C.– ACTOS JURÍDICOS DE LA CONCURSADA DIRIGIDOS A SIMULAR UNA SITUACIÓN PATRIMONIAL FICTICIA (ART. 443.3° TRLC).

El artículo 443.3° del TRLC establece que el concurso se calificará como culpable cuando: "(...) antes de la fecha de la declaración de concurso el deudor hubiese realizado cualquier acto jurídico dirigido a simular una situación patrimonial ficticia."

Esta Administración Concursal ha podido constatar que los únicos actos jurídicos llevados a cabo por la concursada han sido:

- Constitución de la sociedad en mayo de.....;
- Modificación del órgano de administración (dejando de ser administradores mancomunados, designando en su lugar a un administrador único) en noviembre de......

Conclusión: No consta que se hayan realizado actos jurídicos por parte de la concursada encaminados a simular una situación patrimonial ficticia, ello salvo las irregularidades contables relevantes a las que se hará referencia en un momento posterior del presente escrito.

D.– CONDUCTAS RELATIVAS A LAS OBLIGACIONES CONTABLES DE LA CONCURSADA (ART. 443.5° TRLC).

El artículo 443.5° del Texto Refundido de la Ley Concursal establece que el concurso se calificará de culpable cuando: "(...) el deudor legalmente obligado a la llevanza de contabilidad incumpliera sustancialmente esta obligación, llevara doble contabilidad o hubiera cometido irregularidad relevante para la comprensión de su situación patrimonial o financiera."

Para el análisis de la calificación relativa a este concreto apartado, esta Administración Concursal se ha basado en las conclusiones alcanzadas derivadas del análisis efectuado en el punto Tercero del Informe de esta Administración Concursal, donde se recoge el estado de la contabilidad del deudor según lo estipulado en el artículo 293 del Texto Refundido de la Ley Concursal. A los efectos probatorios oportunos se reitera que se deja designado el informe de la Administración Concursal ex artículos 290 y ss. de fecha 16 de enero de.......

De este modo, resulta necesario destacar en primer lugar que la concursada ha depositado las cuentas anuales correspondientes a los dos ejercicios anteriores a la declaración de concurso ante el correspondiente Registro Mercantil desde su constitución, es decir los ejercicios...... y.......

En cuanto al análisis de la contabilidad, tal y como se indicó en el Informe de esta Administración Concursal, se procede a indicar los siguientes aspectos más significativos:

1.– Con relación al periodo del ejercicio......, la concursada en un primer momento manifestó no tener contabilidad dado que no disponía de tesorería para poder encargar su realización, aunque recientemente ha aportado la contabilidad de este ejercicio.

No obstante, tal como se indicó en el apartado 2.7.1 del informe, se ha limitado al registro en la Cuenta de PyG en el epígrafe de "Gastos de personal" de un importe de ...... €, constituyendo por tanto este importe la pérdida producida en dicho ejercicio.

En cuanto al Balance se ha producido un incremento por .... € del saldo a cobrar del epígrafe de "Deudores comerciales y otras cuentas a cobrar" del Activo, y, por otra parte, el incremento del saldo a pagar del epígrafe de "Acreedores comerciales y otras cuentas a pagar" del Pasivo por importe de .... €.

Habiéndose solicitado el extracto de este ejercicio para ver el movimiento, no obstante, dado el valor absoluto de los importes contabilizados en el ejercicio......, estos no han tenido trascendencia para el estudio y análisis de la sociedad.

2.– Se han observado numerosos abonos de proveedores contabilizados principalmente entre julio y octubre del ejercicio.......

Preguntada a la concursada por tal extremo nos ha manifestado verbalmente que dichos abonos se han producido por recepción por parte de los acreedores de dichos abonos al haber realizado directamente el pago sus clientes "...............", "..............." y..............., estando pendiente a la fecha del presente informe que nos contesten por escrito tal extremo.

3.– Tal como se indicó en nuestro informe de fecha 16 de enero de...... el valor del epígrafe de "Clientes por ventas y prestaciones de servicios" que figura en las Cuentas Anuales asciende a............... €, mientras que, en los últimos Balances de Sumas y

Saldos, así como los Extractos de cuentas del ejercicio...... que ha proporcionado la concursada este asciende a................ €.

Este saldo, sin embargo, no queda reflejado en las Cuentas Anuales depositadas ante el Registro Mercantil correspondientes al ejercicio......, en las que se refleja un saldo de................ €.

En la cuenta de clientes se recogen los derechos de cobro pendientes de pago de las sociedades "................", "................" y de................", y las cantidades que aparecen en el balance no coinciden con el importe reclamado vía judicial a estas.

Así mismo, en el presente supuesto, y aunque se expondrá con mayor detalle en un momento posterior del presente escrito, la información suministrada por la concursada en la solicitud del concurso figuran derechos de crédito frente a clientes por importe de................ €, mientras que en las cuentas anuales depositadas en el Registro Mercantil correspondientes al ejercicio...... únicamente figura el importe de................ €. Es decir, una diferencia de más de................ €.

Y relacionado con lo anterior, resulta relevante destacar que la concursada, aportó inventario en el que únicamente figuraban 3 acciones judiciales relativas a los derechos de crédito a los que se ha hecho referencia, siendo que hasta la fecha del presente informe las direcciones letradas de la concursada desistieron de dos de ellas, en concreto:

– Procedimiento Ordinario nº............ /...... que se seguía en el Juzgado de Primera Instancia nº .... de...........

– Procedimiento Ordinario nº............/...... que se seguía en el Juzgado de Primera Instancia nº .... de...........

Es decir, por una parte la concursada ha declarado que su único activo son los derechos de crédito objeto de las reclamaciones judiciales iniciadas, y por otra parte, posteriormente han desistido de las referidas acciones.

De este modo, dado que los directores letrados de los procedimientos han indicado que el saldo adeudado por estos clientes ha sido justificado por pagos a acreedores de la concursada, se entiende que la contabilidad no refleja la imagen fiel de la empresa, por cuanto sus activos se encuentran sobrevalorados y sus pasivos infravalorados, y sin haber reflejado correctamente las supuestas transacciones entre ellos.

4.– Del examen de la contabilidad de la sociedad, se puede deducir que los últimos apuntes fueron realizados en octubre de.......

A los efectos probatorios oportunos se dejan designados:

a) Los Autos de Procedimiento Ordinario nº............ /...... seguidos en el Juzgado de Primera Instancia nº........ de...........

b) Los Autos de Procedimiento Ordinario nº............ /...... seguidos en el Juzgado de Primera Instancia nº........ de...........

Así mismo, a los efectos probatorios oportunos y en acreditación de los extremos anteriormente referenciados se adjunta la siguiente documentación:

• DOCUMENTO 1: Cuentas Anuales del ejercicio......, en las que se puede comprobar el importe declarado de clientes y deudas a cobrar.

• DOCUMENTO 2: Extractos contables de todas las cuentas del ejercicio...... en los que se pueden comprobar los numerosos abonos contabilizados hasta octubre de.......

• DOCUMENTO 3 el Informe de los directores letrados de la concursada relativo al procedimiento judicial nº............ /...... seguido en el Juzgado de Primera Instancia nº........ de.......... en el que se indica que no es viable la citada reclamación que se había incluido dentro del activo en la solicitud de concurso.

• DOCUMENTO 4 el Informe de los directores letrados de la concursada relativo al procedimiento judicial nº............ /...... seguidos en el Juzgado de Primera Instancia nº........ de.......... en el que se indica que no es viable la citada reclamación que se había incluido dentro del activo en la solicitud de concurso.

• DOCUMENTO 5 el escrito solicitando el desistimiento del procedimiento judicial nº............ /...... seguido en el Juzgado de Primera Instancia nº........ de...........

• DOCUMENTO 6 el escrito solicitando el desistimiento del procedimiento judicial nº............ /...... seguidos en el Juzgado de Primera Instancia nº........ de...........

Conclusión: Si bien no consta que la entidad haya llevado doble contabilidad y no se da el supuesto ausencia de llevanza de contabilidad, en virtud de lo anteriormente expuesto se concluye que la contabilidad de la sociedad presenta irregularidades relevantes, no reflejando la imagen fiel de la empresa, situación ésta que a entender de esta Administración Concursal debe dar lugar a la calificación del concurso como culpable ex artículo 443.5º TRLC.

E.– FALSEDAD O INEXACTITUD GRAVE EN LOS DOCUMENTOS PRESENTADOS EN LA SOLICITUD DEL CONCURSO O DURANTE LA TRAMITACIÓN DEL PROCEDIMIENTO (ART. 443.4º).

El artículo 443.4º del Texto Refundido de la Ley Concursal indica que el concurso se calificará de culpable cuando: "(...) el deudor hubiera cometido inexactitud grave en cualquiera de los documentos acompañados a la solicitud de declaración de concurso o presentados durante la tramitación del procedimiento, o hubiera acompañado o presentado documentos falsos."

Este procedimiento concursal fue declarado a solicitud de la propia entidad,........... SL, en fecha 8 de mayo de......, habiendo presentando la documentación que prevén los artículos 6 y ss. TRLC, después de numerosos requerimientos del Juzgado a los efectos de que la concursada subsanara la falta de inclusión de documentación, entre la que se incluía el inventario.

Sin embargo, y tal como se ha indicado en el apartado precedente, la concursada ha proporcionado documentación y/o información falsa o inexacta en relación a su activo, por cuanto que, como se ha visto, en la información suministrada por la concursada en la solicitud del concurso figuran derechos de crédito frente a clientes por importe de.............. €, mientras que en las cuentas anuales depositadas en el Registro Mercantil correspondientes al ejercicio...... únicamente figura el importe de............... €. Es decir, una diferencia de más de............... €.

En este punto, y relacionado con lo anterior, resulta relevante destacar que la concursada, a requerimiento del Juzgado mediante Providencia de fecha 11 de septiembre de...... (esto es, previamente a la declaración del concurso) aportó inventario en el que únicamente figuraban 3 acciones judiciales relativas a los derechos de crédito a los que se acaba de hacer referencia, siendo que hasta la fecha del presente informe las direcciones letradas de la concursada desistieron de dos de ellas, en concreto:

– Procedimiento Ordinario nº............ /...... que se seguía en el Juzgado de Primera Instancia nº........ de...........

– Procedimiento Ordinario nº............ /...... que se seguía en el Juzgado de Primera Instancia nº........ de...........

Es decir, por una parte la concursada declara que su único activo son los derechos de crédito objeto de las reclamaciones judiciales iniciadas, y por otra parte, posteriormente desisten de las referidas acciones, lo que demuestra que la documentación presentada con la solicitud de concurso (recordemos, a requerimiento del Juzgado) era falsa, o cuanto menos, inexacta.

A los efectos probatorios oportunos reiteramos se dejan designados:

c) Los Autos de Procedimiento Ordinario nº............ /...... seguidos en el Juzgado de Primera Instancia nº........ de...........

d) Los Autos de Procedimiento Ordinario nº............ /...... seguidos en el Juzgado de Primera Instancia nº........ de...........

Conclusión: Se ha analizado la documentación presentada por la concursada en el seno del presente procedimiento concursal, y conforme a lo expuesto, esta Administración Concursal considera que en el presente supuesto se dan los presupuestos contenidos en el artículo 443.4º TRLC, esto es, falsedad o inexactitud grave en los documentos presentados en la solicitud del concurso o durante la tramitación del procedimiento, lo que debe dar lugar a una declaración de culpabilidad.

F.– APERTURA DE LA LIQUIDACIÓN POR INCUMPLIMIENTO DEL CONVENIO DEBIDO A CAUSA IMPUTABLE AL CONCURSADO (ART. 443.6º TRLC).

El artículo 443.6º del TRLC expone que el concurso se calificará como culpable cuando: "(...) la apertura de la liquidación haya sido acordada de oficio por incumplimiento del convenio debido a causa imputable al concursado."

En este punto conviene recordar que el proceso concursal se encuentra en fase común, previa a la fase de liquidación que, en caso de abrirse, esta administración concursal considera que no sería por incumplimiento de convenio, sino por la imposibilidad de aprobar uno con sus acreedores, debiéndose aperturar por tanto la liquidación en el momento procesal oportuno.

Conclusión: Dado que a fecha del presente informe la Fase de Liquidación no ha sido aperturada, no se da el presupuesto contenido en el artículo 443.6º TRLC.

CONCLUSIONES DEFINITIVAS DEL PRESENTE APARTADO:

Tal como se ha expuesto y acreditado, esta Administración Concursal considera que concurre en el supuesto de autos el presupuesto de culpabilidad previsto en el artículo 443.5°, ello por cuanto que se ha podido constatar que la contabilidad de la sociedad presenta irregularidades relevantes, lo que, a la postre, debe implicar la declaración del concurso como culpable.

Así mismo, y tal como se ha expuesto, esta Administración Concursal considera que en el presente supuesto se dan los presupuestos contenidos en el artículo 443.4° TRLC, esto es, falsedad o inexactitud grave en los documentos presentados en la solicitud del concurso o durante la tramitación del procedimiento, lo que debe dar lugar igualmente a una declaración de culpabilidad.

CUARTO.– Por otra parte, nuevamente con relación al informe de esta Administración Concursal de fecha 16 de enero de......, tras revisar la documentación contable, financiera y fiscal de la sociedad concursada, y tal como consta en el citado informe, y de la documentación que se acompaña al presente escrito, son de destacar los siguientes hechos relevantes a los efectos de determinar la eventual culpabilidad del concurso ex. artículo 444 TRLC, el cual establece que una serie de presunciones (que admiten prueba en contrario) a que determinan la culpabilidad del concurso:

A.– INCUMPLIMIENTO DEL DEBER DE SOLICITAR LA DECLARACIÓN DEL CONCURSO (ART. 444.1.° TRLC).

El artículo 444.1° del TRLC establece que se presume la existencia de dolo o culpa grave cuando "el deudor o, en su caso, sus representantes legales, administradores o liquidadores, hubieran incumplido el deber de solicitar la declaración de concurso."

Tal y como se ha comprobado por esta Administración Concursal al analizar la contabilidad de la sociedad, los últimos apuntes contables fueron realizados en octubre de......, pues la contabilidad que se puso a nuestra disposición del ejercicio......, contenía las diferencias que a continuación se procede a detallar:

.... DIFERENCIA			
ACTIVO NO CORRIENTE	0	0	0,00
Inmovilizado material	0	0	0,00
Inversiones Inmobiliarias	0	0	0,00
ACTIVO CORRIENTE	0	0	0
Deudores ciales. y ot. ctas. a cobrar	0	0	0
Efectivo y ot. activos líquidos equivalentes	0	0	0,00
TOTAL ACTIVO	0	0	0

.... DIFERENCIA			
PATRIMONIO NETO	0	0	0
a) Fondos Propios	0	0	0

Capital	0	0	0
Rdos de ejercicios anteriores	0	0	0
Resultado del ejercicio (B° o P°)	0	0	0
PASIVO NO CORRIENTE	0	0	0
PASIVO CORRIENTE	0	0	0
Deudas a c/p	0	0	0
Acreedores ciales. Y ot. cuentas a pagar	0	0	0
TOTAL P. NETO Y PASIVO	0	0	0

Estas diferencias resultan totalmente inmateriales y denotan que la sociedad no tiene actividad desde, como mínimo, el momento en que dejó de reflejar contablemente operaciones derivadas de su actividad, esto es, en octubre de.......

Los datos correspondientes al ejercicio...... se han obtenido de las Cuentas Anuales depositadas del...... y los datos contables del......, a la contabilidad facilitada por la concursada.

Este hecho se corrobora con los impuestos presentados en el cuarto trimestre del ejercicio......, siendo el modelo de retenciones por rendimientos del trabajo y de actividades económicas (modelo 111) negativo, así como el impuesto sobre el valor añadido (modelo 303).

La solicitud de concurso fue presentada el 8 de mayo de......, lo cual excede de los 2 meses siguientes a la fecha en que hubiera conocido o debido conocer el estado de insolvencia, ex artículo 5 del TRLC, que, a criterio de esta Administración Concursal debía conocerse desde octubre del ejercicio.......

A los efectos probatorios oportunos se ha adjuntado como DOCUMENTO 1 las cuentas anuales del ejercicio...... en las que se puede comprobar el importe declarado de clientes y deudas a cobrar, y como DOCUMENTO 2 los extractos contables de todas las cuentas del ejercicio...... en los que se pueden comprobar que los últimos apuntes contables se realizaron en octubre de.......

Así mismo, a efectos probatorios se adjunta la siguiente documentación que acredita los extremos anteriormente desarrollados:

- DOCUMENTO 7: Balance correspondiente al ejercicio.......
- DOCUMENTO 8: Modelo 111 correspondiente al ejercicio.......
- DOCUMENTO 9: Modelo 303 correspondientes al ejercicio.......

Conclusión: En virtud de todo lo anteriormente expuesto, esta Administración Concursal considera que la mercantil no ha cumplido con el deber de solicitar la declaración de concurso de acreedores dentro de los dos meses siguientes a la fecha en que hubiera conocido o debido conocer el estado de insolvencia, de conformidad con el artículo 5 del TRLC, lo que debe implicar la declaración de culpabilidad del concurso ex. artículo 444.1° del TRLC.

B.– INCUMPLIMIENTO DEL DEBER DE COLABORACIÓN CON LA ADMINISTRACIÓN CONCURSAL (ART. 444.2° TRLC).

El artículo 444.2° del TRLC establece que se presume la existencia de dolo o culpa grave cuando: "el deudor o, en su caso, sus representantes legales, administradores o liquidadores, hubieran incumplido el deber de colaboración con el juez del concurso y la administración concursal, no les hubieran facilitado la información necesaria o conveniente para el interés del concurso (...)"

Esta Administración Concursal debe manifestar que el nivel de colaboración de la concursada ha sido muy limitado, escueto, y, sin duda, mejorable. Esta Administración concursal ha tenido que reclamar de forma reiterada la documentación e información que ha ido solicitando a la concursada durante toda la tramitación del procedimiento, habiendo recibido únicamente parte de dicha documentación en los días previos a la confección del Informe, esto es al 16 de enero de......, pese a haberla solicitado desde el inicio del concurso.

Esta Administración Concursal considera que el deber de colaboración debe ser analizado atendiendo a plazos razonables, pues, como ha sucedido en el supuesto de autos, de nada sirve obtener una documentación necesaria el día anterior al que se necesita para la confección de un informe que exige un gran nivel de detalle. Es decir, se ha de tener en consideración el momento y plazo en el que se ha facilitado la documentación solicitada a los efectos de determinar si se ha cumplido con el deber de colaboración legalmente exigido a la concursada.

A los efectos probatorios oportunos y en aras a acreditar los extremos anteriormente desarrollados se adjunta la siguiente documentación:

• DOCUMENTO 10: Relación de documentación solicitada entregada al administrador único en diciembre de...... y firmada electrónicamente.

• DOCUMENTO 11: Correos electrónicos recibidos de la concursada entre el 9 de enero de...... y el 15 de enero de...... con documentación para la confección del informe de los artículos 290 y ss. TRLC.

Conclusión: En virtud de lo anteriormente expuesto, esta Administración Concursal considera que la concursada no ha cumplido con el deber de colaboración legalmente exigible, por lo que debe declararse la culpabilidad del concurso ex. artículo 444.2° TRLC.

C.– SOBRE LA AUSENCIA DE CUENTAS ANUALES, DE LA OBLIGACIÓN DE AUDITORÍA (EN SU CASO), ASÍ COMO DE LA FALTA DE DEPÓSITO DE LAS MISMAS (ART. 444.3° TRLC).

El artículo 444.3° del TRLC establece que se presume la existencia de dolo o culpa grave "Si, en alguno de los tres últimos ejercicios anteriores a la declaración del concurso, el deudor obligado legalmente a la llevanza de contabilidad no hubiera formulado las cuentas anuales, no las hubiera sometido a auditoría, debiendo hacerlo, o, una vez aprobadas, no las hubiera depositado en el Registro Mercantil o en el Registro correspondiente."

Tal y como se indicó en el Informe presentado por la Administración Concursal el 16 de enero de……, la concursada había formulado, aprobado y depositado ante el Registro Mercantil sus cuentas anuales de los ejercicios…… (ejercicio de constitución) y:……

Ejercicio Fecha depósito

…… 17/08/……

…… 9/09/……

Por otra parte, a los efectos del presente apartado, se deja constancia que……….SL, de conformidad con lo previsto en la Ley, no ha estado obligada a someter a auditoría sus cuentas anuales.

Conclusión: La concursada ha cumplido con el deber de formulación, aprobación y depósito de cuentas ante el Registro Mercantil de los ejercicios anteriores a la declaración de concurso, no viniendo obligada a someter a auditoría sus cuentas anuales.

CONCLUSIONES DEFINITIVAS DEL PRESENTE APARTADO: Tal como se ha expuesto y acreditado, esta Administración Concursal considera que concurren en el supuesto de autos las presunciones contenidas en el artículo 444.1° y 2°, lo que debe implicar la declaración del concurso como culpable.

Ello, en primer lugar, por cuanto que se ha constatado que la mercantil concursada no ha cumplido con el deber de solicitar la declaración de concurso de acreedores dentro de los dos meses siguientes a la fecha en que hubiera conocido o debido conocer el estado de insolvencia, de conformidad con el artículo 5 del TRLC, (artículo 444.1° del TRLC).

Y, en segundo lugar, por cuanto que la concursada no ha cumplido con el deber de colaboración legalmente exigible (artículo 444.2° TRLC).

QUINTO.– En virtud de lo anteriormente expuesto, y dado que a entender de esta Administración Concursal procede la declaración del concurso como culpable, procede identificar las personas a las que debe afectar la calificación.

De este modo, el artículo 448.3° del TRLC establece que: "Si la administración concursal propusiera la calificación del concurso como culpable, el informe expresará la identidad de las personas a las que deba afectar la calificación y de las que hayan de ser consideradas cómplices, justificándose la causa, así como la determinación de daños y perjuicios que, en su caso, se hayan causado por las personas anteriores y las demás pretensiones que se consideren procedentes conforme a lo previsto por la ley."

En cumplimiento de lo dispuesto en el referido precepto, esta Administración Concursal considera que la única persona que debe ser afectada por la calificación de culpable del procedimiento es don…………., con DNI…………., en su condición de administrador único de……….SL, siendo la persona afectada por cuanto es quien presenta las cuentas anuales de la sociedad ante el Registro Mercantil, tiene la obligación de llevar una contabilidad ordenada, que refleje la imagen fiel de la empresa, así como de presentar la solicitud de concurso en el plazo estipulado por el Texto Refundido de la Ley Concursal y quien, de conformidad con dicho cuerpo legal, debe colaborar con la Administración Concursal durante toda la tramitación del procedimiento.

SEXTO.– En virtud de lo anterior, y de conformidad con lo dispuesto en el artículo 455.2º TRLC, procede así mismo la inhabilitación de la persona afectada por la declaración de culpabilidad, en los términos previstos en el referido precepto:

"La inhabilitación de las personas naturales afectadas por la calificación para administrar los bienes ajenos durante un período de dos a quince años, así como para representar a cualquier persona durante el mismo período. Esta inhabilitación se notificará al Registro de la Propiedad y al Registro Mercantil para su constancia en la hoja de la concursada y en las demás del registro en que aparezca la persona inhabilitada, así como en el Índice único informatizado del artículo 242 bis de la Ley Hipotecaria.

La duración del periodo de inhabilitación se fijará por el juez atendiendo a la gravedad de los hechos y a la entidad del perjuicio causado a la masa activa, así como a la existencia de otras sentencias de calificación del concurso como culpable en los que la misma persona ya hubiera sido inhabilitada.

Excepcionalmente, en caso de convenio, si así lo hubiera solicitado la administración concursal en el informe de calificación, la sentencia podrá autorizar al inhabilitado a continuar al frente de la empresa o como administrador de la sociedad concursada durante el tiempo de cumplimiento del convenio o por periodo inferior."

En este caso, esta Administración Concursal considera por las conductas y hechos descritos procede la inhabilitación por un periodo de dos años. No obstante, el Juzgado con su superior criterio resolverá.

SÉPTIMO.– Por último, esta Administración Concursal considera, y así solicita que se acuerde por el Juzgador, que pese a la existencia de presupuestos que puedan conllevar a una declaración de culpabilidad, no procede la condena a la cobertura, total o parcial, del déficit.

Ello por cuanto se considera que, si bien las conductas cometidas por la persona afectada son merecedoras de una declaración de culpabilidad conforme a los artículos 443 y 444 TRLC, las mismas no han generado o agravado la insolvencia.

De este modo, y dado que esta Administración Concursal considera que las conductas que deben determinar la calificación del concurso como culpable no han generado o agravado la insolvencia, no procede en este caso la condena a la cobertura del déficit, ello de conformidad con lo dispuesto en el artículo 456 TRLC.

A los anteriores hechos, le son de aplicación los siguientes

FUNDAMENTOS DE DERECHO

I.– PROCESALES.

PRIMERO. COMPETENCIA Y PROCEDIMIENTO.– Es competente el Juzgado al que me dirijo, conforme a lo que dispone el art. 86 ter de la Ley Orgánica del Poder Judicial, así como de conformidad con el artículo 448 del Real Decreto Legislativo 1/2020, de 5 de mayo, por el que se aprueba el texto refundido de la Ley Concursal. Además, este trámite deberá ventilarse conforme a lo establecido en los artículos 450 y ss. TRLC.

SEGUNDO. CAPACIDAD Y LEGITIMACIÓN.

Esta Administración Concursal se encuentra capacitada y legitimada para la presentación del presente escrito en virtud de lo dispuesto en el artículo 448 TRLC que establece que:

"1. Dentro de los quince días siguientes al de la presentación del inventario y de la lista de acreedores provisionales, la administración concursal presentará un informe razonado y documentado sobre los hechos relevantes para la calificación del concurso, con propuesta de resolución. Si los acreedores o los que sin ser acreedores se hayan personado en el concurso hubieran formulado alegaciones para la calificación del concurso como culpable, esas alegaciones se unirán como anejo al informe de calificación.

2. El informe de calificación tendrá la estructura propia de una demanda si el administrador concursal solicitara la calificación del concurso como culpable. (...)"

II.- DE FONDO.

PRIMERO. SOBRE LAS CAUSAS DE CULPABILIDAD DEL ARTÍCULO 443 TRLC.

A) CONDUCTAS RELATIVAS A LAS OBLIGACIONES CONTABLES DE LA CONCURSADA (ART. 443.5° TRLC)

De conformidad con lo expuesto en los Fundamentos de Hecho del presente escrito, esta parte considera que se han dado en el supuesto de autos las conductas descritas en el artículo 443.5° TRLC, el cual establece que procede la declaración de culpabilidad si:

"(...) el deudor legalmente obligado a la llevanza de contabilidad incumpliera sustancialmente esta obligación, llevara doble contabilidad o hubiera cometido irregularidad relevante para la comprensión de su situación patrimonial o financiera."

En este caso, y conforme a los expuesto en un pasaje anterior del presente escrito, al que nos remitimos en aras a una mayor brevedad, esta Administración Concursal considera que si bien no consta que la entidad haya llevado doble contabilidad y tampoco se da el supuesto ausencia de llevanza de contabilidad, sí puede concluirse que la contabilidad de la sociedad presenta irregularidades relevantes, no reflejando la imagen fiel de la empresa por cuanto sus activos se encuentran sobrevalorados y sus pasivos infravalorados, situación ésta que debe dar lugar a la calificación del concurso como culpable ex artículo 443.5° TRLC.

Ello por cuanto que ha venido considerando que la irregularidad relevante es aquella que genera confusión sobre la verdadera situación financiera, lo que ha de valorarse tanto en términos cuantitativos como cualitativos.

En este sentido la Sentencia del Tribunal Supremo de 27 de octubre de 2017 en la que se indica que, por un lado, la irregularidad será relevante cualitativamente cuando impida a cualquier tercero tener una información correcta y suficiente del estado patrimonial de la empresa, y por otro lado, en términos cuantitativos la relevancia se observará cuando el importe económico de la incidencia, en relación al tamaño de la empresa, altere significativamente la situación patrimonial y financiera proyectada al exterior.

En este caso, y tal como se ha indicado, se cumplen los presupuestos anteriormente indicados, ello por cuanto el valor del epígrafe de "Clientes por ventas y prestaciones de servicios" que figura en las Cuentas Anuales asciende a............... €, mientras que, en los últimos Balances de Sumas y Saldos, así como los Extractos de cuentas del ejercicio...... que ha proporcionado la concursada este asciende a............... €.

Este saldo, sin embargo, no queda reflejado en las Cuentas Anuales depositadas ante el Registro Mercantil correspondientes al ejercicio......, en las que se refleja un saldo de............... €.

B.– FALSEDAD O INEXACTITUD GRAVE EN LOS DOCUMENTOS PRESENTADOS EN LA SOLICITUD DEL CONCURSO O DURANTE LA TRAMITACIÓN DEL PROCEDIMIENTO (ART. 443.4º).

Así mismo, y conforme a lo dispuesto en el artículo 443.4º TRLC, esta Administración Concursal considera que se dan los presupuestos contenidos en el referido precepto, de modo que procede una declaración de culpabilidad por este motivo.

De este modo, el artículo 443.4º del Texto Refundido de la Ley Concursal indica que el concurso se calificará de culpable cuando: "(...) el deudor hubiera cometido inexactitud grave en cualquiera de los documentos acompañados a la solicitud de declaración de concurso o presentados durante la tramitación del procedimiento, o hubiera acompañado o presentado documentos falsos."

Así las cosas, este supuesto concreto de culpabilidad se ha venido interpretando en el sentido de analizar la gravedad de los hechos. Es decir, se trata de que el deudor aporte junto con su solicitud la información que se espera de él, y que dicha información sea en términos generales exacta, de manera que no induzca a error o a engaño. En este sentido la Sentencia del Juzgado de lo Mercantil de Alicante nº 1 de fecha 21 de noviembre de 2007.

Así mismo, y para determinar la gravedad de la inexactitud resulta jurisprudencialmente pacífico que debe atenderse a su impacto sobre la imagen fiel del activo del deudor.

Pues bien, tal como se ha acreditado, la concursada ha proporcionado documentación y/o información falsa o inexacta en relación a su activo, por cuanto que, como se ha visto, en la información suministrada por la concursada en la solicitud del concurso figuran derechos de crédito frente a clientes por importe de............... €, mientras que en las cuentas anuales depositadas en el Registro Mercantil correspondientes al ejercicio...... únicamente figura el importe de............... €. Es decir, una diferencia de más de............... €.

Así mismo, resulta relevante destacar que la concursada, a requerimiento del Juzgado mediante Providencia de fecha 11 de septiembre de...... (esto es, previamente a la declaración del concurso) aportó inventario en el que únicamente figuraban 3 acciones judiciales relativas a los derechos de crédito a los que se acaba de hacer referencia, siendo que hasta la fecha del presente informe las direcciones letradas de la concursada desistieron de dos de ellas, en concreto:

– Procedimiento Ordinario nº............ /...... que se seguía en el Juzgado de Primera Instancia nº....... de...........

– Procedimiento Ordinario nº............ /...... que se seguía en el Juzgado de Primera Instancia nº........ de...........

Es decir, por una parte la concursada declara que su único activo son los derechos de crédito objeto de las reclamaciones judiciales iniciadas, y por otra parte, posteriormente desisten de las referidas acciones, lo que demuestra que la documentación presentada con la solicitud de concurso (recordemos, a requerimiento del Juzgado) era falsa, o cuanto menos, inexacta.

En este punto y por ser asimilable al supuesto de autos al tratar una introducción de partidas de activo que no se corresponden con la realidad, la Sentencia de la Audiencia Provincial de Pontevedra de fecha 5 de julio de 2012.

Es evidente por tanto que en el presente supuesto se dan los presupuestos contenidos en el artículo 443.4° TRLC, esto es, falsedad o inexactitud grave en los documentos presentados en la solicitud del concurso o durante la tramitación del procedimiento.

SEGUNDO. SOBRE LAS CAUSA DE CULPABILIDAD DEL ARTÍCULO 444 TRLC.

En este caso, y tal como se ha desarrollado anteriormente, esta Administración Concursal considera que se cumplen dos de las presunciones previstas en el artículo 444 TRLC que pueden dar lugar a la declaración del concurso como culpable:

A.– INCUMPLIMIENTO DEL DEBER DE SOLICITAR LA DECLARACIÓN DEL CONCURSO (ART. 444.1.° TRLC).

El artículo 444.1° del TRLC establece que se presume la existencia de dolo o culpa grave cuando "el deudor o, en su caso, sus representantes legales, administradores o liquidadores, hubieran incumplido el deber de solicitar la declaración de concurso."

De este modo, y conforme a lo acreditado en un momento anterior del presente escrito, esta Administración Concursal considera que la mercantil no ha cumplido con el deber de solicitar la declaración de concurso de acreedores dentro de los dos meses siguientes a la fecha en que hubiera conocido o debido conocer el estado de insolvencia, de conformidad con el artículo 5 del TRLC, lo que debe implicar la declaración de culpabilidad del concurso ex. artículo 444.1° del TRLC.

B.– INCUMPLIMIENTO DEL DEBER DE COLABORACIÓN CON LA ADMINISTRACIÓN CONCURSAL (ART. 444.2° TRLC).

Por otra parte, el artículo 444.2° del TRLC establece que se presume la existencia de dolo o culpa grave cuando: "el deudor o, en su caso, sus representantes legales, administradores o liquidadores, hubieran incumplido el deber de colaboración con el juez del concurso y la administración concursal, no les hubieran facilitado la información necesaria o conveniente para el interés del concurso (...)"

De este modo, y conforme a lo expuesto y acreditado en un pasaje anterior del presente escrito, esta Administración Concursal considera que la concursada no ha cumplido con el deber de colaboración legalmente exigible, por lo que debe declararse la culpabilidad del concurso ex. artículo 444.2° TRLC.

TERCERO. SOBRE LA AFECTACIÓN DE LA CULPABILIDAD.

Dada la procedencia de la declaración de culpabilidad, resulta necesario identificar la persona a la que debe afectar la calificación del concurso como culpable, ello de conformidad con lo dispuesto en el artículo 448.3° TRLC.

De este modo, el artículo 448.3° del TRLC establece que: "Si la administración concursal propusiera la calificación del concurso como culpable, el informe expresará la identidad de las personas a las que deba afectar la calificación y de las que hayan de ser consideradas cómplices, justificándose la causa, así como la determinación de daños y perjuicios que, en su caso, se hayan causado por las personas anteriores y las demás pretensiones que se consideren procedentes conforme a lo previsto por la ley."

En cumplimiento de lo dispuesto en el referido precepto, esta Administración Concursal considera que la única persona que debe ser afectada por la calificación de culpable del procedimiento es don............, con DNI............, en su condición de administrador único de..........SL, siendo la persona afectada por cuanto es quien presenta las cuentas anuales de la sociedad ante el Registro Mercantil, tiene la obligación de llevar una contabilidad ordenada, que refleje la imagen fiel de la empresa, así como de presentar la solicitud de concurso en el plazo estipulado por el Texto Refundido de la Ley Concursal y quien, de conformidad con dicho cuerpo legal, debe colaborar con la Administración Concursal durante toda la tramitación del procedimiento.

CUARTO. SOBRE LA INHABILITACIÓN DE LA PERSONA AFECTADA POR LA CALIFICACIÓN.

En este punto, procede la aplicación del artículo 455.2° TRLC, y por ende, la inhabilitación de la persona afectada por la calificación, ello en los términos previstos en el referido precepto:

"La inhabilitación de las personas naturales afectadas por la calificación para administrar los bienes ajenos durante un período de dos a quince años, así como para representar a cualquier persona durante el mismo período. Esta inhabilitación se notificará al Registro de la Propiedad y al Registro Mercantil para su constancia en la hoja de la concursada y en las demás del registro en que aparezca la persona inhabilitada, así como en el Índice único informatizado del artículo 242 bis de la Ley Hipotecaria.

La duración del periodo de inhabilitación se fijará por el juez atendiendo a la gravedad de los hechos y a la entidad del perjuicio causado a la masa activa, así como a la existencia de otras sentencias de calificación del concurso como culpable en los que la misma persona ya hubiera sido inhabilitada.

Excepcionalmente, en caso de convenio, si así lo hubiera solicitado la administración concursal en el informe de calificación, la sentencia podrá autorizar al inhabilitado a continuar al frente de la empresa o como administrador de la sociedad concursada durante el tiempo de cumplimiento del convenio o por periodo inferior."

QUINTO. SOBRE LA CONDENA A LA COBERTURA DEL DÉFICIT.

Por último, esta Administración Concursal considera, y así solicita que se acuerde por el Juzgador, que pese a la existencia de presupuestos que puedan conllevar a una declaración de *culpabilidad*, no procede la condena a la cobertura, total o parcial, del déficit.

Ello por cuanto se considera que, si bien las conductas cometidas por la persona afectada son merecedoras de una declaración de culpabilidad conforme a los artículos 443 y 444 TRLC, las mismas no han generado o agravado la insolvencia.

De este modo, y dado que esta Administración Concursal considera que las conductas que deben determinar la calificación del concurso como culpable no han generado o agravado la insolvencia, no procede en este caso la condena a la cobertura del déficit, ello de conformidad con lo dispuesto en el artículo 456.1 TRLC:

"Cuando la sección de calificación hubiera sido formada o reabierta como consecuencia de la apertura de la fase de liquidación, el juez, en la sentencia de calificación, podrá condenar, con o sin solidaridad, a la cobertura, total o parcial, del déficit a todos o a algunos de los administradores, liquidadores, de derecho o de hecho, o directores generales de la persona jurídica concursada que hubieran sido declarados personas afectadas por la calificación en la medida que la conducta de estas personas que haya determinado la calificación del concurso como culpable hubiera generado o agravado la insolvencia"

SEXTO.– COSTAS

En este caso, no procede la interposición de costas, ello en virtud de lo dispuesto en el artículo 455.3 TRLC, el cual establece:

"3. En materia de costas, serán de aplicación las siguientes reglas especiales:

1.° La sentencia que desestime la solicitud de calificación del concurso como culpable a solicitud de la administración concursal no condenará a esta al pago de las costas, salvo que concurra temeridad.

2.° La sentencia que estime la solicitud de calificación del concurso como culpable no condenará a las personas afectadas por la calificación o declarados cómplices al pago de las costas en que hubieran incurrido los legitimados personados en la sección sexta para defender la calificación del concurso como culpable."

En su virtud,

SOLICITO AL JUZGADO, que teniendo por presentado este INFORME, se sirva admitirlo, y de acuerdo con lo expuesto y según el criterio de esta Administración Concursal el presente procedimiento de concurso de la entidad............S.L. sea calificado como CULPABLE, y en dicho sentido procede dictar resolución judicial en esta sección de calificación por la que:

– Se declare el concurso como culpable al haberse cometido irregularidad contable relevante (443.5° del TRLC); al haber cometido inexactitud grave en cualquiera de los documentos acompañados a la solicitud de declaración de concurso (art. 443.4°); al no haberse solicitado el concurso en el plazo establecido por la legislación vigente (444.1° del TRLC); y haber incumplido el deber de colaboración con la Administración Concursal (444.2° del TRLC).

– Se declare persona afectada por la calificación culpable a don............, con DNI............, administrador único de la concursada.

– Se declare la inhabilitación para administrar bienes ajenos durante un periodo de dos años a don.............

– Se declare la pérdida de cualquier derecho que tuviera como acreedor concursal o contra la masa de don.............

– Se declare que no procede la condena a la cobertura del déficit, ello en virtud de lo dispuesto en el artículo 456 TRLC al entender que las conductas que deben determinar la calificación del concurso como culpable no han generado o agravado la insolvencia.

OTRO SÍ PRIMERO DIGO.– Que de conformidad con lo dispuesto en los artículos 448 y 539 TRLC, y con el objeto de que surta los efectos probatorios oportunos en el seno del presente incidente, por esta parte se propone y se interesa se admita la práctica de los siguientes MEDIOS DE PRUEBA:

A) DOCUMENTAL: Que se tengan por reproducidos y aportados al ramo de prueba de esta parte los documentos que se acompañan al presente escrito de contestación y los cuales han sido referenciados en el cuerpo del presente escrito.

Así mismo, y a efectos probatorios oportunos, se dejan designados los autos de Concurso Voluntario nº..../.... que se siguen en el presente Juzgado, así como el resto de documentos e informes relativos al referido procedimiento concursal contenidos y referenciados en el presente escrito de contestación formulado por esta parte, solicitando se tengan por reproducidos.

Del mismo modo, a efectos probatorios SE DESIGNAN LOS DOCUMENTOS, ARCHIVOS Y REGISTROS correspondientes a todos aquellos organismos, juzgados y entidades que hayan podido quedar reseñados en el presente escrito, así como que guarden relación con los documentos que se aportan con el mismo.

SUPLICO AL JUZGADO, que se tenga por efectuada la anterior solicitud, acordándose la admisión y pertinencia de los medios de prueba anunciados.

OTRO SÍ SEGUNDO DIGO.– Que de conformidad con el artículo 448.5 TRLC, esta parte se reserva la posibilidad de presentar una ampliación del presente informe en caso de que se tuviera conocimiento de algún hecho relevante para la calificación.

SUPLICO AL JUZGADO, que teniendo por efectuada la anterior manifestación a los efectos oportunos.

OTRO SÍ TERCERO DIGO.– Que dado que los medios de prueba de esta parte consisten en la documental aportada y designada en el presente escrito, de conformidad de lo dispuesto en los artículos 450.4 y 540 TRLC, se solicita se dicte la correspondiente resolución sin necesidad de vista y sin más trámites, ello en cualquier caso a expensas del contenido de los informes que se emitan, en su caso, en los que se solicite la calificación del concurso como culpable, y del contenido de las alegaciones que se presenten, en su caso, por el deudor y/o la persona afectada por la calificación.

SUPLICO AL JUZGADO, que se tenga por efectuada la anterior solicitud, acordándose cuanto proceda en Derecho.

OTRO SÍ CUARTO DIGO.– Que siendo intención de esta parte cumplir con todos los requisitos legales, a tenor de lo previsto en el artículo 231 de la Ley de Enjuiciamiento Civil, se solicita por esta parte que se nos diere traslado de cualquier defecto que pudiera adolecer la presente demanda, para proceder a la inmediata subsanación.

SUPLICO AL JUZGADO, que teniendo por efectuada la anterior manifestación a los efectos oportunos.

Todo lo anterior por ser de justicia que pido en.........., a 6 de febrero de......

Fdo...........

ADMINISTRACIÓN CONCURSAL

F712. INFORME DE LA ADMINISTRACIÓN CONCURSAL PROPONIENDO LA CALIFICACIÓN DEL CONCURSO CULPABLE (III)

Normativa de aplicación: *Arts. 441 y ss. Real Decreto Legislativo 1/2020, de 5 de mayo, por el que se aprueba el texto refundido de la Ley Concursal.*

Concurso Voluntario. Procedimiento Ordinario nº..................

Sección 6ª Calificación.

AL JUZGADO DE LO MERCANTIL Nº......... DE ....

....................., Administrador Concursal designado en el procedimiento de Concurso Necesario Ordinario de la entidad mercantil .........................S.L. (en adelante también "...........") que con el número ....se tramita ante ese Juzgado, comparece ante el mismo y como mejor proceda en Derecho, DICE:

Que por el presente escrito, de conformidad con lo dispuesto en el artículo 448 del Texto Refundido de la Ley Concursal (en adelante también "TRLC"), y dentro del plazo legalmente previsto, esta administración concursal presenta un informe razonado y documentado sobre los hechos relevantes para la calificación del concurso como CULPABLE, en base y distinguiendo a tal efectos los siguientes

HECHOS

PRIMERO.– ANTECEDENTES (I)

Que en fecha ....de 2023 se presentó por parte de los acreedores ....solicitud de concurso necesario de acreedores de la mercantil ....SL.

Ante la referida solicitud, la ahora concursada presentó escrito en .... de 2024, por el que se allanaba a la solicitud de concurso necesario presentado por los referidos acreedores, habiéndose declarado finalmente el concurso con el carácter de necesario mediante auto de ....2024, decretándose la suspensión de facultades del deudor y nombrándose al que suscribe Administrador Concursal de la referida mercantil.

A los efectos probatorios oportunos se dejan designados los autos de concurso necesario de acreedores nº.........................., y más en concreto la demanda de concurso necesario de fecha .... de 2023, el escrito de fecha ....de 2024 por el que la deudora se allanaba a la solicitud de concurso necesario, así como el auto de fecha ....de 2024 por el que se declaró el referido procedimiento concursal.

SEGUNDO.– ANTECEDENTES (II)

Que mediante escrito de fecha ....de 2024 se presentó por esta Administración Concursal el Informe al que se refieren los artículos 290 y ss. TRLC.

A efectos probatorios y para lo que resulte menester se deja designado el informe de la Administración Concursal ex. artículos 290 y ss. TRLC de fecha ....de 2024.

Por otra parte, y en cuanto a la formulación del presente informe de calificación, se pone de manifiesto que el acreedor ...........................S.L. ha remitido por correo electrónico de fecha ....de 2024 a esta Administración Concursal alegaciones respecto a la calificación del concurso.

Sin perjuicio de que las mismas parece que se han remitido fuera del plazo legalmente previsto en el artículo 447 TRLC (es decir, el plazo para la comunicación de créditos), no resultando por tanto de aplicación la obligación de anexar las referidas alegaciones al presente informe ex. artículo 448.1 TRLC, se procede en todo caso a adjuntar las mismas como DOCUMENTO Nº 1, ello en aras de mayor transparencia, y a los efectos de evitar cualquier tipo de indefensión al referido acreedor.

Así mismo, y respecto a las causas de calificación a las que se alude por parte del acreedor en su escrito de alegaciones, esta Administración Concursal manifiesta lo siguiente:

I.– RESPECTO A LAS SUPUESTAS IRREGULARIDADES CONTABLES RELEVANTES (ARTÍCULO 443 5º TRLC).

Esta Administración Concursal considera que no se dan los presupuestos para la calificación culpable del concurso por este hecho concreto, ello por las razones que a continuación se expondrán.

El artículo 443.5º TRLC establece que el concurso se calificará como culpable "cuando el deudor legalmente obligado a la llevanza de contabilidad hubiera incumplido sustancialmente esta obligación, llevara doble contabilidad o hubiera cometido en la que llevara irregularidad relevante para la comprensión de su situación patrimonial o financiera".

Es decir, para que pueda operar esta causa de calificación culpable se exige, bien un incumplimiento sustancial de la obligación de llevanza de contabilidad, o bien que se hubiera cometido en la contabilidad una irregularidad contable relevante, todo ello con la consecuencia de que se hubiera dificultado o impedido comprender la situación patrimonial o financiera de la deudora.

Pues bien, como resulta pacífico tanto por la Doctrina como jurisprudencialmente, no todo incumplimiento puede suponer un incumplimiento sustancial, siendo que, si las obligaciones contables materiales hubieran sido cumplidas, y las mismas reflejaran la realidad patrimonial y financiera del deudor, no podrá hablarse en ningún caso de incumplimiento sustancial a los efectos de la calificación concursal.

En este sentido ROMERO SANZ DE MADRID, La calificación en el concurso de acreedores; MARTÍNEZ CAÑELLAS, A, Los hechos del concurso culpable en la calificación del concurso y la responsabilidad por insolvencia; GURREA MARTÍNEZ, El concepto de irregularidades contables relevantes en la calificación del concurso de acreedores.

De este modo, el incumplimiento o la irregularidad contable tienen que afectar de manera grave a la comprensión de la situación económica patrimonial o financiera del concursado, de tal modo que se precisa que la contravención del deber impida la aprehensión a través del conjunto de los libros de contabilidad, de la imagen fiel del patrimonio, de la situación financiera y los resultados de la empresa.

En este sentido igualmente, SÁNCHEZ GARGALLO, I, La calificación del Concurso, en Las claves de la Ley Concursal; MACHADO PLAZAS, El concurso de acreedores culpable.

Y más en concreto, en relación a la falta de legalización de alguno de los libros o su legalización tardía (que es precisamente lo alegado por el acreedor), si bien este hecho supondría un incumplimiento de una exigencia legal establecida en el artículo 27 C.Com., por sí sola no puede suponer un incumplimiento sustancial subsumible en esta causa de calificación.

En este sentido, GURREA MARTÍNEZ, La calificación culpable del concurso por errores e incumplimientos contables; SANCHO GARGALLO, I, La calificación del concurso de acreedores; ADELL MARTÍNEZ, J., Análisis interpretativo de los supuestos de calificación culpable del concurso de acreedores por incumplimientos e incorrecciones contables, así como la Jurisprudencia más autorizada por todos conocida.

En virtud de todo lo anteriormente expuesto, dado que el único incumplimiento contable alegado por el acreedor es la falta de legalización de determinados libros, y dado que las cuentas anuales de los últimos ejercicios se encuentran formuladas, aprobadas y depositadas en el Registro Mercantil, no procede, a entender de esta Administración Concursal, la calificación culpable del concurso por este concreto motivo aducido por el referido acreedor. Todo ello sin perjuicio de lo que más adelante se expondrá en el Fundamento de Hecho TERCERO II.2.

II.– SOBRE LA ENAJENACIÓN FRAUDULENTA DE BIENES Y DERECHOS (ARTÍCULO 443.2º TRLC).

Tal como se expondrá en un momento posterior del presente escrito, esta Administración Concursal considera que se dan los presupuestos y requisitos para la calificación culpable del concurso por esta causa concreta, y ello por cuanto que, de la documentación e información con la que cuenta esta parte, existen indicios suficientes para concluir que la concursada transmitió la totalidad de las participaciones que ostentaba de la mercantil ....SL por un importe de .... €, cuando, como veremos, el valor de las mismas al momento de la transmisión (.................de 2022) era muy superior a dicho importe.

En todo caso, como decimos, esta cuestión será abordada en un momento posterior del presente informe.

III.– SOBRE EL INCUMPLIMIENTO DEL DEBER DE PRESENTAR EL CONCURSO DE ACREEDORES (ARTÍCULO 444. 1° TRLC).

Como se argumentará y acreditará en un pasaje posterior del presente escrito, esta Administración Concursal considera que la concursada incumplió con su deber de solicitar el concurso de acreedores por cuanto que se hallaba en situación de insolvencia, al menos, desde el mes de ....de 2022, cumpliéndose por tanto el presupuesto del artículo 444.1° TRLC, lo que debe conllevar la calificación culpable del concurso por esta causa.

En cualquier caso, y como en el supuesto anterior, esta Administración Concursal desarrollará los motivos concretos que le llevan a tal conclusión acreditándolo todo ello debidamente.

TERCERO.– SOBRE LOS SUPUESTOS DE CULPABILIDAD EX. ARTÍCULO 443 TRLC.

Que, con relación al referido informe de fecha......................, tras revisar la documentación contable, financiera y fiscal de la sociedad concursada a la que ha tenido acceso esta parte, y de la documentación que se acompaña al presente escrito, son de destacar en primer lugar los siguientes hechos relevantes a los efectos de determinar la eventual culpabilidad del concurso ex. artículo 443 TRLC:

I.– ACTUACIONES FRAUDULENTAS EN LOS DOS AÑOS ANTERIORES A LA DECLARACIÓN DEL CONCURSO DE ACREEDORES (ART. 443.2° TRLC).

El artículo 443.2° del TRLC expone que el concurso se calificará como culpable cuando "(...) durante los dos años anteriores a la fecha de declaración de concurso hubieran salido fraudulentamente del patrimonio del deudor bienes o derechos."

En el supuesto de autos, de la documentación e información de la que dispone esta Administración Concursal, existen indicios sólidos que llevan a concluir que por parte del deudor se ha cometido la conducta descrita en el artículo 443.2° TRLC, ello en base a los hechos y circunstancias que a continuación pasan a exponerse.

Hasta finales del ejercicio 2022, la concursada era titular de ....participaciones sociales de la mercantil......................, S.L., que representaban el 96% del capital de esta última.

Estas participaciones sociales se encontraban registradas en la contabilidad de ....por un valor neto contable de ....€, en las cuentas que seguidamente se indican:

Cuenta 240. Participaciones .... €

Cuenta 293. Provisión deprec partic .... -.................... €

Valor neto contable .... €

Con fecha ....de 2022 se transmitieron dichas participaciones sociales a la mercantil ....S.A, por un importe de ....€, generándose una pérdida de ....€, tal como se recoge en el informe de esta Administración Concursal de fecha ....de 2024. Dicha transmisión fue elevada a público mediante escritura otorgada por el notario de ....don ....con el número de su protocolo ....

Se adjunta como DOCUMENTO Nº 2 la referida escritura, dejándose designados a los efectos probatorios oportunos el expediente notarial relativo a la escritura otorgada por el notario de ....don ....con el número de su protocolo ....

En dicha escritura, con relación al precio abonado, únicamente se indica que "las partes declaran y garantizan que el Precio ha sido calculado sobre la base de la información financiera facilitada a la Compradora por los Vendedores", no adjuntándose ningún balance que acredite que el valor de venta de dichas participaciones es acorde con el valor de dicha empresa, ni se da detalle del método utilizado para su valoración, lo que es una muestra más del carácter cuanto menos "singular" de la referida operación de compraventa de participaciones.

Por otra parte, es de destacar que la sociedad............................., S.L. no ha depositado las Cuentas anuales correspondientes al ejercicio 2022, que debían presentarse el 30/07/2023, siendo las últimas depositadas las correspondientes al ejercicio 2021, de las que se desprenden un Patrimonio neto de ....€. Se adjuntan como DOCUMENTO Nº 3. La falta de presentación de las Cuentas Anuales del 2022 supone una irregularidad más tendente a dificultar la tarea de comprobar si la valoración de las participaciones al momento de formalizar la operación fue correcta, si bien, como veremos esta Administración Concursal ha tenido acceso a documentación que le permite afirmar que la transmisión de las participaciones se hizo a precio muy inferior al que correspondería.

En este punto se anuncia ya que por parte de esta Administración Concursal se está estudiando el ejercicio de la correspondiente acción de reintegración ex. artículos 226 y ss. TRLC.

De este modo, a pesar de no estar presentadas las Cuentas Anuales del ejercicio 2022, se dispone del Impuesto sobre Sociedades presentado en este ejercicio, y del que resulta un Patrimonio Neto de ....€, lo que evidencia que el valor otorgado a las participaciones, recordemos, de ....€, es abrumadoramente inferior al que correspondería en función de la situación económico financiera de la sociedad. Se adjunta como DOCUMENTO Nº 4 el Impuesto de Sociedades correspondiente al ejercicio 2022.

En resumen, y como se ha adelantado, atendiendo a los datos reflejados en el Impuesto sobre sociedades del ejercicio 2022, se deduce una evidente infravaloración en la venta de las participaciones sociales de la mercantil................., S.L., participaciones que salen del activo de la concursada, y que son vendidas a la mercantil...................., S.A., único socio de la concursada en ese momento.

Además, hay que indicar que casualmente, y para salirse del perímetro de participación, doce días después de esta venta, el ....de 2022, la mercantil......................., S.A., también propietaria de todas las participaciones sociales de la concursada, las vende a la mercantil......................, S.L., convirtiéndose esta última en el socio único de la concursada.

Así resulta de la escritura de compraventa que se adjunta como DOCUMENTO N° 5., dejándose designados a los efectos probatorios oportunos el expediente notarial relativo a la escritura otorgada por el notario de ....don ....con el número de su protocolo..............

Entendemos por tanto que se trata de una operación de venta con el único fin de sacar de obtener unas participaciones que ostentaba la concursada de una sociedad con ....MM de fondos propios (y bienes en inversiones inmobiliarias y en existencias) por el irrisorio importe de .... euros, y con una minusvalía de más de un millón, "a buen recaudo" y alejadas del posible concurso de su propietaria, todo ello con en evidente perjuicio para los acreedores del presente procedimiento concursal.

Conclusión: Existen indicios sólidos y suficientes para determinar que en el periodo establecido como sospechoso en la Ley, esto es, en los dos años anteriores a la declaración de concurso, han salido fraudulentamente del patrimonio del deudor bienes o derechos, en los términos del artículo 443.2° TRLC, más concretamente, se han transmitido la totalidad de las participaciones sociales que la concursada ostentaba de la mercantil................, SL por un valor muy inferior a su valor real, dándose por tanto los presupuestos contenidos en el artículo 443.2° TRLC.

II.– INEXACTITUD GRAVE O FALSEDAD EN LA DOCUMENTACIÓN APORTADA POR EL DEUDOR (ART. 443.4° TRLC), Y, EN SU DEFECTO, IRREGULARIDAD RELEVANTE PARA LA COMPRENSIÓN DE SU SITUACIÓN PATRIMONIAL O FINANCIERA (ART. 443. 5°).

II.1.– INEXACTITUD GRAVE O FALSEDAD EN LA DOCUMENTACIÓN APORTADA POR EL DEUDOR (ART. 443.4° TRLC).

El artículo 443.4° TRLC establece que el concurso se calificará como culpable cuando "el deudor hubiera cometido inexactitud grave en cualquiera de los documentos acompañados a la solicitud de declaración de concurso o presentados durante la tramitación del procedimiento, o hubiera acompañado o presentado documentos falsos".

De este modo, para que pueda operar esta causa de calificación se exige:

a) Que el deudor hubiera cometido inexactitud grave en cualquiera de los documentos acompañados a la solicitud de declaración de concurso o presentados durante la tramitación del procedimiento, o bien;

b) Que el deudor hubiera acompañado o presentado documentos falsos, tanto en el momento de la solicitud del concurso, como durante la tramitación del procedimiento.

En el presente supuesto, por parte del deudor se acompañó listado de acreedores incluido en la contabilidad en la que constaba crédito por importe de ....€

(IVA incluido) en favor de la mercantil .......................S.L., crédito éste que tuvo que ser reconocido por esta Administración Concursal por constar el mismo en la contabilidad de la concursada. Dicha crédito deriva de la factura nº ....de fecha ....de 2023, que se adjunta como DOCUMENTO 6 al presente escrito.

A efectos probatorios se deja designado el informe de esta Administración Concursal de fecha ....de 2024 así como su documentación anexa al mismo.

Sentado lo anterior, tras diversas comprobaciones y, en todo caso, con posterioridad a la emisión del informe de fecha ....de 2024, se deducen determinados hechos e informaciones que llevan considerar que el referido crédito reconocido objeto de la factura anteriormente indicada es inexistente o bien carece de toda justificación por cuanto se refiere a unos servicios que no consta se hayan llegado a prestar, careciendo de cualquier soporte, salvo la factura anteriormente indicada.

Por ello, dado que en el listado de acreedores presentado por el deudor se incluyó un crédito carente de justificación por valor de más de 600.000 €, es evidente que el referido importe resulta suficientemente grave o relevante para considerar que se cumple el presupuesto del artículo 443.4º TRLC.

Se deja constancia en cualquier caso que esta Administración Concursal está estudiando el ejercicio de una eventual acción de reintegración o impugnación del referido acto.

Conclusión: En virtud de lo anteriormente expuesto y acreditado, esta Administración Concursal considera que concurren en este caso los presupuestos del artículo 443, apartado 4º TRLC, por cuanto que el deudor habría cometido inexactitud grave en determinados documentos acompañados a la solicitud de declaración de concurso o presentados durante la tramitación del procedimiento, o habría acompañado o presentado documentos falsos, por lo que procede la declaración de culpabilidad del concurso por este concreto motivo.

II.2.– IRREGULARIDAD RELEVANTE PARA LA COMPRENSIÓN DE SU SITUACIÓN PATRIMONIAL O FINANCIERA (ART. 443. 5º).

En caso de que se entendiera que no se dan los presupuestos del artículo 443.4º TRLC, esta parte considera, de forma subsidiaria, que se cumplen en este supuesto los presupuestos del artículo 443.5º TRLC, ello por cuanto el deudor habría cometido una irregularidad relevante para la comprensión de su situación patrimonial o financiera al haber incluido un crédito por importe de ....€ (IVA incluido) cuya existencia carece de justificación alguna.

De este modo, y dado el elevado volumen del importe, resulta más que evidente lo relevante de la irregularidad, que, además, distorsiona claramente la situación patrimonial o financiera de la concursada.

Conclusión: En virtud de lo anteriormente expuesto y acreditado, de forma subsidiaria, y para el caso de que se entendiera que no procede la causa de culpabilidad ex. artículo 443.4º TRLC, esta Administración Concursal considera que concurren en este caso los presupuestos del artículo 443, apartado 5º TRLC, por cuanto que el deudor habría cometido una irregularidad relevante para la comprensión de su situación patrimonial o financiera, por lo que procede la declaración de culpabilidad del concurso por este concreto motivo.

CUARTO.– SOBRE LAS PRESUNCIONES EX. ARTÍCULO 444 TRLC.

Con relación al informe de esta Administración Concursal de fecha ....de 2024, tras revisar la documentación e información contable, financiera y fiscal de la sociedad concursada a la que ha tenido acceso esta parte, tal como consta en el citado informe, y de la documentación que se acompaña al presente escrito, son de destacar los siguientes hechos relevantes a los efectos de determinar la eventual culpabilidad del concurso ex. artículo 444 TRLC, el cual establece una serie de presunciones (que admiten prueba en contrario) que determinan la culpabilidad del concurso.

En concreto, a entender de esta Administración Concursal concurren en el supuesto de autos las siguientes circunstancias que deben dar lugar a la declaración del concurso como culpable.

I.– SOBRE EL INCUMPLIMIENTO DEL DEBER DE SOLICITAR LA DECLARACIÓN DEL CONCURSO (ART. 444.1.º TRLC).

I.1.– El artículo 444.1° del TRLC establece que se presume la existencia de dolo o culpa grave cuando el deudor o, en su caso, sus representantes legales, administradores o liquidadores, hubieran incumplido el deber de solicitar la declaración de concurso.

Como es sabido, el referido deber de presentación viene recogido en el artículo 5.1 del TRLC, el cual determina que el deudor deberá solicitar la declaración de concurso dentro de los dos meses siguientes a la fecha en que hubiera conocido o debido conocer el estado de insolvencia actual.

Y para determinar el momento en que se debe proceder a la solicitud del concurso, es necesario acudir al artículo 2 TRLC, que se refiere al concepto de insolvencia, estableciendo, en primer lugar, que se encuentra en estado de insolvencia actual aquel deudor que no puede cumplir regularmente sus obligaciones exigibles, y, en segundo lugar, indicando determinadas circunstancias externas reveladoras del estado de insolvencia que, a su vez, pueden servir de base para que cualquier acreedor del deudor pueda solicitar el concurso necesario de este último.

En el presente supuesto, como se ha indicado en un momento anterior del presente escrito, por parte de determinados acreedores se instó demanda de concurso necesario frente al deudor, habiéndose allanado la ahora concursada, lo que, a la postre, ha conllevado la declaración de concurso necesario por parte del Juzgado, figurando en el propio Auto de declaración de concurso que "concurren los hechos externos reveladores de los apartados primero, segundo e incluso cuarto del art. 2.4 TRLC".

Es decir, en el presente supuesto resulta palmario que la concursada, y por ende, sus representantes legales, incumplió su obligación de presentar el concurso de acreedores dentro del plazo legalmente previsto, si bien procede a través del presente informe determinar concretamente las causas y hechos concretos que llevan a tal calificación, así como el momento en el que se cumplían los presupuestos para la solicitud concursal, todo ello para poder identificar las personas a las que debe afectar la calificación.

En virtud de lo anterior, y tal como se ha comprobado por esta Administración Concursal al analizar la contabilidad de la sociedad y el resto de documentación económico y financiera a la que ha tenido acceso se han podido observar los siguientes hechos y circunstancias reveladores de insolvencia que permiten afirmar que la concursada ha incumplido su obligación de presentar el concurso de acreedores.

UNO.– El principal hecho revelador de la dificultad de la sociedad para atender sus gastos corrientes deriva del significativo incremento de sus deudas a corto plazo en el ejercicio 2022. Estas deudas se duplican de un ejercicio a otro, como se desprende de las Cuentas Anuales depositadas ante el Registro Mercantil, y tal como se puso de manifiesto en nuestro informe de fecha …………………de 2024.

Se adjuntan como DOCUMENTO Nº 7 copia de las CCAA del ejercicio 2022.

EJERCICIO 2021 EJERCICIO 2022 INCREMENTO

PASIVO CORRIENTE

(a corto plazo)

……………..€

……………..€

……………..€

Las deudas a corto plazo a 31 de diciembre de 2022, así como en el ejercicio anterior están compuestas por las siguientes partidas:

EJERCICIO

2021 EJERCICIO

2022

INCREMENTO

Deudas con entidades crédito a corto plazo

……………… €

……………… €

……………… €

Deudas con empresas del grupo y asociadas a corto plazo

……………… €

……………… €

……………… €

Resto deuda a corto plazo (proveedores, acreedores, otros) ……………… € ………………… € ………………… €

TOTAL de PASIVO CORRIENTE (a corto plazo) ……………… € ……………… € ………………… €

Además, de conformidad con la Ley 15/2010, de 5 de julio, de modificación de la Ley 3/2004, de 29 de diciembre, por la que se establecen medidas de lucha contra la morosidad en las operaciones comerciales, el plazo de pago que debe cumplirse para el pago a proveedores o acreedores, es de 60 días después de la fecha de recepción de las mercancías o prestación de los servicios, el cual no podrá ser ampliado por acuerdo entre las partes.

Por tanto, si a 31 de diciembre de 2022, la sociedad presenta una deuda a corto plazo con proveedores y acreedores que asciende a ....€, y según con lo indicado en el párrafo anterior, esta deuda debería haber estado abonada como mucho a finales de febrero de 2023, ello suponiendo que toda ella hubiera sido generada a 31 de diciembre, cosa que lógicamente no es así, si no que esta deuda se fue generando durante todo el ejercicio 2022, entonces resulta que dicha deuda está ya siendo impagada de forma generalizada a final del ejercicio, siendo por tanto indubitable que es al menos desde esa fecha, es decir, diciembre de 2022 cuando el deudor hubiera conocido o debido conocer el estado de insolvencia actual.

Además, otros de los hechos relevantes que vienen a constatar que en el 2022 se empiezan a impagar facturas a proveedores y acreedores a corto plazo, son los que seguidamente se exponen:

1.– En el 2023 se inician numerosas reclamaciones judiciales de deuda por parte de los proveedores y acreedores, y cuyas cantidades provienen prácticamente en su totalidad de facturas del ejercicio 2022, ascendiendo la deuda reclamada correspondiente a facturas del ejercicio 2022, aproximadamente a la cantidad de ....€, y a deuda procedente de facturas del ejercicio 2021 a la cantidad de ....€.

Se adjunta como DOCUMENTO Nº 8 relación de acreedores con origen de deuda y relación de litigios.

Así mismo, y a los efectos probatorios oportunos se dejan designados los autos de todos los procedimientos judiciales a los que se hace referencia en el DOCUMENTO Nº 5 anteriormente aportado.

2.– Del análisis de los acreedores que han comunicado su crédito en el concurso y que no se encuentran en litigio, observamos que la cantidad de .... € tienen su origen en facturas de 2022 y/o anteriores.

Se adjunta como DOCUMENTO Nº 9 relación de los referidos créditos.

En definitiva, únicamente del análisis de estos dos grupos de acreedores (los procedentes de reclamaciones judiciales, y también los comunicados sin procedimientos judiciales), resultan impagos o retrasos de un porcentaje aproximado del 25% del total de deuda reconocida en el concurso en el listado de acreedores, excluidos los créditos subordinados, importe este suficientemente relevante para justificar insolvencia generalizada en el pago a sus acreedores ya en el ejercicio 2022, y agravada posteriormente en los ejercicios posteriores.

Asimismo, de la contabilidad del ejercicio 2022, se deduce que la sociedad no cuenta con recursos suficientes para el pago de su deuda a corto plazo con sus proveedores y acreedores, ni siquiera enajenando su activo no corriente:

– El activo más líquido que presenta la empresa es la tesorería. El saldo de tesorería a 31 de diciembre de 2022 es de .... €. Con este importe únicamente se puede hacer frente a un ....% de las deudas a corto plazo.

– El siguiente activo más líquido, son los saldos a favor de la sociedad, clientes y otros deudores. Partiendo de la premisa de que no exista morosidad ni dificultades de cobro en ninguno de los saldos, hecho poco probable, estos saldos ascienden a ....€. Este importe, añadido al saldo de tesorería, hace un total de ....€, con el que únicamente se puede hacer frente a un ....% del pasivo a corto plazo.

– Siguiendo con el grado de liquidez de los activos, la sociedad presenta inversiones financieras a corto plazo por importe de ....€ y existencias por importe de ....€. Si consideramos que estas inversiones pueden realizarse de forma inmediata, así como la venta de las existencias, tendríamos un total de ....€ para realizar pagos, con este importe, únicamente se puede hacer frente a un ....% de las deudas a corto plazo.

Podemos concluir, por tanto, que la sociedad ha incrementado en el ejercicio 2022 su pasivo a corto plazo, y que ya a finales del ejercicio 2022, no puede cumplir puntualmente con sus obligaciones de pago a corto plazo.

Como se ha calculado en los párrafos anteriores, la sociedad sólo podría pagar un ....% de las deudas a corto plazo con sus activos más líquidos y partiendo de la premisa de poder recuperar todos los saldos de clientes y deudores y sus inversiones sin ningún contratiempo.

Pero la sociedad también presenta activo no corriente, conocido también como activo fijo, pues se refiere a activo que no se espera convertir en líquido o consumir en el corto plazo, sino todo lo contrario. Pues bien, la sociedad presenta un activo no corriente que asciende a ....€, que se encuentra formado por inmovilizado material (.................€) e inversiones financieras a largo plazo (.......................€).

De conformidad con la situación de insolvencia que presenta la sociedad en el ejercicio 2022, ni siquiera realizando estos activos, podría hacer frente a las deudas a corto plazo con proveedores y acreedores. Si añadimos estos importes al total que hemos calculado en los párrafos anteriores, la sociedad dispondría de ....€ (caso de hacer líquido todo su activo sin morosidad y sin menoscabos) para hacer frente a una deuda a corto plazo de ....€.

Y no debemos olvidar que la concursada también presenta deuda a largo plazo por importe de ....€.

Además de ello, la cifra de negocios de la sociedad, lejos de aumentar, se ha visto reducida un ....% en el ejercicio 2022 respecto del ejercicio 2021, y sin tener visos de que dicha situación vaya a mejorar en el ejercicio 2023 pues, como se indica en la memoria aportada por la propia concursada —el subrayado es nuestro— "en el 2022 con la subida de los costes de materiales debido a la Guerra de Ucrania, y al tener los precios de licitación fijos con los clientes, empiezan las dificultades para la ejecución y el desarrollo de las obras. Dificultades para contratar con proveedores con márgenes razonables respecto a la cifra de facturación a nuestros clientes. Esta situación provoca una caída paulatina en la ejecución de obra durante los primeros meses de 2022. La caída de la ejecución provocó el abandono de las contratas por retraso en los pagos, llegando a paralizarse prácticamente la totalidad de las obras a partir de septiembre de 2022. Durante los meses de septiembre a diciembre de 2022. Se proceden impagos y devoluciones de pagarés emitidos que se pudieron atender...".

Por tanto, tal como indica la concursada, el abandono de la práctica totalidad de las obras tiene lógicamente impacto en su cifra de ventas que se verá reducida, continuando su situación de insolvencia. Las ventas de las que informa la propia concursada en esta memoria a fecha ....de 2023 ascienden a ....€. Además, tal como la concursada indica, a partir de septiembre de 2022 se llega a paralizar la totalidad de las obras que se estaban realizando, por lo que ya era conocedora de la situación a finales del ejercicio 2022. Y, de hecho, es a finales del ejercicio 2022 cuando enajena las participaciones sociales de la mercantil..................., S.L., sacándola fuera del activo de la concursada, por un precio, como hemos visto anteriormente, no justificado e insignificante de acuerdo con los datos obrantes en el Impuesto sobre sociedades que dicha sociedad presenta.

DOS.– A mayor abundamiento, y si bien no debe confundirse a los presentes efectos la situación de insolvencia con el desbalance patrimonial de la deudora que puede ser causa legal de disolución, entendemos que sí debe valorarse esta última circunstancia a los efectos de determinar si la concursada tenía, o pudo tener conocimiento de su grave situación económico-financiera a través de su propia contabilidad, resultando claro que la situación de desbalance era más que evidente.

De conformidad con el artículo 363.1.e) "la sociedad de capital deberá disolverse por pérdidas que dejen reducido el patrimonio neto a una cantidad inferior a la mitad del capital social, a no ser que éste se aumente o se reduzca en la medida suficiente, y siempre que no sea procedente solicitar la declaración de concurso."

El Patrimonio Neto de la sociedad se redujo considerablemente en el ejercicio 2022, como consecuencia de las significativas pérdidas registradas en dicho ejercicio, pasando a ser negativo en la cantidad de -...................... €, y, por tanto, la sociedad se encontraba en causa de disolución del artículo 363.1 TRLSC, sin haber tomado ninguna medida para restablecer el equilibrio patrimonial.

Este Patrimonio Neto negativo indica que la sociedad con todos sus bienes y derechos no va a ser capaz de cubrir todas sus deudas, es decir, que hay un déficit de -.................. € entre su activo y pasivo.

En el ejercicio 2023 no hizo más que agravarse dicha situación, obteniendo a finales de dicho ejercicio un Patrimonio Neto negativo de -.................€.

	2021	2022	2023
PATRIMONIO NETO	....	-.................	-.................

No obstante, tal como se determina en el artículo 363.1 TRLSC, la sociedad deberá disolverse siempre que no sea procedente solicitar la declaración de concurso. El administrador único de la concursada debió solicitar la declaración de concurso, al ser lo procedente, pues la empresa era conocedora a 31 de diciembre de 2022, como se ha indicado en otros puntos, del sobreseimiento generalizado en los pagos de su deuda a corto plazo, así como de las rescisiones de contratos que se iban realizando en dicho ejercicio y que provocarían lógicamente una caída en sus ingresos, y, por tanto, de su capacidad financiera para el pago corriente de los gastos de la actividad.

CONCLUSIÓN: De lo indicado anteriormente se deduce que desde el ejercicio 2022 existe desequilibrio patrimonial que trae causa de disolución, que junto lo indicado en otros puntos de este informe, evidencia que desde esa fecha, el administrador único con cargo vigente, debería de haber tomado conciencia de la grave situación en que se encontraba.

I.2.– A todo lo anteriormente expuesto hay que añadirle que tales conductas de la concursada (y por ende de los administradores de la misma) han tenido como consecuencia el agravamiento de la insolvencia.

De este modo, y tal como ha podido observarse en un momento anterior del presente del presente apartado, resulta más que evidente la agravación de la insolvencia del deudor, por cuanto la deuda contraída en un solo año fue duplicada durante el ejercicio 2022 a la par que desaparecían los ingresos esperados provenientes de las obras (comenzaron a resolverse los contratos por incumplimientos de la concursada), y se reducían las fuentes de ingresos al perder futuros contratos, sin que hubiera previsión razonable de mejora de la situación, tal como se pudo confirmar a futuro y así consta de la documentación económico financiera con la que se cuenta actualmente.

Conclusión: En virtud de todo lo anteriormente expuesto, esta Administración Concursal considera que la mercantil no ha cumplido con el deber de solicitar la declaración de concurso de acreedores dentro de los dos meses siguientes a la fecha en que hubiera conocido o debido conocer el estado de insolvencia, de conformidad con el artículo 5 del TRLC, lo que debe implicar la declaración de culpabilidad del concurso ex. artículo 444.1° del TRLC.

QUINTO.– PERSONAS A LAS QUE DEBE AFECTAR LA CALIFICACIÓN.

En virtud de lo anteriormente expuesto, y dado que a entender de esta Administración Concursal procede la declaración del concurso como culpable, es necesario identificar las personas a las que debe afectar la calificación.

De este modo, el artículo 448.3° del TRLC establece que: "Si la administración concursal propusiera la calificación del concurso como culpable, el informe expresará la identidad de las personas a las que deba afectar la calificación y de las que hayan de ser consideradas cómplices, justificándose la causa, así como la determinación de daños y perjuicios que, en su caso, se hayan causado por las personas anteriores y las demás pretensiones que se consideren procedentes conforme a lo previsto por la ley."

En cumplimiento de lo dispuesto en el referido precepto, y en virtud de los hechos e hitos temporales que han sido expuestos en un momento anterior del presente escrito, esta Administración Concursal considera que deben quedar afectadas por la calificación culpable las siguientes personas:

I.– Don.........................., con dirección en...................., en su condición de administrador único de ....SL hasta la fecha de declaración de concurso en la que se decretó la suspensión de facultades, por cuanto que, como se ha visto y acreditado, incumplió con su obligación de presentar el concurso de acreedores, habiéndose visto obligado a allanarse a la solicitud de concurso necesario formulado por determinados acreedores.

II.-......................., S.L, con dirección en.................., en su condición de administradora única de ....desde el ....de 2022 hasta el ....de 2023. Es decir, a los efectos de la presente calificación, la mercantil fue administradora única de la concursada dentro del periodo de dos años antes de la declaración de concurso, ya que el mismo empezaría a computar a partir de febrero de 2022.

De este modo, como se ha visto y acreditado, el deber de presentación de concurso que recoge el artículo 5 TRLC ya existió durante el ejercicio de su cargo (recordemos que al menos desde diciembre de 2022 el deudor habría podido conocer su situación de insolvencia) habiendo incumplido la referida obligación.

Así mismo, y como se ha visto, de la información y documentación a la que ha tenido acceso esta parte, existen indicios sólidos y razonables para considerar que la transmisión de participaciones que la concursada ostentaba de la mercantil................., SL por el importe de .... € que tuvo lugar en el mes de diciembre de 2022 (esto es, cuando ostentaba el cargo de administradora única) puede subsumirse en la causa de culpabilidad prevista en el artículo 443.2° TRLC (salida fraudulenta de bienes o derechos dentro de los dos años anteriores a la declaración del concurso).

III.– CÓMPLICES

En este punto, procede la declaración de cómplices los siguientes sujetos:

– ...., S.A., con dirección en ....

– .... S.L, con dirección en ....

Y ello a la vista de su condición de contraparte en los negocios y actos cuya calificación culpable se pretende recogidos en el presente escrito, sin perjuicio, en cualquier caso, de lo que resulte en la tramitación de la presente sección 6ª.

SEXTO.– SOBRE LA INHABILITACIÓN PARA ADMINISTRAR BIENES AJENOS DE LAS PERSONAS AFECTADAS POR LA CALIFICACIÓN.

En virtud de lo anterior, y de conformidad con lo dispuesto en el artículo 455.2° TRLC, procede así mismo la inhabilitación de Don..............., persona natural afectada por la declaración de culpabilidad, en los términos previstos en el referido precepto:

"La inhabilitación de las personas naturales afectadas por la calificación para administrar los bienes ajenos durante un período de dos a quince años, así como para representar a cualquier persona durante el mismo período. Esta inhabilitación se notificará al Registro de la Propiedad y al Registro Mercantil para su constancia en la hoja de la concursada y en las demás del registro en que aparezca la persona inhabilitada, así como en el Índice único informatizado del artículo 242 bis de la Ley Hipotecaria.

La duración del periodo de inhabilitación se fijará por el juez atendiendo a la gravedad de los hechos y a la entidad del perjuicio causado a la masa activa, así como a la existencia de otras sentencias de calificación del concurso como culpable en los que la misma persona ya hubiera sido inhabilitada.

Excepcionalmente, en caso de convenio, si así lo hubiera solicitado la administración concursal en el informe de calificación, la sentencia podrá autorizar al inhabilitado a continuar al frente de la empresa o como administrador de la sociedad concursada durante el tiempo de cumplimiento del convenio o por periodo inferior."

En este caso, esta Administración Concursal considera por las conductas y hechos descritos que procede la inhabilitación por un periodo de dos años. No obstante, el Juzgado con su superior criterio resolverá.

SÉPTIMO.– SOBRE LA CONDENA A LA COBERTURA DEL DÉFICIT CONCURSAL.

Por último, esta Administración Concursal considera, y así solicita que se acuerde por el Juzgador, que se condene a la cobertura del déficit a los sujetos afectados por la declaración de culpabilidad, esto es, a Don………………… y a la mercantil………………, S.L, ello en virtud de lo establecido en el artículo 456 TRLC, que establece:

"Cuando la sección de calificación hubiera sido formada o reabierta como consecuencia de la apertura de la fase de liquidación, el juez, en la sentencia de calificación, podrá condenar, con o sin solidaridad, a la cobertura, total o parcial, del déficit a todos o a algunos de los administradores, liquidadores, de derecho o de hecho, o directores generales de la persona jurídica concursada que hubieran sido declarados personas afectadas por la calificación en la medida que la conducta de estas personas que haya determinado la calificación del concurso como culpable hubiera generado o agravado la insolvencia."

En el supuesto de autos, como se ha acreditado en un momento anterior del presente escrito, las conductas de los dos sujetos afectados por la declaración de culpabilidad han agravado la situación de insolvencia.

Es por todo ello que se solicita se condene a los referidos sujetos a la condena a la cobertura del déficit en los términos del artículo 456 apartado 2 TRLC, quedando en cualquier caso al ulterior y superior criterio del Juzgador la resolución tanto de la condena a la cobertura, como del importe definitivo de la misma, ello de conformidad con lo dispuesto en el artículo 456 TRLC.

A los anteriores hechos, le son de aplicación los siguientes

FUNDAMENTOS DE DERECHO

I.– PROCESALES.

PRIMERO. COMPETENCIA Y PROCEDIMIENTO.– Es competente el Juzgado al que me dirijo, conforme a lo que dispone el art. 86 ter de la Ley Orgánica del Poder Judicial, así como de conformidad con el artículo 448 del Real Decreto Legislativo 1/2020, de 5 de mayo, por el que se aprueba el texto refundido de la Ley Concursal. Además, este trámite deberá ventilarse conforme a lo establecido en los artículos 450 y ss. TRLC.

SEGUNDO. CAPACIDAD Y LEGITIMACIÓN.

Esta Administración Concursal se encuentra capacitada y legitimada para la presentación del presente escrito en virtud de lo dispuesto en el artículo 448 TRLC que establece que:

"1. Dentro de los quince días siguientes al de la presentación del inventario y de la lista de acreedores provisionales, la administración concursal presentará un informe razonado y documentado sobre los hechos relevantes para la calificación del concurso, con propuesta de resolución. Si los acreedores o los que sin ser acreedores se hayan personado en el concurso hubieran formulado alegaciones para la calificación del concurso como culpable, esas alegaciones se unirán como anejo al informe de calificación.

2. El informe de calificación tendrá la estructura propia de una demanda si el administrador concursal solicitara la calificación del concurso como culpable. (...)"

II.– DE FONDO.

PRIMERO. SOBRE LAS CAUSAS DE CULPABILIDAD DEL ARTÍCULO 443 TRLC.

A.– SALIDA FRAUDULENTA DE BIENES Y DERECHOS DEL CONCURSADO DENTRO DE LOS DOS AÑOS ANTERIORES A LA FECHA DE DECLARACIÓN DEL CONCURSO.

El artículo 443.2° TRLC establece que en todo caso, el concurso se calificará como culpable:

"(...) Cuando durante los dos años anteriores a la fecha de la declaración de concurso hubieran salido fraudulentamente del patrimonio del deudor bienes o derechos"

i) En primer lugar, hay que destacar que todos los hechos a los que hace referencia el artículo 443 TRLC consisten en conductas llevadas a cabo por los sujetos afectados que, por su especial gravedad, implican de modo necesario la calificación del concurso como culpable. Es decir, se trata de una presunción "iuirs et de iure". En este sentido, y entre muchas otras, la STS de 16 de diciembre de 2019.

El referido precepto determina, por ende, una serie de hechos cuya sola concurrencia abocará necesariamente a la calificación del concurso como culpable si se prueba la imputabilidad del hecho al autor del mismo.

En este sentido igualmente, las SSTS de fechas 6 de octubre de 2011, 16 de enero y 21 de mayo de 2012, 27 de marzo de 2014, la SAP Barcelona de 27 de abril de 2007, o la SAP Madrid de 5 de febrero de 2008, entre muchas otras.

Así mismo, es de destacar que en el referido precepto no hay ninguna referencia a que los hechos descritos deban haber generado o agravado la insolvencia, ni al dolo o culpa grave en su imputabilidad. En este sentido FORTEA GORBE, J.L., Derecho concursal y preconcursal.

Por todo ello, no será necesaria prueba adicional sobre el nexo causal o el daño, pues la calificación del concurso como culpable en estos casos es ajena a la producción del resultado, siendo suficiente para determinar la culpabilidad la ejecución misma de las conductas (positivas o negativas) descritas en el referido precepto.

En este sentido la STS de 16 de enero de 2012, o la SAP Madrid de 18 de marzo de 2011, entre muchas otras.

ii) Sentado lo anterior, y analizando ya concretamente el apartado 2º del artículo 443, para que pueda darse el supuesto de culpabilidad previsto en el referido precepto deberán concurrir tres exigencias:

a) Debe de haberse producido una salida del patrimonio del deudor de bienes o derechos.

b) La referida salida de bienes o derechos ha de haberse producido durante los dos años anteriores a la fecha de declaración de concurso.

c) La salida de bienes debe de tener carácter fraudulento, es decir, se exige un elemento intencional en la conducta.

De este modo, la sanción se proyecta sobre salida de bienes dolosas con el consiguiente perjuicio a sus acreedores, no siendo preciso a los presentes efectos acreditar la concurrencia de una intención de perjudicar por parte del deudor, sino que basta adverar el conocimiento o cognoscibilidad del deudor en relación al posible perjuicio que la salida de bienes podría causar a los acreedores.

En este sentido, y entre muchos otros, GARCÍA-CRUCES, La calificación del concurso.

La intención fraudulenta supone, por tanto, una exigencia de malicia, entendida esta como intención o conocimiento y aceptación, por parte del deudor, de que con la salida de bienes se están distrayendo ciertos bienes o derechos de la futura masa del concurso. En este sentido, SANCHO GARGALLO, I., La calificación del concurso de acreedores.

No sólo lo entiende así la Doctrina más autorizada, sino que jurisprudencialmente también resulta pacífica dicha interpretación.

Un ejemplo de ello es la STS nº 269/2016 de 22 de abril de 2016, en la que se indica que:

"La salida fraudulenta (...) no supone necesariamente un acto consciente y volitivo de querer dañar, sino que basta la conciencia que debía tener el deudor de ocasionar un perjuicio a los acreedores (...)"

Esto es, no es preciso que concurra un animus nocendi, sino que bastaría con la scienctia fraudis. En este sentido, igualmente, la STS nº 174/2014 de fecha 27 de marzo de 2014.

Por otra parte, resulta necesario remarcar que el artículo 443.2º TRLC no hace referencia a la naturaleza gratuita u onerosa del concreto acto de disposición llevado a cabo por el deudor, sino únicamente a que la salida del bien o derecho se hayan realizado de forma fraudulenta.

De este modo, lo amplio del precepto permitiría incluir entre los actos de disposición reprochables en sede de calificación tanto las transmisiones de naturaleza onerosa, como gratuita, así como los actos de gravamen y renuncia de derechos.

Y dentro de las transmisiones de naturaleza onerosa revisten especial trascendencia aquellas transmisiones de bienes y derechos del concursado a precio sensiblemente inferior al de mercado en fraude de acreedores, que es precisamente el hecho que aquí se valora.

Pues bien, tal como se ha expuesto en el Fundamento de Hecho Tercero, de la información y documentación a la que ha tenido acceso esta Administración Concursal resulta cuanto menos sorprendente y muy sospechoso que la concursada procediera a la transmisión de la totalidad de las participaciones que ostentaba de la mercantil......................., S.L., por un valor irrisorio de .... €, cuando en la contabilidad de la propia concursada, las referidas participaciones tenían valor neto contable de ....€, y del Impuesto de Sociedades del ejercicio 2022 de la mercantil ....SL resulta un Patrimonio Neto de ....€. De hecho, tal como consta en el informe de esta Administración Concursal, la referida transmisión por debajo del valor asignado en contabilidad y de su valor de mercado dio lugar a unas pérdidas por ventas de participaciones de -..................... €.

Todo ello, además, se produjo en un momento en el que la situación económico-financiero de la concursada era muy negativa, encontrándose a entender de esta parte ya, incluso, en situación de insolvencia, lo que denota el ánimo fraudulento de la operación así como el evidente perjuicio sufrido por los acreedores.

En cualquier caso, en este punto nos remitimos a lo expuesto y argumentado en el Fundamento de Hecho Tercero en aras a una mayor brevedad y por cuestiones de economía procesal.

En virtud de todo lo anteriormente expuesto, de la Doctrina y Jurisprudencia referenciadas, esta Administración Concursal considera que se dan los presupuestos para que pueda operar la causa de calificación de culpabilidad del artículo 443.2° TRLC, que debe suponer, por sí sola la declaración del concurso como culpable.

B.– INEXACTITUD GRAVE O FALSEDAD EN LA DOCUMENTACIÓN APORTADA POR EL DEUDOR (ART. 443.4° TRLC), Y, EN SU DEFECTO, IRREGULARIDAD RELEVANTE PARA LA COMPRENSIÓN DE SU SITUACIÓN PATRIMONIAL O FINANCIERA (ART. 443. 5°).

B.1) INEXACTITUD GRAVE O FALSEDAD EN LA DOCUMENTACIÓN APORTADA POR EL DEUDOR (ART. 443.4° TRLC)

El artículo 443.4° TRLC establece que el concurso se calificará como culpable cuando "el deudor hubiera cometido inexactitud grave en cualquiera de los documentos acompañados a la solicitud de declaración de concurso o presentados durante la tramitación del procedimiento, o hubiera acompañado o presentado documentos falsos".

El referido precepto tiene un propósito preventivo, ya que su finalidad no es otra que, por un lado, evitar que la situación económico, patrimonial y financiera del concursado venga distorsionada desde el inicio o durante la tramitación del procedimiento concursal, y por otro, que los órganos del concurso puedan disponer de una información veraz y completa de la situación del concursado.

Esta cuestión viene ya reconocida incluso en la Exposición de Motivos de la LRTRLC al afirmar que "El pilar del procedimiento es la veracidad de la información aportada. Por ello, la ocultación de información relevante, la manipulación de datos o la aportación de documentación incorrecta o no enteramente veraz tiene consecuencias severas. Es causa *expresa de calificación* culpable, se pone en conocimiento del Ministerio Fiscal.". Es decir, la aportación de documentación falsa por parte del concursado es una de las conductas más graves que puede cometer, siendo causa expresamente prevista de culpabilidad.

Por tanto, el precepto analizado toma en consideración dos posibles conductas del deudor respecto de la documentación aportada en bien en un momento inicial del concurso, o bien durante la tramitación del mismo para considerarlo culpable, sin que pueda desvirtuarse dicha calificación:

a) que hubiera cometido inexactitud grave en cualquiera de los documentos acompañados a la solicitud de declaración de toro concurso o presentados durante la tramitación del procedimiento. La inexactitud supone falta de adecuación a la realidad de la información contenida en dicha documentación, siendo el documento auténtico y válido. Será grave cuando se refiera a una información relevante para el concurso; y

b) que medie falsedad en la documentación entregada por él, la cual puede afectar a la autenticidad del documento o a su contenido.

En este mismo sentido se pronuncia buena parte de la Doctrina. Así, señala FARIA BATLLE, La calificación del concurso, que, como la literalidad de la norma indica, resulta preciso que la inexactitud de los documentos acompañados sea grave, o que directamente se hayan presentado documentos falsos.

Las diferencias entre ambos supuestos residen en que, mientras que la inexactitud grave se refiere a la omisión de datos que deberían estar documentados, o a la falta de documentos cuya información sea precisa (por tanto una conducta omisiva, cuya comisión se presta a la realización por culpa grave), la falsedad se refiere a la alteración, tergiversación o manipulación del contenido de los documentos presentados o a la creación de documentos sin base material real que los sustente (por tanto un comportamiento activo y de evidente connotación dolosa).

Así mismo, una diferencia sustancial entre ambos supuestos es que en el caso de la falsedad no se exige que la misma sea más o menos grave, sino que el supuesto de hecho se cumplirá si se acredita que el deudor ha aportado documentación falsa, bien por no ser auténtica la misma, o bien por no ser auténtico el contenido de la misma.

En este sentido DÍAZ ECHEGARAY, J.L., Calificación del concurso, Doctrina y Jurisprudencia.

En el supuesto de autos, como se ha expuesto y acreditado en un momento anterior del presente escrito, el crédito que fue incluido por el deudor en el listado de acreedores aportado es inexistente por cuanto se refiere a unos servicios que no consta se hayan llegado a prestar, careciendo por tanto cualquier hecho que la soporte.

Por ello, dado que en el listado de acreedores presentado por el deudor se incluyó un crédito inexistente por valor de más de 600.000 €, es evidente que el referido importe resulta suficientemente grave o relevante para considerar que se cumple el presupuesto del artículo 443.4º TRLC, por lo que procede la declaración de culpabilidad del concurso por este concreto motivo

En este punto, nos remitimos a las alegaciones efectuadas en el Fundamento de Hecho TERCERO, en aras a una mayor brevedad y por cuestiones de economía procesal.

B.2) EN SU DEFECTO, IRREGULARIDAD RELEVANTE PARA LA COMPRENSIÓN DE SU SITUACIÓN PATRIMONIAL O FINANCIERA (ART. 443. 5º).

En caso de que se entendiera que no se dan los presupuestos del artículo 443.4º TRLC, esta parte considera, de forma subsidiaria, que se cumplen en este supuesto los presupuestos del artículo 443.5º TRLC, ello por cuanto el deudor habría cometido una irregularidad relevante para la comprensión de su situación patrimonial o financiera al haber incluido un crédito por importe de ....€ (IVA incluido) que es inexistente.

De este modo, y dado el elevado volumen del importe, resulta más que evidente lo relevante de la irregularidad, que, además, distorsiona claramente la situación patrimonial o financiera de la concursada.

Y se incluye esta concreta causa de culpabilidad de forma subsidiaria por cuanto viene siendo reconocido jurisprudencialmente que no cabe que se solapen las conductas descritas en el artículo 443.4º y 5º. En este sentido, y entre otras, la STS de 12 de diciembre de 2019.

SEGUNDO. SOBRE LAS CAUSAS DE CULPABILIDAD DEL ARTÍCULO 444 TRLC.

En este caso, tal como se ha desarrollado anteriormente, esta Administración Concursal considera que se cumple una de las presunciones previstas en el artículo 444 TRLC que pueden dar lugar a la declaración del concurso como culpable en virtud de lo dispuesto en el artículo 442 TRLC.

A.– INCUMPLIMIENTO DEL DEBER DE SOLICITAR LA DECLARACIÓN DEL CONCURSO (ART. 444.1.º TRLC).

i) El artículo 444.1º del TRLC establece que se presume la existencia de dolo o culpa grave cuando "el deudor o, en su caso, sus representantes legales, administradores o liquidadores, hubieran incumplido el deber de solicitar la declaración de concurso."

Se trata, por tanto, de una conducta omisiva, la del incumplimiento del deber legal de instar el concurso voluntario que establece el artículo 5.1 TRLC en el plazo legalmente previsto. Y para su apreciación se requiere, de una parte, que concurra el presupuesto para el nacimiento de dicho deber de instar el concurso voluntario y, de otra, que haya transcurrido el plazo legal para su cumplimiento.

De este modo, reviste gran importancia a la hora de aplicar esta presunción determinar cuándo surge la obligación legal del deudor de solicitar su propio concurso de forma voluntaria, regulándose esta cuestión en el artículo 5.1 TRLC, que impone al deudor el deber de solicitar la declaración de concurso dentro de los dos meses siguientes a la fecha en que hubiera conocido o debido conocer el estado de insolvencia actual.

Así mismo, el apartado 2 del referido artículo 5 TRLC añade que, salvo prueba en contrario, se presumirá que el deudor conocía que se encontraba en estado de insolvencia cuando hubiera acaecido algunos de los hechos que se señalan en el artículo 2.4 TRLC que pueden servir de fundamento a una solicitud de concurso por cualquier otro legitimado, esto es:

"1.º *La existencia* de una previa declaración judicial o administrativa de insolvencia del deudor, siempre que sea firme.

2.° La existencia de un título por el cual se haya despachado mandamiento de ejecución o apremio sin que del embargo hubieran resultado bienes libres conocidos bastantes para el pago.

3.° La existencia de embargos por ejecuciones en curso que afecten de una manera general al patrimonio del deudor.

4.° El sobreseimiento generalizado en el pago corriente de las obligaciones del deudor.

5.° El sobreseimiento generalizado en el pago de las obligaciones tributarias exigibles durante los tres meses anteriores a la solicitud de concurso; el de las cuotas de la seguridad social y demás conceptos de recaudación conjunta durante el mismo período, o el de los salarios e indemnizaciones a los trabajadores y demás retribuciones derivadas de las relaciones de trabajo correspondientes a las tres últimas mensualidades.

6.° El alzamiento o la liquidación apresurada o ruinosa de sus bienes por el deudor."

Este deber impuesto al deudor pretende anticipar la solución concursal, evitando así el agravamiento del déficit patrimonial, siendo que su incumplimiento o falta de observancia debe traer la consecuencia de la declaración de culpabilidad del concurso.

La propia Exposición de Motivos de la LC ya aclaró que (el subrayado y negrita son nuestros) "el deudor tiene el deber de solicitar la declaración de concurso cuando conozca o hubiera debido conocer su estado de insolvencia; pero tiene la facultad de anticiparse a este. El sistema legal combina así las garantías del deudor con la conveniencia de adelantar en el tiempo la declaración de concurso, a fin de evitar que el deterioro del estado patrimonial impida o dificulte las soluciones más adecuadas para satisfacer a los acreedores. Los estímulos a la solicitud de concurso voluntario, las sanciones al deudor por incumplimiento del deber de solicitarlo (...) son medidas con las que se pretende alcanzar ese objetivo"

Y entre las sanciones por el incumplimiento del deber de solicitar el concurso se encuentra la declaración de culpabilidad del concurso con las consecuencias que ello puede llegar a conllevar a las personas afectadas por tal declaración, como más adelante se expondrá.

En este sentido, la Jurisprudencia más autorizada por todos conocida: SAP Barcelona n° 50/2009 de 30 de enero de 2009; SAP Alicante n° 178/2009 de 29 de abril de 2009; SAP Barcelona n° 81/2009 de 11 de marzo de 2009, entre muchas otras.

Expuesto cuanto antecede, procede ahora analizar cómo debe determinarse el inicio del dies a quo para el cómputo de dos meses con los que cuenta el deudor para solicitar el concurso, habiendo sido abordada y resuelta esta cuestión desde hace años a nivel jurisprudencial. Un ejemplo de ello es la STS n° 614/2011 de 17 de noviembre de 2011, en la que en su FD 3° se argumenta con claridad que:

"(...) no sólo cuenta desde que se conoció, sino también desde que se debió conocer (...) un administrador diligente debe percatarse de la situación de crisis económica en el momento en que se produce, y deja de ser coyuntural, sin necesidad de esperar a la elaboración de las cuentas anuales (....)"

Y, para la fijación de ese periodo, no es necesario que se referencie un día exacto, sino que basta con que pueda situarse en un momento anterior de los dos meses que establece la norma concursal, que es precisamente lo que ha argumentado y acreditado esta Administración Concursal, situando la fecha en la que se debió conocer el estado de insolvencia (al menos) desde el mes de diciembre de 2022.

En este sentido la STS nº 269/2016 de fecha 22 de abril de 2016, entre otras.

En cualquier caso, y en virtud de todo lo anteriormente expuesto sobre la concurrencia de los requisitos y presupuestos para que pueda operar esta concreta causa de calificación, entre otras, la STS de 3 de julio de 2014, la STS de 1 de abril de 2014 la SAP Barcelona (Sección 15ª), de 30 de enero de 2014 o

la SAP Barcelona (Sección 15ª), de 7 de noviembre de 2013.

ii) En segundo lugar, conviene incidir en este punto en la referencia que la norma realiza al agravamiento de la insolvencia.

En efecto, el artículo 442 TRLC establece que "el concurso se calificará como culpable cuando en la generación o agravación del estado de insolvencia (...)", presumiéndose tal circunstancia cuando se haya producido el retraso o incumplimiento de la obligación de presentar el concurso en el plazo de dos meses anteriormente indicado.

En este punto, es de destacar la STS nº 772/2014 de fecha 12 de enero de 2024 en la que en su FD 3º consideró que (el subrayado y negrita son nuestros):

"(...) teniendo en cuenta que el criterio normativo que determina la consideración del incumplimiento del deber de solicitar la declaración de concurso como causa para calificar el mismo como culpable es la agravación de la insolvencia y el aumento del déficit patrimonial que este retraso puede suponer, al continuar la sociedad actuando en el tráfico mercantil contrayendo nuevas obligaciones cuando ya no podía cumplirlas regularmente, los elementos consistentes en la duración de la demora en solicitar el concurso y la importancia del aumento del déficit patrimonial, que son los tomados en consideración por la sentencia recurrida, son elementos objetivos pertinentes en relación al criterio normativo relevante para calificar el concurso como culpable."

En el mismo sentido, la STS nº 259/2015 de 21 de mayo de 2015, entre muchas otras.

Y, conforme a lo dispuesto en el artículo 444 TRLC, tal presunción ha de ser desvirtuada de forma solvente por parte de aquellos a los que afecte la declaración de culpabilidad.

En este sentido, la STS nº 327/2015 de fecha 1 de junio de 2015 (el subrayado y negrita son nuestros):

"Se trata, por otra parte, de una consecuencia lógica del principio «id quod plerumque accidit» (lo que normalmente sucede), puesto que el retraso en solicitar la declaración del concurso suele provocar una agravación de la insolvencia del concursado, por lo que sin necesidad de tal presunción legal, la carga de la prueba de que tal agravación no se ha producido recaería también sobre las personas afectadas por la calificación por cuanto que se trataría de un hecho excepcional."

O la STS nº 583/2017 de fecha 22 de octubre de 2017, en la que se indica que el incumplimiento legal de solicitar a tiempo la declaración de concurso, traslada al administrador de la sociedad, la carga de probar que el retraso no incidió en la agravación de la insolvencia.

En el presente supuesto se ha acreditado como ya desde al menos el mes de diciembre de 2022 la concursada había podido conocer que se encontraba en estado de insolvencia, es decir, al menos 2 años antes de su allanamiento a la solicitud de concurso necesario por parte de Don ....y de 6 meses antes de que cesara la mercantil ....2001, S., por lo que deben ser los sujetos afectados por la declaración de culpabilidad los que acrediten, en su caso, que no conocían ni podían conocer el estado de insolvencia de la mercantil deudora.

iii) Por último, resulta imprescindible incidir en la figura del dolo o culpa grave a la que hace referencia el artículo 442 TRLC: "el concurso se calificará como culpable cuando en la generación o agravación del estado de insolvencia hubiera mediado dolo o culpa grave (...)".

En este punto, la conducta tipificada por la norma presume igualmente que el incumplimiento del deber de solicitar el concurso, que tuvo como consecuencia la agravación del estado de insolvencia, se hizo mediante dolo o culpa grave.

Y, como en el caso anterior, deberán ser los sujetos afectados por la declaración de culpabilidad quienes acrediten que no existió dolo o culpa grave por cuanto que no estaban en condiciones de conocer la situación de insolvencia, o bien, por ejemplo, cuando hubiera expectativas serias de recuperación que aconsejaran demorar tal decisión, circunstancias estas que deberá ser justificadas mediante la acreditación de hechos reales, y no mediante simples conjeturas.

En este sentido, la Doctrina más autorizada, entre otros, SANCHO GARGALLO I., La calificación del concurso de acreedores, pág. 81.

En este caso, y como se ha visto y acreditado en un momento anterior del presente escrito, ninguna de esas circunstancias pueden alegarse por los sujetos afectados ya que al menos desde el mes de diciembre de 2022 podían haber previsto de forma razonable que la situación de insolvencia era irreversible (acumulación de deuda con proveedores, resoluciones contractuales que implicaban la pérdida o minoración de ingresos, desbalance patrimonial, entre otras muchas otras.), por lo que claramente concurre una conducta dolosa o culposa.

En virtud de todo lo anterior, y conforme a lo acreditado en el Fundamento de Hecho Cuarto del presente escrito (al que nos remitimos en aras a una mayor brevedad), esta Administración Concursal considera que la mercantil no ha cumplido con el deber de solicitar la declaración de concurso de acreedores dentro de los dos meses siguientes a la fecha en que hubiera conocido o debido conocer el estado de insolvencia, todo ello de conformidad con el artículo 5 del TRLC en relación con el artículo 2.4 TRLC, lo que debe implicar la declaración de culpabilidad del concurso ex. artículo 444.1º del TRLC.

TERCERO. SOBRE LA AFECTACIÓN DE LA CULPABILIDAD.

UNO.– Dada la procedencia de la declaración de culpabilidad, resulta necesario identificar las personas a las que debe afectar la calificación del concurso como culpable, ello de conformidad con lo dispuesto en el artículo 448.3° TRLC.

De este modo, el artículo 448.3° del TRLC establece que: "Si la administración concursal propusiera la calificación del concurso como culpable, el informe expresará la identidad de las personas a las que deba afectar la calificación y de las que hayan de ser consideradas cómplices, justificándose la causa, así como la determinación de daños y perjuicios que, en su caso, se hayan causado por las personas anteriores y las demás pretensiones que se consideren procedentes conforme a lo previsto por la ley."

En cumplimiento de lo dispuesto en el referido precepto, esta Administración Concursal considera que las personas que deben ser afectadas por la calificación de culpable del procedimiento son:

– Don.................., con en su condición de administrador único de .... SL hasta la fecha de declaración de concurso en la que se decretó la suspensión de facultades, por cuanto como se ha visto y acreditado incumplió con su obligación de presentar el concurso de acreedores, habiéndose visto obligado a allanarse a la solicitud de concurso necesario formulado por determinados acreedores.

– ...., SL, con en su condición de administradora única de ....SL, desde ....de 2022 hasta ....2023, por cuanto, como se ha visto y acreditado, el deber de presentación de concurso ya existió durante el ejercicio de su cargo (recordemos que el deudor debió conocer su situación de insolvencia, al menos, desde el mes de diciembre de 2022), habiendo incumplido la referida obligación.

Así mismo, y como se ha visto, de la información y documentación a la que ha tenido acceso esta parte, existen indicios sólidos y razonables para considerar que la transmisión de participaciones que la concursada ostentaba de la mercantil,..................., SL por el importe de .... € que tuvo lugar en el mes de diciembre de 2022 (esto es, cuando ostentaba el cargo de administradora única) puede subsumirse en la causa de culpabilidad prevista en el artículo 443.2° TRLC (salida fraudulenta de bienes o derechos dentro de los dos años anteriores a la declaración del concurso).

En este punto nos remitimos a lo ya expuesto en los Fundamentos de Hecho TERCERO, CUARTO y QUINTO en aras a una mayor brevedad y por cuestiones de economía procesal.

DOS.– En cuanto a los cómplices, como se ha indicado, procede la declaración de cómplices a las mercantiles..................., S.A. y ....S.L, y ello por cuanto, como se ha acreditado los mismos han cooperado o colaborado en la realización de los actos que fundamentan la calificación del concurso como culpable, habiendo llevado a cabo tales conductas con dolo o culpa grave, siendo estos los requisitos que vienen siendo exigidos jurisprudencialmente para que pueda tener lugar tal consideración. Ello sin perjuicio de lo que resulte durante la tramitación de la Sección 6ª.

En este sentido las SSTS de 27 de enero de 2016 o 29 de marzo y 27 de octubre de 2019, entre muchas otras.

En este punto nos remitimos en su integridad a lo argumentado en el Fundamento de Hecho QUINTO III, en aras a una mayor brevedad y por cuestiones de economía procesal.

CUARTO. SOBRE LA INHABILITACIÓN DE LA PERSONA AFECTADA POR LA CALIFICACIÓN.

En este punto, y dada la propuesta de calificación culpable, procede a entender de esta Administración Concursal la aplicación del artículo 455.2º TRLC, y por ende, la inhabilitación de la persona natural afectada por la calificación, ello en los términos previstos en el referido precepto:

"La inhabilitación de las personas naturales afectadas por la calificación para administrar los bienes ajenos durante un período de dos a quince años, así como para representar a cualquier persona durante el mismo período. Esta inhabilitación se notificará al Registro de la Propiedad y al Registro Mercantil para su constancia en la hoja de la concursada y en las demás del registro en que aparezca la persona inhabilitada, así como en el Índice único informatizado del artículo 242 bis de la Ley Hipotecaria.

La duración del periodo de inhabilitación se fijará por el juez atendiendo a la gravedad de los hechos y a la entidad del perjuicio causado a la masa activa, así como a la existencia de otras sentencias de calificación del concurso como culpable en los que la misma persona ya hubiera sido inhabilitada.

Excepcionalmente, en caso de convenio, si así lo hubiera solicitado la administración concursal en el informe de calificación, la sentencia podrá autorizar al inhabilitado a continuar al frente de la empresa o como administrador de la sociedad concursada durante el tiempo de cumplimiento del convenio o por periodo inferior."

De este modo, dadas las conductas descritas y el perjuicio causado a la masa activa del concurso esta Administración Concursal considera que procede la inhabilitación de Don ....por un periodo de dos años. No obstante, y tal como se recoge en el referido precepto, el Juzgado con su superior criterio resolverá.

QUINTO. SOBRE LA CONDENA A LA COBERTURA DEL DÉFICIT.

Por último, esta Administración Concursal considera que debe procederse a la condena a la cobertura del déficit, y ello en tanto que, como se ha acreditado en un momento anterior del presente escrito, las conductas de los dos sujetos afectados por la declaración de culpabilidad han agravado la situación de insolvencia, cumpliéndose por tanto lo previsto en el artículo 456.1 TRLC:

"Cuando la sección de calificación hubiera sido formada o reabierta como consecuencia de la apertura de la fase de liquidación, el juez, en la sentencia de calificación, podrá condenar, con o sin solidaridad, a la cobertura, total o parcial, del déficit a todos o a algunos de los administradores, liquidadores, de derecho o de hecho, o directores generales de la persona jurídica concursada que hubieran sido declarados personas afectadas por la calificación en la medida que la conducta de estas personas que haya determinado la calificación del concurso como culpable hubiera generado o agravado la insolvencia"

De este modo, para que se pueda declarar la responsabilidad a la cobertura del déficit de los sujetos que hubieran sido afectados por la calificación se antoja preciso que su conducta que hubiera conllevado la declaración de culpabilidad hubiera generado o agravado la insolvencia.

No se trata por tanto de una responsabilidad por los resultados (la declaración tardía del concurso), ya que podría darse el supuesto que hubiera concurso, pero, sin embargo, no originarse la responsabilidad por el déficit.

Por ello, insistimos, para que proceda la condena a cubrir total o parcialmente el déficit concursal será necesario que la conducta que ha merecido el reproche de la calificación culpable haya tenido incidencia en la generación o en la agravación de la insolvencia.

En este sentido DIAZ ECHEGARAY J.L, Calificación del Concurso, Doctrina y Jurisprudencia, o HUERTA VIESCA, M.I y RODRÍGUEZ RUIZ DE VILLA, D., La responsabilidad concursal de los administradores.

En este caso, y tal como se ha acreditado en los Fundamentos de Hecho CUARTO y SÉPTIMO (a los cuales nos remitimos en aras a una mayor brevedad y por cuestiones de economía procesal), las conductas llevadas a cabo por parte de las dos personas afectadas por la declaración de culpabilidad han tenido una clara y evidente incidencia en la agravación de la insolvencia de la mercantil concursada, por lo que procede a la condena del déficit, que en su caso, pueda existir a la finalización del procedimiento concursal.

En virtud de la Doctrina anteriormente referenciada, y de las conductas y circunstancias descritas en los Fundamentos de Hecho del presente escrito, esta Administración Concursal considera que procede condenar a la cobertura del déficit en los términos del artículo 456.2 TRLC, a los siguientes sujetos, quedando en cualquier caso al ulterior y superior criterio del Juzgador la resolución tanto de la condena a la cobertura, como del importe definitivo de la misma, ello de conformidad con lo dispuesto en el artículo 456 TRLC:

- ....
- ...., S.L.

SEXTO.– COSTAS

En este caso, no procede la interposición de costas, ello en virtud de lo dispuesto en el artículo 455.3 TRLC, el cual establece:

"3. En materia de costas, serán de aplicación las siguientes reglas especiales:

1.º La sentencia que desestime la solicitud de calificación del concurso como culpable a solicitud de la administración concursal no condenará a esta al pago de las costas, salvo que concurra temeridad.

2.º La sentencia que estime la solicitud de calificación del concurso como culpable no condenará a las personas afectadas por la calificación o declarados cómplices al pago de las costas en que hubieran incurrido los legitimados personados en la sección sexta para defender la calificación del concurso como culpable."

En su virtud,

SOLICITO AL JUZGADO, que teniendo por presentado este INFORME, se sirva admitirlo, y de acuerdo con lo expuesto y según el criterio de esta Administración Concursal el presente procedimiento de concurso de la entidad.........................., S.L. sea calificado como CULPABLE, y en dicho sentido procede dictar resolución judicial en esta sección de calificación por la que:

– Se declare el concurso como culpable

i) al constar actuaciones fraudulentas en los dos años anteriores a la declaración del concurso de acreedores (art. 443.2° TRLC);

ii) por haber cometido inexactitud grave en cualquiera de los documentos acompañados a la solicitud de declaración de concurso o presentados durante la tramitación del procedimiento, o hubiera acompañado o presentado documentos falsos (artículo 443.4° TRLC), o, en su defecto y de forma subsidiaria por haber cometido irregularidad contable relevante para la comprensión de su situación patrimonial o financiera (artículo 443.5° TRLC);

iii) al no haberse solicitado el concurso en el plazo establecido por la legislación vigente (444.1° del TRLC).

– Se declare personas afectadas por la calificación culpable a

1.– Don......................, con dirección......................., administrador único de la concursada desde el ....de 2023 hasta la fecha de declaración de concurso.

2.– La mercantil......................, S.L., con dirección......................, administradora única de la concursada desde el ....de 2022 hasta el ....de 2023.

– Se declare la inhabilitación para administrar bienes ajenos durante un periodo de dos años a Don.......................

– Se declare la pérdida de cualquier derecho que tuviera como acreedor concursal o contra la masa de Don ....y a la mercantil...................., S.L.

– Se condene solidariamente, o en la forma y términos que estime la Juzgadora a la cobertura del déficit en los términos del artículo 456.2 TRLC a Don................. y a la mercantil..................., S.L. por importe de (i) ....€, más el importe de los créditos contingentes o sin cuantía, una vez sean confirmados, (ii) o en su defecto, en la cantidad que fije el Juzgador, ello en virtud de lo dispuesto en el artículo 456 TRLC al entender que las conductas que deben determinar la calificación del concurso como culpable han generado o agravado la insolvencia.

– Se declare cómplices a los siguientes personas:

1.-..................., S.A., con dirección ....

2.– .......................S.L., con..........................

– Se declare la pérdida de cualquier derecho que tuvieran las mercantiles......................, S.A. y ....S.L como acreedores concursales o contra la masa, y se condene a la indemnización de daños y perjuicios que, en su caso, se acrediten en la correspondiente sentencia de calificación.

Todo ello con expresa condena en costas.

OTRO SÍ PRIMERO DIGO.– Que de conformidad con lo dispuesto en los artículos 448 y 539 TRLC, y con el objeto de que surta los efectos probatorios oportunos en el seno del presente incidente, por esta parte se propone y se interesa se admita la práctica de los siguientes MEDIOS DE PRUEBA:

A) DOCUMENTAL: Que se tengan por reproducidos y aportados al ramo de prueba de esta parte los documentos que se acompañan al presente escrito de contestación y los cuales han sido referenciados en el cuerpo del presente escrito.

Así mismo, y a efectos probatorios oportunos, se dejan designados los autos de Concurso Voluntario nº .... que se siguen en el presente Juzgado, así como el resto de documentos e informes relativos al referido procedimiento concursal contenidos y referenciados en el presente escrito de contestación formulado por esta parte, solicitando se tengan por reproducidos.

Del mismo modo, a efectos probatorios SE DESIGNAN LOS DOCUMENTOS, ARCHIVOS Y REGISTROS correspondientes a todos aquellos organismos, juzgados y entidades que hayan podido quedar reseñados en el presente escrito y sus documentos adjuntos, así como que guarden relación con los documentos que se aportan con el mismo.

B) TESTIFICALES/INTERROGATORIOS:

– Don......................., administrador único de la concursada hasta el momento de la declaración del concurso de acreedores, con domicilio en....................., solicitando sea citado por este Juzgado.

– ...., SL, administradora única de la concursada desde el .... de 2022 hasta el ....de 2023, en la persona de su legal representante, solicitando sea citada por este Juzgado

– ...., S.A., con dirección......................, en la persona de su legal representante, solicitando que sea citado por este Juzgado.

– ....S.L, con dirección......................., en la persona de su legal representante, solicitando que sea citado por este Juzgado.

– Don....................., director de administración de la concursada, con domicilio en......................, que será citado por esta parte.

SUPLICO AL JUZGADO, que se tenga por efectuada la anterior solicitud, acordándose la admisión y pertinencia de los medios de prueba anunciados.

OTRO SÍ SEGUNDO DIGO.– Que de conformidad con el artículo 448.5 TRLC, esta parte se reserva la posibilidad de presentar una ampliación del presente informe en caso de que se tuviera conocimiento de algún hecho relevante para la calificación.

SUPLICO AL JUZGADO, que teniendo por efectuada la anterior manifestación a los efectos oportunos.

OTRO SÍ TERCERO DIGO.– Que dado que los medios de prueba de esta parte consisten en la documental aportada y designada en el presente escrito, y la solicitud de testificales se solicita la celebración de la correspondiente vista.

SUPLICO AL JUZGADO, que se tenga por efectuada la anterior solicitud, acordándose cuanto proceda en Derecho.

OTRO SÍ CUARTO DIGO.– Que siendo intención de esta parte cumplir con todos los requisitos legales, a tenor de lo previsto en el artículo 231 de la Ley de Enjuiciamiento Civil, se solicita por esta parte que se nos diere traslado de cualquier defecto que pudiera adolecer la presente demanda, para proceder a la inmediata subsanación.

SUPLICO AL JUZGADO, que teniendo por efectuada la anterior manifestación a los efectos oportunos.

Todo lo anterior por ser de justicia que pido en.............., a ....

Fdo...............

ADMINISTRACIÓN CONCURSAL

F713. INFORME DE LA ADMINISTRACIÓN CONCURSAL PROPONIENDO LA CALIFICACIÓN DEL CONCURSO COMO CULPABLE (IV)

Normativa de aplicación: *Arts. 441 y ss. Real Decreto Legislativo 1/2020, de 5 de mayo, por el que se aprueba el texto refundido de la Ley Concursal.*

Concurso Voluntario. Procedimiento Ordinario.......– D Sección 6º Calificación

Concursada:............, S.L.

AL JUZGADO DE LO MERCANTIL Nº .... DE...........

............, Administrador Concursal designado en el procedimiento de Concurso Voluntario Ordinario de la entidad mercantil............, S.L. que con el número........ se tramita ante ese Juzgado, comparece ante el mismo y como mejor proceda en Derecho, DICE:

Que, mediante este escrito se presenta informe razonado y documentado sobre los hechos relevantes para la calificación del concurso con propuesta de resolución, tal como establece el artículo 448 del Texto Refundido de la Ley Concursal (en adelante también TRLC), y dentro del plazo establecido, se emite el presente INFORME, tal y como resulta del conocimiento de los libros y papeles de la concursada, acerca de los capítulos que deben servir de base para la Calificación del Concurso distinguiendo a tal efecto los siguientes

HECHOS

PRIMERO.– Que en fecha 2 de agosto de............ se presentó solicitud de concurso de acreedores de la mercantil............, S.L., concurso que fue declarado mediante auto de fecha 2 de octubre de............, nombrándose al que suscribe Administrador Concursal de la referida mercantil.

A los efectos probatorios oportunos se dejan designados los autos de concurso voluntario de acreedores nº........, y más en concreto el escrito de fecha 31 de julio de............ en el que se solicita la declaración de concurso de acreedores, así como el auto de fecha 2 de octubre de............ por el que se declaró el referido procedimiento concursal.

SEGUNDO.– Que mediante escrito de fecha 31 de enero de............ se presentó por esta Administración Concursal el Informe al que se refieren los artículos 290 y ss. TRLC.

A efectos probatorios y para lo que resulte menester se deja designado el informe de la Administración Concursal ex. artículos 290 y ss. TRLC de fecha 31 de enero de............

Por otra parte, y en cuanto a la formulación del presente informe de calificación, se pone de manifiesto que a fecha actual a esta Administración Concursal no le consta que se hayan formulado alegaciones para la calificación del concurso como culpable ni por parte de los acreedores, ni por aquellos que, sin ser acreedores, se hayan personado en el concurso.

TERCERO.– Que con relación al referido informe, tras revisar la documentación contable, financiera y fiscal de la sociedad concursada, y tal como consta en el citado informe, y de la documentación que se acompaña al presente escrito, son de destacar en primer lugar los siguientes hechos relevantes a los efectos de determinar la eventual culpabilidad del concurso ex. artículo 443 TRLC:

A.– SOBRE LOS ACTOS LLEVADOS A CABO POR LA CONCURSADA EN PERJUICIO DE SUS ACREEDORES (ART. 443.1° TRLC).

El artículo 443.1° del TRLC establece que el concurso se calificará como culpable cuando: "(...) el deudor se hubiera alzado con la totalidad o parte de sus bienes en perjuicio de sus acreedores o se hubiera realizado cualquier acto que retrase, dificulte o impida la eficacia de un embargo en cualquier clase de ejecución iniciada o de previsible iniciación."

En las presentes actuaciones no consta que el Consejo de Administración de............, S.L., procediera al alzamiento de sus bienes, supuesto al que hace referencia este apartado y tipificado como delito en el artículo 257 del Código Penal, ni tampoco que hubiera realizado cualquier acto que retrasara, dificultara o impidiera la eficacia de un embargo en cualquier clase de ejecución iniciada o de previsible iniciación previo a la declaración de concurso.

Conclusión: No consta la existencia de alzamiento de bienes, ni actos en perjuicio de los acreedores que puedan subsumirse en las conductas descritas en el artículo 443.1° TRLC.

B.– ACTUACIONES FRAUDULENTAS EN LOS DOS AÑOS ANTERIORES A LA DECLARACIÓN DEL CONCURSO DE ACREEDORES (ART. 443.2º TRLC).

El artículo 443.2º del TRLC expone que el concurso se calificará como culpable cuando: "(...) durante los dos años anteriores a la fecha de declaración de concurso hubieran salido fraudulentamente del patrimonio del deudor bienes o derechos."

En los presentes autos de concurso se ha podido observar, a través de la información obtenida de las cuentas anuales de la concursada,............, S.L., que durante los dos años anteriores a la declaración del concurso -............ y............– no se ha producido ninguna salida de los bienes de la misma de forma fraudulenta.

Conclusión: No consta en el periodo establecido como sospechoso en la Ley, esto es, en los dos años anteriores a la declaración de concurso, que haya habido disposiciones patrimoniales que alberguen dudas o sospechosas por no haber tenido la oportuna contrapartida, no dándose por tanto los presupuestos contenidos en el artículo 443.2º TRLC.

C.– ACTOS JURÍDICOS DE LA CONCURSADA DIRIGIDOS A SIMULAR UNA SITUACIÓN PATRIMONIAL FICTICIA (ART. 443.3º TRLC).

El artículo 443.3º del TRLC establece que el concurso se calificará como culpable cuando: "(...) antes de la fecha de la declaración de concurso el deudor hubiese realizado cualquier acto jurídico dirigido a simular una situación patrimonial ficticia."

Esta Administración Concursal ha podido constatar que los últimos actos jurídicos llevados a cabo por la concursada han sido:

• Cambio del órgano de administración en mayo de............ Dicho órgano de administración es el Consejo de Administración existente en el momento de solicitud del concurso de acreedores.

• Modificación del domicilio social en septiembre de............, a............ (............), estando su domicilio anterior en............

Conclusión: No consta que se hayan realizado actos jurídicos por parte de la concursada encaminados a simular una situación patrimonial ficticia, ello salvo las irregularidades contables relevantes a las que se hará referencia en un momento posterior del presente escrito.

D.– CONDUCTAS RELATIVAS A LAS OBLIGACIONES CONTABLES DE LA CONCURSADA (ART. 443.5º TRLC).

El artículo 443.5º del Texto Refundido de la Ley Concursal establece que el concurso se calificará de culpable cuando: "(...) el deudor legalmente obligado a la llevanza de contabilidad incumpliera sustancialmente esta obligación, llevara doble contabilidad o hubiera cometido irregularidad relevante para la comprensión de su situación patrimonial o financiera."

Para el análisis de la calificación relativa a este concreto apartado, esta Administración Concursal se ha basado en las conclusiones alcanzadas derivadas del análisis efectuado en el punto Tercero del Informe de esta Administración Concursal, donde se recoge el estado de la contabilidad del deudor según lo estipulado en el artículo 293 del Texto

Refundido de la Ley Concursal. A los efectos probatorios oportunos se reitera que se deja designado el informe de la Administración Concursal ex artículos 290 y ss. de fecha 31 de enero de.............

De este modo, resulta necesario destacar en primer lugar que la concursada NO ha depositado las cuentas anuales correspondientes a los tres ejercicios anteriores a la declaración de concurso ante el correspondiente Registro Mercantil, siendo el último ejercicio depositado el correspondiente al ejercicio............. Las cuentas correspondientes a los ejercicios............ a............ fueron formuladas y auditadas por la sociedad "............, S.L.", si bien no fueron depositadas para su registro.

Asimismo, NO ha legalizado los libros de contabilidad relativos a los tres últimos ejercicios, siendo los últimos legalizados los correspondientes al ejercicio.............

En cuanto al análisis de la contabilidad, tal y como se indicó en el Informe de esta Administración Concursal, se procede a indicar el aspectos más significativo y notable:

La sociedad nos ha proporcionado los balances de los ejercicios............ hasta el periodo del............ y los libros mayores de los ejercicios 2020 al periodo del............, obtenidos de la contabilidad que lleva, en la que ha ido registrando sus operaciones. Del análisis de estos documentos se comprueba que la sociedad en el ejercicio............ ha registrado contra la cuenta de Reservas Voluntarias regularizaciones de cuentas por una cantidad total de -............ €, sin que hasta el momento se haya justificado el motivo de la realización de estas regularizaciones, y que dado el considerable importe total de estos ajustes hace pensar que los saldos contables no reflejaban la realidad patrimonial de la sociedad en los ejercicios anteriores al ejercicio.............

Este hecho representa una irregularidad contable relevante al haberse incumplido, a criterio de esta Administración Concursal, los siguientes puntos del Plan General de Contabilidad aprobado por el Real Decreto 1514/2007, de 16 de noviembre:

a) Cuentas Anuales. Imagen fiel

Las cuentas anuales deben redactarse con claridad, de forma que la información suministrada sea comprensible y útil para los usuarios al tomar sus decisiones económicas, debiendo mostrar la imagen fiel del patrimonio, de la situación financiera y de los resultados de la empresa, de conformidad con las disposiciones legales.

b) Principio contable: devengo

Los efectos de las transacciones o hechos económicos se registrarán cuando ocurran, imputándose al ejercicio al que las cuentas anuales se refieran, los gastos y los ingresos que afecten al mismo, con independencia de la fecha de su pago o de su cobro

La contabilización en el ejercicio............ de apuntes cuya contrapartida es la cuenta de reservas indica que dichos apuntes no corresponden al ejercicio............, sino que proceden de ejercicios anteriores. Cuando los apuntes son del ejercicio en curso, su contrapartida es la cuenta de pérdidas y ganancias, y no la de reservas. Sin embargo, la irregularidad no es la contabilización en sí, aceptada en el Plan General Contable, sino la significativa cuantía de la misma, que hace que el patrimonio neto de la concursada pase de ser positivo a negativo.

Así mismo, a los efectos probatorios oportunos y en acreditación de los extremos anteriormente referenciados se adjunta la siguiente documentación:

• DOCUMENTO 1: Extractos contables de todas las cuentas del ejercicio............. En estos extractos se comprueba el apunte realizado en la cuenta de reservas por............ €, concretamente el asiento nº.............

Conclusión: Si bien no consta que la entidad haya llevado doble contabilidad y no se da el supuesto ausencia de llevanza de contabilidad, en virtud de lo anteriormente expuesto se concluye que la contabilidad de la sociedad presenta irregularidades relevantes, no reflejando la imagen fiel de la empresa, situación ésta que a entender de esta Administración Concursal debe dar lugar a la calificación del concurso como culpable ex artículo 443.5º TRLC.

E.– FALSEDAD O INEXACTITUD GRAVE EN LOS DOCUMENTOS PRESENTADOS EN LA SOLICITUD DEL CONCURSO O DURANTE LA TRAMITACIÓN DEL PROCEDIMIENTO (ART. 443.4º).

El artículo 443.4º del Texto Refundido de la Ley Concursal indica que el concurso se calificará de culpable cuando: "(...) el deudor hubiera cometido inexactitud grave en cualquiera de los documentos acompañados a la solicitud de declaración de concurso o presentados durante la tramitación del procedimiento, o hubiera acompañado o presentado documentos falsos."

Este procedimiento concursal fue declarado a solicitud de la propia entidad,............, S.L., en fecha 2 de agosto de............, habiendo presentado la documentación que prevén los artículos 6 y ss. TRLC.

Conclusión: Se ha analizado la veracidad de la documentación presentada por la concursada, y que fue la base para la aceptación de la admisión del concurso, y se ha considerado correcta.

F.– APERTURA DE LA LIQUIDACIÓN POR INCUMPLIMIENTO DEL CONVENIO DEBIDO A CAUSA IMPUTABLE AL CONCURSADO (ART. 443.6º TRLC).

El artículo 443.6º del TRLC expone que el concurso se calificará como culpable cuando: "(...) la apertura de la liquidación haya sido acordada de oficio por incumplimiento del convenio debido a causa imputable al concursado."

La apertura de la liquidación no se ha producido por incumplimiento de convenio, sino por la imposibilidad de aprobar uno con sus acreedores.

Conclusión: La Fase de Liquidación no ha sido acordada por incumplimiento de convenio debido a causa imputable al concursado, por lo tanto, no se da el presupuesto contenido en el artículo 443.6º TRLC.

CONCLUSIONES DEFINITIVAS DEL PRESENTE APARTADO:

Tal como se ha expuesto y acreditado, esta Administración Concursal considera que concurre en el supuesto de autos el presupuesto de culpabilidad previsto en el artículo 443.5º, ello por cuanto que se ha podido constatar que la contabilidad de la sociedad presenta irregularidades relevantes, lo que, a la postre, debe implicar la declaración del concurso como culpable.

CUARTO.– Por otra parte, nuevamente con relación al informe de esta Administración Concursal de fecha 31 de enero de............, tras revisar la documentación contable, financiera y fiscal de la sociedad concursada, y tal como consta en el citado informe, y de la documentación que se acompaña al presente escrito, son de destacar los siguientes hechos relevantes a los efectos de determinar la eventual culpabilidad del concurso ex. artículo 444 TRLC, el cual establece que una serie de presunciones (que admiten prueba en contrario) a que determinan la culpabilidad del concurso:

A.– INCUMPLIMIENTO DEL DEBER DE SOLICITAR LA DECLARACIÓN DEL CONCURSO (ART. 444.1.° TRLC).

El artículo 444.1° del TRLC establece que se presume la existencia de dolo o culpa grave cuando "el deudor o, en su caso, sus representantes legales, administradores o liquidadores, hubieran incumplido el deber de solicitar la declaración de concurso."

Tal y como se ha comprobado por esta Administración Concursal al analizar la contabilidad facilitada por la sociedad, ésta registró en el ejercicio............ apuntes que correspondían a ejercicios anteriores por importe de -............ € y que, en dicho ejercicio, provocan unos fondos propios negativos que ascienden a -............ € a 31/12/............

El artículo 5.1 del TRLC indica que "el deudor deberá solicitar la declaración de concurso dentro de los dos meses siguientes a la fecha en que hubiera conocido o debido conocer el estado de insolvencia actual".

De conformidad con la norma 2ª.2 de elaboración de las cuentas anuales "las cuentas anuales deberán ser formuladas por el empresario o los administradores, quienes responderán de su veracidad, en el plazo máximo de 3 meses, a contar desde el cierre del ejercicio...".

La sociedad hubiera debido conocer el estado de insolvencia actual en el momento de elaboración de las cuentas anuales, esto es, el 31 de marzo de............, debiendo presentar la solicitud de concurso en los dos meses siguientes, esto es, hasta el 31 de mayo de............ Sin embargo, la solicitud de concurso fue presentada el 3 de agosto de............, incumpliéndose, por tanto, el deber de solicitar la declaración de concurso establecida en el TRLC.

Así mismo, a efectos probatorios se adjunta la siguiente documentación que acredita los extremos anteriormente desarrollados:

• DOCUMENTO 2: Cuentas anuales correspondientes al ejercicio............ enviadas por la sociedad sin incluir la memoria.

Conclusión: En virtud de todo lo anteriormente expuesto, esta Administración Concursal considera que la mercantil no ha cumplido con el deber de solicitar la declaración de concurso de acreedores dentro de los dos meses siguientes a la fecha en que hubiera conocido o debido conocer el estado de insolvencia, de conformidad con el artículo 5 del TRLC, lo que debe implicar la declaración de culpabilidad del concurso ex. artículo 444.1° del TRLC.

B.– INCUMPLIMIENTO DEL DEBER DE COLABORACIÓN CON LA ADMINISTRACIÓN CONCURSAL (ART. 444.2° TRLC).

El artículo 444.2° del TRLC establece que se presume la existencia de dolo o culpa grave cuando: "el deudor o, en su caso, sus representantes legales, administradores o liquidadores, hubieran incumplido el deber de colaboración con el juez del concurso y la administración concursal, no les hubieran facilitado la información necesaria o conveniente para el interés del concurso (...)"

Esta Administración Concursal debe manifestar que el nivel de colaboración de la concursada ha sido muy limitado, escueto, y, sin duda, mejorable. Esta Administración concursal ha tenido que reclamar de forma reiterada la documentación e información que ha ido solicitando a la concursada durante toda la tramitación del procedimiento, si bien, finalmente ha sido facilitada por la concursada.

Conclusión: En virtud de lo anteriormente expuesto, esta Administración Concursal considera que la concursada ha cumplido con el deber de colaboración legalmente exigible.

C.– SOBRE LA AUSENCIA DE CUENTAS ANUALES, DE LA OBLIGACIÓN DE AUDITORÍA (EN SU CASO), ASÍ COMO DE LA FALTA DE DEPÓSITO DE LAS MISMAS (ART. 444.3° TRLC).

El artículo 444.3° del TRLC establece que se presume la existencia de dolo o culpa grave "Si, en alguno de los tres últimos ejercicios anteriores a la declaración del concurso, el deudor obligado legalmente a la llevanza de contabilidad no hubiera formulado las cuentas anuales, no las hubiera sometido a auditoría, debiendo hacerlo, o, una vez aprobadas, no las hubiera depositado en el Registro Mercantil o en el Registro correspondiente."

Tal y como se indicó en el Informe presentado por la Administración Concursal el 31 de enero de............, las últimas cuentas anuales que la concursada había formulado, aprobado y depositado ante el Registro Mercantil son las correspondientes al ejercicio............. Si bien la sociedad ha formulado, auditado y aportado a esta Administración Concursal las cuentas anuales correspondientes a los ejercicios............ a............, ninguna de ellas ha sido depositadas ante el Registro Mercantil.

Conclusión: La concursada no ha cumplido con el deber de formulación, aprobación y depósito de cuentas ante el Registro Mercantil de los ejercicios anteriores a la declaración de concurso, lo que debe implicar la declaración de culpabilidad del concurso ex. artículo 444.3° del TRLC.

CONCLUSIONES DEFINITIVAS DEL PRESENTE APARTADO: Tal como se ha expuesto y acreditado, esta Administración Concursal considera que concurren en el supuesto de autos las presunciones contenidas en el artículo 444.1° y 3°, lo que debe implicar la declaración del concurso como culpable.

Ello, en primer lugar, por cuanto que se ha constatado que la mercantil concursada no ha cumplido con el deber de solicitar la declaración de concurso de acreedores dentro de los dos meses siguientes a la fecha en que hubiera conocido o debido conocer el estado de insolvencia, de conformidad con el artículo 5 del TRLC, (artículo 444.1° del TRLC).

Y, en segundo lugar, por cuanto que la concursada no ha cumplido con el deber de depositar las cuentas anuales ante el Registro Mercantil de los ejercicios anteriores a la declaración de concurso (artículo 444.3° del TRLC).

QUINTO.– En virtud de lo anteriormente expuesto, y dado que a entender de esta Administración Concursal procede la declaración del concurso como culpable, procede identificar las personas a las que debe afectar la calificación.

De este modo, el artículo 448.3° del TRLC establece que: "Si la administración concursal propusiera la calificación del concurso como culpable, el informe expresará la identidad de las personas a las que deba afectar la calificación y de las que hayan de ser consideradas cómplices, justificándose la causa, así como la determinación de daños y perjuicios que, en su caso, se hayan causado por las personas anteriores y las demás pretensiones que se consideren procedentes conforme a lo previsto por la ley."

En cumplimiento de lo dispuesto en el referido precepto, esta Administración Concursal considera que las personas que deben ser afectadas por la calificación de culpable del procedimiento son:

– Don............ (Presidente), con DNI............

– Doña............ (Secretario), con DNI............

– Doña............ (Vocal), con DNI............

– Doña............ (Vocal), con DNI............

– Doña............ (Vocal), con DNI............

en su condición de miembros del Consejo de Administración de la sociedad, quienes presentan las cuentas anuales de la sociedad ante el Registro Mercantil, tiene la obligación de llevar una contabilidad ordenada, que refleje la imagen fiel de la empresa, así como de presentar la solicitud de concurso en el plazo estipulado por el Texto Refundido de la Ley Concursal y de depositar las Cuentas Anuales ante el Registro Mercantil correspondientes.

SEXTO.– En virtud de lo anterior, y de conformidad con lo dispuesto en el artículo 455.2° TRLC, procede así mismo la inhabilitación de las personas afectadas por la declaración de culpabilidad, en los términos previstos en el referido precepto:

"La inhabilitación de las personas naturales afectadas por la calificación para administrar los bienes ajenos durante un período de dos a quince años, así como para representar a cualquier persona durante el mismo período. Esta inhabilitación se notificará al Registro de la Propiedad y al Registro Mercantil para su constancia en la hoja de la concursada y en las demás del registro en que aparezca la persona inhabilitada, así como en el Índice único informatizado del artículo 242 bis de la Ley Hipotecaria.

La duración del periodo de inhabilitación se fijará por el juez atendiendo a la gravedad de los hechos y a la entidad del perjuicio causado a la masa activa, así como a la existencia de otras sentencias de calificación del concurso como culpable en los que la misma persona ya hubiera sido inhabilitada.

Excepcionalmente, en caso de convenio, si así lo hubiera solicitado la administración concursal en el informe de calificación, la sentencia podrá autorizar al inhabilitado a continuar al frente de la empresa o como administrador de la sociedad concursada durante el tiempo de cumplimiento del convenio o por periodo inferior."

En este caso, esta Administración Concursal considera por las conductas y hechos descritos procede la inhabilitación por un periodo de dos años. No obstante, el Juzgado con su superior criterio resolverá.

SÉPTIMO.– Por último, esta Administración Concursal considera, y así solicita que se acuerde por el Juzgador, que pese a la existencia de presupuestos que puedan conllevar a una declaración de culpabilidad, no procede la condena a la cobertura, total o parcial, del déficit.

Ello por cuanto se considera que, si bien las conductas cometidas por las personas afectadas son merecedoras de una declaración de culpabilidad conforme a los artículos 443 y 444 TRLC, las mismas no han generado o agravado la insolvencia.

De este modo, y dado que esta Administración Concursal considera que las conductas que deben determinar la calificación del concurso como culpable no han generado o agravado la insolvencia, no procede en este caso la condena a la cobertura del déficit, ello de conformidad con lo dispuesto en el artículo 456 TRLC.

A los anteriores hechos, le son de aplicación los siguientes

FUNDAMENTOS DE DERECHO

I.– PROCESALES.

PRIMERO. COMPETENCIA Y PROCEDIMIENTO.– Es competente el Juzgado al que me dirijo, conforme a lo que dispone el art. 86 ter de la Ley Orgánica del Poder Judicial, así como de conformidad con el artículo 448 del Real Decreto Legislativo 1/2020, de 5 de mayo, por el que se aprueba el texto refundido de la Ley Concursal. Además, este trámite deberá ventilarse conforme a lo establecido en los artículos 450 y ss. TRLC.

SEGUNDO. CAPACIDAD Y LEGITIMACIÓN.

Esta Administración Concursal se encuentra capacitada y legitimada para la presentación del presente escrito en virtud de lo dispuesto en el artículo 448 TRLC que establece que:

"1. Dentro de los quince días siguientes al de la presentación del inventario y de la lista de acreedores provisionales, la administración concursal presentará un informe razonado y documentado sobre los hechos relevantes para la calificación del concurso, con propuesta de resolución. Si los acreedores o los que sin ser acreedores se hayan personado en el concurso hubieran formulado alegaciones para la calificación del concurso como culpable, esas alegaciones se unirán como anejo al informe de calificación.

2. El informe de calificación tendrá la estructura propia de una demanda si el administrador concursal solicitara la calificación del concurso como culpable. (...)"

II.– DE FONDO.

PRIMERO. SOBRE LAS CAUSAS DE CULPABILIDAD DEL ARTÍCULO 443 TRLC.

CONDUCTAS RELATIVAS A LAS OBLIGACIONES CONTABLES DE LA CONCURSADA (ART. 443.5° TRLC)

De conformidad con lo expuesto en los Fundamentos de Hecho del presente escrito, esta parte considera que se han dado en el supuesto de autos las conductas descritas en el artículo 443.5° TRLC, el cual establece que procede la declaración de culpabilidad si:

"(...) el deudor legalmente obligado a la llevanza de contabilidad incumpliera sustancialmente esta obligación, llevara doble contabilidad o hubiera cometido irregularidad relevante para la comprensión de su situación patrimonial o financiera."

En este caso, y conforme a los expuesto en un pasaje anterior del presente escrito, al que nos remitimos en aras a una mayor brevedad, esta Administración Concursal considera que si bien no consta que la entidad haya llevado doble contabilidad y tampoco se da el supuesto ausencia de llevanza de contabilidad, sí puede concluirse que la contabilidad de la sociedad presenta irregularidades relevantes, no reflejando la imagen fiel de la empresa por cuanto sus activos se encuentran sobrevalorados y sus pasivos infravalorados, situación ésta que debe dar lugar a la calificación del concurso como culpable ex artículo 443.5° TRLC.

Ello por cuanto que ha venido considerando que la irregularidad relevante es aquella que genera confusión sobre la verdadera situación financiera, lo que ha de valorarse tanto en términos cuantitativos como cualitativos.

En este sentido la Sentencia del Tribunal Supremo de 27 de octubre de............ en la que se indica que, por un lado, la irregularidad será relevante cualitativamente cuando impida a cualquier tercero tener una información correcta y suficiente del estado patrimonial de la empresa, y por otro lado, en términos cuantitativos la relevancia se observará cuando el importe económico de la incidencia, en relación al tamaño de la empresa, altere significativamente la situación patrimonial y financiera proyectada al exterior.

En este caso, y tal como se ha indicado, la sociedad ha proporcionado los balances de los ejercicios............ hasta el periodo del............ y los libros mayores de los ejercicios ...... al periodo del............, obtenidos de la contabilidad que lleva, en la que ha ido registrando sus operaciones. Del análisis de estos documentos se comprueba que la sociedad en el ejercicio............ ha registrado contra la cuenta de Reservas Voluntarias regularizaciones de cuentas por una cantidad total de -............ €, sin que hasta el momento se haya justificado el motivo de la realización de estas regularizaciones, y que dado el considerable importe total de estos ajustes hace pensar que los saldos contables no reflejaban la realidad patrimonial de la sociedad en los ejercicios anteriores al ejercicio............

Este hecho representa una irregularidad contable relevante al haberse incumplido, a criterio de esta Administración Concursal, los siguientes puntos del Plan General de Contabilidad aprobado por el Real Decreto 1514/2007, de 16 de noviembre:

a) Cuentas Anuales. Imagen fiel

Las cuentas anuales deben redactarse con claridad, de forma que la información suministrada sea comprensible y útil para los usuarios al tomar sus decisiones económicas, debiendo mostrar la imagen fiel del patrimonio, de la situación financiera y de los resultados de la empresa, de conformidad con las disposiciones legales.

b) Principio contable: devengo

Los efectos de las transacciones o hechos económicos se registrarán cuando ocurran, imputándose al ejercicio al que las cuentas anuales se refieran, los gastos y los ingresos que afecten al mismo, con independencia de la fecha de su pago o de su cobro

La contabilización en el ejercicio............ de apuntes cuya contrapartida es la cuenta de reservas indica que dichos apuntes no corresponden al ejercicio............, sino que proceden de ejercicios anteriores. Cuando los apuntes son del ejercicio en curso, su contrapartida es la cuenta de pérdidas y ganancias, y no la de reservas. Sin embargo, la irregularidad no es la contabilización en sí, aceptada en el Plan General Contable, sino la significativa cuantía de la misma, que hace que el patrimonio neto de la concursada pase de ser positivo a negativo.

SEGUNDO. SOBRE LAS CAUSA DE CULPABILIDAD DEL ARTÍCULO 444 TRLC.

En este caso, y tal como se ha desarrollado anteriormente, esta Administración Concursal considera que se cumplen dos de las presunciones previstas en el artículo 444 TRLC que pueden dar lugar a la declaración del concurso como culpable:

A.– INCUMPLIMIENTO DEL DEBER DE SOLICITAR LA DECLARACIÓN DEL CONCURSO (ART. 444.1.° TRLC).

El artículo 444.1° del TRLC establece que se presume la existencia de dolo o culpa grave cuando "el deudor o, en su caso, sus representantes legales, administradores o liquidadores, hubieran incumplido el deber de solicitar la declaración de concurso."

De este modo, y conforme a lo acreditado en un momento anterior del presente escrito, esta Administración Concursal considera que la mercantil no ha cumplido con el deber de solicitar la declaración de concurso de acreedores dentro de los dos meses siguientes a la fecha en que hubiera conocido o debido conocer el estado de insolvencia, de conformidad con el artículo 5 del TRLC, lo que debe implicar la declaración de culpabilidad del concurso ex. artículo 444.1° del TRLC.

B.– INCUMPLIMIENTO DEL DEBER DE DEPÓSITO DE LAS CUENTAS ANUALES ANTE EL REGISTRO MERCANTIL (ART. 444.3° TRLC).

Por otra parte, el artículo 444.3° del TRLC establece que se presume la existencia de dolo o culpa grave cuando: "en alguno de los tres últimos ejercicios anteriores a la declaración del concurso, el deudor obligado legalmente a la llevanza de contabilidad no hubiera formulado las cuentas anuales, no las hubiera sometido a auditoría, debiendo hacerlo, o, una vez aprobadas, no las hubiera depositado en el Registro Mercantil o en el Registro correspondiente.

De este modo, y conforme a lo expuesto y acreditado en un pasaje anterior del presente escrito, esta Administración Concursal considera que la concursada no ha cumplido con el depósito de las cuentas anuales ante el Registro Mercantil, siendo las últimas depositadas las correspondientes al ejercicio............

TERCERO. SOBRE LA AFECTACIÓN DE LA CULPABILIDAD.

Dada la procedencia de la declaración de culpabilidad, resulta necesario identificar la persona a la que debe afectar la calificación del concurso como culpable, ello de conformidad con lo dispuesto en el artículo 448.3º TRLC.

De este modo, el artículo 448.3º del TRLC establece que: "Si la administración concursal propusiera la calificación del concurso como culpable, el informe expresará la identidad de las personas a las que deba afectar la calificación y de las que hayan de ser consideradas cómplices, justificándose la causa, así como la determinación de daños y perjuicios que, en su caso, se hayan causado por las personas anteriores y las demás pretensiones que se consideren procedentes conforme a lo previsto por la ley."

En cumplimiento de lo dispuesto en el referido precepto, esta Administración Concursal considera que las personas que deben ser afectadas por la calificación de culpable del procedimiento son:

– Don............ (Presidente), con DNI............

– Doña............ (Secretario), con DNI............

– Doña............ (Vocal), con DNI............

– Doña............ (Vocal), con DNI............

– Doña............ (Vocal), con DNI............

en su condición de miembros del Consejo de Administración de la sociedad, quienes presentan las cuentas anuales de la sociedad ante el Registro Mercantil, tiene la obligación de llevar una contabilidad ordenada, que refleje la imagen fiel de la empresa, así como de presentar la solicitud de concurso en el plazo estipulado por el Texto Refundido de la Ley Concursal y de depositar las Cuentas Anuales ante el Registro Mercantil correspondientes.

CUARTO. SOBRE LA INHABILITACIÓN DE LA PERSONA AFECTADA POR LA CALIFICACIÓN.

En este punto, procede la aplicación del artículo 455.2º TRLC, y por ende, la inhabilitación de las personas afectadas por la calificación, ello en los términos previstos en el referido precepto:

"La inhabilitación de las personas naturales afectadas por la calificación para administrar los bienes ajenos durante un período de dos a quince años, así como para representar a cualquier persona durante el mismo período. Esta inhabilitación se notificará al Registro de la Propiedad y al Registro Mercantil para su constancia en la hoja de la concursada y en las demás del registro en que aparezca la persona inhabilitada, así como en el Índice único informatizado del artículo 242 bis de la Ley Hipotecaria.

La duración del periodo de inhabilitación se fijará por el juez atendiendo a la gravedad de los hechos y a la entidad del perjuicio causado a la masa activa, así como a la existencia de otras sentencias de calificación del concurso como culpable en los que la misma persona ya hubiera sido inhabilitada.

Excepcionalmente, en caso de convenio, si así lo hubiera solicitado la administración concursal en el informe de calificación, la sentencia podrá autorizar al inhabilitado a continuar al frente de la empresa o como administrador de la sociedad concursada durante el tiempo de cumplimiento del convenio o por periodo inferior."

QUINTO. SOBRE LA CONDENA A LA COBERTURA DEL DÉFICIT.

Por último, esta Administración Concursal considera, y así solicita que se acuerde por el Juzgador, que pese a la existencia de presupuestos que puedan conllevar a una declaración de culpabilidad, no procede la condena a la cobertura, total o parcial, del déficit.

Ello por cuanto se considera que, si bien las conductas cometidas por las personas afectadas son merecedoras de una declaración de culpabilidad conforme a los artículos 443 y 444 TRLC, las mismas no han generado o agravado la insolvencia.

De este modo, y dado que esta Administración Concursal considera que las conductas que deben determinar la calificación del concurso como culpable no han generado o agravado la insolvencia, no procede en este caso la condena a la cobertura del déficit, ello de conformidad con lo dispuesto en el artículo 456.1 TRLC:

"Cuando la sección de calificación hubiera sido formada o reabierta como consecuencia de la apertura de la fase de liquidación, el juez, en la sentencia de calificación, podrá condenar, con o sin solidaridad, a la cobertura, total o parcial, del déficit a todos o a algunos de los administradores, liquidadores, de derecho o de hecho, o directores generales de la persona jurídica concursada que hubieran sido declarados personas afectadas por la calificación en la medida que la conducta de estas personas que haya determinado la calificación del concurso como culpable hubiera generado o agravado la insolvencia".

SEXTO.– COSTAS

En este caso, no procede la interposición de costas, ello en virtud de lo dispuesto en el artículo 455.3 TRLC, el cual establece:

"3. En materia de costas, serán de aplicación las siguientes reglas especiales:

1.ª La sentencia que desestime la solicitud de calificación del concurso como culpable a solicitud de la administración concursal no condenará a esta al pago de las costas, salvo que concurra temeridad.

2.ª La sentencia que estime la solicitud de calificación del concurso como culpable no condenará a las personas afectadas por la calificación o declarados cómplices al pago de las costas en que hubieran incurrido los legitimados personados en la sección sexta para defender la calificación del concurso como culpable."

En su virtud,

SOLICITO AL JUZGADO, que teniendo por presentado este INFORME, se sirva admitirlo, y de acuerdo con lo expuesto y según el criterio de esta Administración Concursal el presente procedimiento de concurso de la entidad............., S.L. sea calificado como CULPABLE, y en dicho sentido procede dictar resolución judicial en esta sección de calificación por la que:

– Se declare el concurso como culpable al haberse cometido irregularidad contable relevante (443.5º del TRLC); al haber cometido inexactitud grave en cualquiera de los documentos acompañados a la solicitud de declaración de concurso (art. 443.4º); al no haberse solicitado el concurso en el plazo establecido por la legislación vigente (art. 444.1° del TRLC); y haber incumplido el deber de depositar las cuentas anuales ante el Registro Mercantil desde el ejercicio............ (art. 444.3° TRLC).

– Se declare personas afectadas por la calificación culpable a todos los miembros del Consejo de Administración:

Don............ (Presidente), con DNI............

Doña............ (Secretario), con DNI............

Doña............ (Vocal), con DNI............

Doña............ (Vocal), con DNI............

Doña............ (Vocal), con DNI............

– Se declare la inhabilitación para administrar bienes ajenos durante un periodo de dos años a todas las personas afectadas.

– Se declare la pérdida de cualquier derecho que tuviera como acreedor concursal o contra la masa de todas las personas afectadas.

– Se declare que no procede la condena a la cobertura del déficit, ello en virtud de lo dispuesto en el artículo 456 TRLC al entender que las conductas que deben determinar la calificación del concurso como culpable no han generado o agravado la insolvencia.

OTRO SÍ PRIMERO DIGO.– Que de conformidad con lo dispuesto en los artículos 448 y 539 TRLC, y con el objeto de que surta los efectos probatorios oportunos en el seno del presente incidente, por esta parte se propone y se interesa se admita la práctica de los siguientes MEDIOS DE PRUEBA:

A) DOCUMENTAL: Que se tengan por reproducidos y aportados al ramo de prueba de esta parte los documentos que se acompañan al presente escrito de contestación y los cuales han sido referenciados en el cuerpo del presente escrito.

Así mismo, y a efectos probatorios oportunos, se dejan designados los autos de Concurso Voluntario n° ...../............ que se siguen en el presente Juzgado, así como el resto de los documentos e informes relativos al referido procedimiento concursal contenidos y referenciados en el presente escrito de contestación formulado por esta parte, solicitando se tengan por reproducidos.

Del mismo modo, a efectos probatorios SE DESIGNAN LOS DOCUMENTOS, ARCHIVOS Y REGISTROS correspondientes a todos aquellos organismos, juzgados y entidades que hayan podido quedar reseñados en el presente escrito, así como que guarden relación con los documentos que se aportan con el mismo.

SUPLICO AL JUZGADO, que se tenga por efectuada la anterior solicitud, acordándose la admisión y pertinencia de los medios de prueba anunciados.

OTRO SÍ SEGUNDO DIGO.– Que de conformidad con el artículo 448.5 TRLC, esta parte se reserva la posibilidad de presentar una ampliación del presente informe en caso de que se tuviera conocimiento de algún hecho relevante para la calificación.

SUPLICO AL JUZGADO, que teniendo por efectuada la anterior manifestación a los efectos oportunos.

OTRO SÍ TERCERO DIGO.– Que dado que los medios de prueba de esta parte consisten en la documental aportada y designada en el presente escrito, de conformidad de lo dispuesto en los artículos 450.4 y 540 TRLC, se solicita se dicte la correspondiente resolución sin necesidad de vista y sin más trámites, ello en cualquier caso a expensas del contenido de los informes que se emitan, en su caso, en los que se solicite la calificación del concurso como culpable, y del contenido de las alegaciones que se presenten, en su caso, por el deudor y/o la persona afectada por la calificación.

SUPLICO AL JUZGADO, que se tenga por efectuada la anterior solicitud, acordándose cuanto proceda en Derecho.

OTRO SÍ CUARTO DIGO.– Que siendo intención de esta parte cumplir con todos los requisitos legales, a tenor de lo previsto en el artículo 231 de la Ley de Enjuiciamiento Civil, se solicita por esta parte que se nos diere traslado de cualquier defecto que pudiera adolecer la presente demanda, para proceder a la inmediata subsanación.

SUPLICO AL JUZGADO, que teniendo por efectuada la anterior manifestación a los efectos oportunos.

Todo lo anterior, por ser justicia que pido en .... a .... de ....

ADMINISTRACIÓN CONCURSAL

F714. INFORME DE LOS ADMINISTRADORES CONCURSALES PROPONIENDO LA CALIFICACIÓN DEL CONCURSO COMO FORTUITO (I)

Normativa de aplicación: *Arts. 441 y ss. Real Decreto Legislativo 1/2020, de 5 de mayo, por el que se aprueba el texto refundido de la Ley Concursal*

JUZGADO DE LO MERCANTIL Nº............ DE...........

D..........., Administración Concursal en autos de Concurso Voluntario nº..........., seguidos a instancia de la concursada "...........", ante el Juzgado comparecen y como mejor proceda en Derecho DIGO:

Que por la presente y de conformidad con lo dispuesto en el artículo 448 TRLC, se presenta INFORME PROPONIENDO LA CALIFICACIÓN DEL CONCURSO COMO FORTUITO, en base a los siguientes,

HECHOS

PRIMERO.– Que a la vista de las manifestaciones efectuadas por las partes y el contenido del presente procedimiento resulta procedente declarar el presente concurso como fortuito por las siguientes razones:...........

A los anteriores hechos le son de aplicación los siguientes,

FUNDAMENTOS DE DERECHO

PRIMERO.– Art. 441 TRLC: el concurso se calificará como fortuito o como culpable.

SEGUNDO.– El artículo 450.1 TRLC, según el cual, si el informe de la administración concursal coincidieran en calificar el concurso como fortuito, el juez, sin más trámites, ordenará, mediante auto, el archivo de las actuaciones. Contra el auto que ordene el archivo de las actuaciones no cabrá recurso alguno.

En su virtud,

SUPLICAMOS AL JUZGADO que teniendo por presentado este escrito, junto con sus documentos y copias de todo ello, lo admita, y tenga por presentado el informe de los administradores concursales dictando resolución calificando el concurso como fortuito.

Es Justicia que pido en..........., a........... de........... de...........

F715. INFORME DE LA ADMINISTRACIÓN CONCURSAL PROPONIENDO LA CALIFICACIÓN DEL CONCURSO COMO FORTUITO (II)

Normativa de aplicación: *Arts. 441 y ss. Real Decreto Legislativo 1/2020, de 5 de mayo, por el que se aprueba el texto refundido de la Ley Concursal.*

AL JUZGADO DE LO MERCANTIL Nº........... DE ....

.........................en representación de,.............................. SLP, Administración Concursal designada en el procedimiento de Concurso Voluntario Ordinario de la entidad mercantil..........................., SL que con el número........................... se tramita ante ese Juzgado, comparece ante el mismo y como mejor proceda en Derecho, DICE:

Que, mediante este escrito se presenta informe razonado y documentada sobre los hechos relevantes para la calificación del concurso con propuesta de resolución, tal como establece el artículo 448 del Texto Refundido de la Ley Concursal, y dentro del plazo establecido, se emite el presente INFORME, tal y como resulta del conocimiento de los libros y papeles de la concursada, acerca de los capítulos que deben servir de base para la Calificación del Concurso.

Para ordenar la exposición de cuanto ha de ser objeto de este INFORME, procurará ajustarse a los extremos a que se refieren los artículos 442 y 444 del Texto Refundido de la Ley Concursal con el siguiente esquema:

1. Alegaciones sobre la calificación del concurso según el artículo 447 del Texto Refundido de la Ley Concursal

2. Análisis de los supuestos de culpabilidad según el artículo 442 del Texto Refundido de la Ley Concursal.

3. Análisis de los supuestos de culpabilidad según el artículo 444 del Texto Refundido de la Ley Concursal.

4. Conclusión.

INFORME DE CALIFICACIÓN de la mercantil

............................, S.L.

1. ALEGACIONES SOBRE LA CALIFICACIÓN DEL CONCURSO

El artículo 447 del Texto Refundido de la Ley Concursal expone que "durante el plazo para la comunicación de créditos cualquier acreedor o cualquier personado en el concurso podrá remitir por correo electrónico a la administración concursal cuanto considere relevante para fundar la calificación del concurso como culpable, acompañando, en su caso, los documentos que considere oportunos".

Durante el plazo de comunicación de créditos, ni en ningún momento anterior o posterior, ningún acreedor ha realizado manifestación alguna relativa a hechos relevantes que pudieran dar lugar a la calificación del concurso como culpable.

2. ANÁLISIS DE LOS SUPUESTOS DE CULPABILIDAD SEGÚN EL ARTÍCULO 442 DEL TEXTO REFUNDIDO DE LA LEY CONCURSAL

PRIMERO: Existencia de dolo o culpa grave

El artículo 442 del Texto Refundido de la Ley Concursal expone que el concurso se calificará de culpable cuando: "...en la generación o agravación del estado de insolvencia hubiera mediado dolo o culpa grave del deudor..."

Para analizar si ha mediado en nuestro concurso dolo o culpa grave del deudor, debemos analizar los supuestos establecidos en el artículo 444 del Texto Refundido de la Ley Concursal. Este análisis se va a realizar en el siguiente punto del presente informe.

SEGUNDO: Actos realizados por la concursada en perjuicio de los acreedores

El artículo 443.1° del TRLC expone que el concurso se calificará como culpable cuando: "...el deudor se hubiera alzado con la totalidad o parte de sus bienes en perjuicio de sus acreedores o se hubiera realizado cualquier acto que retrase, dificulte o impida la eficacia de un embargo en cualquier clase de ejecución iniciada o de previsible iniciación..."

No consta que el administrador único de............................, S.L., procediera al alzamiento de sus bienes, supuesto al que hace referencia este apartado y tipificado como delito en el artículo 257 del Código Penal, ni tampoco que hubiera realizado cualquier acto que retrasara, dificultara o impidiera la eficacia de un embargo en cualquier clase de ejecución iniciada o de previsible iniciación previo a la declaración de concurso.

Conclusión: No consta la existencia de alzamiento de bienes, ni actos en perjuicio de los acreedores.

TERCERO: Conducta de la concursada durante los dos años anteriores a la declaración de concurso

El artículo 443.2° del TRLC expone que el concurso se calificará como culpable cuando: "...durante los dos años anteriores a la fecha de declaración de concurso hubieran salido fraudulentamente del patrimonio del deudor bienes o derechos...".

En este expediente de concurso se observa, a través de la información obtenida de las cuentas anuales de la concursada,..........................., S.L., que durante los dos años anteriores a la declaración del concurso —2022 y 2023— no se ha producido ninguna salida de los bienes de la misma de forma fraudulenta.

Conclusión: No consta que, en el periodo establecido como sospechoso en la Ley, los dos años anteriores a la declaración de concurso, haya habido disposiciones patrimoniales que aparezcan sospechosas por no haber tenido la oportuna contrapartida.

CUARTO: Conducta de la concursada para la determinación de su situación patrimonial

El artículo 443.3° del TRLC expone que el concurso se calificará como culpable cuando: "antes de la fecha de la declaración de concurso el deudor hubiese realizado cualquier acto jurídico dirigido a simular una situación patrimonial ficticia".

El último acto jurídico realizado por la concursada ha sido su la declaración de unipersonalidad, lo cual fue realizado en el ejercicio 2016.

Conclusión: No consta que se hayan realizado actos jurídicos por parte de la concursada encaminados a simular una situación patrimonial ficticia.

QUINTO: La conducta de la concursada en la presentación de documentación aportada al procedimiento

El artículo 443.4° del Texto Refundido de la Ley Concursal expone que el concurso se calificará de culpable cuando: "el deudor hubiera cometido inexactitud grave en cualquiera de los documentos acompañados a la solicitud de declaración de concurso o presentados durante la tramitación del procedimiento, o hubiera acompañado o presentado documentos falsos".

Este expediente de concurso fue solicitado por la propia entidad,..........................., SL, en fecha ....de 2024, presentando toda la documentación para el trámite de dicha solicitud, siendo admitida en fecha ....de 2024, considerándose suficiente para su admisión, por cumplir los requisitos estipulados en el artículo 6 y ss. del TRLC.

Conclusión: La documentación aportada por la entidad durante la tramitación del procedimiento se ha considerado como adecuada y suficiente para contrastar los datos en la confección del Informe de la Administración Concursal.

La colaboración de la concursada hasta la fecha ha sido aceptable, facilitando la labor de esta Administración Concursal.

SEXTO: La conducta de la concursada en el cumplimiento de las obligaciones contables

El artículo 443.5º del Texto Refundido de la Ley Concursal expone que el concurso se calificará de culpable cuando: "el deudor legalmente obligado a la llevanza de contabilidad incumpliera sustancialmente esta obligación, llevara doble contabilidad o hubiera cometido irregularidad relevante para la comprensión de su situación patrimonial o financiera".

Para la calificación de este apartado, la Administración Concursal se ha basado en las conclusiones derivadas del análisis efectuado en el apartado Tercero del Informe de la Administración Concursal, donde se recoge el estado de la contabilidad del deudor según lo estipulado en el artículo 293 del Texto Refundido de la Ley Concursal.

La concursada ha cumplido con el deber de llevanza de una contabilidad ordenada y adecuada a su actividad, adaptando sus cuentas en el ejercicio 2008 al nuevo Plan General de Contabilidad.

La concursada ha depositado las cuentas anuales correspondientes a los tres últimos ejercicios anteriores a la declaración de concurso ante el correspondiente Registro Mercantil.

Conclusión: No consta que la entidad haya llevado doble contabilidad y no existe ausencia de llevanza de contabilidad.

SÉPTIMO: Causa de apertura de la Fase de Liquidación

El artículo 443.6º del TRLC expone que el concurso se calificará como culpable cuando: "la apertura de la liquidación haya sido acordada de oficio por incumplimiento del convenio debido a causa imputable al concursado..."

La fase de liquidación del concurso se apertura en el propio Auto de declaración de concurso al haberse solicitado en la demanda de concurso

Conclusión: La Fase de Liquidación no ha sido acordada por incumplimiento de convenio debido a causa imputable al concursado.

3. ANÁLISIS DE LOS SUPUESTOS DE CULPABILIDAD SEGÚN EL ARTÍCULO 444 DEL TEXTO REFUNDIDO DE LA LEY CONCURSAL

Como hemos indicado en el punto anterior, vamos a analizar la existencia de dolo o culpa grave en la generación o agravación del estado de insolvencia:

PRIMERO: Solicitud de declaración de concurso de acreedores

El artículo 444.1º del TRLC expone que se presume la existencia de dolo o culpa grave cuando: "el deudor o, en su caso, sus representantes legales, administradores o liquidadores, hubieran incumplido el deber de solicitar la declaración de concurso".

La concursada ha solicitado de forma voluntaria el concurso de acreedores en el momento en que se ha visto imposibilitada a hacer frente a sus obligaciones de pago a corto plazo, tal y como se indica en la propia solicitud.

Conclusión: La mercantil ha cumplido el deber de solicitar la declaración de concurso de acreedores en el momento que ha tenido conocimiento de la situación financiera en que se encontraba.

SEGUNDO: Colaboración de la concursada durante la tramitación del procedimiento

El artículo 444.2° del TRLC expone que se presume la existencia de dolo o culpa grave cuando: "el deudor o, en su caso, sus representantes legales, administradores o liquidadores, hubieran incumplido el deber de colaboración con el juez del concurso y la administración concursal, no les hubieran facilitado la información necesaria o conveniente para el interés del concurso o no hubiesen asistido, por sí o por medio de apoderado, a la junta de acreedores..."

Esta Administración Concursal debe manifestar que el nivel de colaboración de la concursada ha sido bueno, facilitando todo cuanto se ha necesitado para la tramitación del procedimiento y la elaboración del Informe.

Conclusión: La concursada ha cumplido el deber de colaboración en todo momento, facilitando la información y documentación que le ha sido solicitada.

TERCERO: Cuentas anuales de la concursada

El artículo 444.3° del TRLC expone que se presume la existencia de dolo o culpa grave cuando: "Si, en alguno de los tres últimos ejercicios anteriores a la declaración del concurso, el deudor obligado legalmente a la llevanza de contabilidad no hubiera formulado las cuentas anuales, no las hubiera sometido a auditoría, debiendo hacerlo, o, una vez aprobadas, no las hubiera depositado en el Registro Mercantil o en el Registro correspondiente..."

Tal y como se indicó en el Informe presentado por la Administración Concursal, la concursada había formulado, aprobado y depositado ante el Registro Mercantil sus cuentas anuales de los ejercicios 2019 a 2021.

Ejercicio Fecha depósito

2020 ....

2021 ....

2022 ....

..........................., SL, de conformidad con lo previsto en la Ley, no ha estado obligada a someter a auditoría sus cuentas anuales.

Conclusión: La concursada ha cumplido con el deber de formulación, aprobación y depósito de cuentas ante el Registro Mercantil de los tres ejercicios anteriores a la declaración de concurso.

4. CONCLUSIÓN

Como conclusión y de acuerdo con todo lo expuesto en el cuerpo del presente informe, esta Administración Concursal ha de informar que según su criterio el presente expediente de concurso es FORTUITO puesto que, no concurre ninguno de los supuestos estipulados en el Texto Refundido de la Ley Concursal para que sea considerado culpable.

Por todo lo expuesto,

SOLICITA AL JUZGADO, que teniendo por presentado este INFORME, se sirva admitirlo, y de acuerdo con lo expuesto y según el criterio de esta Administración Concursal el presente expediente de concurso de la entidad.........................., S.L. sea calificado como FORTUITO, y en dicho sentido procede dictar resolución judicial en la sección de calificación.

No obstante, el Juzgado con su superior criterio resolverá.

En ....

Fdo. ....

en representación de.........................., SLP

ADMINISTRADOR CONCURSAL

F716. INFORME DE LA ADMINISTRACIÓN CONCURSAL SOLICITANDO LA CALIFICACIÓN DEL CONCURSO COMO FORTUITO TRAS APROBACIÓN CONVENIO CONCURSAL Y NO APERTURA LIQUIDACIÓN

Normativa de aplicación: *Arts. 441 y ss. Real Decreto Legislativo 1/2020, de 5 de mayo, por el que se aprueba el texto refundido de la Ley Concursal*

AL JUZGADO DE LO MERCANTIL Nº........... DE...........

Procedimiento Concursal nº...........

SECCIÓN SEXTA.– CALIFICACIÓN

..........., en representación de..........., S.L.P, Administrador Concursal designado en el expediente de Concurso Voluntario de la entidad "..........., S.L." que bajo el número........... se tramita en ese Juzgado, comparezco y como mejor proceda en Derecho, DIGO:

Que a los efectos prevenidos en el art. 448 TRLC, se emite el presente INFORME, tal y como resulta del conocimiento de los libros y papeles de la concursada, acerca de los capítulos que deben servir de base para la Calificación del Concurso.

Para ordenar la exposición de cuanto ha de ser objeto de este INFORME, se procurará ajustarse a los extremos a que se refiere el artículo 443 y 444 TRLC siguiendo el siguiente esquema para la concursada:

1. Análisis de los supuestos de culpabilidad según el artículo 442 TRLC que pudiesen aplicados a la concursada.

2.– Análisis de los supuestos de culpabilidad según el artículo 443 TRLC que pudiesen aplicados a la concursada.

3. Análisis de los supuestos de culpabilidad según el artículo 444 TRLC susceptibles de aplicación a la concursada.

4. Conclusión

INFORME DE CALIFICACIÓN de la mercantil ...., S.L

1. ANÁLISIS DE LOS SUPUESTOS DE CULPABILIDAD SEGÚN EL ARTÍCULO 442 TRLC

PRIMERO.– Existencia de dolo o culpa grave

El artículo 442 TRLC expone que el concurso se calificará de culpable cuando en la generación o agravación del estado de insolvencia hubiera mediado dolo o culpa grave del deudor o, si los tuviere, de sus representantes legales y, en caso de persona jurídica, de sus administradores o liquidadores, de derecho o de hecho, directores generales, y de quienes, dentro de los dos años anteriores a la fecha de declaración del concurso, hubieren tenido cualquiera de estas condiciones.

Para analizar si ha mediado en nuestro concurso dolo o culpa grave del deudor, debemos analizar los supuestos establecidos las presunciones establecidas en los arts. 443 y 444 TRLC, pues no parece de aplicación la regla general de culpabilidad del art. 442 TRLC toda vez que...........

SEGUNDO.– *La conducta de la concursada en el cumplimiento de las obligaciones contables*

El artículo 443.5° TRLC expone que el concurso se calificará en todo caso de culpable cuando: "Cuando el deudor legalmente obligado a la llevanza de contabilidad hubiera incumplido sustancialmente esta obligación, llevara doble contabilidad o hubiera cometido en la que llevara irregularidad relevante para la comprensión de su situación patrimonial o financiera".

Para la calificación de este apartado, la Administración Concursal se ha basado en las conclusiones derivadas del análisis efectuado en el apartado Tercero del Informe de la Administración Concursal, donde se recoge el estado de la contabilidad del deudor según lo estipulado en el artículo 290 y ss. TRLC.

La concursada ha cumplido con el deber de llevanza de una contabilidad ordenada y adecuada a su actividad, adaptando sus cuentas en el ejercicio........... al nuevo Plan General de Contabilidad.

La entidad concursada presentó el expediente de solicitud de concurso con la contabilidad actualizada y con la oportuna legalización en el Registro Mercantil de sus cuentas, no encontrando irregularidades significativas de incumplimiento.

Conclusión: No consta que la entidad haya llevado doble contabilidad, no existe ausencia de llevanza de contabilidad, y la documentación analizada ha facilitado la comprensión patrimonial de la empresa.

TERCERO.– *La conducta de la concursada en la presentación de documentación aportada al procedimiento*

El artículo 443.4° TRLC expone que el concurso se calificará en todo caso de culpable cuando: "el deudor hubiera cometido inexactitud grave en cualquiera de los documentos acompañados a la solicitud de declaración de concurso o presentados durante la tramitación del procedimiento, o hubiera acompañado o presentado documentos falsos".

Este expediente de concurso fue solicitado por la propia entidad, ………… S.L., en fecha………… de………… de…………, presentando toda la documentación para el trámite de dicha solicitud, siendo admitida en fecha………… de………… de…………, considerándose suficiente para su admisión, por cumplir los requisitos estipulados en el artículo 7 y 8 TRLC.

Conclusión: Se ha analizado la veracidad de la documentación presentada por la concursada, y que fue la base para la aceptación de la admisión del concurso, y se ha considerado correcta.

La documentación aportada por la entidad durante la tramitación del procedimiento, se ha considerado como adecuada y suficiente para contrastar los datos en la confección del Informe de la Administración Concursal.

La colaboración de la concursada hasta la fecha ha sido la esperada, facilitando en todo momento la labor de esta Administración Concursal.

CUARTO.– *Causa de apertura de la Fase de Liquidación*

El artículo 443.6° TRLC expone que el concurso se calificará en todo caso como culpable cuando: "cuando la apertura de la liquidación haya sido acordada de oficio por incumplimiento del convenio debido a causa imputable al concursado".

En el presente procedimiento concursal no se ha procedido a la apertura de la fase de liquidación, al haberse aprobado en Sentencia n°………… en fecha………… de………… de…………, la propuesta de convenio aceptada por los acreedores.

Conclusión: La Fase de Liquidación no tiene lugar en este procedimiento, al haberse aprobado el convenio.

QUINTO.– *Actos realizados por la concursada en perjuicio de los acreedores*

El artículo 443.1° TRLC expone que el concurso se calificará en todo caso como culpable cuando: "el deudor se hubiera alzado con la totalidad o parte de sus bienes en perjuicio de sus acreedores o hubiera realizado cualquier acto que retrase, dificulte o impida la eficacia de un embargo en cualquier clase de ejecución iniciada o de previsible iniciación".

No consta que el Administrador Único de la entidad…………, S.L. procediera al alzamiento de sus bienes, supuesto al que hace referencia este apartado y tipificado como delito en el artículo 257 del Código Penal, ni tampoco que hubiera realizado cualquier acto que retrasara, dificultara o impidiera la eficacia de un embargo en cualquier clase de ejecución iniciada o de previsible iniciación previo a la declaración de concurso.

Conclusión: No consta la existencia de alzamiento de bienes, ni actos en perjuicio de los acreedores.

SEXTO.– *Conducta de la concursada durante los dos años anteriores a la declaración de concurso*

El artículo 443.2° TRLC expone que el concurso se calificará como culpable cuando: "durante los dos años anteriores a la fecha de la declaración de concurso hubieran salido fraudulentamente del patrimonio del deudor bienes o derechos".

En este expediente de concurso se observa, a través de la información obtenida de las cuentas anuales de la concursada, ..., S.L., que durante los dos años anteriores a la declaración del concurso no se ha producido ninguna modificación de los bienes de la misma de forma fraudulenta.

Conclusión: No consta que en el periodo establecido como sospechoso en la Ley, los dos años anteriores al concurso, haya habido disposiciones patrimoniales que aparezcan sospechosas por no haber tenido la oportuna contrapartida.

SÉPTIMO.– *Conducta de la concursada para la determinación de su situación patrimonial*

El artículo 443 3° TRLC expone que el concurso se calificará en todo caso como culpable cuando: "antes de la fecha de declaración del concurso el deudor hubiese realizado cualquier acto jurídico dirigido a simular una situación patrimonial ficticia".

En este expediente de concurso el último acto jurídico realizado por la entidad concursada ha sido el nombramiento de Doña........... como apoderado de la sociedad.

Conclusión: No consta que se hayan realizado actos jurídicos por parte de la concursada encaminados a simular una situación patrimonial ficticia

3. ANÁLISIS DE LOS SUPUESTOS DE CULPABILIDAD SEGÚN EL ARTÍCULO 444TRLC

Como hemos indicado en el punto anterior, vamos a analizar la existencia de dolo o culpa grave en la generación o agravación del estado de insolvencia, salvo prueba en contrario:

PRIMERO.– Solicitud de declaración de concurso de acreedores

El artículo 444.1° TRLC expone que el concurso se presume culpable, salvo prueba en contrario, cuando el deudor o, en su caso, sus representantes legales, administradores o liquidadores: "Hubieran incumplido el deber de solicitar la declaración del concurso".

La concursada ha solicitado de forma voluntaria el concurso de acreedores, dentro de los dos meses siguientes a la fecha en la que se ha conocido su actual insolvencia e imposibilidad de hacer frente a sus obligaciones, tal y como se manifiesta en la solicitud.

Conclusión: La mercantil ha cumplido el deber de solicitar la declaración de concurso de acreedores en el momento ha tenido conocimiento de la situación financiera en que se encontraba.

SEGUNDO.– Colaboración de la concursada durante la tramitación del procedimiento

El artículo 444.2° TRLC expone que el concurso se presume culpable, salvo prueba en contrario, cuando el deudor o, en su caso, sus representantes legales, administradores o liquidadores: "1 Hubieran incumplido el deber de colaboración con el juez del concurso y la administración concursal, no les hubieran facilitado la información necesaria o conveniente para el interés del concurso, o no hubiesen asistido, por sí o por medio de apoderado, a la junta de acreedores, siempre que su participación hubiera sido determinante para la adopción del convenio".

Esta Administración Concursal debe manifestar que el nivel de colaboración de la concursada y del personal ha sido bueno, facilitando todo cuanto se ha necesitado para la tramitación del procedimiento y la elaboración del Informe.

Conclusión: La concursada ha cumplido el deber de colaboración en todo momento, facilitando la información y documentación que le ha sido solicitada.

TERCERO.– Cuentas anuales de la concursada

El artículo 444.3° TRLC expone que el concurso se presume culpable, salvo prueba en contrario, cuando el deudor o, en su caso, sus representantes legales, administradores o liquidadores: "Si, en alguno de los tres últimos ejercicios anteriores a la declaración de concurso, el deudor obligado legalmente a la llevanza de contabilidad no hubiera formulado las cuentas anuales, no las hubiera sometido a auditoría, debiendo hacerlo, o, una vez aprobadas, no las hubiera depositado en el Registro mercantil o en el registro correspondiente".

Tal y como se indicó en el Informe presentado por esta Administración Concursal, la concursada aporta a la solicitud de concurso las cuentas anuales correspondientes a los ejercicios finalizados en 31 de diciembre de..........., ... y...........

Conclusión: La concursada ha cumplido con el deber de formulación, aprobación y depósito de cuentas ante el Registro correspondiente los tres ejercicios anteriores a la declaración de concurso.

CUARTO.– Incumplimiento culpable del convenio (art. 445 Bis TRLC).

Por lo motivos antes reseñados, no es de aplicación esta causa.

4. ALEGACIONES ACREEDOR .... SOBRE LA CULPABILIDAD DEL CONCURSO.

Dando cumplimiento a lo establecido en el art. 448.1 TRLC, y habiendo formulado en su día el acreedor .... alegaciones para la calificación del concurso como culpable, las citadas alegaciones se acompañan unidas como anejo a este informe. (DOCUMENTO ....).

Sobre tales alegaciones, que no se comparten y son desacertadas, indicar lo siguiente: ....

5.– CONCLUSIÓN

Como conclusión y de acuerdo con todo lo expuesto en el cuerpo del presente informe, esta Administración Concursal ha de informar que según su criterio el presente expediente de concurso es FORTUITO puesto que, no concurre ninguno de los supuestos estipulados en el ordenamiento concursal para que sea considerado culpable.

Por todo lo expuesto,

SUPLICO AL JUZGADO, que teniendo por presentado este INFORME, se sirva admitirlo, y de acuerdo con lo expuesto y según el criterio de esta Administración Concursal el presente expediente de concurso de la mercantil..........., S.L., sea calificado como FORTUITO, y en dicho sentido procede dictar resolución judicial en esta sección de calificación. No obstante, el Juzgado con su superior criterio resolverá lo pertinenete.

En..........., ... de........... de...........

F717. AUTO ACORDANDO EL ARCHIVO POR CALIFICACIÓN DEL CONCURSO COMO FORTUITO

Normativa de aplicación: *Arts. 441 y ss. Real Decreto Legislativo 1/2020, de 5 de mayo, por el que se aprueba el texto refundido de la Ley Concursal*

JUZGADO DE LO MERCANTIL Nº........... DE...........

AUTO

En..........., a........... de........... de...........

ANTECEDENTES DE HECHO

PRIMERO.– En fecha........... de........... de........... se presentó por la Administración concursal un informe detallado interesando la calificación del presente concurso como fortuito.

SEGUNDO.– Ningun acrredor legitimado ha presentado informe de calificación.

FUNDAMENTOS DE DERECHO

PRIMERO.– Que, conforme ordena el artículo 450.6 TRLC, Si el informe de la administración concursal solicitara la calificación del concurso como fortuito y los acreedores legitimados no hubieran presentado informe de calificación, el juez, sin más trámites, ordenará, mediante auto, el archivo de las actuaciones. Contra el auto que ordene el archivo de las actuaciones no cabrá recurso alguno,

Segundo.– En estas actuaciones, y como se ha dejado digo anteriormente, en su día y en esta sección sexta, se presentó por la Administración concursal un informe detallado interesando la calificación del presente concurso como fortuito. Por otro lado, ningún acreedor legitimado ha presentado informe de calificación. Por ello, procede calificar el concurso como fortuito y, decretar el archivo de las presentes actuaciones sin más trámite.

Visto lo anterior y demás normas de aplicacion

DISPONGO

Calificar el concurso como fortuito y, por lo tanto se decreta el archivo de las presentes actuaciones sin más trámite. Contra la presente resolución no cabe recurso alguno.

Así lo acuerda, manda y firma D…………, Magistrado Juez del Juzgado de lo Mercantil número………… de esta localidad.

F718. ESCRITO DEL DEUDOR CONCURSADO OPONIÉNDOSE A LA CALIFICACIÓN DEL CONCURSO COMO CULPABLE

Normativa de aplicación: *Arts. 441 y ss. Real Decreto Legislativo 1/2020, de 5 de mayo, por el que se aprueba el texto refundido de la Ley Concursal*

JUZGADO DE LO MERCANTIL Nº………… DE…………

…………, Procuradora de los Tribunales representación que consta debidamente acreditada en autos de Concurso Voluntario nº…………, seguidos a instancia de la concursada "…………", ante el Juzgado comparezco y como mejor proceda en Derecho DIGO:

Que por la presente, y siguiendo las expresas instrucciones de mi representada, formulamos, en plazo y forma, OPOSICIÓN A LA CALIFICACIÓN DEL CONCURSO COMO CULPABLE, al amparo de lo dispuesto en los artículos 450, apartados 2 y 3, 451, y concordantes TRLC en base a las siguientes,

HECHOS

PRIMERO.– En fecha………… de………… de………… se presentó por la Administración concursal un informe detallado interesando la calificación del presente concurso como culpable en base a los siguientes hechos:

SEGUNDO.– En fecha………… de………… de………… por el acreedor legitimado, igualmente, se interesó la calificación del presente concurso como culpable en base a los siguientes hechos:…………

TERCERO.– Que dichos hechos no son ciertos por lo que a continuación exponemos:………… Lo anterior se acredita con…………

A los anteriores hechos le son de aplicación los siguientes,

FUNDAMENTOS DE DERECHO

PRIMERO.– Art. 441 TRLC: el concurso se calificará como fortuito o como culpable.

SEGUNDO.– Art. 450 TRLC: 1. Si en alguno de los informes emitidos se hubiera solicitado la calificación del concurso como culpable, el juez, dentro de los cinco días siguientes a aquel en que hubiera transcurrido el plazo a que se refiere el artículo anterior, ordenará, mediante providencia, que se dé audiencia al concursado por plazo de diez días y, en la misma resolución, ordenará emplazar a todas las demás personas que, según resulte de lo actuado, pudieran ser afectadas por la calificación del concurso o declaradas cómplices, a fin de que, en plazo de cinco días, comparezcan en la sección si no lo hubieran hecho con anterioridad. 2. El mismo día de la providencia, el letrado de la Administración de Justicia señalará fecha y hora para la celebración de la vista, que deberá tener lugar dentro de los dos meses siguientes a la fecha de esa resolución. 3. A las personas que comparezcan en plazo el letrado de la Administración de Justicia les dará vista del contenido de la sección para que, dentro de los diez días siguientes, aleguen cuanto convenga a su derecho. Si comparecieren con posterioridad al vencimiento del plazo, les tendrá por parte sin retroceder el curso de las actuaciones. Si no comparecieren, el letrado de la Administración de Justicia los declarará en rebeldía y seguirán su curso las actuaciones sin volver a citarlos. 4. Si la prueba propuesta en los informes emitidos en los que se hubiera solicitado la calificación del concurso como culpable y en las alegaciones presentadas por el deudor, las demás personas afectadas por la calificación y los cómplices, fuese únicamente documental, el juez podrá dejar sin efecto el señalamiento para la celebración de la vista. 5. Salvo en caso de allanamiento, las alegaciones del deudor, de las demás personas afectadas por la calificación y de los cómplices deberán tener la estructura propia de una contestación a la demanda. 6. Si el informe de la administración concursal solicitara la calificación del concurso como fortuito y los acreedores legitimados no hubieran presentado informe de calificación, el juez, sin más trámites, ordenará, mediante auto, el archivo de las actuaciones. Contra el auto que ordene el archivo de las actuaciones no cabrá recurso alguno.

TERCERO.– Art. 451 TRLC: 1. Si el concursado o alguno de los comparecidos formulase oposición deberá hacerlo en la forma prevista para un escrito de contestación a la demanda. Para los trámites posteriores el procedimiento se sustanciará según lo previsto para el incidente concursal. De ser varias las oposiciones, se sustanciarán juntas en el mismo incidente. 2. Si no se hubiere formulado oposición, el juez dictará sentencia en el plazo de cinco días.

Por todo lo expuesto,

SUPLICO AL JUZGADO: que teniendo por presentado este escrito, junto con sus documentos y copias de todo ello, lo admita, y se tenga por formulada oposición a la calificación del concurso como culpable, y previos los oportunos trámites dicte sentencia en la que se califique el concurso como fortuito y con expresa imposición de costas a quien se opusiere a dicha declaración.

OTROSÍ DIGO: Se solicita de este Juzgado la celebración de vista en el presente incidente de conformidad con lo dispuesto en el art. 540 TRLC.

En su virtud,

SUPLICO AL JUZGADO que tenga por efectuada la anterior manifestación, se sirva admitirla, y acordar en el sentido anteriormente expuesto, citando a las partes para la oportuna vista.

Es Justicia que nuevamente se SUPLICA en el lugar y fecha reseñados "ut supra".

OTROSÍ DIGO: Que interesa a esta parte el recibimiento del pleito a prueba y en este sentido, esta parte manifiesta los medios de prueba de los que intenta valerse en el presente incidente:...........

En su virtud,

SUPLICO AL JUZGADO que tenga por efectuada la anterior manifestación, se sirva admitirla, y tener por manifestados los medios de prueba de los que intenta valerse esta parte, y previos los oportunos trámites, declare los mismos pertinentes, acordando cuanto proceda en derecho para su práctica.

Es Justicia que nuevamente se SUPLICA en el lugar y fecha reseñados "ut supra".

Es Justicia que pido en..........., a........... de........... de...........

F719. ESCRITO DE ADMINISTRADOR SOCIETARIO OPONIÉNDOSE A LA CALIFICACIÓN CONCURSO COMO CULPABLE

Normativa de aplicación: *Arts. 441 y ss. Real Decreto Legislativo 1/2020, de 5 de mayo, por el que se aprueba el texto refundido de la Ley Concursal*

PROCEDIMIENTO CONCURSO ....

Deudor:

Sección 6ª

AL JUZGADO DE LO MERCANTIL NÚM. .... DE...........

..........., Procuradora de los Tribunales actuando en nombre y representación de ...., vecina de .... con DNI/NIF ...., según consta debidamente acreditado en la sección 6ª de los autos de Concurso Voluntario número..........., seguidos a instancia de la concursada..........., y compareció en la citada sección 6ª, como parte afectada por la calificación en el informe presentado por la Administración Concursal, bajo la dirección letrada de..........., abogado del Ilustre Colegio de ....y como mejor proceda en Derecho DIGO:

I.– Que por resolución de fecha..........., se ha dado traslado a esta parte "para que en el plazo de DIEZ DÍAS pueda oponerse a la calificación culpable, de conformidad con los arts. 450.3 y 451 TRLC".

II.– Que por la presente, y siguiendo las expresas instrucciones de mi representada, formulamos, en plazo y forma, OPOSICIÓN A LA CALIFICACIÓN DEL CONCURSO COMO CULPABLE, *en cuanto a los hechos que se imputan a mi representada,* al amparo de lo dispuesto en los artículos los artículos 450, apartado 3 y 451, y concordantes TRLC, en base a las siguientes,

HECHOS

Esta parte se opone de forma expresa a todos y cada uno de los hechos alegados de contrario por la Administración Concursal en su informe, salvo aquellos que expresamente sean aceptados por esta parte en este escrito.

PRIMERO.– ANTECEDENTES DE LA PRESENTE SECCIÓN DE CALIFICACIÓN. PRETENSIONES DE LA ADMINISTRACIÓN CONCURSAL.

I.– En el presente concurso voluntario de la sociedad ....se acordó formar la sección de calificación del concurso.

En este sentido, abierto el plazo de 10 días a que se refiere el art. 447 TRLC, ninguno de los acreedores de la mercantil ....ha interesando la calificación del presente concurso voluntario como culpable. Tampoco han verificado informe de calificación a que se refiere el art. 449 TRLC

Solo lo ha peticionado, como a continuación veremos, la Administración Concursal. Pero los acreedores de..........., se supone que los máximos perjudicados por el concurso de la citada sociedad, no han entendido conveniente interesar tal declaración de culpabilidad. Lo cual entendemos que pese a no ser concluyente, sí que es sintomático del carácter fortuito del presente concurso.

II.– Mediante escrito de fecha ....la Administración Concursal formuló informe a que se refiere el art. 448 TRLC, solicitando tener por hecha la propuesta de resolución en el sentido de calificar el concurso como CULPABLE con las peticiones de condena señaladas en el cuerpo del mismo.

En este sentido, la Administración Concursal fundamenta tal declaración del presente concurso como culpable, en atención al art. 442 TRLC, determinados apartados del artículo 443 TRLC y otros tantos del art. 444 TRLC, que se citan como una avalancha, indiscriminadamente, en el meritado informe y sin acomodarlo a un concreto hecho o, en el mejor de los casos, a hechos no objeto del citado precepto.

En esencia se alega:

I.– REGLA GENERAL DE CULPABILIDAD.

Generación o agravación del estado de insolvencia, mediando dolo o culpa grave de *los administradores* de la sociedad concursada.

II.– PRESUNCIÓN IURIS ET DE IURE DE CULPABILIDAD (art. 443 TRLC).

1° Cuando el deudor se hubiera alzado con la totalidad o parte de sus bienes en perjuicio de sus acreedores o hubiera realizado cualquier acto que retrase, dificulte o impida la eficacia de un embargo en cualquier clase de ejecución iniciada o de previsible iniciación.

2° Cuando durante los dos años anteriores a la fecha de la declaración de concurso hubieran salido fraudulentamente del patrimonio del deudor bienes o derechos.

3° Cuando antes de la fecha de declaración del concurso el deudor hubiese realizado cualquier acto jurídico dirigido a simular una situación patrimonial ficticia.

4° Cuando el deudor hubiera cometido inexactitud grave en cualquiera de los documentos acompañados a la solicitud de declaración de concurso o presentados durante la tramitación del procedimiento, o hubiera acompañado o presentado documentos falsos.

5° Cuando el deudor legalmente obligado a la llevanza de contabilidad hubiera incumplido sustancialmente esta obligación, llevara doble contabilidad o hubiera cometido en la que llevara irregularidad relevante para la comprensión de su situación patrimonial o financiera.

6° Cuando la apertura de la liquidación haya sido acordada de oficio por incumplimiento del convenio debido a causa imputable al concursado.

III.– Supuestos "IURIS TANTUM" establecidos por el art. 444 TRLC que implicarían la calificación del concurso como culpable.

1° Hubieran incumplido el deber de solicitar la declaración del concurso.

2° Hubieran incumplido el deber de colaboración con el juez del concurso y la administración concursal, no les hubieran facilitado la información necesaria o conveniente para el interés del concurso, o no hubiesen asistido, por sí o por medio de apoderado, a la junta de acreedores, siempre que su participación hubiera sido determinante para la adopción del convenio.

3° Si, en alguno de los tres últimos ejercicios anteriores a la declaración de concurso, el deudor obligado legalmente a la llevanza de contabilidad no hubiera formulado las cuentas anuales, no las hubiera sometido a auditoría, debiendo hacerlo, o, una vez aprobadas, no las hubiera depositado en el Registro mercantil o en el registro correspondiente.

Junto a lo anterior y una vez analizados los hechos que según la administración concursal determinan la calificación culpable del concurso, ésta en su informe procede a la determinación de los daños y perjuicios que resultan de dichos hechos y a la determinación de quienes son las personas afectadas por la calificación culpable del concurso en los siguientes términos:

IV.– Mediante providencia se dio traslado a la concursada, ..., para en el plazo de 10 días y al amparo del artículo 450 TRLC manifestara lo que a su derecho conviniese.

VI.– Esta parte se opone a la calificación del concurso como culpable, pues debe ser calificado obviamente como fortuito, procediendo la integra desestimación de todos y cada uno de los pedimentos formulados por la Administración Concursal en su escrito.

SEGUNDO.– DE LAS REGLAS APLICABLES EN LA SECCIÓN DE CALIFICACIÓN DEL CONCURSO.

Expuesto siquiera sea mínimamente los antecedentes de la presente sección sexta de calificación, sin ánimo exhaustivo y con carácter previo a entrar a analizar y rebatir los hechos relevantes para la calificación del concurso formulados de contrario, entendemos preciso recordar, sin animo exhaustivo, una serie de reglas que rigen la calificación concursal, que son de indudable trascendencia y aplicación directa en las presentes actuaciones:

I.– Que las normas de calificación concursal, y las de la responsabilidad derivada de la misma, deben interpretarse y aplicarse, necesariamente, de forma restrictiva.

II.– Que conforme al art. 448.2 TRLC el informe de calificación tendrá la estructura propia de una demanda si el administrador concursal solicita la calificación del concurso como culpable, siendo de indudable aplicación a tal escrito de lo previsto en el art. 399 LEC respecto al modo de presentación de la demanda. De esta forma, no existe otro momento procesal posterior a esa demanda en el que formular o ampliar pretensiones declarativas y de condena en la sección de calificación, precluyendo, por lo tanto, tal posibilidad con el escrito de demanda.

Item más. Conforme al art. 448 TRLC y la citada consideración de demanda del referido informe, en dicho escrito no basta con exponer los hechos relevantes para dejar que el Juez lleve a cabo la subsunción en el supuesto correspondiente, pues el razonamiento exigido por la Ley presupone esa incardinación legal previa a cargo de la administración concursal. El art. 399.1 LEC obliga a exponer con claridad y precisión los hechos y fundamentos de derecho y lo que se pide, que, en este caso, es la calificación del concurso como culpable, eso si, impetrando en una o varias causas concretas de las reseñadas en el art. 442, 443, 444 o 445 bs TRLC, en las cuales han de engarzarse los hechos narrados.

Por ello, y como conclusión, no sólo son los hechos narrados en el informe calificatorio de la administración concursal los únicos a tener en cuenta en el proceso, sino que los mismos no pueden presentarse huérfanos de valoración legal y deben estar encardinados, de forma razonada, en alguna de las causas legalmente previstas.

III.– Que la indemnización de daños y perjuicios reseñados en el art. 455.2.5° TRLC, dada su eminente naturaleza indemnizatoria obliga a acreditar el daño causado y la relación entre el acto culposo y la causación del daño. No es una consecuencia automática o maquinal de la sentencia declarando culpable el concurso: debe existir un daño, un acto culposo y una relación de causalidad entre ambos, que debe ser acreditado por quien alega el daño.

Expuesto lo anterior, pasamos a analizar los hechos que, según la contraparte, son relevantes a la hora de la calificación del presente concurso como culpable. Un examen de los mismos, lleva a la conclusión contraria.

TERCERO.– DE LA IMPOSIBILIDAD DE DIRIGIR LA CALIFICACIÓN CONTRA MI MANDANTE.

Mi mandante fue administradora solidaria (junto con...........) de la concursada hasta el..........., *fecha en la que cesó de su cargo.*

Así pues en escritura otorgada el ....ante el Notario de .... se elevó a público los acuerdos adoptados en Junta General donde se declaraban cesados como administradores solidarios a .... APROBÁNDOLES LA GESTIÓN Y AGRADECIÉNDOLES LOS SERVICIOS PRESTADOS, acordándose también el nombramiento por plazo indefinido a como administrador único a Don............

Al otorgamiento de dicha escritura donde se elevaba a publico el acuerdo de Junta donde se APROBÓ LA GESTIÓN DE LOS ADMINISTRADORES SOLIDARIOS CESADOS, COMPARECIÓ LA ADMINISTRACIÓN CONCURSAL FIRMANDO LA ESCRITURA Y POR LO TANTO DANDO SU CONFORMIDAD.

Es más, en la citada escritura consta expresamente que la administración concursal "según interviene presta su consentimiento a la presente escritura".

Asimismo, en la certificación que se incorpora a la escritura, relativa al acuerdo de Junta General Extraordinaria y Universal de Socios de la mercantil............, de fecha............, donde se cesan como administradores solidarios a .... APROBÁNDOLES LA GESTIÓN Y AGRADECIÉNDOLES LOS SERVICIOS PRESTADOS, SE DICE QUE LA ADMINISTRACIÓN CONCURSAL ESTUVO PRESENTE EN LA JUNTA Y QUE EL ACTA DE LA REUNIÓN FUE APROBADA Y FIRMADA POR TODOS LOS ASISTENTES A CONTINUACIÓN DE SU CELEBRACIÓN.

ASÍ PUES SE PREGUNTA ESTA PARTE COMO PUEDE LA ADMINISTRACIÓN CONCURSAL QUE HA DADO SU CONFORMIDAD A LOS ACUERDOS SOCIALES EN QUE SE APRUEBA LA GESTIÓN DE LOS ADMINISTRADORES SOLIDARIOS CESADOS Y SE LES AGRADECE LOS SERVICIOS PRESTADOS, POSTERIORMENTE SOLICITAR UNA RESPONSABILIDAD DE ESTOS POR IRREGULARIDADES COMETIDAS EN EL EJERCICIO DE SU GESTIÓN COMO ADMINISTRADORES, EN ESTE CASO COMO PERSONAS AFECTADAS POR LA CALIFICACIÓN CULPABLE DEL CONCURSO.

Se acompaña como DOCUMENTO UNO, la citada escritura de fecha ....

En este sentido, hay que traer a colación la doctrina de la prohibición de ir contra los actos propios y el contenido del art. 48 TRLC que vincula la eficacia de los acuerdos societarios que puedan tener trascendencia patrimonial o relevancia directa, a la conformidad de la administrador concursal. Y esto es lo que ocurrió en el caso que nos ocupa.

Por lo tanto, dado que existe un acuerdo eficaz, con la aquiescencia de la Administración Concursal, aceptando y aprobando la actuación de mi mandante como administrador social de la concursada hasta su cese, no cabe dirigir acción alguna tendente a la culpabilidad del concurso contra la misma, ni, por lo tanto, solicitar indemnización, cobertura de déficit, etc contra mi mandante.

No es a esta parte a quien cabe dirigir cualquier eventual reclamación (si la hubiere) sino a la administración concursal, que como ya se ha dejado dicho, aprobó la gestión de mi mandante.

CUARTO.– DE LOS HECHOS RELEVANTES PARA LA CALIFICACIÓN DEL CONCURSO DE LA SOCIEDAD............

Sin perjuicio de lo anterior, a continuación pasamos a examinar los supuestos de calificación culpable contenidos en el informe de la administración concursal, a los efectos de negarlos, en cuanto aluden a la participación de mi mandante en los mismos y a los efectos de acreditar respecto de mi mandante la falta de responsabilidad en una posible declaración como culpable del concurso de la mercantil..........., y para que por tanto, no se le considere como persona afectada por una posible declaración culpable del citado concurso.

Como dijimos anteriormente, a mi mandante Doña .... se peticiona determinadas condenas únicamente por el hecho de no haber presentado el concurso en el plazo legal a que se refiere el art. 5 TRLC. No obstante, dado la errática y tumultuosa alegación de hechos y supuestos legales de culpabilidad que se efectúa por la Administración Concursal, procedemos a contestar uno a uno.

Sin embargo, previamente a entrar a examinar los distintos supuestos de calificación culpable contenidos en el informe de la administración concursal, esta parte quiere hacer constar lo siguiente:

A.– Que mi mandante, ..., no es socio ni ha ostentado nunca la condición de socio de la concursada .... (tal como se puede comprobar de la documentación obrante en el concurso). Nada dice en sentido contrario ni la Administración Concursal.

B.– Que como consecuencia de lo anterior, mi mandante no ha tenido ninguna intervención en la adopción de la decisiones relacionadas con la constitución de las mercantiles .... y de NINGÚN MODO, se le puede atribuir la voluntad o la intención de constituir dichas sociedades para derivarles la actividad de la concursada..........., y en consecuencia no se le puede imputar la realización de ninguna de las actividades que se mencionan en el informe de calificación (todas realizadas cuando ya había cesado en el cargo) y que supongan cualquier tipo de irregularidad contable, de desvío de efectivo o facturación con las cuentas bancarias de las citadas mercantiles.

C.– Que tampoco se le puede atribuir ninguna responsabilidad respecto de ningún contrato firmado en nombre y representación de la concursada¡..........., por quien carecía de facultades legales para ello y del que mi mandante no tenía conocimiento del mismo ni prestó su consentimiento para su firma.

Esa ausencia de conocimiento por mi mandante de tales presuntas conductas, resulta del informe de la Administración Concursal.

D.– Que no es cierto tal como dice que la administración concursal en su informe que las mercantiles..........., tengan "el mismo objeto social, los mismos socios y administradores" que la concursada ya que:

- El administrador social de .... no es administrador de la concursada y no lo ha sido.
- Que el objeto social no es el mismo aunque puedan compartir actividades sociales entre .... y la concursada.
- Que aunque la concursada es socio único de..........., no es socio de la otra sociedad ....

I.– Supuesto general establecido por el art. 442 TRLC que implicarían la calificación del concurso como culpable.

Generación o agravación del estado de insolvencia, mediando dolo o culpa grave de los administradores de la sociedad concursada.

Más que un supuesto de calificación culpable como afirma la administración concursal en su informe, lo que el art. 442 TRLC establece es una cláusula o criterio general para determinar la calificación culpable de un concurso.

Así pues dicha cláusula general exige la concurrencia cumulativa de tres requisitos legales: el dolo o la culpa grave (elemento subjetivo), el daño por la generación o agravación de la solvencia (elemento objetivo) y la relación de causalidad entre la conducta imputable a los administradores de la concursada y la generación o agravación de la insolvencia. La falta de cualquiera de los requisitos citados tiene como efecto que no se aplicará la clausula general

En cambio en el informe la Administración concursal al aludir a la aplicación del art. 442 TRLC, hace referencia, como actos que han contribuido a agravar la insolvencia de la concursada, a la creación de dos mercantiles…………, con "el mismo objeto social, los mismos socios y administradores" con la finalidad de derivarles la actividad de la concursada…………, sin acreditar la concurrencia cumulativa de los tres requisitos legales, ni hacer ninguna referencia a los mismos.

Es mas, no se concreta cual es el perjuicio sufrido, y en que ha intervenido mi mandante.

II.– Presunciones iuris et de iure de culpabilidad (art. 443 TRLC).

A.– Cuando el deudor legalmente obligado a la llevanza de contabilidad hubiera incumplido sustancialmente esta obligación, llevara doble contabilidad o hubiera cometido en la que llevara irregularidad relevante para la comprensión de su situación patrimonial o financiera.

En el informe la Administración concursal entiende que concurre este supuesto debido a que la concursada ha realizado operaciones que suponen irregularidades graves por desvío de efectivo hacia otras empresas.

Las operaciones irregulares a que alude la administración concursal en este supuesto pertenecen a una período posterior (………… y …………) al cese de mi mandante como administrador solidario de la concursada (mes de ………… de …………), a la cual, volvemos a repetir, se le había aprobado su gestión en acuerdo social elevado a público en escritura notarial con la intervención y conformidad de la administración concursal.

Además, estos hechos no pueden ser objeto de calificación en el concurso, por lo menos en base a la presunción aquí analizada, la cual viene referida, exclusivamente, a hechos anteriores al concurso, y los hechos aludidos por la administración concursal son posteriores al concurso, debiéndose en tal caso ejercitar la correspondiente acción impugnatoria o revocatoria de tales acciones, algo que, por cierto, no se ha hecho.

Es de destacar que con la voluntad de obtener una calificación culpable del concurso a toda costa y por todos los medios, la administración concursal para acreditar la concurrencia de este supuesto de calificación culpable, aporta (no sabemos con la autorización de quien, ni como se ha obtenido), documentación de sociedades terceras, en concreto el extracto bancario de la sociedad..........., que es una sociedad tercera ajena a esta pieza de calificación, vulnerando los derechos fundamentales de dicha sociedad.

Todo vale para la administración concursal a la hora de obtener una calificación culpable, incluso la utilización de extractos bancarios de sociedades terceras ajenas a esta pieza de calificación.

Obviamente toda la documentación de terceros aportada por la administración concursal es expresamente impugnada y rechazada.

B.– Cuando el deudor hubiera cometido inexactitud grave en cualquiera de los documentos acompañados a la solicitud de declaración de concurso o presentados durante la tramitación del procedimiento, o hubiera acompañado o presentado documentos falsos.

En el informe, la Administración concursal entiende que concurre este supuesto debido a que por parte de la concursada ha existido ocultación de una actividad económica que se estaba desarrollando con anterioridad a la solicitud del concurso y durante la tramitación del mismo en perjuicio de acreedores.

C.– Cuando el deudor se hubiera alzado con la totalidad o parte de sus bienes en perjuicio de sus acreedores o hubiera realizado cualquier acto que retrase, dificulte o impida la eficacia de un embargo en cualquier clase de ejecución iniciada o de previsible iniciación.

En el informe, la Administración concursal entiende que concurre este supuesto al haberse producido con posterioridad a la entrega de las llaves de las instalaciones de .... a la Administración concursal, un robo sin violencia de material (maquinaria y cable) de dichas instalaciones y dando a entender que lo que realmente se ha hecho es un alzamiento de bienes.

Se relata por parte de la administración concursal en su informe, la sustracción de determinados efectos, la interposición de una denuncia, y finalmente, su resultado, puesto que, ...

De nuevo se pretende atribuir a mi mandante uno o varios hechos en los que no ha intervenido ni conocía, ni resulta de la documentación presentada ninguna intervención o conocimiento por parte de mi mandante.

Tampoco la venta de material a la chatarrería puede referirse a mi mandante de ninguna manera, ni sucedió ninguna de las ventas siendo administrador mi mandante, según las fechas de los hechos y de las denuncias. Ninguna documentación aportada menciona a mi mandante ni se alude al mismo, ni siquiera de forma referencial.

Dichos hechos son posteriores al cese como administrador solidario de mi mandante y por lo tanto no tiene ninguna responsabilidad en los mismos.

D.– Cuando durante los dos años anteriores a la fecha de la declaración de concurso hubieran salido fraudulentamente del patrimonio del deudor bienes o derechos.

En el informe, la Administración concursal entiende que concurre este supuesto debido a que por parte de la concursada durante los dos años anteriores a la declaración del concurso y literalmente tal como se dice en el informe:

- "Ha desviado el cobro de fianzas y facturas a otras entidades
- Ha constituido sociedades ad hoc con el mismo objeto social que la concursada en fechas anteriores a la declaración del concurso presumiblemente, con el único objetivo, de desviar la actividad económica.
- Ha firmado un contrato de arrendamiento de un local de negocio, que ha estado explotando desde antes de la declaración del concurso hasta el..........., sin ponerlo en conocimiento de la AC".

Ninguno de los citados actos a los que alude la administración en su informe constituye una salida fraudulenta de bienes y derechos del patrimonio de la concursada a que se refiere el art. 443.2° TRLC

Dicho precepto de el TRLC exige para su aplicación que se de una salida de bienes (entendida en un sentido más amplio que las enajenaciones), que dicha salida se produzca durante los años anteriores a la declaración del concurso, que dicha salida tenga un carácter fraudulento y que exista un tercer adquirente que tenga conocimiento del fraude.

Erróneamente considera la administración concursal como salida fraudulenta de bienes y derechos del art. 443.2° TRLC, los hechos a que alude en su informe en este apartado y por lo tanto no ha lugar a ninguna responsabilidad de mi mandante.

G.– Cuando antes de la fecha de declaración del concurso el deudor hubiese realizado cualquier acto jurídico dirigido a simular una situación patrimonial ficticia.

En el informe, la administración concursal en relación con este supuesto dice que "le consta que la concursada haya realizado antes de la fecha de declaración del concurso actos jurídicos dirigidos a simular una situación patrimonial ficticia, como ha quedado indicado en el punto anterior". Es decir, alude a los actos indicados en el informe para el supuesto de salida fraudulenta a que hace referencia el 443.3° TRLC.

Ninguno de dichos actos supone una simulación de una situación patrimonial ficticia. Ni entendida la simulación como absoluta (cuando los interesados afirman haber celebrado un negocio cuando no han realizado trato alguno), ni entendida como simulación relativa (cuando los interesados afirman haber celebrado un negocio cuando en realidad han concluido uno total o parcialmente distinto).

Por lo tanto no se da este supuesto de calificación culpable y a mi mandante no se le puede exigir responsabilidad por tal supuesto.

Por cierto, se limita a señalar que "consta" a la Administración Concursal sin acreditar nada. No se indica que situación patrimonial se pretendía simular cuando la concursada siempre ha llevado la contabilidad de manera correcta.

II.– Supuestos "IURIS TANTUM" establecidos por el art. 444 TRLC que implicarían la calificación del concurso como culpable.

A.– Cuando el deudor o, en su caso, sus representantes legales, administradores o liquidadores hubieran incumplido el deber de solicitar la declaración del concurso.

En el informe, la Administración concursal entiende que concurre este supuesto debido a los siguientes motivos que califica de síntomas de insolvencia:

- Los resultados de actividad negativos de los ejercicios .... a pesar que el patrimonio neto de cada uno de dichos ejercicios es positivo y superior a..........., según el ejercicio, desdeñando la aportación de socios por importe ....
- La continua realización de operaciones de renovación de créditos pólizas y prestamos con aportación de nuevas garantías y prendas.
- No estar al corriente de pago con las administraciones públicas "en fechas muy anteriores a la solicitud del concurso", aunque luego se refiere diciembre de ....

Para la aplicación de este supuesto de calificación no se requiere que se hayan dado síntomas de insolvencia y que no se haya actuado por parte de la administración de la sociedad en el plazo legalmente establecido para solicitar el concurso de acreedores, lo que se requiere realmente es que se haya producido una situación de insolvencia (según la cual el deudor no puede cumplir regularmente sus obligaciones exigibles) que no se haya actuado por parte de la administración de la sociedad en el plazo legalmente establecido para solicitar el concurso de acreedores y que como consecuencia de ello se haya agravado la situación de insolvencia de la sociedad.

La Administración Concursal viene a decir que existían diversas deudas impagadas en el año........... Una con la Seguridad Social de .... y otra con la Agencia Tributaria, de ...., y en general, una situación difícil para hacer frente a los pagos. Llamamos la atención del Juzgador. De un pasivo de más de .... de euros, hablamos del impago de apenas ....euros correspondientes a dos acreedores.

Sugiere refiriéndose a datos periféricos que con los recursos propios no se podía hacer frente a las deudas. Esta afirmación resulta incoherente e incierta. Para empezar la deuda con la Seguridad Social, según la propia Administración Concursal reconoce, se disminuyó en su saldo merced a un embargo de ....€. Y si se embarga es porque existía liquidez para embargar

En segundo lugar, los recursos propios con que contaba la concursada ese año..........., eran de ....€ (siendo similares los del año siguiente e incluso fueron superiores los de los dos años anteriores). Resulta por lo tanto, inexacto que no pudiera hacerse frente a las deudas con los recursos propios, incluso si hubiera pérdidas (que no impiden los pagos), puesto que tales recursos serían superiores a las gastos corrientes y ordinarios que se iban atendiendo.

Es evidente que la facturación de la sociedad era elevada, y que en esas circunstancias los que dirigían la sociedad podían y debían intentar encontrar alternativas de viabilidad antes de recurrir al concurso.

El propio relato de hechos de la solicitud de la Administración Concursal desmiente sus propias conclusiones:

Quienes dirigían la sociedad, y los propios socios, intentaron por todos los medios aportar todos los recursos posibles para dar viabilidad a la sociedad. Esto incluye la aportación como garantía de sus propios bienes, tal y como señala la propia solicitud de la Administración Concursal:

"Desde el año ………… se renovaron y/o ampliaron continuamente créditos, pólizas y préstamos con entidades financieras aportando nuevas garantías y prendas, incluso viviendas particulares de los socios…………", para hacer frente a diversas reclamaciones judiciales y administrativas que se empezaban a producir.

La propia Administración Concursal señala que ante esta situación del año…………, se produce una nueva reacción de los propios socios, insuflando capital para intentar resolver la situación.

No cabe duda que los socios realizaron un decidido apoyo ante una situación difícil, que se tradujo en una importante aportación económica, al margen de las garantías ofrecidas, que inequívocamente, eran tendentes a responder y a evitar caer en la insolvencia, que de hecho y como al final ha reconocido la propia Administración Concursal, no existía puesto que literalmente se dice que "no estaba en situación de insolvencia actual", lo que sin duda era debido a la actuación enérgica de socios y administradores.

Es decir, difícilmente cabe hablar de insolvencia cuando la concursada contaba con garantía y financiación en el mercado, e iba reestructurando y pagando sus deudas.

En este sentido cabe decir que las operaciones de reestructuración de deudas son operaciones propias del tráfico mercantil y que la propia normativa Concursal intenta favorecer dándoles un régimen especial, además de ser operaciones habituales en las pequeñas empresas de carácter familiar, siendo los socios de las mismas lo únicos que arriesgan su patrimonio personal en aras a dotarle financiación a la empresa familiar, pues conocido es que los bancos cierran el grifo en estas situaciones.

En definitiva, la Administración Concursal juzga negativamente la actuación de los administradores y señala estas actuaciones de respuesta a situaciones difíciles como signo de la situación de insolvencia, cuando en realidad no revela negligencia alguna, ni retraso en solicitar el concurso voluntario, ni es por sí mismo señal de que la insolvencia era inevitable, sino el innegable compromiso de los socios con la supervivencia de la empresa familiar, ya que no hubieran puesto todos sus recursos en tan importante cuantía, e incluso sus propias viviendas en juego si no hubieran considerado que se podía intentar salvar una situación difícil y compleja. Lo inevitable o no de la insolvencia era en esa encrucijada, no una cuestión matemática de resolución segura, sino un pronóstico que los socios intentaron conjurar con energía. Juzgarlo ex post facto, a la vista del resultado, resulta injusto y un mero razonamiento tautológico, que llevaría a todos los concursos en los que se acabara en liquidación, a ser culpables merced al propio hecho de la existencia del concurso y la liquidación.

Reiterar que la administración concursal en su informe, tampoco se refiere a ningún sobreseimiento general en el pago corriente de las obligaciones de la sociedad, ni alude a la existencia de embargos por ejecuciones pendientes que afecten de una manera general al patrimonio del deudor, ni al incumplimiento generalizado de obligaciones tributarias o de la seguridad social.

Por lo tanto este supuesto de calificación no se da y mi mandante no tiene ninguna responsabilidad por el mismo.

B.– Cuando el deudor o, en su caso, sus representantes legales, administradores o liquidadores hubieran incumplido el deber de colaboración con el juez del concurso y la administración concursal, no les hubieran facilitado la información necesaria o conveniente para el interés del concurso, o no hubiesen asistido, por sí o por medio de apoderado, a la junta de acreedores, siempre que su participación hubiera sido determinante para la adopción del convenio.

En el informe, la Administración concursal entiende que concurre este supuesto ya que el administrador único de la concursada nombrado con posterioridad a la declaración del concurso:

- No ha puesto en conocimiento de la administración concursal toda la información necesaria y conveniente para el interés del concurso.
- No ha facilitado todos los contratos de eventos ni los contratos de arrendamiento de explotación de negocio del...........
- No comunicado el desvío de ingresos a otras cuentas bancarias no pertenecientes a la concursada.

Todo lo anterior según la administración concursal ha perjudicado gravemente el interes del concurso y de la masa pasiva.

En este supuesto de calificación culpable, esta parte no entra ya que no se refiere a ninguna actuación de mi mandante sino del administrador único............, nombrado con posterioridad al cese como administrador solidario de mi mandante.

C.– Si, en alguno de los tres últimos ejercicios anteriores a la declaración de concurso, el deudor obligado legalmente a la llevanza de contabilidad no hubiera formulado las cuentas anuales, no las hubiera sometido a auditoría, debiendo hacerlo, o, una vez aprobadas, no las hubiera depositado en el Registro mercantil o en el registro correspondiente.

En el informe, la Administración concursal y en relación con este supuesto establece que la sociedad legalizó los libros contables y formuló y depositó las cuentas anuales con anterioridad a la declaración del concurso.

Por lo tanto la concursada cumplió con sus obligaciones al respecto y no cabe la aplicación de este supuesto de calificación culpable.

QUINTO.– RESPECTO DEL RESTO DE PEDIMENTOS FORMULADOS POR LA ADMINISTRACIÓN CONCURSAL.

Respecto a la indemnización de daños y perjuicios reseñada por la Administración Concursal, dada su eminente naturaleza indemnizatoria obliga a acreditar el daño causado y la relación entre el acto culposo y la causación del daño. No es una consecuencia automática o maquinal de la sentencia declarando culpable el concurso: debe existir un daño, un acto culposo y una relación de causalidad entre ambos, que debe ser acreditado por quien alega el daño. Lo cual no ha sucedido en las presentes actuaciones. Y el importe de la sanción tampoco se ha justificado.

FUNDAMENTOS DE DERECHO

Se rechazan los fundamentos de derecho formulados de contrario, al no ser aplicables al presente caso.

Por nuestra parte, aducimos los siguientes:

I.– Art. 446 y ss. TRLC sobre la tramitación de la presente sección sexta

II.– Sentencias de la Audiencia Provincial de Jaén de fecha 23 de abril de 2007 y 15 de noviembre de 2007, del Juzgado de lo Mercantil núm. 3 de Barcelona de fecha 18 de febrero de 2008 y del Juzgado de lo Mercantil núm. 1 de A Coruña, de fecha 20 de junio de 2006, según las cuales el informe de la administración concursal tiene la consideración de demanda siendo de indudable aplicación a tal escrito de lo previsto en el art. 399 LEC respecto al modo de presentación de la demanda. De esta forma, no existe otro momento procesal posterior a esa demanda en el que formular o ampliar pretensiones declarativas y de condena en la sección de calificación, precluyendo, por lo tanto, tal posibilidad con el escrito de demanda.

III.– Sentencia del Juzgado de lo Mercantil de Santander de fecha 19 de diciembre de 2007, según la cual y conforme al art. 448 TRLC y la citada consideración de demanda de los referidos informes, en dichos escritos no basta con exponer los hechos relevantes para dejar que el Juez lleve a cabo la subsunción en el supuesto correspondiente, pues el razonamiento exigido por la Ley presupone esa incardinación legal previa a cargo de la administración concursal. El art. 399.1 LEC obliga a exponer con claridad y precisión los hechos y fundamentos de derecho y lo que se pide, que, en este caso, es la calificación del concurso como culpable, eso si, concretado en una o varias causas concretas de las reseñadas en el art. 442 a 444 TRLC, en las cuales han de engarzarse los hechos narrados. Por ello, y como conclusión, no sólo son los hechos narrados en el informe de la administración concursal los únicos a tener en cuenta en el proceso, sino que los mismos no pueden presentarse huérfanos de valoración legal y deben estar encardinados, de forma razonada, en alguna de las causas legalmente previstas.

IV.– Las normas de calificación concursal, y las de la responsabilidad derivada de la misma, deben interpretarse y aplicarse, necesariamente, de forma restrictiva.

V.– sentencia de las Audiencia Provincial de Barcelona, de fecha 27 de abril de 2007 o del Juzgado de lo Mercantil núm. 1 de Alicante de fecha 31 de julio de 2008, según la cual la conducta relativa a la comisión de "irregularidad relevante para la comprensión de su situación patrimonial o financiera" presupone la existencia de una irregularidad contable clara de acuerdo con las normativa contable, y además, que sea relevante en cuanto impide una comprensión cabal de la situación patrimonial o financiera de la sociedad.

En esta línea, vid la sentencia del Juzgado de lo Mercantil núm. 1 de Bilbao, de fecha 26 de abril de 2007, según la cual, no basta que exista la incorrección, de alguna importancia, que supone la irregularidad. Es necesario, además, que aquella sea de tal importancia que carezca de justificación, afectando directamente a las finalidades de claridad, rigor y precisión que derivan de las exigencias legales.

Y las sentencias del Juzgado de lo Mercantil núm. 5 de Madrid, de fecha 16 de febrero de 2006, Juzgado de lo Mercantil de Pamplona, de fecha 9 de marzo de 2006, Granada de fecha 2 de octubre de 2006 y Juzgado de lo Mercantil núm. 1 de Madrid, de fecha 24 de julio de 2007, por la cual no basta la prueba de cualesquiera irregularidad en la llevanza de la contabilidad para tener amparo en la presunción, sino que tiene que ser relevante para la comprensión de la situación patrimonial o financiera del deudor, esto es, tendrá que ser de la suficiente entidad como para incidir en la comprensión de su real situación financiera

VI.– Sentencia del Juzgado de lo Mercantil núm. 1 de Alicante, de fecha 21 de noviembre de 2007, el alzamiento de bienes equivale a la sustracción u ocultación que el deudor hace de todo o parte de su activo de modo que los acreedores se encuentren en dificultades para hallar algún elemento patrimonial con el que poder cobrarse, colocando su patrimonio, total o parcialmente, al margen de sus acreedores.

VII.– Sentencia de la Audiencia Provincial de Barcelona, de fecha 25 de marzo de 2008, que al referirse al citado precepto establece que tratándose una norma sancionadora debe interpretarse restrictivamente y por ende no bastará con que el Juez hubiere estimado una rescisión concursal, sino que será necesario que expresamente se declare la concurrencia de fraude.

Y la sentencia de tal Audiencia Provincial de Barcelona, de fecha 29 de enero de 2007, según la cual, la enajenación fraudulenta supone una exigencia de malicia, entendida como intención o conocimiento y aceptación, por parte del deudor concursado que con dicho acto se distraen bienes o derechos objeto de la transmisión de la masa del concurso.

VIII.– Sentencias del Juzgado de lo Mercantil núm, 3 de Barcelona, de fecha 5 de octubre de 2007, según el cual la devolución de bienes o derechos indebidamente percibidos ha de tenerse en cuenta que no todos los percibidos se pueden reintegrar sino sólo aquellos que recibieron sin que exista causa, motivo o razón lo que obliga a la Administración concursal a identificar los bienes o derechos percibidos y la razón de los mismos, debiendo acreditar que fueron percibidos sin que exista causa justificada.

También las sentencias del Juzgado de lo Mercantil núm. 5 de Madrid, de fecha 16 de febrero y 5 de diciembre de 2006, de Granada de fecha 2 de octubre de 2006 y de Murcia, de fecha 19 de febrero de 2007, según las cuales y en relación con la condena a las personas afectadas por la calificación a devolver los bienes y derechos que hubieren obtenido indebidamente del patrimonio del deudor o hubiesen recibido de la masa activa, dicho pronunciamiento exige que se hayan determinado en el informe los hechos determinantes de esta condena, esto es, que la persona afectada por la calificación ha obtenido indebidamente del patrimonio del deudor o recibido de la masa activa bienes o derechos y la identificación de los mismos, sin que sea posible una condena genérica o indeterminada.

IX.– Sentencias del Juzgado de lo Mercantil núm. 1 de Alicante de fecha 2 de noviembre de 2007 y 31 de julio de 2008, del Juzgado de lo Mercantil de Santander de fecha 19 de diciembre de 2007, del Juzgado de lo Mercantil núm. 3 de Barcelona de fecha 5 de octubre de 2007, del Juzgado de lo Mercantil núm. 1 de A Coruña, de fecha 30 de marzo de 2007, 19 de marzo de 2007, del Juzgado de lo Mercantil núm. 1 de Lerida, de fecha 5 de mayo de 2008, según las cuales, la indemnización de daños y perjuicios reseñados en el art. 455.2.5° TRLC, debe ser solicitada expresamente, y concretado su importe, por la Administración Concursal y dada su eminente naturaleza indemnizatoria obliga a acreditar el daño causado y la relación entre el acto culposo y la causación del daño. No es una consecuencia automática o maquinal de la sentencia declarando culpable el concurso: debe existir un daño, un acto culposo y una relación de causalidad entre ambos, que debe ser acreditado por quien alega el daño.

La Sentencia de la Audiencia Provincial de Pontevedra n° 124/2011, de fecha 7 de marzo de 2011, que determina que la pretensión de indemnización de daños y perjuicios debe ser concreta, y no contener genérica formulación de los mismos

X.– Sentencia del Juzgado de lo Mercantil núm. 1 de Madrid de fecha 24 de julio de 2007, según la cual el contenido del art. 443.4° TRLC no puede desconectarse de la presentación de la solicitud de concurso, de tal forma que la inexactitud grave o la falsedad de la documentación aportada debe estar predeterminada por el fin de la presentación de la solicitud del concurso y, por ello, para obtener durante la tramitación del procedimiento alguna decisión más beneficiosa para el concursado que la que sería procedente sin la falsedad o inexactitud aportada. Por ello, para poder apreciar la citada conducta como causa de culpabilidad es menester que la inexactitud grave y la falsedad estuvieran preordenadas a tal fin.

XI.– En cuanto a la figura del administrador de hecho, la Sentencia del Tribunal Supremo n° 721/2012, de fecha 4 de diciembre de 2012, que recoge las notas características de esta figura indicando qué debe entenderse por administrador de hecho:

> *"quienes, sin ostentar formalmente el nombramiento de administrador y demás requisitos exigibles, ejercen la función como si estuviesen legitimados prescindiendo de tales formalidades, pero no a quienes actúan regularmente por mandato de los administradores o como gestores de éstos, pues la característica del administrador de hecho no es la realización material de determinadas funciones, sino la actuación en la condición de administrador con inobservancia de las formalidades mínimas que la Ley o los estatutos exigen para adquirir tal condición.*
>
> *(Sentencias 261/2007, de 14 marzo, 55/2008, de 8 de febrero, 79/2009, de 4 de febrero.,240/2009, de 14 de abril, 261/2007, de 14 de marzo).*
>
> *Es decir, cuando la actuación supone el ejercicio efectivo de funciones propias del órgano de administración de forma continuada y sin sujeción a otras directrices que las que derivan de su configuración como órgano de ejecución de los acuerdos adoptados por la junta general".*

XII.– Debe imponerse las costas procesales a la parte actora.

En su virtud

SUPLICO AL JUZGADO que tenga por presentado este escrito, junto con los documentos a él acompaños, y copia de todo ello, lo admita y se tenga por formulada oposición a la calificación del presente concurso como culpable, y previos los oportunos trámites legales se sirva dictar sentencia por la que se desestime total e íntegramente las pretensiones formuladas por la Administración concursal, calificando el presente concurso como fortuito, con expresa imposición de costas a las actoras.

Es Justicia que se SUPLICA en..........., a...........

OTROSÍ DIGO: Que interesa a esta parte el recibimiento del presente procedimiento a prueba, y a tal efecto se manifiestan los medios de prueba de los que pretende valerse esta parte:

I.– DOCUMENTAL. Para que se tengan por reproducidos como medios probatorios los documentos acompañados al presente escrito, así como el informe de la administración concursal y los textos definitivos.

II.– TESTIFICAL: ....

En su virtud,

SUPLICO AL JUZGADO que tenga por hechas las anteriores manifestaciones y tener por solicitado el recibimiento del pleito a prueba y la práctica de los medios de prueba arriba reseñados, acorando su práctica cuanto demás proceda en derecho.

Es justicia que se solicita en el lugar y fecha señalados *ut supra*.

ABOGADO PROCURADOR

F720. ESCRITO DEL CÓMPLICE OPONIÉNDOSE A LA CALIFICACIÓN DEL CONCURSO COMO CULPABLE

Normativa de aplicación: *Arts. 441 y ss. Real Decreto Legislativo 1/2020, de 5 de mayo, por el que se aprueba el texto refundido de la Ley Concursal*

JUZGADO DE LO MERCANTIL Nº........... DE...........

..........., Procurador de los Tribunales actuando en nombre y representación de........... según consta debidamente acreditado en los autos de Concurso Voluntario nº..........., seguidos a instancia de la concursada "...........", ante el Juzgado comparezco como parte declarada cómplice en el informe presentado por la Administración Concursal, bajo la dirección técnica de D..........., abogado del Iltre. Colegio de..........., número de colegiado..........., con despacho profesional en..........., Nº..........., Pta..........., C.P..........., y como mejor proceda en Derecho DIGO:

Que por la presente, y siguiendo las expresas instrucciones de mi representada, formulamos, en plazo y forma, OPOSICIÓN A LA CALIFICACIÓN DEL CONCURSO COMO

CULPABLE, al amparo de lo dispuesto en los artículos 450, apartados 2 y 3, y 451 TRLC, en base a las siguientes,

HECHOS

PRIMERO.– En fecha........... de........... de.......... se solicitó por la Administración concursal un informe detallado interesando la calificación del presente concurso como culpable en base a los siguientes hechos:...........

SEGUNDO.– Ningún acreedor legitimado ha formulado informe de calificación a que el art. 449 TRLC.

TERCERO.– Que dichos hechos no son ciertos por lo que a continuación exponemos:........... Lo anterior se acredita con...........

A los anteriores hechos le son de aplicación los siguientes,

FUNDAMENTOS DE DERECHO

PRIMERO.– Art. 441 TRLC: el concurso se calificará como fortuito o como culpable.

SEGUNDO.– Art. 450 TRLC: 1. Si en alguno de los informes emitidos se hubiera solicitado la calificación del concurso como culpable, el juez, dentro de los cinco días siguientes a aquel en que hubiera transcurrido el plazo a que se refiere el artículo anterior, ordenará, mediante providencia, que se dé audiencia al concursado por plazo de diez días y, en la misma resolución, ordenará emplazar a todas las demás personas que, según resulte de lo actuado, pudieran ser afectadas por la calificación del concurso o declaradas cómplices, a fin de que, en plazo de cinco días, comparezcan en la sección si no lo hubieran hecho con anterioridad.

2. El mismo día de la providencia, el letrado de la Administración de Justicia señalará fecha y hora para la celebración de la vista, que deberá tener lugar dentro de los dos meses siguientes a la fecha de esa resolución.

3. A las personas que comparezcan en plazo el letrado de la Administración de Justicia les dará vista del contenido de la sección para que, dentro de los diez días siguientes, aleguen cuanto convenga a su derecho. Si comparecieren con posterioridad al vencimiento del plazo, les tendrá por parte sin retroceder el curso de las actuaciones. Si no comparecieren, el letrado de la Administración de Justicia los declarará en rebeldía y seguirán su curso las actuaciones sin volver a citarlos.

4. Si la prueba propuesta en los informes emitidos en los que se hubiera solicitado la calificación del concurso como culpable y en las alegaciones presentadas por el deudor, las demás personas afectadas por la calificación y los cómplices, fuese únicamente documental, el juez podrá dejar sin efecto el señalamiento para la celebración de la vista.

5. Salvo en caso de allanamiento, las alegaciones del deudor, de las demás personas afectadas por la calificación y de los cómplices deberán tener la estructura propia de una contestación a la demanda.

6. Si el informe de la administración concursal solicitara la calificación del concurso como fortuito y los acreedores legitimados no hubieran presentado informe de calificación, el juez, sin más trámites, ordenará, mediante auto, el archivo de las actuaciones. Contra el auto que ordene el archivo de las actuaciones no cabrá recurso alguno.

TERCERO.– Art. 451 TRLC:. Si el concursado o alguno de los comparecidos formulase oposición deberá hacerlo en la forma prevista para un escrito de contestación a la demanda. Para los trámites posteriores el procedimiento se sustanciará según lo previsto para el incidente concursal. De ser varias las oposiciones, se sustanciarán juntas en el mismo incidente.

2. Si no se hubiere formulado oposición, el juez dictará sentencia en el plazo de cinco días.

Por todo lo expuesto,

SUPLICO AL JUZGADO: que teniendo por presentado este escrito, junto con sus documentos y copias de todo ello, lo admita, y se tenga por formulada oposición a la calificación del concurso como culpable, y previo los oportunos trámites, se dice sentencia en la que se califique el concurso como fortuito y con expresa imposición de costas a quien se opusiere a dicha declaración.

Es Justicia que pido en..........., a........... de........... de...........

OTROSÍ DIGO: Se solicita de este Juzgado la celebración de vista en el presente incidente de conformidad con lo dispuesto en el art. 540 TRLC.

En su virtud,

SUPLICO AL JUZGADO que tenga por efectuada la anterior manifestación, se sirva admitirla, y acordar en el sentido anteriormente expuesto, citando a las partes para la oportuna vista.

Es Justicia que nuevamente se SUPLICA en el lugar y fecha reseñados "ut supra".

OTROSÍ DIGO: Que interesa a esta parte el recibimiento del pleito a prueba y en este sentido, esta parte manifiesta los medios de prueba de los que intenta valerse en el presente incidente:...........

En su virtud,

SUPLICO AL JUZGADO que tenga por efectuada la anterior manifestación, se sirva admitirla, y tener por manifestados los medios de prueba de los que intenta valerse esta parte, y previos los oportunos trámites, declare los mismos pertinentes, acordando cuanto proceda en derecho para su práctica.

Es Justicia que nuevamente se SUPLICA en el lugar y fecha reseñados "ut supra".

F721. SENTENCIA DECLARANDO EL CONCURSO CULPABLE SIN HABERSE FORMULADO OPOSICIÓN

Normativa de aplicación: *Arts. 441 y ss. Real Decreto Legislativo 1/2020, de 5 de mayo, por el que se aprueba el texto refundido de la Ley Concursal*

JUZGADO DE LO MERCANTIL Nº........... DE...........

SENTENCIA

En..........., a........... de........... de...........

El Ilmo. Sr. D. MAGISTRADO-JUEZ del Juzgado de los Mercantil nº........... de..........., habiendo visto los presentes autos de Concurso Voluntario nº..........., seguidos a instancia de la concursada "...........", representada por la Procuradora Dª..........., y asistida del Letrado D..........., sobre calificación de concurso.

ANTECEDENTES DE HECHO

PRIMERO.– En fecha........... de........... de........... por Dª..........., en la representación antedicha presentó escrito conteniendo propuesta de convenio, la cual, visto que cumplía los requisitos legalmente exigibles, fue admitida a trámite.

SEGUNDO.– Tras los oportunos tramites, el citado convenio fue aprobado por sentencia de fecha..........., que devino firme el día ....

TERCERO.– En fecha........... de........... de........... se presentó por la Administración concursal un informe detallado interesando la calificación del presente concurso como culpable en los siguientes términos:

CUARTO.– Ningún acreedor legitimado formulo el escrito de calificación a que se refiere el art. 449 TRLC.

QUINTO.– Dado traslado al concursado y demás partes debidamente emplazadas, y transcurrido el plazo establecido para ello, no se ha formulado oposición por ninguna de las partes.

FUNDAMENTOS DE DERECHO

PRIMERO.– Dispone el Artículo 451. TRLC: 1. Si el concursado o alguno de los comparecidos formulase oposición deberá hacerlo en la forma prevista para un escrito de contestación a la demanda. Para los trámites posteriores el procedimiento se sustanciará según lo previsto para el incidente concursal. De ser varias las oposiciones, se sustanciarán juntas en el mismo incidente. 2. Si no se hubiere formulado oposición, el juez dictará sentencia en el plazo de cinco días.

Por otro lado, señala el art. 455 TRLC que 1. La sentencia declarará el concurso como fortuito o como culpable. Si lo calificara como culpable, expresará la causa o causas en que se fundamente la calificación.

2. La sentencia que califique el concurso como culpable contendrá, además, los siguientes pronunciamientos:

1.° La determinación de las personas afectadas por la calificación, así como, en su caso, la de las declaradas cómplices.

En caso de persona jurídica, podrán ser consideradas personas afectadas por la calificación los administradores o liquidadores, de derecho o de hecho, los directores generales y quienes, dentro de los dos años anteriores a la fecha de la declaración de concurso, hubieren tenido cualquiera de estas condiciones.

Si alguna de las personas afectadas lo fuera como administrador o liquidador de hecho, la sentencia deberá motivar específicamente la atribución de esa condición.

No tendrán la consideración de administradores de hecho los acreedores que, en virtud de lo pactado en el convenio tuvieran derechos especiales de información, de autorización de determinadas operaciones del deudor o cualesquiera otras de vigilancia o control sobre el cumplimiento del plan de viabilidad, salvo que se acreditara la existencia de alguna circunstancia de distinta naturaleza que pudiera justificar la atribución de esa condición.

2.° La inhabilitación de las personas naturales afectadas por la calificación para administrar los bienes ajenos durante un período de dos a quince años, así como para representar a cualquier persona durante el mismo período. Esta inhabilitación se notificará al Registro de la Propiedad y al Registro Mercantil para su constancia en la hoja de la concursada y en las demás del registro en que aparezca la persona inhabilitada, así como en el Índice único informatizado del artículo 242 bis de la Ley Hipotecaria.

La duración del periodo de inhabilitación se fijará por el juez atendiendo a la gravedad de los hechos y a la entidad del perjuicio causado a la masa activa, así como a la existencia de otras sentencias de calificación del concurso como culpable en los que la misma persona ya hubiera sido inhabilitada.

Excepcionalmente, en caso de convenio, si así lo hubiera solicitado la administración concursal en el informe de calificación, la sentencia podrá autorizar al inhabilitado a continuar al frente de la empresa o como administrador de la sociedad concursada durante el tiempo de cumplimiento del convenio o por periodo inferior.

3.° La pérdida de cualquier derecho que las personas afectadas por la calificación o declaradas cómplices tuvieran como acreedores concursales o de la masa.

4.° La condena a las personas afectadas por la calificación o declaradas cómplices a devolver los bienes o derechos que indebidamente hubieran obtenido del patrimonio del deudor o recibido de la masa activa.

5.° La condena a las personas afectadas por la calificación o declaradas cómplices a indemnizar, con o sin solidaridad, los daños y perjuicios causados.

3. En materia de costas, serán de aplicación las siguientes reglas especiales:

1.ª La sentencia que desestime la solicitud de calificación del concurso como culpable a solicitud de la administración concursal no condenará a esta al pago de las costas, salvo que concurra temeridad.

2.ª La sentencia que estime la solicitud de calificación del concurso como culpable no condenará a las personas afectadas por la calificación o declarados cómplices al pago de las costas en que hubieran incurrido los legitimados personados en la sección sexta para defender la calificación del concurso como culpable.

4. La sentencia declarará el incumplimiento del convenio como fortuito o como culpable. La sentencia que califique ese incumplimiento como culpable contendrá, además, los pronunciamientos a que se refieren los apartados 1 y 2.

Finalmente, art. 456 TRLC, 1. Cuando la sección de calificación hubiera sido formada o reabierta como consecuencia de la apertura de la fase de liquidación, el juez, en la sentencia de calificación, podrá condenar, con o sin solidaridad, a la cobertura, total o parcial, del déficit a todos o a algunos de los administradores, liquidadores, de derecho o de hecho, o directores generales de la persona jurídica concursada que hubieran sido declarados personas afectadas por la calificación en la medida que la conducta de estas personas que haya determinado la calificación del concurso como culpable hubiera generado o agravado la insolvencia.

2. Se considera que existe déficit cuando el valor de los bienes y derechos de la masa activa según el inventario de la administración concursal sea inferior a la suma de los importes de los créditos reconocidos en la lista de acreedores.

3. En caso de pluralidad de condenados a la cobertura del déficit, la sentencia deberá individualizar la cantidad a satisfacer por cada uno de ellos, de acuerdo con la participación en los hechos que hubieran determinado la calificación del concurso.

4. En caso de reapertura de la sección sexta por incumplimiento del convenio, si el concurso hubiera sido ya calificado como culpable, el juez para fijar la condena a la cobertura, total o parcial, del déficit, atenderá tanto a los hechos declarados probados en la sentencia de calificación como a los determinantes de la reapertura

1. Cuando la sección de calificación hubiera sido formada o reabierta como consecuencia de la apertura de la fase de liquidación, el juez, en la sentencia de calificación, podrá condenar, con o sin solidaridad, a la cobertura, total o parcial, del déficit a todos o a algunos de los administradores, liquidadores, de derecho o de hecho, o directores generales de la persona jurídica concursada que hubieran sido declarados personas afectadas por la calificación en la medida que la conducta de estas personas que haya determinado la calificación del concurso como culpable hubiera generado o agravado la insolvencia.

2. Se considera que existe déficit cuando el valor de los bienes y derechos de la masa activa según el inventario de la administración concursal sea inferior a la suma de los importes de los créditos reconocidos en la lista de acreedores.

3. En caso de pluralidad de condenados a la cobertura del déficit, la sentencia deberá individualizar la cantidad a satisfacer por cada uno de ellos, de acuerdo con la participación en los hechos que hubieran determinado la calificación del concurso.

4. En caso de reapertura de la sección sexta por incumplimiento del convenio, si el concurso hubiera sido ya calificado como culpable, el juez para fijar la condena a la cobertura, total o parcial, del déficit, atenderá tanto a los hechos declarados probados en la sentencia de calificación como a los determinantes de la reapertura

SEGUNDO.– Que del informe de la administración concursal resulta la calificacion el concurso como culpable a tenor de los siguientes hechos que se consideran probados:...........

Vistos los preceptos legales y demás de pertinente aplicación,

FALLO

De conformidad con el informe de la Administración concursal se califica el concurso de la entidad "..........." como CULPABLE por concurrir las causa previstas en los arts........... TRLC

Se determina que las personas afectadas por la calificación del concurso es D........... Y que son cómplices de dicha actuación D...........

Se decreta la inhabilitación del concursado por tiempo de .... años para representar a cualquier persona. También para administrar los bienes ajenos durante dicho plazo.

Se decreta la perdida de cualquier derecho que tuvieran como acreedores concursales o de la masa activa D........... y D...........

Se condena a D........... y D........... a indemnizar solidariamente a la masa del concurso la suma de...........euros.

Igualmente mente se condena solidariamente a los citados señores a la cobertura parcial del déficit del presente concurso, en un porcentaje del .... Por ciento, siendo la cantidad a satisfacer por Don........... la de ...., y la correspondiente a ...., la de ....

Y todo ello con expresa condena en costas a D........... y D...........

Insértese esta sentencia en el Registro Público Concursal Concursal, librándose el oportuno edicto que será remitido por vía telemática.

Notifíquese a las partes y hágales saber que contra la misma, cabe recurso de apelación que se tramitará con carácter preferente y en la forma prevista para las apelaciones de sentencias dictadas en juicio ordinario.

De conformidad con lo establecido en la Disposición Adicional 15° LOPJ (según la redacción dada por la LO 1/09), la interposición de recurso contra resoluciones judiciales, no podrá ser admitida a trámite sin la acreditación del depósito previsto en la citada Ley a

efectos de recurrir, debiendo presentarse copia o resguardo de tal depósito en las cuenta de consignaciones de este Juzgado.

Así lo acuerda, manda y firma D..........., Magistrado Juez del Juzgado de lo Mercantil número........... de esta localidad.

Líbrese y únase certificación de esta resolución a las actuaciones, con inclusión del original en el Libro de Sentencias.

Leída y publicada fue la anterior sentencia por el Sr. Juez que la dicto estando celebrado en audiencia pública, el mismo día de su pronunciamiento, ante mí doy fe.

F722. RECURSO DE APELACIÓN CONTRA SENTENCIA DECLARANDO CULPABLE EL CONCURSO

Normativa de aplicación: *Arts. 441 y ss. Real Decreto Legislativo 1/2020, de 5 de mayo, por el que se aprueba el texto refundido de la Ley Concursal*

A LA AUDIENCIA PROIVINCIAL DE...........

..........., Procuradora de los Tribunales y de Don..........., según tengo debidamente acreditado en los autos del Procedimiento Concursal Ordinario..........., seguido ante este Juzgado, bajo la dirección letrada de Don........... (Colegiado ICAV...........) comparezco y como mejor proceda en derecho DIGO:

I.– Que el día.......... me fue notificada la Sentencia núm........... de fecha........... de........... de........... de este Juzgado de lo Mercantil, por la que estimando parcialmente las pretensiones formuladas por la administración concursal declara: que el concurso de........... SLU es culpable; que el administrador de........... SLU, ... tiene la condición de persona afectada por la calificación; y que condena a Don........... a........... años de inhabilitación para administrar los bienes ajenos, así como para representar o administrar a cualquier persona durante el mismo período y a abonar a la masa...........euros en concepto de daños y perjuicios.

II.– Al considerar mi mandante dicha sentencia no ajustada a derecho y perjudicial para sus intereses, por medio del presente escrito en tiempo y forma interpone RECURSO DE APELACIÓN, contra la citada Sentencia sobre la base de las siguientes:

ALEGACIONES

PRIMERA.– PRELIMINAR

I.– La Sentencia objeto del presente recurso estima parcialmente las pretensiones formuladas por la Administración Concursal declarando: 1) el concurso de la mercantil...........

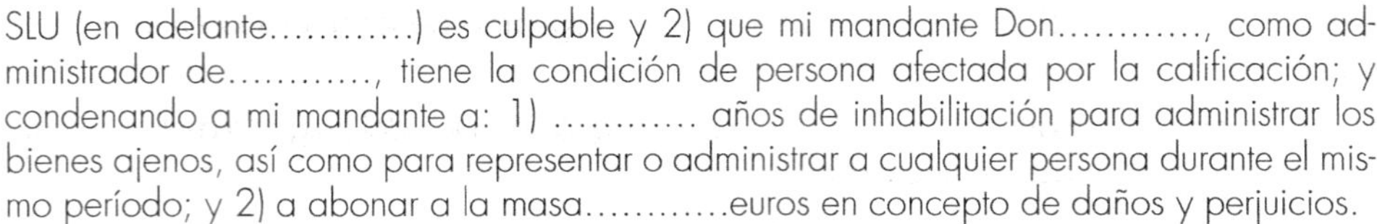

SLU (en adelante...........) es culpable y 2) que mi mandante Don..........., como administrador de..........., tiene la condición de persona afectada por la calificación; y condenando a mi mandante a: 1) .... años de inhabilitación para administrar los bienes ajenos, así como para representar o administrar a cualquier persona durante el mismo período; y 2) a abonar a la masa...........euros en concepto de daños y perjuicios.

II.– El juzgador llega a dichos pronunciamientos en base a los dos siguientes argumentos, que incardina el primero de ellos, en el supuesto contemplado en el art. 443.5° TRLC y el segundo, en el art. 443.2° TRLC, considerando:

1) Que en la contabilización por parte de........... de dos créditos, uno frente a la mercantil........... S.L. de...........euros y el otro frente a la mercantil........... de........... euros, se ha producido una irregularidad contable relevante, al contabilizar como "activos unas sumas por conceptos como indemnizaciones (por gastos, pérdidas...........) o lucro cesante a fijar por sentencia judicial", considerando dichas sumas contabilizadas como "mera expectativas, sin soporte documental y cuya contabilización no parece ajustarse al principio de prudencia valorativa (art. 38 Cco y PGC)", concluyendo que dicha "contabilización de activos desajustada", supone una "sobrevaloración del activo cercana a los...........euros que si tiene entidad suficiente para calificarse como relevante, pues provoca una imagen distorsionada de la situación patrimonial de...........". Encuadra tal hecho en el supuesto previsto en el art. 443.5° TRLC, irregularidad contable.

2) Que la reducción de capital de fecha........... es una "salida patrimonial que hay que calificar como fraudulenta" en favor de una persona especialmente relacionada con la deudora, es decir, en favor mi mandante Don..........., administrador único de..........., y con la consecuencia de conllevar la "frustración de los legítimos derechos de los acreedores de la mercantil que ven volatizarse un activo de........... SLU cercano a........... euros sin posibilidad de ver atendidos sus derechos". El Juzgador, erróneamente en nuestra opinión, en el supuesto del art. 443.2° TRLC, salida fraudulenta de bienes como supuesto de culpabilidad.

III.– Dada la naturaleza del proceso que nos ocupa, sección de calificación, la eventual declaración de un concurso como culpable, debe venir, referida, necesariamente, al correspondiente supuesto o causa de culpabilidad de los reseñados en el art. 442, 443, o 444 TRLC, en la cual ha de engarzarse, imperativamente, el hecho acreditado.

Por ello, y dado que el Juzgador a quo, fundamenta y fija la culpabilidad en la concurrencia de los motivos reseñados en el art. 443, números 2° y 5° TRLC, habiendo desechado los otros motivos en su día alegados de contrario, sobre tales causas y preceptos apreciados por el Juzgador en la sentencia debe girar el presente recurso de apelación.

IV.– Esta parte se opone a dichos pronunciamientos ya que los dos argumentos en que se basan y que sostiene el Juzgador deben ser rechazados, pues no se ajustan a la realidad ni son de aplicación al presente caso, tal y como pasamos a argumentar a continuación.

SEGUNDA.– NO CONCURRE EL MOTIVO CONTEMPLADO EN EL ART. 443. 5° TRLC. CRÉDITOS DE........... S.L. y...........

I.– En cuanto a la contabilización por parte de........... de los mencionados créditos frente a........... S.L. y..........., nos oponemos a la conclusión a la que llega el Juzgador de considerar dicha contabilización como una irregularidad contable relevante, supuesto recogido en el artículo 443.5° TRLC, y ello en base a los argumentos que pasamos a exponer.

II.– En primer lugar, tenemos que traer a colación la acertada afirmación que vierte el Juzgador en la sentencia aquí combatida, al señalar "........... que se echa en falta una explicación más razonada por AC de cual es la irregularidad imputada, o dicho de otra manera, cual es la norma jurídica-contable infringida desprendiéndose que, salvo una parte del crédito de........... S.L. sin soporte alguno sino meras expectativas de derecho".

En nuestra opinión, tal falta de concreción, debería haber supuesto el rechazo por el Juzgador del hecho alegado por la Administración Concursal, omisión que no puede ser suplida por el Juez de instancia.

Conforme al art. 448.2 TRLC y la consideración de demanda de los informes de la AC (a título de ejemplo, vid. Sentencias de la Audiencia Provincial de Jaén de fecha 23 de abril de 2007 y 15 de noviembre de 2007, del Juzgado de lo Mercantil núm. 3 de Barcelona de fecha 18 de febrero de 2008, y del Juzgado de lo Mercantil núm. 1 de A Coruña, de fecha 20 de junio de 2006), no basta con exponer en dichos informes los hechos relevantes para que el Juez lleve a cabo la subsunción en el supuesto correspondiente pues el razonamiento exigido por la Ley presupone esa incardinación legal previa a cargo de la Administración concursal (AC en adelante).

El art. 399.1 LEC obliga a exponer con claridad y precisión los hechos y fundamentos de derecho y lo que se pide que, en este caso, es la calificación del concurso como culpable, eso si, concretado en una o varias causas concretas de las reseñadas en el art. 442 a 444 TRLC, en las cuales han de engarzarse los hechos narrados. Por ello, y como conclusión no solo son los hechos narrados en el informe de la Administración concursal los únicos a tener en cuenta en el proceso, sino que los mismos no pueden presentarse huérfanos de valoración legal y, deben estar incardinados, de forma razonada, en alguna de las causas previstas en la Ley (Sentencia del Juzgado de lo Mercantil de Santander de fecha 19 de diciembre de 2007).

Lo que es evidente y palmario es que el Juez no puede suplir la indeterminación de la AC y fijar, unilateralmente, la irregularidad contable que se dice cometida por mi mandante en una vulneración del art. 38 C.Com y PGC.

III.– Expuesto lo anterior y en cualquier caso, esta parte no comparte la opinión vertida de que dichas partidas sean inexistentes, como se indicó por la AC.

Como ya se expuso en nuestro escrito de oposición de fecha........... y como consta en autos de forma documental, no impugnada por ninguna de las partes, respecto a ambos créditos, además de estar contabilizados, existe un amplio completo acervo documental. Es más dichos créditos fueron objeto de reclamación judicial ante el incumplimiento contractual verificado por........... S.L. y..........., tras las consultas oportunas con profesionales del derecho y economistas sobre la posibilidad de reclamarlos en juicio con éxito, emitiéndose los oportunos informes. Si a ello añadimos que tales créditos fueron objeto de prenda, como ha señalado la propia AC, quienes quisieron ver en la constitución dicha prenda un hecho susceptible de calificación concursal, no hay duda que nos hallamos ante créditos ciertos y existentes.

Debemos incidir en este último aspecto, ya que mi mandante, arquitecto de profesión y lego en el ámbito del derecho y en cuanto administrador único de............, adoptando el comportamiento diligente que le impone el art. 225 del Texto Refundido de la Ley de Sociedades de Capital, sometió a profesionales económicos y del ámbito del derecho la existencia de los mismos, la cuantía y la oportunidad o no de reclamar dichos créditos con éxito por la vía judicial; al obtener una opinión favorable, adoptó un comportamiento diligente al proceder a su reclamación judicial previa contabilización de los créditos, todo ello, en primer lugar porque lo impone la normativa contable y en segundo lugar para no perjudicar la reclamación judicial que se iba a ejercer.

Nos volvemos a hacer la misma pregunta que nos hicimos en el escrito de oposición ¿Cómo reclamar una deuda, si uno no la reconoce en su propia contabilidad?

A dicha pregunta habría que añadir otra más ¿Qué mayor diligencia se le puede exigir al administrador único de una mercantil, repetimos, lego en el ámbito del derecho, que solicitar asesoramiento de profesionales del derecho y del ámbito económico, sobre la existencia, cuantía y viabilidad de los créditos?

En este sentido nos adherimos a la opinión de RIBAS, V., en "Comentario de la Ley de Sociedades de Capital", ROJO, A. y BELTRÁN, E., (Dir.), Civitas-Thomson, Pamplona, 2011, página 1617, al tratar del deber de prudencia del administrador, dice que "La falta de cuidado consiste, de un lado, en actuar desconociendo los riesgos, cuando debería conocerlos y, de otro, en no tomar las medidas de cautela o de prevención necesarias en el caso. A estos efectos, resulta fundamental el ejercicio del derecho y deber de información del administrador para formarse una opinión sobre aquellos asuntos que lo refieran. La actuación prudente está también relacionada con el encargo de informes u opiniones profesionales, mediante la contratación de asesores y expertos. En todo caso, la confianza en profesionales expertos debe darse sobre la creencia razonable sobre su profesionalidad, competencia y méritos".

Lo anterior conlleva una primera conclusión: los créditos que nos ocupan, sin el más mínimo lugar a dudas, eran ciertos, tienen un origen y una solida base contractual, constan documentados. Y además, estaban vencidos y, por lo tanto, eran exigibles. Porque si no lo fueran, se hubiera de opuesto por............ S.L. y............ tal excepción. Y no se hizo.

Lo que no se puede solicitar de mi mandante, ni de ningún administrador social es que, en el ejercicio del cargo, perdón por la licencia, actúe como vidente, y asegure el cobro de los créditos o el resultado de las contiendas judiciales sobre los mismos. Lo que si que le es exigible es documentar el crédito, registrarlo en la contabilidad, asesorarse sobre la vigencia y viabilidad del mismo. E intentar cobrarlo, si no le es abonado. Y eso es lo que hizo mi mandante.

V.– Por otro lado y continuando, nuestra argumentación, no podemos dejar de lado, y parece obviarlo el Juzgador, un hecho: que no existe el crédito litigioso "ab initio".

El crédito litigioso es eso un crédito que, en virtud de oposición del deudor al tiempo de contestación a la demanda deviene en litigioso (art. 1535 CC), cuya existencia no debe ser constituida por el Juzgador al resolver la contienda.

Dicho de otra forma, la sentencia reconociendo el crédito, no hace que el mismo "nazca", tiene una eficacia meramente declarativa y no constitutiva de la existencia del mismo. Tal crédito existe desde su devengo (en nuestro caso, prestación de servicios, devengo efectos, e incumplimiento y generación de daños), hasta el punto que, pese a la contienda judicial sobre el mismo, puede ser objeto de venta ex art. 1535 CC.

VI.– Ítem más. Esta parte entiende que mi mandante obró correctamente y de buena fe al registrar en la contabilidad los créditos en cuestión, toda vez que el principio de empresa en funcionamiento, (también denominado "going concern"), atiende a la empresa y su contabilidad en continuidad, como ente vivo, y no en liquidación, así lo aconsejaba.

Por otro lado, el principio de devengo obliga a registrar los hechos económicos cuando ocurran, imputándose al ejercicio al que las cuentas anuales, se refieran, los gastos e ingresos que le afecten, con independencia de la fecha de su pago y de su cobro.

Incluso, parece desprender la contabilización de la normas de registro y valoración 9ª PGC, instrumentos financieros, que incluye y considera como activo financiero, un derecho contractual a recibir efectivo u otro activo financiero, que obliga a su reconocimiento en los términos que se llevaron a cabo por mi mandante.

Y el contenido del art. 34.2 C.Com, obviado por el Juzgador, según el cual, las cuentas anuales y, por ende, la contabilidad social, deben mostrar la imagen fiel del patrimonio, debiendo atenderse en la contabilización de las operaciones, a la realidad económica y no a su forma jurídica. Esto es, lo que ha denominado la doctrina jurídica VICENT CHULIÁ, F. "Introducción al derecho mercantil", Volumen I, pág. 240), el predominio del fondo sobre la forma. En nuestra opinión, parece que la imagen fiel de la contabilidad exige y requiere, así lo entendió mi mandante, que se recoja la existencia de un crédito vencido y exigible, por importe de 1.500.000 euros. Máxime cuando la sociedad acaba abocada a la vía concursal. La imagen fiel de la sociedad requiere que tales créditos, pese a su carácter litigioso, deben constar en los registros contables, pues son derechos integrantes de la masa activa.

Ítem más. Es cierto que igualmente el PGC sienta el principio de prudencia valorativa al que alude el Juzgador. Sin embargo, es mas cierto que ese principio, que lo es de valoración y no de registro contable, viene referido únicamente a la necesaria prudencia en las estimaciones y valoraciones a realizar en condiciones de incertidumbre. Pero no obliga ni implica dejar de registrar operaciones contables. Y mi mandante, como vimos arriba, incluso consultó con profesionales del derecho y del área económica la existencia y cuantía (esto es, del valor) del crédito registrado en la contabilidad. Cuando además, en el momento de su registro, no existía dato alguno que hiciese pensar, razonablemente, que dichos créditos serían impagados, pues los procedimientos judiciales son posteriores al registro contable.

No podemos compartir tampoco la conclusión del juzgador de que dicha contabilización "provoca una imagen distorsionada de la situación patrimonial de........... SLU", ya que el crédito en cuestión existe y no se ha contabilizado nada que no responda a la realidad, como implícitamente reconoce la sentencia impugnada. En el mismo sentido, GUERRERO LEBRÓN, M.J., en "Las causas de la culpabilidad del concurso" en la obra "Estudios de Derecho Concursal" PEINADO GRACIA, J.I., y VALENZUELA GARACH, F.J., Editorial Marcial Pons, Madrid, 2006, pagina 402 que dice que: "Por lo que respecta a las irregularidades relevantes, ha de considerarse como tal consignar partidas que no se corresponden con la realidad, o al contrario, dejar de reflejar contablemente partidas que debían ser consignadas".

Pero es que, y es importante, nada alude el Juzgador a quo, ni la Administración Concursal, quien debía haberlo hecho en su demanda sin que el primero pueda suplir su omisión, sobre la incidencia de tal presunta irregularidad en la comprensión de la situación patrimonial y financiera de la concursada como debía haberse efectuado y no se hizo, tal y como señala y exige la Audiencia Provincial de Alicante en la sentencia de fecha 6 de mayo de 2010.

Máxime cuando la irregularidad afecta exclusivamente a dos créditos y cuando en el balance y contabilidad de la sociedad, es fácilmente localizable dicho crédito con la simple lectura del mismo. Y en el propio inventario presentado por la concursada junto a la solicitud de concurso se hacía referencia a la existencia de los citados procedimientos al recogerse los créditos en cuestión.

VII.– Lo cierto es que, a la vista de todo lo expuesto y a efectos meramente dialécticos, entendemos que la opción adoptada por mi mandante, en cualquier caso, no debe reputarse de descabellada, ni supondría un incumplimiento evidente y flagrante de la normativa contable.

Y estamos seguros que la AC, integrada por distinguidos y reconocidos miembros de la abogacía y del mundo económico, tendrán una opinión distinta, eso si, que debieron plasmar en el escrito de demanda y no lo hicieron. U otros profesionales, es posible que también tengan otra opinión distinta de la aquí defendida y la de la AC. Todo es opinable y más en el ámbito contable.

Pero lo único cierto es que nos hallaríamos ante discrepancias interpretativas o valorativas en cuanto al criterio que debería haberse seguido a la hora de decidir si tal crédito debía haber sido incluido o no en la activo, o sobre la viabilidad de una reclamación judicial de un crédito, intrascendente a los efectos de la aplicación del artículo 443.5° TRLC. Porque la interpretación de mi mandante ni es ilógica, ni irracional, ni injustificada, ni supondría una vulneración flagrante de la normativa contable.

Por cierto, traemos a colación la sentencia de la Audiencia Provincial de Baleares de fecha 9 de noviembre de 2009, que reputa culpable un concurso precisamente, por no contabilizar el deudor créditos parejos a los que nos ocupan. Ello sin perjuicio de las consecuencias para mi mandante de tal ocultación cuando, como consta en autos, tales créditos fueron dados en prenda a acreedores. ¿Se habría entendido que estaba ocultando maliciosamente tales créditos para favorecer a los titulares de la prenda?

VIII.– Por que, una cosa es evidente: en cualquier caso, la conducta relativa a la comisión de una "irregularidad relevante para la comprensión de la situación patrimonial o financiera" exige la existencia de una irregularidad contable clara, de acuerdo con la normativa contable y además, que sea relevante en cuanto impide una comprensión cabal de la situación patrimonial o financiera de la sociedad, no bastando la incorrección de alguna importancia que implica la irregularidad, sino que es preciso que la misma sea de tal importancia, que carezca de justificación, afectando directamente, a las finalidades de claridad, rigor y precisión que derivan de las exigencias legales. Además, debe concurrir un elemento intencional por parte del concursado.

Todo lo cual, como acabamos de ver, no concurre en el presente caso.

A título de ejemplo, señalar las sentencias de la Audiencia Provincial de Barcelona de fecha 27 de abril de 2007, del Juzgado de lo Mercantil núm. 1 de Alicante de fecha 31 de julio de 2008, del Juzgado de lo Mercantil núm. 5 de Madrid de fecha 16 de enero de 2006, de Pamplona de fecha 9 de marzo de 2006, Granada de fecha 2 de octubre de 2006 o del Juzgado de lo Mercantil núm. 1 de Madrid de fecha 24 de julio de 2007.

También la sentencia del Juzgado de lo Mercantil número 1 de Bilbao de 26 de abril de 2007 que establece:

> "Ciertamente la norma ha exigido que la irregularidad no sea de escasa importancia, sino relevante. Al utilizar el concepto jurídico «irregularidad relevante», que no define legalmente, hay que utilizar algún criterio que otorgue seguridad jurídica y evite que cualquier error, omisión o irregularidad determine la grave consecuencia de calificar el concurso como culpable. Para hacerlo hay que partir de que el concepto irregularidad ya supone reproche, pues al referirse a la contabilidad denota que no es común o permisible, que no se acomoda al patrón medio que el empresario diligente aplicaría al reflejar su situación patrimonial. Irregular es lo que no es común o habitual, lo que se sale de la norma. Incluso la tercera acepción de la Real Academia Española refleja su sentido peyorativo, pues se identifica con «malversación, desfalco, cohecho u otra inmoralidad en la gestión o administración pública, o en la privada».
>
> El concepto mismo de irregularidad contable supone, en consecuencia, que se ha incurrido en una incorrecta contabilización, cualquiera que sea su reflejo, lo que hace padecer la exigencia de claridad y precisión que debiera caracterizarla, pues el art. 25.1 del Código de Comercio (C.Com) de 885/1 dispone que la contabilidad ha de ser «ordenada», y el 34.2, al referirse a las cuentas anuales, establece que «deben redactarse con claridad y precisión y mostrar la imagen fiel del patrimonio, de la situación financiera y de los resultados de la empresa...........».
>
> Si ello se deduce de la expresión «irregularidad» al exigirse por la Ley Concursal que merezca el calificativo de «relevante» se dispone un plus que supone alguna gravedad. No basta que exista la incorrección, de alguna importancia, que supone la irregularidad. Es necesario además que aquella sea grave, de tal importancia que carezca de justificación, afectando directamente a las finalidades de claridad, rigor y precisión que derivan de las exigencias legales. Es decir, que impida a quien examine la contabilidad hacerse una idea correcta de la situación patrimonial y financiera de la empresa, ...".

En este sentido, la sentencia del Juzgado de lo Mercantil número 3 de Barcelona de fecha 18 de febrero de 2008 establece que:

> "La relevancia de las irregularidades debe vincularse, por mandato legal del artículo 164.2.1°, con la comprensión de la situación patrimonial y financiera de la compañía; es decir que las irregularidades detectadas deben obstaculizar a los terceros un correcto entendimiento de esa situación en orden a la situación de insolvencia o a la agravación de la misma, no puede desvincularse esa comprensión de la situación de concurso".

Es de destacar la Sentencia de fecha 30 de junio de 2011 de la Audiencia Provincial de Alicante que establece en su fundamento de derecho tercero lo siguiente:

> "TERCERO.– En la primera alegación se combate la primera de las causas que motivan la declaración del concurso como culpable prevista en el artículo 164.2.1° de la Ley Concursal: irregularidad relevante para la comprensión de la situación patrimonial o financiera en la contabilidad llevada por la concursada.
>
> La Sentencia de instancia reconoce que existe una pluralidad de irregularidades contables que descritas de forma individual y aislada no alcanzan una especial trascendencia pero que, apreciadas y valoradas de forma global y en su conjunto, sí alcanzan esa relevancia. Seguidamente, destaca las irregularidades contables que, a su juicio, revisten mayor trascendencia: falta de justificación y de contabilización de unos ingresos extraordinarios por un importe de 129.426,14.– €; el abuso de la autofinanciación a través de la emisión de efectos que no reflejan ninguna operación mercantil que los sustente; la cuenta de existencias cuya realidad no consta; mantenimiento en el activo de créditos de dudoso cobro por su antigüedad; préstamo recibido por un familiar del administrador por importe de 60.000.– € que no aparece contabilizado en el asiento de apertura del ejercicio siguiente.
>
> Debe precisarse, en primer lugar, el concepto de «irregularidad relevante». A nuestro criterio, deben destacarse los siguientes elementos: a) material: una información o una falta de información derivada de la contabilidad del deudor que no se corresponde con la realidad de una operación económica; b) cuantitativo: esa discordancia entre la contabilidad y la realidad económica debe traducirse en unas diferencias económicas importantes, por lo que se excluirán las diferencias de escasa cuantía atendiendo al volumen del conjunto de operaciones del concursado; c) cualitativo: debe afectar a elementos determinantes para conocer la verdadera situación patrimonial y financiera del concursado, por lo que se excluirán las irregularidades que no alteran de forma determinante la información sobre la verdadera situación patrimonial y financiera; d) subjetivo: debe revelar la irregularidad cierta intencionalidad o el incumplimiento de las más elementales reglas de la diligencia exigible al concursado.
>
> Si proyectamos los elementos anteriores sobre las irregularidades descritas en el informe de calificación de la Administración concursal, acogidas en gran parte por la Sentencia de instancia, llegaremos a la conclusión de que no pueden calificarse como irregularidades relevantes:

1) la falta de justificación y de contabilización de unos ingresos extraordinarios por importe de 129.426,14.– €. Según el informe emitido por el perito D. Hermenegildo, en la cuenta de ingresos extraordinarios y de devolución de seguros del año 2005 figuran unos asientos cuyo conjunto asciende a 129.426,14.– €, por lo que sí figura la correspondiente anotación en la contabilidad de la concursada. A su vez, ambas partes reconocen que se entregaron en el año 2005 dos mandamientos de devolución del Juzgado de Primera Instancia e Instrucción de Figueres por un importe conjunto de 125.294,41.– € que pueden calificarse como ingresos extraordinarios. Esos mandamientos de devolución no fueron contabilizados en su debida fecha ni se registraron por su importe y destinatario, pero se ha comprobado es que se han cancelado deudas por importe de 126.449,97.– €. En definitiva, si bien no se ha producido un correcto reflejo del ingreso de los mandamientos de devolución en la contabilidad, lo que sí se ha comprobado es que se ha reducido en una cantidad prácticamente coincidente el importe del pasivo, por lo que no se ha distorsionado la realidad de la situación patrimonial y financiera de la sociedad concursada.

2) la autofinanciación (cuenta 5208002) mediante el descuento de efectos que no responden a operaciones comerciales con el fin de conseguir financiación. Con independencia del carácter regular o irregular que merezca esta práctica empresarial para conseguir financiación cuando no puede obtenerla de las entidades financieras al restringirse en gran medida el crédito, lo cierto es que no consta que estas operaciones hayan alterado la información sobre la situación patrimonial y financiera de la concursada porque en lugar de deber a la entidad financiera si le hubiera facilitado el crédito, se debe al librado que figura como tal en el efecto girado para que pueda atenderlo a la fecha de su vencimiento.

3) la falta de justificación de las existencias que figuran reflejadas en los ejercicios 2005, 2006, 2007 y 2008. Se rechaza que esté acreditada la falta de justificación de las existencias porque no puede afirmarse en 2008 que la partida de existencias de los ejercicios anteriores sea ficticia pues ello exige comprobarlo físicamente al final de cada ejercicio en el momento de realizar el inventario. En consecuencia, no puede afirmarse con plena convicción que las existencias reflejadas en los ejercicios anteriores eran ficticias.

4) mantenimiento en el activo de créditos de dudoso cobro. En el acto de la vista se llegó a la conclusión por parte de los dos peritos intervinientes que la dotación para la provisión de insolvencias es facultativa y que depende de la situación concreta de cada deudor para poder afirmar que procede considerarlo como crédito incobrable. En nuestro caso, no consta que la Administración Concursal haya hecho la correspondiente gestión con cada uno de los deudores a fin de comprobar la viabilidad del cobro del crédito, por lo que sin esa información no puede asegurarse que se están computando irregularmente como activo créditos incobrables.

5) préstamo de Estíbaliz que aparece al cierre del ejercicio de 2007 con un saldo acreedor de 60.000.– € y en el asiento de apertura de 2008 ya no aparece. Se ha comprobado que es cierta la referida irregularidad contable pero al compa-

rar los asientos de cierre de 2007 y los de apertura de 2008 se comprueba una disminución de activos y pasivos por el mismo importe que no afecta a la situación patrimonial de la empresa.

En conclusión, las consideradas en la Sentencia de instancia como irregularidades relevantes no pueden calificarse como tales pues o bien no alteran la real situación patrimonial y financiera de la concursada o bien no se ha acreditado la realidad de la irregularidad, todo ello sin perjuicio de la falta de rigor que manifiesta el examen de la contabilidad de la mercantil concursada, excusable en parte al tratarse de una pequeña empresa de transporte".

En virtud de todo lo expuesto, no se puede llegar a la conclusión de que se trate de un supuesto de inclusión en el activo de créditos ficticios o no justificados, que podría dar lugar aplicación del supuesto recogido en el artículo 443.3° TRLC. Ni que con dicha contabilización se haya pretendido simular una apariencia de solvencia por parte de la mercantil............ SLU, ya que no se puede considerar como tal la contabilización de unos créditos que se iban a reclamar judicialmente. Ni tampoco, que se haya perseguido con dicho comportamiento obstaculizar a los terceros un correcto entendimiento de la situación patrimonial y financiera de la mercantil.

Y, como se dijo antes, nada alude el Juzgador a quo, ni la Administración Concursal, quien debía haberlo hecho en su demanda, sobre la incidencia de tal presunta irregularidad en la comprensión de la situación patrimonial y financiera de la concursada como debía haberse efectuado y no se hizo, tal y como señala y exige la Audiencia Provincial de Alicante en la sentencia de fecha 6 de mayo de 2010. Máxime cuando la irregularidad afecta exclusivamente a dos créditos y cuando el balance de la sociedad, es fácilmente localizable dicho crédito con la simple lectura del mismo, posibilitando la comprensión del mismo. Y en el propio inventario presentado por la concursada junto a la solicitud de concurso se hacía referencia a la existencia de los citados procedimientos al recogerse los créditos en cuestión.

TERCERA.– NO CONCURRE EL HECHO CONTEMPLADO EN EL ART. 443.2° TRLC. REDUCCIÓN DE CAPITAL

I.– En cuanto al acuerdo de reducción de capital de fecha............ adoptado por parte de............ SLU, nos oponemos a la conclusión a la que llega el Juzgador de considerar dicha operación como salida patrimonial fraudulenta, y por tanto el supuesto recogido en el artículo 443.2° TRLC, y ello en base a los argumentos que pasamos a exponer.

Para una mejor comprensión de la operación, es preciso antes de rebatir los argumentos de la sentencia apelada, proceder a una completa relación fáctica de la misma. Para lo cual volvemos a exponer, lo que ya dejamos relacionado en nuestro escrito de oposición:

"A.– En fecha..........., esto es............ AÑOS ANTES DE QUE SE DECLARARSE EL CONCURSO DE LA SOCIEDAD..........., mi principal Don............ y la entidad de crédito........... suscriben póliza de préstamo por importe de........... euros.

B.– El reseñado importe prestado a mi principal, fue aportado el mismo día………… al capital social de…………, mediante el oportuno aumento de capital, que asumió su único socio, mi mandante, Don…………

C.– Y ese mismo día…………, la suma de…………euros aportada a la sociedad………… se invirtió en un fondo de inversión, …………, pignorándose, a petición de la entidad de crédito y en garantía de la devolución del citado préstamo, los derechos de crédito que le correspondían por la suscripción de participaciones sociales de dicho fondo.

D.– El citado fondo de inversión, hasta su cancelación, arrojó una rentabilidad de…………euros, suma de dinero que fue percibida por………… y no por mi mandante. Esto es, la operación aquí descrita no sólo no ha perjudicado a………… sino que más bien al contrario: ha sido beneficiosa para dicha compañía.

E.– Llegado el año…………, y un año antes que se declarase el concurso de…………, mi principal no pudo hacer frente al citado préstamo y no tuvo más remedio que liquidar el citado fondo de inversión para cancelar la deuda. Este fondo de inversión, repetimos, garantizaba desde cuatro años antes de la declaración de concurso la devolución del préstamo y que se hallaba «bloqueado» a tal fin por la entidad…………

En unidad de acto, se efectúo por el banco los oportunos traspasos y anotaciones contables, aplicando el reembolso del fondo de inversión a la cancelación de la deuda, y firmando mi mandante las oportunas ordenes".

En la sentencia objeto del presente recurso, el juzgador comienza la relación cronológica de hechos relevantes para juzgar la operación, con la adopción del acuerdo de reducción de capital social por importe de…………euros, de fecha…………

Esta parte, entiende que para una mejor comprensión de la operación, dicha relación debe arrancar en la fecha…………, ya que en esa misma fecha se produjeron tres hechos relevantes, más bien fundamentales, ya que en dicha fecha se acordó la firma de la póliza de préstamo personal, la adopción del acuerdo de aumento de capital y la inversión en el fondo de inversión junto con la pignoración de los derechos de créditos, anteriormente relacionados en este escrito.

II.– Esta parte quiere incidir, como ya lo hizo en su escrito de oposición de fecha…………, en el hecho de que el mismo día en que mi mandante firmó la póliza de préstamo, dicho importe del préstamo fue aportado al capital social de la concursada, la mercantil…………, mediante el oportuno aumento de capital, siendo asumido por mi mandante como socio único de la mercantil y que fue invertido a petición de la entidad de crédito en un fondo de inversión siendo pignorados, en garantía de la devolución del citado préstamo, los derechos de crédito derivados de la suscripción de las participaciones sociales de dicho fondo.

Todo lo cual es reconocido expresamente por el Juzgador a quo en la sentencia combatida.

Así pues, el importe del fondo de inversión estaba bloqueado por la entidad bancaria (y fuera del ámbito de disposición de mi mandante y la concursada) desde el año…………

(........... AÑOS ANTES DE LA DECLARACIÓN DE CONCURSO), ya que garantizaba la devolución del préstamo, todo ello, repetimos, cuatro años antes de la solicitud de declaración del concurso.

Dicha operación se realizó........... años antes de la solicitud del concurso cuando la situación patrimonial de la mercantil........... y la situación económica del país era muy distinta de la que desencadenó la situación de insolvencia de la concursada.

Además, supuso una rentabilidad para la sociedad..........., ya que a la liquidación del fondo de inversión este arrojó una rentabilidad de...........euros que no recibió mi mandante, sino...........

III.– A la vista de lo expuesto, y el completo relato de la operación, cabe proclamar la inaplicabilidad de lo dispuesto en el art. 443.2° TRLC pues dicho artículo alude a disposiciones fraudulentas efectuadas dos años antes de la declaración de concurso y la disposición patrimonial tuvo lugar en el año..........., cuatro años antes del concurso. Ello por cuanto, como hemos dicho y consta acreditado en autos, desde tal fecha el dinero en cuestión estaba bloqueado, fuera del alcance de........... y de mi mandante, garantizando la devolución del préstamo concedido a Don...........

Esta parte entiende evidente que a la hora de determinar cuando se produce la presunta trasmisión fraudulenta (decimos presunta pues no es fraudulenta), hay que atender a la operación en conjunto, por lo que solo cabe proclamar que la disposición patrimonial de........... tuvo lugar en el año..........., cuando se invirtió en el fondo y se constituyo la prenda en garantía del referido préstamo, dado que la aplicación de la garantía a cancelar el mismo es un acto obligado, accesorio y colateral al mismo.

IV.– Señala el Juzgador, de manera incorrecta, dicho sea con el debido respeto, que nos encontramos ante "una transmisión de dinero por parte de la deudora concursada a favor del socio único y administrador a cambio de la amortización de participaciones".

Ello no responde a la realidad pues mi mandante no percibió (ni "toco", físicamente ni de cualquier otra manera) un solo euro de los...........euros que se dice percibido. El banco hizo lo oportunos movimientos, anotaciones contables, documentos etc., para liquidar el fondo y cancelar el préstamo de mi mandante, tal y como contractualmente procedía. Todo ello, en unidad de acto y sin que mi mandante tuviera posibilidad de disponer de los fondos para cualquier otra finalidad. Esto es, el banco, sencillamente, llevo a cabo una ejecución ordenada de la prenda para aplicarla a la deuda que garantizaba. Ni más ni menos.

No es una mera manifestación de esta parte. Basta un examen de los documentos aportados a las presentes actuaciones para percatarse de la certeza de lo aquí alegado.

V.– Tampoco comparte esta parte la afirmación del juzgador de que como consecuencia de la reducción de capital se produjera "una frustración de los legítimos derechos de los acreedores de la mercantil que ven volatizarse un activo de........... cercano a los...........euros, sin posibilidad de ver atendidos sus derechos", ya que la aplicación de la garantía al préstamo, conforme estaba pactado en el año..........., en modo alguno pudo afectar la frustración de los legítimos derechos de los acreedores.

Aunque no se hubiese realizado operación, la situación de los acreedores en nada hubiese cambiado, pues el banco hubiese ejecutado la prenda y percibido los........... euros. Eso si. Con la consiguiente generación de intereses, costas judiciales, etc., esto es, perjudicando la masa activa de...........

VI.– No podemos compartir que en la sentencia aquí impugnada se ponga en relación la operación de reducción de capital social con "la imposibilidad de atender en........... los gastos de auditoria de las cuentas de...........". Solo la falta de recursos de la empresa para pagar el importe de la auditoría y no la reducción de capital, fue determinante para no poder auditar las cuentas. Obviamente no se podía utilizar para tal fin el importe bloqueado que garantizaba la devolución del préstamo y que fue destinado a la finalidad que estaba previsto.

VII.– Por otro lado, el juzgador en la sentencia apelada trae a colación las consideraciones una sentencia dictada por la Audiencia Provincial de Barcelona de fecha........... Consideraciones que se hayan vinculadas a unos hechos que en nada tienen que ver con los hechos de esta sección de calificación. Ya que en dicha sentencia se trata de un supuesto en el que "el administrador de la sociedad, y socio único, retiró importantes sumas de dinero destinadas a financiar créditos personales utilizados en inversiones empresariales fallidas"; cantidades retiradas de una cuenta corriente para realizar inversiones empresariales en otras mercantiles distintas a la concursada, citándose a en la sentencia una Cooperativa. Así pues creemos que dichas consideraciones no se pueden aplicar a este caso y no deben ser tenidas en cuenta. Así, en su fundamento de derecho tercero de la citada sentencia se dice los siguiente:

"TERCERO.– Enajenaciones fraudulentas

> La administración concursal deja constancia en su informe de que el administrador de la sociedad, y socio único, retiró importantes sumas de dinero destinadas a financiar créditos personales utilizados en inversiones empresariales fallidas, como la Cooperativa Grupo Ecológico Nacional SCCL, dejando a deber a la concursada un total de 128.212,91 euros. Tanto la administración concursal como el Magistrado de lo mercantil califican estas enajenaciones de fraudulentas, en atención al destinatario de las mismas, que era el propio administrador, y a que resultaron incobrables porque también éste ha sido declarado en concurso, motivo por el cual encajan esta conducta en la tipificada en el art. 164.2.5º LC. Según este precepto, en todo caso procede la calificación culpable del concurso «cuando durante los dos últimos años anteriores a la fecha de la declaración de concurso hubieran salido fraudulentamente del patrimonio del deudor bienes o derechos». La sociedad concursada no niega que el administrador haya retirado dinero de la sociedad, pero afirma que estas salidas de dinero estaban perfectamente contabilizadas en la cuenta «553 Compte Corrent amb socis i Adminitradors» durante los ejercicios 2003 y 2004, con la intención de ir regularizando la cuenta corriente durante esos mismos ejercicios. De hecho no discute que al tiempo de declararse el concurso existiera un saldo a favor de la sociedad y en contra del administrador Sr. Ignacio de 128.212,91 euros".

De la lectura de los hechos relacionados tampoco podemos compartir la conclusión a la que llega el Juzgador de que con esta operación mi mandante se viera beneficiado frente a los demás acreedores "detrayendo antes del concurso activos —...........euros— con preferencia al resto de los acreedores". Dichos activos estaban vinculados desde el año........... a la devolución del préstamo y se aplicaron a dicho fin en virtud de lo contractualmente pactado.

Mi mandante no se ha apropiado, ni retenido ni "volatizado" suma alguna de la sociedad. Únicamente, como cientos y cientos de españoles, no pudo atender el pago de un crédito, del que se ha beneficiado........... SLU, siquiera sea por el percibo de los rendimientos del fondo de inversión. Y del simple impago de una deuda y de la aplicación de unos fondos al pago de dicha deuda, no puede derivarse una actuación fraudulenta o dolosa.

VIII.– Y tras todo lo expuesto, no podemos olvidar que, tal y como señalan las sentencias de la Audiencia Provincial de Barcelona de fecha 29 de enero de 2007 y 25 de marzo de 2008 la aplicación de la presunción del art. 443.2º TRLC, dado que nos hallamos ante una norma sancionadora, debe interpretarse de una manera restrictiva y por ende exige la expresa declaración de la concurrencia de fraude. Además, la enajenación fraudulenta supone una exigencia de malicia entendida como intención o conocimiento y aceptación, por parte del deudor concursado que con dicho acto se distraen bienes o derechos objeto de la masa del concurso.

En esta línea, GARCÍA-CRUCES, J.A., en "Comentario de la Ley Concursal", ROJO, A., y BELTRÁN, E., (Dir.), Tomo II, Thomson-Civitas, Madrid, 2004, página 2533, al tratar las disposiciones fraudulentas de bienes o derechos, en su comentario al artículo 164 de la Ley Concursal, dice lo siguiente: "la calificación de tales actos como fraudulentos afirma la coherencia de esta presunción respecto del criterio general de calificación del concurso como culpable, pues asegura la concurrencia de dolo en el deudor al llevar a cabo tales actos de disposición patrimonial..........."

En este sentido también se pronuncia GÓMEZ SOLER, E., "La calificación del concurso de acreedores", DÍAZ MARTÍNEZ, M., (Coord.) Editorial, Tirant lo Blanch, Valencia, 2009, pagina 73, que dice lo siguiente: "Junto a la salida de bienes y derechos del patrimonio del deudor, será también necesario acreditar la concurrencia del elemento subjetivo del fraude, siendo necesario que se acredite una conducta del deudor tendente a producir o aumentar su propia insolvencia, todo ello, con el propósito de dañar a sus acreedores".

También, la sentencia del Juzgado de lo Mercantil número 1 de Madrid, de fecha 16 de enero de 2007, que en su fundamento derecho cuarto dice:

> "CUARTO.– El segundo hecho que, según la Administración concursal, hace merecedor al concurso de la entidad Núcleos de Organización y Administración, S.A. de la calificación de culpable, consiste en que ciertos bienes que se encontraban inicialmente en la sede de la entidad concursada sita en la calle Jorge Juan núm. 32 de Madrid y posteriormente depositados en un almacén de Valdemoro hubieran desaparecido. La Administración concursal entiende que dicha conducta se encuentra tipificada en el artículo 164.2.5º LC. No se pone en duda por ninguno de los intervinientes que ciertos bienes muebles —fundamentalmente ordenadores

portátiles— que se depositaron en un almacén sito en Valdemoro cuando la entidad concursada abandonó el local que había constituido su domicilio social, desparecieron. No deja de ser indicativo que la Administración concursal en el informe de calificación no impute a nadie la denunciada desaparición de bienes muebles. Esta circunstancia es relevante para denegar la calificación de culpable del concurso en virtud de tales hechos. Para llegar a esta conclusión debemos partir del tenor literal del artículo 164.2.5° LC. Según dicho precepto se calificará como culpable el concurso cuando «durante los dos años anteriores a la fecha de la declaración de concurso hubieran salido fraudulentamente del patrimonio del deudor bienes o derechos». Son tres los requisitos que deben concurrir para activar tal causa de calificación: 1°– que hayan salido bienes y derechos del patrimonio del deudor; 2°– que se trate de una salida fraudulenta; 3°– que se haya producido durante los dos años anteriores a la fecha de la declaración de concurso. A los efectos que nos interesan, el segundo de los requisitos indica que la salida de bienes y derechos pueda ser calificada de «fraudulenta». Con el término «fraudulento» se quiere indicar una especial disposición de ánimo en aquel que hace desaparecer los bienes. El que la Administración concursal no haya hallado indicios para imputar una actuación positiva en los administradores de Núcleos de Organización y Administración, S.A. en orden a imputarles la desaparición de bienes nos conduce a entender que lo único de lo que cabría hacerles responsables es de una conducta negligente en la custodia de tales bienes. El artículo 164.2.5° LC exige una conducta especialmente activa y dolosa en la desaparición de bienes, incompatible con un mero actuar omisivo y, en su caso, negligente".

Asimismo, la sentencia de la Audiencia Provincial de Barcelona, de fecha 8 de junio de 2007, que en su fundamento derecho tercero dice:

"TERCERO.– También ha quedado acreditado, sin que haya sido objeto de contradicción, que: una vez declarada la liquidación judicial de IXO PUBLISHING S.A. por el Tribunal de Comercio de Bobigny (Francia) en enero de 2004, los administradores franceses admitieron ofertas por el 100% de las acciones de la filial española IMMPRESS, imponiendo como condición que el oferente, como parte del precio, asumiera la condonación de la deuda que la matriz mantenía con ésta; y quien hasta entonces era apoderado de la filial, el Sr. Juan Enrique, los días 26 y 30 de abril de 2004, se adjudicó el paquete íntegro de participaciones sociales de IMPRESS, pagando 50.000 euros y condonando también la deuda que ésta podía exigirle a su matriz (por importe de 833.684'12 euros), haciendo uso de los poderes generales que tenía sobre la entidad acreedora. El Sr. Juan Enrique, poco después, ya como titular del 100% del capital social de IMMPRESS, pasó a ser su administrador único (8 de julio de 2004). Como muy bien argumenta el Magistrado de lo Mercantil, el demandado, administrador de hecho primero y luego de derecho, adquirió para sí las participaciones de IMPRESS recurriendo en parte a activos de esta sociedad, lo que redundó en un claro perjuicio para los acreedores, pues con ello se dispuso sin contraprestación de valor equivalente de un crédito. Por eso, esta conducta, que fue realizada conscientemente del perjuicio que se ocasionaba a los acreedores de IMPRESS, también contribuyó a generar o cuando menos a agravar la insolvencia de la sociedad, al disponer fraudulentamente de un activo, en este caso un derecho de crédito, lo que corrobora la calificación culpable del concurso, no sólo al amparo del art. 164.1 LC sino también, como en el caso de la conducta anterior, del art. 164.2.5° LC".

IX.– Y, a la vista de todo lo expuesto, no parece que concurra tal elemento de fraude o dolo, en los términos arriba descritos, en la operación que no ocupa, toda vez que la actuación denunciada, una vez contemplada en conjunto:

a) Se llevó a cabo........... años antes de la declaración del concurso,

b) Mi mandante no percibió (ni "toco", físicamente ni de cualquier otra manera) un solo euro de los...........euros que se dice percibido, pues el banco hizo lo oportunos movimientos, anotaciones contables, documentos etc., para liquidar el fondo y cancelar el préstamo de mi mandante, ejecutando una prenda conforme a lo contractualmente pactado, todo ello, en unidad de acto y sin que mi mandante tuviera posibilidad de disponer de los fondos para cualquier otra finalidad.

c) Todas las operaciones reseñadas son reales, no existen actos simulados, o aparentes, sino que todos ellos son lícitos, vigentes y surtieron efectos.

d) Aunque no se hubiese realizado operación, la situación de los acreedores ni la de mi mandante en nada hubiese cambiado, pues el banco hubiese ejecutado la prenda y percibido los...........euros (salvo la consiguiente generación de intereses, costas judiciales, etc.).

Al hilo de lo anterior, y con referencia que se efectúa por el Juzgador en el sentido que "no es obstáculo a ello el que no se haya ejercitado la acción de reintegración", puesto que no es requisito legal para la aplicación del art. 443.2° TRLC, ciertamente compartimos dicha afirmación. Pero es sintomático de la ausencia de fraude y dolo en el actuar de mi mandante, el hecho de la inactividad de los administradores concursales al no ejercitar acción rescisoria alguna contra dicho acto, pues, aunque la falta de ejercicio no es obstáculo para la aplicación del artículo 443.2° TRLC, sí que es una obligación su ejercicio por la administración concursal, si estima que el acto rescindible es perjudicial para la masa activa y más aún, si se entiende que concurre dolo o fraude.

Y sencillamente no se ejercitó por cuanto tal dolo y fraude, que no fue acreditado ni alegado por la AC en su demanda, con las consecuencias preclusivas correspondientes, lo cual es francamente elocuente, nunca ha existido, y, por lo tanto, no es de aplicación lo dispuesto en el art. 443.2° TRLC.

Eso, o porque el acto de disposición perjudicial para la masa activa se llevó a cabo realmente en el año..........., cuando se constituyo la garantía, al ser la aplicación posterior al préstamo garantizado en el año........... un simple acto de ejecución de la misma y, por lo tanto, venir residenciada la operación fuera del plazo de dos años marcado en el art. 226 TRLC. Pero en este caso, tampoco seria de aplicación el art. 443.2° TRLC, que fija igualmente ese plazo de dos años a efectos de aplicar la presunción.

CUARTA.– DE LA INHABILITACIÓN IMPUESTA A MI MANDANTE COMO PERSONA AFECTADA POR LA CALIFICACIÓN CULPABLE

De manera muy breve. No concurriendo ninguno de los supuestos de culpabilidad contemplados por el Juzgador a quo en la sentencia combatida, es improcedente la declaración del presente concurso como culpable, debiendo ser reputado de fortuito. Consecuencia de ello: es improcedente otorgar a mi mandante la consideración de persona afectada por la calificación y a condenarle a dos años de inhabilitación para administrar bienes ajenos.

Pero en cualquier caso, aun cuando se tuviese el presente concurso como culpable, esta parte entiende que a la vista de lo complejo de las cuestiones debatidas y las circunstancias concurrentes en el presenta caso, no procede la inhabilitación de mi mandante.

QUINTA.– DE LA INCORRECTA INDEMNIZACIÓN DE DAÑOS Y PERJUICIOS IMPUESTA A MI MANDANTE EN LA SENTENCIA IMPUGNADA

Finalmente, y por los motivos que se concretan en el número procedente, debe quedar sin efecto la condena a mi mandante a abonar a la masa la suma de…………euros, consistente en la cantidad que se dice percibida por mi mandante con ocasión de la reducción de capital arriba reseñada. Tal indemnización fue solicitada, por la AC.

Pero aun cuando se confirmase la sentencia aquí impugnada y se entendiese el presente concurso como culpable por concurrir el hecho previsto en el art. 443.2° TRLC, entendemos que sería improcedente la imposición de la citada indemnización a mi mandante.

En efecto, establece el art. 455.2.4° TRLC que en la sentencia procederá se ordene devolver los bienes o derechos que indebidamente hubieran obtenido del patrimonio del deudor o recibido de la masa activa.

Un examen de dicho precepto basta para percatarse como la petición del pago de la citada suma de…………euros, recibida por mi mandate de la concursada, debió articularse, no como una indemnización, sino por el cauce de "devolver los bienes o derechos que indebidamente hubieran obtenido del patrimonio del deudor o recibido de la masa activa"

Y lo cierto es que no se hizo así, por lo que, aplicando el principio dispositivo y de congruencia, al no haberse ejercitado la petición por el cauce previsto, la citada pretensión debió y debe ser rechazada de plano.

Ítem más. Aun cuando se entendiese que es procedente la vía de los daños y perjuicios, que no lo es al existir un cauce previsto al efecto para formular la citada pretensión en el TRLC, no debemos olvidar que la indemnización de daños y perjuicios del art. 455.2.5° TRLC debe ser solicitada expresamente y concretado su importe por la parte demandante, y dada su naturaleza eminentemente indemnizatoria, con la obligación de acreditar el acto culposo, el daño causado, y la relación de causalidad entre ambos.

Y lo cierto que en las presentes actuaciones, nada se ha acreditado ni manifestado al efecto por la AC que se ha limitado a describir conductas y solicitar la indemnización, sin que pueda ser suplida tal inactividad por el Juzgador a quo.

En su virtud,

SUPLICO A LA SALA que tenga por presentado este escrito, se sirva admitirlo; por interpuesto en tiempo y forma, recurso de apelación contra la Sentencia dictada el día…………, por el Juzgado de lo Mercantil n°……….de………….. en los autos………

en cuanto a los pronunciamientos expresados; acuerde dar el trámite y curso legal, interesándose de la misma se dicte sentencia por la que revocando al sentencia impugnada estime el presente recurso y califique como fortuito el concurso de........... SLU y que se absuelva a mi mandante Don..........., de la condena a dos años de inhabilitación para administrar los bienes ajenos, así como para representar o administrar a cualquier persona durante el mismo período y a abonar a la masa...........euros en concepto de daños y perjuicios, dictando en todo caso sentencia de conformidad con el suplico de nuestra contestación y ello con expresa imposición de costas a la parte recurrida.

Es justicia que pido en..........., a........... de........... de...........

F723. ESCRITO DE TRANSACCIÓN DE LA CALIFICACIÓN

Normativa de aplicación: *Arts. 441 y ss. Real Decreto Legislativo 1/2020, de 5 de mayo, por el que se aprueba el texto refundido de la Ley Concursal*

Concurso Ordinario...........

N.I.G.: ....

Pz. Incidente Concursal oposición calificación...........

Concursada:..........., S.L.

Escrito adjuntando acuerdo transaccional.

Administración Concursal:...........

AL JUZGADO DE LO MERCANTIL

N°........... DE..........., CON SEDE EN...........

..........., Administrador Concursal designado en el procedimiento ordinario de concurso voluntario de la mercantil..........., S.L., en lo sucesivo........... e..........., Procuradora de los Tribunales y de la citada mercantil, así como de los afectados por la calificación Dª..........., D..........., Dª........... y Dª. Mª..........., comparecen ante el Juzgado de lo Mercantil N°........... de........... con sede en..........., en la Pz. Incidente Concursal oposición calificación nº.........../..........., dimanante de los Autos........... y, como mejor proceda en Derecho, DICEN:

Que, encontrándose la vista de la presente Pieza de Oposición a la Calificación señalada para el próximo.........../.........../..........., dada la gravedad de los hechos puestos de manifiesto en el Informe de Calificación de la administración concursal I, las partes comparecientes han mantenido sendas reuniones sobre el particular y han llegado a un acuerdo transaccional en base a los siguientes

HECHOS

1°.– Todos los comparecientes reconocen que el Concurso de..........., S.L. debe ser calificado como culpable en base a los HECHOS y FUNDAMENTOS DE DERECHO recogidos por el administrador concursal en su Informe de Calificación.–

2°.– Igualmente, todos los comparecientes desean poner en conocimiento del Juzgado que han alcanzado un acuerdo transaccional cuyo contenido acompañan como DOCUMENTO N° 1 al presente escrito, mostrando su conformidad al mismo, respecto de los siguientes ACUERDOS:

i) Que la Sentencia de Calificación debe declarar el Concurso como culpable.–

ii) Que el único afectado por la declaración de Concurso culpable sea D..........., a título personal y en representación de la mercantil concursada..........., S.L., en su condición de Presidente del Consejo de Administración, Consejero Delegado y Apoderado de la misma.–

iii) Que D..........., como afectado por la calificación culpable, sea inhabilitado para administrar los bienes ajenos durante un periodo de dos años, así como para representar a cualquier persona durante el mismo periodo.–

iv) Que se declare la pérdida de cualquier derecho que D........... pudiera tener como acreedor concursal o contra la masa de..........., S.L.–

v) Que, por haberlo así convenido en el acuerdo transaccional alcanzado entre todos los comparecientes, considere la Sentencia que, con el cumplimiento de lo previsto en la condición TERCERA del DOCUMENTO que se acompaña como 1 al presente escrito, se dé por cumplida la obligación de devolver los bienes o derechos que indebidamente hubiera obtenido del patrimonio del deudor o recibido de la masa activa, (art. 455.2.4° TRLC), y por indemnizados los daños y perjuicios causados a la concursada por D..........., (art. 455.2.5° TRLC), no siendo condenado a la cobertura de un posible déficit, (art. 456 TRLC), en atención a la definición que del mismo se contiene en el art. 456.2 TRLC.–

vi) Que el Juzgado al que se dirigen apruebe la operación prevista en la CONDICIÓN TERCERA del documento adjunto para cubrir las responsabilidades previstas en el art. 455.2.4° y 5° TRLC, autorizando al administrador concursal para gestionar la venta de los inmuebles que en dicha condición se refieren, bien mediante venta directa o bien mediante subasta a través de empresa especializada.–

A los anteriores HECHOS le son de aplicación los siguientes

FUNDAMENTOS DE DERECHO

I.– SOBRE EL DERECHO DE DISPOSICIÓN DE LAS PARTES SOBRE EL PROCESO Y SOBRE SUS PRETENSIONES.–

Art. 19.1 LEC: *"Los litigantes están facultados para disponer del objeto del juicio y podrán (............) transigir sobre lo que sea objeto del mismo, excepto cuando la ley lo prohíba o establezca limitaciones por razones de interés general o en beneficio de tercero".–*

Art. 19.2 LEC: *"Si las partes pretendieran una transacción judicial y el acuerdo o convenio que alcanzaren fuere conforme a lo previsto en el apartado anterior, será homologado por el tribunal que esté conociendo el litigio al que se pretenda poner fin".–*

Art. 19.3 LEC: *"Los actos a que se refieren los apartados anteriores podrán realizarse, según su naturaleza, en cualquier momento de la primera instancia o de los recursos o de la ejecución de sentencia".–*

Art. 19.4 LEC: *"Asimismo, las partes podrán solicitar la suspensión del proceso, que será acordada por el letrado de la administración de justicia mediante decreto siempre que no perjudique al interés general o a tercero y que el plazo de la suspensión no supere los sesenta días".–*

Parece evidente que en el presente caso se dan todos los supuestos previstos en el transcrito art. 19 LEC para que las partes puedan disponer del objeto del juicio en el sentido de acordar una transacción judicial que sea homologada por el Juzgado que está conociendo del concurso a cuya Sección............ se pretende poner fin.–

Aunque la transacción judicial sobre la culpabilidad del concurso no está prevista en la legislación vigente, lo cierto es que tampoco la prohíbe, ni establece limitaciones a la misma por razones de interés general o en beneficio de tercero.–

Especialmente, art. 451 bis TRLC:

1. La administración concursal, los acreedores que hubieran presentado informe de calificación y las personas que, según cualquiera de esos informes, pudieran quedar afectadas por la calificación o ser declaradas cómplices podrán alcanzar un acuerdo transaccional sobre el contenido económico de la calificación.

2. La eficacia del acuerdo transaccional está condicionada a la aprobación por el juez del concurso. Presentada la solicitud de aprobación, el letrado de la Administración de Justicia dará traslado de esa solicitud a los personados en la sección para que, en el plazo de diez días, aleguen lo que a su derecho convenga.

3. Contra el auto por el que se apruebe la transacción los personados en la sección que hubieran alegado en contra de que la transacción fuera aprobada podrán interponer recurso de apelación. Contra el auto por el que se deniegue la aprobación no cabrá interponer recurso alguno.

En el presente supuesto conviene recalcar que mediante el acuerdo transaccional alcanzado no se modifica en absoluto la consideración de concurso culpable; tan sólo se reduce el número de afectados porque los actos realizados por éstos que motivaron su implicación como tales fueron realizados hace más de cinco años y pudieran estar, en su caso, prescritas las acciones de reclamación contra los mismos. En realidad la modificación sustancia del acuerdo transaccional versa sobre las condiciones económico patrimoniales previstas en el Informe de Calificación y los comparecientes entienden que su poder de disposición sobre las mismas es indiscutible.–

II.– PARTES EN EL PRESENTE PROCEDIMIENTO.–

Ningún acreedor o persona con interés legítimo para alegar por escrito lo que tuviere por conveniente en para la calificación del concurso como culpable. Tampoco han formulado informe de calificación a que se refiere el art., 449 TRLC. Por lo tanto, la administración concursal y los inicialmente considerados afectados por la calificación son quienes ostentan la condición de partes.

Por lo expuesto,

SOLICITAN AL JUZGADO que tenga por presentado este escrito junto con el documento que lo acompaña, se sirva admitirlo y, en virtud de las alegaciones contenidas en el mismo, y, teniendo en cuenta el acuerdo transaccional alcanzado entre las partes:

i) Tenga por desistidos a los comparecientes de los Recursos de Reposición entablados contra el Auto de…………/…………/…………-

ii) Apruebe el acuerdo transaccional alcanzado entre las partes comparecientes, que se adjunta al presente escrito como DOCUMENTO Nº 1.–

iii) Y, en consecuencia, dicte Sentencia declarando el concurso como culpable, siendo el único afectado por tal declaración D…………, tanto a título personal como en representación de la mercantil concursada…………, S.L., en su condición de Presidente del Consejo de Administración, Consejero Delegado y Apoderado de la misma, acuerde su inhabilitación para administrar los bienes ajenos durante un periodo de dos años, así como para representar a cualquier persona durante el mismo periodo. Declare la pérdida de cualquier derecho que pudiera tener como acreedor concursal o contra la masa de…………, S.L. y considere que, con el cumplimiento de lo previsto en la CONDICIÓN TERCERA del acuerdo transaccional adjunto al presente escrito, se dará por cumplida la obligación de devolver los bienes o derechos que indebidamente hubiera obtenido del patrimonio del deudor o recibido de la masa activa y por indemnizados los daños y perjuicios causados a la concursada por D…………, no siendo condenado a la cobertura de un posible déficit en atención a la definición que del mismo se contiene en el art. 456.2 TRLC, con los demás pronunciamientos que en derecho procedan.–

En…………, a ………… de ………… de …………–

ADMINISTRACIÓN CONCURSAL

"…………, S.L."

Fdo.:…………

Fdo.:………… Fdo.:…………

Abogado Procurador

F724. ACUERDO TRANSACCIONAL DE LA CALIFICACIÓN

Normativa de aplicación: *Arts. 441 y ss. Real Decreto Legislativo 1/2020, de 5 de mayo, por el que se aprueba el texto refundido de la Ley Concursal*

En la ciudad de .... (...........), a .... de .... de ....

REUNIDOS

i) De una parte, ..., vecino de .... (...........), con domicilio a estos efectos en la C/ ...., nº .... y con DNI nº ....

ii) De otra parte, ..., mayor de edad, vecino de ...., con domicilio en la C/ .... y con DNI nº ....

iii) De otra parte, ..., mayor de edad, vecina de ...., con domicilio en la C/ .... y con DNI nº ....

iv) De otra parte, Dª. ...., mayor de edad, vecina de .... (...........), C/ ...., nº .... y con DNI nº ....

v) De otra parte, ..., mayor de edad, vecina de ...., con domicilio en la C/ .... y con DNI nº ....

INTERVIENEN

i) D. ...., en su condición de administrador concursal de ...., S.L. nombrado en Autos de Concurso Voluntario nº ..../........... del Juzgado de lo Mercantil nº .... de ....

ii) D..........., por sí y en su propio nombre y derecho y además en nombre y representación de..........., S.L. en su calidad de Presidente del Consejo de Administración, Consejero Delegado y apoderado de la misma.–

iii) Dª..........., por sí y en su propio nombre y derecho.–

iv) Dª..........., por sí y en su propio nombre y derecho y además en su condición de administradora única de..........., S.A...........–

v) Mª..........., por sí y en su propio nombre y derecho.–

Todos ellos se reconocen mutua y recíprocamente la capacidad legal necesaria para suscribir el presente documento respecto del cual establecen los siguientes

ANTECEDENTES

1º.–En la sección sexta del concurso de .... SL, tramitado ante el Juzgado de lo mercantil núm. .... de .... la AC presentó, el día ..../.........../..........., su Informe de Calificación del concurso de..........., S.L., con las circunstancias previstas en el TRLC, proponiendo que fuese calificado como culpable en base a los hechos y Fundamentos de Derecho contenidos en el mismo, considerando como afectados por la calificación a las personas integrantes del Consejo de Administración y apoderados de la concursada, y como afectados y cómplices a las personas físicas y/o jurídicas integrantes del GRUPO de sociedades y sus administradores y apoderados de éstas que se detallaban en los DOCUMENTOS Nº DOCE y TRECE adjuntos a tal Informe, así como a los herederos de D..........., solicitando la condena de todos ellos a la inhabilitación para administrar bienes ajenos durante un periodo de diez años, a devolver los bienes o derechos que hubieren obtenido indebidamente del patrimonio de la deudora, indemnizar los daños y perjuicios causados, así como a la condena a la cobertura del déficit concursal, proponiendo los medios probatorios que consideró oportunos.

Ningún acreedor ha alegado sobre la calificación como culpable del concurso ni han formulado informe de calificación a que se refiere el art. 449 TRLC.

2º.– Dentro del plazo conferido tanto la concursada........... como los potencialmente afectados por la calificación Dª........... y D..........., Dª........... y Dª. Mª........... se opusieron a la calificación del concurso como culpable por las razones que expusieron en sus respectivos escritos.–

3º.– Posteriormente, tanto por la AC como por las representaciones procesales de la concursada y afectados por la calificación se interpusieron Recursos de Reposición contra el Auto de ..../.........../........... que, entre otros extremos, acordó la admisión o inadmisión de determinados medios probatorios interesados por las partes, Recursos que se encuentran actualmente pendientes de resolución judicial.–

4º.– Tras la suspensión de la celebración de la vista acordada para el día ..../.........../..........., por Auto de ..../.........../..........., fue finalmente señalada para su celebración el próximo día ..../........... del corriente año por Providencia de ..../.........../...........–

5º.– En las últimas semanas el administrador concursal de..........., así como los afectados por la calificación a través de sus representantes legales han mantenido múltiples reuniones analizando detenidamente los argumentos existentes a favor y en contra de sus respectivas pretensiones, las modificaciones legales producidas desde que se incoó la Sección ...., especialmente en cuanto a la definición de déficit, la posible prescripción de algunas de las acciones expuestas en el Informe de Calificación de la administración concursal, dadas las fechas en que se produjeron la práctica totalidad de los hechos puestos de relieve en la presente Sección, así como la dudosa solvencia de los potencialmente afectados por la calificación o declarados cómplices, habiendo llegado finalmente a un acuerdo transaccional sobre el contenido económico de la calificación, acuerdo que se contiene en las siguientes

CONDICIONES

PRIMERA.– Todos los comparecientes, por sí y/o en la representación que ostentan, reconocen que el concurso debe ser calificado como culpable en base a los hechos y fundamentos recogidos por el administrador concursal en su Informe de Calificación.–

SEGUNDA.– No obstante lo anterior, formando parte del presente acuerdo transaccional, todos los comparecientes muestran su conformidad y así lo solicitan al Juzgado mediante escrito conjunto que se presentará en el día de hoy junto con el presente documento:

i) Que la Sentencia de Calificación declare el concurso como culpable.–

ii) Que el único afectado por la declaración de concurso culpable sea D..........., a título personal y en representación de la mercantil concursada..........., S.L en su condición de Presidente del Consejo de Administración, Consejero Delegado y apoderado de la misma.–

iii) Que D........... sea inhabilitado, como afectado por la calificación, para administrar los bienes ajenos durante un periodo de dos años, así como para representar a cualquier persona durante el mismo periodo.–

iv) Que se declare la pérdida de cualquier derecho que D........... pudiera tener como acreedor concursal o contra la masa de..........., S.L.–

v) Que, por haberlo así convenido en el acuerdo transaccional alcanzado entre todos los comparecientes, considere la Sentencia que con el cumplimiento de lo previsto en la condición TERCERA de este documento se da por cumplida la obligación de devolver los bienes o derechos que indebidamente hubiera obtenido del patrimonio del deudor o recibido de la masa activa, (art. 455.2.4° TRLC), y por indemnizados los daños y perjuicios causados a la concursada por D..........., (art. 455.2.5° TRLC), no siendo condenado a la cobertura de un posible déficit, (art. 456 TRLC), en atención a la definición que del mismo se contiene en el art. 456.2 TRLC.–

TERCERA.– Presentes en este acto, Dª..........., por sí y además en su condición de Administradora única de la mercantil..........., S.A., con C.I.F. .... y Dª..........., que actúa por sí y en su propio nombre y derecho, con el objetivo de cubrir las responsabilidades previstas en el art. 455.2.4° y 5° TRLC, detalladas en el punto v) de la condición SEGUNDA de este documento, por medio del presente otorgan promesa irrevocable de venta a favor de la persona física o jurídica que el administrador concursal de..........., S.L., D........... designe en los próximos .... meses, a cuyo efecto le conceden, en tal condición, poderes irrevocables de venta al precio que estime procedente y a quien considere oportuno, ingresando el importe obtenido en la c/c intervenida de la concursada, de manera que pueda realizar los pagos correspondientes que legalmente correspondan, respecto de los dos inmuebles que seguidamente se describen, siendo cuantos gastos e impuestos se originen por cuenta y cargo de su actual propietario:

1. ...., S.A. es titular en pleno dominio con carácter privativo del siguiente inmueble:

DESCRIPCIÓN: Nave industrial en .... nº........... de .... (...........) (...........). Ocupa una superficie construida de .... m², (........... m² en planta primera, ...m² en planta segunda y .... m² en planta tercera), con coeficiente de participación de ....%. Con una superficie catastral de la parcela a la que pertenece el inmueble de .... m² y una superficie catastral construida de la finca a la que pertenece el inmueble de .... m². Referencia catastral: ....

TÍTULO: Le pertenece ***

CARGAS: Libre de cargas, gravámenes, arrendatarios y ocupantes y al corriente en el pago de impuestos y contribuciones ***.–

INSCRIPCIÓN: ***.–

2. Dª........... es titular del pleno dominio con carácter privativo del siguiente inmueble:

DESCRIPCIÓN: Rústica. Parcela de tierra situada en el Partido de..........., término de..........., comprensiva de treinta y siete áreas, setenta y tres centiáreas. Iguales a tres tahúllas, siete octavas y veintiuna brazas. Linda: Norte, con ....; Sur y Este, con .... y Oeste, con camino de ...., brazal en medio. Referencia catastral: ....–

TÍTULO: Le pertenece ***

CARGAS: Libre de cargas, gravámenes, arrendatarios y ocupantes y al corriente en el pago de impuestos y contribuciones ***.–

INSCRIPCIÓN: Finca Registral de .... nº ...., inscrita en el Registro de la Propiedad de........... nº ...., inscripción ...., al tomo ...., libro ...., folio ...., en fecha.........../.........../...........-

La promesa irrevocable de venta y/o el otorgamiento de poderes irrevocables referidos en la presente condición será elevada a escritura pública a solicitud de cualquiera de las partes, siendo cuantos gastos se ocasionen de cuenta de las actuales propietarias de los inmuebles descritos.–

Igualmente, se acuerda por todos los comparecientes solicitar al Juzgado del concurso, como medida cautelar que proteja la presente operación, que se proceda a la anotación preventiva en el Registro de la Propiedad correspondiente a cada inmueble descrito.–

CUARTA.– Todos los comparecientes, con renuncia a su fuero propio si lo hubiere, se someten expresamente a la jurisdicción y competencia de los Juzgados y Tribunales de la ciudad de........... para la resolución de cuantas cuestiones pudieran surgir en el cumplimiento o interpretación del presente contrato, siendo de quien diera lugar a ello, por su incumplimiento o incorrecta interpretación, cuantos gastos se ocasionaran tanto judicial como extrajudicialmente, incluidos los honorarios de letrado y derechos y suplidos del procurador, aun cuando su intervención no fuere preceptiva y tanto si las diferencias se solucionan transaccionalmente como si para ello se precisase del auxilio judicial.–

Y en prueba de conformidad con cuanto antecede todos los comparecientes suscriben el presente documento extendido en .... folios, por sextuplicado y a un solo efecto en la ciudad y fecha al comienzo indicadas.

Fdo.: Fdo.:

Fdo.: Fdo.:

Fdo.: Fdo.:

F725. OPOSICIÓN A LA TRANSACCIÓN DE LA CALIFICACIÓN

Normativa de aplicación: *Arts. 441 y ss. Real Decreto Legislativo 1/2020, de 5 de mayo, por el que se aprueba el texto refundido de la Ley Concursal*

AL JUZGADO DE LO MERCANTIL NÚM........... DE...........

..........., Procurador de los Tribunales y de ...., SL, representación que tengo acreditada en el procedimiento concursal núm. ...., ante este juzgado comparezco en las citadas actuaciones bajo la dirección de Don .... (ICAV...........) y como mejor proceda en derecho DIGO:

I.– Que mediante escrito de fecha ...., por la Administración Concursal, la compañía .... S.L, acreedor que presento informe de calificación, y Don ...., persona afectada por la calificación, se intereso de este Juzgado la aprobación de acuerdo transaccional sobre la calificación alcanzado por los citados, en los siguientes términos: ....

II.– Que por diligencia de ordenación de fecha ...., por el letrado de la administración de justicia se dio trasladado a las partes personadas en la sección calificatoria para que en el plazo de diez días, aleguen lo que a su derecho convenga.

III.– Que por medio del presente escrito, se evacua el citado trámite, efectuándose las siguientes:

ALEGACIONES

PRIMERO.– En el presente procedimiento número de autos..........., se sigue expediente de concurso voluntario de..........., declarado mediante auto de fecha........... de........... de dos mil...........

En dicho concurso, mi mandante se halla personado desde el día........... y tiene reconocida a su favor en la lista definitiva de acreedores un crédito a su favor por .... euros con la clasificación de ordinario.

SEGUNDO.– Que esta parte se opone a la aprobación del acuerdo transaccional anteriormente reseñada por los siguientes motivos (según proceda):

A.– El acuerdo transaccional de referencia es contrario a lo dispuesto en el art. 451 bis TRLC, toda vez que el objeto del mismo es la calificación del concurso como fortuito, algo vedado por el citado precepto que limita el ámbito transaccional al contenido económico de la calificación, y nunca a la calificación del mismo como fortuito o culpable.

B.– Ciertamente el acuerdo transaccional respeta lo dispuesto en el apartado 1 del art. 451 bis TRLC, en cuanto se limita al contenido económico de la calificación. Sin embargo, la transacción acordada y cuya aprobación se pretende de este Juzgado, supone dejar sin efecto las consecuencias económicas de la actuación de Don ...., y obvia las graves conductas llevadas a cabo por el Sr. ...., perjudiciales para la masa y los acreedores En efecto ....

C.– ....

Acreditando lo anterior se acompañan los siguientes DOCUMENTOS señalados de número...........:...........

En su virtud,

SUPLICO AL JUZGADO que tenga por presentado este escrito, junto a los documentos a él acompañados, y sus copias, se sirva admitir todo ello, y tener por hechas las anteriores manifestaciones a los efectos legales oportunos y, previos los oportunos tramites legales, se sirva dictar la oportuna resolución no aprobando y rechazando el acuerdo transaccional de la calificación anteriormente reseñado, acordando cuanto demás proceda en derecho

Es Justicia que se Suplica en..........., hoy día........... de........... de...........

8. LA CONCLUSIÓN Y REAPERTURA DEL CONCURSO

SUMARIO: F726. AUTO ACORDANDO LA CONCLUSIÓN DEL CONCURSO POR PAGO DE LA TOTALIDAD DE LOS CRÉDITOS RECONOCIDOS. F727. INFORME DE LOS ADMINISTRADORES CONCURSALES FAVORABLE A LA CONCLUSIÓN DEL CONCURSO POR PAGO DE LA TOTALIDAD DE LOS CRÉDITOS RECONOCIDOS. F728. AUTO ACORDANDO LA CONCLUSIÓN DEL CONCURSO, UNA VEZ TERMINADA LA FASE COMÚN, CUANDO QUEDE FIRME LA RESOLUCIÓN QUE ACEPTE EL DESISTIMIENTO O LA RENUNCIA DE LA TOTALIDAD DE LOS ACREEDORES RECONOCIDOS. F729. ESCRITO DE LA ADMINISTRACIÓN CONCURSAL COMUNICANDO AL JUEZ LA INSUFICIENCIA DE MASA ACTIVA Y SEÑALANDO CRÉDITOS IMPRESCINDIBLES (I). F730. ESCRITO DE LA ADMINISTRACIÓN CONCURSAL COMUNICANDO AL JUEZ LA INSUFICIENCIA DE MASA ACTIVA Y SEÑALANDO CRÉDITOS IMPRESCINDIBLES (II). F731. ESCRITO DE LA ADMINISTRACIÓN CONCURSAL SOLICITANDO CONCLUSIÓN DEL CONCURSO POR INSUFICIENCIA DE MASA PARA SATISFACER TODOS LOS CRÉDITOS CONTRA LA MASA. F732. DILIGENCIA DE ORDENACIÓN PONIENDO DE MANIFIESTO LA SOLICITUD DE CONCLUSIÓN DEL CONCURSO POR INSUFICIENCIA DE MASA ACTIVA. F733. COMUNICACIÓN DE LA ADMINISTRACIÓN CONCURSAL REMITIENDO EL INFORME DEL ART. 473.2 TRLC. F734. CONTESTACIÓN DE LA CONCURSADA A LA OPOSICIÓN A LA CONCLUSIÓN DEL CONCURSO FORMULADA POR UN ACREEDOR. F735. SOLICITUD DE CONTINUACIÓN DEL CONCURSO. F736. INFORME FINAL DE LIQUIDACIÓN Y CONCLUSIÓN DEL CONCURSO. F737. AUTO DECRETANDO LA CONCLUSIÓN DEL CONCURSO POR INSUFICIENCIA DE MASA ACTIVA ART. 465.7º TRLC. F738. AUTO ACORDANDO LA REAPERTURA DEL CONCURSO PERSONA NATURAL. F739. AUTO ACORDANDO LA REAPERTURA DEL CONCURSO PERSONA JURÍDICA. F740. INFORME FINAL DE LIQUIDACIÓN Y RENDICIÓN DE CUENTAS TRAS REAPERTURA DEL CONCURSO.

F726. AUTO ACORDANDO LA CONCLUSIÓN DEL CONCURSO POR PAGO DE LA TOTALIDAD DE LOS CRÉDITOS RECONOCIDOS

Normativa de aplicación: *Arts. 465 y ss. Real Decreto Legislativo 1/2020, de 5 de mayo, por el que se aprueba el texto refundido de la Ley Concursal*

AUTO

En..........., a........... de........... de...........

ANTECEDENTES DE HECHO

PRIMERO.– Que en fecha........... de........... de..........., por la concursada se presentó propuesta de convenio en el presente expediente de concurso voluntario núm. de autos........... A la misma acompaño el oportuno plan de viabilidad y plan de pagos.

SEGUNDO.– Que la citada propuesta de convenio y documentación reseñada, fue admitida a tramite mediante auto de fecha ...., evaluándose todos ello por la administración concursal, mediante escrito de fecha ....

TERCERO.– Que los acreedores pudieron adherirse u oponerse a la propuesta de convenio reseñada hasta el día .... Igualmente, el plazo para revocación de adhesiones finalizo el día ....

CUARTO.– Que al siguiente día hábil a que se refiere el art. 361 TRLC, la Administración Concursal formulo escrito en el que hizo constar el resultado de las adhesiones u oposiciones a la propuesta e convenio reseñada y acompaño la documentación que se reseña en el referido articulo del TRLC

QUINTO.– Que del citado escrito resulta que se habían adherido al citado convenio acreedores que suponen el........... del pasivo computable. Por el contrario, se opusieron al citado convenio, acreedores que suponen el........... del pasivo computable.

SEXTO.– En fecha ....se dicto por el Sr. Letrado de la Administración de Justicia, decreto por el que tuvo "por alcanzada la mayoría legalmente exigida en la propuesta de convenio presentada por la concursada, convenio este que se somete a la aprobación del Juez, haciéndose saber el derecho de los legitimados a oponerse a la aprobación judicial del convenio."

SÉPTIMO.– El convenio fue aprobado mediante sentencia de fecha .... de .... de ...., que devino firme el día ....

OCTAVO.– En fecha........... de........... de........... por la representación del concursado se interesó la conclusión del concurso y el archivo de las actuaciones por pago de la totalidad de los créditos reconocidos.

NOVENO.– En fecha........... de........... de........... se presentó por la Administración concursal un informe detallado interesando igualmente la conclusión del concurso y el archivo de las actuaciones por pago de la totalidad de los créditos reconocidos de conformidad con lo solicitado por el deudor concursado.

DÉCIMO.– Que, transcurrido el plazo establecido para ello, no se ha formulado oposición, al referido informe, por ninguna de las partes.

FUNDAMENTOS DE DERECHO

PRIMERO.– A tenor de lo dispuesto en el artículo 401.1 TRLC, el concursado, una vez que estime íntegramente cumplido el convenio, presentará al juez del concurso el informe correspondiente con la justificación adecuada y solicitará la declaración judicial de cumplimiento. El Letrado de la Administración de Justicia acordará poner de manifiesto en la oficina judicial el informe y la solicitud. Por otro lado, art. 141.2 TRLC, transcurridos quince días desde la puesta de manifiesto, el juez, si estimare cumplido el convenio, lo declarará mediante auto, al que dará la misma publicidad que la de su aprobación.

SEGUNDO.– Según el artículo 465.5º TRLC La conclusión del concurso con el archivo de las actuaciones procederá en los siguientes casos: .... 5.º Cuando, en cualquier estado del procedimiento, se compruebe el pago o la consignación de la totalidad de los créditos reconocidos o la íntegra satisfacción de los acreedores por cualquier otro medio

Y el art. 477 TRLC señala que 1. El concursado, la administración concursal o cualquiera de los acreedores podrá alegar como causa de conclusión del concurso el pago o la consignación de la totalidad de los créditos reconocidos o la íntegra satisfacción de los acreedores por cualquier otro medio, así como, una vez terminada la fase común del concurso, la firmeza de la resolución que acepte el desistimiento o la renuncia de la totalidad de los acreedores reconocidos. La solicitud de conclusión del concurso de acreedores podrá presentarse aunque se encuentre en tramitación la sección sexta. 2. Cuando la solicitud de conclusión no la formule la propia administración concursal, se le dará traslado de la solicitud para que emita informe en el plazo de quince días, en el cual podrá oponerse a la conclusión de concurso. 3. Presentado el informe por la administración concursal o solicitada por esta la conclusión, el Letrado de la Administración de Justicia dará traslado a las demás partes personadas para que en el plazo de quince días puedan formular oposición a la solicitud de conclusión. 4. Si no se formula oposición, el juez resolverá sobre la conclusión del concurso en la misma resolución que decida sobre la rendición de cuentas. De formularse oposición a la conclusión de concurso, se le dará la tramitación del incidente concursal. 5. La conclusión del concurso no impedirá la continuación de la tramitación de la sección sexta ni la ejecución por la administración concursal de los pronunciamientos de la sentencia de calificación.

TERCERO.– Conforme al art. 483 TRLC, "En los casos de conclusión del concurso, cesarán las limitaciones sobre las facultades de administración y de disposición del concursado, salvo las que se contengan en la sentencia de calificación, y cesará la administración concursal, ordenando el juez el archivo de las actuaciones, sin más excepciones que las establecidas en esta ley".

DISPONGO

Se decreta la conclusión del concurso por el pago de la totalidad de los créditos concursales y de la masa reconocidos y el archivo de las presentes actuaciones sin más trámite. Contra la presente resolución no cabe recurso alguno.

Se acuerda el cese de las limitaciones de las facultades de administración y disposición del concursado, a salvo las que se contengan en la sentencia firme de calificación.

Se acuerda el cese de los administradores concursales D..........., D........... y D........... revocando las autorizaciones otorgadas en el procedimiento concursal.

Se aprueba la rendición de cuentas verificada en las presentes actuaciones.

Dese a la presente resolución la oportuna publicidad en los términos del art. 35 a 37 TRLC expidiéndose los oportunos edictos y mandamientos. Insértese en el Registro Público Concursal. Todo los cual se tramitará por medios electrónicos o telemáticos.

Contra el presente auto no cabe recurso alguno.

Así lo acuerda, manda y firma D..........., Magistrado Juez del Juzgado de lo Mercantil número........... de esta localidad.

F727. INFORME DE LOS ADMINISTRADORES CONCURSALES FAVORABLE A LA CONCLUSIÓN DEL CONCURSO POR PAGO DE LA TOTALIDAD DE LOS CRÉDITOS RECONOCIDOS

Normativa de aplicación: *Arts. 465 y ss. Real Decreto Legislativo 1/2020, de 5 de mayo, por el que se aprueba el texto refundido de la Ley Concursal*

JUZGADO DE LO MERCANTIL Nº........... DE...........

D..........., Administrador Concursal designado en los autos de Concurso Voluntario nº..........., seguidos a instancia de la concursada "...........", ante el Juzgado comparezco y como mejor proceda en Derecho DIGO:

Que por la presente y de conformidad con lo dispuesto en el artículo 477.2 TRLC, se presenta INFORME FAVORABLE A LA CONCLUSIÓN DEL CONCURSO POR PAGO DE LA TOTALIDAD DE LOS CRÉDITOS RECONOCIDOS, en base a los siguientes,

HECHOS

PRIMERO.– En fecha........... de........... de........... por Dª..........., en la representación de la concursada presentó escrito solicitando la conclusión del concurso por pago de la totalidad de los créditos reconocidos.

SEGUNDO.– Que examinados los documentos acompañados a su escrito, por el deudor concursado, consistentes en los justificantes de pago de la totalidad de los créditos concursales y contra la masa reconocidos en el concurso según el siguiente desglose: 1) ....; 2) ....; procede la conclusión del presente concurso por pago de la totalidad de las deudas existentes en el mismo.

TERCERO.– Se acompaña igualmente la rendición de cuentas.

En su virtud,

SUPLICO AL JUZGADO que teniendo por presentado este escrito, junto con sus documentos y copias de todo ello, lo admita, y tenga por presentado el informe de los administradores concursales favorable a la conclusión del concurso por pago de la totalidad de los créditos reconocidos.

Es Justicia que pido en..........., a........... de........... de...........

F728. AUTO ACORDANDO LA CONCLUSIÓN DEL CONCURSO, UNA VEZ TERMINADA LA FASE COMÚN, CUANDO QUEDE FIRME LA RESOLUCIÓN QUE ACEPTE EL DESISTIMIENTO O LA RENUNCIA DE LA TOTALIDAD DE LOS ACREEDORES RECONOCIDOS

Normativa de aplicación: *Arts. 465 y ss. Real Decreto Legislativo 1/2020, de 5 de mayo, por el que se aprueba el texto refundido de la Ley Concursal*

JUZGADO DE LO MERCANTIL Nº........... DE...........

AUTO

En..........., a........... de........... de...........

ANTECEDENTES DE HECHO

PRIMERO.– Que mediante auto de fecha .... finalizo en las presentes actuaciones el

SEGUNDO.– Que, por todos los acreedores reconocidos, se ha expresado la voluntad de desistir del presente procedimiento siendo firme la resolución dictada, por este juzgado, aceptando dicho desistimiento.

ALTERNATIVA: Que consta la renuncia a que se refiere el art. 465.3º TRLC por parte de todos los acreedores.

TERCERO.– En fecha........... de........... de........... se presentó por la Administración concursal un informe detallado interesando igualmente la conclusión del concurso y el archivo de las actuaciones por ser firme la resolución dictada por este juzgado aceptando el desistimiento de los acreedores reconocidos.

CUARTO.– Que, transcurrido el plazo establecido para ello, no se ha formulado oposición, al referido informe, por ninguna de las partes.

FUNDAMENTOS DE DERECHO

PRIMERO.– Según el artículo 465.3º TRLC La conclusión del concurso con el archivo de las actuaciones procederá en los siguientes casos: .... 3.º Cuando, terminada la fase común del concurso, alcance firmeza la resolución que acepte el desistimiento o la renuncia de los acreedores reconocidos, a menos que tras el desistimiento o renuncia resulte la existencia de un único acreedor en cuyo caso se estará a lo dispuesto en el ordinal DEL ART. 465.3º TRLC.

Y el art. 477 TRLC señala que 1. El concursado, la administración concursal o cualquiera de los acreedores podrá alegar como causa de conclusión del concurso el pago o la consignación de la totalidad de los créditos reconocidos o la íntegra satisfacción de los acreedores por cualquier otro medio, así como, una vez terminada la fase común del concurso, la firmeza de la resolución que acepte el desistimiento o la renuncia de la totalidad de los acreedores reconocidos. La solicitud de conclusión del concurso de acreedores podrá presentarse aunque se encuentre en tramitación la sección sexta. 2. Cuando la solicitud de conclusión no la formule la propia administración concursal, se le dará traslado de la solicitud para que emita informe en el plazo de quince días, en el cual podrá oponerse a la conclusión de concurso. 3. Presentado el informe por la administración concursal o solicitada por esta la conclusión, el Letrado de la Administración de Justicia dará traslado a las demás partes personadas para que en el plazo de quince días puedan formular oposición a la solicitud de conclusión. 4. Si no se formula oposición, el juez resolverá sobre la conclusión del concurso en la misma resolución que decida sobre la rendición de cuentas. De formularse oposición a la conclusión de concurso, se le dará la tramitación del incidente concursal. 5. La conclusión del concurso no impedirá la continuación de la tramitación de la sección sexta ni la ejecución por la administración concursal de los pronunciamientos de la sentencia de calificación.

SEGUNDO.– Conforme al art. 483 TRLC, "En los casos de conclusión del concurso, cesarán las limitaciones sobre las facultades de administración y de disposición del concursado, salvo las que se contengan en la sentencia de calificación, y cesará la administración concursal, ordenando el juez el archivo de las actuaciones, sin más excepciones que las establecidas en esta ley".

DISPONGO

Se decreta la conclusión del concurso y el archivo de las presentes actuaciones sin más trámite por desestimiento/renuncia de la totalidad de los acreedores reconocidos. Contra la presente resolución no cabe recurso alguno.

Se acuerda el cese de las limitaciones de las facultades de administración y disposición del deudor, a salvo las que se contengan en la sentencia firme de calificación.

Se acuerda el cese de la administración concursal, D..........., revocando las autorizaciones otorgadas en el procedimiento concursal.

Se acuerda aprobar la rendición de cuentas verificada en las presentes actuaciones.

Anúnciese por edictos la presente resolución declarando concluso el concurso voluntario nº..........., a instancia de la concursada "..........." y de conformidad con lo establecido en los arts. 35 a 37 TRLC, dese la oportuna publicidad a la presente resolución. También en el Registro Público Concursal.

Así lo acuerda, manda y firma D..........., Magistrado Juez del Juzgado de lo Mercantil número........... de esta localidad.

F729. ESCRITO DE LA ADMINISTRACIÓN CONCURSAL COMUNICANDO AL JUEZ LA INSUFICIENCIA DE MASA ACTIVA Y SEÑALANDO CRÉDITOS IMPRESCINDIBLES (I)

Normativa de aplicación: *Arts. 465 y ss. Real Decreto Legislativo 1/2020, de 5 de mayo, por el que se aprueba el texto refundido de la Ley Concursal*

AL JUZGADO DE LO MERCANTIL Núm. .... DE...........

Don..........., administración concursal del concurso voluntario de la compañía........... S.A., que se sigue ante este Juzgado bajo el número de autos..........., comparezco en los citados autos, y como mejor proceda en derecho DIGO:

PRIMERO.– En el presente procedimiento número de autos..........., se sigue expediente de concurso de la compañía........... S.A. La declaración de concurso voluntario de la expresada sociedad, fue acordada por este Juzgado mediante auto de fecha........... de........... de dos mil...........

SEGUNDO.– Que esta Administración concursal entiende y le consta y así lo comunica a este Juzgado por medio del presente escrito, que la masa activa del presente concurso no es presumiblemente suficiente para la satisfacción de los créditos contra la masa, créditos estos que no están garantizados por tercero alguno. Ello toda vez que...........

TERCERO.– A la vista del art. 250 TRLC, desde presentación de esta comunicación alertatoria que la masa activa es insuficiente para el pago de los créditos contra la masa, tendrán preferencia de cobro los créditos vencidos o que venzan después de esa comunicación que sean imprescindibles para la liquidación de la masa activa.

CUARTO.– A la vista de los dipuesto enel art. 250.2. TRL, en todo caso, se consideran imprescindibles para la liquidación los siguientescréditos:

a) Por salarios de los trabajadores devengados después de la apertura de la fase de liquidación mientras continúen prestando sus servicios .... Euros.

b) La retribución de la administración concursal durante la fase de liquidación;: .... euros

c) Las cantidades adeudadas a partir de la apertura de la fase de liquidación en concepto de rentas de los inmuebles arrendados para la conservación de bienes y derechos de la masa activa: .... euros

QUINTO.– Igualmente, tienen la consideración de créditos imprescindibles para la liquidación de la masa activa los siguientes: ....

Se solicita a través de este escrito, la aprobación por el Juzgado de los citados credittos como imprescindibles para liquidación de la la masa activa.

CUARTO.– También desde la presente comunicación, y a la vista de los apartados 3 y 4 del art. 250 TRLC, el pago de los créditos contra la masa que no sean imprescindibles para la liquidación de la masa activa se satisfarán por el orden establecido en el artículo 242.1, TRLC.

No obstante lo señalado en el párrafo precedente tendrán prelación sobre los créditos del artículo 242.1.2.° TRLC, los créditos por salarios e indemnizaciones por despido o extinción de los contratos de trabajo generados tras la declaración del concurso en la cuantía que resulte de multiplicar el triple del salario mínimo interprofesional por el número de días de salario pendientes de pago.

En virtud de lo expuesto,

SUPLICO AL JUZGADO que tenga por presentado este escrito, junto a los documentos a él unidos, se sirva admitirlo y tener por comunicada a este Juzgado, y por señalados los créditos imprescindibles para la liquidación de la masa activa, y previos los oportunos trámites legales, se acuerde tener por comunicada dicha insuficiencia y autorizar los créditos imprescindibles para la masa en el sentidos señalado en el cuerpo de este escrito.

Es Justicia que se Suplica en..........., hoy día........... de........... de dos mil...........

F730. ESCRITO DE LA ADMINISTRACIÓN CONCURSAL COMUNICANDO AL JUEZ LA INSUFICIENCIA DE MASA ACTIVA Y SEÑALANDO CRÉDITOS IMPRESCINDIBLES (II)

Normativa de aplicación: *Arts. 465 y ss. Real Decreto Legislativo 1/2020, de 5 de mayo, por el que se aprueba el texto refundido de la Ley Concursal.*

AL JUZGADO DE LO MERCANTIL Nº .... DE .....

AUTOS DE CONCURSO VOLUNTARIO ORDINARIO Nº.........

.... S.L., cuya representación ostenta Dña. ...., en calidad de Administración Concursal de las mercantiles del GRUPO ...., declaradas mediante el Auto de ese Juzgado de fecha ...., bajo el procedimiento de CONCURSO ORDINARIO ...., ante el Juzgado comparece, y como mejor proceda en Derecho, EXPONE:

PRIMERO.– En el presente procedimiento número de autos............, se sigue expedien¬te de concurso de la compañía........... S.A. La declaración de concurso voluntario de la expresada sociedad, fue acordada por este Juzgado mediante auto de fecha........... de........... de dos mil........... y se aperturó la fase de liquidación mediante auto de fecha ....

SEGUNDO.– Que esta Administración concursal entiende y le consta, y así lo comunica a este Juzgado por medio del presente escrito, que la masa activa del presente concurso no es presumiblemente suficiente para la satisfacción de los créditos contra la masa, crédi¬tos estos que no están garantizados por tercero alguno.

En el presente concurso, tras la venta de la unidad productiva autorizada mediante auto de fecha ...., se han culminado prácticamente las operaciones de liquidación propiamente dichas, de cuyo detalle se ha venido informando en los diferentes informes trimestrales, así en la actualidad solo queda por liquidar los bienes que quedaron fuera del perímetro de la unidad productiva y que se detallarán a continuación. Si bien y a la vista de su resultado y del montante de los créditos contra la masa que ha surgido por la rescisión de los contratos de trabajo, ERE de parte de la plantilla, se ha observado la existencia de insuficiencia de la masa activa para la satisfacción de estos.

De este modo, tras las operaciones de liquidación llevadas a cabo actualmente en la masa activa constan, planta de cromo en su conjunto ubicada en las instalaciones que tiene la compañía en alquiler con opción a compra en la nave sita en ...., leasing de ...... sobre una máquina ubicada en ...., y maquinaria ubicada en las instalaciones del nuevo adquiriente ....

Por otro lado, existen saldos deudores, cuya recuperación está siendo altamente complicada ya que una vez reclamados los mismos a .... y ...., pero existe controversia sobre los mismos con los deudores, y ambos han realizado sendas reclamaciones a la concursada, sobre las mismas y en vía previa a la judicial se están realizando diferentes reuniones y negociaciones para clarificar el importe de tales saldos deudores.

A la vista de esta situación tenemos unos valores de recuperabilidad en liquidación para la masa activa inferiores a los gastos de créditos contra la masa devengados hasta la fecha y pendientes de pago. Mediante el siguiente cuadro advertimos y ponemos de manifiesto la existencia de un déficit estimado entre la actual masa activa y los créditos contra la masa ascendiendo, cuyo detalle es el siguiente:

CONCEPTO IMPORTE (euros)

Masa activa (estimada) a la fecha actual .... €

Créditos contra la masa .... €

DÉFICIT -............ €

El detalle de la masa activa es el siguiente:

CONCEPTO IMPORTE

Planta de cromo en su conjunto Pendiente realización en subasta

Maquinaria Pendiente realización en subasta

Saldos deudores Contingencias con los mayores

clientes ...... y ....

Tesorería .... €

TOTAL MASA ACTIVA .... €

Y el detalle de los créditos contra la masa devengados y pendientes de pago es el siguiente:

ACREEDOR CONCEPTO IMPORTE

Fondo de garantía salarial indemnizaciones ....

Trabajadores resto indemnización ....

.... concursales honorarios ac fase liquidación mes 3 ....

.... concursales honorarios ac fase liquidación mes 4 ....

.... concursales honorarios ac fase liquidación mes 5 ....

.... concursales honorarios ac fase liquidación mes 6 ....

.... concursales honorarios ac fase liquidación mes 7 ....

.... concursales honorarios ac fase liquidación mes 8 ....

.... concursales honorarios ac fase liquidación mes 9 .....

.... concursales honorarios ac fase liquidación mes 10 ......

.... asesoramiento fiscal y contable ....

.... alquiler ....mes enero ...

.... honorarios ac fase liquidación mes 11 ...

.... limpieza y saneamiento planta..

TOTAL ....

Por ello, tal y como se ha puesto de manifiesto en los párrafos anteriores, se constata la insuficiencia de la masa activa que permita hacer frente a los créditos contra la masa, por lo que de conformidad con el artículo 249 del TRLC, procede comunicar al Juzgado esta circunstancia para su conocimiento.

TERCERO.– A la vista del art. 250 TRLC, desde presentación de esta comunicación alertatoria que la masa activa es insuficiente para el pago de los créditos contra la masa, tendrán preferencia de cobro los créditos vencidos o que venzan después de esa comunicación que sean imprescindibles para la liquidación de la masa activa.

CUARTO.– A la vista de los dispuesto en el art. 250.2. TRL, en todo caso, se consideran imprescindibles para la liquidación del presente concurso, los siguientes créditos que esta parte entiende no requieren autorización judicial (solicitando su autorización si este Juzgado entendiese precisa la misma):

a) La retribución de la administración concursal durante la fase de liquidación.

b) Las cantidades adeudadas a partir de la apertura de la fase de liquidación en concepto de rentas de los inmuebles arrendados para la conservación de bienes y derechos de la masa activa. Concreto, las rentas del alquiler del inmueble sito en ...., propiedad de ...., en el que se halla la citada planta de cromo.

Pero, igualmente tienen la consideración de créditos imprescindibles para la liquidación de la masa activa los que a continuación reseñaremos, cuya autorización igualmente solicitamos de este Juzgador al que respetuosamente nos dirigimos. Estos créditos son los siguientes

a.– Gastos de limpieza, saneamiento y suministros de la predicha nave sita en ...., en la que se halla la maquinaria y planta de cromo que constituye junto a los créditos controvertidos, el activo pendiente de liquidación y hasta su enajenación.

b.– Gastos de reparación, conservación, transporte y aseguramiento de la referida maquinaria y planta de cromo hasta la enajenación de tales activos.

c.– Gastos de asesoramiento fiscal y contable de las concursadas para el cumplimiento de tales obligaciones hasta la conclusión del concurso.

d.– Gastos relativos a conclusión de concurso.

Ciertamente, los citados créditos no están comprendidos en la relación de créditos del art. 250.2 TRLC. Pero es más cierto que, como pacíficamente mantiene la doctrina (SENENT MARTÍNEZ), la relación de créditos reseñada en el art. 250.2 TRLC no se trata de una relación exhaustiva, de tal forma que, al margen de los comprendidos en tal precepto puede autorizarse por el Juez del Concurso otros no comprendidos en el mismo.

A juicio de esta Administración Concursal, cabe incluir los referidos gastos como créditos imprescindibles para la liquidación. En cuanto a los gastos de asesoramiento fiscal y contable, resultan imprescindibles a efectos de cumplir con las obligaciones legales en tales materias y evitar la imposición de sanciones y multas por las Administraciones correspondientes que, obviamente, darían lugar a un incremento del pasivo post-concursal y a un consiguiente impacto negativo en la masa. Mas aun cuando la sociedad carece de empleados, Además, que tales servicios, como se viene reconociendo Jurisprudencialmente, no encajan en las funciones de la administración concursal (Vid. a título de ejemplo, sentencias del Tribunal Supremo de fecha 23 de octubre de 2017, del Juzgado de lo Mercantil número 2 de Pontevedra de fechas 29 de mayo de 2019 y 24 de junio de 2019, el auto del Juzgado de lo Mercantil núm. 1 de Bilbao de 21 de enero de 2017, o el Auto dictado por el Juzgado de lo Mercantil de Logroño de 7 de febrero de 2020).

En cuanto a los gastos de las letra b) precedentes, esta administración los incluye en su relación a la vista que son necesarios e imprescindibles para conservar y mantener el valor de los bienes hasta su realización con la que se obtendrá numerario con el que atender créditos contra la masa, tal y como se reconoce por nuestra mejor doctrina (NURIA FACHAL) y en resoluciones como la sentencia del Tribunal Supremo de fecha 23 de octubre de 2017, o el auto del Juzgado de lo Mercantil número 6 de Madrid, de fecha 11 de octubre de 2017.

En cuanto a los de la letra d), aquí nos referimos a en esencia, a las cancelaciones de cargas y anotaciones registrales sobre bienes de la concursada, y en diversos registros públicos, todos precisos para la conclusión del concurso, y la cancelación registral de la sociedad y extinción de su personalidad jurídica, cuyo carácter de imprescindible es reconocido en opinión de la doctrina (BLANCO SARALEGUI, RIBELLES ORELLANO, o BELTRAN) jurisprudencia (vid a título de ejemplo el auto del Juzgado de lo Mercantil núm. 6 de Madrid de fecha 11 de octubre de 2017.

Y en cuanto a los gastos de la letra a), hacemos referencia a aquellos suministros imprescindibles, esencialmente, limpieza, saneamiento, suministro eléctrico y consumo de agua de la nave ocupada por la concursada, y en la que se halla la mayor parte del activo pendiente de liquidación en las presentes actuaciones, participando los mismos de ese carácter necesario e imprescindible para conservar y mantener el valor de los bienes hasta su realización con la que se obtendrá dinero con el que atender créditos contra la masa (auto del Juzgado de lo Mercantil núm. 5 de Madrid, de fecha 26 de abril de 2022 y las resoluciones citadas en el párrafo anterior.

Se hace constar que resulta difícil a esta administración concursal efectuar una estimación de la cuantía de tales créditos, a la vista de su carácter variable e incierto, en especial, de la duración de las actuaciones liquidadoras, y sin perjuicio de lo reseñado en el cuadro de créditos masa pendientes de pago. Obviamente, si el Juzgado autoriza y aprueba los mismos, serán objeto de justificación en los correspondientes informes trimestrales y rendición de cuentas

QUINTO.– Se solicita a través de este escrito, por lo tanto, la autorización y aprobación por el Juzgado de los citados créditos como imprescindibles para liquidación de la masa activa.

SEXTO.– También desde la presente comunicación, y a la vista de los apartados 3 y 4 del art. 250 TRLC, el pago de los créditos contra la masa que no sean imprescindibles para la liquidación de la masa activa se satisfarán por el orden establecido en el artículo 242.1, TRLC.

No obstante lo señalado en el párrafo precedente tendrán prelación sobre los créditos del artículo 242.1.2.° TRLC, los créditos por salarios e indemnizaciones por despido o extinción de los contratos de trabajo generados tras la declaración del concurso en la cuantía que resulte de multiplicar el triple del salario mínimo interprofesional por el número de días de salario pendientes de pago.

En virtud de lo expuesto,

SUPLICO AL JUZGADO que tenga por presentado este escrito, junto a los documentos a él unidos, se sirva admitirlo y tener por comunicada a este Juzgado, y por señalados los créditos imprescindibles para la liquidación de la masa activa, y previos los oportunos trámites legales, se acuerde tener por comunicada dicha insuficiencia y autorizar los gastos señalados en el cuerpo de este escrito como créditos imprescindibles para la liquidación, acordando cuanto demás proceda en derecho.

Es Justicia que se Suplica en ...., hoy día .... de .... de ....

F731. ESCRITO DE LA ADMINISTRACIÓN CONCURSAL SOLICITANDO CONCLUSIÓN DEL CONCURSO POR INSUFICIENCIA DE MASA PARA SATISFACER TODOS LOS CRÉDITOS CONTRA LA MASA

Normativa de aplicación: *Arts. 465 y ss. Real Decreto Legislativo 1/2020, de 5 de mayo, por el que se aprueba el texto refundido de la Ley Concursal*

AL JUZGADO DE LO MERCANTIL ....DE ....

Concurso Voluntario

AUTOS ....

............, Administrador concursal designado en el expediente de Concurso Voluntario de la mercantil............, que con el número ....se sigue ante ese Juzgado, comparecen ante el mismo y como mejor proceda en Derecho, DICE:

Que de conformidad con lo establecido en el art. 473 TRLC se solicita la conclusión del presente concurso por insuficiencia de masa activa, acompañándose al presente como DOCUMENTO UNO, el informe a que se refiere el art. 473.2 TRLC:

A los efectos de lo dispuesto en el art. 474 TRLC, se hace constar expresamente que en las presentes actuaciones no se halla incidente alguno en tramitación:

a) De rescisión de cualquier acto del deudor perjudicial para la masa activa o

b) De exigencia de responsabilidad de terceros o se encuentre en tramitación la sección de calificación.

ALTERNATIVA: A los efectos de lo dispuesto en el art. 474 TRLC, se hace constar expresamente que aunque en las presentes actuaciones si se halla en tramitación incidente a los que se refiere el citado precepto. Sin embargo las correspondientes acciones ya ejercitadas han sido objeto de cesión a Don ...., en fecha ....(o resulta manifiesto que lo que se obtenga de ellas no será suficiente para la satisfacción de los créditos contra la masa

Se acompaña rendición de cuentas.

Por todo lo expuesto,

SOLICITA AL JUZGADO, que teniendo por presentado este escrito, sea unido al expediente *de su razón* y se tenga por solicitada la conclusión del concurso por insuficiencia de masa para el pago de los créditos contra la masa en el concurso de la mercantil ...., y por verificado el informe que exige el art. 473.1 TRLC y previos los oportunos tramites, se proceda a la conclusión del concurso, acordándose cuanto demás proceda en derecho

Fecha

Fdo. ....

ADMINISTRADOR CONCURSAL

F732. DILIGENCIA DE ORDENACIÓN PONIENDO DE MANIFIESTO LA SOLICITUD DE CONCLUSIÓN DEL CONCURSO POR INSUFICIENCIA DE MASA ACTIVA

Normativa de aplicación: *Arts. 465 y ss. Real Decreto Legislativo 1/2020, de 5 de mayo, por el que se aprueba el texto refundido de la Ley Concursal*

Diligencia de ordenación de la Letrado de la Administración de Justicia, Doña ....

En..........., a........... de........... de...........

Por presentado por la administración concursal y solicitud de conclusión del presente concurso por insuficiencia sobrevenida de la masa activa para satisfacer todos los créditos contra la masa, a la que se acompaña el informe a que se refiere el art. 473.2 TRLC.

Únase el escrito a la sección correspondiente y póngase de manifiesto el referido informe l, por plazo de diez días, en la oficina judicial a las partes personadas a los efectos legales oportunos, y de conformidad con lo establecido en el art. 473.3 TRLC.

Remítase por la administración concursal el informe justificativo mediante comunicación telemática a los acreedores de cuya dirección electrónica tenga constancia.

Doy cuenta a su señoria

Notifíquese la presente a la concursada, administración concursal y demás partes personadas.

Contra la presente resolución cabe recurso de revisión a interponer en el plazo de cinco días a contar desde su notificación.

De conformidad con lo establecido en la Disposición Adicional 15ª LOPJ (según la redacción dada por la LO 1/09), la interposición de recurso contra resoluciones judiciales, no podrá ser admitida a trámite sin la acreditación del depósito previsto en la citada Ley a efectos de recurrir, debiendo presentarse copia o resguardo de tal depósito en las cuenta de consignaciones de este Juzgado.

Lo que acuerdo, mando y firmo, en el lugar y fecha señalados "ut supra".

F733. COMUNICACIÓN DE LA ADMINISTRACIÓN CONCURSAL REMITIENDO EL INFORME DEL ART. 473.2 TRLC

Normativa de aplicación: *Arts. 473 y ss. Real Decreto Legislativo 1/2020, de 5 de mayo, por el que se aprueba el texto refundido de la Ley Concursal*

Muy Sr. Nuestro:

Habiéndose solicitado por esta parte la conclusión del concurso por insuficiencia sobrevenida de masa para satisfacer todos los créditos contra la masa, adjunto a la presente les remitimos el informe a que se refiere el art. 473.2 TRLC.

Atentamente.

F734. CONTESTACIÓN DE LA CONCURSADA A LA OPOSICIÓN A LA CONCLUSIÓN DEL CONCURSO FORMULADA POR UN ACREEDOR

Normativa de aplicación: *Arts. 465 y ss. Real Decreto Legislativo 1/2020, de 5 de mayo, por el que se aprueba el texto refundido de la Ley Concursal.*

Procedimiento: INCIDENTE CONCURSAL: Otros Nº..../..... (Dimanante concurso-..../.....)

AL JUZGADO DE LO MERCANTIL Nº ... DE.........

Don.........., Procuradora de los Tribunales, actuando en nombre y representación de D..........., según tengo acreditado en el procedimiento de Concurso que con el número..../..... se tramita en este Juzgado y del que dimana el presente incidente concursal nº..../......, ante el referido Juzgado comparezco en los autos de Incidente Concursal nº..../...... y, como mejor proceda en Derecho, DIGO

I.– Que por escrito de fecha 13 de noviembre de................... la representación procesal de...................., S.A. (en adelante también "...................." formuló oposición a la conclusión de concurso, en los términos del referido escrito de 13 de noviembre de.................... y documentación acompañada al mismo que aquí se da por íntegramente reproducido en aras de una mayor brevedad.

II.– Que mediante Providencia de fecha 20 de diciembre de................... se daba traslado a esta parte del escrito de oposición a la conclusión de concurso, concediéndose a las partes personadas un plazo de 10 días a fin de que contestaran la demanda y pudieran formular las alegaciones que tuvieran por conveniente.

III.– Que esta parte mediante el presente escrito, formula CONTESTACIÓN A LA OPOSICIÓN A LA CONCLUSIÓN DE CONCURSO, ello en base a los siguientes

HECHOS

Esta representación expresamente rechaza todos y cada uno de los hechos y pretensiones formuladas de contrario en su escrito de fecha 13 de noviembre aquí contestado, salvo que sean admitidos expresamente por esta parte.

PREVIA (I).– ANTECEDENTES RELEVANTES

Previamente a desarrollar los fundamentos en los que esta parte basa su contestación, resulta conveniente exponer los antecedentes que han dado lugar a las presentes actuaciones:

I.– Nos encontramos ante una solicitud de conclusión de concurso por insuficiencia de la masa activa posterior al auto de declaración del concurso (artículos 473 y ss. TRLC).

II.-.................... ha formulado oposición a la conclusión del concurso ex. artículo 475 TRLC, el cual establece que "cualquier persona que acredite interés legítimo podrá formular oposición a la conclusión del concurso, siempre que justifique la existencia de indicios suficientes para considerar que pueden ejercitarse acciones de reintegración o de exigencia de responsabilidad o acrediten por escrito hechos relevantes que pudieran conducir a la calificación de concurso como culpable".

III.– Es decir, el artículo 475 TRLC fija con carácter imperativo las causas en las que cualquier interesado que acredite interés legítimo puede fundar su oposición a la conclusión, excluyendo cualquier otra causa o motivo no previsto expresamente en dicho precepto. Por tanto, cualquier causa distinta sobra, y no puede ser tenida en consideración a los presentes efectos.

Esta cuestión adquiere especialmente relevancia por cuanto, como se verá, la actora lleva a cabo una procelosa y confusa argumentación en la que se hace mención a diferentes hechos y conductas que en ningún caso pueden ser incardinadas en las causas de oposición fijadas con carácter exhaustivo y limitativo en el artículo 475 TRLC, lo que debería implicar, por sí solo la íntegra desestimación de la presente demanda, dicho sea con todo el respeto y prudencia.

IV.-................... se encuentra personado en el concurso de acreedores, pero no es un acreedor reconocido en el proceso concursal.

V.– Es importante destacar que la única oposición que se ha formulado a la conclusión del concurso es la instada por...................., esto es, ningún acreedor ni interesado se ha opuesto a la conclusión del concurso por insuficiencia de masa.

PREVIA (II).– FALTA DE LEGITIMACIÓN ACTIVA.

Como se ha indicado en el apartado precedente, el artículo 475 TRLC otorga la legitimación a la hora de oponerse a la conclusión del concurso a cualquier persona que acredite interés legítimo.

En virtud de la mencionada previsión legal, esta parte entiende que.................... carece de legitimación activa a los efectos de formular oposición a la conclusión del concurso por insuficiencia de masa, ello por los siguientes motivos:

I.– EL HECHO DE ENCONTRARSE PERSONADA EN EL CONCURSO NO LE OTORGA A LA ACTORA, PER SE, LA CONDICIÓN DE PERSONA CON INTERÉS LEGÍTIMO.

Tal como se ha adelantado, el precepto fija como requisito que se trate de una persona con interés legítimo. En este punto, la actora parece dar por sentado que el hecho de que se encuentre personada en el procedimiento, ello le otorga, sin más trámite, la condición de interés legítimo.

Nada más lejos de la realidad, ya que, jurisprudencialmente se ha resuelto que la mera personación en el concurso no otorga, per se, la condición de interés legítimo, por lo que aquel interesado en formular oposición deberá exponer y acreditar, al menos de forma inicial, tal condición. Sin embargo, como puede comprobarse, la actora no dedica ni una línea de su escrito a esta cuestión.

En este punto, nos remitimos a lo que posteriormente se expondrá en los Fundamentos de Derecho del presente escrito, ello en aras a una mayor brevedad.

II.– LA ACTORA NO TIENE LA CONDICIÓN DE ACREEDORA.

Por otra parte, tampoco puede concluirse en este caso que se cumpla en la actora el presupuesto de interés legítimo basado en su condición de acreedora, ya que.................... no ostenta tal condición.

Es decir, la actora ni ostenta el crédito que pretende hacer valer frente a mi mandante, ni es una acreedora reconocida en el procedimiento concursal por lo que igualmente carece de interés legítimo a los presentes efectos:

II.1.– EL PRETENDIDO CRÉDITO DE.................... FRENTE A MI MANDANTE NO ES TAL.

Previamente a profundizar en las razones que llevan a esta parte a considerar que el supuesto crédito de.................... frente a mi mandante no es tal, es necesario exponer brevemente los antecedentes que han dado lugar a las presentes actuaciones.

De este modo, y tal como se indica de contrario, la mercantil.. SL (en adelante también....................), de la que es socio mi mandante, concertó con la mercantil.. S.L.U. (en adelante también....................) contrato arrendamiento de obra de fecha 20 de agosto de................. para la ejecución de determinados trabajos en el edificio sito en................, Calle.....................

En este punto, y tal como se indicará posteriormente, se hace constar que.................... fue declarada en concurso de acreedores mediante auto de fecha 22 de julio de..................

Se adjunta como DOCUMENTO 1 el contrato de fecha 20 de agosto de.................

Es igualmente cierto que previamente a la formalización del contrato, por parte de.................... se exigió la formalización de un aval en garantía de los trabajos derivados del referido contrato. Dicho aval fue prestado por...................., siendo que esta última exigió a su vez contra-avales tanto al concursado, como a su socio el Sr...................., como a una tercera mercantil,................... SL.

Pues bien, como hemos adelantado, esta parte considera que el supuesto crédito de................... frente a mi mandante no es tal, ello por las razones que a continuación se indican:

1) Cierto que durante el transcurso de la relación contractual entre................... y................... surgieron determinadas controversias en relación a la ejecución de los trabajos contratados.

2) Sin embargo,................... en ningún momento aceptó ni toleró la postura adoptada por..................., ya que fue................... la que incumplió el referido contrato de obra. Y ante esta situación, lo cierto y verdad es que................... no ejerció acción judicial alguna en defensa de sus supuestos intereses.

De hecho, y esta cuestión resulta especialmente relevante,................... ni tan siquiera ha comunicado su supuesto crédito en el concurso de acreedores de..................., lo que evidencia la poca fe que tenía................... en la realidad de su supuesto crédito. Ni tampoco ha sido reconocido crédito alguno en favor de................... en el concurso de acreedores de...................

3) Como se ha indicado,................... no prestó su conformidad a las pretensiones comunicadas extrajudicialmente por................... Todo lo contrario, ya que en fecha 17 de octubre de.................................... formuló demanda frente a................... por considerar que en ningún caso se había incumplido el contrato.

A efectos probatorios se adjunta como DOCUMENTO 2 la demanda de fecha 17 de octubre de................ formulada por................... frente a................... que ha dado lugar a los Autos de Procedimiento Ordinario nº............../................. que se siguen en el Juzgado de Primera Instancia nº............. de.................

A mayor abundamiento, conviene dejar constancia que la referida demanda fue presentada con la intervención y autorización de la Administración Concursal de..................., el Sr..............., firmando incluso la demanda tal como consta en la página 62 del referido escrito. Esto es, se trata de un tercero ajeno a las partes, quién, tras analizar el supuesto de hecho consideró viable la reclamación formulada por...................

Se adjunta como DOCUMENTO 3 el auto de declaración de concurso de acreedores de la mercantil................... en el que consta el nombramiento del Sr............... como Administrador Concursal de la mercantil.

De hecho, es importante destacar que no es hasta la recepción de la demanda cuando..................., a través de la correspondiente contestación a la misma y reconvención, reclama su supuesto crédito,

A efectos probatorios, se dejan designados los autos de Procedimiento Ordinario nº............../................ que se siguen en el Juzgado de Primera Instancia nº............. de.................

Sin embargo, y, como se ha dicho, a fecha actual.................... sigue sin haber comunicado su crédito en el concurso de..................... Y no lo comunica, sencillamente, porque el pretendido crédito no es tal.

A efectos probatorios se adjunta como DOCUMENTO 4 el Certificado firmado por la Administración Concursal de la mercantil.................... en el que se certifica, entre otras cuestiones, que en los Textos Definitivos no resulta crédito alguno a favor de la mercantil...................., así como sobre las cuestiones relativas a la demanda formulada frente a....................

4) Es por ello que, dado que el contra-aval suscrito por mi mandante con.................... deriva de una relación contractual cuya resolución ha sido impugnada judicialmente por.................... (no existiendo actualmente por tanto crédito alguno en favor de....................), mi mandante no alberga obligación alguna respecto del contra-aval prestado en favor de...................., motivo por el cual no se comunicó el crédito a la Administración Concursal, ni ésta última lo incluyó en el listado de acreedores.

5) En virtud de lo anterior, el hecho de que.................... haya decidido unilateralmente abonar los importes reclamados por.................... no implica ni obliga a mi mandante frente a...................., porque, como se ha visto, nada se adeuda a....................

6) No sólo lo anterior, sino que, como se expondrá a continuación, ni siquiera.................... ha procedido a la comunicación de su crédito en el concurso de mi mandante, estando personada en las actuaciones desde al menos el mes de julio de...................., lo que denota y evidencia la ausencia del crédito ahora reclamado por la actora, ello si nos atenemos a los propios actos de.................... en el procedimiento concursal. De hecho, consta en los autos de concurso que la actora se limitó a solicitar su personación como interesado en el concurso, pero nunca llegó a comunicar su supuesto crédito en la forma legalmente prevista.

Es decir, la actora podría haber comunicado su crédito, aunque fuera tardíamente (cosa que no hizo), o bien haber impugnado los informes presentados por la Administración Concursal (cosa que tampoco ha hecho), actuaciones estas que conllevan una serie de consecuencias como se verá posteriormente.

En virtud de lo anteriormente expuesto, y tal como se ha acreditado, esta parte considera que el supuesto crédito de.................... frente a mi mandante no existe, por lo que la actora no tiene la consideración de acreedor en el seno del concurso de mi mandante, lo que le impide (como desarrollaremos posteriormente), a la postre, formular alegación alguna respecto a conclusión del concurso.

II.– AUNQUE SE ENTENDIERA QUE EXISTE CRÉDITO,.................... NO HA COMUNICADO SU CRÉDITO EN EL CONCURSO DE MI MANDANTE Y, POR TANTO, NO ES ACREEDOR EN EL PROCEDIMIENTO CONCURSAL.

Esta parte recalca nuevamente que el crédito de mi mandante frente a.................... no existe, ello por las razones anteriormente expuestas en el apartado precedente a las cuales nos remitimos en aras a una mayor brevedad.

De este modo, acudiendo a los autos del procedimiento concursal del que trae causa el presente incidente, reiteramos que.................... no es un acreedor reconocido en el presente concurso de acreedores, ello por cuanto:

•.................... no ha comunicado su crédito a la Administración Concursal.

•.................... no ha impugnado ni la lista provisional de acreedores ni el listado definitivo de los mismos presentados por la Administración Concursal, ni tampoco ha solicitado su modificación para la inclusión de su supuesto crédito.

• Ello implica, como veremos, que aquel acreedor no reconocido no existe en sede concursal, ni, por tanto puede intervenir a los presentes efectos de conformidad con los artículos 501 y 502 TRLC.

Lo anterior resulta de los hitos y circunstancias que a continuación pasamos a exponer:

1.– El procedimiento concursal de mi mandante se aperturó mediante auto de fecha 8 de febrero de......................

2.– Una vez declarado el concurso, se dio la oportuna publicidad a través del BOE en fecha 20 de febrero de....................

3.– Posteriormente tuvo lugar el correspondiente llamamiento a los acreedores sin que.................. comunicara crédito alguno.

4.– En el plazo legalmente previsto, se presentó por parte de la Administración Concursal el correspondiente informe en el que se incluye el listado de acreedores, el cual no fue impugnado ni por...................., ni por nadie, habiendo devenido firmes los textos definitivos en los que, como la propia actora indica, no se encuentra recogido el crédito de...................., sin que tampoco.................... haya solicitado la modificación de los mismos.

5.-.................... era conocedora del concurso de mi mandante, ya que se solicitó la suspensión del procedimiento de ejecución seguido por mi mandante, precisamente debido a la pendencia del procedimiento concursal. De hecho, consta en autos su personación mediante escrito de fecha 5 de julio de...................., si bien, reiteramos, no llevó a cabo en ningún momento la comunicación de su supuesto crédito.

A efectos probatorios se dejan designados el Auto de declaración de concurso de fecha 8 de febrero de...................., la publicación en el BOE de fecha 20 de febrero de....................; el informe provisional presentado por la Administración Concursal; la Diligencia de Ordenación de fecha 13 de febrero de.................... por la que se confiere la debida publicidad del informe provisional del Administrador Concursal; el Edicto concursal de fecha 14 de febrero de...................., anunciado en el registro público concursal; el Escrito de la Administración Concursal de subsanación de textos definitivos de fecha 11 de abril de....................; la Diligencia de Ordenación de fecha 24 de marzo de.................... en la que se tienen por presentados textos; la Diligencia de ordenación de 12 de abril de.................... relativa a la adenda de los textos definitivos así como la debida remisión al Registro Público Concursal, y el Edicto publicado en Registro Público concursal en fecha 13 de abril de...................... Todo ello obra y consta en los autos de Concurso número..../......

Por tanto, resulta más que evidente que..................., aún no habiendo comunicado su supuesto crédito en el momento inicial del procedimiento concursal, bien podría, de haber tenido voluntad, haberlo comunicado tardíamente una vez personado en el concurso (julio...................) para su posterior reconocimiento, en su caso, por parte de la Administración Concursal con la clasificación que correspondiera.

Sin embargo, nada de eso hizo, manteniéndose impasible y limitándose únicamente a solicitar su personación (en condición de interesado) en el concurso en fecha 5 de julio de.................. pero sin comunicar su crédito, ni solicitar su inclusión con posterioridad, pasividad esta que da lugar, a la postre, a una serie de nefastas consecuencias en el seno del concurso, y por ende, en el presente incidente.

Pues bien, tal como se desarrollará en mayor profundidad en los Fundamentos de Derecho del presente escrito, cualquier acreedor está obligado a la comunicación de créditos en el concurso.

Es decir, se trata de una obligación que pecha sobre el acreedor, ya que, si finalmente su crédito no fuera reconocido en el concurso, el mismo no existiría a efectos concursales, tratándose en ese caso de un crédito no concurrente.

No lo dice esta parte, sino que este mismo Juzgado ha fallado en ese sentido en fecha reciente en la Sentencia de fecha 18 de mayo de 2023, habiendo sido confirmada dicha resolución por la Audiencia Provincial de Valencia mediante Sentencia de fecha 24 de octubre de 2023. Así mismo, y como se desarrollará en los Fundamentos de Derecho del presente escrito En este sentido, la STS nº 655/2016, de 4 de noviembre, y entre otros, la profesora HERBOSA MARTÍNEZ, I "Acreedores con Garantía Real en el Concurso.", "Reconocimiento.", CABANAS TREJO, R, o FACHAL NOGUER, N. "Garantías".

En el supuesto de los presentes autos, y sin perjuicio de que esta parte reitera que el crédito de la actora no existe, ya se ha indicado que.................. no ha procedido a fecha actual a la comunicación de su crédito, habiéndose personado en las actuaciones el pasado mes de julio, es decir, hace al menos 5 meses, ni, tampoco, ha instado la modificación de los textos definitivos en el seno del concurso.

Se adjunta como DOCUMENTO 5 el listado de acreedores presentado por la Administración Concursal en los que no consta el crédito de...................

De este modo, y a modo de conclusión:

• La ausencia de comunicación de su crédito por parte de.................. implica que ésta no sea un acreedor reconocido en el concurso de acreedores de mi principal.

• Pese a estar personada,................... ni ha comunicado su supuesto crédito (aunque fuera de forma tardía), ni ha procedido a impugnar los informes presentados por la Administración Concursal para lograr su reconocimiento, ni tampoco ha solicitado la inclusión de su crédito en los Textos Definitivos.

• Dado que, como hemos visto, la comunicación del crédito es una obligación que pecha sobre el acreedor, si finalmente su crédito no fuera reconocido en el concurso, el mismo no existiría a efectos concursales, tratándose en ese caso de un crédito no concurrente.

Y ello, en el supuesto de autos, debe conllevar la falta de legitimación a la hora de formular la demanda incidental que aquí se contesta al carecer de interés legítimo a los efectos de la conclusión del concurso.

PRIMERO.– DISCONFORMES CON EL CORRELATIVO ORDINAL. INEXISTENCIA DE INDICIOS SOBRE OPERACIONES EFECTUADAS EN PERJUICIO DE ACREEDORES.

En primer lugar, por parte de.................... se sostiene que el hecho de que el Administrador Concursal no haya incluido el crédito de la actora, y el mismo no se encuentre recogido en el listado definitivo de acreedores, ello sería causa del engaño que supuestamente habría sufrido por parte de mi mandante a la hora de contratar.

Pues bien, en primer lugar, conviene destacar que las referidas alegaciones exceden del ámbito de una oposición a la conclusión del concurso por insuficiencia de masa activa.

Como se ha expuesto y más adelante se detallará en los Fundamentos de Derecho, las causas de oposición a la conclusión por insuficiencia de masa son las que son, y están claramente identificadas en el artículo 475 TRLC, por lo que resulta más que evidente que la alegación formulada de contrario no tiene cabida en ninguna de las causas recogidas en el referido precepto.

Pero, en cualquier caso, es importante dejar constancia que el hecho de que el crédito de la actora no se encuentre recogido actualmente en el listado de acreedores no implica ni conlleva que mi mandante hubiera engañado a.................... al momento de la formalización del aval, más si cabe por cuanto, como se ha visto, ni el supuesto crédito de la actora existe, ni tan siquiera ha sido comunicado por la misma en el procedimiento concursal de mi mandante, motivos por los cuales no se comunicó a la Administración Concursal, ni esta lo incluyó en el listado de acreedores.

En este punto nos remitimos a las alegaciones contenidas en el apartado anterior a los efectos de evitar reiteraciones innecesarias.

SEGUNDO.– DISCONFORMES CON EL CORRELATIVO ORDINAL. LAS SUPUESTAS ACTUACIONES FRAUDULENTAS NO SON TALES, Y EN TODO CASO, NO SON CAUSA DE OPOSICIÓN A LA CONCLUSIÓN DE CONCURSO EX. ARTÍCULO 475 TRLC.

Por otra parte, de contrario se hace referencia a la situación patrimonial de mi mandante en relación con sus ingresos percibidos por rendimientos del trabajo, comparándolos con los supuestamente percibidos por su cónyuge, la Sra................, en el periodo de tiempo transcurrido entre los ejercicios...............-..................

De este modo, se alega de contrario que en el ejercicio................ consta una reducción de los ingresos de mi mandante y un incremento proporcional de los ingresos de la Sra................, constituyendo este hecho, a su entender, un fraude. Eso sí, sin argumentar ni desarrollar dichas manifestaciones, y sin hacer un esfuerzo argumentativo mínimo a los efectos de acreditar dicha situación.

Como resulta de la propia documentación aportada por la actora (Documentos 3, 4 y 5 acompañados al escrito de demanda), podemos observar cómo en el ejercicio................ al que hace referencia la actora, la Sra............... no percibe como rentas del trabajo por importe de..............€, sino que en el referido ejercicio................

(declaración conjunta) es su cónyuge, es decir, el concursado, el que percibe el referido importe como rendimientos del trabajo. Nos remitimos en este punto al Documento 5 (página 4) aportado de contrario para mayor claridad y que aquí se acompaña igualmente como DOCUMENTO 6.

Es decir, la actora pretende hacerse valer de unos hechos que no son tales, actuación esta que evidencia la mala fe en su forma de proceder, y de la que debe derivarse procesalmente el correspondiente reproche, dicho sea con todo el respeto y prudencia.

Por tanto, y a modo de conclusión, se acaba de constatar que mi mandante no derivó ninguno de sus ingresos a su cónyuge, al contrario de lo alegado de contrario.

En cualquier caso, una reducción en los ingresos derivados de los rendimientos del trabajo del concursado no puede considerarse indicio suficiente para el ejercicio de una eventual acción de reintegración.

De hecho, en este supuesto concreto, es razonable entender que los ingresos por rentas del trabajo del concursado se redujeran en el ejercicio de................ ya que la mercantil.................... (la sociedad de la que dependían sus ingresos) atravesaba dificultades, habiendo sido finalmente declarado su concurso, tal como se ha acreditado con el auto de declaración de concurso de la mercantil...................., que era la empleadora de mi mandante, que se ha adjuntado como DOCUMENTO 3.

Y la situación de insolvencia de................... implicó, como es habitual en este tipo de supuestos, la reducción de los ingresos de su socio (mi mandante) ello en aras de tratar de aligerar la situación económico financiera de la citada mercantil, tal como resulta del certificado firmado por la Administración Concursal de la mercantil...................., el Sr................, que se ha adjuntado al presente escrito como DOCUMENTO 4, en el que se certifica que desde la declaración del concurso (julio.................) el concursado no ha percibido retribución alguna de la mercantil..................... Es decir, durante medio año mi mandante no percibió ingresos provenientes de la concursada.....................

Es evidente, por tanto, que las alegaciones y acusaciones de la contraparte carecen de toda base y sustento, ello incluso si atendemos a la documentación probatoria aportada por la actora en su escrito de demanda, por lo que las mismas han de ser rechazadas.

TERCERO.– DISCONFORMES CON EL CORRELATIVO ORDINAL. LA EXTINCIÓN DE LA COMUNIDAD DE BIENES NO CAUSÓ PERJUICIO ALGUNO A LA MASA DEL CONCURSO NI A LOS ACREEDORES.

I.– Sostiene erróneamente.................... que tras la escritura de extinción de comunidad de bienes de 20 de julio de................ mi mandante se adjudicó dos fincas: un piso y un parking sitos en..............., mientras que su cónyuge se adjudicó las fincas sitas en Calle...............de......... y la Vivienda de.............., Calle...............

II.– Nada más lejos de la realidad, ya que, como consta en la escritura de extinción de comunidad de bienes de 20 de julio de................ que se adjunta al presente escrito como DOCUMENTO 7, la vivienda sita en la Calle.............. de.............. fue adjudicada a mi mandante, no a su cónyuge.

Por ello, es necesario destacar que la información patrimonial suministrada previamente a la contratación del aval no puede considerarse errónea o engañosa, cuestión ésta que, en todo caso, excede del ámbito de la oposición a la conclusión del concurso.

No solo lo anterior, sino que en este punto conviene recordar que.................... es un acreedor profesional, que cuenta con medios y recursos propios para llevar a cabo las comprobaciones que tenga por oportunas previamente a la concesión de cualquier tipo de crédito, o en este caso, aval.

Ello implica que, de haber tenido voluntad, bien podría haber requerido a mi mandante para que ampliara o matizara la información inicialmente suministrada, o bien haber llevado a cabo las averiguaciones que tuviera por conveniente a los efectos de analizar la información suministrada. De igual modo, también podría haber solicitada la traba de los bienes de mi mandante, o haber solicitado garantía adicional sobre los mismos.

Pero nada de eso hizo, sino que dio por válida la información aportada sin llevar a cabo, incumpliendo de este modo su deber de diligencia que ostenta por su especial condición de acreedor profesional como entidad financiera.

Y lo que no puede pretender ahora es paralizar la conclusión del concurso de mi mandante con el pretexto de que fue engañada al momento de contratar. Más si cabe cuando, como hemos visto, esta cuestión excede del ámbito del presente incidente y, además, los hechos en los que basa su oposición son falsos.

III.– Es decir, al contrario de lo alegado de contrario, resulta de la referida escritura que mi mandante se adjudicó los bienes concretos que figuran en la información suministrada a.................... previamente a la formalización del aval, por lo que, repetimos, la información suministrada por mi mandante se ajustó escrupulosamente a la realidad física y jurídica de los referidos bienes. En este punto nos remitimos a la referida escritura, páginas 4-11 (ambas inclusive).

Así mismo, es importante recalcar que la información contenida en la referida escritura era pública, ya que la misma fue inscrita.

IV.– Por otra parte, y en cuanto al supuesto perjuicio sufrido por los acreedores derivado de extinción de comunidad de bienes aducido por.................., basta observar la referida escritura, a la que nos remitimos nuevamente en su integridad en aras a una mayor brevedad, para poder afirmar que el reparto se hizo entre ambos cónyuges por mitades en función de la valoración de los bienes, por lo que ningún perjuicio han podido sufrir los acreedores.

Ello, como decimos, se infiere de la escritura de fecha 20 de julio de................, en la que puede observarse como el total de haberes tienen un valor total de.............. EUROS (............ €).

De este modo, y en virtud de la referida escritura se procedió a las siguientes adjudicaciones: ....

En virtud de lo anterior, no existen dudas respecto a la equidad en el reparto de los bienes conyugales, ya que puede observarse como ambos cónyuges percibieron bienes por idéntico valor, valores y reparto que, por otra parte, no han sido objeto de reproche, revisión o impugnación en ningún ámbito, jurisdicción o sede. Debiendo recordar que, en cualquier caso, los cónyuges tienen libertad para disponer de los bienes cuya titularidad ostentaban en común como tengan por conveniente, siempre que se respete la equidad en el reparto.

A mayor abundamiento, se aporta como DOCUMENTOS 8, 9 y 10 informe pericial de valoración elaborado por Don..............(Arquitecto Urbanista respecto de los inmuebles sitos en la Calle..............(.........), Calle.............. (..............) y Calle.............. (..............) correspondientes al ejercicio................, de los que se infiere que el reparto llevado a cabo a través de la escritura de fecha 20 de julio de................ se llevó cabo con equidad entre ambos cónyuges.

Por tanto, es evidente que las adjudicaciones derivadas de la escritura de fecha 20 de julio de................ no han de ser objeto de valoración por la Administración Concursal a los efectos de una eventual acción de reintegración por cuanto ningún perjuicio han supuesto para la masa del concurso ni para los acreedores.

CUARTO.– DISCONFORMES CON LOS ORDINALES CUARTO Y QUINTO DEL ESCRITO DE DEMANDA INCIDENTAL. NO EXISTE ENGAÑO A LA ACTORA NI A NINGÚN OTRO ACREEDOR. EL CONTRATO DE OBRA SUSCRITO ENTRE MI MANDANTE Y................... NO PUEDE SER CONSIDERADO UN FRAUDE.

En este punto, sostiene la actora que mi mandante le habría facilitado información engañosa previamente a la formalización del aval, y, así mismo, que el mismo concertó el referido aval a sabiendas de que no iba a cumplir el contrato de obra del que trae causa la mencionada garantía. Ello, nuevamente, a entender de la actora, por cuanto que mi mandante, supuestamente, ya estaba preparando su insolvencia.

Pues bien, no puedo sino rechazar tales alegaciones carentes de fundamento, tal como paso a exponer a continuación.

I.– LAS ALEGACIONES CONTENIDAS EN LOS ORDINALES CUARTO Y QUINTO DEL ESCRITO DE DEMANDA INCIDENTAL NO PUEDEN INCARDINARSE EN NINGUNO DE LOS SUPUESTOS DEL ARTÍCULO 475 TRLC.

Nuevamente la actora formula una serie de alegaciones que exceden el ámbito de una oposición a la conclusión de concurso por insuficiencia de masa.

Como se ha indicado, el artículo 475 TRLC limita las causas de oposición a la existencia de indicios suficientes para considerar que pueden ejercitarse acciones de reintegración o de exigencia de responsabilidad, o a la concurrencia de hechos relevantes que pudieran conducir a la calificación de concurso como culpable.

Estos son los únicos motivos de oposición que pueden ser alegados, y nada más.

Por tanto, resulta indiferente a los efectos de la resolución de la presente litis que mi mandante hubiera o no engañado a la actora previamente a la suscripción del correspondiente contrato. Esta cuestión debería ser ventilada y resuelta, en su caso, a través del trámite correspondiente, pero nunca en sede de conclusión de concurso, ello a los efectos de dar cumplimiento a lo dispuesto en el referido artículo 475 TRLC.

II.- EN CUALQUIER CASO, LA ACTORA NO ESPECIFICA EN QUÉ MOTIVO BASA SU OPOSICIÓN EX. ARTÍCULO 475 TRLC.

Conviene destacar igualmente que la actora lleva a cabo una procelosa y confusa argumentación, haciendo referencia a determinadas conductas llevadas a cabo, supuestamente, por mi mandante, pero sin especificar claramente en qué motivo de los recogidos en el artículo 475 TRLC basa su oposición, lo que debería suponer por sí solo la desestimación de las pretensiones formuladas por la actora.

¿Se está insinuando de contrario que las conductas supuestamente cometidas por mi mandante pueden dar lugar a una declaración de culpabilidad del concurso? ¿O bien que las mismas podrían dar lugar a una acción de responsabilidad? Esta parte desconoce la respuesta a estas preguntas, lo que dificulta en gran medida nuestro derecho de defensa al desconocer el motivo concreto de oposición para así poder rebatirlo.

Y dicha indefinición no es más que un hecho revelador de la falta de fundamento y rigor de la demanda formulada por la actora, que lo único que pretende es bloquear la tramitación de un proceso concursal que se encuentra en su fase final, y tratar de conseguir por vías ilegítimas la satisfacción de su supuesto crédito, el cual, como se ha indicado en un pasaje anterior del presente escrito, ni si quiera ha sido comunicado por la actora.

En todo caso, y a los efectos de no perjudicar el derecho de esta parte se procede a dar contestación a las diferentes cuestiones que parecen deslizarse en el escrito suscrito por la actora.

III.- SOBRE LA EVENTUAL CULPABILIDAD DEL CONCURSO DE ACREEDORES Y LA POSIBILIDAD DE UNA EVENTUAL ACCIÓN DE RESPONSABILIDAD.

Si de contrario se pretende insinuar que la realización de unas supuestas actuaciones por parte de mi mandante debería conllevar la declaración del concurso como culpable, y por ende, el rechazo a la solicitud de conclusión del concurso (ello, entendemos aunque no lo menciona, ex. artículo 475 TRLC), esta parte no puede sino rechazar tal pretensión.

Y hablamos en condicional, por cuanto que, como se ha indicado anteriormente, de contrario se mencionan ciertas actuaciones cometidas supuestamente por mi mandante sin que se especifique si las mismas pueden dar lugar a una declaración de culpabilidad en sede concursal.

Es evidente, por tanto, que…………………, con manifiesta mala fe pretende confundir a este Juzgador, deslizando o insinuando una eventual culpabilidad en la conducta de mi mandante, que no se ha producido en las presentes actuaciones. Es decir, para que pudiera operar este motivo de oposición la actora debería de haber "acreditado por escrito hechos relevantes que pudieran conducir a la calificación de concurso como culpable" (artículo 475 TRLC), cosa que no ha sucedido en el supuesto que nos ocupa. Basta una lectura del escrito de……………….. para percatarse que nada se indica ni acredita al respecto.

Es más, lo cierto y verdad es que consta en los autos del concurso nº…./….. el auto de fecha 20 de abril de……………….. en el que se califica el concurso como fortuito, auto que goza de firmeza a fecha actual.

Se adjunta como DOCUMENTO 11 el auto de fecha 20 de abril de....................

Es decir, la actora no puede ahora efectuar una valoración sobre el carácter culposo del concurso, más si cabe cuando el trámite a tal efecto ya ha concluido, habiéndose declarado ya el concurso fortuito.

En virtud de lo anterior, resulta más que evidente que no se cumplen en este caso los presupuestos del motivo de oposición que aquí se impugna.

A la misma conclusión debe llegarse si analizamos la posibilidad del ejercicio de una eventual acción de responsabilidad, hecho este que tampoco se menciona, si quiera tácita o indirectamente, por parte de................... en su demanda, por lo que esta parte no va a profundizar en este motivo por cuestiones de economía procesal y por no sobrecargar el presente escrito.

IV.– SOBRE EL SUPUESTO ENGAÑO POR PARTE DE MI MANDANTE Y LA SUPUESTA PREPARACIÓN DE LA INSOLVENCIA.

IV.1.– En primer lugar, y como se reconoce por la contra parte, la misma solicitó a mi mandante la documentación que estimó conveniente de forma previa a la formalización del aval, a los efectos de determinar la solvencia del ahora concursado, siendo que este último facilitó toda la documentación requerida.

Y, tal como resulta del DOCUMENTO 9 aportado de contrario, en la información patrimonial de mi mandante constaban los siguientes bienes:

– Casa en.............., Calle................

– Apartamento..............(...............)

– Inversiones Bancarias

Tal como se ha indicado y acreditado en un momento anterior del presente escrito, dicha información se ajusta a la realidad, ya que mi mandante ostentaba la titularidad de los bienes indicados en el momento en que se suministró la información previamente a la contratación del aval, por lo que las alegaciones formuladas de contrario no pueden tener acogimiento. Más aún si cabe por cuanto, como se ha visto,................... tiene la condición de acreedor profesional, debiéndosele exigir, por tanto, un mayor deber de diligencia antes de la formalización de cualquier tipo de contrato.

En cualquier caso, y dado que esta cuestión ha sido ya abordada suficientemente en el Hecho Tercero del presente escrito, nos remitimos a lo alegado en ese punto en aras a una mayor brevedad.

IV.2.– En segundo lugar, y por lo que respecta a la supuesta preparación de la insolvencia por parte de mi mandante, dichas alegaciones nuevamente carecen de fundamento, por no decir directamente que faltan a la verdad.

Al contrario de lo que se alega por parte de..................., mi mandante no contrató ni actuó ocultando su supuesta situación patrimonial de insolvencia inminente, ya que en ese momento no había previsión alguna de insolvencia por cuanto que la sociedad de la que provenían la mayoría de sus ingresos se encontraba activa en su sector de actuación profesional, tal como demuestra el contrato de obra de fecha 20 de agosto de................ concertado por la mercantil.................... (de la que es socio mi mandante) con la mercantil.................... al que se ha hecho referencia anteriormente.

A efectos probatorio se ha adjuntado previamente como DOCUMENTO 1, el contrato de fecha 20 de agosto de.................

De hecho, si se analiza el contrato, puede observarse como los honorarios a percibir por parte de................... fruto de la ejecución del contrato ascendían nada más y nada menos que al importe de.............. EUROS (........ €), más el IVA correspondiente, lo que evidencia de forma clara que no se podía prever, al momento de concertar el contra aval derivado del contrato de obra, la situación de insolvencia que unos meses después afectaría a la mercantil..................., causada primordialmente por la resolución del contrato de................... como más adelante se expondrá, y que, a la postre, desembocó en la insolvencia de mi mandante al estar vinculados sus ingresos a la actividad de la mercantil....................

Ello se advierte incluso a través de las rentas aportadas de contrario (Documentos 3 a 5 del escrito de demanda) ya que puede observarse la reducción de los ingresos de mi mandante en el año 2022, año en el que la mercantil.................. fue declarada en concurso.

Es evidente, por tanto, que nada de esto se da en el supuesto de autos, sino todo lo contrario, motivo por el cual la oposición formulada de contrario debe ser desestimada, dicho sea con todo el respeto y prudencia. Pero es que, aunque se diera, estas cuestiones excederían del ámbito de las causas de oposición previstas en el artículo 475 TRLC.

IV.3.– Por último, y en relación a la supuesta voluntad de mi mandante de incumplir de forma premeditada el contrato de obra suscrito con..................., esta parte no puede sino rechazar tal aparente conclusión alcanzada por...................

Como se ha dicho, parece deslizarse de contrario que mi mandante habría actuado negligentemente por haber formalizado un contrato que, supuestamente, no iba a cumplir.

Y decimos, parece deslizarse, por cuanto que.................., nuevamente a través de una serie de alegaciones vagas y confusas que nada tienen que ver con los motivos de oposición a una conclusión de concurso ex. artículo 475 TRLC, lanza una serie de acusaciones del todo infundadas y en ningún momento acreditadas.

En todo caso, esta parte se ve obligada a dar contestación a las referidas alegaciones, de tal forma que resulta imprescindible destacar que el referido contrato no fue un fraude manifiesto. Todo lo contrario.

Tal como resulta del contrato que se ha adjuntado como DOCUMENTO 1 al presente escrito, puede observarse que se trata de un contrato complejo (se trata de un contrato de más de 100 páginas), con multiplicidad de trabajos, exigencias de carácter técnico y de ejecución complicada dada la magnitud del mismo. A tal efecto, nos remitimos al referido contrato y a su clausulado en aras a una mayor brevedad.

De hecho, es frecuente en la práctica del sector que en durante el transcurso de la ejecución de la obra se produzcan desavenencias entre las partes en cuanto a la ejecución de la misma, los plazos, etc., pero ello no puede implicar, como con manifiesta mala fe se aduce de contrario, que mi mandante hubiera contratado de forma fraudulenta, o que no tuviera intención de cumplir el contrato, más si cabe si se tiene en consideración que las desavenencias entre las partes se encuentran actualmente judicializadas a instancia de.................... y con la intervención y autorización de la Administración Concursal de la referida mercantil.

Es decir, al contrario de lo alegado de contrario sin ninguna base probatoria, no puede afirmarse que la mercantil.................... contratara a sabiendas de que fuera a incumplir el contrato. De hecho, como se ha adelantado anteriormente, las desavenencias entre las partes se encuentran judicializadas a instancias de.................... a través de la correspondiente demanda presentada en fecha 17 de octubre de................ frente a...................., a cuyo contenido nos remitimos en su integridad, por lo que en ningún caso puede hablarse a fecha actual de un incumplimiento por parte de.................... del contrato suscrito el 20 de agosto de................. Deberá estarse, por tanto a la resolución de dicho proceso, que afectará exclusivamente a.................... y...................., pero no al concurso de mi mandante.

En todo caso, y sin perjuicio de lo expuesto anteriormente, conviene recordar, y no es una cuestión baladí, que lo que se está ventilando en el presente incidente es una solicitud de conclusión del proceso concursal formulada en el concurso de mi mandante, persona física, mientras que lo alegado de contrario en relación a un supuesto fraude en la formalización del contrato suscrito entre.................... y.................... afecta a un tercero (....................) que, de hecho, no se ha opuesto a la conclusión del concurso (ni nada ha alegado al respecto) y a...................., contando esta última con personalidad jurídica propia y diferenciada de la de mi mandante.

En este punto, conviene recordar que.................... ni tan siquiera ha comunicado crédito alguno en el concurso de...................., ni ha impugnado o alegado nada en dicho procedimiento concursal. Ello evidencia la escasa fe que.................... alberga en su propio "supuesto" crédito.

Es decir, insistimos que cualquier cuestión relativa a la correcta o incorrecta ejecución del contrato suscrito entre ambas mercantiles, así como cualquier otra cuestión derivada de la referida relación contractual afecta, exclusivamente, a las mismas, y a nadie más.

Por tanto, como sí ha acreditado esta parte, al contrario que...................., puede afirmarse que en ningún caso hubo una actividad fraudulenta de mi mandante en relación a la formalización del suscrito por...................., ni tampoco existió un endeudamiento temerario o irresponsable al momento de la formalización del contrato.

QUINTO.– DISCONFORMES CON EL ORDINAL SEXTO DEL ESCRITO DE DEMANDA INCIDENTAL. LA ASUNCIÓN DE GASTOS POR PARTE DE LA ACTORA NO SE DERIVAN DE UNA ACTUACIÓN FRAUDULENTA DE MI MANDANTE.

I.– En este punto, vuelve a insistir machaconamente la actora en el supuesto engaño cometido por mi mandante a la hora de suscribir el contrato de obra de...................., que, a la postre, habría dado lugar a la ejecución del aval prestado por....................

Nuevamente esta parte no puede sino rechazar tales alegaciones carentes de fundamento, si bien, y dado que ya se ha expuesto en un momento anterior que no ha existido ánimo fraudulento a la hora de formalizar el referido contrato de obra, nos remitimos a nuestras anteriores alegaciones para no sobrecargar este escrito.

II.– Nuevamente es necesario mencionar que las desavenencias surgidas en la relación contractual entre.................... y.................... se encuentras judicializadas a instancia de...................., ostentando esta última personalidad jurídica diferenciada de los socios que la componen, por lo que pretender bloquear la conclusión del concurso de persona física de mi mandante bajo este argumento carece de toda lógica y contraviene lo dispuesto en el artículo 475 TRLC.

III.– Por último resulta imprescindible reiterar que las alegaciones formuladas por la actora no pueden enmarcarse en ninguno de los motivos de oposición a la conclusión del concurso previstos en el artículo 475 TRLC, lo que debe conllevar irremediablemente que dichas alegaciones no sean tenidas en consideración por el Juzgador, dicho sea con todo el respeto y prudencia.

SEXTO.– CONCLUSIONES

Por último, y para facilitar la labor del Juzgador, esta parte entiende necesario destacar las siguientes conclusiones para así centrar el objeto de las presentes actuaciones:

1.-.................... ha formulado oposición a la conclusión de concurso ex. artículo 475 TRLC, el cual establece:

"1. Dentro del plazo en que el informe estuviera de manifiesto en la oficina judicial, cualquier persona que acredite interés legítimo podrá formular oposición a la conclusión del concurso, siempre que justifique la existencia de indicios suficientes para considerar que pueden ejercitarse acciones de reintegración o de exigencia de responsabilidad o acrediten por escrito hechos relevantes que pudieran conducir a la calificación de concurso como culpable (...)"

2.-.................... no ostenta interés legítimo a los presentes efectos, ya que, en primer lugar, la mera personación no le otorga tal consideración, y, en segundo lugar, no es un acreedor reconocido en el concurso de mi mandante.

3.– Pese a presentar las alegaciones contenidas en su escrito,.................... no especifica ni justifica suficientemente la existencia de los presupuestos contenidos en el referido precepto, ni tampoco especifica en qué motivo funda su oposición, más allá, como decimos, de presentar de forma procelosa y confusa una serie de conductas supuestamente cometidas por mi mandante, pero sin vincularlas con ninguno de los motivos de oposición contenidos en el artículo 475 TRLC.

4.– En este caso, no existen hechos relevantes que pudieran conducir a la calificación del concurso como culpable. Todo lo contrario, ya que consta en los autos de concurso el auto ya firme de fecha 20 de abril de.................... (adjunto al presente escrito como DOCUMENTO 11) en el que se califica el concurso como fortuito.

Así mismo, destacar también que cualquier mención a una eventual calificación culpable del concurso habría precluido, de tal forma que, si.................... lo hubiera considerado pertinente bien podría haber impugnado la calificación, cosa que, como consta en autos, no ha hecho.

5.– La Administración concursal en su informe de fecha 6 de octubre de.................. indica expresamente que la calificación del concurso como fortuito vía auto de fecha 20 abril imposibilita el cumplimiento del presupuesto de calificación culpable contenido en el artículo 475 TRLC.

En el mismo sentido, en el referido informe de fecha 6 de octubre, la Administración Concursal indica expresamente que no existen acciones viables de reintegración de la masa activa ni de responsabilidad de terceros pendientes de ser ejercitadas por la misma.

6.– De los hechos descritos en el escrito de demanda incidental no se pueden advertir indicios para considerar que pueda ejercitarse una acción de responsabilidad (tampoco parece insinuarlo la actora en su escrito, si quiera tácitamente).

Tampoco de una acción de reintegración, ya que, como se ha expuesto y acreditado, la escritura de extinción de comunidad de bienes de 20 de julio de................ se otorgó sin perjuicio a los acreedores o a la masa del concurso, por cuanto que ambos cónyuges se repartieron todos los bienes por mitades en función de su valoración, valoración esta que, por otra parte, no ha sido tachada, impugnada o revisada por en ningún procedimiento, sede o jurisdicción.

Igualmente se ha podido comprobar como la reducción de ingresos derivados de los rendimientos de trabajo del concursado no constituyen base ni presupuesto para el ejercicio de una acción de reintegración.

En cualquier caso, y si.................... hubiera comunicado su crédito o hubiera solicitado la inclusión del mismo en el listado de acreedores, bien podría, de haberlo considerado pertinente ejercitar las acciones que hubiera tenido por convenientes en virtud de la legitimación subsidiaria que la legislación concursal le confiera, cosa que, como consta en los autos de concurso, no ha hecho la actora.

7.– En virtud de lo anterior, esta parte considera que la oposición a la conclusión del concurso formulada por.................... debe ser desestimada por el Juzgador, dicho sea con todo el respeto y prudencia, ello por entender que la misma carece de toda base legal y sustento probatorio, así como por no cumplir los presupuestos contenidos en el artículo 475 TRLC.

FUNDAMENTOS DE DERECHO

I.– PROCESALES.

PRIMERO.– COMPETENCIA Y PROCEDIMIENTO. Es competente el Juzgado al que me dirijo, conforme a lo que dispone el art. 86 ter de la Ley Orgánica del Poder Judicial, así como de conformidad con los artículos 475 y 532 y ss. TRLC del Real Decreto Legislativo 1/2020, de 5 de mayo, por el que se aprueba el texto refundido de la Ley Concursal. Además, esta impugnación deberá tramitarse por el procedimiento de incidente concursal, de conformidad con lo previsto en los referidos preceptos.

SEGUNDO.– CAPACIDAD Y LEGITIMACIÓN.

A) Mi mandante se encuentra plenamente capacitado y legitimado en virtud de los artículos 486 y ss. TRLC.

B) En cuanto a la legitimación activa de...................., la contraparte carece de legitimación activa para pronunciarse sobre la conclusión del concurso solicitada por la Administración Concursal.

Ello por cuanto que el artículo 475 TRLC limita la legitimación activa en estos casos, exclusivamente, a aquellas personas que acredite interés legítimo (la negrita y subrayados son nuestros):

"Artículo 475. Oposición a la conclusión.

1. Dentro del plazo en que el informe estuviera de manifiesto en la oficina judicial, cualquier persona que acredite interés legítimo podrá formular oposición a la conclusión del concurso, siempre que justifique la existencia de indicios suficientes para considerar que pueden ejercitarse acciones de reintegración o de exigencia de responsabilidad o acrediten por escrito hechos relevantes que pudieran conducir a la calificación de concurso como culpable.

(...)"

B.1.– EL HECHO DE ENCONTRARSE PERSONADA EN EL CONCURSO NO LE OTORGA A LA ACTORA, PER SE, LA CONDICIÓN DE PERSONA CON INTERÉS LEGÍTIMO.

Tal como se ha adelantado, el precepto fija como requisito que se trate de una persona con interés legítimo. En este punto, la actora parece dar por sentado que el hecho de que se encuentre personada en el procedimiento, ello le otorga, sin más trámite, la condición de interés legítimo.

Nada más lejos de la realidad, ya que, jurisprudencialmente se ha resuelto que la mera personación en el concurso no otorga, per se, la condición de interés legítimo, por lo que aquel interesado en formular oposición deberá exponer y acreditar, al menos de forma inicial, tal condición. Sin embargo, como puede comprobarse, la actora no dedica ni una línea de su escrito a esta cuestión.

En este sentido, la reciente Sentencia del Tribunal Supremo de fecha 22 de diciembre de 2022:

"Conviene advertir que una cosa es que alguien tenga interés legítimo para ser parte en el concurso de acreedores de un deudor común, aunque no sea acreedor, y otra distinta que necesariamente por ello goce de legitimación para intervenir en un incidente concursal. Depende del incidente y, más en concreto, de las acciones que se ejerciten, la legitimación activa y pasiva puede estar restringida (...)

(...) El que alguien que, por haberse personado, sea parte en el concurso esté legitimado para actuar como interviniente en un incidente concursal no significa que lo esté para plantear directamente la acción."

B.2.- LA ACTORA NO TIENE LA CONDICIÓN DE ACREEDORA, YA QUE NI EL PRETENDIDO CRÉDITO DE.................... ES TAL, NI, EN SU CASO, LA ACTORA HA COMUNICADO SU SUPUESTO CRÉDITO EN SEDE CONCURSAL.

Como se ha indicado en los Fundamentos de Hecho del presente escrito, esta parte considera que el supuesto crédito ostentado por.................... no existe, y, aunque existiera, el mismo no ha sido comunicado por la actora, ello pese a estar personada en el concurso desde el mes de julio de....................

En este punto, me remito a las alegaciones contenidas en los Fundamentos de Hecho (PREVIA II) en aras a una mayor brevedad y para evitar reiteraciones innecesarias.

En cualquier caso, resulta más que evidente que...................., aún no habiendo comunicado su supuesto crédito en el momento inicial del procedimiento concursal, bien podría, de haber tenido voluntad, haberlo comunicado tardíamente una vez personado en el concurso (julio....................) para su posterior reconocimiento, en su caso, por parte de la Administración Concursal con la clasificación que correspondiera.

Sin embargo, nada de eso hizo, manteniéndose impasible y limitándose únicamente a solicitar su personación (en condición de interesado) en el concurso en fecha 5 de julio de.................... pero sin comunicar su crédito, pasividad esta que da lugar, a la postre, a una serie de nefastas consecuencias en el seno del concurso, y por ende, en el presente incidente, tal como se procede a exponer.

UNO.- SOBRE LA COMUNICACIÓN DE CRÉDITOS AL CONCURSO

Si bien es una cuestión a la que no se le da en ocasiones la suficiente importancia, la formación de la masa pasiva del concurso se torna una de las actuaciones capitales no sólo de la fase común del concurso, sino del propio procedimiento concursal. Su configuración principia tras el llamamiento a los acreedores formulado por la Administración Concursal, previsto en los arts. 28.1.5° y 252 TRLC, continúa con la comunicación de créditos de sus créditos al concurso, prosigue con su posterior reconocimiento y clasificación, y la consecuente configuración de la lista de acreedores.

Como resulta del propio art. 252 TRLC, la comunicación se dirigirá a todos los acreedores, pero con independencia de ello, pecha sobre el acreedor el referido deber comunicatorio credictual, en el plazo y la forma previsto en el art. 255 TRLC, sea cual fuere la fuente de conocimiento de la carga comunicatoria, o de la existencia del concurso (el BOE, o la carta, o cualquier otra), incluso, aunque le fuere ignoto al acreedor.

Esa comunicación de créditos ex art. 255 TRLC, a primera vista, podría parecer ilógica y carente de sentido, pues la existencia y cuantía del crédito resultan, o deberían resultar, de la propia documentación del concursado. En la mayoría de los casos así suele ser. Pero en otros la determinación y reconocimiento credictual por la AC se antoja harto difícil, y en algunos, incluso, de imposible cumplimiento. Por otro lado, no resulta extraña en la práctica la concurrencia de contradicciones y disputas entre la concursada y sus acreedores, en orden no solo a la existencia de su crédito (como acontece en este caso), sino de su cuantía y su naturaleza y condiciones.

Por ello, el legislador arbitró el trámite de insinuación de créditos al concurso del art. 255 y ss. TRLC, habiéndose definido, con acierto, como el sistema o medio previsto en el procedimiento concursal para que los acreedores, incluso, sin personarse en el procedimiento concursal (art. 512.2 TRLC), puedan participar en la defensa y reconocimiento de sus derechos. Y lo configura como una suerte de carga procesal, que pecha sobre el acreedor, y solo sobre él, de contenido informativo dirigido a la AC que le impone no la mera manifestación, sino la acreditación, en los términos de los arts. 255 y ss. TRLC, no solo de la existencia de su crédito, sino su cuantía, circunstancias y clasificación que preconiza del mismo. Ese carácter de carga procesal, conlleva, como más adelante se expondrá, que el acreedor se haga cargo y soporte cualquier consecuencia negativa para su crédito debido a una ausente comunicación.

Una primera reflexión, quizás apresurada, nos podría conducir a resaltar el carácter libérrimo, facultatorio, para el acreedor de la referida comunicación, en el sentido que le corresponde decidir si desean formular tal comunicación y participar en el proceso concursal.

Pero esta parte entiende que dicha facultad no es tal. El acreedor viene compelido ya no solo a manifestar su crédito sino a acreditar su cuantía y condiciones. Por otro lado, la comunicación surte efectos y tiene consecuencias no solo en el procedimiento concursal, sino también en el propio acreedor, pues su actuación omisiva es susceptible de acarrearle serias consecuencias y sanciones. Todo lo cual, difícilmente casa con un eventual carácter facultativo de la notificación credictual. Por ello, es dable a entender que la referida puesta en conocimiento de la Administración del crédito, más que como una facultad, como un deber a cargo del acreedor. Y en el supuesto de una ausente comunicación por parte del acreedor, el mismo debe pechar con las consecuencias que tal defecto conlleva.

En virtud de lo anterior, es evidente que el contenido del art. 255 TRLC, se extiende sobre todos los créditos concursales, incluso los que cuentan con garantía real, con independencia de su importe, carácter vencido y exigible, su carácter condicional o litigioso, clasificación concursal, o, en su caso, que fueren susceptibles de su reconocimiento forzoso.

En este sentido, la STS nº 655/2016, de 4 de noviembre, y entre otros, la profesora HERBOSA MARTÍNEZ, I "Acreedores con Garantía Real en el Concurso."

DOS.– AUSENCIA DE COMUNICACIÓN EN EL SUPUESTO DE AUTOS Y CONSECUENCIAS DE LA REFERIDA ACTUACIÓN OMISIVA.

En el supuesto de autos, y sin perjuicio de que esta parte sostiene que el referido crédito no existe, ya se ha indicado que.................... no ha procedido a fecha actual a la comunicación de su crédito, habiéndose personado en las actuaciones el pasado mes de julio, es decir, hace al menos 5 meses, ni, tampoco, ha instado la modificación de los textos definitivos en el seno del concurso.

De este modo, y como se ha indicado anteriormente, dicha ausencia comunicatoria conlleva que a fecha actual.................... no sea un acreedor reconocido en el concurso de acreedores de mi principal, ya que, pese a estar personado, ni ha comunicado su supuesto crédito (aunque fuera de forma tardía) ni ha procedido a impugnar los textos definitivos para lograr su reconocimiento, como se reconoce en su propio escrito.

Y la falta de reconocimiento de su crédito va a conllevar que el mismo quedaría excluido del sistema concursal, y quedaría hibernado, extra muros del procedimiento concursal, en el que se vería imposibilitado de intervenir. Se trataría por tanto de un crédito no concurrente.

En ese sentido, de nuevo, la Jurisprudencia y Doctrina más autorizadas, entre otros (STS 655/2016 de 4 de noviembre, HERBOSA MARTINEZ, I. "Reconocimiento.". CABANAS TREJO, R, o FACHAL NOGUER, N. "Garantías".

Todo lo anteriormente expuesto implica en el supuesto de autos la falta de legitimación a la hora de formular la demanda incidental que aquí se contesta por cuanto que el artículo 475 TRLC establece claramente la legitimación a la hora de pronunciarse sobre la conclusión del concurso, limitándola, exclusivamente, a aquellas personas que acrediten interés legítimo.

Habiendo acreditado esta parte que.................... no es un acreedor personado en el procedimiento concursal de mi mandante (no está incluido en el listado de acreedores como de contrario se reconoce), y dado que el mero hecho de estar personado no supone, por sí solo y sin más, haber acreditado ostentar interés legítimo, ello implica irremediablemente la falta de legitimación activa para oponerse a la conclusión del concurso por insuficiencia de masa, ello de conformidad con lo dispuesto en el artículo 475 TRLC.

TERCERO.– REPRESENTACIÓN Y POSTULACIÓN. Mi mandante actúa representado por Procurador/a y asistido/a de Abogado/a de acuerdo con los artículos 23 y 31 de la Ley de Enjuiciamiento Civil y art. 512 TRLC.

II.– DE FONDO.

ÚNICO.– EL ARTÍCULO 475 TRLC COMO BASE PARA FORMULAR LA OPOSICIÓN A LA CONCLUSIÓN DEL CONCURSO.

El artículo 475 TRLC regula la oposición a la conclusión del concurso por insuficiencia de la masa activa para satisfacer los créditos contra la masa:

"1. Dentro del plazo en que el informe estuviera de manifiesto en la oficina judicial, cualquier persona que acredite interés legítimo podrá formular oposición a la conclusión del concurso, siempre que justifique la existencia de indicios suficientes para considerar que pueden ejercitarse acciones de reintegración o de exigencia de responsabilidad o acrediten por escrito hechos relevantes que pudieran conducir a la calificación de concurso como culpable.

2. Al escrito de oposición deberá acompañar documento acreditativo de la constitución de depósito o la consignación en el juzgado de una cantidad suficiente para la satisfacción de los previsibles créditos contra la masa. El depósito o consignación podrá hacerse también mediante aval solidario de duración indefinida, pagadero a primer requerimiento, emitido por entidad de crédito o sociedad de garantía recíproca, o por cualquier otro medio que, a juicio del tribunal, garantice la inmediata disponibilidad de la cantidad.

3. Si el juez considerase suficientes los indicios y los hechos acreditados por quien hubiera formulado oposición y suficiente la garantía, la admitirá a trámite conforme a lo establecido para el incidente concursal. Si considerase insuficiente la garantía concederá a quien hubiera formulado oposición el plazo de cinco días para que pueda mejorarla.

4. Si dentro del plazo establecido por la ley ninguna persona con interés legítimo formulase oposición a la conclusión del concurso, el juez resolverá mediante auto sobre la conclusión solicitada."

Del referido precepto resulta que no basta el interés legítimo para el ejercicio de la presente acción (que por otra parte, y como se ha visto, no acredita la actora), sino que es necesario invocar y aportar indicios suficientes de la concurrencia de alguna de las causas de oposición tasadas que establece el artículo 475 TRLC, y que se concretan en la posibilidad de ejercicio de acciones de reintegración o de exigencia de responsabilidad, o bien acreditar por escrito hechos relevantes que pudieran conducir a la calificación de concurso como culpable.

Se trata por tanto de una relación exhaustiva, no pudiendo invocar otras causas distintas que, por sí solas, puedan fundamentar la oposición a la conclusión. Y si bien no se exige una prueba irrefutable de la concurrencia de las referidas causas, sí es necesario al menos la aportación de indicios sólidos y razonables de su viablidad. Se exige así proporcionar al Juez del concurso elementos bastantes de los que resulte, al menos en un momento inicial, la verosímil existencia del hecho alegado.

En este sentido el magistrado Senent Martínez S. "Comentario a la Ley Concursal Tomo II", Editorial La Ley.

En este sentido igualmente, y entre otras la Sentencia del Juzgado de lo Mercantil nº 1 de Zaragoza nº 187/2016 de fecha 14 de julio de 2016.

Pues bien, en el supuesto que nos ocupa resulta evidente que de contrario no se ha cumplido con los requisitos necesarios contenidos en el artículo 475 TRLC. Como se ha indicado en un momento anterior del presente escrito la actora se limita a presentar de forma procelosa y confusa unas actuaciones llevadas a cabo, supuestamente, por mi mandante, pero sin especificar ni detallar en qué causa concreta de las recogidas en el artículo 475 TRLC funda su oposición.

Así mismo, como se ha expuesto en los Hechos del presente escrito, la actora tampoco invoca o aporta indicios suficientes de la concurrencia de ninguna de las causas de oposición previstas en el artículo 475 TRLC. En este punto nos remitimos a las alegaciones formuladas al efecto en los Hechos del presente escrito en aras a una mayor brevedad.

Por ello, y de conformidad con lo dispuesto en el artículo 475 TRLC, y conforme a lo interpretado por la Doctrina y Jurisprudencia más autorizadas, para que pueda prosperar la demanda de oposición a la conclusión del concurso, no es suficiente con presentar someramente unos hechos, sino que, al menos, se exige la aportación de indicios sólidos y razonables como sustento de los mismos, habiendo incumplido la actora tal elemental exigencia.

No sólo lo anterior sino que, tal como viene exigiéndose Jurisprudencialmente, el acreedor podrá oponerse a la conclusión cuando sea previsible el ejercicio de acciones de reintegración o de responsabilidad de terceros o la calificación del concurso como culpable, o se esté tramitando la sección de calificación o estén pendientes demandas de reintegración o de exigencia de responsabilidad de terceros, salvo que las correspondientes acciones hubiesen sido objeto de cesión, o fuese manifiesto que lo que se obtuviera de ellas no sería suficiente para la satisfacción de los créditos contra la masa.

Es decir, se exige que haya previsibilidad de que se incremente la masa activa de forma efectiva y permita el pago de los créditos contra la masa, ya sea vía acciones de reintegración, o mediante la afectación de patrimonios de refuerzo (acciones de responsabilidad de terceros o condenas pecuniarias en la sección de calificación).

Y que dicha exigencia es lo que justifica la continuación del concurso lo corrobora el artículo 474 TRLC cuando exige que el informe justificativo de conclusión de la administración concursal deba afirmar y razonar inexcusablemente que "el concurso no será calificado como culpable y que no existen acciones viables de reintegración de la masa activa ni de responsabilidad de terceros pendientes de ser ejercitadas o bien que lo que se pudiera obtener de las correspondientes acciones no sería suficiente para el pago de los créditos contra la masa".

En este sentido, y entre otras, la Sentencia Provincial de Madrid nº 443/2023 de fecha 9 de junio de 2023, la Sentencia del Juzgado de lo Mercantil nº 3 de Barcelona nº 1214/2021 de fecha 9 de diciembre de 2021, o la Sentencia del Juzgado de lo Mercantil nº 1 de Burgos nº 122/2019 de fecha 1 de julio de 2019.

Pues bien, si acudimos al escrito de oposición de la actora observamos cómo de contrario nada se indica a este respecto. De este modo, analizando el escrito de la actora comprobamos cómo en ningún punto o apartado del mismo se hace referencia a que las eventuales acciones de reintegración, de prosperar, permitirían que se obtuviera el suficiente dinerario para pagar los créditos contra la masa, siendo esta cuestión, como hemos visto, un presupuesto esencial para que pueda prosperar la oposición a la conclusión del concurso por insuficiencia de masa.

En cualquier caso, y en relación a las supuestas causas de oposición que se deducen (ya que en ningún momento se especifican ni detallan) en el escrito formulado de contrario:

Sobre la eventual acción de reintegración.

Al contrario de lo sostenido por la actora, esta parte ha acreditado que el reparto de los bienes conyugales del matrimonio del concursado mediante operado a través de la escritura de extinción de comunidad de bienes otorgada en fecha 20 de julio de................ (adjunta al presente escrito como DOCUMENTO 7) no se hizo en perjuicio de acreedores, y por tanto no existen indicios, si quiera remotos, para el ejercicio de una acción de reintegración ex. artículos 226 y ss. TRLC:

A) Tal como resulta de la referida escritura, el reparto de los bienes conyugales se hizo por estrictas mitades en función de la valoración de los mismos, valoración esta que no ha sido objeto de impugnación si quiera por la autoridad fiscal competente, lo que denota la bondad y licitud de la operación.

B) Dada la referida adjudicación no puede entenderse que el concursado se desprendiera de patrimonio, ya que, recordemos, previamente a la formalización de la escritura, los bienes pertenecían a ambos cónyuges por mitades. No existe por tanto perjuicio para la masa del concurso.

C) Resulta indiferente que el referido reparto se llevara a cabo meses antes de la solicitud de concurso de acreedores de mi mandantes por cuanto se ha acreditado que ningún perjuicio se ha causado a la masa del concurso.

D) Así mismo, resulta conveniente destacar que la Administración Concursal en su informe de fecha informe de fecha 6 de octubre, ya indicó expresamente que no existen acciones viables de reintegración de la masa activa ni de responsabilidad de terceros pendientes de ser ejercitadas por la misma.

Sobre la eventual calificación del concurso como culpable.

En el supuesto de autos, resulta evidente que no se da el presupuesto contenido en el artículo 475 TRLC relativo a una eventual calificación del concurso como culpable, ello por cuanto que, como se ha acreditado con el DOCUMENTO 11 adjunto al presente escrito, ya existe auto firme de fecha 20 de abril de.................. en el que se califica el concurso como fortuito, por lo que no es necesario añadir nada más al respecto.

Así mismo, destacar también que cualquier mención a una eventual calificación culpable del concurso habría precluido, de tal forma que, si.................. lo hubiera considerado pertinente bien podría haber impugnado la calificación, cosa que, como consta en autos, no ha hecho.

TERCERO.– COSTAS

Procede la interposición de costas a la parte demandante, ello en virtud de lo dispuesto en el artículo 542 TRLC, el cual se remite a lo dispuesto en la materia por la Ley de Enjuiciamiento Civil.

En su virtud,

SUPLICO AL JUZGADO, que teniendo por presentado este escrito, lo admita y en méritos a lo expuesto acuerde tener por formulada contestación a la OPOSICIÓN A LA CONCLUSIÓN DE CONCURSO formulada por la representación procesal de.................., S.A., dictando en su día sentencia de conformidad con lo manifestado en este escrito de contestación, esto es, desestimando íntegramente las pretensiones contenidas en el escrito de oposición formulado por.................., S.A., todo ello con expresa imposición de costas causadas en el presente incidente a.................., S.A.

OTRO SÍ PRIMERO DIGO.– Que de conformidad con lo dispuesto en los artículos 539 y 540 TRLC, se solicita la citación a las partes para la correspondiente vista (salvo que su Señoría considere que no es necesaria la celebración de la misma), y con el objeto de que surta los efectos probatorios oportunos en el seno del presente incidente, por esta parte se propone y se interesa se admita la práctica de los siguientes MEDIOS DE PRUEBA:

A) DOCUMENTAL: Que se tengan por reproducidos y aportados al ramo de prueba de esta parte los documentos que se acompañan al presente escrito de contestación y los cuales han sido referenciados en el cuerpo del presente escrito.

Así mismo, y a efectos probatorios oportunos, se dejan designados los autos de Concurso Voluntario nº..../..... que se siguen en el presente Juzgado, así como el resto de documentos e informes relativos al referido procedimiento concursal contenidos en el presente escrito de contestación formulado por esta parte.

Del mismo modo, a efectos probatorios SE DESIGNAN LOS DOCUMENTOS, ARCHIVOS Y REGISTROS correspondientes a todos aquellos organismos, juzgados y entidades que han quedado reseñados en el presente escrito, así como que guarden relación con los documentos que se aportan con el mismo.

B) INTERROGATORIO DE TESTIGOS, consistente en el examen de los siguientes testigos:

– ...., Administrador Concursal de la mercantil.................................... SL, solicitándose sea citado por este tribunal en la siguiente dirección: Calle............., 3, 2º 4º de..........

C) PERICIAL de D................(Arquitecto Urbanista) que deberá comparecer al objeto de ratificar su informe pericial de valoración de inmuebles (DOCUMENTOS 8, 9 y 10) y a responder a cuantas aclaraciones le sean formuladas, solicitándose sea citado por este tribunal en la siguiente dirección: Calle..........., 7 Bajo de..........

SUPLICO AL JUZGADO, acuerde el señalamiento de vista si así lo considera necesario para la resolución del supuesto de autos, declarando en cualquier caso la pertinencia y admisión de los medios de prueba anunciados.

OTRO SÍ SEGUNDO DIGO.– Que respecto al ramo de prueba contenido en el escrito de la contraparte, en concreto, B) MÁS DOCUMENTAL-REQUERIMIENTOS C) TESTIFICALES/INTERROGATORIOS y PERICIAL JUDICIAL, esta parte muestra su total rechazo a los referidos medios de prueba, ello por las razones que a continuación se indicarán.

Como se ha expuesto en un momento anterior del presente escrito, el artículo 475 TRLC exige que por parte del actor se invoquen y aporten indicios suficientes de la concurrencia de alguna de las causas de oposición tasadas que establece el referido precepto, y que se concretan en la posibilidad de ejercicio de acciones de reintegración o de exigencia de responsabilidad, o bien acreditar por escrito hechos relevantes que pudieran conducir a la calificación de concurso como culpable.

Es decir, no basta el interés legítimo para ejercitar la demanda de oposición a la conclusión del concurso, sino que se exige un mínimo rigor a la hora de presentar los indicios que fundamente la acción. Se trata por tanto de una relación exhaustiva, no pudiendo invocar otras causas distintas que, por sí solas, puedan fundamentar la oposición a la conclusión.

Y si bien es cierto no se exige una prueba irrefutable de la concurrencia de las referidas causas, sí es necesario al menos la aportación de indicios sólidos y razonables de su viabilidad. Se exige así proporcionar al Juez del concurso elementos bastantes de los que resulte, al menos en un momento inicial, la verosímil existencia del hecho alegado.

En este sentido, entre otros, y como se ha indicado anteriormente, el magistrado Senent Martínez S. "Comentario a la Ley Concursal Tomo II", Editorial La Ley.

En este sentido igualmente, y entre otras la Sentencia del Juzgado de lo Mercantil nº 1 de Zaragoza nº 187/2016 de fecha 14 de julio de 2016.

Pues bien, aplicando la referida Doctrina al supuesto de autos observamos claramente cómo de contrario no se aporta ningún indicio sólido o razonable que pueda fundamentar su oposición a la conclusión del concurso, y lo que no puede pretender es, dicho sea con todo el respeto, utilizar al Juzgado como método o vía de averiguación de unas supuestas conductas que no han sido mínimamente acreditadas, si quiera indiciariamente, en su escrito de demanda.

De este modo, lo que pretende la actora con su solicitud es una suerte de causa general probatoria del todo indeterminada, para ver si "suena la flauta" y obtiene alguna justificación o sustento de sus elucubraciones del todo infundadas, las cuáles han quedado absolutamente desacreditadas a través de la prueba aportada por esta parte.

No sólo eso, sino que, como hemos visto, la actora basa su oposición en hechos que no se ajustan a la realidad (por no decir que son falsos) a la hora de fundar sus alegaciones.

Un ejemplo de ello es la supuesta transferencia por parte de mi mandante de sus ingresos derivados de los rendimientos de trabajo en favor de su cónyuge. Como se ha acreditado, de la propia documentación aportada por la actora resulta que la cónyuge de mi mandante no percibió en el ejercicio................ (que es el que indica la actora) importe alguno derivado del rendimiento del trabajo.

Otro ejemplo es la referencia que se lleva a cabo de contrario relativa al reparto de los bienes conyugales a través de la escritura de extinción de comunidad de bienes que se ha adjuntado a la presente demanda. En este punto la actora, sin ningún tipo de base, y lo que es más grave, faltando a la verdad, sostiene que determinados bienes fueron adjudicados a la cónyuge de mi mandante en perjuicio de los acreedores, cuando lo cierto y verdad es que los mismos fueron adjudicados al concursado.

Pues bien, al contrario de lo alegado por la actora, y tal como ha acreditado esta parte, el reparto de los bienes conyugales se hizo por mitades en función de su valoración, valoración esta que hasta la fecha no ha sido objeto de reproche o impugnación en ninguna sede, organismo o jurisdicción. No sólo lo anterior, sino que esta parte ha aportado valoraciones de los inmuebles de las que se infiere que el reparto efectuado entre ambos cónyuges fue equitativa.

Por todo ello, lo que no puede pretender la actora, por exceder con creces lo previsto en el artículo 475 TRLC, es disparar una batería de acusaciones sin ningún indicio sólido que permita llevar a cabo un juicio de razonabilidad sobre la realidad de las conductas descritas.

Es decir, alegar una serie de conductas sin ninguna base probatoria, si quiera indiciaria, y tratar de acreditar las mismas a través de la labor investigadora del Juzgador en el seno del incidente concursal. Como se ha indicado, el artículo 475 TRLC exige un mínimo rigor a la hora de presentar los indicios que fundamenten la acción, no siendo posible, por tanto, alegar unos hechos sin ningún tipo de prueba para después obtenerla a través del Juzgado.

Por todo lo anterior, este parte rechaza el ramo de prueba propuesto por la actora en su OTRO SI II, en concreto, B) MÁS DOCUMENTAL-REQUERIMIENTOS C) TESTIFICALES/ INTERROGATORIOS y PERICIAL JUDICIAL, solicitando por tanto que los referidos medios de prueba sean rechazados por el Juzgador.

SUPLICO AL JUZGADO, que se tenga por efectuada la anterior solicitud, acordándose la inadmisión de los medios de prueba indicados propuestos por la actora.

OTRO SÍ TERCERO DIGO.– Que de conformidad de lo dispuesto en el artículo 540 TRLC, se solicita se dicte la correspondiente sentencia sin citación a las partes para la vista y sin más trámites.

SUPLICO AL JUZGADO, que se tenga por efectuada la anterior solicitud, acordándose dictar la correspondiente sentencia sin citación a las partes para la vista y sin más trámites.

OTRO SÍ CUARTO DIGO.– Que siendo intención de esta parte cumplir con todos los requisitos legales, a tenor de lo previsto en el artículo 231 de la Ley de Enjuiciamiento Civil, se solicita por esta parte que se nos diere traslado de cualquier defecto que pudiera adolecer la presente demanda, para proceder a la inmediata subsanación.

SUPLICO AL JUZGADO, que teniendo por efectuada la anterior manifestación a los efectos oportunos.

Todo lo anterior por ser de justicia que pido en.........., a 17 de enero de ......

....

Abogado Procurador

F735. SOLICITUD DE CONTINUACIÓN DEL CONCURSO

Normativa de aplicación: *Arts. 465 y ss. Real Decreto Legislativo 1/2020, de 5 de mayo, por el que se aprueba el texto refundido de la Ley Concursal*

AL JUZGADO DE LO MERCANTIL NÚM. .... DE ....

.... Procurador de los Tribunales y de .... S.L, representación que acredito en las presentes actuaciones procedimiento concursa núm............., ante el Juzgado comparezco bajo la dirección letrada de Don .... (ICAV ....) y como mejor proceda en derecho DIGO:

PRIMERO.– Que en fecha ...., y en las presentes actuaciones se ha solicitado por la Administración Concursal la conclusión de este concurso por

SEGUNDO.– Que por medio del presente escrito y no habiéndose dictado auto de conclusión del presente concurso, se solicita al amparo del art. 476.1 TRLC LA CONTINUACIÓN DEL PRESENTE CONCURSO, efectuando las siguientes

ALEGACIONES

I.– Se solicita la continuación del presente concurso, desechando la solicitud de conclusión formulada por a Administración Concursal, a la vista de la existencia de indicios suficientes para considerar que pueden ejercitarse las siguientes acciones de reintegración:............

La viabilidad de tales acciones resulta evidente pues ....

Se justifica la existencia de los referidos indicios acompañando a este escrito como DOCUMENTOS .... A............, la siguiente documentación: ....

II.– También entendemos que existen los siguientes hechos relevantes que conducen a la calificación de concurso culpable: ....

Se acredita lo anterior acompañando como DOCUMENTOS ...., la siguiente documentación: ....

III.– A los efectos de lo establecido en el art. 476.1 TRLC se entienden que importe de los créditos contra la masa previsibles, y a los que se refiere el citado articulo, asciende a la suma de .... euros.

Se acompaña como DOCUMENTO .... justificante de deposito/consignación judicial del referido importe.

ALTERNATIVA: Se acompaña como DOCUMENTO .... aval solidario de duración indefinida, pagadero a primer requerimiento, emitido por entidad de crédito .... Y que garantiza la inmediata disponibilidad de la referida cantidad.

En su virtud

SUPLICO AL JUZGADO que tenga por presentado este escrito, y los documentos unidos al mismo, y copia de todo ello, se sirva admitirlo y previos los oportunos tramites legales se sirva decretar la continuación del concurso acordando cuanto proceda al efecto. En... ....a...............

F736. INFORME FINAL DE LIQUIDACIÓN Y CONCLUSIÓN DEL CONCURSO

Normativa de aplicación: *Arts. 465 y ss. Real Decreto Legislativo 1/2020, de 5 de mayo, por el que se aprueba el texto refundido de la Ley Concursal.*

INFORME FINAL DE LIQUIDACIÓN y SOLICITUD DE CONCLUSIÓN Y ARCHIVO DEL CONCURSO DEL CONCURSADO................

1. OPERACIONES DE LIQUIDACIÓN REALIZADAS

La apertura de la liquidación se realiza una vez solicitada por la representación procesal del concursado mediante escrito de fecha 30 de diciembre de................ El 11 de enero de........... se declarada el Auto de apertura de liquidación, dando por finalizada la fase común mediante Auto del 9 de febrero de............ La Administración Concursal presentó reglas especiales en fecha 12 de febrero de............ Se recibieron alegaciones al mismo por parte de la entidad......................., S.L. y..........., S.A. que fueron contestadas por esta Administración Concursal, aprobándose las reglas por Auto de fecha 18 de junio de ..... el Plan, teniendo en cuenta las alegaciones formuladas.

Las acciones de liquidación iniciadas desde la aprobación de las reglas especiales fueron las siguientes:

PRIMERA: Control saldo en bancos

El saldo en bancos ascendía a...........€, estando depositado en las cuentas intervenidas para la tramitación del procedimiento y en la que se ha ingresado los importes resultantes de las operaciones de liquidación, registrándose los cobros y pagos realizados.

SEGUNDA: Acciones de liquidación

En las reglas especiales presentadas el 12 de febrero de..........., se adjuntaba oferta recibida por una de las fincas, y posteriormente se solicita ampliación del plazo de venta directa al no haber recibido oferta por el resto de las fincas. Por Auto del 03 de enero de........... se autoriza la ampliación del plazo solicitada y se reciben ofertas por las restantes fincas, materializándose en gestión de venta directa la totalidad de los inmuebles del concursado, conforme se detalla a continuación.

- Bienes inmuebles:

– Finca...........:

Sobre dichas fincas se presenta la oferta junto a las reglas especiales y tras no recibir mejoras a la misma se materializa mediante escritura firmada ante el Notario de........... Don........... bajo su nº de protocolo..........., en fecha 29 de septiembre de...........

La oferta recibida asciende a...........€ sobre la finca ganancial. Ambos cónyuges acuerdan pagar la hipoteca en su totalidad por........... €, e ingresar el 50% cada uno de la diferencia una vez descontados los gastos de tramitación de la escritura, ingresándose un total de........... €.

– Finca.........../...........:

Recibida oferta por el inmueble en cuestión, se solicita autorización al Juzgado para su venta y por Auto del 19 de junio de........... queda autorizada la operación. Por tanto, en fecha 13 de julio de........... se firma la venta de la finca ante el notario de........... Don........... bajo su nº de protocolo..........., ingresando la totalidad del importe obtenido en la cuenta intervenida del concursado, esto es...........€, al tratarse de un inmueble libre de cargas.

– Fincas...........:

Se autoriza la venta judicial de las fincas de referencia por Auto de fecha 7 de marzo de..........., una vez manifestada la conveniencia por parte de la administración concursal a la venta en su conjunto con los bienes de la deudora........... por interés del concurso.

Se materializa la venta ante el Notario de........................, bajo su nº de protocolo........... en fecha 22 de noviembre de............

El importe total de la operación asciende a...........€, desglosado de la siguiente forma:

• 36% proindiviso de la finca........... por importe de...........€, el 64% restante queda a nombre del concursado. Importe ingresado en la cuenta intervenida del concursado.

• Las fincas...........,........... y........... por importe de...........€. Importe ingresado en la

cuenta intervenida del concursado.

• Finca........... propiedad de Don........... y Doña........... por importe total de...........€. De lo anterior se entregan........... € al acreedor hipotecario..........., S.A. en pago de su deuda, saldando la totalidad de la misma. El importe de...........€ se entrega al acreedor hipotecario......................, S.L., en pago de parte de su deuda. Un importe de...........€, coincidente con el saldo pendiente al acreedor hipotecario......................, S.L., importe retenido por..........., S.L. subrogándose en la deuda hipotecaria del anterior acreedor. Finalmente, el saldo restante de...........€ es ingresado en la cuenta intervenida del deudor.

El importe restante de...........€ es entregado a........... como

cotitular de la finca.

Se fueron analizando la naturaleza de los saldos deudores, y gestionando reclamaciones. Se han tramitado las devoluciones tributarias.

• Inversiones financieras:

El concursado posee participaciones en las siguientes sociedades y las actuaciones que se han llevado a cabo para su liquidación se detallan a continuación:

– ....S, S.L.: el valor de la participación es nulo, al encontrarse la empresa en concurso.

– ...., S.L.: tras el estudio de la venta de la misma y las acciones llevadas a cabo para su recuperación, no se ha conseguido la venta de la misma, quedando en posesión de..............., dado que como se informará a continuación se ha podido pagar todos los créditos del concurso.

– ...., S.L.: sociedad liquidada conforme a la Ley de Sociedades de Capital y de la cual se ha obtenido el cobro de........... €, ingresado en la cuenta intervenida.

TERCERA: Resumen de actuaciones

Después de la realización de toda esta serie de actuaciones descrita en los puntos anteriores de este escrito, el resumen de lo disponible para proceder al pago de los créditos contra la masa y de los créditos concursales es el siguiente:

Saldo inicial Liquidación..€ Cobro pensión.. € Cobro participación.. €

Cobro venta finca.........../................. €

Cobro venta fincas...........-.........../...........-.........../............ € Cobro venta finca........................... €

Cobro venta fincas...........,........... y.................... 00 €

Cobro venta finca.. €

Cobro devoluciones tributarias... €

2. PAGO DE LOS CRÉDITOS

2.1 CRÉDITOS CONTRA LA MASA

El artículo 429 del Texto Refundido de la Ley Concursal expone "antes de proceder al pago de los créditos concursales, la administración concursal deducirá de la masa activa los bienes y derechos necesarios para satisfacer los créditos contra ésta".

Una vez obtenido el saldo disponible para el pago de los créditos contra la masa y los créditos concursales de los acreedores, la Administración Concursal, según el artículo 242 del Texto Refundido de la Ley Concursal, ha procedido al pago de la totalidad de los créditos contra la masa, habiendo pagado los siguientes créditos:

Saldo para pago de créditos contra la masa...................... € Pago manutención y alimentos............................... €

Pago comisiones .... €

Pago notaria... €

Pago procurador- Registro .... €

Pago tributos IBI Dip... €

Pago Honorarios .... €

Pago letrado del concurso.. €

Pago Provisión cancelación cargas Notaría .... €

Pago procurador concurso .... €

– Manutención y alimentos se destina un importe total de .... €

– Comisiones bancarias: se han abonado gastos bancarios de mantenimiento y comisiones de la cuenta intervenida, que han ascendido a un total........... €.

– Notaria: se atiende el pago de...........€ a la notaría en gestión de la venta de las fincas, y se ha provisionado un importe en Notaria de........... € para la cancelación de las cargas en la transmisión de los inmuebles.

– Procurador-Registro: se han atendido gastos en pago para el Procurador en gestión del Registro de la Propiedad por importe de...........€, y se ha pagado........... € para las publicaciones de la conclusión del concurso.

– Tributos: Se atiende el pago de los IBIS posteriores a la declaración de concurso a la Diputación de........... por importe de...........€.

– Los honorarios profesionales ascienden a........... € por los honorarios cobrados por la Administrador Concursal, correspondientes a fase común y 12 cuotas de liquidación, y los correspondientes a letrado de concurso........... €, todo ello con impuestos incluidos.

2.2 CRÉDITOS PRIVILEGIO ESPECIAL

El artículo 430 del Texto Refundido de la Ley Concursal expone "el pago de los créditos con privilegio especial se hará con cargo a los bienes y derechos afectos, ya sean objeto de ejecución separada o colectiva".

El pago de los créditos con privilegio especial se ha realizado en su totalidad, siendo estos los siguientes:

P. Especial Diputación...-.......... €

El privilegio especial afecto al inmueble finca..........., y por importe de........... €, se ha atendido con la venta del inmueble, según se explica en el punto de ACCIONES DE LIQUIDACIÓN de este informe.

2.3 CRÉDITOS PRIVILEGIO GENERAL

El artículo 432 del Texto Refundido de la Ley Concursal expone "deducidos de la masa activa los bienes y derechos necesarios para satisfacer los créditos contra la masa y con cargo a los bienes no afectos a privilegio especial o al remanente que de ellos quedase una vez pagados estos créditos, se atenderá al pago de aquellos que gozan de privilegio general, por el orden establecido en esta ley y, en su caso, a prorrata dentro de cada número".

El pago de los créditos con privilegio general ha sido pagado en su totalidad.

Pago Ibis Diputación...-.......... €

Pago AEAT..-.......... €

2.4 CRÉDITOS ORDINARIOS

El artículo 433 del Texto Refundido de la Ley Concursal expone "el pago de los créditos ordinarios se efectuará con cargo a los bienes y derechos de la masa activa que resten una vez satisfechos los créditos contra la masa y los privilegiados".

Los créditos ordinarios han sido pagados en su totalidad.

Se hace constar que el Banco........... devolvió la transferencia del importe correspondiente al crédito ordinario, dado que se había realizado una cesión de crédito, la cual no fue notificada en el procedimiento. Comprobada la cesión de crédito a..........., procede su pago a esta entidad, acreditada la deuda contra el concursado.

Pago entidades financieras....................................... €

Pago entidades públicas: AEAT....................................... €

Diputación... €

Pago acreedores comerciales................................... €

2.5 CRÉDITOS SUBORDINADOS

El artículo 435 del Texto Refundido de la Ley Concursal expone "el pago de los créditos subordinados no se realizará hasta que hayan quedado íntegramente satisfechos los créditos ordinarios".

El pago de los créditos subordinados ha sido pagado en su totalidad.

Pago entidades financieras... €

Pago entidades públicas: AEAT................................. €

Diputación... €

3. DE LA CONCLUSIÓN DEL CONCURSO

Como se ha explicado en el punto primero de este escrito, la realización del activo de............... ha sido suficiente para satisfacer el pasivo ordinario del concursado.

Ha resultado un sobrante de € a favor del concursado, y ha quedado de su propiedad las acciones de la entidad..........., S.L. y el 64% de la finca registral nº............

El artículo 468.1° y 2° del Texto Refundido de la Ley Concursal, señala: "dentro del mes siguiente a la conclusión de la liquidación de la masa activa, la administración concursal presentará al juez del concurso el informe final de liquidación solicitando la conclusión del procedimiento. Si estuviera en tramitación la sección sexta, el informe final se presentará en el mes siguiente a la notificación de la sentencia de calificación", "en el informe final de liquidación el administrador concursal expondrá si el deudor tiene la propiedad de bienes o derechos legalmente inembargables, y si en la masa activa existen bienes o derechos desprovistos de valor de mercado o cuyo coste de realización sea manifiestamente desproporcionado respecto del previsible valor venal, así como si existen bienes o derechos pignorado o hipotecados".

La conclusión del concurso se solicita en base al artículo 465.5° TRLC, habiéndose pagado la totalidad de los créditos reconocidos.

Asimismo, el citado artículo 468 1° LC indica que también debe estar concluida la fase de calificación del procedimiento.

En fecha 10 de febrero de........... esta Administración Concursal presenta el informe y se solicita la calificación de Fortuito del concurso. Por Auto de fecha 28 de noviembre de........... se califica el concurso como fortuito y se decreta el archivo de la sección sin más trámites.

4. RESUMEN DE LA LIQUIDACIÓN

Resumen de las actuaciones llevadas a cabo por la Administración Concursal para la liquidación de................

SALDO DISPONIBLE en liquidación........... €

Cobro pensión

.... €

Cobro devoluciones tributarias........... €

Cobro participaciones........... €

Cobro venta finca...........-libre de cargas........... €

Cobro venta finca...........-...........-.......................-......................... €

Cobro venta finca........... €

Cobro venta finca...........-...........-....................... €

Cobro finca....................... €

Cobro devolución tributaria........... €

SALDO DISPONIBLE PARA EL PAGO DE CRÉDITOS

CONTRA LA MASA........... €

PAGO DE CRÉDITOS CONTRA LA MASA €

Manutención y alimentos

– .... €

Comisiones bancarias €

Notaria /cancelación y registros -........... €

Procurador/registros -...........€

Tributos -........... €

Honorarios Administración Concursal -........... €

Letrado del concursado -...........€

Notaria-Cancelación de cargas -...........€

Procurador-concurso -........... €

SALDO DISPONIBLE PARA EL PAGO DE CRÉDITOS con PRIVILEGIO ESPECIAL........... €

PAGO DE CRÉDITOS CON PRIVILEGIO ESPECIAL -........... €

Pago P.Especial Diputación........... -........... €

SALDO DISPONIBLE PARA EL PAGO DE LOS CRÉDITOS CON PRIVILEGIO GENERAL .... €

Pago Diputación........... -........... €

Pago AEAT -........... €

SALDO DISPONIBLE PARA EL PAGO DEL RESTO CRÉDITOS ORDINARIOS........... €

Pago entidades financieras €

Pago entidades públicas

AEAT €

Diputación........... €

Pago acreedores comerciales -40.994,75 €

SALDO DISPONIBLE PARA EL PAGO DEL RESTO CRÉDITOS SUBORDINADOS €

Pago entidades financieras

€

Pago entidades públicas

AEAT

€

Diputación........... €

SALDO sobrante a favor del concursado €

F737. AUTO DECRETANDO LA CONCLUSIÓN DEL CONCURSO POR INSUFICIENCIA DE MASA ACTIVA ART. 465.7° TRLC

Normativa de aplicación: *Arts. 465 y ss. Real Decreto Legislativo 1/2020, de 5 de mayo, por el que se aprueba el texto refundido de la Ley Concursal*

En la ciudad de........... a........... de........... de...........

ANTECEDENTES DE HECHO

PRIMERO.– Que en fecha........... de........... de........... y por la administración concursal del concurso voluntario ordinario de la compañía........... S.L. seguido en las presentes actuaciones, se comunicó a este Juzgado que la masa activa del presente concurso es insuficiente para atender los créditos contra la masa pendientes de pago

SEGUNDO.– En fecha ...., la Administración Concursal solicito la conclusión del concurso por la causa. prevista en los arts. art. 465.7° y 473 y ss. TRLC, acompañando el informe a que se refiere enl art. 473.2 TRLC.

Se acompaña también la oportuna rendición de cuentas.

TERCERO– Por ninguna de las partes se ha formulado oposición a la conclusión del concurso por insuficiencia de masa activa, ni la rendición de cuentas.

FUNDAMENTOS DE DERECHO

PRIMERO.– Que este Juez es competente para conocer de la conclusión del concurso por insuficiencia sobrevenida de la masa activa para pagar todos los créditos contra la masa (arts. 44, 45, 52, 465.7° y 473 y ss. TRLC).

SEGUNDO.– Que se han llevado a cabo todos los trámites previstos para acordar la citada conclusión

TERCERO.– Que entendemos que procede, sin más trámite, la conclusión del presente concurso por insuficiencia sobrevenida de masa activa para pagar todos los créditos contra la masa, a la vista del contenido del art. 465.7º TRLC, que permite la conclusión del concurso, cuando "en cualquier estado del procedimiento, se compruebe la insuficiencia de la masa activa para satisfacer los créditos contra la masa, y concurran las demás condiciones establecidas en esta ley."

.

CUARTO.– Como ha justificado la Administración Concursal el deudor no ha realizado actos perjudiciales para la masa activa que sean rescindibles conforme a lo establecido en los arts. 226, ss. y concordantes TRLC, pues ....

Por otro lado, tampoco existe fundamento para el ejercicio de la acciones de responsabilidad a que se refiere el art. 473.2.2º TRLC, a la vista que no existe acción social de responsabilidad contra los administradores o liquidadores, de derecho o de hecho de la persona jurídica concursada; o contra la persona natural designada por la persona jurídica administradora para el ejercicio permanente de las funciones propias del cargo de administrador persona jurídica y contra la persona, cualquiera que sea su denominación, que tenga atribuidas facultades de más alta dirección de la sociedad cuando no exista delegación permanente de facultades del consejo en uno o varios consejeros delegados.

Igualmente se ha justificado que no existe fundamento para que presente el concurso pueda ser calificado de culpable, a la vista que ....

(En su caso) Aunque cabria ejercitar la accion social de responsabilida contra ...., lo único cierto es que lo que se pudiera obtener con tal ejercicio no resulta suficiente para el pago de los créditos contra la masa pendientes de pago.

(En su caso) Ciertamente la concursada mantiene la propiedad de determinados bienes, concretamente........... Pero los mismos son legalmente inembargables (o están desprovistos de valor de mercado) (o tiene un coste de realización manifiestamente desproporcionado respecto de su previsible valor venal) toda vez que...........

Esa titularidad obviamente, no impide la declaración de insuficiencia de masa activa que nos ocupa, y por lo tanto, la conclusión del presente concurso.

QUINTO.– Que mediante diligencia de fecha........... la solicitud de conclusión y demas documentos, se pusieron de manifiesto a las partes personadas. Nadie ha formulado oposición a la petición conclusoria antes reseñada, ni a la rendición de cuentas presentada.

Visto lo expuesto y demás normativa de aplicación

DISPONGO

Decretar la conclusión del concurso por insuficiencia sobrevenida de masa activa para pagar todos los créditos contra la masa, y el archivo de las presentes actuaciones sin más trámite. Se acuerda el cese de las limitaciones de las facultades de administración y disposición del deudor. También el cierre provisional de las hojas e inscripciones abiertas a .... S.L en los siguientes registros:...........

En cuanto esta resolución devenga firme, expídase por el letrado de la Administración de Justicia mandamiento conteniendo testimonio de la resolución, con expresión de la firmeza, que remitirá por medios electrónicos al registro correspondiente, indicando que transcurrido un año a contar desde que se hubiera ordenado por el juez el cierre de la hoja registral sin que se haya producido la reapertura del concurso, el registrador procederá a la cancelación de la inscripción de la persona jurídica, con cierre definitivo de la hoja.

Se acuerda el cese de la administración concursal, revocando las autorizaciones otorgadas en el procedimiento concursal, aprobándose las cuentas por el rendidas, que no ha sido impugnada o contradicha por nadie.

Dese a la presente resolución la oportuna publicidad, expidiéndose los oportunos edictos y mandamientos. Insértese en el Registro Público Concursal. Todo los cual se tramitará por medios telemáticos.

Notifíquese la resolución al deudor, administración concursal y demás partes personadas a través de su representación procesal.

Contra la presente resolución no cabe recurso alguno.

Todo lo cual pronuncia, manda y firma el Ilmo. Sr. ...., Magistrado Juez del Juzgado de lo Mercantil núm. .... de...........

F738. AUTO ACORDANDO LA REAPERTURA DEL CONCURSO PERSONA NATURAL

Normativa de aplicación: *Arts. 465 y ss. Real Decreto Legislativo 1/2020, de 5 de mayo, por el que se aprueba el texto refundido de la Ley Concursal*

JUZGADO DE LO MERCANTIL Nº........... DE...........

AUTO

En..........., a........... de........... de...........

ANTECEDENTES DE HECHO

PRIMERO.– En fecha........... de........... de........... por el Juzgado de lo Mercantil nº........... de........... se acordó la conclusión y archivo del procedimiento concursal seguido a instancias de D........... con el nº........... por insuficiencia de masa activa.

SEGUNDO.– En fecha........... de........... de........... por..........., esto es, tres años después de la referida conclusiónconcursal, se ha presentado escrito conteniendo solicitud de concurso, el cual, visto que cumplía los requisitos legalmente exigibles, ha sido admitido por auto de fecha........... de........... de...........

FUNDAMENTOS DE DERECHO

PRIMERO.– Conforme al art. 504.1 TRLC, la reapertura del concurso del deudor persona natural solo podrá tener lugar dentro de los cinco años siguientes a la conclusión por liquidación o insuficiencia de la masa activa.

Por otro lado, art. 504.2 TRLC, la declaración de concurso de deudor persona natural después de los cinco años siguientes a la conclusión de otro por liquidación o insuficiencia de la masa activa tendrá la consideración de nuevo concurso.

DISPONGO

SE DECRETA LA REAPERTURA DEL CONCURSO Nº.........../........... que se incorporará al procedimiento en curso.

Dese traslado a la Administración Concursal para que actualice, en el plazo de dos meses, los textos definitivos del inventario y lista de acreedores del concurso reaperturado, en los términos del art. 507 TRLC.

Dese a la presente resolución, la misma publicidad que la que se hubiera dado a la declaración de concurso.

Contra la presente resolución cabe interponer recurso de reposición dentro de los cinco días de su notificación.

De conformidad con lo establecido en la LO 1/09, la presentación, anuncio o preparación de recurso contra resoluciones judiciales, no podrán ser admitidas a trámite sin la acreditación del depósito previsto en la citada Ley a efectos de recurrir, debiendo presentarse copia o resguardo de tal depósito en las cuenta de consignaciones de este Juzgado.

Así lo acuerda, manda y firma D..........., Magistrado Juez del Juzgado de lo Mercantil número........... de esta localidad.

F739. AUTO ACORDANDO LA REAPERTURA DEL CONCURSO PERSONA JURÍDICA

Normativa de aplicación: *Arts. 465 y ss. Real Decreto Legislativo 1/2020, de 5 de mayo, por el que se aprueba el texto refundido de la Ley Concursal*

JUZGADO DE LO MERCANTIL Nº........... DE...........

AUTO

En..........., a........... de........... de...........

ANTECEDENTES DE HECHO

PRIMERO.– En fecha........... de........... de........... por el Juzgado de lo Mercantil nº........... de........... se acordó la conclusión por insuficiencia de la masa activa y el archivo del procedimiento concursal seguido a instancias de la mercantil........... con el nº...........

SEGUNDO.– En fecha........... de........... de........... han aparecido los siguientes bienes..........., titularidad de la concursada, con los que poder satisfacer las deudas de la mercantil.

FUNDAMENTOS DE DERECHO

PRIMERO.– A tenor de lo dispuesto en el artículo 505.1 TRLC la reapertura del concurso del deudor persona jurídica por liquidación o por insuficiencia de la masa activa solo podrá tener lugar cuando, después de la conclusión, aparezcan nuevos bienes.

Sigue el apartado 2, del citado art. 505 TRLC, en el sentido que en el año siguiente a la fecha de la conclusión del concurso por liquidación o por insuficiencia de la masa activa, cualquiera de los acreedores insatisfechos podrá solicitar la reapertura del concurso. En la solicitud de reapertura deberán expresarse las concretas acciones de reintegración que deban ejercitarse o, en su caso, exponerse aquellos hechos relevantes que pudieran conducir a la calificación de concurso como culpable, salvo que, en el concurso concluido, ya se hubiera calificado el concurso como culpable.

Finalmente, art. 505.3 TRLC, en la resolución judicial por la que se acuerde la reapertura del concurso, el juez ordenará la liquidación de los bienes y derechos aparecidos con posterioridad a la conclusión.

DISPONGO

SE DECRETA LA REAPERTURA DEL PRESENTE CONCURSO Nº.........../........... que se limitará a la fase de liquidación de los bienes y derechos aparecidos con posterioridad a la conclusión del concurso, y que se reseñan en este auto, liquidación de bienes que se llevara a cabo según las previsiones de las reglas especiales de liquidación aprobadas en su día en las presentes actuaciones, y lo previsto en la Ley...........

Dese traslado a la Administración Concursal para que actualice, en el plazo de dos meses, los textos definitivos del inventario y lista de acreedores del concurso reaperturado, en los términos del art. 507 TRLC.

Ordénese la reapertura de la hoja registral de la concursada en la forma prevista en el RRM.

Dese a la presente resolución, la misma publicidad que la que se hubiera dado a la declaración de concurso.

Contra la presente resolución cabe interponer recurso de reposición dentro de los cinco días de su notificación.

De conformidad con lo establecido en la Disposición Adicional 15ª LOPJ (según la redacción dada por la LO 1/09), la interposición de recurso contra resoluciones judiciales, no podrá ser admitida a trámite sin la acreditación del depósito previsto en la citada Ley a efectos de recurrir, debiendo presentarse copia o resguardo de tal depósito en las cuenta de consignaciones de este Juzgado.

Así lo acuerda, manda y firma D…………, Magistrado Juez del Juzgado de lo Mercantil número………… de esta localidad.

F740. INFORME FINAL DE LIQUIDACIÓN Y RENDICIÓN DE CUENTAS TRAS REAPERTURA DEL CONCURSO

Normativa de aplicación: *Arts. 465 y ss. Real Decreto Legislativo 1/2020, de 5 de mayo, por el que se aprueba el texto refundido de la Ley Concursal.*

AL JUZGADO DE LO MERCANTIL Nº ………………..

Concurso Voluntario Ordinario

Autos ……………………..NUR

…………………………, en representación de…………………………, S.L.P., Administrador Concursal designado en el procedimiento de Concurso Ordinario Voluntario Ordinario de la entidad mercantil…………………………, S.L. que con el número………………………… se tramita ante ese Juzgado, comparece ante el mismo y como mejor proceda en Derecho, DICE:

Que para dar cumplimiento a lo previsto en el artículo 468 del Texto Refundido de la Ley Concursal (en adelante TRLC), se presenta —como DOCUMENTO Nº 1— Informe Final de Liquidación y se solicita la conclusión y archivo del procedimiento concursal con el siguiente esquema:

1. Operaciones de liquidación realizadas desde la reapertura del procedimiento.

2. Pago de los créditos:

2.1 Créditos contra la masa

2.2 Créditos ordinarios

2.3 Créditos subordinados

3. De la conclusión del concurso

4. Resumen de la Liquidación.

Que, asimismo, en cumplimiento de lo previsto en el artículo 478 del Texto Refundido de la Ley Concursal se presenta —como DOCUMENTO Nº 2— Rendición de Cuentas conforme al siguiente esquema:

1. Actuaciones realizadas desde la reapertura del procedimiento por Auto de ....de 2024.

Por lo expuesto,

SOLICITA AL JUZGADO, que, habiendo presentado este escrito, se admita y se una al expediente de su razón, teniendo

i) Por cumplido al infrascrito en la presentación del Informe final de Liquidación, de acuerdo con lo dispuesto en el artículo 468 del Texto Refundido de la Ley Concursal, procediéndose, tras los trámites oportunos, a la conclusión y archivo provisional del procedimiento concursal.

ii) Por cumplido en la presentación de la Rendición de Cuentas, de acuerdo con lo dispuesto en el artículo 478 del Texto Refundido de la Ley Concursal, procediéndose, tras los trámites oportunos, a su aprobación.

En.....................

Fdo............................

en representación de "..........................., SLP"

ADMINISTRACIÓN CONCURSAL

INFORME FINAL DE LIQUIDACIÓN y

SOLICITUD DE CONCLUSIÓN

Y ARCHIVO DEL CONCURSO

DE LA ENTIDAD

..........................., S.L.

1.OPERACIONES DE LIQUIDACIÓN REALIZADAS desde la reapertura del procedimiento.

La rendición de cuentas y solicitud de archivo del procedimiento fue presentada en fecha ....2023, y por auto......................, se dicta la aprobación de la rendición de cuentas y la conclusión del procedimiento.

Como consecuencia de haber recibido el cobro de las costas del procedimiento 817/2021 del Juzgado de lo Mercantil ....por importe de ....€, así como la venta de un bien considerado como desprovisto de valor (embarcación averiada), por importe de ....€, en base a lo indicado en el auto de fecha .... de 2024, se reapertura el procedimiento.

En relación con la actualización del inventario y lista de acreedores, de conformidad con el artículo 507 del Texto Refundido de la Ley Concursal, se entiende que los activos sobrevenidos son disponibles y líquidos para proceder al reparto entre los acreedores. En relación con la lista de acreedores, ésta es la que figura en los textos definitivos, teniendo en cuenta el pago realizado del 33,35% en la rendición de cuentas anterior.

El pago que corresponde con el reparto del importe obtenido en la reapertura del procedimiento, y que se detalla en este informe asciende a un 1%.

La cantidad restante de créditos ordinarios no atendidos asciende a ....€

Una vez decretado la reapertura, se han realizado las siguientes acciones consistentes en el pago de los créditos contra la masa generados, y el pago del porcentaje del crédito ordinario correspondiente.

2. PAGO DE LOS CRÉDITOS contra la masa.

El activo sobrevenido asciende a ....€, correspondiente al cobro de las costas y la venta de la embarcación de....................., así como los cobros de clientes realizados a la cuenta intervenida del concurso.

2.1 CRÉDITOS CONTRA LA MASA

El artículo 429 del Texto Refundido de la Ley Concursal expone "antes de proceder al pago de los créditos concursales, la administración concursal deducirá de la masa activa los bienes y derechos necesarios para satisfacer los créditos contra ésta".

Una vez obtenido el saldo disponible para el pago de los créditos contra la masa, la Administración Concursal, según el artículo 242 y siguientes del Texto Refundido de la Ley Concursal, ha procedido al pago de los créditos contra la masa en su totalidad, habiendo pagado los siguientes créditos:

....

Se han atendido gastos de asesoría, honorarios profesionales y se han retenido ....€ para el pago del crédito contra la masa, notificado por la administración pública y que se encuentra pendiente de recibir las cartas de pago, así como para el pago de las comisiones que se generan en el pago de las transferencias de los créditos ordinarios.

2.2 CRÉDITOS ORDINARIOS

El artículo 433 del Texto Refundido de la Ley Concursal expone "el pago de los créditos ordinarios se efectuará con cargo a los bienes y derechos de la masa activa que resten una vez satisfechos los créditos contra la masa y los privilegiados".

El saldo de créditos ordinarios pendiente después del pago informado en la rendición de cuentas anterior asciende a ....€

Se han efectuado los cálculos para la distribución del pago de parte de los créditos ordinarios que quedaron pendientes.

El saldo disponible para poder atender el 1% del crédito ordinario pendiente, asciende a 35.000 €, que sumado al montante de ....€ que se pagaron en la rendición de cuentas, asciende a un total de 34,35 %.

El importe de crédito ordinario que no se han podido atender asciende a ....€.

Crédito ordinario en textos definitivos ....€

Pago según Rendición de cuentas 28/7/2023 -........................ €

Saldo pendiente antes de la reapertura ....€

Pago según Reapertura -.......................€

Saldo pendiente a fecha de conclusión .... €

2.3 CRÉDITOS SUBORDINADOS

El artículo 435 del Texto Refundido de la Ley Concursal expone "el pago de los créditos subordinados no se realizará hasta que hayan quedado íntegramente satisfechos los créditos ordinarios".

El pago de los créditos subordinados no ha sido posible debido a que tras el pago de los créditos ordinarios hasta donde ha alcanzado, no existe ningún saldo disponible en la cuenta intervenida para el pago de estos.

No ha quedado ningún bien susceptible de venta con el que se pudiera hacer frente a los pagos que han quedado pendientes.

3. DE LA CONCLUSIÓN DEL CONCURSO

Esta Administración Concursal solicita que, una vez aplicado al pago de los créditos ordinarios del activo sobrevenido, que dio lugar a la reapertura del procedimiento, siendo de aplicación el artículo 468 del Texto Refundido de la Ley Concursal, se acuerde la conclusión y archivo del procedimiento de concurso, a resultas de su posible reapertura si se encontrasen bienes al deudor, con posterioridad a la clausura.

Asimismo, el citado artículo indica que también debe estar concluida la fase de calificación del procedimiento.

En fecha ....de 2022 esta Administración Concursal presenta el informe preceptivo según lo ordenado en el artículo 448 del Texto Refundido de la Ley Concursal y se solicita la calificación de fortuito del concurso. Por Auto de fecha ....2023 se califica el concurso como fortuito y se decreta el archivo de la sección sin más trámites.

4. RESUMEN DE LA LIQUIDACIÓN

Resumen de las actuaciones llevadas a cabo por la Administración Concursal para la liquidación de.........................., S.L.

SALDO DISPONIBLE SEGÚN RENDICIÓN DE CUENTAS:

....

SALDO DISPONIBLE PARA EL PAGO DE CRÉDITOS CONTRA LA MASA

....

PAGO DE CRÉDITOS CONTRA LA MASA

....

SALDO DISPONIBLE PARA EL PAGO DE CRÉDITOS ORDINARIOS

....

RENDICIÓN DE CUENTAS

DE LA ENTIDAD

............................, S.L.

1. ACTUACIONES REALIZADAS DESDE LA REAPERTURA DEL PROCEDIMIENTO.

En relación, a la rendición de cuentas preceptivas ordenada en el artículo 478 del Texto Refundido de la Ley Concursal, se ratifica en la presentada en fecha ....2023, y se detalla las actuaciones realizadas desde la reapertura del procedimiento.

• Se recibieron las costas del procedimiento ....del Juzgado de lo Mercantil ....por importe de ....€.

• Se realizó la venta del bien, que en principio se había considerado desprovisto de valor, y que en fecha ....2023, se liquidó finalmente por importe de ....€.

• Se han atendido gastos de asesoría, honorarios profesionales generados en el procedimiento que dio lugar a las costas recuperadas, y al procurador del concurso. Se han retenido ....€ para el pago del crédito contra la masa, notificado por la administración pública y para el pago de las comisiones que se generan en el pago de las transferencias de los créditos ordinarios.

No se han cobrado honorarios desde la aprobación de la rendición de cuentas en fecha ....2023 y el auto de reapertura de fecha ....2024.

Como se indicó en la rendición de cuentas presentada en fecha ....2023, el concurso fue calificado como fortuito en fecha...................2023.

9. RENDICIÓN DE CUENTAS

SUMARIO: F741. ESCRITO DE LA ADMINISTRACIÓN CONCURSAL ADJUNTANDO RENDICIÓN DE CUENTAS E INFORME FINAL DE LIQUIDACIÓN. F742. ESCRITO DE LA ADMINISTRACIÓN CONCURSAL VERIFICANDO RENDICIÓN DE CUENTAS (I). F743. ESCRITO DE LA ADMINISTRACIÓN CONCURSAL VERIFICANDO RENDICIÓN DE CUENTAS. PERSONA JURÍDICA (II). F744. ESCRITO DE LA ADMINISTRACIÓN CONCURSAL VERIFICANDO RENDICIÓN DE CUENTAS. PERSONA NATURAL. F745. INFORME FINAL DE LIQUIDACIÓN Y SOLICITUD DE CONCLUSIÓN Y ARCHIVO DEL CONCURSO. PERSONA JURÍDICA. F746. INFORME FINAL DE LIQUIDACIÓN Y SOLICITUD DE CONCLUSIÓN Y ARCHIVO DEL CONCURSO. PERSONA NATURAL Y PAGO DE TODOS LOS CRÉDITOS. F747. INFORME RENDICIÓN DE CUENTAS Y FINAL DE LIQUIDACIÓN. F748. INFORME DE RENDICIÓN DE CUENTAS Y FINAL DE LIQUIDACIÓN. PAGO PARCIAL CRÉDITOS CONCURSALES. F749. INFORME FINAL DE LIQUIDACIÓN Y ARCHIVO DE ACTUACIONES. F750. RENDICIÓN DE CUENTAS. F751. PROVIDENCIA DEL JUEZ DEL CONCURSO PONIENDO DE MANIFIESTO A LAS PARTES PERSONADAS LA RENDICIÓN DE CUENTAS. F752. PROVIDENCIA DANDO TRASLADO DE LA RENDICIÓN DE CUENTAS.

F741. ESCRITO DE LA ADMINISTRACIÓN CONCURSAL ADJUNTANDO RENDICIÓN DE CUENTAS E INFORME FINAL DE LIQUIDACIÓN

Normativa de aplicación: *Arts. 478 y ss. Real Decreto Legislativo 1/2020, de 5 de mayo, por el que se aprueba el texto refundido de la Ley Concursal.*

AL JUZGADO DE LO MERCANTIL Nº ...... DE........

Concurso Voluntario. Procedimiento Ordinario Autos......... Sección: 5

.... en representación de........, S.L.P., Administrador Concursal designado en el procedimiento de Concurso Ordinario Voluntario de la mercantil........ S.L. y........, S.L., que con el nº........ se tramita ante ese Juzgado, comparece ante el mismo y como mejor proceda en Derecho, DICE:

Que en base a la disposición transitoria primera de la Ley 16/2022 de 05 de septiembre de Reforma del Texto Refundido de la Ley Concursal, el presente informe se regirá por el anterior Real Decreto Legislativo 1/2020, 5 de mayo, por el que se aprueba el Texto Refundido de la Ley Concursal, dado que la liquidación se apertura en fecha previa a la entrada en vigor de la Reforma del TRLC.

Que para dar cumplimiento a lo previsto en el artículo 468 del Texto Refundido de la Ley Concursal (en adelante TRLC), se presenta para cada concursada —como DOCUMENTO Nº 1 y DOCUMENTO Nº2— Informe Final de Liquidación y se solicita la conclusión y archivo del procedimiento concursal con el siguiente esquema:

1. Operaciones de liquidación realizadas

2. Pago de los créditos:

2.1 Créditos contra la masa

2.2 Crédito con privilegio especial

2.3 Créditos con privilegio general

2.4 Créditos ordinarios

2.5 Créditos subordinados

3. De la conclusión del concurso

4. Resumen de la Liquidación.

Que, asimismo, en cumplimiento de lo previsto en el artículo 478 del Texto Refundido de la Ley Concursal), se presenta conjuntamente para ambas concursadas —como DOCUMENTO Nº 3— Rendición de Cuentas conforme al siguiente esquema:

1. Actuaciones realizadas durante la fase común

2. Actuaciones realizadas durante la fase de liquidación

Que, asimismo, en cumplimiento de lo previsto en el artículo 2.1 del Real Decreto 188/2023, de 21 de marzo, se presenta como Formulario del boletín estadístico de rendición de cuentas, como documento N°4 y N°5

Por lo expuesto,

SOLICITA AL JUZGADO, que, habiendo presentado este escrito, se admita y se una al expediente de su razón, teniendo

i) Por cumplido al infrascrito en la presentación del Informe final de Liquidación, de acuerdo con lo dispuesto en el artículo 468 del Texto Refundido de la Ley Concursal, procediéndose, tras los trámites oportunos, a la conclusión y archivo provisional del procedimiento concursal, y

ii) Por cumplido igualmente, en la presentación de la Rendición de Cuentas, de acuerdo con lo dispuesto en el artículo 478 del Texto Refundido de la Ley Concursal, procediéndose, tras los trámites oportunos, a su aprobación.

iii) Por cumplido al infrascrito en la cumplimentación del Formulario del boletín estadístico de rendición de cuentas, de acuerdo con lo dispuesto en el artículo 2.1 del Real Decreto 188/2023, de 21 de marzo.

En........, a...............de marzo de........

Fdo......... en representación de........, S.L.P. ADMINISTRADOR CONCURSAL

F742. ESCRITO DE LA ADMINISTRACIÓN CONCURSAL VERIFICANDO RENDICIÓN DE CUENTAS (I)

Normativa de aplicación: *Arts. 478 y ss. Real Decreto Legislativo 1/2020, de 5 de mayo, por el que se aprueba el texto refundido de la Ley Concursal*

AL JUZGADO DE LO MERCANTIL NÚM. .... DE............

Don............ y Don............, miembros integrantes de la Administración concursal del concurso de acreedores voluntario de la compañía............ S.L., que se tramita ante este Juzgado bajo el número de autos............, ante este Juzgado comparezco bajo la dirección letrada de Don............ y como mejor proceda en derecho DIGO:

I.– Que en fecha............ nos ha sido notificada resolución de este Juzgado por el que se acuerda el cese de esta administración judicial por............

II.– Que en legal plazo y forma y dando cumplimiento a lo dispuesto en el art. 478 y ss. TRLC, esta Administración concursal formula el presente INFORME SOBRE LA RENDICIÓN DE CUENTAS DE LA ADMINISTRACIÓN CONCURSAL, distinguiendo al efecto:

PRIMERO.– Que en fecha........... de........... de..........., y en las presentes actuaciones, se ha dictado la resolución núm. .... por la que se cesa a esta administración concursal.

SEGUNDO.– Que el art. 102.1 TRLC, En el caso de cese del administrador concursal antes de la conclusión del concurso, el juez le requerirá para que en el plazo de un mes presente una completa rendición de cuentas (art. 102.1 TRLC)

Esta rendición de cuentas se regirá por lo establecido en la sección 3.ª del capítulo I del título XI del libro primero. (art. 102.2 TRLC).

TERCERO.– A la vista de lo anterior, por el Juzgado ha requerido a esta Administración concursal a efectos que presente la rendición de cuentas en el plazo conferido, que se lleva a cabo en los siguientes términos:

CUARTO.– UTILIZACIÓN DE LAS FACULTADES DE ADMINISTRACIÓN CONFERIDAS.

La sociedad........... S.L. solicito la declaración de concurso de acreedores en fecha........... de........... ante los Juzgados de lo Mercantil de..........., correspondiendo conocer de la expresada solicitud al Juzgado de lo Mercantil núm. .... de dicha ciudad.

Mediante auto de fecha........... de........... de..........., el expresado órgano jurisdiccional declaró el concurso voluntario de dicha sociedad, tramitado como procedimiento ordinario, decretando el régimen de intervención de facultades patrimoniales de la concursada.

En dicho auto fue designado administrador concursal Don..........., quien aceptó el cargo el día........... de........... de...........

El día........... de........... de..........., la Administración concursal se personó en el domicilio social de la compañía........... S.L., sito en..........., calle..........., núm. ...., reuniéndose con el administrador único de la compañía, Don........... En la citada reunión, a la que asistió el abogado de la concursada........... S.L., se hizo entrega al Sr. .... de unas instrucciones de actuación en el proceso concursal, y se le requirió la entrega de información jurídica, contable, económica y patrimonial de la sociedad concursada, a efectos de posibilitar el ejercicio del cargo por la administración concursal y preparar el informe a que se refiere el art. 290 y ss. TRLC. Se procedió a aperturar en la entidad de crédito........... una cuenta intervenida desde la que llevar a cabo los cobros y pagos de la concursada.

El día........... de........... de........... se remite a los acreedores, mediante carta certificada con acuse de recibo, la comunicación a que se refiere el art. 28.1.5º y 255 y ss. TRLC.

El concurso, de conformidad con lo dispuesto en el art. 35 TRLC, fue publicado en el BOE de fecha........... de........... de...........

En fecha........... de........... de..........., se presentó en el Juzgado el informe a que se refiere el art. 290 y ss. TRLC, en los términos y contenido de dichos preceptos, y que aquí se da por reproducido.

Previamente, en fecha........... de........... de........... y para evitar el solapamiento de plazos entre la aceptación del cargo y la publicación del concurso en el BOE, con la consiguiente potencial indefensión para los acreedores a la hora de comunicar sus créditos, esta parte solicitó la suspensión del plazo para evacuar el referido informe, lo que fue acordado por el Juzgado mediante auto de fecha........... de........... de...........

Igualmente, a la vista de las circunstancias concurrentes en el presente concurso, y antes de que venciese el plazo para emitir el informe reseñado en el párrafo precedente, se solicito prorroga del plazo legal para tal emisión, por un mes adicional, lo que se acordó por el Juzgado de lo Mercantil mediante auto de fecha........... de........... de...........

Contra la lista de acreedores y el inventario contenido en el informe de la administración concursal, se interpusieron los incidentes que constan en el ANEXO I de este escrito. Una vez resueltos los mismos por este Juzgado, se presentaron por la Administración Concursal, en fecha........... de........... de..........., el oportuno informe de la situación definitiva del inventario, de la lista de acreedores y de la exposición motivada de nuestro Informe de la mercantil "..........." incluyendo información detallada de las modificaciones correspondientes en cumplimiento de lo establecido en el artículo 308 y ss. TRLC, y relación actualizada de los créditos contra la masa devengados y pendientes de pago.

Se han autorizado por el Juzgado la enajenación o gravamen de los derechos que figuran en el ANEXO II.

Se han ejercitado las acciones que se reseñan en el ANEXO III para la reintegración de la masa activa del concurso, con expresión de las partes, número de incidente, objeto y resultado del mismo.

No se han ejercitado acciones de responsabilidad frente a terceros al no concurrir los presupuestos de las mismas

Mediante auto de fecha........... de..........., se dio por terminada la fase común del concurso de referencia, aperturándose la sección quinta del concurso y se convocó Junta de Acreedores para el día........... de........... de...........

La concursada, mediante escrito de fecha........... de..........., y en plazo y forma, presento propuesta de convenio, plan de pagos y de viabilidad, que fue informado favorablemente por esta AC, aceptado por los acreedores y aprobado el mismo mediante sentencia de fecha........... de........... de..........., con los efectos previstos en el art. 393 y ss. TRLC, acordándose el cese de los efectos del concurso y el cese de la administración concursal.

Tramitada la sección de calificación, el presente concurso, mediante resolución de fecha........... de........... de..........., fue declarado fortuito.

QUINTO.– PAGOS Y CONSIGNACIONES DE LOS CRÉDITOS CONCURSALES Y CONTRA LA MASA VERIFICADOS POR LA ADMINISTRACIÓN CONCURSAL.

Como se dijo arriba, el Juez al acordar la declaración de concurso de........... S.L., decretó el régimen de intervención de facultades de administración y disposición sobre la masa activa, conservando por lo tanto el ejercicicio de tales facultades el concursado con la necesaria autorizacion de la administración concursal, que ha autorizado las operaciones normales y habituales del trafico económico y mercantil de la concursada en los términos legalmente establecidos.

En cualquier caso, se acompaña ANEXO III los pagos y consignaciones de créditos concursales y contra la masa verificados, así como resultado y saldo final de las operaciones realizadas, debidamente desglosadas e identificadas, haciendo constar que tras las operaciones de cobro y pago llevadas a cabo en el concurso, han sido abonados y satisfechos la totalidad de créditos contra la masa a excepción de los detallados en el ANEXO IV. Todo los cual se adjunta y reseña como resultado y saldo final.

SEXTO.– Tambien se hace constar:

A.– Que el detalle de la retribución que le hubiera sido fijada por el juez para cada fase del concurso es el que se acompaña como ANEXO IV, en el que se especifican las cantidades percibidas, incluidas las complementarias, así como las fechas de cada una de esas percepciones.

B.– Que en el referido detalle se expresan los pagos del auxiliar o auxiliares delegado nombrados en el presente procedimiento. También el de los expertos, tasadores y entidades especializadas que hubiera contratado, con cargo a la retribución del propio administrador concursal.

C.– Finalmente, el detalle reseñado precisa el número de trabajadores asignados por la administración concursal al concurso y el número total de horas dedicadas por el conjunto de estos trabajadores al concurso.

En virtud de lo expuesto,

SUPLICO AL JUZGADO que tenga por presentado este escrito, junto a sus anejos y documentos acompañados, se sirva admitir todo ello, y tener por presentado informe de rendición de cuentas de la administración concursal del presente concurso, y previos los oportunos trámites legales, se dicte la oportuna resolución aprobando la expresada rendición de cuentas y cuanto demás proceda en derecho.

Lo que se suplica en…………, hoy………. de………. de………..

F743. ESCRITO DE LA ADMINISTRACIÓN CONCURSAL VERIFICANDO RENDICIÓN DE CUENTAS. PERSONA JURÍDICA (II)

Normativa de aplicación: *Arts. 478 y ss. Real Decreto Legislativo 1/2020, de 5 de mayo, por el que se aprueba el texto refundido de la Ley Concursal.*

RENDICIÓN DE CUENTAS DE LA ENTIDAD…………, S.L.

1. ACTUACIONES REALIZADAS DURANTE LA FASE DE LIQUIDACIÓN

Por Auto de fecha ....de .... de ..... se declara el concurso Voluntario Ordinario de la entidad ...., S.L., ordenando la suspensión de las facultades de administración y disposición de la entidad en concurso, que son sustituidas por la administración concursal, dado que en el mismo Auto de declaración de concurso se apertura la fase de liquidación, a solicitud de la propia concursada.

Desde la comunicación del nombramiento se han realizado las actuaciones que a continuación se detallan:

• Entrevista con los representantes de la entidad concursada y su dirección letrada, dando instrucciones y requiriendo la documentación necesaria para realizar la actualización de los listados y la información de la situación de la actividad de la misma.

• Apertura de la cuenta intervenida en la entidad ...., desde donde se han ido realizando la intervención de los cobros y pagos en fase común y registradas las operaciones en fase de liquidación.

• Aceptación del cargo de Administrador Concursal con fecha ....y posterior recogida de documentación, examen preliminar y citación con el administrador único de la concursada para primera reunión.

• Visita a las instalaciones de la empresa y entrevista con el administrador único de la concursada, dando instrucciones y requiriendo la documentación necesaria para realizar la actualización de los listados y la información de la situación de la actividad de la concursada. Esta primera visita tuvo lugar ....

• Llamamiento a los acreedores comunicando la situación de concurso para que insinúen sus créditos en los términos previstos en la legislación vigente. Este llamamiento se realizó respecto de la Tesorería General de la Seguridad Social y de la Agencia Estatal de la Administración Tributaria a través de las plataformas habilitadas por estos organismos al efecto.

• Mediante escrito presentado .... se solicitan los honorarios provisionales, estos quedan fijados por auto de fecha ....

• En cumplimiento del art. 290 y ss del Texto Refundido de la Ley Concursal se presenta el Informe de la Administración Concursal, en fecha ....,

• Una vez transcurrido el plazo para la presentación de impugnaciones, artículo 297 del Texto Refundido de la Ley Concursal, al inventario y la lista de acreedores incluidos en el Informe de la Administración concursal, se aprueba por Auto de fecha .... Además, se presenta informe de textos definitivos mediante escrito de .... de ..... de ....

• En fecha ..... se presentan por esta administración concursal reglas especiales de liquidación, que fueron aprobadas por este Juzgado mediante auto de fecha ....

• La administración concursal valoró la opción de la venta de la unidad productiva, por lo que se realizaron despidos individuales para adaptar la plantilla a las necesidades de la liquidación y de esta venta. Esta reestructuración afectó a personal de alta dirección al que se le pagó la oportuna indemnización.

Al mismo tiempo, se registraron bajas por jubilación de tres trabajadores. El resto de los operarios (conductores mayoritariamente), siguieron prestando sus servicios, quedando 13 en plantilla.

• Dado lo estipulado en las reglas especiales de liquidación, se opta por el proceso de venta concurrencial para la venta de la unidad productiva, formalizándose en fecha .... de .... de ......, ante Notario de ...., Don ...., en su número de protocolo 2473, habiéndose recibido el ingreso del precio mediante dos transferencias bancarias, por importe total de .... €.

El contenido del perímetro de la Unidad Productiva es:

– El adquirente se subroga en ..... contratos laborales, haciendo constar que es conocedor de su situación contractual.

– Se adquieren los vehículos, tractores y semirremolques relacionados en el segundo informe trimestral, y se gestiona la cancelación de las anotaciones de concurso, ante los Registros de Bienes Muebles.

– Respecto al vehículo camión ...., matrícula ...., el adquirente se subroga en el contrato de leasing existente.

– No se incluye en el perímetro de la unidad productiva la tesorería, saldos bancarios o efectivo, así como derechos de crédito y/o cobros de clientes que ostentara la concursada.

– No se subroga el adquirente en el contrato de arrendamiento del local.

– Se tramitó la gestión de las bajas laborales de los trabajadores cuyos contratos no se subrogaron en la venta de la unidad productiva.

– Se han presentado los preceptivos informes trimestrales en virtud del artículo 424 TRLC informando del estado de tesorería de las operaciones de liquidación, reflejando los cobros y pagos efectuados en cada periodo.

– Durante la tramitación del procedimiento concursal esta Administración Concursal ha seguido con el cumplimiento de las obligaciones tributarias de la concursada, presentando los impuestos correspondientes en los plazos legalmente establecidos.

– La liquidación de los activos de la concursada se realizó conforme se indicaba en las reglas de Liquidación, mediante el proceso de venta concurrencial, procediendo a la venta de los activos a la mejor oferta recibida.

– Los contratos de leasing que se encontraban en vigor titularidad de la concursada han sido resueltos por esta Administración Concursal, con la consiguiente entrega de los bienes objeto de los leasings existentes.

– Se presenta informe razonado y documentado sobre los hechos relevantes para la calificación como fortuito del concurso, en fecha .... Por Auto de fecha .... se archiva la sección sexta del concurso con la calificación de fortuito.

– En cumplimiento de lo establecido en el artículo 478.2 del TRLC, a continuación, se indica la fecha de cobro de los honorarios de la Administración Concursal:

– Mediante transferencias realizadas en fecha .... se cobran parte de honorarios de la fase común por importe de .... € (impuestos incluidos), y en fecha ...., se abonan .... € (impuestos incluidos), todo ello corresponde a las .... cuotas de liquidación, y el resto de la fase común. En fecha .... se cobran tres cuotas de liquidación, por importe de .... €, impuestos incluidos.

Asimismo, se informa del número de trabajadores asignados por la administración concursal al concurso y el número total de horas dedicadas por el conjunto de estos trabajadores al mismo:

i) .... economistas que han dedicado en su conjunto un total aproximado de seiscientas ochenta horas (........ horas).

ii) .... abogados, incluido el administrador concursal, que ha dedicado en su conjunto un total aproximado de .... horas (........ horas).

En ...., a fecha ...... de .... de ....

F744. ESCRITO DE LA ADMINISTRACIÓN CONCURSAL VERIFICANDO RENDICIÓN DE CUENTAS. PERSONA NATURAL

Normativa de aplicación: *Arts. 478 y ss. Real Decreto Legislativo 1/2020, de 5 de mayo, por el que se aprueba el texto refundido de la Ley Concursal.*

RENDICIÓN DE CUENTAS DEL CONCURSADO..............

1. ACTUACIONES REALIZADAS DURANTE LA FASE COMÚN

Por Auto de fecha ..... de ..... de........ fue declarado el estado de Concurso Voluntario del concursado.............., ordenando la intervención de las facultades de administración y disposición de la entidad en concurso, quedando el ejercicio de estas sometido a la autorización o conformidad del Administrador Concursal.

Desde la comunicación del nombramiento se han realizado las actuaciones que a continuación se detallan:

• Aceptación del cargo de Administrador Concursal con fecha .... y posterior recogida de documentación.

• Entrevista con el concursado, dando instrucciones y requiriendo la documentación necesaria para realizar la actualización de los listados y la información de la situación del concursado.

• Intervención de las cuentas corrientes en las entidades........... y............, desde donde se han ido realizando la intervención de los cobros y pagos en fase común y registradas las operaciones en fase de liquidación.

• Llamamiento a los acreedores del concursado comunicando la situación de concurso para que insinúen sus créditos en los términos previstos en la legislación vigente. Este llamamiento se realizó respecto de la Tesorería General de la Seguridad Social y de la Agencia Estatal de la Administración Tributaria a través de las plataformas habilitadas por estos organismos al efecto.

• Mediante escrito presentado por esta Administración Concursal el 30 de julio de........, se presenta el inventario de bienes y derechos de la masa activa del concursado, cumpliendo el artículo 525.1 del Texto Refundido de la Ley Concursal, y en fecha ...., se presenta el preceptivo informe de la administración concursal, según lo establecido en el artículo 290 del Texto Refundido de la Ley Concursal.

• Mediante escrito presentado en fecha .... se solicitan los honorarios provisionales, aprobados por Auto de ....

• Mediante providencia de fecha .... se requiere a esta parte para la presentación de los textos y honorarios definitivos. Ambos escritos son presentados en fecha............ Posteriormente, se han ido modificando los textos, en base a la insinuación de créditos de los acreedores. Por Auto de fecha de........... quedan fijados los honorarios definitivos.

2. ACTUACIONES REALIZADAS DURANTE LA FASE DE LIQUIDACIÓN

Mediante la representación procesal del concursado, se solicita en fecha....... la apertura de la fase de liquidación al amparo del art. 406 de la T.R.L.C. Por tanto, mediante Auto de fecha........... se declara la apertura de la fase de Liquidación y por resolución del .... se declara el fin de la fase común.

Durante la fase de liquidación, se han realizado las actuaciones que a continuación se detallan:

• Se mantienen las cuentas del concursado, siendo el administrador concursal quien autoriza los cobros y pagos en la fase de liquidación.

• En fecha..........., se presentan reglas especiales de liquidación, guía de actuación para la liquidación de los bienes y derechos del concursado, así como para el pago a realizar con el caudal obtenido.

• Se reciben alegaciones a las reglas especiales por parte de las entidades..........., S.L. y..........., S.A., contestando esta Administración Concursal a las mismas mediante escrito en fecha .... de........... Finalmente, mediante Auto de fecha........... se acuerda por el Juez no aprobar reglas especiales y guiarse la liquidación por las normas del TRLC.

• Se solicita ampliación del plazo de venta directa por 3 meses adicionales, al no recibir ofertas por todos los bienes integrantes del activo. Por Auto ....e de........... queda aprobada la ampliación del plazo.

• El........... se presenta escrito con la oferta de compra de la finca .... para su autorización por parte del Juzgado. Por Auto del 19 de junio de........... queda autorizada la venta.

• Se han presentado los preceptivos informes trimestrales en virtud del artículo 424 TRLC informando del estado de tesorería de las operaciones de liquidación, reflejando los cobros y pagos efectuados en cada periodo.

• Durante la tramitación del procedimiento concursal esta Administración Concursal ha seguido con el cumplimiento de las obligaciones tributarias del concursado, presentando los impuestos correspondientes en los plazos legalmente establecidos.

• La liquidación de los activos del concursado se materializó en gestión de venta directa, ingresando los importes correspondientes a los acreedores hipotecarios, conforme a la deuda pendiente y el resto de los importes en la cuenta intervenida del concursado.

• El informe de calificación se presenta en fecha 10 de febrero de..........., proponiéndose la calificación como fortuito del concurso. Por Auto de fecha 28 de noviembre de........... se archiva la sección SEXTA del concurso con la calificación de fortuito.

• En cumplimiento de lo establecido en el artículo 478.2 del TRLC, a continuación, se indica la fecha de cobro de los honorarios de la Administración Concursal:

i) En fecha se pagó...........€ mediante transferencia desde la cuenta del concursado, en concepto de honorarios fase común y 8 meses de liquidación.

ii) Mediante transferencia de fecha 24 de marzo de..........., se abonan...........€ en concepto de 4 meses de liquidación.

Asimismo, se informa del número de trabajadores asignados por la administración concursal al concurso y el número total de horas dedicadas por el conjunto de estos trabajadores al mismo:

i) Dos abogados que han dedicado en su conjunto un total aproximado de ...... horas (........... horas).

ii) Tres economistas que han dedicado en su conjunto un total aproximado de ...... horas (........... horas).

En ...., a ... de ...... de ....

F745. INFORME FINAL DE LIQUIDACIÓN Y SOLICITUD DE CONCLUSIÓN Y ARCHIVO DEL CONCURSO. PERSONA JURÍDICA

Normativa de aplicación: *Arts. 478 y ss. Real Decreto Legislativo 1/2020, de 5 de mayo, por el que se aprueba el texto refundido de la Ley Concursal.*

INFORME FINAL DE LIQUIDACIÓN y SOLICITUD DE CONCLUSIÓN Y ARCHIVO DEL CONCURSO DE LA ENTIDAD ...., S.L.

1. OPERACIONES DE LIQUIDACIÓN REALIZADAS

La Administración Concursal inició las actuaciones de liquidación una vez aprobado por Auto de fecha .... las reglas de liquidación presentadas en fecha ....

Las acciones de liquidación fueron las siguientes:

PRIMERA: Control saldo en bancos

El saldo en bancos ascendía a .... €, estando depositado en la cuenta intervenida para la tramitación del procedimiento y en la que se ha ingresado los importes resultantes de las operaciones de liquidación, registrándose los cobros y pagos realizados.

SEGUNDA: Acciones de Liquidación

Unidad Productiva

Conforme quedó indicado, ..., S.L. tenía cesada su actividad comercial y productiva, considerando imposible la venta de la unidad productiva.

Venta directa

- Inmovilizado material

Previa autorización judicial se materializó la venta de las instalaciones (casetas de riego, motores, filtrados, embalses e invernaderos...) de las fincas al aire libre de .... Todo ello, por un importe total de ....€ impuestos incluidos.

Se ingresan en cuenta los depósitos para la realización de la venta concurrencial por la presentación de las ofertas, devolviendo posteriormente esta Administración Concursal dichos importes a aquellos a los que no se les adjudicaron bienes. Quedan en depósito en la cuenta de la concursada los importes correspondientes a los ofertantes con los que finalmente se materializan las ventas, al tratarse de las mejores ofertas recibidas.

Resultado de la venta concurrencial realizada, se materializa la oferta recibida por los aperos por un total de .... €, ingresado en la cuenta de la concursada en su totalidad, teniendo en cuenta que existía un depósito en cuenta por la consignación de la oferta por valor de ....€.

Mediante escritura ante el notario de ...., Don ...., bajo su nº de protocolo ...., en fecha .... se materializa la venta de las fincas ...., por un importe total de ....€, ingresado en la cuenta de la concursada, al tratarse de fincas libres de cargas, teniendo en cuenta que existía un depósito en cuenta por la consignación de la oferta por valor de .... €.

- Deudores

Tras las gestiones de recuperación de saldos deudores se ha ingresado en cuenta un total de ....€. Además, por devoluciones tributarias se ha ingresado en cuenta un importe de ....€, reflejado en la cuenta intervenida de la concursada.

- *Otras gestiones*

Se solicita a la entidad bancaria la devolución de comisiones bancarias cobradas y esto junto con la liquidación de la cuenta, supone un ingreso por importe total de ....€.

TERCERO: Resumen de actuaciones

Después de la realización de toda esta serie de actuaciones descrita en los puntos anteriores de este escrito, el saldo de que se dispone para proceder al pago de los créditos contra la masa y de los créditos concursales asciende a:

Saldo inicial Liquidación .... €

Venta instalaciones .... €

Venta aperos .... €

Venta fincas .... €

Cobro clientes ..... €

Devoluciones tributarias ..... €

Devol. comisiones bancarias y liquidación cuenta .... €

SALDO PARA EL PAGO DE CRÉDITOS .... €

2. PAGO DE LOS CRÉDITOS

2.1 CRÉDITOS CONTRA LA MASA

El artículo 429 del Texto Refundido de la Ley Concursal expone "antes de proceder al pago de los créditos concursales, la administración concursal deducirá de la masa activa los bienes y derechos necesarios para satisfacer los créditos contra ésta".

Una vez obtenido el saldo disponible para el pago de los créditos contra la masa y los créditos concursales de los acreedores, la Administración Concursal, según el artículo 242 del Texto Refundido de la Ley Concursal, ha procedido al pago de los créditos contra la masa en su totalidad, habiendo pagado los siguientes créditos:

Saldo para pago de créditos ..... €

Pago guardia y custodia documentación -.... €

Pago arrendamientos pendientes -...... €

Pago alquiler cultivos -...... €

Pago notaria -..... €

Pago nóminas/finiquitos -.... €

Pago seguridad social -....... €

Pago acuerdo homologación trabajadores -....... €

Pago impuestos -........ €

Pago tributos SUMA -......... €

Pago seguridad/mantenimiento -........ €

Pago asesoría informática -........ €

Pago resolución leasings -........ €

Pago asesoría contable -....... €

Pago suministros -....... €

Pago seguros -....... €

Pago letrado -..... €

Pago Administración Concursal -..... €

Pago asesoría venta inmuebles -...... €

Pago servicios asesoría trabajadores -..... €

Pago Letrado ERE -........ €

Pago Iberdrola -....... €

Provisión cierre -......... €

SALDO PARA EL PAGO DE CRÉDITOS ....€

– Por la guardia y custodia de la documentación fiscal y contable de la sociedad de ha pagado un importe de .... €.

– Vendidas las fincas al aire libre de la concursada, se hace frente a los arrendamientos que quedaban pendientes de pago por un total de .... €

– Por el alquiler que mantenía vigente la concursada de cultivos se ha pagado un importe de .... €.

– El pago a notaría por gestiones de las ventas ha ascendido a un total de .... €.

– Se ha pagado en concepto de nóminas y finiquitos a los trabajadores de la concursada .... € derivadas del Expediente de Regulación de Empleo tramitado en el seno del concurso, así mismo el importe pagado a la seguridad social asciende a .... €.

– Por decreto 253/2024 de fecha ...., queda homologado el acuerdo alcanzado relativo a la reclamación de cantidades pendientes entre la mercantil y dos de sus trabajadores, resultando un importe a pagar de .... €.

– La concursada ha venido cumplimiento con las obligaciones fiscales, realizando las declaraciones pertinentes, con el consiguiente pago de los importes derivados de dichas declaraciones, por importe total de .... €.

Se ha atendido los tributos en conceptos de IBI e impuestos de vehículos por importe de .... €.

– Los gastos por los servicios de seguridad y mantenimiento de la concursada que se han debido de asumir ascienden a .... €.

– Por asesoría informática se paga un total de .... €.

– El pago por las cuotas correspondientes a resolución de los leasings que estaban vigentes en el concurso ha ascendido a ....€.

– Asesoría fiscal y contable: durante el procedimiento se ha cumplido con las obligaciones fiscales, y contables realizando las operaciones pertinentes, habiendo confeccionado los impuestos correspondientes, siendo el coste de asesoría 44.994,40 €.

– Los suministros que se han pagado por el funcionamiento de la concursada mientras se ha desarrollado el concurso ha ascendido a ....€.

– Pago de seguros a nombre de la concursada por importe de .... €.

– Honorarios del letrado: se han atendido los honorarios del letrado del concurso por importe total de .... € (impuestos incluidos). Se ha pagado al letrado encargado del ERE un importe total de .... €.

– Honorarios de la administración concursal: se han abonados los honorarios correspondientes al 100% de fase común y a 12 cuotas de liquidación por importe total de .... €, impuestos incluidos.

– En concepto de asesoría en la gestión de venta de inmuebles, gestión y cierre de la operación se ha pagado un importe de .... €.

– Se paga al abogado laboralista de los trabajadores por el asesoramiento prestado en el concurso un total de .... €.

– Con el pago del importe de ....€ queda saldada la deuda por facturas pendientes con Iberdrola, por el suministro de electricidad.

– Provisión de cierre del procedimiento concursal: se reserva la cantidad de .... € para los posibles gastos que puedan surgir, y aquellos relacionados con las inscripciones registrales.

2.2 CRÉDITOS PRIVILEGIO ESPECIAL

El artículo 430 del Texto Refundido de la Ley Concursal expone "el pago de los créditos con privilegio especial se hará con cargo a los bienes y derechos afectos, ya sean objeto de ejecución separada o colectiva".

Resuelto el contrato de Préstamo de Financiación con la entidad BMW y con la restitución del vehículo financiado, se salda la deuda que existía pendiente con calificación de Privilegio Especial. Acuerdo homologado por Auto de fecha 20 de abril de 2023.

En concepto de IBIs se ingresa a la Diputación de ...... un importe total de ....€, reconocido en el informe con Privilegio Especial.

SALDO PAGO PRIVILEGIO ESPECIAL......... ....€

Privilegio Especial Diputación ....€

SALDO PAGO PRIVILEGIO GENERAL......... .... €

2.3 CRÉDITOS PRIVILEGIO GENERAL

El artículo 432 del Texto Refundido de la Ley Concursal expone "deducidos de la masa activa los bienes y derechos necesarios para satisfacer los créditos contra la masa y con cargo a los bienes no afectos a privilegio especial o al remanente que de ellos quedase una vez pagados estos créditos, se atenderá al pago de aquellos que gozan de privilegio general, por el orden establecido en esta ley y, en su caso, a prorrata dentro de cada número".

El pago de los créditos con privilegio general se ha realizado como sigue:

SALDO PAGO PRIVILEGIO GENERAL......... .... €

P. General 280.2 .... €

P. General 280.4 ..... €

SALDO PARA EL PAGO DE CRÉDITOS ..... €

Se ha atendido el pago de Privilegio General a la AEAT por importe total de .... €, a la Diputación de ...... por importe de .... € y a la Tesorería General de la Seguridad Social un importe de .... €.

2.4 CRÉDITOS ORDINARIOS

El artículo 433 del Texto Refundido de la Ley Concursal expone "el pago de los créditos ordinarios se efectuará con cargo a los bienes y derechos de la masa activa que resten una vez satisfechos los créditos contra la masa y los privilegiados".

Se ha realizado el pago de los créditos ordinarios en un ......% del importe, con el saldo restante tras atender el pago de los créditos con Privilegio General.

SALDO PARA PAGO ORDINARIO .... €

Ordinario (......%) ..... €

SALDO PARA EL PAGO DE CRÉDITOS .... €

2.5 CRÉDITOS SUBORDINADOS

El artículo 435 del Texto Refundido de la Ley Concursal expone "el pago de los créditos subordinados no se realizará hasta que hayan quedado íntegramente satisfechos los créditos ordinarios".

El pago de los créditos subordinados no ha sido posible debido a que, tras el pago de los créditos ordinarios hasta donde ha alcanzado, no ha quedado ningún saldo disponible. Tampoco ha quedado ningún bien susceptible de venta con el que se pudiera hacer frente a los pagos que han quedado pendientes.

3. DE LA CONCLUSIÓN DEL CONCURSO

Como se ha explicado en el punto primero de este escrito, la realización del activo de ...., S.L. ha sido insuficiente para satisfacer el pasivo ordinario de la concursada. No se dispone por tanto de fondos y no se espera poder recuperar importes para satisfacer los créditos pendientes de pago.

El artículo 468.1° y 2° del Texto Refundido de la Ley Concursal, señala: "dentro del mes siguiente a la conclusión de la liquidación de la masa activa, la administración concursal presentará al juez del concurso el informe final de liquidación solicitando la conclusión del procedimiento. Si estuviera en tramitación la sección sexta, el informe final se presentará en el mes siguiente a la notificación de la sentencia de calificación" y "en el informe final de liquidación el administrador concursal expondrá si el deudor tiene la propiedad de bienes o derechos legalmente inembargables, y si en la masa activa existen bienes o derechos desprovistos de valor de mercado o cuyo coste de realización sea manifiestamente desproporcionado respecto del previsible valor venal, así como si existen bienes o derechos pignorado o hipotecados".

Esta Administración Concursal solicita que, como consecuencia de la realización de los bienes y derechos con valor de mercado, que reportan un ingreso para el concurso, según se ha puesto de manifiesto, y siendo de aplicación el artículo 468 del Texto Refundido de la Ley Concursal, se acuerde la conclusión y archivo del procedimiento de concurso, a resultas de su posible reapertura si se encontrasen bienes al deudor, con posterioridad a la clausura.

Asimismo, el citado artículo indica que también debe estar concluida la fase de calificación del procedimiento.

En fecha .... esta Administración Concursal presenta el informe preceptivo según lo ordenado en el artículo 448 del Texto Refundido de la Ley Concursal y se solicita la calificación de Fortuito del concurso. Por Auto de fecha .... se califica el concurso como fortuito y se decreta el archivo de la sección sin más trámites.

4. RESUMEN DE LA LIQUIDACIÓN

Resumen de las actuaciones llevadas a cabo por la Administración Concursal para la liquidación de ...., S.L.

SALDO DISPONIBLE en la apertura de la liquidación .... €

Venta instalaciones .... €

Venta aperos .... €

Venta fincas .... €

Cobro clientes .... €

Devoluciones tributarias .... €

Devo. comisiones bancarias y liquidación cuenta .... €

SALDO DISPONIBLE PARA EL PAGO DE CRÉDITOS

CONTRA LA MASA .... €

PAGO DE CRÉDITOS CONTRA LA MASA .... €

Guardia y custodia documentación -......... €

Arrendamientos pendientes -......... €

Alquiler cultivos -............ €

Notaria -......... €

Nóminas/finiquitos -........... €

Seguridad Social -.......... €

Acuerdo homologación trabajadores -..........€

Impuestos -......... €

Tributos -........... €

Seguridad/ mantenimiento -........... €

Asesoría informática -............ €

Resolución leasings -............ €

Asesoría contable -............ €

Suministros -.............. €

Seguros -.......... €

Letrado -......... €

Administración Concursal -....... €

Pago asesoría venta inmuebles -......... €

Pago honorarios asesoramiento trabajadores -......... €

Letrado ERE -............ €

Iberdrola -.......... €

Provisión de fondos cierre concurso -..... €

SALDO DISPONIBLE PARA EL PAGO DE CRÉDITOS .... €

PAGO DE CRÉDITOS CON PRIVILEGIO ESPECIAL .... €

P. Especial Diputación......... -............ €

SALDO DISPONIBLE PARA EL PAGO DE LOS CRÉDITOS

CON PRIVILEGIO GENERAL .... €

Privilegio General 280.2 -.......... €

Privilegio General 280.4 -........... €

SALDO DISPONIBLE PARA EL PAGO DE LOS CRÉDITOS .... €

Ordinario (........%) -.......... €

SALDO DISPONIBLE PARA EL PAGO DE CRÉDITOS 0,00 €

F746. INFORME FINAL DE LIQUIDACIÓN Y SOLICITUD DE CONCLUSIÓN Y ARCHIVO DEL CONCURSO. PERSONA NATURAL Y PAGO DE TODOS LOS CRÉDITOS

Normativa de aplicación: *Arts. 478 y ss. Real Decreto Legislativo 1/2020, de 5 de mayo, por el que se aprueba el texto refundido de la Ley Concursal.*

INFORME FINAL DE LIQUIDACIÓN y SOLICITUD DE CONCLUSIÓN Y ARCHIVO DEL CONCURSO DEL CONCURSADO ....

1. OPERACIONES DE LIQUIDACIÓN REALIZADAS

La apertura de la liquidación se realiza una vez solicitada por la representación procesal del concursado mediante escrito de fecha .... El .... se declarada el Auto de apertura de liquidación, dando por finalizada la fase común mediante Auto del .... No se aprobaron reglas especiales de liquidacion.

Las acciones de liquidación iniciadas desde la aprobación del plan fueron las siguientes: PRIMERA: Control saldo en bancos

El saldo en bancos ascendía a ....€, estando depositado en las cuentas intervenidas para la tramitación del procedimiento y en la que se ha ingresado los importes resultantes de las operaciones de liquidación, registrándose los cobros y pagos realizados.

SEGUNDA: Acciones de liquidación

Junto a las propuestas de reglas especiales se presentaba oferta recibida por una de las fincas, y posteriormente se solicita ampliación del plazo de venta directa al no haber recibido oferta por el resto de las fincas. Por Auto del .... se autoriza la ampliación del plazo solicitada y se reciben ofertas por las restantes fincas, materializándose en gestión de venta directa la totalidad de los inmuebles del concursado, conforme se detalla a continuación.

• Bienes inmuebles:

– Finca ....:

Sobre dichas fincas se presenta la oferta y tras no recibir mejoras a la misma se materializa mediante escritura firmada ante el Notario de Tarragona Don

.... bajo su nº de protocolo ...., en fecha ....

La oferta recibida asciende a ....€ sobre la finca ganancial. Ambos cónyuges acuerdan pagar la hipoteca en su totalidad por .... €, e ingresar el ....% cada uno de la diferencia una vez descontados los gastos de tramitación de la escritura, ingresándose un total de .... €.

– Finca ....:

Recibida oferta por el inmueble en cuestión, se solicita autorización al Juzgado para su venta y por Auto del .... queda autorizada la operación. Por tanto, en fecha .... se firma la venta de la finca ante el notario de .... Don .... bajo su nº de protocolo ...., ingresando la totalidad del importe obtenido en la cuenta intervenida del concursado, esto es ....€, al tratarse de un inmueble libre de cargas.

– Fincas ....:

Se autoriza la venta judicial de las fincas de referencia por Auto de ...., una vez manifestada la conveniencia por parte de la administración concursal a la venta en su conjunto con los bienes de la deudora .... por interés del concurso. Se materializa la venta ante el Notario de ...., bajo su nº de protocolo ...., en fecha ....

El importe total de la operación asciende a ....€, desglosado de la siguiente forma:

• .....% proindiviso de la finca ..... por importe de .... €, el ......% restante queda a nombre del concursado. Importe ingresado en la cuenta intervenida del concursado.

• Las fincas .... por importe de ....€. Importe ingresado en la cuenta intervenida del concursado.

• Finca ......propiedad del concursado y Doña .... por importe total de ....€. De lo anterior se entregan .... € al acreedor hipotecario BANCO ...., S.A. en pago de su deuda, saldando la totalidad de la misma. El importe de ....€ se entrega al acreedor hipotecario ...., S.L., en pago de parte de su deuda. Un importe de ....€, coincidente con el saldo pendiente al acreedor hipotecario ...., S.L., importe retenido por ...., S.L. subrogándose en la deuda hipotecaria del anterior acreedor. Finalmente, el saldo restante de ....€ es ingresado en la cuenta intervenida del deudor. El importe restante de .... € es entregado a .... como cotitular de la finca.

Se fueron analizando la naturaleza de los saldos deudores, y gestionando reclamaciones. Se han tramitado las devoluciones tributarias.

• Inversiones financieras:

El concursado posee participaciones en las siguientes sociedades y las actuaciones que se han llevado a cabo para su liquidación se detallan a continuación:

– .... S.L.: el valor de la participación es nulo, al encontrarse la empresa en concurso.

– ...., S.L.: tras el estudio de la venta de la misma y las acciones llevadas a cabo para su recuperación, no se ha conseguido la venta de la misma, quedando en posesión de ...., dado que como se informará a continuación se ha podido pagar todos los créditos del concurso.

– ...., S.L.: sociedad liquidada conforme a la Ley de Sociedades de Capital y de la cual se ha obtenido el cobro de ....€, ingresado en la cuenta intervenida.

TERCERA: Resumen de actuaciones

Después de la realización de toda esta serie de actuaciones descrita en los puntos anteriores de este escrito, el resumen de lo disponible para proceder al pago de los créditos contra la masa y de los créditos concursales es el siguiente:

Saldo inicial Liquidación...................................... .... €

Cobro pensión... €

Cobro participación ....€

Cobro venta finca ....€

Cobro venta fincas .... €

Cobro venta finca...€

Cobro venta fincas .... €

Cobro venta finca 33922..

Cobro devoluciones tributarias.....................................€

SALDO PARA EL PAGO DE CRÉDITOS..................................... €

2. PAGO DE LOS CRÉDITOS

2.1 CRÉDITOS CONTRA LA MASA

El artículo 429 del Texto Refundido de la Ley Concursal expone "antes de proceder al pago de los créditos concursales, la administración concursal deducirá de la masa activa los bienes y derechos necesarios para satisfacer los créditos contra ésta".

Una vez obtenido el saldo disponible para el pago de los créditos contra la masa y los créditos concursales de los acreedores, la Administración Concursal, según el artículo 242 del Texto Refundido de la Ley Concursal, ha procedido al pago de la totalidad de los créditos contra la masa, habiendo pagado los siguientes créditos:

Saldo para pago de créditos contra la masa........... .... €

Pago manutención y alimentos............................... -........... €

Pago comisiones.. -.......... €

Pago notaria..-....... €

Pago procurador- Registro... -..... €

Pago tributos IBI Dip. Tarragona................................ -.......... €

Pago Honorarios...-......... €

Pago letrado del concurso... -............ €

Pago Provisión cancelación cargas Notaría...............-........... €

Pago procurador concurso.. -........... €

SALDO PARA EL PAGO DE CRÉDITOS.................................. €

– Manutención y alimentos se destina un importe total de ....€.

– Comisiones bancarias: se han abonado gastos bancarios de mantenimiento y comisiones de la cuenta intervenida, que han ascendido a un total de .... €.

– Notaria: se atiende el pago de ....€ a la notaria en gestión de la venta de las fincas, y se ha provisionado un importe en Notaria de .... € para la cancelación de las cargas en la transmisión de los inmuebles.

– Procurador-Registro: se han atendido gastos en pago para el Procurador en gestión del Registro de la Propiedad por importe de ....€, y se ha pagado .... € para las publicaciones de la conclusión del concurso.

– Tributos: Se atiende el pago de los IBIS posteriores a la declaración de concurso a la Diputación de .... por importe de ....€.

– Los honorarios profesionales ascienden a .... € por los honorarios cobrados por la Administrador Concursal, correspondientes a fase común y .... cuotas de liquidación, y los correspondientes a letrado de concurso .... €, todo ello con impuestos incluidos.

2.2 CRÉDITOS PRIVILEGIO ESPECIAL

El artículo 430 del Texto Refundido de la Ley Concursal expone "el pago de los créditos con privilegio especial se hará con cargo a los bienes y derechos afectos, ya sean objeto de ejecución separada o colectiva".

El pago de los créditos con privilegio especial se ha realizado en su totalidad, siendo estos los siguientes:

SALDO PARA EL PAGO DE CRÉDITOS................................ €

P. Especial Diputación...................................-........ €

SALDO PAGO DE CRÉDITOS... €

El privilegio especial afecto al inmueble finca ...., y por importe de ....€, se ha atendido con la venta del inmueble, según se explica en el punto de ACCIONES DE LIQUIDACIÓN de este informe.

2.3 CRÉDITOS PRIVILEGIO GENERAL

El artículo 432 del Texto Refundido de la Ley Concursal expone "deducidos de la masa activa los bienes y derechos necesarios para satisfacer los créditos contra la masa y con cargo a los bienes no afectos a privilegio especial o al remanente que de ellos quedase una vez pagados estos créditos, se atenderá al pago de aquellos que gozan de privilegio general, por el orden establecido en esta ley y, en su caso, a prorrata dentro de cada número".

El pago de los créditos con privilegio general ha sido pagado en su totalidad.

SALDO PARA EL PAGO DE CRÉDITOS Privilegio general... .... €

Pago Ibis Diputación...-................ €

Pago AEAT...-............... €

SALDO PAGO DE CRÉDITOS ORDINARIOS.......................... .... €

2.4 CRÉDITOS ORDINARIOS

El artículo 433 del Texto Refundido de la Ley Concursal expone "el pago de los créditos ordinarios se efectuará con cargo a los bienes y derechos de la masa activa que resten una vez satisfechos los créditos contra la masa y los privilegiados".

Los créditos ordinarios han sido pagados en su totalidad.

Se hace constar que el Banco .... devolvió la transferencia del importe correspondiente al crédito ordinario, dado que se había realizado una cesión de crédito, la cual no fue notificada en el procedimiento. Comprobada la cesión de crédito a ...., procede su pago a esta entidad, acreditada la deuda contra el concursado.

SALDO PAGO DE CRÉDITOS ORDINARIOS.......................... .... €

Pago entidades financieras..-.......... €

Pago entidades públicas: AEAT..-......... €

Diputación...-. €

Pago acreedores comerciales................................. -...........€

SALDO PARA EL PAGO DE CRÉDITOS SUBORDINADOS............€

2.5 CRÉDITOS SUBORDINADOS

El artículo 435 del Texto Refundido de la Ley Concursal expone "el pago de los créditos subordinados no se realizará hasta que hayan quedado íntegramente satisfechos los créditos ordinarios".

El pago de los créditos subordinados ha sido pagado en su totalidad.

SALDO PARA EL PAGO DE CRÉDITOS SUBORDINADOS...........€

Pago entidades financieras.. -.......... € Pago entidades públicas: AEAT................................ -....... €

Diputación Tarragona.. -......€

SALDO sobrante a favor concursado............................... .... €

3. DE LA CONCLUSIÓN DEL CONCURSO

Como se ha explicado en el punto primero de este escrito, la realización del activo de .... ha sido suficiente para satisfacer el pasivo ordinario del concursado.

Ha resultado un sobrante de .... € a favor del concursado, y ha quedado de su propiedad las acciones de la entidad ...., S.L. y el ....% de la finca registral nº ....

El artículo 468.1° y 2° del Texto Refundido de la Ley Concursal, señala: "dentro del mes siguiente a la conclusión de la liquidación de la masa activa, la administración concursal presentará al juez del concurso el informe final de liquidación solicitando la conclusión del procedimiento. Si estuviera en tramitación la sección sexta, el informe final se presentará en el mes siguiente a la notificación de la sentencia de calificación", "en el informe final de liquidación el administrador concursal expondrá si el deudor tiene la propiedad de bienes o derechos legalmente inembargables, y si en la masa activa existen bienes o derechos desprovistos de valor de mercado o cuyo coste de realización sea manifiestamente desproporcionado respecto del previsible valor venal, así como si existen bienes o derechos pignorado o hipotecados".

La conclusión del concurso se solicita en base al artículo 465.5° TRLC, habiéndose pagado la totalidad de los créditos reconocidos.

Asimismo, el citado artículo 468 1° LC indica que también debe estar concluida la fase de calificación del procedimiento.

En fecha .... esta Administración Concursal presenta el informe y se solicita la calificación de Fortuito del concurso. Por Auto de fecha .... se califica el concurso como fortuito y se decreta el archivo de la sección sin más trámites.

4. RESUMEN DE LA LIQUIDACIÓN

Resumen de las actuaciones llevadas a cabo por la Administración Concursal para la liquidación de ....

SALDO DISPONIBLE en la apertura de la liquidación .... €

Cobro pensión .... €

Cobro devoluciones tributarias ....€

Cobro participaciones .... €

Cobro venta finca .... €

Cobro venta finca .... €

Cobro venta finca .... €

Cobro venta finca .... €

Cobro finca .... €

Cobro devolución tributaria .... €

SALDO DISPONIBLE PARA EL PAGO DE CRÉDITOS

CONTRA LA MASA .... €

PAGO DE CRÉDITOS CONTRA LA MASA -........... €

Manutención y alimentos -.......... €

Comisiones bancarias -...........€

Notaria /cancelación y registros -....... €

Procurador/registros -...... €

Tributos -....... €

Honorarios Administración Concursal -.......... €

Letrado del concursado -.......... €

Notaria-Cancelación de cargas -....... €

Procurador-concurso -....... €

SALDO DISPONIBLE PARA EL PAGO DE CRÉDITOS con PRIVILEGIO ESPECIAL ....euros

PAGO DE CRÉDITOS CON PRIVILEGIO ESPECIAL -.........€

Pago P.Especial Diputación -........... €

SALDO DISPONIBLE PARA EL PAGO DE LOS CRÉDITOS CON

PRIVILEGIO GENERAL .... €

Pago Diputación ...... -....... €

Pago AEAT -......... €

SALDO DISPONIBLE PARA EL PAGO DEL RESTO CRÉDITOS ORDINARIOS Pago entidades financieras -......... €

Pago entidades públicas

AEAT -.......... €

Diputación Tarragona -.......... €

Pago acreedores comerciales -............. €

SALDO DISPONIBLE PARA EL PAGO DEL RESTO CRÉDITOS SUBORDINADOS .... euros

Pago entidades financieras -......... €

Pago entidades públicas

AEAT -......... €

Diputación -............ €

SALDO sobrante a favor del concursado ....€

F747. INFORME RENDICIÓN DE CUENTAS Y FINAL DE LIQUIDACIÓN

Normativa de aplicación: *Arts. 478 y ss. Real Decreto Legislativo 1/2020, de 5 de mayo, por el que se aprueba el texto refundido de la Ley Concursal*

AL JUZGADO DE LO MERCANTIL Nº........... DE...........

..........., Administrador Concursal designado en el procedimiento de Concurso Voluntario Ordinario de la mercantil "........... S.L." que con el número .... se tramita ante el Juzgado que me dirijo, comparezco en la Sección Quinta de dichos autos y como mejor en Derecho proceda DICE:

Que, mediante este escrito presento con este escrito INFORME DE RENDICIÓN DE CUENTAS y FINAL DE LIQUIDACIÓN de la mercantil concursada de conformidad con los artículos 468, 478, ss. y concordantes TRLC.

Y,

SUPLICO AL JUZGADO, que tenga por presentado este escrito con sus copias, se sirva admitirlo, tener por presentado el INFORME DE RENDICIÓN DE CUENTAS que se adjunta y, en su día, tras los trámites legales oportunos, dicte Auto en el que se declare la conclusión del concurso de "..........., S.L. y, asimismo, apruebe la rendición de cuentas presentada por la Administración concursal.

En ...., a .... de .... de ....

Administración concursal

RENDICIÓN DE CUENTAS E INFORME FINAL DE LIQUIDACIÓN, que presenta la Administración concursal de "..........., S.L." al Juzgado de lo Mercantil nº .... de ...., para su unión a los Autos ....

El presente informe se emite con base en la solicitud de la conclusión del procedimiento concursal reseñado por insuficiencia de la masa activa prevista en el artículo 473 y ss. TRLC y conforme a lo dispuesto en los artículos 478 y ss. TRLC).

I.– MEMORIA JUSTIFICATIVA DE LAS ACTUACIONES REALIZADAS POR LA ADMINISTRACIÓN CONCURSAL.

Por Auto de fecha .... de .... de ...., se acordó declarar en Concurso de Acreedores Voluntario Ordinario a la mercantil "..........., S.L." designando como Administrador Concursal al letrado que suscribe, que aceptó el cargo de Administrador Concursal en la misma fecha.

Que en cumplimiento de lo dispuesto en los artículos 290 y ss. TRLC, y tras concederse la prórroga interesada, esta Administración presentó Informe de la Administración Concursal, al que se adjuntó la lista de acreedores y el inventario de bienes y derechos de la masa activa de la mercantil concursada según escrito de fecha de .... de febrero de ....

Presentado el citado informe, y transcurrido el plazo señalado en el artículo 297.2 TRLC. se constató la inexistencia de impugnaciones del inventario y de la lista de acreedores.

Mediante escrito de .... de .... de .... esta Administración presentó los Textos Definitivos, conforme a lo dispuesto en el art. 303 y ss. TRLC.

Por Auto de fecha .... de .... de ...., se declara la terminación de la fase común del concurso, se acuerda la apertura de la fase de convenio de la sociedad ...., S.L. Posteriormente y por Auto de fecha .... se decreta la apertura de la fase de liquidación al no aceptarse la propuesta de convenio formulada por la actora.

Mediante auto de fecha .... se aprobaron las reglas especiales de liquidación que a continuación se transcriben: ....

En cumplimiento dispuesto en el art. 424 TRLC desde la apertura de la fase de liquidación, la Administración Concursal ha presentado trimestralmente el preceptivo informe sobre el estado de las operaciones, detallando y cuantificando los créditos contra la masa devengados y pendientes de pago con indicación de sus vencimientos.

Así mismo, mediante escrito de fecha .... se presenta informe proponiendo la calificación del concurso como fortuito. Ningún acreedor legitimado formula informe de calificación en las presentes actuaciones. Mediante auto de fecha ....el Juzgado de lo Mercantil nº .... de .... califica el CONCURSO como FORTUITO.

En la fecha .... y verificada la manifiesta insuficiencia de la masa activa de la mercantil concursada para pagar todos los créditos contra la masa, la Administración Concursal presentó escrito solicitando la conclusión del concurso por tal insuficiencia de la masa activa, de acuerdo con el art. 473 y ss. TRLC.

Desde la aceptación del cargo, y sin perjuicio de las funciones legalmente exigibles, la actuación de esta Administración Concursal se ha centrado en los siguientes objetivos:

1. CRÉDITOS Y DEUDAS. Seguimiento y control de los créditos procedentes de las dos únicas fuentes de ingresos ordinarios de la concursada. Concretamente, las rentas procedentes de los contratos de arrendamiento suscritos con las mercantiles ...., SAU y ...., S.A.; a saber:

1.a) Contrato de arrendamiento suscrito con la mercantil ...., SAU, el día ...., respecto de los inmuebles sitos en ...., avenida ....

1.b) Contrato de arrendamiento suscrito con la mercantil ...., el día ...., respecto de los inmuebles sito en ....

Dichas cantidades han sido ingresadas en la cuenta intervenida de la concursada con plena regularidad durante la vigencia de dichos contratos.

2. RESOLUCIÓN CONTRATOS ARRENDAMIENTO. Con anterioridad a la apertura de la fase de liquidación, las arrendatarias ...., SAU y .... S.A. notificaron a la concursada su decisión de resolver los contratos de arrendamiento suscritos entre ellas; notificaciones que se practicaron, en tiempo y forma, en cumplimiento de la cláusula de preaviso pactada. En concreto:

2.a) En fecha .... se ha resuelto el contrato de arrendamiento que mantenía la concursada con la mercantil ...., SAU respecto de .... locales comerciales y un parking descubierto situados en ...., propiedad de la primera; así mismo se procedió a liquidar todas las relaciones jurídico-económicas derivadas de dicho contrato.

2.b) Y, en fecha .... se resolvió el contrato de arrendamiento que mantenía la concursada con la mercantil ...., SAU. respecto del local y .... plazas de garaje sitas en .... propiedad de la primera; igualmente se procedió a liquidar todas las relaciones jurídico-económicas derivadas de dicho contrato.

3. LIQUIDACIÓN. Aperturada la liquidación, y en cumplimiento de las reglas especiales de mismo, la Administración Concursal procedió a buscar posibles ofertas de compra de los activos propiedad de la concursada que integran su masa activa y a contactar con las entidades financieras acreedoras para conocer su posición respecto de los inmuebles hipotecados así como del resto de operaciones.

El resultado de dichas gestiones responde y se ha materializado en las siguientes operaciones.

3.1) OFERTAS PRESENTADAS Y RECHAZADAS

Las ofertas correspondientes a este apartado, todas respecto a la adquisición de los inmuebles sitos en .... y arrendados a ...., interesadas por las mercantiles ...., SAU, ... S.A., ... S.L., fueron rechazadas por esta administración concursal, por la propia concursada y por el acreedor ...., S.A., ya por la fase procedimental en que se formularon ya por la notable insuficiencia de las condiciones de aquéllas.

3.2) OFERTAS VENTA DIRECTA DE INMUEBLES

En esta modalidad sólo se ha verificado una operación, sin que ningún acreedor manifestara objeción al respecto. En concreto dicha transmisión se materializó mediante el otorgamiento de la escritura de COMPRAVENTA otorgada ante el notario de .... D..........., el día ...., causando el núm. .... de su protocolo, respecto de las fincas reseñadas en las reglas especiales de liquidación a los números de orden........... a ....

3.3) ACREEDORES HIPOTECARIOS

Así mismo, y en cuanto a los inmuebles de la concursada gravados con préstamos hipotecarios, dado que no se ha verificado ninguna operación a través de su venta directa, se iniciaron las oportunas gestiones con los acreedores hipotecarios, ..., S.A. y ...., subrogada en la posición de ...., S.A., a fin de ofrecerles la dación de dichos activos en pago de la deuda contraída con aquellos; gestiones que han tenido el resultado siguiente:

3.3.a) Escritura de DACIÓN EN PAGO otorgada ante el notario de .... D........... el .... de .... de ...., causando el núm. .... de su protocolo, respecto de las fincas gravadas con hipoteca constituida a favor del "..........." y reseñadas en las reglas especiales de liquidación a los números de orden .... y ....

3.3.b) Escritura de DACIÓN EN PAGO otorgada ante el notario de .... D..........., el día .... de .... de ...., causando el núm. .... de su protocolo, respecto de las fincas reseñadas en las reglas especiales de liquidación a los números de orden .... a ....y cesión de crédito por todo el importe del mismo.

3.3.c) Escritura de COMPRAVENTA otorgada ante el notario de Valencia D........... el día .... de .... de ...., causando el núm. .... de su protocolo, respecto de las fincas gravadas con hipoteca transmitida a la "..........." y reseñadas en las reglas especiales de liquidación a los números de orden ...., ... Y ....

3.3.d) Escritura de COMPRAVENTA Y CANCELACIÓN HIPOTECARIA otorgada ante el notario de .... D........... el día........... de .... de ...., causando el núm. .... de su protocolo, respecto de las fincas gravadas con hipoteca transmitida a la "..........." y reseñadas en las reglas especiales de liquidación a los números de orden .... y ....

3.4. INVERSIONES Y DEPÓSITOS

La única operación que se ha verificado respecto de este tipo de bienes, sin que ningún acreedor manifestara objeción al respecto, se materializó mediante el otorgamiento de escritura de COMPRAVENTA otorgada ante el notario de .... D..........., el día .... de .... de ...., causando el núm. .... de su protocolo, respecto de particiones sociales reseñadas en las reglas especiales de liquidación.

3.5. MOBILIARIO Y EQUIPOS PARA PROCESO DE INFORMACIÓN

En cuanto a los bienes de esta naturaleza no ha concurrido ninguna oferta, por lo que de conformidad con lo previsto en las reglas especiales de liquidación se ha procedido a la venta de los mismos, reseñados en el anexo 1° del mismo a los números de orden 35 a 43, a precio de chatarra.

4. LITIGIOS Y ACTUACIONES JUDICIALES. Los procedimientos y demás actuaciones judiciales y administrativas en los que ha intervenido la concursada ...., S.L. como parte interesada, han sido los siguientes:

4.1) ...., S.A. formuló demanda de EJECUCIÓN HIPOTECARIA al amparo del artículo 129 de la Ley Hipotecaria en relación con los artículos 681 y siguientes de la LEC.

contra la concursada. Dicho se tramitó ente el Juzgado de primera Instancia e Instrucción Núm. .... de Ontinyent causando los Autos .... y finalizó mediante AUTO de fecha .... por el que se acordó dar por terminado y declarar el archivo de dicho procedimiento.

4.2) La mercantil ...., S.A. planteó contra la concursada demanda de EJECUCIÓN DE SENTENCIA con base en el fallo del Tribunal Supremo, Sentencia ...., interesando el embargo de determinados bienes. Dicho se tramitó ente el Juzgado de primera Instancia e Instrucción Núm. .... de .... causando los Autos .... y finalizó mediante AUTO de fecha .... de .... de .... por el que se acordó suspender la ejecución dicha, archivar provisionalmente los autos reseñados y levantar los embargos trabados.

4.3) Por último, el Juzgado competente en este concurso, dictó Auto de fecha .... de .... de ...., por el que, accediendo a la petición formulada por esta Administración concursal, acordó alzar los embargos trabados por la .... sobre distintos derecho de crédito que ostentaba la concursada frente a varios clientes.

4.4) En el ámbito administrativo y extrajudicial, hay que señalar que se han impugnado distintas providencias de apremio correspondientes liquidaciones por IRPF e IVA practicadas de forma irregular por la AEAT, de suerte que se han reintegrado a la masa activa de la concursada los importes ya trabados; se ha procedido a la recuperación de avales .... Y .... prestados por la concursada y de cargos no debidos practicados por la aseguradora ...., S.A.

En definitiva, de lo actuado hasta el momento y como derivaba del Informe de la Administración Concursal y de la calificación fortuita del concurso cabe afirmar que no existen acciones viables de reintegración de la masa activa ni de responsabilidad de terceros pendientes de ser ejercitadas. Por el contrario, los activos con que cuenta la mercantil son claramente insuficientes para el pago de los créditos contra la masa quedando únicamente pendiente de ingresar en la masa activa de la concursada la devolución IVA correspondiente al ejercicio .... por importe de ....euros.

De contrario, y como se ha dicho, los activos con que cuenta la mercantil son claramente insuficientes para el pago de todos los créditos contra la masa pues su tesorería refleja la cantidad de ....euros.

Por último, cabe reiterar que el origen y causa de la situación de insolvencia definitiva en que se halla la mercantil concursada son los señalados en el Informe de la Administración concursal al que nos remitimos.

II.– INFORME FINAL DE LIQUIDACIÓN.

Al tiempo de aperturarse la fase de liquidación y aprobarse las reglas especiales de liquidación la tesorería de la concursada arrojaba un saldo de ....euros. Dicho importe se ha aplicado para atender los pagos conforme al siguiente detalle.

A. Pagos realizados con anterioridad a la solicitud de la conclusión del concurso.

El importe de los pagos realizados durante el periodo referido correspondiente a este apartado asciende a la suma de ....euros, conforme a los conceptos y cantidades que constan en el ANEXO I que se acompaña a esta rendición.

En dicho anexo constan Las operaciones de liquidación realizadas y las cantidades obtenidas en cada una de esas operaciones, así como los pagos realizados y, en su caso, las consignaciones efectuadas para la satisfacción de los créditos contra la masa y de los créditos concursales.

El estado de tesorería tras realizar dichos pagos y contabilizar los ingresos antes referidos asciende a la cantidad de es de ....euros y, todo ello, a expensas de la recuperación de la devolución del IVA del ejercicio correspondiente al .... por un importe de ....euros.

B. Pagos que se van a realizar con posterioridad a la solicitud de la conclusión del concurso,

Habida cuenta el estado que actualmente refleja la tesorería de la concursada, por importe de ....euros, y la pendencia indicada, los pagos que se van a realizar con posterioridad a la solicitud de la conclusión del concurso, créditos imprescindibles para concluir la liquidación, se aplicarán según el siguiente orden:

1. La cantidad de...........euros que se destinaran al pago de los gastos registrales de la conclusión del concurso.

2. Honorarios devengados por el Letrado de la concursada, pendientes de pago por importe de ....euros.

3. Intereses y comisiones bancaria ....euros

C. Relación de créditos contra la masa no satisfechos que se relacionan en el anexo II.

1. Letrado de la concursada ....€

2. Ayuntamiento de ....€

3. Ayuntamiento de ....€

4. Ayuntamiento de ....€

5. .... S.L...........€

6. .... S.A...........€

Total: ....€

III.- PAGOS Y CONSIGNACIONES DE LOS CRÉDITOS CONCURSALES Y CONTRA LA MASA VERIFICADOS POR LA ADMINISTRACIÓN CONCURSAL.

Como se dijo arriba, el Juez al acordar la declaración de concurso de........... S.L., decretó el régimen de intervención de facultades de administración y disposición sobre la masa activa, conservando por lo tanto el ejercicio de tales facultades el concursado con la necesaria autorización de la administración concursal, que ha autorizado las operaciones normales y habituales del trafico económico y mercantil de la concursada en los términos legalmente establecidos.

En cualquier caso, se acompaña ANEXO III los pagos y consignaciones de créditos concursales y contra la masa verificados, así como resultado y saldo final de las operaciones realizadas, debidamente desglosadas e identificadas, haciendo constar que tras las operaciones de cobro y pago llevadas a cabo en el concurso, han sido abonados y satisfechos la totalidad de créditos contra la masa a excepción de los detallados en el ANEXO IV. Todo los cual se adjunta y reseña como resultado y saldo final.

IV.– A los efectos de lo establecido en el art. 478.2 TRLC, se hace constar:

A. Que el detalle de la retribución que le hubiera sido fijada por el juez para cada fase del concurso es el que se acompaña como ANEXO IV, en el que se especifican las cantidades percibidas, incluidas las complementarias, así como las fechas de cada una de esas percepciones.

B. Que en el referido detalle se expresan los pagos del auxiliar o auxiliares delegado nombrados en el presente procedimiento. También el de los expertos, tasadores y entidades especializadas que hubiera contratado, con cargo a la retribución del propio administrador concursal.

C. Finalmente, el detalle reseñado precisa el número de trabajadores asignados por la administración concursal al concurso y el número total de horas dedicadas por el conjunto de estos trabajadores al concurso.

En ...., a .... de .... de ....

Fdo. Administración Concursal.

F748. INFORME DE RENDICIÓN DE CUENTAS Y FINAL DE LIQUIDACIÓN. PAGO PARCIAL CRÉDITOS CONCURSALES

Normativa de aplicación: *Arts. 478 y ss. Real Decreto Legislativo 1/2020, de 5 de mayo, por el que se aprueba el texto refundido de la Ley Concursal*

Juzgado Mercantil nº ....

Procedimiento: Concurso voluntario ....

Sección liquidación 5ª

AL JUZGADO DE LO MERCANTIL Nº........... DE...........

..........., Administrador Concursal designado en el Concurso Voluntario de la entidad mercantil ...., S.L., que bajo el núm. .... se tramita en ese Juzgado, comparece y, como mejor proceda en Derecho, DICE:

Que, por Providencia de ...., he sido requerido para presentar informe de archivo y rendición de cuentas del concurso de referencia.

Que, en cumplimiento del citado requerimiento, presento ante el Juzgado el mencionado

INFORME RENDICIÓN DE CUENTAS Y FINAL DE LIQUIDACIÓN AL AMPARO DE LO PREVISTO EN EL ART. 468 Y 478 TRLC

PRIMERO.– CONCLUSIÓN DEL CONCURSO

Esta Administración concursal presentó escrito de conclusión del concurso por finalización de la liquidación en virtud del art. 465.6º TRLC, el cual establece como causa de conclusión del concurso y archivo de las actuaciones:

6.º Cuando se hayan liquidado los bienes y derechos de la masa activa y aplicado lo obtenido en la liquidación a la satisfacción de los créditos

En todo caso y, a los efectos establecidos en la ley, esta Administración concursal hace constar expresamente lo siguiente:

1. Que el concurso de referencia ha sido calificado como fortuito.

2. No están pendientes ni es previsible el ejercicio de demandas de reintegración de la masa activa o exigencia de responsabilidad de terceros.

SEGUNDO.– REGLAS ESPECIALES DE LIQUIDACIÓN

Mediante Auto de ...., el cual fue objeto de recurso de apelación por uno de los acreedores, el Juzgado al que tengo el honor de dirigirme, aprobó las reglas especiales de liquidación que se transcriben a continuación: ....

En las citadas reglas especiales de Liquidación se diferenciaba, para la realización de los bienes, la distinta naturaleza de los mismos. Así, se distinguían hasta seis tipos de bienes.

1.– Inmovilizado intangible.

Consiste en una concesión administrativa de aparcamiento público, el cual está alquilado. En las reglas especiales de liquidación se proponía la venta directa al mejor postor, con un plazo para recibir ofertas de 3 meses, prorrogable por el mismo plazo en caso de no recibir ofertas.

A fecha de la firma del presente informe no se ha recibido oferta alguna, por lo que se ha prorrogado el plazo durante tres meses más.

Transcurrido el plazo de prórroga, se enajenará a la primera oferta recibida, comunicándola al Juzgado por si hubiera mejor postor.

2.– Inmovilizado material.

El mobiliario, la aplicación y los equipos informáticos con los que cuenta ...., S.L. están en su mayor parte totalmente amortizados a excepción de unos lectores ubicados en el almacén. Otros están incorporados en los locales alquilados, por lo que se contemplará la venta conjunta con el local.

En las reglas especiales de liquidacion se proponía la venta directa al mejor postor, con un plazo para recibir ofertas de 3 meses, prorrogable por el mismo plazo en caso de no recibir ofertas.

A fecha de la firma del presente informe no se ha recibido oferta alguna, por lo que se ha prorrogado el plazo durante tres meses más.

En caso de que no concurra ninguna oferta vencido el plazo de prórroga, los bienes se venderán a precio de chatarra.

3.– Inversiones inmobiliarias.

Respecto de la enajenación de los bienes inmuebles, las reglas especiales de liquidación preveen una primera fase de seis meses de duración en la que se debe proceder distinguiendo si el bien está libre de cargar o si, por el contrario, se halla gravado con derecho real que lleve aparejado privilegio, es decir, con hipoteca inmobiliaria.

En el primer caso, (inmuebles libres de cargas), se prevé un periodo de tres meses desde la aprobación de las reglas especiales de liquidación (auto de ....) para la recepción de ofertas, prorrogable durante tres meses más.

En el segundo caso (inmuebles gravados con hipoteca y por tanto afectos a créditos con privilegio especial), la Administración Concursal contactará con agentes económicos que pudieran tener interés en la adquisición de los distintos elementos integrantes de los inmuebles sujetos a cargas hipotecarias objeto de liquidación, informándoles de los bienes objeto de la liquidación que se pretende, y comunicando al acreedor o acreedores titulares de los créditos la existencia de las ofertas recibidas.

En ambos casos, aunque ya se ha recibido alguna oferta, esta Administración concursal considera prudente, dada la situación del mercando inmobiliario, prorrogar el plazo de recepción de ofertas durante tres meses más, como prevé y permiten las reglas especiales de liquidación

En todo caso, queda abierta la posibilidad de proceder a la dación en pago.

Finalmente, respecto de los bienes en régimen de proindiviso la Administración Concursal ha informado a cada comunero de las ofertas recibidas a los efectos de que, en su caso, ejerciten los derechos de adquisición preferente.

4.– Inversiones financieras a corto/largo plazo.

Respecto de las inversiones financieras, no se ha procedido a la recuperación de ninguna de ellas. Para su liquidación, se está a su vencimiento.

5.– Clientes por alquileres y deudores.

En relación con la gestión de cobro de clientes y la recuperación de las cantidades pendiente de pago, se está a lo estipulado en los distintos contratos de arrendamiento. En su caso, se procederá a la reclamación judicial de las cantidades debidas.

6.– Inversiones en empresas a corto/largo plazo.

Respecto de las inversiones en otras sociedades, no se ha recibido oferta alguna de adquisición.

TERCERO.– PAGO DE CRÉDITOS CONTRA LA MASA

De acuerdo con las reglas especiales de liquidacion y los sucesivos Informes Trimestrales, se ha procedido al pago de créditos contra la masa según el criterio del vencimiento, según consta en los movimientos de la cuenta intervenida.

No hay créditos contra la masa pendientes de pago.

CUARTO.– PAGOS DE CRÉDITOS CON PRIVILEGIO ESPECIAL

No hay créditos con privilegio especial pendientes de pago.

Por último, se ha pagado a la Diputación de Valencia en concepto de IBI la cantidad de ....€.

QUINTO.– PAGOS DE CRÉDITOS CON PRIVILEGIO GENERAL

No hay créditos con privilegio general pendientes de pago.

Desde el último Informe, se han realizado los siguientes pagos:...........

SEXTO.– ENAJENACIONES REALIZADAS

De acuerdo con las previsiones y criterios anteriormente expuestos según el contenido del las reglas especiales de liquidacion aprobadas por Auto de ...., se ha procedido a las siguientes enajenaciones, todas ellas mediante escritura pública autorizadas por D..........., Notario de .... y su Ilustre Colegio.

I.– ENAJENACIONES

1.– Inmueble inscrito en el Registro de la Propiedad de Valencia-TRES en el tomo ....

Este inmueble soportaba una responsabilidad hipotecaria en favor de ...., S.A. de:

Por principal: ....euros (...........€).

Por intereses ordinarios: .... (...........€).

Por intereses de demora: ....euros. (...........€).

Por costas: ....

– Inmueble inscrito en el Registro de la Propiedad de Valencia-TRES en el tomo ....

Este inmueble soportaba una responsabilidad hipotecaria en favor de ...., S.A. de:

Por principal: ....euros (...........€).

Por intereses ordinarios: .... (...........€).

Por intereses de demora: ....euros. (...........€).

Por costas: ....

– Inmueble inscrito en el Registro de la Propiedad de Valencia-TRES en el tomo ....

Este inmueble soportaba una responsabilidad hipotecaria en favor de ...., S.A. de:

Por principal: ....euros (...........€).

Por intereses ordinarios: .... (...........€).

Por intereses de demora: ....euros. (...........€).

Por costas: ....

El préstamo garantizado con las citadas hipotecas y cuyo principal total era de ....euros, presentaba al día de la enajenación de los inmuebles gravados, tal y como resultó de certificación expedida por la entidad acreedora, una deuda pendiente de ....euros (...........€).

Los citados inmuebles fueron adquiridos, con el consentimiento expreso del acreedor hipotecario, por la mercantil "...........". El precio de enajenación fue de recibir .... (...........€), pagadero mediante cheque bancario nominativo endosado al acreedor hipotecario "........... S.A." con la consiguiente cancelación total de la hipoteca, subsistiendo la parte de crédito no salda como crédito ordinario, desprovisto de garantía hipotecaria, con el régimen que le correspondía en la actuación concursal.

2.– Inmueble inscrito en el Registro de la Propiedad de .... en el tomo ....,.

– Inmueble inscrito en el Registro de la Propiedad de .... en el tomo ....,

Los citados inmuebles han sido adquiridos por la mercantil ...., S.L. con el consentimiento expreso del acreedor hipotecario. El precio total de la compraventa fue la suma conjunta de ....euros (...........€).

Dicho precio se satisfizo por la compradora a la vendedora mediante dos cheques bancarios nominativos, a nombre de "...........", uno de ....euros, endosado a Banco ...., S.A. con el fin de aplicarlo a la cancelación de la hipoteca que grava el inmueble; y otro de ....euros para completar el precio de la venta, ingresado en la cuenta intervenida.

3.– Inmueble inscrito en el Registro de la Propiedad de .... en el tomo .... Gravado con una hipoteca constituida en favor de Banco de ...., S.A.

El inmueble ha sido adquirido, con el consentimiento expreso del acreedor hipotecario, por "..........., S.L.". El precio total de la compraventa fue la suma de .... euros (...........€), el cual satisfizo la compradora mediante cheque bancario nominativo a nombre de "........... SOCIEDAD LIMITADA". El citado cheque ha sido endosado al acreedor hipotecario, ..., S.A., con el fin de aplicarlo a obtener la cancelación de la hipoteca que grava el inmueble.

5. Inmueble inscrito en el Registro de la Propiedad de .... en el tomo ....

El precio total de la compraventa fue de ....euros (...........€). Dicho precio se satisfizo por la parte compradora mediante dos cheques bancarios nominativos: a) A nombre de "..........., S.L.", por ....€.b) A nombre de "........... Bank, S.A.", por ....€ *para* la cancelación de la hipoteca que grava el inmueble.

La enajenación se formalizó mediante escritura de ...., autorizada por el Notario de D........... (núm. de protocolo ....).

Escritura de .... de carta de pago y cancelación de hipoteca otorgada por la mercantil "........... Bank, S.A.", anteriormente denominada "........... S.A." a favor de la mercantil "........... S.L.", autorizada por el notario de D........... (núm. de protocolo ....).

La responsabilidad hipotecaria de la finca objeto de cancelación era de .... euros (...........€) de principal. .... años de intereses ordinarios, al tipo máximo de ....%. .... años de intereses de demora al tipo máximo del ....%. El ....% del principal para costas y gastos.

4.– Inmueble inscrito en el Registro de la Propiedad de .... en el tomo ....

El precio total de la compraventa fue la suma de ....euros (...........€). Dicho precio se satisfizo mediante cheque bancario nominativo a nombre de "..........., SOCIEDAD LIMITADA", por los expresados ....€, que previo endoso a nombre de "........... Bank, S.A." se aplicaron íntegramente a obtener la cancelación de la hipoteca que grava el inmueble.

El citado inmueble lo adquirió la mercantil ...., S.L. mediante escritura de ...., autorizada por el Notario de D...........

5.– Inmueble inscrito en el Registro de la propiedad de .... en el tomo ....

El precio total de la compraventa fue la suma de ....euros (...........€). Dicho precio se satisfizo por la Compradora mediante dos cheques bancarios nominativos a nombre de "..........., SOCIEDAD LIMITADA", y de "........... Bank, S.A., respectivamente.

El citado inmueble lo adquirió la mercantil ...., Sociedad Limitada, mediante escritura de ...., autorizada por el Notario de .... D...........

6.– Inmueble inscrito en Registro de la Propiedad de .... en el tomo ....

El precio total de la compraventa fue la suma de ....euros (...........€). Dicho precio se satisfizo mediante dos cheques bancarios nominativos a nombre de ...., S.L., por ....€ y de Banco de ...., S.A. por ....€, respectivamente, con el fin de aplicarlo a obtener la cancelación de la hipoteca que grava el inmueble.

El citado inmueble lo adquirió la mercantil ...., S.A., mediante escritura de ...., autorizada por el Notario de .... D...........

CANCELACIÓN DERECHO REAL DE HIPOTECA: Escritura de ....otorgada por Banco de .... y autorizada por el Notario de .... D..........., a favor de la mercantil ...., S.L.

Responsabilidad hipotecaria de la finca objeto de cancelación: Principal.– .... euros .... Intereses ordinarios: ....euros. Intereses de demora: ....euros .... Costas.– ....euros (...........€). Otros conceptos: ....euros .... (...........€).

De dicho préstamo, cuyo principal total era de ....€, presentaba al día de la firma, tal y como resultó de certificación expedida por la entidad acreedora, una deuda pendiente de ....€.

7.– Inmueble inscrito en el Registro de la Propiedad de ...., al tomo ...., destinado a aparcamiento de vehículos.

- Inmueble inscrito en el Registro de la Propiedad de ...., al tomo ....
- Inmueble inscrito en el Registro de la Propiedad de ...., al tomo ....
- Inmueble inscrito en el Registro de la Propiedad de ...., al tomo ....
- Inmueble inscrito en el Registro de la Propiedad de ...., al tomo ....
- Inmueble inscrito en el Registro de la Propiedad de ...., al tomo ....
- Inmueble inscrito en el Registro de la Propiedad de ...., al tomo ....
- Inmueble inscrito en el Registro de la Propiedad de ...., al tomo ....
- Inmueble inscrito en el Registro de la Propiedad de ...., al tomo ....

Los descritos departamentos forman parte del Edificio situado en esta ciudad de ...., con fachada recayente a la calle ...., donde está demarcado con los números .... de policía urbana.

El precio total de la compraventa fue el conjunto de ....euros (...........€). Dicho precio lo satisfizo la compradora a la vendedora mediante un cheque bancario nominativo a nombre de ...., S.L., el cual se ingresó en la cuenta intervenida por esta Administración concursal.

Los citados inmuebles los adquirió la mercantil "..........., S.L." mediante escritura de ...., autorizada por el Notario de D........... al número .... de su protocolo.

8.– Inmueble inscrito en el Registro de la Propiedad de ...., al tomo ....

Coeficiente: ....

- Inmueble inscrito en el Registro de la Propiedad de ...., al tomo ....

Cuota de participación. ....

El precio total de la compraventa de los anteriores inmuebles fue de ....euros (...........€).

Dicho precio se satisfizo por el comprador en el acto mediante cheque bancario nominativo, a nombre de "........... SOCIEDAD LIMITADA", cheque librado por ...., con cargo a la cuenta ....

La compraventa se formalizó mediante escritura de ...., autorizada por el Notario .... (núm. de protocolo ....).

9.– Inmueble inscrito en el Registro de la Propiedad de ...., al tomo ....

- Inmueble inscrito en el Registro de la Propiedad de ...., al tomo ....

El precio ascendió a la cantidad global de ....euros (, €).

La cantidad íntegra de ....euros se retuvo para la cancelación del préstamo hipotecario identificado con el número interno ...., con número anterior ...., garantizado con hipoteca que grava las fincas transmitidas .... y ....

Los citados inmuebles los adquirió la mercantil "..........." mediante escritura de ...., autorizada por el Notario de D........... al número .... de su protocolo.

10.– Inmueble inscrito en el Registro de la Propiedad de ...., al tomo ....

– Inmueble inscrito en el Registro de la Propiedad de ...., al tomo ....

– Inmueble inscrito en el Registro de la Propiedad de ...., al tomo ....

CARGAS: La finca descrita aparece gravada con afecciones fiscales a favor de la Hacienda Pública y, además, con la carga hipotecaria que a continuación se dice: Hipoteca a favor de la entidad "........... S.A. para responder de las cantidades que por principal y demás conceptos vienen reflejadas en las notas informativas incorporadas a la presente, a las que las partes hacen en este punto expresa remisión para evitar reiteraciones innecesarias. La citada hipoteca ha sido cancelada en escritura otorgada ante el notario de ...., Don..........., el ...., bajo número .... de protocolo, pendiente de inscripción.

– Derechos de uso y disfrute sobre la plaza de aparcamiento número ...., del "aparcamiento de ....".

– .... acciones comprensivas del capital estatutario máximo de .... S.A., con código ...., de ....euros de valor nominal cada una, totalmente desembolsadas y registradas, anotadas en el registro de notaciones en cuenta a cargo de .... (........... SAU), libres de trabas y embargos.

Los citados bienes los adquirió la mercantil .... S.L. mediante escritura de ...., autorizada por el Notario de D........... al número .... de su protocolo. El precio de esta compraventa pactado por las partes ascendió a la cantidad global de ....euros (...........€). Dicho precio fue abonado en su totalidad por la compradora mediante un cheque bancario nominativo a nombre de ...., S.L. Dicho cheque fue librado con cargo a la cuenta número .... de la que es titular la mercantil compradora y su importe ingresado en la cuenta intervenida por esta Administración concursal.

11.– Inmueble inscrito en el Registro de la Propiedad de ...., al tomo ....

El inmueble ha sido adquirido por la mercantil .... S.L., mediante escritura pública autorizada por el notario de .... D........... el día ...., al número .... de su protocolo.

El precio pactado por las partes y judicialmente autorizado ascendió a la cantidad global de ....euros (...........€).

Dicho precio fue abonado en su totalidad y en el acto mediante un cheque bancario nominativo a nombre de ...., S.L., el cual fue ingresado en la cuenta intervenida por esta Administración concursal.

II.– DACIONES EN PAGO

1. Dación en pago parcial de deudas sin quita y sin calendario de pagos en favor del ...., S.A.

– Inmueble inscrito en el Registro de la Propiedad de ...., al tomo ....

Responsabilidad Hipotecaría: ....€ de principal; intereses ordinarios por un total de ....€; intereses de demora por un total de ....€; costas y gastos, ...€.

– Inmueble inscrito en el Registro de la Propiedad de ...., al tomo ....

Responsabilidad Hipotecaría: ....€ de principal; intereses ordinarios por un total de ....€; intereses de demora por un total de ....€; costas y gastos, ...€.

– Inmueble inscrito en el Registro de la Propiedad de ...., al tomo ....

Responsabilidad Hipotecaría: ....€ de principal; intereses ordinarios por un total de ....€; intereses de demora por un total de ....€; costas y gastos, ...€.

El crédito reconocido a favor de "..........., S.A." con privilegio especial en el concurso de acreedores es de ....€, que tras la venta de la finca .... del Registro de la Propiedad de .... por ....€, quedó reducido a la suma ....€.

– Inmueble inscrito en el Registro de la Propiedad de ...., al tomo ....

Responsabilidad Hipotecaría: ....€ de principal; intereses ordinarios por un total de ....€; intereses de demora por un total de ....€; costas y gastos, ...€.

El crédito reconocido a favor de "..........., S.A." con privilegio especial en el concurso de acreedores es de ....€.

Mediante otra escritura pública de fecha ...., autorizada por el Notario de ...., Don..........., bajo número .... de protocolo, posteriormente novada en virtud de otra escritura autorizada por el mismo de ...., Sr. .... de fecha ...., bajo número .... de protocolo, "BANCO .... S.A." hoy "BANCO ...., S.A.", concedió el préstamo hipotecario nº .... por importe de .... euros (...........€) a la mercantil ...., S.L.", quien se comprometió a devolverlo mediante determinadas amortizaciones en el plazo de .... AÑOS, a contar desde la fecha de la expresada escritura.

En garantía de la devolución del mencionado préstamo se constituyó hipoteca sobre las siguientes fincas:

– Inmueble inscrito en el Registro de la Propiedad de ...., al tomo ....

Responsabilidad Hipotecaría: ....€ de principal; intereses ordinarios por un total de ....€; intereses de demora por un total de ....€; costas y gastos, ...€.

– Inmueble inscrito en el Registro de la Propiedad de ...., al tomo ....

Responsabilidad Hipotecaría: ....€ de principal; intereses ordinarios por un total de ....€; intereses de demora por un total de ....€; costas y gastos, ...€.

Valor a efectos de la dación...........€.

– Inmueble inscrito en el Registro de la Propiedad de ...., al tomo ....

Responsabilidad Hipotecaría: ....€ de principal; intereses ordinarios por un total de ....€; intereses de demora por un total de ....€; costas y gastos, ...€.

– Inmueble inscrito en el Registro de la Propiedad de ...., al tomo ....

Responsabilidad Hipotecaría: ....€ de principal; intereses ordinarios por un total de ....€; intereses de demora por un total de ....€; costas y gastos, ...€.

– Inmueble inscrito en el Registro de la Propiedad de ...., al tomo ....

Responsabilidad Hipotecaría: ....€ de principal; intereses ordinarios por un total de ....€; intereses de demora por un total de ....€; costas y gastos, ...€.

– Inmueble inscrito en el Registro de la Propiedad de ...., al tomo ....

Responsabilidad Hipotecaría: ....€ de principal; intereses ordinarios por un total de ....€; intereses de demora por un total de ....€; costas y gastos, ...€.

El crédito reconocido a favor de "..........., S.A." con privilegio especial en el concurso de acreedores es de ....€. Asimismo, y por razón he dicho crédito, se habían devengado intereses moratorios a favor del Banco por importe de ....€.

Precio y efectos de la dación en pago: Las fincas registrales ...., por importe global de ....euros en pago:

1. Parcial de la deuda de los Expositivos I y II de la escritura de ....de dación en pago parcial de deudas sin quita y sin calendario de pagos autorizada por el Notario de Valencia D........... al núm. .... de su protocolo.

2. Total de la deuda del Expositivo III de la mencionada escritura en cuanto al principal, y parcial en cuanto a los intereses de demora.

En ambos casos, sin más cargas o gravámenes que los reseñados, con cuantos derechos, usos y servicios les sean inherentes y al corriente en el pago de gastos e impuestos, incluyendo los de la comunidad de propietarios, en la reseñada situación en cuanto a arrendatarios y ocupantes, de lo que es conocedora la Entidad adquirente.

La deuda que "..........., S.L." (deudor principal) mantiene frente a .... S.A. por las operaciones reseñadas, quedó minorada por el importe de la dación establecido anteriormente, quedando la deuda, en consecuencia, fijada tras la dación en la cantidad de ....€, de los que ....€ corresponden a la deuda del Expositivo I, y ....€

a la deuda del Expositivo II la cual subsistiendo la parte de crédito no saldada como crédito concursal ordinario.

Y en cuanto a la deuda del Expositivo III, subsiste en cuanto a los intereses no satisfechos por la dación, que ascienden a ....€, que subsisten como crédito subordinado.

2. Dación en pago en favor de ...., S.A.

Inmueble inscrito en el Registro de la Propiedad de ...., al tomo ....

Responsabilidad Hipotecaría: ....€ de principal; intereses ordinarios por un total de ....€; intereses de demora por un total de ....€; costas y gastos, ...€.

El inmueble fue objeto de dación en pago total de crédito hipotecario en favor del "..........., S.A.", mediante escritura pública autorizada por el Notario de .... y su Ilustre Colegio, D..........., el ...., al número .... de su protocolo.

El inmueble se valoró en ....euros con .... céntimos de euro. Y se transmitió en pago total del crédito hipotecario del que respondía con las siguientes cantidades: ....€ de principal; Intereses ordinarios de .... meses hasta un máximo de ....% anual por importe de ....€, intereses de demora de .... meses al ....% anual por importe de ....€ y ....€ para costas y gastos, además de ....€ para prestaciones accesorias.

Dicha hipoteca fue constituida en escritura otorgada ante el notario de .... Don........... el .... de .... de .... y ampliada y modificada por escritura de .... de .... de ...., ante el mismo notario, bajo número .... de protocolo. La citada hipoteca fue objeto de cancelación en el mismo acto, siendo los gastos y tributos de dicha cancelación de cargo de la adquirente.

III.– CANCELACIÓN HIPOTECAS

– Inmueble inscrito en el Registro de la Propiedad de ...., al tomo ....

Responsabilidad Hipotecaría: ....€ de principal; intereses ordinarios por un total de ....€; intereses de demora por un total de ....€; costas y gastos, ...€.

– Inmueble inscrito en el Registro de la Propiedad de ...., al tomo ....

Responsabilidad Hipotecaría: ....€ de principal; intereses ordinarios por un total de ....€; intereses de demora por un total de ....€; costas y gastos, ...€.

– Inmueble inscrito en el Registro de la Propiedad de ...., al tomo ....

Responsabilidad Hipotecaría: ....€ de principal; intereses ordinarios por un total de ....€; intereses de demora por un total de ....€; costas y gastos, ...€.

El mencionado préstamo, cuyo principal total era de ....€, presentó al día de la escritura, tal y como resulta de certificación expedida por la entidad acreedora, una deuda pendiente de ....euros

Atendida la situación económica de la sociedad prestataria y el actual valor de mercado de las fincas hipotecadas, se convino que como consecuencia de la compraventa que se documenta en escritura notarial "..........., S.L." recibe ....euros (...........€) para su entrega simultánea a ...., S.A. con la consiguiente cancelación total de la hipoteca, subsistiendo la parte de crédito no salda como crédito ordinario, desprovisto de garantía hipotecaria, con el régimen que le corresponda en la actuación concursal.

..........., S.A. da carta de pago, conservando el resto del crédito como crédito concursal ordinario sin garantía hipotecaria, y cancela totalmente la hipoteca constituida sobre inmuebles anteriormente descritos.

IV.– VENTA DE VALORES Y CRÉDITOS

- Venta de valores: Venta .... títulos ....Inversiones, Sicav. Fecha: .... de .... de .... Precio: ....€.
- Enajenación de créditos

De conformidad con las reglas especiales de liquidación, se ha procedido a la enajenación de un conjunto de créditos difícilmente cobrables, si no incobrables, debido a su antigüedad y a la situación de notoria insolvencia de las sociedades deudoras. Tales créditos con los siguientes:

- Crédito contra la mercantil ...., S.L.
- Crédito contra la mercantil ...., S.L.
- Crédito contra la mercantil ...., C.B.
- Crédito contra la mercantil ...., S.L.
- Crédito contra la mercantil ...., S.L.
- Crédito contra la mercantil ...., S.A.
- Crédito contra la mercantil ...., S.L.

El precio de la enajenación ha sido de ....€, la cual se abonó por la parte compradora mediante cheque nominativo que se ingresó en la cuenta intervenida por esta Administración concursal.

SÉPTIMO.– SALDO RESULTANTE Y PAGO DE CRÉDITOS

De las operaciones anteriormente transcritas, todas ellas formalizadas en sendas escrituras públicas y reflejadas en los libros de la mercantil concursada así como en la cuenta intervenida por esta Administración concursal, ha resultado un saldo de ....€.

Con dicho saldo, se procedió, en primer lugar, al pago de los créditos con privilegio general en los términos antes dichos y de acuerdo con el art. 432 TRLC,

Dichos créditos con privilegio general ascendían a la cantidad de ....€.

1. .... (Privilegio art. .... TRLC) ....€.
2. .... (Privilegio art. .... TRLC) ....€.
3. .... (Privilegio art. .... TRLC) ....€.

4. .... (Privilegio art. .... TRLC) ....€.

El saldo restante, es decir, la cantidad de .... se destinó al pago de los acreedores ordinarios, cuyo pasivo ascendía a la cantidad de ....€, se pago de conformidad con lo dispuesto en el art. 433 TRLC.

Los créditos ordinarios pendientes de pago, eran los siguientes:

ACREEDOR	CRÉDITO
....	...........€
....	...........€
....	...........€
BANCO	...........€
..........., S.A.	...........€
....	...........€
....	...........€
....	...........€
....	...........€
....	...........€
..........., S.L.	...........€
....	...........€
..........., S.L.	...........€
...........,.LU	...........€
....	...........€

Dichos créditos han sido satisfechos a prorrata en un ....% con el siguiente resultado:

1.	....	:	...........€	x	....	=	...........€.
2.	....	:	...........€	x	....	=	...........€.
3.	....	:	...........€	x	....	=	...........€.
4.	....	:	...........€	x	....	=	...........€.
5.	....	:	...........€	x	....	=	...........€.
6.	....	:	...........€	x	....	=	...........€.
7.	....	:	...........€	x	....	=	...........€.
8.	....	:	...........€	x	....	=	...........€.
9.	....	:	...........€	x	....	=	...........€.
10.	....	:	...........€	x	....	=	...........€.
11.	....	:	...........€	x	....	=	...........€.

12.	....	:	...........€	x	....	=	...........€.
13.	....	:	...........€	x	....	=	...........€.
14.	....	:	...........€	x	....	=	...........€.
15.	....	:	...........€	x	....	=	...........€.

OCTAVO.– A los efectos legales oportunos, se hace constar:

A.– Que el detalle de la retribución que le hubiera sido fijada por el juez para cada fase del concurso es el que se acompaña como ANEXO ...., en el que se especifican las cantidades percibidas, incluidas las complementarias, así como las fechas de cada una de esas percepciones.

B.– Que en el referido detalle se expresan los pagos del auxiliar o auxiliares delegado nombrados en el presente procedimiento. También el de los expertos, tasadores y entidades especializadas que hubiera contratado, con cargo a la retribución del propio administrador concursal.

C.– Finalmente, el detalle reseñado precisa el número de trabajadores asignados por la administración concursal al concurso y el número total de horas dedicadas por el conjunto de estos trabajadores al concurso.

Por todo lo cual, SOLICITO del JUZGADO que, teniendo por presentado este escrito se sirva admitirlo y por presentado INFORME DE RENDICIÓN DE CUENTAS y FINAL DE LIQUIDACIÓN, solicitándose la CONCLUSIÓN DEL CONCURSO de la mercantil ...., S.L. en los términos establecidos y por solicitada la aprobación de las mimas y, previos los trámites legales oportunos, dicte AUTO DE CONCLUSIÓN DEL CONCURSO y cuanto demás proceda en derecho.

En ...., a .... de .... de ....

La Administración concursal

F749. INFORME FINAL DE LIQUIDACIÓN Y ARCHIVO DE ACTUACIONES

Normativa de aplicación: *Arts. 478 y ss. Real Decreto Legislativo 1/2020, de 5 de mayo, por el que se aprueba el texto refundido de la Ley Concursal*

INFORME FINAL DE LIQUIDACIÓN Y SOLICITUD DE ARCHIVO DE LA ENTIDAD

1. OPERACIONES DE LIQUIDACIÓN REALIZADAS

La Administración Concursal inició las actuaciones de liquidación, una vez establecidas las reglas especiales de liquidación por el Juez del concurso.

Las acciones de liquidación fueron las siguientes:

PRIMERA: Control saldo en bancos

El saldo en bancos ascendía a _______ €, estando depositado en la cuenta intervenida para la tramitación del procedimiento y en la que se ha ingresado los importes resultantes de las operaciones de liquidación, registrándose los cobros y pagos realizados.

SEGUNDA: Acciones de Liquidación

En fase de gestión directa se liquidaron los siguientes activos:

- Inmovilizado material:
- Inmovilizado financiero:
- Existencias:
- Derechos de cobro (clientes y deudores):

TERCERO: Resumen de actuaciones

Después de la realización de toda la serie de actuaciones descrita en los puntos anteriores de este escrito, el saldo de que se dispone para proceder al pago de los créditos contra la masa y de los créditos concursales asciende a:

Saldo inicial Liquidación .... €

Cobros .... €

SALDO PARA EL PAGO DE CRÉDITOS .... €

2. PAGO DE LOS CRÉDITOS

2.1 CRÉDITOS CONTRA LA MASA

El artículo 429 del Texto Refundido de la Ley Concursal expone *"antes de proceder al pago de los créditos concursales, la administración concursal deducirá de la masa activa los bienes y derechos necesarios para satisfacer los créditos contra ésta"*.

Una vez obtenido el saldo disponible para el pago de los créditos contra la masa y los créditos concursales de los acreedores, la Administración Concursal, según el artículo 242 del Texto Refundido de la Ley Concursal, ha procedido al pago de la totalidad de los créditos contra la masa, habiendo pagado los siguientes créditos:

Saldo para pago de créditos .... €

Pagos .... €

SALDO PARA EL PAGO DE CRÉDITOS .... €

Los créditos contra la masa han podido ser atendidos en su totalidad.

2.2 CRÉDITOS PRIVILEGIO GENERAL

El artículo 432 del Texto Refundido de la Ley Concursal expone *"deducidos de la masa activa los bienes y derechos necesarios para satisfacer los créditos contra la masa y con cargo a los bienes no afectos a privilegio especial o al remanente que de ellos quedase una vez pagados estos créditos, se atenderá al pago de aquellos que gozan de privilegio general, por el orden establecido en esta ley y, en su caso, a prorrata dentro de cada número"*.

El pago de los créditos con privilegio general se ha realizado en su totalidad, siendo estos los siguientes:

Saldo para pago de créditos .... €

Pago privilegio general .... €

SALDO PARA EL PAGO DE CRÉDITOS .... €

2.3 CRÉDITOS ORDINARIOS

El artículo 433 del Texto Refundido de la Ley Concursal expone *"el pago de los créditos ordinarios se efectuará con cargo a los bienes y derechos de la masa activa que resten una vez satisfechos los créditos contra la masa y los privilegiados"*.

No se ha podido realizar el pago de la totalidad de crédito ordinarios debido a que tras el pago de estos créditos el saldo restante para pagos ha sido de .... €, pudiéndose abonar un .... % de los créditos ordinarios, al ser el total de los mismos de .... €.

Saldo para pago de créditos .... €

Pago ....% ordinario .... €

SALDO PARA EL PAGO DE CRÉDITOS .... €

El pago de los créditos ordinario no ha sido posible en su totalidad, quedando pendientes de pago un ....% de éstos.

2.4 CRÉDITOS SUBORDINADOS

El artículo 435 del Texto Refundido de la Ley Concursal expone *"el pago de los créditos subordinados no se realizará hasta que hayan quedado íntegramente satisfechos los créditos ordinarios"*.

El pago de los créditos subordinados no ha sido posible debido a que tras el pago hasta donde ha alcanzado de los créditos ordinarios, no ha quedado ningún saldo disponible. Tampoco ha quedado ningún bien susceptible de venta con el que se pudiera hacer frente a los pagos que han quedado pendientes.

3. DE LA CONCLUSIÓN DEL CONCURSO

Como se ha explicado en el punto primero de este escrito, la realización del activo de .... ha sido insuficiente para satisfacer el pasivo de la concursada. No se dispone por tanto de fondos y no se espera poder recuperar importes para satisfacer los créditos pendientes de pago.

El artículo 468.1° y 2° del Texto Refundido de la Ley Concursal, señala: "dentro del mes siguiente a la conclusión de la liquidación de la masa activa, la administración concursal presentará al juez del concurso el informe final de liquidación solicitando la conclusión del procedimiento. Si estuviera en tramitación la sección sexta, el informe final se presentará en el mes siguiente a la notificación de la sentencia de calificación" y "en el informe final de liquidación el administrador concursal expondrá si el deudor tiene la propiedad de bienes o derechos legalmente inembargables, y si en la masa activa existen bienes o derechos desprovistos de valor de mercado o cuyo coste de realización sea manifiestamente desproporcionado respecto del previsible valor venal, así como si existen bienes o derechos pignorado o hipotecados".

Esta Administración Concursal solicita que, como consecuencia de la realización de los bienes y derechos con valor de mercado, que reportan un ingreso para el concurso, según se ha puesto de manifiesto, y siendo de aplicación el artículo 468 del Texto Refundido de la Ley Concursal, se acuerde la conclusión y archivo del procedimiento de concurso, a resultas de su posible reapertura si se encontrasen bienes al deudor, con posterioridad a la clausura.

Asimismo, el citado artículo indica que también debe estar concluida la fase de calificación del procedimiento.

Mediante diligencia de ordenación de fecha ...., se apertura la sección sexta, por lo que en fecha .... esta Administración Concursal presenta el informe preceptivo según lo ordenado en el artículo 448 del Texto Refundido de la Ley Concursal y se solicita la calificación de fortuito del concurso. Por Auto de fecha .... se califica el concurso como fortuito y se decreta el archivo de la sección sin más trámites.

4. RESUMEN DE LA LIQUIDACIÓN

Resumen de las actuaciones llevadas a cabo por la Administración Concursal para la liquidación ....:

SALDO DISPONIBLE	€
Cobros	€
SALDO DISPONIBLE PARA EL PAGO DE CRÉDITOS CONTRA LA MASA	€
PAGO DE CRÉDITOS CONTRA LA MASA	€
Pago créditos contra la masa	€
SALDO DISPONIBLE PARA EL PAGO DE CRÉDITOS	€

SALDO DISPONIBLE PARA EL PAGO DE LOS CRÉDITOS CON PRIVILEGIO GENERAL	€
Pago privilegio general	€
SALDO DISPONIBLE PARA EL PAGO DE CRÉDITOS ORDINARIOS	€
Pago créditos ordinarios (...........%)	€
SALDO DISPONIBLE PARA EL PAGO DE LOS CRÉDITOS	0,00€

F750. RENDICIÓN DE CUENTAS

Normativa de aplicación: *Arts. 478 y ss. Real Decreto Legislativo 1/2020, de 5 de mayo, por el que se aprueba el texto refundido de la Ley Concursal*

RENDICIÓN DE CUENTAS DE LA ENTIDAD

....

5. ACTUACIONES REALIZADAS DURANTE LA FASE COMÚN

Por Auto de fecha .... fue declarado el estado de Concurso Voluntario de la entidad ...., interviniendo las facultades del concursado, y nombrando administrador concursal al infrascrito, iniciándose las actuaciones propias de su cargo, y que se detallan a continuación:

- Aceptación del cargo de administrador concursal en fecha .... y posterior recogida de documentación, examen preliminar y citación con el órgano de administración de la empresa para primera reunión.
- Entrevista con el representante de la entidad concursada y su dirección letrada, dando instrucciones y requiriendo la documentación necesaria para realizar la actualización de los listados y la información de la situación de la actividad de la concursada.
- Apertura de la cuenta intervenida en la entidad ...., desde donde se han ido realizando los cobros y pagos en la fase de liquidación.
- La presentación del Informe del anterior artículo 292 del Texto Refundido de la Ley Concursal, se realizó en fecha .... Mediante providencia de fecha .... se traslada a las partes iniciándose el plazo para impugnaciones.
- Transcurrido el plazo para impugnaciones, sin que constase la presentación de ninguna, se presentaron los textos definitivos en fecha ....
- Con la misma fecha, se presenta escrito de solicitud de honorarios definitivos, siendo aprobados por Auto de fecha ....
- Por Auto dictado el .... se pone fin a la fase común.

6. ACTUACIONES REALIZADAS DURANTE LA FASE LIQUIDACIÓN

Por auto de fecha ...., se apertura la liquidación, no habiendo fase de convenio y dejando sin efectos las facultades de administración y disposición de la concursada, acordando la disolución de la empresa.

Se declara la disolución de la mercantil, el cese de la administración societaria y su sustitución por la administración concursal.

- Se han presentado los preceptivos informes trimestrales en virtud del artículo 424 TRLC informando del estado de tesorería de las operaciones de liquidación, reflejando los cobros y pagos efectuados en cada periodo.
- Durante la tramitación del procedimiento concursal esta Administración Concursal ha seguido con el cumplimiento de las obligaciones tributarias de la concursada, presentando los impuestos correspondientes en los plazos legalmente establecidos.
- La liquidación de los activos de la concursada se inició materializándose la totalidad de los bienes en fase de gestión directa, tras haberse concedido sendas ampliaciones del plazo de venta directa.

- Los bienes y derechos se han realizado de la siguiente manera:
  - o Inmovilizado material.
  - o Inversiones financieras.
  - o ....
- Se presenta informe razonado y documentado sobre los hechos relevantes para la calificación como fortuito del concurso, en fecha .... Por Auto de fecha ...., se archiva la sección SEXTA del concurso con la calificación de fortuito.
- En cumplimiento de lo establecido en el artículo 478.2 del TRLC, a continuación, se indica la fecha de cobro de los honorarios de la Administración Concursal:
  - Se abonaron a esta administración concursal .... €, mediante transferencia en fecha ...., correspondientes a los honorarios de la fase común.
  - Se abonaron a esta administración concursal .... €, mediante transferencia en fecha ...., correspondientes a los honorarios de la fase de liquidación.
- Asimismo, se informa del número de trabajadores asignados por la administración concursal al concurso y el número total de horas dedicadas por el conjunto de estos trabajadores al concurso:

i) Dos economistas que han dedicado en su conjunto un total aproximado de .... horas (........... horas).

ii) Un abogado que ha dedicado en su conjunto un total aproximado de .... horas (........... horas).

F751. PROVIDENCIA DEL JUEZ DEL CONCURSO PONIENDO DE MANIFIESTO A LAS PARTES PERSONADAS LA RENDICIÓN DE CUENTAS

Normativa de aplicación: *Arts. 478 y ss. Real Decreto Legislativo 1/2020, de 5 de mayo, por el que se aprueba el texto refundido de la Ley Concursal*

PROVIDENCIA DEL MAGISTRADO JUEZ...........

En..........., a........... de........... de...........

Que en fecha........... de........... de..........., por la administración concursal se ha presentado la rendición de cuentas a que se refiere el art. 478 TRLC, el cual se tiene por presentado.

Únase el referido escrito a la sección correspondiente y póngase de manifiesto la *citada rendición* de cuentas a la partes personadas para que dentro del plazo de audiencia para formular oposición a la conclusión del concurso, tanto el concursado como los acreedores podrán formular oposición razonada a la aprobación de las cuentas, o cuanto a su derecho convenga.

Remítase por el Letrado de la Administración de Justicia el referido escrito de rendición de cuentas al Registro público concursal.

Contra la presente resolución cabe recurso de reposición a interponer en el plazo de cinco días a contar desde su notificación.

De conformidad con lo establecido en la Disposición Adicional 15ª LOPJ, la interposición de recurso contra resoluciones judiciales, no podrá ser admitida a trámite sin la acreditación del depósito previsto en la citada Ley a efectos de recurrir, debiendo presentarse copia o resguardo de tal depósito en las cuenta de consignaciones de este Juzgado.

Lo que acuerda, manda y firma su señoría Don............, Magistrado Juez del Juzgado de lo Mercantil núm. .... de............, en el lugar y fecha señaladas "ut supra".

F752. PROVIDENCIA DANDO TRASLADO DE LA RENDICIÓN DE CUENTAS E INFORME FINAL DE LIQUIDACIÓN

Normativa de aplicación: *Arts. 478 y ss. Real Decreto Legislativo 1/2020, de 5 de mayo, por el que se aprueba el texto refundido de la Ley Concursal*

PROVIDENCIA DEL MAGISTRADO JUEZ...........

En............, a............ de............ de...........

Que en fecha........... de........... de..........., por la administración concursal se ha presentado la rendición de cuentas e informe final de liquidación, el cual se tiene por presentado.

Únase el referido escrito a la sección correspondiente y póngase de manifiesto la citada rendición de cuentas a la partes personadas para que dentro del plazo de audiencia para formular oposición a la conclusión del concurso, tanto el concursado como los acreedores podrán formular oposición razonada a tales cuestiones, o cuanto a su derecho convenga.

Remítase por el Letrado de la Administración de Justicia el referido escrito de rendición de cuentas al Registro público concursal.

Contra la presente resolución cabe recurso de reposición a interponer en el plazo de cinco días a contar desde su notificación.

De conformidad con lo establecido en la Disposición Adicional 15ª LOPJ, la interposición de recurso contra resoluciones judiciales, no podrá ser admitida a trámite sin la acreditación del depósito previsto en la citada Ley a efectos de recurrir, debiendo presentarse copia o resguardo de tal depósito en las cuenta de consignaciones de este Juzgado.

Lo que acuerda, manda y firma su señoría Don............, Magistrado Juez del Juzgado de lo Mercantil núm. .... de............, en el lugar y fecha señaladas "ut supra".

10. EXONERACIÓN DE PASIVO INSATISFECHO

SUMARIO: F753. ESCRITO DE SOLICITUD DE EXONERACIÓN DE PASIVO INSATISFECHO CON SUJECIÓN A PLAN DE PAGOS Y LIQUIDACIÓN DE LA MASA ACTIVA. F754. ESCRITO DE SOLICITUD DE EXONERACIÓN DE PASIVO INSATISFECHO CON LIQUIDACIÓN DE LA MASA ACTIVA. F755. CONTESTACIÓN POR LA CONCURSADA A LA OPOSICIÓN DE UN ACREEDOR A LA EXONERACIÓN DEL PASIVO INSATISFECHO.

F753. ESCRITO DE SOLICITUD DE EXONERACIÓN DE PASIVO INSATISFECHO CON SUJECIÓN A PLAN DE PAGOS Y LIQUIDACIÓN DE LA MASA ACTIVA

Normativa de aplicación: *Arts. 486 y ss. Real Decreto Legislativo 1/2020, de 5 de mayo, por el que se aprueba el texto refundido de la Ley Concursal*

AL JUZGADO DE LO MERCANTIL NÚM. .... DE ....

..........., Procuradora de los Tribunales y de Doña ...., con domicilio en ...., y CIF..........., cuya representación tengo acreditada en los autos de concurso de acreedores núm. ...., ante el Juzgado comparezco bajo la dirección letrada de Don ...., ICAV ...., y como mejor proceda en derecho DIGO:

Que al amparo de lo dispuesto en los arts. 495, y concordantes, del TRLC, se presenta solicitud de EXONERACIÓN PROVISIONAL DEL PASIVO INSATISFECHO CON SUJECIÓN A UN PLAN DE PAGOS Y SIN LIQUIDACIÓN DE LA MASA ACTIVA, todo ello en base a las siguientes:

MANIFESTACIONES

PRIMERO.– En este Juzgado se tramita el procedimiento concursal de mi mandante, bajo el número de autos ....

SEGUNDO.– Que se solicita la exoneración provisional del pasivo insatisfecho conforme a las reglas de los arts. 495 y ss. TRLC, esto es, con sujeción a un plan de pagos y sin liquidación de la masa activa.

TERCERO.– La presente solicitud de exoneración se plantea antes de que se haya acordado en el referido concurso de mi mandante la liquidación de la masa activa.

CUARTO.– Las circunstancias familiares de mi mandante, viudo desde hace cinco años de Doña .... y con tres hijos menores de edad a su cargo que obviamente no obtienen ingresos, ..., son las siguientes, indicando los réditos suceptibles de exoneracion: ....

QUINTO.– Mi mandante es deudor de buena fe y no concurre en el ninguna de las circunstancias del art. 487 TRLC. Además, el presente concurso ha sido declarado como fortuito.

A tal efecto exoneratorio, se acompaña un plan de pagos, cuyo contenido responde a lo mandatado por el art. 496 TRLC, y que se da aquí por íntegramente reproducido, del que también resultan los créditos exonerables y cuyas líneas generales son las siguientes: ....

Expresamente se hace constar que como el plan de pagos no prevee la liquidación de la vivienda habitual de mi mandante, este tiene una duración de cinco años (art. 497 TRLC).

Igualmente se acompañan las declaraciones de IRPF de la unidad familia correspondientes a los tres últimos ejercicios, esto es, ...

SEXTO.– A los efectos de lo previsto en el art. 495.1 TRLC, expresamente se acepta que la concesión de la exoneración se haga constar en el Registro público concursal durante el plazo de cinco años.

En su virtud,

SUPLICO AL JUZGADO que tenga por presentado este escrito, junto a los documentos anejos al mismo, se sirva admitirlo y tener por solicitada al amparo de lo dispuesto en los arts. 495 y ss. TRLC, la exoneración del pasivo insatisfecho en los términos de este escrito y del plan de pagos acompañado al mismo, y previos los oportunos tramites legales se sirva dictar auto acordando la exoneración provisional del pasivo insatisfecho por cinco años, respecto de los créditos susceptibles de exoneración y que se reseñan en el apartado cuarto de este escrito y en el plan de pagos acompañado al mismo, aprobándose el referido plan de pagos, que tiene una duración de cinco años, transcurridos los cuales, y previo su cumplimiento y no revocación, se conceda a esta parte la exoneración definitiva del pasivo insatisfecho respecto de los referidos créditos exonerables, acordándose cuanto demás proceda en derecho.

Lo que se SUPLICA en ...., hoy día .... de .... de ....

F754. ESCRITO DE SOLICITUD DE EXONERACIÓN DE PASIVO INSATISFECHO CON LIQUIDACIÓN DE LA MASA ACTIVA

Normativa de aplicación: *Arts. 486 y ss. Real Decreto Legislativo 1/2020, de 5 de mayo, por el que se aprueba el texto refundido de la Ley Concursal*

AL JUZGADO DE LO MERCANTIL NÚM. .... DE ....

..........., Procuradora de los Tribunales y de Doña ...., con domicilio en ...., y CIF..........., cuya representación tengo acreditada en los autos de concurso de acreedores núm. ...., ante el Juzgado comparezco bajo la dirección letrada de Don ...., ICAV ...., y como mejor proceda en derecho DIGO:

Que al amparo de lo dispuesto en los arts. 501 y 502, y concordantes, del TRLC, se presenta solicitud de EXONERACIÓN DEL PASIVO INSATISFECHO, todo ello en base a las siguientes:

MANIFESTACIONES

PRIMERO.– En este Juzgado se tramita como concurso sin masa el procedimiento concursal de mi mandante, bajo el número de autos ....

(En su caso) En el citado concurso no se ha acordado la liquidación de la masa y no se ha solicitado por los acreedores legitimados el nombramiento de administrador concursal a que se refiere el art. 37 quater TRLC. Todo ello resulta de las presentes actuaciones y de los DOCUMENTOS ....

(En su caso) En el citado concurso no se ha acordado la liquidación de la masa y aunque se solicitó por los acreedores legitimados y se acordó por el Juez del Concurso el nombramiento de administrador concursal a que se refiere el art. 37 quater TRLC en la persona de Don ...., éste ha presentado informe de fecha ...., que se acompaña como DOCUMENTO ...., en el que expone que no se aprecian indicios suficientes para la continuación del procedimiento.

ALTERNATIVA: En este Juzgado se tramita el procedimiento concursal de mi mandante, bajo el número de autos ...., en el que como resulta de las presentes actuaciones y tal y como se acredita con los DOCUMENTOS ...., ha resultado la insuficiencia sobrevenida de la masa activa para satisfacer todos los créditos contra la masa (en su caso, en el que, tal y como resulta de las presentes actuaciones y se acredita con los DOCUMENTOS ...., una vez liquidada la masa activa del concurso, el liquido obtenido ha resultado insuficiente para el pago de la totalidad de los créditos concursales reconocidos).

SEGUNDO.– De conformidad con el art. 501 y 502 TRLC se solicita la exoneración del pasivo insatisfecho por mi mandante, extendida a la totalidad de los créditos insatisfechos por Doña ...., cuya desglose es el siguiente:...........

Al hilo de lo anterior, se hace constar que todos y cada uno de los citados créditos son exonerables a la vista de lo dispuesto en el art. 489 TRLC.

TERCERO.– La exoneración del referido pasivo insatisfecho se peticiona con los efectos previstos en los arts. 490 y ss. TRLC.

CUARTO.– Que con relaciona la presente solicitud exoneratoria del pasivo insatisfecho, realizada al amparo de los arts. 501 y 502 TRLC:

I.– La presente solicitud de exoneración de pasivo insatisfecho se presenta ante el Juez del Concurso.

II.– Además, la petición exoneratoria se formula en forma y plazo, dentro de los diez días siguientes a contar desde el vencimiento del plazo para que los acreedores legitimados pudiesen habido solicitar el nombramiento de administrador concursal a que se refiere el art. 37 quarter TRLC sin que lo hayan hecho (en su caso, dentro de los diez días siguientes a contar desde la emisión del informe por el administrador concursal nombrado ex art. 37 quarter TRLC, del que resulta que no aprecia indicios suficientes para la continuación del procedimiento.

ALTERNATIVA: Además, la petición exoneratoria se formula en forma y dentro del plazo de audiencia concedido a las partes, mediante resolución de fecha ...., para formular oposición a la solicitud de conclusión del concurso.

III.– Expresamente se manifiesta y hace constar que no está incurso en ninguna de las causas establecidas en el TRLC y que impiden obtener la exoneración.

IV.– Se acompañan como DOCUMENTOS .... a ...., las declaraciones del impuesto sobre la renta de las personas físicas (IRPF) correspondientes a los tres últimos años anteriores a la fecha de esta solicitud que se hubieran presentado (en su caso, o debido presentarse), esto es, las correspondientes a los ejercicios ....

V.– En cuanto al tramite a dar a la presente solicitud, vid arts. 501.4 y 502, y concordantes, TRLC.

QUINTO.– A la vista de lo expuesto en este escrito, procede le sea concedido a mi principal la exoneración del pasivo por Doña .... insatisfecho en los términos de la Ley y este escrito.

En su virtud,

SUPLICO AL JUZGADO que tenga por presentado este escrito, junto a los documentos anejos al mismo, se sirva admitirlo y tener por solicitada al amparo de lo dispuesto en los arts. 501 y 502 TRLC, la exoneración del pasivo insatisfecho en los términos de este escrito y previos los oportunos tramites legales, incluido el traslado de esta solicitud por el Letrado de la Administración de Justicia, a la Administración concursal y a los acreedores personados, y a efecto de las alegaciones a que se refiere el art. 501.4 TRLC, se sirva conceder la exoneración del pasivo insatisfecho por mi mandante en los términos anteriormente mencionados en el cuerpo de este escrito, y cuanto demás proceda en derecho.

Lo que se SUPLICA en ...., hoy día .... de .... de ....

F755. CONTESTACIÓN POR LA CONCURSADA A LA OPOSICIÓN DE UN ACREEDOR A LA EXONERACIÓN DEL PASIVO INSATISFECHO

Normativa de aplicación: *Arts. 486 y ss. Real Decreto Legislativo 1/2020, de 5 de mayo, por el que se aprueba el texto refundido de la Ley Concursal.*

Procedimiento: INCIDENTE CONCURSAL: Otros (art. 192 LC) Nº ....

AL JUZGADO DE LO MERCANTIL Nº............DE..............

Don........................., Procuradora de los Tribunales, actuando en nombre y representación de D........................., según tengo a....................ado en el procedimiento de Concurso que con el número ....se tramita en este Juzgado y del que dimana el presente incidente concursal nº....................., ante el referido Juzgado comparezco en los autos de Incidente Concursal nº ....y, como mejor proceda en Derecho, DIGO

I.– Que por escrito de fecha ....de 2023 la representación procesal de la entidad financiera ....formuló oposición a la solicitud de exoneración de pasivo insatisfecho instada por esta parte, en los términos del referido escrito de ....de 2023 y documentación acompañada al mismo que aquí se da por íntegramente reproducido en aras de una mayor brevedad.

II.– Que mediante Providencia de ....de 2023 se daba traslado a esta parte del escrito de oposición a la solicitud de exoneración de pasivo insatisfecho formulada por esta parte, concediéndose a las partes personadas un plazo de 10 días a fin de que contestaran la demanda y pudieran formular las alegaciones que tuvieran por conveniente.

III.– Que esta parte mediante el presente escrito, formula CONTESTACIÓN A LA OPOSICIÓN A LA SOLICITUD DE EXONERACIÓN DE PASIVO INSATISFECHO, ello en base a los siguientes

HECHOS

Esta representación expresamente rechaza todos y cada uno de los hechos y pretensiones formuladas de contrario en su escrito de fecha ....de noviembre aquí contestado, salvo que sean admitidos expresamente por esta parte.

PREVIA.– FALTA DE LEGITIMACIÓN ACTIVA...................... NO ES UN ACREEDOR RECONOCIDO EN EL PROCEDIMIENTO CONCURSAL.

I.– EL PRETENDIDO CRÉDITO DE..................... FRENTE A MI MANDANTE NO ES TAL.

Previamente a profundizar en las razones que llevan a esta parte a considerar que el supuesto crédito de .... frente a mi mandante no es tal, es necesario exponer brevemente los antecedentes que han dado lugar a las presentes actuaciones.

De este modo, y tal como se indica de contrario, la mercantil .... SL (en adelante también....................), de la que es socio mi mandante, concertó con la mercantil....................S.L.U. (en adelante también....................) contrato arrendamiento de obra de fecha ....de 2021 para la ejecución de determinados trabajos en el edificio sito en.........................

En este punto, y tal como se indicará posteriormente, se hace constar que.................... fue declarada en concurso de acreedores mediante auto de fecha ....de 2022.

Se adjunta como DOCUMENTO 1 el contrato de fecha ....de 2021.

Es igualmente cierto que previamente a la formalización del contrato, por parte de.................... se exigió la formalización de un aval en garantía de los trabajos derivados del referido contrato. Dicho aval fue prestado por...................., siendo que esta última exigió a su vez contra-avales tanto al concursado, como a su socio el Sr…………………, como a una tercera mercantil,…………………………………… SL.

Pues bien, como hemos adelantado, esta parte considera que el supuesto crédito de………………… frente a mi mandante no es tal, ello por las razones que a continuación se indican:

1) Cierto cue durante el transcurso de la relación…………………contractual entre………………… y………………… surgieron determinadas controversias en relación a la ejecución de los trabajos contratados.

2) Sin embcrgo,………………… en ningún momento aceptó ni toleró la postura adoptada por…………………, ya que fue………………… la que incumplió el referido contrato de obra. Y ante esta situación, lo cierto y verdad es que………………… no ejerció acción judicial alguna en defensa de sus supuestos intereses.

De hecho, y esta cuestión resulta especialmente relevante,………………… ni tan siquiera ha comunicado su supuesto crédito en el concurso de acreedores de…………………, lo que evidencia la poca fe que tenía………………… en la realidad de su supuesto crédito. Ni tampoco ha sido reconocido crédito alguno en favor de………………… en el concurso de acreedores de…………………

3) Como se ha indicado,………………… no prestó su conformidad a las pretensiones comunicadas extrajudicialmente por………………… Todo lo contrario, ya que en fecha ……………de 2022………………… formuló demanda frente a………………… por considerar que en ningún caso se había incumplido el contrato.

A efectos probatorios se adjunta como DOCUMENTO 2 la demanda de fecha ……………de 2022 formulada por………………… frente a………………… que ha dado lugar a los Autos de Procedimiento Ordinario nº ………… que se siguen en el Juzgado de Primera Instancia nº ………de…………

A mayor abundamiento, conviene dejar constancia que la referida demanda fue presentada con la intervención y autorización de la Administración Concursal de…………………, el Sr…………………, firmando incluso la demanda tal como consta en la página 62 del referido escrito. Esto es, se trata de un tercero ajeno a las partes, quién, tras analizar el supuesto de hecho consideró viable la reclamación formulada por…………………

Se adjunta como DOCUMENTO 3 el auto de declaración de concurso de acreedores de la mercantil………………… en el que consta el nombramiento del Sr………………… como Administrador Concursal de la mercantil.

De hecho, es importante destacar que no es hasta la recepción de la demanda cuando…………………, a través de la correspondiente contestación a la misma y reconvención, reclama su supuesto crédito,

A efectos probatorios, se dejan designados los autos de Procedimiento Ordinario nº …………que se siguen en el Juzgado de Primera Instancia nº ……… de…………………

Sin embargo, y, como se ha dicho, a fecha actual………………… sigue sin haber comunicado su crédito en el concurso de………………… Y no lo comunica, sencillamente, porque el pretendido crédito no es tal.

A efectos probatorios se adjunta como DOCUMENTO 4 el Certificado firmado por la Administración Concursal de la mercantil………………… en el que se certifica, entre otras cuestiones, que en los Textos Definitivos no resulta crédito alguno a favor de la mercantil…………………, así como sobre las cuestiones relativas a la demanda formulada frente a…………………

4) Es por ello que, dado que el contra-aval suscrito por mi mandante con………………… deriva de una relación…………………contractual cuya resolución ha sido impugnada judicialmente por………………… (no existiendo actualmente por tanto crédito alguno en favor de…………………), mi mandante no alberga obligación alguna respecto del contra-aval prestado en favor de…………………, motivo por el cual no se comunicó el crédito a la Administración Concursal, ni ésta última lo incluyó en el listado de acreedores.

5) En virtud de lo anterior, el hecho de que………………… haya decidido unilateralmente abonar los importes reclamados por………………… no implica ni obliga a mi mandante frente a…………………, porque, como se ha visto, nada se adeuda a…………………

6) No sólo lo anterior, sino que, como se expondrá a continuación, ni siquiera………………… ha procedido a la comunicación de su crédito en el concurso de mi mandante, estando personada en las actuaciones desde al menos el mes de ………… de 2023, lo que denota y evidencia la ausencia del crédito ahora reclamado por la actora, ello si nos atenemos a los propios actos de………………… en el procedimiento concursal. De hecho, consta en los autos de concurso que la actora se limitó a solicitar su personación como interesado en el concurso, pero nunca llegó a comunicar su supuesto crédito en la forma legalmente prevista.

Es decir, la actora podría haber comunicado su crédito, aunque fuera tardíamente (cosa que no hizo), o bien haber impugnado los informes presentados por la Administración Concursal (cosa que tampoco ha hecho), actuaciones estas que conllevan una serie de consecuencias como se verá posteriormente.

En virtud de lo anteriormente expuesto, y tal como se ha a…………………ado, esta parte considera que el supuesto crédito de………………… frente a mi mandante no existe, por lo que la actora no tiene la consideración de acreedor en el seno del concurso de mi mandante a los efectos de los dispuesto en los artículo 501 y 502 TRLC, lo que le impide (como desarrollaremos posteriormente), a la postre, formular alegación alguna respecto a la solicitud de exoneración de pasivo insatisfecho.

II.- AUNQUE SE ENTENDIERA QUE EXISTE CRÉDITO,………………… NO HA COMUNICADO SU CRÉDITO EN EL CONCURSO DE MI MANDANTE Y, POR TANTO, NO ES ACREEDOR EN EL PROCEDIMIENTO CONCURSAL.

Como es sabido, y tal como se ha adelantado, el trámite de oposición a la solicitud de exoneración del pasivo insatisfecho viene recogido en los artículos 501 y 502 TRLC. De este modo, el artículo 501 en su apartado 4 establece que "El letrado de la Administración de Justicia dará traslado de la solicitud del deudor a la administración concursal y a los acreedores personados para que dentro del plazo de diez días aleguen cuanto estimen oportuno en relación a la concesión de la exoneración", y, por otra parte, el artículo 502 (apartado 1) continúa indicando: "Si la administración concursal y los acreedores personados mostraran conformidad a la solicitud del deudor o no se opusieran a ella dentro del plazo legal, el juez del concurso, previa verificación de la concurrencia de los presupuestos y requisitos establecidos en esta ley, concederá la exoneración del pasivo insatisfecho en la resolución en la que declare la conclusión del concurso" (la negrita y subrayados son nuestros).

Es decir, los referidos artículos que regulan el procedimiento de oposición a la exoneración del pasivo insatisfecho fijan claramente el ámbito de legitimación para aquellos que deseen oponerse a la solicitud, limitándolo, exclusivamente, a la Administración Concursal, y a aquellos acreedores que se encuentren personados en el concurso.

Y, como se ha adelantado, la condición de acreedor requiere el reconocimiento del crédito en cuestión en el seno del concurso, situación esta que no se da en el presente caso, como desarrollaremos con posterioridad.

Pues bien, esta parte recalca nuevamente que el crédito de mi mandante frente a..................... no existe, ello por las razones anteriormente expuestas en el apartado precedente a las cuales nos remitimos en aras a una mayor brevedad.

De este modo, acudiendo a los autos del procedimiento concursal del que trae causa el presente incidente, reiteramos que..................... no es un acreedor reconocido en el presente concurso de acreedores, ello por cuanto:

- .... no ha comunicado su crédito a la Administración Concursal.
- .... no ha impugnado ni la lista provisional de acreedores ni el listado definitivo de los mismos presentados por la Administración Concursal, ni tampoco ha solicitado su modificación para la inclusión de su supuesto crédito.
- Ello implica, como veremos, que aquel acreedor no reconocido no existe en sede concursal, ni, por tanto puede intervenir a los presentes efectos de conformidad con los artículos 501 y 502 TRLC.

Lo anterior resulta de los hitos y circunstancias que a continuación pasamos a exponer:

1.– El procedimiento concursal de mi mandante se aperturó mediante auto de fecha ....de 2023.

2.– Una vez declarado el concurso, se dio la oportuna publicidad a través del BOE en fecha ....de 2023.

3.– Posteriormente tuvo lugar el correspondiente llamamiento a los acreedores sin que..................... comunicara crédito alguno.

4.– En el plazo legalmente previsto, se presentó por parte de la Administración Concursal el correspondiente informe en el que se incluye el listado de acreedores, el cual no fue impugnado ni por....................., ni por nadie, habiendo devenido firmes los textos definitivos en los que, como la propia actora indica, no se encuentra recogido el crédito de....................., sin que tampoco..................... haya solicitado la modificación de los mismos.

5.-.................... era conocedora del concurso de mi mandante, ya que se solicitó la suspensión del procedimiento de ejecución seguido por mi mandante, precisamente debido a la pendencia del procedimiento concursal. De hecho, consta en autos su personación mediante escrito de fecha ....de 2023, si bien, reiteramos, no llevó a cabo en ningún momento la comunicación de su supuesto crédito.

A efectos probatorios se dejan designados el Auto de declaración de concurso de fecha ....de 2023, la publicación en el BOE de fecha ....de 2023; el informe provisional presentado por la Administración Concursal; la Diligencia de Ordenación de fecha ....de 2023 por la que se confiere la debida publicidad del informe provisional del Administrador Concursal; el Edicto concursal de fecha .... de 2023, anunciado en el registro público concursal; el Escrito de la Administración Concursal de subsanación de textos definitivos de fecha ....de 2023; la Diligencia de Ordenación de fecha ....de 2023 en la que se tienen por presentados textos; la Diligencia de ordenación de ....de 2023 relativa a la adenda de los textos definitivos así como la debida remisión al Registro Público Concursal, y el Edicto publicado en Registro Público concursal en fecha ....de 2023. Todo ello obra y consta en los autos de Concurso número.............

Por tanto, resulta más que evidente que...................., aún no habiendo comunicado su supuesto crédito en el momento inicial del procedimiento concursal, bien podría, de haber tenido voluntad, haberlo comunicado tardíamente una vez personado en el concurso (..............2023) para su posterior reconocimiento, en su caso, por parte de la Administración Concursal con la clasificación que correspondiera.

Sin embargo, nada de eso hizo, manteniéndose impasible y limitándose únicamente a solicitar su personación (en condición de interesado) en el concurso en fecha .... de 2023 pero sin comunicar su crédito, ni solicitar su inclusión con posterioridad, pasividad esta que da lugar, a la postre, a una serie de nefastas consecuencias en el seno del concurso, y por ende, en el presente incidente.

Pues bien, tal como se desarrollará en mayor profundidad en los Fundamentos de Derecho del presente escrito, cualquier acreedor está obligado a la comunicación de créditos en el concurso. Es decir, se trata de una obligación que pecha sobre el acreedor, ya que, si finalmente su crédito no fuera reconocido en el concurso, el mismo no existiría a efectos concursales, tratándose en ese caso de un crédito no concurrente.

No lo dice esta parte, sino que este mismo Juzgado ha fallado en ese sentido en fecha reciente en la Sentencia de fecha 18 de mayo de 2023, habiendo sido confirmada dicha resolución por la Audiencia Provincial de Valencia mediante Sentencia de fecha 24 de octubre de 2023. Así mismo, y como se desarrollará en los Fundamentos de Derecho del presente escrito En este sentido, la STS nº 655/2016, de 4 de noviembre, y entre otros, la profesora HERBOSA MARTÍNEZ, I "Acreedores con Garantía Real en el Concurso.", "Reconocimiento.", CABANAS TREJO, R, o FACHAL NOGUER, N. "Garantías".

En el supuesto de los presentes autos, y sin perjuicio de que esta parte reitera que el crédito de la actora no existe, ya se ha indicado que.................... no ha procedido a fecha actual a la comunicación de su crédito, habiéndose personado en las actuaciones el pasado mes de julio, es decir, hace al menos 5 meses, ni, tampoco, ha instado la modificación de los textos definitivos en el seno del concurso.

Se adjunta como DOCUMENTO 5 el listado de acreedores presentado por la Administración Concursal en los que no consta el crédito de.....................

De este modo, y a modo de conclusión:

- La ausencia de comunicación de su crédito por parte de..................... implica que ésta no sea un acreedor reconocido en el concurso de acreedores de mi principal.
- Pese a estar personada,..................... ni ha comunicado su supuesto crédito (aunque fuera de forma tardía), ni ha procedido a impugnar los informes presentados por la Administración Concursal para lograr su reconocimiento, ni tampoco ha solicitado la inclusión de su crédito en los Textos Definitivos.
- Dado que, como hemos visto, la comunicación del crédito es una obligación que pecha sobre el acreedor, si finalmente su crédito no fuera reconocido en el concurso, el mismo no existiría a efectos concursales, tratándose en ese caso de un crédito no concurrente.

Y ello, en el supuesto de autos, debe conllevar la falta de legitimación a la hora de formular la demanda incidental que aquí se contesta

PRIMERO.– DISCONFORMES CON EL CORRELATIVO ORDINAL. INCORRECTA APLICACIÓN DEL ARTÍCULO 502 TRLC.

Se alega de contrario que conforme al artículo 502 TRLC no procede la concesión de la exoneración del pasivo insatisfecho en tanto no se dicte resolución en la que se declare la conclusión del concurso.

Esta parte no puede sino rechazar la interpretación del precepto en los términos anteriormente indicados, ya que el artículo 502, apartado 3 TRLC lo que indica claramente es que, y reproducimos textualmente: "No podrá dictarse auto de conclusión del concurso hasta que gane firmeza la resolución que recaiga en el incidente concediendo o denegando la exoneración solicitada", es decir, al contrario de lo argumentado por....................., previamente a que se acuerde la conclusión del concurso deberá ser firme la resolución que recaiga en relación a la solicitud de la exoneración del pasivo insatisfecho.

En virtud de lo anterior, las alegaciones formuladas en este punto por..................... deben ser rechazadas de pleno, dicho sea con toda la prudencia y respeto.

SEGUNDO.– DISCONFORMES CON EL CORRELATIVO ORDINAL. LA SOLICITUD DE EXONERACIÓN CUMPLE CON TODOS LOS REQUISITOS DEL ARTÍCULO 486 TRLC Y NO SE DAN LOS PRESUPUESTOS DE EXCEPCIÓN CONTENIDOS EN EL ARTÍCULO 487 TRLC.

Al contrario de lo alegado por....................., esta parte entiende que, como ya se expuso en nuestro escrito de fecha ....de 2023, mi mandante cumple con los requisitos establecidos en el artículo 486 TRLC para la solicitud de exoneración de pasivo insatisfecho, y en ningún caso puede concluirse que se cumpla ninguno de los presupuestos contenidos en el artículo 487 del referido cuerpo legal.

En cualquier caso, se alega y argumenta de contrario que se cumplirían en el concursado ciertos requisitos establecidos en el artículo 487 TRLC, y más en concreto, el del apartado 6º (aportación de información falsa o engañosa; endeudamiento temerario), lo que conllevaría, a su entender, la desestimación de la solicitud de exoneración formulada por esta parte.

Y ello lo basa en una confusa y procelosa argumentación haciendo referencia (por no decir copiando directamente) a su escrito de oposición a la conclusión de concurso de fecha ....de 2023 (que ha dado origen a un procedimiento incidental separado y con su propia regulación de conformidad con el artículo 475 TRLC), pero sin diferenciar y desarrollar de forma clara los motivos sobre los que basa su oposición a la solicitud de exoneración del pasivo insatisfecho.

Todo ello, además, sin solicitar como medio de prueba documentación alguna que a......................e su postura y argumentación, lo que, por sí solo, debería ser causa de desestimación de la oposición formulada por.....................

Es decir, si bien..................... une los documentos que constan junto a su escrito, no solicita en ningún momento como medio de prueba que se tenga por aportada y por reproducida la referida documentación, ni propone prueba adicional que sirva de sustento de las alegaciones contenidas en su escrito, cuestión ésta que será objeto de oportuno tratamiento en el momento procesal oportuno.

En cualquier caso, con el objeto de no perjudicar el derecho de esta parte, pasamos a dar contestación a cada una de las cuestiones alegadas de contrario separadamente para facilitar la labor del Juzgador, rechazando el resto de cuestiones que de manera confusa desarrolla la contraparte en su escrito y que, en cualquier caso, nada tienen que ver con los motivos de oposición a una solicitud de exoneración ex. artículos 486 y ss. TRLC, lo que, por sí solo debería dar lugar a la desestimación del presente incidente de conformidad con lo dispuesto en el artículo 502.2 TRLC.

1.– SOBRE LA PRETENDIDA CULPABILIDAD DEL CONCURSO DE ACREEDORES (ART. 487, APARTADO 3º TRLC):

Sostiene..................... en primer lugar que la realización de unas supuestas actuaciones por parte de mi mandante debería conllevar la declaración del concurso como culpable, y por ende, el rechazo a la solicitud de exoneración del pasivo insatisfecho, ello, entendemos (aunque no lo menciona), ex. artículo 487.1-3º TRLC.

Y decimos entendemos, por cuanto que, de contrario en un primer momento se menciona expresamente el artículo 487.1-6º TRLC como motivo de oposición, para, posteriormente indicar que ciertas actuaciones cometidas supuestamente por mi mandante debería conllevar la declaración de concurso como culpable (artículo 487.1-3º TRLC), mezclando por tanto dicho motivo de oposición con el recogido en el artículo 487.1-6º TRLC.

Es evidente, por tanto, que....................., con manifiesta mala fe pretende confundir a este Juzgador, refiriéndose a un supuesto, el del artículo 487.1-3º, que no se ha producido en las presentes actuaciones. Es decir, para que pudiera operar la excepción contenida en el apartado 3º del artículo 487.1 TRLC debería de haberse declarado como culpable el concurso, cosa que no ha sucedido en el supuesto que nos ocupa.

Al contrario, lo cierto y verdad es que consta en los autos del concurso nº .... que por parte de la Administración Concursal emitió informe de calificación de fecha ....de 2023 en el que se propuso la calificación del concurso como fortuito, y, posteriormente, se dictó auto de fecha ....de 2023 en el que SE CALIFICÓ EL CONCURSO COMO FORTUITO.

Esta cuestión en conocida por la actora al encontrarse personada en las presentes actuaciones desde el mes de...........de 2023, lo que denota su mala fe y abuso de derecho a la hora de proceder.

Se adjunta como DOCUMENTO 6 el auto de fecha ....de 2023.

En virtud de lo anterior, resulta más que evidente que no existe en el seno del concurso una declaración de culpabilidad, sino todo lo contrario (de hecho resulta sonrojante la mera alegación sobre esta cuestión por parte de la actora), por lo que este motivo de oposición debe ser rechazado de plano. Es decir, la actora no puede ahora efectuar una valoración sobre el carácter culposo del concurso, más si cabe cuando el trámite a tal efecto ya ha concluido, habiéndose declarado ya el concurso fortuito.

2.– SOBRE LA SUPUESTA INFORMACIÓN ENGAÑOSA POR PARTE DE MI MANDANTE Y EL SUPUESTO ENDEUDAMIENTO TEMERARIO (ART. 487.1 APARTADO 6º TRLC):

Como ya se indicó en nuestro escrito de solicitud de exoneración de pasivo insatisfecho, esta parte entiende que no se cumple en el supuesto de autos el presupuesto contenido en el art. 487.1, 6º TRLC.

No sólo lo entiende así esta parte, sino que, la propia Administración Concursal mediante escrito de fecha ....de 2023 otorgaba su plena conformidad a que mi mandante obtuviera la exoneración del pasivo insatisfecho por entender que se cumplían todos los requisitos legales de los artículos 486 y ss. TRLC previstos al efecto, lo que da muestra de la bondad de nuestra solicitud.

Se adjunta como DOCUMENTO 7 el escrito de la Administración Concursal de fecha ....de 2023.

En cualquier caso esta parte procede a desglosar los diferentes motivos en los que basa su contestación a la oposición formulada de contrario.

I.– SOBRE LA SUPUESTA INFORMACIÓN ENGAÑOSA

I.1.– Establece el artículo 487.1, apartado 6º TRLC que no podrá obtener la exoneración del pasivo insatisfecho aquel deudor que hubiera proporcionado información falsa o engañosa al tiempo de contraer endeudamiento o de evacuar sus obligaciones debiéndose tener en cuenta por el Juzgador para determinar la concurrencia de esta circunstancia la información patrimonial suministrada por el deudor al acreedor antes de la concesión del préstamo a los efectos de la evaluación de la solvencia patrimonial.

Por tanto, y extrapolándolo a la situación concreta de autos, deberá tenerse en cuenta la información suministrada por mi mandante a.................... antes de la formalización del aval (............... de 2021). En este punto, y como se reconoce por la contra parte, se solicitó a mi mandante la documentación que.................... estimó conveniente previamente a la formalización del aval, a los efectos de determinar la solvencia del ahora concursado, siendo que este último facilitó toda la documentación requerida.

Y esta cuestión adquiere especial relevancia si se tiene en consideración la condición de acreedor profesional de.................... (recordemos, es una entidad financiera), por cuanto que, de haber tenido voluntad, bien podría haber requerido a mi mandante para que ampliara o matizara la información inicialmente suministrada, o bien haber llevado a cabo las averiguaciones que tuviera por conveniente a los efectos de analizar la información suministrada. De igual modo, también podría haber solicitada la traba de los bienes de mi mandante, o haber solicitado garantía adicional sobre los mismos.

Pero nada de eso hizo, sino que dio por válida la información aportada sin llevar a cabo comprobación alguna, incumpliendo de este modo su deber de diligencia que ostenta por su especial condición de acreedor profesional como entidad financiera.

Y lo que no puede pretender ahora es negar ahora la exoneración de mi mandante con el pretexto de que fue engañada al momento de contratar.

Y, tal como resulta del DOCUMENTO 9 aportado de contrario, en la información patrimonial de mi mandante constaban los siguientes bienes:

– Casa en...............

– Apartamento ....

– Inversiones Bancarias

Adelantamos ya que dicha información patrimonial se ajusta a la realidad, ya que mi mandante ostentaba la titularidad de los bienes indicados en el momento en que se suministró la información previamente a la contratación del aval.

En cualquier caso, y dado que son dos las cuestiones que de contrario se aducen, esta parte va a dar contestación a las mismas de forma separada para facilitar la labor del Juzgador:

A) SOBRE LOS BIENES INMUEBLES

Sostiene erróneamente..................... que tras la escritura de extinción de comunidad de bienes de ....de 2021 mi mandante se adjudicó dos fincas: un piso y un parking sitos en................, mientras que su cónyuge se adjudicó las fincas sitas en Calle ....y la Vivienda de............., a la que se ha hecho referencia anteriormente.

Lo anterior NO ES CIERTO, ya que, como consta en la escritura de extinción de comunidad de bienes de ....de 2021 que se adjunta al presente escrito como DOCUMENTO 8, la vivienda sita en la Calle ....fue adjudicada a mi mandante, no a su cónyuge, por lo que la información patrimonial suministrada previamente a la contratación del aval no puede considerarse errónea o engañosa. En este punto nos remitimos a la lectura de la referida escritura, en la que consta claramente la referida adjudicación.

Así mismo, es importante recalcar que la información contenida en la referida escritura era pública, ya que la misma fue inscrita.

Por otra parte, y en cuanto al supuesto perjuicio sufrido por los acreedores derivado de extinción de comunidad de bienes aducido por...................., basta observar la referida escritura, a la que nos remitimos nuevamente en su integridad en aras a una mayor brevedad, para poder afirmar que el reparto se hizo entre ambos cónyuges por mitades en función de la valoración de los bienes, por lo que ningún perjuicio han podido sufrir los acreedores. Más si cabe si se tiene en consideración que el referido reparto no ha sido impugnado ni contravenido en sede concursal o en cualquier otra sede o jurisdicción.

En cualquier caso, y como más adelante se desarrollará, esta concreta cuestión excede el ámbito de una oposición a la solicitud de exoneración de pasivo insatisfecho, que, recordemos, se ve limitada únicamente ex. artículo 502.2 TRLC a los motivos del artículo 487 TRLC, y a nada más.

B) SOBRE LAS NÓMINAS DE MI MANDANTE Y SU CÓNYUGE

Por otra parte, de contrario se hace referencia a la situación patrimonial de mi mandante en relación con sus ingresos percibidos por rendimientos del trabajo, comparándolos con los percibidos por su cónyuge en el periodo de tiempo transcurrido entre los ejercicios 2020-2022.

De este modo, se alega de contrario que en el ejercicio 2022 consta una reducción de los ingresos de mi mandante y un incremento proporcional de los ingresos de su cónyuge, constituyendo este hecho, a su entender, en un fraude. Eso sí, sin argumentar ni desarrollar dichas manifestaciones, y sin hacer un esfuerzo argumentativo mínimo a los efectos de a.....................ar dicha situación.

Pues bien, sin perjuicio de mostrar nuestro total rechazo a tales acusaciones carentes de fundamento y sustento probatorio, conviene destacar nuevamente que lo alegado por..................... excede nuevamente de los presupuestos contenidos en el artículo 487 TRLC (y más concretamente el art. 487.1-6º), no cumpliéndose por tanto lo previsto al efecto en el artículo 502.2 TRLC.

Y en todo caso, puede observarse cómo en el ejercicio 2022 al que hace referencia la actora, la Sra. ....(esposa del concursado) no percibe como rentas del trabajo el importe de ....€, sino que en el referido ejercicio 2022 (declaración conjunta) es su cónyuge, es decir, el concursado, el que percibe el referido importe como rendimientos del trabajo. Nos remitimos en este punto al Documento 5 (página 4) referenciado de contrario para mayor claridad y que aquí se acompaña igualmente como DOCUMENTO 9.

Es decir, la actora pretende hacerse valer de unos hechos que no son tales, actuación esta que evidencia la mala fe en su forma de proceder, y de la que debe derivarse procesalmente el correspondiente reproche, dicho sea con todo el respeto y prudencia.

Por tanto, y a modo de conclusión, se acaba de constatar que mi mandante no derivó ninguno de sus ingresos a su cónyuge, al contrario de lo alegado de contrario.

De hecho, en este supuesto concreto, es razonable entender que los ingresos por rentas del trabajo del concursado se redujeran en el ejercicio de 2022 ya que la mercantil..................... (la sociedad de la que dependían sus ingresos) atravesaba dificultades, habiendo sido finalmente declarado su concurso, tal como se ha acreditado con el auto de declaración de concurso de la mercantil..................... que era la empleadora de mi mandante, que se ha adjuntado como DOCUMENTO 3.

Y la situación de insolvencia de.....................implicó, como es habitual en este tipo de supuestos, la reducción de los ingresos de su socio (mi mandante) ello en aras de tratar de aligerar la situación económico financiera de la citada mercantil, tal como resulta del certificado firmado por la Administración Concursal de la mercantil...................., el Sr......................, que se ha adjuntado al presente escrito como DOCUMENTO 4, en el que se certifica que desde la declaración del concurso (julio 2022) el concursado no ha percibido retribución alguna de la mercantil..................... Es decir, durante medio año mi mandante no percibió ingresos provenientes de la concursada....................

No sólo eso, sino que la supuesta conducta reprochable de mi mandante, habría tenido lugar posteriormente al momento de contratar el aval, ya que, se hace referencia a unos ingresos correspondientes al ejercicio 2022 mientras que la formalización del aval (y la información suministrada previamente a la contratación) tuvieron lugar en el mes de agosto de 2021.

Ello debe implicar la desestimación de las alegaciones formuladas de contrario por cuanto que, mientras lo que aquí se está ventilando es si la información suministrada previamente a la contratación fue engañosa, de contrario se alegan unos hechos que son muy posteriores a la contratación del aval. Poco más se puede añadir al respecto.

En cualquier caso, esta parte entiende necesario volver a remarcar que ambas cuestiones exceden el ámbito del supuesto de autos, que recordemos, versa sobre una oposición a la solicitud de exoneración de pasivo insatisfecho, siendo que el artículo 502.2 TRLC establece claramente que la oposición a la solicitud de exoneración solo podrá fundarse en la falta de alguno de los presupuestos y requisitos establecidos en los artículos 486 y 487 TRLC.

En virtud de lo anterior, y dado que el propio demandante basa claramente su oposición en el artículo 487.1-6º TRLC, las referencias a operaciones que, supuestamente habría cometido mi mandante, exceden del contenido del referido artículo, debiendo ser ventiladas, en su caso, en otra sede, pero nunca en el trámite de exoneración de pasivo insatisfecho.

Por tanto, y por lo que respecta a las hipotéticas acciones de reintegración que de contrario parece deslizarse, resulta evidente que las mismas no caben. Ello resulta de la ausencia de solicitudes formuladas al efecto en el procedimiento concursal y de los hechos descritos por esta parte en el presente escrito, a los que nos remitimos en aras a una mayor brevedad.

Es evidente, por tanto, que las alegaciones y acusaciones de la contraparte carecen de toda base y sustento, por lo que las mismas han de ser rechazadas.

I.2.- No sólo lo anterior, sino que, al contrario de lo que se alega por parte de...................., mi mandante no contrató ni actuó ocultando su supuesta situación patrimonial de insolvencia inminente, ya que en ese momento no había previsión alguna de insolvencia por cuanto que la sociedad de la que provenían la mayoría de sus ingresos se encontraba activa en su sector de actuación profesional, tal como demuestra el contrato de obra de fecha ....de 2021 concertado por la mercantil....................

(de la que es socio mi mandante) con la mercantil.................... al que se ha hecho referencia anteriormente.

A efectos probatorios se ha adjuntado previamente como DOCUMENTO 1, el contrato de fecha ....de 2021.

De hecho, si se analiza el contrato, puede observarse como los honorarios a percibir por parte de.................... fruto de la ejecución del contrato ascendían nada más y nada menos que al importe de CUATRO MILLONES QUINIENTOS CUARENTA Y DOS MIL CUATROCIENTOS NOVENTA Y SIETE EUROS (4.542.497 €), más el IVA correspondiente, lo que evidencia de forma clara que no se podía prever, al momento de concertar el contra aval derivado del contrato de fecha.................... de 2021, la situación de insolvencia que unos meses después afectaría a la mercantil...................., causada primordialmente por la resolución del contrato de.................... como más adelante se expondrá, y que, a la postre, desembocó en la insolvencia de mi mandante al estar vinculados sus ingresos a la actividad de la mercantil....................

Ello se advierte incluso a través de las rentas aportadas de contrario (Documentos 3 a 5 del escrito de demanda) ya que puede observarse la reducción de los ingresos de mi mandante en el año 2022, año en el que la mercantil.................... fue declarada en concurso.

Es evidente por tanto que nada de esto se da en el supuesto de autos, sino todo lo contrario, motivo por el cual la oposición formulada de contrario debe ser desestimada, dicho sea con todo el respeto y prudencia.

II.– EN CUANTO AL SUPUESTO ENDEUDAMIENTO TEMERARIO

Por otra parte, el referido artículo 487.1, 6° TRLC establece que no podrá obtener la exoneración del pasivo insatisfecho aquel deudor que se hubiera comportado de forma temeraria o negligente al tiempo de contraer endeudamiento o de evacuar sus obligaciones, debiéndose tener en cuenta para determinar esa circunstancia las circunstancias personales del supuesto sobreendeudamiento.

En todo caso, y sin perjuicio de lo anterior, conviene destacar que se viene entendiendo por la doctrina y por recientes resoluciones judiciales que el endeudamiento temerario es una suerte de sobreendeudamiento activo, fruto de una actuación irresponsable del concursado cuyas consecuencias el régimen de exoneración no puede paliar, ni por tanto, premiar en sede exoneratoria.

Pues bien, en este punto sorprende a esta parte que la actora alegue un supuesto endeudamiento temerario de mi mandante, cuando resulta pacífico que esta situación está prevista para aquellos casos en los que el concursado haya incrementado considerablemente su deuda con respecto a su patrimonio, ello por causas generalmente vinculadas al consumo irresponsable. Algo que, no se ha dado en el supuesto de autos, ya que, como se desarrollará posteriormente, el contra-aval suscrito por el concursado deviene de una relación contractual de una tercera mercantil para la ejecución de una obra. Nada que ver por tanto con la situación anteriormente descrita.

Así las cosas, parece deslizarse de contrario que mi mandante habría actuado negligentemente por haber formalizado un contrato que, supuestamente, no iba a cumplir, endeudándose en dicho proceso.

Y decimos, parece deslizarse, por cuanto que..................... no hace referencia en su escrito al referido motivo de exclusión recogido en el artículo 487.1,6° TRLC, sino que a través de una serie de alegaciones vagas y confusas que nada tienen que ver con los motivos de oposición a una solicitud de exoneración de pasivo insatisfecho (contraviniendo lo dispuesto en el artículo 502.2 TRLC), lanza una serie de acusaciones del todo infundadas y en ningún momento acreditadas.

En todo caso, esta parte se ve obligada a dar contestación a las referidas alegaciones para no perjudicar su derecho, de tal forma que, en relación a la suscripción del contrato entre..................... y....................., resulta imprescindible destacar que el referido contrato no fue un fraude manifiesto, tal como se indica de contrario en su escrito. Todo lo contrario.

Tal como resulta del contrato que se ha adjuntado como DOCUMENTO 1 al presente escrito, puede observarse que se trata de un contrato complejo (se trata de un contrato de más de 100 páginas), con multiplicidad de trabajos, exigencias de carácter técnico y de ejecución complicada dada la magnitud del mismo. A tal efecto, nos remitimos al referido contrato y a su clausulado en aras a una mayor brevedad.

De hecho, es frecuente en la práctica del sector que en durante el transcurso de la ejecución de la obra se produzcan desavenencias entre las partes en cuanto a la ejecución de la misma, los plazos, etc., pero ello no puede implicar, como con manifiesta mala fe se aduce de contrario, que mi mandante hubiera contratado de forma fraudulenta, o que no tuviera intención de cumplir el contrato, más si cabe si se tiene en consideración que, como se ha indicado anteriormente, las desavenencias entre las partes se encuentran actualmente judicializadas a instancia de..................... y con la intervención y autorización de la Administración Concursal de la referida mercantil.

Es decir, al contrario de lo alegado de contrario sin ninguna base probatoria, no puede afirmarse que la mercantil..................... contratara a sabiendas de que fuera a incumplir el contrato. De hecho, como se ha adelantado anteriormente, las desavenencias entre las partes se encuentran judicializadas a instancias de..................... a través de la correspondiente demanda presentada en fecha ....de 2022 frente a....................., a cuyo contenido nos remitimos en su integridad, por lo que en ningún caso puede hablarse a fecha actual de un incumplimiento por parte de..................... del contrato suscrito el..................... de 2021. Deberá estarse, por tanto a la resolución de dicho proceso, que afectará exclusivamente a..................... y....................., pero no al concurso de mi mandante.

En todo caso, y sin perjuicio de lo expuesto anteriormente, conviene recordar, y no es una cuestión baladí, que lo que se está ventilando en el presente incidente es una solicitud de exoneración de pasivo insatisfecho formulada por mi mandante, persona física, mientras que lo alegado de contrario en relación a un supuesto fraude en la formalización del contrato suscrito entre..................... y..................... afecta a un tercero (.....................) que, de hecho, no se ha opuesto a la solicitud de exoneración (ni nada ha alegado al respecto) y a...................., contando esta última con personalidad jurídica propia y diferenciada de la de mi mandante.

En este punto, conviene recordar que.................... ni tan siquiera ha comunicado crédito alguno en el concurso de...................., ni ha impugnado o alegado nada en dicho procedimiento concursal. Ello evidencia la escasa fe que.................... alberga en su propio "supuesto" crédito.

Es decir, insistimos que cualquier cuestión relativa a la correcta o incorrecta ejecución del contrato suscrito entre ambas mercantiles, así como cualquier otra cuestión derivada de la referida relación contractual afecta, exclusivamente, a las mismas, y a nadie más.

Por tanto, como sí ha acreditado esta parte, al contrario que...................., puede afirmarse que en ningún caso hubo una actividad fraudulenta de mi mandante en relación a la formalización del contrato de fecha.................... de 2021 suscrito por...................., ni tampoco existió un endeudamiento temerario o irresponsable al momento de la formalización del contrato.

III.– SOBRE LA PRESUNCIÓN DE LA BUENA FE DEL DEUDOR SOLICITANTE Y LA INVERSIÓN DE LA CARGA DE LA PRUEBA A CARGO DEL ACREEDOR.

Como es sabido, la exoneración del pasivo insatisfecho sólo puede producirse cuando el deudor es de buena fe, lo que con anterioridad a la reforma legal operada por la Ley 16/2022 había venido planteando el problema de su acreditación.

Ante esta situación, una primera aproximación de la problemática nos llevaría a acudir a los Considerandos 77, 78 y 82 de la Directiva 2019/1023:

""Los Estados miembros deben poder determinar las normas nacionales en materia de carga de la prueba para que se ponga en práctica la exoneración, lo que significa que debe poder establecerse por ley la obligación de que los empresarios prueben el cumplimiento de sus obligaciones"

"En los casos en que los empresarios no disfruten de una presunción de una presunción de honestidad y buena fe en virtud del Derecho nacional, la carga de la prueba de su honestidad y buena fe no debe dificultarles innecesariamente iniciar el procedimiento ni hacerlo costoso."

"Los estados miembros deben poder establecer que las autoridades judiciales o administrativas puedan verificar, tanto de oficio como a petición de una parte con un interés legítimo si los empresarios han cumplido las condiciones para obtener la plena exoneración de deudas"

De este modo, y en consonancia con la referida Directiva, tras la reforma del TRLC operada por la Ley 16/2022, se considera que todo deudor es de buena fe, salvo que concurra alguna de las excepciones recogidas en el artículo 487 TRLC. Así, el objeto de la prueba no es la buena fe sino las excepciones, de manera que, por aplicación del artículo 217 de la LEC, correspondería la carga de su acreditación a quien afirme que concurren, en este caso, quién se opone a la solicitud exoneratoria.

Esta norma, además, se ha de interpretar de manera tanto teleológica como sistemática poniéndola en relación con los elementos vertebradores de la reforma, como es la atribución de mayor intervención a los acreedores, entendiendo que el legislador ha partido de la preponderancia del carácter privado de los intereses que se encuentran en juego en el concurso. Sólo así puede entenderse, por ejemplo, que se elimine al Ministerio Fiscal de la calificación y que se atribuya a los acreedores (junto con la administración concursal) la posibilidad de instar la calificación culpable del concurso.

El legislador, por tanto, hace descansar sobre los acreedores el peso de defender sus intereses y, entre estos está el mantenimiento de sus créditos, de modo que, si no se oponen a la exoneración, o bien, de los documentos obrantes en autos (los exigidos legalmente para la declaración de concurso y los aportados como consecuencia del desarrollo del procedimiento y los que deben acompañarse a la solicitud de exoneración) no se desprende de la concurrencia de las excepciones o de prohibiciones legales, deberán ver cómo su crédito queda exonerado.

No sólo lo anterior, sino que el Consejo General del Poder Judicial en el punto 254 del Informe sobre el Anteproyecto de la Ley 16/2022 considera que "en el anteproyecto se parte de la buena fe del deudor insolvente, pues las conductas con arreglo a la cuales no cabrá apreciarla —es decir, las demostrativas de la ausencia de buena fe— operan como excepción da la obtención de la exoneración", concluyendo que "por tanto, corresponderá a los acreedores acreditar su concurrencia, sin que el deudor tenga que acreditar el hecho contrario al supuesto contemplado más que, en su caso, en la medida en que sea necesario para desvirtuar el hecho o la circunstancia enervante de la buena fe alegada por los acreedores".

De este modo, los requisitos relativos a la conducta del deudor deberán ser tenidos en consideración siempre, y en todo caso, rigiendo el principio general de la presunción de la buena fe.

Es decir, el concursado no está obligado en ningún caso a aportar prueba de su buen comportamiento, debiendo ser el acreedor que se opone a la solicitud de exoneración el que a....................e suficientemente la actuación fraudulenta o irresponsable del deudor, sin perjuicio de la facultad valorativa concedida al juez de apreciación de las circunstancias concurrentes respecto de la aplicación, o no, de la excepción que pueda afectar a la exoneración del pasivo. Es, por tanto, esencial la inversión de la carga de la prueba para que el sistema de exoneración del pasivo insatisfecho pueda funcionar.

En este sentido, Cuenca Casas M. y Fernández Seijo J.M., "La exoneración del pasivo insatisfecho en el concurso de acreedores de persona física".

Así mismo, en este sentido los Autos del Juzgado de lo Mercantil nº 2 de Pamplona de fechas 26, 27 de junio y 17 de julio de 2023; el Auto del Juzgado de lo Mercantil nº 1 de Murcia de 18 de julio de 2023; la Sentencia de la Audiencia Provincial de Zaragoza de fecha 6 de noviembre de 2023; o la Sentencia del Juzgado de lo Mercantil nº 1 de A Coruña de fecha 14 de noviembre de 2023, entre otras.

En cualquier caso, un eventual endeudamiento temerario o irresponsable del deudor no puede valorarse sin tener en cuenta la actuación del acreedor, así como el grado de cumplimiento de éste último de su obligación de evaluación de la solvencia del deudor.

En este sentido, y entre otras, la Sentencia del Juzgado de lo Mercantil nº 4 de Alicante de fecha 5 de septiembre de 2023.

Esto es, ha de tenerse en cuenta si el acreedor ha llevado a cabo un estudio previo a la concesión del préstamo, o, en este caso, el aval.

Y en este caso, el propio acreedor reconoce que previamente a la concesión del aval se llevó a cabo un estudio de la solvencia patrimonial del deudor, y conociendo la situación patrimonial del mismo (que ya hemos visto que era ajustada a la realidad) decidió conceder el aval, por lo que difícilmente puede alegar ahora que el concursado llevó a cabo un endeudamiento temerario.

No sólo eso, sino que, como hemos visto,..................... no aporta documento o prueba alguna que a.....................e una eventual conducta irresponsable o imprudente del concursado en relación a su endeudamiento, circunstancia esta que, por sí sola, y conforme a las referencias doctrinales y jurisprudenciales anteriormente citadas, debería dar lugar a la íntegra desestimación de su escrito de oposición, dicho sea con todo el respeto y prudencia.

En este punto, nos remitimos nuevamente a la Doctrina y Jurisprudencia anteriormente indicadas en aras a una mayor brevedad y para evitar reiteraciones innecesarias.

Es por todo lo anterior, que esta parte considera que en el supuesto de autos no se dan en el concursado ninguno de los requisitos y presupuestos alegados de contrario para que puedan operar las excepciones a la exoneración del pasivo insatisfecho solicitada, por lo que debe procederse a la íntegra desestimación de las pretensiones formuladas por.....................

FUNDAMENTOS DE DERECHO

I.– PROCESALES.

PRIMERO. COMPETENCIA Y PROCEDIMIENTO.– Es competente el Juzgado al que me dirijo, conforme a lo que dispone el art. 86 ter de la Ley Orgánica del Poder Judicial, así como de conformidad con los artículos 501 y 502 del Real Decreto Legislativo 1/2020, de 5 de mayo, por el que se aprueba el texto refundido de la Ley Concursal. Además, esta impugnación deberá tramitarse por el procedimiento de incidente concursal, de conformidad con lo previsto por el artículo 502 del referido cuerpo legal.

SEGUNDO. CAPACIDAD Y LEGITIMACIÓN. Mi mandante se encuentra plenamente capacitado y legitimado en virtud de los artículos 486 y ss. TRLC.

En cuanto a la legitimación activa de....................., y tal como se ha indicado, la contraparte carece de legitimación activa para pronunciarse sobre la solicitud de exoneración de pasivo insatisfecho formulada por esta parte.

Y ello, por cuanto que, como se ha visto y acreditado,..................... no es un acreedor reconocido en el concurso de acreedores de mi mandante. Ello resulta en primer lugar por cuanto, como se ha visto, esta parte considera que el supuesto crédito de..................... frente a mi mandante no existe, por lo que la actora no puede tener la consideración de acreedor en el seno del concurso de mi mandante a los efectos de lo dispuesto en los artículo 501 y 502 TRLC, lo que le impide, a la postre, formular alegación alguna respecto a la solicitud de exoneración de pasivo insatisfecho.

Y en segundo lugar, de la ausencia de comunicación de su crédito (pese a haber solicitado su personación en el procedimiento concursal), así como de su falta de inclusión en los Textos Definitivos sin que haya procedido a la impugnación de los mismos, habiendo incumplido sus obligaciones comunicatorias conforme a lo que se expone a continuación:

A.– SOBRE LA COMUNICACIÓN DE....................OS AL CONCURSO

Si bien es una cuestión a la que no se le da en ocasiones la suficiente importancia, la formación de la masa pasiva del concurso se torna una de las actuaciones capitales no sólo de la fase común del concurso, sino del propio procedimiento concursal. Su configuración principia tras el llamamiento a los acreedores formulado por la Administración Concursal, previsto en los arts. 28.1.5° y 252 TRLC, continúa con la comunicación de créditos de sus créditos al concurso, prosigue con su posterior reconocimiento y clasificación, y la consecuente configuración de la lista de acreedores.

Como resulta del propio art. 252 TRLC, la comunicación se dirigirá a todos los acreedores, pero con independencia de ello, pecha sobre el acreedor el referido deber comunicatorio credictual, en el plazo y la forma previsto en el art. 255 TRLC, sea cual fuere la fuente de conocimiento de la carga comunicatoria, o de la existencia del concurso (el BOE, o la carta, o cualquier otra), incluso, aunque le fuere ignoto al acreedor.

Esa comunicación de créditos ex art. 255 TRLC, a primera vista, podría parecer ilógica y carente de sentido, pues la existencia y cuantía del crédito resultan, o deberían resultar, de la propia documentación del concursado. En la mayoría de los casos así suele ser. Pero en otros la determinación y reconocimiento credictual por la AC se antoja harto difícil, y en algunos, incluso, de imposible cumplimiento. Por otro lado, no resulta extraña en la práctica la concurrencia de contradicciones y disputas entre la concursada y sus acreedores, en orden no solo a la existencia de su crédito (como acontece en este caso), sino de su cuantía y su naturaleza y condiciones.

Por ello, el legislador arbitró el trámite de insinuación de créditos al concurso del art. 255 y ss. TRLC, habiéndose definido, con acierto, como el sistema o medio previsto en el procedimiento concursal para que los acreedores, incluso, sin personarse en el procedimiento concursal (art. 512.2 TRLC), puedan participar en la defensa y reconocimiento de sus derechos. Y lo configura como una suerte de carga procesal, que pecha sobre el acreedor, y solo sobre él, de contenido informativo dirigido a la AC que le impone no la mera manifestación, sino la acreditación, en los términos de los arts. 255 y ss. TRLC, no solo de la existencia de su crédito, sino su cuantía, circunstancias y clasificación que preconiza del mismo. Ese carácter de carga procesal, conlleva, como más adelante se expondrá, que el acreedor se haga cargo y soporte cualquier consecuencia negativa para su crédito debido a una ausente comunicación.

Una primera reflexión, quizás apresurada, nos podría conducir a resaltar el carácter libérrimo, facultatorio, para el acreedor de la referida comunicación, en el sentido que le corresponde decidir si desean formular tal comunicación y participar en el proceso concursal.

Pero esta parte entiende que dicha facultad no es tal. El acreedor viene compelido ya no solo a manifestar su crédito sino a acreditar su cuantía y condiciones. Por otro lado, la comunicación surte efectos y tiene consecuencias no solo en el procedimiento concursal, sino también en el propio acreedor, pues su actuación omisiva es susceptible de acarrearle serias consecuencias y sanciones. Todo lo cual, difícilmente casa con un eventual carácter facultativo de la notificación credictual. Por ello, es dable a entender que la referida puesta en conocimiento de la Administración del crédito, más que como una facultad, como un deber a cargo del acreedor. Y en el supuesto de una ausente comunicación por parte del acreedor, el mismo debe pechar con las consecuencias que tal defecto conlleva.

En virtud de lo anterior, es evidente que el contenido del art. 255 TRLC, se extiende sobre todos los créditos concursales, incluso los que cuentan con garantía real, con independencia de su importe, carácter vencido y exigible, su carácter condicional o litigioso, clasificación concursal, o, en su caso, que fueren susceptibles de su reconocimiento forzoso.

En este sentido, la STS nº 655/2016, de 4 de noviembre, y entre otros, la profesora HERBOSA MARTÍNEZ, I "Acreedores con Garantía Real en el Concurso."

B.– AUSENCIA DE COMUNICACIÓN EN EL SUPUESTO DE AUTOS Y CONSECUENCIAS DE LA REFERIDA ACTUACIÓN OMISIVA.

En el supuesto de autos, y sin perjuicio de que esta parte sostiene que el referido crédito no existe, ya se ha indicado que..................... no ha procedido a fecha actual a la comunicación de su crédito, habiéndose personado en las actuaciones el pasado mes de julio, es decir, hace al menos 5 meses, ni, tampoco, ha instado la modificación de los textos definitivos en el seno del concurso.

De este modo, y como se ha indicado anteriormente, dicha ausencia comunicatoria conlleva que a fecha actual..................... no sea un acreedor reconocido en el concurso de acreedores de mi principal, ya que, pese a estar personado, ni ha comunicado su supuesto crédito (aunque fuera de forma tardía) ni ha procedido a impugnar los textos definitivos para lograr su reconocimiento, como se reconoce en su propio escrito.

Y la falta de reconocimiento de su crédito va a conllevar que el mismo quedaría excluido del sistema concursal, y quedaría hibernado, extra muros del procedimiento concursal, en el que se vería imposibilitado de intervenir. Se trataría por tanto de un crédito no concurrente.

En ese sentido, de nuevo, la Jurisprudencia y Doctrina más autorizadas, entre otros (STS 655/2016 de 4 de noviembre, HERBOSA MARTINEZ, I. "Reconocimiento.". CABANAS TREJO, R, o FACHAL NOGUER, N. "Garantías".

Todo lo anterior no puede sino conllevar la falta de legitimación a la hora de formular la demanda incidental que aquí se contesta por cuanto que los artículos 501 y 502 TRLC establecen claramente la legitimación a la hora de pronunciarse sobre la solicitud de exoneración de pasivo insatisfecho, limitándola, exclusivamente, a la Administración Concursal y a los acreedores personados. Así resulta de los referidos artículos (la negrita y subrayado son nuestros):

"*Artículo* 501. Solicitud de exoneración tras la liquidación de la masa activa.

(...)

4. El letrado de la Administración de Justicia dará traslado de la solicitud del deudor a la administración concursal y a los acreedores personados para que dentro del plazo de diez días aleguen cuanto estimen oportuno en relación a la concesión de la exoneración."

Artículo 502. Resolución sobre la solicitud.

1. Si la administración concursal y los acreedores personados mostraran conformidad a la solicitud del deudor o no se opusieran a ella dentro del plazo legal, el juez del concurso, previa verificación de la concurrencia de los presupuestos y requisitos establecidos en esta ley, concederá la exoneración del pasivo insatisfecho en la resolución en la que declare la conclusión del concurso. (...)"

Habiendo acreditado esta parte que.................... no es un acreedor personado en el procedimiento concursal de mi mandante (no está incluido en el listado de acreedores como de contrario se reconoce), ello implica irremediablemente la falta de legitimación activa para poder pronunciarse sobre la solicitud de exoneración de pasivo insatisfecho que ha dado lugar a las presentes actuaciones.

TERCERO. REPRESENTACIÓN Y POSTULACIÓN. Mi mandante actúa representado por Procurador/a y asistido/a de Abogado/a de acuerdo con los artículos 23 y 31 de la Ley de Enjuiciamiento Civil y art. 512 TRLC.

II.– DE FONDO.

PRIMERO.– CUMPLIMIENTO DEL ARTÍCULO 486 TRLC.

El artículo 486 TRLC establece que:

"Artículo 486. Ámbito de aplicación.

El deudor persona natural, sea o no empresario, podrá solicitar la exoneración del pasivo insatisfecho en los términos y condiciones establecidos en esta ley, siempre que sea deudor de buena fe:

1.° Con sujeción a un plan de pagos sin previa liquidación de la masa activa, conforme al régimen de exoneración contemplado en la subsección 1.ª de la sección 3.ª siguiente; o

2.° Con liquidación de la masa activa sujetándose en este caso la exoneración al régimen previsto en la subsección 2.ª de la sección 3.ª siguiente si la causa de conclusión del concurso fuera la finalización de la fase de liquidación de la masa activa o la insuficiencia de esa masa para satisfacer los créditos contra la masa."

En este caso, resulta tanto la solicitud de exoneración de pasivo insatisfecho (con referencia a la documentación legalmente exigida), como del presente escrito y del informe favorable de la Administración Concursal, que se cumple el contenido del artículo 486 TRLC, siendo procedente por tanto la solicitud exoneratoria planteada al Juzgado.

SEGUNDO.– NO SE DAN LOS PRESUPUESTOS DEL ARTÍCULO 487 TRLC.

El artículo 487 TRLC establece que:

"1. No podrá obtener la exoneración del pasivo insatisfecho el deudor que se encuentre en alguna de las circunstancias siguientes:

(...)

3.° Cuando el concurso haya sido declarado culpable. No obstante, si el concurso hubiera sido declarado culpable exclusivamente por haber incumplido el deudor el deber de solicitar oportunamente la declaración de concurso, el juez podrá atender a las circunstancias en que se hubiera producido el retraso.

6.° Cuando haya proporcionado información falsa o engañosa o se haya comportado de forma temeraria o negligente al tiempo de contraer endeudamiento o de evacuar sus obligaciones, incluso sin que ello haya merecido sentencia de calificación del concurso como culpable. Para determinar la concurrencia de esta circunstancia el juez deberá valorar:

a) La información patrimonial suministrada por el deudor al acreedor antes de la concesión del préstamo a los efectos de la evaluación de la solvencia patrimonial.

b) El nivel social y profesional del deudor.

c) Las circunstancias personales del sobreendeudamiento.

d) En caso de empresarios, si el deudor utilizó herramientas de alerta temprana puestas a su disposición por las Administraciones Públicas.

(...)"

Como se ha expuesto a lo largo del presente escrito, esta parte considera que no se dan los presupuestos del artículo 487 TRLC, y más en concreto art. 487.1-3° y 6°, alegados de contrarios para que pueda operar la excepción a la concesión de la exoneración.

Y ello por cuanto:

1°.– No existe declaración de culpabilidad del concurso, sino más bien todo lo contrario, ya que consta informe de calificación de la Administración Concursal con propuesta de calificación fortuita, así como posterior auto ya firme de fecha 20 de abril de 2023 en el que se califica el concurso como fortuito.

2°.– Como se ha acreditado, mi mandante no ha proporcionado información falsa o engañosa ni se ha comportado de forma temeraria o negligente al tiempo de contraer endeudamiento.

Sin perjuicio de lo anterior, esta parte entiende que de contrario no se ha cumplido con lo establecido en el artículo 502.2 TRLC, el cual indica que "la oposición solo podrá fundarse en la falta de alguno de los presupuestos y requisitos establecidos en esta ley. La oposición se sustanciará por el trámite del incidente concursal."

Y ello por cuanto que de contrario se lleva a cabo una procelosa y confusa argumentación sin que se identifique y exponga de forma clara y diferenciada qué presupuesto o presupuestos del artículo 487 TRLC se han producido que pudieran conllevar, a su vez, la denegación de la exoneración por parte del Juzgador.

En cualquier caso, en este punto nos remitimos en su integridad a lo expuesto en el HECHO Segundo (y a las referencias doctrinales contenidas en el mismo) del presente escrito para evitar reiteraciones y por cuestiones de economía procesal.

TERCERO.– SOBRE LA PRESUNCIÓN DE LA BUENA FE DEL DEUDOR Y LA INVERSIÓN DE LA CARGA DE LA PRUEBA.

Así mismo, y como se ha desarrollado previamente, tanto doctrinal como jurisprudencialmente se ha exigido que los requisitos relativos a la conducta del deudor deben ser tenidos en consideración siempre, y en todo caso, rigiendo el principio general de la presunción de la buena fe en la figura del deudor solicitante de la exoneración.

Es decir, el concursado no está obligado en ningún caso a aportar prueba de su buen comportamiento, debiendo ser el acreedor que se opone a la solicitud de exoneración el que acredite suficientemente la actuación fraudulenta o irresponsable del deudor, sin perjuicio de la facultad valorativa concedida al juez de apreciación de las circunstancias concurrentes respecto de la aplicación, o no, de la excepción que pueda afectar a la exoneración del pasivo. Es, por tanto, esencial la inversión de la carga de la prueba para que el sistema de exoneración del pasivo insatisfecho pueda funcionar conforme a la voluntad del legislador.

En este sentido, nos remitimos en su integridad a las referencias doctrinales y jurisprudenciales contenidas y desarrolladas en el HECHO Segundo del presente escrito en aras a una mayor brevedad y por cuestiones de economía procesal.

TERCERO.– COSTAS

Procede la interposición de costas a la parte demandante, ello en virtud de lo dispuesto en el artículo 542 TRLC, el cual se remite a lo dispuesto en la materia por la Ley de Enjuiciamiento Civil.

En su virtud,

SUPLICO AL JUZGADO, que teniendo por presentado este escrito, lo admita y en méritos a lo expuesto acuerde tener por formulada contestación a la OPOSICIÓN A LA EXONERACIÓN DE PASIVO INSATISFECHO formulada por la representación procesal de…………………, S.A., dictando en su día sentencia de conformidad con lo manifestado en este escrito de contestación, esto es, desestimando íntegramente las pretensiones contenidas en el escrito de oposición formulado por…………………, S.A. y concediendo por tanto la exoneración de pasivo insatisfecho solicitada por esta parte mediante, todo ello con expresa imposición de costas causadas en el presente incidente a…………………, S.A.

OTRO SÍ PRIMERO DIGO.– Que de conformidad con lo dispuesto en el artículo 539 TRLC, y con el objeto de que surta los efectos probatorios oportunos en el seno del presente incidente, por esta parte se propone y se interesa se admita la práctica de los siguientes MEDIOS DE PRUEBA:

A) DOCUMENTAL: Que se tengan por reproducidos y aportados al ramo de prueba de esta parte los documentos que se acompañan al presente escrito de contestación y los cuales han sido referenciados en el cuerpo del presente escrito.

Así mismo, y a efectos probatorios oportunos, se dejan designados los autos de Concurso Voluntario nº ....que se siguen en el presente Juzgado, así como el resto de documentos e informes relativos al referido procedimiento concursal contenidos en el presente escrito de contestación formulado por esta parte.

Del mismo modo, a efectos probatorios SE DESIGNAN LOS DOCUMENTOS, ARCHIVOS Y REGISTROS correspondientes a todos aquellos organismos, juzgados y entidades que han quedado reseñados en el presente escrito, así como que guarden relación con los documentos que se aportan con el mismo.

SUPLICO AL JUZGADO, que se tenga por efectuada la anterior solicitud, acordándose la admisión y pertinencia de los medios de prueba anunciados.

OTRO SÍ SEGUNDO DIGO.– Que dado que la contraparte no ha propuesto medios de prueba, limitándose a acompañar documentación, ni ha solicitado la celebración de vista, y dado que los medios de prueba de esta parte consisten en la documental aportada y designada en el presente escrito, de conformidad de lo dispuesto en el artículo 540 TRLC, se solicita se dicte la correspondiente sentencia sin citación a las partes para la vista y sin más trámites.

SUPLICO AL JUZGADO, que se tenga por efectuada la anterior solicitud, acordándose dictar la correspondiente sentencia sin citación a las partes para la vista y sin más trámites.

OTRO SÍ TERCERO DIGO.– Que siendo intención de esta parte cumplir con todos los requisitos legales, a tenor de lo previsto en el artículo 231 de la Ley de Enjuiciamiento Civil, se solicita por esta parte que se nos diere traslado de cualquier defecto que pudiera adolecer la presente demanda, para proceder a la inmediata subsanación.

SUPLICO AL JUZGADO, que teniendo por efectuada la anterior manifestación a los efectos oportunos.

Todo lo anterior por ser de justicia que pido en ....

....

Abogado Procurador

11. NORMAS PROCESALES Y VARIOS

F756. ESCRITO DE ACREEDOR DEL JUZGADO EL EXAMEN DE LOS AUTOS

Normativa de aplicación: *Arts. 512 y ss. Real Decreto Legislativo 1/2020, de 5 de mayo, por el que se aprueba el texto refundido de la Ley Concursal*

A LA ADMINISTRACIÓN CONCURSAL DE ....S.L

D..........., con domicilio en..........., Nº..........., Pta..........., C.P..........., ante este Juzgado comparezco, en autos de concurso voluntario nº.........../........... seguido a instancias de la mercantil "...........", y como mejor proceda en Derecho DIGO:

I.– Que quien suscribe es acreedor de la mercantil ...., habiéndose sido reconocido en la lista de acreedores el siguiente crédito contra la citada compañía...........

II.– Que por la presente y al amparo de lo dispuesto en el artículo 512.2 TRLC intereso de esta Administración Concursal el examen de los documentos que a continuación se reseñan y que, que constan en autos sobre el crédito por mi comunicado: ....

En ...., hoy día........... de .... de ....

F757. DEMANDA INCIDENTAL

Normativa de aplicación: *Arts. 532 y ss. Real Decreto Legislativo 1/2020, de 5 de mayo, por el que se aprueba el texto refundido de la Ley Concursal*

JUZGADO DE LO MERCANTIL Nº........... DE...........

..........., Procurador de los Tribunales actuando en nombre y representación de........... según consta debidamente acreditado en los autos de Concurso Voluntario nº..........., seguidos a instancia de la concursada "...........", ante el Juzgado comparezco y como mejor proceda en Derecho DIGO:

Que por la presente, y siguiendo las expresas instrucciones de mi representado, formulo DEMANDA INCIDENTAL SOLICITANDO LA RESOLUCIÓN DE CONTRATO de la mercantil concursada "..........." y D........... por incumplimiento contractual.

La presente demanda se presenta contra la mercantil concursada "..........." y D..........., con domicilio a efectos de notificaciones en..........., y ello en base a los siguientes

HECHOS

PRIMERO.– En fecha........... de........... de........... por la concursada se suscribió un contrato de........... con el codemandado D...........

SEGUNDO.– Por la administración concursal se intentó sin existo que la resolución del contrato por incumplimiento contractual...........

A los anteriores hechos le son de aplicación los siguientes,

FUNDAMENTOS DE DERECHO

PRIMERO.– Todas las cuestiones que se susciten durante el concurso y no tengan señalada otra tramitación se ventilarán por el cauce del procedimiento incidental de conformidad con lo dispuesto en los artículos 532 y ss. TRLC.

SEGUNDO...........– Art. 158 TRLC La declaración de concurso, por sí sola, no afectará a la vigencia de los contratos con obligaciones recíprocas pendientes de cumplimiento tanto a cargo del concursado como de la otra parte. Ambas partes deberán ejecutar las prestaciones comprometidas, siendo con cargo a la masa aquellas a que esté obligado el concursado.

TERCERO.– Art. 160 TRLC: Declarado el concurso, la facultad de resolución del contrato por incumplimiento anterior a la declaración de concurso solo podrá ejercitarse si el contrato fuera de tracto sucesivo.

CUARTO.– Han de imponerse a la demandada en virtud del principio objetivo de vencimiento, de conformidad con lo establecido en el artículo 394 LEC y 542 TRLC.

En su virtud,

SUPLICO AL JUZGADO que teniendo por presentado este escrito, junto con sus documentos y copias de todo ello, se sirva admitirlos, teniéndome por personado y parte en la representación acreditada de........... y, por formulada DEMANDA INCIDENTAL acordando que se declare resuelto el referido contrato con todas las consecuencias que le fueran inherentes y con imposición de costas a la parte demandada.

Es Justicia que pido en..........., a........... de........... de...........

OTROSÍ DIGO: Se solicita de este Juzgado la celebración de vista en el presente incidente de conformidad con lo dispuesto en el art. 540 TRLC.

En su virtud,

SUPLICO AL JUZGADO que tenga por efectuada la anterior manifestación, se sirva admitirla, y acordar en el sentido anteriormente expuesto, citando a las partes para la oportuna vista.

Es Justicia que nuevamente se SUPLICA en el lugar y fecha reseñados "ut supra".

OTROSÍ DIGO: Que interesa a esta parte el recibimiento del pleito a prueba y en este sentido, esta parte manifiesta los medios de prueba de los que intenta valerse en el presente incidente:...........

En su virtud,

SUPLICO AL JUZGADO que tenga por efectuada la anterior manifestación, se sirva admitirla, y tener por manifestados los medios de prueba de los que intenta valerse esta parte, y previos los oportunos trámites, declare los mismos pertinentes, acordando cuanto proceda en derecho para su práctica.

Es Justicia que nuevamente se SUPLICA en el lugar y fecha reseñados "ut supra".

F758. CONTESTACIÓN A DEMANDA INCIDENTAL

Normativa de aplicación: *Arts. 532 y ss. Real Decreto Legislativo 1/2020, de 5 de mayo, por el que se aprueba el texto refundido de la Ley Concursal*

JUZGADO DE LO MERCANTIL Nº............ DE............

............, Procurador de los Tribunales actuando en nombre y representación de............ la mercantil............, según acredito mediante copia de escritura pública que solicito que, una vez testimoniada en autos, me sea devuelta por precisarla para otros usos, comparezco ante este Juzgado, en los Autos de concurso voluntario nº............/............, bajo la dirección letrada de............, abogado del Iltre. Colegio de............, con despacho profesional en............, y como mejor proceda en Derecho DIGO:

Que por medio de la presente formula CONTESTACIÓN A LA DEMANDA INICIDENTAL interpuesta contra esta parte y la concursada OPONIÉNDOME a la misma en base a los siguientes,

HECHOS

PRIMERO.– Cierto el correlativo. En fecha............ de............ de............ por la concursada se suscribió un contrato de............ con mi mandante.

SEGUNDO.– Incierto el correlativo. No existe incumplimiento contractual por parte de mi mandante.

A los anteriores hechos le son de aplicación los siguientes,

FUNDAMENTOS DE DERECHO

PRIMERO.– Procedimiento.

Todas las cuestiones que se susciten durante el concurso y no tengan señalada otra tramitación se ventilarán por el cauce del procedimiento incidental de conformidad con lo dispuesto en los artículos 532 y ss. TRLC.

SEGUNDO...........– Art. 158 TRLC La declaración de concurso, por sí sola, no afectará a la vigencia de los contratos con obligaciones recíprocas pendientes de cumplimiento tanto a cargo del concursado como de la otra parte. Ambas partes deberán ejecutar las prestaciones comprometidas, siendo con cargo a la masa aquellas a que esté obligado el concursado.

TERCERO.– Según el artículo 160 TRLC, Declarado el concurso, la facultad de resolución del contrato por incumplimiento anterior a la declaración de concurso solo podrá ejercitarse si el contrato fuera de tracto sucesivo.

CUARTO.– Han de imponerse a la demandada en virtud del principio objetivo de vencimiento, de conformidad con lo establecido en el artículo 394 LEC y 542 TRLC.

En su virtud,

SUPLICO AL JUZGADO que teniendo por presentado este escrito, junto con sus documentos y copias de todo ello, se sirva admitirlos, teniéndome por personado y parte en la representación acreditada de........... y, por formulada CONTESTACIÓN A LA DEMANDA INCIDENTAL y, previo los trámites legales, se dicte sentencia desestimándola en todas sus pretensiones con expresa condena en costas a la parte actora por su temeridad y mala fe procesal.

Es Justicia que pido en..........., a........... de........... de...........

F759. DEMANDA INCIDENTAL RECLAMANDO PAGO DE CRÉDITO CONTRA LA MASA

Normativa de aplicación: *Arts. 532 y ss. Real Decreto Legislativo 1/2020, de 5 de mayo, por el que se aprueba el texto refundido de la Ley Concursal*

AL JUZGADO DE LO MERCANTIL NÚMERO........... DE...........

..........., Procuradora de los Tribunales, actuando en nombre de la mercantil........... S.L., representación que ya tengo acreditada en los presentes autos de concurso voluntario..........., ante este Juzgado comparezco bajo la dirección letrada de Don..........., ... ICAV, y, como mejor proceda en Derecho, DIGO:

Que en la representación que ostento DEMANDA INCIDENTAL sobre reclamación de crédito contra la masa, contra la mercantil "........... S.L.", compañía domiciliada en..........., y contra la ADMINISTRACIÓN CONCURSAL designada, integrada por Don..........., conforme a lo establecido en el art. 247 y ss. TRLC, en base a los siguientes

HECHOS

PRIMERO.– La mercantil "........... S.L.", en fecha de..........., y mediante los contactos mantenidos con D........... y Dª........... —trabajadores ambos de la demandada—, convino con la entidad "..........., S.L." la prestación de servicios de..........., detallados en el bloque documental número uno, que acompañamos al presente escrito, y en el que se aprecia además de la buena fe de mi mandante al asumir tales trabajos sin sospechar en ningún caso lo que acaecería pocos días después, las condiciones económicas de los trabajos (correo de........... de........... de........... de..........., a las...........horas aceptando la oferta):

- FIJO:...........euros.
- VARIABLE:...........euros.

Debiendo abonarse simultáneamente a la realización de los pagos una suma equivalente al...........% de su base, en concepto de IVA.

SEGUNDO.– Que como consecuencia de los trabajos realizados, por mi poderdante se emitieron las siguientes facturas:

NÚM. FACTURA	FECHA	CONCEPTO	IMPORTE
....	....	....	....
....	....	....	....
....	....	....	....
		TOTAL	....

Se acompañan copias de las tres facturas como documentos números dos, tres y cuatro.

De conformidad con el requerimiento de comunicación realizado por la administración concursal, se le trasladó la factura de........... de fecha anterior a la declaración de concurso (...........) y su correspondiente reflejo de la cuenta en su libro mayor.

La citada factura inicial, fue incluida como crédito concursal ordinario en el Informe que la Administración Concursal presentado en los presentes autos, conforme a la comunicación que en tal sentido se remitió por la acreedora, en la que se reseñaban los créditos que se ostentaban frente a la concursada al día de la declaración judicial del concurso (...........).

TERCERO.– Con fecha de........... de........... de..........., y mientras seguía realizando mi mandante los trabajos encargados, el Sr. ....—empleado de...........— comunicó a D........... que los trabajos de........... serían concluidos con los recursos internos de la entidad, extinguiendo así la relación contractual existente entre ambas mercantiles, y ello, "justificado" por el hecho de encontrarse la entidad sometida a la fiscalización de la Administración Concursal que se les había designado por el Juzgado. (Vid. correo electrónico de........... en bloque documental nº 1).

CUARTO.– Como consecuencia de dicha decisión, "..........., S.L." con fecha de........... de........... de........... procedió a la entrega al Sr. .... de los trabajos de........... realizados hasta la fecha, un CD con los trabajos también realizados hasta el momento de composición de saldos, y las facturas correspondientes a los honorarios devengados hasta ese instante (documentos núm. 3 y 4 anteriores), según lo convenido en el documento núm. 1.

A los efectos pertinentes se adjunta copia del justificante de recepción y copia digital de los trabajos realizados, como documento número cinco y seis.

QUINTO.– De las tres facturas emitidas, la primera de ellas (...........) y dada su naturaleza de crédito concursal reconocido como tal, es obvio que debe someterse a los avatares del propio procedimiento del concurso.

Ahora bien, por lo que a las otras dos se refiere, correspondientes a trabajos y fecha posteriores a la declaración del concurso, aportadas como documentos núm. 3 y 4 de esta demanda, de fecha........... de........... y........... de........... de..........., dada su condición de créditos contra la masa y la obligación legal de atender éste por riguroso orden de vencimiento, es más que evidente que tantos meses desde el vencimiento de tales facturas, deberían haber sido ya satisfechas. Tanto más si tenemos en cuenta que habiendo sido realizados los trabajos solicitados hasta que unilateralmente se cesó tal encargo, se han realizado por la concursada pagos ininterrumpidamente de facturas no sólo vencidas, sino emitidas con posterioridad al día........... de........... de..........., y sin privilegio legal alguno, esto es que debieran haber sido relegadas en su pago respecto de la deuda contra la masa sostenida con mi principal en estricta aplicación del criterio legal del vencimiento de créditos postconcursales, de conformidad con lo exigido en el art. 245.2 TRLC.

Con fecha........... de........... de..........., ante la total falta de atención de sus obligaciones por la deudora, se remitió nuevo burofax (con copia a la administración concursal) requiriéndoles el pago de las dos facturas reiteradas, que no ha merecido ni la más mínima contestación, ni por la administración concursal, ni por la concursada.

A los efectos pertinentes se adjunta como documento número siete copia de este último requerimiento, en el cual puede constatarse el justificante de su recepción por "........... S.L." el........... de........... de...........

SEXTO.– En definitiva, la suma que la mercantil concursada "..........., S.L." adeuda a "..........., S.L.", asciende a la cantidad de...........euros, de principal, como crédito contra la masa, y por cuyo descubierto se insta la presente demanda.

Las razones por las cuales no se han abonado hasta ahora tales deudas, siendo como se acredita posteriores a la declaración del concurso, las desconoce mi mandante, entre otras razones porque nunca ha recibido explicación o contestación alguna a sus —justas— peticiones. Lo único cierto es que se encargaron unos trabajos, se realizaron hasta que el cliente quiso, pero sin embargo no se abonan.

A los anteriores hechos son de aplicación los siguientes

FUNDAMENTOS DE DERECHO

PROCESALES

I.– JURISDICCIÓN Y COMPETENCIA: Resulta competente el Juez de lo Mercantil de conformidad con los arts. 44, 45 y 52 TRLC

II.– CAPACIDAD Y LEGITIMACIÓN

Las partes ostentan la capacidad pertinente en virtud de lo dispuesto en el art. 6 de la Ley de Enjuiciamiento Civil, y resultan legitimadas en razón de la reclamación de un crédito de la actora contra la concursada.

III.– POSTULACIÓN Y DEFENSA

El actor está representado por Abogado y Procurador, tal y como dispone la Ley Concursal en sus arts. 512.1 TRLC.

IV.– PROCEDIMIENTO: La presente litis deberá sustanciarse por los trámites del incidente concursal, según lo previsto en los arts. 532 y ss. TRLC.

V.– CUANTÍA: Se fija en la cantidad reclamada en este procedimiento, ...– €.

COSTAS: Las costas se impondrán a los demandados, por aplicación del art. 394 de la LEC y art. 542 TRLC.

MATERIALES

Obligaciones y Contratos

Son de aplicación el cuerpo normativo general de los arts. 1.088 y ss., 1.254 y ss., y 1.544 y concordantes del Código Civil.

En especial, respecto del perfeccionamiento del contrato el art. 1262 del Código Civil establece que:

"El consentimiento se manifiesta por el concurso de la oferta y de la aceptación sobre la cosa y la causa que han de constituir el contrato.

Hallándose en lugares distintos el que hizo la oferta y el que la aceptó, hay consentimiento desde que el oferente conoce la aceptación o desde que, habiéndosela remitido el aceptante, no pueda ignorarla sin faltar a la buena fe. El contrato, en tal caso, se presume celebrado en el lugar en que se hizo la oferta.

En los contratos celebrados mediante dispositivos automáticos hay consentimiento desde que se manifiesta la aceptación".

Así como el art. 1.278 Código Civil reconoce que "los contratos serán obligatorios, cualquiera que sea la forma en que se hayan celebrado, siempre que en ellos concurran las condiciones esenciales para su validez".

PAGO DE LOS CRÉDITOS CONTRA LA MASA:

Arts. 244 y ss. TRLC.

Por todo ello,

SUPLICO AL JUZGADO que, teniendo por presentado este escrito junto con sus documentos, se admita, y tenga por interpuesto incidente concursal frente a la mercantil "..........., S.L." y a la ADMINISTRACIÓN CONCURSAL designada en el concurso........... e integrada por Don..........., y, previos los trámites legales oportunos, se dicte sentencia por la cual se reconozca como crédito contra la masa la suma de los importes correspondientes a las facturas de fechas..........., y cuya suma asciende a...........euros, condenando a su inmediato pago a la mercantil concursada, más sus intereses legales y expresa imposición de las costas causadas a quien se opusiere a nuestra demanda.

Es Justicia que suplico en ...., a .... de .... de ....

OTROSÍ DIGO: Se solicita de este Juzgado la celebración de vista en el presente incidente de conformidad con lo dispuesto en el art. 540 TRLC.

En su virtud,

SUPLICO AL JUZGADO que tenga por efectuada la anterior manifestación, se sirva admitirla, y acordar en el sentido anteriormente expuesto, citando a las partes para la oportuna vista.

Es Justicia que nuevamente se SUPLICA en el lugar y fecha reseñados "ut supra".

OTROSÍ DIGO: Que interesa a esta parte el recibimiento del pleito a prueba y en este sentido, esta parte manifiesta los medios de prueba de los que intenta valerse en el presente incidente:...........

En su virtud,

SUPLICO AL JUZGADO que tenga por efectuada la anterior manifestación, se sirva admitirla, y tener por manifestados los medios de prueba de los que intenta valerse esta parte, y previos los oportunos trámites, declare los mismos pertinentes, acordando cuanto proceda en derecho para su práctica.

Es Justicia que nuevamente se SUPLICA en el lugar y fecha reseñados "ut supra".

F760. ESCRITO DE LA ADMINISTRACIÓN CONCURSAL Y CONCURSADA EFECTUANDO ALEGACIONES SOBRE SOLICITUD DE ACUMULACIÓN DE INCIDENTES

Normativa de aplicación: *Arts. 532 y ss. Real Decreto Legislativo 1/2020, de 5 de mayo, por el que se aprueba el texto refundido de la Ley Concursal*

Incidente concursal........... dimanante del procedimiento concursal ordinario...........

AL JUZGADO DE LO MERCANTIL NÚMERO........... DE...........

..........., Procurador de los Tribunales y de........... S.L. y Don..........., ADMINISTRACIÓN CONCURSAL designada en el Procedimiento Concursal Ordinario nº........... de la mercantil "..........., S.L." comparecen ante este Juzgado en los autos de incidente concursal número..........., y como mejor proceda en Derecho, DICEN:

I.– Que por escrito de fecha..........., la representación procesal de la entidad..........., ha interesado ante este Juzgado la acumulación de los incidentes concursales números........... y........... que se siguen ante el mismo.

II.– Que por diligencia de ordenación de fecha..........., notificada el..........., se nos ha conferido traslado para que en el plazo de diez días formulemos alegaciones acerca de la procedencia de la acumulación.

III.– Que por el presente escrito y dentro del mencionado plazo de 10 días para efectuar alegaciones, esta parte manifiesta su conformidad con la acumulación de los incidentes concursales números........... y..........., interesada por la representación procesal de la entidad...........

ALTERNATIVA Que por el presente escrito y dentro del mencionado plazo de 10 días para efectuar alegaciones, esta parte manifiesta su disconformidad con la acumulación de los incidentes concursales números........... y..........., interesada por la representación procesal de la entidad..........., a la vista que...........

En virtud de lo expuesto,

SUPLICAMOS AL JUZGADO, que tenga por presentado este escrito y copia de todo ello, se sirva admitirlo y tener por hechas las manifestaciones anteriormente reseñadas en el cuerpo de este escrito.

Es Justicia que se Suplica en..........., a fecha de........... de........... de...........

F761. ESCRITO DE ALEGACIONES POR HECHOS NUEVOS INCORPORADOS POR DEMANDANTE AL PROCESO INCIDENTAL

Normativa de aplicación: *Arts. 532 y ss. Real Decreto Legislativo 1/2020, de 5 de mayo, por el que se aprueba el texto refundido de la Ley Concursal*

Incidente concursal .... dimanante del procedimiento concursal ordinario ....

AL JUZGADO DE LO MERCANTIL NÚMERO .... DE ....

..........., Procuradora de los Tribunales y de ...., administrador concursal de las mercantiles ...., S.L., con CIF ...., ... S.L., con CIF .... y .... S.L., con CIF ...., todas las citadas mercantiles con domicilio en ...., Parque Empresarial, Calle ...., número ...., CP ...., cuya representación consta acreditada en las presentes actuaciones, ante este Juzgado comparezco bajo la dirección letrada de Don..........., abogado del Ilustre Colegio de .... (núm. .... de colegiado), en los autos de incidente concursal número ....(dimanante del Procedimiento de Concurso Ordinario Voluntario nº ....), y como mejor proceda en Derecho DIGO:

I.– Que por providencia de fecha ...., dictada por este Juzgado, al que respetuosamente me dirijo, se ha dejado constancia de la presentación en los presentes autos de incidente concursal nº ...., del escrito de ampliación de hechos ex art. 286 de la Ley de Enjuiciamiento Civil por parte de la administración concursal de las mercantiles .... S.L. y .... S.L., cuyo contenido rechaza esta parte en su integridad, concediéndose "a las demás partes personadas el término de CINCO DÍAS para alegaciones; y con su resultado, dése cuenta".

II.– Que por el presente escrito esta parte efectúa las alegaciones que seguidamente se exponen.

PRIMERO.– SOBRE LOS SUPUESTOS EN QUE PROCEDE EL ESCRITO DE AMPLIACIÓN DE HECHOS Y APORTACIÓN DE NUEVOS DOCUMENTOS PRESENTADO EN VIRTUD DEL ARTÍCULO 286 DE LA LEY DE ENJUICIAMIENTO CIVIL Y LA FINALIDAD DE DICHO ESCRITO.

I.– El artículo 286 de la Ley de Enjuiciamiento Civil (en adelante LEC) en su redacción actual establece lo siguiente:

> "1. Si precluidos los actos de alegación previstos en esta Ley y antes de comenzar a transcurrir el plazo para dictar sentencia, ocurriese o se conociese algún hecho de relevancia para la decisión del pleito, las partes podrán hacer valer ese hecho, alegándolo de inmediato por medio de escrito, que se llamará de ampliación de hechos, salvo que la alegación pudiera hacerse en el acto del juicio o vista. En tal caso, se llevará a cabo en dichos actos cuanto se prevé en los apartados siguientes.
>
> 2. Del escrito de ampliación de hechos el Secretario judicial dará traslado a la parte contraria, para que, dentro del quinto día, manifieste si reconoce como cierto el hecho alegado o lo niega. En este caso, podrá aducir cuanto aclare o desvirtúe el hecho que se afirme en el escrito de ampliación.
>
> 3. Si el hecho nuevo o de nueva noticia no fuese reconocido como cierto, se propondrá y se practicará la prueba pertinente y útil del modo previsto en esta Ley según la clase de procedimiento cuando fuere posible por el estado de las actuaciones. En otro caso, en el juicio ordinario, se estará a lo dispuesto sobre las diligencias finales.
>
> 4. El tribunal rechazará, mediante providencia, la alegación de hecho acaecido con posterioridad a los actos de alegación si esta circunstancia no se acreditase cumplidamente al tiempo de formular la alegación. Y cuando se alegase un hecho una vez precluidos aquellos actos pretendiendo haberlo conocido con posterioridad, el tribunal podrá acordar, mediante providencia, la improcedencia de tomarlo en consideración si, a la vista de las circunstancias y de las alegaciones de las demás partes, no apareciese justificado que el hecho no se pudo alegar en los momentos procesales ordinariamente previstos.

En este último caso, si el tribunal apreciare ánimo dilatorio o mala fe procesal en la alegación, podrá imponer al responsable una multa de 120 a 600 euros".

Es pacíficamente admitido por la doctrina y la jurisprudencia que la finalidad del escrito presentado en virtud del citado art. 286 de LEC, *es la incorporación al proceso* de hechos nuevos o desconocidos al tiempo de formular las alegaciones, *no constitutivos de nueva pretensión alguna*, pero relevantes para la decisión o resolución de las pretensiones aducidas por las partes que lo presentan.

Así pues, los hechos *que se introducen en el proceso* por vía del artículo 286 LEC, han de cumplir dos requisitos:

1. Tener relevancia en la decisión del pleito (en este caso para la decisión del incidente) o para la fundamentar las pretensiones de las partes.

2. La novedad del hecho. El hecho que se quiere introducir en el procedimiento ha de ser un hecho nuevo o de nueva noticia que haya acaecido con posterioridad a los actos de alegación (en este caso con posterioridad a la presentación por la parte actora de su escrito de demanda).

Como se ha dejado dicho, la finalidad de la presentación del escrito de ampliación de hechos ex art. 286 LEC *ha de ser la incorporación* al procedimiento de hechos nuevos y relevantes, *no siendo dicha finalidad* la de formular nuevas pretensiones o utilizar el escrito para efectuar nuevas alegaciones, ya sea una ampliación de las alegaciones efectuadas en el escrito de demanda o introducir nuevas alegaciones para contestar o rebatir las alegaciones del escrito de contestación a la demanda formulado por la parte contraria, *como sucede en este caso.*

También se establece en el art. 286 de la LEC, que la incorporación al procedimiento de hechos nuevos y relevantes se ha de realizar por medio de escrito, "salvo que la alegación pudiera hacerse en el acto del juicio o de la vista". *Es de destacar que en este incidente concursal está previsto la celebración de un acto de vista.*

Es de destacar igualmente que los documentos que se acompañan al escrito de ampliación de hechos del art. 286 LEC, solo tienen la finalidad de acreditar los hechos nuevos y relevantes que se tratan de incorporar al procedimiento, *lo que se no puede* es acompañar documentos con una finalidad diferente, como es la de acreditar nuevas alegaciones o fundamentar pretensiones ya aducidas anteriormente.

II.– Una vez analizado lo dispuesto en el artículo 286 de la LEC, en relación a la presentación del escrito de ampliación de hechos nuevos contemplado en el citado precepto legal, pasamos a analizar cuál ha sido la actuación de la parte actora del presente incidente en cuanto a la presentación del citado escrito de ampliación de hechos nuevos.

a) La parte actora presentó los presentes autos de incidente concursal, un escrito de ampliación de hechos nuevos y aportación de nuevos documentos al amparo de lo dispuesto en el art. 286 LEC de fecha ...., en los términos recogidos en el citado escrito y documentación acompañada al mismo que aquí se dan por íntegramente reproducidos en aras de una mayor brevedad.

b) Los hechos nuevos y relevantes contenidos en dicho escrito de fecha de ...., según dice, son los siguientes:

1.– la solicitud presentada el ...., de declaración conjunta de concurso de mis mandantes ...., S.L., ... S.L. y .... S.L. y su tramitación coordinada, interesando la apertura de la liquidación y acompañando oferta vinculante de compra de la unidad productiva.

2.– el auto de fecha ...., de declaración del concurso voluntario de las mercantiles ...., S.L., ... S.L. y .... S.L., procediéndose a la apertura de fase de liquidación y acompañado de oferta vinculante de adquisición de la unidad productiva.

c) Al citado escrito de ampliación de hechos nuevos de fecha ...., la parte actora acompañó como documento uno, los balances provisionales de situación de mis mandantes que constituían los documentos nº 18, 19 y 20 acompañados a la citada demanda de concurso presentada el .... Ningún documento más.

d) Que los hechos nuevos contenidos en el escrito de la parte actora de fecha .... (es decir las citadas demanda de concurso de fecha .... y el auto de declaración de concurso de fecha ....), *YA CONSTAN INCORPORADOS A ESTE PROCEDIMIENTO DE INCIDENTE CONCURSAL*, ya que esta parte adjunto a su escrito de contestación a la demanda tanto la citada solicitud de concurso (junto con todos los documentos acompañados a la misma) como el citado auto de declaración de concurso de mis mandantes. *POR LO TANTO MEDIANTE EL ESCRITO DE AMPLIACIÓN DE HECHOS NUEVOS FECHA ...., NO SE INCORPORA NINGÚN HECHO NUEVO AL PROCEDIMIENTO.*

e) Que como bien sabe la parte actora, *estaba prevista la celebración de un acto de vista para el .... (que ha sido suspendido a resultas de la presentación del escrito por parte de la parte actora)*, y que por lo tanto, *tal como OBLIGA EL ARTÍCULO 286 LEC*, los hechos nuevos contenidos en el citado escrito de ampliación de hechos nuevos, *DEBIAN SER ALEGADOS EN EL ACTO DE LA VISTA* Y POR LO TANTO *EL ESCRITO PRESENTADO ES TOTALMENTE INNECESARIO*, ya que habiendo acto de vista señalado es en dicho acto donde debe realizarse la alegación de los hechos nuevos y relevantes para la decisión del pleito.

f) La parte actora acompaña como documentos adjuntos a su escrito de hechos nuevos, unos balances provisionales de situación de las mercantiles .... S.L., ... S.L. y .... S.L., cuya finalidad no es acreditar el hecho nuevo y relevante que se pretende incorporar al procedimiento sino acreditar una presunta incoherencia entre la información jurídica y económica suministrada por mis mandantes al juzgado con la propia realidad económica manifestada por las mismas. Esto no solo supone *UNA INFRACCIÓN DE LO PREVISTO EN EL ARTÍCULO 286 LEC, SINO TAMBIÉN DE LO PREVISTO EN LOS ARTS. 270 y ss. LEC, SOBRE LA PRESENTACIÓN DE DOCUMENTACIÓN UNA VEZ INICIADO EL PROCEDIMIENTO.*

g) Además de lo anterior la parte actora en su escrito de ampliación de hechos nuevos *dedica solamente 2 paginas de un total de 21 a la alegación de los hechos nuevos, dedicando el resto a formular nuevas alegaciones para fundamentar su pretensión y a contestar y rebatir el escrito de contestación de demanda incidental presentado por esta parte*, llegando a citar frases y párrafos mediante entrecomillado. *LO ANTERIOR SUPONE UN MANIFIESTO FRAUDE DE LEY y un uso torcitero de la norma procesal*, ya que se aprovecha un trámite contemplado por la ley (el previsto por el art. 286 LEC) que tiene otra finalidad para realizar unas alegaciones cuando ha precluido el plazo previsto para ello. Y crear un nuevo tramite de contestación a la contestación a la demanda de una parte, tramite no previsto en la Ley.

En conclusión y en base a lo anterior, esta parte entiende que procede la inadmisión por parte del Juzgado, del escrito de ampliación de hechos nuevos presentado por la parte actora, y en su defecto para el caso de que no se acuerde dicha inadmisión, solicita al Juzgado que no tenga en consideración las alegaciones formuladas en dicho escrito de ampliación de hechos nuevos que no se refieran a la alegación de un hecho nuevo y relevante para la decisión del pleito, en concreto que no tenga en consideración las alegaciones formuladas en las págs. 3 a 20, ambas inclusive.

III.– No obstante lo anterior, "ad cautelam" y en cumplimiento de su obligación procesal de defensa *esta parte procede a contestar y a rebatir las alegaciones formuladas de contrario por la parte actora en su escrito de alegación de hechos nuevos de fecha …………, negando expresamente a todo lo alegado por la parte actora en dicho escrito.*

SEGUNDO.– EL HECHO NUEVO ALEGADO DE CONTRARIO CARECE DE RELEVANCIA A EFECTOS DE LA RESOLUCIÓN DEL INCIDENTE RESCISORIO.

En efecto, el pretendido hecho nuevo carece de relevancia alguna en la resolución del presente incidente rescisorio, pues la valoración del perjuicio de la reestructuración empresarial que nos ocupa, debe efectuarse atendiendo a las circunstancias concurrentes en el momento en que se realizó el acto, siendo preciso que el perjuicio a los acreedores sea referido a ese momento y no a acontecimientos o hechos posteriores (la situación concursal de la contraparte de las aquí concursadas en los actos censurados por la actora), y menos aun, al momento de apertura del concurso o del ejercicio de la acción rescisoria.

No cabe determinar el perjuicio desde la perspectiva actual del concurso, pues debió existir en el momento de realizarse el acto y no derivarse de circunstancias extrínsecas y posteriores (Sentencias del Juzgado de lo Mercantil núm. 1 de Málaga de fecha 6 de febrero de 2009 o del Juzgado de lo Mercantil núm. 1 de Alicante de fecha 24 de mayo de 2010).

Item más. No tiene sentido cometer una operación fraudulenta o oscura, "vil" en palabras de la actora, a través de sociedades participadas, si el final va a ser que éstas acaben en concurso de acreedores y los activos de las mismas sometidos al control del pertinente administrador concursal. Sencillamente, las operaciones de reestructuración se plantean de una manera legal, buscando una finalidad productiva y cumpliendo la normativa, no garantiza un cheque de éxito, pues la crisis que ha asolado nuestro país y las circunstancias económicas de los últimos años ha determinado, para bien o para mal, el devenir de las mismas. Ello sin perjuicio que si la gestión en dichas sociedades filiales y su posterior situación concursal ha sido irregular, se adopten en sede concursal, en su caso, las decisiones oportunas (acciones de responsabilidad etc). Pero no en sede rescisoria.

TERCERO.– SOBRE LA PROPIEDAD DE LAS CONCURSADAS .... S.L. y .... S.L. DEL 100 POR CIENTO DEL CAPITAL SOCIAL DE LAS MERCANTILES DE NUEVA CREACIÓN Y EN CONSECUENCIA DE LOS ACTIVOS DE LAS MISMAS.

La parte actora en su escrito de ampliación de hechos nuevos niega que las concursadas .... S.L. y .... S.L., tengan la propiedad de los activos de las mercantiles .... S.L., ... S.L. y .... S.L., y el control de las mismas, en base a los siguientes argumentos:

1.– Que las sociedades de nueva constitución .... S.L., ... S.L. y .... S.L., gozan de una personalidad jurídica propia e independiente a las de las sociedades concursadas.

2. Y que la administración y gestión de las sociedades de nueva creación se encomendó a un mismo administrador único que era un tercero, es decir, una persona ajena a las sociedades concursadas.

Dichos argumentos no se sostienen ya que una vez constituidas, en cualquier momento, las sociedades concursadas titulares del 100 por ciento de las participaciones sociales de las mercantiles .... S.L., ... S.L. y .... S.L., podían constituirse, en cualquier punto del territorio nacional o del extranjero, sin la presencia ni actuación previa convocatoria del administrador extraño, en junta general universal de socios de cada una de las citadas sociedades (art. 178 LSC) y acordar por unanimidad en cada junta, por ejemplo, lo siguiente cesar al administrador único de las tres mercantiles de nueva creación y nombrar a otro distinto u otros distintos; acordar la disolución de cada una de las sociedades de nueva creación y proceder a la liquidación de las mismas. *Mayor posibilidad de control de unas sociedades sobre otras no se puede dar.*

También existen otras posibilidades de control de la actividad del administrador único por parte de las empresas propietarias del 100 por ciento del capital social, aprobar o censurar su gestión social, la necesidad de acuerdo de la Junta General para la adquisición, enajenación o aportación a otra sociedad de un activo esencial ex art. 160 f de la Ley de Sociedades de Capital, acciones de responsabilidad contra los administradores etc...........

Por lo tanto y en base lo anterior, sí existe un control por parte de las dos sociedades concursadas sobre las mercantiles de nueva creación al ser titulares del 100 por ciento del capital sociales de las mismas y asimismo son titulares del 100 por ciento de los activos de las mercantiles .... S.L., ... S.L. y .... S.L.

Para no cansar más al Juzgador, en este tema nos reiteramos en lo dicho en nuestro escrito de contestación de demanda incidental.

CUARTO.– SOBRE LA EXISTENCIA DE UNA OPERACIÓN DE REESTRUCTURACIÓN SOCIETARIA.

La parte actora en su escrito de ampliación de hechos nuevos niega que la constitución por parte de las concursadas de las mercantiles ...., S.L., ... S.L. y .... S.L. para poder continuar su actividad comercial ante las dificultades financieras que atravesaban, *sea una operación de* reestructuración societaria, y ello debido a que a dicha operación no se le pueden aplicar ninguno de los requisitos exigidos para la realización de una operación de reestructuración por parte de un grupo de sociedades.

Es de destacar que las sociedades .... S.L. y .... S.L., cuando realizaron la operación de reestructuración, constituyendo las tres sociedades de nueva creación, no estaban en situación de insolvencia (tal como afirma sin acreditarlo, la parte actora) y tampoco las sociedades de nueva creación estuvieron totalmente inactivas o en situación de insolvencia (tal como afirma sin acreditarlo la parte actora), *por lo tanto no se le puede ni se le debe exigir que cumpla los requisitos que menciona la parte actora en su escrito para la realización de una operación de reestructuración en el seno de un grupo de sociedades en situación de insolvencia.*

Por otro lado, yerra la actora al aludir al identificar operación de reestructuración con las operaciones reguladas en la Ley 3/2009 de modificaciones estructurales o el contenido del art. 76 y ss. de La ley del Impuesto sobre Sociedades, que establece un régimen fiscal especial para determinadas operaciones de reestructuración fiscal. Ello por cuanto tales normas no definen ni delimitan lo que son operaciones de reestructuración empresarial.

En efecto, tan operación de reestructuración es una fusión de sociedades, como, por ejemplo, el abandono de una línea de negocio, el cierre de una instalación fabril, el despido de un número determinado de trabajadores, la venta de unidad productiva, el cese parcial de actividad o el ejercicio del objeto social a través de sociedades filiales. Cuestión distinta es que si la operación en cuestión cumple determinados requisitos, está quedará sujeta al contenido de la citada Ley 3/2009, y/o podrá acogerse a los beneficios fiscales de los arts. 76 y ss. LIS.

En numerosos párrafos la actora alude a la ausencia de "motivo económico valido" en la operación que nos ocupa. Pero no indica que tal concepto no es propio de operaciones de reestructuración, sino, únicamente, un requisito fiscal para acogerse, si lo desean las partes del negocio, esto es, potestativamente, al citado régimen fiscal de los arts. 76 y ss. LIS. Esto es, la falta de tal requisito, que debe contemplarse desde la perspectiva fiscal, en modo alguno anula o vicia una operación de reestructuración. Únicamente le veda acogerse al citado régimen.

Para no cansar más al Juzgador, en cuanto a la legalidad de la modalidad de operación de reestructuración societaria, escogida por las mercantiles .... S.L. y .... S.L. nos reiteramos, de nuevo, en lo dicho en nuestro escrito de contestación de demanda incidental.

QUINTO.– SOBRE LA VALORACIÓN REALIZADA POR LA PARTE ACTORA DE LA OFERTA DE VINCULANTE DE ADQUISICIÓN DE LA UNIDAD PRODUCTIVA PRESENTADA EN EL PROCEDIMIENTO CONCURSAL DE LAS MERCANTILES

La parte actora en su escrito de ampliación de hechos nuevos procede a valorar la oferta vinculante de adquisición de la unidad productiva presentada en las actuaciones de otro procedimiento concursal (el concurso voluntario .... S.L., número de autos ...., que se sigue en este Juzgado), *para lo cual no está legitimado* ni se la ha dado traslado por parte del Juzgador en las actuaciones del otro concurso, para que dé su opinión o conformidad; no obstante *aprovecha un incidente concursal correspondiente a otro procedimiento concursal para realizar su valoración de dicha oferta, lo cual es TOTALMENTE IMPROCEDENTE.*

SEXTO.– SOBRE LA IMPOSIBILIDAD DE RESCISIÓN DE UN ACTO DE CONSTITUCIÓN DE SOCIEDAD MERCANTIL CON LA CONSIGUIENTE RESCISIÓN E INEFICACIA DE TODAS LAS OPERACIONES Y MOVIMIENTOS REALIZADOS POR LAS MISMAS DESDE SU CONSTITUCIÓN.

La parte actora para fundamentar la posibilidad de rescisión de la constitución de las tres sociedades de nueva creación con la consecuencia de la rescisión e ineficacia de todas las operaciones y movimientos realizados por las mismas desde su constitución, citar unas sentencias *cuyos antecendentes de hechos son totalmente distintos a los que han originado el presente incidente concursal, en ninguna de las sentencias citadas, se trata de rescindir unas sociedades creadas para continuar la actividad comercial de las sociedades que las constituyeron, ni en ninguna se pretende la restitución de todos las operaciones y movimientos realizados desde la constitución.*

También en esta cuestión nos remitidos a lo dicho en nuestro escrito de contestación a la demanda incidental.

SÉPTIMO.– OTRAS ALEGACIONES DE LA PARTE ACTORA.

Como se ha dejado dicho, la parte actora aprovecha el escrito a que se refiere el art. 286 LEC *para realizar con un manifiesto fraude de ley*, nuevas alegaciones y contestar el escrito presentado por esta parte, todas ellas expresamente rechazadas por esta parte. No obstante, nos limitamos a analizar alguna de las mismas para no cansar más al Juzgador:

I.– La actora entiende nuevamente que la operación de reestructuración objeto de análisis en las presentes actuaciones conllevó el cese de la actividad de las concursadas ………… S.L. y ………… S.L., lo cual es incierto, pues tras la citado operación dichas empresas devinieron por su propia iniciativa a ser sociedades holding, figura absolutamente legal y muy habitual en el ámbito mercantil y empresarial. Cuestión distinta es que desde la perspectiva de la situación concursal pueda solicitarse su cese de actividad.

II.– Sin venir a cuento, alegación segunda, la actora censura la decisión del Juzgador de haber nombrado una administración concursal distinta en el concurso …………, generándose con ello mayores costes tantos económicos como temporales. Y decimos sin venir a cuento por cuanto tal queja no guarda relación alguna con el objeto rescisorio de este incidente, ni es el lugar donde plantearla, debiendo recordar que, en cualquier caso, el nombramiento del administrador concursal es competencia exclusiva del Juez del Concurso (art. 28, 58 y 62 TRLC).

III.– Igualmente, en la alegación cuarta de su escrito, la actora se dedica a analizar los documentos acompañados a la solicitud del concurso de las sociedades …………, S.L., ………… S.L. y ………… S.L., obviando que ni es el órgano competente para efectuar tal análisis, que lo es esta parte, el Administrador Concursal de las citadas compañías en el concurso …………, ni el lugar, que lo será el informe de la administración Concursal del art. 290 y ss. TRLC que en su momento esta parte emitirá.

De dicha análisis de parte, la actora introduce un concepto nuevo, que no existe en la legislación concursal y que nomina "insolvencia global del grupo societario", y suma a los pasivos declarados *por cada una de las sociedades* del concurso ...., los declarados *por cada una de las sociedades* del concurso ...., concluyendo la existencia de un agravamiento de tal "insolvencia global".

Tal argumentación yerra pues sin perjuicio de la simplicidad de la misma (sumar pasivos sin atender a otros parámetros), lo cierto es que para atender al perjuicio de la operación de reestructuración objeto de este incidente, hay que atender, exclusivamente y tal y como vimos anteriormente, al momento en que se acometió la reestructuración y no a hechos posteriores. ¿Quiere decir la actora que si esas empresas hubieran tenido beneficios o no hubieran tenido endeudamiento, la operación no hubiera sido rescindible?

IV.– En su escrito, la parte actora dice que las tres sociedades constituidas por las concursadas, estaban totalmente inactivas desde su constitución, lo cual no es cierto, ya que como hemos dejado dicho en nuestro escrito de contestación, la constitución de las empresas ha permitido que más que un buen número de trabajadores de las concursadas conserven su puesto de trabajo creándose empleo. También como se dejó dicho en el escrito de oposición a la fase de liquidación de las concursadas, desde la constitución y durante los .... primeros meses de vida las empresas han tenido las siguientes ventas: ...., S.L. unas ventas de ....euros, ... S.L. unas ventas de .... euros y .... S.L. unas ventas de ....euros, difícilmente unas sociedades totalmente inactivas pueden alcanzar unas ventas por dichos importes.

V.– También dice la actora que para las aquí concursadas, la creación de las nuevas empresas no ha tenido ningún beneficio ni contraprestacion. Esta afirmación tampoco se ajusta a la realidad, ya que la constitución de las nuevas empresas, ha permitido, la continuidad de la actividad comercial que desempeñaban las concursadas, con el mantenimiento de la relación con los clientes y proveedores, y lo que es fundamental para las concursadas, el mantenimiento y generación de empleo, que se sigan utilizando las marcas comerciales que son propiedad de las mismas, ya que, por ejemplo, la falta de utilización de las marcas comerciales podría tener efectos muy desfavorables para las mismas.

Desde la perspectiva de las concursadas .... S.L. y .... S.L., con la operación de reestructuración recibieron participaciones sociales de las filiales y el precio de la compraventa con el que se atendieron deudas de estas compañías. Todo ello por unos importes y valor no cuestionados de contrario.

Y ciertamente no se recibieron dividendos. Pero ello no es mas cierto que las circunstancias de crisis económica en que estuvo sumergido nuestro país, en general, y el sector de las concursadas en particular, en nada ayudaba a la generación de beneficio por las empresas.

VI.– También afirma la parte actora *(quedándose en una mera manifestación y sin acreditar nada)* que la situación laboral de los trabajadores de las concursadas que han conservado el puesto de trabajo en la mercantil .... S.L., constituye un supuesto de cesión ilegal del art. 43.2 del Estatuto de Trabajadores. Dicha imputación es totalmente incierta ya que no se da ninguno de los requisitos que establece el art. 43 ET para que se de una cesión ilegal de trabajadores.

En cualquier caso, es una cuestión cuya dilucidación escapa de estas actuaciones, pues corresponde al ámbito laboral, y la existencia en un grupo de sociedades, de mercantiles que presten servicios a través de sus plantillas a otras sociedades del Grupo, es practica habitual en el ámbito empresarial español.

VII.– Finalmente, en la alegación novena, finaliza la actora su, en el fondo, escrito de replica a nuestra contestación a la demanda, pretendiendo confundir al Juzgador al negar que las sociedades .... S.L., ... S.L. y .... S.L. desde su constitución y hasta su declaración de concurso, hayan efectuado movimientos por más de .... euros, lo cual poco casa con la consideración de empresas pantalla o sin actividad que de modo obsesivo pretende. Y para ello afirma que los movimientos corresponden a los citadas sociedades realmente corresponden a las matrices pues los bienes "detraídos" y que se "ceden de forma vil" pertenecen a estas ultimas y que lo recibido por esta "cesión" fue cero euros.

Ello obviamente es incierto, no solo los movimientos fueron efectuados por las filiales, pues para ello existen y tienen personalidad jurídica distinta de la de sus socios (por cierto, personalidad distinta cuya existencia es alegada de contrario en otra alegación en defensa de su argumentación pero que ahora olvida), sino los bienes de las matrices que fueron recibidos por las filiales con la correspondiente contraprestación en forma de participaciones sociales y precio con los que se abonaron deudas de las matrices.

Por otro lado, la actora clama por un oscurantismo en la operación de reestructuración por haberse omitido en las demandas y memorias de su solicitud de concurso y nuevamente yerra, pues no es este el momento y lugar de analizar las consecuencias, en su caso, de tal omisión sino en el seno del concurso de acreedores .... Además, tal omisión en modo alguno conlleva secretismo de unas operaciones debidamente contabilizadas, tanto en matrices como en filiales, inscritas en registros públicos y conocidas por acreedores y trabajadores, por todo el mundo, tal y como se señaló en nuestro escrito de contestación.

OCTAVO.– Finalmente, la actora también dice en su escrito de ampliación de hechos nuevos que la administración concursal de las mercantiles ...., S.L., ... S.L. y .... S.L., actúa con falta de objetividad, diligencia e imparcialidad, siguiendo las justificaciones manifestadas en los escritos presentadas por las concursadas.

En este sentido, esta parte no va a entrara a analizar juicios de valor etc y alusiones sobre la actuación de esta Administración Concursal, como tampoco lo ha hecho respecto de las alegaciones y actuación de las otras partes de este procedimiento, pues entendemos que ello poco ayuda a la Administración de justicia y al correcto procedimiento concursal en general, y a este incidente en particular. Únicamente manifestar que la *administración concursal de las tres mercantiles citadas actúa con sus propios criterios y teniendo en cuenta toda la documentación e información incorporada en el procedimiento concursal de las sociedades .... S.L. y .... S.L., y las del propio concurso .... sin atender a interferencias de nadie.*

Cuestión distinta es que de los hechos objeto de este incidente, esta parte extraiga determinadas conclusiones, que serán más o menos acertadas y que podrán coincidir, o no, con las de alguna de las partes de este procedimiento. Pero todas ellas son igual de respetables, y respecto a su bondad o no, ya decidirá, afortunadamente, el único competente: el Juez del concurso. Obviamente sin que quepa o se pretenda por una de las partes, la imposición de una visión única de los hechos y del derecho aplicable a los mismos.

NOVENO.– En conclusión, y teniendo en cuenta todo lo expuesto en este escrito, esta parte rechaza expresamente todas las alegaciones formuladas de contrario por la parte actora en su escrito de ampliación de hechos nuevos, y solicita al Juzgado que no las tenga en consideración a los efectos de la decisión del presente incidente concursal pues, en todo caso, no contradicen el contenido de nuestro escrito de contestación.

En su virtud,

SUPLICO AL JUZGADO que tenga por presentado este escrito y sus copias, se admita a trámite y se tengan por realizadas las manifestaciones contenidas en el mismo a los efectos legales oportunos.

Es Justicia que se suplica en ...., a fecha de .... de .... de ....

F762. IMPUGNACIÓN RECURSO DE REPOSICIÓN CONTRA ADMISIÓN DE PRUEBA

Normativa de aplicación: *Arts. 512 y ss. Real Decreto Legislativo 1/2020, de 5 de mayo, por el que se aprueba el texto refundido de la Ley Concursal.*

Procedimiento: CONCURSO ORDINARIO (CNO) -..../.....

ICO Nº ....../.........

AL JUZGADO DE LO MERCANTIL Nº....

DE.....

Doña..............., Procuradora de los Tribunales, actuando en nombre y representación de la mercantil..............S.L., y según tengo acreditado tanto en el procedimiento de Concurso que con el número..../..... se tramita en este Juzgado, así como en los autos de Incidente Concursal ICO nº....../..........dimanantes del referido procedimiento concursal, ante este juzgado comparezco y, como mejor proceda en Derecho, DIGO

I.– Que mediante Diligencia de Ordenación de fecha 16 de febrero de......... se daba traslado a esta parte del recurso de reposición presentado por la representación de.............. S.A. frente al auto de este Juzgado de fecha 6 de febrero de........., concediéndose a las partes personadas plazo de cinco días a fin de que pudieran impugnar el recurso.

II.– Que por el presente, siguiendo las expresas instrucciones de mi representada, y de conformidad con lo establecido en el artículo 453 de la Ley de Enjuiciamiento Civil, procedo, dentro del plazo legal a impugnar el recurso de reposición interpuesto por la demandante frente al auto de fecha 6 de febrero de..........

El presente escrito de impugnación se interpone en base a las siguientes,

ALEGACIONES

PREVIA.– Esta parte se opone de forma expresa a todos y cada uno de los hechos alegados de contrario por la recurrente, salvo aquellos que expresamente sean aceptados por esta parte en el presente escrito.

Sentado lo anterior, y previo desarrollo de los fundamentos de este escrito de impugnación, esta parte quiere destacar la falta de fundamento del recurso de reposición formulado por la ahora recurrente, y ello por cuanto que entendemos que el Auto objeto del presente recurso no infringe precepto legal alguno, ni su contenido es lesivo en ningún caso para el Derecho del ahora recurrente ni vulnera los principios de seguridad jurídica o legalidad constitucionalmente protegidos, ello tal y como expondremos posteriormente.

Sentado lo anterior, procedemos a entrar en el fondo de nuestros motivos de impugnación del recurso de reposición interpuesto de contrario.

PRIMERA.– Alega la recurrente en primer lugar que si bien el auto argumenta que la prueba solicitada no es pertinente ni necesaria por, entre otras cuestiones, entender que no es controvertida al existencia del préstamo con garantía hipotecaria, no sucedería lo mismo respecto de la deuda existente sobre el meritado préstamo, que, a entender de la recurrente, es lo que constituye el objeto del presente incidente concursal.

Pues bien, como ya se indicó por esta parte en su escrito de contestación a la demanda, y dicho sea con todos los respetos y en estrictos términos de defensa, vuelve a confundir la actora el alcance del presente incidente concursal, que recordemos versa sobre un procedimiento de modificación de textos de los artículos 308 y ss. TRLC.

Así las cosas, el objeto del presente incidente no es tanto la existencia o no del importe de la deuda que indica la actora (cuestión que esta parte ni tan siquiera ha entrado a valorar), sino más bien el importe comunicado por la actora en su escrito de comunicación de crédito, quién, recordemos, no solicitó su modificación ni a través del correspondiente incidente concursal de modificación del listado de acreedores, ni tan siquiera a través de la impugnación de los textos definitivos.

De este modo, esta parte entiende que acierta el Juzgador al argumentar de forma fundada que la prueba solicitada no es necesaria para la resolución del incidente, ya que, como hemos visto, la misma sería tendente a acreditar situaciones que resultan indiferentes al objeto del presente incidente concursal de modificación de textos definitivos.

SEGUNDA.– Continúa la recurrente indicando que la prueba solicitada resulta pertinente y útil pues lo que se pretende corroborar con la misma es que la deuda que ostentaría frente a la concursada que debe desprenderse de las cuentas anuales, así como de la cuenta mayor con la entidad.............. no ha variado ni se ha producido circunstancia alguna que pueda provocar reducción alguna de dicho importe.

Pues bien, esta parte no puede estar más que en desacuerdo con dichas alegaciones ya que, tal como se ha adelantado en otro momento anterior del presente escrito, resulta indiferente a los efectos de la resolución del presente incidente corroborar si la deuda que ostenta la actora coincide o no con el importe que indica la misma. Como se ha dicho, en sede estrictamente concursal, hay que estar al importe comunicado por la actora en su comunicación ex arts. 255 y ss. TRLC, aún en el caso de que se tratara de un crédito de los denominados de reconocimiento forzoso, debiendo pechar el acreedor en sede concursal con cualquier consecuencia negativa para su crédito debido a una ausente o, como en este caso, defectuosa comunicación, más si cabe si el acreedor deja transcurrir los trámites y plazos legalmente previstos para la modificación de su crédito. En este sentido las Sentencias del Tribunal Supremo de fechas 4 de noviembre de 2016 y 22 de mayo de 2019, entre otras.

E incidimos cuando matizamos "en sede estrictamente concursal" por cuanto que el presente incidente ha de estudiarse y valorarse bajo el prisma estrictamente concursal y de las reglas que rigen su procedimiento, tal como expondremos posteriormente.

En virtud de lo anterior, nuevamente reiteramos que el auto recurrido no vulneraría derecho alguno de la ahora recurrente por cuanto que en el mismo se argumenta y se llega a la conclusión fundada y motivada de que la prueba solicitada no es pertinente ni necesaria para la resolución del presente incidente, argumentación ésta que es compartimos íntegramente.

De este modo, esta parte entiende que las alegaciones formuladas por la ahora recurrente han de ser desestimadas por el Juzgador, dicho sea con toda la prudencia y respeto.

TERCERA.– Por último la ahora recurrente alega que el hecho de que hubiera cometido un error en la insinuación de su crédito, en modo alguno podría suponer que, y citamos textualmente, "el resto del crédito (garantizado con garantía real) desaparezca, se esfume, o simplemente, se tenga por condonado", de tal modo que a su entender la prueba solicitada vendría a acreditar la existencia y la cuantía de la deuda hipotecaria que ostentaría frente a la concursada.

Pues bien, como es de sobra conocido, y así lo entiende la doctrina y jurisprudencia más autorizadas, el crédito no reconocido en el procedimiento concursal no implica su extinción, sino que el referido crédito seguiría siendo válido y lícito, pero como consecuencia de la falta de inclusión definitiva en la lista de acreedores no impugnada en plazo, el crédito no podría ser satisfecho con cargo a la masa activa en el procedimiento concursal. Es decir, dicho importe no participará del reparto equitativo y conforme a la pars conditio creditorum de la masa activa, de tal modo que quedará excluido del sistema concursal de pagos, y quedará hibernado, extra muros del procedimiento concursal, en el que se verá imposibilitado de intervenir, a la espera de su conclusión.

Así las cosas, como puede observarse, la existencia o no del importe del crédito de la actora es del todo irrelevante a la hora de resolver el presente incidente, ya que, la falta de inclusión del mismo en el procedimiento concursal no implicará en ningún caso su extinción extra muros del concurso. Por ello, repetimos, la prueba solicitada por la actora que no ha sido admita por el auto ahora recurrido no resulta pertinente ni necesaria para la resolución del incidente concursal que nos ocupa.

CUARTA.– En conclusión, y en virtud de lo anteriormente expuesto esta parte entiende que el Auto objeto del presente recurso no infringe precepto legal alguno, ni su contenido es lesivo en ningún caso para el Derecho del ahora recurrente, ni vulnera los principios de seguridad jurídica o legalidad constitucionalmente protegidos, por lo que procedería la confirmación íntegra del auto de fecha 6 de febrero de.........

Por todo ello,

SUPLICO AL JUZGADO, que teniendo por presentado el presente escrito junto con sus copias, se sirva admitirlo y tenga por impugnado el recurso de reposición interpuesto por la representación procesal de.............. S.A., contra el Auto de este Juzgado de fecha 6 de febrero de........, y así mismo se dicte la oportuna resolución en la que se confirme íntegramente el Auto de fecha 6 de febrero de.........

Es de justicia que pido en....., a 23 de febrero de.........

Fdo.:................. Fdo.:...............

Abogado Procuradora

F763. ESCRITO DESISTIENDO DEL PROCESO CONCURSAL CON ANTERIORIDAD AL AUTO DE ADMISIÓN DEL CONCURSO DE ACREEDORES

Normativa de aplicación: *Arts. 1 y ss. Real Decreto Legislativo 1/2020, de 5 de mayo, por el que se aprueba el texto refundido de la Ley Concursal*

AL JUZGADO DE LO MERCANTIL NÚM. .... DE...........

Don..........., Procurador de los Tribunales y de........... S.L., cuya representación consta acreditada en estas actuaciones núm. de autos..........., ante este Juzgado de lo Mercantil comparezco en el citado procedimiento bajo la dirección letrada de Don..........., abogado del Ilustre Colegio de........... (número de colegiado...........), y como mejor proceda en derecho DIGO:

I.– Que mediante escrito de fecha........... esta parte solicitó la declaración de mi mandante en estado legal de concurso voluntario de acreedores. Como consecuencia de dicha solicitud, que ha sido turnada al presente Juzgado de lo Mercantil núm. .... de..........., se ha aperturado el presente procedimiento núm. de autos..........., en el que, a fecha de hoy, no ha recaído el correspondiente auto de declaración de concurso.

II.– Que no habiéndose dictado auto de declaración de concurso de acreedores de mi mandante, esta parte, por medio del presente escrito, DESISTE de la solicitud de concurso reseñada en el número I precedente, que es origen de las presentes actuaciones.

En virtud de lo expuesto,

SUPLICO AL JUZGADO que tenga por presentado este escrito, se sirva admitirlo y tener por solicitado por esta parte el desistimiento de la solicitud de concurso de acreedores reseñada en el número I del cuerpo de este escrito y, previos los oportunos trámites legales, se dicte la oportuna resolución teniendo por desistida a esta parte de la expresada solicitud y ordenando el archivo de las presentes actuaciones.

Es Justicia que se Suplica en..........., hoy día........... de........... de dos mil...........

F764. ESCRITO DESISTIENDO DEL PROCESO CONCURSAL CON POSTERIORIDAD AL AUTO DE ADMISIÓN DEL CONCURSO DE ACREEDORES

Normativa de aplicación: *Arts. 1 y ss. Real Decreto Legislativo 1/2020, de 5 de mayo, por el que se aprueba el texto refundido de la Ley Concursal*

AL JUZGADO DE LO MERCANTIL NÚM. .... DE...........

Don..........., Procurador de los Tribunales y de........... S.L., cuya representación consta acreditada en estas actuaciones núm. de autos..........., ante este Juzgado de lo Mercantil comparezco en el citado procedimiento bajo la dirección letrada de Don..........., abogado del Ilustre Colegio de........... (número de colegiado...........), y como mejor proceda en derecho DIGO:

I.– En el presente procedimiento número de autos..........., se sigue expediente de concurso voluntario de mi principal, la sociedad........... S.L. La declaración de concurso de la expresada sociedad, fue acordada por este Juzgado mediante auto de fecha........... de........... de dos mil........... Igualmente, mediante auto de fecha........... finalizó la fase común del presente concurso de acreedores.

II.– Que es interés de esta parte DESISTIR del presente procedimiento concursal toda vez que...........

III.– Que el desistimiento aquí impetrado está admitido en ordenamiento Concursal. El art. 477 TRLC es claro al señalar que el concursado, la administración concursal o cualquiera de los acreedores podrá alegar como causa de conclusión del concurso el pago o la consignación de la totalidad de los créditos reconocidos o la íntegra satisfacción de los acreedores por cualquier otro medio, así como, una vez terminada la fase común del concurso, la firmeza de la resolución que acepte el desistimiento o la renuncia de la totalidad de los acreedores reconocidos. La solicitud de conclusión del concurso de acreedores podrá presentarse aunque se encuentre en tramitación la sección sexta

En virtud de lo expuesto,

SUPLICO AL JUZGADO que tenga por presentado este escrito, se sirva admitirlo y tener por solicitado el desistimiento por esta parte del presente procedimiento concursal..........., y previos los oportunos trámites legales, incluido la previa solicitud de informe a la administración concursal y cuanto demás proceda en derecho, tenga a esta parte por desistido del presente procedimiento concursal, dictándose el oportuno auto dando por concluido el presente procedimiento y ordenando el archivo de las presentes actuaciones.

Es Justicia que se Suplica en..........., hoy día........... de........... de dos mil...........

F765. SOLICITUD DE TERMINACIÓN DEL INCIDENTE CONCURSAL POR CARENCIA SOBREVENIDA DE OBJETO

Normativa de aplicación: *Arts. 532 y ss. Real Decreto Legislativo 1/2020, de 5 de mayo, por el que se aprueba el texto refundido de la Ley Concursal*

AL JUZGADO DE LO MERCANTIL Núm. .... DE...........

LA ADMINISTRACIÓN CONCURSAL designada para el procedimiento de Concurso conjunto de las mercantiles........... S.L. y........... S.L., tramitado ante el Juzgado al que me dirijo bajo el número de autos..........., comparezco y como mejor proceda en derecho, DIGO:

Que habiendo sido notificado con fecha........... de la Providencia por la que se emplazaba a esta parte a contestar la demanda incidental presentada por el Ayuntamiento de..........., y seguida bajo el número de autos........... en impugnación «ad cautelam» del inventario y lista de acreedores de........... S.L., formulamos SOLICITUD DE TERMINACIÓN DEL INCIDENTE CONCURSAL POR CARENCIA SOBREVENIDA DE OBJETO, de conformidad con las siguientes

MANIFESTACIONES

PRIMERA.– Que con fecha........... fue presentada a este Juzgado por mi representada la Administración Concursal, Anexo al Informe de la mercantil deudora........... S.L.

En dicho documento, se reconoce entre los acreedores de la antedicha concursada, el Ayuntamiento de........... —la ahora demandante incidental—, y por un crédito reconocido de...........euros.

SEGUNDA.– Que concurriendo el crédito reconocido en el Anexo al Informe, con lo reclamado en la demanda incidental tramitada con el número..........., entendemos se ha satisfecho fuera del proceso lo solicitado por el Ayuntamiento de..........., por lo que resulta de aplicación el art. 22.1 de la LEC, debiendo procederse previo los trámites legales oportunos, a decretar la terminación del proceso, esto es, del incidente de impugnación...........

En su virtud,

SUPLICO AL JUZGADO: que teniendo por presentado este escrito, se sirva admitirlo, y en su razón tenga por formulada solicitud de terminación del proceso por carencia sobrevenida de objeto, y tras los trámites legales oportunos, acabe dictándose Auto por este Juzgado por el que se decrete la meritada finalización del presente procedimiento de incidente concursal de impugnación nº...........

Es Justicia que se Suplica en..........., a........... de........... de...........

F766. SOLICITUD DE EXEQUÁTUR DE UN PROCEDIMIENTO DE INSOLVENCIA EXTRANJERO

Normativa de aplicación: *Arts. 742 y ss. Real Decreto Legislativo 1/2020, de 5 de mayo, por el que se aprueba el texto refundido de la Ley Concursal*

AL JUZGADO DE...........

..........., Procurador de los Tribunales actuando en nombre y representación de la mercantil........... según acredito mediante copia de escritura pública (Documento nº 1) que solicito que, una vez testimoniada en autos, me sea devuelta por precisarla para otros usos ante el Juzgado comparezco, bajo la dirección técnica de D..........., abogado del Iltre. Colegio de..........., número de colegiado..........., con despacho profesional en..........., Nº..........., Pta..........., C.P..........., y como mejor proceda en Derecho DIGO:

Que por la presente, y siguiendo las expresas instrucciones de mi representado, formulo SOLICITUD DE EXEQUÁTUR para el reconocimiento en España de la resolución judicial de apertura de un procedimiento de insolvencia contra mi mandante, la mercantil..........., en Francia, de conformidad con lo dispuesto en el artículo 742 TRLC, y ello en base a los siguientes,

HECHOS

PRIMERO.– En fecha........... de........... de........... por el Juzgado........... de Francia se dictó la resolución judicial de apertura de un procedimiento de insolvencia contra mi mandante, la mercantil...........

Adjunto se acompaña como Documento nº 1 copia testimoniada, con traducción oficial, de la resolución judicial de apertura de procedimiento de insolvencia.

SEGUNDO.– Que la referida resolución judicial de apertura de procedimiento de insolvencia cumple con todos los requisitos exigidos en el art. 742 TRLC. En concreto:

1° La resolución se refiera a un procedimiento colectivo fundado en la insolvencia del deudor, en virtud del cual sus bienes y actividades queden sujetos al control o a la supervisión de un tribunal o una autoridad extranjera a los efectos de su reorganización o liquidación.

2° La resolución es definitiva según la ley del Estado de apertura.

3° La competencia del tribunal o de la autoridad que haya abierto el procedimiento de insolvencia esté basada en alguno de los criterios contenidos en TRLC o en una conexión razonable de naturaleza equivalente.

4° La resolución no haya sido pronunciada en rebeldía del deudor o, en otro caso, que haya sido precedida de entrega o notificación de cédula de emplazamiento o documento equivalente, en forma y con tiempo suficiente para oponerse.

5° La resolución no sea contraria al orden público español.

A los anteriores hechos le son de aplicación los siguientes,

FUNDAMENTOS DE DERECHO

PRIMERO.– Toda resolución de apertura de un procedimiento de insolvencia, adoptada por el tribunal competente de un Estado miembro en virtud del artículo 3, será reconocida en todos los demás Estados miembros desde el momento en que la resolución produzca efectos en el Estado de apertura. Artículo 16 del Reglamento 1346/2000 del Consejo de 29 de mayo de 2000 sobre procedimientos de insolvencia.

SEGUNDO.– Art. 742 TRLC: 1. Las resoluciones extranjeras que declaren la apertura de un procedimiento de insolvencia se reconocerán en España mediante el procedimiento de exequátur regulado en la Ley 29/2015, de 30 de julio, de cooperación jurídica internacional en materia civil, si reúnen los requisitos siguientes:

1° Que la resolución se refiera a un procedimiento colectivo fundado en la insolvencia del deudor, en virtud del cual sus bienes y actividades queden sujetos al control o a la supervisión de un tribunal o una autoridad extranjera a los efectos de su reorganización o liquidación.

2° Que la resolución sea definitiva según la ley del Estado de apertura.

3° Que la competencia del tribunal o de la autoridad que haya abierto el procedimiento de insolvencia esté basada en alguno de los criterios contenidos en esta ley o en una conexión razonable de naturaleza equivalente.

4° Que la resolución no haya sido pronunciada en rebeldía del deudor o, en otro caso, que haya sido precedida de entrega o notificación de cédula de emplazamiento o documento equivalente, en forma y con tiempo suficiente para oponerse.

5° Que la resolución no sea contraria al orden público español.

2. El procedimiento de insolvencia extranjero se reconocerá:

1° *Como procedimiento* extranjero principal, si se está tramitando en el Estado donde el deudor tenga el centro de sus intereses principales.

2º Como procedimiento extranjero territorial, si se está tramitando en un Estado donde el deudor tenga un establecimiento o con cuyo territorio exista una conexión razonable de naturaleza equivalente, como la presencia de bienes afectos a una actividad económica.

3. El reconocimiento de un procedimiento extranjero principal no impedirá la apertura en España de un concurso territorial.

4. La tramitación del exequátur podrá suspenderse cuando la resolución de apertura del procedimiento de insolvencia hubiera sido objeto, en su Estado de origen, de un recurso ordinario o cuando el plazo para interponerlo no hubiera expirado.

5. Lo dispuesto en este artículo no impedirá la modificación o revocación del reconocimiento si se demostrase la alteración relevante o la desaparición de los motivos por los que se otorga.

TERCERO.– El procedimiento del Exequátur recogido en la LEC. Artículo 951 a 958.

En su virtud,

SUPLICO AL JUZGADO que teniendo por presentado este escrito, junto con sus documentos y copias de todo ello, se sirva admitirlos, teniéndome por personado y parte en la representación acreditada de........... y, por formulada SOLICITUD DE EXEQUÁTUR para el reconocimiento en España de la resolución judicial de apertura de un procedimiento de insolvencia contra mi mandante, la mercantil..........., en Francia, de conformidad con lo dispuesto en el artículo 742 TRLC

Es Justicia que pido en..........., a........... de........... de...........

F767. FACTURA RECTIFICATIVA DEL IVA POR DEUDOR EN CONCURSO

Normativa de aplicación: *Arts. 80 y ss. Ley del Iva*

.... S.L.

C/...........

....

Telf...........

Fax...........

CIF...........

Fecha factura...........

Lugar de expedición...........

Número y serie factura...........

.... S.L.

C/...........

....

Telf...........

Fax...........

CIF...........

CONCEPTO Base Imponible Rectificada

Rectificación de Bases Imponibles de facturas

Impagadas por..........., sociedad que se halla en concurso.

Ello en virtud del artículo 80 LIVA.

Facturas impagadas:

- Fra........... fecha expedición...........–...........
- Fra........... fecha expedición...........–...........

TOTAL BASE IMPONIBLE MODIFICADA

TIPO...........

Cuota rectificada

TOTAL

F768. COMUNICACIÓN A LA ADMINISTRACIÓN CONCURSAL DE RECTIFICACIÓN DE BASE IMPONIBLE DE FACTURA POR IMPAGO

Normativa de aplicación: *Arts. 80 y ss. Ley del Iva*

AL JUZGADO DE LO MERCANTIL NÚM. .... DE...........

..........., Procuradora de los Tribunales y de la sociedad........... S.L., representación que tengo acreditada en los autos de concurso voluntario que se tramita ante este Juzgado bajo el número de autos..........., ante este Juzgado de lo Mercantil comparezco en los citados autos bajo la dirección letrada de Don........... abogado del Ilustre Colegio de..........., y como mejor proceda en derecho DIGO:

PRIMERO.– Que en el presente procedimiento número de autos..........., se sigue expediente de concurso voluntario ordinario de mi mandante, la compañía........... S.L. La declaración de concurso voluntario de la expresada sociedad, fue acordada por este Juzgado mediante auto de fecha........... de........... de dos mil...........

SEGUNDO.– Que mi mandante es titular de un crédito ordinario por importe de...........euros, IVA incluido, en concepto de........... Ello objeto de la factura........... de fecha........... de........... de...........

TERCERO.– Que por medio del presente escrito, comunicó a la administración concursal que, al amparo de lo establecido en el art. 80 LIVA, ha procedido a rectificar la base imponible de la citada factura impagada, emitiendo la oportuna factura rectificativa. Lo que ha sido comunicado debidamente a la hacienda Pública en legal plazo y forma.

Se acompaña la correspondiente factura rectificativa y las facturas originarias objeto de rectificación. También copia del escrito dirigido a la Agencia Tributaria. Todo ello como DOCUMENTOS...........

En su virtud,

SUPLICO AL JUZGADO que tenga por presentado este escrito, junto a los documentos a él acompañado y copia de todo ello, se sirva admitirlo, tener por hechas las manifestaciones anteriormente reseñadas en el cuerpo de este escrito y por comunicada a la administración concursal la rectificación de bases imponible antes reseñadas, acordando cuanto demás proceda en derecho.

En........... hoy día........... de........... de...........